CAMILLE FLAMMARION

DICTIONNAIRE

ENCYCLOPÉDIQUE

UNIVERSEL

CONTENANT TOUS LES MOTS DE LA LANGUE FRANÇAISE, ET RÉSUMANT L'ENSEMBLE

DES CONNAISSANCES HUMAINES A LA FIN DU XIXᵉ SIÈCLE

Illustré de 20.000 figures.

A-B

PARIS

ERNEST FLAMMARION, ÉDITEUR

26, RUE RACINE, PRÈS L'ODÉON

DICTIONNAIRE ENCYCLOPÉDIQUE

———

TOME PREMIER

IMPRIMERIE E. FLAMMARION, 26, RUE RACINE, PARIS.

CAMILLE FLAMMARION

DICTIONNAIRE

ENCYCLOPÉDIQUE

UNIVERSEL

CONTENANT TOUS LES MOTS DE LA LANGUE FRANÇAISE, ET RÉSUMANT L'ENSEMBLE
DES CONNAISSANCES HUMAINES A LA FIN DU XIX⁰ SIÈCLE

Illustré de 20.000 figures.

A-B

PARIS

ERNEST FLAMMARION, ÉDITEUR

26, RUE RACINE, PRÈS L'ODÉON

TABLEAU DES ABRÉVIATIONS

a. . . . . actif.
abrév. . . . . . . abréviation.
absol. . . . . . . absolument.
adj. . . . . adjectif.
adjet. ou adjectiv. adjectivement.
Admin. . . . . . . Administration.
adv. . . . . adverbe ou adverbial.
adv. ou adverbial. adverbialement.
Agric. . . . . . . Agriculture.
Alg. . . . . Algèbre.
all. . . . . allemand.
anal. . . . . . . analogie.
Anat. . . . . . . Anatomie.
anc. . . . . ancien ou ancienne.
angl. . . . . . . anglais.
Antiq. . . . . . . Antiquité ou Antiquités.
Anthrop. . . . . . Anthropologie.
ar. . . . . arabe.
Archéol. . . . . . Archéologie.
Arch. ou Archit. . Architecture.
Arith. . . . . . . Arithmétique.
arr. . . . . arrondissement.
art. . . . . article.
Artill. . . . . . Artillerie.
Astrol. . . . . . Astrologie.
Astron. . . . . . Astronomie.
augm. . . . . . . augmentatif.
B.-Arts. . . . . . Beaux-Arts.
bas-lat. . . . . . bas-latin.
Banq. . . . . . . Banque.
bass. . . . . . . bassement.
Biol. . . . . . . Biologie.
Blas. . . . . . . Blason.
Bibliog. . . . . . Bibliographie.
Bot. ou Botan. . . Botanique.
c. . . . . canton.
c.-à.-d. . . . . . c'est-à-dire.
celt. . . . . . . celtique.
Bouch. . . . . . . Boucherie.
Céram. . . . . . . Céramique.
Charp. . . . . . . Charpentier.
Ch. . . . . Chasse.
Chim. . . . . . . Chimie.
Chir. ou Chirur. . Chirurgie.
Chron. . . . . . . Chronologie.
civ. . . . . civil.
coll. ou collect. . collectif ou collectivement.
Comm. ou comm. . . Commerce ou commercial.
conj. . . . . . . conjonction.
conj. ou conjug. . conjugaison.
Cout. . . . . . . Coutume.
corrupt. . . . . . corruption.
démonstr. . . . . démonstratif.
dép. . . . . département.
didact. . . . . . didactique.
dimin. . . . . . . diminutif.
Diplom. . . . . . Diplomatique.
Dr. . . . . Droit.
Dr. can. . . . . . Droit canon.
Dr. crim. . . . . Droit criminel.
ecclés. ou ecclésiast. ecclésiastique.
Econ. pol. . . . . Economie politique.
elliptiq. ou elliptiq. elliptiquement.
Entom. . . . . . . Entomologie.
Equit. . . . . . . Equitation.
Erpét. . . . . . . Erpétologie.
Escr. . . . . . . Escrime.
esp. . . . . espagnol.
étym. . . . . . . étymologie.
ex. . . . . exemple.
exag. ou exagér. . exagération.

ext. ou extens. . . extension.
Fauc. . . . . . . Fauconnerie.
f. ou fém. . . . . féminin.
fam. ou famil. . . familier ou familièrement.
Féod. ou Féod. . . Féodal ou féodalité.
fig. ou figur. . . figurément.
Fin. . . . . Finances.
Fortif. . . . . . Fortification.
fréq. . . . . . . fréquentatif.
g. . . . . genre.
Géogr. . . . . . . Géographie.
Géod. . . . . . . Géodésie.
Géol. . . . . . . Géologie.
Géom. . . . . . . Géométrie.
gr. . . . . grec.
Gram. . . . . . . Grammaire.
Grav. . . . . . . Gravure.
hébr. . . . . . . hébreu.
Hist. . . . . . . Histoire.
Hist. nat. . . . . Histoire naturelle.
Horlog. . . . . . Horlogerie.
Hortic. . . . . . Horticulture.
Hydraul. . . . . . Hydraulique.
hyperb. . . . . . hyperboliquement.
Icht. . . . . . . Ichtyologie.
Impr. ou Imprim. . Imprimerie.
impers. . . . . . impersonnel.
Ind. . . . . Industrie.
infin. . . . . . . infinitif.
interj. . . . . . interjection.
interrog. . . . . interrogation.
inus. . . . . . . inusité.
invar. . . . . . . invariable.
iron. ou ironiq. . ironiquement.
irrég. . . . . . . irrégulier.
ital. . . . . . . italien.
Jardin. . . . . . Jardinage.
Jurisp. . . . . . Jurisprudence.
lat. . . . . latin.
Législ. . . . . . Législation.
Ling. . . . . . . Linguistique.
Litt. . . . . . . Littérature.
Lit. ou Litur. . . Liturgie.
loc. ou locut. . . locution ou locutions.
Log. ou Logiq. . . Logique.
m. ou masc. . . . masculin.
m. . . . . mort.
Mamm. ou Mammal. . Mammalogie.
Man. . . . . Manège.
Manuf. . . . . . . Manufacture.
Mar. . . . . Marine.
Math. ou Mathém. . Mathématique.
Méc. ou Mécan. . . Mécanique.
Méd. ou Médec. . . Médecine.
Métall. . . . . . Métallurgie.
Météor. . . . . . Météorologie.
Mét. . . . . Métier.
Métrol. . . . . . Métrologie.
mil. ou milit. . . militaire.
Min. ou Minér. . . Minéralogie.
m. s. . . . . . . même sens.
Mus. . . . . Musique.
Myth ou Mythol. . Mythologie.
n. . . . . nom.
n. . . . . neutre.
Numism. . . . . . Numismatique.
Obs. gram. . . . . Observation grammaticale.
Obst. . . . . . . Obstétrique.
opp. ou opposit. . opposition.
Opt. . . . . Optique.
Ornith. . . . . . Ornithologie.
Pal. . . . . Palais.

Paléog. . . . . . Paléographie.
Paléont. . . . . . Paléontologie.
part. . . . . . . participe.
Path. . . . . . . Pathologie.
Pêe. . . . . Pêche.
Peint. . . . . . . Peinture.
péj. ou péjor. . . péjoratif.
pers. . . . . . . personnel.
Perspect. . . . . Perspective.
Pharm. . . . . . . Pharmacologie.
Philol. . . . . . Philologie.
Philos. . . . . . Philosophie.
Phys. . . . . . . Physique.
Physiol. . . . . . Physiologie.
pl. ou plur. . . . pluriel.
poét. . . . . . . poétique ou poétiquement.
pop. ou popul. . . populaire ou populairement.
poss. . . . . . . possessif.
Prat. . . . . . . Pratique.
préf. . . . . . . préfixe.
prép. . . . . . . préposition.
prim. . . . . . . primitivement.
priv. . . . . . . privatif.
Pr. . . . . Prononcez.
Procéd. . . . . . Procédure.
pron. . . . . . . pronom ou pronominal.
prop. . . . . . . proprement.
Pros. . . . . . . Prosodie.
prov. ou proverb. . proverbial ou proverbialement.
prov. . . . . . . provençal.
prov. . . . . . . province.
R. . . . . Racine ou radical.
rad. . . . . radical.
Rel. ou relig. . . Religion.
Relat. . . . . . . Relation.
Rhét. . . . . . . Rhétorique.
rur. . . . . rural.
s. ou subst. . . . substantif.
sanscr. . . . . . sanscrit.
scand. . . . . . . scandinave.
Sculpt. . . . . . Sculpture.
sign. ou signifie. . signifie ou signification.
sing. . . . . . . singulier.
subst. ou substant. substantivement.
suff. . . . . . . suffixe.
syn. ou Syn. . . . synonyme ou Synonymie.
T. . . . . terme de.
Techn. ou Technol. Technologie.
Télég. . . . . . . Télégraphie.
Térat. . . . . . . Tératologie.
Théol. . . . . . . Théologie.
Thérap. . . . . . Thérapeutique.
Thermod. . . . . . Thermodynamique.
Toxic. . . . . . . Toxicologie.
triv. . . . . . . trivial ou trivialement.
Typ. ou Typogr. . Typographie.
unipers. . . . . . unipersonnel.
us. . . . . usité.
v. . . . . verbe.
v. . . . . ville.
vég. . . . . végétal.
Vén. . . . . Vénerie.
Versif. . . . . . Versification.
Vét. . . . . Vétérinaire.
Vitic. . . . . . . Viticulture.
V. ou Voy. . . . . Voyez.
vulg. . . . . . . vulgaire ou vulgairement.
vx . . . . vieux.
Zool. . . . . . . Zoologie ou zoologique.

NOTA. — Indépendamment des abréviations ci-dessus qui sont en usage dans tous les Dictionnaires, nous avons adopté le système de ne pas répéter, dans les exemples, le mot qui fait le sujet de l'article. Nous nous contentons de le rappeler, en écrivant simplement soit la syllabe initiale, soit la première ou les deux premières lettres du mot. On comprend aisément que nous ayons cherché tous les moyens qui, sans nuire à la clarté, nous permettaient de condenser le plus de choses possible dans l'espace limité du cadre que nous nous sommes imposé.

PRÉFACE

Rien n'est plus utile, rien n'est plus indispensable qu'un Dictionnaire; mais lorsqu'il s'agit de choisir, on est souvent fort embarrassé. Le progrès des connaissances humaines a été si considérable, depuis un demi-siècle surtout, que l'on a dû rédiger des dictionnaires spéciaux pour toutes les branches de cet arbre immense. L'ensemble de ces ouvrages constitue maintenant une véritable bibliothèque : Dictionnaires de la langue grammaticale, — Dictionnaires d'Histoire — de Biographie — de Géographie — des Sciences physiques et chimiques — de Mathématiques pures et appliquées — d'Astronomie — d'Histoire naturelle — de Médecine — de Botanique — d'Agriculture — des Arts et Métiers — des Beaux-Arts — d'Architecture — des Sciences morales et politiques, etc., etc., pour ne citer que les principaux sujets, peuvent être consultés dans chaque spécialité. Mais il n'est évidemment guère plus pratique de posséder tous ces Dictionnaires que de posséder les ouvrages publiés sur chacun des nombreux sujets de l'activité humaine, et, de plus, les détails techniques, utiles pour les spécialistes, sont superflus pour les lecteurs ordinaires. Parcourir ces analyses laborieuses, non seulement demande un temps parfois aussi long que pour étudier de véritables traités, mais encore ce travail considérable ne conduit le plus souvent le lecteur qu'à s'égarer dans les broussailles et à perdre de vue l'objet principal. Ce que l'on souhaite d'avoir entre les mains, surtout, c'est un seul ouvrage, synthèse résumée qui soit au niveau de toutes les sciences contemporaines, à la fois *Dictionnaire* et *Encyclopédie*, que l'on puisse consulter facilement et avec profit.

C'est précisément ce besoin intellectuel de notre époque qui a inspiré les grandes Encyclopédies publiées dans le cours du dix-neuvième siècle et qui ont succédé, parfois avec éclat, au glorieux monument de Diderot et d'Alembert. Mais ces grandes Encyclopédies, d'un prix si élevé, et composées d'un si grand nombre de volumes, sont-elles vraiment populaires? sont-elles accessibles à tous? Il est permis d'en douter, ou, pour mieux dire, le doute n'est plus possible : tout le monde ne peut mettre cinq, six ou sept cents francs à un Dictionnaire, et peu de personnes auraient même, dans leur bibliothèque, la place suffisante pour loger ces piles d'in-folio. Et puis, l'étendue de la rédaction de chaque mot, recommandable, estimable, précieuse, en chaque spécialité, n'est pas nécessaire, comme nous le remarquions tout à l'heure, et devient, sinon nuisible, du moins inutile et encombrante pour l'esprit, dans l'immense majorité des cas.

Il nous a donc paru opportun de répondre à l'invitation qui nous a été adressée de former un Dictionnaire encyclopédique résumé, absolument complet en lui-même, contenant tous les mots de la langue française, développé pour les termes scientifiques dans lesquels se condense pour ainsi dire l'histoire des progrès modernes de l'esprit humain, mais dont l'étendue ne dépassât pas certaines limites et dont le prix fût accessible à tous. A la fin de notre fécond dix-neuvième siècle, chacun peut en effet désirer posséder une petite Encyclopédie de l'ensemble des connaissances humaines.

Conçue d'après le plan, et avec les données fondamentales du Dictionnaire si justement estimé de DUPINEY DE VOREPIERRE, mais dans un tout autre esprit philosophique et scientifique, et entièrement rédigée de nouveau pour représenter l'état actuel des sciences théoriques et appliquées, cette Encyclopédie comprend : pour sa partie *lexicographique*, la nomenclature complète des mots, l'étymologie et la définition, le sens propre et figuré, la synonymie, la conjugaison des verbes irréguliers, la solution des difficultés grammaticales, les règles du style, etc.; pour la partie *encyclopédique*, des articles complets sur tous les mots, qu'ils appartiennent aux Sciences, aux Lettres ou aux Arts : astronomie, météorologie, physique générale, mathématiques, histoire naturelle, médecine, botanique, géologie, paléontologie, marine, histoire sommaire, biographies succinctes, géographie avec cartes qui enrichissent ce Dictionnaire d'un Atlas complet, beaux-arts, arts industriels, administration, statistique, économie rurale, art vétérinaire, etc. En géographie, nous avons notamment inscrit les villes principales de toutes les nations, et, pour la France, toutes les villes, tous les chefs-lieux de département, d'arrondissement et même de canton qui ont plus de mille habitants, sans oublier les villages qui, n'étant pas chefs-lieux de canton, ont un titre quelconque à l'histoire politique ou scientifique. La *biographie* comprend tous les hommes célèbres de tous les temps et de tous les pays, à l'exception des vivants. Nous avons tenu à donner tous les mots usuels de la langue, y compris ceux de l'histoire et de la géographie. N'est-il pas surprenant, en effet, que les mots FRANCE, RUSSIE, EUROPE, etc., manquent dans les Dictionnaires, tandis que les mots FRANÇAIS, RUSSE, EUROPÉEN, s'y trouvent?

Ce texte est illustré de plus de 20 000 figures.

La partie *scientifique*, étant celle dont le progrès est le plus sensible, a été rédigée avec la collaboration des principaux savants de notre époque. Déjà notre *Revue mensuelle d'Astronomie, de Météorologie et de Physique du Globe*, fondée en 1882, nous mettait entre les mains toutes les données des derniers progrès de ces sciences, exposées par les auteurs eux-mêmes, parmi lesquels nous aimons à citer les noms célèbres de MM. FAYE, président du Bureau des Longitudes ; TISSERAND, directeur de l'Observatoire de Paris ; LAUSSEDAT, directeur du Conservatoire des Arts et Métiers; JANSSEN, JOSEPH BERTRAND, BOUQUET DE LA GRYE, général PARMENTIER, A. CARNOT, NAUDIN, A. CORNU, ALBERT GAUDRY, MILNE-EDWARDS, HIRN, CROOKES, SCHIAPARELLI, A. HERSCHEL, WILLIAM HUGGINS, EDISON, etc., etc. Nous avons fait appel, lorsque cela a été nécessaire, à la plupart de ces auteurs pour la rédaction nouvelle des articles, et nous n'hésitons pas à déclarer que toute la partie scientifique de ce Dictionnaire a été traitée de mains de maîtres.

Les mêmes soins ont été appliqués à la rédaction de tous les sujets, quels qu'ils soient, avec la collaboration dévouée et désintéressée de plusieurs savants et écrivains célèbres, en dehors des auteurs que nous venons de nommer. Nous devons signaler principalement, à des titres divers :

MM.

Maurice Fouché, agrégé des sciences mathématiques, ancien élève de l'École polytechnique, professeur au collège Sainte-Barbe, qui a rédigé de nombreux articles de science et de philosophie, et qui, de plus, a bien voulu se charger de centraliser et coordonner les travaux de nos collaborateurs ;

Victor Duruy, ancien ministre de l'Instruction publique, de l'Académie française, de l'Académie des Sciences morales et politiques, de l'Académie des Inscriptions, etc., etc. ;

G.-A. Daubrée, de l'Institut, ancien directeur de l'École des Mines ;

Victorien Sardou, de l'Académie française ;

Charles Garnier, de l'Institut, architecte ;

Camille Saint-Saens, de l'Institut ;

Jules Oppert, de l'Institut, professeur au Collège de France ;

R. Poincaré, docteur en droit, député de la Meuse, ancien ministre de l'Instruction publique ;

Charles Brongniart, licencié ès sciences naturelles, attaché au Muséum d'histoire naturelle de Paris ;

Félix Grélot, ancien préfet, Secrétaire général de la Préfecture de la Seine ;

Colonel de Rochas, administrateur de l'École polytechnique ;

Louis Vignon, maître des requêtes au Conseil d'État, ancien chef de cabinet du ministre des Finances ;

Hérail, agrégé de l'École de pharmacie, professeur de botanique à l'École de médecine d'Alger ;

Ch. Detaille, agrégé des sciences physiques, professeur au lycée de Saint-Brieuc ;

Ernest Monin, docteur en médecine de la Faculté de Paris ;

Azoulay, docteur en médecine de la Faculté de Paris ;

Martineau, ancien député de Paris, géographe ;

Arsène Houssaye, homme de lettres ;

Anatole France, homme de lettres ;

Bartholdi, sculpteur ;

A. Bernard, inspecteur des chemins de fer de l'Algérie ;

Jean Kozlowski, ingénieur du chemin de fer du Nord ;

Louis Gobron, docteur en droit, rédacteur au ministère de l'Instruction publique ;

Jules Cohen, actuaire à la Compagnie d'assurances la *Confiance* ;

Dietsch, professeur de chimie ;

Émile Rivière, docteur en médecine, lauréat de l'Institut ;

Henri Moris, ancien élève de l'École des Chartes, archiviste des Alpes-Maritimes ;

Jean Macé, sénateur inamovible ;

Verneuil, chimiste, lauréat de l'Institut ;

E. Pagès, agrégé de philosophie, professeur au lycée de La Roche-sur-Yon ;

G. Armelin, employé au Ministère de la Guerre ;

O. de Rawton, chimiste.

On le voit, cette brillante collaboration représente dans toutes ses grandes sections l'ensemble des connaissances humaines.

Quelques remarques sur la direction générale de cette Encyclopédie ne seront peut-être pas ici hors de propos.

Le caractère philosophique fondamental de l'œuvre est de n'appartenir à aucun système fermé. L'habitant de la planète Terre doit être avant tout citoyen de l'infini. Les questions religieuses y sont librement traitées, avec tous les droits de la critique historique, et dans un esprit dégagé de toute attache aux dogmes des religions établies; mais le sentiment religieux y est partout respecté, au nom même de la liberté de conscience et de la justice. On a pris pour principe d'exposer sincèrement *ce que l'on connaît*, dans l'état actuel des sciences. D'ailleurs, toutes les doctrines émises par les philosophes sont exposées et discutées, et l'on a tenu compte avec soin des dernières recherches de la philosophie en Allemagne, en Angleterre et en France.

Dans les sciences, l'astronomie physique a pris la place qui lui convient, comme complément vivant de l'astronomie mathématique. En mathématiques, en chimie et en physique, on s'est plus attaché aux idées générales qu'aux détails et l'on a cherché à n'omettre aucune des parties importantes de la science, quelque élevées qu'elles soient, en prenant soin de toujours initier le lecteur aux grandes théories qui dominent la science moderne.

En histoire naturelle, on a fait au transformisme la part que lui assignent les travaux des naturalistes modernes. La paléontologie animale et végétale a reçu les développements conformes à ses récents progrès. En botanique, on a adopté la classification de Van Tieghem. En médecine, on a largement développé les conséquences des nouvelles découvertes microbiologiques. La médecine vétérinaire, généralement sacrifiée dans les Encyclopédies, a été traitée avec tout le soin que méritent les intérêts agricoles.

Pour les articles lexicographiques, on a pris soin de donner à chaque mot la définition qui correspond au sens le plus usité, nous ajouterons même, pour certains cas, le plus actuel : car les mots vivent, changent, se modifient, comme les êtres et comme les choses. (Ainsi, par exemple, le mot GÉOMÉTRIE ne signifie plus depuis longtemps une science ayant pour objet la mesure de la Terre; un CARABINIER n'est plus un soldat armé d'une carabine; un GRENADIER n'est plus un porteur de grenade; QUARANTAINE n'indique plus une durée de quarante jours; CONTINENCE (de *continere*, contenir) ne signifie plus *capacité*, mais uniquement *chasteté*, etc.) Nous avons choisi, pour les exemples d'applications, ceux qui sont le plus propres à laisser dans l'esprit une image précise, à éclairer le lecteur dans la pratique de la langue, à enseigner l'histoire, à poser les principes du véritable progrès de l'esprit humain. Quelques anecdotes, mesurées avec sobriété, complètent, lorsqu'il y a lieu, les exemples littéraires. Les étymologies ont été analysées et discutées pour tous les cas douteux.

Enfin, aucun effort n'a été négligé pour rendre cette œuvre digne de son but . offrir à ceux qui le désirent une *Encyclopédie tout à fait populaire* et au niveau précis de l'état actuel des connaissances humaines.

CAMILLE FLAMMARION.

DICTIONNAIRE ENCYCLOPÉDIQUE

UNIVERSEL

A

A

A. s. m. La première lettre de l'alphabet français et la première des voyelles. A *majuscule*. a *romain*. a *italique*. Un *grand A. Un petit a. Des A mal formés*. Vient de l'A latin, lequel dérive de l'α grec; celui-ci a été apporté par les Phéniciens sous le nom d'*alpha*.

Obs. gram. — Le son de la voyelle A présente dans notre langue trois nuances différentes. Il est grave et long dans *pâte*, aigu et bref dans *glace*. Dans *coupable*, il tient le milieu entre les deux précédents, étant aigu et long. — L'A ne se prononce pas dans les mots *Août, Saône, taon, paon, Laon*. Lorsque l'A est suivi d'une voyelle avec laquelle il se combine, et lorsqu'il fait partie d'une diphtongue ou d'une voyelle nasale, le son qui lui est propre se perd ou se trouve modifié. Voy. DIPHTONGUE, VOYELLE — A ne prend l'accent grave (`) que dans le cas où il est préposition En général, l'accent circonflexe (^) placé sur l'*a* est un signe étymologique qui tient lieu d'une lettre dont cette voyelle était immédiatement suivie et que l'usage a supprimée, comme *âge* pour *aage*, *qu'il allât* pour *qu'il allast*. En général, c'était un s. Cet accent n'indique donc pas invariablement que l'A doive avoir le son grave.

A est la première lettre de l'alphabet de presque toutes les langues connues. C'est le son le plus naturel à la voix humaine, le premier que prononce l'enfant. (Un écrivain biblique a même prétendu que les garçons en naissant font entendre le son A... parce que c'est l'initiale d'ADAM et les filles le son È... parce que c'est l'initiale d'ÈVE !)

Les divers caractères que nous employons pour représenter cette voyelle dérivent de ceux qui étaient en usage chez les Grecs et chez les Romains. Les Grecs disaient *Alpha*, les Hébreux *Aleph*.

$$A \quad A \quad A \quad a \quad a$$

L'usage de la lettre A est beaucoup moins fréquent dans le français que dans l'espagnol ou l'italien et surtout dans certaines langues orientales, particulièrement le sanscrit. Cependant on a calculé que le douzième environ des mots français commence par cette lettre. — Au mot PAROLE, nous traiterons du mode de production de cette voyelle, et au terme PRÉFIXE, nous parlerons de la valeur de l'A dans la composition des mots.

Voltaire rappelle dans son *Dictionnaire philosophique* que c'est de son temps seulement qu'on a commencé à substituer la lettre *a* à la lettre *o* dans *français*, *anglais* On prononçait cependant comme aujourd'hui, excepté dans les vers où l'on faisait rimer *françois* avec *lois*. Antérieurement, sous François Iᵉʳ, on disait *françois*, *pouvoit*. Ainsi prononcés, les deux vers suivants de Corneille produiraient aujourd'hui un effet bizarre :

> Quel spectacle d'effroi, grand Dieu ! si toutefois
> Quelque chose pouvoit effrayer des François !

Voltaire a beaucoup aidé, ici comme ailleurs, à perfectionner la langue.

Panse d'a, la partie arrondie de cette lettre. Prov., *Il n'en a pas fait une panse d'a*, Il n'a rien fait de son ouvrage. || Fam., *Ne savoir ni A ni B*, Ne savoir pas lire; et fig., Être fort ignorant.

À. prép. (lat. *a, ab*, de, hors de, loin de; *ad*, à, vers, du côté de). A est la préposition la plus dénuée de signification propre : elle nous avertit simplement de l'existence d'un rapport entre deux termes. Dès qu'il est nécessaire d'exprimer une relation d'une manière précise, rigoureuse, il faut recourir à l'emploi d'autres prépositions. Il ne s'ensuit pas de ce principe que les rapports exposés par la préposition A soient ambigus, incertains; ils sont au contraire de la plus grande clarté; mais ils doivent toute leur netteté à la valeur parfaitement déterminée de l'antécédent et du conséquent.

Rapport de mouvement, de tendance, de direction : *Aller à Rome, à la campagne, à l'église, à l'armée. Conduire un homme à la mort, au supplice. Il aspire à vous plaire. Il tend à le supplanter.*

Rapport de terme, de but, de fin : *Écrire à son ami. En venir à des injures. Pousser à bout. Tirer à sa fin. Tourner à la louange, à l'avantage de quelqu'un. Je parvins à le persuader. Atteindre au but, à la perfection. Il demande à sortir.*

> *L'ignorance toujours est prête à s'admirer.*
>
> (BOILEAU.)

Rapport de destination, d'application, de production : *Terre à blé. Canne à sucre. Faire un salut à quelqu'un. Épître à Racine. Marché à la volaille. Moulin à farine. Bois à brûler. Tabac à fumer. Destiné à la mort. S'appliquer, s'adonner à l'étude.*

Rapport d'attribution, de possession : *Ce livre est à ma sœur. Il a un style, une manière à lui. Rendez à César ce qui appartient à César. Sa manie à lui. Votre devoir à tous est de lui obéir. C'est folie à lui de croire. Je trouve à votre sœur l'air un peu triste.*

Rapport de situation, de position, de manière d'être ou d'agir, de moyen : *Sa maison est au faubourg Saint-Germain. Se tenir à l'entrée d'un bois. Atteler un bœuf à la charrue. L'argent à la main. L'épée au côté. Avoir une blessure à la cuisse, à l'épaule. Ils se parlent à l'oreille. Ils se prennent aux cheveux. Un tel, notaire à Paris. Mesurer au mètre. Travailler à l'aiguille.*

Rapport de qualification : *C'est un ouvrage à recommencer. C'est un avis à suivre. Fille à marier. Maître à danser. Clou à crochet. Fou à lier. Bon à manger.*

Rapport de distance, d'intervalle : *Il y a dix-sept kilomètres de Paris à Versailles. Ce vaisseau est à vue de terre. Vingt à trente personnes. Mille à douze cents* francs. De la tête aux pieds. De marchand à marchand. De gré à gré. De nation à nation. De Turc à Maure. Suivre pied à pied. Traduire mot à mot. Placer bout à bout.

Rapport de temps, d'époque, de date : Remettre une cause à huitaine. Mandat à dix jours de vue. Tout s'use à la longue. J'irai vous voir au commencement de l'été. Louer à l'année. Il se lève à l'aube du jour. Elle mourut à l'âge de quatorze ans. Il déjeune à midi. On l'accueillit fort bien à son arrivée.

S'emploie encore dans le sens d'avec : Pêcher à la ligne.

A se met quelquefois au commencement d'une proposition soit par inversion, soit par ellipse : A ma mort, il aura mon bien. Aux grands hommes la patrie reconnaissante. A Dieu très grand et très bon. A ma guise. A votre avis. A merveille. A moi ! Au feu ! Au voleur ! Au secours !

Obs. gram. — A peut s'employer comme exposant à la place de la plupart des prépositions, lorsque l'antécédent et le conséquent entre lesquels il marque un rapport, le déterminent eux-mêmes par le fait seul de leur rapprochement. Néanmoins, dans la plupart des cas, on ne saurait l'employer indifféremment au lieu de ces dernières. Comme A est entièrement dénué de valeur propre, on doit, quand il faut préciser d'une manière spéciale la nature du rapport, et souvent même quand on particularise d'une façon quelconque le conséquent, se servir d'une préposition dont la signification soit moins vague, moins indéterminée. Ainsi on dira : Il est monté à cheval pour s'enfuir, et Il est monté sur son cheval arabe pour s'enfuir. Cet enfant commence à parler, signifie qu'il balbutie ses premiers mots ; Cet orateur commence de parler, signifie qu'il est au commencement de son discours. Continuer à jouer, c'est conserver l'habitude du jeu ; Continuer de jouer, c'est ne pas quitter une partie engagée. Etre à la ville, c'est y résider ; Etre en ville, c'est y vaquer à ses occupations. Un verre à bordeaux signifie un verre destiné à recevoir du bordeaux ; Un verre de bordeaux signifie un verre qui en contient. On ne doit pas employer la préposition A placée entre deux nombres qui ne diffèrent que d'une unité, ni le substantif qui suit le second nombre représente une chose indivisible. Ainsi on dira : Il y avait dans cette maison cinq ou six femmes. Mais on dira correctement : J'irai chez vous de sept à huit heures. Eviter la répétition d'une même voyelle : Il y a à Arles des arènes admirables. De là il va à Alcala.

> Craignez qu'une voyelle à courir trop hâtée
> Ne soit d'une voyelle en son chemin heurtée
>
> (BOILEAU.)

AA, petite riv. de France (Pas-de-Calais), qui se jette dans la mer du Nord, à Gravelines.

AACHEN, nom allemand d'Aix-la-Chapelle.

AALBORG, v. du Jutland (Danemark) ; 14,200 h.

AAR, riv. de Suisse, affl. du Rhin.

AARAU, ch.-l. du c. d'Argovie sur l'Aar ; 5,400 h.

AARHUS, v. du Jutland (Danemark) ; 24,800 h.

AARON, frère aîné de Moïse, premier grand prêtre des Hébreux.

ABACA. s. m. Chanvre de Manille utilisé dans la fabrication des nattes, des paillassons, des cordons de sonnette, du papier et de quelques tissus de coton. Cette plante est de la famille des Scitaminées. Voy. ce mot.

ABACÈTE. s. m. Genre de Coléoptères de la famille des Carabiques.

ABAILARD ou **ABÉLARD** (PIERRE), philosophe et théologien scolastique, né au Pallet, près de Nantes, en 1 79, mort au prieuré de Saint-Marcel, près de Chalon-sur-Saône, en 1142. Ardent, laborieux, instruit, éloquent, il ouvrit des conférences publiques à Paris, sur la montagne Sainte-Geneviève, et brilla à l'apogée de sa gloire lorsqu'il s'éprit d'une passion, bientôt partagée, pour la jeune et studieuse Héloïse, nièce du chanoine Fulbert, et dont il était le précepteur. Héloïse devint mère, et Abailard s'unit à elle par un mariage secret. Fulbert, irrité, fit subir au grand docteur la plus in-

fâme des mutilations. Les deux amants se firent religieux : Héloïse à Argenteuil, Abailard en Champagne, près de Nogent-sur-Seine, dans un ermitage auquel il donna le nom de Paraclet (consolateur). Le nom d'Abailard est surtout resté célèbre par le souvenir de ce funeste amour (comme celui de Tycho-Brahé par sa théorie erronée du système du monde, plutôt que par ses importantes et immenses observations astronomiques).

ABAISSANT. adj. Qui abaisse : langage abaissant, conduite abaissante.

ABAISSE. s. f. Morceau de pâte étendu et aminci au moyen du rouleau, qu'on emploie principalement pour faire la croûte de dessous dans diverses pièces de pâtisserie.

ABAISSÉE. s. f. Action de baisser une chose. Une abaissée d'ailes correspond à une course quatre à cinq fois plus grande que l'envergure d'un oiseau.

ABAISSEMENT. s. m. Action d'abaisser ou de s'abaisser. Résultat de cette action. L'ab. des eaux. L'ab. du mercure dans le baromètre. || Fig., Diminution, affaiblissement Ab. de fortune. Ab. de la voix. || Humiliation volontaire ou forcée. La véritable grandeur est celle qui n'a pas besoin de l'ab. des autres. || T. Astr. Ab. d'un astre. Voy. PARALLAXE. Ab. de l'horizon. Voy. HORIZON. Ab. du pôle. Voy. PÔLE.

Syn. — Abaissement, Bassesse, Abjection. Ces trois mots forment gradation descendante. — L'ab. de la fortune ou du rang est compatible avec l'honneur ; la bassesse et l'abjection ne le sont point. L'ab. n'ôte pas la considération qui peut être due à la personne ; la bassesse et l'abjection l'excluent entièrement. Ainsi les mendiants sont au-dessous des pauvres, car ceux-ci ne sont que dans l'ab. et ceux-là sont dans la bassesse. L'abjection appelle le mépris.

Math. — Abaissement des équations. — Opération par laquelle on diminue le degré d'une équation algébrique, ou l'ordre d'une équation différentielle. On peut abaisser le degré d'un équation algébrique toutes les fois qu'on connaît soit une racine, soit une relation algébrique entre deux ou plusieurs racines. On peut abaisser l'ordre d'une équation différentielle linéaire quand on connaît une intégrale de cette équation. Voy. EQUATION.

ABAISSER. v. a. (R. bas). Faire aller en bas, faire descendre. Ab. un store. Ab. ses regards. || Diminuer de hauteur. Ab. un mur. — Ab. la voix, parler plus bas. || Fig., Déprimer, humilier, ravaler. Dieu abaisse les superbes. || T. Pâtiss. Ab. de la pâte, c'est l'étendre avec le rouleau pour la rendre aussi mince qu'on le désire. || Alg. Ab. une équation. Voy. ABAISSEMENT. || T. Chir. Ab. la cataracte. Voy. CATARACTE. || T. Géom. Ab. une perpendiculaire sur une ligne. Voy. PERPENDICULAIRE. = s'ABAISSER. v. pron. Devenir plus bas, moins élevé. Le terrain s'abaisse. Sa voix s'abaisse. || Fig., S'avilir, se dégrader, s'humilier, se soumettre. S'ab. des choses indignes de soi. Un Dieu qui s'abaisse jusqu'à se faire homme étonne et confond la raison (Massillon). || Devenir plus simple. Il sait varier son style suivant les sujets, s'élever ou s'ab. à propos. || Dans un sens poétique, on dit Ab. la hauteur : l'astronomie abaisse la hauteur des cieux. = ABAISSÉ, ÉE. part.

Syn. — Baisser, Rabaisser, Ravaler, Avilir, Humilier. — Baisser, au sens propre, signifie, d'une manière générale, diminuer la hauteur, faire descendre, faire aller de haut en bas. Baisser une muraille, baisser la paupière Ab., au propre, a la signification de baisser, mais il y ajoute une idée d'intention spéciale ; on abaisse une muraille pour jouir de la vue de la campagne ; on abaisse la paupière d'un mort. Au fig, baisser se dit en parlant des choses et non des personnes ; ab. s'emploie en parlant des personnes et non des choses. Enfin baisser est quelquefois neutre ; ab. ne l'est jamais. Rabaisser n'est pas usité au propre ; au fig., il désigne une action plus forte qu'ab., et dans laquelle il y a persistance. On s'abaisse au niveau de ceux qu'on ne peut élever jusqu'à soi ; on rabaisse l'orgueil d'une personne, le ton, l'arrogance d'un insolent. Ravaler, c'est ab. plus qu'il n'est juste ; humilier, c'est courber jusqu'à terre ; avilir, c'est plonger dans la fange, imprimer une flétrissure. On peut ab., rabaisser, ravaler et même humilier un grand homme ; mais on ne saurait l'avilir. On s'abaisse quelquefois par modestie ; on s'avilit par ses vices ; on s'humilie devant Dieu.

ABAISSEUR. adj. m. Qui sert à abaisser. Se dit de différents muscles dent la fonction est d'abaisser les parties auxquelles ils sont attachés. *Les muscles abaisseurs de la mâchoire inférieure.* || S'emploie aussi subst. *L'ab. de l'œil.*

ABAJOUE. s. f. (Contraction de *à bas joue*, au bas de la joue). Espèce de poche que divers genres de mammifères (les singes surtout) portent aux deux côtés de la bouche. || Fam., on appelle *Abajoues* des joues volumineuses et pendantes.

Zool. — La plupart des singes de l'ancien continent sont pourvus d'abajoues qui s'ouvrent à l'intérieur de la cavité buccale. Elles s'ouvrent à l'extérieur chez certains rongeurs d'Amérique appelés pour cela *Diplostomes* (à double bouche). Chez le *hamster*, autre genre de rongeurs dont une espèce se rencontre en Alsace, les abajoues représentent deux sacs qui se prolongent depuis l'angle des lèvres jusqu'au-devant des épaules. Ces poches servent à mettre en réserve pendant quelque temps ou à transporter à une certaine distance les aliments que l'animal ne veut pas consommer sur-le-champ. Quelques chauves-souris du genre *nyctère* portent, ainsi que l'a découvert Geoffroy Saint-Hilaire, des abajoues fort remarquables. Au fond de ces cavités, se trouve une ouverture étroite, par où l'animal peut introduire de l'air dans le tissu cellulaire très lâche qui unit la peau aux muscles sous-jacents. Pour cela, il ferme le canal nasal au moyen d'un mécanisme particulier, et ensuite il pousse sous la peau l'air qu'il expire. L'animal devient ainsi plus volumineux, mais plus léger pour le vol.

ABALOURDIR. v. a. Rendu balourd, hébété. — Populaire. = ABALOURDI, IE. part.

ABANDON. s. m. État de l'être abandonné. *Mourir dans l'ab.* *Une maison est dans l'ab.* || Action d'abandonner, au prop. et au fig. *L'ab. de ses amis l'a consterné. L'ab. de soi-même. L'ab. est le partage des malheureux; il ne devrait être que celui des méchants.* || En parlant des discours, des ouvrages d'esprit et des productions des arts, des manières, il se dit d'une sorte d'abondance facile, de négligence aimable, de laisser-aller qui exclut toute recherche, toute affectation. *Cette femme a dans ses manières un ab. séduisant. Ce style a de l'ab.* || Confiance entière. *Il m'a parlé avec un entier ab.* || T. Droit. Délaissement. — Acte par lequel on se dessaisit d'une chose ou d'un droit. — Acte par lequel un débiteur délaisse ses biens à ses créanciers. Voy. CESSION. = A L'ABANDON. loc. adv. Sans soin, sans ordre. *Sa maison va à l'ab. Tout est à l'ab. dans le ménage.*

Syn. — *Abandonnement, Cession, Abdication, Renonciation, Démission, Désistement.* — On fait *un abandon, un abandonnement* ou une *cession* de ses biens. On fait *abdication* de sa dignité, de son pouvoir. On fait une *renonciation* à ses droits et à ses prétentions. On donne sa *démission* d'un emploi. On donne un *désistement* de sa plainte, de ses poursuites.

ABANDONNEMENT. s. m. État de délaissement complet. *Il est dans l'ab. de tous ses amis.* || Acte d'abandonner. *Faire un ab. de ses biens, de ses revenus.* || Fig., Action de se livrer sans réserve. *Ce prince s'est perdu par son entier ab. à d'indignes favoris.* || Dans un sens absol., sign. Désordre, déréglement. *Il vit dans le dernier ab.*

ABANDONNER. v. a. (litt. *donner à ban*, délaisser une chose à qui la voudra prendre). Quitter, délaisser entièrement. *Il a abandonné son pays, sa femme, ses enfants. Dieu n'abandonne pas les siens.* || Cesser de protéger, de défendre, de soigner. *Ab. une forteresse. Ab. ses droits. Ce père a abandonné son fils. Les médecins ont abandonné ce malade.* || Laisser en proie, exposer, livrer. *En ce sens, il est toujours suivi de la préposition à. Ab. une ville au pillage.* — *Ab. un ecclésiastique au bras séculier*, c'était le renvoyer au juge laïque, afin de le punir selon les lois. || Laisser échapper. *N'abandonnez pas cette corde. Ab. les étriers.* || *Ab. une chose, une personne à quelqu'un*, c'est lui permettre d'en faire et d'en dire ce qu'il lui plaira. *Je vous abandonne mon verger. Dites ce que vous voudrez de cet homme, je vous l'abandonne.* || Renoncer à. *Ab. ses projets, une entreprise, un système.* || Confier, remettre. *Il a abandonné son fils à un sage gouverneur. J'ai abandonné mes affaires à mon intendant. Abandonnez-vous à la Providence.* || Accorder, concéder. *Je vous abandonne ce point.* || Au fig., se dit des facultés physiques et morales, lorsqu'elles viennent à nous manquer.

Son courage l'abandonne. L'appétit et le sommeil m'ont abandonné. || T. Man. *Ab. son cheval*, c'est le laisser courir de toute sa vitesse. = s'ABANDONNER. v. pron. Se laisser aller, se livrer à quelqu'un, à quelque chose, sans retenue, sans réserve. *S'ab. à la débauche, à la tristesse. S'ab. à la joie, à la fortune, à la Providence.* || Se dit d'une femme qui se prostitue. *C'est une femme qui s'abandonne à tout le monde.* En ce sens, il s'emploie aussi absol. *Les mauvais exemples d'une mère portent souvent une fille à s'ab.* || Perdre courage, tomber dans l'accablement. *Que deviendra votre famille, si vous vous abandonnez ainsi?* || T. Man. On dit qu'*Un cheval s'abandonne*, lorsqu'il ralentit sa marche, soit par fatigue, soit par paresse, soit par inattention de la part du cavalier. = ABANDONNÉ, ÉE. part. Se prend subst. *Un ab.*, Un homme perdu de débauche. *Une abandonnée*, Une femme entièrement plongée dans le libertinage.

Syn. — *Délaisser, Quitter.* — *Ab.* se dit des personnes et des choses; *délaisser* se dit surtout des personnes. Nous *abandonnons* les personnes et les choses dont nous n'avons pas besoin; nous *délaissons* les malheureux qui auraient besoin de nos secours. Celui qui *abandonne*, brise tous les liens qui l'attachent à la personne ou à la chose; celui qui *quitte* ne fait que les dénouer ou les relâcher. On *quitte* un ouvrage pour le reprendre plus tard; on l'*abandonne* pour n'y plus revenir.

ABAQUE. s. m. (gr. ἄβαξ, table, buffet). T. Arch. et Math.

Arch. — En architecture, on donne le nom d'*Ab.* à la partie supérieure du chapiteau d'une colonne. L'*ab.* paraît avoir constitué à lui seul le chapiteau primitif. Dans les ordres Toscan, Dorique et Ionique ancien, c'est un membre plat et carré, qui rappelle assez bien la signification grecque du mot. C'est pour cela que les Italiens le nomment *Credenza*, et que,

Fig. 1.　　　　　　　Fig. 2.

chez nous, on l'appelle quelquefois *Tailloir*. (Fig. 1. Ab. d'un chapiteau d'ordre Dorique. *Parthénon.*) Dans les ordres riches, l'*ab.* s'éloigne de sa forme primitive : dans les ordres Composite et Corinthien, par exemple, il se compose d'un *quart de rond*, d'un *filet* et d'un *congé*. (Fig. 2. Ab. d'un chapiteau d'ordre Composite.) Voy. CHAPITEAU et ORDRES d'Architecture..

Math. — On appelle *Ab.* une machine à calculer d'une simplicité extrême, mais qui ne sert qu'à opérer des additions et des soustractions. Cet instrument était déjà connu des Grecs, et il est encore d'un usage vulgaire chez les Russes et

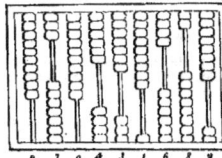

Fig. 3.

chez les Chinois. L'*ab.* se compose d'un châssis auquel sont fixées des baguettes enfilées chacune de 10 boules mobiles. (Fig. 3.) La première baguette, à partir de la droite, représente les unités, la seconde les dizaines, la troisième les centaines, etc. Le nombre de boules abaissées dans chaque série indique le nombre d'unités, de dizaines, de centaines, etc., que l'on a obtenues dans un calcul. On suit, quand on se sert de cette machine, les procédés habituels de l'addition et de la soustraction. Le nombre des boules abaissées dans la Fig. ci-dessus donne 70 431 682. — L'ab. a été introduit dans les écoles sous le nom de boulier compteur. Le nom d'ab. a encore été appliqué à des tableaux qui servent à l'exécution de divers calculs ou de certaines combinaisons numériques. Voy CALCUL.

ABARIM, montagne de la Palestine.

ABARIS, prétendu magicien auquel on attribuait la faculté de traverser les airs sur une flèche.

ABASIE, région de la Russie d'Asie, au S. du Caucase et le long de la mer Noire.

ABASOURDIR. v. a. (R. *sourd*). Etourdir, assourdir. *Ce coup de tonnerre m'a ab.* || Fig. et fam., Consterner, accabler, ennuyer, importuner. *La nouvelle de sa disgrâce l'a tout ab. La perte de sa place l'a ab.* = ABASOURDI, IE. part.

ABAT. s. m. (R. *abattre*). Action d'abattre, de renverser, de tuer. || S'emploie quelquefois pour abatis. || *Ab.* ou *Abais* : averse énorme.

ABATAGE. s. m. (R. *abattre*). L'action d'abattre des bois qui sont sur pied ; le travail nécessaire pour les abattre ; le prix que coûte ce travail. || Action de tuer, de mettre à mort les chevaux, les bestiaux. || Action d'abattre un navire, c.-à-d. de le mettre sur le côté, pour travailler à la carène ou à quelque autre partie qui se trouve ordinairement plongée dans l'eau.
Remarque. L'orthographe des mots *Abatage, Abatant* et *Abatis,* avec un seul *t,* est une inconséquence, ces trois mots ayant pour radical *Abattre.*

ABATANT. s. m (R. *abattre*). Panneau de menuiserie qu'on lève ou qu'on abaisse à volonté. || Pièce du métier à bas qui fait descendre les platines à plomb.

ABATARDIR. v. a. (R. *bâtard*). Faire dégénérer, altérer. Se dit de l'homme, des races d'animaux et des espèces végétales. || Fig., *Une longue servitude abâtardit le courage.* = S'ABATARDIR. v. pron. Dégénérer. Se dit au prop. et au fig. = ABATARDI, IE. part.

ABATARDISSEMENT. s. m. Action de s'abâtardir ; résultat de cette action. S'emploie au prop. et au fig.

ABATÉE. s. f. T. Mar. Mouvement oscillatoire d'un navire autour de son axe vertical. En gén., il est causé par l'action de la lame, du vent ou de la marée. Les abatées ne vont jamais au delà de 67° 30'. On dit d'un bâtiment, *Il commence son ab., il est dans son ab., il a fini son ab.*

ABATELLEMENT. s. m. T. Jurispr. On nomme ainsi, dans le Levant, une sentence du consul de France interdisant tout commerce à ceux de ses nationaux qui désavouent leurs marchés ou ne payent pas leurs dettes.

ABAT-FAIM. s. m. T. Cuis. Pièce de résistance qu'on sert au commencement d'un repas. || Pas d'S au pluriel.

ABAT-FOIN. s. m. T. Economie rurale. Ouverture pratiquée au-dessus d'une écurie ou d'une étable et par laquelle on jette le foin ou la paille. || Pas d'S au pluriel.

ABATIA. s. f. (du grec ἄβατος, inaccessible). Genre de plantes tropicales de la famille des *Samydées.* (Voy. ce mot.) Ce sont des arbres ou des arbustes.

ABATIS. s. m. (R. *abattre*). Quantité de choses abattues, telles que bois, arbres, pierres, maisons. || T. Chasse. *Faire un grand ab. de gibier,* Tuer beaucoup de gibier. || T. Cuis. La tête, le cou, les ailerons, les pattes, etc., d'une volaille. *Un ab. de dindon,* Servir des ab. || T Art mil. Retranchement formé par des arbres abattus, que l'on entrelace de façon à ce que l'ennemi ne puisse les déplacer qu'avec beaucoup

de temps et d'efforts. || Fig., *La Révolution a fait un grand ab. dans la forêt des abus.*

ABAT-JOUR. s. m. Baie dont le plafond ou l'appui, et fréquemment l'un et l'autre, sont inclinés de l'extérieur à l'intérieur, afin que le jour qui vient d'en haut éclaire d'une plus vive lumière les objets placés dans la direction des rayons lumineux. || Réflecteur qu'on place au-dessus d'une lampe. || Pas d'S au pluriel.

ABAT-SONS. s. m. Lames de bois recouvertes de plomb ou d'ardoises qui garantissent les beffrois de la pluie et renvoient le son vers le sol.

ABATTEMENT. s m. État de ce qui est abattu ; faiblesse ; diminution des forces physiques ou morales. *Ce malade est dans un grand ab. Il était dans l'ab. du désespoir. L'homme doit être à l'abri de l'ivresse de la prospérité et de l'ab. du malheur* || Fig. *L'ab. du visage,* l'expression d'accablement qui se peint sur le visage.
Syn — *Accablement, Affaissement, Langueur, Épuisement, Faiblesse, Découragement, Prostration* — L'ab. physique ou moral est une langueur momentanée qui, lorsqu'elle se prolonge, devient de l'accablement. L'accablement consiste dans une chute rapide et considérable des forces. L'affaissement exprime spécialement cette augmentation rapide de la faiblesse. L'épuisement diffère de la langueur en ce qu'il résulte de causes qui appauvrissent directement l'économie animale, comme la privation d'aliments suffisamment réparateurs, les évacuations excessives, etc. Le terme générique de *faiblesse* comprend toute diminution de forces, quelles que soient la cause, la rapidité ou la forme de ce phénomène. Dans un sens plus restreint, la *faiblesse* est la compagne de la convalescence d'une maladie aiguë. — Au moral, l'accablement est un état de l'âme qui succombe sous le poids de ses peines. L'ab., sorte de langueur que l'âme éprouve à la vue d'un mal qui lui arrive, la conduit quelquefois jusqu'à l'accablement. Le découragement est aussi une faiblesse de l'âme, qui cède aux difficultés et qui nous fait abandonner une entreprise commencée, nous ôtant le courage nécessaire pour la finir. Il accompagne toujours l'accablement. La prostration est un accablement complet de l'âme et du corps. — Il faut dire l'abatage des arbres, des pièces de gibier, et non l'abattement.

ABATTEUR. s. m. Celui qui abat. Se dit absol. d'un homme qui fait beaucoup de besogne. || N'est guère usité que dans cette phrase fam., *C'est un grand ab. de quilles,* que l'on dit ironiq. en parlant d'un homme qui se vante de prouesses qu'il n'a pas faites.

ABATTOIR. s. m. (R. *abattre*). Établissement où se fait l'abatage des bestiaux destinés à l'approvisionnement d'une ville. — Les abattoirs sont, en général, situés à l'extrémité de la ville ou hors de son enceinte. Ils ont été fondés dans un but d'hygiène et de sécurité publique. Les habitants des villes où existent des abattoirs ne sont plus exposés aux émanations infectes et délétères qui s'échappaient des boucheries, et au danger que leur faisait souvent courir, dans les rues intérieures de la cité, le passage des animaux destinés à l'abatage. En outre, ces établissements permettent à l'administration d'exercer une surveillance plus active sur la qualité des viandes livrées à la consommation publique. Les abattoirs construits sur une grande échelle, comme ceux de Paris, consistent en une vaste enceinte fermée de hautes murailles et de grilles, où l'eau arrive partout en abondance pour les besoins du service et pour l'entretien de la salubrité. On y trouve un pavillon pour l'administration, des greniers à fourrage, des parcs pour les bestiaux, des échaudoirs où les animaux sont tués et dépecés, des bâtiments destinés à la fonte des suifs, à l'apprêt des intestins et des autres parties qui constituent le commerce des tripiers. L'abattoir de la Villette à Paris a été établi sur des proportions grandioses. On y a prévu l'abatage quotidien de 2,500 bœufs ou vaches, 1,800 veaux, 15,000 moutons, 480 porcs. La consommation actuelle est loin d'atteindre ces chiffres.

ABATTRE. v. a. (R. *battre*). Mettre à bas, renverser à terre. *Ab. un arbre. Ab. son adversaire.* || Faire tomber. *Ab. du fruit. La pluie abat la poussière.* || Démolir, ruiner. *Ab. une muraille.* || Accabler, vaincre. *Il a abattu tous ses ennemis.* || Tuer, assommer. *Ab. un oiseau au vol. Ab. un bœuf.* || Faire cesser, apaiser. *Petite pluie* *abat grand vent.* || Affaiblir, au phys. ou au moral. *Cette maladie l'a bien abattu. Le moindre revers l'abat. Ne vous laissez pas ab. à la tristesse ou par la tristesse.* || On dit de quelqu'un qui fait beaucoup de travail en peu de temps : *Il abat de la besogne, Il abat du bois.* || Au jeu de trictrac, *Ab. du bois*, c'est jouer beaucoup de dames de la pile, afin de caser plus aisément. — *Ab. du bois*, au jeu de quilles, sign., Renverser un grand nombre de quilles. — Au jeu de cartes, *Ab. son jeu*, c'est le mettre sur la table pour le montrer. Dans ce dernier sens, on dit quelquefois absol., *Abattre.* || T. Mar. *Ab. un navire*, l'ab. en carène. Voy. ABATAGE. = s'ABATTRE. v. pron. *La violence du vent fut telle que le chêne s'abattit. Le vrai courage ne peut s'abattre.* || Tomber. *Un cheval s'abat*, lorsque les pieds lui manquent. || Fondre, se précipiter sur. *Le vautour s'abat sur sa proie.* || S'apaiser. *La fièvre s'abat.* = ABATTU, UE. part. *Courir à bride abattue*, voy. BRIDE. || Fig., *Visage abattu*, Visage où se peint l'accablement. = Conjug. Voy. BATTRE.

Syn. — *Rabattre, Démolir, Renverser, Ruiner, Détruire.* — L'idée propre d'*ab.* est celle de jeter en bas : on *abat* ce qui est élevé. Celle de *démolir* est de rompre la liaison d'une masse construite : on ne *démolit* que ce qui est bâti. Celle de *renverser* est de coucher par terre ce qui était sur pied. Celle de *ruiner* est de faire tomber par morceaux. Enfin, celle de *détruire* est d'anéantir l'ordre et l'apparence même des choses. Au fig., on ne dit pas, *ab.* le caquet de quelqu'un ; il faut dire, *rabattre* le caquet.

ABATTUE. s. f. T. Archit. peu usité ; on dit aujourd'hui RETOMBÉE. V. ce mot. || Salines. Travail produit par l'évaporation de l'eau d'une chaudière pleine d'eau salée.

ABATTUES. s. f. pl. T. Chasse. Traces, foulures que laissent les bêtes fauves en passant dans les broussailles ou les taillis.

ABAT-VENT. s. m. T. Archit. (pluriel sans S). Arch. — On appelle ainsi un assemblage de petits auvents parallèles et inclinés de dedans en dehors que l'on établit dans les baies des tours, des clochers et de certaines manufactures, pour garantir l'intérieur du vent et de la pluie, tout en laissant à l'air une libre circulation. Les abat-vent des clochers permettent au son de se répandre au loin. Voy. ARCHITECTURE.

ABAT-VOIX. s. m. Dessus d'une chaire à prêcher.

ABAX. s. m. (gr. ἄβαξ, table). T. Entom. Voy. CARABIQUES.

ABBADIE, ministre et théologien protestant (1658-1727).

ABBASSIDES, dynastie de 37 califes musulmans descendants d'Abbas, oncle de Mahomet (750 à 1258).

ABBATIAL, ALE. adj. [T se pron. comme C.] Qui appartient à l'abbaye, à l'abbé ou à l'abbesse. *Palais ab. Maison abbatiale. Crosse abbatiale. Droits abbatiaux.* || s. f. La maison abbatiale. *L'abbatiale de Saint-Germain des Prés.*

ABBATUCCI (JACQUES-PIERRE). général français (1726-1812). || ABBATUCCI (Charles), fils du précédent, général, tué à 26 ans au siège de Huningue (1771-1796). || ABBATUCCI (J.-Pierre-Charles), ministre de la justice sous Napoléon III (1791-1857).

ABBAYE. s. f. [On pron. *a-bé-i.*] (R. *abbas*, abbé). Monastère d'hommes ou de femmes qui vivent sous la dépendance d'un supérieur qui porte le nom d'abbé, ou d'une supérieure qu'on nomme abbesse. Les abbayes proprement dites ont à peu près disparu ; mais il y a toujours des couvents.

La vie chrétienne monastique est d'origine orientale. Déjà au IIIᵉ siècle, les moines égyptiens vivaient trente ou quarante ensemble dans une habitation isolée, et trente ou quarante de ces maisons formaient une espèce de village qu'on appelait *Monastère*. La plupart des cénobites adoptèrent la règle de saint Basile, et se placèrent sous la direction d'un supérieur auquel ils donnèrent le titre d'*Abbé*. Les premiers abbés furent laïques, ainsi que les moines placés sous leur direction ; mais lorsque le pape saint Sirice eut appelé les moines à la cléricature, la plupart des abbés

appartinrent au clergé. La vie monastique s'étant introduite dans l'Occident au commencement du Vᵉ siècle, les religieux imitèrent l'organisation des moines d'Orient. Ils vécurent en commun, obéissant au supérieur qu'ils s'étaient donné et dont la nomination avait été confirmée par le pape ou par l'évêque de la province. Le travail assidu des moines, — on leur doit le défrichement d'une grande partie de l'Europe, — l'habile administration de leurs revenus, et enfin les donations nombreuses que leur firent les rois, les seigneurs et les simples particuliers, augmentèrent rapidement la richesse des abbayes. Mais ces richesses ayant excité la convoitise des rois et des princes souverains, ceux-ci tentèrent de s'arroger le pouvoir d'en disposer et de nommer les abbés. Ils se réservèrent du moins ce droit dans les abbayes qu'ils fondèrent depuis. Ce fut alors que s'établit la distinction des abbayes en *règle*, et des abbayes en *commende*. Les premières étaient celles qui avaient conservé le droit d'élire leurs abbés ; les secondes étaient à la nomination des rois ou des princes qui souvent conférèrent ces bénéfices, avec tous les privilèges attachés au titre d'abbé, aux seigneurs qui leur avaient rendu des services. Ainsi la dignité d'abbé devint plutôt la récompense de la valeur que de la piété. Dans ce cas, l'*abbé commendataire* jouissait des revenus de l'ab., sous la condition d'acquitter les charges du monastère, de veiller à la célébration des offices et de distribuer les aumônes. Mais, à la différence des *abbés réguliers* qui réunissaient dans leurs mains le pouvoir spirituel et le pouvoir temporel, les *abbés commendataires* ne possédaient que le second. Ils étaient tenus de laisser le soin du spirituel à un sous-supérieur qui portait

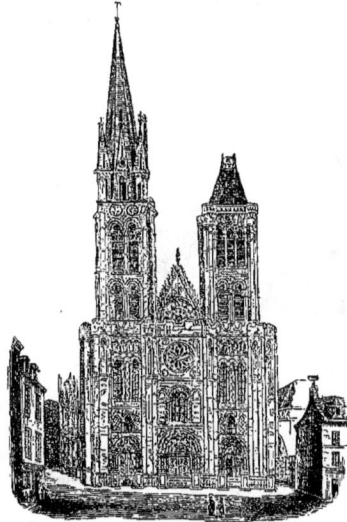

Fig. 1.

le nom de *Prieur claustral*. Dès le VIIIᵉ siècle, on commença à donner des abbayes en commende perpétuelle. On vit alors des seigneurs laïques prendre le titre d'abbés de certaines abbayes. Ainsi les rois de France Philippe Iᵉʳ, Louis VI, et ensuite les ducs d'Orléans, s'intitulaient abbés de Saint-Aignan d'Orléans. Au reste, l'Église eut de longues luttes à soutenir contre le pouvoir temporel au sujet des abbayes en commende, qu'elle condamnait. Ces contestations ne cessèrent en France qu'en 1516, époque du concordat entre le pape Léon X et François Iᵉʳ. Ce concordat conféra au roi le droit de nommer aux abbayes. L'élection ne fut conservée qu'aux abbayes chefs d'ordre, comme Cluny. — Lorsqu'une ab. possédait des terres ou des fermes situées à une trop grande distance, l'abbé envoyait des moines s'établir dans ces domaines afin de les faire valoir. Ces succursales portaient le nom de *Celles*, d'*Obédiences* ou de *Prieurés*, et le supérieur qui gouvernait au nom de l'abbé recevait le titre de *Prieur*. Mais un grand nombre de ces colonies religieuses ne tardèrent pas à empiéter sur les droits de l'abbaye mère; elles s'administrèrent elles-mêmes, et, au XIVe siècle, les prieurés étaient regardés et réglés comme de véritables bénéfices. Ces prieurés furent appelés *conventuels*, et l'on donna aux chefs de ces maisons le titre de *Prieur conventuel*, par opposition au nom de *Prieur claustral* que portait le gouverneur spirituel des abbayes en commende. Parmi les abbayes qui occupent un rang dans l'histoire, nous devons citer celles de Cluny, de Cîteaux et de Prémontré en France, de Fulde en Allemagne, de Saint-Gall en Suisse, du Mont-Cassin en Italie et de Westminster en Angleterre. Au moyen âge, le nombre et l'importance des abbayes étaient prodigieux. Si l'on s'en rapporte à l'auteur espagnol de la Chronique de l'ordre des Bénédictins, il y aurait eu 47,000 abbayes, 14,000 prieurés de moines et 15,000 couvents de filles appartenant à cet ordre. Ce qu'il y a de certain, c'est que l'abbé Trithème, au XVe siècle, comptait aisément 15,000 grandes abbayes de bénédictins et de bénédictines, en laissant de côté une foule de petits monastères. Il existait, en France, avant la Révolution, environ 1,200 abbayes dont 434 étaient régulières et les autres en commende. Les principales abbayes de Paris et de ses environs étaient celles de Montmartre, de Saint-Denis (Fig. 1. Façade de l'église abbatiale de Saint-Denis), de Port-Royal des Champs, de Saint-Victor, de Saint-Germain des Prés, de Sainte-Geneviève, de Chelles, et de Saint-Antoine. — L'église d'une ab était aussi nommée *abbaye*, mais le plus souvent on réservait ce nom pour désigner l'ensemble des édifices de cette sorte de monastère. Les grandes abbayes se composaient ordinairement de deux immenses cours quadrangulaires, autour desquelles régnaient des corps de bâtiments. L'église et ses dépendances, la salle capitulaire, le réfectoire, l'aumônerie, l'infirmerie, la bibliothèque et les parloirs enveloppaient le cloître. Cette partie de l'ab., comme on le voit par le cloître du monastère du

Fig. 2.

Mont-Cassin (Fig. 2), était une vaste cour entourée de galeries où venaient aboutir les cellules des moines. Le logement de l'abbé constituait souvent à lui seul un important édifice, quelquefois même un palais, qui communiquait avec l'église et le chapitre. Tous les bâtiments, tels que fermes, greniers, granges, moulins, écuries, étaient entourés de murailles élevées, que l'on nommait un *enclos*, et cet ensemble d'édifices religieux offrait quelquefois l'aspect d'une petite cité fortifiée. Il serait impossible de donner des notions générales sur l'architecture des abbayes, car elle offre des caractères différents selon les pays et selon les époques. Aujourd'hui, à bien peu d'exceptions près, les grandes abbayes ont disparu ou achèvent de disparaître. Les solides monuments de l'art chrétien, dont les moines avaient si bien su choisir les sites dans les lieux les plus pittoresques, seront bientôt tous ensevelis sous leurs ruines. La prison de l'abbaye de Saint-Germain des Prés à Paris, a joué un grand rôle sous la Révolution; elle a été démolie en 1854. Nous signalerons, parmi les abbayes les mieux conservées, celle du Mont-St-Michel, qui est une merveille féodale.

ABBÉ. s. m. (héb. *ab; abba*, père). Originairement, supérieur d'une abbaye; celui qui possède une abbaye. Aujourd'hui le nom d'*Ab.* se donne communément à tout ecclésiastique. ‖ Prov. et fig., *Faute d'un moine on ne laisse pas de faire un abbé*, ou *Pour un moine l'abbaye ne faut pas*, Quand un homme manque à une assemblée, à une partie de plaisir où il devrait être, on ne laisse pas de délibérer, de s'amuser, ou de faire en son absence ce qu'on avait résolu.

— *On l'attend comme moines font l'ab.*, On se met à table sans attendre la personne en retard. — *Le moine répond comme l'ab chante*, Les inférieurs se modèlent en tout sur leur supérieur. ‖ *Jouer à l'ab.*, Jouer à une espèce de jeu où l'on est obligé de faire tout ce que fait celui qui conduit le jeu, et auquel on donne le nom d'*Ab*.

Hist. — Outre les abbés *réguliers* et *commendataires*, dont nous avons parlé au mot ABBAYE, il y avait encore des *abbés mitrés*, c'e t-à-dire qui possédaient le privilège de porter la mitre : seulement leurs mitres devaient être brodées d'or et non ornées de pierres précieuses comme celles des évêques. Ces abbés exerçaient sur leurs domaines l'autorité épiscopale, droit qui les faisait appeler en Angleterre *abbés généraux*, *abbés souverains*. Quelques abbés portèrent la crosse ou bâton pastoral, et se donnèrent le nom d'*abbés crossés*. Il y a encore aujourd'hui (1891) des abbés crossés et mitrés, par exemple le supérieur actuel de l'abbaye de Lérins, près de Cannes. On trouve chez les Grecs des *abbés œcuméniques* ou *universels*. — Le titre d'*ab*. était ordinairement plus élevé que celui de *prieur*. Ainsi, dans l'ordre de Cluny, il n'existait qu'un seul ab. et toutes les maisons qui appartenaient à cet ordre n'avaient que des prieurs. — Dans le dernier siècle, on donnait le nom de *Petits abbés* ou d'*Abbés au petit collet*, à une foule de gens qui n'avaient pas même reçu la tonsure, et qui se servaient du petit collet comme d'un passeport auprès des grands et des nobles.

ABBESSE. s. f. Supérieure d'un monastère de filles, qui a droit de porter la crosse. *Nommer, élire, bénir une ab.* — *Ab. triennale*, Celle qui ne pouvait exercer les fonctions de supérieure que pendant trois années. — *Ab. perpétuelle*, Celle qui était nommée à vie.

Hist. — Le droit canonique a suivi les mêmes phases pour les religieuses que pour les moines. Néanmoins quelques abbayes conservèrent le droit d'élire leurs supérieures; mais la plupart les recevaient sur la nomination des princes. En France cependant, comme les abbayes de filles n'avaient pas été comprises dans le concordat entre Léon X et François Ier, elles restèrent toujours électives. Les abbesses n'avaient que l'administration du temporel de leurs monastères; en ce qui concernait le spirituel, elles relevaient de l'évêque diocésain. Quoique l'autorité spirituelle leur fût refusée par l'Église, leur position et leurs immenses revenus leur donnaient une haute considération et un rang très élevé dans le monde.

ABBEVILLE, ch.-l. d'arrond. (Somme), port sur la Somme. Manufactures de drap. 19,900 hab. Nom des hab. : Abbevillois.

ABBIATEGRASSO, v. d'Italie, prov. de Milan. 10,000 h.

ABBON, moine de Saint-Germain des Prés, auteur du *Siège de Paris par les Normands*, poème latin (850-923).

ABBOT, archevêque de Cantorbéry (1562-1633).

ABBOTSFORD, château d'Ecosse, résidence favorite de Walter Scott.

A B C. s. m. [On pron. *abécé*.] Petit livret contenant l'alphabet et la combinaison des lettres, pour enseigner à lire aux enfants. ‖ Fig. et fam., Le commencement d'un art, d'une science, d'un métier. *Je n'en suis qu'à l'A B C de la musique*, Je n'en suis qu'aux premières notions de la musique. ‖ Prov. et fig , *Renvoyer quelqu'un à l'A B C*, c'est le traiter d'ignorant. ‖ On dit aussi A B C D.

ABCÉDER. v. n. T. Path. Se transformer en abcès; se terminer par abcès. = Conj. Voy. CÉDER.

ABCÈS. s. m. (lat. *abscedere*, s'éloigner, parce que le pus écarte, sépare des parties qui étaient auparavant contiguës). Collection de pus dans une cavité accidentelle, formée aux dépens du tissu des organes, par la séparation de leurs molécules, par l'écartement de leurs fibres.

Path. — Les *Ab.*, quels que soient leur caractère, leur siège, leur volume et leur forme, sont toujours le résultat d'une inflammation dont les causes, la marche et l'intensité présentent de nombreuses variétés. — Les ab. peuvent se former dans toutes les parties du corps, dans tous les tissus, à l'exception de l'épiderme et de ses appendices, des dents, et peut-être des cartilages. Mais, pour qu'il y ait ab. véritable, il faut que le pus se rassemble en un foyer unique; or cette condition n'existe pas dans les tissus fibreux et fibrocartilagineux, non plus que dans l'épaisseur même des os et des membranes synoviales. Toutes ces parties, bien que sujettes à l'inflammation suppurative, ne sont jamais le siège d'ab. véritables. Ceux-ci affectent plus particulièrement le tissu cellulaire, et souvent même on peut supposer, lorsqu'un ab. occupe certains organes, qu'il siège réellement dans le tissu cellulaire qui entre dans la composition de ces organes. — Les ab. sont susceptibles de plusieurs classifications, selon que l'on considère leur siège, leur forme, leur cause ou leur marche. Nous nous contenterons d'examiner les ab. sous ces deux derniers points de vue, qui sont les plus importants. — 1° Souvent la cause d'un ab., n'ayant eu qu'une influence passagère, n'existe plus, ni dans le point où s'est établie l'inflammation ni ailleurs. L'ab. constitue alors à lui seul toute la maladie. On appelle ces ab. *idiopathiques*. Les ab. *symptomatiques* sont ceux qui surviennent, soit au début, soit dans le cours, soit au déclin d'une affection aiguë ou chronique, locale ou générale, et dont l'existence est liée à la présence actuelle de l'affection morbide. Tels sont les ab. qui se développent, par ex., dans le voisinage des os atteints par la carie, dans l'épaisseur de la joue, chez les individus tourmentés par une violente douleur de dents. Le nom que l'on donne à quelques-uns de ces ab., tels que les ab *urineux*, *stercoraux*, *laiteux*, indique suffisamment la cause ou l'affection dont ils sont le symptôme. Enfin, il est d'autres ab. symptomatiques que l'on désigne par le terme d'ab. *constitutionnels*, parce qu'ils se développent sous l'influence d'un vice général de la constitution, d'une disposition morbifique quelconque de tout l'organisme. Comme ex. de cette catégorie, nous ne citerons que les ab. *scrofuleux*. — 2° Relativement à la durée de leur marche, on divise les ab. en ab *chauds ou phlegmoneux*, et en ab. *froids*. Les premiers marchent avec rapidité; ils succèdent ordinairement à une inflammation vive, douloureuse, et siègent le plus souvent dans le tissu cellulaire. Les ab froids sont souvent indolents et marchent avec une lenteur parfois extrême. L'ab *froid* se subdivise en ab. *froid proprement dit*, et en ab. *par congestion*. Dans le premier cas, le pus se forme dans l'endroit même où il s'amasse; dans le second, il subit une sorte de migration. Ainsi, par ex., une collection purulente consécutive à une carie des vertèbres dorsales peut, en suivant le contour des côtes, venir former une tumeur à la partie antérieure de la poitrine. Dans la très grande majorité des cas, les ab tendent à s'ouvrir au dehors : quelquefois pourtant, lorsqu'ils sont très profonds, on les voit perforer la paroi qui les sépare des grandes cavités du corps, et y produire des épanchements presque toujours funestes. Enfin, il est encore une sorte d'ab. que l'on appelle *métastatiques* et qui se manifestent fréquemment à la suite des grandes opérations, des fractures, et ils affectent de préférence, non seulement les viscères les plus riches en vaisseaux sanguins, mais encore la partie de ces mêmes viscères où les vaisseaux sanguins sont les plus nombreux. Ces ab. sont ordinairement en nombre considérable : le plus souvent, on les rencontre par vingtaines, par centaines, et quelquefois même par milliers, disséminés à la surface ou dans la profondeur des organes. Ces ab. constituent le principal symptôme de l'*Infection purulente*. Voy. ce mot. Nous ne dirons rien du mode de traitement des ab., traitement qui varie suivant leur cause, leur siège, leur nature et leur liaison avec divers états de l'économie; notre seul but, en présentant les détails qui précèdent, ayant été de donner une idée exacte de la valeur des termes médicaux le plus fréquemment employés en parlant des abcès. Voy. Pus, Pseudo-membrane.

ABCISSE. Voy. Abscisse.

ABDALLAH. s. m. (ar. *abd*, serviteur; *Allah*, Dieu). Nom générique que les Persans donnent aux Religieux. Il correspond à celui de Moine chez les chrétiens. — On écrit aussi Abdala.

ABDALLAH, père de Mahomet (545-570.)

ABDALLAH, dernier chef des Wahabites d'Arabie, vaincu par Méhémet-Ali (1818).

ABDALLAH-BEN-YAZIM, fondateur de la puissance des Almoravides, vers 1050.

ABD-AL-RAHMAN AL SÛFI, astronome arabe du X° siècle.

ABD-EL-KADER, défenseur de la nationalité arabe en Algérie contre les Français, né en 1807, fait prisonnier en 1847, rendu à la liberté en 1852, mort en Syrie en 1883.

ABD-EL-MELEK ou MALEK, 5° calife ommiade de Damas (685-705).

ABD-EL-MOUMEN, 1er calife des Almohades (1101-1163).

ABDÉRAME, chef des Sarrasins d'Espagne, fut vaincu à Poitiers par Charles Martel, en 732 || Abdérame Ier, *le Juste*, 1er calife ommiade de Cordoue (756-787). || Abdérame II, *le Victorieux*, 4° calife ommiade d'Espagne, s'empara de Barcelone et chassa les pirates normands (822-852). || Abdérame III, 8° calife ommiade, de 912 à 961, fonda une école de médecine à Cordoue.

ABDÈRE, anc. v. de Thrace, sur la mer Égée, patrie de Démocrite, de Protagoras.

ABD-ER-RAHMAN (MULEY), empereur du Maroc, de 1823 à 1869, beau-père d'Ad-el-Kader. Son armée fut vaincue par le maréchal Bugeaud, près de l'Isly, en 1844.

ABDIAS, le 4° des douze petits prophètes.

ABDICATION. s f. Action par laquelle on renonce volontairement à une dignité souveraine dont on était revêtu. Se dit en parlant de celui qui abdique et de la chose abdiquée. *L'ab. de Charles-Quint. L'ab. de l'empire.* || Fig., on dit : Faire *ab. de ses droits, de sa liberté.* || T. anc. Jurispr. Acte par lequel, de son vivant, un père privait son fils de ses droits à la succession paternelle. Cet acte était révocable. = Syn. Voy. Abandon.

L'*Ab.* véritable doit être volontaire, mais il est rare que les hommes qui possèdent le pouvoir suprême s'en dépouillent volontairement. L'histoire présente cependant quelques exemples de véritables abdications, par exemple celles de Sylla et de Dioclétien. Dans les temps modernes, on doit citer surtout l'ab. de Charles-Quint, celle de Christine, reine de Suède, et celle d'Amédée Ier, roi d'Espagne. Les exemples d'ab involontaire ou forcée sont trop nombreux pour que nous les énumérions. Citons seulement celle de Napoléon Ier à Fontainebleau, le 11 avril 1814. Comme on le voit, les abdications volontaires sont fort rares; mais il est plus rare encore que les souverains qui en ont donné des exemples n'aient pas regretté le pouvoir.

ABDICATAIRE. s. m. Celui qui abdique.

ABDIQUER. v. a. (lat. *abdicare*). Abandonner la possession d'une dignité souveraine; y renoncer entièrement. *Ab. la royauté, la couronne, l'empire, la dictature, le consulat.* || Par ext., se dit des principaux emplois, des places éminentes. || S'emploie aussi absol. *L'empereur a été forcé d'ab.* || Fig., *Ab. sa patrie, ses droits, sa liberté. Ab les passions du monde.* || T. Droit. *Ab. ses biens*, les délaisser sans espoir de retour; renoncer à son droit de propriété. = s'Abdiquer. v. pron. *Un trône ne s'abdique jamais sans regrets.* = Abdiqué, ée. part.

ABDOLONYME ou ABDALONYME, roi de Sidon, placé sur le trône par Alexandre le Grand, en considération de ses vertus.

ABDOMEN. s. m. [On prononce *abdomène*] (mot latin, composé probablement de *abdere* cacher et de *omentum* membrane qui enveloppe les intestins). Partie du corps destinée à loger une portion du canal digestif, et le plus souvent d'autres organes importants. Elle offre une cavité d'étendue très variable.

Anat. — Le tronc de l'homme se divise en deux parties, la *Poitrine* et l'*Ab.* ou *Ventre.* — En haut, l'ab. est séparé de la poitrine par le diaphragme; en bas, il est terminé par le bassin qui sert d'appui aux membres inférieurs. Il est limité en arrière par une partie de la colonne vertébrale, et ses parois latérales et antérieures sont constituées par des aponévroses et des muscles. La ligne médiane de la partie antérieure de l'ab. est formée par l'entrelacement des fibres aponévrotiques émanées des muscles dont il s'agit : on lui a donné le nom de *ligne blanche.* — Les anatomistes divisent artificiellement l'ab. en plusieurs cavités ou régions : ils supposent l'ab. partagé par deux plans horizontaux, dont l'un passe au-dessous des dernières côtes, et l'autre au-dessus des hanches, et par deux plans verticaux coupant les premiers à angle droit, et répondant en avant au milieu du contour cartilagineux des côtes et au milieu du pli de l'aine. On a ainsi neuf cavités, trois médianes et six latérales; les trois médianes sont, de haut en bas, l'*épigastre*, la *région ombilicale* et l'*hypogastre*; les latérales portent le nom d'*hypochondres*, de *flancs* et de *fosses iliaques* Nous ne parlerons pas ici des divers organes contenus dans la cavité abdominale, tels que les *intestins*, le *foie*, la *rate*, les *reins*, le *péritoine*. Il en sera question en leur lieu et place. — Chez la femme, l'ab est plus volumineux que chez l'homme. Sa hauteur est plus grande relativement à celle du tronc; de là une plus grande distance entre les côtes et les hanches L'ovoïde qu'il représente à sa grosse extrémité en bas : c'est l'inverse chez l'homme. — La prédominance de l'ab chez l'enfant est un fait remarquable. Suivant Portal, l'ab. for.e un tiers de la longueur totale du corps chez l'enfant qui vient de naître, et un cinquième seulement chez l'adulte. L'ab. des mammifères offre la plus grande analogie avec celui de l'homme.

Chez les oiseaux, la séparation entre l'ab et la poitrine n'est pas aussi complète que chez les mammifères; chez les reptiles, elle n'existe pas. Les poissons, n'ayant pas de poumons, n'ont pas non plus de cavité pectorale proprement dite : néanmoins le cœur est séparé de l'ab. par une forte membrane à laquelle on pourrait donner le nom de diaphragme. — Dans les insectes ordinaires, le corps est divisé en trois parties par des étranglements. C'est la partie postérieure qui constitue l'ab. Sa forme varie singulièrement selon les espèces. — Dans les crustacés, la même cavité contient le cerveau, le cœur, les organes de la digestion et de la respiration : les zoologistes lui ont donné le nom de *céphalo-thorax*. La *queue* qui vient après a été aussi désignée sous le nom d'ab, parce qu'elle contient une portion du canal intestinal. — Chez les arachnides, l'ab est la partie du corps qui fait suite au thorax : il est, dans les arachnides, suspendu au thorax par un pédoncule très court. Dans les mollusques, on peut nommer ab. la cavité qui renferme les principaux organes digestifs; mais sa position n'est pas constante. — Les annélides et la plupart des larves d'insectes à métamorphose complète, comme les chenilles, ne sauraient être divisés en cavités analogues à la poitrine et à l'ab., attendu que leurs organes sont répartis dans les différents segments qui constituent l'animal. — Enfin, les classes inférieures n'ont pas d'ab. proprement dit : les organes digestifs occupent en général la partie centrale du corps.

ABDOMINAL, ALE. adj. Qui appartient à l'abdomen. *Région abdominale. Muscles abdominaux. Parois abdominales.*

ABDOMINAUX. s. m. pl. T. Icht.
Zool. — Cuvier, dans sa classification des poissons, a donné le nom de *Malacoptérygiens abdominaux* ou simplement d'*Abdominaux* aux malacoptérygiens chez lesquels les nageoires ventrales sont suspendues sous l'abdomen et en arrière des pectorales, sans être attachées aux os de l'épaule. C'est le

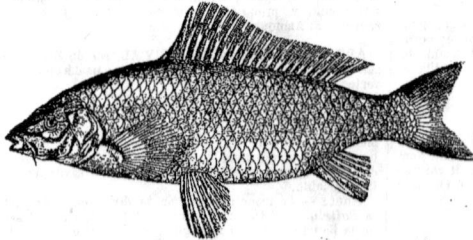

Fig. 1.

plus nombreux de ses trois ordres de malacoptérygiens. Il comprend la plus grande partie des poissons d'eau douce. Cuvier a divisé cet ordre en cinq familles : les *Cyprinoïdes*, les *Esoces*, les *Siluroïdes*, les *Salmones* et les *Clupes*. Voy. ces mots. La Fig. ci-dessus représente un poisson de cet ordre, la Carpe commune (*Cyprinus carpio*).

ABDON, 10° juge d'Israël.

ABDUCTEUR. adj. m. Nom que l'on donne aux muscles qui produisent le mouvement d'abduction. *Les muscles abducteurs de la cuisse.* || S'emploie subst. *L'ab. de l'œil, de l'aile du nez, du pouce.*

ABDUCTION. s. f. (lat. *ab, ducere*, écarter). Mouvement dans lequel une partie est éloignée du plan médian du corps.
Anat. — Les mouvements par lesquels le devant de l'œil est porté en dehors, et les membres supérieurs ou inférieurs sont écartés l'un de l'autre, sont des mouvements d'*Ab.* Quant à la main et au pied, les anatomistes y admettent en gén. une ligne particulière et appellent *ab.*, le mouvement dans lequel les autres doigts s'écartent de celui du milieu.

ABD-UL-AZIZ, sultan de Turquie, de 1861 à 1876.

ABD-UL-MEDJID, sultan de Turquie, de 1839 à 1861, soutint contre les Russes, avec l'appui de la France et de l'Angleterre, la guerre de Crimée en 1855.

ABÉCÉDAIRE. s. m. (R. *a-b-c-d*). Livre pour apprendre à lire. ═ Abécédaire. adj. 2 g. Qui concerne l'alphabet. *Ordre ab.*

ABECQUER ou **ABÉQUER.** v. a. (R. *bec*). Donner la becquée, mettre la nourriture dans le bec d'un oiseau : fam. ═ Abecqué ou Abéqué, ée. part.

ABÉE. s. f. (R. *bée*). Ouverture par où coule l'eau qui fait marcher un moulin.

ABEILLE. s. f. (lat. *apis*). T. Entom.
Hist. nat. — Le genre *Abeille* fait partie de la tribu des *Apiaires*, qui forme la deuxième division de la famille des *Mellifères*, et les *Mellifères* appartiennent eux-mêmes à l'ordre des HYMÉNOPTÈRES, section des *Porte-aiguillons*. Les espèces du genre *Abeille*, qui a été divisé par Cuvier et Latreille en deux sous-genres, *Abeilles* proprement dites et *Mélipones*, n'ont point d'épines à l'extrémité de leurs jambes postérieures.

L'*Ab. domestique* (*Apis mellifica*) sert de type au genre qui porte son nom. Elle est noirâtre; l'écusson et l'abdomen

Fig. 1.   Fig. 2.

sont de la même couleur, et une bande transversale grisâtre, formée par un duvet, existe à la base du troisième anneau et des suivants.

L'histoire naturelle des Ab. représente tout un monde, et des plus merveilleux, non moins curi ux peut-être que celui d'une autre planète. Chacun sait que les *Abeilles*, ou *mouches à miel*, se distinguent en mâles, femelles et neutres Les *mâles*, ou *Faux-bourdons*, appelés improprement *Bourdons*, sont en génér. p us gros que les neutres. Ils ont treize articles aux antennes, la tête arrondie, et sont dépourvus d'aiguillon. En outre, le thorax est très velu, le ventre plus convexe que chez les femelles, et le premier article des tarses postérieurs a une forme allongée et non quadrilatère comme dans les neutres. (Fig. 1. *Ab. mâle.*) Les *femelles* ou *reines* ont la tête triangulaire, l'abdomen plus long et muni d'un aiguillon, les ailes proportionnellement plus courtes que celles des mâles et des neutres, et le premier article des tarses est dépourvu de la brosse qui distingue ces dernières. (Fig. 2 *Ab. femelle.*) Les *neutres*, auxquelles on donne plus souvent le nom d'*ouvrières*, sont plus petites que les mâles et que les femelles Leur abdomen court, composé de six anneaux, est armé d'un aiguillon. Leurs mandibules sont en forme de cuiller et sans dentelures. Leurs pattes postérieures présentent, à la surface externe de la jambe ou *palette*, un enfoncement lisse appelé *corbeille*; et le premier article des tarses, nommé *pièce carrée*, offre à sa surface interne une sorte de *brosse* formée de poils régulièrement rangés en bandes transversales. La *pièce carrée* et la jambe sont articulées entre elles de telle façon que l'insecte les ouvre et les ferme à la manière d'un couteau, et peut s'en servir comme d'une pince. (Fig 3. *Ab. ouvrière*; 4, patte postérieure vue en dehors; 5, la même vue en dedans). Suivant Huber, il existe deux variétés d'ouvrières. Les unes, qu'il nomme *cirières*, sont chargées de la récolte des vivres et des matériaux propres à la construction, ainsi que de l'emploi de ces derniers; les autres, qui sont plus pe-

Fig. 3.

tites que les cirières, ont reçu de cet infatigable observateur le nom de *nourrices*, qui indique la nature des travaux auxquels cette variété d'abeilles paraît plus spécialement dévouée En effet, leurs fonctions consistent à construire les alvéoles, après que les cirières en ont posé les fondements, à préparer la nourriture particulière destinée à chaque espèce de larves et à la distribuer ensuite aux jeunes avides nourrissons.

Les sociétés que forment ces insectes sont fort nombreuses. Chacune d'elles se compose ordinairement d'environ quinze à vingt mille individus, et quelquefois même de trente mille,

Fig. 4.   Fig. 5.

rassemblés dans une sorte d'habitation appelée *ruche*. Les mâles n'y comptent guère que pour un vingt-cinquième, et, dans la même ruche, il n'y a, en général, qu'une seule reine ou femelle féconde. — Lorsque la population s'est accrue au point que l'espace manque à la communauté, une émigration devient nécessaire; une partie des habitants de la ruche va s'établir ailleurs. La nouvelle colonie, ou l'*essaim*, abandonne ordinairement la ruche à la chaleur du jour, et souvent même immédiatement après un orage.

L'essaim s'envole sous la conduite d'une reine et va se fixer dans le voisinage du lieu qu'il quitte. Les abeilles ne tardent pas à s'arrêter dans un endroit quelconque, le plus souvent sur une branche d'arbre, où elles forment une espèce de grappe en se cramponnant les unes aux autres au moyen de leurs pattes. Au moment où l'essaim se fixe, la femelle reste ordinairement dans le voisinage, et ne se réunit à la masse que quelque temps après. A l'état sauvage, les abeilles choisissent, en général, le creux toutes d'un vieux arbre, et cela avec une prudence et un calcul que l'on ne saurait trop admirer. Leur premier soin est de nettoyer et d'approprier le lieu qui doit leur servir de demeure. Elles rongent avec leurs mandibules toutes les aspérités qui pourraient gêner la construction des rayons. Dans l'état de domesticité, comme on tient à leur disposition des ruches toutes préparées, elles n'ont pas l'occasion d'exercer la faculté instinctive dont nous parlons. L'instant où les abeilles s'arrêtent est celui que l'on doit choisir pour s'emparer de l'essaim et pour lui donner une habitation convenable. Aussitôt qu'elles ont une nouvelle demeure, les ouvrières se mettent à l'œuvre, et commencent à poser les fondements d'une cité nouvelle. Elles bouchent d'abord toutes les fentes, tous les trous de l'habitation avec une substance résineuse nommée par Pline *propolis* et qu'elles récoltent principalement sur les bourgeons du peuplier, du marronnier d'Inde et du bouleau. Cette substance est jaunâtre, aromatique, molle et très extensible, mais elle se durcit et devient très solide par la suite du temps. Les abeilles l'apportent à la ruche, sous forme de petites masses lenticulaires. Parfois même toute la ruche est revêtue de cet enduit imperméable à l'eau. C'est avec la cire que ces insectes construisent les murs de leur habitation. Mais avant de décrire leurs procédés de construction et leur architecture, nous devons dire un mot de la manière dont se forme la cire.

On croyait jadis que le pollen recueilli par l'ab. ouvrière subissait dans son estomac une certaine élaboration, et qu'il était ensuite régurgité tout transformé en cire; mais des observations dues principalement à J. Hunter et à Huber ont démontré: 1° que l'ab. ne peut fabriquer de la cire qu'avec du miel ou du sucre; 2° que les demi-anneaux inférieurs de l'abdomen des ouvrières, à l'exception du premier et du dernier, offrent chacun sur leur face interne deux poches où la

cire se sécrète et se moule en forme de petites lamelles qui apparaissent entre les intervalles des anneaux. La formation de la cire, suivant Huber, est une opération très singulière et très complexe. Les cirières, après avoir pris une quantité convenable de miel ou de sucre, se cramponnent les unes aux autres de façon à représenter une grappe dont la couche extérieure ressemble à une espèce de rideau. Cette grappe est composée d'une série de festons ou de guirlandes qui s'entrecroisent dans toutes les directions et dans laquelle la plupart des abeilles tournent le dos à l'observateur. Ce rideau n'a pas d'autre mouvement que celui qu'il reçoit des couches intérieures dont les fluctuations se communiquent à lui. Durant tout ce temps, les nourrices conservent leur activité ordinaire et vaquent à leurs fonctions habituelles. Les cirières restent immobiles à peu près vingt-quatre heures; c'est pendant cet intervalle qu'a lieu la formation de la cire. On peut alors apercevoir sous leur abdomen de minces lamelles de cette substance. On voit ensuite une de ces abeilles se détacher de l'une des guirlandes centrales du groupe, se frayer un chemin parmi ses compagnes jusqu'au haut de la ruche, et, en tournant sur elle-même, former une espèce de vide dans lequel il lui soit possible de se mouvoir librement. Elle se suspend alors au centre de l'espace qu'elle a nettoyé, et qui a un pouce environ de diamètre. Après cela elle saisit une des lamelles de cire avec la pince que le premier article des tarses de sa patte postérieure forme avec sa jambe, la tire de dessous le segment abdominal, la fait passer à une de ses pattes antérieures et la porte enfin à sa bouche. — C'est peut-être avec la sécrétion sébacée de la peau que la cire a le plus d'analogie. Lorsqu'elle est accumulée entre les anneaux de l'abdomen, elle paraît l'irriter vivement; car on peut voir l'ab. courir çà et là comme si elle tâchait de secouer ces petites écailles. Elle est ordinairement suivie d'une ou deux autres ouvrières qui ont été attirées par ses mouvements, et qui sont prêtes à ramasser les écailles à mesure qu'elles tombent. On ne sait pas encore bien comment les abeilles construisent les parois des cellules avec ces écailles. Il est à croire que les abeilles dissolvent ou ramollissent ces écailles, de manière à pouvoir ensuite les pétrir et les mêler pour en faire une pâte ductile. Si l'on fait attention que la sécrétion des tubes salivaires des insectes est ordinairement alcaline, et que les liquides alcalins sont ceux qui dissolvent le mieux la cire, on est en droit d'admettre que c'est par le moyen que les abeilles rendent cette matière propre à leurs constructions. Réaumur a vu une substance écumeuse sortir de la bouche d'une ab. pendant qu'elle travaillait à une autre article. L'animal l'appliquait à un endroit convenable avec sa langue et la pétrissait ensuite avec ses mandibules. Huber a décrit ce procédé avec beaucoup de détails. Suivant cet habile observateur, l'ab. tient la lamelle de cire verticalement avec ses mandibules, qui se sert de sa langue pour la soutenir. Alors elle élève et abaisse successivement cette lamelle, et la soumet ainsi à l'action de ses mandibules, de sorte que son bord se trouve bientôt réduit en petits fragments qui tombent, à mesure qu'ils se détachent, dans la double cavité bordée de poils des mandibules. L'insecte donne ensuite à ces fragments la forme d'un ruban très étroit; puis, avec sa langue, il les imprègne d'un liquide écumeux. Pendant cette opération, la langue de l'ab. prend toutes sortes de formes: tantôt elle ressemble à une spatule; tantôt à une truelle que l'insecte applique au ruban de cire; tantôt, enfin, à un pinceau terminé en pointe. Après avoir humecté le ruban tout entier, l'ab., au moyen de sa langue, le fait repasser entre ses mandibules et lui fait subir une nouvelle élaboration. Le liquide salivaire mêlé avec la cire lui communique une blancheur et une opacité qu'elle n'avait pas auparavant, et c'est lui sans doute qui donne à cette substance la ductilité si remarquable qu'elle possède.

C'est par la région supérieure de la ruche que les abeilles commencent leurs constructions, et l'édifice s'accroît de haut en bas. Les cellules ou *alvéoles* qu'elles construisent représentent, en gén., un petit gâteau hexagonal, ouvert d'un côté et fermé de l'autre. (Fig. 6.) Chaque *rayon* ou *gâteau* se compose de deux séries d'alvéoles horizontales, opposées l'une à l'autre par leur base. Cette base est pyramidale, de sorte que le fond de chaque alvéole correspond à trois alvéoles du côté opposé. Il y a donc emboîtement réciproque des bases des alvéoles. (Fig 7.) Les cellules supérieures qui constituent les fondements de chaque gâteau sont solidement fixées au toit de l'habitation, et le gâteau, en s'accroissant par l'addition de nouvelles cellules, représente un mur qui descend verticalement du sommet de la ruche. Chaque gâteau a donc deux surfaces couvertes chacune d'un nombre à peu près égal de cellules hexagonales. Quand la maçonnerie est achevée, d'autres ouvrières entrent dans chaque cellule pour en polir les parois et pour encadrer de propolis l'intérieur des alvéoles et leur orifice. Pendant qu'un certain nombre d'abeilles s'occupent de la construction d'un gâteau, d'autres groupes d'ouvrières édifient de la même manière d'autres gâteaux parallèles, en laissant entre les divers gâteaux un espace d'environ 125 millimètres. Les rues de cette cité industrieuse, car on pourrait leur donner ce nom, sont juste assez larges pour permettre à deux ouvrières, travaillant aux cellules de deux gâteaux opposés, de le faire sans se gêner mutuellement.

 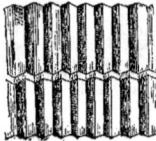

Fig. 6.   Fig. 7.

Indépendamment de ces intervalles réguliers entre les rayons, ces derniers sont perforés, en divers points, de façon à ce que les abeilles puissent passer d'une rue à l'autre : cette précaution leur épargne beaucoup de temps. Ces insectes, d'ailleurs, travaillent avec une telle activité, que Réaumur les a vus construire en une seule journée un gâteau de 21 à 24 centimètres de diamètre.

D'habiles géomètres ont fait voir que la forme générale des alvéoles est à la fois la plus économique sous le rapport de la dépense de la cire, et la plus avantageuse quant à l'étendue de l'espace renfermé dans chaque alvéole. — Au reste, les cellules n'offrent pas toutes les mêmes dimensions. On distingue les cellules hexagonales en *petites* et en *moyennes*. Elles sont destinées à recevoir le *couvain*, c.-à-d. la jeune postérité de la reine, ou à renfermer le miel et le pollen des fleurs. Parmi les cellules à miel, les unes sont ouvertes, et les autres ou celles de la réserve sont fermées d'un couvercle plat ou légèrement convexe.

On remarque dans toutes les ruches un certain nombre de cellules appelées *royales*. On en compte presque toujours trois ou quatre, mais, selon Audouin, jamais plus de vingt-sept. Ces cellules sont ordinairement oblongues ou piriformes et très spacieuses. Le poids d'une cellule royale équivaut au moins à celui de cent cellules ordinaires. Elles pendent généralement en manière de stalactites, sur l'un des bords inférieurs des gâteaux. — Dès que la jeune colonie a préparé un certain nombre de rayons, la reine commence à pondre ses œufs. Les premiers qu'elle pond donnent naissance aux ouvrières, les suivants produisent des mâles et les derniers des femelles. La reine dépose ses œufs au fond de chaque cellule, souvent même avant qu'elle soit achevée. Parfois, lorsqu'elle est pressée de pondre et que le nombre des alvéoles est insuffisant, elle dépose deux, trois et même quatre œufs dans une seule cellule ; mais les ouvrières enlèvent immédiatement tous les œufs surnuméraires et les détruisent. La reine produit un nombre d'œufs véritablement prodigieux. Au rapport de Réaumur, une femelle qui avait déjà pondu plus de 28,000 œufs, en contenait encore plusieurs milliers. Huber a calculé que la reine pond jusqu'à 12,000 œufs en deux mois, ce qui fait 200 œufs par jour. Ces œufs adhèrent, en général, au fond de la cellule par une de leurs extrémités. Ils sont oblongs, un peu courbés et d'un blanc bleuâtre.

Au bout de cinq jours à peu près, la petite larve est éclose, et on l'aperçoit, au fond de l'alvéole, roulée dans un liquide transparent. Elle est blanchâtre, dépourvue de pattes et composée de treize anneaux, y compris la tête. — Alors commence, pour les ouvrières, une nouvelle série de travaux. Plusieurs fois par jour, elles apportent à la larve une sorte de bouillie différente non seulement suivant leur âge, mais encore suivant son sexe. En effet, la nourriture des ouvrières et des mâles paraît être la même, tandis que celle qui est destinée aux femelles est d'une espèce toute particulière. L'influence de cette alimentation spéciale mérite d'être signalée. Schirach avait remarqué que, si une ruche vient à perdre sa reine, les abeilles agrandissent quelques-unes des cellules où se trouvent des larves d'ouvrières, apportent à ces larves la bouillie ordi-

nairement réservée aux larves de reines, et qu'alors les larves d'ouvrières donnent naissance à de véritables reines. L'exactitude de cette observation a été confirmée par Riem et par Huber. Ce fait, qui paraît au premier abord incroyable, s'explique aisément. Les ouvrières présentent en réalité les rudiments de l'organisation des femelles ; seulement, leur développement, par suite de la manière dont elles sont nourries, s'arrête avant l'époque de l'évolution des organes sexuels. — Les abeilles d'une jeune colonie sortent d'abord isolément ; ensuite elles partent ensemble. Elles volent presque toujours en ligne droite et voyagent souvent à de grandes distances de la ruche. Dans l'été on peut en rencontrer presque partout où il y a des fleurs. En avril et en mai, elles sont dehors tout le jour, mais dans les grandes chaleurs elles sortent moins fréquemment ; elles choisissent alors le soir et le matin, car c'est dans ce moment qu'il leur est plus facile de former leurs pelotes de pollen, les grains étant plus adhérents que pendant la grande chaleur du jour.

Les abeilles ne récoltent pas indifféremment leur miel sur toutes les fleurs. Dans les prairies, on les rencontre souvent sur les orchidées, les polygonées, les caryophyllées, mais rarement et peut-être jamais sur les renonculacées, sans doute à cause de quelque propriété vénéneuse de ces plantes. Elles évitent avec soin le laurier-rose, qui donne un miel vénéneux pour des milliers de mouches, et la couronne impériale, dont les nectaires blancs si remarquables tentent en vain d'arrêter ces insectes. Mais au printemps elles butinent avec une activité extraordinaire sur les amentacées, les rosacées, les liliacées odoriférantes et les primulacées. Elles sont spécialement attirées par les fleurs innombrables du tilleul, et on peut les entendre d'une certaine distance bourdonner au milieu de ses branches. Le miel le plus parfumé et le plus délicat est récolté sur les plantes aromatiques. Il est donc bien d'avoir de nombreuses plates-bandes de fleurs de ce genre dans le voisinage des ruches. Certaines fleurs, dont les sucs sont vénéneux pour l'homme, mais n'exercent aucune action sur les abeilles, sont quelquefois fréquentées par ces insectes ; mais, dans ce cas, le miel qui en est le produit conserve les propriétés toxiques de la plante. Xénophon, dans sa *Retraite des dix mille*, raconte les effets produits sur un grand nombre de ses soldats par du miel dont ils s'étaient nourris, et Tournefort a confirmé l'exactitude de ce récit.

Le miel n'est pas le produit d'une sécrétion animale ; cependant il est certain que le nectar des fleurs n'est pas du miel en nature. En séjournant dans l'un des estomacs de l'ab., il y éprouve une transformation. Le miel qui est avalé par l'ab. passe dans le jabot, où il s'accumule comme dans un réservoir, et, de retour à la ruche, l'insecte le régurgite dans une cellule.

La grande industrie des abeilles consiste à recueillir le pollen des fleurs. L'insecte se plonge tout entier dans les grandes fleurs, comme la tulipe, et, si les anthères ne sont pas ouvertes, il les déchire et s'envole couvert de la poussière fécondante qui s'attache aisément aux poils frangés de son corps et de ses pattes. — On a remarqué depuis longtemps, car cette observation est due à Aristote, qu'une abeille, dans chacune de ses excursions, ne visite jamais qu'une seule espèce de fleurs : en effet, le pollen recueilli par l'insecte est toujours d'une même couleur. Cette précaution instinctive est nécessitée par l'opération que subit d'abord le pollen recueilli par chaque ab. L'insecte se débarrasse avec une rapidité incroyable, au moyen de sa première paire de pattes ; le pollen ainsi ramassé est transmis à la seconde paire, qui le fait passer aux pattes de derrière, au moyen desquelles il se trouve façonné en petites pelotes. Or, si ces insectes recueillaient indifféremment leur pollen sur toutes sortes de fleurs, il est probable que les grains, étant hétérogènes, n'adhéreraient pas aussi bien ensemble. On voit d'ailleurs les abeilles rentrer à la ruche, l'une avec des pelotes jaunes, une autre avec des pelotes rouges, une troisième avec des pelotes blanches ; mais jamais les pelotes ne sont de deux couleurs à la fois. — Lorsqu'une ab. chargée de pollen arrive à la ruche, on la voit ordinairement se promener ou s'arrêter sur le gâteau en battant des ailes, et aussitôt trois ou quatre autres ouvrières viennent l'aider à se débarrasser de son fardeau ; ou bien encore elle place ses deux pattes de derrière dans une cellule, et avec les pattes du milieu, ou avec l'extrémité de l'abdomen, elle détache ses pelotes. Elle les pétrit alors comme une pâte au fond de l'alvéole, et le pollen est ainsi préparé. On trouve ordinairement dans les ruches un grand nombre de cellules ainsi remplies de pollen entassé et ramolli pour servir de nourriture aux habitants. — La larve bien nourrie devient bientôt trop grosse pour la peau qui l'enveloppe, et, en conséquence, elle s'en dépouille. Lorsque son volume est devenu tel qu'elle remplit sa cellule, elle n'a plus besoin de nourriture et se trouve prête à passer à l'état de nymphe. Le dernier soin des nourrices est de fermer l'ouverture de la cellule avec une substance d'un brun clair qui paraît être un mélange de cire et de pollen. Ce travail a ordinairement lieu quatre jours après que la larve est sortie de son œuf. Dès qu'elle est enfermée, la larve commence à tapisser son alvéole et le couvercle qui la ferme avec une soie que sécrètent des tubes glanduleux semblables à ceux du ver à soie. Lorsque les trois premiers segments du tronc auxquels sont attachés les organes locomoteurs de l'insecte parfait commencent à grossir, la dernière peau de la larve se fend le long du dos; l'animal la repousse en arrière, s'en débarrasse, la dépose au fond de sa cellule et se transforme en nymphe.

Hunter a constaté que la durée de l'état de nymphe est exactement de treize jours et douze heures; ce qui porte à vingt-deux jours et demi la durée de la vie de l'animal imparfait à partir de la ponte de l'œuf, temps singulièrement court pour l'achèvement de toutes ces métamorphoses, si on le compare à celui qu'exigent les transformations analogues chez d'autres insectes. Pour arriver à son état parfait, il faut que l'insecte, sans aucun secours étranger, se débarrasse de son enveloppe, perce sa coque soyeuse et pratique une ouverture au couvercle de cire qui ferme sa cellule. Aussitôt qu'elle est sortie de sa prison, la jeune ab. est l'objet de mille soins de la part des ouvrières, qui s'empressent autour d'elle, l'essuient, la léchent et lui présentent du miel. Au moment de sa métamorphose, elle est d'une couleur grisâtre; mais elle a bientôt pris la teinte foncée qui lui est propre.

C'est seulement lorsque la période de la ponte des œufs et de l'éducation des larves est finie, que commencent sérieusement les travaux de la récolte du miel. Aussitôt que la dernière chrysalide de la saison a revêtu la forme de l'insecte parfait, la cellule qu'elle vient d'abandonner est promptement remplie de miel et bouchée avec de la cire. Le miel ainsi emmagasiné est destiné à servir de provision pour l'hiver.

La fécondation des ab. est fort curieuse. Elle s'opère dans l'air, au mois d'août. La reine, accompagnée par les mâles, sort de la ruche et s'élève dans les airs. Chacun des mâles vole vers elle, la saisit rapidement entre ses pattes, et au bout de quelques minutes environ le mâle tombe épuisé sur le sol, où il ne tarde pas à périr. S'il tarde un peu, les ouvrières l'achèvent. Mais il est condamné par son acte même et à l'instant même où son organe de fécondation adhérent à la reine, qui en est aussitôt débarrassée par les ouvrières. La reine fécondée peut pondre à volonté des œufs de femelles, d'ouvrières ou de mâles, selon qu'elle retient ou laisse sortir sur eux les spermatozoïdes reçus. On voit chez les ab. des reines vierges pondre par *parthénogénèse* (Voy. ce mot); dans ce cas, les œufs sont tous mâles.

On peut conclure du massacre général des mâles que la fécondation de la reine a eu lieu avant l'entrée de l'hiver et que les œufs, dont le développement est retardé pendant l'état d'inertie où les abeilles passent cette saison, sont aptes à se développer et à produire des larves à l'approche du printemps. Cependant, quoique les abeilles restent tranquilles à l'arrivée de l'hiver, elles ne sont pas dans un état d'engourdissement comme la plupart des autres insectes. Elles se serrent les unes contre les autres autant que le permettent leurs constructions à l'intérieur de la ruche, et ont la faculté de produire une température supérieure à celle de l'atmosphère extérieure. — Dans une soirée du mois de juillet, la température extérieure étant de 12°,2 centigr., Hunter a trouvé que celle de l'intérieur d'une ruche pleine d'abeilles s'élevait à 27°,7; et au mois de décembre, la température extérieure étant 1°,6, celle de la ruche était 22°,7. Au reste, malgré la petitesse de l'ouverture que les abeilles laissent à leur ruche, l'air y est à l'intérieur presque aussi pur que l'air extérieur : un service spécial est établi dans ce but; à l'entrée de la ruche, un certain nombre d'ouvrières agitent continuellement leurs ailes de manière à établir entre l'air extérieur et l'air intérieur un courant hygiénique.

Pendant l'hiver, ce qui est extrêmement rare chez les animaux inférieurs, les abeilles conservent leurs facultés digestives et se nourrissent des produits récoltés pendant l'été et l'automne. En conséquence, elles sont prêtes à profiter de tous les beaux jours où la température est douce; aussi les voit-on alors sortir de la ruche et s'ébattre au dehors. Elles choisissent ce moment pour se débarrasser de leurs excréments, car elles sont d'une propreté remarquable; c'est toujours au dehors qu'elles effectuent cette opération. On les a même vues, quand on avait à dessein fermé les ouvertures

de la ruche, se laisser périr plutôt que de souiller leur demeure. Elles ne gardent pas de morts dans la ruche et vont les porter à quelque distance.

La persistance des facultés digestives de ces insectes pendant l'hiver exerce une influence notable sur l'état des oviductes de la reine. Les œufs fécondés commencent donc de bonne heure à se développer, et ils sont prêts pour la ponte au mois de mars. Aussi les abeilles sont-elles, dans nos climats, les premiers insectes dont nous voyions apparaître la progéniture. Dès ce moment, les ouvrières reprennent leurs travaux accoutumés; et comme la saison n'est pas encore assez avancée pour qu'elles aillent récolter au dehors la nourriture nécessaire au couvain, elles mettent à contribution, pour cet usage, les provisions ramassées pendant la campagne précédente, et nourrissent ainsi les larves qui doivent former le premier essaim. Mais aussitôt que les fleurs commencent à s'ouvrir, ces industrieux insectes s'en vont recueillir du pollen, de la propolis et du miel, et les travaux de l'année recommencent.

Nous avons dit que la reine a le pouvoir de féconder ses œufs à volonté, par les spermatozoïdes qu'elle garde dans un réservoir spécial. Lorsque les mâles commencent à devenir nombreux, elle pond, dans deux ou trois cellules plus grandes, préparées exprès, un œuf destiné à donner naissance à une femelle fécondée, ce qui arrive au bout de seize jours. Deux femelles fécondes ne pouvant vivre ensemble dans une même ruche, il y aurait combat à mort si on la laissait sortir de sa cellule. Mais on la garde à vue. Cependant la prisonnière ne tarde pas à s'impatienter et elle fait entendre un signal : *Tut! tut!* auquel une autre reine venant d'éclore répond *Couac! couac!* C'est un défi, non seulement entre elles, mais aussi pour la reine mère. La ruche s'émeut, s'agite, bourdonne et se divise en deux partis, l'un pour la jeune reine adulte qui fait entendre son *tut! tut!* l'autre pour la reine mère. Une chaleur intolérable se dégage de la mêlée, et bientôt un essaim de dix à quinze mille abeilles se précipite hors de la ruche : c'est l'essaimage. Tout essaim doit avoir une reine, mais une seule, au milieu de lui. Il s'accroche à une branche. L'apiculteur le recueille et lui donne une nouvelle ruche.

Pendant ce temps, la jeune reine adulte s'est échappée de sa cellule et a remplacé sa mère sur le trône de l'ancienne ruche, si celle-ci est seule; mais le plus souvent elle a deux sœurs un peu plus jeunes, celles qui ont répondu *couac! couac!* S'il ne se forme pas une reine nouvelle, les autres reines sont tuées par le peuple. Quelquefois il y a deux jeunes reines adultes de la même force, alors elles se battent en duel, seules, jusqu'à ce que l'une des deux périsse percée de l'aiguillon de sa rivale. L'abeille victorieuse peut retirer son dard, comme dans le cas des massacres de mâles, la chair étant peu résistante, ce qui n'arrive pas dans le cas de la chair humaine, dans laquelle le dard reste emprisonné, ce qui détermine la mort de l'abeille.

Les effets que la perte ou la mort de la reine produit sur les ouvrières sont peut-être la plus forte preuve, fournie par l'histoire naturelle, que les instincts ne dépendent pas nécessairement de la conformation physique. Cet événement ne prive les ouvrières d'aucun organe, il ne paralyse aucun de leurs membres : et cependant, aussitôt qu'elles s'aperçoivent qu'elles ont perdu leur reine, tous les travaux sont interrompus et oubliés; si on ne leur donne pas une nouvelle reine, elles vont joindre une autre ruche ou se laissent périr d'inanition.

La durée de la vie des différents individus dans la ruche est assez variable. Celle des mâles ne dépasse pas deux ou trois mois. Il y a plus d'incertitude relativement à la longévité des ouvrières; mais il est probable qu'elle ne va pas beaucoup au delà d'une année. On a dit que la reine pouvait vivre cinq ans, ce qui est peu probable, attendu que la durée de la vie de tous les insectes d'une même espèce est à peu près la même.

L'ennemi le plus redoutable des abeilles est la *teigne de la cire*, espèce de papillon dont la chenille détruit les gâteaux à l'abri de longs tubes de soie qu'elle se fabrique et qui résistent à l'aiguillon. Elles ont aussi à souffrir des déprédations de quelques autres insectes, des loirs et des rats.

Quoique douloureuse, la piqûre des abeilles se guérit facilement par les moyens les plus simples : alcali, vinaigre, etc.; cependant plusieurs piqûres simultanées peuvent devenir dangereuses, produire une fièvre intense et même amener la mort si elles sont en trop grand nombre. — Une ordonnance du 10 janvier 1882 interdit l'élevage des ab. à Paris.

Il y a en France environ 1,650,000 ruches, produisant

7 millions de kilogrammes de miel et 2 millions de kilogrammes de cire (1890).

Dans un verger, plus il y a d'abeilles, plus il y a de fruits : l'insecte concourt à la fécondation des fleurs en portant le pollen de l'une à l'autre.

La véritable abeille (*apis mellifica*) n'existait jadis que dans l'ancien continent, mais on l'a transportée en Amérique et dans d'autres pays où se sont établies des colonies européennes. Ces insectes s'y sont parfaitement acclimatés. Latreille pense même que les abeilles du midi et de l'est de l'Europe, ainsi que celles de l'Egypte, sont d'une autre espèce que l'ab. commune de l'Europe occidentale. Voy. Cire et Ruche. L'ab. *unicolore*, qui habite l'Ile-de-France et à Madagascar, donne un miel vert très estimé. — Le sous-genre des *Mélipones* se distingue du sous-genre *Abeille* par la forme du premier article des tarses postérieurs, qui est plus étroit à la base et dont la brosse n'est pas disposée en stries. Ces insectes se trouvent dans l'Amérique méridionale.

Bibliographie. — Huber, *Nouv. observations sur les Abeilles*, 1814 ; Hamet, *Cours d'apiculture*, 1874 ; Maurice Girard, *les Abeilles*, 1878 ; Lubbock, *les Fourmis, les Abeilles et les Guêpes*, 1886.

ABEL, second fils d'Adam, d'après la Bible, fut tué par Caïn.

ABÉLARD. Voy. Abailard.

ABÉLICÉA. s. m. T. Bot. Voy. Ulmacées. Plante de la famille des *Urticacées* (voy. ce mot), tribu des *Ulmées*.

ABÉLIEN. s. m. Membre d'une secte juive qui, prétendant se conformer à Abel, rejetait l'usage des vêtements.

ABÉLIEN, NE. adj. T. de Math. (de N. Abel, géomètre suédois). *Intégrales abéliennes* : intégrales $\int y\,dx$ où x et y sont liées par une équation algébrique entière $F(x,y) = 0$. *Fonctions abéliennes* : sorte de fonctions à plusieurs variables qui dérivent des intégrales abéliennes. La théorie des intégrales et fonctions abéliennes est trop compliquée pour que nous puissions l'exposer ici. Voy. *Théorie des fonctions abéliennes*, par Ch. Briot. Paris, 1879.

ABELMOSCH ou **ABELMOSQUE.** s. m. T. Bot. (mot arabe qui signifie *Père du musc*). Plante de la famille des Malvacées. Voy. ce mot.

ABENCÉRAGES, tribu maure de Grenade (XVe siècle), rivale de celle des Zégris. Chateaubriand a écrit un roman à propos d'une légende de ce peuple.

ABERDEEN, v. du nord de l'Écosse, très commerçante, 88,000 hab.

ABERDEEN (comte d'), homme d'État et ministre anglais (1784-1860).

ABERGEAGE. s. m. Ancien terme de jurisprudence ; sorte de contrat de vente emphytéotique.

ABERRANT, ANTE. adj. T. didactique. Qui s'écarte d'un type.

ABERRATION. s. f. (lat. *ab*, de ; *errare*, s'écarter). Action d'errer çà et là, écart. N'est employé qu'au sens figuré, ou comme terme scientifique. *Ab. de l'imagination, des sens, du jugement*, lorsqu'il y a dérèglement de l'imagination, erreur dans certaines perceptions, incohérence dans l'association des idées et fausse appréciation des rapports. || T. Anat. et Physiol. Anomalie dans la conformation, dans la situation des organes ou dans l'exercice de leurs fonctions, etc. Voy. Aliénation mentale, Anomalie, Hallucination.

Astr. — En Astr., on emploie le mot *Ab.* pour désigner un phénomène qui résulte des effets combinés du mouvement de propagation de la lumière et du mouvement de la terre, et qui nous fait voir les astres dans une direction différente de la ligne droite qui joint l'œil de l'observateur à l'astre observé. La théorie de l'aberration dépend de celle des mouvements relatifs et ne diffère pas de celle du mouvement apparent des projectiles pour un observateur en mouvement. Ce phénomène a été découvert en 1728 par l'astronome anglais Bradley. On raconte qu'il avait déjà observé depuis plusieurs années le mouvement apparent des étoiles dû à

l'aberration sans en trouver d'explication satisfaisante, quand, en se promenant sur le bord de la Tamise, il remarqua que les girouettes des navires en marche n'avaient pas la même direction que celle des navires à l'ancre. Cette simple remarque fut pour lui un trait de lumière, et lui permit de formuler une théorie du phénomène à laquelle on n'a rien changé depuis. Il comprit que la position d'une girouette indiquait le mouvement *relatif* du vent par rapport au bateau et non la direction *absolue* du courant d'air. De même, la direction suivant laquelle nous voyons une étoile est celle du mouvement *relatif* de la lumière par rapport à la Terre. Quelle que soit l'hypothèse à laquelle on s'arrête pour expliquer la propagation de la lumière, il est certain que la direction suivant laquelle nous voyons un objet lumineux est la même que celle suivant laquelle nous observerions un projectile nous arrivant en ligne droite de cet objet avec une vitesse égale à celle de la lumière. Soit donc (fig. 1) T l'a position de l'observateur, T U sa vitesse, E l'étoile, E V la

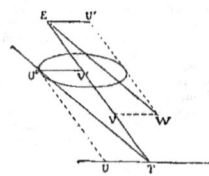

Fig. 1.

vitesse du rayon lumineux. Pour obtenir la vitesse relative, imaginons qu'on imprime à tout l'univers une vitesse E U' égale et contraire à celle de la Terre. L'observateur sera ramené au repos sans que rien soit changé à la direction relative de la vitesse du rayon lumineux par rapport aux objets terrestres. Mais alors ce rayon sera soumis aux deux vitesses simultanées E V et E U', et se déplacera suivant la diagonale E W du parallélogramme construit sur ces deux longueurs. Telle sera la direction apparente de l'astre. Il est évident qu'on obtiendra la même direction en portant sur T E la vitesse de la lumière T V', et à partir de V' une longueur V' U' égale et parallèle à la vitesse de l'observateur. T U' sera la direction apparente de l'astre. On arrive à la même conclusion d'une autre manière en remarquant que si la lumière voyage de A en S (Fig. 2), la lunette doit être inclinée en avant du mouvement de la Terre, afin que l'onde

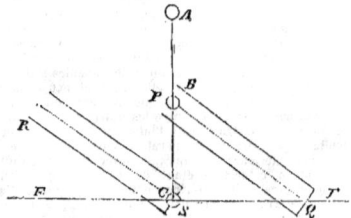

Fig. 2.

lumineuse P reste toujours sur l'axe optique pendant que l'instrument s'avance en vertu du mouvement de la Terre Si la lunette était dirigée de S vers A, elle se trouverait bientôt en avant du rayon lumineux, et celui-ci ne parviendrait pas à l'oculaire. L'inclinaison de la lunette doit être réglée de façon que pendant que la lumière parcourt le chemin S P, la lunette parcoure le chemin Q S. Or P S et Q S sont respectivement proportionnels aux vitesses de la lumière et de la Terre, ce qui donne la même règle que précédemment.

Si la vitesse de la Terre conservait toujours la même direction et la même grandeur, l'aberration ne produirait d'autre effet que de déplacer tous les astres d'une même quantité angulaire invariable avec le temps, ce que les observations ne révéleraient jamais, et le phénomène n'aurait probable-ment jamais été découvert. Mais par suite du mouvement annuel de la Terre autour du Soleil, la vitesse de la Terre change à chaque instant de direction, et la ligne V' U' (Fig 1) décrit en un an un cercle complet. Il en résulte que chaque étoile du ciel semble décrire en un an dans le ciel un petit cercle parallèle à l'écliptique dont le rayon angulaire est l'angle sous lequel l'observateur voit la ligne V'U', quand elle se présente de face (Fig. 1). Ce petit cercle se projette sur la sphère céleste suivant une ellipse dont le grand axe est égal à son diamètre, mais dont le petit axe est d'autant plus réduit que la direction de l'étoile est plus inclinée sur le plan de l'écliptique. Si la ligne TE est perpendiculaire au plan de l'écliptique, c'est-à-dire si l'étoile est placée au pôle de l'écliptique, le cercle d'aberration sera vu de face. Si l'étoile est dans le plan de l'écliptique, il sera vu suivant une simple ligne droite. Dans tous les cas, la grandeur angulaire du demi grand axe sera égale à l'angle en T d'un triangle rectangle qui aurait pour côtés de l'angle droit T V' = vitesse de la lumière et V' U' = vitesse de la Terre. Or la vitesse de la Terre est environ $\frac{1}{10149}$ de la vitesse de la lu-mière; d'où il résulte que cet angle en T est d'environ 20",5. Les observations de l'astronome russe Struve l'ont fixé à 20",45. C'est cet angle que les astronomes nomment *constante d'aberration*. On conçoit que si l'on connaît la vitesse de la lumière, la valeur de cette constante fera connaître la vitesse de la Terre, et, par suite, la distance de la Terre au Soleil Inversement, si l'on connaît la distance du Soleil, on en pourra déduire la vitesse de la lumière. La science possède ainsi une merveilleuse méthode de contrôle pour les valeurs de ces importantes constantes qui, du reste, ont été déterminées par d'autres méthodes. On enseigne communé-ment que la constante d'aberration est la même pour toutes les étoiles. Il n'en est pas tout à fait ainsi à cause du mouvement qui emporte le Soleil et les planètes dans l'espace, et qui a pour effet, comme l'a démontré Yvon Villarceau, de diminuer la constante d'aberration pour les étoiles dont il s'approche le Soleil et de l'augmenter pour celles dont il s'éloigne; malheureusement les différences sont trop faibles pour que l'observation puisse les constater. L'aberration, qui serait inexplicable si la Terre était immobile, est l'une des meilleures preuves que l'on puisse donner de la réalité du mouvement de la Terre autour du Soleil. Il y a aussi une *aberration diurne* due au mouvement de rotation de la Terre autour de son axe.

Phys. — *Aberration de réfrangibilité.* Phénomène d'après lequel les images fournies par les lentilles et les instruments d'optique sont entourées d'irisations colorées. Voy. ACHROMATISME, DISPERSION. || *Aberration de sphéricité.* Phénomène produisant les déformations et irrégularités qu'on observe dans les images fournies par les lentilles et les instruments d'optique. Voy. LENTILLE.

Math. — *Aberration de courbure.* Angle que fait la normale à une courbe avec la position limite de la droite qui joint son pied au milieu d'une corde perpendiculaire.

ABÊTIR. v. a. (R. *bête*). Rendre stupide. || S'emploie neutr. et sign. Devenir bête. *Il abêtit tous les jours.* fam. = ABÊTI, IE. part.

Syn. — *Rabêtir.* — *Rabêtir* indique une action plus forte qu'*Ab.*; il marque une résistance dans le sujet. Un maître *abêtit* un enfant, s'il n'exerce pas les facultés intellectuelles de son élève; il le *rabêtit* en comprimant les facultés de cet élève.

ABÊTISSANT. adj. Propre à abêtir.

ABÊTISSEMENT. s. m. L'action d'abêtir. L'état de celui qui est abêti.

ABÉVACUATION. s. f. — T. Méd. Évacuation d'une matière qui quitte un organe pour passer dans un autre.

ABEZAN, 8e juge d'Israël.

AB HOC ET AB HÂC (mots latins qu'on prononce *abok-éttabak*). Loc. adv. et fam. *Parler, raisonner ab hoc et ab hâc,* c'est parler et raisonner sans ordre, à tort et à travers.

ABHORRER. v. a. [On prononce les deux R.] (lat. *ab*, de; *horrere*, avoir frayeur). Avoir en horreur, détester une personne ou une chose. = s'ABHORRER. v. pron. = ABHORRÉ, ÉE. part.

Syn. — *Haïr, Détester, Exécrer.* — Ces quatre verbes sont pour ainsi dire quatre degrés d'un même sentiment. *Haïr* est le premier, *détester* le second, *ab* le troisième; *exécrer* dit plus que tous les autres, c'est l'aversion portée à l'extrême Nous *haïssons* une personne souvent sans savoir pourquoi; nous la *détestons* parce qu'elle nous a causé quelque préjudice; nous l'*abhorrons* parce qu'elle nous inspire un vif sentiment de répulsion; nous l'*exécrons* parce qu'elle a mis le comble à nos maux par ses injustices et sa dureté.

ABIA ou **ABIAM,** roi de Juda.

ABIATHAR, grand prêtre des Juifs.

ABIÉTINÉES. s. f. pl. T. Bot. (lat. *abies*, sapin). Tribu de la famille des *Conifères*. Voy. CONIFÈRES

ABIGAIL, femme juive, épouse de Nabal, puis du roi David.

ABIGÉAT. s. m. (lat. *ab*, *agere*; conduire dehors). Crime de celui qui vole des bestiaux en les chassant devant lui.

ABIGOTI, IE. adj. Devenu ou rendu bigot. Vieux mot

ABÎME. s. m. (gr. *à* privatif, βυσσός, ionien, pour βυθός, fond). Littéralement : sans fond, ou sans bout (βυθός). Gouffre très profond. Devrait s'écrire par un *y*; mais d'*abysme* on a fait, plus simplement, *abîme*. *Tomber dans un ab. Sonder la profondeur d'un ab.*
Montagnes, couvrez-moi; terre, ouvre tes abîmes.
(RACINE.)
On dit fig., *Tomber dans un ab. de malheur, de misère.* || Fig., Chose capable de causer la perte, la ruine de quelqu'un. *Le jeu et les procès sont des abîmes.* || Profondeur sans limites. *L'infini est un ab. pour l'esprit humain. Le passé et l'avenir sont deux abîmes. Les jugements de Dieu sont des abîmes. Une rapidité que rien n'arrête, entraîne tout dans les abîmes de l'éternité* (Massillon.) *L'astronomie ouvre devant la pensée des abîmes insondables.* || T. Blas, Centre de l'écu.
Géol. — On nomme le nom d'*Ab.* à des cavités naturelles généralement verticales ou à bords très abruptes qui s'ouvrent à la surface du sol, et dont la profondeur est inconnue ou au moins considérable. Quelques-unes de ces cavités sont le résultat du redressement des couches de la croûte terrestre; d'autres sont formées par d'anciens cratères éteints ou par le desséchement de quelques lacs dont les eaux se sont écoulées par des ouvertures souterraines qui subsistent encore. Dans quelques cas, les eaux, en s'infiltrant dans les couches terrestres, ont entraîné certaines parties du sol et ont produit des gouffres ou abîmes par lesquels disparaissent des ruisseaux ou des rivières. On désigne encore sous la dénomination d'ab. une bouche qui donne constamment ou de temps en temps issue à des torrents d'eau froide ou chaude, pure ou chargée de substances minérales. Au reste, ce mot n'ayant pas d'acception bien déterminée devrait être banni du langage scientifique, excepté en astronomie, pour l'espace illimité.

ABIMÉLECH, juge d'Israël, tué au siège de Thèbes, en Palestine (1235 av. J. C.).

ABÎMER. v. a. Renverser, précipiter dans un abîme. *Un tremblement de terre abîma la colline et tout ce qu'elle portait.* || Fig., Perdre, ruiner entièrement. *Cet homme est puissant et vindicatif, il vous abîmera.* || Fig., Gâter, endommager. *La pluie a abîmé sa robe.* Ce sens est fam. = ABÎMER. v. n. Tomber tout à coup en ruine. *Cette maison abîma subitement.* || Fig., Périr. *Ce méchant homme abîmera avec tout son bien.* Peu usité. = s'ABÎMER. v. pron. S'engloutir. *Cette montagne s'est abîmée tout à coup. Son navire s'est abîmé.* || Fig., Se ruiner, se perdre. *Il s'est abîmé par son luxe, par ses débauches.* || S'abandonner tellement à quelque chose qu'on ne songe à aucun autre objet. *S'ab. dans ses pensées, dans sa douleur, dans ses plaisirs, dans la contemplation, dans l'étude.* || Fam., Se gâter, s'endommager. *Ces aquarelles s'abîment au soleil.* = ABÎMÉ, ÉE. part.

AB INTESTAT. T. Droit. Voy. SUCCESSION.

ABIOTIQUE. adj. T. Didactique (de *à* privatif, et βίος, vie). Où l'on ne peut vivre.

ABIOU, fils d'Aaron, fut dévoré par les flammes.

AB IRATO. loc. lat. (*irato*, en colère), qui sign., Par un homme en colère. On dit : *Faire un testament, une donation ab ir. Prendre une détermination, agir ab ir.*

ABIRON, lévite qui conspira contre Moïse et Aaron, et fut englouti dans la terre avec ses complices.

ABJECT, ECTE. adj. [On pron. *ab-jek-te.*] (lat. *abjicere*, repousser). Méprisable, bas, vil, dont on ne fait nulle estime. *Un homme abject. Une physionomie abjecte. Des sentiments objects. Sous prétexte de naturalisme, un nouveau genre de littérature s'applique à mettre en évidence tout ce qui est abject.*
Syn. — *Bas, Vil.* — Bas s'emploie au prop.; *Ab.* se dit seulement au fig. Ab. enchérit sur le mot bas. Vil se rapporte uniquement au manque de valeur; *bas* et *ab.*, au manque d'élévation. Une marchandise est à *bas* prix, lorsque son prix habituel a beaucoup baissé; elle est à *vil* prix, lorsque sa valeur est presque nulle. — Fig., Celui qui par lâcheté souffre une injure est *bas*; celui qui la subit sans rougir, avec une complète insensibilité, est *ab.*; celui qui la supporte par intérêt, dans un but vénal, est le plus *vil* des hommes.

ABJECTION. s. f. Abaissement, état de mépris où est une personne. *Il est tombé dans l'ab.* || Bassesse méprisable. *L'ab. de ses sentiments et de ses mœurs.*

AB JOVE PRINCIPIUM, loc. lat. (*Jove*, ablatif de Jupiter, *principium*, commencement). Commençons par Jupiter, par le personnage principal.

ABJURATION. s. f. Acte par lequel on renonce à une religion, à une doctrine, à des principes que l'on avait professés. S'emploie au prop. et au fig. *Ab. publique, solennelle. Ab. de l'hérésie. Recevoir l'ab. de quelqu'un.*
Syn. — *Apostasie, Conversion.* — Ab. peut se dire d'un changement quelconque de croyance, plus généralement du passage d'une confession chrétienne à une autre. *L'ab. de Henri IV*, à Saint-Denis le 25 juillet 1593. — Pour les chrétiens, l'apostasie est l'acte du chrétien qui renonce au christianisme. *L'apostasie de l'empereur Julien.* La conversion se dit d'une personne non chrétienne qui embrasse la religion chrétienne. *Conversion de Constantin, de Clovis.*

ABJURATOIRE. adj. 2 g. Qui concerne l'abjuration. *Formule abjuratoire.*

ABJURER. v. a. (lat. *ab*, loin, hors de; *jurare*, jurer). Jurer le contraire de ce que l'on a juré. Renier une religion, une doctrine, une opinion, une erreur. *J'ai abjuré mon erreur* || S'emploie quelquefois absol. *Il abjura dans l'église de Notre-Dame.* || Fig., Renoncer à. *Cette femme avait abjuré toute pudeur, toute vertu. Ab. ses passions, l'amour, la poésie, la nature.* — On dit ellip., *Ab. Aristote, Descartes,* pour renoncer aux doctrines de ces philosophes = Abjuré, ée. part.

ABLACTATION. s. f. T. Méd. (de *ab*, hors de, et *lac*, lait). L'action de cesser d'allaiter.

ABLAIS. s. m. pl. Blés coupés qui sont encore dans le champ.

ABLANCOURT (PERROT D'), écrivain français, traduisit Tacite, César, Lucien, Thucydide, etc. (1606-1664).

ABLAQUE. Nom vulg. de l'espèce de soie que fournit le byssus de plusieurs espèces de *Jambonneaux.* Voy. Ostracés.

ABLAQUÉATION. s. f. (de *ab*, et *laqueare*, arroser : de *'acus*, lac). Action de creuser autour du pied d'un arbre une petite fosse destinée à retenir l'eau.

ABLATIF. s. m. T. Gram. Voy. Cas.

ABLATION. s. f. (lat. *oblatio*, de *auferre*, enlever). T. Chir. On comprend sous le nom d'*Abl.*, toutes les opérations par lesquelles on retranche une partie naturelle du corps ou un tissu qui s'y est développé accidentellement : *l'abl. d'une exostose, d'une portion d'os carié ou nécrosée. L'abl. des chairs qui recouvrent un ongle incarné.*

ABLATIVO. Expr. adv. et pop. qui ne s'emploie que dans cette phrase : *Il a mis cela ab. tout en un tas*, tout ensemble, avec confusion et désordre.

ABLE. s. m. (lat. *albus*, blanc). T. Icht. Petit poisson d'eau douce.
Icht. — Dans le système de Cuvier, ce nom appartient à un genre de la famille des *Cyprinoïdes.* Ce genre comprend les *Cyprins*, qui ont les nageoires dorsale et anale courtes, et qui manquent d'épines et de barbillons. Les *Ables* sont vulg. appelés *Poissons blancs.* Les espèces en sont fort nombreuses, et on les distingue d'après la position de leur dorsale et d'a-

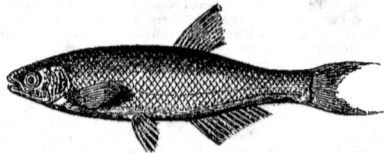

près leurs couleurs. Les plus communes dans nos rivières sont le *Meunier* (*Cyprinus dobula*), le *Gardon* (*C. idus*), la *Rosse* (*C. rutilus*), la *Vandoise* (*C. leuciscus*), le *Nez* (*C. nasus*), le *Spirlin* ou *Éperlan de Seine* (*C. bipunctatus*), etc. Tous ces poissons sont de petite taille, et leur chair est peu estimée. Nous citerons plus particulièrement le *Véron* (*C. phoxinus*) et l'*Ablette* (*C. alburnus*). Le véron est le plus petit de nos poissons, car il ne dépasse guère 8 centimètres de longueur. Il est tacheté de noirâtre, et la dorsale répond au-dessus de l'intervalle qui est entre les ventrales et l'anale.
L'ablette a de 14 à 21 centimètres de longueur. Son corps est étroit, son front droit et sa mâchoire inférieure un peu plus longue que la supérieure. (Fig. ci-dessus.) Ce poisson est remarquable par ses écailles minces, peu adhérentes, d'un vert jaunâtre sur le haut du dos, et présentant un éclat argenté sur les côtés et sur l'abdomen. Cet éclat métallique tient à la présence d'une substance nacrée qui entoure la base des écailles. Les intestins sont également recouverts par cette matière brillante, qui porte le commerce le nom d'*Essence d'Orient.* Pour la recueillir, on écaille le poisson, on malaxe les écailles dans l'eau, afin de séparer la substance nacrée qui tombe au fond du liquide quand on le laisse reposer; on décante la première eau, puis on lave de nouveau jusqu'à ce qu'il ne reste plus d'impuretés. On jette alors le tout sur un tamis qui laisse passer la substance et retient les écailles. On décante encore et l'on obtient l'essence sous forme de matière visqueuse. Lorsqu'elle est bien préparée, elle présente l'aspect et les reflets des perles véritables ou de la nacre de perle la plus fine. Elle se putréfie facilement à l'humidité; mais on évite cet inconvénient au moyen de l'ammoniaque liquide. Voy. Perles Artificielles.

ABLÉGAT. s. m. Vicaire d'un légat.

ABLÉGATION. s. f. Dignité d'ablégat.

ABLERET. s. m. Espèce de filet carré attaché au bout d'une perche, avec lequel on pêche des ables et d'autres petits poissons.

ABLETTE. s. f. Voy. plus haut, à Able.

ABLUANT, TE. adj. Même signif. que Détersif.

ABLUER. v. a. (lat. *ab*, de; *luere*, purifier). Laver. (Ce sens a vieilli.) || Passer légèrement une liqueur préparée avec de la noix de galle sur le parchemin ou du papier pour faire revivre l'écriture. = Ablué, ée. part. Lavé, effacé.

ABLUTION. s. f. (lat. *ablutio*, de *abluere*). Action de se laver diverses parties du corps. Les *Ablutions* sont des lotions générales ou partielles prescrites et pratiquées dans la plupart des religions de l'Orient. D'après la loi de Manou, les Indiens doivent faire précéder toutes leurs prières de la cérémonie de l'ab. Les eaux du Gange sont regardées par eux comme les plus efficaces pour ces sortes de purifications. —

Les eaux du Jourdain étaient de même en honneur chez les Hébreux, à qui la loi de Moïse imposait l'ab., comme l'une des plus importantes de leurs pratiques religieuses. — L'islamisme, dans lequel on retrouve la plupart des pratiques du judaïsme, considère l'ab. comme une obligation divine. Tous les mahométans sont tenus de la répéter cinq à six fois depuis le lever jusqu'au coucher du soleil, en l'accompagnant chaque fois d'une prière différente. Selon la croyance des musulmans, l'institution de l'ab. fut révélée par l'ange Gabriel au prophète, le jour même où cet ange lui apporta le Coran. Cette origine de l'ab. la rend sacrée aux musulmans. Aussi, lorsqu'il leur est impossible de se procurer de l'eau, ils se purifient avec du sable ou de la poussière. — Les Grecs et les Romains connurent aussi différentes espèces d'ablutions; par exemple, l'usage de l'eau lustrale qu'ils répandaient dans les temples, et dont ils aspergeaient les assistants. — Chez les chrétiens, le baptême, l'usage de l'eau bénite et le rite d'après lequel, pendant la messe, le prêtre se lave les doigts avec le vin du sacrifice, sont les dernières traces des ablutions antiques. Dans la messe, l'ab. désigne le vin que le prêtre prend après la communion, ainsi que le vin et l'eau qu'on verse sur ses doigts et dans le calice après qu'il a communié : première ab., seconde ab.

ABNÉGATION. s. f. (lat. ab, de; negatio, refus). Renoncement, sacrifice. Je fais ab. de mon intérêt propre. Le pauvre est forcé à une continuelle ab.

ABNER, général de Saül, puis de David, fut assassiné par Joab.

ABO, v. et port de Finlande; 23,000 hab.

ABOI. s. m. (R. aboyer). Cri naturel du chien. L'ab. de ce chien est fort importun. || On dit que Le cerf est aux abois, lorsqu'il est forcé par les chiens. || Fig. et par ext., Se dit d'une personne qui se meurt, d'un individu qui n'a plus de ressources, d'une place ne peut plus se défendre, de la vertu qui est sur le point de succomber. Ce malade est aux abois. Les assiégés sont aux abois. Sa vertu est aux abois.

ABOIEMENT ou **ABOÎMENT.** s. m. Cri du chien. L'ab. des chiens. De longs aboiements. || Fig., Déclamations fatigantes. J'entends les aboiements des auteurs famétiques.
Hist. nat. — L'Ab. est plutôt une sorte de langage acquis que le cri naturel du chien. En effet, il est plus ou moins varié, plus ou moins expressif suivant l'intelligence de la race. Les chiens que l'on trouve chez les peuples sauvages n'aboient point et sont fort peu intelligents. Il en est de même des chiens européens qui ont été perdus dans les îles de l'océan Pacifique. Ils ne font plus entendre qu'un long hurlement plaintif qui rappelle celui que poussent les nôtres lorsqu'on les maltraite ou lorsqu'on les tient enfermés. Cette espèce de hurlement serait donc le cri naturel du chien.
Syn. — Ces deux mots, aboi et aboiement, se ressemblent beaucoup; mais le second s'applique de préférence au premier, qui ne s'emploie plus guère qu'au figuré. Jappement est le cri du petit chien.

ABOLIR. v. a. (gr. ἀπολεῖν, détruire). Annuler, mettre hors d'usage, mettre à néant. Ab. une loi, un usage. || Fig., Ab. la mémoire d'une action honteuse. = s'Abolir, v. pron. Cesser d'être en usage, tomber en désuétude. Les lois absurdes s'abolissent d'elles-mêmes. || Tout crime s'abolit au bout d'un certain nombre d'années, il ne peut plus être poursuivi. Voy. Prescription. = Aboli, ie. part.
Syn. — Abroger, annuler, casser, infirmer, anéantir, détruire. — Ab. a un sens général : On abolit la royauté, l'esclavage; on abroge une loi; on annule un testament; on infirme un jugement, une conclusion. Anéantir et détruire ont un sens plus absolu encore qu'ab.

ABOLISSEMENT. s. m. Action d'abolir. L'ab. des anciens usages, des vieilles coutumes.

ABOLITION. s. f. Annulation, suppression. L'ab. d'une loi s'opère par un acte de la volonté législative ou par désuétude. Ab. de la vue, de l'ouïe, du mouvement, de la volonté, de la mémoire.
Hist. — Anciennement le roi pouvait, par un acte de son autorité, abolir un crime, c'est-à-dire prévenir et suspendre la poursuite d'un crime, ou mettre à néant la condamnation et ses effets. On donnait le nom de Lettres d'abolition à l'acte par lequel le souverain accordait une grâce de ce genre, et on appelait Porteur d'ab., celui qui avait obtenu des lettres d'ab. Ce droit n'existe plus en France; mais nos diverses constitutions ont toujours accordé au chef de l'État le droit de grâce et de commutation de peine.

ABOLITIONISTE. s. m. Partisan de l'abolition de l'esclavage. Voy. Esclavage.

ABOMEY, v. d'Afrique, cap. du Dahomey (Guinée).

ABOMINABLE. adj. 2 g. Exécrable, détestable, qui est en horreur. Homme, action, morale ab. || Par exag., Goût, odeur ab. Ouvrage, comédie ab. Temps ab.
Syn. — Détestable, Exécrable. Ce qui est détestable excite l'aversion, la répulsion; ce qui est ab., la haine, le soulèvement; ce qui est exécrable, l'indignation, l'horreur. Ces trois mots servent, dans un sens moins rigoureux, à marquer simplement les divers degrés d'une chose très mauvaise; de façon qu'ab. dit plus que détestable; exécrable plus qu'ab.

ABOMINABLEMENT. adv. D'une manière abominable. Se conduire, agir, écrire, chanter ab. Fam. — On dit, Abominablement mal.

ABOMINATION. s. f. Détestation, exécration. Avoir quelqu'un en ab. Être en ab. à tous les gens de bien. || Se dit de ce qui est l'objet de l'ab. Le méchant est l'ab. de tout le monde. || Sign. aussi, Action abominable. Commettre des abominations.

ABONDAMMENT. adv. En grande quantité. Cette source fournit de l'eau ab. || Amplement, plus qu'il ne serait rigoureusement nécessaire. Cela est ab. démontré dans plusieurs ouvrages.
Syn. — En abondance, Amplement, Beaucoup, Copieusement. L'adverbe convient mieux pour déterminer ce qui se fait; la locution adverbiale, pour déterminer ce qui est. Il pleut ab.; la pluie est tombée en abondance. Amplement a presque toujours rapport à l'étendue ou à la durée. Je vous entretiendrai plus amplement. Beaucoup se dit plutôt des choses qui se peuvent compter, et ab. de celles que l'on considère collectivement. Dire beaucoup de paroles pour rien. Ses pleurs coulaient ab. Copieusement ne se dit guère qu'en parlant de certaines fonctions animales : il a mangé et bu copieusement.

ABONDANCE. s. f. Grande quantité. L'ab. d'une source. Ab. de biens, de pensées, de paroles. Avoir ab., être dans l'ab. de toutes choses. || Pris. abs., sign., Fertilité, richesse. Le travail produit l'ab. Pays d'ab. Années d'ab. || On dit, Ab. de style. Il y a dans le style une ab. qui en fait la richesse et la beauté; il y a aussi une ab. vaine qui ne fait que déguiser la stérilité de l'esprit et la disette des pensers par l'ostentation des paroles. || Parler d'ab., Parler sans préparation. — Parler d'ab. de cœur, Parler avec effusion, avec pleine confiance. — Parler avec ab., Parler avec facilité et user une grande variété de tournures et d'expressions. || Myth. Corne d'ab., Corne remplie de fruits et de fleurs, qui est l'emblème de l'ab. || Mélange de vin et de beaucoup d'eau en usage dans les pensions
Syn. — Aisance, richesse, opulence, expriment des degrés croissants de richesse.

ABONDANT, TE. adj. Qui abonde. Maison abondante en richesse. Discours abondant en métaphores. Pris. abs., sign., Copieux, ample, riche, fécond. Nourriture abondante. Pluie abondante. Langue abondante. Style abondant. Auteur abondant. || Nombre abondant. Voy. Nombre. = D'abondant. loc. adv. De plus, en outre.

ABONDER. v. n. (lat. ab., de; undare, couler). Avoir en grande quantité. Ab. en richesses. || Être en grande quantité. Les eaux de vingt rivières ab. dans ce fleuve. Les chalands abondent dans cette boutique. || Ab. dans son sens, Être attaché à son opinion. Ab. dans le sens de quelqu'un, Embrasser, appuyer l'opinion de quelqu'un. || T. Jurisp. Ce qui abonde ne vicie pas ou ne nuit pas. Ce qui est de trop n'empêche pas la validité d'un acte.

ABONNATAIRE. s. 2 g. En style d'Adm., se dit quelquefois de celui ou de celle qui contracte un abonnement. *Ab. d'un canal d'irrigation.*

ABONNEMENT. s. m. (du vx. mot *abonnement*, dont le rad. est *borne*). Stipulation à forfait. ‖ Marché par lequel deux personnes s'engagent, l'une à fournir, l'autre à recevoir un objet ou un service quelconque, à des époques fixes et pour un temps limité, moyennant un prix déterminé et souvent payé d'avance. On prend un *abonnement* pour recevoir des journaux, pour assister à des spectacles, voyager sur un chemin de fer, user du téléphone, etc. ‖ T. Fin Faculté réservée soit aux administrations, soit aux redevables, de se libérer, moyennant une somme fixée à forfait, des dépenses ou des redevances éventuelles auxquelles ils sont assujettis.

ABONNER. v. a. Prendre un abonnement au nom d'un autre. = s'ABONNER. v. pron. Souscrire à une chose vendue par abonnement. *Il s'est abonné à l'Opéra, à un journal, au téléphone.* ‖ T. Fin. Contracter un abonnement pour une taxe. = ABONNÉ, ÉE. part. ‖ S'emploie subst., *Ce journal a beaucoup d'abonnés. C'est un ab. de l'Opéra.*

ABONNIR. v. a. (R. bon). Rendre bon, améliorer. *Les caves fraîches abonnissent le vin.* ‖ S'emploie fam. au neutre, et sign., Devenir meilleur. *Cette liqueur n'a pas abonni en vieillissant.* = s'ABONNIR. v. pron. Devenir meilleur. = ABONNI, IE. part.

ABORD. s. m. (R. bord). Accès, approche. *Ce port est de difficile ab. Tous les abords de la citadelle sont défendus.* ‖ Arrivée. *A notre ab. dans l'île, nous fûmes attaqués.* ‖ Affluence de personnes ou de choses. *Il y a un grand ab. de monde dans cette maison. Il y a un grand ab. de blé au marché.* ‖ Fig., Manière de recevoir, accueil. *Cette femme a l'ab. gracieux. Ce geôlier a l'ab. rude et farouche. Leur ab. a été glacial. Il m'a paru froid à l'ab.* = Loc. prép. D'ABORD, TOUT D'ABORD, AU PREMIER ABORD, DE PRIME ABORD, DÈS L'ABORD. Premièrement, dès le premier instant, sur-le-champ, à première vue, avant toute chose. *D'ab. je crois à votre parole. Tout d'ab. il me parla de vous. De premier ab., de prime ab., ce problème paraît insoluble. Dès l'ab., nous songeâmes à dîner.* = D'ABORD QUE. loc. conj. Aussitôt que, dès que.

ABORDABLE. adj. 2 g. Accessible, qu'on peut aborder. Se dit des personnes et des choses.

ABORDAGE. s. m. (R. bord). Action de joindre un vaisseau ennemi à dessein de s'en emparer. *Tenter, manquer l'ab. Aller, courir à l'ab.* Prendre un vaisseau par ab, à l'ab. ‖ Heurt ou choc de deux navires qui viennent à se rencontrer. *La nuit les vaisseaux portent des feux pour éviter les abordages.*

Mar. — Le terme *Ab.* s'emploie plus particulièrement pour désigner une manœuvre de guerre par laquelle un vaisseau en joint un autre, afin de faire combattre leurs équipages corps à corps. On peut opérer l'*ab. de franc étable,* c.-à-d. de manière à atteindre le bâtiment ennemi par le devant, en droiture, ou bien l'*ab. en belle,* en enfonçant l'éperon de son navire dans le flanc du vaisseau abordé. Souvent ce choc coule à l'ab. un bâtiment de moindre capacité que celle de l'abordeur. Lorsqu'un navire est parvenu à joindre son adversaire, il essaye de l'accrocher en lui lançant

de forts crochets de fer à plusieurs branches, appelés *grappins d'ab.* (V. la Fig.). Ces grappins, rivés à une chaîne qui lient elle-même à des cordages, sont suspendus au bout des basses vergues. Si l'on parvient à les engager dans le gréement du bâtiment attaqué, on hale sur le cordage de manière à rapprocher les deux navires qui restent accrochés et, pour que ces derniers ne s'écartent point pendant l'action, on lance encore, de dessus les gaillards ou passavants, des grappins plus légers, nommés *grappins à main* Les bâtiments ainsi retenus s'envoient une dernière décharge pour vider leurs canons; puis les sabords se ferment, afin d'empêcher que l'ennemi ne s'introduise par ces ouvertures. Ensuite, de part et

d'autre, on se prépare à l'attaque et à la défense. Avant de s'élancer sur le pont de leurs adversaires, les abordeurs s'efforcent de les en déloger par un feu très vif de mousqueterie, et en lançant du haut des hunes une pluie de grenades, puis ils se précipitent sur l'autre bord pour s'en emparer, en répétant le cri *à l'abordage!* L'ab. n'a pas lieu seulement entre des bâtiments de guerre de haut bord ou de bas bord. On voit parfois de simples embarcations, c.-à-d. des chaloupes ou des canots, entreprendre de s'emparer de cette façon de bâtiments de guerre redoutables, tels que corvettes, bricks et canonnières. Le plus souvent ces tentatives échouent; mais quelquefois elles ont un plein succès. Un grand nombre d'abordages de ce genre sont restés célèbres dans l'histoire de la marine française. Cependant, quelque gloire que nos marins aient acquise dans ce genre de combats, l'ab. paraît être abandonné aujourd'hui par notre marine pour le combat de vaisseau à vaisseau, de batterie mouvante à batterie mouvante, parce que, dans cette dernière espèce d'engagement, le succès dépend presque uniquement du génie du commandant.

Les abordages accidentels de deux navires qui se heurtent constituent des sinistres ayant souvent les conséquences les plus désastreuses, le vaisseau abordé étant généralement coulé bas en un temps trop court pour organiser efficacement le sauvetage. On cherche à les éviter à l'aide de feux et de signaux qui indiquent la position et la marche du navire. C'est en cas de brouillard que l'abordage est le plus à craindre. On doit alors recourir aux signaux phonétiques, cloches, canons, etc. La question de la responsabilité en cas d'abordage soulève des difficultés considérables, surtout quand les deux navires sont de nationalité différente. Il existe un règlement du 1er septembre 1884 qui prescrit les mesures à employer et les signaux à faire; mais il faudrait une convention internationale afin que chaque nation obligeât ses navires à se conformer à un règlement unique. Le capitaine qui enfreindrait le règlement serait alors responsable en cas d'abordage. — *Bibliogr.* LOUIS CAFFARENA, *Étude critique sur les abordages,* 1880.

ABORDER. v. n. Arriver à bord, prendre terre. *Le vent qui soufflait de terre nous empêcha d'ab.* ‖ *Ab.* à un bâtiment, Diriger une embarcation de manière à ce qu'elle arrive à toucher un navire sans le heurter. ‖ Approcher. *On ne saurait aborder de l'église, tant la foule s'y presse.* ‖ *Aborder* se conjugue avec *avoir* pour exprimer l'action. *Nous avons abordé au rivage avec beaucoup de peine.* Il se conjugue avec *être* pour exprimer l'état. *Enfin, nous sommes abordés; nous voilà abordés.* = ABORDER. v. a. Approcher, joindre, atteindre. *Le ressac était si fort que nous n'avons pu ab. le môle. Nous abordâmes l'ennemi à la baïonnette.* ‖ *Ab.* un vaisseau ennemi, L'atteindre et l'accrocher. ‖ Heurter. *L'obscurité était si grande que notre navire aborda cette barque et la coula.* ‖ Fig., Accoster quelqu'un, s'approcher de quelqu'un pour lui parler. *Il m'a abordé avec amitié. Je n'ai pu ab. le ministre.* ‖ Fig., Traiter, discuter. *Il est dangereux d'ab. certaines questions.* ‖ Fig., Commencer à s'occuper d'une chose. *Je ne fais qu'ab. l'étude du sanscrit. Je n'ose ab. les mathématiques.* = s'ABORDER. v. pron. Se heurter, s'approcher, s'atteindre, s'accoster. = ABORDÉ,ÉE. part.

Syn. — *Joindre, Accoster.* — On *joint* la compagnie dont on s'est écarté; on *accoste* le passant qu'on rencontre sur sa route, on *ab.* les gens de connaissance. — Les personnes se *joignent* pour être ensemble; elles *s'abordent* pour se saluer ou se parler; elles *s'accostent* pour se demander une indication.

ABORDEUR. s. m. et adj. T. Mar. Vaisseau qui en aborde un autre. Voy. ABORDAGE.

ABORIGÈNES. s. m. pl. (lat. *ab,* de; *origo,* origine). On donne le nom d'*Ab.* aux habitants primitifs d'un pays, c.-à-d. à ceux qui l'occupaient à l'époque de sa découverte, et dont l'origine est inconnue. Plusieurs peuples anciens prétendaient avoir toujours habité le même pays. Ainsi les Athéniens avaient la prétention d'être *autochtones* (gr. αὐτός, même; χθών, terre), c.-à-d. d'être nés du sol qu'ils habitaient. C'est comme emblème de leur origine qu'ils portaient une cigale d'or dans leur coiffure. Les Indiens de l'Amérique sont pour nous des ab., parce qu'ils habitaient le nouveau continent à l'époque de sa découverte, et que nous sommes dans une complète ignorance relativement à leur origine. — Le terme d'*ab.* s'applique également aux animaux et aux végétaux qu'on suppose originaires des pays où on les a découverts. Mais, dans ce sens, on dit mieux *indigène*.

ABORNEMENT. s. m. Action d'aborner. Voy. BORNAGE.

ABORNER. v. a. Mettre des bornes à un terrain. Voy. BORNER.

ABORTIF, IVE. adj. (lat. *ab*, hors de [la règle] ; *ortus*, né). **Hist. nat.** — Un corps organisé, un organe quelconque, sont *abortifs*, lorsqu'ils n'ont pas reçu leur entier développement. Une *fleur* incomplètement formée, une *étamine* dont le filet ne porte pas d'anthère, une *graine* qui ne contient pas d'embryon, sont *abortives*. On appelle *fœtus ab.*, celui qui est expulsé avant d'avoir acquis le développement nécessaire pour être viable. On donne aussi le nom d'*abortifs* aux procédés et aux *médicaments* propres à procurer l'avortement, procédés et moyens qui sont ordinairement aussi inefficaces qu'ils sont coupables et dangereux.

ABOT. s. m. Espèce d'entrave que l'on met au pâturon des chevaux.

ABOTEAU. s. m. Barrage.

ABOU-BEKR, 1er des califes, beau-père et successeur de Mahomet, réunit les feuilles éparses du Coran en un corps d'ouvrage (573-634).

ABOUCHEMENT. s. m. Entrevue, conférence de deux ou de plusieurs personnes. || T. Anat. Réunion de deux vaisseaux, de deux nerfs, etc. Voy. ANASTOMOSE. || T. Tech. *Ab. de deux tuyaux.* Voy. ABOUCHER.

ABOUCHER. v. a. (R. *bouche*). Faire trouver deux ou plusieurs personnes dans un lieu, pour qu'elles confèrent ensemble. || *Ab. des tuyaux*, Les appliquer l'un contre l'autre par leurs orifices. = s'ABOUCHER, v. pron. *Les deux princes se sont abouchés*, Ils ont eu une conférence ensemble. *S'ab. avec quelqu'un.*|| En Anat. et en Techn., se dit des vaisseaux qui s'anastomosent, des tubes qui sont appliqués l'un contre l'autre par leurs ouvertures. = ABOUCHÉ, ÉE. part.

ABOUCHOUCHOU. s. m. Sorte de drap qui se fabrique dans le midi de la France et qu'on expédie dans le Levant.

ABOUGRISSEMENT. s. m. État d'un bois endommagé dans sa première croissance.

ABOUKIR, village de la basse Égypte, célèbre par deux batailles : en 1798 les Anglais détruisirent une flotte française dans sa rade ; en 1799 Bonaparte y vainquit une armée turque.

ABOUL-ABBAS, 1er calife de la dynastie des Abbassides (749-754).

ABOULFÉDA, historien et géographe arabe (1273-1331).

ABOU-SOPHIAN, chérif de la Mecque, ennemi de Mahomet.

ABOUT. s. m. (R. *bout*). T. Charp. et Menuis. Extrémité par laquelle toute pièce de bois est assemblée avec une autre. || Se dit également de l'extrémité par laquelle une tringle de fer se fixe à quelque chose. || Base du cylindre broyeur dans la fabrication du papier. || *Ouvriers d'ab.*, Classe d'ouvriers mineurs employés à creuser les fosses dans les terrains ébouleux et aquifères.

ABOUT (Edmond), littérateur français (1828-1885).

ABOUTAGE. s. m. Mar. Action de réunir par un nœud les bouts de deux cordages.

ABOUTEMENT. s. m. Jonction par les bouts.

ABOUTER. v. a. Joindre par les bouts.

ABOUTIR. v. n. (R. *bout*). Toucher par un bout. Se terminer à. *Ce champ aboutit au grand chemin. La rue Montmartre aboutit au boulevard. Les nerfs aboutissent au* cerveau. *Les vaisseaux chylifères aboutissent au canal thoracique.* || Fig., Tendre, se terminer, avoir pour résultat. *A quoi aboutissent tous vos raisonnements? Cela n'aboutira qu'à le perdre* || T. Méd. S'ouvrir. *Cette tumeur, cet abcès va ab.* = ABOUTI, IE. part.

ABOUTISSANT, TE. adj. Qui touche par un ou plusieurs bouts. *Une prairie aboutissante à la forêt.* || Pris subst., s'emploie toujours au plur. *Les tenants et aboutissants d'un champ, d'une maison.* || Fig., *Savoir tous les tenants et aboutissants d'une affaire*, En connaître toutes les circonstances, tous les détails.

ABOUTISSEMENT. s. m. Action d'aboutir. || Pièce d'étoffe que l'on ajoute par couture à une autre.

AB OVO (mots latins signifiant à partir de *de l'œuf*). loc. adv. Dès l'origine, dès le commencement. *Racontez-moi cette affaire ab ovo.*

ABOYANT, ANTE. adj. Qui aboie.

ABOYER. v. n. (R. *baier*, mot de l'ancien français ; du latin *baubari*, aboyer C'est une sorte d'onomatopée gr. βαύξειν.) Se dit du cri du chien et du renard. *Ce chien aboie aux voleurs, contre les passants.* || Fig. et fam., Crier après quelqu'un, le poursuivre ou l'importuner. *Ses créanciers aboient après lui.* || Prov. *Ab. à la lune*, se dit d'un homme qui crie inutilement contre un plus puissant que lui. || Fig. et fam., Désirer, poursuivre avec ardeur. *Ils sont trois ou quatre qui aboient après cette succession.* = ABOYÉ. ÉE. part. *Un cerf ab. par les chiens. Il est ab. de ses créanciers.* = Conjug. Voy. EMPLOYER.

Syn. — *Aboyer, japper, hurler. Ab.* se dit du cri des gros chiens, *japper* de celui des petits chiens, *hurler* du cri du loup.

ABOYEUR. s. m. Chien qui aboie pour avertir de la présence du gibier. || Fig. et fam., Ceux qui crient contre le succès : *Ce critique n'est qu'un ab.* || Celui qui poursuit ardemment une chose : *Ce journaliste n'est qu'un ab.* || Se dit aussi des orateurs de clubs populaires et des crieurs de nouvelles dans les rues. || On donne le nom de délire des aboyeurs à une névrose caractérisée par des cris perçants.

ABRACADABRA. s. m. Mot magique. Voy. ABRAXAS.

ABRACADABRANT, ANTE. adj. Mot burlesque qui signifie extraordinaire, stupéfiant.

ABRAHAM, patriarche, père de la nation juive, né à Ur, en Chaldée, vers l'an 2366 av. J.-C. ; il eut d'Agar un fils nommé Ismaël qui, d'après la Bible, fut le père des Arabes, et de Sarah un fils nommé Isaac de qui descendent les Juifs ; il mourut âgé, dit-on, de 175 ans.

ABRANCHES. s. m. pl. (gr. *a* priv. ; βράγχια, branchie). T. Zool. Ordre d'annélides. Voy. ANNÉLIDE.

ABRANTÈS, v. de Portugal, sur le Tage, 5,000 hab. Prise en 1807 par les Français.

ABRANTÈS (duchesse d'), femme du général Junot fait duc d'Abrantès en 1807 (1785-1838), connue par ses *Mémoires*.

ABRAQUER. v. a. T. Mar. Tirer, tendre un cordage.

ABRAS. s. m. Garniture de fer qui entoure le manche d'un marteau de forge.

ABRASION. s. f. (lat. *ab*, de ; *radere*, racler). T. Méd. S'emploie quelquefois pour désigner une ulcération superficielle de la muqueuse intestinale, lorsque les déjections alvines contiennent de petits fragments membraniformes, appelés vulgairement *raclures de boyaux*. || T. de Chir. Se dit aussi de l'action de gratter certaines parties, ou de les enlever par lamelles. *Ab. des os cariés.*

ABRAXAS. s. m. Nom par lequel on désigne une classe très nombreuse de pierres gravées, qui contenaient les symboles du culte de certaines sectes gnostiques Elles sont ainsi nommées du mot *abraxas* ou *abrasax*, écrit en lettres grec-

DICTIONNAIRE ENCYCLOPÉDIQUE. 3

ques, qu'on lit sur la plupart d'entre elles. On les appelle également *Pierres basilidiennes*. La dénomination de *basilidiennes* appliquée à ces pierres gravées est tout à fait impropre, car elles sont loin d'appartenir toutes à la secte fondée par Basilide. La secte des Ophidiens peut en réclamer une bonne part. Le terme *Abraxas* ne leur convient pas davantage, attendu que toutes ne portent pas cette inscription mystérieuse qui paraît n'être qu'une réunion de lettres numériques formant le nombre mystique 365, nombre qui signifiait, pour les Gnostiques, l'ensemble des manifestations émanées du Dieu suprême. (Le C est une forme du Σ). Les abraxas étaient des amulettes ou talismans. — Les inscriptions gravées sur ces pierres sont, la plupart du temps, composées de radicaux tirés de diverses langues, du grec, de l'hébreu, du copte, etc.; ce qui les rend très difficiles à déchiffrer. Quelquefois même les mots en paraissent entièrement forgés. La Fig. 1 représente une belle chrysoprase, convexe des deux côtés et sculptée sur ses deux faces. Sur l'une des faces est une ligne droite,

A	1
B	2
P	100
C	200
Ξ	60
Λ	1
	365

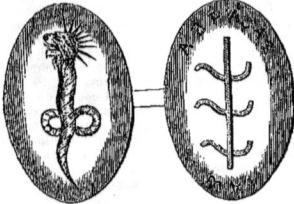

Fig. 1.

croisée par trois lignes courbes. On ne sait pas encore quelle était la signification de cette figure qui se rencontre fréquemment sur les pierres gnostiques; mais on remarque autour d'elle le mot mystérieux αβραξαξ, dont nous avons parlé. Sur l'autre face, on voit un serpent avec une tête de lion ornée d'une crinière, et de cette tête partent des rayons. Or, le serpent était, chez les Grecs, chez les Romains, chez les Égyptiens et chez les Orientaux, le symbole de la médecine. Quant à la tête de lion, on sait que cet animal était l'emblème de la tribu de Juda. Les Gnostiques représentaient

Fig. 2.

Jésus-Christ sous la forme de cet animal. Les rayons qui partent de sa tête indiquent sa divinité — La Fig. 2 représente une tête d'éléphant combinée avec deux têtes humaines. Il est fort probable que c'était une amulette gravée pour un malheureux affecté de l'affreuse maladie nommée alors comme aujourd'hui éléphantiasis. *Bibliogr.* DE MATTER, *Histoire du Gnosticisme.*

Du mot *abraxas* on fait dériver *Abracadabra*, formule mystique à laquelle on attribuait la vertu de chasser la fièvre et d'autres maux. On l'inscrivait sur un morceau de papier carré de manière à former un triangle où le mot se reproduisait sur toutes les faces.

```
A B R A C A D A B R A
  B R A C A D A B R
    R A C A D A B
      A C A D A
        C A D
          A
```

On cousait ce papier sur une figure de croix, et le malade portait pendant neuf jours cette amulette suspendue à son cou.

ABRÉGÉ. s. m. Écrit, discours dans lequel on expose d'une manière succincte ce qui est ou pourrait être dit plus au long et plus en détail. *Un ab. d'histoire, de physique. Il a rédigé un ab. de ses aventures.* || Fig. *L'homme est un ab. des merveilles de l'univers.* Il les résume toutes dans son admirable organisation. = EN ABRÉGÉ, loc. adv. Sommairement, en peu de paroles. *Contez-moi cela en ab* || Signi. aussi. Par abréviation. *Écrivez ces mots-là en ab.*
Syn. — *Épitomé, Résumé, Précis, Extrait, Analyse, Argument, Sommaire.* — L'*Ab.* n'est pas simplement la réduction d'un ouvrage, c'est un traité complet, sous des proportions moindres que celles de l'ouvrage qu'il résume. Sa rédaction lui appartient en propre, et peut n'avoir aucune ressemblance avec celle du livre original. L'*épitomé* diffère de l'*ab.* moins par son étendue que par sa réduction, qui est empruntée presque entièrement à l'ouvrage principal. Le *résumé*, au contraire, ressemble plus à l'*ab.* sous le rapport de la réduction que sous celui de l'étendue, qui est assez restreinte. Du reste, ce terme, quoique consacré par l'usage dans cette acception, paraît improprement employé dans le sens d'*ab.*, car il signifie particulièrement *récapitulation*. Le *précis* se borne à exposer les idées générales d'un ouvrage, sans le suivre dans ses détails comme l'*ab.* L'*extrait* ne présente que là substance d'un livre, sans offrir l'ordre et l'enchaînement qu'on exige dans un *précis*. On désigne, le plus souvent, par le mot *extrait*, des fragments d'un ouvrage qu'on cite textuellement. L'*analyse* est le plus succinct des résumés ; elle doit toujours avoir un caractère méthodique. L'*argument* indique simplement le sujet d'un discours, d'une pièce de théâtre, d'un poème ou des chants d'un poème, d'un roman ou des chapitres d'un roman. Le *sommaire* n'est que la nomenclature des objets traités dans les divers chapitres d'un ouvrage.

ABRÉGEMENT. s. m. Action d'abréger.

ABRÉGÉMENT. adv. D'une manière abrégée.

ABRÉGER. v. a. (lat. *abreviare*, de *brevis*, court). Rendre plus court. *Ab. une histoire. Ses débauches ont abrégé sa vie.* || S'emploie quelquefois absol., *Prenez ce sentier, il abrège.* || Faire paraître moins long. *La conversation abrège le chemin. Le travail abrège le temps.* = ABRÉGÉ, ÉE. part. = Conjug. Voy. MANGER.

ABREUVAGE. s. m. Action d'abreuver.

ABREUVEMENT. s. m. Action d'abreuver

ABREUVER. v. a. (lat. *ad* et *bibere*, boire). Faire boire. Ne se dit prop. qu'en parlant des bêtes et surtout des chevaux. || Fam., s'emploie quelquefois en parlant des personnes. *Il a bien abreuvé ses convives.* || Par ext., se dit des terres et des végétaux. *Ces prairies, ces plantes ont besoin d'être abreuvées.* || Fig., *Ab. de fiel, d'amertume, de douleur, d'ennui,* Causer beaucoup de chagrin, etc. — *Ab. de délices,* Combler de félicités. || T. Techn. *Ab. des tonneaux, des cuves, un navire,* Les remplir d'eau pour faire gonfler le bois et supprimer ainsi les fuites. — Passer sur un fond poreux une couche de couleur à l'huile, à la colle ou au vernis, pour boucher les pores. = S'ABREUVER v. pron. S'emploie au prop. et au fig. *Mes bestiaux s'abreuvent dans l'étang. Je m'abreuvais de sa vue* (je ne me lassais pas de la contempler). *S'ab. de larmes. C'est un homme qui s'abreuve de fiel,* C'est un homme haineux. = ABREUVÉ, ÉE. part.

ABREUVOIR. s. m. Lieu disposé pour faire boire et pour faire baigner les animaux. || Pop., *Ab. à mouches,* Grande plaie à la tête ou au visage.

ABRÉVIATEUR. s. m. Auteur qui abrège l'ouvrage d'un autre. || Officiers de la chancellerie romaine chargés de la rédaction des actes émanant de l'autorité papale, ainsi nommés parce que leurs minutes sont remplies d'abréviations.

ABRÉVIATIF, IVE. adj. Qui sert à marquer une abréviation. *Figure ab. Lettre abréviative.*

ABRÉVIATION. s. f. Retranchement de lettres dans un mot, pour écrire plus vite et en moins d'espace. || Se dit, par extension, de certains signes destinés à représenter des mots entiers.

Les Égyptiens se servirent de signes abréviatifs; les Grecs les adoptèrent, et plus tard les Latins en composèrent tout un système d'écriture. — Assez rares dans les diplômes des rois des deux premières races, les abréviations se multiplièrent tellement dans ceux des Capétiens, que Philippe le Bel essaya d'y remédier dans une ordonnance relative aux tabellions et aux notaires, en 1304; mais l'abus n'en persista pas moins dans les deux siècles suivants. Des manuscrits, cet abus passa même dans l'imprimerie, et les premiers livres imprimés offrent un très grand nombre d'abréviations fort difficiles à déchiffrer.

Certaines abréviations étant généralement employées, nous allons citer les plus usuelles.

Ant., antienne (dans les livres d'église). — A. P., à protester. — A. S. P., accepté sous protêt. — A. S. P. P. C., accepté sous protêt pour compte. — A. T., Ancien Testament. — B⁰ⁿ, baron; B⁰ⁿⁿᵉ, baronne. — B. P. F., bon pour francs (sur les billets à ordre). — C.-à-d., c'est-à-dire. — Ch. ou chap., chapitre. — Cⁱᵉ, compagnie. — C. O., compte ouvert. — Cᵗᵉ, comte; Cᵗᵉˢˢᵉ, comtesse. — D., dom (en parlant d'un bénédictin ou d'un seigneur portugais); don (en parlant d'un noble espagnol). — Dᵒ, dito (ce qui a été dit). — Dʳ, docteur. — D. M., docteur-médecin. — D. M. P., docteur-médecin de la faculté de Paris. — Xᵇʳᵉ, décembre. — E. ou Em., éminence (en parlant d'un cardinal). — Etc., et cætera (et le reste). — Exc., excellence. — Fᵉʳ, février. — Fᵒ, folio. — Fʳ, frère. — id., idem (le même auteur, le même ouvrage, la même chose). — Ibid., ibidem (dans le même livre, au même chapitre, à la même page, au même endroit). — Jᵉʳ, janvier. — J.-C., Jésus-Christ. — L. C. ou loc. cit., loco citato (à l'endroit cité). — LL. AA., Leurs Altesses. — LL. AA. II., Leurs Altesses Impériales. — LL. AA. RR., Leurs Altesses Royales. — LL. MM., Leurs Majestés. — M., monsieur; MM. messieurs. — Mᵈ, marchand. — Mᵉ, maître (en parlant des hommes de loi). — Mᵍʳ, monseigneur; Mᵍʳˢ, messeigneurs. — Mⁱˢ, marquis; Mⁱˢᵉ, marquise. — Mˡˡᵉ, mademoiselle; Mˡˡᵉˢ, mesdemoiselles. — Mᵐᵉ, Mad., madame; Mᵐᵉˢ, Mesd., mesdames. — N., nom (se met au lieu du nom quand on ne le connaît pas). — Nᵃ, nota (remarque). — N.-B., nota bene (notez bien). — N.-D., Notre-Dame (en parlant de la Vierge). — Nᵒ, numéro. — 9ᵇʳᵉ, novembre. — Nᵗ, négociant. — 8ᵗᵒᵇʳᵉ,octobre. — O. pag., page. — P. ex., par exemple. — Pass., passim (à divers endroits). — P., père (titre de certains religieux, d'un abbé). — P. ou pl., planche. — P.-S., post-scriptum (après l'écrit). — Préc., précédent. — Pᵗ, protêt. — R., reçu. — Rᵒ, recto. — Rᵉ, Répons (dans les livres d'église). — S., Signé. — 7ᵇʳᵉ septembre. — S/C., son compte. — S.-P., Saint-Père (le pape). — PP. ou SS. PP., saints Pères (les Pères de l'Église). — S. A., Son Altesse (en parlant d'un prince). — S. A. S., Son Altesse Sérénissime (en parlant d'un grand-duc). — S. E., Son Éminence (en parlant d'un cardinal). — S. Exc., Son Excellence (titre donné dans le diplomatie aux présidents de républiques). — S. G., Sa Grâce (en parlant d'un duc); Sa Grandeur (en parlant d'un évêque). — S. H., Sa Hautesse (l'empereur de Turquie). — Sa Majesté. — S. M. C., Sa Majesté Catholique (le souverain d'Espagne). — S. M. I., Sa Majesté Impériale. — S. M. I. et R., Sa Majesté Impériale et Royale. — S. S., Sa Sainteté (le pape). — S. S., Sa Seigneurie (en parlant d'un lord anglais). — Suiv., suivant. — T. ou til., titre. — T. ou tom., tome. — T. S. V. P., tournez, s'il vous plaît. — ♀., verset (dans les livres d'église). — V/C., votre compte. — Vᵉ ou Vᵛᵉ, veuve. — Vᵒ, verso. — Vol., volume. — V. A., Votre Altesse. — V. E., Votre Éminence. — V. Exc., Votre Excellence. — V. G., Votre Grâce; Votre Grandeur. — V. S., Votre Seigneurie. — Vᵗᵉ, vicomte; Vᵗᵉˢˢᵉ, vicomtesse. — Les abréviations relatives à chaque science seront données en leur lieu. Voy. ALGÈBRE, BOTANIQUE, PHARMACIE, etc. Les abréviations usitées dans ce Dictionnaire sont indiquées par un tableau spécial.

ABRÉVIATIVEMENT. adv. Par abréviation, d'une manière abrégée.

ABRÉVIATURE. s. f. Signe employé dans l'écriture abrégée.

ABRI. s. m. (du vieux mot abre pour 'arbre', en lat. arbor). Lieu où l'on peut se mettre à couvert des diverses incommodités du temps. || Fig., se dit de quelque lieu que ce soit où l'on est en sûreté, et de tout ce qui nous met à cou-

vert du danger. La maison d'un protecteur est un ab. || Ce qui sert à mettre à couvert, au prop. et au fig. Pendant l'orage, je me suis mis à l'ab. d'un bois. || Abri météorologique, construction légère pour conserver les thermomètres à l'ombre et à l'air libre. = A L'ABRI. loc prép. A couvert Ce coteau met ma maison à l'ab. du vent du Nord. Être à l'ab. pendant une tempête. || Fig. Une vie retirée met à l'ab. de bien des tracas.

Agric. — Dans la grande comme dans la petite culture, on appelle Ab. tout ce qui a pour objet de protéger les végétaux contre l'action du froid, de la chaleur, d'une humidité extrême, ou contre les effets d'une évaporation excessive. Les ab. se divisent en naturels et en artificiels. On range dans les premiers les montagnes, les collines, les forêts; et on donne le nom d'abris artificiels aux haies garnies de baliveaux, aux murs, aux palissades, aux brise-vents, aux nattes, aux paillassons, aux canevas, quelquefois à de simples couches de mousse ou de vieille paille, ou même encore à des nuages de fumée produits pour garantir les plantes des gelées printanières.

Les abris artificiels contre le froid ont pour objet, les uns de s'opposer aux effets de l'abaissement de la température atmosphérique, comme les serres, les bâches, les châssis, les cloches, les autres de diminuer l'émission du calorique rayonnant : tels sont les paillassons, les toiles, les fumées, etc. Ces abris sont indispensables à la conservation et à la multiplication d'une foule de végétaux étrangers; ils facilitent à l'horticulteur les moyens d'en acclimater quelques-uns, de les cultiver avec profit et d'en obtenir des primeurs, dont il tire souvent un grand profit. A l'époque de la floraison des arbres fruitiers et de la vigne, les fumées, en s'opposant au rayonnement nocturne, préviennent la gelée des fleurs.

ABRIAL (comte d'), 1750-1828, ministre de la justice après le 18 brumaire, concourut à la rédaction des Codes.

ABRICOT. s. m. Fruit de l'abricotier.

ABRICOTÉ. s. m. Bonbon d'abricot.

ABRICOTIER. s. m. (espagn. albaricoque, lequel vient de l'arabe al birkouk, lequel vient du bas-grec πραικόκιον, lequel vient du latin præcox, précoce.) T. Bot. Arbre fruitier connu de tout le monde et qui a reçu le nom de Prunus Armeniaca, Prunier d'Arménie, parce qu'on le croit généralement originaire de ce pays. Quelques auteurs le font venir des montagnes du Caboul. Au reste, il paraît qu'on en a trouvé quelques pieds sauvages dans le Piémont. Cet arbre fleurit aux premières chaleurs du printemps; aussi ses fleurs sont-elles souvent frappées par des gelées tardives. S'il se multiplie de semences; mais alors il est sujet à dégénérer. Les jardiniers préfèrent le greffer sur prunier ou sur amandier. On le cultive en espalier et en plein vent. Dans ce dernier cas, les abricots sont plus petits et moins agréables à l'œil; mais ils sont plus savoureux et plus parfumés. L'abricot sauvage est un fruit petit, arrondi, pâle, légèrement rosé sur le côté le plus exposé au soleil, et d'un goût acidule qui est assez agréable. Les confiscurs apprêtent de différentes manières le fruit de l'ab. Les distillateurs préparent aussi avec l'amande que renferme son noyau, la liqueur de table connue sous le nom de ratafia. L'ab. appartient à la famille des ROSACÉES. Voy.

ABRIER. v a. T. Mar. et Hortic. Mettre à l'abri du vent.

ABRI-TENTE. s. m. Nouvelle espèce de tente en usage dans les camps français. || Pl. des Abris-tentes.

ABRITER. v. a Mettre à l'abri, au prop. et au fig. = s'ABRITER. v. pron. Se mettre à couvert, au prop. et au fig. = ABRITÉ, ÉE. part.

ABRIVENT. s. m. Petite hutte de bivouac. || Paillasson dont le briquetier couvre son fourneau pour empêcher la déperdition de calorique.

ABROGATION s. f. Action d'abroger Se dit d'une loi, d'un décret, d'une coutume, d'un usage.

Législ. — L'Ab. est expresse ou tacite: ainsi, pour une loi, l'abrogation est expresse, lorsqu'elle est littéralement prononcée par une loi nouvelle; tacite, si une loi vient à être portée qui, sans déclarer que la précédente est abolie, contient cependant des dispositions nouvelles contraires aux anciennes, ou si l'ordre de choses pour lequel la loi avait été faite est anéanti. L'ab. est *totale*, si la nouvelle loi remplace l'ancienne dans toutes ses dispositions; *partielle*, si cette loi prononce l'annulation de quelques dispositions de la première, et laisse l'ensemble en vigueur. Dans ce dernier cas, l'ab. se rapproche de la *dérogation*, qui laisse subsister la loi antérieure, ou du moins ne l'abolit qu'en partie.

ABROGER. v. a. (lat. *abrogare*). Supprimer, abolir, mettre hors d'usage; ne se dit qu'en parlant des lois, des constitutions, des usages. *La puissance despotique abroge souvent ce que l'équité avait établi.* = s'Abroger. v. pron. Être abrogé. *Cette loi s'est abrogée d'elle-même par désuétude.* = Abrogé, ée. part. = Conjug. Voy. Manger. = Syn. Voy. Abolir.

ABROME ou **ABROMA** s. m. (gr. à priv., βρῶμα, nourriture). T. Bot. Genre de plantes de la famille des *Malvacées*, tribu des *Sterculiées*, qui habitent l'Inde et dont l'écorce est employée à faire des cordages. Voy. Malvacées.

ABRONIA. s. f. (gr. ἀβρός, délicat, élégant). T. Bot. Genre de plantes herbacées de la famille des *Nyctaginées*. Voy. ce mot.

ABROSTOLE. s. m. (gr. ἀβρός, élégant; στολή, vêtement). T. Entom. Genre d'insectes lépidoptères, famille des Nocturnes. Voy. Plusie.

ABROTONE ou **AURONE.** s. f. (gr. à priv.; βροτός, mortel). T. Bot. Plante de la famille des *Composées* qui jouit des mêmes propriétés que l'armoise et l'absinthe, mais à un moindre degré. Voy. Composées.

ABROUTI, IE. adj. (R. *brouter*). T. Agric. Se dit des bois dont les premières pousses ont été broutées par les bestiaux.

ABROUTISSEMENT. s. m. État d'un arbre qui a été abrouti.

ABRUPT, UPTE. adj. (lat. *ab*, de; *ruptus*, séparé). Se dit des terrains et des rochers coupés d'une manière bizarre, comme s'ils avaient été rompus. *Site abrupt. Pente abrupte.* || Fig. on appelle *Style abrupt*, un style inégal, saccadé, sans liaison.
Syn. — *Rude, âpre, inculte, agreste, sauvage, rustique, raboteux, revêche.*

ABRUPTION. s. f. (lat. *abruptio*, de *ab* hors de; *rumpere* rompre). T. Chir. Fracture inégale d'un os avec surfaces inégales et rugueuses.

ABRUPTI-PENNÉ, ÉE. adj. T. Bot. Se dit d'une feuille pennée qui n'a ni foliole ni vrille terminale. Voy. Feuille.

ABRUPTO (ex). Loc. lat. qui sign. inopinément, brusquement, sans préparation. *Parler ex ab. Exorde ex ab.* Voy. Exorde.

ABRUS. s. m. (gr. ἀβρός, élégant). T. Bot. Genre de plantes de la famille des *Légumineuses*. Voy. ce mot.

ABRUTIR. v. a. (R. *brute*). Rendre stupide comme une bête brute, abêtir, rendre inepte, dégrader. *L'oisiveté finit par abrutir.* = s'Abrutir. v. pron. Devenir comme une bête brute. *Il s'abrutit par l'ivrognerie.* = Abruti, ie. part.

ABRUTISSANT, ANTE. adj. Qui est propre à abrutir.

ABRUTISSEMENT. s. m. État d'une personne abrutie.

ABRUTISSEUR. s. f. Qui abrutit.

ABRUZZES (les), région de l'Italie centrale, sur l'Adriatique.

ABSALON, fils de David, se révolta contre son père, fut vaincu, arrêté dans sa fuite par sa longue chevelure, qui le retint suspendu aux branches d'un arbre, et tué par Joab (1030 av. J.-C.).

ABSCISSE. s. f (lat. *ab*, de; *scindere*, séparer). T. Math. L'une des deux coordonnées cartésiennes en géométrie analytique plane Voy. Coordonnées.

ABSENCE. s. f. (lat. *abs*, prép. qui indique l'éloignement et *ens* partic. prés. de *esse*, être.) Non-présence. Éloignement d'une personne qui ne se trouve point dans le lieu de sa résidence ordinaire, ou n'est pas présente au lieu où elle devrait être. *Longue ab. Il fait de fréquentes absences. Malgré l'ab. du ministre, la Chambre a continué la discussion.* S'emploie absol. *L'ab. diminue les passions médiocres et augmente les grandes* (La Rochef.). || En parlant des choses concrètes ou abstraites, sign. manque, privation, défaut. *L'ab. de documents m'empêche de traiter cette question. Il y a dans cet ouvrage une ab. totale d'esprit, de goût, de logique.* || Fig. Distraction, manque d'attention. *C'est une ab. d'esprit qui n'est pas excusable.* — Se dit quelquefois absol., au pluriel. *Il a souvent des absences.*

Dr. civ. — Dans le sens de la loi, l'ab. n'est pas simplement la non-présence d'un individu au lieu de son domicile, c'est sa disparition. Ainsi, on donne le nom d'*absent* à toute personne dont on n'a point de nouvelles et dont, par conséquent, l'existence même est douteuse. Ce cas, en effet, peut nécessiter des mesures légales, soit dans l'intérêt de l'absent lui-même, soit dans l'intérêt des tiers : aussi la loi a-t-elle pris diverses précautions, qu'elle gradue sur les différents degrés d'incertitude de la vie ou de la mort de l'absent. — La *présomption d'ab.* est le premier de ces degrés; elle suffit pour que le ministère public soit spécialement chargé de veiller aux intérêts de l'absent. Si, par ex. une succession est ouverte au profit de l'absent, la loi veut qu'un notaire soit nommé pour le représenter dans l'inventaire. — Après quatre ans, l'ab. est constatée par une enquête contradictoire, enquête qui a lieu dans l'arrondissement du domicile de l'absent, ou dans celui de sa dernière résidence, s'ils sont distincts l'un de l'autre. Le jugement qui déclare l'ab. ne peut être rendu qu'un an après celui qui a ordonné cette enquête. Du reste, la loi prescrit de donner à ces décisions la plus grande publicité. Lorsque l'absent a laissé une procuration, la *déclaration d'ab.* ne peut être poursuivie qu'après dix années révolues depuis sa disparition ou depuis ses dernières nouvelles. A partir de la déclaration d'ab., les héritiers présomptifs de l'absent sont mis en possession provisoire de ses biens; son testament, s'il en a fait un, est ouvert, et les légataires entrent en jouissance de leurs droits, mais provisoirement et sous caution, comme les héritiers légitimes. Toutefois, l'époux commun en biens, s'il opte pour la continuation de la communauté, peut empêcher l'envoi en possession provisoire et l'exercice provisoire de tous les droits subordonnés à la condition du décès de l'absent, et prendre ou conserver, par préférence, l'administration des biens de l'absent. Dans ce cas, la femme de l'absent conserve toujours le droit de renoncer à la communauté. — Après trente ans depuis la déclaration d'ab., ou cent ans depuis la naissance de l'absent, il y a *présomption de mort*. La possession provisoire est rendue définitive, et les cautions sont déchargées.

Si l'absent reparaît, ou si son existence est prouvée après la déclaration d'ab., il recouvre ses biens; mais il ne peut réclamer que le cinquième de ses revenus, s'il reparaît avant quinze ans révolus, et le dixième, s'il reparaît après cette période. S'il ne revient qu'au bout de trente ans, il n'a droit à aucun revenu, et il est obligé de prendre ses biens dans l'état où ils se trouvent. — Lorsque l'absent meurt pendant son ab., et que son décès est prouvé, sa succession est ouverte au profit des héritiers les plus proches à cette époque. — Nul ne peut réclamer un droit échu à un absent, sans prouver que cet absent existait à l'époque où le droit a été ouvert. — Quelque longue que soit l'ab., elle ne brise pas les liens du mariage. Cependant, si l'absent ou l'héritier avait, pendant son ab., contracté un second mariage, l'absent seul serait recevable à l'attaquer.

Méd. — L'absence est un état passager pendant lequel une personne saine d'esprit accomplit des actes contraires à la raison. Par exemple, quelqu'un s'interrompt au milieu d'une conversation, et au bout de quelques secondes de prostration achève la phrase commencée. Un architecte inspecte des maisons en construction. Tout d'un coup, il court sur les échafaudages, étend les bras et crie son nom d'une voix haute et brève. Puis il revient parler aux ouvriers. L'absence est un phénomène d'une certaine gravité : c'est un symptôme du *petit mal épileptique*, c'est-à-dire de l'épilepsie réduite à sa plus simple expression et sans convulsions. Voy. Épilepsie.

ABSENT, ENTE. adj. Qui est éloigné de sa résidence ordinaire; qui ne se trouve pas où il devrait être. *Il était* *ab. de chez lui, de Paris. J'étais ab. au moment de l'appel.* || Fig., Distrait, inattentif. *Son esprit est quelquefois absent.* || S'emploie subst., *On oublie aisément les absents. Les absents ont toujours tort.* || Peut s'appliquer aux choses : *Une étoile absente de sa position;* syn. d'invisible : *La lune emprunte sa lumière au soleil absent.* || T. Droit. Voy. ABSENCE.

ABSENTÉISME. s. m. Mot d'origine anglaise, désignant un mode particulier d'exploitation du sol qui résulte de l'absence du propriétaire habitant loin de ses terres.

Écon. pol. — Le caractère principal de l'absentéisme est l'existence d'un intermédiaire ou entrepreneur qui se place entre le propriétaire et le cultivateur. L'absentéisme a existé autrefois dans la République et l'Empire romain. Il est actuellement la règle en Irlande et en Roumanie, et partout il produit les effets les plus désastreux. Au point de vue agricole, il oblige la même terre à nourrir trois maîtres : le cultivateur, l'entrepreneur et le propriétaire ; aussi le cultivateur est-il forcé de recourir à des systèmes d'exploitation forcément épuisants. Les améliorations deviennent difficiles et rares ; l'entretien de la fertilité normale est presque impossible ; la richesse est atteinte dans sa source même et la misère décime les populations. Au point de vue général, le propriétaire se désintéresse d'un domaine qu'il n'a quelquefois jamais vu et s'habitue à le considérer comme une simple source de revenus, sans se soucier de ces mille améliorations de détail qui entretiennent et augmentent la valeur d'une terre. De plus, l'intermédiaire, sorte d'agent impersonnel chargé de recouvrer des revenus dont il est quelquefois responsable, agit avec la plus grande rigueur envers les populations agricoles. Celles-ci ne voient plus dans l'entrepreneur qu'un exploiteur haïssable, et dans le propriétaire qu'un parasite social qui s'enrichit à leurs dépens. L'antagonisme, la haine des classes ne fait que s'accentuer à mesure que l'instruction se développe, et peut devenir la cause de graves bouleversements. On a cherché par des mesures législatives et fiscales à diminuer le mal en ramenant les propriétaires sur leurs domaines ; mais les résultats obtenus jusqu'ici ne paraissent pas très satisfaisants. La France est à peu près exempte de ce mal, mais dans certains pays, notamment en Angleterre et en Roumanie, et même en Italie, l'absentéisme constitue un véritable danger social.

ABSENTER (S'). v. pron. (lat. *ab*, hors de; *esse*, être). S'éloigner d'un lieu. *S'ab. de chez soi. S'ab. de Paris.* S'emploie absol., *Il faut que je m'absente une demi-heure. Il pourra s'ab.*

ABSIDE. s. f. (gr. ἁψίς, voûte). T. Arch. Les auteurs ecclésiastiques emploient ce mot pour désigner la partie de l'église

Fig. 1.

où se plaçait le clergé et où l'autel se trouvait situé. Cette partie de l'église était ainsi appelée parce qu'elle représentait une demi-coupole. La forme de l'ab. était tantôt semi-circulaire, tantôt polygonale. Au milieu de l'hémicycle était le trône de l'évêque, et l'autel s'élevait au centre du diamètre, vis-à-vis la nef, dont il était séparé par une balustrade ouverte ou par une grille. — Du IXe au Xe siècle, l'allongement du chœur étant devenu une règle constante, l'ab., qui jusqu'alors avait renfermé le maître-autel, se transforma en chapelle dédiée à la Vierge, et prit le nom de *chevet*. Le nombre des absides est très variable. Ainsi, à Rome, dans la basilique de Saint-Pierre *in Vincoli*, on en trouve deux, placées sur des axes parallèles. Dans un assez grand nombre d'églises, telles que la cathédrale de Pise et celle de Bonn, il existe, outre l'ab. du chœur, des absides secondaires, situées aux extrémités du transept. Il est plus rare de voir chacune des extrémités du grand bras de la croix terminée par une ab. Nous ne connaissons en France qu'une église qui présente cette disposition : c'est la cathédrale de Nevers. Mais, en Allemagne, on en rencontre plusieurs exemples. Nous nous contenterons de citer la cathédrale de Worms, qui fut commencée en 996, et consacrée en 1016. La Fig. 1 offre la vue de ce remarquable édifice, et la Fig. 2 en présente le plan.

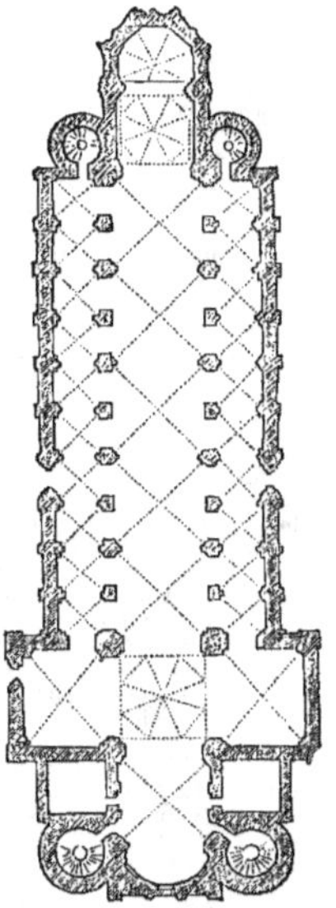

Fig. 2.

On a aussi nommé abside une châsse où l'on conserve les reliques des saints.

ABSIDAL, ALE. adj. Qui se rapporte à l'abside.

ABSIDIOLE. s. f. T. Arch. Petite abside.

ABSINTHE. s. f. (gr. ἀ priv., ψίνθος, douceur). Plante d'une odeur forte et très amère. || Liqueur fabriquée avec cette plante. || Fig. amertume.

Bot. — La grande Ab. (*Artemisia Absinthium*) est une plante de la famille des *Composées* (Voy. ce mot), bien connue par son amertume et ses propriétés aromatiques. — On emploie l'ab. fraîche, et on la récolte lorsque ses sommités sont fleuries, c.-à-d. en juillet et en août. Cette plante possède une odeur pénétrante qui se conserve en partie après la dessiccation. Elle doit ses propriétés à l'huile volatile et aux principes amers qu'elle contient. Sa vertu tonique et vermifuge l'ont rendue d'un usage vulgaire en médecine. Elle entre dans un grand nombre de préparations pharmaceutiques. Tout le monde connaît la liqueur de table qui porte le nom d'*Ab. suisse :* c'est tout simplement une teinture alcoolique d'ab. ou plutôt de genépi. On la prend ordin. avant le repas, dans le but d'aiguiser l'appétit. Excitante et dangereuse pour les tempéraments sensibles. Conduit au delirium tremens.

ABSINTHISME. s. m. T. Méd. État maladif causé par l'abus de la liqueur d'absinthe. On distingue l'*ab. aigu* et l'*ab. chronique.* Les troubles produits par l'abus de la liqueur d'absinthe sont dus en partie à l'alcool, en partie à l'essence d'absinthe, mais ce sont ces derniers qui constituent, à proprement parler, l'ab., dont le principal symptôme se compose d'attaques épileptiformes. L'ab. chronique, plus dangereux encore que l'alcoolisme, a les conséquences les plus graves au point de vue de l'hérédité.

ABSOLU, UE. adj. (lat. *ab*, de; *solutus*, délié). Indépendant, libre, sans contrôle. *Souverain, maître ab. Autorité absolue* || Impérieux, qui ne supporte point la contradiction. *Caractère, ton ab.* || Total, complet, sans restriction. *Une* *impossibilité absolue. Il n'y a pas d'amitié sans confiance absolue.* — *Il ne faut pas prendre ce qu'il a dit dans un sens trop ab.* Il ne faut pas l'admettre sans restriction aucune. || T. Gram. *Mode ab.* Voy. MODE. — *Ablatif ab.*, Génitif *ab.* Voy. CAS. || T. Log. *Proposition absolue.* Voy. PROPOSITION.

En T. de Métaph., *Ab.* s'emploie subst., et sign., ce qui existe indépendamment de toute condition, et porte en soi-même sa raison d'être. ||En T. d'Alchimie l'*Ab.* signifiait la pierre philosophale que l'on croyait capable de guérir toutes les maladies et de changer tous les métaux en or.

Syn. — *Impérieux.* — Un homme *ab.* veut être obéi avec exactitude, un homme *impérieux* commande avec hauteur. Le premier conserve dans ses relations la politesse et la douceur des formes; le second, au contraire, a des formes emportées et une irritation pour ainsi dire habituelle.

ABSOLUITÉ. s. f. T. Métaph. Caractère de ce qui n'a rien de relatif ou de contingent.

ABSOLUMENT. adv. D'une manière absolue. *Cet homme dispose ab. de tout dans la maison.* || Déterminément, malgré toute opposition. *Je n'en ferai ab. rien. Il veut ab. entreprendre ce voyage.* || Nécessairement. *Il faut ab. que vous preniez ce parti.* || Complètement, entièrement. *Je ne suis pas ab. décidé.* || *Ab. parlant.* A juger d'une chose en général, et sans entrer dans aucun détail. *Il y a des beautés dans cet ouvrage; mais, ab. parlant, il n'est pas bon.* || T. Gram. *Prendre un mot ab.*, c'est l'employer sans complément. Dans cette phrase, *Il faut toujours prier,* le v. prier est pris ab.

ABSOLUTION. s. f. (lat. *absolutio* acquittement), action d'absoudre. T. Droit crim. Jugement qui renvoie de l'accusation un accusé déclaré coupable, mais dont le crime ou le délit n'est pas qualifié punissable par la loi. || T. Théol. Rémission des péchés par le prêtre, dans le sacrement de pénitence. || T. Droit can. Levée des censures et action de réconcilier un excommunié à l'Église. || T. Litur. Prière qui se dit à la fin de chaque nocturne de l'office divin, à la fin des heures canoniales; prière qui se fait pour les morts.

Syn. — *Pardon, Rémission, Grâce. Acquittement.* — Le *pardon,* c'est la renonciation formelle au droit et au pouvoir de punir une injure, une faute, un crime. Il empêche ou fait cesser le châtiment. Le *pardon* est un oubli complet de l'offense; la *rémission* préserve du châtiment, mais elle conserve le souvenir de la culpabilité. La *grâce* n'est autre qu'un *pardon solennel,* qui s'exerce par une autorité supérieure, et principalement après la condamnation. Elle n'efface pas les souillures du jugement dont elle annule ou interrompt l'exécution. Contrairement au *pardon,* qui prévient souvent l'action de la justice, la *grâce* n'a lieu qu'après la décision de ceux qui ont le pouvoir de condamner. L'*ab.* ne ressemble ni au pardon ni à la grâce: elle offre ce caractère particulier, qu'elle rend libre un coupable, sans le punir et sans le pardonner. — L'*acquittement* diffère de l'*ab.*, en ce que dans l'*acquittement* l'accusé est déclaré innocent.

ABSOLUTISME. s. m. Système de gouvernement où le pouvoir est au-dessus de tout contrôle.

ABSOLUTISTE. s. m. Partisan de l'absolutisme.

ABSOLUTOIRE. adj. 2 g. Qui porte absolution. *Bref ab.*

ABSORBANT, TE. adj. qui a la propriété d'absorber. *Terre absorbante.* || T. Anat. *Système ab.* Système des organes qui concourent à l'absorption. *Vaisseaux absorbants,* Vaisseaux au moyen desquels s'effectue l'absorption. || T. Méd. *Remèdes absorbants,* remèdes qui ont la propriété de neutraliser les acides développés dans les voies digestives. || S'emploie subst. en parlant des vaisseaux et de ces médicaments. || Fig. : qui occupe fortement l'attention. *La science et l'amour engendrent des passions absorbantes.*

Méd. — A l'époque où la médecine attribuait la plupart des maladies à des altérations chimiques des humeurs, on faisait grand usage des *absorbants.* Aujourd'hui on ne les emploie que pour saturer les acides qui se développent dans les voies digestives, et l'on reconnaît que ces médicaments sont de simples palliatifs qui n'attaquent nullement la cause de la maladie. Les absorbants ou *anti-acides* les plus usités sont la magnésie et la chaux, ou les carbonates de ces bases. — On donne encore, mais abusivement, le nom d'*ab.* à la charpie et aux topiques divers que l'on emploie pour absorber les liquides fétides qui s'écoulent des plaies de mauvaise nature.

Phys. — *Pouvoir absorbant.* Propriété que possèdent les corps de se laisser pénétrer plus ou moins par la chaleur qui tombe sur eux. Le pouvoir absorbant est égal au pouvoir émissif, de sorte que les corps qui s'échauffent le plus vite sont aussi ceux qui se refroidissent le plus vite. L'état de la surface modifie le pouvoir absorbant. Les métaux polis ont un pouvoir absorbant très faible. Les corps blancs sont dans le même cas; au contraire, les corps noirs et mats ont un pouvoir absorbant considérable. Aussi, si l'on veut qu'un corps s'échauffe rapidement, il convient de le recouvrir de noir de fumée. Voy. CHALEUR, RAYONNEMENT.

ABSORBER. v. a. (lat. *ab,* de; *sorbere,* aspirer, humer). Pomper, s'imbiber de. *La terre absorbe l'eau de la pluie. L'éponge absorbe l'eau.* || Engloutir. *Ce gouffre absorbe toutes les eaux du torrent.* || Faire disparaître, annuler, effacer. *La voix de ce chanteur est absorbée par le bruit de l'orchestre.* || Fig. Consumer entièrement. *Les procès et le jeu ont absorbé tout son bien. Le travail absorbe tout son temps.* || Attirer, captiver exclusivement, entièrement. *Cette scène absorbe tout l'intérêt de la pièce.* = S'ABSORBER. v. pron. *L'eau s'absorbe dans le sable. Le savant s'absorbe dans l'étude.* = ABSORBÉ, ÉE. part.

ABSORPTION. s. f. Action d'absorber.

Phys. et Chim. — L'*Ab.* est la pénétration intime et successive d'un liquide ou d'un gaz dans un corps solide. Tantôt cette ab. est une véritable combinaison chimique; tantôt elle n'est qu'une simple condensation du liquide ou du gaz dans le corps sur lequel on opère. Lorsqu'on prend un charbon, qu'on le fait rougir, afin de le débarrasser des gaz étrangers que ses pores peuvent contenir, qu'on le plonge dans un gaz, comme l'ammoniaque, l'oxygène, l'azote ou l'hydrogène, et qu'ensuite on le retire pour le peser, on trouve que son poids a sensiblement augmenté par l'effet de l'ab. du gaz dans lequel on l'a plongé. Si l'on fait rougir de nouveau ce même charbon, il revient à son poids primitif. — D'après de nombreuses expériences sur la faculté d'absorber que possède ce corps, on a reconnu qu'elle varie suivant la *nature du gaz,* la *nature du charbon,* la *pression extérieure,* la *température,* le *mélange d'autres gaz,* et la *présence de matières non gazeuses dans le charbon.* Toutes choses égales d'ailleurs, le charbon provenant de bois denses absorbe plus de gaz que celui qui provient d'autres bois. Ainsi, 1 volume de charbon de bois, selon De Saussure, absorbe 90 volumes de gaz ammoniaque, 85 d'acide chlorhydrique, 65 d'acide sulfureux, 55 de gaz hydrosulfuré, 35 d'acide carbonique, 9,25 d'oxygène, 7,5 d'azote et 1,75 d'hydrogène. On a mis à profit cette propriété du charbon pour désinfecter les matières putrides, ainsi que les lieux dont l'air est vicié. (Voy. DÉSINFECTION.) — La pulvérisation du charbon diminue notablement sa force d'ab. Il en est de même de l'augmentation de la pression extérieure. — La présence d'un gaz dans les pores du charbon favorise l'ab. d'un autre gaz. En effet, Saussure a constaté qu'un charbon saturé d'azote et plongé dans du gaz oxygène, absorbe une plus grande quantité de ce dernier gaz, tout en retenant son azote. — La pierre ponce, les oxydes métalliques et le platine réduit en poudre ou à l'état d'éponge, absorbent les gaz, comme le fait le charbon, par simple condensation. C'est sur cette propriété du platine qu'est fondée la construction du briquet à gaz hydrogène. (Voy. BRIQUET.) — La vapeur d'eau répandue dans l'air est absorbée par tous les corps solides. Cette ab. est d'autant plus considérable que l'air est plus chargé d'humidité. Il est des substances qui absorbent la vapeur d'eau avec une extrême avidité, tel est le *trapp* en décomposition. Certains corps éprouvent, en outre, dans leur forme, des modifications très sensibles. Les cheveux sont de cette catégorie: aussi s'en sert-on habituellement dans la construction des *hygromètres.* — Les *liquides* possèdent, comme les solides, la faculté d'absorber des gaz. Tantôt il y a combinaison chimique, tantôt il ne s'opère qu'une simple dissolution. Voy. DISSOLUTION.

Physiol. — Tous les tissus organiques jouissent de la propriété d'être perméables aux fluides liquides ou gazeux, même après la mort. Cette propriété dépend de la présence de pores invisibles dans tous les tissus, et s'appelle *imbibition.* Lorsque deux gaz différents sont mis en contact avec les deux surfaces d'une vessie animale humide, chacun d'eux traverse la membrane jusqu'à ce qu'ils soient distribués également de chaque côté, c'est-à-dire jusqu'à ce qu'ils soient parfaitement mélangés ensemble. Les gaz traversent de même une membrane humide pour être absorbés par le fluide qu'elle contient. C'est ce qui explique comment des fluides gazeux peuvent pénétrer dans le sang pendant l'acte respiratoire, sans que pour cela les globules sanguins s'échappent jamais hors de leurs vaisseaux. Les substances qu'un liquide tient en dissolution pénètrent avec lui à travers les tissus. La cause de l'absorption des gaz et des liquides par les tissus animaux et végétaux est restée longtemps mystérieuse. Dutrochet a montré qu'elle dépendait d'un phénomène physique très simple qu'il a nommé endosmose, ou plus simplement osmose. Voy. Endosmose.

Les matières alimentaires, élaborées par l'appareil digestif, sont destinées à passer dans le sang. Leur ab. se fait soit directement dans les veines, soit par l'intermédiaire des vaisseaux lymphatiques de l'intestin nommés vaisseaux chylifères.

L'ab. par les lymphatiques s'opère avec une grande lenteur, comparativement à la rapidité de l'ab. par les veines. Les expériences de J. Müller établissent qu'il faut moins d'une seconde pour qu'un liquide traverse en quantité appréciable une membrane dépouillée de son épiderme, de façon à atteindre le premier réseau de capillaires et à pénétrer ainsi dans le courant circulatoire. Or, le sang se meut avec une telle rapidité, qu'il parcourt son circuit en une ou deux minutes, et même, selon les calculs du docteur Hering, en une demi-minute. Une demi-minute ou deux minutes au maximum suffisent donc pour qu'un liquide mis en contact avec une membrane privée d'épiderme soit distribué dans le corps entier. C'est ainsi que s'explique l'action si prompte des poisons narcotiques.

Les auteurs distinguent plusieurs espèces d'ab., ou plutôt ils accolent au terme ab. diverses épithètes, suivant qu'ils considèrent soit la partie de l'organisme où elle s'exerce, soit le résultat final de cette fonction. Ainsi ils distinguent l'ab. cutanée et l'ab. muqueuse, selon qu'elle se fait par la peau ou à la surface des membranes muqueuses. Ils appellent ab. externe ou de recomposition celle qui puise au dehors les matériaux destinés à la recomposition du corps; et ils donnent le nom d'ab. interne, interstitielle ou de décomposition à l'ab. qui enlève aux organes les matériaux qui doivent être remplacés et excrétés. Enfin l'ab. alimentaire, l'ab. digestive et l'ab. respiratoire portent avec elles leur définition.

Bot. — Le phénomène de l'ab. n'a pas une importance moindre dans la physiologie végétale que dans la physiologie animale. L'ab. des liquides du sol se fait par la région de la racine qui confine immédiatement à la coiffe; cette région est le plus souvent pourvue de poils, dits absorbants, qui sont remplis d'un protoplasme assez dense et ont par suite un pouvoir osmotique très grand. L'ascension des liquides absorbés est le résultat nécessaire de leur absorption continuelle, comme l'a démontré Dutrochet par une expérience très simple. Ayant coupé l'extrémité d'un cep de vigne qui avait 2 mètres de longueur, il vit la surface de la section continuer à verser la sève sans interruption. Dutrochet coupa ensuite le cep près du sol et, pendant ce temps, il examina la surface de la section qu'il avait pratiquée à l'extrémité supérieure de ce cep. A l'instant même où la base du cep se trouva divisée, il vit cesser l'effusion du liquide qui jusque-là avait eu lieu à la surface qu'il observait. Quant à la portion de la tige en communication avec les racines, elle ne cessa de répandre de la sève par la surface de sa section. Alors Dutrochet écarta la terre qui entourait les racines et les coupa; mais la surface de la section des racines qui demeuraient en communication avec le sol donna encore de la sève sans interruption. En continuant à enlever successivement de nouvelles portions de racines, Dutrochet vit toujours la sève s'écouler par la portion qui se continuait avec les radicules, jusqu'à ce qu'enfin il eût atteint leurs dernières extrémités.

Avant Dutrochet, de La Baisse et Hales avaient déjà démontré que l'ab. se fait par l'extrémité des racines chez les végétaux. Une ingénieuse expérience de Hales prouve combien est grande la force ascensionnelle de la sève dans certains végétaux et à certaines époques. Ce physicien coupa net, à l'époque des pleurs, un cep de vigne âgé de trois ans. (Voy. la

fig.). Il ajusta ensuite à la partie supérieure de la tige un tube de verre nsn', contenant du mercure au même niveau nn' dans les deux branches. La sève, en montant, refoula le mercure, le fit baisser dans la branche n et le fit, par conséquent, monter d'une quantité égale dans la branche droite n'. Hales trouva une fois une différence de plus d'un mètre, c.-à-d. une force ascensionnelle capable de faire équilibre à une colonne d'eau de plus de 13 mètres.

ABSOUDRE. v. a. (lat. ab, de; solvere, délier). T. Droit crim. Renvoyer de l'accusation un accusé déclaré coupable, parce que le crime ou le délit qu'il a commis n'est puni par aucune loi. — En absolvant cet homme, on n'a pas fait justice. On l'a absous malgré le crédit de ses ennemis. || On dit fig., dans le lang. ord., Je vous absous de votre négligence en faveur de votre repentir. || T. Théol. Remettre les péchés dans le tribunal de la pénitence. Il a le pouvoir d'ab. des cas réservés. Ab. un pénitent. = Absous, TE. part.

Conj. — J'absous, tu absous, il absout; nous absolvons, vous absolvez, ils absolvent. J'absolvais; nous absolvions. J'absoudrai; nous absoudrons. J'absoudrais; nous absoudrions. Absous; absolvons. Que j'absolve; que nous absolvions. Absous. Ce verbe n'a ni passé défini, ni imparfait du subjonctif.

ABSOUTE. s. f. T. Liturg. Cérémonie qui se pratique dans l'Eglise romaine, le jeudi de la semaine sainte, pour représenter l'absolution qu'on donnait vers le même temps aux pénitents de la primitive Eglise. Dans l'origine, c'étaient les évêques eux-mêmes qui faisaient l'ab.; mais aujourd'hui cette cérémonie s'exerce par un simple prêtre : elle ne consiste plus qu'à réciter les sept psaumes de la pénitence et quelques oraisons relatives au repentir que les fidèles doivent avoir de leurs péchés. || On appelle aussi ab. la cérémonie qui se fait autour du cercueil dans l'office des morts.

ABSTÈME. s. et adj. 2 g. (lat. abstemius, de ab ou abs, loin de; et temetum, vin). Qui a horreur du vin, qui s'abstient de vin. L'Eglise dispensait du calice les abstèmes. Peu usité.

ABSTENIR (S'). v. pron. (lat. abs, hors de; tenere, tenir). Se garder de faire quelque chose; se priver de l'usage de quelque chose. Depuis longtemps elle s'est abstenue de café. || S'emploie absol., Dans le doute abstiens-toi. || T. Jurisp. En parlant d'un juge, S'ab. de juger, d'opiner; ou absol., S'ab., Se récuser soi-même. En parlant d'un héritier, S'ab. d'une succession, Ne point faire acte d'héritier. || T. Polit. Ne pas prendre part à un vote. = Conj. : Je m'abstiens, tu t'abstiens, il s'abstient. Je m'abstenais, nous nous abstenions. Je m'abstins, nous nous abstînmes, vous vous abstîntes, ils s'abstinrent. Que je m'abstienne, que nous nous abstenions. Que je m'abstinsse, que tu t'abstinsses, qu'il s'abstînt, que nous nous abstinssions, qu'ils s'abstinssent.

Syn. — Se priver est un peu plus fort que s'ab.

ABSTENTION. s. f. Acte par lequel on s'abstient. || Acte d'un juge qui se récuse lui-même. || Se dit aussi d'un citoyen qui s'abstient d'user de son droit électoral.

Polit. — L'abstention est la renonciation d'un électeur à l'usage de son droit de suffrage. Elle peut être motivée par la répulsion qu'inspirent à l'électeur tous les candidats entre lesquels il est appelé à se prononcer; mais le plus souvent elle n'a d'autre cause que l'indifférence ou la négligence; dans ce cas l'ab., est absolument condamnable.

Syn. — L'abstinence est d'ordre physique. L'ab. est d'ordre moral.

ABSTENTIONNISTE. s. m. Celui qui s'abstient de voter ou de prendre part à une affaire.

ABSTERGENT, ENTE. ad. S'emploie subst. au masc.

ABSTERGER. v. a. (lat. abs de; tergere, essuyer, nettoyer). Nettoyer, dessécher les plaies. = Abstergé, ée. part.

ABSTERSIF, IVE. adj. Voy. Abstergent.

ABSTERSION. s. f. Action d'absterger.

ABSTINENCE. s. f. Action de s'abstenir. Ab. du vin.

Vivre dans l'ab. de tous les plaisirs. L'Église enjoint l'abs. des femmes aux prêtres. || Se prend absol. *Son médecin lui a prescrit l'ab. Exténué de jeûnes et d'abstinences.* || *Jours d'ab.*, jours où la viande est défendue par l'Église.

L'*Ab.* consiste à s'abstenir de certaines choses pour obéir à un précepte moral et religieux. Elle a été pratiquée dans tous les temps, chez tous les peuples, et a été proscrite par la philosophie aussi bien que par la religion. On sait que les pythagoriciens et les orphiques la pratiquaient d'une manière fort rigoureuse, dans le but d'affranchir l'âme de la servitude de la matière, et de donner à nos facultés un plus libre essor.

Physiol. — On donne le nom d'*Ab.* à la privation d'aliments et de boissons. L'ab. absolue amène nécessairement la mort; cependant la vie persiste plus ou moins, suivant une foule de circonstances, telles que la température du milieu, l'âge, l'état de santé et la constitution de l'individu soumis à la privation complète d'aliments solides et liquides. Chez un animal complètement privé d'aliments et de boissons, les mouvements respiratoires continuent de s'exécuter avec régularité. L'animal absorbe comme auparavant l'oxygène de l'atmosphère, et l'exhale ensuite sous forme d'acide carbonique et de vapeur d'eau. En conséquence, plus l'ab. se prolonge, plus nous voyons diminuer le carbone et l'hydrogène du corps. Le premier résultat est la disparition de la graisse; cependant cette graisse ne se retrouve pas dans les produits excrémentitiels, qui sont alors peu abondants. Le carbone et l'hydrogène de la graisse sont éliminés par la peau et par les poumons, sous la forme de produits oxygénés. Il est donc certain que ces principes ont servi à entretenir la respiration. Currie a vu un malade, qui ne pouvait pas avaler, perdre en un mois plus de 50 kilog. de son poids. Suivant Martell, un cochon engraissé qu'avait été enseveli par un éboulement, vécut 160 jours sans nourriture; au bout de ce temps, son poids était diminué de 60 kilog. L'histoire des animaux hibernants, et le fait de la formation périodique, chez certains animaux, d'amas de graisse qui disparaissent complètement à d'autres époques de leur vie, démontrent que l'oxygène absorbé par l'appareil respiratoire consume, sans exception, toutes les substances qui peuvent se combiner avec lui. — Lorsque l'ab. se prolonge davantage, ce n'est pas seulement la graisse qui est consumée; on voit successivement disparaître toutes les substances solides et susceptibles de se dissoudre. Dans le corps complètement émacié d'un individu qui est mort de faim, les muscles sont minces et ramollis; ils ont perdu toute contractilité. Enfin, les éléments constitutifs du système nerveux prennent part à l'oxydation générale : de là les hallucinations, le délire et la mort. — La durée du supplice de la faim prolongée jusqu'à ce que la mort s'ensuive, varie selon les circonstances. Elle est d'autant plus courte que l'individu est moins chargé de graisse, qu'il fait plus de mouvement et d'exercice, que la température est plus basse. Enfin, la persistance plus ou moins grande de la vie dépend encore de la présence ou de l'absence de l'eau. Comme il se dégage incessamment, par la peau et par le poumon, une certaine quantité d'eau, et que la présence de ce liquide est une condition essentielle de la continuation des mouvements vitaux, il est évident que la privation d'eau doit accélérer la mort. On a observé des cas où, grâce à l'usage de l'eau, le patient n'a succombé qu'après un laps de temps considérable. — Les récits d'ab. prodigieuse sont fort nombreux dans les auteurs. Plot rapporte qu'un mélancolique jeûna 14 jours. Un homme enseveli sous des ruines a pu vivre 16 jours; un scorbutique, 18. Un individu qui fut présenté à Clément XI soutint l'ab. pendant 25 jours, mais il buvait de l'eau. Au rapport de Cheyne, un phtisique qui ne buvait que de l'eau nitrée vécut 30 jours. Bernhardi avait, par dévotion, enduré un jeûne de 40 jours. Rien ne saurait faire suspecter l'authenticité des exemples que nous venons de citer. Les expériences de Collard de Martigny sur des chiens de forte taille viennent au contraire à l'appui. Ces chiens, en effet, ont vécu 3, 4, 5 semaines et au delà; le premier *fut tué* le 36ᵉ jour. Dans le courant de l'année 1831, il a été communiqué à l'Académie de médecine deux exemples de suicide par inanition. Le premier de ces sujets n'avait pris pendant 60 jours, après lesquels sa mort arriva, que quelques gorgées d'eau et de sirop d'orgeat. Le second, prisonnier à Toulouse, ne mourut que le 63ᵉ jour; mais presque tous les jours il but un peu d'eau, et souvent il en but avec excès. Une seule fois il prit du bouillon et un peu de vin. En 1885 et 1886, trois expérimentateurs, le Dʳ Tanner en Amérique, Succi à Paris et Merlatti à Milan, se sont soumis à des jeûnes prolongés. Le Dʳ américain Tanner a jeûné

pendant 40 jours; il ne prenait que des eaux minérales. Succi a dépassé le 50ᵉ jour; il faisait usage d'une liqueur dont il n'a pas donné la composition. La science n'a que peu à gagner à de telles expériences, surtout quand les auteurs s'obstinent à tenir leur procédé secret. On a cherché à expliquer ces jeûnes prolongés en distinguant la *faim*, qui serait une névrose pouvant amener la mort au bout de quelques jours, de l'inanition proprement dite, qui n'anéantirait les fonctions vitales qu'après un temps beaucoup plus long. Le patient qui peut supporter la faim, laquelle ne se manifeste que pendant les premiers jours, pourrait alors subir sans de graves inconvénients un jeûne extrêmement long.

Il est incontestable que certaines substances végétales aident à supporter la privation d'aliments. Tels sont le maté, la coca, la pollinia, la kola, etc. La manière dont ces substances agissent sur l'organisme est encore mal connue.

ABSTINENT, ENTE. adj. Modéré dans le boire et le manger. Peu usité.

ABSTRACTEUR. s. m. Qui se plaît aux abstractions.

ABSTRACTIF, IVE. adj. T. Philos. et Gram. Qui abstrait, qui sert à former des abstractions.

ABSTRACTION. s. f. Opération par laquelle notre esprit isole dans un objet une qualité particulière pour ne considérer que cette qualité à l'exclusion de toutes les autres, et à l'exclusion même du sujet. || Se dit des idées que notre esprit obtient par le procédé de l'ab. *Couleur, odeur, saveur, vertu, sont des abstractions.* || S'emploie dans un sens défavorable, en parlant des idées théoriques qui ne sont pas susceptibles d'application. *C'est un esprit chimérique qui se perd dans les abstractions.* || Sign. encore, au p.ur., Préoccupation, rêverie. *Cet homme est dans des abstractions continuelles.* || *Faire abstraction de quelque chose*, ne pas s'en occuper, ne pas en tenir compte.

Philos. — On a quelquefois défini l'*Ab.*, l'opération intellectuelle qui consiste à diviser les composés qui nous sont offerts; mais cette définition est celle de l'analyse. Or, l'ab. est une opération de l'esprit qui n'a lieu qu'après l'analyse. Ainsi, lorsque nous avons devant nous une rose blanche, l'éclat de ses pétales affectera nos nerfs optiques; nos nerfs olfactifs, de leur côté, seront affectés par le parfum de cette fleur. Or, notre esprit pourra s'occuper soit de l'une soit de l'autre de ces impressions; il les distinguera nécessairement l'une de l'autre; mais dans ce fait il n'y a rien qui mérite le nom d'ab. Si, au contraire, un lis blanc se trouve placé à côté de cette rose blanche, et que nos regards se portent aussi sur lui, nos nerfs optiques seront affectés d'une manière tout à fait analogue, sans être identique, et notre intelligence réalisera en quelque sorte ce mode d'affection du sens de la vue; elle le considérera en lui-même, indépendamment des objets qui ont produit l'impression et l'appellera *blancheur*. C'est cette opération intellectuelle qui constitue l'ab. L'abstraction est un effet de l'activité et de la spontanéité de l'esprit; elle est indispensable à la formation des idées générales, et, réciproquement, toute *idée abstraite* est toujours une *idée générale*. — L'ab. ne s'exerce pas seulement sur les qualités appréciables par les sens. Nous pouvons également, en saisissant les phénomènes de la conscience, constater leurs analogies et obtenir par ce procédé des notions ou idées abstraites, telles que les idées de désir, de passion et de facultés intellectuelles. L'abus de l'ab., ou plus exactement la confusion entre les idées abstraites et les êtres concrets, est une des causes qui ont le plus nui aux progrès des sciences et, en particulier, de la philosophie. On doit constamment se tenir en garde contre la tendance naturelle à notre esprit de prêter une existence réelle à ce qui n'est qu'une création de notre intelligence.

ABSTRACTIVEMENT. adv. Par abstraction; d'une manière abstraite. || On dit aussi *Abstraitement.*

ABSTRAIRE. v. a. (lat. *abs*, hors de; *trahere*, tirer). Isoler, séparer intellectuellement. Voy. ABSTRACTION. — La faculté d'abstraire et de généraliser est la plus haute et la plus importante de l'esprit humain. = ABSTRAIT, TE. part. = Conjug. Voy. TRAIRE. Ce v. ne s'emploie guère que dans ses temps composés.

ABSTRAIT, TE. adj. Usité surtout en Philos. Qui dépend de l'abstraction. Les mots qui désignent des qualités indépendamment de leurs sujets sont des *termes abstraits*. Ainsi, *rondeur, blancheur, bonté*, sont des *termes abstraits*. Ce mot est opposé à *concret*, qui désigne toujours la qualité unie au sujet, comme *pain rond, vin blanc, bon prince*. — Dans un sens analogue, on dit : *Une idée abstraite, une idée concrète*; et subst., *L'ab. et le concret*. Voy. ABSTRACTION. — *Nombre abst.* Voy. NOMBRE. || Par ext., *Ab.* se dit des choses difficiles à comprendre. *Raisonnement, discours ab Question abstraite.* — Dans le même sens, on dit : *Un auteur, un philosophe ab.* || *Ab.* signifie encore plongé dans la méditation au point d'oublier les objets extérieurs. *On est ab. pour être trop appliqué à une seule chose, et distrait par inapplication et par légèreté.*

ABSTRAITEMENT. adv. Par abstraction.

ABSTRUS, USE. adj. (lat. *abstrusus*, ce qui est hors de la portée du vulgaire; de *ab*, hors de; *trudere*, pousser). Difficile à comprendre. Se dit ord. des sciences, quelquefois des écrivains. *Raisonnement ab. Sciences abstruses. Ce philosophe m'a paru ab.*

ABSURDE. adj. 2 g. (lat. *ab.* de; *surdus*, sourd). Au propr., Sourd à la raison; qui est contre le sens commun. *Proposition ab Conduite ab.* || Se dit de quelqu'un qui parle ou agit déraisonnablement. *Un homme ab.* || S'emploie subst. au masc., et sign. alors, *Absurdité. Tomber dans l'ab.* — *Réduire son homme à l'ab.*, c'est, dans la discussion, le forcer à déraisonner. || Math. Faux, impossible. || Prov. littér. *L'homme absurde est celui qui ne change jamais :* vers du poète Barthélemy qui essaya, en 1832, de justifier les palinodies politiques en général et les siennes en particulier. L'idée est fondée sur un jugement juste, car autrement il n'y aurait pas de progrès; mais elle ne justifie pas les variations dictées par l'intérêt, la haine ou la vengeance. **Géom.** — On appelle *Démonstration par l'ab.* un mode de démonstration dans lequel on établit la vérité d'une proposition en prouvant que le contraire est *absurde*, c.-à-d. impossible.

ABSURDEMENT. adv. D'une manière absurde.

ABSURDITÉ. s. f. Caractère de l'individu ou de la chose qui est absurde. *L'ab. d'un discours. Cet homme est d'une ab. sans égale.* || S'emploie aussi pour exprimer la chose même qui est absurde. *Il nous a débité mille absurdités.* || *Anecdotes :* Une jeune actrice demande un jour à un médecin si la stérilité était héréditaire. — Un célèbre avocat fut un jour questionné par un ténor auquel on avait posé cette question : « Peut-on épouser la belle-sœur de sa veuve? »

ABSUS. s. m. T. Bot. Nom d'une espèce de *Casse*. Voy. LÉGUMINEUSES.

ABSYRTE, frère de Médée.

AB UNO DISCE OMNES. loc. lat. Par l'un d'eux jugez-les tous.

ABUS. s. m. Emploi mauvais, excessif, injuste, de quelque chose. *Il a fait ab. de tout. Ab. de pouvoir. Ab. de confiance.* || Désordre, usage pernicieux. *Réformer les ab. Cette république périra par ses nombreux ab.* || Erreur. *Vous comptez sur la justice des hommes, ab. Le monde n'est qu'ab. et vanité.* **Jurisp.** — Dans l'ancien droit on donnait le nom d'*Appel comme d'abus* au recours à l'autorité séculière contre une sentence rendu par un juge ecclésiastique qu'on prétendait avoir excédé son pouvoir. — Aujourd'hui, ainsi que l'a établi la loi du 18 germinal an X, on distingue deux sortes d'ab. : 1° l'ab. commis par un ministre du culte dans l'exercice de ses fonctions; 2° l'ab. commis par un fonctionnaire laïque, lorsque celui-ci porte atteinte à l'exercice public du culte et à la liberté que les lois et règlements garantissent à ses ministres. L'appel comme d'ab. se porte devant le conseil d'État. Toute personne intéressée peut former ce recours; le même droit appartient au préfet et au ministre des cultes. Lorsque l'ab. est reconnu, un décret du chef de l'État, délibéré en cons'il d'État, déclare *qu'il y a ab.* Cette simple censure constitue toute la pénalité portée contre l'ab.

ABUSER. v. n. (lat. *ab*, hors de; *uti*, user). User mal, autrement qu'on ne doit. *Ab. de son pouvoir, de son cré-*

dit. Ab. de la confiance de quelqu'un. || S'emploie absol., *Usez sans ab.* || *Ab. d'une expression,* Lui donner sciemment une fausse interprétation. || Se prévaloir. *Il abuse du droit de son âge.* == ABUSER. v. a. Tromper, séduire, *Ab. les esprits faibles. Il a abusé cette pauvre fille sous promesse de mariage.* = s'ABUSER. v. pron. Se tromper, se faire illusion. *On s'abuse souvent soi-même.* = ABUSÉ, ÉE. part.

Syn. — *Mésuser, Tromper, Duper, Leurrer, Décevoir.* — *Mésuser* arrête simplement l'esprit sur le sujet; *ab.* fait songer en même temps aux désordres que le sujet commet, aux lois dont il s'écarte. On *mésuse* de la chose qu'on emploie maladroitement ou mal à propos; on *abuse* de celle qu'on emploie à mal faire. *Ab.*, c'est encore se servir de son influence, de son autorité, pour entraîner quelqu'un dans l'erreur, dans le mal. En ce sens, il diffère de *tromper*, qui consiste à employer la ruse, l'astuce pour induire quelqu'un en erreur, et de *décevoir*, qui consiste principalement à *leurrer* une personne par des espérances ou des promesses qu'on ne veut pas réaliser.

ABUSEUR. s. m. Celui qui abuse, qui trompe, qui séduit. Fam. et peu usité.

ABUSIF, IVE. adj. Contraire à la loi, à la règle. *Coutume abusive.* — *Terme ab.*, Terme impropre. *Sens ab.*, Sens donné à un mot contre l'usage.

ABUSIVEMENT. adv. D'une manière abusive. *Cet homme a été emprisonné ab.*

ABUSSEAU s. m. Nom vulgaire d'un poisson du genre *Athérine.* Voy. MUGILOÏDES.

ABUTA. s. m. Arbuste de la famille des *Ménispermacées.* Voy. ce mot.

ABUTER. v. a. T. Mar. Mettre bout à bout.

ABUTILON. s. m. T. Bot. Plante ornementale de la famille des *Malvacées.* Voy. ce mot.

ABYDOS, anc. v. d'Asie sur l'Hellespont (Détroit des Dardanelles). || Anc. v. d'Égypte.

ABYLA, aujourd'hui Ceuta, v. d'Afrique, en face du mont Calpé, avec lequel il formait les Colonnes d'Hercule.

ABYME. s. m. Voy. ABIME.

ABYMER. v. a. Voy. ABIMER.

ABYSSAL, ALE. Sans fond, profond. *L'amour ab. des mystiques.* || Hist. nat. Qui concerne les abysses. La faune abyssale.

ABYSSE. s. m. (gr à privatif, et βύσσος, fond). T. Hist. nat. Les grandes profondeurs des océans.

Hist. nat. — Pendant longtemps on a cru que le fond des mers ne pouvait renfermer aucun animal, à cause de l'énorme pression de la masse liquide et de l'obscurité. Les sondages effectués depuis l'année 1868 par d'habiles expérimentateurs : expéditions du *Lightning* et du *Porcupion* en 1881, du *Challenger* en 1872, puis du *Blake*, du *Travailleur*, du *Talisman* et de quelques autres navires d'exploration sous la direction des naturalistes les plus éminents d'Angleterre, d'Amérique et de France, ont complètement démenti cette opinion en ramenant des profondeurs des êtres nombreux, de structure très variée et souvent très délicate et très élégante. La simple mesure des abysses présentait déjà des difficultés considérables. Le problème a été résolu par l'emploi de plusieurs sondes perfectionnées, dont l'une des plus parfaites est la sonde Thibaudier, employée à bord du *Talisman*. On a reconnu que la profondeur de l'Océan dépasse très rarement 8,300ᵐ, et l'on a pu assigner 4,000ᵐ comme profondeur moyenne; Mosley a calculé que si le sol des mers et celui des continents était entièrement nivelé, il resterait encore sur la Terre une couche d'eau d'environ 2,800ᵐ. L'obscurité la plus complète paraît devoir régner dans ces abîmes, car la lumière solaire ne pénètre pas à plus de 400 ou 500ᵐ. Les êtres qui les habitent présentent souvent des formes bizarres qui augmentent d'intérêt avec la profondeur, et qui ont un caractère plus ancien que ceux du littoral et de la surface. « Quelques-

4

uns d'entre eux, dit M. A. Milne-Edwards, présentent avec les fossiles de l'époque secondaire d'incontestables affinités; d'autres rappellent l'état ancien de certaines espèces actuelles. » Quelques-uns ont les organes de la vue complètement atrophiés, d'autres au contraire les ont très développés, preuve certaine que l'obscurité n'y est pas aussi complète qu'on pourrait le croire. Il est remarquable que beaucoup d'animaux des abysses sont phosphorescents : ils fabriquent eux-mêmes la lumière que le soleil leur refuse. Il n'a pas été facile de capturer et d'amener sur le pont en bon état de conservation des animaux qui présentent souvent une délicatesse de forme et une fragilité extrêmes. On a essayé des dragues qui ont l'inconvénient de ramener des quantités de boue et de présenter un poids considérable, et des chaluts en fils de chanvre qui ont donné de meilleurs résultats. Le *Talisman* n'employa que des chaluts de 2 à 3ᵐ d'ouverture, les plus petits servant pour les plus grandes profondeurs. A la profondeur de 4,000ᵐ, la pression dépasse 400 atmosphères. Les animaux ramenés à la surface ont donc à subir, dans un court espace de temps, une décompression rapide : les gaz de l'intérieur du corps se dilatent à mesure que la pression diminue, et brisent les organes en produisant les mutilations les plus singulières. Chez un poisson muni d'une vessie natatoire, la dilatation considérable de cette vessie avait projeté l'estomac en dehors de la bouche et les yeux hors de la tête. Aussi tous les animaux recueillis dans les abysses arrivent morts à la surface.

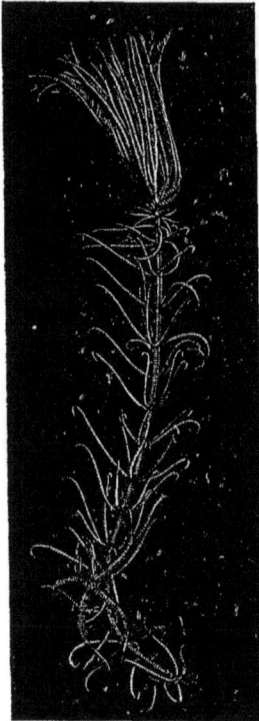

Fig. 1.

La faune abyssale comprend des animaux de tous les ordres marins. Les *Protozoaires* sont représentés par des *Foraminifères* de grande taille dont la coquille est composée d'une agglutination de petits fragments minéraux d'origine volcanique, empruntés au sol sur lequel ils vivent. Les *Cœlentérés* ont fourni de nombreuses espèces d'éponges, parmi lesquelles les *Cladhoriza*, qui vivent en colonies formant d'épais buissons qui s'étendent sur des espaces considérables. Les *Coralliens* ont fourni des échantillons aux formes gracieuses, enrichis des plus brillantes couleurs. Des *Zoanthaires*, des *Actinies*, des *Anémones de mer* ont été trouvés en grande quantité. Il est remarquable que chez les *Anémones abyssales* les tentacules de la bouche ne sont jamais normalement développées, et sont souvent complètement atrophiées. Les *Méduses* ont deux familles abyssales vivant vers 2,000 brasses de profondeur et dont les principales espèces sont phosphorescentes. Les *Echinodermes* fournissent peut-être les animaux les plus curieux des profondeurs de la mer : nous voulons parler de ces admirables *Crinoïdes* qui n'étaient autrefois connus qu'à l'état de fossile, et dont on a trouvé soixante genres vivants. Le plus remarquable, et en même temps le

plus répandu est le genre *Pentacrinus* (Fig. 1). Il y a aussi des oursins et des hérissons de mer d'aspect très singulier : telle est la *Rosella Velata* (Fig. 2). Parmi les Holo-

Fig. 2.

thuries nous citerons les *Psychropotes* (Fig. 3), et les *Oneirophantes* (Fig. 4) qui vivent entre 4,000 et 5,000ᵐ. Les

Fig. 3.

vers et les bryozoaires sont aussi largement représentés. Les mollusques ont fourni ce résultat remarquable que l'on a trouvé sans exception dans l'Océan tous les mollusques dragués dans la Méditerranée, ce qui prouve que la Méditerranée a reçu sa faune abyssale de l'Océan. Les crustacés, surtout les moins élevés en organisation, sont extrêmement nombreux et pré-

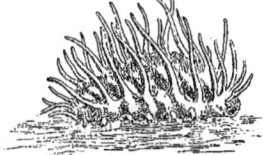

Fig. 4.

sentent les formes les plus bizarres. Tel est le *Bathynomus giganteus*. Un grand nombre de crustacés abyssaux sont

Fig. 5.

phosphorescents. Les poissons sont nombreux et intéressants; la plupart sont d'une couleur sombre, généralement noir

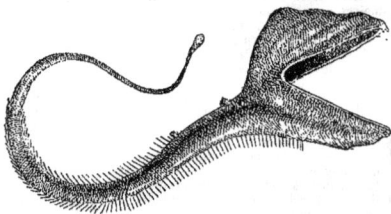

Fig. 6.

velouté; quelques-uns sont blanchâtres; tous ont un aspect singulier. Beaucoup sont phosphorescents; les organes lumi-

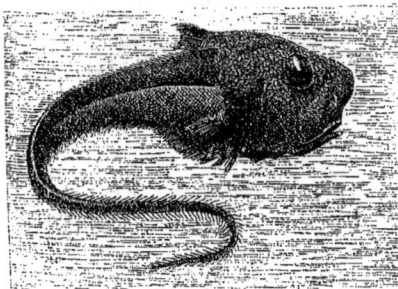

Fig. 7.

neux sont distribués sur diverses parties du corps. Le *Stomias boa* (Fig. 5) en a deux rangées sur toute la longueur de son

corps. Parmi les plus singuliers de ces étranges poissons, nous citerons le *Melanocetus Johnsoni* qui a l'air d'un sac, et l'*Eurypharynx* (Fig. 6) dont le corps fusiforme n'est pas plus gros qu'une anguille, tandis que sa tête et sa bouche énormes lui donnent un aspect véritablement monstrueux. Nous citerons aussi l'*Echiostoma micripnus* très riche en plaques lumineuses, et le *Macrurus globiceps* (Fig. 7) qui a l'apparence d'un têtard.

L'étude de la faune abyssale est intéressante, surtout en ce qu'elle permet de se rendre compte des adaptations de formes qu'ont dû subir les êtres placés dans des conditions très différentes; mais il faut renoncer à l'espoir formulé autrefois par Agassiz de retrouver vivantes au fond des mers quelques-unes des formes fossiles si abondantes dans les terrains primaires et secondaires.

Bibliographi·. — C.WYVILLE THOMSON : *les Abîmes de la mer*, 1872. *The Voyage of the Challenger*, 1877.

ABYSSINIE, royaume indépendant à l'est de l'Afrique, pays montagneux, 3,000,000 hab. Commerce peu important. Nom des hab. : Abyssinien, enne. Voy. la carte de l'Afrique.

ACABIT. s. m. (bas lat. *acapitum*, débit à la mesure). Qualité bonne ou mauvaise. Se dit surtout des fruits et des légumes. *Poires d'un bon ac.*, *d'un mauvais ac.* || Fig. et fam., s'emploie quelquefois en parlant des personnes. *Ce sont gens de même ac.*

ACACIA. s. m. (gr. ἀκακία, de ἀ priv. et κακὸς, méchant). || T. Bot. Les végétaux connus sous le nom d'*Ac.* appartiennent à la famille des *Légumineuses*; mais l'arbre qu'on appelle vulgairement *ac.* et qui est si répandu chez nous, porte dans la science la dénomination de *Robinier*, du nom du médecin Robin qui le cultiva le premier en Europe, vers 1615. Il fait partie de la tribu des *Papilionacées*, tandis que les acacias vrais appartiennent à celle des *Mimosées*. L'*ac.* est l'un des arbres qui croissent le plus rapidement. Mais ses racines s'étendent très loin et portent préjudice aux cultures. Voy. LÉGUMINEUSES.

ACADÉMICIEN. s. m. Celui qui est membre d'une académie. || S'emploie quelquefois au fém. *Certaines sociétés littéraires d'Italie admettent des académiciennes.*

ACADÉMIE. s. f. (gr ἀκαδημία) Ce nom provient d'un jardin près d'Athènes où s'assemblaient quelques philosophes et qui avait été légué à la République par Académus. Société de personnes qui se réunissent pour s'occuper de littérature, de sciences ou de beaux-arts. — Se dit quelquefois absol. en parlant de l'Ac. française. *Le Dictionnaire de l'Ac.* || *Ac. de musique*, Le théâtre de l'Opéra à Paris.

Hist. et Admin. — Académus, citoyen d'Athènes, ayant légué à la République un terrain assez considérable, à condition qu'on y élèverait un gymnase où les jeunes Athéniens pourraient se livrer aux exercices corporels, ce gymnase fut institué et porta le nom du donateur. Tout près du gymnase, Platon possédait une petite propriété où ses disciples se réunissaient, et chaque jour il venait se promener avec eux sous les beaux arbres du gymnase, en leur exposant les vues élevées de sa doctrine. De là l'école de Platon fut appelée *Ac.*, et ses adeptes reçurent le nom d'*académiciens*.

Dans son acception la plus usuelle, le mot *ac.* s'emploie pour désigner une réunion de savants, de lettrés ou d'artistes, établie ou autorisée par le gouvernement, dans le but d'agrandir le cercle des connaissances humaines et de travailler au perfectionnement des arts et des sciences. Envisagées uniquement sous ce point de vue, les académies ont été inconnues des anciens. Cependant, Ptolémée Soter avait fondé, à Alexandrie, une société à peu près analogue; les empereurs de Constantinople et les califes arabes avaient également établi des sociétés du même genre.

Charlemagne fonda la première *ac.* qu'on ait vue en Europe; il la composa des personnes les plus éclairées de sa cour, et ne dédaigna pas d'en faire partie. Cette *ac.* répandit quelque lumière en France, et il reste plusieurs fruits de ses travaux. Un siècle plus tard, Alfred le Grand créa à Oxford une institution à peu près semblable et qui devint la base de l'université de cette ville. Tout près qu'on peut regarder à juste titre comme la mère de toutes celles qui se sont élevées dans la suite est l'*ac.* des *Jeux floraux*, fondée à Toulouse en 1325. Ses membres prirent le titre de *maîtres du gai savoir*. Les prix qu'elle distribuait et qu'elle distribue encore sont des fleurs d'or et d'argent. Clémence Isaure lui légua tous ses biens, et par cette libéralité assura l'existence de cette ac. qui a jeté un assez vif éclat au moyen âge.

Vers l'année 1560, une société appelée *Academia secretorum naturæ* fut fondée à Naples dans la maison de J.-Baptiste Porta; mais elle fut abolie par un interdit du pape. L'ac. des *Lincei*, à Rome, lui succéda; cette société s'occupait principalement, comme la première, des sciences physiques et naturelles. Galilée en faisait partie. Sur la fin du XVIe siècle et au commencement du XVIIe siècle, les académies se multiplièrent tellement en Italie, qu'on en comptait jusqu'à 550. Parmi les plus célèbres de celles qui présentèrent un caractère philosophique, nous citerons l'ac. *del Cimento*, à Florence; celle d'*Oressano* dans le royaume de Naples, et à une époque plus récente, celle de Bologne. Mais les académies purement littéraires formaient sans contredit la grande majorité. Au nombre de ces académies, une des plus célèbres était celle *degli Arcadi* ou des Arcades, de Rome. Ses réunions avaient lieu dans une prairie, et les membres jouaient le rôle de bergers et de bergères. Elle fut fondée vers 1690 et subsiste encore. L'ac. *degli Umidi*, l'une des plus anciennes de ces sociétés, est devenue plus tard l'*Ac. florentine*. L'ac. *degli Intronati* (des hébétés), celle *degli Umoristi*, et plusieurs autres portant des noms tout aussi bizarres, ont acquis de la célébrité. Quant aux académies philologiques, la plus illustre est celle de la *Crusca* (du son), qui, par la publication de son dictionnaire, a fait du dialecte toscan le type du langage national. Elle est actuellement incorporée à l'*Ac. florentine*.

La première de toutes les académies qui s'organisèrent régulièrement en France, fut l'*Ac. française*. Une société de gens de lettres qui se réunissaient chez Conrart en forma le noyau. Richelieu l'érigea en ac. en 1634, et deux ans plus tard les lettres patentes qui autorisaient légalement cette compagnie furent enregistrées par le parlement. Les premiers travaux de l'*Ac. française* furent ses *Sentiments sur le Cid* de Pierre Corneille. Son occupation principale est la rédaction perpétuelle du *Dictionnaire de la langue française*, dont elle a publié successivement sept éditions : 1694-1718-1740-1762-1798-1835-1877. (L'édition de 1798 a été faite par ordre de la Convention, en dehors de l'Académie, qui avait été supprimée.) Le nombre des membres de cette ac. a été fixé à quarante.

L'*Ac. des Inscriptions et Belles-lettres*, fondée par Louis XIV en 1663, ne fut définitivement organisée qu'en 1701. Dans le principe, cette ac. était exclusivement chargée de travailler aux inscriptions, devises et médailles; mais dans la suite elle s'occupa d'histoire, de littérature ancienne, de monuments, d'inscriptions, d'archéologie et de philologie. La collection de ses mémoires depuis 1717 jusqu'à 1793 forme 50 vol. in-4.

L'*Ac. des Sciences*, établie par les soins de Colbert en 1666, ne reçut son organisation définitive qu'en 1785. Elle se proposait pour objet l'avancement des sciences naturelles, physiques, mathématiques et astronomiques. La mesure du méridien fut l'un de ses travaux les plus importants. La collection de ses mémoires depuis 1699 jusqu'à 1793 forme 164 vol. in-4. Ces mémoires se continuent. Elle publie en outre, depuis 1835, les *Comptes rendus* hebdomadaires de ses séances. Cette ac. est composée de onze sections de six membres chacune : Géométrie, Mécanique, Astronomie, Géographie et Navigation, Physique générale, Chimie, Minéralogie, Botanique, Économie rurale, Anatomie et Zoologie, Médecine et Chirurgie.

L'*Ac. de Peinture et de Sculpture*, créée par lettres patentes de Mazarin en 1654, et l'*Ac. d'Architecture*, fondée par Colbert en 1671, répondaient plutôt à notre École des Beaux-Arts qu'à l'*Ac. des Beaux-Arts* actuelle. C'étaient des corps enseignants, auxquels étaient agrégés les artistes les plus éminents.

Toutes ces académies furent supprimées par un décret de la Convention nationale du 8 août 1793. Lorsque cette Assemblée réorganisa l'instruction publique par son décret du 3 brumaire an IV (25 octobre 1795), les anciennes Ac. furent reconstituées et réunies sous le nom d'*Institut* : Ac. française, Ac. des Sciences, Ac. des Inscriptions et Belles-Lettres, Ac. des Beaux-Arts, Ac. des Sciences morales et politiques.

Une sixième Ac., l'*Ac. de Médecine*, est de création plus récente. Elle fut fondée en 1820, pour répondre aux demandes du gouvernement sur tout ce qui se rapporte à l'hygiène publique. Elle s'est en outre chargée de continuer les travaux de la *Société de Médecine* et de l'*Ac. de Chirurgie*. Cette dernière, qui avait été établie en 1731, distribuait un prix au meilleur mémoire sur les questions qu'elle avait mises au concours. De 1768 à 1798, ses travaux ont été recueillis sous le titre de *Mémoires et Prix de l'Ac. de Chirurgie de Paris*. — L'Ac. de Médecine actuelle publie des mémoires qui embrassent toutes les branches de la science médicale et fait en outre paraître depuis 1836 un *Bulletin* de ses séances.

Il existe, soit à Paris, soit dans les différentes villes de la France, un grand nombre d'autres sociétés savantes, dont plusieurs portent le titre d'ac. et publient des travaux variés. Il y a des ac. de coiffure, de danse, d'équitation, de natation, de vélocipédie, etc. Dans ce cas, le titre d'ac. signifie simplement société. En général, les sociétés scientifiques sérieuses ne le prennent pas. Ex. : *Société de géographie*, *Société astronomique de France*, *Société géologique*, *Société météorologique*, *Société des gens de lettres*, etc.

En Allemagne, les sociétés académiques sont excessivement nombreuses. L'impulsion donnée aux lettres et aux arts par l'Italie se fit bientôt ressentir dans ce pays. Dès la fin du XVe siècle, il existait déjà à Bude et à Vienne une société du Danube. La célèbre *Ac. des Curieux de la nature* fut fondée vers 1650 à Schweinfurt, ville de la Bavière actuelle, par le médecin J.-L. Bausch. En 1677, l'empereur Léopold ayant pris cette ac. sous sa protection, elle reçut alors le nom de *Léopoldine*. Cette société a constamment publié des *Éphémérides* annuelles qui ont puissamment contribué au progrès de la science.

La *Société royale de Londres*, bien que ne portant pas le titre d'ac., doit être placée au premier rang après l'Ac. des Sciences de Paris. Fondée à Oxford en 1645, elle fut transférée à Londres en 1658, où le roi Charles II la constitua définitivement en 1660. Depuis 1665 jusqu'à nos jours, elle publie, sous le titre de *Philosophical Transactions*, des mémoires dont la collection forme un recueil scientifique de la plus haute valeur.

La *Société royale d'Édimbourg*, créée à l'exemple de celle de Londres en 1731, publie également, depuis 1788, des mémoires annuels sous le nom de *Transactions* — Il existe encore en Angleterre et en Écosse beaucoup d'autres sociétés savantes. L'Irlande en compte également plusieurs.

L'*Ac. royale de Prusse*, établie à Berlin en 1700 par le roi Frédéric Ier, eut pour premier président Leibnitz. Frédéric le Grand appela dans le sein de cette compagnie plusieurs savants ou littérateurs français, parmi lesquels on cite Voltaire, Maupertuis, d'Argens, Lalande, Lagrange, Diderot, d'Alembert, qui lui donnèrent une impulsion nouvelle. La bibliothèque publique de Berlin et le cabinet d'histoire naturelle sont placés sous la surveillance de cette ac. Elle a publié une longue série de mémoires depuis 1710 jusqu'à nos jours. Ces mémoires furent d'abord écrits en latin; de 1750 à 1804 ils furent rédigés en français; mais depuis cette dernière époque ils paraissent en allemand.

L'*Ac. impériale des sciences de Saint-Pétersbourg* doit sa création à Pierre le Grand, qui lui-même en traça le plan, en 1724, d'après les conseils de Wolf et de Leibnitz; mais, surpris par la mort, il ne put mettre la dernière main à son œuvre, et laissa cet honneur à Catherine Ire, qui lui succéda. Cette impératrice dota cette ac. et y appela un grand nombre d'hommes distingués, tels que Nicolas et Daniel Bernoulli, Bulfinger, Wolf, etc. Cette ac. a publié, depuis 1728, ses mémoires dans une longue série de volumes in-4.

Il semble que l'Ac. française devrait être exclusivement composée d'*écrivains* illustres, célèbres, ou du moins de quelque talent. Il n'en est rien. On peut s'étonner d'y trouver les noms de Caillères, Rothelin, Boyer, Montazet, Gédoyn, Vauréal, Mathieu de Montmorency, de Quélen, duc de Lévis, comte de Saint-Aulaire, Brifaut, Ferrand, Feletz, duc de Noailles, Jay, Étienne, duc d'Audiffret, Émile Ollivier, Perraud (plusieurs d'entre eux n'ont pas même écrit un seul ouvrage et n'auraient pas été reçus à la Société des gens de lettres), et de n'y pas voir les noms de Descartes, Pascal, Molière, La Rochefoucauld, Diderot, Beaumarchais, P.-L. Courier, Balzac, Béranger, Arago, Lamennais, Auguste Comte, Jean Reynaud, Alexandre Dumas, Théophile Gautier, Sainte-Beuve, Michelet, etc., etc.

On donne aussi le nom d'ac. aux divisions de l'Université de France, dont chacune est dirigée par un recteur — Il existe en France actuellement (y compris l'Algérie) dix-sept académies dont les chefs-lieux sont les suivants : Aix, Alger, Besançon, Bordeaux, Caen, Chambéry, Clermont, Dijon, Grenoble, Lille, Lyon, Montpellier, Nancy, Paris, Poitiers, Rennes et Toulouse.

Division de l'Université de France en académies,
avec l'étendue de leur circonscription :

CHEF-LIEU	CIRCONSCRIPTION
AIX	Basses-Alpes, Alpes-Maritimes, Bouches-du-Rhône, Corse, Var, Vaucluse.
ALGER.	Alger, Constantine, Oran.
BESANÇON. . .	Doubs, Jura, Belfort, Haute-Saône.
BORDEAUX. . . .	Dordogne, Gironde, Landes, Lot-et-Garonne, Basses-Pyrénées.
CAEN	Calvados, Eure, Manche, Orne, Sarthe, Seine-Inférieure.
CHAMBÉRY. . .	Savoie, Haute-Savoie.
CLERMONT. . . .	Allier, Cantal, Corrèze, Creuse, Haute-Loire, Puy-de-Dôme.
DIJON	Aube, Côte-d'Or, Haute-Marne, Nièvre, Yonne.
GRENOBLE. . . .	Hautes-Alpes, Ardèche, Drôme, Isère.
LILLE	Aisne, Ardennes, Nord, Pas-de-Calais, Somme.
LYON	Ain, Loire, Rhône, Saône, Saône-et-Loire.
MONTPELLIER. .	Aude, Gard, Hérault, Lozère, Pyrénées-Orientales.
NANCY.	Meuse, Meurthe-et-Moselle, Vosges.
PARIS.	Cher, Eure-et-Loir, Loir-et-Cher, Loiret, Marne, Oise, Seine, Seine-et-Marne, Seine-et-Oise.
POITIERS. . . .	Charente, Charente-Inférieure, Indre, Indre-et-Loire, Deux-Sèvres, Vendée, Vienne, Haute-Vienne.
RENNES. . . .	Côtes-du-Nord, Finistère, Ille-et-Vilaine, Loire-Inférieure, Maine-et-Loire, Mayenne, Morbihan.
TOULOUSE. . . .	Ariège, Aveyron, Gers, Haute-Garonne, Lot, Hautes-Pyrénées, Tarn, Tarn-et-Garonne.

ACADÉMIE (Officier d'). Décoration universitaire créée en 1808. Palmes d'argent attachées par un ruban violet.

ACADÉMIE. s. f. Dessin ou photographie d'après un modèle vivant et nu.

ACADÉMIQUE. adj. 2 g. Qui appartient ou qui convient à des académiciens, à un corps de gens de lettres. *Discours ac. Style ac. Séance ac.* || Se dit particulièrement en parlant de l'Ac. française. || S'applique quelquefois aux personnes. *C'est un sujet ac.*, c'est un homme qui mérite d'entrer à l'Ac.

ACADÉMIQUEMENT. adv. D'une manière académique. *Il a traité son sujet ac.*

ACADÉMISTE. s. m. Celui qui étudie les armes, la danse, etc., dans une académie. Vx.

ACADIE ou **NOUVELLE-ÉCOSSE** (colonie anglaise), grande presqu'île de l'Amérique du Nord, entre le golfe Saint-Laurent et l'Atlantique; 200,000 hab.; cap. *Halifax*. Pays froid, montagneux et boisé; pêcheries. Hab. : Acadiens.

ACÆNE. s. f. (gr. ἄκαινα, pointe). T. Bot. Plante de la famille des *Sanguisorbées*.

ACAGNARDER. v. a. (de *cagnard*). Rendre cagnard, accoutumer quelqu'un à mener une vie oisive et obscure. *La mauvaise compagnie l'a acagnardé.* Fam. = S'ACAGNARDER. v. pron. S'ac. *dans sa terre, s'ac. auprès du feu.*

ACAJOU. s. m. (brésil. *acajaiba*, bois, menuiserie). T. Bot. Ce nom a été appliqué à plusieurs végétaux différents. L'arbre qui donne le beau bois d'ébénisterie appelé *Ac.* appartient à la famille des *Cédrélacées*, et celui qui produit le fruit nommé vulg. *Pomme* ou *Noix d'ac.* appartient à la famille des *Anacardiacées.* Voy. ces mots.

ACALÈPHES. s. m. pl (gr. ἀκαλήφη, ortie). T. Zool. On désigne sous ce nom un ordre d'Hydrozoaires qui comprend

des animaux marins de consistance gélatineuse, à structure fort simple, leurs organes se réduisant à un estomac d'où partent des vaisseaux qui vont se ramifier dans les diverses parties du corps. Leur forme est généralement circulaire et

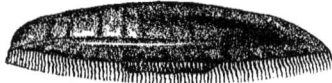

Fig. 1.

rayonnante, et presque toujours leur bouche tient lieu d'anus. Leur grosseur est très variable : quelques-uns, en effet, sont

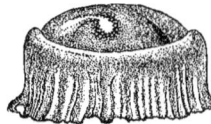

Fig. 2.

presque microscopiques, et d'autres atteignent un volume prodigieux. Cette classe a été ainsi nommée à cause de la

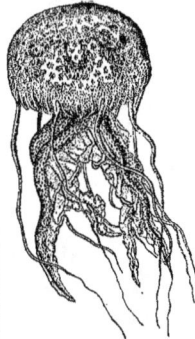

Fig. 3.

Fig. 5.

propriété que possèdent certaines espèces de causer, quand on les touche, une sensation analogue à celle que produit

Fig. 4.

l'ortie. On les appelle vulg. *Orties de mer*. Quelques-uns de ces zoophytes sont phosphorescents. — Cuvier divise les Ac. en deux groupes, les *Ac. simples* et les *Ac. hydro-statiques*.

Les *Ac. simples* flottent et nagent dans la mer, en contractant et dilatant alternativement leur corps. Les *Méduses* constituent le genre le plus nombreux de la classe des ac. simples. Leurs formes sont élégantes et très régulières, leurs couleurs variées et brillantes. Leur corps, toujours plus ou moins convexe en dessus et plat ou concave en dessous, a

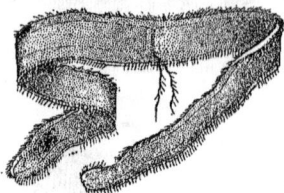

Fig. 6.

reçu le nom d'*ombrelle*. L'estomac est creusé au milieu de cette ombrelle, d'où part ordinairement un pédoncule ou des appendices de formes variées, qui leur servent sans doute à saisir leur proie. (Fig. 1. *Equorée pourprée*. 2. *Phorcynie istiophore*. 3. *Pélagie noctiluque*. 4. *Rhizostome bleu*.) Chez les *Méduses* propres, la bouche s'ouvre au milieu de la surface inférieure; chez les *Pélagies*, la bouche se prolonge en pédoncule ou se divise en bras. Les *Cyanées* sont des méduses à bouche centrale et à quatre cavités latérales. Les *Rhizostomes* comprennent les espèces qui n'ont point de bouche ouverte au centre. L'estomac ne communique avec l'extérieur que par l'intermédiaire des ramifications qui se distribuent dans les tentacules et s'ouvrent par des pores à l'extrémité de ces organes. L'espèce la plus commune est le *Rhizostome bleu*. On le trouve partout sur le sable de nos côtes, quand la mer se retire; son ombrelle a quelquefois près de deux pieds de largeur. L'histoire des méduses se rattache intimement à celle des polypes, car les méduses ne sont qu'une phase de l'évolution des polypes. La forme méduse est celle qui est destinée à la reproduction. Des œufs pondus par une méduse sortiront des animaux très différents d'apparence qui, à la suite de métamorphoses diverses, donneront à leur tour naissance à des méduses Voy. POLYPE. — Les *Béroés* diffèrent des méduses en ce que leur corps est ovale ou globuleux, et offre souvent des côtes saillantes garnies de cils vibratiles. Le *Béroé globuleux* est assez commun

Fig. 7.

sur les côtes de la Manche. Il passe pour un des aliments de la baleine. (Fig. 5. *Béroé de Forskal*.) Le *Ceste* représente tout simplement un long ruban gélatineux dont les bords sont garnis de cils. La bouche occupe le milieu du bord inférieur La seule espèce connue est le *Ceste de Vénus*. (Fig. 6.) Elle habite la Méditerranée. Sa longueur est de plus de 5 pieds, et sa hauteur de 2 pouces. Les *Porpites* et les *Vélelles* ont un corps en forme de disque, garni en dessus de nombreux tentacules; mais un cartilage intérieur soutient la substance gélatineuse de leur corps. Les *Ac. hydrostatiques* sont pourvus d'une ou plusieurs vessies ordinairement remplies d'air au moyen desquelles ces

singuliers zoophyt s flottent sur les eaux. Ils possèdent en outre une multitude d'appendices de formes variées. (Fig. 7. *Stéphanomie tortillée*.) Cet ordre comprend les genres *Physalie, Physsophore* et *Diphye*.

Paléont. — ACALÈPHES FOSSILES. — Ordre d'*Hydrozoaires*. (Voy. ce mot.) Ces méduses, malgré la mollesse de leur corps ont pu se conserver à l'état fossile. Certains dépôts en ont même fourni en grande quantité; tels sont les schistes cambriens de la Scandinavie, et les schistes lithographiques du jurassique supérieur de la Bavière, qui ont fourni même des empreintes très nettes.

Les *Spatangopsis costata* et *Astylospongia radiata*, décrits par Thorell et Linnarson, trouvés dans les schistes cambriens de Lugnos, en Suède, se présentent sous la forme d'étoiles à cinq rayons. Nathorst pense que ce sont des moules de la cavité gastro-vasculaire de méduses. Dans les terrains jurassiques on a trouvé des méduses que Hœckel a fait connaître. Parmi les Rhizostomites nous citerons: *Rhizostomites admirandus, Leptobrachites trigonobrachius*; parmi les Semœostomes: *Eulithota fasciculata*; parmi les Æginides: *Palægina gigantea*, qui se distingue par sa taille remarquable et le volume de ses huit bras. Parmi les Trachynemides nous citerons encore: *Trachynemites deperditus*. Dans les galets de silex (roulés dans le quaternaire), et provenant du crétacé supérieur de Hambourg, et dans le crétacé de la Galicie, on a rencontré également de bonnes empreintes.

ACALYPHA. s. f. (gr. ἀκαλήφη, ortie). T. Bot. Genre de plantes de la famille des EUPHORBIACÉES. Voy. ce mot.

ACANTHACÉES. s. f. pl. (gr. ἄκανθα, épine). T. Bot. Famille de végétaux Dicotylédones gamopétales supérovariés. — *Caract. bot.* Plantes herbacées ou frutescentes, rarement des arbustes ou de petits arbres, quelquefois volubiles. Feuilles opposées, sans stipules, simples, indivises, parfois verticillées par 3 ou 4. Fleurs opposées dans les épis, quelquefois alternes, avec 3 bractes, dont les 2 latérales manquent souvent. Calice tantôt à 4 ou 5 divisions égales ou inégales, généralement très imbriquées, parfois multifides; tantôt entier, peu développé et persistant. Corolle parfois presque régulière, le plus souvent bilabiée, rarement unilabiée. Etamines la plupart du temps au nombre de 2, portant toutes deux des anthères; quelquefois 4 étamines didynames, les plus courtes souvent stériles. Anthères tantôt à 2 loges symétriques ou non, tantôt uniloculaires, s'ouvrant longitudinalement. Ovaire à deux loges contenant chacune 2 ou plusieurs ovules; style simple; stigmate bilobé, souvent indivis; ovules amphitropes ou campulitropes. Fruit capsulaire à deux loges, s'ouvrant quelquefois avec élasticité en deux valves opposées à la cloison, et dont chacune emporte avec elle la moitié de cette cloison. Graines sans albumen; embryon droit ou courbe; cotylédons larges, arrondis; radicule descendante et en même temps centripète, courbe ou

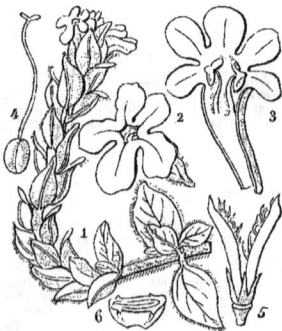

Fig. 1.

droite. (Fig. 1 *Nelsonia campestris*; 2 et 3. fleurs; 4. pistil; 5. capsule; 6. coupe transversale d'une graine). — Cette famille comprend 120 genres, avec environ 1,350 espèces appartenant presque toutes aux régions tropicales, où elles sont très multipliées. Toutefois le genre *Acanthe* habite la Grèce, et l'on trouve un petit nombre d'Ac. aux États-Unis. Quelques plantes de cette famille sont remarquables par leur beauté; telle est l'*Aphelandra cristata* (Fig. 7). Les Ac. sont pour la plupart mucilagineuses et légèrement

Fig. 2.

amères; quand leur amertume est plus prononcée, on les emploie comme expectorants. L'*Acanthe pourpre*, jadis appelée *Branc-ursine*, qui a fourni le type du chapiteau corinthien (Voy. ACANTHE), est émolliente; il en est de même de la *Justicie biflore*, plante qui croît en Égypte. Les fleurs, les feuilles et les fruits de l'*Adhatoda* sont légèrement amers et aromatiques.

ACANTHE. s. f. (gr. ἄκανθα, épine), T. Bot. Nom d'un genre de plantes de la famille des *Acanthacées*. Voy. ce mot.

Fig. 1.   Fig. 2.

Certaines espèces d'acanthes habitent la Grèce, et l'une d'elles a servi de type au chapiteau corinthien. Selon Vitruve, voici quelle aurait été l'origine de ce chapiteau : « Une jeune fille de Corinthe étant morte au moment de se marier, plusieurs objets auxquels elle avait été attachée pendant sa vie, furent recueillis par sa nourrice. Cette femme les déposa sur la tombe de sa jeune maîtresse, après les avoir placés dans une corbeille qu'elle couvrit d'une tuile pour les mettre à l'abri des injures de l'air. Dans ce lieu se trouvait par hasard une racine d'ac. Au printemps cette plante poussa des tiges et des feuilles qui entourèrent la corbeille; mais les extrémités de ces feuilles rencontrant la tuile furent forcées de se recourber, ce qui leur donna la forme de volute. Le sculpteur Callimaque, passant près de ce tombeau, vit la corbeille, et remarqua la manière gracieuse avec laquelle ces feuilles

naissantes la couronnaient. Cette forme nouvelle lui plut (Fig. 1); il l'imita dans les colonnes qu'il fit par la suite à Corinthe, et il établit d'après ce modèle les proportions et les règles de l'ordre corinthien. » Quoi qu'il en soit de la vérité de cette histoire touchante à laquelle on a peine à ajouter foi, les anciens ont employé d'autres feuilles que celles de l'ac. dans la décoration de leurs chapiteaux. Ainsi, par ex., les feuilles de l'ordre composite des arcs de Titus et de Septime Sévère, à Rome, ressemblent plutôt à celles du persil qu'à celles de l'ac., et celles du temple de Vesta, à Rome, sont assez semblables à des feuilles de laurier. Dans les chapiteaux de l'architecture égyptienne la feuille de palmier se rencontre très fréquemment (Fig. 2). Voy. CHAPITEAU.

ACANTHIE. s. f. (gr. ἄκανθα). T. Ent. Voy. GÉOCORISES.

ACANTHOCÉPHALE. s. m. (gr. ἄκανθα, épine; κεφαλή, tête). T. Zool. Genre de vers intestinaux. Voy. ENTOZOAIRE.

ACANTHODESMIDES. s. m. pl. (gr. ἄκανθα; δεσμός, chaîne). T. Zool. et Paléont. Famille de Radiolaires (Voy. ce mot) dont le squelette est composé d'un petit nombre de bandes ou de bâtonnets irréguliers, qui forment un tissu assez lâche avec quelques grands espaces vides, mais pas de treillis continu proprement dit. On en trouve dans les terrains crétacé et tertiaire et dans la nature actuelle.

ACANTHODIDES. s. m. pl. (gr. ἄκανθα). T. Paléont. Famille de poissons fossiles dont le crâne est encore presque complètement cartilagineux, à grands yeux situés en dessus. Les écailles, très petites, sont rhomboïdales et donnent à la peau un aspect chagriné. La queue est hétérocerque, généralement dépourvue de fulcres au sommet de la nageoire. Des piquants se trouvent en avant des nageoires. Ces poissons, qui proviennent du Dévonien, du Carbonifère et du Permien, servent de passage avec les requins. Le genre *Acanthodes* (Permien et Carbonifère) est grêle, avec de grandes nageoires pectorales et de petites nageoires ventrales. Dans le Dévonien on trouve les genres : *Diplacanthus* avec 2 nageoires dorsales, *Cheiracanthus* avec nageoire dorsale située très en avant, *Cheirolepis* avec fulcres sur toutes les nageoires. Voy. GANOÏDES.

ACANTHOLINON. s. m. (ἄκανθα; λίνον, lin). T. Bot. Genre de plantes de la famille des *Plombaginées*. Voy. ce mot.

ACANTHOPHIS. s. m. (gr. ἄκανθα; ὄφις, serpent). T. Erpét. Genre de serpents. Voy. SERPENTS VRAIS.

ACANTHOPODES. s. m. pl. (gr. ἄκανθα; πούς, ποδός, pied). T. Entom. Genre d'insectes coléoptères. Voy. CLAVICORNES.

ACANTHOPTÈRE. s. m. (gr. ἄκανθα; πτερόν, aile). T. Entom. Genre d'insectes coléoptères. Voy. LONGICORNES.

ACANTHOPTÉRIGIENS. s. m. pl. (gr. ἄκανθα; πτερύγιον, nageoire) T. Icht. Après avoir divisé la nombreuse classe des poissons en deux grandes séries, celle des *Poissons osseux* et celle des *Poissons cartilagineux*, Cuvier a donné le nom d'Ac. au premier ordre de ses poissons osseux. Les ac. ont la mâchoire supérieure complète, mobile, et les branchies en forme de peignes, caractères qui leur sont communs avec les *Malacoptérygiens*; mais chez ceux-ci tous les rayons des nageoires sont mous, excepté quelquefois le premier de la

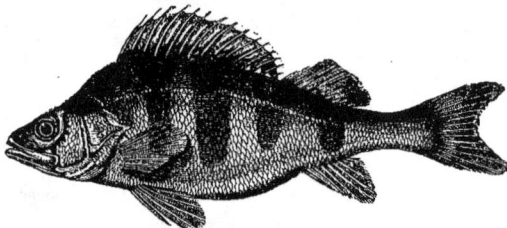

dorsale ou des pectorales, tandis que les ac. ont toujours la première portion de la dorsale, ou la première dorsale, quand il y en a deux, soutenue par des rayons épineux; en outre, dans les ac. l'anale a aussi quelques rayons épineux, et les ventrales en ont au moins chacune un. (Fig. *Perche commune*.) Les trois quarts des poissons connus appartiennent à cet ordre, qui, du reste, est tellement naturel qu'il est très difficile de le diviser en familles. — L'auteur du *Règne animal* admet dans cet ordre quinze familles; ce sont : les *Percoïdes*, les *Joues cuirassées*, les *Sciénoïdes*, les *Sparoïdes*, les *Ménides*, les *Squammipennes*, les *Scombéroïdes*, les *Tænioïdes*, les *Teuthyes*, les *Pharyngiens labyrinthiformes*, les *Mugiloïdes*, les *Gobioïdes*, les *Pectorales pédiculées*, les *Labroïdes* et les *Bouches en flûte* ou *Aulostomes*.

ACANTHURE. s. m. (gr. ἄκανθα; οὐρά, queue). T. Icht. Genre de poissons de la famille des Teuthyes.

ACARE ou **ACARUS.** s. m. (gr. ἄκαρι, ciron). T. Zool. Genre d'arachnides trachéennes, qui a donné son nom à la tribu des *Acarides* ou *Acariens*, et qui appartient à la famille des Holètres. Voy. ce mot.

Paléont. —ACARES FOSSILES — Ordre d'arachnides dont le corps est robuste, ramassé; le céphalothorax est soudé à l'abdomen; celui-ci n'est pas segmenté. Les pièces buccales sont généralement allongées en une trompe.

C'est dans le Tertiaire et principalement dans l'ambre que l'on rencontre ces arachnides. A une exception près, les types fossiles peuvent rentrer dans des genres vivant encore actuellement. Ainsi dans l'ambre et dans la marne d'Œningen, on a trouvé deux espèces d'*Acarus* (mite de la gale). L'ambre a fourni encore des *Oribates*, des *Nothrus*, des *Sejus*, des *Bdella* et des *Cheyletus*.

Parmi les *Ixodes* ou *Tiques*, nous citerons la découverte d'une espèce dans les couches tertiaires de Green-River (Wyoming) : *Ixodes tertiarius*.

Parmi les *Trombidiites* ou *Mites coureuses* on a rencontré dans l'ambre les genres suivants : *Trombidium*, *Rhyncholophus*, *Actineda*, *Erythræus*, *Tetranychus* et *Penthaleus*. Enfin dans l'ambre on a découvert un genre éteint : *Arytena* Voy. ARACHNIDES.

ACARIASIS. s. f. Nom scientifique de la gale et d'autres maladies analogues, causées par la présence d'acarus à l'intérieur de la peau.

ACARIÂTRE. adj. 2 g. (gr. à priv.; χάρις, grâce). Qui est d'une humeur fâcheuse, aigre et criarde. Existe-t-il plus de femmes que d'hommes acariâtres? Oui, sans doute, car dans la plupart des exemples cités, c'est à elles que ce qualificatif est appliqué. Il est vrai que ce sont les hommes qui écrivent les livres. Mais si c'étaient les femmes, les citations seraient-elles contraires?

ACARIDES, ACARIDIENS ou **ACARIENS.** s. m. pl. T. Zool. Tribu d'arachnides de la famille des *Holètres*. Voy. ce mot.

ACARNANIE, région de l'ancienne Grèce au sud de l'Albanie d'aujourd'hui.

ACATALEPSIE. s. f. (gr. à priv.; κατάληψις, compréhension). Chez les anciens, on donnait ce nom à la doctrine de quelques philosophes qui n'admettaient aucune certitude dans les connaissances humaines.

ACATALEPTIQUE. adj. 2 g. Se disait des partisans de la doctrine philosophique appelée *acatalepsie*, ainsi que de cette doctrine elle-même.

ACAULE (gr. à priv.; καυλὸς, tige). T. Bot. Se dit des plantes qui, ayant une tige très courte, paraissent ainsi dépourvues de cet organe.

ACCABLANT, TE. adj. Qui accable ou qui peut accabler. Se dit au prop. et au fig. *Fardeau ac. Reproche, témoignage ac. Nouvelle accablante.* || Importun, insupportable. *Homme ac. Visites accablantes.*

ACCABLEMENT. s. m. État d'une personne accablée. Se dit du physique et du moral. *Sa maladie l'a jeté dans un si grand ac. qu'il a peine à se soutenir.* || Excès, surcharge. *L'ac. du travail et des affaires ne lui laisse pas un instant de repos.* — Syn. Voy. ABATTEMENT.

ACCABLER. v. a. (anc. franç. *à; caabler*, renverser ; du bas lat. *cadabulum*, machine de guerre). Faire succomber sous le poids. *La citadelle sauta, et tous ceux qui s'y trouvaient furent accablés sous les ruines.* — Par anal., *Être accablé par le nombre des ennemis. Il a été accablé de coups.* — Par ext., sign., Surcharger. *Il portait un fardeau dont il était accablé.* || Fig. se dit de la plupart des choses considérées comme un poids qui accable. *Le travail, les affaires l'accablent. Se laisser ac. par le chagrin, la douleur.* — Ac. quelqu'un de reproches, d'injures, Lui faire de grands reproches, lui dire beaucoup d'injures. — *Ac. quelqu'un de biens, de grâces, de caresses, de louanges, de politesses,* Le combler de biens, etc. = s'ACCABLER. v. pron. *S'ac. de travail.* =: ACCABLÉ, ÉE.

Syn. — Opprimer, Oppresser. Le premier ne se prend qu'en mauvaise part; le second indique une action physique.

ACCADIEN, ENNE. s. m. Nom d'un peuple de Chaldée antérieur aux Babyloniens. Il cultivait déjà l'astronomie.

ACCALMIE. s. f. (R. calme). T. Mar. et Météor. Calme momentané au milieu d'une tempête.

Météor. — On nomme *Accalmie du centre* une région de calme qui existe toujours au centre d'un cyclone et dans laquelle le vent est faible et le ciel serein.

ACCAPAREMENT. s. m. Action d'accaparer. || Se dit aussi des choses accaparées.

Législ. — L'Ac. consiste à acheter une quantité considérable de marchandises quelconques, ou même la totalité de ces marchandises, avant leur arrivée sur le marché, afin d'en élever le prix d'une manière arbitraire en restreignant ou en supprimant complètement la concurrence. Il se dit surtout lorsqu'il s'agit de denrées de première nécessité. A une époque où l'industrie était peu développée, et où les voies de communication manquaient au commerce, les accaparements étaient possibles, et ils causaient alors de grands maux ; mais aujourd'hui toute crainte à ce sujet est chimérique, il n'est pas de spéculation ou de coalition de spéculateurs qui soit en état de faire éprouver, au moyen des accaparements, une hausse sensible et durable à une denrée telle que le blé, par ex. Cependant, les tentatives d'ac. peuvent jeter pendant un certain temps la perturbation dans le commerce, et quand arrive presque infailliblement la ruine des accapareurs, ceux-ci entraînent dans leur effondrement la fortune d'un ou plusieurs établissements de crédit et de nombreux particuliers. C'est ce qui est arrivé notamment en 1890, lors de la célèbre faillite de la Société des Métaux qui avait voulu accaparer les cuivres du monde entier, mais qui n'a pas pu trouver de débouchés assez rapides à ses marchandises pour exécuter les contrats qu'elle avait passés avec les propriétaires des mines. Cette faillite, qui entraîna celle du Comptoir d'Escompte de Paris, est l'un des plus grands désastres financiers de l'époque actuelle.

En rendant le commerce et l'industrie libres, l'Assemblée constituante comprit qu'elle devait abolir les anciennes lois contre les accaparements : c'est ce qu'elle fit, en effet. La législation qui nous régit ne condamne pas le fait simple d'accaparement, tel que nous venons de le définir. Elle prévoit seulement (art. 419, C. p.) le cas de manœuvres frauduleuses ou de coalition pour opérer une hausse factice. Les coupables sont punis d'un mois au moins, d'un an au plus de prison, et d'une amende de 500 à 10,000 fr. L'art. 420 double la peine, quand il s'agit de denrées de première nécessité.

ACCAPARER. v. a. (lat. *capere*, prendre). Acheter une quantité considérable de marchandises, dans le but d'en faire hausser le prix en se rendant maître du marché. *Ac. les sucres, les cuivres* etc. || Par ext., prendre pour soi, exclusivement, un genre de littérature, une science, un art. || Captiver une personne. || Fig. et fam., *Ac. les voix, les suffrages,* Se les assurer par des sollicitations, par la brigue.

ACCAPAREUR, EUSE. s. m. Celui ou celle qui accapare. *C'est un ac., une accapareuse.* || Fig. et fam., Qui s'empare de; qui tourne à son usage exclusif. *Ac. de la faveur publique.*

ACCASTILLAGE. s. m. T. Mar. Toute la partie d'un vaisseau qui est en dehors de l'eau.

ACCASTILLER. v. a. (esp. *castillo*, château) T. Mar. Munir un vaisseau de ses gaillards d'avant et d'arrière.

ACCÉDER. v. n. (lat. *ad*, vers; *cedere*, marcher). Entrer dans les engagements déjà contractés par d'autres. *Les cours du Nord ont accédé à ce traité.* || Acquiescer. *J'accède à votre proposition.*
Syn. — *Acquiescer, Adhérer, Consentir, Souscrire.* Voy. ACQUIESCER.

ACCÉLÉRATEUR, TRICE. adj. Qui accélère. *Muscle ac. Force accélératrice.* T. Méc. Force qui, agissant sur un mobile, modifie son mouvement et produit son *accélération.*

ACCÉLÉRATION. s. f. Accroissement de vitesse. || Fig., Prompte exécution, prompte expédition des travaux, des affaires. *L'ac. des travaux exige un plus grand nombre d'ouvriers.* || T. Ast. *Ac. de la lune, des planètes.* Voy. ces mots. *Ac. des étoiles.* Voy. JOUR.

Méc. — Si un mobile se meut sur une ligne droite d'un mouvement varié, sa vitesse varie à chaque instant. On appelle *accélération totale* du mobile pendant le temps qui s'écoule de l'instant t' à l'instant t la différence positive ou négative $v' - v$ des vitesses au temps t' et au temps t. L'accélération *moyenne* est le quotient de l'accélération totale par le temps : $\frac{v'-v}{t'-t}$. Si l'on considère des intervalles de temps de plus en plus courts à partir du temps t, les deux instants t' et t se rapprochent de plus en plus, v' se rapprochera aussi de 0, et les deux termes du rapport $\frac{v'-v}{t'-t}$ tendront l'un et l'autre vers 0; mais leur rapport tendra vers une limite déterminée qu'on appelle *l'accélération au temps t*. Ainsi, l'accélération d'un mobile en mouvement rectiligne est la limite vers laquelle tend le rapport de l'accroissement de la vitesse à l'accroissement correspondant du temps lorsque l'accroissement du temps tend vers 0. On reconnaît à cette définition que l'accélération est la dérivée de la vitesse par rapport au temps. Comme la vitesse est déjà la dérivée de l'espace par rapport au temps, il en résulte que l'accélération est la dérivée seconde de l'espace.

Dans le mouvement curviligne, l'accélération se définit par les considérations suivantes. Portons à partir d'un point fixe M des droites M V et M V' respectivement égales et parallèles aux vitesses du mobile aux temps t et t'. La vitesse au temps t', M V' (Voy. fig.) peut être considérée comme la résultante de la vitesse au temps t, M V, et d'une vitesse additionnelle V V' (Voy. MOUVEMENT, COMPOSITION DE MOUVEMENT) qui peut être considérée comme la variation de la vitesse pendant le temps $t'-t$. On lui a donné le nom d'*accélération totale.*

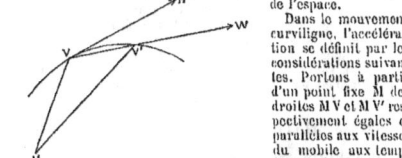

Prenons sur V V' une longueur VW égale au quotient $\frac{VV'}{t'-t}$; la droite VW représentera, en grandeur et direction, ce qu'on a appelé l'*accélération moyenne.* Enfin, supposons qu'on considère des intervalles de temps de plus en plus courts à partir du temps t. La droite VW tendra vers une position limite VH. Cette droite limite VH représente en grandeur et direction l'accélération au temps t. Si l'on considère le point V comme un mobile, la définition que nous venons de donner de l'accélération est identique à celle de la vitesse du point V. Donc l'accélération dans le mouvement curviligne est la vitesse de l'extrémité de la droite qui représente la vitesse du mobile, celle-ci étant toujours portée à partir d'un point fixe.

Lorsque le mouvement est rectiligne et l'accélération invariable, la vitesse s'accroît de quantités égales pendant des temps égaux, et le mouvement est dit *uniformément accéléré*; il peut se faire que l'accélération soit négative; alors la vitesse diminue de quantités égales pendant des temps égaux, et le mouvement est *uniformément retardé.* Dans tous les deux cas, le mouvement est *uniformément varié.* Voy. MOUVEMENT. Le cas du mouvement uniformément varié est celui d'un point matériel soumis à une force constante de grandeur et de direction. En particulier, c'est le cas des corps qui tombent librement dans le vide. Voy. CHUTE DES CORPS. L'im-

portance de l'accélération en mécanique tient à ce que la force qui agit sur un mobile est proportionnelle à l'accélération de ce mobile, et dirigée suivant la même droite. Voy. FORCE, MÉCANIQUE.
Accélération normale, tangentielle. — Projection de l'accélération sur la normale ou la tangente à la trajectoire.
Accélération centripète. — C'est l'accélération normale.
Accélération angulaire. — Dans le mouvement de rotation autour d'un axe, l'accélération angulaire se définit à l'aide de la vitesse angulaire, de la même manière que l'accélération ordinaire se définit à l'aide de la vitesse dans le mouvement rectiligne. C'est la dérivée de la vitesse angulaire par rapport au temps, ou la dérivée seconde de l'angle de rotation.
Accélération de la pesanteur. — Voy. CHUTE DES CORPS, PESANTEUR.

ACCÉLÉRER. v. a. (lat. *ad*, vers; *celerare*, hâter). Hâter, accroître la vitesse, presser. *Ac. la marche d'une armée. Ac. la décision d'une affaire.* — s'ACCÉLÉRER. v. pron. *La vitesse s'accélère par la diminution du frottement.* — ACCÉLÉRÉ, ÉE. part. Pas ac. Roulage ac.
Syn. — *Hâter, Presser, Précipiter, Expédier, Dépêcher.* — *Ac.* signifie augmenter la vitesse; il se dit surtout au prop. dans ce sens; au fig., il comporte encore l'idée de faire cesser tout retard dans l'exécution d'une chose. Le verbe *hâter* entraîne toujours avec l'idée d'accélération celle de précipitation. *Ces événements ont hâté sa ruine; les pluies ont hâté la végétation. Précipiter*, marque une exécution subite et désordonnée : *L'ennemi précipite sa retraite. Presser* ajoute à l'idée d'augmentation de vitesse, celle d'obsession, d'accablement : *Le temps nous presse, hâtons-nous; presser le pas des coursiers. Dépêcher* indique simplement la promptitude d'exécution d'un travail où l'on n'apporte pas tous ses soins. *Expédier*, à la lettre, c'est se débarrasser de travaux urgents ou en retard.

ACCENSES. s. m. p. (lat. *accire*, convoquer). Officiers publics, à Rome, qui avertissaient le peuple de s'assembler, introduisaient à l'audience du préteur, et marchaient devant le consul lorsqu'il n'avait pas de faisceaux. Les *Ac.* exerçaient des fonctions analogues à celles que les huissiers exercent de nos jours.

ACCENT. s. m. (lat. *accentus*, de *ad* et *cantus*, chant). Se dit des diverses modifications imprimées à la voix humaine dans la parole ou dans le chant. || Se prend quelquefois pour le langage lui-même. *L'ac. de la conviction. Les accents de la joie, de la douleur.* || Signe graphique dont les voyelles sont quelquefois affectées. || Manière défectueuse de prononcer les mots d'une langue.

Il y a quatre choses à considérer dans les sons que produit la voix humaine : l'*intonation*, la *durée*, l'*intensité* et le *timbre*. — La voix s'élève ou s'abaisse suivant les mouvements qui affectent l'âme. Un observateur du XVIIe siècle, le P. Mersenne, a remarqué que le ton de la colère monte souvent d'une octave entière ou davantage tout d'un coup. Cet ac. est, à proprement parler, l'*ac. tonique*; mais dans le langage ordinaire la voix ne parcourt une aussi grande étendue. Beaucoup d'hommes n'élèvent pas d'un demi-ton la syllabe accentuée; d'autres s'élèvent de plus d'un demi-ton : alors la parole devient chantante. Dans le cas contraire, quand toutes les syllabes ont la même élévation, elle devient monotone. Dans certaines langues, surtout dans celles des peuples méridionaux, l'*ac. tonique* est très prononcé. — Dans les langues anciennes, l'ac. et la quantité ou la longueur des voyelles et des syllabes sont deux choses tout à fait différentes. En français, l'ac. coïncide presque toujours avec la quantité; mais l'un et l'autre sont si peu marqués qu'il est impossible d'employer avec succès le rythme des syllabes longues et brèves : aussi la mesure des vers, dans notre versification, est-elle fondée sur le nombre des syllabes. Les grammairiens donnent le nom d'*ac. prosodique* aux modifications de ton et de durée qu'éprouvent certaines syllabes des mots de chaque langue. — Mais il ne suffit pas dans le discours de se conformer aux règles prosodiques concernant la prononciation particulière des mots de la langue parlée : il faut encore nuancer les différents termes d'une phrase selon l'importance relative des idées qu'ils expriment; c'est ce qu'on fait en modifiant diversement le ton, l'intensité et la durée des sons. Dans les phrases interrogatives et affirmatives, par ex., l'ac. est toujours sur le mot principal. C'est ce que l'on nomme *ac. logique* ou *oratoire.* — L'*ac. emphatique* n'est autre chose que l'ac. logique un peu exagéré, afin de faire mieux ressortir l'importance de telle ou telle partie de la phrase. — Il arrive souvent que dans le discours, ou même dans la simple conversation, une émotion plus ou moins vive s'empare de l'âme de celui qui parle. Alors la voix parcourt une échelle de tons plus étendue, la parole tantôt se précipite et tantôt se ralentit; enfin les sons se trouvent affectés dans leur timbre. L'altération du timbre est le phénomène qui frappe le plus l'oreille de l'auditeur. C'est à la réunion de ces modifications de la voix qu'on a donné le nom d'*ac. pathétique*. « C'est l'accent seul qui persuade, » a dit avec raison de l'*ac*. E. de Girardin.

Dans un vaste pays où l'on parle partout la même langue, comme en France, la prononciation présente dans les diverses provinces des variations assez notables : tantôt ces altérations portent principalement sur l'intonation, tantôt elles portent davantage sur le temps qu'on met à prononcer certaines syllabes. C'est ainsi qu'on distingue chez nous les accents *gascon*, *provençal*, *picard*, *normand*, *lorrain*, etc. Cet ac., auquel on donne le nom d'*ac. des dialectes*, d'*ac. provincial*, est en général physionomique, car il peint assez fidèlement le caractère vif ou lent des populations. Aussi les habitants des capitales et les personnes qui se piquent de manières polies évitent-elles avec soin toute accentuation trop prononcée; c'est ce qu'on appelle *n'avoir pas d'ac*.

L'*ac. grammatical* n'est qu'un simple signe orthographique que l'on place sur une voyelle, tantôt pour indiquer une modification dans le son de cette lettre, soit sous le rapport du ton, soit sous celui de la durée, tantôt pour faire distinguer le sens d'un mot d'avec celui d'un autre mot qui s'écrit de même, tantôt enfin pour remplacer une lettre supprimée. — On reconnaît dans notre langue trois sortes d'accents : l'*ac. aigu* ('), l'*ac. grave* (`) et l'*ac. circonflexe* (^) qui est la réunion des deux précédents. — L'*ac. aigu* ne se place jamais que sur la voyelle É, et indique qu'elle doit se prononcer comme dans le mot *bonté*. On l'emploie quelquefois par euphonie dans certaines inversions, telles que *aimé-je?* au lieu de *aime-je?* — L'*ac. grave* remplit généralement deux fonctions : il sert à distinguer *là* adverbe d'avec *la* article ou pronom, *où* adverbe d'avec *ou* conjonction, etc. D'autres fois il indique que la lettre qu'il affecte doit se prononcer d'une façon particulière. L'E, par ex., lorsqu'il est surmonté d'un ac. grave, acquiert un son différent de celui qu'il a ordinairement : ainsi le mot *accès* ne se prononce pas comme le mot *bonté*. — L'*ac. circonflexe* enfin est le seul qui joue les trois rôles que nous avons assignés aux accents grammaticaux. Dans le mot *âme*, il avertit que le son de l'A n'est pas le même que dans *amour* Il empêche de confondre *crû* participe passé du verbe *croître* d'avec *cru* participe passé du verbe *croire*. Mais en général il sert à rappeler qu'il y a eu suppression d'une lettre (le plus souvent un *s*) dans le mot où il se trouve. Ainsi, on écrit aujourd'hui *âge*, *vêpres*, *nôtre*, *mûr*, qu'on écrivait autrefois *auge*, *vespres*, *nostre*, *meur*. Dans ce dernier mot que nous venons de citer, il sert en outre à distinguer *mûr* adjectif de *mur* substantif. Voy. le mot VOYELLE ainsi que chacune des voyelles.

En T. de Mus., on nomme *Ac*. des signes qui servent à indiquer au chanteur ou à l'instrumentiste qu'il faut donner une expression particulière de force ou de douceur à une note isolée ou à un passage. Le signe < veut dire qu'il faut augmenter graduellement l'intensité du son, le signe inverse >, qu'il faut la diminuer progressivement. Pour indiquer les diverses nuances d'expression, on emploie, en outre, un grand nombre de termes empruntés pour la plupart à la langue italienne; ils sont énumérés au mot MUSIQUE.

ACCENTUATION. s. f. Manière d'accentuer.

ACCENTUER. v. a. Marquer de l'un des signes que l'on nomme accents. *Vous oubliez toujours d'accentuer vos voyelles* || Imprimer aux sons de la voix humaine les diverses modifications connues sous le nom d'accents. *Accentuez autrement ce vers.* || Se dit abs. dans les deux acceptions. = s'ACCENTUER. v. pron. S'emploie dans les deux sens. = ACCENTUÉ, ÉE. part.

ACCEPTABLE. adj. 2 g. Qui peut, qui doit être accepté.

ACCEPTATION. s. f. Action d'accepter. || T. Com. Acte par lequel quelqu'un s'engage à payer une *lettre de change* tirée sur lui. Voy. LETTRE DE CHANGE.

ACCEPTER. v. a. (lat. *acceptare*). Recevoir volontairement ce qui est proposé, offert, donné. *J'accepte vos conditions. Ac. une trêve, un défi, un combat. Ac. une déco-*

ration. — S'emploie absol. *On lui a offert le ministère, on ne sait s'il acceptera.* || Se résigner à ce qui est inévitable. *Ac. les décrets de la Providence.* || *J'en accepte l'augure.* Je souhaite que cela arrive comme on me le fait espérer. || T. Com. *Ac. une lettre de change.* Voy. CHANGE (Lettre de). = ACCEPTÉ, ÉE. part.

Syn. — *Recevoir.* — Nous *acceptons* ce qu'on nous offre, ce qu'on nous propose; — nous *recevons* ce qu'on nous donne, ce qu'on nous envoie. On *accepte* des services; on *reçoit* des grâces. *Ac.* semble marquer un consentement; *recevoir* exclut simplement le refus.

ACCEPTEUR. s. m. T. Com. Celui qui accepte une lettre de change.

ACCEPTILATION. s. f. T. Droit rom. Acte par lequel un créancier décharge un débiteur sans avoir reçu de payement.

ACCEPTION. s. f. (lat. *acceptio*; de *accipere*, recevoir). Signification, sens dans lequel un mot est usité. *Ac. propre. Ac. figurée. Ce mot a plusieurs acceptions.* || *Dieu et la justice ne font ac. de personne*, Dieu et la justice ont la même règle pour tous, n'ont de préférence pour personne.

ACCÈS. s. m. (lat. *ad*, vers; *cedere*, marcher). Entrée, abord, approche. *Place, île, côte de facile ac. La place n'est pas fortifiée, mais l'ac. en est facile.* || Par anal., se dit des personnes. *Homme de facile, de difficile ac. Avoir un libre ac. auprès de quelqu'un*, C'est avoir la facilité de lui parler, de l'entretenir || Fig., Mouvement intérieur et passager en conséquence duquel on agit autrement que dans son état habituel. *Ac. de dévotion, de colère. Cet avare a quelquefois des ac. de libéralité.* || T. Droit can. Voy. CONCLAVE.

Pathol. — Le mot *Ac.* est employé dans des acceptions un peu différentes. La réapparition des symptômes épileptiques, par ex., constitue pour certains auteurs un *ac.* d'épilepsie; le *paroxysme* de certaines affections a également reçu le nom d'*ac.*; mais ce langage manque de rigueur : on a confondu le *paroxysme* et l'*attaque* avec l'*ac.* Le premier de ces termes doit s'appliquer exclusivement à l'exacerbation des symptômes d'une maladie continue; le second, à la brusque apparition d'une affection qui, sans se reproduire à des époques déterminées, offre cependant des retours plus ou moins éloignés, comme la goutte ou l'épilepsie; alors on réserverait le mot *ac.* pour désigner l'ensemble des phénomènes d'une maladie qui surviennent et cessent périodiquement, comme on l'observe dans les fièvres intermittentes et dans certaines névralgies.

ACCESSIBILITÉ. s. f. Qualité de ce qui est accessible.

ACCESSIBLE. adj. 2 g. Qui peut être abordé, dont on peut approcher. Se dit des lieux et des personnes. || Fig, *Ame ac. à l'amour, à l'intérêt.*

ACCESSION. s. f. (lat. *accessio*, même sens). Action par laquelle on adhère à une chose, à un acte, à un contrat quelconque. || T. Dr. publ. Adhésion d'une puissance à un engagement déjà contracté par d'autres puissances. Les accessions sont obligatoires à l'égal des traités eux-mêmes.

Droit. — En Dr. civ., l'*Ac.* est l'extension que reçoit une chose par l'union d'un autre objet. L'objet, qu'on appelle *accessoire*, appartient au propriétaire du principal, c.-à-d. de la chose à laquelle il est uni par droit d'*accession*. Ce droit est basé sur le principe que l'accessoire suit toujours le principal. — La loi française a fait de l'ac. un moyen d'acquérir la propriété; et elle a posé en principe (C. civ., art. 546 et suiv.) que la propriété d'une chose, soit mobilière, soit immobilière, donne droit sur tout ce qu'elle produit, et sur ce qui s'y unit accessoirement, soit naturellement, soit artificiellement. Ainsi, les fruits naturels ou industriels de la terre, les fruits civils, le croît des animaux, appartiennent au propriétaire, par droit d'ac. Il en est de même de tout ce qui s'unit et s'incorpore à la chose. Ainsi, les arbres qu'on plante sur un terrain, les constructions qu'on y fait, les atterrissements insensibles qui s'y opèrent, appartiennent au propriétaire du sol. Lorsqu'il s'agit de deux choses mobilières appartenant à deux maîtres différents, l'ac. est entièrement subordonnée aux principes de l'équité naturelle. Cependant, la loi établit quelques règles qui doivent servir de guide aux juges, dans les cas qu'elle n'a pas prévus. Voy. C. civ., art. 565 et suiv. — On donne quelquefois le nom d'*accessions* aux choses mêmes sur lesquelles ce droit est exercé.

ACCESSIT. s. m. [on pron. le **T.**] (lat. *accessit*, il a approché). S'emploie dans les collèges et dans les académies, pour désigner une mention honorable accordée à celui qui approche du prix. *Il a eu un prix et trois accessits.* || Doit prendre la marque du pluriel, puisqu'il est devenu mot français.

ACCESSOIRE. adj. 2 g. (lat. *accedere*, s'adjoindre). Ce qui accompagne une chose, ce qui est sous sa dépendance, mais sans y être lié nécessairement. *Une idée ac. Une clause ac.* = ACCESSOIRE. s. m. Même sign. que l'adj. *L'ac. suit le principal.* || T. B.-Arts. Parties qui ne sont pas essentielles à la composition. *Il n'est pas prudent de négliger les accessoires dans un tableau.* || Au théâtre, on nomme *Accessoires*, les objets dont on a besoin pour la représentation, comme un poignard, un service de table. || Les anatomistes donnent le nom d'*Accessoires* à certaines parties unies à d'autres qui leur paraissent plus importantes. *Artères, glandes, muscles, nerfs accessoires.*

ACCESSOIREMENT. adv. D'une manière accessoire; par suite.

ACCIACATURE. s. f. T. Mus. Espèce d'agrément dans la musique expérimentale. Voy. APPOGGIATURE.

ACCIDENCE. s. f. T. Philos. Qualité, état, possibilité d'être de l'accident.

ACCIDENT. s. m. (lat. *ad*, vers; *cadere*, tomber). Cas fortuit, ce qui arrive par hasard. Sign. toujours évènement malheureux, à moins qu'il ne soit autrement qualifié. *La convalescence sera prompte, à moins d'ac. S'exposer à un ac. C'est un ac. favorable.* || *Accident de terrain*, Élévation ou dépression de terrain qui modifie la perspective et lui donne quelque chose d'imprévu. — S'emploie quelquefois comme synonyme d'obstacle. = PAR ACCIDENT. loc. adv. Par cas fortuit, par hasard. *Il s'est trouvé là par ac.*

Syn. — *Évènement, Aventure.* — *Évènement* se dit de tout ce qui arrive dans le monde, que le fait soit prévu ou imprévu. *Aventure* ne s'emploie qu'en parlant des évènements fortuits qui arrivent à une personne. *Ac.* exprime toujours qu'une chose est arrivée par hasard : il se dit principalement des évènements d'une importance secondaire.

Log. — L'accident est une qualité qui n'appartient pas nécessairement au sujet. Un homme est *natif de Paris.* Cette qualité constitue un accident, parce qu'elle n'appartient pas à tous les hommes.

Mus. — On nomme *Accidents* ou *Signes accidentels*, les dièzes, bémols ou bécarres qui, n'étant point placés à la clef,

se rencontrent dans le cours d'un morceau. Ainsi, dans cette phrase de Bellini, le dièze qui affecte le *fa* est un accident.

Persp. et Peint. — Lorsque les nuages interposés entre le soleil et la terre produisent sur celle-ci des ombres qui l'obscurcissent par espace, l'effet de la lumière du soleil sur les parties éclairées s'appelle *Ac. de lumière*. On donne aussi ce nom à l'effet produit par les rayons lumineux qui pénétrent d'une porte, d'une fenêtre, ou émanent d'un flambeau, quand ils ne sont pas la lumière principale qui éclaire la scène ou le tableau.

Législ. — Depuis la loi du 11-15 juillet 1868, il existe à la Caisse des Dépôts et Consignations, sous la garantie de l'État, une *caisse d'assurance en cas d'accidents*, ayant pour objet de servir des pensions viagères aux personnes assurées qui, dans l'exécution de travaux agricoles ou industriels, ont été atteintes de blessures entraînant une incapacité permanente de travail, et de donner des secours aux veuves et aux enfants mineurs des personnes assurées qui ont péri par suite d'accidents survenus dans l'exécution desdits travaux.

La participation à l'assurance est acquise moyennant le versement de primes uniques ou de primes annuelles. Voy. ASSURANCES.

ACCIDENTÉ, ÉE. adj. Se dit d'un terrain inégal, qui offre des aspects variés. *Ce pays n'est pas ac.*

ACCIDENTEL, ELLE. adj. Ce qui n'est dans un sujet que par accident, et qui pourrait n'y être pas. *La blancheur est accidentelle au marbre.* || Ce qui arrive par cas fortuit. *Cette circonstance est purement accidentelle.* || T. Mus. *Lignes accidentelles.* V. NOTATION. — *Signes accidentels.* Voy. ACCIDENT. || T. Perspect. *Point ac.* Voy. PERSPECTIVE.

ACCIDENTELLEMENT. adv. Par accident, par hasard. || En Phil., se dit par oppos. à *Essentiellement*.

Syn. — *Fortuitement, Inopinément.* — Ces trois adverbes expriment qu'une chose est arrivée par hasard. *Fortuitement* se prend dans un sens favorable ou indifférent, et *ac.* dans un sens fâcheux, toutes les fois qu'il n'y a rien dans la phrase qui oblige à les interpréter autrement. *Inopinément* se dit de ce qui n'a pas été prévu, et s'emploie surtout en parlant des personnes : *Il est arrivé chez moi inopinément.*

ACCIPITRIN, INE. adj. (lat. *accipiter*, épervier). T. Zool., Qui a des rapports avec un oiseau de proie.

ACCISE ou **EXCISE.** s. f. T. Fin. Impôt correspondant à l'étranger à nos contributions indirectes.

ACCIUS ou **ATTIUS**, un des plus anciens poètes tragiques de Rome, né vers 180 av. J.-C., dont il ne reste que des fragments.

ACCLAMATEUR. s. m. Celui qui acclame.

ACCLAMATION. s. f. Cris d'enthousiasme en faveur de quelqu'un ou de quelque chose, poussés par un certain plus ou moins grand nombre de personnes. *A son arrivée, il se fit une ac. générale Il fut reçu avec de grandes acclamations.* = PAR ACCLAMATION. loc. adv. Élire par ac., voter par ac., c'est élire une personne en votant tous de tout d'une voix et sans aller au scrutin. *L'histoire ne cite qu'un seul pape qui ait été élu par ac. En Angleterre on voit souvent des membres des Communes élus par ac.* Ce cas se présente lorsqu'il n'y a pas de candidat opposant pour demander le scrutin.

ACCLAMER. v. a. (lat. *ad*, vers; *clamare*, crier). Pousser des acclamations, élire par acclamation.

ACCLAMPER. v. a. T. Mar. Fortifier un mât, une vergue, en y attachant des pièces de bois.

ACCLIMATATION. s. f. Action d'acclimater. Voy. ACCLIMATEMENT

Il existe à Paris une Société d'Acclimatation qui a pour objet l'acclimatation des espèces animales et végétales exotiques qui pourraient présenter quelque utilité. Cette société livre à ses membres des lots de plantes ou d'animaux qu'ils s'engagent à soigner; les produits sont partagés par moitié entre les éleveurs et la société. Le Jardin d'Acclimatation du Bois de Boulogne à Paris a été créé avec le concours de la Société d'Acclimatation; mais il est aujourd'hui complètement indépendant. La société ne vend aucun produit, tandis que le jardin est un établissement commercial qui vend et achète toutes sortes d'animaux et de plantes. Parmi les espèces animales récemment acclimatées en France, nous citerons de nouvelles espèces de cerfs et de chèvres, le porc siamois, les autruches (en Algérie), le saumon de Californie, le ver à soie de l'ailante ou vernis du Japon, le yanamaï ou ver à soie du chêne, et, parmi les végétaux, l'eucalyptus, arbre précieux par ses qualités sanitaires et dont le bois peut être utilisé en ébénisterie, moyennant certaines précautions lors de l'abatage.

ACCLIMATEMENT. s. m. (gr. κλίμα, climat). Résultat de l'acclimatation. État des espèces et des individus qui sont acclimatés.

Hist. nat. — On appelle *Ac.* l'état d'un organisme dont les fonctions se sont mises en harmonie avec un milieu autre que celui où est né cet organisme. Ce terme s'emploie également pour exprimer l'action d'acclimater. L'ac., tel que nous venons de le définir, s'applique aux animaux et aux végétaux. Ces derniers, dépourvus de la faculté de locomotion, obligés de puiser leurs éléments nutritifs dans le sol où la nature les a placés et accoutumés à certaines influences météorologiques, doivent, *à priori*, être plus profondément modifiés que les animaux, lorsqu'on les transporte dans un lieu où ils trouvent un autre sol et d'autres conditions atmosphériques.

Certaines plantes peuvent s'acclimater à la vie terrestre,

marine ou d'eau douce, peuvent être transplantées d'un pays chaud dans un pays tempéré sans périr; mais elles subissent quelquefois des modifications.

Il en est de même pour les animaux. Les lapins n'existaient pas autrefois à la Nouvelle-Zélande, on les y a introduits, et ils s'y sont si bien acclimatés qu'ils y ont pullulé et y sont même devenus un véritable fléau.

Souvent des animaux transportés sous d'autres latitudes se modifient complétement et naturellement, c'est-à-dire malgré les efforts que fait l'homme, s'il s'agit d'animaux domestiques, pour conserver les caractères primitifs de la race.

Il serait trop long d'énumérer ici tous les individus tant du règne animal que du règne végétal qui ont été naturalisés en Europe par les soins de l'homme, soit pour son utilité, soit pour son agrément. Tout le monde, par exemple, sait qu'elles modifications avantageuses a éprouvées la *pomme de terre* quand elle a été transporté du Chili en Europe. Voy. SOLANÉES.

Quant aux acclimatements spontanés, c'est-à-dire à ceux qui ne sont pas dus à l'industrie de l'homme, et qui même quelquefois se sont opérés malgré lui, nous citerons par exemple, dans le règne végétal, celui de l'*Agave américaine* (Voy. AMARYLLIDÉES), et dans le règne animal, celui du *Surmulot*. Voy. RAT.

L'homme lui-même, bien qu'il paraisse destiné à vivre sous toutes les latitudes, et qu'il ait plus que tous les autres animaux la faculté de se plier à toutes les influences atmosphériques, l'homme ne change jamais de climat sans courir des dangers dont la gravité est en raison de la différence qui existe entre le pays qu'il quitte et celui qu'il vient habiter.

Lorsqu'il se transporte d'un climat chaud dans un climat froid, les modifications que l'homme subit dépendent presque toutes du changement qui s'opère dans les fonctions respiratoires. A chaque inspiration, une plus grande quantité d'oxygène, sous un même volume d'air atmosphérique, pénétrant dans le poumon, détermine un surcroît d'activité de cet organe; et, par suite, l'activité de l'assimilation et celle de la nutrition doivent augmenter proportionnellement. Des phénomènes inverses se produisent quand on passe d'un pays froid à un pays chaud; il est nécessaire de modifier en conséquence le régime alimentaire. Les maladies du foie et ces affections gastro-intestinales si intenses inconnues dans nos climats, résultent ordinairement de ce que les Européens qui vont habiter ces régions tropicales veulent conserver leurs habitudes, et ne rien changer à leur genre de vie; souvent même, dès qu'ils voient leurs fonctions digestives s'affaiblir, ils ont recours aux nombreux excitants que leur fournissent les pays chauds, et aggravent ainsi leur position. Voy. ALIMENT et RESPIRATION.

Il serait superflu de parler ici des précautions que nécessitent l'état de la température et ses variations qui sont souvent extrêmement considérables, principalement sur les côtes. La science n'a rien à dire à ce sujet qui ne soit connu de tout le monde.

ACCLIMATER. v. a. Accoutumer un animal ou une plante à un climat autre que son climat natal. = s'ACCLIMATER v. pron. Se faire à un nouveau climat = ACCLIMATÉ, ÉE. part.

ACCLINÉ, ÉE (lat. *ad* et *clinis*, penché). adj. T. Hist. nat. Se dit d'une partie qui en recouvre une autre.

ACCOINÇON. s. m. Partie de charpente qu'on ajoute à un toit pour l'égaliser.

ACCOINTANCE. s. f. Habitude, commerce, familiarité. *Je ne veux point d'ac. avec lui.*

ACCOINTER (S'). v. pron. (lat. *cognitus*, connu). Se lier intimement, se familiariser avec quelqu'un. Se prend souvent en mauvaise part, surtout lorsqu'il s'agit de relations entre personnes de sexe différent. = ACCOINTÉ, ÉE. part.

ACCOLADE. s. f. Embrassement. *Il fut reçu avec de grandes accolades.* || L'ac. était une des principales cérémonies anciennement observées dans la réception d'un chevalier Celui qui armait le nouveau chevalier lui donnait trois coups du plat de l'épée sur l'épaule ou sur le cou, et l'embrassait en signe d'amitié fraternelle. C'est ce qu'on appelait *Donner* et *Recevoir l'ac.* || T. Cuisine. *Ac. de lapereaux*, Deux lapereaux servis ensemble. || On nomme *Ac.* le signe représenté ici, dont on se sert dans l'écriture et en typographie pour joindre plusieurs articles en un seul, ou pour former des groupes d'objets.

ACCOLADER. v. a. T. d'imprimerie et de commerce. Réunir plusieurs lignes par une accolade.

ACCOLAGE. s. m. T. Vitic. Opération qui consiste à fixer aux échalas ou contre un mur les sarments de la vigne ou les branches des arbres fruitiers plantés en espalier.

ACCOLEMENT. s. m. Action d'accoler. || T. Archit. Espace de terrain entre les fossés d'un chemin et les bordures du pavé.

ACCOLER. v. a. (lat. *ad*, vers; *collum*, cou). Jeter les bras au cou de quelqu'un en signe d'affection. || *Ac. la cuisse, ac. la botte à quelqu'un*, Lui embrasser la cuiss', la botte, ce qui était une marque de grande soumission et d'infériorité. || Fig. Faire figurer ensemble, mettre à côté l'une de l'autre deux personnes, deux noms, deux choses ou un plus grand nombre. *Vous accolez là des choses bien dissemblables. Je vous prie de ne plus m'ac. avec de pareilles gens dans vos discours.* || *Ac. deux ou plusieurs articles* dans un compte, les réunir par une accolade. || T. Archit. Tortiller ou entrelacer quelques branches de feuillage ou d'ornement autour du fût d'une colonne, du tronc d'un arbre. || T. Charpent. Joindre ensemble plusieurs pièces de bois pour les fortifier les unes par les autres. || T. Hort. *Ac. les espaliers.* Attacher aux treillages les branches des espaliers pour donner de la grâce à l'arbre et procurer de l'air aux fruits. — *Ac. la vigne*, La relever, l'attacher, la fixer à un mur ou à des échalas. = s'ACCOLER. v. pron. S'embrasser mutuellement. *Ils s'accolèrent avec grande amitié.* || S'attacher à un appui. *Le lierre s'accole à tout ce qu'il rencontre.* = ACCOLÉ, ÉE. part. || S'emploie adj. et se dit, en T. de Blas., de deux choses attenantes et jointes ensemble.

ACCOLURE. s. f. Lien pour accoler la vigne. || Assemblage d s premières bûches d'un train à flotter. || Ligature dans la reliure d'un livre.

ACCOMBANT, ANTE (lat. *accumbere*, être couché auprès). T. Bot. Se dit d'une partie qui est couchée sur le bord d'une autre.

ACCOMMODABLE. adj. 2 g. Qui se peut accommoder. Ne se dit guère qu'en matière de différend et de querelle. *Cette affaire n'est pas ac.*

ACCOMMODAGE. s. m. Apprêt des mets, des viandes. *Il faut tant pour l'ac. des viandes.* || Arrangement des cheveux d'une tête ou d'une perruque. Vx.

ACCOMMODANT, ANTE. adj. Qui est d'un commerce aisé, facile en affaires. *Homme ac. Caractère ac. Humeur accommodante.*

ACCOMMODATION. s. f. Action d'accommoder ou de s'accommoder.

Physiol. — L'accommodation de l'œil est la faculté que possède c l organe de faire varier la courbure du cristallin, de manière que l'image de l'objet observé vienne toujours se produire sur la rétine. Il faut, pour qu'il en soit ainsi, que le cristallin s'aplatisse quand l'objet s'éloigne et s'épaississe quand celui-ci se rapproche. C'est le *muscle ciliaire* qui produit ces déformations du cristallin. Voy. LENTILLE, ŒIL.

ACCOMMODEMENT. s. m. (lat. *commodum*, avantage). Arrangement que l'on fait pour sa commodité. *Sans les accommodements que j'ai faits, ma maison n'était pas habitable.* || Arrangement à l'amiable d'un différend, d'une querelle. *Un méchant ac. vaut mieux que le meilleur procès.*

Il est avec le ciel des accommodements.

C'est là un vers accommodé d'une citation du *Tartufe* de Molière :

Le ciel défend, de vrai, certains contentements,
Mais on trouve avec lui des accommodements.

ACCOMMODER. v. a. Donner, procurer de la commodité. *Cette pièce de terre l'accommoderait bien.* || Arranger, rendre une chose plus propre à l'usage auquel elle est destinée, ou à l'effet qu'elle doit produire. *Ac. sa maison, son cabinet, son jardin.* || Apprêter à manger. *Que voulez-vous qu'on vous accommode pour votre dîner?* || *Accommoder des cheveux, une perruque. Faites-vous ac.* || Bien traiter ses chalands, ne pas vendre trop cher, en parlant d'un marchand. *Allez chez ce marchand, il vous accommodera. Cet aubergiste accommode bien les gens qui logent chez lui.* — Dans un sens analogue, on dit : *Je vous accommoderai de ma maison, si vous la voulez acheter* || Maltraiter de coups ou de paroles. *On l'a accommodé comme il faut, d'importance.* — On dit d'un homme dont les vêtements sont en mauvais état, en désordre, qu'il *est étrangement accommodé.* || *Ac. son humeur, ses goûts, ses discours au goût des autres,* Les modifier de manière à se rendre agréable. || *Ac. une affaire, une querelle,* La terminer à l'amiable. *Ils étaient près de se battre, on les a accommodés.* = s'Ac-commoder. v. pron. Prendre ses aises. *Voyez comme il s'ac-commode.* || Fam., Devenir plus à son aise. *Je l'ai vu pauvre; depuis il s'est bien accommodé.* Vx. || Se conformer, se prêter à quelque chose. *Il est complaisant, il s'accommode à tout.* — *S'ac. de tout,* Etre d'un commerce aisé dans toutes les choses de la vie. || Traiter à l'amiable avec quelqu'un. *S'ils ne s'accommodent, ils se ruineront en procès.* || *S'ac. d'une chose,* S'en arranger. *Donnez-moi cette montre pour l'argent que vous me devez, je m'en accommoderai.* || Fam., *Il s'accommode de tout ce qu'il trouve sous sa main,* Il ne se gêne pas pour en user et même pour se l'approprier. *Il m'accommoderais bien de cela,* Je le trouve à mon goût, à ma convenance. || Prov. et iron., *Il s'est accommodé comme il faut,* Il a pris du vin jusqu'à l'excès. = Accommodé, ée. part. Fam., *Etre peu accommodé des biens de la fortune,* N'être pas riche, n'être pas à son aise. || *Etre mal ac., Etre mal coiffé, mal ajusté.* Vx.

ACCOMPAGNAGE. s. m. Trame fine dont on garnit le fond d'une étoffe de soie brochée d'or.

ACCOMPAGNATEUR, TRICE. s. m. Celui ou celle qui accompagne la voix ou un instrument soliste avec quelque instrument.

ACCOMPAGNEMENT. s. m. Action d'accompagner dans certaines cérémonies. *L'ac. d'un corps à la sépulture.* || Ce qui est joint ou doit être joint à quelqu'un ou à quelque chose, soit pour la commodité, soit pour l'ornement. *Votre maison est belle, mais il lui manque encore bien des accompagnements. La modestie est le plus bel ac. du mérite.* || T. Archit. et Peint. Se dit des objets de décoration qui relèvent un édifice, ou bien qui ajoutent à l'effet d'un tableau. *La figure principale de ce tableau aurait besoin de quelque ac.* || T. Blas. Ce qui est autour de l'écu, qui lui sert d'ornement. *Porter des armoiries avec ou sans ac.*

Mus. — L'action de soutenir la mélodie d'une voix ou d'un instrument par l'harmonie qu'on exécute sur l'orgue, le piano, etc. On appelle *Ac. de quatuor* un ac. exécuté par quatre instruments à cordes, et *Ac. à grand orchestre* un ac. où concourent tous les instruments d'orchestre. Le nom assez impropre d'*Ac. d'harmonie* est donné à un ac. exécuté par les seuls instruments à vent. Quant à l'ac. qu'exécute un instrument à clavier, pour soutenir soit un instrument solo, soit une ou plusieurs voix, on distingue l'*Ac. plaqué,* l'*Ac. figuré* et l'*Ac. de la partition.* — L'*Ac. plaqué* n'est guère usité qu'en France. Il consiste à exécuter avec la main gauche la basse d'un morceau de musique, et à jouer de la main droite les accords indiqués par des chiffres placés au-dessus des notes de cette basse. Voy. Basse. Pour exécuter cette espèce d'ac., il suffit de connaître les formules de chaque accord (Voy. Harmonie), la nomenclature des chiffres et le mécanisme de l'instrument. — Dans l'*Ac. figuré,* non seulement la main droite exécute l'harmonie, mais encore il faut indiquer les formes mélodiques des différentes voix. Cette espèce d'ac. exige, dit Fétis, une connaissance profonde de l'*imitation,* du *style accompagné,* et de la *fugue.* Voy. Fugue et Imitation. Il s'emploie principalement pour accompagner les ouvrages des auteurs anciens, tels que Palestrina, Scarlatti, Marcello, Pergolèse et Haendel. — Quant à l'*Ac. de la partition,* c'est l'art de traduire sur le clavier les divers effets d'instrumentation imaginés par le compositeur.

ACCOMPAGNER. v. a. (R. compagnie). Aller de compagnie avec quelqu'un. *Il m'a accompagné en Italie.* || Suivre par honneur, conduire en cérémonie, reconduire par politesse. *La plus grande partie de la noblesse accompagna le prince.* || Escorter. *La route n'est pas sûre, mes gens vous accompagneront.* || S'associer. Dans ce sens, *Ac.* s'emploie toujours avec un adverbe. *Cette garniture accompagne bien votre robe.* || Joindre, ajouter une chose à une autre. *Il*

accompagna son présent d'une lettre fort polie || Fig., Suivre. *Le bonheur, le malheur l'accompagne.* || T. Mus. Jouer la basse et les parties accessoires de musique pendant qu'une ou plusieurs voix chantent, ou que quelque instrument joue le sujet. *Si vous voulez chanter, je vous accompagnerai avec le piano.* — Se dit aussi abs. *Il accompagne bien. Il accompagne à livre ouvert.* = s'Accompagner. v. pron. Mener quelqu'un avec soi pour quelque dessein. Se prend ord. en mauvaise part. *Il s'accompagna de gens de main pour faire ce coup-là.* || On dit : *S'ac. du piano, de la harpe. Quand je chante, j'aime mieux m'ac. moi-même.* = Accompagné, ée. part.

Syn. — Escorter. — On *accompagne* par égard ou par amitié; on *escorte* par précaution. *Précéder* et *suivre* sont encore accompagner, mais de plus loin. *Un satellite de Jupiter était accompagné, précédé, suivi de son ombre.*

ACCOMPLIR. v. a. (lat. *ad,* jusqu'à; *complere,* remplir). Achever entièrement. *Il a accompli son temps de service. Ac. sa tâche.* || Effectuer, exécuter, réaliser complètement. *Ac. un vœu, une promesse, un engagement.* || On dit : *Ac. la loi,* Faire ce que la loi exige. *Ac. ses obligations,* Faire ce à quoi on est obligé. = s'Accomplir. v. pron. S'effectuer, se réaliser. *Le mariage s'est accompli. Des millions d'événements s'accomplissent à la fois.* = Accompli, ie. part. *Il a trente ans accomplis.* || S'emploie adj. et sign., Qui est parfait en son genre. *Un homme, un ouvrage ac. Une beauté accomplie.*

Syn. — Effectuer, exécuter, réaliser.

Accompli, Parfait. — Ce qui est *parfait* a toutes les qualités nécessaires par sa destination, au pour le but qu'on s'est proposé en le faisant; ce qui est *accompli* a de plus toutes les qualités accessoires que l'on peut désirer. L'ouvrage *parfait* réunit toutes les qualités qu'il doit avoir; l'ouvrage *accompli* a toutes celles qu'il est susceptible de recevoir.

ACCOMPLISSEMENT. s. m. Achèvement, exécution entière, réalisation. *L'ac. d'un ouvrage. L'ac. de la loi, d'un engagement. L'ac. d'un vœu, d'une espérance.*

ACCON. s. m. T. Mar. Espèce de bateau dont le fond, les côtés, l'avant et l'arrière sont plats. On emploie les accons à transporter le chargement des navires, et on les fait remorquer par des chaloupes, parce que leur construction, qui les rend propres à porter beaucoup, empêche de les manœuvrer facilement.

ACCOQUINANT, ACCOQUINER. Voy. Acoquinant, Acoquiner.

ACCORAGE. s. m. T. Mar. Action d'accorer. || Ensemble des pièces de bois qui servent à maintenir un navire d'aplomb pour le réparer.

ACCORD. s. m. (lat. *ad,* selon; *cor,* le cœur). Union de cœur, d'esprit; conformité d'idées et de sentiments; consentement mutuel. *Vivre dans un parfait ac. Des héritiers sont rarement d'ac. D'ac., je n'en demeure d'ac. Mettre les gens d'ac.* — Par ell., *D'accord* sign., J'y consens, je le concède. || Convenance, proportion juste, rapport entre plusieurs choses ou entre les parties d'une même chose. *Voyez comme les mouvements de ces rameurs sont d'ac.* || T. Mus. Réunion de plusieurs sons qui frappent simultanément notre oreille. *Ac. parfait. Ac. de sixte. Cet ac. est faux. Ces accords déchirent l'oreille.* — Etat d'un instrument dont les cordes sont montées juste au ton où elles doivent être. *Ce piano ne tient pas l'ac. Ce violon n'est pas d'ac.* Voy. Harmonie, Intervalle. || Poétiq., on dit : *La lyre où le poète ne rend que de sublimes accords,* Sa poésie porte toujours le caractère du sublime. || T. B.-Arts. S'emploie en parlant de l'harmonie des objets que l'on a réunis dans le but de produire un certain effet. *Il y a bel ac. entre toutes les pièces de cet édifice. Le tableau manque d'ac.* En Peint., Se dit surtout des couleurs et de la lumière. || T. Gram. Relation entre les mots qui doivent être aux mêmes cas, nombre, genre, à la même personne, etc. Voy. Syntaxe.

Syn. — *Consentement, Convention.* — La *convention* est une sorte de traité par lequel on s'engage à une chose; le *consentement* est une adhésion à ce qui vous est proposé; l'*ac.* est un arrangement par lequel on empêche une contestation. Ces deux plaideurs, d'un commun *consentement*, ont fait une *convention* au moyen de laquelle ils sont *d'accord*.

ACCORDABLE. adj. 2. g. Qu'on peut accorder, qui peut s'accorder. Usité dans les mêmes acceptions que le v. *Accorder.*

ACCORDAILLES. s. f. pl. Réunion, cérémonie qui a lieu entre des futurs époux et leurs familles. Pop. et vx.

ACCORDANT, ANTE. adv. Se dit des sons, des notes qui s'accordent bien. Peu us.

ACCORDÉ, ÉE. s. Se dit des futurs époux, une fois que leurs familles ont donné leur consentement au mariage. *Je n'ai pas encore vu l'accordée.*

ACCORDÉON. s. m. T. Mus. Soufflet quadrangulaire dont le mouvement met en vibration des lames de métal de différentes longueurs, rendant chacune une note différente. *L'ac. est le piano du pauvre* (Encycl.) Voy. LAMES VIBRANTES.

ACCORDER. v. a. Mettre d'accord, remettre en bonne intelligence. *Ac. les esprits. Ac. les cœurs.* || Concilier; faire disparaître les contradictions apparentes d'un corps de lois, d'une doctrine, de plusieurs textes. *Comment ac. le libre arbitre avec la prescience divine ou simplement avec le principe de causalité?* || Octroyer, concéder. *Ac. un privilège, une grâce, une place. Ac. du temps à son débiteur.* — *Ac. une demande,* c'est y satisfaire. || *Ac. une fille en mariage,* La promettre à celui qui la demande. || Reconnaître pour vrai, demeurer d'accord d'une chose. *Je vous accorde cette proposition, ce principe.* || T. Gram. Mettre aux mêmes cas, nombre, genre, à la même personne, etc., suivant les règles de la grammaire, les différents mots qui entrent dans une proposition. *Il faut ac. l'adjectif avec son substantif.* || T. Peint. Mettre de l'harmonie dans un tableau. *Ac. les tons, les teintes d'un tableau.* || T. Mus. *Ac. sa voix avec un instrument,* Chanter de manière que les sons de la voix soient d'accord avec ceux de l'instrument. — *Ac. des instruments les uns avec les autres,* Les mettre au même ton. — *Ac.,* en parlant d'un violon, d'un piano ou d'autres instruments analogues, sign. encore, Mettre les cordes juste au ton où elles doivent être. = s'ACCORDER. v. pron. Être d'accord, vivre en bonne intelligence, par suite de conformité de pensées et de sentiments. *Ils s'accordent toujours bien ensemble.* — Prov. et iron., *Ils s'accordent comme chiens et chats,* Ils sont toujours en querelle. || Être du même avis. *Tout le monde s'accorde à faire son éloge.* || Se concerter. *Ils s'accordent tous pour me perdre.* || Agir, marcher ensemble. *Ces rameurs s'accordent bien. Mes pendules ne s'accordent parfaitement.* || Se dit des choses entre lesquelles il existe un rapport d'analogie, de ressemblance, de conformité, de convenance. *Ces voix, ces couleurs, ces instruments s'accordent parfaitement.* = Accordé, ÉE. part.

Syn. — *Concilier, Raccommoder, Réconcilier.* — *Ac.* suppose une contestation; *concilier* suppose différence ou antipathie. On *accorde* les différends, on *concilie* les esprits; on *accorde* les personnes qui sont en dissentiment; on *raccommode* les gens qui se querellent ou qui ont des différends; on *réconcilie* les ennemis.

ACCORDEUR. s. m. Celui qui fait métier d'accorder certains instruments de musique. *Ac. de pianos.* Voy. TEMPÉRAMENT.

ACCORDOIR. s. m. Espèce de clef carrée dont on se sert pour tourner les chevilles des cordes d'un piano, d'une harpe.

ACCORE. s. m. T. Mar. Pièce de bois dont on se sert pour étayer un bâtiment en construction ou en réparation. || *Contour d'un banc, d'un écueil.* = Accore. adj. 2 g. Une terre est accore quand elle est coupée presque verticalement.

ACCORER. v. a. T. Mar. Étayer, soutenir avec des accores. = Accoré, ÉE. part.

ACCORT, TE. adj. (it. *accorto*). Qui a dans la tournure,

dans l'humeur, quelque chose de gracieux, d'agréable. *Une humeur accorte. Une jeune fille accorte.*

ACCORTISE. s. f. Humeur complaisante, accommodante. Fam.

ACCOSTABLE adj. 2 g. Qui est facile à aborder. Fam.

ACCOSTAGE. s. m. T. Mar. Action d'accoster.

ACCOSTER. v. a. (lat. *ad*, vers; *costa*, côte.) Aborder quelqu'un qu'on rencontre, pour lui parler. *Il me vint ac. dans la rue.* Fam. || T. Mar. Se dit d'un bâtiment qui vient se placer auprès et le long d'un autre navire, d'un quai, etc. *Ac. un quai.* = s'ACCOSTER. v. pron. Nous nous sommes *accostés à la promenade. Les deux vaisseaux se sont accostés.* — *S'ac.,* Hanter, fréquenter quelqu'un. *Il s'est accosté d'un mauvais garnement.* = Accosté, ÉE. part. Se dit aussi des choses: *Une église accostée d'une tour.* = Syn. Voy. ABORDER.

ACCOT. s. m. T. Hort. Adossement de fumier autour d'une couche pour la garantir du froid. || T. Céram. Poignées de terre ou de fragments hors de service dont on se sert pour consolider l'encartage. Voy. ENCARTAGE.

ACCOTEMENT. s. m. Espace compris des deux côtés d'une route entre la chaussée et les fossés.

ACCOTER. v. a. (lat. *ad*; *costa*, côte). Affermir un corps en l'appuyant de côté contre un autre corps. = s'ACCOTER. v. pron. S'appuyer de côté contre quelque chose. *S'ac. sur une chaise, contre un mur, à une colonne.* = Accoté, ÉE. part.

ACCOTOIR. s. m. Ce qui sert à accoter ou à s'accoter.

ACCOUCHÉE. s. f. Femme qui vient de mettre un enfant au monde. — On dit d'une femme qui est fort parée dans son lit, qu'*elle est parée comme une ac.*

ACCOUCHEMENT. s. m.

Méd. — Expulsion du fœtus et de ses annexes hors de l'organe gestateur. Chez les femmes, l'*Ac.* a lieu le plus généralement à la fin du neuvième mois à partir de la conception. Dans ce cas, on l'appelle ac. *à terme.* — Lorsqu'il s'opère quelque temps avant l'époque ordinaire, on lui donne le nom d'ac. *avant terme,* d'ac. *précoce* ou *prématuré.* Enfin l'ac. est dit *tardif* ou *retardé,* quand la durée de la gestation dépasse la période normale. — L'ac. qui s'accomplit sans difficultés, sans phénomènes extraordinaires, et par les seuls efforts de la nature, reçoit le nom d'ac. *simple, naturel* ou *spontané.* On dit qu'un ac. est *contre nature* ou *laborieux,* quand l'accomplissement de cette fonction s'accompagne de difficultés ou de phénomènes irréguliers qui résultent soit de la conformation de la mère, soit de la position de l'enfant, soit de toute autre circonstance nécessitant, en général, l'intervention de l'art. L'ac. *laborieux* prend plus spécialement le nom d'ac. *artificiel* dans le cas où l'on est obligé d'avoir recours à la médecine opératoire. Mais heureusement les accouchements naturels et spontanés sont de beaucoup les plus nombreux. Si nous prenons la moyenne d'un très grand nombre de relevés donnés par les auteurs, nous trouvons que, sur 200 accouchements, il n'y en a guère que 3 de laborieux. Pour désigner cette dernière espèce d'ac., on emploie souvent le mot de *dystocie* (gr. δυς, difficile; τόκος, enfantement). On donne le nom de *travail* aux douleurs qui accompagnent les contractions utérines, cause efficiente de l'ac. — On observe deux scènes bien distinctes dans l'ac.: la première consiste dans l'expulsion du fœtus, et on peut lui imposer le nom spécial d'*enfantement* ou de *parturition;* la seconde consiste dans l'expulsion des annexes fœtales, vulgairement connues sous le nom d'*arrière-faix* ou *délivre,* et on l'appelle en conséquence *délivrance.*

L'action d'aider et d'assister une femme dans l'acte de la parturition s'appelle encore ac. On dit l'*art des accouchements,* pour désigner l'*art de faciliter les accouchements;* cet art se nomme aussi *Tocologie* ou *Obstétrique.* — La pratique de cet art était autrefois exclusivement dévolue à des femmes, quoique celles-ci ne possédassent pas toujours une instruction suffisante pour parer aux dangers d'un ac. laborieux; mais le sentiment d'une louable pudeur faisait passer sur toute autre considération. C'est seulement sous Louis XIV (à propos des couches de M¹¹ᵉ de la Vallière que l'on tenait à cacher), qu'eut lieu le premier exemple d'ac. opéré par un homme (le chirurgien Clément). Les femmes d'un rang élevé adoptèrent alors cet usage, qui depuis s'est étendu à toutes les classes de la société.

Bibliographie. — Consulter les ouvrages récents de : CAZEAUX, SCANZONI, CHANTREUIL, DEPAUL, TARNIER, PAJOT, CHARPENTIER, BODIN, etc. et la *Grande Compilation obsté-trico-historique* de WITKOWSKI.

ACCOUCHER. v. n. (lat. *ad*, vers; *cubare*, se coucher). Enfanter. *Ac. à terme, avant terme. Elle est heureusement accouchée d'un fils.* || Fig. et fam., se dit de l'esprit et des productions de l'esprit. *Ac. d'un projet, d'un ouvrage, d'un sonnet.* || S'emploie fam., en parlant de quelqu'un qui use de réticence, qui n'ose pas dire ce qu'il sait. *Il a bien de la peine à ac. Accouchez donc.* = ACCOUCHER. v. a. Aider une femme dans le travail de l'enfantement. *Cette sage-femme acc. bien.* || S'accoucher soi-même. C'était le cas primitif. || Fig., *Socrate, fils d'une sage-femme, disait qu'il remplissait le même office que sa mère, et qu'il accouchait les intelligences.* = ACCOUCHÉ, ÉE. part.

Syn. — *Enfanter, Engendrer.* — Au prop., *enfanter* signifie mettre un enfant au monde, abstractio faite des circonstances qui, dans l'ordre naturel, précèdent ou accompagnent cet acte. *Ac.*, au contraire, comporte l'idée de toutes ces circonstances. Au fig., *enfanter* se dit ironiquement pour désigner les travaux indigestes d'un écrivain : *Cet auteur a enfanté dix gros volumes. Ac.*, dans le même sens, s'emploie lorsque n'implique pas proportionnée aux efforts qu'elle a coûté, *Ce grand poète vient d'ac. d'un sonnet.* — *Engendrer* n'implique nullement l'idée du mode de procréation; ainsi, l'on dit : *A cette époque, la terre engendra des géants,* et au fig., *Cet homme n'engendre point la mélancolie.*

ACCOUCHEUR, EUSE. Celui ou celle dont la profession est de faire des accouchements. Le terme *Sage-femme* est plus usité que celui d'*Accoucheuse.*
Dans le cas où le père est absent ou non déclaré, le Code civil impose à l'*Ac.* ou à la sage-femme l'obligation de faire la déclaration de la naissance de l'enfant qu'ils ont reçu.

ACCOUDER (S') (R. *coude*). v. pron. S'appuyer du coude. *S'ac. sur la table.* = ACCOUDÉ, ÉE. part. *Il était ac. sur son chevet.*

ACCOUDOIR. s. m. Appui pour s'accouder.

ACCOUER. v. a. Attacher des chevaux en file, le licou de chacun d'eux étant attaché à la queue du précédent. || T. Chasse. *Ac. le cerf*, L'atteindre et lui donner le coup au défaut de l'épaule ou lui couper le jarret.

ACCOUPLE. s. f. (lat. *copula*, lien). Lien avec lequel on attache deux chiens de chasse ensemble.

ACCOUPLEMENT. s. m. Assemblage de deux animaux que l'on fait travailler ensemble, comme deux bœufs attachés sous le même joug. || T. Physiol. Union des animaux mâle et femelle, pour l'acte de la génération. *Le mulet vient de l'acc. de l'âne et de la jument. L'union de deux êtres humains ne doit pas être assimilée à l'accouplement de deux animaux.* Voy. RACE. || T. Archit. *Acc. de colonnes.* Voy. ENTRE-COLONNEMENT. || T. Phys. et Méc. *Acc. de piles des machines.* Réunion d'éléments de piles ou de machines dynamo-électriques par la production d'un même courant. Voy. PILE. — *Acc. de machines motrices, de cylindres,* etc. Réunion de deux ou plusieurs appareils moteurs agissant sur un même arbre.

ACCOUPLER. v. a. Joindre ensemble, mettre deux à deux. *Vous accouplez des mots qui hurlent d'être ensemble.* || Fam., *Ces deux personnes sont mal accouplées.* — *Accoupler des chevaux, des bœufs,* Les attacher ensemble, les mettre ensemble sous le même joug. || *Ac. des pigeons, des tourterelles,* Les apparier pour en avoir des petits. Ne se dit que de certains animaux. || *Ac. du linge, des serviettes,* Attacher plusieurs pièces ensemble pour les mettre à la lessive. || T. Phys. et Méc. *Acc. des piles, des machines.* Voy. ACCOUPLEMENT = S'ACCOUPLER. v. pron. S'unir pour la génération. Ne s'emploie qu'en parlant des animaux. =

ACCOUPLÉ, ÉE. part. *Les crapauds restent accouplés pendant sept ou huit jours* (Lacépède). — *Colonnes accouplées.* Voy. ENTRE-COLONNEMENT. *Machines accouplées.*

ACCOURCIR. v. a. Rendre plus court, diminuer la longueur. *Ac. une robe, un manteau, un ouvrage, un discours.* || *Ac. son chemin*, Prendre quelque route de traverse qui rende le chemin plus court. *Ce nouveau sentier accourcit la route d'une lieue.* || *Ac. le temps*, Faire que le temps paraisse moins long. || T. Man. *Ac. la bride.* Voy. BRIDE. = S'ACCOURCIR. v. pron. Devenir plus court. *Les jours commencent à s'ac. Cette étoffe s'est accourcie.* = ACCOURCI, IE. part.

ACCOURCISSEMENT. s. m. Diminution de longueur.

ACCOURIR. v. n. (lat. *ad*, à; *currere*, courir). Aller avec vitesse vers quelqu'un, vers quelque lieu. *Ac. au secours de quelqu'un. On accourut en foule au lieu de l'incendie.* = ACCOURU, UE. part. = Conjug. Voy. COURIR.

ACCOURRES. s. f. pl. T. Chasse. Plaines entre deux bois, où l'on place les dogues et les levriers.

ACCOURSE. s. f. T. Archit. Galerie extérieure le long des appartements.

ACCOUS, ch.-l. de c. Basses-Pyrénées, arr. d'Oloron, 1,350 hab.

ACCOUTREMENT. s. m. (lat. *cultus*). Habillement, costume. Ne s'emploie guère aujourd'hui qu'en mauvaise part. *Quel ac. ridicule !*

ACCOUTRER. v. a. Habiller, costumer. Ne se dit que qu'en mauvaise part. *Votre tailleur vous accoutre d'une façon singulière.* || *Ac. quelqu'un de toutes pièces,* Le maltraiter ou en dire beaucoup de mal. = s'ACCOUTRER. v. pron. = ACCOUTRÉ, ÉE. part.
Syn. — Voy. AFFUBLER.

ACCOUTUMANCE. s. f. Habitude, coutume. *L'ac. nous rend tout familier.* Vx.

ACCOUTUMER. v. n. (R. *coutume*). Avoir coutume. *Il a accoutumé d'aller, de faire,* etc. *Ces arbres avaient accoutumé de produire beaucoup de fruits.* = ACCOUTUMER. v. a. Faire prendre une habitude, une coutume. *Il faut ac. de bonne heure les enfants au travail, à la fatigue. Ac. un chien à rapporter.* = s'ACCOUTUMER. v. pron. Contracter une habitude, se familiariser avec. *Je m'accoutume au froid, au chaud.* = ACCOUTUMÉ, ÉE. part. *Ac. à la fatigue. A sa manière accoutumée.* = A L'ACCOUTUMÉE. loc. adv. Comme on a accoutumé. *Il en a usé de l'ac.* Fam.

ACCRÉDITER. v. a. (lat. *ad*, à; *credere*, croire, avoir confiance). Mettre en crédit, en réputation. *Sa bonne foi l'a accrédité parmi les marchands. Ce livre a fort accrédité le nom de son auteur.* || *Ac. un ministre, un ambassadeur auprès d'une cour étrangère,* L'y faire reconnaître, donner de l'authenticité à sa mission. || Fig., *Ac. une nouvelle, une calomnie,* Lui donner cours, la faire admettre pour vraie. = s'ACCRÉDITER. v. pron. S'emploie au prop. et au fig. *Ce négociant commence à s'ac. Cette opinion s'est accréditée.* = ACCRÉDITÉ, ÉE. part. en crédit. *La science est souvent obligée de détruire des erreurs accréditées.*

ACCRÉMENTITIEL, ELLE. adj. (Pr. *ac-cré...*) T. Physiol. *Génération ac.* Génération par accrémentition.

ACCRÉMENTITION. s. f. [Pr. *ac-cré...*] (lat. *accrescere,* accroître.) T. Physiol. *Génération par acc.* Mode de génération caractérisé par la formation d'éléments anatomiques entre ceux qui existent déjà et semblables à eux, d'où résulte l'accroissement des tissus.

ACCRESCENT, TE. adj. (lat. *ad*, auprès; *crescere,* croître.)
Bot. — Ce terme s'emploie en parlant des organes qui continuent de s'accroître, quand les autres parties du même système organique s'arrêtent dans leur développement. Ainsi, par ex., le calice de l'*Alkékenge (Physalis Alkekengi)* est

dit *ac.*, parce qu'il prend de l'accroissement à mesure que le fruit approche de la maturité.

ACCROC. s. m. [on ne prononce pas le C final] (R. *croc*). Déchirure faite par ce qui accroche. || Fig., Difficulté, embarras imprévu. *Il est survenu un ac. qui retarde la conclusion de cette affaire.*

ACCROCHAGE. s. m. T. de mine. Jonction des galeries de roulage avec les puits d'extraction, où l'on accroche les cuffats.

ACCROCHE-CŒUR. s. m. Petite boucle de cheveux sur la tempe.

ACCROCHEMENT. s. m. Action d'accrocher.

ACCROCHER. v. a. Attacher, suspendre quelque chose à un clou, à un crochet. *Ac. sa montre.* || Arrêter, retenir. *Je l'ai accroché par son habit.* || *Ac. un vaisseau,* Le saisir avec des grappins pour venir à l'abordage. || Se dit de deux voitures qui se choquent, *Sa voiture a accroché la mienne.* — S'emploie quelquefois abs. *Ce cocher accroche à tout instant.* || Fig. et fam., Entraver. *Votre adversaire accrochera si bien cette affaire qu'elle n'aura jamais de fin.* || Attraper. *A force d'intrigues, il a accroché une bonne place.* = s'ACCROCHER. v. pron. *Ces deux vaisseaux s'accrochèrent l'un à l'autre. Nos voitures se sont accrochées. Dans sa chute, il s'est accroché à une branche.* || Être retenu par quelque chose. *Sa robe s'accrocha à des ronces.* || Fig. et fam., S'ac. à quelqu'un, S'attacher à sa fortune pour se tirer d'embarras. *Les poètes, aujourd'hui, ne peuvent plus s'ac. aux financiers.* — Dans un sens analogue, on dit : *S'ac. à tout, s'ac. à ce qu'on peut,* pour saisir toutes les occasions de se tirer d'affaire. — Se dit de quelqu'un qui obsède, qui importune. *Il finira par avoir cet emploi, il s'accroche à tous les ministres.* = ACCROCHÉ, ÉE. part.

ACCROIRE. v. a. (R. *croire*). N'est d'usage qu'à l'infinitif, se construit toujours avec le verbe *Faire*, et sign., Faire croire ce qui n'est pas. *Vous voudriez nous faire ac. que. Il n'est pas facile de lui en faire ac.* || *S'en faire ac.,* sign., Présumer trop de soi-même. *Depuis qu'il a cette place, il s'en fait ac.*
Syn. — *Faire croire.* — On fait *ac.* ce qui est faux; on fait *croire* ce qui est vrai, sensé, ou du moins vraisemblable. Dans le premier cas, on emploie la ruse, l'artifice; dans le second, la simple affirmation et le raisonnement. *Faire ac.* ne se dit qu'en mauvaise part; il a toujours le sens de tromper, et il ne s'emploie qu'en parlant des personnes. *Faire croire* se dit généralement en bonne part et s'applique aux choses comme aux personnes. *L'ordre de l'univers fait croire à l'existence de Dieu.*

ACCROISSEMENT. s. m. Augmentation, agrandissement. Se dit au prop. et au fig. *Ac. d'un corps organisé ou inorganique. Ac. d'un État. Ac. de biens, d'honneur. L'ac. d'une religion.* || T. Alg. Différence entre deux valeurs successives d'une variable. Voy. DIFFÉRENCE.
Hist. nat. — L'*Ac.* est l'augmentation des dimensions et de la masse d'un corps par le dépôt successif de nouvelles molécules constituantes. Dans les corps inorganiques, l'ac. est limité, car il n'a lieu que par *juxtaposition,* c.-à-d., par l'addition de nouve les molécules à leur surface extérieure. Chez les animaux et les végétaux, l'ac. s'opère par *intussusception :* les molécules absorbées subissent des modifications particulières, et sont ensuite assimilées aux divers tissus dont le corps de l'animal est composé. L'ac. des animaux est renfermé dans des limites bien plus étroites que celui des végétaux. Le végétal s'accroît pendant toute la durée de sa vie. L'animal, au contraire, une fois parvenu au dernier terme de son ac., demeure dans cet état pendant un temps plus ou moins long, et conserve jusqu'à la mort une forme et un volume à peu près invariables. L'ac. ne s'opère pas d'une façon absolument continue; on y remarque des alternatives évidentes de repos et d'activité. Buffon a émis l'idée que la rapidité et la durée de l'ac. sont proportionnelles à la durée même de la vie. Cette loi est applicable à un fort grand nombre de végétaux et d'animaux; mais, dans ce dernier cas, il faut comparer entre eux des animaux de même classe, autrement on tomberait dans une grande erreur. Pour les mammifères qui vivent le plus longtemps, la durée de la vie

est à la durée de l'ac. comme 6 ou 7 est à 1; tandis que le coq, dont la croissance est achevée au bout d'une année, vit quelquefois vingt ans et même davantage. Au mot TIGE, il sera traité de l'ac. des végétaux, et au mot HOMME, de l'ac. considéré dans l'espèce humaine.
Légis. — On appelle en France *droit d'ac.* le droit en vertu duquel les héritiers ou légataires recueillent, comme réunies aux leurs, les portions de ceux de leurs cohéritiers ou colégataires qui ne peuvent les recueillir ou qui y renoncent. L'ac. n'a lieu en matière de legs que dans le cas où la libéralité a été faite à plusieurs conjointement (art. 1044 C. civ.. Pour expliquer ce qu'il entend par le mot *conjointement,* le législateur ajoute : « Le legs sera réputé fait conjointement, lorsqu'il le sera par une seule et même disposition, et que le testateur n'aura pas assigné la part de chacun des colégataires dans la chose léguée; il sera encore réputé fait conjointement quand une chose qui n'est pas susceptible d'être divisée sans détérioration, aura été donnée par le même acte à plusieurs personnes, même séparément » (art. 1044 et 1045).

ACCROÎTRE. v. n. (Lat. *ad.* vers; *crescere,* croître). Aller en augmentant, devenir plus grand. *Son bien, son revenu accroît tous les jours.* || T. Droit. Se dit d'une chose qui revient au profit de quelqu'un par l'absence, la mort d'une autre personne. *Dans les tontines, la part des morts accroît aux vivants.* On dit aussi qu'une portion de terre *accroît* à une autre par alluvion, par atterrissement. = ACCROÎTRE. v. a., Augmenter, rendre plus grand, plus étendu. *Ac. son bien, son revenu, son crédit, sa puissance.* = s'ACCROÎTRE. v. pron. *Cette ville s'est accrue. Son parti s'est accru de tous les mécontents.* = ACCRU, UE. part.

ACCROUPIR (S'). v. pron. (R. *croupe*). Se tenir dans une position où la plante des pieds pesant à terre, le derrière touche presque aux talons.

ACCROUPISSEMENT. s. m. État d'une personne accroupie, d'un animal accroupi.

ACCRUE. s. f. Augmentation d'une chose par l'adjonction d'une autre. Les alluvions, les atterrissements sont des *accrues.* Les *accrues* de bois sont l'espace de terre qu'un bois a gagné en croissant hors de ses limites.

ACCUEIL. s. m. Réception que nous faisons à quelqu'un que nous rencontrons ou qui vient nous visiter. *Bon, mauvais ac.* — *Faire ac.,* se prend toujours en bonne part. *Ce ministre fait ac. à tous ceux qui vont le trouver.*

ACCUEILLIR. v. a. (R. *cueillir*). Recevoir quelqu'un qui nous aborde ou qui vient nous visiter. *Ac. cordialement, poliment, froidement.* — Fig. *Ac. bien ou mal une proposition, une demande.* || Se dit encore des accidents fâcheux qui arrivent à quelqu'un. *La pauvreté et tous les malheurs possibles l'ont accueilli. Nous avons été accueillis par la tempête.* = ACCUEILLI, IE. part. — Conjug. V. CUEILLIR.

ACCUL. s. m. [on pron. l'L] (à et *cul*). Lieu qui n'a point d'issue, impasse d'où l'on ne peut sortir qu'en revenant sur ses pas. *On poursuivit l'assassin et on le poussa dans un ac. où on le prit.* || T. Artill. Piquets que l'on enfonce en terre pour arrêter le canon quand il recule après avoir tiré. || T. Chass. Fond du terrier où les chiens poussent les renards, les blaireaux. || T. Mar. Petit enfoncement, espèce de crique trop petite pour un grand bâtiment.

ACCULER. v. a. Pousser une personne ou un animal dans un endroit où il ne peut plus reculer. *L'armée française accula les Arabes à la mer.* = ACCULER. v. n. Une *voiture accule,* lorsqu'elle est trop chargée à l'arrière. *Un vaisseau accule,* lorsque, dans les forts mouvements de tangage, son arrière plonge trop dans la mer. = s'ACCULER. v. pron. Se reculer dans un coin, s'adosser contre quelque objet pour se défendre et n'être pas pris par derrière. *Il s'accula contre le mur pour se défendre. Le sanglier s'était acculé contre un arbre.* || T. Man. On dit qu'un *cheval s'accule,* quand il ne va pas assez en avant à chacune des voltes. = ACCULÉ, ÉE. part.

ACCUMULATEUR, TRICE. s. Celui qui accumule.

Méc. — Nom donné à tous les appareils qui emmagasinent le travail pour le distribuer ensuite à loisir. Un ressort tendu, une masse de gaz comprimé, un gaz liquéfié par pression, etc., sont autant d'accumulateurs. Les plus employés sont les accumulateurs hydrauliques et les accumulateurs électriques. Les premiers *accumulateurs hydrauliques*, inventés par Armstrong, étaient des réservoirs élevés que l'on emplissait par des pompes actionnées par un moteur quelconque. La pression de l'eau ainsi accumulée peut être utilisée pour produire des efforts considérables et intermittents, tels que manœuvre d'une grue, soulèvement d'un fardeau, etc. Pour augmenter la pression, on a eu l'idée de construire des accumulateurs qui se composent d'un cylindre fixe dans lequel glisse verticalement un piston plongeur surchargé et guidé. La pression totale dépend du diamètre et du poids du piston plongeur. Elle peut atteindre jusqu'à 50 atmosphères. Grâce aux accumulateurs, l'emploi des grues hydrauliques s'est généralisé dans les ports. On en trouve dont la puissance va jusqu'à 120 tonnes dans les docks de Londres, d'Anvers et de Marseille.

Phys. — *Accumulateur électrique.* — On désigne ainsi, ou encore sous le nom de *Pile secondaire*, une pile constituée de telle sorte que lorsqu'on la fait traverser par un courant inverse de celui qu'elle produit, les corps qui la composent soient ramenés à leur état primitif. De la sorte la pile peut recommencer à fonctionner et restituer le travail électrique qu'elle a absorbé pendant le passage du courant. Théoriquement, toute pile qui ne dégage pas de gaz peut être régénérée par un courant inverse; mais pratiquement, il n'y a guère que les accumulateurs à lame de plomb qui donnent des résultats satisfaisants. L'accumulateur Planté, imaginé en 1860, se compose essentiellement de deux lames de plomb plongées dans l'eau acidulée par l'acide sulfurique. Généralement ces lames sont enroulées en hélice pour présenter plus de surface sous un moindre volume. Pour charger l'accumulateur, on le fait traverser par le courant d'une pile ou d'une machine électro-magnétique ayant une force électromotrice suffisante. L'eau est décomposée : l'hydrogène se porte sur la lame qui sert d'électrode négative, et est absorbé par le plomb. L'oxygène se porte sur l'autre lame et y forme un dépôt de peroxyde de plomb. Quand on cesse de faire agir le courant et qu'on relie les deux électrodes, l'hydrogène décompose le peroxyde de plomb pour régénérer l'eau décomposée, et un courant de sens inverse au précédent se produit. L'accumulateur pourra fonctionner d'autant plus longtemps sans être rechargé que le plomb aura absorbé plus d'hydrogène. Or la puissance d'absorption du plomb dépend de sa surface et de sa porosité. On augmente cette porosité en soumettant l'accumulateur neuf à des courants dont on change le sens

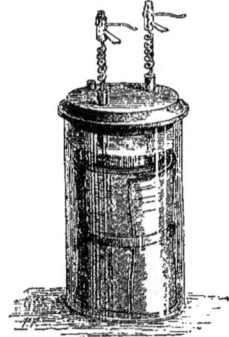

Fig. 1.

par intervalles. Cette opération s'appelle la *formation de l'accumulateur*. La force électromotrice d'un accumulateur Planté (Fig. 1) est de 2,5 volts au début de la décharge; elle tombe bientôt à 2 et se maintient ensuite constante. Il en résulte que pour charger l'accumulateur, il faut un courant

ayant une force électro-motrice au moins égale à 2,5 volts. Deux éléments Bunsen suffisent. On peut même avec deux éléments Bunsen montés en tension charger plusieurs couples Planté montés en surface; seulement la durée de la charge est d'autant plus grande que la surface totale du plomb est plus considérable. Le chargement est achevé quand le gaz commence à se dégager, ce qui prouve que le plomb n'en peut plus absorber. L'accumulateur Faure (Fig. 2) a été imaginé, en 1881, dans le but d'augmenter la capacité d'absorption et de diminuer le temps nécessaire à la *formation*. Il se compose de plaques de plomb quadrillées, dans les cases desquelles on comprime du minium ou un sel de plomb; ces plaques sont placées les unes à côté des autres, en nombre impair, afin que les deux faces de chaque plaque positive soient en regard d'une plaque négative. C'est le plus employé dans la pratique. Les accumulateurs électriques sont les appareils qui permettent d'emmaga-

Fig. 2.

siner la plus grande quantité d'énergie dans un même poids de matière. On arrive à accumuler 4,000 kilogrammètres par kilogramme de matière. Le rendement des accumulateurs électriques est d'environ 40 p. 100, c'est-à-dire qu'ils fournissent une quantité de travail utile égale aux 40 centièmes du travail dépensé pour les charger. Ils sont employés pour emmagasiner le travail fourni pendant une longue période par une machine de puissance modérée, ce travail devant être utilisé en grande quantité dans un court délai; par exemple, on pourra les utiliser à l'éclairage électrique pendant quelques heures le soir, et les charger toute la journée avec une machine plus faible que celle qu'on devrait employer pour le même éclairage; ils sont encore précieux pour accumuler la puissance d'un moteur assez faible, mais qui travaille constamment, comme une chute d'eau. Enfin, ils peuvent servir de régulateurs dans une installation électrique, en absorbant de l'électricité quand le courant devient trop énergique, et en en fournissant dans le cas contraire. Les accumulateurs n'ont cependant pas encore rendu tous les services qu'on en avait espérés à cause de leur rapide usure, ce qui les rend dispendieux, et surtout à cause de l'extrême lenteur avec laquelle ils se chargent : il faut huit à dix heures pour charger un couple Faure. On arrivera certainement à perfectionner ces précieux instruments, surtout sous le rapport de la durée et du rendement.

ACCUMULATION. s. f. Amas, entassement de choses ajoutées les unes aux autres. S'emploie au prop. et au fig. *Ac. de denrées, de matériaux, de marchandises, d'honneurs, de dignités.* || T. Jurisp. Quand on a déjà des titres suffisants pour établir son droit et que l'on en produit d'autres également probants, on dit qu'il y a *Ac. de droit.*

ACCUMULER. v. a. (lat. *ad*, vers; *cumulare*, entasser). Amasser, entasser, mettre ensemble. Se dit au prop. et au fig. *Ac. de l'argent, des honneurs. Ac. crime sur crime.* || Pris abs., sign., Thésauriser. *Le désir insatiable d'ac.* = s'Accumuler. v. pron. *Les arrérages s'accumulent tous les jours. Les années s'accumulent sur ma tête.* = Accumulé, ée. part.

Syn. — *Amasser, Entasser, Amonceler.* — Au prop., *entasser* se dit des choses de même nature qu'on rassemble en groupe; *amasser*, des choses qu'on réunit dans un même lieu; *accumuler*, de celles qu'on met en réserve; *amonceler*, de tout ce qu'on jette pêle-mêle en un endroit. *On entasse des fruits dans une corbeille; on amasse des provisions dans un grenier; on accumule des marchandises dans des magasins; on amoncelle les débris d'un navire sur le rivage. Les eaux s'amassent, s'accumulent; les nuages s'amoncellent.*

ACCUSABLE. adj. 2 g. Qui peut être accusé.

6

ACCUSATEUR, TRICE. s. Celui ou celle qui accuse. *Se rendre, se constituer ac. Ac. public. Elle s'est portée accusatrice.*

Syn. — *Délateur, Dénonciateur.* — L'*Ac.* fait connaître le criminel à la justice, parce qu'il est intéressé comme partie, ou est tenu, comme magistrat, à le poursuivre. Le *dénonciateur*, pour faire connaître un coupable, ne peut alléguer d'autre raison que son zèle pour la loi ; le *délateur* est conduit à la même action par des motifs qu'il n'oserait avouer hautement.

ACCUSATIF. s. m. T. Gram. Voy. CAS.

ACCUSATION. s. f. Action en justice ; plainte par laquelle on accuse quelqu'un en justice. *Former, intenter une ac. Mettre en ac. Il y a plusieurs chefs d'ac. contre lui.* || Reproche, imputation de quelque vice, de quelque défaut. *On l'accuse d'inconduite, de négligence ; mais cette ac. n'est pas fondée.*

Droit. — A Rome, le droit d'ac. pouvait être exercé par chaque citoyen, on le refusait cependant aux femmes, aux impubères, aux soldats, aux gens notés d'infamie et aux affranchis, à moins que ces individus n'eussent un intérêt personnel à se porter accusateurs, comme, par ex., lorsqu'il s'agissait de poursuivre en justice le meurtrier d'un de leurs parents. Sous les empereurs, le rôle d'accusateur devint si infâme par ses excès, que les Antonins furent obligés de décider qu'à l'avenir ce ministère serait exclusivement attribué, dans chaque procès, à une personne nommée d'office par l'empereur ou par le Sénat. Telle est l'origine du principe d'après lequel nous considérons le droit d'accuser comme une magistrature publique. Ce principe, bien que constamment suivi par le droit canonique, ne fut, cependant, admis que fort tard en France par la jurisprudence des tribunaux laïques.

Sous les rois des deux premières races, le rôle d'accusateur appartenait au seul offensé, ou à ses parents, s'il était dans l'impossibilité de porter lui-même sa plainte. Peu à peu cette législation se modifia, et elle réserva exclusivement au ministère public le droit de poursuivre un criminel. La partie civile pouvait seulement conclure à des dommages-intérêts, avec cette formule : « Sauf à M. le procureur du roi à prendre pour la vengeance publique telles conclusions qu'il avisera bon être. » — Dans notre législation actuelle, l'ac. est l'action intentée et suivie au nom de la société par le ministère public, pour l'application de la peine contre un ou plusieurs individus incriminés. C'est le *procureur de la République* et ses auxiliaires : juges de paix, officiers de gendarmerie, commissaires de police, maires et adjoints qu'il appartient de rechercher et de poursuivre les crimes et délits. Les *juges d'instruction*, saisis de chaque affaire par un *réquisitoire du procureur de la République*, ont pour mission de conduire la procédure préparatoire au jugement (constats, audition de témoins, perquisitions, etc.). Ils ont le droit de faire arrêter et de faire détenir une personne *préventivement*, c'est-à-dire avant tout jugement. L'instruction terminée, ils prennent une décision qui met fin à la procédure préparatoire et qui se nomme *ordonnance*. S'il y a lieu de renvoyer le prévenu devant la juridiction criminelle, le juge d'instruction émet une *ordonnance de renvoi*. En matière de crime proprement dit, le renvoi a lieu devant la *chambre des mises en ac.* On donne ce nom à la section de la cour d'appel spécialement chargée d'apprécier toutes les poursuites intentées à l'occasion de faits réputés *crimes*. Si ladite chambre n'aperçoit aucune trace d'un délit prévu par la loi, ou si elle ne trouve pas d'indices suffisants de culpabilité, elle ordonne sur-le-champ, par un arrêt de non-lieu, la mise en liberté du prévenu, qui, dans ce cas, ne peut plus être recherché pour le même fait, à moins qu'il ne survienne de nouvelles charges. Si, au contraire, le fait est qualifié crime par la loi et que la cour trouve des charges suffisantes pour motiver la *mise en ac.*, elle ordonne le renvoi du prévenu devant la cour d'assises. Le procureur général dresse alors l'acte d'ac. où il expose les faits qui sont imputés à l'accusé. Cet acte contient : 1° la nature du crime qui forme la base de l'ac. ; 2° le fait et les circonstances qui peuvent déterminer une aggravation ou une diminution de la peine. Le prévenu y est dénommé et clairement désigné. Cet acte doit être terminé par le résumé suivant : « En conséquence, N... est accusé d'avoir commis tel meurtre, tel vol ou tel autre crime, avec telle ou telle circonstance. » — L'arrêt et l'acte d'ac. sont ensuite signifiés à l'accusé, et on doit lui en laisser copie.

ACCUSER. v. a. (lat. *ad*, à ; *causa*, cause). Porter plainte en justice contre quelqu'un ; dénoncer à la justice. Il a accusé son valet de l'avoir volé. Le procureur général l'accuse d'avoir commis un vol avant le meurtre. — On dit : *Ac. un acte de faux*, pour soutenir qu'un acte est faux. *Arguer de faux* est plus usité. || Imputer, reprocher quelque vice, quelque faute à quelqu'un. *Ac. quelqu'un de négligence. On l'accuse d'avoir fait cette satire.* || Blâmer, gourmander. *Il accuse le sort.* || *Ac. ses péchés*, Déclarer ses péchés au prêtre dans la confession. || *Cet homme accuse juste, accuse faux dans son récit*, Il est exact ou il manque d'exactitude dans son récit. || *Ce malade accuse une vive douleur à la région épigastrique*, Le malade déclare éprouver une vive douleur, etc. — Dans certains jeux de cartes, *Ac. son jeu, son point*, pour déclarer quel jeu, quel point on a. || *Ac. réception d'une lettre, d'une traite*, Donner avis qu'on l'a reçue. || Servir de preuve, d'indice. *Cette lettre l'accuse. Toutes les circonstances l'accusent.* || T. Peint. et Sculpt. Laisser deviner les formes recouvertes par quelque vêtement. *Ac. le nu par le pli des draperies.* — S'ACCUSER. v. pron. *Le coupable s'est accusé lui-même*, Il a avoué son crime. *Il s'accuse lui-même par ses contradictions*, Il se trahit lui-même. — ACCUSÉ, ÉE. part. S'emploie aussi subst., et sign., Celui qui est accusé en justice. *Confronter l'ac. avec sa victime.* On donne spécialement le nom d'*accusé* à l'individu renvoyé pour crime devant la cour d'assises. || *Ac. de réception*, Billet par lequel celui à qui l'on a fait quelque envoi déclare l'avoir reçu.

ACÉNAPHTÈNE. s. m. T. Chim. C'est un carbure d'hydrogène $C^{12}H^{10}$ isomère du diphényle qui s'extrait des huiles lourdes du goudron de houille. Il cristallise en lames longues et plates, fond à 95° et bout à 277°. Sa densité est un peu supérieure à celle de l'eau ; il est insoluble dans l'eau, peu soluble dans l'alcool froid, soluble dans l'alcool bouillant et dans l'éther. On en a fait la synthèse. On doit le considérer comme de la naphtaline $C^{10}H^8$ dans laquelle deux atomes d'hydrogène sont remplacés par deux molécules d'éthylène C^2H^4.

ACÉNAPHTYLINE. s. m. T. Chim. Carbure d'hydrogène dérivant du précédent par la perte de deux atomes d'hydrogène : $C^{12}H^8$. Il fond à 90° et bout à 270°.

ACENS ou **ACCENSE.** s. m. (R. *à*, *cens*). T. Anc. Cout. Héritage donné à cens ou à ferme.

ACENSEMENT ou **ACCENSEMENT.** s. m. Action de donner à cens.

ACENSER ou **ACCENSER.** v. a. Donner ou prendre à cens et à ferme. — ACENSÉ, ÉE ou ACCENSÉ, ÉE, part.

ACÉPHALE. adj. 2 g. (gr. ἀ, priv. ; κεφαλή, tête). Qui n'a point de tête. *Statue ac.* || Fig., Qui ne reconnaît point ou n'a point de chef. *Concile ac. Secte ac. Hérétiques acéphales.* || S'emploie tantôt adj., tantôt subst. en T. Zool. et en T. Térat. Dans ce dernier cas, se dit des monstres dépourvus de tête et des organes qui manquent ordinairement avec elle. Voy. TÉRATOLOGIE.

Zool. — Cuvier avait imposé le nom d'*Acéphales* à sa quatrième classe de *Mollusques*. Ces animaux, ainsi que l'indique leur nom, sont dépourvus de tête. Mais depuis Cuvier on a reconnu que divers types rangés parmi les Mollusques acéphales devaient avoir un rang tout différent ; ainsi les Tuniciers forment un embranchement spécial voisin de celui des Vertébrés ; les Cirrhopodes sont loin des Mollusques, puisqu'l'on a reconnu que c'étaient de véritables Crustacés. Voy. MOLLUSQUES, LAMELLIBRANCHES, TUNICIERS, CIRRHOPODES.

ACÉPHALIE. s. f. Monstruosité consistant dans l'absence ou l'atrophie de la tête. Voy. TÉRATOLOGIE.

ACÉPHALOCYSTE. s. m. (gr. ἀ ; κεφαλή ; κύστις, vessie). T. Hist. nat. Voy. HYDATIDES.

ACÉRAS. s. m. T. Bot. Genre d'Orchidées de la tribu des *Ophrydées.* Voy. ORCHIDÉES.

ACERBE. adj. 2 g. (lat. *acerbus*). Une substance est ac. lorsqu'elle fait éprouver à l'organe du goût une sensation analogue à celle que déterminent les fruits avant leur maturité. La saveur ac. dépend surtout de la présence du tanin et de l'acide gallique : aussi les substances acerbes jouissent-elles de propriétés astringentes. || Fig. Dur, sévère. *Humeur acerbe. Avoir des formes, des manières acerbes.* Voy. ACERBITÉ.

Syn. — *Aigre, Acide, Acre, Acrimonieux.*

ACERBITÉ. s. f. Qualité de ce qui est acerbe.

Syn. — *Acreté, Acrimonie, Apreté, Austérité.* — Au propre, tous ces mots expriment des sensations produites sur l'organe du goût. Ce qui est *acerbe,* une pomme verte, par ex., produit sur cet organe une astriction très forte mêlée d'un léger degré d'amertume et d'acidité. Ce qui est *âcre* détermine une sensation brûlante et irritante, dont l'impression se fixe principalement à la gorge ; tels sont les alcalis et le suc d'euphorbe. — L'*âpreté* et l'*austérité,* considérées comme impressions sensorielles, ne sont autres que l'*acerbité* à un plus haut degré. La nèfle non parvenue à maturité produit une saveur *âpre ;* le coing, une saveur *austère.* De plus, *âpre* est également usité en parlant des sensations tactiles et auditives : il n'en est pas de même des autres termes dont nous parlons. — *Acrimonieux* ne s'emploie plus au propre. Au figuré, *acerbe* et *âcre* désignent un mauvais caractère, une humeur méchante, qui prend tout en mauvaise part et se plaint de tout. *Acrimonie* dit moins que le mot *âcreté,* mais *acrimonie* indique un état permanent, tandis que l'*âcreté* peut être passagère. *Apre* se dit pour marquer un excès d'ardeur ou d'activité : *âpre* au gain, au jeu. *Austère* a le sens de sévère, de rigide : il s'emploie surtout en parlant des mœurs.

ACÈRE. s. m. (gr. à, priv.; χέρας, corne). T. Zool. Qui est privé d'antennes ou de tentacules. || Genre de mollusques *gastéropodes tectibranches.*

ACÉRÉES. s. f. pl. T. Bot. Groupe de plantes formant une tribu de la famille des *Sapindacées.* Voy. ce mot.

ACÉRER. v. a. Souder de l'acier à un instrument de fer pour en rendre la pointe ou le tranchant susceptible de s'affûter convenablement. *Ac. un burin, une hache.* || Fig., on dit : *Ac. sa plume, ses traits. Ac. une épigramme.* — ACÉRÉ, ÉE. part. || S'emploie aussi adj. *Burin ac. Flèche acérée.* || Fig., *Piquant, caustique, satirique. Style ac. Plume, langue acérée.* || T. Hist. nat. Se dit de toute partie animale ou végétale qui est acuminée et piquante, comme les rayons des nageoires de certains poissons et les feuilles de diverses plantes.

ACÉRÉS. s. m. pl. (gr. à priv.; χέρας, corne). T. Zool. Famille de Mollusques gastéropodes.

ACÉRURE. s. f. Morceau d'acier que l'on soude à un outil en fer pour l'acérer.

ACESCENCE. s. f. (lat. *acescere,* aigrir). Disposition à s'aigrir, à devenir acide.

ACESCENT, ENTE. adj. Qui aigrit, qui commence à devenir acide.

ACESINES, riv. de l'Inde ancienne, affl. de l'Indus.

ACÉTABULAIRE. s. f. (lat. *acetabulum,* petit vase). T. Bot. Genre d'Algue, nommé aussi *Androsace,* de la famille des *Siphonées.* Voy. ce mot.

ACÉTABULE. s. m. (lat. *acetabulum*). T. Antiq. Sorte de vase destiné à contenir du vinaigre. || T. Anat. On désignait ainsi les cavités articulaires qu'on nomme aujourd'hui cavités cotyloïdes.

ACÉTABULIFORME. adj. (lat. *acetabulum; forma,* forme). T. Hist. nat. Qui est en forme de coupe.

ACÉTAL. s. m. T. Chim. Corps découvert dans le vieux vin. C'est un liquide incolore d'une odeur éthérée et suave, de densité 0,821, bouillant à 104°, peu soluble dans l'eau, soluble dans l'alcool et l'éther. Il a pour formule $C^8H^{14}O^2$, et forme de nombreux dérivés chlorés, bromés, etc. On doit le considérer comme la combinaison de l'aldéhyde et de l'alcool avec élimination d'eau, et il est le type d'une catégorie de corps analogues auxquels on a donné le nom d'ACÉTALS. L'acétal ordi-

naire est l'acétal *diéthylique.* Chaque combinaison d'un aldéhyde et d'un alcool fournira un acétal.

ACÉTAMIDE. s. f. T. Chim. L'*Acétamide* C^8H^3, AzH^2 est la monamide primaire correspondant à l'acide acétique. C'est un corps solide, blanc, cristallin, d'une saveur fraîche et sucrée, fondant à 38° et bouillant à 221°. Elle est soluble dans l'eau, l'alcool et l'éther. Voy. AMIDE.

ACÉTANILIDE. s. f. T. Chim. Ce corps, nommé aussi *Phénylacétamide,* provient de la transformation de l'acétate d'aniline sous l'action de la chaleur avec élimination d'eau, et peut être considéré comme de l'acétamide où un atome d'hydrogène a été remplacé par le radical phényle C^6H^5 dans le groupe amidé. Il est représenté par la formule atomique C^2H^3O, AzC$^6H^6$. On le trouve dans la rosaniline préparée à l'aide de l'acide acétique et du fer. Il donne naissance à de nombreux dérivés chlorés.

ACÉTATE. s. m. T. Chim. On donne le nom d'*Acétates* aux sels que forme l'acide acétique en se combinant avec les diverses bases. Tous les acétates métalliques sont décomposés par la chaleur en un mélange d'acide acétique, d'acide carbonique et d'acétone, et laissent pour résidu l'oxyde métallique pur. Ceux qui résistent le mieux à son influence sont les acétates alcalins. Ces sels sont presque tous solubles dans l'eau. L'acide sulfurique en dégage une odeur de vinaigre caractéristique. — Les plus importants de ces sels sont les acétates d'*alumine,* d'*ammoniaque,* de *cuivre,* de *fer,* de *mercure,* de *plomb,* de *potasse,* de *soude,* de *zinc,* de *morphine* et de *quinine.* Nous en parlerons à ces divers articles.

ACÉTIFICATION. s. f. T. Chim. On donne ce mot à la transformation de l'alcool en vinaigre. Voy. FERMENTATION et VINAIGRE.

ACÉTIFIER. v. a. T. Chim. Produire l'acétification.

ACÉTIMÈTRE. s. m. (lat. *acetum,* vinaigre; gr. μέτρον, mesure). Instrument pour mesurer le degré d'acidité du vinaigre. Voy. VINAIGRE.

ACÉTIQUE. adj. m. (lat. *acetum*). T. Chim.

Chim. — L'*Acide ac.* est la base du vinaigre. C'est un des acides les plus répandus dans la nature; on le rencontre dans un grand nombre de fruits; il existe, à l'état libre ou à celui de combinaison, dans la sève des végétaux; il se trouve aussi dans la plupart des humeurs animales, dans la sueur, dans l'urine de l'homme, etc.; il se produit enfin toutes les fois qu'on décompose par la chaleur une matière végétale ou animale. — L'acide ac. pur et concentré est solide et cristallise au-dessous de 16° C. Au-dessus de 16° C., c'est un liquide d'une odeur forte et piquante, à saveur est âcre et brûlante, mais elle devient aigrelette et agréable lorsqu'on étend l'acide avec de l'eau. Il bout à 117° C. Sa vapeur prend feu par le contact de la flamme. Exposé à l'air, l'acide ac. se volatilise en s'affaiblissant, parce que la partie encore liquide attire l'humidité atmosphérique. Concentré, il pèse 1,55 à la température de 15° C. Il s'unit à l'eau en toute proportion, en produisant une chaleur sensible. L'acide ac. uni avec l'eau est moins susceptible de se solidifier par l'abaissement de température que l'acide pur ; il peut même rester liquide à quelques degrés au-dessous de 0. On peut même se servir de la congélation pour augmenter la concentration de l'acide, parce que les parties aqueuses se congèlent les premières. L'acide ac. résulte de l'oxydation de l'alcool avec élimination d'eau. Sa formule est, en équivalents : $C^4H^3O^3$, HO, et en notation atomique : $C^2H^4O^2$. — Un moyen fort simple de préparer l'acide ac. consiste à distiller le vinaigre ordinaire dans un alambic étamé, ou mieux dans une cornue de verre ou de platine; mais on obtient par ce procédé un acide très étendu d'eau; quand on veut avoir de l'acide concentré, il faut décomposer par le feu un acétate. C'est particulièrement l'acétate de cuivre qu'on emploie à cet usage. Il se produit, outre l'acide, du gaz hydrogène carboné, de l'oxyde de carbone et de l'Acétone. L'acide ac. ainsi obtenu contient ordinairement de l'acétate de cuivre qui colore le produit : il est donc nécessaire de le rectifier. L'acide ac. préparé de cette manière est connu depuis longtemps sous le nom de *Vinaigre radical,* et fréquemment usité en médecine, du moins à l'extérieur, car il est trop irritant pour qu'on l'emploie à l'intérieur. Son administration, à dose un peu considérable, peut même causer la mort. Comme il est très volatil, on en fait respirer la vapeur aux personnes tombées en défaillance ou en syncope; mais il faut agir avec précaution, parce qu'il peut enflammer la membrane pituitaire. Aussi, pour prévenir tout accident, on en imprègne seulement des cristaux de sulfate de potasse que l'on conserve dans des flacons et qu'on vend sous le nom de *Sel de vinaigre* ou *Sel d'Angleterre*. Appliqué sur la peau, l'acide ac. en détermine la rubéfaction; il cause même le soulèvement de l'épiderme. — L'acide ac. employé dans l'industrie provient de l'*acide pyroligneux*, qui se tire du bois. Voy. PYROLIGNEUX. — L'acide ac. est un acide monobasique : il ne forme qu'un seul éther avec chaque alcool monoatomique. Cependant, il est susceptible de former des acétates acides avec les métaux monoatomiques; tel est le bioctélate de potasse. Dans ce cas, l'excès d'acide semble jouer le même rôle que l'eau de cristallisation. L'acide ac. donne naissance à plusieurs dérivés chlorés, bromés, iodés, cyanurés. L'éther ac. ou acétate d'éthyle se produit toujours dans l'acétification du vin par l'action de l'acide ac. sur l'alcool, c'est lui qui contribue à donner au bon vinaigre son parfum agréable. L'acide ac. anhydre, ou *anhydride ac.*, est un liquide très mobile, incolore, d'une odeur plus forte que l'acide ac. Il bout vers 140°. L'acide ac. est le type des acides alcooliques qui se forment par l'oxydation d'un alcool quelconque, comme il se forme par l'oxydation de l'alcool éthylique ou alcool ordinaire. Voy. ALCOOL.

ACÉTONAMINE. s. f. T. Chim. Nom donné aux produits basiques résultant de la combinaison de l'acétone ordinaire avec l'ammoniaque ou avec les amines grasses.

ACÉTONE. s. m. T. Chim. Ce produit a été découvert par Chenevix, et on l'a d'abord appelé *Esprit pyroligneux* ou *pyro-acétique*. Sa formule est $C^3H^6O^2$ en équivalents, et C^3H^6O en notation atomique. Il s'obtient en soumettant un acétate à la distillation sèche. C'est un liquide incolore, d'odeur empyreumatique très volatil, qui bout à 56° et brûle avec une flamme légèrement bleuâtre. Il ne se solidifie pas par un refroidissement de — 25°. Il se mêle en toute proportion à l'eau, à l'alcool et à l'éther. On l'emploie pour dissoudre les résines, les matières grasses, le camphre, etc.

L'ac. est le type d'une classe de corps nommés aussi *acétones* qui dérivent des alcools secondaires par perte d'hydrogène, comme les acétones dérivent des aldéhydes. La fonction des acétones est symbolisée par le radical carbonyle CO lié à deux radicaux alcooliques. La formule de l'ac. ordinaire s'écrira ainsi CH^3CO,CH^3.

L'ac. existe normalement, en très petite quantité, dans l'urine, où il se produit comme dédoublement du sucre introduit dans l'économie. C'est un poison violent qui produit d'abord un peu d'ivresse, puis de la dyspnée, le coma avec abaissement de la température, et enfin la mort. Chez les diabétiques, il arrive quelquefois que le sucre accumulé, au lieu de s'écouler dans les urines, se transforme en ac. De là résulte une complication redoutable de la maladie qui emporte le patient en un jour ou deux avec tous les symptômes de l'empoisonnement par l'ac. On a donné à cet accident le nom d'*Acétonémie* (de *acétone* et gr. αἱμα, sang).

ACÉTONÉMIE. s. f. T. Méd. Empoisonnement par la présence de l'acétone dans le sang. Voy. l'article précédent.

ACÉTOXIME. s. f. T. Chim. Les acétones peuvent s'unir à l'hydroxylamine, avec élimination d'eau; les composés ainsi formés ont reçu le nom générique d'*acétoximes*. Les aldéhydes se comportent de même en donnant des *aldoximes*. Cette réaction sert à caractériser les acétones et les aldéhydes.

ACÉTYLACÉTIQUE. adj. 2 g T. Chim. L'*éther ac.* $C^6H^{10}O^3$, qu'on obtient en traitant l'éther acétique par le sodium, puis par l'acide acétique, est un liquide incolore, à odeur agréable, bouillant à 182°. C'est l'éther éthylique de l'acide ac. $C^4H^6O^3$. Il fonctionne à la fois comme éther acétique et comme acétone; de plus il peut jouer le rôle d'acide monobasique. Il se combine à la façon des acétones avec le bisulfate de sodium et avec l'hydroxylamine. Chauffé à 250°, il se convertit en acide déhydracétique. Traité par l'amalgame de sodium, il fournit un acide oxybutyrique. Avec le perchlorure de phosphore, il sert à préparer l'acide isocrotonique. Grâce à la facilité avec

laquelle il forme des produits de condensation, l'éther ac. a permis de réaliser des synthèses remarquables. Ainsi, en réagissant sur l'aniline ou ses homologues, il fournit des dérivés de la quinoléine et du pyrrol. Avec les aldéhydes ammoniaques il donne naissance à des composés hydropyridiques, qui par oxydation se transforment en composés pyridiques. Les phénols donnent des corps appartenant à la série des coumarines. L'urée fournit un éther uramido-crotonique qui permet d'obtenir le méthyluracile et une hydroxyxanthine. Enfin avec les phénylhydrazines on obtient des pyrazolones, entre autres l'*antipyrine*. Voy. ce mot.

ACÉTYLE. s. m. T. Chim. L'*Ac.* est le radical hypothétique de l'acide acétique dont la formule atomique est C^2H^3O et dont le nom se retrouve dans une foule de composés organiques qui contiennent ce radical. Le chlorure d'ac., qui se produit dans l'action des chlorures de phosphore sur l'acide acétique, est employé pour la fabrication de la vanilline artificielle.

ACÉTYLÈNE. s. m. T. Chim. L'*Ac.*, découvert par Ed. Davy en 1836, est un gaz incolore, brûlant avec une flamme fuligineuse très éclairante, d'une odeur désagréable. Sa densité est 0,92. Il est soluble en proportions variables dans l'eau, le sulfure de carbone, l'essence de térébenthine, la benzine, l'alcool, etc. Il a été liquéfié par M. Cailletet à la température de 18° sous une pression de 83 atmosphères. L'ac. est un carbure d'hydrogène dont la formule atomique est C^2H^2. Il se combine à l'iode, au brome, au cuivre, à l'argent, au sodium, etc. Mélangé avec le chlore, il détone à la lumière diffuse en donnant de l'acide chlorhydrique et du charbon. On peut faire la synthèse de l'ac. en faisant passer un courant d'hydrogène entre les charbons d'une pile voltaïque. On l'obtient encore en faisant passer des vapeurs d'alcool ou d'éther dans un tube chauffé au rouge. Enfin, il se produit dans toute combustion incomplète. Aujourd'hui on le prépare par la combustion incomplète du gaz d'éclairage dans un appareil imaginé par M. Jungfleisch.

ACHAB [A-kab], roi d'Israël (907-888 av. J.-C.). Fameux par son impiété.

ACHAIE [A-ku-î]. Partie de l'ancienne Grèce, au nord de la Morée actuelle. || Province de la Grèce moderne, cap. *Patras*. Hab. : Achéen, enne.

ACHALANDER. v. a. (R. *chaland*). Procurer des chalands, de la clientèle. == S'ACHALANDER. v. pron. *Cette boutique commence à s'ac.* == ACHALANDÉ, ÉE. part.

ACHANTIS [A-kan-tiss]. Royaume de la Guinée, à l'ouest de l'Afrique (Voy. la carte) : 3,000,000 d'hab. Cap. *Coumassie*. Forêts de baobabs, éléphants, rhinocéros, poudre d'or, bois de teinture. Nom des habit. : Achanti ou Achantin.

ACHAR. s. m. (R. *Achar*, voyageur dans les Indes). Terme culinaire désignant les condiments préparés à l'aide de parties végétales confites dans du vinaigre.

ACHARD, chimiste allemand qui appliqua le premier (1596) la découverte du sucre de betterave, faite par Margraff.

ACHARNEMENT. s. m. Action d'un animal qui s'attache avec fureur et opiniâtreté à sa proie. *Le tigre saisit sa proie et la dévore avec ac.* || Fureur opiniâtre avec laquelle des animaux et même des hommes se battent les uns contre les autres. *Ces deux animaux, ces deux hommes se sont battus avec ac.* || Fig., Animosité opiniâtre qu'on a contre quelqu'un. *L'ac. de ces deux plaideurs est inconcevable. Critiquer avec ac.* || Fig., Passion aveugle, ardeur excessive. *Il joue avec ac.*

ACHARNER. v. a. (lat. *ad*, vers; *caro*, chair). Au prop. : Action de donner aux chiens et aux oiseaux de proie le goût de la chair. || Irriter, exciter un animal, un homme contre un autre. *On avait acharné les chiens contre le sanglier Il est acharné contre moi.* == S'ACHARNER. v. pron. S'attacher avec fureur, avec opiniâtreté. *Un lion qui s'acharne sur sa proie.* || Se livrer avec excès à quelque chose. *S'ac. au jeu, à l'étude, aux plaisirs.* == ACHARNÉ, ÉE. part. || Fig. Plein d'animosité. *Un combat acharné. Il n'existe pas d'ennemi plus acharné du bonheur d'une femme que les autres femmes.*

ACHAT. s. m. Action d'acheter. *Faire un bon, un mauvais ach.* || La chose achetée. *Je vais vous faire voir mes achats.*

Syn. — *Emplette, Acquisition.* — *Ac.* se dit principalement des objets considérables, comme routes, terres, maisons; *emplette* s'applique aux choses de moindre importance; *acquisition* est un terme plus général.

ACHATE [a-ka-te]. Compagnon d'Énée dans l'*Énéide* de Virgile. || Fig. s. m. Compagnon dévoué.

ACHAZ, roi de Juda (737-723 av. J.-C.).

ACHE. s. f. (celt. *ach,* eau, par allusion aux lieux qu'elle préfère.) Genre de plantes nommé *Apium* par les botanistes et dont l'espèce la plus importante est le *Céleri.* Voy. OMBELLIFÈRES.

ACHÉENS. Anciens habitants de l'Achaïe.

ACHÉLOUS [A-ké-lo-uss]. Fleuve de l'ancienne Grèce, en Épire, aujourd'hui *Aspropotamo.*

ACHEM. Royaume malais, dans l'île de Sumatra.

ACHÉMÉNÈS, fondateur de la famille des Achéménides, qui régna en Perse, et dont descendaient Cyrus et Darius Ier.

ACHÉMÉNIDES [A-ké-mé-ni-de], s. m. pl. Famille qui donna des rois à la Perse, entre autres Cyrus.

ACHEMINEMENT. s. m. Ce qui est propre à faire parvenir au but qu'on se propose; préparation. *Cette victoire est un ac. à la paix.*

ACHEMINER. v. a. (R. *chemin.*) Ne s'emploie qu'au fig. Mettre une affaire en train; préparer la réalisation d'un projet. *Cet événement peut ach. la paix.* Vx. || Faire avancer quelqu'un vers un but. *Cela vous acheminera aux honneurs.* || T. Man. *Ach. un cheval,* L'habituer à marcher droit devant lui, à se laisser conduire par la bride et les éperons. = s'ACHEMINER. v. pron. Se mettre en chemin, se diriger vers un lieu. *Nous nous acheminâmes vers la forêt.* || Fig. *L'affaire s'achemine,* Elle est en bon train. = ACHEMINÉ, ÉE. part.

ACHERNAR ou **AKARNAR.** s. m. (nom arabe). Étoile de de 1re grandeur : α de l'Éridan, invisible à Paris.

ACHÉRON. s. m. (gr. ἄχος, douleur; ῥόος, fleuve). Dans la Myth. grecque et romaine, l'Ac. est l'un des cinq fleuves des enfers. Suivant Homère, il est le plus considérable de tous : le Phlégéton, le Cocyte et le Styx lui apportent le tribut de leurs eaux. D'après Virgile, qui suit en cela le sentiment de Platon, l'Ac. n'est qu'un affluent du Cocyte : c'est lui qu'on rencontre d'abord, en entrant dans les enfers, puis le Cocyte, et enfin le Styx. Dans la géographie ancienne, il existait plusieurs cours d'eau et plusieurs lacs qui portaient le nom d'Ac. L'un de ces lacs était situé en Égypte, près d'Héliopolis, selon Diodore de Sicile. C'est au delà de ce dernier qu'on enterrait ordinairement les morts. Les savants pensent

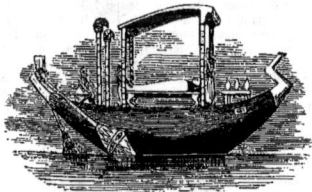

qu'il s'agit ici du lac Mœris. Les morts, après avoir été embaumés, étaient transportés sur le bord du lac, où des juges les attendaient pour faire leur procès : on examinait la vie qu'ils avaient menée, on écoutait les accusateurs, et, si le mort était jugé digne de la sépulture, le cadavre était transporté à l'autre rive. (La Fig. ci-dessus représente, d'après les monuments égyptiens, la barque qui servait à transporter les morts). Cette coutume égyptienne qui était pratiquée même à l'égard des rois, est sans doute l'origine du mythe grec du batelier Charon (mot égyptien qui veut dire batelier) qui faisait passer aux ombres des morts les bans du mariage au delà duquel ils étaient jugés par les trois juges des enfers : Minos, Æaque et Rhadamanthe.

ACHETER. v. a. (bas-lat. *accatare,* de *ad,* vers; et *captare,* prendre). Acquérir à prix d'argent. *Ac. un cheval, une terre, une robe. Ac. cher. Ac. à vil prix. Ac. en gros, Ac.* une grande quantité de la même marchandise. *Ac. en détail, Ac.* par petites portions et successivement. *Ac. comptant, au comptant,* À condition de payer sur-le-champ. *Ac. à crédit, Ac.* sans payer sur-le-champ. *Ac. des bans,* Obtenir à prix d'argent dispense de faire publier les bans de mariage à l'église. || *Ac. des voix, des suffrages, des partisans,* Se les procurer à prix d'argent ou au moyen d'autres avantages. *Celui qui achète un vote ne fait pas un marché moins honteux que celui qui le vend.* || Fig. on dit : *Ac. une chose au prix d'une autre,* quand on considère comme prix d'achat les travaux, les privations, les peines qu'il a fallu s'imposer pour obtenir ce qu'on désirait. *J'ai acheté ces honneurs au prix de mon repos. C'est un grade qu'il a acheté au prix de son sang.* = s'ACHETER. v. pron. S'emploie principalement au figuré. *La faveur s'achète au prix de l'indépendance.* = ACHETÉ, ÉE. part. Conjug. Voy. ACHEVER.

Obs. gram. — *Ach. de,* c'est acquérir de quelqu'un un objet quelconque. *Ach. à* s'emploie dans le même sens; mais il se dit également en parlant du lieu où l'on fait un achat, et de la manière dont il se fait : *Ach. à la foire. Ach. à crédit.* Enfin *Ach. à* est encore usité dans le sens de *Ach. pour. J'ai acheté un livre à mon fils.*

ACHETEUR. s. m. Celui qui achète.

ACHETEUSE. s. f. Se dit fam., d'une femme qui aime à acheter souvent et sans nécessité. *C'est une grande ach.*

ACHEVAGE. s. m. T. Céram. Dernière façon qu'on donne à une poterie moulée.

ACHEVALER. v. a. T. Art. milit. Se dit d'une armée qui occupe les deux rives d'un fleuve. *Ac. le fleuve.* = s'ACHEVALER. v. pr. *L'armée s'était achevalée sur le fleuve.*

ACHÈVEMENT. s. m. Fin, exécution entière, accomplissement d'une chose. *Il ne manque plus qu'un portail pour l'ach. de cette église.* || Fig. se dit de la perfection dont un ouvrage est susceptible. *Dans les ouvrages d'art, c'est le fini et l'ach. que l'on considère.*

ACHEVER. v. a. (R. *à,* préposition, et *chef,* tête, bout, extrémité). Finir, terminer, compléter une chose commencée. *Ac. une entreprise. Ac. ses jours, sa carrière. Ac. de dîner. Le génie commence les beaux ouvrages, mais le travail seul les achève* (Joubert). || Porter le dernier coup à quelqu'un qui est déjà blessé. *Il était mourant, un dernier coup de fusil l'a achevé.* || Fig. *Voilà de quoi m'ac.,* Voilà de quoi consommer ma ruine, ma perte, mon malheur. = s'ACHEVER. v. pron. S'emploie dans toutes les acceptions du v. actif. = ACHEVÉ, ÉE. part. || Il est aussi adj., et alors il sign., Accompli, parfait. *C'est un poème ac. Un beau visage de femme semble l'ouvrage le plus achevé de la création* (E. Legouvé). — Se prend aussi en mauvaise part. *Un fou, un fripon ac.*

Conj. — *J'achève. J'achevais. J'achevai. J'achèverai. J'achèverais. Achève. Que j'achevasse.*

Syn. — *Finir, Terminer.* — Au prop., *finir* a, en gén., un sens plus absolu qu'*ac.* et que *terminer.* Ainsi, on dit : La terre *achève* sa révolution autour du soleil dans l'espace d'une année, parce que le mouvement de la terre ne cesse pas. On dit : Le monde *finira.* Le mot *terminer* signifie mettre un terme à une chose, l'arrêter volontairement. Un malade *achève* ses jours dans son lit; un desespéré les *termine* par le suicide.

ACHILLAS, ministre de Ptolémée XII, roi d'Égypte, conseilla à son maître de faire périr Pompée et fut tué par ordre de César (48 ans av. J.-C.).

ACHILLE, héros grec, fils de Thétis et de Pélée, tua Hector au siège de Troie et fut tué par Pâris. || Tendon d'Achille; tendon musculaire qui s'implante au talon, seul endroit où, d'après la fable, Achille était vulnérable.

ACHILLÉE. gouverneur d'Égypte sous Dioclétien, voulut s'emparer du trône, fut vaincu et mis à mort.

ACHILLÉE. s. f. T. Bot. Genre de plantes de la famille des *Composées* (ex. : la millefeuille). Il tire son nom d'Achille, auquel, suivant la Mythologie, le centaure Chiron avait enseigné les propriétés des simples. Voy. COMPOSÉES.

ACHIMENES. s. m. T. Bot. Genre de plantes de la famille des *Gesnéracées*. Voy. ce mot.

ACHIRE. s. m. (gr. à priv.; χεἰρ, main). T. Icht. Genre de poissons. Voy. PLECTRONECTE.

ACHIT. s. m. T. Bot. Genre de plantes de la famille des *Vitées*. Voy. ce mot.

ACHMET, nom de 3 sultans turcs dont le dernier donna asile au roi de Suède, Charles XII, après Pultawa, battit Pierre le Grand en 1711, fut vaincu par les Impériaux en 1716, perdit Belgrade, fut déposé par les janissaires et mourut en prison (1736).

ACHOPPEMENT. s. m. (R. *chopper*). Ne se dit guère que dans cette loc. : *Pierre d'ac.*, Occasion de faillir, de tomber dans l'erreur. *Les libertins sont des pierres d'ac., pour ceux qui les fréquentent.* || Obstacle imprévu. *Il fera son chemin, s'il ne rencontre pas quelque pierre d'ac.*

ACHORES. s. m. pl. (gr. ἀχώρ, gourme des enfants). T. Méd. Mot vague désignant certaines affections du cuir chevelu. Voy. TEIGNE.

ACHRAS. s. m. T. Bot. Genre de plantes de la famille des *Sapotacées*. Voy. ce mot.

ACHROÏTE. s. f. (gr. à privatif; χρῶμα, couleur). T. Minér. Variété incolore de la tourmaline.

ACHROMATIQUE. adj. 2 g. Se dit des instruments d'optique qui donnent des images dénuées d'irisation. Voy. ACHROMATISME.

ACHROMATISME. s. m. (gr. à priv.; χρῶμα, couleur). **Phys.** — En T. d'Opt., on appelle ainsi la destruction des couleurs primitives qui accompagnent l'image d'un objet vu à travers un prisme ou une lentille. Lorsqu'un faisceau de lumière blanche traverse un milieu réfringent, les rayons des diverses couleurs qui le composent sont plus fortement réfractés, c.-à-d. plus déviés de leur direction primitive les uns que les autres. Il résulte de là que les rayons lumineux se *dispersent*, et qu'on voit apparaître les couleurs du spectre solaire. C'est pourquoi l'image d'un objet vu à travers une lentille nous paraît plus ou moins confuse, indistincte, et entourée d'un anneau coloré. Ce phénomène a reçu le nom d'*aberration de réfrangibilité*. Longtemps on crut, et Newton lui-même partagea cette erreur, qu'il était impossible de réfracter la lumière sans la décomposer; mais, depuis, on a découvert que les pouvoirs réfringent et dispersif des différentes substances diaphanes ne sont pas proportionnels entre eux, et qu'on peut empêcher la décomposition de la lumière en combinant ensemble des corps possédant des pouvoirs réfringents différents. Ainsi, en observant les spectres produits par des prismes de substances différentes on n'a pas tardé à reconnaître que les différentes couleurs, toujours rangées dans le même ordre, n'occupent pas les mêmes longueurs relatives. Quand, par ex., on se sert d'un prisme de *flint-glass* (cristal), la surface occupée par la couleur rouge est moindre, et la surface occupée par la couleur violette est plus grande que dans le cas où l'on emploie un prisme de *crown-glass* (verre ordinaire). En expérimentant avec d'autres substances, on trouve des différences plus remarquables encore. Il résulte de là qu'en combinant deux prismes de crown-glass et de flint-glass placés en sens inverse, et en choisissant convenablement leurs angles, un faisceau de lumière pourra traverser le système de telle sorte que les rayons rouge et violet soient parallèles à la sortie, tout en étant déviés de leur direction primitive. Les angles des deux prismes peuvent se calculer d'après les indices de réfraction et le *pouvoir dispersif* des deux substances.

L'ac. des lentilles est fondé sur le même principe et se détermine de la même manière que celui des prismes; mais ici il est dans la pratique fort difficile d'obtenir la compensation, parce qu'il faut avoir égard à l'aberration de sphéricité. Voy. LENTILLE. — Si les rapports de dispersion des différentes couleurs du spectre étaient tous égaux, l'achromatisme serait parfait dès que les rayons extrêmes, ou même dès que deux rayons quelconques viendraient à émerger parallèlement; mais c'est ce qui n'a pas lieu ordinairement; ces rapports sont en général variables, et, par conséquent, l'angle qui rend parallèles les rayons rouge et violet n'est pas celui qu'exigent les rayons intermédiaires pour émerger parallèlement. Néanmoins, il est possible de remédier à ce défaut en combinant ensemble un plus grand nombre de prismes ou de lentilles. Les objectifs achromatiques des anciennes lunettes étaient composés d'une lentille concave de flint-glass, placée entre deux lentilles de crown-glass; mais tous les objectifs modernes ne sont composés que de deux lentilles juxtaposées, l'une de flint, l'autre de crown, se complétant mutuellement pour neutraliser la coloration des images qui serait due à la courbure des lentilles. L'ac. obtenu de cette façon, quoique n'étant pas rigoureusement exact, suffit pour l'objet qu'on se propose.

C'est Hall qui le premier a démontré expérimentalement la possibilité de réfracter la lumière sans produire de couleurs. Dès 1733, il fit construire un télescope achromatique d'après son principe. Mais cette découverte resta dans l'oubli jusqu'en 1747, époque où Euler, réfléchissant à la structure de l'œil, qu'il regardait comme un véritable instrument achromatique, eut l'heureuse idée de détruire l'aberration au moyen de lentilles composées. J. Dollond réussit à résoudre ce difficile problème et construisit les premiers objectifs achromatiques (1758).

ACHROMATOPSIE. s. f. (gr. à, privatif, χρῶμα, couleur, ὄψις, vue). T. Méd. Défaut de la vue qui empêche de discerner certaines couleurs. On dit aussi DALTONISME. Voy. ce mot.

ACHRONIQUE. adj. Voy. ACRONYQUE.

ACHTÉOMÈTRE. s. m. (gr. ἄχθος, poids; μέτρον, mesure). Instrument destiné à la mesure de la surcharge des voitures sur les routes.

ACHYMOSE (gr. à pr. et χυμός, suc). Path. Mauvaise digestion, manque de formation du chyme.

ACHYRANTHE. s. m. T. Bot. Genre de plantes de la famille des *Chénopodiacées*. Voy. ce mot.

ACICULAIRE. adj. 2 g. (gr. ἀκὶς, aiguille). T. Hist. nat. Qui est en forme d'aiguille. Se dit de certaines feuilles et de certains cristaux. = ACICULÉ, ÉE. adj. Se dit en parlant de la surface de certaines graines. Voy. GRAINE.

ACICULARIA. s. m. T. Paléont. végét. Genre d'Algues fossiles du groupe des *Siphonées* se rattachant aux Acétabulaires.

ACIDASPIS. s. m. (gr. ἀκὶς, aiguille, ἀσπὶς, bouclier). T. Paléont. Genre de *Trilobites* (Voy. ce mot) dont la carapace peu renflée est enroulable, et dont la surface est couverte de nombreuses épines. La tête occupe 1/3 de la longueur du corps, avec glabelle à 2 sillons longitudinaux vaguement limitée sur les côtés. L'anneau occipital est net. Les yeux petits, lisses, sont situés du côté postérieur, mais refoulés en avant chez les espèces dépourvues de grande suture et toujours réunis à la glabelle par une crête. L'hypostome quadrangulaire, peu renflé, est encadré par un limbe proéminent. Le thorax a de 9 à 10 segments avec plèvres non sillonnées, portant vers leur extrémité une crête épaisse, et terminées au bout en longues épines creuses. Le pygidium, très court, est petit, à axe de 1 à 3 anneaux, à lobes latéraux plans, ornés de longues épines marginales.

C'est dans le Silurien et le Dévonien de la Bohême, de la France, de la Franconie, de la Suède, de la Grande-Bretagne et de l'Amérique du Nord qu'on trouve ce genre. Le développement maximum est dans le Silurien supérieur.

ACIDE. adj. 2 g. (gr. ἀκὶς, aiguille). Qui a une saveur aigre. *Fruit ac.* || T. Ch. Ce qui jouit des propriétés physiques ou chimiques des composés appelés *Acides*. — Fig. Aigre, piquant, mordant. *Caractère ac.*

ACIDE. s. m. T. Chim. On entend, en gén., par le mot *Acides*, des corps composés, doués d'une saveur aigre et rougissant la teinture bleue de tournesol; mais ce caractère distinctif est insuffisant : car certains acides, comme les acides silicique et borique, étant insolubles dans l'eau, ne possèdent pas la propriété de rougir les papiers réactifs. La définition la plus générale qu'on puisse donner d'un ac. est celle-ci : *Un ac. est un corps susceptible de se combiner avec un autre corps jouant le rôle de base.* Si on soumet le résultat de cette combinaison à l'action de la pile, l'ac. se porte au pôle électro-positif, et la base au pôle électro-négatif. — Lavoisier avait posé en principe que l'oxygène seul pouvait donner naissance à des acides; mais Berthollet a démontré que d'autres corps, comme l'hydrogène, le chlore, le brome, l'iode, le soufre, etc., donnaient aussi lieu à des acides. Cette découverte a conduit à partager les acides en différentes classes. On a nommé *Oxacides* ceux qui renferment de l'oxygène (ac. sulfurique, etc.), et *Hydracides* ceux qui sont formés d'hydrogène combiné à un autre corps (ac. sulfhydrique). Mais cette distinction a perdu toute son importance depuis qu'on a reconnu que tous les acides doivent leur caractère à l'hydrogène. En effet, les oxacides ne fonctionnent comme acides que s'ils sont hydratés, et la formation d'un sel consiste dans la substitution d'un métal ou d'un radical qui en tient lieu à la place de l'hydrogène. C'est pourquoi les acides forts, comme l'ac. sulfurique et l'ac. chlorhydrique, attaquent les métaux avec dégagement d'hydrogène. Les acides sont dits monobasiques, bibasiques, tribasiques, etc., suivant qu'ils contiennent un, deux ou trois atomes d'hydrogène susceptibles d'être remplacés par un métal. Les acides forment avec les radicaux alcooliques des composés analogues aux sels, et nommés éthers. La distinction entre les acides et les bases n'est du reste pas absolue, et certains corps fonctionnent comme bases en présence des acides forts, et comme acides en présence de bases énergiques.

ACIDIFIABLE. adj. 2 g. T. Chim. Qui peut se transformer en acide.

ACIDIFIER. v. a. T. Chim. Produire un acide, transformer en acide. = s'ACIDIFIER. v. pron. Devenir acide.

ACIDITÉ. s. f. Qualité de ce qui est acide. *L'ac. du verjus.* || T. Chim. Qualité des corps nommés *Acides*, opposée à celle qu'on nomme *Alcalinité* ou *Basicité.* Voy. ACIDE, BASE.

ACIDULE. adj. 2 g. Qui est légèrement acide. || T. Méd. Boisson contenant un acide très étendu.

ACIDULER. v. a. Rendre légèrement acide. *Ac. de l'eau avec du jus de citron.* = ACIDULÉ, ÉE. part.

ACIER. s. m. (lat. *acies*, pointe, tranchant). On applique ce nom au fer combiné avec le charbon, et devenu susceptible d'acquérir, par certains procédés de l'art, une grande dureté. || *Un homicide ac.*, Une épée, un poignard. || Fig. *Muscles d'ac.*, muscles très forts; *Cœur d'ac.*, cœur dur, insensible.

Métall. — L'*Ac.*, cette matière si précieuse pour les arts, n'est autre chose que du fer contenant de 1 à 2 p. 100 de carbone, et quelquefois de 1 à 6 millièmes de silicium. Il peut encore contenir de l'aluminium et quelques traces de manganèse. L'ac. est plus blanc que le fer doux, dont il a sensiblement l'aspect. Sa densité varie de 7,80 à 7,84; elle est plus considérable que celle du fer. Il est plus malléable et moins ductile que ce métal, et il peut se souder à lui-même. Chauffé à la chaleur blanche, il devient cassant; sa cassure est finement granuleuse. Lorsqu'on le refroidit brusquement, il reste cassant à froid, et acquiert une grande dureté qui lui permet de prendre un très beau poli. Refroidi lentement, il est moins dur que le fer et un peu moins dilatable. Il n'entre en fusion qu'à une température d'environ 1800°, variable du reste suivant sa composition. Il garde la polarité magnétique beaucoup mieux que le fer. Les acides qui agissent sur le fer agissent également sur l'ac. Quand on soumet ce dernier à leur action, il se dégage de l'hydrogène en partie carboné; si sa forme, en même temps, une huile odorante que l'hydrogène entraîne, et il se dépose, en outre, un résidu charbonneux dont la nature varie suivant l'acide qu'on a employé. On a vu que l'ac. acquérait de la dureté par un refroidissement brusque, et de la ductilité par un refroidissement lent. Les opérations qui déterminent dans l'ac. ces modifications importantes, sont connues sous le nom de *trempe* et de *recuit.* La

première consiste à chauffer l'ac. au rouge et à le plonger subitement dans l'eau froide. Tout autre corps froid, tel que l'huile, le mercure, la pâte de farine, le suif, peut remplacer l'eau pour la trempe. La trempe à l'huile est assez usitée. La seconde opération consiste à prendre de l'ac. trempé très dur, puis à le chauffer plus ou moins, suivant les usages auxquels on le destine, et à le laisser refroidir lentement. On juge de l'état de l'ac. recuit par sa coloration. Ainsi, une lame d'ac. poli, chauffée au contact de l'air, prendra les teintes suivantes : Jaune paille très pâle, à 221° C.; jaune paille plus foncé, 232°; jaune orange, 243°; jaune brun, 254°; jaune brun pourpré, 265°; pourpre, 277°; bleu pâle, 280°; bleu ordinaire, 293°; bleu noir très foncé, 317°; vert d'eau, 332°. Ces colorations sont dues à la formation d'une mince couche d'oxyde à demi transparente dont la coloration dépend de l'épaisseur, suivant la théorie des lames minces. Voy. ANNEAUX COLORÉS.

Les peuples orientaux connurent les premiers la préparation de l'ac. Dès le Xe siècle, on fabriqua des armes blanches avec l'ac.; mais ce n'est guère qu'au XIIe qu'on l'employa pour les épées. Plus tard, on en vint à fabriquer les couteaux, les ciseaux et autres petits instruments avec cette substance. Aujourd'hui son usage est universel.

Les progrès de la métallurgie ont montré qu'entre le fer pur et la fonte, qui contient jusqu'à 40 millièmes de carbone, il y a toute une série de produits diversement carburés. On nomme *fers* les produits qui contiennent moins de 2 millièmes de carbone : ils ne prennent pas la trempe. Les *aciers* contiennent de 2 à 25 millièmes de carbone et prennent la trempe en général. La *fonte* comprend toutes les variétés contenant de 25 à 40 millièmes de carbone. Il y a cependant des aciers obtenus par la méthode Bessemer ou Martin Siemens, qui servent à faire des rails de chemin de fer et qui ne trempent pas, quoiqu'ils renferment de 2 à 5 millièmes de carbone. Cette absence de la propriété caractéristique tient à la présence de corps étrangers.

On peut obtenir l'ac. : 1° en traitant directement le minerai en présence du charbon, *ac. naturel;* 2° en carburant le fer, *ac. de cémentation;* 3° en décarburant la fonte, *affinage;* 4° en mélangeant la fonte et le fer, *ac. par réaction.*

1° *Ac. naturel.* — Il s'obtient en traitant le minerai très riche en fer par la *méthode catalane.* Voy. FER.

L'ac. qu'on obtenait par ce procédé, à peu près abandonné aujourd'hui, était plutôt un mélange de fer et d'acier.

2° *Ac. de cémentation* ou *ac. poule.* — Il s'obtient en chauffant à une température élevée des barres de fer contenues dans des caisses remplies de charbon de bois pulvérisé qui prend le nom de *Cément.* Les matières mises en présence sont toujours chauffées dans des vases à parois réfractaires et complètement imperméables, qui les garantissent de l'action des gaz émanant du foyer ou qui se produit la chaleur nécessaire à la réaction. Le métal et le cément, après avoir été disposés par couches dans ces vases, sont portés au rouge vif. La durée de l'opération est suivie par un ouvrier dont l'habileté consiste principalement à régler le feu, et à le maintenir à la température qui convient le mieux à la cémentation et au degré de carburation qu'on veut donner aux barres à cémenter. Cet ouvrier juge du progrès de la cémentation par l'aspect d'une barre d'épreuve qu'il retire du fourneau de temps en temps. Pour cémenter 17,000 kilogr. de fer environ, la durée du chauffage varie entre cinq et neuf jours : elle est ordinairement de sept jours; mais comme la cémentation continue pendant le refroidissement qui dure à peu près huit jours, et qu'il faut deux jours pour charger et décharger le fourneau, il en résulte que l'opération n'est achevée qu'au bout de dix-sept jours.

La cémentation donne des produits peu homogènes qui doivent subir des opérations ultérieures de laminage, corroyage, soudure, etc. On n'obtient un métal homogène qu'en fondant ultérieurement l'acier de cémentation. La cémentation est un procédé qui tend à disparaître : on la réserve pour la fabrication des aciers fondus de première qualité et on y emploie les fers de Suède les plus purs.

Ac. fondu. — Cet ac. n'est autre que de l'ac. de cémentation que l'on fond dans un creuset de plombagine, à l'abri des gaz de la combustion. L'opération s'exécute au moyen d'un fourneau à double courant d'air naturel, dans lequel on place les creusets qui contiennent chacun 12 à 15 kilogr. de métal.

3° *L'affinage* de la fonte peut s'opérer sans fusion, en oxydant le carbone avec des oxydants solides, ou avec fusion plus ou moins pâteuse; dans ce cas on emploie des fontes manganésées qui donnent des scories moins oxydantes que le fer ordinaire. Cette méthode autrefois très répandue donnait l'*ac. de forge.* Elle est à peu près abandonnée aujourd'hui et remplacée par le *puddlage*, qui consiste à oxyder le carboue de la fonte sur la sole d'un four à réverbère, et qui consomme beaucoup moins de charbon. Voy. PUDDLAGE.

La *méthode Bessemer*, imaginée en 1855, consiste à affiner la fonte en insufflant de l'air dans la fonte en fusion. La fonte est renfermée dans une cornue; une soufflerie puissante permet de faire traverser une épaisseur de fonte liquide de 60 centimètres par de l'air à une pression supérieure à celle de l'atmosphère. Sous l'action de ce courant d'air, une certaine quantité de fer s'oxyde, et l'oxyde de fer ainsi formé réagit sur les métalloïdes contenus dans la fonte, et les oxyde en régénérant le fer. Le silicium s'oxyde d'abord sans produire de flamme, puis le carbone. Alors se produit une flamme dont le volume et l'éclat vont en croissant. La flamme tombe quand l'opération est terminée. Il est remarquable que l'ac. est obtenu sans combustible, parce que la combustion du carbone et surtout du silicium dégage assez de chaleur pour maintenir la masse liquide. Le silicium joue à cet égard un rôle plus important que le carbone, parce que le produit de la combustion, la silice qui est solide, reste dans le bain, tandis que l'oxyde de carbone et l'acide carbonique s'échappent emportant avec eux la chaleur produite. Aussi toutes les fontes ne sont-elles pas propres à l'opération Bessemer. On doit rejeter les fontes blanches qui ne renferment pas de silicium, et employer les fontes grises. Enfin il faut, à la fin de l'opération, ajouter de la fonte spiculaire ou *spiegel* de Westphalie qui contient beaucoup de manganèse, pour empêcher l'oxyde de fer de se dissoudre dans le métal; autrement on obtient un métal cassant qui n'est pas malléable. L'appareil est représenté (Voy. Fig.). La cornue ou convertisseur est mobile autour de deux tourillons, afin de faciliter son remplissage et de faire écouler le métal à la fin de l'opération. L'air insufflé arrive par les tuyaux inférieurs. L'opération est très rapide; on peut affiner jusqu'à 10 tonnes de métal en moins d'une demi-heure.

4° *Ac. par réaction.* — Dans le procédé Martin Siemens, imaginé en 1861, on se propose d'obtenir de l'acier par la fusion, sur la sole d'un four à réverbère, d'un mélange de fonte et de fer. On peut remplacer le fer par du minerai. On commence par faire fondre de la fonte, puis on introduit dans le bain soit des rubans de fer, soit des paquets de minerai. La chaleur est fournie par un four Siemens, dont le principe est de transformer d'abord la houille en oxyde de carbone par une combustion incomplète, puis de brûler cet oxyde de carbone au contact d'un courant d'air. L'appareil est disposé de manière que les gaz circulent tout autour de la sole, de sorte qu'il n'y a pour ainsi dire pas de chaleur perdue. La réaction se fait avec une grande lenteur, ce qui fait qu'on est facilement maître de l'opération. Il est facile de prendre de temps à autre des éprouvettes de métal en fusion, et d'arrêter l'opération quand on a atteint le degré de décarburation voulu.

Les aciers préparés par ces nouveaux procédés sont aujourd'hui extrêmement employés dans l'industrie. Ils ont remplacé le fer dans une foule de constructions. Ce sont eux qui servent à fabriquer les canons et les rails des chemins de fer. Les usines métallurgiques produisent un très grand nombre de variétés d'aciers. La proportion de carbone, la présence de matières étrangères font varier considérablement les propriétés des aciers. Il est des substances comme le soufre, le phosphore, qui doivent être absolument proscrites. On connaît des procédés pour débarrasser complètement le métal du phosphore. D'autres corps, comme le manganèse, le chrome, etc., peuvent être tolérés dans certaines circonstances et communiquent au métal des propriétés spéciales. L'acier est d'autant plus malléable qu'il contient moins de carbone. Le manganèse et le tungstène augmentent la dureté de l'acier, le chrome le rend plus résistant, plus élastique et moins cassant.

ACIÉRAGE. s. m. Action d'aciérer un métal.

ACIÉRER. v. a. T. Métall. Convertir du fer en acier.

Donner les qualités de l'acier. = s'ACIÉRER. v. pron. Se dit du fer qui se convertit en acier. = ACIÉRÉ, ÉE. part.

ACIÉRIE. s. f. Usine où l'on fabrique l'acier.

ACINACIFORME. adj. 2 g. T. Bot. (lat. *acinaces*, cimeterre; *forma*, forme). Se dit des organes foliacés des végétaux qui ressemblent à un sabre, c.-à-d. qui sont comprimés, à 3 angles, à carène tranchante, et un peu redressés vers la partie supérieure.

ACINÈTE. s. m. (gr. ἀ, priv., κινεῖν, mouvoir). T. Zool. Genre d'infusoires parasitaires dont le corps est protégé par une enveloppe et supporté par un pédoncule long et mince, et qui sont dépourvus de cils vibratiles.

ACINÉTIQUE. adj. (gr. ἀ, priv.; κινεῖν, mouvoir). T. Méd. Qui arrête les mouvements. *La digitale est un poison ac. du cœur.*

ACIOTIS. s. m. (gr. ἀκὶς, pointe). T. Bot. Genre de plantes de la famille des *Mélastomacées.* Voy. ce mot.

ACIS, berger de Sicile, aimé de Galatée.

ACISELER. v. a. T. Agric. Coucher le plant de la vigne.

ACMÉ. s. f. (gr. ἀκμή, le plus haut point). T. Méd. Le plus haut point d'une maladie.

ACNÉ. s. f. (gr. ἀκμή, pointe). T. Méd. Maladie constituée par une lésion des glandes sébacées et caractérisée par des boutons acuminés qui se produisent sur la face, les bras, le dos, la poitrine. Voy. COUPEROSE.

ACNÉ CONTAGIEUSE. (Variole anglaise, canadienne, américaine du cheval.) — Cette maladie n'a rien à faire avec la variole; elle paraît avoir été observée en France vers 1861. Mais en 1877 des chevaux canadiens l'importèrent en Angleterre, d'où elle se répandit sur le continent. La maladie est très contagieuse; un petit bacille en est la cause. L'inoculation cutanée avec des croûtes prises sur le cheval, ou avec de la culture pure, a réussi chez le cheval, le mouton, le bœuf, le chien, le lapin; le cobaye et la souris en sont tués. Les moyens de transmission de la maladie sont les instruments de pansage, couvertures, harnais. Après une incubation d'une à deux semaines, une éruption localisée, peu étendue, de tumeurs grosses comme des haricots, se déclare aux endroits contaminés. Ces tumeurs se recouvrent de vésicules devenant pustules; le contenu de celles-ci sèche et forme des croûtes jaune miel, épaisses. La croûte tombe au bout d'une semaine, et laisse la peau sans pigments et dépilée. Il n'y a pas de démangeaisons ni de troubles généraux, et la guérison survient en deux semaines. Dans les cas graves, une grande partie de la peau se recouvre de croûtes jaunes, et la maladie prend l'aspect du farcin. L'éruption peut procéder par poussées et la guérison n'être obtenue qu'au bout de deux mois et plus. Malgré cela elle s'accompagne de démangeaisons, et peu ou pas de symptômes généraux. Cette maladie cutanée bénigne ne peut être confondue avec la variole vraie qui, siégeant au paturon d'ordinaire, s'accompagne toujours de fièvre. Elle se distingue du farcin dont le pus est huileux et les ulcérations indéfinies, et de l'eczéma impétigineux dont les démangeaisons sont très vives. Les animaux atteints sont isolés; on lave les points malades avec des solutions d'acide phénique ou de sublimé, et on désinfecte les instruments de pansage avec l'eau phéniquée ou par la chaleur.

Chez l'homme il existe un eczéma impétigineux de la face et du cuir chevelu, atteignant surtout les enfants et aussi les adultes, ayant les mêmes symptômes que la forme légère de l'ac. contagieuse du cheval. On n'en a pas encore trouvé la cause, et cependant la contagion est évidente.

ACOLYTE. s. m. (gr. ἀκόλουθος, suivant). Clerc promu au premier des quatre ordres mineurs. *Faire les fonctions d'ac. à une grand'messe.* || Fam., Se dit d'une personne qui en accompagne toujours une autre. *C'est son ac.* — Se prend quelquefois en mauvaise part.

ACOMAT, grand vizir de Mahomet II, guerrier célèbre (XV⁰ siècle.)

ACONIT. s. m. (gr. ἀκόνη, rocher). T. Bot. Genre de plantes médicinales de la famille des *Renonculacées.* Voy. ce mot. Employé surtout en homéopathie, pour combattre la suractivité de la circulation artérielle et la fièvre.

ACONITINE. s. f. T. Chim. Alcaloïde que l'on retire de l'aconit. Elle est incolore, inodore, d'une saveur âcre et brûlante, à peine soluble dans l'eau, très soluble dans l'alcool et le chloroforme. C'est un poison violent qui agit comme stupéfiant. Elle rend de grands services en thérapeutique grâce à ses propriétés stupéfiantes, diurétiques et sudorifiques, et à l'action dépressive qu'elle exerce sur les muscles, le cœur, les vaisseaux.

ACONTIAS. s. m. (gr. ἄκων, οντος, trait). T. Erpét. Genre de serpents de la famille des *Anguis.* Voy. ce mot.

ACOQUINANT, ANTE. adj. Qui acoquine, qui attire. *Le feu est ac. Une vie acoquinante.* Fam.

ACOQUINER. v. a. (lat. *coquina,* cuisine). Attirer, attacher, faire contracter une habitude. *Le métier de gueux acoquine ceux qui l'ont fait une fois.* = S'ACOQUINER. v. pron. S'attacher, s'adonner, s'accoutumer trop à ce qui plaît. *S'ac. au jeu, au cabaret.* = ACOQUINÉ, ÉE. part.

ACORE. s. m. (gr. ά, priv. κόρη, prunelle). T. Bot. Genre de plantes de la famille des *Aroïdées.* Suivant Dioscoride, l'ac. était employé dans les maladies des yeux, et c'est de là que lui vient son nom. Voy. AROÏDÉES.

ACORÉES. s. f. pl. T. Bot. Groupe de plantes formant une tribu de la famille des *Aroïdées.* Voy. ce mot.

AÇORES, îles de l'Atlantique, appartenant au Portugal; les principales sont Sainte-Marie, San-Miguel et Terceira; pop. : 259,800 hab.

ACOTYLÉDONE. adj. 2 g. ou **ACOTYLÉDONÉ, ÉE.** adj. (gr. ά priv.; κοτυληδών, sorte de petite feuille). T. Bot. — S'emploie aussi subst. Ce terme s'applique aux végétaux qui sont dépourvus d'embryon. Voy. BOTANIQUE, COTYLÉDON et GRAINE.

ACOTYLÉDONIE. s. f. Nom d'une grande division botanique où l'on plaçait tous les végétaux acotylédones. Voy. BOTANIQUE.

ACOUCHI. s. m. T. Zool. Voy. AGOUTI.

ACOULURE. s. f. Terme employé dans l'exploitation des bois de flottage, pour désigner de petites portions de bois de 0ᵐ,10 environ.

DICTIONNAIRE ENCYCLOPÉDIQUE.

ACOUMÈTRE. s. m. (gr. ἀκούειν, entendre; μέτρον, mesure). Instrument propre à mesurer l'étendue du sens de l'ouïe chez l'homme.

À-COUP. s. m. Se dit des mouvements saccadés et des temps d'arrêt brusques qui nuisent à la précision, à la régularité dans les exercices d'équitation, dans les manœuvres d'une troupe, dans les mouvements d'une machine, etc. *Marcher, trotter par à-coups. Occasionner des à-coups.*

ACOUSTIQUE. s. f. (gr. ἀκούειν, entendre).
Phys. — L'Ac. est la branche de la physique qui a pour objet l'étude des lois suivant lesquelles se produit et se propage le son.

La sensation de son est produite par des mouvements vibratoires de l'air consistant en contractions et dilatations successives qui se propagent de proche en proche. Toutefois, ces vibrations n'impressionnent l'oreille que si elles sont comprises entre certaines limites d'amplitude et de rapidité. Ces vibrations sont généralement produites soit par un ébranlement brusque d'une masse d'air, soit par les vibrations d'un corps solide qui prend alors le nom de corps sonore.

Mouvements vibratoires. — L'état vibratoire des corps sonores est surtout sensible dans les cordes de violon, de harpe et autres instruments analogues. Les oscillations sont trop rapides, il est vrai, pour qu'on puisse les compter, mais l'œil les aperçoit, par suite du phénomène bien connu de la persistance des images sur la rétine : il saisit les limites des excursions de la corde, et croit la voir en même temps dans toutes les positions intermédiaires, à peu près comme il voit

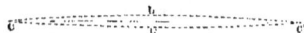

Fig. 1.

un cercle de feu lorsqu'un charbon enflammé est tourné en rond avec une vitesse suffisante. (Fig. 1.) Le son cesse avec le mouvement et recommence avec lui. Ce sont ces *oscillations* qu'on a coutume d'appeler des *vibrations.* Elles se manifestent de même lorsqu'on écarte de sa position naturelle l'extrémité libre d'une lame fixée dans un étau par son autre extrémité. Dans les cloches ou les timbres ces vibrations sont moins apparentes; mais elles existent comme dans les cordes. Pour s'en assurer, on prend une cloche de verre dans laquelle est suspendue une petite balle de métal; on frappe la cloche pour lui faire rendre un son, et ensuite on l'incline pour que la balle vienne en toucher la paroi (Fig. 2); alors la balle saute d'un mouvement rapide, et l'on entend les chocs répétés qu'elle produit en retombant par son propre poids. — La nécessité d'un milieu élastique capable de transmettre les vibrations sonores à l'organe de l'ouïe est facile à démontrer. Il suffit de disposer sous le récipient de la machine pneumatique un timbre d'horlogerie sans cesse frappé par un marteau qu'un ressort met en mouvement, et de placer cet appareil sur un coussinet de laine ou de coton, destiné à empêcher les vibrations de se transmettre par le pied de l'appareil. On entend d'abord très distinctement le son produit par les chocs successifs du marteau contre le timbre; mais sitôt que l'on commence à faire le vide, les sons s'affaiblissent de plus en plus en proportion de la raréfaction de l'air, puis on n'entend plus rien.

Fig. 2.

Cette expérience démontre que le son ne peut se propager à travers un espace parfaitement vide; mais il se transmet très bien dans l'eau et dans les solides. Colladon, en plongeant à quelques pieds de profondeur dans l'eau un cylindre mince de fer-blanc dont l'extrémité inférieure était fermée, et dont l'extrémité supérieure était hors de l'eau, put entendre le son d'une cloche que l'on faisait tinter sous l'eau à la distance de 2,000, de 6,000, et même de 12,000 mètres, ou à travers toute la largeur du lac de Genève, de Rolle à Thonon. La faculté conductrice du bois dans la direction de ses fibres est très remarquable. Si l'on met l'oreille en contact avec l'extrémité d'une pièce de charpente, quelle que soit sa longueur, on entendra distinctement le son très léger grattement que l'on produira avec la pointe d'une épingle à l'autre extrémité de la pièce de bois, alors même que le bruit produit serait assez faible pour n'être pas entendu par la personne qui le produirait. Les mineurs qui travaillent dans une galerie entendent souvent, à travers le roc solide, les coups de pioche des mineurs qui travaillent dans d'autres galeries. En général, tous les corps solides suffisamment compacts sont d'excellents conducteurs du son. — Les sons se propagent à de grandes distances et avec une netteté remarquable à la surface de l'eau, de la glace ou de la neige gelée, quand un abaissement considérable de température augmente aussi la densité de l'air. Dans le récit de sa troisième expédition au Cercle polaire, Parry rapporte que deux personnes pouvaient faire la conversation à travers le havre de Port-Bowen, à une distance de 2 000 mètres l'une de l'autre. — L'intensité du son décroît proportionnellement au carré de la distance.

Si l'on s'élève sur les montagnes, ou en ballon, la raréfaction de l'air a pour effet de diminuer de beaucoup l'intensité des sons. Au sommet du mont Blanc, un coup de pistolet ne fait pas plus de bruit qu'un petit pétard tiré dans la plaine.

Vitesse du son. — La propagation du son dans l'air n'est pas instantanée; il lui faut un certain temps pour se transmettre d'un point à un autre. C'est pour cela qu'on voit le feu d'un coup de canon tiré à 2 kilomètres de distance plusieurs secondes avant d'entendre l'explosion. — On a fait de nombreuses expériences pour déterminer la vitesse du son à travers l'atmosphère. Le procédé employé consiste à observer l'intervalle qui s'écoule entre la vue de la flamme et l'audition de l'explosion d'une pièce de canon que l'on tire à une distance connue. C'est par ce moyen que les académiciens de Florence, en 1660, trouvèrent que le son se propageait avec une vitesse de 340m,90 par seconde. En 1737, l'Académie des sciences de Paris chargea Cassini de Thury, Maraldi et Lacaille de recommencer toutes ces recherches. Ce fut alors que, pour la première fois, on procéda de manière à éliminer l'effet du vent. Dans ce but, on tira des coups de canon aux deux extrémités de la ligne, soit simultanément, soit à de courts intervalles.

Ces savants paraissent aussi avoir été les premiers qui aient observé et tenu compte de la température de l'air au moment de l'expérience, élément fort essentiel. Ils constatèrent que le son se propageait avec une vitesse de 337m,18 par seconde, la température étant de 4° à 6° R. (5° à 7°,5 C.). Lorsqu'on opère la réduction que nécessite la température, on trouve que cette vitesse est à peu près celle qu'on a obtenue dans les expériences modernes les plus rigoureuses. En 1822, de nouvelles expériences furent entreprises sous la direction du Bureau des longitudes; on choisit deux stations dans le voisinage de Paris : Villejuif et Montlhéry. Les signaux étaient des coups de canon tirés alternativement à chaque station, à un intervalle de 5 minutes. Les observateurs à Villejuif étaient Prony, Arago et Mathieu; et à Montlhéry, Humboldt, Gay-Lussac et Bouvard. L'intervalle de temps qui s'écoulait entre la vue de la flamme et l'explosion était compté au moyen de *chronomètres* de construction particulière qui permettaient de diviser les secondes et de noter ces fractions. La moyenne de toutes les observations donna la vitesse de 331m,12 à la température 0°. Regnault a repris l'étude de la vitesse du son en 1864. Il a opéré soit à l'air libre, au camp de Satory, soit dans les tuyaux des conduites d'eau de Paris. L'onde sonore, au lieu d'être simplement perçue par l'oreille, était reçue sur une membrane de caoutchouc tendu. Le son était produit par l'explosion d'un pistolet. Un appareil électrique était disposé de manière que le circuit fût interrompu une première fois au moment de la production du son, une deuxième fois au moment où la membrane se mettait à vibrer. L'interruption du courant produisait un signal sur la bande d'un appareil télégraphique, de sorte qu'on pouvait évaluer très exactement le temps employé à la propagation du son. On a trouvé 330m,71. — La vitesse du son varie avec la température et l'état hygrométrique de l'air; elle est indépendante de la pression. On peut, par la connaissance de la vitesse du son dans l'air, estimer approximativement les distances. Si l'on voit la lumière d'une arme à feu ou la lueur d'un éclair, on comptera les secondes écoulées depuis cette apparition jusqu'à ce qu'on entende le bruit de l'explosion de l'arme ou le coup de tonnerre, et ce nombre, multiplié par 340, donnera la distance en mètres au centre de vibration.

Dans des expériences faites sur le lac de Genève, Sturm et Colladon ont trouvé que le son se propage dans l'eau avec une vitesse de 1 435 mètres par seconde, à une température de 10° C. Ainsi, le son se propage dans l'eau avec une vitesse 4,30 fois environ plus grande que dans l'air. — Dans les solides, cette vitesse est encore beaucoup plus considérable. D'après les expériences de Chladni, elle serait de 3 624 mètres par seconde pour le bois de chêne, de 4 806 pour celui du charme, de 5 664 pour le verre et le fer, et de 6 420 pour le bois de sapin. Ainsi, le son se propagerait dans ce dernier corps environ 18 fois plus vite que dans l'air.

Au reste, tous les sons, quelle que soit leur gravité ou leur acuité, se propagent avec la même vitesse quand le milieu reste le même. Lorsqu'on exécute une symphonie, les sons se suivent dans le même ordre et aux mêmes intervalles. La mesure et l'harmonie n'éprouvent pas la moindre altération, à quelque distance que nous soyons de l'orchestre.

Qualités du son. — Si la fréquence des vibrations se trouve au-dessous d'une certaine limite, le son n'est pas perçu par l'oreille. Le son devient d'autant plus aigu que les vibrations sont plus rapides, jusqu'à ce que cette vitesse atteigne une certaine limite supérieure, au-dessus de laquelle il n'y a plus de son perceptible à l'oreille humaine. Il existe des appareils, la roue dentée de Savart et la sirène de Cagniard de Latour, qui permettent de déterminer avec la plus grande rigueur le nombre de vibrations qui produit un son d'une hauteur quelconque. Le premier se compose d'une roue dentée devant laquelle on place une carte, qui est heurtée par chaque dent, d'où résulte un son. Le nombre des vibrations est égal au nombre des dents qui passent devant la carte, ce qui est facile à mesurer quand on connaît la vitesse de la roue. Le second se compose de deux plateaux percés de trous obliques, et pouvant tourner l'un devant l'autre. En soufflant dans l'appareil on fait tourner l'un des plateaux, et il se produit un son dont le nombre de vibrations est égal au nombre des trous du plateau mobile qui passent devant un trou du plateau fixe. Un compteur permet de compter le nombre de tours, qu'il suffit de multiplier par le nombre de trous de l'un des plateaux pour obtenir le nombre de vibrations. Pour mesurer le nombre de vibrations d'un son, on met l'appareil en mouvement en augmentant progressivement sa vitesse jusqu'à ce qu'il rende l'*unisson* du son à étudier. Le nombre de vibrations qu'il indique est le nombre cherché. Les limites entre lesquelles le son est perceptible à l'oreille humaine dépendent de l'intensité du son et des individus; on peut indiquer comme limite inférieure 32 et comme limite supérieure 75 000 vibrations par seconde. Outre la hauteur, qui dépend du nombre des vibrations, les sons se distinguent encore par une autre qualité nommée *timbre*, qui dépend de la *forme* de la vibration. Voy. TIMBRE.

Vibrations des cordes. — C'est au Dr Brook Taylor que l'on doit les premières recherches relatives aux lois du mouvement des cordes vibrantes; elles furent publiées en 1715. Lagrange en a donné la théorie mathématique complète. —

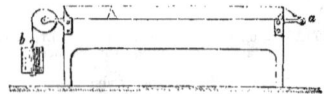

Fig. 3.

L'appareil dont on se sert pour faire vibrer les cordes porte le nom de *monocorde* ou de *sonomètre*. (Fig. 3.) Il représente une corde fixée par une de ses extrémités, l'autre s'enroulant sur une poulie très mobile et portant un poids qui produit la tension de la corde. Les supports sont placés sur une caisse vide, en bois mince et sonore, afin de renforcer le son produit. On fixe la longueur de la corde au moyen de deux chevalets dont l'un est mobile, et on la met en vibration avec un archet ou en la pinçant. Voici les résultats auxquels on arrive par le calcul et qui sont aisément vérifiés par l'expérience, à l'aide de l'appareil précédent : 1° Lorsque deux cordes d'un instrument ne diffèrent que par leur longueur, le nombre des vibrations qu'elles exécutent en des temps égaux est en rapport inverse de leurs longueurs. 2° Si les cordes ne diffèrent que par leur diamètre, les nombres de vibrations qu'elles exécuteront sont en raison inverse de leur diamètre. 3° Les nombres de vibrations d'une corde sont proportionnels aux racines carrées des poids qui la tendent. — Un fait curieux, indiqué par le calcul et confirmé par l'expérience, c'est qu'une corde vibrante peut se partager spontanément en un nombre quelconque de portions dont chacune, étant une

Fig. 4.

partie aliquote de la corde entière, vibre séparément comme si elle était fixée à ses deux extrémités et constituait une corde isolée. Ainsi la corde A B (Fig. 4.) peut se partager en 2, 3, 4, etc., portions égales, aux points n, n', etc. Chacune de ces portions vibrera 2, 3, 4, etc., fois plus rapidement que la corde entière, et de plus ce mouvement simultané de deux portions contiguës quelconques aura lieu dans des directions opposées, les points de partage restant immobiles. Si, par ex., on place le chevalet mobile du sonomètre à la fin du premier quart de la corde A B et qu'on ébranle ce premier quart avec l'archet, les trois autres quarts entrent à l'instant en vibration, ainsi que le représente la fig. 5. Chacun des segments de la corde vibre séparément autour des points n et n' restent fixes quoique libres. Pour s'en assurer, on n'a qu'à

Fig. 5.

placer sur les points v, n, v', n' et v" de petits chevrons de papier. Ceux qui sont en v, v' et v" sautillent d'abord et sont bientôt renversés, tandis que ceux qui sont en n et n' demeurent immobiles. On donne le nom de nœuds aux points n et n', et celui de ventres aux points v, v' et v". — Mais le phénomène le plus remarquable que présentent les cordes vibrantes, c'est que ces différents états de vibration peuvent coexister et se superposer, pour ainsi dire, l'un à l'autre. Ainsi une corde non seulement donne le son fondamental qui lui est propre, c.-à-d. le son qu'elle rend en vibrant dans toute sa longueur, mais encore elle fait entendre, simultanément, une série d'autres sons qui correspondent au nombre de vibrations qu'exécuteraient des cordes ayant la moitié, le tiers, le quart, etc., de la longueur de la corde entière et qui portent le nom de sons harmoniques. — Les remarques qui précèdent ne s'appliquent qu'aux vibrations transversales des cordes, c.-à-d. aux vibrations dans lesquelles le mouvement d'un point quelconque de la corde s'opère à angle droit avec la ligne droite qui joint les deux extrémités de cette corde; mais les molécules d'une corde tendue sont encore susceptibles d'exécuter des vibrations longitudinales, c.-à-d. des vibrations dans lesquelles le mouvement a lieu parallèlement à l'axe de la corde. On peut déterminer des vibrations longitudinales dans une corde en la frottant dans le sens de sa longueur avec un morceau de drap enduit de résine. Les sons produits par les vibrations longitudinales ont entre eux les mêmes rapports que ceux qui résultent des vibrations transversales; les nombres de vibrations sont en raison inverse des longueurs des parties vibrantes : par conséquent, si la corde se divise en 1, 2, 3, 4, 5, etc., part'es égales, les sons produits seront représentés par les mêmes nombres, mais les sons que l'on obtient ainsi sont beaucoup plus aigus que ceux qui résultent des vibrations transversales.

Vibrations des verges. — Dans les verges de même substance, le nombre des vibrations est en raison directe de l'épaisseur, et en raison inverse du carré de la longueur de la partie vibrante. Lorsque les figures des verges sont semblables, les nombres qui représentent l'épaisseur et la longueur sont proportionnels; en conséquence, le nombre des vibrations est en raison inverse des dimensions homologues, ou en raison inverse de la racine cubique du poids. Toutes ces lois ont été également vérifiées par l'expérience. — Les verges métalliques ou les tubes de verre peuvent vibrer longitudinalement, comme les cordes tendues. Dans ce cas, elles se partagent spontanément en plusieurs portions qui vibrent à l'unisson, et qui sont séparées par des nœuds ou des points qui restent en repos. Il y a un ventre à chaque extrémité. On peut produire ces sortes de vibrations dans une verge ou dans un tube de verre, en les tenant entre les doigts par le milieu et en les frottant longitudinalement avec un morceau de drap humide; ils donnent alors un son extrêmement aigu. Poisson a trouvé que le rapport entre les nombres de vibrations transversales et les nombres de vibrations longitudinales exécutées par une verge cylindrique est proportionnel au rapport entre le rayon et la longueur de la verge. Savart a vérifié cette formule au moyen d'expériences directes.

Vibrations des plaques élastiques. — Il se produit des lignes de repos ou des lignes nodales, dont on reconnaît les positions et les configurations en plaçant la plaque vibrante dans une situation horizontale et en répandant à sa surface un peu de sable fin. Cette manière ingénieuse de déterminer les lignes nodales a été indiquée par Galilée et employée par Chladni ainsi que par Savart dans leurs nombreuses expériences sur ce sujet. — Les figures que présentent ces lignes sont extrêmement variées; elles dépendent de la forme de la plaque, de la position du point où elle est fixée, ainsi que de la rapidité et de la direction du mouvement par lequel les vibrations sont communiquées à la plaque.

Dans les plaques circulaires, on observe un grand nombre de systèmes différents de lignes nodales. Lorsque la plaque est fixée par son centre, il se produit, en gén., deux lignes nodales qui se croisent par le centre. En appliquant le doigt sur la plaque en un point convenable, de façon à interrompre la vibration, il peut se former trois de ces lignes. Des disques de métal donnent des lignes nodales qui divisent le cercle en nombreux secteurs. Dans certains cas, ces lignes nodales droites sont coupées par un plus ou moins grand nombre de lignes circulaires concentriques, et quelquefois les lignes nodales prennent la forme des branches de l'hyperbole. Les figures ci-dessous (Fig. 6) représentent quelques-unes des formes qu'affectent les lignes nodales.

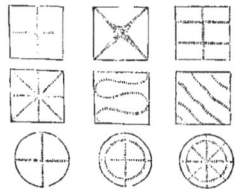

Fig. 6.

Tuyaux sonores. — Les tuyaux employés en musique sont à bec de flûte ou à anche; l'anche est une petite lame de métal fixée à la base du tuyau. Quand on souffle dans le tuyau, l'air entre en vibration : ces vibrations sont longitudinales. Le son que peut rendre un tuyau est déterminé par sa longueur; le nombre de vibrations est en raison inverse de la longueur; mais le même tuyau peut rendre divers sons, car il peut se partager en parties qui vibrent séparément. Toutefois, si le tuyau est fermé à son extrémité, il y a toujours un nœud à cette extrémité; s'il est ouvert, il y a un ventre. Si l'on perce un trou dans le tuyau, il se produit un ventre à l'endroit du trou, ce qui modifie la hauteur du son. De là vient l'usage des trous qu'on bouche ou débouche avec les doigts dans la flûte, la clarinette, etc.

Enregistrement des vibrations. — Au lieu de compter les vibrations par la roue dentée ou la sirène, on peut les enregistrer directement. Pour y arriver on tend au fond d'un grand cornet de bois une petite membrane au milieu de laquelle on place une barbe de plume. Devant cette barbe de plume on dispose un cylindre sur lequel on a enroulé un papier enfumé et qui est monté sur une vis, de manière à pouvoir tourner d'un mouvement uniforme, tout en avançant légèrement à chaque tour. Si la membrane était immobile, le style décrirait ainsi sur le cylindre une hélice; mais si un son quelconque fait vibrer la membrane, on obtiendra, au lieu d'une hélice, une ligne ondulée dont il suffira de compter les ondulations pour obtenir le nombre de vibrations. On est même parvenu non pas seulement à inscrire les vibrations, mais à les graver sur une substance suffisamment résistante pour qu'un autre style passant sur cette gravure reproduise exactement le son primitif. Tel est le principe du phonographe. Voy. ce mot.

ACOUSTIQUE. adj. 2 g. Ce qui sert à produire, à modifier ou à percevoir les sons. || T. Anat. Conduit, nerf ac. Voy. Oreille.

Cornet acoustique. — Cornet terminé par une petite canule que les personnes dures d'oreille s'introduisent dans l'oreille afin de mieux entendre.

Tuyau acoustique. — Tuyau qu'on dispose d'une pièce à une autre dans un appartement, une usine, des bureaux, etc., pour communiquer par la parole. L'un des interlocuteurs parle dans le tuyau, tandis que l'autre en applique l'extrémité à son oreille.

ACQUA-TOFFANA. s. f. (ital. acqua, eau, et Toffana, nom de femme. Poison usité au XVIe siècle; solution d'arsenic.

ACQUÉREUR. s. m. Celui qui acquiert. Se rendre ac. Tiers ac. N'a pas de féminin.

ACQUÉRIR. v. a. (lat. acquirere, de ad, vers; quærere, chercher). Devenir propriétaire d'une chose par achat, cession, échange ou autrement. Se dit principalement d'un immeuble ou d'une chose produisant un revenu, ou procurant un profit ou des avantages constants. Ac. une terre, une charge, une rente. Ac. les droits de quelqu'un. Louis XIV a acquis la Franche-Comté à la France. || Par ext. et fig., se dit de toutes les choses qui se peuvent mettre au nombre des biens et des avantages. *Ac. des forces, des lumières, de l'honneur. Ac. la certitude. Sa bonne conduite lui a acquis l'estime de tout le monde.* || Se dit des choses qui s'améliorent par degrés ou prennent plus de valeur. *Ces fruits n'ont pas acquis leur maturité. Cette propriété acquiert de la valeur. Cette loi acquerra avec le temps plus d'autorité.* || S'emploie souvent absol., soit au prop., soit au fig. *Il acquiert sans cesse,* se dit de quelqu'un qui augmente ses biens, d'une personne qui se forme aux usages du monde, ou qui gagne en savoir, en connaissances. On dit aussi : *Ce vin acquiert,* Il se bonifie. — s'Acquérir. v. pron. *La fortune s'acquiert souvent par les bassesses.* = Acquis, ise. part. et adj. *Du bien mal ac. Qualités naturelles, qualités acquises.* || Incontestable, qui ne peut être disputé. *Avoir un droit ac. Ce droit vous est ac.* || Dévoué, attaché sans réserve. *Je vous suis ac. Cet homme m'est ac.* || T. Méd. *Maladies acquises,* se dit par oppos. à *Maladies héréditaires.* On dit dans le même sens : *Tempérament acquis,* par oppos. à *Tempérament naturel, héréditaire.*

Conj. — *J'acquiers, tu acquiers, il acquiert; nous acquérons, vous acquérez, ils acquièrent. J'acquérais. J'ai acquis. J'acquis. J'acquerrai. J'acquerrais. Acquiers. Que j'acquière. Que j'acquisse. Acquérant.*

ACQUÊT. s. m. Ce que l'on a acquis. *Il a fait un bel ac.* N'est guère usité qu'en T. de Droit, et s'emploie ord. au plur. — Droit. — En T. de Droit, on appelle *Acquêts* les immeubles acquis pendant le mariage qui entrent en communauté. Ils sont opposés aux biens *propres,* c.-à-d. aux biens qui appartiennent à l'un ou à l'autre des époux.

ACQUÊTER. v. a. Acquérir un immeuble par un acte quelconque. Inus. = Acquêté, ée. part.

ACQUIESCEMENT. s. m. Action par laquelle on se soumet à quelque chose, on adhère, on se conforme aux sentiments, aux volontés d'autrui.

Droit. — En T. de Droit, l'Ac. est l'adhésion donnée à un acte, à une proposition, à un jugement, etc. Il peut être exprès ou tacite. Les effets de l'ac. diffèrent suivant les circonstances dans lesquelles il intervient. Ainsi, par ex., lorsqu'on acquiesce à une proposition faite par une autre personne, il se forme entre les deux parties un véritable contrat sur ce qui a fait l'objet de la proposition. Quand on acquiesce à un jugement, on s'interdit tout moyen de le faire réformer; mais pour cela, il faut que l'ac. soit formel. Néanmoins, en matière criminelle, la partie condamnée peut toujours être relevée de l'ac., qu'elle a donné à sa condamnation. L'ac. ne peut avoir lieu dans les matières qui intéressent l'ordre public et les bonnes mœurs.

Syn. — *Adhésion, agrément, consentement. Approbation* est plus fort.

ACQUIESCER. v. n. (lat. *quiescere, ad,* se reposer sur). Adhérer, se soumettre, déférer, consentir à. *Ac. à une demande, à une sentence. Il a acquiescé à tout ce qu'on exigeait de lui.* — Rien ne démontre plus visiblement la spiritualité de l'âme que la liberté d'acquiescer et de résister. (J.-J. Rousseau.) || T. Droit. Donner un acquiescement. || Gram. *Nous acquiesçons, J'acquiesçais.*

Syn. — *Accéder, Adhérer.* — *Ac.,* c'est accepter, consentir, après examen ou contestation; *adhérer,* c'est agréer, c'est accepter spontanément et avec force; *accéder,* c'est apporter son assentiment. On *accède* à un traité; on *acquiesce* à une décision; on *adhère* à une opinion. — *Céder, se rendre.* — On *acquiesce* par amour de la paix; on *cède* par déférence ou par nécessité; on *se rend* par faiblesse ou par conviction. Celui qui *acquiesce* ne veut pas contester; celui qui *cède* ne veut pas résister; celui qui *se rend* ne peut plus se défendre.

ACQUIS. s. m. *Cet homme a de l'ac.,* beaucoup d'ac., se dit de quelqu'un qui a des connaissances, du savoir, de l'expérience.

ACQUISITION. s. f. Action d'acquérir. Se dit au prop. et au fig. *L'ac. d'une maison, d'une terre. L'ac. d'un pareil talent ne a coûté bien du travail.* || La chose acquise elle-même. *Il lui a cédé son ac.* — S'emploie aussi en parlant des personnes. *Cet employé est une excellente ac. pour vos bureaux.*

Syn. — Au propre seulement : *achat, emplette.* Voy. Achat.

ACQUIT. s. m. Quittance, reçu, décharge. *Mettez votre ac. au bas de ce mémoire.* — *Payer à l'ac.* ou *en l'ac. d'un tiers,* c'est payer à la décharge et pour la libération de ce tiers. || Fig. et fam., *Faire quelque chose pour l'ac. de sa conscience,* Afin de n'en pas avoir la conscience chargée. — *Jouer à l'ac.,* se dit des joueurs qui, après avoir perdu, jouent entre eux à qui payera le tout.

Syn. — En T. de Fin., l'Ac. est la décharge complète d'un engagement pécuniaire ou autre. *Quittance* ne dit pas la même chose. Dans une seule et même dette, on peut donner quittance de plusieurs payements partiels; on ne donne son acquit qu'au payement intégral. — Les mots : *Pour acquit,* accompagnés de la signature du porteur d'un billet, constatent que le payement a été effectué entre ses mains.

ACQUIT-À-CAUTION. s. m. T. Adm. fin. Bulletin extrait d'un registre à souche qui garantit l'impôt éventuellement exigible sur une marchandise taxée. — Le titulaire de l'ac.-à-c. prend l'engagement garanti soit par une caution solvable, soit par un dépôt d'argent de se soumettre ultérieurement aux prescriptions de la loi; il obtient ainsi la faculté de disposer d'une marchandise sujette aux droits, de l'envoyer où bon lui semble et de n'acquitter l'impôt que lorsque cette marchandise est livrée à la consommation. — La décharge de l'ac.-à-c. est la constatation que les droits ont été payés ou que les formalités exigées par les règlements en cas d'exportation par ex. ont été remplies.

ACQUIT-PATENT. s. m. Voy. Patent.

ACQUITTEMENT. s. m. Action d'acquitter, en parlant de dettes, d'obligations pécuniaires. *L'ac. des dettes d'une succession.* = Obs. gram. Voy. Absolution.

Droit. — En T. de Droit crim., l'Ac. est le renvoi d'un individu déclaré non coupable par les tribunaux et notamment par le jury devant la cour d'assises. Dans ce dernier cas, l'ac. est prononcé par le président après que le jury a déclaré l'accusé non coupable. Il a pour effet d'anéantir l'accusation quant à l'accusé, et de le mettre immédiatement en liberté, s'il n'est retenu pour autre cause.

ACQUITTER. v. a. (lat. *ad quietem,* [renvoyer] en repos). Renvoyer libre, absous d'une accusation. *Le tribunal vient d'ac. cet accusé.* || Rendre quitte, libérer de dettes ou d'un engagement quelconque. Se dit des personnes et des choses. *Mon ami était hors d'état de me payer, je l'ai acquitté.* || Payer. *Il a acquitté les dettes de sa famille.* — *Ac. un contrat, une obligation,* Payer les sommes portées par ce contrat, par cette obligation. || *Ac. un billet, un mémoire,* etc., c'est déclarer que le montant en a été payé ou y apposant sa signature après les mots : *Pour acquit.* — Fig., *Ac. sa parole, sa promesse,* c'est exécuter ce que l'on a promis. — *Ac. sa conscience,* c'est remplir un devoir auquel on se croit obligé. — s'Acquitter. v. pron. Se libérer envers ses créanciers. *Il s'est acquitté de mille francs.* || *S'ac. envers quelqu'un des obligations qu'on lui a,* Les reconnaître par des services. || Fig., *Remplir ce à quoi on est tenu;* exécuter ce que l'on a entrepris. *S'ac. d'un devoir, d'une commission, de ses fonctions.* On a beau s'acquitter journellement de ses devoirs, on n'est jamais quitte. (Guizot.) = Acquitté, ée. part.

ACRANIEN, ENNE. adj. (gr. à priv.; κρανίον, crâne). Dépourvu de crâne.

ACRASIÉES. s. f. pl. T. Bot. Les *Acrasiées* sont des Champignons de l'ordre des *Myxomycètes* qui ont pour caractère principal d'avoir un plasmode agrégé. La spore produit directement un myxamibe qui se divise en grand nombre de fois; puis, quand le milieu nutritif est épuisé, tous les myxamibes convergent sur certains points et s'y juxtaposent sans se fusionner, en formant autant de plasmodes agrégés. Chacun de ceux-ci se dresse perpendiculairement au support, et par le glissement de ses éléments, qui grimpent pour ainsi dire les uns sur les autres, il prend une forme déterminée et constitue un appareil sporifère, dont la structure différente sert à caractériser les genres. Les *Acrasiées* vivent principalement sur les excréments (crottin de cheval, bouse de vache, etc.), dans la levure de bière étalée sur une surface humide, etc. Principaux genres : *Acrasis, Guttulina, Cœnonia,* etc.

ACRAUX. s. m. pl. Les angles d'un harpon.

ACRE. s. f. (lat. *acra.*) Mesure de superficie dont l'étendue varie suivant les pays. L'acre anglaise vaut environ 40 ares. Voy. Mesures Agraires.

ÂCRE. adj. 2 g. (lat. *acer*; du gr. ἀχή, pointe). Piquant, mordicant, corrosif. Se dit des substances qui produisent sur les organes du goût une sensation brûlante et irritante, dont l'impression se fixe principalement à la gorge. *Celle plante, ce fruit a une saveur âc.* || Fig., *Ton, humeur, discours âc. Critique âc.* = Syn. Voy. Acerbité.

ACRE (SAINT-JEAN-D'), anc. Ptolémaïs, ville forte de Syrie, 20.000 hab. Prise en 1191 par Philippe-Auguste et Richard Cœur de lion; assiégée inutilement par Bonaparte en 1799.

ÂCRETÉ. s. f. Qualité de ce qui est âcre. || Fig., *Il a de l'âc. dans l'humeur.* = Syn. Voy. Acerbité.

ACRIDIEN. s. m. (gr. ἀχρίς, sauterelle). T. Ent. Famille d'insectes orthoptères comprenant les genres Sauterelle et Criquet. Voy. ces mots.

ACRIDINE. s. f. T. Chim. Base isomère du carbazol qu'on retire de l'anthracène brut, et qui a pour formule C¹²H⁹Az. Ses solutions étendues, ainsi que celles de ses sels, s'illuminent d'une belle fluorescence bleue.

ACRIMONIE. s. f. (lat. *acrimonia*; du gr. ἀχή, pointe; μανία, folie, passion). Aigreur, âcreté. || Fig., *Il met de l'ac. dans tout ce qu'il dit.* = Syn. Voy. Acerbité.

ACRIMONIEUX, EUSE. adj. Qui a de l'acrimonie. Ne s'emploie guère qu'au fig. *Discours ac.*

ACRISIUS, roi d'Argos, père de Danaé, fut tué par son petit-fils Persée, qui ne le connaissait pas.

ACROAMATIQUE. adj. 2 g. (gr. ἀχροάομαι, j'écoute). T. Antiq. Qui est reçu par l'oreille. *L'enseignement ac.* Voy. Esotérique.

ACROBATE. s. 2 g. (gr. ἄχρος, extrémité; βαίνειν, marcher; qui marche sur la pointe du pied). Danseur, danseuse de corde. || Fig., se dit des hommes qui changent d'opinion ou de conduite au gré de leurs intérêts.

ACROBATIQUE. adj 2 g. T. Méc. Qui sert à monter les fardeaux.

ACROCARPES. s. f. pl. (gr. ἄχρος, pointu; χαρπὸς, fruit). T. Bot. Groupe de mousses formant une tribu de la famille des *Bryacées*, aussi désignée sous le nom de Bryées. Voy. Bryacées.

ACROCÉPHALE. adj. (gr. ἄχρος, pointu; χεφαλή, tête). T. Anthrop. Qui a la tête en pointe vers le sommet.

ACROCÉRAUNIENS (Monts). Chaîne de montagnes de l'anc. Grèce (Épire), aujourd'hui *monts de la Chimère.*

ACROCHORDE. s. m. (gr. ἀχροχορδὼν, verrue). T. Erpét. Genre de reptiles ophidiens non venimeux dont le corps est recouvert d'écailles. Voy. Serpents vrais.

ACROCOMIA. s. m. (gr. ἄχρος, sommet; χόμη, chevelure). T. Bot. Genre de plantes de la famille des *Palmiers.* Voy. ce mot.

ACRODYNIE. s. f. (gr. ἄχρος; ὀδύνη, douleur). T. Méd. Maladie épidémique sans gravité dont le symptôme le plus frappant est un fourmillement douloureux dans les extrémités des membres, et qui s'accompagne de diarrhée et d'éruptions diverses sur la peau. Cette maladie sévit à Paris en 1828-29, et depuis on n'en a plus entendu reparler.

ACROGÈNE. adj. 2 g. et s. m. (gr. ἄχρος; γένος, croissance). T. Bot. Les *Acrogènes* formaient le second embranchement des Cryptogames dans la classification d'Ad. Brongniart, et Lindley en faisait la 2ᵉ classe de son système de botanique. Les acrogènes de Brongniart et de Lindley comprenaient les *Muscinées* et les *Cryptogames vasculaires.* Voy. ces mots et Botanique.

ACROLÉINE. s. f. (lat. *acer*, âcre; *oleum*, huile). T.

Chim. L'*Ac.* est un liquide incolore, d'une saveur brûlante, d'une odeur âcre et suffocante. Quelques gouttes répandues dans une pièce en rendent l'atmosphère irrespirable. Elle est peu soluble dans l'eau, davantage dans l'alcool et bout vers 52°. Sa densité est un peu inférieure à celle de l'eau. L'*ac.* est l'aldéhyde de l'alcool allylique : sa formule est C³H⁴O. Elle se produit toutes les fois que la glycérine et les corps gras sont portés à une température élevée, parce qu'elle résulte de la déshydratation de la glycérine. C'est elle qui donne son odeur âcre au suif fondu et aux graisses répandues sur le feu.

ACROLOGIQUE. adj. (gr. ἄχρος; λόγος, discours). Qui appartient au commencement d'un mot.

ACROMION. s. m. (gr. ἄχρος; ὦμος, épaule). T. Anat. Apophyse considérable qui termine l'épine de l'omoplate en haut et en dehors, s'articule avec l'extrémité externe de la clavicule, et donne attache aux muscles trapèze et deltoïde.

ACRONYQUE. adj. 2 g. (gr. ἄχρος; νὺξ, nuit). T. Astr. On dit d'une étoile ou d'une planète qu'elle est *Ac.*, lorsqu'elle est du côté du ciel opposé au soleil ou lorsqu'elle passe au méridien à minuit. Un astre se lève *acronyquement,* lorsqu'il se lève quand le soleil se couche; et il se couche *acronyquement,* lorsqu'il se couche au moment où le soleil se lève. Ce terme a été supprimé du Dictionnaire de l'Académie, édition de 1877.

ACROPOLE. s. f. (gr. ἄχρος; πόλις, ville). T. Antiq. Les Grecs donnaient ce nom à la partie supérieure ou à la citadelle de leurs villes. L'*Ac.* était ordinairement le siège de l'établissement primitif des habitants, qui l'avaient choisi à cause de la force naturelle de sa position. C'est dans son enceinte qu'ils plaçaient les principaux édifices de la cité, tels que les temples, les archives et le trésor public. Parmi les acropoles de la Grèce, on doit citer celles de Mycène et de Tyrinthe dont il sera question quand nous parlerons de l'architecture cyclopéenne; celles de Corinthe et d'Ithome, qui étaient appelées les cornes du Péloponèse, parce que leur

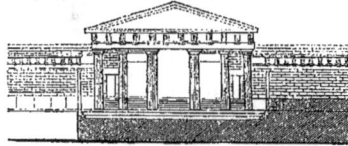

possession pouvait assurer la soumission de la péninsule, et enfin celle d'Athènes, non moins célèbre dans l'histoire de l'art que dans l'histoire politique. L'ac. d'Athènes, en effet, renfermait les chefs-d'œuvre les plus remarquables de l'architecture et de la statuaire. On pénétrait dans l'enceinte de cette citadelle par une entrée connue particulièrement sous le nom de *Propylées* (gr. πρὸ, devant ; πύλη, portail), terme générique qui s'appliquait à toute cour ou vestibule situé au-devant d'un édifice. La figure ci-dessus représente l'élévation des propylées. Elles furent construites par l'architecte Mnésiclès, vers l'an 437 avant J.-C., et elles furent achevées dans l'espace de cinq années. Sur la partie la plus élevée du plateau, était situé le fameux temple de Minerve connu sous le nom de Parthénon, chef-d'œuvre d'Ictinus et de l'architecture grecque.

ACROSTIC. s. m. (gr. ἄχρος; στίχος, rangée). T. Bot. Genre de Fougères de la famille des *Polypodiacées.* Voy. ce mot.

ACROSTICHE. s. m. et adj. 2 g. (gr. ἄχρος, qui est à l'extrémité; στίχος, vers). L'*Ac.* est un petit poème où les premières lettres de chaque vers, prises dans l'ordre des vers eux-mêmes, reproduisent le nom d'une personne qui fait le sujet de la pièce. D'autres fois ces lettres forment une devise ou une sentence. Chacune des comédies de Plaute est précédée d'un argument dont les premières lettres donnent le titre de la pièce. L'ac. fut surtout cultivé par les versificateurs latins des premiers siècles de l'ère chrétienne, puis par les auteurs de la renaissance qui augmentèrent à l'envi les difficultés de ce puéril jeu d'esprit. Ce fut alors qu'on inventa le *Pentacrostiche* ou *ac. quintuple.*

Voici un exemple court et suffisant. C'est un acr. présenté

à Louis XIV par un poète gascon qui avait plus d'esprit que d'argent :

> L ouis est un héros sans peur et sans reproche ;
> O n désire le voir. Aussitôt qu'on l'approche,
> U n sentiment d'amour enflamme tous les cœurs.
> I l ne trouve chez nous que des adorateurs ;
> S on image est partout... excepté dans ma poche.

ACROSTICHÉES. s. f. pl. T. Bot. Groupe de Fougères constituant une tribu de la famille des *Polypodiacées.* Voy. ce mot.

ACROTÈRE. s. m. (gr. ἀκρωτήριον.) T. Archit. On donne ce nom à des piédestaux, souvent sans base ni corniche, placés au centre et aux extrémités d'un fronton pour recevoir des statues. — On se sert quelquefois du terme ac. pour

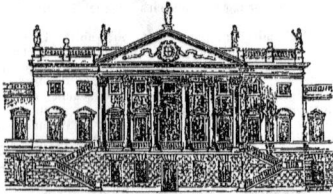

désigner les piédestaux ou les parties pleines distribuées dans la balustrade qui couronne un monument. — La figure ci-dessus représente les deux espèces d'ac. que nous venons de définir.

ACRYLIQUE. adj. 2 g. T. Chim. La *série acrylique* comprend l'ensemble des corps de fonctions diverses, alcools, aldéhydes, acides, éthers, amines, etc., qui dérivent des carbures oléfiniques ou divalents $C^n H^{2n}$ comme les corps de la série grasse dérivant des carbures paraffiniques ou saturés $C^n H^{2n+2}$. Les corps de la série acrylique diffèrent donc des corps correspondants de la série grasse par deux équivalents d'hydrogène en moins. Ainsi l'alcool allylique $C^3 H^6 O$ correspond à l'alcool propylique $C^3 H^8 O$, et l'acide *acrylique* $C^3 H^4 O^2$, qui a donné son nom à la série, correspond à l'acide propionique $C^3 H^6 O^2$.

ACTÆONIDES. s. m. pl. T. Zool. et Paléont. Famille de Mollusques Gastropodes opistobranches tectibranches (voy. ces mots) à coquille spirale ovoïde, assez grande, à bouche allongée, arrondie inférieurement et quelquefois échancrée, à labre tranchant et épais sur les bords, à columelle plissée et à opercule corné.

On trouve de nos jours peu de représentants de cette famille et encore sont-ils très petits, tandis que les fossiles atteignent quelquefois une grande taille. C'est dans le jurassique et le crétacé que cette famille a son développement maximum. Le genre *Actæon* est actuel et fossile depuis le trias ; le g. *Actæonina* est actuel et fossile depuis le calcaire carbonifère ; le g. *Bullina*, actuel et fossile depuis le jurassique ; le g. *Ringicula*, actuel et fossile depuis le crétacé. Il y a encore beaucoup de genres, nous ne citons que les plus importants.

ACTE. s. m. (lat. *actus* ; de *agere*, agir). Action d'un agent, opération. *La rédaction d'un ouvrage utile au progrès est un ac. de l'intelligence d'un auteur.* || En T. Métaph., se dit par opposition à *Puissance*, c.-à-d. par opp. à la faculté d'agir qui reste en repos, qui n'agit pas encore. *La puissance se révèle par l'ac.* || S'emploie en parlant de toutes les actions bonnes ou mauvaises, soit en elles-mêmes, soit par leurs conséquences. *Ac. de vertu, de justice, de perfidie. Le mariage est l'ac. le plus important de la vie. Ac. de démence.* || Se dit de certaines prières mentales ou articulées par lesquelles l'âme se manifeste devant Dieu. *Ac. de foi, d'espérance, de charité. Ac. de contrition, d'humilité.* || *Ac. d'autorité*, Action par laquelle on use et souvent même on abuse de son pouvoir. || *Faire ac. de complaisance, de bonne volonté,* Faire une chose à laquelle on n'est pas tenu et par pure complaisance. — *Faire ac. de présence,* Se présenter dans un lieu où l'on doit aller par devoir, par politesse. || Déclaration faite devant un tribunal.

Prendre ac., donner ac. || Pièce signée constatant une convention entre particuliers. *Ac. notarié. Ac. sous seing privé.* || *Actes des sociétés savantes,* Les journaux ou mémoires publiés par ces sociétés. *Les actes de la société de Leipsig, de la société royale de Berlin.* || *Actes des conciles,* Les recueils où sont rassemblées les décisions des conciles. || *Ac. capitulaire,* Décision prise, après délibération, dans un chapitre de chanoines ou de religieux. — Dans ce sens, *Ac.* s'emploie aussi en parlant des décisions du sénat romain. *Les actes du sénat.* || Chacune des parties d'une œuvre dramatique. *Tragédie en cinq actes.*

Syn. — *Action.* — Dans le langage ordinaire, *action* se dit de tout ce qu'on fait habituellement ; *acte* se dit volontiers de ce qui est exceptionnel. *Louis XIV mettait de la grandeur et de la noblesse dans toutes ses actions ; cependant, l'histoire lui reproche certains actes dans lesquels il manqua de dignité.* — Dans un langage plus précis, l'*action* est la manifestation de la puissance, et l'*acte* en est l'effet manifesté. Par l'*action* la puissance se réduit en acte. Une *action* peut être vive, véhémente, impétueuse. Les *actes*, au contraire, considérés comme des effets produits, ne sont susceptibles que d'être énumérés ou caractérisés par leur nature.

Droit. — Le mot *Acte* se prend tantôt pour l'écrit constatant un fait quelconque, tantôt pour le fait lui-même. C'est dans ce dernier sens qu'on dit : faire *acte d'héritier*, c.-à-d. faire un acte ou des actes qui supposent que l'on a dessein de se porter héritier, comme, par ex., lorsqu'on hérite, vend ou transporte ses droits successifs, soit à un de ses cohéritiers, soit à un étranger. Dans un sens analogue, on dit : faire *acte de possession.* — Quant aux écrits constatant des faits, on les divise en actes *authentiques* et en actes *privés.* — On appelle acte *authentique*, celui qui est fait par un officier public dans les limites de sa compétence et avec les solennités requises. Ex. : un contrat de mariage fait par acte notarié. La loi accorde aux actes authentiques le privilège de faire pleine foi de ce qu'ils contiennent jusqu'à inscription de faux. — L'*acte sous seing privé* est l'acte passé entre les parties sans le concours d'un officier public. Il a la même valeur que les actes authentiques, mais seulement lorsque l'écriture ou les signatures sont reconnues, ou lorsqu'elles ont été vérifiées en justice, dans le cas où elles sont déniées. La date n'existe, pour des sortes d'actes, que du jour de leur enregistrement, du jour de la mort d'une ou de plusieurs personnes qui les ont souscrits, ou du jour où leur substance est relatée dans des actes dressés par des officiers publics, tels que procès-verbaux de scellés ou d'inventaire. — On donne le nom d'*acte double* à tout acte public ou privé dont on fait deux originaux semblables ; et celui d'*acte en brevet,* à un acte dont le notaire ne garde pas la minute, et qu'il délivre en original. — L'*acte de notoriété* est un acte délivré par le juge de paix, dans les formes prescrites par la loi, pour suppléer un acte de naissance, ou pour constater l'absence d'un ascendant. — *Acte respectueux,* acte extrajudiciaire qu'un fils ou une fille qui a atteint l'âge prescrit par la loi, sont tenus de faire signifier à leur père et à leur mère, ou, en cas de décès de ceux-ci, à leurs aïeuls et aïeules, pour leur demander conseil sur leur mariage, lorsque ces parents n'ont pas donné leur consentement. Depuis l'âge de vingt-cinq ans jusqu'à l'âge de trente ans accomplis pour les fils, et depuis l'âge de vingt et un ans jusqu'à l'âge de vingt-cinq ans accomplis pour les filles, l'acte respectueux doit être signifié trois fois, de mois en mois ; et ce n'est qu'un mois après le troisième acte que le mariage peut être célébré. Après l'âge de trente ans, un seul acte respectueux suffit : un mois après, la célébration du mariage peut avoir lieu. La loi exige que ces actes soient signifiés par deux notaires. — *Acte de dernière volonté,* se dit quelquefois d'un testament. — *Acte d'accusation.* Voy. ACCUSATION. — *Actes de l'état civil,* Les documents émanés des officiers publics constatant les naissances, les décès, etc. Voy. ETAT CIVIL. — *Acte administratif,* L'arrêté, la décision prise par l'autorité administrative.

Droit public. — Dans le langage diplomatique, on donne le nom d'*actes* aux documents réunis dans une chancellerie, aux procès-verbaux d'une négociation, aux pièces officielles dans lesquelles sont consignées des stipulations résultant de cette négociation. Renvoyer *ad acta* une pièce ou une affaire, c'est déclarer qu'on n'entend plus s'en occuper, et qu'on ne doit plus se servir de la pièce que comme renseignement. Porter sur le protocole une proposition incidente quelconque, c'est *en donner acte.* Les Chambres se donnent acte l'une à l'autre ou donnent acte aux ministres de la présentation d'un projet de loi ; et l'on *prend* *acte*, pour y revenir en temps et lieu, d'une déclaration faite, d'une intention avouée, d'une concession que l'on a obtenue. — Une décision du parlement d'Angleterre est aussi appelée *acte*; c'est ainsi que l'on connaît l'*acte d'union*, l'*acte de l'habeas corpus*, etc.

Acte additionnel. — On appelle ainsi les articles supplémentaires que Napoléon, en 1815, après son retour de l'île d'Elbe, ajouta aux constitutions de l'Empire. Par cet acte, la liberté de la presse était reconnue; le pouvoir législatif était partagé entre le souverain et deux Chambres composées l'une de pairs héréditaires, l'autre de représentants élus par le peuple, mais au second degré.

Art dram. — On appelle *Acte* chacune des divisions principales d'une pièce de théâtre, et on donne le nom de *scènes* aux subdivisions qu'établissent dans chaque acte l'entrée et la sortie des divers personnages. Les Grecs ignoraient la division par actes. Chez eux, jamais la scène n'était vide : le chœur prenait la parole quand le héros du drame se taisaient, et la pièce marchait sans interruption, malgré les changements de lieu et de décoration. Chez les Romains, le mot *actus*, qui signifie *acte* et *action*, désigna d'abord le genre dramatique tout entier; plus tard on l'appliqua exclusivement à une partie distincte du drame. L'usage et la volonté des poètes fixèrent le nombre de ces parties à cinq; et Horace, dans son Art poétique, fit une loi de cette division. — Il n'y a pas de règle qui fixe la partie du drame que doit renfermer chaque acte. Cependant le premier acte contient habituellement l'exposition du drame; le second et le troisième, les développements de l'intrigue; le quatrième, le nœud de la pièce; le cinquième, la péripétie ou le dénouement. — La littérature française, dans la tragédie surtout, a presque toujours observé la division en cinq actes. Il n'en est pas de même de la comédie : elle s'est de bonne heure et très souvent affranchie de cette règle, et nous avons des comédies en quatre, en trois, en deux actes et même en un seul. Si les auteurs comiques sont restés en deçà des limites prescrites par Horace, les dramaturges, au contraire, ont fait et font chaque jour des tentatives pour s'aventurer au delà; mais la division par *tableaux* qu'ils ont adoptée, et à l'aide de laquelle ils multiplient les changements de lieu, est tout à fait arbitraire; car les tableaux ne sont réellement qu'une subdivision de l'acte lui-même, et non un nouveau mode de scinder l'action dramatique.

ACTÉ, presqu'île de la Chalcidique.

ACTÉE. s. f. (gr. *ἀκταία*, sureau). T. Bot. Genre de plantes de la famille des *Renonculacées*.

ACTÉON, personnage myth., chasseur, que Diane changea en cerf pour le punir d'avoir cherché à la surprendre au bain.

ACTER. v. T. de procéd. et de diplomatie. Prendre acte.

ACTEUR, TRICE. s. Celui, celle qui représente un personnage dans une pièce de théâtre ou qui exerce la profession de comédien, de comédienne. *Bon, mauvais ac. Le drame moderne exige beaucoup d'acteurs.* || Fig., se dit de celui qui prend une part active dans la conduite, dans l'exécution d'une affaire, dans un événement politique, dans une aventure. *Il a été un des principaux acteurs dans cette négociation, dans cette insurrection.*

Syn. — *Comédien.* — Au prop., le mot *Ac.* signifie tantôt personnage d'une pièce de théâtre, tantôt artiste dramatique, le mot *comédien* ne s'emploie que dans ce dernier sens. — Au fig., *ac.* se dit de celui qui a part dans la conduite, dans l'exécution d'une affaire, dans une partie de jeu ou de plaisir; *comédien*, de celui qui feint des passions, des sentiments qu'il n'a point, dont la conduite est dissimulée et artificielle. Ce dernier terme se prend toujours en mauvaise part.

Art dram. — On distingue les acteurs, suivant le genre auquel ils se consacrent, aux titres de tragédien, de comédien, de mime, de chanteur, de danseur. — Dans la période florissante de l'ancien théâtre grec, la profession d'ac. n'eut rien de déshonorant. A Rome, il en était tout autrement : l'individu qui montait sur le théâtre perdait ses droits de citoyen, était chassé de sa tribu et privé du droit de suffrage dans les assemblées publiques. Cependant l'infamie qui s'attachait à cette profession respecta quelques artistes d'un talent supérieur. Roscius et Ésopus surent s'attirer l'estime de plusieurs personnages illustres, et furent honorés de l'amitié de Cicéron. — En France, la loi ne prive les acteurs d'aucun des droits civils ou politiques du citoyen; quelques acteurs ont

même reçu dans ces derniers temps des distinctions honorifiques très enviées, et même la croix de la Légion d'honneur. Voy. **ART DRAMATIQUE.**

ACTIF, IVE. adj. Qui agit ou qui a la vertu d'agir. *Principe ac. La nature est un ouvrier sans cesse ac.* — Se dit par opp. à *passif. L'esprit est ac., la matière est passive.* || Qui est toujours en action, en mouvement, laborieux, diligent. *C'est un homme très ac.* || Se dit d'une chose dont l'effet est prompt et énergique. *Ce poison est fort ac.* || T. Dévot. *La vie active est celle qui se manifeste par des actes extérieurs de piété.* || T. Gramm. Se dit des verbes et des participes qui expriment une action dont l'objet est énoncé ou sous-entendu. Dans ces phrases : *Aimer une femme, Servir un ami, Bâtir une maison*, etc., les verbes *Aimer, Servir et Bâtir* sont des verbes *actifs*. Il en est de même des participes *Aimant Dieu, Servant ses amis*, etc. Il se dit aussi de ce qui a rapport à ces verbes, à ces participes. *Voix active, sens actif.* — Se prend aussi subst. dans cette acception. *Ce verbe ne s'emploie jamais à l'actif.* Voy. **VERBE.** || T. Comm. et Fin. *Dettes actives*, les sommes dont on est créancier; par opp. à *Dettes passives*, ou sommes dont on est débiteur. — Dans ce sens, il est souvent employé subst. On dit : *L'ac. d'une succession. L'ac. d'une faillite.* — *L'ac. d'un budget* se compose de la perception de tous les impôts et du recouvrement de toutes les créances, quelles que soient leur nature et leur source. || T. Dr. Polit. *Citoyen ac.*, celui qui jouit des droits politiques. — En matière d'élections, *Avoir voix active et passive*, Avoir droit d'élire et d'être élu. || T. Adm. milit. *Service ac.*, Le temps pendant lequel un militaire est sous les drapeaux. || T. Physiol. *Organes actifs de la locomotion*, ceux qui déterminent les mouvements par leur action. *Les muscles sont des organes actifs.* || T. Pathol. On applique la dénomination d'*Actives*, par oppos. à celle de *Passives*, à certaines maladies quand elles sont accompagnées d'un surcroît d'action dans les parties qui en sont le siège. Ce terme s'emploie surtout en parlant des *hémorrhagies*, des *flux*, des *hydropisies*. Voy. ces mots.

ACTINIE. s. f. (gr. *ἀκτίς, ῖνος*, rayon). T. Zool. Animaux rangés par Cuvier parmi les zoophytes. On les place actuellement dans l'embranchement des *Cœlentérés*, sous-embranchement des *Cnidaires*, classe des *Anthozoaires*, ordre des *Zoanthaires*, sous-ordre des *Actiniaires*. Ces polypes, vulgairement connus sous le nom d'*Anémones de mer*, à cause de leur ressemblance avec cette fleur, se composent d'une masse charnue, extrêmement contractile, couronnée à sa partie supérieure d'un grand nombre de tentacules au centre desquels est la bouche, et fixée par sa base, soit sur le sable, soit aux rochers situés le long des côtes à une faible profondeur. Les actinies sont très nombreuses sur nos côtes pendant l'été. A l'approche de l'hiver, elles vont chercher une température plus

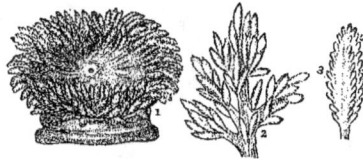

douce dans des eaux plus profondes. Pour changer de place, elles se laissent emporter par les flots, rampent sur leur base ou se traînent à l'aide de leurs tentacules qui font alors l'office de pieds. Ces tentacules sont les organes de préhension de l'ac., qui s'en sert pour attirer à sa bouche les petits animaux marins dont elle se nourrit. (Voy. la fig. : 1. *Thalassianthe-étoile* de la mer Rouge. 2. Un des tentacules. 3. Une de ses pinnules. 4. *Actinie verte*). L'estomac des actinies est formé par un repli du tégument extérieur : il représente un sac n'ayant qu'une seule ouverture. Ces animaux ne se reproduisent pas comme la plupart des polypes, au moyen de bourgeons extérieurs, mais au moyen d'œufs qui, après s'être développés entre le tégument externe et l'estomac, tombent dans ce dernier, et sont expulsés au dehors par les contractions de l'organe. Quelques actinies, comme certains acalèphes, déterminent au toucher une sensation brûlante qui les a fait nommer aussi *Orties de mer*. Parmi les espèces bien connues, nous citerons l'*Ac. esculente*, qui se mange en

Provence, et l'*Ac. rousse*, commune sur les côtes de la Manche. Celle-ci est large de 8 cent. Les pêcheurs l'appellent

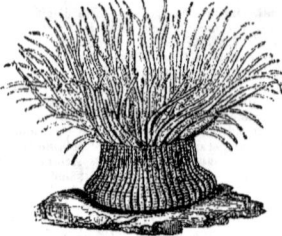

Fig. 4.

pisceuse, à cause de la faculté qu'elle possède de lancer, quand on l'irrite, l'eau contenue dans son corps.

ACTINIAIRES ou **ACTINIENS, ACTINIDIENS, ACTININES.** T. Zool. Famille de polypes de l'ordre des *Zoanthaires* et dont le genre principal est le genre *Actinie*.

ACTINIQUE. adj. 2 g. (gr. ἀκτίς, rayon). T. Phys. Se dit des rayons lumineux qui exercent une action chimique sur certains corps. Les rayons les plus actiniques sont en général ceux qui ont la plus petite longueur d'onde, c.-à-d. ceux qu'on trouve dans le spectre dans le voisinage du violet, et surtout les rayons invisibles plus réfrangibles que les rayons violets et dits rayons *ultra-violets* ou rayons *chimiques*. Voy. SPECTRE.

ACTINOCÉPHALE. s. m. (gr. ἀκτίς, rayon; κεφαλή, tête). T. Zool. Genre de *Protozoaires*, division des *Grégarines*, caractérisés par un corps oblong présentant une cloison (*septum*) et qui vivent en parasites dans le corps de divers articulés.

ACTINODON. s. m. (gr. ἀκτίς, rayon; ὀδούς, dent).
Paléont. — Amphibien fossile des terrains carbonifères et permiens. L'*Actinodon Frossardi*, type du genre, trouvé près d'Autun dans les schistes permiens, devait avoir plus de 1 mètre de long. Le crâne mesure plus de 0^m,18 de longueur. Les dents sont très nombreuses. Les pattes ont quatre doigts aplatis, disposés pour la nage. Les *Actinodons* paraissent marquer la transition entre les vertébrés imparfaits et les vertébrés parfaits des époques ultérieures.

Les os du crâne sont sculptés comme ceux des crocodiles, offrent deux orifices nasaux placés en avant et des orbites en arrière desquels les sus-temporaux, les sus-squameux et les post-orbitaires sont développés de telle sorte que le crâne forme un toit continu. La ceinture thoracique offre un entosternum large et sculpté, recouvert par deux clavicules ou épisternum dirigées sur les côtés. Ces pièces ont un prolongement qui s'articule par glissement avec les sus-claviculaires allongés, plats, en forme de rames et que M. Gaudry considère comme les homologues des acromions des omoplates dans les mammifères. L'omoplate est épaissie sur le côté interne, dans la partie où adhérait le coracoïde et où s'articulait l'os du bras.

Les pièces des membres sont très simples et ressemblent à des os de fœtus de mammifères. Il y avait sur le ventre, entre les membres de devant et de derrière, des écailles d'une forme singulière, variant suivant leur place et dont quelques-unes étaient très pointues. Elles étaient disposées par rangées en chevrons, et longues, minces, étroites. Celles qui étaient en avant avaient une pointe acérée enfoncée dans la peau.

ACTINOGRAPHE. s. m. (gr. ἀκτίς, rayon; γράφειν, écrire). T. Phys. Actinomètre enregistreur. Voy. ACTINOMÉTRIE.

ACTINOMÈTRE. s. m. (gr. ἀκτίς, rayon; μέτρον, mesure). T. Phys. Instrument destiné à mesurer l'intensité des radiations. Voy. ACTINOMÉTRIE.

ACTINOMÉTRIE. s. f. (gr. ἀκτίς, rayon; μέτρον, mesure). T. Phys. Mesure de l'intensité des radiations et principalement des radiations solaires.

Phys. — On sait que les rayons qui émanent d'une source de lumière et de chaleur sont susceptibles de produire des effets lumineux, calorifiques et chimiques. Cependant, tous les rayons produisent des effets calorifiques, tandis qu'il n'y a que ceux dont la longueur d'onde, ou si l'on aime mieux le nombre de vibrations par seconde est compris entre certaines limites qui soient perceptibles à l'œil. D'autre part, l'action chimique, presque nulle pour les rayons à grande longueur d'onde, augmente et devient considérable dans la région violette et ultra-violette du spectre. (Voy. SPECTRE.) Quoi qu'il en soit, il y a lieu de mesurer l'intensité lumineuse, l'intensité calorifique et l'intensité chimique de chaque rayon. Toutefois, l'intensité lumineuse n'est pas une quantité bien définie, parce que s'il est facile de constater que deux surfaces éclairées par des rayons de *même couleur* sont également éclairées, cette constatation de l'égalité devient impossible dès que les couleurs des rayons éclairants sont différentes. Du reste, la mesure de l'intensité lumineuse constitue la *Photométrie*, dont nous parlerons à sa place alphabétique.

L'*Actinométrie calorifique* est la plus facile, parce qu'elle n'exige guère d'autre instrument qu'un thermomètre. Elle peut se faire par la *méthode statique* ou la *méthode dynamique*. La première consiste essentiellement dans l'emploi de deux thermomètres dont l'un est à boule incolore, l'autre à boule noircie, et qu'on expose aux rayons du soleil. Il est clair qu'à l'abri du rayonnement solaire les thermomètres indiqueraient tous deux la température de l'air ambiant; mais au soleil, le thermomètre à boule noire absorbe plus de chaleur que l'autre, et l'on prend pour mesure de l'intensité calorifique des rayons la différence de température des deux thermomètres. Cette méthode prête à des objections très graves. La *méthode dynamique* consiste à prendre pour mesure de l'intensité de la radiation la vitesse de l'échauffement qu'elle communique à un thermomètre. Le mieux est d'employer pour thermomètre une pile thermo-électrique; on mesure la température à divers instants, et on divise l'élévation de température par le temps qui sépare les deux observations; toutefois, il faut corriger les nombres trouvés de l'effet du rayonnement de l'appareil, d'après lequel celui-ci perd de la chaleur et s'échauffe moins vite que s'il ne rayonnait pas. M. Crova a construit un actinomètre enregistreur en fixant un miroir sur l'aiguille aimantée du galvanomètre installé dans le circuit de la pile thermo-électrique. Un rayon de lumière qui vient frapper ce miroir, se réfléchit sur lui suivant une direction variable avec la position de l'aiguille, et par suite avec l'intensité du courant, en fait impressionner une bande mobile de papier sensible sur laquelle il laisse ainsi une trace sinueuse.

Actinométrie chimique. — John Herschel, en 1841, a le premier entrepris des mesures de cet ordre en exposant des papiers sensibles à la lumière solaire. La coloration prise par ces papiers au bout d'un temps déterminé servait à mesurer l'intensité chimique des rayons. Bunsen a employé un actinomètre où le chlorure d'argent était décomposé par la lumière solaire; Draper se servit de la combinaison de l'hydrogène et du chlore mélangés à volumes égaux dans un appareil qu'il nommait *lithomomètre*. En 1886, MM. Fol et Sarrazin ont employé des plaques photographiques au gélatino-bromure d'argent pour étudier l'intensité des rayons qui pénètrent dans la mer à différentes profondeurs. Toutes ces méthodes laissent fort à désirer. Il n'existe pas encore de bon actinomètre chimique.

Il résulte des diverses mesures actinométriques que l'intensité des radiations solaires à la surface du sol ne dépasse pas les $^2/_3$ de ce qu'elle est aux confins de l'atmosphère. L'absorption porte principalement sur les radiations obscures ou *infrarouges*.

ACTINOMYCOSE. s. f. (gr. ἀκτίς, rayon; μύκης, champignon). T. Vét. Maladie parasitaire observée surtout chez le bœuf et le porc, aussi chez le cheval et l'éléphant. Elle atteint l'homme. Elle est due au développement dans le corps de ces animaux d'un cryptogame non encore classé en botanique, découvert par Perroncito et Rivolta en 1860. Il a été appelé *Actinomyces bovis*, champignon en rayons, à cause de l'aspect microscopique des petits grains jaune soufre entraînés par le pus des abcès fistuleux. Ces petits grains durs, dont le diamètre est près de 1 millimètre les rend visibles à l'œil nu, se montrent à l'objectif à immersion formés d'amas arrondis, d'apparence rayonnée, à bords plus ou moins irréguliers. Le centre de ces amas est constitué par l'enchevêtrement des ramifications d'un seul et même mycélium. A la périphérie on voit des cellules en forme de massue, de poire, dont la grosse extrémité est centrifuge; on dirait du tout un amas de cristaux, ou des poires rangées en cercle et dont toutes les queues convergent en un point. Ces cellules piriformes ont été considérées à tort ou à raison comme les conidies ou organes reproducteurs du cryptogame.

Le parasite, porté par le fourrage humide et épineux, envahit le plus souvent les premières parties du tube digestif. Les dents cariées ou branlantes permettent son introduction par l'alvéole dans les mâchoires, surtout dans l'inférieure, d'où tumeur (ancien ostéosarcome des vétérinaires). La langue infectée devient grosse, dure, bosselée (langue de bois des Allemands). Les glandes salivaires, la parotide en particulier, et les autres portions de l'appareil digestif peuvent être le siège de tumeurs. Les fonctions digestives et ruminantes en sont plus ou moins empêchées. Quand le poumon est atteint, il est farci de tubercules gros comme des grains de mil qui, sans le microscope, feraient croire à la tuberculose miliaire. On rencontre aussi des pleurésies purulentes; aussi la respiration est-elle rendue difficile. En somme l'actinomycose peut infecter tous les organes et tous les tissus : muqueuses, peau, os, muscles, surtout au voisinage de l'appareil digestif. Chez le porc seul les mamelles ont été trouvées malades. — Partout la maladie débute par de petites tumeurs semblables aux tubercules du bacille de Koch, en structure et en aspect. Ces tumeurs finissent par confluer en une grosse tumeur de consistance variable, parsemée des petits grains jaunes caractéristiques. Elles s'abcèdent bientôt, et des fistules intarissables laissent couler au dehors du pus avec des grains jaunes. La maladie se généralise et les ganglions de la région infectée se prennent. Elle dure longtemps, son issue est le plus souvent fatale, à moins de calcification. Elle sévit surtout au Danemark (apparence d'épidémies), en Allemagne, en Suisse, en Italie, en Angleterre. En France on en a observé fort peu jusqu'ici. Elle est certainement très méconnue. On la confond avec la tuberculose (raison probable de sa rareté apparente en France et ailleurs), avec la fièvre aphteuse à cause de son siège buccal, avec la péripneumonie des bêtes à cornes. Les tissus suspects sont fois colorés, le microscope décide. Le bistouri et la cautérisation appliqués aux tumeurs sont les seuls moyens de sauver les animaux. Les badigeonnages à la teinture d'iode des régions malades accessibles et l'iodure de potassium à l'intérieur ont paru réussir

Chez l'homme, la maladie affecte les mêmes lésions et les mêmes organes. On a même opéré des tumeurs cérébrales actinomycotiques. Ce sont les végétaux qu'il faut incriminer comme véhicule du parasite et non la viande bien cuite. (La gencive d'un malade atteint d'ac. maxillaire contenait un fétu de paille couvert du cryptogame.) Les cas d'ac. deviennent de plus en plus fréquents dans les pays où la maladie est répandue sur les bœufs. En France quelques cas seulement. Pour l'homme, c'est le bistouri qui est le remède de cette maladie grave.

ACTINOTE. T. Minér. Pierre ressemblant beaucoup à l'*Amphibole.* Voy. ce mot.

ACTION. s. f. (lat. *actio*, de *agere*, agir). Opération d'un agent quelconque. *L'ac. de l'âme sur le corps est prouvée par une foule de phénomènes physiologiques.* || Se dit des opérations de l'intelligence et des organismes vivants. *C'est par l'ac. de l'entendement que se forment nos jugements.* || Par rapport à la morale, se dit de tout ce que fait l'homme. *Ac. bonne, mauvaise, généreuse, blâmable.* || Sign. souvent, vivacité, véhémence. *Il met beaucoup d'ac. dans tout ce qu'il fait.* || *Être en ac.,* Être en mouvement, s'agiter. *Cet enfant est toujours en ac.* || *Ac. de grâces,* Remerciement, témoignage de reconnaissance. *Je vous rends mille actions de grâces.* || *Faire une ac. d'éclat,* c'est accomplir un acte de courage en présence d'un danger imminent, et en quelque sorte publiquement. || T. Art mil. Voy. BATAILLE.

Art oratoire. — On donne le *Ac.* à la concordance du maintien, de la voix et du geste de l'orateur avec le sujet dont il parle; l'ac. constitue une partie essentielle de l'art oratoire. Elle doit traduire exactement les nuances du sentiment et de l'énergie de la passion. Sans l'ac., un discours véhément, une tirade pathétique, ne font qu'une faible impression sur les auditeurs. Voy. DÉCLAMATION.

Littérat. — On appelle *Ac.* le développement des événements réels ou imaginaires qui forment le sujet d'un poème ou d'une pièce de théâtre. Ainsi, le développement des événements qui résultent de la colère et de l'inaction d'Achille constitue l'ac. de l'*Iliade*.

DICTIONNAIRE ENCYCLOPÉDIQUE.

Mécan. — Le terme *Ac.* désigne tantôt l'effort que fait un corps contre un autre corps où qu'une force exerce sur un corps, tantôt le mouvement ou l'effet qui résulte de cet effort. L'ac. s'exerce soit par pression soit par choc. Dans le premier cas elle continue, dans le second elle est instantanée ou du moins s'exécute pendant un temps très court. Dans tous les cas d'ac. mécanique, le corps agissant rencontre une résistance égale à l'inertie du corps sur lequel il agit. Cette résistance a reçu le nom de *réaction;* elle est toujours égale à l'ac. et toutes deux s'exercent en sens contraire. Ainsi lorsqu'on enfonce un clou avec un marteau, le choc agit contre la face du marteau exactement avec la même énergie qu'il agit contre la tête du clou, et quand on presse la main contre une pierre, la pression exercée sur la main est absolument égale à celle qui est exercée sur la pierre. Voy. MOUVEMENT, INERTIE, RÉACTION.

Finances et Com. — Le mot *Ac.* désigne le titre représentatif d'une part d'intérêt prise par un particulier dans une société à pertes et bénéfices communs. — L'ac. est dite libérée lorsque la somme inscrite sur le titre a été intégralement versée. — Les actions sont nominatives lorsqu'elles portent le nom du propriétaire. Dans ce cas, leur transmission ne peut s'opérer que par un transfert sur les registres de la société. Dans le cas contraire, elles sont au porteur, et la cession peut avoir lieu par simple tradition de la main à la main.

Les coupons d'actions sont des fractions d'actions. L'ac. *de jouissance* est le titre remis, dans les sociétés qui procèdent chaque année à l'amortissement d'une portion du capital social, au souscripteur dont le titre primitif a été remboursé. Le possesseur de l'ac. *de jouissance* cesse de recevoir l'intérêt afférent au capital dont la disposition lui a été rendue; mais il a droit aux profits de toute nature obtenus par la société et au partage de l'actif en cas de cessation ou de dissolution.

Droit et Jurispr. — On entend par *Ac.* la demande, la poursuite judiciaire ou le droit de poursuivre en justice ce qui nous est dû. Dans ce dernier sens, *avoir ac. contre quelqu'un,* c'est avoir droit de former contre lui une demande en justice. — On distingue les actions en *actions civiles* et en *actions criminelles.* La poursuite de ces dernières n'appartient qu'aux magistrats institués à cet effet. Les premières sont les *personnelles,* ou *réelles,* ou *mixtes.* L'ac. personnelle est dirigée contre une personne qui a contracté un engagement ou contre ses héritiers; l'ac. réelle, contre le tiers détenteur d'un immeuble sur lequel on a des droits (c'est, à proprement parler, l'ac. *hypothécaire*). L'ac. mixte, contre celui qui se trouve obligé, tout à la fois, dans sa personne et dans ses biens. La plupart des actions portées devant les tribunaux appartiennent à cette dernière catégorie. — *Ac. pétitoire* et *possessoire.* Voy. PÉTITOIRE.

ACTIONNAIRE. s. Celui ou celle qui a une ou plusieurs actions dans une compagnie financière, industrielle ou commerciale.

ACTIONNER. v. a. Intenter une action judiciaire contre quelqu'un. || Par ext. harceler, relancer, tourmenter.

ACTIUM [ak-si-omm]. Promontoire de l'ancienne Grèce, sur l'Adriatique, près duquel Octave remporta sur Antoine et Cléopâtre la grande victoire navale qui lui valut l'empire (31 av. J.-C.).

ACTIVEMENT. adv. D'une manière active. *Cette affaire n'a pas été conduite ac.* || T. Gram. On dit d'un verbe neutre qu'il s'emploie *Act.,* c.-à-d. comme un verbe actif avec un complément direct. Ainsi, *Parler,* qui est un verbe neutre, est employé act. dans cette phrase: *C'est un homme qui parle bien sa langue.*

ACTIVER. v. a. Hâter, presser, pousser vivement. *Activez donc cette affaire, ces travaux. Il faut ac. le recouvrement de l'impôt.* = ACTIVÉ, ÉE. part.

ACTIVITÉ. s. f. (lat. *activitas*). Puissance, faculté d'agir. *L'act. de l'âme. L'act. des organes.* || Diligence, promptitude, vivacité dans l'action, dans le travail. *J'admire l'act. de cet homme.* || On nomme *Sphère d'act.* l'espace dans lequel l'action d'un corps, d'un aimant, par ex., peut se faire sentir. — Fig., on appelle *Sphère d'act. d'un homme,* l'étendue dans laquelle un homme exerce la puissance d'action qui est en lui. *Sa sphère d'act. n'est pas très grande.* ||

8

On dit d'un militaire, d'un fonctionnaire, qu'il est en *act. de service*, lorsqu'il sert actuellement, qu'il exerce actuellement les fonctions de sa place, de son grade. Par opp., on emploie dans l'armée le terme de *Non-ac*.

Syn. — *Rapidité, Célérité, Promptitude, Diligence.*

Philos. — Le mot *Act*. est un des termes le plus souvent employés par les philosophes et par les physiologistes. En Philos., on s'en sert pour désigner la puissance que possède l'âme de se modifier elle-même, et de modifier non seulement l'état de l'organisme vivant auquel elle est unie, mais encore, par l'intermédiaire de celui-ci, le milieu dans lequel nous sommes appelés à vivre. L'homme est essentiellement actif, et son activité est toujours en jeu, même dans les états où il est vulgairement regardé comme purement *passif*. Il n'y a pas d'opération intellectuelle qui n'ait pour substratum l'act. de l'âme; seulement quand notre act. est dirigée avec un effort dont nous avons conscience vers un objet quelconque, nous lui donnons le nom *d'attention*. Mais cet effort, cet accroissement intentionnel d'act. est toujours déterminé par la *volonté*: on doit donc se garder de confondre la volonté, cette cause pure qui élève l'homme à la dignité d'être libre et responsable de ses actes, avec l'act. proprement dite. Voy. les mots ATTENTION, VOLONTÉ, HABITUDE, INSTINCT.

ACTUAIRE. s. m. Celui qui s'occupe spécialement de la partie mathématique des opérations financières ou d'assurances.

L'étymologie de ce mot est incertaine; il paraît évidemment dériver de *agere*, puis de *actus* (on trouve dans Suétone *actuarius* dans le sens d'administrateur, notaire, greffier). Mais, dans son acception actuelle, il vient de l'anglais *actuary* avec la même signification.

A l'origine, ce nom de *actuary* désignait la personne ayant une compétence spéciale pour établir les contrats d'assurance sur la vie et pour indiquer le prix et les conditions des opérations viagères; puis, la théorie de ces opérations étant plus connue, les applications se généralisant, il est arrivé un moment où l'actuaire n'a plus conservé de ses attributions primitives que ce qu'elles comportaient de purement technique.

Aujourd'hui, toutes les compagnies d'assurances sur la vie ont dans leur personnel des *actuaires* chargés des calculs de tarifs, de statistique, de la construction des tables de mortalité ou autres, en un mot, de toutes les questions scientifiques. Certaines administrations et sociétés financières ont aussi des actuaires.

ACTUALITÉ. s. f. Se dit des choses qui offrent un intérêt actuel. *Cette question est pleine d'actualité. La presse périodique ne vit que d'actualités.*

ACTUEL, ELLE. adj. Qui est réduit en acte, qui est réel. C'est dans le sens qu'on dit : *Volonté actuelle*, par opp. à *Volonté potentielle; Intention actuelle*, par opp. à *Intention virtuelle.* || Effectif, réel. *Payement actuel.* || Se dit encore de ce qui a lieu, de ce qui a cours, de ce qui est usité dans le moment présent. *L'état ac. des affaires publiques. Le langage ac.* || T. Chirur. *Cautère ac.*, Le feu rouge, par opposition aux substances caustiques qui sont dites *cautère potentiel.* Voy. CAUTÈRE.

ACTUELLEMENT. adv. Au moment présent, au moment où l'on parle.

Syn. — *A présent, Présentement, Maintenant.* — *A présent* indique une partie plus ou moins étendue du temps actuel, par opposition à un autre temps plus ou moins éloigné ou indéfini. Jadis, la force du corps gagnait les batailles, *à présent* c'est le canon. *Présentement* désigne d'une manière limitée le moment présent. Sa maison est à louer *présentement. Actuellement* exprime un temps plus précis et plus instantané encore; c'est le présent même, l'instant où l'on parle, où l'action se fait, où l'événement s'accomplit. Le tribunal entre *actuellement* en séance. *Maintenant* signifie littéralement, pendant qu'on a les choses sous la main, pendant qu'on est après. Il comprend aussi l'idée de suite, de continuation d'une chose, de liaison ou de transition d'une partie à une autre. Nous venons de considérer le beau côté de la médaille, voyons-en *maintenant* le revers.

ACUITÉ. s. f. (lat. *acutus*, aigu). Qualité de ce qui est aigu. *L'ac. d'un son, d'une douleur.*

ACULÉIFORME. adj. 2 g. (lat. *aculeus*, aiguillon ; *forma*,

forme). Se dit, en Bot., des organes qui ressemblent à des aiguilles, et, en Zool., des écailles de poissons qui ont la forme de pointes recourbées.

ACUMINÉ, ÉE. adj. (lat. *acumen*, pointe). Pointu, en forme de pointe. T. Bot., se dit d'une feuille, d'un pétale ou de tout autre organe foliacé dont les deux bords, après avoir insensiblement convergé l'un vers l'autre, se prolongent pendant quelque temps pour former une pointe plus ou moins allongée. || En T. Zool., on dit que les ailes d'un insecte sont *acuminées*, lorsqu'elles se terminent en pointe aiguë et prolongée.

ACUPONCTURE ou mieux **ACUPUNCTURE.** s. f. (lat. *acus*, aiguille; *punctura*, piqûre). T. Chir. On donne ce nom à l'introduction méthodique, dans un but thérapeutique, d'une ou de plusieurs aiguilles dans diverses régions du corps. Cette opération, inconnue aux médecins grecs, latins et arabes, paraît avoir été pratiquée de temps immémorial par les Chinois, contre les cas appartenant aux affections nerveuses et rhumatismales. Ten-Rhyne, chirurgien hollandais, fit connaître cette méthode dans un mémoire qui parut à Londres, en 1683; et, en 1712, Kœmpfer compléta les renseignements du premier dans une note qu'il publia sur le même sujet. On fit d'abord, pour juger de l'efficacité de ce procédé, quelques essais qui n'amenèrent aucun résultat. Ce n'est guère que dans les années 1824, 1825 et 1826 que d'habiles expérimentateurs surent tirer quelque fruit de cette importation étrangère; mais c'est surtout au docteur J. Cloquet que l'ac. a dû l'espèce de vogue dont elle a joui quelque temps en France. — Pour pratiquer cette opération, on se sert à peu près indifféremment de toute espèce d'aiguilles, pourvu qu'elles soient très fines, très polies et très acérées. Lorsqu'elles sont en acier, elles doivent être recuites, pour éviter qu'elles se brisent à l'intérieur des parties. Dans tous les cas, il est bon d'adapter à leur extrémité mousse une tête en métal ou en cire d'Espagne, afin de prévenir leur introduction complète dans le tissu des organes. Ainsi préparées, on les fait pénétrer à travers la peau tendue, soit en les poussant directement, soit en les tournant entre les doigts, soit en les frappant avec un petit maillet. Généralement, c'est le siège de la douleur qui détermine les points où l'on doit implanter les aiguilles. La durée de leur application est très variable : parfois quelques minutes suffisent; dans certains cas on ne les retire qu'au bout de 24, et même de 36 heures. L'ac. peut être avantageuse dans les affections qui consistent principalement dans des troubles de la sensibilité et de la motilité, mais elle a été trouvée si souvent impuissante qu'elle est à peu près complètement abandonnée.

ACUPRESSURE. s. f. (lat. *acus*, aiguille; *compressura*, pression). T. Chir. Méthode proposée par Simpson d'Edimbourg pour arrêter et prévenir les hémorragies pendant et après les opérations chirurgicales, et qui consiste à comprimer les artères au moyen de longues aiguilles introduites dans les parties molles, de manière que le vaisseau à oblitérer se trouve pressé entre l'aiguille et les tissus. L'acupressure ne présente ni la facilité ni la sécurité de la ligature des artères. Elle n'est restée dans la pratique qu'à titre exceptionnel, dans les cas où la ligature est impossible.

ACUTANGLE. adj. 2 g. T. Géom. Se dit d'un triangle qui a ses trois angles *aigus*. ═ ACUTANGLÉ, ÉE. adj. T. Hist. nat. Se dit, par oppos. à *Obtusangle*, de tout organe qui offre des angles aigus.

ACYANOBLEPSIE. s. f. (gr. *à*, privatif; κυανός, bleu; βλέψω, vue). T. Méd. Affection de la vue caractérisée par l'impossibilité de distinguer la couleur bleue.

ADAGE. s. m. (lat. *adagium; adagendum*, règle pour la conduite). Proverbe, sentence, maxime. — On dit d'un homme qui affecte un ton sentencieux, *Il ne parle que par adages.*

Syn. — *Proverbe.* — L'*ad*. est une sentence brève et piquante qui, lancée par un auteur dans la circulation intellectuelle, se propage, se popularise et acquiert la force d'une vérité démontrée. Rien n'est plus commun que le nom, rien n'est plus rare que la chose; *Qui sert bien son pays n'a pas besoin d'aïeux; L'esprit qu'on veut avoir gâte celui qu'on a*, sont des *adages*. Le proverbe est l'expression du sentiment populaire, sous une forme concise, énergique, vulgaire et souvent métaphorique. *Pierre qui roule n'amasse* *pas mousse; Nul n'est prophète dans son pays; Tout ce qui reluit n'est pas or*, voilà des *proverbes*. Comme on peut le remarquer, le *proverbe* est toujours une sentence naïve qui exprime simplement ce qui est, ce qui se passe, ce qu'on a observé. L'*ad.*, au contraire, est une sentence qui, par la finesse de l'observation, et souvent même par sa tournure épigrammatique, nous invite à réfléchir et à nous corriger.

ADAGIO. adv. T. Mus. Mot emprunté de l'italien, et qui sign., *Posément*. On l'écrit au commencement des morceaux de musique pour indiquer un mouvement lent. || S'emploie subst. pour désigner le morceau même qui doit être joué dans ce mouvement. L'*ad. de cette symphonie est très beau.*

ADALGISE, associé au trône par Didier, son père, roi des Lombards, fut dépouillé de ses États par Charlemagne (775).

ADAM, le premier homme, d'après la Bible, père d'Abel, de Caïn, de Seth, etc.

ADAM (ADOLPHE), compositeur français (1803-1856), auteur du *Chalet*, du *Postillon de Longjumeau*, etc.

ADAM (PIC D'). Célèbre montagne de l'île Ceylan, visible de plus de 120 kilomètres.

ADAM BILLAUT, dit Maître Adam, menuisier de Nevers, mort en 1662, célèbre par ses poésies populaires, dont les recueils avaient pour titre les *Chevilles*, le *Vilebrequin* et le *Rabot.*

ADAMA, v. de Palestine, détruite avec Sodome par le feu du ciel.

ADAMANTIN, INE. adj. (lat. *adamas*, diamant). Qui a la dureté ou l'éclat du diamant.

ADAMASTOR. Le géant des tempêtes, personnage fictif des *Lusiades* du Camoëns.

ADAMITE. s. m. Membre d'une secte qui, prétendant se conformer à Adam, rejetait l'usage des vêtements.

ADAMS (JOHN), 2ᵉ président des États-Unis d'Amérique (1735-1826).

ADANSON. Botaniste français (1727-1806). Laborieux naturaliste.

AD APERTURAM LIBRI. (Mots lat. sign., A l'ouverture du livre.) Traduire immédiatement, jouer un morceau de musique à livre ouvert, sans chercher.

ADAPTATION. s. f. Action d'adapter.
Biol. — Les animaux et les plantes transportés dans un milieu différent de celui où ils vivent d'ordinaire possèdent la faculté de modifier leurs organes et de les *adapter* aux nouvelles conditions d'existence qui leur sont faites, pourvu toutefois que le changement des conditions ne soit pas assez considérable pour les faire périr. Cette remarque est la base de la théorie moderne du *Transformisme* (Voy. ce mot), qui explique les innombrables variétés d'espèces animales et végétales que les modifications qu'ont subies dans la suite des temps les êtres primitifs. Des exemples remarquables d'adaptation sont fournis par l'atrophie des yeux chez les animaux des cavernes, celle du canal digestif chez les vers intestinaux, etc.
Littérat. — L'*ad.* est un travail littéraire par lequel un écrivain, prenant pour texte l'œuvre d'un autre auteur, la transforme en une production analogue qu'il croit plus appropriée au goût de ses compatriotes et de ses contemporains. On a joué récemment, sur diverses scènes françaises, des adaptations de certains drames de Shakespeare et de certaines tragédies de Sophocle.

ADAPTER. v. a. (lat. *ad*, *aptare*, ajuster à). Appliquer, ajuster une chose à une autre. *Ad. un tube à un autre tube.* || Fig. Appliquer un mot, un passage à une personne, à un sujet. *Ce vers de Virgile lui est bien adapté.* = S'ADAPTER, v. pron. *Cet exorde peut s'ad. à une foule de discours.* = ADAPTÉ, ÉE. part.

ADATIS. s. m. Mousseline des Indes orientales.

ADAUBAGES: s. m. pl. T. Mar. Viandes conservées dans des barils pour la marine.

ADDA, riv. de l'Italie du Nord, se jette dans le Pô, près de Crémone.

ADDENDA. s. m. (lat. *addenda*, qui doit être ajouté). Addition à la fin d'un livre. == Pl. des *Addenda.*

ADDISON (JOSEPH), célèbre littérateur anglais, l'un des fondateurs du *Spectateur* (1672-1719).

ADDITIF, VE. adj. Math. *Quantité additive*, celle qui doit être ajoutée. Voy. ALGÈBRE et QUANTITÉ.

ADDITION. s. f. [Pr. *Ad-di-cion*] (lat. *addere*, donner, mettre de plus.) Action d'ajouter une chose à une autre. *Faire des additions à une maison, à un livre.* || Note d'une dépense au restaurant. || T. Imp. Petite ligne, note placée en marge du texte, béquet, manchette. || T. Droit. *Informer par add.*, Ajouter une nouvelle information à la première.
Arith. — L'*ad.* est une opération qui peut être effectuée sur des nombres ou des grandeurs. Le résultat de l'*ad.* s'appelle la *somme* ou le *total*. L'*ad.* de plusieurs nombres a pour objet de trouver un nombre qui renferme toutes les unités contenues dans les nombres donnés. L'*ad.* des grandeurs doit être définie d'une manière particulière pour chaque espèce de grandeur. Ainsi, pour ajouter deux longueurs, on les porte bout à bout sur la même droite et la longueur ainsi obtenue est la somme des deux autres. Toutefois, la définition de l'*ad.* doit être telle que l'opération ainsi définie jouisse des trois propriétés suivantes : 1° la somme de deux quantités ne doit pas changer, quel que soit l'ordre dans lequel on les ajoute; 2° si on ajoute à une quantité A une somme de deux autres B et C, on obtient le même résultat qu'en ajoutant d'abord B à A, puis C à la somme ainsi obtenue; 3° une quantité ne change pas si on lui ajoute un quantité nulle.
La théorie de l'*ad.* des nombres entiers repose sur ce principe que pour ajouter plusieurs sommes on peut répartir les parties qui les composent en autant de groupes que l'on veut, ajouter les parties contenues dans chaque groupe et ajouter enfin les sommes partielles ainsi obtenues. Comme tout nombre se compose d'unités, de dizaines, etc., on ajoutera séparément les unités contenues dans les nombres donnés, puis les dizaines, les centaines, etc. La somme des résultats partiels se fait d'elle-même en écrivant ces résultats à la place qu'ils doivent occuper, et en ayant soin de *retenir* le nombre des dizaines de chacun d'eux pour l'ajouter avec les chiffres de la colonne suivante, parce qu'en effet ce nombre de dizaines représente des unités dix fois plus fortes que celles du résultat auquel elles appartiennent.

Exemple :
```
      1892
        50
       107
         4
```
Somme ou total :   2053

L'*ad.* se fait de haut en bas. On en fait la preuve en la recommençant de bas en haut, précaution nécessaire pour éviter de retomber dans les mêmes erreurs. Le signe de l'*add.* est + (plus); celui de la soustraction est — (moins) : 8 + 5 = 13; 8 — 5 = 3.
Pour l'*ad.* des quantités autres que les nombres entiers, Voy. COMPLEXE, FRACTION, ALGÈBRE.

ADDITIONNEL, ELLE. adj. Qui est ou qui doit être ajouté. *Clause additionnelle.* || T. Fin. *Centimes additionnels.* Voy. CENTIMES. || *Acte add.* Voy. ACTE.

ADDITIONNER. v. a. Faire l'opération mathématique appelée *Addition.* == ADDITIONNÉ, ÉE. part.

ADDUCTEUR. adj. m. (lat. *ad*, vers; *ducere*, conduire). T. Anat. Se dit des divers muscles qui, en se contractant, rapprochent du plan médian du corps les parties auxquelles ils sont attachés. || Se prend aussi subst. *Les adducteurs du bras, de la cuisse.* L'*ad. de l'œil.*

ADDUCTION. s. f. Mouvement qui consiste à rapprocher

du plan médian du corps un membre ou une partie latérale. Voy. ABDUCTION.

ADEL (Côte d'), région de l'Afrique, au nord-est. 200,000 h.

ADÉLAÏDE, ville de l'Australie méridionale. 30,000 h.

ADÉLAÏDE, nom de reines ou princesses, particul. de la fille aînée de Louis XV, tante de Louis XVI (1732-1800), et de la sœur de Louis-Philippe Ier (1777-1847).

ADÉLIE (terre). Une des terres antarctiques par 63°30' de lat. S. et 138° de long. E. Déc. en 1840 par Dumont-Durville.

ADELPHE. adj. 2 g. (g. ἀδελφός, frère). T. Bot. Se dit des étamines réunies en un ou plusieurs faisceaux.

ADELPHIE. s. f. T. Bot. Réunion des étamines en un ou plusieurs faisceaux. Voy. ÉTAMINE et BOTANIQUE.

ADELSBERG, v. de la Carniole, célèbre par de magnifiques grottes.

ADELUNG, savant allemand (1732-1806), auteur d'un *Dictionnaire grammatical et critique de la langue allemande*, du *Mithridate ou Tableau universel des langues*, etc.

ADEMPTION. s. f. (lat. *a*, de; *demere*, ôter). Révocation d'un legs, d'une donation. Peu usité.

ADEN, port de l'Arabie (Asie), à l'entrée de la mer Rouge. 30,000 h. (aux Anglais).

ADÉNANTHÈRE. s. f. (B. *anthère*, et ἀδήν, glande). T. Bot. Genre de plantes qu'on appelle aussi *Condor*, de la famille des *Légumineuses*.

ADÉNINE. s. f. T. Chim. L'ad. est une base qui se produit par le dédoublement de la nucléine des noyaux cellulaires sous l'influence des acides étendus; aussi est-elle extrêmement répandue dans l'économie animale et végétale. Elle est très soluble dans l'eau bouillante, très peu dans l'eau froide. Elle est neutre au papier de tournesol, mais elle fonctionne comme base vis-à-vis des acides et s'y dissout facilement en donnant des sels cristallisables. L'acide nitreux la convertit en hypoxanthine. L'ad. répond à la formule C⁵H⁵Az⁵; c'est donc un polymère de l'acide cyanhydrique. On la prépare en faisant bouillir le tissu pancréatique avec de l'acide sulfurique très étendu.

ADÉNITE. s. f. (gr. ἀδήν, glande). T. Méd. Inflammation des ganglions lymphatiques. On distingue l'adénite aiguë et l'adénite chronique.

ADÉNOLOGIE. s. f. (gr. ἀδήν, glande, λόγος, discours). T. Anat. Partie de l'anatomie qui traite des glandes.

ADÉNOME. s. m. (gr. ἀδήν, glande, νόμος, manière d'être). T. Méd. Tumeur ayant la même structure que les glandes normales; ces tumeurs, presque toujours indolentes, ne sont nuisibles que par le volume qu'elles peuvent acquérir; c'est alors qu'il faut les extirper.

ADENT. s. m. T. Charp. Entailles que l'on fait en sens inverse sur des pièces de bois pour assurer leur parfaite liaison.

ADEPTE. s. m. (lat. *adeptus*, qui a obtenu, qui est parvenu). Celui qui est initié dans les mystères d'une secte, d'une science. — Se disait surtout de ceux qui se livraient à l'alchimie. || Se prend aussi adj. *Cette femme a été ad. du spiritisme*.

ADÉQUAT, ATE. adj. [On pron. *adékouat*] (lat. *ad*, à; *æquare*, égal r). T. Philos., qui s'emploie en parlant de nos connaissances, de nos idées. Une idée est *Adéquate* lorsqu'elle a tous les caractères essentiels de son objet, qu'elle convient à cet objet tout entier et rien qu'à lui. *Une définition, pour être bonne, doit être adéquate à la chose définie, c.-à-d. convenir à l'objet défini tout entier et ne convenir qu'à lui seul*.

ADERNE. s. f. Espace où l'eau des marais salants est soumise à l'action du soleil et du vent.

ADEXTRÉ, ÉE. adj. (lat. *ad*, à; *dexter*, droit). T. Blas. Se dit des pièces qui en ont une autre à leur droite. *Pal adextré d'une croix*.

ADHATODA. s. f. T. Bot. Genre de plantes de la famille des *Acanthacées*. Voy. ce mot.

ADHÉMAR. Mathémat. français, auteur de la théorie des déluges périodiques, 1797-1862.

ADHERBAL, fils de Micipsa et petit-fils de Masinissa, roi de Numidie, fut assassiné par Jugurtha (112 av. J.-C.).

ADHÉRENCE. s. f. Union, état de deux corps étroitement unis entre eux. || Fig., Attachement à un parti, à une opinion. Se prend ord. en mauvaise part. *On l'accusait d'ad. au parti des rebelles*. Vx.

Hist. nat. — On donne, en Minér., le nom d'*Ad.* à la manière dont les cristaux sont attachés à leur gangue ou à leur support.

En Pathol., on appelle *Ad.* l'union vicieuse ou accidentelle des parties. Les adhérences peuvent résulter d'une disposition primitive de l'organisme, ou être la conséquence d'une inflammation. La réunion congéniale des paupières, les imperforations du nez, de la bouche, sont des exemples du premier genre d'ad.; la réunion des paupières à la suite d'une brûlure, celle des bords d'une plaie, sont des cas d'ad. accidentelle. Voy. CICATRICE, CAL et AUTOPLASTIE.

En Bot., syn. peu usité de *Concrescence*.

ADHÉRENT, ENTE. adj. Qui a contracté une adhérence. || S'emploie subst. et ord. au plur., en parlant de ceux qui sont attachés à l'opinion, au parti de quelqu'un; mais il ne se prend guère qu'en mauvaise part. *Il fut condamné avec tous ses adhérents*.

Syn. — *Attaché, Annexé*. — Une chose est *adhérente* à une autre par l'union résultant de la continuité, ou par la soudure de parties contiguës; elle est *attachée* par des liens artificiels qui la fixent à la place ou dans la situation où l'on veut qu'elle demeure; elle est *annexée* par une simple jonction morale, effet de la volonté, de l'institution humaine. Les branches sont *adhérentes* au tronc. Les voiles sont *attachées* au mât. Il y a des emplois que l'on a *annexés* à d'autres pour les rendre plus considérables. *Ad.* et *annexé* s'emploient presque toujours dans le sens propre; mais *attaché* se dit fréquemment dans le sens fig. : Je lui suis *attaché* par les liens de l'amitié.

ADHÉRER. v. n. (lat. *ad*, à; *hærere*, s'attacher). Être attaché, être uni, tenir fortement à quelque chose, contre quelque chose. *L'écorce de cet arbre adhère fortement au bois*. || Fig., Être attaché aux opinions, au parti de quelqu'un. *Il a adhéré au parti de la Fronde*. || Approuver, adopter. *Il adhère à tout ce que vous dites. La cour adhère aux conclusions de l'avocat général*. = Syn. Voy. ACQUIESCER.

ADHÉSIF, IVE. adj. T. Méd. Se dit de ce qui adhère et de ce qui procure l'adhésion. Voy. ADHÉRENCE, ADHÉSION, AGGLUTINATIF.

ADHÉSION. s. f. T. Phys. Se dit de la force avec laquelle deux corps restent attachés l'un à l'autre lorsqu'on les a mis en contact.

Au fig. et par analogie, consentement, approbation. || T. Droit. Acceptation d'une proposition qui nous est faite, ou approbation d'un acte dans lequel nous n'avons pas été parties ; dans les deux cas il se forme un contrat, et la personne qui a donné son ad. se trouve obligée. — S'emploie encore en parlant d'un acte par lequel une puissance acquiesce à un traité qui lui est proposé.

Phys. — On a souvent confondu l'*Ad.* avec la *cohésion* : mais ces deux termes sont essentiellement distincts. L'ad. est la force avec laquelle deux corps différents une fois mis en contact résistent à l'effort fait pour les séparer; la cohésion est celle qui unit entre elles les molécules d'un corps homogène. Ainsi, les molécules qui constituent une goutte d'eau ou de mercure sont unies entre elles par la force de cohésion, et les molécules d'un corps qui humectent la surface d'un corps quelconque lui sont unies par l'ad. — L'ad. peut exister entre deux corps solides, entre un solide et un fluide, ou entre deux fluides. On trouve un exemple d'ad. de corps solides dans la force nécessaire pour séparer deux tablettes de marbre dont les surfaces polies ont été mises en contact. La position de l'eau, au-dessus de son niveau dans les tubes capillaires ou entre deux plaques de verre presque en contact, est un exemple d'ad. d'un fluide à un corps solide. Enfin, on a un exemple d'ad. de deux liquides entre eux, lorsqu'on humecte d'huile une plaque de verre, et qu'on la met en contact avec la surface de l'eau. Il faut alors un effort très considérable pour détacher perpendiculairement la plaque huilée de la surface de l'eau.

Laplace a démontré que l'ad. des disques aux surfaces des liquides est un phénomène capillaire, et résulte de l'action de forces attractives qui ne sont sensibles qu'à une très faible distance. En supposant connus le diamètre du disque et la hauteur à laquelle le même liquide s'élève dans un tube capillaire de même substance et d'un diamètre donné, Laplace a déterminé théoriquement la force nécessaire pour détacher le disque. Les résultats de sa détermination, appliqués à divers liquides, tels que l'eau, l'essence de térébenthine et l'alcool à différentes densités, concordent exactement avec les nombres que Gay-Lussac a obtenus par une série d'expériences très rigoureuses. L'ad. qui se manifeste entre les surfaces polies des corps solides est proportionnelle à l'étendue de ces surfaces. On croyait anciennement que la résistance offerte par ces surfaces à l'effort fait pour les séparer dépendait uniquement de la pression atmosphérique; mais la grandeur de la force nécessaire pour effectuer cette séparation démontre combien cette croyance était erronée. D'ailleurs, l'effort nécessaire est à peu près le même dans le vide. — Un des faits les plus curieux relatifs à l'ad. des surfaces de corps solides se remarque fréquemment dans les verreries. Quand les glaces ont reçu le dernier poli, on les met en magasin en les dressant de champ l'une contre l'autre. Dans cette position, elles acquièrent quelquefois une ad. tellement forte que trois ou quatre glaces sont comme incorporées l'une à l'autre, à tel point qu'on peut user leurs bords, les couper au diamant et les travailler comme si elles formaient un seul morceau de verre.

AD HOMINEM. [Pr. *Ad hominème.*] Mots latins qui se s'emploient que dans l'expression *argument ad hominem,* c.-à-d. argument attaquant spécialement la personne à laquelle on s'adresse.

AD HONORES. [Pr. *Ad honorèsse.*] Expression latine qui s'emploie en parlant d'une personne qui, n'ayant que le titre d'une charge, n'en remplit pas les fonctions et n'en perçoit pas les émoluments.

ADIABATIQUE. adj. 2 g. (gr. ἀδιάβατος, impénétrable). T. Phys. Se dit des modifications que peut éprouver un corps sans recevoir ni perdre de chaleur.

Thermod. — L'état physique d'un corps est caractérisé par sa température, son volume et la pression qu'il supporte. Ces trois quantités sont liées entre elles par une relation particulière pour chaque corps qu'on nomme l'*équation caractéristique* du corps; mais elles sont susceptibles de varier tout en vérifiant cette relation, et ces variations constituent les *modifications* que le corps peut subir. On dit que la modification est *ad.* si elle s'accomplit sans que le corps reçoive ou perde de l'extérieur aucune quantité de chaleur. Il ne faut pas confondre les modifications adiabatiques avec les modifications *isothermiques*, qui sont celles pendant lesquelles le corps conserve la même température. Une modification ad. ne peut pas être isothermique : car, en vertu de l'équation caractéristique, la pression et le volume sont liés entre eux si l'on suppose la température constante, et la condition que le corps ne reçoit ni ne perd de chaleur établit entre ces deux éléments une deuxième équation, de sorte que ceux-ci restent constants. On aura un exemple de modification ad. en comprimant un gaz dans une caccinte imperméable à la chaleur, en supposant toutefois que les parois ne peuvent ni céder ni prendre de chaleur au gaz. Dans ce cas, il se produira une élévation de température due à la transformation en chaleur du travail effectué par la transformation. Au contraire, la fusion d'un corps solide qui s'accomplit à une température invariable en absorbant de la chaleur dite *latente* est une modification *isothermique* et non *ad.* Il en est de même de la solidification d'un liquide.

Lignes adiabatiques. — On représente graphiquement l'état d'un corps en traçant deux droites rectangulaires OV, OP (Voy. la fig.), et en prenant dans le plan un point M dont l'abscisse ON a pour mesure le volume, et l'ordonnée NM la pression du corps. La température n'est pas représentée, mais elle se déduit des deux autres éléments par l'équation caractéristique. Toute modification dans l'état du corps sera représentée par un déplacement du point M, c'est-à-dire par une courbe. Les *lignes adiabatiques* sont celles qui représentent des modifications adiabatiques. Il en passe une, et une seule, par chaque point du plan. La quantité totale de chaleur renfermée dans un corps est une fonction des deux éléments pression et volume : $Q = f(p, v)$, et les variations de ces trois quantités sont liées par l'équation différentielle :

$$dQ = \frac{dQ}{dp} dp + \frac{dQ}{dv} dv\ ;$$

les dérivées $\frac{dQ}{dp}$ et $\frac{dq}{dv}$ étant des quantités qui dépendent de la nature des corps. En écrivant que $dQ = 0$, on aura l'équation différentielle des lignes adiabatiques :

$$\frac{dQ}{dp} dp + \frac{dQ}{dv} dv = 0.$$

Il est presque impossible d'obtenir pour les liquides, les solides et les vapeurs saturées l'équation des lignes adiabatiques, parce qu'on connaît très mal l'équation caractéristique de ces corps. Au contraire, on trouve facilement que l'équation des lignes adiabatiques des gaz parfaits est

$$\frac{p}{p_0} = \left(\frac{v_0}{v}\right)^{\frac{C}{c}}$$

où p_0 et v_0 sont la pression et le volume initial C, la chaleur spécifique sous pression constante et c la chaleur spécifique sous volume constant. $\frac{C}{c}$ est une constante pour tous les gaz égale à 1,41. Les courbes adiabatiques définies par cette équation sont asymptotes aux deux axes op et ov, et leur forme rappelle celle d'une hyperbole équilatère. La modification isothermique d'un gaz parfait serait représentée par la loi de Mariotte : $\frac{p}{p_0} = \frac{v_0}{v}$, qui définit une hyperbole équilatère.

ADIANTE. s. f. (gr. ἀδίαντος, toujours sec). T. Bot. Nom de diverses plantes. Voy. **CAPILLAIRE** et **POLYPODIACÉES.**

ADIEU (Dérivé par ellipse de *recommander à Dieu*.) loc. adv. Terme de civilité dont on se sert en prenant congé de quelqu'un. *Ad.* monsieur. *Il ne lui a seulement pas dit ad.* ‖ *Dire ad.*, Prendre congé. *Il est allé dire ad. à ses amis.* ‖ Fig., *Dire ad. au monde, aux plaisirs*, à la société, c'est y renoncer. ‖ Se dit quelquefois en parlant d'un homme ou d'une chose qui court grand risque. *Si la fièvre vient à redoubler, ad. le malade.* ‖ Prov. *Ad. panier, vendanges sont faites.* Se dit d'une espérance complètement déçue, d'une affaire manquée, d'une chose perdue sans ressource. = **ADIEU.** s. m. *Un triste, un éternel ad. J'ai reçu ses derniers adieux.* *Il a fait ses adieux au ministre*, Il a pris congé du ministre.

Syn. — On emploie souvent *Ad.* pour *Au revoir;* cependant le sens n'est pas le même. Adieu est plus définitif.

Prov. litt. :

Amour, amour, quand tu nous tiens,
On peut bien dire : adieu prudence!

ADIEU-VA. s. m. T. Mar. Commandement que le timonier donne à l'équipage pour virer de bord vent devant.

ADIGE, fleuve de l'Italie septentrionale, arrose Vérone et Arcole et se jette dans l'Adriatique.

ADIPEUX, EUSE. adj. (lat. *adeps*, graisse). T. Anat. Qui est de nature graisseuse ou qui contient de la graisse.

Anat. — On a longtemps regardé la graisse comme un produit de nutrition déposé dans les interstices du tissu cellulaire par l'action sécrétoire de ce tissu lui-même ou des vaisseaux sanguins, pour être résorbé en temps opportun. — Mais partout où elle se présente comme tissu indépendant, la substance adipeuse est toujours contenue dans des vésicules que l'on appelle cellules adipeuses. Ces cellules, il est vrai, se trouvent dans les espaces celluleux du tissu cellulaire; elles peuvent s'y amasser et en disparaître; mais la cavité des vésicules adipeuses ne se confond point avec celle des cellules du tissu cellulaire, et la paroi de ces vésicules n'est pas du tissu cellulaire. Les espaces compris dans le tissu cellulaire communiquent les uns avec les autres, tandis que les vésicules adipeuses sont closes de tous côtés, et se laissent isoler, car chacune a sa paroi propre. Chaque cellule de tissu cellulaire renferme un plus ou moins grand nombre de vésicules adipeuses.

Les cellules adipeuses sont rondes ou à peu près, et parfaitement lisses à la température du corps, sous l'influence de laquelle la graisse demeure liquide. Par le refroidissement, elles deviennent irrégulières et souvent polyédriques en raison de la pression qu'elles exercent les unes sur les autres. Leur diamètre varie de 40 à 80 millièmes de millim. (Les figures ci-dessous sont vues à un grossissement de 220 diamètres). —

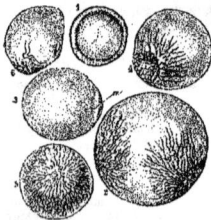

L'enveloppe des vésicules adipeuses est, en gén., tellement délicate, qu'on ne peut pas la distinguer nettement du contenu. (Fig. 1. Cellule adipeuse à paroi en apparence plus épaisse). Très fréquemment la paroi présente une saillie sur un point de son étendue, et là existe un noyau ou une trace de noyau. (Le noyau paraît être l'élément autour duquel se développe la cellule. Voy. HISTOGÉNIE.) (Fig. 3. Cellule dans la paroi de laquelle le noyau a formé une saillie au point a.) Quelquefois on rencontre, sur le cadavre, des vésicules adipeuses offrant une ou deux figures étoilées particulières, immédiatement au-dessous de leur surface. (Fig. 2, 4, 5, 6). Henle les regarde comme des cristaux de stéarine, et Vogel comme des cristaux d'acide margarique.

Le tissu ad. forme, suivant Béclard, à peu près la 20ᵉ partie du corps humain. Il est plus ou moins abondant dans les différentes régions, et présente des formes très diverses. Sous la peau, il s'étend en forme de membrane, et constitue le panicule graisseux. Chez les individus très gras, on trouve presque partout des vésicules adipeuses; certaines parties cependant n'en offrent jamais. Telles sont les paupières, la cavité du crâne, la surface du poumon, etc. Des amas de graisse semblables à des coussins garnissent le siège des femmes hottentotes.

Il est des circonstances où la graisse s'amasse en quantité anormale dans certaines régions; de là résulte une véritable hypertrophie du tissu ad., l'obésité, la polysarcie. Jusqu'à un certain degré l'embonpoint est un signe de santé; mais son excès dénote plutôt une certaine faiblesse. On l'observe souvent à la suite de maladies épuisantes, comme l'hydropisie. On trouve également d'une manière accidentelle des masses compactes de graisse qui acquièrent un volume énorme, et qu'on appelle des lipomes. (Voy. ce mot.) Pour plus de détails, cons. l'Anat gén. de HENLE et celle de MANDL.

ADIPIQUE. adj. 2 g. T. Chim. L'acide adipique, $C^{10}H^{10}O^4$, a été trouvé par Laurent dans les produits de l'oxydation du corps gras par l'acide azotique. Il se dépose de ses dissolutions en cristaux prismatiques fondant à 149°, solubles dans l'eau, l'alcool et l'éther. C'est un homologue des acides oxalique et succinique.

ADIPOCIRE. s. f. (lat. adeps; cera, cire). L'Ad. ou gras de cadavre, décrite pour la première fois par Fourcroy, n'est, suivant Chevreul, qu'une espèce de savon animal formé d'un peu d'ammoniaque, de potasse et de chaux combinées avec beaucoup d'acide margarique, un peu d'acide oléique, etc. Le gras de cadavre est le résultat de l'action de la graisse sur l'ammoniaque fournie par la décomposition de l'albumine, etc., tandis que la potasse et la chaux proviennent des substances salino-terreuses au milieu desquelles le cadavre est placé. L'ad. se produit lorsqu'on plonge dans l'eau ou lorsqu'on enfouit dans un terrain humide des cadavres entiers ou quelques-unes de leurs parties seulement.

ADIPOME. s. m. T. Méd. Syn. de LIPOME. Voy. ce mot.

ADIRER. v. a. (lat. ad, vers; errare, errer). Perdre, égarer. Usité seulem. en T. Jurisp. et au participe. == ADIRÉ, ÉE. part. Titre adiré. Pièce adirée.

ADITION. s. f. (lat. ad, vers; ire, aller). N'est usité que dans cette loc. : Ad. d'hérédité, de succession, et sign.. Acceptation.

ADJACENT, ENTE. (lat. ad, auprès; jacere, être couché, être situé). Qui est proche, contigu. Pays ad. Lieux adjacents. Maisons adjacentes. Ne se dit que de ce qui est étendu en surface. || T. Géom. Angles ad. Angles qui ont le sommet et un côté communs. (Voyez la fig.).
Syn. — Attenant, contigu, voisin, proche.

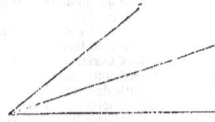

ADJECTIF. adj. m. (lat ad, auprès, et jacere, être situé, d'où l'on a fait adjicere, ajouter, dont le part. passé est adjectus). T. Gram. Mot que l'on joint aux substantifs, pour les qualifier ou en modifier la signification. || Se prend aussi subst. Un adj. masculin. Un adj. féminin. L'adj. doit s'accorder avec le substantif en genre et en nombre. || T. Teint. Couleur adjective. Couleur qui ne peut être fixée sur une étoffe qu'à l'aide d'une autre substance.
Syn. — Épithète. — L'épithète et l'adj. se joignent au substantif pour modifier l'idée principale par des idées secondaires; mais l'adj. est nécessaire; il sert à déterminer et à compléter le sens de la proposition, tandis que l'épithète ajoute de l'énergie ou de la grâce au discours. Retranchez d'une phrase l'adj., elle est incomplète, ou plutôt c'est une autre proposition : retranchez-en l'épithète, la proposition pourra rester entière, mais dépourvu ou affaiblie. Ainsi un épithète oiseuse et non pas ad. oiseux. L'adj. peut s'employer comme attribut : Dieu est bon. L'épithète est toujours jointe au substantif qu'elle modifie.
Gram. — L'Adj. ajoute au nom auquel il est joint l'idée d'une qualité essentielle ou accidentelle. La qualité désignée par l'adj. peut être considérée comme ayant été antérieurement attribuée au sujet, ou comme lui étant actuellement attribuée. Dans le premier cas, l'adj. est immédiatement joint au substantif : Un enfant obéissant; dans le second, il est séparé du nom par un verbe et forme à lui seul l'attribut d'une proposition : Philippe est clément. On l'emploie cependant isolément, «u, en d'autres termes, substantivement, lorsque l'esprit peut facilement suppléer le nom auquel il devrait être joint. Ainsi, dans cette proposition : Les méchants seront punis, le nom sous-entendu hommes est trop facile à suppléer pour qu'il soit nécessaire de l'exprimer.
Silvestre de Sacy les adjectifs peuvent être divisés en deux classes : les Adjectifs circonstanciels, ou adjectifs qui modifient le nom auquel ils sont joints, par une circonstance qui est entièrement hors du sujet exprimé par ce nom; tels sont les mots Quelque, Tout, Chaque, Aucun, Nul, Ce, Cet, Un, Deux, Trois, etc.; et les Adjectifs qualificatifs ou adjectifs qui déterminent le nom auquel ils s'unissent par une qualité qui se trouve dans le sujet exprimé par ce nom; tels sont Bon, Beau, Rouge, Mon, Ton, Son, Notre. Premier, Second, Troisième, etc. — Pour faciliter l'étude des adjectifs, on peut les diviser également en Pronominaux (mon, ton, son, sien, notre, votre, leur); en Démonstratifs (ce, cet, ceci, cela, celui, celle, celui-ci, celui-là, etc.); en Conjonctifs (qui, que, lequel, etc.); et en Numéraux (un, deux, trois, quatre, etc.). Plusieurs grammairiens établissent encore d'autres divisions; mais toutes rentrent dans les classes générales des adjectifs qualificatifs et des adjectifs circonstanciels.
Les adjectifs, dans notre langue, ainsi que dans le grec et le latin, sont susceptibles d'éprouver certaines modifications qui servent à faire reconnaître plus facilement les noms aux-

quels ils se rapportent. Ces modifications sont déterminées par le *genre* et par le *nombre*. Pour s'accorder avec les noms sous le rapport du genre, il faut que l'adj. puisse revêtir ou la forme masculine ou la forme féminine, selon le genre du substantif auquel il se joint. C'est, en effet, ce qui a lieu généralement. Nous avons cependant un assez grand nombre d'adjectifs qui se terminent par un *e* muet et sont ainsi semblables aux deux genres : *Adorable, Sauvage, Tranquille, Fidèle*, etc.; il faut en excepter *Maître* et *Traître*, qui font au féminin *Maîtresse* et *Traîtresse*. Les adjectifs terminés par une consonne ou par une voyelle autre que l'*e* muet, sont toujours masculins, et leurs féminins se forment par la simple addition d'un e muet : *Sain, Saine; Pur, Pure; Poli, Polie; Sensé, Sensée; Majeur, Majeure*. — Sont exceptés de cette règle : 1° les adjectifs où l'usage veut qu'on double la consonne finale, avant d'ajouter l'e muet (*Sujet, Sujette; Bon, Bonne*; etc.); 2° un grand nombre d'adjectifs terminés en *eur*, qui forment leur féminin en changeant *eur* soit en *euse* (*Quêteur, Quêteuse*), soit en *eresse* (*Pêcheur, Pêcheresse*), soit en *rice* (*Créateur, Créatrice; Ambassadeur, Ambassadrice*); 3° les adjectifs en *eux* qui font *euse* au féminin (*Heureux, Heureuse*); 4° les adjectifs en *f* qui changent cette consonne en *ve* (*Bref, Brève; Neuf, Neuve*). — Enfin, il est certains adjectifs qui forment leur féminin d'une manière tellement irrégulière qu'ils se refusent à toute classification. Nous citerons comme exemples : *Absous, Absoute; Bénin, Bénigne; Blanc, Blanche; Caduc, Caduque; Doux, Douce; Époux, Épouse; Faux, Fausse; Favori, Favorite; Frais, Fraîche; Grec, Grecque; Long, Longue; Tiers, Tierce; Vieux, Vieille*, etc. Les féminins des adjectifs *Beau, Nouveau, Fou*, etc., qui sont *Belle, Nouvelle, Folle*, viennent du masculin *Bel, Nouvel, Fol*, et, par conséquent, appartiennent à la première catégorie d'exceptions.

Pour s'accorder avec les noms sous le rapport du nombre, les adjectifs se mettent au singulier ou au pluriel, selon le nombre des substantifs auxquels ils sont joints. Ils forment leur pluriel de la même manière que les noms. Voy. Nom.

Demi, Nu, Feu, ne prennent pas la marque de l'accord, lorsqu'ils sont placés devant le nom auxquels ils se rapportent. (Voy. ces mots.) Si un adj. se rapporte à deux noms distincts et du nombre singulier, cet adj. se met au pluriel; mais il conserve constamment le genre masculin, excepté lorsque les noms sont tous deux du genre féminin. *Le cheval et l'âne sont utiles à l'homme. Il a un père et une mère qui sont trop indulgents pour lui. Il est d'une douceur et d'une égalité d'esprit merveilleuses.* — On ne doit pas dire *Les langues italienne et espagnole; Les côtes mobilière et personnelle*; mais on dit. *La langue espagnole et l'italienne; La côte mobilière et la personnelle*.

La place que doivent occuper les adjectifs est en général déterminée par les exigences de l'harmonie. C'est à l'écrivain à juger s'il vaut mieux placer l'adj. avant ou après le substantif auquel il se rapporte. On ne saurait donc établir de règles invariables à ce sujet. Cependant il y a certains adjectifs auxquels l'usage attribue une signification tout à fait différente suivant la position qu'ils occupent dans la phrase. Ainsi, par ex., *Honnête homme* a une tout autre signification que *Homme honnête*. Ces distinctions sont établies dans le Dictionnaire toutes les fois que l'ordre alphabétique amène des adjectifs appartenant à cette catégorie.

L'adjectif en rapport avec plusieurs mots s'accorde seulement avec celui dont il est le plus rapproché : *Un jour, une heure, une minute est quelquefois suffisante pour décider de la fortune d'un homme*.

Les adjectifs de couleur sont généralement invariables quand ils sont suivis d'un complément : *Des cheveux châtain clair*.

Pour compléter cet article sur les adjectifs, il faudrait encore parler des adjectifs *numéraux*, ainsi que des degrés de comparaison; mais ce qui reste à dire sur ces deux sujets se trouve mieux placé aux mots Comparaison et Numéral. Voy. ces mots. — *Adj. verbal*, voyez Participe.

ADJECTIVEMENT. adv. En manière d'adjectif. Dans cette phrase : *Corneille est poète, poète est employé adjectiv.*

ADJOINDRE. v. a. (lat *ad*, à; *jungere*, joindre). Joindre à, associer, donner un auxiliaire. Ne se dit que des personnes. *Il ne pouvait pas suffire seul à un si grand emploi, on fut contraint de lui ad. quelqu'un. Il s'est adjoint un collaborateur.* ⹂= Adjoint, te. part. *Professeur ad.* ‖ S'emploie subst. *C'est mon ad. Il ne veut pas d'ad.* ‖ T. Adm. On donne le nom d'*Ad.* à une personne chargée d'assister un

principal officier ou un fonctionnaire dans les travaux de sa charge, et de le suppléer au besoin. Ce titre s'applique particulièrement aux magistrats qui sont institués pour remplir les fonctions de maire en cas d'absence ou d'empêchement de ce dernier. ⹂= Conjug. Voy. Joindre.

Math. — *Fonction adjointe.* Étant donnée une fonction homogène du second degré à plusieurs variables, remplaçons-y chaque coefficient par le coefficient de ce coefficient dans le développement du discriminant. (Voy. ce mot.) Nous obtiendrons ainsi une deuxième fonction homogène du second degré qui est dite la *fonction adjointe* de la première. On démontre que la fonction adjointe dérive de la première par une substitution où l'on prend pour nouvelles variables les demi-dérivées de la première fonction par rapport aux anciennes variables.

Déterminant adjoint. — Déterminant obtenu en remplaçant dans un déterminant donné chaque élément par son coefficient dans le développement du déterminant primitif. Voy. Déterminant.

ADJONCTION. s. f. Jonction d'une personne à une autre. *L'adj. de cet arbitre fait espérer que l'affaire sera bientôt décidée.* ‖ Se dit aussi en parlant des choses. *L'adj. des faubourgs à la ville doublera le produit de l'octroi.*

ADJUDANT. s. m. (lat. *adjuvare*, aider). T. Milit. L'Ad. est le plus élevé en grade des sous-officiers. Dans l'infanterie, il y a un ad. par compagnie. Dans les autres armes, il y a des adjudants d'escadron et des adjudants de batterie. L'ad. commande la compagnie ou l'absence des officiers, se fait rendre compte des appels et tient le livret de tir. Un ad. de compagnie est détaché dans chaque bataillon pour seconder l'adjudant-major : il a autorité sur ses collègues. Pour être promu au grade d'ad., il faut un an d'ancienneté dans le grade de sous-officier. La tenue des adjudants est celle des officiers avec cette différence que dans les armes où les galons des officiers sont en argent, ceux des adjudants sont deux tiers en or, un tiers en soie; dans les armes où les galons des officiers sont en or, ceux des adjudants sont en argent. La solde des adjudants peut se cumuler avec les hautes payes de rengagement, ce qui assure à ces officiers une situation pécuniaire presque égale à celle des sous-lieutenants.

Adjudant-élève d'administration. — Emploi tenu par des sous-officiers de toutes armes qui vont passer un an à l'école d'administration de Vincennes, entrent ensuite dans les services de l'administration et sont destinés à devenir officiers d'administration. Leur uniforme est celui des adjudants d'infanterie, mais sans galons sur les manches.

Adjudant-major. — Capitaine qui, dans chaque bataillon, est chargé de l'instruction des sous-officiers et caporaux, de la police générale, de la surveillance des cantines, cuisines, etc. Jusqu'en 1890, l'insigne de leur fonction consistait en ce que le galon du milieu parmi leurs trois galons de capitaine était en or si les autres capitaines avaient leurs galons en argent, et en argent si les autres capitaines avaient leurs galons en or. Une décision ministérielle en date du 6 décembre 1889 a supprimé ces insignes spéciaux.

ADJUDICATAIRE. s. 2 g. Celui ou celle en faveur de qui a été prononcée une adjudication.

ADJUDICATIF, IVE. adj. Qui adjuge. Ne se dit que d'un jugement, d'une sentence.

ADJUDICATION. s. f. Acte par lequel on adjuge ou attribue une chose à un individu. L'Ad. peut avoir pour objet des biens meubles ou immeubles; dans ce cas, c'est une forme de la vente et elle est dite *volontaire* lorsque des personnes majeures, maîtresses de leurs droits, y font procéder; elle est *judiciaire* lorsqu'elle a lieu sous l'autorité de la justice, dans des cas déterminés par la loi et suivant les formes qu'elle a fixées. Le plus souvent l'ad. est *administrative* et a pour objet soit des marchés de fournitures, soit des marchés de travaux dont le prix doit être payé par l'État, les départements, les communes ou les établissements publics. — Le but de la mise en adj. est de provoquer la concurrence par la publicité et d'obtenir ainsi, dans le cas de vente, le prix le plus élevé possible et, dans le cas de fournitures ou de travaux, d'obtenir que le marché soit exécuté au plus bas prix : l'entrepreneur qui offre de faire le plus fort rabais sur les prix fixés par l'administration reste adjudicataire de la fourniture ou des travaux.

ADJUGER. v. a. (lat. *ad*, à, en faveur de; *judicare*, juger). T. Proc. Déclarer en jugement qu'une chose contestée entre deux parties appartient de droit à l'une d'elles. *Ad. un legs, les fruits.* — Par analogie, *Ad. les dépens.* — *Ad. au demandeur ses conclusions,* Rendre un jugement conforme à ses conclusions. ‖ Sign. aussi : Attribuer à quelqu'un, par autorité de justice, la propriété d'un bien meuble ou immeuble, qui se vend à l'enchère. *Ad. une terre à l'enchère. Elle lui fut adjugée à tant.* — Se dit également, en T. Adm., des travaux, des entreprises ou des fournitures qui sont accordées au rabais. *On lui a adjugé cette entreprise.* ‖ Par ext., s'emploie en parlant de certaines choses qui sont accordées à un de ceux qui pouvaient y prétendre. *On lui adjugea le prix tant d'une voix.* ‖ Fam., *Il s'est adjugé la plus belle part dans les bénéfices de cette entreprise,* Il se l'est appropriée sans façon. = ADJUGÉ, ÉE. part. ‖ *Adjugé,* Ellipse usitée dans les encans pour dire : La chose est adjugée. = Conjug. Voy. MANGER.

ADJURATION. s. f. Formule dont l'Église catholique se sert dans les exorcismes. Voy. EXORCISME.

ADJURER. v. a. (lat. *ad*, à, devant; *jurare*, jurer). Supplier au nom de Dieu, au nom d'une chose sacrée, d'une personne vénérée ou chérie, de faire ou de dire quelque chose. *Je vous adjure au nom de Dieu et de la patrie de ne pas tourner vos armes contre elle.* ‖ Faire des adjurations dans les exorcismes. = ADJURÉ, ÉE. part.

ADJUVANT. s. m. (lat. *adjuvare*, aider). T. Méd., se dit d'une substance qui entre dans la composition d'un médicament pour seconder l'effet de l'agent thérapeutique principal.

ADJUVAT. s. m. Fonction d'aide de clinique.

AD LIBITUM. [Pr. *Ad libitome*.] Loc. lat. qui sign., *À volonté,* et dont on se sert pour indiquer qu'il est indifférent de faire une chose de telle façon ou de telle autre. **Mus.** — Les mots *Ad libitum,* placés sous un trait de vocalisation ou sous un point d'orgue, indiquent qu'on peut jouer ce qui est écrit, le supprimer ou le modifier si on le préfère. Lorsqu'ils sont placés en tête d'une partie d'accompagnement de violon, de basse, etc., ces mots signifient que ces accompagnements ne sont pas indispensables.

AD MAJOREM DEI GLORIAM. (En abrégé : A. M. D. G.) Mots lat. sig. : Pour la plus grande gloire de Dieu, devise de la Compagnie de Jésus.

ADMETTRE. v. a. (lat. *ad*, vers; *mittere*, envoyer). Recevoir quelqu'un à la participation d'un avantage qu'il a recherché, et dont on se sert pour indiquer qu'il est à sa table. *Il a été admis à l'audience du ministre.* ‖ *Ad. les raisons, les excuses de quelqu'un,* Les accepter pour bonnes, pour valables. — Dans un sens analogue, *Ad.* sign., Accepter comme vrai. *Je ne saurais ad. ce fait. J'admets votre hypothèse, et je prouverai que votre système n'en est pas plus solide.* ‖ *Ad. une requête,* La prendre en considération. ‖ *Ad. quelqu'un à se justifier,* à ses preuves justificatives, à ses faits justificatifs, Lui permettre de se justifier. ‖ Fig., Comporter, souffrir. *Cette règle admet de nombreuses exceptions.* — *Ce corps admet plusieurs éléments dans sa composition,* Il entre plusieurs éléments dans la composition de ce corps. = ADMIS, ISE. part. = Conjug. Voy. METTRE.

Syn. — *Recevoir.* — On *admet* dans sa familiarité et dans sa confidence ceux qu'on en juge dignes; on *reçoit* dans ses salons les personnes qui y sont présentées. Les ministres étrangers sont *admis* à l'audience du prince et *reçus* à sa cour. *Ad.* indique donc quelque chose de plus intime et où la confiance a plus de part que *recevoir.*

ADMINICULE. s. m. (lat. *adminiculum*, soutien). T. Proc. Ce qui aide à la preuve dans une affaire civile ou criminelle; preuve imparfaite. *Les preuves manquent dans cette affaire, mais les adminicules sont nombreux.* ‖ T. Méd. Ce qui peut servir à faciliter l'action d'un remède. ‖ T. Bot. Ce qui sert à soutenir une plante. ‖ S. m. pl. Ornements qui entourent la figure sur une médaille.

ADMINISTRATEUR, TRICE. s. Celui, celle qui régit les biens, les affaires d'une communauté, d'un établissement. *Les administrateurs de l'Hôtel-Dieu. Une administratrice*

intelligente. ‖ Celui qui est chargé de quelques parties de l'administration gouvernementale. ‖ Pris abs., il a le sens de bon administrateur. *Ce ministre n'est pas un habile politique, mais il est ad.*

ADMINISTRATIF, IVE. adj. Qui tient, qui a rapport, qui est propre à l'administration. *Corps ad. Autorité administrative. Talents administratifs.*

ADMINISTRATION. s. f. Gouvernement, direction, gestion des affaires publiques ou particulières. *L'ad. du royaume, des affaires, des finances. Cet homme n'entend rien à l'ad. L'ad. des biens d'un mineur.* ‖ Se dit de l'autorité chargée d'une partie de l'ad. publique, et des personnes qui en sont revêtues. *L'ad. départementale, municipale. L'ad. des postes et télégraphes. Décision de l'ad.* ‖ S'emploie encore en parlant d'un corps d'employés chargés des divers travaux dans une ad. publique ou privée. *Il est attaché à l'ad. des domaines, des messageries.* ‖ Sign. aussi, Le bâtiment, le local où se réunissent et travaillent les personnes attachées à une ad. *Il réside à l'ad. Je vais à l'ad. des douanes.* ‖ *Ad. de preuves, de titres,* Production, présentation de preuves, de titres en justice. ‖ *Ad. des sacrements,* Action de conférer les sacrements. ‖ *Ad. d'un remède, d'un médicament,* Action de faire prendre un médicament.
Polit. — Le mot *Ad.* s'applique ordinairement à cette partie du pouvoir exécutif à laquelle appartiennent la direction et la distribution de tous les services publics. C'est à l'ad. qu'est confié le soin de tous les intérêts généraux du pays. Elle doit maintenir son indépendance au dehors et sa sécurité au dedans, et favoriser, par tous les moyens que la loi met à sa disposition, le développement de la nation sous le triple rapport physique, moral et intellectuel. Il était impossible qu'une tâche aussi immense se trouvât confiée aux mains d'un seul individu ou d'un seul corps. Tous les gouvernements ont donc nécessairement dû organiser autant de corps administratifs spéciaux qu'il y a de fonctions spéciales à remplir. La difficulté du problème consistait à distribuer convenablement les divers services publics, et à les rendre indépendants les uns des autres, sans cependant faire de ces organismes particuliers autant d'êtres distincts n'ayant plus rien de commun entre eux et marchant chacun de leur côté, comme s'ils n'eussent pas été tout simplement des membres agissants d'un corps unique qui est la nation. Ainsi, tout système d'ad. doit être envisagé sous deux points de vue : 1° la distinction des attributions, ou la classification des fonctions administratives dans leur rapport avec les besoins et les intérêts généraux de la société; 2° la constitution du corps, c.-à-d. de l'instrument qui doit représenter et protéger ces besoins et ces intérêts. C'est à la Révolution française que nous devons l'organisation si simple et si puissante qui existe aujourd'hui dans notre pays. Des améliorations de détail y ont, au reste, été apportées par les divers gouvernements qui se sont succédé depuis cette époque. On distingue actuellement en France les administrations civile, judiciaire, ecclésiastique, universitaire, financière, militaire, maritime, forestière, des ponts et chaussées, de l'assistance publique, etc. L'ad. civile comprend une triple hiérarchie : 1° l'ad. centrale; 2° l'ad. départementale; 3° l'ad. communale.

ADMINISTRATIVEMENT. adv. Suivant les formes, les règlements administratifs. Par autorité administrative. *Décider une affaire ad.*

ADMINISTRER. v. a. (lat. *ad*, à; *ministrare*, servir). Gouverner, diriger, gérer. Se dit des affaires publiques et particulières. *Ad. un royaume, une province. Il administre sagement les biens de son pupille.* ‖ *Ad. la justice,* Rendre, distribuer la justice. ‖ *Ad. des témoins, des preuves, des titres,* Les produire, les présenter en justice. ‖ *Ad. les sacrements,* Les conférer. — *Ad. un malade,* Lui conférer les derniers sacrements. ‖ Pop., *Ad. des coups de bâton, des coups de poing,* Donner des coups de bâton, etc. ‖ *Ad. un médicament,* Le faire prendre au malade. ‖ *S'ad. de bons vins, de bons morceaux,* Boire de bons vins, manger de bons morceaux. Fam. = S'ADMINISTRER. v. pron. *Cette province s'administrait par elle-même.* = ADMINISTRÉ, ÉE. part. ‖ S'emploie subst., surtout au pluriel. *Ce préfet a été fort regretté de ses administrés.*
Syn. — *Gérer, diriger, conduire, gouverner.*

ADMIRABLE. adj. 2 g. Qui mérite ou attire l'admiration.

La Nature est ad. dans ses plus frêles productions. Ce peintre est ad. pour son coloris. Le spectacle ad. des cieux. || Fam. et iron., *Vous êtes ad. de donner des conseils à vos maîtres*, Vous êtes ridicule, etc.

ADMIRABLEMENT. adv. D'une manière admirable. *Femme ad. belle.* — *Les femmes savent ad. mentir.* (BALZAC.) Iron.

ADMIRATEUR, TRICE. Celui, celle qui admire ou qui a coutume d'admirer. *C'est un ad. de l'antiquité. Elle est grande admiratrice de tout ce qui est nouveau.*

ADMIRATIF, IVE. adj. Qui exprime, qui marque l'admiration. *Il a épuisé, pour le louer, toutes les formules admiratives. Gestes admiratifs.* || T. Gram. *Point admiratif* (!), Signe de ponctuation qui se met après les phrases et les interjections exclamatives. — On appelle *Particules admiratives*, Les interjections qui servent à exprimer l'admiration. || T. Réth. *Le genre ad.* comprend les ouvrages littéraires qui ont plus particulièrement pour objet d'exciter l'admiration. Corneille en est le modèle.

ADMIRATION. s. f. Sentiment que fait éprouver à l'âme ce qui est beau ou grand, soit au physique, soit au moral. *A l'aspect de l'immensité des cieux, l'âme est saisie d'ad. La beauté des chefs-d'œuvre antiques fera l'ad. de tous les siècles. Je suis dans l'ad. de ses vertus, de ses talents. Transport d'ad. Les ignorants s'abandonnent à des admirations irréfléchies.* || Objet que l'on admire. *On connaît les goûts, les passions, les opinions d'un homme à ses admirations.*

ADMIRER. v. a. (lat. *ad*, vers; *mirari*, regarder). Contempler, considérer avec étonnement et plaisir ce qui paraît beau et grand. *Ad. la nature, un monument, la beauté d'une femme, le dessin d'un tableau, la vertu, le courage. Plus on relit Homère, plus on l'admire. La femme a besoin d'admirer ce qu'elle aime.* (LATÉNA.) || Se dit iron., en parlant de ce qu'on trouve blâmable ou ridicule. *J'admire la folie des hommes. J'admire que vous prétendiez critiquer Racine.* = s'ADMIRER. v. pron. *Il s'admire lui-même*, Il est infatué de sa personne, de son mérite. = ADMIRÉ, ÉE. part.

ADMISSIBILITÉ. s. f. Aptitude à être admis. *Il est porté sur la liste d'ad. à l'École normale. L'ad. de tous les Français à tous les emplois est un principe de notre droit public.*

ADMISSIBLE. adj. 2 g. Valable, qui peut être admis. *Ses moyens de requête civile ont été jugés admissibles. Preuves, excuses, raisons admissibles.* || Apte à être admis, qui a les qualités requises pour être admis, qui a subi avec succès un premier examen éliminatoire. *Il a été déclaré ad. à l'École polytechnique.*

ADMISSION. s. f. Action par laquelle on admet; résultat de cette action. *Son ad. à l'Académie est décidée.* || T. Fin. *L'ad. temporaire* est la faculté accordée aux industriels du pays d'importer en franchise de droits des produits étrangers destinés à être fabriqués ou à recevoir à l'intérieur un complément de main-d'œuvre, à charge de réexporter dans un délai fixé les produits ainsi fabriqués.

ADMONESTATION. s. f. Avis, censure, réprimande.

ADMONESTER ou **ADMONÉTER.** v. a. (lat. *ad*, à; *monere*, donner un avis). Avertir, reprendre, faire une admonition. *Je l'ai vivement admonété. La cour l'a mandé et admonesté.* = ADMONESTÉ, ÉE, ou ADMONÉTÉ, ÉE. part. || Dans cette phrase d'ancienne Prat., *L'admonesté n'emporte point d'interdiction*, Admonesté est subst. et a le sens d'*Admonition*.

ADMONITION. s. f. Avertissement, réprimande. On nomme *ad.* la remontrance que l'on fait à un membre de la magistrature ou du barreau avec avertissement d'être plus circonspect à l'avenir. L'ad. a lieu à huis clos. Elle est moins sévère que le blâme. — En matière ecclésiastique, *Ad.* est syn. de *Monition.* Voy. ce mot.

ADNÉ, ÉE. adj. (lat. *ad*, auprès; *natus*, né). T. Bot., se dit d'un organe collé ou soudé latéralement par sa superficie entière à un autre organe.

ADOBE. s. m. Nom au Mexique d'une construction faite de battes et de terre.

ADOLESCENCE. s. f. (lat. *adolescere*, croître). L'âge qui s'étend depuis l'enfance jusqu'au moment où l'on cesse de grandir, c'est-à-dire à peu près de quatorze à vingt ans. *L'ad. commence avec la puberté. La naïveté, les grâces, la fleur de l'ad.* || Fig., *L'ad. d'un peuple. L'ad. du monde.* Voy. ÂGE.

ADOLESCENT, ENTE. s. Celui ou celle qui est dans l'adolescence. *Un jeune ad.* || S'emploie quelquefois adj., *Un jeune homme encore ad.* || Fig., *Un amour ad.*

ADOLPHE DE NASSAU, empereur d'Allemagne (1292-1298).

ADOLPHE-FRÉDÉRIC, roi de Suède (1751-1771).

ADONAÏ, c.-à-d. *Seigneur*, un des noms de Dieu chez les Juifs.

ADONIDE. s. f. T. Bot. Genre de plantes de la famille des *Renonculacées*. Voy. ce mot.

ADONIES. s. f. pl. T. Antiq. Fêtes d'Adonis.

ADONIQUE ou **ADONIEN.** adj. et s. m. T. de prosodie grecque et latine. Se dit d'un vers composé d'un dactyle et d'un spondée.

ADONIS. s. m. [Pr. *Adonisse.*] Jeune homme célèbre par sa beauté, qui fut aimé par Vénus. Myth. || Par antonomase, on appelle *Adonis*, un jeune homme qui fait le beau, qui prend un grand soin de sa parure. || T. Icht. Poisson du genre Blennie.

ADONISER. v. a. Parer avec une extrême recherche. *Cette mère se complaît à ad. ses enfants.* = s'ADONISER. v. pron. Se dit on plaisantant du très grand soin que prend un homme de s'ajuster pour paraître plus jeune ou plus beau. *Rien n'est ridicule comme un vieillard qui s'adonise.* = ADONISÉ, ÉE. part.

ADONNER (S'). v. pron. (lat. *ad*, à; *donare*, donner). S'appliquer avec ardeur à ce qui plaît, s'y livrer habituellement. *S'ad. à l'étude, aux plaisirs, au jeu, à la chasse. Il s'est adonné à boire.* || *S'ad. à un lieu, à une société, à une personne*, Fréquenter habituellement un lieu, etc. || *Ce chien s'est adonné à moi*, Il m'a rencontré par hasard et s'est attaché à me suivre. || *Passez chez moi, si votre chemin s'y adonne*, Si c'est votre chemin d'y passer en allant ailleurs. Vx. = ADONNÉ, ÉE. part. *Un homme ad. à l'étude, au jeu. Être ad. aux femmes.*

ADOPTANT. s. m. T. Droit. Celui qui adopte quelqu'un.

ADOPTER. v. a. (lat. *ad*, pour, en faveur de; *optare*, opter, choisir). Prendre quelqu'un pour fils ou pour fille dans les formes prescrites par la loi. Nul époux ne peut ad. qu'avec le consentement de l'autre conjoint (Code civil). *Auguste adopta Tibère.* — *Comme il n'avait pas d'enfants, il a adopté un de ses neveux. Se charger d'un enfant, lui servir de parent, sans avoir recours à l'adoption légale. Elle m'adopta pour frère, pour ami, pour compagnon d'armes. Ce peintre a adopté une mauvaise manière.* || Admettre, prendre, suivre. *J'adopte votre opinion, ce système, ce projet. Ad. un usage.* || T. Législ. S'emploie en parlant de l'approbation donnée par les assemblées délibérantes aux propositions, aux projets qui leur sont soumis. *La Chambre a adopté le projet d'adresse, le projet de loi sur la presse. Le conseil général a adopté toutes les propositions qui lui ont été soumises par le préfet.* = ADOPTÉ, ÉE. part. || S'emploie quelquefois subst., ainsi que l'adj. verbal ADOPTANT, TE. *Les adoptants et l'adopté. L'adoptante et l'adoptée.*

ADOPTIF, IVE. adj. Qui est ou qui a été adopté selon les lois. *Fils ad. Fille adoptive.* || Se dit aussi de celui qui a adopté. *Les parents adoptifs.*

9

ADOPTION. s. f. Action d'adopter. S'emploie dans toutes les acceptions du verbe *Adopter*.

Droit. — L'*Ad.* est l'acte qui établit légalement entre deux personnes des rapports purement civils de paternité et de filiation. — Cette institution fut connue de la plupart des peuples de l'antiquité. On est fondé à croire qu'elle était pratiquée chez les Égyptiens, car la Bible nous enseigne que le jeune Moïse fut adopté par la fille de Pharaon, qui, suivant Josèphe, se nommait Thermutis. Il ne paraît pas aussi certain que l'ad. fût en usage chez les Hébreux ; mais elle était en grande faveur dans la Grèce et dans l'empire romain.

Le Code civil admet l'ad. aux conditions suivantes :

L'adoptant doit être âgé de cinquante ans accomplis et avoir au moins quinze ans de plus que l'adopté. Il ne doit avoir, au moment de l'ad., ni enfants légitimes, ni enfants légitimés. S'il est marié, il a besoin du consentement de son conjoint. De plus, la loi exige que l'adoptant ait fourni à l'adopté, pendant qu'il était mineur, des secours et donné des soins non interrompus durant six ans au moins.

De son côté, l'adopté doit être majeur ; s'il n'a pas 25 ans, il doit avoir le consentement de ses père et mère ; s'il a 25 ans, il est tenu de requérir leur conseil.

Outre l'ad. *ordinaire* ou *de droit commun*, le Code civil reconnaît une autre sorte d'ad., l'*adoption privilégiée*, qui se produit dans les deux cas suivants :

1° L'ad. *rémunératoire*. C'est ainsi que l'on nomme l'ad. qui peut avoir lieu en faveur de celui qui a sauvé la vie à l'adoptant, soit dans un combat, soit en le retirant des flammes ou des flots. Dans tous ces cas, en considération du service rendu, la loi établit une dispense d'âge, et il suffit que l'adoptant soit majeur et plus âgé que l'adopté. Néanmoins, si ce dernier avait encore son père et sa mère, ou l'un des deux, il ne pourrait être adopté avant d'avoir atteint sa majorité, et sans avoir obtenu leur consentement ; 2° l'ad. *testamentaire*. C'est celle qui peut s'exercer après la *tutelle officieuse* ; il suffit, dans ce cas, que le tuteur ait donné des soins au mineur pendant cinq ans, pour avoir le droit de l'adopter par testament. — Nul ne peut être adopté, de quelque manière que ce soit, par deux personnes, si ce n'est par deux époux. L'ad. impose à l'adopté le devoir d'ajouter à son nom celui de l'adoptant. Elle opère entre eux une affinité civile par suite de laquelle ils ne peuvent s'unir par mariage, ni former ce lien avec leurs parents ou alliés les plus rapprochés. En ce qui concerne la successibilité, elle ne donne à l'adopté aucun droit sur les biens des parents de l'adoptant ; mais pour les biens de celui-ci, elle confère à l'adopté les mêmes droits de succession qu'à un enfant légitime. L'adopté n'en reste pas moins dans sa famille naturelle, pour y jouir de ses droits et remplir ses devoirs de fils ; ce qui n'empêche pas qu'entre lui et l'adoptant il n'y ait obligation de se fournir mutuellement des aliments. — L'ad. s'opère par un simple contrat passé devant le juge de paix du domicile de l'adoptant. Dans le délai de dix jours, une expédition de cet acte est remise au procureur de la République près le tribunal de première instance pour être soumise à l'homologation. Les juges, réunis dans la chambre du conseil, vérifient si toutes les conditions imposées par la loi ont été remplies ; ils prononcent ensuite, sans énoncer de motif, *qu'il y a lieu* ou *qu'il n'y a pas lieu* à l'ad. Leur jugement est soumis à la cour d'appel, qui le confirme ou le réforme, également sans énoncer de motif. Enfin, l'arrêt qui admet l'ad. est prononcé à l'audience, affiché, et inscrit dans le délai de trois mois, sous peine de nullité, sur les registres de l'état civil du domicile de l'adoptant. On adopte souvent des enfants, sans se conformer à l'ad. légale.

ADORABLE. adj. 2 g. Digne d'être adoré. *La providence de Dieu est ad. en toutes choses*. || Se dit par ext., de tout ce que l'on aime, de tout ce qui plaît extrêmement ; *Une femme ad. Caractère ad. Bonté ad. Candeur, naïveté ad.* || Iron., *Vraiment, vous êtes ad. de croire à ces billevesées.*

ADORATEUR. s. m. Celui qui adore. *Les adorateurs des idoles.* || On dit qu'un *homme est ad. d'un autre homme*, pour exprimer qu'il est prévenu d'une estime extraordinaire pour lui, qu'il l'admire en tout ce qu'il fait. — *Il est ad. de cette femme*, Il l'aime avec passion. || Fig., s'emploie en parlant des choses auxquelles on voue un culte ; *L'austère vertu trouve peu d'adorateurs.*

ADORATION. s. f. Culte suprême. *L'ad. n'est due qu'à Dieu seul. L'ad. des faux dieux s'appelle idolâtrie.* — *L'ad. de la croix, de l'Eucharistie.* Voy. CULTE. || Par ext.,

Passion excessive, attachement extrême. *Cette femme a de l'ad. pour son mari. Cette mère est en ad. devant ses enfants.* || *Ad. du pape*, et *Élection par voie d'ad.* Voy. CONCLAVE. || *Ad. perpétuelle*, pratique catholique récente qui consiste à ne pas laisser un seul jour de l'année sans que le « S.-Sacrement » ne soit exposé dans une église ou une autre.

ADORER. v. a. (lat. *ad*, vers : *os*, bouche ; baiser sa main pour rendre hommage). Rendre le culte suprême. *Ad. Dieu, ad. les idoles. Les Israélites adorèrent le veau d'or. Ad. l'Eucharistie. Ad. la croix.* || S'emploie quelquefois absol., *Les Juifs adoraient à Jérusalem et les Samaritains à Samarie.* || Rendre des respects extraordinaires en se prosternant. *Les rois de Perse se faisaient ad.* || Par ext., Aimer avec passion. *Cette mère adore son fils. Ad. la musique.* || Aimer avec passion. *Cette mère adore son fils. Ad. la poésie, le jeu.* Mais il y a des limites. Ne dites pas : *j'ad. les confitures, j'ad. le fromage, j'ad. la pipe.* || Fig. et prov., *Ad. le veau d'or*, Idolâtrer l'argent, la fortune ; courtiser un homme qui n'a d'autre mérite que ses richesses. = s'ADORER. v. pron. *Ces jeunes époux s'adorent. Le fat s'adore lui-même.* = ADORÉ, ÉE. part.

Syn. — *Honorer, Révérer, Vénérer, Respecter.* — *Ad.*, c'est offrir, c'est consacrer ses pensées, ses actions et ses sentiments à ce qui nous paraît digne de cet entier sacrifice ; on *adore* Dieu. *Honorer*, c'est louer hautement, c'est proclamer l'excellence de ce qui nous est supérieur : on *honore* les saints. *Révérer*, c'est avoir une crainte religieuse, un saint respect pour les personnes et pour les choses : on *révère* les ministres des autels, les mystères religieux, la mémoire de ses ancêtres. *Vénérer*, c'est rendre hommage à ce qui nous en paraît digne : on *vénère* les images des saints ; on *vénère* la vieillesse. *Respecter*, c'est regarder quelqu'un ou quelque chose comme sacré pour nous ; on *respecte* la vertu ; on *respecte* son père.

ADOS. s. m. Terre qu'on élève en talus le long de quelque mur bien exposé, pour y semer quelque chose qu'on veut faire venir plus tôt qu'on ne le pourrait en pleine terre.

ADOSSER. v. a. (R. *dos*). Appuyer le dos contre quelque chose. *Ad. un enfant contre la muraille.* || Fig., Placer une chose contre une autre pour l'abriter ou l'appuyer. *Ad. une maison contre un rocher.* || Par anal., *Ad. une troupe*, L'appuyer contre un bois, contre des retranchements, contre un autre corps de troupe, etc. = s'ADOSSER. v. pron. Se mettre le dos contre, s'appuyer contre. *Il s'adossa contre la muraille pour se défendre.* = ADOSSÉ, ÉE. part. || T. Blas., se dit de deux animaux placés l'écu dos à dos. *Il porte de gueules à deux lions adossés.* || T. Dessin et Antiq. *Têtes adossées*, Deux têtes mises sur une même ligne en sens opposé.

ADOUBER. v. a. (R. *douce*). Au jeu de trictrac, de dames, d'échecs, toucher une pièce pour l'arranger et non pour la jouer.

ADOUCIR. v. a. (R. *doux*). Rendre doux, tempérer une saveur forte, acide, désagréable. *Il faut beaucoup de sucre pour ad. ces groseilles.* || Polir, enlever les aspérités, les inégalités d'une surface. *Ad. une glace avec l'émeri.* — *Ad. un angle*, Le rendre moins tranchant. || Par anal., on emploie le mot *Ad.* en parlant de tout ce qui produit sur nos organes une sensation ou une impression que l'on compare à quelque chose d'âcre, de piquant, de rugueux. *La pluie adoucit le froid.* — *Ad. sa voix*, Parler d'un ton moins aigre ou moins élevé. — *Ad. les traits, l'air du visage*, Les rendre moins rudes. — *Ad. les formes, les contours d'une statue, d'un dessin*, Diminuer ce qu'ils ont de trop prononcé, de trop anguleux. — *Ad. les teintes d'un tableau*, Rendre les tons moins crus, graduer le passage de l'un à l'autre. || Fig., *Ad. une expression*, La tempérer par une autre moins dure. — *Ad. une critique, des reproches, un refus.* — *Ad. l'humeur, le caractère*, Les rendre moins aigres, moins désagréables. — *Ad. un mal, l'ennui. Ad. la douleur, le chagrin de quelqu'un*, Les rendre plus tolérables. || *Ad. le travail*, Le rendre moins rude, moins pénible. — *Ad. une loi, une règle, des conditions*, Les rendre moins dures, moins sévères. — *Ad. la colère de quelqu'un, ad. un esprit irrité*, L'apaiser. || s'ADOUCIR. v. pron. Devenir plus doux, au prop. et au fig. *Le temps commence à s'ad. Son humeur s'adoucit.* = ADOUCI, IE. part.

Syn. — *Mitiger, Modérer, Tempérer.* — *Tempérer*, c'est diminuer l'excès d'une chose. *Modérer*, c'est empêcher qu'une chose parvienne à l'excès. On *tempère* l'éclat de la gloire par la modestie; on *modère* ses passions en les soumettant au frein de la raison. *Ad.*, c'est atténuer ce qu'une chose a de rude ou d'irritant. On *adoucit* les mœurs, le caractère, la douleur de quelqu'un. *Mitiger*, c'est rendre moins rigoureuses les exigences d'une institution. On *mitige* la règle d'un monastère, les règlements d'une administration.

ADOUCISSANT, ANTE. adj. Qui adoucit. S'emploie aussi subst.

Thérap. — On nomme *adoucissantes* les substances médicamenteuses et alimentaires qui ont pour effet de diminuer la douleur ou l'irritation. Les adoucissants ne constituent pas une classe particulière de moyens thérapeutiques, car on donne ce nom à des substances dont le mode d'action est tout à fait différent, comme aux émollients et aux narcotiques.

ADOUCISSEMENT. s. m. Action par laquelle une chose est adoucie; état d'une chose adoucie. Ne s'emploie guère qu'au fig. *L'ad. du temps, de la voix, des traits, des contours, des couleurs.* — *Ad. de la douleur, du sort.* — *Ad. d'une loi, d'une peine.* || En parlant des choses morales, des discussions d'affaires, sign., Accommodement, tempérament, expédient propre à concilier; atténuation. *Il y a des adoucissements à toutes choses. Cette vérité, pour se faire accepter, a besoin de quelque ad.* || T. Archit. Liaison ou raccordement de deux corps par un cavet ou un chanfrein. *Ordinairement, toutes les plinthes extérieures d'un bâtiment s'unissent avec le nu des murs par un adoucissement.*

ADOUÉ, ÉE. adj. (lat. *duo*, deux). T. Chasse. Accouplé, apparié. *Les perdrix sont adouées.*

ADOUR. riv. de France, sort du Tourmalet et se jette dans le golfe de Gascogne, près de Bayonne; 335 kil.

AD PATRES. [On pron. *patrèsse*.] Expression latine qui sign. *Vers ses pères*. Elle n'est usitée que dans le style fam., en parlant de la mort de quelqu'un. *Il est allé ad patres. Son médecin l'a envoyé ad patres.*

ADRAGANT, ADRAGANTE ou **ADRAGANTHE.** adj. *Gomme adragante*, Matière gommeuse produite par plusieurs espèces d'*Astragales*. Voy. GOMMES et LÉGUMINEUSES.

ADRASTE, roi d'Argos, reçut à sa cour Polynice, banni, et fut un des sept chefs qui assiégèrent Thèbes.

AD REM. Expression latine qui sign., *A la chose*. S'emploie fam., en parlant d'une réponse catégorique. *Voilà ce qui s'appelle répondre ad rem.*

ADRESSE. s. f. Indication, désignation du nom et de la demeure d'une personne. *Donner une ad. sûre, une fausse ad. Mettre l'ad. à une lettre.* || *Bureau d'adresses*, Etablissement où l'on va chercher des adresses, des indications, des renseignements. || Fig. et fam., *C'est un vrai bureau d'adresses*, se dit d'une maison où l'on débite beaucoup de nouvelles, et quelquefois même d'une personne qui se plaît à les colporter. || Fig., *Cette épigramme va à l'ad. d'un tel, est destinée à son ad., Sera senti par la personne contre laquelle il est lancé.* || Dextérité, habileté, soit naturelle, soit acquise, pour les exercices du corps et certains actes de l'intelligence. *Il a beaucoup d'ad. à manier les armes, à monter à cheval. Il traite les affaires avec ad. Il a eu l'ad. de lui arracher son consentement.* || *Tour d'ad.*, Tour de subtilité en prop. et au fig. *Ce prestidigitateur connaît tous les tours d'ad. Il lui a joué un tour d'ad. indigne.* || *Adresses de style*, Finesses, tournures délicates dans la manière d'écrire. || *Il a une grande ad. de pinceau*, se dit d'un peintre dont la touche est tellement sûre qu'il n'a pas à revenir sur ce qu'il a fait. En T. Peint., on appelle *Adresses de pinceau* au plur. certaines touches faciles et légères qui produisent des effets inattendus.

Syn. — *Dextérité, Habileté.* — *Habileté* se dit de la facilité, du tact et de la finesse qu'on apporte dans la conduite et dans la direction d'une affaire ou d'un travail quelconque. *Dextérité* se dit en parlant d'exécution et de direction. *Ad.* est surtout usité en parlant des moyens propres à faciliter ou à améliorer l'exécution. — Ce terme s'emploie aussi plus

particulièrement lorsqu'il s'agit des exercices du corps. Il jongle avec beaucoup d'*ad.*

Polit. — On appelle *Ad.* un discours dans lequel un corps constitué, ou même la nation tout entière, par l'organe de ses représentants légaux, exprime au chef de l'État ses sentiments et ses vœux; cette allocution est ordinairement provoquée par un événement majeur.

ADRESSER. v. a. (lat. *ad*, vers; *dirigere*, diriger). Diriger vers un but. *Ad. ses pas.* — Pris absol., sign., Diriger vers un but où l'on vise. *Ad. au but. Vous avez bien adressé, mal adressé.* Peu usité dans ce sens. || Envoyer directement à quelque personne, en quelque lieu. *Ad. une lettre, un paquet à quelqu'un. Vous m'avez adressé à un excellent ouvrier.* || *Ad. la parole à quelqu'un*, Lui parler directement. On dit aussi : *Ad. des reproches, des remerciements. Ad. une question, une demande. Ad. des prières, des vœux, des hommages.* = S'ADRESSER. v. pron. Aller trouver directement quelqu'un, avoir recours à lui. *Il s'est adressé à moi pour l'introduire auprès de vous.* — *Vous vous adressez mal. A qui vous adressez-vous? A qui pensez-vous vous adresser?* Toutes ces phrases signifient : Vous vous méprenez, vous n'obtiendrez pas ce que vous désirez. || S'attaquer. *S'ad. à quelqu'un*, sign. souvent, ad. la parole à quelqu'un; *S'ad. au peuple en ces termes. C'est à vous, s'il vous plaît, que ce discours s'adresse.*

MOLIÈRE.

Une lettre s'adresse à une personne, lorsque la suscription indique que c'est à cette personne qu'elle doit être remise. || *Ce discours ce compliment, cette épigramme s'adresse à vous*, C'est vous que l'on a en vue. || *S'attaquer. Dans ce combat, c'est le pygmée qui s'adresse au géant. Il s'adresse à plus fin que lui.* || Fig., *La science s'adresse à la raison, la religion à la foi. Quand on veut séduire les hommes, on s'adresse à leurs passions.* = ADRESSÉ, ÉE. part.

ADRETS (Le baron des), chef des huguenots du Dauphiné, fameux par sa cruauté (1513-1587).

ADRIA, ville d'Italie (Vénétie), a donné son nom à la mer Adriatique, qui s'en est graduellement éloignée par les alluvions du Pô et de l'Adige. 10,000 hab.

ADRIATIQUE (Mer). Grand golfe de la Méditerranée entre l'Italie, l'Autriche et la Turquie d'Europe.

ADRIEN. L'un des meilleurs empereurs romains, né en 76 après J.-C., régna de 117 à 138.

ADRIEN. Nom de plusieurs papes. || ADRIEN Ier, pape élu en 772, inquiété par Didier, fut vengé par Charlemagne. || ADRIEN IV, pape de 1154 à 1159, fit condamner Arnaud de Brescia.

ADROGATION. s. f. T. Droit romain. Adoption d'un homme qui, étant indépendant de toute puissance paternelle, consentait à se soumettre à la puissance paternelle d'un autre. L'adrogation ne pouvait avoir lieu sans le consentement du peuple.

ADROIT, OITE. adj. Qui a de l'adresse, de la dextérité. Se dit du corps et de l'esprit. *Ad. à faire des armes. Ad. comme un singe. Un ad. fripon.*

Syn. — *Habile, Fin, Ingénieux.*

ADROITEMENT. adv. Avec adresse. *Il s'est tiré ad. d'affaire.*

ADRUMÈTE, v. maritime de l'Afrique ancienne, auj. ruinée, près de Sousse.

ADULAIRE. adj. T. Minér. Espèce de *Feldspath*.

ADULATEUR, TRICE. s. Flatteur, flatteuse; celui, celle qui, par bassesse et par intérêt, donne des louanges excessives à une personne qui ne les mérite pas. *Lâche ad. C'est une grande adulatrice. La puissance ne manque jamais d'adulateurs.* || S'emploie adj., *Langage ad. Manières adulatrices.*

Syn. — *Flatteur, Flagorneur, Louangeur.* — Le *louangeur* loue pour louer; il loue par habitude, par manie; c'est un ennuyeux. Le *flatteur* loue pour plaire, pour attirer à lui;

il se fait une étude de dire des choses agréables; c'est un séducteur. Le *flagorneur* loue à chaque instant, sans discernement et avec maladresse; il fatigue; c'est un sot. L'*ad.* met dans la louange de la fausseté et de la mauvaise foi; il veut capter et tromper; c'est un fourbe. Tous ces termes sont pris en mauvaise part.

ADULATION. s. f. Flatterie basse et intéressée. *C'est une ad. honteuse.*

ADULE (Mont), montagne où les anciens plaçaient la source du Rhin.

ADULER. v. a. (lat. *adulari*, caresser). Flatter bassement, louer excessivement et avec fausseté. *Vous méprisez cet homme et vous l'adulez.* = ADULÉ, ÉE. part.

ADULTE. adj. (lat. *adolescere*, croître, grandir). Qui est parvenu à toute sa croissance. *Il n'était pas encore ad. Une personne ad.* — *Age ad.* Voy. AGE. || T. Zool., se dit des animaux à métamorphose qui ont atteint leur dernier état. || On dit aussi *Plante ad.*, Qui a atteint le terme de son accroissement. = S'emploie subst., *Le baptème des adultes. Cours d'adultes.*

ADULTÉRATION. s. f. (R. adultère). Action d'altérer, de falsifier. *L'ad. des monnaies était un crime capital. L'ad. des médicaments peut compromettre la vie des malades.*

ADULTÈRE. adj. 2 g. (lat. *adulter*; de *ad*, vers; *alter*, autre). Qui viole la foi conjugale. *Femme ad. Commerce ad. Amour, flamme ad.* || S'emploie fig. dans le style poétique et oratoire, en parlant de choses qui offrent un mélange vicieux. *Assemblage, mélange ad.* || Se prend aussi subst., et se dit de celui ou de celle qui viole la foi conjugale. *Ni les fornicateurs ni les adultères ne posséderont le royaume des cieux.*

ADULTÈRE. s. m. Violation de la foi conjugale. *Commettre un ad. On les surprit en ad.* — *Double ad.*, Ad. commis par un homme marié et une femme mariée.

Droit. — Au point de vue de l'*ad.*, le code pénal se montre plus sévère vis-à-vis de la femme que vis-à-vis du mari. De plus, pour la femme, l'*ad.* est réprimé quel que soit l'endroit où il ait été commis; pour le mari, il n'y a ad. aux yeux de la loi qu'au cas où il a été accompli dans le domicile conjugal.

Cette inégalité choquante au premier abord se justifie aux yeux du législateur par la différence des conséquences entraînées par le même délit, suivant qu'il émane de l'un ou l'autre des époux « C'est, dit Montesquieu, que la violation de la pudeur suppose dans les femmes un renoncement à toutes les vertus; c'est que la femme, en violant les lois du mariage, sort de sa dépendance naturelle; c'est que la nature a marqué l'infidélité de la femme par des signes certains, outre que les enfants adultérins de la femme sont nécessairement au mari et à la charge du mari, au lieu que les enfants adultérins du mari ne sont point à la femme, ni à la charge de la femme. »
La loi prononce contre l'épouse ad. la peine de l'emprisonnement, dont la durée est de trois mois au moins, et au plus de deux années. Le complice de la femme est passible de la même peine; en outre, il peut être condamné à une amende de 100 à 2 000 fr. Aujourd'hui, comme dans l'ancienne législation, la femme ne peut être accusée que sur la plainte du mari; quant à ce dernier, convaincu d'entretien d'une concubine dans la maison conjugale, il est puni d'une amende de 100 à 2 000 fr. — L'ad. est une cause de séparation de corps et de divorce.

ADULTÉRER. v. a. Altérer, falsifier, frelater. Ne se dit qu'en parlant des médicaments et des monnaies. = ADULTÉRÉ, ÉE. part.

ADULTÉRIN, RINE. adj. Qui est le fruit d'un adultère. *Des enfants adultérins.* || S'emploie subst., *Les adultérins ne peuvent jamais être reconnus.*

ADURENT, ENTE. adj. T. Méd. Brûlant. *Fièvre adurente.*

ADUSTE. adj. 2 g. Brûlé. Se disait anciennement du sang, de la bile, des humeurs que l'on supposait avoir subi une altération semblable à celle que produirait l'action du feu.

ADUSTION. s. f. (lat. *adurere*, brûler). T. Méd. Action du feu, brûlure, cautérisation par le cautère actuel.

AD VALOREM. Mots latins signifiant, D'après la valeur. T. Fin. S'applique aux droits de douane et d'octroi qui sont calculés d'après la valeur de la marchandise, par opposition aux droits *spécifiques*, qui ne dépendent que de la nature de la marchandise.

ADVENIR. v. n. Voy. AVENIR.

ADVENTICE. adj. 2 g. (lat. *ad*, à, vers; *venire*, venir). Qui n'est pas naturellement dans une chose, qui y survient du dehors. Ainsi on dit : *Idées adventices*, par oppos. à *Idées innées.* || T. Droit. *Biens adventices*, Biens venus par toute autre voie que la succession directe. || T. Agric. *Plantes adventices*, Plantes qui croissent sans avoir été semées. || T. Bot., se dit des organes qui se développent en dehors de leur place naturelle.

ADVENTIF, IVE. adj. T. Droit rom. Voy. PÉCULE. || T. Bot., syn. de *Adventice.*

ADVERBE. s. m. (lat. *ad*, auprès; *verbum*, verbe). T. Gram. L'*Ad.* est un mot invariable qui sert à modifier le verbe et les adjectifs. L'*ad.* ne constitue pas un élément essentiel du langage; c'est une sorte d'abréviation qui équivaut à une préposition suivie de son complément. Ainsi, au lieu de : *Vivre dans la tranquillité; Marcher avec lenteur; Écrire avec vitesse; Parler d'une manière hardie; Être riche avec excès; on peut dire : Vivre tranquillement; Marcher lentement; Écrire vite; Parler hardiment; Être très riche.* — Les adverbes servent à exprimer les circonstances qui accompagnent l'action, c.-à-d. les circonstances de temps, de lieu, d'instrument, de manière. Ils ont encore pour fonction de modifier l'attribut compris dans le verbe : *Il a combattu vaillamment; Il lit couramment.* Ils modifient également l'adjectif en augmentant ou en diminuant la compréhension de ce dernier : *Il est puissamment riche; On le trouve médiocrement instruit.* — Un ad. peut même modifier un autre ad. Mais, ainsi que le remarque S. de Sacy, les adverbes qui peuvent être modifiés par d'autres adverbes sont ceux qui expriment une qualité susceptible de plus ou de moins, et les adverbes qui servent à en modifier d'autres, sont ceux qui expriment la quantité, comme *Plus, Moins, Très, Peu, Fort, Extrêmement, Aussi*, etc. Ces adverbes de quantité, qui servent à modifier les adverbes de qualité, peuvent aussi se modifier les uns les autres. Ainsi on dit fort bien : *Il se conduit très peu sagement, mais néanmoins infiniment plus sagement que son frère.* — Enfin certains adverbes peuvent servir de complément aux adverbes et prépositions : *D'où venez-vous? Aller d'ici à Rome.*
On divise généralement les adverbes en quatre classes principales : adverbes de temps, de lieu, de quantité et de qualité. — Ex. d'adverbes de temps : *Aujourd'hui, Présentement, Maintenant, Hier, Jadis, Demain, Bientôt, Tantôt, Souvent*, etc. — Adverbes de lieu : *Ici, Là, Devant, Derrière, Dessus, Dessous, En haut, En bas*, etc.; ils désignent aussi la distance : *Près, Loin, Proche*, etc. — Parmi les adv. de la troisième classe, les uns expriment la quantité d'une manière absolue (*Peu, Beaucoup, Bien, Fort, Très, Tout, Du tout, Tout à fait*), les autres d'une manière relative ou par comparaison (*Plus, Moins, Davantage, Aussi, Autant, Assez, Trop*). — Les adv. de qualité constituent la classe la plus nombreuse. La plupart sont caractérisés par la terminaison *ment*, comme *Justement, Prudemment.* Presque tous sont susceptibles, ainsi que les adjectifs, de divers degrés de qualification. (Voy. COMPARAISON.) Ces adv. sont quelquefois employés pour en modifier d'autres. — Outre ces quatre grandes classes d'adv., la plupart des grammairiens admettent dans la langue française quatre classes secondaires : 1° les adverbes de rang (*Premièrement, Secondement, D'abord, Après, Devant, Auparavant, Ensuite*, etc.); 2° les adverbes servant à marquer la comparaison (*De même, Comme, Ainsi, Plus, Moins, Pis, Mieux, Très, Presque, Quasi, Pareillement, Autant, Aussi*); 3° les adverbes d'affirmation, de négation et de doute (*Certes, Sans doute, Vraiment, Oui, Volontiers, Soit, D'accord, Peut-être, Non, Ne, Ne pas, Ne point, Nullement, Nulle part, Point du tout*, etc.); 4° enfin les adverbes d'interrogation (*Combien, Où, Comment, Quand, Pourquoi*). Ceux-ci, de même que les ad. de comparaison, sont souvent employés comme conjonction : *Je*

vous dirai quand et comment la chose est arrivée. — *Dites-moi où vous allez.*

Les adverbes de qualité portent en général la terminaison *ment.* Simples en apparence, ils sont réellement composés d'un adjectif et du mot latin légèrement altéré *mente,* qui signifie *avec un esprit, avec une disposition, d'une manière* : ainsi, *Honnêtement* signifie *véritablement d'une manière* ou *avec un esprit honnête.* Le mode de formation de ces adverbes varie suivant la terminaison des adjectifs. Les adjectifs qui, au masculin, se terminent par une voyelle se transforment en adverbes par la simple addition de *ment* : *Modéré, Modérément; Joli, Joliment; Vrai, Vraiment; Juste, Justement;* quelquefois on change l'e muet en é fermé : *Conforme, Conformément; Aveugle, Aveuglément.* Il faut excepter de cette règle l'ad. *Impunément* qui vient de l'adjectif *Impuni,* et les adverbes *Bellement, Follement, Nouvellement, Mollement,* qui viennent des adjectifs féminins *Belle, Nouvelle,* etc. *Traître* fait *Traîtreusement.* La simple addition de *ment* ne suffit pas pour former l'ad. lorsque l'adjectif masculin se termine par une consonne. Dans ce cas, c'est à la terminaison féminine que *ment* doit s'ajouter. Aussi les adjectifs *Fort, Franc, Doux, Vif, Long, Heureux,* donnent naissance aux adverbes *Fortement, Franchement, Doucement, Vivement, Longuement, Heureusement.* Il faut excepter *Gentil* qui fait *Gentiment,* et les adjectifs féminins, *Commune, Expresse, Importune, Obscure, Précise* et *Confuse,* dont l'e muet se change en é fermé dans la formation de l'ad. *Communément, Confusément,* etc. Lorsque l'adjectif est terminé au masculin par *ant* ou *ent,* on change en *m* la finale *nt* de l'adjectif et l'on y ajoute *ment.* C'est ainsi que les adjectifs *Vaillant, Élégant, Constant, Diligent, Éloquent, Évident* produisent les adverbes *Vaillamment, Élégamment, Constamment, Diligemment, Éloquemment, Évidemment.* Les adverbes *Lentement, Présentement, Véhémentement,* qui viennent des adjectifs *Lent, Présent, Véhément,* font exception à cette règle.

ADVERBIALE, ALE. adj. T. Gram. Qui remplit la fonction de l'adverbe. *Locutions, phrases adverbiales.* Voy. ADVERBE.

ADVERBIALEMENT. adv. Dans un sens adverbial. Dans cette phrase, *Chanter juste,* le mot *juste,* qui est adjectif, est pris *adverbialement.*

ADVERBIALITÉ. s. f. Qualité d'un mot qui est considéré comme adverbe. *Il y a des mots dont l'ad. est accidentelle.* Peu usité.

ADVERSAIRE. s. m. (lat. *ad,* contre; *vertere,* tourner). Celui qui est opposé et sur lequel on veut remporter l'avantage. Se dit en parlant des combats ou simulés, des disputes, de procès, de contestations. *Ad. puissant, généreux, faible, méprisable. Vaincre, désarmer, ménager, écraser son ad. Il n'a pas eu de peine à réfuter ses adversaires.* || Se dit quelquefois d'une femme sans prendre le genre fém. *Cette femme est un dangereux, un puissant ad.*

Syn. — Ennemi. — Il ne faut pas confondre les mots *ad.* et *ennemi.* Sur bien des questions vous rencontrez des *adversaires* parmi vos amis et des adhérents parmi vos *ennemis.*

ADVERSATIF, IVE. adj. T. Gram. Ne s'emploie guère que dans ces locutions : *Conjonction adversative* ou *Particule adversative,* Qui marque opposition entre ce qui précède et ce qui la suit. *Mais est une conjonction adversative.* Voy. CONJONCTION. || T. Log. *Proposition adversative.* Voy. PROPOSITION.

ADVERSE. adj. 2 g. Contraire, opposé. Ne s'emploie que dans ces locutions : *Fortune ad. Partie ad. L'avocat ad.*

ADVERSITÉ. s. f. Situation, état de celui qui éprouve les rigueurs du sort. *Tomber dans l'ad. Succomber à l'ad. Sa vie a été mêlée d'ad. et de prospérité.* || Malheur, accident fâcheux, affliction. *Sa vie n'a été qu'une longue ad.,* qu'une longue série de malheurs. — S'emploie souvent au plur., dans ce sens. *Il a eu de grandes adversités à essuyer.*

Syn. — *Infortune, Malheur, Misère.*

ADYNAMIE. s. f. (gr. à priv.; δύναμις, force). T. Méd. Ce mot, qui signifie *privation de force,* désigne un état général et ne s'applique à aucune maladie spécialement. Quelques auteurs s'en servent pour désigner la faiblesse musculaire qui s'observe surtout dans certaines fièvres.

ADYNAMIQUE. adj. 2 g. Qui est caractérisé, accompagné par l'adynamie. *État ad. Fièvre ad.* Voy. FIÈVRE.

ADYTUM. s. m. (gr. à priv.; δύειν, pénétrer). T. Antiq. Chambre secrète dans un temple.

AÈDE. s. m. (gr. ἀοιδός, chanteur). T. Antiq. grecque. Chantre, poète.

ÆDICULE. s. f. (lat. *ædicula*). T. Antiq. Petit temple.

ÆÈTÈS, roi de la Colchide, père de Médée.

ÆGAGROPILE. s. m. (gr. αἴξ, αἰγός, chèvre; πῖλος, laine). Syn. de *Bézoard.* Voy. ce mot.

ÆGICÈRE. s. f. pl. (gr. αἴξ, αἰγός; κέρας, corne). T. Bot. Plante de la famille des *Myrsinées.* Voy. ce mot.

ÆGIDIUS, général romain, choisi pour chef par les Francs en 641.

ÆGILOPS. s. m. (gr. αἴξ, αἰγός; ὤψ, œil). T. Pathol. Petit ulcère qui se forme dans l'angle interne des paupières et qui succède à une tumeur appelée *Anchilops.* || T. Bot. Genre de plantes de la famille des *Graminées.* Voy. ce mot.

ÆGIPAN. s. m. (gr. αἴξ, chèvre; Πάν, dieu des bergers). Myth. Divinité champêtre, avec des cornes, des pieds de chèvre et une queue.

ÆGLÉ. s. m. (gr. αἴγλη, éclat). T. Bot. Grand arbre originaire de la côte de Coromandel portant un fruit très estimé, de la grosseur d'un petit melon. Famille des *Rutacées.* Voy. ce mot.

ÆGOCÉRATIDES. s. m. pl. (gr. αἰγόκερως, corne de bouc; εἶκελος, semblable). T. Paléont. Famille de Mollusques céphalopodes du sous-ordre des *Ammonitides.* (Voy. ce mot.) La coquille est plate, discoïde, formée de nombreux tours qui, rarement, augmentent rapidement d'épaisseur et d'involution. Les flancs ont des côtes rayonnantes, rarement lisses, qui se divisent sur le côté externe. La chambre d'habitation n'est que très rarement aussi longue qu'un tour. L'ouverture est simple, pourvue d'une échancrure et de lobes externes très peu développés. L'*Aptychus* est corné et d'une seule pièce. La ligne suturale est dentée, à deux lobes latéraux et à lobes auxiliaires peu développés. Le lobe antisiphonal est bifide.

Cette famille est rare dans le trias supérieur, et très abondante dans le lias inférieur et moyen.

ÆGOPHONIE. s. f. (gr. αἴξ, αἰγός, chèvre; φωνή, voix). T. Méd. Voy. AUSCULTATION.

ÆGOPODE. s. m. (gr. αἴξ, αἰγός; πούς, ποδός, pied). T. Bot. Plante de la famille des *Ombellifères,* nommée vulgairement *pied de chèvre, podagraire, herbe aux goutteux.* Les feuilles ont une saveur qui rappelle celle de l'Angélique. Voy. OMBELLIFÈRES.

ÆGOS-POTAMOS. Petit fleuve de la Chersonèse de Thrace, célèbre par la victoire de Lysandre et par la chute d'un aérolithe.

ÆNÉSIDÈME, philosophe grec sceptique de la fin du Iᵉʳ siècle av. J.-C.

ÆOLINE. s. m. Instrument de musique à vent et à anches libres inventé vers 1800, abandonné aujourd'hui.

ÆPIORNIS ou mieux **ÆPYORNIS** (gr. αἰπύς, grand, et ὄρνις, oiseau). T. Ornith. Oiseau gigantesque de l'île de Madagascar, connu seulement par ses œufs dont les Malgaches se servent comme vases, et des ossements trouvés dans l'île. M. d'Abbadie est le premier qui ait vu ces œufs en 1850 et Geoffroy Saint-Hilaire a trouvé des ossements de l'*Æpyornis* en 1851. L'œuf d'*Æpyornis* a une capacité de 8 à 10 litres : sa coquille mesure 3 millimètres d'épaisseur. C'est cinq à six fois le volume d'un œuf d'autruche. La taille de l'oiseau dépassait certainement 3 mètres et en atteignait peut-être 4. Il est peu probable, malgré la croyance répandue chez les naturels, que l'oiseau existe encore au centre de l'île; cependant sa disparition paraît récente, car les débris qu'on en a recueillis ne présentent pas les caractères ordinaires des fossiles. L'*Epyornis* appartient à l'ordre des *Coureurs* ou *Brévipennes*. Geoffroy Saint-Hilaire en a fait le type d'un genre nouveau voisin des Casoars et des Autruches.

AÉRAGE. s. m. **AÉRATION.** s. f. Action d'aérer. Voy. VENTILATION.

ÆRARIUM. s. m. (mot latin). T. Antiq. rom. Trésor public.

ÆRÉPHONE. s. m. (gr. ἀὴρ, air; φωνή, son). Instrument à vent et à anches libres munies d'un clavier, qui a été avantageusement remplacé par l'*Harmonium*.

AÉRER. v. a. (gr. ἀὴρ, air). Donner accès à l'air, renouveler l'air, ventiler. *On aère une chambre, une salle de spectacle, l'intérieur d'un vaisseau.* = AÉRÉ, ÉE. part. || S'emploie adj., en parlant d'une maison dont l'exposition permet à l'air d'y circuler librement. *Voilà une maison bien aérée.* || Se dit également de l'eau qui tient des gaz atmosphériques en dissolution. *L'eau de pluie est très aérée.*

AÉRHYDRIQUE. adj. (gr. ἀὴρ, air; ὕδωρ, eau). Qui agit par l'air et par l'eau. *Soufflerie aé.*

AÉRICOLE. adj. 2 g. (lat. *aer*, air; *colere*, habiter.) Qui vit dans l'air.

AÉRIEN, ENNE. adj. Qui appartient à l'air. *Couches aériennes*, Couches de l'atmosphère. *Corps aé.*, Corps gazeux. *Fluide aé.*, Fluide gazeux. *Animaux aériens, plantes aériennes*, Animaux, plantes qui vivent dans l'air. || *Esprits aériens*, Qui habitent l'air, ou qui ont un corps subtil comme l'air. || *Phénomène aé.*, Qui se passe dans l'atmosphère. || *Navigation aérienne.* Voy. AÉROSTATS. || *Perspective aérienne*, Art de ménager dans un tableau les effets de lointain. Voy. PERSPECTIVE. || Fig. Vaporeux, léger comme l'air. *Créature, grâce, taille, légèreté aérienne.* || T. Bot. *Racines aériennes.* Voy. RACINE. || *Vaisseaux aériens.* Voy. ORGANOGRAPHIE VÉGÉTALE. || T. Anat. *Voies aériennes, conduits aériens*, et plus exactement, *Voies, conduits aérifères.* Voy. APPAREIL RESPIRATOIRE. || T. Icht. *Vésicule aérienne.* Voy. VESSIE NATATOIRE.

AÉRIFÈRE. adj. 2 g. (gr. ἀὴρ, air; φέρειν, porter). Se dit des tubes ou conduits destinés à porter l'air nécessaire à la respiration chez les végétaux et chez les animaux. || Techn. Se dit des appareils destinés à insuffler de l'air.

AÉRIFORME. adj. 2 g. (lat. *aer*, air; *forma*, forme). Gazeux. *Fluide aé. État aé.*

AÉROBIE. adj. (gr. ἀὴρ, air; βίος, vie). Se dit des microbes qui ont besoin de l'air atmosphérique, ou plus exactement de l'oxygène, pour vivre et se développer. Voy. MICROBE. — Opposé : *Anaérobie*, microbes qui vivent sans oxygène. Ex. : les ferments de la bière.

AÉRISER. v. a. Réduire à l'état d'air ou de gaz.

AÉRODYNAMIQUE. s. f. (gr. ἀὴρ, air; δύναμις, force). T. Phys. Science qui traite des lois du mouvement des fluides élastiques. On l'appelle aussi *Pneumatique*. Voy. ce mot.

AÉROGRAPHIE. s. f. (gr. ἀὴρ, air; γραφία, description). Description, théorie de l'air.

AÉROLITHE. s. m. (gr. ἀὴρ, air; λίθος, pierre). T. Astr. On donne le nom d'*Aérolithes*, d'*Uranolithes*, de *Météorites* ou de *Pierres météoriques* à des masses minérales plus ou moins considérables qui, des régions élevées de l'atmosphère, se précipitent à la surface de la terre, et dont la chute est toujours accompagnée de phénomènes lumineux et d'un bruit de détonation.
Ce phénomène est connu de toute antiquité. Tout le monde sait que Cybèle était adorée en Galatie sous la forme d'une pierre venue du ciel, et qu'à Émèse, en Syrie, le Soleil était aussi adoré sous la forme d'une pierre à laquelle on attribuait la même origine. Anaxagore de Clazomène, Diogène d'Apollonie, Aristote, Plutarque, Tite-Live, ainsi que d'autres auteurs grecs et latins parlent de pierres tombées du ciel. Les auteurs orientaux ainsi que les traditions du moyen âge font mention de nombreuses chutes d'aérolithes. Malgré l'accord de tant de témoignages, la science refusait d'admettre un fait qu'elle ne pouvait expliquer, lorsque, en 1794, Chladni publia une dissertation dans laquelle il mit hors de doute la réalité du phénomène. Cependant, de nombreux savants se refusaient encore à admettre l'existence de pierres tombées du ciel. Ce n'est que depuis la chute arrivée à l'Aigle (Orne), en 1803, que cette existence fut définitivement acceptée par la science. La chute de ces corps une fois constatée d'une manière irrévocable, les savants les plus conservateurs ne purent se soustraire à l'étude du problème.
L'apparition d'un globe de feu ou *bolide* constitue la première phase du phénomène. L'éclat des bolides est parfois assez intense pour effacer la lumière de la Lune dans son plein. Ces bolides apparaissent à des hauteurs considérables dans l'atmosphère : celui qui tomba à Orgueil (Tarn-et-Garonne) en 1864, à une hauteur de 90 kilomètres au-dessus du sol. Aussi, a-t-il été observé sur une très vaste étendue de pays, sur plus de 600 kilomètres de rayon.

Fig. 1.

L'incandescence des bolides permet d'apprécier leur vitesse, qui n'a pas d'analogue sur la terre, et qu'on ne peut comparer qu'à celle des planètes lancées dans leurs orbites. Cette vitesse, dans certains cas, a été évaluée à 10, 20, et même 30 et 40 kilomètres par seconde.
Après avoir parcouru une trajectoire plus ou moins étendue, le globe *fait explosion* et on voit tout à coup des éclats qui se projettent dans diverses directions. Cette explosion est accompagnée d'un *bruit formidable*, et si l'on réfléchit qu'il se produit dans des régions de l'atmosphère où l'air, extrêmement raréfié, se prête peu à la propagation du son, on reste convaincu qu'il doit prodigieusement dépasser en intensité les bruits les plus forts que nous connaissions, même celui du canon. La détonation est rarement simple : d'ordinaire elle se compose de plusieurs explosions.
C'est seulement après ces manifestations lumineuses et sonores que tombent les éclats de météorite. Le plus souvent ces fragments arrivent sur le sol avec une vitesse très faible, et pénètrent peu dans le sol. Au moment de leur

chute ils sont extrêmement chauds à leur surface, tandis que l'intérieur en est, au contraire, remarquablement froid.

Quant au nombre de météorites fourni par une même chute, il est extrêmement variable. Quelquefois on n'a ramassé qu'une seule masse; dans d'autres cas, un grand nombre : une centaine à Orgueil (1864), un millier à Knyahinya (1866), trois mille environ à Laigle (1803), peut-être encore plus à Pultusk (1868) et à Mocs (1882). Dans ces derniers cas les pierres sont disposées suivant une ellipse allongée, dont l'axe répond à la projection de la trajectoire et dans laquelle elles sont, pour ainsi dire, triées par ordre de grosseur : les plus volumineuses sont à un bout et les plus petites à l'autre.

En arrivant sur le sol, les météorites présentent le caractère constant d'avoir une forme essentiellement fragmentaire. C'est toujours un polyèdre plus ou moins irrégulier, ce qui montre que les météorites sont des éclats de corps plus gros; les arêtes et les angles en sont émoussés.

Un autre caractère constant des météorites, c'est l'existence, à leur surface, d'une couche mince de matière d'apparence vitreuse qui les enveloppe complètement. Cette croûte est noire, tantôt terne, tantôt brillante. On trouvera ici comme spécimen, l'un des uranolithes tombés à Orgueil (Tarn-et-Garonne), le 14 mai 1864.

Presque toujours les météorites portent, et souvent en très grand nombre, des dépressions rappelant grossièrement l'empreinte des doigts sur une pâte molle. Ces capsules ont été nommées piézoglyptes, parce qu'elles paraissent résulter de l'action érosive des gaz de l'atmosphère, en raison de la rapidité du projectile; elles ont été imitées expérimentalement.

Aux phénomènes mécaniques des bolides se rattache l'arrivée de certaine poussière de provenance céleste, qu'il faut bien distinguer des poussières ordinaires et tout à fait prédominantes d'origine terrestre.

Certaines météorites entières pèsent moins d'un gramme; d'autres atteignent plusieurs tonnes. Ces dernières sont extrêmement rares, et il y a lieu de s'étonner qu'il ne soit jamais arrivé que des masses en réalité si peu volumineuses.

Ces corps qui nous arrivent dans des conditions identiques, avec des formes si semblables, et portant toutes cette enveloppe noire qui est comme la livrée des météorites, offrent

Fig. 2.

cependant des différences considérables, lorsqu'ils sont examinés dans leur cassure, c'est-à-dire dans leur constitution minéralogique. Tandis que certaines d'entre elles sont essentiellement de nature métallique, d'autres sont essentiellement pierreuses. M. Daubrée y a établi quatre grands groupes :

1° Météorites du premier groupe : ce sont les fers météoriques proprement dits ou holosidères (de ὅλος, tout; σίδηρος, fer). Le fer est toujours allié à divers métaux parmi lesquels le nickel est le plus constant. On y observe aussi des minéraux définis : le sulfure double de fer et de nickel appelé pyrrhotine (Troïlite), un sulfure double de fer et de chrome (daubréelite), un phosphure de fer et de nickel auquel on a donné le nom de Schreibersite, la Chromite (ou fer chromé), la Lawrencite (ou protochlorure de fer), le Graphite (ou carbone à peu près pur).

Si une lame polie de fer météorique est traitée par un acide, l'attaque n'est pas uniforme. Il en résulte des dessins géométriques, dits figures de Widmannstætten, du nom de l'observateur qui les a fait connaître; elles résultent de l'existence

de lamelles juxtaposées d'alliages divers et parfaitement définis de fer et de nickel.

2° Météorites du second groupe ou syssidères. Certains fers métalliques, au lieu d'être massifs, renferment des parties pierreuses disséminées dans une pâte métallique faisant continuité et formant une sorte d'éponge ou de réseau métallique : de là le nom qui leur a été donné (du grec σὺν, avec) pour exprimer la continuité du fer. C'est un premier terme du passage des fers vers les pierres.

Les deux représentants les plus connus des météorites du second groupe sont la masse célèbre découverte par Pallas en Sibérie et celles du désert d'Attacama au Chili. Leur matière pierreuse appartient à l'espèce terrestre connue sous le nom de péridot.

3° Météorites du troisième groupe ou sporadosidères (de σποράς, isolé). Ce nom leur a été donné parce qu'elles sont caractérisées par une pâte pierreuse, dans laquelle le fer, au lieu d'être continu, comme dans les deux premiers groupes, est disséminé en grains irréguliers. La relation entre le fer et la pierre est donc précisément inverse de celle qui caractérise le groupe des syssidères. A ce groupe, qui comprend lui-même des types variés, appartiennent les météorites incomparablement les plus nombreuses.

4° Météorites du quatrième groupe ou asidères, caractérisées par l'absence du fer métallique; elles se répartissent en quatre types principaux. L'un est identique à certaines de nos laves, un autre est du péridot en roche, un troisième bien remarquable est composé de matières charbonneuses en combinaison avec l'hydrogène et l'oxygène, lesquelles sont associées à du péridot.

Les ressemblances les plus intéressantes et même des identités se révèlent parfois entre les météorites et certaines roches profondes de notre globe, c'est-à-dire des roches silicatées originaires des régions inférieures au granite qui nous apportent les éruptions. Le péridot, qui se présente avec une constance si remarquable dans les météorites des types les plus divers, figure aussi dans les masses éruptives et quelquefois avec abondance.

D'autre part, l'absence dans les météorites des roches stratifiées et du granite qui forment une épaisseur si importante du globe terrestre, est un fait extrêmement remarquable.

Une découverte inattendue et récente, faite au Groenland par M. Nordenskiöld, a rendu plus étroits et plus complets encore les rapprochements que nous venons d'établir. Les masses de fer natif rencontrées au milieu des basaltes servent en quelque sorte de trait d'union entre les masses intérieures de notre planète et les fers des météorites.

Des expériences de synthèse chimique, exécutées par divers procédés, ont permis à M. Daubrée d'imiter certains caractères minéralogiques des météorites. La roche péridotique nommée dunite, après qu'elle a été réduite par le charbon, se rapproche des météorites ordinaires. Inversement, en présence d'un mélange de silicium, de magnésium, de fer et de nickel, l'oxygène s'unit d'abord aux éléments pour lesquels il a une affinité prédominante et laisse un résidu métallique, composé des corps les moins oxydables.

C'est ainsi qu'on a obtenu une imitation, dans ce qu'elle avait d'essentiel, des météorites du type commun, avec production d'un silicate de magnésie et de protoxyde de fer, ayant exactement la composition du péridot.

Les aérolithes viennent des profondeurs de l'espace : leur vitesse le prouve. Mais ils pourraient avoir été lancés dans le ciel par les volcans terrestres, avec une violence extrême, pendant les époques géologiques : ils retomberaient seulement aujourd'hui. Aussi mais est-il fort remarquable que leur composition soit identique à celle des roches terrestres profondes. Cette origine est vraisemblable, au moins pour un certain nombre de pierres tombées du ciel.

On avait d'abord pensé qu'ils pouvaient provenir de volcans lunaires; mais leur vitesse est supérieure à celle qui pourrait être imprimée par l'action lunaire et l'attraction terrestre. S'ils provenaient d'un satellite brisé, leur vitesse serait également inférieure à ce qu'elle est. Leur analyse montre qu'ils doivent provenir d'un même gisement, identique au globe terrestre. S'ils avaient été lancés par les volcans terrestres avec une vitesse initiale comprise entre 8 000 et 11 000 mètres par seconde, ils seraient forcés de revenir couper l'orbite terrestre, après une période de temps et un voyage céleste d'autant plus longs que la vitesse initiale aurait été plus grande et ils reviendraient sur la terre avec une vitesse précisément égale à celle qu'ils avaient en la quittant.

En nous éclairant sur la nature des régions souterraines que leur profondeur rendra toujours inaccessibles à l'observation directe et sur les évolutions par lesquelles a successivement passé notre globe, les météorites constituent un chapitre fondamental et nouveau de la géologie.

Bibliographie. — DAUBRÉE, *Études sur les Météorites;* ARAGO, *Astr. pop.;* HUMBOLDT, *Cosmos;* ST-MEUNIER, *le Ciel géologique;* FLAMMARION, *Astr. pop.* et *Revue mensue. le d'Astr.* 1883 et 1886.

AÉROLOGIE. s. f. (gr. ἀήρ, air; λόγος, discours). Étude de l'air, au point de vue médical. Inus.

AÉROMANCIE, s. f. (gr. ἀήρ, air; μαντεία, divination). Divination par les phénomènes de l'air. Voy. DIVINATION.

AÉROMÉTRIE. s. f. (g. ἀήρ, air; μέτρον, mesure). Partie de la science qui a pour objet l'étude des propriétés physiques de l'air.

AÉRONAUTE. s. 2g. (gr. ἀήρ, air; ναύτης, pilote). Celui qui voyage dans les airs à l'aide d'un aérostat.

AÉRONAUTIQUE. s. f. Art de fabriquer des aéronefs et de naviguer dans les airs .Voy. AÉROSTAT.

AÉRONEF. s. f. (gr. ἀήρ, et nef). Machine destinée à la navigation aérienne. Ballon qui peut être dirigé.

AÉROPHOBIE. s. f. (gr. ἀήρ, air; φόβος, crainte). Crainte de l'air. Symptôme assez fréquent de la rage et de certaines affections nerveuses.

AÉROPHONE. s. m. (gr. ἀήρ, air; φωνή, son). T. Phys. Appareil inventé par T. Edison en 1878 et qui est destiné à amplifier la voix humaine pour la porter au loin. C'est une sorte de trompette comprenant : 1° une membrane devant laquelle on parle et qui porte une tige rigide ouvrant et fermant une double soupape à chaque vibration; 2° une large membrane vibrante partageant un tambour en deux compartiments; 3° un tube replié aboutissant dans ces deux compartiments, fermé à ses deux extrémités par des soupapes; 4° une troisième membrane beaucoup plus grande que la seconde et reliée à celle-ci par une tige rigide. Le tambour est rempli d'air comprimé. Quand on parle devant la première membrane, les vibrations de celle-ci ouvrent et ferment alternativement les deux soupapes; l'air comprimé passe d'un compartiment dans l'autre et produit sur la seconde membrane des vibrations amplifiées qui se transmettent à la troisième. Les sons, ainsi produits, portent jusqu'à 20 kilomètres. Cet appareil, qui demande à être perfectionné, peut rendre de grands services sur mer en temps de brouillard.

AÉROPHORE. s. m. (gr. ἀήρ, air; φέρω, porter). Appareil inventé par M. Denayrouse et destiné à envoyer de l'air respirable aux personnes plongées dans l'eau ou dans une atmosphère viciée. Il se compose d'un réservoir où l'on charge de l'air à la pression de 25 à 30 atmosphères, et d'un tube de caoutchouc muni de soupapes automatiques qui amène cet air dans la bouche du patient ou dans le casque d'un scaphandre, suivant les besoins de la respiration. Enfin, une lampe de sûreté alimentée par l'air du réservoir fournit au besoin une lumière suffisante pour se diriger dans l'obscurité.

AÉROPHYTE. adj. (gr. ἀήρ, air; φυτόν, plante). T. Bot. Qui vit dans l'air, par opposition à *hydrophyte,* qui vit dans l'eau.

AÉROPLANE. s. m. (gr. ἀήρ, air; français *planer*). Appareil destiné à se soutenir dans l'air sans être plus léger que lui. On en a construit à ailes ou à hélices. Le principe de tous ces appareils est le même que celui du vol des oiseaux : la résistance de l'air contre une surface en mouvement détermine une force normale à cette surface qu'on utilise pour se soutenir et se déplacer. Aucun aéroplane n'a donné jusqu'ici de résultat satisfaisant.

AÉROSCOPE. s. m. (gr. ἀήρ, air; σκοπέω, j'examine). T. Phys. Syn. de *Pulviscope.* Instrument destiné à recueillir pour les examiner au microscope les poussières contenues dans l'air. Le plus parfait est celui du Dr Miquel en usage à l'Observatoire de Montsouris. Il consiste en un court cylindre de verre à axe vertical dont la surface extérieure est quadrillée et couverte de vaseline. Un mouvement d'horlogerie lui fait faire un tour complet autour de son axe en douze heures. Il est enfermé dans une boîte métallique de même forme percée

d'une fente étroite le long d'une génératrice. Un aspirateur force l'air à pénétrer dans cette fente et permet d'en déterminer le volume. Cet air vient alors déposer ses poussières sur la vaseline, et suivant les différentes génératrices du cylindre tournant selon l'heure de la journée. Il ne reste plus qu'à examiner la lame au microscope. Cet appareil a permis de constater que le nombre des organismes microscopiques flottant dans l'air de Paris présente un maximum vers sept heures du matin, et un autre vers sept heures du soir, en passant par deux minimums vers deux heures du matin et du soir.

AÉROSTAT. s. m. (gr. ἀήρ; στάω, je me tiens). Appareil propre à s'élever et à se soutenir dans les airs. Les aérostats sont populairement appelés *ballons* en raison de leur forme.

Phys. — Un *Aé.* est un appareil composé : 1° d'un ballon contenant un gaz spécifiquement plus léger que l'air, ce qui permet à l'aé. de s'élever dans l'atmosphère avec une force ascensionnelle plus ou moins considérable; 2° d'une espèce de nacelle soutenue au-dessous du ballon par un réseau ou filet qui entoure ce dernier. L'aéronaute se place dans cette nacelle et il peut, à l'aide d'une corde qui va s'attacher à une soupape située au sommet du ballon, laisser échapper le gaz qui distend l'appareil, et descendre ainsi quand il lui plaît.

Tout le monde sait qu'un corps plongé dans l'eau perd une quantité de son poids égale à celle du volume du liquide qu'il déplace. C'est en vertu de ce principe, dont la découverte est due à Archimède, qu'un morceau de liège plongé au fond d'un vase rempli d'eau remonte à la surface. Or, ce qui est vrai pour l'eau et les autres liquides est, également vrai pour tous les fluides gazeux. La construction des aérostats est également fondée sur le principe d'Archimède. Un ballon s'élève parce qu'il déplace un volume d'air dont le poids est supérieur au sien propre. Tout gaz dont la pesanteur spécifique serait notablement moindre que celle de l'air, pourrait être employé à gonfler un ballon. Les premiers aérostats étaient tout simplement remplis d'air chaud. On ne donne la préférence à l'hydrogène que parce qu'il est beaucoup plus léger que l'air : en effet, la densité de ce gaz, lorsqu'il est parfaitement pur, est à celle de l'air comme 69 est à 1 000. Le plus généralement, au lieu d'hydrogène pur, on emploie le gaz d'éclairage (hydrogène bicarboné), dont la force ascensionnelle est de 700 grammes par mètre cube.

En conséquence, une fois que l'on connaît les pesanteurs spécifiques relatives de l'air et du gaz ainsi que le poids de l'enveloppe dans laquelle on veut enfermer ce dernier, il est facile de calculer les dimensions que doit avoir le ballon pour s'élever dans l'air et emporter avec lui un poids donné à une hauteur donnée. Un mètre cube d'air, au niveau de la mer et sous la pression atmosphérique ordinaire, pèse 1 293 grammes. Dans les mêmes conditions, une sphère d'air d'un mètre de diamètre pèsera 683 grammes environ. On n'admet que le gaz hydrogène employé à gonfler le ballon soit seulement 10 fois plus léger que l'air (le mode économique employé dans ce cas pour sa préparation fait que l'hydrogène obtenu est fort impur). Il en résultera que la force avec laquelle une sphère d'hydrogène de même diamètre tendra à s'élever dans les airs, sera de 615 grammes. Pour des sphères de différentes grandeurs, la force ascensionnelle sera proportionnelle à leurs volumes. c.-à-d. aux cubes de leurs diamètres. Ainsi donc, une sphère de 6 mètres s'élèvera avec une force égale à 216 fois la première, c.-à-d. une force de 133 kil., et une sphère de 12 mètres avec une force de 1 062 kil. Mais il faut déduire des chiffres ci-dessus le poids de l'enveloppe. L'enveloppe la plus convenable pour fabriquer un ballon est un tissu de soie mince verni au caoutchouc. La quantité de soie ainsi préparée nécessaire pour construire un ballon d'un mètre de diamètre (le poids du mètre superficiel étant 220 gram.) pèse environ 691 gram. Or, pour un globe plus grand, la quantité nécessaire augmentant avec le carré du diamètre, le poids de l'enveloppe sera environ 25 kilogr. pour un ballon de 6 mètres de diamètre, et 100 kilogr. pour un ballon de 12 mètres. Par conséquent, un ballon de 6 mètres s'élancera du sol avec une force ascensionnelle d'à peu près 108 kilogr., et la force ascensionnelle d'un ballon de 12 mètres s'élèvera à 962 kilog. On trouve par le même procédé qu'un ballon de 20 mètres enlèverait un poids égal à 4 640 kilogr. environ, tandis qu'un petit ballon d'environ 1 mètre de diamètre ne pourrait que flotter à la surface du sol, le poids de son tissu étant presque égal à la force ascensionnelle résultant de la différence entre la pesanteur spécifique de l'air et celle du gaz emprisonné.

Un ballon libre de se dilater conserve une force ascensionnelle constante, quelle que soit la raréfaction de l'air, parce que son volume augmentant en raison inverse de la pression, il déplace toujours le même poids d'air. A mesure que la pression de l'air extérieur diminue, la force expansive du gaz enfermé va en augmentant, et à la fin, cette dernière vaincrait la résistance que pourrait lui offrir toute enveloppe, quelque solide qu'elle fût. Un ballon exactement rempli d'hydrogène serait immédiatement mis en pièces par le gaz, sitôt qu'il serait parvenu à une faible hauteur dans l'atmosphère, si l'aéronaute n'avait la précaution de laisser échapper une partie du fluide emprisonné. Mais il vaut mieux ne pas remplir exactement le ballon; car, arrivé à une certaine hauteur, sa distension sera complète.

Dans tous les temps, ainsi que le prouve la fable d'Icare, l'idée de se soutenir dans l'air et de s'y mouvoir comme fait l'oiseau, a séduit l'imagination des hommes. Archytas de Tarente, qui vivait dans le IV⁰ siècle avant J.-C., avait, dit-on, construit par des moyens d'équilibre, et l'impulsion lui était donnée par l'air qu'elle recélait intérieurement. » (AULU-GELLE, X, 12.) Pendant le moyen âge, le problème de la navigation aérienne fut l'objet des rêveries ou des recherches de plusieurs savants, parmi lesquels on doit citer le moine Roger Bacon (XIII⁰ siècle). A l'époque de la renaissance des lettres, il fut repris avec une nouvelle ardeur, et dans le courant du XVII⁰ et au commencement du XVIII⁰ siècle il fut bien près d'être résolu par les jésuites Lana (1670) et Gusmao (1709). Enfin, lorsque, en 1766, Cavendish eut découvert l'hydrogène, dont la pesanteur spécifique, comme on l'a dit, est si inférieure à celle de l'air, le docteur Black conçut aussitôt l'idée qu'une vessie remplie de ce gaz devait s'élever dans l'air; mais il échoua dans son expérience. Les tentatives de Cavallo, en 1782, n'eurent pas plus de succès. Cependant, la même année, un fabricant de papier d'Annonay, Joseph Montgolfier, se trouvant à Avignon, fit monter jusqu'à la hauteur de 12 mètres un ballon construit en taffetas de Lyon, dont il avait échauffé l'air intérieur au moyen de papier brûlé. Après quelques autres essais préparatoires, il résolut de tenter, le 5 juin 1783,

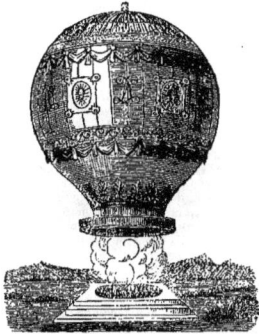

Fig. 1.

une expérience publique. Pour cela il construisit en toile doublée de papier un ballon de 11ᵐ,30 de diamètre qui pesait environ 215 kil. et fut chargé en outre d'un poids de 200 kil. Cet appareil, que l'on appela *Montgolfière* (Fig. 1), du nom de son inventeur, fut gonflé à l'aide d'un feu de paille sur lequel on jetait de la laine hachée pour produire une plus grande quantité de fumée; car il paraît que l'inventeur attribuait l'ascension du ballon à la fumée et non à la cause réelle, qui est la raréfaction de l'air contenu dans l'enveloppe. Le ballon s'éleva à une hauteur de 4,500 mètres, resta suspendu dix minutes dans les airs et alla tomber à environ 2,500 mètres de son point de départ.

Lorsque la nouvelle de cette expérience arriva à Paris, elle frappa vivement l'attention du public et du monde savant, et on songea aussitôt à la répéter; mais comme la force ascensionnelle que l'on obtenait par la raréfaction de l'air n'est pas fort considérable, et qu'en outre l'appareil courait le risque

d'être incendié, un célèbre physicien de cette époque, nommé Charles, proposa de substituer le gaz hydrogène à l'air raréfié. Les préparatifs de l'expérience étant achevés sous la direction de Charles, le 26 août 1783, le ballon fut transporté en grande cérémonie au Champ de Mars. Le lendemain, à cinq heures de l'après-midi, un coup de canon annonça à la foule assemblée que tout était prêt; et aussitôt l'appareil, débarrassé de ses entraves, s'élança dans les airs, à la grande surprise des spectateurs. — J. Montgolfier, arrivé à Paris, répéta devant la cour, à Versailles, le 20 septembre suivant, l'expérience d'Annonay avec un globe construit sur le même modèle et lancé de la même manière. La nacelle emportait trois animaux, comme essai (un mouton, un coq et un canard). Ce ballon alla tomber à quelques kilomètres, dans le bois de Vaucresson, prouvant la possibilité pour l'homme d'affronter les hauteurs aériennes.

Les premiers qui eurent l'audace d'entreprendre un voyage aérien furent le marquis d'Arlandes et un jeune physicien nommé Pilâtre des Roziers. Ce fut le 21 octobre 1783 qu'eut lieu cet événement mémorable. Les aéronautes se servirent d'une montgolfière munie d'une galerie autour du foyer, afin de pouvoir entretenir le feu. Ils partirent du château de la Muette, dans le bois de Boulogne, et, après s'être élevés à une hauteur de plus de 4,000 mètres, traversèrent Paris et descendirent heureusement à terre à Montrouge, à 8 kilomètres environ de leur point de départ. — La seconde tentative de navigation aérienne fut exécutée, le 1ᵉʳ décembre suivant, par Charles et Robert; mais ils employèrent un ballon à gaz hydrogène. L'appareil, construit par Charles, consistait en un ballon de taffetas enduit d'un vernis de caoutchouc et recouvert par un vaste filet

Fig. 2.

terminé par des cordes, qui soutenaient la nacelle où se placèrent les aéronautes. Enfin il était muni d'une soupape pour donner à volonté issue au gaz contenu dans le ballon. C'est encore la construction actuelle des aérostats (Fig. 2). L'ascension fut publique et eut lieu aux Tuileries, au milieu de l'enthousiasme général et d'une émotion indescriptible. Après un voyage d'une heure et demie, les intrépides navigateurs descendirent sans le moindre accident dans la prairie de Nesle, à 40 kilomètres environ de Paris. Robert débarqua seul, et, comme le ballon possédait encore une force ascensionnelle considérable, Charles résolut de faire sur-le-champ une nouvelle ascension. En deux minutes à peu près il atteignit à une hauteur de 3 000 mètres, et eut la satisfaction de voir réapparaître sur l'horizon le soleil qui était déjà couché lorsque le ballon était à terre. Après être resté environ 35 minutes dans l'air, il descendit sain et sauf à 13 kilomètres environ de son point de départ. Le succès de ces premiers voyages aériens encouragea les imitateurs. — Le 7 janvier 1785, Blanchard et l'Américain Jefferie entreprirent, en partant de Douvres, de traverser la Manche de l'Angleterre au continent, et y réussirent (la première traversée de la Manche du continent en Angleterre n'a été réussie qu'en 1883, par le jeune et courageux Lhôte, qui ne tarda pas à périr victime de son intrépidité). Le 15 juin 1785, également, l'aventureux Pilâtre des Roziers et son compagnon Romain tentèrent à leur tour à Boulogne une descente en Angleterre. Sous le ballon principal, qui était rempli de gaz hydrogène, ils avaient, dans l'espérance de pouvoir augmenter ou diminuer plus aisément la force ascensionnelle de l'aérostat, suspendu une mongolfière qui portait avec ell s son foyer. C'est ce qui causa leur perte. L'appareil parvenu à une hauteur de 4 à 600 mètres prit feu, et tous les deux furent précipités sur le sol. Cet événement douloureux ne refroidit pas l'ardeur des aéronautes. En effet, il est évident qu'il avait été causé par l'absence de précautions convenables. Les ascensions continuèrent donc à se multiplier.

Les aérostats, étant le seul moyen qu'il nous soit donné de nous élever dans l'atmosphère et d'y voyager librement, peuvent être appliqués avec avantage à certaines études météorologiques qui seraient inaccessibles sans eux, telles par exemple que les courants atmosphériques à diverses hauteurs, les variations de la température et de l'état hygrométrique de l'air, la variation de l'électricité et du magnétisme avec la hauteur. Les principales ascensions scientifiques ont été celles de : Robertson en 1803; Biot et Gay-Lussac en 1804; Barral et Bixio en 1850; Glaisher et Coxwell en 1852; Flammarion en 1867.

La série des expériences inaugurées par M. Flammarion au mois de mai 1867 a été le signal d'un réveil de l'aérostation scientifique en France. Cet astronome accomplissait son sixième voyage aérien, le 23 juin 1867 (traversée nocturne de Paris à Angoulême), lorsque M. Wilfrid de Fonvielle s'élança pour la première fois dans les airs dans la nacelle du *Géant*, construit par M. Nadar, et un peu plus tard, le 12 août 1868, M. Gaston Tissandier commençait à son tour ses nombreux voyages scientifiques, dont le plus célèbre a été la mémorable ascension du 16 avril 1875, jusqu'à la hauteur de 8000 mètres, dans laquelle périrent Sivel et Crocé-Spinelli.

Les voyages aériens de MM. Glaisher, Flammarion et Tissandier ont montré, entre autres résultats, que la température de l'air diminue en moyenne de 1 degré par 174 mètres de hauteur sous un ciel nuageux et de 1 degré par 154 mètres dans un ciel pur; que la vitesse du vent augmente avec la hauteur; que l'état hygrométrique diminue avec la hauteur, au-dessus d'une couche d'humidité maximum; que très souvent le vent ne suit pas une ligne droite, mais dévie légèrement vers la droite du voyageur aérien; que la transparence de l'air pour la radiation solaire augmente avec l'altitude. Parmi les plus curieux phénomènes aériens observés en ballon, signalons l'auréole des aéronautes, aire lumineuse et cercles colorés entourant l'ombre du ballon, projetés sur les nuages, observés pour la première fois par M. Flammarion le 10 juin 1867 et décrits en détail dans son voyage du 15 avril 1868, du Conservatoire des Arts et Métiers à Beaugency.

Parmi les plus longues traversées aériennes par ordres de date, celles de M. Flammarion, de Paris à Solingen (Prusse rhénane), au delà de Cologne, et de Paris à Angoulême, en 1867; celle de M. Rolier, pendant le siège de Paris, de Paris à Christiania; celle de M. Tissandier, en 1875, de Paris à Arcachon.

Parmi ces plus grandes vitesses observées en ballon, signalons : 162 kilomètres à l'heure effectués par le ballon (non monté) du couronnement de Napoléon en 1804; 105 kilomètres à l'heure par celui de M. Rolier de Paris à Christiania; 110 kilomètres à l'heure dans une ascension de M. Coxwell en Angleterre. Ordinairement, la vitesse des ballons est celle des trains express. Mais parfois l'air est si calme qu'ils peuvent rester immobiles pendant plusieurs heures.

Plus grandes hauteurs atteintes : Glaisher et Coxwell : environ 10000 mètres; Tissandier, Crocé-Spinell i et Sivel : 8000 mètres; Gay-Lussac, Bixio et Barral : 7030 mètres.

Ballons captifs. — On nomme ainsi les aérostats retenus par un câble ou tenus par des cordes. Le plus colossal de tous a été celui de Giffard, construit à l'Exposition de 1878. Il était gonflé à l'hydrogène pur. Il mesurait 35 mètres de diamètre et 50 mètres sur le plancher de la nacelle au sommet de la sphère. La nacelle, en forme de galerie circulaire, pouvait recevoir 50 personnes, et l'aérostat, ainsi chargé, avait encore une force ascensionnelle de 5600 kilogrammes. Il était retenu par un câble de 550 mètres de longueur, s'enroulant autour d'un treuil mû par une machine à vapeur.

Aérostation militaire. — La première application des aérostats aux services militaires a été faite pendant la Révolution, sous la Convention. Un corps d'aérostiers fut institué à Meudon par le Comité de salut public, et l'aéronaute Coutelle fut chargé de le diriger. Il s'agissait d'observer les positions ennemies à l'aide de ballons captifs. Coutelle fit construire un ballon de 30 mètres de circonférence, que l'on pouvait élever et abaisser plus ou moins, et déplacer à volonté à l'aide de longues cordes. Le corps des aérostiers reçut l'ordre de se rendre à l'armée de Sambre-et-Meuse, figura à la défense de Maubeuge, puis à la bataille de Charleroi et au siège offensif de Maubeuge. Pendant la bataille de Fleurus qui fut gagnée par Jourdan, le 26 juin 1794, Coutelle resta plus de neuf heures en observation; et, malgré les oscillations continuelles de la nacelle, il put distinguer tous les mouvements de l'ennemi. « Certainement ce n'est pas l'aérostat, disait-il, qui nous a fait gagner la bataille; cependant je dois avouer qu'il gênait beaucoup les Autrichiens, qui croyaient ne pouvoir faire un pas sans être aperçus, et que, de notre côté, l'armée voyait avec plaisir cette arme inconnue qui lui donnait confiance et gaieté. »

Pendant l'expédition d'Egypte, une seconde compagnie d'aérostiers fut organisée; mais elle n'arriva pas au port, les Anglais s'étant emparés de son matériel.

L'application militaire des aérostats tomba ensuite entièrement dans l'oubli, jusqu'en 1859. Cette année-là, à l'occasion de la guerre d'Italie, Napoléon III fit construire un magnifique ballon en soie double, cubant 800 mètres cubes; mais ce ballon arriva à Solférino le lendemain de la victoire et ne put être utilisé, la paix ayant été immédiatement signée. C'est ce ballon qui a été employé en 1867 par M. Flammarion à ses voyages scientifiques. Il n'a même pas eu d'autre usage. Il était très léger, très solide, et d'une imperméabilité presque parfaite.

Au siège de Paris, 1870-71, 52 ballons furent lancés par-dessus l'investissement des armées allemandes. Quelques-uns furent capturés par l'ennemi, d'autres se perdirent en mer. Cette application des aérostats pendant la guerre de 1870 fut la cause de la reconstitution de l'école de Meudon, et d'un nouveau progrès dans l'étude de la direction des ballons, comme nous allons le voir.

L'école aérostatique de Meudon (parc de Chalais) avait été fermée par Bonaparte en 1799; elle fut réorganisée en 1871, sous la direction du colonel Laussedat, et prit rapidement un grand développement sous l'impulsion du capitaine Renard. Un décret du 19 mai 1886 l'a définitivement organisée. Des écoles analogues ont été établies en Allemagne, en Angleterre et en Russie.

Direction des ballons ou *navigation aérienne.* — L'idée de la navigation aérienne est antérieure à l'invention des ballons. Il suffit de voir un oiseau voler pour qu'elle naisse dans l'esprit. Mais il y a loin de l'idée à la pratique.

Le problème est d'une extrême difficulté. Si l'on veut imiter l'oiseau, les aérostats deviennent ici peu près inutiles, car l'oiseau est plus lourd que l'air. Si l'on veut diriger des appareils aéronautiques plus légers que l'air, on se heurte contre d'autres difficultés, dont la résistance de l'air est la première.

Jusqu'à présent, la navigation aérienne par imitation de l'oiseau, ou *aviation*, n'a donné aucun résultat pratique, si ce n'est de très petits appareils qui sont de simples jouets d'enfant, mais qui pourraient contenir en germe la véritable conquête des airs.

La direction des ballons a donné de meilleurs résultats; du moins commence-t-on à diriger vraiment des aérostats, par une atmosphère calme. Dès l'origine de l'aérostation, Guyton-Morveau et Meusnier ont émis des projets très étudiés. Celui de Guyton-Morveau consistait essentiellement en deux rames, un gouvernail et un tatlevent; celui du général Meusnier, dans le principe de la vessie natatoire du poisson; il donnait à un ballon deux enveloppes, et au moyen d'une pompe placée dans la nacelle, ajoutait de l'air dans l'intervalle qui les séparait ou en retirait. Plus tard, Trouson imagina deux ballons conjugués dont la force ascensionnelle était inégale.

Dupuy de Lôme proposa de construire un aérostat allongé, portant une nacelle munie d'une hélice manœuvrant à bras d'hommes. Henry Giffard, en 1852, construisit un ballon où essaya de diriger à l'aide d'une machine à vapeur. C'était un ballon allongé, mesurant 42 mètres de longueur, 12 mètres de diamètre et 2400 mètres cubes de volume; la nacelle portait une machine à vapeur à foyer renversé. Celle-ci faisait mouvoir une hélice à trois palettes de 3 mètres de diamètre et pouvant faire 110 tours par minute; la force développée pour cette marche était de trois chevaux, ce qui représentait celle de 20 à 30 hommes. L'inventeur réussit à faire tourner son navire sous le jeu de son gouvernail et à dévier sensiblement de la ligne du vent; la vitesse du transport a été de 2 à 5 mètres par seconde. Si l'air avait été calme, l'aérostat aurait pu revenir à son point de départ, mais la vitesse du vent était de beaucoup supérieure à la puissance de la machine et le navire aérien ne put que louvoyer. Néanmoins, à dater de ce jour, on peut dire que la direction des ballons était trouvé.

Giffard a renouvelé son essai de direction en 1855. Les résultats furent, malgré la vitesse du vent, plus affirmatifs encore que de sa première expérience. Il est donc tout à fait inexplicable que le savant inventeur en soit resté là.

Pendant la guerre de 1870-71, M. Dupuy de Lôme construisit, aux frais de l'État, un ballon analogue à celui de Giffard, mais plutôt en retard sur lui comme moteur, car l'hélice était manœuvrée à bras d'hommes. Cet aérostat ne fut terminé que longtemps après la guerre, et l'expérience n'eut lieu que le 2 février 1872. Ce ballon pouvait parcourir 2m,80 par seconde; mais, le jour de l'expérience, au lieu d'être calme, l'air marchait en raison de 15 mètres par seconde. Il n'y avait donc pas à songer à revenir au point de départ. Si M. Dupuy de Lôme était parti par un air absolument calme, il aurait pu y revenir. Mais quelles conditions déplorables! L'hélice était mue à mains d'hommes! Et il n'y avait pas moins de 14 hommes d'équipage dans cet essai de navigation aérienne.

Les progrès réalisés dans la construction des moteurs électriques conduisirent MM. Tissandier à substituer l'électricité à la puissance musculaire de l'homme et à la vapeur. A l'aide d'un propulseur dont le modèle en petit a figuré à l'exposition d'électricité de 1883, ces savants exécutèrent, le 8 octobre de cette année-là, un voyage aérien dans lequel les résultats obtenus furent analogues à ceux de Giffard et de Dupuy de Lôme. L'aérostat, en forme d'ellipsoïde allongé, mesurait 28 mètres de long sur 9m,20 de diamètre équatorial et cubait 1 060 mètres cubes. Un ballonnet intérieur permettait, comme dans le projet de Meusnier et dans l'aérostat de Dupuy de Lôme, de maintenir le gonflement constant sans perdre de gaz. L'expérience prouva que l'on pouvait appliquer les moteurs électriques à la navigation aérienne. A l'aide d'une meilleure combinaison, MM. Tissandier firent, le 26 septembre 1884, une seconde ascension, dans laquelle ils atteignirent une vitesse de 4 mètres par seconde. Ces travaux leur font le plus grand honneur, d'autant plus qu'ils sont entièrement dus à leur initiative personnelle et indépendante, sans aucune aide de l'État.

Mais déjà ces essais étaient dépassés par l'école aéronautique de Meudon et par ses directeurs. Pendant six années

consécutives, MM. Renard et Krebs ont analysé dans leurs moindres détails tous les appareils de l'aérostation, essayé leur rendement, modifié les formes et les structures, calculé les poids, les densités, les résistances, les vitesses. Leur ballon dirigeable est un poisson aérien créé par l'homme. La vessie natatoire a été remplacée par un ballonnet intérieur, comme dans le cas précédent; il est plus gros à l'avant qu'à l'arrière. La soie dont le ballon est construit, le filet auquel la nacelle

Fig. 3.

est suspendue, la forme et le poids de la nacelle, l'hélice, le moteur, les piles, le gouvernail, etc., tout a été combiné de manière à obtenir la plus grande légèreté possible, en même temps que la plus grande résistance et la plus permanente stabilité. Le moteur électrique obéit à la pression du doigt et instantanément. Le gouvernail se manie avec plus de docilité que celui d'un canot; rigide et léger, il incline sans effort le poisson aérien vers le but à atteindre; la longue nacelle est soutenue par des haubans et revêtue de soie de Chine tendue sur ses parois et facilitant son glissement dans l'océan aérien. Placés au centre, les aéronautes sont maîtres de leur navire. Comme résultat définitif, on a obtenu un navire aérien (Fig. 3) muni de tous ses agrès, mesurant 50 mètres de long sur 8 mètres de large et cubant 1864 mètres cubes, dont le poids total n'est que de 1646 kilogrammes. Dans ce poids, la machine compte pour 98 kilogrammes, la pile et ses appareils pour 435 kilogrammes. Du reste, voici les détails :

Longueur du ballon.	50ᵐ,42
Diamètre au centre.	8ᵐ,40
Volume	1864ᵐᶜ.
Longueur de la nacelle	33ᵐ.
Diamètre de l'hélice.	7ᵐ.
Vitesse moyenne par seconde. . . .	5ᵐ,50

Le 9 avril 1884, par un air bien calme, l'aérostat, animé d'une vitesse de 4ᵐ,58 par seconde, partit du parc de Chalais, près Meudon, et fut dirigé jusqu'au Petit-Bicêtre et au village de Villacoublay, puis rentra au point de départ. Sept ascensions du même centre eurent lieu pendant les mois d'août et septembre, et cinq fois l'aérostat revint au point de départ; une fois il ne put le faire à cause d'avaries à la machine, et une autre fois à cause d'un vent supérieur à 6 mètres par seconde. La vitesse obtenue a été de 6 mètres par seconde.

En moyenne, la vitesse de l'air dans nos climats est inférieure à 6 mètres par seconde. Mais elle est souvent de beaucoup supérieure.

On peut espérer que les progrès de la construction conduiront à obtenir des vitesses plus grandes. La résistance de l'air n'augmentant que proportionnellement au carré du diamètre, tandis que la force ascensionnelle est proportionnelle au cube, il y aura avantage à construire de grands ballons.

La direction des ballons ou la navigation aérienne est donc, aujourd'hui, un problème en partie résolu.

Nous ne parlerons que pour mémoire de la direction des ballons par la recherche des courants. En fait, dans les aérostats ordinaires, l'aéronaute sait toujours où il est et dans quelle direction il marche. Il y a souvent plusieurs courants superposés, conduisant en des directions différentes. Dans son ascension du 23 août 1874, M. Flammarion a constaté l'existence de cinq courants superposés, dont le supérieur seulement le conduisit où il désirait se rendre, à Spa. Mais une telle disposition des couches d'air ne se présente pas fréquemment, ce serait un leurre de s'y fier, et la plupart du temps la même direction règne sur toute l'épaisseur d'atmosphère navigable.

Le problème de la navigation aérienne sera complètement résolu, soit par le perfectionnement des procédés que nous venons de décrire, soit par la construction d'appareils plus lourds que l'air, analogues aux oiseaux. Voy. AVIATION. Mais dès ce moment la direction des ballons est un fait accompli en principe.

L'invention du *parachute* mérite d'être mentionnée. Le parachute est un appareil qui ressemble assez à un immense parapluie (Fig. 4, Parachute fermé; 5, Parachute ouvert), à

Fig. 4.   Fig. 5.

l'aide duquel l'aéronaute peut, en cas de danger, abandonner son ballon et descendre à terre sain et sauf. Sa construction est fondée sur ce principe que l'air oppose aux corps en mouvement une résistance qui est proportionnelle à leur surface et au carré de leur vitesse. Ainsi, dès que le parachute est détaché du ballon et abandonné avec sa charge à l'action de la pesanteur, il tombe avec une vitesse accélérée; et, d'un autre côté, la résistance opposée par l'air, croissant proportionnellement avec le carré de la vitesse du parachute, tend constamment à diminuer l'accélération, et par suite à rendre la vitesse finale de la chute d'autant moins grande que l'appareil offre une plus grande surface. On a trouvé qu'un parachute circulaire ayant un diamètre de 9 mètres, et pesant, y compris sa charge, 200 kilogrammes environ, acquerrait une vitesse finale de 4 mètres par seconde, et qu'une personne qui descendrait en parachute avec une pareille vitesse éprouverait en arrivant à terre le même choc que si elle tombait librement

d'une hauteur de 75 centimètres. Toutefois, la résistance de l'air est en réalité supérieure à celle qu'indique la théorie, car elle est augmentée par la concavité du parachute qui détermine une certaine accumulation d'air; mais en revanche l'action du vent tend à dévier de la verticale l'axe de l'appareil, et, dans ce cas, la résistance éprouve une diminution proportionnelle. La descente en parachute, imaginée par Blanchard, a été tentée pour la première fois, le 2 septembre 1802, à Londres, par l'aéronaute Garnerin. Après avoir plané sept à huit minutes, il coupa la corde qui attachait le parachute au ballon : le parachute se déploya sur-le-champ, et pendant quelques secondes descendit avec une vitesse accélérée; mais bientôt il ballotta tellement, et décrivit des oscillations tellement larges, qu'à plusieurs reprises la nacelle prit une position presque horizontale. Ce ne fut pas sans courir les plus grands dangers que l'intrépide aéronaute parvint à effectuer sa descente. On évite cet inconvénient en pratiquant au centre du parachute une espèce de cheminée qui permet à l'air de s'échapper sans nuire cependant à la descente de l'aéronaute.

On a quelquefois appliqué le principe du parachute à l'aérostat lui-même. Ainsi, par exemple, dans leur ascension du Conservatoire, du 15 avril 1868, MM. Flammarion et Godard avaient adapté à l'équateur de leur ballon de 1500 mètres cubes une bande d'étoffe de 1 mètre de largeur, pouvant remplir l'office de parachute.

Bibliographie. — Ouvrages aéronautiques de : DUPUIS-DELCOURT, ARAGO, FLAMMARION, TISSANDIER, FONVIELLE, GLAISHER; *Comptes rendus* de l'Académie des sciences, *l'Astronomie*, la *Nature, Revue de l'Aéronautique.*

AÉROSTATION. s. f. Art de construire et de manœuvrer les aérostats. — Ce n'est pas la même chose que l'*aéronautique*, qui est l'art de les diriger.

AÉROSTATIQUE. s. f. T. Phys. Science qui traite de l'équilibre des fluides élastiques. = AÉROSTATIQUE. adj. 2 g. *Machine aé.* Voy. AÉROSTAT.

AÉROSTIER. s. m. Celui qui conduit ou qui monte un aérostat. Voy. AÉROSTAT.

AÉROTHÉRAPIE. s. f. (gr. ἀήρ; θεραπεύω, soigner). T. Méd. Méthode qui consiste à traiter les maladies au moyen de l'air. On peut employer : 1° l'air libre; 2° l'air raréfié; 3° l'air comprimé.

1° *De l'air libre.* — Les propriétés thérapeutiques de l'air libre dépendent de sa pureté ou des substances qu'il contient en suspension, et de son degré d'agitation. On obtient souvent de bons résultats en faisant succéder à la respiration de l'air vicié des villes, des ateliers ou des marais, l'air pur de la campagne ou des montagnes, ou l'air salin du bord de la mer. De là les bons effets d'un séjour de quelques semaines à la campagne, à la montagne ou à la mer. On a préconisé aussi l'air des forêts et surtout des forêts d'arbres résineux dans les affections de poitrine.

2° *De l'air raréfié.* — L'air raréfié agit surtout mécaniquement par la diminution de la pression extérieure; on obtient les mêmes résultats en soumettant d'abord le patient à l'action de l'air comprimé, puis à une décompression lente. On parvient ainsi à vider les alvéoles pulmonaires de l'air résiduel qu'elles contiennent et qui est plus ou moins vicié, pour le remplacer par de l'air pur. La pratique de l'air raréfié est presque entièrement abandonnée.

3° *De l'air comprimé.* — L'air comprimé élargit lentement et uniformément les cavités dans lesquelles il pénètre, et les ramène à l'état fonctionnel normal; il fournit en plus grande abondance l'oxygène nécessaire à la respiration, et produit le ralentissement des mouvements respiratoires. Il active les combustions organiques et élève la température. La compression produit une sensation désagréable au début à cause du défaut d'équilibre entre la pression intérieure et la pression extérieure; mais cet effet disparaît rapidement : il réapparaît à la décompression. L'air comprimé peut être administré sous la forme de *bain d'air comprimé sous la cloche*, ou d'*inhalation d'air comprimé sous le masque*. Dans le premier cas le malade est introduit dans une chambre ou cloche en tôle d'acier munie de hublots qui laissent pénétrer la lumière. On a reconnu que l'action de la lumière était un adjuvant indispensable. On y fait arriver graduellement l'air comprimé jusqu'à ce que la pression atteigne de 1 atmosphère 1/2 à 3 atmosphères, suivant les cas. Le bain dure de une heure à une heure et demie, puis on laisse échapper lentement l'air en excès. L'inhalation se fait au moyen de l'appareil *Walter Lécuyer*. L'air comprimé contenu dans un réservoir est amené dans la bouche du patient par un tuyau terminé par une sorte de masque. L'*inhalation*, beaucoup plus simple à pratiquer que le *bain*, est loin de produire les mêmes résultats bienfaisants. Le traitement par les bains d'air comprimé produit souvent la guérison de l'asthme, de l'anémie, de la chlorose, du nervosisme, etc. Il améliore l'état des phthisiques et des diabétiques et produit de bons résultats contre l'obésité.

ÆSHNE. s. f. T. Entom. Genre d'insectes du groupe des LIBELLULES. Voy. ce mot.

ÆTHRIOSCOPE. s. m. (gr. αἰθρία, sérénité; σκοπεῖν, observer.) T. Phys. Instrument propre à mesurer le rayonnement calorifique de la surface de la terre vers les espaces célestes. Il consiste en un thermomètre différentiel dont une des boules est placée au foyer d'un miroir concave dirigé vers le ciel, et l'autre au-dessus de ce miroir.

ÆTHUSE. s. f. (gr. αἰθύσσω, j'enflamme). T. Bot. Plante vénéneuse nommée vulgairement *Ache des chiens* ou *Petite Ciguë*, de la famille des *Ombellifères*.

ÆTITE ou **ÆTITE.** s. f. (gr. ἀετός, aigle). T. Minér. Variété de peroxyde de fer hydraté formé de couches concentriques. Elle se présente ordinairement sous forme de petites masses ovoïdes ou aplaties. Ces petites masses renferment souvent un noyau mobile qui résonne quand on l'agite. Les anciens supposaient qu'on trouvait cette espèce de pierre dans le nid des aigles, et lui donnaient le nom de *pierre d'aigle*. Ils lui attribuaient des vertus merveilleuses. La seule propriété qu'on lui reconnaît est de produire du bon fer. On en trouve à Trévoux (Ain) des bancs assez considérables.

ÆTIUS, général romain rival de Boniface, vainquit Attila à Châlons (451) et périt assassiné par l'empereur d'Occident, Valentinien III.

ÆTOSAURUS. s. m. (gr. ἀετός, aigle; σαύρα, lézard). T. Paléont. Genre de Reptiles fossiles de la famille des *Crocodiles*, dont le crâne est allongé médiocrement, à grandes narines, situées vers le bout du museau. Les fosses prélacrymales et les orbites sont grandes, tandis que les fosses temporales sont petites. Le dos était garni d'une armure consistant en deux rangées longitudinales de *boucliers*, tandis que le ventre en avait huit rangées. Les pattes étaient pourvues de cinq doigts. Ce genre a été découvert dans le koupper de Heslach, près de Stuttgard, et sur une plaque de 2 mètres carrés on a trouvé 24 individus, dont le mieux conservé mesurait 0m,86 de longueur.

AFER (DOMITIUS), célèbre orateur romain (16 av. J.-C. - 59 ap. J.-C.).

AFFABILITÉ. s. f. Qualité de celui qui accueille avec bonté et douceur ceux qui ont affaire à lui. *Recevoir avec aff. Il a beaucoup d'aff.* — L'affabilité est la politesse du cœur.

AFFABLE. adj. 2 g. (lat. *ad*, à; *fari*, parler). Qui a de l'affabilité. *C'est un homme extrêmement aff. Il est d'un caractère doux et aff. Manières affables.*
Syn. — *Gracieux, Poli, Civil, Honnête, Courtois.* — L'homme *gracieux* est prévenant : il va au-devant de ce qui peut vous être agréable. L'homme *aff.* attend qu'on vienne à lui pour manifester sa bienveillance. On se sert plus particulièrement des adjectifs *poli* et *civil*, lorsqu'il s'agit du langage et des manières qu'on acquiert par l'éducation et l'usage du monde. L'homme *poli* et l'homme *civil* se montrent fidèles observateurs des convenances, des usages reçus dans la bonne compagnie; mais le premier est plus cérémonieux, il semble y attacher plus d'importance que le second. L'homme *honnête*, au contraire, se renferme dans les limites les plus strictes de la civilité. Enfin, l'homme *courtois* pousse la politesse à l'extrême; mais cette politesse est quelquefois fade et importune.

AFFABLEMENT. adv. Avec affabilité. Peu usité.

AFFABULATION. s. f. (lat. *ad*, vers; *fabulari*, conter). Moralité d'une fable, d'un apologue. Les conteurs la placent généralement à la fin, parfois au commencement.

AFFADIR. v. a. (R. *fade*). Rendre fade, insipide. Se dit

au prop. et au fig. *Aff. une sauce en y mêlant quelque chose de trop doux. Aff. un discours par des pensées et par des expressions doucereuses et affectées.* || Causer du dégoût, au prop. et au fig. *Cette tisane, cette odeur affadit le cœur*, ou *affadit. Des louanges outrées affadissent le cœur.* = S'AFFADIR. v. pron. Devenir fade. = AFFADI, IE. part.

AFFADISSEMENT. s. m. Effet que produit ce qui est fade. *Aff. de cœur.* || Fig., Louer jusqu'à l'*aff.*

AFFAIBLIR. v. a. (R. *faible*). Rendre faible, diminuer la force, l'activité, la vivacité, l'autorité. *Les débauches affaiblissent le corps. Aff. un État, un parti. L'âge affaiblit les facultés intellectuelles.* || *Aff. les monnaies*, En diminuer le poids ou le titre. = S'AFFAIBLIR. v. pron. *Ce malade s'affaiblit de plus en plus. Avec le temps, nos impressions s'affaiblissent et s'effacent.* = AFFAIBLI, IE. part.

AFFAIBLISSANT, ANTE. adj. Qui affaiblit. *Remèdes affaiblissants.* On dit, mieux, *débilitants.*

AFFAIBLISSEMENT. s. m. Diminution des forces, débilitation. *L'aff. du corps, des sens, de la voix. L'aff. de l'esprit, de la mémoire.*

AFFAIRE. s. f. (R. *à faire*). Tout ce qui est le sujet de quelque occupation. *Aff. agréable, difficile, importante. Il est en aff. Toutes affaires cessantes.* || Fam., *C'est mon aff.*, Cela ne regarde que moi, je suis ce que je fais. On dit de même : *C'est son aff., c'est leur aff.* — *J'en fais mon aff.*, Je m'en charge, je réponds du succès. || Se dit aussi de toutes les choses qu'on a à démêler avec quelqu'un dans le commerce de la vie. *C'est une aff. d'intérêt. Voilà le nœud de cette aff. Il débrouille bien une aff. Expédier une aff. Parler d'affaires.* || *C'est une aff.*, Je crois cela pénible, malaisé. *Ce n'est pas une aff.*, Je ne crois pas cela difficile. || Se prend pour soin, peine, embarras, difficulté, danger, querelle. *L'éducation d'un enfant est une aff. de tous les instants. Il a une mauvaise aff. sur les bras. Ses amis l'ont tiré d'aff. Son malade est hors d'aff. Des amis ont assoupi l'aff.* || Vente, achat, marché, traité, entreprise industrielle ou commerciale, spéculation financière. *Cette maison fait beaucoup d'affaires. J'ai fait hier une excellente aff. L'aff. est conclue. Il se fait peu d'affaires à la Bourse.* || *Affaires*, au plur., sign. La profession même de commerçant. *Il a quitté les arts pour les affaires. Il s'est retiré des affaires* || Se dit de tout ce qui concerne la fortune et les intérêts d'un particulier. *Les affaires d'une succession. Ses affaires sont claires, embrouillées, en désordre. Il a abandonné le soin de ses affaires à sa femme. Il est au-dessus, au-dessous de ses affaires.* || *Il a fait ses affaires*, Il a fait sa fortune. || *Mettre ordre à ses affaires*, Faire son testament, ses dispositions dernières. || S'emploie aussi en parlant de tout ce qui concerne l'administration et le gouvernement des choses publiques. *Affaires d'État. Affaires étrangères, ecclésiastiques. Les affaires du département, de la ville, d'une commune.* || Question soumise à une assemblée. *L'aff. a passé sans difficulté. On a longuement discuté cette aff. sans prendre de parti.* || Événements politiques. *Cette victoire a changé la face des affaires. Les affaires de l'Europe ont pris une direction toute nouvelle.* || Histoire, aventure. *Vous me contez là une étrange aff. Le bon de l'aff., c'est que je connais les personnages. Ceci est une tout autre aff.* || Se dit des procès et de tout ce qui se traite en quelque juridiction que ce soit. *Aff. civile. Aff. criminelle. Il y a une grande aff. au Conseil d'État. Cette aff. fera honneur à l'avocat chargé de la plaider. Les arbitres ont arrangé l'aff.* || *Homme d'affaires*, se dit de celui qui représente une partie dans un procès ou de celui qui est chargé de l'administration des biens d'un particulier. *Je n'entends rien à la procédure, soyez mon homme d'affaires.* || *Agence, cabinet d'affaires*, Établissement où l'on se charge de diriger les affaires contentieuses. || Engagement entre deux corps de troupes ou entre deux armées ennemies. *L'aff. fut chaude et longtemps disputée. Ce militaire a assisté à bien des affaires. Aff. d'avant-poste.* || *Aff. d'éclat.* || On dit d'une victoire, *C'est une aff. glorieuse*; d'un échec, d'une défaite, *C'est une fâcheuse, une désolante aff.* — *Une aff.* ou simplement *Une aff.*, a souvent le sens du duel. || *Aff. de cœur*, Amourette, intrigue galante. || *C'est une aff. de goût*,

C'est une question que le goût doit décider. — *C'est une aff. d'habitude,* Il ne s'agit plus que de s'exercer. *Vous connaissez la théorie, la pratique est une aff. d'habitude.* || *Cette femme a ses affaires,* Elle a ses règles. Vulg. || *Aller à ses affaires, faire ses affaires,* Satisfaire à ses besoins naturels. Fam. || *Ceci ferait bien mon aff.,* Me conviendrait. *Cette maison ne peut faire mon aff.,* Ne peut me convenir. || Iron., *Votre aff. est faite,* Elle est manquée. — *Son aff. est faite,* se dit de quelqu'un qui est dans une position, dans un état désespéré, et le plus souvent en parlant d'un malade. — *Il a fait une belle aff.,* Il a fait une sottise. — *Son aff. est bonne,* Il ne peut échapper à la punition qu'il mérite. || *Avoir aff. de quelqu'un, de quelque chose,* En avoir besoin. — On dit, par mécontentement ou par mépris, *J'ai bien aff. de cette querelle, de ces visites, de ces gens-là.* || *Avoir aff. à quelqu'un,* avec quelqu'un, Avoir à lui parler, à traiter, à négocier avec lui. *J'ai aff. à lui, il faut que je l'aille voir. J'ai aff. à des gens difficiles. Un marchand a aff. à toutes sortes de gens.* (*Avoir aff. avec,* s'emploie spécialement lorsqu'il s'agit de discussion, de délibération, de concours, de travail.) — *Avoir quelque contestation, quelque démêlé avec quelqu'un. Il a aff. à forte partie.* — On dit aussi : *Il faut prendre garde à qui on a aff.,* Il faut savoir à qui l'on s'adresse. — *Il verra à qui il a aff.,* Il verra que je saurai lui résister, le châtier. — *Si on l'attaque, on aura aff. à moi,* C'est moi qui prendrai sa défense. || On dit qu'*un homme a eu aff. avec une femme,* ou *une femme avec un homme,* pour dire qu'ils ont eu ensemble un commerce de galanterie. = POINT D'AFFAIRE. loc. adv. Point du tout, en aucune manière. *Vous vouliez m'épouser pour mes écus, point d'aff.*

AFFAIRÉ, ÉE. adj. Qui a beaucoup d'affaires. *Il est si fort aff., qu'il n'a pas une heure à lui. Il fait l'aff. Il a l'air aff.* Fam.

AFFAISSEMENT. s. m. État de ce qui est affaissé, au prop. et au fig. *L'aff. des terres. J'ai trouvé ce malade dans un grand aff. Aff. de l'esprit.* = Syn. Voy. ABATTEMENT.

AFFAISSER. v. a. (R. *faix*). Faire que des choses qui sont l'une sur l'autre s'abaissent, se foulent et tiennent moins de place en hauteur. *Les pluies affaissent les terres.* || Faire ployer, faire courber sous le faix. *Une trop grande charge a affaissé le plancher.* || Fig., *L'âge affaisse le corps et l'esprit.* — S'AFFAISSER. v. pron. *Cette tour s'est affaissée. Le plancher commence à s'aff.* || Fig., *Son père s'affaisse sous le poids des années.* = AFFAISSÉ, ÉE. part.
Anec. — Ce dernier mot est de ceux qu'il faut savoir prononcer avec soin... On raconte qu'un orateur, peignant une tragique scène d'amour, exprimant l'action d'un amoureux désespéré, avait à dire de lui : « Il la contemple une dernière fois, prend sa main, et s'affaisse. » N'ayant pas détaché convenablement ce dernier membre de phrase, l'effet produit fut un grand succès d'hilarité.

AFFAITER. v. a. T. Fauc. Apprivoiser un oiseau de proie. = AFFAITÉ, ÉE. part.

AFFALER. v. a. (b. lat. *ad, vallum;* à val). T. Mar. *Aff. une manœuvre,* C'est l'abaisser, peser sur elle pour vaincre le frottement qui la retient. || Pousser un navire à la côte et le mettre en danger d'échouer. *Les vents, les courants ont affalé ce bâtiment.* — S'AFFALER. v. pron. S'approcher trop près de la côte, au risque de ne pouvoir se relever. *Ce navire va s'aff. s'il continue sa fausse manœuvre.* || On dit encore qu'*un matelot s'affale,* lorsqu'il se laisse glisser de haut en bas sur une manœuvre, afin de descendre plus vite sur le pont. = AFFALÉ, ÉE. part. On dit qu'*un navire est affalé,* Lorsqu'il a été poussé à la côte, soit par le vent, soit par les courants, ou lorsque, par une fausse manœuvre, il a dépassé l'endroit où il voulait aborder.

AFFAMER. v. a. (lat. *fames,* faim). Ôter, retrancher les vivres; causer la faim. *Ce médecin affame son malade. Aff. une ville, une place, un pays. Aff. l'ennemi.* || Fig. et fam., on dit d'un grand mangeur qu'*Il affame toute une table.* = AFFAMÉ, ÉE. part. *Être aff.,* Avoir une très grande faim. — Prov., *Ventre aff. n'a point d'oreilles,* Un homme qui a faim n'écoute guère ce qu'on lui dit. || S'emploie subst., *Il mange comme un aff.* Fam. = AFFAMÉ, ÉE. adj. S'em-

ploie toujours au fig., *Être aff. de gloire, d'argent. Être aff. de nouvelles. Je suis aff. de le voir.*

AFFANURE. s. m. (Vx fr. *affaner,* autre forme de *ahaner,* cultiver la terre.) Salaire en nature que reçoivent les ouvriers employés aux récoltes.

AFFÉAGEMENT. s. m. Action d'afféager.

AFFÉAGER. v. a. (R. *fief*). T. Anc. Cout. Aliéner une partie de son fief à tenir en arrière-fief ou en roture. = AFFÉAGÉ, ÉE. part.

AFFECTATION. s. f. Certaines manières de parler ou d'agir qui s'éloignent du naturel. *Il y a de l'aff. dans tout ce qu'il fait, dans tout ce qu'il dit. Une de ses affectations, c'est de grasseyer.*
Point d'affectation! le plus simple langage
Est bien plus expressif et plaît bien davantage.
GRESSET.
— Destination, application : *Aff. d'une somme à telle dépense.*
Syn. — *Afféterie.* — L'*Aff.* et l'*Afféterie* sont deux défauts qui résultent de l'exagération. On tombe dans l'*aff.* en courant après l'esprit, et dans l'*afféterie* en recherchant les grâces. L'*aff.* se manifeste dans les pensées, les sentiments et les goûts dont on veut faire parade; l'*afféterie,* dans les petites manières par lesquelles on croit plaire.

AFFECTER. v. a. (lat. *affectare,* rechercher avec ardeur). Rechercher une chose avec ambition, y aspirer, s'y porter avec ardeur. Ne se dit guère du style soutenu. *L'Angleterre affecte l'empire des mers.* || Rechercher certaines choses, avoir de la prédilection pour elles. *Au spectacle, il affecte toujours la même place. Cet acteur affecte certains rôles. Il affecte les usages anglais.* || Faire un usage fréquent et ordinairement prétentieux de certaines choses. *Aff. certaines expressions, certains airs, certains gestes. Aff. de dire des choses gracieuses.* || S'efforcer de paraître ce que l'on n'est pas en réalité. *Il affecte de paraître savant. Il affecte l'humilité, la modestie.* || Destiner et appliquer une chose à un certain usage. Ne se dit guère qu'en parlant des fonds de terre, des héritages, des rentes. *Aff. un fonds de terre, une rente au payement d'une dette, pour l'entretien d'un hospice.* || Fig., s'emploie en parlant des formes ou figures particulières que prennent ou présentent certains corps. *Le sel marin, en se cristallisant, affecte la forme cubique.* — Se dit encore au moral. *L'ambition affecte des formes différentes suivant l'intérêt du moment.* || Produire une impression. *Il est des remèdes qui affectent spécialement certains organes. Ces sons lointains affectent agréablement l'oreille.* — Fig., *Cette nouvelle l'a douloureusement affecté.* = S'AFFECTER. v. pron. *La véritable douleur ne peut s'aff.,* Ne peut se simuler. — *Cet homme ne s'affecte de rien,* Ne s'émeut de rien. *Ce malade s'affecte de son état.* = AFFECTÉ, ÉE. part. *Un fonds de terre aff. à l'entretien d'une école. Cette place lui est affectée. Il a été vivement aff.* (impressionné) *de cette nouvelle, de son mauvais procédé.* || S'emploie adj., *Style aff. Langage aff. Manières affectées. Un comédien aff. Une humilité affectée.*
Syn. — *S'Afficher, Se Piquer.* — L'hypocrite *affecte* les vertus de l'homme de bien sans les avoir, tandis que celui-ci *se pique* de les avoir et de les montrer. Dans ce sens, *aff.* et *se piquer,* c'est mettre en évidence une qualité, avec cette différence que le premier de ces termes entraîne une idée de duplicité, et le second une idée de réalité. Le verbe *s'afficher* exprime une manifestation publique et scandaleuse. On *s'affiche* lorsqu'on ne prend aucun souci de cacher l'irrégularité de ses mœurs. Employé activement, *afficher* garde encore cette même signification. On *affiche* son inconduite, sa honte, ses débordements. — *Recherché, Étudié, Maniéré, Apprêté, Composé, Guindé, Compassé.* — Ces épithètes caractérisent le manque de naturel dans les manières et dans le langage. *Recherché* ne se prend pas absolument en mauvaise part; il ne marque pas l'exclusion du bon goût et de la distinction, il indique seulement qu'on les pousse jusqu'à la minutie. *Étudié* désigne le soin qu'une personne prend pour se donner un langage et des manières qui ne lui sont point naturelles. *Maniéré* exprime la prétention ridicule que certaines gens mettent dans leurs gestes ou dans leurs paroles. *Affecté* marque la recherche qu'on fait saillir à dessein dans ses manières et dans son langage. *Apprêté* désigne ce même

soin; mais il y ajoute une idée de roideur dont le mot *guindé* exprime l'excès. *Composé* s'emploie pour qualifier les allures mesurées et lourdes de certains pédants, ou les manières hypocrites des faux dévots. Il s'applique encore au langage et aux gestes méthodiques des personnes à habitudes systématiques.

Math. — En Alg., on dit qu'une quantité est affectée d'un signe, d'un coefficient, d'un exposant, ou qu'on lui affecte un signe, etc. Ainsi dans — 3 x^2, x est affecté du signe —, du coefficient 3, et de l'exposant 2.

AFFECTIF, IVE. adj. (même étymologie que le suivant). Qui est disposé à l'affection, sensible, impressionnable. *Nature affective.* || Qui touche, qui émeut. N'est guère d'usage que dans le langage ascétique. *Il parle des choses de Dieu d'une manière très affective.*

AFFECTION. s. f. (lat. *affectio*; de *afficere*, produire une impression, émouvoir). Manière d'être du corps ou de l'âme; passion. *Notre âme n'a conscience des affections de nos organes que par l'intermédiaire du système nerveux. Les passions sont des affections de l'âme.* || S'emploie ord. pour désigner un sentiment d'attachement, de préférence pour quelqu'un ou pour quelque chose. *Aff. paternelle. Il a pris la musique en aff. Porter de l'aff. à quelqu'un. Il est l'objet de toutes les affections de sa mère. Faites cela par aff. pour moi.* — *C'est de nos affections bien plus que de nos besoins que naît le trouble de notre vie.* (J.-J. Rousseau.) — *Le cœur de la femme est destiné à renfermer une affection sans bornes pour l'homme de son choix.* (G. Sand.) || Dans le langage médical, *Aff.* se prend en gén. dans le même sens que *Maladie.* Voy. ce mot.

Syn. — *Inclination, Attachement, Tendresse, Amitié, Amour, Passion.* — Ces substantifs marquent généralement les mouvements sympathiques de l'âme. *Aff.* est le terme générique qui exprime toutes les émotions que l'homme éprouve pour les êtres qu'il chérit. *Tendresse* ne sert à désigner que le plus souvent calme et pure, comme celle d'une mère pour sa fille; *inclination* caractérise un penchant irrésistible qui nous porte vers quelqu'un; *attachement* indique une *aff.* durable, un sentiment affectueux et permanent; *amitié* exprime l'*aff.* la plus raisonnable et la plus noble qu'il soit donné à l'homme d'éprouver pour l'homme; *amour* désigne une *aff.* dont la force domine la volonté et l'intelligence humaine; enfin, *passion*, dans le langage ordinaire, s'applique à l'excès d'une *aff.* quelconque.

AFFECTIONNER. v. a. Aimer; avoir de l'affection pour quelque personne ou pour quelque chose. *C'est une personne, une étude qu'il affectionne fort.* || S'aff. quelqu'un, Gagner son affection. = S'AFFECTIONNER. v. pron. *Nous nous affectionnons aux personnes à qui nous faisons du bien. Il s'affectionne de plus en plus aux mathématiques.* = AFFECTIONNÉ, ÉE. part. Terme de civilité qu'on emploie dans la souscription des lettres et dans les formules suivantes. *Votre très humble et très affa. Votre aff. serviteur. Aff.* est moins fort qu'*aimer.*

AFFECTUEUSEMENT. adv. D'une manière affectueuse. *Il lui parla fort aff.*

AFFECTUEUX, EUSE. adj. Doué d'un sentiment de tendresse. *Cœur affectueux.* || Qui marque beaucoup d'affection. *Discours, sentiments aff. Paroles, manières affectueuses. Un orateur pathétique et aff.*

AFFENER. v. a. T. Agric. Donner la pâture aux bestiaux.

AFFÉRENT, ENTE. adj. (lat. *afferens*; de *ad*, à; *ferre*, porter). T. Droit. Portion afférente, part afférente, La part qui revient à chacun des intéressés dans un objet indivis ou dans un partage. || T. Anat. Se dit des vaisseaux (veines ou lymphatiques) relativement à l'organe où le liquide qu'ils contiennent. *Les veines afférentes rénales. Les lymphatiques afférents des ganglions axillaires.*

AFFÉRER. (même étym.). v. a. Reporter. || v. n. Incomber. *La part qui affère à chaque héritier.*

AFFERMAGE. s. m. (R. *affermer*). Action d'affermer.

AFFERMER. v. a. (R. *ferme*). Donner à ferme. *Aff. sa terre. Aff. les revenus publics. Aff. les annonces pour un journal.* || Prendre à ferme. *Ce cultivateur a affermé mes terres.* = AFFERMÉ, ÉE. part.

Syn. — *Louer.* — *Aff.* ne se dit que des biens ruraux ou des revenus publics; *louer* se dit des appartements, des ustensiles et des animaux. On *afferme* une terre, le produit d'un péage; on *loue* une maison, un bœuf, etc.

AFFERMIR. v. a. (R. *ferme*). Rendre ferme, stable. *Aff. une muraille, un plancher.* || Rendre ferme et consistant ce qui était mou. *La gelée affermit les chemins. L'esprit de vin affermit les gencives.* Dans ce sens, on dit plus souvent *Raffermir.* || Fig., Rendre plus assuré, plus difficile à ébranler. *Aff. l'âme, le courage, la santé. Aff. quelqu'un dans une résolution, dans une croyance, dans une opinion.* || T. Man. *Aff. la bouche d'un cheval. Aff. un cheval dans la main et sur les hanches,* L'accoutumer à l'effet de la bride et à tenir les hanches basses. = S'AFFERMIR. v. pron. *Les chemins s'affermiront bientôt. Cette gelée s'est affermie en refroidissant. Sa santé s'affermira pendant les chaleurs. Son esprit s'est affermi avec l'âge.* = AFFERMI, IE. part.

Syn. — *Consolider, Assurer.* — On *consolide* en cherchant à ne faire qu'une masse compacte de plusieurs pièces qui s'ajustent entre elles; on *assure* en employant des moyens qui maintiennent une chose à la place où elle doit être; on *affermit* en rendant plus résistante la base sur laquelle porte un objet, ou en donnant plus de consistance à cet objet lui-même. — Au fig., *assurer* son avenir, c'est se fixer dans une position avantageuse; *consolider* un traité, c'est écarter tous les éléments qui peuvent séparer les intérêts que ce traité a pour but de réunir; *aff.* le courage de quelqu'un, c'est le fortifier par tout ce qui peut lui donner de l'énergie. — *Fortifier. Encourager.*

AFFERMISSEMENT. s. m. Action par laquelle on affermit; état d'une chose affermie. *L'aff. des chairs.* || S'emploie surtout au fig. *L'aff. de l'État, des lois, de la santé.*

AFFÉTÉ, ÉE. adj. Qui est plein d'afféterie; qui marque de l'afféterie. *Elle serait charmante si elle était moins affétée.*

AFFÉTERIE. s. f. (R. *affaiter* ou *afféter*, vieux mot qui signifiait: Parer avec trop de recherche). Recherche prétentieuse dans le langage, les manières, le style. *Il y a trop d'aff. dans tout ce qu'elle fait. L'aff. du style. L'aff. provient du désir immodéré de plaire.* = Syn. Voy. AFFECTATION.

AFFETTO ou **AFFETTUOSO.** adv. T. Mus. indiquant qu'un morceau doit être rendu avec une expression tendre.

AFFEURAGE. s. m. Se disait autrefois de la fixation du prix des denrées et d'un droit que les seigneurs mettaient sur les denrées et les boissons.

AFFICHE. s. f. Feuille écrite ou imprimée qu'on fixe dans un lieu apparent, pour avertir le public de quelque chose. || *Petites Affiches,* Feuille périodique d'annonces.

Syn. — *Placard.* — Pour apposer des *affiches,* il faut remplir les conditions de publicité imposées par la loi. Le *placard* est affiché clandestinement. L'*aff.* est un avis, une annonce, une ordonnance ou une proclamation; le *placard* n'est qu'un écrit injurieux ou séditieux. Pendant les jours de trouble, d'insurrection, l'autorité pose des *affiches,* les perturbateurs posent des *placards.*

Hist. et Droit. — Tous les peuples anciens paraissent avoir connu l'usage et l'utilité des *Affiches.* Les Grecs s'en servaient pour la publication des lois. Leurs affiches étaient des tablettes de bois qui tournaient sur pivot et qu'on exposait sur les places publiques. Chez les Romains, l'*aff.*, selon l'importance de son objet et la durée qu'elle devrait avoir, était primitivement gravée sur le bois, l'ivoire ou le bronze. Par la suite, on se borna simplement à l'écrire sur parchemin. Les citoyens, de même que le gouvernement, avaient le droit d'afficher; aussi en usaient-ils largement. — Malgré les nombreux moyens de publicité que nous possédons, au premier rang desquels il faut placer les journaux, le système d'annonces au moyen des affiches prend chaque jour plus d'extension. La législation le consacre et le protège en portant des peines contre ceux qui déchirent les affiches apposées par ordre de l'administration, et en ordonnant l'impression et la publication d'affiches dans des cas nombreux. C'est ainsi que la loi prescrit d'afficher les *publications de mariage*, les *arrêts d'adoption*, les *jugements de séparation de biens*, etc. Quelquefois cette publicité est infligée comme une peine, une flétrissure; par ex., lorsque les juges ordonnent d'afficher un jugement à un certain nombre d'exemplaires. De même que l'imprimerie et la librairie, l'affichage est entièrement libre depuis la loi du 29 juillet 1881. Toutefois tout individu qui veut exposer des affiches dans un lieu public, sur les murs, sur une construction quelconque, est tenu de payer préalablement un droit d'affichage dont le maximum est 1 franc.

AFFICHER. v. a. (lat. *ad*, à; *figere*, ficher, attacher). Poser une affiche, un placard en lieu apparent, pour avertir le public de quelque chose. *Aff. une vente, une ordonnance de police.* — Par exag., on dit, en parlant d'une chose qu'on voudrait faire savoir à tout le monde, *Non seulement je le dirai, mais je l'afficherai partout.* || Fig., *Aff. une femme*, C'est compromettre une femme, la perdre de réputation. || Fig., Faire montre, faire parade de. *Aff. sa honte. Aff. l'opulence.* = s'AFFICHER. v. pron. *S'aff. pour bel esprit, pour savant*, etc. || On dit abs., *Cette femme s'affiche*, Elle ne fait aucun mystère de ses désordres. = AFFICHÉ, ÉE. part.

AFFICHEUR. s. m. Celui qui fait le métier de poser des affiches.

AFFIDAVIT. s. m. [Pr. le *t*.] T. Fin. Déclaration sous serment imposée par un gouvernement à des propriétaires ou porteurs étrangers de valeurs mobilières, moyennant laquelle ce gouvernement consent à les exempter de certaines charges qui ne leur sont pas imposables à raison de leur nationalité.

AFFIDÉ, ÉE. adj. (lat. *fidus*, fidèle, sûr). A qui on se fie. *Il lui fit dire par une personne affidée.* || S'emploie subst., et alors se prend toujours en mauvaise part. *Il a mis en campagne ses affidés.*

AFFIER. v. n. T. Agric. Multiplier des arbres par bouture ou marcotte.

AFFILER. v. a. (R. *fil*). Enlever le morfil d'un instrument tranchant. *Aff. le tranchant d'un rasoir.* Voy. AIGUISERIE. = AFFILÉ, ÉE. part. || Fig. et fam., *Il a la langue bien affilée*, Se dit de quelqu'un qui parle beaucoup et avec facilité, ou de quelqu'un qui se plaît à médire.

AFFILIATION. s. f. Réception d'un individu dans une société avouée ou secrète. || Union de deux sociétés.

AFFILIER. v. a. (lat. *filius*, fils). Recevoir quelqu'un membre d'une société secrète ou avouée. *A peine l'eut-on affilié à la société qu'il en trahit les secrets.* || Se dit d'une société qui établit des rapports de confraternité avec une autre société. *Il a travaillé à aff. ensemble les diverses sociétés secrètes de l'Italie.* = s'AFFILIER. v. pron. *Il s'est affilié à une congrégation. Tous les clubs des départements s'étaient affiliés au club des Jacobins de Paris. S'aff. à une bande de voleurs.* = AFFILIÉ, ÉE. part. || S'emploie subst. *Cette corporation a un grand nombre d'affiliés.*

AFFILOIR. (R. *fil*). Instrument qui sert à enlever le morfil des instruments tranchants.

AFFIN. s. m. T. Droit. Parent par alliance : les affins du mari sont les affins de sa femme et inversement. Vx. peu usité.

AFFINAGE. s. f. Purification des métaux. Se dit principalement de l'or et de l'argent. || Autrefois on employait ce terme en parlant du sucre, du salpêtre, etc. Maintenant on dit *Raffinage*. || Meilleure et dernière fonte que l'on donne aux draps. || Dernière façon qu'on donne aux aiguilles. || En Agric., on donne le nom d'*Aff.* à une opération qui a pour but de diviser la terre, et par là de la soumettre plus parfaitement à l'accès de l'eau et à l'influence de l'air et de la lumière. || T. Droit. Rapport qu'il y a entre un époux et les parents de l'autre époux.

Métall. — On applique spécialement le nom d'*Aff.* à l'opération par laquelle on sépare l'or ou l'argent d'avec le cuivre et les autres métaux auxquels les premiers peuvent se trouver alliés. On sait que l'or et l'argent ne sont jamais employés

dans les arts à l'état de pureté parfaite. On les allie toujours au cuivre, qui leur communique plus de solidité. En France, par ex., les monnaies d'or et les pièces de 5 francs en argent contiennent un dixième d'alliage et neuf dixièmes de métal pur; les bijoux contiennent un cinquième d'alliage; dans la vaisselle, il n'entre qu'un vingtième de cuivre environ. Or, pour que le titre de ces objets soit exact, il faut, avant d'y introduire la proportion voulue de cuivre, que la pureté de l'or et de l'argent soit parfaite, c.-à-d. qu'ils soient parfaitement affinés. — Anciennement, on affinait l'argent en le traitant par le plomb; mais les frais de cette opération étaient très élevées. Dans la méthode actuelle on commence par effectuer le *départ*, c.-à-d. la séparation de l'or d'avec l'argent, en faisant bouillir le métal granulé dans l'acide sulfurique concentré; l'argent et le cuivre se dissolvent pendant que tout l'or qui se trouvait dans le métal se précipite au fond presque à l'état de pureté, sous la forme d'une poudre noirâtre. La dissolution contient donc du sulfate d'argent et de cuivre. On la place dans des auges de plomb où on la laisse en contact avec du vieux cuivre. Dans cette seconde opération, tandis qu'une certaine portion du cuivre métallique se dissout, l'argent se sépare et se précipite au fond des auges, dans un état de pureté parfaite. On obtient ainsi de l'argent métallique affiné et du sulfate de cuivre. Ce dernier produit est ensuite cristallisé par l'évaporation.

Dans la métallurgie du fer on appelle *aff.* l'opération qui consiste à séparer tout ou partie du carbone contenu dans la fonte pour obtenir du fer ou de l'acier. Voy. ACIER et FER.

AFFINER. v. a. (R. *fin*). Purifier. *Aff. de l'or, de l'argent, du fer, de l'étain.* — *Aff. du sucre.* On dit mieux *Raffiner.* || Rendr plus fin, plus délié. *Aff. le lin, le chanvre.* || *Le temps, la cave affine le fromage*, Lui donne un goût plus fin, plus relevé. Vx. || User de ruse envers quelqu'un, le tromper. Vx. = s'AFFINER. v. pron. || Fig., Devenir plus fin, plus délié. *L'esprit s'affine par la conversation.* = AFFINÉ, ÉE. part.

AFFINERIE. s. f. Usine où l'on affine.

AFFINEUR. s. m. Celui qui affine l'or et l'argent.

AFFINITÉ. s. f. (lat. *affinis*, voisin, contigu). Alliance, degré de proximité que le mariage fait acquérir à un homme avec les parents de sa femme, et à une femme avec ceux de son mari. || Se dit de l'analogie, de la conformité, de la convenance, des points de contact qu'il y a entre diverses choses. *Ces deux mots ont de l'aff. Il y a une grande aff. entre la physique et la chimie. L'aff. des caractères. Le sens de l'odorat est celui qui a le plus d'aff. avec les facultés voluptueuses.* (BEAUCHÊNE.) || Liaison qui existe entre deux personnes par suite de la conformité de caractères, de goûts, etc. *Il y avait une grande aff. entre eux.*

Droit. — Chez tous les peuples, l'*Aff.* a les mêmes effets que la parenté naturelle en ce qui concerne les prohibitions de mariage. En France, la loi interdit le mariage entre tous les ascendants et descendants à l'infini et aux alliés dans la même ligne, entre les frères et sœurs et les alliés au même degré. Néanmoins, d'après la loi du 16 avril 1832, le chef de l'État peut lever, pour des causes graves, cette dernière prohibition. — Il y a encore un autre cas où l'*aff.* est assimilée à la parenté; c'est celui où des alliés sont appelés, en matière criminelle, à déposer comme témoins contre ou en faveur d'un de leurs alliés. Leur témoignage n'est pas plus admis que celui des parents au même degré; il est seulement reçu à titre de renseignement.

Dans le Dr. Canon, on appelle *Aff. spirituelle* celle qui se contracte, dans la cérémonie du baptême, entre les parrains et marraines et les personnes dont ils ont tenu les enfants, et encore entre les parrains et les marraines et leurs filleuls ou filleules. Cette aff. constitue un empêchement au mariage qui doit être levé par une dispense de l'Église.

Chim. — On donne le nom d'*Aff.* à la force qui tend à combiner et qui tient réunies les molécules de nature différente. C'est une sorte d'attraction appliquée à des distances infiniment petites et à des corps de nature différente. On dit qu'un corps A a plus d'aff. pour le corps B qu'il a pour le corps C, lorsqu'il se combine plus aisément avec le premier qu'avec le second, ou lorsque, la combinaison du corps A avec le corps B étant opérée, il est plus difficile de la détruire que de faire ssser celle du corps A avec le corps C. Geoffroy, en 1718, publia des tables d'aff., c.-à-d. des tables où tous les corps étaient rangés suivant leur facilité à se combiner entre eux.

Bergmann distingue plusieurs sortes d'affinités. Berthollet rendit un service considérable à la science en renversant la théorie de Bergmann, et, depuis les travaux de l'illustre chimiste français, on a reconnu que l'aff. est sinon causée, du moins modifiée par une foule de circonstances, telles que la cohésion, la pesanteur spécifique, la pression, l'électricité, la chaleur, la quantité relative des corps entre lesquels la combinaison peut avoir lieu, etc. — En conséquence, on regarde aujourd'hui l'aff. comme une force purement théorique; ce n'est qu'un terme employé pour désigner la cause inconnue qui détermine les combinaisons des divers éléments chimiques, en attendant que la science puisse s'élever à la découverte d'une cause unique dont la généralité soit telle qu'elle ne souffre aucune exception. Les théories de la chimie moderne qui expliquent toutes les réactions par de simples substitutions, et les notions si lumineuses de la *Thermochimie*, introduites par M. Berthelot, ont encore restreint l'importance de cette force vague. Voy. CHIMIE, THERMOCHIMIE.

AFFINOIR. s. m. (R. *fin*). Instrument en forme de peigne qui sert à affiner le lin et le chanvre.

AFFIQUAGE. s. m. T. Techn. Opération qui consiste à passer l'extrémité d'une grosse patte de homard dans tous les points de la broderie au point d'Alençon pour les faire ressortir.

AFFIQUET. (lat. *ad*, à; *figere*, attacher). Ne se dit guère qu'au plur. et par raillerie, en parlant des petits ajustements d'une femme. *Avec tous ses affiquets, elle ne laisse point d'être laide.* Fam. || Petit instrument de fer ou de bois que, dans certaines provinces, les femmes fixent à leur ceinture lorsqu'elles tricotent. Il leur sert à soutenir l'aiguille lorsqu'elles prennent la maille. On l'appelle aussi *Porte-aiguille*.

AFFIRMATIF, IVE. adj. Qui affirme, qui indique que l'on a ou que l'on veut paraître avoir la certitude d'une chose. *C'est un homme trop aff. Ton, discours, geste aff.* || T. Log. *Proposition affirmative*, Proposition par laquelle on affirme. Voy. PROPOSITION. — *Jugement aff.* Voy. JUGEMENT. || Se prend subst. *Sur l'expédient qu'on proposa, la majorité fut pour l'affirmative. Quand l'un soutient la négative, l'autre prend l'affirmative.*

AFFIRMATION. s. f. Action d'affirmer; proposition par laquelle on déclare qu'une chose est vraie. *De trop fréquentes affirmations font douter de la véracité de celui qui parle. Je m'en rapporte à votre simple aff.* || T. Droit. Déclaration faite avec serment et dans les formes juridiques. Voy. SERMENT. || T. Log. Voy. PROPOSITION, JUGEMENT.

AFFIRMATIVEMENT. adv. D'une manière affirmative.

AFFIRMER. v. a. (lat. *affirmare*, affirmer). Assurer, soutenir qu'une chose est vraie. *Oser ez-vous bien aff. cela?* || T. Droit. Jurer, assurer avec serment. || T. Log. Exprimer qu'une chose est. *Toute proposition affirme ou nie.* = AFFIRMÉ, ÉE. part.

Syn. — *Assurer, Certifier, Confirmer.* — *Assurer* une chose, c'est la donner pour vraie; la *certifier*, c'est ajouter tout ce qui peut faire croire qu'on la tient pour certaine; l'*aff.*, c'est engager la responsabilité de sa conscience pour donner plus de certitude à ceux qui vous écoutent; enfin la *confirmer*, c'est ajouter l'appui de son témoignage à l'assurance d'une personne qui déclare une chose exacte.

AFFIUM. s. m. Nom par lequel les anciens désignaient les larmes laiteuses qui s'écoulent des incisions du Pavot somnifère, que l'on désigne aujourd'hui sous le nom d'opium.

AFFIXE. s. m. et adj. 2 g. (lat. *ad*, à; *figere*, attacher). Syllabe ou lettre ajoutée au commencement ou à la fin de certains mots, pour en déterminer ou modifier la signification. Dans les mots *retomber* et *sagement*, les syllabes *re* et *ment* sont des affixes. On les distingue en *préfixes* et en *suffixes*, selon qu'ils se trouvent au commencement ou à la fin des mots. Voy. PRÉFIXE, SUFFIXE. || T. Math. Point qui sert à représenter une quantité imaginaire, $x + iy$ et qui a pour coordonnées x et y. Voy. IMAGINAIRE.

AFFLEURAGE. s. m. T. de papeterie. Action de délayer la pâte qui sert à fabriquer le papier.

AFFLEUREMENT. s. m. Portion apparente à la surface du sol, d'une couche géologique, d'un amas, d'un filon, dont les autres parties sont profondément cachées sous d'autres masses minérales. L'aff. d'un minerai utile, ou des roches qui l'enveloppent ou l'accompagnent, est une indication précieuse pour les travaux de recherche et d'exploitation des mines.

AFFLEURER. v. a. (all. *flur*, plaine). Réduire deux corps contigus à un même niveau; joindre exactement. *Aff. une trappe au niveau du plancher.* || v. n. arriver à un même niveau. *Ces planches affleurent bien. Cette couche géologique affleure à la surface du sol.* = AFFLEURÉ, ÉE. part.

AFFLICTIF, IVE. adj. Qui frappe directement la personne. N'est guère en usage qu'au fém. et dans cette phrase: *Peine afflictive et infamante.* Voy. PEINE.

AFFLICTION. s. f. Tristesse profonde, abattement d'esprit. *Il est plongé dans l'aff.* La véritable *aff. est muette.* || Malheurs, événements qui sont une cause d'aff. *Les afflictions qu'il plaît à Dieu de nous envoyer.* || Dans un sens analogue, on dit: *Cet enfant sera l'aff. de sa famille.*

Syn. — *Chagrin, Tristesse, Douleur, Désolation.* — Tous ces mots s'emploient pour désigner un état de souffrance de l'âme. *Douleur* est le seul qui s'applique également à la souffrance physique. Le *chagrin* peut se cacher, quelque profond qu'il soit; la *tristesse*, alors même qu'elle est fugitive, se laisse voir au dehors. En outre, le *chagrin* est toujours causé par quelque circonstance particulière; la *tristesse*, au contraire, est quelquefois inhérente au caractère, elle se manifeste sans cause spéciale. *Tristesse* dit, en gén., plus peu de *chagrin*; *affliction*, plus que *tristesse*, et *douleur*, plus qu'*affliction*. Quant à *désolation*, ce mot désigne la douleur morale parvenue à son point le plus extrême. *Désolation* est quelquefois usité en parlant des choses: l'aspect de désolation *que présente la campagne de Rome remplit de tristesse l'âme du voyageur.*

AFFLIGEANT, ANTE. adj. Qui cause de l'affliction. *Événement aff. Nouvelle, réflexion affligeante.*

AFFLIGER. v. a. (lat. *affligere*). Causer de l'affliction. *Cette nouvelle l'a extrêmement affligé.* || Mortifier. *Il affligeait son corps par des jeûnes et des macerations.* || Se dit des calamités, des fléaux qui désolent un pays. *La famine, la peste avait affligé ces contrées.* — Dans un sens analogue, on dit: *Dieu a voulu aff. son peuple.* = S'AFFLIGER. v. pron. Se livrer à la tristesse, à la douleur. *Vous vous affligez sans sujet.* = AFFLIGÉ, ÉE. part. || On dit quelquefois par antiphrase: *Elle est affligée de seize ans. Il est affligé de cent mille livres de rente.* || S'emploie subst., *Consoler les affligés.* = Conjug. Voy. MANGER.

Syn. — *Fâché, Attristé, Contristé.* — Ce qui *afflige* est plus grave que ce qui *fâche*; on est *affligé* de la perte d'un objet aimé, d'un bouleversement de fortune; on est *fâché* d'une perte au jeu, d'un contre-temps. *Attristé* désigne une douleur plus apparente que réelle; *contristé* indique une douleur plus vive, plus profonde.

AFFLOUAGE. s. m. Action d'afflouer.

AFFLOUER. v. a. T. Mar. Ramener un navire échoué à un endroit où il y a assez d'eau pour qu'il flotte.

AFFLUENCE. s. f. Se dit des eaux qui se réunissent et se précipitent ensemble sur un point. *Quand les neiges vinrent à fondre, l'aff. des eaux fit déborder la rivière.* || Par ext., on dit: *L'aff. du sang, des humeurs,* Lorsque le sang, les humeurs se portent en plus grande abondance qu'à l'ordinaire sur un organe. Le terme scientifique est *Afflux.* || Fig., *Aff. de toutes sortes de biens. Grande aff. de peuple.* On dit absol., *Cette pièce attire une grande aff.*

AFFLUENT, ENTE. adj. Se dit des cours d'eau secondaires qui se jettent dans un cours plus considérable. *Le Rhin et ses rivières affluentes.* || Se prend subst., *La Marne est un des affluents de la Seine.* || En Méd., se dit des fluides circulatoires ou sécrétoires qui se portent en abondance vers quelques parties. *Sang aff. La lymphe, la salive affluente.* Peu usité.

AFFLUER. v. a. (lat. *ad*, vers; *fluere*, couler). Se dit des eaux courantes qui se portent vers un endroit considéré

11

comme le terme de leur cours. *Un grand nombre de fleuves affluent dans la Méditerranée.* || Fig., Arriver en abondance. *Le sang afflue à la tête. Les vivres affluent dans le camp. Les étrangers affluent à Paris.*

AFFLUX. s. m. [Pr. *afflu.*] T. Méd. Arrivée dans une partie quelconque du corps d'une quantité de liquide plus grande qu'à l'état normal.

AFFOLEMENT. s. m. État de devenir fou, et surtout fou par amour.

AFFOLER. v. a. (R. *fol*). Rendre excessivement passionné. *Il est affolé de sa femme. Arrête! tu m'affoles.* == s'AFFOLER. v. pron. S'engouer. *S'aff. de quelqu'un, de quelque chose.* == AFFOLÉ, ÉE. part. || T. Phys. *Aiguille affolée.* Aiguille aimantée troublée par une tempête magnétique ou le voisinage de grandes masses de fer. Voy. BOUSSOLE.

AFFOLIR. v. n. Devenir fou.

AFFORAGE. s. m. (lat. *forum*, marché). T. Dr. féod. Droit qui se payait à un seigneur pour la vente du vin.

AFFORESTAGE. s. m. Droit d'usage qu'on exerce dans une forêt pour y prendre du bois.

AFFORESTER. v. a. Concéder un droit d'usage dans une forêt.

AFFOUAGE. s. m. (lat. *ad*, pour; *focus*, foyer). Droit de prendre du bois de chauffage dans une forêt. || Entretien d'une usine en combustible.
Droit. — On désigne ordinairement sous le nom d'*aff.*, le droit en vertu duquel les habitants d'une commune propriétaire de bois prennent part aux produits des coupes faites dans la forêt communale. On appelle aussi *aff.* le droit des habitants de certaines localités à des délivrances de bois dans des forêts appartenant à des tiers. Mais dans ce sens on emploie plus communément les mots *usage forestier.*

AFFOUAGEMENT. s. m. Ancien impôt, payé par feux. || Répartition de cet impôt.

AFFOUILLEMENT. s. m. Action produite par les eaux dont le courant a creusé un ravin, dégradé une pile de pont, etc.

AFFOUILLER. v. a. (R. *fouiller*). Produire l'affouillement. == s'AFFOUILLER. v. pron.

AFFOURAGEMENT. s. m. Distribution de fourrages aux bestiaux.

AFFOURAGER. v. a. T. Agric. Donner du fourrage sec aux bestiaux à l'écurie, à l'étable ou à la bergerie.

AFFOURCHE. s. f. T. Mar. *Ancre d'aff. Câble d'aff.* Ancre, câble qui servent à affourcher un bâtiment. Voy. ANCRE.

AFFOURCHER. v. a. (lat. *furca*, fourche). T. Mar. Disposer deux ancres, en les jetant à la mer, de manière que leurs câbles forment une espèce de fourche. *Aff. un bâtiment.* || S'emploie aussi comm. v. n. et comme v. pron. *Un vaisseau qui affourche ou qui s'affourche.* Voy. ANCRE. == AFFOURCHÉ, ÉE. part. *Vaisseau aff.* || Fam., *Il était aff. sur son âne, sur son cheval,* se dit de quelqu'un monté à califourchon sur un âne, sur un cheval.

AFFOURER. v. a. Syn. d'AFFOURAGER.

AFFRAÎCHIR. v. n. T. Mar. *Le vent affraîchit,* Il devient plus fort.

AFFRANCHIR. v. a. (b. lat. *francus*, franc, libre). Rendre libre. *Aff. un esclave. Aff. de l'esclavage.* *L'astronomie a affranchi l'humanité des liens qui l'attachaient à la terre supposée unique et centrale.* || Par ext., Tirer de la dépendance, de la sujétion. *Aff. un peuple de la tyrannie étrangère.* || Fig., Délivrer. *La mort nous affranchit des misères de ce monde. Ce secours inespéré m'a affranchi de toute inquiétude.* || Exempter, décharger.

On a affranchi ces maisons des impôts pour dix ans. Aff. une terre d'une servitude. || *Aff. une lettre, un paquet,* En payer le port à l'aide d'un timbre qu'on colle sur l'enveloppe ou sur le paquet. || T. Mar. *Les pompes affranchissent une voie d'eau,* Elles rejettent plus d'eau que la voie n'en fait entrer dans le bâtiment. == s'AFFRANCHIR. v. pron. *S'aff. du joug, de la servitude. Il s'est affranchi de toute crainte, de tout devoir.* == AFFRANCHI, IE. part. || subst., désigne un esclave à qui l'on a rendu la liberté. *Plaute était un aff. Acté, l'affranchie de Néron.*
Syn. — *Délivrer.* — L'affranchissement a lieu d'une manière directe, sans l'intervention d'un tiers. La délivrance, au contraire, n'a lieu que par l'intervention d'un tiers entre l'oppresseur et l'opprimé. Ainsi, un maître *affranchit* son esclave; les colonies anglaises se sont *affranchies* du joug de la métropole; on *affranchit* sa terre d'une rente dont elle était grevée, en rachetant cette rente. On *délivre* un peuple de la tyrannie en chassant le tyran qui l'opprime; ou *délivre* un captif en le rachetant.

AFFRANCHISSEMENT. s. m. Action d'affranchir; état de la personne affranchie. *L'aff. se faisait de diverses manières.* || Délivrance d'un pouvoir oppressif. *L'aff. d'un peuple. L'aff. des communes.* || Exemption d'impôts, décharge d'un droit onéreux. *L'aff. de l'impôt a rendu la prospérité à cette ville.* || Payement par l'envoyeur du prix du port d'un objet confié au service de la poste. *Aff. d'une lettre, d'un paquet.* Voy. AFFRANCHIR. || T. Hist. Voy. ESCLAVAGE.
Hortic. — Si un arbre greffé en pied est planté de façon que le point de jonction de la greffe et du sujet soit enterré à 0m,05 ou 0m,06 au-dessous du sol, il arrive souvent que des racines se produisent à la base de la greffe et prennent assez de développement pour nourrir l'arbre sans le secours du sujet, qui pourrit bientôt. L'arbre alors est dit *affranchi.* L'aff. peut se produire spontanément quand la greffe est trop près du sol : l'arbre prend alors trop de vigueur, et la qualité et la quantité des fruits en souffrent. D'autrefois, il est utile de provoquer l'aff. par exemple pour certaines variétés de poiriers peu vigoureuses greffées sur cognassier et plantées dans un terrain sec et brûlant. Pour y arriver, on pratique quelques incisions dans le bourrelet de la greffe et on enterre celui-ci dans une motte de terre.

AFFRE (Denis-Auguste), archevêque de Paris, tué le 25 juin 1848, sur une barricade, en voulant s'interposer entre les combattants.

AFFRES. s. f. pl. [A est long] (gr. φρίξ, frayeur?). Frayeur extrême. Angoisses. Ne se dit qu'au plur. dans cette loc. : *Les affres de la mort.* Peu us.

AFFRÈTEMENT. s. m. Convention pour le louage d'un vaisseau. *Contrat d'aff.* Ce terme est d'usage dans les ports de l'Océan; dans ceux de la Méditerranée, on dit *Nolisement.*
Législ. — Toute convention qui a pour but le louage d'un navire prend le nom d'*Aff.*, de *Nolisement*, de *Charte-partie.* Elle doit être rédigée par écrit et contenir le nom et le tonnage du bâtiment, le nom du capitaine, les noms du fréteur et de l'affréteur, c.-à-d. de celui qui donne et de celui qui prend à loyer. Elle doit énoncer également le lieu et le temps convenus pour la charge et la décharge, le prix du fret ou nolis; enfin elle doit indiquer si l'aff. est total ou partiel et faire mention de l'indemnité convenue pour les cas de retard. — Lorsque, avant le départ du navire, il y a interdiction de commerce avec le pays dans lequel il est destiné, les conventions sont résolues sans dommages-intérêts de part ni d'autre; néanmoins, le chargeur est tenu des frais de la charge et de la décharge de ses marchandises. S'il existe une force majeure qui n'empêche que pour un temps la sortie du navire, les conventions subsistent, et il n'y a pas lieu à dommages-intérêts à raison du retard. Elles subsistent également et il n'y a lieu à aucune augmentation de fret, si la force majeure arrive pendant le voyage. — En cas de blocus du port pour lequel le navire est destiné, le capitaine est tenu, s'il n'a des ordres contraires, de se rendre dans un des ports voisins de la même puissance où il lui sera permis d'aborder. — Le navire, les agrès et apparaux, le fret et les marchandises chargées sont respectivement affectés à l'exécution des conventions des parties. Le capitaine est préféré à tout créancier, pour son fret, sur les marchandises de son chargement, pendant quinzaine après leur délivrance, à moins qu'elles ne soient passées en mains de tiers. (C. Com., art. 273 et suiv.).

AFFRÉTER. v. a. (R. *fret*). Prendre un vaisseau à loyer, en totalité ou en partie. = AFFRÉTÉ, ÉE. part.

AFFRÉTEUR. s. m. Celui qui prend un navire à louage.

AFFREUSEMENT. adv. D'une manière affreuse. *Elle crie aff. Il est aff. laid.*

AFFREUX, EUSE. adj. (R. *affres*). Qui cause ou qui est capable de causer de la frayeur, de l'effroi. *Un spectacle aff. Pousser des cris aff. Il est dans une affreuse misère.* || Fig., *Un aff. désespoir. Ce sont là des sentiments affreux.* | Se dit d'un homme extrêmement laid, d'un homme dépravé ou d'un caractère atroce. *Il est aussi aff. de caractère que de visage.*

Syn. — *Hideux, Horrible, Effroyable, Épouvantable.* — Au prop., ces adjectifs désignent tous une laideur excessive de la forme. Néanmoins, ils diffèrent entre eux sous le rapport de la gradation : cette gradation est marquée par l'ordre dans lequel nous avons inscrit ces synonymes : *affreux* et *épouvantable* en sont les deux points extrêmes. On détourne ses regards de ce qui est *aff.*; on éprouve de la répulsion pour ce qui est *hideux*, de l'aversion pour ce qui est *horrible*, de la crainte à la vue de ce qui est *effroyable*, de la terreur à l'aspect de ce qui est *épouvantable*. — Au fig., ces épithètes sont constamment prises en mauvaise part. Dans le langage familier elles sont souvent, par une exagération abusive, employées pour qualifier ce qui ne plaît pas.

AFFRIANDER. v. a. (R. *friand*). Rendre friand, accoutumer aux friandises. *Vous l'avez affriandé par la bonne chère qu'il a faite chez vous.* || Fig., Allécher, attirer par quelque chose, exciter le désir. *Le gain l'a affriandé au jeu. Cette jolie taille l'avait affriandé.* || T. Chasse et Pêche. *Aff. le poisson, les oiseaux avec de l'appât.* || s'AFFRIANDER. v. pron. S'accoutumer aux friandises; prendre goût à une chose. = AFFRIANDÉ, ÉE. part.

AFFRICHER. v. a. T. Agr. Laisser un terrain en friche.

AFFRIOLER. v. a. Attirer, amadouer par quelque chose d'agréable. *Vous l'avez affriolé par vos présents.* Fam. = AFFRIOLÉ, ÉE. part.

AFFRITER. v. a. T. Cuis. Préparer une poêle neuve par divers moyens pour la rendre propre à faire une bonne friture.

AFFRONT. s. m. (lat. *ad*, *frontem*, qui monte au front). Injure, outrage, soit de parole, soit de fait. *On lui a fait un cruel, un sanglant aff. Recevoir, endurer, laver, venger un aff.* — *Essuyer un aff.*, Recevoir un aff. *Boire, avaler, dévorer un aff.*, Souffrir patiemment un aff. *Ne pouvoir digérer un aff.*, Conserver le ressentiment d'un aff. || *Déshonneur, honte. Il fait aff. à ses parents. Le roi eut l'aff. de lever le siège.* || *Sa mémoire lui a fait un aff.*, se dit d'un orateur, d'un acteur à qui la mémoire a manqué au milieu de son discours, de son rôle. *Sa mémoire lui fait toujours aff.*

Obs. gram. — *Faire affront, Faire un affront.* — La première de ces locutions a un sens plus général que la seconde. L'enfant qui *fait aff.* à sa famille est celui dont les mœurs et les habitudes vicieuses s sont pour elle un opprobre constant. L'enfant qui offense publiquement son père, lui *fait un aff.*

Syn. — *Insulte, Outrage, Avanie.* — L'avanie est une scène scandaleuse ou un traitement humiliant qu'on expose la personne qui en est l'objet au mépris et à la raillerie du public. *L'aff.* est un trait de reproche ou de mépris qui est lancé à dessein en présence de témoins. *L'insulte* est une offense de parole ou d'action; elle peut être irréfléchie. *L'outrage* est une offense volontaire qui a lieu généralement avec violence. Ainsi on *insulte* quelqu'un par un terme injurieux ou un geste de mépris; on *l'outrage* en le frappant à la joue.

AFFRONTAILLES. s. f. pl. Limites d'une terre, ligne où elle touche les terres voisines.

AFFRONTEMENT. s. m. Action d'affronter, de mettre de niveau.
Méd. — Opération qui consiste à réunir très exactement les bords d'une plaie soit à l'aide de bandelettes agglutinatives, diachylon, baudruche gommée, etc., soit au moyen de *serres-fines*, soit par des points de *suture*. Voy. ces mots.

AFFRONTER. v. a. S'avancer avec intrépidité en face de l'ennemi; braver. *Aff. les ennemis jusque dans leur camp.* || Fig., *Aff. la mort, les périls, l'opinion publique, la honte*, S'y exposer hardiment, les braver. *Moi qui ai tant de fois affronté les canons, je ne monterais pas en ballon pour un empire.* (Réponse du maréchal VAILLANT à M. Flammarion, lorsque celui-ci lui demanda le ballon de l'Empereur pour ses voyages aériens.) || Tromper, duper. *C'est un misérable qui affronte tout le monde.* Vx. = AFFRONTÉ, ÉE. part. || T. Blas. S'emploie adj., et se dit de deux animaux qui se regardant. *Deux lions affrontés.*

AFFRONTERIE. s. f. Tromperie, fourberie. Vx.

AFFRONTEUR, EUSE. s. Celui, celle qui affronte, qui fait des dupes.

AFFRUITER (S'). v. pron. T. Hort. Se mettre à produire des fruits en parlant d'un arbre.

AFFUBLEMENT. s. m. Ne s'emploie qu'ironiquement pour désigner un costume extraordinaire, ou une mise ridicule et sans goût. Fam.

AFFUBLER. v. a. (lat. *affibulare*, agrafer). Habiller, envelopper d'un vêtement quelconque. *On l'affubla d'un vieux manteau.* || Fig., *Aff. quelqu'un de ridicules*, Le couvrir de ridicules. = s'AFFUBLER. v. pron. *À l'instant où l'homme s'affuble du costume d'un état, il en prend l'esprit.* = AFFUBLÉ, ÉE. part. *Un moine aff. de son froc. Il est plaisamment aff.*
Syn. — *Accoutré.* — *Accoutré* désigne une sorte de recherche bizarre et de mauvais goût dans la manière dont on est habillé; *affublé* marque simplement qu'on s'est vêtu sans soin et à la hâte.

AFFUSION. s. f. (lat. de *ad*, sur; *fundere*, répandre). T. Méd. L'*Aff.* consiste à verser en nappe une certaine quantité d'eau ordin. plus ou moins froide sur toute la surface du corps ou sur une partie du corps seulement. Elle diffère de la douche en ce que l'eau est versée d'une moindre hauteur. — L'aff. peut avoir : 1° une action excitante si l'eau est froide et l'application courte; 2° une action sédative quand la température de l'eau est élevée; 3° une action à la fois excitante, tonique et sédative quand on emploie de l'eau modérément froide, et que l'application est prolongée. Quant aux précautions à prendre, soit avant, soit après l'opération, elles dépendent de la partie du corps que l'on veut y soumettre, des résultats que l'on se propose d'obtenir et surtout de l'état du malade. — L'aff. froide doit toujours provoquer une réaction vitale marquée, sans quoi elle a été administrée intempestivement et peut avoir des suites fâcheuses. L'emploi de l'eau froide sous forme d'aff. est parfois, entre des mains habiles, un moyen véritablement héroïque. On a obtenu de nombreux succès dans les fièvres typhoïdes, dans les affections cérébrales et dans certains cas de fièvres éruptives. — L'usage des affusions froides remonte à la plus haute antiquité; plusieurs passages d'Hippocrate prouvent que les médecins grecs en connaissaient très bien les bons effets. Les auteurs latins et arabes en parlent peu, et ce moyen thérapeutique resta longtemps oublié; mais, dès 1712, Kæmpfer écrivait que les affusions froides étaient depuis longues années usitées à Java et à Batavia dans le traitement de la rougeole. D'autres auteurs proclamèrent bientôt les avantages de cette médication qui, grâce aux travaux des médecins contemporains, est devenue une ressource souvent utile dans certains cas graves et désespérés. Voy. BAIN, HYDROTHÉRAPIE.

AFFÛT. s. m. (lat. *fustis*, bâton). Appareil servant à supporter et à mouvoir une pièce d'artillerie. Voy. CANON. || T. Chasse. Endroit où l'on se poste pour attendre le gibier au passage. *Tirer un lièvre à l'aff. Attendre un loup à l'aff. Choisir un bon aff.* || Fig., et prov., *Être à l'aff. de quelque chose*, ou absol., *Être à l'aff.*, Épier l'occasion de faire quelque chose, être au guet. *Il y a longtemps que je suis à l'aff. de cette place. Être à l'aff. des nouvelles.*

AFFÛTAGE. s. m. Action d'affûter un canon. Inus. || T. Techn. Action d'aiguiser des outils dont le tranchant présente un biseau simple ou double, afin de disposer ces tranchants d'une manière convenable, et suivant la forme du fût qui lui sert de conducteur. Voy. AIGUISEMENT. || Assortiment des outils nécessaires à un ouvrier. || Façon que le chapelier donne à un vieux chapeau.

AFFÛTER. v. a. *Aff. un canon*, Le mettre sur son affût. Vx. On dit aujourd'hui : *Mettre une pièce en batterie.* || T. Techn. Rendre un outil plus tranchant, plus aigu. || Disposer le fer d'un outil dans le fût. *Aff. un rabot.* == AFFÛTÉ, ÉE. part. Voy. AIGUISERIE.

AFFÛTIAU. s. m. Bagatelle, brimborion. || Se dit des instruments dont on a besoin pour faire quelque chose. *Préparez vos affûtiaux.* Pop.

AFGHANISTAN, région de l'Asie centrale, entre l'Hindoustan et la Perse, sup. : 578664 kil. carrés, pop. : 5 millions d'hab. ; cap. *Caboul*, 40,000 hab. Chevaux, fourrures, châles. Nom des hab. : AFGHAN, ANE. — Voy. LA CARTE D'ASIE.

AFIN. (R. à, fin). Ce mot s'emploie toujours avec le complément de ou que. Dans le premier cas, il est constamment suivi d'un verbe à l'infinitif, et, dans le second cas, le verbe qui suit se met au subjonctif. Ainsi, *Afin de* est une préposition composée, et *Afin que* une conjonction. *Afin d'obtenir cette grâce. Afin que vous le sachiez. Ce livre est toujours sur le bureau, afin qu'on puisse le consulter.*

Obs. gram. — Les prépositions *Afin de* et *Pour* signifient toutes deux qu'on fait une chose en vue d'une autre. Mais *pour* a un sens moins déterminé que la locution *afin de*, qui indique une intention plus précise et mieux arrêtée. — La locution conjonctive *afin que* se classe dans les conjonctions causatives, c.-à-d. dans celles qui servent à lier des membres de phrase ou des phrases exprimant des relations de cause et d'effet. *Afin que* veut toujours le verbe qui suit au subjonctif.

AFRANIUS, poète comique latin, qui vivait environ 100 ans av. J.-C.

AFRIQUE. La troisième partie du monde pour l'étendue et la population (environ 30 millions de kilom. carrés et 150 millions d'habitants). Elle a 8000 kilóm. du N. au S. ‑ 7200 de l'E. à l'O. Environ trois fois la surface de l'Europe. L'isthme de Suez la rattache à l'Asie.

Ses côtes, en général très peu découpées, n'ont pas un développement de plus de 27500 kilom. dont 5200 sur la Méditerranée, 10700 sur l'Océan Atlantique, 3000 sur la mer Rouge et 8600 sur l'Océan Indien.

Il n'y a pas de ligne marquée de partage des eaux. Le géographe Karl Ritter proposait, dès 1822, de reconnaître trois grandes régions : 1° les massifs isolés du nord (l'Atlas) ; 2° l'Afrique méridionale qui forme un plateau (le bassin du Congo, le désert de Kalahari, les montagnes du Cap) ; 3° la plaine qui les réunit (Sahara et Soudan). Cette division, sans être absolue, est encore l'une des plus logiques. Il faudrait pourtant faire une place spéciale au massif de l'Abyssinie qui se trouve à l'est, presque aussi isolé que le massif de l'Atlas

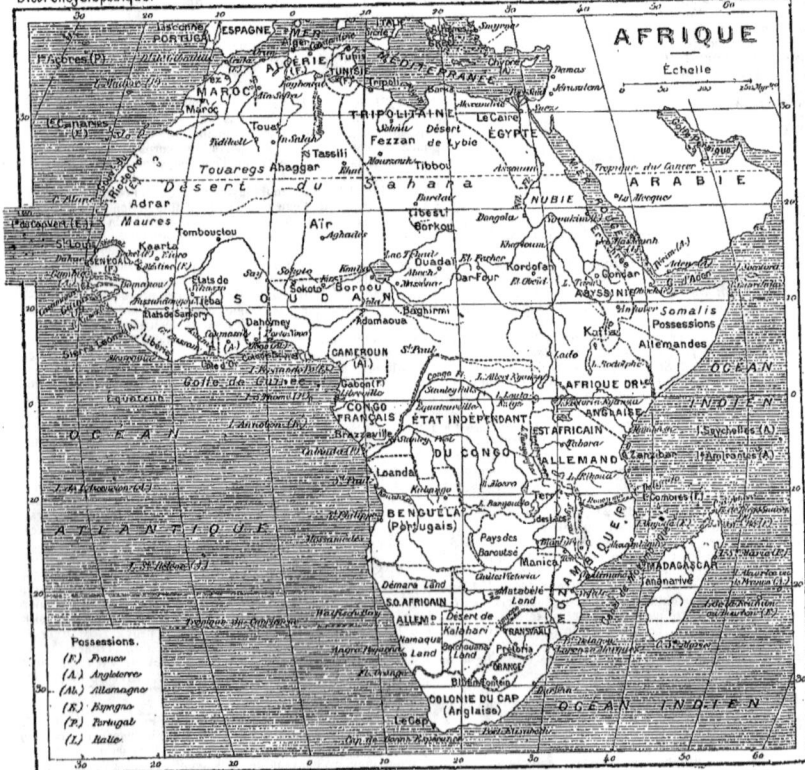

Dict. encyclopédique.

l'est au nord. Les cours d'eau appartiennent à trois versants (Méditerranée, Océan Atlantique et Océan Indien) et à un certain nombre de bassins intérieurs, dont le principal est celui du lac Tchad. Au centre se trouve la région dite des grands lacs (Albert, Victoria, Tanganika), dont l'existence n'a été révélée que depuis 1850. A part le Nil et le Niger, qui dans leur cours supérieur reçoivent un assez grand nombre d'affluents, les autres fleuves en sont presque dépourvus. Presque tous également ont des cataractes et sont sujets à des inondations périodiques.

Le climat est en général très chaud ; les températures les plus élevées ont été observées à Massouah (+ 50°), à Mourzouk (+ 56°). Le rayonnement nocturne produit souvent les écarts les plus brusques ; dans certaines oasis on a observé dans la même journée un écart de 45° entre le matin et l'après-midi.

L'Afrique comprend un grand nombre d'États, de peuplades et de tribus. Sans entrer dans aucun détail, on peut les classer de la façon suivante :

États indépendants : Maroc, Abyssinie, Rép. Sud-Africaine, Achantis, certains royaumes ou États du Soudan, etc.

Possessions françaises : Algérie, Tunisie, Sénégal, Soudan occidental, Guinée française, Congo, Madagascar, la Réunion, Obock, etc. Environ 40 millions d'hab.

Possessions turques : Égypte et Tripoli ; environ 6 millions d'hab.

Possessions anglaises : Le Cap, Natal, Côte d'Or, Sierra-Leone, les Bouches du Niger, Maurice, les Seychelles, l'Afrique orientale anglaise. Environ 3 millions d'hab.

Possessions portugaises : Angola, Mozambique, Cap-Vert. 4 450 000 hab.

Possessions allemandes : Cameroun, Angra-Pequena, Togo, l'Afrique orientale allemande. Environ 1 million d'hab.

Possessions espagnoles : Canaries, Fernando-po. 350 000 hab.

Possessions italiennes : Massouah, une partie des côtes de la mer Rouge. 400 000 hab.

Des traités conclus en 1890 entre les puissances européennes ont déterminé leur sphère d'influence respective dans l'intérieur du continent, qui d'ailleurs n'est pas encore complètement exploré.

Jusqu'au XVe siècle, on n'a guère connu que la partie septentrionale ; les côtes ont été reconnues de 1433 à 1506 et l'intérieur a commencé d'être exploré à la fin du siècle dernier par le célèbre Mungo-Park. Dans notre siècle il faut citer au premier rang Livingstone.

L'ethnographie est encore difficile à établir d'une manière scientifique. Voici les types que l'on rencontre, abstraction faite des Européens et des Arabes : 1° *type blanc :* les Berbères ; — 2° *type rouge africain :* les Coptes, les Gallas, les Peuls et les Touareg qui sont des métis de Peuls et de nègres ; — 3° *type noir*, qui comprend à son tour plusieurs types : *a)* le type nègre pur ou guinéen : Changalas, Nyam-Nyam, Mandingues, Sarrakolés, Achantis, M'Pongués, etc. ; — *b)* le type cafre : Amakosas, Zoulous, Findjous, Bazoutos, Makalolos et Damaras ; — *c)* le type hottentot : Namaquas et Griquas. On leur rattache quelquefois les Boschimans.

Une classification rigoureuse des langues par ces est impossible. Les langues nègres sont d'une instabilité remarquable et se modifient constamment Les langues cafres se distinguent par l'usage des préfixes. La langue hottentote est une langue à suffixes pronominaux.

L'islamisme est sinon la religion dominante, du moins la plus envahissante. Il gagne tous les ans du terrain sur le fétichisme pratiqué par les nègres et couvre actuellement plus du tiers de l'Afrique. La propagande se fait à main armée.

Noms des habitants : AFRICAINS, AINES.

AGA. s. m. Mot turc qui sign. seigneur, commandant, chef, gardien. *L'aga des janissaires. Le kislar aga*, Le chef des eunuques noirs.

AGAÇANT, ANTE. adj. Qui agace, qui excite. *Air ag. Regard ag. Propos agaçants. Manières agaçantes. Fille agaçante.*

AGACE ou **AGASSE.** s. f. Nom popul. de la pie.

AGACEMENT. s. m. Ne s'emploie que dans ces locutions : *Ag. des nerfs ; ag. des dents. L'Ag. des dents* est une sensation désagréable que produisent les substances acerbes ou acides lorsqu'elles se trouvent en contact avec les dents. Cet

effet paraît dû à l'action que ces substances exercent sur la pulpe dentaire en pénétrant à travers les pores de l'émail. Certains bruits, comme ceux dus d'une scie ou d'une lime, produisent également cette espèce d'affection nerveuse ; dans ce dernier cas, le phénomène dépend vraisemblablement d'une excitation nerveuse réfléchie. — L'expression *Ag. des nerfs* est une locution vulgaire par laquelle on désigne un état dans lequel l'excitabilité du système nerveux se trouve accrue au point que la cause la plus légère l'affecte d'une façon désagréable. = AGACE, ÉR. part.

AGACER. v. a. (gr. ἀκαζείν, piquer). *Ag. les dents*, Produire la sensation à laquelle on donne le nom d'agacement. *Ce vinaigre m'a agacé les dents.* || *Ag. les nerfs*, se dit de tout ce qui produit une impression désagréable chez une personne dont le système nerveux est dans un état d'excitabilité anormale. || Fig., Impatienter, contrarier. *Elle m'agace avec son radotage.* || Exciter, taquiner, provoquer. *Ag. un enfant, un chien.* || Faire des agaceries. *C'est une coquette qui agace tout le monde.* = S'AGACER. v. pron. *Mes dents, mes nerfs s'agacent facilement. Ces deux enfants s'agacent continuellement.* == AGACÉ, ÉE. part.

AGACERIE. s. f. Petites manières qu'une femme met en usage pour attirer l'attention de ceux à qui elle veut plaire. *Elle lui fait des agaceries continuelles. Ceci est plus qu'une ag.* S'emploie le plus souvent au plur.

AGAILLARDIR (S'). v. pron. Devenir plus gaillard.

AGALACTIE. s. f. (gr. ἀ priv.; γάλα, γάλακτος, lait). T. Méd. Absence de lait dans les mamelles.

AGALLOCHE. s. m. (gr. ἀγάλλοχον, aloès). T. Bot. Genre de la famille des *Euphorbiacées.* C'est un petit arbre qui pousse aux les Indes Orientales dans les terrains marécageux, et dont toutes les parties laissent écouler, quand on les entame, un suc âcre et brûlant. Le bois d'agalloche, appelé improprement bois d'aloès, est employé en ébénisterie.

AGAME. adj. 2 g. (gr. ἀ priv.; γάμος, noces). T. Bot. Nom donné par Necker et quelques autres botanistes aux végétaux *acotylédonés* de Jussieu. Se dit aussi des plantes dépourvues de reproduction sexuée. || T. Erpét. Genre de reptiles sauriens voisins des lézards. Voy. AGAMIENS. || Zool. Classe de mollusques établie par Latreille et renfermant quelques gastéropodes et tous les acéphales.

AGAMEMNON, roi d'Argos et de Mycène. Général en chef de l'armée des Grecs au siège de Troie, assassiné à son retour par sa femme Clytemnestre et par Égisthe.

AGAMI. s. m. T. Ornith. Oiseau appartenant à la famille des *Cultrirostres*, ordre des *Échassiers* de Cuvier. — L'*Ag.* est de la grandeur d'un gros poulet ; son plumage est noirâtre, avec des reflets d'un violet brillant sur la poitrine. Le manteau est cendré et nuancé de fauve vers le haut. Sa tête et son cou sont simplement recouverts d'un duvet,

et le tour de l'œil est nu. Le bec est plus court que la tête, voûté et conique. Les ailes et la queue sont courtes ; en conséquence il vole mal, mais il court très vite. Cet oiseau habite l'Amérique méridionale, où il vit dans les bois et se nourrit de graines et de fruits. — L'espèce la plus connue a reçu le nom vulg d'*Agami-Trompette (Psophia crepitans*, du gr. ψοφέω, je fais du bruit), on l'appelle encore *Poule pétense* (Voy. la fig.). — L'ag. se laisse facilement réduire en domesticité, et, dans ce nouvel état, son intelligence se développe d'une manière prodigieuse. Si ce qu'on en rapporte est exact, il est parmi les oiseaux ce qu'est le chien parmi les mammifères. Il reconnaît son maître, s'éprend pour lui d'une affection véritable, le suit partout, s'afflige de son absence et fête son retour par de brusques démonstrations de joie. Il sollicite ses caresses, regarde d'un œil jaloux ceux qui veulent les partager avec lui, aime comme les chats à se faire gratter la tête, et va faire sa cour aux amis de la maison pour en obtenir cette faveur. S'il connaît l'amitié, il est aussi capable d'aversion, et poursuit à coup de bec, dès qu'elle ose l'approcher, la personne qui lui inspire ce sentiment. Lorsqu'il est sans maître, il suit, comme le chien, les pas du premier venu, et cherche à se le rendre favorable par ses prévenances et ses caresses. — Plein de résolution et de courage, il s'arroge bientôt un pouvoir absolu dans la basse-cour. Les chiens de moyenne taille eux-mêmes sont obligés de lui céder le pas. Quand un de ces derniers résiste, l'ag. lui présente hardiment le combat; il le harcèle, le fatigue, et, s'élevant en l'air à l'aide de ses ailes, il retombe sur lui à l'improviste, le meurtrit de coups, lui crève les yeux et lui arracherait la vie si on ne séparait à temps les deux adversaires. — Les premiers narrateurs prétendent que lorsqu'il est dressé avec soin, l'ag. devient un guide et un défenseur intrépide pour les autres oiseaux domestiques, et même, dit-on, pour les troupeaux de moutons. Il les conduit au pâturage, les surveille, les ramène, assure leur rentrée, rentre lui-même le dernier pour commander et maintenir l'ordre, et, quand tout est en sûreté, le vigilant gardien va se percher sur le toit d'une case ou sur un arbre voisin pour y passer la nuit. Malgré d'aussi précieuses qualités, malgré les services nombreux qu'il pourrait rendre, l'ag., il faut le dire, est encore à peu près inconnu en Europe, et nous ne sachons pas qu'on ait fait jusqu'ici aucune tentative sérieuse pour l'y naturaliser.

AGAMIENS. s. m. pl. T. Erpét. Cuvier, dans son *Règne animal*, après avoir imposé le nom d'*Igvaniens* à sa troi-

Fig. 1.

sième famille de *Sauriens*, la divise en deux sections, les *Agamiens* et les *Iguaniens* proprement dits. Les premiers

Fig. 2.

se distinguent des derniers en ce qu'ils n'ont point de dents au palais. Cette section se compose de quatre tri-

bus: les *Stellions*, les *Agames*, les *Istiures* et les *Dragons*. Les *Istiures* possèdent une crête écailleuse et tranchante qui s'étend sur une partie de la queue. — Le *Porte-Crête* ou

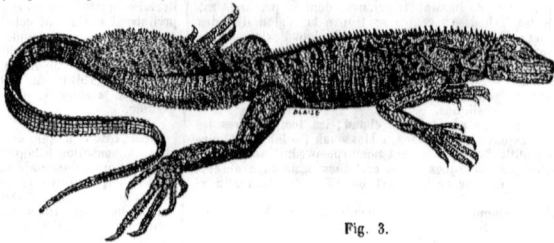

Fig. 3.

Istiure d'Amboine (Fig. 3) n'a de crête que sur l'origine de la queue. Il atteint quelquefois près de 1ᵐ,30 de longueur. Les habitants du pays mangent sa chair. — Le genre *Dragon*

Fig. 4.

se compose d'espèces extrêmement curieuses, et dont les formes singulières ont bien pu donner lieu à la fable des lézards et des serpents volants des anciens auteurs. Voy. DRAGON.

Fig. 5.

Parmi les *Stellions* nous citerons le *Fouette-Queue* d'Egypte (Fig. 1.); le *Stellion* du Levant (Fig. 2.) — Chez les *Agames*, les écailles de la queue sont imbriquées et non verticillées. L'espèce la plus remarquable de ce genre est l'*Agame ocellé* de la Nouvelle-Hollande (Fig. 4), qui atteint 40 à 48 centimètres de longueur. — Le *Changeant* d'Egypte (Fig. 5) doit son nom aux variations de coloration qu'il présente, et qui s'opèrent plus rapidement que chez le *Caméléon*.

AGANTER. v. a. T. Mar. Prendre, atteindre, saisir.

AGAPANTHE. s. m. (gr. ἀγαπάω, j'aime; ἄνθος, fleur). T. Bot. Plante ornementale de la famille des *Liliacées*. Voy. ce mot.

AGAPES. s. f. pl. (gr. ἀγαπᾶν, aimer). Repas que les premiers chrétiens faisaient en commun. Ils furent abolis par le concile de Carthage en 397. Il en reste cependant comme une espèce de souvenir dans le pain bénit qu'on distribue à l'église les dimanches et les jours de fête, pendant la célébration de la messe.

AGAPÈTES. s. f. pl. (gr. ἀγαπητός, digne d'être aimé). Vierges qui, dans l'Eglise primitive, vivaient en communauté avec les apôtres, s'occupant des soins de la vie matérielle, et cherchant à faire pénétrer le christianisme dans les maisons dont l'accès n'était permis qu'aux femmes. On a aussi nommé ag. des clercs que des religieuses gardaient dans leurs couvents et des filles et veuves que des moines gardaient dans les leurs.

AGAR, servante, puis femme d'Abraham, mère d'Ismaël de qui, d'après la Bible, descend le peuple arabe.

AGAR-AGAR. s. m. Sorte de matière gélatineuse extraite par ébullition avec l'eau d'une algue de la mer des Indes appelée *Aja-Aja, Mousse de Ceylan, Algue de Java*, etc. (*Gracilaria lichenoides*, Grév). On l'emploie en Chine pour faire une sorte de confiture; on l'utilise aussi pour donner au papier et aux étoffes un apprêt particulier. Elle rend le papier transparent. Enfin les naturalistes s'en servent comme de support nutritif pour certaines cultures de microbes.

AGARIC. s. m. T. Bot. On appelle ainsi un genre fort nombreux de *Champignons* appartenant à la famille des *Hyménomycètes*. Voy. ce mot. On fait dériver son nom d'*Agaria*, contrée de la Sarmatie, dans laquelle croissait abondamment une espèce de Champignons appelée aujourd'hui *Bolet*. Le genre *Ag.* est caractérisé par les lamelles membraneuses et parallèles situées à la partie inférieure du chapeau

qui se dirigent du centre à la circonférence, comme on le voit par la fig. ci-dessus qui représente l'*Ag. champêtre*, nommé vulgairement *Champignon de couche*.

Hist. nat. — Dans le commerce et en médecine, on connaît sous le nom d'*Ag.* deux espèces particulières appartenant au genre *Polypore*. La première est appelée *Ag. des pharmaciens* ou *Ag. blanc*, et la deuxième *Ag. des chirurgiens*. L'ag. des pharmaciens croît sur les troncs du mélèze. On en faisait autrefois un grand usage comme vermifuge et comme drastique; aujourd'hui il est peu employé. — L'ag. des chirurgiens n'est autre que de l'amadou qui n'a pas été trempé dans une solution de nitrate de potasse. Il a joui jadis d'une grande célébrité comme agent hémostatique; mais on ne s'en sert plus que pour arrêter le sang qui coule des piqûres de sangsues ou de coupures légères. Cette substance n'agit qu'en absorbant la partie séreuse du sang et en favorisant la formation du caillot. Il faut d'ailleurs, en même temps, recourir à la compression. Voy. AMADOU.

Minér. — On donne vulg. le nom d'*Ag. minéral*, ou de *Farine fossile*, ou de *Moelle de pierre*, ou de *Lait de lune* à une variété de chaux carbonatée qui se présente sous forme de substance blanche, légère, et spongieuse comme la chair d'un champignon.

AGARICE. s. f. T. Minér. Variété de chaux carbonatée. Voy. AGARIC MINÉRAL.

AGARICÉES. s. f. pl. T. Bot. Tribu de champignons de la famille des *Hyménomycètes*. Voy. ce mot.

AGASSE. s. f. Voy. AGACE.

AGASSIN. s. m. T. Vitic. Bouton de vigne placé le plus bas et d'où il ne sort jamais de grappe.

AGASSIZ, naturaliste suisse (1807-1874), connu surtout par son *Histoire naturelle des poissons d'eau douce* et ses *Études sur les glaciers*.

AGATE. s. f. Espèce de pierre siliceuse fort dure. *Ag. orientale. Ag. très curieuse. Une tête de César sur une ag.* || Tout ouvrage en agate. *Les agates du roi. Un beau*

cabinet d'agates. || Sorte d'instrument dans lequel est enchâssée une agate, et qui sert à brunir les métaux.

Minér. — On nomme *Agate* toutes les variétés de *Quartz* qui n'ont pas l'aspect vitreux, qui sont compactes, demi-transparentes, à cassure conchoïdale, à pâte très fine, et qui sont susceptibles d'un beau poli. La composition du quartz ag. est très variable: quelquefois il est formé de 98 à 99 pour 100 de silice; d'autres fois il renferme 15 à 16 pour 100 d'argile et 3 à 4 de fer. — Les agates présentent une grande diversité de couleurs et de nuances; tantôt leur coloration est uniforme; tantôt les couleurs sont mélangées de mille nuances différentes. — Parmi les agates à couleur uniforme, on distingue les *Cornalines*, qui sont d'un rouge orangé; les *Sardoines*, qui sont d'un beau jaune fauve ou orangé; les *Calcédoines*, qui sont d'un blanc laiteux légèrement bleuâtre. Les agates

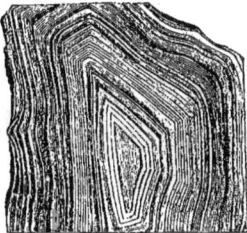

Fig. 1.

vert pomme portent le nom de *Prases* ou *Chrysoprases*; leur coloration est due à l'oxyde de nickel. Le quartz ag. *Héliotrope*, appelé encore *Jaspe sanguin*, est vert foncé, ponctué de rouge: il se distingue du jaspe par sa translucidité. — Les variétés qui sont composées de couches de différentes couleurs reçoivent le nom d'agates *rubanées* quand elles présentent une série de bandes droites à bords nettement tranchés. On appelle *Onyx* celles où les bandes sont circulaires ou concentriques (Fig. 1). Dans les agates *œillées*, les couleurs forment des bandes circulaires au milieu desquelles se trouve un point isolé et d'une couleur tranchée (Fig. 2). Les agates qui présentent des *dendrites* dans l'intérieur de leur masse, c.-à-d. des dessins qui simulent des arbrisseaux, reçoivent le nom d'agates *arborisées*.

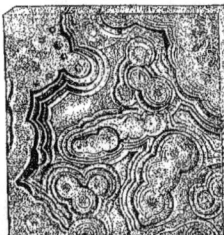

Fig. 2.

Fig. 3.

Elles sont fort curieuses, et nous en reproduisons ici (Fig. 3) une collection remarquable authentique. Ces arborisations sont dues à des molécules métalliques qui ont pénétré dans l'ag. à une époque où elle n'était pas entièrement consolidée. Lorsque les dendrites affectent la forme de : yssus, de lichens, de conferves, on désigne ces agates sous le nom de *mousseuses*. D'autres forment de bizarres paysages, comme on le voit, par exemple, par celle que nous ajoutons ici (Fig. 4). Une particularité fort singulière de certaines agates est de renfermer des cavités en partie remplies d'eau. Ce sont ordinairement des calcédoines blanches en noyaux avellanaires

Fig. 4.

qui présentent ce phénomène : on les appelle agates *enhydres*. Enfin dans beaucoup de terrains quarizeux on trouve des *bois agatisés*, c.-à-d. des troncs d'arbres transformés en ag., et qui ont tellement conservé leurs formes primitives qu'il est possible de distinguer les plantes monocotylédones des dycolylédones et quelquefois même les espèces. On en a vu de fort bea x à l'Exposition de 1889.

Suivant Pline, le mot *Ag.* vient du gr. Ἀγάτης, nom d'un fleuve de la Sicile, appelé aujourd'hui Drillo, sur les bords duquel auraient été trouvés les premiers minéraux de ce genre. Les agates sont rares dans les terrains primitifs; on les rencontre, au contraire, très souvent dans les roches de trapp. Elles se présentent constamment sous la forme de rognons ovoïdes, de masses mamelonnées, de stalactites, de galets, et paraissent avoir été formées par le dépôt de couches successives. On trouve des agates dans un grand nombre de localités de l'ancien et du nouveau monde. Un des gisements les plus célèbres est celui d'Oberstein, sur les bords du Rhin. Les plus belles *cornalines* viennent du Japon. Les *sardoines* les plus recherchées sont apportées de la Chine; on en trouve quelques-unes dans le département de l'Indre. La *chrysoprase* se trouve à Kosemütz, dans la haute Silésie. Les *onyx* viennent de l'Allemagne et de l'Écosse. Gillet de Laumont avait découvert à Champigny, sur les bords de la Marne, des agates *rubanées* et de véritables *onyx*; mais le gîte en est épuisé. On trouve des *bois agatisés* dans la Saxe, la Silésie, dans les départements de l'Aisne, de la Drôme, de l'Oise et du Puy-de-Dôme; mais aujourd'hui les plus beaux spécimens viennent des États-Unis. — On donne, dans le comm., le nom d'agates *orientales* et *occidentales* aux agates de première et seconde qualité, quels que soient les lieux d'où elles proviennent. Cet usage vient de ce qu'autrefois les plus belles étaient apportées de l'Inde.

Les nombreuses variétés d'aspect que présentent les agates, la vivacité de leurs couleurs, les jeux de lumière qu'elles produisent et le beau po.i qu'elles sont susceptibles de recevoir les font rechercher par les joailliers. On s'en sert pour fabriquer des cachets, des camées, des vases et d'autres objets. Pour les camées et les vases, on emploie principalement les *onyx*. — On fabrique des agates artificielles qui imitent exactement celles que la nature nous fournit. L'industrie est parvenue à décolorer et même à colorer les agates naturelles. On les blanchit à l'aide de l'acide chlorhydrique bouillant. On les colore au moyen de bains chimiques; mais ces opérations nuisent à leur transparence, et les agates *baignées* se reconnaissent facilement.

AGATHIAS, historien grec du VIᵉ siècle, auteur d'une *Histoire du règne de Justinien.*

AGATHOCLE, tyran de Syracuse (361-289 av. J.-C.), célèbre par ses luttes contre les Carthaginois.

AGATHOPHYLLUM. s. m. (gr. ἀγαθὸς, bon; φύλλον, feuille). T. Bot. Genre de plantes de la famille des *Lauracées*,

qui croît à Madagascar. C'est un arbre dont les naturels emploient les feuilles comme condiment. Voy. LAURACÉES.

AGATIFÈRE. adj. (fr. *agate*, et lat. *ferre*, porter). Qui contient de l'agate.

AGATIFIÉ, ÉE. adj. (lat. *fieri*, devenir). Transformé en agate.

AGATINE. s. f. Zool. Genre de coquillages univalves classés dans les *Gastéropodes pulmonés*.

AGATIS. s. m. Dommage causé par les bestiaux chez les voisins.

AGATISER (S'). v. pr. Se transformer en agate.

AGATOÏDE. adj. 2 g. (*Agate*; et gr. εἶδος, forme). Semblable à de l'agate.

AGAVE. s. f. (gr. ἀγαυὸς, admirable). T. Bot. Genre de plantes de la famille des *Amaryllidacées*. Voy. ce mot.

AGDE, ch.-l. de c. (Hérault), arr. de Béziers; 8,500 hab.; petit port sur l'Hérault.

ÂGE. s. m. (lat. *ætas*). Période déterminée de l'existence d'un être quelconque. || Durée ordinaire de la vie. L'â. de l'homme ne passe pas communément quatre-vingts ans. L'â. des chevaux n'est guère que de trente ans. || Se dit aussi de tous les différents degrés de la vie de l'homme. Bas â. Jeune â. A. de raison. A. nubile, viril. A. mûr, avancé. caduc. A la fleur de l'â. Sur le déclin, sur le penchant, sur le retour de l'â. La caducité de l'â. — Quand cet enfant sera parvenu à l'â. d'homme. — Des chemises, des souliers du premier â., Des chemises, des souliers faits pour de petits enfants. || On appelle la jeunesse, Le bel âge, l'âge des plaisirs. — On dit encore quelquefois d'un â. très avancé, C'est un bel â. Elle a quatre-vingt-dix ans; c'est un bel â. — C'est le bel â. pour faire telle chose, C'est l'â. qui est propre, qui convient à telle chose. || Être d'â. à. Avoir atteint une période de la vie qui permet de. Cette fille est d'â. à se marier. Il est d'â. à comprendre ce qu'il fait. Je ne suis plus d'â. à me laisser mener comme un enfant. || Temps qui s'est écoulé depuis la naissance jusqu'au moment où l'on par e ou dont on parle. Il est de mon â. Nous sommes du même â. A l'â. de trente ans. Quel â. avez-vous? Elle avait votre â. lorsqu'elle mourut. — Il ne paraît pas son â., Il ne paraît pas avoir l'â. qu'il a en effet. Sa figure n'a point d'â., Elle n'indique point l'â. qu'il a. — Président d'â., Celui qui, au moment où l'on assemblée se forme, la préside parce qu'il est le plus âgé. || Progrès des années. L'â. calmera la fougue de ses passions. La raison lui viendra avec l'â. Il s'est bien corrigé avec l'â. || Vieillesse, âge fort avancé. C'est un homme d'â. Il est sur l'â. L'â. ralentit ses pas. Il commence à sentir le po ds de l'â. || Il est d'un certain â., Il n'est plus jeune. Il est entre deux âges, Il n'est ni jeune ni vieux. S'emploie aussi en parlant des animaux et même des plantes. Quel â. a ce chien, ce cheval? — Ce cheval est hors d'â., Il n'a plus les marques par lesquelles on connaît l'â. des chevaux. Quel est l'â. de ce chêne, de ce taillis? || Se dit aussi de l'époque à laquelle appartiennent ou ont appartenu les choses dont on parle, et, en ce sens, ne s'emploie qu'avec l'â. L'actif possessif. Les merveilles de notre â. Il fut l'ornement de son â. || A. de la lune. Voy. ÉPACTE. || A. du monde. Voy. ÈRE, CHRONOLOGIE. || Période de l'histoire ou de la fable A. d'or, d'argent, etc. Voy. plus loin MYTH. — A. de pierre, de bronze, etc. Voy. plus loin ARCHÉOL. PRÉHIST. — Moyen âge Période qui s'étend depuis le partage définitif de l'Empire Romain à la mort de Théodose en 395, jusqu'à la prise de Constantinople par les Turcs en 1453. || A. de la terre, des montagnes. Voy. GÉOLOGIE. = D'ÂGE EN ÂGE. Loc. adv. qui signifie de siècle en siècle, de génération en génération, successivement. La gloire se transmettra d'â en â. à la dernière postérité. || Partie de la charrue destinée à transmettre au corps de l'instrument le mouvement qui lui est donné.

Physiol. — Chez l'homme et chez les animaux supérieurs les changements qu'on observe dans le cours de la vie se réduisent à certaines modifications de forme et d'état, qui servent à différencier les âges ou à caractériser les diverses périodes de la vie. Si l'on partage la vie de l'homme en prenant pour base les phénomènes les plus remarquables dont l'organisation est le siège, on peut diviser la durée de la vie humaine en plusieurs périodes : *enfance*, de la naissance à la puberté ; *puberté*, époque à laquelle les garçons et les filles deviennent physiologiquement aptes à se marier, commence dans nos climats vers 16 ans pour les garçons et vers 14 ans pour les filles ; *adolescence*, l'âge qui s'étend depuis la puberté bien établie jusqu'à la fin de la croissance, de 18 à 23 ans pour les adultes ou garçons, de 16 à 20 ans pour les filles ; c'est aussi l'âge nubile ; la *jeunesse* s'étend de la puberté à l'âge mûr, soit de 16 et 14 ans à 30 ans ; l'*âge mûr* s'étend ensuite jusqu'à l'époque où s'éteint la faculté reproductrice (vers 50 ans chez la femme, vers 65 ans chez l'homme) ; la *vieillesse* couronne la carrière de ceux qui peuvent l'atteindre. Ces périodes de la vie humaine forment *quatre âges* principaux : l'*enfance* (de la naissance à la puberté) ; la *jeunesse* (de la puberté à l'âge mûr) ; l'*âge mûr* et la *vieillesse*.

Dans l'enfance, le fait prédominant est le développement matériel de l'organisme ; c'est l'époque où celui-ci éprouve les changements les plus considérables et les plus rapides. Le corps de l'enfant qui, au moment de la naissance, est long de 46 à 55 centimètres, et dont le poids est d'environ 3 kilogrammes, s'accroît d'une manière continue, mais avec quelques oscillations. Sa taille s'allonge, la rondeur de ses formes disparaît presque entièrement ; les membres deviennent plus grêles ; la tête, quoique toujours volumineuse, cesse d'être aussi disproportionnée avec le reste du corps qu'elle l'est chez le nouveau-né ; les fonctions digestive et respiratoire s'accomplissent avec une extrême activité. La circulation s'opère avec rapidité, et le système nerveux encéphalique est dans un état d'excitation incessante ; car l'intelligence, dont le cerveau est l'organe, est continuellement en action pendant toute la durée de cet âge où l'enfant a tout à apprendre et où il apprend tant de choses, alors même qu'il est abandonné presque sans direction à ses seules forces. Les maladies qui atteignent principalement l'enfance, tiennent plus ou moins à l'état particulier des organes et des fonctions dans cette période de la vie. Les engorgements des ganglions lymphatiques, le développement des tubercules pulmonaires, le carreau, les abcès froids, les tumeurs blanches des articulations, la carie et le ramollissement des os sont ordinairement causés par l'insuffisance ou la mauvaise nature de l'alimentation, par l'absence d'un air pur, par le manque de lumière, en un mot par les conditions qui rompent l'équilibre entre l'assimilation et les besoins d'un organisme qui est en voie de rapide développement. Les affections cutanées et éruptives si nombreuses à cet âge coïncident avec l'activité considérable de la circulation. De même, la fréquence des maladies nerveuses et des inflammations encéphaliques s'explique aisément par l'état d'éréthisme où se trouve le système nerveux central. — Pendant l'adolescence, l'accroissement marche avec moins de rapidité ; la composition des organes commence à devenir, pour ainsi dire, plus stable. L'intelligence a déjà acquis plus de force et de vigueur ; elle peut s'appliquer plus longtemps au même objet : aussi la jeunesse est-elle l'époque qui est spécialement consacrée à l'instruction et à l'éducation, c.-à-d. au développement intellectuel de l'homme sous ses divers aspects.

L'apparition de la faculté procréatrice qui caractérise la puberté s'accompagne d'un changement notable dans les organes respiratoires et vocaux. Les dimensions du larynx s'accroissent rapidement, et ce fait amène dans la voix de notables modifications. Elle devient plus forte, plus pleine, et chez l'homme elle devient beaucoup plus grave. C'est pendant l'adolescence que la forme extérieure des différentes parties du corps commence à revêtir le caractère propre qui constitue l'individualité. Les traits du visage subissent ordinairement un changement rapide, et ils prennent le *type* qu'ils doivent conserver toute la vie. Ils éprouvent, dans la passion, une émotion plus profonde, une volonté plus énergique : car déjà l'adolescent n'obéit plus aux mêmes influences, et sa conduite ne se laisse plus diriger par les mêmes motifs que dans l'âge précédent. Les plaisirs que le charmaient naguère n'ont plus d'attrait pour lui ; souvent il lui arrive de paraître pendant quelque temps triste et morose. — Des changements analogues s'opèrent chez la jeune fille ; seulement ils ont lieu plus tôt et s'accomplissent plus rapidement. L'adolescence est, pour les deux sexes, l'époque où l'imagination se déploie avec le plus d'activité. A la fin de l'adolescence, le développement organique étant complètement achevé, la force exubérante que possède encore l'organisme se tourne tout entière dans la direction de la nouvelle fonction que l'être vient d'acquérir. — Dans l'*âge viril* ou *âge adulte*, les formes sveltes et élégantes de l'âge précédent disparaissent peu à peu. Le corps s'accroît en largeur ; la graisse devient

plus abondante. A cette époque de la vie, l'intelligence a également atteint toute sa maturité ; l'exagération qui caractérise les idées et les sentiments de la période antérieure s'est évanouie. L'homme a pleine conscience des limites de ses facultés et de sa puissance : il sait mieux ce qu'il veut et ce qu'il peut ; ses idées sont plus nettes et plus sérieuses ; sa vie est plus calme. Il est bien encore agité par les passions ; mais il sait mieux les maîtriser, et, en général, ces passions se proposent un but plus raisonnable ; car, pour l'homme, c'est l'époque de la vie sociale. L'avenir de sa famille et le soin de ses intérêts constituent alors la première de ses préoccupations. L'âge adulte est le moins fécond en maladies, parce que les organes se trouvent dans un état de stabilité et d'équilibre. Cependant, l'âge mûr est celui qui offre les exemples les plus nombreux de maladies mentales, parce que l'intelligence est exposée, dans cette période, à des chocs plus fréquents et plus intenses qu'à toute autre époque de la vie. — Pendant l'âge adulte, la femme est sujette à certaines maladies spéciales par suite des fonctions qui lui ont été dévolues par la nature ; mais la fin de cette période est quelquefois marquée par des accidents graves, circonstance qui lui a valu le nom significatif d'*âge* ou d'*époque critique*. Toutefois, on a fort exagéré les dangers de cette époque.

Dans la vieillesse, les diverses fonctions vitales s'accomplissent avec moins d'énergie ; les sens deviennent plus obtus ; l'imagination et la mémoire s'amoindrissent considérablement ; les affections, les penchants, les inclinations et les sympathies s'affaiblissent ; le vieillard ne porte plus qu'un médiocre intérêt aux choses de ce monde : la vie se retire du dehors pour se concentrer sur les objets qui touchent immédiatement l'individu. On ne rencontre qu'un petit nombre de personnes chez lesquelles la fin naturelle de la vie arrive par suite de cet affaiblissement graduel et insensible des facultés physiques et intellectuelles. Le plus souvent des causes locales déterminent prématurément la caducité et la mort. Dans tous les cas, on peut assez bien comparer l'organisme, dans la vieillesse, à une machine usée que la moindre cause de trouble désorganise, et qui cesse alors de fonctionner. Voy. les mots LONGÉVITÉ, MORT, MORTALITÉ, VIE, HOMME.

Dr. civ. et polit. — On appelle *âge légal* celui qui est fixé par la loi pour l'exercice de certains droits civils ou politiques. C'est ainsi que nous trouvons dans nos lois un âge pour contracter mariage avec ou sans le consentement des parents, un âge pour adopter, pour se faire décharger de la tutelle, etc. ; de même, il y a un âge requis pour l'enrôlement volontaire, pour les fonctions d'électeur, de juré. L'âge influe sur l'appréciation de la criminalité et sur la pénalité.

La preuve de l'âge des personnes résulte de l'acte de naissance, ou, à défaut d'acte, de la *possession d'état*, et de la preuve par témoins, dans les conditions rigoureusement déterminées par la loi.

Myth. — Les poètes de l'antiquité ont divisé les temps primitifs de l'humanité en divers âges ou périodes. Mais ils ne sont pas tous d'accord sur le nombre de ces âges : ainsi Hésiode en compte cinq, et Virgile n'en mentionne que deux ; néanmoins la division la plus généralement admise est celle qu'a suivie Ovide et qui renferme quatre périodes : l'*âge d'or*, l'*âge d'argent*, l'*âge d'airain* et l'*âge de fer*. Dans l'âge d'or, les hommes étaient remplis de vertus et leur vie s'écoulait dans les délices. Dans l'âge d'autre, la vertu et le bonheur diminuèrent. L'époque actuelle est l'âge de fer. Les découvertes de la science ont montré que, loin de s'empirer de plus en plus, les conditions de l'existence humaine se sont, au contraire, améliorées de siècle en siècle. L'homme primitif, nu, sans armes, sans industrie, n'ayant d'autre demeure que les cavernes, obligé de défendre constamment sa vie contre les bêtes féroces et de consacrer tout son temps à la recherche d'une nourriture grossière qui lui faisait souvent défaut, ne ressemble en rien aux élégants habitants de l'âge d'or sous le règne de Saturne. L'âge d'or n'est pas derrière nous, mais devant. Le progrès est la loi de la nature.

Géol. — L'histoire de la terre peut être partagée en quatre âges géologiques : primaire, secondaire, tertiaire et quaternaire, précédés eux-mêmes par un âge astronomique, l'âge primordial, celui de la formation de la planète. L'âge *primordial* finit à la formation des premières plantes et des premiers êtres rudimentaires, ceux des terrains primitifs, les algues et les acramens (périodes laurentienne, cambrienne et silurienne). L'âge *primaire* comprend les terrains dévonien, carbonifère et permien ; c'est l'époque de l'apparition des fougères et des poissons. L'âge *secondaire* comprend les périodes représentées par les terrains triasique,

jurassique et crétacé, et marque l'apparition des arbres à
feuilles persistantes et des reptiles. L'âge *tertiaire*, comprenant les périodes éocène, miocène et pliocène, a vu paraître
les saisons, les arbres dont le feuillage se renouvelle et les
mammifères. Enfin, l'âge *quaternaire* est l'âge actuel,
hommes, animaux domestiques et plantes cultivées.
Bibliographie. — De Lapparent : *Traité de Géologie.*
— Gaudry : *Les Enchaînements du Monde animal.* —
A. de Saporta : *Le Monde des Plantes avant l'apparition
de l'Homme.* — Velain : *Cours de géologie stratigra-
phique.* — Flammarion : *Le Monde avant la création de
l'Homme.*
　　Archéol. préhistorique. — On a classé les différentes
époques de l'humanité primitive d'après la nature et les progrès de l'industrie, qui nous sont connus par les objets fabriqués qu'on retrouve dans le sol et les cavernes. On distingue :
1° l'*âge de la pierre éclatée* où l'homme n'avait d'autres
outils que des pierres éclatées par le feu ou brisées par le
choc; 2° l'*âge de la pierre polie*, caractérisé par des haches
et des grattoirs en silex ou en jade dont le tranchant est obtenu par l'usure des pierres frottées l'une contre l'autre;
3° l'*âge du bronze*, pendant lequel l'homme savait travailler
le minerai de cuivre et fabriquer des outils en cuivre plus ou
moins pur ou allié de métaux étrangers; 4° l'*âge du fer*, où
l'on a su travailler le fer et qui embrasse la presque totalité
des temps historiques, quoique certains peuples paraissent
n'avoir pas connu l'usage du fer, et en être encore restés à
l'âge de bronze à des époques pour lesquelles on possède des
documents historiques. Voy. Pierre, Bronze, Silex.
Bibliographie. — Consult. surtout les ouvrages de Mortillet, N. Joly, Chantre, Cartailhac, Du Cleuziou, Rivière.

　　ÂGÉ, ÉE. adj. Qui a duré un certain laps de temps. *Un
homme âgé de trente ans. Cet arbre est âgé de plus de
mille ans.* Toutes les montagnes ne sont pas aussi âgées
les unes que les autres.* || Pris abs., sign., Qui a beaucoup
d'âge. *Il est âgé C'est une femme déjà âgée.*

　　AGEASSE. s. f. Pie-grièche grise. Voy. Pie.

　　AGEN, ch.-l. du dép. de Lot-et-Garonne, sur la Garonne.
22,100 hab. Patrie de Lacépède.

　　AGENCE. s. f. Emploi, charge d'agent. *Ag. générale. Il
avait été nommé à l'ag. du clergé.* || Lieu où se tiennent les
bureaux d'une ag. *Aller à l'ag.*

　　AGENCEMENT. s. m. Action d'arranger, de mettre en
ordre. Résultat de cette action. *L'ag. fait valoir les moindres choses. Les agencements de cet appartement sont
bien entendus.* || Dans un sens anal., on dit *L'ag. d'un drame,
d'une pièce de théâtre.* || T. Peint. et Sculpt. Ordonnance
des groupes dans une composition; Combinaison des figures
d'un même groupe; Ajustement des draperies; Disposition des
accessoires. || T. Archit. Manière dont sont disposés et mis en
rapport certains ornements.

　　AGENCER. v. a. Arranger, disposer, joindre, ajuster plusieurs choses ou les parties d'une même chose. *Il s'entend à
ag. de petites choses. Cet auteur ne sait pas ag. les
scènes d'un drame.* || Parer, décorer. *Il a bien agencé sa
chambre, son cabinet de travail. Ag. une mariée.* Cette
locut. vieillit. = s'Agencer, v. pron. S'ajuster, se parer. Ne
s'emploie guère qu'iron. = Agencé, ée. part. *Cela n'est pas
bien ag. Comme vous voilà agencée!*

　　AGENDA. s. m. [Pr. *aginda*.] Mot latin qui sign., Choses
à faire. Petit livret sur lequel on note les choses qu'on se
propose de faire. *Mettez cela sur votre ag.* Ce mot latin
étant devenu français et d'un usage courant doit prendre
la marque du pluriel.

　　AGENDICUM, nom latin de Sens ou, selon d'autres, de
Provins.

　　AGÉNÉSIE. s. f. (gr. à priv.; γένεσις, génération). T. Méd.
Incapacité d'engendrer par suite d'une conformation vicieuse
des organes ou de l'altération du liquide séminal. N'est pas la
même chose que l'impuissance. || T. Tétral. Monstruosité par
défaut.

　　AGÉNOIS, anc. prov. de Guyenne, qui fait aujourd'hui
partie du département de Lot-et-Garonne.

　　AGÉNOR, roi de Phénicie, père de Cadmus et d'Europe.

　　AGENOUILLER (S'). v. pron. [On mouille les LL] (*il
genou*). Se mettre à genoux. *S'ag. à l'église. Les chameaux
s'agenouillent pour se laisser charger.* Avec ellipse du
pron., *On fit agenouiller tout le monde.* = Agenouillé, ée.
Qui est à genoux.

　　AGENOUILLOIR. s. m. Petit escabeau sur lequel on s'age-
nouille. *L'ag. d'un prie-Dieu.*

　　AGENT. s. m. Se dit de tout ce qui cause une action.
*Toute action suppose un ag. Ag. physique, chimique,
mécanique.* — S'emploie aussi par oppos. à *Patient. L'agent
et le patient*, La cause qui agit et le sujet sur lequel elle
agit. || Celui qui agit pour autrui ou pour un autre; Celui
qui remplit une mission, soit publique, soit particulière. *Les
agents du gouvernement. Ag. secret. Il a manqué cette
affaire par la maladresse de son ag.* || On dit d'une femme :
C'est un très bon agent; mais, en mauvaise part, on donne
quelquefois un féminin à ce mot. *Elle a été la principale
agente de cette odieuse intrigue.* || *Ag. comptable*, Celui
qui, dans une administration, est chargé de la comptabilité et
du maniement des fonds. || *Ag. diplomatique.* Voy. Diplo-
matie. || *Ag. de faillite.* Voy. Faillite. || *Ag. de police.*
Voy. Police. || On appelle *agents d'affaires* des personnes qui
se chargent, moyennant un crétribution, de diriger et de suivre
les affaires d'intérêt des particuliers, et tiennent à cet effet un
cabinet ouvert au public; mais comme ces agents n'ont
aucun caractère légal et ne sont soumis à aucun contrôle,
il est prudent de ne recourir à leur ministère qu'après infor-
mations sérieuses sur leur moralité et leur capacité.
　　Les *agents de change* sont des officiers ministériels institués dans les villes qui ont une bourse de commerce pour y
remplir, à l'égard des opérations qui sont de leur compétence,
des fonctions analogues à celles que remplissent les notaires
dans un autre ordre de transactions. « Les agents de change,
dit le Code de Com., art. 76, ont seuls le droit de faire les
négociations des effets publics et autres susceptibles d'être
cotés; de faire pour le compte d'autrui les négociations des
lettres de change et billets, et de tous papiers commerçables,
et d'en constater le cours. Ils peuvent faire, concurremment
avec les courtiers de marchandises, les négociations et le courtage des ventes ou achats de matières métalliques; ils ont seuls
le droit d'en constater le cours. « Tout transfert d'inscriptions
sur le *grand-livre* de la dette publique doit être fait en présence d'un ag. de change qui certifiera l'identité du propriétaire,
la vérité de sa signature et des pièces produites. — L'institution des agents de change remonte à l'année 1572, époque à
laquelle Charles IX créa, par un édit, *des courtiers de change,
deniers et marchandises.* Cet édit fut confirmé par Henri IV,
en 1595; plus tard, sous Louis XIV, ces officiers prirent le titre
de *conseillers du roi, agents de banque, de change, commerce et finances.* Ils étaient alors au nombre de 116, répartis
dans les principales villes de France; mais comme leurs offices
étaient vénaux, on augmenta souvent ce nombre pour ramener
quelque finance dans les coffres vides de l'État; enfin, l'édit
de 1725 mit un terme à toutes ces variations en réglant d'une
manière définitive les droits et les attributions de ce corps.
Supprimés, en 1791, par un décret de l'Assemblée nationale,
les agents de change furent rétablis par la loi du 28 ventôse
an IX (19 mars 1801). Leur nombre varie selon l'importance
des villes où ils sont institués. Il est aujourd'hui fixé à 60
pour la bourse de Paris. — Chaque ag. de change est tenu de
fournir un cautionnement qui est spécialement affecté à la
garantie des condamnations qui pourraient être prononcées
contre lui, par suite d'abus commis dans l'exercice de ses
fonctions. Le montant de ce cautionnement est fixé par le gouvernement : il varie, selon les villes, de 6,000 à 125,000 fr.;
c'est ce dernier chiffre qui est exigé des agents de change de
Paris. — Dans toutes les localités où il existe des agents de
change, ils doivent se réunir tous les ans, et nommer, à la majorité absolue, une *chambre syndicale*, composée d'un syndic
et de six adjoints. Cette chambre exerce une haute surveillance sur la compagnie tout entière; elle possède le droit de
censurer et même de suspendre un membre de la corporation.
Elle peut, en outre, provoquer sa destitution auprès du ministre des finances. — Nul ne peut être nommé ag. de change
s'il ne jouit des droits de citoyen français et s'il ne justifie
qu'il a exercé la profession de courtier ou négociant, ou travaillé dans une maison de banque, de commerce, ou chez un
notaire, à Paris, pendant quatre ans au moins. Tout individu
en état de faillite, ayant fait abandon de biens, ou autrement,

sans s'être depuis rétabli, est incapable de remplir les fonctions d'ag. de change. — Les agents de change ne peuvent, dans aucun cas et sous aucun prétexte, faire des opérations de commerce ou de banque pour leur compte; ils ne peuvent s'intéresser directement ni indirectement, sous leur nom ou sous un nom supposé, dans aucune entreprise commerciale; enfin ils ne peuvent ni recevoir ni payer pour le compte de leurs commettants, ni se rendre garants de l'exécution des marchés dans lesquels ils s'entremettent. Toute contravention à ces dispositions entraîne la peine de destitution et la condamnation à une amende qui peut s'élever à 3,000 fr. L'ag. de change destitué en vertu de cet article ne peut être réintégré dans ses fonctions. Néanmoins, l'arrêté du 27 prairial an X (16 juin 1802), dans le but d'empêcher les négociations fictives, dit que l'ag. de change devant avoir reçu de ses clients les effets qu'il vend ou les sommes nécessaires pour payer ceux qu'il achète, est responsable de la livraison et du payement de ce qu'il aura vendu et acheté.
— En cas de faillite, l'ag. de change est poursuivi comme banqueroutier. Malgré cela, il n'est nullement regardé comme commerçant; ses fonctions sont, au contraire, absolument incompatibles avec toute espèce de négoce. Tout ag. de change, il est vrai, est encore tenu de consigner ses opérations sur un *carnet* et de les transcrire dans le jour sur un registre timbré, coté et paraphé par les juges du tribunal de commerce. Mais les livres qu'il doit tenir diffèrent de ceux des commerçants en ce qu'il n'y inscrit que les opérations de son ministère. Le droit perçu par les ag. de change est fixé de 1/8 à 1/4 pour 100, selon l'espèce d'opération. — Tout individu qui s'immisce indûment dans les fonctions réservées par la loi à l'ag. de change, est passible d'une amende qui est au moins du double et au plus du sixième du cautionnement imposé à ce dernier. Les agents de change sont à la nomination du chef de l'État. Ils peuvent présenter leurs successeurs, à la condition que ces derniers réuniront les qualités requises. Cette faculté est même accordée à leurs veuves et héritiers. Ainsi, une charge d'ag. de change constitue une véritable propriété transmissible et qui a ordinairement une très haute valeur. Toutefois, ce droit de présentation n'existe pas pour le titulaire destitué. Voy. BOURSE, DETTE *publique*.

AGENT VOYER. s. m. Employé chargé de l'entretien des chemins. Voy. VOYER.

AGÉSANDRE, sculpteur rhodien, auteur du groupe de Laocoon. Date incertaine.

AGÉSILAS, roi de Sparte, battit les Perses en Asie, les Thébains et les Athéniens à Coronée, et fut vaincu par Epaminondas à Mantinée (443-361 av. J.-C.).

AGGLOMÉRAT. s. m. T. Géol. Voy. AGRÉGATION.

AGGLOMÉRATION. s. f. Action d'agglomérer; état de ce qui est aggloméré. *L'ag. des neiges, des sables. Un peuple sans lois ne serait qu'une ag. d'hommes.*

AGGLOMÉRÉ. s. m. T. Techn. On désigne sous ce nom un combustible aujourd'hui fort usité dans l'industrie, qui est composé de poussier ou de débris de houille agglomérés avec du goudron ou du brai provenant des usines à gaz. La pâte ainsi obtenue est malaxée, puis comprimée et taillée en briquettes. La fabrication des agglomérés a pris depuis quelques années une importance considérable: les chemins de fer et les bateaux à vapeur font un grand usage de ce combustible dont la composition est très régulière, et l'arrimage facile. On fabrique aussi des agg. de compositions diverses pour des usages divers, et on leur donne des formes variées. Les produits ainsi obtenus sont aussi connus sous le nom de *Charbons moulés*. Tel est par exemple le *Charbon de Paris.* Voy. CHARBON.

AGGLOMÉRER. v. a. (lat. *glomus*, boule, peloton). Assembler, amonceler. *Le vent agglomère les nuages.* = s'AGGLOMÉRER. v. pron. *La richesse du sol porte les hommes à s'ag. dans cette contrée.* = AGGLOMÉRÉ, ÉE. part. *Populations agglomérées. Nuages agglomérés.*

AGGLUTINANT, ANTE. adj. T. Méd. anc. Se disait autrefois de certains remèdes que l'on croyait propres à recoller les parties divisées. || S'employait aussi subst. *La guimauve passait pour un ag.*

Ling. — On nomme ainsi les langues dans lesquelles les radicaux s'agglomèrent sans se fondre complètement pour former des mots composés qui expriment des combinaisons d'idées et des relations de toute espèce. Les langues agglutinantes tiennent le milieu entre les langues monosyllabiques et les langues à flexion. La classe des langues agglutinantes embrasse la plus grande partie des langues du globe et se montre très pauvre en produits littéraires; on peut la diviser en souche *tartare*, souche *caucasienne*, souche *malaise* ou *polynésienne*, souche *américaine* et souche *basque*. Le magyar, le turc, le basque sont des langues agglutinantes.

AGGLUTINANTS. s. m. pl. T. Zool. Groupe de *Foraminifères* dont les coquilles principalement sont composées de particules siliceuses, plus ou moins volumineuses, empruntées aux corps étrangers (Voy. FORAMINIFÈRES). On distingue 4 familles: les *Ammodiscides*, les *Lituolides*, les *Valvulinides* et les *Plécanides* (Voy. ces mots). Parmi ces types il existe des espèces depuis le calcaire carbonifère jusqu'à nos jours.

AGGLUTINATIF, IVE. adj. S'emploie souvent subst. — On donne ce nom aux substances emplastiques qui ont la propriété d'adhérer fortement à la peau, et qu'on emploie pour maintenir les lèvres des plaies en contact, jusqu'à ce qu'elles soient réunies par la cicatrisation. Les agglutinatifs qu'on emploie généralement sont les *sparadraps*, le *diachylon*, la *baudruche gommée*, les *taffetas*, les *papiers adhésifs*, le *collodion*, la *toile de mai* (Voy. ces mots). — Les emplâtres agglutinatifs sont encore usités en chirurgie dans une foule de cas. Ainsi, on les applique quelquefois sur les plaies pénétrantes des articulations ou des cavités splanchniques, et sur l'ouverture de certains foyers purulents, afin d'empêcher l'air d'y pénétrer. On s'en sert pour maintenir sur le tronc plusieurs pièces d'appareil, comme des vésicatoires, des sinapismes, des coutères, des plumasseaux. Enfin, on les emploie encore pour rapprocher les bords et comprimer la surface des plaies suppurantes des vieux ulcères; mais alors ils agissent plutôt comme moyens compressifs que comme agglutinatifs.

AGGLUTINATION. s. f. Action d'agglutiner et de s'agglutiner. — On appelle quelquefois ainsi la première période de cicatrisation des plaies. C'est un recollement peu solide qui s'opère au moyen de la lymphe plastique, coagulable, qui se dépose entre les tissus vivants divisés.

AGGLUTINER. v. a. (lat. *agglutinare*; de *gluten*, colle). Recoller, rejoindre. S'emploie surtout dans le langage médical, en parlant des substances *agglutinatives*. == s'AGGLUTINER. v. pron. Se recoller, contracter une adhérence. Se dit principalement des chairs divisées par quelque accident. == AGGLUTINÉ, ÉE. part.

AGGRAVANT, ANTE. adj. Ne s'emploie guère que dans cette locution: *Circonstance aggravante*, Qui augmente la gravité d'un délit ou d'un crime.

AGGRAVATION. s. f. T. Dr. crim. *Ag. de peine.* Voy. PEINE. || T. Méd. Accroissement d'une maladie.

AGGRAVE. s. f. (R. *aggraver*). T. Dr. can. La seconde fulmination solennelle, anathème prononcé contre celui que l'excommunication n'avait pas amené à soumission. *Faire fulminer une ag.*

AGGRAVER. v. a. (lat. *a* augm.; *gravare*, charger; de *gravis*, lourd). Rendre plus grave. *Les circonstances aggravent la faute, le crime, le délit. Ag. les torts, les tourments, la douleur. Ag. une peine.* == s'AGGRAVER. v. pron. Devenir plus grave, empirer. *Sa faute s'est aggravée. Le mal s'aggrave de jour en jour.* == AGGRAVÉ, ÉE. part.

AGGRÉGAT, AGGRÉGATION, AGGRÉGER. Voy. AGRÉGAT, AGRÉGATION, AGRÉGER.

AGIDES. L'une des deux branches royales qui régnaient à Sparte, conjointement avec les Proclides. On dit aussi Eurysthénides.

AGILE. adj. 2 g. (lat. *agilis*, même sens). Qui a une grande facilité à agir, à se mouvoir; vif, souple. *Un homme, un animal ag. Membres agiles. Mouvements agiles.*

AGILEMENT. adv. Avec agilité.

AGILITÉ. s. f. (lat. *agilitas*, même sens). Légèreté, grande facilité à se mouvoir, souplesse. *Sauter avec ag. Cet enfant, cet animal a beaucoup d'ag.*

AGILOLFINGES, 1re dynastie des ducs de Bavière, commençant avec Agilolf (530) et finissant avec Tassillon (788).

AGILULPHE devint roi des Lombards en 591 par son mariage avec Théodelinde.

AGIO. s. m. (ital. *aggio*). T. Banq. et Comm. Bénéfice qui résulte de l'échange d'une valeur contre une autre valeur. — Ce terme s'applique à plusieurs opérations de change ou de bourse. — Ainsi, toutes les monnaies légales (en pièces d'or et d'argent) des différents peuples variant sous le double rapport du titre et du poids, toutes les fois qu'on veut échanger une monnaie étrangère quelconque contre de la monnaie française, par ex., il est nécessaire de comparer la valeur intrinsèque de ces monnaies. La différence entre cette valeur intrinsèque et le cours auquel on peut faire l'échange constitue l'*agio*. — De même, lorsqu'on désire échanger de l'argent contre de l'or, ou à souvent à payer au changeur une différence ou prime plus ou moins forte, attendu que l'or étant très recherché à cause de sa commodité, il est plus ou moins demandé sur toutes les places de commerce, et, par conséquent, plus rare que l'argent. On désigne sous le nom *d'agio* ou de *change* la différence que perçoit alors le changeur. — Il y a également lieu au payement d'une différence, quand on échange du papier contre des valeurs métalliques. Le bénéfice que réalise le banquier reçoit encore le nom *d'agio*, et, dans ces deux derniers cas, on donne celui *d'escompte* à la perte ou déduction subie par la personne qui fait échanger des valeurs. — Enfin on donne quelquefois, mais abusivement, le nom *d'agio* au bénéfice réalisé par l'achat et la vente ou la vente et l'achat d'une valeur dont le prix a varié dans l'intervalle des deux opérations. A la Bourse ce bénéfice ou cette perte s'appelle *différence* et quelquefois *prime*. Voy. CHANGE.

AGIOTAGE. s. m. T. Banq. et Comm. On désignait autrefois par le terme *d'agiotage* tout ce qui concernait le commerce des espèces métalliques et du *papier*, commerce qui constitue aujourd'hui la profession de banquier. Le banquier prélevait un *agio*, à titre de rémunération des frais de transport, de compensation des risques, etc., que nécessite le change d'une valeur contre une autre valeur. Ce commerce n'avait rien que de légitime. Mais les opérations qui se font sur le change et celles qui s'effectuent sur les fonds publics ont longtemps soulevé de nombreuses objections : de là le discrédit qui frappe l'*ag.*; ce terme n'est pris qu'en mauvaise part et sert exclusivement à désigner la spéculation sur les effets publics et le jeu sur les actions. C'est à l'époque du fameux système de Law que l'agiotage, dans son acception nouvelle, prit en France, pour la première fois, un développement scandaleux. Il en fut de même pendant les orages de la Révolution française. La réduction des rentes de l'ancienne monarchie, la création des mandats et des assignats, la mise en vente d'une masse énorme de propriétés nationales, fournirent de puissants aliments à la spéculation. Depuis que le crédit public s'est fondé sur des bases régulières, l'ag. s'exerce principalement sur les rentes que créent les gouvernements lorsqu'ils contractent des emprunts. L'ag. sur ces fonds est susceptible de prendre tant de formes diverses, qu'en cherchant à l'atteindre la loi pourrait entraver des transactions légitimes et même porter atteinte au crédit public. Aussi le Code pénal (art. 419) se borne-t-il à viser ceux qui, par des moyens frauduleux, auront opéré la hausse ou la baisse au-dessus ou au-dessous du prix qu'aurait déterminé la concurrence libre et naturelle du commerce. La peine est celle d'un emprisonnement de six mois à un an et d'une amende de 500 à 10,000 fr. Ce genre de trafic s'exerce encore sur les actions des grandes compagnies financières et industrielles, ainsi que sur certaines natures de marchandises dont la consommation est considérable et nécessaire. Voy. BOURSE.

AGIOTER. v. n. Faire l'agiotage.

AGIOTEUR. s. m. Celui qui agiote.

AGIR. v. n. (lat. *agere*). Se dit de toute cause qui produit ou tend à produire un effet. *Dieu a agi en créant l'univers; il agit sans cesse en le conservant. L'âme agit sur le corps. L'éloquence agit sur les esprits. Les objets extérieurs agissent sur nos sens. La lumière agit sur tous les êtres* vivants. *L'acide nitrique agit sur le cuivre. Les corps célestes agissent les uns sur les autres. Ce remède agit sur le tube digestif.* ‖ Se conduire, se comporter. *Ag. en homme d'honneur, en homme d'esprit. Il a bien agi avec moi. C'est mal ag.* — *Ag. contre son opinion, contre ses principes, contre ses intérêts.* ‖ Négocier, s'employer en quelque affaire. *Il agit auprès du ministre pour les intérêts de son département. Il a tout pouvoir d'ag. Je vous prie d'ag. pour moi.* ‖ *Ag. d'autorité,* Employer son autorité pour faire quelque chose. — *Ag. d'office,* Sans en être requis et par le seul devoir de sa charge. ‖ Poursuivre en justice. *Ag. criminellement, civilement. Il a été obligé d'ag. contre son tuteur.* ‖ Se mouvoir, prendre de l'exercice. *Si vous voulez reprendre des forces, il faut ag.* ‖ Faire quelque chose, s'occuper. *Il n'est jamais sans ag.* ‖ Procéder à l'exécution de quelque chose. *C'est assez délibérer, il faut ag. Il agit mieux qu'il ne parle.* ‖ *Agir* s'emploie impersonnellement de la manière suivante : *Il s'agit, il s'agissant, il s'est agi, il s'agira, il s'agivait,* etc., et signifie : il est, il était, il a été, il sera, etc., question de. *De quoi s'agit-il? De quoi est-il question? Il s'agit du salut de l'État. Il s'agissait de choisir l'un ou l'autre.*

AGISSANT, ANTE. adj. Qui agit, qui se donne beaucoup de mouvement. *Un homme extrêmement ag. Une femme fort agissante. Une vie agissante, Une vie très active.* ‖ *Qui opère avec force, avec efficacité. Remède ag.* ‖ T. Méd. On donne le nom de *Médecine agissante* à celle qui emploie les remèdes énergiques; par oppos. à *Médecine expectante,* celle qui se confie à l'action de la nature et qui ne fait usage que de moyens peu actifs.

AGITATEUR. s. m. Celui qui excite des troubles, de la fermentation, dans le public ou dans une assemblée. ‖ T. Techn. Appareil propre à mélanger ou à remuer des liquides ou des pâtes dans divers métiers. ‖ T. Chim. Baguette ou verre plein avec laquelle on remue les dissolutions.

AGITATION. s. f. Ébranlement prolongé; mouvement en divers sens. *L'ag. des flots. L'ag. des arbres dans une tempête. L'ag. d'un vaisseau battu des vents. L'ag. de la voiture lui fait mal.* ‖ Fig. *L'ag. de l'âme, du cœur, de l'esprit.* Par anal., on dit : *Il y a de l'ag. parmi le peuple. Il avait de l'ag. dans l'assemblée. L'ag. était à son comble. L'activité est aussi nécessaire au bonheur que l'agitation lui est contraire.*
Syn. — *Inquiétude.* — Au propr., l'*inquiétude* est un léger trouble causé par quelque malaise; elle est ordin. peu durable. L'*ag.*, au contraire, est un trouble vif et persistant qui se manifeste dans tout notre être à la suite d'une violente secousse morale, ou qui constitue l'un des symptômes de certaines maladies. — Au fig., l'*inquiétude* est une émotion qui fait sortir l'âme de son état de calme habituel, mais qu'il est facile de cacher. L'*ag.* est un ébranlement violent qu'on ne peut maîtriser et qui se révèle habituellement par quelques signes extérieurs.

AGITATO. adv. (mot ital.). T. Mus. Indique dans l'exécution une expression vague et agitée. Voy. MUSIQUE.

AGITER. v. a. (lat. *agitare*, fréquentatif de *agere*, agir). Ébranler, secouer, remuer en divers sens. *Les vagues agitent le vaisseau. Le vent agitait à peine les feuilles des arbres. Cet enfant ne fait qu'ag. ses bras, ses jambes.* ‖ Fig. *Les troubles qui agitent l'État. Cette révolution a longtemps agité l'Europe.* ‖ Se dit aussi en parlant des passions. *Le désir et la crainte sont les passions qui nous agitent le plus. La colère l'agite.* — Par anal., *Ag. le peuple,* Chercher à l'exciter, à le soulever. ‖ *Ag. une question,* La discuter. = S'AGITER. v. pron. *L'air commence à s'ag. Ce malade s'agite continuellement! Le peuple s'agite et murmure. Les questions qui s'agitèrent dans cette réunion. Il s'agita une question importante.* = AGITÉ, ÉE. part. *Son esprit est fort ag.* — *Ce malade a passé une nuit agitée :* a passé la nuit dans une grande agitation.
Syn. — *Agiter, Discuter, Débattre; Agité, Ému, Troublé.*
Prov. litt. — *L'homme s'agite et Dieu le mène.* (FÉNELON, dans son sermon sur l'Épiphanie.)
Méd. — On donne le nom d'*agités* aux aliénés qui exécutent des mouvements et des actes violents et rapides. On est souvent obligé de leur mettre la camisole de force, car ils peuvent devenir dangereux pour ceux qui les entourent et pour eux-mêmes.

AGLABITES, dynastie musulmane qui régna sur le Nord de l'Afrique, depuis l'Egypte jusqu'à Tunis, de 800 à 909.

AGLAÉ, la plus jeune des trois Grâces. Myth.

AGLOMÉRATION, AGLOMÉRER. Voy. AGGLOMÉRATION, AGGLOMÉRER.

Obs. gram. — L'École philologique qui voudrait une réforme de l'orthographe demande que les mots formés d'un radical et du préfixe latin *ad* ne redoublent jamais la 2ᵉ lettre : que l'on écrive *aglomérer, agraver*, comme *agrandir*.

AGNADEL, v. de Lombardie, célèbre par la victoire de Louis XII sur les Vénitiens, en 1509.

AGNAN. s. m. T. Mar. Petite plaque de fer ou de cuivre percée d'un trou et servant à supporter des rivets.

AGNAN ou **AIGNAN** (saint), évêque d'Orléans, défendit cette ville contre Attila (451).

AGNANO (lac d'), petit lac près de Naples, sur les bords duquel se trouve la *grotte du Chien*, célèbre par ses dégagements d'acide carbonique.

AGNANTHE. s. m. (gr. ἀγνὸς, chaste; ἄνθος, fleur). T. Bot. Genre de plantes de la famille des *Verbénacées*. Voy. ce mot.

AGNAT. s. m. [Pr. *aguenat.*] (lat. *ad*, auprès; *natus*, né). T. Droit. Dans l'ancien Dr. romain, la famille proprement dite se composait uniquement des personnes qui étaient soumises à la puissance d'un individu indépendant, quant au droit civil, et qui portait le titre de *Père de famille*. Ces personnes étaient tous ses descendants des deux sexes, à l'exception des filles mariées, ses enfants adoptifs, et les femmes de ses descendants ou de ses enfants adoptifs. Toutes ces personnes étaient *agnals* les unes par rapport aux autres. Dès que l'on d'elles cessait d'être soumise à l'autorité du père de famille par émancipation, par adoption dans une autre famille, ou enfin par l'effet du mariage seulement pour les filles, car le fils qui se mariait restait sous la puissance paternelle, et sa femme y devenait soumise aussi bien que lui, elle perdait la qualité d'agnat proprement dit. Toutefois elle conservait le titre de *cognat*. La femme, n'étant jamais investie de la puissance paternelle, n'avait d'autres agnats que des ascendants ou des collatéraux, mais jamais des descendants. Ainsi l'agnation représentait la parenté naturelle et civile à la fois; la *cognation* ne représentait que la parenté naturelle. — Il est intéressant de suivre à travers les diverses phases de l'histoire des institutions romaines du Bas-Empire les progrès du droit romain, qui tend à substituer aux agnats les cognats en matière de succession, jusqu'au jour où l'empereur Justinien abolit en fait l'agnation dans son système des Novelles.

La droit d'agnation est encore d'une haute importance dans quelques pays relativement à la successibilité aux fiefs, le plus proche des agnats, c.-à-d. des descendants des mâles, étant toujours appelé à la succession de ces fiefs. Les dispositions de la loi salique qui concernent les successions et qui réglaient la successibilité à la couronne de France, rappelaient assez bien la législation romaine relative aux agnats. La succession aux anciens duchés-pairies de notre pays était encore réglée par l'agnation. Enfin l'agnation réglait encore la successibilité aux biens érigés en majorats sous l'Empire et sous la Restauration.

AGNATION. s. f. [Pr. *aguenation.*] Qualité d'agnat. Voy. AGNAT.

AGNATIQUE. adj. 2 g. [Pr. *aguenatique.*] Qui appartient aux agnats. Peu us.

AGNEAU. s. m. [Le G se prononce mouillé.] (lat. *agnus*; du gr. ἀγνὸς, chaste, innocent). Le petit d'une brebis. || Chair d'ag. qu'on vend à la boucherie. *On nous a servi de l'ag. Quartier d'ag.* || Fig., *Être doux comme un ag.*, Être d'une humeur fort douce. *C'est un ag.*, C'est un homme incapable de faire du mal. — Ces deux expressions s'emploient quelquefois dans le même sens en parlant des animaux. *Ce lion est doux comme un ag.* || *Ag. pascal*, L'ag. que les Juifs mangeaient à la fête de Pâques, en mémoire de leur

sortie d'Egypte. Voy. PAQUE. || *Ag. de Dieu. ag. sans tache*, Jésus-Christ immolé pour les péchés des hommes.

AGNEL, AGNELET. s. m. Ancienne monnaie d'or française qui portait un agneau pascal pour empreinte. L'ag. de Louis IX à Jean II a la valeur de 13 fr. 95 c., monnaie actuelle. L'ag. de Jean II vaut 16 fr. 50 c.

AGNELAGE. s. m. Action de mettre bas de la part de la brebis.

AGNELER. v. n. Mettre bas. Se dit de la brebis.

AGNELET. s. m. Petit agneau Vx. Voy. AGNEL.

AGNELLEMENT. s. m. Syn. de *Agnelage.*

AGNELIN. s. m. T. Techn. Peau d'agneau mégissée à laquelle on conserve la laine.

AGNELINE. adj. f. Se dit de la laine qui vient des agneaux. *Laine agn.*

AGNÈS. s. m. [On pron. l'S.] (gr. ἀγνὸς, chaste, innocent). Jeune fille très innocente. *C'est une agn. Elle fait l'agn.*

AGNÈS (sainte), jeune vierge de Palerme, subit le martyre à Rome, sous Dioclétien.

AGNÈS DE MÉRANIE, reine de France, épousa en 1196 Philippe-Auguste, qui avait répudié Ingelburge. Les censures de l'Église obligèrent le roi à reprendre sa première femme, et Agnès mourut de douleur.

AGNÈS SOREL, célèbre par sa beauté, maîtresse du roi de France Charles VII, auquel elle sut inspirer un peu de courage et d'énergie pendant sa lutte contre les Anglais (1409-1450).

AGNETTE. T. de Métier. Sorte de burin tenant le milieu entre le burin et la gouge.

AGNOSTICISME. s. m. [Pr. *aguenos.*] (gr. ἀ priv.: γνῶσις, connaissance). T. Phil. Doctrine philosophique qui déclare l'absolu inaccessible à l'esprit humain, et professe une complète ignorance touchant le principe et le fond même de tous les phénomènes physiques et moraux. Le mot *agn.* s'applique surtout à la doctrine du philosophe anglais Herbert Spencer, qui présente une assez grande analogie avec le positivisme français d'Auguste Comte et de Littré. La différence entre les deux théories consiste en ce que pour Comte et Littré l'inconnaissable est une limite du fait que rencontre la science et au delà de laquelle elle ne peut plus s'avancer, tandis que pour M. Spencer cette limite est reconnue nécessaire et fixée *à priori* par l'analyse des conditions de la science. On a remarqué que l'agn. confond, comme appartenant à l'inconnaissable, deux espèces de questions très différentes : les questions relatives à l'absolu, à l'infini, à la substance, d'une part ; d'autre part, les questions d'origine et de fin des phénomènes observables. Les premières peuvent être, si l'on veut, déclarées inconnaissables, parce qu'il est impossible de concevoir clairement les notions auxquelles elles se rapportent. Le mot *substance*, en particulier, n'apporte aucune idée précise à l'esprit. Les autres, au contraire, sont des questions de fait, parfaitement précises, auxquelles on peut répondre par oui ou par non. Affirmer que l'humanité ne saura jamais lequel de ces deux mots est conforme à la vérité, est au moins téméraire. L'agn., comme le positivisme, fait reposer toute espèce de connaissance sur l'expérience, c'est-à-dire sur les sens. En cela, il conduit fatalement au pyrrhonisme absolu, c'est-à-dire à la négation de toute connaissance, car il est impossible de prouver que nos sensations sont l'effet de causes extérieures et nous révèlent ainsi des réalités objectives. Ce que nous pouvons penser de plus sûr, c'est que les connaissances humaines continueront de s'accroître jusqu'à l'apogée de l'humanité, et qu'il est impossible de tracer aucune limite à ce développement, car nous pouvons même déjà percevoir des choses qui paraissaient en dehors de la sphère de perception de nos sens, telles que le magnétisme terrestre, les rayons ultra-violets, etc. Voy. POSITIVISME, PYRRHONISME.

AGNOSTOS. s. m. [Pr. *aguenostos.*] (gr. ἄγνωστος, inconnu). T. Paléont. Alexandre Brongniart a ainsi nommé un genre de *Trilobites* (Voy. ce mot) dont la tête et le pygidium sont conformés semblablement et que Milne-Edwards rangeait parmi les *Trilobites anormaux*. Les segments thoraciques étaient très peu nombreux. La trilobation n'était généralement visible que sur les segments thoraciques. On voit sur quelques spécimens une glabelle et un indice de l'anneau occipital. Il n'y avait jamais de grande suture ni d'yeux. On en a rencontré dans les terrains cambriens et siluriens.

AGNUS. s. m. [Pr. *aguenusse*.] (lat. *agnus*, agneau). On appelle ainsi des espèces de médaillons en cire, bénites par le Pape, et sur lesquelles est empreinte la figure d'un agneau avec le signe du labarum. C'est le dimanche *in albis* après sa consécration, et, ensuite, de sept ans en sept ans, que le Souverain Pontife bénit les *Agn.* Après quoi il les distribue aux cardinaux, aux évêques, etc. On donne également le nom d'*Agn.* à de petits images de piété ornées de broderies. || Prière de la messe qui commence par les mots *Agn. Dei* et que l'on récite entre le *Pater* et la *Communion*. C'est d'après la décision du pape Serge Ier, en 688, qu'elle se trouve ainsi placée.

AGNUS-CASTUS. s. m. [Pr. *aguenuce-castuce*.] (lat. *agnus*, agneau; *castus*, chaste). T. Bot. Abrisseau qu'on appelle aussi *Gatilier*, *Vitex*, *Poivre aux moines :* appartient à la famille des *Verbénacées*. On lui attribuait autrefois des propriétés antiaphrodisiaques. Voy. Verbénacées.

AGOMÈTRE. s. m. (gr. ἀγειν, conduire; μέτρον, mesure). T. Phys. Appareil destiné à mesurer les conductibilités, ou, ce qui revient au même, les résistances électriques. Voy. Rhéostat.

AGONIE. s. f. (gr. ἀγών, combat). La dernière lutte de la vie contre la mort. *Être à l'ag.* || Fig., Angoisse, inquiétude extrême. *Depuis que son procès est appelé, il est dans de continuelles agonies.*

AGONISANT. ANTE. adj. Qui est à l'agonie. *Elle était agonisante.* || S'emploie subst. *Prière pour les agonisants.*

AGONISER. v. n. Être à l'agonie.

AGONISTE. s. m. (gr. ἀγωνιστής, lutteur). Lutteur.

AGONISTIQUE. s. f. Chez les anciens, partie de la gymnastique qui avait rapport aux combats, et où les athlètes luttaient tout armés. Voy. Athlète et Gymnastique.

AGONOTHÈTE. s. m. (gr. ἀγὼν, combat; ἴστημι, je dispose). T. Antiq. On nommait ainsi, chez les Athéniens, un magistrat qui faisait la fonction de directeur, de président et de juge des combats ou jeux publics; il en ordonnait les préparatifs, et adjugeait les prix aux vainqueurs. Voy. Jeux *antiques*.

AGORANOME. s. m. (gr. ἀγορά, marché; νέμειν, diriger). T. Antiq. Sorte d'édile à Athènes.

AGORAPHOBIE. s. f. (gr. ἀγορά, place publique; φοβεῖν, craindre). T. Méd. Trouble cérébral qui fait que certains malades ont horreur du public et fuient les spectacles, les assemblées, etc.

AGOUTI. s. m. T. Mamm. Genre de *Rongeurs*. Fr. Cuvier a donné à ce genre le nom de *Chloromys*, et Illiger celui de *Dasyprocta*. Les caractères du genre agouti sont : quatre

doigts devant, trois derrière; quatre ou cinq molaires de chaque côté et à chaque mâchoire; ces molaires offrent une couronne plate à sillons irréguliers, un contour arrondi et échancré au bord interne dans les supérieures, à l'externe dans

les inférieures. — Ces animaux ont les jambes postérieures notablement plus longues que les antérieures, à peu près comme nos lièvres. Leur poil est rude, droit et se détache facilement. — L'espèce la plus connue est l'*Agouti ordinaire* (Voy. Fig). Sa taille est celle du lapin. Son poil est brun, un peu mêlé de roux en dessus, jaunâtre en dessous, et sa queue est réduite à un simple tubercule. Cet animal habite de préférence les collines boisées, et se loge dans des trous d'arbre ou dans des fentes de rocher. L'ag. est dans les Antilles et les parties chaudes de l'Amérique le représentant de nos lièvres et de nos lapins.

AGRA, v. de l'Hindoustan, ancienne cap. des empereurs mongols, 138,000 h.

AGRAFE. s. f. (all. *greifen*, saisir). Sorte de crochet de métal qui s'engage dans un anneau, un œillet ou une porte, et sert à joindre les bords opposés d'un vêtement, d'un gant, etc. *Ag. d'or*, *d'argent*. — *Ag. de diamants*, Ag. enrichie de diamants.

Archit. — On appelle *Ag.* un crampon de fer qui sert à maintenir en position des pierres, des marbres, et qui les empêche de se disjoindre. — On désigne encore par ce mot tout ornement qui semble unir plusieurs membres d'architecture

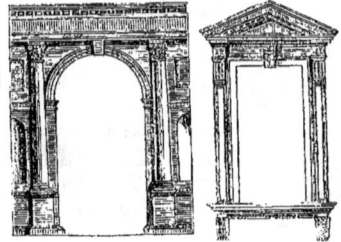

Fig. 1.   Fig. 2.

les uns avec les autres : tels sont les ornements en forme de console qui sont placés à la tête des arcs, et paraissent relier les moulures de l'archivolte avec la clef de l'arc; telle est encore la décoration du parement de la clef d'une croisée. (Fig. 1, d'après Bramante; Fig. 2, d'après Michel-Ange.)

AGRAFER. v. a. Attacher avec une agrafe. *Ag. un manteau.* = Agrafé, ée. part.

AGRAIRE. adj. 2 g. (lat. *ager*, champ). Qui a rapport aux champs. Ne s'emploie que dans ces deux locutions : *Lois agraires* et *Mesures agraires*.

Hist. — Dans la législation romaine, on donnait le nom de *lois agraires* à toutes les lois qui statuaient sur la distribution des terres acquises par droit de conquête. Lorsque la République s'était emparée d'un territoire ennemi, elle en confisquait une partie dont elle faisait quatre lots qui étaient affectés, un au trésor public, un autre aux usages religieux; le troisième était distribué gratuitement ou affermé à bas prix aux citoyens pauvres, et le dernier allait augmenter le domaine public permanent. Les terres qui constituaient ce domaine restaient abandonnées aux patriciens qui s'en faisaient concéder l'usage à l'origine, moyennant le payement d'une redevance. Bientôt les possesseurs de ces terres non seulement ne payèrent plus l'impôt, mais augmentèrent sans cesse leurs domaines par de nouvelles usurpations. Les excès de la caste patricienne devinrent tels que le consul Spurius Cassius Viscellinus proposa (An de R. 268; 486 av. J.-C.) de faire la recherche des terres usurpées et de les distribuer aux citoyens pauvres; mais il échoua et paya de sa vie cette tentative de réforme. Cependant les abus commis par les patriciens devinrent si criants, et le mécontentement populaire devint si menaçant, que le tribun du peuple Caïus Licinius Stolon réussit (376 av. J.-C.) à faire passer une loi qui décida qu'aucun citoyen ne pourrait posséder plus de 500 *jugera* (12,500 ares) de terres appartenant à l'État. Cette loi, qui fut du nom de son auteur appelée loi *Licinia*, ordonna en outre que le surplus des terres conquises serait distribué ou affermé aux plébéiens à raison de 7 *jugera* (175 ares) au moins par tête. Mais ces prescriptions furent si peu observées par les patriciens qu'environ deux siècles et demi après, la classe des hommes libres était presque anéantie dans les campagnes. Ce fut alors (An de R. 261 ; 133 av. J.-C.) que Tibérius Sempronius Gracchus, tribun du peuple, renouvela avec de très grandes restrictions la proposition de distribuer aux citoyens pauvres une partie des terres de l'État. La proposition passa ; mais les patriciens éludèrent l'exécution de cette loi qui reçut le nom de *Sempronia*, et, pour se venger, ils suscitèrent une émeute dans laquelle Tibérius périt assassiné par Scipion Nasica. Loin de se laisser intimider par l'exemple de Tibérius, son jeune frère Caïus Gracchus, s'étant fait également nommer tribun du peuple, proposa (An de R. 631 ; 123 av. J.-C.) de remettre en vigueur la loi *Sempronia ;* mais, comme son frère, il périt victime de l'aristocratie. Dès lors les patriciens victorieux bravèrent impunément les lois agraires. Sous le consulat de Cicéron (An de R. 691 ; 63 av. J.-C.), le tribun P. Servilius Rullus proposa de vendre toutes les propriétés que l'État possédait en Italie et au dehors, pour en consacrer le prix à acheter des fonds de terre qui seraient partagés entre les citoyens indigents ; mais l'illustre orateur réussit à faire repousser cette demande. On range encore au nombre des lois agraires les lois de Sylla, de César et d'Auguste qui autorisèrent le partage des terres conquises ou confisquées.

De nos jours, par suite d'une grave erreur dans l'appréciation de cette partie importante de l'histoire et de la législation romaines, on emploie vulgairement le terme de *loi agr.* comme synonyme de partage égal des terres entre tous les citoyens ; quelquefois même on entend par *loi agr.* l'abolition de la propriété individuelle. C'est dans ce sens que la Convention prononça, le 17 mars 1793, la peine de mort contre quiconque proposerait une *loi agr.* Les travaux historiques les plus récents nous démontrent que les Romains entendaient par ces mots toute disposition ayant pour objet d'assurer aux citoyens pauvres une part dans l'exploitation des terres conquises.

Métrol. — Dans le système de poids et mesures qui est actuellement seul usité en France, le *mètre* est l'unité fondamentale qui a servi de base à l'établissement de toutes les mesures légales. — Le *mètre carré* constitue *l'unité de surface* pour les mesures de superficie. Mais pour mesurer des surfaces d'une certaine étendue, comme les terrains, on a dû prendre pour unité une surface plus considérable. On a adopté comme unité un carré dont chaque côté a 10 mètres de longueur. Cette unité nouvelle a reçu le nom d'*are*. L'are équivaut donc à 100 mètres carrés, ou à 100 fois un mètre carré. Ainsi la centième partie de l'are ou le *centiare* représente un mètre carré. La collection de 100 ares se nomme *hectare* et vaut 10,000 mètres carrés. L'hectare est un carré de 100 mètres de côté.

Avant la réforme générale opérée par le système métrique, les poids et les mesures en usage dans les diverses provinces de la France offraient des variétés infinies, et les mesures agraires étaient peut-être celles qui étaient les plus multipliées. Dans certaines localités on faisait souvent usage de plusieurs mesures différentes. Toutefois, dans cette multitude de mesures, il y en avait quatre assez généralement répandues : 1° l'*Arpent d'ordonnance* ou *des eaux et forêts*, qui se composait de 100 perches carrées de 22 pieds de côté ; la perche contenait ainsi 484 pieds carrés, ou 43,44 toises carrées, ou 51,07 mètres carrés. Ainsi l'arpent valait 48400 pieds carrés, ou 1344,44 toises carrées, ou 5107,20 mètres carrés ; 2° l'*Arpent de Paris*, qui se composait de 100 perches carrées ; mais la perche n'ayant que 18 pieds de côté ne valait que 324 pieds carrés, ou 9 toises carrées, ou 34,19 mètres carrés. La valeur de cet arpent était donc de 324(?) pieds carrés, ou 900 toises carrées, ou 3418,87 mètres carrés ; 3° l'*Arpent commun*, qui était composé de 100 perches carrées de 20 pieds de côté ; ce qui donne pour la valeur de la perche 400 pieds carrés, ou 11,11 toises carrées, ou 42,20 mètres carrés. En conséquence l'arpent valait 40000 pieds carrés, soit 1111,11 toises carrées, soit 4220,80 mètres carrés ; 4° l'*Acre de Normandie* (grande mesure) se composait de 4 vergées contenant chacune 40 perches superficielles, la perche étant de 22 pieds de côté. Ainsi l'acre contenait 160 perches de 484 pieds carrés chacune, faisant pour la vergée 19360 pieds carrés. D'après cela, la vergée valait 537,77 toises carrées ou 2042,87 mètres carrés, ou 2151,11 toises carrées, ou 8171,51 mètres carrés.

Mesures agraires étrangères.

		Ares.
ANGLETERRE...	Rod...	2,529
	Rood...	10,117
	Acre...	40,467
AMSTERDAM ..	Morgen...	81,286

		Ares.
BALE....	Juchart...	31,905
BERLIN....	Grand Morgen...	56,736
	Petit Morgen...	25,534
BERNE....	Juchart de bois...	38,727
DANTZICK....	Morgen...	55,642
ÉCOSSE....	Acre...	51,419
ESPAGNE....	Fanegada...	45,984
	Arranzada...	38,652
GENÈVE....	Arpent...	51,661
HAMBOURG....	Scheffel de terre arable...	41,984
	Morgen...	96,525
HANOVRE....	Morgen...	25,915
IRLANDE....	Acre...	65,549
NAPLES....	Moggia...	33,426
NUREMBERG....	Morgen de terre arable...	47,272
	Morgen de pré...	21,270
PORTUGAL....	Geira...	58,275
PRUSSE....	Morgen...	25,526
RHIN....	Morgen...	85,158
ROME....	Pezzo...	26,406
RUSSIE....	Décialine, 2400 sagènes carrés...	109,250
SAXE....	Acre...	55,098
SUÈDE....	Tuneland...	49,320
SUISSE....	Faux...	65,674
VIENNE....	Joch...	57,598
TOSCANE....	Quadrato...	34,062
ZURICH	Acre commun...	32,404
	Acre de bois...	26,034
	Acre de prés...	28,804
ÉGYPTE....	Feddan...	59,290

Les mesures agraires usitées chez les divers peuples de l'Asie, de l'Afrique et de l'Amérique sont très variables et peu connues. Quant aux nations issues de colonies européennes, elles ont, en gén., conservé le système de mesures de la mère patrie. Ainsi, les mesures anglaises sont employées aux États-Unis, et ont été imposées au Canada ; au Brésil, on se sert des mesures portugaises ; au Mexique, de celles de l'Espagne, etc. — Pour l'Asie, on ne connaît exactement que les mesures agraires de la Chine. L'unité de surface est le *Meu* qui vaut 6,030 pieds carrés ou 6,14 ares. Le *King* se compose de 10 *Meu*, et représente, par conséquent, 60,000 pieds carrés, soit 61,44 ares. Dans l'Inde anglaise, Présidence de Calcutta, les mesures agraires sont le *Chattack* qui vaut 0,04 are, le *Cattah* qui vaut 0,64 are, et le *Biggah* qui est égal à 12,89 ares. Le *Mauney*, usité dans la Présidence de Madras, vaut 0,47 are, et le *Mauney*. 53,5 ares. Le *Covid* de Pondichéry (Inde française) vaut 140,45 ares.

Du reste, la plupart des peuples civilisés ayant adopté le système métrique, au moins à titre facultatif, les mesures précédentes sont de moins en moins usitées.

Bibliographie. — SALGEY : *Traité de Métrologie*, qui contient entre autres choses, des indications assez précises sur les mesures des peuples anciens, dont l'identification est trop incertaine pour que nous ayons cru devoir les signaler ici.

AGRAM, ch.-l. de la Croatie, près de la Save ; 28,400 hab.

AGRANDIR. v. a. (R. *grand*). Rendre plus grand, plus étendu. *Ag. une maison, un jardin. Ce prince a fort agrandi ses États.* || Fig. *La faveur seule a agrandi cette famille. Le malheur agrandit les âmes fortes.* || Imprimer un caractère d'élévation à ce qu'on dit, à ce qu'on fait. *Cet écrivain agrandit tout ce qu'il traite. Corneille agrandit ses héros.* || Faire paraître plus grand. *Ce vêtement agrandit la taille.* || Exagérer. *Les voyageurs agrandissent volontiers ce qu'ils ont vu.* Famil. — s'AGRANDIR. v. pron. *Cette ouverture s'agrandit tous les jours. L'âme s'agrandit par la contemplation des œuvres de Dieu.* = AGRANDI, IE. part.

Syn. — *Augmenter, Accroître, Étendre.* — *Augmenter* et *accroître* impliquent une idée d'accumulation qui n'est pas comprise dans le terme *ag*. *Ag*., c'est donner plus d'extension, plus de développement à une chose ; *augmenter*, c'est ajouter une chose à une autre, dans le but d'en rendre la quantité et les dimensions plus considérables. On *agrandit* les possessions d'un empire ; on *agrandit* ses domaines ; on *augmente*, on *accroît* sa fortune ; on *augmente* le personnel de sa maison. *Étendre*, c'est agrandir au loin, allonger. On n'étend que dans une seule dimension de l'espace ; on agrandit dans les trois.

AGRANDISSEMENT. s. m. Accroissement, augmentation.

On a abattu ces maisons pour l'ag. de la place. || Fig. *Il a tout sacrifié à l'ag. de sa famille.*

AGRAPE. s. f. T. Techn. Instrument qui sert à foncer les puits dans les mines de houille.

AGRAVANT, AGRAVATION, AGRAVER. Voy. AGGRAVANT, AGGRAVATION, AGGRAVER.

Obs. gram. — Voy. AGGLOMÉRATION.

AGRÉABLE. adj. 2 g. (R. *agréer*). Qui plaît, qui agrée. *Personne, physionomie, caractère ag. Musique, voix ag. Demeure, jardin, campagne ag. Il est ag. de vivre avec ses amis. — Si cela vous est ag. — Avoir pour ag.,* Trouver bon. || S'emploie subst. *Mêler l'utile à l'ag.* || *Faire l'ag.,* Chercher à plaire, mais par un langage prétentieux et des manières affectées.

Obs. gram. — Cet adj. se place avant ou après les noms féminins; sa position est déterminée uniquement par le goût et l'oreille. Mais lorsqu'il modifie un substantif masculin, il se met généralement après ce nom. Ainsi, on dit fort bien, c'est une *ag. personne,* c'est une *personne ag.;* c'est un *homme ag.;* mais on ne dira pas, c'est un *ag. homme.* En ce qui concerne la construction de cet adj., qu'il soit ou non suivi de son complément, nous ferons observer qu'il ne se construit avec la préposition *de* que lorsqu'il est précédé du verbe *être* employé unipersonnellement. *Il est ag. de chercher le calme des champs, lorsqu'on est fatigué de l'agitation des villes; il est ag. à mon père de voir sa famille à ses côtés.*

Syn. — *Gracieux.* — *Ag.* et *gracieux* s'appliquent à l'air, aux manières et aux paroles. *Gracieux* caractérise plutôt ce qui flatte l'œil et l'oreille, et *ag.* ce qui plaît au goût et à l'intelligence. *Gracieux* se dit quelquefois de l'esprit, plus rarement de l'humeur; *ag.* se dit souvent de l'un et de l'autre. — *Agréable, Délicieux, Délectable.* Tous ces adjectifs s'emploient pour désigner une sensation qui flatte l'organe du goût; mais *ag.* marque une sensation douce; *délicieux,* une sensation plus fine, plus délicate; *délectable,* une sensation plus voluptueuse, plus exquise. Lorsqu'on se sert de ces expressions pour qualifier, en général, un plaisir de l'âme, elles conservent la même valeur relative.

AGRÉABLEMENT. adv. D'une manière agréable. *Elle chante assez ag. Il est ag. à la cour. Il est ag. logé.*

AGREDA, ville d'Espagne. || Marie d'A., célèbre religieuse extatique de cette ville (1602-1665).

AGRÉÉ. s. m. T. Comm. et Législ. L'intérêt du commerce a toujours nécessité une juridiction et une procédure spéciales. La marche des affaires commerciales aurait été singulièrement entravée s'il eût fallu astreindre les plaideurs à toutes les formalités, et le soumettre à toutes les lenteurs qu'exige le jugement des contestations en matière civile. Le législateur a donc rendu, en matière commerciale, l'instruction des procès aussi simple et l'exécution des jugements aussi prompte que possible. En conséquence, le ministère des avoués a été interdit devant les tribunaux de commerce (C. com., art. 627), et nul ne peut plaider par une partie devant ces tribunaux, si la partie présente à l'audience ne l'autorise, ou s'il n'est muni d'un pouvoir spécial. Ce pouvoir, qui peut être donné au bas de l'original ou de la copie de l'assignation, doit être exhibé au greffier avant l'appel de la cause, et visé par lui sans frais. Chacune des parties a donc le droit d'exposer elle-même le sujet de la contestation, les faits qui y sont relatifs et ses moyens de défense; il est même à désirer qu'il en soit ainsi, car le tribunal peut alors plus facilement juger de la bonne foi des parties. Toutefois, comme il arrive ordinairement que le plaideur n'ose se charger lui-même de sa propre défense, les tribunaux de commerce s'attachent des hommes de loi qui ont l'habitude des affaires commerciales, et que les parties peuvent charger de leurs intérêts; ces praticiens portent le titre d'*agréés.* Le tribunal, en accordant ce titre à un individu, le recommande simplement à la confiance des plaideurs; car, à la différence du ministère des avoués, celui des *agréés* n'est pas forcé : aussi est-il de jurisprudence qu'un *ag.* ne peut être, à ce seul titre, considéré comme officier ministériel.

AGRÉER. v. a. (R. *gré*). Recevoir, accueillir favorablement. *Dieu agrée les prières du juste. Ag. les services de quelqu'un. Ag. une proposition, une demande. — Agréez mes civilités, mes hommages, mes respects,* etc. Formules

de politesse. || Trouver bon, approuver. *Agréez que je vous dise. Le roi n'a pas voulu ag. sa nomination.*

AGRÉER. v. n. Plaire, convenir. *Cette odeur m'agrée fort. Son service ne m'agrée pas. — La vie est un mets qui n'agrée que par la sauce.* (V. HUGO.)

Conj — J'*agrée,* tu *agrées,* il *agrée,* nous *agréons,* vous *agréez,* ils *agréent.* J'*agréais,* nous *agréions.* J'a*gréai,* nous *agréâmes.* J'*agréerai,* nous *agréerons.* J'a*gréerais,* nous *agréerions.* *Agrée, agréons, agréez.* Que j'*agrée,* que nous *agréions.* Que j'*agréasse,* que nous *agréassions. Agréant. Agréé, agréée.*

AGRÉER. v. a. (R. *gréer*). T. Mar. Voy. GRÉER.

AGRÉEUR. s. m. T. Mar. Voy. GRÉEUR. || T. Admin. Celui qui fournit des agrès pour les navires. || Dégustateur ou inspecteur des eaux-de-vie.

AGRÉGAT. s. m. T. Géol. Voy. AGRÉGATION.

AGRÉGATION. s. f. Admission dans un corps, dans une compagnie. *Lettres d'ag. On s'est opposé à son ag.* || S'emploie absol., en parlant du grade, du titre d'*agrégé. Concourir pour l'ag.*

Minér. — Réunion des particules d'un corps solide. L'état cristallin est le mode d'*ag.* le plus parfait sous lequel les substances minérales puissent se présenter à nos yeux.

Géol. — On désigne sous le nom d'*ag.* le mode de formation des roches qui se sont constituées d'une manière homogène en une seule époque, telles que le granit, le schiste micacé, le calcaire, etc. Ces roches sont nommées des *agrégats* ou roches *agrégées,* par opposition aux *agglomérats,* ou roches *agglomérées* qui se sont constituées de parties plus ou moins dures soudées entre elles après leur formation.

Enseign. — *Concours d'ag.* Voy. AGRÉGÉ.

AGRÉGÉ. s. m. Titre obtenu à la suite d'un concours et qui donne le droit d'être nommé professeur titulaire dans divers ordres d'enseignement secondaire ou supérieur. — On distingue onze sortes d'agrégations : celles de *philosophie,* de *mathématiques,* de *physique, d'histoire naturelle,* des *lettres,* de *grammaire, d'histoire,* de *langues vivantes,* de *droit,* de *médecine* et de *pharmacie.* Les huit premiers ordres d'agrégation se rapportent à l'enseignement secondaire et sont nommés quelquefois *agrégation des lycées;* les trois derniers dépendent de l'enseignement supérieur et constituent des *agrégations de faculté.*

AGRÉGER. v. a. (lat. *grex,* troupeau). Associer quelqu'un à un corps, l'admettre dans une compagnie. = AGRÉGÉ, ÉE. part. = Conjug. Voy. MANGER.

Syn. — *Associer, Incorporer.* — *Ag.* ne se dit que des personnes; *associer* et *incorporer* se disent des personnes et des choses. *Associer* s'emploie quand on parle d'individus réunis dans un but ou dans un intérêt commun; *ag.* exprime l'admission régulière d'une personne dans une communauté, dans une faculté; *incorporer* est usité pour marquer l'entrée d'un individu dans un corps systématiquement organisé. On *associe* à des entreprises, à des travaux, à des projets, à des dangers; on *agrège* à une faculté, à un ordre religieux, à une congrégation; on *incorpore* à une compagnie de travailleurs, à un régiment. — En parlant des choses, *associer,* c'est joindre une chose à une autre pour obtenir un effet déterminé; *incorporer,* c'est, en gén., mélanger intimement une substance avec une autre substance.

Hist. nat. — Le mot *Agrégé* s'emploie, en T. de Géol. et de Minér., dans le sens de *formé par voie d'agrégation.* Voy. AGRÉGATION. || En T. de Bot., il est également usité pour désigner certaines formes de fruits ou une certaine disposition des fleurs. Voy. FRUIT et INFLORESCENCE. || En Zool., on donne le nom d'*animaux agrégés* à des animaux qui sont réunis plusieurs ensemble dans une enveloppe organisée commune, laquelle présente ordin. de nombreux compartiments dont chacun est occupé par un individu distinct qui fait saillir un cercle d'organes destinés à saisir les substances nutritives. Celles-ci, après avoir été assimilées, circulent dans un système commun et continu de vaisseaux, et vont servir à l'entretien et à l'agrandissement de la demeure commune. Voy. COLONIES ANIMALES.

AGRÉMENT. s. m. (R. *gré*). Approbation, consentement. *Il ne peut rien faire sans l'ag. du ministre. La mère a* *onné son ag. pour ce mariage.* Qualité par laquelle on *fait. Cette femme-là n'est pas belle, mais elle a beaucoup d'ag. La solitude a ses agréments. Les agréments de la figure, de l'esprit.* || Avantage, plaisir, sujet de satisfaction. *Cet homme trouve de très grands agréments dans sa famille, dans sa profession,* etc. *Elle ne trouve aucun ag. dans sa province.* || Au plur., Ouvrage de passementerie dont on se sert pour orner les vêtements et ses meubles. || *Arts d'ag.* Voy. ART. || T. Art dramat. Certains divertissements de musique ou de danse joints à des pièces de théâtre. *Cette pièce n'a réussi que par les agréments.* Vx. || T. Mus. Traits improvisés ou écrits dont on orne les mélodies. On d.t plus souvent : *Ornement* ou *Fioriture.* Voy. ce dernier mot et APPOGIATURE.

Syn. — *Grâce.* — *Grâce* et *ag.* se disent également bien les qua lités du corps ou de celles de l'esprit, et ils s'emploient en singulier comme au p.uriel. L'éclat des yeux, la fraîcheur du teint, la finesse des traits, constituent les *agréments* du visage; la beauté des contours, la juvénilité des form s, en font la *grâce.* En parlant de l'esprit, le mot *ag.* s'applique plutôt à la pensée et celui de *grâce* à l'expression.

AGRÈS. s. m. pl. T. Mar. Nom collectif par lequel on désigne tout ce qui concerne la mâture d'un vaisseau. Un bâtiment qui sort du port avec ses bas mâts doit être ensuite muni de ses *agrès*, c.-à-d. de ses mâts supérieurs, de ses vergues, de ses voiles et de tous les autres appareils, tels que cordages, poulies, etc., nécessaires à la manœuvre du navire. Le mot *ag.* s'emploie souvent joint au terme collectif *apparaux*, qui comprend tous les objets nécessaires à l'équipement d'un vaisseau. *Apparaux* dit donc plus qu'*ag.* Un navire muni de tous ses *ag.* et apparaux est en état de mettre sur-le-champ à la voile.

AGRESSEUR. s. m. (lat. *aggredior,* j'attaque). Celui qui attaque le premier. *Il faut savoir lequel des deux est l'ag.*

AGRESSIF, IVE. adj. Qui a le caractère d'une agression. *Discours ag. Paroles agressives. Ton ag.*

AGRESSION. s. f. Action de celui qui attaque le premier. *Nous sommes forcés de faire la guerre pour repousser une injuste ag.*

AGRESTE. adj. 2 g. (lat. *ager,* champ). Champêtre, rustique, sauvage. *Plantes agrestes. Ce lieu est charmant, mais ag. et abandonné.* || Fig., Grossier, inculte. *Humeur ag. Mœurs agrestes. — Manières agrestes,* Qui indiquent peu d'usage du monde.

AGREYEUR. s. m. T. Techn. Ouvrier qui fait passer le fil de fer dans la filière.

AGRICOLA, général romain, beau-père de l'historien Tacite (37-93).

AGRICOLE. adj. 2 g. (lat. *agricola,* cultivateur ; de *ager,* champ, et *colere,* cultiver). Qui s'adonne à l'agriculture. Se joint ordin. à un nom collectif. *Un peuple, un pays ag. La France a l'avantage d'être à la fois ag. et industrielle.* || Qui a rapport, qui appartient à l'agriculture. *Industrie ag. Instruments, produits, richesses agricoles. Société ag. Comice agricole.*

AGRICULTEUR. s. m. Celui qui cultive la terre.

Syn. — *Agronome, Cultivateur, Colon.* — L'agronome est celui qui s'occupe des théories agricoles. Pour être agronome, il n'est pas nécessaire de pratiquer l'agriculture. Pour être *ag.,* il faut, au contraire, exercer cet art; il faut diriger constamment tous les travaux qu'il exige. La seule différence qui existe entre l'*ag.* et le *cultivateur,* c'est que le premier dirige, sur une grande échelle, les travaux agricoles, et que le second les exécute dans une moindre proportion. A ce dernier point de vue, *cultivateur* et *colon* sont synonymes, car tous deux se disent également bien d'une personne qui cultive la t rre, soit pour son propre compte, soit pour le compte d'un propriétaire. Cependant, le mot de *colon,* surtout en T. de Dr., s'emploie principalement en parlant d'un individu qui fait valoir les terres d'autrui.

AGRICULTURE. s. f. (lat. *ager,* champ; *cultura,* culture). Art de cultiver la terre. *Encourager l'ag. Traité d'ag. Société d'ag.*

Dans son sens le plus restreint, le terme *Ag.* désigne l'exploitation du sol dans le but de lui faire produire la plus grande quantité possible de végétaux propres à la satisfaction des besoins de l'homme et des animaux qu'il utilise. Mais le plus ordinai rement ce mot se prend dans une acception bien plus large; car outre la mise en valeur des terres incultes et les travaux dont le sol lui-même est l'objet direct, i. embrasse encore une foule d'industries, telles que a multiplication des animaux que l'homme associe à ses travaux ou qu'il élève dans le but de s'en nourrir, la fabrication et l'emploi des instruments arat ires et autres qui facilitent le travail de l'homme, la construction des bâtiments qui servent à l'agriculteur, enfin la conversion de certains produits en matières immédiatement propres à la consommation. — Comme on le voit, les objets que comprend l'ag. s nt si nombr ux et si divers qu'on a dû la diviser en plusieurs branches : la *culture champêtre,* c.-à-d. celle qui se pratique sur une échelle d'une certaine étendue avec le secours des best aux, de la charrue et d'autres instrum nts agricoles; l'*horticulture* ou culture des jardins; la *sylviculture* ou économie forestière; l'*architecture rurale* et l'*économie rurale.* Cette dernière consiste dans la combinaison, la direction et l'application des moyens dont dispose le cultivateur.

L'origine de l'ag. est, sans doute, contemporaine du fait de l'appr priation du sol ou de la constitution de la propriété. Dans l'état nomade de la société humaine, la richesse agricole consistait uniquement en bestiaux que l'on faisait voyager d'un lieu à un autre pour chercher de nouveaux pâturages et des eaux vives; mais à mesure que la population s'accrut, le genre humain se fixa. Il fallut exécuter sur le sol certains travaux qui furent, pour ainsi dire, le prix de son appropriation à un seul possesseur, c. à-d. de la constitution de la propriété privée. C'est seulement à partir de ce moment que put naître l'ag. proprement dite. Jusqu'alors l'homme s'était contenté de consommer les produits naturels qu'il rencontrait; dès ce moment, il chercha à les multiplier par la culture.

La pratique de l'ag. dépend principalement du climat, de la densité de la population sur un territoire, et du degré de civilisation auquel cette population est parvenue. — Dans les climats chauds où la natur produit une énorme abondance de fruits pour la subsistance de l'homme et des animaux, où il n'est pas nécessaire de se livrer à un travail incessant pour satisfaire aux différents besoins de la vie, l'ag., en gén., fait peu de progrès. Il en est de même dans les contrées où règne constamment un froid rigoureux ; mais ici ce sont les obstacles naturels qui s'opposent au développement de la cu ture. Ainsi, par ex., dans le Groënland et dans le Kamtchatka, où la terr est couverte de neige pendant neuf mois de l'année, on ne peut cultiver qu'une ou deux espèces de céréales, dont les habitants se nourrissent principalement des produits de leur chasse et surtout de leur pêche. Au contraire, dans les régions tempérées, l'homme peut travailler pendant presque toute l'année le sol qui le nourrit, et il en peut tirer une extrême variété de productions.

Il suffit de suivre la chronologie de l'histoire générale pour constater que les peuples s'adonnent naturellement à l'ag. sous certains climats qui lui sont favorables. On sait que l'ag. était florissante chez les Assyriens, les Mèdes et les Perses. Les Égyptiens lui attribuaient une origine céleste; suivant leurs traditions, la déesse Isis possédait la gloire d'avoir découvert le blé, et le dieu Osiris celle d'avoir inventé la charrue et la culture de la vigne. Les travaux que les Égyptiens ont exécutés pour entretenir la fertilité de l'Égypte sont les plus éloquents témoignages de l'importance qu'ils attachaient à l'industrie agricole. A leur exemple, les Grecs attribuèrent également aux dieux les premières notions qui leur furent révélées sur cet art. La Mythologie nous montre Cérès, déesse des moissons, enseignant aux premiers habitants de l'Attique l'art d'ensemencer es terres, de recueillir le blé et de faire le pain. Elle attribue à Bacchus la culture de la vigne et la fabrication du vin. — Les traits saillants que nous présente l'ag. chez les Grecs sont l'introduction de jachères trois fois labourées, l'usage des engrais, découvert, suivant Pline, par Augias; les semailles à la volée; l'emploi de la faucille pour les moissons; celui des mortiers pour écraser le grain; les clôtures en épines; l'emploi de deux espèces de charrues, l'une pour les défrichements et traînée par des bœufs soumis au joug, l'autre pour le second et le troisième labour et tirée par des mules; le dépiquage des grains par les pieds des chevaux; la taille de la vigne, la fabrication du vin, et la culture des céréales dont le nombre alla toujours en augmentant; les soins donnés à la multiplication des bestiaux, au nourrissage des porcs et des chèvres, et enfin l'éducation des che-

13

vaux de labour et de luxe. Ces résultats incontestables d'une culture avancée démontrent quels sont les progrès que les Grecs avaient accomplis dans l'art de cultiver le sol, et en quel honneur ils le tenaient. — Les Romains, à leur tour, regardèrent cet art comme le plus utile à une nation, et les productions de la terre comme les biens les plus justes et les plus légitimes qu'il soit donné à l'homme de posséder. Chaque citoyen possédait un champ modique dont l'étendue fut d'abord de deux *jugères* (50 ares), puis de sept (175 ares). — C'est ainsi que le propriétaire lui-même pouvait cultiver son domaine à la bêche, mode de culture qui était jugé le plus favorable à la production. En outre, des lois sévères veillaient au respect des moissons sur pied et des limites des champs, et, grâce à la réserve d'un domaine public considérable, les particuliers n'avaient pas à gémir sous le poids des impôts. Le droit de parcours était inconnu; on multipliait les marchés et les foires tout en laissant chacun libre d'y porter ses denrées; on ouvrait et on entretenait avec soin les voies de communication pour le facile transport des volumineux produits du sol. Mais lorsque les dépouilles de l'univers vaincu eurent enrichi les Romains, les rudes travaux de l'ag. furent abandonnés aux mains des esclaves, et bientôt les campagnes négligées ne fournirent plus le blé nécessaire à la subsistance de la population, qui dut alors avoir recours à d'autres peuples.

Les Gaulois savaient amender les terres avec de la marne et cultivaient une assez grande variété de végétaux. La population de ce pays était nombreuse, fait qui témoigne d'une culture avancée. En outre, lorsque la Gaule fut envahie par les armées romaines, la facilité que César y trouva pour la subsistance de ses troupes démontre que les récoltes y étaient abondantes. Sous la domination romaine, les Gaulois firent de rapides progrès dans la civilisation, et l'ag. participa à ce mouvement général. Mais l'invasion des tribus germaniques que l'amour seul du pillage rassemblait autour d'un chef, couvrit le pays de ruines et y tarit toutes les sources de production. Ce ne fut que sous les rois de la seconde race que l'ag. commença à se relever, grâce à l'intelligence et à l'activité des moines, qui se livrèrent avec zèle au défrichement des terres. Sous Charlemagne, ce mouvement continua; mais après la mort de ce prince il fut bientôt arrêté par les incursions normandes et l'établissement du régime féodal. Au XIII° siècle, à l'époque des croisades, un grand nombre de seigneurs vendirent la liberté à leurs serfs, afin de se procurer les sommes nécessaires aux expéditions d'outre-mer, et ils accensèrent leurs terres à ces serfs affranchis. Alors, l'influence du travail libre ne tarda pas à se faire sentir dans la production agricole. L'affranchissement des communes vint encore favoriser ce mouvement. Toutefois ce ne fut guère qu'au commencement du XVI° siècle que l'ag. reçut une impulsion toute nouvelle. François I°r, Henri III, Charles IX et Henri IV multiplièrent les règlements en faveur des agriculteurs. Enfin le XVII° siècle ouvrit définitivement la voie du progrès pour l'ag. Depuis cette époque, la science et l'art agricoles ont toujours été en se perfectionnant, quoique à divers degrés, chez tous les peuples de l'Europe. Malgré cela, à la fin du siècle dernier, il n'existait pas une grande différence entre la culture la plus avancée et la culture des Romains, telle que l'ont décrite Caton, Pline et Columelle. Maintenant ce qui constitue principalement la supériorité de notre ag. sur celle de l'ancienne Rome, c'est l'emploi de machines inconnues à l'antiquité, et la connaissance des principes scientifiques de l'art. À cette heure, les problèmes les plus importants concernant l'influence du sol, le développement physiologique des plantes et la nourriture des bestiaux sont l'objet des études de savants de l'ordre le plus éminent, et il n'est pas douteux que, grâce à la rigueur des méthodes suivies dans ces recherches, la solution de ces questions ne soit prochaine.

Les principes de l'ag. doivent se déduire de la connaissance de la nature des végétaux et des animaux, des diverses espèces de sols et d'engrais, ainsi que de l'étude des climats, des saisons et des influences qu'exerce la température. Ces principes sont d'une telle importance, que le cultivateur qui en a une connaissance même imparfaite peut déjà opérer divers perfectionnements qui augmentent singulièrement la quantité et la qualité des produits donnés par le sol qu'il exploite. Il est à même d'apprécier les espèces végétales et animales qui conviennent à un sol donné dans une saison et dans un climat déterminés. Il peut ensuite améliorer les espèces qu'il a choisies et les rendre plus propres à ses desseins; ainsi le choix de certaines races de bestiaux préférables à d'autres est une affaire d'un haut intérêt pour le cultivateur. Il en est de même des végétaux; il faut faire un choix non seulement parmi les genres et les espèces, mais encore parmi les variétés

de l'espèce. Il y a telle variété de froment, par ex., dont le grain ne pèse jamais plus de 62 à 68 kil. l'hectolitre; tandis que celui que donnent certaines autres variétés ne pèse jamais moins de 74 kil. et va jusqu'à 80 kil. En cela, il faut consulter les résultats obtenus par l'expérience. C'est encore l'expérience qui a appris que la nutrition des plantes dépend principalement de matières organiques contenues dans le sol, qui proviennent généralement de détritus d'autres végétaux et de matières minérales qui s'épuisent à la longue. Cette observation a conduit à l'usage des *engrais* et des *amendements* pour ajouter à chaque espèce de sol les matériaux qui lui manquaient ou qui lui ont été enlevés par les récoltes précédentes. De même le fait général qu'aucune plante ne peut vivre sans eau a conduit à l'usage des *irrigations*. D'un autre c té, comme on a remarqué que l'excès d'eau est nuisible à la plupart des végétaux, on a eu recours à diverses méthodes de dessèchement. En outre, comme on a observé que partout la température exerce une grande influence sur le développement des végétaux et sur la multiplication des animaux, on a dû chercher le moyen, sinon de changer la température d'un climat, ce qui n'est pas possible, du moins de la modifier dans la plupart des lieux cultivés, soit en abritant les animaux et les plantes, soit en opérant des dessèchements dans le cas où des eaux trop abondantes déterminent une évaporation excessive qui entretient l'atmosphère dans un état d'humidité constante. (Voy. ENGRAIS, IRRIGATION, DESSÈCHEMENT, AMENDEMENT, ASSOLEMENT.)

Mais tous les moyens employés par l'agriculteur pour augmenter les produits de la terre qu'il exploite, nécessitent des frais qu'il est nécessaire d'apprécier exactement au point de vue du profit que doivent lui rendre son travail et ses dépenses. Pour cela, il faut qu'il tienne un compte exact des frais de toute espèce que coûtent chaque genre de culture et chacune des portions de terre qu'il cultive, afin de pouvoir les comparer avec le produit que lui donnent chaque espèce de culture et chacune des portions de son domaine. C'est par oubli de cette mesure qu'un grand nombre de cultivateurs sont entraînés, chaque année, à faire des dépenses inutiles sur un champ dont le produit n'est pas susceptible d'augmentation: alors, si la balance générale de l'industrie donne un bénéfice définitif, l'agriculteur est hors d'état de reconnaître que sur une partie de ses terres il a éprouvé une perte réelle. Malheureusement, le morcellement exagéré de la propriété foncière et la difficulté qu'éprouve le cultivateur pour se procurer les capitaux indispensables aux améliorations les plus rationnelles sont, pour ne pas parler de l'aveugle esprit de routine, de grands obstacles au développement ultérieur de l'ag. en France, malgré tous les encouragements qu'un gouvernement éclairé accorde à une industrie qui intéresse au plus haut point la prospérité publique.

On a distingué un grand nombre de systèmes de culture. On peut tous les classer en deux: la *culture extensive* et la *culture intensive*. La première est usitée quand le domaine est vaste, le sol pauvre, les capitaux faibles: c'est la culture à petites dépenses, mais à petites récoltes. Elle convient dans les pays riches et nouvellement défrichés. La seconde a pour objet de tirer du sol tout ce qu'il est capable de produire, en multipliant les engrais, amendements, etc. C'est la culture industrielle qui convient aux pays riches, aux domaines peu étendus qui doivent nourrir une population nombreuse : c'est la seule qu'il faudrait appliquer au sol de notre vieille France; malheureusement elle exige des connaissances et surtout des capitaux qui ne sont que rarement à la portée des populations rurales.

L'ag. européenne a subi depuis quelques années des modifications profondes : à une longue période de prospérité a succédé un état de malaise et de souffrance caractérisé par le mot de *crise agricole*. On a attribué cette crise à diverses causes dont lesquelles, pour ne parler que de la France, il convient de citer : 1° l'*émigration des ouvriers des campagnes vers les villes*, et la hausse des salaires qui en est résultée; un ouvrier de campagne qui se payait 2 francs par jour vers 1850 dans le département de l'Aisne, se paye aujourd'hui 3 fr. 50 ; 2° la ruine complète ou partielle de certaines cultures dont les produits ont été remplacés par des produits industriels, à la suite des progrès de la chimie; c'est ainsi qu'a disparu, dans le Midi de la France, la culture de la garance, remplacée par l'alizarine artificielle ; ces disparitions de culture ne sont pas un mal en soi : elles marquent au contraire un progrès réel en restituant aux cultures alimentaires des terrains employés à produire des denrées industrielles; mais elles créent, sur le moment, un état de crise et de souffrance très pénible pour les populations qui en sont les victimes; 3° l'invasion du phylloxera et des diverses maladies de la vigne, mildew, black-root, etc., qui a atteint et détruit une de nos sources les plus fécondes de richesse nationale, en ruinant les vignobles du Midi. Depuis quelque temps, grâce surtout à l'importation de cépages américains et au greffage de la vigne, les vignobles français se reconstituent rapidement, et l'on peut espérer que dans quelques années la viticulture française aura recouvré son ancienne prospérité; 4° *la concurrence étrangère*. Cette cause est celle qui frappe le plus directement l'esprit du public et des cultivateurs. Le prix du blé, pour ne parler que de ce seul produit agricole, est déterminé en France bien plus par la production de l'Amérique et des Indes que par celle de la France même. Or la culture du blé, dans ces pays neufs, d'une fertilité extrême et où le prix des terrains est presque nul, se fait presque sans frais; les transports sont à très bon marché et le grain arrive sur nos marchés à un prix contre lequel peut à peine lutter le blé indigène. Il en est de même des viandes qui nous arrivent des vastes prairies d'Amérique ou d'Australie conservées dans la glace. En présence de cette situation l'État n'a rien trouvé de mieux à faire que de mettre des droits de douane sur les divers produits agricoles, par ex. 5 fr. sur 100 kil. de blé, 25 fr. par tête de bœuf, etc. Malheureusement les droits de douane peuvent tout au plus être considérés comme un palliatif momentané; ils ne sauraient constituer un remède efficace. Le véritable remède à la crise agricole qui sévit actuellement consiste dans l'application la plus large possible du système de *culture intensive*, qui seul peut donner des produits pouvant rivaliser de prix avec les produits étrangers. Beaucoup des études faites par de nombreux agronomes prouvent que l'on peut lutter contre la concurrence étrangère; on peut arriver à augmenter de moitié au moins la production du blé en France, par un emploi judicieux des variétés appropriées à chaque terrain et par un usage intelligent des engrais. Seulement, il faut que les cultivateurs sortent de leur routine habituelle et étudient les nouveaux procédés de culture; il faut aussi qu'ils aient des capitaux à leur disposition. Il faudrait surtout que les propriétaires vinssent habiter leurs terres et en dirigeassent eux-mêmes la culture. Depuis plus d'un siècle les tendances des gouvernements et surtout les mœurs ont dirigé vers l'industrie et les carrières libérales tous les efforts des classes instruites et intelligentes.

Dans ces dernières années, un revirement complet s'est produit par suite de l'encombrement des diverses carrières libérales. Beaucoup de jeunes gens instruits ont étudié l'agriculture dans les écoles spéciales, et sont arrivés rapidement à de brillantes situations.

Le décret du 11 janvier 1882 a organisé un Conseil supérieur de l'agriculture, composé de membres de l'Institut, de sénateurs, de députés, de hauts fonctionnaires du Département de l'agriculture, de propriétaires ruraux, etc. Ce Conseil comprend quatre sections : *Agriculture, Forêts, Haras, Hydraulique agricole.*

L'enseignement agricole a été rapidement organisé depuis la création du ministère spécial de l'agriculture. La France possède, comme école supérieure, l'Institut agronomique de Paris, que les ingénieurs agronomes; le titre de bachelier ne dispense pas de l'examen d'entrée qui est très sévère. Nous avons également trois écoles nationales d'agriculture dont le siège est à Grignon, Montpellier et Grand-Jouan; 32 écoles pratiques d'agriculture, où l'enseignement théorique et pratique est combiné de manière à diviser la journée en deux parties égales consacrées chacune à l'étude des sciences ou à la pratique agricole; 16 fermes-écoles qui développent surtout l'enseignement pratique; 56 stations agronomiques et laboratoires agricoles qui sont chargés d'étudier les applications scientifiques à l'agriculture, par la

création de champs d'expériences, et de faire les analyses chimiques des divers produits agricoles; 86 chaires départementales d'agriculture dont les titulaires font des conférences agricoles dans les divers cantons, des cours d'agriculture à l'École normale, et organisent les champs de démonstration; 60 chaires d'arrondissement viennent compléter cette vaste organisation agricole qui a déjà rendu de très grands services.

Nous possédons encore : une école nationale d'horticulture à Versailles; une école nationale des haras, au Pin; une école forestière à Nancy; une école pratique de sylviculture des Barres (Loiret); une école nationale d'industrie laitière, à Mamirolle (Doubs); une école pratique de laiterie, à Poligny (Jura); dix fruitières-écoles; une magnanerie-école.

On reconnaîtra toute l'utilité des efforts tentés en faveur de l'agriculture, après l'examen des principaux chiffres qui indiquent la production agricole de la France.

Notre pays a une superficie de 52,857,200 hectares, pour une population de 37,672,000 hab. Le territoire agricole comprend 50,560,716 hectares mis en œuvre par 6,913,500 cultivateurs, non compris les vieillards, les femmes et les enfants.

Les principales récoltes donnent les produits suivants :

NATURE des RÉCOLTES	NOMBRE D'HECTARES	PRODUCTION		VALEUR TOTALE
		EN GRAINS	EN PAILLES	
		Hectolitres.	Quintaux.	Francs.
Froment et épeautre . . .	7,191,149	129,338,676	181,754,605	3,156,800,497
Seigle	1,743,884	28,560,461	41,946,250	543,595,655
Orge	975,703	19,256,500	15,711,606	266,341,385
Méteil	345,010	6,166,402	8,962,968	129,274,489
Avoine	3,640,592	90,798,373	69,574,721	978,149,848
Maïs	548,362	9,967,793	7,975,508	166,438,909
Sarrasin	645,471	11,165,679	8,996,426	426,839,064
Millet	35,890	477,913	359,126	7,786,602
Soit, pour les céréales, un produit annuel de				5,375,226,449
		RENDEMENTS EN QUINTAUX		
Trèfle	1,200,858	51,186,035		278,722,376
Luzerne	840,743	41,268,777		274,371,487
Sainfoin	688,245	26,736,983		169,591,412
Prairies diverses	4,937,341	162,950,417		979,725,989
Betteraves à sucre . . .	240,465	88,503,921		178,209,409
Vignes	2,196,799	33,581,632		1,136,718,318

AGRIE. s. f. (gr. ἀγριαίνειν, irriter). T. Méd. Nom scientifique de la goutte.

AGRIFFER (S'). v. pron. (R. *griffe*). S'attacher avec les griffes. *Le chat s'ag. à la tapisserie.* Pop. = AGRIFFÉ, ÉE. part.

AGRIGENTE, anj. Girgenti, ancienne ville de Sicile.

AGRIMENSEUR. s. m. (lat. *ager*, champ; *mensor*, qui mesure). T. Antiq. rom. Arpenteur.

AGRION. s. m. (gr. ἄγριος, sauvage). T. Entom. Genre d'insectes *Névroptères*, voisins des *Libellules*.

AGRIOPHAGE. s. m. (gr. ἄγριος, sauvage; φαγεῖν, manger). Homme qui se nourrit d'animaux sauvages.

AGRIPAUME. s. f. T. Bot. Nom vulgaire donné à une espèce de *Labiée (Leonurus cardiaca)*, qui passait pour toxique et cardiaque.

AGRIPPA, général romain, gendre de l'empereur Auguste, décida le succès de la bataille d'Actium (64-12 av. J.-C.).

AGRIPPA (Cornille), alchimiste, né à Cologne (1486-1535).

AGRIPPER. v. a. (R. *gripper*). Prendre dérober. *Elle agrippe tout ce qu'elle voit.* = AGRIPPÉ, ÉE. part.

AGRIPPINE, fille d'Agrippa et de Julie, la fille d'Auguste, épousa Germanicus, dont elle eut Caligula et Agrippine, la mère de Néron. Elle mourut exilée par Tibère, l'an 33 ap. J.-C. || Fille de Germanicus et de la précédente, épousa Domitius Ahenobarbus, dont elle eut Néron. Devenue veuve, elle épousa l'empereur Claude, son oncle, lui fit adopter Néron, qui ordonna sa mort (59 ans ap. J.-C.).

AGRIPPINIEN. s. m. T. d'histoire ecclésiastique. Disciple d'Agrippin, suivant la doctrine duquel le baptême administré par un hérétique n'est pas valable.

AGROGRAPHIE (gr. ἀγρὸς, champ; γράφειν, décrire). Description de ce qui a rapport à la culture des champs.

AGROLLE. s. f. Nom vulgaire de la Corneille noire.

AGROLOGIE. s. f. (gr. ἀγρὸς, champ; λόγος, traité). Science qui a pour objet la connaissance des terrains dans leurs rapports avec l'agriculture.

AGRONOME. s. m. Celui qui est versé dans la théorie de l'agriculture. = Syn. Voy. AGRICULTEUR.

AGRONOMIE. s. f. (gr. ἀγρὸς, champ; νόμος, loi). Théorie de l'agriculture. C'est principalement à la chimie que l'ag. doit ses progrès récents. Il existe depuis 1885 un Comité consultatif des stations agronomiques, composé de 10 membres, chargé de toutes les questions relatives aux stations et laboratoires agronomiques répartis en assez grand nombre sur le territoire français. Ces institutions ont déjà rendu de grands services à l'agriculture par le perfectionnement de l'outillage, l'ét de des engrais et des expériences de toutes sortes qu'elles poursuivent d'une façon continue. Il y a lieu d'en espérer beaucoup pour l'avenir. Voy. AGRICULTURE.

AGRONOMIQUE. adj. 2 g. Qui concerne l'agronomie. Les systèmes agronomiques.

AGROPYRE. s. m. (gr. ἀγρὸς, champ; πυρός, blé). T. Bot. Genre de plantes de la famille des Graminées. Voy. ce mot.

AGROSTEMME. s. m. (gr. ἀγρός; στέμμα, couronne). T. Bot. Genre de plantes de la famille des Caryophyllées comprenant la Nielle des blés. Voy. CARYOPHYLLÉES.

AGROSTIDE ou **AGROSTIS.** s. f. (gr. ἀγρωστις, chiendent). T. Bot. Genre de Graminées, comprenant la Traînasse, qui est un fléau pour les cultivateurs; quelques espèces donnent un assez bon fourrage. Voy. GRAMINÉES.

AGROUELLE. s. f. T. Bot. Nom vulgaire de la scrofulaire noueuse qui passe pour avoir de l'efficacité contre les écrouelles. Voy. SCROFULARIACÉES. || T. Zool. Nom vulgaire de la crevette des ruisseaux ou Gammare pulex parce que, d'après un préjugé populaire, cet animal produit des ulcères dans la bouche de ceux qui en mangent.

AGUADO (Alexandre), marquis de las Marismas, riche banquier espagnol, naturalisé Français, avait formé une belle galerie de tableaux (1784-1842).

AGUERRIR. v. a. (R. guerre). Accoutumer à la guerre, aux fatigues, aux dangers de la guerre. Ce général a aguerri ses troupes en une seule campagne. || Fig., Accoutumer à quelque chose de fatigant, de pénible, de dangereux. Ag. à la marche, à la douleur, au danger. = s'AGUERRIR. v. pron. S'emploie au prop. et au fig. = AGUERRI, IE. part.

AGUESSEAU (Henri-François d'), magistrat intègre et orateur éloquent, chancelier de France sous la Régence et sous Louis XV (1668-1751).

AGUETS. s. m. pl. (R. guet). N'est usité que dans les locutions: Être aux ag., se tenir aux ag., qui signifient : Épier l'occasion, être aux écoutes, soit pour surprendre quelqu'un, soit pour éviter d'être surpris. On dit aussi : Mettre aux ag.

AGUILLOT. s. m. T. Mar. Cheville de fer qui réunit deux cordes.

AGYNIQUE. adj. (gr. à priv.; γυνή, femme). T. Bot. On dit que l'insertion des étamines est agynique quand ces organes n'ont pas d'adhérence avec l'ovaire.

AGYRTE. s. m. (gr. ἀγύρτης, jongleur). T. Entom. Genre de Coléoptères de la famille des Clavicornes.

AH. Interj. qui exprime la joie, la douleur, l'admiration, l'amour, etc. Ah! que je suis aise de vous voir! Ah! vous me faites mal! Ah! que cela est beau! Il peut souvent y avoir beaucoup de choses dans un Ah! || S'emploie pour donner plus d'animation à ce qu'on dit. Ah! madame, gardez-vous de le croire! || Se répète quelquefois pour exprimer la raillerie, l'ironie. Ah! ah! je vous y prends, enfin. = Obs. gram. Voy. INTERJECTION.

AHAN. s. m. (onomatopée). Gémissement que l'on pousse quand on fait un grand effort. Ne s'emploie que dans cette locution : Suer d'ahan, qui signifie se donner beaucoup de peine.

AHANER. v. a. Avoir bien de la peine. Il a bien ahané pour venir à bout de ce travail. Popul.

AHASVÉRUS, nom du « Juif errant », personnage légendaire imaginé vers le IVe siècle.

AHEURTEMENT. s. m. Attachement opiniâtre à un sentiment, à un avis. C'est un étrange ah. que le sien.

AHEURTER (S'). v. pron. (R. heurt). S'opiniâtrer, s'obstiner u. S'ah. à un sentiment, à une opinion, à une affaire. = AHEURTÉ, ÉE. part.

AHI. Interj. qui exprime un sentiment de douleur physique. Voy. AïE.

AHMODABAD, ville de l'Hindoustan, 117,000 hab.

AHRIMAN ou **AHRIMANE.** génie du mal chez les anciens Perses, toujours en guerre contre Ormuz, le génie du bien.

AHUN, ch.-l. de c. (Creuse), arr. de Guéret, 2,400 hab. Mines de houille.

AHURIR. v. a. (R. hurie, vieux mot qui signifiait « cris de plusieurs personnes »). Étourdir, intimider, rendre stupéfait. Vous ahurissez cet enfant à force de questions. Fam. = AHURI, IE. part. Il est tout ah. || On dit subst. : C'est un ah.

AHURISSEMENT. s. m. État d'une personne ahurie.

AÏ. s. m. T. Zool. Genre de mammifères de l'ordre des Édentés, famille des Tardigrades (Voy. ce mot). On le nomme aussi Paresseux. || T. Chir. Gonflement des coulisses fibro-synoviales des tendons, accompagné d'une crépitation douloureuse et qui survient à la suite d'un effort violent. || T. Mar. Endroit où il se produit dans un cours d'eau un courant rétrograde terminé par un tourbillon.

AÏ ou **AY-CHAMPAGNE**, ch.-l. de c. (Marne), arr. de Reims, 6,100 hab. : vin renommé. || s. m. Vin récolté sur le territoire d'Aï.

AIANT. s. m. T. Bot. Nom vulgaire tantôt du Narcisse des Prés (Narcissus pseudo-narcissus), tantôt du Bulbocode printanier. On peut provient de ce que ces plantes communiquent un goût d'ail au lait et par suite au beurre des vaches qui en mangent. Voy. LILIACÉES.

AïCHAH, fille d'Abou-Bekr, femme de Mahomet.

AICHE. s. m. T. Pêche. Petit ver qui sert d'amorce pour la pêche à la ligne.

AICHER. v. a. T. Pêche. Amorcer une ligne.

AIDE. s. f. Secours, assistance, protection. Donner ai. Demander, implorer de l'ai. Crier à l'ai. Invoquer l'ai. de quelqu'un. || Ellipt., A l'aide, on m'assassine! Venez à mon secours! on m'assassine! || Se dit aussi en parlant des choses. Marcher à l'ai, d'un bâton. C'est à l'ai. des machines qu'on multiplie les productions. || La personne ou la chose dont on reçoit du secours. Dieu seul est ma force et mon ai. Il n'a eu d'autre ai. pour composer cet ouvrage *que les mémoires qu'on lui a fournis.* || T. Archit. Petite pièce ménagée près d'une pièce plus grande pour lui servir de décharge ou de dégagement. || T. Fin. Se disait autr fois, au plur., de certains subsides ou impôts. || En matière ecclésiastique, on donnait le nom d'*Aide* à une chapelle bâtie pour servir de succursale à l'église paroissiale lorsque celle-ci était trop petite ou trop éloignée. || *Aide-Mémoire.* Ouvrage contenant sur un sujet déterminé un grand nombre de renseignements, formules, nombres usuels, etc., qu'on ne peut retenir dans sa mémoire et dont on a besoin pour l'exercice de sa profession.

Hist. du Droit. — *Aides perçues par les seigneurs ou les évêques.* — Dans la Jurisp. féodale, on donnait le nom d'*Aides* à certains subsides que les vassaux étaient tenus de payer à leurs seigneurs, dans certains cas déterminés. Ces subsides, qui, à l'origine, étaient libres et volontaires, ne tardèrent pas à devenir obligatoires, tout en conservant les noms d'*aides libres* et *gracieuses*, de *loyaux aides*, de *droits de complaisance*. Ils n'étaient exigibles qu'autant qu'ils étaient établis par la coutume et pour des occasions qu'elle spécifiait. Les aides principales étaient l'*aide de mariage*, l'*aide de chevalerie* et l'*aide de rançon*. La première se percevait quand le seigneur mariait sa fille; la seconde, quand il faisait recevoir son fils chevalier; la troisième, quand il était prisonnier de guerre. Cette dernière espèce prenait aussi le nom de *loyaux aides*, parce qu'elle était due nécessairement. Le départ du seigneur pour la croisade donnait également lieu à la levée d'un subside appelé aussi *aides loyaux*. Telle est, en effet, la dénomination qu'on lui appliquait aux subsides que leva Louis VII lorsqu'il voulut entreprendre la croisade. Il y avait, en outre, les *aides raisonnables*, qui étaient dues dans quelques nécessités imprévues, comme dans le cas de guerre; cette dernière espèce s'appelait *aide de l'ost et chevauchée*. Au reste, les circonstances où les vassaux avaient à payer des aides variaient selon les provinces et les localités. — Les évêques levaient aussi des *aides* sur leurs diocésains, dans les occasions où ils étaient obligés à des dépenses extraordinaires, comme lors de leur sacre, lorsqu'ils recevaient le roi chez eux, lorsqu'ils partaient pour un concile ou se rendaient auprès du Saint-Père. Ces aides portaient le nom de *coutumes épiscopales ou synodales*, ou de *denier de Pâques*.

Aides perçues par les rois de France. — Pendant longtemps, les rois de France n'eurent point d'autres revenus que ceux de leurs domaines, et point d'autres aides que celles qui leur étaient dues à titre de seigneurs féodaux. Seulement, dans les cas de grande nécessité, ils exigeaient de leurs sujets le payement de taxes peu onéreuses et qui ne duraient ordinairement qu'une année. Mais peu à peu, les besoins et les dépenses augmentant, ces taxes furent prorogées et finirent par devenir permanentes. Quant aux aides proprement dites, ou impositions sur la vente et le transport des marchandises, elles étaient, selon les uns, du règne de Philippe le Bel ou de Jean 1er; selon d'autres, seulement du règne de Charles V, vers 1370. Abolies sous Charles VI, par suite d'un soulèvement populaire, ce prince les rétablit peu de temps après. Depuis cette époque jusqu'à Louis XIV, le terme d'*aides* servit à désigner tous les impôts, de quelque nature qu'ils fussent, qui frappaient les habitants du royaume. Ce fut seulement sous le règne de ce prince qu'on appliqua exclusivement le nom d'*aides* aux impôts indirects, tels que les droits sur les boissons, vins, cidres, perçus soit à l'entrée des villes, soit à la vente en gros ou en détail, et les taxes sur les bestiaux, sur le poisson, sur le bois, etc. Ces droits variaient selon les différentes villes et provinces. La perception des *aides* était concédée à forfait à des entreprises particulières qui, quoique astreintes à se conformer aux tarifs légaux, trouvaient le moyen de faire d'énormes bénéfices. Ces fermiers avaient la faculté de traiter avec des sous-fermiers. Ce système, qui n'était pas moins onéreux pour le trésor public que pour les contribuables, a été supprimé par l'Assemblée constituante.

Cour des aides. — Instituée par le roi Jean en 1355, cette cour, à partir du XVe siècle, jugeait en dernier ressort les procès tant civils que criminels en matière d'impôts. La qualité de noble conférant dans l'ancien régime des privilèges pécuniaires, tels que l'exemption d'impôts, la cour des aides fut amenée à connaître de la valeur des titres et des usurpations de la noblesse. Cette juridiction fut supprimée par la loi des 7-11 septembre 1790.

Man. — On appelle *aides* les moyens que le cavalier emploie pour faire comprendre au cheval ce qu'il exige de lui. Elles servent à mettre le cheval en mouvement, à le diriger ou à l'arrêter. Les *aides des mains* qu'on nomme *aides supérieures*, agissent particulièrement sur l'avant-main, au moyen

du mors; celles des jambes, appelées *aides inférieures*, agissent sur l'arrière-main. Pour les jambes, on compte cinq *aides* principales, à savoir: celle des *cuisses*, celle des *jarrets*, celle des *gras de jambe*, celle de l'*éperon*, et enfin le *peser plus fort sur l'un ou l'autre étrier* ou même *sur les deux à la fois*. — Toutes les aides, soit des mains, soit des jambes, doivent être douces et graduées. Plus les aides du cavalier sont imperceptibles et liées entre elles, plus il fait preuve de savoir et d'adresse dans le maniement de son cheval: c'est ce qu'on exprime en disant *qu'il a les aides fines*. — On dit encore du cheval lui-même *qu'il a les aides fines*, quand il obéit à la plus légère indication des aides du cavalier. — On distingue encore, dans les écoles d'équitation, les *aides supplémentaires*; ce sont l'*appel de la langue*, le *sifflement de la cravache*, la *longe* et la *chambrière*.

AIDE. s. 2 g. Celui ou celle qui assiste ou supplée quelqu'un dans une fonction, un travail, une opération. Ce mot implique ordin. une idée de subordination; mais quelquefois celle-ci n'est que momentanée. *Ce médecin s'est adjoint un aide. Cette sage-femme a pris une aide. Un aide de cuisine. Un aide-maçon.* || *Aide des cérémonies*, Officier dont la fonction est de servir sous le grand maître des cér monies. || *Aide de camp*, Officier attaché à un chef militaire pour porter ses ordres partout où il est nécessaire. *Aide de camp du roi, du prince, du général.* || *Aide-major*, Officier qui servait avec le major, sous son autorité, et en faisait toutes les fonctions en son absence. *Aide-major d'une place de guerre.* — *Aides-majors généraux.* Voy. MAJOR. || *Aide-major*, Chirurgien militaire placé sous les ordres du chirurgien-major. — *Sous-aide*, Celui qui est subordonné à l'*aide-major*.

AIDEAU. s. m. Morceau de bois qu'on passe dans les barres d'une charrette pour soutenir les charges élevées. || Pl. des *aideaux*.

AIDER. v. a. (lat. *adjuvare*). Secourir, assister, seconder. *Aid. quelqu'un dans son malheur. L'aid. de son bien, de sa bourse, d: son crédit, de ses conseils.* Il se dit aussi des choses. *La photographie a beaucoup aidé les astronomes dans les découvertes qu'ils ont faites. Cette méthode aide la mémoire.* || *Aid. à quelqu'un*, se dit principalement lorsqu'on assiste quelqu'un en partageant personnellement sa peine, son travail. *Aidez à ce pauvre homme qui plie sous le faix. Je lui aidai à se relever.* — Dans un sens anal., on dit: *Il faut souvent aid. à la nature.* || *Aid. à quelque chose*, Concourir, contribuer à quelque chose. *Il a aidé à ses projets, au succès de cette affaire. Il l'a aidé à payer ses dettes.* || Fig., *Aid. à la lettre*, Interpréter, en entrant dans l'intention de celui qui parle ou qui écrit, ce qu'une phrase ou un passage renferme d'obscur, de défectueux. *Dans une parabole, il faut aid. à la lettre.* — Sign. encore: Interpréter à sa fantaisie, avec un parti pris. = s'AIDER. v. pron. Se soutenir. *Aidez-vous les uns les autres.* || Se donner le mouvement nécessaire pour faire une chose. *Vous ne sortirez jamais d'embarras si vous ne vous aidez pas.* || S'aid. *de*, Se servir d'une chose, en faire usage. *On s'aide de ce qu'on a. Aidez-vous d'un bâton. La tyrannie s'aide de la corruption.* = AIDÉ, ÉE. part.

Proverbe littéraire:

Aide-toi, le ciel t'aidera.

Proverbe contraire:

Tout vient à point à qui sait attendre.

(Les proverbes sont toujours doubles, et c'est ce qui explique leur application perpétuelle.)

Syn. — *Secourir, Assister.* — L'action de *secourir* suppose qu'il y a urgence; l'action d'*assister*, qu'il y a nécessité; et l'action d'*aider*, qu'il y a utilité. On *secourt* dans le danger; on *assiste* dans le besoin; on *aide* dans l'infortune. Le premier de ces termes marque l'élan du dévouement; le second, le sentiment de la compassion, et le dernier implique qu'on agit conformément au sentiment du devoir.

AÏE. Interj. (en vx. franç., on disait *aïe, aye?* pour *aide*). Exclamation de douleur. *Aïe! que je souffre. Aïe! vous me blessez.* || S'emploie souvent seul, lorsqu'on éprouve une douleur inattendue: *Aïe!*

AÏEUL. s. m. (lat. *avus*). Grand-père. *Aï. paternel. Aï. maternel.*

Obs. gram. — Ce mot a deux pluriels, *Aïeuls* et *Aïeux*: on dit *aïeuls* pour désigner exclusivement le grand-père paternel et le grand-père maternel. *Ses deux aïeuls ont signé au contrat.* On dit *aïeux* pour désigner toutes les personnes dont on descend et les hommes qui ont vécu dans les siècles passés. *Il a hérité ce droit de ses aïeux. C'était l'usage chez nos aïeux.* — *Aïeul* n'a point de composé au delà de ceux de *Bisaïeul* et de *Trisaïeul.* Ainsi, quand on parle des degrés plus éloignés, on dit: *quatrième aïeul, cinquième aïeul.*

Syn. — *Ancêtres, Pères.* — Ces termes, employés au pluriel, désignent d'une manière générale les hommes qui ont vécu à des époques antérieures à la nôtre. Ils expriment aussi que nous tenons à nos devanciers par des liens de race ou de nationalité. La seule différence qu'on peut signaler entre ces mots est une gradation d'ancienneté, dans laquelle *ancêtres* marque le point le plus reculé, et *pères* le point le plus rapproché.

AÏEULE. s. f. Grand'mère. *Aï. paternelle, maternelle. Cela était bon du temps de nos aïeules.*

AIGAGE ou **AIGUAGE** ou **AIGUERIE.** s. f. (Vx fr. *aigue*, du lat. *aqua*, eau). Droit d'aqueduc au travers du fonds d'autrui.

AIGAIRE. s. m. (lat. *aqua*, eau). T. Agric. Profonde rigole qui sert à l'écoulement des eaux pluviales.

AIGLE. s. m. (lat. *aquila*). Nom donné à divers oiseaux de proie, remarquables par leur force et leur grandeur. || Fig., se dit d'un homme supérieur par ses talents, son esprit, son génie. *Cet homme-là est un ai., au prix de ceux dont vous parlez.* || Fig., *Avoir des yeux d'ai.,* Avoir les yeux vifs et perçants. — *Cet homme a un œil d'ai., le regard de l'ai.,* Il a une grande pénétration d'esprit. || Se dit, au mascul., de la représentation en cuivre d'un aigle ayant les ailes étendues pour servir de pupitre au milieu du chœur de l'église. *Chanter à l'ai.* || T. Papeterie. Format particulier. *Grand-Aigle.* Voy. PAPIER. || T. Ast. Constellation boréale. Voy. CONSTELLATION. || En T. Symbolique et Blason, *Aigle* est féminin. *L'ai. impériale. Les aigles romaines. Ai. éployée. Ai. essorante.* || T. Icht. *Aigle de mer,* sorte de raie. Voy. RAIE. || T. Monn. Monnaie d'or des États-Unis d'Amérique. Voy. MONNAIE.

Zool. — Dans la méthode de Cuvier, le grand genre des *Aigles* forme la première tribu de la section des oiseaux de proie appelés si improprement *ignobles* par les fauconniers, parce qu'ils refusaient de chasser pour le compte de l'homme. Le genre *Aigle* se caractérise par un bec très fort, droit à sa base, courbe seulement vers sa pointe, et présentant vers son milieu un léger feston à peine sensible. Le grand nombre d'espèces dont il se compose l'a fait diviser en *Aigles proprement dits, Aigles pêcheurs, Balbusards, Circaètes, Caracaras, Harpies* et *Aigles-Autours.*

Les *Aigles proprement dits* ont les tarses emplumés jusqu'à la racine des doigts, et leurs ailes sont aussi longues que la queue. L'*A. royal* ou *A. brun* est d'un brun noirâtre, un peu moins foncé à la partie supérieure de la tête et sous le corps. La différence de plumage que cet oiseau présente dans le jeune âge et dans l'âge adulte est assez notable pour que

Fig. 1.

d'habiles naturalistes, Buffon, par ex., en aient fait deux espèces, sous les noms d'*A. commun* et d'*A. royal;* ce dernier pourtant n'est autre que l'*A. commun* ayant acquis son plumage parfait (Fig. 1). Les ailes de l'a. royal ont plus de

7 pieds d'envergure et son vol est aussi élevé que rapide; son œil est protégé par une membrane clignotante assez épaisse, et l'animal en l'abaissant affaiblit singulièrement l'intensité des rayons solaires. L'a. a la vue excessivement perçante, et lorsqu'en planant au plus haut des airs il a aperçu une proie, il replie ses ailes, se laisse tomber sur elle, les serres largement ouvertes, la saisit avec une force qui ne lui permet plus aucun mouvement. Il dévore sa victime sans la tuer, et quand c'est un oiseau, il la plume vivant. L'a. royal fait sa pâture ordinaire de mammifères de moyenne taille, de gros oiseaux, quelquefois de reptiles, mais jamais de poissons. Dans le cas de disette, il se rabat sur les petites espèces comme les rats, les mulots, les chauves-souris. L'a., du reste, peut supporter de fort longs jeûnes. Hors le temps de l'incubation, la femelle chasse avec le mâle. La parlade de l'a. a lieu dans nos pays vers le mois de mars. Cet oiseau construit son nid, auquel on donne le nom d'*aire,* dans quelque anfractuosité de rocher dont l'accès soit extrêmement difficile. Des branches souples forment la base de sa construction; il l'achève ensuite avec un amas de bûchettes réunies sans art, et la tapisse de joncs, de bruyères et de feuilles sèches. Ce nid est extrêmement plat, et la cavité où reposent les œufs est à peine marquée. Il est ordinairement placé de manière qu'il se trouve abrité par quelque saillie de rocher. On a trouvé en Auvergne des aires ayant plus de 5 pieds carrés. Dans le Nord, l'a. établit son nid au sommet des chênes ou des sapins et au fond des forêts. Chaque couple revient toutes les années occuper le même lieu, et se contente de réparer son vieux nid. La femelle de l'a. royal ne pond, en gén., que deux ou trois œufs d'un blanc sale, marqués de taches rousses. Les petits, auxquels on donne le nom d'*aiglons,* sortent de l'œuf au bout de trente jours. On assure que l'a. royal vit plus d'un siècle; cependant la science ne possède encore aucune observation authentique sur ce sujet. On trouve l'a. royal dans toutes les contrées montagneuses de l'Europe, en Perse, en Arménie, dans toute la Barbarie et dans presque toute l'Amérique septentrionale. — L'*A. impérial* (Fig. 2) est un peu plus petit que le précédent, et de couleur moins foncée. Il porte sur le sommet de la tête une plaque fauve assez peu étendue; le derrière du cou est d'un blanc nuancé de jaune, et il a sur le dos, à l'origine des ailes, deux grandes plaques blanches qui lui ont valu le nom d'*A. à dos blanc.* Il habite les hautes montagnes du midi de l'Europe. — Une troisième espèce, qui est d'un tiers plus petite que celles dont nous venons de parler, est le *Petit A.* ou *A. criard,* ainsi nommé à cause des cris presque continuels qu'il fait entendre. On l'appelle encore *A. tacheté,* parce que le haut de ses ailes est chargé de gouttelettes fauves; mais en vieillissant il devient tout brun. L'a. criard est commun dans les Apennins et dans

Les *Aigles pêcheurs* ont les mêmes ailes que les espèces qui précédent; mais i s s'en distinguent en ce que leurs tarses sont revêtus de plumes à leur moitié supérieure et à demi écussonnés sur le reste. Le *Pygargue* adulte a tout le plumage du corps et des ailes d'un gris brun sans aucune tache, la tête et la partie supérieure du cou d'une teinte plus claire, la queue d'un blanc pur et le bec jaune pâle. Lorsqu'il est jeune, il a le bec noir, la queue noirâtre tachetée de blanchâtre, et le plumage brunâtre avec une flamme brun foncé

Fig. 2.

les autres montagnes du midi de l'Europe; il se rencontre rarement dans le Nord. Cette espèce ne fait la guerre qu'aux petits animaux; elle se nourrit même d'insectes.

sur le milieu de chaque plume. Les naturalistes ont longtemps fait du jeune pygargue une espèce particulière sous le nom d'*Orfraie.* Fréd. Cuvier a démontré que c'était une erreur. Cet oiseau, quoique faisant parfois sa proie d'oiseaux et même de mammifères, se nourrit surtout de poissons. Cette espèce habite les montagnes, les grands bois, et de préférence le voisinage des grands lacs et de la mer. Elle est commune, surtout l'hiver, le long des côtes du nord de la France. — Parmi les aigles pêcheurs étrangers nous ne citerons que l'*A. à tête*

Fig. 3.

blanche de l'Amérique septentrionale, qui paraît venir quelquefois dans le nord de l'Europe, et le *petit A. des Indes* ou *Pygargue girrenera* (Fig. 3). Ce dernier est consacré à Wischnou, et les brames l'accoutument à venir, à des heures

Fig. 4.

réglées, prendre ses repas dans le temple du dieu, en frappant sur un bassin de cuivre.

Les *Balbusards* se distinguent des autres espèces d'aigles en ce que leurs ongles sont ronds en dessous, au lieu d'être creusés en gouttière. Leurs tarses sont réticulés et la troisième plume des ailes est plus longue que les autres. On n'en connaît bien qu'une seule espèce (Fig. 4). Cet oiseau est d'un tiers plus petit que le pygargue; son plumage est blanc, à manteau brun, avec une bande brune qui descend de l'angle du bec vers le dos, et a quelques taches de même couleur sur la tête et la poitrine. La couleur de son plumage lui a fait encore donner le nom vulgaire d'*A. nonnette*. Le balbusard se nourrit presque exclusivement de poissons, et il se fixe toujours près des eaux douces, des lacs et des rivières. Il est assez commun dans la Bourgogne et dans les Vosges : il émigre en hiver.

Les *Circaètes* ont les ailes des aigles proprement dits et les tarses réticulés du balbusard. On trouve en Europe une espèce de circaète qui a reçu le nom de *Jean-le-Blanc*. Il est rare en France et se rencontre assez fréquemment en Allemagne. La courbure du bec de cet oiseau est plus rapide que celle des autres aigles, et il a également les doigts plus courts. Le sommet de la tête, les joues, la poitrine et le ventre sont blancs, mais avec quelques taches d'un brun clair; le manteau et les couvertures alaires sont bruns ; la queue, mar-

quée de trois bandes pâles, est blanche en dessous. Le *Jean-le-Blanc* est plus grand que le balbusard, et ses allures ressemblent plus à celles de la buse qu'à celles de l'a. Il se

Fig. 5.

nourrit principalement de lézards, de serpents, de grenouilles et de souris (Fig. 5. *Circaète du Sénégal*).

Entre les *Circaètes* et les *Harpies* viennent se ranger les *Caracaras* de l'Amérique du Sud. Ces oiseaux ont les ailes

Fig. 6.

longues, les tarses nus, écussonnés, et une portie plus ou moins considérable des côtés de la tête, et quelquefois même de la gorge, dénuée de plumes. Les habitudes de ces oiseaux sont assez semblables à celles des vautours; mais ils sont

Fig. 7.

plus courageux et leur vol est plus facile (Fig. 6. *Caracara ordinaire*).

C'est encore dans le nouveau continent qu'habitent les *Harpies*. Leurs tarses sont très gros, très forts et à moitié couverts de plumes ; leurs ailes sont plus courtes que celles des aigles pêcheurs; leur bec et leurs serres sont d'une force extraordinaire. La taille de la *Grande Harpie d'Amérique* (Fig. 7) est supérieure à celle de l'a. royal. Les voyageurs prétendent qu'elle enlève souvent des faons, et qu'elle peut fendre le crâne d'un homme à coups de bec.

De même que les harpies, les *Aigles-Autours* ont les ailes plus courtes que la queue ; mais ils s'en distinguent par leurs tarses allongés, un peu grêles, et leurs doigts faibles et courts. Ces oiseaux vivent de petits animaux, mammifères et oiseaux. Enfin, il existe également en Amérique une petite tribu d'aig es à laquelle on a donné le nom de *Cymindis*. Le caractère le plus saillant de ces oiseaux est, suivant Cuvier, la présence de narines presque fermées, semblables à une fente.

Antiq. et Blas. — Dans tous les temps, l'*Aigle* a été l'emblème de la force, de la majesté et de la puissance. Dans la mythologie gréco-romaine, il fut consacré à Jupiter, et les poètes le représentent comme portant entre ses serres les foudres du maître des dieux. Déjà au temps de Cyrus, l'a., au dire de Xénophon et de Quinte-Curce, figurait sur les étendards des rois de Perse ; mais ce sont surtout les armées romaines qui ont popularisé l'a. comme emblème de la puissance souveraine. Dans les premiers temps de la Rép.lique les aig'es étaient de bois ; plus tard elles furent d'argent avec des foudres en or ; enfin, sous César, elles étaient en or, mais elles ne portaient plus de foudres. Pendant toute la durée de l'Empire romain et du Bas-Empire, l'a. demeura le symbole de la puissance impériale. Lorsque Charlemagne eut mis sur sa tête la couronne de l'empire d'Occident, il adopta l'a. pour emblème.

L'a. à deux têtes n'apparaît qu'à la fin du Bas-Empire. Cet emblème servait, sous les derniers empereurs de Constantinople, à indiquer leur double domination en Orient et en Occident. Les empereurs d'Allemagne s'emparèrent ensuite de ce symbole, et de là il passa dans la maison d'Autriche. — Iwan Wassil évitch, le premier des tzars qui prit le titre d'empereur de toutes les Russies, adopta également (vers 1475), après avoir épousé la princesse Sophie, petite-fille de Michel Paléologue, l'a. à deux têtes de l'empire d'Orient, qui venait de s'écrouler.

Lors de la fondation de l'empire français, en 1804, Napoléon replaça l'aigle sur les nouvelles armes de la France. Ces armes disparurent avec l'empire et reparurent sous Napoléon III (1852-1870).

Dans la langue du blason, l'a. à deux têtes est dite *éployée*; elle peut être *becquée*, *membrée*, *languée*, *couronnée*, *diademée* d'un autre émail, c.-à-d. que son bec, sa langue, ses m bres, la couronne ou le diadème qu'elle porte, peuvent être d'une autre couleur que celle du corps de l'oiseau. On la dit *onglée* quand les serres seulement sont d'un émail différent. Elle est *naissante* ou *issante* lorsqu'on ne voit que sa tête et une partie du corps ; *essorante* lorsqu'elle semble prendre sa volée. Elle est *au vol abaissé*, si les bouts des ailes tendent vers le bas de l'écu. Enfin, elle est *contournée*, quand elle regarde la gauche de l'écusson.

AIGLEFIN. s. m. Voy. AIGREFIN, poisson.

AIGLETTE. s. f. Blas. Voy. ALÉRION.

AIGLON. s. m. Le petit d'un aigle.

AIGLURE. s. f. T. de Fauc. Se dit des taches rousses dont le plumage des oiseaux est parsemé.

AIGNAN, ch.-l. de c. du Gers, arr. de Mirande. 1,649 hab.

AIGRE. adj. 2 g. (lat. *acer*, aigu). Se dit proprement des choses qui font éprouver à l'organe du goût une sensation piquante, analogue à celle que produisent les acides. *Saveur ai. Cette orange est ai. au contact de l'air.* || Par anal., on dit: *Odeur ai. Le levain a une odeur ai.* — S'emploie encore en parlant des sons aigus, dont le timbre est désagréable. *Voix ai. Cloche qui rend des sons aigres.* || *L'air, le vent est ai.*, se dit de l'impression piquante qu'ils produisent en faisant contracter la peau. || Fig., *Avoir l'esprit, le caractère, l'humeur ai.*, se dit de quelqu'un dont l'esprit est caustique, dont le caractère est revêche, dont l'humeur est chagrine. — Dans le même sens, *Style, ton, réprimande ai.* — Par extens., on dit: *C'est une personne fort ai.* || T. Peint. *Couleurs aigres, Couleurs q i ne sont pas liées par des demi-teintes.* || T. Métall. S'emploie en parlant des métaux peu ductiles et peu malléables. *Ce fer est ai. qu'on ne peut le forger. Cuivre ai.* || T. Agric. On dit qu'*une terre est ai.*, lorsqu'elle est essentiellement marneuse. || S'emploie subst. au masc., au prop. et

au fig. *Ce vin sent l'ai. Il y a encore de l'ai. dans l'air. Depuis quelque temps son humeur tourne à l'ai.* = AIGRE, s. m. Liqueur acidule qu'on fait avec des sucs de fruits acides, et qu'on édulcore avec du sucre. *Ai. de cédrat, de limon, de bigarade.*

Syn. — *Acerbe, Acide, Acrimonieux.*

AIGRE, ch.-l. de c. (Charente), arr. de Ruffec, 1,700 hab.

AIGRE-DOUX, OUCE, adj. Qui est aigre et doux à la f is. *Fruits aigres-doux. Oranges aigres-douces.* || Fig., Dont l'aigreur se fait sentir sous une apparence de douceur. *Un ton de voix aigre-doux. Un style aigre-doux. Un compliment aigre-doux. Des paroles aigres-douces.*

AIGREFEUILLE, ch.-l. de c. (Loire-Inférieure), arr. de Nantes, 1,450 hab.

AIGREFIN. s. m. (all. *greifen*, saisir?) Escroc, chevalier d'industrie. *Gardez-vous de cet aig.* || T. Icht. Poisson de la famille des *Gades*, voisin des morues, mais plus petit. On dit aussi *aiglefin*, *églefin* et *égrefin*.

AIGRELET, ETTE ou **AIGRET, ETTE.** adj. Diminutifs d'aigre. *Le fruit de l'épine-vinette a un petit goût aigrelet ou aigret.* || Fig. et fam., *Un ton aigrelet. Des manières aigrelettes.* || *Aigret, ette*, est peu usité et ne s'emploie pas au fig.

AIGRELIER. s. m. T. Bot. Nom vulgaire du *Sorbier torminal* ou *Alisier des bois.* Voy. ALISIER et ROSACÉES.

AIGREMENT. adv. D'une manière aigre. Ne se dit qu'au fig. *Parler, répondre, écrire aig.*

AIGREMOINE. s. f. T. Bot. Genre de plantes de la famille des *Rosacées.* Voy. ce mot.

AIGREMORE. s. m. Charbon pulvérisé dont se servent les artificiers.

AIGRET, ETTE. adj. Voy. AIGRELET.

AIGRETTE. s. f. (prim. nom d'un oiseau) Faisceau de plumes effilées et droites qui orne la tête de certains oiseaux. *L'aig. d'un héron, d'un paon.* || Par anal., Bouquet de p umes qu'on emploie comme ornement. *Elle portait au bal un turban avec une aig. Un dais, un lit surmonté d'aigrettes.* || Par extens., Pompon de crin qui sort d'ornement à une coiffure militaire. || *Aig. de diamants, de perles*, etc. — Bouquets de diamants, de perles, etc., disposés en forme d'aig. || *Aig. de verre*, Espèce d'ornement composé d'un faisceau de fils de verre très fins. || *Aig. d'eau*, Petit jet d'eau divergent en forme d'aigrette. || T. Bot. Touffe de soies fines et délicates qui couronnent certaines graines et certains fruits. Voy. DISSÉMINATION. || T. Entom. Faisceau de poils que présentent diverses parties du corps de certains insectes. || T. Ornith. Espèce de *Héron.* Voy. ce mot. || T. Phys. *Aigrettes lumineuses*, Faisceaux de rayons lumineux divergents qui s'observent dans certains cas aux extrémités des corps électrisés.

AIGRETTÉ, ÉE. adj. T. Hist. nat. Qui est muni d'une aigrette.

AIGREUR. s. f. Qualité de ce qui est aigre. *Ce vin a de l'aig.* || Fig., Disposition d'esprit et d'humeur qui porte à blesser les autres par des paroles piquantes. *Cet homme a beaucoup d'aig. dans l'esprit. Parler, répondre avec aig.* || *Il vaut mieux garder le silence que de parler avec aig.* (LE S GE). || *Il y a de l'aig., quelque aig., un peu d'aig. entre deux personnes*, Il y a entre elles un commencement de brouillerie. || T. Grav. On appelle *Aigreurs* les tailles où l'acide a trop mordu.

Méd. — Dans le langage médical on donne le nom d'*Aigreurs* à la régurgitation de liquides aigres qui remontent de l'estomac dans le pharynx et dans la bouche, où ils causent une sensation très désagréable. Ce phénomène dépend quelquefois de l'usage d'aliments acides et âcres, de boissons acerbes, incomplètement fermentées ; mais le plus ordin. il est lié à l'existence de quelque maladie, soit de l'estomac, soit d'un autre viscère. Pour combattre les aigreurs, on emploie communément les substances terreuses et surtout la magnésie calcinée ; mais ces moyens ne sont que des palliatifs toutes les

que la cause des aigreurs réside dans une affection idio-pathique des organes digestifs. Voy. Dyspepsie.
Syn. — *Acreté, Acrimonie, Amertume.*

IGRIÈRE. s. f Petit-lait aigri qu'on mêle avec du son et on donne aux cochons.

AIGRIN. s. m T. Hortic. Nom donné aux jeunes pommiers aux jeunes poiriers.

AIGRIR. v. a. Rendre aigre. *La chaleur fait aig. le lait.* Fig., Rendre plus vif, plus cuisant ; irriter. *Cela ne fait que son mal, sa douleur. Cette mesure a aigri les esprits.* = s'AIGRIR. v. pron. Devenir aigre, tourner à aigre. Au prop. et au fig., *Votre vin commence à s'aig. Au mal et son caractère s'aigrissent de jour en jour.* = aigri, IE. part.

AIGU, UË. adj. (lat. *acutus;* du gr. ἀκή, pointe). Qui se mine en pointe ou en tranchant, et qui est propre à percer à fendre. *Un fer aigu. Un coin aigu. Des griffes aiguës.* || Fig., se dit des sons clairs et perçants, et des notes aiguës de l'échelle musicale. *Elle a une voix aiguë. Pousser des cris aigus.* — S'emploie subst. *Aller du grave à l'aigu, passer des notes basses aux notes élevées.* || Est encore usité au fig., en parlant d'une souffrance vive et piquante. *Douleur aiguë. Colique aiguë.* || T. Bot. *Feuilles aiguës.* Voy. FEUILLE. || T. Géom. *Angle aigu.* Angle plus petit qu'un angle droit. Voy. ANGLE. || T. Gram. *Accent aigu.* Voy. ACCENT. T. Méd. *Affection, maladie aiguë.* Maladie à évolution rapide. Voy. MALADIE.

AIGUADE. s. f. [Pr. aigade]. (Vx. franç., aigue; du lat. *aqua,* eau). T. Mar. Lieu où les navires trouvent de l'eau douce pour remplacer celle qu'ils ont consommée. *Ce marin connaît les bonnes aiguades.* || *Faire aig.,* Descendre la côte pour y renouveler la provision d'eau douce d'un bâtiment.

AIGUAGE. s. m. Voy. AIGAGE.

AIGUAIL. s. m. [Pr. aigaille]. (Vx franç. aigue). T. Chasse. Petites gouttes de rosée que l'on voit le matin sur les feuilles.

AIGUAYER. v. a. (Vx franç. aigue). Baigner, laver dans l'eau. *Aig. un cheval,* Le faire entrer dans la rivière jusqu'au ventre, et l'y promener pour le laver et le rafraîchir. || *Aig. du linge,* Le laver et le remuer quelque temps dans l'eau avant de le tordre. = AIGUAYÉ, ÉE. part. — Conjug. V. PAYER.

AIGUEBELLE, ch.-l. de c. (Savoie), arr. de Saint-Jean-de-Maurienne, 1,400 hab.

AIGUE-MARINE. s. f. [Pr. aigue.] T. Minér. Pierre bleuâtre. Voy. ÉMERAUDE. || T. Céram. Produit artificiel, sorte de verre coloré par l'oxyde de cuivre d'une belle couleur turquoise ou bleu céleste, employé pour décorer les porcelaines tendres vieux Sèvres.

AIGUEPERSE, ch.-l. de c. (Puy-de-Dôme), arr. de Riom, 2.500 hab. (Le mot *aigue* qui entre dans plusieurs noms de lieux est un vieux mot français dérivé du lat. *aqua,* eau.)

AIGUERIE. s. f. Voy. AIGAGE.

AIGUES-MORTES, ch.-l. de c. (Gard), arr. de Nimes, à 6 kilom. de la Méditerranée, avec laquelle elle communique par un canal. Saint Louis s'y embarqua en 1248 à son départ pour sa première croisade. ; 8,600 hab.

AIGUIÈRE. s. f. (Vx franç. aigue, eau). [Pr. aighière]. Vase fort ouvert qui a une anse et un bec, et dans lequel on met de l'eau pour divers usages. *Aig. d'argent, de cristal, de porcelaine.*

AIGUIÉRÉE. s. f. [Pr. aighiérée]. Le contenu d'une ai-guière pleine. *Aig. d'eau.* Peu us.

AIGUILLADE. s. f. [Pr. ui]. Long bâton pointu dont les laboureurs et les voituriers se servent pour piquer les bœufs.

AIGUILLAGE. s. m. [Pr. ui]. T. Chem. de fer. Action de

faire mouvoir les aiguilles. || *Faux aig.,* Fausse manœuvre qui engage un train sur une voie qu'il ne devait pas suivre.

AIGUILLAT. s. m. [Pr. ui.] T Icht. Nom vulgaire de certains squales, notamment du *Squale acanthias.* Voy. SQUALE.

AIGUILLE. s. f. [Pr. ui.] (lat. *acicula*). Petite verge de fer, d'acier, d'or ou d'autre métal, pointue par un bout et percée par l'autre pour y passer du fil, de la soie, de la laine, etc dont on se sert pour coudre, pour broder, pour faire de la tapisserie, etc. *Enfiler une aig. Aig. à coudre. Aig. d'em-balleur,* etc. — *Aig. à passer,* Celle dont les femmes se servent pour passer un lacet, un cordonnet dans une coulisse, dans des œillets. || Fig. et prov., *Faire un procès sur la pointe d'une aig.,* ou *Disputer sur la pointe d'une aig.,* Contester sur un sujet de peu d'importance. || *Chercher une aiguille dans une botte de foin,* chercher une chose diffi-cile à trouver, au milieu de beaucoup d'autres, à cause de sa petitesse. || *De fil en aig.,* Successivement, insensiblement, en passant d'un propos à un autre. || Se dit aussi de plusieurs sortes de petites verges de fer ou d'autre métal qui servent à différents usages. *Aig. à tricoter des bas. Aig. d'oculiste pour opérer la cataracte. Aig. de balance. Aig. d'hor-loge,* etc. — *Aig. de boussole,* Aig. aimantée dont on se sert sur les navires pour s'orienter. || T. Icht. *Aig. de mer,* Nom vulgaire des *Syngnathes.* Voy. LOPHOBRANCHES. || T. Chem. de fer. Portions de rails taillées en biseau, mobiles sur le sol et servant à faire passer les trains sur une voie ou sur une autre suivant la manière dont on les dispose. Voy. CHEMINS DE FER.

Archit. — On donne le nom d'*Aig.* à des clochers en forme de pyramide et extrêmement pointus, ou plutôt à ces constructions hardies de forme pyramidale qui surmontent les tours de certaines églises gothiques. On leur applique le plus ordinairement le nom de *Flèches.* On appelle encore aig. certains ornements de pierre qui reproduisent, sur de bien moindres dimensions, les flèches dont nous venons de parler, et qui surmontent diverses parties des édifices construits dans le même style architectural. — La forme des *Obélisques* leur a valu également le nom vulgaire d'aig. Voy. ARCHITEC-TURE gothique et OBÉLISQUE.

Phys. — On appelle *Aig. aimantée* une petite barre d'ai-mant naturel, ou mieux d'acier aimanté, qui n'a que deux pôles situés à ses extrémités. Si, après avoir pratiqué une chape conique au milieu de l'aig., on la pose sur un pivot vertical très fin et très poli, de façon que l'aig. soit parfaite-ment mobile, on voit celle-ci osciller quelque temps et s'ar-rêter enfin dans une direction particulière. L'une des extré-mités de l'aig. regarde constamment le nord magnétique, tandis que l'autre regarde le sud. C'est sur cette propriété de l'aig. aimantée qu'est fondée la construction de la *boussole.* Voy. BOUSSOLE et MAGNÉTISME.

Géol. — On donne le nom d'*Aiguilles* aux sommets qui sont terminés en pointe aiguë et prismatique. On en rencontre un assez grand nombre dans les Alpes : telle est l'*aig. du Midi* aux environs de Chamounix. Les aiguilles sont ordi-nairement composées de lames verticales.

Techn. — L'*Aig.* ordinaire, celle dont se servent les tail-leurs, les lingères, etc., est un instrument tellement connu qu'il serait superflu de le décrire ; mais son usage est si uni-versel que nous ne saurions passer sa fabrication sous silence. D'un autre côté, la perfection de ce petit outil et le bas prix auquel il se vend excitent véritablement la surprise, quand on songe au grand nombre de manipulations différentes qu'il doit subir avant d'être entièrement terminé.

L'Angleterre avait autrefois l'apanage de la fabrication des aiguilles. Aujourd'hui la fabrication française concentrée à Laigle (Orne) et dans les environs a pris un développement considérable, et soutient facilement la concurrence étrangère. Cette industrie a reçu récemment de nombreux perfectionne-ments qui sont en grande partie l'œuvre de M. Bohin fils, et qui ont permis de réduire à 45 le nombre total des manipula-tions par lesquelles passait le fil de métal, nombre qui s'élevait autrefois jusqu'à 120. On emploie des fils d'acier de qualité supérieure, tréfilés d'une façon mathématique ; on les dispose par paquets de 15 kilogrammes qui produiront chacun 80 ou 100,000 aiguilles suivant la grosseur. Ces fils passent dans une machine spéciale qui les dresse et les coupe sur une lon-gueur de deux aiguilles : le morceaux ainsi obtenus s'ap-pellent *transons.* Cette machine peut suffire à la production de 500,000 aiguilles par jour.

L'*empointage,* qui s'effectuait autrefois à la main sur une meule d'émeri, constituait une opération aussi dangereuse

14

qu'insalubre. Il se fait aujourd'hui à l'aide d'une machine simple et ingénieuse qui est représentée en élévation (Fig. 1) et en plan (Fig. 2). Cette machine se compose d'une table en fonte mobile fixée par une charnière sur un bâti dans lequel se trouve la meule à *empointer*. Sur la table, qui peut s'approcher ou s'éloigner de la meule à volonté, se trouve une poulie recouverte de caoutchouc, tandis qu'une autre plaque de caoutchouc est fixée à la table, et forme une surface concave en regard de la poulie. Les aiguilles prises entre cette surface et

Fig. 1.

la poulie acquièrent un mouvement de rotation et sont entraînées vers la meule. Celle-ci, qui tourne à la vitesse de 1,500 tours par minute, a aussi une forme concave, de manière que les aiguilles sont en contact sur la meule pendant tout le parcours. L'axe de la poulie est oblique par rapport à celui de la meule, de sorte que celle-ci attaque le fil par l'extrémité et l'effile en pointe sur une longueur plus ou moins grande suivant l'inclinaison des axes. Seulement la forme de la meule s'altère pendant cette opération, qui exige beaucoup d'habileté de la part de l'ouvrier. Celui-ci doit à chaque instant rectifier la forme de la meule en la grattant avec une pierre d'émeri qu'il tient à la main. Comme on ne peut empointer qu'une seule extrémité à la fois, il faut faire passer deux fois les aiguilles sous la meule. Cette machine peut empointer 200,000 aiguilles par jour.

Les morceaux empointés des deux bouts sont soumis à l'es-

Fig. 2.

tampage, opération qui consiste à imprimer au milieu du fil, à l'aide d'un mouton et d'une matrice, la forme des têtes juxtaposées des deux aiguilles. Puis vient le *perçage*, qui s'exécute à l'aide d'un petit balancier faisant mouvoir un petit poinçon à deux pointes qui perce les deux trous nommés *chas*. Dans la machine à percer de M. Bohin, les aiguilles, guidées par des pièces spéciales, viennent se placer automatiquement sous les poinçons.

Les transons sont alors *enfilés* par des enfants sur de petites broches d'acier de manière à former des faisceaux de fils parallèles qui sont remis au *limeur*. Celui-ci les fixe dans

une sorte d'étau spécial qui se manœuvre au moyen d'une pédale, et, à l'aide d'une lime, abat les bavures et sépare les transons en deux parties. Les aiguilles sont ensuite *trempées* à l'huile, puis *recuites* afin qu'elles soient moins cassantes. Puis, elles subissent un second dressage à chaud, sur la barre à dresser, car les opérations précédentes les ont plus ou moins tordues. Il faut alors les polir. Le polissage se fait par paquets de 500,000 aiguilles, et la même machine polit de vingt à trente paquets à la fois, c.-à-d. 10 à 15 millions d'aiguilles. Après le polissage, on les place dans un tambour qui contient de la sciure de bois tamisée et auquel on imprime un mouvement de rotation à l'aide d'une manivelle; cette opération se nomme *dégraissage*. Enfin on vanne les aiguilles pour les séparer de la substance qui a servi à les dégraisser. — Toutes les opérations, à partir du polissage inclusivement, se répètent jusqu'à dix fois pour les aiguilles de première qualité et demandent huit à dix jours. — Enfin le *triage* s'exécute dans un atelier que l'on maintient extrêmement sec. On range toutes les têtes d'un même côté, c'est ce qu'on appelle *détourner*; on met de côté les aiguilles défectueuses, et on classe les bonnes d'après leur longueur. Les aiguilles ont encore à subir quelques opérations de finissage : le *bleuissage*, qui s'opère à l'aide d'une machine qui prend les aiguilles dans une trémie et passe leur tête dans la flamme d'un bec de gaz disposé spécialement, ce qui leur donne une belle teinte bleue permettant de mieux distinguer le chas; puis le *drillage*, qui a pour objet de polir la partie intérieure du trou, afin que le fil ne s'y coupe pas. Il s'exécute à l'aide d'une pointe fine d'acier, sorte de fraise excessivement fine animée d'un mouvement très rapide. L'ouvrier tenant une poignée d'aiguilles disposées en éventail, avec une dextérité dont on a peine à se faire une idée, présente successivement chaque chas à la drille et il lui fait fraiser les deux côtés l'un après l'autre. Maintenant il ne reste plus qu'à disposer les aiguilles dans des papiers, sur lesquels on écrit le numéro des aiguilles, etc. Ces petites opérations préliminaires à la vente occupent encore un grand nombre d'ouvriers. — Les bonnes aiguilles dites *anglaises* se distinguent aisément des autres en ce que la pointe est exactement dans l'axe (ce qui se reconnaît aisément en les faisant rouler entre l'index et le pouce), et en ce que l'œil ne coupe pas le fil.

Les aiguilles d'emballeur, les aiguilles à passer, les aiguilles à fabriquer les bas, sont connues de tout le monde, et, leur fabrication n'offrant rien de bien particulier ou de remarquable, nous n'en traiterons pas spécialement. Quant aux aiguilles dont on se sert en chirurgie, elles sont très diverses de forme : toutefois les plus usitées représentent de petites lames d'acier aplaties, pointues et souvent courbées sur une de leurs faces. Il sera parlé de ces instruments quand il sera question des opérations dans lesquelles ils sont usités.

AIGUILLÉE. s. f. [Pr. *ui*.] Certaine étendue de fil, de soie, de laine, coupée de la longueur qu'il faut pour travailler à l'aiguille. *Une aig. de fil. Couper de longues aiguillées.*

AIGUILLES (Cap des). Pointe méridionale de l'Afrique.

AIGUILLETAGE. s. m. [Pr. *ui*.] T. Mar. Action d'aiguilleter; résultat de cette action.

AIGUILLETER. v. a. [Pr. *ui*.] Attacher ses chausses à son pourpoint avec des aiguillettes. --- S'emploie surtout avec le pron. pers. *La mode de s'aiguilleter a duré très longtemps.* || *Aig. des lacets*, Les ferrer. || T. Mar. Joindre, lier par un petit cordage des objets séparés et presque toujours différents. = AIGUILLETÉ, ÉE. part.

AIGUILLETIER. s. m. [Pr. *ui*.] Artisan dont le métier est de ferrer les aiguillettes et les lacets.

AIGUILLETTE. s. f. [Pr. *ui*.] Cordon, ruban, etc., ferré par les deux bouts pour servir à attacher. Les anciens pantalons d'homme, ou hauts-de-chausses, se fermaient par une braguette et une aiguillette. || Ornements de costumes, *Aig. de fil, de soie, de cuir. Des aiguillettes ferrées d'argent. Actuellement l'aig., comme ornement militaire, est spécialement affectée aux officiers d'état-major.* || Fig., *Nouer l'aig.*, se disait d'un prétendu maléfice auquel on attribuait le pouvoir d'empêcher la consommation du mariage. || Fig., Morceau de la peau ou de la chair, arraché ou coupé en long. *Ces barbares lui arrachèrent toute la peau du dos par aiguillettes. Couper un canard par aiguillettes.* || T. Mar. Cordage qui sert à aiguilleter.

AIGUILLEUR. s. m. [Pr. *ui*.] T. Chem. de fer. Employé chargé de manœuvrer les aiguilles.

AIGUILLIER. s. m. [Pr. *ui*.] Étui où l'on met des aiguilles. Vx.

AIGUILLON. s. m. [Pr. *ui*.] Pointe de fer qui est au bout d'un grand bâton, et dont on se sert pour piquer les bœufs, afin de les exciter au travail. || Fig., Tout ce qui excite, anime les hommes à faire quelque chose. *L'émulation est un aig. pour la jeunesse.*

Zool. — On donne le nom d'*Aig.* à une arme propre aux insectes qui composent la famille des *Hyménoptères*. Cette arme est située à l'extrémité de l'abdomen; tantôt elle est cachée dans sa cavité, d'où l'animal a la faculté de la faire sortir à volonté; tantôt elle est apparente et ne peut jamais rentrer en entier dans l'abdomen. La première variété constitue l'*aig. proprement dit;* et la seconde est appelée *tarière*. C'est sur l'observation de ce fait anatomique qu'a été fondée la division de la famille des *Hyménoptères* en deux grandes sections, celle des *Térébrants* et celle des *Porte-aiguillons*. L'aig. des *Hyménoptères* n'est pas seulement une arme pénétrante : il comporte une sorte de gouttière laissant écouler dans la plaie qu'il fait un venin sécrété par l'insecte. — Les scorpions ont aussi un aig.; c'est le *telson*, qui n'est autre chose que le dernier segment de l'abdomen terminé par une pointe courbe perforée pour donner passage au venin. — En ícht., on nomme encore aiguillons les osselets d'une seule pièce et pointus qui remplacent, dans certains poissons, les rayons des nageoires. — Enfin, le mot aig. s'emploie fréquemment en Bot., pour désigner des piquants qui sont des productions épidermiques. On ne doit pas confondre les aiguillons avec les *épines*, qui sont des branches transformées en piquants. Voy. ÉPINE.

AIGUILLON, v. de France (Lot-et-Garonne), arr. d'Agen, 3,400 hab.

AIGUILLON (Duc d') (1720-1782), ministre des affaires étrangères sous Louis XV, remarquablement inepte.

AIGUILLONNER. v. a. [Pr. *ui*.] Piquer un bœuf avec l'aiguillon pour hâter sa marche. || Fig., Animer, inciter. *Il faut aig. cet enfant pour le faire agir.* = AIGUILLONNÉ, ÉE. part.

Syn. — *Stimuler, Piquer, Exciter, Inciter, Induire, Animer, Encourager, Pousser, Porter.* — Tous ces verbes, au fig., renferment l'idée d'impulsion. Trois d'entre eux, *aig., piquer* et *stimuler*, ont d'après l'étymologie le sens de blesser quelqu'un avec un trait acéré, pour le forcer à se mouvoir. Mais *aig.* indique qu'on enfonce le trait à plusieurs reprises, et *piquer* marque une blessure plus vive que *stimuler*. Ainsi, en *aiguillonne* un homme lent et paresseux pour le contraindre à agir; on *pique* la curiosité d'une femme pour augmenter le désir qu'elle a de connaître une chose; on *stimule* un enfant par des récompenses pour le faire avancer dans ses études. Les termes *exciter* et *inciter* expriment également une action impulsive; mais tous deux l'indiquent dans un sens opposé. Rigoureusement parlant, on *incite* à entrer dans un lieu, on *excite* à en sortir. Inciter, c'est tenter, c'est agacer; exciter, c'est réveiller, ranimer. Le mot *induire*, qui a presque la valeur de conduire, se prend toujours en mauvaise part : on *induit* quelqu'un à mal faire; on *l'induit* en erreur. Il n'en est pas de même d'*encourager* et d'*animer;* ils se prennent tantôt en bonne, tantôt en mauvaise part. Le premier signifie applaudir, soutenir quelqu'un pour l'engager à continuer, ou à faire une action quelconque; le second a le sens d'augmenter l'énergie. *Porter* et *pousser* servent à caractériser l'effort employé pour communiquer une impulsion. On *pousse* le peuple à se révolter; on le *porte* à s'insurger. *Pousser* a souvent la signification de lancer, d'agiter; *porter* a celle de soulever, d'entraîner.

AIGUIRANDE, ch.-l. de c. (Indre), arr. de la Châtre, 2,300 hab.

AIGUISEMENT. s. m. [Pr. *ui*]. Action d'aiguiser. Peu us.

AIGUISER. v. a. [Pr. *ui*] (R. *aigu*). Rendre aigu, rendre plus pointu, plus tranchant. *Aig. un clou, une lame, un couteau, un rasoir.* || Fig., *Aig. une épigramme,* En rendre le trait plus piquant, plus mordant. — *L'exercice aiguise l'appétit,* Le rend plus vif. — *La nécessité aiguise l'esprit,* Le

rend plus prompt, plus pénétrant. = s'AIGUISER. v. pron. = AIGUISÉE, ÉE. part. *Un esprit aiguisé par l'habitude de la discussion.*

AIGUISERIE. s. f. [Pr. *ui*] T. Techn. — Une *Aig.* est une usine où les lames de divers instruments tranchants sont aiguisées et polies à l'aide de meules de pierre qui servent à *dégrossir* et de meules en bois qui servent à *affiler* ou à terminer l'ouvrage. Les meules en pierre sont ordinairement placées dans une cuve en tôle renfermant assez d'eau pour mouiller constamment leur circonférence, afin d'empêcher l'acier de s'échauffer au point de se détremper en partie pendant l'opération de l'affilage. Elles sont mises en action par la vapeur, ou par un moteur hydraulique, et font jusqu'à 500 tours par minute. L'*affilage* se fait sur des meules en bois, dont la circonférence est ordinairement garnie de cuir ou d'un anneau métallique formé d'un alliage d'étain et de plomb, et que l'on recouvre d'un mélange de suif et d'émeri. On les mouille ordinairement avec de l'huile, et leur vitesse doit être plus grande encore que celle des meules en pierre. — Après l'opération de l'affilage on donne le poli aux outils avec du rouge d'Angleterre ou colcotar très fin et fortement calciné, et au moyen de meules en bois recouvertes de peau de buffle. La vitesse de ces meules est beaucoup moindre que celle des meules qui servent à l'affûtage et à l'affilage.

Des ventilateurs doivent être installés dans ces manufactures pour en chasser les poussières et y entretenir un air pur, afin de préserver les ouvriers des maladies de poitrine qu'ils y pourraient contracter. On sait en effet que toutes les industries qui développent beaucoup de poussières, et surtout des poussières de corps durs prédisposent aux maladies de poitrine, parce que les poussières introduites dans les poumons déterminent dans le parenchyme pulmonaire de petites blessures qui favorisent la contagion de la tuberculose. Sous ce rapport le travail à la meule est un des plus dangereux.

AIL. s. m. [Pr. *a-ill*, ll mouillées.] (lat. *allium*). T. Bot. Il fait *Aulx* au pluriel; mais les botanistes disent également *Ails*. Plante dont le bulbe a une odeur forte et un goût âcre.

Bot. — On donne ce nom à un genre de plantes assez nombreux qui appartient à la famille des *Liliacées*. Plusieurs espèces sont vulgairement connues sous les noms d'*Ail*, d'*Oignon*, de *Porreau*, d'*Échalote*, de *Ciboule*, de *Civette*. de *Rocambole*. Tout le monde sait quels sont les usages culinaires des espèces que nous venons d'énumérer, et quelle consommation il se fait de l'*A. ordinaire* dans le midi de l'Europe, où cette plante est beaucoup moins âcre et exhale une odeur bien moins pénétrante que vers le nord. Cette odeur est due à la présence d'une huile volatile particulière nommée essence d'ail et qui est le *sulfure d'allyle*, ou éther sulfhydrique de l'alcool allylique. L'*A. ordinaire* a été jadis usité comme médicament; il agit, en effet, comme stimulant des voies digestives, et possède des propriétés vermifuges assez énergiques. C'est seulement pour sa vertu anthelmintique qu'il est encore employé aujourd'hui dans la médecine populaire.

AILANTE. s. m. T. Bot. Genre de plantes de la famille des *Simarubacées* (Voy. ce mot), dont l'espèce la plus connue est l'*Ailante glanduleux* vulg. appelé *Vernis du Japon*, bien qu'il ne fournisse pas de vernis. Ce bel arbre à cime étalée, originaire de la Chine, a été introduit en France

vers 1831. Il se plaît sous le climat de Paris, où il se développe avec rapidité. Il en existe de nombreuses plantations sur les promenades publiques; malheureusement les fleurs mâles répandent une odeur pénétrante et peu agréable. Son bois, souvent velu de vert, est aussi beau que celui du noyer, plus ferme et moins cassant que celui du chêne. Son écorce est dense, lisse et fort belle. L'ail, glanduleux nourrit un bombyx qui fournit une soie aussi belle que celle du bombyx du mûrier, mais qui, plus facile à élever, est peut-être appelé à remplacer ce dernier. Voy. Soie. L'acclimatation de cet arbre remarquable par la beauté de son port, la richesse de son feuillage, la rapidité de sa croissance et les services qu'il peut rendre à l'industrie est une conquête précieuse pour l'arboriculture française. L'écorce de la racine de l'ail. a été préconisée comme anthelminthique et antidiarrhéique.

AILE. s. f. (lat. *ala*, diminutif de *axilla*, aisselle.). Partie du corps de certains animaux qui leur sert à s'élever et à se soutenir dans l'air. *Cet oiseau étend, déploie ses ailes. Il vole à tire d'a. Il bat des ailes. Un oiseau blessé qui ne bat que d'une a. Les ailes d'une mouche, d'un papillon. Les chauves-souris ont des ailes membraneuses.* Les anciens donnaient des ailes à la Victoire, à la Renommée, à l'Amour, au cheval Pégase. — On dit poét. : *Sur les ailes du temps. Sur les ailes au sar l'a. des vents, des zéphyrs.* || Prov. et fig., *La peur donne des ailes*, Elle fait courir plus vite. *Le mal a des ailes*, Il arrive avec promptitude. — *Ne battre plus que d'une a.*, Avoir beaucoup perdu de sa vigueur, de son crédit, de sa considération. — *Il en a dans l'a.*, Sa santé est gravement altérée, ou bien : il a éprouvé quelque disgrâce, ou bien encore : il est devenu amoureux. — *T irer une plume de l'a. à quelqu'un*, Lui attraper quelque chose, lui extorquer de l'argent. — *Rogner les ailes à quelqu'un*, Lui retrancher de ses richesses, de son autorité, de son crédit. — *Vouloir voler sans avoir des ailes*, Entreprendre une chose au-dessus de ses forces. — *Voler de ses propres ailes*, Agir sans le secours d'autrui. — *Tirer pied ou a. d'une chose*, En tirer quelque profit de manière ou d'autre. || Fig , on dit qu'*une fille est encore sous l'a. de sa mère*, lorsqu'elle est encore sous la conduite et la surveillance de sa mère. || Se dit aussi, en parlant des oiseaux préparés pour la table, de cette partie charnue qui s'étend depuis le haut de la poitrine jusque sous les cuisses. *Servir une a. de perdrix, de chapon.* || En parlant de plumes à écrire, on appelle *Bouts d'a.*, Les plumes du bout de l'aile des oies. || Par anal., le mot *A.* a été appliqué à une foule d'objets différents; ainsi on dit : *Les ailes d'un moulin à vent. Les ailes d'un pignon, d'un touret. Les ailes du nez. Les ailes d'une armée*, etc. Voy. ces mots.

Allus. littér.
Même quand l'oiseau marche, on sent qu'il a des ailes.
Charmant vers de Lemierre dans son poème des *Fastes*.

.Zool. — Les *Ailes*, considérées comme organes de locomotion aérienne, varient singulièrement de forme et de structure chez les animaux qui possèdent la faculté de se soutenir dans les airs. Chez les mammifères et chez les oiseaux, les ailes ne sont autre chose que des membres supérieurs ou antérieurs modifiés de manière à pouvoir servir à l'usage du vol. Dans la classe des mammifères, les *Chéiroptères* seuls possèdent des ailes véritables; ce sont les phalanges des doigts, très allongées, qui sont reliées par une membrane délicate. Les expansions cutanées qui permettent à quelques autres espèces, telles que les *Galéopithèques*, les *Phalangers volants* ou les *Polatouches*, d'exécuter des bonds considérables lorsqu'ils s'élancent d'une branche sur une autre, ne sauraient mériter ce nom. D'un autre côté, certains oiseaux, ainsi que tout le monde le sait, sont incapables de s'élever ou de se soutenir dans les airs, la conformation de leurs ailes s'opposant à ce qu'ils puissent s'en servir pour l'usage auquel elles paraissent destinées. Chez les reptiles et les poissons, quoique quelques espèces, comme le *Dragon* parmi les premiers, les *Exocets* parmi les seconds, aient reçu le nom vulgaire de lézard et de poissons volants, les organes qui leur ont valu ce nom ne sont nullement les analogues des ailes; ce sont, pour les dragons, des expansions cutanées soutenues par les côtes, et, pour les seconds, des nageoires pectorales. — Chez les insectes, les organes du vol sont constitués par des appendices membraneux, aussi variés de forme que d'étendue et toujours implantés sur les parties latérales du thorax, mésothorax et métathorax; chez certaines espèces trouvées à l'état fossile dans les terrains carbonifères, il y avait aussi des appendices aliformes au prothorax. C'est en grande partie sur la considération du nombre, de la structure et de la forme des ailes que sont fondées les classifications entomologiques. En conséquence, c'est à l'art. *Insecte* que doit être renvoyée l'étude de cet organe. Par le même motif, il sera parlé des ailes des oiseaux au mot *Oiseau*, de celles des chauves-souris

au mot *Chéiroptères*, et des appareils improprement appelés ailes aux noms des divers animaux qui en sont pourvus.

Bot. — On donne, par anal., le nom d'*Ailes* aux deux pétales latéraux de la corolle des *Papilionacées*, ainsi qu'à tous les appendices membraneux des végétaux disposés aux côtés de la tige, comme dans certaines *Gesses*, ou de certains fruits, comme dans l'*Orme*, etc. Voy. Fleur, Tige, Fruit, Feuille.

Archit. — On applique assez souvent le terme *Ailes* aux bas-côtés ou nefs latérales d'une église qui sont séparées de la nef centrale par une rangée de piliers ou de colonnes. Dans les églises gothiques et dans une foule d'autres édifices religieux plus modernes, l'intérieur est divisé longitudinalement en trois ou cinq nefs par deux ou trois rangées de piliers parallèles aux murs. La division centrale porte le nom de *nef*, et les deux ou quatre divisions latérales celui d'ailes. La cathédrale de Cologne, celle de Milan, et la basilique de Saint-Paul-hors-des-Murs à Rome, par ex., ont deux ailes de chaque côté de la nef principale. — Dans les théâtres, les ailes sont, de chaque côté de la scène, l'espace où s'opère le reculement des châssis et où a lieu la circulation des personnes attachées au service du théâtre. — On appelle *Ailes* les parties latérales d'une maison, d'un édifice, qui font un angle droit avec le corps principal de bâtiment. — Enfin, on donne le nom d'*Ailes de mouche* aux ancres que l'on emploie aux angles des coffres des cheminées de brique.

AILÉ, ÉE. adj. Qui a des ailes. *Des fourmis ailées. Des serpents, des poissons ailés. Pégase est un cheval ai. Un dragon ai. Les sylphes ailés.* || En Iconol., *Un foudre ai.* est le symbole de la puissance et de la vitesse. || En Bot., l'épithète *Ai.* s'emploie en parlant des expansions membraneuses dont il a été parlé au mot Aile.

AILERON. s. m. L'extrémité de l'aile d'un oiseau, à laquelle tiennent les grandes plumes. *Cet oiseau a l'ail. rompu. Une fricassée d'ailerons.* || Par anal., se dit des nageoires de quelques poissons. *Les ailerons d'une carpe.* || Par ext., Petites planches qui garnissent les roues des moulins à eau, et qui, frappées tombe l'eau dont l'action fait tourner la roue. || T. Mar. Planche qu'on cloue à un gouvernail pour en augmenter la surface. || T. Ent. Écaille qui se trouve à la base de l'aile de certains insectes diptères. Voy. Diptères.

AILETTE. s. f. T. Archit. Avant-corps ajouté à un corps de bâtiment et plus petit qu'une aile.

AILLADE. s. f. [Pr. *a-ill-ade*, ll mouillées.] (R. ail). Sauce faite avec de l'ail.

AILLANT-SUR-THOLON, ch.-l. de c. (Yonne), arr. de Joigny, 1,450 hab.

AILLER. s. m. [Pr. *a-ill-é*, ll mouillées.] T. Chasse. Grand filet pour prendre les cailles. On dit aussi *cailler*.

AILLEURS. adv. [Pr. *a-ill-eur*, ll mouillées] (lat. *aliorsum*). En un autre lieu. *Vous le chercheriez inutilement ail. Se tâcherai de l'avoir d'ail. Cette voie n'est pas sûre, je vous ferai tenir vos lettres par ail. — Nous avons écrit, nous avons dit ail., dans un autre passage. Cette pensée se trouve dans Fénelon et ail.*, et dans les ouvrages d'auteurs écrivains. || *Son mécontentement ne vient pas de votre négligence, il vient d'ail.*, d'une autre cause. *S'il la querelle sur ce si mince sujet, c'est qu'il lui en veut d'ail.*, pour un autre motif. = D'Ailleurs. loc. adv. De plus, en outre. *D'ail. il faut considérer, Je vous dirai d'ail.*

AILLOLI. s. m. [Pr. *a-ill-oli*, ll mouillées] (R. ail). Sorte de sauce ou coulis fait avec de l'ail pilé et de l'huile d'olive.

AILLY (Pierre d'), théologien français (1350-1420).

AILLY-LE-HAUT-CLOCHER, ch.-l. de c. (Somme), arr. d'Abbeville, 1,100 hab.

AILLY-SUR-NOYE, ch.-l. de c. (Somme), arr. de Montdidier, 1,250 hab.

AIMABLE. adj. 2 g. Qui est digne, qui mérite d'être aimé. *Un lieu, un objet aim. Une vertu aim. Des manières aimables.* || Dans le langage de la société, l'épithète *Aim.* s'applique à toute personne qui plaît par son extérieur, son langage, ses manières. *C'est une femme très aim. C'est un aim. homme.* — Ironiq.. *Il veut faire l'aim.* Il Par formule de politesse ou de remerciement, on dit : *Vous êtes bien aim. de nous faire visite, de vouloir bien vous charger de cette affaire.*

AIMANT. s. m. (gr. ἀδάμας, fer, acier, diamant, mot à mot l'indompté). Sorte de minerai de fer qui possède la propriété d'attirer le fer. — Morceau de fer, d'acier ou d'une autre substance qui a reçu, par des procédés artificiels, la propriété d'attirer le fer. Il Fig., *La bonté de cette femme est un aim. qui attire auprès d'elle tous les malheureux.*

Minér. — L'*Aim. naturel* ou *Pierre d'aim.*, qui jouit de la propriété d'attirer le fer, le nickel, le cobalt, est connu en minéralogie sous le nom de *fer oxydulé, fer oxydé magnétique.* Il est constitué par l'oxyde de fer Fe^3O^4 appelé en chimie *oxyde salin*, parce qu'il peut être considéré comme résultant de la combinaison du protoxyde FeO avec le sesquioxyde Fe^2O^3, le premier fonctionnant comme base, le second comme acide. L'oxyde magnétique ne forme pas de sels. Attaqué par un acide, il se dédouble et donne un mélange de sels de protoxyde et de peroxyde. La couleur de la pierre d'aimant varie dans les divers échantillons suivant les légères différences qui existent entre les proportions et la nature des substances étrangères auxquelles le fer se trouve uni ; mais elle est le plus souvent le gris foncé avec un éclat métallique. On le trouve en masses considérables dans les mines de fer de la Suède et de la Norvège, dans l'île d'Elbe, dans l'Andalousie, aux îles Philippines et dans les différentes localités de l'Arabie, de la Chine et du royaume de Siam.

Phys. — Les anciens avaient déjà reconnu la propriété d'attirer le fer dans le minerai de fer dont il est question, et comme ce minerai avait été trouvé près de Magnésia en Lydie, ils lui avaient imposé le nom de *magnes*, d'où nous avons tiré l'épithète *magnétique.* — L'attraction qu'exerce l'aim. a été nommée *force magnétique.* Lorsqu'on plonge un aim. dans de la limaille de fer, celle-ci s'y attache, y adhère et y demeure suspendue. On observe

Fig. 1.

que les différents points de la surface de l'aim. ne possèdent pas une force attractive égale. La limaille s'est particulièrement ramassée autour de deux points opposés et qu'on désigne sous le nom de *pôles.* (Fig. 1.) L'action va en s'affaiblissant à mesure qu'on s'approche du centre de l'aim., où cette action est nulle. La ligne de la surface de l'aim. où l'action magnétique est insensible a reçu le nom d'*équateur* ou mieux *ligne neutre.* Il est facile, à l'aide du *pendule magnétique*, de démontrer l'existence des deux pôles et de la ligne neutre. Le pendule magnétique consiste simplement en une petite balle de fer suspendue à un fil de soie. Si on présente les différentes parties de l'aim. à la balle de fer, en ayant soin de maintenir toujours l'aim. à la même distance de cette dernière, on reconnaît que certains points de la surface de l'aimant imprimeront à la balle une grande déviation, tandis que d'autres points ne produiront qu'une déviation à peine sensible. — Lorsqu'on prend une feuille de carton, qu'on la pose sur un aim., qu'ensuite, avec un petit tamis, on fait tomber sur le carton de la limaille très fine, et qu'on imprime alors de légers chocs à ce dernier, on voit la limaille s'arranger en courbes régulières comme dans la Fig. 2. L'aimant est indiqué par des lignes ponctuées ; les pôles sont en P, P', et la ligne neutre en *mm'*. Cette expérience fait voir que la limaille, au lieu d'adhérer à la ligne neutre, forme des filaments courbes qui partent de chaque côté de cette ligne et passent à côté pour se rejoindre ; elle prouve aussi que l'attraction de l'aim. s'exerce même au travers de la substance du carton. Au reste, il en est de même quel que soit le corps interposé. — Lorsqu'on brise un aim. naturel en deux parties de façon que dans chacune d'elles se trouve un des pôles de l'aim. entier, chaque moitié acquiert un nouveau pôle opposé au premier ; et, en gén., quand on brise un aim. naturel en un nombre quelconque de fragments, chaque fragment devient un aim. complet possédant deux pôles. — Pour différencier ces deux pôles, on suspend l'aim. par un fil, de manière que la ligne qui passe par les pôles soit horizontale ; on observe alors que l'axe longitudinal de l'aim. prend une direction à peu près parallèle au méridien géographique, et que, si l'on écarte l'aim. de cette direction, il y revient en faisant des oscillations plus ou moins nombreuses. Les

physiciens donnent le nom de *pôle austral* à celui des pôles de l'aim. qui regarde le nord, et de *pôle boréal* à celui qui regarde le sud. Voy. BOUSSOLE, MAGNÉTISME.

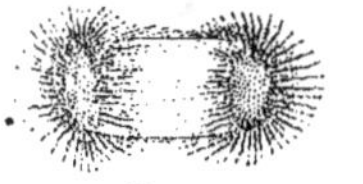

Deux barres d'aim. naturel suspendues comme on vient de le dire, et suffisamment éloignées l'une de l'autre, semblent parallèles. Mais si on les rapproche, de telle manière que celles de leurs extrémités qui se dirigeaient vers les mêmes points de l'horizon soient très voisines, on reconnaît qu'elles

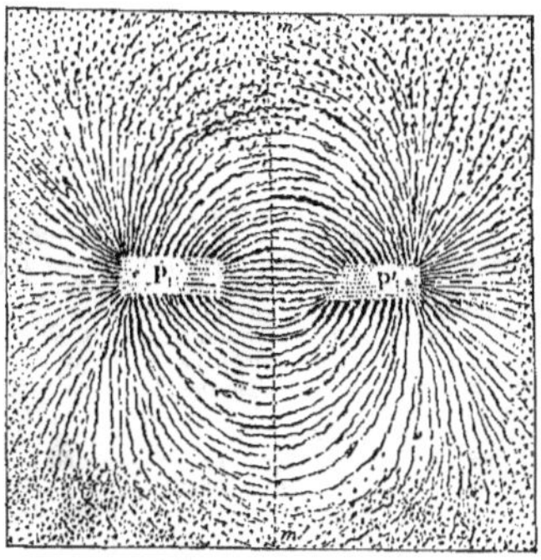

Fig. 2.

se repoussent. Si, au contraire, on rapproche les extrémités qui se dirigeaient vers des points opposés de l'horizon, on observe qu'elles s'attirent. Ainsi, il y a répulsion entre les pôles *de même nom* et attraction entre les pôles *de nom différent.* Coulomb a démontré que les attractions et les répulsions magnétiques varient en raison inverse du carré de la distance.

La propriété magnétique de l'aim. est susceptible de se communiquer de diverses manières. Des morceaux de fer doux, placés à distance d'aimants naturels, manifestent des phénomènes magnétiques, comme s'ils étaient eux-mêmes des aimants. Lorsque, par ex., on suspend parallèlement deux petits cylindres de fer doux à l'extrémité de deux fils de soie et qu'on approche au-dessous d'eux l'un des pôles d'un aim. énergique (Fig. 3), ces deux petits cylindres s'éloignent l'un de l'autre et se rapprochent au contraire quand on éloigne l'aim. Cette action est due à l'influence de ce dernier, qui communique au fer une vertu magnétique temporaire. Dans cette expérience,

Fig. 3.

les pôles semblables des deux aimants temporaires, c.-à-d. des deux cylindres, étant voisins, ils doivent se repousser ; mais dès qu'on éloigne l'aim., il les deux cylindres, et n'exerce plus aucune influence sur aussitôt ceux-ci perdent leurs pôles et reprennent leur position verticale. Si l'on suspend à l'aim. AB (Fig. 4) un cylindre de fer doux F, celui-ci devient lui-même un aim. capable de soutenir un second cylindre, qui peut encore en supporter un troisième, et ainsi de suite ; l'action, cependant, va toujours en s'affaiblissant. On forme ainsi une espèce de chaîne dont l'aim. naturel représente le premier anneau ; mais quand on sépare l'aim. d'avec le premier cylindre, toute la chaîne tombe et se brise, les autres anneaux n'ayant plus d'action pour se lier l'un à l'autre. Lorsqu'on répète cette expérience en se servant, au lieu de fer doux, d'un cylindre d'acier trempé, il n'adhère pas à l'aim. et par conséquent ne peut rester suspendu. Cependant, si on le laisse une demi-heure environ en

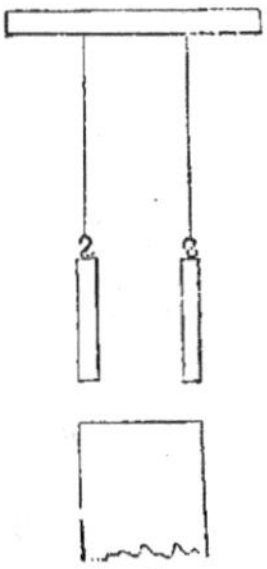

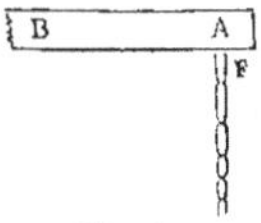

Fig. 4.

contact avec l'aim., cet acier qui semblait, au premier instant, insensible au magnétisme, devient magnétique avec le temps, et est attiré aussi puissamment que le fer. Mais à la différence de ce dernier, l'acier conserve pour longtemps la force attractive qu'il a acquise; dès lors il possède une ligne neutre et deux pôles, et agit de la même façon qu'un aim. naturel. Le cylindre d'acier dont nous parlons constitue donc un corps *aimanté* ou un *Aim. artificiel*. Ce mode d'aimantation porte le nom d'*aimantation par influence*. Il convient de distinguer les substances qui sont simplement magnétiques et celles qui sont aimantées. Les premières sont toujours attirées par les deux pôles d'un aim., les secondes ont toujours deux pôles qui sont attirés ou repoussés par ceux de l'aim., selon qu'on en rapproche les pôles de nom contraire ou de même nom.

On s'est rendu compte des phénomènes magnétiques en supposant qu'il existe des agents ou *fluides* magnétiques: le *fluide austral* et le *fluide boréal;* les deux fluides demeurent à l'état de combinaison tant que les corps magnétiques ne sont pas soumis à l'action d'un aim., et se séparent quand un aim. se trouve placé de manière à exercer son influence sur ces corps, chaque fluide attirant le fluide de nom contraire, et repoussant le fluide de même nom. Pour expliquer que la propriété magnétique se manifeste bien plus difficilement dans l'acier que dans le fer doux, et qu'en revanche elle persiste dans le premier, tandis qu'elle s'évanouit promptement dans le second, on a supposé qu'il existe dans les corps magnétiques une *force coercitive* plus ou moins grande qui s'oppose au mouvement des deux fluides. Dans le fer doux, où cette force coercitive est nulle, les deux fluides se séparent facilement sous l'action d'un aim., mais se recombinent aussitôt après la disparition de l'influence extérieure. Dans l'acier, au contraire, la force coercitive retarde la séparation des deux fluides, mais elle s'oppose en revanche à leur recombinaison. De plus, comme l'expérience démontre qu'un aim., à la différence des corps électrisés, ne perd rien de son énergie par le fait de la communication de sa propre vertu à d'autres substances, on suppose que chaque molécule d'un aim. naturel ou artificiel jouit individuellement des mêmes propriétés que la masse dont elle fait partie, et que les deux fluides, tout en se séparant dans chacune de ces molécules, ne peuvent pas l'abandonner et se transporter sur une autre molécule voisine. Cette hypothèse explique aussi la production des deux pôles dans chaque fragment d'un aim. brisé.

Lorsqu'on veut obtenir des aimants artificiels puissants, il faut se servir d'acier modérément trempé: car si la trempe était trop forte, la force coercitive serait tellement énergique qu'elle s'opposerait à la séparation des deux fluides, et, par conséquent, à toute aimantation. — Lorsqu'on a communiqué à un barreau d'acier la plus forte aimantation qu'il puisse conserver, il arrive quelquefois qu'outre les deux pôles dont on reconnaît la présence à ses extrémités, d'autres centres d'action se manifestent sur le barreau. Ces pôles secondaires sont toujours alternativement contraires; leur développement, lors de l'aimantation, est dû à la trop grande force coercitive, ou à la trempe trop dure du barreau soumis à l'aimantation. On les désigne sous le nom de *points conséquents;* et l'on appelle *points d'indifférence* les milieux de leurs intervalles. Il est facile de reconnaître la présence et la position de ces

Fig. 5.

points en plongeant le barreau dans la limaille de fer: celle-ci se fixe sur tous les pôles. (Fig. 5.)

Il existe un assez grand nombre de procédés pour aimanter les barreaux d'acier d'une manière durable. Nous nous contenterons d'exposer les plus usités. — 1° *Méthode de la simple touche*. Elle consiste à faire glisser le barreau aimanté sur le corps à aimanter, constamment dans le même sens AB (Fig. 6), depuis l'extrémité A jusqu'à l'extrémité B. L'aimantation, quoique sensible dès la première friction, acquiert une bien plus grande force lorsqu'on fait glis-

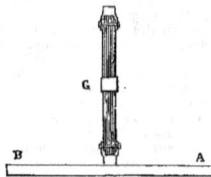

Fig. 6.

ser l'aim. à plusieurs reprises et dans le *même sens* AB. En opérant de cette manière, l'extrémité B du barreau d'acier prend un pôle de nom contraire au pôle de l'aim. qui a touché le barreau. Si les frottements successifs avaient lieu alternativement en sens contraire, l'aimantation produite par le frottement dans un sens serait continuellement détruite par le frottement en un sens opposé. Les pôles des aimants artificiels peuvent ainsi être changés par plusieurs frictions en sens opposé à celles qui ont produit l'aimantation. — 2° *Méthode de la touche séparée*. Ce procédé, qu'on doit à Duhamel,

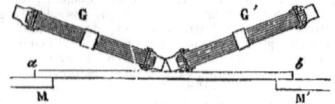

Fig. 7.

consiste à disposer sur une même ligne deux puissants barreaux M,M' (Fig. 7), de manière que leurs pôles les plus rapprochés soient des pôles de nom contraire. Ces barreaux, qui restent fixes pendant l'opération, soutiennent l'aiguille *ab*, qu'il s'agit d'aimanter; les parties de l'aiguille *ab* qui reposent sur M,M', ne doivent avoir qu'une longueur de quelques millimètres. Alors on prend les deux barreaux glissants GG', l'un dans la main droite, l'autre dans la main gauche; on les pose au milieu de l'aiguille, on les incline sur elle de 25 à 30°, et, en les séparant, on les fait glisser sous cette inclinaison, d'un mouvement lent et uniforme, pour qu'ils arrivent en même temps à chacune de ses extrémités; là, on les relève, on les rapporte au milieu, et l'on répète cette manœuvre jusqu'à ce que l'aimantation soit complète. Chacun des barreaux GG' doit toucher l'aiguille par le même pôle que le barreau fixe vers lequel il marche. Ce procédé paraît être le plus convenable pour aimanter les aiguilles ou les lames qui n'ont pas plus de 4 ou 5 millimètres d'épaisseur. Mais quand leur épaisseur est plus considérable, la méthode de la touche sé-

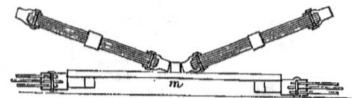

Fig. 8.

parée est insuffisante pour les aimanter à saturation. On a recours alors au procédé suivant. — 3° *Méthode de la double touche*. Ce procédé, tel qu'on l'a perfectionné Æpinus, dont il porte aussi le nom, ne diffère du procédé de Duhamel que par la disposition et le mouvement des barreaux glissants. Ainsi (Fig. 8), l'inclinaison des barreaux glissants sur la lame à aimanter n'est que de 15 à 20°, et on les promène ensemble, du milieu vers l'une des extrémités, puis de cette extrémité vers l'autre, en parcourant plusieurs fois toute la longueur de la lame jusqu'à ce qu'on juge l'aimantation suffisante; puis on revient au milieu, et on enlève les barreaux glissants, après avoir eu le soin de passer *le même nombre de fois sur chaque moitié du barreau*. Cette méthode donne des aimants plus puissants, mais moins réguliers que la précédente.

Aujourd'hui on substitue à ces méthodes l'emploi des courants électriques, qui donne bien plus rapidement des résultats beaucoup plus satisfaisants. Voy. ELECTRO-MAGNÉTISME.

Mais, quel que soit le procédé, il convient d'aimanter les barreaux d'acier jusqu'à *saturation*, c'est-à-dire jusqu'à ce que l'application du procédé n'augmente plus l'aimantation.

La force attractive que l'on peut développer dans les aimants artificiels est bien supérieure à celle que possèdent les aimants naturels. L'action de la terre suffit à aimanter par influence les corps magnétiques. C'est elle qui a formé les aimants naturels. Il est impossible de laisser une tige de fer ou d'acier pendant un temps un peu long dans une même position sans qu'il s'y développe une aimantation appréciable. Les tiges de paratonnerre, les rails de chemin de fer sont toujours aimantés de la sorte.

On construit des aimants artificiels très puissants en réunissant des lames d'acier ou des barreaux minces aimantés à saturation. On les place les uns sur les autres, en accolant à leurs extrémités deux *talons* ou morceaux de fer doux. Il est convenable que les extrémités des lames partielles soient, non sur la même ligne, mais en retrait jusqu'au milieu de l'épaisseur totale. (Fig. 9.) Grâce à cette disposition, tous les pôles semblables agissent moins obliquement sur les corps qu'ils doivent influencer. On donne à ces aimants artificiels le nom de *faisceaux magnétiques*. On peut en construire de formes très variées, mais le plus souvent on préfère celle de fer à cheval. Toutefois il ne faut pas croire que la force de ces ai-

Fig. 9.

mants soit proportionnelle au nombre des lames, car elle croît dans un rapport moindre que ce dernier, c.-à-d. que la réunion de plusieurs lames produit un effet moindre que la somme des effets partiels de ces lames isolées. Mais, dans tous les cas, ces aimants sont bien plus puissants que des aimants massifs du même poids. Jamin, qui a beaucoup perfectionné la construction des puissants aimants, en a construit un qui pèse 50 kilog. et peut porter 459 kilog. de fer.

Lorsque le pôle A d'un aim. artificiel (F. 10) touche l'extrémité *a* d'un barreau de fer doux, il y développe un magnétisme contraire, ce magnétisme réagit sur l'aim., et tend à y exciter une nouvelle décomposition du fluide magnétique. Cette augmentation produit à son tour dans le barreau *ab* une décomposition nouvelle qui réagit encore sur le pôle A, de sorte que l'un et l'autre, par cette réaction réciproque, acquièrent une force attractive plus intense. Ainsi, lorsqu'on suspend au crochet du barreau *ab* un plateau de balance dans lequel on met d'abord toute la charge que l'aim. peut soutenir, et qu'on laisse le contact établi, on peut chaque jour augmenter ce poids d'une petite quantité. Les barres de fer doux dont on

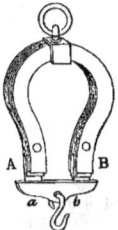 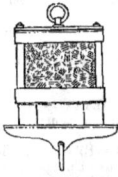

Fig. 10.   Fig. 11.

garnit les aimants portent le nom d'*armatures* : ces armatures sont nécessaires aux aimants artificiels, pour qu'ils conservent toute leur énergie. On arme ég.'ement les aimants naturels, afin d'augmenter leur puissance, et de donner au magnétisme de la masse une meilleure direction. Ces armatures sont des plaques de fer doux qu'on applique contre les faces des pôles préalablement polies, et qu'on maintient par des cercles de cuivre. (Fig. 11.) — Les aimants deviennent plus faibles par la chaleur; mais ils reprennent leur énergie par le refroidissement. Ils perdent totalement leur propriété quand on les fait rougir au feu. D'autres circonstances encore la leur enlèvent également.

Jusqu'ici nous avons parlé exclusivement de la propriété magnétique du fer; cependant le cobalt et le nickel se comportent comme lui en présence des aimants naturels ou artificiels. Du reste, à mesure que les moyens d'expérimentation se sont perfectionnés, on a reconnu que tous les corps sont plus ou moins sensibles à l'action magnétique; mais tandis que les uns sont attirés, d'autres sont repoussés par l'aimant. Ces derniers, parmi lesquels nous citerons le bismuth et le cuivre, ont été nommés *diamagnétiques*. Voy. ce mot.

La théorie des deux fluides magnétiques est aujourd'hui complètement abandonnée, et n'est plus conservée que comme un moyen commode d'exposer ces phénomènes. On a reconnu que tous les phénomènes magnétiques dépendent de courants électriques qui se produisent à l'intérieur des corps. Voy. MAGNÉTISME, ÉLECTRO-MAGNÉTISME, SOLÉNOÏDE.

Méd. — Les propriétés singulières des aimants ont poussé certains médecins de toutes les époques à les employer en thérapeutique; mais les résultats ont souvent paru à peu près

nuls, et ont été niés pendant longtemps. Depuis 1889, de nouvelles études ont fait reconnaître que l'action des aimants est incontestable dans certains cas de maladies nerveuses et particulièrement d'hystérie. Les aimants agissent vraisemblablement par les courants électriques qu'ils déterminent dans les muscles. Ainsi on a reconnu que : 1° si l'on déplace un aim. dans le voisinage d'un muscle, celui-ci se contracte; 2° si un sujet est atteint d'une douleur névralgique ou d'une paralysie locale, et qu'on applique les pôles d'un aim. sur la partie malade, la douleur ou la paralysie disparaît souvent en quelques minutes pour se reporter sur la partie symétrique de l'individu, mais avec une moindre intensité. On a fondé sur ce fait une méthode thérapeutique. Enfin les aimants paraissent jouer un certain rôle dans les phénomènes hypnotiques. Voy. HYPNOTISME, MÉTALLOTHÉRAPIE.

AIMANT, TE. adj. Porté à aimer. *Il est d'un caractère aim. Une âme naturellement aimante.*

AIMANTATION. s. f. Action d'aimanter; résultat de cette action. Voy. AIMANT.

AIMANTER. v. a. Communiquer les propriétés de l'aimant à un corps. = AIMANTÉ, ÉE. part. Voy. AIMANT.

AIMANTIN, INE. adj. Qui appartient à l'aimant. Vx. Aujourd'hui on dit *Magnétique.*

AIME, ch.-l. de c. (Savoie), arr. de Moutiers, 1,030 hab.

AIMÉ-MARTIN, littérateur français (1781-1847).

AIMER. v. a. (lat. *amare*). Éprouver un sentiment d'affection plus ou moins vif pour un être ou même pour une chose. *Aim. ses parents, ses enfants, sa femme, sa patrie; aim. l'étude, la science, la gloire; aim. son cheval, un chien, un oiseau.* Ce sentiment est pour ainsi dire sans limites. On peut s'attacher à sa maison, à sa bibliothèque, à la vue d'un paysage. La vraie mesure du cœur humain est sa capacité d'aim. — Pris abs., ne se dit guère que de la passion de l'amour. *Il est un âge où l'on ne peut se défendre d'aim. Il est doux d'aim.*

Aimer, voilà le mot qu'ont déchiffré les hommes

Dans le livre divin de la création.   A. BARTHET.

Avoir un goût prononcé pour certaines personnes, pour certains animaux, pour certaines choses, pour certaines actions. *Aim. les femmes, les chiens, les chevaux, le luxe, les plaisirs, le jeu, la chasse, les louanges, la bonne chère, la musique, les tableaux, les fleurs.* || Se dit, dans un sens plus limité, de ce qui plaît, de ce qu'on trouve agréable. *Aim. l'odeur du jasmin. J'aime assez cette peinture. Il aime la musique de Mozart et n'aime pas Wagner. Aim. les manières, la franchise de quelqu'un. J'aime le lait, le café.* || Fig. *Aim. le carnage, le sang.* || S'emploie en parlant de l'attachement que manifestent les animaux pour les personnes ou d'autres animaux, et de la préférence qu'ils donnent à certaines choses. *Ce chien aime beaucoup son maître. La chèvre aime les lieux escarpés.* || Se dit même des plantes, en parlant des conditions extérieures qui leur sont favorables. *La violette aime l'ombre. L'olivier aime les pays chauds. Le saule aime les lieux humides.* || Aim. à. Prendre plaisir à. *Il aime à travailler, à lire, à chasser. La charité aime à cacher ses bienfaits. Ce chien aime à chasser.* — Par extens., *Cette plante aime à être arrosée souvent.* || *Aim. que*, suivi du subj., signif., Trouver bon, avoir pour agréable. *Aimez qu'on vous conseille.* || *Aim. mieux*, Préférer, aimer une chose de préférence à une autre. *Celui qui aime mieux se faire craindre que de se faire aim., doit craindre tous ceux qui ne l'aiment pas.* — Dans le même sens, on dit quelquefois en style de Palais : *Si mieux n'aime le débiteur.* = S'AIMER. v pron. *Aimez-vous les uns les autres. Le moyen infaillible pour se faire aim. de tous est de ne pas trop s'aim. soi-même.* || *Cette petite personne s'aime beaucoup,* Elle a beaucoup d'amour-propre, ou bien elle s'occupe beaucoup d'elle-même. || *Il s'aime à la campagne,* Il prend plaisir à y être. *Il s'aime infiniment dans votre société,* Il s'y plaît. — En parlant des animaux et des plantes. *La sarcelle s'aime dans les marécages. Le sapin s'aime dans les montagnes.* = AIMÉ, ÉE. part.

Syn. — *Affectionner, Chérir.* — *Aim.* désigne l'affection, l'attachement, l'inclination, ou simplement même , le goût qu'on a pour une personne ou pour une chose. Ce terme, par l'abus qu'on en fait, a perdu la plus grande partie de sa valeur; car il s'emploie en parlant des choses les plus diverses, soit comme sujet, soit comme régime du verbe. *Chérir*, au contraire, ne se dit que des personnes et ne s'applique qu'aux personnes ou aux choses qui font en quelque sorte partie de la personne. On *chérit* ses enfants; on *chérit* la mémoire de son père. On *aime* les fleurs, on ne les *chérit* pas; la violette *aime* l'ombre, mais elle ne la *chérit* pas. — *Affectionner* ne se dit guère qu'en parlant des choses.

AIN. riv. de France, affl. de droite du Rhône, prend sa source dans le Jura, traverse le département de l'Ain, 400 kil.

AIN (Dép. de l'), formé de la Bresse, du Bugey, de la principauté de Dombes et du pays du Gex, 354,000 hab. Ch.-l. *Bourg*, 5 autres arr. *Belley, Bourg, Gex, Nantua, Trévoux.*

AIN. s. m. T. Techn. Désigne un assemblage de plusieurs fils de la chaîne dans la fabrication des draps.

AINARD. s. m T. Techn. Ganse dont se servent les pêcheurs pour attacher le bord de leur filet sur le votre.

AINE. s. f. (lat. *inguen*) T. Anat. Le pli de la cuisse au bas du ventre. || T. Techn. Petit bâton qu'on passe dans la tête des harengs destinés à être fumés. || *Aine* et *demi-aine*, pièce de peau de mouton qui sert à joindre une éclisse et une télière dans un soufflet d'orgue.

Anat. — On donne vulgair. le nom d'*Ai*. à l'enfoncement plus ou moins profond qui sépare la cuisse de l'abdomen, et aux parties immédiatement contiguës à ce pli. Les limites de l'ai. considérée comme région ne sont donc nullement apparentes au dehors; et c'est uniquement par la considération des parties sous-jacentes que l'anatomiste détermine l'étendue de cet espace. Ainsi on regarde en gén. la région inguinale ou l'ai. comme représentant un espace à peu près triangulaire borné d'un côté par l'arcade crurale, et de l'autre par une ligne qui descendrait de l'épine iliaque antérieure et supérieure à la hauteur du petit trochanter, et de là se porterait au pubis. On trouve dans cette région de nombreux ganglions lymphatiques superficiels et profonds, et des membranes aponévrotiques qui présentent plusieurs feuillets et replis. On y remarque deux canaux, le canal inguinal qui donne passage, chez l'homme, au conduit déférent et à divers vaisseaux artériels, veineux et lymphatiques, et chez la femme, au ligament rond seulement; et le canal ou plutôt l'anneau crural qui est traversé par les vaisseaux et les nerfs cruraux. L'étude de cette région est de la plus haute importance, parce qu'elle est le siège de maladies nombreuses qui presque toutes sont du ressort de la chirurgie, parce que le diagnostic de ces affections est souvent d'une extrême difficulté, et enfin parce qu'il existe d'assez fréquentes anomalies dans la disposition des vaisseaux de cette partie. La plupart des hernies ont lieu par le canal inguinal et par le canal crural, et presque tous les organes contenus dans l'abdomen sont susceptibles de venir s'engager dans ces ouvertures. Les abcès, les anévrismes et les tumeurs de toute nature sont fréquents dans cette région.

AÎNÉ, ÉE. adj. (lat. *ante*, avant; *natus*, né). Le premier né des enfants du même père et de la même mère, ou de l'un des deux seulement. *Son fils ai.*, sa fille aînée. Son frère ai. Il est l'ai. de tous. || *La branche aînée d'une maison*, Celle qui a un ai. pour tige. || *Le fils ai. de l'Église*, Titre que prenaient les rois de France depuis Clovis. — *Fille aînée des rois de France*, Titre que prenait l'Université de Paris. || Se prend subst. *C'est mon ai. Le cadet vaut bien l'ai.* || Se dit aussi d'un second enfant relativement au troisième, et ainsi des autres. *Il est mon ai., et je suis le vôtre.* || S'emploie par ext. en parlant de toute personne plus âgée qu'une autre. *Il est mon ai. de cinq ans, de six ans.*

AÎNESSE. s. f. Primogéniture, priorité d'âge entre frères et sœurs. N'est guère usité que dans cette locution : *Droit d'aînesse.*

Hist. du Droit. — On entend par droit d'Ain. ou de *primogéniture* le privilège que la loi, dans certains pays, accorde à l'aîné des enfants mâles, dans la succession du père ou de sa mère, droit qui remonte à la plus haute antiquité et dont on retrouve des traces chez presque tous les peuples. Ainsi l'histoire de Jacob et d'Ésaü nous le montre établi chez les Hébreux au temps même des patriarches. Diodore, Valère-Maxime, Plutarque nous parlent des privilèges dont les aînés jouissaient en Égypte et en Grèce, et Tacite nous apprend que, chez les Germains, la totalité des biens du père était dévolue à l'aîné

de ses fils. — En France, sous les rois de la première race, le droit d'aîn. était inconnu. La couronne se partageait entre les frères, les alleux se divisaient de même, et les fiefs, étant concédés à vie, ne pouvaient être un objet de partage. Mais, sous les Carolingiens, les fiefs étant devenus héréditaires, le droit d'aîn. s'introduisit dans la succession de ces biens. Ce droit parut alors de toute justice, car les fiefs étaient chargés d'un service militaire qui entraînait un devoir personnel à remplir envers le souverain. Par conséquent, pour assurer ce service, il fallait que la propriété d'un fief échût toujours à un seul possesseur. L'établissement du droit de primogéniture devint une nécessité politique du régime féodal. D'après la coutume de Paris, le droit d'aîn. consistait dans un préciput, c'est-à-dire dans une portion que l'aîné prélevait, antérieurement à tout partage, sur la masse de la succession; après quoi le reste des biens se partageait de la manière suivante : s'il n'y avait que deux enfants, l'aîné prenait les deux tiers des biens restants, et le cadet l'autre tiers; s'il y avait plus de deux enfants, l'aîné prenait une moitié pour lui seul, et l'autre moitié se divisait par fractions égales entre les autres enfants. Quand il y avait des fiefs dans différentes provinces, l'aîné pouvait prendre un préciput dans chacune d'elles selon la coutume du lieu. Le père et la mère n'avaient pas la faculté de déroger, soit par donation entre vifs, soit par testament, aux dispositions de la loi concernant le droit d'aîn. L'aîné des enfants lui-même ne pouvait y renoncer avant l'ouverture de la succession. — Les motifs qui avaient fait établir le droit d'aîn. ayant cessé d'exister, ce droit se trouva, vers la fin du dernier siècle, frappé d'une réprobation générale. En conséquence, l'Assemblée constituante l'abolit par ses décrets des 15-18 mars 1790 et 8-15 avril 1791, et posa en principe l'égalité de partage entre tous les héritiers de même succession. Les dispositions du Code civil qui nous régit aujourd'hui sont fondées sur le même principe, sauf le droit réservé au père par les articles 913 et suivants. Cependant la Restauration, frappée des inconvénients qui résultent pour l'agriculture du morcellement de la propriété foncière, morcellement qui s'accroît sans cesse par l'application du droit d'égalité de partage, tenta, sinon de rétablir le droit de primogéniture tel qu'il était autrefois, du moins d'attribuer au premier-né des enfants mâles, à titre de préciput légal, la part des biens dont le père peut actuellement disposer à son gré pour avantager l'un de ses enfants. Mais la loi présentée pour établir cette disposition fut repoussée à une grande majorité par la Chambre des pairs, dans la séance du 8 avril 1826. — Ainsi donc, le droit d'aîn. est complètement aboli en France, mais il continue à subsister dans différents pays, notamment en Angleterre.

AINETTE. s. f. Petite baguette pour embrocher les harengs qu'on veut saurer.

AINIÈRE. s. f. Sorte de filet destiné à la chasse aux oiseaux. L'usage en est interdit en France par les lois qui règlent la chasse.

AINS. conj. Mais. N'est plus usité que dans le style marotique.

AINSI. adv. (lat. *in, sic*; en cette manière). En cette manière, de cette façon. *L'orateur parle ain. Comme la lumière chasse les ténèbres, ain. la vérité chasse l'erreur.* — *Ain. soit-il!* Que cela arrive de cette manière. — *S'il en est ain., Puisqu'ain. est, Puisqu'ain. va.* || *Ain. des tiers*, on dit : *Ain. du reste, Ain. des autres choses*, Il en est de même du reste, etc. = *Ainsi*, conj. Donc, par conséquent. *Ain., il est évident que. Ain., vous refusez mes servi ce.* = *Ainsi que*, loc. conj. De même que. *Les plaisirs ain. que les peines troublent l'âme. Ain. que le hibou cherche l'obscurité, ain. le méchant cherche les ténèbres.* || De la façon, de la même que. *Ceci s'est passé ain. que je vous l'ai dit.* || *S'il est ain. que, S'il est vrai que. S'il est ain. que nous ne soyons créés que pour servir Dieu.* Vx. || *Comme ain. soit que*, Attendu que, vu que.

Obs. gram. — *Ain.* considéré comme adverbe ne présente aucune difficulté dans son emploi. Lorsqu'il sert à lier des phrases ou des membres de phrases, il est rangé parmi les *conjonctions conclusives*, parce qu'il unit les rapports de principe et de conséquence, de prémisses et de conclusions. Il y aurait pléonasme si l'on disait : *Ain., par conséquent; ain., c'est pourquoi.* Cependant, l'usage admet que le mot *ain.* soit suivi quelquefois du mot *donc*: on peut dire *ain. donc.* On trouve entre les conjonctions *partant* et *ain.* une différence qui ne permet pas de les employer indifféremment l'une pour l'autre. *Partant* signifie, pour tout rela; *ainsi* signifie, par cette raison : *Payé tant, et partant quitte; Notre prince est clément, ainsi vous aurez votre grâce.* Il faut observer aussi que les locutions conjonctives *par conséquent, c'est pourquoi,* qui désignent la conclusion comme le mot *ainsi,* n'ont pas exactement sa valeur. *Par conséquent* signifie, *il suit de là;* et *c'est pourquoi* signifie, *pour ce fait. L'envie est un noir chagrin du bonheur d'autrui; par conséquent, elle est le supplice des âmes viles. La fortune est inconstante, c'est pourquoi on doit toujours espérer dans l'adversité.* Dans ces exemples, la conjonction *ainsi* ne saurait être convenablement employée. — Lorsque le mot *ainsi* s'unit à la conjonction *que* pour former une locution conjonctive, il reprend la signification qu'il a comme adverbe, et il se range dans les *conjonctions explicatives.* Il possède sous cette forme la valeur de la conjonction *comme* et de la locution *de même que,* avec cette différence qu'il désigne, le plus souvent, la répétition de choses semblables, tandis que la locution *de même que* a même qu'il ne soit humide. — La locution conjonctive *ainsi que* est souvent employée pour joindre simplement deux substantifs, et alors le verbe suivant se met au singulier. *L'homme ainsi que la vigne a besoin de support.* — La locution conjonctive *ainsi que* régit l'indicatif : *Ainsi que vous me l'avez promis; ainsi que vous le pensez.*

AIR. s. m. (gr. ἀήρ; lat. *aer*). Fluide élastique qui constitue l'atmosphère terrestre. *La pesanteur de l'a. Les régions supérieures de l'a. L'a. se dilate, se raréfie, se condense, se comprime. La masse de l'a. L'a. est indispensable à la respiration.* — En considérant l'a. par rapport à l'influence qu'il exerce sur nous et aux impressions que nous en recevons, on dit : *A. sain, malsain. Bon a. Bel a. Grand a. Mauvais a. A. doux, tempéré, étouffant, brûlant, sec, humide, corrompu, vicié,* etc. — Dans le style poétiq., on dit : *Les plaines de l'a. Le vague des airs. Au plus haut des airs.* || *Aller prendre l'a.,* Sortir de chez soi pour aller respirer un a. meilleur. *Changer d'a.,* Changer de séjour dans le même but. — On dit de même : *Aller prendre, aller respirer l'a. natal,* L'air du lieu où l'on est né. || *Se tenir à l'a., au grand a., en plein a.,* Se tenir dans un lieu où l'a. arrive de tous les côtés. *Mettre, exposer quelque chose à l'a.,* L'exposer à l'action de l'a. libre. || *Renouveler l'a., Donner de l'a. à une chambre, un salon,* etc., Donner à l'a. extérieur un libre accès dans une chambre, etc. — *Donner de l'a. à une pièce de vin,* Lever la bonde afin de laisser échapper les gaz qui pourraient la faire éclater. *Fendre l'a., fendre les airs,* se dit de la rapidité du vol, de la course, du mouvement d'un projectile, etc. || En parlant de l'air en mouvement, on dit : *Il y a ici un courant d'a. Il vient de l'a. par cette fenêtre, par cette fente. Ne restez pas entre deux airs. Il ne fait point d'a.,* Il n'y a pas un brin, un souffle d'a. — *Coup d'a.,* Douleur ou fluxion causée par l'action d'un courant d'air. || Vulg. on dit : *Mauvais a.,* pour contagion. *Il a pris le mauvais a. à Tunis et l'a porté à Marseille.* || *Prendre l'a. du feu, un a. de feu,* signif., S'approcher un instant du feu. || Fig. *Être libre comme l'a.,* N'être soumis à aucune sujétion. *Depuis que j'ai quitté le service, je suis libre comme l'a.* || Fig., *En France, l'esprit guerrier est dans l'a.; en Angleterre, c'est l'esprit mercantile. Les Français et les Anglais semblent respirer l'esprit guerrier ou l'esprit mercantile dans l'air qu'ils respirent. — L'a. du monde est dangereux pour la vertu,* la fréquentation du monde expose la vertu à mille dangers. || Fig. et fam., *Prendre l'a. du bureau,* se dit d'un employé qui ne va à son bureau que pour peu de temps et pour y faire simplement acte de présence. || T. Chim. Se disait autrefois de tout fluide élastique; on dit aujourd'hui *gaz. Air inflammable,* se dit d'hydrogène. = EN L'AIR. loc. adv. *Tirer en l'a., tirer un coup en l'a.,* Décharger une arme à feu sans diriger le coup vers un but. — Fig. et fam., Faire une démarche qui ne peut mener à rien. || *Avoir toujours le pied en l'a., un pied en l'a.,* Être toujours prêt à partir, à courir, à sauter, à danser. — *Cet enfant est toujours en l'a.,* Il ne peut rester en place. — Fig. et fam., *Tout le monde, toute la ville est en l'a.,* Tout le monde, toute la ville s'agite, est en mouvement. || *Ce clocher, cet escalier paraît tout en l'a.,* Ne semble presque soutenu par rien. — Fig., *Toute sa fortune est en l'a.,* Ne repose sur rien de solide. || Fig. *En l'air,* se dit des choses qui sont sans réalité, sans fondement. *Vous nous faites des contes en l'a. Voilà bien ce qui s'appelle raisonner en l'a. Craintes en l'a. Paroles, menaces en l'a.*

Chim. — L'air est un fluide gazeux, compressible, élastique. Il est sans saveur, sans odeur, et incolore quand il est en petite quantité; mais lorsqu'il est en masse considérable, il présente une coloration bleue due aux particules liquides et solides très fines qui s'y trouvent en suspension et qui, à cause de leurs très petites dimensions diffusent de préférence les rayons lumineux de petite longueur d'onde. L'air est un corps pesant, vérité dont les anciens philosophes de la Grèce avaient déjà quelque idée, mais qui n'a été démontrée qu'en 1630 par Jean Rey en France, en 1640 par Galilée à Florence, et définitivement en 1642, par Torricelli, élève de Galilée. Un litre d'air sec, à la température de 0°, et sous la pression de $0^m,76$, pèse un peu plus de 1 gramme, $1^{gr},293$; le poids de l'air est donc à celui de l'eau comme 1 est à 773. C'est à la densité de l'air prise comme unité que l'on rapporte celle des différents gaz. Son indice de réfraction est également pris pour unité, quand on veut évaluer celui des gaz. — L'air est mauvais conducteur de la chaleur et de l'électricité à moins qu'il ne soit humide.

Analyse de l'air. — Les anciens regardaient l'air comme un élément, et cette croyance a régné jusqu'en 1770, époque où Lavoisier démontra que l'air est un corps composé, et qu'on peut le séparer en deux gaz, l'un éminemment capable d'entretenir la combustion, et l'autre incapable de l'entretenir. La plus célèbre des expériences entreprises à ce sujet par l'illustre chimiste français est celle qui consiste à calciner du mercure au contact de l'air contenu dans un appareil fermé de toutes parts, mais cependant d'une capacité variable. Lavoisier introduisit du mercure dans un matras à col très long, communiquant par son col avec une cloche placée sur un bain de même métal (Fig. 1). Il chauffa le mercure jusqu'au voisinage de l'ébullition, et en l'entretenant dans cet

Fig. 1.

état il vit se former une poudre rouge qui finit par ne plus augmenter. Il laissa alors refroidir l'appareil, et trouva que 50 pouces cubes d'air avaient été réduits à 42 ou 43 pouces. L'air qui restait dans la cloche après cette opération (azote), n'était plus propre à la respiration ni à la combustion, car les animaux qui y furent introduits périrent au peu d'instants, et les lumières s'y éteignirent sur-le-champ comme si on les avait plongées dans de l'eau. Lavoisier chauffa ensuite dans une petite cornue 45 grains de cette poudre rouge obtenue, et obtint d'un côté 41 1/2 grains de mercure coulant, et d'un autre côté 7 à 8 pouces cubes d'un fluide élastique, «beaucoup plus propre, dit Lavoisier, que l'air atmosphérique à entretenir la combustion et la respiration des animaux (oxygène). Ayant fait passer une portion de cet air dans un tube de verre d'un pouce de diamètre, et y ayant plongé une bougie, elle y répandait un éclat éblouissant; le charbon, au lieu de s'y consumer paisiblement comme dans l'air ordinaire, y brûlait avec flamme et une sorte de décrépitation à la manière du phosphore, et avec une vivacité de lumière que les yeux avaient peine à supporter. Cet air, que nous avons découvert presque en même temps, M. Priestley, M. Scheele et moi, a été nommé par le premier *air déphlogistiqué,* par le second *air empyréal.* Je lui avais d'abord donné le nom d'*air éminemment respirable;* depuis on y a substitué celui d'*air vital,* et enfin celui d'*oxygène.* — L'air de l'atmosphère est donc composé de deux fluides élastiques de nature différente et, pour ainsi dire, opposée. Une preuve de cette importante vérité, c'est qu'en recombinant les deux fluides qu'on a ainsi obtenus séparément, c.-à-d. les 42 pouces cubes d'air non respirable, et les 8 pouces cubes d'air respirable, on reforme de l'air un tout semblable à celui de l'atmosphère, et qui est propre à peu près au même degré à la combustion, à la calcination des métaux et à la respiration des animaux». Le gaz non susceptible d'entretenir la combustion a été nommé *azote,* l'autre *oxygène.* Depuis, des expériences plus rigoureuses ont démontré que l'air est composé de 21 parties d'oxygène pour 79 d'azote en volume, et qu'il contient en outre environ 3 dix-millièmes de gaz acide carbonique, une quantité très variable de vapeur d'eau, sans parler d'une grande quantité d'autres substances qui y sont répandues en proportions diverses, mais en très petite quantité

Nous ne saurions énumérer ici les diverses analyses de l'air qu'ont exécutées les chimistes les plus éminents de notre siècle, et indiquer les procédés qu'ils ont suivis. Ces expériences, du reste, sont toutes concordantes entre elles. Nous nous contenterons donc de citer l'analyse faite, en 1841, par Dumas et Boussingault : « Nous étant procuré, disent-ils, un ballon vide d'air, nous le mettons en rapport avec un tube plein de cuivre métallique réduit par l'hydrogène, et armé de robinets qui permettent d'y faire également le vide. On a d'ailleurs déterminé exactement le poids de ce tube; le cuivre étant chauffé au rouge, on ouvre celui des robinets par où doit arriver l'air, qui ne peut d'abord y pénétrer, puisqu'il ne cède à l'instant son oxygène au métal. Au bout de quelques minutes on ouvre le second robinet, ainsi que celui du ballon, et le gaz azote se rend dans le ballon vide. Les robinets demeurés ouverts, l'air afflue, et à mesure qu'il passe dans le tube il y abandonne son oxygène; c'est donc de l'azote pur que le ballon reçoit. Quand il en est plein ou à peu près, on ferme tous les robinets. On pèse ensuite séparément le ballon et le tube pleins d'azote; puis on les pèse de nouveau après y avoir fait le vide. La différence de ces pesées donne le poids du gaz azote. Quant au poids de l'oxygène, il est fourni par l'excès de poids que le tube

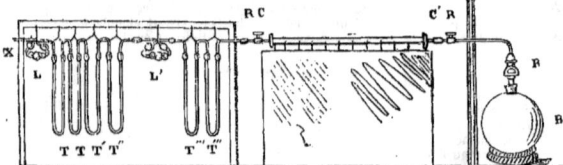

Fig 2

qui contient le cuivre a acquis pendant la durée de l'expérience. (Fig. 2, X, Tube allant chercher l'air hors de la chambre ; — L, Tube de Liebig avec potasse concentrée ; — TT, Tubes avec ponce humectée de potasse ; — T', Potasse caustique ordinaire en morceaux ; — T'', Potasse caustique rouge en morceaux ; — L', Tube de Liebig avec acide sulfurique concentré ; — T''', Tubes avec ponce humectée d'acide sulfurique concentré ; — CC', Tube en verre dur rempli de cuivre obtenu en réduisant l'oxyde par l'hydrogène ; — RR, Robinets qui permettent de faire le vide dans le tube ; — B, Grand ballon vide dans lequel se précipite l'azote lorsqu'on ouvre le robinet R.) — La rapidité du courant d'air qui traverse le tube a nécessairement une influence sur l'absorption de l'oxygène ; il ne faudrait pas l'exagérer. Cependant nous avons vu qu'elle pouvait être assez grande. En effet, nous avons souvent fait passer plus de dix litres d'air par heure au travers des tubes, sans que l'absorption d'oxygène en parût en rien altérée. Ordinairement nous demeurons fort au-dessous de cette limite, afin d'être sûrs qu'aucune portion d'oxygène n'échappe à l'action du métal. — Il suffit de voir comment l'expérience se comporte pour être pleinement rassuré à ce sujet. En effet, l'air se dépouille tout à coup d'oxygène dès son entrée le tube. Le cuivre qui s'oxyde occupe une zone tout à fait limitée; et, après les plus longues expériences, l'oxydation se trouve renfermée dans l'espace de 2 ou 3 centimètres. La presque totalité du tube contient donc encore, à la fin de l'expérience, du cuivre métallique doué de tout son éclat, et éminemment propre à recueillir les dernières traces d'oxygène. Nous n'avons pas voulu néanmoins nous en rapporter à ces apparences. Tout étant disposé comme à l'ordinaire, nous avons triplé la vitesse du courant d'air dans l'appareil, et, sous cette condition défavorable, nous avons essayé s'il retenait de l'oxygène; il n'en avait pas gardé la moindre trace. En effet, nous avons dirigé l'azote tout entier au travers d'un tube contenant une dissolution ammoniacale de protochlorure de cuivre bien incolore, et nous n'avons pu découvrir le moindre indice de coloration dans ce liquide. Or, la plus légère trace

d'oxygène l'aurait fait passer au bleu foncé. . . . . L'air que nous soumettions à l'analyse était aspiré par des tubes de verre qui le puisaient dans le jardin de mon laboratoire, près le Jardin des Plantes. Quand nous faisions deux analyses simultanées, les deux tubes aspirateurs venaient se terminer au même point, et prenaient par conséquent l'air dans la même couche. — Avant d'arriver sur le cuivre qui devait lui enlever son oxygène, l'air se dépouillait d'abord d'acide carbonique en passant dans des appareils remplis de potasse liquide très concentrée, puis d'eau, en traversant des tubes garnis d'acide sulfurique concentré et pur. »

La moyenne des expériences exécutées à l'aide de cet appareil a donné pour composition de l'air atmosphérique normal : poids de l'oxygène, 2301; poids de l'azote, 7699. Ensuite, afin de convertir les poids obtenus en volumes, ces savants chimistes ont déterminé de nouveau, avec le plus grand soin, les densités des deux gaz, et ont trouvé 1.1057 pour l'oxygène et 0.972 pour l'azote. Ainsi, en divisant le poids par la densité, on a 2080 pour le volume de l'azote et 7920 pour celui de l'oxygène.

C'est à Thénard qu'on doit les premières recherches faites d'une manière précise pour reconnaître la faible proportion d'acide carbonique que contient, ainsi que nous l'avons dit, l'air atmosphérique. Après ce savant chimiste, nous devons signaler les nombreuses expériences de Saussure, celles de Brunner et enfin celles de Boussingault. Ce dernier fait passer un volume déterminé d'air sec par un système de tubes renfermant des fragments de pierre ponce imbibés d'une solution de potasse pour retenir l'acide carbonique. L'augmentation de poids des tubes qui renferment la solution de potasse donne le poids de l'acide carbonique. De nombreuses expériences entreprises récemment par MM. J. Reiset, Müntz et Aubin ont montré que la proportion d'acide carbonique de l'air varie dans de très faibles limites. On a trouvé que sur 10,000 volumes d'air, il y a Paris 3.49 volumes d'acide carbonique, au sommet du Pic du Midi 2.86, etc. La moyenne générale est de 2.74 pour les deux hémisphères. Il y en a un peu moins dans l'hémisphère austral. L'air contient constamment une quantité de vapeur d'eau excessivement variable. C'est cette vapeur qui, se condensant sur les corps refroidis, y produit les dépôts de rosée si souvent observés. C'est elle qui se condense au sein de l'atmosphère en nuages, brouillards, pluie, etc. Enfin l'air contient diverses autres substances dont il sera question plus loin.

Constitution de l'air. — On voit que l'air est essentiellement formé d'azote, d'oxygène, de gaz acide carbonique et de vapeur d'eau. Il est bien démontré que tous ces gaz sont simplement mélangés et ne forment pas un composé chimique. Cela ne saurait faire aucun doute pour l'acide carbonique et la vapeur d'eau, dont les proportions sont variables. Pour l'oxygène et l'azote, Dulong a remarqué que l'indice de réfraction de l'air sec est le même que celui qui résulte, d'après le calcul, d'un simple mélange des deux gaz oxygène et azote, dans les proportions naturelles. De plus, l'air qui se dissout dans l'eau est plus riche en oxygène, parce que ce dernier gaz est plus soluble que l'azote : l'air dissous contient environ 0.32 d'oxygène et 0.68 d'azote.

Action chimique de l'air. — Cette action est à peu près la même que celle de l'oxygène, mais moins énergique à cause de la dilution de ce gaz dans une grande quantité d'azote. La combinaison de certaines substances avec l'oxygène de l'air, avec dégagement de chaleur, constitue la *combustion*. Le mélange d'oxygène et de vapeur d'eau qui existe dans l'air attaque certains métaux et les oxyde : c'est ainsi que le fer se *rouille* à l'air humide. L'air agit aussi par sa vapeur d'eau sur certains sels : il cède de l'eau à quelques-uns, il en enlève à d'autres ; les premiers sont appelés *déliquescents*, les seconds portent le nom d'*efflorescents*. Voy. COMBUSTION, MÉTAL, SEL, etc.

Action physiologique de l'air. — La présence de l'air est nécessaire au développement et au maintien de la vie chez les êtres organisés, tant animaux que végétaux, quel que soit le milieu où ils sont appelés à vivre. L'oxygène de l'air est indispensable à la respiration des animaux et des plantes ; l'acide carbonique est indispensable à la croissance des végétaux. Voy. RESPIRATION et VÉGÉTATION.

Matières contenues accidentellement dans l'air. — Tout le monde sait que dans les lieux où se trouvent rassemblées un grand nombre de personnes, et dans une foule d'autres circonstances, il s'opère un dégagement d'acide carbonique tel qu'il augmente notablement la proportion de ce gaz que l'air contient normalement. Cet acide carbonique en excès peut déterminer des accidents funestes. Voy. ASPHYXIE et VENTILATION. — Th. de Saussure, dans les expériences qui viennent d'être citées, avait trouvé que la combustion de l'hydrogène pur dans de l'air atmosphérique parfaitement dépouillé d'acide carbonique fournissait cependant une nouvelle quantité de ce gaz, et Boussingault, d'un autre côté, ayant constaté que l'air desséché le mieux possible donne à une température élevée une quantité d'eau représentant environ 1 dix-millième d'hydrogène en volume, on devait naturellement être porté à admettre, comme l'a fait ce dernier savant, que l'air contient, soit accidentellement, soit d'une manière permanente, une proportion très minime d'hydrogène carboné. Boussingault admet que la présence de ce dernier gaz dans l'air atmosphérique est constante, et qu'il provient principalement de la décomposition incessante des matières végétales privées de vie, quand elles sont soumises à l'action de l'air et de la chaleur. — L'air contient toujours des quantités infinitésimales d'acide azotique et d'ammoniaque. Ces substances se forment pendant les orages, époques où elles deviennent beaucoup plus abondantes. On sait, en effet, que l'oxygène et l'azote humides mélangés se combinent sur le passage de l'étincelle électrique en formant de l'acide azotique, de l'acide perazotique, et de l'azotate d'ammoniaque. Les effluves électriques lentes, les aurores boréales, etc., contribuent aussi à la formation de ces composés nitrés qui jouent un rôle important dans la végétation. — Sous l'influence de l'effluve électrique, l'oxygène se transforme en ozone ou oxygène condensé. On trouve donc de l'ozone dans l'air, surtout après les orages. En temps ordinaire, la proportion d'ozone dans l'air est plus grande le matin que le soir. — Dans les environs des volcans, l'air renferme habituellement du gaz acide sulfureux et du gaz acide chlorhydrique, et, dans le voisinage de certaines fabriques, on peut trouver une foule de gaz et de vapeurs plus ou moins compliqués qui altèrent la pureté de l'air au point de le rendre nuisible non seulement à la santé des individus, mais encore à la végétation. Mais l'action de ces causes ne se fait en général sentir que dans un rayon peu étendu. — Enfin l'air contient un grand nombre de poussières de toutes sortes, parmi lesquelles se trouvent en grande quantité des germes ou spores de moisissures, bactéries, microbes, etc. La plupart de ces germes sont inoffensifs; mais quelques-uns d'entre eux sont susceptibles de se développer dans l'organisme humain en y déterminant des maladies contagieuses. Voy. MICROBE. Le Dr Miquel a fait la statistique des spores contenues dans l'air du parc de Montsouris ; il les recueille à l'aide d'appareils spéciaux, et les compte sous le microscope. En hiver les spores sont vieilles et rares ; elles augmentent au printemps, et subsistent tout l'été. En moyenne on trouve à Montsouris 25 spores de moisissures par litre d'air. Leur nombre augmente avec les pluies. On trouve en moyenne une bactérie par litre dans l'air et un tiers d'air. Les contrées habitées en contiennent plus que la campagne ; leur nombre diminue avec l'élévation. L'hygiène recommandant d'éviter de respirer un air chargé de spores microbiennes, il vaut mieux habiter les étages supérieurs des maisons et les quartiers élevés et bien aérés. Il n'y a pas de spores dans l'air recueilli en pleine mer ou sur les montagnes.

LIQUÉFACTION DE L'AIR. — M. Cailletet est parvenu à liquéfier les deux gaz principaux qui constituent l'air en utilisant le froid produit par l'évaporation de l'éthylène préalablement liquéfié Voy. OXYGÈNE, AZOTE et LIQUÉFACTION. — Comme complément de cet article, voy. ATMOSPHÈRE.

AIR CARBURÉ. — Air qu'on a fait passer dans divers hydrocarbures liquides, qui s'est chargé de leur vapeur et possède alors la propriété de brûler à la manière du gaz d'éclairage. Les diverses tentatives faites pour installer des systèmes d'éclairage avec l'emploi de l'air carburé n'ont guère donné de résultat satisfaisant.

Ind. — Air comprimé, air raréfié, air chaud. — L'air comprimé est employé comme moteur, ou plus exactement comme moyen d'emmagasiner et de transporter la force motrice. L'air raréfié est employé pour transmettre et distribuer la force motrice à l'aide d'une canalisation dans laquelle l'air est raréfié. Il existe une machine dite machine à air chaud, qui fonctionne par la dilatation de l'air échauffé. Voy. COMPRESSEUR, FORCE MOTRICE, MOTEUR.

AIR. s. m. (Vx. f. aire, nid, d'où : origine, qualité). Apparence extérieure ; s'emploie en parlant des manières, des façons de parler, d'agir, de marcher, de se tenir, de s'habiller, de se conduire dans le monde, et en général de tout ce qui frappe à première vue dans l'extérieur d'une personne. De l'a. dont il parle, on reconnaît qu'il est persuadé de ce qu'il dit. Il a un certain a. de dire les choses, qui fait qu'on ne s'en fâche point. L'a. qu'il prend avec ces gens-là ne lui réussit pas. A l'a. dont il marche on le croirait un personnage. A l'a. dont il se met on le prendrait pour un pauvre diable. Avoir bon a., mauvais a. Avoir l'a. noble, grand, martial, spirituel, honnête. Avoir l'a. d'un homme de qualité, d'un fripon. Avoir l'a. bas, rampant, niais, simple, provincial, bourgeois, commun, etc. || Se dit dans le sens de simple apparence. Avoir un a. de grandeur, de noblesse, de supériorité. Affecter un a. de maître, de capacité. Il y a dans cette maison un a. d'opulence. — Une chose qui a grand a., qui a un grand a., Qui a une belle et grande apparence. || Prendre des airs, se donner des airs, de grands airs, Prendre un ton, affecter des manières au-dessus de son état, de sa condition, de sa fortune. — Prendre, se donner, afficher des airs de maître, de savant, de bel esprit, Vouloir s'attribuer sans raison une autorité de maître, se faire passer pour savant, pour bel esprit. Prendre, avoir des airs penchés, Affecter certaines poses languissantes pour plaire ou pour intéresser. Fam. || Avoir l'a., Sembler, paraître. Se dit des êtres animés et des choses. Il a l'a. de se moquer de nous. Il a l'a. de savoir son métier. Cette anecdote a tout l'a. d'un conte. Cette femme a l'a. bon, méchant. Elle a l'a. bossue. Elle a l'a. fâchée de ce qui vient de vous arriver. || Se dit d'une certaine ressemblance qui résulte de toute la personne et particulièrement des traits du visage. Ils ont de l'a., beaucoup d'a l'un de l'autre. — Avoir un faux air de quelqu'un, Avoir quelque ressemblance avec lui. — Avoir un a. de famille, Avoir cette conformité de traits, de physionomie, qui existe entre les individus d'une même famille. || T. Peint. et Sculpt. Un a. de tête, des airs de tête, Pose d'une tête, manière dont une tête est dessinée. — Ce peintre prend, attrape, saisit bien l'a. des personnes, Fait des portraits très ressemblants. — On dit encore, mais dans un sens différent : Il n'y a pas d'a. dans ce tableau, La lumière y est mal distribuée, les plans se confondent. || T. Man. Air se dit des allures artificiellement cadencées du cheval. Ainsi le pas naturel, le trot et le galop ne sont pas compris au nombre des airs de manège. On distingue les airs ou airs bas et en airs relevés. Les airs bas sont le Piaffer, le Passage, la Galopade et le Terre-à-terre. Les airs relevés sont le Mézair, la Pesade, la Courbette, la Croupade, la Ballottade et la Cabriole. Voy. ces mots. || T. Mar. Air de vent. Orthogr. vicieuse pour aire.

Obs. gram. — Doit-on dire : Cette femme a l'a. bon, gracieux, ou cette femme a l'a. bonne, gracieuse? Cette femme a l'a. grosse, bossue, boiteuse, ou cette femme a l'a. gros, bossu, boiteux? Cette robe a l'a. bien fait, ou Cette robe a l'a. bien faite? On a cherché à régler cet accord sur des nuances fines mais arbitraires. L'usage a rejeté ces distinctions, et celui qui parle conserve une entière liberté, pourvu toutefois que l'accord employé ne soit pas absurde. Ainsi on ne dira pas cette femme a l'a. enceint, mais enceinte, parce que cet adjectif ne saurait se rapporter à air. On dira cette femme a l'a. méchant, ou on ne veut rien présumer sur son caractère et qu'on ne parle que de son apparence. et méchante, si on veut exprimer que c'est réellement méchante. Toutes les fois que la locution avoir l'air est employée en parlant des choses, l'adjectif s'accorde avec la chose et non avec air. Cette poire a l'a. mûre. Cependant on rencontre dans quelques auteurs la locution avoir l'air construite avec un adjectif masculin en parlant des choses : la tuile a l'a. plus gai que le chaume (J.-J. Rousseau). En général, il vaut mieux employer le mot paraît. Au lieu de dire : cette personne a l'a. excellente, il est préférable de dire : paraît excellente.

Syn. — Manières. — L'air semble être né avec nous ; c'est un don de la nature. Les manières sont dues à l'éducation ; elles se développent successivement dans le commerce de la vie. L'air prévient ou repousse ; les manières conviennent ou répugnent. Tel qui déplaît d'abord par son air, charme ensuite par ses manières. — Mine, physionomie. — Le terme physionomie appliqué aux personnes ne se dit que du visage, et s'entend de l'expression particulière qui résulte de l'ensemble des traits. Une physionomie heureuse, spirituelle. Mine se dit tantôt du visage, tantôt du port. Vous avez mauvaise mine, êtes-vous malade? Le militaire a bonne mine sous les armes. Air diffère, dans ce sens, des deux termes précédents en ce qu'il se dit de l'ensemble même de la personne dont on parle. Ce magistrat a l'a. grave ; ce prince a l'a. majestueux.

AIR. s. m. (ital. *aria*). T. Mus. On donne le nom d'*Air* à tout morceau écrit pour une voix seule ou à toute mélodie jouée par un instrument seul. *A. gai, triste. A. populaire, national. Un a. de violon, de flûte. Composer, apprendre, chanter un a. L'a. va bien aux paroles.* — *N'être pas dans l'a.,* Ne pas chanter exactement un a., chanter faux. — Se dit en parlant du chant et des paroles tout ensemble. *Un a. à boire. Un livre d'airs.* — La forme des airs présente une extrême variété. « Les plus anciens, dit Fétis, sont les *chansons populaires* qu'on appelle aussi *airs nationaux.* Tous les peuples ont leurs airs nationaux, dont le rhythme et les formes de modulations offrent un caractère tout particulier. On peut citer l'Écosse, l'Irlande, le Tyrol et la Suisse comme possédant des airs nationaux d'une facture tellement spéciale que leur origine se reconnaît aussitôt. Chaque province de la France a aussi ses airs populaires et pour ainsi dire autochtones, qui se distinguent tous par quelque trait bien caractérisé. L'origine de ces airs est en général inconnue. Les *airs de danse* doivent aussi être rangés parmi les airs nationaux ; car, chez chaque peuple, ils affectent quelque forme rhythmique particulière. Les airs d'opéra sont de plusieurs espèces et portent des noms différents, suivant leur forme et suivant la place qu'ils occupent dans le drame musical. C'est ainsi qu'on distingue la *cavatine,* la *romance,* le *rondeau.* Les *grands airs* sont toujours précédés d'un *récitatif,* et se composent constamment de deux ou un plus grand nombre de parties ayant des mouvements différents et souvent coupées par des récitatifs. Un grand air porte le nom de *scène* quand il remplit en effet toute la durée de la scène. Les *couplets* se rencontrent surtout dans les opéras-comiques français. » Voy. les mots CHANSON, ROMANCE, BARCAROLLE, TARENTELLE, RONDEAU, RÉCITATIF, COUPLETS, VALSE, etc.

AIRAGE. s. m. T. Techn. On nomme ainsi l'angle que forment les ailes d'un moulin à vent, ou mieux la voile de chaque aile avec le plan de la circulation, lequel est perpendiculaire à la direction du vent. Chaque aile étant une surface gauche, l'ai. varie généralement de 9° à 26° aux différents points d'attache de la voile.

AIRAIN. s. m. (lat. *æs, æris*). Se dit de certains alliages dont le cuivre forme la base. || T. Myth. *Le siècle ou l'âge d'ai.,* L'âge, le siècle qu'on place entre l'âge d'argent et l'âge de fer. Voy. AGE. — Fig., *Un siècle d'ai.,* Un temps malheureux et dur. || Fig., *Un ciel d'ai.,* Un temps sec et aride, où il ne tombe ni pluie ni rosée. || Fig., *Un front d'ai.,* Une extrême impudence. *Cette femme a un front d'ai.* — *Un cœur d'ai.,* Un cœur dur et inaccessible à la pitié. || Prov. et fig., *Les injures s'écrivent sur l'ai., et les bienfaits sur le sable,* On se souvient longtemps des injures, tandis qu'on oublie aisément les bienfaits.

Le terme *Ai.* est plus usité dans le style poétique ou oratoire que dans la langue de la science et de l'industrie. Ce mot qu'on fait habituellement synonyme de *bronze,* sert également à désigner des alliages assez différents de ce dernier ; il s'emploie surtout pour traduire le mot *æs* des auteurs latins. Or, il paraît que les anciens ont appliqué ce mot au cuivre pur et à certains alliages de ce métal avec diverses substances métalliques, telles que l'étain, le plomb, le zinc, l'or et l'argent. Ils se servaient de l'ai. non seulement pour les monnaies et les statues des grands hommes et des dieux, mais encore pour fabriquer des armes, des ustensiles de ménage et des instruments tranchants. — On appelait *Ai. de Corinthe,* un alliage de cuivre avec l'or et l'argent. Cet alliage, suivant les auteurs, fut le résultat d'un mélange accidentel produit, lors de l'incendie de cette ville, par la fusion des statues des dieux, ainsi que des vases et des ornements précieux qui décoraient les temples. L'ai. de Corinthe était très recherché des riches Romains. Les amateurs en distinguaient trois espèces : 1° le blanc, qui approche de l'argent par son éclat, et où ce dernier métal entre en grande proportion ; 2° le jaune, dont la couleur indique la présence de l'or ; 3° celui où chacun des trois métaux est en proportion égale. Voy. BRONZE.

AIRE. s. f. (lat. *area*). Place qu'on a unie et préparée pour y battre les grains. || En Archit., se dit soit d'une surface aplanie pour recevoir un enduit, un carrelage, etc., soit de l'étendue superficielle qu'occupe une maison, une cour, etc. *L'ai. de ce plancher est mal faite. L'ai. d'une maison.* || T. Hist. nat. Nid de certains oiseaux de proie, parce qu'il est

ordin. construit sur un espace plat et découvert. *L'ai. d'un aigle, d'un vautour.* || T. Mar. *Aire de vent,* Ligne droite menée de l'un des points de l'horizon au lieu qu'occupe le navire considéré comme centre, et suivant laquelle souffle le vent. Les marins écrivent souvent au masc., mais à tort, *Air de vent.* Voy. BOUSSOLE. — *Aire,* en parlant d'un navire, se dit aussi dans le sens de vitesse. *Ce bâtiment a peu d'ai.*

Géom. — *Aire* désigne l'étendue d'une surface limitée ou le nombre qui mesure cette étendue. Deux surfaces qui ont la même aire sont dites *équivalentes.* — Pour mesurer les *aires* on prend généralement pour unité l'aire du carré construit sur l'unité de longueur. Par conséquent, si l'on adopte le mètre pour unité de mesure linéaire, la surface du carré construit sur un mètre ou *mètre carré* sera l'unité de surface. On reconnaît aisément que deux rectangles qui ont une dimension commune sont entre eux comme leurs dimensions non communes. En comparant alors deux rectangles quelconques avec un troisième ayant pour dimensions une dimension du premier et une du second, on démontre que deux rectangles sont entre eux comme les produits des nombres qui mesurent leurs dimensions ; soient : $a, b, ; a', b',$ les dimensions des rectangles P P' ; je prends le rectangle R de dimensions a, b' j'aurai : $\dfrac{P}{R} = \dfrac{b}{b'}, \dfrac{R}{P'} = \dfrac{a}{a'},$ d'où en multipliant : $\dfrac{P}{P'} = \dfrac{ab}{a'b'}.$

Si donc on compare un rectangle avec le carré qui sert d'unité de surface et dont les dimensions sont 1 et 1, on voit que l'on a un rectangle a pour mesure le produit de ses deux dimensions, ou encore le produit de sa base par sa hauteur.

L'aire du parallélogramme se ramène à celle du rectangle. Si dans le parallélogramme ABCD (Fig. 1), on abaisse les perpendiculaires A*n*, B*m* sur DC, on voit que les deux triangles

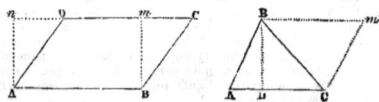

Fig. 1.   Fig. 2.

A*n*D, B*m*C sont égaux, de sorte qu'en les remplaçant l'un par l'autre on s'assure que le rectangle A*n*D*m*B est équivalent au parallélogramme ABCD. Dès lors l'*aire du parallélogramme est mesurée par le produit de sa base par sa hauteur.*

Le triangle étant la moitié d'un parallélogramme de même base et de même hauteur (Fig. 2) l'aire *d'un triangle a pour mesure la moitié du produit de sa base par sa hauteur.*

Un trapèze pouvant se décomposer en deux triangles de

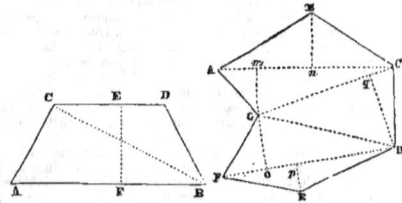

Fig. 3.   Fig. 4.

même hauteur et ayant pour bases respectives les bases du trapèze : l'*aire d'un trapèze a pour mesure le produit de la demi-somme des bases par la hauteur* (Fig. 3) :

$$\frac{AB + CD}{2} \times EF.$$

Pour trouver l'aire d'un *polygone,* on le décompose en triangles, soit arbitrairement (Fig. 4), soit en faisant partir les diagonales d'un même sommet (Fig. 5), soit en choisissant un point intérieur duquel partent autant de rayons qu'il y a de sommets dans le polygone. Ensuite on calcule séparément l'aire de chaque triangle, et la somme de ces aires donne l'aire du polygone. Souvent il y a avantage à le décomposer en trapèzes en abaissant des perpendiculaires des différents sommets sur une même diagonale. On n'a alors à mesurer les longueurs que suivent deux directions rectangulaires; il suffit en effet de mesurer les portions de la diagonale et les perpendiculaires Bb, Cc, etc.

Quant aux *polygones réguliers*, ils se décomposent en autant de triangles égaux que le polygone a de côtés, tous ces triangles ayant le centre pour sommet. La hauteur commune nP de ces triangles (Fig. 6) porte le nom d'*apothème*, et la

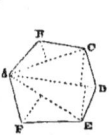 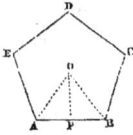

Fig. 5.   Fig. 6.

somme des côtés du polygone celui de *périmètre*, d'où : *l'aire d'un polygone régulier a pour mesure la moitié du produit de son périmètre par son apothème* (Fig. 6). — Un procédé très expéditif pour trouver l'aire d'un polygone régulier est le suivant : on élève le côté au carré, et on multiplie ce carré par le multiplicateur placé dans le tableau ci-dessous à la droite du nom du polygone.

Nombre des côtés.	Noms des polygones.	Multiplicateurs.
3	Triangle équilatéral	0,4330127
4	Tétragone ou carré	1,0000000
5	Pentagone	1,7204774
6	Hexagone	2,5980762
7	Heptagone	3,6339124
8	Octogone	4,8284271
9	Ennéagone	6,1818242
10	Décagone	7,6942088
11	Undécagone	9,3656399
12	Dodécagone	11,1961524

Si par ex. on veut obtenir l'aire d'un octogone dont le côté est 20 m., on élève 20 au carré, ce qui donne 400; on multiplie ce chiffre par 4.8284271, et l'on trouve 1931me,37084 ou 19 ares 31 cent. 37. — Pour l'aire des figures curvilignes, voy. Cercle, Quadrature, et pour celle des divers solides, les noms de chacun d'eux.

Les aires de deux surfaces semblables sont entre elles comme les carrés des lignes homologues.

Voici le tableau résumé des principales formules relatives à la mesure des aires :

Rectangle et parallélogramme : $S = ah$: a base, h hauteur.

Triangle :
$$S = \frac{1}{2}\, ah = \sqrt{p\,(p-a)\,(p-b)\,(p-c)}$$
$$= pr = (p-a)\, r_1 = (p-b)\, r_2 = (p-c)\, r_3$$
$$= \sqrt{r\, r_1\, r_2\, r_3} = \frac{abc}{4R} :$$

a, b, c les trois côtés, p le demi-périmètre, r, r_1, r_2, r_3, les rayons du cercle inscrit, des trois cercles exinscrits et du cercle circonscrit.

$$S = \frac{1}{2}\, bc \sin A = \frac{a^2 \sin B \sin C}{2 \sin A} = p^2 \operatorname{tg} \frac{A}{2} \operatorname{tg} \frac{B}{2} \operatorname{tg} \frac{C}{2}$$
$$= r^2 \operatorname{cotg} \frac{A}{2} \operatorname{cotg} \frac{B}{2} \operatorname{cotg} \frac{C}{2} :$$

A, B, C, les trois angles respectivement opposés aux côtés a, b, c.

Quadrilatère :
$$S = \frac{1}{4} \sqrt{(2mn + a^2 - b^2 + c^2 - d^2)\,(2mn - a^2 + b^2 - c^2 + d^2)}$$

a, b, c, d les quatre côtés consécutifs, m, n les diagonales. Si le quadrilatère est inscriptible :
$$S = \sqrt{(p-a)\,(p-b)\,(p-c)\,(p-d)} :$$

p demi-périmètre.

Trapèze : $S = \dfrac{(a+b)h}{2}$: a, b les deux bases, h la hauteur.

Triangle équilatéral : $S = \dfrac{a^2 \sqrt{3}}{4}$: a le côté.

Hexagone régulier : $S = \dfrac{3\, a^2 \sqrt{3}}{2}$: a le côté.

Polygone régulier de n côtés : $S = \dfrac{n}{4}\, rc'$, c' désignant la corde de l'arc double de celui qui est sous-tendu par le côté; c'est le côté du polygone régulier étoilé de même nombre de côtés et d'espèce 2, ou, si le nombre des côtés est pair, le côté du polygone régulier qui a deux fois moins de côtés.

Cercle : $S = \pi r^2$: $\pi = 3,14159265...$ r rayon.

Secteur circulaire (surface comprise entre un arc et deux rayons) :
$$S = r^2 \left(\frac{n}{360} + \frac{p}{21600} + \frac{q}{1296000} \right),$$
l'arc du secteur contenant $n^\circ\, p'\, q''$.

Segment circulaire (surface comprise entre un arc et la corde) :
$$S = \frac{1}{2}\, r^2\, (\alpha - \sin \alpha) :$$
α étant l'arc *exprimé en parties du rayon*.

Ellipse : $S = \pi ab$: a, b, les deux demi-axes.

Cylindre droit circulaire : surface latérale $S = 2\pi rh$; surface totale $S = 2\pi r\,(r+h)$: r rayon, h hauteur.

Cône droit circulaire : surface latérale $S = \pi ra$; surface totale $S = \pi r\,(r+a)$: r rayon, a apothème ou génératrice.

Tronc de cône droit à bases parallèles :
$$\text{surface latérale } S = \frac{\pi}{2}(r+r')\, a;$$
$$\text{surface totale } S = \pi \left[\frac{a\,(r+r')}{2} + r^2 + r'^2 \right] :$$
r, r' rayons des deux bases, a apothème ou génératrice.

Sphère : $S = 4\pi r^2$, quatre fois le grand cercle, $S = \pi D^2$: D diamètre.

Zone (portion de la surface de la sphère comprise entre deux plans parallèles) :
$$S = \pi r^2 h : r \text{ rayon, } h \text{ hauteur.}$$

Fuseau (portion de la surface de la sphère comprise entre deux plans passant par le centre) :
$$S = 2r^2 \alpha = 4\pi r^2 \left(\frac{n}{360} + \frac{p}{21600} + \frac{q}{1296000} \right):$$
α, angle du fuseau *exprimé en parties du rayon* contenant $n^\circ\, p'\, q''$.

Triangle sphérique : $S = r^2 \varepsilon$, ε étant l'excès sphérique, c'est-à-dire l'excès de la somme des trois angles du triangle sur deux droits, exprimé en parties du rayon, ou :
$$S = \frac{\pi r^2}{180} (A+B+C-180) : A, B, C \text{ les trois angles } en\ degrés.$$

Polygone sphérique convexe : $S = r^2 \varepsilon$, ε excès sphérique ou excès de la somme des angles du polygone sur autant de fois deux droits qu'il y a de côtés moins deux, *exprimé en parties du rayon*.

On peut souvent obtenir l'aire d'une surface de révolution au moyen du théorème de Guldin :

L'aire engendrée par une ligne plane qui tourne autour d'un axe situé dans son plan et ne le traversant pas, a pour mesure le produit de la longueur de cette ligne par la circonférence que décrit son centre de gravité.

On trouve ainsi la surface du tore : $S = 4\pi^2 Rr$, R et r étant le rayon du cercle générateur et la distance de son centre à l'axe de rotation.

Le terme *aire* s'emploie, en Mécan. et en Astron., pour désigner l'espace compris entre les rayons vecteurs et la courbe décrite par un corps mobile. *Loi des aires.* Voy. Force centrale et *Système* planétaire.

AIRE, ch.-l. de c. (Pas-de-Calais), arr. de Saint-Omer, 8,300 hab.

AIRÉE. s. f. La quantité de gerbes qu'on met en une fois sur l'aire. *Une ai. de froment. Une ai. de seigle*, etc.

AIRELLE. s. f. T. Bot. Arbuste qu'on nomme aussi *myrtille*, et dont les fruits nommés *airelles* et aussi *maurets* ont une saveur acide et rafraîchissante. Il donne son nom à un genre de la famille des *Éricacées*. Voy. ce mot.

AIRER. v. n. Faire son nid. Se dit de certains oiseaux de proie.

AIRE-SUR-L'ADOUR, ch.-l. de c. (Landes), arr. de Saint-Sever, 4,600 hab.

AIRURE. T. Min. Extrémité d'une veine de charbon qui finit en s'amincissant.

AIRVAULT, ch.-l. de c. (Deux-Sèvres), arr. de Parthenay, 2,300 hab.

AIS. s. m. (lat. *assis*, soliveau). Planche de bois. *Ais de chêne. Ais de six pieds. Faire des ais. Scier des ais. Cloisons d'ais.* Vx. — *Ais de bateau*, Ais qui ont servi à la construction d'un bateau.

Syn. — *Planche.* — *Planche* désigne principalement la forme longue et plane d'un corps; de là vient qu'il y a des planches de métal, et qu'en terme de jardinage on appelle *planche* un espace de terre plus long que large. *Ais* ne peut se dire que des *planches* de bois, et il renferme en outre l'idée d'une destination spéciale.

AISANCE. s. f. (R. *aise*). Facilité, liberté d'esprit et de corps dans l'action, dans les manières, dans le commerce, de la vie. *Porter avec ai. un pesant fardeau. Parler, agir avec ai.* || État de fortune suffisant pour vivre commodément suivant les habitudes du milieu social où l'on se trouve. *Il est, il vit dans l'ai. Il jouit d'une honnête ai.* || *Lieux, cabinets d'aisances*, Endroit disposé pour y satisfaire les besoins naturels. — *Fosse d'aisances*, Fosse de latrines.

AISCEAU. s. m. T. Techn. Instrument de tonnelier de forme recourbée qui sert à polir le bois.

AISE. s. f. (gr. αἶσιος, heureux). Contentement, sentiment de joie, de plaisir. *Il ne se sent pas d'ai.* || Commodité, situation convenable, agréable. *Êtes-vous à votre ai? Mettez-vous à votre ai.* — Ellipt., *À votre ai.*, À votre commodité, quand il vous plaira. — Par extens., *Être à son ai. Vivre à son ai.*, Avoir un être de fortune qui permette de vivre convenablement, selon sa condition. — Fam., *N'en prendre qu'à son ai.*, Ne faire que ce qui plaît, sans se gêner, sans se fatiguer. — *Il en parle bien à son ai.*, Il en parle sans se douter des difficultés, des misères, des douleurs dont il est question. — Fig. et fam., *Mettre quelqu'un à son ai.*, L'encourager, afin qu'il n'éprouve ni timidité ni embarras. *C'est un homme avec qui on est toujours à son ai.* — *Se mettre à son ai.*, sign. quelquefois en user avec trop de liberté ou de familiarité. || *Paix et ai.*, Doucement, paisiblement. *Je ne demande que paix et ai.*, Je ne demande qu'une vie tranquille, sans contrainte et sans soucis. *Aimer, chercher, prendre ses aises.* ⸗ *À L'AISE*, loc. adv. Commodément, facilement, sans peine. *Il tient six personnes à l'ai. dans cette voiture.*

Syn. — *Joie, Plaisir, Contentement, Satisfaction.* — La *joie* est une émotion délicieuse que nous ressentons, en général, lorsque nos désirs s'accomplissent, ou lorsqu'un événement heureux nous arrive. *L'aise* est une émotion analogue, mais elle est presque toujours causée par la possession de quelque chose ou par la présence de quelqu'un. La jeune fille a de la *joie* d'une nouvelle agréable; elle est ravie *d'aise* en recevant un présent. On n'est pas ivre *d'aise*, tandis qu'on peut être ivre de *joie*. Enfin, la *joie* peut aller jusqu'au délire; *l'aise* ne trouble jamais la raison. Le *plaisir* est moins expansif que la *joie* : on peut éprouver du *plaisir* sans le laisser apercevoir; mais la *joie* est difficile à cacher. Le *plaisir* est individuel, la *joie* est communicative. Dans le *plaisir*, l'esprit a plus de part que le cœur; dans la *joie*, c'est le contraire. On éprouve du *plaisir* et non de la *joie* à la lecture d'un bon livre; on éprouve de la *joie* et non du *plaisir*, lorsqu'on échappe au danger. *Contentement* se dit d'une joie calme et d'une certaine durée. Le *contentement* est presque du bonheur. La *satisfaction* diffère du *contentement* en ce

qu'elle n'implique pas toujours l'idée de félicité. En effet, un maître éprouve de la *satisfaction* des progrès que font ses élèves; mais cette *satisfaction* n'est ni un *contentement*, ni un *plaisir*, ni une *joie*.

AISE. adj. 2 g. Qui a de la joie, qui est satisfait. *Que je suis ai. de vous rencontrer!*

Obs. gram. — Lorsque l'adj. *aise* a un nom pour complément, ce nom est toujours précédé de la préposition *de* : Je suis bien *ai. de l'arrivée* de mon frère. Lorsque cet adjectif a pour complément un verbe, il régit la préposition *de*, si le verbe complément exprime un état ou une action qui dépend du sujet de la phrase; et il se construit avec *que*, si le verbe complément exprime un état ou une action qui ne se rapporte pas à ce sujet. Dans le premier cas, le verbe qui suit *de* est toujours à l'infinitif; dans le second, il est toujours au subjonctif. Je suis bien *ai. de vous voir*; je suis bien *ai. qu'il soit venu.*

AISÉ, ÉE. adj. Facile, qui se fait sans peine, sans difficulté, sans effort. *Cela est bien ai. C'est une chose aisée. Il est plus ai. d'être sage pour les autres que de l'être pour soi-même.* — Fam. *Cela vous est bien ai.* à dire, se dit en parlant à quelqu'un qui donne un conseil difficile à mettre en pratique. — *Cet homme est ai. à vivre*, Il est d'un commerce doux et facile. || Commode. *Un chemin ai. Une voiture aisée. Ce cheval a des allures aisées.* || *Un habit ai., des souliers aisés.* Un habit, des souliers qu'on met facilement, où l'on est à l'aise. — Par ext. *Ces vêtements, ces souliers sont trop aisés*, Ils sont trop larges. — Fig., *Une morale, une dévotion aisée*, Une morale, une dévotion relâchée. || *Manières aisées, Conversation aisée*, Manières où il n'y a rien de contraint, rien de guindé; conversation facile et agréable. — *Avoir l'esprit ai.*, Imaginer, concevoir facilement. — *Avoir un style ai.*, Un style clair, naturel, et qui paraît n'avoir point coûté de peine. — *Des vers aisés*, Qui se sentent point le travail; on dit mieux : *Des vers faciles.* || *Une taille aisée*, Une taille libre, dégagée. On dit dans le même sens : *Un air ai.* || *C'est un homme ai., une famille aisée*, Qui est dans l'aisance.

Obs. gram. — L'adjectif *Aisé* se place toujours après le substantif auquel il se rapporte. — Lorsqu'il est construit avec le verbe *être* employé impersonnellement, il régit la prép. *de* devant un infinitif : *Il est ai. de voir, il est ai. de parler ainsi*; mais lorsque le verbe *être* n'est pas employé impersonnellement, l'adj. *aisé* gouverne toujours la préposition *à* devant un infinitif : *Cette chose est aisée à faire*, cette parole *est aisée à dire.*

Syn. — *Facile.* — L'entrée d'un port est *facile* lorsqu'il n'offre aucun obstacle à la navigation; il est *aisé* lorsqu'elle est très vaste et commode à passer. — Les airs, les manières sont *aisés* chez l'homme du monde; mais souvent son humeur et son caractère ne sont pas *faciles.* — L'intelligence, la dextérité rendent les choses *faciles* à faire; l'habitude les rend *aisées.* Tout est *facile* pour le génie; tout devient *ai. pour la patience.*

AISÉMENT. s. m. Commodité. *À son point et ai.*, À son aise, à son loisir. Vx.

AISÉMENT. adv. Facilement. *J'en viendrai ai. à bout. L'homme croit ai. ce qu'il craint ou ce qu'il désire.* || *Ce cheval va ai.*, Il a des allures douces, commodes, aisées.

AISNE, riv. de France, prend sa source dans le dép. de la Meuse, arrose Vouziers, Rethel, Soissons, et se jette dans l'Oise à Compiègne. 230 kil.

AISNE (Dép. de l'). Formé d'une partie de la Picardie et de l'Île-de-France. 560,000 hab. Ch.-l. *Laon*, 4 autres arr. *Château-Thierry, Saint-Quentin, Soissons, Vervins.*

AISSADE. s. f. T. Agric. Sorte de pioche en fer pointue.

AISSANTE. s. f. T. Techn. Bout de planche mince qui sert à faire une couverture de toit.

AISSAUGUE, ASSAUGUE et ESSAUGUE. s. m. T. Pêche. Filet formé de deux ailes ou bras avec un manche au milieu.

AISSEAU. s. m. Petite planche très mince qui sert à couvrir comme la tuile.

AISSELLE. s. f. (lat. *axilla*).

Anat. — On désigne sous le nom d'*Ais.* l'enfoncement que l'on remarque au-dessous de l'épaule entre le bras et la poitrine. Ce creux représente à peu près un triangle dont le sommet est en dehors; il est limité en avant par la saillie prononcée que fait le bord du muscle grand pectoral, et en arrière par celle que produit le muscle grand dorsal. La profondeur de l'ais. varie suivant les positions dans lesquelles on place le bras. — La peau de cette région est fine et pourvue de nombreux follicules dont la sécrétion imprime à la transpiration une odeur particulière. Le fond de l'ais. est occupé par les cordons nerveux du plexus brachial, par les vaisseaux axillaires et par de nombreux ganglions lymphatiques. La présence d'organes aussi importants et les connexions qui existent entre l'ais. et la cavité thoracique augmentent en gén. la gravité du pronostic que l'on a à porter sur les maladies dont cette région est le siège et sur les opérations que ces maladies peuvent nécessiter. Les affections qu'on y observe le plus souvent sont des tumeurs, des abcès et des bubons. Ces derniers sont assez fréquents chez les personnes qui se sont blessées aux doigts ou à la main avec des instruments souillés de quelque substance putride, et surtout avec des instruments de dissection. L'ais. porte aussi le nom de *région axillaire*.

Bot. — On appelle *Ais.* l'angle situé au-dessus du point d'attache d'une feuille et formé par celle-ci et la partie de la tige supérieure à l'insertion de la feuille. On donne encore ce nom à l'angle que fait un rameau ou un pédoncule avec la tige qui le porte; mais ce mot employé seul s'entend toujours de l'ais. des feuilles. C'est à l'ais. des feuilles que naissent ordinairement les bourgeons.

AISSON. s. m. T. de Mar. Petite ancre à quatre bras.

AITRE. s. m. Espèce de galerie couverte qui entourait les cimetières. L'*Ai. Saint-Maclou* à Rouen.

AIX, ch.-l. d'arr. (Bouches-du-Rhône). Anc. capitale de la Provence. 29,000 hab.

AIX (Ile d'), île sur les côtes de France, dans l'Océan, à l'embouchure de la Charente. 550 hab.

AIX-D'ANGILLON (Les), ch.-l. de c. (Cher), arr. de Bourges. 1,750 hab.

AIX-EN-OTHE, ch.-l. de c. (Aube), arr. de Troyes. 3,000 hab.

AIX-LA-CHAPELLE (en allem., *Aachen*), grande ville d'Allemagne (Prusse). Anc. résidence de Charlemagne, célèbre par deux traités (1668 et 1748). 68,000 hab.

AIX-LES-BAINS, ch.-l. de c. (Savoie), arr. de Chambéry. 5,600 hab. Eaux thermales.

AIXE-SUR-VIENNE, ch.-l. de c. (Haute-Vienne), arr. de Limoges. 3,800 hab.

AIZOACÉES. s. f. pl. T. Bot. Famille de végétaux dicotylédones apétales inférovariées.

Caractères bot. : Plantes suffrutescentes ou herbacées et charnues. Feuilles simples ou opposées. Fleurs souvent très belles, presque toujours terminales. Sépales en nombre défini, de 5 habituellement, mais variant de 4 à 8, plus ou moins unis à la base, tantôt soudés à l'ovaire et tantôt libres, égaux ou inégaux, à préfloraison quinconciale ou valvaire. Étamines naissant du calice, indéfinies, libres; quand les étamines sont très nombreuses, les plus externes se réduisent à des staminodes écailleux ou à des lames pétaloïdes formant plusieurs verticilles, au nombre de 40 et plus, qui donnent à la fleur un grand éclat (Fig. 1); anthères oblongues, incombantes. Ovaire infère, semi-infère ou supère, pluri- ou uniloculaire; stigmates nombreux, distincts. Ovules en nombre indéfini, amphitropes, attachés par des funicules à un placenta central, qui est en entièrement libre ou soudé aux bords des carpelles, ou parfois étalé sur le fond de la cavité de chaque loge. Fruit capsulaire entouré par le calice charnu, pluri- ou uniloculaire, s'ouvrant en étoile au sommet, ou, quand il est libre, par le canal qui se fend à la base. Graines en nombre égal ou plus souvent indéfini, attachées à l'angle interne des loges; embryon courbe ou en spirale, situé à l'intérieur d'un albumen farineux, avec la radicule voisine du hile. [Fig. 1.

Mesembryanthemum : Fleur; 2. Fruit; 3. Le même, ouvert; 4. Graine; 5. La même, divisée verticalement.]

Cette famille est encore désignée par différents botanistes sous les noms de *Mésembryanthémées* et de *Ficoïdées*. Elle se compose de 22 genres et de 450 espèces, dont le plus grand nombre habitent les plaines sablonneuses du cap de Bonne-Espérance. On en trouve quelques-unes dans le midi de l'Europe et le nord de l'Afrique, au Pérou, au Chili, en Chine et dans les îles de la mer du Sud. On divise cette famille en 3 tribus : Tribu I. *Molluginées.* Calice, androcée et pistil libres (*Mollugo, Telephium, Gysekia*, etc.). — Tribu II. Calice et androcée concrescents, pistil libre (*Aizoon, Sesuvium*, etc.). — Tribu III. *Mésembryanthémées.* Calice, androcée et pistil concrescents (*Tetragonia, Mesembrianthemum*).

Le genre le plus important de la famille est le genre *Mésembryanthème* (*Mesembryanthemum*), ainsi appelé par Linné, parce que, dans beaucoup d'espèces, les fleurs ne s'ouvrent que sous l'influence du soleil et se ferment en son absence. On l'appelle aussi *Ficoïde*, à cause de la ressemblance du fruit de certaines espèces avec une figue. On mange les feuilles charnues de quelques espèces, et particulièrement celles de la *Ficoïde comestible* (*Mes. edule*), appelée vulgairement *Figuier des Hottentots* par les colons du Cap. Une autre espèce, le *Mes. geniculiflorum*, se mange en guise d'herbe potagère, et l'on fait de ses graines une sorte de farine qu'on emploie aussi comme aliment. Les feuilles et les graines de la *Fic. cristalline* (*Mes. cristallinum*) servent aux mêmes usages dans les îles Canaries. Cette plante est connue dans nos jardins sous le nom de *Glaciale*, à cause des nombreuses vésicules pleines d'une eau transparente que présentent ses feuilles, et qui les font paraître couvertes de glace. Les indigènes de l'Australie mangent le fruit de la *Fic. équilatérale* (*Mes. equilaterale*), dont la pulpe est douceâtre et salée. Le *Lewisia rediviva* est aussi une plante alimentaire pour les indigènes des régions nord-ouest de l'Amérique. Il paraît que la *Fic. flétrie* (*Mes. emarcidum*), lorsqu'on la fait fermenter après l'avoir broyée, acquiert des propriétés narcotiques : les Hottentots la mâchent alors en guise de tabac. Le suc de la *Glaciale* est, dit-on, diurétique et a été employé comme tel dans l'hydropisie et les affections hépatiques. Aux Canaries, on tire de ses cendres de la soude qui vaut celle d'Alicante. En Égypte, le *Mes. copticum* et le *Mes. nodiflorum* sont employés à la fabrication de la soude. Enfin, ce dernier est encore usité au Maroc dans la préparation des maroquins.

AIZOÉES. s. f. pl. T. Bot. Tribu de la famille des *Aizoacées.* Voy. ce mot.

AIZOON. s. m. (gr. ἀείζωον, joubarbe). T. Bot. Genre de plantes grasses de la famille des *Aizoacées*, tribu des *Mésembryanthémées*.

AJACCIO, ch.-l. du départ. de la Corse, port de mer. Patrie de Napoléon Ier. 17,600 hab.

AJAN (Côte d'), région sablonneuse sur la côte orientale de l'Afrique.

AJAX. Nom de deux héros grecs du siège de Troie. || *Ajax*, fils d'Oïlée, fut puni de son impiété. || *Ajax*, fils de Télamon, se tua dans un accès de folie.

AJOINTER. v. a. T. Techn. Joindre des tuyaux et de planches bout à bout.

AJONC. s. m. T. Bot. Arbrisseau épineux à fleurs jaunes qui pousse dans les lieux secs et arides et appartient à la famille des *Légumineuses.* Voy. ce mot.

AJOUPA. s. m. Espèce de hutte portée sur des pieux, et couverte avec des branchages, des joncs, etc.

AJOUR. s. m. Orifice qui, dans un objet, laisse passer le jour. = *Plume à deux ou trois ajours.*

AJOURÉ, ÉE. adj. T. Blason. Se dit des pièces percées à jour.

AJOURNEMENT. s. m. T. Prat. Se dit de l'assignation qu'on fait donner, par un officier public, à une personne, pour qu'elle se présente devant un tribunal de 1re instance ou de commerce à un jour désigné. Voy. ASSIGNATION. — Dans l'anc. procéd. crim., on appelait *Aj. personnel,* l'assignation donnée à quelqu'un, en vertu d'une ordonnance ou d'un décret du juge, pour comparaître en personne et répondre sur les faits dont il était accusé. || En matière de délibération, *Aj.* s'emploie dans le sens du renvoi d'une affaire à jour fixe ou à une époque indéterminée. *Le ministre a consenti à l'aj. de ce projet, de ce rapport.*

AJOURNER. v. a. (R. *jour*). Assigner quelqu'un à jour dit en justice. *Aj. par exploit. Aj. à comparaître. Aj. des témoins.* || Renvoyer à un jour fixe ou à un temps indéterminé. *Aj. un débat, une discussion, une délibération, un projet de loi. Aj. un voyage, une affaire.* — *La Chambre a ajourné ses séances au 20 de ce mois.* == s'AJOURNER. v. pron. *Cette affaire ne peut s'aj.,* Se remettre, se différer. — *La Chambre des députés s'est ajournée au premier du mois prochain,* Elle reprendra ses séances le premier, etc. = AJOURNÉ, ÉE. part.

AJOUTAGE. s. m. T. Techn. Chose ajoutée à une autre.

AJOUTE. s. f. T. Techn. Ce qu'on ajoute à un engin.

AJOUTER. v. a. (lat. *ad*, à; *juxta*, auprès). Mettre quelque chose de plus; joindre une chose à une autre; faire addition d'un nombre. *Ce passage a été ajouté à ce livre. Aj. un nouveau corps de logis à l'ancien. Je n'ajouterai plus qu'un mot. Ajoutez cent francs à cette somme.* || *Aj. au conte, à la lettre,* Amplifier un conte par des circonstances inventées. || *Aj. foi à quelqu'un; Aj. foi à quelque chose,* Accepter comme vrai ce que quelqu'un dit; tenir une chose pour vraie. *On peut lui aj. foi. Il ne faut pas aj. foi à ce que dicte la colère.* || S'emploie absol. *Il ajoute tous les jours à son domaine. Ajoutez quelquefois et souvent effacez.* == s'AJOUTER. v. pron. *L'accroissement des corps inorganiques n'a pas de limites, parce que des molécules nouvelles peuvent toujours venir s'aj. aux anciennes. Les générations s'ajoutent les unes aux autres, et l'humanité reste toujours la même.* == AJOUTÉ, ÉE. part.

AJOUTOIR. s. m. Voy. AJOUTAGE.

AJOUX. s. m. T. Techn. Deux lames de fer qui servent à retenir les filières du tireur d'or.

AJOVÉA ou **AJOUVÉ.** s. m. T. Bot. Laurier de la Guyane dont le fruit contient une amande huileuse et aromatique. Voy. LAURACÉES.

AJUS ou **AJUST.** s. m. T. Mar. Action de réunir par un nœud les deux bouts d'un cordage.

AJUSTAGE. s. m. T. Monn. Action d'ajuster, de donner à une pièce le poids légal.

AJUSTEMENT. s. m. Action par laquelle on ajuste quelque chose. *L'aj. d'un poids, d'une mesure, d'une machine.* || Accommodement. *Il est habile à trouver des ajustements dans les affaires difficiles. Cherchez quelque aj. pour concilier ces deux plaideurs.* || Disposition, arrangement d'une chose de manière que toutes ses parties concourent à former un tout agréable et régulier. *L'aj. d'une maison, d'un jardin.* || Se dit de la mise en gén. *Aj. simple, recherché. Cette partie de votre aj. est ridicule. Des ajustements de femme.* — S'emploie aussi en parlant de ce qui sert à parer. *Un peu d'aj. lui sied bien.*
Syn. — *Parure.* — Ce qui appartient à l'habillement complet, simple ou orné, est *Aj.* Ce qu'on ajoute d'apparent et de superflu, est *parure.* Un *aj. de bon goût est plus avantageux à la beauté qu'une riche parure.*

AJUSTER. v. a. (lat. *ad justum punctum,* au juste point). Rendre un poids ou une mesure conforme à l'étalon légal. *Aj. un kilogramme, un hectolitre, un mètre sur l'étalon.* — Par extens., *Aj. une pièce de monnaie,* Lui donner exactement le poids légal. *Aj. une balance,* Faire que ses deux bras soient en parfait équilibre. || Faire qu'une chose s'adapte exactement à une autre. *Aj. un piston à un cylindre, un couvercle à une boîte, une vis à un écrou.* || Mettre une chose en état de fonctionner convenablement. *Aj. une machine, un ressort, une horloge, un moulin.* || *Aj. son fusil pour tirer,* Le mettre en joue. || *Aj. un coup de fusil, un coup de pierre. Aj. un homme, un lièvre, une perdrix,* Viser un homme, etc. — S'emploie abs. dans le même sens. *Il n'a pas eu le temps d'aj. Vous avez mal ajusté.* || Embellir par des ajustements. *Il a bien ajusté sa maison.* — Dans un sens anal., se dit en parlant de la toilette des femmes, *Ses femmes de chambre ne peuvent venir à bout de l'aj. à son gré.* — Fam. et iron., *Voilà votre habit bien ajusté! Vous voilà bien ajusté!* se dit à quelqu'un dont les vêtements sont en désordre ou couverts de boue. || Fig., *On l'a bien ajusté, on l'a ajusté de toutes pièces.* Il a perdu son procès, ou bien : on l'a traité comme il le méritait. || Fig., *Aj. deux personnes,* Les concilier. — *Aj. un différend,* Le terminer à l'amiable. — *Aj. des passages qui paraissent opposés,* Faire voir qu'ils ne se contredisent pas. || *Aj. toutes choses pour quelque dessein,* Prendre des mesures pour faire réussir un dessein. || *Aj. ses yeux, son visage, son maintien,* Composer ses yeux, etc. || Prov. et Fam., *Ajustez vos flûtes,* se dit à un homme qui paraît en contradiction avec lui-même, ou à des personnes qui ne s'entendent pas sur les moyens de faire réussir quelque chose. || T. Man. *Aj. un cheval,* Lui apprendre à faire ses exercices avec grâce. == s'AJUSTER. v. pron. S'adapter. *Ce piston s'ajuste mal à ce tube.* || Se conformer. *Il faut s'aj. au temps. Cela s'ajuste mal au dessein que vous avez.* || S'apprêter à faire quelque chose. *S'aj. pour abattre la poupée.* || S'habiller, se parer avec recherche. *Cette femme est deux heures à s'aj.* || *Ces deux capitalistes se sont ajustés pour cet emprunt,* Se sont entendus, etc. *Au point où en sont les choses, leur différend ne saurait s'aj.,* Se terminer à l'amiable. — *Ces passages qui vous embarrassent s'ajustent aisément,* Se concilient aisément. == AJUSTÉ, ÉE. part.

AJUSTEUR. s. m. T. Monn. Celui qui ajuste les flans et les met au poids que doivent avoir les pièces de monnaie. || T. Techn. Ouvrier qui réunit les diverses pièces d'un mécanisme, et les dispose de manière que la machine fonctionne régulièrement.

AJUSTOIR. s. m. Petite balance où l'on pèse les monnaies avant de les marquer. Aujourd'hui on dit *Trébuchet.*

AJUSTURE. s. f. T. Techn. Légère courbure donnée au fer à cheval pour qu'il s'adapte bien au pied du cheval.

AJUTAGE, AJUTOIR ou **AJOUTOIR.** s. m. Le premier de ces termes est le plus usité.
Techn. — On appelle *ajutages* des tuyaux de formes et de dimensions variables, ou des plaques courbes percées de diverses manières, que l'on adapte aux orifices par où se fait l'écoulement d'un liquide, pour faire varier soit la dépense du liquide, soit la forme du jet qu'il produit en s'échappant. Voy. HYDRODYNAMIQUE et JET d'eau.

AKÉBIE. s. m. T. Bot. Genre de plantes d'ornement de la famille des *Ménispermacées.* Voy. ce mot.

A-KEMPIS (THOMAS), savant religieux allemand (1380-1471), auquel on attribue l'*Imitation de Jésus-Christ.*

AKÈNE. s. m. (gr. à priv.; χαίνω, je m'ouvre). L'orthographe correcte serait *achène.* T. Bot. Fruit sec, indéhiscent, uniloculaire à une seule graine, et dont le péricarpe n'est pas soudé avec la graine. Ex. : le fruit des *Composées*. Voy. FRUIT.

AKIS. s. m. (gr. ἀκἰς, pointe). T. Entom. Genre d'insectes coléoptères qui vivent dans les décombres et même les excréments. Voy. MÉLASOMES.

ALABAMA, fleuve de l'Amérique septentrionale, vient des monts Alleghanys, et se jette dans le golfe du Mexique. 1,400 k.

ALABAMA, l'un des États-Unis d'Amérique. 1,262,505 hab.

ALABANDINE. s. f. T. Minér. Sorte de quartz rouge. Pierre précieuse qui tient le milieu entre le grenat et le rubis. On la nomme ordinairement *spinelle rouge pourpre*.

ALABASTRITE. s. f. T. Minér. Variété saccharoïde de chaux sulfatée avec laquelle on sculpte des vases et des statues. Elle ressemble à l'albâtre, et se tire des environs de Volterra en Toscane. On l'appelle aussi *Biscuit de Florence*.

ALABÈS s. m. (gr. ἀλαϐἰς, insaisissable). T. Icht. Poisson des mers australes de la famille des *Anguilles*.

ALACOQUE (MARIE), religieuse au couvent de la Visitation de Paray-le-Monial (1647-1690), composa l'ouvrage intitulé : *La dévotion au cœur de Jésus*, qui fit instituer la fête du Cœur de Jésus.

ALADIN, un des chefs qui régnaient sur les Ismaéliens ou Assassins au XIIIᵉ siècle, connu sous le nom de *Vieux de la montagne*.

ALAIGNE, ch.-l. de c. (Aude), arr. de Limoux, 550 hab.

ALAINS, peuple nomade de Scythie, qui ravagea la Gaule et l'Espagne aux Vᵉ et VIᵉ siècles, et fut détruit par les Visigoths.

ALAIRE. adj. 2 g. (lat. *ala*). T. Zool. Qui se rapporte ou qui appartient aux ailes. *Membrane al. Plumes alaires.*

ALAIS, ch.-l. d'arr. (Gard), mines de houille, fonderies importantes. Traité signé en 1629 entre Richelieu et les protestants, 22,600 hab.

ALAISE, village à 25 kil. de Besançon, où quelques savants placent l'Alesia de César. Voy. ALESIA.

ALAISE. s. f. T. Hortic. Attache d'osier, de jonc ou de paille qu'on fixe à l'extrémité d'une branche d'arbre.

ALAMBIC. s. m. (ar. *al*, le; gr. ἄμϐιξ, vase). Vase à distillation, inventé par les Arabes. || Fig., *Cette affaire a passé par l'al.* Elle a été examinée avec un grand soin, elle a été discutée et approfondie.

Phys. — On donne le nom d'*Al.* à un vase composé de plusieurs pièces et dont on se sert pour opérer la distillation, c.-à-d. pour séparer les substances volatiles de celles qui ne le sont pas ou qui le sont à un moindre degré. La forme et la disposition

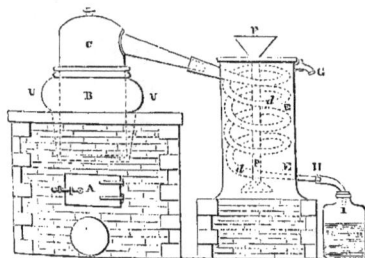

de cet appareil peuvent présenter de nombreuses modifications, selon l'usage auquel on le destine. — La Fig. ci-dessus représente l'*al.* qu'emploient ordin. les pharmaciens. Il se compose essentiellement de quatre pièces; la *chaudière ou cucurbite* UU, le *chapiteau* C, le *bain-marie* B, et le *serpentin* dd contenu

dans le vase EE. — La *cucurbite* reçoit les substances qui peuvent être distillées à feu nu, ou bien on y verse de l'eau dans laquelle on fait plonger le bain-marie. Le *chapiteau* qui recouvre la cucurbite a la forme d'un cône creux tronqué à sa partie supérieure. Il est muni latéralement d'un tube cylindrique qui reçoit les vapeurs et les conduit dans le *serpentin*. Les substances gazeuses ainsi arrivées dans le serpentin s'y refroidissent et s'y condensent. Pour accélérer cette condensation, on remplit d'eau froide le vase EE, appelé *réfrigérant*, dans lequel plonge le serpentin. Ce dernier verse par l'ajutage H, dans le récipient I, le liquide distillé et condensé. Le robinet G donne issue à l'eau du réfrigérant lorsqu'elle a été chauffée par le contenu du serpentin, et l'on verse de nouvelle eau froide autour de celui-ci par l'entonnoir FF. On ne fait usage du *bain-marie*, sorte de vase cylindrique en étain, en cuivre ou en argent, que pour la distillation des substances qui, ne pouvant être soumises à l'action directe du feu, sont chauffées par l'intermédiaire de l'eau qu'on a versée dans la cucurbite. Le bain-marie est quelquefois percé de trous : on s'en sert, lorsque les substances à distiller doivent être soumises à une chaleur plus forte que celle du bain-marie, mais en évitant qu'elles soient en contact avec les parois de la cucurbite.

Les alambics sont ordinairement en cuivre; cependant on en fait en tôle, en étain, en verre, en platine, etc. Ces derniers sont employés en grand pour la concentration de l'acide sulfurique. Quant aux alambics en verre, ils sont composés d'une pièce ou deux seulement; mais ces vases étant très fragiles, on en fait peu usage aujourd'hui. Voy. CORNUE, DISTILLATION.

ALAMBIQUER. v. a. Subtiliser, raffiner. || S'emploie absol. dans ce sens : *Dans ces sortes de matières, il ne s'agit pas d'al.* || On dit encore : *Al. l'esprit*, dans le sens de fatiguer l'esprit, le tourner aux subtilités *Ces questions si pointilleuses ne servent qu'à al. l'esprit. Il s'est alambiqué l'esprit à force de vouloir quintessencier les choses.* — ALAMBIQUÉ, ÉE. part. Se dit des pensées, des discours, du style, des questions. *Discours, style al. Pensées alambiquées.*

ALANA. s. f. T. Minér. Terre dure et brillante qui peut servir à polir l'or au lieu du tripoli.

ALAND (Archipel d'), entre la Suède et la Finlande, composé d'environ 300 îles ou îlots fertiles appartenant à la Russie. 25,000 hab.

ALANDIER. s. m. T. Techn. Bouche ou foyer placé à la base d'un four.

ALAN-GILAN. s. m. Sorte d'essence qu'on retire de l'*Anona odoratissima*, famille des *Anonacées*. Voy. ce mot.

ALANGUIR. v. a. (R. *languir*). Rendre languissant. Peu us. = S'ALANGUIR. v. pron. Devenir languissant, perdre son énergie. == ALANGUI, IE. part. *Elle était alanguie de cette nuit passée au bal.*

ALANGUISSEMENT. s. m. État de langueur, d'abattement.

ALAQUECA. s. f. T. Minér. Variété de pyrite de fer qu'on trouve à Balagate, aux Indes, en petits fragments polis.

ALARGUER. v. n. T. Mar. (R. *largue*). Se mettre au large, s'éloigner d'une côte, d'un récif, d'un vaisseau ennemi. == ALARGUÉ, ÉE. part.

ALARIA. s. f. (lat. *ala*, aile). T. Bot. Genre d'algues de la famille des *Phéosporées*. Voy. ce mot.

ALARIC Iᵉʳ, roi des Visigoths, ravagea l'Orient, et se jeta sur l'Italie (401), où il fut arrêté par Stilicon. Plus tard (410), il prit Rome et se disposait à passer en Sicile, lorsqu'il mourut à Cosenza (411).

ALARIC II, roi des Visigoths, fut vaincu et tué par Clovis Iᵉʳ, à Vouillé (507).

ALARMANT, ANTE. adj. Qui alarme. *Bruit al. Situation alarmante.*

ALARME. s. f. (vx. f. à *l'arme*, aux armes). Cri, signal pour courir aux armes. *Le guet du châtel commença à crier À L'ARME ! À L'ARME ! trahi !* (Froissart). *Sonner l'al.*

Donner l'al. Canon d'al. Cloche d'al. Fausse al. || Émotion causée dans un camp, dans une place de guerre, à l'approche ou sur le bruit de l'approche de l'ennemi. *L'al. est au camp. Les ennemis nous donnent de fréquentes alarmes.* — Fam., *L'al. est au camp,* se dit en parlant de gens qui ont quelque dessein secret et qui se croient sur le point d'être découverts. || Fig., Frayeur, épouvante subite. *Il a pris l'al. bien légèrement.* — *Fausse al.,* Vaine crainte, peur sans sujet. || Inquiétude, souci, chagrin. En ce sens, il s'emploie ordin. au plur. *Tendres, folles, vaines alarmes. Augmenter, calmer les alarmes de quelqu'un.* — *Nourri dans les alarmes,* Élevé au milieu des dangers de la guerre.

Syn. — *Alerte, Peur, Crainte, Frayeur, Épouvante.*

ALARMER. v. a. Donner l'alarme; causer de l'émotion, de l'épouvante, de l'inquiétude. *L'approche de l'ennemi a alarmé tout le camp. Sa maladie nous a bien alarmés.* = **S'ALARMER.** v. pron. S'inquiéter, s'émouvoir, s'effrayer. *Une mère s'alarme aisément. Je ne m'alarme pas du bruit.* = **ALARMÉ, ÉE.** part.

ALARMISTE. s. 2 g. Se dit d'une personne qui prend aisément l'alarme, ou qui répand et exagère tous les bruits alarmants. S'emploie surtout en parlant de ceux qu'alarme le moindre événement politique.

ALASCA ou **ALASKA.** territoire des États-Unis d'Amérique, situé au N.-O. du continent et contenant une grande presqu'île du même nom; pop. 30,156 hab.

ALATERNE. s. m. (lat. *alternus,* alterne). T. Bot. Nom donné à une espèce de *Rhamnus* (*Rh. Alaternus*). Voy. RHAMNÉES.

ALAUDINÉES. s. f. pl. (lat. *alauda,* alouette). T. Ornith. Famille de passereaux ayant pour type l'alouette.

ALAUX (JEAN), peintre français (1786-1864), directeur de l'École de Rome en 1847.

ALAVA, l'une des provinces basques d'Espagne, cap. Vittoria.

ALBACÈTE, v. d'Espagne (Murcie), renommée pour sa coutellerie, 16,626 hab.

ALBAIN (MONT), la plus haute montagne du Latium, à 20 kil. S.-E. de Rome.

ALBAN (SAINT), 1er martyr de la Grande-Bretagne (303).

ALBAN, ch.-l. de c. (Tarn), arr. d'Albi, 850 hab.

ALBANE (FRANÇOIS L'), peintre, né à Bologne, élève de Carrache (1578-1660).

ALBANI, famille de Rome qui a produit des cardinaux et un pape, Clément XI.

ALBANIE, anc. Épire, auj. prov. de la Turquie d'Europe; v. pr. Scutari, Janina; pop. 1,600,000 hab. Nom des hab. : ALBANAIS, AISE.

ALBANO, v. d'Italie, à 25 kil. S.-E. de Rome, près du lac d'Albano.

ALBANY (Duc d'), nom qu'on donnait au second fils des rois d'Écosse.

ALBANY (Comtesse d'), épousa le prétendant Charles-Édouard Stuart, qui avait pris le titre de comte d'Albany (1753-1824).

ALBANY, v. des États-Unis, cap. de l'État de New-York, sur l'Hudson, 69,000 hab.

ALBARELLE. s. f. Champignon comestible qui croît sur le châtaignier et le peuplier blanc.

ALBARRACIN (SIERRA D'), chaîne de montagnes d'Espagne entre l'Aragon et la Nouvelle-Castille.

ALBATEGNI, astronome arabe du IXe siècle, mort en 929.

ALBÂTRE. s. m. (gr. ἀλάϐαστρον). T. Minér. Sorte de pierre demi-transparente, d'un grain très fin, parfois veinée et souvent remarquable par sa blancheur. || S'emploie au fig. de tout ce qui est d'une blancheur éclatante. *Un cou d'al. Des épaules d'al.*

> *Sur sa gorge d'albâtre une gaze étendue*
> *Avec un art discret en permettait la vue.*
> VOLTAIRE.

Minér. — On donne vulgair. le nom d'*Al.* à deux espèces minérales fort différentes : l'une est une variété de chaux carbonatée, et l'autre une variété de chaux sulfatée ou gypse. La première constitue l'al. *calcaire,* et la seconde l'al. *gypseux.* — Les Grecs se servaient de ces deux sortes d'al. pour fabriquer des vases sans anse, qu'ils nommaient *Alabastron,* de ἀ priv., et λαϐή, anse.

L'al. *calcaire* est composé de couches minces et successives, minérales, qui indiquent qu'il a été formé par voie de concrétion. Sa texture est grenue, fibreuse ou lamellaire. Ses veines sont souvent de couleurs différentes, blanc laiteux, jaune de miel, roux, brun. Quand les couleurs sont bien tranchées et que cet al. peut recevoir un beau poli, on lui donne le nom d'al. *oriental;* on s'en sert alors pour faire des vases, des coupes, etc. On en a trouvé à Montmartre quelques masses rares et peu volumineuses. La grotte d'Antiparos est célèbre par ses stalactites d'al. calcaire.

L'al. *gypseux* est bien plus commun que le précédent : il est demi-translucide et offre souvent la blancheur la plus parfaite. Comme il est fort tendre et facile à travailler, on s'en sert pour fabriquer des ornements de tout genre, des vases, des lampes, des pendules, des statuettes, etc. Celui qu'on trouve à Volterra, en Toscane, est remarquable par la finesse de son grain. Les carrières de Lagny, près de Paris, en fournissent une belle variété de couleur grise ou blanc jaunâtre. L'al. gypseux se distingue aisément de l'al. calcaire, en ce qu'il se laisse rayer avec l'ongle, tandis que celui-ci est assez dur pour rayer le marbre. En outre, les acides n'attaquent pas l'al. gypseux, tandis qu'ils décomposent l'al. calcaire avec effervescence. — La fumée et la poussière finissent par ternir les objets d'al.; on peut alors les restaurer, jusqu'à un certain point, en les lavant avec du savon et de l'eau, puis avec de l'eau pure seulement, et en les polissant avec de la prêle.

ALBATROS. s. m. [Pr. l'S.] T. Ornith. Genre d'oiseaux de l'ordre des *Palmipèdes,* famille des *Longipennes* ou *Grands-Voiliers* de Cuvier. Les *Alb.* se distinguent de tous les autres longipennes en ce que leurs pieds sont dépourvus de pouce. Le bec de ces oiseaux est grand, fort, tranchant, présente plusieurs sutures et se termine par un gros croc que l'on y croirait soudé. — Les alb. sont les plus grands et les plus massifs de tous les oiseaux de mer; leurs ailes étendues ont jusqu'à plus de 3 mètres d'envergure. On les rencontre dans l'immense étendue d'océan qui sépare l'Amérique de l'Afrique et de l'Asie, mais surtout dans les mers australes et aux environs du cap de Bonne-Espérance. On voit pendant des jours entiers les mêmes troupes d'alb. planer au-dessus des vaisseaux, sans que ces oiseaux paraissent éprouver la moindre

fatigue. C'est ordinairement à la surface de la mer qu'ils se reposent; certains mollusques, le frai des poissons et les cadavres des cétacés et autres grands animaux marins font la nourriture habituelle des alb. Les alb. s'apparient vers la fin de septembre. Leur nid est simplement accolé avec de la boue et il est en gén. peu élevé. La femelle ne pond qu'un seul œuf blanc, très gros, oblong et d'égale grosseur aux deux bouts. Les œufs de cet oiseau sont bons à manger; quant à sa chair, elle est dure et de mauvais goût. — L'espèce la plus commune, l'*Alb.* à *sourcil noir*, appelé par Linné *Diomedea exulans* (Fig. ci-contre), a reçu des navigateurs le nom de *mouton du cap*. Le cri de l'alb. approche, dit-on, du braiement de l'âne.

ALBE (Duc d'), général de Charles-Quint et de Philippe II (1508-1582). Monstre fanatique et sanguinaire.

ALBEDO. s. m. (lat. *albedo*, blancheur). Degré de blancheur d'un objet, d'un foyer de lumière, d'un astre, etc.

ALBE-LA-LONGUE, ancienne v. du Latium (Italie anc.), patrie des Curiaces.

ALBENS, ch.-l. de c. (Savoie), arr. de Chambéry, 1,700 hab.

ALBÈRES (Monts), montagne de France (Pyrénées).

ALBERGE. s. f. Fruit de l'albergier.

ALBERGIER. s. m. T. Bot. Nom d'une variété de l'abricotier. Voy. ROSACÉES.

ALBERONI, cardinal, ministre du roi d'Espagne Philippe V, forma le projet de faire donner à ce prince la régence de France pendant la minorité de Louis XV; il échoua et fut exilé (1664-1752).

ALBERT Ier, duc d'Autriche et empereur d'Allemagne, fils de Rodolphe de Habsbourg (1248-1308). || ALBERT V, duc d'Autriche, empereur d'Allemagne sous le nom d'Albert II, de 1438 à 1439.

ALBERT LE GRAND, philosophe et théologien scolastique (1193-1280).

ALBERT (Le prince), fils d'Ernest, duc de Saxe-Cobourg, épousa Victoria, reine d'Angleterre (1819-1861).

ALBERT, ch.-l. de c. (Somme), arr. de Péronne, 5,900 hab.

ALBERTVILLE, ch.-l. d'arr. (Savoie), 5,500 hab.

ALBERTYPIE. s. f. Photographie sur verre dont les épreuves se tirent à l'encre grasse.

ALBESTROFF, anc. ch.-l. de c. (Meurthe), arr. de Château-Salins, 700 hab. (à l'Allemagne depuis 1871).

ALBI ou **ALBY,** ch.-l. du dép. du Tarn, 21,300 hab. Patrie du navigateur La Pérouse.

ALBIGEOIS, anc. pays de France faisant partie du Languedoc (dép. du Tarn).

ALBIGEOIS, hérétiques du midi de la France aux XIe, XIIe et XIIIe siècles, furent anéantis par Simon de Montfort et Louis VIII. L'hérésie des Albigeois paraît avoir été à peu près la même que celle des Manichéens, qui admettaient deux principes éternels en opposition : le principe du bien et le principe du mal. Voy. MANICHÉISME.

ALBINISME. s. m. T. Térat. Absence de coloration du tégument extérieur ou de ses appendices. Voy ALBINOS.

ALBINOS. s. m. [Pr l'S.] (lat. *albus*, blanc). Individu affecté d'albinisme, dont les téguments sont décolorés. *Il n'est pas rare de voir des alb.* || S'emploie adj., *Un lapin alb. Un merle alb.*

Méd. — Ce nom vient des Espagnols, qui désignaient ainsi une prétendue variété de la race américaine qu'ils avaient rencontrée à l'isthme de Panama ; on l'applique aujourd'hui à tous les individus des diverses races de l'espèce humaine chez lesquels on remarque une décoloration plus ou moins complète de la peau et du système pileux. Cependant on les connaît encore sous différentes dénominations ; ainsi, on les appelle *Dondos* ou *Nègres blancs* en Afrique, *Kakerlaques, Kockrelas* ou *Chacrelas* à Java, *Bédas* ou *Bédos* à Ceylan. — On a longtemps cru que les alb. constituaient une race spéciale. On sait aujourd'hui que l'albinisme est une maladie. — Dans l'albinisme complet, la peau est d'un blanc mat, les

poils sont blancs et cotonneux, et l'absence du pigment de l'œil ne permet pas de supporter l'éclat du soleil ou d'une vive lumière. Les alb. sont en gén. d'une taille médiocre et d'une constitution frêle et délicate. Ils passaient jadis pour des êtres dépourvus de toute intelligence; mais cette assertion est dénuée de fondement. — On rencontre des alb. dans tous les climats et dans toutes les races humaines. Mais l'albinisme est surtout fréquent chez les nègres. Déjà, suivant de Humboldt, il est peu commun dans la race cuivrée, et il devient de plus en plus rare à mesure qu'on le cherche chez les nations dont la peau est plus blanche. Dans certaines localités, les individus atteints d'albinisme sont l'objet du mépris et de l'horreur de la tribu à laquelle ils appartiennent : alors ils se retirent dans les lieux inhabités et y vivent ensemble; c'est ce qui a fait croire aux premiers voyageurs qui en ont parlé, que ces malheureux constituaient une race à part.

L'albinisme, qu'on appelle encore *Leucopathie* ou *Leucæthiopie*, n'est pas une anomalie exclusivement propre à l'espèce humaine. Il s'observe également chez les animaux. Ainsi les lapins blancs, les souris blanches, les corbeaux, les merles et les pigeons blancs sont des animaux alb. Les éléphants blancs, si recherchés et si vénérés dans certaines contrées de l'Asie, sont une variété atteinte d'albinisme.

Is. Geoffroy-Saint-Hilaire distingue l'albinisme en *complet*, en *partiel* et en *imparfait*. Le premier est caractérisé par la décoloration générale et complète de la peau. Dans le second, la décoloration ne porte que sur certaines parties du tégument. Enfin la simple diminution de la matière colorante constitue l'albinisme imparfait. — L'albinisme proprement dit est le plus souvent congénital; cependant il apparaît quelquefois dans l'âge adulte, soit lentement, soit d'une façon soudaine. On ne connaît pas de traitement qui puisse le guérir. Voy. PEAU.

ALBION, ancien nom de l'Angleterre.

ALBITE. s. f. (lat. *albus*, blanc). T. Minér. Feldspath à base de soude. Voy. FELDSPATH.

ALBOIN, roi des Lombards, assassiné par sa femme Rosamonde (561-573).

ALBORNOZ, archevêque de Tolède, homme d'État et homme de guerre (1300-1367).

ALBRAN, ALBRENÉ. Voy. HALBRAN et HALBRENÉ.

ALBRÉDA, comptoir du Sénégal, cédé par la France aux Anglais en 1856.

ALBRET (HENRI D'), roi de Navarre, époux de Marguerite de Valois; leur fille, Jeanne d'Albret, épousa Antoine de Bourbon et fut mère de Henri IV.

ALBRET, anc. pays de France (dép. des Landes). Voy. LABRIT.

ALBUFÉRA, marécage d'Espagne, près de Valence. Le maréchal Suchet y vainquit les Anglais en 1811, et fut fait *duc d'Albuféra.*

ALBURNO. s. m. Sorte de vêtement des Maures. — C'est le même que *Burnous* avec l'article arabe *al.*

ALBUCA. s. f. T. Bot. Grandes plantes originaires du Cap de la famille des *Liliacées.* Voy. ce mot.

ALBUGINÉ, ÉE. adj. (lat. *albus*, blanc). T. Anat. Se dit des tumeurs, membranes et tissus remarquables par leur blancheur et leur consistance.

ALBUGINEUX, EUSE. adj. T. Anat. Qui est constitué par des fibres albugineuses. Peu us.

ALBUGO. s. m. T. Méd. Tache blanche, opaque, placée entre les lames de la cornée transparente. Voy. TAIE.

ALBUM. s. m. [Pr. *albome*] (lat. *album*, blanc). On donne ce nom à un cahier plus ou moins élégant, dans lequel les amateurs réunissent des dessins, des autographes, des vers, de la musique, etc. || Par ext., on appelle *Album* certains recueils de gravures, de lithographies ou de ronuuces. *Cet éditeur de musique vend un grand nombre d'albums.*

ALBUMEN. s. m. (lat. *albumen*, blanc d'œuf). T. Bot. Substance qui se trouve fréquemment à côté de l'embryon dans la graine et contient des principes nutritifs (amidon, matières grasses, cellulose, etc.). On l'appelle aussi *endosperme* et *périsperme*. ‖ Zool. Blanc d'œuf. C'est une dissolution aqueuse d'albumine renfermée dans les espaces celluleux d'une membrane très mince. Il contient aussi un peu de sucre et est destiné à fournir de la nourriture au jeune oiseau.

ALBUMINE. s. f. (lat. *albumen*, blanc d'œuf). T. Chim. L'*Alb.* est une combinaison organique extrêmement répandue dans la nature. Il n'est personne qui ne la connaisse sous une de ses formes, le *blanc d'œuf*, qui est de l'alb. presque pure. Mais, en outre, elle se rencontre dans la plupart des liquides animaux, tels que le sang, le chyle, la lymphe, et même dans les sécrétions pathologiques, comme la sérosité et le pus. Elle fait encore partie d'un grand nombre de tissus et constitue l'un des principes essentiels de la substance médullaire du cerveau et des nerfs. Cependant, il n'est pas prouvé que les substances très analogues extraites des divers tissus animaux aient une composition identique. Les travaux de MM. Grimaux et Schützenberger rendent même cette identité peu probable ; il est plus vraisemblable que tous ces corps sont simplement *analogues*, et remplissent les mêmes fonctions chimiques, ce qui explique la similitude de leurs réactions. En conséquence, on réserve généralement aujourd'hui le nom d'*Alb.* à l'alb. du blanc d'œuf ; les alb. d'autre provenance ont reçu des noms particuliers. Ainsi celle qu'on extrait du sérum du sang est nommée *sérine*.

L'alb. se présente sous forme liquide et à l'état de dissolution, ou sous forme solide à l'état de coagulation. Dans ce dernier cas, elle est soluble ou insoluble, selon le procédé qu'on a employé pour la coaguler.

L'alb. liquide a toujours une réaction alcaline ; si on l'abandonne à elle-même, elle se putréfie, et ce phénomène est accompagné d'une génération abondante de bactéries. — L'alb. du sang ou *sérine*, qui est contenue dans le sérum du sang à l'état de dissolution, paraît y être combinée avec la soude et constituer un albuminate de soude. Cependant Berzélius ne pense pas que ce soit la soude qui tienne l'alb. à l'état de dissolution dans le sérum ; car on peut saturer l'alcali par l'acide acétique, sans que l'alb. se précipite. Quand on fait évaporer le sérum ou le blanc d'œuf à une température qui ne dépasse pas 50° centigr., la sérine se dessèche et forme une couche mince, solide, transparente, assez semblable à de la colle ; dans cet état, l'alb. est de nouveau soluble dans l'eau. Mais l'influence d'une température plus élevée, ou l'action des agents chimiques, comme l'alcool et l'alligator, qu'on emploie pour obtenir l'alb. de l'œuf ou du sang à un état de pureté parfaite, c.-à-d. débarrassée des matières grasses qu'elle contient naturellement, enlève à l'alb. la faculté de se dissoudre dans l'eau. — Le point de coagulation du sérum de l'homme paraît être constant : il se place entre 69° et 72° centigr. On indique généralement 60° pour la coagulation du blanc d'œuf ; mais pour les espèces animales inférieures elle a lieu à une température bien moins élevée : ainsi, l'alb. de plusieurs poissons, celle de l'écrevisse, celle de l'alligator, se coagule à 30° et 35°. Lorsque l'alb. est étendue d'eau, il faut souvent prolonger l'ébullition quelques instants pour opérer la coagulation : l'alb. vient alors se rassembler à la surface.

La constitution de l'alb. est extrêmement complexe. La formule qui rend le mieux compte de ses dédoublements est, d'après les travaux récents de M. Schützenberger,

$$C^{240} H^{387} Az^{65} O^{75} S^3.$$

L'alb. liquide et l'alb. insoluble peuvent être amenées toutes deux à un état de dessiccation parfaite ; mais on les distingue alors fort bien l'une de l'autre par l'action de l'eau qui ne fait que gonfler l'alb. insoluble, tandis que l'autre se redissout et donne une liqueur filante, séreuse, identique à l'alb. fraîche.

L'alb. dissoute est coagulée par l'alcool, les acides minéraux, les sels métalliques, tels que les sels de zinc, de plomb, d'argent, de mercure ; elle est également coagulée par le chlore, l'infusion de noix de galle et les dissolutions très concentrées de potasse ou de soude. L'alb. précipitée par l'alcool, les sels métalliques, le tanin, est insoluble dans l'eau, qui redissout au contraire la caséine que l'on a précipitée par les acides et l'alcool. L'acide acétique ne précipite pas l'alb., tandis qu'il précipite la caséine et la chondrine. Gmelin a observé que l'alb. de l'œuf est coagulée par l'éther

pur, qui ne précipite pas l'alb. du sang. — Si l'on mélange avec du sérum une petite quantité d'un sel métallique et qu'on y ajoute plus de potasse caustique qu'il n'en faut pour décomposer le sel, l'oxyde, au lieu de se précipiter, se combine avec l'alb. et reste dans le liquide à l'état de dissolution. Berzélius, qui a noté ce fait, fait observer que, par ce moyen, certains sels ou oxydes métalliques peuvent être absorbés par le canal intestinal ou par la peau, portés dans la circulation, dissous dans le sérum et éliminés ensuite avec les produits excrétoires. De là vient qu'après l'usage prolongé du mercure, on retrouve du protoxyde de ce métal dans les liquides de l'économie. — Parmi les sels métalliques, l'acétate de plomb et surtout le bichlorure de mercure ou sublimé corrosif sont les réactifs les plus sensibles de l'alb. Ainsi le sublimé trouble un liquide qui ne contient qu'un deux-millième d'alb. en dissolution. C'est en se fondant sur la propriété que possède l'alb. de former avec le sublimé une combinaison insoluble, qu'Orfila a recommandé l'administration du blanc d'œuf dans les empoisonnements causés par les sels mercuriels.

L'alb. coagulée ou insoluble se comporte chimiquement absolument de la même manière que la fibrine, si ce n'est qu'elle ne décompose pas l'eau oxygénée.

Dans les arts, l'alb. sert à différents usages ; mais on l'emploie surtout pour clarifier les sirops et les vins ; la préparation des papiers photographiques et surtout la fixation des couleurs sur étoffes en consomment une grande quantité. Lorsqu'on détermine, au moyen de la chaleur, la coagulation d'une certaine quantité d'alb. dissoute dans un liquide, on la voit se solidifier en même temps dans toute la masse de ce dernier en formant une sorte de réseau qui enveloppe toutes les matières insolubles suspendues dans le liquide et qui s'élève à la surface ; ainsi on n'a qu'à ajouter un peu d'alb. aux sirops qu'on veut clarifier et à les soumettre à l'action de la chaleur. Quant aux vins, il suffit d'introduire dans la pièce une certaine quantité d'alb. étendue d'eau et de la bien mélanger au liquide : le tanin et l'alcool qui existent toujours dans le vin déterminent la précipitation de l'alb. et celle-ci entraîne avec elle les substances qu'il s'agit de faire disparaître. Les analyses d'un grand nombre de chimistes, tels que Mulder, Schérer, Dumas et Cahours, Boussingault, Schützenberger, etc., démontrent qu'il n'existe presque pas de différence de composition entre l'alb. animale et l'alb. végétale. Toutes deux contiennent du soufre. Bien plus, la composition de la fibrine et de l'alb. est presque identiquement la même.

Albumine végétale. — On rencontre dans les tissus et les sucs de certains végétaux des substances très analogues à l'alb., solubles dans l'eau, et coagulables par la chaleur. Bien qu'on n'ait pas démontré l'identité de composition des substances de cette nature extraites de divers végétaux et qu'une identité absolue ne soit même pas probable, on les a toutes réunies sous le nom commun d'*alb. végétale*. Voy. ALBUMINOÏDE, FIBRINE, CASÉINE, PROTÉINE, ALIMENT.

ALBUMINÉ. adj. (Papier) couvert d'une couche d'albumine, dont on se sert pour tirer des épreuves photographiques.

ALBUMINEUX, EUSE. adj. Qui contient de l'albumine. *Liquide alb. Substance albumineuse.*

ALBUMINOÏDE. adj. 2 g. (*albumine*, et gr. εἶδος, apparence). T. Chim. Les matières albuminoïdes constituent un groupe de corps azotés, neutres, extrêmement complexes, incristallisables, susceptibles de se dédoubler par hydratation en acide carbonique, ammoniaque et divers acides amidés, ou putréfiant sous l'action de certaines bactéries, en donnant naissance à des alcaloïdes extrêmement toxiques, nommés ptomaïnes et leucomaïnes. La plupart de ces substances sont capables de servir de nourriture aux animaux. Les principales sont l'*albumine*, la *fibrine* et la *caséine*. La difficulté d'obtenir à l'état de pureté ces corps incristallisables et la complexité de leurs formules et de leurs réactions, rendent leur étude extrêmement difficile. M. Schützenberger les divise en sept classes suivant leur solubilité dans l'eau et la manière dont ils se coagulent dans leurs dissolutions. En partant de certaines anhydrides, qu'il soumet à l'action du perchlorure de phosphore et qu'il fait digérer avec l'ammoniaque, M. Grimaux est parvenu à reproduire synthétiquement des composés coagulables qui présentent les caractères et les réactions des albumines animales et végétales. Ces corps peuvent être considérés comme de véritables albuminoïdes de synthèse ; cependant, leur composition est beaucoup moins complexe que celle des albumines organiques, et on doit les regarder comme les premiers termes d'une série dont les albumines organiques sont des termes bien plus élevés. Quoi qu'il en soit, cette remarquable synthèse donne l'espoir de reproduire un jour dans les laboratoires toutes les substances qui entrent dans la formation des tissus végétaux et animaux. Voy. ALBUMINE, FIBRINE, CASÉINE, PTOMAÏNE, LEUCOMAÏNE.

ALBUMINURIE. s. f. (*albumine*, et gr. οὖρον, urine). T. Méd. Maladie grave dont le symptôme caractéristique est la présence de l'albumine dans les urines. L'*Albuminurie* est une affection des reins qui est caractérisée symptomatiquement par la présence de l'albumine dans les urines et par le développement d'épanchements séreux, soit dans le tissu cellulaire, soit dans les membranes séreuses, et anatomiquement, par des lésions rénales d'aspects différents, mais ayant toutes pour résultat l'obstruction, l'oblitération des tubes urinifères. Cette affection est appelée par plusieurs auteurs, notamment par Rayer, *Néphrite albumineuse;* mais nous croyons cette dénomination impropre, car les lésions que présente alors le rein ne nous paraissent point être de nature phlegmatique. Fréquemment encore, on la nomme *Maladie de Brigth*, du nom d'un célèbre médecin anglais qui l'a décrite le premier (1827). La *désalbumination* du sang est l'accident essentiel de cette maladie, et c'est le rein qui, par suite de l'altération de sa texture, enlève au sang l'albumine qu'il contient. Dans la forme chronique, qui est celle qu'on observe le plus fréquemment, l'urine est peu abondante, pâle, à peine odorante, d'une faible densité, plus mousseuse que de coutume, en raison de l'albumine qu'elle contient. On décèle la présence de ce produit en versant dans un verre à pied, contenant de l'urine, une petite quantité d'acide azotique, et en soumettant le liquide à l'ébullition. En opérant ainsi, on voit un coagulum blanc plus ou moins abondant et floconneux qui gagne rapidement le fond du vase. La quantité d'albumine paraît osciller entre **2.5** et **15.0** p. **1000**, de sorte que les malades perdent en moyenne de **6** à **12** grammes d'albumine. La composition du sang est aussi profondément altérée. Le sérum est beaucoup moins abondant et moins dense; les globules diminuent du nombre, et parfois à tel point qu'Andral et Gavarret les ont vus descendre de **127**, qui est leur chiffre normal, à **82** et même à **61**. C'est par suite de l'altération du sang que se produisent, dans le tissu cellulaire et dans les membranes séreuses, particulièrement dans le péritoine, les épanchements que nous avons déjà signalés comme un des caractères essentiels de la maladie. Le plus souvent c'est la production de ces épanchements qui donne l'éveil sur l'existence de la maladie de Brigth; parfois cependant la maladie existe, et il y a de l'albumine dans les urines, sans qu'il se forme aucune hydropisie ou même aucun œdème. Cette albuminurie latente passe en général inaperçue. L'albuminurie peut affecter la forme *aiguë* et la forme *chronique :* celle-ci est de beaucoup la plus fréquente, car non seulement la première est presque toujours suivie de la seconde, mais encore la forme chronique est très souvent primitive. La maladie de Brigth se montre à tous les âges; cependant elle est rare avant **10** ans et après **60**, et a son maximum de fréquence entre **30** et **40**. Elle est plus commune en hiver et en automne que dans les autres saisons. Ses causes déterminantes les plus fréquentes paraissent être le refroidissement, l'exposition habituelle ou accidentelle à l'humidité. Murchison, Christison considère l'abus des alcooliques comme produisant les trois quarts ou les quatre cinquièmes des cas d'albuminurie. La maladie de Brigth idiopathique est toujours une affection très sérieuse, d'autant qu'on ne connaît aucun moyen assuré de modifier l'état des reins. Le pronostic est beaucoup moins grave pour l'albuminurie *temporaire* qui s'observe assez souvent pendant la grossesse, à la suite de la scarlatine, dans la fièvre typhoïde, etc. Comme traitement, il faut encourager, par des vomitifs et des purgatifs, les régurgitations et la diarrhée, efforts de la nature pour éliminer les poisons du sang.

Contre le symptôme **albuminurie**, les médicaments les moins infidèles sont : le tanin, l'iode, le fer et l'arsenic, avec les eaux chlorurées naturelles. Lorsque la diète lactée est absolue, elle triomphe rapidement de la forme parenchymateuse du mal. Un climat chaud et sec (Nice, Alger, le Caire) et l'emploi de bains de vapeur sèche constituent aussi d'utiles adjuvants au traitement. Enfin, la révulsion par les ventouses sèches et le thermo-cautère réussissent dans bien des cas. Chez les syphilitiques, le traitement spécifique est de rigueur, de même que chez les goutteux la lithine ou le colchique devront être employés.

ALBUQUERQUE, navigateur portugais, conquérant de l'Inde (1453-1515).

ALBY, ch.-l. de c. (Haute-Savoie), arr. d'Annecy, **1,200** hab.

ALCADE. s. m. (ar. *al*, le; *cadi*, juge). Ce mot, qui s'écrit en espagnol *Alcalde*, sert, en Espagne, à désigner certains officiers de justice qui, lors de l'expulsion des Maures, ont remplacé les cadis musulmans. Les fonctions des alcades sont à la fois civiles et judiciaires, et leurs attributions répondent, en partie, à celles qui appartiennent, chez nous, aux maires et aux juges de paix.

ALCAÏQUE. adj. 2 g. (gr. ἀλκαϊκός). *Vers alc.*, *Strophes alc.* || S'emploie subst.; on dit *Un alc.*, pour un vers alc.
Pros. ant. — Les Grecs donnèrent le nom d'*Alc.* à une espèce de vers inventé par Alcée et dont le rhythme est très harmonieux. Ce vers est composé de quatre pieds et d'une césure. Le premier pied est un *iambe* ou un *spondée*, le second un *iambe;* puis vient la césure, qui est longue ou brève; enfin le vers se termine par deux *dactyles*.
On donne encore le nom de *grand alc.* à un vers qui est composé de six pieds et qui a une césure longue au milieu. Le premier pied est un *trochée;* le second un *spondée;* le troisième un *dactyle*, suivi de la césure; le quatrième un *dactyle;* les deux derniers pieds sont des *trochées*. En voici un exemple tiré d'Horace, ode 8, liv. 1 :
Tē Dē | ōs ō | rō, Sȳbă | rīn | cūr prōpĕ | rēs ā | māndō.

ALCALA DE HÉNARÈS, ville d'Espagne (Nouvelle-Castille), patrie de Cervantès; université célèbre, **9,000** hab.

ALCALAMIDES. s. f. pl. (de *alcali* et *amide*). T. Chim. Corps qui dérivent de l'ammoniaque Az H3 par la substitution à l'hydrogène de plusieurs radicaux dont les uns sont électropositifs, les autres électro-négatifs. On les divise en monalcalamide, dialc., trialc., etc., suivant qu'elles dérivent d'un, deux, trois, etc. molécules d'ammoniaque. Elles sont secondaires si, dans chaque molécule d'ammoniaque, deux atomes d'hydrogène sont remplacés par deux radicaux, et tertiaires, si les trois atomes d'hydrogène de l'ammoniaque sont remplacés par des radicaux différents.

ALCALESCENCE. s. f. (R. *alcali*). T. Chim. État des substances animales ou végétales dans lesquelles il s'est développé de l'ammoniaque.

ALCALESCENT, ENTE. adj. (R. *alcali*). T. Chim. Se dit d'une substance qui donne lieu à des réactions alcalines.

ALCALI. s. m. (ar. *al*, le; *kali*, nom de la plante appelée par les botanistes *salsoda soda*). T. Chim. Dans l'origine le nom d'*Alc.* ne s'appliquait qu'aux cendres qui résultaient de l'incinération de cette plante et qui contenaient une quantité notable de **soude**. Aujourd'hui les chimistes désignent sous ce nom générique six oxydes, savoir : la potasse, la soude, la baryte, la lithine, la strontiane et la chaux, qui sont tous des oxydes métalliques. On y comprend aussi sous le nom d'*alc. volatil* le gaz ammoniaque, qui est composé d'hydrogène et d'azote, mais qui se comporte comme les protoxydes métalliques que nous venons de citer. On y distingue les *alcalis* et les *terres alcalines*. Les *alcalis* sont les oxydes de potassium, de sodium et de lithium, et les *terres alcalines*, les oxydes de calcium, de baryum, de strontium et de magnésium. Tous ces corps sont des bases énergiques capables de saturer les acides les plus forts. Ils verdissent le sirop de violette, et rétablissent la couleur bleue du tournesol rougi par les acides. — On donne encore le nom d'*alcalis végétaux* ou mieux d'*alcaloïdes* à certaines bases salifiables fournies par le règne végétal. Voy. ALCALOÏDE.

ALCALIMÈTRE. s. m. Instrument destiné à l'essai des soudes et potasses. Voy. ALCALIMÉTRIE.

ALCALIMÉTRIE. s. f. (ar. *al*, *kali;* gr. μέτρον, mesure). T. Chim. et Techn. On donne ce nom à un procédé employé pour apprécier la valeur réelle des potasses et des soudes du commerce, qui sont ou plus ou moins impurs. Diverses industries font une énorme consommation de ces deux derniers alcalis. Mais comme la potasse et la soude brutes du commerce renferment toujours des proportions notables de sels étrangers, et que leur valeur vénale dépend uniquement de la proportion réelle de carbonate de potasse ou de soude qu'elles contiennent, il est indispensable de constater cette quantité, ou, en d'autres termes, de reconnaître le titre de l'alcali. Pour cela on prend une quantité rigoureusement déterminée d'acide sulfurique qu'on met dans une burette graduée, et une quantité d'alcali telle que si en dernier était parfaitement pur, il serait complètement neutralisé par l'acide. Puis on verse l'acide goutte à goutte sur l'alcali préalablement coloré en bleu avec le tournesol, jusqu'à ce que la couleur rouge apparaisse, ce qui indique que tout l'alcali est neutralisé. Comme l'alcali du commerce est toujours fort impur, il est évident qu'il faudra d'autant moins d'acide pour le neutraliser qu'il contiendra plus de matières étrangères. Si, par ex., pour saturer l'échantillon d'alcali choisi, on n'a employé que le quart de la quantité d'acide sulfurique, il est évident que le produit ne contient qu'un quart d'alcali. C'est à Gay-Lussac que l'industrie doit ce procédé aussi facile qu'exact.

ALCALIN, INE. adj. T. Chim. Se dit d'un corps qui manifeste les propriétés ou quelques-unes des propriétés particulières aux alcalis. *Sel alc. Substance alcaline.* || Qui est propre aux alcalis. *Propriété alcaline. Réaction alcaline.*

ALCALINITÉ. s. f. T. Chim. Se dit de l'ensemble des propriétés qui caractérisent les alcalis. — S'emploie par oppos. à *acidité*, en parlant des bases salifiables.

ALCALISER. v. a. T. Chim. Faire qu'une substance manifeste des propriétés alcalines. Peu us. = ALCALISÉ, ÉE. part.

ALCALOÏDE. s. m. (ar, *al, kali;* gr. εἶδος, apparence). T. Chim. On donne le nom d'*Alcaloïdes* ou d'*alcalis végétaux* ou de *bases salifiables organiques* à certaines substances végétales qui ramènent au bleu le papier de tournesol rougi par un acide et qui ont la propriété de neutraliser les acides en donnant naissance à des sels bien définis. La plupart de ces principes végétaux ont cela de commun qu'outre le carbone, l'hydrogène et l'oxygène, ils renferment de l'azote. En conséquence ils produisent de l'ammoniaque quand on les décompose par la chaleur. La plupart d'entre eux cristallisent facilement. Les alcaloïdes sont ordin. très peu solubles dans l'eau, mais beaucoup plus solubles dans l'alcool, surtout à chaud. Ils s'unissent aux acides pour former des sels, et produisent un grand nombre de sels doubles. — Plusieurs des sels produits par des alcaloïdes cristallisent très bien; quelques-uns se présentent sous forme de masse gommeuse. Ces sels sont plus solubles que les alcaloïdes eux-mêmes, et leurs dissolutions sont toutes précipitées par l'infusion de noix de galle ou la solution de tanin; mais le précipité se redissout dans un excès d'acide. — Les alcaloïdes ont tous une saveur amère très prononcée; quelques-uns constituent les poisons les plus violents que l'on connaisse, et, en conséquence de l'action énergique qu'ils exercent sur l'organisme, la thérapeutique a pu en employer plusieurs avec succès. — Le tableau suivant indique les noms des principaux alcaloïdes et ceux des végétaux qui les fournissent.

Aconitine.	Aconitum Napellus.
Atropine.	Atropa Belladona.
Caféine.	Coffea arabica.
Cocaïne.	Erythroxylum Coca.
Coniïne.	Conium maculatum.
Daturine.	Datura Stramonium.
Delphine.	Delphinium Staphisagria.
Digitaline.	Digitalis purpurea.
Emétine.	Cephaelis Ipecacuanha.
Hyoscyamine.	Hyoscyamus niger.
Morphine. ⎫ Codéine. ⎪ Narcéïne. ⎬ . . . . Narcotine. ⎪ Thébaïne. ⎭	Papaver somniferum.
Nicotine.	Nicotiana Tabacum.
Picrotoxine.	Anamirta Cocculus.
Quinine ⎫ Cinchonine. ⎪ Cinchonamine. ⎬ . . . . Aricine. ⎭	Cinchona (diverses espèces).
Sanguinarine.	Sanguinaria canadensis.
Solanine.	Solanum nigrum et S. Dulcamara.
Strychnine. ⎫ Brucine. ⎬	Strychnos (diverses espèces).
Vératrine.	Veratrum (diverses espèces)

C'est Sertuerner, pharmacien du Hanovre, qui le premier a appelé l'attention sur les alcalis végétaux; mais on doit surtout de précieux travaux sur ce sujet à Séguin Pelletier, Caventou, Couerbe, Hesse, etc. La découverte des principes actifs des médicaments est d'une haute importance en thérapeutique; car elle permet non seulement d'administrer sous un très petit volume des doses considérables de médicaments, mais encore de varier de mille manières leur mode d'administration.

On peut dire, en général, que presque tous les alcaloïdes, sinon tous, dérivent de l'ammoniaque hydraté, ou oxyde d'ammonium, soit simple $2AzH^4,O$, soit condensé $(2AzH^4,O)^n$, par la substitution à un ou plusieurs atomes d'hydrogène de radicaux plus ou moins complexes. Ainsi s'expliquent d'une part la grande variété de ces corps, de l'autre la propriété qu'ils possèdent de fournir des sels avec les acides comme l'oxyde d'ammonium dont ils dérivent.

Les principaux alcaloïdes et surtout ceux qui intéressent le plus directement la médecine et la toxicologie seront l'objet d'articles spéciaux.

ALCANTARA. v. forte d'Espagne, sur le Tage, 4,000 hab. || *Ordre d'Alcantara* Ordre espagnol de chevalerie (1170-1835). Voy. CHEVALERIE (*Ordres de*).

ALCARAZAS. s. m. [Pr. l'S.]. — On désigne par ce nom, qui n'est autre que le mot espagnol *alcarraza* un peu altéré, des vases de terres poreuses en forme de cruche ou de bouteille qui servent à rafraîchir les boissons. La propriété réfrigérante des alcarazas tient à leur porosité qui laisse transsuder une partie du liquide qu'ils contiennent, de sorte que cette partie, en s'évaporant à la surface externe du vase, absorbe une certaine quantité de la chaleur de l'intérieur. Aussi, pour accélérer cette évaporation et, par suite, le refroidissement du contenu, on a soin d'exposer l'alc. à un courant d'air aussi vif que possible. La matière avec laquelle on fabrique les alc. se compose de 5 parties de terre calcaire et de 8 parties de terre argileuse. Quand on ne peut pas se procurer une terre propre à cette fabrication, on mêle à la matière, lors du pétrissage, une certaine quantité de sel marin qui, en se fondant, quand on fait cuire le vase, y laisse une multitude de pores par où l'eau peut transsuder. De plus, on ne soumet cette espèce de vase que dix à douze heures à la chaleur du four de potier. — L'invention des alc. est attribuée aux Égyptiens. Les Arabes ont importé cette industrie en Espagne, d'où elle s'est répandue dans tous les pays chauds.

ALCAZAR. s. m. (ar. *al,* le; *kazar,* palais). Palais des rois maures en Espagne. Les plus célèbres sont ceux de Cordoue, de Séville et de Ségovie.

ALCÉE. s. f. (gr. ἀλκέα, sorte de mauve). T. Bot. Plante connue sous le nom de *Rose trémière* ou *Passe-Rose,* famille des *Malvacées.* Voy. ce mot.

ALCÉE, poète lyrique grec (620-580 av. J.-C.).

ALCESTE, femme d'Admète, roi de Thessalie, se dévoua à la mort pour sauver son époux, et fut ramenée des enfers par Hercule. (Myth.)

ALCHÉMILLE ou **ALCHIMILLE.** s. f. T. Bot. Genre de plantes vulgairement connues sous le nom de *Pied de Lion,* de la famille des *Rosacées.* Voy. ce mot.

ALCHIMIE. s. f. (ar. *al,* la; gr. χημεία, chimie, de χεύειν, faire fondre). Art chimérique qui consistait dans la recherche d'un remède universel et d'une substance propre à opérer la transmutation des métaux. Mère de la chimie.

Hermès Trismégiste ou Thoth, dieu à qui les Égyptiens attribuaient l'invention des sciences et des arts, est considéré comme ayant révélé les secrets de l'*Al.* à la caste sacerdotale de l'Égypte. C'est de là, sans doute, qu'elle fut appelée *art hermétique* par les Grecs. Dans l'antiquité la plus lointaine, on la trouve professée mystérieusement par les prêtres de Thèbes et de Memphis, sous le nom d'*art sacré.* Ces prêtres établissaient leurs laboratoires dans les parties les plus reculées des sanctuaires. Toutes leurs croyances cosmogoniques et symboliques se rattachaient à cet art, qu'ils ne révélaient qu'à un très petit nombre d'élus ou d'initiés. Comme ils étaient parvenus à décomposer et à recomposer certains corps, les prêtres qui pratiquaient l'art sacré aspiraient à reproduire l'œuvre de la création; ils pensaient pouvoir saisir les procédés les plus secrets de la nature et pouvoir contraindre la matière à prendre les formes qu'il leur plairait de lui imposer.

Ce qu'il y a de remarquable, c'est que cette orgueilleuse espérance était fondée sur l'observation de faits réels, mais dont ils donnaient une explication chimérique. « Oublions un instant, dit Hoefer, les progrès faits par la science depuis le V° siècle, transportons-nous un moment par la pensée dans le laboratoire d'un des grands maîtres de l'art sacré, et assistons en initiés à quelques-unes de ses opérations. — 1° On chauffe de l'eau ordinaire dans un vase ouvert. L'eau bout et se réduit en un corps aériforme (vapeur), en laissant au fond du vase une terre blanche, pulvérulente. Conclusion : l'eau se change en *air* et en *terre*. Qu'aurions-nous à objecter contre cette conclusion, si nous n'avions aucune idée de l'existence des matières que l'eau tient en dissolution et qui, après la vaporisation, se déposent au fond du vase? — 2° On porte un fer rougi au feu sous une cloche maintenue sur une cuvette pleine d'eau : cette eau diminue de volume, et une bougie portée sous la cloche allume aussitôt le gaz qui s'y trouve. Conclusion : *l'eau* se change en *feu*. Cette conséquence ne devait-elle pas se présenter naturellement à l'esprit d'initiés qui ignoraient que l'eau est un composé de deux corps gazeux, dont l'un (oxygène) est absorbé par le fer, et dont l'autre (hydrogène) s'allume au contact de la flamme? — 3° On brûle (calcine) du plomb ou tout autre métal (excepté l'or et l'argent) au contact de l'air; il perd aussitôt ses propriétés primitives et se transforme en une substance pulvérulente, en une espèce de *cendres* ou de chaux. On reprend ces *cendres* qui sont le résultat de la *mort du métal*; on les chauffe dans un creuset avec des grains de froment, et on voit le métal renaître de ses cendres avec sa forme et ses propriétés premières. Conclusion : le *métal*, détruit par le feu, est *revivifié* par le froment et la chaleur. Il n'y avait rien encore à opposer à cette conclusion, puisque la réduction des oxydes au moyen du charbon, ou d'un corps organisé riche en carbone, tel que le froment, n'était pas plus connue que le phénomène de l'oxydation des métaux. Les grains de froment, ayant la faculté de ressusciter et de revivifier les métaux morts et réduits en cendres, deviendront le symbole de la résurrection et de la vie éternelle. — 4° On brûle du plomb argentifère dans des coupelles faites avec des cendres ou des os pulvérisés. Le plomb disparaît, et, à la fin de l'opération, il reste dans la coupelle un bouton d'argent pur. Rien n'était plus naturel que de conclure que le plomb se transformait en argent, et d'échafauder sur ce fait et d'autres faits analogues la théorie de la transmutation des métaux, qui plus tard devait amener la recherche de la *pierre philosophale*. — 5° On verse un acide fort sur du cuivre; le métal est attaqué et fuit, au bout de quelque temps, par disparaître, en donnant naissance à une liqueur verte transparente. On y plonge ensuite une lamelle de fer et l'on voit le cuivre reparaître avec son aspect ordinaire, en même temps que le fer se dissout à son tour. Quoi de plus simple que de conclure que le fer s'est transformé en cuivre? Si, à la place de la dissolution de cuivre, on avait employé une dissolution de plomb, d'argent ou d'or, on aurait dit que le fer s'était transformé en plomb, en argent ou en or. — 6° On fait tomber du mercure en pluie fine sur du soufre fondu, et l'on obtient une matière noire comme l'aile du corbeau. Cette matière chauffée dans un vase clos se volatilise sans s'altérer et se présente avec une éclatante couleur rouge. Ce curieux phénomène, encore mal expliqué de nos jours, ne devait-il pas frapper d'étonnement les initiés à l'art sacré, et agir d'autant plus sur leur imagination, que pour eux le *noir* et le *rouge* n'étaient rien moins que les symboles des ténèbres et de la lumière, du mauvais et du bon principe, et que la réunion de ces deux principes représentait, dans l'ordre moral, l'*Univers-Dieu*? — 7° Enfin, on chauffe des substances organiques dans un appareil distillatoire; on obtient un résidu solide, des liquides qui passent à la distillation, et des esprits qui se dégagent. De semblables résultats ne venaient-ils pas à l'appui de la théorie d'après laquelle la *terre*, l'*eau*, l'*air* et le *feu* formaient les *quatre éléments* du monde? » — Comme on le voit, le point de départ de toutes ces doctrines était l'observation et l'imitation de la nature. L'art sacré était véritablement la chimie des philosophes de l'école d'Alexandrie, et l'al. ne fut que la continuation de l'art sacré. Aussi en adopta-t-elle le langage symbolique et les allures mystérieuses.

L'art hermétique, tel qu'il fut compris pendant le moyen âge, se proposait deux buts : 1° trouver la substance propre à transformer les métaux vils en or et en argent; 2° découvrir un élixir capable de guérir tous les maux et de prolonger la vie de l'homme. — Suivant les alchimistes, tous les métaux sont composés de mercure et de soufre : au fond, ils sont donc identiques et ne diffèrent les uns des autres que par

l'état plus ou moins grossier dans lequel se trouvent leurs éléments constitutifs; la nature, par la suite des siècles, convertit les métaux vils en métaux précieux : en conséquence l'homme, par l'étude, doit arriver à opérer instantanément cette transformation.

Par le terme de *pierre philosophale*, objet de tous leurs travaux, les alchimistes entendaient une substance quelconque, soit solide, soit liquide, ayant la propriété de multiplier l'or ou l'argent. Cette recherche pouvait se faire de deux manières, par la voie sèche et par la voie humide. La première, qui était celle où l'on employait la calcination, donnait la pierre philosophale sous forme d'une poudre blanche ou rouge, qui constituait la *poudre de projection*. La blanche, projetée sur le métal inférieur, ne pouvait donner naissance qu'à de l'argent; la rouge seule produisait de l'or. Dans les recherches par la voie humide, on avait principalement recours à la distillation. Raymond Lulle, qui passait pour avoir obtenu la pierre philosophale par ce moyen, la nomme *élixir des sages*. Les travaux accomplis par l'alchimiste pour la recherche de la pierre, et pour transmuer les métaux, constituaient le *grand œuvre*. — Quant à la médecine universelle, sa recherche ne paraît pas, dans le principe, distincte de celle de la pierre philosophale : les alchimistes semblent même croire que celle-ci devait également posséder la faculté de rajeunir l'homme et de guérir tous les maux. Plus tard, on rechercha séparément cet élixir merveilleux.

Pour donner une idée du langage de l'al. nous allons citer, d'après Ripley, la manière de préparer la pierre philosophale par voie humide :

Pour obtenir l'*élixir des sages*, il faut prendre de l'*azoque* ou *mercure des philosophes*, et le calciner jusqu'à ce qu'il soit transformé en *lion vert*; lorsqu'il a subi cette transformation, on le calcine de nouveau pour qu'il se change en *lion rouge*. Puis on fait digérer au bain de sable ce *lion rouge* avec l'*esprit aigre des raisins*. On évapore ce produit, et le mercure se prend en une espèce de gomme qui se coupe au couteau. Cette matière gommeuse étant placée dans une cucurbite lutée, on dirige sa distillation avec lenteur. On récolte séparément les liqueurs qui paraissent de diverses natures, et on obtient un phlegme insipide, puis de l'esprit et des gouttes rouges. Les *ombres cymmériennes* couvrent alors la cucurbite de leur voile sombre, et on trouve dans son intérieur un véritable *dragon*, car il mange sa queue. Après avoir saisi ce *dragon noir*, on le broie sur une pierre, et on le touche avec un charbon rouge. Alors, il s'enflamme en prenant une couleur *citrine glorieuse*, et il reproduit le *lion vert*. On fait qu'il *avale sa queue*, et l'on distille de nouveau le produit. Après quoi, on rectifie l'*eau ardente*, et l'on voit paraître l'*eau ardente* et le *sang humain*. — Dumas interprète ainsi ce passage : Appelez plomb ce que l'alchimiste nomme *azoque*, et toute l'énigme se découvre. Il prend du plomb et le calcine jusqu'à ce qu'il passe à l'état de massicot (lion vert). En continuant encore la calcination, le massicot se suroxyde et se change en minium (lion rouge). Il met ce minium en contact avec du *vinaigre* (esprit aigre des raisins). L'acide acétique dissout l'oxyde de plomb. La liqueur évaporée ressemble à de la *gomme* : ce n'est autre chose que de l'acétate de plomb. La distillation de l'acétate donne lieu à divers produits, et particulièrement à de l'eau chargée d'acide acétique et d'esprit pyroacétique, ou *acétone*, accompagné d'une petite quantité d'une huile brune ou rouge. Il reste dans la cornue du plomb très divisé, et par conséquent d'un gris sombre, couleur qui rappelle les *ombres cymmériennes*. Ce résidu jouit de la propriété de prendre feu à l'approche d'un charbon allumé, et repasse à l'état de massicot, dont une portion mêlée avec la liqueur du récipient se combine peu à peu avec l'acide que celle-ci renferme, et ne tarde pas à s'y dissoudre. C'est là le *dragon noir* qui mord et avale sa queue. On distille de nouveau, on rectifie, et en définitive on a de l'esprit pyroacétique (*eau ardente*), et une huile d'un rouge brun (*sang humain*), qui a la propriété de réduire l'or de ses dissolutions et de le précipiter à l'état métallique, propriété qui avait attiré toute l'attention de Raymond Lulle et des autres alchimistes du XIV° siècle.

Au XV° siècle, on vit l'al. prendre en quelque sorte une direction nouvelle; elle enrichit la thérapeutique d'un grand nombre de préparations chimiques. Mais ce fut surtout dans le siècle suivant que l'application de l'al. à la médecine reçut un prodigieux accroissement, grâce aux efforts de Paracelse. Cet homme extraordinaire, qui popularisa l'usage des préparations opiacées, fut appelé, en 1527, par la ville de Bâle, pour occuper la première chaire de chimie qui ait été fondée dans le monde. Il s'occupa presque exclusivement de l'application de la science à la thérapeutique. « Beaucoup de gens, dit-il, se sont enquis de savoir si l'al. était vraiment capable de faire de l'or; mais cela importe peu. Elle est le fondement et la colonne de toute la médecine; et sans elle, il faut bien le savoir, personne n'a le droit d.' se dire médecin. » Mais s'il renonça à la recherche de la pierre philosophale, Paracelse poursuivit avec ardeur celle de la panacée universelle, c.-à-d. d'un moyen propre à prolonger indéfiniment la vie. Pour cela, il avait des essences, des quintessences, des arcanes, des spécifiques, des élixirs, et l'on trouve encore dans nos pharmacopées l'*élixir de propriété de Paracelse*. Il s'efforça de renverser la science établie par les scolastiques et par les Arabes, pour lesquels il professait un profond mépris. Il brûla publiquement à l'université de Bâle les ouvrages d'Avicenne et de Galien. Par suite de la nouvelle impulsion qu'il communiqua à la science, la question de la transmutation devint tout à fait secondaire, et les alchimistes purs passèrent presque inaperçus. Cependant, on cite encore les noms de Philalèthe, de Becher et de Glauber, le premier en Angleterre, les deux autres en Allemagne. Glauber, d'ailleurs, doit toute sa célébrité à la découverte d'un sel non moins usité dans la médecine que dans les arts, le sulfate de soude. A partir de ce moment, la chimie se sépara définitivement de la médecine, et se constitua en science tout à fait indépendant.

Citons parmi les principaux alch.: Avicenne, Averrhès, Roger Bacon, Albert le Grand, Arnauld de Villeneuve, Raymond Lulle, Nicolas Flamel, Basile Valentin, Paracelse.

L'al. poursuivait un but qui paraît chimérique, quoiqu'en réalité l'impossibilité de transformer les corps simples les uns dans les autres n'ait jamais été démontrée. Il n'y a rien d'absurde à supposer que les corps que nous appelons simples résultent des combinaisons ou modifications d'un nombre moindre de substances, peut-être d'une seule. Quoi qu'il en soit, les savants qui ont cultivé l'al. ont rendu de grands services à la science en indiquant des préparations nouvelles et surtout en préparant la voie à la chimie moderne.

Bibliogr. — HOEFER, *Histoire de la Chimie*; DUMAS, *Leçons sur la Philosophie chimique*; SCHMIEDER, *Histoire de l'Alchimie*; BERTHELOT, *les Origines de l'Alchimie.*

ALCHIMILLE. Voy. ALCHÉMILLE.

ALCHIMIQUE. adj. 2 g. Qui a rapport à l'alchimie. *Livre al. Rêveries alchimiques.*

ALCHIMISTE. s. m. Celui qui s'occupe d'alchimie.

ALCIAT, jurisconsulte italien (1492-1550).

ALCIBIADE, célèbre général et homme d'État athénien, fils de Clinias, neveu de Périclès (450-404 av. J.-C.).

ALCIDE, nom d'Hercule, petit-fils d'Alcée. (Myth.)

ALCINOÜS, roi des Phéaciens, accueillit Ulysse à son retour de Troie.

ALCMANIEN. adj. et s. m. T. Poét. anc. — On nomme ainsi un vers de quatre pieds fréquemment employé par le poète grec Alcman. Les latins ont aussi employé ce mètre. Le vers *Alc.* se compose des quatre premiers pieds de l'*hexamètre*, avec cette seule différence que le dernier est toujours un dactyle. La césure est placée comme dans l'hexamètre. Ce vers de Sénèque en est un exemple :

Exĭgŭ | ĭ dŏ | nŭm brĕvĭ | tĕmpŏrĭs.

ALCMÈNE, femme d'Amphitryon et mère d'Hercule, qu'elle eut de Jupiter suivant la fable. (Myth.)

ALCMÉON, fils d'Amphiaraüs et d'Ériphyle, qui tua sa mère pour venger son père.

ALCMÉONIDES, famille d'Athènes descendant d'un Alcméon, petit-fils de Nestor.

ALCOOL. s. m. (ar. *al*, le; *kohl*, surmé ou sulfure d'antimoine réduit en poudre impalpable, dont se servent en Orient pour se noircir les sourcils). C'est par anal. que ce nom a été appliqué au liquide extrait du vin par la distillation.

Chim. — Les diverses espèces de sucres sont les seules substances connues jusqu'ici qui puissent donner naissance à de l'*Al.* par la fermentation. Il est vrai qu'un grand nombre de matières qui ne contiennent pas de sucre, telles que les céréales, les pommes de terre, les lentilles, les pois, etc., sont employées dans la préparation de l'al.; mais ces substances contiennent une grande quantité d'amidon que l'on transforme en sucre, et c'est le sucre résultant de cette transformation qui, par la fermentation, se convertit en al.

L'al., tel que le fournit l'industrie, est toujours mêlé d'une quantité d'eau plus ou moins considérable. On lui donne le nom d'*eau-de-vie* lorsqu'il contient 45 à 55 p. 100 d'al., et celui d'*esprit* lorsque la proportion d'al. pur s'élève au-dessus de 55.

L'al. chimiquement pur, autrement nommé al. absolu ou *anhydre*, c.-à-d. qui ne renferme point d'eau, est un liquide incolore, très fluide, d'une odeur pénétrante et d'une saveur presque caustique. Sa densité est 0,7947 à 15° centigr. Il bout à 78° et se volatilise sans se décomposer; mais si l'on fait passer sa vapeur à travers un tube de porcelaine chauffé au rouge, cette vapeur se décompose en différents produits solides, liquides et gazeux. On est parvenu à solidifier l'alcool en le soumettant à la température de 130°,7 au-dessous de 0°. L'al. se combine très bien avec l'eau. Cette union s'accompagne d'un dégagement de chaleur et d'un phénomène de contraction, c.-à-d. que le volume du mélange est moindre que la somme des deux volumes des liquides séparés. La contraction la plus sensible s'observe, ainsi que l'a démontré Rudberg, lorsqu'on opère, à la température de 15° centigr., sur 53,7 vol. d'al. et 49,8 vol. d'eau. Alors, au lieu de 103,5 vol., on n'obtient que 100 vol. de mélange. — La volatilité de l'al. est diminuée par la présence de l'eau, quand la proportion de cette dernière dépasse 6 p. 100; lorsqu'au contraire l'addition d'eau n'est que de 1 à 2 p. 100, la volatilité du liquide se trouve augmentée. — A la température ordinaire, l'al. abandonné au contact de l'air n'est pas altéré; il en dissout seulement une petite quantité, et s'affaiblit alors en absorbant l'eau que contient l'air atmosphérique. L'al. dissout l'oxygène et le gaz acide carbonique en plus forte proportion que ne le fait l'eau; l'al. est très inflammable : il brûle au contact de l'air avec une flamme peu éclairante. — L'al. dissout les hydrates de potasse et de soude, l'ammoniaque, les sulfures, les cyanures alcalins et un grand nombre de sels déliquescents. Il ne dissout pas en général les sels minéraux insolubles ou peu solubles dans l'eau; le bichlorure, le bibromure et le biiodure de mercure font exception. Une foule de principes végétaux, comme la plupart des alcaloïdes, des résines et des huiles essentielles, se dissolvent dans l'al. — Les sels insolubles ou peu solubles dans l'al. peuvent néanmoins communiquer à sa flamme des colorations qui leur sont propres. Ainsi elle est colorée en vert clair par les sels de baryte, en vert intense par les sels de cuivre, en rouge par le strontiane, en pourpre par les sels de chaux.

L'al. se compose de : carbone, 52,66; hydrogène, 12,90; oxygène, 34,44; composition qui se représente par la formule C^4H^6O.

L'al. est le premier terme connu et le type d'une classe très importante de composés organiques *non azotés* qui tirent leur principal caractère de l'action que les acides exercent sur eux : une combinaison neutre nommée *éther* prend naissance en même temps qu'il y a élimination d'eau. C'est ainsi que l'acide acétique $C^4H^4O^4$ en réagissant sur l'al. engendre l'éther acétique $C^4H^5, C^4H^3O^4$ et de l'eau. Ce phénomène, nommé *éthérification* a pour inverse la *saponification*, qui consiste dans la régénération de l'alcool et la formation d'un sel de l'acide qui entre dans l'éther, lorsqu'on traite cet éther par un alcali hydraté. L'éther acétique précédent donne par exemple avec la potasse de l'alcool et de l'acétate de potasse. L'al. ordinaire est classé dans cette série sous le nom d'*al. éthylique*. La création de la *fonction al.* est due aux célèbres travaux de Dumas et Peligot sur l'esprit de bois. Ils en reconnurent les analogies avec l'esprit-de-vin. — Peu après, l'huile de pommes de terre ou *alcool amylique* étudié par Cahours, puis une foule de corps semblables, tels que les alcools *propylique*, *butylique*, *caproïque*, *cétylique*, etc., vinrent s'ajouter à cette nouvelle classe de corps. Voy. ces mots.

Cette voie une fois tracée, on ne tarda pas à reconnaître que les *glycols* découverts par Wurtz pouvaient subir deux fois le phénomène de l'éthérification et constituaient des alcools *diatomiques*, l'al. ordinaire et ses congénères étant un alcool *monoatomique*. Enfin la *glycérine*, après le beau travail de Berthelot, est devenue le type des alcools *triatomiques* : car en réagissant sur l'acide acétique cet al. est susceptible d'en fixer 3 molécules en même temps qu'il s'élimine 3 molécules d'eau. C'est par des considérations analogues qu'on classe l'*érythrite* dans le groupe des alcools *tétrato-miques*, et la *mannite* dans celui des alcools *hexatomiques*. Voy. GLYCOL, GLYCÉRINE, SUCRES.

Alcools. — La plupart des alcools dérivent des hydrocarbures gras par substitution du groupe oxhydrile OH à un atome d'hydrogène; c'est ainsi que l'al. méthylique CH^3OH dérive du méthane CH^4. Quelques-uns, comme on le verra plus loin, dérivent de même des hydrocarbures aromatiques. Tous peuvent subir le phénomène de l'éthérification : une molécule d'al. s'unit à une molécule d'acide; il y a élimination d'une molécule d'eau et formation d'un éther. Avec les acides chlorhydrique, bromhydrique, iodhydrique, on obtient les éthers simples, p. ex., le chlorure de méthyle ou éther méthylchlorhydrique CH^3Cl. Les oxacides donnent naissance aux éthers composés, tels que l'acétate de méthyle ou éther méthylacétique $CH^3.C^2H^3O^2$. Inversement les éthers, traités par les alcalis en solution aqueuse fixent de l'eau et se dédoublent en acide et en al. Cette réaction appelée saponification, permet de préparer un grand nombre d'alcools au moyen de leurs éthers. — Deux molécules d'al. peuvent aussi se combiner entre elles, avec perte d'eau : on obtient alors des éthers-oxydes et des éthers mixtes. Ainsi les alcools méthylique et éthylique donnent l'oxyde de méthyle et d'éthyle $CH^3.O.C^2H^5$; l'éther ordinaire est de l'oxyde d'éthyle $C^2H^5.O.C^2H^5$.

On peut représenter un al. par la formule générale ROH, en désignant par R le résidu hydrocarboné uni à l'oxhydrile. Alors la formule d'un éther chlorhydrique sera RCl; celle d'un éther acétique $RC^2H^3O^2$; celle d'un éther mixte ROR'. On voit que le groupe hydrocarboné R se transporte d'un composé à un autre à la façon d'un corps simple. C'est ce groupe qu'on appelle le *radical alcoolique*; l'al. est son hydrate, les éthers sont ses sels, les éthers mixtes sont ses oxydes, et l'hydrocarbure générateur est son hydrure.

L'action des corps oxydants n'est pas la même sur tous les alcools et a servi à subdiviser cette classe de composés en alcools primaires, secondaires et tertiaires. Un *al. primaire* cède d'abord deux atomes d'hydrogène au corps oxydant et se transforme en une aldéhyde, qui fixe ensuite un atome d'oxygène et devient un acide. Un *al. secondaire* ne donne qu'une acétone, en perdant deux atomes d'hydrogène. Enfin un *al. tertiaire* se scinde à l'oxydation en composés moins riches en carbone, qui s'oxydent chacun pour son compte. Ces différences de propriétés sont en rapport avec la manière dont les alcools dérivent des hydrocarbures. On sait que les hydrocarbures de la série grasse sont constitués par des chaînes ouvertes qui peuvent contenir des chaînons CH^3, ou CH. Les alcools sont produits par la substitution de l'oxhydrile OH à un atome d'hydrogène dans l'un ou des chaînons. Si la substitution se fait dans CH^3, on obtient un al. primaire caractérisé par le groupement CH^2OH. Quand elle s'opère dans CH², il en résulte un al. secondaire caractérisé par le groupe CHOH. Enfin la substitution dans CH produit un al. tertiaire contenant le groupe COH. Lorsqu'un al. secondaire se transforme en acétone, son groupe caractéristique se change en CO. Celui des alcools primaires devient CHO dans les aldéhydes et CO^2H dans les acides. Si l'on considère p. ex. l'isopentane ou hydrure d'amyle

dont la formule est $CH^3.CH^2.CH\begin{cases}CH^3\\CH^3\end{cases}$, on voit que cet hydro-

carbure peut engendrer un al. tertiaire, un alc. secondaire susceptible de se transformer en acétone et deux alcools primaires distincts pouvant donner chacun une aldéhyde et un acide. Tous ces alcools amyliques sont isomères et répondent à la formule $C^5H^{11}OH$.

Les isoméries de ce genre deviennent de plus en plus nombreuses à mesure qu'on s'élève dans la série des alcools; lorsqu'on veut désigner chaque isomère par un nom particulier, on suit les règles de la nomenclature exposée au mot CARBONOL.

Les alcools primaires se forment par l'hydrogénation des aldéhydes ou des chlorures d'acides organiques. Le plus souvent on les prépare en partant des hydrocarbures saturés que l'on traite par le chlore (ou le brome); on obtient ainsi un dérivé chloré qui est un véritable éther simple et que l'on saponifie par la potasse. Du reste un grand nombre de ces alcools existent dans la nature, soit à l'état libre, soit à l'état d'éthers d'où l'on peut les retirer par saponification. Les alcools secondaires se préparent en combinant un hydrocarbure non saturé avec l'acide chlorhydrique et en traitant le produit par l'acétate de potasse, puis par la potasse; on peut aussi les obtenir par l'hydrogénation des acétones ou par l'action de l'acide

nitreux sur les amines. Enfin, pour préparer les alcools tertiaires, on combine un hydrocarbure non saturé avec l'acide sulfurique concentré et l'on décompose le produit par l'eau bouillante; on peut encore faire agir un composé organométallique tel que le zinc-méthyle sur une acétone ou sur un chlorure d'acide.

La fonction al. peut se répéter plusieurs fois dans un même composé. Suivant que dans un hydrocarbure la substitution de l'oxhydrile à l'hydrogène se fait une ou plusieurs fois, on obtient des alcools *monoatomiques, diatomiques, triatomiques*, etc.

Enfin les hydrocarbures aromatiques peuvent eux-mêmes éprouver cette substitution. Si elle s'opère dans une chaîne latérale, elle produit un alcool proprement dit. Si au contraire elle se fait dans le noyau aromatique on obtient des *phénols*, composés qui présentent quelque analogie avec les alcools tertiaires, mais qui possèdent cependant des propriétés assez spéciales pour former une classe à part (Voy. PHÉNOLS). Ainsi le toluène $C^6H^5.CH^3$ donne naissance d'une part à l'al. benzylique $C^6H^5.CH^2OH$, d'autre part à des phénols tels que le crésol $C^6H^4OH.CH^3$.

Voici la liste des principaux alcools connus.

I. ALCOOLS DÉRIVÉS DES HYDROCARBURES GRAS

1. *Monoatomiques saturés* (Formule $C^nH^{2n+1}OH$).

Alcool méthylique	CH^3OH
— éthylique	C^2H^5OH
Alcools propyliques	C^3H^7OH
— butyliques	C^4H^9OH
— amyliques	$C^5H^{11}OH$
— hexyliques	$C^6H^{13}OH$
— heptyliques	$C^7H^{15}OH$
— octyliques	$C^8H^{17}OH$
— nonyliques	$C^9H^{19}OH$
— décyliques	$C^{10}H^{21}OH$
Alcool laurique	$C^{12}H^{25}OH$
— myristique	$C^{14}H^{29}OH$
— cétylique	$C^{16}H^{33}OH$
— octadécylique	$C^{18}H^{37}OH$
— cérylique	$C^{27}H^{55}OH$
— myricique	$C^{30}H^{61}OH$

Non saturés.

Alcool allylique	C^3H^5OH
— propargylique	C^3H^3OH
— crotonique	C^4H^7OH
Diallylcarbinol	$C^{11}H^{19}OH$ etc.

2. *Diatomiques.*

Glycol	$C^2H^4(OH)^2$
Propylglycols	$C^3H^6(OH)^2$
Butylglycols	$C^4H^8(OH)^2$
Amylglycols	$C^5H^{10}(OH)^2$
Glycols hexyléniques	$C^6H^{12}(OH)^2$ etc.

3. *Triatomiques.*

Glycérine	$C^3H^5(OH)^3$
Glycérines butyliques	$C^4H^7(OH)^3$ etc.

4. *Tétratomique.*

Erythrite	$C^4H^6(OH)^4$

5. *Hexatomique.*

Mannite	$C^6H^8(OH)^6$

II. ALCOOLS DÉRIVÉS DES HYDROCARBURES AROMATIQUES

Alcool benzylique	C^7H^7OH
— tolylique	C^8H^9OH
— mésitylénique	$C^9H^{11}OH$
— cuminique	$C^{10}H^{13}OH$
— cinnamique	C^9H^9OH
Benzhydrol	$(C^6H^5)^2CHOH$
Triphénylcarbinol	$(C^6H^5)^3COH$
Glycol tolylénique	$C^8H^8(OH)^2$
— mésitylénique	$C^9H^{10}(OH)^2$
Hydrobenzoïne	$C^{14}H^{12}(OH)^2$

La synthèse totale de l'al. ordinaire ou éthylique c.-à-d. sa production à l'aide de ses éléments carbone, hydrogène, oxygène, a été effectuée par M. Berthelot.

Ind. — Comme il est traité de la transformation du sucre en al. au mot Fermentation, de la séparation de l'eau et des matières étrangères à l'al. au mot Distillation, où nous décrirons les appareils usités pour la fabrication industrielle des alcools du commerce, nous ne parlons ici que de la préparation de l'al. anhydre. — L'al. obtenu par la distillation contient toujours au moins deux centièmes d'eau. Mais il est facile d'enlever cette eau à l'aide du carbonate de potasse desséché, ou mieux de la chaux anhydre. On doit laisser séjourner au moins vingt-quatre heures l'al. sur la chaux, et renouveler cette dernière, si la première opération n'a pas suffi. — Ce qui précède s'applique principalement à l'al. extrait du vin. Quant à celui qui provient de l'eau-de-vie de pommes de terre ou de grains, il renferme toujours divers produits complexes dont l'odeur et la saveur sont fort désagréables, et ce n'est que par une rectification très soignée qu'on arrive à séparer complètement l'al. de ces impuretés.

La densité de l'al. étant, comme on l'a vu, inférieure à celle de l'eau, il en résulte que plus un al. est hydraté, plus sa densité doit augmenter, de sorte qu'on peut, par la mesure de la densité, déterminer la richesse alcoolique d'un liquide spiritueux. L'instrument le plus usité pour cet objet est l'alcoomètre centésimal de Gay-Lussac. C'est un aréomètre divisé en 100 degrés : le zéro correspond à l'eau pure et le nombre 100 à l'al. pur. Mais comme un mélange d'eau et d'al. éprouve une contraction variable selon les proportions respectives des deux liquides, la densité n'indiquerait pas rigoureusement la quantité d'al. si les degrés de l'échelle étaient tous égaux. En conséquence, Gay-Lussac a tenu compte de ces différences en étalonnant son échelle, et il a établi, à la suite de nombreuses expériences, des divisions légèrement inégales. Pour connaître la richesse alcoolique d'un liquide, il suffit d'y plonger l'alcoomètre centésimal et de noter le numéro de la tige qui affleure le liquide. Si, par ex., l'instrument s'enfonce jusqu'au degré marqué 40, on en conclut que le liquide contient 40 centièmes (en volume), ou 40 p. 100 d'al. pur. Cet instrument ayant été gradué pour la température de 15° centigr., ses indications ne seront rigoureusement exactes que pour cette température ; il faut donc avoir soin d'y ramener les liqueurs qu'on veut éprouver.

Il est évident que l'alcoomètre ne peut être employé que dans le cas où l'al. est simplement étendu d'eau. Quand il contient des matières étrangères, ces dernières modifient la densité du liquide, et l'instrument fournit alors des indications inexactes. C'est pour cette raison qu'il faut séparer par distillation l'alcool du vin pour en connaître le degré alcoolique. — Avant l'invention de l'alcoomètre de Gay-Lussac, et même longtemps après, on s'est servi de l'aréomètre de Cartier qui était divisé de 10 à 44 et marquait 36° dans l'al. le plus concentré qu'on puisse obtenir par distillation lequel est l'al. pur du commerce et contient environ 90 p. 100 d'al. à brûler. De là le nom de Trois-six donné à l'al. pur du commerce.

Lorsqu'une très faible proportion d'al. se trouve délayé dans une grande quantité de liquide, il est possible de séparer immédiatement cet al., et de le faire apparaître avec ses propriétés caractéristiques. On a observé que lorsqu'un sel minéral se trouve à la fois insoluble dans l'al. et très soluble dans l'eau, si l'on mélange la solution aqueuse de ce sel à de l'al., ce dernier surnage la solution saline comme pourrait le faire une couche d'huile. Ce phénomène est surtout très marqué quand on ajoute de l'al. à une solution de carbonate de potasse. En conséquence, si l'on soupçonne la présence de l'al. dans un liquide, il suffit de verser celui-ci dans un tube contenant du carbonate de potasse desséché, et d'agiter quelques instants en tenant fermé l'orifice du tube ; l'al. ne tarde pas à nager à la surface du liquide. On peut de même faire apparaître l'al. dans le vin ; mais, auparavant, il faut verser dans ce dernier de l'acétate de plomb basique ou l'agiter avec de l'oxyde de plomb.

L'al., dans ses divers états de pureté et de concentration, sert à une multitude d'usages dans les arts, l'économie domestique et la médecine. A l'état anhydre, on l'emploie pour construire des thermomètres destinés à l'observation des températures extrêmement basses, car le mercure gèle à — 39°,44 centigr., tandis que l'al. peut être porté à — 130° sans se congeler. Les pharmaciens et les parfumeurs se servent à chaque instant de l'al., soit comme dissolvant, soit comme excipient de certaines substances. Les alcools de qualité inférieure sont employés à la fabrication des vernis. Enfin, on fait usage de l'al. pour conserver diverses matières organiques, telles que les préparations anatomiques.

Thérap. — L'action physiologique de l'al. étendu d'eau et pris à l'intérieur à petites doses produit une légère excitation du système nerveux ; la circulation s'accélère, la chaleur de la peau augmente, les sécrétions deviennent plus actives. Cette stimulation réagit sur l'état intellectuel et moral, mais avec des différences notables suivant le caractère de l'individu. A dose plus considérable, il détermine les phénomènes de l'ivresse à ses divers degrés. — Très concentré et mis en contact avec la peau ou une muqueuse, l'al. y détermine une cuisson plus ou moins vive et provoque une certaine astriction du tissu suivie bientôt d'une réaction d'autant plus prononcée que l'action du liquide a été plus énergique. Lorsqu'il est ingéré en quantité considérable, quantité qui évidemment doit varier en raison de son degré de concentration, l'al. produit bien sur l'estomac quelques effets locaux fâcheux, mais ils sont de nulle importance comparativement à l'action funeste qu'il exerce sur le sang et sur le système nerveux. Les cas de mort qui s'observent après l'ingestion immodérée de liquides alcooliques sont, suivant la plupart des auteurs, le résultat de la congestion sanguine dont le système nerveux central est alors le siège, congestion qui détermine une véritable asphyxie, par l'interruption de l'influence que le système nerveux central exerce sur les fonctions respiratoire et circulatoire. Si l'on réfléchit à ce fait que l'al. possède la propriété de coaguler l'albumine contenue dans le sang à l'état de dissolution, il devient très probable que cette altération du liquide sanguin doit être considérée comme la principale cause de la mort, et que l'asphyxie, dans ce cas, n'est pas le simple résultat de la congestion cérébrale. — L'abus des liqueurs alcooliques est rarement porté au point de causer une mort aussi prompte. Mais lorsque les excès de ce genre se répètent, ils finissent par imprimer au système nerveux des modifications telles que les facultés intellectuelles et les fonctions motrices se trouvent gravement altérées. Plus tard, les fonctions de la digestion et de l'assimilation s'altèrent à leur tour, et on voit alors survenir des affections chroniques graves dont la mort est la suite inévitable. Voy. Alcoolisme.

En Méd., les liquides alcooliques sont rarement administrés à l'intérieur. Cependant on utilise quelquefois la stimulation générale qui résulte de leur ingestion, quand on veut faire naître un mouvement périphérique ou une réaction générale, dans le but d'entraver l'absorption de miasmes délétères, de favoriser une éruption languissante, d'exciter la transpiration pulmonaire. En revanche, l'al. est fréquemment usité dans la thérapeutique externe pour dissiper des congestions légères ou certaines inflammations superficielles de la peau et des muqueuses. On l'emploie encore, dans un grand nombre de cas, comme répercussif, comme stimulant et comme rubéfiant. Il sert aussi fréquemment de véhicule pour administrer des médicaments peu solubles dans l'eau, sous les formes de liqueur, d'élixir, de vin pharmaceutique, etc. Enfin il est d'un usage populaire dans les brûlures légères. Voy. Alcoolat et Teintures alcooliques.

Hist. — On attribue vulgairement la découverte de l'al. à Arnauld de Villeneuve ; mais la chose est tout à fait invraisemblable. Cet alchimiste parle de l'eau du vin, que quelques-uns, dit-il, appellent eau-de-vie, comme d'une liqueur généralement connue. Cependant il paraît être le premier qui ait recommandé l'esprit distillé du vin imprégné de certaines herbes comme un remède précieux ; car, quoique Thaddæus, de Florence, qui mourut en 1270, à l'âge de quatre-vingts ans, insiste fortement sur les vertus de l'esprit-de-vin, il ne l'avait pourtant jamais employé pour dissoudre les principes actifs des substances végétales.

Fin. — L'al. et les liqueurs alcooliques sont soumises en France à un impôt assez considérable. L'al. employé à des usages industriels, des réactions chimiques, etc., est exempté de cet impôt ; mais alors il doit être dénaturé, c.-à-d. qu'on y fait dissoudre des substances résineuses ou cupryeumatiques qui lui communiquent un goût insupportable et empêchent qu'il puisse être consommé comme boisson. Les magasins de produits chimiques délivrent ainsi de l'alcool dénaturé à un prix très modéré. Pour les questions qui concernent l'impôt sur l'alcool, voy. Contributions.

ALCOOLAT. s. m. T. Pharm. — On appelle ainsi des médicaments liquides incolores, composés d'alcool chargé, au moyen de la distillation, des principes volatilisables de certaines substances. On prépare les alcoolats avec des plantes fraîches ou desséchées, que l'on divise d'abord et qu'on fait ensuite macérer quelque temps dans de l'alcool ; après cela on distille à la chaleur du bain-marie. Les degrés de concentration de l'alcool à employer varient de 56 à 86 degrés de l'alcoomètre centésimal. — On distingue ces préparations en simples et composées. Un al. simple est celui dans lequel il n'entre qu'une seule substance; un al. est dit *composé* lorsqu'il entre plusieurs substances dans sa composition. L'*esprit de cochléaria*, par ex., est un al. simple; l'*eau de Cologne*, l'*eau de mélisse des Carmes*, le *baume de Fioraranti*, sont des alcoolats composés. Ces médicaments doivent leurs principales propriétés à l'alcool; car pour la plupart d'entre eux la proportion des principes aromatiques est assez faible, et ne sert, en quelque sorte, qu'à charger l'alcool d'une odeur étrangère, sans rien ajouter à son action. Cependant il en est quelques-uns chez qui le principe médicamenteux est assez énergique pour que son action s'ajoute efficacement à celle de l'alcool, et quelquefois même l'efface presque entièrement. — Les alcoolats, loin de s'altérer avec le temps, deviennent au contraire plus suaves. On doit les conserver dans des flacons bien bouchés, et placer ceux-ci dans un lieu frais. — Les alcoolats sont essentiellement excitants; quelques-uns s'emploient pour la toilette, d'autres sont usités comme médicaments. A l'intérieur, on les prend par gouttes sur du sucre, ou à la dose de 2 à 4 grammes dans un véhicule approprié. A l'extérieur, on s'en sert pour liniments, fumigations, gargarismes, collyres, etc.

ALCOOLATURE. s. f. **ALCOOLÉ.** s. m. T. Pharm. Voy. ci-dessous TEINTURES ALCOOLIQUES.

ALCOOLIQUE. adj. 2 g. Qui contient de l'alcool. *Liqueur al. Ce vin est très al.* || Qui se prépare au moyen de l'alcool. *Teinture al. Extrait al.* || T. Méd. Celui qui, faisant ou ayant fait abus de l'alcool, est atteint d'alcoolisme

Pharm. — On nomme *Teintures alcooliques* ou *Alcoolés* des médicaments liquides, en gén. colorés, et préparés avec de l'alcool dans lequel on fait dissoudre le plus ordin. des matières d'origine végétale ou animale, sans recourir au procédé de la distillation. Les teintures se préparent avec des plantes desséchées ou avec des plantes fraîches. Quelques auteurs réservent le nom d'alcoolés aux premières, et adoptent pour les secondes le terme d'*alcoolatures*, proposé par Béral. Les teintures alcooliques, de même que les alcoolats, se distinguent en *simples* et en *composées*, suivant qu'ils sont préparés avec une seule espèce ou plusieurs espèces de plantes.

Les plantes le plus fréquemment employées à la préparation des alcoolatures, sont les plantes *antiscorbutiques*, la *digitale*, la *belladone*, la *ciguë*, la *laitue vireuse*, etc.

Les teintures alcooliques ne possèdent d'autres propriétés que celles des plantes qui les composent. Il faut d'ailleurs tenir compte de l'action de l'alcool lui-même. Cette forme médicamenteuse offre l'avantage de concentrer beaucoup de principes actifs sous un petit volume; en outre ces préparations se conservent parfaitement.

ALCOOLISER. v. a. Ajouter de l'alcool à un liquide. == ALCOOLISÉ, ÉE, part. et adj. *Acides alcoolisés.* Voy. LIMONADE.

ALCOOLISME. s. m. T. Méd. On désigne sous ce nom l'ensemble des désordres produits dans l'organisme par l'abus des boissons alcooliques. On distingue l'*Al. aigu* ou *ivresse* et l'*Al. chronique*.

Alcoolisme aigu. — Il survient à la suite de l'ingestion d'une dose d'alcool qui varie suivant le tempérament des individus et la qualité des boissons. Il y a d'abord une excitation générale: l'intelligence devient plus lucide, la parole plus facile; le courage s'exalte. Cet état se dissipe bientôt sans laisser de traces; mais si la dose d'alcool est plus forte, de véritables désordres apparaissent: le visage rougit, les idées deviennent incohérentes, l'individu gesticule et rabâche la même phrase, souvent des injures; souvent aussi il devient grossier, querelleur; d'autrefois il se laisse aller à de ridicules accès de tendresse: il est *saoul*. Enfin arrive la troisième période: la température s'abaisse; le patient pris de vertiges et de nausées ne peut plus se soutenir, et s'abat au milieu de ses vomissements dans un sommeil de plomb: il est *ivre-mort* Dans les cas les plus graves, l'ivresse peut se terminer par la mort. On a vu la température du corps d'un ivrogne descendre au chiffre effrayant de 24°.

Alcoolisme chronique. — L'alcool pris d'une façon continue et immodérée excite la circulation et produit une irritation des organes qui se traduit par des états inflammatoires. Les organes digestifs et les centres nerveux sont surtout atteints. Ce sont les lésions de l'estomac qui ouvrent la marche, On voit apparaître une inflammation de l'estomac ou *gastrite* spéciale dont le signe spécial est la *pituite*, vomissement quotidien et matinal d'une matière glaireuse: c'est le résultat de la sécrétion exagérée de la muqueuse.

Dans certains cas rares, il se forme une *gastrite ulcéreuse* avec vomissements sanglants. Le *foie* est presque aussi souvent atteint que l'estomac: il se développe une *hépatite interstitielle* ou *cirrhose*, maladie que les Anglais nomment *Gin drinker liver*. Quelquefois, surtout chez les individus sédentaires et gros mangeurs, survient la *dégénérescence graisseuse du foie*. Les troubles nerveux sont les symptômes les plus graves de l'alcoolisme. On constate d'abord du *tremblement*, puis l'affaiblissement de l'intelligence avec perte ou diminution de la mémoire. Le plus souvent tout se borne là, surtout si le buveur ne boit que du bon vin, à la campagne et dans de bonnes conditions hygiéniques. Mais chez l'alcoolique des villes qui s'enivre avec des alcools de toute provenance, remplis de matières étrangères toutes toxiques, apparaissent des accidents terribles qui sont le *delirium tremens*, la *typémanie* ou *mélancolie alcoolique*, la *paralysie générale* et la *démence*. Voy. ces mots.

L'al. est susceptible de guérison, même dans les cas de *delirium tremens* et de folie alcoolique, pourvu qu'on puisse persuader au malade de renoncer à ses excès ou le mettre dans l'impossibilité de satisfaire sa passion; mais si l'ingestion du poison se continue, l'alcoolique avec son cerveau enflammé devient incurable et succombe dans la *paralysie générale* ou la *démence*. Quelques-uns sont emportés par un accès de *delirium tremens*, d'autres par la *cirrhose* du foie, d'autres par la *phtisie pulmonaire*. L'alcool détermine en effet une laryngite chronique qui altère la voix — *voix de rogomme* — et qui peut amener la phtisie à la suite de l'affaiblissement produit par la dyspepsie et la perte d'appétit. A l'autopsie des alcooliques on a souvent trouvé des dégénérescences graisseuses du *cœur*, des *muscles*, des *vaisseaux* et des dépôts adipeux dans les os. Il faut encore ajouter à ce triste cortège de maladies que l'alcoolisme est *héréditaire*, ou, du moins, l'alcoolique n'aura que des enfants *épileptiques*, *hystériques*, qui mourront généralement en bas âge. Ceux qui résistent et atteignent l'âge d'homme sont souvent très intelligents, mais peu sérieux, manquant d'esprit d'application et de conduite, et le plus souvent ils ont hérité de leur père un goût funeste pour la boisson.

L'al. est une plaie sociale qui, depuis nombre d'années a attiré l'attention des philanthropes et des législateurs. En Angleterre où il sévit plus encore que chez nous, on a essayé de le combattre par l'action des *sociétés de tempérance*. Il ne paraît pas que ce moyen ait donné de résultats. C'est surtout par le progrès des lumières et l'élévation morale du peuple qu'on peut espérer d'enrayer la marche de ce fléau. Il faudrait aussi, par une législation appropriée, arriver à supprimer l'usage des boissons frelatées, et des alcools mal rectifiés qui contiennent, outre l'alcool éthylique, des quantités notables d'alcools supérieurs: alcools propylique, amylique, etc. Ceux-ci sont des poisons bien plus actifs que l'alcool ordinaire, qui contribuent dans une large mesure aux terribles accidents de l'alcoolisme. Enfin, il faut bien reconnaître que la misère est l'une des plus grandes causes d'al., parce que l'alcool est un aliment respiratoire dont le besoin se fait impérieusement sentir à ceux qui sont malheureusement réduits à une alimentation insuffisante, de sorte que l'alc. est à la fois une cause et un effet de la misère.

Alcoolisme chez les animaux. — Il est rare sous la forme chronique; ce sont les animaux appartenant à des gens s'occupant de liquides alcooliques, ou les animaux dressés à boire du vin et des alcools: âne, chien, coq, perroquet, qui prennent les goûts de l'homme. L'al. aigu est plus fréquent; il est dû à l'ingestion de trop fortes doses de liquides enivrants comme médicaments ou par l'usage des drèches et des malts alcooliques (bœuf, mouton, porc: ce dernier a des convulsions épileptiformes). Ces animaux, après la période d'excitation, souvent rabiforme chez le bœuf, titubent, perdent connaissance et meurent assez ordinairement. L'ammoniaque, le camphre et les douches froides sur la tête sont les contrepoisons de l'alcoolisme aigu.

ALCOOMÈTRE ou **ALCOOLOMÈTRE.** s. m. (R. *alcool; mètre*). Appareil propre à mesurer la richesse des solutions alcooliques. *Alcoomètre de Gay-Lussac.* Voy. ALCOOL.

ALCORAN. s. m. (ar. *al*, le, et *Coran*.) Se dit à tort pour *Coran*. Voy. CORAN, MAHOMÉTISME.

ALCORNOQUE. s. m. T. Bot. Un des noms du *Chêne-liège*. Voy. CHÊNE.

ALCOVE. s. f. (esp. *alcoba*, de l'ar. *al*, *kaut*, la chambre à coucher). Enfoncement pratiqué dans une chambre pour y placer un lit. *Une belle al. Une al. cintrée. Chambre à al.* L'usage des alcôves est fort ancien, quoique ce nom ne le soit pas. Elles avaient souvent la forme d'une niche; telles sont, par ex., celles de la villa d'Adrien à Tivoli, dont parle Winckelmann. On en voit quelques-unes de ce genre à Pompéi. Elles étaient souvent formées par une clôture ou balustrade plus ou moins élevée, et l'al. se trouvait en outre séparée du reste de la chambre dont elle faisait partie, par le moyen de draperies ou de rideaux. On peut s'en faire une idée d'après plusieurs bas-reliefs antiques, et surtout d'après la peinture connue sous le nom de *Noces aldobrandines.* — Dans l'archit. moderne, cette partie de la chambre à coucher diffère suivant le rang et le goût du propriétaire. Chez nous ainsi qu'en Italie, on en rencontre de fort remarquables dans quelques palais. — Dans les habitations modernes l'al. est à peu près complètement abandonnée. C'est fort heureux au point de vue d'hygiène.

ALCOY, v. d'Espagne (prov. de Valence), 32,500 hab.

ALCUIN, savant religieux, aida Charlemagne à organiser l'instruction publique (725-804).

ALCYON. s. m. (gr. ἀλκυών). T. Ornith. Nom donné à un genre de la famille des *Syndactyles.* Voy. MARTIN-PÉCHEUR. ‖ On appelle *Nids d'al.* les fameux nids de *Salanganes* que mangent les Chinois. Voy. SALANGANE. ‖ On appelle aussi *Al.* un genre de *Polypes* de la famille des *Alcyonaires.* Voy. ce mot.

ALCYONAIRES. s. m. pl. T. Zool. Les *Alcyonaires* constituent le premier ordre des *Polypes anthozoaires.* Ce sont des polypes ou colonies de polypes pourvus de 8 tentacules bipinnés et d'un nombre de replis mésentéroïdes non calcifiés.

Zool. — Six familles composent les Alcyonaires: les *Tubipores* (Fig. 1) ou orgues de mer, généralement colorés en rouge,

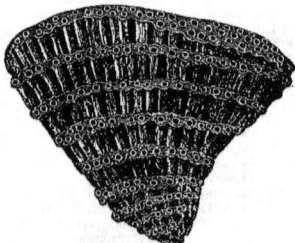

Fig. 1.

dont les polypes sont situés dans des tubes calcaires parallèles, espacés, unis entre eux de distance en distance par des expansions lamellaires horizontales et traversés par de nombreux canaux simples ou fourchus.

Comme type de la seconde famille (*Gorgonides*), nous citerons le corail rouge (*Corallium rubrum*), dont l'axe pierreux sert à fabriquer des bijoux. Le corail représente assez bien un petit arbre dont le tronc branchu serait dépourvu de feuilles et de ramuscules. Il est composé d'une substance calcaire disposée par couches concentriques, et sa surface présente des stries parallèles et inégales en profondeur. On le trouve au fond de la mer, fixé aux rochers par un large empâtement. Il s'élève à 35 cent. environ de hauteur. Quand on vient de le pêcher, on remarque que cet arbrisseau est revêtu d'une écorce membraneuse, molle, farcie d'une multitude de petites aiguilles calcaires, sillonnée de petits vaisseaux, et couverte de tubercules dont le sommet est terminé par une ouverture divisée en huit parties. Dans l'intérieur de ces tubercules, on voit une cavité qui sert à loger un polype blanc, presque diaphane: elle contient les organes destinés aux fonctions vitales de l'animal. Les tentacules blancs et à bords frangés qui entourent la bouche des polypes donnent alors au corail l'aspect d'un petit arbuste sans feuilles, mais chargé de fleurs. (Fig. 2. *Corail* du commerce. 3. Portion du même, grossie.) Les vaisseaux dont nous avons parlé communi-

niquent avec la cavité digestive des polypes. La matière calcaire dure qui constitue le tronc et les branches est sécrétée par la surface interne de l'écorce membraneuse; l'intérieur de cette espèce d'écorce est creux dans le principe, mais le dépôt successif de substance calcaire le convertit bientôt en un axe solide. L'écorce du corail devient crétacée et friable par la dessication. La couleur rouge éclatante de la substance calcaire paraît dépendre de la présence d'un oxyde de fer: toutefois on rencontre souvent du corail rose et même tout à fait

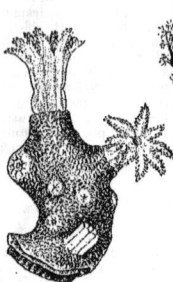

Fig. 3.   Fig. 2.

blanc. Le corail existe dans la Méditerranée et dans la mer Rouge, à des profondeurs qui varient et qui paraissent influer sur la grosseur de l'axe et sur la vivacité de la couleur. On a également remarqué qu'il se rencontre plus abondamment dans certaines expositions. Le corail des côtes de France passe pour avoir les couleurs les plus éclatantes. Néanmoins les pêcheries les plus considérables ont lieu sur les côtes d'Alger: le corail est plus gros, mais d'une nuance moins vive. L'instrument qu'emploient les *corailleurs* est une sorte de croix de bois, ayant un filet à chacune de ses branches, qui sont égales, et une grosse pierre dans son milieu, auquel on attache la

Fig. 4.   Fig. 5.

corde qui sert à promener le filet au fond de la mer. Par cette manœuvre on parvient à détacher, le plus souvent en les brisant, une plus ou moins grande quantité de polypiers; au reste, cette pêche n'est pas sans danger. Les pêcheurs de corail, sur les côtes d'Afrique, ne le recherchent qu'à la distance de 3 ou 4 lieues de la terre, et ne recueillent que celui qu'on rencontre entre 40 et 200 mètres de profondeur. Les coralliers prétendent que, quand on descend davantage, le corail est plus petit et moins coloré. — On distingue, dans le commerce, un grand nombre de variétés de corail, qui, à raison de l'éclat de leur couleur, reçoivent les noms de corail *écume de sang, fleur de sang, premier, deuxième, troisième sang*, etc. — On fait avec cette substance des bracc-

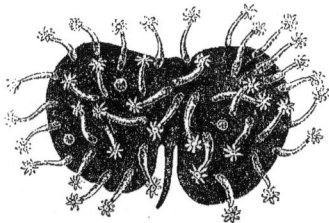

Fig. 6.

lets, des colliers, des camées et d'autres bijoux. Jadis le corail était utilisé en thérapeutique ; mais aujourd'hui il n'est plus employé que pour la confection de quelques dentifrices :

 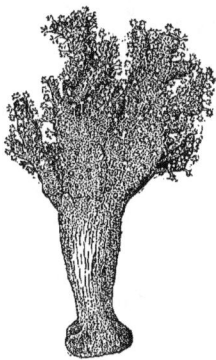

Fig. 7.   Fig. 8.

pour cela on le réduit en poudre impalpable au moyen de la porphyrisation. — Parmi les al. dendroïdes, nous citerons encore les *Gorgones*, genre très voisin du corail, mais qui en diffère en ce que l'axe commun est simplement corné.

Fig. 9.

Une autre famille est celle des *Hélioporides* dont le squelette calcaire est compact et à structure fibreuse cristalline ; puis celle des *Liphonogorgiacées*.

La cinquième famille est celle des *Pennatulides*, colonies de polypes dont la base libre s'enfonçant dans le sable ou la vase présente un corné flexible. Nous citerons les genres *Pennatule* (Fig. 4), *Veretille* (Fig. 5), *Renille* (Fig. 6).

La sixième famille est celle des *Alcyonides*. Ce sont des colonies sédentaires à polypier charnu, dépourvu d'axe et ne renfermant que peu de spicules calcaires.

La *Cornulaire ridée* (Fig. 7) est un type des *Alcyonides*. Elle habite la Méditerranée.

Cette famille comprend les *Alcyons* proprement dits (Fig. 8), *Alcyon palmé*, les *Ammothées*, les *Néphtées* et les *Alcyonies* (Fig. 9).

Paléont. — ALCYONAIRES FOSSILES. — Leur squelette varie suivant les groupes. Ainsi les *Alcyonides* ont des spicules calcaires noueuses, diversiformes, isolées au milieu des parties molles ou assemblées en grand nombre en un axe élastique, sans toutefois se souder entre elles ; les *Gorgonides* ont un axe corné ou calcifié continu ; les *Pennatulides* ont un axe calcifié ; chez les *Isidines* cet axe est formé de parties alternativement calcaires et cornées ; les *Corallines* ont un axe cristallin calcaire formé par des spicules calcaires noueuses soudées ; les *Briaréacées* ont un axe corné renfermant des spicules calcaires. Chez les *Tubipores*, il y a une muraille solide formée de spicules soudées entourant le polype. Chez les *Hélioporides*, le polypier est une masse de calcaire cristallin à cœnenchyme abondant, comme celui des polypiers pierreux.

Lorsque le squelette calcaire est continu, l'animal a chance d'être conservé à l'état fossile.

On ne connaît de *Pennatules* et de *Gorgones* que depuis l'époque crétacée, tandis que les *Hélioporides* avaient fait leur apparition dans les temps les plus reculés, à l'époque paléozoïque ; ces genres anciens ne sont pas identiques cependant aux genres vivants appartenant à la même famille. Ainsi le genre *Héliopora* ne remonte qu'à l'époque crétacée ; il en est de même du genre *Tubipore* actuel, qui est séparé par un grand intervalle de ses prédécesseurs paléozoïques probables.

ALCYONE, femme de Ceyx qui, suivant la fable, se jeta à la mer après le naufrage de son époux. Ils furent changés tous deux en alcyons. (Myth.)

ALCYONELLE. s. f. T. Zool. Genre de *Polypes* de l'ordre des *Bryozoaires*. Voy. ce mot.

ALCYONIDE. s. m. T. Zool. Famille d'*Alcyonaires*. Voy. ce mot.

ALCYONIEN. adj. m. Ne s'emploie que dans cette locution : *Jours alcyoniens*. — Suivant la Mythol. grecque, Alcyone, fille d'Éole et arrière-petite-fille de Deucalion, avait épousé Ceyx, roi de Trachine. Celui ayant péri dans un naufrage, elle se jeta dans la mer pour ne pas lui survivre. Les dieux changèrent ce couple fidèle en alcyons, oiseaux qui fréquentent de préférence les bords de la mer et des fleuves. Les anciens prétendent que les alcyons font toujours leur nid dans un temps où la mer est calme. Ce temps, selon eux, se continuait sept jours avant et sept jours après le solstice d'hiver ; en conséquence, on donnait à ces jours le nom de *jours alcyoniens*. Columelle donne le même nom aux sept jours qui vont du 24 au 30 avril.

ALDÉBARAN. s. m. (R. arabe *dabar*, qui vient derrière). T. Ast. Nom d'une étoile de première grandeur, α *du Taureau*, nommée aussi l'*œil du Taureau*. Vient derrière les Pléiades.

ALDÉE. s. f. (esp. *aldea*). T. Géog., qui sert à désigner les bourgs et les villages des possessions européennes, en Afrique et dans les Indes.

ALDÉHYDE. s. f. (*al*, abrév. d'*alcool* ; *de*, priv. ; *hyde*, abrév. d'*hydrogène*). T. Chim. Le mot *aldéhyde* est une abréviation d'*alcool déshydrogéné*. Il désigne en effet un corps C²H⁴O qui diffère de l'alcool par deux atomes d'hydrogène en moins. C'est un liquide incolore, très fluide, très combustible, d'une odeur éthérée spéciale, bouillant à 21°, soluble en toutes proportions dans l'eau et l'alcool. Elle se produit par une oxydation incomplète de l'alcool, et se transforme facilement en acide acétique par l'oxydation : l'ald. est le premier terme, l'acide acétique le second de l'oxydation de l'alcool. C'est un des corps organiques qui réduisent le plus facilement l'oxyde d'argent ; c'est pourquoi on l'utilise dans l'argenture chimique

des miroirs (Voy. ARGENTURE). On l'obtient en distillant un mélange de 100 parties d'alcool, 150 de bichromate de potasse et 200 d'acide sulfurique étendu dans son triple volume d'eau. L'ald. est nommée quelquefois *Hydrure d'acétyle*; on peut en effet la considérer comme le résultat de la combinaison du radical acétyle C^4H^3O) avec l'hydrogène. La substitution d'un métalloïde à l'hydrogène donne des *chlorures, bromures, iodures d'acétyle*, etc.

L'ald. ordinaire, appelée aussi ald. *éthylique* ou *acétique*, est le type d'une série de corps nommés *aldéhydes* et jouissant de propriétés communes qui caractérisent la fonction ald. A chaque alcool correspond une ald. obtenu par l'élimination de H^2 et qui peut être considérée comme l'hydrure du radical acide correspondant. Ces aldéhydes en fixant un atome d'oxygène forment l'acide correspondant; en fixant de l'hydrogène, elles reproduisent l'alcool correspondant; la substitution d'un métalloïde à l'un des atomes d'hydrogène donne des composés du radical acide correspondant.

ALDERMAN. s. m. (angl. *elder*, plus âgé; *man*, homme). Au plur., on dit *les aldermen*. — Ce mot qui s'écrivit d'abord *ealdor-man*, d'où on a fait ensuite *Alderman*, seul employé aujourd'hui en Angleterre, était, dans les temps les plus reculés de la période saxonne, un simple titre honorifique auquel n'était attaché aucune fonction. Ce titre s'appliquait également à l'officier qui reçut plus tard le nom de *comte*, et c'est pour cela qu'on voit quelquefois les comtés désignés par le terme *alderman-shires*. Aujourd'hui ce titre appartient exclusivement aux officiers municipaux d'un bourg qui viennent immédiatement après le *maire*, et qui forment avec lui et les conseillers le conseil du bourg. Le maire est toujours choisi parmi eux. A leurs fonctions administratives les aldermen joignent celles de *juges de paix*.

ALDOL. s. m. T. Chim. Ce mot, formé de *aldéhyde* et *alcool*, désigne un corps résultant de la polymérisation de l'aldéhyde et possédant à la fois la fonction alcool et la fonction aldéhyde. L'*Aldol* $C^4H^8O^2$, découvert par Wurtz, est un liquide très mobile, incolore, soluble dans l'eau en toutes proportions, distillant entre 90° et 100°. Il est le type d'une série de corps analogues provenant des divers aldéhydes par la soudure de deux molécules.

ALDROVANDIE. s. f. T. Bot. Genre de plantes de la famille des *Droséracées*. Voy. ce mot.

ALE. s. m. [Pr. *èle*] (mot anglais). Bière anglaise fabriquée sans houblon : elle est blonde, transparente et sans amertume. On distingue l'ale légère ou *pale ale* et l'*ale de garde* qui est nourrissante, tonique et très alcoolique. Le *pale ale* que l'on consomme à Paris et qui est expédié en bouteilles est plus alcoolique que celui qu'on tire du tonneau. Cette addition d'alcool est nécessaire pour que la boisson supporte le voyage sans s'altérer.

ALÉA. s. m. (lat. *alea*, jeu de hasard). Chance, hasard. Il y a de l'aléa dans cette affaire.

ALEA JACTA EST, locut. lat. qui signifie : *Le sort en est jeté*. Paroles de Jules César au moment de franchir le Rubicon.

ALÉATOIRE. adj. 2 g. (lat. *alea*, jeu de hasard). T. Droit. Se dit de toute convention qui est subordonnée à des événements incertains : *Contrat al. Vente al.* Voy. CONTRAT. || Par ext. Se dit de tout ce qui présente une chance, un hasard ou n'offre pas une sécurité complète : *Affaire, placement, combinaison al.*

ALECTOR. (gr. ἀλέκτωρ, coq). Genre de *Gallinacés* intermédiaire entre les faisans et les dindons et qui habitent les bois d'Amérique. Voy. PÉNÉLOPIDES.

ALÈGRE, ALÉGREMENT, ALÉGRESSE, ALÉGRETTO, ALÉGRO. Voy. ALLÈGRE, ALLÉGRESSE, etc.

ALEMANNI ou **ALAMANNI**, anciens peuples germains, ancêtres des Allemands.

ALEMBERT (D') savant géomètre et littérateur français, secrétaire perpétuel de l'Académie française en 1772. Fut un des principaux collaborateurs de l'*Encyclopédie* (1717-1783).

ALEMTÉJO, prov. du Portugal, 350,103 hab.

ALENÇON, ch.-l. du dép. de l'Orne, sur la Sarthe à 208 kil. de Paris. Fabrique de dentelles dites points d'Alençon. || Comtes et ducs d'Alençon, branche de la maison de Valois, dont le chef fut Charles de Valois, 3e fils de Philippe III le Hardi.

ALÈNE. s. f. (ital. *lesina*). Espèce de poinçon d'acier, droit ou courbe, en forme de losange sur la pointe qui sert pour percer le cuir, afin de le coudre. || T. Bot. *Feuilles en al.* ou *Feuilles subulées.* Voy. FEUILLE.

ALÉNIER. s. m. Celui qui fait et vend des alènes.

ALÉNOIS. adj. m. T. Bot. Ne s'emploie que dans cette loc. : *Cresson al.* Plante de la famille des *Crucifères*.

ALENTOUR. adv. (R. *tour*). Aux environs. *Rôder, tourner al. Les échos, les bois d'al.*
Obs. gram. — La locution prépositive *A l'entour de*, qui se rencontre dans plusieurs des grands écrivains du XVIIe siècle, est condamnée par l'Académie. Dans les cas où cette locution était usitée, on se sert maintenant de la prépos. *Autour de.*

ALENTOURS. s. m. pl. Les lieux circonvoisins. *Les al. de ce château sont magnifiques.* || Se dit aussi des personnes qui entourent ordin. quelqu'un : *On ne peut parvenir à lui que par ses al.*

ALÉOCHARE. s. m. (gr. ἀλέα, abri; χαράσσω, je creuse). T. Entom. Genre de *Coléoptères* de la famille des *Brachélytres*.

ALÉOUTIENNES (Iles), archipel de l'Amérique du N. entre la mer de Behring et l'océan Pacifique (aux États-Unis).

ALEP, v. de Syrie, 100,000 hab.

ALEPASE ou **ALEPASSE.** s. m. T. Mar. Pièce de bois liée aux vergues nommées *antennes* pour les fortifier.

ALÉPINE. s. f. (R. *Alep*). Espèce d'étoffe dont la chaîne est de soie et la trame de laine.

ALÉPOCÉPHALE. s. m. (gr. ἀ priv.; λεπὶς, écaille; κεφαλὴ, tête). T. Icht. Poisson dont la tête n'a pas d'écailles. Voy. ÉSOCES.

ALÉRION. s. m. (lat. *ala*, aile). T. Blas. Figure d'aigle sans bec ni jambes. — Lorsqu'il se trouve plusieurs aigles dans un écu on leur donne le nom d'*aiglettes*. Elles y paraissent avec bec et jambes, et sont souvent becquées et membrées

 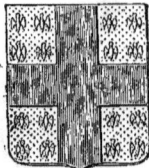

Fig. 1.   Fig. 2.

d'un autre émail que le reste du corps. (Fig. 1. GONZAGUE.) — Les *Alérions* sont des aiglettes qui n'ont ni bec ni jambes; ils ont les ailes étendues et sont représentés en peal : l'alérion peut être seul ou en nombre dans un écu. (Fig. 2. MONTMORENCY).

ALERTE. s. f. Vive émotion causée par un événement imprévu. *On donna une vive al. au camp. Nous avons eu trois ou quatre alertes.* == Syn. Voy. ALARME.

ALERTE. adj. 2 g. Vigilant, qui se tient sur ses gardes. *On ne le surprendra pas aisément, il est toujours al.* == Habile, prompt à saisir ce qui peut être utile, avantageux. *Rien ne rend al. comme la nécessité.* || Vif, preste, agile. *Une jeune fille al. Un jeune homme al. au combat.*

ALERTE. interj. (ital. *all'erta*, sur un lieu élevé, pour faire le guet). Soyez sur vos gardes ! Prenez garde à vous ! *Alerte, soldats ! A vos armes !*

ALÉSAGE. s. m. Action d'aléser, résultat de cette action.

ALÈSE. s. f. Voy. ALÈZE.

ALÉSER. v. a. Rendre cylindrique, polir la surface interne d'un tube. = ALÉSÉ, ÉE. part.

ALESIA, ancienne ville des Gaules où succombèrent, après sept mois d'une défense héroïque contre les troupes de César, les derniers défenseurs de la liberté des Gaules, commandés par Vercingétorix (52 av. J.-C.). La position de cette ville est encore incertaine. Certains archéologues lui donnent l'emplacement du village d'Alaise (Doubs), d'autres, avec plus de probabilité, celui d'Alise-Sainte-Reine (Côte-d'Or).

ALÉSOIR. s. m. T. Techn. Instrument ou machine servant à aléser. — L'Al. est employé pour rendre parfaitement cylindrique la surface intérieure d'un tube quelconque. On en fait usage pour polir et calibrer les corps de pompe, les cylindres des presses hydrauliques ou des machines à vapeur, les coussinets des arbres tournants, les canons de fusil, l'âme des bouches à feu, etc. Il ne faut pas confondre les alésoirs avec les outils propres à l'opération du forage, tels que les *vrilles,* les *mèches,* les *forets* et les *équarrissoirs,* qu'on emploie simplement pour percer ou pour agrandir le trou d'une pièce. Les alésoirs sont en gén. des barreaux d'acier ayant des coupes propres à régulariser et à faciliter leur mouvement dans le cylindre qu'on veut aléser. On l'ur imprime un mouvement de rotation, soit à la main, soit au moyen d'un vilebrequin ou d'un tourne-à-gauche, soit enfin à l'aide d'une machine, si les efforts pour les faire mouvoir doivent être considérables. On se sert d'alésoirs horizontaux pour les petits cylindres, mais pour les cylindres de grandes dimensions on emploie l'al. vertical. Ces instruments sont de la plus haute importance, puisque de l'alésage dépend la précision et la facilité du jeu des pistons dans toutes les machines à vapeur, et la justesse du tir dans les fusils et dans les bouches à feu.

ALESTER ou **ALESTIR.** v. a. T. Mar. Rendre plus léger un bâtiment ou son gréement.

ALÉSURE. s. f. T. Techn. Débris qui tombent quand on alèse.

ALÈTRE. s. f. (gr. ἄλετρις, qui prépare de la farine). T. Bot. Genre de plantes de la famille des *Hémodoracées.*

ALETTE. s. f. T. Archit. Petite aile, jambage sur un pied-droit. || T. Cordonnerie. Cuir cousu à l'empeigne d'un soulier.

ALEURITE. s. m. (gr. ἀλευρίτης, farineux). T. Bot. Genre de plantes de la famille des *Euphorbiacées.* Voy. ce mot.

ALEUROMANCIE (gr. ἄλευρον, farine; μαντεία, divination). Divination au moyen de la farine.

ALEURONE. s. f. (gr. ἄλευρον, farine). T. Chim. Matière azotée très abondante dans les graines et qui s'y trouve à l'état de grains plus ou moins volumineux; très fréquemment ces grains renferment sous forme d'enclaves des corps de nature albuminoïde ou minérale. Les grains d'aleurone paraissent constituer une substance de réserve.

ALEVIN ou **ALVIN.** s. m. (lat. *alnus,* ventre). Nom donné aux jeunes poissons employés pour peupler les étangs.

ALEVINAGE ou **ALVINAGE.** s. m. Opération qui consiste à se procurer l'alevin ou les jeunes poissons dont on se sert pour peupler les étangs.

ALEVINER ou **ALVINER.** v. a. Peupler un étang avec de l'alevin. *Al. un étang.* = ALEVINÉ ou ALVINÉ, ÉE. part.

ALEVINIER ou **ALVINIER.** s. m. Petit étang où l'on conserve et où l'on élève l'alevin.

ALEXANDRA, veuve d'Alexandre Jannée, régna sur les Juifs pendant la minorité de son fils Hircan II (79-70 av. J.-C.).

ALEXANDRE III LE GRAND, fils de Philippe et d'Olympias; roi de Macédoine; le plus grand capitaine de l'antiquité, vainqueur des Perses et conquérant de l'Asie. L'empire d'Alexandre ne survécut pas à son fondateur et fut partagé à sa mort entre ses lieutenants; cependant l'œuvre du guerrier macédonien n'en fut pas moins considérable. Elle consista surtout dans la diffusion de la civilisation grecque dans l'Asie occidentale et l'Égypte (356-323 av. J.-C.).

ALEXANDRE SÉVÈRE, empereur romain (222 ap. J.-C.), protégea les chrétiens, vainquit les Perses, et fut assassiné par ses soldats à cause de sa sévérité, en 235.

ALEXANDRE, nom de huit papes, parmi lesquels ALEXANDRE III (1159-1181), adversaire de Frédéric Barberousse; ALEXANDRE VI Borgia (1492-1503), célèbre par ses crimes; ALEXANDRE VII (1655-1667), qui eut des démêlés avec Louis XIV.

ALEXANDRE Ier, empereur de Russie, fils de Paul Ier (1777-1825), succéda à son père en 1801, entra dans la coalition contre la France en 1805; vaincu, il signa la paix de Tilsit. La guerre éclata de nouveau entre ce prince et Napoléon en 1812, et se termina par la retraite de Moscou. Alexandre entra à Paris en 1814 et 1815.

ALEXANDRE II, empereur de Russie, a succédé en 1855 à son père Nicolas; a signé la paix de Paris (1856), après la prise de Sébastopol; a aboli le servage en 1863. Assassiné le 13 mars 1881, il a été remplacé par son fils ALEXANDRE III, né en 1845.

ALEXANDRIE, ville d'Égypte, fondée par Alexandre le Grand, cap. de l'Égypte sous les Ptolémées, possédait une admirable bibliothèque qui fut brûlée par le calife Omar, lors de l'invasion des Arabes en Égypte (641). — Port sur la Méditerranée, 238,000 hab.

ALEXANDRIE, ville d'Italie (Piémont), 56,000 hab., chef-lieu de la province d'Alexandrie.

ALEXANDRIN. adj. m. *Vers al.* = Subst. m. Ce genre de vers. *Cet al. est admirable. L'al. est seul usité dans la tragédie française.*

Poét. — L'Al. se compose de douze syllabes pour les vers à rime masculine, et de treize pour ceux qui se terminent par une rime féminine, la syllabe qui forme la rime féminine ne comptant pas. Il est divisé en deux hémistiches entre lesquels il doit exister une cé-ure. Notre vers al. se rapproche par sa forme et par sa coupe de l'asclépiade des poètes grecs et latins que les anciens trouvaient déjà un peu monotone. Ce reproche est à plus forte raison mérité par notre al., et l'usage de l'écrire par distiques à rimes alternativement masculines et féminines ne peut qu'augmenter sa monotonie. Néanmoins on l'emploie exclusivement sous cette forme dans le poëme héroïque, dans la satire, dans la tragédie, et on pourrait même dire dans la comédie : car, à un petit nombre d'exceptions près, toutes nos comédies sont écrites en alexandrins par distiques. Malgré les défauts qu'on reproche à l'al., les chefs-d'œuvre de nos grands poètes ont montré qu'il était possible de l'ass uplir sans le briser, et de lui imprimer tour à tour un caractère de majesté et de douceur, de force et de grâce. Les poètes du XIXe siècle, en rendant moins sévère la règle de la césure, ont donné plus de liberté à l'alexandrin et en ont fait une admirable forme poétique. On prétend généralement que le vers français de douze syllabes a reçu le nom d'al. parce qu'il a été employé pour la première fois dans le roman d'*Alexandre* par Lambert li Cors et Alexandre de Bernay, surnommé Alexandre de Paris.

ALEXANDRIN, INE. adj. (gr. Ἀλεξανδρία, ville de l'Égypte). Qui appartient à la ville d'Alexandrie. *École alexandrine.* — On dit *Philosophes alexandrins, Philosophie alexandrine,* en parlant des doctrines et des philosophes de cette école. Voy. PHILOSOPHIE.

ALEXIPHARMAQUE adj. 2 g. et s. m. (gr. ἀλεξεῖν, repousser; φάρμακον, poison). T. Méd. Mot tombé en désuétude qui désignait des remèdes destinés à chasser du corps les principes morbides ou à prévenir l'effet des poisons.

ALEXIS, nom de cinq empereurs d'Orient, de la dynastie des

Comnènes : le 1er a été contemporain de la 1re croisade ; le 3e, le 4e et le 5e ont péri pendant la 4e croisade.

ALEXIS MICHAELOWITZ, czar de Moscovie, de la dynastie des Romanov (1645-1676), père de Pierre le Grand.

ALEXITÈRE, adj. 2 g. et s. m. (gr. ἀλεξητήρ, qui donne du secours). T. Méd. Tombé en désuétude, à peu près synonyme d'*alexipharmaque*.

ALEYRODE, s. m. (gr. ἄλευρον, farine; εἶδος, apparence). T. Entom. Genre d'insectes *Hémiptères*. Voy. Pucerox.

ALEZAN, ANE. (ar. *al, hassan*, le beau). *Poil al.; Robe alezane; Cheval al.*, se dit d'un cheval dont la robe est de couleur roussâtre, mais dont la teinte varie du clair au foncé. *On distingue cinq espèces d'al. : l'a. clair, l'al. doré, l'al. cerise, l'al. châtain et l'al. brûlé.* || S'emploie aussi subst. *Il était monté sur un al.*

ALÈZE. s. f. (B. lé, ancienn. *lez*). Drap ou pièce de toile pliée en plusieurs doubles, dont on garnit les lits des malades pour les garantir contre le sang, le pus, l'urine, etc. *Passer une al. sous le corps d'un malade.*

ALFA. s. m. T. Bot. Genre de *Graminées* qui porte aussi le nom de *Sparte* ou *Spart*. L'Al. (*Stipa tenacissima*) est très commun en Algérie: il résiste à la chaleur et à la sécheresse; ses feuilles rudes, broyées et peignées sont employées comme le chanvre à la fabrication des cordages, nattes, etc. Les cordes d'al. pourrissent moins facilement dans l'eau que les cordes de chanvre. Trié et desséché, il convient à la fabrication du papier. Le papier d'al. est très résistant. La culture et l'industrie de l'al. ont pris depuis quelques années un développement considérable en Algérie. En 1885 on en a exporté plus de 96,000 tonnes. Voy. Papier.

ALFANGE. s. f. Sorte de cimeterre. Vx.

ALFÉNIDE. s. m. T. Chim. Alliage métallique entièrement blanc, inventé par le chimiste Halphon. Il est composé de 50 parties de cuivre, 30 zinc, 10 de nickel, 1 de fer. On en fait surtout des couverts argentés par la galvanoplastie qui n'ont pas, comme les couverts de cuivre argentés dits *ruolz*, l'inconvénient de jaunir à mesure que le dépôt d'argent disparaît par l'usure.

ALFIERI, célèbre poète dramatique italien (1749-1803).

ALFONSIN. s. m. Instrument de chirurgie avec lequel on extrait les balles.

ALFORT (Maisons-), commune du dép. de la Seine, 7,100 h. ; école vétérinaire.

ALFRED le Grand, roi des Anglo-Saxons, de 871 à 901, célèbre par ses victoires sur les Danois, par son administration éclairée. Il composa un *Code* de lois.

ALGALIE. s. f. (arabe). T. Chir. Sorte de sonde creuse. Voy. Sonde.

ALGANON. s. m. Chaîne qu'on mettait jadis au forçat à qui l'on permettait de parcourir la ville.

ALGARADE. s. f. (esp. *algarada*). Sortie brusque contre quelqu'un. *Faire une al. Il lui a fait mille algarades.* Fam.

ALGAROTH ou **ALGEROTH** (Poudre de). Préparation pharmaceutique, qui est de l'oxychlorure d'antimoine. Cette poudre est émétique et purgative.

ALGARVE, prov. du Portugal, 206,000 hab., cap. Faro, v. pr. Lagos.

ALGAZEL. s. f. (ar. *al, gazel*). T. Zool. Espèce d'*Antilope* d'Afrique. Voy. Antilope.

ALGÈBRE. s. f. (ar. *al, la; djebr*, réduction). Science qui a pour objet l'étude des relations entre les quantités considérées de la manière la plus générale. || Se dit aussi d'un

traité d'al. L'Al. de Bézout. || Fig. et fam. *C'est de l'al. pour lui.* Il n'entend absolument rien à ce dont il est question.

Math. — L'al. a pour objet la généralisation des questions qu'on peut se poser sur les nombres, et des règles propres à résoudre des problèmes du même genre. La distinction entre l'al. et l'arithmétique est assez difficile à établir. Newton désignait l'al. sous le nom d'*Arithmétique universelle*, et il avait raison, car toute distinction entre les deux sciences sera nécessairement arbitraire. Cette question de la définition de l'al. a donné lieu à de longues et stériles dissertations. On a prétendu que l'arithmétique était la science des faits, et l'al. la science des lois des nombres. A ce compte l'arithmétique n'admettrait aucun principe général. Dire qu'un produit ne change pas quand on change l'ordre des facteurs, donner une règle pour ajouter des fractions, ce serait faire de l'al.; l'arithmétique considérée comme science disparaîtrait entièrement. D'autres ont voulu voir la caractéristique de l'al. dans l'introduction des lettres pour désigner les nombres et des signes pour représenter les opérations : ce n'est là qu'une puérilité, car l'emploi des lettres et symboles n'est qu'un procédé propre à abréger l'écriture : il ne change pas la nature des idées. On exprime la même idée en écrivant: *le produit de deux nombres ne change pas quand on change l'ordre des facteurs* ou bien $ab = ba$. Si l'on veut établir une distinction entre les deux sciences, il faut la chercher dans les objets dont s'occupe chacune d'elles. Or l'al. comporte un degré d'abstraction de plus que l'arithmétique, lequel réside dans la généralisation des opérations et des quantités qui y sont soumises. Le véritable but qu'on se propose en al. est l'étude des propriétés des opérations, abstraction faite des quantités sur lesquelles on opère. Or l'arithmétique présente des cas d'impossibilité qui s'opposent à cette généralisation; par exemple, on ne peut retrancher un nombre d'un autre plus petit que lui; on ne peut extraire la racine carrée d'un nombre négatif. On exprime la même idée en opérations, et, par suite, l'idée même de quantité, pour formuler des énoncés de principes qui ne souffrent aucune exception: c'est ainsi qu'on a été conduit à l'invention des *nombres négatifs* et des *quantités imaginaires*. Ce sont là deux abstractions nouvelles propres à l'al. On pourra donc dire que l'arithmétique est la science des nombres entiers, fractionnaires et incommensurables, et l'al. l'étude des opérations appliquées à des quantités quelconques. Les opérations algébriques auront donc un sens plus général que les opérations arithmétiques; mais les définitions généralisées seront toujours choisies de manière que les propriétés fondamentales soient conservées. Dès lors tous les théorèmes d'arithmétique qui sont des conséquences de ces propriétés fondamentales seront encore vrais et pourront être appliqués en al. On a cherché aussi à établir une distinction entre l'al. et l'*analyse infinitésimale*. La première s'occuperait des relations entre quantités *invariables*, la seconde des lois qui président aux variations simultanées de plusieurs quantités liées entre elles, ou étude des *fonctions*. Cette distinction est entièrement arbitraire ; car les quantités qui figurent en al. étant représentées par des lettres et conservant toute leur généralité, il est indifférent qu'on les considère comme fixes ou variables. Au point de vue pratique, la distinction serait d'ailleurs impossible, car certains théorèmes classés dans l'al. ne peuvent s'établir qu'à l'aide de propositions appartenant à l'analyse. L'analyse infinitésimale, qui contient le *calcul différentiel* et le *calcul intégral*, doit donc être considérée comme faisant partie de l'al.

En laissant de côté l'analyse infinitésimale dont il sera question en son lieu et place, l'al. peut se diviser en deux parties assez bien séparées : le *calcul algébrique* et la *théorie des équations*. Nous ne traiterons ici que de la première; les principes de la seconde seront mieux à leur place au mot Équation.

Des signes et des opérations de l'algèbre. — Les opérations de l'al. portent le même nom que celles de l'arithmétique; mais comme nous l'avons déjà fait observer, elles ont une signification plus générale et s'appliquent à des objets plus complexes que les nombres. Nous laisserons de côté les quantités imaginaires, auxquelles un article spécial sera consacré (Voy. Imaginaire), et nous ne nous occuperons ici que des nombres *positifs* ou *négatifs* dits quelquefois *algébriques*. Le nombre algébrique est l'assemblage d'un nombre ordinaire, entier, fractionnaire ou incommensurable, et d'un signe + (plus) ou — (moins) qui le précède. Si on supprime le signe, le nombre qui reste s'appelle la *valeur absolue* du nombre algébrique. L'égalité se représente par le signe =. L'*Addition* se représente par le signe + et est définie par la règle suivante : *La somme de deux nombres de même signe est la somme de leurs valeurs absolues précédée du signe commun ; la somme de deux nombres de signes contraires est la différence de leurs valeurs absolues précédée du signe de celui qui a la plus grande valeur absolue :*

$$(-3) + (-7) = -10$$
$$(+4) + (-7) = -3.$$

Ainsi définie, l'addition jouit de toutes les propriétés de l'addition arithmétique.

La *Soustraction* se représente par le signe —. Elle a pour but de trouver un nombre qui, ajouté au second, reproduise le premier. On démontre que, pour retrancher un nombre d'un autre, il suffit d'ajouter le second après avoir changé son signe :

$$(-4) - (-2) = (-4) + (+2) = -2.$$

La *Multiplication* se désigne par le signe $\times$ qu'on omet généralement d'écrire, et est définie par la règle suivante :

Pour multiplier deux nombres algébriques, on multiplie leurs valeurs absolues, et on donne au résultat le signe + si les deux facteurs sont de même signe, le signe — si les deux facteurs sont de signe contraire :

$$(+3) \times (+4) = +12$$
$$(+3) \times (-4) = -12$$
$$(-3) \times (+4) = -12$$
$$(-3) \times (-4) = +12.$$

On reconnaît que la multiplication ainsi définie jouit de toutes les propriétés de la multiplication algébrique. La multiplication s'étend à un nombre quelconque de facteurs avec cette remarque importante que le produit est positif si le nombre des facteurs négatifs est nul ou pair, négatif si le nombre des facteurs négatifs est impair.

La *Division* se représente en écrivant le diviseur au-dessous du dividende, et en les séparant par un trait horizontal. Elle a pour objet de trouver un quotient qui, multiplié par le diviseur, reproduira le dividende.

Un produit de facteurs égaux s'appelle une *puissance*. On le représente en écrivant une seule fois le facteur et en plaçant à sa droite en haut le nombre des facteurs égaux, nombre qu'on nomme *exposant* :

$$a^3 = a \times a \times a.$$

Le symbole $\sqrt[m]{a}$, qui s'énonce *racine emmième de a*, représente un nombre qui, élevé à la puissance m reproduit a.

m s'appelle l'indice du *radical* ; $\sqrt[3]{}$ s'énonce *racine cubique* ; l'indice 2 ne s'écrit pas, $\sqrt{a}$ équivaut à $\sqrt[2]{a}$ et s'énonce *racine carrée de a*.

Des expressions algébriques. — On appelle *expression algébrique* tout symbole formé à l'aide des signes précédents et indiquant une série d'opérations à effectuer sur les quantités représentées par des lettres. Il est bien entendu que ces quantités sont des nombres positifs ou négatifs. L'expression algébrique représente aussi le résultat de ces opérations. Si ce résultat doit en dériver soumis à d'autres opérations, on le met entre parenthèses, et on soumet cette parenthèse, comme une seule lettre, aux systèmes d'opérations :

$$a + b, \quad \sqrt{a^2 - b^3}, \quad \frac{(a+b)(a^3 - b^3)}{\sqrt{a^2 + b^3}}, \text{ sont des expressions}$$

algébriques.

Si l'on remplace les lettres par des valeurs numériques, et qu'on effectue les calculs, le résultat s'appelle la *valeur numérique* de l'expression.

Des expressions algébriques sont dites *équivalentes* quand elles ont la même valeur numérique quelles que soient les valeurs numériques que l'on attribue aux lettres qui y entrent.

Des expressions équivalentes séparées par le signe $=$ constituent une égalité qui est vraie quelles que soient les valeurs numériques des lettres qui y entrent. Une pareille égalité s'appelle une *identité*. Elle exprime que deux systèmes d'opérations appliquées aux mêmes nombres conduisent au même résultat :

$ab = ba$, $a^2 - b^2 = (a + b)(a - b)$ sont des identités.

L'objet du *calcul algébrique* est la transformation des expressions algébriques en d'autres équivalentes plus simples ou plus commodes. Il ne s'agit donc point d'effectuer des opérations, mais de remplacer un système d'opérations par un autre.

Une expression algébrique est dite *rationnelle*, si elle ne contient aucun radical portant sur une lettre. Ex. :

$$a + b, \quad \frac{a - b}{a\sqrt{2}} ;$$

entière, si elle ne contient aucun symbole de division dont le diviseur est littéral. Ex. :

$$a + b, \quad 3a + \frac{2}{3}b.$$

Un *monôme* est une expression qui ne renferme aucun signe d'addition ou de soustraction. Un monôme entier ne contiendra donc que l'indication de multiplication. On y distingue le *coefficient* qui est le facteur numérique, et les exposants dont sont affectés les différents facteurs littéraux. Ex. :

$$\frac{2}{3} a^2 b^3 c^4 d.$$

Le coefficient est $\frac{2}{3}$, les exposants 2, 3, 4 et 1, la lettre d qui n'a pas d'exposant écrit devant être considérée comme affectée de l'exposant 1. L'addition et la soustraction des monômes ne peuvent que s'indiquer à l'aide des signes + ou — ; la multiplication se fait en multipliant les coefficients et en ajoutant les exposants des mêmes lettres. C'est la règle d'arithmétique relative au produit de plusieurs produits. Ex. :

$$3 a^2 b \times \frac{2}{3} a b^2 c \times \frac{1}{4} b c^2 = \frac{1}{2} a^3 b^4 c^3.$$

La division de deux monômes donne lieu à des réductions analogues à la simplification des fractions en arithmétique. Si aucun exposant du diviseur n'est supérieur à l'exposant de la même lettre du dividende, le quotient sera entier. On l'obtiendra par la division des coefficients et la soustraction des exposants. Ex. :

$$\frac{3 a^3 b}{4 b^2 c} = \frac{3 a^2}{4 b c} ;$$

$$\frac{5 a^2 b^2 c^3}{4 a b^2 c} = \frac{5}{4} a b c.$$

Un *polynôme* est une expression composée de plusieurs monômes séparés par les signes + ou —. Ex. :

$$3 a^4 - 5 a^3 b + 6 a^2 b^2 - 2 a b^3 - b^5.$$

Une *fraction* est une expression qui contient le symbole de division. Ex. :

$$\frac{a + b}{a - b}.$$

Les règles de calcul relatives aux polynômes et aux fractions seront données ci-après.

Le calcul algébrique comprend encore la généralisation de l'idée d'exposant, c'est-à-dire le calcul des exposants négatifs, fractionnaires et incommensurables (Voy. Exposant), et le calcul des quantités imaginaires (Voy. Imaginaires). Enfin on peut aussi y rattacher la théorie des *séries* (Voy. ce mot) qui dépend aussi de la théorie des fonctions.

L'al. est née du besoin de trouver une *règle* générale ou *formule* pour résoudre tous les problèmes du même genre, abstraction faite des données numériques, afin de faire les raisonnements une fois pour toutes, au lieu de les répéter dans chaque cas particulier. Tel est le but que se sont fixé d'abord les fondateurs de l'al. L'al. était inconnue des géomètres grecs. Le premier écrivain sur cette partie de la science est Diophante, qui vivait vers le milieu du IVe siècle de notre ère, et son ouvrage n'a trait qu'à une classe particulière de questions arithmétiques pour la solution desquelles il déploya une habileté remarquable. Les signes dont il se servait n'étaient que des abréviations des termes ordinaires : c'étaient les lettres initiales ou terminales des mots. Le traité de Diophante passa entre les mains des Arabes ; mais la science ne reçut de ce peuple ni développement ni perfectionnement. Elle fut ensuite transplantée en Italie, au commencement du XIIIe siècle, par Leonardo Bonacci, marchand de Pise, qui avait fait de nombreux voyages dans le Levant, qui s'y était familiarisé avec les connaissances des Arabes, et qui écrivit un traité en 1212. Son application se bornait à des questions assez peu importantes relatives aux nombres, et elle ne pouvait encore se résoudre les équations du 1er et du 2e degré. A partir de ce moment, l'al. fut cultivée par un grand nombre de savants et elle commença à faire des progrès rapides. Scipion Ferreo, professeur de mathématiques à Bologne, vers 1505, rompit le premier les barrières où jusqu'alors l'al. avait été emprisonnée et parvint à résoudre un problème du 3ᵉ degré. Bientôt après, Tartaglia découvrit une méthode générale de résolution de ces sortes d'équations et la communiqua au célèbre Cardan. Celui-ci étendit considérablement les méthodes qu'il avait reçues de Tartaglia, et en outre contribua à perfectionner la notation en employant fréquemment les lettres de l'alphabet. Ce fut en 1545 que Cardan publia sa méthode de résolution des équations du 3ᵉ degré. Ludovico Ferrari, disciple de Cardan, découvrit une méthode de résolution des équations du 4ᵉ degré; Stifel (1544) adopta les signes + et — (plus et moins) pour représenter l'addition et la soustraction, ainsi que le symbole √ qui n'est que la lettre R défigurée, pour signifier radical ou racine. C'est encore lui qui introduisit la notation des exposants. On doit à Recorde (1552) l'invention du signe d'égalité =; mais ce fut entre les mains de notre compatriote François Viète, né à Fontenay-le-Comte en 1540, que l'al. prit véritablement une face nouvelle. Viète fut le premier qui appliqua l'al. à la géométrie, et jeta ainsi les fondements de l'analyse moderne. Il fit faire à la science un pas considérable en employant des symboles généraux pour représenter les quantités connues qui étaient avant lui toujours désignées par des nombres, les inconnues seules étant représentées par des lettres. Ce perfectionnement exerça une grande influence sur les progrès de la science; car il donna aux méthodes un caractère de généralité absolue, et il mit les algébristes en état de comprendre des classes entières de problèmes sous une seule formule. Après Viète vinrent le Hollandais Albert Gérard (1629), qui le premier montra l'usage du signe — dans la solution des équations; puis Harriot, qui entrevit la décomposition des polynômes en facteurs du premier degré et inventa les signes < et > (plus petit et plus grand). Oughtred, à la même époque, introduisit le signe × pour désigner la multiplication. Après eux parut Descartes. Ce grand géomètre ouvrit un vaste champ de découvertes en appliquant l'analyse algébrique à l'étude de la nature et des propriétés des lignes courbes. (Voy. GÉOMÉTRIE ANALYTIQUE.) Descartes indiqua en outre la manière de construire ou de représenter géométriquement les racines des équations des degrés supérieurs. Il donna une règle pour résoudre une équation du 4ᵉ degré au moyen d'une équation cubique et de deux équations du second degré. Enfin il perfectionna les méthodes employées par Cardan, Gérard, Harriot et d'autres mathématiciens pour réduire et traiter les équations. Depuis Descartes l'al. a été encore améliorée dans tous ses détails, et on en a singulièrement varié et étendu les applications. Pendant la dernière partie du XVIIᵉ siècle, nous voyons briller les noms de Wallis, de Roberval, de Newton, de Leibnitz, de Bernouilli, du marquis de L'Hospital, etc. Ce siècle, ouvert par la découverte ingénieuse des logarithmes, due à Néper, s'achève par la découverte admirable du calcul différentiel. Dans le siècle suivant, Moivre, Stirling, Cotes, Lambert, Maclaurin, Maupertuis, d'Alembert, Euler, Lagrange et une foule d'autres savants développent et perfectionnent successivement l'al. dans toutes ses branches. Lagrange crée la théorie des fonctions analytiques; Laplace applique une analyse savante à la mécanique céleste; Legendre, Gauss, Poisson, Sturm, Cauchy, etc., ont encore reculé les limites de la science. Enfin, les géomètres contemporains, prenant pour point de départ les travaux de Cauchy, ont donné à l'analyse mathématique un développement considérable, et ont enrichi la théorie des fonctions d'une foule de découvertes extrêmement remarquables.

ALGÉBRIQUE. adj. 2 g. Qui appartient à l'algèbre. *Calcul al, Notation al. Formule al. Fonction al.* Voy. FONCTION. *Équation al.* Voy. ÉQUATION. *Courbe al.* Voy. COURBE.

ALGÉBRIQUEMENT. adv. D'une manière algébrique.

ALGÉBRISTE. s. m. Celui qui sait l'algèbre, qui s'adonne à l'algèbre.

ALGÉCIRAS ou **ALGÉZIRAS.** ville et port d'Espagne, près de Gibraltar, 18,000 hab. Brillant combat naval livré contre les Anglais en 1801.

ALGÉNIB. s. m. (mot ar. *al*, le; *djanb*, côté). Nom de l'étoile γ de Pégase, 3ᵉ grandeur.

ALGER, capitale de l'Algérie, port important sur la Méditerranée, à 165 lieues des côtes de France, 75,000 hab. Conquise en 1830.

ALGÉRIE. L'Algérie est située entre la Méditerranée au nord, le Maroc à l'ouest, le Sahara au sud et la Tunisie à l'est. Sa superficie est évaluée à 318,334 kil. carrés, et 667,000, si l'on y comprend le Sahara algérien. — Conquise à partir de 1830.

Les côtes s'étendent du cap Roux au cap Milonia, sur une étendue de 1,000 kil., sans compter les infractuosités, qui aucune, d'ailleurs, n'a beaucoup de profondeur.

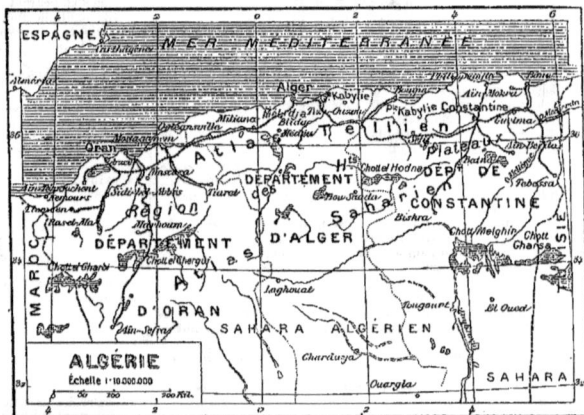

ALGÉRIE
Échelle 1:10.000.000

Au point de vue géologique et orographique, on distingue trois régions : le Tell, l'Atlas et le Sahara. Les plaines du Tell bordent la mer et sont formées d'une épaisse couche de terrains d'alluvion et d'une grande quantité d'argile et de calcaire, ce qui donne au pays sa fertilité. La région de l'Atlas, au centre, est formée en grande partie par le terrain crétacé et par les terrains jurassique et tertiaire. L'Atlas forme deux chaînes distinctes, séparées par la région dite des Hauts-Plateaux. La chaîne du Nord est constituée par un grand nombre de massifs : monts de Tlemcen, monts de Daya, Ouarsénis, Dahra, Zakkar, monts de Blida, le Djurjura, les monts du Hodna, le massif de l'Edough, etc. La chaîne du sud ou chaîne saharienne présente au contraire beaucoup plus d'unité. Elle s'étend sur une largeur moyenne de 150 kil. et forme trois massifs principaux : monts de Ksel, Djebel Amour et Djebel Aurès. — La région du Sahara est tantôt sablonneuse, tantôt calcaire, et n'est fertile que dans les oasis. La plus importante oasis est celle de Biskra.

De la disposition même des montagnes, il résulte que les cours d'eau se jettent dans trois bassins : la Méditerranée (Tafna, Chéliff, Seybouse, etc., aucune de ces rivières n'est navigable); — les Hauts-Plateaux et le Sahara. Les chotts, gueras ou sebkas des Hauts-Plateaux sont des réservoirs temporaires qui n'ont d'eau qu'une partie de l'année : chott-el-Mergui, chott-el-R'arbi, le bassin des Zahrès, le bassin du Hodna, etc. Les cours d'eau du Sahara se perdent dans les sables et coulent presque toujours sous terre; il est facile d'y creuser des puits artésiens et de développer tout autour une certaine végétation.

Le climat du Tell rappelle celui du sud de l'Europe. Trois mois de pluie remplacent l'hiver. Sur les plateaux, le froid est souvent rigoureux; il y a sur certains points de grands écarts de température; le thermomètre varie entre — 5° et même 10° et + 40 ou 45°. Le climat du Sahara est brûlant; il n'est pas rare que la température monte à 50°; à Tougourt, on a observé + 56° à l'ombre.

La population indigène se divise en Arabes et en Kabyles : les Arabes, arrivés comme nous en conquérants, les Kabyles, ou plutôt les Berbères, les plus anciens possesseurs du pays.

L'Algérie, dans l'antiquité, se nommait Numidie à l'est, et Mauritanie à l'ouest; elle fut conquise par les Romains l'an 146 avant J.-C. Les Vandales l'ont ensuite occupée de 429 à 534 et les Byzantins de 534 à 648. Puis sont venus les Arabes (648), les Turcs (1574) et les Français (1830).

L'Algérie est administrée par un gouverneur général assisté d'un conseil supérieur. Elle forme trois départements : Alger, Oran, Constantine. Le régime municipal varie suivant que la commune est une *commune de plein exercice*, c'est-à-dire dotée des institutions des communes françaises; une *commune mixte*, où un administrateur nommé par le gouvernement tient lieu de maire et cumule des pouvoirs très étendus, ou une *commune indigène*, où toute l'autorité est dévolue aux bureaux arabes. On ne trouve ce dernier type que dans les territoires militaires; il importe, en effet, de distinguer en Algérie les *territoires civils* et les *territoires de commandement*, ces derniers les moins nombreux.

La population est de 4.130.000 habitants, comprenant 275.000 Français, 220.000 étrangers, 48.000 Israélites, 16.000 Marocains, 3.000 Tunisiens et 3.570.000 indigènes. Les principales villes sont Alger, Oran, Constantine, Bône, Tlemcen, Philippeville, Sidi-bel-Abbès, Mustapha, Médéa, etc.

L'agriculture est devenue très prospère depuis la conquête française : la culture des céréales et celle de la vigne ont pris les plus grands développements. Les plaines les plus fertiles sont celles de la Mitidja et de la Seybouse. Les Hauts-Plateaux sont parcourus chaque année par d'immenses troupeaux de moutons. L'industrie, faute de charbon et de mines importantes dans le pays même, est fatalement condamnée à tenir une moindre place. Le commerce est des plus actifs; il atteint aujourd'hui 600 millions de francs, qui se partagent en parties presque égales entre l'exportation et l'importation. La France figure pour les deux tiers dans ce mouvement d'affaires.

ALGÉSIREH, pays de la Turquie d'Asie, entre le Tigre et l'Euphrate, appelé autrefois Mésopotamie.

ALGIDE. adj. 2 g. (lat. *algidus*, glacé). Qui fait éprouver un froid glacial. *Fièvre al.* Voy. FIÈVRE. ¶ Se dit aussi, dans certaines maladies, d'une période pendant laquelle on éprouve un froid glacial. *La période al. du choléra-morbus.* Voy. CHOLÉRA.

ALGOL. s. m. (R. ar. *ras al-ghoûl*, la tête de la goule, de Méduse, du diable). Nom de l'étoile β de Persée, de 2e grandeur, remarquable par sa variation rapide de lumière, en 2j 20h 48m 53s, de la 2e à la 4e grandeur.

ALGOLOGIE. s. m. (de *algue* et gr. λόγος, traité). T. Bot. Histoire, étude des *Algues*.

ALGOLOGIQUE. adj. 2 g. Qui a rapport à l'algologie.

ALGOLOGUE. s. m. Botaniste qui étudie les *Algues*.

ALGONQUINS, peuple indien de l'Amérique du Nord.

ALGORITHME. s. m. (Transcription altérée du nom d'un mathématicien arabe, *al Khowaresmi*, dont l'ouvrage a été traduit en latin au XIIe siècle.) T. Math. Genre particulier de notations. Ainsi, par ex., a^6 est l'*alg. des puissances*; $\Delta x = \varphi(x + \Delta x) - \varphi(x)$ est l'*alg. des différences*, etc.

ALGUAZIL. s. m. [Pr. *alguazil*]. (Mot esp. emprunté de l'ar. *al wazir*, le vizir). En Espagne, officier de police qui est chargé d'opérer les arrestations. ¶ Par ext. tout officier de police; mais il ne s'emploie que par plaisanterie ou par dénigrement.

ALGUES. s. f. pl. (lat. *alga*). T. Bot. Les *Al.* sont des *Thallophytes* ordinairement pourvues de chlorophylle et capables par conséquent de décomposer, sous l'influence de la

radiation solaire, l'acide carbonique du milieu ambiant et d'en assimiler le carbone. C'est là leur caractère le plus général. La chlorophylle peut être imprégnée d'un principe colorant, soluble dans l'eau, qui peut être bleu (*phycocyanine*), jaune brun (*phycophéine*) ou rouge (*phycoérythrine*); suivant la proportion où il se développe, il masque en tout ou en partie le vert de la chlorophylle. Un certain nombre d'al. (la plupart des *Bactériacées*) se montrent dépourvues de chlorophylle; pour l'assimilation du carbone qu'elles sont incapables de réaliser ces al. se comportent comme les *Champignons*. Les al. vivent presque toujours dans l'eau, ou dans des lieux extrêmement humides à condition d'y être de temps en temps humectées. La forme du thalle est des plus variées, tantôt présentant une structure continue, tantôt cloisonnée. Parvenu à l'état adulte, il se reproduit, soit par des spores, soit par des œufs, soit à la fois par des spores et par des œufs. M. van Tieghem a divisé les al. en 4 ordres, d'après la nature du pigment : 1° *Cyanophycées* (al. bleues), 2° *Chlorophycées* (al. vertes), 3° *Phéophycées* (al. brunes), 4° *Rhodophycées* ou *Floridées* (al. rouges). Voy. ces mots. Ces 4 ordres sont subdivisés en 22 familles.

Paléont. — ALGUES FOSSILES. — Les al., à cause de leur consistance molle, se trouvent peu à l'état fossile. Cependant on trouve des traces de leur existence dans divers terrains. Les Chlorophycées sont surtout représentées par des Siphonées calcifiées et par des Characées. Les Siphonées fossiles se rencontrent dans le trias, le jurassique, le crétacé et le tertiaire. Les Characées se rencontrent surtout dans le tertiaire et on n'en trouve ordinairement que les œufs. Parmi les Phéophycées, se sont surtout les Diatomacées qui se sont conservées grâce à la silicification de leurs membranes et ont même joué un grand rôle dans la constitution des terrains dès l'époque carbonifère en formant des couches d'une grande surface et d'une grande épaisseur. Les villes de Berlin et de Kœnigsberg sont bâties sur un pareil dépôt d'eau douce mesurant jusqu'à 23 mètres d'épaisseur. Ces roches sont pulvérulentes et constituent le *tripoli*; quand le dépôt est pur il est blanc, et peut alors être mélangé sans danger à la nitroglycérine pour la préparation de la *dynamite* (Voy. ce mot); tels sont les dépôts de Randan, en Auvergne, de Santa-Fiora, en Toscane, etc.

ALGYRE. s. f. T. Erpét. Genre de reptiles sauriens plus connu sous le nom de *Tropidosaure*. Voy. LACERTIENS.

ALHAGI. s. m. (ar. *al*, le; *hadj*, pèlerin). T. Bot. Genre de plantes de la famille des *Légumineuses*. Voy. ce mot.

ALHAMBRA. s. m. (mot ar. sign. *la ville rouge*). Palais et forteresse des rois maures à Grenade (XIIIe et XIVe siècle). Merveille d'architecture.

ALI, disciple de Mahomet, époux de sa fille Fatime, calife en 656, assassiné en 661.

ALI-PACHA, pacha de Janina, s'empara de l'Albanie, fut créé vice-roi de la Roumélie, et voulut s'affranchir de la Porte; mais il fut obligé de se rendre, et tué en 1822.

ALIBI. s. m. (mot lat. qui signe. *ailleurs*). T. Dr. crim. Présence d'une personne dans un lieu autre que celui où a été commis le crime ou le délit dont on l'accuse. *Alléguer, prouver un al.*

ALIBIFORAIN. s. m. (lat. *alibi, foras*, dehors). Propos qui n'a pas de rapport à la chose dont il est question; vaine allégation, échappatoire. *Il ne m'a donné que de mauvaises défaites, des alibiforains.* Fam. et peu us.

ALIBILE. adj. 2 g. (lat. *alere*, nourrir). Qui est propre à la nutrition; assimilable. *Ce végétal contient fort peu de substance al.*

ALIBORON. s. m. Ne s'emploie que dans cette locution famil. : *C'est un maître aliboron*, c'est un sot, un ignorant. ¶ Par plaisanterie, nos fabulistes donnent à l'*Ane* le nom de *Maître al.*

Étym. — L'origine de ce mot est inconnue et très controversée. Huet et Ménage y ont vu un génitif pluriel d'*alibi* : *aliborum*, qui serait devenu le surnom d'un mauvais avocat abusant de ce vocable barbare. Littré le fait venir du nom d'un savant arabe contemporain d'Avicenne, *Al-Birouni*.

ALIBOUFIER. s. m. T. Bot. Nom vulgaire du genre *Styrax*. Voy. STYRACÉES.

ALICANTE, ville et port d'Espagne, sur la Méditerranée, capitale de la province de même nom. 35.000 hab. Vins renommés.

ALICATE. s. f. T. Techn. Sorte de pince dont se servent les émailleurs à la lampe.

ALICHON. s. m. T. Techn. Planche de bois sur laquelle l'eau tombe pour faire tourner une roue de moulin.

ALIDADE. s. f. (ar. *al*, la; *idada*, règle). T. Géom. L'*Al.* est une règle mobile armée d'une pinnule à chacune de ses extrémités, et dont on se sert pour viser les objets et reporter les directions sur le papier lorsqu'on lève un plan à l'aide de la *planchette*. Voy. ce mot. — On donne également ce nom à une règle mobile qui tourne autour du centre d'un cercle divisé en degrés et peut en parcourir tout le limbe pour mesurer les angles. V. GRAPHOMÈTRE, THÉODOLITE, etc.

ALIÉNABLE. adj. 2 g. Qui se peut aliéner. *C'était une terre substituée; elle n'était pas al.*

ALIÉNATAIRE. s. 2 g. T. Prat. Celui ou celle à qui on aliène.

ALIÉNATEUR, TRICE. s. 2 g. T. Prat. Celui, celle qui aliène.

ALIÉNATION. s. f. T. Droit. Transport de la propriété d'une chose mobilière ou immobilière. S'applique aussi aux autres droits réels. Ex. : *Al. d'usufruit.* || Fig., *Al. d'esprit* ou *Al. mentale*, Folie. || Fig., *Al. des esprits et des cœurs*. Disposition qui fait qu'on s'éloigne de quelqu'un, qu'on évite d'avoir des rapports avec lui. *L'al. des esprits contre lui était si forte que personne ne voulait entendre prononcer son nom.*

Droit. — Le droit d'aliéner suppose la qualité de propriétaire, et toutes les dispositions que la loi civile a consacrées relativement à l'*Al.*, découlent de ce principe. Cependant, tout en reconnaissant que le propriétaire peut disposer de sa propriété, la loi française a cru devoir apporter certaines limites à l'exercice de ce droit. Ainsi le mineur et l'interdit ne peuvent aliéner que par l'entremise de leurs tuteurs, autorisés à cet effet par un conseil de famille ou par un jugement; ainsi la femme en puissance de mari ne peut aliéner sans l'autorisation de ce dernier ou de la justice. De même, il peut être défendu aux *prodigues* d'aliéner leurs biens sans l'assistance d'un *conseil* désigné par le tribunal. L'al. est encore limitée ou même interdite dans beaucoup d'autres cas qu'il serait trop long d'énumérer ici. — L'al. est réputée faite à titre *gratuit*, lorsqu'elle a lieu par le simple effet de la libéralité de celui qui aliène, comme dans la donation et le legs. Elle est au contraire faite à titre *onéreux*, lorsqu'elle a lieu moyennant un équivalent, comme dans la vente, l'échange, etc. — Sont considérés comme inaliénables, en France, les biens qui composent le domaine public, tels que les monuments, les routes, etc.

Pathol. — L'*Al. mentale* ou la *folie* est définie, par Esquirol, une affection cérébrale ordinairement chronique, sans fièvre, caractérisée par des désordres de la sensibilité, de l'intelligence, de la volonté. Ces désordres pouvant être aussi nombreux que les combinaisons possibles de la pensée, il est aisé de concevoir quelle prodigieuse diversité de formes doivent affecter les maladies mentales; aussi de tout temps la science s'est-elle efforcée d'établir une classification rationnelle parmi cette multitude de variétés.

Le savant médecin que nous venons de citer ramène toutes les formes de la folie à cinq genres : la *monomanie*, la *lypémanie*, la *manie*, la *démence* et l'*idiotie*. Toutefois il reconnaît lui-même qu'il est souvent difficile de classer certains cas d'al. mentale dans l'un de ces cadres ; la monomanie, par ex., est fréquemment liée à la manie, à la lypémanie ou à la démence.

Lorsque le désordre intellectuel ne porte que sur un certain nombre d'objets, sur une certaine série d'idées, ou révèle la domination exclusive d'une passion unique, on lui donne le nom de *monomanie*. Sous tous les autres rapports les facultés peuvent être parfaitement intactes, et alors les malades, tant qu'on ne les amène pas sur le sujet qui fait l'objet de leur folie, paraissent sains d'esprit : mais ce cas est excessivement rare, par la raison que, dans le cœur de l'homme, comme dans son intelligence, tous les sentiments, toutes les passions, toutes les idées, se lient, s'enchaînent les uns aux autres. Malgré cela, le fait qu'il existe une idée ou une passion dominante habituelle suffit pour qu'on applique le nom de monomanie à la maladie mentale à laquelle on a affaire. Parmi les monomanies les plus fréquemment observées, les auteurs citent la monomanie *ambitieuse*, l'*érotomanie* ou monomanie *érotique*, la monomanie du *suicide*, etc.

La *lypémanie* est une espèce de monomanie dans laquelle dominent les affections morales tristes et pénibles, telles que l'ennui, le chagrin, l'inquiétude, la terreur. La *zoanthropie*, dans laquelle l'aliéné se figure être transformé en animal, en loup, par ex., et la *démonomanie*, dans laquelle il croit être possédé du démon ou être le diable lui-même, sont les variétés les plus singulières de la lypémanie.

Lorsque le délire est général ou du moins très étendu, sans qu'il y ait une série d'idées dominantes, ou une passion fortement prononcée et permanente, on l'appelle *manie*. Conceptions extravagantes, idées bizarres, opinions ridicules, jugements faux, propos décousus et incohérents, raisonnements sans aucune liaison, association d'idées complètement hétérogènes ; voilà ce qu'on observe chez la plupart des maniaques. Les actions sont presque toujours en rapport avec les conceptions délirantes. Dans quelques cas rares, les paroles du malade dénotent une lésion profonde de l'intelligence, tandis que ses actes sont à peu près tous raisonnables. Dans d'autres cas plus rares encore, les actes de l'aliéné dénotent un trouble plus ou moins profond de l'intelligence, qui ne se révèle ni dans ses paroles ni dans ses idées : c'est ce qu'on a nommé *folie sans délire*. Les aliénés de cette catégorie se livrent à certains actes d'une manière purement automatique; par ex., ils marchent, chantent, dansent d'une manière impulsive. D'autres commettent sciemment, volontairement, des actes qui dénotent l'état d'al.; cependant la volonté n'est mise en jeu par aucune conception délirante : il y a simplement, dit Leuret, *délire de la volonté*. Il est assez fréquent de voir des aliénés qui ont perdu la conscience de leur individualité et qui se figurent être morts : presque toujours alors ils ne parlent d'eux-mêmes qu'à la troisième personne. Au milieu des désordres intellectuels proprement dits que présente la manie, on conçoit que les facultés affectives doivent participer au trouble général de l'intelligence. Esquirol pense en effet que ces facultés sont perverties chez tous les aliénés, mais que chez quelques-uns cette perversion est seulement plus difficile à constater.

La *démence* est caractérisée par l'affaiblissement ou l'abolition entière de l'intelligence. On la distingue en primitive et en secondaire. Dans ce dernier cas, elle succède à la manie ou à la monomanie; elle est la terminaison naturelle de celles-ci lorsqu'elles ne guérissent point et que les aliénés vivent assez longtemps pour que cette terminaison puisse avoir lieu. La démence est dite primitive, quand elle est la suite des progrès de l'âge, avec ou sans affections organiques du cerveau, ou lorsqu'elle survient chez les épileptiques, chez les ivrognes et chez les individus qui viennent d'éprouver des maladies encéphaliques graves. Dans la démence, l'aliéné est généralement tranquille, il s'occupe peu, parle souvent seul, prononce des mots sans suite, rit et pleure sans sujet. Enfin il tombe graduellement dans un état de stupidité complète, où n'a plus que quelques sensations isolées et confuses.

L'*idiotie* ou l'*idiotisme* est l'oblitération congénitale de l'intelligence. Voy. IDIOTIE.

Parmi les causes de l'al. mentale, il en est qui y prédisposent simplement, tandis que d'autres amènent presque immédiatement son explosion. Parmi les premières, on range d'abord l'âge, le sexe et l'hérédité. En mettant à part l'idiotie et la démence, on peut dire que la folie se déclare surtout de 20 à 30, et enfin de 40 à 50. On remarque beaucoup plus d'aliénés chez les femmes que chez les hommes. Le nombre des femmes reçues dans les hospices est d'un tiers supérieur à celui des hommes : on explique ce fait par la plus grande susceptibilité du système nerveux chez les femmes, et par leur position dans la société. Mais la cause qui joue le plus grand rôle dans la production de la folie est l'hérédité. C'est la *cause des causes*, ainsi que l'a fort bien exprimé Morel. La dégénérescence mentale est un fait biologique aussi avéré que peut l'être la dégénérescence physique. Il y a beaucoup plus d'aliénés parmi les célibataires que parmi les personnes mariées, et cette observation s'applique également aux deux sexes. Il y en a plus aussi proportionnellement parmi les personnes qui exercent des professions libérales que parmi celles qui s'occupent de travaux industriels. Les cas d'al. sont plus fréquents en été qu'en hiver. Quant à l'influence du climat, elle est douteuse; car ici il faut distinguer ce qui appartient à l'influence du milieu ambiant de ce qui appartient à l'état de civilisation. Il est évident que dans un état social comme le nôtre, où les passions et toutes les formes de l'activité de l'homme sont tenues dans un état d'excitation presque constant, les circonstances qui favorisent le développement de la folie sont bien plus nombreuses que dans les pays où l'homme vit dans une apathie complète. Toutefois, la race jaune semble plus particulièrement prédisposée aux diverses formes, et surtout à la forme dépressive de l'aliénation.

Dans la foule de causes qui peuvent provoquer l'explosion de la folie, on a signalé plus particulièrement les chagrins domestiques, l'exaltation des idées religieuses, les suites de couches, l'abus des alcooliques, l'insolation, l'excès du travail intellectuel, les frayeurs vives, le passage subit de l'aisance à la misère, les remords et surtout l'oisiveté. Toutes ces causes n'agissent que sur un terrain préparé par l'hérédité nerveuse.

Une fois déclarée, l'al. présente dans sa marche des particularités remarquables. En effet, tantôt les désordres intellectuels, et c'est là le cas le plus habituel, offrent des exacerbations, des rémissions et même des intervalles parfaitement lucides; tantôt une espèce de délire succède à une autre, et ces transformations se multiplient à l'infini. Quant aux fonctions de la vie animale et de la vie végétative, elles s'accomplissent en général d'une façon régulière. Les questions médico-légales relatives à la folie sont du nombre de celles qui exigent le plus de sagacité et de prudence pour leur solution. — Le pronostic de l'al. mentale est toujours grave. Il varie au reste suivant la forme de la folie, la nature de ses causes, l'âge et le sexe du malade et une foule d'autres circonstances. La manie a, en gén., plus de chances de guérison que la monomanie, et celle-ci plus que la démence. Quand l'al. mentale ne se termine pas par le retour à la santé, elle abrège ordin. plus ou moins la vie du malade. Pinel établit pour la mortalité des aliénés le rapport de 1 à 23, et Esquirol celui de 1 à 8 ou même à 6. Quand le retour à la santé a lieu, cette heureuse terminaison peut arriver brusquement ou graduellement; on a vu des guérisons subites s'opérer à la suite de vives émotions morales, de fièvres graves, ou même sans cause appréciable. Mais le plus souvent le retour à la santé suit une marche progressive, et il est alors annoncé par des intermissions qui deviennent de plus en plus fréquentes et de plus en plus longues. La guérison est d'autant plus facile que la maladie a duré moins longtemps. La folie dont l'invasion a été subite guérit aussi plus aisément que celle qui s'est développée avec lenteur.

Les lésions trouvées dans le système nerveux central chez les aliénés sont excessivement variables, et jusqu'à présent il a été impossible de constater la moindre correspondance entre les diverses formes de l'al. mentale et la nature des différentes altérations organiques observées. Dans quelques cas même l'encéphale n'a offert aucune espèce de lésion. Ce fait ne peut, suivant Portal et Haslam, être attribué qu'à l'insuffisance de nos moyens d'observation, car l'al. mentale doit toujours et nécessairement être causée par quelque altération organique du cerveau ou de ses dépendances, car il est impossible de concevoir une lésion portant sur l'agent simple et immatériel de la pensée. L'intelligence, pour se manifester, a besoin d'un organe, et il n'y a folie que lorsque l'instrument ne peut pas fonctionner régulièrement. C'est, qu'on nous permette cette grossière comparaison, le cas d'un habile musicien n'ayant à sa disposition qu'un piano complètement désaccordé.

La paralysie générale progressive, qui ne doit pas être confondue avec l'aliénation proprement dite, malgré les périodes de délire des grandeurs qui la traversent presque constamment, présente les lésions anatomiques de la méningo-encéphalite diffuse.

Le traitement de l'al. mentale exige toutes les ressources de la médecine et de l'hygiène. Parmi les moyens hygiéniques, on doit mettre au premier rang le travail manuel, le jardinage, la culture des champs dans les fermes consacrées à cette destination. Ce genre d'occupations exerce une influence des plus favorables sur l'état des aliénés, par la distraction et par la fatigue musculaire. Il permet même de les laisser en liberté, dans des patronages familiaux, comme cela se pratique en Écosse, et surtout dans la célèbre colonie de Gheel, près Anvers (Belgique). Enfin on ne doit pas né-

gliger l'emploi des moyens qui agissent, pour ainsi dire, directement sur l'intelligence et les passions des aliénés, c.-à-d. des moyens qui contraignent l'intelligence et la volonté des malades à faire un effort pour rectifier leur erreur : c'est ce qu'on a nommé le traitement moral de la folie.

C'est à un médecin français, à l'illustre Pinel, qu'on est redevable des améliorations les plus importantes relatives au régime et au traitement des aliénés. Avant lui, les malheureux atteints d'al. mentale étaient regardés moins comme des malades que comme des gens dont on avait tout à craindre. Les hospices d'aliénés ressemblaient à des prisons remplies de bruit, de tumulte et de confusion. La plupart des malades, enfermés dans des cabanons infects et souvent chargés de chaînes, éprouvaient des accès de fureur presque continuels : la contrainte et l'intimidation étaient les seuls moyens que l'on employait pour les réduire. Grâce aux généreux efforts et à la persévérance de Pinel, rien de tout cela n'existe plus ni en France ni dans aucun des pays civilisés. Aussi les personnes qui, sous l'impression des anciens récits, viennent pour la première fois visiter une maison d'aliénés, sont-elles fort étonnées de trouver presque tous les malades en pleine liberté dans l'enceinte du quartier qui leur est assigné, de n'entendre ni bruit ni cris de fureur, de reconnaître que beaucoup d'aliénés conservent, sous certains rapports, l'exercice régulier de l'intelligence et de pouvoir s'entretenir avec eux. Le XIXᵉ siècle a perfectionné la tradition de douceur : il ne s'achèvera pas sans avoir vu disparaître la camisole de force, dernière épave des engins de coercition usités jadis contre le malheureux aliéné.

ALIÉNÉ, ÉE. s. 2 g. Fou, folle. *Maison d'aliénés*, Maison où l'on traite les fous.

Droit. — Deux intérêts de la plus haute gravité, à l'égard des aliénés, ont dû appeler toute la sollicitude du législateur : d'une part, l'intérêt de la société qui exige qu'un individu privé de l'usage de sa raison ne puisse avoir ni compromettre l'ordre public ou la sûreté des personnes; d'autre part, l'intérêt de l'individu traité comme al. C'est dans ce double but qu'une loi sur les aliénés a été promulguée le 30 juin 1838. En vertu de cette loi, chaque département est tenu d'avoir à sa disposition un établissement public ou privé, affecté spécialement, en totalité ou en partie, au traitement des malheureux en état d'aliénation mentale. Cet établissement est placé sous la surveillance de l'autorité, et des fonctionnaires de l'ordre administratif ou judiciaire, chargés de l'inspecter à des époques déterminées, doivent faire parvenir des rapports circonstanciés le nombre et la position des aliénés qu'ils renferment. Relativement à l'admission des aliénés dans les maisons de traitement, les dispositions de la loi sont également applicables aux directeurs d'établissements publics et privés; ces derniers, d'ailleurs, doivent être légalement autorisés. Ainsi, aucun directeur ne peut recevoir une personne atteinte d'aliénation mentale, si on ne lui remet : 1° une demande d'admission contenant les noms, professions, âge et domicile, tant de la personne qui forme la demande que de celle dont on réclame l'admission; 2° un certificat de médecin constatant l'état mental de la personne à placer, et indiquant les particularités que présente sa maladie, ainsi que la nécessité de faire traiter la personne désignée dans un établissement d'aliénés et de l'y tenir renfermée : en cas d'urgence, ce certificat n'est point exigé; 3° le directeur doit se faire remettre le passeport ou toute autre pièce propre à constater l'individualité de la personne à placer. Toutes les pièces produites sont mentionnées dans un bulletin d'entrée, qui doit être envoyé dans le. vingt-quatre heures, avec un certificat du médecin de l'établissement, au préfet de police à Paris, au préfet ou au sous-préfet dans les chefs-lieux de département ou d'arrondissement, ou aux maires dans les communes. Quinze jours après l'admission d'un al., le directeur doit adresser à l'autorité un nouveau certificat du médecin de l'établissement, qui confirme ou rectifie, s'il y a lieu, les observations contenues dans le premier, en indiquant le retour plus ou moins fréquent des accès ou des actes de démence de l'individu admis. Enfin, dans chaque établissement il doit y avoir un registre sur lequel on inscrit immédiatement les noms, professions, âge et domicile des personnes placées dans cet établissement. On y inscrit les changements survenus tous les mois dans l'état mental de chaque malade, ainsi que les décès et les sorties. Ce registre est coté et paraphé par le maire. Un al. peut être retiré, même avant sa guérison, de l'établissement où il a été renfermé : toutefois il faut que l'autorité soit informée de sa sortie dans les vingt-quatre heures. L'autorité peut ordonner d'office le placement, dans un établissement d'aliénés, de toute personne dont l'état d'aliénation compromet l'ordre public ou la sûreté des personnes. Quant aux dépenses faites pour le service des aliénés, la loi les met à leur charge s'ils sont dans une position de fortune qui permette de les leur réclamer; dans le cas contraire, elles retombent à la charge de ceux auxquels il peut être demandé des aliments; et enfin, à défaut de ces derniers, elles sont supportées concurremment par le département auquel l'aliéné appartient, et par la commune dans laquelle il a son domicile. — On voit, par cet exposé, combien la loi a pris de précautions pour éviter qu'une personne, sous prétexte d'aliénation mentale, soit privée de sa liberté, et devienne victime de quelque machination intéressée ou de quelque abus d'autorité. Malgré ces précautions, si le cas d'une séquestration abusive se présentait, la personne séquestrée aurait le droit de réclamer devant le tribunal du lieu; le tribunal ferait alors les vérifications nécessaires et ordonnerait la sortie immédiate. Des peines sévères sont portées contre les chefs, directeurs ou préposés responsables qui retiendraient une personne lorsque sa sortie a été ordonnée par l'autorité judiciaire ou administrative; et celui de ces préposés qui supprimerait des pièces ayant pour but de réclamer contre une séquestration, serait passible d'un emprisonnement de cinq jours à un an, et d'une amende de 50 à 3,000 francs. Pour les biens de l'aliéné, la loi en confie le soin à ceux qui ont le plus d'intérêt à les conserver. Au 31 décembre 1886, les asiles d'aliénés contenaient, en France, 54,821 individus, dont 25,764 hommes et 29,057 femmes.

ALIÉNER. v. a. (latin *alienus*, d'autrui, étranger). Se dépouiller de la propriété d'un objet pour le transférer à un autre. *Al. une terre, une rente.* ‖ Fig., *Al. l'esprit*, faire perdre l'esprit, rendre fou. *La mort de sa fille lui a aliéné l'esprit.* ‖ Fig., *Al. les affections, les cœurs, les esprits,* faire perdre la bienveillance, l'affection, l'estime. *Cet impôt lui aliéna l'affection de son peuple. Sa mauvaise conduite lui a aliéné le cœur de son père. Ses manières hautaines lui aliéneront tous les esprits.* — S'ALIÉNER. v. pron. *Les biens substitués ne pouvaient s'al. Depuis sa maladie, son esprit s'aliène de plus en plus.* — ALIÉNÉ, ÉE. part. *Domaine al. Terre aliénée. Cœurs aliénés. Esprit al.*

Conj. — *J'aliène, tu aliènes, il aliène; nous aliénons. J'aliénais. J'aliénai. J'aliénerai,* etc.

Syn. — *Vendre.* — On *rend* et on *aliène* un fonds de terre, des rentes, des droits; on *vend* un mobilier, des denrées, son travail; on ne les *aliène* pas. Cette distinction n'est fondée que sur l'usage; mais il en est une plus essentielle, c'est que la *vente* a toujours lieu à titre onéreux, tandis que l'*aliénation* peut être gratuite. En outre, on n'*aliène* que ce qu'on a actuellement en sa possession, et l'on peut *vendre* une chose que l'on n'a pas encore. *Vendre* se dit aussi des choses morales : ainsi on *rend* son honneur, sa conscience.

ALIÉNISTE. s. m. Médecin spécialiste qui soigne les aliénés.

ALIFÈRE. adj. 2 g. (lat. *ala*, aile; *ferre* porter). T. Hist. nat. Qui porte des ailes.

ALIFORME. adj. 2 g. (lat. *ala*, aile; *forma*, forme). T. Hist. nat. Qui est en forme d'aile.

ALIGNEMENT. s. m. Ligne que doivent suivre une rue, un chemin, une allée, etc., et qui ordinairement est droite. *Donner, prendre l'al. Cette maison n'est pas sur l'al. L'al. de ces arbres produit un bel effet.* Voy. VOIRIE. ‖ Se dit d'une troupe que l'on dispose en ligne droite. *Il y a des hommes hors de l'al. Rentrez dans l'al.* — En terme de commandement militaire, on dit : *A droite, al.! A gauche, al.! Sur le centre, al.!*

Art milit. — L'*al. militaire* a été introduit dans les armées par le père du grand Frédéric. Quand on veut aligner une troupe, on place quelques hommes échelonnés (guides) qui servent comme de jalons, et qui rentrent ensuite dans le rang. Du reste, un al. parfait est impraticable devant l'ennemi, à cause de l'inégalité du terrain et du temps qu'il exige.

Antiq. — On a donné le nom d'*al.* aux menhirs disposés en ligne droite. Les alignements de Carnac en Bretagne sont célèbres.

Topogr. — Sur le terrain, l'alignement se fait au moyen de jalons qu'on place en ligne droite en les visant successivement. Il se présente une difficulté quand un obstacle masque la vue. La trigonométrie enseigne plusieurs méthodes pour prolonger la ligne droite au delà de cet obstacle.

ALIGNER. v. a. (R. *ligne*). Disposer sur une même ligne droite. *Al. un chemin, une rue. Al. des maisons, des arbres. Al. des soldats.* — Dans le même sens, on dit : *Al. son écriture, ses mots.* ‖ Fig., *Al. ses mots, ses phrases.* Les arranger avec un soin prétentieux. ‖ *Al. des hémistiches,* se dit de quelqu'un qui fait des vers peu poétiques. — S'ALIGNER. v. pron. *Le bataillon s'est aligné en un clin d'œil.* — ALIGNÉ, ÉE. part.

ALIGNETTE. s. f. T. Pêche. Baguette avec laquelle on embroche les harengs à saurer.

ALIGNOIR. s. m. T. Techn. Instrument qui sert à fendre les blocs d'ardoise.

ALIGNOLE. s. m. T. Mar. Filet employé par les pêcheurs de la Méditerranée.

ALIGRE (ÉTIENNE D'), chancelier de France, garde des sceaux en 1624, disgracié par Richelieu (1559-1635).

ALIMENT. s. m. (lat. *alere*, nourrir). Toute substance solide ou liquide qui sert à la nutrition, à l'assimilation dans les êtres organisés. ‖ Fig., *Le bois est l'al. du feu. L'étude est l'al. de l'esprit. La louange est l'al. de la vanité.* | *Aliments* au plur., se dit généralement de tout ce qu'il faut pour nourrir et entretenir une personne. *Un père doit des aliments à ses enfants.*

Syn. — *Nourriture, Subsistance.* — *Al.* se dit de toute substance susceptible d'être assimilée et de nourrir. Le pain est un bon *al. Nourriture* ne s'emploie qu'en parlant de plusieurs *aliments*. On lui a donné une *nourriture* succulente. On entend par *subsistance* tout ce qui est nécessaire à la satisfaction des besoins de la vie ; ainsi, on procure à quelqu'un des moyens de *subsistance* en lui donnant du travail.

Physiol. — Tout organisme vivant éprouve, par le fait même de l'exercice des fonctions nécessaires à son développement et à sa conservation, des déperditions incessantes. La vie ne tarderait pas à s'éteindre si l'économie ne recevait pas de temps à autre de nouveaux matériaux propres à réparer ces pertes. C'est à ces matériaux réparateurs qu'on donne le nom d'*aliments*.

La première condition fondamentale du maintien de la vie dans un animal quelconque est l'absorption de l'oxygène de l'air atmosphérique, et cette absorption, qui constitue la fonction respiratoire, ne cesse qu'avec la vie. — Cet oxygène, transporté dans toute l'économie par le sang artériel, se combine avec le carbone et de l'hydrogène empruntés aux divers tissus; la vapeur d'eau et l'acide carbonique ainsi formés sont ramenés aux poumons par le sang veineux et finalement éliminés dans l'expiration. De cette combustion continuelle de la substance même du corps résulte une perte de matériaux qui s'élève pour l'homme jusqu'à près de 500 grammes de carbone par jour, sans compter l'hydrogène.

Le carbone et l'hydrogène ainsi éliminés ne peuvent être remplacés que par le carbone et l'hydrogène contenus dans les aliments ingérés. Il en résulte que la quantité d'aliments nécessaire à la conservation intégrale de l'organisme doit se trouver en rapport direct avec la quantité d'oxygène absorbée et employée à la combustion intraorganique. Or, la quantité d'oxygène absorbée varie dans une foule de circonstances; elle est plus grande, par ex., lorsque les inspirations sont plus fréquentes, soit naturellement, comme on l'observe chez les enfants, soit accidentellement, comme à la suite d'un vif exercice. L'oxygène est aussi absorbé en plus grande quantité, lorsque la température de l'air vient à s'abaisser, comme dans l'hiver, ou lorsque cette température est constamment peu élevée, comme dans les pays du Nord, parce que la combustion intraorganique qui entretient la chaleur animale doit être d'autant plus active que la température extérieure est plus basse. C'est pourquoi l'enfant supporte la faim moins bien que l'homme adulte : un animal à sang chaud et à respiration fréquente, un oiseau, par ex., meurt au bout de trois jours quand on le prive de nourriture, tandis qu'un serpent, animal à sang froid, et chez lequel les mouvements respiratoires sont rares, peut vivre sans nourriture pendant plus de trois mois. Nous consommons dans l'hiver 1/8 de plus d'aliments que pendant l'été; les habitants de la Suède consomment plus d'aliments que ceux de l'Espagne. De plus, les aliments usités dans les pays chauds contiennent bien moins de carbone que ceux des climats froids. Les fruits dont les habitants des régions tropicales se nourrissent presque exclusivement, ne contiennent, à l'état frais, que 12 p. 100 de carbone, tandis que le lard et l'huile de poisson, dont les peuples des régions polaires font leur nourriture, en contiennent 66 à 80 p. 100.

La seconde condition fondamentale de la persistance de la vie est l'élimination hors de l'économie des molécules organiques devenues, par une cause quelconque, impropres à remplir les fonctions vitales, ainsi que le remplacement de ces molécules par d'autres molécules qui sont assimilées aux divers tissus du corps pour y jouer le même rôle que les particules éliminées. Or, toutes les parties du corps qui possèdent une forme définie et qui constituent les éléments des organes, contiennent de l'azote, et les animaux sont incapables d'assimiler l'azote de l'air. C'est donc dans les aliments que seront puisés les matériaux destinés à remplacer les molécules ainsi disparues ou à accroître le volume du corps dans l'âge de la croissance. Il en résulte que les aliments doivent contenir une certaine quantité d'azote. C'est le sang qui apporte aux organes les matériaux qu'il a puisés dans les substances alimentaires, et c'est aux dépens des éléments du sang que s'opèrent l'accroissement du corps et le développement des organes. Or, les éléments essentiels du sang sont la *sérine* ou *albumine du sang*, et la *fibrine*, identique à la fibre musculaire, qui se trouvent dans le sérum, et la matière albuminoïde qui constitue les globules. Voy. SANG. La fibrine et l'albumine sont toutes deux composées des mêmes éléments chimiques, parmi lesquels on remarque l'azote, le phosphore et le soufre. Dans l'acte de la nutrition, la fibrine et l'albumine peuvent toutes deux également se transformer en fibre musculaire. L'albumine forme la plus grande partie de la substance cérébrale et nerveuse. Enfin, nous dirons que les principes immédiats essentiels du sang contiennent environ 16 p. 100 d'azote, et qu'on retrouve à peu près la même proportion d'azote dans la composition de tous les tissus organisés, comme, par ex., dans celle de la tunique moyenne des artères, des tissus gélatineux et cornés, des plumes des oiseaux, du pigment noir de l'œil, etc.

D'après ce qui précède, rien de plus aisé à concevoir que le fait de la nutrition des animaux carnivores. Ils vivent uniquement du sang et de la chair des herbivores et des granivores, sang et chair qui sont chimiquement identiques au sang et à la chair des carnivores. Les aliments qui servent à la nutrition des carnivores dérivent du sang : ils se liquéfient dans l'estomac de l'animal, passent dans le sang, deviennent sang eux-mêmes et sont sous cette forme transportés dans toutes les parties de l'organisme. À l'exception des sabots, des poils, des plumes et de la portion terreuse des os, le carnivore peut s'assimiler le corps entier de l'animal qu'il dévore.

Il semble au premier abord que, chez les herbivores, la nutrition s'effectue d'une manière toute différente. Ces animaux possèdent un appareil digestif plus compliqué, et ils se nourrissent de végétaux, lesquels ne contiennent que fort peu d'azote. Cependant, toutes les parties végétales qui servent à la nutrition des herbivores contiennent certains principes fort azotés, et l'expérience de chaque jour démontre que la quantité de matières végétales dont ces animaux ont besoin pour leur développement et pour l'entretien des fonctions vitales est d'autant moindre qu'elle renferme une plus grande proportion d'azote : les substances non azotées sont incapables, à elles seules, de servir à la nutrition. On trouve à la vérité de l'azote dans tous les végétaux sans exception, et même dans chacune de leurs parties; mais celles qui en contiennent le plus sont les graines des céréales et des *légumineuses* : pois, lentilles, fèves, etc., enfin les racines et les sucs des légumes proprement dits. — Les substances azotées qu'on rencontre dans les végétaux peuvent se réduire à trois formes principales faciles à distinguer les unes des autres : deux de ces substances sont solubles dans l'eau; la troisième ne s'y dissout pas. Quand on laisse reposer les sucs végétaux qu'on vient d'exprimer, on voit au bout de quelques minutes se former dans le liquide un précipité gélatineux, ordin. de couleur verte. En traitant ce précipité par des liquides qui dissolvent sa matière colorante, on obtient une substance d'un blanc grisâtre qui a reçu le nom de *fibrine végétale*. Ce principe est surtout abondant dans le suc des graminées; il est nulle part il ne se trouve en aussi forte proportion que dans les grains de froment et des céréales en général. Ainsi que le prouve le procédé employé pour l'extraire, la fibrine végétale est insoluble dans

l'eau. Néanmoins, il est certain qu'elle existe à l'état de dissolution dans les sucs de la plante vivante; elle s'en sépare plus tard, comme c'est aussi le cas pour la fibrine du sang. — Le second principe végétal azoté se trouve également en dissolution dans le suc des plantes; mais il ne s'en sépare que lorsqu'on chauffe le suc végétal jusqu'à l'ébullition. Lorsqu'on fait bouillir du suc de légumes préalablement clarifié, par ex. du suc de choux-fleurs, d'asperges, de navets, il s'y produit un caillot qui, sous le rapport de l'aspect extérieur et des autres propriétés, ne diffère aucunement de la substance coagulée qu'on obtient en soumettant à la chaleur de l'ébullition du sérum du sang ou du blanc d'œuf étendu d'eau. On l'a donc nommée *albumine végétale*. Cette albumine se rencontre principalement dans certaines semences, dans les noix, les amandes et les autres graines où la fécule qui existe dans les céréales se trouve remplacée par de l'huile ou de la graisse. — Le troisième principe azoté que donnent les plantes est la *caséine végétale*. Il se trouve surtout dans le péricarpe des pois, des lentilles et des fèves. La caséine est, comme l'albumine, soluble dans l'eau; mais elle se distingue de celle-ci, en ce que sa dissolution ne se coagule pas par la chaleur. Lorsqu'on fait évaporer cette dissolution, elle se recouvre d'une pellicule; mais dès qu'on la traite par un acide, elle se comporte comme le lait des animaux, c.-à-d. qu'elle se coagule. — Ces trois principes, la fibrine, l'albumine et la caséine végétales sont les véritables aliments azotés des herbivores. Quant aux autres substances azotées que l'on rencontre dans les végétaux, elles sont souvent médicamenteuses ou vénéneuses, et alors les animaux les repoussent, ou elles y sont l'azote s'y trouve en général en proportion très minime et insignifiante. Quelle que soit leur origine, qu'elles viennent des plantes ou des animaux, la fibrine, l'albumine et la caséine offrent à peine quelques différences de formes. Certains végétaux renferment aussi des graisses ou des huiles qui présentent la plus parfaite analogie avec les graisses animales.

Il résulte de là que ce sont les organismes végétaux qui créent le sang de tous les animaux. En effet, un carnivore, en s'assimilant le sang et la chair d'un herbivore, s'assimile, à proprement parler, les principes végétaux dont ce dernier s'est nourri. La conséquence rigoureuse de ce qui précède, c'est que l'organisme animal ne crée le sang que sous le rapport de la forme, et qu'il est incapable de le fabriquer au moyen de substances qui ne seraient pas analogues aux principes essentiels de ce liquide. Cependant il possède la faculté de donner naissance à une nombreuse série d'autres combinaisons différentes par leur composition des principes essentiels du sang, mais les végétaux seuls ont le pouvoir de créer ces derniers, qui sont le point de départ de cette suite de transformations. — Dans cette série infinie de combinaisons qui commence par les principes nutritifs des plantes, c.-à-d. par l'acide carbonique, l'ammoniaque et l'eau, il n'existe ni lacune ni interruption. Le produit le plus élevé de l'activité des végétaux constitue précisément la première substance alimentaire du règne animal.

En dernière analyse, les aliments des animaux sont destinés à être brûlés pour produire la chaleur que l'animal conserve ou transforme en travail, et la nature inorganique ne lui offre, en dehors de l'oxygène, que des substances déjà oxygénées et déjà brûlées. C'est le rôle des végétaux de décomposer ces substances dont les principales sont : l'eau composée d'oxygène et d'hydrogène, l'acide carbonique de l'air composé d'oxygène et de carbone, les sels azotés contenus dans le sol. Cette décomposition ne peut se faire qu'avec absorption de chaleur. Ainsi, le végétal *absorbe la chaleur du soleil*, et l'emploie à décomposer l'eau et l'acide carbonique; l'oxygène est en partie expulsé, tandis que l'hydrogène et le carbone sont fixés dans les tissus et contribuent à former des substances combustibles que les animaux absorberont sous forme d'aliments, et brûleront dans leur propre corps pour retrouver la chaleur solaire qui a servi à les former et qu'ils ont pour ainsi dire emmagasinée. Voy. NUTRITION.

Il résulte de ce qui précède que les substances alimentaires peuvent se diviser en deux classes : les aliments *azotés* et les aliments *non azotés*. Les premiers seuls sont susceptibles de se transformer en sang et aptes à fournir les éléments des tissus et des organes. Les seconds servent uniquement à entretenir la respiration et à produire la chaleur animale. Liebig désigne les aliments azotés sous le nom d'aliments *plastiques*, et les aliments non azotés sous celui d'aliments *respiratoires*. — Les aliments plastiques sont : la fibrine, l'albumine et la caséine végétales; la chair et le sang des animaux. — Les aliments respiratoires sont : la graisse, l'amidon, la gomme, les diverses espèces de sucre, la pectine, l'alcool, etc.

Outre les substances dont nous avons déjà parlé, les tissus organisés contiennent encore de la graisse, de la gélatine et des substances minérales. Celles-ci, parmi lesquelles le fer, le phosphore, le soufre, le chlore, la chaux, la soude, la potasse et la magnésie occupent le premier rang, sont introduites dans l'économie avec les aliments, et, en dernière analyse, elles proviennent, comme ceux-ci, des végétaux qui servent de nourriture aux herbivores.

Lorsque les animaux prennent plus d'aliments qu'il n'est nécessaire pour entretenir leur respiration et la chaleur qui leur est propre, le carbone des matières non azotées ne peut être consumé en totalité par l'oxygène de l'air : alors l'excès de carbone s'accumule sous forme de graisse. La formation de la graisse est presque nulle chez les carnivores qui, à l'exception de la graisse même des herbivores, ne consomment aucun élément non azoté; on engraisse certains animaux domestiques en leur donnant simplement des substances alimentaires non azotées. Voy. *Tissu* ADIPEUX et GRAISSE.

La trame organique des os, des tendons, des cartilages, etc., est constituée par un principe fort azoté qu'on appelle *gélatine*. Extrêmement abondante dans l'organisme, la gélatine n'existe pas dans le sang. Elle est le produit d'une transformation toute particulière que subissent dans l'économie les matériaux apportés par le sang. Voy. GÉLATINE.

L'infinie variété de substances que l'homme et les animaux emploient comme aliments, ne sont nutritives qu'autant qu'elles contiennent les divers principes dont il a été parlé, ou du moins quelques-uns d'entre eux. On a remarqué que l'homme et certains animaux supérieurs périssent au bout d'un certain temps si on les nourrit avec une seule espèce d'aliment. Lorsqu'on expérimente avec une substance complètement dépourvue d'azote, il est évident que les déperditions éprouvées par les tissus ne sauraient être réparées : l'animal ne tardera donc pas à périr. D'autre part, une nourriture exclusivement azotée ne fournira pas assez de carbone, à moins d'être ingérée avec excès : d'où résulte l'accumulation de composés azotés dans les tissus et les désordres qui en sont la conséquence. Il n'existe pas de substance, à l'exception peut-être du lait, qui contienne l'azote et le carbone dans la proportion nécessaire à l'entretien de la vie humaine; et c'est l'une des causes de la nécessité de varier ses aliments.

Pour achever ce qui concerne les aliments, il resterait à parler du rôle que joue le tube alimentaire à l'égard des substances qui y sont introduites; de la transformation des molécules alimentaires en molécules identiques à celles qui composent les divers tissus de l'organisme; de la préparation des matières nutritives pour les rendre plus agréables au goût et plus faciles à assimiler; du choix que l'on doit faire parmi ces substances selon l'état de santé ou de maladie des individus, et enfin des moyens propres à conserver les matières alimentaires que nous offre la nature pour les consommer au fur et à mesure des besoins : ces divers points sont traités aux mots DIGESTION, INTESTIN, NUTRITION, DIÉTÉTIQUE, CONSERVE, etc. Quant à l'alimentation des Mammifères nouveau-nés, qui réclame quelques détails particuliers, voy. LAIT.

Législ. — Dans le langage du Droit, le terme *Aliments* désigne tout ce qui est nécessaire à la nourriture et à l'entretien d'une personne. La loi civile impose l'obligation au père et à la mère de nourrir, d'entretenir et d'élever leurs enfants légitimes et adoptifs. Elle oblige les parents d'enfants illégitimes à leur fournir les moyens de subsister jusqu'à ce qu'ils soient capables de pourvoir eux-mêmes aux exigences de la vie. A défaut du père et de la mère, l'obligation de fournir des aliments aux enfants est imposée d'abord aux ascendants paternels, et ensuite aux ascendants maternels. Toutefois, en ce qui concerne les enfants illégitimes, si les ascendants n'ont pas hérité du père, ils ne sont pas tenus à leur fournir des aliments. De leur côté, les enfants légitimes ou adoptifs sont dans l'obligation de subvenir à l'alimentation et à l'entretien de leurs père, mère et autres ascendants, lorsque ceux-ci ont besoin de secours. Les gendres et les belles-filles doivent également à leur beau-père et belle-mère l'entretien et la nourriture, si ces parents sont dans le besoin. Néanmoins, à l'égard de la belle-mère, si elle a convolé en secondes noces, cette obligation n'a plus lieu; elle cesse également si l'époux qui produisait l'affinité vient à décéder, ainsi que les enfants issus du mariage. Les époux sont dans l'obligation mutuelle de se fournir des aliments. Du reste les aliments ne sont accordés que dans la

proportion des besoins de celui auquel ils sont dus et de la fortune de celui qui les doit, et ils ne sont pas exigibles de celui qui est hors d'état de les fournir.

ALIMENTAIRE. adj. 2 g. Qui est propre à servir d'aliment. *Substance al. Plantes alimentaires.* || Qui concerne les aliments. *Régime al.* || *Canal, tube al.,* Qui donne passage aux aliments. || *Pension, provision al.,* Qui est destinée aux aliments.

ALIMENTATEUR. s. m. T. Techn. Appareil destiné à alimenter d'eau les chaudières à vapeur. Voy. CHAUDIÈRE, INJECTEUR.

ALIMENTATION. s. f. Manière de se nourrir. *Il faut changer votre al. J'ai adopté un autre mode d'al.* Voy. DIÉTÉTIQUE. || *Al. des chaudières à vapeur.* — Introduction de l'eau dans la chaudière au fur et à mesure que celle qui s'y trouvait est transformée en vapeur. Voy. CHAUDIÈRE, INJECTEUR.

ALIMENTER. v. a. Nourrir, fournir les aliments nécessaires. *Il faudra du blé du dehors pour al. le royaume.* || Fig., Entretenir. *Al. un incendie. Al. la discorde. Al. la conversation.* = S'ALIMENTER. v. pron. S'emploie dans toutes les acceptions du v. actif. = ALIMENTÉ, ÉE. part.

ALIMENTEUX, EUSE. adj. Qui est propre à nourrir. Peu us.

ALINÉA. s. m. (lat. *ad, lineam,* à la ligne). Commencement d'un nouvel article, indiqué dans un écrit par une nouvelle ligne, dont le premier mot est un peu rentré. *Lisez jusqu'au premier al. Observez les al.* || Passage compris entre deux alinéas. *Cet al. est fort long.* || *Alinéa* (à la ligne). Expression elliptique dont on se sert en dictant et qui sign. Commencez une nouvelle ligne.

ALINETTE. s. f. Voy. ALIGNETTE.

ALIOS. s. m. T. Géol. — Couche imperméable située dans les Landes de Gascogne à la profondeur moyenne d'un mètre environ, d'épaisseur variable, d'un brun rouge foncé, assez compacte, et qui ne cède qu'à la pioche. C'est un sable cimenté par une sorte de matière organique légèrement ferrugineuse.

ALIOTH. s. m. Nom arabe de l'étoile ε de la Grande-Ourse, de 2ᵉ grandeur.

ALIOTIQUE. adj. Qui a rapport à l'alios.

ALIPTIQUE. s. f. (gr. ἀλείφω, oindre). Ancien terme de médecine qui désignait l'art d'oindre le corps pour conserver la santé.

ALIQUANTE. adj. f. (lat. *aliquantus*). Voy. ALIQUOTE.

ALIQUOTE. adj. f. (lat. *aliquot*). T. Math. Les mots *Aliquante* et *Aliquote* ne sont usités que dans ces locutions : *Partie aliquante. Partie aliquote.* — *Aliquote* s'emploie quelquefois subst.

Math. — Une *partie aliquote* d'un nombre ou d'une grandeur est une partie qui y est contenue un nombre exact de fois dans ce nombre ou cette grandeur : 3 est une partie aliquote de 15 parce que 3 est contenu exactement 5 fois dans 15. Une *partie aliquante* est une partie qui n'est pas aliquote : 4 est une partie aliquante de 15.

ALISE. s. f. Fruit de l'alisier.

ALISE-SAINTE-REINE, village de la Côte-d'Or, où certains archéologues placent l'emplacement de l'ancienne *Alesia.* Voy. ALESIA.

ALISÉ. Voy. ALIZÉ.

ALISIER. s. m. T. Bot. Genre d'arbres et d'arbrisseaux épineux qui produisent de petits fruits rouges d'une saveur aigrelette. Le bois en est recherché. Voy. ROSACÉES.

ALISMACÉES. s. f. pl. T. Bot. Famille de plantes Monocotylédones de l'ordre des *Liliinées.*

Caract. bot. : Fleurs en ombelle, en grappe ou en panicule.

presque toujours hermaphrodites, très rarement unisexuées. Feuilles tantôt étroites et ligulées, tantôt à limbe fort large, mais constamment à veines parallèles. Sépales herbacés au nombre de trois. Pétales pétaloïdes en même nombre. Étamines en nombre défini (6, 9, 12) ou indéfini; anthères introrses. Ovaire supère, multiple, uniloculaire; ovules dressés ou ascendants, solitaires, ou au nombre de deux qui sont, dans ce cas, attachés à la suture à une certaine distance l'un de l'autre ou nombreux. Styles et stigmates en nombre égal à celui des ovaires. Fruit sec : polyakène ou follicule. Graines dépourvues d'albumen, recourbées; embryon en forme de fer à cheval, indivis, et ayant la même direction

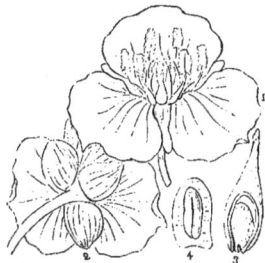

que la graine. (Fig. 1. Fleur de l'*Alisma ranunculoïdes* vue de face. — 2 La même vue par derrière. — 3. Coupe de l'ovaire. — 4. Coupe d'une graine). Cette famille, qui compte 12 genres et 60 espèces, habite principalement les contrées septentrionales. Les *Al.* croissent sur les bords des ruisseaux, des étangs et dans les terres marécageuses. Elles sont rarement annuelles et sont ordinairement pourvues d'un rhizome vivace, rampant et charnu. On les divise en deux tribus :

Tribu I. — *Alismées.* — Ovule solitaire, akène (*Alisma, Sagittaria, Damasonium*, etc.). Plusieurs de ces plantes ont un rhizome charnu qui peut servir d'aliment; tels sont les genres *Alisme* et *Sagittaire*. Les Chinois cultivent dans ce but une espèce de ce dernier (*Sagittaria sinensis*). Le *Flu-teau* ou *Plantain d'eau* (*Alisma Plantago*) et la *Fléchière* ou *Sagittaire* (*Sagittaria sagittifolia*) sont au nombre des plantes que l'on a, sans aucune raison, vanté es contre l'hydrophobie. Les Kalmoucks mangent le rhizome du plantain d'eau, après lui avoir enlevé son âcreté par la dessiccation. Diverses espèces de Sagittaires du Brésil sont extrêmement astringentes; on emploie même leur suc pour montrer la composition de l'encre.

Tribu II. — *Butomées.* — Ovules nombreux, follicule. (*Butomus, Limnocharis, Hydrocleis*, etc.) Le *Butome ombellé* (*Butomus umbellatus*) est âcre et amer. On attribuait jadis des propriétés émollientes, rafraîchissantes et résolutives à son rhizome et à ses graines : on les vendait dans les officines sous le nom de *Racine et semences de Jonc fleuri*. Dans le nord de l'Asie, on mange son rhizome après l'avoir soumis à la torréfaction. (Fig. 1. *Hydrocleis Commersonii*. — 2. Un des carpelles. — 3. Le même ouvert pour montrer les placentas. — 4. Graine de *Limnocharis Plumieri*. — 5. Coupe de la même).

ALISME ou **ALISMA**. s. m. (gr. ἄλισμα, plantain d'eau). T. Bot. Genre de plantes de la famille des *Alismacées.* Voy. ce mot.

ALISMÉES. s. f. pl. T. Bot. Tribu de plantes de la famille des *Alismacées.* Voy. ce mot.

ALITER. v. a. (R. *lit*). Réduire à garder le lit. *Cette blessure l'a alité plus de vingt jours.* — s'ALITER, v. pron. Se mettre au lit pour cause de maladie. *Il a été contraint de s'al.* — ALITÉ, ÉE. part. *Elle est alitée depuis trois mois,* Elle garde le lit.

ALITURGIQUE. adj. 2 g. (à priv. et *liturgie*). T. Liturg. Se dit des jours qui n'ont pas d'office particulier.

ALIVRER. v. a. T. Com. (R. *livre*). Diviser une marchandise par poids d'une livre.

ALIX DE CHAMPAGNE, fille de Thibaut II, comte de Champagne, épouse de Louis VII et mère de Philippe-Auguste, régente pendant la 3ᵉ croisade (1190).

ALIZARI. s. m. T. Techn. Racine entière de la garance.

ALIZARINE. s. f. (R. *Alizari*). T. Chim. Matière colorante principale de la garance. Se présente en belles aiguilles rouge orangé fondant vers 289° et se sublimant sans résidu. Très peu soluble dans l'eau, soluble dans l'éther, la benzine, l'acide sulfurique concentré, ell' donne avec les alcalis des solutions violettes extrêmement riches de tons. L'al. autrefois retirée de la garance est une des plus importantes matières tinctoriales. Elle répond à la formule $C^{14} H^8 O^4$.

Les importants travaux de Graebe et Liebermann, en 1868, montrèrent les relations étroites qui unissent l'al. et l'anthracène retiré du goudron de houille, et bientôt la synthèse de cet intéressant produit vint confirmer leurs vues théoriques; de nombreuses usines s'établirent dans le but de fabriquer cette belle matière colorante et elles livrent aujourd'hui l'al. en pâte à 10 p. 100 au prix de 3 fr. le kilog. Devant cette production à si bas prix la culture de la garance en France, si importante autrefois dans le Vaucluse, est complètement abandonnée.

L'al. est la dioxyanthraquinone $C^{14} H^6 O^2 (OH)^2$; pour l'obtenir industriellement, on oxyde l'anthracène $C^{14} H^{10}$ par l'acide chromique et on la transforme ainsi en anthraquinone $C^{14} H^8 O^2$. L'anthraquinone traitée par l'acide sulfurique est changée en acide anthraquinone disulfureux $C^{14} H^6 O^2 (SO^4H)^2$ et ce dernier chauffé vers 200° avec de la soude ou de la potasse fournit l'al. $C^{14} H^6 O^2 (OH)^2$. L'al. donne avec l'alumine les laques de garance. En teinture elle sert à produire le rouge d'Andrinople, les rouges et les roses garancés, nuances très solides à la lumière et résistant bien au savon.

ALIZE, ALIZIER. Voy. ALISE, ALISIER. L'Académie écrit ces mots par un z, les botanistes par s.

ALIZÉ. adj. m. (lat. *elysii*). *Vents alizés.* Vents réguliers qui soufflent une partie de l'année dans les régions tropicales : du nord-est au sud-ouest dans l'hémisphère boréal; du sud-est au nord-ouest dans l'hémisphère austral. Voy. VENT.

ALKAID s. m. (mot arabe, *al*, le; *kaïd*, chef). Nom de la première étoile de la queue de la Grande Ourse : η de la Grande Ourse. On dit aussi *Benetnasch*.

ALKALI et dérivés. Voy. ALCALI, etc.

ALKÉKENGE. s. m. (mot arabe). T. Bot. Espèce de *Solanée* appelée aussi *Coqueret.* Voy. SOLANÉES.

ALKERMÈS. adj. 2 g. (ar. *al*, le; *kermès*, écarlate). N'est usité que dans cette loc. : *Confection al.* || Il s'emploie subst. en parlant d'une liqueur de table connue sous le nom d'*Al. Boire de la liqueur d'al.*, ou simplement de l'*al.*

La liqueur d'*Al.* nous vient de Naples. Elle se prépare avec des feuilles de laurier, du macis, de la muscade, de la cannelle et du girofle que l'on fait infuser dans l'alcool; après quoi on distille, on ajoute du sucre et l'on colore au rouge avec le kermès. Cette liqueur est d'un goût fort agréable. — La *confection al.* est une espèce d'électuaire qui doit son nom au kermès qui entre dans sa préparation. Ce remède, jadis célèbre comme cordial et stomachique, est aujourd'hui abandonné.

ALLA BREVE. [Pr. *al-la-brévé*]. loc. adv. italienne. T. Mus. d'église. Indique un mouvement rapide à deux temps qui se note avec une ronde pour chaque temps.

ALLAGITE. s. f. T. Minér. Variété de manganèse silicieuse.

19

ALLAH. s. m. [Pr. *al-la*]. Nom de Dieu en arabe. Il a passé dans la langue de tous les peuples mahométans. *Invoque le puissant Al.*

ALLAHABAD, ville anglaise de l'Hindoustan, cap. de la province anglaise du nord-ouest, 430,000 hab.

ALLAINVAL (D'), littérateur français, auteur de pièces de théâtre (1700-1753).

ALLAIRE, ch.-l. de c. du Morbihan, arr. de Vannes, 2,400 hab.

ALLAISE. s. f. [Pr. *alèse*]. Amas de sable qui se forme en travers des rivières.

ALLAITEMENT. s. m. [Pr. *alètement*]. Action d'allaiter. Se dit en parlant de l'espèce humaine et de tous les animaux mammifères.

Physiol. — L'*Al.* est une fonction qui appartient exclusivement aux mammifères. Dans cette classe le nouveau-né a besoin de trouver un aliment qui contienne à la fois tous les principes azotés nécessaires à la réparation et au développement de ses organes, ainsi que les principes non azotés destinés à être transformés en acide carbonique et en vapeur d'eau par l'oxygène introduit pendant l'acte respiratoire. Cet aliment est le *lait*, et les organes qui le produisent ont reçu le nom de *glandes mammaires*. Au mot MAMELLE, il est parlé de la vie et du rôle de ces glandes, et au mot LAIT de la composition et des qualités de ce liquide.

Presque aussitôt après la naissance, le nouveau-né s'attache instinctivement au mamelon de sa mère, et exerce des mouvements de succion qui déterminent l'érection de cet organe et font jaillir le liquide préparé par la nature. Dans l'espèce humaine, c'est ordin. cinq à six heures après l'accouchement que la mère donne le sein à l'enfant. Le liquide qui distend alors la glande mammaire a reçu le nom de *colostrum* : il est plus limpide, plus séreux que le lait proprement dit, et il jouit de propriétés légèrement purgatives qui débarrassent les intestins de l'enfant du *méconium* qu'ils contiennent. Mais ce liquide s'épaissit graduellement, acquiert les qualités propres du lait et devient de plus en plus nutritif à mesure qu'on s'éloigne de l'époque de la parturition.

La durée de la lactation varie suivant les espèces animales; au reste, elle s'étend naturellement jusqu'à l'époque où le jeune animal est devenu capable de s'assimiler les aliments propres à l'animal adulte. Pour l'enfant, on doit cesser de lui donner à téter lorsqu'il a ses vingt premières dents; mais ordin. on le sèvre plus tôt.

La nature a évidemment prescrit à la mère d'allaiter elle-même son enfant, et cette loi doit être généralement observée : car le lait de la mère se trouve, par les propriétés qu'il acquiert successivement, toujours en harmonie avec les besoins de l'enfant. Il est aussi dans l'intérêt de la santé de la mère que celle-ci remplisse un devoir aussi sacré. Cependant, toutes les fois que la mère se trouve dans un état de débilité ou d'anémie qui ne permet pas d'espérer que l'al. maternel soit parfaitement favorable à l'enfant, il vaut mieux le faire allaiter par une paysanne robuste et jouissant d'une excellente santé. Dans ce cas même, il est souvent préférable d'envoyer l'enfant à la campagne; l'air pur qu'il y respirera et l'action de la lumière solaire exerceront sur sa santé une influence bienfaisante, et, d'un autre côté, la santé de la nourrice ne risquera pas d'être altérée par le changement de nourriture et de manière de vivre.

Ce n'est que dans le cas d'impossibilité absolue de se procurer une nourrice convenable qu'on doit se résoudre à recourir à l'al. *artificiel*, c.-à-d. à nourrir l'enfant avec le lait d'un animal. Le lait d'ânesse, étant celui qui se rapproche le plus du lait humain, est préférable à tout autre. A défaut de lait d'ânesse, on doit choisir le lait de chèvre; d'ailleurs il est facile de dresser cet animal à se laisser téter par l'enfant, et ceci est un avantage qui n'est pas à négliger. Quand on est obligé d'employer un lait plus épais et plus caséeux, comme celui de vache, il devient nécessaire de le couper avec de l'eau d'orge ou de gruau. Le biberon qui sert à l'al. artificiel doit être tenu dans un état de propreté complète, afin qu'il ne retienne pas de germes de fermentation ou de putréfaction. Plusieurs médecins proscrivent absolument l'usage du biberon. Voy. BIBERON.

Les femmes qui allaitent un enfant doivent éviter avec soin toutes les causes, soit physiques, soit morales, qui seraient capables d'agir d'une manière fâcheuse sur la santé et sur la sécrétion du liquide destiné à la nourriture de l'enfant. Lorsque la femme qui nourrit donne le sein à l'enfant immédiatement après une vive émotion, il arrive fréquemment qu'il se manifeste chez celui-ci des convulsions ou des diarrhées bilieuses. Dans ce cas, il faut que la nourrice laisse perdre une certaine quantité de lait avant de présenter le sein au nourrisson. Voy. SEVRAGE.

ALLAITER. v. a. [Pr. *alèter*] (R. *lait*). Nourrir de son lait, donner à téter. *En général, une mère doit al. elle-même son enfant. Cette chienne allaite six petits.* || Se dit aussi de l'allaitement artificiel. *Il a fallu al. cet enfant au biberon.* = ALLAITÉ, ÉE. part.

ALLAMANDA. s. m. [Pr. *ata*]. T. Bot. Genre de plantes de la famille des *Apocynées*. Voy. ce mot.

ALLA MILITARE [Pr. *al-la-militaré*]. loc. adv. T. Mus. Indique le caractère des marches militaires.

ALLANCHE, ch.-l. de c. du Cantal, arrond. de Murat, 2,000 hab.

ALLANT. s. m. [Pr. *alan*]. Ne s'emploie qu'au plur. et dans ces locutions : *Les allants et les venants*, Ceux qui vont et viennent. *A tous allants et venants.*

ALLANT, ANTE. adj. [Pr. *alan*]. Qui aime à aller, qui se donne du mouvement. *C'est un homme al. Elle est très allante malgré ses quatre-vingts ans.*

ALLANTOÏDE. s. f. [Pr. *al-lan...*] (gr. ἀλλᾶς, ἀλλᾶντος, boyau; εἶδος, apparence). T. Anat. Annexe du fœtus en forme de boyau qui sert aux membraneux destinée à la formation de la vessie urinaire, du cordon ombilical et du placenta, et qui disparaît avant la fin du second mois de la vie embryonnaire. — On l'appelle aussi *vésicule al.*

ALLANTOÏNE. s. f. [Pr. *al-lan...*] (gr. ἀλλᾶς, boyau). T. Chim. — L'*Al.* C⁴H⁶Az⁴O⁴ existe toute formée dans le liquide amniotique des vaches, où elle a été découverte par Vauquelin. On en a fait la synthèse en oxydant l'acide urique. De cette substance dérivent deux acides nommés acide *allantoïque*, et *allanturique*.

ALLA OTTAVA. loc. adv. italienne. [Pr. *al-la-ot-tava*]. T. Mus. Indique qu'un passage doit être joué une octave plus haut ou plus bas qu'il n'est écrit.

ALLA PALESTRINA. loc. adv. italienne. [Pr. *al-la*]. T. Mus. Se dit d'un style de musique plein de majesté, inventé par le musicien italien *Palestrina*.

ALLA POLACCA. loc. adv. italienne. [Pr. *al-la*]. T. Mus. A la polonaise, c.-à-d. en mesure ternaire modérée.

ALLARD, général français; devint général en chef et conseiller intime de Runjeet-Singh, roi de Lahore (1785-1839).

ALLARGUER. v. n. [Pr. *alarguer*]. T. de Mar. Voy. ALARGUER.

ALLA TURCA. loc. adv. italienne. [Pr. *al-la*]. T. Mus. A la turque. Un rondeau *alla turca*.

ALLA ZOPPA. loc. adv. [Pr. *al-la zop-pa*] (mots italiens signifiant *à la boiteuse*). T. Mus. Indique un mouvement syncopant entre deux temps sans syncoper entre deux mesures, c.-à-d. où entre deux notes d'égale valeur se trouve une note de valeur double.

ALLÈCHEMENT. s. m. [Pr. *alèchement*]. Moyen par lequel on allèche; amorce, attrait. *Les allèchements de la volupté.* || Soin que le graveur ou le sculpteur apporte dans l'achèvement de son œuvre.

ALLÉCHER. v. a. [Pr. *alécher*] (lat. *allicere*). Attirer au moyen d'un appât. *On allèche les souris avec du lard.* || S'emploie plus souvent au fig. *On l'allèche avec des promesses. Il s'allèchait par l'espérance de sa succession.* = ALLÉCHÉ, ÉE. part.

Conj. — *J'allèche, tu allèches, il allèche; nous allé-*

chons. vous alléchez, ils allèchent. J'alléchais. J'allèche-rai J'allécherais. Allèche. Que j'allèche. Que j'alléchasse.

ALLÉE. s. f. [Pr. *alé*]. Passage entre deux murs parallèles dans une maison. *Al. étroite, obscure. Maison à al.* || Promenade, chemin ou sentier bordé d'arbres, d'arbrisseaux, de gazon, etc. *Al. droite, tortueuse, couverte, sablée. Planter une al. de tilleuls.* « *Allées et venues,* Action d'aller et de venir p.usieurs fois. *J'ai fait bien des allées et venues devant votre maison avant de vous voir sortir.* — Pas, demarches. *Il a perdu son temps en allées et venues sans obtenir la place qu'il sollicitait.*

ALLÉGATION s. f. [Pr. *al-légation*] (lat. *allegare,* citer). Citation d'une autorité, d'un fait, d'un passage, d'une loi. || Simple assertion. *Il faut justifier vos allégations.*

ALLÈGE. s. f. [Pr. *alège*]. T. Mar. Embarcation de forme et de grandeur variable qui sert principalement à opérer le chargement et le déchargement des bâtiments que leur trop grande dimension empêche d'approcher de terre. *Il y a des allèges à plusieurs mâts qui servent à la navigation côtière.* || Sorte de machine qui sert à soulever un vaisseau dans les bas-fonds. || T. Archit. Mur d'appui dans l'embrasure d'une fenêtre, d'une épaisseur moindre que la fenêtre. † T. Chem. de fer. Chariot d'approvisionnement qui porte l'eau et le charbon.

ALLÉGEANCE. s. f. [Pr. *aléjance*] (lat. *alligare,* de *ad,* a; *ligare,* lier). Soulagement, adoucissement. *Donner quelque al. à ses peines, à ses misères.* Vx. || *Serment d'al.,* Serment de fidélité prêté au roi par les Anglais.

ALLÉGEMENT. s. m. [Pr. *alégement*]. Diminution de poids, de charge. *Donner de l'al. à un plancher, à un bateau. Recevoir al., de l'al.* || Fig., Soulagement, adoucissement. *Ne sentez-vous point d'al. à votre mal? Ce sera un bien faible al. à sa détresse.* || T. Grav. Action de la main qui l'rme les tailles en appuyant plus ou moins aux différents endroits.

ALLÉGER. v. a. [Pr. *aleger*] (lat. *alleviare*). Rendre plus léger. *Al. un bateau. Al. la charge d'un portefaix, d'un cheval, d'une voiture.* || Soulager une personne ou une chose en diminuant le poids ou la charge qu'elle porte. *Al. un portefaix de son fardeau. Al. un plancher, un bateau, une voiture.* Par ext., on dit : *Al. les contribuables,* Les décharger d'une partie des impôts. — *Al. les charges publiques,* Les diminuer. || T. Mar. *Al. une manœuvre,* Diminuer la tension des cordages. || Fig., en parlant des peines du corps et d'esprit, sign. Calmer, adoucir, diminuer. *Ce que vous lui avez dit l'a fort allégé. Al. les chagrins, les peines, les souffrances de quelqu'un.* = S'ALLÉGER. v. pron. S'emploie au prop. et au fig. *S'al. pour marcher plus vite. Ses souffrances s'allègent de jour en jour.* = ALLÉGÉ, ÉE. part. — Conjug. Voy. MANGER.

ALLEGHANYS ou **APALACHES,** grande chaîne de montagnes de l'Amérique du Nord, dans les États-Unis, s'étend de l'embouchure du Saint-Laurent à celle de l'Alabama.

ALLÉGIR. v. a. [Pr. *aléjir*]. T. Techn. Diminuer en tout sens le volume d'un corps. *Al. une planche, une poutre.* = ALLÉGI, IE. part.
Syn. — *Amenuiser, Amincir.* — *Al.* se dit des objets considérab.es dont l'on veut diminuer le poids ou le volume. *Amenuiser* s'emploie en parlant des corps peu volumineux qu'on veut encore rendre plus menus. *Amincir,* c'est diminuer l'épaiss ur d'un corps en retranchant une partie sur l'une de ses faces ou sur les deux faces opposées.

ALLÉGORIE. s. f. [Pr. *al-lé*...] (gr. ἄλλος, autre [chose]; ἀγορεύω, je dis). — L'*Al.* peut se définir, d'une manière générale, un mode d'expression de la pensée dans lequel les signes employés se prêtent à une interprétation particulière, indépendamment du sens direct qu'ils peuvent présenter. Ainsi un tableau, un bas-relief, une statue sont allégoriques quand, au moyen des objets sensibles qu'ils offrent à nos yeux, ils éveillent dans notre esprit certaines idées abstraites avec lesquelles ces objets ont des rapports d'analogie. Dans un sens plus restreint, l'*al.* est une figure du discours qui consiste en une série de métaphores ou en une seule métaphore prolongée. On peut citer comme modèles d'al. la célèbre ode d'Horace, où il peint, sous

l'emblème d'un vaisseau livré aux vents et aux flots, la République prête à se plonger dans les horreurs de la guerre civile, et l'idylle où Mme Deshoulières, après la mort de son mari, accuse le sort qui l'a privée de celui qui était le soutien de sa famille. Lorsqu'on lit ces allégories, l'esprit abandonne involontairement le sens littéral pour s'attacher au sens figuré des paroles du poète. C'est la justesse des analogies qui constitue le mérite d'une al. Il faut que l'intelligence puisse saisir sans effort l'intention de l'écrivain. — L'al., en tant qu'elle dérive de la métaphore, a dû nécessairement être employée par tous les peuples, et on la retrouve dans toutes les littératures. Dans les livres saints, l'usage de l'al. est fréquent; les prophètes surtout en contiennent de nombreux exemples. Dans le Nouveau Testament, l'al. revêt ordin. la forme de parabole. L'al. diffère du *symbole* en ce que c'est uniquement par suite d'une convention que celui-ci représente telle ou telle idée. Elle diffère du *mythe* en ce que ce dernier a toujours une signification religieuse, et en ce qu'il résulte de la personnification d'un phénomène ou d'une idée. Quant à la *parabole,* à l'*apologue* et à la *fable,* ce ne sont que des espèces particulières d'al. La parabole est un récit allégorique, court, s'entendeux, qui renferme toujours implicitement un enseignement moral. L'apologue ou la fab.e (car il n'existe pas de différ nce essentielle dans la signification de ces deux mots) est en général un petit poème dont la forme est dramatique et dans lequel l'auteur énonce le précepte moral qui découle naturellement de la fiction proposée.
Prov. allégoriques : *Petite pluie abat grand vent, Mettre de l'eau dans son vin, Pêcher en eau trouble.*

ALLÉGORIQUE. adj. 2 g. [Pr. *al-lé*...]. Qui tient de l'allégorie, qui appartient à l'allégorie. *Discours al. Tableau al. Personnage al.*

ALLÉGORIQUEMENT. adv. [Pr. *al-lé*...]. D'une manière allégorique. *Cela se doit entendre al. et non littéralement.*

ALLÉGORISER. v. a. [Pr. *al-lé*...]. Donner un sens allégorique, expliquer par des allégories. *Les défenseurs du polythéisme essayèrent de l'al., afin de le faire paraître moins absurde.* || Parler, écrire par allégories. *La sagesse se plaît à al.* Dans ce sens, *Al.* s'emploie toujours absol. — Il se prend aussi quelquefois absol. dans la première signification. *Origène allégorisait sans cesse.* = ALLÉGORISÉ, ÉE. part.

ALLÉGORISEUR. s. m. [Pr. *al-lé*...]. Celui qui s'attache à chercher un sens allégorique à toutes choses. *C'est un al. perpétuel.* Se prend en mauvaise part.

ALLÉGORISTE. s. m. [Pr. *al-lé*...]. Celui qui explique un auteur dans un sens allégorique. *Les faits historiques se transforment en fictions sous la plume de certains allégoristes.*

ALLÈGRE. adj. 2 g. [Pr. *alègre.*] (lat. *alacer*). Qui est dispos, agile, gai; qui a le visage riant. *Il est toujours al.* Fam.

ALLÈGRE. ch.-l. de c. de la Haute-Loire, arr. du Puy, 1,844 hab.

ALLÉGREMENT. adv. [Pr. *alègrement*]. D'une manière allègre. *Marcher al.*

ALLÉGRESSE. s. f. [Pr. *alégresse*]. Joie qui se manif ste avec vivacité. *Il reçut cette nouvelle avec une grande al. L'al. publique. Transports, cris d'al.*

ALLÉGRETTO. adv. [Pr. *al-légret-to*]. Voy. ALLEGRO.

ALLÉGRO. adv. [Pr. *al-légro*]. T. Mus. Ce mot, qui est italien et qui sign. *gai,* se dit du mouvement dans lequel on doit exécuter certains morceaux de musique. *Jouez cela al.* || S'emploie subst., L'al. de ce quatuor est charmant.
Le terme *Allegro,* ou par abréviation *All°,* placé au commencement d'un morceau, indique qu'on doit l'exécuter avec un certain degré de vitesse. Le mouvement de l'al. est intermédiaire entre le *presto* et l'*andante;* il est cependant susceptible de diverses modifications qu'on exprime par quelque épithète, *Al. vivace* et *Al. maestoso.* — *Allegretto* est un diminutif d'al.; il exprime donc un mouvement moins vif que ce dernier, et non un mouvement plus vif, comme se le figurent beaucoup de personnes.

ALLÉGUER. v. a. [Pr. *al-léguer*.] (lat. *allegare*). Citer une autorité, une loi, un auteur, un passage, un fait, etc. || Mettre en avant. *Al. des raisons, des excuses. Il alléguera pour s'excuser qu'on l'avait retenu.* ALLÉGUÉ, ÉE. part. — Conjug. Voy. ALLÉCHER.

Syn. — *Citer. Citer* opposé à *al.* semble exprimer qu'on rapporte textuellement les paroles ou les passages sur lesques on s'appuie. *Al* un auteur, ce n'est pas toujours le citer; c'est simplement l'invoquer à l'appui de ce qu'on avance.

ALLÉLUIA. s. m. [Pr. *al-lé-lui-ia*]. T. emprunté de l'hébreu, qui sign. Louez le Seigneur, et qui , au temps de Pâques, est ajouté à différentes prières de l'Église, afin d'exprimer la joie des fidèles. ||T. Bot. (corrupt. de l'ital. *giulio'a*). Nom donné à une plante de la famille des *Oxalidées* (*Ox. autosella*), qui porte aussi le nom de *Surette, Pain de Coucou.* Voy. OXALIDÉES.

ALLEMAGNE. L'Allemagne (*Deutschland*), d'une superficie tota e de 540,000 kilom. carrés et d'une population de 50 millions d'habitants, est, par l'étendue, le troisième État de l'Europe, et par la population, le deuxième. Elle forme un empire sous l'hégémonie d· la Prusse, et est comprise entre la mer Baltique et la mer du Nord, au nord; la Hollande,

la Belgique et la France à l'ouest; la Suisse et l'Autriche au sud, et la Russie à l'est.

Des terrains de différente nature constituent le pays : granitiques et roches triasiques dans les Vosges; houill ers dans la Prusse Rhénane; quaternaires dans tout le nord; volcaniques dans les régions montagneuses du sud.

Les côtes sont généralement basses et marécageuses : le long de la Baltique notamment, les fleuves forment à leur embouchure des lagunes, qui ne sont séparées de la m r que par d'étroites bandes de terre. Telles sont le Kurisches-Haff, le Frisches-Haff, le Pommersches-Haff.

Au point de vue orographique, l'Allemagne se divise naturellement en trois zones : celle de la plaine, au nord; celle de la montagne moyenne, au centre; celle de la haute montagne, au sud ; un poète a pu dire qu'elles se suivent comme la prose, l'idylle et l'ode. Les plus hautes montagnes sont celles de la forêt de Bohème ou Bo·hmerwald; du Jura franconien ou Frankenberg; des Alpe de Souabe, des Alpes bavaroises, de la Forêt-Noire, etc. Celles de l'Allemagne centrale sont le Fichtel-Gebirge, le Frankenwald, le Harz, etc.

Trois versants : mer Baltique, mer du Nord, mer Noire. Au premier appartiennent le Niémen, le Prégel, la Vistule et l'Oder; au second, l'Elbe, le Weser, l'Ems et le Rhin; et au troisième, le Danube, par son bassin supérieur seulement.

Le climat varie naturellement avec les régions : les plaines septentrionales sont exposées aux brouillards et aux vents du nord, et sont plus humides que froides. Les zones méridionales, plus éloignées de la mer, subissent de : rusques variations de température. La moyenne est de + 12° e ntigrades.

Les habitants de l'Allemagne appartiennent presque tous aux deux grandes familles germanique et slave. La première, de beaucoup la p us nombreuse, est répandue dans toute la partie centrale, occidentale et méridionale (36 millions); les deux races sont mélangées dans le nord (9 millions); la race slave (Polonais et Lettom) occupe la région ouest (3 millions). On trouve encore d s Français et des Wallons sur la rive gauche du Rhin. — L'Allemagne n'est arrivée à l'unité que de nos jours. Constituée en royaume au traité de Verdun (843), elle devient au X° siècle le Saint-Empire germanique, composé de duchés. Après une longue anarchie, la maison d'Autriche prit définitivement possession du trône impérial (1438); elle l'a gard · jusqu'en 1806, au lend·main d'Austerlitz. L'Allemagne fut alors divisée en Empire d'Autriche et en Confédération du Rhin. En 1815, l'Empire ne fut pas rétab.i ; mais la Confédération du Rhin devint la Confédération germanique, composée de 38 États, au nombre desquels l'Autriche et la Pruss', pour leurs possessions allemandes seulement. En 1866, l'Autriche, vaincue à Sadowa par la Prusse, fut exclue de l'Allemagne. Les autres États ont été réorganisés en Confédération des États du Nord, sous l'hégémonie de la Prusse, et en Confédération des États du Sud, son alliée. La gu rre de 1870 achève de cimenter l'unité de l'Allemagne; les deux Confédérations se réunissent à l'Empire est rétabli au profit de la dynastie prussienne des Hohenzollern (1871).

Aujourd'hui, cet Empire, constitué par le décret du 16 avril 1871, comprend 26 États, dont :

4 royaumes : Prusse, Bavière, Saxe, Wurtemberg;

6 grands-duchés : Bade, Hesse, Mecklembourg-Schw ring et Mecklembourg-Strelitz, Saxe-Weymar, Oldenbourg;

5 duchés : Brunswick, Meiningen, Saxe-Altenbourg, Saxe-Cobourg-et-Gotha; Anhalt;

7 principautés : Schwarzbourg-Rudolstadt, Schw. Sondershausen, Waldeck, Reuss-Greiz, Reuss-Schleiz, Schaumbourg-Lippe, Lippe-Detmold;

3 villes libres : Brême, Lubeck, Hambourg,

Et un pays, dit pays d'Empire : l'Alsace-Lorraine, conquis par la guerre de 1870, perpétuel sujet de discussion entre la France et l'Allemagne.

Les villes les plus importantes sont Berlin, Hambourg, Breslau, Munich et Dresde.

La religion officielle est la religion protestante luthérienne, qui, avec les calvinistes peu nombreux, compte plus de 30 millions d'adhérents; les catholiques sont environ 18 millions; les juifs 7 à 800,000.

L'Allemagne possède des colonies assez étendues qui sont : en Afrique : le Togo, and le Kameroun, le Sud-Ouest africain, l'Afrique orientale allemande; en Océanie : les îles Marshall, la terre de l'Empereur-Guillaume, l'archipel Bismarck, une partie des îles Salomon.

Nom des hab. : ALLEMAND, ANDE.

Liste chronologique des empereurs d'Allemagne. — Charlemagne, 8 0 — Louis le Débonnaire, 814 — Lothaire, 840. — Louis II. dit le Jeune, 855. — Charles le Chauve, 875. — Carloman, 875. — Charles le Gros, 881. — Arnulf, 885 — Louis IV, dit l'Enfant, 908. — Conrad I°, 911. — Henri I°, l'Oise·eur, 919. — Othon I°, le Grand, 936. — Othon II, 973. — Othon III, 983. — Henri II, le Saint, 1002. — Conrad II, 1024. — Henri III, 1039. — Henri IV, 1056. — Henri V, 1106. — Lothaire II, 1133. — Conrad III, 1138. — Frédéric I°, Barberousse, 1152. — Henri VI, 1190 Philippe, 1198. — Othon IV, 1198. — Frédéric II, 1212. Guil aume, 1247. — Richard de Cornouailles, 1257. — Rodolphe I°, de Habsbourg, 1273. — Adolphe de Nassau, 1292

— Albert Ier. d'Autriche, 1298. — Henri VII, 1308. — Louis V, 1314. — Frédéric II, anti-emper., 1314-1322. — Charles IV, 1347. — Wenceslas, 1378. — Robert, 1400. — Josse, 1410. — Sigismond, 1411. — Albert, II, 1438. — Frédéric III, 1440. — Maximilien Ier, 1493. — Charles V, 1519. — Ferdinand Ier, 1558. — Maximilien II, 1564. — Rodolphe II, 1576. — Mathias, 1612. — Ferdinand II, 1619. — Ferdinand III, 1637. — Léopold Ier, 1658. — Joseph Ier, 1705. — Charles VI, 1711. — Charles VII, 1742. — François Ier, 1745. — Joseph II, 1765. — Léopold II, 1790. — François II, 1792; il abdique le titre d'empereur d'Allemagne en 1806 pour prendre celui d'empereur d'Autriche. — Guillaume Ier, roi de Prusse, se fait proclamer empereur d'Allemagne le 18 janvier 1871. — Frédéric III, 1888. — Guillaume II, 1888.

ALLEMAND. s. m. On dit prov., *Une querelle d'Al.*, pour une querelle suscitée sans sujet. — *C'est pour moi du haut al.* C'est une langue ou une chose à laquelle je n'entends rien.

ALLEMANDE. s. f. [Pr. *alemande*]. Sorte de danse assez vive dont l'usage a passé de l'Allemagne dans plusieurs pays. *Danser une al.* — Se dit aussi des airs sur lesquels s'exécute cette sorte de danse.
C'Al. est un air de danse à deux temps, et chaque mesure a la valeur de deux noires. Son mouvement est celui d'un *allegretto* un peu animé.

ALLEMANDERIE. s. f. [Pr. *alemanderie*]. Atelier où l'on forge le fer pour le calibrer.

ALLÈNE. s. m. [Pr. *al-lène*]. T. Chim. Carbure d'hydrogène C³H⁸. Voy. ALLYLÈNE.

ALLER. v. n. (Étym. incertaine. On peut le rapprocher du gr. ἅλτ, action de voyager. Ce verbe est complété dans sa conj. par les formes tirées du lat. *ire*, aller, et *vadere*, marcher). Au prop., il se dit de tout mouvement de locomotion ou de translation. — Au fig., en parlant des personnes, il se dit de leur progrès, de leur avancement, de leur conduite, de leur manière d'agir, de se comporter; et en parlant des choses, de leur marche, de leur développement, des changements d'état qu'elles présentent, de leur étendue, de leur forme ou de leur figure, de leur tendance ou de leur direction. || 1° L'idée de mouvement peut être considérée abstraction faite de toute idée accessoire. *Ne fa ve qu'al. et venir. Il est bien vieux, mais on le voit toujours al. Les planètes vont continuellement. Fig., Cet écolier a bien de la peine à al. Le commerce ne va pas. Le jeu va.* || 2° On peut considérer le mouvement relativement à sa vitesse. *Al. vite, doucement, lentement. Al. à grands pas. Ce cheval va au trot. Notre vaisseau allait à pleines voiles. — Fig., Cette construction va vite. Ces ouvriers vont lentement. Ces arbres vont bien lentement, croissent bien lentement.* || 3° Relativement à la direction. *Al. en avant, devant soi, en arrière, en zig-zag. Al. contre vent et marée. Al. droit son chemin. — Fig., Ce mauvais sujet va de mal en pis. Ma santé va de mieux en mieux. Il va toujours contre la volonté des autres. C'est un homme qui va droit en tout. Le commerce va mal. Cette allée va en pente. Cette étoffe va de biais ou en biais. Cette pièce de terre va en pointe.* || 4° Relativement au terme où au but. *Al. de Paris à Rome. Al. en Italie. Al. de ville en ville. Ils vont vers la rivière. Al. chez son voisin. — Fig., Al. au roi, au ministre, etc., S'adresser au roi, etc. Allons au plus pressé, Occupons-nous d'abord de ce qui est le plus urgent. Ce sentier va à la fontaine. Al. à sa perte. Son amour va jusqu'à la folie. Ses paroles vont à l'âme. Cette affaire peut al. à vous perdre, à vous déshonorer. Son nom ira à la postérité. C'est un homme fait pour al. à tout,* Pour arriver aux plus hauts emp.ois. *Ce cheval va très bien au feu, N'est pas effrayé par le feu de l'ennemi. Ce vase va au feu, Résiste à l'action du feu. Cette étoffe va à la lessive. — Cette femme va sur quarante ans, Atteindra bientôt quarante ans.* || 5° Relativement à l'espace, à l'intervalle parcouru ou à parcourir. *Al. près. Al. loin. Je n'irai qu'à deux lieues d'ici. Son imagination va si loin qu'elle se perd. C'est un homme qui ira loin dans les sciences. Cela va trop loin, Dépasse les bornes raisonnables. La forêt va depuis le village jusqu'à la rivière. — Ce calcul va bien haut. La dépense ira plus loin qu'on ne croit.* || Par anal., en parlant du temps et de

la durée, on dit : *Le temps va toujours. Ce travail-là ira à deux années.* || 6° Relativement à la cause qui fait mouvoir. *Al. par force, par nécessité. Ces bâtiments vont à voile et à rame. — Fig., Il va selon son caprice. Il va de bon cœur à tout ce qu'il fait.* || 7° Relativement au lieu où s'opère le mouvement. *Al. sur la terre, sur le pavé. Al. sur l'eau. Al. dans l'eau.* || 8° Relativement à la voie, au chemin que suit l'objet en mouvement. *Al. par terre, par mer, par la grande route, par le chemin de fer. Al. à travers champs, par monts et par vaux. — Fig., Al. aux emplois par la faveur. Al. à la fortune par des voies honorables. Al. à la renommée par ses crimes.* || 9° Relativement au moyen de transport. *Al. à pied, à cheval, en voiture, en bateau, en chemin de fer, en ballon.* || 10° Relativement à l'ordre des personnes ou des choses en mouvement. *Al. les uns des autres. Al. deux à deux. Al. en troupe, par troupes. Al. de front. — Fig., Al. de pair, Être égal, occuper le même rang. Cicéron va de pair avec Démosthène. Ces deux maisons vont de pair pour la noblesse. — L'amour va rarement sans jalousie. Les plaisirs ne vont point sans tristesse.* || Al. s'emploie par analog., en parlant du jeu d'un mécanisme et des fonctions des êtres organisés. *Cette horloge va trop vite. Cette locomotive ne peut pas al. Son pouls va bien. Il est régulier.* || Al. se dit quelquefois de certaines évacuations. *Le remède qu'il a pris l'a fait al. cinq ou six fois. Al. par haut. Al. par haut et par bas.* || S'emploie fréquemment, en parlant de la convenance, de l'harmonie de deux ou de plusieurs objets. *Cette dentelle va bien à votre robe. Ces deux couleurs ne vont pas bien ensemble. Cette clef va à la serrure. — Se dit aussi d'une personne et d'une chose. Ce manteau ne vous va pas bien. Le rose va aux blondes et le rouge aux brunes. Se dit également de deux ou de plusieurs personnes. Ces gens-là sont faits pour al. ensemble. Ses goûts ne peuvent al. avec les miens.* || En parlant des choses qui sont assorties, qui font la paire ou qui ne sont pas vendues séparément, on dit qu'*elles vont ensemble. Cette nappe et ces serviettes vont ensemble. — On dit encore : Cela va par-dessus le marché, Cela accompagne l'achat dont il est question, sans donner lieu à une augmentation de prix.* || Suivi d'un verbe à l'infinitif, Al. indique qu'on se met en mouvement pour faire une chose, ou qu'on est sur le point de faire une chose. *Je vais me promener. On va se mettre à table. Nous allons voir ce qu'il dira. — En parlant des choses, Al. sign. que la chose est au moment d'avoir lieu, de s'accomplir. Le sermon va commencer. Le combat allait cesser.* || Lorsqu'un participe présent est joint au verbe Al., il indique une action qui s'exécute simultanément avec le mouvement exprimé par ce verbe. *Il va criant par la ville. Cet enfant va toujours sautant. — Fig., Son mal, son inquiétude va croissant, va diminuant. — On dit aussi : Va en croissant, en diminuant.* || Al. s'emploie souvent pour donner plus de force à ce qu'on dit, à ce qu'on affirme. *Allez, je réponds de tout. N'allons pas nous imaginer... —* Il est souvent usité, à l'impératif, en manière d'interjection, pour animer, menacer ou exprimer un mouvement d'indignation. *Allons, amis, courage! Va, misérable! Allez, vous me faites horreur!* || Al., précédé de **Laisser**, forme une locut. qui sign. Ne plus retenir, ne pas empêcher, abandonner. Voy. LAISSER. || *Y aller,* Faire une chose d'une certaine manière. *Il faut y al. doucement. Il y va à la bonne foi.* || *Il y va de,* Il s'agit de, c'est telle chose qui est en question. *Songez qu'il y va de votre fortune, de votre honneur. Quand il devrait y al. de tout mon bien. Dans cette affaire, il n'y allait pas moins que de sa vie.* || *Y aller,* T. de Jeu. Courir le risque, hasarder. *Je n'y vais pas, Je m'abstiens de jouer ce coup. J'y vais de 20 francs. Al. se construit aussi avec en, Vous croyez au succès de cette affaire? Il n'en ira pas de cela comme vous pensez.* || Al. se trouve dans diverses locutions proverbiales et familières. *Cela va tout seul, Laisser,* se dit de ce qui se laisse détourner. *Al. son petit bonhomme de chemin,* Poursuivre son entreprise tout doucement et sans éclat. *Al. son grand chemin,* Agir sans artifice. Il ne faut pas al. par quatre chemins, Il faut agir et parler sans détours. — *Tous chemins vont à Rome*, Par différents moyens on arrive à même fin. — *C'est un las d'al.* C'est un paresseux. — *On l'a bien hâté d'al.*, On l'a vertement réprimandé. — *Les premiers vont devant*, Les plus diligents ont toujours l'avantage sur les autres. — *On va bien loin depuis qu'on est las*, Il ne faut jamais se rebuter, perdre courage dans un travail, dans une affaire. — *A force de mal al.*, *tout ira bien*, Après les disgrâces, il peut survenir des événements heureux. — *Tant va la cruche à l'eau qu'enfin elle se casse*, A force de s'exposer à quelque péril, on finit par y succomber. == S'EN ALLER. v. pron. Au prop., sign. Sortir, s'éloigner d'un endroit, quitter un lieu. *S'en al. de Paris, de sa demeure, du bal, du spectacle. Il s'en va. Elle s'en est allée. Je m'en irai. Allons-nous-en. Va-t-en d'ici.* || Au fig., il sign., en parlant des personnes, Quitter la vie, mourir, et, en parlant des choses, Disparaître, s'évanouir, se dissiper, s'écouler. *Les jeunes gens viennent et les vieillards s'en vont. Cet homme est au plus mal, il s'en va.* — *Le mal vient vite et s'en va lentement. Sa beauté s'en est allée. La fumée s'en va par la cheminée. L'éther s'en ira si vous ne bouchez pas bien le flacon. Tout son temps s'en est allé dans cette affaire. Son argent s'en va on ne sait comment. Ses vêtements s'en vont par lambeaux*, Tombent en lambeaux. || Au jeu de trictrac, *Je m'en vais*, sign. Je lève mes dames et je recommence un autre coup. || Au jeu de cartes, *S'en al. d'une carte*, C'est la jouer. *Je m'en suis allé de mon roi de carreau.* || *S'en al.*, suivi d'un infinitif, sign. qu'on est en mouvement pour faire quelque chose, qu'on est sur le point de faire quelque chose. *Je m'en vais entendre le sermon. Il s'en va mourir.* — Dans un sens analogue, on dit : *Cette chose s'en va faite*, Elle est sur le point d'être achevée. *Le carême s'en va fini. Il s'en va midi*, Il est bien près du midi. Ces locutions sont familières et peu usitées. — Il en est de même des suivantes, où l'on fait ellipse du pronom sc. *Faites en al. tout le monde. Laissez-le en al. Une eau pour faire en al. les rousseurs.* On dit plus correctement : *Faites sortir tout le monde. Laissez-le al.* ou *laissez-le s'en al. Eau pour faire passer les rousseurs.* || Fig. et fam., on dit : *Il s'en est allé comme il est venu*, Il n'a rien fait de ce qu'il voulait ou devait faire. — *Tout s'en est allé en fumée*, L'affaire, l'entreprise a complètement échoué. *Cette affaire s'en va au diable, à tous les diables*, Cette affaire tourne mal, elle est perdue. == ALLÉ, ÉE. part.

Al. s'emploie subst. dans quelques locutions. *Au long al., petit fardeau pèse*, Il n'y a point de charge si légère qui ne devienne pénible à la longue. *Cet homme a eu l'al. pour le venir*, Il n'a rien fait de ce qu'il prétendait faire ; il a fait un voyage inutile. *Un billet d'al. et retour.* || On dit aussi subst. : *Le pis al.*, Le pis qu'il puisse arriver. *Le pis al. pour lui sera toujours de recouvrer une partie de l'argent qu'il a prêté. Si vous ne trouvez mieux, je serai votre pis al.* || On dit adverbial. : *Au pis al.*, Dans le cas le plus fâcheux, dans l'hypothèse la plus défavorable *Au pis al.*, il en sera quitte pour une amende.

Conj. — *Je vais* ou *je vas* (ce dernier est peu usité), *tu vas, il va; nous allons, vous allez, ils vont. J'allais; nous allions. J'allai; nous allâmes. Je suis allé ou allée; nous sommes allés ou allées. J'étais allé ou allée; nous étions allés ou allées. J'irai; nous irons. Je serai allé ou allée; nous serons allés ou allées. J'irais; nous irions. Je serais allé ou allée; nous serions allés ou allées. Je fusse allé ou allée; nous fussions allés ou allées. Va* (quelquefois *Vas*); *allons, allez. Que j'aille; que nous allions. Que j'allasse; que nous allassions. Que je sois allé ou allée; que nous soyons allés ou allées. Que je fusse allé ou allée; que nous fussions allés ou allées. Etre allé ou allée. Allant.* — Lorsque l'impératif singulier *Va* est immédiatement suivi de la particule relative *en*, on ajoute au verbe l's euphonique : *Vas en savoir des nouvelles.* L's euphonique s'emploie également devant la particule *y*, mais seulement quand celle-ci est complément du v. *aller. Je voudrais aller à la promenade. Vas-y.* Mais on dira : *Va y mettre ordre*, parce qu'ici la particule *y* est complément de *mettre ordre*. Dans toutes les autres circonstances *va* s'écrit sans s. *Va en Italie. Va à la campagne.* == *S'en aller* se conjugue comme *Al.* Dans les temps composés, on doit précéder immédiatement l'auxiliaire *être* : *Je m'en suis allé; il s'en est allé; nous nous en sommes allés; ils s'en sont allés* A l'impératif : *Va-t-en, qu'il s'en aille; allons-nous-en, allez-vous-en, qu'ils s'en aillent* Quand on interroge, on dit : *M'en irai-je, t'en iras-tu, s'en ira-t-il; nous en irons-nous*, etc.

Obs. gram. — *Etre allé, Avoir été.* — Le participe *été*, appartenant au verbe *être*, marque l'existence et non le mouvement; il ne saurait donc avoir la signification du participe *allé* qui exprime l'idée de locomotion. *Je suis allé à Rome*, signifie donc : j'ai fait le voyage de Rome; et *Il est allé en Italie*, il a entrepris le voyage d'Italie. Au contraire, *J'ai été à Marseille* signifie, j'ai résidé à Marseille; *Il a été en Chine* indique qu'il a vu la Chine, qu'il l'a visitée, abstraction faite de l'idée de translation. Ainsi on doit dire : *Il est allé de Paris à Rome, de Rome à Naples, de Naples au Caire, du Caire en Abyssinie*; et non, *Il a été de Paris à Rome*, etc. Il serait également incorrect de dire, *je fus le voir*, pour *j'allai le voir* Au sujet des locutions *être allé* et *avoir été*, la plupart des grammairiens ont établi une distinction qu'on retrouve même dans le Dictionnaire de l'Académie, et d'après laquelle *j'ai été à Rome*, signifie qu'on y est allé et qu'on en est revenu; *il est allé à Rome* marque qu'il n'en est pas encore de retour. — *Aller, Venir.* — Ces deux verbes se doivent pas se prendre l'un pour l'autre. *Aller* indique que le mouvement a lieu de l'endroit où l'on est pour arriver à un autre lieu; *Venir* indique un mouvement en sens inverse. Une personne qui a fait le voyage de Paris à Versailles, et qui est en route pour rentrer à Paris dira : *Je viens de Versailles et je vais à Paris.* En conséquence, on doit dire : *Je suis venu ici; je suis allé là*, et non, *Je suis allé ici; je suis venu là.*

ALLEU. s. m. [Pr. *aleu*.] (bas lat. *allodium*, du tudesque *all*, tout ; *ad*, propriété). T. Droit féodal. — L'alleu ou franc-alleu était, dans l'origine, la terre salique provenant du partage opéré entre les vainqueurs. Possédée sans restriction et sans entraves, cette terre acquise par la conquête constituait, chez les Francs, la propriété par excellence. Le propriétaire du franc-alleu possédait une terre franche de toute obligation honorifique et de toute taxe fiscale.

ALLEVARD, ch.-l. de c. (Isère), arr. de Grenoble, 3,200 hab.

ALLIA, rivière d'Italie, près de Rome, a donné son nom à une grande victoire des Gaulois sur les Romains en 390 av. J.-C.

ALLIACÉ, ÉE. adj. [Pr. *aliacé*.] (lat. *allium*, ail). Qui tient de l'ail. *Une odeur alliacée.*

ALLIAGE. s. m. [Pr. *aliage*.] (R. *allier*). Corps composé résultant de la fusion de deux ou de plusieurs métaux ensemble. *Faire all. Le bronze et le laiton sont des alliages Alliage à la reine.* Voy. MIXOFOR. || Se dit du métal mêlé que l'on unit à un métal plus précieux. *Le cuivre sert ordinairement d'all. à l'or. Cet or est sans all.* || Fig., *Il y a peu de vertus humaines sans quelque all.*

Chim. — Les *Alliages* ont été longtemps regardés comme de simples mélanges, parce qu'ils peuvent se faire en toutes proportions. Il est aujourd'hui démontré que les alliages sont de véritables combinaisons de deux ou plusieurs métaux qui s'unissent toujours en proportions déterminées. Lorsque dans la pratique on s'éloigne de ces proportions, on obtient un mélange de plusieurs alliages définis, ou une dissolution de l'all. chimique dans le métal en excès. Les alliages constituent, pour ainsi dire, de nouveaux métaux artificiels, la plupart, en effet, jouissant de propriétés spéciales qui ne se rencontrent pas dans les métaux composants pris séparément.

Les alliages sont tous solides, excepté ceux dans lesquels entre le mercure, lesquels ont reçu le nom spécial d'*amalgames*. Voy. ce mot. Ils possèdent tous l'éclat métallique. La densité des alliages est tantôt moindre, tantôt plus grande que la densité moyenne des métaux composants. Le premier cas s'observe dans les alliages binaires de cuivre et de zinc, de cuivre et d'étain, d'argent et de plomb, etc.; le second, dans les alliages d'or et d'argent, d'or et de cuivre, d'argent et de cuivre, d'étain et de plomb, etc. La densité des alliages peut servir à faire connaître d'une manière approximative la proportion de leurs éléments, comme dans l'*essai à la balle* employé pour constater la pureté de l'étain. On coule dans un moule deux balles, l'une d'étain pur et l'autre de l'étain qu'on veut essayer, et on trouve, en comparant les deux poids, que celle qui pèse le plus contient une certaine proportion de plomb. — Les propriétés des alliages sont souvent très différentes de celles des métaux considérés isolément. Il est vrai que les alliages de métaux cassants (antimoine, arsenic, bismuth) restent cassants; mais quand on allie un métal ductile (or, argent, cuivre, étain, etc.) avec un métal cassant, le composé obtenu est en gén. cassant, alors même que la proportion du dernier métal n'est pas considérable. Parmi les alliages de métaux ductiles, il y en a presque autant de cassants que de ductiles, lorsque les métaux sont en proportions presque égales; cependant ils sont presque toujours ductiles, lorsqu'un des métaux prédomine beaucoup. L'or fait exception à cette règle, car il devient cassant avec 1/1000 de plomb ou d'antimoine. — La chaleur modifie quelquefois la ductilité des alliages: ainsi, le laiton, qui est un all. de cuivre et de zinc, est très ductile à froid et devient cassant à chaud. Les alliages ont ordin. aussi plus de dureté et moins de ténacité que les métaux constituants. L'élasticité d'un all., d'après les expériences de Wertheim, est généralement moyenne entre les élasticités des métaux qui entrent dans sa composition, et Regnault a démontré que la chaleur spécifique des alliages est exactement la moyenne des chaleurs spécifiques des métaux composants. Les alliages sont toujours plus fusibles que le moins fusible des métaux combinés et très souvent plus que chacun d'eux pris séparément : l'all. fusible de Darcet (voir plus bas) est un exemple de ce dernier cas.

Lorsqu'un all. est formé de métaux fusibles à des degrés différents, on peut souvent le décomposer à l'aide d'une chaleur capable de fondre le plus fusible de ces métaux ou tout au moins le séparer en plusieurs alliages bien définis, fusibles à des températures différentes. Ce procédé de décomposition, qui a reçu le nom de liquation, est employé pour séparer l'argent du cuivre. On commence par fondre cet all. avec une quantité de plomb telle que le cuivre soient moléculeule à molécule dans le composé ; puis on chauffe l'all., et il se produit alors deux alliages dont l'un, beaucoup plus fusible, contient 12 molécules de plomb et 1 de cuivre; l'autre, moins fusible, renferme 12 molécules de cuivre et 1 de plomb. Le premier entraîne les 12/13 de l'argent qu'on peut ensuite retirer par la coupellation.

Les alliages sont en gén. moins oxydables que les métaux qui les composent; cette règle pourtant souffre des exceptions. Mais quand l'un des métaux qui entrent dans un all. s'oxyde beaucoup plus aisément que l'autre, on peut les séparer en transformant le premier en oxyde pendant que le second reste intact. Par exemple, si l'on fait chauffer au contact de l'air un alliage de plomb et d'argent, le plomb se convertit en oxyde, et on obtient de l'argent pur.

Les alliages se préparent soit en faisant fondre ensemble les métaux à allier, soit en ajoutant l'un des métaux au premier, quand celui-ci est fondu, soit en mélangeant les oxydes des métaux à allier, et en les réduisant ensuite par le charbon. Quel que soit d'ailleurs le procédé employé, il faut, avant de couler, avoir bien soin de brasser le bain, sans quoi l'all. obtenu manquerait d'homogénéité. Le manque d'homogénéité des alliages peut encore résulter de l'inégalité du refroidissement des métaux composants, ou de la cristallisation qui s'opère dans l'all. L'unique moyen de prévenir ces fâcheux effets consiste à accélérer le refroidissement : il n'y a pas de séparation, quand l'all. est solidifié presque aussitôt qu'il a touché le moule.

On donne le nom spécial d'alliages fusibles à certains composés de bismuth, de plomb et d'étain L'al. de Newton contient 5 parties en poids de bismuth, 2 de plomb et 3 d'étain : il fond vers 100° C. Celui de Darcet se compose de 8 bismuth, 5 plomb et 3 étain ; il fond à 90° C. ; en Allemagne, on l'appelle All. de Rose. Sa couleur est gris de plomb; l'addition de 6/100 de mercure le rend fusible à 55° C. La grande facilité avec laquelle ces alliages entrent en fusion, les a fait employer à la confection des rondelles de sûreté des chaudières à vapeur. On s'en sert également pour fabriquer des clichés d'imprimerie.

Math. — On sait que les métaux précieux, or et argent, sont toujours alliés au cuivre. Cet alliage est nécessaire pour leur donner plus de dureté et permettre de les travailler. On appelle titre d'un alliage le rapport entre le poids du métal fin qu'il contient et le poids total. Ce rapport s'exprime généralement en millièmes. Les monnaies d'or et les pièces de 5 francs en argent sont au titre de 0,900, c'est-à-dire qu'elles contiennent 900 parties d'or ou d'argent sur 1000. Les autres monnaies d'argent sont seulement au titre de 0,835. Si on désigne par P le poids d'un alliage, t son titre, a le poids du métal fin qu'il renferme, et c le poids du cuivre, les deux égalités :

$$a = Pt,$$
$$a + c = P,$$

permettront de résoudre toutes les questions relatives à un seul alliage. Pour ce qui concerne les questions relatives à deux alliages, on obtiendra l'équation en écrivant que le poids du métal fin contenu dans l'alliage définitif est égal à la somme des poids de métal fin contenu dans chacun des alliages composants. Ainsi, si l'on mélange deux alliages et qu'on désigne par p et t, p' et t' leur poids et leur titre, par P et T le poids et le titre de l'alliage résultant, on aura :

$$PT = pt + p't'.$$

Cette équation s'applique encore au cas où l'on mélange du cuivre ou du métal fin à un alliage, si l'on considère le titre du cuivre comme égal à 0, celui du métal fin comme égal à 1. Ex : Combien faut-il ajouter de cuivre à 75 grammes d'argent à 0,900 pour l'amener au titre de 0,835. On aura, en appelant x le poids du cuivre :

$$(75 + x) \times 0,835 = 75 \times 0,900$$
$$\text{ou } x \times 0,835 = 75 \ (0,900 - 0,835) = 75 \times 0,065,$$
$$\text{d'où } x = \frac{75 \times 65}{835} = 5^{gr},838.$$

Les calculs relatifs aux alliages présentent une grande analogie avec ceux qui concernent les mélanges. Voy. MÉLANGE.

ALLIAIRE. s. f. [Pr. alière] (lat. allium, ail). T. Bot. Genre de plantes de la famille des Crucifères. (Voy. ce mot.

ALLIANCE. s. f. [Pr. aliance] (R. allier). Union par mariage. Son fils a contracté une al. disproportionnée. Riche, belle al. Al. indigne, honteuse. — Se dit aussi du rapport que le mariage de deux personnes établit entre leurs familles. Il y a al. entre ces deux familles, entre ces deux maisons. || Pacte entre deux ou plusieurs puissances. — S'emploie aussi en parlant des partis politiques. || Fig. Union, mélange, combinaison de choses différentes. L'al. du sacré et du profane, du vice et de la vertu. L'al. de la nature et de l'art. — On appelle Al. de mots, une sorte de métaphore hardie qui consiste dans le rapprochement de deux idées, de deux mots qui semblent s'exclure, comme dans ce vers de Corneille : Et, monté sur le faîte, il aspire à descendre. || Bague d'or ou d'argent composée de deux cercles réunis. Il porte au doigt une al. Al. de mariage. — L'anneau de mariage, alors même qu'il est simple, se nomme également Al.

Syn. — Al., Coalition, Ligue, Confédération. — Le mot al. semble exprimer une union parfaite entre des puissances, et il est toujours pris dans un sens favorable. Le terme coalition désigne une al. formée entre plusieurs puissances; mais il se prend ordin. en mauvaise part et n'est guère employé que par l'État contre lequel ces puissances se sont alliées. Le mot ligue, dont l'origine est espagnole, n'est plus usité aujourd'hui dans la langue du droit international ; mais au XVe et au XVIe siècle il était fort en usage, et désignait une sorte d'association dont le but pouvait être commercial, politique ou religieux : telles étaient la Ligue hanséatique, la Lig. du bien public et la Sainte Lig. La confédération est plus qu'une al. ; c'est la réunion permanente de plusieurs États sous une loi politique commune.

Droit intern. — On entend par al. l'union établie par des traités entre deux ou plusieurs puissances. Les alliances peuvent être offensives ou défensives. Considérées sous le rapport des droits et des obligations des alliés entre eux, les alliances se divisent : 1° en sociétés de guerre, où les parties sont toutes belligérantes, c.-à-d. s'engagent à poursuivre une guerre avec toutes leurs forces et toutes leurs ressources; 2° en traités de secours, où une seule puissance est la ligérante, et où les autres puissances, en qualité d'auxiliaires, sont tenues de fournir un contingent d'hommes, d'argent, ou de contribuer aux frais de la guerre de toute autre façon; 3° en traités de subsides, où les puissances auxiliaires s'engagent à fournir des troupes moyennant un subside, ou des secours d'argent à la condition qu'elles rentreront dans les sommes avancées.

Légis. — L'al. est le lien civil que le mariage fait naître entre chacun des époux et les parents de l'autre.

L'al. produit certains effets juridiques au point de vue des droits de succession, des empêchements de mariage, de l'obligation alimentaire, etc. (Voy. PARENTÉ, MARIAGE, SUCCESSION, ALIMENTS, etc.

Théol. — Pacte que Dieu aurait fait avec les hommes et renouvelé à plusieurs reprises. Avec Adam, Noé, Abraham, ce fut l'ancienne al. La nouvelle al. fut contractée avec les disciples de Jésus-Christ. = Arche d'alliance. Voy. ARCHE. = Al. spirituelle. Voy. AFFINITÉ.

ALLIEMENT. s. m. [Pr. aliman] T. Techn. Nœud de la corde d'une grue.

ALLIER. v. a. [Pr. *a-li-er*] (lat. *ad, ligare*, lier à). Mêler, combiner ensemble, principalement des métaux. *Al. l'or avec l'argent.* Voy. ALLIAGE. ‖ Fig., Unir, joindre ensemble des choses différentes. *Al. la clémence à la justice. Cet écrivain affecte d'al. les mots et les images les plus disparates.* ‖ Unir par mariage. *Al. deux maisons. Al. une famille noble avec une famille roturière.* ‖ Déterminer une alliance entre deux États. *C'est la nécessité de se défendre qui a allié ces deux États.* Se dit aussi des partis. = S'ALLIER. v. pron. *Ces métaux s'allient aisément.* - *Les maximes du monde et celles de l'Évangile ne peuvent s'al.* — *Il s'est allié à une famille puissante* ‖ En parlant de deux États, de deux partis, signif. Contracter une alliance. *La Russie s'est alliée avec l'Autriche pour faire la guerre à la Turquie. Les partis extrêmes se sont alliés contre le gouvernement.* = ALLIÉ, ÉE. part. ‖ Il est aussi subst *Nous ne sommes pas parents, nous ne sommes qu'alliés. L'Espagne doit être l'alliée constante de la France.* = Obs. gram. *Al. à, Al. avec.* Voy. les prépos. A et AVEC.

ALLIER. s. m. [Pr. *alié* en 2 syllabes] (lat. *ad ligare*, lier à). T. Chasse. Sorte de filet à prendre des perdrix, des cailles. Il ne s'emploie guère qu'au plur. *Nous avons pris douze perdrix avec des alliers.*

ALLIER. riv. de France, prend sa source dans les Cévennes, arrose Moulins et se jette dans la Loire, près de Nevers, après un cours de 370 kil.

ALLIER (Dép. de l'), formé de l'ancien Bourbonnais, 424,600 hab., ch.-l. *Moulins*, 3 autres arr. : *Gannat, Lapalisse, Montluçon.*

ALLIGATOR. s. m. [Pr. *al-li...*]. T. Erpét. Le terme *All.* qui est une corruption du mot portugais *lagarto* dérivé lui-même du latin *lacerta*, lézard, sert à désigner un genre de *Crocodile* propre au nouveau monde et connu également sous le nom de *Caïman*. Les alligators ont le museau large et obtus et les dents inégales; mais ce qui les distingue essentiellement des autres crocodiles, c'est que leurs qua-

trièmes dents de la mâchoire inférieure, en comptant à partir du milieu de chaque côté, entrent dans des trous correspondants de la mâchoire supérieure, tandis que chez les crocodiles vrais les dents correspondantes se logent dans des sillons superficiels creusés au bord de la mâchoire supérieure, et sont par conséquent visibles à l'extérieur. En outre, la tête des alligators est moins oblongue; en général sa longueur est à sa largeur comme 3 est à 2. Leurs pieds de derrière sont dépourvus de dentelures et seulement à demi palmés. — Les espèces de ce genre ne se rencontrent qu'en Amérique.

ALLINGRE ou **ALLINGUE** s. m. [Pr. *al-lin...*]. Petit arrêt construit dans une rivière avec des perches.

ALLITÉRATION. s. f. [Pr. *al-li...*] (lat. *allido*, je froisse; *littera*, lettre). T. Rhét. — On appelle ainsi la répétition dans un vers ou dans une phrase, soit des mêmes lettres, soit de syllabes ayant le même son. Cette répétition est une beauté quand elle contribue à l'harmonie et fait image, comme dans ce vers de Virgile :
Quadrupedante putrem sonitu quatit ungula campum,
ou dans cet autre de Racine :
Pour qui sont ces serpents qui sifflent sur vos têtes?
Elle est un défaut quand elle ne peut rien, et n'est que l'effet de la négligence du poëte ou de l'écrivain, comme dans ce vers de Voltaire :
Non, il n'est rien que Nanine n'honore.
Quelquefois ce n'est qu'un jeu de mots plus ou moins fondé :
Qui a terre, a guerre.
Anecd. — Un vieux fat abordant Bassompierre, lui dit :

Bonjour, gros, gras, gris. — *Bonjour, peint, teint, feint,* riposta le maréchal.

ALLIVREMENT. s. m. [Pr. *ali...*]. T. Admin. La quote-part des impositions que supporte chaque commune.

ALLIVRER. v. a. [Pr. *ali...*] (R. *livre*). T. Admin. Répartir les contributions foncières. = ALLIVRÉ, ÉE. part. Une terre *allivrée* est une terre imposée suivant son revenu.

ALLÔ. interj. (*a-lô*; de l'anglais, *halloo*, holà). Appel téléphonique.

ALLOBROGE. s. m. [Pr. *al-lo...*]. Nom d'un peuple de l'ancienne Gaule qui habitait le Dauphiné et la Savoie d'aujourd'hui. Le terme *All.* s'emploie dans le lang. fam. pour désigner un rustre, un homme grossier. *C'est un franc all. aux cohortes.* Déjà, au temps de Cicéron, le mot *All.* était usité dans ce sens.

ALLOCATION. s. f. [Pr. *al-lo...* (lat. *allocatio*). Action d'allouer une somme pour une dépense faite ou à faire. *Demander, refuser une all.*

ALLOCHROÏTE. s. m. (gr. άλλόχρως, de couleurs différentes; de άλλος, autre, et χρόμα. couleur). Variété de grenat verdâtre ferrico-calcaire.

ALLOCHROMASIE. s. f. (gr. άλλος, autre; χρόμα, couleur). T. Physiol. Défaut de l'œil qui perçoit les couleurs autres qu'elles ne sont.

ALLOCUTION. s. f. [Pr. *al-lo...*] (lat. *ad, loqui,* parler). Courte harangue adressée par un chef à ses soldats, surtout au moment d'une action. ‖ Par ext., se dit quelquefois d'un discours bref prononcé dans une assemblée. *Avant la distribution des prix, le recteur a adressé une courte all. aux élèves.* — L'usage des *allocutions* était fréquent chez les anciens, si l'on en juge par les nombreux exemples que nous en offrent les historiens grecs et latins. Chez les modernes, les allocutions n'ont guère été en usage. Cependant Henri IV et Condé ont prononcé de sublimes paroles pour animer les soldats qu'ils guidaient à la victoire. Aujourd'hui, comme la composition des corps d'armée ne permet pas de rassembler les soldats sur un terrain étroit autour d'une tribune, l'all. a été remplacée par des ordres du jour qu'on lit à la tête de chaque bataillon. Bonaparte, général en chef, consul, empereur, a laissé dans ce genre des modèles qui peuvent être comparés à tout ce que l'antiquité nous offre de plus remarquable et de plus propre à enflammer l'ardeur des soldats.
Numism. — On donne le nom d'*Allocutions* aux médailles antiques qui représentent un général haranguant ses soldats. Celle que nous donnons ici est la première médaille connue

de ce genre; elle fait partie du Cabinet des Médailles de la Bibliothèque nationale. L'empereur Caligula est sur le *suggestum* ou tribune aux harangues; il parle à des soldats armés et qui portent les aigles romaines. On lit sur ce côté de la médaille ADLOCVT (*adlocutio*) COH (*cohortium*): *Allocution aux cohortes.*

ALLODIAL, ALE. adj. [Pr. *al-lo...*] (bas lat. *allodium*, alleu). *Terre allodiale, biens allodiaux,* Terre, biens tenus en franc-alleu.

ALLODIALITÉ. s. f. Qualité de ce qui est allodial. *En France, il fallait prouver l'al. des terres.*

ALLOÏTE. s. f. T. Minér. Variété de tuf volcanique ou de pouzzolane.

ALLOMORPHITE. s. f. (gr. ἄλλος, autre; μορφή, forme). T. Minér. Variété de sulfate de baryte.

ALLONGE. s. f. [Pr. *alonge*] (R. *long*). Ce que l'on ajoute à une chose pour en augmenter la longueur. *Mettre une al. à un rideau. Une al. à une table.* On dit aussi *Rallonge.* Chim. — Sorte de tube renflé de verre, de grès ou de porcelaine en forme de fuseau que l'on adapte au col d'une cornue dans certaines opérations.

ALLONGEMENT. s. m. [Pr. *alon*...]. Action d'allonger; résultat de cette action. *L'all. d'une rue, d'un canal.* Fig., *C'est un homme qui trouve toujours des allongements dans les affaires*, Qui apporte toujours des retards affectés dans les affaires. Vx.

ALLONGER. v. a. [Pr. *alon*...] (R. *long*). Augmenter la longueur. *Al. une table. Al. une avenue. Al. un fil d'or.* — Dans un sens anal., on dit : *Cet auteur a allongé son livre par des notes inutiles.* || Faire cesser la flexion, la contraction. *Al. le bras, les jambes, le cou. L'éléphant allonge sa trompe.* — Par anal., on dit *Al. le pas. Al. un coup d'épée. Al. une botte.* || Augmenter la durée d'une chose. *Al. un travail, un procès, une affaire.* || Faire paraître plus long. *Al. le temps. La monotonie des objets allonge le chemin.* || T. Cuisine. *Allonger une sauce*, lui ajouter de l'eau ou du bouillon. = S'ALLONGER. v. pron. *Votre robe semble s'être allongée. La langue de cet animal s'allonge pour saisir sa proie. Mon travail s'allonge à mesure que j'avance.* == ALLONGÉ, ÉE. part. Se dit des choses dans lesquelles la dimension en longueur excède plus ou moins les autres dimensions. *Cet animal a le museau fort al. Un fruit de forme allongée.* || Fig., *Avoir le visage al., une mine allongée*, Avoir un air qui dénote le déplaisir qu'on éprouve d'un événement imprévu. || T. Anat. *Moelle allongée.* Voy. ENCÉPHALE. == Conjug. Voy. MANGER.

Syn. Prolonger, Rallonger. — *Al.* et *prolonger* se disent de l'étendue et de la durée. Dans le premier cas, *al.* signifie augmenter la longueur d'un objet, quelles que soient ses dimensions; ainsi, on *allonge* une table, une robe, etc. *Prolonger*, au contraire, ne peut être employé qu'en parlant des choses qui sont déjà plus longues que larges; on ne *prolonge* pas une table, une robe, mais on *prolonge* une avenue, un chemin, etc. *Al.* indique souvent un effet obtenu par la traction; *prolonger* indique une addition de substance. On *allonge* un ressort en tirant dessus. On *prolonge* une courroie en l'assemblant avec une autre. Dans le second cas, c.-à-d. en parlant de la durée, *prolonger* signifie employer plus de temps qu'on ne devrait en mettre à faire quelque chose; et *al.* marque que, pour employer plus de temps à exécuter une chose, on en ajoute d'autres. Ainsi on *allonge* un procès par des formalités inutiles, et on le *prolonge* en remettant de jour en jour le jugement qui doit le terminer.

ALLONYME. adj. 2 g. [Pr. *al-lo*...] (gr. ἄλλος, autre; ὄνομα, nom). Se dit d'un livre publié sous le nom d'un autre.

ALLOPATHE. s. et adj. m. [Pr. *al-lo*...]. Se dit des médecins ordinaires.

ALLOPATHIE. s. f. (gr. ἄλλος, autre; πάθος, maladie). Nom donné à la médecine ordinaire par opposition à l'*Homœopathie.* Voy. ce mot.

ALLOPATHIQUE. adj. 2 g. Se dit de la médecine ordinaire.

ALLOPHANE. s. f. [Pr. *al-lo*...]. T. Minér. Variété d'argilcopaline blanche ou colorée.

ALLOPHONE. adj. [Pr. *al-lo*...] (gr. ἄλλος, autre; φωνή, voix). T. d'Antiq. assyrienne. Se dit des groupes de caractères phonétiques empruntés à une langue étrangère et qu'on prononçait non avec le son qu'ils avaient dans la langue d'où ils étaient tirés, mais avec celui des mots qui exprimaient les mêmes idées dans la langue qui les avait adoptés.

ALLOPHYLE. adj. [Pr. *al-lo*...] (gr. ἄλλος, φυλή, tribu) Qui est d'une autre tribu ou d'une autre race.

ALLORI. peintre florentin (1535-1607).

ALLOS. ch.-l. de c. (Basses-Alpes), arr. de Barcelonnette, 1,200 hab.

ALLOTIR. v. a. [Pr. *a-lo*...] (R. *lot*). T. Anc. Jurisp. Répartir.

ALLOTRIOPHAGE. s. m. [Pr. *al-lo*...]. Celui qui est atteint d'*allotriophagie.*

ALLOTRIOPHAGIE. s. f. [Pr. *al-lo*...] (gr. ἀλλότριος, étrange; φαγεῖν, manger). T. Méd. Dépravation de l'appétit qui porte à manger des substances non alimentaires.

ALLOTROPIE. s. f. (gr. ἄλλος, autre; τρόπος, manière d'être). T. Chim. Existence de plusieurs états sous lesquels peut se présenter un corps simple et qui différent entre eux par leurs propriétés physiques et la facilité des réactions chimiques. Ces différents états sont dits *allotropiques.* L'ozone est un état allotropique de l'oxygène. Le phosphore rouge et le phosphore blanc sont deux états allotropiques. Le soufre possède de nombreuses allotropies. L'all. provient de la condensation en une seule molécule de plusieurs molécules du corps simple. Voy. POLYMÉRIE. Les corps composés peuvent aussi présenter des états allotropiques différents. Dans ce cas, l'allotropie diffère de l'isomérie, en ce que deux corps allotropiques ont, non seulement la même composition, mais encore la même constitution et les mêmes propriétés chimiques, et ne diffèrent que par leurs propriétés physiques, tandis que deux corps isomères ont la même composition centésimale, mais peuvent avoir des propriétés chimiques très différentes et même remplir des fonctions différentes. Tels sont les éthers cyanhydriques et les carbylamides. Voy. ISOMÉRIE. Les transformations allotropiques sont soumises à une loi qui est en tout semblable à la loi de dissociation des corps composés. Voy. DISSOCIATION.

ALLOUABLE. adj. 2. g. [Pr. *alouable*]. Qui se peut allouer. *Cette dépense n'est pas al.* Peu us.

ALLOUCHIER. s. m. [Pr. *alou*]. T. Bot. Espèce d'alisier dont le bois est très dur, famille des *Rosacées.* Voy. ce mot.

ALLOUER. v. a. [Pr. *alouer*] (lat. *allocare*, mettre en son lieu). Approuver une dépense, la passer en compte. *La Chambre n'a pas alloué cette dépense. Al. un traitement à quelqu'un*, Lui donner un traitement et en déterminer le montant. == ALLOUÉ, ÉE. part.

ALLOXANE. s. m. T. Chim. L'*Alloxane* $C^4H^2Az^2O^4$, H^2O est considéré comme une combinaison de l'acide oxalique avec l'allantoïne, constitution d'où dérive son nom. Il cristallise en octaèdres volumineux tronqués au sommet; son odeur est repoussante. Il est soluble dans l'eau, tache la peau en violet et rougit le tournesol. Les corps réducteurs le transforment en *alloxanthine* $C^8H^4Az^4O^7$.

ALLUCHON. s. m. [Pr. *alu*...]. T. Méc. Dent en bois ou en fonte qu'on adapte à une roue pour en faire une roue d'engrenage, mais qui ne fait pas corps avec elle. Voy. ENGRENAGE.

ALLUMAGE. s. m. [Pr. *alu*...]. Action d'allumer.

ALLUME ou **ALLUMI.** s. m. [Pr. *alu*...]. T. Métall. Morceau de bois allumé appelé aussi *flambart*, dont on se sert pour allumer le feu d'un fourneau.

ALLUME-FEU. s. m. Petite bûche ou copeau imprégné d'une substance très combustible, dont on se sert pour allumer le feu.

ALLUMELLE. s. f. [Pr. *alu*...]. Fourneau de charbon.

ALLUMER. v. a. [Pr. *alu*...] (lat. *ad*, vers; *lumen*, lumière). Mettre le feu à un corps combustible. *Al. un fagot, une bougie, du charbon. Al. une lampe, un réverbère, un flambeau. Al. un four. Al. sa pipe. Al. le feu. Al. du feu.* || Fig., *Al. la guerre, la discorde, la sédition*, Être cause de la guerre, faire naître la discorde, etc. || Exciter. *Al. une passion, Al. la colère.* || On dit encore : *Al. le sang. Al. les esprits. Al. la bile.* Mettre dans un état de surexcitation déterminé par une cause morale quelconque. *Cette discussion lui a allumé le sang. Ce trait de mauvaise foi lui a allumé la bile.* L'on mis dans une violente colère. = S'ALLUMER. v. pron. S'emploie dans toutes les acceptions du v. actif. *Des yeux s'allument. Dans l'amour, les âmes s'allument l'une à l'autre comme des flambeaux.* = ALLUMÉ, ÉE. part. *Une chandelle, une lampe allumée.* || Fig. *Avoir le visage, le teint allumé,* Avoir le teint rouge, le visage coloré plus qu'à l'ordinaire. || T. Bls. Se dit de la flamme d'un flambeau ou des yeux d'un animal quand ils sont d'un autre émail que le reste du corps.

ALLUMETTE. s. f. [Pr. *alu*...]. Brin de bois ou d'autre substance garni de phosphore ou de toute autre composition facilement inflammable. *Un paquet d'allumettes.*

Techn. — L'invention des allumettes chimiques est l'une des plus belles et des plus utiles des temps modernes. Elle a été faite, indépendamment, par Sauria, élève du collège de Dôle, en 1831 ; par Kammerer, Wurtembergeois, en 1832 ; et par Trong, Hongrois, en 1833. Le premier vit encore aujourd'hui (1892), les deux autres sont morts dans la misère.

Pendant longtemps on ne connut que les allumettes soufrées qui ne pouvaient s'allumer qu'au contact d'un corps en ignition ; puis sont venues les allumettes dites *oxygénées* qui contenaient du chlorate de potasse et prenaient feu quand on les trempait dans l'acide sulfurique. La découverte des *allumettes chimiques* ou *phosphorées* a fait disparaître tous les autres moyens de se procurer du feu. Dans ces dernières années, la fabrication des allumettes chimiques a subi des perfectionnements considérables. Toutes les opérations qui se faisaient autrefois à la main se font aujourd'hui à la machine, ce qui a diminué dans d'assez grandes proportions les dangers d'une profession très insalubre à cause des manipulations du phosphore.

On sait que l'all. chimique est munie d'une pâte phosphorée qui est fixée à l'extrémité et qui s'enflamme par simple frottement ; mais la chaleur dégagée par la combustion de cette petite quantité de phosphore serait insuffisante à enflammer le bois : c'est pourquoi celui-ci est garni sur une certaine longueur d'une substance plus inflammable, qui est le soufre ou la paraffine. Les différents types d'allumettes que l'on trouve en France peuvent se ramener à trois :

1° *L'allumette au phosphore ordinaire,* ronde ou carrée, soufrée ou paraffinée ;

2° *L'allumette en cire, dite allumette bougie* ;

3° *L'allumette en bois au phosphore rouge ou amorphe,* qui ne s'enflamme que si elle est frottée sur une surface spéciale, dite *frottoir,* sur laquelle est déposé le phosphore, et qui comprend des allumettes *soufrées,* des allumettes *paraffinées,* dites *frottoir,* parce qu'elles étaient autrefois importées de Suède, et les *tisons,* qui résistent au vent et à la pluie.

La fabrication des allumettes en bois comprend plusieurs opérations :

1° *Le débitage du bois.* — On emploie le tremble et le peuplier pour les allumettes carrées, le peuplier pour les allu-

mettes rondes. Les machines à débiter différent suivant la nature du bois. Pour le tremble, le tronc est placé sur un tour ; une lame parallèle à l'axe se rapproche de celui-ci pendant le mouvement du tour, de sorte que le tronc tout entier est découpé comme on pèlerait une pomme et transformé en un immense copeau hélicoïdal de l'épaisseur d'une all., lequel est déroulé et découpé par des lancettes équidistantes en bandes ayant pour largeur la longueur d'une all. Ces bandes superposées par paquets de 8 à 10 sont enfin débitées par la machine. (Voy. la Fig.). Le peuplier ne pourrait pas se dé-

rouler de la même manière : on le découpe en blocs prismatiques qui sont ensuite débités en planchettes et finalement en allumettes.

2° *Mise en presse* — Les brins découpés sont séchés à l'étuve, blutés ; puis une machine spéciale, dont l'organe principal est une *plaque à tubes,* les dispose dans un châssis qui les maintient verticaux et séparés les uns des autres pour faciliter le trempage.

3° *Trempage et chimiçage.* — Les allumettes mises en presse sont trempées dans un bain de soufre ou de paraffine fondue ; puis il faut les enduire de la pâte phosphorée. La machine qui accomplit ce travail rappelle le rouleau à encre dans les presses d'imprimerie ; elle se compose essentiellement d'un rouleau horizontal immergé aux deux tiers dans la pâte au-dessus duquel viennent glisser les presses, de sorte que les allumettes se chargent de la pâte entraînée par la rotation du cylindre.

4° *Le dégarnissage* a pour objet de retirer les allumettes des presses et de les disposer dans des boîtes spéciales ou *bateaux* pour l'opération de :

5° *L'emboîtage* ou *paquetage* qui se fait à l'aide d'appareils très ingénieux que le défaut d'espace nous empêche de décrire.

La fabrication des allumettes au phosphore amorphe exige de plus l'application du gratin sur les boîtes ou paquets, qui se fait au moyen de brosses ou cylindres tournants immergés en partie dans le gratin préparé en pâte claire et sur lesquels viennent frotter les boîtes.

Les allumettes en cire ou *allumettes bougies* comportent évidemment des opérations un peu différentes, qui sont : 1° *la préparation du coton* ; 2° *la préparation de la cire* qui est un mélange d'acide stéarique, de gomme et de résine fondu dans des cuves chauffées à la vapeur ; 3° *le filage de la bougie,* qui consiste à enduire les fils de cire ; le fil se dévide d'une bobine, passe dans le bain de cire, puis dans une sorte de filière circulaire, et s'enroule sur une autre bobine à laquelle il arrive refroidi ; l'opération est répétée plusieurs fois ; 4° *le coupage des fils et la mise en presse* ; 5° *le chimiçage* : le soufrage est supprimé ; la pâte phosphorée au chlorate de potasse est appliquée directement sur la cire ; 6° et 7° *le dégarnissage et la mise en boîtes.*

La fabrication des boîtes est une annexe importante de celle des allumettes.

Les pâtes phosphorées sont principalement :

1° Pâte ordinaire au phosphore blanc contenant en outre de la colle, de l'oxyde de zinc, du verre en poudre et une matière colorante.

2° Pâte au minium, où l'oxyde de zinc est remplacé par du minium.

3° Pâte au chlorate de potasse, comme la pâte n° 1 avec addition de chlorate de potasse.

4° Pâte pour allumettes amorphes : gomme, chlorate bichromate de potasse, peroxyde de fer, soufre, verre en poudre, matière colorante ou noir de fumée.

5° Gratin pour frottoirs d'allumettes amorphes : phosphore amorphe, sulfure d'antimoine, colle.

Les pâtes au phosphore blanc doivent être préparées à chaud, opération qui dégage des vapeurs toxiques de phosphore. On emploie aujourd'hui un appareil qui effectue cette préparation en *vase clos,* et qui constitue un progrès considérable sous le rapport de l'hygiène. Néanmoins les ouvriers sont encore exposés à divers accidents qui peuvent être évités par des précautions spéciales. Aussi sont-ils soumis à un règlement bien conçu qui leur interdit, entre autres choses, de manger dans l'atelier, et les tient à des visites périodiques de la dentition. On sait que le phosphore s'introduit dans l'économie par les dents malades, grave leur état et finit par déterminer la carie des os. Aucun ouvrier ne peut être admis dans les ateliers s'il a les dents malades. Il serait à souhaiter que l'usage des allumettes au phosphore amorphe se répandît davantage et même que ce fussent les seules employées ; on supprimerait ainsi tout danger d'empoisonnement, puisque le phosphore amorphe est absolument inoffensif ; tout danger d'incendie par choc ou frottement accidentel, par imprudence d'enfant, etc., puisque ces allumettes prennent feu qu'à la condition d'être frottées sur le frottoir spécial, qui seul contient du phosphore ; enfin on ferait disparaître une série de manipulations qui, malgré toutes les précautions, restent rangées parmi les plus insalubres de l'industrie.

Les allumettes ayant été frappées en France d'un impôt après la guerre de 1870, le monopole de leur fabrication a été concédé à une compagnie fermière. Les plaintes du public, relatives à la mauvaise qualité des produits livrés par cette compagnie, ont décidé les pouvoirs publics à retirer la concession à la compagnie en 1880, et depuis cette époque les allumettes sont fabriquées par l'État, en régie, comme les tabacs et les poudres.

ALLUMETTIER. s. m. [Pr. *alu*...]. Celui qui fabrique des allumettes.

ALLUMEUR. s. m. [Pr. *alumeur*]. Celui qui est chargé par une administration municipale ou particulière d'allumer régulièrement les lampes, les réverbères, les becs de gaz.

ALLUMI. Voy. ALLUME.

ALLUMOIR s. m. [Pr. *alumoir*]. Appareil pour allumer. *All. électrique.* T. Techn. Appareil destiné à allumer à distance les becs de gaz au moyen de l'étincelle électrique d'un courant d'induction. Les fils les plus perfectionnés fonctionnent par la simple ouverture du robinet, cette manœuvre fermant le circuit pendant un temps très court.

ALLURE. s. f. [Pr. *alure*] (R. *aller*). Manière d'aller, démarche, façon de marcher. *Al. vive, dégagée, ridicule. Je l'ai reconnu à son al.* || Fig., Manière d'agir, de se conduire. *Il faudra bien qu'il change d'al. L'hypocrisie imite les allures de la vertu.* || Tournure que prend une affaire. *Cette négociation prend une bonne, une mauvaise al.* || T. Man. On donne le nom d'*Allures* aux différents modes de progression du cheval, et on les distingue en *naturelles, défectueuses* et *artificielles*. Les premières sont le *Pas*, le *Trot*, le *Galop* et la *Course*. Les secondes sont l'*Amble*, l'*Entre-pas* ou *Pas relevé*, le *Traquenard* ou *Amble rompu* et l'*Aubin*. Les troisièmes, qui sont dues à l'instruction, constituent les *Airs de manège*. — On entend aussi par *Al.*, le train ou la marche du cheval, et les différents mouvements qu'il exécute, relativement à la commodité de celui qui le monte. *Ce cheval a une al. fort douce. Il a de belles allures.* || T. Mar. Direction d'un bâtiment par rapport à celle des vents. On distingue trois allures principales : *Au plus près, Vent largue* et *Vent arrière.* Voy. NAVIGATION.

Syn. — *Démarche.* — *Al.* désigne, au propre, l'ensemble des mouvements qui caractérisent la manière habituelle dont on marche. *Contrefaire son al.* Dans ce sens, il est familier. *Démarche* a la même signification; mais il est d'un style plus relevé que le mot *al.*, et il s'emploie soit en parlant de la manière habituelle, soit en parlant de la manière accidentelle de marcher. Il venait à nous d'une *démarche assurée, fière, noble.* — Au figuré, ces deux termes conservent entre eux les mêmes différences. Les *allures* ont quelque chose d'habituel, et les *démarches* quelque chose d'accidentel. On a des *allures*; on fait des *démarches.* — Au propre, *démarche* ne se dit que de l'homme; *al.* se dit de l'homme et des animaux.

ALLUSIF, IVE. adj. [Pr. *al-lu-zif*]. Qui contient une allusion. *Phrase allusive.*

ALLUSION. s. f. [Pr. *al-lu-zion*] (lat. *ad, ludere*, jouer à). Indication voilée, au moyen d'une métaphore, d'un jeu de mots, etc., d'une chose que l'on ne mentionne pas formellement. *Al. fine, ingénieuse, claire, obscure, forcée.* [Dans le langage ordinaire, *Faire al. à une chose*, sign. souvent la mentionner incidemment.

Anecd. — Un soir, Henri IV, fort amoureux d'une jeune fille de sa cour, lui demanda par où il fallait passer pour arriver dans sa chambre. — Par l'Église, sire, répondit-elle.

ALLUVIAL, ALE. adj. [Pr. *al-lu*...]. T. Géol. Qui dépend d'une alluvion.

ALLUVIEN, ENNE. adj. [Pr. *al-lu*...]. T. Géol. Se dit des terrains produits par l'action des eaux actuelles.

ALLUVION. s. f. [Pr. *al-lu*...] (lat. *alluere*, baigner). T. Géol. Les géologues donnent le nom d'*Al.* aux dépôts formés par les eaux sur les rivages alluviaux. Les eaux courantes, surtout à l'époque des crues extraordinaires, entraînent avec elles des fragments de roches, des cailloux roulés, du sable, du limon, des débris de tout genre, qu'elles abandonnent en partie sur les bords de leur lit. Ces dépôts enrichissent la terre quand ils sont principalement composés de limon, comme on l'observe pour la Seine, la Saône et surtout pour le Nil. Ils l'appauvrissent au contraire lorsqu'ils sont trop chargés de sable. Les *deltas* qui se produisent aux embouchures de certains fleuves sont également le résultat des alluvions. La mer, par l'action successive des marées, abandonne aussi sur certaines côtes des couches de sable et de vase, et ces dépôts s'accroissent ainsi graduellement. La plus grande partie du sol de la Hollande est de formation alluviale. On distingue les alluvions en alluvions d'*eau douce* et en alluvions *marines.* Plusieurs savants ont proposé de désigner celles-ci par le mot *atterrissements.* Voy. DELTA et GÉOLOGIE.

Droit. — La loi française appelle *alluvions* les atterrissements et accroissements qui se forment d'une manière successive et imperceptible aux fonds riverains d'un fleuve ou d'une rivière. D'après la loi française, le lit du fleuve appartient à l'État; mais si les eaux forment un atterrissement quelconque, cette all. profite au propriétaire riverain, à la charge toutefois de laisser environ 10 mètres pour le marchepied ou chemin de halage, lorsque l'all. a été formée par une rivière navigable ou flottable. Le code assimile à l'all. proprement dite les *relais* que laisse l'eau courante, en se retirant insensiblement de l'une de ses rives pour se porter sur l'autre. Ces relais sont acquis de droit au propriétaire de la rive découverte, sans que le riverain du côté opposé puisse être admis à réclamer le terrain qu'il a perdu. L'all. n'a pas lieu, lorsque la violence des eaux d'un fleuve ou d'une rivière enlève subitement une partie considérable et reconnaissable d'un champ riverain, et la porte vers un champ inférieur ou sur la rive opposée. Une action en revendication est accordée au propriétaire de la partie enlevée, mais il faut qu'il exerce cette action dans le délai d'une année.

ALLUVIONNAIRE. adj. 2 g. [Pr. *al-lu*...]. Qui tient de l'alluvion. *Terres alluvionnaires.*

ALLYLE. s. m. [Pr. *al-lile*] (lat. *allium*, ail). T. Chim. Radical existant dans l'essence d'ail à l'état de sulfure, et dans un grand nombre de composés.

Chim. — Le radical allyle $C^3 H^5$ ou en développant $C^3 H - CH = CH$ peut fonctionner comme monoatomique, comme dans l'alcool les éthers ally.iques; mais les composés allyliques possédant une double liaison peuvent fixer deux atomes d'hydrogène et se transformer en composés propyliques. L'alcool allylique ou hydrate d'allyle $C^3 H^5$, OH, est isomère avec l'acétone et l'aldéhyde propylique : c'est un liquide incolore, de saveur brûlante, dont l'odeur rappelle celle de l'alcool et celle de la moutarde; il se mêle à l'eau et à l'alcool en toutes proportions, se solidifie à — 54° et bout vers 100°. Il entre pour deux millièmes dans l'esprit de bois brut. On le prépare en chauffant vers 200° un mélange de 4 parties de glycérine et 1 partie d'acide oxalique cristallisé; mais cette préparation est trop compliquée pour que nous puissions la décrire. Les plus remarquables des éthers allyliques sont l'essence d'ail ou sulfure d'allyle $2(C^3 H^5)$, S, et l'essence de moutarde ou isosulfocyanate d'allyle $C^3 H^5$, Az, CS, qu'on peut retirer respectivement de ces deux végétaux.

ALLYLÈNE. s. m. [Pr. *alli*...]. T. Chim. Carbure d'hydrogène tétratomique, de la formule $C^3 H^4$; il y en a deux : l'allylène $C H^3 - C \equiv CH$, et l'isoallylène ou *allène* $CH^2 = C = CH^2$. Ce sont deux gaz d'odeur désagréable.

ALLYLIQUE. adj. 2 g. [Pr. *al-li*...]. T. Chim. Se dit des composés qui renferment le radical *allyle.*

ALMA, rivière de Crimée. Victoire des Français sur les Russes (20 septembre 1854).

ALMADEN, v. d'Espagne (prov. de Ciudad-Real), 8,600 hab. Mines de mercure.

ALMADIE. s. f. Sorte de grande pirogue en usage en quelques pays de l'Afrique.

ALMAGESTE. s. m. (ar. *al*, la; gr. μεγίστη, très grande). Traité d'Astronomie, par Ptolémée.

Astr. — Le célèbre traité d'astronomie composé par Claude Ptolémée, sous le règne d'Antonin le Pieux (140 ap. J.-C.), avait reçu des astronomes de l'école d'Alexandrie le nom de μεγάλη σύνταξις ou *Grande Composition.* Lorsque les Arabes connurent cet ouvrage, vers l'an 212 de l'hégire ou 827 de l'ère chrétienne, ils lui donnèrent, dans leur admiration, le titre de *Takrir-al-megesti*, qui signifie *l'OEuvre par excellence*. Cette dénomination, dont on fit ensuite par corruption le mot *Almageste*, sert encore aujourd'hui à désigner le traité de Ptolémée. L'*Alm.* est divisé en 13 livres; il contient l'exposition du système du monde connu sous le nom de *système de Ptolémée* (Voy. ASTRONOMIE), un catalogue de 1,022 étoiles classées en 48 *constellations*, la théorie des lunaisons, le calcul des éclipses solaires et lunaires, et enfin la description des instruments d'astronomie usités à l'époque de Ptolémée.

ALMAGRA. s. m. (ar. *al*, la; *maghra*, ocre rouge). T. Minér. Sorte d'argile ocreuse employée en peinture, plus connue sous le nom de *Rouge indien* ou *Rouge de Perse*.

ALMAGRO, ville d'Espagne (province de Ciudad-Real), 15,000 hab., patrie d'Almagro.

ALMAGRO, capitaine espagnol, compagnon de Pizarre, étranglé par son ordre au Pérou (1538). Son fils le vengea en assassinant Pizarre.

ALMANACH. s. m. [Pr. *almana*] (gr. ἀλμεναχά, dans Eusèbe, mot d'origine incertaine). Livre publié chaque année, qui contient un calendrier indiquant les jours et les mois de l'année, les fêtes ecclésiastiques, les heures du lever et du coucher du soleil, les lunaisons, les éclipses, etc.

Syn. — *Calendrier*. — Le *Calendrier*, dans le sens rigoureux du mot, ne doit contenir que l'indication des jours avec leurs noms dans la semaine et leurs dates. L'*Al.* contient en plus une foule d'indications plus ou moins utiles : fêtes religieuses, phénomènes astronomiques, anniversaires historiques, conseils agricoles, etc.

Hist. — Les almanachs correspondent, à certains égards, aux Fastes des Romains, et sont de date très ancienne. Ils ont été connus des Grecs et des Egyptiens; les Indiens et les Chinois en possédaient depuis un temps immémorial. Mais leur usage s'est surtout établi en Europe depuis la propagation du christianisme, parce qu'ils servaient alors à indiquer les jours fériés dont la célébration était ordonnée aux fidèles. Jusqu'à l'époque de l'invention de l'imprimerie, on les affichait dans les églises, afin qu'ils pussent être consultés plus facilement. Les rédacteurs des premiers almanachs imprimés furent des astrologues, qui mêlaient aux observations purement astronomiques diverses prédictions relatives aux changements de température et aux événements politiques, ainsi que des conseils ridicules sur les jours fastes ou néfastes pour certaines opérations. Ces livres se répandirent partout; car, plus les oracles étaient obscurs et les prédictions sinistres, plus l'al. avait de succès. Au XVIe siècle, quelques tentatives furent faites pour améliorer ces publications. Cependant, en plein XVIIe siècle, on vit paraître l'un des livres les plus déplorables de ce genre, l'al. de *Mathieu Laensberg*, dont le plus ancien exemplaire connu porte la date de 1636. Ce fut pour combattre l'influence fâcheuse de cet al. que l'on publia l'*Al. Royal* (1679) et plus tard le *Bon Messager boiteux de Bâle en Suisse*. Ce dernier ne tarda pas à acquérir une vogue immense, et contribua singulièrement, sans toutefois rompre en visière avec les préjugés populaires, à faire pénétrer chez les habitants des campagnes des idées plus saines et un certain nombre de notions utiles.

Actuellement le nombre des almanachs qui se publient chaque année est considérable. En général, ils sont fort supérieurs aux anciens livres de ce genre sous le rapport de l'élégance et de la rédaction. Quelques-uns sont de véritables œuvres de vulgarisation.

Les *Al.* sont destinés à être graduellement remplacés par des Annuaires astronomiques scientifiques.

Le plus ancien al. ou, pour mieux dire, Annuaire astronomique français, qui ait paru sans interruption depuis sa fondation, est la *Connaissance des Temps*, fondée en 1679. — L'*Annuaire du Bureau des Longitudes* paraît depuis l'an 1797.

ALMANDINE. s. f. T. Min. Voy. ALABANDINE.

ALMANZA, v. d'Espagne (prov. de Murcie), près de laquelle le maréchal de Berwick remporta en 1707 une victoire sur les Anglais et leurs alliés.

ALMANZOR, calife abbasside (754-775), fondateur de Bagdad.

ALMANZOR (Mohammed), fameux capitaine des Maures d'Espagne (939-1001).

ALMÉE. s. f. (mot d'origine indienne). Danseuse et chanteuse en Egypte.

ALMEIDA, v. du Portugal (prov. de Beïra), 6,200 hab.

ALMEIDA (FRANÇOIS D'), premier vice-roi des Indes portugaises (1505-1509).

ALMERIA, v. d'Espagne (prov. de Grenade), 40,323 hab.

ALMICANTARAT. s. m. [Pr. *almicantara*] (ar. al. les; *mouqantarat*, almicantarats). T. Astr. Petit cercle de la sphère céleste parallèle à l'horizon.

ALMOHADES, secte musulmane et dynastie qui régna sur l'Afrique occidentale et sur une grande partie de l'Espagne (1120-1270).

ALMORAVIDES, secte musulmane et dynastie qui régna sur le N.-O. de l'Afrique et sur une partie de l'Espagne, aux XIe et XIIe siècles, et qui fut renversée par les Almohades.

ALOÈS. s. m. [Pr. l'S.] (gr. ἀλόη). T. Bot. On donne ce nom à un genre de plantes qui appartient à la famille des *Liliacées*. Les espèces d'*Al.* sont extrêmement nombreuses, et plusieurs sont remarquables par l'élégance de leurs formes et par la beauté de leurs fleurs. Voy. LILIACÉES.

Pharm. — On se sert également du mot *al.* pour désigner le suc épaissi qu'on retire de plusieurs espèces de ce genre. Ce suc uniquement les espèces arborescentes et surtout celles qu'on désigne sous le nom d'*Aloe vulgaris, A. soccotrina, A. purpurescens, A. ferox* et *A. spicata* qui fournissent l'al. usité en médecine. On obtient ce dernier soit en écrasant les feuilles, soit au moyen de l'ébullition. L'al. est d'une couleur brune, d'une odeur légèrement aromatique et d'une saveur extrêmement amère. On le considère comme un mélange de résine et de matière extractive. L'al. s'emploie sous diverses formes pharmaceutiques, mais surtout sous celle de pilules : on l'administre à la dose de 5 à 10 centigr., comme tonique stomachique, et à celle de 15 à 30, comme purgatif. Quoique son action purgative soit toute à se manifester, ce médicament est fort usité, parce qu'il répond à une indication thérapeutique particulière. En effet, il agit spécialement sur le gros intestin et provoque la congestion des vaisseaux hémorrhoïdaux. De là résultent aussi diverses contre-indications à l'emploi de ce remède.

Comm. — Le bois odoriférant qu'on nomme vulgairement *bois d'aloès* n'a rien de commun avec le genre de végétaux dont il vient d'être parlé. Il est produit par l'*Alexcylum Agallochum*, de la famille des *Légumineuses*. Voy. ce mot.

ALOÉTINE. s. f. T. Chim. Suc d'aloès purifié. Elle se présente sous forme d'aiguilles prismatiques d'un beau jaune soufré.

ALOÉTIQUE. adj. 2 g. T. Pharm. Se dit des préparations pharmaceutiques dont le suc d'aloès constitue le principe le plus important. *Lavement al. Pilules aloétiques.*

ALOEXYLE. s. m. (gr. ἀλόη, aloès; ξύλον, bois). T. Bot. Genre de *Légumineuses*. Voy. ce mot.

ALOGIE. s. f. (gr. ἀ priv.; λόγος, raison). T. Scolast. Absurdité.

ALOGIEN. s. m. (gr. ἀ priv.; λόγος, verbe). Membre d'une secte qui refusait à Jésus la qualité de Verbe éternel.

ALOI. s. m. (conforme à la *loi*). Titre des matières d'or et d'argent. *Or, argent de bas al.*, Qui n'est pas au titre voulu. Voy. TITRE. || Par ext., on dit : *Marchandise de bon ou de mauvais al.*, de bonne ou de mauvaise qualité. || Fig.. *Homme de bas al.*, Homme de basse condition, de profession vile; homme méprisable par lui-même. || Fig. et ironiq., *Vers de mauvais al.*, Vers dénués de poésie.

ALOÏNE. s. f. T. Chim. Substance purgative que l'on retire du suc d'aloès; elle cristallise en petites aiguilles prismatiques d'un jaune pâle; elle est peu soluble à froid, davantage à chaud.

ALONGE, ALONGEMENT, ALONGER. Voy. ALLONGE, etc.

ALOPÉCIE. s. f. (gr. ἀλώπηξ, renard). Chute partielle ou complète des cheveux ou des poils.

Méd. — L'*Al.* diffère de la *calvitie* en ce que celle-ci est la perte définitive des cheveux, par suite des progrès naturels de l'âge, tandis que l'*al.* est une maladie, ou un symptôme temporaire et susceptible de guérison, quoique la calvitie soit souvent la terminaison de l'*al.* Voy. CHEVEU, POIL.

Méd. vét. — ALOPÉCIE CHEZ LES ANIMAUX. — Elle est tantôt généralisée à toute la surface du corps des animaux : cheval, chien, mouton, ou à une grande portion de la peau, *al. symptomatique*; tantôt limitée sous forme de taches petites, disséminées, *al. aréolaire*. On considère l'une et l'autre comme causées par des lésions des nerfs de la peau (trophonévrose). Cependant, la plupart des observations tendent à démontrer qu'elles sont de nature parasitaire et contagieuse. L'*al.* symptomatique est un symptôme fréquent de troubles profonds de la nutrition (cachexie, gestation, maladies aiguës et débilitantes, fatigues physiologiques et alimentation misérable). Chez le mouton la laine tombe par mèches, chez le cheval la peau peut se dénuder complètement, et on observe des troubles gastriques assez souvent avant ou pendant l'*al.*; chez le chien il se produit une pigmentation suppléante de la peau. Les poils repoussent au bout de quelques semaines.

Dans l'*al.* aréolaire plus fréquente chez le chien, on croirait avoir affaire à la teigne tondante; le cheval en est aussi atteint. Cette forme est très rebelle.

Dans l'*al.* symptomatique, les frictions avec l'alcool camphré ou l'alcool cantharidé dilué (1 de teinture pour 5 d'alcool) tous les jours, et dans l'*al.* aréolaire la teinture d'iode étendue de son volume d'alcool ou le crésyl (1 pour 20 d'alcool), appliqué journellement au pinceau sont les moyens à employer.

ALOPÉCURE. s. f. (gr. ἀλώπηξ; οὐρά, queue). T. Bot. Genre de *Graminées* plus connu sous le nom de *Vulpin.* Voy. GRAMINÉES.

ALORS. adv. de temps. (lat. *ad illam horam*, à cette heure). En ce temps-là. *On vit paraître al. Al. parut un homme.* || Dans ce cas-là. *Si le fils venait à mourir, la nièce serait al. héritière.* || Jusqu'*al.*, Jusqu'à ce temps-là, jusqu'à ce moment-là. *Jusqu'al. il avait été sage et prudent.* || D'*al.*, De ce temps-là. *C'étaient les mœurs d'al. Les hommes d'al.* =: ALORS QUE. conj. Ne s'emploie guère que dans le style élevé et en poésie, à la place de *Lorsque.*

Obs. gram. — On ne prononce pas l's final d'*alors*, à moins que cet adverbe ne se trouve devant une voyelle ou devant une H muette. =: *Alors, Pour lors.* — *Alors* s'emploie surtout avec un verbe à l'imparfait, parce que cet adverbe rappelle à l'esprit une époque un peu vague, dont la durée n'est pas déterminée. *Pour lors* s'emploie ordinairement avec un verbe au parfait, parce que cette locution marque le moment où un fait a eu lieu. Le passage suivant de Montesquieu nous fournit un exemple de cette distinction : « Y a-t-il rien de si grand que ce qu'il *faisait alors* pour détruire l'hérésie ? Monsieur, dit *pour lors* un ecclésiastique, vous parlez du temps le plus miraculeux de notre invincible monarque. »

ALOSE. s. f. T. Icht. Poisson de mer qui remonte les rivières au printemps pour frayer; l'*Al.* présente une grande ressemblance avec le *Hareng.* Voy. ce mot.

ALOSIER. s. m. ou **ALOSIÈRE.** s. f. Sorte de verveux destiné à la pêche des aloses.

ALOUATE. s. m. T. Mamm. Les *Alouates* sont des singes du nouveau continent qui appartiennent à la famille des *Cébidés*, sous-ordre des *Platyrrhiniens*, ou des *Singes à queue préhensile.* La mâchoire supérieure descend beaucoup plus bas que le crâne, et l'inférieure a ses branches montantes très hautes, pour loger l'os hyoïde énorme qui caractérise ces animaux. Ces singes sont à peine hauts de soixante-quinze centimètres; leurs membres sont d'une longueur moyenne et pourvus chacun de cinq doigts. Leur queue est extrêmement longue, et sa partie prenante est nue en dessous. Cet organe constitue pour ces animaux un membre fort utile : ils s'en servent pour

se suspendre aux branches des arbres et franchir, après s'être balancés un instant, des espaces assez considérables.

Les alouates ont reçu le nom vulgaire de *Singes hurleurs* ou de *Stentors*, à cause de la puissance de leur voix. Cette puissance est telle qu'un seul al. peut se faire entendre à 3 et 4 kilomètres; et lorsque, réunis par troupes de vingt

ou trente, ils commencent à crier de concert, l'effet en est véritablement effrayant. L'organe vocal de l'*al.* est pourvu d'un appareil particulier qui renforce le son, et qui consiste en un tambour osseux formé par un renflement de l'os hyoïde et communiquant avec le larynx.

Les alouates habitent les forêts de la Guyane, du Brésil et du Paraguay. Ils se nourrissent de fruits.

ALOUCHE. s. m. **ALOUCHIER.** s. m. Noms vulgaires de l'Alise et de l'Alisier.

ALOUETTE. s. f. (lat. *alauda*, celle *alaud*). T. Ornith. Petit oiseau qui vit dans les champs et se nourrit de grains. *Manger des alouettes. Une douzaine d'alouettes.* — *Terre à alouettes*, Terres sablonneuses. || Prov., *Il attend que les alouettes lui tombent toutes rôties dans le bec*, se dit d'un paresseux qui voudrait avoir les choses sans peine. || *S'éveiller, se lever au chant de l'al.*, Se lever, s'éveiller dès l'aube du jour.

Ornith. — Le genre *Al.* forme une section de la famille des *Conirostres*, ordre des *Passereaux.* Les alouettes se distinguent des autres oiseaux qui composent cette famille, par l'ongle de leur pouce, qui est droit, fort et bien plus long que les autres. Ce sont des oiseaux pulvérateurs, et si la conformation de leurs pieds les empêche de percher, elle facilite singulièrement leur marche, lorsqu'ils sont à terre. L'*Al. commune* ou *Al. des champs* a le plumage brun dessus, blanchâtre dessous et partout marqué de taches brunes plus foncées; les deux pennes externes de sa queue sont blanches en dehors. L'*Al. huppée*

Fig. 1.

ou *Cochevis* (Fig. 1), bien moins commune que l'espèce précédente, s'en rapproche par sa taille et par son plumage : ce qui la caractérise, c'est que les plumes de sa tête peuvent se relever en huppe. On remarque également une petite huppe dans l'*Al. des bois* appelée aussi *Cujelier* ou *Lulu;* mais un trait blanchâtre autour de la tête et une ligne blanche sur les petites couvertures distinguent l'*al. des bois* de l'*al. cochevis.* L'*Al. à hausse-col noir* (Fig. 2) habite la Sibérie et l'Amérique du Nord : cependant on la voit quelquefois en Europe. Dans toutes ces espèces, le bec est médiocrement gros, tandis que chez d'autres il est assez fort pour les rapprocher des moineaux : telle est la *Calandre*, et telle est surtout l'*Al. de Tartarie.* La première est brune dessus et blanchâtre dessous; le mâle porte une grande tache noirâtre sur la poitrine. La calandre habite le midi de l'Europe. L'al. de

Fig. 2.

Tartarie (Fig. 3) a le plumage noir, ondé de grisâtre en dessous. Enfin Cuvier place dans le genre al. le *Sirli* (Fig. 4) dont le plumage ressemble à celui de notre al. commune. Cet oiseau, commun dans les plaines sablonneuses de l'Afrique, se

Fig. 3.

distingue des autres espèces du genre par son bec allongé, un peu comprimé et arqué.

L'*Al.* commune est le musicien des champs : on entend son ramage dès les premiers beaux jours du printemps et

Fig. 4.

pendant toute la belle saison. Elle commence à chanter au point du jour et donne le signal du travail; on voit l'al. s'élever presque perpendiculairement et par reprises, en décrivant une spirale; elle monte souvent très haut, et force sa voix à mesure qu'elle s'élève, de sorte qu'on l'entend encore quand on l'a presque perdue de vue; elle se soutient longtemps en l'air, redescend lentement jusqu'à trois ou quatre mètres du sol, puis elle s'y précipite comme un trait; sa voix s'affaiblit à mesure qu'elle approche de la terre, et son chant cesse aussitôt qu'elle s'y pose.

De même que dans toutes les espèces d'oiseaux, le ramage chez l'al. est un attribut du mâle. Son chant se perfectionne dans l'esclavage; elle retient avec une prodigieuse mémoire tous les airs qu'on lui apprend, et elle les répète avec une pureté, une flexibilité d'organe merveilleuses. Du reste, elle s'apprivoise aisément, et devient familière au point de manger dans la main; mais la cage où on la renferme doit être garnie de toile par le haut, afin d'éviter qu'elle se brise la tête en cherchant, d'après son habitude naturelle, à s'élever perpendiculairement.

C'est vers le mois de mai, dans nos contrées, que la femelle construit son nid entre deux mottes de terre ou au pied d'une touffe d'herbe; elle y pond quatre ou cinq œufs tachés de brun sur un fond grisâtre. Après quinze jours d'incubation, les petits éclosent, et quinze autres jours suffisent pour élever la couvée et la mettre en état de se suffire à elle-même. Dans nos pays, les alouettes font deux pontes par an; mais, dans les pays chauds elles en font trois. — Elles se nourrissent de grains, d'herbes, de chrysalides, de vers, de chenilles, et même d'œufs de sauterelles, ce qui devrait leur attirer beaucoup de considération dans les pays exposés aux ravages de ces insectes, en Algérie, par exemple. Chez nous, on leur fait une guerre acharnée. A Paris, où elles sont connues sous le nom de *Mauviettes*, on en fait tous les hivers une consommation immense, et l'on sait combien les gourmets estiment les pâtés de mauviettes que l'on confectionne à Pithiviers.

La chasse aux alouettes commence au mois de septembre et continue pendant tout l'hiver. La chasse *au miroir* est la plus amusante, celle *aux gluaux* est la plus destructive. Dans la première, le chasseur place un miroir tournant entre deux filets à nappe dressés verticalement, puis il se cache dans un endroit creux à une certaine distance : les alouettes, attirées par les éclats de lumière que jette de toutes parts le miroir mis en mouvement, voltigent autour de cet instrument, et, lorsque le chasseur juge qu'il en est temps, il rabat les deux filets dont nous venons de parler, et sous lesquels elles se trouvent prises. Pour que cette chasse réussisse bien, il faut une matinée fraîche accompagnée d'un beau soleil; il faut encore avoir soin d'attacher à des piquets, près du miroir, quelques alouettes vivantes que les oiseleurs appellent *moquettes*, et qui attirent les autres en voltigeant pour chercher à s'échapper.

Dans la chasse *aux gluaux*, on aligne en rectangle, sur une plaine en jachère, 1,500 à 3,000 branches de saule enduites de glu, et plantées assez légèrement pour que l'oiseau n'y puisse toucher sans les faire tomber. Alors de nombreux détachements de chasseurs forment autour du terrain où se trouve le gibier, un immense cordon qui se referme lentement, enserrant dans son enceinte des milliers d'alouettes. Ces dernières arrivent en sautillant, s'empêtrent dans les gluaux, et le plus souvent aucune n'échappe à la destruction. — On prend encore beaucoup d'alouettes avec le *traîneau*, la *tonnelle murée* et les *lacets* ou *collets traînants*. Il sera parlé ailleurs de ces sortes de chasse. — On donne vulg. le nom d'*Al.* à des oiseaux différents de ceux dont il vient d'être question. *Al. de pré* ou *Farlouse*. Voy. FARLOUSE. — *Al. de mer*. Voy. MAUBÈCHE.

ALOUMÈRE, s. f. Genre d'agaric d'une saveur douceâtre qui croît au pied des sureaux.

ALOURDIR, v. a. (R. *lourd*). Rendre lourd, appesantir. *Al. le corps, la tête. L'âge alourdit ses pas.* = S'ALOURDIR, v. pron. *Ma tête s'alourdit.* Fam. = ALOURDIE, IE, part. *Je suis tout al. J'ai la tête alourdie.*

ALOYAGE, s. m. Action d'aloyer. || Sorte d'alliage dont se servent les potiers d'étain.

ALOYAU, s. m. T. Bouch. Morceau de bœuf qui se trouve le long des reins et comprend le filet et le faux-filet.

ALOYER, v. a. Donner à l'or ou à l'argent le titre voulu par la loi. ||T. de Potier. Mettre un alliage dans l'étain.

ALPACA ou **ALPAGA**, s. m. (mot d'origine américaine). T. Mamm. Variété du *Lama*. Voy. ce mot. || Étoffe de laine mêlée à des poils d'alpaca.

ALPAGE. s. m. (R. *Alpe*). Droit de faire paître des troupeaux dans les Alpes.

ALPE. s. f. (mot celtique). Pâturage de montagne.

ALPES. s. f. pl. Le principal massif de l'Europe, situé entre la France, l'Italie, la Suisse et l'Allemagne. Quelques-unes des crêtes dépassent 4,000 mètres (mont Blanc, mont Cervin, mont Rose, la Jungfrau), et elles ont presque partout plus de 1,000 mètres. L'altitude de 2,700 mètres est celle des neiges éternelles. Leur superficie est d'environ 200,000 kilom. carrés.

L'origine du mot est le latin *Albus*, blanc, ou peut-être le celtique *Alp*, haut.

Elles se divisent en trois parties : les *Alpes occidentales*, entre la France et l'Italie, du col de Tende au col Ferret (Alpes-Maritimes, Cottiennes et Grées; monts Blanc, Cenis et Viso); — les *Alpes centrales*, du col Ferret jusqu'au Brenner (Alpes Penninos, Lépontiennes et Rhétiques; le grand Saint-Bernard, le mont Cervin, le mont Rose, le Simplon, le Saint-Gothard, et, dans des contre-forts, la Jungfrau, le Titlis, le Rigi); — les *Alpes orientales*, du Brenner jusqu'à la plaine de Hongrie (Alpes Noriques et Alpes de Styrie et de Carinthie).

ALPES (Dép. des BASSES-). Formé d'une partie de la Provence, l'un des plus montagneux de France. 695,418 hectares et 130,000 hab. Ch.-l. *Digne;* 4 autres arr., *Barcelonnette, Castellane, Forcalquier, Sisteron.* A vu naître Gassendi et Manuel.

ALPES (Dép. des HAUTES-). Formé d'une partie de la Provence et d'une portion du Dauphiné, aussi montagneux que le précédent. 588,964 hectares et 120,000 hab. Ch.-l. *Gap;* 2 autres arr., *Briançon et Embrun.* A vu naître Guillaume Farel, l'un des chefs du protestantisme.

ALPES-MARITIMES (Dép. des). Formé d'une partie de la Provence et du comté de Nice annexé à la France en 1860. 376,157 hectares et 250,000 hab. Ch.-l. *Nice;* 2 autres arr., Grasse et Puget-Théniers ; autres villes : Cannes, Menton et Antibes. A vu naître les deux Blanqui, Cassini, Fragonard, Masséna et Garibaldi.

ALPESTRE. adj. 2 g. (R. *Alpes*). *Plante al.*, Qui croît dans les Alpes. Voy. ALPINE. — *Mœurs alpestres*, Qui sont propres aux habitants des Alpes. — *Paysage al.*, Qui rappelle les sites des *Alpes*.

ALPHA. s. m. L'*Al.* est la première lettre de l'alphabet grec et l'*Oméga* en est la dernière. De là cette locut. fig. : *L'al. et l'oméga* (A et Ω), pour signifier le commencement et la fin.

ALPHABET. s. m. (R. *alpha, bêta*, noms des deux premières lettres grecques). Réunion de toutes les lettres qui servent à représenter les sons d'une langue, *Al. grec, français, arabe, sanscrit.* Voy. ÉCRITURE. || Petit livre imprimé qui contient les lettres d'une langue rangées selon l'ordre usité dans cette langue, et les premières leçons de lecture qu'on donne aux enfants. *Acheter un al.* || Fig. et Fam. *Il n'est encore qu'à l'al. des mathématiques*, Il n'est encore qu'aux premiers éléments de cette science. — *Il faut le renvoyer à l'al.*, Il ne connaît pas les premiers principes de la chose dont on parle. || *Al. télégraphique.* Voy. TÉLÉGRAPHIE.

On distingue deux sortes d'écritures : l'écriture *idéographique* ou *figurative*, la primitive, qui indiquait les choses par des signes les représentant, et l'écriture *alphabétique* qui en est une simplification et qui en est dérivée en attachant au signe primitif la valeur phonétique de sa prononciation, abstraction faite de l'idée que ce signe représentait. Ainsi, par exemple, le bœuf, l'éléphant, étaient primitivement désignés, chez les Égyptiens, par un signe appelé *aleph*, qui est devenu *a* ; la maison était représentée par un signe appelé *beth*, qui est devenu *b*, etc.

Nous ne pouvons donner ici tous les alphabets des langues qui emploient d'autres caractères que les caractères romains; mais nous donnons l'al. grec, puisque nous nous sommes servis des caractères grecs pour les étymologies, et nous ajoutons leur origine probable tirée de l'hébraïque ancien, qui ressemblait beaucoup au phénicien et qui dérivait de l'égyptien. Chaque lettre primitive était un signe désignant un objet.

ALPHABET GREC

LETTRES		NOMS des lettres.	VALEURS Pron. classique.	ORIGINE PROBABLE égyptienne, hébraïque, phénicienne.	
Maj.	Min.				
A	α	alpha.	a	Aleph	Bœuf, éléphant.
B	β, ϐ	bêta.	b	Beth	Maison.
Γ	γ	gamma.	g	Gnimel	Chameau.
Δ	δ	delta.	d	Daleth	Porte.
E	ε	epsilon.	é *bref*	Hé	Trou.
Z	ζ	dzêta.	dz	Zaïn	Arme.
H	η	êtha.	è *long*		
Θ	θ, ϑ	thêta.	th	Teth	Poing.
I	ι	iota.	i	Iod	Main.
K	κ	kappa.	k	Caph	Creux de la main.
Λ	λ	lambda.	l	Lamed	Garrot.
M	μ	mu.	m	Mim	Eau.
N	ν	nu.	n	Noun	Poisson.
Ξ	ξ	xi.	x, cs		
O	ο	omicron.	o *bref*	Ayn	Œil.
Π	π, ϖ	pi.	p		
P	ρ	rho.	r	Resch	Tête.
Σ	σ, ς	sigma.	s *dur*	Samech	Appui.
T	τ	tau.	t	Tau	Croix.
Υ	υ	upsilon.	u	Waw	Clou.
Φ	φ	phi.	ph	Phé	Bouche.
X	χ	chi.	ch *dur*, k	Khet	Clôture.
Ψ	ψ	psi.	ps, bs		
Ω	ω	oméga.	ô *long*		

ALPHABÉTIQUE. adj. 2 g. Qui est selon l'ordre de l'alphabet. *Une table, un index al.* — *Ordre al.* Ordre dans lequel sont rangées les lettres de l'alphabet. *Encyclopédie par ordre al.* — *Écriture al.* Écriture dans laquelle chacun des sons de chacune des articulations usités dans la langue sont représentés par un signe spécial qu'on appelle *Lettre* ou *caractère al.*

ALPHABÉTIQUEMENT. adv. Dans l'ordre alphabétique.

ALPHARD. s. m. (ar. *al*, la; *fard*, unique). L'étoile α ou le Cœur de l'Hydre, 2ᵉ grandeur.

ALPHÉE. s. f. T. Zool. Genre de crustacés de la famille des Macroures.

ALPHONSE, comte de Poitiers et de Toulouse, fils de Louis VIII (1220-1271).

ALPHONSE. Nom de plusieurs souverains de la péninsule hispanique et du royaume de Naples.

Rois de Castille. — ALPHONSE Iᵉʳ, le *Catholique*, roi des Asturies et de Léon (739-757), chassa les Maures de ses États. || ALPHONSE II, roi des Asturies (791-835). || ALPHONSE III, le *Grand*, roi de Léon et des Asturies (866-910). || ALPHONSE IV, le *Moine*, petit-fils du précédent, roi de Léon et des Asturies (924-927). || ALPHONSE V, roi de Léon et de Castille (999-1027). || ALPHONSE VI, roi de Galice, des Asturies, de Léon et de Castille (1065-1109), prit aux Musulmans Tolède, dont il fit sa capitale ; c'est sous son règne que vécut le Cid Campéador. || ALPHONSE VII, le *Batailleur*, gendre du précédent, roi de Galice, de Léon et de Castille depuis 1109, roi d'Aragon et de Navarre depuis 1104, prit le nom d'Alphonse Iᵉʳ. Il livra aux Musulmans, perdit le trône de Castille en 1126, fut vaincu par les Maures à Fraga (Catalogne) et périt en 1134. Il avait livré vingt-neuf batailles. || ALPHONSE VIII, roi de Galice, de Léon et de Castille (1126-1157), remporta sur les Maures la victoire de Jaén, et fonda en 1156 l'ordre d'Alcantara. || ALPHONSE IX, le *Noble* ou le *Bon*, roi de Castille (1158-1214), remporta sur les Maures la grande victoire de Tolosa (1212), protégea les lettres et les sciences, et fonda à Palencia, en 1208, la première université d'Espagne. Il fut détrôné par son fils, et en mourut de chagrin. || ALPHONSE X, le *Sage* ou le *Savant*, roi de Castille et de Léon (1252-1284). Il rétablit l'Université de Salamanque, cultiva l'astronomie et fit rédiger les *Tables alphonsines.* || ALPHONSE XI, roi de Castille (1312-1350), remporta sur les Maures la victoire de Tarifa (1340) et mourut de la peste au siège de Gibraltar. || ALPHONSE XII, fils d'Isabelle II, né en 1857, roi d'Espagne (1874-1885).

Rois d'Aragon. — ALPHONSE Iᵉʳ, le *Batailleur*, roi d'Aragon et de Navarre, le même qu'Alphonse VII de Castille (Voy. plus haut) (1104-1134). || ALPHONSE II, roi d'Aragon (1162-1196), conquit le Roussillon et le Béarn, cultiva la poésie; il est compté parmi les troubadours. || ALPHONSE III, le *Magnifique*, roi d'Aragon (1285-1291), fut forcé de conclure un traité honteux avec les rois de France, de Naples et de Castille. || ALPHONSE IV, le *Débonnaire*, roi d'Aragon (1327-1336). || ALPHONSE V, le *Magnanime*, fils de *Ferdinand le Juste*, roi d'Aragon, de Naples et de Sicile (1416-1458), conquit Naples en 1442, où il mourut.

Rois de Portugal. — ALPHONSE Iᵉʳ (Henriquez), comte de Portugal, né en 1109, fils de Henri de Bourgogne auquel il succéda en 1112, fut proclamé roi par ses soldats après la victoire d'Ourique où il défit cinq rois maures (1139), prit Lisbonne en 1147 et mourut en 1185. || ALPHONSE II, roi de Portugal (1211-1223), petit-fils du précédent. || ALPHONSE III, roi de Portugal (1248-1279), petit-fils du précédent, conquit les Algarves sur les Musulmans. || ALPHONSE IV, le *Brave*, roi de Portugal (1325-1357), fils de *Denis le Libéral*, contribua à la victoire de Tarifa (1340). || ALPHONSE V, l'*Africain*, roi de Portugal (1438-1481), guerroya en Afrique et en Castille; sous son règne, les Portugais découvrirent les côtes de Guinée. Il fonda la bibliothèque de Coïmbre. || ALPHONSE VI, roi de Portugal en 1656. Incapable et débauché, il fut déposé en 1667 et mourut en 1683.

Rois de Naples. — ALPHONSE Iᵉʳ, le *Magnanime*, le même qu'Alphonse V d'Aragon (Voy. plus haut). || ALPHONSE II, fils de Ferdinand Iᵉʳ, roi de Naples, en 1494. Détrôné l'année suivante par l'invasion du roi de France Charles VIII, il se retira en Sicile où il mourut peu de mois après.

ALPHONSINES. adj. f. pl. *Tables alphonsines*. Tables astronomiques rédigées sous la direction d'Alphonse X, roi de Castille, au XIIIᵉ siècle.

ALPICOLE. adj. (de *Alpes*, et lat. *colere*, habiter). T. Hist. Nat. Qui vit sur les Alpes.

ALPINE. adj. f. (R. *Alpes*). T. Bot. Épithète qui s'applique aux plantes qui viennent à des hauteurs très considérables, et qui appartiennent à la végétation caractéristique des plus hautes montagnes. Dans ce sens, le terme d'*Alpestre* s'emploie par opposit. à *Alpine*, et se dit des plantes qui croissent sur les montagnes peu élevées où la neige ne séjourne pas, comme les Cévennes et les montagnes de l'Auvergne.

ALPINIE. s. f. T. Bot. Genre de plantes de la famille des *Scitaminées*. Voy. ce mot.

ALPISTE. s. m. T. Bot. Espèce de *Graminées* (*Phalaris canariensis*).

ALQUE. s. m. (lat. *alca*). T. Ornith. Groupe d'oiseaux palmipèdes comprenant les *Pingouins* et les *Macareux*. Voy. BRACHYPTÈRE.

ALQUIFOUX. s. m. T. Min. Sulfure de plomb ou galène, réduit en poudre, que les potiers de terre emploient pour la couverte des poteries. Voy. PLOMB.

ALRUNES. s. m. pl. T. Antiquités germaniques. Petites statues faites de racines très dures et couvertes de caractères runiques.

ALSACE, anc. prov. de France, réunie sous Louis XIV, célèbre par son patriotisme en 1814, enlevée à la France (moins Belfort), par suite de la guerre de 1870. v. pr. *Strasbourg, Mulhouse, Colmar.* — Nom des hab. ALSACIEN, ENNE.

ALSACE-LORRAINE. Province française cédée à l'Allemagne en 1871 par le traité de Francfort. Elle a été formée du département du Bas-Rhin et de parties plus ou moins étendues du Haut-Rhin, des Vosges, de la Meurthe et de la Moselle; superficie totale 14,500 kilom. carrés. L'Alsace était destinée par sa situation à être disputée entre l'Allemagne et la France. Attribuée à Lothaire au traité de Verdun (843), elle fut ensuite réunie au duché de Souabe et passa dans le domaine des Habsbourg. Conquise sous Louis XIII, réunie à la France au traité de Westphalie (1648), elle devint une des provinces les plus françaises; il ne nous reste plus qu'une portion du département du Haut-Rhin avec Belfort. La portion de la Lorraine perdue en même temps appartenait à la

France depuis la mort de Stanislas Leczinsky (1766). La population dépasse un peu 5 millions 1/2 d'habitants.

Le Rhin forme sa limite orientale depuis les environs de Bâle en Suisse jusqu'à Wissembourg, au confluent de la Lauter; l'Ill, qui traverse presque toute l'Alsace du nord au sud, est le principal affluent du fleuve. La chaîne des Vosges, avec ses sommets neigeux de 1,000 à 1,200 mètres, sépare l'Alsace de la France, puis de la Lorraine; en Lorraine coule la Moselle, avec ses affluents la Meurthe et la Sarre.

L'Alsace-Lorraine est aujourd'hui administrée par un lieutenant de l'empereur, dit *Statthalter*; elle est divisée en 3 districts et subdivisée en 22 cercles. Les villes principales sont Strasbourg, Haguenau, Saverne, etc., dans la basse Alsace; Colmar, Mulhouse, Guebwiller, Sainte-Marie-aux-Mines, dans la haute Alsace; Metz, Sarreguemines, Sarrebourg, Thionville, en Lorraine.

Le pays est extrêmement fertile, surtout l'Alsace. On y récolte du froment, de l'orge, du maïs, du houblon, du tabac, etc. Les forêts couvrent 300,000 hectares sur les coteaux des Vosges et les prairies et pâturages 170,000. Le sous-sol produit en grande quantité du minerai de fer, de la houille et du sel. L'industrie a atteint un développement considérable avec les cotons, les draps de laine, les tissus mélangés, les produits chimiques, les hauts-fourneaux, les brasseries, les cristaux, etc. (Voir les cartes d'*Allemagne* et *France*.)

ALSEN ou **ALS**, île de la mer Baltique près du Slesvig.

ALSINE. s. f. et **ALSINÉES.** s. f. pl. T. Bot. Genre et tribu de la famille des *Caryophyllées*. Voy. ce mot.

ALSODÉIÉES. s. f. pl. T. Bot. Tribu de plantes de la famille des *Violacées*. Voy. ce mot.

ALSTRŒMÉRIE. s. f. T. Bot. Genre de plantes de la famille des *Amaryllidacées*.

ALTAÏ, chaîne de montagnes de l'Asie centrale.

ALTAÏQUE. adj. Race originaire des montagnes de l'Altaï.

ALTAÏR. s. m. (ar. *al*, le; *tair*, qui vole). L'étoile α de l'Aigle, 1ʳᵉ grandeur.

ALTARISTE. s. m. Chanoine particulier de la basilique du Vatican qui a le soin du maître-autel et des palliums.

ALTENBOURG, ville du duché de Saxe-Altenbourg (Allemagne), 14,000 hab.

ALTÉRABLE. adj. 2 g. Qui peut être altéré.

ALTÉRANT, ANTE. adj. Qui modifie l'état, la composition d'une chose. Dans ce sens, il se dit que de certains agents thérapeutiques ou toxiques, et s'emploie souvent subst. || Qui cause de la soif. *Un ragoût al.*

Méd. — Les médicaments *altérants* sont ceux qui, administrés à petites doses et d'une façon prolongée, ne produisent pas d'effets immédiats sensibles, mais transforment peu à peu le sang ou la constitution. Ce sont pour la plupart des poisons qui, pris à haute dose, tueraient les malades, tandis que l'action prolongée des petites doses produit souvent des effets merveilleux; nous citerons l'*arsenic*, le *brome*, l'*iode*, le *mercure*, etc.

ALTÉRATION. s. f. (lat. *alter*, autre). Modification dans l'état général ou dans quelqu'une des propriétés d'une chose. *Al. lente, successive, subite.* Le mercure *détermine dans* le sang, et la strychnine dans le système nerveux, des *altérations profondes*. || Se dit dans le langage ordinaire de tout changement, et se prend en gén. dans un sens défavorable. *L'al. de la santé. L'al. du texte est évidente dans ce passage.* || Se dit aussi des modifications que les divers mouvements de l'âme impriment au visage, à la voix. *L'al. son visage et de sa voix trahit son émotion.* || Fig. *L'al. de l'humeur, du caractère, des sentiments. Son amitié pour moi n'a éprouvé aucune al.* || *Al. des monnaies*, falsification, détérioration des monnaies par un moyen quelconque. || Grande soif. *La fièvre lui cause une al. continuelle.*

Mus. — On donne le nom d'*altérations* aux changements accidentels d'intonation qu'une note éprouve, par l'effet d'un signe d'élévation ou d'abaissement (dièze ou bémol). L'al.

toujours pour effet de réduire à un demi-ton le passage d'une note à une autre.

ALTERCAS. s. m. Vx mot qui a la même signif. que le mot *altercation*.

ALTERCATION. s. f. (lat. *altercari*, se disputer). Contestation, dispute, démêlé. *Il s'éleva entre eux une grande al. Ils sont toujours en al.*

Syn. — *Discussion, Débat, Contestation, Démêlé, Différend, Querelle, Dispute.* — Le terme *discussion* signifie tantôt examen d'une question, tantôt échange de paroles animées entre personnes d'opinions contraires. *Débat* exprime une sorte de lutte oratoire, qui a lieu dans quelque assemblée, et dans laquelle chaque adversaire vient déployer, à tour de rôle, toutes les ressources de sa dialectique. *Contestation* marque une opposition complète entre les paroles d'une personne qui affirme et les paroles d'une autre personne qui nie. Enfin al. désigne une *contestation* particulière dans laquelle les interlocuteurs parlent souvent avec un emportement extrême. Quant au mot *démêlé*, on l'emploie pour marquer un désaccord sur un sujet quelconque, désaccord qui s'élève entre des personnes dont les relations sont fréquentes, et qui se manifeste par des expressions irritantes. En général, le *démêlé* n'a rien de sérieux dans sa cause ni dans ses effets. Il n'en est pas de même du *différend*, qui a lieu le plus souvent, entre des gens étrangers l'un à l'autre. Sa cause peut être légère et ses effets très graves. La *querelle* est un conflit de plaintes, de reproches, de récriminations entre deux ou plusieurs personnes; elle se termine souvent par des actes de violence. La *dispute* offre cela de particulier, qu'elle naît parfois sans motif de plainte, et qu'elle procède plutôt par des propos insultants que par des reproches. Le mot *dispute* signifie aussi dissertation sur une matière scientifique ou littéraire. — En résumé, *discussion, débat, contestation, dispute*, peuvent être pris en bonne part, tandis que *démêlé, différend* et *querelle* sont toujours pris dans un sens défavorable.

ALTÉRER. v. a. (lat. *alter*, autre). Changer l'état général ou quelqu'une des propriétés d'un corps. — Dans le langage ordin., se dit en parlant d'un changement de bien en mal. *Le soleil altère les couleurs. Une température trop élevée altère les liqueurs. Certains poisons altèrent la composition du sang. La souffrance a bien altéré ses traits.* — *Al. les monnaies,* En changer la valeur légale, de quelque façon que ce soit. — *Al. un texte,* Le dénaturer d'une manière quelconque. *Al. un discours,* Le dénaturer d'une manière quelconque. || Fig., *Ses malheurs lui ont altéré le caractère, le jugement. Al. l'amitié, la confiance.* — *Al. le sens d'un passage,* Détourner un passage de son sens véritable. *Al. la vérité,* S'écarter de la vérité en parlant, en écrivant. || Causer de la soif. *Cette sauce m'a fort altéré.* ═ s'**ALTÉRER.** v. pron. Se dit au propr. et au fig. *Le vin s'altère à l'air. Sa santé s'est altérée. Son humeur s'altère. Les bonnes coutumes s'altèrent peu à peu.* ═ ALTÉRÉ, ÉE. part. Se dit quelquefois d'une personne qui éprouve une émotion visible. *Il paraissait fort al. Visage al. Traits altérés. Parler d'une voix altérée.* || Être toujours al., Avoir toujours soif; et ironiq., Être toujours disposé à boire. — Fig., on dit d'un homme cruel qui se plaît à répandre le sang: *C'est un homme al. de sang.* ═ Conjug. Voy. ALIÉNER.

ALTER EGO. s. m. Mots latins signifiant : autre moi. — Titre donné dans les royaumes des Deux-Siciles et d'Espagne à une personne chargée de remplacer la puissance souveraine. || Fam. *C'est mon alter ego.* C'est un autre moi-même.

ALTERNANCE. s. f. (R. *alterne*). Action d'alterner. *Alt. de colonnes d'ordres différents, de couleurs.* || Bot. Alt. de verticilles floraux ou de feuilles. || Géol. Disposition que présentent les dépôts stratifiés, lorsqu'ils sont composés de plusieurs sortes de roches qui se succèdent plusieurs fois entre elles sur une certaine épaisseur.

ALTERNAT. s. m. (R. *alterne*). Ordre dans lequel des choses différentes se succèdent périodiquement. || T. Agric. Succession de cultures différentes sur un même terrain. || Droit polit. — Un droit ou privilège en vertu duquel deux ou plusieurs villes deviennent à tour de rôle le siège du gouvernement ou d'une administration.

ALTERNATIF, IVE. adj. (R. *alterne*). Se dit propr. de deux choses qui agissent continuellement et tour à tour. *La systole et la diastole du cœur sont deux mouvements alternatifs.* || *Emploi al.*, *Charge alternative*, Charge, emploi exercé à tour de rôle par plusieurs personnes. || T. Log. *Proposition alternative*, Proposition dans laquelle on énonce deux choses entre lesquelles il faut nécessairement choisir : *Les nations européennes devront abandonner le système des armements exagérés, ou elles iront par une ruine certaine.* || T. Mér. *Mouvement al.*, Mouvement qui s'effectue tantôt dans un sens, tantôt dans l'autre.

ALTERNATION. n. f. Action d'alterner.

ALTERNATIVE. s. f. (R. *alterne*). Succession de deux choses qui reviennent tour à tour. *La vie est une al. de peine et de plaisir.* || Option entre deux propositions, entre deux choses. *Voulez-vous partir, voulez-vous rester ? Je vous laisse l'al. Il se trouve dans une cruelle al.,* Dans une position où il est obligé de choisir entre deux choses dont chacune a ses inconvénients ou ses dangers.

ALTERNATIVEMENT. adv. Tour à tour; l'un après l'autre.

ALTERNE. adj. 2 g. (lat. *alternus*, l'un après l'autre). T. Bot. *Feuilles alternes*, Feuilles qui croissent des deux côtés de la tige, mais qui ne sont pas en face l'une de l'autre, cas où elles sont dites *opposées.* V. FEUILLE. || T. Géom. *Angles alternes*, Angles formés de part et d'autre d'une droite. Voy. ANGLE.

ALTERNÉ, ÉE. adj. T. Blas. Se dit des pièces qui se correspondent.

ALTERNER. v. n. (R. *alterne*). Se dit de deux choses qui se succèdent régulièrement. *Dans cette avenue, on a fait les marronniers avec les tilleuls.* || Se dit des mouvements qui se répètent régulièrement dans un ordre inverse. *Le jeu de ces deux pistons alterne,* Lorsque l'un monte, l'autre descend. *La systole du cœur alterne avec la diastole.* || Exercer tour à tour un office. *En l'absence du maire, les deux adjoints sont convenus d'al. tous les mois.* || T. Agric. Faire produire successivement à une terre deux récoltes différentes. Dans ce sens, il se prend aussi activement. *Al. les cultures. Al. un champ.* Voy. ASSOLEMENT. ═ ALTERNÉ, ÉE. part.

ALTESSE. s. f. (lat. *altissimus*, très élevé). Titre d'honneur qui se donne à différents princes, en parlant et en écrivant. *Son Al. le prince de. Traiter d'al. Donner de l'al. à quelqu'un.* — Par abrév., on écrit : S A. R., S. A. I., S. A. S., Son Al. royale, Son Al. impériale, Son Al. Sérénissime; LL. AA. RR., Leurs Altesses royales, etc.

ALTHÆA. s. f. (g. ἀλθαία, guimauve). T. Bot. Genre de plantes de la famille des Malvacées. Voy. ce mot.

ALTIER, ÈRE. adj. (lat. *altus*, haut). Superbe, impérieux, qui a de la fierté, qui marque de la fierté. *Mine, façon démarche altière. Caractère al.* || Dans le style poétique, on dit : *L'aigle al. La tête altière de la Discorde.*
Syn. — *Haut, Hautain, Fier, Impérieux, Dédaigneux.*

ALTIMÈTRE s. m. (lat. *altus*; gr. μέτρον, mesure). Instrument pour mesurer les hauteurs.

ALTIMÉTRIE. s. f (même étymol.). T. Géom. Partie de la géométrie pratique qui a pour objet la mesure des hauteurs accessibles et inaccessibles. Voy. HAUTEUR.

ALTISE. s. f. (gr. ἀλτικὸς, sauteur). T. Ent. Genre d'insectes *coléoptères* très nuisibles aux vignes. Voy. CHRYSOMÉLIDES.

ALTISTE. s. m. Musicien qui joue de l'alto.

ALTITUDE. s. f. (lat. *altitudo*). L'élévation d'un lieu au-dessus du niveau de la mer.

ALTKIRCH, anc. ch.-l de c. (Haut-Rhin), arr. de Mulhouse, 3,200 hab. A l'Allemagne depuis 1871.

21

ALU

ALU

ALTO. s. m. (ital. *alto*, haut). T. Mus. Instrument à quatre cordes plus grand que le violon et plus petit que le violoncelle. Voy. ANCIENT. || Nom donné autrefois à la plus grave des voix de femme, et à la plus aiguë des voix d'homme. On dit aujourd'hui *haute-contre* pour les hommes, et *contralto* pour les femmes.

ALTONA, v. d'Allemagne (duché de Holstein) sur l'Elbe, 67,000 hab.

ALTORF ou **ALTDORF**, v. de Suisse, ch.-l. du c. d'Uri, 2,000 hab., patrie de Guillaume Tell.

ALTRUISME. s. m. (lat. *alter*, autre). T. Philos. Ensemble de penchants bienveillants. L'*Al.* est opposé à l'égoïsme.

ALTRUISTE. adj. Qui a rapport à l'altruisme.

ALUCITE. s. f. (lat. *allucere*, reluire). T. Ent. Genre d'insectes *lépidoptères*. Voy. TINÉITES.

ALUDE. s. f. (lat. *aluta*, peau molle). Basane colorée dont on couvre les livres.

ALUDEL. s. m. (R. *lut*). Ancien appareil d'alchimie formé de pots emboîtés les uns dans les autres.

ALUINE. s. f. Vieux mot synonyme d'absinthe.

ALUMELLE. s. f. (lat. *lamella*, petite lame). Lame de couteau ou lame d'épée longue et mince. Vx. et fam. || T. Techn. Lame d'acier aiguisée en biseau comme le ciseau d'un menuisier, et dont les tabletiers se servent pour gratter le buis, la corne, l'écaille, etc. C'est aussi une *Al.* qui constitue la partie essentielle du rabot. || T. Mar. On appelle *Alumelles* de petites plaques de fer qui garnissent le dedans de la mortaise du gouvernail et les trous des cabestans, afin de préserver les bois du frottement.

ALUMINAGE. s. m. Opération qui consiste à déposer sur un tissu un oxyde d'alumine pour servir de mordant.

ALUMINAIRE. adj. T. Minér. Se dit des pierres qui contiennent de l'alun tout formé.

ALUMINATE. s. m. T. Chim. Nom générique de composés d'alumine où celle-ci joue le rôle d'acide.

ALUMINE. s. f. (lat. *alumen*, *minis*, alun). T. Chim. On donne ce nom à l'oxyde d'aluminium Al²O³. L'*Al.* préparée artificiellement est une substance blanche, légère, douce au toucher, insipide, et happant à la langue. Elle est infusible au plus violent feu de forge; mais quand on la soumet à l'action du chalumeau à gaz, elle fond rapidement en globules vitreux, transparents, ayant presque la densité du rubis. (Gaudin.) L'*al.* est sans action sur l'air, l'oxygène et la plupart des corps combustibles. Cependant, si l'air est très humide, elle peut absorber 15 p. 100 d'eau, quand elle a été rougie au feu. Elle forme pâte avec l'eau et la retient très fortement, mais sans s'y dissoudre. À l'état d'hydrate elle est au contraire très soluble dans la potasse et la soude caustiques; l'ammoniaque caustique en dissout à peine. L'*al.* joue le rôle de base à l'égard des acides sulfurique, nitrique, chlorhydrique, etc., ainsi qu'à l'égard de la silice. Néanmoins elle se combine avec certains oxydes métalliques, tels que ceux de magnésium, de zinc et de cobalt, et avec les alcalis eux-mêmes, en jouant le rôle d'acide; elle forme alors des sels appelés *Aluminates*. L'*al.* pure et anhydre se prépare en calcinant au rouge l'alun ammoniacal; elle reste dans le vase sous la forme d'une masse blanche et spongieuse. On l'obtient sous forme de gelée, à l'état d'hydrate, en précipitant une dissolution d'alun par un grand excès d'ammoniaque. L'*al.* est isomorphe avec les sesquioxydes de fer, de chrome et de manganèse. Elle se compose de 2 atomes d'aluminium et de 3 d'oxygène (Al²O³), ou en poids, de 100 d'aluminium et de 87,7 d'oxygène.

L'*al.* est extrêmement répandue dans la nature, surtout en combinaison avec la silice, car elle forme ainsi la base des argiles, et c'est elle qui leur communique la propriété de faire pâte avec l'eau. Elle se rencontre aussi à l'état pur quoique colorée par diverses substances métalliques; elle constitue ainsi plusieurs variétés de pierres précieuses, *Rubis*, *Saphir*, etc. La reproduction artificielle du rubis a été réalisée par un grand nombre de chimistes; les cristaux les plus volumineux, applicables déjà à la joaillerie, ont été récemment obtenus par MM. *Fremy* et *Verneuil* par l'action du fluorure de baryum sur l'alumine (Voy. RUBIS). On la trouve encore à l'état d'aluminate; nous citerons pour ex. le *Spinelle* ou *Rubis balais*. Enfin elle entre dans la composition de diverses espèces minérales où elle joue le rôle de base : tels sont les *Aluns naturels*, l'*Alunite*, etc., où elle se trouve combinée avec des acides; tels sont l'*Emeraude*, le *Grenat*, le *Lapis*, la *Tourmaline*, les *Feldspaths*, les *Micas*, etc., où la silice joue le rôle d'acide à l'égard de l'al.

L'al. est peu employée en médecine; toutefois elle a été administrée avec succès dans certains cas de diarrhée et de dysenterie. Ce médicament convient surtout aux enfants.

Les *sels d'al.* ont une saveur styptique et astringente. Ceux qui sont solubles, comme l'acétate et le sulfate, sont précipités en blanc par la potasse, et le précipité, qui est de l'al., se redissout dans un excès d'alcali. L'ammoniaque les précipite également, mais un excès d'ammoniaque ne redissout pas le précipité, ce qui le distingue de l'oxyde de zinc. Les sulfates de potasse et d'ammoniaque en dissolution concentrée les précipitent à l'état d'aluns. Enfin, quand on les chauffe au chalumeau avec du nitrate de cobalt, ils prennent une belle couleur bleue. — Le *Sulfate d'al.* Al²O³,3SO³,18H²O a une réaction fortement acide; il est plus soluble à chaud qu'à froid. On obtient ce sel en traitant l'argile par l'acide sulfurique. L'industrie l'emploie quelquefois à la place des aluns à base de potasse et d'ammoniaque, attendu que ces derniers n'agissent que par l'al. qu'ils contiennent; mais il est usité depuis longtemps pour la conservation des substances animales. — L'*Acétate d'al.* offre l'aspect d'une masse gommeuse qui n'est pas susceptible de cristalliser. On l'obtient en décomposant l'acétate de baryte ou de plomb par le sulfate d'al. Ce sel est un mordant le plus souvent employé dans l'application des couleurs sur les tissus. Sa solubilité permet de l'appliquer à l'état de dissolution très concentrée; la facilité avec laquelle il abandonne son acide fait qu'il cède aisément au tissu, soit de l'al., soit un sous-sel d'al. capable de fixer les matières colorantes. Voy. TEINTURE, MORDANT.

ALUMINEUX, EUSE. adj. T. Chim. Qui contient de l'alun ou de l'alumine. *Terre alumineuse. Silicate al.*

ALUMINITE. s. f. T. Minér. Variété de sulfate d'alumine.

ALUMINIUM. s. m. [Pr. *aluminiome*] (R. *alumine*). T. Chim. — L'*Al.* (symbole Al. Poids atomique = 13,75) est un corps simple, métallique, blanc, semblable à l'argent. Sa densité est de 2,6; il est donc 4 fois moins dense que l'argent et 3 fois moins que le fer. Wöhler, en 1827, n'avait isolé l'al. que sous la forme d'une poudre grise prenant un aspect métallique par le frottement. En 1854, Sainte-Claire Deville est parvenu à l'obtenir en masse métallique. Le nouveau corps s'écrouit par le martelage et devient élastique et sonore. Il est extrêmement malléable et ductile, et il peut se limer comme le fer. Il fond vers 300° C. C'est un excellent conducteur de l'électricité et de la chaleur; il conduit celle-ci 8 fois mieux que le fer. En outre, l'al. métallique est inaltérable à l'air et à l'oxygène, même aux températures les plus élevées et ne décompose l'eau qu'au rouge blanc. Les acides nitrique et sulfurique l'attaquent difficilement; mais il se dissout très rapidement dans l'acide chlorhydrique et dans la potasse.

L'al. ne peut s'extraire de l'alumine pure, car celle-ci est indécomposable même par la pile. Pour l'obtenir, il faut d'abord soumettre l'alumine à l'action simultanée du chlore et du charbon pour transformer cet oxyde en chlorure d'al. C'est ensuite en décomposant ce chlorure rendu moins volatil par son union avec le chlorure de sodium, que Deville a obtenu l'al. métallique. Pour préparer le nouveau métal en quantité un peu considérable, Deville isola l'al. en traitant au rouge, le chlorure double d'al. et de sodium par le sodium. Actuellement, de nombreux procédés basés sur la décomposition électrolytique du chlorure double d'al. et de sodium, et de la cryolithe et même de l'alumine permettent d'obtenir le métal ou ses alliages beaucoup plus économiquement que par le procédé Deville, et nous approchons du moment où l'al. remplacera avantageusement, dans une foule de cas, le fer, le zinc, le cuivre, et même l'argent.

Actuellement, on emploie dans les arts de nombreux alliages d'al.; le bronze d'al. (cuivre et al.) se prête à une foule d'applications à cause de son peu d'altérabilité et de sa grande élasticité, qui dépasse celle de l'acier.

ALUN. s. m. (lat. *alumen*). T. Chim. — L'*Al. ordinaire* est un sel double hydraté, formé par la combinaison du sulfate d'alumine avec le sulfate de potasse ou avec le sulfate d'ammoniaque. — L'*Al. à base de potasse* Al SO³,³,K²SO⁵ + 24 H²O est formé d'une molécule de sulfate d'alumine, d'une molécule de sulfate de potasse et de 24 molécules d'eau. Il est blanc, solide, d'une saveur douceâtre et astringente, et rougit la teinture de tournesol. Vingt parties d'eau dissolvent une partie d'al. cristallisé. Le même liquide bouillant peut en dissoudre un poids égal au sien. Cette dissolution est incolore, transparente, douée de la même saveur que le sel, et se comporte avec les réactifs comme les autres sels d'alumine. L'al. cristallise ordinairement en octaèdres réguliers, transparents et légèrement efflorescents. Lorsque la dissolution contient un excès d'alumine, il cristallise en cubes, ce qui le fait nommer alors *al. cubique* ou *al. aluminé*. Si on expose l'al. à une chaleur de 100°, il fond dans son eau de cristallisation et forme, après son refroidissement, l'*al. de roche*; à quelques degrés de plus, il perd son eau, devient opaque, et constitue l'*al. calciné* ou *brûlé*. Cet al. exige beaucoup plus d'eau pour se dissoudre. À la chaleur rouge, l'al. laisse dégager de l'oxygène et de l'acide sulfureux, et donne pour résidu de l'alumine et du sulfate de potasse. Enfin, ce dernier est lui-même décomposé si l'on élève davantage la température; l'acide sulfurique se dégage, et il reste un alun nul de potasse. — En calcinant l'al. avec du charbon, on obtient un *pyrophore*, c.-à-d. un corps qui possède la faculté de s'enflammer à l'air. Ce corps est composé de sulfure de potassium, d'alumine et de charbon.

L'*Al. à base d'ammoniaque* Al²(SO⁴)³ (Az H³)² SO⁴ + 24 H²O a la même composition que le précédent, sauf que le sulfate de potasse y est remplacé par le sulfate d'ammoniaque. Il jouit des mêmes propriétés, mais il se reconnaît aisément à l'odeur ammoniacale qu'il dégage lorsqu'on le traite par la potasse ou la soude. Sa calcination laisse pour résidu de l'alumine parfaitement pure.

Les chimistes donnent également le nom d'*aluns* aux sels dans lesquels le sulfate de soude et de magnésie remplace le sulfate de potasse ou d'ammoniaque, aux sels à triple base dans lesquels le sulfate d'alumine se trouve combiné avec du sulfate de potasse et du sulfate d'ammoniaque, et même aux sels dans lesquels l'alumine est remplacée par des oxydes isomorphes avec elle, tels que le peroxyde de fer, le sesquioxyde de chrome et le sesquioxyde de manganèse. Tous ces sels, en effet, cristallisant de la même manière et possèdent sensiblement les mêmes propriétés.

Les aluns naturels sont fort rares. Cependant on trouve abondamment dans certaines localités une substance minérale nommée *Alunite* ou *Pierre d'alun*, qui est un sous-sulfate d'alumine combiné avec du sulfate de potasse. Cette substance se rencontre partout dans le voisinage des terrains trachytiques, principalement dans les parties qui semblent avoir été remaniées par les eaux, et qui se lient à des tufs ponceux où l'on trouve des débris organiques, par ex. au Mont-Dore, en Auvergne; à Tolfa, dans les États Romains; à Beregszaz et Musaj, en Hongrie; à Milo, dans l'archipel grec. Elle existe aussi dans les anciennes solfatares, et il s'en forme encore aujourd'hui dans les solfatares actives, par suite de l'action des vapeurs sulfureuses sur les roches environnantes. En Hongrie et dans les États Romains, on exploite l'alunite pour en fabriquer de l'al. L'alun de Tolfa étai jadis fort recherché parce qu'il est très pur et ne contient point d'oxyde de fer. Mais aujourd'hui on le fabrique en France de toutes pièces : on choisit des argiles aussi exemptes que possible de carbonate de chaux et d'oxyde de fer, on les calcine dans des fours à réverbère, puis on les dissout dans l'acide sulfurique. On mêle ensuite le sulfate d'alumine obtenu avec du sulfate de potasse, opération qui porte le nom de *brévetage*, et enfin on fait cristalliser. — L'al. à base d'ammoniaque ou *Ammon-alun* et l'al. à base de soude ou *Natron-alun* sont peu communs dans la nature; le premier se rencontre sous forme fibreuse dans quelques dépôts de lignites, l'autre a peu à le même aspect, se trouve dans les solfatares. — L'*Al. de plume* qui se trouve en fibres blanches, soyeuses, dans l'île de Milo, et le *Beurre de montagne* qui s'est offert sous forme de pe'tes concrétions translucides, d'un aspect gras ou résineux, près de Saalfeld en Allemagne, paraissent être des aluns à base de magnésie et d'oxyde de fer. Le beurre de montagne contient de sulfate de l'ammoniaque. — Enfin il existe dans certaines solfatares, telles que celles de Pouz ole et de la Guadeloupe, une substance blanche, fibreuse, soluble, mais non cristallisable, qui est un sulfate d'alumine hydraté, auquel Beudant a imposé le nom d'*Alunogène*. Boussingault a

découvert une espèce minérale analogue dans les schistes argileux qui bornent le Rio-Saldana, en Colombie.

L'al. ordinaire est très employé dans la teinture comme mordant, mais il doit, pour cela, être exempt de toute trace de fer. On en fait encore usage dans une foule d'industries. Ainsi, on s'en sert pour donner au suif plus de consistance et de dureté, pour fabriquer diverses espèces de laques, pour empêcher le papier de boire l'encre, pour clarifier les liquides, pour préserver les peaux et les fourrures de l'atteinte des insectes, pour conserver les pièces d'anatomie, etc.

Ce sel est également très usité en médecine, car c'est un astringent des plus énergiques. On l'emploie topiquement dans certains cas d'hémorragies et surtout d'hémorragies passives, dans plusieurs flux chroniques, dans certaines diarrhées séreuses, et dans quelques inflammations soit aiguës, soit chroniques, par ex. dans les ophtalmies légères et dans les phlegmasies superficielles de la membrane buccale. Il est souvent d'une grande efficacité dans plusieurs espèces d'angines, et il réussit fort bien dans l'inflammation de la muqueuse buccale et gingival avec salivation hydrargyrique. On l'administre parfois à l'intérieur dans diverses affections que l'on rapporte à l'atonie des organes. Mais il est surtout employé à haute dose dans les affections saturnines. Il est inutile de dire que ce mode d'administration de l'al. varie suivant le but que se propose le médecin. Il peut s'administrer à forte dose sans aucun danger. — Les chirurgiens se servent quelquefois de l'al. calciné comme escarrotique, pour réprimer les chairs fongueuses.

ALUNAGE. s. f. Action d'aluner. Voy. TEINTURE.

ALUNATION. s. f. T. Chim. Fabrication artificielle de l'alun.

ALUNER. v. a. Se dit de l'emploi de l'alun dans l'industrie. *On alune le papier pour le coller, les étoffes pour fixer les matières colorantes. On alune encore les peaux, les bois, &c.* part. — ALUNÉ, ÉE.

ALUNERIE. s. f. Fabrique d'alun.

ALUNEUX, EUSE. adj. Qui contient de l'alun.

ALUNIÈRE. s. f. Lieu d'où l'on tire de l'alun.

ALUNIFÈRE. adj. 2 g. (de *alun*, et lat. *ferre*, porter). Qui contient de l'alun.

ALUNITE. s. f. T. Min. Sulfate double naturel d'alumine et de potasse.

ALUNOGÈNE. s. m. (de *alun*, et gr. γεννάω, j'engendre). T. Min. Roche de sulfate d'alumine. Voy. ALUN.

ALURNE. s. m. T. Ent. Genre de *Coléoptères* qui habitent le Brésil, voisins des *Hyspes*, parmi les *Chrysomélides*.

ALVARDE. s. m. T. Bot. Graminée assez semblable au *Sparte* et s'employant aux mêmes usages.

ALVÉOLAIRE. adj. 2 g. T. Anat. Qui appartient aux alvéoles dentaires. *Arcade al. Vaisseaux, nerfs alvéolaires.*

ALVÉOLE. s. m. (lat. *alveolus*, diminutif de *alveus*, cavité, loge). Chaque petite cellule ou loge que les abeilles se construisent pour y élever leurs larves et y déposer leurs provisions. Voy. ABEILLE. || Chacune des cavités des os maxillaires dans lesquelles sont implantées les racines des dents. || En T. Hist. nat., se dit aussi des petites loges ou cavités que présentent certaines coquilles ou certaines parties des plantes. ═ Plusieurs anatomistes et naturalistes font ce mot féminin.

ALVÉOLÉ, ÉE. adj. T. Hist. nat. Qui est creusé de petites fossettes ou cavités analogues aux alvéoles des abeilles.

ALVÈRE (SAINT-), ch.-l. de c. (Dordogne), arr. de Bergerac, 1,600 hab.

ALVIER ou **ALVINIER.** Petit étang destiné à élever de l'alvin.

ALVIN, ALVINAGE, etc. Voy. ALEVIN, ALEVINAGE, etc.

ALVIN. INE. adj. (lat. *alvus*, bas-ventre). Ne s'emploie guère qu'en parlant des matières excrémentitielles qui proviennent des intestins. *Flux al. Déjections, évacuations alvines.*

ALYDE. s. m. T. Ent. Genre d'insectes *hémiptères* voisins des punaises. Voy. GÉOCORISES.

ALYSIE. s. f. (gr. ἀλύσιον, petite chaîne). T. Ent. Genre d'insectes *hyménoptères*. Voy. PUPIVORES.

ALYSON. s. m. T. Ent. Genre d'insectes *hyménoptères* voisins des guêpes. Voy. FOUISSEURS.

ALYSSÉES. s. f. pl. T. Bot. Tribu de plantes de la famille des *Crucifères*. Voy. ce mot.

ALYSSÉIDE. s. f. (gr. ἀλυσις, chaîne). T. Géom. Surface de révolution engendrée par la rotation de la chaînette autour de sa base. Elle a pour équation :

$$y^2 + z^2 = \frac{1}{4\,a^2} \left(e^{ax} + e^{-ax} \right)^2.$$

C'est une surface indéfinie dans les deux sens et sans cône asymptote. Les deux rayons de courbure principaux sont égaux et de signe contraire, parce que la normale de la chaînette est égale à son rayon de courbure. C'est donc une surface *minima*; mais c'est la seule surface minima de révolution.

ALYSSUM. s. m. (gr. ἄλυσσον, de ἀ priv.; et λύσσα, rage, parce que cette plante passait pour guérir de la rage). T. Bot. Genre de plantes de la famille des *Crucifères*. Voy. ce mot.

ALYTE. s. m. (gr. ἄλυτος, qu'on ne peut délier). T. Zool. Genre de batraciens *anoures*, nommé aussi *Crapaud accoucheur*. Voy. CRAPAUD.

ALYXIE. s. f. (gr. ἄλυξις, tristesse). T. Bot. Genre d'*Apocynées*.

ALZONNE, ch.-l. de c. (Aude), arr. de Carcassonne, 1,550 hab.

AMABILE [Pr. *amabilé*] (adv. italien). T. Mus. Marque une exécution douce et gracieuse.

AMABILITÉ. s. f. (lat. *amare*, aimer). Douceur de caractère, manières affables qui font que l'on plaît, que l'on est aimé. *Cette personne a beaucoup d'am.*

AMADE. s. f. T. Blas. Il se dit de trois listes parallèles qui traversent l'écu sans toucher au bord.

AMADIS. s. m. Sorte de manche de chemise ou d'autre vêtement qui s'applique exactement sur le bras, sans bouffer ni faire de plis. *Des amadis brodés d'or.*

AMADIS DE GAULE, héros d'un célèbre roman de chevalerie de l'ancienne Espagne.

AMADOU. s. m. Substance végétale préparée pour se procurer du feu en faisant tomber sur elle des étincelles au moyen d'une pierre à fusil et d'un briquet. *Un morceau d'am. Cet am. n'est pas sec.*

Un assez grand nombre de substances peuvent être employées en guise d'*Am.*, soit telles que la nature les produit, soit au moyen de quelque préparation. Mais le véritable am. est fourni par plusieurs espèces de champignons appartenant au genre *Polypore*, et principalement par le *Polyporus igniarius* et le *Polyporus fomentarius*. Pour le préparer, on enlève la couche corticale, afin de mettre à nu la substance spongieuse et veloutée qui constitue, pour ainsi dire, la chair du champignon; on bat ces tranches pour les assouplir à l'aide d'un maillet, puis on fait bouillir ces lames dans une dissolution de nitrate ou de chlorate de potasse. La préparation de l'agaric dont se servent les chirurgiens pour arrêter le sang dans les petites hémorragies est absolument la même, seulement il n'est pas salpêtré.

AMADOUER. v. a. Flatter, caresser quelqu'un pour le disposer à ce qu'on désire de lui. *Il l'amadoua par de belles paroles.* Fam. = S'AMADOUER. v. pron. Se laisser gagner. = AMADOUÉ, ÉE. part.

AMADOUVIER. adj. et s. m. (R. *amadou*). T. Bot. Se dit des espèces de champignons dont on se sert pour fabriquer l'amadou. Toutefois il s'applique particulièrement à l'espèce de *Polypore* appelé *Polyporus igniarius*.

AMAIGRIR. v. a. (R. *maigre*). Rendre maigre. *L'excès de travail l'a amaigri.* — On dit abs., *Le jeûne amaigrit.* || T. Archit. *Am. une pièce de bois, une pierre,* Diminuer son épaisseur, afin de pouvoir l'ajuster à la place qu'elle doit occuper. On dit aussi *Démaigrir.* == AMAIGRIR. v. n. Devenir maigre. *Il amaigrit tous les jours.* == S'AMAIGRIR. v. pron. Devenir maigre. *Il s'amaigrit par ses mortifications.* || T. Sculpt. *Cette figure s'est amaigrie,* se dit d'une figure de terre glaise qui s'est réduite en séchant. == AMAIGRI. IE. part.

Syn. — *Maigrir.* — Le verbe neutre *Am.* marque le passage lent et successif de l'embonpoint à la maigreur; *maigrir* en marque le passage rapide. On *amaigrit* peu à peu; on *maigrit* à vue d'œil.

AMAIGRISSEMENT. s. m. Diminution graduelle du volume du corps. Se dit de l'homme et des animaux.

Syn. — *Maigreur, Emaciation, Atrophie.* — L'*Am.* est le fait de la diminution graduelle du volume général du corps; il est la conséquence de la résorption de la graisse, et l'affaissement consécutif des tissus. La *maigreur* est l'état plus ou moins permanent qui est la suite de l'*am.* L'*émaciation* ne se dit guère que dans le langage de la science, pour désigner la *maigreur* poussée à l'extrême et accompagnée d'une notable diminution de forces. Le mot *atrophie* s'emploie en parlant du manque de développement normal d'un organe particulier ou de l'organisme tout entier; elle est, le plus souvent, congénitale, ou bien elle résulte de quelque altération profonde du système nerveux ou du système circulatoire, comme dans certains cas de paralysie ou d'oblitération du principal vaisseau d'un membre.

Méd. vét. — En dehors des maladies, les animaux peuvent être amaigris par la privation plus ou moins grande d'aliments de bonne qualité, de sommeil et par l'excès de travail. — Il suffit de supprimer les causes pour voir l'animal engraisser.

AMALARIC, roi des Visigoths d'Espagne (507), épousa Clotilde, fille de Clovis, et fut poignardé par ses propres sujets en 531.

AMALASONTE, fille de Théodoric le Grand, régna sur les Ostrogoths pendant la minorité de son fils Athalaric, et fut étranglée par Théodat en 535.

AMALÉCITES, peuple de l'Arabie Pétrée, descendant d'Amalec, petit-fils d'Esaü.

AMALFI, v. et port de la Principauté Citérieure (Italie), au S.-E. de Naples, 6,500 hab.

AMALGAMATION. s. f. T. Métall. Action d'amalgamer, c.-à-d. de combiner un métal avec du mercure.

AMALGAMATEUR. s. m. Appareil destiné à rendre plus complète l'amalgamation de l'or et de l'argent dans la méthode ordinaire d'extraction des métaux.

AMALGAME. s. m. (gr. ἅμα, ensemble; λ explétif; γαμώ, je marie). Alliage du mercure avec un autre métal. *Faire un am.* || Fig. et fam., Mélange de personnes ou de choses qui ne devraient pas se trouver ensemble. *On trouve chez lui un singulier am. de toutes sortes de gens.*

Chim. — Les *Amalgames* sont, en gén., liquides lorsque le mercure est très prédominant, et solides quand la proportion de mercure n'est pas assez considérable. Ils sont presque tous blancs et décomposables à la chaleur rouge. — Le mercure et l'étain se combinent à chaud en toute proportion et s'amalgament même à froid. Le *Tain* qui sert à étamer les glaces est un am. d'environ 3 parties de mercure pour 1 d'étain. On verse le mercure sur une feuille d'étain étendue horizontalement et l'on y applique ensuite le verre dont on veut faire une glace. — L'am. de bismuth (1 p. de bismuth, 4 p. de mercure) est employé pour étamer intérieurement les globes de verre. — On se sert d'un am. composé de 50 p. de mercure, 25 d'étain et 25 de zinc pour frotter les coussins des machines électriques. — Enfin, dans les anciens procédés usités pour dorer et argenter le cuivre, le laiton et le bronze, on emploie les amalgames d'or et d'argent. On s'en sert également pour extraire l'or et l'argent de leurs gangues. Voy. Bronze, Argent, Or.

Minér. — L'Am. d'argent existe dans la nature. On le trouve à Moschellandsberg, dans le Palatinat. Il porte le nom d'am. ou de mercure argental.

AMALGAMER. v. a. T. Chim. Faire un amalgame. || Fig. et fam., Rapprocher, unir des choses qui ne sauraient aller ensemble. L'école d'Alexandrie essaya d'am. la philosophie grecque avec le mysticisme oriental. ⸗ s'AMALGAMER. v. pron. Le mercure s'amalgame très facilement avec l'étain. Les idées les plus disparates s'amalgament dans son esprit. ⸗ AMALGAMÉ, ÉE. part.

AMALTHÉE (Myth.), nourrice de Jupiter; c'était une chèvre, suivant les uns; la fille de Mélissus, roi de Crète, selon les autres.

AMALTHÉIDES. s. m. pl. T. Paléont. Nom donné à une famille de mollusques céphalopodes du sous-ordre des Ammonitides. (Voy. ce mot.) La coquille est généralement discoïde et aplatie latéralement, carénée, à dernier tour élargi et embrassant une grande portion des tours précédents. La ligne suturale offre de nombreux lobes auxiliaires. On a trouvé chez plusieurs espèces un aptychus corné univalve. On rencontre les types de cette famille dans le lias, le jurassique et le crétacé.

AMAN, ministre d'Assuérus, roi de Perse.

AMAN. s. m. Mot arabe qui signifie pardon, amnistie. Donner, accorder l'am. || T. Mar. Cordage des antennes. || Toile de coton qui se fabrique à Alep.

AMANDAIE. s. f. Lieu planté d'amandiers.

AMANDE. s. f. Fruit de l'amandier. || On nomme Amandes lissées, glacées, soufflées, pralinées, différentes sortes de dragées que l'on fait avec des amandes. || Vulg., on donne le nom d'Am. à toute graine contenue dans son noyau. Mais les botanistes appellent ainsi la partie de la graine mûre placée sous le tégument propre de la graine. Voy. GRAINE.

Pharm. — On distingue dans le commerce deux espèces d'amandes : les amandes douces et les amandes amères. Les premières se divisent même en deux variétés, l'une à coque dure, l'autre à coque fragile. Les amandes douces ont un goût fort agréable, surtout lorsqu'elles sont fraîches; mais quand elles sont sèches, elles sont difficiles à digérer. L'Emulsion ou Lait d'amandes et l'Huile d'amandes douces sont fort usitées dans les phlegmasies des organes pulmonaires et du canal digestif. Prise en petite quantité, l'huile agit comme émollient; à plus haute dose (30 à 60 grammes), elle devient laxative, et s'emploie avec succès pour purger les enfants et les personnes délicates. On en fait également un grand usage en parfumerie. Le Sirop d'orgeat se prépare avec des amandes douces auxquelles on ajoute 3/10 d'amandes amères.

Selon Dioscoride, 5 ou 6 amandes amères suffisent pour dissiper l'ivresse. Ces amandes possèdent en outre la faculté de tuer les vers intestinaux. On les emploie encore à petites doses pour aromatiser les préparations dont les amandes douces sont la base. A haute dose elles causent des accidents graves et parfois même mortels. Elles renferment deux substances particulières nommées amygdaline et émulsine, dont le mélange s'altère au contact de l'eau, de telle sorte que l'amygdaline se dédouble en glucose, en essence d'amandes amères et en acide cyanhydrique, corps très vénéneux. L'essence d'amandes amères C[7]H[6]O est l'aldéhyde benzoïque ou hydrure de benzyle. C'est un liquide incolore, d'une odeur bien connue, d'une saveur âcre, qui bout à 180°. On l'obtient en distillant de l'eau au contact des feuilles de laurier-cerise, ou bien en faisant macérer dans l'eau les tourteaux d'amandes amères d'où l'huile a déjà été extraite, et procédant ensuite à la distillation de cette bouillie. Le liquide distillé est agité avec de la chaux et du protochlorure de fer, et distillé une seconde fois sur la chaux vive.

AMANDÉ. s. m. Sorte de boisson faite avec du lait et des amandes douces broyées et passées.

AMANDIER. s. m. T. Bot. Arbre fruitier connu de tous et qui a reçu le nom d'Amygdalis communis; sa patrie d'ori-

gine s'étend sur la Perse, l'Asie Mineure, la Syrie et même l'Algérie. Les fleurs, qui naissent avant les feuilles, s'épanouissent dans les premiers jours du printemps. Les fruits portent le nom d'amandes. Voy. ce mot.

AMANITE. s. f. (gr. ἄμανος, nom d'une montagne de la Cilicie.) T. Bot. Genre de champignons caractérisé par une enveloppe ou volva qui enveloppe la plante dans sa jeune âge. Il contient l'oronge comestible, et la fausse oronge, vénéneuse. Voy. CHAMPIGNON.

AMANT, TE. s. (lat. amans, antis, de amare, aimer). Celui, celle qui éprouve pour une personne d'un autre sexe un amour partagé.

    Séparer deux amants, c'est tous deux les punir,
    Et dans la même tombe il vaut mieux les unir.
                             CORNEILLE.

Au masc., se dit d'un homme qui a des relations intimes avec une femme qu'il n'a pas épousée. Le duc de Buckingham passe pour avoir été l'amant de la reine de France Anne d'Autriche. — Les grandes dames du XVIII° siècle ne rougissaient pas d'avoir plusieurs amants. || Au plur., se dit aussi de deux personnes de différent sexe qui s'aiment. Le mariage entre ces deux amants est résolu. — Amant de cœur: am. d'une fille publique qui ne contribue pas à son entretien et souvent même vit à ses dépens; l'Académie le nomme greluchon. || Fig., Les amants des Muses, les poètes. Un am. de la liberté, de la gloire, Un homme passionné pour la liberté, pour la gloire. — Dans le style élevé, on dit aussi : Le papillon volage am. des fleurs. La violette amante des bocages.

Syn. — Amoureux, se. — Amoureux se dit d'un homme qui éprouve de l'amour pour une femme, ou réciproquement, que cet amour soit ou non partagé, qu'il ait été déclaré ou non. Il est amoureux d'elle; elle est amoureuse de lui. Au XVII° et au XVIII° siècle, le mot amant, te, ne se prenait qu'en bonne part et désignait l'attachement honnête, le plus souvent partagé, l'amour dans ce qu'il a de plus élevé, ou bien les assiduités d'un homme envers une femme, agréées par celle-ci sans qu'on en puisse conclure à des relations plus intimes. Aujourd'hui, le mot am. ne s'emploie plus dans ce sens que dans le style noble et poétique, si ce n'est quelquefois au pluriel. Le féminin amante ne se dit plus qu'en poésie. Dans le langage courant, am. signifie l'homme qui a des relations intimes avec une femme sans être marié avec elle. On peut rester l'am. d'une femme après avoir cessé d'en être amoureux. — Amoureux est un adjectif pris quelquefois substantivement. Amant est toujours substantif. Enfin, amoureux se prend quelquefois absolument et signifie qui recherche les plaisirs de l'amour : Complexion amoureuse.

AMAPER. v. a. T. Mar. Empoigner une voile avec vigueur pour la saisir.

AMAR, conventionnel, membre du Comité de salut public (1750-1816).

AMARANTE. s. f. (gr. ἀμάραντος, qui ne se flétrit pas). T. Bot. Genre de plantes de la famille des Chénopodiacées, tribu des Amarantées. Voy. CHÉNOPODIACÉES. || Comme plusieurs espèces de ce genre ont des fleurs d'un rouge pourpre velouté, on dit adject. : Couleur am. Rouge am. Un velours, un drap am.

AMARANTÉES. s. f. pl. T. Bot. Tribu de plantes de la famille des Chénopodiacées. Voy. ce mot.

AMAREILLEUR. s. m. Ouvrier chargé des soins qu'exige le parcage des huîtres.

AMARELLE s. f. ou GENTIANELLE. Voy. GENTIANE.

AMARESCENT, ENTE. adj. Légèrement amer.

AMARIN (SAINT-), anc. ch.-l. de c. (Haut-Rhin), arr. de Belfort, 2,400 hab. (à l'Allemagne depuis 1871).

AMARINAGE. s. m. Action d'amariner un bâtiment pris sur l'ennemi.

AMARINE. s. f. T. Chim. Alcaloïde qu'on obtient par

l'action de l'ammoniaque sur l'essence d'amandes amères. On le nomme aussi *Pieramine*.

AMARINER. v. a. (R. *marin*). T. Mar. *Am. un bâtiment*, En prendre possession après l'avoir forcé d'amener, c.-à-d. de se rendre. || Habituer à la mer. *Il est difficile d'am. les soldats tirés du centre de la France.* == AMARINÉ, ÉE. part. *Un vaisseau am.* — *Matelot am.*, Habitué à la mer, et qui a le pied marin.

AMARQUE. s. m. (R. *à, marque*). T. Mar. On nomme ainsi un indice pour avertir les navigateurs des approches d'un banc. On emploie à cet usage un tonneau vide et bouché hermétiquement, qu'on fixe à l'aide d'une chaîne et d'une ancre, afin qu'il surnage constamment à la place qu'il doit signaler à l'attention des marins.

AMARRAGE. s. m. T. Mar. Action d'amarrer un bâtiment. || Union, ligature de deux cordages, au moyen d'un autre plus petit qu'on appelle *Ligne d'am*. *Faire un am.*, *des amarrages*.

AMARRE s. f. T. Mar. Cordage au moyen duquel on attache un objet quelconque dans un navire. *Lier une table avec une am*. *Attacher un canon avec des amarres*. — S'emploie plus particulièrement en parlant de certains cordages, tels que les *aussières* et les *grelins*, et même des chaînes, qui servent à fixer un navire dans une rade, dans un port, etc., ou qui servent à l'attacher à un autre bâtiment. *Jeter une am. à une embarcation*. *Les amarres d'un vaisseau*. — *Amarres de bout*, Amarres qui tiennent à l'avant du navire. *Amarres de travers*, celles qui sortent par les sabords ou par-dessus le bordage.

AMARRER. v. a. (lat. *mare*, mer). Lier, attacher, fixer avec une amarre. *Am. un navire dans le port*. *Am. un bâtiment*. *Am. une manœuvre*, La lier, l'arrêter après avoir halé dessus. == AMARRÉ, ÉE. part.

AMARYLLIDACÉES. s. f. T. Bot. Famille de végétaux

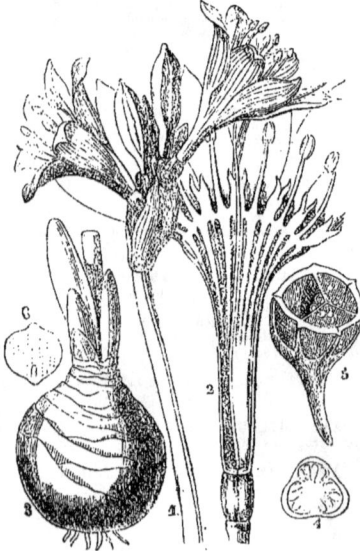

Fig. 1.

monocotylédones de l'ordre des *Iridinées*. Les Am. sont des plantes à bulbes ou à rhizomes renflés en tubercules, parfois à tige courte avec une rosette de feuilles et parfois à tige ligneuse, cylindrique et élevée. — *Caract. bot.* Feuilles à nervures parallèles radicales, rarement caulinaires, et de figure très

variée. Fleurs ordinairement munies de bractées spathiformes. Calice et corolle pétaloïdes, réguliers, le premier recouvrant la seconde; les pétales et les sépales sont libres ou bien peuvent être soudés en un tube qui porte quelquefois une couronne (*Narcisse*). Étamines au nombre de six, naissant des sépales et des pétales, à filets quelquefois dilatés à leur base et unis de manière à former une sorte de godet : il peut n'y avoir que 3 étamines ou bien leur nombre peut être doublé ou triplé. Anthères s'ouvrant intérieurement. Ovaire à 3 loges opposées aux sépales, pluri-ovulées, et parfois uni ou bi-ovulées; ovules anatropes; style simple; stigmate trilobé. Fruit représentant soit une capsule à 3 loges, à 3 valves et à déhiscence loculicide, soit une baie contenant 1 à 3 graines. Graines pourvues d'un test tantôt mince et membraneux, tantôt noir et cassant, tantôt épais et charnu; albumen charnu ou corné; embryon presque droit, à radicule tournée vers le hile, parfois rudimentaire (*Burmannia*).

Cette famille ne compte pas moins de 76 genres et 715 espèces, répandues dans toutes les contrées chaudes et tempérées du globe; elles abondent dans la région méditerranéenne, ainsi que dans l'Afrique et l'Amérique australe, et sont peu nombreuses en Asie. (Fig. 1. — 1. *Pancratium maritimum*. 2. Coupe de la fleur pour montrer qu'il existe, entre chaque étamine, une dent bifide dont l'ensemble forme une couronne. 3. Bulbe. 4. Coupe transversale de l'ovaire. 5. Coupe de la capsule de l'*Alstrœmeria peregrina*. 6. Coupe verticale de sa graine.)

On divise cette famille en six tribus :

Tribu I. *Amaryllidées*. — Bulbe. (*Galanthus, Leucoium, Amaryllis, Narcissus, Pancratium*, etc.)

Les Am. sont du petit nombre de groupes monocotylédonés où l'on trouve des espèces possédant des propriétés vénéneuses. Ces propriétés se remarquent surtout dans le suc visqueux des bulbes de l'*Hémanthe vénéneux* (*Hæmanthus toxicarius*) et de quelques espèces voisines. Les Hottentots, dit-on, s'en servent pour empoisonner leurs flè-

Fig. 2.

ches. On a aussi prétendu, mais sans doute à tort, qu'il en était de même des bulbes de l'*Amaryllis belladone* (*Am. belladona*) ou *Am. à fleurs roses*. Suivant Martius, les bulbes des *Hippéastres* sont vénéneux. On connaît depuis longtemps les propriétés émétiques de la *Nivéole du printemps* (*Leucoium vernum*) et du *Galanthe d'hiver*, appelé vulg. *Perce-Neige* et *Violette de la Chandeleur*. Les mêmes propriétés s'observent dans le *Narcisse à bouquets* (*Narcissus Tazetta*), dans le *N. odorant* (*N. odorans*), nommé encore *Grande Jonquille*, dans le *N. des poètes* (*N. poeticus*), et dans le *Pancratier maritime* ou *Lis de Mathiole* (*Pancratium maritimum*) Les fleurs du *Faux Narcisse* (*Narcissus pseudo-narcissus*), connu sous les noms vulgaires de *Narcisse des Prés* et *Fleur de coucou* (Fig. 2), sont non seulement émétiques, mais encore vénéneuses, et ont plusieurs fois causé la mort d'enfants qui en avaient mangé.

Tribu II. *Agavées*. — Rhizome ou tige dressée. (*Agave, Fourcroya, Alstrœmeria*, etc.) L'*Agave* ou *Aloès d'Amérique*, dont la fleur, suivant une fable très répandue, ne fleurit que tous les cent ans, forme, grâce à ses feuilles charnues et épineuses, des haies impénétrables. Les racines et les feuilles de l'agave, ainsi que de quelques espèces voisines, surtout de celle que l'on appelle *Pitte*, contiennent des fibres ligneuses extrêmement tenaces qui font d'excellents cordages. Les Mexicains s'en servent encore pour fabriquer du papier. La racine de l'agave est diurétique et antisyphilitique, et on l'apporte en Europe mêlée à la salsepareille. Mais le produit

le genre important de l'agave, et surtout de l'*Agave améri-*
cane (Agave americana), c'est la sève qui s'écoule abon-

Fig. 4.

dance ent, lorsqu'on coupe les feuilles intérieures au moment
où la hampe florale va se développer. Le suc de l'agave est
d'un goût acide très agréable. Il fer-
mente avec facilité à cause du mucilage et du sucre qu'il contient ; on
lui donne alors le nom de *Pulque*.
Cette liqueur spiritueuse, qui ressemble à du cidre, a une odeur de
viande putréfiée excessivement désagréable ; mais les Européens qui ont
surmonté le dégoût qu'inspire sa félici-
dité préfèrent le pulque à toute autre
liqueur. On en tire une sorte d'eau-
de-vie très enivrante qu'on nomme
Mexical ou *Aguardiente de Ma-
guey*. Cette plante s'est acclimatée
sur les rives de la Méditerranée où
les graines en ont été apportées accidentellement par les voyageurs, et
où on la rencontre en abondance.

TRIBU III. *Vellosiées.* — Plus de
six étamines. (*Vellosia, Barbace-
nia.*)

TRIBU IV. *Hypoxidées.* Rhizome
tuberculeux. (*Hypoxis,
Curculigo*, etc.).(Fig. 3.
— 1. Graine de *Curcu-
ligo orchioïdes.* 2. La
même coupe verticale-
ment.) — Les racines
de *Curculigo orchioï-
des* sont légèrement
amères et aromatiques.
Aux Indes orientales,
on en fait usage dans
certains écoulements
muqueux. Aux îles Ma-
riannes, on mange les tubercules du
Curculigo stans, et les indigènes
de l'Amérique du Nord emploient
ceux de l'*Hypoxis erecta* dans le
traitement des ulcères et contre les
fièvres intermittentes.

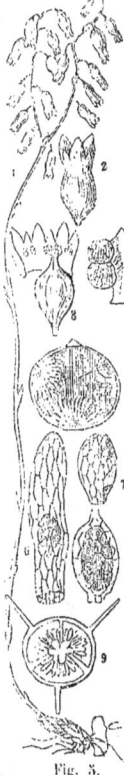

Fig. 3.

TRIBU V. *Taccacées.* — Placen-
tation pariétale. (*Tacca*.) (Fig. 4. —
1. *Tacca integrifolia.* 2. Fruit du
Tacca pinnatifida. 3. Graine du
même, dont on a enlevé la moitié
du test. 4. Coupe de son albumen et
de son embryon.) — Les plantes qui
forment le genre *Tacca* présentent
un certain degré d'âcreté, tant dans
leurs tubercules que dans leurs
parties herbacées. Néanmoins les
premiers servent d'aliment aux habitants des îles de l'archipel Indien, des Moluques, de la Société, etc. On les emploie

Fig. 5.

de même dans diverses parties du continent. A cet effet, on
les râpe et on les fait macérer quatre ou cinq jours dans l'eau ;
la fécule se sépare et se dépose ; comme cela a lieu pour le
sagou. Elle est connue dans le commerce sous le nom d'*Arrow-root de Travancore*. En Chine et en Cochinchine, ainsi
que dans le Travancore, ces tubercules sont très gros, et les
indigènes les mangent, dit Ainslie, en les assaisonnant avec
un acide pour les dépouiller de leur âcreté.

TRIBU VI. *Burmanniées.* — Embryon rudimentaire. (*Burmannia, Corsia, Thismia*, etc.) (Fig. 5. — 1. *Dictyostegia
orobanchoïdes.* 2. Sa fleur. 3. La même, le périanthe ouvert.
4. Moitié d'une anthère. 5. Coupe de l'ovaire. 6. Graine.
7. Graine de *Burmannia disticha.* 8. Graine d'*Apteria setacea.* 9. Coupe transversale de l'ovaire d'une espèce de *Burmannia* de Ceylan.) — L'*Apteria setacea* est un peu amère
et très astringente. La *Burmannia cærulea* est également
amère ; mais elle a un arome qui a quelque analogie avec
celui du thé vert.

AMARYLLIDÉES. s. f. pl. T. Bot. Groupe de plantes constituant une tribu de la famille des *Amaryllidacées.* Voy. ce mot.

AMARYLLIS. s. f. [Pr. l'S]. T. Bot. Genre de plantes de
la famille des *Amaryllidacées.* Voy. ce mot.

AMAS. s. m. (gr. ἄμα, ensemble). Accumulation de plusieurs choses. *Am. de sable, de pierres. Un am. d'armes.*
— Par anal., on dit *Un am. d'eau, d'humeurs, de sang.* ||
Fig., Réunion, concours d'un grand nombre de personnes.
Am. de peuple. Am. de curieux. || Est encore usité au fig.,
mais en mauvaise part. *Ce livre n'est qu'un am. d'erreurs.
Sa vie n'est qu'un am. de crimes. Ce discours n'est qu'un
am. d'antithèses.*

Syn. — *Monceau, Pile, Tas.* Un *tas* peut être rangé avec
une sorte de symétrie ; le *monceau* n'a aucune symétrie. Le
monceau est plus volumineux que le tas. La *pile* suppose un
arrangement spécial : *pile d'assiettes.* L'*am.* suppose une
accumulation progressive.

Astr. — *Amas d'étoiles*, réunion d'un grand nombre

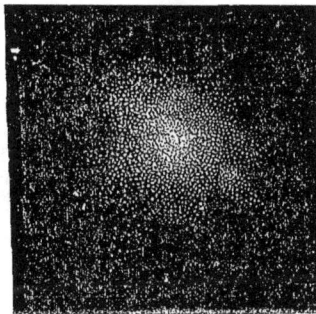

d'étoiles formant un même système. L'un des plus beaux est
l'amas d'Hercule. (Fig. ci-dessus).

Géol. — On donne le nom d'*Am.* à des dépôts de matières
qui, au lieu d'être étendus indéfiniment comme les couches,

Fig. 1.   Fig. 2.

sont enveloppés, en tout ou en grande partie, par des matières
d'un genre différent, et forment ainsi des masses plus ou
moins irrégulières (Fig. 1 et 2), quelquefois arrondies, ovales
ou lenticulaires. Ces dernières (Fig. 2), qui sont fréquemment situées entre deux couches de roches, reçoivent parfois
le nom d'*am. couchés.* Il y a des am. dont le volume est vo-

ritablement prodigieux. Ainsi, par ex., à Traverselle, dans le Piémont, on exploite un am. de fer oxydulé ou d'aimant qui a 500 mètres de longueur, 400 de largeur et 300 de hauteur; et à Hallein, dans le cercle de Salzbourg (Autriche), il existe un am. de sel gemme qui a été reconnu par des travaux souterrains sur une longueur de 3 000 mètres, une largeur de 1 300 et une hauteur de 500, ce qui donne 1 milliard 950 millions de mètres cubes. Les très petits am. qui se trouvent dans l'épaisseur des couches prennent les noms de *Nids*, de *Rognons* et de *Noyaux*. On appelle plus particulièrement *nids*, les petits am. de matières friables dont la forme est très irrégulière; le nom de *rognons* s'applique aux petits am. solides dont la forme est plus ou moins arrondie, souvent étranglée en différents points, et dont le volume est en gén. au moins égal à celui du poing; enfin les *noyaux* sont de petits am. le plus souvent solides, qui ont très fréquemment la forme d'une amande, ne sont presque jamais étranglés, et semblent, dans beaucoup de cas, s'être modelés dans des cavités préexistantes.

AMASIAS, 8ᵉ roi de Juda (831-803 av. J.-C.).

AMASIS, roi de l'anc. Egypte (569-526 av. J.-C.), ouvrit aux Grecs les ports de l'Egypte; il mourut quelques mois avant l'invasion de Cambyse, roi de Perse.

AMASSER. v. a. Entasser, faire un amas, mettre ensemble. *Am. des matériaux pour une construction. Am. de l'argent, de grands biens.* — Pris absol., signif. Thésauriser. *Il ne fait qu'am.* || Fig., *Am. des preuves. Am. une grande fortune.* || Réunir un grand nombre de personnes. *Am. des troupes de toutes parts.* || Relever de terre ce qui est tombé. *Amassez mes gants.* Vx. On dit aujourd'hui *Ramasser*. = s'AMASSER. v. pron. *Il s'est amassé beaucoup de sable dans ce canal. La foule s'amassa autour de lui.* = AMASSÉ, ÉE. part. — Syn. Voy. ACCUMULER.

AMASSETTE. s. f. Palette, lame dont les peintres se servent pour amasser les couleurs broyées. || Petit instrument avec lequel on amasse la pâte.

AMATELOTAGE. s. m. T. Mar. Voy. AMATELOTER.

AMATELOTER. v. a. (R. *matelot*). T. Mar. = AMATELOTÉ, ÉE. part. — Autrefois, dans un bâtiment, un hamac devait servir à deux matelots; et comme l'un dormait pendant que l'autre faisait le quart, il résultait de ce fait une espèce d'association pour faire le service à tour de rôle, association qu'on appelait *Amatelotage*. Associer ainsi deux matelots, c'était les *amat*. En 1892 l'amatelotage, déjà supprimé depuis longtemps pour les matelots, l'a été également pour les soldats transportés à bord des navires de l'Etat. Depuis le mois de mai 1892, chaque soldat transporté a, comme chaque matelot, son hamac spécial.

AMATEUR. s. m. (lat. *amator*, qui aime). Celui qui a beaucoup d'attachement, de goût pour quelque chose. *Am. de sciences. Am. de la gloire. Am. de livres, de nouveautés, de peinture, de statues.* || Celui qui pratique un art ou une science sans en faire sa profession. Dans ce sens, s'emploie absol. *Ce portrait est l'ouvrage d'un am. Elle joue fort bien du piano pour un am. C'est un concert d'amateurs.* On dédaigne souvent les amateurs dans les sciences : c'est une erreur, ils ont souvent fait faire de grands progrès. En astronomie, par exemple, Copernic, Kepler, Herschel, furent d'abord des amateurs avant de se consacrer entièrement à leur science de prédilection.

Obs. gram. — Quelques écrivains, et notamment J.-J. Rousseau, ont employé le féminin *Amatrice* : ne doit pas être adopté. Une femme doit dire : je suis amateur de ceci ou de cela, et non : je suis amatrice.

AMATHONTE, v. de l'île de Chypre, célèbre par le culte de Vénus.

AMATI, célèbre famille de luthiers de Crémone, aux XVIᵉ et XVIIᵉ siècles.

AMÂTINER. v. (R. *mâtin*). Faire couvrir une chienne par un mâtin.

AMATIR. v. a. (R. *mat*). T. Techn. Rendre mat l'or ou l'argent en leur ôtant le poli. = AMATI, IE. part.

AMATIVITÉ. s. f. (lat. *amare*, aimer). Nom que les phrénologues donnent à l'instinct qui attire les êtres l'un vers l'autre et les porte à s'aimer.

AMAUROSE. s. f. (gr. ἀμαύρωσις, obscurcissement). L'*Am.* est en gén. caractérisée par la perte totale ou presque totale de la vue et par l'immobilité de la pupille, les différents milieux de l'œil conservant leur transparence. Quand la cécité est incomplète, et que le malade distingue encore les objets, on donne le nom d'*Amblyopie* à cet état d'affaiblissement de la vue. L'am. complète ou incomplète existe tantôt dans un seul œil, tantôt dans les deux à la fois. Parmi les amauroses incomplètes, nous devons citer une variété assez rare dans laquelle le malade n'aperçoit qu'une des moitiés de l'objet qu'il examine : cette variété se nomme *Hémiopie*. Dans certains cas, la vision n'est possible que pendant le jour; dans d'autres, elle ne peut s'exercer que pendant la nuit, c.-à-d. lorsque les rayons lumineux sont fort affaiblis : ces variétés ou ces degrés de l'am. constituent l'*Héméralopie* et la *Nyctalopie*. D'autres fois, la vision est double, ou bien elle est troublée par des corpuscules noirs appelés vulgairement *mouches voltigeantes*, ou bien encore la vision s'accompagne de fausse appréciation des couleurs. Ces degrés ont reçu les noms de *Diplopie*, de *Myodopsie* et de *Pseudochromie*.

L'am. s'observe à tous les âges de la vie. Elle peut être congénitale; quelquefois elle est héréditaire, mais ne se déclare cependant qu'à un âge plus ou moins avancé. L'am. se développe plus spécialement à l'époque moyenne de la vie et affecte plus fréquemment les yeux noirs ou bruns que les yeux bleus ou gris. Suivant Berr, ce rapport est dans la proportion de 25 ou 30 contre 1. — Les anciens ophtalmologistes distinguaient un grand nombre d'espèces d'amauroses. Les progrès de l'ophtalmologie ont permis de retrancher de la classe des amauroses un grand nombre d'affections dont les causes et les lésions sont aujourd'hui très connues. On ne peut plus guère distinguer aujourd'hui que l'am. essentielle dont la cause est mal connue, et l'am. sympathique qui dépend des lésions d'organes étrangers à l'appareil de vision.

On appelle *am. partielle temporaire* ou *scotome scintillant*, ou *migraine ophtalmique*, une affection dans laquelle se manifeste brusquement devant un œil, ou devant les deux yeux, un obscurcissement limité; puis la région obscurcie développe des éclairs et finit par paraître embrasée : c'est le *scotome scintillant*. Cette affection qui n'est pas grave, mais qui effraye beaucoup les malades, peut se compliquer de troubles généraux de l'innervation : perte de mémoire, paralysie partielle, etc.

On donne vulg. à l'am. le nom de *Goutte sereine*. Morgagni explique ainsi l'origine de cette dénomination : « Les Arabes appelaient autrefois l'am. *goutte sereine*; *sereine* parce que, dans cette maladie, les yeux sont clairs et sans lésion apparente, si ce n'est que la pupille est en gén. plus grande qu'à l'état normal et presque immobile; *goutte*, parce que les médecins de cette nation supposaient que les nerfs optiques étaient obstrués par une humeur épaisse venue du cerveau. »

Vét. — AMAUROSE ou *goutte sereine*. Voy. ŒIL (Maladies de l') chez les animaux.

AMAUROTIQUE. adj. Qui a rapport à l'amaurose. || S. m. et f. Celui ou celle qui est atteint d'amaurose.

AMAURY Iᵉʳ, roi de Jérusalem (1163-1173). || AMAURY II de Lusignan, roi de Chypre, puis roi titulaire de Jérusalem (1194-1205).

AMAZONE. s. f. (gr. à priv.; μαζός, mamelle). Femme d'un courage mâle et guerrier. *C'est une am.* || Habit d'am., ou simplement *amazone*, Longue robe que portent les femmes pour monter à cheval. *Elle s'est fait faire une am.* — On dit aussi : *Etre vêtue en am.* || Femme qui porte cette robe. On rencontre beaucoup d'*amazones* au bois de Boulogne.

Hist. — D'après la légende grecque, les *Amazones* étaient une tribu de femmes guerrières qui n'admettaient aucun homme dans leur société. Elles n'entretenaient de relations avec les peuples voisins qu'une seule fois chaque année, et cela dans l'unique but de perpétuer leur race. A la suite de ces visites passagères, s'il arrivait que les Amazones eussent à remplir les devoirs de la maternité, leurs enfants mâles étaient envoyés à leurs pères ou abandonnés sur la frontière où on les laissait périr impitoyablement, et leurs filles étaient élevées aux dépens de l'Etat. Lorsqu'elles avaient atteint leur huitième année, les jeunes Amazones supportaient une opération douloureuse, dont le but était de les priver de la mamelle droite, afin de les rendre plus aptes au maniement des armes. De là leur nom. C'est environ quatre ou cinq siècles avant la guerre de Troie, ou plus de 1600 ans avant notre ère, qu'il faut placer l'histoire problématique des Amazones orientales.

Le roi du Dahomey, dans l'Afrique équatoriale, entretient un corps de guerrières qui doivent rester vierges sous peine de mort, et que les Européens ont nommées les *Amazones du Dahomey*. Tous les voyageurs s'accordent à vanter le courage, la fierté — et la cruauté — de ces guerrières noires.

AMAZONES (Fleuve des) ou **MARAGNON**, le plus grand fleuve du monde (62 $\frac{1}{2}$0 kilom.), prend sa source au nord de Passo, dans la Cordillère des Andes, s'élargit très promptement et roule une quantité d'eau telle que le courant se fait sentir à 100 kilom. en mer, tandis que la marée remonte jusqu'à 600 kilom. Il réunit près d'un millier d'affluents dont les principaux sont : à gauche le Rio Negro, et à droite l'Apurimac, la Madeira, le Xingu et le Tocantins. Son nom lui a été donné par un aventurier espagnol, qui, vers 1539, crut rencontrer sur ses bords des femmes armées.

AMAZONIS. s. f. Vaste territoire de l'Amérique du Sud, formé par le bassin du fleuve des Amazones.

AMAZONITE. s. f. T. Minér. Variété verte de feldspath qu'on trouve près du fleuve des Amazones et en Sibérie, aux monts Ourals.

AMBAGES. s. f. pl. (lat. *ambages*). Détours, circonlocutions, équivoques, long verbiage. *De longues am. Il ne parle jamais que par am.* Peu us.

AMBALARD. s. m. Brouette qui sert à transporter la pâte dans les papeteries.

AMBARVALE. s. f. pl. T. Antiq. (lat. *ambire arva*, faire le tour des champs). Fêtes célèbres en l'honneur de Cérès. Voy. CÉRÈS.

AMBASSADE. s. f. Fonction d'ambassadeur. *On lui a confié l'am. de Londres. Envoyer en am.*, en qualité d'ambassadeur. *Il alla en am. à Rome.* || Se dit aussi pour désigner l'ambassadeur et les personnes qui lui sont attachées ou qui font partie de sa suite. *Il appartient à l'am. Il est attaché à l'am.* — *Cette am. est magnifique*, le train de l'ambassadeur est magnifique. || Hôtel, bureaux d'un ambassadeur. *Aller à l'am. Faire viser son passeport à l'am.* || Députation envoyée à un prince, à un État souverain. *Les principaux habitants de la ville vinrent en am. Il reçut l'am. avec bonté.* || On dit fam. : *Je ne me chargerai pas d'une pareille am. auprès de votre père, D'un pareil message*, etc. *Je me suis acquitté de mon am. auprès de votre oncle.* — Ironiq., en parlant de quelqu'un qui a mal conduit une affaire, qui a échoué, on dit : *Il a fait là une belle am.*

AMBASSADEUR. s. m. (gallo-romain *ambactia*, mission). Personne notable ayant le caractère de représentant d'un État auprès d'un autre État. *La qualité, le titre d'am. Nommer, envoyer, recevoir des ambassadeurs*, se dit des députés que s'envoient certains princes ou certains États qui sont restés étrangers aux usages diplomatiques de l'Europe moderne. *Le roi de Siam a envoyé des ambassadeurs à Louis XIV.* || Fam., se dit de toute personne chargée de quelque message. *Vous ne pouviez envoyer un plus habile am.*

Dans le langage de la diplomatie, le titre d'*Am.* n'est donné qu'aux personnes qui appartiennent à la première classe des agents diplomatiques. Sous certains rapports, la personne de l'am. est inviolable, en ce qu'il exécute le mandat qui lui a été confié. D'après le droit international moderne, un am. peut être poursuivi comme un simple particulier étranger pour tous les actes qualifiés crimes par la loi de tous les pays, et dans ce cas, son titre ne le garantit pas d'être punissable. Mais il ne saurait être recherché pour les actes défendus seulement par les lois politiques ou par les coutumes du pays où il est envoyé.

La France entretient des ambassadeurs à Londres, à Saint-Pétersbourg, à Vienne, à Berlin, à Constantinople, à Madrid, à Rome où il y en a deux, un auprès du roi d'Italie, un

autre auprès du Pape, et à Berne. Dans les autres pays, la France a des *ministres plénipotentiaires*.

AMBASSADRICE. s. f. La femme d'un ambassadeur. || Fam., Femme chargée de quelque message. *Vous m'avez envoyé une fort aimable am.*

AMBASSE. s. m. T. Icht. Genre de poissons de la famille des *Percoïdes*.

AMBATAGE. s. m. T. Charronnage. Opération qui consiste à garnir une roue de son bandage.

AMBAZAC, ch.-l. de c. (Haute-Vienne), arr. de Limoges, 3,700 hab.

AMBE. s. m. (lat. *ambo*, deux). Combinaison de deux numéros pris ensemble à la loterie, et sortis ensemble au tirage. *Il est sorti un am. Gagner un am.* · Au jeu de loto, deux numéros placés sur la même ligne horizontale dans le carton que le joueur a devant lui.

AMBÉLANIER. s. m. T. Bot. Arbre originaire de Cayenne, famille des *Apocynées*.

AMBÉRIEU, ch.-l. de c. (Ain), arr. de Belley, 3,400 hab.

AMBERT, ch.-l. d'arr. (Puy-de-Dôme), 8,300 hab.; fromages renommés.

AMEESAS. s. m. [Pr. *ambezasse*] (lat. *ambo*, deux; *as*, unité). T. Jeu de trictrac. Coup par lequel on amène un as à chaque dé. On dit ordin. *Beset*.

AMBEZ (Bec D'). Pointe de terre au confluent de la Garonne et de la Dordogne.

AMBIANT, ANTE. adj. (lat. *ambire*, tourner autour). T. Phys. Qui entoure, qui circule autour. *Air am. Le milieu am. Vapeurs ambiantes.*

AMBIDEXTRE. adj. 2 g. (lat. *ambo*, deux; *dextera*, main droite). Qui se sert des deux mains avec une égale facilité. *Homme, femme am.* || S'emploie subst. *C'est un am.*

AMBIGU, UË. adj. (lat. *ambigere*, agir autour). Équivoque, obscur, qui présente deux sens différents. *Caractère am. Terme am. Réponse ambiguë. Les oracles étaient souvent ambigus.* || Se prend subst. dans cette phrase : *Cette femme est un am.*, de prude et de coquette, Est un mélange de prude, etc. —= s. m. Repas où l'on met en même temps sur la table le service et le dessert. || Jeu de cartes, mélange de plusieurs autres.

AMBIGUÏTÉ. s. f. Se dit de ce qui est équivoque, obscur, de ce qui offre un double sens. *L'a. était la ressource des oracles. Répondez oui ou non, et sans am. Il y a de l'am. dans tout ce qu'il écrit.*

Syn. — *Amphibologie, Équivoque, Double sens.* — Les mots *ambiguïté* et *amphibologie* servent à désigner, tous deux, un manque de clarté, de précision du discours, qui empêche d'en saisir le véritable sens. Toutefois, le premier de ces deux mots caractérise la confusion de la pensée; le second se dit d'un vice de construction grammaticale. *Équivoque* et *double sens* désignent ce jeu particulier de la pensée ou de l'expression par lequel une phrase offre deux sens également clairs et probables : l'un naturel, qu'on semble avoir le dessein de faire entendre, et l'autre détourné, qui est en réalité celui auquel on attache le plus d'importance. Le mot *équivoque* est presque toujours pris en mauvaise part.

AMBIGÛMENT. adv. D'une manière ambiguë.

AMBIORIX, roi des Éburons, peuple de la Gaule, battit les lieutenants de César, et fut vaincu à son tour par César (53 av. J.-C.).

AMBITÉ. adj. m. Se dit du verre qui a perdu sa transparence.

AMBITIEUSEMENT. adv. Avec ambition

AMBITIEUX, EUSE. adj. Qui a de l'ambition. *Un homme*

am. Il est plus am. de servir son pays que d'acquérir la faveur populaire. — Par extens., *Caractère, esprit am.* || Qui indique l'ambition. *Désirs, souhaits am. Idées, vues, prétentions ambitieuses.* — Par anal., en parlant d'une œuvre littéraire, on dit : *Le titre de ce livre est bien am.,* Il affiche des prétentions trop élevées. *Style am.; phrase, expression ambitieuse.*=S'emploie subst. *Il n'y a pas de morale pour l'am. S'il est vrai que l'on soit pauvre par toutes les choses que l'on désire, l'am. et l'avare languissent dans une extrême pauvreté.*

AMBITION. s. f. (lat. *ambitus,* brigue). Aspiration vers tout ce qui peut nous élever au-dessus des autres. Employé absol., se prend ordin. en mauvaise part. *Son insatiable am. l'a perdu. Il est dévoré d'am.* — Désir immodéré de gloire, d'honneurs, de puissance, de fortune. *L'am. dénature le cœur* (Mme DE STAËL). — Avec un modificatif, il est quelquefois pris en bonne part. *Ce ministre n'a d'autre am. que de rendre son pays heureux. Une noble, une louable am.*

AMBITIONNER. v. a. Souhaiter avec ardeur. *Am. les honneurs, les dignités, les distinctions, la puissance.* || Par exagér., on dit : *Je n'ambitionne qu'une chose, c'est de me reposer.* = AMBITIONNÉ, ÉE. part. *C'est une place fort ambitionnée.*

AMBLE. s. m. (lat. *ambulare,* marcher). T. Man. Le mode naturel de progression de la plupart des quadrupèdes consiste à faire succéder au mouvement de l'un des membres antérieurs, le mouvement du membre postérieur du côté opposé, puis celui de l'autre membre antérieur, et ainsi de suite alternativement. Quelques animaux cependant ont un autre mode naturel de progression. L'ours et la girafe, par ex., s'avancent en faisant mouvoir simultanément les deux membres du même côté. Cette allure, dans laquelle le corps n'est soutenu que d'un côté, a reçu le nom d'*Amble.* Les jeunes poulains qui n'ont pas acquis toutes leurs forces, les chevaux usés et ruinés par le travail, prennent l'am. naturellement. Le cheval qui va l'am. avance avec une rapidité presque égale à celle du trot, et le cavalier n'éprouve qu'un balancement à peine sensible. Dans quelques lieux des anciennes provinces de Normandie et de Bretagne, on dresse les jeunes chevaux à prendre l'am. Autrefois ces chevaux étaient très recherchés par les personnes peu familiarisées avec les difficultés de l'équitation. Au moyen âge, les *haquenées* et les *palefrois* montés par les châtelaines ou par les clercs étaient généralement dressés à cette allure. Mais aujourd'hui elle est condamnée par les écuyers, qui la rangent parmi les allures vicieuses. — *Amble rompu.* V. TRAQUENARD.

AMBLER. v. n. Aller l'amble. Vx.

AMBLEUR. adj. Qui marche l'amble. — *Cheval am.*

AMBLY — (gr. ἀμβλύς). Préfixe employé dans les mots scientifiques et signifiant *obtus* et *tronqué.*

AMBLYGONITE. s. f. (gr. ἀμβλὺς, obtus; γωνία, angle, à cause de la forme des cristaux). T. Minér. Fluophosphate d'alumine, de lithine et de soude qu'on trouve en masses cristallisées d'un éclat vitreux. Elle est très commune dans la Creuse et est exploitée comme minerai de lithine. Voy. LITHIUM.

AMBLYOPE. Celui qui est atteint d'amblyopie.

AMBLYOPIE. s. f. (gr. ἀμβλὺς, émoussé; ὄψ, œil). T. Méd. Affaiblissement de la vue. Voy. AMAUROSE.

AMBLYPTERUS. s. m. (gr. ἀμβλὺς, obtus; πτερὸν, nageoire, aile). T. Paléont. Poisson *ganoïde* de la famille des *Lépidostéides,* c'est-à-dire des *Ganoïdes* osseux avec écailles rhomboïdales. Les nageoires sont très larges avec un grand nombre de rayons. Les nageoires anale et dorsale sont grandes et placées en regard. Les nageoires ventrales sont placées dans la première moitié du corps. Ce genre se rencontre dans le carbonifère. Voy. GANOÏDES.

AMBLYSTOME. s. m. (gr. ἀμβλὺς, obtus; στόμα, bouche). T. Zool. Genre de *Batraciens.* Voy. AMPHIBIE et AXOLOTL.

AMBOINE, une des îles Moluques (Malaisie), appart. aux Hollandais, 100,000 hab.

AMBOISE, ch.-l. de c. (Indre-et-Loire), arr. de Tours, 4,200 hab. Château célèbre. || *Conjuration d'Amboise,* complot formé en 1560 par le prince de Condé et les Huguenots pour enlever François II, retiré à Amboise.

AMBOISE (GEORGES D'), cardinal, ministre de Louis XII (1461-1510).

AMBON. s. m. T. Archit. Tribune élevée dans le sanctuaire des églises primitives pour parler ou faire la lecture aux fidèles. Plus tard, l'am. fut porté à la séparation de la nef et du chœur et prit le nom de *jubé.* Voy. ce mot.

AMBOUTISSOIR. s. m. Voy. EMBOUTISSOIR.

AMBRE. s. m. (arabe *ambar*). Ce nom s'applique à deux substances de nature tout à fait différente : l'une s'appelle *Am. jaune,* et l'autre *Am. gris.* Celle-ci exhale une odeur suave et pénétrante, et c'est de là qu'est venue cette locut. prov. et fig. : *Il est fin comme l'am.,* pour désigner un homme très pénétrant, fort délié.

Ambre gris. — Cette substance se trouve sur les côtes de diverses régions tropicales, en masses de grosseur variable, et offrant une couleur grisâtre souvent nuancée de noir et de jaune. L'am. gris est solide, mais il se ramollit à la chaleur de la main. Sa pesanteur spécifique varie de 0.780 à 0.896. Il fond à 50° et se volatilise à 100°. Il est composé, pour les 4/5, d'une matière grasse particulière nommée *ambréine,* qui s'obtient en traitant l'am. par l'alcool. L'acide nitrique convertit l'ambréine en *acide ambréique.* L'odeur suave qu'exhale l'am. gris, odeur qui est fort analogue à celle du musc, le fait recherch.r des parfumeurs qui s'en servent pour aromatiser une foule de préparations. On l'emploie aussi quelquefois en médecine comme antispasmodique. Son prix est très élevé et dépasse de beaucoup celui de l'or.

L'origine de l'am. gris a donné lieu à un grand nombre d'hypothèses. La plus probable est celle qui consiste à le considérer comme une sorte de concrétion morbide formée dans les intestins d'une espèce de cachalot (*Physeter macrocephalus*).

Ambre jaune. — L'am. jaune, appelé aussi *Succin* et *Karabé,* est une substance résineuse solide, dure, cassante, semi-opaque ou presque transparente et d'une couleur qui varie du jaune pâle au rouge hyacinthe. L'am. jaune est insoluble dans l'eau et fond entre 280° et 290° en s'altérant, et en exhalant une odeur aromatique. Il est susceptible de recevoir un beau poli, on peut le tourner et le sculpter. On s'en sert principalement pour faire des pommes de canne, des tuyaux de pipe, des colliers et des chapelets. Il peut encore s'employer dans la fabrication des vernis. — Le succin se trouve en gén. associé aux dépôts de combustibles dans les terrains les plus récents. C'est sur les bords de la mer Baltique qu'existent les gîtes les plus renommés de cette substance. En France, on en rencontre à Auteuil, près de Paris, et dans les dépôts de lignites des départements de l'Aisne, du Gard et des Basses-Alpes. La plus grosse masse connue d'am. jaune a été découverte entre Mémel et Kœnigsberg : elle pèse plus de 10 kilog. D'après les recherches de Gœppert, tout l'am. de la Baltique provient d'un conifère qui, à en juger par les fragments de bois et d'écorce de divers âges, devait former une *espèce particulière* assez semblable à nos sapins blancs et rouges. L'*Arbre à am.* du monde primitif (*Pinites succinifer*) était plus résineux qu'aucun conifère du monde actuel. La résine y est non seulement placée, comme dans ces derniers, sur l'écorce et à l'intérieur de l'écorce, mais encore dans le bois lui-même dont on distingue très nettement, au microscope, les cellules et les rayons médullaires remplis de succin. — On rencontre quelquefois avec le succin une substance qui lui ressemble et que l'on appelle *copal fossile.* Cette substance est encore moins soluble dans l'alcool que le succin et ne donne pas d'acide succinique. — Les Romains et les Grecs connaissaient le succin : ces derniers lui donnaient le nom de ἤλεκτρον, et ils avaient déjà remarqué que cette substance, quand on l'a préalablement frottée sur une étoffe de laine, acquiert la propriété d'attirer à elle les corps légers, tels que les fragments de paille ou de papier, observation qui devint au XVIIIe siècle la base de la science de l'électricité. Voy. ÉLECTRICITÉ.

AMBRÉINE. T. Chim. Matière blanche, inodore, insipide, insoluble dans l'eau, soluble dans l'alcool et l'éther, qu'on retire de l'ambre gris et qui présente beaucoup d'analogie avec la cholestérine.

AMBRER. v. a. Parfumer avec l'ambre. — Ambré, ée, part. *Pastilles ambrées.* — Adj. *Couleur ambrée,* Qui ressemble à celle de l'ambre jaune. *Odeur ambrée,* Odeur analogue à celle de l'ambre gris.

AMBRESAILLES. s. f. pl. Plante nommée plus souvent *Myrtil* ou *Airelle,* famille des *Vacciniées.* Voy. ce mot.

AMBRETTE. s. f. T. Bot. On appelle *Poire d'am.* une espèce de poire qui a quelquefois une odeur ambrée, et on donne également, à cause de leur odeur, le nom de *Graines d'am.* aux semences de l'*Abelmoschus moschatus.* C'est encore par la même raison qu'on nomme vulgairement *am.* la *Centaurée jaune musquée* (*Centaurea moschata*), cultivée dans les jardins. || *Ambrette* est aussi le nom d'un genre de *Mollusques.* Voy. Pulmonés.

AMBRIÈRES, ch.-l. de c. (Mayenne), arr. de Mayenne, 2,700 hab.

AMBRINE. s. f. T. Bot. Genre de plantes aromatiques de la famille des *Chénopodiacées.*

AMBROISE (Saint), évêque de Milan, Père de l'Église (340-397), fêté le 7 décembre.

AMBROISIE. s. f. (gr. à priv.; βροτὸς, mortel). T. Myth. On écrit quelquefois *Ambrosie.* — Dans la Mythol. gréco-romaine, l'am. était la nourriture des dieux. Elle était solide, suivant l'opinion commune, tandis que le *Nectar* était liquide et constituait la boisson des habitants de l'Olympe. Cependant, Homère, dans l'*Iliade,* parle de l'am. comme d'une liqueur rouge, et, dans le même poème, il en fait un parfum, lorsqu'il nous peint Junon oignant son corps de cette substance divine. L'am., de même que le nectar, donnait la jeunesse ou la conservait, et procurait l'immortalité à ceux qui en avaient goûté. — || T. Bot. Genre de plantes de la famille des *Composées.* || Fausse Ambroisie. Espèce de plante de la famille des *Chénopodiacées* (*Chenopodium ambrosioïdes*).

AMBROIX (Saint-), ch.-l. de c. (Gard), arr. d'Alais, 3,500 hab.

AMBRONS, peuple de la Gaule ancienne, de la confédération des Helvétiens.

AMBROSIEN, IENNE. adj. *Chant ambrosien,* Espèce de chant ecclésiastique introduite dans l'église de Milan par saint Ambroise. Voy. Plain - Chant. || *Liturgie ambrosienne.* Voy. Liturgie.

AMBROSIE. s. f. Voy. Ambroisie.

AMBROSINE. s. f. T. Minér. Résine fossile contenant de l'acide succinique trouvée dans la Caroline du Sud.

AMBULACRE. s. m. (lat. *ambulacrum*). allée d'arbres pour se promener. T. Zool. Saillies cylindriques dont est couverte la face inférieure du corps des *Echinodermes* et qui servent à la locomotion. Voy. Echinoderme.

AMBULACRAIRE. adj. 2 g. T. Zool. *Tubes ambulacraires.* Voy. Ambulacre.

AMBULANCE. s. f. (lat. *ambulare,* marcher). Établissement temporaire et mobile, formé sur le champ de bataille, et dans lequel on administre aux blessés les premiers secours que leur état réclame. || T. Adm. fin. Fonction d'un commis qui est obligé d'aller de côté et d'autre. *Il obtient une am. dans les douanes.*

Hist. milit. — Ce n'est qu'à la fin du XVI⁰ siècle, sous le règne de Henri IV, que l'on commença à organiser un service régulier pour le soulagement immédiat des blessés. Toutefois ce service était extrêmement incomplet, insuffisant, et les secours qu'il permettait de donner arrivaient toujours tardivement. De nos jours le service de santé est organisé de telle manière qu'avant le combat tout est disposé pour que les blessés reçoivent assistance prompte et efficace; de sorte que, peu d'heures après l'affaire la plus sanglante, tous les blessés sont secourus, et que souvent même la plupart, enlevés sous le feu de l'ennemi, se trouvent déjà transportés à l'eau, opérés et pansés avant la fin du combat.

Un règlement du 25 août 1884 a réorganisé le service de santé dans l'armée en campagne. Ce service comprend : 1⁰ des *postes de secours* installés sur le champ de bataille même ; 2⁰ les *ambulances* qui prennent position derrière les postes de secours aussi près que possible du théâtre de l'action; 3⁰ les *hôpitaux de campagne* qui forment le troisième ligne ; 4⁰ l'*hôpital d'évacuation* qui est installé sur la limite de la tête d'étapes de la route; 5⁰ une série d'*hôpitaux auxiliaires* ou d'infirmeries *de gare* établis entre la ligne des hôpitaux de campagne et la ligne de chemin de fer qui sert de base aux opérations militaires et à l'aide de laquelle on pourra diriger les blessés sur les hôpitaux militaires ou civils.

Le personnel des am. est divisé en trois groupes : le premier est chargé de la réception et du triage des blessés et des pansements simples; le second, des opérations à faire d'urgence; le troisième, des pansements ou appareils importants qui nécessitent le concours de plusieurs personnes.

AMBULANCIER, ÈRE. s. m. et f. Homme, femme employés dans une ambulance.

AMBULANT, ANTE. adj. (lat. *ambulare,* marcher). Qui n'est pas fixe, qui n'est pas sédentaire. — *Commis am.,* Commis qui, par son emploi, est obligé d'aller de côté et d'autre. — *Hôpital am.,* Hôpital qui suit l'armée — *Comédiens ambulants,* Comédiens qui vont de ville en ville pour jouer la comédie. — *Marchands ambulants,* Marchands qui parcourent la ville en criant leur marchandise, ou qui vont de ville en ville, de village en village. Voy. Colporteur. — Dans le même sens, on dit : *Musiciens et chanteurs ambulants.* — *Cet homme mène une vie fort ambulante,* Il est toujours par voie et par chemin. || T. Postes. *Bureau am.* Voiture de chemin de fer servant au transport des dépêches et aménagée en un véritable bureau dans lequel s'opèrent le triage des dépêches et leur distribution aux différentes stations. ⚌ Ambulant. s. m. Employé dans un bureau am. || T. Méd. *Érysipèle am.* Érysipèle qui s'étend en divers sens. Voy. Érysipèle.

AMBULATOIRE. adj. 2 g. (lat. *ambulare,* marcher). Se disait autrefois d'une juridiction qui n'avait pas de résidence fixe, mais qui se tenait tantôt dans un endroit, tantôt dans un autre. *Le parlement à son origine était am.* || Prov., *La volonté de l'homme est am.,* Elle est sujette à changer. || T. Zool. Se dit des organes propres à la locomotion, principalement chez les animaux dépourvus de pattes véritables. || T. Méd. Se d'une maladie qui, ordinairement grave, présente une variété permettant au malade d'aller et venir. *Typhus am.*

AMBUSTION. s. f. (lat. *ambustus,* part. de *amburo,* je brûle autour). T. Chir. Syn. de *Cautérisation.*

ÂME. s. f. (lat. *anima,* souffle). Principe pensant de l'homme. Substance spirituelle qui est unie au corps de l'homme pendant la vie et qui s'en sépare à la mort. *L'â. de l'homme est immortelle. Les facultés, les puissances, les opérations de l'â. Les mouvements, les émotions de l'â. Les âmes des morts.* — En parlant des émotions de l'â., on dit : *J'en ai l'â. navrée. Sa douleur me déchire l'â., J'en éprouve une peine extrême. J'en suis ému jusqu'à l'â., jusqu'au fond de l'â.* — Sur mon â., sorte d'affirmation, de serment, qui signif. Sur le salut de mon â. — *Faut,* on dit d'un homme aveuglément dévoué au service d'un autre, et prêt à exécuter toutes ses volontés, quelles qu'elles soient, *C'est son â. damnée.* || Dans un sens plus limité, se dit de la conscience de l'homme. *Il a l'â. bourrelée de remords. C'est un homme à vendre son â.* — S'emploie aussi en parlant de la pensée intime de quelqu'un. *On ne peut jamais savoir ce qu'il a dans l'â. Je vous déclare en mon â. et conscience.* || En considérant les qualités morales de l'homme, on dit: *C'est une grande â., une â. bien née. A. noble, généreuse, élevée. A. faible, lâche, basse, vénale.* — Fam., *C'est une bonne â., C'est une personne douce, inoffensive, incapable de nuire.* || *A.* s'emploie absol. dans quelques locutions : *C'est un homme qui a de l'â., qui a beaucoup d'â., C'est un homme qui a l'â. élevée, qui se laisse aisément émouvoir par tout ce qui est juste, généreux. Il n'a point d'â.* ou *Il est sans â.,* ou bien encore *Il n'a ni cœur ni â.,* Il est dépourvu de tout sentiment noble, élevé ; il est incapable de commisération. || Dans le sens étymol. du mot *A.,* qui signifie, souffle, respiration, on dit, *Rendre l'â.,* Expirer, cesser de vivre. *Il a l'â.*

sur *les lèvres.* Il est sur le point d'expirer. — Par extens., s'en ẜoie dans le sens de vie. *Arracher de l'argent à un avare, c'est lui arracher l'â.* || Fam. Est quelquefois usité comme synonyme d'individu, soit homme, soit femme, soit enfant. *La population de cette ville s'élève à plus de cent mille âmes. Il n'y a donc pas une â. vivante dans cette maison.* || Fig., on dit : *Il était l'â. de l'entreprise, du complot,* pour marquer 'influence prépondérante, l'ascendant, l'autorité que qu'on exerce dans une entreprise, dans un complot. || S'emploie dans le même sens, en parlant d'une chose qui influe puissamment sur une autre. *La discipline est l'â. d'une armée. La bonne foi est l'â. du commerce.* — Fig et prov., en parlant d'une compagnie, d'un parti, d'une armée sans chef ou dont le chef est incapable, on dit : *C'est un corps sans â.* || Lorsqu'il s'agit d'œuvres littéraires ou artistiques, *Donner de l'â. à un ouvrage, Mettre de l'â. da s un ouvrage.* Exprimer vivement ce qu'on y représente, lui donner de l'â, du mouvement, de la vie pour ainsi dire — Par ana.og, on dit : *Il y a de l'â. dans son chant, dans sa déclamation,* pour exprimer qu'un artiste chante ou déclame avec une chaleur et une sensibilité qui émeuvent, qui impressionnent les auditeurs. On dit de même : *Cette cantatrice, cette actrice a de l'â. ou n'a point d'â.* — Dans le même sens : *La sculpture donne de l'â. au marbre* || Fig et fam. *Cette étoffe n'a quel'â.,* Elle n'a ni solidité, ni consistance ; elle manque de corps. || Le mot *â.* s'emploie enc re pour désigner la partie qui est au soutien à une chose, ou une chose qui se trouve au centre d'une autre. Ainsi, *l'â. d'une statue, d'une figure,* c'est l'espèce de massif de noyau sur lequel on applique le stuc, le plâtre, l'argile dont on forme une statue; *l'â. d'un fagot,* c'est le menu bois qu'on place au centre d'un fagot; *l'â. d'un violon,* petit morceau de bois placé à l'intérieur et destiné à soutenir la table; *l'â. d'un canon,* le vide intérieur; *l'â. d'un soufflet,* la soupape en cuir par laquelle l'air pénètre dans l'intérieur Voy. ... les mots *Instruments à* Anciier, Canon, Soufflet. || T Blason. Les paroles d'une devise composée d'un .te et d'une figure. Voy. Devise.

Phil — Lorsque Descartes cherche un point d'appui qui pût ... servir de base pour asseoir l'édifice entier de la philosophie, il s'arrêta à une vérité fondamentale, à l'existence de sa propre pensée. « Par cela même que je doute de toutes choses, dit-i , je pense ; et si je pense, je suis. » L'homme, en effet, est a.é jusqu'à révoquer en doute l'existence du monde extérieur ; mais jamais il n'a pu douter de sa pensée, et par conséquent de sa propre existence. Ainsi, existant, l'homme souffre ou jouit ; il aime ou il hait ; il se souvient, il juge, il choisi , il veut Or, de quelque chose qui, tour à tour, sent, aime, pense et veut, c'est ou seule et même ch se; c'est l homme ... lui-même. Il a donc nécessairement, infailliblement conscience de lui comme de quelque chose *d'un et de simple.* bien plus, sa volonté d'hier n'est pas celle d'aujourd'hui ; il pensait d'une façon il y a vingt ans, à cette heure il pense autrement ; il était agréablement affecté à telle époque, maintenant il est dans la douleur. Cependant, ce quelque chose qui voulait, qui pensait, qui était affecté d'une manière différente qu'il ne l'est présentement, est toujours le même; il ne peut le révoquer en doute. Ainsi l'homme a invinciblement conscience non seulement d'être quelque chose *d'un et de simple.* mais encore d'être quelque chose *d'identique et de persistant;* c'est ce quelque chose qu'il appelle *m i*

D'un autre côté, les impressions que ce quelque chose d'un, de simple, d'identique et de persistant éprouve sont *multiples, diverses, successives.* Ces impressions arrivent à l'â me par des voies différentes, c.-à-d. par la voie des org..es sens ri.s; et les choses qui lui sont révélées par les sens, il ne les confond pint avec ce quelque chose qui en lui est simple et persis ent, attendu qu'il les perçoit comme *étendues, divisibles,* co-ordées, comme non identiques, non persistantes, mais au contraire soumises à une perpétuelle différence, à une perpétuelle mobilité. Toutefois, *dans ce qui n'est pas lui,* il remarque quelque chose de particulier qui est élea lu, figuré et multiple, et qui tout en n'étant pas *lui,* est cependant *à lui.* En effet, ce quelque chose est lié a t *moi* d'une manière intime; il l'accompagne sans cesse, il sert a mettre e *moi* en communication avec les choses qui constituent t ut le *non-moi.* Cette partie du *non-moi* qui est unie constamment au *moi,* ce sont les organes de l'h ume, c'est son corps. L'â le connaît, comme il connaît le non-m i, au moyen des impressions sensorielles; il touche son c i, il voit sa main, il perçoit que ces choses ne sont ni simples, ni indivisibles, ni persistantes : elles lui pa-

raissent au contraire étendues, divisibles, figurées, comme tout ce qui n'est pas lui; et, sans le rapport incessant, inévitable de ces choses avec le moi, il ne les distinguerait pas des autres choses qui ne sont pas lui. Aussi comprend-il sous le nom générique de *matière* toutes les choses qui agissent sur ses sens, désignant par ce mot son corps et les *autres corps.*

Le principe pensant qui constitue notre conscience, notre moi, a reçu le nom *d'âme.* Il est essentiellement différent de tout ce qui constitue la matière et ses propriétés. Ses facultés sont autres : l'ordre psychique, spirituel, moral, intellectuel, est autre que la nature matérielle, visible et tangib'e. L'opposition essentielle et constante entre les attributs de la matière et ceux du principe qui pense, nous oblige à les concevoir comme deux substances radicalement distinctes, c.-à-d comme deux choses dont chacune subsiste en soi « En conséquence, dit Descartes, comme nous n'avons point d'autre marque pour reconnaître qu'une substance diffère d'une autre substance, si ce n'est que nous comprenons l'une indépendamment de l'autre ; et comme nous pouvons comprendre clairement une substance qui pense et qui ne soit pas étendue, et une substance étendue et qui ne pense pas, nous disons que ces deux substances demeureront toujours distinctes. » Il est impossible d'exprimer p us clairement le dualisme de l'âme et du corps tel qu'il a été conçu par la philosophie. Toute la personnalité individuelle réside dans l'âme immatérielle; le corps n'est qu'un instrument mis à la disposition de celle-ci.

Partant de là, Descartes n'a pas de peine à conclure à l'immortalité de l'âme : la mort n'est que la séparation des deux substances: âme et matière. Cependant l'âme n'est pas exactement la même chose que le moi : le moi n'existe en effet qu'autant qu'il a conscience de lui-même : *c'est l'âme qui se connaît.* La conscience peut disparaître, comme dans le sommeil, l'évanouissement, etc., tandis que l'âme subsiste intégralement dans ces états où le moi n'existe plus. On voit alors l'écueil où vient se briser la philosophie cartésienne: ses raisonnements sur la substance immatérielle de l'âme peuvent bien prouver l'indestructibilité de cette substance; mais ils ne garantissent pas la conservation du *moi,* et c'est la seule chose qui nous intéresse. M. Ch. Renouvier a donc raison de dire qu'il n'y a rien de commun entre *l'immortalité du moi* et l'âme des métaphysiciens. Les arguments en faveur de l'immortalité doivent être cherchés ailleurs. Voy. Immortalité.

Comment les deux substances de ... essentiellement distincte dont la réunion constitue l'homme, peuvent-elles agir l'une sur l'autre, ou, en d'autres termes, comment une substance qui n'a pas d'étendue peut-elle agir sur une substance étendue, et comment une substance matérielle peut-elle agir à son tour sur une substance qui ne présente aucun des attributs propres à la matière?

Malebranche et Leibnitz repoussèrent toute idée de communication réelle entre l'âme et le corps. Suivant Malebranche, l'action réciproque de ces deux substances n'est qu'apparente; elle est le résultat d'une harmonie constante, entretenue par Dieu lui-même qui intervient incessamment pour exciter dans l'âme les phénomènes correspondant aux divers états du corps, et pour produire dans le corps les mouvements afin d'exécuter les états de l'âme. Leibnitz, au contraire, croyant au-dessous de la majesté divine d'intervenir directement dans tous les phénomènes de notre existence, a imaginé que dès l'instant où l'âme et le corps sont créés, ils sont organisés de manière que les modifications de l'une soient en parfaite correspondance avec les phénomènes manifestés par l'autre. Ce sont deux pendules fabriquées avec tant d'art qu'elles marchent toujours ensemble et n'offrent jamais la moindre discordance. L'hypothèse de Cudworth, connue sous le nom de *Médiateur plastique,* laisse subsister la difficulté tout entière. Quelque subtile et raréfiée que soit la matière qui constitue son médiateur plastique, celui-ci ne cesse pas d'être matériel, et, par conséquent, il existe toujours un abîme entre lui et la substance spirituelle. L'hypothèse de Leibnitz, appelée système de *l'Harmonie préétablie,* et celle de Malebranche qui a été nommée système des *Causes occasionnelles,* sont logiquement inattaquables: mais elles ont quelque chose de puéril et d'artificiel qui blesse le sentiment, et qui les rend difficilement acceptables Au reste, il faut avouer que le problème de l'action de l'âme sur le corps est à la fois moins mystérieux et plus inabordable qu'on ne le suppose réellement, parce que, ne connaissant rien, ni sur l'essence intime de l'âme, ni sur celle de la matière, nous n'avons le droit ni de nous étonner de leur action mutuelle ni de disserter sur le mécanisme de cette action. La grosse difficulté tenait surtout aux termes par lesquels Descartes distinguait le mode d'existence de l'âme, la *substance qui pense*, et de la *matière, substance étendue*. Or Descartes méconnait deux attributs essentiels de l'âme : la volonté qui est une force, et la sensibilité qui est justement la propriété qu'a l'âme d'être influencée par ce qui n'est pas elle. Il aurait pu aussi bien définir l'âme, la substance qui veut ou la substance qui sent. Quant à la matière, l'étendue en est si peu la propriété caractéristique que beaucoup de philosophes, à la suite de Leibnitz, l'ont considérée comme formée de particules *inétendues*. Voy. MONADES, ATOMES.

On a demandé dans quelle partie du corps la substance spirituelle avait en quelque sorte fixé sa demeure, ou, pour nous servir des termes consacrés, quel était le *siège de l'âme*. La philosophie et les sciences expérimentales sont tout aussi inhabiles à résoudre cette question que la précédente. La physiologie et l'anatomie comparée démontrent bien, il est vrai, que toutes les impressions sensorielles viennent aboutir au cerveau, et que cet organe est nécessaire à la manifestation du principe pensant ; mais d'une telle démonstration on ne saurait inférer que l'âme soit localisée dans cet organe. Au reste, il faut se garder dans cette question de se laisser égarer par l'insuffisance ou le vice du langage ; et, puisque l'âme est une substance dépourvue d'étendue, il est évident qu'on ne saurait la considérer, soit comme fixée en un point unique du cerveau, soit comme répandue dans toutes les molécules de l'organisme.

La question de l'origine de l'âme a donné lieu à trois solutions : 1° la *préexistence* professée par l'ancienne philosophie indienne, par Pythagore, Platon, Origène, Jean Reynaud, Allan Kardec et les occultistes modernes, etc., d'après laquelle notre vie actuelle n'est que la continuation d'une vie antérieure, chaque âme habitant successivement plusieurs corps à mesure que ceux-ci sont dissous par la mort. (Voy. MÉTEMPSYCOSE, RÉINCARNATION) ; 2° le *traducianisme*, soutenu par Tertullien, Luther, Leibnitz, et, d'après lequel les âmes existant en germe dans la première âme se propagent comme les corps par génération ; 3° la plupart des théologiens enseignent que chaque âme est créée par Dieu au moment où elle vient s'unir au corps.

Les philosophes matérialistes considèrent la faculté de penser comme une simple fonction du cerveau, et nient l'existence de l'âme et par suite l'immortalité de la personnalité humaine. Leur principal argument est tiré de la physiologie et de l'accord indéniable entre le bon fonctionnement des organes et la manifestation de la pensée. Tout désordre organique, toute lésion au cerveau se traduit par un affaiblissement des facultés de l'âme. L'idiotisme, la folie, sont les conséquences de lésions de la substance cervicale. Cette théorie parait très simple ; mais elle n'explique pas la *conscience du moi*, ni le sentiment de l'*identité personnelle* qui se traduit par la mémoire et le raisonnement, à travers toutes les modifications de la substance matérielle du corps. On ne s'explique pas davantage comment la matière peut acquérir la propriété de vouloir et de sentir, ni comment des opérations physicochimiques pourraient donner naissance à des facultés intellectuelles, au sentiment du juste et de l'injuste, du vrai et du faux, du bien et du mal, et à la faculté d'abstraire et de généraliser, de faire de la géométrie ou des mathématiques. Il faut bien reconnaître qu'il y a un abîme entre les matériaux du moi, entre le monde moral et intellectuel et les propriétés de la matière ; cet abîme est la meilleure preuve de l'existence de l'âme.

En résumé, l'âme humaine, en tant qu'être personnel et indestructible, n'est pas encore absolument démontrée par la science, mais son existence est rendue certaine, au plus haut degré de probabilité, à la fois par notre sentiment intime et par le raisonnement. La science commence seulement son étude positive. Voy. IMMORTALITÉ, MATÉRIALISME, PSYCHOLOGIE.

Ame des bêtes. — L'analogie remarquable que l'homme a observée entre les actes de certains animaux, surtout les animaux les plus élevés dans la série des êtres, et les actes que lui-même accomplit par la détermination propre de son principe spirituel, est tellement frappante que l'on a de tous temps admis chez les bêtes l'existence d'un principe immatériel auquel on a également attribué le nom d'âme. Il faut bien reconnaître que tous les arguments qu'on a donnés en faveur de l'existence de l'âme humaine s'appliquent aussi aux animaux, à moins de refuser à ceux-ci la sensibilité. Descartes

l'avait si bien compris qu'il considérait les animaux comme de simples automates incapables de vouloir et de sentir. Cette manière de voir n'est plus acceptée de personne aujourd'hui. Au point de vue physique, les animaux ne diffèrent de l'homme que par l'infériorité de leur organisation. Ils sentent comme nous, et souvent accomplissent des actes incontestablement réfléchis. Il n'y a aucune raison pour leur refuser une âme si on en accorde une à l'homme. Ce sont des âmes d'un degré inférieur.

Ame du monde. — L'idée d'une force infuse dans toutes les molécules de l'univers, qui serait à la fois le principe plastique et le principe moteur de la matière, se retrouve dans un assez grand nombre de philosophes de l'antiquité et chez quelques écrivains modernes. Pythagore, Platon faisaient de l'âme du monde une substance intermédiaire entre Dieu et le monde. Les stoïciens mettaient ce principe à la place de Dieu même, et peuvent être ainsi considérés comme les précurseurs des *Panthéistes*. Voy. PANTHÉISME.

AMÉ, ÉE. adj. Ancienne forme du mot *Aimé, ée*, usitée en style de chancellerie, dans les lettres et dans les ordonnances des rois de France. *Notre a. et féal chancelier.*

AMÉDÉE, nom de plusieurs comtes ou ducs de Savoie ; le plus célèbre est Amédée VIII, qui abdiqua en 1434, fut élu pape sous le nom de Félix V et renonça à la tiare en 1449.

AMÉDÉE Ier, second fils de Victor-Emmanuel, roi d'Italie, élu roi d'Espagne en 1870, abdiqua en 1874.

AMÉIVA. s. m. (mot brésilien). Erpét. Genre de reptiles sauriens. Voy. LACERTIENS.

AMÉLANCHIER. s. m. Genre de plantes de la famille des *Rosacées*. Voy. ce mot.

AMELET. s. m. T. Archit. Petit listel ou filet qui orne les chapiteaux.

AMÉLIE-LES-BAINS, village des Pyrénées-Orientales, 1,450 hab. ; eaux sulfureuses.

AMÉLIE (MARIE-), femme de Louis-Philippe Ier, roi des Français (1782-1866).

AMÉLIORATION. s. f. Changement en mieux, progrès vers le bien, perfectionnement. *Cette machine sera une grande am. pour votre usine. Les améliorations politiques ne peuvent s'opérer que lentement.* || Ce que l'on fait dans un fonds de terre ou dans une maison pour les mettre en meilleur état et pour en augmenter le revenu. *On est obligé de payer les améliorations à un possesseur de bonne foi que l'on dépossède.* — T. Droit. *Améliorations voluptuaires*, Améliorations d'agrément.

AMÉLIORER. v. a. (lat. *melior*, meilleur). Rendre une chose meilleure, augmenter sa valeur, perfectionner. *L'air du Midi a fort amélioré sa santé. Le desséchement de ce marais améliorera ma propriété.* = S'AMÉLIORER v. pron. *Sa santé s'améliore. Les mœurs s'améliorent.* = AMÉLIORÉ, ÉE. part.

AMEN. [Pr. *âmène*]. Mot hébreu qui signif. *Ainsi soit-il*, et qui termine la plupart des prières de l'Église. || Fam. *J'ai dit am. à toutes ses propositions*, J'ai consenti à tout. — *Attendez jusqu'à Am.*, jusqu'à la fin *Je connais son histoire depuis Pater jusqu'à Am.*, Depuis le commencement jusqu'à la fin.

AMÉNAGEMENT. s. m. Action d'aménager une forêt (sa division en coupes réglées) [Voy. SYLVICULTURE] ; un navire (distribution de l'intérieur).

AMÉNAGER v. a. (R. *ménage*). T. Sylv. Régler les coupes, le repeuplement et la réserve d'un bois, d'une forêt. || *Am. un arbre*, Le débiter en bois de charpente ou en bois de chauffage. = AMÉNAGÉ, ÉE part. — Conjug. Voy. MANGER.

AMENDABLE. adj. 2 g. Qui est susceptible d'être amendé, amélioré. *Une terre am.* — *Ce projet de loi est si radicalement mauvais qu'il n'est pas am.*

AMENDE. s. f (lat. *mendum*, défaut, faute). Peine pécuniaire imposée par la justice. *Am. de mille francs. Payer une am. Mettre à l'am. Condamner à de fortes amendes, à dix mille francs d'am. Sous peine d'am.* — *Les battus payent l'am,* Se dit d'un homme qui est condamné tandis qu'il devait être dédommagé. || *Am. honorable,* Peine qui consistait à reconnaître publiquement son crime et à en demander pardon. — Fig. et fam., *Faire am. honorable d'une chose,* En demander pardon.

Légis. — Presque tous les peuples de l'antiquité ont admis l'*Am.* dans leur système de pénalité. Chez les Grecs, cette peine était fréquemment infligée, et parfois même les amendes étaient si énormes que le condamné se trouvait dans l'impossibilité de les payer. Dans ce cas, on le privait de sa liberté jusqu'au jour où il s'acquittait envers le trésor. C'est ainsi que Miltiade, suivant Cornélius Nepos, ne pouvant payer l'am. de 50 talents (278,000 francs) à laquelle il avait été condamné, termina sa vie en prison. Dans les premiers siècles de Rome, la plupart des peines consistaient en des amendes que le manque de numéraire forçait d'acquitter en bestiaux. Lorsqu'il devint possible de les acquitter en argent, elles n'en continuèrent pas moins à être désignées par les juges en têtes de bétail, usage qui se perpétua jusque sous Trajan. — Les Germains n'admettaient guère que des peines pécuniaires. Aussi quelques auteurs assimilent-ils à la peine de l'am. le *Wehrgeld* ou *Composition,* espèce de dommages et intérêts que les hommes des tribus germaniques, suivant les lois salique, ripuaire, bourguignonne, etc., payaient pour un meurtre à la famille du mort. Rien cependant n'autorise à ranger l'am., qui est une prestation pécuniaire au profit du trésor public, dans la même catégorie de peines que la composition, qui est un véritable dédommagement au profit d'un particulier. Mais si le wehrgeld offre un caractère distinct de l'am., il n'en est pas moins vrai que les peines pécuniaires qui, plus tard, furent infligées au seigneur, dans le cas où la sentence du juge seigneurial était réformée, et à la partie condamnée en cour laïque. C'étaient de véritables amendes, parfaitement analogues à celles que, de nos jours, en matière criminelle, paye la partie civile qui succombe dans sa demande en cassation. — Dans l'ancien droit français, les amendes étaient fréquemment appliquées. On les divisait en deux grandes classes, selon qu'elles étaient fixées par les ordonnances, ou laissées à la discrétion du juge. Mais la législation qui nous régit a fait disparaître presque entièrement l'ancienne jurisprudence; et maintenant il n'existe plus d'amendes arbitraires à proprement parler, attendu que la loi fixe un maximum et un minimum qui ne sauraient être dépassés par le juge. Ainsi, par ex., lorsqu'il s'agit de simples contraventions de police, le minimum ne peut descendre au-dessous de 1 franc, ni le maximum s'élever au-dessus de 15 francs. En matière correctionnelle, dans les cas les moins graves, le minimum est de 16 francs; dans d'autres cas, suivant leur gravité, il est de 25, 50, 200, 1,000 francs; et le maximum peut atteindre les chiffres de 3,000, 5,000, 20,000 francs, et même des chiffres plus élevés. En matière criminelle, le Code pénal et nos lois spéciales contiennent aussi un assez grand nombre de dispositions qui font marcher ensemble l'am. et les peines afflictives et infamantes. La quotité de l'am. est très variable, comme on le voit : elle atteint jusqu'au plus bas degré de l'échelle pénale. Il n'est donc point de réparation qui permette de mieux proportionner le châtiment à l'offense ou au crime. La loi du 22 juillet 1867 a maintenu la contrainte par corps pour le payement des amendes. — Les amendes sont établies comme peines dans presque toutes les législations modernes. Quelques peuples cependant les ont repoussées de leur système de pénalité.

L'*Am. honorable* consistait à confesser publiquement le crime pour lequel on avait été condamné, et à en demander pardon. On la prononçait contre les coupables qui avaient causé quelque scandale public, comme les sacrilèges, les faussaires, les banqueroutiers frauduleux, etc. On distinguait deux sortes d'am. honorable : l'am. honorable *simple* ou *sèche,* qui se faisait nu-tête et à genoux, à l'audience ou dans la chambre du conseil, et l'am. honorable *in figuris,* dont l'exécution était confiée au bourreau. Le patient, conduit par l'exécuteur des hautes œuvres, s'avançait pieds nus, en chemise, la corde au cou, la tête découverte, tenant à la main une torche de cire jaune, et portant un double écriteau, fixé sur la poitrine et sur les épaules, sur lequel se trouvait inscrit le nom du crime à expier. Il allait ainsi jusqu'à la place publique, où il faisait am. honorable à haute et intelligible voix, en présence de la foule assemblée. — La peine de l'am. honorable avait été abolie le 25 septembre 1791, par l'Assemblée constituante; mais elle fut rétablie sous la Restauration, le

20 avril 1825 ; enfin elle a été de nouveau effacée de nos codes, le 11 octobre 1830. — Il faut se garder de confondre la *Réparation d'honneur* avec l'am. honorable. La réparation d'honneur n'était point infamante; elle n'était ordonnée que par le juge au simple cas d'atteinte portée à l'honneur d'un particulier, et elle n'avait lieu qu'en présence d'un certain nombre de personnes choisies. Aujourd'hui encore, l'art. 226 du C. pénal porte que le coupable d'outrages envers un fonctionnaire public devra faire *réparation* à l'offense, soit à la première audience, soit par écrit, sous peine d'y être contraint par corps. Cette peine, du reste, est rarement appliquée.

AMENDEMENT. s. m. (R. *amender*). Changement en mieux. *Il n'y a point d'am. dans sa santé. On remarque dans sa conduite un grand am.*

Droit. — En T. de Droit polit., on appelle *Am.* toute modification proposée à un projet de loi pour changer quelqu'une de ses dispositions, ou simplement pour rendre sa rédaction plus claire et plus précise. Sous l'empire de la Charte de 1814, le droit d'am. était d'une importance extrême, car l'initiative du pouvoir législatif n'appartenant qu'au roi, les membres des deux Chambres ne pouvaient participer à la rédaction des projets de loi que par voie d'am. En 1830, le droit d'initiative fut restitué au Parlement dans toute sa plénitude. Aujourd'hui, la discussion et le vote des lois, avec faculté d'am., sont réservés aux deux Chambres.

Agric. — On appelle proprement *Am.* les substances qui améliorent l'état physique des terres ou qui modifient les principes fertilisants qu'elles contiennent en rendant plus assimilables. Les amendements se distinguent ainsi des engrais qui renferment eux-mêmes les éléments nutritifs des plantes. Toutefois on désigne aussi sous le nom d'amendements des substances minérales introduites pour augmenter la richesse des terres et qui constituent de véritables engrais minéraux.

Les amendements peuvent être distingués en deux classes : ceux dont l'influence est presque exclusivement physique, et ceux qui agissent chimiquement sur le sol pour accroître sa fécondité. Parmi les premiers nous rangerons le *sable,* les *marnes* et l'*argile calcinée;* parmi les seconds nous placerons la *chaux,* le *plâtre,* les *diverses espèces de cendres* et les *diverses espèces de sels.* L'emploi de ces substances comme amendements doit être précédé d'un examen portant non seulement sur leurs propriétés et sur leur composition, mais encore sur la constitution des terres qu'elles doivent améliorer.

En général, les terres arables se composent de silice, d'argile, de calcaire, d'oxyde de fer, d'oxyde de manganèse, de divers sels et de débris organiques en décomposition. Ces éléments sont combinés en proportions variées dans les terrains qu'ils constituent, et la prédominance ou quelquefois l'absence de certains d'entre eux forme ce que l'on appelle la *nature du sol.* Cependant, il ne suffit pas uniquement de savoir quelles substances entrent dans la composition d'un terrain pour en déterminer la nature; il faut encore connaître l'état d'agrégation de ces substances. Ainsi, par ex., les silicates, tels que nous les trouvons dans la nature, diffèrent considérablement les uns des autres sous le rapport de leur facilité à se décomposer, c.-à-d. sous le rapport de la résistance qu'ils opposent à l'action dissolvante des agents atmosphériques, et leurs différents états modifient nécessairement la nature des terrains qu'ils composent. — L'examen rationnel d'un sol arable consiste dans l'analyse chimique de ce sol, et dans celle des cendres des végétaux qu'il produit spontanément. Toutefois, la coloration et l'impression exercée sur les doigts par le maniement peuvent déjà servir à un cultivateur exercé pour lui faire distinguer un sol compact et tenace d'une terre friable et sans liaison, et pour lui fournir des indices sur la présence ou l'absence de certains éléments, tels que l'oxyde de fer, la craie, la marne, etc. Mais ces simples moyens empiriques sont complétement insuffisants pour constater l'absence ou la présence des sels les plus nécessaires à la culture de certains végétaux, et par conséquent pour déterminer quels principes minéraux il faut introduire dans un terrain, afin de favoriser le développement des plantes diverses qu'on y veut cultiver. Ainsi une terre produit des céréales et pas de pois; une autre produit des navets ou des pois, mais pas de tabac; une troisième donne une abondante récolte de navets, mais elle est incapable de produire du trèfle; enfin un terrain dans lequel on cultive la même plante pendant un certain nombre d'années consécutives, finit par devenir impropre à nourrir cette même plante. Quels sont donc les éléments indispensables à la nutrition et au développement de ces végétaux, et comment rendre un terrain propre à toutes les espèces ou à certaines espèces de cultures? Ici l'empirisme serait complétement en défaut ; mais la science nous apprend jusqu'à un certain point à découvrir, par l'analyse des cendres mêmes des végétaux, quelles sont les substances minérales essentielles à chaque genre de plantes. Toutes les fois que l'analyse d'un sol démontre qu'il ne contient pas l'un des éléments nécessaires au développement d'une plante donnée, il est clair qu'il ne conviendra nullement à la culture de cette plante. Si donc on veut l'y rendre propre, il faudra lui donner l'élément qu'il ne renferme pas.

L'art agricole possède une certaine quantité d'observations, soit empiriques, soit scientifiques, qui sont du plus haut intérêt pour l'agriculteur. Ainsi, en ce qui concerne les amendements, on est parvenu à établir un certain nombre de préceptes rationnels. On a reconnu que le *sable* ne peut, en gén., être employé que comme un moyen de diviser, d'ameublir les terres compactes, et d'en augmenter la perméabilité. Il est donc utile pour amender un sol tenace ; il multiplie les points de contact des agents atmosphériques avec le sol, et leur permet d'activer la désagrégation des matières assimilables que le sol renferme, surtout si les opérations mécaniques du labour et du hersage viennent concourir à cette action, en opérant le mélange intime du sable et du terrain en culture. On emploie à cet effet les sables siliceux ou calcaires, toutes les fois qu'ils ne nécessitent pas de frais de transport trop élevés. Les sables argileux qui proviennent des alluvions de certaines rivières constituent des amendements bien préférables aux sables *secs*, attendu qu'ils contiennent presque toujours une certaine quantité de matières organiques. Il en est de même des *sables de mer* qu'on utilise près des côtes, soit parce qu'ils contiennent souvent des matières organiques provenant de débris végétaux ou animaux, soit parce qu'ils renferment du calcaire et des sels qui agissent comme amendements salins ou stimulants. Enfin, on utilise encore certains sables mélangés à une quantité notable d'argile et de calcaire qui constituent les marnes siliceuses ou sableuses, et dont l'emploi se rattache à celui des marnes.

Par le terme de *marne* on désigne, d'une manière générale, toutes les argiles dans lesquelles la proportion de chaux est considérable. En général, les terrains marneux sont très fertiles. Il y en a dont la fertilité, à l'égard de toute sorte de végétaux, surpasse celle de quelque terrain ce soit. Les marnes forment donc un genre d'amendements auquel le cultivateur ne saurait attacher trop d'importance. Elles agissent de plusieurs manières ; d'abord à la façon des sables, par l'interposition de leurs parties calcaires entre les parties tenaces du sol, puis en facilitant la désagrégation des silicates alcalins d'alumine, silicates indispensables à la nutrition des végétaux, et enfin par l'action particulière à laquelle nous reviendrons tout à l'heure à propos du *chaulage*.

L'argile calcinée est également propre à amender et à amendir les terrains argileux, lorsqu'on n'a pas de sables à sa disposition. Elle a été employée en Angleterre et en Ecosse, avec un grand succès, dans la proportion de 270 à 350 hectolitres par hectare. On s'est bien trouvé de son usage, surtout pour les terres calcaires auxquelles la plupart des autres amendements ne sont pas applicables. — La calcination de l'argile a pour effet de la rendre plus attaquable par les acides. L'argile ordinaire est à peine attaquée par l'acide nitrique ; mais l'argile calcinée est facilement attaquée par cet acide, et la silice se sépare sous forme de gelée. C'est où elle est aisément assimilable par les végétaux. Ce qui fait que l'argile calcinée pourrait être rangée parmi les amendements chimiques.

La chaux, que nous avons classée au rang des *amendements chimiques*, exerce une influence remarquable sur le développement des végétaux. Les Anglais, qui ont constaté sur toutes les espèces de cultures les effets de cette substance, en font une application constante comme am. depuis plus d'un siècle. Au mois d'octobre, les terres cultivées des comtés d'York et d'Oxford présentent l'aspect de campagnes couvertes de neige. On aperçoit des surfaces de plusieurs milles carrés revêtues d'une couche blanche de chaux éteinte ou délitée à l'air qui, pendant les mois humides de l'hiver, exerce une influence extrêmement favorable sur le sol compact et argileux de ces contrées. Ces *chaulages* absorbent de 100 à 160 hectolitres de chaux par hectare chaque année. La proportion de chaux doit être beaucoup plus élevée pour amender les sols argileux ou humides que pour chauler les terrains secs et légers. Il faut aussi tenir compte dans l'évaluation de la quantité de chaux destinée aux chaulages, de la quantité des pluies annuelles, de l'épaisseur de la couche arable et de la profondeur des labours. Enfin, la manière d'opérer le chaulage influe également sur la quantité de chaux à employer. Les divers procédés usités pour cette opération se ramènent à deux méthodes principales ; ou bien l'on étend la chaux vive sur le sol, ou bien on l'emploie sous forme d'un compost terreux, c.-à-d. d'un mélange de 6 ou 10 hectolitres de terre avec 4 hectolitre de chaux, qu'on introduit dans le terrain qu'il s'agit d'amender. L'action fertilisante de la chaux est restée longtemps un mystère pour les agronomes ; ce n'est que depuis peu d'années que cette action a trouvé son explication dans les curieux phénomènes de nitrification découverts par MM. Schlœsing et Müntz. L'*azote*, élément essentiel de la nutrition des plantes, n'est assimilé qu'à l'état de nitrates. Beaucoup de terrains contiennent de grandes quantités de substances azotées ; les engrais ordinaires, tels que le fumier de ferme, en contiennent aussi beaucoup ; mais tout cet azote reste improductif s'il n'est oxydé et transformé en acide nitrique. Or cette transformation est effectuée dans le sol par un ferment ou microbe qui ne peut vivre et produire son action oxydante qu'en présence de sels calcaires. On comprend alors comment la chaux et la marne, en favorisant le développement de ce ferment, activent la nitrification et augmentent la fertilité du sol. Voy. NITRIFICATION.

Le *plâtre*, de même que la chaux, lorsqu'il est employé comme am., produit des effets très favorables à certaines cultures, particulièrement à celle des plantes fourragères. Il est vrai que ces effets ne se manifestent pas toujours d'une manière constante et uniforme ; mais il arrive qu'ils sont parfois véritablement extraordinaires. Tout le monde sait que Franklin, pour démontrer aux Etats-Unis combien le plâtre possède la faculté fertilisante, en répandit sur un champ de trèfle, en ayant soin de former avec cette substance un mot gigantesque qui équivalait à notre expression *plâtre*. Les trèfles qui se développèrent excessivement aux places où le plâtre était tombé ne tardèrent pas à former des lettres saillantes qui portèrent la conviction dans les esprits les plus incrédules sur l'excellence de cet am. — Le plâtre s'emploie indifféremment cru ou cuit, mais il faut toujours le pulvériser avant de l'appliquer comme am., parce qu'ainsi on augmente sa solubilité. On dépense généralement 250 à 300 kilog. de plâtre par hectare. On le répand à la main sur les terres qu'on veut amender. Liébig pense que le plâtre agit en condensant dans ses pores l'ammoniaque gazeuse provenant en partie de la décomposition des engrais répandus dans le sol, en partie de celle qui existe dans l'atmosphère. Il suppose qu'il se passe alors une double décomposition entre ces deux sels, sulfate de chaux et carbonate d'ammoniaque, et qu'il se produit dans cette réaction du carbonate de chaux et du sulfate d'ammoniaque. Ainsi l'ammoniaque, s'y trouvant ramenée à l'état d'une combinaison moins volatile, est plus facilement absorbée par les plantes. Gasparin admet que le plâtre agit directement sur les plantes et qu'il est absorbé par ces dernières. Suivant lui, celles qui éprouvent les effets les plus favorables de cet am., comme les légumineuses et les crucifères, semblent avoir besoin de sulfates pour leur constitution normale. Quoi qu'il en soit, on a remarqué que le plâtre reste sans efficacité lorsque les terrains contiennent déjà en quantité suffisante du sulfate ou du carbonate de chaux.

Les *cendres* exercent également une influence favorable sur les terres fortes, sur les terres marécageuses, sur les terrains tourbeux, partout enfin où le sol peut contenir des acides et manquer de bases pour les saturer. Les cendres les plus propres à servir d'amendement se reconnaissent, suivant Liébig, à la faculté qu'elles possèdent de former des masses gélatineuses quand on les traite par les acides, ou de durcir au bout de quelque temps lorsqu'on les mêle avec de la chaux détrempée. En première ligne on doit placer celles qui sont le plus chargées de sels alcalins : telles sont les cendres que donnent le pavot, le tabac, la fougère, le maïs, le colza, les bois de hêtre, de chêne, de frêne, d'érable, d'orme, le sarment de vigne et la plupart des bois résineux. En seconde ligne, il faut ranger les cendres provenant de la combustion des tourbes ou des lignites. En troisième ligne viennent les cendres minérales ou résidus de la combustion des houilles et des anthracites. Les cendres, en gén., renferment dans des proportions variables des carbonates de potasse et de soude, des sulfates des mêmes bases, du chlorure de sodium, de la silice et des oxydes de fer et de manganèse ; celles qu'on obtient par l'incinération des matières organiques contiennent, en outre, du phosphate de chaux en plus ou moins grande quantité. Ainsi les substances qui composent les cendres sont généralement solubles. Un assez grand nombre d'agriculteurs et de chimistes pensent que les cendres agissent directement sur les végétaux, c.-à-d. que les plantes, par les spongioles de leurs racines, absorbent à l'état de dissolution la quantité de sels nécessaire à leur nutrition et à leur constitution. Les cendres excitent et entretiennent la vigueur et le luxe de la végétation. Elles sont favorables à presque toutes les espèces de cultures. Les prés, les pâturages en ressentent des effets fort avantageux; il en est de même des terres destinées à la production des colzas, des navettes et du chanvre. Les céréales surtout en éprouvent de notables améliorations. A l'égard des blés, par ex., elles favorisent plutôt la production du grain que celle de la paille. Le grain venu sur un sol cendré est plus beau même que celui qui a été récolté sur un sol chaulé. — On emploie les cendres, soit en formant un compost, c.-à-d. en les mélangeant d'avance avec de la terre, soit en les semant sur le terrain ainsi qu'on le pratique pour le plâtre. Tantôt on les répand au printemps sur les plantes mêmes, particulièrement sur les graminées; tantôt, et ce procédé est préférable, on les sème sur le sol en même temps que les semences. Lorsqu'on a cendré un sol à plusieurs reprises, l'amélioration apportée par cet am. s'aperçoit encore après dix années de récoltes. On distingue les cendres *neuves*, et les cendres lessivées qui portent le nom de *charrées* et qui sont peu économiques.

Le *phosphate de chaux* est un élément essentiel à la nutrition des plantes; mais il n'y a guère qu'une quarantaine d'années qu'il est employé comme am., ou plutôt comme engrais. Son usage s'est très généralisé et a puissamment contribué à l'augmentation des récoltes et à la mise en culture de terrains improductifs Voy. ENGRAIS, PHOSPHATE.

Il nous reste à parler des *amendements salins*, dont l'usage dans diverses contrées de l'Europe et même de l'Asie remonte à des temps fort antérieurs au nôtre. Leur emploi en France date tout au plus d'une centaine d'années. Le peu d'usage qu'on en fait encore de nos jours, tient d'une part à l'élévation du prix du sel marin, et d'autre part à la faible importance de la production des autres sels provenant des résidus d'opérations chimiques ou manufacturières. Mais les amendements salins et particulièrement ceux qu'on pratique avec le sel marin, sont assez fréquemment employés en Angleterre. Toutefois, l'emploi de cette substance comme am. doit être fait avec beaucoup de prudence, principalement à l'égard de la quantité, car il ne convient pas à tous les terrains en proportions égales; et même le dosage doit varier selon le genre de culture qu'on se propose. — Le sulfate d'ammoniaque, produit en assez grande quantité par les usines à gaz, est très employé. — Dans ces derniers temps on a préconisé l'emploi du sulfate de fer ou couperose verte. — En général, les amendements salins sont employés en compost terreux; quelquefois, cependant, on les sème sur le sol après les jours de pluie, et on a soin de pratiquer plusieurs labours sur les terrains ainsi amendés. Enfin la *tangue*, espèce de vase silicieuse imprégnée de sels marins et mélangée de débris de coquillages et de substances organiques, est employée comme am. dans un grand nombre de localités des côtes de l'Océan et de la Manche.

AMENDER. v. a. (lat. *emendare*, corriger, e et *mendum*, faute). Corriger, rendre meilleur. *Les bons exemples et les bons conseils ont amendé ce jeune homme. Am. un ouvrage, une machine,* En corriger les défectuosités. || *Am. une terre,* Y faire les amendements convenables. || *Am. un projet de loi, une proposition, un article,* Y faire des changements, des modifications. = AMENDER. v. n. *Depuis hier ce malade n'a point amendé,* Son état ne s'est point amélioré. = s'AMENDER. v pron. S'améliorer. *Je crois que mon fils s'amende. Cette terre s'amenderait facilement.* = AMENDÉ, ÉE. part.

AMENER. v. a. (R. *mener*). Mener, conduire vers une personne ou en quelque lieu. *Il m'a amené ici. Il a amené du secours, des troupes. Amenez-le-moi pieds et poings liés. Le chemin de fer amène beaucoup de voyageurs dans cette ville.* — Fam. *Quel bon vent, quel sujet vous amène?* || T. Droit. *Mandat d'am.* Voy. MANDAT || Fig., *Am. quelqu'un à une opinion, à un sentiment, à un avis,* Lui faire adopter une opinion, etc. *Je l'ai amené où je voulais,* Je l'ai fait acquiescer à ce que je désirais. — *Am. quelqu'un à faire une chose,* Le déterminer à faire une chose. — *Am. quelqu'un à composition,* Décider quelqu'un à se relâcher de ses prétentions. || *Faire adopter, introduire, Am. une mode.* — *Am. un sujet de conversation,* Faire en sorte

qu'elle tombe et roule sur le sujet que l'on désire. — *Am. une querelle,* La faire naître. || En littérature, *Am. un épisode, une péripétie, un dénouement,* Les préparer, les faire venir. *Ce dénouement est bien mal amené.* — Dans un sens anal., on dit : *Am. une preuve, une comparaison de bien loin, de trop loin.* || En parlant des choses qui se succèdent et déterminent ordinairement un résultat prévu, on dit : *Un malheur en amène toujours un autre. Cet événement pourrait am. une guerre.* || *Tirer à soi. On amène la rame à soi pour faire avancer la barque. On amène à lui tout le profit de l'affaire.* || T. Mar., *Am. les voiles, am. les huniers,* Les abaisser. — *Am. son pavillon.* Baisser son pavillon pour marquer que l'on se rend. Dans ce sens on dit. : *La frégate ennemie vient d'am.* || Dans les jeux où l'on se sert de dés, *Am.* sign. Faire tel ou tel point. *Am. trois et quatre, double deux,* etc. = AMENÉ, ÉE. part. || En T. anc Jurisp. crim., on disait : *Un amené sans scandale,* pour désigner un ordre d'am. quelqu'un devant le juge sans bruit et sans publicité. Se conjugue comme MENER.

AMENHOTEP. Voy. AMÉNOPHIS.

AMÉNITÉ. s. f. (lat. *amœnus*, agréable). Ce qui fait qu'une personne ou une chose est agréable *L'am. d'un site. L'am. de l'air. Am. de caractère, de mœurs, de langage. Manières pleines d'am.* — *L'am. du style.* — *Am.* s'emploie rarement en parlant des objets physiques.

AMÉNOPHIS ou **AMENHOTEP,** nom de plusieurs rois d'Égypte dont le plus célèbre est Aménophis III, qui fut un grand constructeur de monuments, et fit élever le fameux colosse de Memnon qui, d'après les récits des historiens grecs, rendait des sons au soleil levant (1680 av. J.-C. environ).

AMÉNORRHÉE. s. f. (gr. à priv.; μήν, μῆνος, mois; ῥέω, je coule). T. Méd. Retard ou absence de l'apparition des règles. Voy. MENSTRUATION.

AMENTACÉES. s. f. pl. (lat. *amentum*, chaton). T. Bot. Ce terme, introduit dans la science par Tournefort qui l'avait donné à l'une de ses classes, a été employé par A.-L. de Jussieu pour nommer un groupe de plantes ligneuses, à fleurs apétales et diclines, dont les mâles sont réunis en chatons : ces végétaux composaient la 99e famille de l'illustre auteur de la méthode naturelle. Mais quand on les envisage sous d'autres rapports, ils présentent des différences essentielles; en conséquence, les botanistes de nos jours ont scindé les *Am.* de Jussieu en plusieurs familles, et le terme même a disparu comme nom de famille de la plupart des nomenclatures botaniques.

AMENTHÈS ou **AMENTHIS.** s. m. Nom que donnaient les anciens Égyptiens au séjour des âmes après la mort. ce mot ne se rattachait aucune idée de supplice ou de prison.

AMENTIFÈRE. adj. 2 g. (lat. *amentum*, chaton; *fero*, je porte). T. Bot. Qui porte des chatons.

AMENTIFORME. adj. 2 g. (lat. *amentum*, chaton; *forma*, forme). T. didactique. Qui est en forme de chaton.

AMENTUM. s. m. (lat. *amentum*). T. Antiq. Courroie servant à manier et à lancer le javelot.

AMENUISER. v. a. (R. *menu*). Rendre plus menu, diminuer l'épaisseur de. = AMENUISÉ, ÉE. part. = Syn. Voy. ALLÉGIR.

AMER, ÈRE. adj. [Pr. l'R final] (lat. *amarus*). Saveur amère, goût am., Sensation produite sur les organes gustatifs par certaines substances, telles que l'absinthe, l'aloès. la noix vomique. Les substances qui déterminent cette espèce particulière d'impression sont dites amères. — Souvent on dit, par métonymie : *Avoir la bouche amère,* pour sentir un goût amer à la bouche. *Cette boisson rend la bouche amère,* Elle y laisse un goût amer. — Fig., *Les plaisirs sont amers d'abord qu'on en abuse. Les sciences ont ses racines amères, mais les fruits en sont doux.* || Fig. Pénible, douloureux. *Chagrin, sacrifice am. Perte, privation amère. Regrets, souvenirs amers. Douleur amère. Douleur vive et profonde. Larmes amères,* Larmes que fait verser une profonde douleur. — *Rendre la vie amère,* rendre la vie intolérable. || Fig., Dur, piquant, mordant, insultant. *Plaintes amères. Reproches amers. Ironie, raillerie, injure amère.* || Fig. et fam., Il est d'une bêtise amère, D'une bêtise extrême. || On dit substantiv. : *Le doux et l'am.* — *Prendre des amers*, Prendre des substances amères. — s. m. Fiel des animaux. *Un am. de bœuf, de carpe*, etc., Un fiel de bœuf, de carpe, etc.

Méd. — La saveur amère est propre à un grand nombre de substances minérales, végétales ou animales, qui diffèrent complètement entre elles par leurs propriétés chimiques et médicales. En outre, loin d'être constamment la même, l'amertume de chacune de ces substances présente une nuance particulière. En thérapeutique, on applique spécialement le nom d'amers à certains produits du règne végétal qui sont caractérisés par une amertume prononcée, et que l'on range parmi les médicaments toniques. En effet, les amers, administrés à dose convenable, réveillent l'énergie des fonctions digestives, rendent l'assimilation plus complète et plus facile, et rétablissent ainsi les forces organiques. Ils sont utiles dans un grand nombre d'affections auxquelles se lie, comme cause ou comme effet, un vice quelconque de la nutrition : telles sont les dyspepsies, certaines diarrhées chroniques, le scorbut, les scrofules, les fièvres intermittentes, etc.

On a divisé les végétaux amers en plusieurs groupes, d'après la considération de leurs usages thérapeutiques : 1° *Amers francs* ou *Toniques amers* proprement dits. Ici viennent se ranger tous les produits de la famille des *Gentianées*, de celle des *Simaroubées*, et quelques-uns de ceux que donnent les familles des *Composées*, des *Aquifoliacées*, des *Oléacées*, des *Ménispermacées*, des *Loganiacées*, des *Cannabinées*, des *Rutacées*, etc. Quelques-uns de ces produits, tels que le *Colombo* et la *Chicorée*, paraissent jouir de propriétés légèrement sédatives. Plusieurs espèces de *Lichens* doivent également être rangés dans cette catégorie. 2° *Amers astringents*. A ce groupe appartiennent les écorces de *Saule*, de *Chêne*, de *Marronnier d'Inde*, d'*Angusture vraie*, les *Quinquinas*, etc. 3° Les *Amers aromatiques* comprennent les plantes dans lesquelles l'huile volatile est en faible quantité et où le principe amer prédomine. Telles sont, dans la famille des *Labiées*, les *Germandrées*, et les *Armoises* dans celle des *Composées*. 4° Les *Amers âcres*, au point de vue thérapeutique, ne peuvent faire partie de la classe des toniques amers. Nous citerons comme exemples de ce groupe l'opium, les alcaloïdes qu'on en retire, et ceux que donnent les végétaux du genre *Strychnos*. Cependant, dans certaines gastralgies, on emploie avec succès l'extrait de noix vomique. 5° Dans les *Amers cathartiques*, le principe amer est effacé par le principe cathartique. L'*Aloès* et la *Rhubarbe* sont les seuls agents de ce groupe qui s'administrent comme amers dans les cas d'atonie du tube digestif.

Les principes immédiats auxquels les végétaux dont il vient d'être question doivent leur amertume et leurs propriétés toniques sont tantôt des alcaloïdes, comme la quinine, la strychnine et la brucine; tantôt des principes neutres qui peuvent cristalliser, comme la salicine et la cusparine; tantôt des principes incristallisables, comme la cétrarine.

AMÈREMENT. adv. Ne se dit qu'au fig. *Se plaindre am., Pleurer am.*, Avec amertume, douloureusement. — *Critiquer am.*, D'une manière impitoyable.

AMÉRIC VESPUCE, navigateur florentin (1451-1512), dont le véritable nom est Albericus Vespuccius, et qui passe, à tort, pour avoir donné son nom à l'Amérique, où il aborda, d'ailleurs, après Christophe Colomb.

AMÉRIQUE, l'une des cinq parties du monde, la plus vaste après l'Asie. Sa surface est quatre fois celle de l'Europe. Elle est divisée en deux grandes parties : l'Amérique du Nord et l'Amérique du Sud, reliées par l'isthme de Panama. L'*Amérique septentrionale* s'étend sur 21 millions de kilom. carrés, avec une largeur d'environ 5500 kilom., depuis Terre-Neuve jusqu'à la presqu'île d'Alaska. On lui rattache les îles et terres de la mer Glaciale arctique, qui se prolon-

AMÉRIQUE DU NORD
et
AMÉRIQUE DU SUD

Échelle

Possessions
(E.U.) États-Unis   (E) Espagne
(A) Angleterre   (D) Danemark
(F) France   (H) Hollande

gent sans doute jusqu'au pôle Nord, et toute la partie intermédiaire entre les deux Amériques, et qui est l'*Amérique*

23

centrale. La population est de 95 à 100 millions d'habitants.

Le littoral est très découpé, surtout au nord et à l'est. La côte de l'Océan Glacial forme la grande mer intérieure connue sous le nom de baie d'Hudson; plus au nord sont les terres polaires, vastes archipels d'îles inhabitées. Ces terres ont été en partie reconnues depuis trois cents ans par les Anglais Davis et Hudson (1610-1615), par le Danois Behring (1728-1740), et, au XIXᵉ siècle, par Ross, Parry, Frank in, Greeley, etc.; mais aucune des tentatives faites pour arriver jusqu'au pôle n'a réussi.

Deux formations orographiques, d'une extrême simplicité, se partagent le continent nord-américain : l'une à l'ouest, les *Rocheuses*; l'autre à l'est, les *Apalaches* ou *Alleghanys*. Les monts Rocheux se continuent dans l'Amérique centrale, travers et l'isthme de Panama et reprennent une nouvelle importance dans l'Amérique méridionale sous le nom de *Cordillère des Andes*.

Les principaux cours d'eau sont : le Youkon et le Mackenzie qui se perdent dans l'Océan Glacial; le Church ll et le Nelson dans la baie d'Hudson; le Saint-Laurent, le Connecticut, l'Hudson, la Delaware, le Potomac, dans l'Océan Atlantique; le Mississipi, le Rio Grande del Norte, dans le golfe du Mexique; le Colorado, le Sacramento et l'Orégon dans le Grand Océan.

L'histoire de l'Amérique du Nord est très confuse pour la partie antérieure à l'arrivée des Européens. Des monuments énormes, qui remontent à une antiquité reculée, attestent une civilisation puissante; on a donné le nom de *Mound builders* (constructeurs de monts) à ces populations primitives. Au Xᵉ siècle, des navigateurs norvégiens ou danois abordèrent au Grœnland et peut-être au Labrador. Après Christophe Colomb, dont les voyages eurent lieu de 1492 à 1503, il faut citer parmi les plus hardis explorateurs, des XVIᵉ et XVIIᵉ siècles : Fernand Cortez, Pizarro, Jacques Cartier, Champlain et Cavelier de la Salle.

La race dominante est la *race anglo-germanique* qui compte environ 60 millions de membres; elle a étouffé et anéanti presque toutes les races indigènes, réduites aujourd'hui au chiffre de 6 à 7 millions, sont très certainement appelées à disparaître. Ces races sont la *race américaine rouge*, qui comprend les Hurons, les Algonquins, les Apaches, les Sioux, les Apalaches, etc., répartis aux États-Unis et au Canada, et la *race mexicaine jaune*, qui comprend les Tol èques, les Aztèques et les Caraïbes, répartis au Mexique et dans l'Amérique centrale. La *race latine* domine dans une partie du Canada, et une race métissée d'indigènes et d'Espagnols au Mexique et au Honduras. Enfin, la race jaune a pris depuis un demi-siècle un grand développement.

L'Amérique du Nord comprend 2 gr. États autonomes : les États-Unis et le Mexique et une immense confédération dépendant de l'Angleterre : le Dominion of Canada, autrefois français. Dans l'Amérique centrale, on trouve cinq petites républiques indépendantes : le Honduras, le Goatémala, le Nicaragua, Costa-Rica et San-Salvador. Enfin, les Antilles appartiennent toutes à des puissances européennes, sauf l'île d'Haïti, qui forme deux républiques : Haïti et la république Dominicaine. On sait que les Antilles se divisent en grandes et petites Antilles et que les quatre grandes Antilles sont : Haïti, Cuba et Port-Rico à l'Espagne, la Jamaïque à l'Angleterre.

La religion la plus répandue est la religion protestante; les catholiques sont en assez grand nombre au Canada, au Mexique, dans l'Amérique centrale et aux Antilles; les Indiens sont, on va sans regret, restés fidèles au paganisme.

L'Amérique du Sud s'étend sur près de 18 millions de kilom. carrés avec une longueur de 7600 kilom. et une largeur de 5200. Sa population est d'environ 30 millions d'habitants.

Sa structure géologique est encore peu connue. La Cordillère des Andes abonde en pics volcaniques; les bassins des grands fleuves renferment d'immenses plaines d'alluvions. L'or se trouve en très grande quantité dans certaines parties du Brésil, de la Guyane, du Pérou, de l'Équateur et du Chili. La production du diamant, des pierres précieuses, du cuivre, du fer, du plomb, du mercure, donne des revenus considérables.

Les côtes sont en général peu découpées et se trouvent toutes situées sur la mer des Antilles, l'Océan Atlantique et le Grand Océan. La Cordillère des Andes forme tout le long de la côte ouest une chaîne volcanique, haute de 4000 à 6000 mètres. Au pied des montagnes s'étendent d'immenses plaines qui portent le nom de *llanos* (dans le bassin de l'Orénoque), de *pampas* (dans le bassin du Paraguay). Aucune région n'est plus fertile ni plus propre au développement

agricole. Les principaux fleuves sont : la Magdalena, l'Orénoque, l'Amazone, qui est le plus grand fleuve du monde (6200 kilom.), enfin, le Rio de la Plata, vaste cours d'eau formé de la réunion du Paraguay (1800 kilom.) et du Parana (3650 kilom.). Tous se déversent dans la mer des Antilles ou l'Océan Atlantique.

Christophe Colomb, qui découvrit ce continent, aborda dans ses deux premiers voyages aux Antilles et dans l'Amérique centrale; c'est seulement au troisième (1493) qu'il passa devant l'embouchure de l'Orénoque.

Le nom d'Amérique, donné à tout le pays, ne vient pas du navigateur Améric Vespuce, dont le vrai nom est Albéricus Vespuccius, mais d'un terme indigène qui, au Nicaragua, désigne les hautes terres qui bordent l'Atlantique.

Après Christophe Colomb, les principaux explorateurs furent Alvarez Cabral qui reconnut le Brésil; Pizarre qui conquit le Pérou, et Magellan qui franchit en 1520 le détroit qui a gardé son nom.

Par l'effet de la conquête, de l'émigration et de l'esclavage, la population de l'Amérique du Sud est aujourd'hui l'une des plus mélangées. On distingue quatre races principales : les *Indiens indigènes*, Muiscas, chouas, Caraïbes, Tobas, etc.; les *Européens*, qui appartiennent presque tous à la race latine; les *métis*, qui forment la majeure partie de la population; enfin les *nègres*, amenés jadis des côtes d'Afrique pour être réduits en esclavage. Toutes ces populations sont catholiques, à peu d'exceptions près. L'espagnol est la langue dominante.

L'Amérique du Sud se compose de 10 républiques autonomes et d'une vaste région, la Guyane, partagée entre la France, l'Angleterre et la Hollande. Les 10 républiques sont : les États-Unis de Colombie, le Vénézuéla, l'Équateur, le Pérou, la Bolivie, le Chili, la Confédération argentine, le Brésil, le Paraguay et l'Uruguay. A l'exception du Brésil, ce sont toutes d'anciennes colonies espagnoles, qui se sont soulevées au commencement du XIXᵉ siècle contre la mère patrie. Le Brésil a appartenu au Portugal jusqu'à la même époque, s'est constitué en empire en 1822 et en république en 1889.

AMERS (Lacs), lacs situés vers le sud de l'isthme de Suez.

AMERS. s. m. pl. (R. mer). T. Mar. Objets très apparents sur les côtes, tels que clochers, tours, moulins, etc., qui peuvent servir d'indice aux navigateurs pour reconnaître les divers points d'une côte et les guider dans leurs manœuvres. *Prendre ses a.*, Reconnaître les points apparents d'une côte.

AMERTUME. s. f. Se dit en parlant des substances amères et de la sensation particulière qu'elles font éprouver à l'organe du goût. *L'am. de la gentiane. L'am. de la bouche est un symptôme commun à une foule de maladies.* Au propre, ne s'emploie jamais qu'au sing. || Fig., Affliction, douleur, peine. *Avoir le cœur plein d'am. L'am. des remords. Adoucir l'am. de la douleur. Les amertumes de la vie. Plaisir mêlé d'am.* — Ce qu'il y a de piquant, de mordant, d'insultant dans les paroles, dans les discours, dans les écrits. *Une critique pleine d'am. L'am. des reproches. Il m'a parlé de son fils avec am.*

AMESTRER. v. a. T. de Teinturier. Mêler le carthame lavé avec de la cendre gravelée.

AMÉTHYSTE. s. f. (gr. ἀμέθυστος, qui n'est pas ivre). T. Min. Les anciens nommaient ainsi des pierres précieuses de couleur violette, parce qu'on prétendait qu'elles préservent de l'ivresse. De nos jours, le mot *Am.*, employé seul à désigner une variété de quartz hyalin de couleur violette plus ou moins foncée, tantôt uniforme, la plus souvent par bandes parallèles ou par zone, en zigzag avec un quartz blanc. Cette coloration est due à l'oxyde de manganèse. — On rencontre parfois l'*am.* en masses assez grandes pour sculpter de petites colonnes ou des vases. Cette pierre est très estimée, lorsque, sous une bonne grandeur, elle offre une teinte d'un beau violet velouté. Elle sert à l'ornement des bagues des évêques, ce qui lui a valu le nom vulgaire de *Pierre d'évêque*. Les plus belles améthystes se trouvent à Carthagène, dans les Asturies et dans le département des Hautes-Alpes. Le commerce en tire aussi du Brésil et de la Sibérie. (Voy. QUARTZ.) — On appelle *Am. orientale* une pierre précieuse de la nature du rubis et du saphir, qui se distingue aisément du *quartz am.* par sa nuance pourprée et par sa dureté et sa densité, qui sont beaucoup plus grandes que celles de l'*am.* ordinaire. Voy. CORINDON.

AMÉTHYSTÉE. s. f. T. Bot. Genre de plantes à fleurs violettes de la famille des *Labiées*.

AMÉTROPE. adj. (gr. ά privatif, μέτρον mesure, ὣψ, œil). T. Physiol. Se dit d'un œil qui n'est pas normal, mais myope ou presbyte.

AMÉTROPIE. s. f. T. Physiol. État de l'œil amétrope.

AMEUBLEMENT. s m. (R. *meuble*). Assortiment des meubles et des tentures nécessaires pour garnir une pièce ou un appartement. *Am. magnifique, mesquin. Un am. de velours, de damas.*

AMEUBLIR. v. a. (R. *meuble*). T. Droit. Donner à un immeuble la qualité de meuble, à l'effet de le faire entrer dans la communauté. Voy. AMEUBLISSEMENT. || T. Agric. Rendre une terre plus meuble, p.us légère. ⹀ AMEUBLI, IE, part.

AMEUBLISSEMENT. s. m. T. Droit et Agric.
Droit. — On donne le nom d'*Am.* a une fiction légale par laquelle on fait passer un immeuble à l'état de meuble ; mais cette fiction n'a d'effet qu'entre les époux, car l'immeuble, à l'égard des tiers, n'en conserve pas moins sa nature propre. Par la *clause d'am.*, les deux ep ux, ou l'un d'eux, font entrer dans la communauté une partie ou la totalité de leurs immeubles présents ou à venir. Il est à remarquer qu'il ne peut s'agir ici que des immeubles acquis à titre gratuit, puisque les immeubles acquis à titre onéreux pendant la communauté y tombent de plein droit. L'am. est *général* ou *particulier* : il est général, lorsqu'il comprend l'universalité des immeubles ; il est particulier, lorsqu'il ne comprend que certains immeubles spécialement désignés. On le distingue encore en am. *déterminé* et en am. *indéterminé*. Dans la première espèce, l'époux déclare ameublir et mettre en communauté, jusqu'à concurrence d'une certaine somme, tout ou partie d'un immeuble parfaitement spécifié. Dans la seconde, l'époux déclare simplement, sans aucune spécification, apporter en communauté ses immeubles, jusqu'à concurrence d'une somme dont le chiffre est énoncé. L'effet de l'am. déterminé est de rendre les immeubles qui en sont frappés, biens de la communauté comme les meubles mêmes. Ainsi, lorsque les immeubles de la femme sont ameublis en totalité, le mari peut en disposer à son gré, comme des autres effets de la communauté. Si les immeubles ne sont ameublis que pour une certaine somme, il peut seulement les hypothéquer jusqu'à concurrence de la portion ameublie ; mais il ne peut les aliéner sans le consentement de la femme. Dans le cas d'am. indéterminé, la communauté n'étant pas propriétaire des immeuble. qui en sont frappés, l'effet de l'am. se réduit à obliger l'époux qui l'a consenti, à comprendre dans la masse, lors de la dissolution de la communauté, quelques-uns de ses immeubles, jusqu'à concurrence de la somme par lui promise. Du reste, l'époux qui a ameubli un héritage conserve la faculté de le retenir, en le préc mptant sur sa part, selon la valeur qu'il a acquise au moment du partage, et ses héritiers ont le même droit. (Code civil, art. 405 et suiv.) Voy. COMMUNAUTÉ.
Agric. — On nomme *am.* l'action de rendre le sol plus meuble, c.-à-d. d'en diminuer la compacité, soit en le divisant avec un instrument de culture, soit en y introduisant quelque substance. L'am. se pratique dans le but de rendre la terre plus propre à subir l'influence des agents atmosphériques. Voy. AMENDEMENT.

AMEULONNER. v. a. (R. *meule*). T. Agric. Mettre la paille ou le foin en meules.

AMEUTER. v. a. (R. *meute*). Mettre des chiens en état de bien chasser ensemble. *Il faut du temps pour am. des chiens qui n'ont pas accoutumé de chasser ensemble.* || Fig. Attrouper. *Sa mise bizarre a ameuté autour de lui tous les oisi s du quartier.* — Attrouper et animer des gens pour les faire agir de concert. *Il ameuta tous les mécontents pour faire passer cette délibération.* ⹀ S'AMEUTER. v. pron. S'assembler pour protester et combattre. *Le peuple s'était ameuté devant l'hôtel de ville.* ⹀ AMEUTÉ, ÉE. part.

AMI, IE. s. (lat. *amicus*). Celui ou celle avec qui on est lié d'une affection réciproque. *A. constant, sincère, sûr. A. à toute épreuve. Se faire des amis. Traiter, agir, parler en a. Cela n'est pas d'un a. Cette femme n'a pas une amie.* || Fam. Bon a., bonne amie, se dit quelquefois pour

Amant, maîtresse. || Dans le langage ordinaire, on applique ce mot à presque toutes les liaisons familières fondées sur quelque motif que ce soit, et quel que soit le degré d'attachement qui les maintient. *A. de collège, A. d'enfance, A. de table, de débauche,* etc. *A. de tout le monde. A. du genre humain,* Celui qui donne le titre d'ami à tout le m nde, et n'est par conséquent l'a. de personne. *A. jusqu'à la bourse,* A. à rendre toutes sor.es de services, excepté celui d'aider de son argent.

Qui possède un ami possède un grand trésor (DUCIS.)
Le sort fait les parents, le choix fait les amis. (DELILLE.)
Il n'y a rien de dangereux comme un sot ami. (NAPOLÉON.)
Mieux vaudrait un sage ennemi (LA FONTAINE.) Prov., *Les bons comptes font les bons amis. Ami au prêter, ennemi au rendre.* || Se dit en parlant de personnes unies par quelque intérêt de parti, de coterie. *Cette petite persécution lui attira beaucoup d'amis.* — Par ext., se prend pour partisans. *Le minis.ère et ses amis ont eu le dessous dans cette discussion.* || Se dit également des nations, des maisons souveraines qui sont unies par des traités, des alliances, et qui vivent en bonne intelligence. *Un peuple ambitieux ne peut avoir d'amis. Depuis cette alliance, ces deux maisons sont amies.* — *Bâtiment a.,* Nav re appartenant à une puissance amie. || En parlant des inférieurs, on dit fam. : *Tie es, mon a., voilà pour la peine. L'a. ferais-tu bien un message pour mo.?* — A. devient quelquefois un terme de hauteur. *Mon petit a., il faut que vous sachiez que...* || Celui qui a de l'attachement, du goût, de la passion pour une chose, *A. de la raison, de la justice, de la vérité, de la religion, de la vertu. A. des sciences. A. des arts, des lettres.* — A. de la faveur, A. de la fortune, Celui qui ne s'attache qu'aux personnes en faveur ou dans l'opulence. *L'a. de la maison,* Celui qui vit dans l'intimité d'une famille. || Se dit des animaux, pour marquer l'affection qu'ils ont pour les hommes. *Le chien est l'a. de l'homme.* || S'emploie des choses qui ont entre elles une certaine convenance. *L'ormeau est a. de la vigne.* — *Couleurs amies,* Couleurs dont l'union est agréable à la vue. Dans un sens anal., on dit : *Le vert est l'a. de l'œil.* — *Odeurs amies du cerveau,* Odeurs agréables qui ne fatiguent pas le cerveau. *Le vin est a. du cœur.* Il provoque la gaieté. ⹀ AMI, IE, s'emploie aussi adj. *Peuples amis, nations amies. Il m'a montré un visage a.,* Un visage bienveillant. — Dans le style poétique, *a.* se prend pour propice, favorable. *Les destins amis. La fortune amie.*

AMIABLE. adj. 2 g. *Accueil am.,* Accueil gracieux. *Paroles amiables,* Paroles douces, conciliantes. || T. Droit. *Am. compositeur.* Voy. ARBITRE. — A L'AMIABLE. loc. adverb. Par voie de douceur, de conciliation. *Traiter les choses à l'am. Vider un différend à l'am.* — *Vente à l'am.,* Vente faite de gré à gré, sans enchères et sans être ordonnée par autorité de justice. || T. Arith. *Nombres amiables,* Nombres dont chacun est égal à la somme des diviseurs de l'autre, Ex : 284 et 220.

AMIABLEMENT. adv. D'une manière amiable.

AMIADÉS. s. m. pl. T. Zool. et Paléont. Famille de poissons *Ganoïdes* du groupe des *Téléostoïdes* (voy. ces mots). Ces poissons ont le corps allongé, de petites dents en brosse, des écailles cycloïdes. L'intestin présente une valvule spirale peu développée. Il y a une vessie natatoire double et celluleuse à l'intérieur. Enfin il n'y a pas de fulcres.
Le genre *Amia* se rencontre dans le crétacé et le tertiaire, mais vit encore de nos jours dans les eaux douces de l'Amérique du Nord.

AMIAN ou **AMIHAN.** s. m. T. Mar. Petit objet en corde ou en bois qu'on trouve sous la main et qu'on emploie à défaut d'un autre mieux défini.

AMIANTACÉ, ÉE. adj. Qui ressemble à l'amiante.

AMIANTE. s. m. (gr. ά priv.; μιαίνειν, souiller). T. Min. Sous le nom d'*Am.* ou d'*Asbeste* (gr. ἀσβεστος, inextinguible), on comprend les variétés d'amphibole formées de fibres très fines, peu adhérentes les unes aux autres, et assez flexibles pour offr.r une certaine ressemblance avec plusieurs produits filamenteux du règne végétal. Ces substances sont principalement constituées par des silicates de chaux et de magnésie, substances d.fficilement fusibles, ce qui fait que les d.verses espèces d'am. présentent ce phénomène singulier qu'elles résistent puissamment à l'action du feu ; néanmoins, elles sont fusibles au chalumeau. Les minéralogistes réservent le nom d'amiante aux variétés d'asbeste dont les fibres sont raides et cassantes.

Les anciens connaissaient l'am. et la propriété remarquable qu'il possède. « L'am., dit Pline, ressemble à l'alun ; il ne perd rien au feu, et il résiste à tous les charmes, surtout aux maléfices magiques. J'ai vu, dans des festins, des serviettes d'amiante jetées dans un foyer ardent ; quand les taches avaient été consumées par le feu, on les retirait plus nettes et plus éclatantes que si elles eussent été blanchies dans l'eau. On en fait, pour les funérailles des rois, des linceuls qui séparent leurs cendres de celles du bûcher. On le trouve rarement, et on le travaille avec beaucoup de peine à cause du peu de longueur de ses fibres. » On a, en effet, trouvé dans des tombeaux romains des linceuls d'amiante. Seulement la nature de l'amiante était inconnue des Romains. Pline croyait que c'était une espèce de lin. De nos jours également, l'am. a été utilisé de diverses manières. Ainsi, on en a fabriqué, comme le faisaient les anciens, des tissus incombustibles. Pour cela, on entremêlait les fils d'am. avec des fils de lin et de coton, puis on passait le tissu dans la flamme, qui détruisait les fils de nature végétale, et l'on obtenait de cette manière une toile d'am. entièrement pur. Mais ce procédé ingénieux a été abandonné depuis qu'on a découvert en Italie, dans la Tarentaise, une variété précieuse d'am. dont les fils, extrêmement déliés et d'une blancheur éclatante, offrent cela de particulier qu'ils semblent être pelotonnés dans la masse minérale qui les forment, comme les fils de soie dans les cocons d'où ils sont tirés. On s'est servi de ces fils pour pour faire de la toile et même de la dentelle. On fabrique également avec l'am. un papier incombustible, de sorte qu'en se servant d'une encre convenablement préparée, par ex. de celle qui s'obtient au moyen du peroxyde de manganèse et du sulfure de fer, on peut mettre à l'abri du feu des écrits précieux. A l'imitation des anciens, on en fait des mèches incombustibles qu'il n'est pas nécessaire de moucher ni de renouveler ; car, lorsqu'elles sont encrassées par l'huile, il suffit de les plonger dans un brasier ardent pour les purifier. L'am. que les anciens, à ce qu'il paraît, tiraient de l'Orient, est beaucoup moins rare qu'ils ne le pensaient. Il se trouve assez abondamment dans la Tarentaise (Savoie), dans le Piémont, dans le Tyrol, en Hongrie, en Corse, au nord de la colonie du cap de Bonne-Espérance, à Nerwinski en Sibérie, et en Amérique dans l'État de New-York.

AMIBE. s. m. (gr. ἀμείβω, je change). T. Zool. Protozoaire (voy. ce mot) dont le corps est formé de protoplasma plus ou moins granuleux et dépourvu de membrane d'enveloppe. Cette petite masse protoplasmique émet des prolongements ou pseudopodes et change continuellement de forme.

AMIBOÏDE. adj. (gr. ἀμείβω ; εἶδος, apparence). T. Hist. nat. Qui ressemble aux amibes. *Mouvements amiboïdes,* Mouvements observés chez de nombreux éléments anatomiques tels que les œufs naissants, les globules du pus, le protoplasme des mycomycètes, etc., et qui consistent en contractions et dilatations successives, émission et rétraction de prolongements dits pseudopodiques qui altèrent continuellement la forme du corps qui en est le siège.

AMICAL, ALE. adj. Qui est dicté, inspiré par l'amitié. *Conseil am. Paroles, exhortations amicales.* || Qui indique l'amitié. *Ton, air am. Manières amicales.* — Cet adj. est peu us. au pl. masc., et ne se dit point des personnes. *Conseils amicaux.*

AMICALEMENT. adv. D'une manière amicale.

AMICT. s. m. [Pr. *ami,* même devant une voyelle] (lat. *amictus,* vêtement). T. Lit. Linge bénit, de forme carrée, qt le prêtre se couvre les épaules avant de revêtir l'aube. voy. Aube.

AMIDE. s. f. (R. *am.,* abrév. d'ammoniaque). T. Chim. Les sels ammoniacaux des acides organiques et de certains acides minéraux peuvent, sous l'influence de la chaleur, perdre de l'eau et donner naissance à des composés neutres ou acides, appelés *amides,* capables de régénérer le sel primitif en reprenant de l'eau. Ainsi l'acétate d'ammoniaque $C^2H^3O^2AzH^4$, en perdant H^2O, donne naissance à l'acétamide $C^2H^3O AzH^2$. Si l'acide ou le sel est bibasique, il forme deux sels ammoniacaux : le sel neutre, en perdant $2H^2O$, donne une diamide neutre ; le sel acide, en perdant H^2O, donne une

amide-acide, qui fonctionne à la fois comme amide et comme acide monobasique. Par exemple, l'oxalate neutre d'ammoniaque $C^2O^4(AzH^4)^2$ produit l'oxamide $C^2O^2AzH^4$, tandis que l'oxalate acide $C^2O^4HAzH^4$ donne l'acide oxamique $C^2O^3HAzH^2$. Au carbonate neutre d'ammoniaque correspond la carbamide, qui n'est autre chose que l'urée.

D'une façon générale, on peut considérer les amides comme de l'ammoniaque dans laquelle un radical acide s'est substitué à de l'hydrogène. Si, dans une molécule d'ammoniaque AzH^3, on remplace successivement 1, 2 ou 3 atomes d'hydrogène par un radical acide, on obtient les *amides primaires, secondaires* ou *tertiaires.* Ainsi l'acétyle C^2H^3O, radical de l'acide acétique, donnera successivement : l'acétamide (amide primaire) $C^2H^3O.AzH^2$, la diacétamide (am. secondaire) $(C^2H^3O)^2AzH$, et la triacétamide (am. tertiaire) $(C^2H^3O)^3Az$. Les *diamides* primaires, secondaires, tertiaires dérivent d'une double molécule d'ammoniaque Az^2H^6, dans laquelle 2, 4, 6 atom.s d'hydrogène sont remplacés par 1, 2, 3 radicaux diatomiques acides. Les *triamides* dérivent d'une triple molécule d'ammoniaque Az^3H^9 par substitution de radicaux triatomiques à 3, 6, 9 atomes d'hydrogène.

Dans le cas où le radical diatomique se substitue à 2 atomes d'hydrogène provenant, non plus de deux molécules différentes, mais d'une seule molécule d'ammoniaque, on obtient une *imide.* De même un radical triatomique peut se substituer aux 3 atomes d'hydrogène d'une seule molécule d'ammoniaque ; il en résulte un *nitrile.*

Si, au lieu de radicaux acides, on substituait des radicaux alcooliques à l'hydrogène de l'ammoniaque, on obtiendrait des amines, corps qu'on ne peut plus mettre au nombre des amides. Mais ces amines, douées de la plupart des propriétés de l'ammoniaque, peuvent comme celle-ci se combiner aux acides en formant de véritables sels, qui par déshydratation engendrent de nouvelles classes d'amides. Ainsi les *anilides* sont les amides correspondant aux sels d'aniline. Les *nitrosamines* sont les amides des azotites d'amines. On considère aussi le cyanogène, l'acide cyanhydrique et leurs composés comme des nitriles ou des amides. Enfin l'on peut encore parmi les amides ranger les composés qui se forment, avec élimination d'eau, par l'union des aldéhydes avec l'ammoniaque ou avec les amines. On voit que le nombre des amides est pour ainsi dire illimité, et qu'on y comprend la plupart des composés organiques azotés ; on y rattache même les substances albuminoïdes, principes immédiats qu'on rencontre dans tous les tissus vivants.

Remarquons encore que les acides à fonction complexe (acides-alcools, acides-éthers, acides-alcalis, etc.) engendrent des amides à fonction complexe et qu'il existe, par conséquent, des amides-alcools, des amides-phénols, des amides-éthers, des amides-alcalis, etc.

AMIDÉS. adj. m. pl. *Dérivés amidés.* T. Chim. Les dérivés amidés d'une substance organique sont les composés qu'on en déduit en substituant le groupe amidogène AzH^2 à un élément monatomique tel que l'hydrogène, ou à un groupe monatomique tel que l'hydroxyle OH. Ainsi les dérivés amidés de la benzine C^6H^6 sont l'amidobenzine ou aniline $C^6H^5(AzH^2)$, la diamidobenzine ou phénylène-diamine $C^6H^4(AzH^2)^2$, la triamidobenzine $C^6H^3(AzH^2)^3$. L'alcool $C^2H^5.OH$ donne l'éthylamine $C^2H^5AzH^2$. Dans le phénol $C^6H^5.OH$ on peut opérer la substitution sur l'hydroxyle phénolique OH, ce qui donne l'aniline $C^6H^5AzH^2$, ou bien sur l'hydrogène du radical, ce qui donne un phénol amidé ou amidophénol $C^6H^4(AzH^2).OH$; ce dernier corps fonctionne à la fois comme amino (par AzH^2) et comme phénol (par OH). En général, quand la substitution porte sur l'hydrogène d'un groupe hydrocarboné ou sur un hydroxyle alcoolique ou phénolique, on obtient une *amine.* Lorsqu'elle se fait sur un hydroxyle acide, il se produit une *amide.* Dans un acide bibasique, comme l'acide succinique $C^4H^4O^2.(OH)^2$, contenant deux hydroxyles acides, engendrera successivement une *amide acide* (l'acide succinamique $C^4H^4O^2. OH. AzH^2$), et une *diamide* (la succinamide $C^4H^4O^2(AzH^2)^2$; si la substitution se faisait sur l'hydrogène du radical, on aurait un *acide amidé* (acide amidosuccinique $C^4H^3(AzH^2)O^2(OH)^2$). On voit par cet exemple la différence qui existe entre une amine acide et un acide amidé.

AMIDINE. s. f. T. Chim. Nom générique des composés basiques qui diffèrent des amides par la substitution de AzH à l'oxygène.

AMIDO-. T. Chim. Préfixe qui entre dans la composition du nom que l'on donne à un composé amidé.

AMIDOGÈNE. s. m. (de *amide* et gr. γεννάω, j'engendre). Radical monatomique AzH², qui dérive de l'ammoniaque par soustraction d'un atome d'hydrogène et qui entre dans la composition des corps amidés.

AMIDON. s. m. (corrupt. du gr. ἄμυλον, farine; suivant M. Tombin, du sanscrit *samida*, fleur de farine). — L'*Am.*, ou *Fécule amylacée*, est une matière blanche, brillante, composée de grains pulvérulents généralement arrondis, parfois polyédriques lorsqu'ils ont été très comprimés dans leurs cellules végétales. Cette substance se précipite du suc d'un grand nombre de plantes; on la rencontre principalement dans les racines, les bulbes, les semences, les tubercules, les fruits, etc.; et elle reçoit des noms différents, suivant le végétal qui l'a produite : c'est ainsi qu'on donne spécialement le nom d'*Am.* à celui qui est extrait des céréales; tandis que l'on nomme *Fécule* celui que l'on retire de la pomme de terre : *Arrowroot*, celui qui provient du *Maranta indica* ou *arundinacea*; *Moussache* ou *Tapioca*, celui que donne le *Manioc* (*Jatropha manihot*); et *Sagou*, celui qui est préparé avec la moelle d'une espèce de palmier (*Sagus farinaria*). Toutes ces substances ont la même composition chimique, mais elles présentent néanmoins quelques différences dans la forme et surtout dans le volume des grains, qui permettent de les distinguer. En effet Payen, ayant mesuré le diamètre des grains d'am. provenant de diverses espèces végétales, a trouvé 185 millièmes de millimètre pour les grains des tubercules des grosses pommes de terre de Rohan, 67 pour ceux des lentilles, 50 pour ceux du blé, 45 pour ceux du sagou et des tubercules d'orchis, 36 pour ceux des haricots, 4 pour ceux de la graine de betterave, et 2 seulement pour ceux du *Chenopodium quinoa*. — Lorsqu'on examine à la loupe ou au microscope les granulations de l'am., elles offrent une sorte de point qui simule l'ombilic des haricots et qu'on nomme le *hile*. Les grains, durs à la circonférence et d'une consistance cornée, s'amollissent à mesure qu'on approche du centre. Chaque grain d'am. doit être considéré comme un corps organisé : il est formé de couches concentriques pressées les unes sur les autres.

L'am. est sans odeur ni saveur, Il est insoluble dans l'eau froide, dans l'alcool, dans l'éther, ainsi que dans les huiles fixes et volatiles. Son analyse donne : carbone, 44,9; hydrogène, 6,1, et oxygène, 49, avec un certain nombre d'équivalents d'eau. Chauffé dans le vide à + 120°, l'am. ne garde plus qu'un seul équivalent d'eau, dont on ne peut le séparer sans le décomposer. Sa formule est alors C⁶H¹⁰O⁵ ou mieux (C⁶H¹⁰O⁵. Lorsqu'on fait chauffer l'am. jusqu'à 200 ou 220°, il se convertit en une matière gommeuse, soluble dans l'eau, qu'on nomme *dextrine*. Cette métamorphose s'opère plus ou moins rapidement, suivant l'espèce de fécule qu'on emploie et la proportion d'eau qu'elle contient. — Chauffés au contact de l'eau, les grains d'am. éprouvent un gonflement considérable par suite de l'endosmose du liquide. Les couches superficielles, plus denses que les couches intérieures, se rompent et se répandent dans l'eau. Ce phénomène d'expansion commence à 55°, et devient extrêmement prononcé à 100°. L'am. occupe alors un espace 30 fois plus considérable que celui qu'il occupait primitivement, et le liquide acquiert une consistance épaisse. Par le refroidissement, il se prend en une sorte de gelée connue sous le nom d'*Empois*. Il faut toutefois que la quantité d'eau dans laquelle on fait chauffer l'am. soit inférieure au volume que peuvent acquérir les grains dans leur plus grand état d'expansion. Une eau faiblement alcaline produit un effet semblable. Ainsi, par ex., de l'eau qui contient 2 p. 100 de soude gonfle les grains amylacés au point de leur faire occuper 70 à 75 fois leur volume primitif. Néanmoins l'ammoniaque est sans action sur les grains d'am.

Parmi les diverses réactions qui résultent du traitement de l'am. par les agents chimiques, celles que déterminent l'iode, les acides et la diastase sont les plus importantes. La moindre parcelle d'iode, ainsi que l'ont découvert Colin et Gaultier de Claubry, communique à l'am. une magnifique coloration bleue qui disparaît à chaud, mais qui reparaît par le refroidissement de la liqueur. La lumière détruit la couleur de l'iodure d'am. L'iode est le réactif le plus sensible pour déceler la présence de l'am., et *vice versa*. Cependant lorsque l'am. est parfaitement desséché, l'iode ne le colore pas : il est pourtant absorbé, car il suffit d'humecter les grains d'am. pour faire apparaître la coloration bleue. Les fécules prennent aussi des teintes assez diverses quand on les expose à la vapeur d'iode. Gobley a remarqué que l'am. prend une teinte violacée, la fécule de pomme de terre une couleur gris tourterelle, le tapioca vrai une couleur jaune, etc.

— Les acides minéraux affaiblis dissolvent l'am., et donnent ainsi un liquide transparent; une ébullition prolongée convertit d'abord l'am. en dextrine, puis en glucose. La plupart des acides organiques agissent de la même manière. L'exception que l'ac.de acétique présente à cette règle fournit un moyen facile de reconnaître la falsification du vinaigre par les acides inorganiques. Si l'on introduit 1 gramme de de fécule dans 100 centimètres cubes de vinaigre pur, et si l'on fait ensuite bouillir ce vinaigre pendant une demi-heure, la fécule n'est pas transformée; ainsi l'iode la colore en bleu, ce qui n'a plus lieu dès que le vinaigre contient un demi-centième d'acide sulfurique — Traité par l'acide nitrique fumant, l'am. se dissout; puis, si l'on ajoute de l'eau, il se dépose une matière blanche nommée *xyloïdine* par Braconnot qui l'a découverte. La xyloïdine dérive de l'amidon par substitution de AzO⁵ à l'hydrogène. Elle est analogue au cotonpoudre ou nitro-cellulose. (Voy. ce mot). — La *Diastase*, substance azotée, blanche, amorphe et soluble dans l'eau, qui se trouve dans l'orge germée, convertit l'am. en globulins amylacés, semblables à ceux qu'on obtient par l'action de l'eau et de la chaleur dans une marmite de Papin; l'am. se transforme ensuite complètement en dextrine, et enfin en glucose. Il suffit d'une partie de diastase pour métamorphoser 2,000 parties d'empois d'am. en dextrine et en glucose.

L'amidon peut être rendu soluble dans l'eau par divers procédés : 1° en broyant l'amidon avec de l'acide sulfurique; 2° en traitant l'amidon par le chlorure de zinc et en faisant bouillir l'empois qui se produit ainsi; 3° en chauffant de l'amidon avec de la diastase entre 65° et 80° et en ayant soin d'arrêter l'opération avant la formation de la dextrine. L'amidon soluble n'est plus coloré par l'iode.

Dans le commerce, on prépare l'am. de blé avec des farines. L'opération essentielle consiste à séparer le gluten d'avec les grains amylacés; comme le gluten est insoluble dans l'eau, on fait fermenter la farine; le gluten devient soluble par la fermentation, et l'am. se précipite; alors on lave ce dernier, on le tamise et on le fait sécher dans les précautions convenables. — Le procédé suivant a l'avantage de conserver le gluten produit qui n'est pas sans utilité : on fait une pâte des farines destinées à l'extraction de l'am., puis on les malaxe sur un tamis serré; le gluten reste sur le tamis, tandis que l'am. passe à travers les mailles; l'am. est ensuite séparé du liquide et traité comme dans le premier procédé. — Quant à l'extraction de la fécule de pomme de terre, elle est d'une manière très simple; on déchire le parenchyme du tubercule à l'aide d'une râpe, ce qui amène la pulpe à un grand état de division; on la délaye dans l'eau sur un tamis très fin; la fécule passe avec l'eau, les débris parenchymateux restant sur le tamis; on prend la fécule, on la lave à plusieurs reprises et on la fait sécher d'abord à l'air, puis à l'étuve. Les grains de fécule de pomme de terre sont accompagnés d'une huile essentielle très âcre que les lavages à l'eau ne détruisent pas, mais qui disparaît dans l'eau alcoolisée. — Depuis quelques années on fabrique de l'amidon avec du riz et du maïs. Cette fabrication, réalisée pour la première fois en 1840 par M. Orlando Jones, présentait au début de grandes difficultés. Aujourd'hui elle se fait couramment. Le gluten du riz et du maïs n'étant pas fermentescible, on le rend soluble par l'emploi de la soude caustique. — Assez fréquemment la fécule est falsifiée par le mélange de substances étrangères. Pour reconnaître la fraude, on n'a qu'à traiter la fécule par la diastase; si elle est pure, elle se dissoudra complètement. Mais le moyen le plus simple consiste à faire brûler, dans une capsule en platine chauffée au rouge, une quantité connue (5 ou 10 gram.) de fécule, puis à peser le résidu de la calcination; le poids du résidu doit être au plus d'un demi-centième de la fécule essayée.

L'am. et la fécule se conservent, les farines s'altèrent : c'est là le côté économique le plus important dans la fabrication des fécules. Les diverses espèces de fécules constituent, comme chacun sait, l'une des substances alimentaires les plus employées; en outre, cette substance est indispensable à une foule d'industries. Sous forme d'empois, les blanchisseuses s'en servent pour donner l'apprêt au linge. Les fabricants d'indiennes se servent d'am. de blé pour épaissir les mordants auxquels il donne plus de consistance et de gomme. On emploie ce dernier, concurremment avec la fécule de pomme de terre, pour donner plus de lustre et une certaine fermeté aux toiles de lin, de chanvre et de coton. Les confiseurs en font un usage journalier pour la composition des dragées. Il sert à la préparation de la colle de pâte. Enfin, lorsqu'il a été converti en dextrine ou en glucose, il reçoit de nombreuses applications dont il sera question aux mots DEXTRINE, GLUCOSE et SUCRE.

AMIDONNER. v. a. Enduire d'amidon. — AMIDONNÉ, ÉE. part.

AMIDONNERIE. s. f. Fabrique d'amidon.

AMIDONNIER. s. m. Celui qui fabrique et vend de l'amidon.

AMIDURE. s. m. T. Chim. Combinaison d'un métal avec le radical amidogène AzH^2. Les amidures sont des ammoniaques composées dans lesquelles un atome d'hydrogène est remplacé par un atome de métal. Ex. : l'am. de potassium ou potassium ammoniaque AzH^2K. Voy. AMMONIAQUE.

AMIEL, penseur subtil et profond. Genève, 1821-1881.

AMIÉNOIS, partie de l'ancienne province de Picardie.

AMIENS, ch.-l. du dép. de la Somme, 67,000 hab. Évêché, bilatures, cathédrale admirable. Nom des hab., AMIÉNOIS ‖ *Paix d'Amiens,* paix signée en 1802 entre l'Angleterre et la France.

A-MI-LA. T. Mus. On appelait ainsi autrefois la note *La.* lnus.

AMILCAR, nom de plusieurs généraux carthaginois dont le plus célèbre est Amilcar Barca, qui fut père d'Annibal et fut tué dans la seconde guerre punique l'an 228 av. J.-C.

AMINCIR. v. a. (R. mince). Rendre plus mince. *Am. une pièce de bois* ‖ Faire paraître plus mince. *La couleur de cette robe lui amincit la taille.* — s'AMINCIR. v. pron. Devenir plus mince. = AMINCI, IE. = Syn. Voy. ALLÉGIR.

AMINCISSEMENT. s. m. Action d'amincir; diminution d'épaisseur.

AMINE. s. f. T. Chim. Les *amines* (qu'on appelle aussi *ammoniaques composées, alcaloïdes artificiels, bases ammoniacales*) sont des composés organiques azotés, basiques, qui présentent une analogie de propriétés frappante avec l'ammoniaque. On peut les regarder comme constituées par de l'ammoniaque dans laquelle un ou plusieurs radicaux alcooliques se sont substitués à l'hydrogène. Suivant qu'on remplace 1, 2 ou 3 atomes d'hydrogène de l'ammoniaque AzH^3 par 1, 2 ou 3 radicaux alcooliques monoatomiques tels que le méthyle CH^3, on aura une amine *primaire* comme la méthylamine CH^3AzH^2 ou une amine *secondaire* comme la diméthylamine $(CH^3)^2AzH$, ou enfin une amine *tertiaire*, telle que la triméthylamine $(CH^3)^3Az$. Les radicaux, ainsi substitués peuvent même être différents comme dans la *méthyl-éthyl-amylamine* $CH^3.C^2H^5.C^5H^{11},Az$. De même une *diamine* proviendra, secondai o ou tertiaire résulte de la substitution de 1, 2, 3 radicaux diatomiques à 2, 4, 6 atomes d'hydrogène dans une double molécule d'ammoniaque Az^2H^6. Une *triamine* dérive d'une triple molécule d'ammoniaque Az^3H^9 par substitution de 1, 2, 3 radicaux triatomiques à 3, 6, 9 atomes d'hydrogène — Les radicaux phénoliques se comportent comme les radicaux alcooliques; ainsi l'aniline ou phénylamine $C^6H^5AzH^2$ n'est autre chose que l'amine correspondant au phénol C^6H^5OH.

On peut obtenir des amines en chauffant, en vase clos, un alcool avec de l'ammoniaque. Un procédé général de préparation, employé pour les amines de la série grasse, consiste à convertir l'alcool correspondant en éther chlorhydrique (ou bromhydrique) que l'on traite ensuite par l'ammoniaque. Ainsi l'alcool méthylique CH^4O,H chauffé avec l'acide chlorhydrique donne le chlorure de méthyle CH^3Cl, qui avec l'ammoniaque se transforme en méthylamine CH^3AzH^2. Pour les amines de la série aromatique, on part du carbure correspondant que l'on change en dérivé nitré; celui-ci est ensuite soumis à l'action d'agents réducteurs. La benzine C^6H^6, traitée par l'acide azotique, donne la nitrobenzine C^6H^5,AzO^4, qui, par réduction, fournit l'aniline $C^6H^5AzH^2$.

L'hydrogène phosphoré PH^4, analogue à l'ammoniaque, peut, par substitution de radicaux alcooliques à l'hydrogène, engendrer des composés possédant la même constitution que les amines : on les appelle *phosphines*. De même on a obtenu des *arsines* et des *stibines*, dans lesquelles l'arsenic ou l'antimoine jouent le même rôle que l'azote dans les amines.

AMIRAL s. m. (Mot d'origine douteuse. Bas lat. *admiratus*). Titre donné au grade le plus élevé dans l'armée navale *Am. de France. Grand am. Vice-am. Contre-am. Le roi vient de le nommer am.* ‖ Se dit, par ext. Du commandant en chef d'une flotte, d'une escadre, alors même que ce chef n'a pas le titre d'am *L'am. de cette division.* ‖ *Le vaisseau am.,* ou simplement *L'am.,* Le vaisseau monté par un am. ou par le commandant d'une flotte, d'une escadre *Il a servi toute la campagne sur l'am.* — On donne aussi le nom d'*Am.* à un vieux bâtiment de guerre disposé dans un port pour servir de corps-de-garde principal, de lieu d'arrêt et de prison. C'est aussi à bord de ce vaisseau qu'on tient les revues, que se tiennent les conseils de guerre maritimes, et que sont exécutées les sentences prononcées par ces derniers. ‖ T. Zool. Nom donné à plusieurs coquilles du genre *Cône.* Voy. BUCCINOÏDES.

Hist. — La dignité d'*Am.* était autrefois, en France, une des plus hautes charges de la couronne L'am. était le chef suprême de toutes les flottes de l'État; il avait la nomination de tous les officiers de la marine; il dirigeait les armées navales en personne ou les faisait commander par ses lieutenants; la justice était rendue en son nom dans tous les sièges de l'amirauté de France, etc. Il avait la dixième partie de toutes les prises, ainsi que des rançons tirées des bâtiments ennemis; les amendes prononcées par les différents tribunaux de l'amirauté lui appartenaient en tout ou en partie; il se faisait adjuger tous les droits d'ancrage, de tonnage, de balise, et jouissait encore d'autres avantages L'étendue de ces attributions, non moins que les immenses revenus attachés à cette charge, faisait de l'am. l'un des personnages les plus puissants du royaume : c'est pourquoi le cardinal de Richelieu, jugeant une parcî le au el rôle exorbitante, fit supprimer cette charge par un édit de 1627. Plus tard, Louis XIV la rétablit, mais en restreignant singulièrement ses pouvoirs. La charge de grand am., abolie par la Révolution française, reparut sous l'Empire et sous la Restauration; mais alors ce fut plutôt un titre honorifique qu'une fonction.

Jusqu'en 1870 le titre d'*Am.* désignait le grade le plus élevé de l'armée navale; il équivalait à celui de maréchal de France. Le grade de *Vice-am.* correspond au grade de général de division, et celui de *Contre-am.* au grade de général de brigade. Le grade d'amiral a été supprimé après la guerre de 1870 en même temps que celui de maréchal de France.

AMIRANTES, îles de l'océan Indien (Afrique), par 5° de lat. sud et 51° de long. ouest.

AMIRAUTÉ. s. f. Ce mot s'appliquait anciennement à l'état et à l'office d'amiral, de grand amiral. *Les droits de l'am.* ‖ Se disait aussi de certains tribunaux spéciaux. *Faire juger une prise par l'am.* ‖ En parlant des pays étrangers, *Am.* se dit de l'administratif supérieur de la marine. *Les lords de l'am* Les bureaux de l'am.

Hist. — En France, on désignait autrefois, sous le nom d'*Am.,* certains tribunaux qui connaissaient des délits et des crimes commis par les marins, ainsi que toutes les affaires contentieuses relatives à la marine et à la navigation. Ces tribunaux, dont l'institution dérive de celle de la charge d'amiral, furent peu nombreux dans l'origine, mais par la suite ils se multiplièrent considérablement. On les distinguait en sièges généraux (ceux-ci, au nombre de trois, étaient attachés aux parlements de Paris, de Rouen et de Rennes), et en sièges particuliers, qui étaient établis dans les différents ports et havres de France. Ces tribunaux ne jugeaient pas souverainement; les appels des sièges particuliers se portaient devant les sièges généraux, et les appels de ces derniers devant le parlement du ressort. Toutes ces amirautés disparurent en 1790-1791. — Le *Conseil d'am.* qui existe aujourd'hui n'a aucun rapport avec l'ancienne institution dont on vient de parler Ses attributions consistent dans la rédaction et la révision des projets de lois ainsi que des ordonnances et règlements relatifs à la marine. Ses membres, qui sont au nombre de huit, se réunissent sous la présidence du ministre de la marine, et ont simplement voix consultative. La création de ce conseil ne date que de 1824.

En Angleterre, le *Lord grand amiral* est le neuvième grand officier de la couronne. Ce titre, depuis le règne d'Henri IV, se confiait ordinairement à l'un des jeunes fils ou à l'un des plus proches parents du roi; mais, depuis Charles II, cet office a presque toujours été en commission. Les commissaires qui remplissent les fonctions de lord grand am portent le titre de *Lords de l'am,* et sont chargés de la direction suprême de tout ce qui concerne la marine et les expéditions navales.

AMIRAUTÉ (Îles de l'), groupes d'îles de la Mélanésie, à l'E. de la Nouvelle-Guinée, par 54° de lat. sud et 72° de long. ouest.

AMISSIBILITÉ. s. f. Qualité de ce qui est amissible.

AMISSIBLE. adj. T. Théol. et Jurispr. Qui peut être perdu. La grâce am.

AMISSION. s. f. Perte de ce qui est amissible.

AMITIÉ. s. f. (R. ami). Sentiment d'affection qui attache deux personnes l'une à l'autre. Grande ancienne, constante, étroite, ferme amitié. Les nœuds, les liens, les lois, les devoirs de l'amitié. L'am. naît d'une sympathie involontaire, fondée sur l'estime. Et e peut exister entre personnes de sexes différents. Qu'aisément l'amitié jusqu'à l'amour nous mène! (Corneille.) L'amitié d'un grand homme est un bienfait des dieux. (Voltaire.) « Par exi , on dit : Il y a paix et am. entre ces deux nations, entre ces deux États. || Prov., Les petits présents entretiennent l'am. Les petits soins, les moindres choses servent à cimenter davantage l'am. || Fam., s'emploie dans le sens du bon office, s rvice, plaisir. Faites-moi l'am. de recommander mon affaire. || Se dit aussi de l'attachement que manifestent re tains animaux. Ce chien a de l'am. pour son maître Ce lion a beaucoup d'am. pour le chien avec lequel il a été élevé. — Fig., se dit quelquefois en parlant des choses. L'am. du lierre pour l'ormeau. || Au plur., Il m'a fait beaucoup d'amitiés, mille amitiés, il m a accueilli fort gracieusement, il a eu mille attentions pour moi. Faites-lui mes amitiés, Faites-lui des compliments affectueux de ma part. — S'emploie encore au sing. dans le même sens. Faire am. à quelqu'un. — Syn Voy. Affection.

L'Am. est l'union parfaite de deux âmes : ce ne sont ni les rapports de rang, de position, de fortune, ni même l'harmonie des caractères, des idées et des goûts, qui font naître et qui alimentent cette noble affection. On a dit qu'elle commence par un instinct du cœur, qu'elle se cimente par la réflexion, et qu'elle s'entr tient par l'estime et le dévouement; mais tout ce qui concerne l'am. se refuse à l'analyse. « Si l'on me presse d'expliquer pourquoi je l'aima's, dit Montaigne, en parlant d Etienne de la Boëtie, je sens que cela ne peut s'exprimer qu'en répondant : Parce que c'était lui, parce que c'était moi » — L'am., dans toute sa pureté, paraît être l'unique sentiment qui soit absolument dégagé de toute idée personnelle. L'amitié paraît avoir été plus commune dans l'antiquité que dans nos sociétés modernes, ce qui tient à la différence du genre de vie. Le citoyen antique était moins attaché aux affect ons du foyer, moins occupé par le soin de ses intérêts et de sa fortune; la plus grande partie de son activité se dépensait sur la place publ que pour les affaires de l'É.at. Cette existence était plus propre à développer les vertus civiques et laissait un libre essor à l'amitié. Eudamidas était pauvre; mais il avait deux amis puissants, Arétueus et Charixène. Se sentant mouri , il fit son testament en ces termes : « Je lègue à Arétueus le soin de nourrir ma mère, à Charixène celui de marier ma fille et de la dot.r; et, dans le cas où l'un des deux viendrait à mour'r, je substitue dans sa part celui qui suivra. » Charixène était mort quelques jours après Eudamidas, Arétueus exécuta seul le testament de son ami. De semblables faits sont rares dans l'histoire, parce qu'il est difficile de rencontrer des amis véritables. « Rien n'est plus commun que le nom, n'est rien plus rare que la chose, » a dit La Fontaine, opinion qui était professée d.puis longtemps, puisque déjà le poète Ménandre regardait comme trois fois heureux celui qui dans sa vie avait pu trouver seulement l'ombre d'un ami. L'amitié avait même, dans la Grèce et dans Rome, des temples où on l'adorait comme une d.vinité. Les Gr. es la représentaient vêtue d'une robe agrafée, la tête nue, la poitrine découverte jusqu'à la place où bat le cœur, cmt rassant de la ma n gauche un orme sec autour duquel s'entaçait une vigne chargée de grappes. Une s.a.ue romaine nous la montre sous les traits d'une jeune fille, vêtue d'une robe blanche, le sein à moitié découvert, la tête ornée de myrtes et de fleurs de grenadier entrelacées, avec ces mots, Hiver et Été; sur la frange de sa tunique se lit, La mort et la vie; et enfin, sur le tissu qui forme des plis tout près du cœur, sont écrit, De près et de loin.

AMMAN. s. m. (Pr. am-man) (all. amt, charge; mann, homme.). Titre de dignité qu'on donne en Suisse et dans la haute Allemagne à un mag.st.at dont les fonctions correspondent à celles de bailli, de maire, de juge.

AMMANNIE. s. f. [Pr. am-manie] (R. Ammann, nom d'un botaniste russe). T. Bot. Genre de plantes de la famille des Lythraciées. Voy. ce mot.

AMMEISTRE. s. m. [Pr. am-mestre] (all. amt, charge; meister, maître). Titre que recevaient les échevins de plusieurs villes d'Allemagne.

AMMÈTRE. s. m [Pr. am-mètre] T. Phys. Sorte d'ampèremètre imaginé par MM. Woodhouse et Ranson, dont l'organe principal est une armature de f.r deux fixée à un ressort à boudin et placée en face d'un electro-a.mant.

AMMI. s. m. [Pr. am-mi]. T. Bot. Genre de plantes voisin des carottes. Famille des Ombellifères. Voy. ce mot.

AMMIEN MARCELLIN, historien latin du IVe siècle ap. J.-C., compagnon de l'empereur Julien dans ses guerres. Il a raconté les faits qui se sont passés de 352 à 378.

AMMINÉES. s. f. pl. [Pr. am-minées]. T. Bot. Tribu de plantes de la famille des Ombellifères. Voy. ce mot.

AMMOBATE. s. m. [Pr. am-mobate] (gr. ámmos, sable; báinô, e marche). T. Ent. Genre d'insectes hyménoptères, tribu des Apiaires.

AMMOCHRYSE. s. f. [Pr. am-mo-krize] (gr. ámmos, sab e; χrysos, or). T. Minér. Sorte de mica pulvérulent de couleur d'or qui sert à poudrer l'écriture.

AMMOCŒTE. s. m. [Pr am-mo-cète] (gr. ámmos, sable; keïmai, gît). T. Ichl. Larve d'un poisson du genre Lamproie (Petromizon Planeri), fam.lle des Clycostomes.

AMMODISCIDES. s. m. pl. [Pr. am-mo...] (gr. ámmos, sab e de la mer; dískos, d.sque). T. Zool et Paléont. Famille de Foraminifères du groupe des Agglutinants, dont la coquille est plus ou moins d.scoïde. (Voy. Agglutinants et Foraminifères). Le genre Ammodiscus est vivant et fossile à partir du lias. Le genre Sitirina provient du lias. Le genre Trochammina se rencontre d puis le permien jusqu'à nos jours. Le genre Orbitulina se trouve dans la craie et le tertiaire.

AMMODYTE. s. m. [Pr am-modite] (gr. ámmos, sable; dýtês, plongeur). T. Ichl. Genre de poissons de la famille des Apodes. On l'appelle vulgairement Équille.

AMMON, dieu égyptien, à cornes de bélier, identifié avec Jupiter.

AMMON (Corne d') [Pr. am-mon] (R. Jupiter Ammon. T. Zool. Nom vulgaire de l'ammonite.

AMMONÉEN, ÉENNE. adj. [Pr am-mo...]. T. Géol. Nom donné quelquefois aux terrains secondaires qui renferment de nombreuses espèces d'ammonites.

AMMONIAC, AQUE. adj. [Pr. am-mo...] T. Chim. Ne s'emploie que dans ces locutions : Gaz ammoniac; sel ammoniac, chlorhydrate d'ammoniaque. Voy. Ammoniaque. || T. Pharm. Gomme ammoniaque. Voy. Gomme et Ombellifères.

AMMONIACAL, ALE. adj. [Pr. am-mo...]. T. Chim. Qui est constitué par l'ammoniaque, qui cont ent de l'ammoniaque; qui en a l'odeur ou les propriétés. Vapeur ammoniacale. Sel, savon am. Odeur ammoniacale. Voy. Ammoniaque.

AMMONIACÉ, ÉE. adj. [Pr am-mo...]. Qui contient de l'amm n.aque.

AMMONIAQUE. s. f. [Pr. am-mo-niaque] (de Jupiter-Ammon dont la statue était située en Libye dans un lieu d'où les anciens tiraient le sel ammoniac). T. Chim. — L'Am. est un gaz incolore, transparent, d'une saveur caustique, d'une odeur piquante caractéristique. Respiré à l'état pur, ce gaz irrite vivement la muqueuse des fosses nasales et la conjonctive, provoque les larmes et quelquefois l'éternument. Sa densité est 0,5912; il est donc, après l'hydrogène, le gaz le plus léger. Un froid de — 52° le liquéfie sous la pression ordinaire, et, par la compression, Faraday l'a liquéfié à + 10°. Il l'a même solidifié à l'aide d'un grand froid et d'une compression de plusieurs atmosphères. Lorsqu'on place du chlorure d'argent ammoniacal dans l'une des branches d'un tube de verre recourbé, qu'on ferme le tube par les deux bouts, et qu'on soumet la branche où se trouve le sel à l'action d'une chaleur modérée, l'am. du sel se dégage, et, par l'effet de la compression, vient se condenser à l'état liquide dans l'autre branche. Si l'on cesse de chauffer, le sel ammoniacal se recompose; chauffe-t-on de nouveau, l'am. se liquéfie encore, et ainsi de suite. — L'am. possède des propriétés alcalines; elle verdit le sirop de violettes, et ramène au bleu le papier de tournesol rougi par un acide. Elle se décompose par une forte chaleur et aussi lorsqu'on y fait passer un grand nombre d'étincelles électriques. Après l'expérience le gaz a doublé de volume, et on le trouve formé d'azote et d'hydrogène, dans le rapport de 1 volume d'azote à 3 volumes d'hydrogène; sa formule est donc AzH^3. — L'oxygène et l'air ne décomposent l'am. qu'à une température élevée : il en résulte de l'eau, un peu d'acide nitrique et de l'azote libre. Le charbon absorbe jusqu'à 93 volumes de ce gaz; mais, quand on fait passer ce dernier sur du charbon rouge, il se décompose en donnant naissance à du carbure d'hydrogène et à du cyanhydrate d'am. Le chlore enlève toujours de l'hydrogène à l'am. pour se convertir en acide chlorhydrique; l'azote mis en liberté se dégage, et l'acide chlorhydrique forme, avec l'am. non décomposée, du chlorhydrate d'am. L'iode agit sur l'ammoniaque en produisant une poudre brune (*iodure d'azote*) qui, par la dessiccation, acquiert la propriété de détoner violemment. — Plusieurs métaux, tels que le cuivre, l'argent, le platine et l'or, décomposent l'am. à une température élevée. Si, par ex., on fait passer du gaz ammoniac à travers un tube de porcelaine chauffé au rouge et renfermant des fragments de cuivre ou du fer, il se dégagera sous forme d'un simple mélange d'azote et d'hydrogène, et le métal, de malléable qu'il était, deviendra cassant Suivant Despretz, il y a dans ce cas une faible quantité d'azote absorbée. Quand, au contraire, on opère avec les trois autres métaux, ils n'augmentent pas de poids, et néanmoins l'am. se décompose. — L'am. s'unit à divers oxydes métalliques. Les *ammoniures* qu'elle forme avec l'argent, l'or, le platine, sont fulminants. Le premier détone avec une violence extrême par le choc et même par le simple frottement. La chaleur le décompose, mais avec moins de violence. Le second se décompose avec détonation, par le choc ou par une chaleur de 100°. Le troisième résiste au frottement, au choc et à l'électricité; mais il se décompose violemment à 214°. — Quand on chauffe du gaz ammoniac avec du potassium ou du sodium, ces métaux décomposent le gaz en dégageant un volume d'hydrogène égal à celui qu'ils auraient dégagé de l'eau; ils dégagent donc un amidure d'H et se combinent avec AzH^3, formant ainsi un amidure alca.in.

Dans les laboratoires, on obtient l'am. à l'état de gaz en décomposant par la chaux un sel ammoniacal; on emploie ordinairement pour cela le chlorhydrate : il se produit alors du chlorure de calcium, de l'eau et de l'am. L'opération peut se faire avec une fiole de verre où l'on introduit le mélange des deux substances préalablement pulvérisées. Le chlorhy-

drate d'am. exige un peu plus que son poids de chaux pour être décomposé. On chauffe la fiole de verre et l'on recueille le gaz sur le mercure. (Voy. la Fig.) — Le gaz ammoniac se dégage quelquefois en abondance des fosses d'aisances, surtout lorsque la température extérieure est élevée, ou à l'approche d'un temps pluvieux et humide : il se forme aussi pendant la putréfaction de la plupart des matières organiques; mais alors il

est presque constamment mêlé à d'autres gaz. Il se produit également de l'am. pendant l'oxydation du fer au contact de l'eau et de l'air atmosphérique, car on trouve de l'am. dans la rouille du fer. Ce fait, qui est d'une haute importance pour la solution de certaines questions de médecine légale, a été découvert par Austin et confirmé par les expériences de Vauquelin, Dulong et Chevalier.

Am. en dissolution. — Le gaz ammoniac est extrêmement soluble dans l'eau qui en absorbe 670 fois son volume ou environ la moitié de son poids, à la température ordinaire. Cette dissolution, qu'on appelait anciennement *Alcali volatil fluor*, et qu'on nomme aujourd'hui *Am. liquide*, est limpide, incolore, possède l'odeur caractéristique du gaz am. et une saveur âcre et brûlante, rougit le papier de curcuma, bleuit le papier rouge de tournesol, verdit le sirop de violettes, sature complètement les acides et forme avec eux des sels généralement

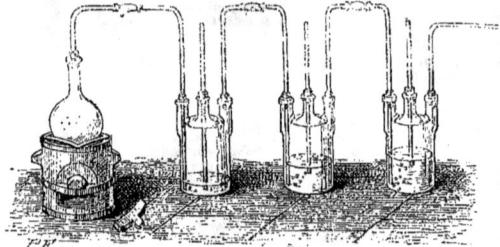

cristallisables. Lorsqu'on chauffe l'am. liquide, elle laisse dégager la totalité de son gaz. — Pour préparer l'am. liquide, on se sert de l'appareil de Woolf (Voy. la Fig.) : on introduit un mélange de 4 parties de chlorhydrate d'am. contre 5 parties de chaux vive dans une cornue de fer, à laquelle on adapte un tube de Weller. Le premier flacon, dit *de lavage*, contient un lait de chaux destiné à retenir l'acide carbonique qui se dégage ordinairement dans la calcination. On met de l'eau dans les autres flacons jusqu'à un tiers environ; car l'eau augmente des deux tiers de son volume en se saturant de gaz. En outre, comme la combinaison de ce dernier avec l'eau s'opère en dégageant de la chaleur, il est nécessaire de refroidir le vase où se fait la dissolution.

Sels ammoniacaux. — L'am. est une base qui possède presque autant d'énergie que les oxydes des métaux alcalins. Avec les acides anhydres, elle donne des produits particuliers, qui diffèrent entièrement des sels métalliques; avec l'intervention de l'eau, elle forme des sels comparables aux sels de potasse ou de soude. Les sels ammoniacaux sont incolores, à moins que l'acide ne soit coloré; ils ont tous une saveur piquante, presque tous cristallisent, et la plupart sont décomposés par l'action du feu. Tous se dissolvent dans l'eau; mais ils ne sont précipités de leurs dissolutions ni par les carbonates de potasse, ni par ceux de soude et d'am., ni par les sulfhydrates. Le chlorure de platine, au contraire, y détermine un précipité jaune serin, et le sulfate d'alumine un précipité cristallin d'alun ammoniacal (Voy. ALUN). Triturés avec de la potasse ou de la soude, ils dégagent tous du gaz ammoniac. Plusieurs de ces sels, et particulièrement le chlorhydrate, le carbonate et l'acétate, jouissent de la propriété remarquable de dissoudre et de faire cristalliser certains sels très peu solubles dans l'eau, tels que les sulfates de chaux, de baryte et de plomb : pour cela, on opère à la température de 60° à 70°.

Le *Chlorhydrate d'am.* AzH^4Cl appelé vulg. *Sel ammoniac*, est blanc, doué d'une saveur fraîche et piquante, et très soluble dans l'alcool. Il est également soluble dans moins de 3 parties d'eau à 15°, et plus soluble encore dans l'eau bouillante. Il cristallise en longues aiguilles légèrement flexibles qui se groupent sous forme de barbes de plumes. Soumis à l'action du feu, il se sublime sans fondre sous forme de fumées blanches. — Le chlorhydrate d'am. existe tout entier dans la nature : on en rencontre dans les crevasses qui environnent les volcans en activité, et dans les fissures des matières en combustion. Celui de l'Inde est apporté par les caravanes et vendu sous le nom de *Sel de Tartarie*. Anciennement on tirait le chlorhydrate d'am. de cette partie de la Libye où était situé le temple de *Jupiter Ammon*, d'où est venu le no[m] de *sel ammoniac*, et tous les dérivés de ce nom. — On obtenait jadis, en Égypte, le chlorhydrate d'am. par la sublimation de la suie qui résulte de la combustion de la fiente de chameau. En France, on le prépare en décomposant le sulfate d'am. par le chlorure de sodium. On le vend généralement dans le commerce sous forme de pains convexes d'un côté, concaves de l'autre et percés au milieu. Il est employé surtout pour le décapage du fer à souder et pour alimenter les piles du système Lechanché.

Il existe plusieurs *Carbonates ammoniacaux*. Le plus important est le *Sesquicarbonate d'am.* qui répond à la formule (CO²)³(AzH⁴)⁴H² + 2H²O. Ce sel est blanc, cristallique, d'une odeur ammoniacale prononcée. Il verdit le sirop de violettes, et se dissout dans 2 fois son poids d'eau froide; mais l'eau bouillante le décompose. Dans le commerce, il se présente sous forme de masses cristallines, demi-transparentes. Ce carbonate existe dans les urines putréfiées. On le prépare en distillant parties égales de sel ammoniac et de carbonate de chaux. Le récipient doit être refroidi avec soin.

Le *Sulfate d'am.* SO³(AzH⁴)² se trouve dans la nature, combiné avec le sulfate d'alumine; alors il constitue l'alun à base d'am. L'industrie prépare ce sulfate en saturant par l'acide sulfurique l'am. produite par la distillation des eaux de condensation du gaz de l'éclairage. — Le *Sulfhydrate d'am.* n'existe qu'en dissolution dans l'eau. Quand on essaye de le séparer de son dissolvant, il abandonne de l'am. et se convertit en *Sulfhydrate d'am. hydrosulfuré*: ce dernier est un des gaz délétères et infects qui se dégagent des fosses d'aisances. Le sulfhydrate d'am. est un des réactifs les plus usités en chimie. C'est sa vapeur que les prestidigitateurs emploient pour faire paraître une écriture noire sur du papier blanc où l'on a d'avance tracé des caractères avec une dissolution d'acétate de plomb.

Le *Nitrate d'am.* AzO³AzH⁴ cristallise en longs prismes menteurs striés : sa saveur est piquante; il est très soluble dans l'eau, et y détermine un abaissement notable de la température. Quand on laisse tomber le nitrate d'am. sur des charbons ardents, il fuse, mais moins vivement que le nitrate de potasse, et si on le projette dans un creuset rouge, il brûle avec flamme: de là le nom de *nitrum flammans* que lui donnaient les anciens chimistes. Chauffé à 200°, il se décompose en eau et en protoxyde d'azote.

Le *Phosphate neutre d'am.* PhO⁴H²,2AzH⁴ cristallise en prismes à six pans. Il est blanc, inodore, et a une saveur piquante. L'eau en dissout le quart de son poids à la température ordinaire, et sa dissolution possède une réaction alcaline. Soumis à l'action de la chaleur, il se décompose en perdant son am., et passe à l'état d'acide pyrophosphorique vitreux. On prépare ce sel en décomposant du phosphate acide de chaux en dissolution par du sesquicarbonate d'am. Ce phosphate se trouve uni aux phosphates de soude et de magnésie dans les urines de certains animaux. — On trouve dans les urines qui ont été réduites par l'évaporation et qu'on expose ensuite au froid, des cristaux de *Phosphate d'am. et de soude*. — Un autre sel double, le *Phosphate de magnésie et d'am.*, se dépose dans les urines en putréfaction, et dans les urines fraîches lorsqu'elles sont primitivement alcalines. Le phosphate *ammoniaco-magnésien* se trouve également dans les matières excrémentitielles, dans presque tous les canaux intestinaux du cheval, et très souvent dans les calculs vésicaux de l'homme; on le rencontre encore dans certains végétaux, et particulièrement dans les céréales.

Le *Fluorhydrate d'am.* AzH⁴Fl est très soluble dans l'eau. Il se volatilise complètement quand on le chauffe dans un creuset de platine. Comme il attaque fortement le verre, on s'en sert pour graver sur cette substance.

L'*Acétate d'am.* ne s'emploie qu'à l'état de dissolution. Cette dissolution, connue sous le nom d'*Esprit de Mindererus*, est incolore, transparente, inodore, d'une saveur fraîche et piquante, mais un peu sucrée. Pour l'obtenir, on neutralise par l'acide acétique 3 parties de carbonate d'am., et on y ajoute une quantité d'eau convenable.

L'am. et ses divers composés sont extrêmement usités en médecine, dans l'industrie et dans l'agriculture. — La vapeur ammoniacale qui se dégage de l'am. liquide est tous les jours employée dans les cas de syncope; mais, comme elle irrite vivement les muqueuses de la bronchique, l'inspiration trop prolongée de cette vapeur peut occasionner, ainsi qu'on en a vu des exemples, des accidents extrêmement fâcheux. On emploie de préférence, dans le même cas, un mélange de 2 parties de sel ammoniac pulvérisé et de 3 parties de carbonate de potasse sec. Ce mélange, connu sous le nom de *Sel volatil anglais*, est introduit dans un flacon bouché à l'émeri qu'on

peut porter constamment sur soi. Comme le dégagement des vapeurs d'am. qui proviennent de ce sel s'opère avec lenteur, son usage a moins d'inconvénient que celui de l'am. liquide. La vapeur ammoniacale est aussi employée dans quelques ophtalmies, et, depuis longtemps, on utilise, dans le traitement de certaines affections de ce genre, un mélange de sel ammoniac, de chaux éteinte et de charbon, appelé *Collyre de Lewyson*. Cette préparation agit comme stimulant. Ce procédé thérapeutique a été généralisé par Ducros, et appliqué à diverses affections, surtout à l'asthme nerveux et aux laryngites chroniques avec aphonie plus ou moins complète. L'am. liquide est fréquemment utilisée à l'extérieur, comme rubéfiant et comme caustique: comme rubéfiant, on l'emploie dans les rhumatismes chroniques, les tumeurs froides, les névralgies, etc. On se sert encore, dans les mêmes cas, d'un mélange de 8 parties d'huile d'olive pour 1 d'am. liquide (*Liniment volatil*). Le carbonate d'am. a été également appliqué à l'extérieur pour produire la rubéfaction. Comme caustique, l'am. dans un usage vulgaire contre les morsures des animaux venimeux et la piqûre de certains insectes, et appliquée aussi au traitement de l'amaurose. L'am. liquide est aussi très propre à produire une vésication rapide; on y a principalement recours lorsqu'on veut faire absorber certains médicaments par la voie cutanée. — Administrée à l'intérieur, l'am. liquide, étendue d'eau, agit comme stimulant et diaphorétique. On l'a employée avec succès dans certaines éruptions cutanées difficiles ou brusquement supprimées, dans les rhumatismes chroniques, dans les affections, en un mot, où il est utile de provoquer un mouvement vers la périphérie. Le sesquicarbonate, le chlorhydrate et l'acétate sont les seuls sels ammoniacaux dont on fasse usage en médecine : ils s'emploient dans les mêmes circonstances que l'am. liquide, car ils agissent de la même manière. Dans l'ivresse légère, on obtient quelques bons effets de l'emploi de l'am. liquide à la dose de 15 à 20 gouttes dans un verre d'eau sucrée.

L'am. liquide et les sels ammoniacaux font partie d'une foule de préparations pharmaceutiques dont quelques-unes, après avoir joui d'une grande réputation, ont été complètement abandonnées. L'am. liquide entre dans la composition de l'*Alcool ammoniacal*, de l'*Eau de Luce*, du *Baume apopleldoch*. Le *Sel volatil de corne de cerf*, l'*Esprit volatil* de même nom et l'*Esprit volatil de soie crue* ont pour base le carbonate d'am. L'*Esprit d'am.*, l'*Esprit d'am. fétide* et l'*Esprit de Sylvius* se préparent avec le chlorhydrate d'am.; enfin l'*Acétate d'am.* ou *Esprit de Mindererus* entre dans plusieurs préparations excitantes ou résolutives assez usitées.

Dans les arts, on emploie l'am. liquide comme un excellent réactif et comme un agent chimique très utile : on s'en sert pour conserver la substance nacrée tirée des écailles d'ablettes, substance que l'on emploie dans la fabrication des perles fausses; on l'utilise encore pour nettoyer l'argenterie et pour dégraisser les étoffes. Elle sert aussi à dissoudre le carmin. Les chaudronniers et d'autres industriels font un grand usage du sel ammoniac pour dérouper le cuivre, et on l'emploie généralement pour désoxyder les métaux. On se sert encore de ce sel dans la fabrication du platine. Tout le monde sait que le carbonate d'am. et l'alcali volatil sont employés dans la teinture, ainsi que le sulfate d'am. entre dans la fabrication de l'alun : mais ce qui est moins connu, c'est la propriété singulière que possède le phosphate d'am. de rendre incombustibles les étoffes qui ont été plongées dans sa dissolution : ainsi, par ex., la gaze qu'on a imprégnée de cette substance, et qu'on a fait sécher, peut être exposée à la flamme d'une bougie sans prendre feu. Ce phénomène s'explique aisément : la chaleur de la flamme décompose le sel, l'am. se dégage, et il reste sur le tissu une légère couche vitreuse d'acide métaphosphorique qui s'oppose à l'action de l'air. Enfin les produits ammoniacaux sont d'une importance extrême pour l'agriculture: l'état de combinaison où se trouve l'azote dans ces composés en facilite sans doute l'introduction dans les plantes; du moins est-il certain que les engrais les plus riches doivent leurs facultés fertilisantes en grande partie à l'azote combiné qu'ils renferment, et que celui-ci tend surtout à se dégager des engrais sous forme ammoniacale.

AMMONIAQUES COMPOSÉES. — On donne ce nom à des corps qui dérivent de l'ammoniaque AzH³ par la substitution d'un métal ou d'un radical monoatomique à la place d'un ou de plusieurs atomes d'hydrogène. De là des ammoniaques composées *primaires* AzH²R, *secondaires* AzHR², ou *tertiaires* AzR³, suivant qu'un, deux ou trois atomes d'hydrogène ont été remplacés par le métal ou le radical. Les ammoniaques composées primaires portent le nom d'*amidures*. Ex. : AzH²K,

24

AMM

amidure de potassium, qu'on peut regarder comme le résultat de la combinaison du potassium K avec le radical AzH², nommé *amidogène*. La substitution d'un radical alcoolique donne une *amine*; celle d'un radical acide, une *amide*. Voy. ces mots.

AMMONITE. s. f. T. Zool. Syn. d'*Ammonitides* Voy. ce mot.

AMMONITES, peuple infidèle, issu d'Ammon, fils de Loth.

AMMONITIDES. s. m. pl [Pr. *am-mo...*] (R. *Ammon*). T. Paléont. Sous-ordre de mollusques *Céphalopodes* fossiles (Voy. CÉPHALOPODES) tétrabranches, dont la coquille est généralement enroulée en spirale dans un même plan multiloculaire, rarement tordue en escargot, arquée ou droite. La ligne de suture des loges est onduiée, dentelée ou à lobes et selles découpées. L'ouverture est simple ou munie de prolongements latéraux ou ventraux. Les cloisons qui séparent les chambres sont percées de manière à les faire communiquer entre elles. Cette série d'ouvertures constitue ce qu'on nomme le siphon; celui-ci est cylindrique, toujours marginal, sans dépôts internes. La chambre initiale est sphérique ou ovoïde; la dernière chambre, aussi nommée chambre d'habitation, est large et contenait l'animal. C'est là qu'on rencontre des coquilles qu'on désigne sous le nom d'*Aptychus* ou d'*Anaptychus* (Voy. APTYCHUS) et qui probablement servaient d'opercules. L'aspect de plusieurs de ces coquilles fossiles rappelant assez bien les volutes des cornes de bélier, les anciens les avaient nommées *Cornes d'Ammon*, et c'est de là que les auteurs ont fait le nom d'*Ammonite* ou *Ammonitide*. De la structure de la dernière loge on peut déduire que les animaux présentaient de grandes différences. La coquille offre trois couches: car, outre les deux couches principales, l'externe et l'interne, nacrées, il en existe une ride qui correspond à la *couche noire* des *Nautiles*.

On a décrit près de 4,000 espèces d'*Ammonitides*. Toutes sont éteintes et caractérisent particulièrement les temps mésozoïques. Elles n'ont pas dépassé l'époque crétacée, mais quelques espèces se sont montrées dans le silurien supérieur de la Bohême. Il nous est impossible d'entrer ici dans plus de détails relativement au mode d'apparition de ces mollusques, nous renvoyons aux traités spéciaux; nous indiquerons en quelques mots l'une des récentes classifications proposées.

Fischer les divise en deux grands groupes: les *Rétrosiphonés* et les *Prosiphonés*.

Les *Rétrosiphonés* ont les goulots des siphons dirigés en arrière. Les lobes et les selles sont simples. Ils ont une ouverture simple avec échancrure ventrale; les cloisons sont concaves sur une coupe médiane. On reconnaît dans ce groupe deux familles:

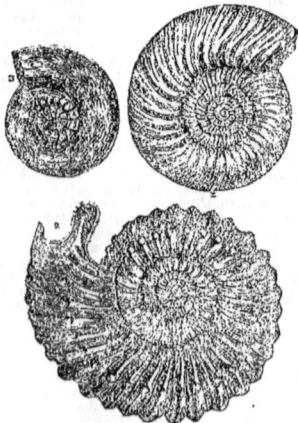

1° Les *Clyménides* à coquille généralement lisse, à ombilic large. Les lobes et selles des lignes de suture sont simples, le siphon est du côté externe. Les espèces du genre *Clymenia* se trouvent dans le dévonien supérieur;

2° Les *Goniatitides* ont une coquille généralement lisse plus ou moins involute. Les lobes et selles sont simples, non découpés, et le siphon est placé immédiatement sous le côté externe. Toutes les espèces sont paléozoïques et les plus anciennes remontent au silurien de la Bohême (Fig 5).

Dans le groupe des *Prosiphonés*, on distingue deux sousgroupes: les *Latisellati* et les *Angustisellati*. (Fig. 4. Amm. à petits plis. — 2. Amm. de Bayeux. — 3. Amm. colubre. — 4. Amm. trompeuse.)

Parmi les premiers, dont la première cloison forme une large selle ventrale, nous trouvons trois familles qui sont trias iques ou du permo-carbonifère de l'Inde. Nous citerons les genres *Cératides, Tiroïtes, Helictites, Charistoceras, Cochloceras, Rhabdoceras.*

Le groupe des *Angustisellati* contient des types très remarquables: les *Cladisci ides*, du t ias en particulier, les *Pinacocératides* qui commencent dans le permo-carbonifère de l'Inde, et qui s'étendent dans le trias. Les *Phyllocératides* commencent dans le trias et vont jusque dans le crétacé. Les *Lytocératides* commencent peut-être dans le trias,

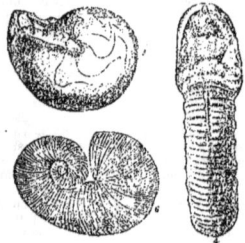

et sont surtout abondants dans le jurassique et le crétacé. Les genres *Lytoceras, Macroscaphites, Hamulina, Hamites* (Fig. 8), *Ptychoceras, Turrilites* (Fig. 9), *Heteroceras, Baculites* (Fig. 7), etc., prennent place dans cette famille.

Les *Ptychitides* sont des genres triasiques pour la plupart. Les *Amaltheides* sont liasiques et jurassiques; les *Ægocératides* sont limités au lias inférieur et moyen, et les *Harpocératides*, qui se rapprochent de ces derniers par leur développement géologique, sont jurassiques, commençant dans

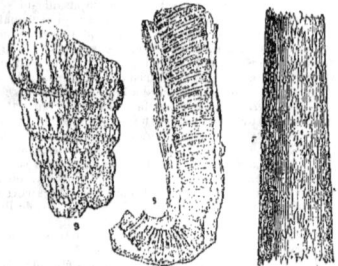

le lias moyen. Les *Haplocératides* ont leurs premiers représentants dans l'oolithe inférieure et le jurassique supérieur; mais c'est dans le crétacé qu'est leur maximum d'extension. Enfin la famille des *Stéphanocératides* ne renferme que des genres jurassiques et crétacés. C'est dans cette famille que prennent place, entre autres, les genres *Scaphites* (Fig. 6) et *Ancyloceras*. Voy. GÉOLOGIE et PALÉONTOLOGIE.

AMMONIUM. s. m. [Pr. *am-mo-niome.*] T. Chim. — Lorsqu'on taille une petite coupelle dans un morceau de sel ammoniac sublimé, qu'après l'avoir légèr m t humectée, on y introduit un globule de mercure, et qu'afin on établisse tout à l'action d'une pile volta que, en plaçant la coupelle sur une lame de platine mise en communication avec le pôle positif, tandis que l'électrode négative plonge dans le mercure (voy. la Fig.), on voit ce métal acquérir un volume 5 ou 6 fois plus considérable, et se transformer en une masse butyreuse d'un blanc d'argent, qui se masse pétrir dans les mains à la température ordinaire. Mais, dès qu'on le soumet à la distillation, ce produit singulier se décompose immédiatement en mercure, en gaz ammoniac et en hydrogène. Grove a solidifié ce composé à l'aide d'un mélange d'éther et d'acide carbonique. Il se contracte alors et se conserve sans altération sensible. Il est

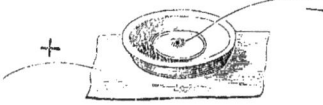

cassant, d'un gris foncé, et à presque entièrement perdu, à cette température, l'éclat métallique si caractéristique qu'il présente à la température ordinaire. Il se décompose dès qu'il fond.

Ce composé, découvert par Seebeck en 1808, a été ensuite l'objet des recherches de Berzelius, de Pontin, de Davy, de Thénard et de Gay-Lussac. On a vu dans cette combinaison la preuve de l'existence d'un radical métallique non isolé, analogue au potassium et au sodium. En conséquence, on a donné à ce radical hypothétique le nom d'Ammonium, et au produit dont nous venons de parler celui d'Amalgame d'am. L'am. est un composé d'azote et d'hydrogène (AzH⁴), et est aux métaux alcalins ce que le cyanogène est au chlore, à l'iode, au brome, etc. L'am. a la faculté de se combiner avec l'oxygène pour former de l'ammoniaque caustique ou solution saturée du gaz ammoniac dans l'eau (oxyde d'am., 2AzH⁴,O — 2AzH³.H²O) ; avec le chlore pour constituer le chlorhydrate d'ammoniaque (chlorure d'am., AzH⁴+Cl), et avec le mercure pour donner naissance à l'amalgame (AzH⁴+Hg) dont nous venons de parler. La théorie de l'am. rend parfaitement compte du mode de formation des sels ammoniacaux, des analogies qu'on remarque entre les combinaisons de l'ammoniaque humide avec le soufre et la potasse, et enfin du fait que l'alun à base d'ammoniaque offre la même cristallisation et contient le même nombre d'équivalents d'eau que l'alun à base de potasse. Les ammoniaques composés donnent de la même manière naissance à des radicaux dont les propriétés rappellent celles des métaux qui ont reçu le nom d'ammoniums composés et qu'on peut considérer comme de l'ammonium dans lequel un ou plusieurs atomes d'hydrogène seraient remplacés par un métal ou un radical monatomique. La plupart des alcaloïdes doivent être considérés comme les oxydes de ces ammoniums composés. Voy. ALCALOÏDES.

AMMONIURE. s. m. [Pr. am-mo-.] T. Chim. Nom générique donné aux composés de l'ammoniaque avec un oxyde métallique. On dit aussi: Ammoniure. — Ces corps sont des oxydes d'ammoniums composés métalliques. Ex. : Amm. de potass. ₂AₐH¹³,K²O = (Az H² K) ,O.

AMMONIUS SACCAS, c.-à-d. Portefaix, philosophe d'Alexandrie, fonda l'école néoplatonicienne, vers la fin du IIᵉ siècle ap. J.-C.

AMMOPHILE. s. m. [Pr. am-mo-file] (gr. ἄμμος, sable; φίλος, ami). T. Ent. Genre d'insectes hyménoptères, famille des Fouisseurs.

AMNÉSIE. s. f. (gr. à priv.; μνήμη, mémoire). T. Méd. Absence de la mémoire ou perte de cette faculté. Elle peut être totale ou partielle. Voy. MÉMOIRE.

AMNICOLE adj. 2 g. (lat. amnis, fleuve; colere, habiter). T. Hist. nat. Qui vit sur le bord des rivières.

AMNIOS. s. m [On pron l'S] (gr. ἀμνιός, d'agneau). T. Anat. Nom donné à la plus interne des membranes qui enveloppent le fœtus. Voy. FŒTUS.

AMNIOTIQUE. adj. 2 g. T. Anat. Qui appartient à l'amnios.

AMNISTIE. s. f. (gr. ἀμνηστία, oubli du passé). — Les Athéniens furent les premiers qui employèrent le terme Am. Ils appelèrent ainsi la loi que fit rendre Thrasybule lorsqu'il rétablit le gouvernement démocratique à Athènes. Cette loi portait qu'aucun citoyen ne pourrait être recherché ni puni pour

la conduite qu'il avait pu tenir dans les troubles causés par le gouvernement des trente tyrans. Conformément à son origine, le mot am. désigne encore aujourd'hui un pardon collectif qu'une loi accorde, dans une occasion solennelle, à ceux qui sont recherchés ou condamnés pour crimes ou délits politiques. — Les amnisties sont générales ou partielles. Les premières doivent être accordées sans renfermer aucune restriction. L'histoire en offre peu d'exemples. Presque toutes les amnisties politiques, en effet, font exception des chefs de parti ou des hommes dont l'influence pourrait amener de nouveaux troubles. — Aujourd'hui, en France l'amnistie ne peut être prononcée que par une loi qui en règle les conditions et les exceptions, s'il y a lieu. L'amnistie diffère de la grâce en ce que celle-ci est accordée par le chef de l'État et s'applique qu'à la suppression de la peine, en laissant subsister l'effet moral et civil de la condamnation. Au contraire, l'amnistie détruit la condamnation elle-même, qui disparaît du casier judiciaire, et l'amnistié recouvre la plénitude de ses droits civils et politiques.

AMNISTIER. v. a. Comprendre dans une amnistie. Le roi voulait am. tous les condamnés politiques; le ministère a exigé quelques exceptions. = AMNISTIÉ, ÉE. part. || S'emploie subst. Les amnistiés rentrèrent dans leur patrie.

AMODIATEUR. s. m. Celui qui prend une terre à ferme.

AMODIATION. s. f. (lat. modius, boisseau). Bail à ferme d'une terre, soit en denrées, soit en argent. — Ce terme n'est guère usité maintenant que dans quelques provinces. Il servait autrefois à désigner plus particulièrement le bail donné sous condition d'une prestation en nature, prestation qui consistait le plus souvent dans le partage égal des produits d'une terre entre le fermier et le propriétaire.

AMODIER. v. a. Faire une amodiation. = AMODIÉ, ÉE. part.

AMŒBES. s. m. pl. T. Hist. (gr. ἀμοιβός, qui change, qui alterne). Petits organismes de forme mal définie et changeante. Voy. BATHYBIUS.

AMOINDRIR. v. a. (R. moindre). Diminuer, rendre moindre. Cela amoindrira votre revenu. Cette maladie a amoindri ses forces. = AMOINDRIR. v. n. et S'AMOINDRIR. v. pron. Diminuer, devenir moindre. = AMOINDRI, IE. part.

AMOINDRISSEMENT. s. m. Diminution. L'am. de sa fortune, de sa puissance, de ses moyens.

AMOLLIR. v. a. (lat. mollis, mou). Rendre mou, maniable, souple. La chaleur amollit la cire. Am. du cuir. || Fig., Faire perdre l'énergie, l'activité. La volupté amollit l'âme et le corps. Am. le courage, la vertu, les mœurs. || Fig., Rendre plus doux, plus humain. Mes pleurs ont amolli son cœur farouche. = S'AMOLLIR. v. pron. S'emploie au prop. et au fig. = AMOLLI, IE. part.

AMOLLISSEMENT. s. m. Action d'amollir; état de ce qui est amolli. L'am. de la cire. L'am. du fer. || Fig. L'am. du courage, des mœurs.

AMOME. s m. (gr. ἄμωμον). T. Bot. Genre de plantes de la famille des Scitaminées. Voy. ce mot.

AMON, roi de Juda (640-639 av, J.-C.).

AMONCELER. v a. (R. monceau). Entasser, mettre plusieurs choses en un monceau. Am. des gerbes, des pierres, des ruines, des cadavres. Les vents amoncellent des sables. || Fig., Il amoncelle inutilement les preuves, les citations. = S'AMONCELER. v. pron. S'emploie au prop et au fig. = AMONCELÉ, part. = Conjug. Voy. APPELER. = Syn. Voy. ACCUMULER.

AMONCELLEMENT. s. m. État des choses amoncelées. L'am des cendres, de la lave d'un volcan. L'am. des nuages.

AMONT. adv. Amont et Aval sont deux adverbes corrélatifs qui désignent les deux côtés opposés d'un cours d'eau. Aller en am. (lat. ad montem, vers la montagne), c'est remonter le courant de l'eau; *Aller en aval* (lat. *ad val-tum*, vers la vallée), c'est le descendre. — *En am du pont, de la ville*, Du côté d'où la rivière vient au pont, à la ville. *En aval du pont, de la ville*, Du côté par où la rivière s'éloigne du pont, de la ville. *Pays d'am.* et *Pays d'aval. Vent d'am.* et *Vent d'aval. Ces marchandises viennent d'am*, *viennent d'aval*. — Les marins côtiers du golfe de Gascogne et de la Manche nomment *vent d'am.* les vents qui soufflent sur ces deux mers, entre le sud-est et le nord-est. Toute la partie de l'horizon comprise dans cet espace s'appelle *l'am.* Cet usage vient sans doute de ce qu'une grande partie des rivières de France qui se déchargent dans ces mers, dirigent leur cours de l'est vers l'ouest : lorsque le vent souffle de l'est, il vient par conséquent du haut du fleuve, c.-à-d. de l'am.

AMONTONS, physicien français (1663-1705), célèbre par ses travaux sur la construction des baromètres, des thermomètres, des hygromètres et par ses expériences sur le frottement. Inventa, un siècle avant Chappe, la télégraphie aérienne.

AMOORA. s. f. T. Bot. Genre de plantes de la famille des *Méliacées*, Ce sont de grands arbres habitant les régions tropicales de l'Asie.

AMORCE. s. f. (lat. *morsus*, action de mordre). Appât pour prendre des poissons, des oiseaux, etc. *Mettre, attacher l'am. à l'hameçon.* || Fig., Tout ce qui séduit l'homme en flattant ses sens, son esprit ou ses passions. *Les amorces de la volupté. La gloire a de grandes amorces pour le soldat, pour le poète.* || Capsule à poudre fulminante dont on se sert pour faire partir les armes à feu. || Mèche soufrée avec laquelle on met le feu à une mine

Pour déterminer l'explosion des mines ou des torpilles, on emploie le plus souvent aujourd'hui des *amorces électriques*; il y en a deux sortes : les unes, qui sont réglementaires en France pour les torpilles, se composent d'un fil de platine que le courant d'une pile fait rougir quand on établit la fermeture ; les autres fonctionnent au moyen de l'étincelle produite par une bobine d'induction.

AMORCER. v. a. Garnir d'amorce. *Am. un hameçon.* || Attirer avec de l'amorce. *Am. des poissons, des oiseaux.* || Fig., Attirer par des choses qui flattent l'esprit ou les sens. *Amorcer quelqu'un par la louange, par des présents. C'est une femme adroite qui sait am. les gens. Se laisser am. au gain.* || *Am. un fusil, un canon, une fusée,* Y mettre une amorce. = AMORCÉ, ÉE. part. = Conjug. Voy. AVANGER.

AMORÇOIR. s. m. Sorte de tarière dont divers ouvriers se servent pour commencer des trous qu'ils achèvent ensuite avec d'autres outils. On l'appelle plus souvent *Ébauchoir.*

AMOROSO. T. Mus. Mot italien qui signifie *Amoureusement.* Placé à la tête d'un morceau de musique, il indique à la fois une certaine nuance de lenteur dans le mouvement, et un caractère de douce langueur dans la mélodie. — *Chanter am.*, se dit ironiq. pour désigner une manière de chanter affectée et langoureuse.

AMORPHA. s. f. (gr. à priv. ; μορφή, forme). T. Bot. Genre d'arbrisseau de la famille des *Légumineuses*, tribu des *Papilionacées*; ces arbustes, originaires de l'Amérique septentrionale, sont connus des jardiniers sous le nom d'indigo bâtard.

AMORPHE. adj. 2 g. (gr. à priv.; μορφή, forme). T. Didact. Se dit de tout corps, de toute substance organique ou inorganique qui ne se présente pas avec une forme régulière et déterminée. En chimie les substances amorphes sont celles qui ne sont pas cristallisées.

AMORPHIE s. f. T. Didact. Absence de forme déterminée. Difformité.

AMORTIR. v. a. (R. *mort*) Diminuer la vivacité, l'activité, l'ardeur, la violence. *On amortit un feu trop ardent en le couvrant de cendres.* — Par extens., *L'emploi des émollients a amorti l'inflammation.* || Diminuer la violence, affaiblir l'effet d'un choc, d'un coup, d'une chute. *Sa cuirasse a amorti la balle. Il est tombé sur un tas de paille qui a amorti sa chute.* || En parlant des herbes, les

dépouiller du principe âcre, amer, aromatique qu'elles peuvent contenir. *Il faut am. ces herbes en les mettant dans l'eau chaude.* — Dans cette acception, *Am.* s'emploie aussi comme verbe neutre. *Faire am. du cerfeuil sur une pelle rouge.* || En parlant des couleurs et des sons, diminuer, affaiblir leur éclat, leur intensité *Ces couleurs sont trop dures, il conviendrait de les am. Les teintures des loges amortissent les sons de la voix.* || Fig., *Am. ses passions. L'âge mûr amortit les ardeurs de la jeunesse. L'amitié est la seule passion que l'âge n'amortit pas.* || *Am. une dette,* L'éteindre par une série de payements successifs. *Am. une rente, une pension, une redevance,* S'en libérer en remboursant le capital. *Am. la dette publique.* Voy. DETTE *publique.* == s'AMORTIR. v. pron Se dit au propre et au figuré. *Le coup s'amortit contre la cuirasse. La chaleur de l'érysipèle s'est amortie. Ses passions commencent à s'am. Les couleurs de ce tableau se sont amorties.* AMORTI, IE. part.

AMORTISSABLE. adj. 2 g. *Dette am.,* Qui est susceptible d'être amortie.

AMORTISSEMENT. s. m. T. Fin. S'emploie quelquefois comme synonyme de remboursement d'une dette, mais la signification propre de ce mot est l'extinction d'une dette par des remboursements graduels dont les fonds sont fournis d'abord, dans une certaine proportion, par une dotation calculée en raison des années après l'expiration desquelles on veut être libéré, et ensuite, pour le surplus, dans une proportion qui s'accroît de plus en plus par les intérêts restés sans emploi au fur et à mesure des remboursements partiels et successifs opérés sur le capital. || T. Arch. Ce qui termine, ce qui finit et surmonte le comble d'un bâtiment. *On a mis pour am. à ce pavillon un vase de fleurs.* — Se dit par ext. de tous les ornements qui terminent des ouvrages d'architecture, ainsi que des cavets renversés qui couvrent les corniches des croisées et des portes extérieures pour garantir celles-ci de la pluie.

Hist. — Dans la législation ancienne, lorsque des corporations religieuses, des hôpitaux, des églises, etc., voulaient acquérir la propriété d'un immeuble, ils étaient obligés de solliciter l'autorisation royale, attendu que tout immeuble acquis par eux devenait aussitôt bien de mainmorte, était soustrait à la circulation, et par conséquent ne devait plus dans l'avenir donner lieu à des droits de mutation : l'immeuble, comme on disait alors, se trouvait *amorti.* C'est de là qu'est venu le terme *Am.,* pour désigner la faculté accordée par le roi dans les cas de ce genre. Par la même raison, on appelait encore *Droit d'am.* la somme qui devait être payée au trésor en échange de cette autorisation. La somme à payer comme droit d'am. était, en gén., le tiers de la valeur de l'immeuble acquis par les gens de mainmorte. Voy. MAINMORTE.

Fin. — *Amortir* une dette, c'est l'éteindre; *amortir* un capital, c'est créer un capital nouveau pour remplacer un capital employé productivement. On nomme *Fonds d'am.* la somme annuelle, fixe ou variable, appliquée à cette destination. (Voy. ANNUITÉ, DETTE *publique.*) Un très petit capital, placé annuellement, produit au bout d'un certain nombre d'années, par le jeu des intérêts composés, une somme considérable. On en a conclu qu'il suffirait d'inscrire au budget de l'État, à partir du moment où l'on contracte un emprunt, une faible partie du montant de cet emprunt, de la placer à intérêts et de capitaliser les intérêts pour reconstituer le capital emprunté après un certain nombre d'années. Telle a été la découverte du Dr Price qui séduisit un moment, au XVIIIe siècle, les financiers les plus éminents

Depuis cette époque, l'am. a été pratiqué par les différents États de l'Europe, soit par les rachats sur les marchés publics, lorsqu'il s'agissait d'emprunts perpétuels, soit par des remboursements après désignation par le sort des titres à rembourser. L'Angleterre créa, à cet effet, un fonds d'am.; la France fonda la caisse d'am. Mais les fondations de cette nature ont offert, au fur et à mesure qu'elles sont devenues riches, une proie facile à ceux qui dirigeaient les finances de leur pays. Leur indépendance théorique n'a jamais été respectée par les gouvernements. En outre, pendant toute une période, les États, représentés par les caisses d'am. achetaient des rentes, ils en vendaient, presque toujours à un cours inférieur, à titre d'emprunteurs. L'expérience a ainsi montré qu'il n'y a pas de méthode ou de combinaison qui puisse amortir les dettes d'un État, et que c'est une utopie de croire que l'on peut lier à l'avance un pays ou un parlement.

AMOS. l'un des douze petits prophètes.

AMOU. ch.-l. de c. (Landes), arr. de Saint-Sever, 1,800 hab.

AMOUILLE. s. f. Nom vulgaire du premier lait fourni par une vache qui vient de vêler.

AMOUILLER. v. n. Se dit d'une vache qui est sur le point ou qui vient de vêler.

AMOULER. v. a. T. Tech. Passer sur la meule, aiguiser, affiler.

AMOUR ou **SAGHALIEN-OULA**, grand fleuve d'Asie, entre la Sibérie et la Chine, 3,460 kilomètres.

AMOUR, chaîne de montagnes de l'Algérie.

AMOUR. s. m. (lat. *Amor*). Sentiment de l'homme pour la femme préférée, de la femme pour l'homme préféré, devant lequel tout s'efface. Attraction irrésistible de l'un envers l'autre. — L'amour est la loi suprême. — L'amour est la participation du fini à l'infini qui crée. — L'amour est la poésie des sens. — L'amour est un éternel baiser de deux âmes. — Gloire, science, esprit, beauté, jeunesse, fortune : tout ici-bas est impuissant à donner le bonheur sans l'amour. — A ces pensées, qu'il serait facile de multiplier, ajoutons seulement celle que Voltaire avait écrite au-dessous d'une statue de l'Amour :

> Qui que tu sois, voici ton maître :
> Il l'est, le fut, ou le doit être.

On applique, par ext., le même mot à d'autres sentiments affectifs : *Am. maternel. Am. filial. Am. de l'humanité. Am. de la science, du progrès, de la gloire, de la liberté, de la patrie, de Dieu, de la vertu, du devoir, des richesses, des plaisirs.* Mais la signification normale et absolue est la première. Ce sentiment a pour cause l'attraction réciproque des sexes et exprime l'une des grandes lois de la nature, son résultat étant la perpétuation de l'espèce.

Dans un sens plus limité, en parlant du rapprochement des sexes, on dit : *L'homme peut dans tous les temps se livrer à l'am.; les animaux n'ont pour cela qu'un temps marqué.* Se dit des animaux, lorsqu'ils recherchent les approches de l'autre sexe. *Quand les biches sont en am. Les oiseaux sont en am.* — Par métonymie, on dit : *Toute la terre est en am.,* Tous les êtres qui habitent la terre sont en am. | Fam., *Il fait l'am. à toutes les femmes,* Il courtise toutes les femmes. — *Il passe sa vie à faire l'am.,* Il passe sa vie dans les intrigues galantes. || *Filer le parfait am.,* Aimer longtemps d'un am. chaste. || Quand le mot *Am.,* signifiant la passion d'un sexe pour l'autre, est employé au plur., on doit le faire féminin : *Les premières amours. D'ardentes, de folles amours. De nouvelles amours.* — Se dit également en parlant des animaux et des plantes. *Les amours des abeilles. Les amours mystérieuses des plantes.* || Est encore usité au plur. pour signifier la personne aimée. *Il est avec ses amours. Il a quitté ses amours.* Prov., *Il n'y a point de belles prisons ni de laides amours.* — Se dit encore des choses qu'on aime avec passion. *Les livres sont mes seules amours.* || S'emploie aussi au sing. masc. dans l'acception qui précède, en parlant des personnes et des choses *Cet enfant est l'am. de sa mère. Ce prince était l'am. de ses peuples. Mon cher pays, mon premier am.* — *Mon am.,* Locut. famil. dont on se sert quelquefois en s'adressant aux personnes qu'on chérit. Anciennement on disait *M'amour.* || En parlant d'une œuvre de science ou d'art, on dit : *Faire un ouvrage avec am.,* Se complaire dans son exécution et y travailler avec une affection particulière. || *La terre est en am.,* entre en am. Locut. figurée employée par les jardiniers pour désigner l'activité particulière que présente la terre à l'époque du printemps. Ils disent aussi d'un terrain stérile et impropre à la culture : *Cette terre n'a point d'am., est sans am.* = **Amour.** T. Myth. Nom de la divinité à laquelle les anciens attribuaient le pouvoir de faire aimer. *Les ailes de l'Am. Il est beau comme l'Am.* — Les poètes ont donné plusieurs frères à l'Am., et c'est dans ce sens qu'on dit : *Les Jeux, les Ris et les Amours. Ces Amours sont bien groupés.* || Fig. et fam., on dit : *C'est un Am.,* non seulement en parlant d'un enfant, d'une jeune femme ou d'une jeune fille remarquables par leur grâce et leur beauté, mais encore en parlant d'un objet qu'on trouve extrêmement joli. *Cet enfant est un am. Cette montre est un am.* || *Pour l'am. de Dieu,* Dans la seule vue de plaire à Dieu.

Faire quelque chose pour l'am. de Dieu. — Fam., Se dit encore d'une chose faite sans aucune vue d'intérêt. *On lui a donné cela pour l'am. de Dieu.* — *Pour l'am. de Dieu, s'il vous plaît,* locut. fam. aux mendiants, lorsqu'ils demandent l'aumône. — *Comme pour l'am. de Dieu.* Locut. ironiq. et fam. qui s'emploie en parlant d'une chose faite ou donnée à contre-cœur, ou d'un don fait avec lésinerie. | *Pour l'am. de quelqu'un,* Par la considération, par l'estime, par l'affection qu'on a pour quelqu'un. *C'est une chose que je vous prie de faire pour l'am. de moi.* || *Am. platonique,* am. que deux personnes de différents sexes éprouvent l'une pour l'autre, lorsque cet am. est par de tout désir sensuel. Peut exister entre un très jeune homme et une jeune fille. || **Syn.** — Voy. AFFECTION.

Obs. gram. — L'usage, qui en grammaire a force de loi, veut aujourd'hui que le mot *am.* soit masc. au sing., et fém. au plur., à moins qu'il ne s'agisse des *Amours* de la mythologie, car dans ce dernier cas il est masc. — Cependant les poètes ont quelquefois employé au sing. fém. le mot *am.* signifiant la passion d'un sexe pour l'autre. Racine a dit :

> Et qui sait si déjà quelque bouche infidèle
> Ne l'a point averti de votre *amour* nouvelle?

De grands écrivains, tels que Molière, Crébillon, Voltaire, La Harpe, Delille, ont également, en poésie, employé *am.* au plur. masc. Nous nous contenterons de citer ces vers de Voltaire :

> Il fallut oublier dans ses embrassements
> Et mes premiers *amours,* et mes premiers serments.

Nous pouvons ajouter que, lorsqu'il s'agit du sentiment sérieux de l'amour plutôt que des plaisirs des sens, le masculin semble indiqué de préférence, comme on peut le voir un peu plus loin.

Phil. — L'*Am.* a été défini un sentiment de joie accompagné de l'idée d'une cause extérieure, ou, en d'autres termes, un mouvement de l'âme qui se porte avec bonheur vers un objet qui l'attire. Cette définition, tout imparfaite qu'elle soit, offre du moins l'avantage de poser l'objet aimé en face de l'être qui aime, et de faire ressortir l'unité du sentiment de l'am., tout en permettant de l'envisager sous divers aspects.

Am. de soi. — La tendance aveugle et instinctive à se conserver soi-même, c.-à-d. à déployer son activité tout entière dans le but du maintien de l'existence individuelle, constitue, chez les animaux, l'am. de soi. Cette tendance appartient à tous les êtres qui participent aux caractères de l'animalité; mais, chez l'homme, elle offre une différence essentielle. En effet, quoique dans l'homme cette tendance existe aussi à l'état instinctif et involontaire, néanmoins il en a conscience, et, par cela seul, il possède le pouvoir de la maîtriser et de la diriger : la voix de la raison peut même, dans une foule de circonstances, imposer un silence absolu à celle de l'instinct. L'am. de soi, chez l'homme, est donc plus que la tendance au maintien de ce qu'est l'individu, à chaque instant donné; c'est encore la tendance à un perfectionnement ultérieur. Envisagé sous ce point de vue, l'am. de soi est évidemment inséparable de notre moi, et indéniablement il est véritablement social, car si l'homme ne le possédait point, s'il ne vivait pas pour son moi, s'il vivait pour le moi d'un autre, et que cet autre vécût également sans un but propre à lui-même, cette abnégation de toute individualité amènerait l'anéantissement de la communauté, et la vie de l'homme s'écoulerait sans résultat, sans fruit, non seulement pour lui-même, mais encore pour ses semblables. — En conséquence, aussi longtemps que l'am. de soi se maintient dans les justes limites qui lui sont tracées par la nécessité de la conservation, et par le besoin de développement auquel a droit tout être humain, ce sentiment est légitime et ne doit pas être confondu avec l'égoïsme.

Am. de nos semblables. — Considéré sous le rapport de son but ou de sa finalité, l'am. de nos semblables se présente à nous sous deux faces tellement distinctes, que nous sommes obligés de le diviser sous les noms d'*Am. de l'individu* et d'*Am. de l'espèce.*

Am. de l'individu. — Il comprend deux sentiments très-différents, l'amitié ou l'affection et l'am. sexuel. Au premier se rattachent tous les attachements de famille, amour filial, paternel, etc. Quoiqu'il y ait une grande part d'instinct dans l'am. maternel, celui-ci s'élève dans l'humanité bien au-dessus de ce qu'il peut être chez les animaux par la persistance de l'affection que la mère porte à ses enfants longtemps après qu'ils n'ont plus aucun besoin de ses soins. C'est là un bel exemple de la transformation de certains instincts animaux qui deviennent chez l'homme des sentiments pleins de grandeur et de dignité. L'am. sexuel provient également d'un instinct et d'un besoin physique; mais cet instinct s'est transformé et étendu chez l'homme de manière à devenir le sentiment le plus intense et le plus complexe de la nature humaine. Il prend l'homme par les sens et par l'âme, il l'ébranle par toutes les facultés, s'accommode à toutes les situations de la vie et à tous les caractères, et revêt toutes les formes, depuis le désir le plus brutal jusqu'à l'exaltation la plus chaste, la plus bizarre et la plus éloignée de son origine et de sa fin.

Le premier degré de cette transformation, c'est la *spécialisation*, ou la recherche d'un être particulier, à l'exclusion de tous les autres êtres du même sexe; puis au simple désir de la possession s'est joint celui de la réciprocité dans l'am. : on veut être aimé exclusivement comme on aime soi-même. Enfin arrive l'affection et l'attachement mêlé d'estime et de respect, source des grandes actions et des grands dévouements, qui élève l'am. et le complète sa transformation. Malheureusement tous les amours ne s'élèvent pas jusqu'au dernier degré. Il y en a qui s'arrêtent au simple désir spécialisé; souvent aussi l'on rencontre des époux ou des amants sans affection mutuelle, et cependant dévorés de jalousie. Leur am. n'a pas dépassé le second degré. Ces sentiments incomplets ne méritent pas le nom d'amour. Les divers éléments qui composent l'am., peuvent se développer dans l'âme simultanément ou successivement, et dans un ordre quelconque. Presque toujours, il s'y joint un sentiment esthétique : l'attrait de la beauté. C'est l'aspect extérieur qui le plus souvent détermine l'am. L'imagination joue alors un grand rôle; l'amoureux se plaît à revêtir l'objet aimé de toutes les qualités qu'il préfère : illusion dangereuse. Aussi les amours les plus durables sont celles qui se sont développées peu à peu dans l'intimité, et par une saine et lente appréciation des qualités intellectuelles et morales. C'est alors que l'am. devient la base de la famille, que l'affection se continue malgré les années, et que l'attachement des époux pour leurs enfants ne fait qu'augmenter leur affection mutuelle.

On a dit que le développement de l'am. d'après l'aspect physique était le résultat d'un instinct qui poussait chaque individu à rechercher chez son compagnon ou sa compagne les qualités les plus propres à neutraliser les défauts ou les excès de sa constitution, de manière à assurer le plus de vigueur possible à l'être futur. Ainsi l'homme très brun rechercherait une femme blonde, la femme grasse un homme sec et nerveux, etc. La beauté, la fraîcheur plairaient parce qu'elles sont les signes extérieurs de la santé. Il y a certainement du vrai dans cette théorie : la loi des contrastes n'est pas douteuse; mais, dans la vie si complexe que nous a faite la civilisation, il y a bien d'autres éléments qui déterminent nos choix amoureux.

Am. de l'espèce. — Il est impossible à l'homme de vivre d'une vie tellement égoïste qu'il n'y ait rien de commun entre lui et ses semblables. Tout homme participe plus ou moins vivement aux joies ou aux douleurs des autres hommes, et il n'y a dans ce phénomène rien de volontaire, rien de réfléchi. Cette sympathie innée dans le cœur de l'homme le porte à secourir, à aider, à consoler celui qui est en péril, celui qui est plongé dans la misère ou dans la douleur. Seulement la sphère de cette sympathie est plus ou moins étendue dans les diverses périodes de la vie individuelle de l'homme, ainsi que dans les différents âges de la vie du genre humain. A mesure que la race humaine se développe sous le rapport intellectuel et principalement sous le rapport moral, l'am. de l'homme pour ses semblables s'agrandit et embrasse une plus vaste étendue. D'abord il ne dépasse pas le cercle étroit de la famille, des proches, des voisins, de la cité; il est alors limité par des considérations de différence, c.-à-d. par la diversité d'origine, de langage, de mœurs, de religion, de couleur, etc. Enfin, l'homme arrive à comprendre dans cet am. sublime non seulement tous les individus vivant à la surface de la terre, mais encore les générations passées et futures; en d'autres termes, il arrive à se représenter et à aimer tous ces êtres comme un être unique qu'il nomme *humanité*. L'am. de l'humanité est donc la plus noble et la plus vaste des affections qui puissent émouvoir le cœur de l'homme; mais il offre cela de particulier, qu'il ne présente pas le caractère de spontanéité propre à l'am. de l'individu, et à l'am. de l'espèce limité à ceux qui vivent en contact perpétuel avec nous. Il doit sa naissance plus encore au développement de l'intelligence qu'à celui de la sensibilité. Les anciens ne connaissaient pas l'am. de l'humanité tel que nous le sentons et le concevons aujourd'hui.

Mythol. — La divinité appelée *Éros* par les Grecs, et *Cupido* ou *Amor* (Cupidon ou Amour) par les Romains, est un des êtres mythologiques sur lesquels les traditions patiennes ont le plus varié. Ainsi, par ex., Hésiode le place au nombre des quatre grands principes des êtres, avec le Chaos, le Tartare et la Terre, et Alcée le fait naître de Zéphyre et d'Éris (la Discorde). La plupart des mythologues, cependant, lui assignent Vénus pour mère. Le père de l'Am. est Jupiter suivant Cicéron, Vulcain selon Sénèque, le Ciel d'après Sapho; d'autres le font fils de Mercure, et Simonide, adoptant l'opinion vulgaire, le regarde comme fils de Mars et de Vénus. Enfin, quelques-uns le représentent voltigeant autour de Vénus Anadyomène, à l'instant même où celle-ci s'élève à la surface des eaux. Rien n'est plus gracieux que ce dernier mythe, qui nous peint l'Am. comme devait uniquement le jour à la Beauté, et ayant les Grâces pour sœurs. Les poètes, les peintres et les sculpteurs le peignent sous les traits d'un enfant aux formes arrondies, au ris malin, les yeux quelquefois couverts d'un bandeau; il est toujours armé d'un arc et d'un carquois rempli de flèches dont il se plaît à blesser les cœurs des mortels ainsi que des Dieux de l'Olympe. Des ailes légères naissent de ses épaules et servent à le transporter en un instant d'un bout de l'univers à l'autre. Il est ordinairement entouré d'une troupe de jeunes enfants ailés comme lui, et auxquels on donne également le nom d'Amours.

AMOUR (ABBAE D'). T. Bot. Le *Cercis Silicastrum*.

AMOURACHER. v. a. Engager dans de folles amours. *Je ne sais qui a pu l'am. de cette sorte.* == s'AMOURACHER. v. pron. S'éprendre d'une folle passion. *Il s'est amouraché d'une femme indigne de lui. Il s'est amouraché des sciences occultes.* Fam. == AMOURACHÉ, ÉE. part.

AMOURETTE. s. f. (Dimin. d'*Amour*). Amour passager, caprice, sans véritable passion. *Il a toujours quelque nouvelle am. en tête.* || Art culin — Se dit de la moelle épinière du veau et du mouton, quand elle est cuite. *On lui servit des amourettes.* || Bot. — Nom vulgaire du genre *Brize*, famille des *Graminées*, tribu des *Festucacées*.

AMOUREUSEMENT. adv. Avec amour. *Soupirer am. Il la regarde am.* || Se dit, dans les Beaux-Arts, de ce qui est exécuté avec affection, avec grâce. *Cet air veut être joué am. Ce petit tableau est am. peint.*

Anecd. — Une dame complimentait un jour un célèbre compositeur de musique. « Ce n'est pas moi qu'il faut admirer, répliqua-t-il, en levant le doigt vers le ciel : c'est Dieu, qui donne le génie ! »

Un imperturbable poseur disait : Je ris de tous ceux qui me trouvent ridicule. — Alors, lui répliqua quelqu'un, personne au monde ne doit rire plus souvent que vous.

AMOUREUX, EUSE. adj. Qui aime d'amour. *Être éperdument am. Il est très am. de cette femme, et elle est très amoureuse de lui.* || Enclin à l'amour. *Il est d'un tempérament am., de complexion amoureuse.* || Qui marque de l'amour; qui est propre à inspirer de l'amour. *Soupirs, regards, transports am. Lettres amoureuses. Style am.* || Qui a une grande passion pour quelque chose. *Être am. de la gloire, de la liberté, de la musique, de la poésie.* — *Être am. de ses ouvrages,* En être entiché. || T. Peint. *Pinceau am.,* Pinceau dont la touche est moelleuse, légère, délicate. == AMOUREUX s'emploie aussi subst. *Un am. transi. Un am. en cheveux gris.* — Se prend quelquefois dans le sens d'amant. *Cette fille a un am.* || T. Théâtre. *Jouer les am. Tenir l'emploi des am.,* Jouer les rôles d'amant dans la comédie. On dit de même en parlant des actrices : *Jouer les amoureuses. La première, la seconde amoureuse.*

Syn. — Voy. AMANT.

AMOUR-PROPRE. Sentiment que l'homme a de sa dignité. Conduit facilement à la vanité et à l'orgueil.

Am.-propre s'emploie le plus ordinairement dans un sens défavorable, pour désigner l'opinion trop avantageuse qu'un homme a de lui-même. *Cet homme a beaucoup d'am.-propre.* — Se dit quelquefois en bonne part, et signif. alors le sentiment de sa propre dignité, la conscience qu'on a de sa propre valeur. *Il a trop d'am.-propre pour se rendre jamais coupable d'une bassesse. Il faut, dans le monde, avoir un peu d'am.-propre* || *Am. de soi* ou *Am.-propre* dans le sens absolu et philosophique, signif. le sentiment instinctif, nécessaire et légitime qui attache l'homme à même l'animal à sa propre existence. L'am. de soi a été donné à chacun pour veiller à sa conservation. L'égoïsme n'est autre chose que l'am. de soi porté à l'excès. Selon Larochefoucauld, l'am.-propre est le principe de toutes nos actions.

AMOVIBILITÉ. s. f. Qualité de ce qui est amovible. L'am. des préfets. L'am. de cette place en diminue bien le prix.

AMOVIBLE. adj. 2 g. (lat. amovere, déplacer). Se dit des personnes et des choses. Un fonctionnaire am., est celui qu'on peut révoquer à volonté. Une place am., est une place dont le titulaire peut être changé.

L'amovibilité de certains emplois est une des nécessités du gouvernement représentatif; aussi le principe de l'amovibilité se trouve-t-il consacré dans tous les pays où règne cette forme de gouvernement. En effet, dès que, par suite d'un déplacement de la majorité, le système qui préside à la direction des affaires vient à changer, il devient nécessaire que les fonctions politiques soient confiées aux hommes qui ont fait prévaloir les nouvelles idées, afin qu'ils en fassent eux-mêmes l'application, et qu'ils portent la responsabilité de leurs résultats bons ou mauvais, heureux ou funestes. En Angleterre, et surtout aux États-Unis, lorsqu'une nouvelle administration arrive au pouvoir, la plus grande partie des hommes employés sous l'administration précédente sont forcés de céder leurs fonctions entre les mains des partisans du nouveau cabinet. En France, il en est autrement: quoique la plupart des fonctions soient amovibles, le nouveau cabinet se borne à remplacer un fort petit nombre d'employés supérieurs, ceux-là seulement qui, par la nature de leurs fonctions, doivent toujours représenter l'esprit du ministère existant. De cette façon, l'administration des choses publiques n'a nullement à souffrir des mutations qui surviennent dans les hautes régions, parce qu'au lieu d'être confiés à des hommes inexpérimentés, les différents services publics conservent les hommes intelligents qui ont déjà l'habitude et l'expérience des affaires. En outre, dans notre pays, où les grandes fortunes sont rares, il serait impossible de trouver des personnes qui consentissent à entrer dans les diverses fonctions administratives, si, à chaque revirement politique, leur carrière pouvait être brisée.

Si l'amovibilité des emplois, modérément pratiquée, est une sauvegarde pour l'administration, par la crainte salutaire qu'elle inspire aux employés, ce principe appliqué à certaines fonctions judiciaires entraînerait au contraire les plus funestes conséquences. En effet, pour que la justice soit rendue avec impartialité, il faut que les juges soient indépendants du pouvoir, et ne se trouvent jamais dans le cas d'avoir à hésiter entre leur devoir et leur intérêt. Aussi la Constitution de l'an VIII (1799), en laissant au pouvoir exécutif (art. 41) la nomination des juges, a-t-elle consacré leur inamovibilité (art. 68) comme le gage le plus assuré de leur indépendance. L'expérience a prononcé en faveur de la sagesse de cette disposition, qui a été maintenue par la Charte de 1814, par celle de 1830 et par les Constitutions qui l'ont suivie.

Sont inamovibles actuellement: les membres de la cour de cassation, de la cour des comptes, des cours d'appel et des tribunaux de 1re instance, à l'exception des magistrats du ministère public.

AMPÈLES. s. m. T. Ornith. Nom donné par Linné aux oiseaux du genre Cotinga. Voy. ce mot.

AMPÉLIDÉES. s. f. plur. (gr. ἄμπελος, vigne). T. Bot. Voy. VITÉES.

AMPÉLITE. s. m. (gr. ἄμπελος, vigne). T. Géol. Sorte de schiste argileux composé de silicate d'alumine et de carbone avec des proportions variables de soufre et de fer.

AMPÉLOGRAPHIE. s. f. (gr. ἄμπελος, vigne; γράφειν, écrire). Description de la vigne. Traité sur la vigne.

AMPÈRE (André-Marie), physicien français (1775-1836), né à Lyon. Découvrit la loi de l'action des courants électriques sur les aimants, action qui avait été déjà signalée par le physicien danois Œrsted, et celle de l'action des courants électriques les uns sur les autres, fondant ainsi la branche de la physique qui a reçu le nom d'électro-dynamique. Il rattacha la théorie des aimants à celle des courants électriques, fondant ainsi l'électro-magnétisme; il contribua avec Arago à

découvrir le phénomène d'aimantation par les courants, découverte qui devait bientôt conduire à l'invention du télégraphe électrique. On lui doit un Essai de Classification des Sciences. Son esprit est celui d'un philosophe autant que d'un savant.

AMPÈRE (J.-J.), fils du précédent (1800-1864), littérateur et philosophe.

AMPÈRE. s. m. T. Phys. Unité pratique d'intensité des courants électriques. C'est l'intensité d'un courant qui débiterait l'unité de quantité (coulomb) par seconde. On se rendra compte de sa valeur en remarquant que c'est l'intensité du courant fourni par une pile Daniell de résistance négligeable dont les deux bornes seraient reliées par 100 mètres de fil télégraphique ordinaire. C'est encore l'intensité d'un courant qui, dans l'électrolyse d'un sel de cuivre, déposerait 0gr,00615 de cuivre à la seconde. L'Am. est égal à $\frac{1}{10}$ de l'unité d'intensité du système C G S.

AMPÈRE-ÉTALON. s. m. T. Phys. Appareil destiné à mesurer en valeur absolue l'intensité d'un courant. Ce sont des électro-dynamomètres dans lesquels on équilibre à l'aide de poids gradués le couple produit par les actions électro-dynamiques.

AMPÈRE-HEURE. s. m. T. Phys. Quantité d'électricité qui traverse pendant une heure un circuit de courant de 1 ampère. L'ampère-heure vaut 3,600 coulombs.

AMPÈREMÈTRE ou AMPÈRES-MÈTRE. s. m. (de Ampère, et gr. μέτρον, mesure). T. Phys. Galvanomètre spécialement destiné à la mesure de l'intensité d'un courant électrique.

On peut dire qu'un tout galvanomètre à fil très gros et très court pourra constituer un Am. On réserve cependant ce nom à des appareils construits dans un but industriel et dont les qualités principales sont la simplicité et la facilité de lecture. Les plus usités sont au nombre de 9:

1° L'am. ou galvanomètre à arête de poisson de Marcel Deprez, qui se compose d'un aimant en fer à cheval très puissant entre les branches duquel se trouve un cadre galvanique occupant à peu près la moitié de la longueur de l'aimant;

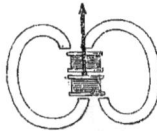   

Fig. 1.   Fig. 2.

sur ce cadre est enroulé soit un gros fil, soit une lame de cuivre ne faisant qu'un seul tour. A l'intérieur est un axe

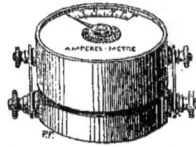

Fig. 3.

sur lequel sont fixées horizontalement de petites lames de fer doux, et une aiguille très légère e placée verticalement et se mouvant sur un cadran. Les divisions de ce cadran sont graduées empiriquement.

2° L'am. industriel de MM. Deprez et Carpentier, qui se compose de deux aimants demi-circulaires dont les pôles sud placés côte à côte. Entre ces quatre pôles se trouvent deux bobines formées de lames de cuivre enroulées dans le même sens. Dans l'intervalle de ces bobines est un axe vertical supportant deux aiguilles parallèles dont l'une, très petite et en fer doux, est placée dans l'axe des bobines, tandis que la seconde, beaucoup plus longue, située au-dessus, est en aluminium et se meut sur un cadran. (Fig. 1, coupe, Fig. 2, plan). Le tout est renfermé dans une boîte de cuivre. Cet appareil, très commode, a besoin d'être étalonné de temps à autre. (Fig. 3).

3° L'am. d'Ayrton et Perry.
4° L'électro-dynamètre de Siemens.
5° L'am. d'Obach.
6° L'am. de Lalande.
7° L'am. à mercure de Lippmann.
8° L'am. à molécules orientées de Gravier.
9° L'am. ou voltmètre à déviations proportionnelles de MM. Marcel Deprez et d'Arsonval.

AMPHÉMÉRINE. s. f. (gr. ἀμφί, autour; ἡμέρα, jour). T. Méd. Fièvre quotidienne rémittente.

AMPHI... (gr. ἀμφί, des deux côtés, autour). Préfixe entrant dans la composition d'un grand nombre de termes tirés du grec, et ajoutant au sens du radical celui de autour, des deux côtés.

AMPHIARAÜS, fameux devin de l'antiquité, périt au siège de Thèbes, par la trahison de sa femme Ériphyle.

AMPHIARTHROSE. s. f. (gr. ἀμφί, autour; ἄρθρον, articulation). T. Anat. Articulation consistant dans l'union de deux surfaces articulaires planes.

AMPHIBIE. adj. 2 g. (gr. ἀμφω, deux; βίος, vie). Qui possède la faculté de vivre sur la terre et dans l'eau. *Animal am. Plante am.* ‖ S'emploie aussi subst. au masc. *Les amphibies vrais sont peu nombreux.* ‖ Fig., on dit d'un homme qui exerce deux professions disparates, et surtout d'un homme qui ménage deux partis opposés : *C'est un am.*

Zool. — On donne vulgairement le nom d'*Am.* aux animaux qui ont la faculté de rester plus ou moins longtemps sans périr dans l'air et dans l'eau. Mais alors même qu'on accepterait une signification aussi étendue, il faudrait distinguer trois cas : 1° Les animaux qualifiés d'amphibies sont pourvus d'un appareil pulmonaire ou d'un appareil branchial,

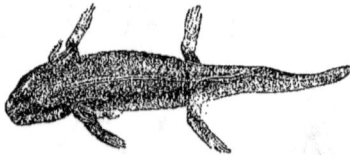

par conséquent leur respiration est exclusivement aérienne ou aquatique. Tels sont, parmi les Mammifères, les *Phoques* et les *Morses,* animaux à respiration aérienne. Telles sont, parmis les Poissons, animaux à respiration branchiale, les *Anguilles,* qui sortent assez volontiers de l'eau et rampent à une assez grande distance dans les terres, les *Anabas,* les *Périophtalmes.* Plusieurs *Reptiles* et un assez grand nombre d'*Invertébrés* possèdent également la faculté de vivre longtemps dans un milieu autre que celui qui correspond à la forme de leur appareil respiratoire. Tous les cas de ce genre sont faciles à expliquer par certaines particularités de structure que présentent ces prétendus amphibies. — 2° Pendant la première période de sa vie, l'animal respire au moyen de branchies, et, dans la seconde, sa respiration est ou se fait aérienne. Un grand nombre de larves d'insectes, par ex., sont branchifères à l'état de larves, et vivent dans l'eau; plus tard leur respiration devient aérienne, et s'effectue à l'aide de trachées. Ma is c'est dans la classe des *Batraciens* que se rencontrent les animaux les plus remarquables sous ce rapport. Les *Batraciens anoures* et les *Batraciens urodèles* ont d'abord des branchies qui s'oblitèrent au fur et à mesure que l'appareil pulmonaire se développe. — 3° Le nom d'am. doit être réservé aux seuls animaux dont l'appareil respiratoire est organisé de façon à ce qu'ils possèdent *à la fois* la respiration aérienne et la respiration aquatique. Les êtres de ce genre sont en fort petit nombre.

Il existe des *Batraciens* dont on avait fait la famille des *Pérennibranches,* qui peuvent se reproduire tout en ayant l'aspect de larves, c.-à-d. qu'ils ont des branchies et qu'ils sont pourvus d'organes génitaux.

Ces animaux, qu'on rapporte maintenant au genre *Ambly-*

stome, étaient désignés sous le nom d'*Axolotls.* A. Duméril a montré que les *Axolotls* se transformaient en *Amblystomes* et que les premiers n'étaient que l'un des états des seconds. (Fig. ci-dessus).

AMPHIBIENS. s. m. pl. T. Zool. et Paléont. — Les *Am* fossiles existent depuis les temps paléozoïques, mais les types de ces temps reculés ne sont pas identiques à ceux qui vivent encore de nos jours, et même par certains caractères ils se rapprochent des *Reptiles.* Ces types anciens constituent l'ordre des *Stégocéphales* (Voy. ce mot). Plusieurs familles de cet ordre ont été trouvées dans le trias (*Micropholis, Bothriops*), ou dans le jurassique (*Rhinosaurus.* Dans le keuper on a trouvé les *Mastodonsaurus* (Voy. ce mot); dans le grès bigarré les *Labyrinthodons* (Voy. ce mot) et des empreintes de pas probablement de ces derniers animaux et désignées sous le nom de *Chirotherium* (Voy. ce mot). Mais les *Urodèles* et les *Anoures* (Voy. ces mots) ne se trouvent que dans les dépôts tertiaires.

AMPHIBOLE. s. f. (gr. ἀμφίβολος, ambigu). T. Minér. et Géol. — Beudant considère l'*Am.* comme une division du genre des silicates magnésiens, laquelle comprend les silicates combinés avec la chaux et la magnésie, la chaux et surtout la magnésie pouvant être remplacées, en tout ou en partie, par de l'oxyde de fer ou de l'oxyde de manganèse. La forme fondamentale des cristaux d'am. est un prisme oblique, à base rhomboïdale. Les minéraux qui composent ce sous-genre rayent le verre et les feldspaths, et sont rayés par le quariz. Leur poids spécifique est de 2,8 à 3,45. On distingue l'am. en deux espèces, la *Trémolite* et l'*Actinote.* — La *Trémolite* comprend les variétés d'am. à couleurs claires, et qui fondent au chalumeau en un verre blanc tantôt translucide, tantôt opaque. Elle se trouve tantôt *en cristaux,* tantôt en masses plus ou moins fibreuses et plus ou moins dures. C'est à la *Trémolite* que se rapportent les différentes variétés d'*Asbeste* ou d'*Amiante.* (Voy. AMIANTE). — L'*Actinote* est une substance d'un vert plus ou moins intense, passant quelquefois au noir, fusible au chalumeau en verre brunâtre ou noir. Elle se présente ordin. en longs prismes déliés, très fragiles, d'un éclat vitreux, et n'offrant jamais la structure fibreuse de la trémolite. Dans l'actinote, la magnésie est en grande partie remplacée par du protoxyde de fer. — La *Hornblende* n'est qu'un mélange des deux espèces précédentes. Elle se trouve en cristaux et plus souvent en masses cristallisées, saccharoïdes ou rayonnées. Sa texture est sensiblement lamelleuse, et sa couleur est ordin. le noir ou le vert bouteille foncé. Les diverses variétés d'am. appartiennent aux terrains anciens et aux terrains volcaniques.

AMPHIBOLIQUE. adj. 2 g. **AMPHIBOLITE.** s. f. T. Géol. Se dit des roches composées presque exclusivement d'amphibole.

AMPHIBOLOGIE. s. f. (gr. ἀμφί, des deux côtés; βάλλειν, jeter; λόγος, discours). T. Gram. — On nomme ainsi le double sens qui résulte, non de ce que les termes employés sont ambigus, ou présentent une double signification, mais de ce que la construction de la phrase est vicieuse. Le système de construction propre à certaines langues, telles que la grecque et la latine, donne facilement lieu à des amphibologies. L'am. était-elle d'un grand secours aux oracles. Mais dans notre langue, où les inversions sont rares, il est toujours facile de s'exprimer avec clarté.

Obs. gram. — En français, l'am. résulte presque constamment de l'emploi fautif ou mal ordonné des pronoms *qui, que, dont,* etc., *il, le, la,* etc., ou des adjectifs *son, sa, ses,* etc. Ainsi, dans ces phrases : *C'est la cause de cet effet DONT je vous entretiendrai à loisir. C'est le fils de cet homme DONT on a dit tant de mal :* on ne sait auquel des deux substantifs qui le précédent se rapporte le relatif *dont.* Voy. AMBIGUÏTÉ, ÉQUIVOQUE.

AMPHIBOLOGIQUE. adj. 2 g. Ambigu, obscur, à double sens. *Discours, réponse am.*

AMPHIBOLOGIQUEMENT. adv. D'une manière amphibologique.

AMPHIBRAQUE. adj. et s. m. (gr. ἀμφί, des deux côtés; βραχύς, bref). T. Versif. anc. — Les poètes grecs et latins donnaient ce nom à un pied formé de trois syllabes dont une longue entre deux brèves; ex. : amāre.

AMPHICOME. s. m. (gr. ἀμφί, des deux côtés; κόμη, chevelure). T. Ent. Genre d'insectes *coléoptères pentamères* voisins des *Hannetons*.

AMPHIGRÉATINE. s. f. (gr. ἀμφί; créatine). T. Chim. Base faible analogue à la créatine, qu'elle accompagne en petite quantité dans le tissu musculaire.

AMPHICTYON, fils de Deucalion et de Pyrrha selon la fable, régna aux Thermopyles.

AMPHICTYONIDE. adj. Se dit des villes grecques qui avaient le droit d'amphictyonie. *Delphes était une ville am.*

AMPHICTYONIE. s. f. T. Antiq. L'assemblée des amphictyons. ‖ Privilège qu'avaient les principales villes de la Grèce d'envoyer un député au conseil des amphictyons. *Thèbes possédait le droit d'am.*

AMPHICTYONIQUE. adj. 2 g. Qui appartient, qui a rapport au conseil des amphictyons. *Suffrage, décision, ligue am.*

AMPHICTYONS. s. m. pl. (gr. ἀμφικτύονες, voisins).

Hist. — Les diverses tribus dont se composait la race hellénique, quoiqu'en général animées d'un esprit étroit de rivalité, sentirent pourtant de bonne heure le besoin d'entretenir entre elles certaines relations. Ces relations s'établirent quelquefois dans le but de résister à un ennemi commun; mais elles se formèrent surtout à l'occasion des fêtes que les Helléens célébraient en l'honneur des divinités auxquelles ils rendaient tous le même culte. Un temple était souvent possédé en commun par des peuplades limitrophes, et chacune avait le droit d'y offrir des sacrifices. La garde, l'entretien du temple, l'administration de ses richesses et la mission de faire respecter ses privilèges étaient confiés à un conseil dont les membres portaient le nom d'*Am*. A certaines époques solennelles, les peuples possesseurs du sanctuaire s'y rassemblaient, y offraient en commun des sacrifices, et, faisant momentanément trève à leurs querelles, y célébraient en l'honneur du dieu leurs jeux que présidaient les am.

Ces espèces de confédérations religieuses, appelées *Amphictyonies*, étaient assez nombreuses, soit dans la Grèce d'Europe, soit chez les Grecs de l'Asie Mineure; mais de toutes ces amphictyonies, la plus célèbre, sans contredit, est celle qui siégeait au printemps à Delphes, dans le temple d'Apollon Pythien, et en automne dans celui de Cérès, à Anthéla, près des Thermopyles. — Le rôle du conseil des am. qui, dans le principe, paraît avoir été tout religieux, prit naturellement avec le temps plus d'importance, par cela seul qu'il était l'unique centre où se réunissaient des peuples presque toujours en rivalité. Ainsi on le voit juger des contestations élevées entre certaines villes, soit au sujet de la présidence des sacrifices, soit au sujet de la part de gloire qui, après une bataille gagnée par les villes confédérées, revenait à chacune d'elles.

AMPHIGÈNE. s. m. (gr. ἀμφί, de deux côtés; γένος, origine). T. Minér. Silicate d'alumine et de potasse nommé aussi *leucite* ou *leucolyte* à cause de sa couleur blanche.

AMPHIGOURI. s. m. (gr. ἀμφί, autour; ἀγορεύω, parler). Discours ou écrit burlesque, fait à dessein, dans lequel les phrases sont arrangées de manière à ne présenter que des idées sans suite. *Les amphigouris en vers se composent ordinairement sur des airs d'opéra.* ‖ Se dit également d'un discours ou d'un écrit dont les idées, contre l'intention de l'auteur, sont incohérentes et inintelligibles. *Je n'ai rien compris à ce discours, c'est un am. d'un bout à l'autre.*

AMPHIGOURIQUE. adj. 2 g. Qui a le caractère de l'amphigouri. *Style am. Vers amphigouriques.*

AMPHIMACRE. adj. et s. m. (gr. ἀμφί, des deux côtés; μακρός, long). T. Versif. anc. Pied de vers grec ou latin formé d'une brève entre deux longues; ex.: férvidum.

AMPHINOME. s. f. (gr. ἀμφίνωμος, j'agite en rond). T. Zool. Genre d'*Annélides*, famille des *Dorsibranches*.

AMPHION, fils d'Antiope et de Jupiter, aurait bâti les murs de Thèbes aux sons de sa lyre. Myth.

AMPHIOXUS. s. m. T. Icht. Genre de poissons *lepto-*

cardiens, à forme lancéolée, dépourvus de nageoires paires, présentant une corde dorsale persistante, un tube médullaire simple, des troncs vasculaires pulsatiles, et un sang incolore. Cet animal occupe le dernier rang dans l'embranchement des vertébrés. Le squelette n'est plus représenté que par la corde dorsale de nature gélatineuse et cartilagineuse.

L'œil est représenté par une tache oculaire; mais l'animal est aveugle, cette tache étant insensible à la lumière. L'appareil circulatoire est réduit à quelques gros troncs vasculaires contractiles. On n'en connaît qu'une espèce, l'*Am. lanceolatus*. Il est répandu dans toutes les mers du globe aux environs des côtes sablonneuses; représenté par la figure en grandeur naturelle.

AMPHIPODES. s. m. pl. (gr. ἀμφί, des deux côtés; πούς, ποδός, pied). T. Zool. — Latreille et Cuvier ont donné ce nom à des *Crustacés édriophthalmes*, c.-à-d. à yeux sessiles, dont les caractères distinctifs sont les suivants: les mandibules sont munies d'un palpe; les appendices sous-caudaux sont toujours très apparents, et ressemblent à de fausses pattes ou à des pieds-nageoires; la tête est presque toujours distincte du thorax et porte, en général, 4 antennes; la première paire de pieds, ou celle qui correspond aux seconds pieds-mâchoires, est toujours annexée à un segment propre, le premier après la tête. Le thorax est divisé en 7 segments, dont chacun porte, en gén., une paire de pattes. L'abdomen, qui est très développé, se compose ordin. aussi de 7 segments, dont les derniers présentent chacun une paire d'appendices qui se réunissent en faisceaux pour former une espèce de queue propre au seul, ou une sorte d'éventail servant de nageoire. Beaucoup d'am. portent entre leurs pattes ou à la base de celles-ci des bourses vésiculaires qui, suivant

Fig. 1.

Milne-Edwards, servent à la respiration. La plupart de ces crustacés sautent et nagent avec facilité, et toujours de côté. Quelques-uns se trouvent dans les ruisseaux et les fontaines; mais le plus grand nombre habite les eaux salées. Tous sont de petite taille et d'une couleur uniforme, tirant sur le rougeâtre ou le verdâtre.

Milne-Edwards divise cet ordre en deux familles, les *Crevettines* et les *Hypérines*. — Les *Crevettines* ont le corps très comprimé latéralement, grèle et allongé, et la tête petite. Elles ne sont jamais parasites. Cette famille se compose de deux tribus, les *Sauteurs* et les *Marcheurs*. Parmi les genres de la première tribu, nous nous contenterons de citer les *Crevettes* ou *Chevrettes proprement dites* et les *Talitres*. La *Crevette des ruisseaux* ou *Puce d'eau* (Fig. 1) est très abondante dans les fontaines, les bassins des sources, les filets d'eau des cressonnières. Ce

Fig. 2.

crustacé nage toujours au fond, couché sur le côté, et son principal moyen de progression consiste dans la détente rapide et souvent renouvelée des appendices de la queue. Les *Talitres* (Fig. 2. *Talitre sauteuse*) habitent les bords de la mer; elles nagent sur le côté, et s'assemblent en grand nombre sur le rivage pour se nourrir des corps morts que le flot y a jetés. Elles sautent sur le sable avec beaucoup d'agilité, au moyen du mouvement de ressort qu'elles donnent à leur queue. Les *am. marcheurs* comprennent également plusieurs genres. La *Corophie longicorne* (Fig. 3) se trouve dans la vase des bords de l'Océan. Ces animaux se nourrissent

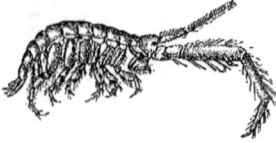

Fig. 3.

principalement d'annélides. — Les *Hypérines* ont, en gén., le corps bombé et la tête forte. Elles sont propres à la nage seulement, et vivent presque toujours en parasites sur des poissons ou dans le corps de certains zoophytes. Ainsi le

Fig. 4.

Phronyme sédentaire (Fig. 4), qui se rencontre dans la Méditerranée, se loge dans un corps membraneux, transparent, en forme de tonneau, paraissant provenir d'une espèce de *Beroé*; et le *Phronyme sentinelle*, de Rizzo, vit dans l'intérieur du corps des *Méduses*.

Paléont. — AMPHIPODES FOSSILES. — Voy. ARTHROSTRACÉS. — C'est dans les terrains d'eau douce qu'ont été rencontrées les espèces fossiles, assez rares d'ailleurs. Les formes tertiaires appartiennent à des genres encore vivants de nos jours (*Gammarus, Typhis*). Mais les espèces paléozoïques diffèrent au contraire beaucoup des types actuels (silurien, dévonien, carbonifère). Nous citerons les *Gampsonyx* qu'on trouve dans les sphérosidérites de Lebach, près Sarrebruck; les *Palæocaris* du houiller de l'Illinois.

AMPHIPOLIS. anc. ville de la Macédoine.

AMPHIPROSTYLE. adj. et s. m. (gr. ἀμφί, des deux côtés; πρὸ, devant; στύλος, colonne). T. Archit. Nom donné à des temples ou à des édifices ayant un portique ouvert et s'avançant en saillie à chacune de ses extrémités.

AMPHISAURE. s. m. (gr. ἀμφί, exprimant le doute; σαῦρος, lézard). T. Paléont. Genre de reptiles fossiles du groupe des *Dinosauriens*.

AMPHISBÈNE. s. f. (gr. ἀμφί, des deux côtés; βαίνω, je marche). T. Erpét. Genre de reptiles ophidiens de la tribu des *Doubles-Marcheurs*.

AMPHISCIENS. s. m. pl. (gr. ἀμφί, des deux côtés; σκιὰ, ombre). — Les anciens géographes désignaient sous ce nom les habitants de la zone torride qui ont leur ombre dirigée tantôt vers le midi, tantôt vers le nord, suivant que le soleil est au nord ou au midi de l'équateur. On donnait encore à ces peuples le nom d'*Asciens* (ἀ priv.; σκιά), parce que, deux fois par an, le soleil se trouvant directement au-dessus de leurs têtes, ils n'ont pas d'ombre à midi. Enfin le nom de *Périsciens* (περί, autour; σκιά) s'appliquait aux habitants des cercles arctiques et antarctiques, parce que le soleil à certaines époques de l'année ne se couchant pas pour eux dans le cours de sa révolution diurne, l'ombre de leur corps décrit une circonférence entière.

AMPHITHÉÂTRE. s. m. (gr. ἀμφί, autour; θέατρον, théâtre). Grand édifice, de forme ronde ou ovale, garni de

gradins. Dans nos théâtres, lieu élevé par degrés en face de la scène, au-dessus du parterre et au-dessous du premier rang de loges. — Série de gradins situés au niveau du plus haut rang de loges, en face de la scène. || On donne aussi ce nom à un lieu garni de gradins, où un professeur fait ses leçons. || Par analogie, en parlant d'un terrain qui s'élève graduellement, ou dit qu'*Il va en amph.*, qu'*Il s'élève en amph.*

En terme d'architecture antique, on appelle *Amph.* un édifice formé par la réunion de deux théâtres qui se touchaient au *proscenium*, de manière qu'il y eût des sièges tout autour de l'intérieur. De cette façon, les spectateurs, assis sur des gradins élevés en retraite les uns des autres, voyaient tous également bien ce qui se passait dans l'espace circonscrit par la rangée inférieure de gradins. La surface unie qui formait le centre de l'amph. se nommait *Arène*, parce qu'on la recouvrait de sable, afin d'absorber le sang versé, soit par les bêtes, soit par les gladiateurs. — Les premiers édifices de ce genre ont été élevés par les Étrusques, et c'est aussi à ce peuple qu'on attribue l'origine des combats de gladiateurs. On a découvert, sur l'emplacement de l'ancienne ville étrusque de Sutrium, un amph. creusé en entier dans un rocher qui domine le sol. Le plan ci-contre (Fig. 1) est pris à deux hauteurs différentes; la partie A représente le rez-de-chaussée, composé de l'arène et de la galerie qui l'entoure; la partie B montre la disposition des gradins et des escaliers. Enfin la

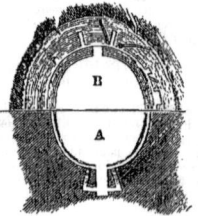

Fig. 1.

Fig. 2 fait voir la position des entrées et la décoration qui couronne le dernier rang de gradins. Le grand axe de l'arène a 49^m,20 de longueur et le petit axe 40^m,15.

À Rome, les combats de gladiateurs se donnèrent d'abord

Fig. 2

dans les cirques; mais la forme de ces édifices étant peu convenable pour ces sortes de spectacles, on construisit bientôt des amphithéâtres à l'imitation de ceux des Étrusques. On commença par les établir en bois.

Le premier amph. entièrement construit en pierre fut commencé par Vespasien et terminé par son fils Titus. Ce monument reçut le nom d'*Amph. Flavien*; mais le peuple, frappé

Fig. 3.

de ses proportions gigantesques, lui donna celui de *Colosseum*, dont on a fait par corruption le mot *Colisée*. Selon d'autres, ce nom vient de la célèbre statue colossale de Néron, haute de 120 pieds, qui du haut de la rue Sacrée fut transportée près de l'amph. Cet édifice (Fig. 3) était de forme elliptique, son grand axe avait 188^m,50, et son petit axe 155^m,60, ce qui donne une superficie totale d'environ **23,036** mètres carrés. Les deux axes de l'arène avaient, l'un 86ᵐ,40, l'autre 54ᵐ,50; sa superficie était donc de 3,650 mètres. Un mur haut d'environ 5 mètres et qu'on nommait *podium* formait l'enceinte de l'arène; il séparait le public du lieu où combattaient les gladiateurs et les bêtes féroces, et il était muni d'un parapet ou d'une grille en fer. Immédiatement au-dessus du mur d'enceinte commençaient les rangées de gradins. Le premier rang était réservé aux sénateurs, aux principaux magistrats de la république, aux ambassadeurs et aux vestales. La loge de l'empereur et celle des consuls étaient placées en face l'une

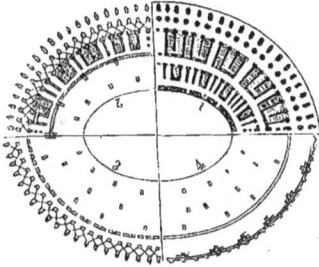

Fig. 4.

de l'autre, aux extrémités du petit axe de l'arène. (Fig. 4. Plan du Colisée : 1. Section du plan au niveau du rez-de-chaussée. — 2. Au niveau du premier étage. — 3. Au niveau du second. — 4. Au niveau de la galerie supérieure.) Les gradins qui venaient à la suite en s'élaçant les uns au-dessus des autres formaient trois séries appelées *mœniana*, et chacune de ces séries était séparée par des galeries nommées *præcinctiones*. Des escaliers perpendiculaires au *podium* coupaient ces séries de gradins, et permettaient ainsi aux spectateurs d'arriver facilement aux places qu'ils devaient occuper; les espaces compris entre ces escaliers avaient reçu le nom de *coins* (*cunei*), et des officiers appelés *cuncarii* étaient chargés du maintien de l'ordre et de la distribution des places, car celles-ci n'appartenaient pas au premier occupant : les magistrats, les familles patriciennes, les collèges de prêtres, les familles équestres et les citoyens romains avaient leurs gradins réservés, et l'ordre hiérarchique était suivi dans la distribution des places. Derrière la troisième précinction s'élevait le *baudrier* (*balteus*), mur percé de portes et de fenêtres, et richement décoré de colonnes, de niches et de statues, qui séparait les rangs de gradins dont nous venons de parler de ceux qui étaient abandonnés au peuple et appelés pour cela *popularia*. Les esclaves occupaient les dernières places. Quant aux femmes qui n'avaient pu obtenir l'honneur de s'asseoir sur les gradins inférieurs, elles prenaient place sous le portique qui régnait autour de l'édifice à sa partie supérieure. Juste-Lipse évalue à 87,000, et Fontana porte à 109,000 le nombre de spectateurs que pouvait contenir le Colisée.

Immédiatement derrière le *podium*, et au-dessous des places occupées par les premiers magistrats de la république, se trouvaient les loges (*carceres*, *caveæ*) dans lesquelles on renfermait les bêtes féroces avant de les lancer dans l'arène. En arrière de ces cellules régnait un corridor duquel partaient des voûtes qui rayonnaient perpendiculairement à la courbe de l'ellipse; elles soutenaient le second *mœnianum* ou la rangée de gradins la plus inférieure.

À l'extérieur, ce vaste monument présentait quatre étages superposés. (Fig. 5.) La hauteur totale du Colisée au-dessus du sol de l'arène était de 49 mètres. — Les deux arcades qui correspondaient aux extrémités du grand diamètre, et les deux qui correspondaient aux extrémités du petit diamètre, étaient un peu plus larges que les autres, et formaient les entrées principales; les premières étaient destinées à faciliter l'introduction des machines, et à la circulation des gladiateurs et des individus chargés du service de l'intérieur de l'amph.; les secondes formaient l'entrée réservée de l'empereur, des consuls et des premiers magistrats. Les nombreuses portes destinées à l'introduction et à la sortie du public portaient le nom de *vomitoires* (*vomitoria*). Tout était disposé de façon

que l'amph. pouvait être évacué par ses cent mille spectateurs en moins de temps qu'il n'en faut pour sortir de nos plus chétifs théâtres. Les portiques et les corridors du rez-de-chaussée et des étages supérieurs étaient en outre tellement vastes, que tous les spectateurs pouvaient s'y réfugier lorsqu'un orage subit venait à interrompre les jeux. Le voile immense (*velarium*) étendu au-dessus de l'amph. afin de l'abriter contre les ardeurs du soleil, suffisait, dans le cas de pluie légère, pour garantir les spectateurs. Ce *velarium* se composait d'une grande quantité de parties mobiles juxtaposées, et il était principalement tendu et supporté au moyen de cordages fixés à des mâts en bois qu'on plantait dans les ouvertures dont étaient percées les consoles de la corniche extérieure de l'édifice. Quelquefois le *velarium* était de soie;

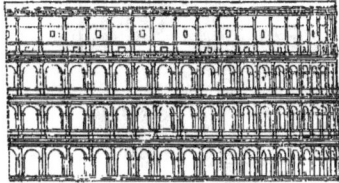

Fig. 5.

Néron en avait même fait élever un teint en pourpre et orné d'étoiles d'or.

Au commencement du VIᵉ siècle, les jeux sanglants de l'amph. disparurent devant les mœurs nouvelles qui naquirent de la transformation de la société sous l'influence prépondérante du clergé. Durant le moyen âge « le Colisée devint tour à tour, dit Arlaud, une forteresse qui servit à contenir la ville, un hôpital pour les pestiférés, un asile de voleurs, un atelier de faux monnayeurs, un champ clos où des chevaliers se battaient pour leurs dames, et une carrière de pierres à construction. » C'est ainsi que les palais Farnèse, Saint-Marc, de la Cancellaria et une foule d'autres édifices se sont élevés avec les dépouilles du Colisée. Ce vandalisme ne cessa qu'au XVIIᵉ siècle, où le pape Clément X plaça l'amph. Flavien sous la protection des Saints Martyrs. Les papes Pie VII et Léon XII y ont fait exécuter de grands travaux de restauration.

Parmi la multitude des amphithéâtres élevés en Italie, il en est deux dont les vestiges attestent encore l'antique magnificence. Ce sont l'amph. de Capoue, dont le grand diamètre avait 171ᵐ,60, et le petit diamètre 140ᵐ,40; et celui de Vérone, le mieux conservé de tous les édifices de ce genre. Le grand axe de ce dernier a 154ᵐ,85, et le petit axe 122ᵐ,85. Cet amph. se compose de trois rangs d'arcades superposées au nombre de 72 par étage. Les pilastres qui le décorent sont d'ordre toscan. L'élévation générale de cet édifice, que les uns prétendent avoir été construit sous le règne d'Auguste, et

Fig. 6.

d'autres sous l'empereur Maximien, est de 30ᵐ,45. Maffei porte à 22,000 le nombre des spectateurs qu'il pouvait contenir. Ce monument sert encore aujourd'hui dans quelques fêtes publiques.

Mais ce n'est pas seulement en Italie que l'on trouve des constructions de ce genre. La passion pour les jeux sanglants de l'arène s'étant répandue avec une effrayante rapidité chez tous les peuples soumis à la domination de Rome, on vit s'élever dans tout le monde romain une foule d'amphithéâtres, chaque cité de quelque importance se faisant une gloire d'imiter la Ville éternelle. Parmi les amphithéâtres construits dans les provinces romaines autres que la Gaule, nous nous contenterons de citer celui de Pola en Istrie (Fig. 6), qui mérite une mention spéciale, parce qu'il est le seul dont le périmètre extérieur soit flanqué de quatre avant-corps, dans lesquels étaient pratiqués les escaliers. Son grand diamètre avait 134^m,60, et son petit diamètre 105^m,48.

Quant à la Gaule, elle possédait un nombre considérable d'édifices consacrés aux combats de bêtes féroces et de gladiateurs. Parmi ces amphithéâtres nous citerons ceux de Fréjus, de Béziers, de Lyon, de Vienne, de Besançon, de Reims, de Metz, du Mans, de Limoges, de Poitiers, de Bordeaux. L'amph. d'Arles et surtout celui de Nîmes sont dans un état de conservation remarquable. Le premier était composé de trois rangs d'arcades ornées de pilastres, au nombre de 60 à chaque étage. Son grand axe avait 140 mètres de longueur, et son petit axe 103 mètres. L'amph. de Nîmes

Fig. 7.

(Fig. 7), qui est généralement connu sous le nom d'*Arènes*, paraît avoir été construit dans la seconde moitié du 1er siècle de l'ère chrétienne. Il est elliptique, et sa surface totale est de 10,628 mètres carrés; car son grand axe a 133^m,38 de longueur, et son petit axe 101^m,40. L'amph. de Nîmes pouvait contenir 24,200 spectateurs. Au reste, la disposition intérieure de cet édifice, ainsi que de tous les amphithéâtres connus, étant constamment la même que celle du Colisée qui vient d'être longuement décrit, nous n'avons pas à revenir sur ces détails. Lutèce possédait aussi un amph. dont on a retrouvé les ruines rue Monge en 1869. Comme complément de cet article, voy. les mots GLADIATEUR, NAUMACHIE, CIRQUE et THÉÂTRE.

AMPHITRITE. s. f. T. Myth. Déesse de la mer, épouse de Neptune. ‖ En poésie, *Am.* signifie la mer. ‖ T. Zool. Genre de vers marins. Voy. TUBICOLE.

AMPHITROPE. adj. 2 g. (gr. ἀμφί, autour; τρέπειν, tourner). T. Bot. Se dit de l'embryon dont les deux extrémités sont recourbées.

AMPHITRYON. Nom d'un prince thébain, fils d'Alcée et époux d'Alcmène. — Dans le lang. fam., on l'emploie subst. et au masc. pour signifier le maître de la maison où l'on dîne, celui qui donne à dîner. *Un joyeux am. Notre am. nous a bien traités.* — Cette locut. fam. est une allusion à ces deux vers de Molière :

Le véritable Amphitryon
Est l'Amphitryon où l'on dîne.

AMPHIUME. s. m. T. Erpét. Genre de *Batraciens* voisins des *Salamandres.* Voy. SALAMANDRE.

AMPHORE. s. f. (gr. ἀμφί, des deux côtés; φέρειν, porter). T. Archéol. — Les Grecs et les Romains donnaient le nom d'*Am.* à une espèce de vase en terre cuite muni de deux anses (Voy. la Fig.): ils l'appelaient aussi *Diota* ou *Testa.* Le plus ordinairement les amphores se terminaient en pointe; aussi était-on obligé, pour les faire tenir debout, de creuser un trou dans la terre. Elles étaient, en outre, d'une capacité considérable et servaient à renfermer l'eau, le vin, l'huile, les olives, etc.— Chez les Romains, l'am. était encore l'unité de mesure pour les liquides. Elle valait environ 19^{lit},44.

AMPHORIQUE. adj. T. Méd. *Résonnance am.*, Son particulier qu'on entend par l'auscultation dans certaines maladies en plaçant l'oreille sur la poitrine.

AMPLE. adj. 2 g. (lat. *amplus*). Se dit des choses dont la dimension est telle qu'elles suffisent et au delà pour l'usage auquel elles sont destinées. *Ce champ offre une am. étendue pour les manœuvres d'un régiment. Manteau, robe très am. Ces rideaux ne sont pas assez amples.* — Se dit, relativement à la quantité des choses nécessaires pour quelque usage. *Il a fait une am. provision de blé.* Dans le même sens, on dit : *Un am. déjeuner.* — Se dit encore relativement à la durée. *Il demandait un congé d'un mois, on lui en a accordé un bien plus am.* ‖ Fig., *Cette affaire offre une am. matière à contestation. Cela demande un plus am. examen, un plus am. informé.*

AMPLECTIF, IVE. adj. (lat. *amplecti*, embrasser). T. Bot. Se dit de tout organe qui en embrasse un autre complètement, mais s'emploie particulièrement en parlant des feuilles dans la *Préfoliation.* Voy. ce mot.

AMPLEMENT. adv. D'une manière ample. *Je vous en entretiendrai plus am. Il m'a am. satisfait. Il lui donna am. à dîner.* Voy. AMPLE.

AMPLEUR. s. f. Qualité de ce qui est ample. Ne se dit guère qu'en parlant de la dimension des vêtements et des tentures. *Cette robe, cette manche a trop d'am.* = Au fig., l'*am.* du style. *Les oraisons funèbres de Bossuet se distinguent par l'am. de la pensée et du style.*

AMPLEXATILE. adj. (lat. *amplecti*, embrasser). T. Bot. Se dit de la radicule qui enveloppe le reste de l'embryon.

AMPLEXICAULE. adj. 2 g. (lat. *amplecti*, embrasser; *caulis*, tige). T. Bot. Se dit des feuilles, des bractées, des pétioles, etc., lorsqu'ils embrassent la tige.

AMPLEXIFLORE. adj. 2 g. (lat. *amplecti*, *flos*, fleur). T. Bot. Qui embrasse la fleur.

AMPLIATIF, IVE. adj. Ne se dit guère que des brefs, des bulles et autres lettres apostoliques qui ajoutent quelque chose aux précédentes. *Bref am. Bulle ampliative.*

AMPLIATION. s. f. (R. *ample*). T. Adm. et Jurisp. On désignait autrefois, en France, sous le nom de *Lettres d'amp.*, des lettres d'autorisation obtenues en chancellerie, pour être admis à présenter les moyens qu'on avait pu omettre dans une requête civile. — Aujourd'hui, on donne le nom d'*Amp.* à la copie ou au double d'une quittance ou d'un acte, dont les originaux restent déposés dans les archives publiques ou dans une étude de notaire. Les fonctionnaires et les notaires, lorsqu'ils délivrent ces sortes de copies, les revêtent de leur signature et inscrivent ordinair. au bas, *Pour amp.* Voy. EXPÉDITION.

AMPLIFICATEUR. s. m. Celui qui amplifie. *C'est un grand amp.* Ne se dit qu'en mauvaise part.

AMPLIFICATION. s. f. T. Rhét. Extension, développement d'un discours ou d'une partie d'un discours. *Une longue, une lourde amp. Son discours, plein d'idées rebattues, n'était qu'une ennuyeuse amp.* ‖ En T. Phys., on emploie le terme *Amp.* pour désigner tantôt le pouvoir grossissant d'un instrument d'optique, tantôt le phénomène optique du grossissement des objets. — Vx. On dit aujourd'hui *Grossissement.* Voy. ce mot.

AMPLIFIER. v. a. (lat. *amplum*, ample; *facere*, faire). Étendre, développer un sujet. *Ce récit est trop aride, il faut l'am.* ‖ Exagérer, supposer certains détails, certaines circonstances. *Amp. une nouvelle.* ‖ Il amplifie toujours les choses. ‖ S'emploie absol. *Quand on dit ce qu'on doit dire, on n'amplifie pas. Les voyageurs ont l'habitude d'amp.* = AMPLIFIÉ, ÉE. part.

AMPLISSIME. adj. superlatif 2 g. (lat. *amplissimus*, très ample). Très ample. Fam. et peu usité. ‖ Titre d'honneur qu'on donnait autrefois au recteur de l'Université de Paris.

AMPLITUDE. s. f. (lat. *amplitudo*). Grandeur, étendue.

Astr. — On donne le nom d'*Amp.* à l'arc de l'horizon compris entre le point où un astre se lève ou se couche et les vrais points de l'est ou de l'ouest. L'amp. est dite *ortive* ou *orientale*, lorsqu'elle se compte du point de l'orient au point où l'astre se lève ; elle est dite *occase* ou *occidentale*, lorsqu'on la mesure du point de l'occident au point où l'astre se couche. L'amp. soit ortive, soit occase, est *septentrionale* ou *méridionale*, suivant qu'elle tombe dans les signes du zodiaque qui appartiennent à l'un ou à l'autre des deux hémisphères célestes. En d'autres termes, selon que les astres qui se lèvent ou se couchent ont une déclinaison nord ou sud : c'est ainsi que l'amp. du soleil est septentrionale depuis l'équinoxe du printemps jusqu'à celui de l'automne de la même année, et méridionale depuis ce dernier jusqu'à l'équinoxe du printemps de l'année suivante.

Géom. — Les mathématiciens et les physiciens emploient ce mot dans le sens de grandeur angulaire et même de grandeur linéaire ; l'*amp. d'un arc* est l'angle des normales extrêmes : l'*amp. des oscillations d'un pendule* est l'angle formé par les positions extrêmes ; l'*amp. des vibrations* est l'étendue angulaire linéaire des positions extrêmes du mobile.

Balist. — On nomme *Amp. de l'arc d'une parabole* ou *amp. du jet* la ligne droite comprise entre le point d'où part un projectile et celui où il va tomber. On dit aujourd'hui *portée*.

AMPOULE. s. f. (lat. *ampulla*). Fiole ou petite bouteille à ventre renflé. Ne s'emploie guère qu'en T. de Chimie, ou qu'en parlant de la *sainte ampoule*. || Sert aussi à désigner certaines petites tumeurs constituées par une accumulation de sérosité entre le derme et l'épiderme soulevé.

Hist. — Ce fut le 25 décembre 496 que Clovis, nouvellement converti au christianisme, et trois mille de ses guerriers avec lui reçurent le baptême des mains de saint Remi, archevêque de Reims. Cet évêque ajouta la cérémonie du sacre à celle du baptême. Suivant une tradition légendaire, l'huile sainte qui servit au sacre de Clovis aurait été apportée à saint Remi, dans l'église de Reims, au moment même de la cérémonie et en présence du peuple, par une colombe blanche qui tenait au bec la petite fiole connue sous le nom de *sainte amp.* Dès lors, on l'employa dans la cérémonie du sacre de nos rois. Mais, pendant la Révolution, elle fut brisée sur la place publique de Reims, le 6 octobre 1793, par un commissaire de la Convention, qui en expédia les débris à Paris.

Path. — Les tumeurs formées par le soulèvement de l'épiderme et remplies de sérosité qu'on désigne habituellement sous le nom d'*Ampoules*, ou sous la dénomination plus vulgaire de *Cloches* et vicieusement *Cloques*, sont la plupart du temps le résultat d'une forte pression ou de frottements trop rudes : aussi surviennent-elles le plus souvent aux mains et aux pieds. On les appelle vulgairement *Pinçons*, lorsqu'elles sont causées par une pression violente et subite, et qu'un peu de sang s'est mêlé à la sérosité épanchée. La définition de l'amp. s'applique également à la *Phlyctène*, à la *Bulle* et à la *Vésicule :* toutefois on appelle plus spécialement *phlyctènes* les ampoules qui sont la conséquence d'une brûlure ou d'une phlegmasie ; telles sont celles qui s'observent sur la peau d'une partie atteinte par la gangrène et par l'érysipèle. L'expression de *bulle* et celle de *vésicule* sont surtout usitées en parlant de certaines affections cutanées ; le terme de *bulle* sert à désigner les ampoules volumineuses qui s'observent dans le *pemphigus*, par exemple, et le mot de *vésicule* s'applique aux très petites ampoules qui caractérisent l'*eczéma*, la *gale*, etc. — Les ampoules proprement dites finissent par se flétrir, quand la sérosité qui soulève l'épiderme est résorbée ; ou bien l'épiderme se déchire, le liquide s'écoule, et il se forme une nouvelle couche épidermique. — Dans le cas d'ampoules produites par le frottement, telles que celles que déterminent la marche, l'exercice de l'aviron ou l'usage d'un outil, il faut bien se garder d'enlever l'épiderme qui recouvre l'ampoule. On doit se borner à percer la vésicule à l'aide d'une aiguille et à faire écouler le liquide, ce qui procure un soulagement immédiat ; puis on attend patiemment que l'épiderme se soit reformé au-dessous de l'ampoule, et cela qui recouvrirait la plaie se soit mortifié.

AMPOULÉ, ÉE. adj. Ne s'emploie qu'au fig. *Discours, style amp. Vers ampoulés. Phrase ampoulée.*

Syn. — *Boursouflé, Emphatique.* Ces trois épithètes s'emploient pour désigner l'enflure du style ; mais chacune d'elles exprime une nuance différente. *Amp.* se dit plutôt du choix des termes, et *boursouflé* de la contexture de la phrase. Ainsi, un style *amp.* est celui où l'on exprime des pensées communes avec de grands mots ; c'un style *boursouflé* est celui dont les phrases sont redondantes, guindées et prétentieuses. Quant au terme *emphatique*, il désigne principalement l'abus que l'on fait des figures de rhétorique et du discours, ainsi que les efforts impuissants pour donner plus d'élévation à la pensée. *Emphatique* se dit aussi du ton et du débit de l'orateur ; il n'en est pas de même des épithètes *amp.* et *boursouflé.*

AMPOULETTE. s. f. T. de Mar. Petit sablier servant à compter le nombre des nœuds que file un bâtiment. Voy. Sablier.

AMPULACÉ, ÉE. adj. T. Hist. nat. Qui a la forme d'une ampoule ou d'une bouteille.

AMPULLAIRE. s. f. T. Zool. Genre de mollusques à coquille univalve de la famille des *Trochoïdes.*

AMPULLARIIDES. s. m. pl. T. Zool. et Paléont. Cette famille de mollusques *Gastropodes Cténobranches* (voy. ce mot) offre les caractères suivants :

La coquille varie de forme ; elle est ovoïde ou sphérique ; à spire courte, avec ou sans ombilic ; le dernier tour est ventru ; l'ouverture, à bords épais et à lèvre externe réfléchie, est large, simple, ovale ou circulaire. L'opercule est corné ou calcaire. Le genre *Purpurina*, qui est considéré comme le plus ancien, est du lias de Lorraine. Des espèces du genre *Ampullaria* se trouvent dans le crétacé supérieur ; mais la plupart des espèces de cette famille sont éocènes et appartiennent au genre *Natica.*

AMPUTATION. s. f. T. Chir. L'*Amp.* est une opération chirurgicale par laquelle on enlève un membre en tout ou en partie ou encore un organe, tel que le sein. — On distingue les amputations en deux grandes classes, suivant qu'elles portent sur les membres ou sur leur contiguïté. Dans ce dernier cas, on les appelle *Désarticulations* (Voy. ce mot). — Les instruments dont on fait usage pour l'amp. proprement dite sont fort peu nombreux. Ce sont des couteaux dits à amp. de grandeurs diverses (Fig. 4,

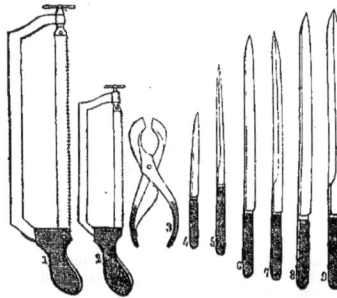

6 et 8), à lame droite, peu large et terminée en pointe, à dos assez fort pour que l'instrument possède une résistance suffisante, et à manche plus lourd que la lame, afin que la manœuvre soit plus facile ; des bistouris (Fig. 5, 7 et 9) ; des scies (Fig. 1 et 2) propres à diviser l'os ; et enfin une pince incisive (Fig. 3) destinée à égaliser l'extrémité de l'os que les derniers traits de scie font quelquefois éclater ; des pinces hémostatiques, la bande d'Esmarch pour l'hémostase complète des grandes amputations, des compresses fendues à 1 ou 2 chefs.

Dans toute amp., on se propose d'abord d'obtenir, au delà de la section de l'os, une assez grande étendue de parties molles et de téguments pour recouvrir complètement ce dernier, prévenir dans tous les cas sa saillie, arriver le plus promptement possible à une cicatrice solide, et avoir enfin un moignon suffisamment garni de chairs pour qu'il ne soit pas exposé à s'excorier par le moindre frottement. Or, le problème est loin d'être aisé à résoudre. L'os, une fois scié, ne perd jamais rien de sa longueur, tandis que la peau subit une forte rétraction, et les muscles une plus forte encore. Bien plus, cette rétraction s'accroît tellement par le fait d'une inflammation violente, ou d'une suppuration prolongée, que parfois il survient une saillie de l'os, alors même que l'on a conservé le plus de peau et de muscles possible. Il résulte donc de là que le choix du procédé ne suffit pas pour assurer le succès d'une amp., et que le traitement consécutif a une influence immense.

Les méthodes générales d'amp. se distinguent par la forme des incisions qu'on pratique sur les parties molles; elles sont au nombre de quatre : 1° La méthode *circulaire* est celle par laquelle on parvient à l'os à l'aide d'une incision circulaire des parties molles. Le procédé le plus généralement usité en France est celui de Desault. Il consiste à inciser les téguments jusqu'aux muscles, un pouce plus bas que l'endroit où l'on veut scier l'os; ensuite on tire en haut les téguments en forme de *manchette*, on incise les muscles superficiels, et on les laisse se rétracter, en aidant même à leur rétraction au moyen d'une bande fendue qui sert à les relever; enfin on incise les muscles adhérents à l'os, et on scie celui-ci au niveau de cette dernière incision. On obtient ainsi un cône creux dont le sommet est à l'os. — 2° Dans la méthode *à un lambeau*, on saisit de la main gauche toutes les parties molles dont on veut former le lambeau destiné à recouvrir l'os; puis de la main droite on traverse les chairs de part en part avec un couteau à double tranchant, en rasant l'os le plus possible, et on taille le lambeau de haut en bas et de dedans en dehors. Alors on relève le lambeau, et on divise par une incision demi-circulaire tout ce qui reste de parties molles au côté opposé du membre; enfin on isole les chairs de l'os, et on scie ce dernier comme à l'ordinaire. — 3° Dans la méthode *à deux lambeaux*, on taille deux lambeaux aux dépens des parties molles de chaque côté du membre, en opérant à peu près comme dans le cas précédent, et l'on scie l'os au sommet que forme la réunion des deux lambeaux. — 4° La méthode *elliptique* ou *ovalaire* ne diffère de la méthode circulaire qu'en ce que l'on fait remonter l'incision des téguments plus haut d'un côté que de l'autre.

Dernière ressource de la chirurgie, l'amp. ne doit être pratiquée que lorsqu'on a perdu tout espoir de conserver le membre, ou lorsque la vie se trouve mise en danger par l'affection dont il est atteint. C'est aux traités spéciaux à dire dans quels cas l'amp. est indispensable, à quel moment il convient de pratiquer l'opération, quel est l'endroit du membre où elle doit se faire, quelles précautions sont à prendre avant de procéder à l'amp., quels sont les procédés les plus avantageux à suivre dans chaque circonstance donnée, quels sont les moyens hémostatiques à employer de préférence, quel est le meilleur mode de pansement à suivre, quels sont les accidents qui peuvent survenir pendant ou après l'amp., quels moyens il y faut opposer, quel est enfin le traitement thérapeutique ou hygiénique auquel on doit soumettre l'amputé. — Les pansements ouatés et antiseptiques (acide phénique, iodoforme, salol) sont les meilleurs à pratiquer à la suite des amputations.

Les amputés éprouvent après l'opération les mêmes sensations que s'ils possédaient encore le membre dont l'amp. les a privés. Ce phénomène singulier, connu de tous les chirurgiens, ne persiste pas seulement quelque temps après la guérison; il se manifeste encore avec la même intensité et la même activité pendant toute la vie du sujet qui a subi l'amp. Ainsi, un homme, après avoir eu la cuisse amputée au premier tiers, pour cause de carie, éprouva les mêmes sensations à la suite de l'opération que s'il eût encore possédé sa jambe : le lendemain il se plaignait de vives douleurs dans l'orteil; et Muller, qui rapporte le fait, affirme que le même sujet se plaignait encore de cette douleur douze années après la perte de sa jambe. Un autre individu à qui on avait amputé la main, y ressentait également, sept ans après l'opération, des douleurs très aiguës qui ne cessèrent qu'à sa mort. Mais un des faits les plus remarquables de ce genre est le suivant : Un soldat qui avait eu le bras droit écrasé par un boulet de canon, et qui avait été amputé, éprouvait, vingt années après, des douleurs rhumatismales bien prononcées dans ce membre, toutes les fois que le temps changeait. Pendant les accès, le bras qu'il avait perdu depuis si longtemps lui paraissait sensible à l'impression du moindre courant d'air. — Les physiologistes expliquent ce phénomène par ce fait que la partie supérieure du tronc nerveux qui se ramifiait dans les différentes parties du membre amputé, renferme l'ensemble de toutes les fibres primitives dont se composaient les ramifications nerveuses, et par la propriété que possèdent les fibres nerveuses de ressentir à leur extrémité périphérique les impressions qui agissent sur un point quelconque de leur trajet.

Méd. vét. — Cette opération ne se fait guère sur les membres du bétail, dont la valeur serait ainsi fort dépréciée. Quand il arrive des maladies ou des accidents graves aux membres du bétail, on fait l'abatage de préférence. Mais on fait l'amputation des cornes à l'aide d'une scie chez le bœuf et le mouton, de la queue chez quelques chiens et le mouton, des oreilles chez le chien, et enfin de la langue et des mamelles quand elles sont gravement malades. Sauf pour ces deux organes, l'amputation peut être faite par le propriétaire lui-même à la condition de se conformer exactement aux indications données aux mots *Antisepsie* et *Opérations*. L'amputation des testicules s'appelle *Castration*. Voy. ce mot.

AMPUTER. v. a. (lat. *amputare*, couper). T. Chir. *Amp. un membre*, Faire l'amputation d'un membre. *Amp. un blessé*, Pratiquer une amputation sur un blessé.= AMPUTÉ, ÉE, part. *Bras amp. Ce blessé a été amp.* || On dit subst., *Un amp.*, Un homme qui a subi une amputation.

AMRI, roi d'Israël (918-907 av. J.-C.).

AMRITSUR, v. de l'Hindoustan; 135,813 hab. .

AMROU, un des plus illustres capitaines de l'islamisme, conquit l'Égypte (638-640) et creusa un canal du Nil à la mer Rouge.

AMSCHASPAND. s. n. Myth. perse. Génie du bien et de la lumière.

AMSTEL, rivière qui arrose Amsterdam.

AMSTERDAM, ville et port de Hollande, sur la mer du Nord, 280,000 hab., commerce considérable. || Hab. Amstellodamois.

Hist. — Amsterdam, qui ne sut se défendre en ouvrant ses écluses et en inondant toute la campagne environnante, fut prise par l'armée française le 19 janvier 1795; la gelée permit à la cavalerie de prendre les vaisseaux hollandais.

AMULETTE. s. f. (lat. *amuletum*, de *amoliri*, écarter). Ce mot s'applique à tous les objets que l'on porte sur soi et auxquels on attribue superstitieusement la vertu de préserver de certains maux réels ou imaginaires. La croyance à la vertu des amulettes vient de l'Orient. Elle a existé aussi chez les Grecs et les Romains, mais n'eut jamais chez eux de racines bien profondes. Le moyen âge est le beau temps des amulettes : les médecins étaient les premiers à les ordonner. Aujourd'hui, les peuples mahométans, et surtout les nègres, en font un grand usage. Ce sont la plupart du temps des débris de plantes ou d'animaux recueillis avec un accompagnement de circonstances plus ou moins mystérieuses. L'am. se distingue du talisman en ce que celui-ci ne se porte pas nécessairement sur le corps. De plus, le talisman a une vertu plus étendue que l'amulette. Il peut agir sur les corps étrangers, sur les vents, les animaux, et permet d'attaquer avec succès ses ennemis. Enfin l'om. se distingue encore des *agnus Dei*, *médailles*, *scapulaires*, etc., que certaines personnes pieuses portent sur elles. Ces objets sont de simples témoignages de piété, et quoique certains esprits superstitieux leur attribuent une vertu surnaturelle, les chrétiens éclairés croient seulement que certaines grâces surnaturelles y sont attachées, par la bénédiction qu'ils ont reçue du pape ou des évêques, mais qu'ils sont incapables de préserver des maux physiques.

Contrairement à l'usage, l'Académie faisait ce mot masculin. Mais elle l'a rétabli au féminin depuis 1877.

AMULIUS, roi d'Albe, détrôna son frère Numitor, et consacra sa nièce Rhéa Sylvia, mère de Romulus et Rémus, au culte de Vesta. Il fut tué par ses petits-neveux. Hist. sans doute légendaire.

AMUNITIONNER. v. a. Pourvoir une place des munitions nécessaires.

AMURAT, nom de plusieurs sultans ottomans. AMURAT I, en 1360, fit d'Andrinople sa capitale, et organisa les janissaires. || AMURAT II fut le vainqueur de Jean Hunyade (1422-1451). || AMURAT III vainquit les Perses (1574-1595). || AMURAT IV s'empara de Bagdad (1623-1640).

AMURCA ou **AMURGUE**. s. f. Résidu de la fabrication de l'huile d'olives utilisé dans la fabrication des savons communs.

AMURE. s. f. (R. *à mur*). T. Mar. L'angle d'une basse voile, ou le point qui se trouve du côté du vent. || La manœuvre ou le cordage même qu'on emploie pour établir au vent les points d'une basse voile. *Avoir les amures à tribord, à bâbord,* Avoir les amures à la droite ou à la gauche du navire. — *Changer d'amures,* Prendre les amures à l'autre bord, c.-à-d. virer de bord.

AMURER. v. a. T. Mar. Haler sur les amures, ou tendre plus ou moins les amures d'une voile pour la forcer à se présenter au vent de façon à être frappée obliquement, *Am. une voile.* == AMURÉ, ÉE. part.

AMUSABLE. adj. 2 g. Qui peut être amusé. N'est guère usité que dans cette loc. : *Cet homme n'est pas am.—Quel supplice d'amuser un homme* (Louis XIV) *qui n'est pas amusable.* (M⁰ᵉ DE MAINTENON.)

AMUSANT, ANTE. adj. Qui est propre à amuser, à divertir. *C'est un homme fort am. Conversation, lecture, société amusante.*

AMUSEMENT. s. m. Ce qui récrée, distrait, divertit. *Doux am. Vain am. Am. paisible, innocent. Le travail est pour lui un véritable am. On lui a procuré tous les amusements possibles. — Etre l'am. d'une société,* Etre l'objet de ses railleries. || Perte de temps. *Pas tant d'am.; allez vite où je vous ai dit.* || Leurre, promesse trompeuse. *J'ai assez de vos amusements, je veux être payé.* Vx.

Syn. — *Divertissement, Réjouissance, Distraction, Délassement, Récréation.* — L'*am.* est une sorte d'occupation, ordinairement agréable et facile, mais dont le résultat est sans utilité. Le *divertissement* a quelque chose de plus vif, de plus attachant, de plus complet que l'*am.;* il renferme constamment une idée de contentement, de joie partagée, que ne comprend pas le mot *am.* On se *divertit* jamais seul, tandis qu'on peut *s'amuser* isolément : le *divertissement* est toujours un plaisir, l'*am.* n'est le plus souvent qu'un simple passe-temps. *Réjouissance,* comme synonyme d'*am.,* ne s'emploie qu'au pluriel, en parlant des fêtes publiques. On ordonna de grandes réjouissances à l'occasion du mariage du prince. *Divertissement* est également usité au pluriel dans le même sens. — Quant aux mots *distraction, délassement* et *récréation,* ils ont un caractère commun qui les distingue entièrement des précédents; c'est qu'ils représentent une chose qui a un but d'utilité. En effet, la *distraction,* le *délassement* et la *récréation* sont nécessaires à l'intelligence lassée par une attention continue, ou obsédée par quelque idée persistante, et au corps fatigué par un travail long et pénible. Ils diffèrent entre eux par certaines nuances : ainsi, le *délassement* suppose toujours le repos de l'esprit et du corps; la *récréation* suppose bien le repos de l'esprit, mais elle admet des exercices corporels quelquefois très actifs; la *distraction* suppose indifféremment le repos ou l'exercice. Par ex., on se *délasse* en allant chercher le repos et le calme à la campagne; on se *récrée* en faisant des armes, en montant à cheval; on se *distrait* en allant dans le monde, en faisant un voyage, etc. Quoi qu'il en soit des distinctions que nous avons essayé d'établir entre ces mots, nous devons reconnaître que, dans le langage ordinaire, on emploie assez indifféremment l'un pour l'autre.

AMUSER. v. a. (R. *muser*). Distraire, récréer, divertir. *Il est difficile d'am. les gens ennuyés. Cette aventure a amusé tout Paris.* || Arrêter inutilement, faire perdre le temps. *Il ne faut qu'un rien pour l'am. Am. l'ennemi,* Lui faire perdre au moyen de fausses démonstrations un temps qu'il pourrait employer utilement. || Tromper, leurrer. *Il vous amuse de belles paroles. Il amuse ses créanciers depuis dix ans.* || Fig., *Am. la douleur de quelqu'un,* Lui faire oublier sa douleur en l'amusant. || On dit absol. : *Cela amuse. Cet homme a le talent d'am.* || Fig., *Am. le tapis,* Laisser le tapis oisif, interrompre le jeu par des causeries; Dire, lorsqu'il s'agit d'affaires, de paroles oiseuses sans arriver au fait. == S'AMUSER. v. pron. Se distraire, se divertir. *Il s'amuse de tout. Il s'amuse de peu de chose. Je me suis fort amusé à la Comédie française.* — On dit dans le même sens : *Ne vous amusez pas à le plaisanter, il n'entend pas raillerie.* || Perdre son temps. *Portez vite cette lettre et ne vous amusez pas en route. A quoi vous amusez-vous de porter à ce fou?*—Prov. et fam., *S'am. à la moutarde,* S'arrêter à des choses inutiles. || S'occuper pour éviter l'ennui. *Il s'amuse à étudier la botanique, à peindre, à faire des vers.* || *S'am. de quelqu'un* ou *aux dépens de quelqu'un,* Se moquer de lui. || Fam., S'adonner aux plaisirs. *Il s'est trop amusé dans sa jeunesse.* == AMUSÉ, ÉE. part.

AMUSETTE. s. f. Petit amusement, bagatelle. *Les poupées sont les amusettes d'enfants.* || Espèce de canon léger qu'on chargeait avec une livre de balles et qu'on employait dans les pays montagneux. *Les amusettes sont aujourd'hui complètement abandonnées.*

AMUSEUR. s. m. Celui qui détourne les autres du travail, qui leurre quelqu'un de vaines promesses. Pop.

AMUSOIRE. s. f. Ce qui amuse, distrait. *Cela n'est pas sérieux, ce n'est qu'une am.* Fam. et peu usité.

AMYGDALAIRE. adj. 2 g.
Géol. — On donne le nom de roches *amygdalaires* ou *amygdaloïdes,* aux roches qui présentent une masse compacte de composition variable, et qui contiennent dans leur intérieur des *noyaux* plus ou moins arrondis, noyaux qui peuvent être de natures fort diverses, mais qui diffèrent, en gén., de la masse principale de la roche. Aujourd'hui, le terme *amygdalaire* se dit plutôt de la roche même, et celui d'*amygdaloïde* s'emploie surtout pour désigner la forme des noyaux.

AMYGDALE. s. f. (gr. ἀμυγδάλη, amande).
Anat. — Les *Amygdales* ou *Tonsilles* sont deux petits corps glanduleux, dont la forme offre une certaine analogie avec celle d'une amande enveloppée de sa coque ligneuse. Il existe une am. de chaque côté de l'isthme du gosier, entre le pilier antérieur et le pilier postérieur du voile du palais. La face interne de ces organes fait saillie dans l'isthme du gosier et se trouve recouverte par la membrane muqueuse. Les amygdales sécrètent un mucus demi-visqueux et demi-transparent, qui est versé dans l'arrière-bouche par une douzaine de petites ouvertures appelées *cryptes* et autour desquelles se trouvent les éléments glandulaires propres aux *follicules clos.* Ce fluide muqueux sert sans doute à faciliter le passage du bol alimentaire à travers l'isthme du gosier. On aperçoit aisément les amygdales sur les individus à qui l'on fait ouvrir largement la bouche, en abaissant en même temps la langue. Leur forme et leur couleur, plus rouge que celle du reste de la bouche, les font immédiatement reconnaître. — Le tissu des amygdales, étant mou et éminemment vasculaire, se trouve fort sujet aux inflammations aiguës, et celles-ci passent facilement à l'état chronique. La phlegmasie de ces organes est, en gén., appelée *Amygdalite* ou *Angine tonsillaire.* A la suite d'inflammations répétées, il arrive souvent que les amygdales augmentent singulièrement de volume et restent dans un tel état d'*induration* qu'elles mettent obstacle à la déglutition, gênent et altèrent la voix, et causent des accidents plus ou moins graves. Le meilleur moyen de remédier aux inconvénients qui résultent de l'induration des tonsilles consiste à les enlever en totalité ou en partie. Cette opération fort simple en elle-même ne compromet nullement la santé générale; car les amygdales sont des organes qui n'ont pas d'importance appréciable dans l'économie. Ces glandes peuvent encore être le siège de quelques autres affections.

AMYGDALÉES. s. f. pl. (gr. ἀμυγδάλη, amande). T. Bot. Tribu de la famille des *Rosacées,* groupe des *Drupacées* ayant pour type le genre Amandier. Voy. ROSACÉES.

AMYGDALINE. s. f. (gr. ἀμυγδάλη, amande). T. Chim. L'amygdaline C ^{01,17}Az^{011} est un glucoside qui se trouve dans les amandes amères, ainsi que dans les amandes et dans un certain nombre de fruits à noyau (pêche, cerise, etc.). Pure, elle se présente sous la forme de cristaux transparents, solubles dans l'eau et dans l'alcool, et possédant une saveur d'abord sucrée, puis amère. Au contact de l'eau, et sous l'influence de l'*émulsine,* ferment chimique que contiennent aussi les amandes, l'amygdaline fixe de l'eau et se dédouble en donnant du glucose, de l'acide prussique et de l'aldéhyde benzoïque. (C'est cet aldéhyde benzoïque, ou hydrure de benzoyle, qui, mélangé d'un peu d'acide prussique, constitue l'essence d'amandes amères.) Le même dédoublement se produit dans l'estomac, et l'absorption d'une grande quantité d'amandes amères, ou d'amandes de pêches, de cerises, etc. (ou de liqueurs fabriquées avec ces noyaux) peut produire un véritable empoisonnement dû à la formation d'acide prussique.— Pour préparer l'amygdaline pure, on broie les amandes amères, on en sépare l'huile grasse par la compression à chaud et on épuise le tourteau par de l'alcool bouillant qui coagule l'émulsine ; la liqueur, concentrée, est additionnée d'éther qui précipite l'amygdaline ; on reprend par l'eau et on fait cristalliser. — Les amandes douces ne peuvent pas servir à cette préparation, car elles ne renferment que de l'émulsine sans amygdaline.

AMYGDALITE. s. f. T. Méd. Inflammation des amygdales. Voy. AMYGDALE.

AMYGDALOÏDE. adj. 2 g. et s. m. (gr. ἀμυγδάλη; εἶδος, ressemblance). Qui a la forme d'une amande. || T. Géol. Voy. AMYGDALAIRE.

AMYGDALOTOME. s. m. (amygdale et gr. τέμνω, je coupe). Chir. — Instrument de chirurgie destiné à sectionner les amygdales, inventé par le docteur Fahnestock, chirurgien

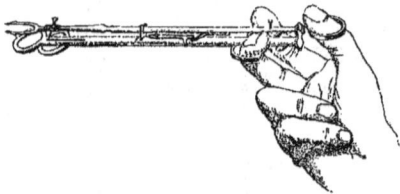

américain, et perfectionné par plusieurs constructeurs français, entre autres par Mathieu, qui parvint à le rendre maniable d'une seule main (Voy. la Fig.).

AMYGDALOTOMIE. s. f. (même étym. que le précédent). T. Chir. Opération consistant à sectionner les amygdales. Voy. AMYGDALE.

AMYLACÉ, ÉE. adj. (gr. ἄμυλον, farine). T. Chim. Qui est constitué par l'amidon. Grains amylacés. Fécule amylacée. Voy. AMIDON.

AMYLBENZÈNE. s. m. T. Chim. Hydrocarbure liquide répondant à la formule $C^6H^5.C^5H^{11}$.

AMYLE. s. m. T. Chim. L'amyle est un radical monatomique C^5H^{11} dont on admet l'existence dans les combinaisons dites amyliques. Quand on cherche à l'isoler, il double sa molécule et donne le biamyle $C^{10}H^{22}$.

On emploie souvent le préfixe Amyl- dans les mots qui désignent un composé contenant ce radical. Ex. : Amylbenzine $C^5H^{11}.C^6H^5$; acide amylsulfureux $C^5H^{11}.SO^3H$.

Combinaisons amyliques.— Elles sont constituées par le radical amyle uni à un corps (ou à un groupe) monatomique, ou par plusieurs groupes amyle unis à un corps polyatomique. Ex. : Hydrure d'amyle $C^5H^{11}.H$; alcool amylique $C^5H^{11}.OH$; oxyde d'amyle (éther amylique) $(C^5H^{11})^2O$; amylamine $C^5H^{11}.AzH^2$; diamylamine $(C^5H^{11})^2AzH$; triamylamine $(C^5H^{11})^3Az$, etc. Nous ne décrirons que les plus importantes.

Hydrure d'amyle (Isopentane, Ethyle-isopropyle) C^5H^{12}. — Il appartient à la série des hydrocarbures saturés, et, comme tous les carbures de cette classe, il est très stable. On le rencontre surtout dans le pétrole américain et dans les huiles légères de certains goudrons de houille; on l'extrait de la portion qui bout à 30°. C'est un liquide incolore, très mobile, d'une odeur rappelant celle du chloroforme, insoluble dans l'eau, très soluble dans l'alcool et dans l'éther; densité 0,63; point d'ébullition + 30°. Il dissout très bien les graisses; on l'emploie à cet usage dans l'industrie.

Alcool amylique $C^5H^{11}.OH$. — Il se produit dans la fabrication des alcools (autres que ceux de vin), mais surtout de l'alcool de pommes de terre, et il contribue à donner aux eaux-de-vie un mauvais goût et des propriétés nuisibles. Quand on rectifie ces alcools pour les purifier, on obtient vers la fin de l'opération un liquide oléagineux (huile de pommes de terre, fusel oil) d'où l'on peut extraire l'alcool amylique par distillation fractionnée vers 130°. C'est un

liquide incolore, bouillant à 132°, dont la densité est 0,83, insoluble dans l'eau, très soluble dans l'alcool. Les corps oxydants le convertissent en aldéhyde et acide valériques. On s'est servi industriellement de l'alcool amylique pour extraire la paraffine des goudrons. Son éther acétique (acétate d'amyle) est employé pour fabriquer l'essence artificielle de poires (pear oil); le valérate d'amyle, pour l'essence de pommes (apple oil).

On connaît plusieurs alcools monatomiques qui sont isomères de l'alcool amylique; celui que nous venons de décrire est lui-même un mélange de deux isomères presque identiques par leurs propriétés.

Nitrite d'amyle $C^5H^{11}.AzO^2$ (Azotite d'amyle, Ether amylnitreux). — C'est un liquide incolore ou légèrement jaunâtre, d'une odeur et d'un goût de pomme, qu'on obtient en faisant passer des vapeurs d'acide nitreux dans l'alcool amylique. L'inhalation de ses vapeurs amène une rougeur subite et intense de la face et accélère les battements du cœur en produisant une sensation de chaleur et une sorte de vertige. Ces effets, qui paraissent dus à une action sur les vaso-dilatateurs, disparaissent assez vite, à moins qu'on ne prolonge l'inhalation; dans ce cas, on peut arriver à l'insensibilité complète et à la syncope. On emploie le nitrite d'amyle avec succès pour combattre la migraine, l'asthme, la dyspnée cardiaque, l'angine de poitrine, les attaques d'hystérie, le mal de mer, et en général dans toutes les affections liées à une constriction des vaisseaux artériels et à l'anémie consécutive du cerveau et des nerfs sensoriels. Les inhalations se font simplement en versant deux à cinq gouttes du liquide sur un mouchoir et en l'aspirant.

AMYLÈNE. s. m. T. Chim. (Valérène, Pentène) C^5H^{10}. On connaît plusieurs amylènes isomères; ce sont des hydrocarbures éthyléniques qu'on peut regarder comme dérivant de l'éthylène par substitution. L'amylène ordinaire, obtenu par l'action de l'acide sulfurique ou du chlorure de zinc sur l'alcool amylique, est un liquide incolore, très mobile et très léger, bouillant vers 39°. Bien qu'il soit assez stable et qu'il puisse fournir des produits de substitution, il fonctionne le plus souvent comme un radical diatomique et s'unit avec énergie au brome, aux hydracides et à un grand nombre de corps, en formant des produits d'addition, souvent isomères de combinaisons amyliques. L'alcool correspondant est diatomique; c'est l'amylglycol $C^5H^{10}(OH)^2$; cependant, en fixant de l'eau, l'amylène peut aussi produire un alcool amylique tertiaire $C^5H^{11}.OH$.

L'amylène a été employé autrefois comme anesthésique; mais son usage a présenté de graves inconvénients, et il est depuis longtemps abandonné.

AMYLIQUE. adj. 2 g. T. Chim. Voy. AMYLE.

AMYLOBACTER. s. m. (gr. ἄμυλον, farine; βακτήριον, bâton). T. Bot. Algue microscopique du genre des Bactériacées, affectant la forme d'un bâtonnet (bacille) et qui constitue le ferment butyrique. Voy. BUTYRIQUE.

AMYLOÏDE. adj. 2 g. (gr. ἄμυλον, farine; εἶδος, forme). T. Méd. Qui ressemble à l'amidon. Se dit de l'altération consistant dans l'infiltration de certains organes tels que les organes génitaux, la moelle épinière, les cartilages, la rate, le foie, les reins, etc., par une substance analogue à l'amidon. La dégénérescence amyloïde est fréquente dans la période terminale d'un grand nombre de maladies chroniques.

Méd. vét. — La dégénérescence amyloïde est rare chez les animaux, sauf chez les oiseaux et surtout chez le faisan. Elle atteint les mêmes organes et entraîne la même cachexie que chez l'homme.

AMYNTAS, nom de huit rois de Macédoine, dont le 3e fut le père de Philippe et l'aïeul d'Alexandre.

AMYOT (JACQUES), évêque d'Auxerre, traducteur de Plutarque (1513-1593).

AMYOTROPHIE. s. f. (gr. ἀ priv.; μῦς, muscle; τροφή, nourriture). T. Méd. Atrophie des muscles.

AMYRIDE. s. f. (gr. ἀ augm.; μύρον, parfum). T. Bot. Genre de plantes, arbrisseaux résinifères à fleurs blanches appartenant à l'Amérique tropicale, famille des Rutacées. Voy. ce mot.

AMYRIDÉES. s. f. pl. T. Bot. Tribu de plantes de la famille des *Rutacées.* Voy. ce mot.

AN. s. m. (lat. *annus*). Période d'une année. *L'an passé. L'an prochain. Il a dix ans de service. Quel âge a votre fils? Il a vingt ans. Après un an, au bout de l'an il arriva que.* — On dit : *L'an du Monde, L'an de Rome, L'an de Jésus-Christ, L'an de l'Hégire*, selon l'ère à partir de laquelle ou suppute le temps. *Cicéron naquit l'an 648 de Rome*, 106 *avant J.-C.* — On dit : *L'an premier, L'an deux, L'an trois*, etc., pour indiquer la première, la seconde, la troisième année de la République française. || On dit quelquefois absol., *Les ans*, pour désigner l'âge en général. *Le cours des ans. Le poids, le fardeau des ans. L'injure, l'outrage des ans.* On dit de même : *Dès ses jeunes ans. Dans ses vieux ans* || *Le jour de l'an, Le premier jour de l'an*, Le jour qui commence l'année. — *Bon jour, bon an*, Façon de parler pop. dont on se sert pour saluer les personnes la première fois qu'on les voit dans les premiers jours de chaque année. || *Service du bout de l'an, Bout de l'an*, Service qu'on fait dans une église pour une personne, un an après sa mort. || *Par an*, Chaque année. *La terre lui rapporte tant par an.* || *Bon an, mal an*, Compensation faite des bonnes et des mauvaises années. *Bon an, mal an, cette vigne rapporte dix pièces de vin.* T. Droit. *An et jour*, L'année révolue, et un jour par delà.

Syn.—*Année.*—Le mot *Ana* a été défini *période d'une année*, parce que, dans le langage ordinaire, on le considère comme exprimant une durée indivisible, une simple unité de temps, abstraction faite des divisions qu'on a établies dans l'année. On emploie, en général, le mot *an* pour compter ou pour marquer une époque. *L'an de Rome* 754 *correspond à l'an* 1 *de notre ère. L'an passé*, on *craignait la guerre. Louis XIV est né l'an* 1638. On se sert quelquefois du mot *année* dans le même sens : ainsi on peut dire indifféremment *l'an prochain* ou *l'année prochaine. Il gagne six mille francs par an* ou *six mille francs par année*. Mais quand on considère la période annuelle relativement à ses divisions, aux événements qui se sont succédé dans cette période, aux résultats qui l'ont signalée, on se sert du mot *année. L'année bissextile se compose de* 366 *jours. L'année dernière a été marquée par un grand nombre de désastres.*

ANA. s. m. Recueil de pensées, d'anecdotes, de bons mots relatifs à une ou plusieurs personnes. *C'est un faiseur d'ana. Cela traîne dans tous les ana.* || *Ana*. Abrév. usitée dans les formules médicales et signifiant qu'il faut faire entrer plusieurs substances, par parties égales, dans un médicament prescrit.

Hist. lit. — C'est vers la fin du XVIIe siècle que l'on vit paraître une foule de livres dont la terminaison latine a donné naissance au mot *ana*. Ces livres, tels que le *Menagiana*, le *Valesiana*, le *Scaligerana*, le *Huetiana*, etc., étaient généralement des recueils d'observations critiques sur les auteurs tant anciens que modernes, dues aux savants dont ils portaient les noms. On a fait depuis les *Voltairiana*, les *Bonapartiana*, etc. Cette formule est tombée en désuétude.

ANABAPTISME. s. m. Doctrine des anabaptistes.

ANABAPTISTE. s. et adj. 2 g. (gr. ἀνά, de nouveau; βάπτω, je baptise). Nom générique qui s'applique à diverses sectes protestantes ayant cela de commun qu'elles prétendent que le baptême doit uniquement se conférer aux adultes, et qu'en conséquence on doit rebaptiser les chrétiens qui ont reçu ce sacrement avant l'âge de discrétion.

ANABAS. s. m. (gr. ἀναβαίνειν, monter). T. Ichth. Genre de poissons de la famille des *Pharyngiens.*

ANABASE. s. f. T. Bot. Genre de plantes, petits arbrisseaux de la famille des *Chénopodées.*

ANABATE. s. m. T. Ornith. Genre de Passereaux. Voy. SITTELLE.

ANABIOSE. s. f. (gr. ἀναβίωσις, résurrection). T. Biol. Réviviscence. Retour à la vie après une interruption des fonctions vitales ayant plus ou moins l'aspect de la mort.

ANABLEPS. s. m. (gr. ἀναβλέπω, je regarde en haut). T. Ichth. Poisson de la Guyane, voisin des Lochés, connu sous le nom de *Gros-Œil.* Famille des *Cyprinoïdes.*

DICTIONNAIRE ENCYCLOPÉDIQUE.

ANABROCHISME. s. m. T. Chir. Opération aujourd'hui abandonnée et qui avait pour but de remédier au renversement des cils contre le globe de l'œil.

ANACANTHINIENS. s. m. pl. (gr. ἀν priv.; ἄκανθα, épine). Groupe de poissons. Voy. ACTHINOPTÈRES.

ANACARDE. s. m. (gr. ἀνά, καρδία, en forme de cœur). T. Bot. Genre de plantes de la famille des *Anacardiacées*. Voy. ce mot.

ANACARDIACÉES. s. f. pl. T. Bot. Famille de végétaux dicotylédones de l'ordre des dialypétales supérovariées diplostémones Elle se compose d'arbres ou d'arbustes à suc résineux, gommeux, caustique ou même laclescent produit par des canaux sécréteurs.

Caract. bot.: Feuilles alternes, simples, ternées ou imparipennées, dépourvues de stipules, sans points transparents. Fleurs terminales ou axillaires, pourvues de bractées, hermaphrodites ou polygames. Calice ordinairement petit et persistant, à 5, parfois à 3-4 ou 6 divisions. Pétales égaux en nombre aux segments du calice, périgynes, manquant quelquefois. Préfloraison imbriquée. Étamines en même nombre que les pétales et alternant avec ceux-ci, quelquefois en nombre double et même davantage, égales ou alternativement plus courtes, ou en partie stériles; filets distincts ou, dans les genres dépourvus de disque, adhérents par leur base. Pistil formé le plus souvent de 3 carpelles, dont un seul généralement se développe; style 1 ou 3, parfois 4, d'autres fois nul; stigmates en nombre égal aux styles; ovules solitaires ou au nombre de deux anatropes, attachés au fond de la loge par un cordon qui est tantôt libre, tantôt adhérent à la loge, de sorte qu'assez fréquemment les ovules paraissent suspendus. Fruit indéhiscent, en gén. drupacé, rarement une baie ou

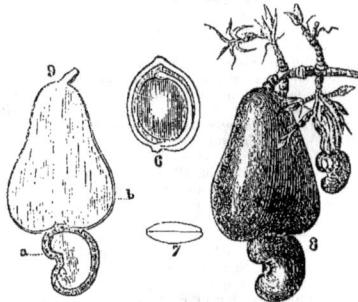

un akène. Graine dépourvue d'albumen; radicule tantôt supérieure, tantôt inférieure, mais toujours dirigée vers le hile, quelquefois se recourbant tout à coup en arrière; cotylédons épais et charnus ou foliacés. [Fig. 1. *Pistacia atlantica*; 2. Fleurs mâles. 3. Fleurs femelles. 4. Ovaire.

26

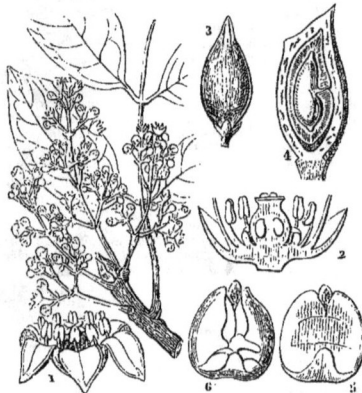

5. Coupe du même pour faire voir l'ovule. 6. Fruit mûr ouvert pour montrer la graine. 7. Coupe transversale de l'embryon. 8. Fruit de l'*Anacardium occidentale*. 9. Coupe du même : *a*, fruit ; *b*, pédoncule charnu.] Cette famille comprend environ 60 genres et 600 espèces presque toutes indigènes de l'Amérique, de l'Afrique et de l'Asie tropicale. On trouve seulement dans le midi de l'Europe les *Pistachiers* et quelques espèces de *Sumacs*.

On la divise en deux tribus :

TRIBU I. — *Anacardiées*. — Un ovule (*Rhus, Pistacia, Mangifera, Anacardium Schinus, Spondias*, etc.).

Le fruit réniforme vulgairement appelé *Noix d'acajou* est produit par l'*Anacarde occidental* (*Anacardium occidentale*). La *Noix de pistache* est le fruit du *Pistachier cultivé* (*Pistacia vera*), et la *Mangue* celui du *Manguier domestique* (*Mangifera indica*). Le *Manguier* est le plus important des arbres de la famille : son fruit est aussi estimé dans les régions tropicales que la pêche l'est dans nos pays. Son écorce, surtout celle de la racine, est amère et aromatique ; on l'emploie dans certains cas de diarrhée et de flux muqueux ; les graines jouissent de propriétés anthelminthiques, et la résine qui suinte de la tige passe pour antisyphilitique. Plusieurs végétaux de cette famille sont précieux pour le suc visqueux qu'ils produisent : tel est l'*Acajou à pommes* ou *Anacarde occidental* (*Anacardium occidentale*) ; ce suc, d'abord jaunâtre, devient ensuite noir et constitue un vernis très estimé dans l'Inde. Le vernis de *Sylhet* s'obtient principalement du *Sémécarpe* (*Semecarpus Anacardium*), et le vernis de *Martaban* est produit par le *Melanorrhœa usitatissima*. Tous ces vernis sont fort dangereux pour certaines constitutions. Quand on s'en frotte la peau, celle-ci s'enflamme et se couvre de pustules difficiles à guérir ; la simple fumée suffit pour déterminer un gonflement douloureux et l'inflammation du tégument. Le même effet s'observe quelquefois lorsqu'on fait brûler la noix ou pomme d'acajou. Néanmoins il y a des personnes sur lesquelles ces émanations sont sans action. La laque noire dont les Birmans se servent pour vernir une multitude d'objets provient vraisemblablement d'une sécrétion végétale de même genre. Le précieux vernis solide noir appelé laque du Japon est le produit du *Stagmaria verniciflua*, arbre de l'archipel Indien. Cette résine est excessivement âcre : en contact avec la peau, elle y détermine des excoriations et des ampoules ; les habitants de Sumatra prétendent même qu'il est dangereux de dormir sous l'ombre de l'arbre qui la produit. L'*Augia chinensis* que l'on trouve dans la Chine et dans le royaume de Siam, l'*Odivia Wodier*, l'*Holigarna latifolia*, le *Buchanania latifolia* et quelques autres espèces de l'Inde donnent des vernis estimés. Le suc de plusieurs *Comocladias* teint la peau en noir d'une manière presque indélébile. Les feuilles de diverses espèces de *Schinus* contiennent un suc résineux tellement abondant que la moindre cause en détermine l'exsudation ; ainsi, après une pluie, l'air est chargé des émanations qui en proviennent, et quand on plonge dans l'eau des fragments de feuilles du *Schinus Molle*, de la *Duvaua latifolia* et de quelques autres espèces analogues, ceux-ci dégagent leur essence avec tant de force que, par l'effet du recul, elles semblent animées d'un mouvement spontané. Suivant Aug. de Saint-Hilaire, le *Schinus arrovira* détermine la tuméfaction de la peau chez les individus qui dorment à son ombre. Au Brésil, on frotte les cordes neuves avec l'écorce fraîche de cet arbuste ; cette opération a pour effet de les recouvrir d'une couche d'un brun foncé très durable. Les Indiens se servent du suc de cette même plante dans les maladies des yeux. La résine connue sous le nom de Mastic est produite par le *Pistachier de l'Atlas* (*Pistacia atlantica*) et par le *Lentisque* (*P. lentiscus*). La *Térébenthine de Chio*, résine liquide dont l'odeur participe de celle du citron et de celle du fenouil, provient du térébinthe (*P. Terebinthus*). Le *Schinus molle* donne une substance analogue au mastic. Le suc de diverses espèces du genre *Sumac* (*Rhus*) est laiteux, et produit d'es taches noires indélébiles. Celui du *Rhus toxicodendron*, du *R. radicans*, du *R. venenata*, possède des propriétés toxiques fort actives. Le *R. Coriaria*, appelé vulgairement *Roux, Vinaigrier* et *Sumac des corroyeurs*, est un astringent fort énergique qui est employé par les tanneurs et par les teinturiers. L'écorce du *R. glabra* passe pour fébrifuge, et on s'en sert comme mordant pour les couleurs rouges. L'écorce et le bois du *R. Cotinus* ou *Arbre à perruques* sont connus dans le commerce sous le nom de *Bois jaune, Fustic* ou *Fustet*, et on les emploie dans la teinture en jaune des étoffes et des cuirs. Le *R. Vernix*, arbre du Japon, laisse exsuder un suc résineux blanchâtre qui, au con-

tact de l'air, ne tarde pas à devenir noirâtre. Le *R. succedana* et le *R. vernicifera* donnent un produit analogue. Le *R. metopium*, qui croît à la Jamaïque, fournit une gomme connue sous le nom de *Gomme du docteur*, qui jouit de propriétés drastiques, émétiques et diurétiques prononcées.

L'amande de la noix d'acajou, fruit de l'*Anacardium occidentale*, et celle de l'*Anacarde* ou *Noix de marais*, fruit du *Semecarpus Anacardium*, peuvent se manger ; mais on prétend qu'elles exercent une action fort singulière sur le cerveau et qu'elles exaltent la mémoire. Tout le monde connaît l'emploi que font les confiseurs de l'amande (*pistache*) que renferme la noix du *Pistachier cultivé* (*Pistacia vera*). Les Turcs se servent du fruit du *Rhus Coriaria* pour donner plus de force au vinaigre. Au Brésil et dans les Indes occidentales, on mange le fruit de certaines espèces de *Spondias*, et surtout celui des *S. purpurea* et *S. Monbin*, qu'on nomme *Pomme de Monbin* ou *Pomme de la Jamaïque*; mais le plus agréable de ces fruits est celui de l'*Arbre de Cythère* (*S. Cytherea* ou *dulcis*), arbre indigène des îles de la Société, dont les drupes dorées, appelées *Pommes* ou *Raisins de Cythère*, sont comparées à l'ananas. Les nègres du Sénégal préparent une liqueur enivrante avec le fruit du *Birr* (*S. birrea*).

TRIBU II. — *Burséracées*. — Deux ovules (*Boswelia, Balsamea, Bursera, Canarium*, etc.). [Fig. *Marignia obtusifolia*. 1. Fleur. 2. Coupe verticale de la même. 3. Fruit. 4. Coupe du fruit. 5 et 6. Embryon de l'*Elaphrium excelsum*.]

Plusieurs espèces de Boswelie (*Boswelia Carteri, B. papyrifera, B. thurifera*) produisent la gomme résine connue sous le nom d'*Oliban* ou d'*Encens de l'Inde*. Cette substance, qui nous parvient sous forme de larmes jaunes, demi-opaques, arrondies et bien nettes, s'emploie principalement comme encens ; mais elle possède également des propriétés stimulantes et diaphorétiques.

La *Myrrhe* de la côte d'Abyssinie est produite par le *Balsamodendron Ehrenbergianum*, appelé *Kerobeta* par les indigènes. La myrrhe se trouve dans le commerce sous f rme de larmes pesantes, agglomérées, irrégulières, rougeâtres, demi-transparentes dans leur cassure, et fragiles : elle a une odeur suave particulière, et une saveur âcre, amère, très aromatique. Le *Baume de la Mecque* provient du *Balsamodendron Gileadense*. C'est une espèce de térébenthine qui s'obtient par des incisions faites au tronc de l'arbre, ou par la décoction dans l'eau des rameaux et des feuilles. Le premier produit est réservé au service de la Kaaba et du sultan ; le second, celui que nous fournit le commerce, est un liquide blanchâtre, trouble, d'une odeur forte et suave, qui s'épaissit avec le temps. Cette seconde sorte a un nom reçu de nom de *Baume blanc, Baume de Constantinople, d'Égypte, de Judée, de Syrie, de Gileud, Térébenthine de Judée*, etc. Une autre espèce de balsamodendron, nommée *Schni* par les habitants, est fort cultivé dans l'Afghanistan, à cause de ses propriétés stimulantes et aromatiques. La *Boswelie glabre* (*Boswelia glabra*) donne une résine grossière qu'on fait bouillir avec de l'huile et dont on se sert pour calfater les navires. La *Bursère paniculée* (*Bursera pani-*

culala), appelée encore *Gomart* et *Bois de colophane* à l'île de France, laisse écouler, quand on pratique une légère incision à son écorce, une grande quantité d'huile limpide, ayant une odeur de térébenthine. Cette huile acquiert bientôt une consistance butyreuse et prend l'aspect du camphre. La résine que donne le *Canari* (*Canarium commune*) est connue dans le commerce sous le nom d'*Elémi de Manille : c'est de beaucoup l'élémi le plus commun aujourd'hui. Parmi les produits moins importants que donnent les végétaux de cette famille, nous nous contenterons d'en citer quelques-uns. La résine nommée *Bdellium* vient de l'Afrique ou de l'Inde : la première espèce est produite par le *Balsamodendron africanum*, et la seconde par le *B. Roxburghii* que l'on suppose être le même arbre que le *Commiphora de Madagascar* (*Commiphora Madagascariensis*). La résine *Tacamaque* ou *Tacamahac* provient de l'*Elaphre tomenteux* (*Elaphrium tomentosum*). L'*Icica de la Guyane* donne un suc résineux qui peut remplacer l'encens. L'*Icica Icicariba* fournit une partie de la résine *Elémi* qu'on tire de l'Amérique : cette espèce d'élémi est molle, onctueuse, d'un blanc verdâtre et d'une odeur de fenouil. L'*Icica carana* donne une substance semblable au baume de Gilead, et l'*Icica aracouchini* donne le baume d'*acouchi*. Une espèce de *Bursère* (*Bursera gummifera*), qui a reçu les noms vulgaires de *Gomart, Gommier, Résinier d'Amérique*, etc., produit la résine appelée *Chibou* ou *Cachibou*, avec laquelle on remplace quelquefois les résines élémi et tacamaque.

ANACARDIÉES. s. f. pl. T. Bot. Tribu de végétaux de la famille des *Anacardiacées*. Voy. ce mot.

ANACHARSIS, sage de la Scythie, vint à Athènes vers 500 av. J.-C., et fut mis au nombre des sept sages. Le *Jeune Anacharsis* dont Barthélemy a raconté le voyage, est le descendant supposé du sage.

ANACATHARTIQUE. adj. et s. m. (gr. ἀνὰ, en haut; καθαρτικὸς, qui purifie). T. Méd. Qui excite l'expectoration.

ANACHORÈTE. s. m. [Pr. *anakorète*] (gr. ἀναχωρεῖν, se retirer, aller à l'écart). Homme qui vit seul et entièrement retiré du monde, pour ne s'occuper que de Dieu et de son salut. || Par ext., se dit tout individu qui aime la solitude et mène une vie retirée. — La vie solitaire a toujours été connue et tenue en grand honneur dans l'Orient. Saint Jean-Baptiste, dès son enfance, se retira dans le désert et y vécut jusqu'à l'âge de trente ans. Le christianisme, en réprouvant les joies mondaines, en enseignant aux hommes à mortifier leur corps pour dompter leurs passions, devait naturellement engendrer la vie érémitique et la vie cénobitique. C'est ce qui eut lieu, en effet, lorsque les chrétiens furent devenus assez nombreux. Saint Paul de Thèbes, saint Antoine, etc., furent les premiers an. La réputation de sainteté que ne tardèrent pas à acquérir ces pieux solitaires, fit accourir dans le désert une foule de chrétiens zélés qui se groupèrent autour de ces illustres an., et voulurent vivre sous leur direction. Ce fut là l'origine de la vie cénobitique, qui dut alors se substituer, en partie du moins, à la vie érémitique. — Sur la fin du IVᵉ siècle, la vie érémitique passa de l'Égypte en Italie, et bientôt après dans les Gaules, où l'on vit en même temps des anachorètes et des cénobites. L'irruption des Barbares, au commencement du Vᵉ siècle, contribua singulièrement à multiplier ces religieux. Néanmoins, les supérieurs ecclésiastiques ayant reconnu qu'il était mieux de réunir plusieurs solitaires dans une même habitation que de les laisser vivre absolument seuls, les monastères absorbèrent la plus grande partie des anachorètes.

ANACHRONISME. s. m. [Pr. *anakronisme*.] (gr. ἀνὰ, en arrière; χρόνος, temps). On donne le nom d'*An.* à toute faute contre la chronologie, à toute erreur dans la supputation des temps. Toutefois, d'après son étymol., ce mot ne devrait s'appliquer qu'à la faute qui consiste à placer un événement avant sa date : il serait alors simplement synonyme de *Prochronisme* (gr. πρὸ, avant; χρόνος), et aurait pour opposé le mot *Parachronisme* (gr. παρὰ, au delà, après; χρόνος). Mais ces deux mots sont peu usités, et l'on donne au terme *an.* la signification générale que nous avons indiquée. — Par extension, on appelle encore de ce nom toute erreur qui consiste à attribuer à un personnage des idées qui n'ont pu être les siennes, un langage qu'il ne pouvait tenir, enfin à prêter à une époque les mœurs et les usages d'une autre.

Exemples d'*an.* : Représenter les savants de l'antiquité réunis d'instruments d'optique, faire voyager Louis XIV en

chemin de fer, parler de portraits photographiés sous le premier Empire, habiller les apôtres de costumes modernes, etc.

ANACLET (Saint), pape, martyr en 91.

ANACOLUTHE. s. f. (gr. ἀ priv.; ἀκολουθεῖν, suivre, accompagner). T. Gram. L'*An.* est une sorte d'ellipse par laquelle on omet, dans une phrase, le mot, le terme qui est le corrélatif ordinaire de l'un des mots, des termes exprimés. Elle ne se rencontre guère que dans certaines phrases grecques ou latines.

ANACONDA. s. m. T. Erpét. L'un des noms du serpent boa.

ANACOSTE. s. m. Étoffe de laine à double croisure qu'on fabrique en Picardie et qui est employée pour les robes de religieuses, les costumes de bains de mer, etc.

ANACRÉON. Poète lyrique de Téos, en Ionie, mort en 475 av. J.-C.

ANACRÉONTIQUE. adj. 2. g. Qui est dans le genre, dans le goût des odes d'Anacréon. *Ode, poésie an. Genre an.* || T. Versif. anc. *Vers an.* Voy. IAMBIQUE. — Anacréon de Téos (Ionie) florissait vers l'an 500 av. J.-C. Il chanta les Muses, les Grâces, Bacchus et l'Amour. Son imagination ingénieuse et délicate, son vers facile et harmonieux, le placent parmi les poètes classiques. — Le genre an. est celui où l'on cherche à imiter l'insouciante gaieté des poésies d'Anacréon; mais pour imiter un tel maître le talent seul ne saurait suffire : il faut encore du sentiment, de la naïveté, de la grâce et de l'abandon. La littérature latine nous offre quelques pièces anacréontiques de Catulle et d'Horace dignes d'être citées, et la poésie française possède également, dans le genre auquel le poète de Téos a donné son nom, quelques stances remarquables de Chaulieu, de Voltaire et de Béranger.

ANACYCLE. s. m. (gr. ἀνὰ, marquant le redoublement; κύκλος, cercle). T. Bot. Genre de plantes de la famille des *Composées*.

ANACYCLIQUE. adj. (gr. ἀνακυκλέω, je retourne en sens inverse). Se dit de certains vers qui présentent un sens soit qu'on les lise naturellement, soit qu'on les lise à rebours. Tantôt le sens est le même dans les deux manières de lire, comme dans ce vers français qui se reproduit exactement :

L'âme des uns jamais n'use de mal.

Tantôt le sens est contraire suivant le sens de la lecture comme dans ces vers latins :

Jesuitas amo; non illis mens subdola; spernunt
Munera; non fallax ambitio placet his;

qui, retournés, deviennent :

His placet ambitio fallax; non munera spernunt;
Subdola mens illis; non amo jesuitas.

ANADYOMÈNE. adj (gr. ἀναδυομένη, qui sort de l'eau). Surnom de Vénus.

ANADYOMÈNE. s. f. T. Zool. Genre de *Polypiers* composés d'articulations flexibles régulièrement disposées en branches vertes.

ANADYR, fleuve de Sibérie, se jette dans la mer de Behring. Son parcours est d'environ 740 kil.

ANAÉROBIE. adj. (gr. ἀν priv.; ἀήρ, air; βίος, vie). T. d'Hist. nat. Qui vit sans air atmosphérique, ou, plus exactement, sans oxygène. La plupart des microbes anaérobies sont tués par l'oxygène.

ANAFIN. s. m. Instrument de musique arabe.

ANAGALLIS. s. m. [Pr. l'S.] (gr. ἀναγαλλίς). T. Bot. Genre de plantes nommé aussi *Mouron des champs*, ou *Mouron rouge* (*Anagallis arvensis*), et qu'il ne faut pas confondre avec le mouron des oiseaux (*Stellaria media*). Famille des *Primulacées*.

ANAGLYPHE ou **ANAGLYPTE.** s. m. (gr. ἀναγλυφή, ciselure ou ἀνάγλυπτος, relevé en bosse). T. Antiq. Vase orné de bas-reliefs.

ANAGNOSTE. s. m. (gr. ἀναγνώστης, lecteur). Les Romains donnaient le nom d'*anagnostæ* aux esclaves qui avaient pour fonction de lire, pendant les repas, des morceaux d'auteurs choisis. Cet usage tomba en désuétude. Il n'existe plus de nos jours que dans les couvents, parce que, le silence étant prescrit pendant les repas, c'est un moyen fort convenable d'occuper l'esprit des religieux.

ANAGOGIE. s. f. (gr. ἀνὰ, en haut; ἄγειν, conduire). T. Théol. Élévation de l'âme. Voy. HERMÉNEUTIQUE.

ANAGOGIQUE. adj. 2 g. Ne s'emploie que dans ces locut. *Sens an. Interprétation an.* Voy. HERMÉNEUTIQUE.

ANAGRAMMATISER. v. a. *An. un nom.* En faire l'anagramme.

ANAGRAMMATISTE. s. m. Celui qui se livre à la composition des anagrammes. Peu us.

ANAGRAMME. s. f. (gr. ἀνὰ, en arrière; γράμμα, lettre). Renversement ou nouvel arrangement des lettres qui composent un mot ou une phrase, de façon à produire un autre mot ou une autre phrase. — Un mot peut donner lieu à autant d'*Anagrammes* qu'on obtient d'expressions différentes par les diverses permutations des lettres qui composent ce terme. Le mot *nacre*, par ex., selon les divers arrangements de ses lettres, donne les anagrammes *écran*, *rance*, *crâne*. Au moyen âge, les jeux d'esprit furent mis en grand honneur. Les tireurs d'horoscopes s'imaginaient lire dans l'an. d'un nom la destinée de celui qui le portait. Une des plus curieuses anagrammes de ce genre est celle d'un nommé André Pujome: cet homme ayant trouvé dans son nom les mots, *pendu à Riom*, crut qu'il ne pourrait échapper au sort fatal que lui pronostiquait une semblable an., il commit un crime capital et fut pendu dans la ville de Riom. Dans le nom de Frère Jacques Clément, assassin de Henri III, les anagrammatistes trouvèrent, mais seulement après l'événement, *C'est l'enfer qui m'a créé.* — *Marie Touchet*, maîtresse de Charles IX donne *Je charme tout*. On cite comme an. de *Révolution française*: *Un Corse la finira*, mais, en fait, il reste quatre lettres, *é*, *v*, *t*, *o*, que l'on pourrait du reste écrire *Veto* ou *Vote*, et mettre en tête, ce qui complète encore l'idée. Quelques écrivains employèrent l'an. pour signer les productions qu'ils ne voulaient pas avouer ouvertement. Ainsi, Calvin mit en tête de ses *Institutions chrétiennes* le nom d'*Alcuinus*, an. de *Calvinus*, et le joyeux auteur de *Pantagruel* publia les deux premiers livres de cet ouvrage célèbre sous le nom d'*Alcofribas Nasier*, an. de son nom, *François Rabelais*. Certains savants se servirent de l'an. pour se réserver la priorité d'une découverte dont ils n'étaient pas encore bien sûrs. C'est ainsi que Huygens annonça sa découverte de l'anneau de Saturne sous la forme:

aaaaaa, cccc, d, eeeee, g, h, iiiiiii, lll, mm, nnnnnnnn, ooo, p, q, rr, s, tttt, uuuuu,

qui est l'an. de la phrase:

Annulo cingitur tenui, nusquam cohærente, ad eclipticam inclinato. (Il est entouré d'un anneau léger, n'adhérant nulle part, incliné sur l'écliptique).

Auparavant, Galilée qui avait vu l'anneau et en avait pris les deux extrémités pour deux satellites avait publié l'an. :

Smaismrmielmbpoutalemmiurneucyltaviras,

qui voulait dire:

Altissimum planetam tergeminum observavi. (J'ai observé que la planète la plus élevée est trijumelle.

L'usage de signer de cette manière ses ouvrages est peu à peu tombé en désuétude et est aujourd'hui complètement abandonné.

ANAGYRIS. s. m. (gr. ἀνάγυρις). T. Bot. Genre de plantes répandant une odeur désagréable de la famille des *Légumineuses*. Voy. ce mot.

ANAL, ALE. adj. (R. *anus*). T. Anat. Qui se rapporte, qui appartient à l'anus. *Glandes, valvules anales.* ∥ Qui est voisin de l'anus. *Nageoire anale.*

ANALCIME. s. f. (gr. ἀ priv.; ἄλκιμος, fort). T. Minér. Substance minérale qu'on trouve en Sicile dans les produits des volcans et qui contient de la silice, de l'alumine, de la chaux et de la soude. Sa couleur varie du limpide au blanc mat veiné de rouge; elle est assez dure pour couper le verre.

ANALECTE. s. m. (gr. ἀναλέγομαι, je ramasse). T. Antiq.

Esclave chargé d'enlever les restes du repas. ∥ Pl. Les mêmes restes. ∥ Littér. pl. Recueil de morceaux choisis de prose ou de vers.

ANALEMME. s. m. (gr. ἀναλαμβάνω, je relève). Projection orthographique de la sphère sur un méridien. Voy. PROJECTION.

ANALEPTIE. s. f. T. Méd. Rétablissement des forces après une maladie.

ANALEPTIQUE. adj. (gr. ἀνάληψις, rétablissement). T. Méd. Qui rétablit les forces. *Chocolat an. Substances analeptiques.* Se dit des aliments et des médicaments. ∥ S'emploie aussi substant.

ANALGÉSIE ou **ANALGIE.** s. f. (gr. ἀν priv.; ἄλγος, douleur). T. Méd. Absence de douleur. — Insensibilité à la piqûre, aux pincements dans les cas d'hystérie, d'hypnotisme, etc.

ANALGÉSINE. s. f. (gr. ἀν priv.; ἄλγος, douleur). Syn. d'ANTIPYRINE. Voy. ce mot.

ANALLAGMATIQUE. adj. 2 g. (gr. ἀν priv.; ἄλλαγμα, changement). T. Géom. Se dit d'une figure qui se reproduit elle-même dans la transformation par inversion. Voy. INVERSION.

ANALLANTOÏDIEN, ENNE. adj. (ἀ priv., et *allantoïdes*). T. Zool. Se dit des mammifères dont le fœtus est dépourvu de vésicule allantoïde. On appelle aussi *vertébrés anallantoïdiens*, le second groupe des vertébrés, qui comprend les batraciens et les poissons.

ANALOGIE. s. f. (gr. ἀναλογία, rapport, ressemblance). Rapport de similitude, de ressemblance, à certains égards, entre deux ou plusieurs choses différentes. *An. frappante, remarquable, évidente. Faible an. Indiquer les analogies et les différences. Consulter l'an. Le fil de l'an. est souvent si délié qu'il échappe. Il y a une grande an. entre l'homme et le singe. Il y a entre les deux faits des analogies de temps et de circonstances qui font soupçonner que c'est le même fait diversement raconté. Il existe une étroite an. entre la langue hébraïque et la langue arabe. Lorsqu'on veut forger un mot nouveau, il faut se conformer aux lois de l'an.* ∥ *Raisonner par an.* Former un raisonnement fondé sur les rapports de similitude qu'on a perçus entre deux ou plusieurs choses. On dit de même : *Conclure par an.*, et par extens., *Juger par an.* ∥ T. Math. Syn. de proportion. *L'analogie des sinus* est la formule d'après laquelle les côtés d'un triangle sont proportionnels aux sinus des angles opposés. *Les analogies de Néper.* Voy. TRIGONOMÉTRIE. ∥ T. Philos. Ressemblance plus ou moins complète pouvant servir de base à un raisonnement plus ou moins concluant. Voy. INDUCTION.

ANALOGIQUE. adj. 2. g. Qui se rapporte à l'analogie. Voy. ANALOGUE. Syn.

ANALOGIQUEMENT. adv. Par analogie. *Le mot pied se dit an.* du bas d'une montagne.

ANALOGUE. adj. 2 g. Qui a de l'analogie avec une autre chose. *Êtres analogues. Phénomènes analogues. Ces deux faits sont analogues. Forme, structure an. Idées analogues. Idiomes analogues.* ∥ S'emploie subst. au masc. *Le P. est l'an. du B. Cette locution et ses analogues ne sont usitées que dans le style familier. Cet animal fossile est sans an. parmi les espèces vivantes.* ∥ Anat. comparée. *Organes qui, sans avoir la même forme ni la même fonction, offrent cependant, dans diverses espèces, les mêmes connexions avec les organes voisins. Les nageoires pectorales des poissons sont les analogues des membres antérieurs des mammifères.* ∥ Paléont. *Animaux fossiles offrant une certaine ressemblance avec des animaux vivants : il y a des an. d'espèces et des an. de genre,* suivant que l'animal fossile peut rentrer dans un genre vivant ou doit constituer un genre spécial.

Syn. — *Analogique.* — *An.* se dit d'une chose qui offre un rapport quelconque de similitude avec une autre, tandis qu'*analogique* s'emploie uniquement en parlant des opérations intellectuelles par lesquelles nous établissons une analogie. Ainsi on dit : *Les phénomènes nerveux paraissent analogues* aux phénomènes électriques, et non *analogiques*. On dira un raisonnement *analogique*, pour désigner un raisonnement par voie d'analogie, tandis que raisonnement *analogue* signifie un raisonnement qui offre certains rapports de similitude avec un autre raisonnement.

ANALYSE. s. f. (gr. ἀναλύω, je délie, je résous). Résolution d'un tout en ses parties constitutives ou en ses éléments primaires. *L'an. est opposée à la synthèse. An. savante, délicate. Les règles de l'an. varient suivant les objets auxquels s'applique celle-ci. An. chimique. An. psychologique. An. logique. An. grammaticale. An. mathématique.* || *An.* se dit — 1° en parlant des choses physiques. *L'an. d'un minéral, d'un gaz, d'un liquide. L'an. des substances organiques. L'an. d'un végétal, d'une fleur.* — 2° En parlant des choses morales : *L'an. des facultés de l'âme. L'an. du cœur humain. L'an. des passions est encore à faire.* — 3° En parlant des œuvres de l'intelligence. *Faire l'an. d'un livre. Quand on fait l'an. de ses discours, on n'y trouve pas une idée raisonnable. Faire l'an. d'une phrase, d'une proposition.* || *Avoir l'esprit d'an.* Voy. ANALYTIQUE. || Résumé, précis méthodique d'un ouvrage de littérature ou de science. *Ce journal donne l'an. de tout ce qui paraît de nouveau en littérature, poèmes, drames, romans, etc. Cette an. est sèche et incomplète. An. rapide. Faites-moi l'an. de tout ce que contient de nouveau ce traité de physique.* — On dit dans le même sens : *Faire l'an. des travaux d'une société savante.* ═ EN DERNIÈRE ANALYSE, loc. adv. Après avoir examiné sous tous les points de vue possibles. *Je crois, en dernière an., que ce problème est insoluble. Il me semble, en dernière an., que cette affaire ne vaut rien.* ═ Syn., voy. ABRÉGÉ.

Chim. — Analyser un corps, c'est le décomposer en ses éléments constitutifs, ou, en d'autres termes, c'est isoler les divers éléments dont il est composé afin de reconnaître non seulement la nature de ces éléments, mais encore les proportions suivant lesquelles chacun d'eux entre dans ce corps. L'immense majorité des corps que nous trouvons dans la nature sont formés d'éléments divers à l'état de combinaison ou de mélange. En conséquence, il est rare qu'ils s'offrent à nous dans un état tel que nous puissions immédiatement les approprier à nos besoins ; le plus souvent nous devons séparer de ces corps ceux d'entre leurs éléments qui empêchent cette appropriation ; ou bien, lorsque nous nous proposons de fabriquer certains composés qui ne se rencontrent pas dans la nature, nous sommes obligés de décomposer les substances qui contiennent les éléments dont nous avons besoin pour combiner ensemble ces derniers et former un produit artificiel. L'*An.* est donc, comme on le voit, la base et le fondement de la chimie soit pure, soit appliquée, et c'est à la perfection des procédés analytiques que cette science doit les immenses progrès qu'elle a faits dans ces derniers temps.

Une an. chimique, pour être complète, doit nous apprendre : 1° quelle est la nature du corps composé soumis à notre examen, c.-à-d. quels sont les éléments qui se trouvent combinés ensemble ; 2° quelle est la quantité ou le poids de chacun de ces éléments. Elle se compose donc de deux séries d'opérations : l'une qui a reçu le nom d'*an. qualitative*, l'autre qui a été appelée *an. quantitative.* — Indépendamment de cette division de l'an., on a établi encore d'autres distinctions, d'après le mode d'opération employé et suivant la nature ou l'origine du corps sur lequel on agit. De là les dénominations d'*an. par la voie sèche* et d'*an. par la voie humide*, d'*an. inorganique* et d'*an. organique.* — L'*An. par la voie sèche* est celle dans laquelle on opère au moyen de la chaleur ; l'*An. par la voie humide* est celle qui procède en soumettant les substances en dissolution à l'action de réactifs appropriés. La première de ces méthodes est peu employée par les chimistes, attendu qu'elle donne des résultats moins nets et moins exacts que la seconde ; mais les minéralogistes en font grand usage, parce qu'elle est très expéditive. C'est par cette méthode que se font journellement les analyses des minerais d'étain, d'argent, de fer, de cuivre, de plomb et d'étain, etc. Ces sortes d'analyses, dans lesquelles on se propose principalement de reconnaître la quantité du métal utile contenu dans un minerai, se nomment ordinairement essais par la voie sèche.

L'*An. inorganique*, ainsi que l'exprime son nom, s'applique aux corps qui n'appartiennent ni au règne animal ni au règne végétal. Or, tandis que les corps organiques ne sont essentiellement composés que de 3 ou 4 éléments, à savoir d'oxygène, de carbone et d'hydrogène, ou d'oxygène, de carbone, d'hydrogène et d'azote, tous les corps simples connus peuvent entrer dans la composition des substances inorganiques. Il semble donc au premier abord que le nombre des combinaisons produites par les 70 corps simples reconnus aujourd'hui doive être presque infini ; car le calcul donne, pour 70 éléments, 2415 composés binaires, 54740 composés ternaires, 916895 composés quaternaires, etc. Mais il a été constaté que tous les corps simples ne sont pas susceptibles de se combiner entre eux indifféremment, et que le nombre de ceux qui sont aptes à former ensemble des combinaisons définies, est relativement peu considérable. En outre, la nature, ainsi que le fait observer Beudant, ne paraît pas avoir réalisé toutes les combinaisons dont elle laisse entrevoir l'existence et qui ont été effectuées dans les laboratoires. Il en résulte que, lorsqu'on opère sur un composé inorganique, il suffit en gén. de reconnaître la nature de quelques-uns des éléments de la combinaison pour arriver, sans beaucoup de difficultés, à la détermination des autres.

Lorsqu'on se propose uniquement de reconnaître les éléments simples qui entrent dans la composition d'un corps quelconque, soit solide, soit liquide, soit gazeux, il faut commencer par tenir compte de ses propriétés physiques. Si c'est un gaz, on observe sa couleur, son odeur ; si le corps est liquide, on examine sa couleur, son odeur, sa fluidité, etc. ; ces caractères purement physiques sont quelquefois suffisants pour faire reconnaître à quel corps on a affaire, et, dans tous les cas, ils fournissent des indications précieuses qui circonscrivent singulièrement les recherches du chimiste. Il en est de même des composés solides ; leur forme, leur couleur, leur saveur, leur odeur, leur dureté, leur pesanteur spécifique, leurs caractères cristallographiques (quand il s'agit de corps qui se présentent sous forme cristalline), sont d'un grand secours et ce qu'ils mettent sur la voie des procédés à suivre pour isoler tous leurs éléments du composé. — La première condition à remplir dans toute an. chimique, c'est de vaincre l'action des forces qui maintiennent ensemble les molécules du composé. On y parvient, soit par l'emploi des agents physiques, la chaleur, l'électricité et la lumière, soit par l'intervention des réactifs chimiques. Cependant il ne faut pas croire qu'il soit toujours possible ou nécessaire, pour constater la nature d'un corps, d'obtenir séparément chacun de ses éléments : en effet, il suffit, dans la plupart des cas, d'obtenir chaque élément de la substance à analyser en combinaison avec un autre corps parfaitement connu, le produit de cette nouvelle combinaison nous faisant connaître exactement la nature de l'élément qui s'est combiné avec le réactif. En gén. cependant, on n'arrive pas du premier coup à cette détermination, parce qu'un même corps peut servir de réactif pour plusieurs substances différentes ; mais alors on parvient par élimination, en faisant usage successivement de plusieurs réactifs, à obtenir une réaction caractéristique. Les réactifs agissent de diverses manières, et c'est la connaissance de leur mode d'action qui dirige le chimiste dans le choix et dans l'emploi qu'il fait de ces agents. Si, par ex., deux corps sont à l'état solide, le réactif employé devra laisser l'un d'eux à l'état solide, et faire passer l'autre dans une combinaison liquide ou gazeuse ; si les deux corps sont en dissolution dans un liquide, le réactif doit précipiter l'un d'eux à l'état solide ou le dégager sous forme de gaz ; enfin, si les deux corps sont gazeux, l'un des corps doit être isolé à l'état solide ou liquide par l'action du réactif. Lorsque le chimiste a obtenu les réactions voulues, il ne s'agit plus que de séparer les uns des autres les divers composés produits. C'est ce qu'on fait à l'aide de la filtration, de l'évaporation, de la calcination, etc. — On comprend aisément que les procédés d'an. varient nécessairement suivant le nombre des éléments à rechercher et la nature des substances à analyser. Les divers articles de cet ouvrage fournissent de nombreux exemples de chacun des procédés usités dans la science.

L'an. quantitative a pour objet de déterminer les proportions pondérales suivant lesquelles sont combinés les éléments dont l'an. qualitative a révélé l'existence dans le composé analysé. C'est ce qu'on appelle *doser* un corps. Pour cela, on isole complètement les éléments simples que constituent le composé et on pèse chacun d'eux séparément ; ou bien, ainsi qu'on le pratique habituellement, on fait passer chaque élément dans une combinaison connue dont le poids fournit, par déduction, le poids cherché. Toutefois les combinaisons que l'on peut obtenir pour arriver au dosage d'un corps ne sont pas toutes également convenables, et il est essentiel que le chimiste sache celles qui se prêtent le mieux à un dosage exact. Ainsi, par ex., le fer, le zinc, le cuivre et beaucoup de métaux se dosent à l'état d'oxyde, l'argent à l'état de chlorure, le plomb à l'état de sulfate, le soufre à l'état de sulfate de baryte, la chaux à celui d'oxalate, etc.

L'*An. organique* se distingue en *an. immédiate* et en *an. élémentaire*, selon qu'elle se propose de découvrir les *principes immédiats*, c.-à-d. les combinaisons directement formées par les éléments dont l'ensemble constitue le corps à analyser, ou bien de déterminer la nature et la proportion des éléments proprement dits, c.-à-d. de l'oxygène, du carbone, de l'hydrogène et de l'azote, qui sont, comme nous l'avons dit, les principes constitutifs essentiels de tous les corps organiques. — Dans la recherche des principes immédiats, il faut, avant tout, éviter de se servir de moyens trop énergiques, qui pourraient altérer la nature de ces principes en les privant de quelqu'un de leurs éléments. Du reste, la manière d'opérer est à peu près la même que dans l'an. inorganique. Ainsi, après avoir fait agir les dissolvants, on précipite, au moyen de réactifs appropriés, les diverses combinaisons que renferme la substance soumise à l'an., dans le but de les isoler; puis on filtre on l'on évapore la liqueur, afin de séparer définitivement les uns des autres les principes immédiats que l'on se proposait d'obtenir. Lorsqu'on veut procéder à l'an. élémentaire d'un principe immédiat, il faut d'abord s'assurer de la pureté de ce dernier. Chevreul recommande de traiter un certain poids du corps, à plusieurs reprises successives, par de petites quantités du même dissolvant, de conserver séparément les dissolutions, et de continuer ainsi jusqu'à ce que la totalité du corps soit dissoute. Si le corps est pur, la même quantité de dissolvant contient toujours la même quantité de corps dissous. Lorsqu'au contraire le corps est mêlé avec un autre, il arrive presque toujours que les premières et les dernières portions contiennent des quantités inégales du corps dissous, et qu'en évaporant les dissolutions, on obtient des résidus qui possèdent

des caractères différents et font ainsi connaître la nature des matières mêlées avec la substance. Pour l'an. des substances non azotées on sert d'un appareil dû à Liébig dont il porte le nom (Voy. la fig.). Il consiste en un tube de verre réfractaire AC, long de 40 à 50 centim., et ayant 10 à 12 millim. de diamètre, appelé tube à combustion. On y introduit un gramme, par ex., de la substance à analyser, bien desséchée, pulvérisé et intimement mélangée avec de l'oxyde de cuivre récemment calciné, dans la proportion de 80 parties d'oxyde pour une de la substance organique, et on recouvre le mélange d'une certaine quantité de copeaux de cuivre métallique. On effile et on ferme à la lampe l'extrémité C, et l'on adapte l'extrémité A au tube B qui contient du chlorure de calcium sec. Le tube B s'adapte par son extrémité opposée à un appareil à boules D qui renferme une dissolution concentrée de potasse caustique; le tube B est uni au tube de combustion ainsi qu'à l'appareil à boules au moyen de tubes de caoutchouc. Les boules ne doivent pas être exactement remplies, et toutes les parties de l'appareil doivent être exactement pesées avant l'opération. Enfin, on entoure le tube de combustion d'une lame de clinquant pour qu'il supporte plus facilement l'action de la chaleur. Alors on chauffe graduellement le tube jusqu'à le faire rougir. La substance organique qu'il renferme brûle complètement. Son hydrogène et son carbone abandonnent leurs combinaisons premières et se transforment en eau et en acide carbonique aux dépens de l'oxygène de l'oxyde de cuivre. L'eau ainsi produite se condense à l'état de vapeur sur le chlorure de calcium, et le gaz acide carbonique est absorbé par la dissolution concentrée de potasse caustique que renferment les boules de Liébig. L'augmentation de poids qu'ont subie d'un côté le chlorure de calcium, et de l'autre la potasse caustique, donnent la quantité d'eau et celle d'acide carbonique qui se sont formées. Or, la proportion d'hydrogène nécessaire pour former de l'eau et la proportion de carbone nécessaire pour donner naissance à de l'acide carbonique étant connues, il suffit de déduire ces proportions de la quantité d'eau et d'acide carbonique déjà calculée pour trouver les proportions d'hydrogène et de carbone que contenait la substance organique.

Le poids du carbone et celui de l'hydrogène du corps étant obtenus, il ne reste plus, pour avoir le poids de l'oxygène, qu'à retrancher du poids total de la matière organique (au gramme dans notre hypothèse) les poids réunis du carbone et de l'hydrogène.

Lorsque la substance organique est azotée, la recherche du carbone et de l'hydrogène doit toujours précéder celle de l'azote. Le *dosage* de ce dernier, c.-à-d. la détermination de la quantité de ce gaz que contient le corps à analyser, peut s'effectuer de deux manières, par le poids ou par le volume. Quand on dose l'azote directement par le poids, on le dégage à l'état de gaz ammoniac, que l'on fait passer dans des combinaisons solides dont la composition est parfaitement déterminée, et dont le poids, une fois connu, permet d'en déduire celui de l'azote. Pour le dosage par le volume, il existe plusieurs procédés : nous nous contenterons d'indiquer le suivant recommandé par Millon. On effectue la combustion dans un tube ouvert à ses deux extrémités : par la partie postérieure, on fait arriver un courant d'acide carbonique pur et sec ; à l'autre extrémité du tube à combustion s'adapte un petit tube de chlorure de calcium propre à condenser l'eau provenant de la combustion de la substance. Au tube de chlorure on adapte encore un tube recourbé qui aboutit dans une cloche graduée renversée sur la cuve à mercure. La cloche est remplie en partie de potasse caustique en solution. On commence par balayer l'intérieur de l'appareil par un courant d'acide carbonique. Lorsque l'air est entièrement chassé, on arrête le courant d'acide carbonique et on commence la combustion. Les gaz qui en proviennent se rendent dans la cloche, et l'eau s'arrête sur le chlorure de calcium. A la fin de la combustion, on expulse tous les produits du tube par un nouveau courant d'acide carbonique. Le poids de l'eau qui s'est ajoutée au chlorure de calcium donne, par soustraction, le poids de l'hydrogène, et l'acide carbonique ayant été absorbé par la potasse de la cloche, l'on évalue le volume de l'azote. La conversion du volume en poids se fait en notant avec soin le volume et la température de l'azote, ainsi que la pression atmosphérique qu'il supporte : il faut en outre tenir compte de son état hygrométrique. — On conçoit aisément que la présence du soufre, du phosphore ou d'autres éléments dans une substance organique, exige des opérations particulières dont nous n'avons pas à nous occuper ici, notre but étant simplement d'indiquer la marche générale employée par les chimistes pour déterminer les éléments les plus essentiels des substances organiques.

L'an., ainsi que nous l'avons dit, est la base de la chimie, puisque toute opération chimique donne lieu à des décompositions. Mais, d'un autre côté, nous avons vu que, soit pour déterminer la nature des éléments d'un corps, soit pour connaître la proportion de ces éléments, il faut le plus souvent faire entrer ces derniers dans des combinaisons nouvelles. Ainsi, dans tous ces cas, l'an. proprement dite s'accompagne d'une recomposition, c.-à-d. d'une synthèse. An. et synthèse sont donc deux termes corrélatifs qui s'impliquent en général mutuellement. Néanmoins les chimistes désignent plus spécialement par le terme *Synthèse* les opérations dont le but principal est tantôt de recombiner les éléments du corps que l'on vient de décomposer, pour faire la contre-épreuve de l'an., tantôt de fabriquer de toutes pièces un produit artificiel.

Analyse spectrale. — Procédé d'analyse qui permet de déterminer des quantités très minimes de substances par l'examen des raies obscures et brillantes des spectres lumineux de flammes dans lesquelles on introduit une petite portion de la substance à analyser. Ce procédé d'investigation a fait découvrir de nouveaux corps simples et a permis de déterminer la constitution chimique du soleil et des étoiles. Voy. SPECTRE.

Mathém. — La méthode analytique appliquée aux recherches mathématiques consiste à établir la vérité ou la fausseté d'une proposition en supposant d'abord que la proposition énoncée est vraie, puis en déduisant de cette hypothèse les conséquences qui en découlent naturellement, jusqu'à ce qu'on arrive à une conclusion manifestement fausse ou manifestement vraie, ou du moins à une conclusion dont la vérité ou la fausseté puisse se reconnaître par son accord ou son désaccord avec quelque autre proposition déjà démontrée. L'*An.*, en mathématiques, est donc également l'inverse de la *Synthèse ;* cette dernière est une forme de raisonnement qu'on emploie pour passer, par une série de propositions, de quelque vérité connue à la conclusion que l'on cherche, du connu à l'inconnu.

Par le terme d'an., les anciens géomètres n'entendaient qu'une certaine manière de raisonner tout à fait indépendante de signes ou de symboles. Les mathématiciens modernes désignent, au contraire, sous ce nom la méthode de résolution des problèmes par des calculs généraux. Le mot *an.*, abstraction faite de son sens purement étymologique, est devenu synonyme d'*algèbre* ou de *calcul*. Souvent même on l'emploie par opposition à *géométrie*, que l'on fait à son tour synonyme de *synthèse*. C'est ainsi que l'algèbre élémentaire est quelquefois nommée *an. finie*, et que l'on comprend sous le nom d'*an. infinitésimale* l'algèbre des infiniment petits, c.-à-d. le calcul différentiel, le calcul intégral. On désigne aussi par le nom d'*an. pure*, l'algèbre prise dans son sens le plus étendu, et par celui d'*an. appliquée*, la géométrie ou la mécanique soumise aux calculs algébriques. De même, on dit que la géométrie ou la mécanique sont traitées synthétiquement, lorsqu'on expose leurs vérités sans le secours de l'algèbre. Enfin, on appelle *analyste*, celui qui s'occupe particulièrement de l'algèbre des infiniment petits. Au reste, il est évident que l'algèbre, par ses formules générales, est éminemment propre à l'an., tandis que la géométrie procède ordinairement d'une manière synthétique ; mais on doit reconnaître que la méthode synthétique et l'analytique peuvent s'appliquer également à chacune de ces sciences, et ne sont par conséquent du domaine exclusif d'aucune d'elles. C'est donc à tort que ce terme d'an., qui d'abord désignait uniquement un procédé de raisonnement, a fini par devenir le nom spécial d'un instrument qui peut également servir à la synthèse.

Quoi qu'il en soit, et prenant le mot *an.* dans le sens qu'on lui donne habituellement aujourd'hui, nous dirons qu'un des grands avantages qui résultent de l'emploi de l'algèbre dans la solution des questions de géométrie, consiste en ce que la démonstration se trouve réduite à certaines règles, et en ce que l'on y parvient au moyen de procédés systématiques. On doit reconnaître que les démonstrations d'un grand nombre de propositions de géométrie élémentaire par les anciennes méthodes ont une élégance particulière à laquelle ne peuvent pas toujours atteindre les méthodes algébriques. Mais sous le rapport de la puissance et de l'aptitude d'application universelle que possède l'an. moderne, celle-ci est infiniment supérieure aux méthodes anciennes. « La synthèse géométrique, dit Laplace, a la propriété de ne faire jamais perdre de vue son objet, et d'éclairer la route entière qui conduit des premiers axiomes à leurs dernières conséquences ; au lieu que l'an. algébrique nous fait bientôt oublier l'objet principal, pour nous occuper de combinaisons abstraites, et ce n'est qu'à la fin qu'elle nous y ramène. Mais en s'isolant ainsi des objets pour avoir pris ce qui est indispensable pour arriver au résultat que l'on cherche, en s'abandonnant ensuite aux résultats de l'an., et réservant toutes ses forces pour vaincre les difficultés qui se présentent, on est conduit, par la généralité de cette méthode, et par l'inestimable avantage de transformer le raisonnement en procédés mécaniques, à des résultats souvent inaccessibles à la synthèse. Telle est la fécondité de l'an., qu'il suffit de traduire dans cette langue universelle les vérités particulières, pour voir sortir de leurs seules expressions une foule de vérités nouvelles et inattendues. Aucune langue n'est autant susceptible de l'élégance qui naît du développement d'une longue suite d'expressions enchaînées les unes aux autres et découlant toutes d'une même idée fondamentale. L'an. réunit encore à ces avantages celui de pouvoir toujours conduire aux méthodes les plus simples : il ne s'agit pour cela que de l'appliquer d'une manière convenable, par un choix heureux des inconnues, et en donnant aux résultats la forme la plus facile à construire géométriquement ou à réduire en calcul numérique. Newton lui-même en offre beaucoup d'exemples dans son *Arithmétique universelle*. Aussi les géomètres modernes, convaincus de cette supériorité de l'an., se sont-ils spécialement appliqués à étendre son domaine et à reculer ses bornes. »

Dans les écoles et les facultés, on donne le nom d'*analyse*, d'*analyse infinitésimale*, à la partie des mathématiques qui comprend le calcul différentiel et intégral, le calcul des variations, la théorie des fonctions, etc. : c'est, en somme, la partie la plus élevée et la plus difficile de la science mathématique.

Analyse indéterminée. — Partie de l'algèbre qui a pour objet la recherche des solutions des problèmes indéterminés qui se composent de nombres entiers. Le problème le plus simple de l'analyse indéterminée est la résolution *en nombres entiers* d'une équation du premier degré à deux inconnues. La solution s'obtient aisément par l'emploi des *fractions continues*. (Voy. ce mot.) A ce problème fondamental, on peut ramener tous les problèmes d'analyse indéterminée qui ne dépendent que du premier degré. Mais dès que les équations dépassent le premier degré, leur résolution en nombres entiers présente des difficultés souvent inextricables.

Analyse combinatoire. — Voy. COMBINATOIRE.

Philos. — Tous les philosophes ont employé les deux termes *An.* et *Synthèse*, et cependant leur signification est loin d'être rigoureusement déterminée ; car ce que les uns appellent *an.*, les autres le nomment *synthèse*, et réciproquement. Il nous semble qu'il serait juste, ne fût-ce que dans l'intérêt de la langue, d'attacher à ces deux mots une signification invariable, et, pour cela, de conserver à chacun d'eux le sens propre qu'indique leur étymologie, et dans lequel ils sont employés, comme nous venons de le voir, par les chimistes et par les mathématiciens. Ainsi, pour nous, l'an. en philosophie consiste dans la recherche des éléments propres soit d'une idée, soit d'un raisonnement. — Ce qui a été dit plus haut de l'an. et de la synthèse mathématiques s'applique également à l'an. et à la synthèse envisagées comme méthodes de démonstration philosophique. Lorsque, une proposition complexe étant énoncée, on *a priori* étant donné, on en fait la décomposition, en recherchant successivement toutes les propositions secondaires que renferme implicitement cette proposition première ou cet *à priori*, jusqu'à ce qu'on soit arrivé à ses dernières déductions, dans le but de vérifier la vérité ou la fausseté de la conception première, au moyen de la conformité ou de la non-conformité des résultats obtenus par l'opération avec d'autres principes admis comme vrais, on fait une an., dans le sens même que les mathématiciens attachent à ce mot. Ainsi, par ex., quand Spinoza affirme que Dieu a prédéterminé toutes choses non en vertu d'une volonté libre, mais en vertu de la nécessité de sa propre nature, on n'a, pour vérifier la valeur de cette conception, qu'à analyser toutes les idées secondaires qu'elle implique. On arrivera ainsi successivement à ces conséquences logiques, qu'il n'existe ni *bien* ni *mal*, ni *mérite* ni *démérite*, ni *peine* ni *récompense* ; or, ces conséquences se trouvant en contradiction formelle avec les principes de morale très généralement admis, la méthode analytique aura donc servi à prouver que la proposition de Spinoza est radicalement fausse, ou du moins qu'elle est en contradiction avec les idées qui font la base de la morale commune. L'an., comme on le voit par cet ex., peut être d'une haute utilité comme procédé de démonstration ; cependant ce procédé est moins usité que la méthode inverse, c.-à-d. que la synthèse, laquelle part de principes ou de vérités admises, et recherche, sans se permettre aucune hypothèse, de nouveaux principes, de nouvelles vérités. Dans l'enseignement, on préfère en général la méthode synthétique ; mais, dans certains cas et surtout lorsqu'il s'agit de réfuter une doctrine, une opinion, la méthode analytique donne des résultats plus brillants.

Analyser une idée, c'est considérer une idée dans sa compréhension, c.-à-d. rechercher chacune des idées élémentaires que contient l'idée soumise à l'an. ; et d'autre part s'élever à une idée renfermant plusieurs idées élémentaires, c'est faire de la synthèse. Ainsi lorsqu'un zoologiste, après avoir comparé sous différents aspects un *Moniteur du Nil*, un *Sauvegarde*, un *Lézard*, etc., construit un type idéal commun à ces divers reptiles, et en conséquence leur impose le nom commun de *Lacertiens*, il fait véritablement de la synthèse. Puis, si on lui présente à classer un reptile qu'il n'a pas encore vu, il procède à une opération inverse, et, pour vérifier si l'idée du type lacertien peut s'appliquer au nouvel individu, il isole successivement toutes les idées particulières qu'il comprend cette idée générale : il fait alors de l'an. Il est évident par ce qui précède, que l'an. et la synthèse sont deux procédés essentiellement distincts, et que l'un est aussi nécessaire que l'autre à l'homme pour parvenir à une connaissance quelconque. — Enfin le mot *an.* est encore usité en parlant des impressions sensorielles qui nous viennent du dehors. Ainsi, par ex., quand nous dirigeons successivement notre attention sur les divers points d'un objet trop vaste ou trop chargé de détails pour que nous les percevions tous à la fois d'une manière parfaitement claire, nous disons que nous faisons une an.

Gram. — Comme les mots que nous employons pour exprimer nos pensées doivent être nécessairement groupés de manière à former des propositions, et comme le discours n'est qu'un assemblage de propositions, analyser le discours, c'est faire l'an. de toutes les propositions qui le composent. On distingue deux espèces d'an : l'*an. grammaticale* et l'*an. logique*. La première consiste à isoler chaque mot appartenant à une proposition afin de constater sa nature, ses modifications et le rôle qu'il joue dans cette proposition ; et la seconde consiste à isoler les différents termes d'une proposition, afin de constater s'ils sont simples ou composés, complexes ou incomplexes. On sait que toute proposition est essentiellement composée d'un sujet, d'un verbe et d'un attribut. Le *sujet* peut être *simple* ou *composé*. Le sujet simple peut être en même temps *complexe* ou *incomplexe*. Ainsi, quand je dis, *Le raisin est un fruit délicieux*, le sujet *le raisin* est simple et incomplexe, parce qu'il exprime une seule chose dont la nature est déterminée par une idée unique. Si je dis, *Le raisin noir qui se trouve bien exposé au soleil, et qui parvient à une parfaite maturité, est un fruit délicieux*, le sujet est encore *simple*, car il n'indique qu'une .seule chose ; mais il est *complexe* parce que l'idée principale, *le raisin*, est modifiée par celle de *noir*, d'*exposition favorable* et de *parfaite maturité*. Dans cette phrase, au contraire : *Le raisin, la poire et l'abricot sont des fruits délicieux*, le sujet, au lieu d'être simple, est *composé*, car il renferme plusieurs choses dont la nature est déterminée par des idées indépendantes les unes des autres. L'*attribut* peut être également *simple* ou *composé* ; et, lorsqu'il est simple, il peut être en même temps *complexe* ou *incomplexe*.

Lorsque le sujet est simple et incomplexe, le sujet logique ne se distingue pas du sujet grammatical ; mais quand le sujet est simple et complexe, cette distinction a toujours lieu. Le sujet grammatical consiste uniquement dans les mots qui expriment l'idée principale. Par ex , dans la phrase, *Le raisin noir qui se trouve bien exposé au soleil, et qui parvient à une parfaite maturité, est un fruit délicieux*, le sujet grammatical est *le raisin*, il diffère donc complètement du sujet logique, qui se trouve formé, comme nous l'avons vu, de l'ensemble des idées qui constituent le premier terme de cette proposition. La même distinction subsiste en ce qui concerne l'attribut logique et l'attribut grammatical. Elle s'applique également aux compléments des verbes. — D'après ce qui précède, on voit que pour faire l'an. complète d'une proposition, il faut la décomposer sous ces deux points de vue.

L'analyse logique a pour objet de distinguer les propositions dont se compose une phrase, les termes qui composent chaque proposition et les relations qu'ont entre eux ces termes et ces propositions Voy. PROPOSITION.

ANALYSER. v a. (gr. ἀναλύω, je délie). Faire une analyse. *An. un minéral, un gaz. Il faudrait an. ces eaux minérales. — An. une plante, une fleur. — An. les facultés de l'âme. Si vous analysez vos sentiments. — An. un discours, une phrase, un raisonnement.* || Faire le résumé méthodique d'un ouvrage d'esprit. *An. une pièce de théâtre, un roman.* || S'emploie absol., et sign. alors. Procéder par voie d'analyse. *Analysez; c'est le seul moyen de découvrir les erreurs. An. et comparez.* = ANALYSÉ, ÉE. part

ANALYSTE. s. m. Qui est versé dans l'analyse mathématique. *C'est le plus habile an. de notre époque.*

ANALYTIQUE. adj. 2 g. Qui procède par voie d'analyse. *Méthode an. Procédés analytiques. Examen an. — Avoir l'esprit an.* ou *l'esprit d'analyse*, Posséder à un degré supérieur les facultés intellectuelles qui permettent de procéder facilement par la voie de l'analyse. On dit de même : *C'est un esprit an.* || Qui contient une analyse. *Résumé an. Table an. Tableaux analytiques de l'histoire de France.* || T. Math. *Fonctions analytiques.* Voy. FONCTION.

ANALYTIQUEMENT. adv. Par voie d'analyse. *Procéder an.*

ANAMIRTE. s. m. T. Bot. Genre de plantes de la famille des *Ménispermacées*. Le fruit d'une espèce (*Anamirta Cocculus*) est connu sous le nom de *Coque du Levant*. Voy. MÉNISPERMACÉES.

ANAMNESTIQUE. adj. 2 g. (gr. ἀνάμνησις, souvenir.) Méd. — On appelle *Signes anamnestiques*, c.-à-d. signes commémoratifs, non seulement les phénomènes morbides qui ont eu lieu avant l'examen du malade par l'homme de l'art, mais encore toutes les circonstances antérieures propres à jeter quelque jour sur les causes ou la nature de la maladie, telles que la profession, l'hérédité, les maladies et traitements antérieurs, etc.

ANAMORPHOSE. s. f. (gr. ἀνὰ, à travers ; μορφὴ, forme). Géom. — L'anamorphose est une transformation géométrique des figures qui se définit de la manière suivante : La figure

étant rapportée à un système de coordonnées polaires, ou multiplie tous les angles polaires par un même nombre en conservant les rayons polaires. En d'autres termes, traçons dans la figure, à partir d'un certain point ou pôle, une série de droites divergentes, et faisons tourner toutes ces droites en les écartant, ou en les rapprochant les unes des autres, et en supposant qu'elles entraînent avec elles les parties de la figure qu'elles traversent. On pourrait réaliser les transformations par anamorphose en dessinant la figure sur un secteur circulaire en caoutchouc, et en écartant ou rapprochant ensuite les deux rayons extrêmes de ce secteur. L'anamorphose est encore réalisée par les miroirs coniques et l'instrument nommé *phénakisticope*. Ayant transformé par anamorphose dans des proportions convenables une figure d'homme, d'animal, de paysage, etc., on obtient une image difforme et méconnaissable qui reprend la forme primitive quand on la regarde dans un miroir conique ou au travers du phénakisticope. Voy. PHÉNAKISTICOPE.

On a encore donné le nom d'anamorphose à d'autres modes de transformation, par exemple à celui que réalisent les miroirs cylindriques, et qui peuvent conduire à des expériences du même genre.

ANANAS. s. m. Nom d'un fruit très estimé et de la plante qui produit ce fruit appartenant à la famille des *Broméliacées*. Voy. ce mot. || On donne encore ce nom à une espèce de *Fraisier*.

ANANDRE. adj. (gr. ἀν priv.; ἀνὴρ, ἀνδρὸς, mâle). T. Bot. Se dit d'une plante dont les fleurs sont privées d'organes mâles. Peu us.

ANANIAS, l'un des trois jeunes Hébreux jetés dans une fournaise ardente par ordre de Nabuchodonosor II.

ANANIE et SAPHIRE, époux, de la communauté des premiers chrétiens, qui, n'ayant pas mis tous leurs biens en commun et s'en étant réservé clandestinement une part, furent frappés de mort par saint Pierre.

ANANKÉ, mot grec signifiant Fatalité.

ANANTHE. adj. 2 g (gr. ἀν priv.; ἄνθος, fleur). T. Bot. Qui ne porte pas de fleurs. Peu us.

ANANTHÈRE. adj. 2 g. (gr. ἀν priv.; *anthère*). T. Bot. Qui n'a pas d'anthères.

ANAPESTE. s. m. (gr. ἀνάπαιειν, frapper à rebours). T. Vers. anc. Les poètes grecs et latins appelaient ainsi une sorte de pied composé de deux brèves et d'une longue (ĭĕğ̄ rēūnt) : les Grecs lui donnaient encore le nom d'*Antidactyle*, parce qu'il est, en effet, l'opposé du dactyle. On nommait *vers anapestique* celui dans lequel pouvait entrer l'an., quoique ce vers admit également d'autres sortes de pieds.

ANAPESTIQUE. adj. 2 g. Voy. ANAPESTE.

ANAPHONÈSE. s. f. (gr. ἀναφώνησις). T. Méd. Éclat de voix. || Exercices vocaux propres à développer l'ampleur de la voix, ou à fortifier les poumons et les voies respiratoires.

ANAPHORE. s. f. (gr. ἀνὰ, derechef; φόρος, qui porte). T. Rhét. Figure de rhétorique qui consiste à répéter le même mot au commencement de plusieurs phrases ou des divers membres d'une période. Corneille nous offre un exemple remarquable de l'emploi de cette figure dans les imprécations de Camille.

ANAPHRODISIAQUE. adj 2 g. (gr. ἀν priv.; Ἀφροδίτη, Vénus). T. Méd. Qui n'éprouve aucun désir vénérien. || *Substance anaphrod.*, substance qui éteint les désirs vénériens ; on dit aussi dans ce sens *antiaphodisiaque*. Voy. ce mot.

ANAPHRODISIE. s. f. (gr. ἀν priv.; Ἀφροδίτη, Vénus). T. Méd. Diminution ou abolition de la faculté génératrice.

Méd. vét. — Ce symptôme joue un rôle important en zootechnie pour les animaux que l'on veut faire reproduire. Il existe principalement chez les femelles. L'anaphrodisie est plus ou moins complète, mais elle est habituellement passagère, ce en quoi elle diffère de la stérilité. Les causes pour les femelles sont les maladies des organes génitaux, l'affaiblissement de ces organes par les gestations nombreuses, rapprochées et précoces, la tendance à l'obésité, l'alimentation trop intense ou, au contraire, trop mesurée et de mauvaise qualité; chez les mâles, outre ces deux dernières causes et les maladies générales ou nerveuses, on reconnaît comme causes de l'anaph. les caprices du mâle ne voulant que des femelles vierges ou d'une certaine couleur de robe. Le traitement consiste en la suppression des causes de l'anaph., la distraction des mâles par le travail et l'administration à l'époque du rut de poudre de cantharides. Ne pas oublier que les aphrodisiaques n'agissent que dans le cas de l'intégrité des organes génitaux.

ANAPHRODITE. adj. 2 g. et s. m. T. Méd. Impropre à la génération. Peu us.

ANAPLASTIE. s. f. (gr. ἀνά, de nouveau; πλάσσειν, former). T. Chir. Art de rétablir la forme normale des parties mutilées. Voy. AUTOPLASTIE. .

ANAPLASTIQUE. adj. 2 g. Qui a rapport à l'anaplastie.

ANAPLÉROTIQUE, adj. 2 g. (gr. ἀναπλήρωσις, complément). T. Méd. Se disait de médicaments auxquels on attribuait la propriété de favoriser la régénération des chairs dans les plaies.—Inus. aujourd'hui. ·

ANAPNOGRAPHE. s. m. (gr. ἀναπνοή, respiration; γράφειν, écrire). Instrument qui sert à déterminer et à enregistrer l'état et les variations de la respiration.

ANARCHIE. s. f. (gr. ἀν priv.; ἀρχή, autorité). État d'un peuple chez lequel l'action du gouvernement régulier est entravée ou suspendue; confusion des pouvoirs; désorganisation de la société. *Tomber dans l'an. Les fauteurs de l'an.* || Sign. aussi désordre, confusion en gén. *L'an. règne dans la science. L'an. dans les idées amène bientôt l'an. dans les institutions.* || Système politique où l'action du gouvernement est réduite à presque rien et remplacée par l'initiative individuelle.

ANARCHIQUE. adj. 2 g. Qui est dans l'anarchie. *Un état an.* || Favorable à l'anarchie. *Opinions, principes anarchiques.*

ANARCHISTE. s. 2 g. Fauteur de troubles. || Partisan du système politique de l'anarchie.

ANARMOSTIQUE. adj. 2 g. (gr. ἀν priv.; ἁρμόζειν, disposer). T. Minér. Se dit des cristaux qui présentent des facettes soumises à des lois différentes.

ANARRHIQUE. s. m. (gr. ἀναρρίχάομαι, je grimpe). T. Icht. Genre de poissons de la famille des *Gobioïdes.*

ANARTHROPTÈRES. s. m. pl. (gr. ἀν priv; ἄρθρον, articulation; πτερόν, nageoire). T. Zool. et Paléont. Les poissons *Téléostéens* (voy. ce mot) sont divisés en quatre ordres : les *Lophobranches,* les *Plectognathes arthroptères* et les *Anarthroptères.* Ce dernier groupe, dont nous nous occupons ici, offre des rayons antérieurs de la nageoire dorsale non segmentés et pointus; on peut eux-mêmes les diviser en deux groupes : 1° les *Haploptères* dont les rayons non segmentés des nageoires dorsale, anale et centrale sont dépourvus d'un canal; 2° et les *Acanthoptères,* dont les rayons non segmentés placés en avant de la nageoire anale et le rayon non segmenté de chaque nageoire ventrale sont de vrais aiguillons.

Parmi les Haploptères quelques genres ont été rencontrés dans les terrains tertiaires de Monte-Bolca; les uns sont éteints (*Solenorhynchus, Urosphen, Rhamphosus, Epinacanthus*), d'autres vivent encore de nos jours (*Aulostoma, Fistularia, Lophius,* etc.).

La plupart des Acanthoptères sont tertiaires ou actuels, mais il en existe dans des dépôts crétacés (*Enchodus, Aipichthys*). Les genres actuels *Lepidopus, Scomber, Lichia, Vomer, Mugil, Toxotes, Pristipoma, Cottus, Trachinus,* apparaissent dans le tertiaire. D'autres genres sont éteints : *Macrostoma, Sciaenurus, Callipteryx,* etc.

ANARYEN, ENNE. adj. (gr. ἀν priv.; *aryen*). T. Linguist. Qui n'est pas aryen.

DICTIONNAIRE ENCYCLOPÉDIQUE.

ANASARQUE. s. f. (gr. ἀνά, entre; σάρξ, chair). T. Méd. Infiltration séreuse du tissu cellulaire et principalement du tissu cellulaire sous-cutané de tout le corps. Voy. HYDROPISIE.

Méd. vét. — Ce symptôme a les mêmes causes et se présente sous le même aspect chez l'homme et les animaux. Il est à remarquer que les chevaux et les bœufs utilisés par les usines à sucre de betteraves et nourris avec les débris aqueux de ces plantes sont très souvent atteints d'anasarque pouvant les tuer au bout de 3 à 6 mois et disparaître par changement de régime.

ANASTASE, nom de deux empereurs d'Orient, de quatre papes et d'un antipape.

ANASTATIQUE. s. f. (gr. ἀνάστασις, résurrection). T. Bot. Genre de *Crucifères* ne renfermant qu'une seule espèce (*Anastatica jerochuntia*) appelée vulgairement *Rose de Jéricho.* Voy. CRUCIFÈRES. = adj. 2 g. T. Technol. Se dit de différents procédés d'impression et de gravure à l'aide desquels on obtient par un transport chimique la reproduction des textes et dessins imprimés.

ANASTOME. s. m. (gr. ἀνά, en haut; στόμα, bouche). T. Zool. Coquille très singulière du genre Escargot, dont la spire se recourbe au dernier tour en une forme irrégulière et plissée. Elle est très rare et très recherchée des collectionneurs.

ANASTOMOSE. s. f. (gr. ἀναστόμωσις, abouchement). T. Anat. Se dit de l'abouchement de deux vaisseaux, soit artériels, soit veineux, soit lymphatiques. — Par ext., on nomme quelquefois *An.* le rameau vasculaire qui sert à mettre deux vaisseaux en communication. || On donne encore ce nom à la réunion des rameaux ou des filets nerveux, mais abusivement, car les filets nerveux ne font que s'adosser, et jamais deux filets ne se confondent en un seul. — Voy. CIRCULATION, ARTÈRES, etc.

ANASTOMOSER (S'). v. pron. T. Anat. En parlant des vaisseaux, s'aboucher ensemble, s'ouvrir l'un dans l'autre. *Les artères s'anastomosent facilement entre elles.* || En parlant des nerfs, se réunir, s'adosser pour mar her ensemble. *Un peu plus bas, ces deux rameaux s'anastomosent.* = ANASTOMOSÉ, ÉE. part.

ANASTOMOTIQUE. adj. 2 g. T. Anat. Qui appartient à une anastomose. *Rameau an. Anse an.*

ANASTROPHE. s. f. (gr. ἀνά, en arrière; στρεφῶ, je tourne).

Gram. — On donne le nom d'*An.* à une espèce d'inversion ou de renversement de la construction ordinaire des mots. Les locutions latines *Mecum, Vobiscum* sont des anastrophes pour *Cum me, Cum vobis.* Les locutions françaises *Me voici,* pour *Voici moi; Sa vie durant,* pour *Durant sa vie,* sont également des anastrophes.

ANATASE. s. f. (gr. ἀνάτασις, extension). T. Minér. Oxyde de titane naturel cristallisé en octaèdres allongés du système quadratique. Syn. de OCTAÉDRITE et OISANITE.

ANATHÉMATISER. v. a. Frapper d'anathème, excommunier. *An. les hérétiques. An. l'hérésie.* || Fig., Blâmer avec force, frapper de réprobation. *An. une opinion. Certains sectaires ont anathématisé les arts.* = ANATHÉMATISÉ, ÉE. part.

ANATHÈME. s. m. (gr. ἀνάθημα, chose mise à part; de ἀνά, à côté; τίθημι, je place). Excommunication, retranchement solennel de la communion de l'Église. *Lancer l'an. Fulminer un an. Tous les Pères du concile d'Éphèse crièrent an. à Nestorius. Lever un an.* || Fig., Réprobation, blâme solennel. *Je ne viens point ici prononcer des anathèmes contre les grandeurs humaines.* || Se prend adj. et signifie, Retranché de la communion des fidèles. *Quiconque dira... qu'il soit an.*

La signification primitive du mot *An.* a été celle de *chose consacrée,* parce que l'on était dans l'usage de suspendre aux voûtes des temples certaines offrandes faites à la divinité, comme les armes et les dépouilles prises sur l'ennemi. Plus tard, ce terme a reçu la signification de *chose exécrée* ou *exécrable,* ce qui tient vraisemblablement à ce qu'on expo-

27

sait en public, comme cela a encore lieu de nos jours chez les peuples orientaux, les têtes des coupables ou des rebelles. Ce dernier sens est le seul dans lequel on emploie aujourd'hui le terme *an*. Une foule de canons des conciles sont conçus en ces termes : « Si quelqu'un dit ou soutient telle erreur, qu'il soit an. », c.-à-d. qu'il soit retranché de la communion de l'Église, qu'il soit regardé comme un homme hors de la voie du salut, qu'aucun fidèle n'ait de commerce avec lui. — Voy. Excommunication.

ANATIFE. s. m. (lat. *anas, atis*, canard ; *fero*, je porte). T. Zool. Genre de *Crustacés*. Voy. Cirrhipèdes. On leur donne le nom vulgaire de *Bernacle* ou *Pousse-pieds*. — Plusieurs zoologistes font ce mot féminin.

ANATINE. s. f. T. Zool. Voy. Enfermés.

ANATINIDES. s. m. pl. (lat. *anas, atis*, canard) T. Zool. et Paléont. Cette famille de *Mollusques Lamellibranches* (Voy. ce mot) appartient à l'ordre des *Siphonides* (Voy. ce mot).
La coquille est mince, légèrement inéquivalve, avec une ou deux dents cardinales sur chaque valve, sans dents latérales. Le ligament interne entouré d'ordinaire un petit cartilage ligamentaire.
Le genre *Anatina* est actuel et fossile depuis le crétacé ; le genre *Cercomya* se trouve dans le jurassique ; le genre *Thracia* se trouve fossile depuis le trias ; les genres *Liopistha* et *Cymella* se rencontrent abondamment dans le crétacé

ANATOCISME. s. m. (gr. ἀνατοκισμός, intérêts des intérêts). T. Banq. Opération qui consiste à réunir les intérêts au principal pour former un nouveau capital portant intérêt. Voy. Intérêts composés.

ANATOLE (Saint), évêque de Syrie, IIIe siècle. Fêté le 3 juillet.

ANATOLIE, nom moderne de l'Asie Mineure (Turquie d'Asie) Superficie : 560,000 k. c. ; 8,600,000 hab. V. pr. Smyrne, Kaisarich, Magnésie, Adana, Angora, Brousse, Scutari. Elle est comprise entre la mer Noire, la mer de Marmara, l'Archipel et la Méditerranée. Le Kizil-Ermak (1,000 k.) est son principal cours d'eau.

ANATOMIE. s. f. (gr. ἀνὰ, à travers ; τέμνω, je coupe). Séparation, isolement, à l'aide des moyens purement mécaniques, des différentes parties qui constituent un corps organisé quelconque, soit animal, soit végétal, ainsi que des divers éléments qui entrent dans la composition de ces parties *Faire l'an. du corps humain, d'un chien, d'un poisson, d'un insecte, d'une plante, d'une fleur.* Lorsqu'elle se borne à l'emploi du scalpel, elle se nomme plus ordin. *Dissection*. — *Amphithéâtre d'an.*, lieu destiné aux dissections et aux démonstrations anatomiques. || Dans un sens plus général, *An.* signifie la science qui s'occupe de l'étude des corps organisés, dans le but de connaître le nombre, la forme, la structure, la situation, les rapports et les connexions des parties qui composent ces corps, ainsi que la texture de ces parties. *An. humaine. An. descriptive, topographique, chirurgicale, générale. An. comparée. An. vétérinaire. An. végétale. An. pathologique. An. philosophique. An. microscopique. Étudier l'an. Cours, traité d'an.* || Par ext., on donne le nom d'*An.* à un sujet disséqué, ou à quelqu'une de ses parties, lorsqu'on les a préparées de manière à pouvoir les conserver. *Voilà une belle an. Cette pièce est remarquable.* — Se dit aussi des pièces d'an. exécutées en plâtre, en cire, etc., pour faciliter l'étude, ou pour avoir la représentation fidèle d'un objet qu'on ne peut conserver. — *Cabinet d'an.*, lieu où l'on conserve une collection de pièces anatomiques naturelles ou artificielles. || Fig., *Faire l'an. d'un livre, d'un discours*, En faire l'analyse critique, rigoureuse et méthodique.
Hist. nat. — L'*An.*, envisagée comme science, étudie tous les êtres organisés, soit végétaux, soit animaux, pour nous faire connaître les organes et les parties élémentaires qui entrent dans la composition de ces êtres, non seulement au point de vue de leur forme, de leur structure, de leurs connexions et de leurs propriétés physiques, mais encore sous celui de leur texture intime, de leurs propriétés chimiques, de leur développement et de leurs altérations. Tous les progrès des sciences zoologiques, physiologiques et médicales se lient

directement à ceux de l'an., car elle est la véritable base des sciences qui ont pour objet les organismes vivants, et l'histoire nous montre, en effet, que l'état de ces derniers et celui de la science anatomique sont toujours dans une correspondance parfaite.
L'an. prend différents noms suivant l'objet particulier qu'elle se propose d'étudier, et suivant le point de vue spécial sous lequel elle envisage cet objet. C'est ainsi qu'on la divise en an. *humaine*, en an. *comparée* et en an. *végétale*.
L'*An. humaine* se subdivise en *An. descriptive, générale* et *pathologique*.
L'*An. descriptive* énumère chaque organe isolément, décrit sa forme, indique sa situation, sa direction, son étendue, sa couleur, ses rapports avec les parties contiguës, étudie sa texture. Les traités ordinaires d'an. descriptive sont habituellement divisés en sept parties : la première, *Ostéologie*, s'occupe des os qui constituent la charpente solide du corps humain ; la seconde, *Arthrologie*, traite des articulations et moyens d'union qui assemblent les os entre eux ; la troisième, *Myologie*, décrit les muscles, c.-à-d. les organes destinés à imprimer aux os, comme à autant de leviers, les mouvements les plus variés ; la quatrième, *Aponévrologie*, décrit les tissus fibreux qui servent à envelopper et à maintenir certaines parties, principalement les muscles ; la cinquième, *Splanchnologie*, étudie les viscères contenus dans les diverses cavités du corps, c.-à-d. les organes de la respiration, ceux de la digestion, l'appareil génito-urinaire ; la sixième, *Angiologie*, expose la structure et la distribution des différents systèmes qui constituent l'appareil circulatoire, c.-à-d. le cœur, les artères, les veines et les lymphatiques ; la septième, *Névrologie*, traite du système nerveux central et périphérique, c.-à-d. de l'encéphale, de la moelle épinière et de leurs annexes, des nerfs encéphaliques et rachidiens, ainsi que de l'appareil nerveux ganglionnaire et des appareils sensoriels. — L'*An. chirurgicale* ou *topographique*, appelée encore *An. des régions*, doit surtout être approfondie par le chirurgien ; car elle lui permet, lorsqu'il plonge son instrument à travers les parties pour en atteindre une en évitant les autres, de le diriger avec autant de sûreté que si tous les tissus étaient transparents. — L'*An. artistique*, qui intéresse principalement les peintres et les sculpteurs, s'occupe spécialement de l'étude des formes extérieures, des différences de relief ou de saillie que présentent le tronc et les membres dans les diverses attitudes.
L'an. *générale* ou *histologie*, créée en France par l'immortel génie de Bichat, étudie au microscope la constitution intime ou cellulaire des tissus. Grâce aux travaux de Ch. Robin, de Kölliker, de Ranvier, etc., l'an. générale a fait aujourd'hui de véritables progrès.
Quant à l'*An. pathologique*, c'est la branche de cette science étudiant les lésions laissées dans l'organisme par les phénomènes morbides. L'an. pathologique a rendu de tels services à l'art médical, qu'aujourd'hui il ne se publie plus un seul traité de pathologie ou de médecine pratique qui ne soit accompagné de l'exposition des lésions anatomiques propres à la maladie dont on parle. Cette branche de l'an. a, en outre, jeté de vives lumières sur une foule de problèmes dont la physiologie cherchait la solution.
La science de l'organisation des animaux considérés dans toutes les classes du règne a reçu le nom d'*An. comparée*, parce qu'elle expose les analogies et les différences qui existent entre les êtres si divers dont l'ensemble constitue le règne animal. L'an. comparée a donné naissance à la *Paléontologie*, science créée au commencement de ce siècle par le génie de G Cuvier. La paléontologie, qui a pour objet d'étude que les débris animaux plus ou moins incomplets trouvés dans les profondeurs de la terre, reconstruit avec ces débris les êtres qui ont vécu sur ce globe à diverses époques toutes antérieures à la présence de l'espèce humaine ; elle nous fait connaître leurs formes plus ou moins bizarres, leurs dimensions souvent gigantesques, leur manière de vivre, etc. La paléontologie est encore le plus puissant auxiliaire de la géologie ; celle-ci n'a même commencé à marcher d'un pas assuré que depuis la création de l'an. des fossiles, et elle lui doit une grande partie des progrès immenses qu'elle a faits dans le cours du XIXe siècle.
En exposant les divisions de l'an. humaine, nous n'avons pas parlé de l'*Embryotomie*, qu'on appelle généralement du nom plus convenable d'*Embryologie*. C'est que l'embryologie, qui, comme l'indique ce terme lui-même, s'occupe de la description de l'embryon aux diverses époques de la vie fœtale, ne saurait être fructueuse ou même possible si l'on sépare l'étude de l'embryon humain de celle de l'embryon

dans les diverses classes d'animaux et surtout de celle de l'embryon des vertébrés.

À l'embryogénie se rattache la *Tératologie*, qui a pour objet l'étude des monstruosités, c.-à-d. des anomalies de conformation que présentent les animaux au moment de la naissance, et qui s'expliquent souvent à l'aide des mêmes lois qui président à la formation des organes durant la vie embryonnaire.

L'*An*., envisagée comme *art*, consiste dans l'emploi des divers procédés à l'aide desquels on sépare les organes les uns des autres, ou les divers éléments qui entrent dans leur composition, afin d'arriver à la connaissance de ces organes et de ces éléments eux-mêmes. La dissection est le procédé le plus communément employé; mais on doit encore, dans une foule de cas, recourir à d'autres moyens, tels que la macération, l'insufflation, l'injection, et même, dans certains cas, l'action des agents chimiques. Les injections se font tantôt avec des liquides colorés, tantôt avec des substances solides, comme la cire qu'on liquifie pour la faire pénétrer dans les tubes ou dans les vaisseaux et qui se solidifie de nouveau par le refroidissement, tantôt avec le mercure. Il existe sur l'an. envisagée comme art, des traités spéciaux, où les élèves trouveront tous les détails nécessaires. — Les pièces anatomiques convenablement préparées peuvent pour la plupart se conserver. Pour cela, on les dessèche, on les vernit, ou bien on les plonge dans un liquide propre à empêcher la fermentation putride. Une collection de pièces semblables constitue un *Museum anatomique* ou un *Cabinet d'an*. Le musée de Hunter à Londres, les musées Orfila et Dupuytren à Paris, ainsi que les importantes collections du Jardin des plantes, peuvent être cités parmi les plus importants.

Pour favoriser l'étude de l'an., on a imaginé de représenter, au moyen de la gravure ou de la lithographie, les différentes parties du corps de l'homme ou des animaux. L'atlas de Bourgery et Jacob est célèbre à cet égard. Quant aux imitations en relief avec du plâtre, de la cire colorée, et d'autres substances plus ou moins convenables, elles ont acquis, aujourd'hui, un haut degré de perfectionnement artistique. Au point de vue de l'étude dans les écoles, ce sont les mannequins d'an. élastique d'Auzoux et les superbes moulages de Talrich et de Baretta qui ont obtenu le plus de succès, dans notre pays du moins. Citons aussi, pour être complet, l'atlas très pratique d'an. iconoclastique de Witkowski, obtenu par le moyen de figures découpées et superposées.

La connaissance de la structure des végétaux est indispensable à celui qui s'occupe soit de la physiologie, soit simplement de la classification de ces êtres. On a donné à cette branche de la botanique les noms d'*An. végétale* ou d'*Organographie végétale*. De Candolle préfère ce dernier. « Le mot an., dit-il, suppose section des téguments et examen des parties internes, tandis que le plus grand nombre des organes des végétaux sont placés à l'extérieur, de sorte que l'an. n'est qu'une branche de l'organographie. » Nous partageons complètement l'opinion de l'illustre botaniste, et en conséquence nous traiterons de l'an. végétale au mot ORGANOGRAPHIE.

Histoire. — Si l'on entend par le terme an. toute connaissance, grande ou petite, de certaines parties de l'organisme animal, on peut dire que l'an. est la plus ancienne et la plus répandue de toutes les sciences. En effet, pour ne pas parler de la pratique égyptienne des embaumements, il est évident que le premier qui dépeça un bœuf ou un mouton pour les usages domestiques, dut y reconnaître des parties bien distinctes. telles que les intestins, le foie, les reins, les poumons, le cœur, le cerveau, etc. Mais lorsqu'on réserve le nom d'an. à la dissection des animaux dans le but de constater la position et la structure des organes, et d'appliquer les connaissances obtenues par ce moyen à l'avancement de la physiologie, de la chirurgie et de la médecine, on doit avouer que l'an. constitue une science relativement toute moderne. C'est dans la Grèce qu'elle prit naissance. Alcméon de Crotone, Empédocle, Démocrite d'Abdère et Hippocrate sont tous cités par les historiens de l'an. comme ayant cultivé cette science avec succès; mais les préjugés religieux s'opposant à ce qu'on ouvrit des cadavres humains, ils avaient été réduits à disséquer des animaux et ils ne pouvaient connaître la structure de l'homme que par analogie. Ainsi on dit qu'Alcméon (520 av. J.-C.) avait reconnu que chez les animaux la tête est la partie qui se développe la première. On attribue à Empédocle (460 av. J.-C.) la découverte de l'amnios, et à Démocrite (430 av. J.-C.) celle des canaux biliaires et des fonctions de la bile. Hippocrate, que tant de siècles ont honoré du nom de père de la médecine, paraît avoir eu, à en juger par ce qui nous reste de ses écrits, peu de connaissances positives

en an. On cite encore plusieurs autres philosophes de la Grèce comme ayant été d'habiles anatomistes; mais leurs noms doivent s'éclipser devant celui d'Aristote. Si l'on fait attention que ce dernier a tout observé par lui-même et que personne ne l'a précédé dans la voie qu'il a suivie, on est forcé d'avouer que son *Histoire des animaux* est le plus magnifique monument qui ait été élevé à la science de la *zoologie* et de l'*an. comparée*, dont on peut le considérer comme le véritable créateur. C'est encore lui qui, en faisant l'histoire des parties similaires du corps ou des éléments organiques, a jeté les premières bases de l'*an. générale*. C'est Aristote également qui, le premier, pour faciliter l'intelligence des descriptions anatomiques, accompagna son texte de figures avec renvois, et créa ainsi l'*iconographie anatomique*. Toutefois il n'est pas certain qu'il ait disséqué des cadavres humains. — Après la mort d'Aristote, ce fut en Égypte, au Muséum d'Alexandrie et sous la protection des Ptolémées, que l'an. s'éleva au plus haut point de splendeur qu'elle ait atteint dans l'antiquité. Proxagoras, qu'on prétend avoir été disciple d'Aristote, alla le premier en Égypte étudier cette science. C'est lui qui donna le nom d'*artères* aux vaisseaux qui partent de l'aorte, et reconnut qu'ils sont le siège du pouls : il les distingua fort bien des veines et constata leur vacuité après la mort. Son disciple Hérophile (320 av. J.-C.) distingua les nerfs des ligaments avec lesquels on les avait confondus, et découvrit qu'ils président aux sensations et aux mouvements. Il a laissé une bonne description du cerveau, et l'on a conservé le nom de *pressoir d'Hérophile* au confluent des sinus de la duremère. Il décrivit les tuniques internes de l'œil, l'os hyoïde et la veine pulmonaire. Il observa l'isochronisme des battements du cœur et des artères, etc. Érasistrate, petit-fils d'Aristote, reconnut le mouvement de systole et de diastole du cœur, suivit les nerfs depuis leur terminaison jusqu'à leur origine, et découvrit les vaisseaux chylifères retrouvés au XVIIe siècle par Aselli. Pline nous apprend qu'Hérophile et Érasistrate s'appliquèrent avec ardeur à chercher dans les dépouilles mortelles du corps humain le siège et les causes des maladies, c.-à-d. qu'ils créèrent l'an. pathologique. Les anatomistes qui succédèrent à ces grands hommes furent loin de les égaler, et il nous faut arriver jusqu'à l'époque de Galien, qui vivait au IIe siècle de notre ère, pour rencontrer un nom digne d'être cité dans l'histoire de la science. Les écrits anatomiques et physiologiques de l'illustre médecin de Pergame témoignent d'immenses recherches et d'une prodigieuse sagacité de la part de leur auteur. Ne pouvant se livrer à l'étude de l'homme luimême, il prit pour sujet de ses dissections les animaux qui s'en rapprochent le plus, c.-à-d. les singes; de là des erreurs inévitables qui ne furent reconnues que plus de 1400 ans plus tard. Après lui, tous les écrits anatomiques grecs, latins ou arabes que nous connaissons, ne furent que la reproduction des ouvrages de Galien et de ses prédécesseurs. La loi de Mahomet, en déclarant impur le simple contact d'un cadavre, proscrivit l'étude de l'an., et cette science ne fut plus qu'une affaire de compilation jusqu'au commencement du XIVe siècle. En effet, ce fut en 1306 que Mondini de Luzzi, professeur à Bologne, disséqua le premier cadavre qui ait été, dans les temps modernes, livré au scalpel des médecins, et, dix ans plus tard, qu'il fit sur deux cadavres de femmes les premières leçons publiques d'an. humaine qui aient été faites avec les objets sous les yeux. L'ouvrage de Mondini, quoique presque entièrement tiré de l'an. de Galien, renferme pourtant quelques observations propres à l'auteur. Pendant deux siècles, il fut regardé comme livre classique. Parmi les hommes qui, durant cette période, cultivèrent avec le plus de succès cette science, nous citerons le célèbre Léonard de Vinci, quoiqu'il ne l'ait envisagée qu'au point de vue de son art. Hunter, ayant eu l'occasion de voir dans la bibliothèque de Georges III des dessins et des descriptions anatomiques de ce grand peintre, reconnut avec étonnement que Léonard de Vinci avait fait une étude approfondie de l'an., et déclara qu'il doit être considéré comme le meilleur anatomiste de son époque.

Au commencement du XVIe siècle, Zerbi, Benedetti, Achillini, Berengario de Carpi, Massa, écrivirent sur l'an. du corps humain; mais telle était encore à cette époque l'autorité de Galien que, lorsque ses descriptions se trouvaient en désaccord avec l'observation du cadavre, on regardait le texte comme corrompu : le fanatisme fut même poussé si loin par Sylvius, qu'il déclara que les hommes sont autrement conformés que ceux du temps de Galien, et que, par exemple, si l'on ne trouve plus que trois pièces au sternum où Galien en décrivit sept, c'est que nos contemporains rabougris n'ont plus ces vastes poitrines des Romains que Galien disséqua. Enfin

ANA

Vésale parut, et, malgré les anathèmes des admirateurs de Galien, il ruina de fond en comble l'autorité de ce dernier. Le grand ouvrage de ce réformateur de l'an. fut publié en 1543. Eustachi, son contemporain et son rival, fit de nombreuses découvertes en an. humaine et s'occupa avec succès d'an. comparée. Après Vésale, Fallopio, Varoli, Ingrassias, Aranzi, Colombo, Botalli et Fabrizio d'Aquapendente firent faire à la science de rapides progrès. Les ouvrages de ce dernier offrent ce.le particularité, imitée par ses disciples, que chaque organe décrit et figuré y est examiné successivement chez l'homme et chez les animaux. C'est à Fabrizio qu'est due la découverte des valvules des veines. — Le mouvement scien.ifique qui avait pris naissance en Italie, se propagea bientôt en Allemagne, en France et dans le reste de l'Europe. Par..i .es anatomistes français du XVIe siècle, on peut citer Jacques Dubois, dit Sylvius, dont nous venons de parler, Ch. Etienne, Rondelet qui se livra avec succès à l'an. comparée, et G. Bauhin. L'amphithéâtre de Montpellier fut élevé par les soins de Rondelet en 1556, et une chaire spéciale d'an. fut fondée dans cette école à la sollicitation de Cabrol. La Faculté de médecine de Paris reçut, en 1576, le droit de prendre les cadavres de tous les suppliciés. Nous devons encore mentionner Servet, né en Espagne; il vint fort jeune en France et étudia l'an. à Paris. Cet anatomiste a décrit fort nettement la petite circulation. Il eût sans doute fait faire de grands pas à la science sans l'implacable inimitié de Calvin, qui ne fit brûler à Genève, en 1553, comme antitrinitaire. En Allemagne, l'an. humaine et comparée fut cultivée par Léonhard. Plat.r et Coïter. — Il paraît que Vésale et Eustachi avaient tous deux fait des recherches particulières sur les alterati ns pathol giques et leurs rapports avec les maladies; le premier ne publia pas son livre, et le second discontinua le sien; mais leurs disciples Coïter et Colombo ne perdirent jamais l' ccasion de consigner dans leurs ouvrages les faits d'an. pathologique que l'occasion leur présentait.

Le XVIIe siè.le compta un grand nombre d'anatomistes éminents. En 1619, l'Ang ais Harvey découvrit et démontra par des preuves irréfragables la circulation du sang. On lui doit également d'admirables recherches sur l'embryogénie. A la déc uverte des vaisseaux chylifères et lymphatiques se rattachent les noms de l'Italien Aselli, du Danois Th. Bartholin, du Suédois O aüs Rudbeck et du Français Pecquet. Marc-Aurèle Severino publia, sous le titre de Zootomia democritea (1645) le premier traité général d'an. comparée. Wepfer, Schneider, Th. Willis et notre compatriote Vieussens firent faire de grands progrès à l'an. du système nerveux. Malpighi, professeur à Bologne et à Pise, appliqua le microscope à l'étude de l'an. humaine et comparée. Le nom de Ruysch, professeur d'an. à Amsterdam en 1665, est devenu populaire, grâce à ses admirables injections dont il emporta le secret dans la tombe. Les noms de Stenon, de Wirsang, de Nuck, de Warton, de Graaf, de Glisson, de Brunner, de Peyer, de K rkring, d'Highmoro, de Cowper, de Tyson, de Meibom, d'Havers, de B.llini, de Borelli, de Pacchioni, etc., sont connus de tous ceux qui se livrent, même d'une manière superficielle, à l'étude de l'an.; mais il nous est impossible d'énumérer tous ceux qui, dans ce siècle, ont rendu quelque service à la science. Un grand nombre d'anatomistes de cette époque, tels que Ruysch, Stenon, Willis, Malpighi, Cabbesi, Martin Lister, Wi u bby, les Français Duvernoy, Littré, Méry, contribu rent par divers travaux aux progrès de l'an. comparée. Le méc n Cl. Perrault, l'architecte du Louvre, mérite également d'être mentionné pour ses recherches sur le cœur des t rtues et les organes respiratoires de la carpe. D ux Hollandais, Leuwenh ek et Swammerdam, nés, le premier en 1638 et le second en 1637, ont rendu des services tout particuliers à la science. Swammerdam se livra avec ardeur à l'étude de la structure des animaux invertébrés et surtout des insectes; nul homme n'a autant fait que lui pour cette branche de l'an. Dé a Ma pighi avait démontré que les insectes respirent au moy.n des trachées; Swammerdam reconnut le système nerveux et t us ce vis ères des insectes les plus petits, tels que le pou C'est .ui qui, le premier, a démontré que chacun des tr us états que l'on désigne sous les noms de l'état simp développe ent de l'état précédent, de la larve ou chenille conte.t, à sous différentes enveloppes, la nymphe ou chrysa.ide q.i, e.le-même à son tour, renferme l'insecte parfait.

La Bib.e de la nature de Swammerdam est encore aujourd'hui un livre inimitable. Leuwenhoeck, à l'exemple de Malpighi, appliqua le microscope à l'étude intime de divers org.nes. Il alt c..naître la composition des fluides animaux et révéla aux observateurs l'existence d'un monde jusqu'alors inaperçu, celui des êtres microscopiques connus sous le nom d'infusoires. Redi, observateur plus judicieux, se signala également dans ce genre de recherches. — Ce fut à la fin de ce siècle que Th. Bonet entreprit de recueillir et de classer la multitude innombrable d'observations relatives à l'an. pathologique qu'avaient procurées des recherches poursuivies pendant plus d'un siècle avec toute l'ardeur qu'inspire une science nouvelle. Le Sepulchretum anatomicum de ce savant laborieux exerça une heureuse influence sur la marche ultérieure de la science.

Au commencement du XVIIIe siècle, tous les préjugés étaient vaincus; les amphithéâtres et les chaires d'an. s'étaient multipliés; il n'existait plus aucune espèce d'entraves pour l'étude de l'an.; aussi le nombre des hommes qui, pendant cette période, se sont fait un nom en cultivant les différentes branches de la science est-il prodigieux. En Italie, on trouve Laurisi, Bianchi, Santorini, Morgagni, auteur du plus admirable ouvrage de son siècle sur l'an. pathologique; Cotugno, qui a donné son nom au liquide encéphalo-rachidien; Fontana, Spallanzani, si célèbre par ses ingénieuses expériences sur divers points de physiologie, en particulier sur la digestion; Moscati, Scarpa, aussi habile anatomiste que grand chirurgien, et Poli, auteur d'un magnifique ouvrage sur les mollusques des Deux-Siciles. — L'Allemagne cite avec orgueil Heister, Weitbrecht, Cassebohm, Lieberkühn, dont les recherches sur les villosités intestinales sont si connues; Walter, Wrisberg, J.-J. Meckel, Sœmmering, Hildebrand et Blumenbach, qui s'est illustré par ses travaux relatifs à l'an. comparée et à l'anthropologie. — La Hollande a produit dans ce siècle deux hommes d'un mérite prodigieux, B. Sigf. Albinus et Camper. Le premier traita l'an. descriptive avec une perfection rare, et l'on doit au second des travaux importants en an. comparée. C'est lui qui a découvert les os longs du squelette des oiseaux sont creusés de cavités dans lesquelles l'air peut pénétrer, de façon à rendre le corps de l'animal spécifiquement plus léger. C'est encore Camper qui a conçu l'idée ingénieuse de distinguer entre elles les différentes races humaines par leur angle facial, c.-à-d. par l'angle que forme la face en se réunissant au crâne. — A la Suisse appartiennent Haller et Ch. Bonnet: Haller, dont l'immense savoir et les innombrables recherches dans toutes les branches des sciences naturelles confondent l'imagination; Bonnet, dont les œuvres ont puissamment contribué à répandre le goût de la science, et qui a toujours considéré celle-ci du point de vue le plus élevé. — L'Angleterre compte aussi plusieurs anatomistes éminents : Douglas, auteur d'une myologie comparée, est le premier qui ait bien décrit le péritoine; Porterfield, Nesbitt, les deux Monro; les frères Will. et J. Hunter, qui par leurs travaux et leur libéralité imprimèrent un vif mouvement à la science anatomique dans leur pays; Cruikshank et Hewson, dont les noms sont inséparables de l'étude du système lymphatique. — La France cite avec estime les noms de Winslow, Lieutaud, Tenon, Sabatier, Desault, Portal, et surtout ceux de Daubenton, à qui revient l'honneur d'avoir fait de l'an. comparée la base de la zoologie, et de Vicq d'Azyr, aussi habile anatomiste que grand écrivain, dont les écrits et les recherches ranimèrent le goût de l'an. comparée qui s'éteignait en France. Le mémoire de ce dernier sur l'analogie qui existe entre les membres inférieurs et supérieurs chez l'homme et les animaux, donne une idée de la supériorité de vues avec laquelle il comprenait la science; mais la mort ne lui permit pas de poursuivre une carrière si bien commencée.

La France, qui pendant le XVIIIe siècle était restée à un rang inférieur sous le rapport des grands travaux anatomiques, se releva tout à coup, et marcha en tête des autres peuples dès les premières années du siècle actuel. En eff.t, ce fut en 1801 que Bichat fit paraître son An. générale appliquée à la physiologie et à la médecine, ouvrage conçu et exécuté avec une telle supériorité que, malgré quelques erreurs de détail, il constitue encore le meilleur traité de pathologie générale que nous connaissions. Cuvier étonna le monde savant en démontrant par des preuves irréfrag es que notre globe a été peuplé de races animales aujourd'h.i éteintes, et en reconstruisant, à l'aide de débris dispersés çà et là, les squelettes et les formes principales des animaux fossiles. Tout le monde sait quelle large part cet illustre naturaliste a prise aux progrès immenses que l'an. comparée a faits depuis un demi-siècle, et quelle impulsion ses magnifiques travaux ont communiquée dans toute l'Europe à toutes les branches de la science. Le nom de son rival, Geoffroy Saint-Hilaire, lui sera toujours associé dans l'histoire de la science.

Les temps contemporains ont aussi contribué aux progrès de l'anatomie : qu'il nous suffise de citer les noms de M. Milne-Edwards, Broca, Gaudry, Cruveilhier, Sappey et Richet, en France, pour prouver que les études anatomiques sont toujours florissantes et estimées dans notre pays.

ANATOMIQUE. adj. 2 g. Qui appartient à l'anatomie. *Préparation an. Travaux, recherches anatomiques.* || *Piqûres anatomiques*, produites dans les dissections, souvent dangereuses à cause des matières virulentes et des microbes de la putréfaction dont la pointe de l'instrument est imprégnée.

ANATOMIQUEMENT. adv. D'une manière anatomique. *Pour un poële, vous décrivez ces blessures trop an.*

ANATOMISER. v. a. Disséquer. *An. un corps.* Peu us. Fig. *An. un livre, un discours*, L'analyser avec sévérité jusque dans ses plus petits détails. = ANATOMISÉ, ÉE. part.

ANATOMISTE. s. m. Qui s'occupe d'anatomie, qui est versé dans l'anatomie. *Ce médecin-là n'est pas an. Le scapel de l'an.*

ANATROPE. adj. 2 g. (gr. ἀνατροπή, renversement). T. Bot. Se dit de l'ovule dans lequel le hile est placé tout près du micropyle, celui-ci étant opposé à la chalaze; il présente sur l'un de ses côtés un renflement linéaire en forme de cordon nommé *raphé*.

ANAXAGORE, philosophe grec, Vᵉ siècle av. J.-C.

ANAXIMANDRE, philosophe grec, mort en 548 av. J.-C.

ANAXIMÈNE DE LAMPSAQUE, l'un des précepteurs d'Alexandre le Grand.

ANAXIMÈNE DE MILET, philosophe de l'école ionienne, VIᵉ siècle.

ANCELOT, littérateur français (1794-1854), membre de l'Académie française et auteur dramatique.

ANCENIS, ch.-l. d'arr. (L.-Inf.). 5,400 hab. Traité entre Louis XI et le duc de Bretagne (1468).

ANCERVILLE, ch.-l. de c. (Meuse), arr. de Bar-le-Duc, 1,900 hab.

ANCÊTRES. s. m. (lat. *antecessor*, qui va devant, qui précède). Ceux de qui on descend. Ne se dit guère que de ceux qui sont au-dessus du degré de grand-père, et qu'en parlant des maisons illustres. *Dégénérer de la vertu de ses an. Marcher sur les traces de ses an.* — *Preuve des an.* Voy. NOBLESSE. || Se dit encore de tous ceux qui ont vécu avant nous, encore que nous ne soyons pas de leur race. *Nos an. nous ont laissé de beaux exemples. Les usages de nos an.*
Syn. — Voy. AÏEUL.

ANCHE. s. f. (gr. ἄγχω, je serre(?); d'après Littré : ancien haut allem. *ancha*, jambe, d'où vx fr. *anche*, tuyau). Languette simple ou double qui vibre par l'action de l'air, et dont les battements sont les agents du son dans certains instruments à vent. || *Jeu d'an.*, Jeu d'orgue composé de tuyaux sont munis d'anches. || *An.* signifie encore le petit conduit par lequel la farine coule dans la huche du moulin. || Chacun des deux montants d'une chèvre.

Phys. — Une *An.* est, en géné., une lame vibrante mise en mouvement par un courant d'air. La plus simple est celle que l'on voit dans l'harmonica à bouche et les accordéons. Elle consiste en une petite lame métallique LL' très mince et très élastique, maintenue ou soudée par l'une de ses extrémités sur une plaque métallique PP de 2 ou 3 millim. d'épaisseur, vis-à-vis d'une ouverture rectangulaire ABCD (Fig. 1). Pour la mettre en mouvement, il suffit de faire arriver un filet d'air sur la plaque vers l'extrémité libre de la lame. Celle-ci entre en vibration. Le son est le même que si la lame vibrait par écartement mécanique, mais il est incomparablement plus intense. On obtient les instruments dont nous avons parlé en disposant sur la même plaque plusieurs lames donnant les différents sons de la gamme. Dans l'har-

monica à bouche, cette plaque est ajustée sur une planchette de bois percée de trous qui conduisent le vent fourni par la bouche devant chaque ouverture de la plaque. Pour l'accordéon et l'orgue expressif, le vent est fourni par un soufflet mû à la main ou à l'aide d'une pédale, et l'air s'échappe par des ouvertures qu'on rend libres au moyen de touches.

L'an. des jeux d'orgue diffère peu de celle dont nous venons de parler, mais elle s'ajuste autrement (Fig. 2). On y distingue deux tuyaux TT' mis bout à bout, un bouchon B qui les sépare, et l'an. A proprement dite, qui traverse le bouchon. L'an. elle-même se compose de trois pièces essentielles (Fig. 3), la rigole R, la languette L et la rasette Z. Le *Rigole* est un tube de métal prismatique, ou demi-cylindre, fermé au bout inférieur, et percé latéralement d'une fenêtre qui établit la communication entre les deux tubes de part et d'autre du bouchon. La *Languette* est la lame vibrante; elle a trois bords libres, le quatrième étant solidement fixé sur la paroi du tube soit avec des vis, soit au moyen d'une soudure. Dans sa position naturelle, la languette forme à peu près la fenêtre, et, pendant qu'elle accomplit ses battements, elle rase par ses trois bords libres les parois de celle-ci. La *Rasette* est une petite tige de métal doublement recourbée à

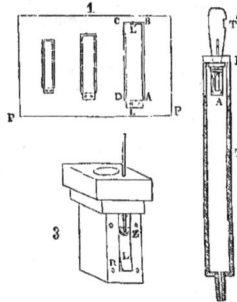

sa partie inférieure qui appuie fortement sur toute la largeur de la languette. Elle glisse à frottement dans le bouchon et sert à changer la longueur de la partie vibrante de la languette, celle-ci ne pouvant vibrer au-dessus de la rasette. Le vent du soufflet pénètre par le pied du tuyau T, presse la languette pour s'ouvrir un passage, traverse la rigole, et sort par le tuyau T'. La languette ainsi écartée pour un instant revient à sa première position en vertu de son élasticité, et accomplit ainsi des vibrations qui se répètent aussi longtemps que dure le courant d'air. La hauteur du son produit dépend du nombre des oscillations qu'exécute la languette dans un temps donné; mais l'ajustement des tuyaux donne au son un timbre et une intensité remarquables. On distingue l'*an. battante* et l'*an. libre.* Dans la première, la languette vient à chaque oscillation *battre* sur les bords de la rigole. L'an. libre, inventée par Grenié en 1810, est celle dont la languette ne touche pas les bords de la rigole, parce qu'elle est plus étroite, mais oscille librement des deux côtés du plan de l'ouverture par laquelle s'échappe le vent : elle produit des sons moins stridents et plus doux que l'an. battante.

Outre les instruments dont nous venons de parler, il en existe encore d'autres qui sont plus spécialement connus sous le nom d'*instruments à an.* Ce sont le Hautbois, le Cor anglais, le Basson, la Clarinette et le Cor de bassette. L'an. des trois premiers consiste en deux languettes de roseau, amincies par l'extrémité qui doit être pressée par les lèvres, et ajustées par l'autre extrémité sur un petit tuyau cylindrique en cuivre, qui s'adapte à l'instrument. L'a. des deux derniers n'est composée que d'une seule languette mince également en roseau qui s'applique à la partie supérieure de l'instrument appelée *Bec*. Le reste de l'instrument est formé par un tuyau dit *de rapport* percé de trous et armé de clefs, qui modifie le son produit par les vibrations de l'an. De plus, l'air qui s'échappe par la fente ainsi laissée de chaque côté contribue encore à faire vibrer la languette. — Les trompettes et les cors proprement dits sont de véritables instruments à an., quoiqu'on ne les range pas ordin. dans cette catégorie; mais ici ce sont les lèvres appliquées fortement contre l'embou-

chure qui remplissent l'office d'anches membraneuses. —
Pour la partie musicale voy. les mots BASSON, CLARINETTE,
COR, HAUTBOIS.

ANCHÉ. adj. m. T. Blas. Se dit d'un cimeterre recourbé.

ANCHEAU. s. m. T. de Mégisserie. Vase à détremper la
chaux.

ANCHER. v. a. Mettre une anche à un instrument.

ANCHIÉTÉA. s. f. T. Bot. Genre d'arbrisseaux du Brésil,
de la famille des *Violariées.* Voy. ce mot.

ANCHIFLURE. s. f. T. Techn. Trou qu'un ver fait à une
douve de tonneau à l'endroit où elle est couverte par le cerceau.

ANCHILOPS. s. m. [On pr. *ankilopse*] (gr. ἀγχι, proche
de ; ὤψ, œil). T. Méd. — On appelle ainsi un petit phlegmon
rouge, douloureux, situé au grand angle de l'œil, et accompagné d'un engorgement des paupières : sa terminaison a
presque toujours lieu par suppuration. — L'ulcère qui succède
soit à l'an. enkysté, soit à l'an. inflammatoire, a reçu le nom
d'*Ægilops* ou *Égilops* (αἰξ, αἰγος, chèvre ; ὤψ, œil). Traitement : cataplasmes émollients boriqués, ouverture au bistouri, cicatrisation de l'ulcère avec le nitrate d'argent ou la
teinture d'iode ; pansements à l'ouate hydrophile.

ANCHIPODE. s. m. T. Paléont. Genre de mammifères
fossiles des terrains tertiaires de l'Amérique du Nord.

ANCHISE, prince troyen, père d'Énée.

ANCHITHÉRIUM. s. m. (gr. ἀγχι, proche ; θηρίον, animal).
T. Paléont. Genre de mammifères fossiles de la famille des
Équidés.

ANCHOIS. s. m. (esp. *anchoa*). T. Icht. Genre de poissons qui a pour type l'*An. vulgaire,* ordre des *Malacoptérygiens abdominaux,* famille des *Clupes.* Les *An.*
diffèrent des *Harengs,* qui font partie de la même famille,
par leur gueule fendue jusque bien au delà des yeux, et par
la largeur de leurs ouïes, qui est aussi plus considérable que
chez les harengs. Les a.a. sont de petits poissons étroits,
allongés et couverts de larges écailles transparentes qui se
détachent avec facilité. Quelques espèces ont le ventre tranchant et dentelé, comme les vrais harengs ; mais chez la

plupart il est simplement arrondi : c'est dans le second de ces
sous-genres que viennent se ranger l'*An. vulg.* et le *Mélet.*
L'*An. vulg.* (Voy. la fig.) a environ 13 centim. de longueur ;
il a le dos brun bleuâtre, tandis que les flancs et le ventre
sont argentés. Le *Mélet* est une espèce plus petite et à profil
moins convexe qui se trouve dans la Méditerranée.

Pendant le printemps et une partie de l'été, on pêche des
quantités innombrables d'an. sur les côtes de la Bretagne et
de la Hollande, sur le littoral de la Méditerranée, et particulièrement en Provence, à Cannes, à Antibes et à Saint-Tropez,
où il se fait un commerce considérable de ce poisson. La pêche
a lieu pendant les nuits obscures et sans lune des mois de
mai, juin et juillet, époque où les an. passent en troupes serrées de l'Océan à la Méditerranée. Elle occupe un grand
nombre de barques qui se tiennent à deux lieues environ des
côtes. Ordinairement les Provençaux pêchent les an. avec des
filets appelés *Rissoles* dont les mailles sont assez serrées.
Ces filets sont placés sur des barques qui se tiennent à distance d'autres bateaux nommés *Fastiers,* lesquels portent
des réchauds sur leur avant. Les fastiers font brûler de petites branches de bois résineux bien sec qui jettent une vive
lueur. Les an., attirés par la lumière, entourent les bateaux
fastiers, et les autres barques lancent à la mer les rissoles,
qu'elles traînent de manière à cerner complètement les barques
éclairées. Ces préparatifs terminés, les pêcheurs agitent l'eau

à l'aide de leurs rames ; ils éteignent les feux, et les poissons
effrayés vont se jeter dans les filets. Dès que les pêcheurs
sont sur le rivage, on voit accourir leurs femmes et leurs enfants qui s'empressent de couper la tête aux an., d'enlever les
viscères de ce poisson, puis de laver à plusieurs eaux le tronçon et la queue ; après quoi on dispose par lits, dans de petits
barils, les an. ainsi préparés, en ayant soin de séparer chaque
lit de poisson par un lit de sel écrasé en poudre assez fine,
et rougi avec de l'ocre. On *alite* jusqu'à trois fois, c'est-à-dire,
on fait trois saumures avant de livrer les an. au commerce.
Lorsqu'ils sont convenablement préparés, ils peuvent se conserver plus d'une année, et leur chair est un des assaisonnements les plus agréables pour beaucoup d'aliments. Ils sont
surtout employés en hors-d'œuvre. Cette manière de préparer les an. est fort ancienne ; les Grecs et les Romains la connaissaient. L'an. entrait, en outre, dans la composition du
garum et de l'*acetogarum* de ces derniers.

ANCHOITÉ, ÉE. adj. Se dit des sardines préparées à la
manière des anchois.

ANCHOMÈNE. s. m. (gr. ἀγχόμενος, étranglé). T. Entom.
Genre de coléoptères de la famille des *Carabiques.*

ANCHUSE. s. f. (gr. ἄγχουσα). T. Bot. Genre de plantes
souvent désigné sous le nom de *Buglosse,* de la famille des
Borraginées. Voy. ce mot.

ANCHYLOSTOMASIE. s. f. Voy. ANKYLOSTOMASIE.

ANCIEN, ENNE. adj. (lat. *ante,* auparavant). Qui subsiste
depuis longtemps. *Cette loi est fort ancienne. Une famille
très ancienne. Ancienne amitié.* || Qui exerce depuis long-
temps une charge, un emploi, une profession. *Un an. magistrat. C'est un des plus anciens négociants de Paris.* — Se
dit également des personnes qui ne sont plus en charge, qui
n'exercent plus une profession. *C'est un an. juge. L'an.
maire.* || Qui n'existe plus depuis longtemps. *Les anciens
Grecs. Les anciens Romains. L'usage an. Etudier les langues anciennes.* — Par oppos. à nouveau et à moderne, on
dit : L'*An.* et le *Nouveau Testament. L'ancienne Grèce et
la Grèce moderne.* || S'emploie subst. en parlant de ceux qui
ont vécu en des siècles fort éloignés de nous ; mais on ne se
sert guère de ce terme que pour désigner les Grecs et les Romains, et principalement les écrivains de ces deux nations.
*Chez les anciens on faisait autrement. Les anciens
avaient la coutume. Il faut étudier les anciens.* — Mais
quand on veut parler d'un autre peuple, on est obligé de le
nommer, et alors le mot an. est pris adj. *Les anciens
Juifs. Les anciens Germains.* || Se dit aussi subst. des per-
sonnes âgées quand on les met en opposition avec d'autres
qui sont plus jeunes. *Les anciens du village. Je suis votre
an.* — Fam. et pop. : *Bonjour, mon an.* || S'emploie encore
subst. comme T. de dignité, en parlant de certains peuples
de l'antiquité, parce que dans le principe on choisissait les
vieillards pour former le conseil de la nation. *Les anciens du
peuple d'Israël.* Voy. SANHÉDRIN. — Par anal., les protestants donnent le titre d'*Anciens* aux personnes qu'ils élisent
pour composer le consistoire, conjointement avec les ministres
ou pasteurs || *An.* se dit encore, soit adject., soit subst., de
celui qui est le premier en date dans un emploi, dans une
charge, dans une compagnie. *C'est au plus an. en charge
à porter la parole. Dans l'armée, à grade égal, c'est le
plus an. officier* ou simplement *le plus an. qui commande.*
|| T. marine. forestière. On appelle *Anciens* les arbres ré-
servés qui ont plus de trois fois l'âge du taillis, par oppos.
à *Moderne* qui sert à désigner les arbres de deux ou trois
âges seulement. *Les arbres anciens, les modernes et les
baliveaux de l'âge du taillis seront marqués du marteau
à la hauteur et de la manière qui seront déterminés
par l'Administration.*

Syn. — *Vieux, Antique.* — En parlant des choses, *vieux*
se dit des choses qui tombent en désuétude, *an.* de celles dont
l'usage est entièrement passé, et *antique* de celles dont l'existence remonte bien avant dans les siècles. Ces trois termes
diffèrent donc l'un sur l'autre. En conséquence, *vieux* est
l'opposé de *récent, an.* de *nouveau,* et *antique* de *moderne.* — Dans une autre acception, le mot *vieux* désigne
l'état de ce qui est usé, de ce qui tombe en vétusté, en décadence. Le terme *an.* ne peut jamais se prendre dans ce
sens ; il sert uniquement dans ce qui n'est plus en
usage ; et, sous ce rapport, il est synonyme du mot *antique.*

Hist. — Le *Conseil des Anciens* formait avec le *Conseil* *des Cinq-Cents* le corps législatif établi par la constitution de l'an III (28 octobre 1795).

ANCIENNAT. s. m. Institut des *anciens* dans l'Église protestante.

ANCIENNEMENT. adv. Autrefois, dans les siècles passés. *An. on vivait d'une autre manière.*

Syn. — *Jadis, Autrefois.* — Ces trois mots désignent le temps passé ; *an.* se dit d'une époque très éloignée ; *jadis*, d'un temps plus rapproché, moins avant dans les siècles, et *autrefois*, d'une époque encore plus voisine de nous. Indépendamment de cette différence dans la graduation des temps, il en existe une autre entre ces termes, par rapport à leur emploi : *an.* est plus usité dans la conversation ou le style familier, *jadis*, dans la poésie et la légende, *autrefois*, dans la narration sérieuse et dans l'histoire.

ANCIENNETÉ. s. f. Qualité de ce qui est ancien. *L'an. d'une loi, d'une famille, d'un titre. Ces usages sont vénérables par leur an.* || Priorité de réception dans une compagnie, dans un corps. *Ils marchent par rang d'anc. Il doit son avancement à l'anc. et non à la faveur.* = DE TOUTE ANCIENNETÉ. loc. adv. Depuis un temps immémorial. *Cela s'est fait de toute anc.*

ANCILE. s. m. (lat. *ancile*). T. Ant. rom. Bouclier sacré qu'on conservait à Rome et qui, disait-on, était tombé du ciel pendant que le roi Numa offrait un sacrifice.

ANCILLAIRE. adj. 2 g. (lat. *ancilla*, servante). Qui a rapport aux servantes.

ANCILLAIRE. s. f. T. Zool. Genre de Mollusques gastéropodes dont les coquilles très rares sont recherchées des amateurs. Famille des *Buccinoïdes.*

ANCILLON, descendant d'une famille de protestants français réfugiés en Prusse (1764-1837), composa plusieurs ouvrages de littérature, de philosophie et de politique.

ANCIPITÉ, ÉE. adj. (lat. *anceps*). T. Bot. Se dit de tout support comprimé de manière à présenter deux bords tranchants : ainsi, les pétioles, les hampes, les tiges, les pédoncules, etc., peuvent être dits *Ancipités.*

ANCOLIE. s. f. T. Bot. Genre de plantes (*Aquilegia*) de la famille des *Renonculacées.* Voy. ce mot. Belle fleur.

ANCONÉ. s. m. T. Anat. Muscle du coude allant de la tubérosité externe de l'humérus au côté externe de l'olécrâne et au bord postérieur du cubitus.

ANCÔNE, ville d'Italie, port sur l'Adriatique, 45,000 hab. Fut prise par les Français en 1797 ; ils y soutinrent en 1799 un siège célèbre.

ANCRAGE. s. m. T. Mar. Lieu propre et commode pour ancrer. Aujourd'hui on dit ordin. *Mouillage.* || *Droit d'an.,* Prix qu'on paye pour avoir la faculté d'ancrer ou de mouiller dans certains ports.

ANCRE. s. f. (lat. *anchora*). T. Mar. Instrument de fer qui, étant jeté au fond de la mer, s'y accroche, et sert à retenir les bâtiments. *Se tenir à l'an. Perdre ses ancres.* S'emploie aussi en aéronautique. L'an. est le symbole de l'espérance. || Fig., *C'est notre an. de salut,* C'est la seule personne ou la seule chose qui puisse nous sauver. = s. m. T. Horlog. Voy. pas bas.

Archit. — On donne le nom d'*An.* à une grosse barre de fer qu'on fait passer dans l'œil d'un tirant, pour empêcher soit l'écartement des murs, soit la poussée des voûtes, et dont on se sert également pour maintenir les tuyaux de cheminée fort élevés, etc. Cette barre présente ordin. la forme d'une S ou d'un T, et d'autres fois celle d'un X ou d'un Y. — On désigne encore sous ce nom une sorte d'ornement qui sert à décorer certaines moulures. Voy. MOULURE.

Marine. — Dans sa forme la plus ordinaire, l'*An.* consiste en une barre droite A B (Fig. 1), appelée *Verge* ou *Tige*, qui se termine par deux *Bras* BC, BD, supportant les plaques triangulaires CE, DF, nommées *Pattes.* L'extrémité E ou F, taillée en pointe, porte le nom de *Bec.* La portion de la patte qui, de chaque côté, dépasse le corps du bras sur lequel elle

est soudée, a reçu le nom d'*Oreilles :* ces oreilles déterminent la largeur des pattes. Le point B où les bras se soudent à la verge est le *Collet*, l'*Encolure* ou la *Croisée* de l'ancre. Parfois on désigne sous le nom de *Croisée* la ligne droite qui mesure la distance des deux becs. La forme anguleuse déterminée par le prolongement inférieur de la verge, et qui finit en pointe H forgée à facettes, s'appelle le *Diamant.* L'extrémité supérieure de la verge est percée d'un *œillet* où passe un anneau nommé *Organeau* ou *Cigale*, auquel s'attache le câble qui sert à enlever et à suspendre l'an. Au-dessous de l'œillet, un premier tenon, et un peu plus bas, un second tenon, limitant un espace carré dans lequel vient se fixer solidement une pièce de bois nommée *Jas* ou *Jouail.* Cette partie de la verge porte la dénomination de *Carré.* Le jas K L est le plus souvent formé de deux pièces de chêne cerclées ensemble : il forme un angle droit avec le plan des pattes et est un peu plus long que la tige. Quand on emploie un câble de chanvre pour suspendre l'an., l'anneau auquel on l'attache est d'abord recouvert de toile à voile goudronnée, puis de morceaux de cordage solidement fixés : c'est ce qu'on appelle *mettre une emboudinure;* le but de cette opération est d'empêcher le câble de s'user en frottant contre le fer de l'anneau. Avec une chaîne de fer ou un câble d'acier, on est dispensé de cette précaution.

Il importe peu, lorsqu'on laisse tomber l'an. de l'avant ou du côté d'un navire, que la verge soit verticale ou horizontale au moment où elle entre dans l'eau ; dans tous les cas, elle est située verticalement quand elle arrive au fond de la mer, ce qui tient à la résistance que le jas éprouve de la part de l'eau ; alors elle s'incline, et pose d'une part sur la croisée, de l'autre sur une oreille, et enfin sur une

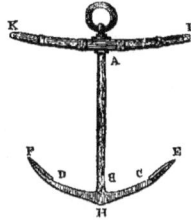

Fig. 1.

des extrémités du jas. Mais l'action du câble tend à faire tomber le jas à plat : dans cette position, l'un des becs pique le fond et y pénètre plus profondément à mesure que le câble se raidit, jusqu'à ce que le bras se trouve enterré en tout ou en partie (Fig. 2). La sécurité du navire dépend de la manière dont la patte de l'an. mord le fond. On a calculé que le maximum d'effet a lieu lorsque le bras de l'an. fait avec le fond un angle de 45°, le fond et le câble étant supposés horizontaux.

On fabrique les ancres avec de larges barres de fer que l'on forge ensemble, les diverses parties de l'an. sont fabri-

Fig. 2.

quées séparément, et on les soude ensuite. On a proposé d'autres formes d'ancre pour éviter, d'une part, l'encombrement à bord qui résulte de la disposition à angle droit du jas et des pattes ; d'autre part, l'inconvénient qui peut résulter pour d'autres navires du bras non enterré quand la profondeur de l'eau est très faible. Dans l'ancre *Trotmann*, les pattes tournent autour d'un axe parallèle au jas, de sorte que, quand l'une des pattes s'enfonce, l'autre vient s'appliquer sur la verge. Dans l'ancre *Martin* les deux pattes sont mobiles séparément et s'enfoncent toutes les deux dans le sol. — Chaque navire a plusieurs ancres de poids divers. La *maîtresse an.*, appelée encore *grande an.* et autrefois *an. de miséricorde*, est gardée en réserve sans être *enjalée* (sans avoir son *jas*) dans la cale. Les vaisseaux de guerre et les forts bâtiments portent deux grosses ancres de dimension égale à l'avant du navire. Elles sont suspendues aux *bossoirs*, et sont toujours prêtes à être *mouillées* : on les appelle *ancres de bossoirs* ou *de poste*. Deux autres ancres plus petites, appelées *ancres de veille*, sont encore toujours prêtes à être jetées à la mer : elles sont placées le long du porte-haubau de misaine. De plus on embarque de petites ancres dites *à jet*, qu'on porte au large avec la chaloupe lorsqu'on veut se *touer* ou *s'affourcher*. Enfin, il y a des ancres que l'on appelle *borgnes*, parce qu'elles n'ont qu'une seule patte; un simple anneau remplace la branche opposée; on s'en sert dans les mouillages où la mer a peu de profondeur, parce que les vaisseaux pourraient être endommagés s'ils passaient sur la seconde patte d'une an. ordinaire. — *Lever l'an.*, c'est l'arracher du fond, lorsqu'on veut appareiller. Pour cela, on vire au cabestan sur le câble qui retient l'an.; le navire s'approche peu à peu du point de mouillage, et lorsqu'il est à pic, il suffit ordinairement de donner un bon coup de force au cabestan pour faire pirouetter la verge de l'an. autour de la patte et de la faire déraper. Dès que l'an. est dérapée, on la hisse par son câble à l'aide du cabestan, ou à force de bras.

Horlog. — *Ancre.* s. m. Pièce d'horlogerie qui affectait primitivement la forme d'une ancre et qui sert à laisser échapper une dent du rouage à chaque oscillation du balancier. On la construit généralement en acier; elle s'applique aussi bien aux horloges à balanciers qu'aux montres à ressorts. Les horlogers font le mot *ancre* masculin. Voy. Échappement.

ANCRER. v. n. Jeter l'ancre. *Ils trouvèrent le mouillage bon et y ancrèrent.* Aujourd'hui on dit *Mouiller.* = s'Ancrer, v. pron. Fig. et fam. *S'an. dans une place, dans un emploi, dans une maison.* S'y établir d'une manière solide et durable = Ancré, ée. part. S'emploie adj. au prop. et au fig. *Vaisseau bien an. Il est an. dans cette maison. Cette idée est bien ancrée dans sa cervelle.*

ANCRURE. s. f. Techn. Pli qui se fait au drap que l'on tond quand il a été mal tendu. || Barreau de fer que l'on passe dans l'anneau d'un tirant pour s'opposer à la poussée des voûtes.

ANCUS MARTIUS, 4ᵉ roi de Rome (641-617 av. J.-C.).

ANCY-LE-FRANC, ch.-l. de c. (Yonne), arr. de Tonnerre, 1,300 hab.

ANCYRE, ville d'Asie Mineure (*Angora*).

ANDA. s. m. T. Bot. Genre d'arbres de la famille des *Euphorbiacées.* Voy. ce mot.

ANDABATE. s. m. (ἀντί, en face; βαίνω, je marche). T. Ant. rom. Gladiateur qui combattait à cheval les yeux bandés.

ANDAILLOT. s. m. T. Mar. Petit cerceau disposé en forme d'anneau sur la ralingue des voiles triangulaires.

ANDAIN. s. m. (ital. *andare*, marcher). L'étendue de pré qu'un homme peut faucher à chaque pas qu'il avance.

ANDALOUSIE, province d'Espagne, arrosée par le Guadalquivir, dominée par la Sierra Nevada, la Sierra Morena et les Alpujarras. Sous les Romains, elle se nommait Bétique. Les Arabes l'ont occupée pendant 700 ans depuis l'an 711; Cordoue était leur capitale. L'Andalousie forme actuellement 8 divisions administratives : sa surface est de 86,687 k. c. et sa population de 3,375,000 hab. Villes princ. : Séville, Cordoue, Grenade, Almeria, Malaga, Cadix, Jaën. Nom des hab. : Andalous, ouse. Les Andalouses sont réputées pour être les plus jolies femmes de l'Europe et les plus passionnées.

ANDAMAN (Iles d'), archipel du golfe de Bengale (Asie) (aux Anglais). 6,500 k. c. C'est un lieu de déportation.

ANDAMENTO. s. m. T. Mus. Indique dans une fugue un sujet répété et un peu long. || Adj. ou adv. Mus. Marque un mouvement régulier et calme.

ANDANTE. adv. (ital. *andare*, aller). T. Mus. Mot ital.

qui, mis au commencement d'un morceau, indique un mouvement modéré, mais d'un rythme sensible. *Ce morceau doit être joué an.* || S'emploie comme subst. mase. pour désigner le morceau qui doit être joué dans ce mouvement. *La plus belle partie de cette symphonie, c'est l'an.* — Quelques personnes prononcent à l'italienne *Andanté.*

ANDANTINO. adv. T. Mus. Ce terme indique un mouvement plus lent que le mot *Andante*, dont il est le dimin.

ANDELLE, rivière de France, affluent de gauche de la Seine. || *Bois d'andelle*, bois de hêtre très estimé comme bois à brûler qu'on récolte en Normandie, près de la rivière d'Andelle, petit affluent de la Seine.

ANDELOT, ch.-l. de c. (Haute-Marne), arr. de Chaumont, 1,000 hab. Traité conclu en 587 entre les rois francs Contran et Childebert II.

ANDELYS (Les), ch.-l. d'arr. (Eure), sur la Seine, 6,000 hab., patrie du Poussin.

ANDERMATT, village du canton d'Uri.

ANDERNACH, v. de la Prusse rhénane, sur le Rhin, 5,700 hab.

ANDERSEN, poète danois (1805-1875).

ANDES ou **CORDILLÈRES,** montagnes de l'Amérique méridionale, longeant la côte de l'Océan Pacifique sur une longueur de 7,575 kil. Elles couvrent une superficie de 2 millions de k. c. Leurs plus hauts sommets, l'Aconcagua et le Mercedario, atteignent 6,834 et 6,798 mètres. La hauteur moyenne est de 3,600. Nombreux volcans; neiges éternelles.

ANDIRA. s. m. Genre de plantes arborescentes de la famille des *Légumineuses.* Voy. ce mot.

ANDOCIDE, orateur athénien (Vᵉ siècle av. J.-C.).

ANDOLSHEIM, anc. ch.-l. de c. (Haut-Rhin), arr. de Colmar, 1,050 hab. (à l'Allemagne depuis 1871).

ANDORRE, petite république, placée sous le protectorat de la France et de l'Espagne, située dans les Pyrénées, sur le versant méridional, dans le bassin de la Sègre. Elle a une superficie de 480 kil. c. et une population de 18,000 hab. Date de Charlemagne (790) qui récompensa ses citoyens en leur accordant l'indépendance. Beaux pâturages.

ANDOUILLE. s. f. (bas lat. *inductilis*, boudin, de *inducere*, mettre dedans). Boyau de porc, rempli, farci d'autres boyaux ou de chair hachée du même animal. *Une grosse an. Andouilles fumées.* || Tech. Feuilles de tabac roulées dont on forme les carottes. || Papet. Pâtons adhérents à la feuille de papier. || Terme de mépris.

ANDOUILLER. s. m. T. Vén. Ramification que présente le bois du cerf. *Il a été blessé d'un coup d'an. Les andouillers d'un cerf.* Voy. Cerf.

ANDOUILLETTE. s. f. Petite andouille.

ANDRACHNE. s. m. (gr. ἀνδράχνη). T. Bot. Genre de plantes dont les feuilles charnues ressemblent à celles du pourpier. Famille des *Euphorbiacées.*

ANDRÉ (Saint), un des douze apôtres, fêté le 30 novembre. || *Croix de Saint-André*, croix en forme d'X.

ANDRÉ (Le Père), philosophe français (1675-1764).

ANDRÉ, nom de trois rois de Hongrie; André II (1205-1235) prit part à la 5ᵉ croisade.

ANDRÉACÉES. s. f. pl. T. Bot. Petite famille de la classe des Mousses ne comprenant que le genre *Andrea*. Ce sont des plantes brunes ou rougeâtres, muscoïdes et ramifiées, rmeurs imbriquées pourvues ou dépourvues de côtes. Les anthéridies occupent, mêlées de paraphyses, le sommet des branches mâles et s'ouvrent au sommet en plusieurs valves à spores. Sporange s'ouvrant longitudinalement en quatre valves égales dont les sommels sont toujours maintenus ensemble par un opercule persistant. Pas de péristome. Spores entourant une columelle centrale en formant une assise en forme de cloche.

(Fig. 1. *Andreæa nivalis* de grandeur naturelle. 2. La même grossie. 3. Sporange dont la coiffe est déchirée. 4. Le même après la sortie des spores. 5. Columelle avec quelques spores qui y adhèrent. — 6. *Andreæa rupestris* très grossie. 7. Ses anthéridies et ses paraphyses en forme de filaments.) Les *An.* croissent sur les rochers dans les lieux froids jusqu'à la limite des neiges éternelles.

ANDREA DEL SARTO, célèbre peintre florentin (1488-1530).

ANDRÈNE. s. f. T. Ent. Genre d'hyménoptères de la famille des *Andrenettes*.

ANDRENETTES. s. f. pl. T. Entom. Famille d'insectes hyménoptères.

Entom. — La famille des *Mellifères* a été divisée par Latreille en deux sections : les *Andrenelles* et les *Apiaires*. — D'après Latreille, les caractères distinctifs des insectes qui composent cette section sont : 1° languette trifide à lobe intermédiaire en forme de cœur ou de fer de lance, plus court que sa gaine; 2° mandibules simples, terminées au plus par deux denticules; 3° palpes labiaux de quatre articles, ressemblant aux maxillaires : ces derniers toujours formés de six articles. Les *An.* ne se composent que de deux sortes d'individus, c.-à-dire qu'il n'existe pas de neutres ou d'ouvrières parmi elles. Les femelles ramassent, avec les poils de leurs pattes postérieures, la poussière des étamines et en composant avec un peu de miel une pâtée pour nourrir leurs larves; elles creusent dans la terre, et souvent dans les lieux battus, des trous assez profonds où elles placent cette pâtée avec un œuf,

et forment ensuite l'ouverture avec de la terre. — La division des *And.* se compose de cinq genres. Les hyménoptères des genres *Andrène* et *Dasypode* ont la languette semblable à un fer de lance et repliée sur le côté supérieur de sa gaine; mais les *Dasypodes* (Fig. 1. *Dasypode hirtipède*) se distinguent des andrènes (Fig. 2. *Andrène funèbre*) par des tarses plus velus. Les ailes supérieures, dans ces deux genres,

Fig. 1.   Fig. 2.

n'ont que deux cellules cubitales. — Chez les *Sphécodes* (Fig. 3. *Sphécode gibbeux*) et chez les *Halictes* (Fig. 4. *Halicte à pattes jaunes*), la languette est droite ou un peu courbée en dessous à son extrémité. Quelques espèces de ces deux genres habitent notre pays. Les Sphécodes sont des hyménoptères parasites qui pondent leurs œufs dans le nid de

Fig. 3.   Fig. 4.

quelques espèces de Mellifères récoltantes, et dont les larves se nourrissent avec la pâtée destinée aux larves des propriétaires légitimes. Walckenaër nous a révélé les habitudes curieuses de deux espèces d'Halictes, l'*H. écaphose* et l'*H. perceur*. Le premier, qui se rencontre aux environs de Paris, construit dans les terrains sablonneux une galerie dont la

Fig. 5.   Fig. 6.

direction forme un angle aigu avec le niveau du sol. Cette galerie, qui s'infléchit à l'extrémité opposée à son ouverture, se termine par une voûte de 6 centim. de diamètre sur 9 centim. environ de profondeur. Quoique plusieurs individus se réunissent pour construire cette excavation qui leur sert de demeure commune, c'est un travail énorme pour des insectes qui n'ont au plus 13 millim. de long. Mais ce qu'il y a de plus curieux dans cet édifice souterrain, c'est l'innombrable quantité de piliers qui en soutiennent la voûte et dont l'ensemble constitue un labyrinthe inextricable. Le nid de l'écaphose est composé de petites cellules en terre ayant une forme assez semblable à celle d'une cornue renversée. C'est dans ces cellules que la femelle dépose la pâtée céro-mielleuse destinée à nourrir la larve. Celle-ci est apode et se change en nymphe sans filer de coque. L'*H. perceur* a des habitudes analogues, mais ses constructions souterraines sont bien moins remarquables. — Les *Hylées* et les *Collètes* ont le lobe moyen de la languette évasé à son extrémité et en forme de cœur; mais les premières (Fig. 5. *Hylée marquée*) ont le corps glabre et leurs ailes supérieures n'offrent que deux cellules cubitales complètes, tandis que les secondes (Fig. 6. *Collète hérissée*) ont le corps velu et les ailes supérieures présentant trois cellules cubitales complètes.

ANDRÉOSSI, ingénieur français, créateur avec Riquet du canal du Languedoc (1633-1688). Son arrière petit-fils fut général et ambassadeur sous le premier empire (1761-1828).

ANDRIEUX, poète français (1759-1833).

ANDRINOPLE, v. de la Turquie d'Europe, restaurée et agrandie par l'empereur Adrien (II⁰ siècle ap. J.-C.) qui lui donna son nom Ἀδριανόπολις, ville d'Adrien ; 150,000 hab.; ch.-l. d'un vilayet. Traité de 1829 entre les Turcs et les Russes. || *Rouge d'Andrinople*, Teinture rouge obtenue au moyen de la garance, qui était déjà célèbre du temps d'Alexandre. -- ANDRINOPLE. s. m. Étoffe de coton teinte en rouge par la garancine artificielle.

ANDROCÉE. s. m. (gr. ἀνήρ, ἀνδρός, homme; οἰκία, maison). T. Bot. Ensemble des étamines d'une fleur.

ANDROCLÈS, esclave romain qui, livré aux bêtes dans le Colisée, fut épargné par un lion auquel il avait autrefois enlevé une épine.

ANDROCTONE. s. m. (gr. ἀνήρ, ἀνδρός, homme; κτείνω, je tue). T. Zool. Genre de *Scorpions*.

ANDROGYNE. s. m. et adj. 2 g. (gr. ἀνήρ, ἀνδρός; γυνή, femme). T. Zool. et Bot. Qui tient des deux sexes. Voy. HERMAPHRODITE.

Mythol. — La mythologie grecque avait imaginé une race humaine qui était à la fois homme et femme, et qui, en conséquence, avait reçu le nom d'*And*. Ces androgynes avaient, suivant Platon, leurs épaules et leurs côtés attachés ensemble, quatre bras, quatre jambes, et une seule tête à deux visages parfaitement semblables, qui était supportée par un cou également unique. Ces êtres bizarres étaient pleins de force et d'intelligence ; mais leur orgueil les perdit. Ils résolurent d'escalader l'Olympe pour en chasser les Dieux, et furent punis de leur audace par Jupiter, qui les coupa en deux afin de les affaiblir. Dès lors, chaque and. forma deux moitiés unisexuelles qui se recherchent avec une ardeur constante, afin de s'unir pour reconstituer leur unité primitive.

ANDROGYNIE. s. f. T. Bot. Réunion des deux sexes, soit sur un même individu, soit dans le même périanthe. Ce terme est donc syn. de *Monœcie* dans le premier cas, et d'*Hermaphroditisme* dans le second. Peu usité.

ANDROÏDE. s. m. (gr. ἀνήρ, ἀνδρός; εἶδος, apparence). Automate qui a la figure humaine et reproduit les mouvements du corps humain. Voy. AUTOMATE.

ANDROMAQUE, veuve d'Hector ; après la prise de Troie et la mort de son fils Astyanax, elle devint la femme de Pyrrhus, fils d'Achille.

ANDROMÈDE, fille de Céphée et de Cassiopée, fut attachée par ordre de Neptune à un rocher, pour être dévorée par un monstre marin. Persée la délivra. Mythol.

ANDROMÈDE. s. f. T. Astr. Constellation boréale. || T. Bot. Genre de plantes de la famille des *Éricacées*. Voy. ce mot.

ANDRON. s. m. (gr. ἀνδρών, de ἀνήρ). T. Antiq. Appartement des hommes dans les maisons grecques. || Galerie entre deux cours chez les Romains. || Côté réservé aux hommes dans les églises grecques.

ANDRONIC I⁰ʳ, Comnène, empereur d'Orient (1183-1185), fut détrôné par Isaac l'Ange. || ANDRONIC II, *Paléologue* (1282-1328), laissa ravager l'empire par les Turcs. || ANDRONIC III, *le Jeune* (1328-1341), résista aux Turcs. || ANDRONIC IV, *Paléologue*, détrôna son père Jean V et fut aussitôt renversé (1377).

ANDRONICUS (LIVIUS), poète latin, fit le premier représenter à Rome une pièce régulière, vers 240 av. J.-C.

ANDRONITIS. s. m. (gr. ἀνήρ, ἀνδρός). T. Antiq. grecq. La partie de la maison qui était réservée aux hommes.

ANDROPHORE s. m. (gr. ἀνήρ, ἀνδρός; φέρω, je porte). T. Bot. Support des *étamines*. Voy. ce mot.

ANDROPOGON. s. m. (gr. ἀνήρ, ἀνδρός; πώγων, barbe). T. Bot. Genre de *Graminées*, nommé vulgairement *Barbon*. Voy. GRAMINÉES.

ANDROS, île de Grèce, une des Cyclades.

ANDROSACE et **ANDROSELLE**. s. f. (gr. ἀνήρ, ἀνδρός;; σάκος, bouclier). T. Bot. Genre de plantes de la famille des *Primulacées*. Voy. ce mot. || Espèce d'Agaric. || Genre d'Algue nommé aussi *Acetabulaire*.

ANDROSÈME. s. m. (gr. ἀνήρ, ἀνδρός; αἷμα, sang). T. Bot. Genre de plantes de la famille des *Hypéricinées*.

ANDROUET DU CERCEAU, architecte français (XVI⁰ siècle).

ANDUJAR, v. d'Espagne, en Andalousie, près du Guadalquivir; 14,000 hab.

ANDUZE, ch.-l. de c. (Gard), arr. d'Alais, 3,900 hab.

ÂNE. s. m. (lat. *asinus*). Mammifère de l'ordre des *Pachydermes*, famille des *Solipèdes*; bête de somme connue de tout le monde, et dont les oreilles ainsi que le caractère ont donné lieu à une foule de phrases proverbiales. *Bâter un â*. *Monter sur un â*. *Transporter à dos d'â*. || Fig. et fam., Esprit lourd et grossier; homme ignorant. *C'est un â*, *et il ne sera jamais qu'un â*. *C'est un â. bâté*, C'est un homme fort ignorant. — *Être têtu comme un â*., Être entêté, opiniâtre. — *Être méchant comme un â. rouge*, Être fort malicieux. — *Il est sérieux comme un â. qu'on étrille*, Il affecte la gravité. — *C'est l'â. du moulin*, C'est sur lui que tout retombe. — *C'est le pont aux ânes*, C'est une chose si commune et si triviale que personne ne peut l'ignorer ; ou cela est si facile que tout le monde peut y réussir. || *Contes de peau d'âne*, Petits contes pour l'amusement des enfants. On les nomme ainsi par allusion au conte de Perrault dont l'héroïne s'appelle *Peau d'âne*. || Le mot *Âne* entre dans une foule de proverbes. Voici les plus usités : *A laver la tête d'un â, on perd sa lessive*, C'est perdre son temps et sa peine que de vouloir instruire ou corriger une personne stupide et incorrigible. *On ne saurait faire boire un â. qui n'a pas soif*, On ne saurait obliger une personne entêtée à faire ce qu'elle ne veut pas. *Il cherche son â*., *et il est dessus*, se dit de quelqu'un qui cherche ce qu'il a sur lui ou entre les mains. *Les chevaux gagnent les bénéfices et les ânes les attrapent*, Les hommes à talent méritent les emplois, et les ignorants ou les intrigants les obtiennent. *Nul ne sait mieux que l'â. où le bât le blesse*, C'est celui qui est gêné qui sait le mieux d'où vient son embarras. *Il y a plus d'un â. à la foire qui s'appelle Martin*, se dit en parlant à ceux qui se trompent sur l'équivoque d'un nom. *Brûler un â. par la queue*, Faire une chose de travers. *Faute d'un point, Martin perdit son â*., Faute de la plus petite chose, on échoue souvent dans ce que l'on a entrepris. || *Oreilles d'â*., Cornets de papier qu'on attache à la tête d'un enfant pour le punir d'une faute. *Bonnet d'â*., Bonnet en papier avec des oreilles d'â. qui sert au même usage. || *En dos d'â*., se dit d'une chose plus longue que large et qui va en s'inclinant des deux côtés à partir de la ligne médiane. *Le dessus de ce coffre est ou va en dos d'â*. || T. Tech. Étau dont on se sert dans plusieurs métiers. || Coffre du relier qui reçoit les rognures. || On nomme *banc d'â*. le banc qui sert à assujettir les pièces de bois à façonner avec la plane. || *Pas d'â*., T. Bot., nom vulgaire du tussilage.

Mamm. — Pour les zoologistes, l'A. est un Mammifère, de l'ordre des Pachydermes, de la famille des Solipèdes et du genre *Cheval*. Il se reconnaît à ses longues oreilles, à la houppe du bout de sa queue, à la croix noire qu'il a sur les épaules, premier indice des bandes qui distinguent les espèces Zèbre, Couagga, Dauw, appartenant également au genre Cheval. Sa voix, que l'on désigne par le verbe *braire*, a un son très rauque, ce qui tient à deux petites cavités particulières situées au fond du larynx de cet animal.

L'â. se trouve aujourd'hui encore à l'état sauvage dans les steppes de la Tartarie. Sa grandeur est celle d'un cheval de moyenne taille; ses oreilles sont moins longues que celles de nos ânes domestiques; ses jambes sont plus longues et plus fines; son pelage est d'un beau gris, et quelquefois d'un jaune brunâtre. (Fig. 1. *A. sauvage*.) L'époque de la domestication de l'â. ne saurait être déterminée, car les témoignages historiques les plus anciens nous montrent déjà l'â. et le cheval, ou au moins le premier de ces animaux, assujettis au joug de l'homme. Ces deux espèces d'ailleurs sont aujourd'hui répandues, à l'état domestique, dans tous les pays du globe. — L'*A. domestique* (Fig. 2) a les formes infiniment plus lourdes que celles de l'â. sauvage. Comme il est originaire des pays chauds, il dégénère naturellement dans les contrées du Nord, et cesse même de produire vers le 60° de latitude. La patience de l'â. est extrême, et si son entêtement est quelquefois tel qu'il ait avec raison donné lieu au dicton populaire *Têtu comme un â.*, ce défaut est uniquement le résultat des mauvais traitements auxquels on soumet cet utile serviteur. Enfin, une qualité qui le rend précieux dans certaines localités, c'est la sûreté de son pied, bien supérieure à celle du cheval. L'â. peut vivre de 30 à

Fig. 1.

35 ans ; mais chez nous sa vie moyenne ne dépasse guère 15 à 18. — L'ânesse est plus recherchée par les cultivateurs que le mâle de l'espèce : car, indépendamment des services qu'elle leur rend comme instrument de travail, elle donne encore un lait d'excellente qualité qui, à cause de sa ressemblance avec le lait de femme, est souvent recommandé dans certaines affections de l'appareil digestif ou pulmonaire. La durée de la gestation de l'ânesse est de onze mois. En général, elle ne met bas qu'un seul petit à la fois. Le croisement du cheval et de l'â. produit une espèce hybride connue sous le

Fig. 2.

nom de *Mulet.* — On distingue en France deux races particulières d'ânes : celle du Poitou et celle de Gascogne. La première est remarquable par son poil qui est laineux et fort long ; sa taille varie de 1 mètre à 1m,40. La race de Gascogne se distingue par son poil ras et sa robe brune ou bai brun : elle atteint quelquefois une taille de 1m,50. — La peau de l'â. est remarquable par sa dureté et son élasticité : on s'en sert pour faire des cribles, des tambours et une espèce de cuir grenu connu sous le nom de *Chagrin.* Voy. CHEVAL et MULET.

ANÉANTIR. v. a. (R. *néant*). Réduire au néant. *Celui qui a créé le monde peut l'an.* (Acad.) — Par extens. on dit : *Les barbares ont anéanti l'empire romain. La Révolution a anéanti sa fortune.* = S'ANÉANTIR. v. pron. *L'empire des Perses s'est anéanti.* ||T. de dévotion. S'abaisser, s'humilier devant Dieu par la connaissance qu'on a de son néant. = ANÉANTI, IE. part. || Par exag. *Je suis*

anéanti, Je suis excédé de fatigue ; ou fig., Je suis stupéfait, confondu.

Syn. — *Détruire.* — Au prop., *détruire* signifie, littéralement, rompre la structure d'un corps, c.-à-d. faire cesser les conditions d'une chose, en dispersant les éléments qui la constituaient *An.* ne saurait guère se prendre à la lettre qu'en parlant de Dieu seul, car il n'est pas au pouvoir de l'homme de réduire au néant les éléments des choses : il s'emploie donc hyperboliquement pour signifier *détruire* aussi complètement que possible. Cependant, quand il s'agit d'œuvres de l'esprit, *an.* reprend sa signification étymologique. Virgile, en mourant, ordonna de brûler son *Énéide* ; si l'on eût exécuté ses dernières volontés, ce chef-d'œuvre aurait été *anéanti.* Au fig. *anéantir* est plus expressif que *détruire.*

ANÉANTISSEMENT. s. m. Réduction au néant. État de ce qui est anéanti. || Par ext., Abaissement d'une fortune élevée ; renversement, destruction d'un empire, d'une famille. *L'an. de sa fortune. Depuis l'an. de l'empire des califes.* || Fig., État d'abattement et de faiblesse extrême durant lequel l'exercice de toutes les facultés semble être suspendu. *L'état d'an. de ce malade est tel qu'on désespère de le sauver.* || Fig., État d'humilité profonde devant Dieu. *Être dans un continuel an. devant Dieu.*

Phil. — Il ne peut y avoir d'anéantissement réel, de destruction absolue. Dans la nature, dans l'univers, on ne peut constater que des transformations. La substance comme l'énergie revêtent des aspects divers, des manifestations variées, mais sont en elles-mêmes indestructibles.

ANECDOTE. s. f. (gr. ἀν priv. ; ἔκδοτος, publié). Inédit. Particularité secrète d'histoire, qui avait été omise ou supprimée par les historiens précédents. Tel est le sens étymologique du mot ; mais le sens général habituel est celui du récit court, piquant, de quelque trait ou de quelque fait particulier, plus ou moins remarquable. *Recueil d'anecdotes. Il raconte fort bien les anecdotes.* || S'employait autrefois adj. *L'histoire an. de Procope.* On dit aujourd'hui *Anecdotique.*

Syn. — *Histoire, Historiette.* — Le mot *histoire* pris dans un sens familier s'entend du récit d'un simple fait isolé. Son diminutif *historiette* a la même signification ; mais il se dit surtout d'une *histoire* gaie, amusante, légère. Fort souvent on se sert indifféremment des mots *histoire* et *an.* Toutefois *an.*, ainsi que l'indique l'étymologie, doit spécialement s'appliquer aux faits inédits, aux particularités secrètes. Je connaissais cette *histoire* et c'était pour moi une énigme ; mais *l'an.* que vous me contez là me fait comprendre tout ce qui s'est passé.

ANECDOTIER. s. m. Celui qui a l'habitude de recueillir ou de raconter des anecdotes, vraies ou fausses.

ANECDOTIQUE. adj. 2 gr. Qui tient de l'anecdote ; qui contient des anecdotes. *Fait an. Histoire an.*|| *Pièce an.*, Pièce de théâtre dont une anecdote a fourni le sujet.

ÂNÉE. s. f. La charge d'un âne.

ANEIMIE. s. f. (gr. ἀνείμων, nu). T. Bot. Genre de Fougères voisin des *Osmondes*, originaire de l'Amérique du Sud. Voy. POLYPODIACÉES.

ANÉLECTRIQUE. adj. 2 gr. (gr. ἀ priv., et *électricité*). T. Phys. Se dit des corps bons conducteurs de l'électricité, parce qu'ils ne peuvent conserver l'électricité qu'à condition d'être isolés. Opposé à *diélectrique* qui se dit des corps mauvais conducteurs.

ANÈME. adj. 2 g. T. Méd. On dit mieux *Anémique.*

ANÉMIE. s. f. (gr. ἀ priv.; αἶμα, sang). Rarement dans cette maladie, malgré l'étymologie, la quantité du liquide sanguin se trouve diminuée. C'est la qualité qui est altérée : La quantité de sang reste la même, mais le sang étant privé d'une partie de ses éléments essentiels, fibrine, matière colorante, fer et sels, n'exerce plus sur l'organisme la même influence vivifiante. Lorsque la proportion du sérum est plus considérable qu'à l'état normal, relativement aux autres éléments du sang, on dit alors qu'il y a *hydrémie.* Les causes de l'anémie peuvent agir directement sur le sang ; telles sont : une alimentation insuffisante sous le rapport de la qualité ou ou sous celui de la quantité, l'inspiration d'un air trop peu oxygéné ou vicié par des gaz délétères, la privation de la lumière solaire, etc. L'an. est symptomatique, lorsqu'elle est la conséquence d'une hémorragie quelconque, lorsque l'assimilation convenable des substances alimentaires est empêchée par quelque altération de l'appareil digestif, lorsqu'une affection pulmonaire ne permet pas au sang de s'oxygéner complétement, enfin lorsqu'elle accompagne une lésion organique du cœur. — On conçoit aisément que la forme et les symptômes de l'an. doivent présenter de notables différences suivant la quantité de sang perdu et suivant le degré d'altération qu'a subi ce liquide Dans les cas où l'an. est consécutive à quelque affection organique, les symptômes propres à celle-ci viennent s'ajouter à ceux de l'an. — Au reste, le diagnostic de l'an. peut se faire d'une façon très précise à l'aide de la numération des globules sous le microscope, par les procédés de Hénocque, Malassez et Hayem. D'ailleurs, l'appréciation des causes, les symptômes extérieurs, comme la pâleur générale de la peau et des muqueuses, l'essoufflement, la faiblesse des membres, les palpitations, etc., et surtout les phénomènes révélés par l'auscultation du cœur et des grosses artères, ne permettent pas de méconnaître cette maladie. — Prise à son début, l'an. idiopathique n'offre, en gén., aucun danger. Quant à l'an. symptomatique, le pronostic dépend de celui que l'on a dû d'abord porter sur la maladie primitive. Les indications à remplir pour le traitement de l'an. se réduisent à deux : faire cesser la cause de la maladie, et rendre au sang ses propriétés physiologiques. C'est principalement au moyen d'une alimentation appropriée, et à l'aide des toniques amers, de l'hydrothérapie, d'un air pur et des préparations ferrugineuses qu'on remplit la dernière de ces indications. L'iodure de fer et les eaux minérales ferrugineuses naturelles constituent les plus fidèles d'entre les préparations martiales. Voy. CHLOROSE et SANG.

Méd. vét. — ANÉMIE CHEZ LES ANIMAUX. Ce n'est pas une maladie, mais une réunion de symptômes dont la cause est très variable et trop souvent inconnue. La pâleur de la peau et des muqueuses, la fatigue rapide, l'essoufflement facile, le pouls petit, les bruits anormaux du cœur, les œdèmes des membres, l'appétit capricieux, sont le résultat d'une grande perte de sang de fatigues excessives (parturition), d'une nourriture pauvre, de maladies longues, de la précocité de la race (bœufs), de sa haute culture (chiens de luxe), d'une parenté affaiblie. Les jeunes animaux sont plus exposés à ces différentes causes, aussi sont-ils plus souvent et plus profondément anémiques. L'examen du malade et du sang qui est, comme du bouillon, peu abondant dans tous ses éléments constitutifs, indique que l'animal est malade, mais *on décèle pas la cause, qu'il faut rechercher surtout dans le parasitisme*, végétal ou animal. Les anémies parasitaires, outre leur traitement spécial, et les autres anémies sont combattues par la médication tonique et ferrugineuse. Voy. ANÉMIE PERNICIEUSE DU CHEVAL, ANKYLOSTOMASIE, CACHEXIE AQUEUSE DU MOUTON, DU BŒUF.

ANÉMIE PERNICIEUSE DU CHEVAL. s. f. Maladie rare, observée aussi sur le bœuf, dont la cause n'est pas précise (microbienne pour les uns, vermineuse pour les autres). Elle débute soit par un affaiblissement graduel, soit par une fièvre vive, soit par un catarrhe des voies respiratoires. Les muqueuses pâlissent bientôt; une fièvre rémittente très marquée, que rien ne peut enrayer, dure jusqu'à la mort, précédée toujours d'un violent accès. Longtemps l'état général reste intact, quoique les animaux aient un air accablé. L'examen du malade montre tous les organes en bon état; seul le microscope décèle des formes (en massue, en biscuit) tout à fait anormales des globules sanguins devenus très pâles, à côté de globules très gros et d'autres très petits (Poïkilocytose). Les animaux maigrissent, ont des œdèmes aux membres et dans les séreuses viscérales, des hémorragies, et la mort survient tantôt rapidement, en 3 ou 4 mois; tantôt lentement, au bout de plusieurs années. A l'autopsie, on trouve presque partout des grandes hémorragies, le sang est peu abondant, fluide, la plupart des tissus sont dégénérés, la rate et le foie sont hypertrophiés (signe habituel des maladies infectieuses). L'examen microscopique du sang, fait aussi vite que possible pour éviter les altérations dues à l'action de l'air, élimine toutes les maladies avec lesquelles celle-là est facilement confondue. On a quelquefois pu sauver les malades par le repos, les toniques, fer, acide arsénieux.

ANÉMIQUE. adj. Qui a de l'anémie.

ANÉMOCORDE. s. m. (gr. ἄνεμος, vent, et *corde*). T. Mus. Espèce de clavecin dont les cordes sont mues par le vent.

ANÉMOGRAPHE. s. m. (gr. ἄνεμος, γράφειν, écrire). T. Météor. Appareil enregistreur de la direction et de l'intensité du vent. Voy. ANÉMOMÈTRE.

ANÉMOGRAPHIE. s. f. (gr. ἄνεμος, vent; γράφειν, écrire). T. Météor. Description des vents.

ANÉMOMÈTRE. s. m. (gr. ἄνεμος, vent; μέτρον, mesure). T. Phys. et Météor. L'*An.* est un instrument qui sert à mesurer l'intensité ou la vitesse du vent. Le plus simple des anémomètres est l'*an. à ressort*, qui se compose d'une planche carrée au centre de laquelle est fixée perpendiculairement une tige de fer qui entre et glisse dans une caisse munie d'un ressort à boudin attaché à la tige par son autre extrémité et cède plus ou moins suivant la force du vent. Cet appareil doit être gradué empiriquement.

Le premier an. inventé par Wolf, en 1708, était construit d'après un système différent : c'était une sorte de moulinet à ailette qui soulevait plus ou moins un levier équilibré. Cet appareil est le type des anémomètres dits de rota-

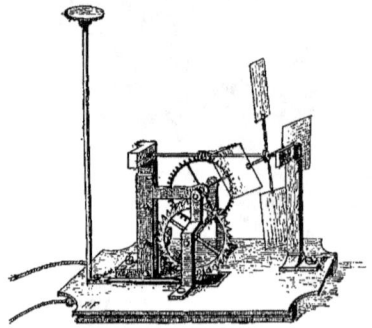

Fig. 1.

tion, dont le plus récent est l'an. de Combes, représenté par la Fig. 1. Il se compose de quatre ailettes inclinées comme celles d'un moulin à vent, d'un rouage mis en mouvement par ce moulinet, et d'un compteur de tours. La vitesse du

Fig. 2.

vent se mesure d'après le nombre de tours n effectués par le moulinet pendant chaque seconde, à l'aide d'une formule empirique de la forme :

$$V = a + bn.$$

Seulement les coefficients a et b doivent être déterminés pour chaque appareil par des expériences préalables.

Un an. très employé est celui de Robinson (Fig. 2) composé de quatre demi-sphères creuses attachées en croix et tournant horizontalement sous la pression du vent. Celui-ci rencontrant toujours, quelle que soit sa direction, une demi-sphère creuse et une bombée, glisse sur celle-ci et pousse la première; l'appareil se met en mouvement et fait tourner l'axe vertical auquel il est attaché. Cet axe porte à sa partie inférieure une vis sans fin qui fait tourner une ou plusieurs roues indicatrices du nombre des tours et par conséquent de la vitesse du vent, laquelle est égale à trois fois la circonférence décrite par le centre des demi-sphères. Cet an., perfectionné par Hervé Mangon, est devenu enregistreur et inscrit de lui-même la vitesse du vent.

On construit maintenant des enregistreurs ou *anémographes*, qui inscrivent automatiquement leurs indications sur

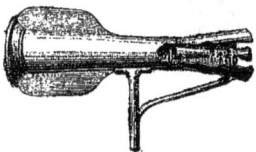

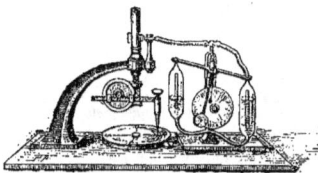

Fig. 3.

une feuille de papier. L'anémographe de Renou est extrêmement simple; mais il n'enregistre que la direction du vent, et non son intensité. Il se compose d'une girouette ordinaire montée sur un flotteur et dont l'axe vertical porte un cylindre sur lequel on colle le papier. Un index descend verticalement devant ce cylindre et inscrit une ligne qui serait verticale si la girouette était immobile et qui, par ses sinuosités, indique la position de la girouette à chaque instant du jour.

L'*an. multiplicateur et enregistreur de Bourdon* inscrit à la fois la direction et l'intensité du vent. Il se compose d'une grande girouette tubulaire (Fig. 3). La direction s'inscrit sur un disque horizontal centré sur l'axe de la girouette à l'aide d'un crayon qu'un mouvement d'horlogerie rapproche uniformément du centre : si la direction restait uniforme, ce crayon décrirait un rayon du disque. La mesure de l'intensité est basée sur le principe de la trompe. Pour y arriver, on a placé, dans l'intérieur du tube de la girouette, un tube plus petit dont l'orifice postérieur se trouve en regard d'un étranglement du grand tube. Cette petite trompe où le vent détermine une aspiration, communique avec un vase rempli d'eau et les variations de niveau produites par les variations d'intensité de la force d'aspiration s'inscrivent sur un disque circulaire par l'intermédiaire d'un flotteur et d'un levier.

On a construit beaucoup d'autres systèmes d'anémomètres enregistreurs, fondés sur l'emploi des courants électriques. On en trouvera une description complète dans l'*Exposé des applications de l'Électricité*, par Th. du Moncel (T. IV, p. 304-420). Quelquefois l'an. enregistreur fait partie d'un appareil plus compliqué appelé *Météorographe*, qui fournit toutes les indications relatives à la météorologie. Voy. Météorographe.

ANÉMONE. s. f. (gr. ἀνεμώνη). T. Bot. Genre de plantes de la famille des *Renonculacées*, cultivé en horticulture L'*An. pulsatile* est nommée aussi *coquelourde, coquerelle, herbe du vent*. Voy. Renonculacées. || *An. de mer.* T. Zool. Voy. Actinie.

ANÉMOSCOPE. s. m. (gr. ἄνεμος, vent; σκοπέω, j'examine). T. Phys.

On donne le nom d'*Anémoscopes* aux instruments qui indiquent la direction du vent. Ainsi la girouette est un véritable an. Quelquefois on prolonge jusque dans l'intérieur

d'une chambre l'axe de l'un de ces instruments vulgaires, et on y adapte une aiguille qui donne les indications sur une rose des vents peinte au plafond. On peut aussi enregistrer leurs indications (Voy. Anémomètre) ou les transmettre à distance à l'aide des courants électriques.

ANÉMOTROPE. s. m. (gr. ἄνεμος, vent; τρέπειν, tourner). T. Tech. Moteur par le vent.

ANENCÉPHALE. s. m. et adj. 2 g. Monstre privé de cerveau et de moelle épinière.

ANENCÉPHALIE. s. f. (gr. ἀν priv.; ἐγκέφαλος, cerveau). Monstruosité des Anencéphales. Voy. Tératologie.

ANÉPIGRAPHE. adj. 2 g. (ἀν priv., et *épigraphe*). Qui est sans inscription.

ANERGATES. s. m. (gr. ἀ priv.; ἐργάτης, ouvrier). T. Zool. Genre de fourmis de la famille des *Atyrmicides*, ainsi nommé parce qu'il n'y existe pas d'ouvrières. Ces animaux singuliers, dont les mâles sont aptères, ont l'abdomen tellement développé qu'ils peuvent à peine se mouvoir. Ils vivent dans les nids d'une autre fourmi, *Tétramorium cæspitum*, dont les neutres les soignent avec sollicitude.

ÂNERIE. s. f. (R. *âne*). Ignorance complète de ce qu'on devrait savoir. *En fait de droit, ce juge est d'une â. incroyable*. || Lourde faute commise par ignorance. *Faire, commettre une â. Cette histoire est remplie d'âneries*.

ANÉROÏDE. adj. 2 g (ἀ priv.; νηρός, mouillé). T. Phys. Se dit d'une sorte de baromètre dont l'organe principal est une boîte en métal, dans laquelle on a fait le vide et qui se comprime plus ou moins suivant la pression atmosphérique. Voy. Baromètre.

ÂNESSE. s. f. La femelle de l'âne.

ANESTHÉSIE. s. f. (gr. ἀ priv.; αἴσθησις, sensibilité). T. Méd. Perte complète ou partielle de la sensibilité.

Méd. — L'anesthésie peut être *spontanée* ou *provoquée*. L'an. spontanée est la perte de sensibilité, ordinairement partielle, qui se développe dans le cours de certaines maladies telles que l'hystérie, la paralysie, l'épilepsie, etc., ou à la suite de certaines blessures du cerveau et de la moelle épinière. L'an. *provoquée* ou *chirurgicale* est produite par l'action de certaines substances, dans le but de rendre le patient insensible à la douleur d'une opération chirurgicale. Les anciens chirurgiens avaient déjà essayé d'obtenir ce résultat par l'ingestion du suc de mandragore, qui agit comme stupéfiant. En 1844, Horace Wells, dentiste de Hartford (Connecticut), essaya les inhalations de protoxyde d'azote, pour supprimer la douleur pendant l'extraction des dents; quelques insuccès lui firent abandonner momentanément ses expériences. En 1846, le chimiste Jackson et le dentiste Morton, tous deux Américains, conseillèrent l'emploi de l'éther. En 1847, Malgaigne, à Paris, puis Velpeau, expérimentaient le nouveau procédé avec succès, et, la même année, Simpson, à Edimbourg, constatait les propriétés anesthésiques du chloroforme déjà annoncées par Flourens. Aujourd'hui, le chloroforme (Voy. ce mot) est le seul agent anesthésique employé pour les grandes opérations. On fait respirer au patient la vapeur qui s'échappe d'une compresse imbibée de chloroforme, et sur laquelle on verse peu à peu du liquide.

Les phénomènes qui accompagnent l'*éthérisation* ou la *chloroformisation* peuvent se rapporter à deux périodes, dont chacune comprend trois temps. — La première période est celle pendant laquelle les fonctions de la vie animale sont seules suspendues; la seconde, qui succède insensiblement à la première, est celle dans laquelle l'agent anesthésique suspend les fonctions de la vie organique elle-même. A peine les vapeurs anesthésiques sont-elles répandues dans l'organisme que celui-ci éprouve en général une excitation remarquable; mais bientôt la sensibilité et l'intelligence deviennent plus obtuses, et finissent par s'éteindre. En même temps, les mouvements volontaires et réflexes commencent à s'affaiblir, et ils disparaissent graduellement et complètement après l'annihilation de la sensibilité et des facultés intellectuelles. Ceci est la fin de la première période. La seconde débute par l'abaissement de la chaleur animale, qui résulte de la suspension des fonctions du système nerveux; mais cette diminution de la calorification va toujours croissant à mesure que les mouvements respiratoires se troublent et s'affaissent. La diminution et la cessation de l'hématose sont la conséquence directe du trouble et de l'affaissement de la fonction respiratoire; et enfin, la paralysie du cœur, c.-à-d. la mort, succède à la suppression de toutes les fonctions de la vie animale. Ainsi se termine la seconde période.

Le chloroforme agit en déterminant d'abord la congestion, puis l'anémie du cerveau. Si l'action du liquide était trop prolongée, les centres nerveux du bulbe rachidien, qui président à la respiration et à la circulation, seraient atteints à leur tour et le malade périrait par arrêt des battements du cœur, ou par asphyxie provenant de l'arrêt des mouvements respiratoires.

L'action du chloroforme est suspendue pendant l'opération; mais à la moindre marque d'agitation, on remet la compresse sous le nez du patient, et l'on peut ainsi entretenir l'anesthésie pendant plus d'une demi-heure, une heure même. Le réveil s'obtient sans difficulté avec une période d'agitation moins prononcée que celle du début. La sensibilité reparaît avant l'intelligence. Il est essentiel que, pendant l'administration du chloroforme, un aide prenne le pouls du malade et surveille la respiration.

L'emploi des anesthésiques peut être fort dangereux entre des mains inhabiles, ainsi que dans certains états pathologiques.

Anesthésie locale. — Dans les opérations de courte durée, avulsion des dents, ouverture des abcès, etc., il est préférable, au lieu d'endormir le malade, de recourir à l'*anesthésie locale*, qui peut se produire en faisant arriver sur un point déterminé des vapeurs d'éther ou de chloroforme, ou mieux encore par l'action du froid. Le froid peut être produit simplement par un mélange de glace pilée et de sel qu'on applique sur la peau pendant quelques minutes, ou par l'évaporation d'un liquide très volatil : éther, chlorure de méthyle, etc. Malheureusement ces moyens ne sont pas toujours bien sûrs. Pour l'anesthésie locale de la plupart des muqueuses, la thérapeutique possède aujourd'hui, dans le chlorhydrate de cocaïne, employé en injections sous-cutanées, un agent énergique et fidèle.

Méd. vét. — Pour les opérations sur les animaux, l'anesthésie se fait à l'aide des agents employés dans l'anesthésie de l'espèce humaine. Son but est peut-être moins la suppression de la souffrance que celle des mouvements de réaction de l'animal, empêchant l'opération. On endort les animaux après abatage pour les coucher. Les précautions à prendre pendant l'anesthésie sont les mêmes que dans l'anesthésie de l'homme.

ANESTHÉSIQUE. adj. 2 gr. Se dit des médicaments ou des agents qui déterminent l'*anesthésie*. Voyez ce mot.

ANESTHÉSIMÈTRE s. m. (*Anesthésie*, μέτρον, mesure). T. Méd. Instrument destiné à faire connaître les divers degrés d'anesthésie. || Instrument à l'aide duquel on peut mesurer la quantité d'un anesthésique qui a été administrée.

ANET, ch.-l. de c. (Eure-et-Loir), arr. de Dreux, 1,400 hab. Beau château de la Renaissance.

ANETH. s. m. (gr. ἄνηθον). T.Bot. Plante qu'on cultive pour ses fruits aromatiques. Famille des *Ombellifères*. Voy. ce mot.

ANÉTHOL. s. m. T. Chim. L'anéthol $C^{10}H^{12}O$ est la partie cristallisable de l'essence d'anis. On l'en extrait par compression et cristallisation dans l'alcool. Il fond à 18° et bout à 222°. En s'oxydant, il se convertit en acide anisique. Chauffé avec de la potasse fondue, il donne l'*anol* C^9H^9. OH, lequel est un phénol dont l'anéthol est l'éther méthylique : C^9H^9. OCH³.

ANEUROSE. s. f. (gr. à priv.; νεύρον, nerf). T. Méd. Défaut d'action nerveuse.

ANÉVRISMAL, ALE, ou mieux **ANÉVRYSMAL, ALE**, adj. Qui tient de l'anévrisme; qui a rapport à un anévrisme.

ANÉVRISME, ou mieux **ANÉVRYSME**. s. m. (gr. ἀνευρύνω, dilater.) T. Méd. On désigne sous ce nom l'accumulation du sang dans une sorte de poche résultant de la distension d'une ou de plusieurs tuniques artérielles consécutivement à la déchirure des autres tuniques. On emploie encore le nom d'an. en parlant des dilatations, avec ou sans

hypertrophie, des cavités du cœur; mais dans le langage scientifique, cette expression n'est usitée, lorsqu'il s'agit du cœur, que dans les cas fort rares où il se produit une dilatation sans hypertrophie. En conséquence, nous ne parlerons ici que des anévrysmes qui intéressent les artères.

Méd. — On divise les anévrysmes en *traumatiques* et en *spontanés*. Les premiers sont encore appelés anévrysmes par cause externe, attendu qu'ils résultent toujours d'une blessure faite à une artère par un instrument vulnérant quelconque. Par opposition, on connaît aussi le nom d'an. par cause interne à l'an. spontané, c.-à-d. à celui qui dépend de toute autre cause que d'une blessure. — Les anévrysmes traumatiques se subdivisent en plusieurs espèces; ce sont : 1° l'*an. faux primitif;* 2° l'*an. faux consécutif;* 3° la *varice anévrysmale;* 4° l'*an. variqueux.* — L'*an. faux primitif*, appelé encore *an. faux non circonscrit, an. diffus*, tumeur hémorragique non circonscrite, consiste dans une tumeur vague, irrégulière, et quelquefois très étendue, produite par une infiltration de sang dans le tissu cellulaire, à la suite d'une blessure récente. Il se forme d'abord dans la gaîne celluleuse qui entoure l'artère divisée ; puis il s'étend avec rapidité dans le tissu cellulaire qui unit les organes voisins ; il peut même se propager de proche en proche d'un membre à un autre. — L'*an. faux consécutif (an. faux circonscrit, an. faux ankysté* ou *sacciforme*, tumeur hémorragique circonscrite)* est une tumeur bien limitée, à parois celluleuses ou membraneuses, qui est toujours accolée à une artère, et qui communique avec elle par une ouverture étroite. — La *varice anévrysmale* est une tumeur qui survient lorsque, une artère et une veine voisines ayant été lésées en même temps, le sang passe du vaisseau artériel dans le vaisseau veineux et distend les parois de ce dernier. En gén., dans ce cas, la plaie de la peau se réunit, les plaies de l'artère et de la veine restant seules ouvertes. — L'*an. variqueux* est l'an. faux consécutif qui se forme quelquefois entre une varice anévrysmale et une artère blessée. Cet an. se développe quelque temps après la production de la varice anévrysmale, lorsque l'artère et la veine ne sont plus intimement unies, et quand l'obliquité de la blessure de la veine empêche le sang artériel de pénétrer avec facilité dans cette dernière.

L'an. *spontané* se divise également en plusieurs espèces. On l'appelle *vrai* lorsque toutes les tuniques artérielles, également dilatées, concourent à former les parois de la tumeur; quelques auteurs, Scarpa et Hodgson entre autres, n'admettent pas cet an. Il est dit *mixte externe* (Monro) lorsque les tuniques interne et moyenne ont été déchirées et que la paroi de la tumeur est formée par la tunique externe ou celluleuse. Enfin, l'an. est *mixte interne* quand la paroi de la tumeur est constituée par la tunique interne de l'artère, qui forme hernie au travers des deux autres tuniques déchirées. Beaucoup de chirurgiens nient l'existence de cette variété admise par quelques autres, et notamment par Boyer et Dupuytren.

Sous le rapport du siège, on distingue encore les anévrysmes en *internes* ou *externes*. Les anévrysmes internes sont ceux qui se développent dans les cavités splanchniques et dont la situation profonde rend toute opération sinon impossible, du moins fort dangereuse. Les anévrysmes externes sont ceux qui affectent les artères sur lesquelles il est possible d'agir par les moyens chirurgicaux. — L'an. traumatique a été rencontré sur presque toutes les artères qui peuvent être atteintes par un corps vulnérant et dont la blessure n'est pas immédiatement mortelle. Quant à l'an. spontané, il a été observé sur la plupart des vaisseaux artériels. Ce dernier est très rare dans la première jeunesse. Chez les femmes, il est aussi beaucoup moins fréquent que chez les hommes. Quelquefois, l'an. spontané survient d'une manière mécanique, à l'occasion d'un effort violent ou de la distension subite d'un membre ; mais le plus souvent l'action de cette cause est favorisée par un état pathologique des artères qui a déjà diminué la résistance et l'extensibilité de leur tissu, et augmenté leur fragilité : telles sont l'ossification de leur membrane interne, ses diverses dégénérescences, et enfin les ulcérations dont cette membrane peut devenir le siège. — Les phénomènes morbides qui résultent des anévrysmes varient suivant l'espèce particulière d'affection, suivant le volume de la tumeur, suivant le vaisseau et le lieu du vaisseau où elle occupe : il serait hors de propos de les énumérer ici. Nous nous contenterons de citer un phénomène singulier qu'on observe surtout dans le cas d'an. de l'aorte descendante. On voit alors quelquefois le corps des vertèbres contre lesquelles appuie la tumeur anévrysmale, s'user et se détruire dans toute son épaisseur. On attribue cette usure du tissu osseux aux chocs incessants qui résultent des battements de l'an.; mais le travail physiologique qui s'opère dans cette circonstance nous est totalement inconnu.

Le diagnostic de l'an. spontané, ou même de l'an. traumatique, est fréquemment d'une difficulté extrême, ainsi que le témoignent les annales de la science : cependant l'auscultation est venue, au commencement de ce siècle, ajouter aux moyens de diagnostic. — Quant au pronostic de ces affections, il est toujours grave, alors même que le vaisseau affecté est accessible aux moyens chirurgicaux. Quand un an. est abandonné à lui-même, sa terminaison est presque toujours funeste. Néanmoins on a des exemples de guérison spontanée d'anévrysmes. Celle-ci s'opère ordinairement par l'oblitération complète du vaisseau, le cours du sang étant alors entièrement intercepté par la présence de caillots sanguins qui remplissent la cavité de la tumeur; dans quelques cas plus rares encore, les caillots laissent un étroit passage par où le liquide sanguin circule comme à l'état normal. — Les moyens thérapeutiques usités contre l'an. se distinguent en moyens locaux et en moyens généraux. Ceux-ci agissent indirectement sur la maladie par l'intermédiaire de la circulation générale, en diminuant la quantité du sang, ainsi que la force et la fréquence des pulsations du cœur, et en favorisant de cette manière la formation de caillots dans la tumeur. Ce sont les saignées, le repos absolu, une diète sévère, etc.; ils constituent le traitement dit de Valsalva, et sont les seuls praticables dans les anévrysmes internes; dans les anévrysmes externes, ils secondent efficacement l'action des moyens locaux. L'iodure de potassium, ce roi des résolutifs, doit toujours être prescrit (50 centigr. par jour) pendant quelques semaines. Pour favoriser la coagulation, on emploie quelquefois avec succès les topiques réfrigérants. On a aussi proposé ou essayé, dans ce but, divers procédés plus ou moins rationnels, parmi lesquels nous citerons seulement l'idée ingénieuse de Pravaz qui conseille de coaguler le sang à l'aide de l'électropuncture, c.-à-d. à l'aide d'aiguilles implantées dans la tumeur et sur lesquelles on fait arriver un courant électrique. Mais la compression et la ligature sont en gén. les seuls moyens réellement efficaces. La compression se pratique tantôt sur la tumeur elle-même, tantôt au-dessus ou même au-dessous. La ligature se place ordin. au-dessous du vaisseau (méthode d'Anel); mais lorsque ce procédé est inapplicable, on lie l'artère au-dessus (méthode de Brasdor); enfin, dans certains cas, on lie le vaisseau au-dessus et au-dessous de la tumeur.

Méd. vét. — ANÉVRYSME et ANÉVRYSME VERMINEUX. — Ils sont rares, sauf chez le cheval qui, outre l'anévrysme de l'aorte dû à des lésions inflammatoires de l'artère aggravées elles-mêmes par des efforts de violence et passant généralement inaperçu pendant l'existence, peut être atteint d'une dilatation anévrysmale des artères mésentériques occasionnée par des vers strongle armé surtout et spiroptère ensanglanté. Cet anévrysme est considéré comme pouvant donner lieu à des coliques (voy. COLIQUE) souvent mortelles; il n'y a pas de traitement pour les anévrysmes de l'artère mésentérique.

ANFRACTUEUX, EUSE. adj. (lat. anfractus, circuit). Plein de détours et d'irrégularités. Chemin an.

ANFRACTUOSITÉ. s. f. Détour, irrégularité, cavité, enfoncement. Il s'était caché dans une an. du rocher. || T. Anat. Anfractuosités des os. Voy. Os. — Anfractuosités cérébrales. Voy. ENCÉPHALE. — Ce mot ne s'emploie guère qu'au plur.

ANGARA, riv. de Sibérie qui se jette dans l'Iénisséi.

ANGARIE. s f. (gr. ἀγγαρεία). T. Féod. Obligation de fournir des chevaux et des voitures à un roi ou à un seigneur. Voy. RÉQUISITION. || T. Mar. Retard imposé à un bâtiment pour l'obliger à recevoir un chargement.

ANGE. s. m. (gr. ἄγγελος, envoyé). Créature purement spirituelle, qu'on a l'habitude de représenter sous la figure humaine et avec des ailes. Bon an. Mauvais an. Anges rebelles, déchus. L'an. exterminateur. || Fig., Personne d'une piété exemplaire, d'une grande vertu, d'une extrême douceur. Cette femme est un an. de piété, de vertu, de bonté. || Fig. et fam., Cette personne écrit, chante, danse, peint comme un an., Elle écrit, etc., admirablement. — On dit de même : Cette femme est belle comme un an. Elle a une figure d'an. || Être aux anges, Être ravi de joie. — Rire aux anges, est usité dans le même sens; mais il se dit

aussi de quelqu'un qui rit seul et sans sujet connu. || Le nom d'An. de l'école ou Docteur angélique a été donné à saint Thomas d'Aquin, parce qu'aucun autre docteur n'a traité la théologie scolastique avec autant de clarté, d'ordre et de solidité que lui. || T. Artill. Voy. BOULETS A FEU. || Icht. Sorte de poisson.

Théol. — Dans la doctrine chrétienne, la croyance aux anges est un article de foi. Les anges sont des esprits immortels. Ils ont été créés dans un état de bonheur et de grâce, mais non dans un état de béatitude surnaturelle, parce que cette béatitude ne devait être que la récompense de leurs mérites, Dieu leur ayant laissé, comme aux hommes, la liberté de choisir entre le bien et le mal. En effet, parmi les anges, la plupart persévérèrent dans la justice; mais plusieurs, poussés par l'orgueil, se révoltèrent contre Dieu et furent condamnés au feu éternel. (Math., XXV, 41. Pierre, IIe Ep. II, 4. Jude, 6.) L'Église enseigne que leur supplice n'aura pas de fin. Leur création et la chute des mauvais anges précéda la création de l'homme, puisque Ève aurait été séduite par un mauvais ange.

D'après les Pères et les théologiens, la multitude des anges est distribuée en trois hiérarchies, et chaque hiérarchie se subdivise en trois chœurs. La première hiérarchie comprend les Séraphins, les Chérubins et les Trônes; la deuxième, les Dominations, les Vertus, les Puissances; la troisième, les Principautés, les Archanges et les Anges. Comme on le voit, le nom de ces derniers est devenu le terme générique qui sert à désigner les neuf chœurs des esprits célestes. — La croyance aux Anges gardiens, qui s'attachent à chaque fidèle pour le soutenir et l'aider à persévérer dans le bien, est conforme à l'opinion des Pères et admise unanimement dans l'Église catholique; mais elle ne constitue pas un article de foi. On peut la rejeter sans hérésie.

Icht. — On donne vulgairement le nom d'Ange ou d'Angelot à un genre de poissons cartilagineux qui appartient à l'ordre des Chondroptérygiens à branchies fixes, ou Sélaciens. La tête de ces poissons est arrondie, et leur bouche est fendue à l'extrémité de la tête et non en dessous, comme dans les squales et dans les raies. Ils ont la forme allongée des premiers, et ressemblent aux secondes par la position de leurs yeux qui sont à la face dorsale et non sur les côtés, ainsi

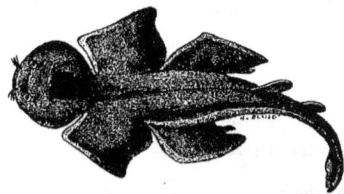

que par la forme de leur corps qui est large et aplati horizontalement. Comme certains squales, les anges possèdent des évents et sont dépourvus de nageoires anales. Les pectorales sont larges et présentent en avant une échancrure au fond de laquelle on aperçoit les ouvertures branchiales. Les deux dorsales naissent en arrière des ventrales et leur caudule est attachée également au-dessus et au-dessous de la colonne. Des deux espèces de ce poisson qui se pêchent dans nos mers, l'une (Squatina angelus) atteint une longueur de 2m,25 à 2m,60, et offre, chez le mâle, de petites épines au bord des pectorales; l'autre (Squatina aculeata, Fig.) porte le long du dos une rangée de fortes épines.

ANGÉIOGRAPHIE, ANGÉIOLOGIE. Voy. ANGIOGRAPHIE, ANGIOLOGIE.

ANGELICO (FRA), peintre de l'école de Florence (1387-1455), dont le vrai nom est Giovanni da Fiesole.

ANGELIN. s. m. T. Bot. On désigne sous ce nom les différentes parties provenant des Andira de l'Amérique du Sud, appartenant à la famille des Légumineuses. Voy. ce mot.

ANGÉLIQUE. adj. 2 g. Qui tient de l'ange, qui est propre à l'ange. Nature an. Les perfections angéliques. Les chœurs angéliques, Les chœurs des anges. || Employé fig., il ajoute une idée de perfection physique ou morale au substantif auquel il s'allie. Beauté an. Voix an. Pureté, douceur, patience, vie an. || La salutation an., paroles que l'ange Gabriel avait adressées à la Vierge Marie pour lui annoncer qu'elle serait mère du Sauveur, et qui sont devenues la prière commençant par Ave Maria.

ANGÉLIQUE. s. f. T. Bot. Genre de plantes de la famille des Ombellifères (Voy. ce mot). Utilisée en confiserie. || T. Chim. Acide angélique. Acide extrait de la racine d'angélique, appelé aussi sambutique et dont la formule est C⁵H⁸O².

ANGÉLIQUE (LA MÈRE), sœur du grand Arnaud, abbesse de Port-Royal des Champs (1591-1661).

ANGÉLIQUEMENT. adv. D'une manière angélique.

ANGÉLONIE. s. f. T. Bot. Genre de plantes de la famille des Scrophulariacées.

ANGELOT. s. m. Sorte de petit fromage qui se fait en Normandie. || Espèce de monnaie qui avait cours en France sous Philippe de Valois, et qui était ainsi nommée parce qu'elle portait un ange tenant l'oriflamme. || T. Icht. Voy. ANGE.

ANGELUS. s. m. [Pr. l'S.] T. Lit. cath. Prière instituée par l'Église en l'honneur du mystère de l'Incarnation, et à la gloire de la Mère de Dieu. On en fait remonter l'origine au pape Urbain II (XIᵉ siècle) ; mais c'est douteux. Elle existait pourtant avant 1423, puisque le concile de Cologne en parle, et même on sonnait déjà l'ang. à Soissons des 1375. C'est en 1456 que l'usage de réciter cette prière le matin, le soir et à midi se répandit dans toute la chrétienté, sous le pontificat de Calliste III, qui invita les fidèles à conjurer par cette dévotion la grande comète et les menaces des Musulmans. Quelque temps après, en 1474, Louis XI affirma cet usage en France. On peut dire que depuis 1456 l'usage est devenu général de sonner les cloches des églises le matin, à midi et le soir, pour inviter les fidèles à dire cette prière.

ANGENNES (JULIE D'), épouse du duc de Montausier, fut l'héroïne de la Guirlande, composée par les poètes de l'hôtel de Rambouillet. Voy. RAMBOUILLET.

ANGERMAN, fleuve de Suède, 340 kil.

ANGERS, ch.-l. du dép. de Maine-et-Loire, 72,700 hab. École d'arts et métiers. Patrie du sculpteur David, dit d'Angers. Nom des hab. : ANGEVINS.

ANGHIERA (PIERRE MARTYR D'), historien italien (1457-1526).

ANGILBERT, gendre et ministre de Charlemagne.

ANGINE. s. f. (gr. ἄγχω, je suffoque). T. Méd. La plupart des auteurs emploient le mot An. comme dénomination générale, pour désigner tout empêchement ou toute douleur des parties qui servent à la déglutition et à la respiration, lorsque la cause de ce phénomène est locale et réside au-dessus de l'estomac et des poumons. Tantôt la déglutition et la respiration sont gênées à la fois, tantôt le trouble ne porte que sur l'une de ces deux fonctions. — Ainsi le mot an. employé seul ne désigne qu'un symptôme : quand on s'en sert pour dénommer une affection particulière, on le fait toujours suivre d'une épithète caractéristique. Du reste, les auteurs ont un peu trop multiplié les espèces et les variétés d'angines. — Lorsqu'on prend le siège de l'affection pour base d's divisions, on trouve : 1° l'An. gutturale, affection tantôt de nature inflammatoire, tantôt de nature catarrhale, dont le siège est la membrane muqueuse qui revêt l'isthme du gosier, le voile du palais, les piliers et les amygdales ; 2° l'An. tonsillaire ou Amygdalite, qui est une inflammation du tissu même des amygdales ; 3° l'An. pharyngée ou Pharyngite. — Les caractères que présent et les altérations pathologiques ont encore fait distinguer une An. œdémateuse, une An. gangréneuse et une An. couenneuse ou pseudo-membraneuse. La première doit son nom à l'infiltration de sérosité dont le tissu cellulaire sous-jacent à la muqueuse est le siège. L'An. couenneuse, nommée aussi An. plastique et An. diphtéritique, est caractérisée par la formation de fausses membranes dues à une exsudation de lymphe plastique qui se concrète et devient plus ou moins solide et adhérente. Ces pseudo-membranes se montrent sur la muqueuse qui revêt l'arrière-bouche et le pharynx ; quelquefois même elles envahissent le larynx, la trachée-artère et les bronches, et donnent alors lieu aux phénomènes du Croup (Voy. ce mot). L'An. gangréneuse ou An. maligne (Ulcère syriaque des anciens auteurs) constitue, selon la plupart des médecins modernes, non une maladie à part, mais simplement un des modes de terminaison de l'an. pseudo-membraneuse. Cependant plusieurs auteurs pensent, et nous nous rallions à leur opinion, que l'an. gangréneuse doit être regardée comme une affection spéciale, toutes les fois qu'elle s'accompagne de phénomènes typhoïdes avec altération profonde du sang, et s'observe sous forme épidémique : telle est l'an. qui s'observe dans certaines fièvres exanthématiques, la scarlatine, la variole, etc. On peut placer dans cette catégorie les angines rhumatismales et arthritiques, admises par quelques auteurs, parce qu'elles alternent avec des douleurs rhumatismales ou goutteuses auxquelles elles paraissent se rattacher.

Les symptômes des angines sont fort différents suivant le siège de la maladie, suivant la forme qu'elle affecte et suivant les altérations pathologiques qui en sont l'expression. La même observation s'applique au diagnostic, au pronostic, à l'étiologie et au traitement de ces affections, qui souvent n'ont rien de commun que le symptôme qui leur a valu le nom banal qu'elles portent. Ce que nous avons dit suffit d'ailleurs pour faire comprendre que les angines couenneuse et gangréneuse, quelles que soient les différences essentielles qui distinguent ces deux maladies, sont d'une tout autre gravité et réclament un tout autre traitement que les angines gutturale, tonsillaire, laryngée, etc., et que, parmi ces dernières même, il y a une grande différence à établir, sous tous les rapports, entre une an. tonsillaire, une an. gutturale inflammatoire aiguë et une an. gutturale catarrhale. — Le traitement des angines consiste dans les gargarismes au borax, au chlorate de potasse, à l'acide phénique ; les attouchements de la gorge avec le jus de citron, le perchlorure de fer ; les lavages avec l'eau de chaux, les pulvérisations sulfureuses, etc. A l'intérieur, un vomitif au début ; le chlorate de potasse, le sulfure de calcium, les balsamiques (cubèbe). Les cautérisations sont ordinairement abandonnées aujourd'hui. Dans le cas d'abcès amygdalien (vulgo esquinancie), l'ouverture au bistouri soulage instantanément le malade.

Enfin, on désigne généralement sous le nom d'An. de poitrine et quelquefois sous celui de Cardialgie (Laënnec), d'Asthme idiopathique (Hoffmann), de Sternalgie (Baumes, Bricheteau), une affection particulière qu'il est impossible de définir autrement que par ses symptômes. — L'an. de poitrine se manifeste par accès, à des intervalles très variable, et se caractérise par une constriction douloureuse et déchirante au travers de la poitrine, ordinairement à la partie inférieure du sternum et un peu à gauche, qui survient le plus souvent pendant que le sujet se livre à l'exercice. Le malade éprouve une sensation de défaillance si pénible, qu'il croit n'avoir plus que quelques instants à vivre. Quelquefois la douleur qu'il ressent se propage aux membres supérieurs, envahit même le cou, la mâchoire inférieure, et donne lieu à un sentiment de tension et de strangulation qui ajoute encore à l'angoisse du patient. Elle peut encore, d'autre part, se prolonger jusqu'à l'épigastre et occuper toutes les parties que nous venons de nommer. Au milieu de l'accès le plus effrayant et quoique le malade semble au moment de périr par suffocation, la respiration continue à se faire librement ; seulement elle est un peu plus fréquente qu'à l'ordinaire. Le pouls augmente également de fréquence et devient parfois presque insensible, mais sans qu'il y ait irrégularité ou intermittence de ses battements. L'accès constitué, pour ainsi dire, toute la maladie. Une fois celui-ci passé, le malade reprend ses occupations ordinaires, et rien ne révèle l'existence de cette terrible affection.

Les causes de l'an. de poitrine sont à peu près inconnues. Il paraît cependant qu'elle n'atteint que les personnes d'un certain âge, et que les hommes y sont plus sujets que les femmes. On a remarqué, en outre, que les accès étaient ordin. déterminés par l'impression d'un air vif et froid, par l'usage du tabac, un mouvement brusque ou accéléré, par les excès de table et surtout par les affections vives de l'âme. — La nature et le siège de l'an. de poitrine sont un sujet de discussion pour la science. Comme elle coïncide fort souvent avec des altérations organiques du cœur, de l'aorte, ou avec l'ossification des artères coronaires du cœur, beaucoup de médecins la considèrent comme étant sous la dépendance de ces lésions; mais comme, d'autre part, on rencontre tous les jours des affections organiques du cœur et des gros vaisseaux chez des individus qui n'ont jamais éprouvé d'accès d'an. de poitrine; comme, en outre, l'intensité des souffrances du malade ne paraît nullement en rapport avec les lésions matérielles qui sont parfois assez peu graves, enfin comme elle a été observée dans des cas où l'on n'a constaté aucune altération organique des organes centraux de la circulation, la plupart des hommes de l'art regardent cette maladie comme une névrose. L'analogie des douleurs de l'an. de poitrine avec les douleurs névralgiques a été encore invoquée en faveur de cette manière de voir. Quant au siège qu'elle affecterait, Desportes et Jurine la placent dans les nerfs pneumogastriques et dans le plexus cardiaque. Suivant Laënnec et Piorry, ces nerfs ne seraient pas seuls affectés, et la maladie s'étendrait encore à ceux du plexus brachial, du plexus cervical, aux nerfs thoraciques et au nerf cubital.

Le pronostic de l'an. de poitrine est toujours grave. Les auteurs qui l'attribuent à une lésion organique de l'appareil central de la circulation la croient incurable; ceux qui la regardent comme une névrose pensent qu'elle peut être susceptible de guérison. Au reste, la durée de cette affection n'a rien de déterminé. On a vu des individus atteints de ce mal traîner leur existence pendant plus de vingt ans; d'autres, au contraire, succomber quelques mois après le début de l'an. Le plus souvent la mort est subite et survient dans l'intervalle des accès.

La première indication à remplir dans le traitement de l'an. consiste à éloigner les causes qui déterminent ordin. l'apparition des accès. Quant aux moyens curatifs proprement dits, on a tour à tour employé les narcotiques, les antispasmodiques, les dérivatifs, ainsi qu'une foule d'autres moyens plus ou moins rationnels; le meilleur traitement consiste dans l'administration prolongée de l'iodure de sodium à l'intérieur (1 gr. par jour) en dehors des accès. Pendant les accès, inhalations d'iodure d'éthyle; dix gouttes de nitroglycérine au 500e; injections sous-cutanées de morphine.

Méd. vét. — La pharyngite ou angine gutturale est très fréquente chez le cheval, le bœuf, le porc et le chien, chez qui elle récidive souvent. Il s'agit ici des angines qui sont dues non à des maladies générales infectieuses (fièvre typhoïde, morve, charbon, gourme du cheval, clavelée, rhumatisme), mais à des irritations locales chimiques (breuvages à l'émétique non dissous, momoniaque ou huile de croton concentrée), traumatiques, thermiques (épices, fourrages durs, boissons chaudes ou froides, air froid) ou parasitaires (larves d'œstres), à un refroidissement général, à la propagation d'une inflammation voisine. Les formes et les lésions de la pharyngite chez les animaux sont les mêmes que chez l'homme. La maladie débute par une difficulté croissante de la déglutition, l'animal a la tête raide, il étend sa tête au moment où le bol alimentaire traverse le pharynx, il bave et refuse les aliments durs ou secs; il rejette les boissons par le nez mélangées d'aliments et de mucus nasal: c'est là le vrai signe auquel on reconnaît la pharyngite; il boit peu. La toux est granuleuse, sèche au début, grasse dans la suite; il peut y avoir cornage et même fièvre. A l'examen, on voit, suivant la forme de la pharyngite, de la rougeur, des varicosités veineuses et artérielles, de l'œdème de la muqueuse, des abcès, des granulations ou des modifications du tissu quand la pharyngite est devenue gangreneuse. En général, la pharyngite simple dure une semaine à deux. Son pronostic est aussi en général favorable, mais se complique assez souvent d'abcès, de phlegmons, de gangrène, d'asphyxie et de gangrène pulmonaire par corps étranger. Le diagnostic de la pharyngite est assez facile quand elle est simple, car dans ce cas la fièvre est modérée ou nulle; quand l'an. est infectieuse (an. gourmeuse du cheval), la fièvre est violente d'emblée, et quand l'an. se complique, la courbe thermique subit des oscillations en rapport avec les complications. Le traitement de la pharyngite ne peut être fait que par le vétérinaire qui, en général, ordonne des fourrages verts ou du foin très fin, des barbotages de son ou de farine, l'usage de l'eau à la température ordinaire, des gargarismes au miel et à l'alun qu'il faut, à l'aide du jet, diriger vers la joue et non vers la gorge. La pharyngite phlegmoneuse est traitée par des compresses froides, glacées sur la gorge, des gargarismes légèrement salicylés ou phéniqués;

les abcès sont ouverts, enfin on recourt à la trachéotomie quand, pour une complication quelconque, il y a un état d'asphyxie; ce qui précède s'adresse surtout au cheval, au bœuf et au chien; pour le porc, un vomitif au début et, quelques jours après, mélangé aux aliments et non au breuvage, la soupe de farine et de son, le lait caillé, sont indiqués pour les angines bénignes ou moyennes; les angines graves entraînant le plus souvent la mort, il vaut mieux abattre les animaux. — Pour l'an. laryngée voy. LARYNGITE.

ANGINEUX, EUSE. adj. T. Méd. Qui est accompagné d'angine. Peu us.

ANGIOCARPE. adj. (gr. ἀγγεῖον, vaisseau; καρπὸς, fruit). T. Bot. Se dit des plantes dont le fruit est caché par quelque organe.

ANGIOGRAPHIE. s. f. (gr. ἀγγεῖον, vaisseau; γράφειν, décrire). T. Anat. Description des vaisseaux du corps humain. Peu us.

ANGIOLEUCITE. s. f. T. Méd. Inflammation des vaisseaux lymphatiques.

ANGIOLOGIE ou **ANGÉIOLOGIE** s. f. (gr. ἀγγεῖον; λόγος, discours). T. Anat. Partie de l'anatomie qui traite des organes de la circulation, artères, veines et vaisseaux lymphatiques.

ANGIOME. s. m. (gr. ἀγγεῖον, vaisseau; ὄγκωμα, tumeur). T. Méd. Tumeur indolore formée par la dilatation des vaisseaux capillaires. On la nomme encore *tumeur érectile, enru, etc.*, quand elle est visible à l'extérieur. L'an. de ce de la naissance et augmente avec l'âge. Il siège de préférence à la face.

ANGIOPTERIS. s. m. (gr. ἀγγεῖον, petit vase; πτερίς fougère). T. Bot. Genre de fougères arborescentes de la famille des *Marattiacées.* V. ce mot.

ANGIOSPERMES. s. f. pl. T. Bot. Nom donné à tout un groupe de plantes phanérogames, caractérisé par la cavité close que l'ovaire constitue autour de ses ovules, et surtout par la présence d'un style et d'un stigmate surmontant l'ovaire et où germent les grains de pollen.

ANGIOSPERMIE. s. f. T. Bot. Nom donné dans le système de Linné au deuxième ordre de la quatorzième classe qui était caractérisé par des graines renfermées dans une capsule; il correspond aux *Scrofulariées* de Jussieu. Voy. ces mots et BOTANIQUE.

ANGIOSTOME. s. m. (gr. ἄγχω, je serre; στόμα, bouche). T. Zool. Genre de vers *nématoïdes.*

ANGLAIS, SE. Nom des habitants de l'Angleterre. Voy. ANGLETERRE.

ANGLAISE. s. f. Espèce de danse d'un mouvement très vif. — Air de danse à mesure binaire, d'un mouvement animé et d'un rythme égal. || Gros galon de fil dont les tapissiers se servent pour border les étoffes qu'ils emploient dans la confection des meubles. || Pl. Boucles de cheveux très longues que les femmes laissent tomber sur les tempes.

ANGLAISER. v. a. *An. un cheval*, pratiquer sur un cheval l'opération qui consiste à enlever les muscles abaisseurs de la queue. Dès lors les muscles releveurs se trouvant sans antagonistes, la queue de l'animal prend une position plus relevée qui paraît plus belle à certains amateurs : c'est ce qu'on appelle *queue à l'anglaise.* = ANGLAISÉ, ÉE. part.

ANGLE. s. m. (lat. *angulus*). T. Géom. Étendue plane indéfinie comprise entre deux lignes droites qui se coupent, et qui sont terminées à leur point de commune section. *Former un an. Sommet, côté d'un an.* || En Anat. se dit de certaines parties, de certaines régions qui présentent la réunion angulaire de deux lignes ou de deux surfaces. *L'an. de l'omoplate. L'an. des lèvres. Le grand an. ou l'an. interne de l'œil. L'an. sacro-vertébral.* || Dans le langage ordinaire, se prend pour arête, coin, encoignure. *Il s'est blessé contre l'an. du marbre de sa commode. On a dégarni les angles*

226

du bataillon. *Sa maison est située à l'un. de la rue.* || Fig. Côtés désagréables de l'esprit, du caractère. *Émousser les angles de son ironie.* ||T. Art mil. *Les angles d'un bataillon. Les coins d'un bataillon formé en carré.* — An. *saillant,* an. *rentrant,* an. *mort.* Voy. Fortification.

Géom. — La grandeur d'un angle *bac* (Fig. 1) ne dépend pas de la longueur de ses côtés *ab, ac,* qu'on suppose tou-

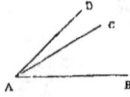

Fig. 1.   Fig. 2

jours indéfiniment prolongés à partir du *sommet a,* mais uniquement de l'*écartement* des côtés. On désigne un angle, soit par la seule lettre du sommet, soit par trois lettres prises au sommet et sur les côtés, en mettant la lettre du sommet entre les deux autres : angle *a* ou angle *bac.*

On dit qu'un angle est égal à un autre angle, lorsqu'en supposant l'un transporté sur l'autre ils peuvent coïncider exactement. Si deux angles sont inégaux, le plus petit est celui qui peut se placer tout entier dans l'autre. Un angle est égal à la somme des deux autres s'il est égal à l'angle formé en juxtaposant ces deux-ci de manière qu'ils aient un sommet et un côté commun, et soient situés de part et d'autre de ce côté, position qui se définit par le mot *adjacent.* Ainsi l'angle BAD (Fig. 2) est la somme des angles adjacents BAC et CAD. L'égalité et l'addition des angles étant ainsi définies, on pourra

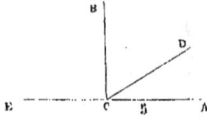

Fig. 3.

mesurer les angles, comme toutes les grandeurs, en prenant pour unité d'angle tel angle bien défini qu'on voudra. Voy. Mesure.

On dit qu'une droite CB est *perpendiculaire* sur une autre EA (Fig. 3), quand elle forme avec celle-ci, et d'un même côté, deux angles égaux ACB, BCE. L'angle ainsi formé ACB s'appelle un *angle droit.* On démontre que tous les angles droits sont égaux. L'angle droit constitue ainsi un angle bien défini qui peut servir d'unité d'angle. Un angle est dit *aigu* ou *obtus* suivant qu'il est plus petit ou plus grand qu'un angle droit. Deux angles *complémentaires* sont

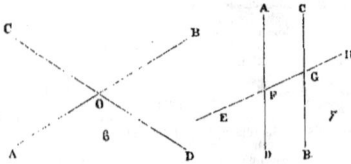
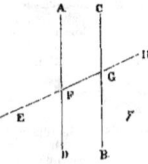

Fig. 4.   Fig. 5.

deux angles dont la somme vaut un droit, ex. : ACD et DCB (Fig. 3). Deux angles *supplémentaires* sont deux angles dont la somme vaut deux droits : c'est ce qui arrive pour deux angles *adjacents* qui ont leurs côtés extérieurs en ligne droite, ACD, DCE (Fig. 3), parce que leur somme est évidemment la même que celle des deux angles droits ACB, BCE. On nomme *angles opposés par le sommet* deux angles, comme COA, BOD (Fig. 4) qui ont même sommet, et sont formés chacun par les prolongements des côtés de l'autre. Les angles opposés par le sommet sont égaux. En effet, COB est à la fois le supplément de COA et de BOD, de sorte qu'il manque à chacun de ces derniers un même an. pour valoir deux droits. Dans certaines applications de la

géométrie on est amené à considérer des angles plus grands que deux droits; on suppose alors que le rayon d'un cercle a tourné autour du centre, non seulement jusqu'à ce qu'il soit revenu à sa position primitive, mais encore au delà, décrivant ainsi plusieurs tours. Chaque tour correspond à quatre angles droits.

Quand on imagine deux parallèles AD, CB (Fig. 5) coupées en F et en G par une sécante EH, il en résulte divers angles dont les relations sont utiles à connaître. On nomme *angles correspondants* ceux qui sont tournés dans le même sens, et qui sont situés du même côté de la sécante : tels sont respectivement les angles CGH et AFG, CGF et AFE, HGB et GFD, etc. On appelle *angles alternes-internes* ceux qui sont situés à l'intérieur des parallèles et de part et d'autre de la sécante, comme AFG et FGB, CGF et GFD. Les *angles alternes-externes* sont les angles respectivement situés au

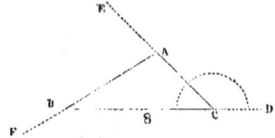

Fig. 6.

dehors des parallèles et de part et d'autre de la sécante : tels sont les angles CGH et EFD, AFE et HGB. On démontre que : 1° les angles correspondants sont égaux; 2° les angles alternes-internes sont égaux; 3° les angles alternes-externes sont égaux. — Dans un polygone quelconque, on nomme *angles intérieurs* ceux qui sont formés par deux côtés adjacents à l'intérieur du polygone : tels sont BAC, ABC, BCA (Fig. 6); on a donné le nom d'*angles extérieurs* à ceux qui, comme ACD, EAB, FBC, sont formés par un côté du polygone et par le prolongement du côté adjacent. Il est évident que les angles intérieurs et les extérieurs ayant un côté commun sont toujours supplémentaires l'un de l'autre. On démontre que la somme des angles intérieurs d'un polygone convexe est égale à autant de fois deux droits qu'il y a de côtés moins deux. La somme des angles extérieurs d'un polygone convexe est égale à 4 angles droits.

Mesure des angles. — Si l'on considère plusieurs angles ayant leurs sommets au centre d'une circonférence, il est évident que

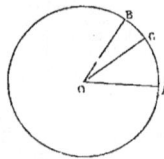

deux angles égaux interceptent sur la circonférence des arcs égaux, et que si un arc AOB (Fig. 7) est égal à la somme des deux autres AOC, COB, l'arc AB qu'il intercepte entre ces côtés est la somme ainsi des arcs AB, BC, interceptés par les deux autres. De cette simple remarque découle que les *angles au centre sont proportionnels aux arcs qu'ils interceptent entre leurs côtés,* et que, par suite, si l'on

Fig. 7.

prend des unités d'an. et d'arc qui se correspondent, l'arc et l'angle seront mesurés par le même nombre, ce qu'on

Fig. 8.

exprime en abrégé en disant que *l'angle au centre a pour mesure l'arc qu'il intercepte entre ses côtés.*

Dans la pratique, on suppose la circonférence divisée en 360 parties égales qu'on appelle degrés. L'angle d'un degré est celui qui, placé au centre d'un cercle, intercepte un arc de 1 degré. C'est la 90e partie de l'angle droit. Le degré se divise en 60 minutes, la minute en 60 secondes. Dans la figure 8, par exemple, l'angle AOB est mesuré : on voit qu'il est de 45 degrés. Degré s'écrit °, minute ', seconde ". Un angle de 23 degrés 27 minutes 18 secondes s'écrit : 23°27'18".

Souvent, dans les recherches théoriques, on prend pour unité d'angle celui qui, placé au centre d'une circonférence, intercepte entre ses côtés un arc égal au rayon. Cet an. vaut 57° 17' 44",8 ou 3437' 44",8 ou 206264",8.

La construction de tous les instruments relatifs à la mesure des angles est fondée sur le principe de la substitution de l'arc à l'angle. Ce sont toujours des limbes divisés en degrés, minutes, secondes, etc., sur lesquels on lit le nombre qui exprime la mesure de l'arc compris entre les côtés de l'an, à

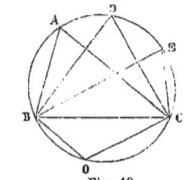

mesurer. Voy. Rapporteur, Graphomètre, Cercle répétiteur, Sextant, Théodolite, etc.

A la théorie de la mesure des angles on rattache d'ordinaire les théorèmes relatifs aux angles ayant leurs sommets placés d'une manière quelconque dans le plan et dont les côtés coupent la circonférence :

Fig. 9.

1° *Tout angle inscrit a pour mesure la moitié de l'arc qu'il intercepte entre ses côtés sur la circonférence* (Fig. 9), CAB a pour mesure la moitié de l'arc CKB.

On en déduit que :
Tout angle inscrit dans une demi-circonférence est droit,
que :
Tous les angles inscrits dans un même segment sont égaux (Fig. 10), BAC = BDC = BEC,
et que :
Les angles opposés d'un quadrilatère inscrit sont supplémentaires (Fig. 10), BAC + BDC = 2°.

2° *Tout angle formé par une tangente et une corde a*

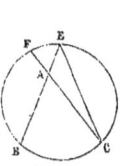

Fig. 10.

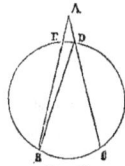

Fig. 11.

pour mesure la moitié de l'arc qu'il intercepte entre ses côtés (Fig. 11), EAC a pour mesure la moitié de l'arc AC.

3° *Tout an. qui a son sommet à l'intérieur de la*

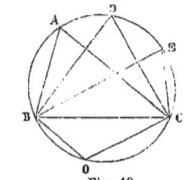

Fig. 12.

Fig. 13.

circonférence a pour mesure la demi-somme des arcs qu'il intercepte entre ses côtés (Fig. 12), BAC a pour mesure la demi-somme des arcs $\frac{BC + EF}{2}$.

4° *Tout angle qui a son sommet à l'extérieur de la circonférence a pour mesure la demi-différence des arcs qu'il intercepte entre ses côtés* (Fig. 13), BAC a pour mesure $\frac{BC - ED}{2}$.

Indépendamment de l'an. *rectiligne*, c.-à-d. formé par la rencontre de deux lignes droites, il existe des angles formés par deux lignes courbes (Fig. 14), ou par une ligne droite et par une ligne courbe (Fig. 15) : l'an. se nomme cur-

viligne dans le premier cas et *mixtiligne* dans le second. La grandeur d'un angle curviligne se définit par celle de l'angle que forment les tangentes aux deux courbes en leur point de rencontre.

On considère encore en géométrie l'*angle dièdre* qui est l'espace indéfini compris entre deux plans qui se coupent et qu'on suppose limités à leur intersection, et l'*angle solide* ou *angle polyèdre* qui est l'espace indéfini compris entre plusieurs plans passant par un même point et qu'on suppose limités à leurs intersections mutuelles. Voy. Dièdre, Polyèdre.

La construction et la mesure des angles sont d'un usage fréquent dans les sciences et dans les arts. — La connaissance des angles sert à déterminer la position, la distance et le mouvement des astres; elle donne au marin le moyen de

Fig. 14.

Fig. 15.

fixer le point de la terre où il se trouve, et au géographe celui d'indiquer les positions des lieux terrestres. La cristallographie est fondée sur la mesure des angles que forment les cristaux. On peut, à l'aide de quelques angles et d'une seul. longueur, déterminer la distance d'un point auquel il est impossible de parvenir, et mesurer la hauteur d'une tour, d'une montagne sans les gravir. Voy. Trigonométrie.

Angle de contingence. — T. Géom. Angle formé par deux tangentes d'une courbe infiniment voisines l'une de l'autre.

Angle limite. — T. Opt. Angle d'incidence le plus grand sous lequel un rayon lumineux puisse rencontrer la surface d'une substance transparente sans cesser d'en sortir. Voy. Réfraction.

ANGLÉ. adj. T. Blas. Se dit d'une croix en sautoir quand il y a des figures mouvantes qui sortent des angles.

ANGLES, peuple de la Germanie qui envahit la Grande-Bretagne au VIe siècle et lui donna son nom (terre des Angles).

ANGLÈS, ch.-l. de c. (Tarn), arr. de Castres, 2,300 hab.

ANGLESEY, île d'Angleterre, dans la mer d'Irlande, 55,000 hab.

ANGLET. T. Archit. Petite cavité creusée en angle droit qui sépare les bossages et dont le profil offre la figure d'un V couché ≻, mais plus ouvert.

ANGLETERRE. Nom donné à la réunion des îles de Grande-Bretagne et d'Irlande ou Iles-Britanniques (Pop., 35 millions d'hab.). L'Angleterre n'est qu'une des trois parties dont se compose le royaume (les deux autres sont l'Écosse et l'Irlande). Villes principales : Londres, Liverpool, Glasgow (Écosse), Birmingham, Manchester, Leeds, Sheffield, Dublin (Irlande), Edimbourg (Écosse), Newcastle.

L'Angleterre est la première puissance maritime du monde. Elle tient aussi le premier rang pour le commerce et l'industrie, grâce à la richesse de son sol en houille et en fer, et à ses immenses colonies dispersées sur tout le globe.

Les colonies anglaises ont 220 millions d'hab. et une superficie de 20 millions de kilom. carrés, près de 10 fois plus que les colonies françaises. Voy. Inde, Australie, Canada, etc.

L'Angleterre fut d'abord habitée par des peuples d'origine gauloise; elle fut conquise par César, puis envahie par les Angles et les Saxons qui y fondèrent plusieurs royaumes Enfin en 1066, l'Angleterre fut conquise par les Normands qui l'envahirent sous la conduite de *Guillaume le Conquérant*, de sorte que la Normandie et l'Angleterre furent réunies sous le même sceptre. L'Angleterre et la France eurent à s'utouir l'une contre l'autre de longues et nombreuses guerres. — Nom des hab. : Anglais, Aise.

Liste chronologique des rois d'Angleterre. — Egbert, roi de Wessex, réunit l'heptarchie anglo-saxonne, 827. — Ethelwulf, 836. — Ethelbald, 857. — Ethelbert, 857 ; seul, 860. — Ethelred, 836. — Alfred le Grand, 871. — Édouard Ier, l'Ancien, 901. — Athelstan, 924. — Edmond Ier, 940. — Edred, 946. — Edwy, 955. — Edgard le Pacifique, 958. — Édouard II le Martyr, 975. — Ethelred II, 978. — Le Danois Suénon, 1014. —

ANGLETERRE
Échelle
0   50   100   200 kil.

Le Danois *Canut le Grand*, 1015. — Edmond II, fils d'E-thelred. 1016. — Le Danois *Harold Ier*, 1036. — Le Danois *Hardi-Canut*, 1039. — Édouard III le Confesseur, 1043. — Harold II, 1066. — Guillaume le Conquérant, 1066. — Guillaume II le Roux, 1087. — Henri Ier Beau-Clerc, 1100. — Étienne de Blois, 1135. — Henri II, Plantagenet, 1154 — Richard Ier, Cœur de Lion, 1189. — Jean sans Terre, 1199. — Henri III, 1216. — Édouard Ier, 1272. — Édouard II, 1307 — Édouard III, 1327. — Richard II, 1377. — Henri IV, 1399. — Henri V, de Monmouth, 1413. — Henri VI, 1422. — Édouard IV, 1461. — Édouard V, 1483. — Richard III le Bossu, 1483. — Henri VII Tudor, 1485. — Henri VIII, 1509. — Édouard VI, 1547. — Jane Grey, 1553. — Marie, 1553. — Élisabeth, 1558. — Jacques Ier, Stuart, 1603. — Charles Ier, 1625, décapité en 1649. — République de 1649 à 1660; Olivier Cromwell, *Protecteur*, 1653; Richard Cromwell. *Protecteur*, 1659. — Charles II, Stuart, 1660. — Jacques II, 1685 — Guillaume III d'Orange, et Marie, fille de Jacques II, 1689. — Anne, 1702. — George Ier, électeur de Hanovre, 1714. — George II, 1727. — George III, 1760. — George IV, 1820. — Guillaume IV, 1830. — Victoria, 1837.

ANGLEUX, EUSE. adj. Se dit de certains fruits, comme les noix, dont l'amande est tellement logée dans de petites cavités anguleuses qu'il est difficile de l'en tirer.

ANGLICAN, ANE. adj. (lat. *anglus*, anglais). Qui a rapport à la religion de l'État en Angleterre. *Rit an. Clergé an. Église anglicane*. || S'emploie subst. en parlant des personnes. *Il n'est pas catholique, il est an.*

ANGLICANISME. s. m. Religion de l'État en Angleterre. Voy. SCHISME.

ANGLICISME. s. m. Façon de parler propre à la langue anglaise. *Les Anglais qui écrivent en français se garantissent difficilement d'y transporter des anglicismes.*

ANGLOIS. s. m. Sorte de tarte aux prunes.

ANGLOMANE. adj. 2 g. et subst. Admirateur ou imita-teur outré de tout ce qui est anglais.

ANGLOMANIE. s. f. (R. *anglais*, et *manie*). Admiration outrée, imitation exagérée de tout ce qui est anglais.

ANGLOPHOBE. adj. et s. 2 g. (R. *anglais* et gr. φόβος, effroi). Qui a horreur des Anglais. Néol.

ANGLO-SAXON, peuple germain qui envahit la Grande-Bretagne au VIe siècle et y domina jusqu'à Guillaume le Conquérant (1066).

ANGO ou ANGOT (JEAN), célèbre armateur de Dieppe, connu par ses voyages en Afrique et aux Indes, et par d'heureuses spécula-tions (mort en 1551).

ANGOISSE. s. f. (lat. *angor*). État intolérable d'oppression et de constriction épigastrique qui s'ob-serve dans diverses maladies, telles que l'angine de poitrine, les affec-tions organiques du cœur, etc. *Ce malade est dans un état d'an. extrême.* || Fig. Profonde affliction accompagnée d'un extrême abatte-ment. *Être dans d'extrêmes an-goisses, dans des angoisses mor-telles.* Dans cette acception, ne s'emploie guère qu'au plur. || *Poire d'an.*, instrument de fer en forme de poire et à ressort que l'on intro-duisait de force dans la bouche pour empêcher de crier et produire le plus grand écartement possible des mâchoires. — On donne encore ce nom à une sorte de poire si âpre et si revêche au goût qu'on a peine à l'ava-ler. — Fig. et Fam., *Avaler des poires d'an.*, Éprouver de grands chagrins.

Syn. — *Anxiété*. — Dans le langage de la science, le terme *anxiété* diffère de celui d'*an.* en ce qu'il exprime un état d'agitation et d'inquiétude tel que le malade change sans cesse de position, parce qu'aucune ne peut lui procurer de soulagement, tandis que dans l'*ang.* la souffrance du malade est le plus souvent si violente qu'il est incapable de se mou-voir et croit sa fin prochaine. Dans le langage ordinaire, il existe entre ces deux termes une différence analogue. L'*ang.* est une affliction profonde accompagnée d'un découragement et d'un abattement complets; l'*anxiété* est un trouble de l'esprit qui se manifeste par une agitation continuelle.

ANGOISSER. v. a. Faire souffrir l'angoisse.

ANGOLA, royaume d'Afrique (Congo), cap. *Saint-Paul de Loanda.* Appartient aux Portugais.

ANGON. s. m. (gr. ἀγκών, chose courbée). Espèce de jave-lot ou de demi-pique dont le fer, semblable à celui d'une lance, était accompagné de deux crocs acérés. *L'an. était en usage chez les Francs. On lançait l'an. ou l'on s'en servait pour combattre de près.* || Crochet emmanché au bout d'un bâton dont les pêcheurs se servent pour retirer les crustacés d'entre les rochers.

ANGORA (anc. ANCYRE), ville de la Turquie d'Asie. 70,000 hab.

ANGORA. adj. 2 g. Nom qu'on donne à certaines variétés de chats, de lapins et de chèvres, originaires d'Angora dans l'Anatolie et remarquables par la longueur de leurs poils. *Un chat an. Une chèvre an.* || S'emploie subst. *Un bel an.*

ANGOT (MADAME), type populaire de la Révolution, créé en 1795 et repris de nos jours.

ANGOULÊME, ch.-l. du dép. de la Charente, 36,700 hab. Papeteries importantes. Nom des hab. : ANGOUMOIS, OISE.

ANGOULÊME (Duc d'), fils aîné de Charles X (1775-1844).

ANGOUMOIS, anc. prov. de France. A formé le dép. de la Charente et en partie celui de la Dordogne.

ANGREC. s. m. T. Bot. Genre d'*Orchidées*.

ANGROIS. s. m. T. Techn. Petit coin qu'on enfonce dans l'œil du marteau pour en assujettir le manche.

ANGUICHURE. s. f. T. Chass. Bande de cuir qui sert à porter un cor de chasse.

ANGUIER (François), sculpteur français (1604-1669).

ANGUIER (Michel), frère du précédent (1612-1686), a sculpté la porte Saint-Denis, à Paris.

ANGUIFORME. adj. 2 g. (lat. *anguis*, serpent; *forma*, forme). Qui a la forme du serpent.

ANGUILLADE. s. f. Coup qu'on donne à quelqu'un avec une peau d'anguille, un fouet, un mouchoir tortillé ou autre chose semblable. *Donner des anguillades par les jambes*. Fam.

ANGUILLE. s. f. (lat. *anguilla*, de *anguis*, serpent). Nom d'un poisson d'eau douce ayant la forme d'un serpent et couvert d'une peau glissante. *Écorcher une ang. Tronçon d'ang. Pâté d'anguilles*. || Prov., *Il échappe comme une ang. Pour trop presser l'ang., on la perd. Il y a quelque ang. sous roche*, Il y a quelque chose de mystérieux dans cette affaire. *Écorcher l'ang. par la queue*, commencer par où il faudrait finir. *Il ressemble à l'ang. de Melun, il crie avant qu'on ne l'écorche*, Il a peur sans sujet, il se plaint avant de sentir le mal. Ce proverbe a pour origine l'histoire d'un nommé Languille qui, jouant à Melun le rôle de saint Barthélemy, qui fut écorché vif, se sauva en apercevant le bourreau.

Zool. — En icht., le terme d'*Ang.* ne s'applique pas uniquement au poisson d'eau douce qui est si abondant dans nos rivières. Les zoologistes s'en servent pour désigner un genre nombreux de poissons appartenant à l'ordre des *Physostomes apodes*. Les opercules des espèces qui composent ce genre, et dont l'*Ang. commune* est le type, ne sont pas visibles au dehors. Ils sont petits, entourés concentriquement par les rayons branchiostèges, et, comme ces derniers, cachés sous l'épaisseur de la peau. L'appareil respiratoire ne s'ouvre que fort en arrière par un simple trou ou une espèce de tuyau : de cette façon, il se trouve mis à l'abri de tout contact extérieur, ce qui permet à ces poissons de demeurer assez longtemps hors de l'eau sans périr. Leur corps long et grêle est revêtu d'une peau grasse et épaisse où les écailles ne deviennent bien visibles que lorsque le tégument est desséché. Comme tous les poissons apodes, ils manquent de nageoires ventrales.

Les *Anguilles propres*, qu'on distingue en *Anguilles vraies* et en *Congres*, se caractérisent par la présence de nageoires pectorales, sous lesquelles les ouïes s'ouvrent de chaque côté. La dorsale et l'anale se prolongent jusqu'à l'extrémité du corps, où elles constituent, par leur réunion, une caudale pointue. Dans les *Anguilles vraies*, la dorsale commence à une assez grande distance en arrière des pectorales, et la mâchoire supérieure est en général plus courte que l'inférieure. L'*Ang. commune* (Fig. 1) peut atteindre jusqu'à 5 et 6 pieds de longueur. Chez les individus qui vivent dans des eaux limoneuses, la partie supérieure du corps est noirâtre foncé, et la partie inférieure jaunâtre, tandis que chez ceux qui sont péchés dans des eaux limpides, le dos est d'un beau vert olive et le ventre d'un blanc argenté éclatant. — Suivant Cuvier et Valenciennes, les anguilles sont ovipares; quelques auteurs cependant les croient ovovivipares, c.-à-d. pensent que les œufs éclosent dans le corps de la mère. Il paraît démontré que ces poissons se rendent à la mer pour frayer et qu'ils déposent leurs œufs dans la vase. Lorsque les petits qui en sont nés ont atteint 4 à 5 centim. de longueur, ils remontent les fleuves en bandes serrées que l'on appelle *montées*. Pendant le jour, l'ang. se tient ordinairement cachée dans la vase ou dans des trous creusés le long des berges. C'est la nuit qu'elle va à la recherche de sa nourriture, qui consiste surtout en vers et en petits poissons. Grâce au mode de conformation de son appareil branchial, il arrive

quelquefois à l'ang. de quitter les eaux où elle vivait et de voyager dans l'intérieur des terres, souvent à des distances très considérables, en rampant à la manière des serpents.

Les *Congres* diffèrent des anguilles vraies par leur dorsale, qui commence assez près des pectorales ou même sur elles. La mâchoire supérieure est constamment plus longue que l'inférieure. Nos mers nourrissent deux espèces de congres. Le *Congre commun* atteint 1m,60 à 1m,95 de longueur. C'est un poisson de couleur blanchâtre, de la grosseur de la jambe, que l'on apporte en grande quantité sur le marché de Paris, où on lui donne le nom vulg. d'*Ang. de mer*. Sa chair est peu délicate. Le *Myre*, qui se pêche dans la Méditerranée, est plus petit que le congre commun, et s'en distingue par les taches fauves qui marquent son museau et par une bande transversale de même couleur située sur l'occiput. Sa chair est peu estimée.

Les *Ophiosures* ont été séparés des anguilles propres, parce

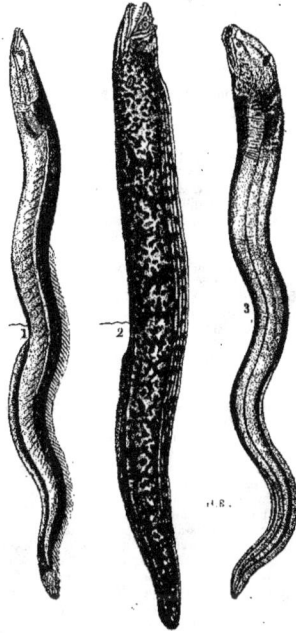

que leur dorsale et leur anale ne s'étendent point jusqu'à l'extrémité de la queue, qui se trouve par conséquent dépourvue de nageoire, et se termine en poinçon. A ce genre appartient le *Serpent de mer* de la Méditerranée, qui est de la grosseur du bras et long de 1m,95 à 2m,25.

Les *Murènes* diffèrent des deux genres précédents par l'absence complète de nageoires pectorales. Leurs branchies s'ouvrent par un petit trou de chaque côté; mais leurs opercules sont si minces et leurs rayons branchiostèges si grêles et tellement cachés sous la peau, que d'habiles naturalistes en ont nié l'existence. La *Murène commune*, ou *Murène hélène* (Fig. 2), est très répandue dans la Méditerranée. C'est l'espèce qui était si estimée par les Romains qu'ils en élevaient des quantités considérables dans des viviers construits à grands frais sur les bords de la mer. La voracité de cet animal avait fait concevoir à Vedius Pollion, chevalier romain, l'un des favoris d'Auguste, un nouveau genre de cruauté : il faisait jeter dans ses viviers les esclaves qu'il avait condamnés, et il prenait plaisir à considérer le spectacle de ces malheureux, dont le corps était déchiré en quelques instants par des milliers de murènes. La *M. commune* est un poisson tout marbré de brun sur un fond jaunâtre, qui atteint 1 mètre et plus de longueur, et dont la bouche est garnie à chaque mâchoire d'une seule rangée de dents fort acérées. — Les poissons qui composent les sous-genres *Symbranche* et *Ata-bès* (Fig. 3. *Symbranche unicolore*) ont des branchies qui ne communiquent au dehors que par un seul trou percé sous la gorge et commun aux deux côtés.

ANGUILLER. s. m. T. Mar. Canaux qui règnent à fond de cale pour conduire les eaux à la pompe.

ANGUILLIFORME. adj. 2 g. (R. *anguille, forme*). T. Ichl. Voy. APODE.

ANGUILLULE. s. f. T. Zool. et Méd. Petits vers dont plusieurs sont des parasites intestinaux de l'homme, du porc, de la brebis.

ANGUILLULIDES. s. f. T. Zool. Ce sont des vers néma-todes non parasites de taille médiocre. Certaines espèces vivent sur les plantes, d'autres dans la terre, l'eau douce, d'autres dans les matières en putréfaction ou en fermenta-tion. Dans ce dernier cas rentre l'anguillule du vinaigre.

ANGUINE. s. f. T. Bot. Plante de la famille des *Cucurbi-tacées.* Voy. ce mot.

ANGUINÉE. s. f. T. Géom. Courbe du 3e degré qui coupe son asymptote. On dit aujourd'hui SERPENTINE.

ANGUIS. s. m. T. Erpét.
Zool. — Ce nom, qui signifie *serpent* en latin, a été donné à des Sauriens qu'on nomme vulgairement *Orvets.* Les *An.* sont des reptiles à corps cylindrique; ils se rapprochent des Seps par la structure osseuse de leur tête, par leur langue charnue et peu extensible, par la présence de paupières, etc. De plus, on retrouve au-dessous de la peau des an. des vestiges d'épaule, de sternum, de bassin ou de membres postérieurs. D'autre part, bien que ce soient de véritables Sauriens, ces animaux ressemblent aux Ophidiens vrais par la forme générale de leur corps, qui est arrondi, dépourvu de membres exté-rieurs. Ils se caractérisent à l'extérieur par des écailles imbriquées qui les recouvrent entièrement. Il en existe une espèce très répandue chez nous. L'*O. commun* (Voy. la Fig.): son tympan est caché sous la peau, son corps est recouvert d'écailles très lisses et luisantes. Il est noirâtre en dessous, jaune argenté en dessus avec trois filets noirs lon-gitudinaux qui, avec l'âge, se changent en séries de points et finissent par disparaître. Ce reptile atteint 32 à 42 centim. de lon-gueur. L'*O. commun* porte encore le nom vulgaire de *Serpent de haie* et celui d'*An. fragile,* parce que sa queue, comme celle des lézards, se casse très facilement. C'est d'ailleurs un reptile fort doux, qui vit de mollusques et de petits insectes. Il se creuse des trous souterrains où il passe l'hiver : il fait ses petits vivants.

ANGULAIRE. adj. 2 g. (R. *angle*). Qui a un ou plusieurs angles. *Figure, corps ang.* On dit plus souvent : *Corps anguleux.* || T. Archit. Ce qui est à l'angle, à l'encoi-gnure d'un édifice. *Pierres angulaires.* Co-lonne, pilastre ang.— *Pierre ang.,* signifie souvent la pierre fondamentale qui fait l'an-gle d'un bâtiment. || T. Géom. Qui a rapport aux angles. *Vitesse ang.* Voy. VITESSE.

ANGULEUX, EUSE. adj. Se dit d'un corps dont la surface a plusieurs angles. *Corps ang. Tige anguleuse.*

ANGURIE. s. f. (gr. ἀγγούριον, sorte de melon d'eau). T. Bot. Genre de *Cucurbitacées.*

ANGUSTI (du lat. *angustus,* étroit). Ce terme entre dans la formation de divers mots usités dans les sciences naturelles, pour désigner l'étroitesse de certaines parties : telles sont les expressions *Angustifolié, Angustiros-tre,* etc.

ANGUSTICLAVE. s. m. Voy. LATICLAVE.

ANGUSTIÉ, ÉE. adj. (lat. *angustus*). Étroit, resserré. Ce mot est vieux, et ne se dit que d'un chemin.

ANGUSTIFOLIÉ, ÉE. adj. (lat. *angustus; folium,* feuille). T. Bot. Qui a les feuilles étroites.

ANGUSTIROSTRE. adj. 2 g. (lat. *angustus; rostrum,* bec). T. Zool. Qui a le bec étroit.

ANGUSTURE. s. f. T. Pharm. On donne le nom d'*An. vraie* à l'écorce du *Galipea Cusparia* de la famille des *Rutacées;* c'est un médicament stimulant qui jouit de pro-priétés fébrifuges. Dans le commerce, l'*An. vraie* se trouve quelquefois falsifiée avec une autre écorce nommée *Fausse An.* qui provient du *Strychnos nux vomica* de la famille des *Loganiacées.* Cette dernière écorce est un poison éner-gique et doit ses propriétés toxiques à la strychnine et à la brucine qu'elle contient.

ANHALT, duché de l'empire d'Allemagne, pop. 200,000 hab., cap. Dessau.

ANHARMONIQUE. adj. 2 g. (ἀν priv., et *harmoni-que*).
Géom. — On appelle rapport an. de quatre points en ligne droite A B C D, le quotient des rapports des segments déter-minés par les deux premiers points A, B, associés succes-sivement aux deux derniers. On représente ce rapport par la notation (A B C D) :

$$(ABCD) = \frac{AC}{AD} : \frac{BC}{BD},$$

les quatre segments étant naturellement pris avec leurs si-gnes.
Le rapport an. n'est défini qu'autant qu'on donne l'ordre des quatre points. Comme il y a 24 manières de ranger quatre lettres, il s'ensuit que quatre points admettent 24 rapports anharmoniques; mais il est facile de se rendre compte que ces 24 rapports sont égaux 4 à 4 :
(A B C D) = (B A D C) = (C D A B) = (D C B A).
Il ne reste donc que six valeurs distinctes qui sont deux à deux inverses :

$$(ABCD) = \frac{1}{(BACD)},$$

de sorte qu'en définitive, il n'y a que trois valeurs à consi-dérer.
Si l'on désigne par $x_1 x_2 x_3 x_4$ les abscisses des 4 points dans l'ordre où on les range, le rapport anharmonique aura pour expression :

$$(ABCD) = \frac{x_3 - x_1}{x_4 - x_1} : \frac{x_3 - x_2}{x_4 - x_2}.$$

Le rapport an. de quatre points est un élément très important, parce qu'il est *projectif,* c'est-à-dire que si l'on

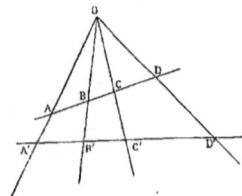

joint les 4 points à un point quelconque O du plan, les quatre droites ainsi obtenues (Voy. la Fig.) détermineront sur une transversale quelconque quatre nouveaux points A'B'C'D' dont le rapport an. est égal au précédent :
$$(ABCD) = (A'B'C'D').$$

la considération du rapport an. est la base de la Géométrie projective de Poncelet, et de ce que Chasles a appelé la Géométrie supérieure.

Quand le rapport an. est égal à — 1, les quatre points forment une *division harmonique*, et l'on dit que les points A et B sont conjugués par rapport aux points C D, ou ceux-ci par rapport à A et B.

Il résulte du théorème précédent qu'un *faisceau* de quatre droites tirées d'un point O détermine sur une transversale quelconque une division de 4 points dont le rapport an. est invariable. Ce rapport constant a reçu le nom de *rapport an.* du faisceau. S'il est égal à — 1, le faisceau est dit *harmonique*.

Enfin, on appelle rapport an. de 4 nombres x_1, x_2, x_3, x_4 le rapport an. des quatre points dont ces nombres seraient les abscisses. Il a pour valeur :

$$\frac{x_3 - x_1}{x_4 - x_1} : \frac{x_3 - x_2}{x_4 - x_2}$$

ANHÉLATION. s. f. (lat. *anhelatio*). T. Méd. Respiration difficile, courte et précipitée, comme celle qui a lieu après la course ou un exercice violent. — On dit également, *Respiration anhéleuse ou anhélante.*

ANHÉLER. v. a. T. de Verrerie. Entretenir le feu à un degré convenable.

ANHÉMASE. s. f. (gr. ἀν priv.; αἶμα, sang). Maladie des jeunes mulets observée par Gellé dans le département des Deux-Sèvres, où elle fit beaucoup de victimes.

ANHINGA. s. m. T. Ornith.
Zool. — Suivant Margrave, les Topinambous appellent *An.* l'oiseau que Linné a désigné sous le nom de *Plotus*, mot latin qui signifie *pied plat.* Cuvier fait des anhingas un genre de son ordre des *Palmipèdes*, et de sa famille des *Totipalmes.* — Ces oiseaux se distinguent par leur cou mince et très allongé, par leur tête petite et cylindrique, et par leur bec grêle, très droit et à bord finement denticulé vers la pointe. On n'est parvenu qu'à en établir deux espèces bien

distinctes : l'une propre à l'Afrique, l'*An. Levaillant*; l'autre, propre à l'Amérique, l'*An. à ventre noir* (bec du même au tiers de sa grandeur naturelle. Voy. la Fig.). — La taille des anhingas est ordinairement d'environ 50 centim. de longueur, à partir du bout du bec jusqu'à l'extrémité de la queue. Ces oiseaux vivent habituellement sur les eaux douces. C'est là qu'ils poursuivent les poissons dont ils font leur nourriture ils passent la nuit sur les arbres, et ils établissent leurs nids sur les branches les plus élevées.

ANHISTE. adj. 2 g. (gr. ἀν priv.; ἱστός, tissu). Se dit de toute substance organique qui paraît dépourvue de structure propre.

ANHYDRE. adj. 2 g. (gr. ἀν priv.; ὕδωρ, eau). T. Chim. et Minér. Se dit d'un corps qui ne contient pas d'eau.

ANHYDRIDE. s. m. T. Chim. On désigne ainsi des corps qui dérivent des acides oxygénés par la suppression de l'eau de

constitution. Ce nom a été créé pour remplacer l'ancienne dénomination d'acide anhydre, parce que les anhydrides ne sont pas des acides. Par ex. : la formule de l'acide carbonique est CO_2, H_2O. CO_2 est l'anhydride carbonique. On a donné le nom d'anhydrides incomplets aux corps qui résultent de la déshydratation partielle d'un acide polyatomique. Tel est l'acide métaphosphorique, qui résulte de la soustraction de H_2O à l'acide phosphorique.

ANHYDRITE. s. f. T. Minér. et Géol. Ce nom a été donné par Cordier à une espèce de roche à base de sulfate de chaux, qui ne contient pas d'eau de composition, et qui est impropre à la fabrication du plâtre. L'un. est assez répandue dans les Alpes. Une variété légèrement siliceuse, d'un gris bleuâtre, est employée en Italie pour faire des tables et des cheminées. Cette variété, connue sous le nom de *Marbre de Bergame*, est exploitée à Vulpino, dans la Lombardie.

ANI. s. m. T. Ornith. Oiseaux propres au nouveau continent et de l'ordre des *Grimpeurs*. Ces oiseaux ont le bec gros, sans

Fig. 1.

dentelures, avec de légères stries longitudinales, comprimé, arqué, élevé et surmonté d'une crête cornée verticale et tranchante, qui s'avance en arrière entre les plumes du front. Leurs ailes sont faibles, mais leurs pieds sont forts. Leur queue est

Fig. 2.

arrondie et plus longue que leur corps. Ils ont le plumage d'un noir intense, avec la plupart des plumes bordées de vert ou de bleu luisant. On en distingue plusieurs espèces : les mieux connues sont l'*A. des savanes*, l'*A. des palétuviers* (Fig. 1), et l'*A. de Las Casas* (Fig. 2). — Les anis vivent en troupes : on les rencontre dans les endroits découverts au nombre de trente à cinquante, se serrant les uns contre les autres et faisant entendre une sorte de cri ou de piaulement peu agréable. Ils se laissent facilement approcher par le chasseur; mais leur chair est détestable et a une odeur repoussante. Ils vivent d'insectes, de graines, de petits serpents, de lézards; et souvent on les voit s'abattre sur le dos du bétail pour y prendre les taons et les tiques. Ces oiseaux sont d'un naturel sociable. Leurs nids sont curieux : plusieurs paires se réunissent pour faire un nid en commun dont la largeur est proportionnée au nombre de couples qui le construisent. Les femelles font trois couvées; leurs œufs sont sphériques et d'un assez beau vert bleuâtre. Elles couvent ensemble, et souvent les œufs se trouvent mêlés et couvés par une seule, lorsque les autres vont chercher leur nourriture. A peine éclos, les petits sont adoptés par la société tout entière et soignés par tous avec une égale sollicitude, jusqu'à ce que leur âge et leurs forces leur permettent de céder la place à une couvée nouvelle. L'ani s'apprivoise aisément : on peut même lui apprendre à parler.

ANIANE, ch.-l. de c. (Hérault), arr. de Montpellier, 3,100 hab.

ANIANUS, poète latin du XV° siècle, auteur de vers mnémotechniques bien connus qui servent à retenir l'ordre des signes du zodiaque :

     Sunt : Aries, Taurus, Gemini, Cancer, Leo, Virgo,
     Libraque, Scorpius, Arcitenens, Caper, Amphora, Pisces.

ANICROCHE. s. f. (Vx franç. *hanicroche*, sorte d'arme ou d'instrument en forme de croc dont on se servait pour détruire les murailles). Difficulté, obstacle, embarras, chicane. *Leur mariage n'est pas encore conclu, il est survenu une* aa.

ANIDE. s. m. T. Térat. On appelle ainsi un groupe de monstres qui comprend les formes les plus dégradées des monstruosités humaines. Ce ne sont souvent que des masses globuleuses recouvertes de peau et de poils.

ANIDROSE. s. f. (gr. ἀν priv.; et ἰδρὼς, sueur). T. Méd. Absence de sueur.

ANIER, IÈRE. s. Celui, celle qui conduit des ânes.

ANIGOSANTHE. s. m. (gr. ἀνοίγω, je déploie; ἄνθος, fleur). T. Bot. Genre de plantes originaires de l'Australie, dont plusieurs sont remarquables par la beauté et la singularité de leurs fleurs. Famille des *Hémodoracées*.

ANIL. s. m. T. Bot. Plante qui fournit l'indigo et qui a donné son nom à l'aniline, alcaloïde formé d'abord avec l'indigotine (*Indigofera Anil*). Voy. INDIGO et LÉGUMINEUSES.

ANILIDE. s. f. T. Chim. Les anilides ou phénylamides sont les amides correspondant à l'aniline. Elles représentent les sels d'aniline moins de l'eau. Ce sont à proprement parler des alcalamides, puisqu'elles contiennent à la fois un radical acide et le radical phényle C⁶H⁵. Elles prennent naissance par la distillation sèche de ces sels, ou par l'action des anhydrides ou des chlorures acides sur l'aniline. La plus importante est l'*acétanilide* C⁶H⁵,AzH,C²H³O, qui sert à préparer différents dérivés de substitution de l'aniline.

ANILINE. s. f. T. (R. anil.) Chim. L'aniline ou phénylamine C⁶H⁷Az est une base organique que l'on fabrique aujourd'hui en quantités considérables dans l'industrie des matières colorantes : la benzine C⁶H⁶, extraite des goudrons de houille, est d'abord transformée par l'acide azotique en nitrobenzine C⁶H⁵, AzO²; celle-ci, réduite par l'acide acétique et la limaille de fer, se convertit en aniline. Dans cette préparation, le toluène C⁷H⁷, qui d'ordinaire accompagne la benzine, subit les mêmes transformations et fournit la toluidine C⁷H⁸Az. L'aniline pure est un liquide incolore, très toxique, qui bout à 182° en donnant des vapeurs dangereuses à respirer. Elle forme avec les acides des sels bien cristallisés et peut être considérée comme de l'ammoniaque où le radical phényle C⁶H⁵ s'est substitué à un atome d'hydrogène. C'est donc une amine primaire C⁶H⁵,AzH² contenant encore deux atomes d'hydrogène susceptibles d'être remplacés soit par des radicaux alcooliques (tels que l'éthyle C²H⁵, le méthyle CH³), soit par des radicaux aromatiques (phényle C⁶H⁵, benzyle C⁷H⁷). En effectuant ces substitutions on obtient plusieurs dérivés importants. Ainsi, la *diphénylamine* (C⁶H⁵)²AzH se fabrique

en chauffant sous pression de l'aniline avec du chlorhydrate d'aniline. La *dibenzylaniline* s'obtient par l'action du chlorure de benzyle sur l'aniline. En chauffant sous forte pression de l'alcool éthylique avec de l'aniline et du chlorhydrate d'aniline, on prépare la *diéthylaniline* C⁶H⁵(C²H⁵)²Az; le même procédé, appliqué à l'alcool méthylique, donne la *diméthylaniline* C⁶H⁵(CH³)²Az. Ce dernier corps, traité par le chlorure de benzyle en présence de la chaux, fournit la *méthylbenzylaniline* C⁶H⁵(CH³)(C⁷H⁷)Az.

Avec le chlore et le brome, l'aniline forme des dérivés chlorés et bromés. L'acide sulfurique fumant la convertit en un dérivé sulfonique important, appelé acide sulfanilique. Les dérivés nitrés s'obtiennent en réduisant le dinitrobenzène en solution alcoolique par l'hydrogène sulfuré et l'ammoniaque. Les chlorures acides, en réagissant sur l'ani., donnent naissance aux anilides.

L'aniline se prête facilement à la préparation de composés azoïques. Le permanganate de potasse ou le bioxyde de plomb la transforment en azobenzène et en azoxybenzène. L'acide nitreux, à froid, convertit les sels d'aniline en sels correspondants de diazobenzène. Ceux-ci, sous l'action de l'hydrogène naissant, donnent de la phénylhydrazine; en réagissant sur l'aniline, ils donnent naissance au diazoamidobenzène, qui se transforme facilement en son isomère, l'amidoazobenzène, connu sous le nom de jaune d'aniline.

L'action des corps oxydants sur l'aniline plus ou moins mélangée de toluidines produit différentes matières colorantes. La plus importante est la rosaniline C²⁰H²⁴Az³O⁴; elle est formée par une molécule d'aniline, une molécule d'orthotoluidine qui, sous l'action du corps oxydant, se sont soudées ensemble en perdant 4 atomes d'hydrogène.

COULEURS D'ANILINE. — Depuis que Perkin eut fabriqué industriellement la première de ces couleurs en 1856, l'aniline a servi à préparer une foule de matières colorantes, douées des teintes les plus vives et les plus variées, et dont l'application a produit une véritable révolution dans l'industrie de la teinture. Ces couleurs s'obtiennent soit directement au moyen de l'aniline, soit par la rosaniline, soit enfin par l'intermédiaire des dérivés de l'aniline méthylés, phénylés, etc., dont il a été question plus haut.

Aniline. — Les sels d'aniline oxydés à froid par le bichromate de potasse ou par le chlorure de chaux donnent la *mauvéine*, qui est la base du *violet d'aniline*, la première de ces couleurs qu'on ait préparée industriellement. — L'oxydation de l'aniline par le chlorate de potasse, en présence d'un sel de cuivre ou de vanadium, fournit le *noir d'aniline*: ce noir très solide, mais insoluble dans tous les réactifs, doit être produit sur le tissu même; pour l'empêcher de verdir à la longue, on l'oxyde ultérieurement par un bain de bichromate de potasse acide. — Si l'on traite un mélange d'aniline et de nitrobenzine par le fer et l'acide chlorhydrique, on obtient un *bleu d'induline*.

Rosaniline. — On prépare industriellement la rosaniline par l'action de l'acide arsénique sur l'*aniline pour rouge* (mélange d'aniline et de toluidines). On chauffe graduellement pendant 8 à 10 heures jusqu'à 190°, puis on maintient cette température jusqu'à ce que l'eau, l'aniline et la toluidine en excès aient distillé. Le produit solide fest exprimé, puis dissous dans l'eau bouillante; à la liqueur filtrée on ajoute du sel marin qui précipite du chlorhydrate de rosaniline (*fuchsine*). Le résidu insoluble de la filtration sert lui-même à préparer des matières colorantes violettes et jaunes : la *violaniline*, la *mauvaniline*, la *chrysotoluidine* et la *chrysaniline*. La rosaniline se vend sous le nom de *phosphine*. Quant à la rosaniline, elle est incolore; mais ses sels sont rouges et doués d'un pouvoir colorant considérable : *fuchsine* (chlorhydrate), *azuléine* (azotate), *roséine* (acétate), *solférino*, *magenta*, etc. Un gramme de fuchsine produit une coloration encore appréciable dans 250 hectolitres d'eau. Mais ces teintes sont assez fugaces et aujourd'hui on cherche plutôt à transformer la fuchsine en couleurs plus solides, en introduisant dans la molécule de rosaniline des radicaux alcooliques ou aromatiques (méthyle, phényle, etc.) à la place de l'hydrogène. Ainsi, le chlorure de méthyle (ou d'éthyle) chauffé avec la rosaniline produit les *violets Hofmann*, qui sont de la rosaniline méthylée ou éthylée. En chauffant de l'aniline avec la rosaniline en présence d'un acide organique (benzoïque ou acétique), on obtient la rosaniline triphénylée et le chlorhydrate constitue le *bleu de Lyon*. Celui-ci, purifié par des lavages à l'alcool bouillant, devient le *bleu lumière*. Ces bleus sont insolubles dans l'eau; mais l'acide sulfurique concentré les convertit en dérivés sulfoniques qui sont solubles : *bleu de Nicholson*, *bleus solubles*, *bleu alcalin*.

Dérivés méthylés, phénylés, benzylés de l'aniline. — Ces amines tertiaires, dont la préparation a été indiquée à l'article AXILINE, servent actuellement à préparer un grand nombre de couleurs dont plusieurs paraissent identiques à celles qu'on obtient par la rosaniline : 1° la diphénylamine chauffée avec de l'acide oxalique fournit le *bleu de diphénylamine* qui est insoluble, mais dont les acides sulfoniques donnent des sels alcalins solubles; — 2° la diméthylaniline, traitée par l'azotate de cuivre et le sel marin en présence de l'acide acétique, s'oxyde ou formant une base dont le chlorhydrate constitue le *violet de Paris.* Celui-ci traité par le chlorure de benzyle donne le *violet benzylé.* Par l'action du chlorure de méthyle sur le violet de Paris on obtient le *vert méthyle* ou *vert lumière.* La diméthylaniline sert encore à préparer le *bleu de méthylène :* c'est le chlorhydrate d'une base qui contient du soufre, et qu'on prépare en saturant par l'hydrogène sulfuré un mélange de diméthylaniline et d'azotile de soude, et en oxydant ensuite la matière par le perchlorure de fer; — 3° l'aldéhyde benzoïque (essence d'amandes amères) agissant sur les amines tertiaires dérivées de l'aniline, en présence du chlorure de zinc, fournit des bases qui, oxydées ensuite par le bioxyde de plomb, produisent une série de belles couleurs vertes (*verts à l'essence*): avec la diméthylaniline on obtient le *vert malachite;* avec la diéthylaniline, le *vert brillant;* avec la dibenzylaniline ou la méthylbenzylaniline et un traitement ultérieur par l'acide sulfurique, on prépare les verts sulfoconjugués (*v. hélvétique, v. acide*); — 4° l'oxychlorure de carbone, en présence d'un agent de condensation tel que le chlorure d'aluminium, transforme la diméthylaniline ou la diéthylaniline en violets très purs: *violets cristallisés, v. hexaméthylé, v. hexéthylique.*

La plupart des substances qui forment les bases de ces matières colorantes peuvent être considérées comme des dérivés amidés du triphénylméthane CH (C⁶H⁵)³, dans lesquels on aurait substitué des radicaux alcooliques ou phéniliques. Voy. TRIPHÉNYLMÉTHANE.

À la liste qui précède il faudrait ajouter un grand nombre de couleurs azoïques préparées au moyen de l'aniline ou de ses dérivés; les plus importantes sont décrites à l'article AZOÏQUE.

Les couleurs d'aniline ne sont pas les seules qui proviennent des goudrons de houille; d'autres en grand nombre dérivent de l'anthracène, du toluène, du phénol et de la naphtylamine contenus également dans ces goudrons, qui sont une mine inépuisable pour la fabrication des matières colorantes.

ANILLE. s. f. (lat. *annellus*, petit anneau). T. Tech. Espèce d'anneau de fer qui soutient la meule supérieure d'un moulin à farine. || T. Blas. S'emploie au plur. et désigne des fers de moulin en forme de crochets adossés et liés ensemble par le milieu, qui présente une ouverture carrée.

ANIMADVERSION. s. f. (lat. *anima*, esprit; *ad*, contre; *vertere*, tourner). Improbation, censure, blâme. *Sa conduite mérite l'an. publique. Encourir l'an. de quelqu'un.*

ANIMAL. s. m. (lat. *anima*, souffle, vie). Être organisé doué de la faculté de sentir et d'exécuter des mouvements spontanés. *L'homme est un an. raisonnable.* || Fig. et fam., Se dit, par mépris, d'une personne stupide ou grossière. *C'est un an., un franc an., un sot an.*

Syn. — *Bête, Brute.* — Au prop., et dans le langage scientifique, *bête* est peu usité; on emploie habituellement le mot *an.:* il n'en est pas de même dans le langage ordinaire. Le terme *an.*, qui appartient au style soutenu, est généralement pris dans un sens favorable, tandis que celui de *bête,* qui est propre au style familier, s'allie souvent à des épithètes critiques. Par ex., on dit, le lion est un *noble an.,* et non un *noble bête;* la mouche est une *bête ennuyeuse,* et non un *an. ennuyeux; Brute* ne se dit guère que par opposition à *homme.* — Au fig. ces trois termes s'appliquent injurieusement à l'homme. Lorsqu'on reproche à quelqu'un sa grossièreté, sa rudesse, sa brusquerie, on l'appelle *an.;* lorsqu'on blâme son incapacité, son ineptie, sa maladresse, on le traite de *bête;* enfin, lorsqu'on condamne sa stupidité, sa dépravation, on lui applique le nom de *brute.*

Hist. nat. — Au mot MATIÈRE nous exposons les caractères fondamentaux qui distinguent les corps inorganiques des corps organiques et organisés; nous faisons voir que les corps inorganiques, dont l'ensemble constitue ce qu'on a appelé le *Règne inorganique* ou *Règne minéral,* diffèrent essentiellement des êtres organisés, et nous établissons ce qu'il y a de

commun entre ces derniers. Ici donc nous avons seulement à examiner si la division des êtres organisés en deux grandes sections connues sous les noms de *Règne végétal* et de *Règne an.*, est légitime, et à rechercher quelles sont les limites de ces deux règnes : en d'autres termes, s'il existe des caractères constants et immuables à l'aide desquels on puisse décider sûrement si tel ou tel être organisé doit être classé parmi les végétaux ou parmi les animaux. Quand on se borne à comparer entre eux les êtres les plus élevés de la série végétale et de la série animale, la réponse à cette question est facile. Mais si l'on considère les êtres placés aux degrés tout à fait inférieurs de l'échelle, la distinction est souvent difficile à établir.

Les caractères distinctifs essentiels qui existent entre l'an. et le végétal sont de deux ordres. Ainsi, l'un. se distingue de la plante : 1° en ce qu'il est doué de sensibilité et peut exécuter des mouvements volontaires, double faculté dont la plante est dépourvue ; 2° en ce que la nutrition et la respiration s'effectuent chez lui d'une manière toute différente de ce qu'i s'observe dans le végétal.

On a prétendu que certains végétaux, la *Sensitive (Mimosa pudica)* par ex., possèdent également la faculté d'exécuter des mouvements spontanés sous l'influence de certains stimulants, et qu'ils sont par conséquent doués de sensibilité. On a dit encore que les embryons des *Fucus* et des *Conferves* peuvent se transporter d'un lieu à un autre, tandis que beaucoup d'animaux inférieurs restent immuablement fixés au sol comme les plantes. Mais ces objections n'ont aucune espèce de valeur, attendu que les écrivains qui les ont faites ont confondu deux phénomènes complètement différents, l'irritabilité et la sensibilité. Une propriété commune à tous les corps organisés et essentielle à leur existence comme êtres vivants, c'est de ressentir l'impression de certains stimulus qui déterminent une réaction de la part de la partie stimulée. Cette faculté a reçu le nom d'*irritabilité.* Ce qui distingue essentiellement tous les mouvements végétaux d'avec les mouvements *volontaires* des animaux, c'est que les premiers ne sont point déterminés par une impulsion interne, mais qu'au contraire ils résultent nécessairement de l'application d'un stimulus extérieur, et s'exécutent toujours de la même manière et, pour ainsi dire, mécaniquement. Chez les animaux, les mouvements sont le résultat d'une détermination interne communiquée par des organes immobiles aux organes ou aux puissances mobiles.

Chez les animaux supérieurs, la sensibilité et les mouvements volontaires ont les nerfs pour organes, et ce sont ces organes qui distinguent surtout l'an. du végétal. C'est pourquoi l'on a pu regarder le système nerveux comme constituant *l'essence de l'an.* — Il n'y a pas longtemps, on établit unanimement à nier l'existence de ce système chez les animaux inférieurs; mais des recherches mieux dirigées ont démontré qu'un grand nombre de ces êtres en sont pourvus. Or, comme dans toutes les espèces animales chez lesquelles on a constaté l'existence de nerfs, on a reconnu que la sensation dépend exclusivement de ces organes, nous sommes autorisés par cela même à conclure que, chez tous les animaux qui manifestent des sensations, ces dernières dépendent d'une matière nerveuse existant sous un état ou sous un autre dans leurs tissus.

Sous le rapport de la nutrition et de la respiration, il existe entre les plantes et les animaux une différence extrêmement importante. Chez les végétaux et chez les animaux plus simples, la respiration a lieu par la surface externe du corps tout entière. Mais pour les animaux plus parfaits cette surface est insuffisante, et ils ont besoin d'un organe (branchie ou poumon) qui, dans un petit espace, offre une immense superficie au contact de l'air. En outre, les produits de la respiration différent dans le règne an. et dans le règne végétal. L'an. dépouille l'air du son oxygène et expire de l'acide carbonique ; la plante, au contraire, décompose avec ses feuilles l'acide carbonique contenu dans l'air, de telle manière que le carbone et une partie de l'oxygène se fixent dans les tissus, tandis que la plus grande partie de l'oxygène est restituée à l'atmosphère. Cette action de la plante sur l'atmosphère constitue ainsi ce mode de *nutrition,* une véritable *assimilation.* Il est vrai que, pendant la nuit ou à l'ombre, les végétaux absorbent une partie de l'oxygène de l'air et exhalent de l'acide carbonique. Cependant la quantité d'acide carbonique qu'ils exhalent alors est moindre que celle qu'ils absorbent sous l'influence de la lumière. Au reste, d'après la remarque de Liebig, on ne doit pas regarder comme un acte vital la manière dont les plantes se comportent dans l'obscurité ; car ce qui se passe, dans ce cas, chez la plante vivante, a également lieu dans les parties végétales privées de vie. Les animaux ne s'assimilent ni substances à l'état de gaz, ni composés binaires; car l'oxygène qui pénètre dans leur organisme par l'appareil respiratoire sert uniquement à brûler la matière organique introduite par d'autres voies. Ils ne peuvent s'assimiler que des matières organiques déjà élaborées par les plantes, ou par d'autres animaux, de sorte qu'en dernière analyse la vie végétale est indispensable à la vie animale. De là résulte encore une différence capitale : le végétal absorbe la chaleur solaire qui lui est nécessaire pour décomposer l'acide carbonique de l'air, tandis que l'animal est un véritable foyer de combustion et une source de chaleur. Voy. NUTRITION, RESPIRATION.

Indépendamment de ces différences fondamentales, il existe encore d'autres caractères distinctifs d'une importance secondaire, il est vrai, mais qui ne sauraient être complètement passés sous silence. Ainsi, la circulation est beaucoup plus simple chez les végétaux que chez les animaux. Les plantes ne possèdent pas d'organe moteur particulier pour donner l'impulsion au liquide nourricier. Chez la plupart des animaux, il existe un organe central, le cœur, qui communique le mouvement au fluide circulatoire; ou du moins on rencontre une portion quelconque de l'appareil circulatoire qui remplit les fonctions du cœur. Toutefois, on connaît beaucoup d'animaux inférieurs chez lesquels, jusqu'à ce jour, on n'a pu découvrir ni cœur ni vaisseaux; ce qui ne permet pas de considérer l'existence d'un appareil circulatoire particulier comme un attribut caractéristique de l'animalité. Il en est de même du mode de propagation et de la simplicité de la structure, qu'on a parfois présentés comme propres à distinguer les végétaux d'avec les animaux. La complexité de l'organisme an. n'est pas un fait constant, et la propagation au moyen de bourgeons ou de gemmes n'appartient pas exclusivement aux végétaux. — Pour la classification des animaux, voy. ZOOLOGIE.

ANIMAL, ALE. adj. Qui est propre, qui appartient à l'animal. *Instinct an. Économie animale. Fonctions animales.* || Se dit de l'être matériel ou physique, par oppos. à l'être intelligent et moral, à l'âme. *C'est à la partie intelligente de l'homme à gouverner la partie animale.* || *Règne an.* L'ensemble de tous les animaux. Voy. ANIMAL.

ANIMALCULE. s. m. Dimin. d'*Animal.* S'emploie en parlant des animaux dont la petitesse est telle qu'on ne peut guère les apercevoir qu'à l'aide du microscope. Voy. INFUSOIRE.

ANIMALIER. s. m. Peintre ou sculpteur qui représente des animaux.

ANIMALISATION. s. f. Transformation des aliments en la propre substance de l'animal qui s'en nourrit. Voy. ALIMENT et NUTRITION.

ANIMALISER (S'). v. pron. S'assimiler à la propre substance de l'animal. = ANIMALISÉ, ÉE. part.

ANIMALITÉ. s. f. Ce qui constitue l'animal, ce qui fait qu'un être est animal. *On a attribué à tort l'an. à certaines espèces de conferves.*

ANIMATION. s. f. Action inconnue qui, dans la fécondation, communique au germe une activité toute nouvelle. || Fig., Éclat, vivacité du teint, du regard. *Son visage a beaucoup d'an.* || Mouvement, énergie du style, du débit. *Ce style est languissant, sans an. Vous avez l'air de disputer, vous parlez avec trop d'an.* || Air de vie ou qu'un peintre ou un sculpteur répand dans ses œuvres. || Mouvement, activité de la population dans une ville, dans un port.

ANIME. s. f. (lat. *anima*, âme, cœur). Petite cuirasse composée de lames de métal, fort usitée au moyen âge. L'*an.* s'appelait aussi garde-cœur.

ANIMÉ. s. f. Sorte de résine produite par l'*Hymenæa Courbaril.* Voy. LÉGUMINEUSES.

ANIMER. v. a. Communiquer le principe de la vie à un corps organisé. *Il y a dans les corps vivants un principe qui les anime. La Fable dit que Prométhée anima la statue d'argile qu'il venait de former.* — Fig., *An. quelqu'un de son esprit,* Faire passer ses sentiments, ses idées dans son âme. || Encourager, exciter. *César animait ses soldats par son exemple.* || Donner de la vivacité, pousser à agir. *C'est un homme qu'il est bien difficile d'an.* || Irriter, mettre en colère. *An. une personne contre une autre.* || Fig., Donner de la force, de la chaleur, du mouvement à un écrit, à un discours. *Il y a dans cet ouvrage quelques endroits qu'il faudrait an. An. la conversation.* || *Cet exercice anime le teint,* Lui donne plus d'éclat et de vivacité. On dit de même : *Le dépit animait ses regards.* || Répandre un air de vie dans un ouvrage d'art. *C'est un sculpteur qui anime toutes ses figures.* = s'ANIMER. v. pron. Se dit des personnes et des choses, mais seulement au fig. *La statue lui parut s'an. Il s'animait fort en discutant. Son teint, ses yeux s'animent quand elle parle.* = ANIMÉ, ÉE. part. et adj. *Un être an. Une créature animée. Des yeux animés. Une peinture animée. C'est une beauté qui n'est point animée,* se dit d'une femme dont la physionomie manque de vivacité, d'expression. *Cette ville est fort animée.* = Syn. Voy. AIGUILLONNER.

ANIMISME. s. m. T. Physiol. Système qui considère l'âme comme la cause non seulement des phénomènes intellectuels, mais encore des faits vitaux. Voy. VIE.

ANIMOSITÉ. s. f. Sentiment vif et persistant de dépit, de haine, par lequel on est porté à nuire à quelqu'un. *Avoir de l'an. Agir par an.* || Chaleur excessive, violence extrême dans une discussion verbale, dans une polémique. *Cet orateur a mis beaucoup d'an. dans son attaque.*

ANIO. adj. le Teverone, rivière d'Italie, affluent du Tibre, formait à Tivoli des cascades qui n'existent plus.

ANIS. s. m. (gr. ἄνισον). On appelle ainsi une plante de la famille des *Ombellifères* (*Pimpinella Anisum*), le fruit de cette plante, et enfin les petites dragées qu'on fait avec ces fruits. *L'A. est une ... èce de pimprenelle.* || *L'A. de Verdun.* || T. Bot. *A. étoilé.* Plante nommée vulgairement *Badiane,* de la famille des *Magnoliacées.* Voy. ce mot. || *A. aigre ou âcre,* le *Cumin.* || *A. de Paris.* Fruit du *Fenouil,* qui a à peu près les mêmes propriétés que l'A. véritable.

ANISER. v. a. Donner à une chose le goût ou l'odeur de l'anis, soit en la parsemant de grains d'anis, soit en y mêlant quelques gouttes d'huile essentielle d'anis. = ANISÉ, ÉE. part.

ANISETTE. s. f. Liqueur spiritueuse aromatisée avec l'essence d'anis.

ANISIDINE. s. f. T. Chim. Voy. ANISOL.

ANISIQUE. adj. T. Chim. L'*acide an.* $C^8H^8O^3$ prend naissance dans l'oxydation des essences d'anis, de fenouil et d'estragon. Il existe aussi une aldéhyde an. $C^8H^8O^2$, et un alcool an. $C^8H^{10}O^2$.

ANISO (gr. ἄνισος, inégal). Ce mot grec entre dans la formation de plusieurs termes usités dans les sciences naturelles, surtout en botanique, pour désigner l'inégalité de certaines parties.

ANISODACTYLE. adj. 2 g. (gr. ἄνισος; δάκτυλος, doigt). T. Zool. Qui a les doigts inégaux.

ANISODONTE. adj. 2 g. (gr. ἄνισος; ὀδούς, ὀδόντος, dent). Qui a les dents inégales.

ANISOL. s. m. T. Chim. L'an. $C^6H^8.OCH^3$ est l'éther méthylique du phénol; on l'a obtenu en distillant l'acide anisique sur de la chaux; on peut le préparer synthétiquement en traitant par la soude un mélange d'alcool méthylique et d'acide sulfurique, et chauffant le produit avec du phénate de soude. C'est un liquide incolore, d'odeur aromatique, bouillant à 152°. Traité par l'acide azotique, il donne un dérivé nitré qui, par réduction, fournit une base appelée *anisidine* $C^6H^4.(OCH^3)Azll^2$. — Le *rouge d'anisol* ou *ponceau d'anisidine* est une matière colorante azoïque préparée au moyen de l'anisidine et du naphtol.

ANISOMÈRE. adj. 2 g. (gr. ἄνισος; μέρος, partie). T. Hist. nat. Formé de parties inégales.

ANISOPÉTALE. adj. 2 g. T. Bot. Qui a les pétales inégaux.

ANISOPHYLLÉES. s. f. pl. (gr. ἄνισος; φύλλον, feuille). T. Bot. Tribu de plantes de la famille des *Rhizophoracées.* Voy. ce mot.

ANISOPLIE. s. f. (gr. ἄνισος; ὁπλή, ongle). T. Entom. Genre de coléoptères voisins des hannetons. Voy. SCARABÉIDES.

ANISOSTÉMONE. adj. 2 g. (gr. ἄνισος; στήμων, filament). T. Bot. Se dit des fleurs où le nombre des étamines est différent de celui des pétales.

ANISOTROPE. adj. (ἀν priv., et *isotrope*). T. Phys. Qui n'est pas isotrope; se dit des substances transparentes qui agissent différemment sur la lumière suivant la direction des rayons. Voy. ISOTROPE, POLARISATION.

ANISSON-DUPÉRON, famille dont cinq membres furent directeurs de l'Imprimerie Nationale (1748-1852).

ANIZY-LE-CHÂTEAU, ch.-l. de c. (Aisne), arr. de Laon, 1,100 hab.

ANJER, port de mer dans l'île de Java, détruit par l'éruption du Krakatoa (27 juillet 1883).

ANJOU, anc. prov. de France, a formé le département de Maine-et-Loire et des parties de ceux d'Indre-et-Loire, de la Mayenne et de la Sarthe. Cap. ANGERS.

ANJOU (Duc D'), titre d'Henri III avant son avènement au trône de France. ‖ Titre d'un petit-fils de Louis XIV. Voy. PHILIPPE V.

ANKARSTRŒM, gentilhomme suédois, assassina Gustave III dans un bal masqué, en 1792; il fut décapité.

ANKOBER, v. d'Abyssinie, 6,000 hab.

ANKYLOBLÉPHARON. s. m. (gr. ἀγκύλος, courbe, βλέφαρον, paupière). T. Chir. État des paupières dont les bords libres sont adhérents entre eux.

ANKYLOGLOSSE. s. m. (gr. ἀγκύλος, courbe; γλῶσσα, langue). T. Chir. Adhérence de la langue avec les gencives ou avec la paroi inférieure de la bouche.

ANKYLOSE. s. f. (gr. ἀγκύλος, courbe). T. Chir. On désigne ainsi en chirurgie l'abolition plus ou moins complète des mouvements d'une articulation. Cette dénomination vient probablement de l'état de flexion et d'immobilité dans lequel les membres *ankylosés* demeurent ordinairement.

Chir.—L'*An*. peut se rencontrer dans toutes les articulations mobiles, mais elle affecte plus fréquemment que toutes les autres les articulations appelées ginglymes, comme le coude, le genou, etc. Elle est le plus souvent unique; cependant on en rencontre quelquefois plusieurs chez le même sujet. Il existe même quelques exemples d'an. universelle où toutes les articulations s'étaient soudées successivement de manière à réduire le malade à une immobilité complète. Le musée Orfila possède un squelette où la mâchoire inférieure est complètement soudée et fermée. — L'an. a été divisée en *an. vraie* ou *complète* et *an. fausse* ou *incomplète*. La première est celle dans laquelle l'immobilité de l'articulation est complète, tandis que la seconde permet encore quelques mouvements.

Les causes de l'an. sont physiologiques ou pathologiques : les causes physiologiques sont celles qui la produisent sans qu'il y ait eu préalablement maladie de l'articulation; telle est celle qui résulte de l'immobilité longtemps prolongée d'un membre à la suite d'une attaque de paralysie, d'une fracture; telle est encore l'an. qu'on voit parfois survenir chez les fakirs de l'Inde, qui se condamnent par dévotion à garder constamment la même situation. Le seul progrès de l'âge produit également quelquefois l'an. chez les vieillards. Dans ce cas, elle affecte principalement les articulations peu mobiles, telles que celles des vertèbres entre elles. Elle a ordinairement lieu par l'ossification du périoste et des ligaments; le rachis se trouve alors enveloppé par une sorte d'étui. Les causes pathologiques de l'an. sont fort nombreuses; elles peuvent être la

suite de la plupart des maladies des articulations ou des parties voisines. Ainsi on range parmi ces causes les fractures compliquées, les luxations, les tumeurs blanches, la carie, les affections rhumatismales et goutteuses, etc. Dans ces divers cas, l'an. se produit, soit par la formation de fausses membranes résultant d'un épanchement de la lymphe plastique déterminé par une inflammation des membranes synoviales, soit par la réunion de bourgeons charnus qui succèdent à la destruction des surfaces articulaires, soit enfin par la soudure de tumeurs ou de végétations osseuses qui se développent sur les extrémités des os. Ce genre d'an. s'observe assez souvent chez les goutteux dans les articulations des mains et des pieds, et à la suite de certaines fractures.

Le pronostic de cette affection dépend entièrement de la nature des causes et des altérations organiques qui l'ont produite. Lorsque l'an. est complète et dépend de la soudure des os, elle est tout à fait incurable; mais l'an. incomplète peut être guérie dans la plupart des cas, à moins qu'elle ne soit très ancienne. Plus le sujet est jeune et la maladie récente, plus la guérison est facile. — Dans le traitement de l'an., on se propose de rendre aux ligaments et aux muscles leur souplesse et leur extensibilité naturelles. A cet effet, on emploie les bains tièdes émollients ou sulfureux, les diverses espèces de douches, les fomentations, le massage, les frictions, les courants électriques continus ou interrompus, etc. Enfin, sitôt que les ligaments sont un peu relâchés, on fait exécuter de temps en temps au membre ankylosé des mouvements légers dont on augmente ensuite graduellement l'étendue. Dans les ankyloses vicieuses on redresse les membres dans une bonne position à l'aide de sections osseuses ou musculaires. — Il est des cas où, loin de chercher à prévenir l'an., on doit au contraire la favoriser par tous les moyens possibles, lorsqu'on espère obtenir de cette manière la terminaison d'une maladie grave de l'articulation, et éviter l'amputation d'un membre. C'est ainsi que, dans le cas de carie et de tumeur blanche, l'an. est regardée comme l'issue la plus favorable de la maladie.

Il existe contre l'an. un certain nombre d'appareils mécaniques très ingénieux, dus aux progrès récents de l'orthopédie contemporaine.

Méd. vét. — Elle est produite par les mêmes causes que chez l'homme et atteint principalement les articulations du jarret, du genou, et des vertèbres dorsales et lombaires du cheval, dont la valeur est ainsi fort diminuée.

ANKYLOSER. v. a. T. Méd. Déterminer l'ankylose. = s'ANKYLOSER. v. pr. Se dit d'une articulation atteinte d'ankylose. *Le genou s'est ankylosé.*

ANKYLOSTOMASIE ou ANCHYLOSTOMASIE. s. f. T. Vét. (gr. ἀγκύλος, recourbé; στόμα, bouche) (*Uncinariose, anémie pernicieuse des chiens de meute, claquements de nez*). Maladie parasitaire des chiens de chasse, alors qu'ils vivent en meute surtout. Elle est causée par les morsures faites sur la muqueuse intestinale par d'innombrables petits vers ronds appelés *Ankylostomum duodenale, Dochmius duodenalis, Uncinaria trigonocephala* (nématodes, famille des *Strongylidées*), longs de 0,01 à 15 m/m (femelle; le mâle est d'un tiers moins long), armés au bord de la capsule buccale de 3 dents, 2 ventrales et 1 dorsale; leurs œufs d'ordinaire isolés ont 65 μ de long sur 40 de large. Ils se transforment en larves quelque temps après leur sortie de l'intestin dans l'eau ou la terre humide et ce sont ces larves qui, introduites avec les aliments ou les boissons, infectent l'animal. La marche et les symptômes sont ceux de l'anémie pernicieuse du cheval : faiblesse et amaigrissement progressif malgré le bon état général longtemps conservé, indolence, peau écailleuse avec des rougeurs, museau fendillé, jetage, saignements de nez intermittents, engorgement œdémateux des quatre membres de plus en plus permanent; enfin l'appétit disparaît peu à peu, la diarrhée devient persistante. Les chiens restent toujours couchés jusqu'à la mort, qui survient dans la stupeur au bout d'une année au plus. L'examen des animaux morts décèle les lésions du sang dues à l'anémie, et les lésions propres à l'an. Le duodénum est atteint le premier par l'ankylostome, puis le jejunum et l'iléon. Les vers abandonnent donc les surfaces qu'ils ont entamées pour mordre des surfaces saines de la muqueuse; celles-ci se recouvrent de milliers de petites taches rouges (goutte de sang dans laquelle se trouvent plusieurs vers). Cette maladie est très contagieuse; tous les chiens d'une meute sont successivement atteints : ce qui la différencie de l'anémie essentielle, qui attaque presque tous les chiens en même temps. La découverte des œufs dans les matières fécales des chiens, et des vers dans l'intestin des premiers animaux morts, la prompte guérison par les anthelminthiques rendent le diagnostic certain. Il faut éloigner les chiens sains du chenil infecté, laver à grande eau le chenil, ne donner que de l'eau bouillie ou filtrée sur porcelaine, placer les animaux et la boisson dans des vases à l'abri des déjections; en outre, administrer des vermifuges tels que l'extrait de fougère mâle, le calomel, etc., et soutenir les malades avec une alimentation très riche, viande, lait.

L'an. atteint plusieurs autres animaux : chat, renard, mouton, bœuf. L'homme n'est pas épargné. Il présente alors les signes d'une anémie profonde, pernicieuse, en tout semblable à celle du cheval et du chien : vomissements, diarrhées, hémorragies intestinales fréquentes, œdème général à la fin, mort, assez souvent, dans le marasme. Elle s'observe presque dans tous les pays sous forme épidémique. La chlorose d'Égypte (Griesenger, 1838); le mal-cœur, mal d'estomac des nègres (qui y sont très prédisposés) au Brésil (Wucherer); l'anémie des ouvriers du Saint-Gothard (Perroncito); la maladie des mineurs, des mineurs d'Anzin, des briquetiers, ne sont que l'an. Si l'on soupçonne la cause de l'anémie, il faut examiner les selles aussitôt après la défécation; on n'y trouve que des œufs, tandis que dans la diarrhée de Cochinchine on ne trouve que des larves d'un autre nématode (*Anguillula stercoralis*). L'extrait éthéré de fougère mâle (30-40 grammes en 1-2-3 fois) débarrasse bien de ces parasites. Voy. Douchium, Uncinariose, Anémie, Cachexie vermineuse, Chlorose, Malcœur, Helminthiase intestinale.

ANKYLOSTOME. s. m. (gr. ἀγκύλος, courbe ; στόμα, bouche). T. Zool. Petit ver nématoïde qu'on a trouvé dans le duodenum et le jéjunum de l'homme. Il a fait, à une certaine époque, de nombreuses victimes parmi les mineurs du Saint-Gothard. Voy. Ankylostomasie.

ANKYROÏDE. adj. 2 g. (gr. ἄγκυρα, ancre; εἶδος, forme). Qui est en forme de crochet. || s. m. Sorte de pince.

ANNAL, LE. adj. [Pr. ann-nale] (lat. *annus*, année). T. Droit. Qui ne dure qu'un an, qui n'est valable que pendant un an. *Procuration annale*. — *Possession annale*. Voy. Possession.

ANNALES. s. f. pl. [Pr. ann-nale] (lat. *annales*). Histoire qui rapporte les événements année par année. *An. de France. An. de Tacite*. || Se prend souvent pour histoire. *C'est un fait que l'on ne trouve dans les an. d'aucun peuple.* || Publications annuelles faites par un établissement ou une société scientifique. *An. des Mines. An. de l'Observatoire de Paris.*

Syn. — *Histoire, Chroniques, Fastes.* — Le mot *histoire*, pris dans un sens restreint, désigne la narration méthodique des événements particuliers à la vie d'un peuple, d'une nation. Lorsque le récit des événements historiques est classé uniquement par rapport au temps où ils ont été accomplis, l'*histoire* prend le nom de *chronique;* lorsqu'on se borne à rapporter les faits, année par année, sans que la narration enchaîne les unes aux autres ces périodes successives du temps, l'*histoire* reçoit le nom d'*an.;* enfin lorsqu'on rappelle simplement et dans un ordre purement chronologique, certains faits glorieux, certaines origines importantes, certains noms de personnages illustres, l'*histoire* prend le nom de *fastes.* Le premier de ces termes est donc le genre dont les autres constituent les espèces. — Le mot *chronique* s'emploie quelquefois au singulier; mais *an.* et *fastes* ne sont usités qu'au pluriel.

ANNALISTE. s. m. Celui qui écrit des annales.

ANNAM, empire de l'Asie orientale, comprenant, outre l'Annam proprement dit, le Tonkin et la Cochinchine, est placé depuis 1883 sous le protectorat de la France. Ses côtes ont environ 1,200 kilom. d'étendue, tandis que sa largeur moyenne est de 120 kilom. seulement. Il est limité à l'ouest par le Mékong, qui le sépare de la Birmanie et du Siam. — La population est de 4 à 5 millions d'habitants, presque tous bouddhistes. La capitale est *Hué*, non loin de la mer. Asie, la Carte d'Asie, Cochinchine et Tonkin. || Hab. : Annamites.

ANNATE. s. f. [Pr. ann-nate] (bas lat. *annata*, revenu d'une année). Taxe particulière que payaient à l'autorité ecclésiastique supérieure, à l'occasion de leur nomination, tous ceux qui obtenaient un bénéfice.

Les annates furent supprimées, en France, par l'Assemblée nationale en 1879. Cependant, depuis le Concordat du 15 juillet 1801, les archevêques et les évêques français payent encore une légère redevance à la cour de Rome, pour l'expédition des bulles relatives à leur nomination.

ANNEAU. s. m. [Pr. *anô*] (lat. *annulus*). Cercle qui est fait ordinairement de métal et qui sert à attacher ou à suspendre quelque chose. *Anneau de fer, de cuivre, d'argent, de corne. Les an. d'une chaîne. Passer une corde dans un an.* || Se dit de certaines bagues, ainsi que de divers ornements en forme de cercle. *Il portait au doigt un an. d'or. An. nuptial. An. épiscopal. Elle avait des anneaux aux bras, aux jambes, aux orteils, et en portait même un suspendu aux narines.* || Fig., Boucles formées par la frisure des cheveux. *Être frisé par anneaux. Les anneaux de sa longue chevelure.* || T. Anat. Se dit de certaines ouvertures qui livrent passage à des vaisseaux, des nerfs, des canaux, etc. *L'an. ombilical. L'an. crural. L'an. diaphragmatique.*

Les *Anneaux* furent connus dès la plus haute antiquité chez presque tous les peuples. Les anneaux, suivant la substance dont ils étaient faits, servirent à Rome pendant longtemps à distinguer les divers ordres de citoyens. L'an. d'or, par ex., fut primitivement le privilège exclusif des ambassadeurs; plus tard, le droit de les porter s'étendit aux sénateurs, puis aux chevaliers et enfin à toutes les classes. En général, les anneaux furent employés comme ornement; mais ils servirent aussi à des usages particuliers. On scella les missives et même les contrats avec certains anneaux à figures (*annulus sigillaris*) que les Grecs appelaient σύμβολον (symbole), usage qui se perpétua chez les peuples modernes et que les souverains adoptèrent. Ainsi le pape scelle les brefs et les bulles apostoliques avec un an. qui porte l'image de saint Pierre pêchant dans une barque, et qu'on nomme *an. du Pêcheur*. Les évêques, en signe de l'alliance qu'ils contractent avec l'Église le jour où ils sont élevés à l'épiscopat, portent également un an. qui a reçu le nom d'*an. des évêques;* mais ils ne s'en servent pas pour sceller les actes émanant de leur autorité. — Certains peuples barbares portent des anneaux non seulement aux doigts et aux orteils, mais encore au nez et aux lèvres lorsqu'ils ont percé pour cet objet.

Phys. — *Anneau oculaire.* — Tous les rayons lumineux qui pénètrent dans un instrument d'optique par l'objectif, peuvent être considérés comme émanant d'un point de cet objectif. À leur sortie de l'oculaire, ils iront donc former, en avant de l'instrument, une image circulaire qui sera l'*image de l'objectif formée par l'oculaire*. Cette image a reçu le nom d'*anneau oculaire*, parce que si l'on plaçait à cet endroit un anneau d'un diamètre égal à celui de l'image, tous les rayons qui ont pénétré dans l'instrument passeraient dans l'intérieur de cet anneau. Il importe que le diamètre de l'anneau oculaire soit plus petit que celui de la pupille de l'œil, afin que tous les rayons pénètrent dans l'œil. On peut facilement mesurer l'anneau oculaire en le projetant sur une règle divisée, et en déplaçant légèrement cette règle en avant de l'oculaire jusqu'à ce que la tache lumineuse qu'on y observe, soit aussi petite que possible. Le rapport entre le diamètre de l'objectif et celui de l'anneau oculaire mesure le *grossissement* de l'instrument. Voy. Grossissement, Lunette, Télescope.

Anneaux colorés. — On nomme ainsi certains anneaux lumineux qui se forment dans quelques cas par la diffraction de la lumière. Quand la lumière traverse des lames d'une grande ténuité, les rayons réfléchis et émergents prennent des teintes variées analogues à celles que donne le spectre solaire. Ainsi les bulles de savon, le verre soufflé, l'huile d'olive déposée sur un liquide noir, tous les liquides volatils répandus en lames minces sur des corps polis d'une teinte foncée, présentent les couleurs les plus brillantes. On peut également détacher d'une lame de mica incolore des feuilles très minces qui prennent des teintes vives de rouge ou de vert. L'air jouit aussi de la même propriété, lorsqu'il est renfermé en lames

Fig. 1.

très minces entre deux plaques transparentes, par ex. entre deux plaques de verre que l'on presse fortement l'une contre l'autre. Newton observa le premier ce remarquable phénomène. Il plaça une lentille biconvexe AB (Fig. 1), ayant une grande distance focale, sur un verre plan CD, et fit arriver sur la lentille un rayon de lumière blanche. En observant le système par réflexion, il vit un point noir à l'endroit où se fait le contact de la lentille et du verre plan, et, autour de ce point, différentes séries de teintes formant des anneaux qui allaient en se rétrécissant. Après la tache noire centrale, formée au contact des verres, venaient le bleu, le blanc, le jaune et le rouge. Immédiatement après cette première série, il en venait une autre où l'on distinguait le violet, le bleu, le vert, le jaune et le rouge, puis venaient encore d'autres séries de couleurs. Pour produire la tache noire centrale, il faut un peu frotter la lentille contre le verre afin d'établir le contact. En soulevant la lentille, chaque an. se rapproche du centre en s'étalant, et disparaît. Lorsque les rayons incidents s'inclinent sur la surface de la lentille, les anneaux s'élargissent et prennent une forme elliptique.

En plaçant l'œil de façon à recevoir les rayons transmis à travers la lentille et la plaque, on observe un cercle blanc au point de contact, et une suite de cercles irisés dans lesquels les teintes se succèdent de telle manière que les anneaux qui occupent le même lieu, étant vus par réflexion ou par réfraction, ont des couleurs complémentaires; mais les anneaux par transmission sont beaucoup plus faibles que les anneaux réfléchis; les séries d'anneaux présentent alors les couleurs suivantes : 1°, blanc, rouge jaunâtre, noir, violet, bleu ; 2°, blanc, jaune, rouge, violet, bleu ; 3°, vert, jaune, rouge, vert bleuâtre ; 5°, rouge.

Si on place un liquide entre la lentille et le verre, les mêmes phénomènes ont encore lieu, les couleurs des anneaux sont les mêmes et se succèdent toujours dans le même ordre ; on ne trouve de différence que dans le diamètre des anneaux et dans l'étendue absolue qu'occupent les couleurs de chacun d'eux. Dans le vide, les anneaux ont les mêmes dimensions et offrent les mêmes teintes que dans l'air. — Lorsqu'au moyen d'un prisme on ne laisse arriver à l'instrument qu'un rayon de lumière homogène, c.-à-d. d'une seule couleur, il se forme une série d'anneaux alternativement noirs et de la couleur du rayon, se serrant d'autant plus qu'ils s'éloignent davantage du point central ; et, dans le cas de transmission, le lieu des anneaux colorés est celui des anneaux obscurs par réflexion.

Newton, ayant mesuré les diamètres des anneaux vus par réflexion, trouva que leurs carrés étaient comme les nombres impairs 1, 3, 5, 7, 9, etc., lorsqu'ils correspondaient aux milieux des anneaux brillants, et comme les nombres pairs 2, 4, 6, 8, etc., lorsqu'ils correspondaient aux milieux des anneaux obscurs. Ayant pareillement mesuré les diamètres des anneaux vus par transmission, il reconnut que leurs carrés étaient entre eux comme les nombres 0, 2, 4, 6, 8, etc., pour les parties les plus colorées, et comme 1, 3, 5, 7, 9, etc., pour les parties les plus claires. Les épaisseurs des lames d'air à ces différents anneaux étaient donc dans les mêmes rapports. Il constata que ces rapports étaient encore les mêmes lorsque, au lieu de lumière rouge, on employait de la lumière homogène d'une autre couleur, et lorsqu'au lieu d'air on interposait entre les verres une autre substance transparente, telle que l'eau. Il découvrit que la valeur absolue de l'épaisseur de la lame interposée correspondante à un an. obscur ou brillant du même ordre, était exprimée par un nombre différent pour chaque couleur et pour chaque substance. Pour une même substance, les anneaux sont plus grands pour la lumière rouge que pour la lumière violette ; pour une même couleur, les épaisseurs d'air et d'eau correspondant à un an. obscur ou brillant du même ordre sont entre elles comme les sinus d'incidence et de réfraction lors du passage de la lumière de l'air dans l'eau. Ceci admis, les anneaux irisés qu'on obtient en opérant avec de la lumière blanche, s'expliquent par la superposition partielle des anneaux provenant des rayons des différentes teintes qui existent dans la lumière blanche.

Le phénomène des anneaux colorés par réflexion s'explique par l'interférence des rayons réfléchis sur les deux faces de la lame. Il y a du noir là où l'épaisseur de la lame est telle que ces deux rayons ont une différence de phase égale à une demi-longueur d'onde. De même, les anneaux colorés par réfraction sont produits par l'interférence des rayons transmis directement avec ceux qui se sont réfléchis deux fois dans l'intérieur de la lame. Voy. INTERFÉRENCE.

En choisissant deux liquides très différents sous le rapport de leur pouvoir réfringent et en les interposant entre une lentille et un verre plan formés de deux espèces différentes de verre, on peut obtenir alternativement des anneaux colorés à contre noir et des anneaux colorés à centre blanc. Young avait fait des anneaux à centre blanc en interposant de l'huile de sassafras entre deux surfaces fortement pressées de flint-glass et

de crown-glass. On obtient des anneaux à centre noir lorsque le liquide interposé a un indice de réfraction supérieur ou inférieur aux deux indices de réfraction du flint et du crown; mais les anneaux sont à centre blanc, lorsque l'indice de réfraction du liquide est compris entre les indices de réfraction des deux espèces de verre.

Le phénomène des anneaux colorés, ou plutôt de la coloration des lames minces, est très répandu dans la nature : c'est lui qui produit l'irisation de certaines substances, la coloration des ailes de papillon, et même celle des plumes de certains oiseaux, etc.

Il constitue le principe du procédé découvert par M. Lippmann, pour photographier les couleurs. Voy. PHOTOGRAPHIE.

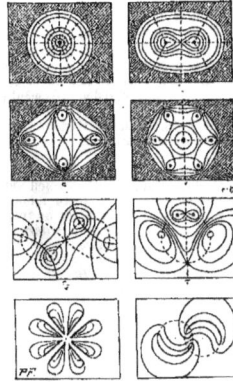

Fig. 2.

Anneaux de Nobili. — Anneaux qui se forment sur une lame métallique polie quand on prend cette lame pour électrode dans l'électrolyse, et qu'on la promène devant l'autre électrode. Ces anneaux sont produits par la formation d'une couche très mince d'un composé transparent à la surface du métal. Ces anneaux dessinent les lignes équipotentielles de la plaque (Fig. 2).

Astron. — On donne le nom d'*An. solaire* ou *horaire* à une espèce de petit cadran solaire portatif qui consiste en un an. ou cercle de cuivre d'environ 6 centim. de diamètre et de 1 centim. de largeur. Dans un endroit du contour de l'an., il y a un trou par lequel on fait passer un rayon du soleil ; ce rayon produit une petite marque lumineuse à la circonférence concave du demi-cercle opposé; et le point sur lequel tombe cette petite marque donne l'heure. Mais un instrument ainsi disposé n'est pas exact tout le jour des équinoxes ; pour qu'il puisse servir tout le long de l'année, il faut que le trou puisse changer de place, et que les signes du zodiaque ou les jours du mois soient marqués sur la convexité de l'an.;

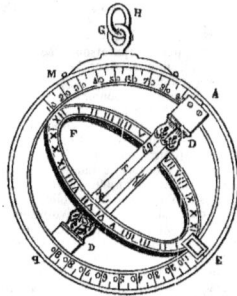

alors, en mettant le trou sur le jour du mois ou sur le degré du zodiaque que le soleil occupe ce jour-là, et en suspendant ensuite l'an. vis-à-vis du soleil, le rayon qui passera par le trou marquera l'heure sur le point opposé où il tombera. Néanmoins cet instrument ne pourra encore servir que pour un degré de latitude déterminé. Pour qu'on puisse l'adapter à toutes les latitudes, il suffit de

Fig. 3.

rendre mobile l'anneau qui sert à attacher l'instrument de manière qu'on puisse le régler pour toute latitude; une division tracée sur le timbre permet de faire ce réglage immédiatement, quand on connaît la latitude du lieu. On obtient ainsi l'*an. astronomique* ou *universel* (Fig. 3). Les instruments de ce genre sont aujourd'hui inusités.

ANNE (SAINTE), femme de saint Joachim, mère de la Vierge Marie.

ANN

ANNE D'AUTRICHE, fille de Philippe III d'Espagne, épousa Louis XIII en 1615, en eut Louis XIV, et fut régente pendant la minorité de son fils (1643-1651); m. en 1666.

ANNE DE BRETAGNE, épousa Charles VIII (1491), puis Louis XII (1499), apporta en dot la Bretagne à la France; m. en 1514.

ANNE DE FRANCE, fille aînée de Louis XI, épouse de Pierre de Beaujeu (1462-1522), gouverna sous le nom de son frère Charles VIII.

ANNE IWANOWNA, tsarine de Russie, de 1730 à 1740.

ANNE STUART, reine d'Angleterre (1702-1714), fille de Jacques II, soutint contre Louis XIV la guerre de la Succession d'Espagne, et réunit définitivement l'Écosse à l'Angleterre.

ANNECY, ch.-l. du départ. de la Haute-Savoie, 11,900 hab., 646 kilomètres de Paris.

ANNÉE. s. f. [Pr. ané] (lat. *annus*, cercle, année). Durée de la révolution apparente du soleil autour de la terre, ou de la révolution réelle de la terre autour du soleil. *L'an. contient environ 365 jours et un quart.* On distingue diverses espèces d'années : *solaire, sidérale, tropique, lunaire* même. *Notre ann. commence au 1er janvier et finit au 31 décembre. Les quatre saisons de l'an. L'an. passée. L'an. prochaine. En cette an.-là. D'an. en an. D'une an. à l'autre. Les années passent vite. Il y a trois années qu'il n'est venu à Paris. Il est payé à l'an.* || *An. scolaire*, le temps qui s'écoule depuis la rentrée des classes jusqu'aux vacances. || *An. d'exercice*, Celle où l'on exerce actuellement une charge que plusieurs personnes ont droit d'exercer l'une après l'autre. *C'est son an. d'exercice*, ou absol., *C'est son an.: Il est en an.; Il est d'an.* || *An. de probation*, Celle pendant laquelle un religieux ou une religieuse fait son noviciat. — *An. de deuil*, An. pendant laquelle on est obligé de porter le deuil. *Elle s'est remariée dans l'an. de son deuil.* || On dit : *Souhaiter la bonne an. à quelqu'un*, Souhaits de bonne an., *Compliment de bonne an.*, en parlant des souhaits mutuels qu'on est dans l'usage de se faire au renouvellement de l'année. || *An. commune*, An. *moyenne*, Compensation faite des bonnes et des mauvaises années. *Ma terre rend tant an. commune.* || *Demi-an.*, Celle où la récolte n'est que la moitié de ce qu'elle doit être an. commune. || Si dit encore de ce qu'on a à recevoir ou à payer par an. *Son fermier lui doit deux années.* || *An.* au plur. s'emploie pour désigner les différents âges de la vie. *Dès ses premières années. Les belles années. Le poids, le progrès des années. Dans ses dernières années.* = Syn. Voy. AN.

Astron. et Chron. — Le temps, comme l'espace, peut se mesurer par comparaison avec une unité déterminée. Cette unité est donnée dans la nature par la durée que met un certain phénomène à se produire; mais il faut nécessairement que ce phénomène se répète sans interruption et à des intervalles égaux ou moyennement égaux. La succession des jours et des nuits, celle des phases lunaires, le retour des saisons, la réapparition dans le même ordre de certaines constellations, ont fourni à l'homme autant de périodes propres à mesurer le temps, et ont donné naissance au jour, au mois et à l'année. Mais malheureusement ces périodes diverses n'ont pas entre elles de rapports commensurables, et la durée d'aucune des révolutions célestes, par ex., n'est un multiple parfait du jour, c.-à-d. de la durée de la rotation de la terre sur son axe. Or, la période diurne est une unité de mesure du temps si naturelle qu'elle s'est forcément imposée à tous les peuples, et la plupart ont cherché, par quelque méthode artificielle, à faire coïncider, aussi exactement que possible, certaines périodes astronomiques avec un nombre entier de jours. De là, la distinction entre l'*an astronomique* et l'*an. civile*.

Années astronomiques. — Toute *an. astronomique* est uniquement déterminée par la durée exacte du phénomène qui sert à la définir.

Années solaires. — Lorsqu'on rapporte le mouvement orbital de la terre à un point immobile dans les cieux, à une étoile fixe par ex., le temps de la révolution est celui qui s'écoule depuis l'instant où l'étoile, le soleil et la terre se trouvent sur une même ligne droite, jusqu'à celui où ces trois astres reviennent dans cette même position. Cette période a reçu le nom d'*an. sidérale solaire.* Elle est de 365ʲ 6ʰ 9ᵐ 9ˢ,6.

On appelle *an. tropique* ou *an. équinoxiale*, le temps que met le soleil à revenir à l'équinoxe du printemps. C'est une période de 365ʲ 5ʰ 48ᵐ 49ˢ,6 ou 365ʲ,2422166.

On voit que l'*an. tropique* est plus courte que l'an. sidérale de 20ᵐ20ˢ de temps moyen. Cette différence tient à la *précession des équinoxes*, c.-à-d. à ce que les points équinoxiaux rétrogradent chaque an. de 50″,1 sur l'écliptique; de sorte que le soleil, en partant d'un équinoxe, doit, dans sa révolution suivante, rencontrer le même équinoxe en un point du ciel un peu en deçà de celui où il l'avait rencontré la fois précédente. Au lieu de 360° entiers, le soleil n'a donc à décrire que 359°59′9″,9. C'est l'année tropique qui règle les saisons et c'est sa durée qui doit servir et qui sert effectivement, au moins dans nos pays, à l'établissement du calendrier.

L'an. anomalistique se mesure par le retour de la terre à la même apside ou extrémité du grand axe de son orbite. Le grand axe de l'orbite terrestre n'est pas fixe dans le ciel; mais il a un mouvement direct vers l'orient, d'environ 11″,8 par an. Par conséquent, l'an. anomalistique est plus longue que l'an. sidérale de tout le temps qu'il faut à la terre pour parcourir cet arc de 11″,8; et comme l'an. sidérale est déjà plus longue que l'an. tropique, il s'ensuit que lorsque la terre a complété une révolution par rapport à la ligne des équinoxes, elle a encore à décrire 50″,1 + 11″,8 = 61″,9 avant de se trouver à la même apside. Or, la terre met 25ᵐ 7ˢ,2 à décrire cet arc; l'an. anomalistique est donc de 365ʲ 6ʰ 13ᵐ 56ˢ 8.

Années lunaires. — L'an. astronomique *lunaire* est calculée sur la durée de 12 mois lunaires; mais il existe deux sortes de mois lunaires. Le *mois lunaire synodique*, appelé plus souvent *lunaison*, est l'intervalle de temps que la lune met à accomplir ses 4 phases: sa durée est de 29ʲ 12ʰ 44ᵐ 2ˢ,8. La période de temps qu'emploie la lune pour revenir à la même position par rapport aux étoiles est moindre que le mois synodique lunaire, à cause du mouvement propre apparent du soleil qui a lieu dans le même sens que celui de la lune : cette période, qui porte le nom de *mois sidéral lunaire*, est de 27ʲ 7ʰ 43ᵐ 11ˢ. L'année lunaire se compose de 12 révolutions synodiques de la lune, elle est donc de 354ʲ 8ʰ 48ᵐ 33ˢ,6.

Années civiles. — D'après les chiffres que nous venons de donner comme expressions de la valeur des années astronomiques, il est évident qu'aucune de ces valeurs, à cause des fractions qui les affectent, ne peut servir directement pour la mesure du temps. Il faut, pour satisfaire aux besoins de la vie sociale, que le commencement de l'année coïncide, dans le calendrier, avec celui d'un jour. On peut atteindre ce but de deux manières: ou bien on néglige la fraction de jour qui, dans toute an. astronomique, excède les jours entiers, procédé qui donne des années ayant toujours la même longueur, mais alors l'année civile étant un peu plus courte que l'année tropique, la date des saisons se déplace peu à peu, et les saisons font le tour de l'année; ou bien on change de temps en temps la longueur de l'an., en faisant certaines années plus longues que l'an., lorsque la somme des fractions négligées forme un jour plein, de telle sorte que la moyenne des années civiles soit égale à l'année tropique à très peu de chose près.

Diverses circonstances qu'il serait trop long d'énumérer portent à croire que, dans le principe, les hommes ont compté par *années lunaires*; mais comme le retour des saisons dépend évidemment du cours du soleil, ou, pour parler plus exactement, du mouvement de la terre dans son orbite, et comme l'an. lunaire est de 11 jours environ plus courte que l'an. solaire, il en résulte que, dans la période de 34 années lunaires, le premier jour de l'an. lunaire parcourt à peu près le cercle entier des saisons. Les divers calendriers usités chez les différents peuples ont eu pour objet de concilier plus ou moins bien les trois périodes fondamentales de la mesure du temps : jours, mois lunaire, année tropique. V. CALENDRIER.

Année julienne. — An. moyenne du calendrier julien. Comme dans ce calendrier, il y a une année de 366 jours sur 4, les trois autres ayant 365 jours, l'an. julienne vaut 365 jours et 1/4 ou 365ʲ,25. Elle dépasse l'année tropique de 0ʲ,0078, d'où résultait une erreur d'un jour en 130 ans environ.

Année grégorienne. — An. moyenne du calendrier grégorien. Le calendrier grégorien comporte un cycle de 400 ans comprenant 303 années communes et 97 années bissextiles. L'année grégorienne vaut donc 365ʲ + 97⁄400 ou 365ʲ,2425. Elle dépasse l'année tropique d'environ 0ʲ,0003, de sorte qu'au bout de 10000 ans on aura compté 3 jours de trop. Il faudra donc plus de 3000 ans pour que la date de l'équinoxe se déplace d'un seul jour. V. Calendrier.

Chez les anciens Égyptiens, l'*an.* civile était fondée sur la révolution apparente du soleil autour de la terre : elle se composait invariablement de 365 jours, et se divisait en 12 mois de 30 jours chacun, avec 5 *jours épagomènes* ou complémentaires. Les Égyptiens négligeaient donc la fraction de près de 6 heures, dont l'*an.* tropique excédait leur an. civile. En conséquence, on donnait le nom d'*an. vague* ou *erratique* à cette an. de 365 jours, parce que le premier jour de l'an. *errait*, pour ainsi dire, à travers toutes les saisons, dans une période de 1460 ans (en supposant l'an. tropique de 365 1/4), mais plus exactement de 1507 à 1508 ans. Au bout de cette période, connue sous les noms de *grande an.*, d'*an. sothiaque* ou *caniculaire* (parce qu'elle était réglée par l'étoile Sothis ou Sirius) les saisons se trouvaient revenir aux mêmes époques de l'année.

Il est fait mention dans plusieurs anciens écrivains, et surtout dans les ouvrages d'astrologie, d'une période appelée *grande an.* À la fin de cette période, les astres, disait-on, se retrouveront dans la même position relative qu'au commencement des choses, et l'on verra alors les événements accomplis se renouveler dans le même ordre successif. Le retour de cette période devra donc ramener l'âge d'or sur la terre. Tous les auteurs qui ont parlé de la grande an. diffèrent, on le conçoit aisément, sur la durée qu'elle doit avoir : chacun a pris, au gré de son imagination, une période plus ou moins longue. C'est là une période purement imaginaire.

Les articles consacrés aux mots Calendrier, Cycle, Ère, etc., sont les compléments naturels de celui qui précède.

ANNELER. v. a. [Pr. *aneler*] (lat. *annulus*, anneau). Former en anneaux. N'est guère usité qu'en parlant des cheveux qu'on frise en boucles. = Annelé, ée, part. *Cheveux annelés.* || En Zool. et en Bot. s'emploie adject. et sign., Formé ou composé d'anneaux distincts, ou marqué de cercles de différentes couleurs. *Le corps de la Cécilie est an. La Cécilie annelée est noirâtre et marquée de cercles blancs. Pédicule an.* = Conj. Voy. Éreler.

ANNELÉS. s. m. pl. [Pr. *anelé*]. T. Zool. (lat. *annulus*, anneau). Les naturalistes modernes ont donné ce nom au grand embranchement du règne animal qui comprend les *articulés* ou *arthropodes*, caractérisés par des membres articulés, et les *vers* qui en sont dépourvus.

ANNELET. s. m. [Pr. *anelet*] (lat. *annelus*, anneau). T. Archit. On appelle ainsi de petits listels ou filets qu'on remarque dans les chapiteaux d'ordre dorique; mais le nombre de ces filets est variable. Ainsi on en trouve trois aux chapiteaux du théâtre de Marcellus, quatre dans ceux du grand temple de Pæstum, et cinq dans quelques autres édifices. Le chapiteau de la figure ci-contre, qui représente l'ordre dorique denticulé, est orné de trois annelets seulement.

ANNÉLIDES. s. m. pl. [Pr. *ann-nélide*] (lat. *annulus*, anneau). T. Zool. Les *An.* forment l'une des classes les plus importantes de l'embranchement des *Vers* (Voy. ce mot). On comprend sous ce nom les vers cylindriques ou aplatis, à corps segmenté extérieurement et intérieurement, muni d'un cerveau, d'un collier œsophagien, d'une chaîne ganglionnaire ventrale et de vaisseaux sanguins.

Le corps des An. est mou; il est allongé et divisé, ainsi que l'indique leur nom, en un certain nombre de segments ou du moins de plis transversaux qui ont de l'analogie avec des anneaux. Ces animaux n'ont jamais de pieds articulés, et, en général, au lieu de pieds ils portent, de chaque côté du corps, une série de soies ou de faisceaux de soies roides et mobiles au moyen desquels ils se meuvent. Quelques-uns même n'ont pas de soies, mais chaque extrémité de leur corps est pourvue d'une ventouse qui sert à l'animal d'organe locomoteur. Le premier anneau du corps, qui constitue la tête, se distingue à peine des autres anneaux, si ce n'est par la présence de la bouche et des organes des sens. L'appareil buccal se compose tantôt de mâchoires plus ou moins fortes, tantôt d'un simple tube; les organes des sens extérieurs consistent en tentacules charnus et quelquefois articulés (antennes), et en quelques points noirâtres que l'on considère comme des yeux. L'appareil circulatoire des An. est formé d'un double système clos de veines et d'artères; certaines portions de ces dernières sont contractiles et jouent le rôle de cœur. L'intestin est droit, simple ou garni d'un plus ou moins grand nombre de cœcums situés de chaque côté; l'orifice anal est placé à la partie postérieure du corps. Presque tous les An., à l'exception des *Lombrics* ou *Vers de terre*, vivent dans l'eau; en conséquence leur respiration s'opère généralement à l'aide de branchies : celles-ci sont situées extérieurement; mais leur forme et leur disposition sont très variables.

On distingue plusieurs classes. Celle des *Hirudinées* qui comprend entre autres les *Sangsues* (Fig. 2) et celle des *Chœtopodes*; cette sous-classe renferme l'ordre des *Oligochètes* parmi lesquels on peut citer : les *Lombrics* ou *Vers de terre* (Fig. 1) pourvus de soies qui leur tiennent lieu de pieds. Les *Tubicoles*, ainsi nommés parce que presque tous habitent dans des tuyaux, ont des branchies en forme de panaches ou d'arbuscules attachées à la tête ou sur la partie antérieure du corps (Fig. 3. *Serpule lactée*). — Les *An. errants* ou *Dorsibranches* ont sur la partie moyenne du

Fig. 1.   Fig. 2.

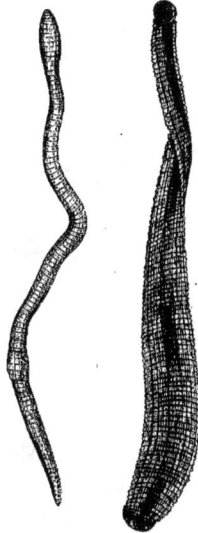

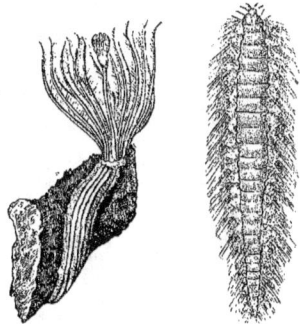

Fig. 3.   Fig. 4.

corps ou tout le long de ses côtés, des branchies en forme d'arbres, de houppes, de lames ou de tubercules. La plupart vivent dans la vase ou nagent librement dans la mer; le plus petit nombre a des tuyaux (Fig. 4. *Hipponoë de Gaudichaud*). Voy. Dorsibranches, Tubicoles, etc.

Paléont. — **Annélides fossiles.** — Les restes de ces animaux sont rares dans les couches géologiques, car la mollesse de leur corps rend leur conservation difficile. Cependant, ils sécrètent souvent des substances qui leur servent de membranes protectrices et qui ont pu être retrouvées dans les diverses couches du globe.

On les divise en deux classes : les *Hirudinées* et les *Chétopodes*. — Au premier groupe appartiennent quelques restes très problématiques des schistes lithographiques de Solenhofen, mais on a trouvé de nombreux restes des autres.

Les *Chétopodes* ont des parapodes ou des soies paires enfoncées dans des fossettes. Les *An. Tubicoles* s'entourent, comme leur nom l'indique, de tubes extrêmement variés comme forme, calcaires ou membraneux, composés de grains de sable ou d'autres débris. Les *Serpules* n'existent que peu dans les terrains paléozoïques. Dans le lias et le trias, on n'en a trouvé abondamment que dans le Jura brun et le Jura blanc, ainsi que dans la crétacé où l'on trouve *Rotularia* (*Serpula*) *spirulæa* dont la formation nummulitique caractérise même un horizon. Les *Spirorbis* qui vivent encore sont très répandus dans les formations paléozoïques; on en trouve aussi dans les couches mézozoïques et cænozoïques, mais plus rarement. Les *Terebella* sont actuels et du lias et du jurassique supérieur. Les *Serpolithes* appartiennent au silurien, ainsi que les *Conchicolithes* et les *Ortonia*, mais ce dernier genre se retrouve dans le calcaire carbonifère. Les *Ditrupa* sont actuels, crétacés et tertiaires. Les *Annélides errantes* ou *Néréides* ont été découvertes dans les terrains siluriens inférieurs de l'Ohio, siluriens et dévoniens du Canada, dans le calcaire carbonifère de l'Écosse; mais dans tous ces terrains, ce ne sont que des mâchoires ou plaques mandibulaires qu'on a trouvées. Dans les schistes lithographiques du jurassique supérieur de la Bavière et dans les schistes éocènes de Monte-Bolca on a découvert de belles empreintes bien conservées, appartenant aux genres *Eunicites, Lumbriconereites, Meringosoma.*

En outre, on a décrit un grand nombre de moulages ou d'empreintes fort problématiques qu'on rapporte avec plus ou moins de raison aux *Vers.* Souvent, ce ne sont sans doute que des traces laissées par le passage d'animaux.

ANNELURE. s. f. [Pr. *anelure*]. Frisure de cheveux par anneaux ou par boucles. Inus.

ANNEMASSE, ch.-l. de c. (Haute-Savoie), arr. de Saint-Julien, 2,400 hab.

ANNEXE. s. f. [Pr. *ann-nexe*] (lat. *ad, nexus*, joint à). Accessoire, ce qui est uni à une chose principale. *Les annexes d'une terre.* || T. Anat. *Les annexes de l'œil. Les paupières, les cils,* etc. *Le cerveau et ses annexes,* La pie-mère, l'arachnoïde, etc.

ANNEXER. v. a. [Pr. *ann-nexer*]. Joindre, attacher une pièce à une autre, à un dossier. || Se dit en parlant d'une terre, d'une province, que l'on ajoute à une autre, d'un droit qu'on joint à une terre, à un bénéfice, à une charge. *La Bourgogne fut an. à la France après la mort de Charles le Téméraire. An. un prieuré à une abbaye. A cette charge sont an. de magnifiques prérogatives.* ═ ANNEXÉ, ÉE. part. ═ Syn. Voy. ADHÉRENT.

ANNEXION. s. f. [Pr. *ann-nexion*]. Action d'annexer, et résultat de cette action. Dans le droit moderne, l'annexion d'un peuple à un autre ne devrait se faire que par le libre suffrage des citoyens.

ANNEXIONNISTE. adj. 2 g. [P. *ann-nex-...*]. Qui a pour objet l'annexion d'un pays à un autre. *Tentatives annexionnistes.* || Partisan de l'annexion.

ANNIBAL, général carthaginois, fils d'Amilcar Barca (247-183 av. J.-C.), dirigea la deuxième guerre de Carthage contre Rome (219-201). Vainqueur sur le Tessin et sur la Trébie, près du lac Trasimène, et à Cannes, il fut battu à Zama, en Afrique, par Scipion l'Africain, et s'empoisonna pour échapper à la vengeance des Romains.

ANNIHILATION. s. f. [Pr. *ann-ni-hi-...*] Anéantissement.

ANNIHILER. v. a. [Pr. *ann-ni-hiler*] (lat. *ad, vers: nihil,* rien). Rendre nul, de nul effet. *An. une résistance. An. un acte, un testament, une donation.* ═ ANNIHILÉ, ÉE. part.
Syn. — *Annuler.* — Dans le langage de la Jurispr., *Annih.,* et *annuler* signifient tous deux : rendre sans valeur,

sans effet; mais le premier ne se dit que de certains actes, tandis que le second est un terme plus général qui peut s'employer dans tous les cas. Ainsi, on dit *annih.* un acte, un testament, une donation; et l'on ne dit pas *annih.* un marché, une lettre de change, une procédure, un mariage, etc.; *annuler,* au contraire, est usité en parlant de toutes ces choses.

ANNILLE. s. f. (Pr. *ani-lle,* ll mouillées). T. Blas. Sorte de croix ancrée en forme de deux crochets adossés. || Tech. Fer qu'on met autour des moyeux de moulin pour les fortifier. *Ces deux annilles n'ont pas la même forme.*

ANNIVERSAIRE. adj. 2 g. [Pr. *ani-...*] (lat. *annus,* année; *versare,* retourner). Qui revient chaque année à la même époque. *Jour, fête an.* || ANNIVERSAIRE. s. m. Retour annuel d'un jour commémoratif. *C'est aujourd'hui l'an. de sa naissance, de son mariage.*

ANNOMINATION. s. f. [Pr. *ann-no-...*] (lat. *ad, à; nomen,* nom). T. de Rhétor. Traduction ou dérivation de sens qui s'applique à un nom propre. Ex.: *Tu es Pierre, et sur cette pierre je bâtirai mon Église.*

ANNONAIRE. adj. 2 g. [Pr. *ann-no-...*] (lat. *annona,* provision). N'est usité que dans ces locut. : *Loi an.,* Loi qui, chez les Romains, pourvoyait à ce que les vivres n'enchérissent pas; *Provinces annonaires,* Provinces dont les tributs se payaient en nature.

ANNONAY, ch.-l. de c. (Ardèche), arr. de Tournon, 17,600 hab., fabriques de papiers; patrie des frères Montgolfier.

ANNONCE. s. f. [Pr. *anonce*]. Avis par lequel on fait savoir quelque chose au public, soit par écrit. *Faire une an. au prône. An. de livres à vendre. Insérer une an. dans les journaux. Feuilles d'annonces. — An. de mariage.* Voy. BAN.

ANNONCER. v. a. [Pr. *anoncer*] (lat. *ad, nuntiare,* m.s.). Informer le public de quelque chose par une voie quelconque. *An. une victoire, une fête, une réjouissance publique, une vente.* Le curé annonce au prône les fêtes et les jeûnes. || Faire savoir une nouvelle à quelqu'un. *On lui a annoncé le mariage de son frère. Il n'annonce jamais que de mauvaises nouvelles.* || Prédire, assurer qu'une chose arrivera. *Les astronomes ont annoncé l'arrivée de cette comète.* || Faire pressentir, présager. *Les débuts de cet acteur n'annonçaient pas ce qu'il deviendrait. Tout semblait an. le succès de cette entreprise.* || Être le précurseur, l'indice, le symptôme. *L'aurore annonce le soleil. La chute des feuilles annonce l'hiver.* || Être le signe, la marque de. *Cette action annonce un mauvais cœur. Ses manières annoncent un homme bien élevé.* — Dans un sens moral, on dit : *Sa figure annonçait la tristesse de son âme. Ses yeux annoncent la joie.* || *An. quelqu'un,* Prévenir une personne de l'arrivée d'une autre qui vient la visiter, qui désire lui parler. *Un domestique m'annonça et j'entrai.* — s'ANNONCER. v. pron. S'emploie dans plusieurs acceptions du v. actif, mais avec la signification passive. *Les fêtes s'annoncent au prône. L'orage s'annonça par une chaleur étouffante. Son génie pour les mathématiques s'annonça de bonne heure, Se révéla de bonne heure.* || Sign. encore, Se faire connaître d'une manière particulière; se présenter sous un aspect avantageux ou désavantageux. *Cet intrigant s'était annoncé par des manières insinuantes et polies. Cette entreprise s'annonçait bien, elle a mal tourné.* ═ ANNONCÉ, ÉE. part. ═ Conj. Voy. AVANCER.

ANNONCEUR. s. m. [Pr. *anonceur*]. Se disait autrefois de l'acteur qui venait annoncer sur le théâtre les pièces que l'on devait jouer le lendemain.

ANNONCIADE. s. f. [Pr. *anon-...*]. Nom commun à plusieurs ordres religieux et de chevalerie, institués en l'honneur de l'Annonciation de la Vierge. Voy. CHEVALERIE et *Ordres* RELIGIEUX.

ANNONCIATION. s. f. [Pr. *anon-...*] Message de l'ange Gabriel à la Vierge, pour lui annoncer le mystère de l'Incarnation. || Jour où l'Église célèbre ce mystère (25 mars).

ANNONCIER. s. m. [Pr. *anon-...*]. Celui qui est chargé de la composition des annonces d'un journal.

ANNOT, ch.-l. de c. (Basses-Alpes), arr. de Castellane, 1,050 hab.

ANNOTATEUR. s. m. [Pr. *ann-no*...]. Celui qui fait ou qui a fait des annotations, des remarques sur un texte.

ANNOTATION. s. f. [Pr. *ann-no*...]. Note, remarque sur un texte pour en éclaircir quelque passage. *Il a fait des annotations sur Horace.*

Jurisp. — Dans notre ancienne Jurisp., lorsqu'il existait un décret de prise de corps contre un accusé absent, on saisissait et on séquestrait ses biens afin de le forcer à se présenter en justice. *Faire l'an. de ses biens*, c'était en dresser l'état et l'inventaire. Nul ne pouvait s'opposer à cette mesure, pas même la femme qui avait sa dot à reprendre. L'an. était mise à néant dès que l'accusé se présentait; elle l'était également lorsqu'il mourait avant de se présenter, ou bien lorsqu'il était acquitté dans le jugement par contumace.

ANNOTER. v. a. [Pr. *ann-noter*] (lat. *ad, notare*, marquer sur). Faire des notes, des remarques sur un texte. *Ce philologue a annoté Pline et Aristote. Il travaille à un. le Code civil.* || T. Jurisp. anc. *An. les biens d'un accusé*, En dresser l'état et l'inventaire. Voy. ANNOTATION. = ANNOTÉ, ÉE. part. et adj. *Un Homère an. Code civil an.*

ANNOTINE. adj. N'est usité que dans cette locut. : *Pâque an.* Dans les premiers siècles de l'Église, on appelait ainsi l'anniversaire du baptême, ou la fête qu'on célébrait en mémoire du baptême.

ANNUAIRE. s. m. [Pr. *ann-nuère*] (lat. *annus*, année). On donne ce nom à certaines publications qui paraissent chaque année, et qui contiennent des renseignements scientifiques, littéraires, industriels ou artistiques. Le titre de l'An. indique sa spécialité. — Le plus ancien ouvrage qui ait porté ce nom est l'*An. républicain* (1792), qui ne vécut pas longtemps. Vint ensuite (1796) l'*An. du bureau des longitudes*, qui ne fut dans l'origine qu'un calendrier exact et détaillé, qu'un simple extrait de la *Connaissance des temps*. Peu à peu son cadre s'élargit et l'on y vit figurer des données statistiques officielles sur les mouvements de la population, sur les consommations de la ville de Paris et des tableaux de géographie et de statistique, des tables de *résultats numériques* utiles aux voyageurs, aux physiciens, aux chimistes, qui en font aujourd'hui un recueil inestimable de documents précieux; enfin Arago et ses successeurs ont donné une importance plus grande encore à cette publication, en y introduisant des notices scientifiques sur diverses questions d'astronomie, de physique du globe et de météorologie, etc. La première année de cet an. a pour titre : *Annuaire de la République française, présenté au Corps législatif par le Bureau des longitudes, pour l'an V de l'ère française* (1797, ancien style). Paris, l'an IV (1796). Il se publie encore en France un grand nombre d'annuaires d'un intérêt plus ou moins général. Nous nous contenterons de citer l'*An. militaire*, l'*An. du clergé de France*, l'*An. de l'Instruction publique*, l'*An. de la Presse*, etc. — En Angleterre et en Allemagne, il se publie également de nombreux annuaires, et quelques-uns de ces recueils ont acquis une juste célébrité : tel est l'*An. astronomique de Berlin*.

ANNUEL, ELLE. adj. [Pr. *ann-nu-el*]. Qui dure un an. *Le consulat à Rome était an. Magistrature annuelle.* || Qui revient chaque année. *Fête annuelle. Le vote an. de l'impôt.* || Qu'on perçoit, qu'on paye ou qu'on acquitte chaque année. *Revenu an. Rente, redevance annuelle.* || T. Bot. *Plantes annuelles*, Plantes qui ne vivent qu'une saison, et périssent après la maturité de la graine. || T. Astr. *Mouvement an. de la terre*, Mouvement de révolution de la terre autour du soleil.

ANNUEL. s. m. [Pr. *ann-nu-el*]. Messe que l'on fait dire tous les jours, pendant une année, pour une personne défunte. *L'an. commence à compter du jour du décès. Il a ordonné un an. après sa mort.*

ANNUELLEMENT. adv. [Pr. *ann-nu*...]. Par chaque année. *Son domaine rend an. dix mille francs.*

ANNUITÉ. s. f. [Pr. *ann-nu-ité*]. Montant annuel du terme d'une rente. Dans le langage courant on emploie encore

cette expression d'*an.* pour représenter l'ensemble des termes constituant une rente.

L'*an.* est perpétuelle (*perpétuité*) lorsque le nombre de ses termes est illimité : elle représente, dans ce cas, l'intérêt simple du capital en échange duquel elle est créée. Les rentes perpétuelles sur l'État en sont un exemple. L'*an.* est temporaire lorsque ses termes sont en nombre limité. Dans ce cas elle se décompose en deux parties, dont l'une est égale à l'intérêt du capital; l'autre en est l'*amortissement*. — Lorsqu'on emprunte un capital selon la forme ordinaire des emprunts, on doit payer tous les ans une certaine somme, qui est l'intérêt de ce capital. A proprement parler, cet intérêt est le loyer de l'argent prêté, de sorte que le débiteur, en l'acquittant, n'en reste pas moins devoir intégralement le capital emprunté. Mais si, en outre de cette somme due pour les intérêts, l'emprunteur rembourse à son prêteur, à chaque payement, une partie du capital prêté, il diminuera successivement sa dette et finira par l'éteindre. On peut donc regarder chaque an. comme formée des intérêts échus et d'un acompte sur le capital. Or, ce capital diminuant à chaque payement, les intérêts dus au terme suivant diminuent aussi, et comme on paye à chaque terme la même somme, il s'ensuit que l'acompte sur le capital s'accroît sans cesse, et comme plus vite la libération du débiteur. — Si, par ex., on a emprunté 4,000 fr. à 6 p. 100, et que chaque année on donne 240 fr., on ne fait que payer l'intérêt de sa dette, et l'on reste toujours devoir les 4,000 fr. empruntés; mais si chaque année on donne 543 fr. 47 cent., on ne devra plus rien au bout de dix ans. En effet, à la fin de la première année, on aura donné 240 fr. d'intérêts, plus 303 fr. 47 acompte sur le capital, et la dette ne sera plus que de 3,696 fr. 53 ; à la fin de la deuxième année on aura donné 221 fr. 79 d'intérêts et 321 fr. 68 d'acompte: la dette ne sera plus que de 3.374 fr. 85 ; à la fin de la troisième année, 202 fr. 49 d'intérêts et 340 fr. 98 d'acompte; on ne devra déjà plus que 3,033 fr. 87. Ainsi, en continuant, la dette s'amoindrira d'année en année, jusqu'à la dixième, où l'on aura à payer 512 fr. 70, dernier reste du capital, et 30 fr. 77 d'intérêts. Comme on le voit, pour rembourser en 10 ans 4,000 fr. par annuités de 543 fr. 47, l'intérêt étant fixé à 6 p. 100, on aura payé 5,434 fr. 70; tandis que si on paye seulement chaque année les 240 fr. d'intérêts et qu'au bout de 10 ans on rende le capital entier, on aura déboursé 6,400 fr. Il semble donc avantageux à l'emprunteur de se libérer ainsi par annuités, lesquelles ne le privent annuellement que d'une faible partie du capital que ses bénéfices peuvent lui permettre de remplacer.

Il y a dans les annuités quatre choses à considérer : la somme prêtée, ou le *prix de l'an.*; le *taux de l'intérêt*; l'*an.* elle-même ou la rente à payer; enfin le *temps* pendant lequel l'an. doit être payée. En désignant par C le capital, par *i* le taux de l'intérêt, par *a* l'an., par *t* le nombre de fois que l'an. doit être payée, on trouve cette équation qui sert à déterminer les relations existantes entre ces quatre termes :

$$C = \frac{a}{i} \times \frac{(1+i)^t - 1}{(1+i)^t}.$$

D'où l'on tire la formule suivante pour connaître l'an. nécessaire au remboursement d'un capital quelconque ;

$$a = \frac{C \times i(1+i)^t}{(1+i)^t - 1}.$$

Lorsque c'est le temps de l'an. ou le taux de l'intérêt que l'on cherche, la question devient d'une solution plus difficile, et nécessite l'emploi des logarithmes et de l'algèbre supérieure.

Les emprunts par obligations des villes, du Crédit foncier, des compagnies de chemin de fer, etc., ne sont autre chose que des emprunts amortissables par annuités temporaires. On détermine l'annuité fixe devant faire, pendant toute la durée de l'emprunt, le service de l'intérêt et celui de l'amortissement. Puis on construit un *tableau d'amortissement*, indiquant, pour chaque année, la portion de cette annuité fixe affectée à l'amortissement et employée ainsi au remboursement d'un certain nombre de titres ou d'obligations.

Par opposition aux annuités dont il est question ci-dessus et que l'on appelle *annuités certaines*, on considère en particulier les *annuités viagères* : ce sont celles dont le payement est subordonné à l'existence d'une ou de plusieurs personnes. Considérons le cas le plus simple, celui où l'annuité viagère repose sur l'existence d'une seule tête. L'évaluation d'une telle annuité dépend de la *probabilité* (voy. ce mot) que la tête considérée a de vivre dans un an, dans deux ans, etc. Cette probabilité est donnée par les tables dites de *mortalité*

(Voy. ce mot). L'an. viagère ou *rente viagère* (voy. RENTE et ASSURANCE) est alors représentée par une série particulière à l'évaluation de laquelle s'appliquent des procédés de calcul que nous ne pouvons indiquer dans ce rapide aperçu.

Ces annuités viagères forment la base des calculs des assurances sur la vie, soit que l'on désire connaître l'an. ou *prime* permettant de payer un capital au décès, soit que l'on veuille connaître l'an. assurant un capital payable à une époque déterminée en cas de survivance.

L'an. certaine ou viagère est *immédiate* lorsque l'entrée en jouissance a lieu au moment même de l'évaluation;

Différée, lorsque l'entrée en jouissance est reculée de telle sorte que le premier payement a lieu après un temps supérieur à l'unité de temps choisie (année, semestre, trimestre, etc.);

Anticipée, lorsque l'entrée en jouissance est passée, c.-à-d. lorsque le prochain payement a lieu dans un temps moins long que l'unité adoptée.

Elle est *constante* ou *variable* suivant que tous ses termes sont égaux ou non.

Les différentes questions relatives aux annuités ont donné naissance à une théorie trop compliquée et trop étendue pour être exposée ici. On pourra consulter les *Tables de l'Intérêt composé et des Annuités*, par Eugène Pereire; les *Tables de Violeine*; la *Théorie des Intérêts composés et des Annuités* de Fedor Thoman, ainsi que ses précieuses *Tables logarithmiques*; la *Théorie des Opérations financières* de Charlon; le *Traité mathématique et pratique des Opérations financières* de Léon Marie, etc.

Voir aussi la *Théorie des Annuités viagères et des Assurances sur la vie* de Maas, *Théorie mathématique des assurances sur la vie* de Dormoy, etc., etc.

ANNULAIRE. adj. 2 g. [Pr. ann-nu-lère] (lat. *annulus*, anneau). Qui est propre à recevoir un anneau. *Doigt an.*, deuxième doigt de la main à partir du petit doigt, ainsi nommé parce qu'il était autrefois d'usage de porter un anneau à ce doigt. || Qui a la forme d'un anneau. S'emploie surtout dans le langage scientifique. || T. Astr. *Eclipse an.*, Eclipse de soleil dans laquelle le disque obscur de la lune, plus petit en apparence que celui du soleil, se projette sur celui-ci de manière à laisser déborder un mince anneau lumineux. Voy. ÉCLIPSE. || T. Paléont. vég. Genre de plantes fossiles de la famille des *Annulariées*. Voy. ce mot.

ANNULARIÉES. s. f. pl. [Pr. ann-nu-...] (lat. *annulus*, anneau). T. Paléont. vég. Cette famille, qui constitue à elle seule l'ordre des *Équisétinées hétérosporées*, est complètement éteinte aujourd'hui. Elle comprend notamment les deux genres Annulaire (*Annularia*) et Astérophyllite, qui se montrent dès le dévonien et vont jusqu'au permien.

La tige est articulée et fistuleuse; les feuilles, verticillées et uninerves, sont entièrement libres.

Les épis sporifères sont composés de verticilles stériles et de verticilles fertiles alternant régulièrement; le verticille stérile a deux fois plus de feuilles que le verticille fertile. Chaque feuille fertile porte quatre sporanges fixés à la face interne d'un écusson pelté ou terminé en pointe. Les verticilles inférieurs portent des macrosporanges avec une seule macrospore; les verticilles supérieurs portent des macrosporanges à nombreuses microspores.

ANNULATION. s. f. [Pr. ann-nu-...]. Action d'annuler. *L'an. d'un contrat, d'une vente, d'un mariage.*

ANNULEMENT. s. m. [Pr. ann-nu-...]. T. Mar. Action d'annuler par un signal le signal précédent.

ANNULER. v. a. [Pr. ann-nu-ler] (R. nul). Rendre nul, de nulle valeur. *An. une lettre de change, un marché, une vente, une procédure.* || ANNULÉ, ÉE. part. = Syn. Voy. ANNIHILER.

ANNULIFÈRE ou **ANNULIGÈRE**. [Pr. ann-nu-...] (lat. *annulus*, anneau; *ferre* ou *gerere*, porter). T. Hist. nat. Qui porte des anneaux colorés.

ANOBIUM. s. m. (gr. à priv.; βίος, vie). Genre d'insectes coléoptères ainsi nommés parce qu'ils font les morts quand on les touche. On les nomme aussi *Vrillettes*.

ANOBLIR. v. a. (R. noble). Faire noble, donner à quelqu'un le titre et les droits de noblesse. *C'est Henri IV qui anoblit cette famille. Dans la famille de Jeanne d'Arc*

le rentre anoblissait. La noblesse se transmettait par les femmes. = ANOBLIE, IE. part. || S'emploie subst., en parlant d'un individu qui a été fait noble depuis peu de temps. *Les nouveaux anoblis.*

Syn. — *Ennoblir.* — *An.* signifie conférer le titre de noble, et *ennoblir* donner de la noblesse, de l'élévation, de la grandeur. Le premier de ces termes désigne un changement dans l'état social d'un individu; le second marque la considération que le mérite et la vertu peuvent acquérir. On *s'ennoblit* soi-même; le prince *seul anoblit. Ennoblir* se dit des personnes et des choses; *an.* ne se dit que des personnes.

ANOBLISSEMENT. s. m. Concession, faveur du prince, par laquelle on est anobli.

ANODE. s. m. (gr. ἄνω, en haut, ὁδός, route). T. Phys. Électrode placé au pôle positif de la pile.

ANODIN, INE. adj. (gr. ἀν priv.; ὀδύνη, douleur). T. Méd. Se dit des agents thérapeutiques qui ont la propriété de calmer ou de faire cesser les douleurs. *Potion anodine.* — S'emploie subst. *Les anodins n'ont produit aucun effet.* || Fig. et ironiq., *Vers anodins*, Vers dépourvus de sel, d'animation.

Thérap. — Aujourd'hui on emploie plus fréquemment le terme *calmant* que celui d'*an.*; mais aucune de ces dénominations ne saurait servir à désigner une classe particulière d'agents thérapeutiques. En effet, les causes qui peuvent déterminer la douleur étant excessivement diverses, tout moyen qui la diminue ou la fait cesser est un *an.* Toutefois, dans le langage habituel, on désigne plus ordinairement sous ce nom les *narcotiques hypnotiques*, dont l'opium est le type.

ANODONTE. s. f. (gr. ἀν priv.; ὀδούς, ὄντος, dent). T. Zool. Genre de mollusques acéphales de la famille des *Mytilacés*.

ANODONTIE. s. f. (gr. ἀν priv.; ὀδούς, dent). T. Anat. Absence de toutes les dents.

ANODYNIE. s. f. (gr. ἀν priv.; ὀδύνη, douleur). T. Méd. Absence de douleur.

ANOL. s. m. T. Chim. Corps extrait de l'essence d'anis. Voy. ANÉTHOL.

ANOLIS. s. m. T. Erpét. Genre de reptiles sauriens voisin des caméléons. Voy. IGUANIENS.

ANOMAL, ALE. adj. (gr. ἀν priv.; ὁμαλός, égal). Se dit de ce qui est irrégulier ou contraire à l'ordre habituel. || En T. Hist. nat., s'emploie pour désigner les êtres qui, par leur aspect extérieur, la présence ou l'absence de certaines parties, s'éloignent du type auquel on les compare habituellement. || T. Bot., on appelle *Fleurs anomales*, les fleurs qui ne nous offrent pas une symétrie aussi complète que celles que nous voyons habituellement.

ANOMALIE. s. f. Irrégularité. *Il y a bien de l'an. dans ce verbe. Les anomalies du langage.* || Dans le langage de la science, le terme *An.* s'emploie pour désigner tout ce qui s'éloigne du type considéré comme normal. C'est ainsi qu'on observe des anomalies non seulement dans la forme et dans la structure tant interne qu'externe des êtres, mais encore dans la marche des phénomènes physiologiques et pathologiques. Les anomalies se produisent suivant certaines lois et certaines règles; ou plutôt les mêmes lois et les mêmes règles qui président au développement normal, sont aussi celles qui déterminent les formes anomales. Dans le langage ordinaire, on établit une différence entre *an.* et *monstruosité*: ce dernier terme est surtout usité quand il s'agit d'une *an.* rare ou présentant quelque chose de repoussant; mais aux yeux de l'anatomiste, l'*an.* ne diffère pas de la *monstruosité*. Voy. TÉRATOLOGIE.

Astr. — On appelle *An.* l'angle que forment le rayon vecteur unissant l'astre en mouvement à son astre central et la ligne des apsides ou grand axe de l'orbite. Les astronomes ont pendant longtemps compté les anomalies à partir de l'apside supérieure, c.-à-dire de l'aphélie ou de l'apogée; aujourd'hui on les compte plus généralement à partir de l'apside inférieure, c.-à-d. du périhélie ou du périgée. — On distingue trois sortes d'anomalies: l'*an. vraie*, l'*an. moyenne* et l'*an. excentrique.* Soient APB (Fig. 1) l'orbite d'une planète,

S l'astre central occupant le foyer de l'ellipse, le soleil par ex., AB le grand axe, et C le centre de l'orbite. Par le point P tirez la ligne PQ, perpendiculaire à AB, rencontrant en x le cercle circonscrit à l'orbite. ASP sera l'*an. vraie*, ACx l'*an. excentrique*. Quant à l'*an. moyenne* c'est l'angle dont aurait tourné le rayon vecteur s'il tournait d'un mouvement uniforme, de manière à faire un tour complet dans le même temps que la planète. L'*an. moyenne* est donc proportionnelle au temps. On appelle *problème de Kepler*, le problème qui consiste à déduire l'*an. vraie* de l'*an. moyenne*, c.-à-d. la position de la planète du temps écoulé depuis son passage au périhélie. Si on fait abstraction des perturbations, de manière à supposer que le mouvement s'effectue exactement d'après les lois de Kepler, il est résolu par les formules suivantes, où u désigne l'*an. moyenne*, v l'*an. excentrique*, p l'*an. vraie*, t le temps, et e l'excentricité de l'orbite :

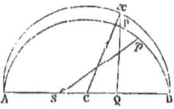

$$u = nt,\ u = v - e\sin v,\ \operatorname{tg} \tfrac{1}{2}p = \sqrt{\frac{1+e}{1-e}}\ \operatorname{tg} \tfrac{1}{2}v,$$

n est ce qu'on appelle le *moyen mouvement*.

On voit que l'*an. vraie* est la distance angulaire de la planète au périhélie.

Géom. — On sait que l'ellipse peut être considérée comme la projection d'un cercle décrit sur le grand axe comme diamètre et dont le plan serait convenablement incliné sur celui de l'ellipse. On appelle *an.* d'un point de l'ellipse l'angle AON (Fig. 2), formé par le grand axe et le rayon du cercle qui aboutit au point N, dont le point de l'ellipse est la projection. Si on prend pour axes des coordonnées les axes de l'ellipse, et qu'on compte les angles à partir de la partie positive du grand, si de plus on désigne par a, b, les longueurs des deux demi-axes, et par φ l'anomalie d'un point M de l'ellipse, les coordonnées de ce point seront données par les formules :

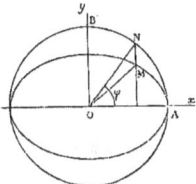

$$x = a\cos\varphi \qquad y = b\sin\varphi$$

ANOMALIPÈDE. adj. (gr. ἀνώμαλος, irrégulier, πούς, pied). T. Zool. Dont les pattes offrent quelque anomalie.

ANOMALISTIQUE. adj. N'est usité que dans cette locut., *Année* ou *Période an.*, Temps qui s'écoule entre deux retours consécutifs du soleil au périgée. Voy. ANNÉE et APSIDE.

ANOMIE. s. f. (gr. à priv.; νόμος, règle). T. Zool. Genre de mollusques acéphales. Voy. ANOMIIDES.

ANOMIIDES. s. f. pl. T. Zool. et Paléont. Famille de mollusques *Lamellibranches* caractérisée par une coquille mince, nacrée, comprimée, à contour irrégulier ou circulaire. Cette coquille peut être libre ou fixée ; dans ce cas la valve droite ou inférieure est percée d'un trou. Enfin le ligament interne est situé sur une apophyse pédonculée, courte ou longue ou sur deux bandelettes divergentes en forme de V. — Le genre *Anomia* est actuel et fossile depuis le lias. D'autres genres sont dévoniens (*Limanomia*), d'autres crétacés (*Paranomia*), d'autres se trouvent depuis le calcaire carbonifère jusqu'au jurassique (*Placunopsis*), d'autres sont tertiaires et actuels (*Placunema*, *Placananomia*). Le genre *Carolia* vient de l'éocène.

ANOMOCARPE. (gr. ἄνομος, irrégulier, καρπός, fruit). T. Bot. Qui a des fruits anomaux. Peu us.

ANOMOCÉPHALE. (gr. ἄνομος; κεφαλή, tête). Dont la tête offre quelque difformité.

ANOMOURES. s. m. pl. (gr. à priv.; νόμος, règle; οὐρά,

queue). T. Zool. Sous-ordre de crustacés décapodes, dont la queue offre une anomalie. Voy. DÉCAPODES.

ÂNON. s. m. Le petit d'un âne. *L'ânesse et son ânon.*

ANONACÉES. s. f. pl. T. Bot. Les *An.* sont une famille de végétaux dicotylédones dialypétales supérovariées polystémones.

Caract. bot. : Arbres ou arbustes souvent grimpants, ordinairement aromatiques, à feuilles alternes, simples, presque toujours entières, dépourvues de stipules. Fleurs ordinairement vertes ou brunes, axillaires, solitaires, ou par groupes de 2 ou de 3, plus courtes que les feuilles ; sépales 3, persistants, ordin. soudés en partie. Pétales 6, hypogynes, disposés sur deux rangs, quelquefois unis de manière à représenter une corolle gamopétale, manquant très rarement. Préfloraison valvaire. Étamines en nombre indéfini, couvrant un large disque hypogyne, très serrées, en spirale, fort rarement en nombre défini ; filets courts, plus ou moins anguleux ; anthères adnées, introrses, avec un large connectif quadrangulaire. Carpelles en gén. nombreux, séparés, parfois en nombre défini ; styles courts ; stigmates simples ; ovules solitaires ou en petit nombre, dressés ou ascendants, anatropes. Fruit composé de plusieurs carpelles, charnus ou secs, sessiles ou pédonculés, à une ou plusieurs graines, distincts ou confondus en une masse charnue (*Anona*). Graines attachées à la suture sur un deux rangs, quelquefois pourvues d'un arille ; test cassant ; embryon petit, situé à

la base d'un albumen ruminé, dur et charnu (Fig. 1. *Anona furfuracea* ; 2. fleur étalée ; 3. coupe verticale des appareils mâle et femelle ; ces derniers occupent le centre ; 4. coupe verticale d'un carpelle ; 5. id. d'une graine mûre pour faire voir l'albumen et l'embryon ; 6. coupe du fruit mûr de l'*A. squamnosa*).

Cette famille se compose d'environ 40 genres et 400 espèces qui habitent les régions tropicales de l'ancien et du nouveau monde ; quelques espèces cependant s'étendent au delà des tropiques au nord et au sud. L'écorce du *Canang à 3 pétales* (*Uvaria tripetaloides*) donne, quand on l'incise, un suc visqueux qui se durcit en manière de gomme. Les Indiens des bords de l'Orénoque possèdent un excellent fébrifuge, qui est le fruit du *C. fébrifuge* (*U. febrifuga*) ou, selon Martius, de la *Xylopie à grandes fleurs* (*Xylopia grandiflora*).

Les fleurs de certaines espèces d'An., et entre autres de l'*Artabotrys odorant* (*Artabotrys odoratissima*) et de la *Gualtérie en verge* (*Guattaria virgata*), répandent une odeur extrêmement agréable. Celles de l'*Anona odorata*, arbre de l'Asie tropicale, donnent à la distillation une essence importée depuis peu de temps en Europe sous le nom d'*Ylang-Ylang*. A Java, les feuilles de l'*Artabotrys suaveolens* sont employées contre le choléra. Dans le même pays, les *Polyalthia* sont renommés pour leurs propriétés aromatiques : on fait surtout usage de leur racine. Plusieurs espèces de cette famille donnent des fruits qui, desséchés, s'emploient comme aromates : tel celui de la *Xylopia aromatique* (*Xylopia æthiopica*), qui est connu sous le nom de *Poivre d'Ethiopie*, et dont les nègres de l'Afrique se servent pour assaisonner leurs aliments. La *X. soyeuse* (*X. sericea*), grand arbre qu'on trouve dans les forêts aux environs de Rio-Janeiro, où on l'appelle *Pindaïba*, porte un fruit qui a l'odeur du poivre, et qui remplace fort bien ce dernier. En outre, l'écorce de cet arbre est très flexible, et ses fibres se séparent aisément ; aussi en fabrique-t-on d'excellents cordages. La *X. glabre* (*X. glabra*) a reçu, dit-on, dans les Indes, le nom de *Bois amer*, à cause de l'extrême amertume de toutes ses parties : son bois, son écorce et ses baies ont le goût des graines d'orange. Le sucre qui a été renfermé dans des caisses faites avec ce bois n'est pas mangeable ; les blattes même ne l'attaquent pas. Les feuilles de l'*Anone écailleuse* (*Anona squamosa*), appelée vulgairement *Attier*, *Atocire*, *Cœur de bœuf* et *Pommier de canelle*, ont une odeur désagréable, et ses graines contiennent un principe extrêmement âcre qui tue les insectes ; mais son fruit, nommé *Atte* ou *Pomme-Canelle*, renferme en abondance un mucilage sucré qui prédomine sur la saveur aromatique : aussi est-il fort estimé dans les Indes orientales et occidentales. On mange également les fruits de l'*Anona Cherimolia*, appelé vulgairement *Chérimolier ;* de l'*A. triloba*, connu sous les noms vulgaires de *Corosol*, *Corosollier* et *Assiminier ;* de l'*A. reticulata* nommé *Cachiman ;* de l'*A. muricata* ou *Cachiman épineux* et de l'*A. sylvatica*, appelé au Pérou *Aratica do mato*. Ce dernier fournit un bois blanc, léger, excellent pour les tourneurs, et analogue au citronnier d'Europe. Le bois de la racine de l'*Anone des marais* (*Anona palustris*) s'emploie au Brésil en guise de liège. La *Muscade américaine*, fruit du *Faux muscadier* (*Monodora myristica*), possède un albumen qui rivalise par ses propriétés aromatiques avec la muscade vraie et sert aux mêmes usages.

ANONE. s. f. T. Bot. Genre type de la famille des *Anonacées*. Voy. ce mot.

ANONNEMENT. s. m. Action d'ânonner. *Cet ân. est insupportable.*

ÂNONNER. v. n. (R. *ânon*). Lire, réciter, répondre avec hésitation, en balbutiant. *Il y a deux ans que cet enfant va à l'école et il ne fait encore qu'ân.* || Se prend quelquefois activement. *Cet écolier ne fait qu'ân. sa leçon.* == ANONNÉ, ÉE, part.

ANONYME. adj. 2 g. (gr. ἀν priv. ; ὄνομα, nom). Dont le nom n'est pas connu. Ne se dit que des auteurs dont on ne sait pas le nom, et des écrits dont on ne connaît point l'auteur. *Auteur an. Ouvrage, livre, brochure an. Couplets anonymes. — Ecrire une lettre an ,* Ecrire une lettre qu'on n'ose pas ou qu'on a honte de signer. || S'emploie subst. en parlant de l'auteur inconnu d'un écrit. *L'an. qui a traité cette matière. Cette comédie est d'un an. — Garder l'an.,* Ecrire sous le voile de l'an., Ne pas mettre son nom à ses écrits.

L'auteur d'un ouvrage peut rester inconnu, ou parce qu'il ne signe pas son livre, ou parce qu'il le fait paraître avec un nom supposé. Dans le premier cas, l'ouvrage est dit *An.*, et dans le second *Pseudonyme*, c.-à-d. signé d'un faux nom. — Les ouvrages sans nom d'auteur, ou portant des noms supposés, sont en si grand nombre qu'ils forment presque la tiers des livres qui remplissent nos bibliothèques publiques. On en peut juger par la liste qu'en donne Barbier dans son *Dictionnaire des ouvrages anonymes et pseudonymes*, qui se compose de 4 vol. in-8°, et qui cependant ne s'occupe que des écrits composés, traduits ou publiés en français et en latin. Ce bibliographe admet trois espèces de livres anonymes ou pseudonymes, selon que c'est le nom de l'auteur, celui du traducteur ou celui de l'éditeur qui manque ou qui est supposé.

Droit. — *Société anonyme*, Association commerciale dans laquelle les associés, inconnus du public, n'engagent qu'une mise limitée, et dont la désignation ne comporte aucun nom de personne. Voy. SOCIÉTÉ.

ANOPHTALME. adj. (gr. ἀν priv. ; ὀφθαλμός, œil). T. Zool. Qui n'a pas d'yeux. || Nom générique d'un petit coléoptère cavernicole.

ANOPLOTHÉRIDÉS. s. m. pl. T. Zool. paléont. Famille de pachydermes artiodactyles c.-à-d. d'*Ongulés* (Voy. ce mot). La dentition est complète, c.-à-d. qu'il y a les trois espèces de dents qui forment une rangée continue ; les canines diffèrent peu des dents voisines et les dépassent à peine. Les doigts rudimentaires font souvent défaut, les os métatarsiens ne sont pas soudés. Ce sont des types exclusivement éocènes et miocènes, qui servent de passage avec les ruminants et même avec les porcs, par les *Palæochéridés*. Plusieurs genres rentrent dans cette famille : *Anoplotherium*, *Xiphodon*. Voy. ces mots.

ANOPLOTHERIUM. s. m. [Pr. *anoplothériomme*] (gr. ἀν priv. ; ὅπλον, arme ; θηρίον, animal). T. Paléont. Mammifère fossile trouvé pour la première fois par Cuvier en 1806 dans les carrières à plâtre de Montmartre. Les canines sont petites et ne font pas râtelier sur les autres dents. Les pattes sont didactyles avec métacarpien et métatarsien tout à fait séparés. Dans plusieurs types on voit des rudiments des autres doigts. Voy. ANOPLOTHÉRIDÉS.

ANORCHIDE. s. m. [Pr. *anorkide*] (gr. ἀν priv. ; ὄρχις, testicule). T. Path. Individu atteint d'un vice de conformation consistant dans l'absence de testicules.

ANORDIE. s. f. T. Mar. Vent qui vient du nord.

ANOREXIE. s. f. (gr. à priv. ; ὄρεξις, appétit). T. Méd. Absence d'appétit. Les anciens nosologistes faisaient de l'*An.* une maladie spéciale ; mais, aujourd'hui, on ne la regarde plus que comme un état symptomatique. L'an. est en effet un phénomène à peu près constant dans toutes les maladies aiguës ; elle s'observe même dans un grand nombre de maladies chroniques, surtout dans celles qui affectent l'appareil digestif.

ANORMAL, ALE. adj. (gr. à priv. ; lat. *norma*, règle). Qui est contre les règles. Se dit de tout ce qui semble faire exception à la règle commune. Ce mot est lui-même irrégulier, formé d'un mot latin et d'un grec. *Anomal* est plus conforme à l'étymologie.

ANORTHITE. s. f. (gr. ἀν priv. ; ὀρθός, droit). T. Minér. Variété de feldspath constituée par du silicate d'alumine et de chaux, avec de très petites quantités de fer, de magnésie, de soude et de potasse. On la rencontre en petits cristaux brillants dans les blocs rejetés de la Somme, et en grains vitreux dans certaines laves ; elle entre en forte proportion dans la diorite orbiculaire de Corse.

ANOSMIE. s. f. (gr. ἀν priv. ; ὀσμή, odeur). T. Méd. Perte ou diminution de l'odorat. Voy. ODORAT.

ANOSTÉOZOAIRES. adj. (gr. ἀνόστεος, sans os, ζωάριον, petit animal). T. Zool. Se dit des animaux qui n'ont point d'os.

ANOSTOME. s. m. Voy. ANASTOME.

ANOTTO. s. m. Matière résineuse colorante, dite aussi *Rocou*, tirée du *Bixa Orellana*. Voy. BIXACÉES.

ANOURE. adj. et s. m. (gr. ἀν priv. ; οὐρά, queue). T. Erpét. Classe d'animaux privés de queue, comme la grenouille. Les *Batraciens* ou *Amphibiens* (Voy. ce mot) anoures forment l'un des ordres de cette classe. Leur peau est nue, ils sont privés de queue à l'état adulte. Le corps est ramassé, plus ou moins trapu, aplati. Ils ont quatre membres. Leurs mâchoires sont, en général, privées de dents. Les vertèbres sont procœliques. Les larves ont une queue, c.-à-d. sont *urodèles* (Voy. ce mot) et sont d'abord pourvues de branchies externes, puis de branchies internes.

Paléont. — Ce n'est que dans les terrains tertiaires qu'on en a rencontré des spécimens rares (Lignites tertiaires d'Orsberg près Erpel, de Glimbach près Giessen, etc., phosphorites du Quercy). Nous citerons les genres *Palœobatrachus*, *Latona*, *Propelobates*, *Pelophilus*, *Palœophrynus*, *Protophrynus*.

ANQUETIL (Pierre), auteur d'une volumineuse *Histoire de France* (1723-1808).

ANQUETIL-DUPERRON, frère du précédent, savant orientaliste, traducteur du *Zend-Avesta* (1731-1805).

ANSCHAIRE (Saint), *l'Apôtre du Nord*, prêcha l'Évangile en Scandinavie (801-864).

ANSE. s. f. (lat. *ansa*, poignée). La partie de certains vases, de certains ustensiles, par laquelle on les prend pour s'en servir, et qui présente ordinairement la forme d'un demi-cercle. *L'an. d'une aiguière, d'un panier, d'un seau, d'une corbeille. Panier à deux anses.* — On dit de même, *Les anses d'une pièce d'artillerie.* || Fig. et prov., *Faire danser l'an. du panier,* se dit d'une cuisinière qui enfle le prix des achats qu'elle a faits pour ses maîtres. On a lu sur un livre de compte de cuisinière : un petit pain d'un sou pour Madame, et : 0f,10. || T. Anat. On dit : *An. vasculaire, An. anastomotique, An. nerveuse, An. intestinale,* en parlant de la courbure que décrit un vaisseau, un rameau nerveux, une portion de l'intestin qui revient sur lui-même. — En Chir., on dit aussi *Une an. de fil.* || T. Archit. *An. de panier,* Sorte d'arc surbaissé formé de plusieurs arcs et cercles raccordés. Voy. Anc. || T. Géogr. *Anse* désigne un petit enfoncement le long des côtes ou dans les baies et ports. *Il y a plusieurs anses dans cette baie.*

ANSE, ch.-l. de c. (Rhône), arr. de Villefranche, 2,000 hab.

ANSÉ, ÉE. adj. Qui porte une anse. *La Croix ansée,* ou suspendue à une anse, était un symbole usité chez les anciens Égyptiens.

ANSELME (Saint), archevêque de Cantorbéry, né à Aoste en 1033, mort en 1109, célèbre théologien et philosophe.

ANSER. s. m. T. Zool. Nom latin du genre *Oie.* Voy. ce mot.

ANSÉRINE. s. f. T. Bot. Nom vulg. du genre *Chenopodium,* famille des *Chénopodiacées.* Voy. ce mot.

ANSETTE. s. f. T. Mar. Petite anse. Ourlet de voile. || Techn. Attache par laquelle on passe le ruban d'une croix.

ANSON, amiral anglais (1697-1762).

ANSPACH, v. d'Allemagne (Bavière), 12,000 hab.

ANSPECT. s. m. Sorte de levier en bois de frêne ou d'orme, dont le gros bout est taillé en biseau et ordin. ferré. A bord des bâtiments de guerre, on s'en sert pour pointer les canons. — L'*Ans.* sert aussi à remuer les fardeaux : on le nomme alors *Barre d'ans.*

ANSPESSADE, ou mieux **LANCEPESSADE.** s. m. (corrupt. du mot ital. *lancia-spezzata,* lance rompue). Dans l'ancienne infanterie française, on désignait ainsi un bas officier subordonné au caporal.

ANTAGONISME. s. m. (gr. ἀντί, contre ; ἀγωνίζομαι, je combats). Action ou sens contraire. *L'ant. des muscles extenseurs et fléchisseurs des bras.* || Se dit de certains organes, lorsque l'activité fonctionnelle de l'un est en raison inverse de celle de l'autre. *Il y a ant.* entre les reins et la peau, *entre le foie et le poumon.* — S'emploie également en parlant du développement des parties, lorsque celui de l'une a lieu au préjudice de l'autre. || Se prend quelquefois dans le sens de lutte, de rivalité. *L'ant. domine dans notre société.*

ANTAGONISTE. s. m. Celui qui s'efforce de faire prévaloir son sentiment, son sentiment, ses prétentions sur le sentiment, l'opinion, etc., d'un autre. *Toute sa vie, il a été mon ant. Vous avez en cette femme un dangereux ant.* = Adj. 2 g. Se dit des choses qui agissent en sens contraire. *Muscles antagonistes. Organes antagonistes. Fonctions antagonistes.* = S'emploie subst. en ce sens : *Le muscle abducteur de l'œil est l'ant. de l'adducteur du même organe.*

ANTALCIDAS, général spartiate, célèbre par le traité honteux qu'il conclut en 387 av. J.-C. avec la Perse.

ANTAN. s. m. (lat. *ante annum,* avant l'année). L'année qui précède celle qui court. Vx. Ne se dit guère qu'en parlant des *neiges d'antan,* allusion à un refrain du poète Villon :

 Mais où sont les neiges d'antan ?
Où est tout ce qui a disparu ?

ANTANACLASE. s. f. (gr. ἀντί, contre ; ἀνακλάω, je répercute). L'*Ant.* est une figure de rhétorique dans laquelle un mot est répété immédiatement, mais dans un sens différent ou avec une inflexion, ce qui donne lieu à une espèce d'antithèse. Ce vers d'Horace nous offre un ex. de cette figure :

 Labitur et labetur in omne volubilis œvum (amnis.)
Le retour à la première série de pensées et d'expressions, après une parenthèse, a également reçu le nom d'*Ant.*

ANTANIER, ÈRE, adj. T. Vén. Se dit d'un faucon de l'année précédente.

ANTAR, guerrier et poète arabe du VIe siècle, héros du *Roman d'Antar.*

ANTARCTIQUE. adj. 2 g. (gr. ἀντί, à l'opposé; ἄρκτος, ourse). T. Géogr. et Astr. Qui dépend du pôle austral. Voy. Arctique.

ANTARÈS. s. m. Nom de l'étoile α ou le Cœur du Scorpion, 1re grandeur. Son éclat rouge est l'origine de son nom : ἀντί Ἄρης, rival de Mars.

ANTE. s. f. (lat. *ante*). T. Archit. Pilastre élevé sur l'épaisseur d'un mur. Voy. Pilastre. || Techn. Petit manche sur lequel on fixe un pinceau. || Avance en bois qu'on met aux ailes d'un moulin.

ANTE-BOIS. s. m. T. Menuiserie. Tringle mise sur le parquet pour empêcher les meubles de frotter contre la paroi.

ANTÉCÉDENCE. s. f. T. Astr. Marche en apparence rétrograde des planètes.

ANTÉCÉDENT, ENTE. adj. (lat. *ante, cedere,* marcher devant). Qui est auparavant, qui précède dans l'ordre du temps. *Les actes antécédents. Les procédures antécédentes.*

ANTÉCÉDENT. s. m. Se dit des actes de la vie passée de quelqu'un. *Il n'aura pas cette place; il a de trop fâcheux antécédents.* || Se dit aussi d'un fait passé, à propos d'un fait actuel. *Cet arrêt constituera un heureux ant. pour son procès.* || Méd. Toutes les circonstances qui ont précédé une maladie et qu'il est utile au médecin de connaître. || En T. de Gram., de Math. et de Philos. on donne le nom d'*Ant.* au premier terme d'un rapport, et celui de *Conséquent* au second terme. Voy. les mots Rapport, Syllogisme.

 Syn. — *Antérieur, Précédent.* — Les adjectifs *antérieur, antéc.* et *précédent* indiquent une antériorité de temps ; mais tandis que le premier la marque d'une manière indéterminée, les deux autres impliquent une idée d'ordre, de rang, de position : *Précédent* même exprime une priorité immédiate. *Antérieur* se dit en outre de la situation relative d'une chose dans l'espace : la face *antérieure* du corps. — Lorsqu'on les prend substantivement, *antéc.* et *précédent* ne s'emploient pas indifféremment l'un pour l'autre : ainsi l'on dit, Cet homme a de fâcheux *antécédents,* et non : de fâcheux *précédents.* La Chambre n'a qu'à consulter ses *précédents,* et non ses *antécédents.* Dans le langage dialectique, *antéc.,* pris substantivement, est toujours opposé à *conséquent.*

ANTÉCESSEUR. s. m. (lat. *antecessor,* qui précède). Se disait autrefois d'un professeur de droit dans une Université.

ANTECHRIST. s. m. [Pr. *An-te-kri*] (gr. ἀντί, contre; Χριστός). Le nom d'*Ant.* avait été donné, dans les temps de la primitive Église, aux adversaires les plus déclarés du Christ, à ceux qui niaient sa venue sur la terre, et qu'il fût le Messie. Néron, entre autres, le personnifia dans l'esprit des chrétiens. Mais on désigne plus ordinairement par ce terme un tyran impie et cruel, une sorte d'esprit du mal annoncé comme devant paraître sur la terre peu de temps avant la fin des siècles pour tenter un dernier effort de séduction sur les hommes, afin de les entraîner dans le péché. Prophétisé dans Daniel, IX, 26 et 27, dans l'Évangile de saint Mathieu, XXIV, dans la 2ᵉ épître de saint Paul aux Thess., c. II, et dans l'Apocalypse de S. Jean, XIII.

ANTÉCIEN ou **ANTŒCIEN**. adj. et s. m. (gr. ἀντί, à l'opposé; οἶκος, demeure). T. Géogr. anc. Habitants de la zone à l'opposé de la nôtre, sous le même degré de latitude, mais australe.

ANTÉDILUVIEN, ENNE. adj. (lat. *ante*, avant; *diluvium*, déluge.) Qui a existé avant le déluge. *Animaux antédiluviens. Formations antédiluviennes.* Voy. GÉOLOGIE et PALÉONTOLOGIE. || Qui a précédé le déluge. *Temps antédiluviens. Période antédiluvienne.*

ANTÉE, géant, fils de Neptune et de la Terre, qu'Hercule étouffa dans ses bras.

ANTÉFIXE. s. f. (lat. *ante*, devant; *fixus*, attaché). T. Archit. — Plusieurs auteurs font ce mot masculin.

Archit. — La toiture des édifices grecs et romains était généralement formée par des rangées de tuiles plates qui alternaient avec des rangées de tuiles bombées, et dessinaient des lignes commençant au faîte du bâtiment et se terminant au bord inférieur de la toiture. Pour éviter l'introduction des eaux pluviales sous les rangées de tuiles bombées, celles de ces tuiles qui aboutissaient au bord ou au faîte du toit étaient fermées à leur extrémité, et avaient reçu, en raison de leur position, le nom d'*Antéfixes*. Mais les architectes, non con-

Fig. 1.   Fig. 2.

Fig. 3.   Fig. 4.

tents de faire de l'ant. un objet d'utilité, surent la décorer de façon que la rangée qui occupait le faîte de l'édifice, et celles qui occupaient les bords de la toiture, offrissent à l'œil une élégante garniture se découpant sur l'azur du ciel. Les premières antéfixes furent en terre cuite; puis on ne tarda pas à en faire en marbre, et même en bronze; enfin on les décora de palmettes, de moulures et de figures diverses. Les figures ci-dessus présentent quelques exemples d'antéfixes. La première est une ant. en terre cuite dont la face antérieure est plane, mais pointe en jaune et en noir; elle provient du temple d'Apollon à Égine; la deuxième, qui est en marbre, a été tirée du temple de Diane à Éleusis. Les deux autres antéfixes sont romaines: celle de la fig. 3 est en terre cuite, et la dernière (fig. 4) est en marbre; celle-ci est tirée du portique d'Octavie à Rome.

ANTÉHISTORIQUE. adj. Synonyme de PRÉHISTORIQUE.

ANTENAIS, AISE. adj. Voy. ANTENOIS.

ANTENNAIRE. adj. T. Zool. Qui a rapport aux antennes des insectes.

ANTENNAL, ALE. adj. Qui a rapport aux antennes.

ANTENNE. s. f. (lat. *antenna*, m. s.). T. Mar. et Zool.

Mar. — On nomme ainsi une longue pièce de bois, une espèce de vergue longue et flexible qui s'attache à une poulie vers le milieu ou vers le haut du mât, pour soutenir la voile triangulaire de certains bâtiments fort en usage sur la Médi-

Fig. 1.

terranée. Cette voile triangulaire porte elle-même le nom de *voile latine*. La fig. 1 nous montre une voile de ce genre et l'ant. qui la soutient.

Zool. — Les antennes sont des organes appendiculaires, mobiles, présentant des formes très diverses, plus ou moins développés, situés sur la tête de la plupart des animaux articulés, et composés d'un plus ou moins grand nombre de petits articles placés bout à bout; ce sont des organes sensoriels, qui reçoivent des nerfs (dits: nerfs antennaires) et qui contiennent des muscles qui déterminent leurs mouvements. Comme le nombre et la forme de ces appendices, soit chez les espèces d'*Annélides* qui en sont pourvues, soit chez les *Crustacés*, soit surtout chez les *Insectes* (Fig. 2 et 3), sont un des caractères qui servent à établir des coupes et des divisions

Fig. 2.   Fig. 3.

parmi ces animaux, il sera parlé au mot INSECTE des variétés de forme et de structure que présentent les antennes, et nous n'étudierons actuellement ces organes que sous le rapport physiologique. Quelques auteurs, se fondant sur la situation des antennes et sur les dispositions anatomiques qu'elles présentent, regardent ces organes comme le siège de l'ouïe chez les articulés. D'autres zoologistes pensent que les antennes sont le siège de l'odorat: ces savants appuient également leur manière de voir sur l'observation anatomique, sur certaines expériences. On a cru remarquer que la perception des odeurs était abolie par l'amputation de ces appendices; mais ces expériences sont peu concluantes. Il est probable que les antennes servent aussi au toucher : leur rôle est multiple. Peut-être servent-elles aussi à une sorte de langage rudimentaire, par signe ou par contact.

ANTENNIFÈRE. adj. 2 g. (lat. *antenna*, antenne ; *fero*, je porte). T. Zool. Qui porte les antennes.

ANTENNULE. s. f. (dimin. d'*antenne*). T. Zool. Antenne courte et très petite.

ANTENOIS, OISE ou **ANTENAIS, AISE.** adj. Nom que prend l'agneau ou l'agnelle du douzième au trentième mois.

ANTÉNOR, prince troyen, parent de Priam, passe pour le fondateur de Padoue.

ANTÉNUPTIAL, ALE. adj. (lat. *ante* avant, et *nuptial*). Qui est antérieur au mariage.

ANTÉOCCUPATION. s. f. Figure de rhétorique nommée aussi PROLEPSE et ANTICIPATION, par laquelle on va au-devant des objections pour y répondre d'avance.

ANTÉON. s. m. T. Ent. Genre d'insectes hyménoptères. Voy. PUPIVORES.

ANTÉPÉNULTIÈME. adj. 2 g. (lat. *ante*, avant ; *pene*, presque ; *ultimus*, dernier). Qui précède immédiatement l'avant-dernier. *L'ant. vers de cette page. L'ant. syllabe d'un mot.* || S'emploie subst. au fém., et sign. l'antépénultième syllabe d'un mot.

ANTEQUERA, v. d'Andalousie (Espagne), 25,540 hab.

ANTÉRIEUR, EURE. adj. (lat. *anterior*). Qui est avant, qui précède, par rapport au lieu et au temps. *La partie ant. d'une maison, d'un vaisseau. La face ant. du corps. Ce fait est ant. de six mois à celui dont je vous parle.* || T. Gram. *Prétérit ant. Futur ant.* Voy. TEMPS. Syn. Voy. ANTÉCÉDENT.

ANTÉRIEUREMENT. adv. Précédemment. *Ma demande a été faite ant. à la vôtre.*

ANTÉRIORITÉ. s. f. Priorité de temps. *Ant. de droit, de titre, d'hypothèque. Ant. de date. Ant. d'une découverte.*

ANTÉVERSION. s. f. (lat. *ante*, en avant ; *versio*, action de tourner). T. Méd. Déviation utérine caractérisée par l'inclinaison du corps de l'utérus en avant, et du col en arrière. Voy. RÉTROVERSION.

ANTHÉLIE. s. f. (gr. ἀντί, à l'opposé ; ἥλιος, soleil). T. Météor. Apparence lumineuse qui se manifeste à l'opposé du soleil autour de l'ombre de l'observateur, soit sur des nuages, soit sur des brouillards, soit sur de l'herbe couverte de rosée. Voy. HALO, OMBRES et SPECTRES AÉRIENS.

ANTHÉLIX. s. m. (gr. ἀντί, devant ; ἕλιξ, hélice). T. Anat. Éminence du pavillon de l'oreille qui s'étend depuis la conque jusqu'à la rainure de l'hélix.

ANTHELMINTIQUE. adj. 2 g. et s. m. (gr. ἀντί, contre ; ἕλμις, ινθος, ver). T. Méd. Même sign. que *Vermifuge*. Voy. ce mot.

ANTHÉMIS. s. f. (gr. ἄνθημις). T. Bot. Genre de plantes nommé aussi *Camomille*. Famille des *Composées.* Voy. ce mot.

ANTHÈRE. s. f. (gr. ἄνθηρός, fleuri). T. Bot. Portion terminale renflée de l'étamine qui contient le pollen, ordinairement jaune. Voy. ÉTAMINE.

ANTHÉRIC. s. m. (gr. ἀνθέρικος, m. s.). T. Bot. Genre de plantes de la famille des *Liliacées.*

ANTHÉRIDIE. s. f. (gr. ἀνθηρός, fleuri ; εἶδος, apparence). T. Bot. Organes appartenant à certaines cryptogames et contenant les éléments mâles de la reproduction, ou anthérozoïdes. Voy. CRYPTOGAME.

ANTHÉRIFÈRE. adj. 2 g. (de *anthère* et lat. *fero*, je porte). T. Bot. Qui porte des anthères.

ANTHÉROZOÏDES. s. m. (gr. ἀνθηρός, fleuri ; ζῶον, animal ; εἶδος, apparence). T. Bot. Corps reproducteurs mâles de certaines cryptogames qui prennent naissance dans l'anthéridie et exercent leur action fécondante sur l'élément femelle ou *oosphère.*

ANTHÈSE. s. f. (gr. ἀνθησις, floraison). T. Bot. S'emploie pour désigner l'ensemble des phénomènes qui accompagnent l'épanouissement des fleurs.

ANTHICIDES. s. m. pl. (gr. ἀνθικός, qui concerne les fleurs). T. Entom. Genre de *Coléoptères.* Voy. TRACHÉLIDES.

ANTHIDIE. s. f. (gr. ἀνθηδών, abeille). T. Entom. Genre d'*Hyménoptères* voisin des abeilles, famille des *Apiaires.*

ANTHISTÉRIE. s. f. (gr. ἄνθος, fleur ; στεῖρα, couronne). T. Bot. Genre de plantes de la famille des *Graminées.*

ANTHOBOLÉES. s. f. pl. (gr. ἄνθος ; βόλος, action de jeter). T. Bot. Tribu de plantes de la famille des *Santalacées.* Voy. ce mot.

ANTHOCÉRÉES. s. f. pl. (gr. ἄνθος ; κέρας, corne). T. Bot. Les *Anth.* constituent une famille d'*Hépatiques* de l'ordre des *Jungermanninées*, caractérisée surtout par un sporange sessile s'ouvrant en deux valves, sans élatères. Ce sont des plantes monoïques. Les anthéridies sont toujours au début enfermées dans des cavités closes ; plus tard, le toit de la cavité se déchire, pour permettre à l'anthéridie de s'ouvrir et de mettre les anthérozoïdes en liberté. Le développement de l'archégone s'opère comme dans les autres hépatiques. Dans le sporogone, l'assise sporifère prend la forme d'une cloche surmontant une columelle centrale. Le sporange s'allonge beaucoup et forme, dans les ant. indigènes une baguette de 15 à 20 millim. de longueur ; la paroi se fend progressivement de haut en bas en deux valves. Cette famille ne renferme que trois genres, qui croissent en été sur les sols argileux ; ils ont un thalle aplati en forme de rosette entièrement dépourvu de feuilles et dont les ramifications irrégulières forment un disque circulaire.

ANTHOLOGIE. s. f. (gr. ἄνθος, fleur ; λέγω, je cueille). Signifie littéralement bouquet de fleurs. Recueil de pièces littéraires choisies. Se dit spécialement d'un recueil de poésies. — Le terme *Ant.* s'applique particulièrement à une collection de petits poèmes écrits en mètres élégiaques, et que les Grecs appelaient *Épigrammes.* Le plus ancien recueil de ce genre fut formé par Méléagre de Gadara, poète grec qui florissait un siècle avant notre ère. Il avait donné à cette collection de pièces fugitives, aujourd'hui perdue, le titre à la fois simple et élégant de Στέφανος, *Guirlande.* — Après Méléagre, les anthologies se multiplièrent. La première que l'on connaisse est celle du poète Philippe de Thessalonique, qui vivait environ 150 ans après J.-C. Il rassembla les pièces fugitives postérieures au siècle de Méléagre. Nous ne parlerons pas de l'ant. de Straton ; mais nous mentionnerons celle d'Agathias, qui date du VIᵉ siècle, et qui ne nous est pas parvenue. Du reste, elle n'est point à regretter, car ce poète historien s'était borné presque uniquement à recueillir les mauvais vers de ses contemporains. Au Xᵉ siècle, Constantin Céphalas fit un extrait méthodique des trois recueils que nous venons de citer, extrait que le moine grec Maxime Planudes, au XIVᵉ siècle, abrégea sans goût et sans discernement. Ces deux recueils sont les seules anthologies qui nous restent. Heureusement elles reproduisent la plupart des pièces qui composaient les premières collections de ce genre. Le manuscrit de l'ant. de Céphalas ne fut trouvé qu'en 1606, par Saumaise, dans la bibliothèque de Heidelberg. Ce recueil se compose de plus de sept cents épigrammes faisant environ trois mille vers. Il est divisé en cinq parties ou livres. — On possède une ant. latine recueillie par Scaliger, Hindenbruch et quelques autres latinistes. Les littératures orientales sont assez riches en anthologies. Un grand nombre d'orientalistes ont publié des anthologies qu'il ne faut point assimiler aux collections de ce genre dues aux auteurs orientaux. — Il existe plusieurs recueils de poésies françaises intitulées *Anthologies.* La librairie Lemerre a publié dans ces dernières années une excellente *Anthologie* des poètes contemporains.

ANTHOMYIE. s. f. (gr. ἄνθος ; μυῖα, mouche). T. Ent. Genre d'insectes *diptères.* Voy. MUSCIDES.

ANTHOMYZIDES. s. f. pl. T. Ent. Tribu d'insectes *diptères*. Voy. Muscides.

ANTHONOME. s. m. (gr. ἄνθος; νομὸς, pâture). T. Ent. Genre d'insectes *coléoptères tétramères* voisin des Charançons.

ANTHOPHAGE. adj. (gr. ἄνθος; φαγεῖν, manger). T. Zool. Qui se nourrit de fleurs.

ANTHOPHORE. s. f. (gr. ἄνθος; φορὸς, favorable). T. Ent. Genre d'hyménoptères de la famille des *Apiaires*. || T. Bot. Prolongement du réceptacle qui, parti du fond du calice, supporte les pétales, les étamines et le pistil.

ANTHOPHORIDES. s. f. pl. T. Zool. Insectes hyménoptères de la famille des *Mellifères*.

ANTHOPHYLLITE. s. f. (gr. ἄνθος; φύλλον, feuille). T. Minér. Silicate de magnésie et de protoxyde de fer.

ANTHORE. s. m. (gr. ἄνθος; ὄρος, montagne). T. Bot. Espèce d'*Aconit*. Voy. Renonculacées.

ANTHORISME. s. m (gr. ὀντὶ, contre, et ὁρισμὸς, définition). T. Rhét. Sorte de correction par laquelle on remplace un mot par un autre qu'on juge plus exact ou plus fort.

ANTHOSTOME. s. m. (gr. ἄνθος, fleur; στόμα, bouche). T. Zool. Groupe de vers intestinaux. Voy. Helminthe.

ANTHOXANTHUM. s. m. (gr. ἄνθος; ξανθὸς, jaune). T. Bot. Genre de plantes nommé vulgairement *Flouve*, de la famille des *Graminées*. Voy. ce mot.

ANTHOZOAIRES. s. m. pl. (gr. ἄνθος; ζωάριον, petit animal). T. Zool. et Paléont. Les *Ant.* forment l'une des classes des *Cœlentérés*. Voy. ce mot. La bouche de ces polypes est entourée de tentacules. Ils ont un tube stomacal et une cavité du corps divisée en chambres radiaires par des replis mésentéroïdes; les organes sexuels sont internes. Ils sont souvent réunis en colonies qui forment, par des dépôts calcaires, les coraux. On les divise en deux ordres : les *Alcyonaires* et les *Zoanthaires*. Voy. ces mots.

On n'a trouvé que de rares échantillons d'*Alcyonaires fossiles*; les madréporaires constituent la plus grande masse des *Ant. fossiles*, mais manquent dans les plus anciennes couches fossilifères du globe. Cependant on en connaît dans les siluriens inférieur et moyen; ils forment des récifs coralliens dans les groupes de Trenton et du Hudson dans l'Amérique du Nord. On en a trouvé dans le silurien supérieur, dans le dévonien, dans le carbonifère, dans le permien, le trias. Les récifs coralliens jurassiques sont composés de la même façon que ceux du trias. On en rencontre ensuite dans le lias, le crétacé et le tertiaire.

ANTHRACÈNE. s. m. (gr. ἄνθραξ, charbon). T. Chim. Cet hydrocarbure $C^{14}H^{10}$ peut être regardé comme formé de deux noyaux de benzène unis par le radical C^2H^2, et sa formule peut s'écrire C^6H^4:C^2H^2:C^6H^4

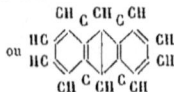

$$ \text{CH}_C\text{CH}_C\text{CH} $$

ou

$$ \text{HC} \bigotimes\bigotimes\bigotimes \text{CH} $$
$$ \text{HC} \quad\quad\quad \text{CH} $$
$$ \text{CH}_C\text{CH}_C\text{CH} $$

C'est un des produits les plus importants que renferment les goudrons de houille, parce qu'il sert à fabriquer l'alizarine et les autres matières colorantes qu'on retirait autrefois de la garance. On l'extrait des huiles lourdes, produits qui passent au-dessus de 200° dans la distillation des goudrons. Ces huiles, débarrassées successivement des alcaloïdes et des phénols, par agitation avec l'acide sulfurique, puis avec la soude, sont soumises ensuite à une nouvelle distillation fractionnée; on recueille le produit qui passe vers 300° et qui, refroidi, se présente sous la forme d'une graisse verte (*green grease*). On le débarrasse, par compression à chaud, des matières liquides ou facilement fusibles qu'il contient, et on obtient ainsi l'anthracène brut. Celui-ci est ensuite purifié par sublimation à 220°.

L'anthracène pur se présente en cristaux blancs ou incolores, fusibles à 210°, se sublimant facilement vers 220°,

bouillant à 360°, insolubles dans l'eau, solubles dans l'alcool bouillant. Sous l'action du chlore, du brome, de l'acide sulfurique, il donne des produits de substitution chlorés, bromés, sulfoniques; mais avec l'acide azotique il ne donne pas de dérivés nitrés. L'hydrogène naissant le convertit en hydrure d'anthr. Enfin la plupart des corps oxydants le transforment en *anthraquinone*, qui sert à préparer les matières colorantes dérivées de l'anthracène. Voy. Anthraquinone.

Le *bleu d'anthr.* ou *bleu d'alizarine* est une matière colorante qui teint en bleu indigo et qu'on obtient en traitant la nitralizarine par la glycérine en présence de l'acide sulfurique. Il est insoluble dans l'eau; pour le rendre soluble on le combine avec le bisulfite de soude. — *Brun d'anthr.* Voy. Anthragallol.

ANTHRACHRYSONE. s. f. [Pr. *krizone*] (gr. ἄνθραξ; χρυσὸς, or). T. Chim. Substance jaune qui se forme dans la distillation sèche de l'acide dioxybenzoïque. Elle dérive de l'*anthraquinone*. Voy. ce mot. Ses propriétés tinctoriales sont assez faibles; elle donne des nuances brunes ou rouges sur les tissus mordancés.

ANTHRACIFÈRE. adj. 2 g. (gr. ἄνθραξ; φέρω, je porte). T. Min. Qui contient du charbon.

ANTHRACITE. s. f. (gr. ἄνθραξ, charbon). T. Min. L'*Ant.* est une matière minérale combustible qui appartient, comme la houille, les lignites, etc., au groupe des matières charbonnées. C'est une substance noire, offrant un éclat métalloïde assez vif, opaque, sèche au toucher, friable, et dont la poussière a l'odeur du charbon; elle brûle avec difficulté, ne répand ni flamme, ni fumée, ni odeur, et se couvre à peine d'un enduit de cendres blanches en se refroidissant. Sa densité est de 1,3 à 1,8. L'ant. est composée de carbone presque pur, uni à quelques centièmes de matière terreuse formée de silice, d'alumine et de chaux, et parfois d'un peu de carbure de fer. Suivant Proust, elle contient de l'eau et un peu d'azote. Elle diffère de la houille par son éclat plus vif, par sa densité plus considérable, qui est à celle de cette substance dans le rapport de 9 à 7, et enfin parce qu'elle ne renferme pas de bitume. L'ant. est d'une formation plus ancienne que la houille, mais plus récente que le graphite. Elle commence à se montrer dans les dépôts de sédiment les plus anciens, c.-à-d. dans les terrains de transition, dont la formation a précédé la période houillère. On la rencontre le plus souvent au milieu des roches arénacées les plus anciennes appelées grauwackes et quelquefois dans les roches schisteuses, amygdaloïdes, porphyriques, quartzeuses, etc. On la trouve aussi dans quelques terrains plus élevés dans la série des formations, entre autres dans les terrains houillers, comme à Anzin, et surtout dans le lias alpin. L'ant. ne paraît pas aussi répandue que la houille; cependant on la rencontre dans un assez grand nombre de localités. La France possède des dépôts fort importants d'ant. dans les départements des Hautes-Alpes, du Gard, de l'Isère, de la Mayenne et de la Sarthe. On la trouve également en Savoie, dans le Valais, le Hartz, la Saxe, la Bohême, les Pyrénées, en Espagne, en Angleterre, etc.; mais nulle part l'ant. n'est plus répandue et ne forme des couches aussi puissantes qu'aux États-Unis : elles y atteignent quelquefois jusqu'à 30 mètres de puissance et se prolongent souvent sur une grande étendue avec une épaisseur de 10 mètres.

L'ant. n'est employée que comme combustible; mais attendu qu'elle ne contient qu'une petite quantité de substances volatiles, elle s'allume difficilement et ne peut être brûlée que dans un milieu porté à une haute température. On a besoin, par conséquent, pour l'allumer, de la mêler avec du bois ou de la houille, et de l'employer toujours en grandes masses. Du reste, une fois allumée, elle donne beaucoup de chaleur. Elle sert principalement à la cuisson de la chaux et des poteries, au chauffage des fours de verreries, etc. On fait actuellement avec de l'anthracite et de la houille mélangées un bon coke et des agglomérés estimés.

ANTHRACOLITHE. s. f. (gr. ἄνθραξ; λίθος, pierre). Un des noms de l'*anthracite*. Voy. ce mot.

ANTHRACOMARTHUS. s. m. T. Paléont. zool. Genre d'*Arachnides* de l'ordre des *Anthracomartides* (Voy. ce mot), et qui a été rencontré dans le terrain des houilles de Silésie, de Bohême et de Belgique (5 espèces); on en a trouvé 2 espèces d'Arkansas et d'Illinois. Le céphalothorax est quadrangulaire, moitié aussi large que l'abdomen. Le front est anguleux, faiblement bombé; les coxæ sont attachées latéralement partant d'une plaque sternale triangulaire dont la base forme le bord postérieur. On remarque un faible rétrécissement entre l'abdomen et le céphalothorax. L'abdomen est arrondi, un peu plus long que large, composé de sept segments d'égale longueur.

ANTHRACOMARTIDES. s. m. pl. (gr. ἄνθραξ, charbon; μάρπτειν, saisir). T. Paléont. Zool. Karsch a désigné ainsi un ordre d'*Arachnides* (Voy. ce mot) spécial aux terrains carbonifères.

Le corps est un peu déprimé; le céphalothorax et l'abdomen sont nettement séparés. Le céphalothorax est divisé en général en un nombre plus ou moins grand de segments cunéiformes portant des pattes, et dont la disposition dépend de celle des articles coxaux. L'abdomen sans cnailles est formé de quatre à neuf segments. Les palpes sont à peine plus longs que les membres et n'ont ni pinces ni griffes.

De tous les ordres d'arachnides, c'est le seul qui soit tout à fait éteint; il est voisin des Phrynes et des Phalangiums.

On a reconnu dans cet ordre quatre familles: les *Arthrolycosides*, les *Potiochérides*, les *Architarbides* et les *Eophrynides*. Voy. ces mots.

ANTHRACONITE. s. f. (gr. ἄνθραξ, charbon; κόνις, poussière). T. Minér. Calcaire coloré en noir par des matières charbonneuses.

ANTHRACOSCORPIIDES. s. m. pl. (gr. ἄνθραξ, charbon; σκορπίος, scorpion). T. Paléont. Zool. Ce sous-ordre rentre dans l'ordre des *Scorpions* et tous les types qui en dépendent viennent des terrains paléozoïques.

Les caractères qui les distinguent des *Anthracomarti* et des *Pédipalpes*, dont ils se rapprochent, sont les suivants: le bord antérieur du céphalothorax est généralement étiré en avant dans le milieu. Le tubercule oculaire dorsal est situé soit sur le bord antérieur, soit à une faible distance du bord, en avant des yeux latéraux ou entre eux; les yeux dorsaux, quand ils existent, sont en général grands; enfin le noyau de l'appendice pectiniforme se compose de quatre plaques ou plus.

Ces *Scorpions* se divisent en deux familles: l'une composée jusqu'ici d'un seul genre, *Palæophoneus* (Voy. ce mot) et qui provient du silurien supérieur; l'autre divisée en plusieurs sous-familles, celles des *Eoscorpionides*. Voy. ce mot.

ANTHRACOSIS. s. f. (gr. ἀνθράκωσις, dépôt de charbon). Méd. Maladie caractérisée par la pénétration dans les poumons de la poussière de charbon venue du dehors. Elle attaque les mineurs, les chauffeurs de locomotive, etc., et se termine souvent par la phtisie. Le seul mode de traitement est l'abandon de la profession dès les premiers symptômes.

ANTHRACOTHÉRIDES. s. m. pl. (gr. ἄνθραξ; θηρίον, animal). T. Paléont. Zool. Cette famille de *Pachydermes ongulés* (Voy. ce mot) est remarquable par ses pattes tétradactyles; les molaires supérieures sont pentacuspidées et émaillées, par la forme pyramidale de leurs croissants massifs, un passage entre les Bunodontes et les Sélénodontes.

On connaît divers genres de cette famille: *Chalæopotamus* de l'éocène supérieur; *Rhagatherium* de l'éocène; *Anthracotherium* des lignites de Cadibona près Gênes et de Zovencedo (Vicentin); du sud de la Styrie, du Schylthal et de la Bohême; *Hyopotamus* de l'éocène ou miocène; *Hyracotherium* de l'argile de Londres; *Dichobune* du gypse de Paris; *Cainotherium* de la même localité, dont la taille ne dépassait pas celle du lapin.

ANTHRAFLAVIQUE. adj. 2 g. (gr. ἄνθραξ, et lat. *flavus*, jaune). T. Chim. Les acides *anthraflavique* et *isoanthraflavique* se rencontrent dans les produits accessoires de la fabrication de l'alizarine. Ils se présentent en aiguilles jaunes et possèdent la même composition que l'alizarine, mais sont dénués de pouvoir tinctorial. Voy. ANTHRAQUINONE.

ANTHRAFLAVONE. s. f. (gr. ἄνθραξ, charbon, et lat. *flavus*, jaune). T. Chim. Substance jaune ayant même composition que l'alizarine et fusible à 291°. Voy. ANTHRAQUINONE.

ANTHRAGALLOL. s. m. T. Chim. Matière colorante dérivée de l'*anthraquinone* (Voy. ce mot) et employée dans l'industrie des indiennes sous le nom de *brun d'anthracène*. On le prépare en chauffant un mélange d'acides benzoïque et gal-

lique en présence de l'acide sulfurique. Si, au lieu d'acide benzoïque, on emploie dans cette préparation de l'acide métaoxybenzoïque, il se forme de l'*oxyanthragallol* qui teint les tissus en rouge brun. Avec l'acide dioxybenzoïque on obtient du *dioxyanthragallol* qui donne les mêmes nuances.

ANTHRAMINE. s. f. (gr. ἄνθραξ, et *amine*). T. Chim. Base faible dérivée de l'anthracène et répondant à la formule $C^6H^4 : C^6H^2 : C^6H^3AzH^2$. Elle cristallise en lamelles jaunes insolubles, fusibles à 238°. On la prépare en traitant l'anthrol par une dissolution d'ammoniaque.

ANTHRANILIQUE. adj. 2 g. (gr. ἄνθραξ, et *aniline*). T. Chim. L'*acide anthranilique* $C^6H'(AzH^2)CO^2H$ qui se présente en prismes incolores fusibles à 144°, est un acide amidobenzoïque; il possède à la fois les réactions de l'acide benzoïque et celles de l'aniline et forme des sels avec les bases aussi bien qu'avec les acides. L'*anthranile* $C^6H'AzHCO$, qui est son anhydride, se comporte comme une base faible.

ANTHRANOL et **ANTHROL**. s. m. T. Chim. Composé répondant à la formule $C^{14}H^9OH$ et dérivant de l'anthracène par la substitution d'un oxydryle à un atome d'hydrogène. L'*anthranol* provient d'une substitution dans le radical C^6H^2 de l'anthracène et peut être considéré comme un alcool; on l'obtient par la réduction ménagée de l'anthraquinone; il forme des aiguilles jaunes, fusibles à 168°. L'*anthrol* est un phénol provenant d'une substitution dans l'un des noyaux benzéniques de l'anthracène; il se présente en aiguilles ou en lamelles jaune brun qui se décomposent, sans fondre, à 200°; on le prépare en fondant avec un alcali le sel de soude de l'acide anthracène-sulfonique. — On connaît aussi des phénols diatomiques dérivant de l'anthracène; ces *dioxyanthracènes*, qui ont pour formule $C^{14}H^8(OH)^2$, sont le *chrysazol*, le *flavol* et le *rufol* (Voy. ces mots). — Enfin il existe un certain nombre d'*oxyanthranols* tels que $C^{14}H^8(OH)^2$, ou $C^{14}H^7(OH)^3$, ou $C^{14}H^6(OH)^4$, etc., qui sont à la fois alcools et phénols; on les obtient soit par une oxydation ménagée de l'anthracène, soit par la réduction des oxyanthraquinones.

ANTHRAPURPURINE. s. f. (gr. ἄνθραξ, et lat. *purpura*, pourpre). T. Chim. Matière colorante contenue souvent en forte proportion dans l'alizarine artificielle du commerce. On l'appelle aussi *isopurpurine*. C'est un dérivé de l'*anthraquinone*. (Voy. ce mot.) Sur les tissus mordancés à l'alumine, elle donne les mêmes nuances rouges que la purpurine; mais les étoffes mordancées au fer prennent une teinte violet sale; aussi doit-on éviter sa présence dans les alizarines pour violet.

ANTHRAQUINOLÉINE. s. f. T. Chim. Base pyridique dont la formule est $C^{17}H^{11}Az$ et qu'on obtient par la réduction du bleu d'anthracène, ou par synthèse en partant de l'anthramine. Elle cristallise en lamelles incolores, fusibles à 170°, bouillant à 440°, insolubles dans l'eau; ses dissolutions dans l'alcool, l'éther ou le benzène présentent une fluorescence d'un bleu intense.

ANTHRAQUINONE. s. f. (gr. ἄνθραξ, charbon, et *quinone*). T. Chim. On la prépare en grand dans l'industrie de l'alizarine en oxydant l'anthracène par le bichromate de potasse et l'acide sulfurique. C'est une acétone dont la formule $C^{14}H^8O^2$ peut s'écrire $C^6H^4 : (CO)^2 : C^6H^4$ ou

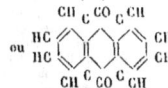

$$\underset{ou}{\overset{HC}{\underset{HC}{\bigvee}}} \quad \overset{CH}{\underset{CH}{\overset{C\ CO\ C}{\bigvee}}} \quad \overset{CH}{\underset{CH}{\bigvee}}$$

Elle cristallise en aiguilles jaunes, fusibles à 273°, insolubles dans l'eau, solubles dans la benzine. Elle résiste à l'action des oxydants; aussi, pour la transformer en alizarine, est-on obligé de la convertir d'abord en acides sulfoconjugués par l'action de l'acide sulfurique concentré; on obtient ainsi, par la substitution d'un ou de deux groupes SO^3H à l'hydrogène, les acides anthraquinone-sulfoniques $C^{14}H^7(SO^3H)O^2$ et $C^{14}H^6(SO^3H)^2O^2$. Ceux-ci combinés à la soude, puis fondus à 170° avec de la soude caustique, fournissent les alizarines du commerce. — Par l'action de l'acide nitrique sur l'anthr. on obtient la *dinitro-anthraquinone*, dont la solution acétique, connue sous le nom de *réactif de Fritsche*, sert en analyse à reconnaître la présence de différents hydrocarbures.

L'alizarine n'est qu'un des nombreux produits d'oxydation

de l'anthraquinone. En substituant une ou plusieurs fois le groupe OH à un atome d'hydrogène de l'anthraquinone, on obtient les *oxyanthraquinones* dont nous donnons ici la liste : 1° la *monoxyanthraquinone* $C^{14}H^7(OH)O^2$ qui se forme passagèrement dans la fabrication de l'alizarine; 2° les *dioxyanthraquinones* $C^{14}H^6(OH)^2O^2$: *alizarine, quinizarine, purpuroxanthine, anthraflavone*, acides *anthra-* et *isoanthraflaviques, chrysazine, hystazarine, anthrarufine, isochrysazine, isoalizarine*, acide *frangulique*. De tous ces produits, l'*alizarine* est le seul qui possède le pouvoir tinctorial, c.-à-d. dont la couleur se fixe sur les tissus mordancés. La *purpuroxanthine* est contenue dans la garance; en s'unissant à l'acide carbonique, elle donne la *munjistine* (orange de garance); 3° les *trioxyanthraquinones* $C^{14}H^5(OH)^3O^2$: *purpurine, anthrapurpurine, flavopurpurine, anthragallol, oxychrysazine, oxyanthrarufine*. Les quatre premières servent à la teinture; la *purpurine*, qu'on retire de la garance, sert en outre à fabriquer une autre matière colorante, la *pseudopurpurine* $C^{15}H^8O^7$. L'*anthrapurpurine* et la *flavopurpurine* se forment en même temps que l'*alizarine artificielle* et se trouvent dans le produit commercial; 4° les *tétraoxyanthraquinones* $C^{14}H^4(OH)^4O^2$: *anthrachrysone, oxytragallol, quinalizarine, rufiopine, oxypurpurine*; 5° on connaît une *pentaoxyanthraquinone* $C^{14}H^3(OH)^5O^2$: le *dioxyanthragallol*; 6° une *hexaoxyanthraquinone* $C^{14}H^2(OH)^6O^2$: l'*acide rufigallique*.

ANTHRARUFINE. s. f. T. Chim. Substance isomérique avec l'alizarine (Voy. ANTHRAQUINONE), et contenue dans l'anthraflavone brute. Elle forme des cristaux jaunes fusibles à 280°; elle n'a aucun pouvoir tinctorial.

ANTHRAX. s. m. (gr. ἄνθραξ, charbon). T. Méd. Tumeur du tissu cellulaire sous-cutané. || T. Ent. Genre d'insectes *diptères*. Voy. TANYSTOMES.

Méd. — On donne le nom d'*Ant.* à deux affections fort différentes : l'une appelée *Ant. furonculeux, Ant. proprement dit* ou *Ant. bénin*; l'autre appelée *Ant. malin* ou *charbon.* — L'*Ant. bénin* ne diffère pas essentiellement du furoncle. Comme ce dernier, il consiste en une inflammation des prolongements adipeux que le tissu cellulaire sous-cutané envoie à travers l'épaisseur du derme. Seulement, dans le furoncle, il n'y a ordinairement qu'un seul prolongement d'enflammé, tandis que, dans l'an., l'inflammation affecte toujours des prolongements : aussi l'ant. présente-t-il quelquefois une étendue considérable. On en a vu acquérir un diamètre de 20 à 25 centimètres. Il se développe principalement à la nuque, au dos, sur la poitrine, sur le ventre, sur les épaules et sur les cuisses. Son apparition est souvent précédée de troubles dans la digestion et de phénomènes fébriles. A son début, il se présente sous la forme d'une tumeur dure et saillante qui s'élend peu à peu à mesure que l'inflammation se propage; la peau est d'un rouge violacé; la douleur, d'abord gravative, devient ensuite lancinante. Lorsque l'ant. est abandonné à lui-même, il se ramollit peu à peu vers son sommet, et la peau s'ulcère. Quelquefois l'ant. continue à s'étendre en largeur et en profondeur : plusieurs ouvertures se forment et finissent par se réunir. Alors la peau se désorganise et il se produit des escarres plus ou moins larges qui laissent toujours après elles des cicatrices irrégulières et enfoncées. — Alors même que l'ant. est déterminé par une irritation locale externe, il paraît ordinairement se lier à quelque cause générale. Il survient aussi quelquefois comme phénomène critique à la fin de certaines maladies. Le plus souvent l'ant. est une affection légère que l'on combat au moyen des antiphlogistiques et à l'aide d'incisions convenablement pratiquées; mais lorsqu'il se rattache à une autre affection, il faut en même temps traiter cette dernière. L'origine probablement microbienne de l'an. a fait conseiller, contre cette affection, les injections hypodermiques de teinture d'iode et les pulvérisations phéniquées au 100°. Il faut toujours, chez un sujet atteint d'an., suspecter le diabète et analyser les urines et ne pas croire cependant qu'il y a diabète parce qu'il y a glycosurie, l'anthrax et les furoncles s'accompagnant assez souvent de glycosurie passagère. — Pour l'*Ant. malin*, voy. CHARBON.

ANTHRÈNE. s. f. (gr. ἀνθρήνη, guêpe). T. Ent. Genre d'insectes *coléoptères pentamères* qui dévaste les collections. Voy. CLAVICORNES.

ANTHRIBE. s. m. (gr. ἄνθος, fleur; τρίβω, je broie). T. Ent. Genre d'insectes *coléoptères*. Voy. CURCULIONITES.

ANTHROL. s. m. T. Chim. Phénol anthracénique. Voy. ANTHRAKOL.

ANTHROPÉIEN. adj. m. (gr. ἀνθρώπειος, de ἄνθρωπος, homme). T. Géol. Se dit des terrains appartenant à la formation contemporaine de l'apparition de l'homme.

ARTHROPOCENTRIQUE. adj. 2 g. (gr. ἄνθρωπος, homme, et *centre*). Qui considère l'homme comme centre et but de la création.

ANTHROPOGRAPHIE. s. f. (gr. ἄνθρωπος; γράφειν, décrire). Description de l'homme considéré comme animal.

ANTHROPOÏDE. adj. (gr. ἄνθρωπος, homme; εἶδος, forme). Qui ressemble à l'homme. || T. Zool. Nom donné aux grands singes qui se rapprochent le plus de l'homme. On dit mieux anthropomorphe.

ANTHROPOLÂTRIE. s. f. (gr. ἄνθρωπος; λατρεία, adoration). Adoration d'un homme comme s'il était un dieu.

ANTHROPOLITHE. s. m. (gr. ἄνθρωπος, homme; λίθος, pierre). Nom donné aux ossements humains fossiles qu'on a découverts ou cru découvrir.

Cuvier croyait qu'il n'y avait pas d'hommes fossiles : l'homme, d'après lui, n'était apparu sur la Terre qu'après la fin des temps quaternaires. Un squelette trouvé à Harlem dans les schistes calcaires fut pris par Scheuchzer pour un squelette humain : il le nomma *Homo diluvii testis*. Cuvier démontra que ce squelette appartenait à un batracien du genre *Salamandre*. Depuis, les découvertes de Boucher de Perthes (1863) et d'autres géologues ont mis hors de doute l'existence de l'homme quaternaire, et démontré que l'homme a été contemporain des grands mammifères. Le spécimen à la fois le plus complet et le mieux conservé de l'homme *réellement* quaternaire est le squelette humain découvert par M. Émile Rivière, en 1872, en Italie, dans les grottes des Baoussé-Roussé, dites Grottes de Menton. Il figure, depuis cette époque, dans les galeries d'anthropologie du Muséum d'histoire naturelle de Paris, auquel M. Rivière en a fait don. Voy. ANTHROPOLOGIE, PALÉONTOLOGIE.

ANTHROPOLOGIE. s. f. (gr. ἄνθρωπος, homme; λόγος, discours). L'Anthropologie, dans le sens propre du mot, est l'histoire naturelle de l'homme. A ce titre, elle est une des branches de la Zoologie comme la Mammalogie ou histoire naturelle des Mammifères. Mais elle s'en distingue en ce que la Zoologie traite de tous les animaux vivants ou éteints actuels, et rien que des vivants, l'homme compris, il est vrai; tandis que l'Anthropologie s'occupe à la fois de l'homme actuel et de l'homme primitif ou fossile. Elle comporte donc déjà deux grandes divisions : la Zoologie humaine ou Anthropologie zoologique, c.-à-d. l'étude de l'homme actuel, et la Paléontologie humaine ou Anthropologie paléontologique, c.-à-d. l'étude de l'homme fossile ou primitif.

« L'Anthropologie, comme l'a définie M. A. de Quatrefages dans son livre sur l'*Espèce humaine*, a pour but l'étude de l'homme considéré comme *espèce*. Elle abandonne l'individu matériel à la physiologie, à la médecine; l'individu intellectuel et moral à la philosophie, à la théologie. Elle a donc son champ propre et, par cela même, ses questions spéciales qu'on ne saurait souvent résoudre par des procédés empruntés aux sciences voisines. »

Si Buffon peut être considéré, avec quelque raison, comme le fondateur de l'histoire naturelle de l'homme, telle qu'elle était comprise dans son temps, cependant P. Broca et A. de Quatrefages méritent tous justement le titre de fondateurs de l'Anthropologie. Cette science est aussi essentiellement française, par son origine, que la Paléontologie, dont le père véritable est l'illustre Cuvier, malgré ses défaillances, lorsqu'il s'agissait de l'homme fossile, dont il se refusa toujours à admettre l'antiquité vraie et sa contemporanéité avec un certain groupe d'espèces animales éteintes.

Elle est née d'hier, pour ainsi dire : car l'année 1859, comme l'a dit P. Broca, est celle qui vit la doctrine de l'antiquité de l'homme éclater dans la science avec une force irrésistible. Son domaine n'en est pas moins déjà des plus vastes, et nombreuses sont les branches scientifiques parties de son tronc ou qui, par une extension des plus grandes, sont venues s'y greffer, formant un tout connu sous le nom de *Sciences anthropologiques*.

Ces différentes sciences ont pour but de nous faire connaître l'être humain dans le temps et dans l'espace, sous tous ses aspects, avec les trois grands types ou races qu'il présente : race blanche, race jaune et race noire; puis ses sous-types ou sous-races et toutes ses variétés; l'homme enfin dans son être anatomique, dans ses fonctions, dans ses rapports sociaux, dans son industrie, l'homme à l'état sain et à l'état morbide, l'homme et son milieu, etc. Ces différentes branches sont : l'anthropologie proprement dite, l'ethnologie, l'ethnographie, la géographie médicale, l'anthropologie criminelle, la démographie, la sociologie, la linguistique, l'archéologie préhistorique, la paléontologie préhistorique, c.-à-d. l'étude des animaux et des végétaux contemporains de l'homme fossile, la mythologie comparée, etc.

La première Société d'anthropologie a été créée en 1859, à Paris, par P. Broca, qui a fondé à Paris également, en 1876, une école d'anthropologie qui comprend aujourd'hui onze chaires. L'enseignement y est gratuit.

ANTHROPOMÉTRIE. s. f. (gr. ἄνθρωπος, μέτρον, mesure). Ensemble des procédés de mesure de diverses parties du corps humain.

L'anthropométrie a rendu de grands services à l'anthropologie en permettant de comparer sur des bases numériques les races d'hommes vivants ou disparus. Dans le but de rendre comparables les mesures prises par différents observateurs, la Société d'anthropologie de Paris a publié une série d'instructions qui ont été rédigées par Broca. Indépendamment d'un grand nombre de mesures effectives sur la tête, le tronc et les membres, on note un certain nombre de détails, tels que la couleur des yeux, des cheveux, de la barbe, etc.

Une ingénieuse application de la méthode anthropométrique a été faite en 1880, par le Dr Alph. Bertillon, à la recherche de l'identité des récidivistes, à la préfecture de police. Les malfaiteurs qui ont déjà subi une ou plusieurs condamnations ont le plus grand intérêt à dissimuler leur identité pour éviter d'être traités par la suite comme récidivistes. On avait déjà eu l'idée de photographier les condamnés, afin de les reconnaître en cas de récidive; malheureusement ce moyen n'a pas tardé à devenir illusoire à cause du grand nombre de photographies. Aujourd'hui chaque condamné est soumis à un certain nombre de mesures anthropométriques au moyen desquelles on peut classer les photographies en groupes n'en contenant pas plus d'une dizaine. Au dos de la photographie sont inscrits le nom du sujet, les condamnations qu'il a subies et divers renseignements. Tout individu soupçonné d'être récidiviste est soumis aux mêmes mesures. On trouve alors facilement le groupe dans lequel dort sa photographie, et l'on n'a plus qu'à chercher entre une dizaine de cartes. — Les mesures faites dans le service anthropométrique sont au nombre de huit : 1° longueur et largeur de la tête; 2° longueur des doigts, médium et auriculaire gauche; 3° longueur du pied gauche; 4° longueur de la coudée gauche; 5° longueur de l'oreille droite; 6° hauteur de la taille; 7° longueur de la grande envergure; 8° hauteur du buste ou de la taille assis. On y joint toutes les indications de nature à faciliter la reconnaissance : couleur des yeux, des cheveux, de la barbe, signes particuliers, etc. La méthode anthropométrique fonctionne avec un plein succès : le nombre des malfaiteurs reconnus a doublé.

ANTHROPOMORPHE. adj. (gr. ἄνθρωπος, homme; μορφή, forme). Qui a la forme, l'apparence humaine. ‖ T. Zool. Nom donné aux grands singes qui se rapprochent le plus de l'homme et qui comprennent les trois espèces suivantes : 1° l'Orang-Outang de Bornéo; 2° le Chimpanzé de Guinée; 3° le Gorille du Gabon.

ANTHROPOMORPHISME. s. m. (gr. ἄνθρωπος; μορφή, forme).

Phil. — On désigne sous le nom d'ant. les doctrines philosophiques qui attribuent à la cause suprême les facultés et les passions de l'homme. Toutes les variétés du théisme sont plus ou moins anthropomorphistes, car on ne peut concevoir un Dieu personnel et libre sans lui attribuer au moins quelques-unes des facultés de l'homme : la conscience, la liberté, l'intelligence, etc. Partant de là, les athées et les panthéistes font aux théistes le reproche de forger leur Dieu à leur image. Tant vaut l'homme, tant vaut son Dieu. Les théistes se défendent du reproche d'ant. en prétendant que ce mot doit être réservé aux conceptions basses de la divinité qui lui prêtent des mobiles passionnés et inconstants comme ceux de l'homme. A vrai dire, il n'y a pas de démarcation bien tranchée entre les diverses conceptions de la divinité,

depuis le simple fétiche jusqu'à la notion la plus élevée des grands philosophes. Il est bien évident que l'homme ne peut concevoir l'Être suprême qu'à l'aide de ses facultés intellectuelles. Comme Dieu est le type suprême de tout idéal, il n'y a rien d'illogique à penser qu'il réunit en lui à l'état de perfection infinie toutes les facultés, toutes les tendances de notre âme. On ne peut même concevoir autrement l'existence de Dieu.

Ce qui distingue le Dieu des philosophes des dieux anthropomorphes, c'est que ceux-ci sont des hommes un peu meilleurs, un peu plus forts que les mortels; ils n'ont pas d'autres facultés que celles de l'homme, mais à un degré plus élevé, tandis que la philosophie théiste conçoit Dieu comme un être incompréhensible, inconnaissable, qui est la cause non seulement de tout ce que nous voyons et connaissons, mais encore de tout ce que nous ignorons. Nous ne pouvons arriver à connaître tous les attributs de Dieu; notre connaissance de Dieu est limitée par notre connaissance du monde et par les conditions de notre propre pensée. Ce qui est anthropomorphe, ce n'est pas le Dieu que nous concevons, c'est, si l'on peut s'exprimer ainsi, l'ensemble des attributs de Dieu qu'il nous est donné de connaître par les lumières de la raison et de l'analogie.

Le même nom d'ant. s'applique à la tendance de l'homme à s'imaginer sur les autres mondes que des êtres identiques à lui.

ANTHROPOMORPHISTE. s. 2 g. Celui ou celle qui attribue la forme humaine aux êtres non terrestres.

ANTHROPOPATHIE. s. f. (gr. ἄνθρωπος; πάθος, passion). Doctrine qui prête à Dieu les passions humaines. Voy. ANTHROPOMORPHISME.

ANTHROPOPHAGE. adj. et s. 2 g. (gr. ἄνθρωπος; φαγεῖν, manger). Se dit des hommes qui mangent de la chair humaine.

ANTHROPOPHAGIE. s. f. Habitude de manger de la chair humaine. — Si l'on en croyait les écrivains grecs et romains, toutes les nations qu'ils appelaient barbares auraient été anthropophages; mais on ne saurait ajouter foi à cette accusation, quand on considère qu'elle atteint indistinctement tous les peuples étrangers à la civilisation grecque ou romaine et que les anciens d'ailleurs possédaient sur leurs fort peu de notions exactes. Quant aux relations des voyageurs modernes, qui rapportent que l'horrible coutume de l'ant. a régné ou règne encore chez diverses peuplades, il est malheureusement impossible de révoquer en doute leur véracité. Quoique le nombre des nations sauvages livrées à l'ant. diminue rapidement, il existe encore des anthropophages dans l'intérieur de l'Afrique, dans l'Amérique méridionale, dans l'Inde elle-même, et enfin dans plusieurs îles de la Malaisie et de la Polynésie. L'ant., chez la plupart des peuples livrés à cette affreuse coutume, est en général l'effet d'un système de vengeance; ils ne mangent que les ennemis faits prisonniers dans un combat. Chez quelques-uns, cependant, elle est le résultat d'une horrible superstition : ainsi, dans l'Amérique du Sud, les Capanaguas font rôtir leurs morts et les dévorent, sous le prétexte de les honorer. Ainsi encore, au cœur même de l'Inde, les Bhinderwas, tribu de Gônds, qui habitent dans les montagnes du Gaudwana, croient que c'est une action agréable à la déesse Kali, un acte de miséricorde envers leurs parents, que de les tuer et de les manger lorsqu'ils sont atteints d'une maladie grave et incurable, ou bien lorsque quelque individu de la famille, arrivé à un âge avancé, devient faible et infirme. Cet épouvantable festin, dit le lieutenant Prendegast, qui visita cette peuplade en 1820, est partagé par tous les parents et amis, qu'on a soin d'inviter dans ces occasions. — Mais un fait plus extraordinaire encore, c'est de voir l'ant. exercée légalement chez un peuple déjà fort avancé en civilisation. Les Battas, qui habitent dans l'île de Sumatra, ont un alphabet particulier et possèdent une littérature originale qu'on dit assez riche : le nombre des individus qui savent lire et écrire parmi eux est beaucoup plus considérable que celui des personnes qui l'ignorent. Leur code de lois remonte à une très haute antiquité, et c'est précisément par respect pour ces lois qu'ils sont anthropophages. Ce Code condamne à être mangés vivants : 1° ceux qui se rendent coupables d'adultère; 2° ceux qui commettent un vol au milieu de la nuit; 3° les prisonniers faits dans les guerres importantes; 4° ceux qui étant de la même tribu se marient ensemble; 5° ceux qui attaquent traîtreusement un village, une maison ou une personne. Quiconque a commis un de ces crimes est condamné par un tribunal compétent. Après les débats, la sentence est prononcée et on laisse ensuite passer deux ou trois jours pour donner au peuple le temps de s'assembler. En cas d'adultère, la sentence ne peut être exécutée qu'autant que les parents de la femme coupable se présentent pour assister au supplice. Au jour fixé, le prisonnier est amené, attaché à un poteau, les bras étendus; le mari ou la partie offensée s'avance et choisit le premier morceau, ordinairement les oreilles; les autres viennent ensuite suivant leur rang et coupent eux-mêmes les morceaux qui sont le plus à leur goût. Quand chacun a pris sa part, le chef de l'assemblée s'approche de la victime, lui coupe la tête et l'emporte chez lui comme un trophée. Le cœur, la paume des mains et la plante des pieds sont réputés les morceaux les plus friands. La chair du condamné est mangée tantôt crue, tantôt grillée, et jamais ailleurs que sur le lieu du supplice. Jamais on ne boit de liqueurs fermentées dans ces affreux repas. Le supplice doit être public; les hommes seuls y assistent, la chair humaine étant défendue aux femmes. Quelque monstrueuses que soient ces exécutions, il paraît certain qu'elles sont le résultat des délibérations les plus calmes, et rarement l'effet d'une vengeance immédiate et particulière, excepté pourtant quand il s'agit de prisonniers de guerre. Plusieurs tribus de l'Afrique centrale et de l'Océanie sont encore anthropophages. Il faut espérer que la civilisation ne tardera pas à faire disparaître de la surface de la terre une coutume si honteuse et si dégradante.

ANTHROPOPITHÈQUE. s. m. (gr. ἄνθρωπος; πίθηκος, singe). Nom donné à une race fossile tertiaire qui pourrait avoir été l'intermédiaire entre les Simiens et les hommes dans le progrès de l'évolution.

ANTHROPOTOMIE. s. f. (gr. ἄνθρωπος; τόμος, action de couper). Dissection du corps humain. Voy. ANATOMIE.

ANTHYLLIDE. s. f. (gr. ἀνθυλλίς, m. s.). T. Bot. Genre de plantes de la famille des *Légumineuses.* Voy. ce mot.

ANTI. La préposition grecque ἀντί, qui veut dire *contre,* est employée comme préfixe dans la formation d'un grand nombre de mots français pour marquer opposition, contrariété : tels sont les mots *Antipape, Antichrétien, Antiscorbutique.* || Dans plusieurs mots, comme *Antidate, Antichambre, Anticiper,* le préfixe *Anti* marque antériorité de temps ou de lieu : dans ce cas, il est dérivé de la prépos. latine *Ante,* qui signifie *Avant, Devant.*

ANTIAPHRODISIAQUE. adj. 2 g. et s. m. (gr. ἀντί; Ἀφροδίτη, Vénus). T. Méd. On applique ce nom à divers médicaments qui auraient la propriété d'abolir ou de diminuer les appétits vénériens. Tels sont l'*Agnus castus,* la *Belladone,* le *Camphre,* le *Nénuphar,* etc. Mais le seul ant. sérieux est l'éloignement des personnes de l'autre sexe. On dit plus souvent *anaphrodisiaque.*

ANTIAR. s. m. T. Bot. Produit fourni par le latex de l'*Antiaris toxicaria* et qui est un poison très actif. On dit aussi *Upas antiar.* Voy. URTICACÉES.

ANTIARINE. s. f. T. Chim. Principe toxique de l'*Antiar.* On la prépare sous forme de lamelles nacrées solubles dans l'eau, l'alcool et l'éther. Elle exerce sur le cœur une action paralysante semblable à celle de la digitaline.

ANTIARTHRITIQUE. adj. 2 g. et s. m. (gr. ἀντί; ἀρθρῖτις, goutte). T. Méd. Se dit des remèdes employés contre la goutte.

ANTIBES, anciennement Antipolis, ch.-l. de c. (Alpes-Maritimes); arr. de Grasse, 6,000 hab. Port de mer, place forte, patrie de Masséna. Nom des hab. : ANTIBOIS.

ANTIBRACHIAL, ALE adj. (lat. *ante,* devant; *brachium,* bras). T. Anat. Qui a rapport à l'avant-bras, *Région antibrachiale.*

ANTICABINET. s. m. T. Arch. Pièce qui précède un cabinet.

ANTICACHECTIQUE. adj. 2 g. et s. m. (gr. ἀντί; κακή, mauvaise; ἕξις, constitution). T. Méd. Qui est utile contre les cachexies. Peu us.

ANTICANGÉREUX, EUSE. adj. et s. m. (gr. ἀντί; lat. cancer). T. Méd. Se dit des remèdes qu'on suppose efficaces contre le cancer. Peu us.

ANTICAUSTIQUE. s. f. (gr. ἀντί, et *caustique*). **Phys. et Géom.** — On démontre que tous les rayons normaux à une surface sont encore normaux à une deuxième surface après s'être réfractés ou réfléchis sur une surface quelconque. C'est cette deuxième surface à laquelle sont normaux les rayons émergents qu'on nomme l'*Anticaustique.* Il y a évidemment pour un même système de rayons une infinité d'anticaustiques qui sont des surfaces parallèles. Voy. CAUSTIQUE, RÉFLEXION, RÉFRACTION.

ANTICHAMBRE. s. f. (lat. *ante,* avant; *camera,* chambre). Pièce d'attente à l'entrée d'un appartement. || *Faire ant.,* Attendre le moment d'être introduit. Se dit surtout en parlant des gens qui sollicitent. || *Propos d'ant.,* Propos de valets, propos qu'il faut mépriser.

ANTICHLORE. s. m. (gr. ἀντί, et *chlore*). T. Chim. La pâte à papier ainsi que les tissus, après les opérations du blanchiment, retiennent d'ordinaire du chlore et de l'acide hypochloreux libres, que les lavages à l'eau n'enlèvent qu'imparfaitement. Pour éliminer ces corps, dont l'influence serait très nuisible, on emploie différentes substances auxquelles on donne dans l'industrie le nom d'*antichlores.* Les sulfites et les hyposulfites alcalins, le sulfure de calcium, le nitrite de soude, le protochlorure d'étain, le gaz d'éclairage, l'ammoniaque, peuvent servir à cet usage. Le chlore se transforme en acide chlorhydrique, qu'on enlève facilement par lavage ou par saturation.

ANTICHRÈSE. s. f. (gr. ἀντί, en échange de; χρῆσις, jouissance). T. Droit. — L'*Ant.* est un contrat par lequel un débiteur remet à son créancier une chose immobilière pour sûreté de sa dette. C'est un contrat à titre onéreux et unilatéral, puisqu'il n'impose d'obligations qu'au créancier, relativement au payement des charges annuelles et à l'entretien de l'immeuble engagé. Elle ne peut se prouver que par écrit, même pour un immeuble qui n'aurait pas une valeur de 150 fr. Le créancier antichrésiste a la jouissance de l'immeuble qui lui a été donné en nantissement, à la charge d'en imputer annuellement les fruits sur les intérêts et subsidiairement sur le capital de sa créance. De plus, il a le droit de retenir l'immeuble jusqu'au payement intégral de la dette; à défaut de payement, il peut, s'il le juge à propos, poursuivre l'expropriation par les voies légales, sans pouvoir prétendre à une préférence sur le prix, à moins qu'il n'ait un privilège ou une hypothèque antérieure à celle des autres créanciers. De plus, s'il arrivait au créancier de stipuler dans le contrat qu'à défaut de payement il deviendrait propriétaire de l'immeuble remis en nantissement, cette clause serait nulle de plein droit. L'ant. ne porte aucune atteinte aux hypothèques ou autres droits réels acquis par des tiers sur l'immeuble. Le gage a beaucoup de rapports avec l'ant. Comme le gage, l'ant. est un nantissement donné par un débiteur à son créancier; comme lui encore, elle est indivisible. Cependant *gage* ne s'entend aujourd'hui que des meubles, tandis que les immeubles seuls peuvent donner lieu à l'ant.

ANTICHRÉSISTE. s. m. T. Droit. Celui qui a reçu un droit d'antichrèse.

ANTICHRÉTIEN, ENNE. adj. (gr. ἀντί; χριστιανός, chrétien). Opposé à la doctrine chrétienne. *Principes antichrétiens.*

ANTICHRISTIANISME. s. m. Caractère de ce qui est antichrétien.

ANTICHTONE. s. f. (gr. ἀντί, à l'opposite; χθών, terre). Terre imaginaire qui selon les Pythagoriciens tournait autour du soleil en opposition avec la nôtre et ne pouvait jamais être vue.

ANTICIPANT. T. Méd. Se dit des phénomènes morbides périodiques, qui vont en se reproduisant à des intervalles de plus en plus rapprochés.

ANTICIPATION. s. f. Action d'anticiper. *Faire un paiement par ant. Il dépense son revenu par ant.,* Avant qu'il soit échu. || En T. Fin., on appelle *Ant.* toute dépense faite avant que les Chambres aient accordé le crédit ou les fonds nécessaires. || T. Comm., Avance de fonds sur consignation de marchandises. *Tirer, accepter une lettre de change par ant.* || Usurpation, empiètement. *C'est une ant. sur mes droits, sur ma terre.* || T. Rhét. Figure par laquelle l'orateur réfute d'avance les objections qui pourront lui être faites. || T. Droit anc. *Lettres d'ant.*, Lettres qu'on prenait en chancellerie, et qui portaient permission à l'impétrant de faire assigner l'appelant à bref délai pour voir procéder sur l'appel et obtenir jugement avant le terme fixé par la loi. || T. Mus. Manifestation prématurée, sur l'accord qui précède, d'une ou plusieurs notes de l'accord qui va suivre. Voy. HARMONIE.

ANTICIPER. v. a. (lat. *ante*, avant; *capere*, prendre). En parlant du temps, Prévenir, devancer. *Il a anticipé l'époque de son retour.* — Se dit par ellipse des choses dont on a devancé le temps. *Le terme n'est pas échu, il a préféré ant. le paiement.* || T. Droit anc. *Ant. un appel*, C'était assigner l'appelant à bref délai, demander jugement avant le terme fixé par la loi. = ANTICIPER. v. n. Usurper, empiéter. *Ant. sur son voisin, sur sa terre.* — *Ant. sur ses revenus,* Les dépenser par avance. — *Ant. sur les temps, sur les faits,* Faire un anachronisme proprement dit. — *Ant. sur ce qu'on doit dire, sur ce qui doit suivre,* En dire d'avance quelques mots. = ANTICIPÉ, ÉE. part. || Se prend adject. et sign. Prématuré. *Une joie, une espérance anticipée. Des chagrins anticipés.*

ANTICLINAL, ALE. adj. (gr. ἀντί, contre; κλίνω, je penche) T. Géol. Lorsqu'une rangée de collines ou une vallée se compose de strates qui plongent dans des directions opposées, la ligne imaginaire à partir de laquelle ces strates vont

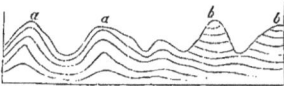

en divergeant, a reçu des géologues le nom de ligne anticlinale; c'est cette ligne qui détermine le partage des eaux. Dans la figure ci-contre, *aa* représentent les lignes anticlinales; et *bb* les lignes *synclinales*.

ANTICONSTITUTIONNEL, ELLE. adj. Qui est contraire à la constitution.

ANTICOSTI, île de l'océan Atlantique, à l'embouchure du Saint-Laurent.

ANTICRÉPUSCULE. s. m. T. Météor. Clarté qui se manifeste à l'opposite du crépuscule réel.

ANTICYCLONE. s. m. T. Météor. Région où la pression atmosphérique est maximum; cette région se déplace généralement et constitue un centre mobile de hautes pressions, tandis qu'un *cyclone* est un centre mobile de basses pressions. Voy. CYCLONE.

ANTICYRE, ville de l'ancienne Phocide, pays de l'ellébore.

ANTIDACTYLE. s. m. Le contraire du *dactyle*. Pied de vers latin. Syn. d'ANAPESTE. Voy. ce mot.

ANTIDARTREUX, EUSE. adj. s. m. (gr. ἀντί; δάρσις, excoriation). T. Méd. Qui est utile pour combattre les dartres. Peu us.

ANTIDATE. s. f. (lat. *ante*, avant; *datum*, donné). Date mise faussement à une lettre, à un acte, en indiquant un jour antérieur à celui auquel l'acte a été réellement passé, on auquel la lettre a été écrite. *On a prouvé l'ant. de cet acte.*

ANTIDATER. v. a. Mettre une antidate. *Ant. une lettre, un contrat.* = ANTIDATÉ, ÉE. part.

ANTIDÉMONIAQUE. s. m. Celui qui nie l'existence des démons.

ANTIDÉPERDITEUR, TRICE. adj. T. Méd. Qui s'oppose à la déperdition, à la désassimilation. Aliments d'épargne : la coca, le thé, le café.

ANTIDESME. s. m. (gr. ἀντί, en guise de; δέσμα, lien).

T. Bot. Genre de plantes de la famille des *Euphorbiacées.*

ANTIDOTE. s. m. (gr. ἀντί, contre; δοτόν, qu'on peut donner). Médicament auquel on attribue la propriété de prévenir ou de combattre les effets d'un poison, d'un venin, d'un virus, etc. — Substance capable de neutraliser chimiquement un agent toxique || Fig., *Le travail est le meilleur ant. contre l'ennui.*

ANTIDRAMATIQUE. adj. 2 g. Qui est contraire à l'effet qu'on cherche à produire au théâtre.

ANTIDYSENTÉRIQUE. adj. 2 g. et s. m. (gr. ἀντί; δυσεντερία, dysenterie). T. Méd. Se dit des remèdes employés contre la dysenterie.

ANTIÉMÉTIQUE. adj. 2 g. et s. m. (gr. ἀντί; ἐμεσία, vomissement). Qui arrête le vomissement. *Potion ant. de Rivière.* Voy. VOMISSEMENT.

ANTIENNE. s. f. (lat. *antiphona*, du gr. ἀντιφωνεῖν, parler tour à tour). T. Lit. Verset que le chantre dit, en tout ou en partie, avant un psaume ou un cantique biblique, et qui se répète après tout entier. *Entonner une ant.* || Fig. et fam. *Chanter toujours la même ant.,* Répéter toujours la même chose. — *Annoncer une triste, une fâcheuse ant.,* Annoncer une triste, une fâcheuse nouvelle.

ANTIÉPILEPTIQUE. adj. 2 g. et s. m. (gr. ἀντί, contre; ἐπιληψία, épilepsie). T. Méd. Qui est propre à combattre l'épilepsie.

ANTIFÉBRILE. adj. 2 g. (gr. ἀντί; lat. *febris*, fièvre). T. Méd. Peu us. Même signif. que FÉBRIFUGE.

ANTIFÉBRINE. s. f. T. Chim. et Thérap. Substance dérivée de l'aniline, qui est aussi nommée *phénylacétamide* ou *acétanilidine*, et qui a pour formule :

$$C^{8}H^{9}AzHC^{2}H^{3}O;$$

on l'obtient en chauffant l'aniline avec l'acide acétique. C'est un médicament qui abaisse énergiquement la température dans le cas de fièvre; malheureusement l'accoutumance est assez rapide, et il devient bientôt sans effet.

ANTIFER (CAP D'), cap sur la Manche (côtes de France).

ANTIFERMENTESCIBLE adj. 2 g. Qui s'oppose à la fermentation.

ANTIFLUCTUATEUR. s. m. T. Techn. On désigne ainsi des appareils spéciaux destinés à éviter les variations brusques de pression dans le tuyau d'alimentation d'un moteur à gaz.

ANTIFRICTION. s. f. T. Méc. Se dit de tout système propre à diminuer le frottement des pièces d'une machine. || Nom donné à un alliage qu'on avait employé à la fabrication des paliers et coussinets, des axes et des essieux des locomotives, dans l'espoir de diminuer le frottement, mais qui produisit l'effet contraire.

ANTIGNA, peintre français (1817-1878).

ANTIGONE. Fille d'Œdipe, célèbre par sa piété filiale. Myth.

ANTIGONE, lieutenant d'Alexandre le Grand, vaincu et tué à Ipsus (301 av. J.-C.).

ANTIGONE, roi des Juifs (35 av. J.-C.).

ANTIGONE, nom de deux rois de Macédoine (IIIe siècle av. J.-C.).

ANTIGORIUM. s. m. T. Techn. Email grossier dont on recouvre la faïence commune.

ANTIGOUTTEUX, EUSE. adj. même signif. que ANTIARTHRITIQUE.

ANTIHÉMORRAGIQUE. adj. 2 g. et **ANTIHÉMORROÏDAL, ALE.** adj. (gr. ἀντί; αἷμα, sang; ῥέω, je coule). T. Méd. Se dit des remèdes propres à arrêter, à combattre les hémorroïdes.

ANTIHERPÉTIQUE. adj. 2 g. et s. m. (gr. ἀντί; ἕρπης, dartre). T. Méd. Même signif. qu'ANTIDARTREUX.

ANTIHYDROPHOBIQUE adj. 2 g. et s. m. (gr. ἀντί; ὕδωρ, eau; φόβος, horreur). T. Méd. Se dit des remèdes qu'on suppose propres à guérir la rage. Peu us.

ANTIHYDROPIQUE. adj. 2 g. et s. m. (gr. ἀντί; ὕδωρ). T. Méd. Qui est employé contre l'hydropisie.

ANTIHYPNOTIQUE. adj. 2 g. et s. m. (gr. ἀντί; ὕπνος, sommeil). T. Méd. Qui est propre à combattre le narcotisme. Peu us.

ANTIHYSTÉRIQUE. adj. 2 g. et s. m. (gr. ἀντί; ὑστερικὸς hystérique). T. Méd. Se dit des remèdes usités contre l'hystérie.

ANTILAITEUX, EUSE. adj. 2 g. Dans l'anc. Méd., on appelait ainsi les remèdes qu'on croyait propres à faire passer le lait, et à guérir les maladies dont on le supposait la cause. || S'emploie aussi subst. V. LAIT.

ANTILAMBDA. s. m. T. de Paléographie. Signe formé d'un *lambda* couché, < servant à indiquer les citations comme nos guillemets.

ANTILIBAN, chaîne de montagnes parallèle au Liban (Asie).

ANTILLES, archipel entre l'Amérique du Nord et l'Amérique du Sud, dans l'océan Atlantique (voy. la carte d'Amérique). Pop. 3,600,000 d'hab. On divise les Antilles en *grandes Antilles* (Cuba, Jamaïque, Haïti, Porto-Rico), et *petites Antilles* (Martinique, Guadeloupe, etc.). || *Mer des Antilles,* partie de l'océan Atlantique entre les Antilles et l'Amérique centrale.

Au point de vue politique, elles appartiennent toutes à des puissances européennes, sauf Haïti qui se partage en deux républiques indépendantes, celle d'Haïti à l'ouest, et la République Dominicaine à l'est. Les Antilles espagnoles, Cuba et Porto-Rico, couvrent 77,000 kilom. q. et ont 900,000 hab. On compte 34,000 kilom. q. et 1,125,000 hab. pour les Antilles anglaises (Jamaïque, la Trinité, Sainte-Lucie, Antigone, la Barbade, etc.); — 3,000 kilom. q. et 325,000 hab. pour les Antilles françaises (Martinique, la Guadeloupe, Marie-Galante, etc.); et enfin, 400 kilom. q. et 80,000 hab. pour les Antilles hollandaises et danoises (Saint-Martin, Saint-Eustache, Saint-Jean et Saint-Thomas).

ANTILOGARITHME. s. m. T. Math. Nombre qui correspond à un logarithme donné. — *Table d'antilogarithmes,* Table numérique où les logarithmes sont rangés en progression arithmétique, et qui donne en regard les nombres correspondants. V. LOGARITHME.

ANTILOGIE. s. m. (gr. ἀντί, contre; λόγος, discours). Contradiction qui existe entre quelques idées d'un même discours, entre les divers passages d'un livre.

ANTILOGUE. T. Phys. Se dit du pôle qui, dans un corps pyro-électrique, devient négatif quand la température s'élève, et positif quand elle s'abaisse.

ANTILOÏMIQUE, adj. 2 g. et s. m. (gr. ἀντί; λοίμος, peste). T. Méd. Qui est employé comme moyen préservatif ou curatif de la peste.

ANTILOPE. s. f. T. Mamm. — Les *Antilopes* sont des *Ruminants à cornes creuses*. La plupart des espèces de cette section ressemblent aux cerfs par la légèreté de leur taille, l'élégance de leurs formes, la vitesse de leur course et la présence de *larmiers,* c.-à-d. de fossettes creusées au-dessous de l'angle interne de l'œil. D'autre part, les antilopes s'en distinguent par la nature de leurs cornes creuses, à noyau osseux solide et sans pores ni sinus. Ces cornes persistent pendant toute la durée de la vie de l'animal. Dans un grand nombre d'espèces, elles sont le privilège exclusif des mâles. La taille de ces animaux varie depuis celle d'un agneau qui vient de naître jusqu'à celle d'un cheval de moyenne taille. Les subdivisions établies dans le genre *Ant.* sont toutes basées sur la forme des cornes.

La première et la plus nombreuse se compose des espèces

qui ont les cornes annelées. La *Gazelle* (Fig. 1) est de la taille du chevreuil. Ses cornes sont rondes, grosses et noires, son pelage, fauve clair dessus et blanc dessous, présente une bande brune le long de chaque flanc. La douceur du regard,

Fig. 1.

la souplesse et la délicatesse des formes de cet animal ont été mille fois célébrées par les poètes orientaux. Les gazelles habitent principalement le nord de l'Afrique. Elles y vivent en troupes innombrables, et sont poursuivies par les lions et les panthères. Les *Saïgas* habitent les vastes steppes du midi de la Pologne et de la Russie. On en rencontre quelquefois

Fig. 2.

voyageant par troupes d'environ 10,000 individus, dont une partie veille sans cesse à la sûreté des autres. Les formes du saïga sont beaucoup moins élégantes et plus trapues que celles de la gazelle. Ses cornes sont d'une couleur jaune clair et leur transparence rivalise presque avec celle de l'écaille. Dans les espèces que nous venons de citer, les cornes présentent une double courbure, et leur pointe est dirigée en avant, ou en dedans, ou en haut.

Chez le *Bubale,* les cornes sont aussi à double courbure, mais la pointe est dirigée en arrière. Le *Bubale* habite la Barbarie. — L'*Ant. des Indes* (Fig. 2), l'*Ant. de Nubie,* etc., se caractérisent par leurs cornes à triple courbure.

Certaines antilopes ont des cornes annelées droites ou peu courbées et plus longues que la tête : telle est l'*Ant. à longues cornes* ou *Chamois du Cap,* décrite par Buffon sous le nom de *Pasan* (Fig. 3). Elle habite le nord du Cap et dans l'intérieur de l'Afrique. La longueur de ses sabots lui donne une extrême facilité à grimper sur les rochers ; aussi se plait-elle de préférence dans les contrées montagneuses. Nous citerons

Fig. 3.

encore ici l'*Algazel*, dont les cornes, recourbées en arc de cercle, descendent jusqu'aux flancs et gênent beaucoup l'animal dans

Fig. 4.

ses mouvements. Elle habite la zone centrale de l'Afrique depuis la Nubie jusqu'au Sénégal. Cette espèce est très fréquem-

Fig. 5.

ment représentée sur les antiques monuments de la haute Égypte, et Cuvier pense que cet anim. est le véritable *Oryx* des anciens.

Les antilopes dont les cornes présentent une arête spirale constituent un groupe fort distinct. Cette disposition particulière s'observe dans le *Coudous*, nommé mal à propos *Condoma* par Buffon. Son pelage est d'un gris brun, marqué de taches blanches sur les flancs. Il a une petite barbe sous le menton et une crinière le long de l'épine dorsale. Le mâle seul possède des cornes. Leur substance est d'un jaune pâle et demi-transparente. Le *Canna* ou *Élan du Cap* est de la taille des plus forts chevaux. Son pelage est grisâtre ; une petite crinière règne le long de l'épine, sa queue se termine

Fig. 6.

par un flocon, et il porte au-dessous du cou un fanon à poils très longs, semblable à celui des bœufs. Ces deux espèces vivent au nord du Cap ; elles ne sont nullement farouches, et il serait peut-être possible à l'homme de tirer parti de la force que possèdent ces animaux. Le *Gnib* (Fig. 4) a des cornes droites avec une arête spirale double.

L'*Ant. furcifère* ou *Cabril* des Canadiens (Fig. 5) habite

Fig. 7.

en grandes troupes les bords du Missouri et le nord du Mexique. Elle est de la grandeur du chevreuil. Le caractère distinctif de cette espèce est la forme de ses cornes : en effet, vers le milieu de leur hauteur se détache un crochet comprimé qui rappelle un andouiller de cerf.

Le *Tchicarra* ou *Ant. quadricorne* (Fig. 6) porte deux paires de cornes. L'antérieure naît entre les yeux, et la postérieure, plus longue et plus aiguë, est tout à fait à l'arrière du frontal. La femelle est dépourvue de cornes. Cette espèce est de la grandeur du chevreuil ; elle habite l'Inde et paraît avoir été connue des anciens. Élien la cite sous le nom d'*Oryx à quatre cornes*.

La dernière subdivision des antilopes comprend les espèces à deux cornes lisses : ce sont le *Nilgau*, le *Chamois* et le *Gnou*. Le *Chamois* devant faire l'objet d'un article à part, nous ne parlerons ici que des deux autres. Plusieurs voyageurs ont donné au *Nilgau* le nom de *Taureau-Cerf*. Ses cornes sont courtes et recourbées en avant ; il a une barbe sous le milieu du cou ; son poil est grisâtre, et on remarque aux quatre pieds, immédiatement au-dessus des sabots, de doubles anneaux noirs et blancs. Cet animal est de la taille du cerf ; mais ses jambes de derrière étant plus courtes que celles de devant, sa démarche est lourde et peu gracieuse. La femelle est dépourvue de cornes. Le nilgau est originaire de l'Inde. Le Gnou (Fig. 7) a le mufle large et aplati comme celui du bœuf ; une crinière noire existe sous son cou et sous son fanon. Ses cornes, rapprochées et élargies à leur base comme celles du buffle du Cap, descendent en dehors et remontent par leur pointe. Il ressemble au cerf par la finesse de ses jambes, et au cheval par la forme de son corps et de sa croupe, ainsi que par la présence d'une belle crinière redressée, blanche à sa base et noire au bout des poils. Sa queue est encore ornée de longs poils blancs comme celle du cheval. Sa couleur générale est le fauve gris. Les deux sexes sont armés de cornes. Cet animal assez rare habite les montagnes au nord du Cap.

On a rencontré en Afrique (le major Serpa Pinto) une nouvelle forme d'antilope dans le bassin du Zambèse, ant. aquatique qui nage admirablement.

ANTIMOINE. s. m.

Étym. — Étymologie très controversée. Selon Larousse, gr. ἀντί, contre ; μόνος, seul, parce qu'on a cru longtemps que ce corps n'existait jamais pur. Selon Littré, ar. *athmoud* ou *ithmide*, poudre pour collyre, qui aurait donné le latin barbare *antimonium*. D'après Toubin, gr. ἀντί, et lat. *manare*, couler. « L'antimoine, dit Pline, est astringent ; il arrête aussi le sang qui coule du cerveau. » Dans tous les cas, l'opinion vulgaire qui attribue l'origine de ce mot à ce que l'action énergique de cette substance aurait été funeste à des moines qui en étudiaient les propriétés, ne repose que sur une fable puérile imaginée après coup.

Chim. — L'*Ant.* est un corps simple qui appartient à la classe des métaux. Il est solide, cristallisé en larges lames, et d'un blanc grisâtre lorsqu'il est impur ; quand il est pur, sa structure est fine et grenue, sa couleur blanc bleuâtre, et il possède un éclat métallique très vif. Il est cassant, fragile, et se laisse très facilement pulvériser. Sa densité varie entre 6,71 et 6,86. Il entre en fusion à 450° environ, et se volatilise à la chaleur blanche. Lorsqu'on le fond à l'abri du contact de l'air, et qu'on le laisse refroidir lentement, les cristaux de sa surface présentent l'aspect de feuilles de fougère. À la température ordinaire, l'air sec n'exerce presque pas d'action sur lui ; l'air humide le ternit. Quand on le chauffe fortement au contact de l'air, il se combine avec l'oxygène de l'atmosphère, et brûle en répandant des vapeurs blanches formées d'oxyde d'ant., qui se condensent en poudre blanche connue sous le nom de *fleurs argentines d'ant.* L'ant. ne décompose l'eau qu'à la chaleur rouge. Il a beaucoup d'affinité pour le chlore : ainsi, quand on le projette en poudre dans ce gaz, il s'y enflamme à la température ordinaire, et se convertit en protochlorure et en perchlorure d'ant. Le soufre, le phosphore et l'arsenic peuvent également se combiner avec lui. En outre, il s'allie avec une extrême facilité à divers métaux, et forme avec eux des alliages fusibles, durs et cassants, fort usités dans certaines industries. En général, les acides oxydent l'ant. sans le dissoudre ; l'eau régale est le seul acide qui le dissolve aisément, et en même temps elle le transforme en acide antimonique. — Le symbole de l'ant. est Sb = 120 (*Stibium*, nom lat. du sulfure d'antimoine).

L'ant. peut se combiner avec l'oxygène en trois proportions différentes : ces composés constituent l'anhydride antimonieux, le peroxyde d'ant. et l'anhydride antimonique. — L'*anhydride antimonieux* Sb^2O^3 est une poudre blanche, peu soluble dans l'eau, et se réduisant facilement par le charbon. Lorsqu'on porte sa température à 400° environ, et qu'on y met le feu, il brûle comme de l'amadou et se transforme en peroxyde d'ant. On l'obtient en décomposant le chlorure d'ant. par une dissolution bouillante de carbonate de potasse. Il forme avec les acides des sels peu stables dans lesquels il joue le rôle de base, et avec les alcalis d'autres sels (*antimonites*) dans lesquels il joue le rôle d'acide.

Le *peroxyde d'ant.* Sb^2O^4 est une poudre blanche, qui devient jaune quand on la chauffe, qui est insoluble dans l'eau, et qui est infusible et fixe. À l'état d'hydrate, il rougit le papier de tournesol. L'acide chlorhydrique est le seul acide qui le dissolve. Il s'unit très bien aux bases, avec lesquelles il forme des sels appelés *hypoantimoniates*. On le prépare en traitant l'ant. pulvérisé par l'acide nitrique, et en évaporant jusqu'à siccité. Pour l'obtenir à l'état d'hydrate, forme sous laquelle il convient le mieux aux usages médicinaux, on décompose l'hypoantimoniate de potasse par un excès d'acide chlorhydrique.

L'*anhydride antimonique* Sb^2O^5 — À l'état anhydre, il est sous forme de poudre blanche jaunâtre, insoluble dans l'eau, soluble dans une dissolution d'hydrate de potasse bouillante. Lorsqu'on le chauffe, il se décompose en peroxyde et en oxygène. On l'obtient en faisant dissoudre l'ant. dans l'eau régale, en évaporant à siccité et en traitant le résidu par l'acide nitrique. L'acide antimonique hydraté SbO^3H est également en poudre blanche. On le prépare en décomposant l'antimoniate de potasse par l'acide nitrique. L'acide antimonique est soluble comme le précédent dans l'acide chlorhydrique, et s'unit aux bases avec lesquelles il forme des sels connus sous le nom d'*antimoniates*. — L'acide métantimonique est un autre hydrate qui répond à la formule $Sb^2O^7H^4$.

Ant. diaphorétique. — Ce corps, improprement appelé *oxyde blanc d'ant.*, est un antimoniate acide de potasse 2 SbO^5K, Sb^2O^5. Pour l'obtenir, on jette dans un creuset, préalablement porté au rouge, un mélange composé de 1 p. d'ant. pur et de 2 p. de nitrate de potasse, en chauffant pendant une demi-heure. Le produit qui en résulte s'appelait autrefois *ant. diaphorétique non lavé.* En traitant ce produit par une certaine quantité d'eau, une partie se dissout, et le reste, qui est insoluble, constitue l'*ant. diaphorétique lavé.* Lorsqu'on verse un acide dans la solution aqueuse précédente, il s'en précipite une poudre blanche qui est le *magistère d'ant.*, appelé encore *céruse d'ant.* et *matière perlée de Kerkringius.*

Sulfures d'ant. — Le principal est celui qui correspond à l'acide antimonieux ; c'est la *stibine* des minéralogistes Sb^2S^3. Il se cristallise en longues aiguilles ; sa couleur est grise. En masse, il présente l'éclat métallique ; en poudre, il est presque noir. Sa densité varie entre 4,3 et 4,6. Il fond facilement ; chauffé au contact de l'air, il se décompose en acide sulfureux et en oxyde d'ant. Le sulfure d'ant. hydraté est un précipité orangé. Lorsqu'on le dissout dans l'acide chlorhydrique, il laisse dégager de l'acide sulfhydrique pur. Pour les usages thérapeutiques, on prépare ce sulfure en chauffant du soufre avec de l'ant. ou avec de l'oxyde d'ant. — Le sulfure sert à préparer plusieurs composés particuliers qui sont formés d'oxyde et de sulfure d'ant., et qui sont connus sous les noms de *Foie d'ant.*, *Verre d'ant.*, *Kermès minéral* et *Soufre doré d'ant.* — Le *Foie d'ant.*, appelé encore *Crocus metallorum*, c.-à-d. *Safran des métaux*, contient environ 3 p. d'oxyde pour 1 de sulfure. C'est une substance d'un brun noir, à éclat presque métallique, à cassure vitreuse et donnant une poudre d'un brun foncé. On l'obtient en grillant le sulfure d'ant. jusqu'à ce qu'il soit réduit en poudre grise, et en le fondant. — Lorsqu'on pousse le grillage plus avant, qu'ensuite on fond la masse et qu'on la coule, on obtient des plaques vitreuses demi-transparentes, d'un rouge hyacinthe foncé, qui constituent le *verre d'ant.* Il renferme beaucoup d'oxyde et un peu d'oxysulfure ; en outre, il contient toujours de la silice et de l'oxyde de fer qu'il a enlevés au creuset pendant la fusion. — Le *Kermès minéral* (*oxysulfure d'ant. hydraté ; sulfure d'ant. hydraté ; hydrosulfate d'ant. ; poudre des Chartreux*, etc.) a été découvert par Glauber. Un chartreux ayant guéri par ce moyen un moine de son couvent, cette cure fit du bruit, et le gouvernement français acheta, en 1720, la recette du kermès au chirurgien La Ligerie, à qui elle avait été communiquée. Le procédé généralement usité par les pharmaciens pour obtenir le kermès est connu sous le nom de procédé de Clusel. Il consiste à faire bouillir dans 256 p. d'eau de rivière, 1 p. de sulfure d'ant. et 22 p. de carbonate de soude cristallisé. Le kermès obtenu est velouté, d'un rouge pourpre foncé, et dans un état de division extrême. Dans le procédé ancien, on chauffe ensemble 4 p. de sulfure d'ant. réduit en poudre très fine, 8 p. d'eau et 1 p. de carbonate de potasse. Après quelque temps d'ébullition, on filtre la liqueur bouillante et on la reçoit dans un vase chauffé d'avance avec de l'eau également bouillante. On obtient ainsi une liqueur limpide, à peine colorée, abandonnant par le refroidissement une matière floconneuse d'un rouge brun, qui est le kermès. Après le refroidissement complet, on recueille cette matière sur un filtre convenable par une nouvelle filtration, on la lave avec de l'eau froide, et on la dessèche à l'ombre. — Le *Soufre doré* (*hydrosulfate sulfuré d'ant. ; polysulfure d'ant. hydraté*) forme une poudre jaune orangé, inodore et insipide, qui s'obtient en précipitant les eaux-mères du kermès par un acide.

Chlorures d'ant. — Le chlore forme avec l'ant. deux combinaisons qui correspondent par leur composition aux oxydes de ce métal. Le protochlorure, appelé aussi *Beurre d'ant.* $SbCl^3$, est le seul employé en médecine. Il est solide, blanc, et présente un aspect gras demi-transparent ; sa saveur est acide et très caustique. Il est déliquescent à l'air et très soluble dans l'eau. Lorsqu'on le traite par 40 fois son poids de ce liquide, il se forme un précipité blanc, connu sous le nom de *Poudre d'Algaroth*, qui est un oxychlorure d'ant. Exposé à la chaleur, le beurre d'ant. se vaporise et distille complétement sans s'altérer. Le chlorure d'ant. se prépare aujourd'hui en traitant le sulfure d'ant. par l'acide chlorhydrique. Il se forme de l'acide sulfhydrique et du chlorure d'ant. qui reste dissous : on concentre la liqueur et on la distille pour obtenir le protochlorure.

Tartre stibié. — Parmi les sels dans la composition desquels entre l'ant., soit comme acide, soit comme base, le seul qui mérite de nous occuper est le tartre stibié, appelé encore *tartrate antimonié de potasse*, mais plus connu sous le nom d'*Émétique*. La découverte de ce précieux agent thérapeutique remonte à 1631 : elle est due au docteur Adrien Mynsicht. L'émétique est un sel double composé de tartrate neutre de potasse et de tartrate basique d'ant., dans lequel l'oxygène de l'oxyde d'ant. est triple de celui de la potasse, comme si les bases étaient unies à une même quantité d'acide tartrique. Il contient en outre deux proportions d'eau. Le tartrate d'ant. et de potasse est blanc. Il cristallise en prismes rectangulaires, transparents, qui deviennent opaques à l'air. Sa saveur est légèrement sucrée, et laisse un arrière-goût styptique et nauséabond. Lorsqu'on en met une petite quantité sur un charbon allumé, il dégage une odeur de caramel ; et quand on le chauffe à la flamme du chalumeau, on obtient un petit culot métallique blanc et cassant. Sa réaction est acide ; il est soluble dans 15 p. d'eau froide ou dans 2 p. d'eau bouillante. Les acides nitrique, sulfurique et chlorhydrique troublent sa dissolution. Le fer, le zinc, l'étain, le cuivre, en précipitent l'ant. sous la forme d'une poudre grise, qui s'enflamme spontanément à l'air une fois qu'elle a été desséchée au feu. Le tanin et les plantes astringentes qui en renferment, le quinquina par ex., y produisent un précipité blanc d'oxyde d'ant. insoluble. C'est sur cette propriété qu'est fondé l'emploi des solutions astringentes dans les cas d'empoisonnement par l'émétique. Le tartre stibié se prépare de plusieurs manières ; mais le meilleur procédé consiste à broyer ensemble 3 p. d'oxyde d'ant. par 4 p. de crème de tartre, en y ajoutant assez d'eau pour former une bouillie liquide. On évapore ensuite le mélange à 60° ; enfin on le redissout dans 15 p. d'eau froide, on le fait bouillir pendant une demi-heure et on filtre la liqueur encore bouillante pour la faire cristalliser.

Le gaz *hydrogène antimonié* (hydrure d'ant.) Sb H³ ne saurait être passé sous silence. C'est un gaz incolore et inodore qui a été découvert par Pfaff à l'occasion de travaux entrepris pour rechercher l'arsenic au moyen de l'appareil de Marsh. Comme son étude est surtout importante pour la solution des questions médico-légales concernant l'empoisonnement par l'arsenic, c'est au mot ARSENIC que nous parlerons de ce produit gazeux.

Les *usages industriels* de l'ant. sont peu étendus : on l'emploie principalement pour faire l'alliage des caractères d'imprimerie, des planches à graver la musique, des timbres et miroirs métalliques. Il entre aussi dans les alliages de peu de valeur que l'on coule sous forme de couverts, et dans ceux que les faussaires emploient pour fabriquer la fausse monnaie. (Voy. PLOMB et ÉTAIN.) Le protochlorure d'ant. sert encore à bronzer des métaux. Enfin les femmes en Orient font usage de la poudre du sulfure d'ant., appelée *Kohl* en arabe, pour se teindre leur degré de sourcils en noir. Cette coutume, du reste, existait aussi chez les Grecs et chez les Romains ; de là le nom de *Platyophthalmon* (grand œil) qu'il portait anciennement.

Usages thérapeutiques. — Toutes les préparations antimoniales exercent sur l'économie animale une action analogue ; seulement leur énergie paraît être généralement en rapport avec leur degré de solubilité. Appliquées topiquement sur la peau ou sur les muqueuses, elles y déterminent une inflammation plus ou moins vive. Ingérées dans l'estomac à dose convenable, dose qui varie selon le choix du médicament, elles provoquent le vomissement, et souvent même produisent un effet purgatif. Administrées à haute dose et avec certaines précautions, elles sont absorbées, au lieu d'agir comme vomitifs ou purgatifs, elles exercent sur la circulation et la respiration une action sédative des plus remarquables. Enfin, dans certains cas, employés à petites doses de façon à ce qu'ils soient absorbés, les antimoniaux augmentent l'activité de la plupart des sécrétions, effet qui paraît se rattacher à la modification de la circulation générale. — L'ant. métallique possède les mêmes propriétés sédatives, émétiques et irritantes que les autres antimoniaux. On en faisait autrefois de petites balles que l'on avalait et que l'on rendait par les selles à peu près telles qu'on les avait prises. Elles pouvaient ainsi servir un grand nombre

de fois ; aussi les appelait-on *pilules perpétuelles*. L'ant. servait encore à fabriquer des gobelets, dans lesquels on laissait séjourner du vin blanc qui acquérait ainsi une propriété purgative. En le mêlant avec 2 p. d'axonge, Trousseau a obtenu une pommade antimoniale qui agit comme la pommade d'Autenrieth. — L'oxyde d'ant., l'acide antimonieux et l'acide antimonique sont, d'après Trousseau, celles de toutes les préparations antimoniales qui agissent avec le plus d'avantage comme antiphlogistiques ou contro-stimulantes. Cependant ces oxydes sont rarement employés purs ; on leur substitue habituellement, sous le nom d'*oxyde blanc d'ant.*, l'ant. diaphorétique lavé, qui est un médicament des plus infidèles à cause de l'inconstance extrême de sa composition. — Le sulfure d'ant., le soufre doré et surtout le kermès s'emploient fréquemment comme contre-stimulants, en poudre, en pilules, en tablettes ou en potions. Ils sont aussi très usités comme expectorants, dans les catarrhes aigus et chroniques, dans les coqueluches, et à la fin des pneumonies. Le sulfure d'ant. entre dans la préparation de la *tisane de Feltz*, et le soufre doré dans la composition des *pilules dépuratives de Plummer*. Le verre d'ant. servait autrefois à la préparation d'un vin émétique. Quant au foie d'ant. il n'est plus employé qu'en médecine vétérinaire ; on l'administre aux chevaux comme vermifuge et purgatif. — Le chlorure d'ant. est un caustique qui agit avec énergie et promptitude. On s'en sert pour cautériser les morsures des animaux enragés et des serpents venimeux. C'est uniquement sous forme liquide qu'on l'emploie. — La poudre d'algaroth n'est plus usitée aujourd'hui en médecine. — Le tartre stibié est l'un des plus précieux agents de la thérapeutique. Comme topique, on l'emploie sous forme de pommade (*pommade d'Autenrieth*), ou en poudre sur un emplâtre de poix de Bourgogne, pour exercer une action dérivative vers la peau. Il détermine sur celle membrane une éruption de pustules qui ont beaucoup d'analogie avec celles de la variole et du vaccin. L'émétique est de tous les antimoniaux celui qui possède les propriétés vomitives au plus haut degré. On s'en sert aussi comme purgatif, et il est la base d'une foule de préparations, entre autres de *l'eau bénite*, l'un des purgatifs dont se compose le traitement de la colique des peintres dit de la Charité, et du vin antimonié (*vin émétique*) employé comme diaphorétique.

L'ant. était connu des anciens, sinon à l'état métallique à peu près pur, du moins à l'état de sulfure. Les Grecs le nommaient στιμμι (*stimmi*), et les Romains *stibium* : mais ils confondaient sous la même dénomination l'ant. natif et son sulfure. Au moyen âge, l'ant. fut l'objet de recherches multipliées de la part des alchimistes. L'extrême importance que ce métal avait à leurs yeux lui valut le nom de *régule* (petit roi), et l'espèce d'avidité avec laquelle il semble dévorer les métaux pour s'allier avec eux, lui valut celui de *lupus metallorum, loup dévorant des métaux*. Basile Valentin (XV° siècle) fut le premier qui conseilla l'usage des préparations antimoniales à l'intérieur. On prétend que l'ayant administré à des moines de son couvent, ces religieux périrent tous et que c'est de là que le stibium a pris le nom d'*ant.*, c.-à-d. contraire aux moines ; c'est une pure légende. Au reste, les préparations antimoniales ne sont pas entrées dans le domaine de la thérapeutique sans avoir eu bien des préjugés à vaincre et bien des obstacles à surmonter. Au XVII° siècle, l'émétique en particulier fut la cause d'une guerre des plus violentes parmi les médecins : le nom du spirituel Gui-Patin, l'un des adversaires les plus acharnés de l'ant., est connu de tout le monde. Le parlement lui-même s'émut et prononça contre l'émétique un arrêt solennel de proscription, qui ne put empêcher l'emploi des préparations antimoniales, attendu qu'elles doivent être rangées parmi les plus utiles agents de la matière médicale.

Minér. — L'Ant. se rencontre dans la nature sous des formes excessivement variées ; ainsi on le trouve : 1° à l'état natif et à l'état de mélange avec l'arsenic (Chalanches en Dauphiné) ; 2° à l'état d'oxyde, c'est l'exitèle ou acide antimonieux ; 3° à l'état d'*Antimoniure d'argent* : ce minerai a reçu le nom de *Discrase* et d'*Argent antimonial* ; on le rencontre dans les mines d'argent arsénifère, par ex. à Allemont dans l'Isère ; 4° à l'état de *Sulfo-antimoniure d'argent* et de *Sulfo-antimoniure de nickel* (*Antimonnickel* de Beudant) ; 5° à l'état de sulfure simple (*Stibine*), ou de sulfure multiple, c.-à-d. combiné avec le plomb, le cuivre, le fer, le zinc, l'argent, l'arsenic ; 6° enfin à l'état de sulfure combiné avec l'oxyde d'ant. (*Kermès minéral, Hypantimonite* de Beudant). — Parmi les minerais qui contiennent de l'ant., on n'exploite que les sulfures. La *Stibine* (sulfure d'ant.) et l'*Haïdingérite* (sulfure d'ant., de fer et de zinc) qui se rencontrent, la première dans les départements de l'Ardèche,

33

du Gard, de la Lozère, de la Haute-Loire, du Puy-de-Dôme et du Cantal ; la seconde, près du village de Chazelles, en Auvergne, nous fournissent l'ant. nécessaire à l'industrie et à la médecine. Quant aux autres minerais qui contiennent de l'ant., tels que l'*Argyrythrose*, la *Psaturose* et la *Polybasite* qui renferment en même temps une forte proportion d'argent, c'est uniquement pour obtenir ce dernier métal qu'on les exploite.

ANTIMONIAL, ALE. adj. T. Min. et Phar. Qui contient de l'antimoine ; qui est combiné avec de l'antimoine. *Préparations antimoniales*. *Argent ant.*

ANTIMONIATE. s. m. T. Chim. Nom des sels formés par l'acide antimonique. Voy. ANTIMOINE.

ANTIMONIDES. s. m. pl. T. Minér. Famille de minéraux qui contiennent de l'antimoine.

ANTIMONIÉ, ÉE. adj. T. Chim. et Min. Qui est combiné avec l'antimoine. *Hydrogène ant. Argent ant.*

ANTIMONIEUX. adj. m. T. Chim. *Acide antimonieux*. Voy. ANTIMOINE.

ANTIMONIQUE. adj. m. T. Chim. *Acide antimonique*. Cet acide et le précédent sont formés par la combinaison de l'antimoine et de l'oxygène avec l'eau. Voy. ANTIMOINE.

ANTIMONITE. s. m. T. Chim. Nom des sels formés par l'acide antimonieux. Voy. ANTIMOINE.

ANTIMONIURE. s. m. T. Chim. Nom des composés binaires de l'*antimoine*. Voy. ce mot.

ANTIMONNICKEL. s. m. T. Chim. Alliage d'antimoine et de nickel.

ANTIMONOXYDE. s. m. T. Minér. Minerai d'antimoine où ce métal se trouve à l'état d'oxyde.

ANTIMORAL, ALE. adj. Opposé aux règles de la morale. Syn. — *Immoral*. — *Immoral* indique une violation de la loi morale, et implique l'idée de flétrissure. *Antim.* se dit dans un sens philosophique de ce qui est contraire à la morale habituelle.

ANTINOMIE. s. f. (gr. ἀντί, contre ; νόμος, loi). Contradiction réelle ou apparente entre deux lois. *Concilier des antinomies*. || T. Philos. Dans le système philosophique de Kant, on appelle ainsi une contradiction naturelle et inévitable qui résulterait, non d'un raisonnement vicieux, mais des lois mêmes de la raison.

ANTINOÜS, favori de l'empereur Adrien. || s. m. Homme d'une grande beauté.

ANTINOÜS. s. m. T. Astr. Constellation boréale, nommée par Ptolémée en souvenir d'Ant., réunie aujourd'hui à celle de l'Aigle.

ANTIOCHE, anc. ville de Syrie, auj. Antakieh (Turquie d'Asie), 6,000 hab.

ANTIOCHUS, nom de 13 rois de Syrie, parmi lesquels les plus célèbres sont : ANTIOCHUS III, *le Grand*, qui fut battu par les Romains aux Thermopyles (191 av. J.-C.) et à Magnésie (190) ; il avait reçu Annibal, fugitif ; ANTIOCHUS IV, *Epiphane*, le persécuteur des Macchabées et d'Eléazar.

ANTIOPE, mère d'Amphion et de Zéthus.

ANTIPAPE. s. m. (gr. ἀντί ; πάππας, père). Celui qui prétend se faire reconnaître souverain Pontife au préjudice d'un pape légitimement et canoniquement élu. Voy. PAPE et SCHISME.

ANTIPARALLÈLE. adj. 2 g. T. Géom. On dit que deux droites AB, CD (voy. la Fig.) sont antiparallèles par rapport à deux autres OA, OB, quand elles forment des angles égaux avec les portions de celles-ci dirigées vers le sommet de leur angle, c.-à-d. quand les angles OAB, OCD sont égaux. Il résulte de cette définition que si les droites AB, CD sont antip. par rapport

aux droites OA, OB, inversement celles-ci sont antip. par rapport aux deux premières. Les triangles OAB, OCD étant semblables comme ayant deux angles égaux chacun à chacun, il en résulte des proportions d'où l'on déduit que deux droites antip. par rapport aux côtés d'un angle déterminent sur ces

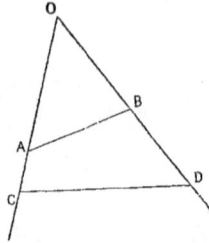

côtés, à partir du sommet des segments dont les produits sont égaux :

$$OA \times OC = OB \times OD.$$

La théorie des droites antip. est fort importante en géométrie. Elle sert à établir les relations entre les sécantes issues d'un même point, et à démontrer les propriétés fondamentales du triangle rectangle.

ANTIPARASTASE. s. f. (gr. ἀντί ; παράστασις, épreuve). Figure de rhét. qui consiste en ce qu'un accusé prétend qu'il devrait être loué plutôt que blâmé, s'il avait fait ce qu'on lui impute.

ANTIPATER, général et ministre de Philippe II de Macédoine, puis gouverneur de la Macédoine pendant l'expédition d'Alexandre en Asie ; régent à la mort de ce prince, il resta maître de la Macédoine (300-319).

ANTIPATHIE. s. f. (gr. ἀντί ; πάθος, affection). Sentiment instinctif de répulsion qu'on éprouve pour quelqu'un, pour quelque chose. Se dit des personnes et des animaux. *J'ai une ant. invincible pour cet homme-là. Il a de l'ant. pour la musique. — Mon estomac a de l'ant. pour cet aliment.* || S'emploie encore en parlant des choses inanimées. *L'eau et l'huile ont de l'ant. et ne se mêlent ensemble que difficilement.*

Syn. — *Aversion, Eloignement, Répugnance*. — Les termes *ant., éloignement, répugnance*, désignent divers degrés d'incompatibilité, de répulsion non raisonnée pour certaines personnes ou certaines choses. *Ant.* se dit plutôt en parlant des personnes, et *répugnance* en parlant des choses, surtout de celles qui affectent les sens du goût, de l'odorat et de la vue. Le mot *éloignement* se dit indifféremment des êtres animés ou inanimés ; mais il indique un degré de répulsion moins prononcé. *Aversion* se prend quelquefois dans le même sens qu'*ant.*; il désigne alors un sentiment de répulsion porté à son plus haut degré d'énergie ; mais on l'emploie souvent pour exprimer un sentiment motivé et raisonné qui nous porte à éviter la personne ou la chose qui en est l'objet ; dans cette dernière acception, il se rapproche des mots *haine* et *inimitié*.

ANTIPATHIQUE. adj. 2 g. Qui est opposé ; qui cause de la répulsion. *Ces deux personnes ont des caractères, des idées antipathiques. Cet homme m'est ant.*

ANTIPÉRIODIQUE. adj. 2 g. et s. m. (gr. ἀντί ; περιοδικός, périodique). T. Méd. Se dit des médicaments qu'on emploie pour arrêter les accès des maladies dites périodiques ou intermittentes. L'antipér. par excellence est le sulfate de quinine. Voy. FÉBRIFUGE.

ANTIPÉRISTALTIQUE. adj. 2 g. (gr. ἀντί ; περισταλτικός, contractile). T. Physiol. Se dit des mouvements et contractions de l'estomac et des intestins qui ont pour effet de faire rebrousser chemin aux matières alimentaires, tandis que les contractions et mouvements normaux de ces organes sont péristaltiques. Voy. ce mot.

ANTIPÉRISTASE. s. f. (gr. ἀντιπερίστασις). Quelques philosophes grecs entendaient par ce mot l'action de deux qualités contraires, dont l'une, disaient-ils, augmentait l'énergie de l'autre. C'est ainsi, par exemple, que, suivant eux, le feu est plus ardent l'hiver que l'été.

ANTIPESTILENTIEL, ELLE. adj. (gr. ἀντί, contre; lat. *pestis*, peste). T. Méd. Se dit des moyens préservatifs ou curatifs de la peste.

ANTIPHERNAUX. adj. m. pl. (gr. ἀντί; φερνή, dot). T. Droit. *Biens ant.* Biens que le mari donne à sa femme par contrat de mariage.

ANTIPHILOSOPHIQUE. adj. 2 g. (gr. ἀντί; φιλοσοφία, philosophie). Opposé à la philosophie. *Maximes ant.*

ANTIPHLOGISTIQUE. adj. 2 g. (gr. ἀντί; φλογιστός, inflammable). T. Méd. S'emploie pour désigner la méthode de traitement et les moyens thérapeutiques usités contre l'inflammation. *Médication ant. L'abstinence est le plus puissant des moyens ant.*

ANTIPHONAIRE ou **ANTIPHONIER.** s. m. (gr. ἀντί; φωνή, voix). T. Liturg. Livre d'église qui est noté et qui contient les antiennes, les hymnes, les versets et les répons.

ANTIPHONEL. s. m. (gr. ἀντί; φωνή, voix). T. Mus. Mécanisme inventé par Debain en 1889, qui, adapté à un orgue ou à un harmonium, permet à ceux qui ne savent pas jouer de ces instruments d'y exécuter des morceaux, principalement des accompagnements de plain-chant. On en trouvera la description dans le *Dictionnaire de l'Industrie et des Arts industriels.*

ANTIPHRASE. s. f. (gr. ἀντί; φράζω, je parle). T. Rhét. Figure par laquelle on emploie un mot, une locution, une phrase dans un sens contraire à sa véritable signification, à sa signification ordinaire. *Cela est dit par ant.*

Syn. — *Contre-vérité, Euphémisme.* — Dans l'*ant.*, on fait entendre un sens diamétralement opposé au sens naturel de la phrase qu'on emploie : c'est ainsi qu'en parlant d'un fripon, on dit : *C'est un honnête homme.* Dans la *contre-vérité*, on feint de penser autrement qu'on ne pense en réalité : c'est ainsi qu'on remercie avec une extrême politesse quelqu'un qui vous a rendu un mauvais office. L'*euphémisme* consiste à déguiser sous une expression gracieuse ce qu'il y aurait de pénible de désigner par son nom véritable. C'est par euphémisme qu'on dit : *il a vécu*, au lieu de, *il est mort*; et que les Grecs donnaient aux Furies le nom d'*Euménides*, qui signifie *bienveillantes.*

ANTIPHYSIQUE. adj. 2 g. (gr. ἀντί; φύσις, nature). Qui est contraire à la nature. ‖ Se dit du vice qui consiste dans les relations intimes de deux personnes du même sexe.

ANTIPIED. s. m. (lat. *ante*, avant, et *pied*). T. Zool. Pied de devant d'un mammifère.

ANTIPODE. s. m. (gr. ἀντί; πούς, ποδός, pied). Se dit d'un pays diamétralement opposé à celui que l'on considère et des habitants de ce pays. S'emploie ordin. au plur. *Les antipodes. Ces peuples sont vos antipodes. Tel pays est l'ant. ou est ant. de tel autre. Les antipodes de Paris. Aller aux antipodes.* ‖ Prov. et fam., on dit : *Je voudrais que cet homme fût aux antipodes*, Je voudrais qu'il fût bien loin. ‖ Fig. et fam., *Ce sont les antipodes*, se dit de deux personnes, deux choses, entre lesquelles il existe une opposition complète. — *Cet homme est l'ant. du bon sens*, Il déraisonne en tout ce qu'il dit.

Géogr. — La terre étant sphérique, toute droite menée par le centre traverse la surface en deux points opposés qui sont dits *antipodes.* Les habitants de ces lieux antipodes sont placés sur la même verticale, mais en sens inverse, de manière que leurs pieds sont en regard. Deux lieux antipodes ont les mêmes latitudes, l'une boréale, l'autre australe; les longitudes diffèrent de 180° ou 12ʰ. Quand il est midi à l'un des deux, il est minuit à l'autre. Les climats y sont à peu près les mêmes, en tenant compte toutefois de la différence relative aux deux hémisphères. Les saisons y sont contraires. Si l'un des lieux est en été, l'autre est en hiver, et réciproquement.

On a longtemps nié les antipodes; on a même traité d'absurdes et d'hérétiques ceux qui y croyaient, parce qu'on ne savait pas que la Terre est sphérique, que tous les corps sont

attirés vers son centre, que tout autour d'elle les habitants ont la même situation relative à ce globe, et que la région que l'on habite est l'ant. du pays opposé, aussi normal qu'elle au point de vue de la pesanteur.

ANTIPOÉTIQUE. adj. 2 g. Contraire à la poésie.

ANTIPSORIQUE. adj. 2 g. (gr. ἀντί; ψόρα, gale). T. Méd. Se dit des remèdes usités contre la gale. *Pommade ant.* ‖ S'emploie subst. *Il faut essayer des ant.* Voy. GALE.

ANTIPUTRIDE. adj. 2 g. et s. m. (gr. ἀντί; lat. *putridus*, pourri). Qui prévient ou empêche la putréfaction. Voy. ANTISEPTIQUE.

ANTIPYRINE. s. f. (gr. ἀντί; πῦρ, feu). T. Chim. L'*Antipyrine* ou *Analgésine* $C^{11}H^{13}Az^2O$ est un médicament obtenu par synthèse chimique et qui se présente sous forme d'une poudre blanche cristalline, fusible à 113°, très soluble dans l'eau, dans l'alcool et dans la benzine. Administrée à l'intérieur ou en injections sous-cutanées, elle produit pendant plusieurs heures un abaissement de la température du corps de 2° à 3°. Cette propriété antithermique fit croire d'abord que l'antip. était destinée à remplacer le sulfate de quinine. Mais l'abaissement de température n'a pas l'importance qu'on lui supposait; l'antip. ne prévient pas le retour des fièvres intermittentes : elle agit en réalité sur le système nerveux, et ce sont ses propriétés sédatives qu'on utilise. Elle exerce une action calmante sans produire de vertige, de somnolence ni d'excitation; sous ce rapport elle est préférable à la morphine. L'antip. est surtout employée contre les névralgies, les douleurs rhumatismales et goutteuses, les accès d'asthme, les migraines, etc. On l'administre à la dose de 0ᵍʳ,50 ou de 1 gramme, à raison de 2 à 4 grammes par jour.

Le Dʳ Knorr, qui découvrit l'antip., lui donna d'abord le nom de *diméthyloxyquinizine*, parce qu'il y supposait l'existence d'un noyau (*quinizine*) analogue à la quinoléine. Il reconnut plus tard que l'antip. appartient à une classe nouvelle de composés : les *pyrazolones*, dérivant du pyrazol, noyau cyclique à 2 atomes d'azote. Les pyrazolones répondent au type

$$\begin{array}{c} \text{AzH} \\ \diagup \quad \diagdown \\ \text{HAz} \quad \text{CO} \\ \mid \qquad \mid \\ \text{HC} = \text{CH} \end{array}$$

L'antip. est une phényldiméthylpyrazolone $Az(C^6H^5).Az(CH^3).C(CH^3).CH.CO.$ — Pour la préparer, on fait agir l'acide acétylacétique $(C^5H^{10}O^3)$ sur la phénylhydrazine $(C^6H^5.AzH.AzH^2)$; il se forme un produit de condensation $C^{11}H^{16}Az^2O^2$ qui, par ébullition prolongée avec de l'eau, se dédouble en alcool et en phénylméthylpyrazolone $C^{10}H^{10}Az^2O$. Celle-ci, chauffée à 100° en tubes scellés avec de l'iodure de méthyle et de l'alcool méthylique, se convertit en antip. — On peut préparer d'autres antipyrines, où le phényle est remplacé par un radical analogue; il suffit de remplacer la phénylhydrazine par un de ses homologues : on peut en outre remplacer les groupes méthyle par d'autres radicaux alcooliques. Toutes ces pyrazolones, de même que l'antip., donnent une coloration rouge sang intense avec le perchlorure de fer, et une coloration bleu verdâtre avec l'acide azoteux.

ANTIQUAILLE. s. f. Se dit fam. et iron. pour désigner une chose antique de peu de valeur. *C'est un chercheur d'antiquailles.* ‖ S'emploie aussi en parlant de ce qui est vieux, usé, passé de mode. *Ces meubles sont des antiquailles.*

ANTIQUAIRE. s. m. Celui qui est versé dans la connaissance des monuments antiques, tels que statues, médailles, inscriptions, etc. *C'est un de nos plus savants antiquaires.* — Aujourd'hui on emploie plus ordin. le terme *Archéologue.*

ANTIQUE. adj. 2 g. (lat. *antiquus*). Fort ancien, qui subsiste depuis un temps très reculé. *Monument, palais, statue, vase ant. Médaille ant. Usage ant.* ‖ *Cet ouvrage est d'une beauté, d'une majesté, d'une simplicité ant.*, Est d'une beauté, etc., comparable à celle des ouvrages des anciens. — *C'est un homme d'une vertu, d'une probité ant.*, D'une vertu, etc., digne des anciens. ‖ Se dit des choses dont l'usage, le goût ou la mode sont passés depuis longtemps. *Meuble, tapisserie ant., Cet habit est un peu ant.* ‖ Fig., se dit iron. des personnes avancées en âge. *Il a l'air ant. C'est une beauté ant.* = ANTIQUE, s. m. Ce qui nous reste des chefs-d'œuvre de l'art ancien. Se dit proprement des ouvrages des Grecs et des Romains de l'époque classique. *Beau comme l'ant. Étudier, copier l'ant. Dessiner d'après l'ant.* : ANTIQUE. s. f. Se dit des médailles, statues, pierres gravées, vases, armes, etc., qui nous viennent des peuples anciens. *Voilà une ant. très curieuse. Le cabinet des antiques.* = A L'ANTIQUE. loc. adv. A la manière antique. *Fait à l'ant. Habit, meuble à l'ant.* = Syn. Voy. ANCIEN.

ANTIQUER. v. a. T. Relieur. Enjoliver la tranche d'un livre.

ANTIQUITÉ. s. f. Ancienneté reculée. *Temple vénérable par son ant. Cette maison est illustre par sa noblesse et son ant.* || Se dit des siècles, des temps fort éloignés de nous. *Les héros, les sages de l'ant. Les traces, les vestiges de l'ant.* || En parlant des hommes qui ont vécu dans les siècles fort éloignés du nôtre, on dit ; *L'ant. a cru, c.-à-d. les anciens ont cru. Vous ne verrez rien de pareil dans toute l'ant., Chez les anciens.* || Monuments des arts qui nous restent des anciens. *Voilà une belle ant. On dit au plur. : Les antiquités de Rome, d'Athènes, de l'Égypte.* || Science de tout ce qui concerne l'homme dans les temps anciens, à l'exception des événements politiques qui constituent le domaine spécial de l'histoire. *Terme d'ant. L'ant. grecque. L'ant. égyptienne. L'ant. hébraïque,* etc. Voy. ARCHÉOLOGIE.

ANTIRELIGIEUX, EUSE. adj. (gr. ἀντὶ, contre ; lat. *religio,* religion). Qui est opposé à la religion.

ANTIRRHINUM. s. m. T. Bot. Genre de plantes de la famille des *Scrophularinées.*

ANTISATIRE. s. f. Réponse à une satire.

ANTISCIENS. s. m. pl. (gr. ἀντὶ ; σκιά, ombre). Géogr. — Les anciens géographes désignaient par ce nom les peuples qui habitent sous la même longitude, mais de chaque côté de l'équateur, parce que, à midi, les ombres des habitants tombent dans des directions opposées. Ainsi les habitants des zones tempérées nord et sud sont toujours ant. ; quant aux peuples qui vivent dans les régions intertropicales, ils sont ant. dans une saison, et ne le sont pas dans l'autre.

ANTISCORBUTIQUE. adj. 2 g. (gr. ἀντὶ ; lat. *scorbutus*). T. Méd. Qui s'emploie contre le scorbut. *Sirop, vin ant.* || Se prend subst. *Les principaux antiscorbutiques sont fournis par la famille des Crucifères.*

ANTISCROFULEUX, EUSE. adj. (gr. ἀντὶ ; lat. *scrofulæ,* écrouelles). T. Méd. Se dit des remèdes usités contre les scrofules. || S'emploie subst. *L'iode est l'ant. par excellence.*

ANTISEPSIE. s. f. [Pr. *anticepcie*] (gr. ἀντὶ ; σηψις, putréfaction). T. Méd. Préservation de la putréfaction par les antiseptiques ; ce terme nous paraît préférable à celui d'antisepticisme ; il est désormais, du reste, le plus généralement employé. On écrit aussi ANTISEPTIE (σηπεῖν, corrompre).V. ASEPSIE.

ANTISEPTIQUE. adj. 2 g. et s. m. [Pr. *anticeptique*] (gr. ἀντὶ ; σηπτικὸς, putréfiant). T. Méd. Lorsque la vie vient d'abandonner un corps organisé, ce corps devient la proie des organismes inférieurs qui altèrent sa constitution chimique, et le décomposent plus ou moins promptement en ses éléments constitutifs. Cette décomposition a reçu le nom spécial de putréfaction, et les substances qui empêchent la putréfaction ou arrêtent ses progrès ont été pour cela nommées *Antiputrides* ou *Antiseptiques.* Les antiseptiques appliqués aux êtres privés de vie agissent en empêchant l'existence des micro-organismes qui sont les agents de la putréfaction, ou en formant avec les tissus des composés impropres à entretenir la vie de ces micro-organismes. — Au point de vue thérapeutique, on appelle antiseptiques tous les agents médicamenteux qui, employés soit à l'intérieur, soit à l'extérieur, sont capables de réveiller l'action vitale dans les parties menacées de décomposition, ou de détruire l'influence délétère que les parties frappées de mortification exercent sur les parties restées saines. Ces agents le plus ordinairement usités dans ce cas à l'intérieur sont les acides, les astringents, les toniques et certains excitants. Ce sont, pour la plupart, des substances qui empêchent le développement des microbes pathogènes.

Le progrès des idées microbiologiques a donné aux antiseptiques une importance primordiale, notamment en chirurgie et en accouchements. Les agents les plus énergiques de l'antisepsie sont : le biiodure, le cyanure et le bichlorure de mercure, les acides phénique, thymique, salicylique, le sulfate de cuivre, le chlorure de zinc, l'iodoforme, le salol, l'acide borique, l'alcool pur, etc. On emploie aussi parfois les antiseptiques *à l'intérieur* (naphtol, sublimé, iodoforme, etc.). Mais il faut toujours s'en servir avec une grande prudence et se rappeler le précepte d'un sage : « Vous visez le microbe et c'est le malade qui tombe ! »

ANTISOCIAL, ALE. adj. [Pr. *anti-social*] (gr. ἀντὶ ; lat. *socialis,* social). Contraire aux lois de la société ; qui tend à la subversion de l'ordre social. *Principes antisociaux, doctrine antisociale.*

ANTISPASMODIQUE. adj. 2 g. et s. m. (gr. ἀντὶ ; σπάσμα, spasme). T. Méd. On donne le nom d'*Antispasmodiques* à une classe de médicaments qui jouissent de la propriété spécifique de modifier heureusement certains troubles de l'innervation, et cela d'une manière directe, sans produire d'effet intermédiaire appréciable. L'action des antispasmodiques se manifeste en gén. promptement ; mais elle est peu durable. Ils réussissent ordinairement d'autant mieux que le sujet est dans un état de faiblesse et d'irritabilité plus grandes, et que l'état spasmodique est pur, c.-à-d. n'est compliqué d'aucun autre élément morbide. Néanmoins ces médicaments sont souvent fort utiles dans le cas où une affection quelconque s'accompagne de spasmes. Les effets des antispasmodiques vrais sont excessivement variables ; ainsi, par ex., toutes les circonstances paraissant d'ailleurs identiques, on voit l'éther calmer les spasmes chez une personne, et les augmenter ou même les déterminer chez une autre.

La science ne sait absolument rien sur le mode d'action des antispasmodiques, à l'exception peut-être de celui de l'éther (Voy. ce mot). Il a donc jusqu'à ce jour été impossible de les classer au point de vue physiologique. Toutefois, dans les traités de matière médicale, afin de faciliter l'étude de ces agents, on a établi quelques groupes assez naturels : 1° les éthers, que l'on nomme encore *antispasmodiques diffusibles,* à cause de la fugacité de leur action ; 2° le camphre, ainsi que les plantes qui en contiennent, comme les sauges, les mélisses et la plupart des labiées ; 3° les substances qui doivent leurs propriétés antispasmodiques à ces principes volatils et à des résines. Ce groupe comprend la valériane, les gommes-résines fétides (assa-fœtida, gomme ammoniaque, etc.), le musc, le castoréum, l'ambre gris, etc. ; 4° la quatrième section se compose de certaines feuilles ou fleurs aromatiques, comme les feuilles d'oranger, les fleurs de tilleul, etc. ; 5° enfin, on place à la suite de ces antispasmodiques proprement dits quelques substances tirées du règne minéral. Nous ne citerons que l'oxyde de zinc et le bromure de potassium ; mais, si ces agents calment les spasmes, c'est évidemment en déterminant une modification lente du système nerveux à la manière des altérants. Il serait donc plus rationnel de les ranger dans cette dernière classe de médicaments.

La médication ant. doit ordin. être accompagnée de la médication tonique et reconstituante. Régénérer le sang, c'est éteindre les cris du système nerveux : *sanguis moderator nervorum.*

ANTISPASTE. s. m. (gr. ἀντὶ ; σπάω, je tire). T. Versif. grecque et latine. Pied composé de deux longues entre deux brèves ; ex. : Mēdŭllōsă.

ANTISTHÈNE, philos. d'Athènes, fondateur de l'école des Cyniques (400 av. J.-C.). Voy. CYNIQUE.

ANTISTROPHE. s. f. (gr. ἀντιστροφή, retournement, antistrophe). Seconde partie des stances chantées par le chœur dans les tragédies grecques. Voy. STROPHE.

ANTISYPHILITIQUE. adj. 2 g. et s. m. [Pr. *anticyphilitique*] T. Méd. Se dit des médicaments qui combattent la syphilis. Ce sont surtout le mercure et l'iodure de potassium. On dit aussi ANTIVÉNÉRIEN. Voy. SYPHILIS.

ANTITAURUS, chaîne de montagnes de l'Asie Mineure, entre le Taurus et le Caucase.

ANTITHÉÂTRAL, ALE. adj. Qui ne convient pas au théâtre.

ANTITHÉNAR. s. m. T. Anat. Portion de la main qui s'étend depuis la fosse du petit doigt jusqu'au poignet.

ANTITHÈSE. s. f. (gr. ἀντίθεσις, opposition). Figure de Rhét. par laquelle l'écrivain ou l'orateur rapproche deux pensées ou deux expressions opposées, afin de faire ressortir l'une par l'autre. || T. Philos. Le deuxième terme d'une antinomie, la *thèse* étant le premier.
Littér. — L'*Ant.* consiste essentiellement à exprimer dans une même période un rapport d'opposition soit entre des pensées, soit entre les termes, comme dans l'ex. suivant :

> Il veut, il ne veut pas ; il accorde, il refuse ;
> Il écoute la haine, il consulte l'amour ;
> Il promet, il rétracte : il condamne, il excuse ;
> Le même objet lui plaît et déplaît tour à tour.

Cette figure, qui repose sur l'emploi des contrastes si fréquent dans les arts, et auquel l'éloquence et la poésie ont souvent recours, plaît par ses rapprochements inattendus, surtout lorsqu'elle est amenée naturellement, et qu'on n'en fait pas abus. Les auteurs de l'antiquité et les bons auteurs modernes offrent une foule d'antithèses qui méritent d'être citées pour modèles. Les meilleures sont celles qui opposent les pensées aux pensées.

> Triste amante des morts, elle hait les vivants.
> VOLTAIRE.
>
> Sa main mystérieuse et sainte
> Suit cacher le miel dans l'absinthe
> Et la cendre dans les fruits d'or.
> VICTOR HUGO.

ANTITHÉTIQUE. adj. 2 g. *Phrase ant.*, Qui présente une antithèse. — *Style ant.*, Qui abonde en antithèses.

ANTITRAGUS. s. m. T. Anat. Eminence conique du pavillon de l'oreille, située en face du *Tragus* et en-dessous de l'*Anthelix*.

ANTITROPE. adj. 2 g. (gr. ἀντί; τρέπω, tourner). T. Bot. Se dit d'un embryon droit dont la radicule est située à l'antipode du hile de la graine. Voy. GRAINE.

ANTIUM, v. de l'Italie anc. (Latium).

ANTIVARI, v. du Monténégro ; port sur l'Adriatique ; 2,500 hab.

ANTIVÉNÉRIEN, IENNE. adj. (gr. ἀντί ; lat. *Venus, Veneris*, Vénus). T. Méd. Voy. ANTISYPHILITIQUE, SYPHILIS.

ANTIVERMINEUX, EUSE. adj. (gr. ἀντί ; lat. *vermis*, ver). T. Méd. Se dit des remèdes propres à tuer ou à expulser les vers intestinaux. || S'emploie subst. au masc. = Aujourd'hui on dit mieux, *Vermifuge* ou *Anthelmintique*.

ANTIZYMIQUE. adj. (gr. ἀντί ; ζύμη, fermentation). T. Chim. Qui empêche la fermentation.

ANTLIE. s. f. (lat. *antlia*, pompe). T. Zool. Spiritrompe des papillons.

ANTOFLE ou **ANTOLFE.** s. f. T. Bot. Fruit du giroflier, arbre de la famille des *Myrtacées*. Voy. ce mot.

ANTOINE (MARC), lieutenant et ami de César, forma le premier triumvirat avec Octave et Lépide ; puis rompit avec Octave, s'unit à Cléopâtre, reine d'Égypte, fut battu à Actium (31 av. J.-C.), et se donna la mort à Alexandrie.

ANTOINE (SAINT), né dans la haute Égypte, distribua tous ses biens et se retira dans la solitude, où il mourut centenaire (251-356).

ANTOINE DE BOURBON, fils de Charles de Bourbon, duc de Vendôme, devint roi de Navarre par son mariage avec Jeanne d'Albret (1548), et fut le père de Henri IV. Il a été tué au siège de Rouen (1562).

ANTOINE DE PADOUE (SAINT), prédicateur (1195-1231). Né à Lisbonne, mort à Padoue.

ANTOISER. v. a. T. Agr. Mettre du fumier en tas.

ANTOIT. T. de Charp. de mar. Sorte de levier coudé et pointu.

ANTOLFE. s. f. Voy. ANTOFLE.

ANTOMARCHI, médecin né en Corse, fut attaché au service de Napoléon à Sainte-Hélène (1780-1838).

ANTONELLI, homme d'État italien, cardinal, ministre de Pie IX (1806-1876).

ANTONELLO DE MESSINE, peintre italien du XVᵉ siècle (1414-1493).

ANTONIN LE PIEUX, empereur romain, régna de 138 à 161 ap. J.-C., donna son nom à une série d'empereurs dont le règne marque pour l'empire romain une époque de prospérité remarquable connue sous le nom de *Siècle des Antonins*. Les Antonins sont : *Nerva, Trajan, Adrien, Antonin, Marc-Aurèle, Vérus* et *Commode*. Ils régnèrent de 96 à 192.

ANTONOMASE. s. f. (gr. ἀντί, pour ; ὄνομα, nom). L'*Ant.* est une figure de rhétorique qui consiste soit à mettre un nom commun ou une périphrase à la place d'un nom propre, soit à substituer un nom propre à un nom commun ou à une périphrase. Ainsi, par ex., c'est par ant. que l'on dit : *l'Apôtre* pour S. Paul ; *l'Orateur romain* pour *Cicéron* ; *le Père de la tragédie française* pour *Corneille* ; *C'est un Néron*, pour *C'est un tyran cruel* ; *C'est un Titus*, pour *C'est un prince bienfaisant*, etc. La seconde forme d'ant. est au reste bien moins fréquemment employée que la première.

ANTONYME. adj. 2 g. (gr. ἀντί; ὄνομα, nom). T. Gram. Se dit de deux mots qui ont des sens opposés, comme *laideur* et *beauté*. C'est l'opposé de *Synonyme*.

ANTONYMIE. s. f. (gr. ἀντί; ὄνομα, nom). T. Rhét. Opposition de noms ou de mots ayant un sens contraire.

ANTRAIGUES, ch.-l. de c. (Ardèche), arr. de Privas, 1,300 hab.

ANTRAIN, ch.-l. de c. (Ille-et-Vilaine), arr. de Fougères, 1,600 hab.

ANTRE. s. m. (lat. *antrum*). Excavation souterraine naturelle. *Se cacher dans un ant. L'an. de la Sibylle. L'an. d'un lion.* || Fig., *C'est l'an. du lion*, C'est un lieu où il est dangereux d'entrer.
Syn. — *Caverne, Grotte.* — Les termes *caverne* et *grotte* sont parfaitement synonymes dans le langage scientifique. Ils désignent tous deux des excavations naturelles de dimensions et de formes diverses. Mais dans le langage ordinaire ils offrent des différences faciles à déterminer. Le premier se dit constamment des cavités qu'on rencontre dans la nature, et dont l'aspect a quelque chose de grandiose ou d'effrayant ; le second, au contraire, s'emploie en parlant des excavations dont l'aspect est agréable, et il se dit aussi bien des cavités qui se rencontrent dans la nature que de celles qui sont entièrement dues au travail de l'homme. Le mot *caverne* est usité au propre et au figuré, et, dans le dernier cas, il se prend toujours en mauvaise part ; tandis que *grotte* ne s'emploie qu'au propre et n'est jamais pris au sens favorable. Quant au terme *an.*, qui sert également à désigner une excavation naturelle, il n'appartient pas au langage de la science. Il s'emploie en parlant d'un lieu propre à inspirer l'effroi : c'est pour cela qu'on dit l'*an.* de Cacus, et au figuré, l'*an.* de la Chicane.

ANTRUSTIONS. s. m. pl. T. Hist. Francs placés sous la protection du roi, qui faisaient partie de sa *trust* ou compagnie particulière. Voy. FÉODALITÉ.

ANUER. v. a. T. Chasse. Choisir, quand les perdrix partent, le moment favorable pour les tirer.

ANUITER (S') v. pron. (R. *nuit*). S'exposer à être surpris en chemin par la nuit. *Si vous m'en croyez, ne vous anuitez pas.* = ANUITÉ, ÉE, part.

ANURIE. s. f. (gr. ἀν priv. ; οὖρον, urine). T. Pathol. Suppression de la sécrétion urinaire.

ANUS. s. m. (Pr. *anusse*) (lat. *anus*). T. Anat. On appelle ainsi l'ouverture naturelle de l'intestin, par laquelle sortent les excréments, et qui s'ouvre tantôt directement à la surface externe du corps de l'animal, comme chez la plupart des mammifères ; tantôt dans une cavité nommée *Cloaque*, qui lui est commune avec les orifices excréteurs des organes génito-urinaires, comme chez la plupart des vertébrés ovipares ; tantôt dans la cavité respiratoire, comme chez le plus grand nombre des mollusques. — Chez l'homme, l'a. est situé à l'extrémité inférieure du tronc ; il est essentiellement constitué par deux muscles circulaires appelés *sphincters*, qui servent à le maintenir fermé, et à empêcher l'issue continuelle et involontaire des matières contenues dans l'intestin. — Lorsqu'au lieu de s'ouvrir à sa place ordinaire, l'orifice anal s'ouvre dans tout autre point du corps, il est dit *a. contre-nature*. Ce dernier peut être *congénital* ou *accidentel*. L'a. contre-nature congénital est le résultat d'un vice de conformation ; on l'a vu s'ouvrir à l'ombilic, dans la vessie, etc. L'a. accidentel peut succéder à une plaie pénétrante de l'abdomen qui a coupé l'intestin en totalité ou en partie, à un abcès, à la gangrène du sac d'une hernie, etc. — Enfin, on donne le nom d'*a. artificiel* à celui que les chirurgiens établissent, dans le cas d'imperforation du rectum, c.-à-d. lorsqu'il n'existe pas d'a. naturel ou bien quand une tumeur ou un étranglement interne s'oppose au cours des matières.

ANVERS (en lat. *Antuerpia*, en flam. *Antwerpen*), v. de Belgique, sur l'Escaut, cap. de la province d'Anvers, 160,000 hab. Vaste port, industrie très active. En 1832, une armée française bombarda la citadelle d'Anvers, occupée par une garnison hollandaise, et la força à se rendre, pour donner Anvers à la Belgique. Nom des hab. : ANVERSOIS.

ANVILLE (D'), géographe français (1697-1782).

ANXIÉTÉ. s. f. (gr. ἄγχω, je suffoque). Peine et tourment d'esprit ; inquiétude extrême. *Il éprouve une grande an. d'esprit. Vivre dans l'an.* || T. Méd. Sentiment de malaise avec constriction épigastrique, qui force le malade à changer sans cesse de position. = Syn. Voy. ANGOISSE.

ANXIEUX, EUSE. adj. T. Méd. Qui exprime l'anxiété. *Respiration anxieuse.*

ANXUR, anc. ville d'Italie, aujourd'hui Terracine.

ANZIN, ville du département du Nord, arr. de Valenciennes, 11,500 hab. Mines de houille les plus importantes de France.

AOD, juge d'Israël (1496-1416 av. J.-C.).

AORISTE. s. m. [Pr. *Oriste*] (gr. à priv. ; ὁρίζω, je borne). T. Gram. Temps de la conjugaison grecque correspondant au passé défini.

AORTE. s. f. (gr. ἀορτή). T. Anat. L'A. est une des deux artères qui naissent de la base du cœur, et elle est le tronc commun des artères qui se ramifient et se distribuent dans toutes les parties du corps. Elle naît à la partie supérieure et droite du ventricule gauche, qui a reçu, à cause de cela, le nom de *ventricule aortique*. Immédiatement après son origine, l'a. se dirige en haut, à droite et un peu en avant dans l'étendue d'un pouce environ ; puis elle se recourbe brusquement de droite à gauche et d'avant en arrière, passe obliquement au-devant de la colonne vertébrale, se recourbe de nouveau, et de haut en bas, sur le côté gauche de cette colonne, le long de laquelle elle descend ensuite verticalement jusqu'au bas de la poitrine, d'où elle est son traversant les piliers du diaphragme. Arrivée dans l'abdomen, l'a. reste accolée à la colonne vertébrale et se termine au niveau de la quatrième ou cinquième vertèbre lombaire en se divisant en deux branches appelées *artères iliaques primitives*. La partie de l'a. qui s'étend depuis son origine jusqu'au point où finit sa courbure a reçu le nom de *crosse de l'a.* ; on appelle aussi *a. ascendante* la portion de l'artère comprise entre son origine et sa courbure. Enfin toute la portion qui s'étend depuis la fin de la courbure jusqu'à la terminaison de l'a., a reçu le nom d'*a. descendante* ; le diaphragme la partage naturellement en deux parties, l'*a. thoracique* et l'*a. abdominale*. — Aucune artère n'est aussi fréquemment que l'a. affectée d'anévrysme spontané. Elle peut encore être le siège d'affections assez diverses, d'inflammation aiguë ou chronique (*aortite*), d'ulcérations, d'hypertrophie, d'atrophie, de ramollissement, d'ossi-

fication, etc. Enfin, elle est quelquefois affectée de pulsations spasmodiques telles qu'on a pu croire le vaisseau atteint d'anévrysme, tandis que la maladie était purement nerveuse. Voy. CIRCULATION, CŒUR, ARTÈRE.

AORTIQUE. adj. 2 g., et **AORTITE.** s. f. Voy. AORTE.

AOSTE, v. d'Italie (Piémont), dans la vallée de ce nom. 7,000 hab.

AOÛT. s. m. [Pr. *oût*] (lat. *Augustus*). Le huitième mois de l'année. || *Le premier jour d'a., Le dix a.* || *Faire l'a.,* Faire la moisson. *L'a. n'était pas encore commencé dans ce pays-là.* On a *promis telle somme à ce valet pour son a.,* Pour son travail comme moissonneur. || *La mi-a.,* Le quinzième jour du mois d'août. *Vous me payerez à la mi-a.* Ce mois se nommait primitivement *Sextilis* dans le calendrier romain, parce qu'il était le sixième, l'année commençant au mois de mars. Plus tard, on lui donna, en l'honneur de l'empereur Auguste, le nom d'*Augustus* qui est devenu *août* en français.

AOÛTAGE. s. m. [Pr. *a-outage*]. Le temps de la moisson.

AOÛTER. v. a. [Pr. *a-outer*]. N'est guère usité qu'au part., *Août, ée,* qui sign. Mûri par la chaleur du mois d'août. *Citrouille aoûtée.*

AOÛTERON. s. m. [Pr. *a-outeron*.] Ouvrier loué pour les travaux de la campagne dans le mois d'août. *Il faut six aoûterons à ce fermier.*

AP ou **APO.** s. m. (gr. ἀπό). Préfixe qui indique l'éloignement. Devant une voyelle aspirée, il devient *aph*.

APACHES. s. m. pl. Peuple indigène du Mexique.

APAGOGIE. s. f. (gr. ἀπαγωγή). T. Rhét. Démonstration faite en prouvant l'impossibilité du contraire.

APAISER. v. a. (R. *paix*). Adoucir, calmer. Se dit d'une personne et des émotions qu'elle éprouve. *Ap. le prince. Ap. un furieux. Je n'ai pu ap. sa colère.* — On dit aussi : *Ap. Dieu,* La colère de Dieu. || S'emploie en parlant des appétits physiques et de certains phénomènes morbides. *Ap. la faim, la soif. Ap. des convulsions. L'opium n'a pas apaisé mes douleurs de dents.* || Se dit aussi des animaux : *Ap. ce chien.* || Par ext., *Ap. une sédition, une querelle. Ap. les murmures du peuple. La pluie a ap. le vent. Ap. un incendie.* = s'APAISER. v. pron. S'emploie dans toutes les acceptions du v. actif. — APAISÉ, ÉE. part.

Syn. — *Calmer.* — *Ap.* c'est rétablir l'ordre, l'harmonie. On apaise les troubles, une querelle. *Calmer,* c'est tempérer l'excès, la violence. On calme l'emportement, la fureur. Le terme *ap.* peut enchérir sur le mot *calmer.* La tempête se *calme,* mais elle n'est point *apaisée.* Vos soins m'ont fait que *calmer* ma douleur, le temps seul l'*apaisera.*

APALACHES, montagnes des États-Unis. Voy. ALLEGHANYS.

APALACHINE. s. f. (R. *Apalaches,* nom d'une chaîne de montagnes des États-Unis d'Amérique). T. Bot. Arbrisseau de l'Amérique septentrionale du genre des *Houx,* appelé aussi *Thées Apalaches* Voy. ILICACÉES.

APANAGE. s. m. (bas-lat. *apanamentum,* formé de *panis,* pain). Terre que les souverains donnent à leurs puînés, ou revenus qu'ils leur assignent pour leur entretien. Donner *une terre en ap.* ou *pour ap. Ce prince a un bel ap.* || Fig., Ce qui est inhérent à la nature d'un être, d'une chose. *La toute-puissance est l'ap. de Dieu. La raison est l'ap. de l'homme. Les infirmités sont le triste ap. de la vieillesse. L'instinct est l'ap. des animaux.* — Ce mot s'appliquait autrefois à toute espèce de dotation : *Apaner* ou *Apanager* une fille, c'était lui donner une chose quelconque en dot. Il s'étendait aux possessions accordées par les nobles à leurs fils ou à leurs frères puînés : ainsi, celui qui héritait d'un fief, devait assigner à ses frères, à titre d'indemnité, un *ap.* ou *provision.* Plus tard, et jusqu'au règne de Philippe-Auguste, on l'appliqua également aux immeubles que les rois accordaient en dot à leurs femmes ou à leurs filles, aux domaines donnés, à titre de fief, aux héritiers présomptifs de la couronne ou aux frères et fils puînés des rois. — L'instilution des apanages était trop en contradiction avec les idées qui amenèrent la Révolution, pour rester debout pendant que les autres institutions étaient renversées. En conséquence, l'Assemblée nationale unit irrévocablement au domaine de l'État le patrimoine des rois ; elle décida que toutes les concessions d'ap. étaient révoquées ; qu'il n'en serait plus concédé à l'avenir ; que les fils puînés de France et leurs enfants et descendants seraient entretenus aux dépens de la liste civile jusqu'à leur mariage, ou jusqu'à ce qu'ils eussent atteint l'âge de vingt-cinq ans, et qu'il leur serait alors assigné sur le Trésor national des rentes apanagères dont la quotité devait être déterminée à chaque époque par le législature en activité. Mais bientôt la royauté étant tombée, la Convention supprima les rentes apanagères. Depuis, les revenus des membres des familles princières qui ont régné sur la France ont eu leur situation réglée par des lois spéciales qu'il est inutile de reproduire.

APANAGER. v. a. Donner un apanage. *Le roi avait apanagé tous ses puînés.* = APANAGÉ, ÉE, part.

APANAGISTE. s. m. et adj. Qui possède un apanage. *Un prince ap.*

APANON. s. m. T. de Carrosserie. Morceau de fer qui fixe au train la flèche d'une voiture.

APANTHISME. s. m. (gr. ἀπὸ, loin de ; ἄνθος, fleur). T. Didact. Chute des fleurs.

APARINE. s. f. (gr. ἀπαρίνη, caille-lait). T. Bot. Nom scientifique du *Caille-Lait*, famille des *Galiacées*.

APARTÉ. s. m. (lat. *a, parte*, à part). Ce qu'un acteur prononce en présence d'autres personnages de la pièce, comme s'il se parlait à lui-même. || S'emploie quelquefois adv. *Ce vers doit se dire aparté.*

APATHIE. s. f. (gr. a priv. ; πάθος, passion). Insensibilité, indolence, inertie. *Tomber dans l'ap. On ne peut le tirer de son ap.* || T. Philos. État d'une âme qui n'est susceptible d'aucune émotion ; anéantissement des passions par l'effort de la raison. *Les stoïciens affectaient une entière apathie.*
Syn. — *Insensibilité, Indolence.* — L'insensibilité absolue pour l'homme organisé d'une manière normale n'est pas possible, soit moralement, soit physiquement ; mais il y a des personnes qui sont à peine touchées de ce qui émeut les autres profondément. C'est cette impuissance d'émotion qu'on nomme habituellement insensibilité. Ap., dans son acception la plus ordinaire, sert à désigner une absence de virtualité qui rend incapable de tout ce qui exige un certain déploiement d'activité : c'est le degré le plus extrême de l'*indolence*, en prenant également ce dernier terme dans son sens vulgaire.

APATHIQUE. adj. 2 g. Insensible à tout, indolent, inerte. Ne se dit que des hommes et des animaux.

APATITE. s. f. (gr. ἀπατάω, je trompe).
Minér. — On nomme ainsi la chaux phosphatée : on la rencontre tantôt à l'état cristallin, tantôt à l'état terreux. Outre le phosphate de chaux qui en constitue la base, l'*Ap.* contient habituellement du fluorure et du chlorure de calcium. La pesanteur spécifique de ce minéral varie de 3,16 à 3,28. — Les couleurs que présentent les apatites cristallines sont très variées. On en trouve d'incolores, de blanc de lait, de bleues, de violettes, de vertes, d'olives, de jaunâtres et de brunâtres. La variété bleue a été désignée sous le nom d'*Augustite*, la verte sous le lui d'*Asparagolithe* ou *Pierre d'asperge*; enfin, les variétés de diverses couleurs, se présentant sous la forme gutturale, ont reçu le nom de *Moroxite*. On a quelquefois taillé certaines variétés bleuâtres ou bleu verdâtre d'ap.; mais elles ne produisent que des pierres de peu d'éclat, et n'ont jamais eu de valeur. L'ap. cristalline est disséminée dans les roches de granit, de gneiss, de talc, ou bien en rempli les fissures (Nantes ; Chantelouhe, près Limoges, etc.). On la trouve aussi dans les trachytes, l s basaltes, les laves (Montférier, Hérault ; Beaulieu, Bouches-du-Rhône), ainsi que dans divers gîtes métallifères. L'ap. terreuse se rencontre en grandes masses à Logrono, près de Truxillo, dans l'Estramadure (Espagne), où on l'exploite comme pierre à bâtir. Mais la principale application qu'on en a faite est son emploi comme engrais phosphaté.

APÉIBA. s. m. (mot caraïbe). T. Bot. Genre de plantes de la famille des *Tiliacées*.

APELLE, célèbre peintre grec, vécut à la cour d'Alexandre le Grand.

APENNINS, chaîne de montagnes qui traverse l'Italie dans toute sa longueur avec un développement d'environ 1,300 kil. Le mont Sasso dans l'Apennin central (2,921 m.) et le mont Corno dans l'Apennin méridional (2,914 m.) sont les plus hauts sommets.

APEPSIE. s. f. (gr. a priv. ; πέψις, coction). T. Méd. Absence de digestion. Ce mot, qui n'est plus usité aujourd'hui, est à peu près syn. de *Dyspepsie*.

APER, préfet du prétoire sous l'empereur Carus, fit périr ce prince ainsi que Numérien, et voulut se proclamer empereur ; il fut mis à mort par Dioclétien (284 ap. J.-C.).

APERCEPTION. s. f. T. Philos. Faculté de saisir immédiatement à la conscience, et sans intermédiaire logique, une idée, une vérité. Voy. PERCEPTION.

APERCEVABLE. adj. 2 g. Qui peut être aperçu. *Ces êtres sont si petits qu'ils ne sont point apercevables sans le secours du microscope.*

APERCEVANCE. s. f. Faculté d'apercevoir. Inus.

APERCEVOIR. v. a. (lat. *ad*, vers ; *percipere*, percevoir). Commencer à voir, entrevoir, découvrir. *Nous vous avons aperçus de loin.* || Fig. *Bacon est le premier qui ait aperçu cette vérité. J'aperçois bien son intention.* = S'APERCEVOIR. v. pr. Connaître, remarquer, découvrir. *Il s'aperçut du piège qu'on lui tendait. On le raille, et il est ici seul qui ne s'en aperçoive pas.* = APERÇU, UE. part.
Syn. — *Voir, Entrevoir.* — Au propre, *voir* signifie recevoir l'image d'un objet par l'organe de la vue ; *ap.*, c'est commencer à voir ; *entrevoir*, c'est *voir* confusément. Au figuré, ces trois verbes signifient connaître par l'intelligence : mais ils conservent entre eux les mêmes différences qu'au propre.

APERÇOIR. s. m. T. Techn. Plaque de tôle ou de fer-blanc qui se fixe au billot de la meule de l'épinglier.

APERÇU. s. m. Idée que l'on se forme d'une chose à première vue. *Ce que je vous dis là n'est qu'un ap.* || Évaluation approximative, au premier coup d'œil. *Par ap. cette construction coûtera tant.* || Exposé sommaire des principaux points d'une question, d'une affaire. *Sur le simple ap. de la cause, le tribunal a renvoyé les parties dos à dos.*

APÉRITIF, IVE. adj. (lat. *aperire*, ouvrir). T. Méd.= S'emploie aussi subst. || On donne aussi ce nom à certaines liqueurs, comme l'absinthe, le vermouth, etc., qui se prennent avant le repas, et qui n'ont rien de recommandable.
Méd. — Dans l'anc. médecine, on donnait le nom d'*Apéritifs* à certaines substances qu'on supposait posséder la faculté d'ouvrir, de dilat r les vaisseaux ou les canaux engorgés, et par conséquent d'y favoriser le cours du sang ou des liquides sécrétoires. Aujourd'hui que ces hypothèses mécaniques sont, à juste titre, abandonnées, on donne le nom d'apéritifs aux moyens hygiéniques et aux substances médicamenteuses qui ont la propriété de faire naître ou d'augmenter l'appétit. Le changement d'air, l'exercice, l'hydrothérapie sont des *apéritifs* hygiéniques. Les médicaments *apéritifs* les plus usités sont le quinquina, la gentiane, la quassia amara, la noix vomique, la strychnine.

APÉRITOIRE. T. Techn. Plaque de tour à empointer les épingles ; elle sert à égaliser les fils de laiton.

APÉTALE. adj. 2 g., (gr. a priv. ; πέταλον, pétale). T. Bot. Qui n'a pas de pétales.
Bot. — D'après son étymologie, le terme *Apétale* semblerait ne devoir s'appliquer qu'aux fleurs dépourvues de coroll ; néanmoins on s'en sert surtout pour désigner c lles qui n'ont ni corolle ni calice. Ainsi, l'une grandes sections que de Jussieu a établies dans la classe des végétaux dicotylédones sous le nom d'*Apétales*, comprend les plantes qui sont

dépourvues d'enveloppes florales proprement dites. On donne encore à cette division le nom d'*Apétalie*.

APÉTALIE. s. f. Nom donné par de Jussieu à l'une de ses grandes divisions du règne végétal. Voy. APÉTALE.

APETISSEMENT. s. m. Diminution. Peu us.

APETISSER. v. a. (R. *petit*). Rendre plus petit. *Cette figure est trop grande, il faut l'ap.* || Faire paraître plus petit. *L'éloignement apetisse les objets.* — [On dit mieux, *Rapetisser*. ⇒ APETISSER. v. n. Devenir plus petit. *Après le solstice d'été, les jours apetissent.* — On dit plus communément, *Raccourcir.* ⇒ s'APETISSER. v. pron. Devenir plus petit, se rétrécir. *La toile s'apetisse à l'eau.* — Aujourd'hui on dit, *Se rétrécir.* ⇒ APETISSÉ, ÉE. part

APEX. s. f. (lat. *apex*). T. Bot. Syn. de sommet. || Tournefort désignait les étamines sous le nom d'*Apex*. || T. Astr. On désigne sous ce nom le point du ciel vers lequel se dirige le système solaire.

APHACA. s. m. (gr. ἀφάκη). T. Bot. Genre de plantes de la famille des *Légumineuses*.

APHANÈSE. s. f. (gr. ἀφανὴς, invisible). T. Minér. Arséniate de cuivre hydraté.

APHANIPTÈRE (gr. ἀφανὴς, invisible ; πτερὸν, aile). Ordre d'insectes dont la puce est le plus connu.

APHANITE. s. f. (gr. ἀφανὴς, invisible). T. Géol. Roche d'épanchement qu'on trouve dans les Vosges, en Corse, et dans la presqu'île de Sinaï, dans les terrains secondaires très anciens. Elle est rare. La matière qui la compose est la base du *porphyre pyroxénique*.

APHASIE. s. f. (gr. ἀ priv. ; φάσις, parole). T. Méd. Impossibilité de parler, de dire des mots articulés, bien que la voix soit conservée. Ce trouble du langage, appelé aussi *Dysphasie*, est tout différent de l'*Aphonie* où il y a altération de la voix par lésion de l'appareil laryngien. Un malade aphone parle, mais la voix est sourde, rauque ou étouffée. Un malade aphasique ne peut parler, mais sa voix est claire quand il crie ou prononce un des rares mots qui lui restent.

L'a., en tant que trouble du langage *parlé* et *écrit*, est devenue une vingtaine d'années un des plus beaux chapitres de la pathologie nerveuse, grâce à l'étude détaillée qu'on en a faite et dont voici le résumé : l'a. peut être due à ce que la faculté de comprendre les mots est abolie, c'est l'*a. réceptive*; ou bien à ce que la faculté d'exprimer les mots représentants d'idées ou de sentiments est altérée. C'est l'*a. motrice*. Les deux genres d'a. peuvent n'être pas complets. Aussi trouve-t-on des aphasiques par troubles réceptifs du côté de l'oreille, ce qui constitue la *surdité verbale*. Les malades atteints de cette espèce d'a. ne comprennent pas du tout les mots articulés. On dirait qu'on leur parle une langue étrangère, et cependant ils comprennent bien les lettres isolées de l'alphabet, la musique, ils entendent bien les sons et les bruits qu'on fait à côté d'eux. D'autres malades ont une excellente vue, aperçoivent l'objet le plus petit et ne peuvent comprendre le moindre mot écrit ou imprimé, et si on leur prononce ce même mot écrit, ils l'entendent et le répètent. C'est alors la *cécité verbale*. Si on leur dit d'épeler chacune des lettres d'un mot écrit, ils y parviennent souvent très facilement.

Parmi les malades qui ne peuvent exprimer leurs pensées, il en est qui ne le peuvent pas par la parole, ce sont les *aphémiques*, et d'autres par l'écriture, ce sont les *agraphiques*. Les aphémiques sont souvent encore quelques mots ou quelques lambeaux de phrase à leur usage et qu'ils prononcent souvent avec véhémence à n'importe quelle question qu'on leur fait. On rencontre des aphémiques qui ne peuvent pas prononcer les lettres initiales des mots, les consonnes, des noms propres. Les agraphiques, bien qu'ils se mettent à écrire un mot, ne font qu'un gribouillage confus où l'on peut à peine reconnaître une lettre ou deux. Ils arrivent à écrire assez bien une lettre isolée.

Outre ces altérations, on rencontre aussi la *paragraphie* et la *paraphasie* qui sont assez fréquentes. Ces altérations du langage et de l'écriture consistent en transposition de lettres ou de syllabes, surtout initiales des mots ; par exemple, les malades diront ou écriront : *Il ne plas peut* pour *Il ne*

pleut pas. Ces troubles peuvent atteindre tous les mots et alors il est impossible de comprendre ce que les malades ont voulu dire ou écrire.

On voit donc que le trouble principal de ces divers genres d'a. consiste en une lésion de la faculté d'association des lettres, des mots parlés ou écrits entre eux.

L'origine de ces troubles est dans le cerveau, quand le cerveau est atteint dans certaines régions bien déterminées de ses circonvolutions soit par un vice nutritif, soit par une lésion traumatique ou pathologique; ils surviennent ensemble ou séparément et persistent peu de temps ou d'une façon indéfinie. On rencontre ces troubles à l'état passager dans les coups reçus sur le crâne, la paralysie générale, les tumeurs, l'hystérie, l'apoplexie cérébrale; ils sont, au contraire, permanents quand une partie de la substance cérébrale est détruite, comme dans l'hémorragie et le ramollissement cérébral, suivis d'hémiplégie droite, les tumeurs du cerveau. C'est grâce à l'étude du cerveau des personnes mortes de ces maladies qu'on est parvenu à faire la localisation de ces troubles. Ainsi on a reconnu que la faculté du langage écrit et parlé réside dans la moitié gauche du cerveau, et que le centre du langage parlé se trouve au pied de la 3ᵉ circonvolution frontale, appelé circonvolution de Broca, du nom du célèbre anthropologiste qui le détermina scientifiquement; celui du langage écrit peut être dans le pied de la 2ᵉ circonvolution frontale, celui de la surdité verbale dans une partie des deux premières circonvolutions temporales, et celui de la cécité verbale dans le lobule du pli courbe.

APHASIQUE. adj. 2 g. Qui est affecté d'aphasie

APHÉLIE. s. m. (gr. ἀπὸ, loin de ; ἥλιος, soleil). T. Astr. Point de l'orbite d'une planète ou d'une comète le plus éloigné du soleil. || S'emploie aussi adj. *La terre est ap.*
Astr. — Le terme *Ap.* est l'opposé du mot *Périhélie* qui signifie le point de l'orbite d'une planète où elle est le plus rapproché du soleil. L'ap. et le périhélie d'une orbite sont donc les deux extrémités de son plus grand axe, ou en

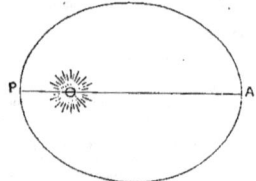

d'autres termes de la ligne des apsides. Ainsi, dans la figure ci-dessus, l'ellipse tracée autour du soleil représente une orbite, la ligne AP est le grand axe ou ligne des apsides, A est l'aphélie et P le périhélie.
Par suite des attractions mutuelles que les planètes exercent les unes sur les autres, les points de leurs orbites éprouvent une certaine variation dans le ciel. L'ap. se déplace graduellement dans le plan de l'orbite. Un fait remarquable, c'est que ce mouvement est direct ou vers l'orient pour toutes les planètes, à l'exception de Vénus.

APHÉRÈSE. s. f. (gr. ἀπὸ; αἱρέω, j'enlève de). Figure de grammaire par laquelle on retranche une syllabe au commencement ou à la fin d'un mot. L'aph. ne se rencontre en français que dans les noms propres, comme lorsqu'on dit *Tony* pour *Antony*. C'est par aph. que le nom latin *gibbosus* est devenu en français *bossu*.

APHIDIENS. s. m. pl. (lat. *aphis*, puceron). T. Ent. Tribu d'insectes hémiptères comprenant le puceron. Voy. PUCERON.

APHODIE. s. f. (gr. ἄφοδος, excrément). T. Ent. Genre de Coléoptères qui vivent dans les excréments. Voy. SCARABÉIDES.

APHONE. adj. (gr. ἀ priv.; φωνὴ, voix). Qui n'a pas de son, qui n'a pas de voix.

APHONIE. s. f. (gr. ἀ priv.; φωνὴ, voix). T. Méd. On nomme ainsi la perte plus ou moins complète de la voix, sans que la faculté d'articuler soit d'ailleurs abolie ; c'est ce qui distingue l'individu qui est *aphone* de celui qui est muet et de celui qui est aphasique ; ce dernier peut émettre des sons vocaux, seulement il n'articule pas. L'*Ap.* résulte ordinairement d'une lésion matérielle de l'appareil vocal, comme dans le croup, les tumeurs laryngiennes, les angines simples ou syphilitiques, cancéreuses, tuberculeuses ; cependant elle ne doit pas toujours être considérée comme le symptôme d'une maladie des organes mêmes de la voix. Elle peut dépendre uniquement d'une lésion des cordons nerveux qui animent les muscles du larynx. C'est à la même cause qu'il faut attribuer les aphonies occasionnées par quelques substances stupéfiantes, la belladone, le datura stramonium, l'opium, etc. L'ap. n'étant qu'un symptôme morbide, il en résulte que son pronostic est subordonné à celui de l'affection principale, qu'il faut nécessairement attaquer.

APHORISME. s. m. (gr. ἀφορίζω, je définis). Règle, observation générale énoncée en peu de mots, sous forme de sentence. *C'est un aph. de jurisprudence. Les Aphorismes d'Hippocrate.*

Syn. — *Sentence, Maxime, Apophtegme.* — Tous ces mots s'emploient pour désigner une pensée, un précepte, une observation exprimée avec brièveté, concision et netteté. Néanmoins, le mot *maxime* s'emploie plus ordinairement pour désigner un précepte de morale pratique. La *sentence* est une maxime considérée au point de vue littéraire. Le terme *aph.* est propre au langage scientifique ; il s'applique aux formules qui résument les préceptes d'une science ou d'une doctrine. Quant à l'*apophtegme*, il offre cela de particulier que la *sentence* qu'il désigne est toujours attribuée à quelque personnage célèbre.

APHRACTE. s. m. (gr. ἄφρακτος, non cuirassé). T. Antiq. Vaisseau non ponté.

APHRODISIAQUE. adj. 2 g. (gr. ἀφροδίτη, Vénus). Se dit des substances alimentaires ou médicamenteuses qui ont supposé propres à stimuler l'appétit vénérien. || S'emploie subst. *Les cantharides et le phosphore sont des aph., mais fort dangereux.*

APHRODITE. s. f. (gr. ἀφρός, écume, et δύτης, qui plonge). Surnom de Vénus qui serait née de l'écume de la mer. Myth. ||T. Zool. Genre d'*Annélides* de l'ordre des *Dorsibranches*.

APHTE. s. m. (gr. ἅπτω, j'enflamme). T. Méd. On doit réserver cette appellation, qui longtemps a eu un sens abusif en médecine, à une éruption de la muqueuse buccale qui se présente sous forme de simples vésicules. L'*ap. vésiculeux* ou *l'ap. proprement dit* peut affecter toutes les muqueuses ; mais on l'observe principalement sur celles où l'épithélium est le plus apparent, comme à la face interne des lèvres et des joues, aux gencives, à la langue, au voile du palais ; il est rare de l'observer au pharynx et surtout au canal intestinal. Les vésicules sont d'abord petites, transparentes, blanches ou d'un gris de perle ; mais elles revêtent bientôt le caractère pustuleux. Les pustules ne tardent pas à crever ; le liquide qu'elles contenaient s'échappe, et l'on aperçoit alors à la place qu'elles occupaient, de petites ulcérations qui se cicatrisent avec assez de rapidité. — On distingue l'ap. *discret* et l'ap. *confluent*. Dans le premier cas, les pustules sont isolées, en petit nombre, et n'occupent que la bouche ; dans le second, elles sont beaucoup plus nombreuses, par conséquent plus rapprochées, et envahissent en général les fosses gutturales, quelquefois le pharynx et même le tube intestinal. Les aphtes peuvent se développer sous l'influence de toutes les causes purement locales qui ont pour effet d'irriter la muqueuse buccale : tels sont les aliments acides, salés ou épicés, les boissons alcooliques, etc. Cependant, l'éruption *aphteuse* paraît assez souvent dépendre d'un état général de l'économie. L'ap. ainsi que l'ap. discret s'observe dans le cours ou à la fin de certaines maladies fébriles, et que l'ap. confluent sévit quelquefois épidémiquement, dans les pays humides, en Hollande, par exemple. — En général, le pronostic de l'ap. est sans gravité, et il suffit d'opposer au mal des moyens purement topiques, comme des gargarismes émollients ou narcotiques, des collutoires astringents, etc. Une goutte d'éther : voilà le meilleur caustique de l'ap. Un purgatif salin, voilà le traitement général qui convient à cette petite manifestation d'un état gastrique habituel. L'ap. confluent, dans certains cas, requiert l'emploi de moyens généraux ; alors la médication varie suivant les phénomènes morbides et la cause qui a déterminé l'éruption

vésiculeuse. — Pour les autres maladies qu'on désigne sous le nom d'aphtes, voy. MUGUET et STOMATITE.

Méd. vét. — Maladie éruptive caractérisée par de petites ampoules ou phlyctènes qui se développent dans la bouche, sur les lèvres et sur les mamelles. C'est une maladie peu dangereuse qui attaque le bœuf, le mouton et le porc. On lui donne aussi les noms de *cocotte* et *glossopède*.

APHTEUX, EUSE. adj. Qui dépend des aphtes.

APHYE. s. f. (gr. ἀφύη, espèce de petit poisson blanc). T. Icht. Poisson du genre *Gobie* appelé aussi *Loche de mer*. Voy. MUGILOÏDES.

APHYLLANTHES. s. m. pl. (gr. à priv. ; φύλλον, feuille ; ἄνθος, fleur). T. Bot. Genre de plantes de la famille des *Liliacées.* Voy. ce mot.

APHYLLE. adj. 2 g. (gr. à priv. ; φύλλον). T. Bot. On appelle ainsi les plantes qui sont dépourvues de feuilles, comme la *Véronique aphylle*, la *Cuscute*, et quelquefois même celles où les feuilles sont remplacées par des écailles, comme les *Orobanchées* et les *Monotropes*.

API. s. m. Nom d'une jolie petite pomme, d'un rouge vif d'un côté, à chair ferme, blanche et sucrée, ainsi nommée en souvenir du Romain Appius qui créa cette variété.

APIACÉES. s. f. pl. (lat. *apium*, ache). T. Bot. Nom donné par Lindley à la famille des *Ombellifères*.

APIAIRES. s. f. pl. (lat. *apis*, abeille). T. Ent. Dans la méthode de Latreille, les *Ap.* constituent la seconde division de la famille des *Hyménoptères mellifères*, et les *Andrenètes*, la première. La tribu des *Ap.* se distingue de celle des *Andrenètes* en ce que la division moyenne de la languette est au moins aussi longue que sa gaine tubulaire, et en forme de filet ou de soie. En outre, les mâchoires et la lèvre sont fort allongées et constituent une sorte de trompe coudée et repliée en dessous dans l'inaction. Les *Ap.* sont *solitaires* ou *sociales*. Celles-ci, ainsi que leur nom l'indique, vivent en société composée de *mâles* et de *femelles*, et d'une quantité considérable d'*Ouvrières*, qui sont en réalité des femelles incomplètement développées. Elles ne renferment que trois genres : les *Euglosses*, qui habitent l'Amérique méridionale, les *Bourdons* et les *Abeilles*. Voy. ABEILLE, BOURDON, MELLIFÈRES et HYMÉNOPTÈRES.

APIANUS (PIERRE), astronome allemand dont le nom était Bienewitz (*Bienne*, abeille, en latin *apis*, d'où Apianus), 1495-1551. Auteur de plusieurs ouvrages écrits en latin.

APICIFLORE. adj. (lat. *apex*, *apicis*, sommet ; *flos*, *floris*, fleur). T. Bot. Qui a des fleurs terminales.

APICILAIRE. adj. 2 g. (lat. *apex*, sommet). Bot. Se dit de tout organe inséré au sommet d'un autre.

APICIUS, fameux gastronome romain, contemporain d'Auguste et de Tibère.

APICOLE. adj. (lat. *apis*, abeille ; *colere*, cultiver). Qui a rapport à l'apiculture.

APICULE. s. m. (lat. *apiculus*, de *apex*). T. Hist. nat. Petite pointe aiguë, courte, et dont la consistance n'est pas très raide.

APICULÉ, ÉE. adj. T. Hist. nat. Qui est muni d'un apicule.

APICULTEUR. s. m. Celui qui élève les abeilles.

APICULTURE. s. f. (lat. *apis*, abeille ; *cultura*, culture). L'art d'élever les abeilles.

APIOL. s. m. T. Chim. Principe actif des graines de persil. Il est employé en médecine comme tonique et fébrifuge ; mais la principale propriété de ce médicament est de ramener les règles chez les femmes atteintes d'*aménorrhée*. L'a., ainsi que son isomère l'*isapiol*, répond à la formule $C^{12}H^{14}O^4$. Par oxydation, ces deux composés donnent de l'acide *apiolique* $C^{10}H^{10}O^6$, que l'acide sulfurique étendu transforme vers 140° en *apione* $C^9H^{10}O^4$.

34

APION. s. m. T. Entom. Genre de *Coléoptères tétramères* voisin des *Charançons.* Voy. CURCULIONITES.

APION, rhéteur alexandrin du Ier siècle.

APIOS. s. m. T. Bot. Genre de plantes de la famille des *Légumineuses.* Voy. ce mot.

APIS, taureau sacré adoré en Égypte.

APITOYEMENT. s. m. Action de s'apitoyer.

APITOYER. v. a. (R. *pitié*). Toucher de pitié. *Je n'ai pu l'ap. sur mon sort.* = S'APITOYER. v. pron. Compatir, témoigner de la pitié. *S'ap. sur les malheurs de quelqu'un.* = APITOYÉ, ÉE. part.

APIUM. s. m. [Pr. *apiome*]. T. Bot. Genre de plantes de la famille des *Ombellifères.* Voy. ce mot.

APIVORE. adj. (lat. *apis*, abeille; *vorare*, dévorer). T. Zool. Qui mange les abeilles.

APLANÉTIQUE. adj. 2 g. (gr. à priv.; πλανήτης, errant). T. Phys. Qualité d'un système optique exempt d'aberration de sphéricité. Aucun système optique n'est rigoureusement ap.; mais il importe pour la netteté des images que cette condition soit réalisée approximativement autant que cela est possible. Voy. LENTILLE, MIROIR.

APLANIR. v. a. (lat. *planus*, plan, uni). Rendre plan, uni; enlever les aspérités d'une surface. *Ap. un chemin.* || Fig. *Ap. les obstacles, les difficultés,* Lever les obstacles, etc. = S'APLANIR. v. pron. *Ce terrain s'est aplani. Les difficultés s'aplanissent devant lui.* = APLANI, IE. part.

APLANISSEMENT. s. m. Action d'aplanir; état d'une chose aplanie. S'emploie au propre et au fig.

APLATIR. v. a. (R. *plat*). Rendre plat. *Cette surface est trop bombée, il faut l'ap.* = S'APLATIR. v. pron. *La balle s'est aplatie contre une pierre.* = APLATI, IE. part. *La terre est aplatie vers les pôles.* || S'emploie adject. *Sphéroïde ap.*

APLATISSEMENT. s. m. Action d'aplatir; état de ce qui est aplati. *L'ap. d'une balle de plomb. L'ap. de la terre vers les pôles avait été prédit par le calcul.*

Astr. — L'ap. d'un globe planétaire est le rapport entre la différence des rayons équatorial et polaire. Si a et b sont les deux axes du sphéroïde, l'ap. est égal à $\dfrac{a-b}{a}$. L'ap. de la terre avait été prédit par Newton qui, considérant que la terre a dû être primitivement fluide, en concluait qu'elle avait dû s'aplatir sous l'action de la force centrifuge, grâce à son mouvement de rotation. Au siècle suivant, Clairaut détermina le calcul deux limites numériques entre lesquelles devait être compris l'ap. Enfin, l'ap. terrestre fut mis en évidence vers le milieu du XVIIIe siècle par les deux expéditions envoyées l'une en Laponie, l'autre au Pérou, et dont les travaux démontrèrent que la courbure du méridien est plus prononcée dans le voisinage de l'équateur que vers les pôles. La valeur de l'ap. peut se déterminer par plusieurs méthodes : 1° méthode géodésique, ou mesure de la longueur de l'arc du méridien d'une amplitude de 1 degré en diverses régions; 2° détermination de l'intensité de la pesanteur par les observations du pendule; 3° observations du mouvement de la lune dont une certaine inégalité dépend précisément de l'ap. Toutes ces méthodes s'accordent pour assigner à l'ap. une valeur voisine de $\frac{1}{291}$.

Le soleil, la lune et les planètes, tournant sur elles-mêmes, comme la terre, sont nécessairement aplatis; mais cet ap. dépend naturellement de la rapidité du mouvement de rotation. Pour le soleil et la lune, l'ap. est insensible. Jupiter, Saturne et Uranus, qui tournent très rapidement (un tour en 10 h. environ) ont des aplatissements considérables : Jupiter $\frac{1}{17}$, Saturne $\frac{1}{9}$, Uranus $\frac{1}{11}$. Mars, dont la rotation s'effectue en 24 h. 37 m. et qui est plus petit que la Terre, n'a qu'un ap. insensible.

APLECTRUM. s. m. [Pr. *aplectrome*] (gr. à priv.;

πλῆκτρον, ergot). T. Bot. Genre de plantes de la famille des *Orchidées.* Voy. ce mot.

APLET ou **APELET.** s. m. Filet pour la pêche du hareng. || Corde garnie de lignes ayant chacune un ou plusieurs hameçons.

APLOMB. s. m. [Pr. *aplon*.] (R. *à plomb*). Direction perpendiculaire au plan de l'horizon. Direction verticale. *Prendre les aplombs d'un édifice. Ce vieux clocher a bien conservé son ap.* || Fig., Certaine assurance dans la manière de se présenter, d'agir et de parler. *Il a de l'ap. dans les affaires. Ce jeune homme a un peu trop d'ap.* || T. Man. On dit qu'un cheval a de l'ap., lorsque le poids de la masse de son corps est réparti aussi également que possible sur ses quatre extrémités. || T. Peint. Des figures manquent d'ap., lorsque, étant posées d'une certaine manière, elles ne pourraient se maintenir dans cette situation si elles étaient réelles. *Cet artiste pèche par les aplombs.* = D'APLOMB. loc. adv. Verticalement, perpendiculairement. *Ce mur est bien d'ap.* || Être ferme, assuré sur ses jambes, sur son cheval. *Ce danseur retombe toujours d'ap. Cet écuyer est bien d'ap.*

Art vét. — L'aplomb est la direction normale ou anormale des membres du cheval considérée dans ses rapports avec le sol. L'aplomb est normal ou régulier quand, pendant le repos ou l'action, il y a équilibre du corps du cheval; il est irrégulier ou anormal dans le cas contraire et par altération dans les membres antérieurs ou postérieurs, pendant le repos ou pendant l'action. Il existe deux méthodes de détermination des aplombs, l'une de Bourgelat et l'autre du général Morris. Les aplombs des membres antérieurs sont normaux d'après la première méthode et le cheval étant placé de façon que les sabots soient aux 4 angles d'un parallélogramme régulier, quand, vus de profil, le membre est partagé en 2 parties égales par une ligne verticale partant de la pointe de l'épaule. Vus de face, 2 lignes verticales, l'une partant de la pointe de l'épaule et l'autre du sommet du garrot doivent lui être parfaitement tangentes, une autre ligne partant de la pointe de l'avant-bras doit tomber verticalement derrière le talon. Les aplombs des membres postérieurs sont pris de la même façon; de face, la ligne verticale doit partir de la pointe des fesses; de profil, les lignes verticales tangentielles doivent partir de la pointe des fesses et de celle des hanches; la troisième ligne part de la région de la cavité cotyloïde et passe sur les quartiers du sabot. La méthode du général Morris est fondée sur la direction des leviers osseux, et bien qu'elle soit plus scientifique que la première, elle est moins pratiquée. D'après la connaissance des aplombs normaux du cheval, on a déterminé les aplombs anormaux, qui sont pour chaque membre et pour chaque examen, du profil et de face, au nombre de 6, ce qui fait un total de 24 aplombs anormaux, dus à des altérations ou défauts partiels ou totaux des membres.

1° Aplombs anormaux des membres antérieurs et postérieurs vus de face, les premiers par devant, les autres par derrière : A), ayant même nom : 1° *trop ouvert* : les membres s'écartent l'un de l'autre de haut en bas; aussi les chevaux atteints de cet aplomb irrégulier par devant ont-ils la poitrine étroite, et ceux qui le sont par derrière ont-ils la démarche fauchante et ralentie; 2° *trop serré* : les membres sont trop rapprochés l'un de l'autre et le cheval est peu solide sur ses sabots; 3° *panard* : les pinces sont tournées en dehors, le cheval fauche seulement de la partie inférieure du membre; 4° *cagneux* : les pinces sont tournées en dedans; le cheval a une marche pénible et il se coupe. — B), ayant des noms différents : aux membres antérieurs : 1° *genou de bœuf* : les genoux tendent à se toucher ou se touchent, surtout au trot ou au galop; 2° *cambré* : les genoux sont écartés, le poids du corps ne tombant pas perpendiculairement sur les sabots, l'animal est peu assuré dans ses allures. Aux membres postérieurs : 1° *jarrets clos ou crochus* : jarrets en dedans pouvant se toucher; l'allure est embarrassée et raccourcie; 2° *jarrets trop ouverts* : jarrets en dehors; allure embarrassée.

2° Aplombs anormaux des membres antérieurs et postérieurs vus de profils : A), ayant même nom : 1° *campé* : (a) au devant; pince en avant, appui sur le talon et allure raccourcie; (b) au derrière, les membres sont projetés en arrière; 2° *sous lui* : (a) au devant, pince en arrière, appui sur la pince, manque de solidité, achoppement fréquent; (b) au derrière, membres inclinés en avant, appui sur les talons, d'où grande fatigue; 3° *bas jointé* : les pâturons sont trop inclinés, les boulets s'écartent trop de la perpendiculaire abaissée du sommet du garrot pour les membres antérieurs, de la pointe des fesses pour les membres postérieurs; 4° *droit jointé* : les pâturons sont trop droits; les boulets se rapprochent, au contraire, des perpendiculaires. Dans ces deux cas l'allure est régulière, mais manque de solidité. — B), ayant des noms différents, aux membres antérieurs : 1° *brassicourt* ou *arqué* : le genou est porté en avant et le membre est convexe en avant; c'est un vice de naissance ou par fatigue : plus ce vice augmente, plus le cheval devient impropre au service par manque de stabilité; 2° *genoux creux* : le genou est porté en arrière, et le membre est convexe en arrière, ce défaut fait butter le cheval. Aux membres postérieurs : 1° *bouleté* : boulets en avant par trop grande inclinaison des canons; 2° *jarret droit* : jarret à inclinaison anormale. Les aplombs irréguliers ont leurs inconvénients surtout pendant l'action, l'animal pouvant se blesser, tomber ou se déferrer. C'est aux maréchaux à ferrer de façon à éviter la plupart des accidents.

APLOME. s. m. T. Minér. Variété de grenat d'une couleur brun foncé.

APLOSTOME. adj. (gr. ἁπλόος, simple; στόμα, bouche). T. Zool. Qui a la bouche simple.

APLUSTRE. s. m. (lat. *aplustrum*, m. s.). T. Archéol. Ornement de la poupe d'un navire servant probablement de girouette. Voy. GALÈRE.

APLYSIIDES (TECTIBRANCHES). s. m. pl. T. Zool. et Paléont. Famille de mollusques *Gastéropodes* de l'ordre des *Opisthobranches*, sous-ordre des *Tectibranches*. (Voy. ce mot.) La coquille est cornée, transparente, très fragile, scutiforme; la tête est munie de tentacules auriformes et les yeux sont sessiles. D'après Philippi, il y aurait deux espèces d'*Aplysia* fossiles dans le pliocène de Sicile.

APLYSIE. s. f. T. Zool. Mollusque marin gastéropode, opisthobranche, tectibranche, nommé vulgairement *Lièvre de mer*. Les *Aplysies* ont ordinairement une mince coquille interne. Les glandes de la peau répandues sur la surface du corps sécrètent une humeur couleur de pourpre.

APNÉE. s. f. (gr. ἀ priv.; πνεῖν, souffler). Défaut, arrêt de la respiration.

APOCALE. s. m. T. Icht. Sorte de requin.

APOCALYPSE. s. f. (gr. ἀποκαλύπτω, je dévoile). Dernier livre du Nouveau Testament, attribué à saint Jean l'Évangéliste qui l'aurait écrit à Patmos après la mort de Néron. Sept visions sur la fin du monde. || Fig., *Style d'Ap.*, Style obscur. || Prov. et pop., on dit d'une haridelle efflanquée, *C'est le cheval de l'Ap.*

APOCALYPTIQUE. adj. 2 g. Se dit des discours, des écrits fort obscurs. *Style ap.* Fam.

APOCINCHÉNE. s. m. T. Chim. Alcaloïde artificiel obtenu en chauffant le cinchène avec l'acide chlorhydrique aqueux.

APOCO. s. m. Loc. ital. qui s'emploie en parlant d'un homme qui manque d'esprit, de bon sens. *Il parle comme un ap.* Peu us.

APOCOPE. s. f. (gr. ἀποκόπτω, je retranche de). T. Gram. Fig. de gram. consistant dans la suppression d'une lettre au commencement ou à la fin d'un mot. Elle est fréquente dans la poésie française : *Je voi*, pour *je vois* || T. Chir. Fracture dans laquelle une partie de l'os a été enlevée; blessure avec perte de substance.

APOCRISIAIRE. s. m. (gr. ἀπόκρισις, réponse). Ce terme a commencé à être en usage chez les Grecs du Bas-Empire. Il désignait les agents ou envoyés qui portaient les réponses des empereurs. Plus tard, il s'appliqua également aux officiers chargés de l'expédition des édits et des actes émanés du souverain. Dans la suite, le pape, le patriarche de Constantinople, les évêques des différentes Églises, et même les abbés, eurent des apocrisiaires dont les fonctions consistaient à porter des instructions et des ordres.

APOCRYPHE. adj. (gr. ἀποκρύπτω, je cache). Se dit principalement des livres dont l'authenticité est douteuse.

— L'Église appelle *Apocryphes* les livres qu'elle ne reçoit pas pour canoniques. || Par ext, on dit : *Auteur ap., Histoire ap., Nouvelle ap.*, en parlant des auteurs, des histoires et des nouvelles qui n'inspirent aucune foi, parce que leur authenticité est douteuse. — Dans le principe, le mot *Ap.*, qui signifie littéralement *caché*, *qu'on tient secret*, s'appliquait simplement aux écrits religieux que l'on voulait dérober à la connaissance du vulgaire. Ainsi, les *Livres sybillins*, qui étaient confiés à la garde des décemvirs à Rome, les *Annales d'Égypte et de Tyr*, dont les prêtres ne permettaient la lecture qu'aux seuls initiés, étaient dits *apocryphes*. C'est encore dans le même sens qu'on donnait le nom d'apocryphes à certaines parties de l'*Ancien Testament* reconnues comme divines et révélées, parce qu'on les conservait dans les archives sacrées. Mais aujourd'hui le terme *ap.* s'emploie dans des acceptions tout à fait différentes en parlant des livres relatifs à l'histoire de l'*Ancien* et du *Nouveau Testament*. On désigne généralement sous ce nom tout livre dont l'authenticité n'est pas établie sur des preuves irréfragables, et spécialement certains écrits qui, dans les premiers siècles du christianisme, furent forgés par diverses sectes hérétiques, notamment par les gnostiques. Néanmoins, dans un langage plus rigoureux, *ap.* s'emploie uniquement dans le sens de *non canonique :* ainsi, lorsque l'Église a déclaré un livre ap. et l'a exclu du canon des Écritures, elle n'a pas prétendu décider par là que c'est un livre sans autorité, attribué faussement à son auteur ou supposé. — Pour la critique moderne *ap.* est l'opposé d'*authentique*. Il se dit de tout livre faussement attribué à un personnage qui n'en est pas l'auteur.

APOCYN. s. m. (gr. ἀπό, loin de; κύων, chien; dont il faut éloigner les chiens). T. Bot. Genre de plantes de la famille des *Apocynées*. Voy. ce mot.

APOCYNÉES. s. f. pl. T. Bot. Famille de végétaux dicotylédones gamopétales supérovariés.
Caract. bot. : Arbres ou arbustes dressés, volubiles ou grimpants, rarement des herbes, ordinairement lactescents.

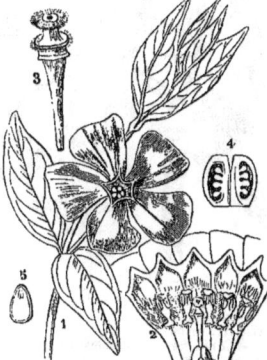

Feuilles opposées, quelquefois verticillées, rarement alternes, tout à fait entières, sans stipules proprement dites. Inflorescence tendant au corymbe. Calice libre, quinquéfide, persistant. Corolle gamopétale, souvent munie d'écailles à la gorge, hypogyne, régulière, à 5 lobes, décidue, à préfloraison contournée. Étamines au nombre de 5; filets distincts; anthères biloculaires, s'ouvrant longitudinalement; pollen granuleux. Carpelles au nombre de 2; ovaire uni- ou biloculaire, polysperme; style simple ou double; stigmate simple, s'élargissant à sa base en forme d'anneau, et étranglé au milieu; ovules ordinairement en nombre indéfini, campylotropes ou anatropes. Fruit représentant un double follicule, une capsule, une drupe, une baie, double ou simple. Graines assez souvent ailées ou pourvues d'une aigrette de poils, à albumen charnu ou corné, en général pendantes, quelquefois dépourvues d'albumen; tégument simple; embryon foliacé; plumule peu apparente;

radicule tournée vers le hile. [Fig. 1. *Petite pervenche* (*Vinca minor*); 2. *Corolle ouverte*; 3. *Style et stigmate*; 4. *Coupe verticale de l'ovaire*; 5. *Coupe d'une graine*]. Les Ap., comprennent environ 103 genres et 900 espèces, habitant pour la plupart les régions tropicales des deux continents; l'Europe n'en possède qu'un petit nombre, parmi lesquelles nous citerons le *Laurier-rose* et la *Pervenche*. On en connaît 43 espèces fossiles tertiaires, dont quelques-unes se rattachent aux genres vivants *Nerium*, *Plumeria*, etc., et 28 au genre éteint *Apocynophyllum*. Les Ap. sont en général des plantes remarquablement belles, à fleurs larges et à couleurs gaies. Un très grand nombre sont vénéneuses, et on doit toujours les tenir pour suspectes. Néanmoins, la théra-

Fig. 6.

peutique peut en tirer parti, et certaines espèces donnent un fruit qui se mange.

On les divise en 3 tribus :

Tribu I. — *Carissées* : Carpelles concrescents (*Allamanda, Carissa*, etc.).

Tribu II. — *Plumériées* : Carpelles libres, graine sans aigrette (*Alyxia, Aspidosperma, Vinca, Plumeria*, etc.).

Tribu III. — *Échitées* : Carpelles libres, graine aigrettée (*Nerium, Apocynum, Strophanthus, Echites, Prestonia*, etc.).

Parmi les véritables poisons, la *Tanghinie vénéneuse* (*Tanghinia venenifera*) est au premier rang. Une seule de ses graines, quoique leur grosseur ne dépasse pas celle d'une amande, suffirait pour tuer vingt personnes. Les amandes du *Cerbera Manghas*, appelé quelquefois *Manglier vénéneux*, sont émétiques et toxiques; son latex est purgatif; ses feuilles et son écorce s'emploient à Java comme substitut du séné. Les graines du *Cerbera Ahouai* (Fig. 6) sont vénéneuses; l'écorce et la sève jouissent de propriétés vomitives et narcotiques; le *Cerbera nerifolia* contient un suc laiteux toxique. Le bois de ces deux végétaux a une odeur très repoussante, et, dans les pays où ils sont indigènes, on s'en sert pour stupéfier le poisson. L'*Hassellia arborea* doit se ranger parmi les végétaux vénéneux. A Java, on mêle avec du miel le suc laiteux

obtenu du tronc par incision, on le réduit par l'eau bouillante, et on l'administre comme drastique pour détruire le ténia; mais ce remède peut déterminer une inflammation intestinale et quelquefois des accidents mortels. Le suc laiteux des *Plumériées* est extrêmement caustique; dans les régions tropicales on l'emploie comme purgatif. Le *Camérier à larges feuilles* (*Cameraria latifolia*) a reçu le nom de *Mancenillier bâtard*, à cause de l'analogie de ses propriétés avec celles de cet arbre redoutable. Les Mandingues, dit-on, empoisonnent leurs flèches avec le suc d'une espèce d'*Echites*. En général, ce dernier genre possède des propriétés narcotiques ou plutôt stupéfiantes, et, en outre, il est extrêmement âcre; en conséquence ses racines sont utiles comme drastiques et épispastiques. Le *Laurier-rose*, nommé aussi *Laurelle* (*Nerium oleander*), est un poison dangereux. On connaît d'assez nombreux accidents funestes produits par le *Nerium oleander*. Ce serait un médicament cardiaque ayant les mêmes propriétés que la digitale. Les racines de l'*Apocyn à feuilles d'androsème* (*Apocynum androsæmifolium*), vulgairement appelé *Gobemouche*, et du *Chanvre indien* (*Apocynum cannabinum*) sont émétiques, diurétiques et diaphorétiques : à petite dose, elles agissent comme toniques. L'infusion des feuilles de l'*Allamanda cathartica* passe pour un excellent purgatif, utile principalement dans la colique des peintres. A haute dose, c'est un émétocathartique très violent. La racine de la *Rauwolfie* ou *Rauwolfe blanchâtre* (*Rauwolfia nitida*) possède les mêmes propriétés. Un certain nombre d'espèces de cette famille perdent leur âcreté en tout ou en partie, de sorte qu'on peut alors les employer comme fébrifuges ou même comme aromatiques. L'écorce de l'*Alyxie étoilée* (*Alyxia stellata*) est aromatique : les effets qu'elle produit sont semblables à ceux de la cannelle blanche et de l'*écorce de Winter*. On l'emploie en Allemagne contre la diarrhée chronique. L'écorce de *Comessi*, excellent astringent et fébrifuge, appelée *Palapatta* dans le Malabar, provient de la *Wrightie antidysentérique* (*Wrightia antidysenterica*). Dans l'Inde, on remplace quelquefois la salsepareille par l'*Ichnocarpus fruticosus*. Les écorces de l'*Alstonie scolaire* (*Alstonia scholaris*) et de l'*Alst. constricta* sont aussi amères que la gentiane. Elles sont employées contre la dysenterie et les fièvres. Martius cite l'*Hancornia pubescens* et plusieurs autres arbres du Brésil comme doués des mêmes propriétés. Les feuilles de la *grande* et de la *petite Pervenche* (*Vinca major et minor*) passent pour être légèrement astringentes, diaphorétiques, purgatives et antilaiteuses. Les graines de certaines espèces de *Strophanthus* renferment un principe très actif que l'on emploie en médecine dans le traitement des maladies de cœur. L'*Aspidosperma Quebracho* donne une écorce connue sous le nom de *Quebracho blanc* qui est employée comme fébrifuge au Brésil et à la Plata. Elle est utile pour combattre les diverses sortes de dyspnée qui accompagnent les maladies de l'appareil respiratoire. La racine du *Jasmin jaune* (*Gelsemium sempervirens*) de l'Amérique du Nord a été vantée contre la fièvre jaune; on l'a préconisée contre la chorée, l'épilepsie et la rage.

Il paraît assez singulier de rencontrer dans une famille qui est en général douée de propriétés si actives et même si redoutables, des espèces qui sont absolument inertes et dont le latex est même alimentaire (*Tabernæmontana utilis, Carissa edulis, Carpodium dulcis*, etc.). Diverses plantes de cette famille donnent du caoutchouc ou du moins une substance analogue : cette substance, dans l'Amérique du Sud, provient du *Collophora utilis*, du *Camérier à larges feuilles* (*Cameraria latifolia*) et du *Pacourier* (*Pacouria*); à Madagascar, elle est produite par le *Vahé porte-gomme* (*Vahea gummifera*); l'*Urcéole élastique* (*Urceola elastica*) et le *Willughbeia edulis* des Indes orientales la fournissent également; mais celle que donne l'*Urcéole* est de qualité supérieure. Suivant Martius, le fruit de l'*Hancornia* est doux, légèrement acide et vineux. Le *Willughbeia edulis* doit son nom (*edulis*, mangeable) à ce que, dans l'Inde, on mange son fruit. On y peut ajouter l'*Ambélanier* (*Ambelania*), le *Carissa caracandas*, le *C. edulis*, le *C. arduina*, le *Counier* (*Counia*), le *Carpodinus* de Sierra-Leone, et le *Melodinus monogynus*.

Quelques espèces sont usitées dans la teinture; la plus importante sous ce rapport est la *Wrightie des teinturiers* (*Wrightia tinctoria*) qui donne un indigo de bonne qualité. L'*Apocynum cannabinum*, ou *Chanvre indien*, fournit une excellente filasse. Le bois des ap. est peu connu : celui de la *Wrightie écarlate* (*Wrightia coccinea*) est léger et flexible; on en fabrique des palanquins. Suivant Schomburgk, l'*Aspidosperme élevé* (*Aspidosperma excelsum*) est remarquable par son tronc qui parait comme cannelé, ou plutôt qui semble composé de plusieurs troncs plus petits qui se seraient accolés et auraient crû ensemble dans toute leur hauteur.

APODE. adj. 2 g. (gr. à priv.; ποὺς, πόδος, pied). T. Zool. || S'emploie aussi comme subst. masc.

Zool. — Le mot *Ap.* s'applique généralement à tous les animaux dépourvus de pieds; mais les entomologistes s'en servent spécialement pour désigner les larves d'insectes qui n'ont point de pattes, et les ichtyologistes pour caractériser les poissons privés de nageoires ventrales.

Dans la méthode de Cuvier, les *Apodes* constituent le 3e ordre des poissons appelés *Malacoptérygiens*. Tous les individus qui appartiennent à cet ordre peuvent être considérés comme ne formant qu'une seule famille, celle des *Anguilliformes* : par conséquent, *Ordre des Apodes* et *Famille des Anguilliformes* sont deux termes parfaitement équivalents. Tous ces poissons ont un corps allongé, sont dépourvus de nageoires ventrales, et sont revêtus d'une peau épaisse, souvent fort gluante, et laissant à peine paraître les très petites écailles qui la garnissent. Ils ont peu d'arêtes, manquent de cœcum, mais possèdent, pour la plupart, une vessie natatoire dont la forme est parfois très singulière. — L'ordre des apodes comprend les grands genres suivants : *Anguille*, *Gymnote*, *Gymnarque*, *Leptocéphale*, *Donzelle*, *Équille* et *Saccopharynx*. — L'importance des genres *Anguille* et *Gymnote* exige un article spécial pour chacun d'eux. Le genre *Gymnarque* ne comprenant qu'une seule espèce, qui habite le Nil, il suffit de le mentionner.

APODÈRE. s. m. (gr. ἀποδέρω, j'écorche). T. Ent. Genre de coléoptères tétramères. Voy. CURCULIONITES.

APODICTIQUE. adj. 2 g. (gr. ἀποδείκνυμι, je démontre). T. Philos. Aristote établit une distinction entre les propositions qui sont susceptibles d'être contestées et celles qui ne sauraient l'être, parce qu'elles sont le résultat d'une démonstration, et il nomme ces dernières *apodictiques*. Kant a emprunté matériellement ce terme au philosophe de Stagire, et il l'emploie pour désigner ceux de nos jugements dont l'affirmation ou la négation est considérée comme *nécessaire*. Ce terme d'ailleurs est rarement usité dans le langage de la philosophie.

APODIE. s. f. (gr. à priv.; ποὺς, pied). T. Didact. Absence de pieds.

APODYTÉRIUM. s. m. (gr. ἀπὸ, hors de; δύειν, vêtir). T. Antiq. Lieu où l'on se déshabillait dans les bains publics.

APOGAMIE. s. f. (gr. ἀπὸ, loin ; γάμος, mariage). T. Bot. Phénomène par lequel quelques plantes ayant perdu la facilité de se reproduire par voie sexuée, ne peuvent plus se multiplier que par bourgeonnement.

APOGÉE. s. m. (gr. ἀπόγειον, m. s.; ἀπὸ, loin de ; γῆ, la terre). T. Astr. Le point où le soleil ou la lune se trouvent à leur plus grande distance de la terre. || Fig. Point le plus élevé où l'on puisse parvenir. *Il est à l'ap. de sa gloire.* — On dit dans le même sens, *Sa fortune est à son ap.* || Dans le langage de la science, *ap.* se prend quelquefois adject. *La lune est ap.*

Astr. — Le terme d'*Ap.* s'emploie en parlant de l'orbite que la lune décrit réellement autour de la terre et de l'orbite que le soleil parait décrire autour de notre globe, et il sert à désigner le point de ces orbites qui est le plus éloigné de la terre. *Ap.* est l'opposé de *Périgée*, qui signifie le point le plus rapproché de la terre. En ne considérant que l'apparence des phénomènes, on dit que le soleil est à son ap. ou à son périgée, lorsque la terre est à son aphélie ou à son périhélie. Voy. le mot APHÉLIE et la Fig. Si dans cette figure le soleil était remplacé par la terre, la lettre A représenterait l'apogée de l'orbite lunaire et la lettre P le périgée. — L'ap. de l'orbite lunaire se déplace vers l'orient, et complète sa révolution à peu près dans l'espace de neuf années. — Par analogie, on nomme *Apojoves* et *Périjoves* les absides supérieures et inférieures des satellites de Jupiter. On dit de même *aposaturne* et *périsaturne*.

APOGON. s. m. (gr. à priv.; πώγων, barbe). T. Icht. Genre de poissons de la famille des *Percoïdes*. || T. Bot. Genre de plantes de la famille des *Composées*.

APOGRAPHE. s. m. (g. ἀπὸ, après; γράφω, j'écris). Copie d'un livre, d'un original. Est l'opposé d'*Autographe*, mais est fort peu us.

APOJOVE. s. m. T. Astr. Le point de l'orbite d'un satellite de Jupiter qui est le plus éloigné de la planète. Voy. APOGÉE.

APOLAIRE. adj. (à priv ; et *pôle*). Qui n'a pas de pôle.

APOLLINAIRE L'ANCIEN et **APOLLINAIRE** LE JEUNE, père et fils, rhéteurs du IVe siècle ap. J.-C. Ce dernier fut évêque de Laodicée en 362, et donna naissance à la secte des apollinaristes.

APOLLINARISTE. s. m. Hérétique qui soutenait que dans l'incarnation de Jésus-Christ le Fils de Dieu ne s'était pas uni à une âme humaine, mais à un corps.

APOLLINE (SAINTE), vierge d'Alexandrie, martyre en 248.

APOLLODORE, grammairien d'Athènes. IIe siècle av. J.-C.

APOLLODORE DE DAMAS, architecte, mort l'an 130 ap. J.-C.

APOLLODORE DE PERGAME, rhéteur grec. Ier siècle av. J.-C.

APOLLON (gr. ἀπόλλων). T. Myth. Dieu du jour, de la lumière, personnification du soleil, appelé aussi Phœbus; présidait aux beaux-arts et particulièrement à la poésie. Les poètes sont souvent appelés *les fils*, *les favoris d'Ap.* — On dit d'un versificateur sans talent, qu'*il fait des vers en dépit d'Ap.* — *L'amour a été son Ap.*, se dit d'un poète qui a été inspiré par l'amour. || T. Ent. Très belle espèce de papillon. (Voy. DIURNES.)

Myth. — Ap. eut une foule de cultes : ceux de Delphes, de Délos, de Patare, de Gryneum et de Milet étaient célèbres par les oracles qu'on s'y rendaient ; parmi les autres temples nous citerons ceux d'Actium, du Parnasse, d'Asine, de Pharo et de Thymbra. A Rome, Auguste lui éleva un temple magnifique sur le mont Palatin. — Un grand nombre de fêtes furent également instituées en l'honneur de ce dieu. Indépendamment des *Jeux pythiques* qui étaient communs à tous les peuples de race hellénique et dont nous parlerons ailleurs (Voy. JEUX), il n'y avait pas de cité grecque qui ne célébrât quelque fête particulière en l'honneur d'Apollon. Telles étaient : à Athènes, les *Thargélies*; à Argos, les *Lycées*; à Délos, les *Délies*; à Delphes, les fêtes appelées *Théophanie* et *Septérion*; à Égialée, les *Apollonies*; à Égina, les *Delphinies* et les *Hydrophories*; à Sparte, les *Carnées* et les *Hyacinthies*; à Thèbes, les *Daphnéphories*, etc. Dans l'Italie, le culte d'Apollon était également fort répandu : nous nous contenterons de mentionner les *Jeux apollinaires* qui se célébraient à Rome, au mois de juillet, avec beaucoup de solennité.

Plusieurs statues d'Ap. sont parvenues jusqu'à nous : la plus belle, qui est un des meilleurs temps l'un des chefs-d'œuvre de la sculpture antique, représente ce dieu venant de tuer le serpent Python. Cette admirable statue a été trouvée dans les ruines d'Antium, vers la fin du XVe siècle; on la voit aujourd'hui au Vatican dans le pavillon du Belvédère : c'est pour cela qu'elle est ordinairement désignée sous le nom d'*Ap. du Belvédère*.

APOLLONIUS DE RHODES, poète grec d'Alexandrie (270-168 av. J.-C.), auteur du poème épique *les Argonautiques*.

APOLLONIUS DE PERGA, célèbre géomètre grec de l'École d'Alexandrie, florissait vers l'an 205 av. J.-C.—Il est surtout connu par son célèbre traité des *Sections coniques* qui est un véritable chef-d'œuvre et qui contient presque toutes les propriétés importantes de ces courbes.

APOLLONIUS DE TYANE, philosophe mystique, mort vers 97 ap. J.-C., passait pour faire des miracles.

APOLLONIUS DYSCOLE, grammairien grec d'Alexandrie, au IIe siècle ap. J.-C.

APOLOGÉTIQUE. adj. 2 g. Qui contient une apologie. *Lettre, discours ap.* || S'emploie subst. au masc., en parlant de l'*Apologétique de Tertullien*. Voy. APOLOGIE.

APOLOGIE. s. f. (gr. ἀπολογία, discours en faveur de).

Discours par écrit ou de vive voix pour justifier, pour défendre une personne, une action, un ouvrage. *Écrire une ap. Faire l'ap. de quelqu'un.* || Par ext., se dit de tout ce qui est propre à justifier quelqu'un. *Sa conduite fait bien son ap.*

Syn. — *Justification.* — L'*Ap.* est un moyen de *justification*, c'est la défense de l'accusé; elle doit donner la preuve de son innocence, afin d'arriver à le justifier : en d'autres termes, la *justification* est le but de l'*ap.* Néanmoins *justification* se prend aussi dans le sens de défense d'un accusé. En outre, le terme *ap.* renferme quelquefois une idée de louange qui n'est pas comprise dans celui de *justification*.

APOLOGISTE. s. m. Celui qui fait l'apologie de quelqu'un ou de quelque chose. *Il s'est constitué votre ap.*

APOLOGUE. s. m. (gr. ἀπόλογος, discours détourné). Petit récit allégorique qui a un but moral ou instructif. *L'ap. a pris naissance dans l'Orient. L'ap. le Loup et l'Agneau. Les apologues de Bidpaï.* = Syn. *Fable, Allégorie.* Voy. ALLÉGORIE.

APOMÉCOMÈTRE. s. m. (gr. ἀπό, éloignement; μῆκος, longueur; μέτρον, mesure). Instrument qui sert à mesurer la distance des objets éloignés.

APOMORPHINE. s. f. T. Chim. L'*Apomorphine* C^{34}H^{34}Az^{2}O^4 dérive de la morphine par perte d'un équivalent d'eau. On l'obtient en faisant réagir l'acide chlorhydrique ou le chlorure de zinc sur la morphine dans un tube scellé à la lampe. C'est une poudre blanche amorphe, peu soluble dans l'eau, soluble dans l'alcool et l'éther. L'ap. est un vomitif précieux, beaucoup plus actif que l'émétique et qui détermine des vomissements rapides, sans nausées préalables ni prostration consécutive.

APONÉVROSE. s. f. (gr. ἀπονεύρωσις, tendon). T. Anat. Les *Aponévroses* sont des membranes minces formées par du tissu cellulaire quelquefois amorphe, mais le plus ordinairement fibreux. En général, elles se composent de filaments d'un blanc nacré, très résistants, à peu près inextensibles, entrecroisés ou formant des faisceaux parallèles unis entre eux par un tissu cellulaire dense.

Les anatomistes modernes admettent généralement deux sortes d'aponévroses, les *fascias* et les *aponévroses* proprement dites. Il y a deux fascias : un *superficiel* et un *profond*. Le fascia superficiel est constitué par les tissus les plus profonds du tissu cellulaire sous-cutané, et forme une couche tantôt très mince, tantôt assez épaisse, purement cellulleuse dans certains endroits, réellement fibreuse dans quelques autres, qui n'est franchement interrompue sur aucun point du corps. Le fascia profond est formé par le tissu cellulaire condensé. Il tapisse la face adhérente des membranes séreuses viscérales, qui, sans lui, se réduiraient à une sorte d'épithélium. Les *aponévroses proprement dites* sont celles qui possèdent au plus haut degré la texture fibreuse. Elles forment une enveloppe générale autour des masses musculaires, et envoient des prolongements en forme de cloisons qui séparent chaque muscle, et vont se continuer avec le périoste, les ligaments et les tendons. Les aponévroses s'unissent aux fascias dans une foule de points, de sorte qu'on peut concevoir le système aponévrotique comme un système unique et non interrompu, qui, après avoir enveloppé le corps de toutes parts, sert à le diviser en une multitude de compartiments occupés chacun par un muscle.

Le principal usage des aponévroses consiste à isoler les muscles, ce qui permet à ceux-ci de se contracter librement et indépendamment les uns des autres. La résistance et l'inextensibilité d'un grand nombre d'entre elles font qu'elles jouent un rôle important dans la locomotion, par l'appui qu'elles prêtent aux muscles dans leurs contractions. Beaucoup d'aponévroses fournissent en outre un point d'attache aux fibres musculaires qui s'insèrent soit contre leurs faces, soit à leur extrémité : elles font alors l'office de tendons, et sont dites *aponévroses d'insertion*, pour les distinguer des *aponévroses d'enveloppe*. Enfin, dans certains points, leurs fibres, en se divisant ou en se repliant, forment des anneaux ou des gaines inextensibles que traversent des vaisseaux ou des nerfs. C'est à travers ces anneaux que se font ordinairement les hernies. — Les aponévroses sont douées d'une très faible vitalité. C'est pourquoi, dans la plupart des maladies qui attaquent les tissus voisins, elles restent en général intactes, alors même que tout est désorganisé autour d'elles. Dans les inflammations, leur résistance et leur inextensibilité font qu'elles

s'opposent au gonflement des parties, et qu'elles produisent souvent des étranglements, d'où résulteraient des accidents graves, et même la gangrène, si l'on n'y remédiait en pratiquant de grandes incisions. Lorsque des abcès se développent au-dessous des aponévroses, elles s'opposent également à l'issue du pus et le forcent à fuser le long des muscles et à venir former une tumeur quelquefois très éloignée du point de départ. D'un autre côté, ces tissus, en isolant les organes, empêchent souvent l'inflammation de se propager, et la suppuration de devenir diffuse. La compression même qu'elles exercent sur les parties enflammées peut être considérée, dans beaucoup de cas, comme utile plutôt que nuisible, parce qu'elle tend à favoriser la résolution.

APONÉVROTIQUE. adj. 2 g. T. Anat. Qui est relatif, qui appartient aux aponévroses; qui est de la nature des aponévroses. *Membrane ap. Fibres aponévrotiques.*

APONÉVROTOME. s. m. (gr. ἀπονεύρωσις, aponévrose; τομή, section). T. Chir. Instrument qui sert à diviser l'aponévrose abdominale dans l'opération de la taille abdominale.

APONOGETUM. s. m. (gr. ἄπονος, facile; γείτων, voisin). Genre de plantes de la famille des *Naïadacées.* Voy. ce mot.

APOPHTEGME. s. m. (gr. ἀπόφθεγμα, m. s.). Maxime notable, mémorable, de quelque personnage célèbre. *Les Apophtegmes des sept sages de la Grèce.* || *Il ne parle que par apophtegmes,* se dit fam. et ironiq. de quelqu'un qui affecte de s'exprimer sentencieusement. = Syn. Voy. APHORISME.

APOPHYGE. s. f. (gr. ἀπὸ, loin de; φυγὴ fuite). T. Archit. Partie inférieure d'une colonne. || Moulure qui réunit le fût d'une colonne à la base et au chapiteau.

APOPHYLLÉNIQUE. adj. T. Chim. L'acide *apophyllénique* C^{9}H^{7}AzO^4 est un des produits d'oxydation de la narcotine et de la cotarnine.

APOPHYLLITE. s. f. (gr. ἀπὸ, hors de; φύλλον, feuille). T. Minér. Substance terreuse en masse lamelleuse de nuances variées. Elle se compose de silice, de chaux, de potasse et d'eau. On la trouve associée à plusieurs sortes de dépôts métallifères, particulièrement au fer oxydulé en Suède et en Norwège.

APOPHYSE. s. f. (gr. ἀποφύομαι, je nais de). T. Anat. Éminence qu'on observe à la surface des os. Voy. Os. || T. Bot. Se dit d'un renflement que présente parfois, au-dessous de la *capsule,* la soie de certaines *Mousses.*

APOPLECTIQUE. adj. 2 g. Qui appartient à l'apoplexie. *Symptômes apoplectiques.* || Qui prédispose à l'apoplexie, qui indique une prédisposition à l'apoplexie. *Complexion ap. Cet homme a l'air ap.* || Qui est utile contre l'apoplexie. *Baume ap.* Peu us dans ce sens. || S'emploie subst. *C'est un ap.,* C'est un homme qui est menacé d'apoplexie, qui a eu des attaques d'apoplexie.

APOPLEXIE. s. f. (gr. ἀποπλήσσω, je frappe). T. Méd. (Ce mot s'applique parfois à d'autres organes que les centres nerveux : *apoplexie pulmonaire,* et est ainsi le synonyme d'*hémorragie pulmonaire.*Voy. HÉMOPTYSIE.)—L'*Ap.* peut se définir une affection du centre nerveux encéphalo-rachidien, qui se manifeste par une perte ordin. soudaine et plus ou moins complète du sentiment et du mouvement dans une ou plusieurs parties du corps. L'ap. se divise, d'après son siège, en *ap. cérébrale* et en *ap. rachidienne* (ap. de la moelle épinière). Elle dépend soit d'un simple engorgement des vaisseaux sanguins encéphaliques, ou d'une extravasion de sang hors de ces vaisseaux (*ap. sanguine*); soit d'une accumulation brusque de sérosité dans les cavités du cerveau (*ap. séreuse*). — L'*ap. sanguine* se distingue en *ap. hypérémique* ou *ap. par congestion* qui résulte de la simple congestion des vaisseaux sans extravasion du sang, en *ap. interstitielle* qui est l'effet de l'épanchement du sang dans le tissu nerveux lui-même, et en *ap. méningée* : dans cette dernière, l'hémorragie s'opère simplement à la périphérie des centres nerveux ou dans les cavités ventriculaires du cerveau. L'ap. séreuse est peu commune, et son histoire est encore environnée de beaucoup d'obscurité. Les apoplexies rachidiennes ne sont pas très fréquentes. En conséquence, nous parlerons surtout de l'ap. cérébrale sanguine, c.-à-d. par hémorragie dans le tissu du cerveau, parce que ce dernier accident est assez fréquent.

Il est assez rare que l'ap. survienne d'une manière inopinée, ainsi que beaucoup de personnes sont portées à le croire. Dans la plupart des cas, elle s'annonce par des prodromes qu'un médecin éclairé ne méconnaît guère et auxquels il doit souvent de pouvoir prévenir la maladie en dirigeant contre elle un traitement prophylactique convenable. L'invasion est précédée tantôt d'un sentiment de pesanteur dans la tête, d'étourdissements, de bourdonnements d'oreilles, d'illusions d'optique ; tantôt d'un affaiblissement marqué de la mémoire, de lenteur dans les idées, de surdité ; tantôt d'un besoin insolite de sommeil, de mouvements spasmodiques vagues dans diverses parties du corps, d'une difficulté d'articuler certains mots, etc. — Après une durée plus ou moins longue des prodromes que nous venons d'énumérer, l'ap. se manifeste sous différentes formes. Ainsi elle peut survenir brusquement, atteindre rapidement un haut degré d'intensité et cesser au bout de quelques instants, ne laissant après elle aucune altération permanente appréciable de la sensibilité, du mouvement ou de l'intelligence : alors l'ap. est appelée *coup de sang*. D'autres fois, les accidents, au lieu de diminuer, croissent d'instant en instant au point de supprimer non seulement toutes les fonctions de relation, mais encore les mouvements du cœur et ceux de la respiration : dans ce cas, l'ap. est dite *foudroyante*. Enfin, et c'est là le cas le plus fréquent, les fonctions de relation ne sont suspendues qu'en partie, mais la suspension est permanente, ou ne cesse qu'au bout d'un certain temps. La première de ces formes est produite par la simple congestion des vaisseaux sanguins encéphaliques, qui détermine une forte compression de la substance nerveuse, tandis que les deux dernières sont le plus souvent le résultat d'une hémorragie cérébrale qui a dilacéré la pulpe nerveuse. — Les individus frappés d'ap. cérébrale sanguine ne perdent pas toujours entièrement la conscience d'eux-mêmes ; on observe à cet égard une multitude de degrés depuis un simple étourdissement jusqu'à l'état comateux le plus prononcé. La paralysie soit de la sensibilité, soit de la motilité, offre aussi des degrés très variables. Elle peut être générale ou ne frapper que certains organes, certaines fonctions ; le plus ordinairement elle est bornée à l'un des côtés du corps : on l'appelle alors *hémiplégie*. Dans les apoplexies cérébrales, les phénomènes que présente la circulation n'ont rien de constant : tantôt le pouls est fort et vibrant, tantôt il est à peine sensible ; fréquemment la peau est rouge et injectée, d'autres fois elle est d'une pâleur cadavérique. La respiration est presque toujours stertoreuse, et la plupart des apoplectiques qui succombent dans le cours de leur attaque meurent asphyxiés. — Dans les apoplexies séreuses, la perte de connaissance est ordinairement complète, et la paralysie n'est pas aussi limitée que dans l'hémorragie du cerveau. Lorsque, au contraire, c'est la moelle épinière qui est le siège de l'ap., le malade ne perd pas connaissance ; il y a simplement paralysie d'une partie du corps située au-dessous du point qu'occupe la lésion de la moelle épinière. Quelquefois on observe des convulsions, et même une rigidité presque tétanique de certains muscles.

Les causes de l'ap. sont excessivement nombreuses. L'ap. séreuse attaque surtout les vieillards, les sujets faibles, débilités par des maladies antécédentes, ou ceux qui sont affectés d'une lésion organique du poumon ou du cœur. Les individus atteints d'anasarque ou d'hydropisie y paraissent aussi prédisposés. L'ap. cérébrale sanguine, au contraire, frappe de préférence les sujets forts et pléthoriques. Elle est favorisée par tout ce qui est de nature à déterminer un afflux considérable de sang vers le cerveau, comme des efforts violents, de fortes contentions d'esprit, des émotions morales vives, une température très élevée ou très basse. Tout ce qui tend à s'opposer au retour du sang veineux vers le cœur et donne lieu à une stase sanguine dans le cerveau, comme un lien trop serré autour du cou, une attitude penchée, etc., agit d'une façon analogue. Toutefois la cause prochaine la plus fréquente de l'hémorragie cérébrale paraît résider dans les altérations que les artères encéphaliques subissent par le simple effet de l'âge, c.-à-d. dans les ossifications et dans les incrustations crayeuses qui diminuent la solidité de leurs parois et tendent à favoriser leur rupture.

Comme dans le cas d'hémorragie interstitielle la lésion est toujours limitée à une portion de la substance cérébrale, et comme tous les nerfs tirent leur origine d'un point particulier du cerveau, il était naturel de chercher à déterminer le siège de la lésion organique d'après celui de la paralysie. Cette question, d'ailleurs, est une des plus intéressantes pour la physiologie ; car sa solution jetterait un grand jour sur les fonctions des diverses parties de l'encéphale. On sait déjà que dans l'ap. cérébrale, la paralysie existe presque toujours du côté opposé à celui du cerveau où siège la lésion ; dans l'ap. de la moelle épinière, au contraire, elle existe toujours du même côté. Cette différence résulte de la disposition anatomique des fibres nerveuses. Dans la moelle, en effet, les fibres marchent en droite ligne sans se dévier ; ce n'est qu'au moment de pénétrer dans le cerveau qu'elles changent de direction. Alors elles s'entrecroisent ; celles de droite passent à gauche, et *vice versa*. Cependant toutes ne s'entrecroisent pas, et c'est ce qui explique les cas rares où l'on n'a pas observé les effets croisés habituels. — On a voulu aller plus loin, et l'on a affirmé, par exemple, que la paralysie des membres inférieurs tenait à la lésion du corps strié, la paralysie des bras à la lésion des couches optiques, l'hémiplégie à la lésion simultanée de ces deux portions du cerveau, la paralysie de la langue à la lésion de la corne d'Ammon, etc. Mais il existe dans la science des faits nombreux en opposition formelle avec ceux qu'on invoque en faveur de ces localisations. Les hémorragies de la troisième circonvolution du lobe frontal gauche entraînent habituellement l'aphasie et l'amnésie verbale. (BROCA.)

L'ap. est toujours une maladie grave, et son pronostic, même dans les cas légers, ne laisse pas d'être inquiétant, à cause des récidives que l'on a à redouter. Lorsque l'attaque a eu une certaine intensité, il est rare, si le malade survit, qu'il ne conserve pas une paralysie plus ou moins étendue, soit du mouvement, soit de la sensibilité ; souvent même il perd l'usage de quelqu'un de ses organes, ou bien ses facultés intellectuelles restent affaiblies ou troublées pendant le reste de ses jours. — Néanmoins l'ap. cérébrale, alors même qu'elle a donné lieu aux symptômes les plus alarmants, peut encore se terminer par la guérison. Assez souvent l'épanchement sanguin s'arrête, et le sang extravasé se coagule. Le caillot, qui offre d'abord l'aspect de la gelée de groseilles, prend peu à peu plus de consistance ; il s'entoure d'une sorte d'enveloppe fibrineuse qui devient de jour en jour plus solide, s'organise et finit par constituer un kyste adhérent par sa circonférence extérieure à la substance cérébrale. Quelquefois ce kyste ne disparaît pas complètement ; mais dans certains cas il est entièrement résorbé, et alors il n'existe plus, à la place de l'épanchement, qu'une cicatrice linéaire formée par un tissu cellulaire dense. Il est extrêmement probable que les fonctions ne se rétablissent dans toute leur intégrité que lorsque les fibres nerveuses ont été simplement écartées, mais non quand elles ont été rompues et détruites.

Le traitement de l'ap. est prophylactique ou curatif ; toutefois les moyens à mettre en usage sont à peu près les mêmes dans les deux cas ; car la principale indication, avant comme après l'invasion de la maladie, consiste à diminuer la masse du sang au moyen des émissions sanguines, ou bien à opérer une dérivation plus ou moins énergique vers la peau ou vers le tube intestinal. L'iodure de potassium est le meilleur agent pour activer la résolution du caillot et empêcher le ramollissement cérébral. Quant aux symptômes hémiplégiques, on les traite par le massage, les frictions, l'électrisation modérée et certaines eaux minérales (Bourbonne, Wiesbaden).

APOQUINÈNE. s. m. et **APOQUININE.** s. f. T. Chim. Alcaloïdes artificiels qu'on obtient en chauffant le quinine ou la quinine avec une dissolution d'acide chlorhydrique ou d'acide bromhydrique.

APORRHAIDES. s. m. pl. T. Zool. et Paléont. Famille de mollusques gastropodes *cténobranches* (Voy. ce mot). La coquille est conique ou ovale, fusiforme ou turriculée ; la bouche présente, à la base, un canal de longueur variable, à lèvre externe réfléchie, aliforme, digitée souvent. L'opercule est calcaire. Le genre *Aporrhais* est actuel et fossile depuis le lias. Le genre *Alaria*, qui est jurassique et crétacé, est fort remarquable par sa forme élancée ; le genre *Dicroloma* se rencontre dans les mêmes horizons ; le genre *Spinigera* est jurassique.

APOSATURNE. (gr. ἀπὸ, loin, et Saturne). T. Astr. Le point de l'orbite d'un satellite de Saturne qui est le plus éloigné de la planète. Voy. APOGÉE.

APOSIOPÈSE. s. f. (gr. ἀποσιωπάω, je me tais). T. Rhét. Syn. de RÉTICENCE. Voy. ce mot.

APOSTASIE. s. f. (gr. ἀπὸ, loin de ; ἵστημι, je me tiens).

Abandon public d'une religion pour en embrasser une autre. Se prend en mauvaise part, et se dit particulièrement de l'abandon de la foi chrétienne. *Tomber dans l'ap.* || S'emploie en parlant d'un religieux qui rompt ses vœux et renonce à son habit. = Par ext., se dit encore de l'abandon d'un parti, d'une doctrine.

APOSTASIER. v. n. Tomber dans l'apostasie. S'emploie dans les diverses acceptions du mot *Apostasie.* = APOS-TASIÉ, ÉE, part.

APOSTAT. adj. m. Qui a apostasié. *Chrétien ap. Moine ap.* || Se prend aussi subst. *C'est un vil ap.*

Syn. — *Renégat.* — Ces deux mots servent à désigner, en général, les hommes qui abjurent leur religion pour embrasser une autre croyance ; mais le premier s'applique plus particulièrement à ceux qui ont renoncé au christianisme ou au catholicisme, et *renégat* est usité de préférence en parlant des chrétiens qui se font mahométans. — Voy. ABJU-RATION.

APOSTÈME. s. m. Voy. APOSTUME.

APOSTER. v. a. (lat. *ad*, vers ; *ponere*, poser). Mettre quelqu'un dans un poste pour observer ou pour exécuter quelque chose. Ne se prend guère qu'en mauvaise part. *Ap. des gens pour insulter, pour maltraiter quelqu'un. Ap. de faux témoins.* = APOSTÉ, ÉE, part.

Syn. — *Poster.* — Poster exprime une action ordinaire qui ne suppose de la part du sujet ni finesse ni malveillance. *Ap.*, au contraire, implique une idée de ruse, de mystère, et suppose une intention bien déterminée de nuire. Des soldats sont *postés* pour combattre l'ennemi s'il se présente ; des assassins sont *apostés* pour s'élancer sur quelqu'un et l'égorger.

A POSTERIORI. Mots latins qui signifient *d'après ce qui suit*, et qui s'emploient en logique pour désigner la méthode expérimentale, basée sur l'observation ou l'expérience. Voy. A PRIORI.

APOSTILLE. s. f. (lat. *appositum*, placé auprès). Petite note qu'on met à la marge d'un livre ou d'un écrit. — Addition mise au bas d'une lettre. || Recommandation ou observation écrite en marge d'une pétition, d'un mémoire. *Demander, donner, refuser une ap.* || Observation que les arbitres mettent à la marge d'un compte, en regard des articles contestés. || Addition, annotation faite à la marge d'un acte. *Les apostilles doivent être paraphées par tous les signataires du corps de l'acte.*

APOSTILLER. v. a. Mettre des apostilles en marge d'un écrit, d'un livre, d'une pétition, d'un mémoire, d'un compte, d'un acte. *Le ministre avait apostillé les dépêches de l'ambassadeur.* = APOSTILLÉ, ÉE, part.

APOSTIS. s. m. T. Mar. Deux rangs de bois aux deux côtés d'une galère, servant à porter toutes les rames.

APOSTOLAT. s. m. (gr. ἀπόστολος, apôtre). La mission, le ministère d'apôtre.

APOSTOLICITÉ. s. f. T. Théol. L'un des caractères de l'Église catholique, tiré de la conformité de sa doctrine avec celle des apôtres.

APOSTOLIQUE. adj. 2 g. Qui vient des apôtres, qui a été établi par les apôtres, *Doctrine, tradition ap. Église catholique, ap. et romaine.* — *Mission ap.*, Mission des apôtres ; mission de ceux qui travaillent à la propagation de la foi. || *Église ap.*, se dit d'une Église fondée par les apôtres, comme celles de Rome, de Jérusalem, d'Antioche. || *Siècle ap., temps ap.*, Le premier siècle de l'Église, le temps où ont vécu les apôtres. || *Pères apostoliques*, Ceux des successeurs immédiats des apôtres qui ont laissé des écrits. Voy. PÈRES. || Se dit encore de ce qui appartient au Saint-Siège, de ce qui en émane. *Nonce ap. Bref ap. Bénédiction ap. Lettres apostoliques.*

APOSTOLIQUEMENT. adv. A la façon des apôtres.

APOSTROPHE. s. f. (gr. ἀποστρέφω, je détourne). Figure de rhét. Par ext. et fam., Trait mortifiant adressé à quelqu'un. *Essuyer une ap.* || T. Gram. Signe en forme de virgule que l'on place en haut et à la droite d'une consonne (*l'amour*), pour marquer l'élision de la voyelle qui devrait suivre cette consonne.

Rhét. — L'*Ap.* est une figure de rhétorique qui consiste à interrompre subitement la suite nécessaire de ses pensées pour s'adresser directement et nommément soit à une personne présente ou absente, soit aux hommes, en général, aux vivants, aux morts, soit à l'Être suprême ou aux dieux, soit encore aux choses inanimées et même aux êtres de raison qu'on est dans l'usage de personnifier. C'est ainsi que Racine fait dire à Andromaque :

O cendres d'un époux ! ô Troyens ! ô mon père !

O mon fils ! que tes jours coûtent cher à ta mère !

Dans l'art oratoire, cette figure, lorsqu'elle est employée à propos et habilement ménagée, produit toujours un grand effet.

APOSTROPHER. v. a. T. Rhét. Adresser une apostrophe. || *Ap. quelqu'un*, Lui adresser la parole pour lui dire quelque chose de désagréable. || Dans le style comique, *Ap. quelqu'un d'un soufflet, d'un coup de bâton*, c'est lui donner un soufflet, un coup de bâton. = APOSTROPHÉ, ÉE. part.

APOSTUME ou APOSTÈME. s. m. (gr. ἀπόστημα, j'écarte). T. Méd. Ces deux termes qui signifient *Abcès*, sont tombés en désuétude. — *Apostume* s'emploie encore dans cette loc. proverb. et fig., *Il faut que l'apostume crève*, en parlant d'une passion cachée, d'une intrigue secrète qui doit finir par éclater.

APOSTUMER. v. n. Se dit d'un abcès qui crève, qui suppure. Vx. = APOSTUMÉ, ÉE. part.

APOSURE. s. m. (gr. ἀ priv. ; πούς, pied ; οὐρά, queue). T. Ent. Tribu de *Lépidoptères nocturnes.*

APOTHÉCIE ou APOTHÈQUE. s. f. (gr. ἀποθήκη, magasin, lieu de réserve). T. Bot. Nom donné aux conceptacles reproducteurs des *Lichens.* Voy. ce mot.

APOTHÈME. s. m. (gr. ἀπό, loin de ; τίθημι, je place). T. Géom. L'apothème d'un polygone régulier est la perpendiculaire abaissée du centre sur un des côtés. Dans une pyramide régulière c'est la perpendiculaire abaissée du sommet sur l'un des côtés de la base. Dans un cône droit circulaire, c'est la génératrice.

APOTHÉOSE. s. f. (gr. ἀποθέωσις, déification, de ἀπό et θέος, dieu). L'action de placer un homme au rang des dieux. || Cérémonie par laquelle les anciens Romains déifiaient leurs empereurs. *L'ap. d'Auguste.* || Réception des anciens héros parmi les dieux. *L'ap. d'Hercule* || Par exag., Honneurs extraordinaires rendus à un homme, estime, opinion générale et l'enthousiasme public élèvent au-dessus de l'humanité. *De nos jours Napoléon a été le seul homme auquel l'enthousiasme populaire ait décerné les honneurs de l'ap.* || T. Météor. Phénomène d'optique qui se montre sur les brouillards ou les nuages à l'opposé du soleil, et qui consiste en cercles irisés dont l'observateur voit son ombre entourée. Voy. ANTHÉLIE, HALO, OMBRES et SPECTRES AÉRIENS.

APOTHÈQUE. s. f. Voy. APOTHÉCIE.

APOTHÈSE. s. f. (gr. ἀπόθεσις, disposition). T. Chir. Position qu'il convient de donner à un membre fracturé.

APOTHICAIRE. s. m. (gr. ἀποθήκη, magasin). Celui qui prépare et vend des médicaments. On dit aujourd'hui *Pharmacien.* || *Mémoire d'ap.*, Compte sur lequel il y a beaucoup à rabattre. — Il fait de son corps *une boutique d'ap.*, se dit de celui qui a la manie de se médicamenter.

APOTHICAIRERIE. s. f. Ce terme a vieilli. Même signif. que *Pharmacie.*

APOTOME. s. m. (gr. ἀπότομος, coupé). T. Entom. Genre d'insectes coléoptères. Voy. CARABIQUES. || T. Géom. Euclide et quelques anciens géomètres désignaient par ce terme la différence entre deux lignes ou deux quantités incommensurables entre elles.

APÔTRE. s. m. (gr. ἀποστέλλειν, envoyer au loin). Nom donné aux douze disciples de Jésus-Christ choisis par lui-même pour prêcher son Évangile et le répandre dans toutes les parties du monde. *Les douze apôtres. Le symbole des apôtres. Saint Pierre et saint Paul sont nommés les princes des apôtres.* || Celui qui a prêché le premier l'Évangile dans un pays. *Saint Denis est l'ap. de la France.* || Fig., Celui qui se voue à la propagation et à la défense d'une doctrine, d'une opinion, d'un système. *L'erreur comme la vérité a ses apôtres.* || Prov. *Faire le bon ap.*, Contrefaire l'homme de bien. *C'est un bon np. auquel je ne me fierais pas.* || On donne le nom d'*Apôtres* aux pauvres dont l'évêque lave les pieds le jeudi saint à la cérémonie de la cène.

Les apôtres étaient dans l'origine au nombre de douze : *Pierre, André,* frère de Pierre, *Jacques le Majeur, Jean* l'Évangéliste, *Philippe, Matthieu, Barthélemy, Thomas* ou *Didyme, Jacques* le Mineur, *Jude,* frère de Jacques le Mineur, *Simon* et *Judas,* surnommé *Iscariote,* du lieu de sa naissance.

Outre ces douze apôtres, qui furent les disciples élus par J.-C., on place au même rang *Mathias, Barnabé* et *Paul,* surnommé l'*Ap. des Gentils,* que l'on peut considérer comme le fondateur du christianisme.

APOZÈME. s. m. (gr. ἀποζήμα, décoction). T. Méd. On donne le nom d'*Ap.* à des médicaments liquides composés, dont la base est une décoction ou une infusion aqueuse d'une ou de plusieurs substances végétales, à laquelle on ajoute divers autres médicaments simples ou composés, tels que de la manne, des sels, des sirops, des électuaires, des teintures, des extraits. L'ap. diffère des tisanes, en ce qu'il se prend toujours à des heures fixées par le médecin, et ne sert jamais de boisson habituelle au malade. En outre, il contient plus de principes actifs, et il est toujours destiné à remplir quelque indication spéciale.

APPARAÎTRE. v. n. [Pr. *aparêtre*] (lat. *ad,* vers ; *parere,* paraître). Devenir visible, se manifester. *Dieu apparut à Moïse dans le buisson ardent. Il lui apparut en spectre.* || Se dit d'une personne ou d'une chose qui se montre inopinément. *Une voile apparut à l'horizon et rendit l'espoir aux naufragés.* || En style de Palais, on dit, *S'il vous apparaît que cela soit ainsi.* || T. Négociation, *Faire ap. de ses pouvoirs,* Donner communication de ses pouvoirs dans les formes, les notifier. *Les ambassadeurs ayant fait ap. de leurs pouvoirs.* ═ APPARU, UE. part.

Obs. gram. — Le verbe *Ap.* est un composé du verbe *paraître,* et se conjugue comme ce dernier Il est bon d'observer, cependant, que *paraître* prend constamment l'auxiliaire *avoir,* tandis qu'*ap.* prend quelquefois l'auxiliaire *être* dans la formation de ses temps composés, lorsqu'on le conjugue avec un pronom personnel. Par conséquent, on peut dire : Le spectre qui *lui était apparu* ou qui *lui avait apparu.* Toutefois l'usage a consacré l'emploi exclusif du verbe *être* avec le pronom personnel de la première et de la seconde personne. Ainsi, on ne doit jamais dire : Le spectre *m'a apparu ;* pour s'exprimer correctement, on dira : Le spectre *m'est apparu.*

Vous m'*étes,* en dormant, un peu triste apparu.
LA FONTAINE.

Syn. — *Paraître.* — Ces deux verbes signifient devenir visible, se montrer ; mais *paraître* se dit de ce qui se voit habituellement, et *Ap.* de ce qui est insolite. Le soleil *paraît* sur l'horizon ; de temps à autre, il *apparaît* de nouvelles étoiles dans le ciel.

APPARAT. s. m. [Pr. *apara*] (lat. *ad, parare,* préparer pour). Ce qui est destiné à donner plus de solennité à une fête, à une cérémonie publique. Ne se dit guère dans ces phrases : *Discours d'ap. ; Haranguer avec ap. ; Il est venu dans un grand ap.* || *Cause d'ap.,* se dit d'une cause qui permet à l'avocat de paraître avec éclat. || Ostentation. *Il met de l'ap. dans les actes les plus simples.* || On donne le nom d'*Ap.* à certains livres disposés en forme de dictionnaire, de catalogue, pour faciliter l'étude d'un auteur, d'une langue, d'une science. *L'ap. sur Cicéron* est une espèce de concordance ou de recueil des phrases de cet auteur.

APPARAUX. s. m. pl. [Pr. *aparô*] T. Mar. Pluriel d'*appareil.* Voy. AGRÈS.

APPAREIL. s. m. [Pr. *apareill,* ll mouillées] (lat. *ad, parare,* préparer pour). Apprêt, préparatif. S'emploie lorsqu'il s'agit d'une solennité ou de quelque chose extraordinaire. *Ap. magnifique, Ap. lugubre, Ap. de guerre.* || Éclat, pompe

qui environne ou accompagne certaines choses. *L'ap. du trône. Il s'est montré dans le plus pompeux ap.* || Choses qui on accompagnent une autre, qui servent à la caractériser. *L'ap. de la tristesse et du deuil.* || T. de Science, d'Arts, et d'Ind. Machines, instruments, outils nécessaires

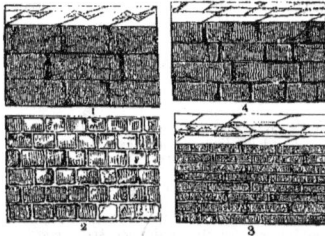

pour exécuter quelque opération, quelque expérience, ou fabriquer quelque produit. *Disposer un ap. Ces appareils sont incomplets. L'expérience a échoué par la faute de l'ap.* || T. Anat. Ensemble des organes qui concourent à une même fonction. *L'ap. digestif, respiratoire, vocal,* etc. || T. Chir. Substances médicamenteuses, bandes, compresses, éclisses, etc., dont on se sert pour le pansement des plaies, des fractures, etc. *C'est demain qu'on doit lever le premier ap.* T. Archit. Voy. plus loin.

All. littér. — ..... *Dans le simple appareil*
D'une beauté qu'on vient d'arracher au sommeil,
gracieuse périphrase, dans *Britannicus,* tragédie de Racine, souvent appliquée.

Archit. — On donne le nom d'*Ap.* à l'art de tracer et de disposer convenablement les pierres ou les marbres qui doivent entrer dans la construction d'un édifice quelconque. On nomme *grand ap.* (Fig. 1) un assemblage de pierres de taille

ayant de 64 à 160 centimètres de largeur, et de 60 centimètres à 1 mètre d'épaisseur, qui sont posées par assises égales et liées ensemble par des crampons de fer ou par des coins de bois à double queue d'aronde. La perfection avec laquelle ces pierres sont ajustées dans certains édifices antiques est telle qu'on peut à peine en distinguer les joints. Le *petit ap.* (Fig. 2) est formé de pierres symétriques à peu près carrées, dont chaque côté a de 8 à 11 et quelquefois même de 13 à 16 centim. Ces pierres sont liées par d'épaisses couches de mortier. Lorsque les pierres, au contraire, sont plus longues que larges, on l'appelle *petit ap. allongé* (Fig. 3). Les pierres qui composent l'*ap. moyen* (Fig. 4) sont de dimensions variables : elles tiennent le milieu entre le grand et le petit ap. Ces pierres sont également cimentées, et on outre elles sont parfois reliées entre elles comme les pierres du grand ap. Au reste, ainsi qu'il est aisé de le concevoir, ces appareils ne sont pas les seuls usités ; la nature des matériaux que fournit la localité, le prix de la main-d'œuvre et diverses autres causes ont dû faire varier à l'infini la manière de disposer les matériaux des constructions. Les appareils employés de nos jours étaient déjà connus des architectes de l'antiquité, qui en avaient même fait une étude toute spéciale et qui leur avaient imposé des noms caractéristiques. — Les Romains faisaient grand usage de deux espèces d'appareils qu'ils nommaient l'un *opus reticulatum, ap. réticulé,* et l'autre *opus antiquum* ou *incertum,* c.-à-d. ap. antique ou *irrégulier.* Dans le premier (Fig. 5), les pierres sont taillées carrément et disposées de façon que la ligne des joints forme une diagonale ; ce qui donne au parement du mur l'apparence d'un réseau ou d'un damier Pour le second (Fig. 6), on ajustait les pierres sans ordre ni rang d'assises, en observant tou-

35

tefois qu'elles se trouvassent en contact par tous leurs bords. Suivant Vitruve, l'*opus incertum* ne flatte pas l'œil autant que le fait le *reticulatum*, mais il est plus solide. Au reste, les deux parements des murs étaient seuls construits de cette manière ; la partie intérieure de la muraille était remplie de blocaille noyée dans du mortier. Pour l'appareil des voûtes, voy. VOUTE.

APPAREILLADE. s. f. [Pr. *apareillade*]. T. de Chasse. Formation des couples de perdrix pour la reproduction.

APPAREILLAGE. s. m. [Pr. *apa...*]. T. Mar. Action d'appareiller ; ensemble des manœuvres qu'on exécute pour lever les ancres et pour orienter les voiles, lorsqu'on veut prendre la mer.

APPAREILLEMENT. s. m. [Pr. *apa...*]. Action d'appareiller des animaux domestiques pour les faire travailler ensemble ou pour en propager la race.

APPAREILLER. v. a. [Pr. *apa...*] (R. *pareil*). Mettre ensemble des animaux, des choses pareilles. *Ap. des chevaux, des vases, des tableaux.* || Joindre à une chose une autre chose qui lui soit pareille. *Voilà un beau vase, je voudrais trouver à l'ap.* = s'APPAREILLER. v. pron. Se joindre à une personne pareille à soi. On dit fam. et iron., *Ce sont des gens bien dignes de s'ap.* = APPAREILLÉ, ÉE. part.

APPAREILLER. v. a. [Pr. *apa...*] (R. *appareil*). T. Archit. Tracer le trait pour la coupe des pierres selon la place que chacune d'elles doit occuper dans un édifice. *L'art d'ap. exige beaucoup d'habitude.* || T. Mar. Mettre à la voile. *Toute la flotte appareilla.* En ce sens *Ap.* est neutre : cependant on dit au partie., *Cette escadre est appareillée.* — On dit aussi activ., *Ap. une voile*, pour mettre dehors cette voile.

APPAREILLEUR. s. m. [Pr. *apa...*]. Chef ouvrier qui est chargé de choisir les pierres destinées à une construction, d'en régler l'emploi, de tracer les coupes, de présider au débit, à la taille et enfin à la pose.

APPAREILLEUSE. s. f. [Pr. *apa...*]. Femme qui fait métier de favoriser les amours illicites.

APPAREMMENT. adv. [Pr. *aparaman*]. Selon les apparences, vraisemblablement. *Vous supposez ap. que.* = *Ap. qu'il viendra.*

APPARENCE. s. f. [Pr. *aparanse*] (lat. *apparere*, apparaître). L'extérieur, ce qui paraît au dehors. *Cette maison a une belle ap. Ces gens-là sacrifient tout à l'ap. Il ne faut pas se fier aux apparences. Il m'a trompé sous l'ap. de la probité.* — On dit de quelqu'un qui masque les désordres de sa conduite sous les dehors d'une vie régulière, *qu'il sauve les apparences.* || Se dit des choses telles qu'elles nous semblent être, par opposit. à ce qu'elles sont en réalité. *Si nous jugions des phénomènes célestes par leur ap.*, nous tomberions dans les plus grossières erreurs. || Restes, vestiges. *Elle a encore quelque ap. de beauté.* || Probabilité, vraisemblance. *Il y a ap. qu'il viendra. Les apparences sont les mêmes de part et d'autre. Contre toute ap. Selon toute ap.* = EN APPARENCE. loc. adv. Extérieurement, autant qu'on en peut juger par ce qui paraît. *Ils se quittèrent, en ap.*, fort contents l'un de l'autre. *Il n'est sage qu'en ap.*

Syn. — Extérieur, Dehors. — Au prop., l'extérieur des objets est ce que l'on peut toucher et voir ; l'*ap.* est simplement l'aspect sous lequel les choses frappent nos regards. L'*extérieur* est inhérent à l'objet lui-même, il résulte de sa structure, on ne change qu'avec elle, tandis que l'*ap.* peut n'être pas conforme à la réalité, et varie en effet suivant le point de vue où nous sommes placés et la distance où nous nous trouvons de l'objet. *Dehors* est en général synonyme d'*extérieur* ; toutefois, en parlant d'un édifice, d'une ville ou d'une place de guerre, *dehors* s'emploie pour désigner ce qui l'entoure immédiatement. Par ex., les avenues, avant-cour, parc, etc., constituent les *dehors* d'un château ; les ouvrages détachés constituent les *dehors* d'une place. — Au figuré, *extérieur* et *dehors* conservent les mêmes différences qu'au sens propre.

APPARENT, ENTE. adj. [Pr. *aparan*] (lat. *apparere*, apparaître). Qui est visible, évident, manifeste. *Il n'a aucun bien ap. sur lequel on puisse asseoir une hypo-*

thèque. || Qui est remarquable et considérable entre d'autres personnes, entre d'autres choses. *C'est un des hommes les plus apparents de la cour. Il a à la maison la plus apparente de la ville.* || Spécieux, feint. *Un prétexte ap. Sa sécurité n'est qu'apparente.* || Se dit des objets et des phénomènes qui en réalité ne sont pas tels qu'ils nous paraissent être. *La mort apparente et la mort réelle. La grandeur apparente du soleil.*

Astr. — Les astronomes et les physiciens emploient très fréquemment le terme *Ap.* en parlant des objets tels qu'ils nous apparaissent, pour les distinguer de ce qu'ils sont réellement ; car l'état *ap.* des choses donne souvent lieu à des jugements tout à fait erronés sur leur état réel. Ainsi, la *hauteur apparente* d'un astre est l'angle que fait avec l'horizon le rayon visuel partant de l'œil de l'observateur et aboutissant à cet astre ; dans ce cas, la hauteur de l'astre est faussée par la réfraction atmosphérique, qui relève l'astre vers le zénith. — On nomme *diamètre ap.* d'une planète l'angle qu'il sous-tend à l'œil. Le *diamètre ap.* d'une planète est mesuré par l'angle que font les deux lignes droites tirées de notre œil à deux points opposés du disque de l'astre. Cet angle diminue à mesure que la distance augmente, de manière qu'un petit objet situé à une faible distance peut avoir le même diamètre ap. qu'un objet plus grand situé à une distance plus considérable : c'est ce qui arrive pour le soleil et la lune qui ont à peu près le même *diamètre ap.* quoique le diamètre réel du soleil soit environ 400 fois plus grand que celui de la lune : le soleil est environ 400 fois plus éloigné.

La *distance apparente* de deux astres est l'angle formé par les rayons visuels qui vont de notre œil à chacun d'eux. Cet angle est mesuré par l'arc de grand cercle compris entre ces astres dans la sphère céleste. — Le *mouvement ap.* est celui que nous remarquons dans un corps éloigné qui se meut, ou celui que paraît avoir un corps en repos pendant que nous sommes nous-mêmes en mouvement. C'est ainsi que, lorsque nous sommes dans un bateau qui glisse à la surface de l'eau, nous croyons voir le rivage s'enfuir derrière nous ; c'est ainsi que nous croyons voir le soleil parcourir successivement tous les signes du zodiaque, tandis que c'est la terre qui est transportée dans son orbite ; c'est ainsi encore que nous attribuons à la sphère céleste un mouvement de rotation diurne de l'est à l'ouest, tandis que c'est la terre qui tourne sur son axe dans une direction opposée. — La *forme apparente* est celle sous laquelle nous voyons un objet situé à une certaine distance. Un arc de cercle, par ex., peut offrir de loin la forme d'une ligne droite ; un cercle peut paraître une ellipse ; des corps angulaires peuvent sembler ronds. Tous les objets au reste ont une tendance à s'arrondir par l'éloignement ; à une grande distance, les aspérités disparaissent et les corps nous semblent unis. — L'*horizon ap.* est la ligne affectée de toutes les irrégularités de la surface terrestre qui semble séparer la terre du ciel. L'horizon vrai est le grand cercle suivant lequel le p an horizontal mené par l'œil de l'observateur coupe la sphère céleste.

APPARENTER. v. a. [Pr. *aparanté*] (R. *parent*). Donner des parents par alliance. *Il a bien apparenté sa fille.* = s'APPARENTER. v. pron. Entrer dans une famille, s'allier à quelqu'un. *Il s'est apparenté à la noblesse. Elle s'est mal apparentée.* Fam. = APPARENTÉ, ÉE. part. Ne s'emploie jamais sans modificatif. *Il est bien ap.*, Il a des parents honnêtes, riches ou puissants ; *Il est mal ap.*, Il a des parents pauvres ou mal famés.

APPARIEMENT ou **APPARÎMENT.** s. m. [Pr. *apariman*]. Action d'apparier.

APPARIER. v. a. [Pr. *aparier*] (lat. *par*, semblable ; paire). Assortir, unir par couples, par paires. *Ap. des bœufs, des chevaux, des gants.* || Réunir des animaux dans un but de reproduction. Se dit principalement des oiseaux. *Ap. des pigeons, des tourterelles.* = s'APPARIER. v. pron. S'accoupler. *Les oiseaux s'apparient au printemps.* = APPARIÉ, ÉE. part.

APPARITEUR. s. m. [Pr. *apa...*]. Se disait autrefois d'un huissier attaché aux cours ecclésiastiques, et des bedeaux de certaines Universités. Il désigne actuellement des huissiers attachés aux diverses facultés.

APPARITION. s. f. [Pr. apa...] (R. apparaître). Manifestation d'un être qui, étant naturellement invisible, se rend visible. *L'ap. d'un mort, d'un mourant, d'un vivant éloigné.* || Théol. *Apparition de Dieu, d'un ange, d'un démon; la pythonisse d'Endor fit apparaître l'ombre de Samuel,* etc. || Se dit aussi en parlant d'un phénomène, d'un corps céleste qui commence à devenir visible. *L'ap. d'une aurore boréale, d'une comète. L'ap. du soleil à l'horizon.* || S'emploie encore en parlant de la publication d'un écrit. *L'ap. de ce livre a fait une vive sensation.* || Fam. *Le prince n'a fait qu'une ap. au bal,* il n'y est resté qu'un instant.

Syn. — *Vision.* — *Ap.* s'emploie uniquement en parlant d'un objet extérieur qui se manifeste spontanément à nos regards, et il n'est jamais usité lorsque le phénomène n'a aucune réalité extérieure. *Vision* se dit également; mais il s'emploie particulièrement et exclusivement dans le cas où le phénomène n'a pas de réalité extérieure. En d'autres termes, *ap.* se dit constamment des phénomènes objectifs, et *vision* des phénomènes subjectifs.

Philos. — Pendant longtemps (et aujourd'hui encore la plupart des savants conservent cette conviction) la science a traité les *Ap.* d'hallucinations pures, et ne leur a reconnu aucune cause extérieure réelle. On les a niées comme impossibles. Mais les derniers progrès des sciences ont montré combien il est difficile de fixer les limites du possible, et les savants indépendants de notre époque sont moins négatifs que leurs maîtres. Il semble même que les apparitions de mourants à une certaine distance doivent être considérées désormais non seulement comme théoriquement possibles, mais encore comme pratiquement vraies en plus d'un cas. On les range en une classe spéciale de phénomènes scientifiques constatés, et l'on les désigne sous le nom de phénomènes télépathiques (τῆλε, loin, πάθος, sensation). Voy. TÉLÉPATHIE.

APPAROIR. v. n. [Pr. apa...]. Ne s'emploie que dans ces deux locutions en usage au Palais : *Il appert de cet acte,* il est évident, il résulte de cet acte. — *Faire ap.,* montrer, faire preuve. *Il a fait ap. du pouvoir qu'il avait.* Cette dernière locut. a vieilli.

APPARTEMENT. s. m. [Pr. apa...] (lat. *partire,* diviser). Ensemble des pièces qui composent l'habitation d'une personne ou d'une famille. *Grand et bel ap. Ap. sur le devant, sur le derrière, au premier, au deuxième étage. Ap. de monsieur, de madame. Ap. à louer.* || Se disait en parlant d'un cercle, d'une réunion chez le roi. *Il y aura demain ap. aux Tuileries.*

Syn. — *Habitation, Logis, Logement.* — Tous ces termes désignent un local disposé pour servir de demeure à une ou à plusieurs personnes. Mais *habitation* se dit généralement d'une maison entière, et *logis,* en ce sens, lui est parfaitement synon. Quant au mot *logement,* souvent on l'oppose à *ap.;* le premier est usité en parlant d'une seule chambre ou d'un fort petit nombre de pièces, et le second, en parlant d'une série de pièces dont la disposition est en rapport avec le rang et la fortune des personnes qui les occupent.

APPARTENANCE. s. f. [Pr. apa...]. Ce qui appartient à une chose, ce qui en dépend. *Cette métairie est une appartenance de ma terre. Vendre un château avec ses appartenances et dépendances.* || T. de sellerie. Se dit de tout ce qui ne fait pas partie essentielle de la selle : les sangles, la croupière, etc.

Syn. — La locution *Appartenances et dépendances* est fort usitée dans le style des notaires, des avoués, etc., et on regarde les mots *appartenance* et *dépendance* comme à peu près synonymes. Cependant le terme *appartenances* désigne les divers objets qui forment les parties intégrantes de l'immeuble dont on parle : telles sont les différentes pièces de terre qui constituent un domaine, les constructions élevées sur le sol, etc. ; le terme *dépendances,* au contraire, quand on l'oppose à *appartenances,* désigne les divers droits qui peuvent être attachés à la propriété, c.-à-d. les servitudes actives, comme des droits de passage, de pacage, de puisage et autres de même nature.

APPARTENANT, ANTE. adj. [Pr. apar...]. Qui est la propriété de quelqu'un, qui lui appartient de droit. N'est guère d'usage que dans ces sortes de phrases : *Les biens appartenants à un tel. Une maison à lui appartenante.*

APPARTENIR v. n. [Pr. apar...] (lat. *ad. pertinere,* se rapporter à). Être la propriété légitime de quelqu'un, soit que celui à qui est la chose la possède ou ne la possède pas, *La maison que j'habite m'appartient. Il retient injustement un bien qui m'appartient.* — Se dit des droits, des privilèges, des titres, des prérogatives. *Le droit de faire grâce appartient au chef de l'État. La connaissance de cette affaire appartient au juge.* || Être le propre, la marque distinctive de. *La perfection n'appartient qu'à Dieu seul. L'odorat volatil a une odeur qui n'appartient qu'à lui.* Faire partie de. *On prenait jadis pour des squelettes de géants des ossements qui n'ont jamais appartenu à l'homme. La pomme de terre appartient à la même famille que le tabac. Cet employé a cessé d'ap. à l'administration des finances.* || Avoir une relation nécessaire ou de convenance. *Cette question appartient au droit public.* || Être parent de. *Il appartient aux plus grands seigneurs du royaume.* || Être au service de quelqu'un. *Je ne savais pas que ce laquais vous appartînt.* = s'APPARTENIR. v. pr. Être libre de ses actions. *Le sage seul s'appartient.* Le sage seul est parfaitement libre. — *L'homme de dévoûment ne s'appartient pas,* il se consacre tout entier aux autres. = *Appartenir* s'emploie très fréquemment avec la forme impersonnelle. *Il appartient au père de châtier ses enfants,* C'est le droit et le devoir des pères, etc. — *Il n'appartient qu'à un prince de déployer tant de faste. C'est à vous qu'il appartient de traiter ce sujet, de faire cette entreprise,* C'est à vous qu'il convient de, ou c'est vous seul qui êtes capable de, etc. — *Il n'appartient qu'à peu de gens de sentir, de comprendre cela,* Peu de gens sont aptes à, sont capables de, etc. || En style de Palais on dit : *Ainsi qu'il appartiendra,* Il se consacrera comme il sera convenable. On dit dans le même sens, *Pour être statué ce qu'il appartiendra.* — *À tous ceux qu'il appartiendra,* À tous ceux qui auront intérêt à, ou voudront en prendre connaissance. = Conjug. Voy. TENIR.

APPAS. s. m. pl. [Pr. apâ] (forme orthographique du pluriel de *appât*). Charmes, agréments extérieurs d'une femme. *Être séduit par les ap. d'une femme.* || Fig., Ce qui séduit, ce qui attire. *Les ap. de la volupté, de la gloire, de la vertu.* || Fam., le sein, la gorge d'une femme. *De robustes ap., des ap. trompeurs.*

Syn. — *Attraits, Charmes.* — Au propre, ces termes ne s'emploient qu'au pluriel et en parlant d'une femme. *Ap.* désigne généralement la fraîcheur et l'embonpoint; *attraits,* l'animation des yeux, du teint, de la physionomie d'une personne ; *charmes,* la régularité des traits et les proportions heureuses du corps unies à la grâce de la forme, c.-à-d. un ensemble de qualités physiques qui plaît au regard. On est attiré par les *attraits,* séduit par les *ap.,* et captivé par les *charmes.* Le mot d'*ap.* est devenu un peu libre, celui d'*attraits* un peu fade, et celui de *charmes* presque insignifiant. Excepté dans le langage de la poésie, il ne saurait être convenable de les employer en s'adressant à une femme.

APPÂT. s. m. [Pr. apd] (lat. *ad,* vers; *pastus,* pâture). Se dit de toute substance alimentaire ou autre objet employé pour attirer les animaux dont on veut s'emparer. *Mettre l'ap. à un piège, à un hameçon. Le poisson a avalé l'ap., a mordu à l'ap.* || Fig. Ce qu'on emploie pour séduire, pour tromper. *Cette promesse, ce bon accueil n'est qu'un ap. pour obtenir ce qu'on désire de lui.* || Tout ce qui attire en offrant une perspective d'intérêt, d'avantage quelconque. *L'ap. du gain, des honneurs, des récompenses.*

Obs. gram. — Quelques grammairiens ont cherché à établir une distinction entre les mots *appâts* et *appas.* Cette distinction est illusoire. *Appas* est le pluriel de *appât.* On écrivait autrefois *appast* au singulier et *appas* au pluriel. L'erreur des lexicographes, aujourd'hui consacrée par l'usage, a été de faire deux mots différents de ce qui n'était au début que deux formes orthographiques du même mot. Cette erreur a été la source d'une foule de confusions.

Syn. — *Leurre, Piège, Embûche.* — Au propre, l'*ap.* est une pâture quelconque dont on se sert pour attirer un animal; le *leurre* est un morceau d'étoffe ou de tout autre matière qu'on emploie pour simuler un *ap.* Quant au mot *piège,* il signifie littéralement, *rets, filets.* Souvent c'est au moyen d'un *appât* ou d'un *leurre* qu'on attire dans un *piège.* — Le terme *embûche* n'est usité qu'au figuré, ne se dit guère qu'en parlant des personnes, et s'emploie habituellement au plur. Il diffère de *piège* en ce qu'il désigne généralement une entreprise concertée, tandis que ce dernier se dit plutôt d'un artifice isolé, individuel. — Au fig., les mots *leurre* et *ap.* présentent la même différence qu'au sens propre. Il vous promet un emploi, ce n'est qu'un *leurre* ; il vous a fait bon accueil, c'est un *ap.* pour vous tromper.

APPÂTER. v. a. [Pr. *apâter*]. Attirer avec un appât. *Ap. les oiseaux, les poissons.* || Mettre le manger dans le bec des petits oiseaux. — Donner à manger à quelqu'un qui ne peut se servir de ses mains, *Il faut l'ap. comme un enfant.* == APPÂTÉ, ÉE. part.

APPAUMÉE. adj. f. [Pr. *apômé*]. T. Blason. Se dit de toute main ouverte dont on voit le dedans ou la paume.

APPAUVRIR. v. a. [Pr. *apôvrir*] (R. *pauvre*). Rendre pauvre. *Ap. une personne, une famille, une ville, une province, un État.* || Fig., *Ap. une langue*, En retrancher des mots ou des façons de parler qui n'ont point d'équivalents. || *Ap. un terrain*, En diminuer la fertilité par une mauvaise culture. || *Une alimentation insuffisante appauvrit le sang*, Diminue la proportion des principes constituants que le sang doit contenir à l'état normal. || *Ce système d'éducation appauvrit l'intelligence*, Diminue son activité. == s'APPAUVRIR, v. pron. Devenir pauvre. S'emploie au prop. et au fig. == APPAUVRI, IE. part.

APPAUVRISSEMENT. s. m. [Pr. *ap*]. État de pauvreté, d'indigence, dans lequel tombe graduellement un homme, une famille, un pays. || Fig. on dit : *L'ap. d'une langue* ; *L'ap. d'une terre; l'ap. du sang; l'ap. de l'intelligence.*

APPEAU. s. m. [Pr. *apo...*] (R. *appel*). Sorte d'instrument dont on se sert pour contrefaire le cri de quelque animal, quand on veut s'en approcher ou l'attirer dans un piège. Se dit aussi des oiseaux qu'on emploie pour appeler et attirer les oiseaux de la même espèce.

Un des meilleurs moyens employés pour attirer les animaux consiste à simuler leur cri. Quelques oiseleurs parviennent à imiter, avec une extrême vérité, le chant d'une foule d'oiseaux ; pour cela, leur bouche, leurs doigts, une feuille de lierre, un lambeau de ruban, leur suffisent. Quant au chasseur inexpérimenté, il lui faut des instruments construits de manière à reproduire le cri du gibier qu'il poursuit : ce sont ces instru-

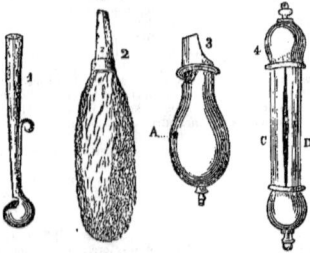

ments qui ont reçu le nom d'*Appeaux.* Dans certains cas, ils simulent le cri du mâle; dans d'autres, celui de la femelle. — On distingue trois espèces d'appeaux : les *appeaux à sifflet*, les *appeaux à languette* et les *appeaux à frouer.* — Parmi les *appeaux à sifflet*, nous citerons l'ap. à alouettes, l'ap. à cailles et l'ap. à chouette. — L'*ap. à alouettes* (Fig. 1) est formé d'un tube métallique qui va toujours en s'amoindrissant, à partir de son extrémité supérieure jusqu'à son bout inférieur, lequel se termine par une boule creuse. L'air, introduit par le bout supérieur, pénètre dans la boule au moyen d'un petit trou, et produit des sons qu'on modifie à volonté. — L'*ap. à cailles*, dit *courcaillet* (Fig. 2), se compose d'un tube en os ou en métal dont une extrémité aboutit à un petit sac de cuir bourré de crin bouilli. Chacun des bouts du tube est garni intérieurement d'un morceau de liège dont on a enlevé un segment pour permettre le passage de l'air. Le chasseur n'a qu'à frapper sur la bourse de cuir, et l'air, en s'échappant, produit le son désiré. — L'ap. *à grives* est à peu près semblable à l'ap. à cailles. — Pour se servir de l'*ap. à chouette*, concou, *tourterelle* et *pigeon ramier* (Fig. 3), on souffle par le bec de l'instrument, et l'on bouche ou débouche

le trou A, en imitant la cadence que ces oiseaux mettent dans leurs cris. — Une sorte d'ap. très employé, et avec lequel on imite fort bien le cri de l'alouette, du bacligue, etc., consiste simplement en un noyau de pêche ou d'abricot usé et percé sur ces deux faces, puis vidé de son amande. — Parmi les *appeaux à languette*, celui dont on se sert le plus ordinairement est l'ap. *à piper* (Fig. 4) ; il se compose de deux moitiés d'un morceau de bois rond C et D, évidées de façon à laisser entre elles un intervalle de l'épaisseur d'une lame de couteau, et réunies à leurs extrémités par deux têtes creusées pour les recevoir. Avant d'assembler les pièces, on place entre elles un bout de feuille ou une feuille de chiendent. Cette membrane entre en vibration, quand on souffle à travers la fente de l'ap., et donne des sons qui imitent le cri de la chouette. L'ouverture qui se trouve entre les pièces C et D, doit avoir un côté plus fermé que l'autre, et c'est contre le côté le plus serré qu'on applique les lèvres. — Les *appeaux à frouer* servent à imiter le cri ou le vol de certains oiseaux, tels que les geais, les merles, etc. Une feuille de lierre, disposée en cornet, et que l'on fait résonner en soufflant dedans, est le plus simple des instruments de ce genre. — Enfin, il y a des appeaux pour appeler les cerfs, les renards, etc. Ce sont des anches assez semblables à celles de l'orgue.

APPEL. s. m. [Pr. *apel*]. Action d'appeler avec la voix, le geste ou autrement. *Il n'a pas entendu votre ap. Je n'ai pas vu votre ap.* || Action de dénommer à haute voix les personnes qui doivent se trouver à une assemblée, à une revue, afin de s'assurer de leur présence. *Faire l'ap. des soldats, des jurés, des témoins. Répondre, manquer à l'ap.* — Dans les assemblées politiques, l'ap. *nominal* consiste à lire les noms de tous les membres de l'assemblée, pour que chacun d'eux vienne successivement déposer son vote dans l'urne du scrutin. || Signal qui se fait avec le tambour ou la trompette pour assembler les soldats. *Battre l'ap. Sonner un ap.* || Action de convoquer sous les drapeaux. *On vient d'ordonner l'ap. des réservistes de la classe de l'année dernière.* || Défi, provocation en duel, cartel. *Les appels sont défendus comme les duels.* On dit plus ord. Défi ou Cartel.—Se dit de toute provocation, de tout défi, même littéraire. *On l'a défié de prouver ce qu'il avançait, et il n'a pas répondu à l'ap.* || T. Escr. Attaque qui se fait d'un double battement du pied droit à la même place. || T. Fin. et Comm. *Ap. de fonds*, Demande de nouveaux fonds à des associés ou aux actionnaires d'une compagnie, d'une entreprise, dans le cas d'insuffisance du premier versement. *Cette société a déjà fait un second ap. de fonds à ses actionnaires.* || Fig., *Faire ap. à la bourse de quelqu'un*, Demander un service pécuniaire. *Faire ap. à la générosité de quelqu'un, à la charité publique*, L'implorer, solliciter des secours. || T. Palais. *Faire l'ap. d'une cause.* Voy. APPELER *une cause.* || T. Droit. Recours à un juge supérieur contre une sentence prononcée par un juge inférieur. *Acte d'ap. Causes et moyens d'ap. Interjeter ap.*, etc. — *Ap. comme d'abus.* Voir plus bas. — Fig. *La conscience est un tribunal sans appel.* (LA ROCHEFOUCAULT.) || *Ap. de la langue.* T. Man. Action d'exciter les chevaux en faisant claquer la langue contre le palais. || *Ap. de note.* T. Typ. Signe placé dans le texte pour indiquer qu'il y a une note soit au bas de la page, soit à la fin du volume.

Législ. — L'*Ap* est une institution qu'on retrouve chez tous les peuples civilisés. Il est, en effet, indispensable d'offrir, à quiconque se prétend lésé dans ses droits, une garantie contre l'erreur ou la mauvaise foi d'un juge ignorant ou partial. Notre droit actuel, à la différence du droit antérieur à 1789, ne reconnaît que deux degrés de juridiction. Certaines contestations, quand leur objet est de peu d'importance, sont même jugées en dernier ressort par les tribunaux de 1re instance, les tribunaux de commerce, les conseils de prud'hommes et les juges de paix. Voy. TRIBUNAL.

Il y a, en matière civile, deux sortes d'appels, l'*ap. principal* et l'*ap. incident.* On nomme en matière civile ap. *principal*, celui qui est interjeté le premier; *incident*, celui qui est fait par l'*intimé* ou défendeur, dans le cours de l'instance en appel. L'ap. des jugements des juges de paix est porté devant les tribunaux de 1re instance, celui des jugements de 1re instance devant les cours d'appel. Les sentences des prud'hommes sont déférées en ap. aux tribunaux de commerce, et les jugements de ceux-ci aux cours d'appel. — En matière pénale, les appels des jugements de simple police, dans les cas déterminés par la loi, sont jugés par les tribunaux de police correctionnelle ; et l'ap. des jugements correctionnels est porté devant la cour d'ap. Le droit d'ap. en matière pénale ne s'appartient au ministère public que dans les affaires correctionnelles, lorsqu'il croit devoir, dans l'intérêt de la société, demander l'application d'une peine plus forte que celle dont on a frappé le condamné : cet ap. est dit *ap. à minima*. Les jugements prononcés par les cours d'assises ne sont pas susceptibles d'ap.

L'appelant qui succombe est condamné à une amende de 5 fr., s'il s'agit du jugement d'un juge de paix, et de 10 fr., s'il s'agit de l'ap. d'un jugement de tribunal de 1re instance ou de commerce. En gén., les délais de l'ap. sont de deux mois à compter de la signification du jugement, ou, pour les jugements par défaut, à partir de l'expiration des délais de l'opposition. Toutefois, les jugements des tribunaux de simple police et de police correctionnelle doivent être attaqués dans les dix jours de la signification, sauf le cas où l'ap. est interjeté par le procureur général près la cour d'appel : car alors le délai est de deux mois. Par une sage mesure, la loi a interdit aux parties de former leur ap. avant qu'il se soit écoulé huit jours depuis la prononciation du jugement, à moins que celui-ci ne soit exécutoire par provision. — Le terme fixé pour l'ap. une fois expiré, le jugement devient définitif. La seule voie qui reste ouverte pour en arrêter les effets est le recours en cassation. Il en est de même lorsque le jugement a été prononcé en dernier ressort; mais la cour de cassation ne constitue point pour cela un troisième degré de juridiction. Son unique objet est de conserver l'uniformité de la jurisprudence et de veiller à ce que les tribunaux ne donnent point à la loi des interprétations arbitraires. — Grâce à l'organisation judiciaire actuelle, il n'est plus permis à des plaideurs obstinés d'éterniser un procès par leurs appels successifs, et de consumer leur vie et leur fortune dans de vaines formalités de procédure.

Ap. comme d'abus, recours devant l'autorité civile contre les abus commis par un ministre du culte dans l'exercice de ses fonctions, dans les cas prévus par la loi du 18 germinal an X (usurpation ou excès de pouvoir, contravention aux lois et règlements de l'État, infraction aux règles consacrées par les canons reçus en France, attentat aux libertés, franchises et coutumes de l'Église gallicane, etc.). Les appels comme d'abus, jugés autrefois par les Parlements, sont actuellement portés devant le conseil d'État.

APPELANT, ANTE. adj. [Pr. *apelan*]. Qui appelle d'un jugement. *Il est ap. Elle est reçue appelante.* — S'emploie subst. *L'ap. et l'intimé.* ‖ Se dit encore subst. des oiseaux qui servent pour appeler les autres et les attirer dans les filets. *Un bon ap.*

APPELER. v. a. [Pr. *apeler*] (lat. *appellare*). Nommer, dire le nom d'une personne, d'une chose. *Comment appelez-vous cet homme? On l'appelle Pierre. Les magistrats qu'on appelait à Rome Tribuns du peuple.* ‖ Prov., *Ap. les choses par leur nom*, C'est exprimer sans ménagement le jugement que l'on porte de quelqu'un.

J'appelle chat un chat et Rolet un fripon. (BOILEAU.) ‖ Imposer, donner un nom. *Quel nom donnerez-vous à votre enfant? Je l'appellerai Jean.* ‖ Désigner quelqu'un ou quelque chose par une qualification qui équivaut au nom lui-même. *Hippocrate, qu'on appelle le père de la médecine.* ‖ Désigner une personne, une chose par quelque qualité. *J'appelle un véritable ami celui qui... On appellera toujours folie une conduite pareille à celle-là.* ‖ Prononcer à haute voix les noms de ceux qui doivent se trouver présents en quelque endroit. *Il était absent du poste quand on l'a appelé.* ‖ En T. Palais, *Ap. une cause*, c'est énoncer à haute voix, à l'audience, les noms des parties, afin que les parties ou leurs fondés de pouvoirs viennent plaider leur cause. *Les causes sont appelées à tour de rôle.* ‖ Se servir de la voix ou de quelque signe pour faire venir quelqu'un. *Je l'appelle et il ne vient point. Ne pouvant plus lui de la voix, il l'appelait encore du geste.* — Dans ce sens, on dit aussi, *Ap. son chien, son cheval.* ‖ Se dit également du cri dont se servent les animaux pour faire venir à eux ceux de leur espèce. *La brebis appelle son agneau. La poule appelle ses poussins.* — *Ap. des oiseaux*, C'est imiter leur cri avec la voix ou à l'aide d'un appeau, afin de les attirer. ‖ *Ap. au secours, à l'aide*, Invoquer le secours, l'aide des citoyens. On dit encore, *Ap. du secours, Ap. à son secours.* — Par ext., on appelle à son secours des choses autres que des êtres animés, *Celui qui se sent trop faible appelle la ruse à son secours.* ‖ Inviter à venir, envoyer chercher, mander requérir. *Ap. le médecin. Quand le feu est à la maison, on appelle les pompiers. Ap. la garde.* ‖ Se dit des choses dont le son

sert de signal d'appel. *Les cloches appellent les fidèles à l'église. La trompette appelle au combat.* ‖ *Ap. sous les drapeaux*, ou simplement *Appeler*, Ordonner de se rendre sous les drapeaux. *On vient d'ap. les réservistes.* ‖ *Ap. en duel, Ap. au combat, Ap. sur le terrain*, Envoyer un cartel, un défi. ‖ Citer devant le tribunal, devant le juge. *Ap. quelqu'un en justice, en témoignage, en garantie.* ‖ *Dieu vient de l'ap. à lui*, se dit d'une personne qui vient de mourir. ‖ Fig., s'emploie en parlant des personnes choisies ou désignées pour remplir certaines fonctions. *Ap. à une chaire un professeur habile. Il fut appelé au trône par le vœu de la nation.* ‖ Se dit des qualités, des aptitudes et des circonstances qui déterminent la condition, la destinée de quelqu'un. *Son génie l'appelait à commander aux hommes. Sa naissance l'appelait au trône.* ‖ Fig. Se dit de tout ce qui oblige, qui excite, qui invite à se trouver en quelque endroit dans un but quelconque. *L'honneur, le devoir m'appelle. La vengeance l'appelle. Le beau temps nous appelle à la promenade.* ‖ Nécessiter, exiger. *Le crime appelle toujours la sévérité des lois. Cette importante question appelle toute votre attention.* — *Ap. l'attention de quelqu'un sur quelque chose*, C'est inviter quelqu'un à remarquer, à examiner quelque chose. *Ap. l'attention*, sign. encore l'exciter, la captiver. *Des accents inconnus appelèrent notre attention.* ‖ *Ap. le mépris public sur une personne*, S'efforcer de la rendre l'objet du mépris public. — *Ap. sur quelqu'un, sur quelque chose les bénédictions du ciel*, Invoquer Dieu pour qu'il bénisse cette personne ou cette chose. = APPELER. v. n. Recourir à un tribunal supérieur contre la sentence prononcée par un tribunal inférieur. *Il a appelé de ce jugement.* — *Ap. comme d'abus.* Voy. APPEL. ‖ Fam. par ext., *J'appelle de votre décision, ou J'en appelle*, Je ne me soumets pas à votre décision. ‖ *J'en appelle à votre témoignage, à votre probité, à votre sagesse*, J'invoque votre témoignage, j'en réfère à votre probité, etc. — *En ap. à la postérité*, Se confier au jugement que portera la postérité. ‖ Fig. et fam., on dit d'un homme qui vient d'échapper à une maladie dangereuse : *Il en a appelé.* = s'APPELER. v. pron. *Comment vous appelez-vous? Je m'appelle Pierre. Cette plante s'appelle anémone.* — *Aujourd'hui l'égoïsme s'appelle sagesse, le découragement folie.* ‖ *Voilà qui s'appelle parler, agir*, Voilà qui est parler, agir comme il faut. = APPELÉ, ÉE. part. *Il y a beaucoup d'appelés et peu d'élus.*

Conjug. — *J'appelle, tu appelles, il appelle ; nous appelons, vous appelez, ils appellent. J'appelais ; nous appelions. J'appelai ; nous appelâmes. J'ai appelé ; nous avons appelé. J'eus appelé ; nous eûmes appelé. J'ai eu appelé ; nous avons eu appelé. J'avais appelé ; nous avions appelé. J'appellerai ; nous appellerons. J'aurai appelé ; nous aurons appelé. J'appellerais ; nous appellerions. J'aurais ou j'eusse appelé ; nous aurions ou nous eussions appelé. Appelle ; appelons, appelez. Que j'appelle ; que nous appelions. Que j'appelasse ; que nous appelassions. Que j'aie appelé ; que nous ayons appelé. Que j'eusse appelé ; que nous eussions appelé. Être appelé ou appelée. Avoir appelé. Appelant.*

Syn. — *Nommer.* — Ap. n'est synon. de nommer que dans l'acception de donner un nom à quelqu'un, à quelque chose. *Comment appelez-vous ou comment nommez-vous votre fils? Comment s'appelle ou comment se nomme cet instrument?* Toutefois *ap.* s'emploie de préférence en parlant des choses, et *nommer* en parlant des personnes.

APPELEUR. s. m. [Pr. *apeleur*]. T. de Chasse. Oiseau qui sert d'appeau.

APPELLATIF. adj. m. [Pr. *apel-latif*]. T. Gram. Se dit du nom commun. Voy. NOM.

APPELLATION. s. f. [Pr. *apel-lacion*]. Action d'appeler quelqu'un à haute voix. ‖ T. Droit. Appel d'un jugement. Ne s'emploie guère que dans ces locutions : *La cour met l'ap. au néant. La sentence sera exécutée nonobstant opposition ou ap.* quelconque.

APPENDANT, ANTE. adj. [Pr. *ap-pendan*]. T. Bot. Suspendu. Se dit de la graine lorsque le hile est placé au-dessus de son point le plus élevé. Voy. GRAINE.

APPENDICE. s. m. [Pr. *apindice*] (lat. *appendix*). Chose ajoutée à une autre avec laquelle elle a du rapport. ‖ Dans le langage scientifique, se dit d'une partie accessoire, d'une partie qui semble être le prolongement d'une partie principale.

Litt. — Le terme *Ap.* est usité pour désigner le supplément que l'on ajoute à la fin d'un ouvrage. L'ap. se compose ordinairement soit de notes explicatives, soit de pièces justificatives, c.-à-d. de documents détachés ou d'extraits d'autres ouvrages relatifs au sujet du livre. Quelquefois il sert à réparer les omissions ou les erreurs qui ont échappé à l'auteur dans le corps de l'ouvrage.

Bot. — *Ap.* s'emploie pour désigner certaines parties accessoires que présentent les végétaux, soit à la base de leurs feuilles, soit sur les pétioles (Oranger), soit à l'intérieur de la corolle (certaines Borraginées), soit autour de l'ovaire (Graminées), etc. Ces appendices d'ailleurs portent en général des noms particuliers, ou reçoivent des épithètes caractéristiques suivant leur figure, leur position, etc.

Anat. et Zool. — Le mot *Ap.* se prend dans plusieurs acceptions différentes : 1° il sert à désigner toute partie d'un organe, adhérente ou continue, qui paraît comme surajoutée à cet organe : tels sont l'ap. xyphoïde du sternum, l'ap. vermiculaire du cœcum, les appendices épiploïques, etc. ; 2° on donne aussi le nom d'appendices à diverses sortes de prolongements que présente le corps des animaux invertébrés (antennes, mandibules, fausses pattes des Articulés) ; ou même à de simples duplicatures ou lobes du tégument externe (pied ou tube des Mollusques, tentacules des Polypes) ; ou bien encore à des organes de nature différente (cils des animaux inférieurs, bâtons des Oursins, etc.).

Aérost. — L'ap. d'un aérostat est une sorte de large tuyau d'étoffe ayant la forme d'un cône dont la pointe serait en bas et qui prolonge le ballon à la partie inférieure. L'ap. se termine par un orifice inférieur qui doit toujours rester ouvert, afin de laisser écouler le gaz quand il se dilate par suite de la diminution de la pression, à mesure qu'on s'élève dans l'atmosphère.

APPENDICULAIRE. adj. 2 g. [Pr. *ap-pin*...]. T. Hist. nat. S'emploie en parlant des organes ou des parties accessoires qui constituent des appendices proprement dits. *Organes appendiculaires. Prolongements appendiculaires.*

APPENDICULE. s. m. [Pr. *ap-pin*...]. T. Hist. nat. Petit appendice.

APPENDICULÉ, ÉE. adj. [Pr. *ap-pin*...]. T. Hist. nat. Muni d'un ou de plusieurs appendicules.

APPENDRE. v. a. [Pr. *ap-pandre*] (lat. *appendere*, suspendre). Pendre, suspendre, attacher quelque chose dans un lieu consacré. *Ap. un ex-voto aux murs d'une chapelle. Ap. des étendards aux voûtes d'un temple.* ═ APPENDU, UE. part.

APPENTIS. s. m. [Pr. *apanti*]. T. Arch. Toit n'ayant qu'un seul versant ou égout, appuyé du côté supérieur contre un mur et supporté, du côté inférieur, par des piliers ou des poteaux.

APPENZELL, cant. de la Suisse, divisé en *Rhodes Intérieures* catholiques ; 12,844 hab. ; ch.-l. Appenzell, 3,600 hab. ; et *Rhodes Extérieures* protestantes ; 51,958 hab. ; ch.-l. Hérisau.

APPERT (IL). v. imp. [Pr. *aper*]. Voy. APPAROIR.

APPERT (FRANÇOIS), industriel français, inventeur de l'*Art de conserver les substances animales et végétales* (1810).

APPESANTIR. v. a. [Pr. *apesantir*] (R. Pesant). Rendre plus pesant. *L'eau qui avait pénétré dans leurs habits, les avait appesantis.* || Fig. Diminuer l'activité, l'agilité. *La vieillesse, les infirmités appesantissent le corps.* — *Le sommeil appesantit les yeux, les paupières,* Force les paupières à s'abaisser. — *Ses infirmités ne lui ont point encore appesanti l'esprit,* N'ont point encore affaibli ses facultés intellectuelles || Fig. *Chaque jour ce tyran appesantit le joug qui pèse sur ses peuples,* Il les opprime chaque jour davantage. ═ s'APPESANTIR. v. pron. S'emploie dans toutes les acceptions du v. actif. || Fig. *Cet auteur s'appesantit trop sur son sujet,* Il le traite trop longuement. *Il s'appesantit sur les détails,* Il s'étend trop sur les détails. ═ APPESANTI, IE. part.

APPESANTISSEMENT. s. m. [Pr. *apezan*...]. État d'une personne appesantie, soit de corps, soit d'esprit.

APPÉTENCE. s. f. [Pr. *ap-pétance*]. Action d'appéter ; désir instinctif pour un objet quelconque. N'est guère usité que dans le langage médical. *Dans certaines gastralgies, on observe une vive ap. pour les acides.*

APPÉTER. v. a. [Pr. *ap-péter*] (lat. *ad, petere,* tendre vers). Désirer vivement par instinct, par besoin physique. N'est guère usité qu'en Physiol. *L'estomac appète les aliments.* ═ APPÉTÉ, ÉE. part.

Conjug. — *J'appète, tu appètes, il appète ; nous appétons, vous appétez, ils appètent. J'appétais. J'appétai. J'ai appété. J'appèterai. J'appèterais,* etc.

APPÉTISSANT, ANTE. adj. [Pr. *apéti-sant*]. Qui excite, qui réveille l'appétit. *Mets ap. Viande appétissante.* || Fig. On dit d'une jeune personne qui a de la fraîcheur et de l'embonpoint, qu'*elle est appétissante.*

APPÉTIT. s. m. [Pr. *apéti*] (lat. *appetere,* de *ad,* vers, et *petere,* demander). Désir instinctif qui a son origine dans un besoin physique. *Ap. sensuel, charnel, déréglé. Contenter, satisfaire ses appétits.* || Fig. *Avoir un ap. insatiable des honneurs, des richesses.* || Désir, besoin de manger. *Exciter, éveiller, aiguiser l'ap. Cette longue course m'a ouvert l'ap. Manger avec ap. Perdre l'ap.* — *Bon ap.,* Souhait que l'on adresse à quelqu'un qui mange ou qui va manger — Fam. *Demeurer sur son ap.,* Cesser de manger avant satiété complète.* || Fig. *C'est un homme qui a bon ap.,* Qui recherche avec avidité l'argent et les places. — Prov., *L'ap. vient en mangeant,* Plus a de biens ou d'honneurs, plus on en veut avoir. ═ A L'APPÉTIT. Façon de parler proverbiale qui signif., Par le désir de gagner ou d'épargner. *Il fait des bassesses à l'ap. de quelques écus.* Vx.

Philos. — La philosophie scolastique faisait *ap.* synonyme de *Passion,* et distinguait l'*ap. sensitif* et l'*ap. raisonnable* : l'un naît de l'idée confuse que l'âme acquiert par la voie des sens ; l'autre de la connaissance distincte du bien attaché à un objet. Le premier se divise en *ap. concupiscible,* qui signifie désir instinctif d'un objet propre à la satisfaction des sens, et en *ap. irascible,* qui désigne l'antipathie, la répulsion par laquelle nous écartons ce que nous considérons comme un mal. Aujourd'hui, *passion* est le terme générique, et *ap.* désigne les passions qui correspondent aux besoins de la nature animale.

Physiol. — Le terme *Ap.* sert à désigner une manière d'être de l'économie qui nous fait désirer les aliments solides. L'ap. s'annonce ordinairement par une sécrétion abondante de salive, et il est souvent accompagné du souvenir des choses qu'on a mangées avec plaisir dans d'autres circonstances. Il est en général un indice du besoin de réparation alimentaire, et, sous ce rapport, il constitue le premier degré de la faim qu'il accompagne ordinairement dans l'état de santé. C'est pour cela qu'on le confond souvent avec la faim, quoiqu'il s'en distingue par des différences assez tranchées. En effet, l'ap. n'a rien de pénible ; il est caractérisé par un sentiment de bien-être et d'excitation, tandis que la faim l'est par une sensation de défaillance et un état de malaise qui devient même douloureux lorsqu'il est porté à un certain degré. L'ap. cesse de lui-même indépendamment de l'alimentation, par ex., lorsqu'il n'est pas satisfait à temps, et, dans ce cas, il est remplacé par la faim. Celle-ci ne s'apaise jamais que par l'usage des aliments ; mais leur ingestion en quantité suffisante a pour effet constant de la faire cesser. L'ap. au contraire persiste assez souvent, lors même que la faim a été complètement satisfaite. — L'ap. est sujet à une foule de variations en vertu desquelles nous désirons tel aliment plutôt que tel autre ; ces variations, dans l'état de santé parfaite, indiquent en général le genre d'aliments qui nous convient le mieux. Elles sont l'expression du besoin qu'éprouve l'organisme de changer de temps à autre la nature de son alimentation. Mais, indépendamment de ces modifications toutes physiologiques, l'ap. peut en éprouver une multitude d'autres plus profondes qui sont alors le symptôme d'un état morbide. Ainsi l'ap. peut être nul (*Anorexie*) ou porté à un degré insolite (*Faim canine* ou *Cynorexie, Boulimie*) ; il peut être perverti, et avoir pour objet soit des substances qui d'ordinaire ne servent pas à l'alimentation (*Malacia*), soit des substances qui ne renferment aucun principe nutritif (*Pica*), soit des aliments nuisibles dans la maladie du sujet. — Ces désordres de l'ap. n'ont pas de gravité par eux-mêmes : il suffit, pour les voir disparaître, de faire cesser l'état morbide dont ils constituent l'un des symptômes.

Méd. vét. — *Troubles de l'appétit chez les animaux.* — On a observé depuis longtemps, surtout chez le bœuf et aussi chez le cheval et le porc, un trouble de l'ap. consistant en ce que les animaux, sans qu'ils soient poussés par la faim, *lèchent* tout ce qui est à leur portée, nuit et jour, et finissent par manger les o jets les plus étrangers à l'alimentation. La maladie est fébrile et chronique vers sa terminaison ; elle peut durer deux ans et finir par la mort dans la cachexie, si on n'intervient pas. On a donné toutes les causes possibles à cette maladie endémique dans les régions pauvres, que l'on traite surtout en changeant les aliments, les pâturages, en donnant beaucoup de graines, de légumineuses et de sel marin, et des injections sous-cutanées d'apomorphine. — Chez le mouton, il existe aussi un trouble de l'ap. très préjudiciable. Les animaux atteints, surtout les jeunes agneaux, dévorent la laine des autres moutons et d'abord de leur mère; ils sont imités par d'autres moutons et en quelque temps toute la toison d'une bergerie peut être dévorée, sans que la santé des animaux mangeurs soit extrêmement altérée. Cette maladie est le fait surtout des animaux très améliorés et survient plutôt en hiver. On la traite comme la maladie du lécher, et en séparant les petits de leurs mères vers la troisième semaine. Il faut leur donner une alimentation riche.

APPÉTITIF, IVE. adj. [Pr. *apétitif*]. T. Philos. Qui est de la nature des appétits, ou qui s'y rapporte.

APPIEN, historien grec d'Alexandrie, au II° siècle de l'ère chrétienne, auteur d'une *Histoire romaine* dont il ne reste guère que la partie relative aux guerres civiles.

APPIENNE (VOIE), route construite, 311 av. J.-C., par le censeur Appius Claudius, et allant de Rome à Brindes par Capoue. Au sortir de Rome, cette voie célèbre était bordée de tombeaux.

APPILER. v. a. [Pr. *apiler*]. Mettre en pile.

APPLAUDIR. v. n. [Pr. *aplôdir*] (lat. *ad*, *plaudere*, battre des mains à). Battre des mains en signe d'approbation. *Ap. aux acteurs.* — S'emploie abs. *J'étais hier au spectacle, on applaudit beaucoup.* || Fig., Approuver, exprimer sa satisfaction d'une manière quelconque. *Toute l'assemblée applaudit à une proposition si juste. Quand un homme est en faveur, tous les courtisans lui applaudissent.* = APPLAUDIR. v. a. S'emploie un prop. et au fig. *Ap. une pièce, une scène, un acteur, un orateur. On ne peut qu'ap. une pareille action.* = s'APPLAUDIR. v. pron. Se vanter, se glorifier. *Les sots s'applaudissent sans cesse.* || Se féliciter de quelque chose. *Il s'applaudit de ce qu'il a fait. On s'applaudit du choix qu'a fait le gouvernement.* = APPLAUDI, IE. part.

APPLAUDISSEMENT. s. m. [Pr. *aplô...*]. Battement de mains, acclamation en signe d'approbation, de joie, de félicitation. *Ce discours fut suivi de grands applaudissements. Cet acteur a mérité de vifs applaudissements.* || Fig., Approbation vive manifestée par des éloges, des louanges, des marques d'estime. *Cette conduite mérite les applaudissements de tous les honnêtes gens. Il a l'ap. universel, l'ap. public.*

APPLAUDISSEUR. s. m. [Pr. *aplô...*]. Celui qui applaudit. Se dit ordinairement de ceux qui applaudissent sans jugement, ou qui sont payés pour applaudir.

APPLI. s. m. [Pr. *apli*]. T. Agr. Nom générique des objets qui servent à l'attelage des animaux de trait et de labour.

APPLICABLE. adj. 2 g. [Pr. *aplicable*]. Qui doit ou qui peut être appliqué. *Une amende ap. aux pauvres. Cette règle n'est pas ap. à tous les cas.*

Géom. — On dit qu'une surface est applicable sur une autre lorsqu'elle peut lui être appliquée sans déchirure ni duplicature, comme un plan peut être appliqué sur un cône ou un cylindre. Analytiquement, cette condition se traduit de la manière suivante : il faut qu'on puisse faire correspondre point par point, les points des deux surfaces, de manière que la distance entre deux points correspondants soit la même sur les deux surfaces. On sait qu'une surface étant donnée, on peut considérer d'une infinité de manières les coordonnées de chacun de ses points comme des fonctions de deux variables indépendantes u et v. La correspondance s'établira en exprimant les coordonnées des points de l'autre surface en fonction des mêmes variables. Le carré de la distance des deux points infiniment voisins :

$$ds^2 = dx^2 + dy^2 + dz^2,$$

se mettra sous la forme d'un trinôme du second degré, par la substitution des valeurs de dx, dy, dz,

$$ds^2 = E\,du^2 + 2F\,du\,dv + G\,dv^2,$$

E, F, G étant trois fonctions de u et v; ds^2 est ce qu'on appelle l'*élément linéaire* de la surface. Si les deux surfaces sont applicables, il faut que cet élément linéaire soit le même dans les deux surfaces, ce qui exige que les deux trinômes soient égaux quels que soient u, v, du et dv. Donc, il faut que les trois fonctions E, F, G soient les mêmes dans les deux surfaces, et cette condition est évidemment suffisante. Ainsi, la condition analytique pour que deux surfaces soient applicables, c'est que, par un choix convenable des variables u et v, les éléments linéaires des deux surfaces puissent devenir identiques. Les courbes qui dans les deux surfaces ont pour équation $u = $ const. ou $v = $ const. sont celles qui se superposent.

Les surfaces applicables sur un plan ont reçu le nom de *développables* (Voy. ce mot.) Parmi les surfaces applicables sur la sphère, nous citerons la *pseudo-sphère*, surface de révolution engendrée par la révolution de la *tractrice* autour de son asymptote. Les hélicoïdes se groupent en familles applicables, chaque famille comprenant une surface de révolution. Ainsi, l'hélicoïde droit est applicable sur la *caténoïde*, surface de révolution engendrée par la rotation de la chaînette autour de sa base.

APPLICATA. s. m. [Pr. *ap-plicata*] (lat. *applicata*, choses appliquées). T. Hyg. Les choses qui sont appliquées à la surface du corps comme les vêtements, les cosmétiques, etc.

APPLICATION. s. f. [Pr. *aplica-cion*]. Action par laquelle on applique une chose sur une autre. *L'ap. d'un topique sur la partie malade. L'ap. d'une couche de vernis sur une peinture.* || Action d'appliquer un principe, une maxime, une règle, une loi, une peine, un passage, une comparaison, etc., à quelque chose ou à quelqu'un. *L'ap. que vous faites de ce principe est trop rigoureuse. La loi n'a point ici d'ap. Les juges ont été trop indulgents dans l'ap. de la peine.* || Se dit de l'emploi que l'on fait des sciences, des procédés d'une science ou d'un art pour perfectionner ou étendre une autre science ou un autre art. *L'ap. de l'astronomie à la géographie, de la chimie à la médecine, du microscope aux recherches anatomiques. Cette méthode est susceptible d'une multitude d'applications. Ap. de l'algèbre à la géométrie.* || Pratique, réalisation. *Se dit par opposit. à théorie, à science pure. La théorie est souvent démentie par l'ap.* || Emploi déterminé. *Cette somme a déjà son ap. On a détourné ces fonds de leur ap.* || T. Théol. *Ap. des mérites de Jésus-Christ*, Action par laquelle J.-C. nous transfère ce qu'il a mérité par sa vie et par sa mort. || Fig. Attention profonde et soutenue. *Cette étude demande une grande ap. Il est incapable d'ap.* — *Il met toute son application à vous plaire*, Il met tous ses soins à vous plaire.

APPLIQUE. s. f. [Pr. *aplike*]. T. Tech. Se dit des choses qu'on applique ou qu'on ajuste sur d'autres dans certains ouvrages. *Pièces d'ap.*

APPLIQUER. v. a. [Pr. *aplike*] (lat. *ad*, *plicare*, plier sur). Mettre une chose sur une autre en sorte que leurs surfaces soient en contact. *Ap. une compresse, un cataplasme. Ap. un patron sur l'étoffe qu'on veut tailler.* || Mettre une chose sur une autre en sorte qu'elle y reste adhérente. *Ap. des couleurs sur une toile, des affiches contre un mur. Ap. de la broderie sur une étoffe.* || Appuyer la surface d'une chose sur une autre, de façon que la première laisse une empreinte sur la seconde. *Ap. un cachet sur la cire, un fer chaud sur l'épaule.* || Fig. *Ap. un soufflet, un coup de poing, un baiser,* Donner un soufflet, etc. || *Ap. un homme à la question, à la torture.* Lui faire subir la question, etc. || *Ap. son esprit, son attention à quelque chose.* Apporter une extrême attention à l'é x t à l'examen de quelque chose.

|| Faire usage des procédés, des principes d'une science ou d'un art pour perfectionner ou étendre une autre science ou un autre art. *Ap. l'algèbre à la géométrie, l'astronomie à la navigation, la chimie à l'agriculture, l'analyse spectrale et la photographie à l'astronomie. Les procédés galvaniques ont été appliqués au moulage des objets d'art. Il y a bien des forces dans la nature que l'homme n'a pas encore pu ap.* || Réaliser, mettre en pratique. *Beaucoup d'inventions qui paraissaient fort belles en théorie n'ont pas encore pu être appliquées.* || *Ap. un principe, une maxime, une règle, une loi,* En faire usage dans les cas qui y ont rapport. *Vous n'avez jamais su ap. ce principe à propos.* || *Ap. un remède à une maladie,* Employer un remède dans une maladie où son usage paraît convenable. || T. Droit. *Ap. une loi, une peine,* Juger, condamner conformément à la loi. Se dit aussi des comparaisons, des passages, des citations que l'on adapte à quelque sujet. *Ap. une comparaison. Il y a dans Juvénal beaucoup de passages qu'on pourrait ap. à nos mœurs.* || Destiner, affecter, consacrer. *Ap. une somme d'argent à bâtir. Ap. une amende aux pauvres.* || Avec le pron. pers. Se signifiant *A soi, Ap,* a le sens de s'approprier, s'attribuer, prendre pour soi. *Il s'est appliqué tous les profits de l'entreprise. Ce professeur s'applique tous les éloges qu'on donne à ses élèves.* = s'APPLIQUER. v. pron. S'emploie dans toutes les acceptions du v. actif. || *Il s'applique uniquement à bien remplir ses devoirs,* Il n'a d'autre soin que celui, etc. — *Cet enfant ne veut pas s'ap. au travail, à l'étude,* ou simplement *ne veut pas s'ap.,* Il ne veut pas travailler, étudier avec attention. — *Tous les habitants de cette ville s'appliquent au commerce,* Se livrent au commerce. = APPLIQUÉ, ÉE. part. *C'est un homme ap., fort ap.,* Qui a l'habitude de travailler avec application.

APPOGGIATURE. s. f. [Pr. *ap-po-djia-tour*] (ital. *appoggiare,* appuyer).

Mus. vocale. — On donne le nom d'*Ap.* à une note sur laquelle appuie la voix. Cette note est en gén. étrangère à l'harmonie; elle précède et sert à attaquer une des notes réelles de l'accord. Elle peut être supérieure ou inférieure : si elle est supérieure, on la prend telle que la montre la gamme, soit à un ton (A), soit à un demi-ton de distance (B); si elle est inférieure, on la fait presque toujours d'un demi-ton (C). — Quelquefois c'est une note de l'harmonie qui fait l'office d'*ap.*; dans ce cas, elle peut être séparée de la note à laquelle elle appartient par un des intervalles quelconques dont sa forme l'accord (D). L'*ap.* peut encore être donnée par le simple retard d'une note réelle de l'harmonie (E). Quoiqu'elle soit habituellement indiquée par une note écrite en petit caractère, l'*ap.* s'appuie toujours plus que la note à laquelle elle appartient. De tous les ornements ou agréments du chant, l'*ap.* est le plus fréquent et le plus nécessaire. Dans la phrase suivante du

E ques-to per-mo gio - - - - - r-no so-

ro-no co-min - - - cia il co-re   a   res--pi-

rar-mi in so-no

Tancredi de Rossini on a réuni les différentes espèces d'appogiatures dont il vient d'être parlé : la première ligne donne le texte du compositeur et la seconde représente l'exécution de l'artiste : les lettres majuscules indiquent les appogiatures.

L'*Acciacature* se distingue de l'*ap.* C'est une petite note vive qui précède, à la distance d'un ton ou d'un demi-ton, une seconde note aussi courte qu'elle.

La voix précipite ces deux notes et ne s'arrête que sur la troisième. Les petites notes, dans la seconde ligne du modèle ci-dessus, sont des exemples d'*acciacatures.*

APPOINT. s. m. [Pr. *apoin*] (lat. *ad punctum,* pour le point juste]. T. Fin. et Comm. On nomme *Ap.* la monnaie que l'on donne dans un payement qui ne peut se parfaire avec les espèces principales servant à ce payement. Il résulte de là que si la somme est payée en billets de banque, l'*ap.* pourra se faire en pièces d'or ou d'argent; si, au contraire, le payement a lieu en pièces de 5 francs, l'*ap.* se fera en espèces de valeur moindre. — Dans les caisses publiques, on donne le nom d'*ap.* aux fractions de franc qui peuvent être payées en monnaie de billon. — Dans le langage du commerce, *ap.* a une signification bien plus étendue, car il se dit de toute somme qui fait le solde d'un compte.

APPOINTAGE. s. m. [Pr. *apoin...*]. Dernier foulage des cuirs avant de les passer au suif.

APPOINTEMENT. s. m. [Pr. *apoin...*]. T. Jurispr. ancienne. Jugement interlocutoire par lequel le juge ordonnait aux parties de produire des témoins ou des preuves écrites sur les points de fait ou de droit qui n'avaient pu être suffisamment éclairés à l'audience. || Salaire annuel attaché à une place, à un emploi. Est usité au plur. dans cette acception. *Donner, recevoir de faibles, de gros appointements. Il a mille écus d'appointements. — C'est lui qui fournit à l'ap., aux appointements,* se dit de quelqu'un qui aide à l'entretien, à la subsistance d'un autre, qui sans cela ne vivrait pas aussi à son aise.

Syn. — *Traitement, Émolument, Honoraires, Gages, Salaire.* — Tous ces termes désignent une rétribution pécuniaire accordée pour des services rendus ou pour des travaux exécutés; mais chacun d'eux s'emploie en parlant de certaines catégories de personnes. Ainsi, les *appointements* forment la rétribution fixe des employés civils de toutes les classes; le *traitement,* celle des hauts fonctionnaires, des officiers supérieurs. Cependant aujourd'hui le mot *traitement* s'applique officiellement à tous les employés de l'État. Quoique l'on emploie souvent le terme *émoluments* pour *appointements,* il y a entre eux une distinction à établir. Les *émoluments* n'ont rien de fixe; ils forment une espèce de casuel : ce sont, en général, les avantages, les bénéfices qu'un employé retire de sa place en dehors de ses *appointements,* ou pour lui tenir lieu d'*appointements.* Quant aux *honoraires,* sans être tout à fait abandonnés à l'arbitraire, ils varient selon la qualité de ceux qui les payent et le talent ou la réputation de ceux qui les reçoivent. On ne donne des *honoraires* qu'aux avocats, aux médecins, aux notaires et à quelques autres personnes exerçant des professions libérales. Enfin, on a spécialement appelé *gages* la rétribution annuelle ou mensuelle des domestiques, ou des gens de service, *et salaire* celle des artisans, des ouvriers, des manœuvres employés à un travail momentané et qu'on paye ordinairement à la semaine, à la journée ou à l'heure.

Dans le cas d'un service momentané et plus ou moins rétribué, selon les circonstances, les honoraires reçus représentent plutôt une *indemnité.*

APPOINTER. v. a. [Pr. *apoin...*]. Régler par un appointement en justice. *Cette affaire est trop embrouillée pour la juger à l'audience; il faut l'ap.* || Donner des appointements. *On vient d'ap. plusieurs surnuméraires.* || T. Mil. *Ap. un homme d'une corvée, d'une garde,* Lui imposer, par punition, une corvée, une garde hors de tour. = APPOINTÉ, ÉE. part. *Cause appointée. Commis ap.*

APPOINTIR. v. a. [Pr. *apoin...*]. T. Techn. Faire une pointe à un objet.

APPONDURE. s. f. [Pr. *apondur...*]. T. Techn. Perche qui sert à fortifier un train de bois.

APPONTEMENT. s. m. [Pr. *aponteman*]. Échafaudage formant une espèce de pont.

APPONYI (Comte), homme d'État et diplomate autrichien (1782-1876), fut longtemps ambassadeur d'Autriche à Paris.

APPORT. s. m. [Pr. *opor*]. Anciennement marché, lieu où l'on apporte des denrées pour les vendre. || T. Prat. Ap. de pièces, Dépôt de pièces au greffe. — *Acte d'ap.*, Récépissé des pièces ainsi déposées. || T. Droit. Biens qu'un époux apporte dans la communauté conjugale. *Reprendre ses apports francs et quittes*. Voy. COMMUNAUTÉ. — Ce qu'un associé apporte dans une société commerciale. *Son ap. est de trente mille francs.* || T. Spirit. Objet, fruit, fleur, qui traverserait les murs.

APPORTER. v. a. [Pr. *aporté*] (lat. *ad*, *portare*, porter à). Porter d'un lieu quelconque à la personne qui parle, dont on parle, ou au lieu où est cette personne. *Apportez-moi le livre qui est sur ma table. Ap. du dehors, de loin. Ap. des marchandises par eau, par charroi. Ce paquebot vient d'ap. de mauvaises nouvelles d'Amérique. La mer apporte à Londres le tribut de tous les peuples. — Quelles nouvelles nous apportez-vous ?* || T. Droit. Se dit de ce qu'un époux possède en se mariant. *Cette femme a apporté beaucoup de biens en mariage.* — Plus spécial., Ce qu'un des époux met dans la communauté. *Il n'a apporté que ses biens meubles dans la communauté.* — Ce qu'un associé fournit pour sa mise dans une société commerciale. *L'un a apporté son industrie, l'autre ses capitaux.* || Fig., Ap. des consolations, des conseils. Ap. dans la société de la complaisance, de la gaieté, de l'esprit, de la tristesse, de l'ennui. *Les dispositions que nous apportons en naissant.* || Employer, mettre. *Ap. une grande attention à l'examen d'une affaire. Il apporte de la bonne volonté dans tout ce qu'il fait.* || Ap. des facilités, des tempéraments, des adoucissements dans une affaire, Les faciliter. — Y ap. des difficultés, des obstacles, L'entraver. — Ap. du remède, Ap. remède à quelque chose, Parer à ses inconvénients, en prévenir les suites fâcheuses. || Alléguer, citer. *Ap. de bonnes raisons. À l'appui de son opinion il apporta plusieurs passages des grands jurisconsultes.* On dit mieux : Citer, Rapporter. || Causer, produire. *La vieillesse apporte souvent des infirmités. Un mariage mal assorti apporte bien des chagrins.* ═ APPORTÉ, ÉE. part.

Syn. — *Porter, Emporter, Transporter.* — Le verbe *porter* et ses composés marquent l'action de soutenir quelque chose, d'un être chargé; mais *porter* se borne à exprimer simplement cette action, tandis qu'*ap.* implique, en outre, l'idée de destination; *emporter*, celle d'un point de départ, et *transporter*, celle d'un changement de lieu. De sorte qu'on pourrait dire : Le facteur chargé de *porter* ma lettre vient de l'*emporter* de chez moi; il la *transportera* jusqu'à la ville et l'*apportera* lui-même à votre père.

APPOSER. v. a. [Pr. *apozé*] (lat. *ad*, vers, sur; *ponere*, poser). Appliquer, mettre. *Ap. un sceau sur un acte. Ap. les scellés chez quelqu'un. — Ap. sa signature, son paraphe, à la marge, au bas d'un acte, d'un écrit,* Mettre sa signature, son paraphe, etc. || *Ap. une clause, une condition à un contrat, à un traité,* L'y insérer. ═ APPOSÉ, ÉE.

APPOSITION. s. f. [Pr. *apo-zi-cion*]. Action d'apposer. *L'ap. des scellés.* || Accroissement des corps par la jonction des parties voisines. *Les minéraux s'accroissent par ap.* On dit mieux : *par juxtaposition.* || T. Gram. Figure qui consiste à mettre, sans particule conjonctive et par une sorte d'ellipse, un nom à la suite d'un autre, de manière que le second serve de qualificatif au premier. Dans ces exemples : *Cicéron, l'orateur romain; La houille, aliment de l'industrie,* les mots *l'orateur romain, Aliment de l'industrie* sont des appositions.

APPRÉCIABLE. adj. 2 g. [Pr. *apréciable*]. Qui peut être apprécié par les sens avec ou sans le secours des procédés physiques. *Cette quantité est si petite qu'elle n'est pas ap.* || Fig., *Ce travail est fort difficile; mais je ne lui vois pas d'utilité ap.*

APPRÉCIATEUR. s. m. [Pr. *apré...*]. Celui qui apprécie. Ne s'emploie guère que joint à une épithète. *C'est un juste ap. du mérite.* — Quelques auteurs ont fait usage du mot *Appréciatrice* comme adj. fém.

APPRÉCIATIF, IVE. adj. [Pr. *apré...*]. Qui marque l'appréciation. *Dresser un état ap. des marchandises.*

APPRÉCIATION. s. f. [Pr. *apré...*]. Estimation du prix, de la valeur d'une chose. *L'ap. d'un immeuble. Ap. juste, raisonnable.* || Fig., *La juste ap. de nos forces, de nos facultés. La saine ap. d'un fait historique.*

Syn. — *Évaluation, Estimation, Prisée.* — L'*Ap.* se tire surtout de l'examen des objets en eux-mêmes, l'*évaluation* des circonstances extérieures. *Prisée* a le même signification, mais il s'y ajoute l'idée d'une fonction officielle, comme celle d'expert ou de commissaire-priseur. L'*estimation* se fait à première vue d'après une opinion plus ou moins arbitraire.

APPRÉCIER. v. a. [Pr. *aprécié*] (lat. *pretium*, prix). Estimer, évaluer une chose; en fixer la valeur, le prix. *Ap. des meubles. Ce diamant a été apprécié à mille écus, a été apprécié mille écus.* || Fig., *Ap. les qualités, le mérite, les services de quelqu'un. Ap. un livre, un auteur. J'apprécie vos avis.* ═ S'APPRÉCIER. v. pron. *Ce tableau ne saurait s'ap.*, On ne saurait en fixer le prix. *Les hommes d'un mérite réel savent s'ap.*, Connaissent ce qu'ils valent. ═ APPRÉCIÉ, ÉE. part.

APPRÉHENDER. v. a. [Pr. *apré-andé*] (lat. *ad*, vers; *prehendere*, saisir). Prendre, saisir. Ne se dit qu'en parlant d'une prise de corps. *On l'a appréhendé au corps.* || Craindre, redouter. *Ap. le froid, l'orage. Il appréhende de vous déplaire.* ═ APPRÉHENDÉ, ÉE. part.

Syn. — *Craindre, Redouter.* — Il n'existe entre ces verbes aucune différence essentielle : tous les trois expriment le même sentiment; mais *ap.* marque une inquiétude moins vive que *craindre*, et *redouter* enchérit encore sur *craindre*. La même différence qu'on observe entre *ap.* et *craindre* subsiste entre les substantifs *appréhension* et *crainte*, qui en dérivent.

APPRÉHENSIF, IVE. adj. [Pr. *apré...*]. Timide, craintif. Peu us.

APPRÉHENSION. s. f. [Pr. *apré...*]. Crainte, peur, anxiété. *Être dans l'ap. Avoir de l'ap. Il vit dans de continuelles appréhensions.* || T. Log. Dans la philosophie scolastique, le terme *Ap.* désignait toute notion simple, toute conception proprement dite qui n'est pas le sujet d'un jugement ou d'une affirmation. Aujourd'hui ce terme est inus.

APPRENDRE. v. a. [Pr. *aprandre*] (lat. *apprehendere*, saisir). Dans son acception la plus usitée, *apprendre* présente deux nuances bien distinctes. Au présent et au futur, il sign. que l'on *travaille* ou que l'on *travaillera à acquérir quelque connaissance*; au passé, il sign. ordin. qu'on *a réussi à acquérir quelque connaissance*. Dans le premier cas, il est à peu près syn. du v. *étudier*; dans le second, il est en général l'équivalent du v. *savoir*. *J'apprends l'histoire, les mathématiques. J'apprendrai l'allemand. Ap. un métier.* — *Ap. une fable par cœur,* L'étudier pour la retenir dans sa mémoire. — *Il apprit l'art de la guerre sous Napoléon,* Il a étudié l'art de la guerre sous Napoléon, et il le suit. *Il a appris de ce philosophe à modérer ses désirs. J'ai appris par une longue expérience que... Cet acteur a appris son rôle en trois jours.* || S'emploie absol. et signif. S'instruire. *C'est un homme avec lequel il y a toujours à ap.* On apprend à tout âge. || Informer, avertir; Être informé, être averti. *Je viens vous ap. une triste nouvelle. Nous nous apprîmes mutuellement tout ce que nous avions fait.* || Enseigner, instruire. *Ap. la grammaire à un enfant. J'ai appris à lire à mon fils. Ap. le dessin, la musique, un métier à quelqu'un. L'histoire nous apprend que...* — Prov., *Les bêtes nous apprennent à vivre.* — Par manière de menace, on dit : *Je lui apprendrai bien à vivre, à parler,* Je le forcerai de vivre, de parler comme il convient. ═ S'APPRENDRE. v. pron. *Les arts s'apprennent par la pratique. Les vers s'apprennent plus aisément que la prose. Une bonne nouvelle ne s'apprend jamais assez vite. La médecine ne s'apprend qu'au lit du malade.* ═ APPRIS, SE. part. Fam., *C'est un homme mal ap.*, ou subst., *C'est un mal ap.*, C'est un homme grossier, sans éducation. ═ Conjug. Voy. PRENDRE.

Syn. — *Étudier, s'instruire.* — *Étudier* signifie généralement appliquer son attention, travailler pour savoir; mais il est synonyme d'*ap.*, lorsqu'il veut dire travailler pour retenir dans sa mémoire. C'est ainsi qu'un écolier *apprend* ou

36

étudie sa leçon. *Ap.* s'emploie le plus souvent dans le sens d'acquérir des connaissances; il se rapproche alors du verbe *s'instruire* : toutefois, ce dernier implique en général une idée d'effort et de méthode qui n'est point comprise dans le premier.

Allus. hist. — *Ils n'ont rien appris, rien oublié*, Allusion à l'aveuglement des émigrés qui revenaient en **1815** sans se douter de la transformation sociale accomplie par la Révolution française.

APPRENTI, IE. s. [Pr. *apranti*] (R. *apprendre*). Celui, celle qui apprend un métier. *Un ap. menuisier. Elle a chez elle trois apprenties.* || Fig. et fam., Se dit d'une personne peu habile dans les choses dont elle se mêle. *Vous n'êtes encore qu'un ap.*

APPRENTISSAGE. s. m. [Pr. *apran...*] (R. *apprendre*). État, travail, étude pratique de celui qui apprend un métier. *Faire son ap. Être en ap. Sortir d'ap. Dans l'horlogerie, l'ap. est difficile.* || Temps que l'on met à apprendre un métier. *Durant son ap. Son ap. finit dans six mois* || Par ext., on dit : *Faire l'ap. de la guerre, de la politique*, etc., En prendre les premières leçons. *Ce diplomate a fait son ap. à l'ambassade de Naples. L'ap. de la guerre ne se fait que sur le champ de bataille.* — Par anal., *Faire l'ap. de la sagesse, de la vertu, de l'intrigue, du crime.*

L'Ap. est une nécessité pour quiconque veut exercer une profession, un art, un métier, qui exige autre chose que des connaissances théoriques; et celui qui possède parfaitement la *pratique* d'une industrie quelconque, a le droit d'exiger une rémunération convenable de celui qui réclame ses conseils et ses leçons. Cette rémunération peut se faire de différentes manières : tantôt elle a lieu sous forme pécuniaire; tantôt l'apprenti s'engage à travailler, pendant un temps déterminé, au profit de son maître; tantôt enfin ces deux modes de rétribution sont combinés ensemble. Le maître et l'apprenti sont d'ailleurs libres de faire toutes les stipulations qui leur paraissent convenables; une *police d'ap.* règle les conventions arrêtées entre eux. L'autorité n'intervient jamais dans ce genre de contrats; elle n'a d'autre rôle que d'en garantir l'exécution. C'est ainsi qu'en cas de contestation sur la teneur ou sur l'exécution des conventions, il en est référé au conseil des prud'hommes ou, à leur défaut, au juge de paix de la localité. L'apprenti doit obéissance à son maître, et celui-ci doit protection et surveillance à l'apprenti, envers lequel il est tenu de se comporter comme un père de famille. Aussi la loi rend-elle le maître responsable du dommage causé par ses apprentis pendant qu'ils sont sous sa surveillance (C. civ. 1384). *L'ap.* chez les patrons tend à disparaître pour être remplacé par une instruction pratique dans des écoles. De tous côtés s'élèvent des *écoles d'ap.* établies soit par l'initiative privée, soit par l'État ou les villes. La ville de Paris est déjà entrée résolument dans cette voie et compte plusieurs *écoles d'ap.* L'une est consacrée au travail du fer et du bois, une autre à toutes les industries qui se rattachent au livre, etc. — Pour l'état des apprentis sous l'institution des *Jurandes et Maîtrises*, voy. le mot CORPORATION.

APPRÊT. s. m. [Pr. *aprê*] (R. *apprêter*). Préparatif. Dans ce sens, ne s'emploie guère qu'au plur. *Les apprêts d'un festin. On fait de grands apprêts pour cette noce. Les apprêts du supplice.* || Manière de préparer les étoffes, les peaux, etc., pour leur donner plus de lustre, plus de soutien, etc., *Cet ap. ne vaut rien.* — Se dit aussi des substances qu'on emploie dans ce but. *Ce drap a trop d'ap. Toile sans ap. Chapeau sans ap.* || Fig., Recherche, affectation dans le style, dans les manières. *Il y a trop d'ap. dans son style. L'ap. de ses manières fatigue.* || Assaisonnement des mets. *L'ap. de ce poisson coûte plus que le poisson même.* || s'APPRÊTER. Voy. VITRAIL.

Ind. — Les *apprêts* constituent une branche importante de l'industrie des tissus. On peut les classer de la manière suivante, suivant le résultat qu'on se propose d'obtenir : 1° les *apprêts* ayant pour but de rendre nette et lisse la surface des tissus. Ce sont le *grillage* qui consiste aujourd'hui à faire passer le tissu avec une très grande vitesse, à l'aide de machines appropriées, au-dessus des flammes de becs à gaz brûlant sans fumée, et le *tondage* qui se fait aussi à la machine et qui consiste à raser les poils et duvets existant à la surface du tissu; 2° les *apprêts* destinés à resserrer, à feutrer plus ou moins les fibres des tissus : tels sont, par exemple, les *foulonnages* que l'on applique aux draps. Cette opération

se fait soit à l'aide de pilons, soit au moyen de machines à cylindrer; 3° les *apprêts* ayant pour but de donner seulement une apparence lisse aux tissus. Ce sont : le *pressage* qui consiste à presser les pièces d'étoffe à l'aide d'une presse hydraulique; le *calandrage* qui consiste à presser énergiquement l'étoffe enroulée sur un cylindre de bois très dur roulant entre deux surfaces lisses planes; le *cylindrage à froid* où à chaud qui donne du lustre au tissu, et qui consiste à faire passer l'étoffe à plusieurs reprises entre deux cylindres compresseurs; le cylindrage à chaud donne aux étoffes un lustre beaucoup plus brillant; 4° les *apprêts* ayant pour but de rendre les tissus laineux ou pelucheux : ce sont les *tirages à poil* qui s'appliquent surtout aux draps au moyen de machines composées de rouleaux garnis de chardons ou de cardes qui étirent les fibres du tissu et les allongent à la surface de l'étoffe; on distingue les machines à lainer *en long* et *en travers*; 5° les *apprêts* ayant pour but de donner aux tissus un certain degré d'humidité qui est nécessaire pour la réussite des apprêts ultérieurs; ce sont : l'*humectage* qui consiste à faire tomber sur l'étoffe, lentement déroulée, de l'eau pulvérisée en brouillard; le *vaporisage*, dans lequel on envoie sur l'étoffe des jets de vapeur chaude; cette opération s'applique aux coutils et cotonnades pour les gonfler et leur donner plus de grain; le *décatissage*, qui s'applique aux draps sortant de la presse pour assurer la conservation de leur lustre et qui consiste à les étaler par couches avec du feutre interposé, et à faire arriver des jets de vapeur sur la pile ainsi formée, légèrement pressée; 6° les *apprêts* ayant pour but d'étendre les tissus en longueur et en largeur. Ce sont les *séchages* sur *rames*, sur *rouleau*, sur *métier*, qui ont pour effet de faire sécher l'étoffe pendant qu'elle est tendue par des machines spéciales; 7° les *apprêts* ayant pour but de raidir certains tissus par des substances incorporées dans les fibres; tels sont : l'*encollage* qui consiste à faire passer l'étoffe dans une auge contenant de la colle, laquelle est de l'empois d'amidon, de la colle de poisson, de la gélatine, de la décoction de riz qui sert pour la soie et le plus souvent de la dextrine; le *gommage*, qui est un encollage à la gomme arabique à laquelle on ajoute souvent des matières insolubles, kaolin, tôle, plâtre, suif, etc.; 8° les *apprêts* ayant pour but d'appliquer aux tissus un dessin en relief : le *satinage* et le *gaufrage*, qui consistent à presser le tissu entre deux rouleaux dont l'un en cuivre porte le dessin à imprimer, tandis que l'autre est en papier. Quand le dessin ne doit pas paraître à l'envers du tissu, comme dans les velours frappés, le contre-cylindre est en métal.

Apprêts des fils. — Cette opération a pour but de donner aux fils la rigidité qui leur est nécessaire pour le travail des métiers à tisser. Elle consiste dans une sorte d'encollage appelé aussi *parage*, qui se fait à l'aide de machines spéciales. Quelquefois les fils parés sont de plus *grillés*, c.-à-d. qu'on les fait passer avec une très grande vitesse dans des flammes de gaz et autour d'une roulette. Cet enroulement rapide au sortir du feu égalise les fils et les rend très brillants en détruisant les fibres irrégulières. Ces qualités se retrouvent dans les étoffes fabriquées avec les fils grillés.

APPRÊTAGE. s. m. [Pr. *aprêtage*]. T. Techn. Action de donner l'apprêt aux étoffes.

APPRÊTE. s. f. [Pr. *aprête*]. Petite tranche de pain étroite et longue avec laquelle on mange des œufs à la coque. Vx. — *Mouillette* est plus usité.

APPRÊTER. v. a. [Pr. *aprêté*] (R. *prêt*). Préparer, mettre en état. *Ap. le dîner. Apprêtez-moi tout ce qu'il faut pour mon voyage.* — Fig., *S'ap. des ennuis, des remords. Vous vous apprêtez bien des désagréments.* || Donner l'apprêt. *Ap. un cuir, une étoffe.* || Assaisonner. *Ap. des viandes.* — On dit absol., *Ce cuisinier apprête bien.* || *Ap. à rire*, Se rendre ridicule, donner à rire. *Vous allez ap. à rire à tout le monde.* = s'APPRÊTER. v. pron. *Le dîner s'apprête. Je m'apprête à partir.* = APPRÊTÉ, ÉE. part. || S'emploie adject. *Cartes apprêtées*, Arrangées d'une certaine façon pour tromper au jeu. || *Air, style, langage ap.; Manières apprêtées*, Qui manquent de naturel. = Syn. Voy. AFFECTÉ.

Syn. — *Préparer, Disposer.* — Pris dans le sens de faire des préparatifs, tous ces termes sont synonymes; ils ne diffèrent entre eux que par une certaine gradation de temps. Ainsi *disposer* comprend, outre l'idée d'ordre qu'il exprime, celle d'un temps futur qui n'est pas rigoureusement fixé; *préparer*, au contraire, indique un temps voisin bien déterminé; quant au terme *ap.*, il implique l'idée de moment présent.

APPRÊTEUR, APPRÊTEUSE. s. [Pr. aprêteur]. Celui, celle qui donne l'apprêt aux étoffes, qui prépare l'apprêt.

APPRÊTOIR. s. m. [Pr. aprêtoir]. Selle de bois à l'usage du potier d'étain.

APPRIMÉ, ÉE. adj [Pr. aprimé] (lat. apprimere, presser). T. Bot. Se dit de poils couchés et appliqués sur l'organe qui les porte.

APPRIVOISEMENT. s. m. [Pr. apri...]. Action d'apprivoiser.

APPRIVOISER. v. a. [Pr. apri...] (lat. privare, de privus, spécial, personnel). Rendre doux, familier, moins farouche. Au prop., Se dit des animaux sauvages et signif. : Les accoutumer à vivre avec les hommes. Ap. un ours, un lion. || Fig., Se dit des hommes et sign. : Rendre plus doux, plus sociable. C'est un homme d'une humeur sauvage, on a bien de la peine à l'ap. — Par ext., on dit : J'ai apprivoisé son humeur farouche. Ap. l'orgueil de quelqu'un. = S'Apprivoiser. v. pron. Cet animal s'apprivoise difficilement. — Cet enfant ne peut pas s'ap., S'accoutumer à nous, se familiariser avec nous. || Fig., S'accoutumer à une chose. S'ap. avec le vice, avec le danger. = Apprivoisé, ée. part.
Syn. — Priver. — Ap. un animal, c'est lui faire perdre son caractère sauvage et le rendre plus traitable ; le priver, c'est le rendre extrêmement familier. Quand un animal est apprivoisé, il ne fuit plus la présence de l'homme ; mais il éprouve encore à son approche une certaine appréhension. Lorsqu'il est privé, il recherche la société de son maître, et vient à lui au moindre appel. On n'apprivoise que les bêtes farouches ; on prive celles qui sont déjà apprivoisées.

APPROBATEUR, TRICE. s. [Pr. apro...]. Celui, celle qui approuve, qui donne quelque marque d'approbation. Sa conduite a trouvé des approbateurs. Elle est grande approbatrice de tout ce qui est nouveau. || S'emploie adject. et signif. : Qui marque l'approbation. Un murmure, un sourire, un geste ap. || Autrefois Ap. se disait du censeur qui avait donné son approbation publique à un livre. Les approbateurs de son livre sont tels et tels docteurs.

APPROBATIF, IVE. adj. [Pr. apro...]. Qui porte ou marque approbation. Arrêté ap. Signe, geste ap.

APPROBATION s. f. [Pr. apro...] (lat. approbare, approuver). Agrément, consentement qu'on donne à quelque chose. Donner, accorder son ap. Ap. tacite. Je n'en ferai rien sans votre ap. || Jugement, témoignage favorable. Il a obtenu l'ap. de tous les honnêtes gens. Cette statue a obtenu l'ap. de tous les artistes. — En ce sens, s'emploie quelquefois au plur. Il est sensible aux approbations sincères, désintéressées.
Syn. — Agrément. — Ap. est un terme général qui s'applique indifféremment à un fait consommé, à une chose en voie d'exécution, à un projet formé. Pour tous nos actes, nous devons désirer l'ap. universelle. Agrément est une expression spéciale, qui ne s'applique que de supérieur à inférieur. Il suppose autorité de la part de celui qui l'accorde, soumission ou déférence chez celui qui le sollicite. Ainsi un père donne son agrément au mariage de son fils ; un employé n'entreprend rien, en dehors de ses attributions particulières, avant d'avoir obtenu l'agrément de son chef.

APPROCHANT, ANTE. adj. [Pr. apro...]. Qui a de l'analogie, de la ressemblance. La manière de ce peintre est fort approchante de celle du Titien. Je ne lui ai point dit cela ni rien d'ap., Ni rien de semblable. = Approchant, approchant de. Loc. adv. Environ, à peu près. Il est huit heures ou ap. Il est ap. de huit heures. Il avait avec lui cinq cents hommes ou ap. Fam.

APPROCHE. s. f. [Pr. apro...]. Mouvement par lequel on s'avance vers une personne ou vers un objet quelconque. À notre ap. il prit la fuite. || Se dit de tout ce qui avance ou paraît avancer vers nous. L'ap. de la nuit lui fit doubler le pas. À l'ap. du danger son courage l'abandonna. Aux approches de l'hiver les hirondelles vont chercher d'autres pays. || L'accès, les abords d'une place, d'un camp, etc. Cette place de guerre est de difficile ap., est aisé de défendre les approches de ce camp. || T. Gén. mil. On donne le nom d'Approches à tous les travaux qu'exécute une armée assié-

geante pour s'avancer vers une place de guerre ou un camp fortifié, en se mettant à couvert de son feu. Voy. Fortification. || T. Géom. Courbe d'ap., Courbe qui possède cette propriété, qu'un corps grave qui descend le long de cette courbe par l'action seule de la pesanteur, approche également de l'horizon en temps égaux. C'est une courbe du 3e degré dont la forme rappelle celle de la parabole. || T. Agric. Greffe en ap., par ap. Voy. Greffe. || T. Fond. Opération par laquelle le fondeur en caractères s'assure au moyen d'un compositeur spécial que les caractères ont bien les dimensions voulues. || T. Opt. Lunette d'ap. Voy. Lunette.

APPROCHER. v. a. [Pr. aproché] (R. proche). Avancer auprès, mettre près. Ap. une chose d'une autre. Ap. le canon de la place. Approchez cet enfant de mon lit. || Ap. quelqu'un, S'avancer auprès de quelqu'un. Si vous m'approchez, je fais feu. — Fig., Ap. quelqu'un, Avoir un facile accès auprès de lui, vivre dans sa familiarité. C'est un homme qui approche le prince, il pourra vous être utile. Il fait le bonheur de tous ceux qui l'approchent. — Le roi l'a approché de sa personne, L'a admis dans sa familiarité, lui a donné quelque emploi auprès de sa personne. || Cette lunette approche, ou mieux rapproche les objets, Elle les fait voir comme s'ils étaient moins éloignés qu'ils ne le sont en effet. = Approcher, v. n. Devenir proche, être proche. L'heure, le temps, la mort approche. La tempête approchait. || Avancer. L'ennemi approche. Approchez que je vous parle. || Ap. de. S'avancer vers. N'approchez pas de ce chien, il est méchant. Nous approchons de la ville. — Fig., Ap. de sa fin. Ap. de la mort. || Ap. du but, Mettre près du but. Regardez la cible, vous verrez que j'ai approché du but. — Arriver presque au but. C'est ma boule qui a le plus approché du but. — Fig., Ap. du but, sign. Deviner à peu près ; Être près d'atteindre le résultat qu'on se propose. || Avoir quelque rapport, quelque ressemblance. Ces nuances approchent beaucoup l'une de l'autre. Ces imaginations-là approchent de la folie. — Rien n'approche de la magnificence de ce prince, Rien n'égale la magnificence, etc. La beauté de la fille n'approche pas de celle de la mère, Est bien loin d'être égale à celle de la mère. = s'Approcher, v. pron. S'avancer, se mettre auprès. Il s'approcha d'elle avec respect. S'ap. du feu. || Fig., Devenir proche, être proche. Le moment, l'heure, le jour s'approche. La vieillesse s'approche. || S'ap. ou ap. de la sainte Table, du tribunal de la pénitence, Communier, se confesser. On dit de même : Ap. ou s'ap. des sacrements. = Approché, ée. part. || Math. Valeur approchée. Valeur voisine de celle qu'on veut calculer. Voy. Approximation.

APPROFONDIR. v. a. [Pr. apro...]. Rendre plus profond, creuser plus avant. Ap. un fossé, un puits, une tranchée. Ap. des fondations. || Fig., Pénétrer aussi avant que possible dans la connaissance de quelque chose. Ap. une science, une question, une matière. Ap. une affaire. Ap. le monde. Ap. les hommes. = s'Approfondir. v. pron. Le lit de ce fleuve s'approfondit tous les jours. || Fig., Les mystères de la vie humaine ne doivent pas trop s'ap. = Approfondi, ie. part. || Se prend adj. Il a fait une étude approfondie des langues sémitiques, Il a poussé aussi avant que possible l'étude, etc.
Syn. — Creuser. — Avant d'ap. il faut avoir creusé. On creuse en pratiquant un trou, une excavation ; on approfondit lorsque, après avoir reconnu l'insuffisance de l'excavation faite en creusant, on désire aller plus avant. Au figuré, il existe entre ces termes une différence analogue : quand on a creusé une science, on la connaît, mais on ne la possède pas à fond ; celui qui l'a approfondie en a pénétré tous les secrets ; elle n'a plus rien de caché pour lui.

APPROPRIATION. s. f. [Pr. appropri-acion]. Action de s'approprier. L'ap. d'une maison, d'un terrain. || État d'une chose rendue propre à une destination. L'ap. d'une terre à la culture de la vigne.

APPROPRIER. v. a. [Pr. apro...] (lat. ad, proprius, propre, particulier à). Rendre propre à une destination. Ap. une terre à la production des céréales. On a mal approprié cet édifice à sa destination. || Adapter, proportionner, accommoder. Il faut ap. les lois d'un peuple à ses mœurs. Il a toujours su ap. son langage aux circonstances. — Ap. les remèdes à la constitution, à l'âge des malades. = S'ap, s' imploie dans le sens de s'emparer de. Ce tuteur s'est approprié les biens de sa pupille. Combien de gens s'approprient *les œuvres d'autrui*, S'attribuent les ouvrages des autres, s'en disent les auteurs. — *S'ap. une pensée*, Se la rendre propre par la manière de l'exprimer, de la faire valoir. = Approprié, ée. part.

Syn. — S'arroger, S'attribuer. — Ces trois verbes expriment l'idée de s'emparer de ce qui en réalité est du domaine d'autrui; mais *s'ap.* s'emploie généralement en parlant des objets mobiliers ou immobiliers dont on se met indûment en possession; *s'attribuer*, en parlant d'actions, d'œuvres d'imagination, de résultats, de succès; et *s'arroger*, en parlant de dignités, de titres, de grades, de qualités, d'honneurs, d'hommages, de prérogatives.

APPROPRIER. v. a. [Pr. *apro*...] (R. *propre*). Mettre dans un état de propreté, mettre en ordre. *Mon domestique n'a pas encore approprié ma chambre.* = Approprié, ée. part.

APPROUVER. v. a. [Pr. *aprouvé*] (lat. *approbare*, m. s.). Agréer une chose, y donner son consentement. *Le père n'a pas voulu ap. ce mariage.* — Être d'avis. *Le roi n'approuva pas qu'on présentât cette loi.* || Juger louable, digne d'estime. *J'approuve cette manière d'écrire. Tout le monde approuve sa conduite.* || Autoriser par un témoignage authentique. *La Sorbonne a approuvé cette doctrine.* || S'emploie absol. *Ils approuvent et désapprouvent souvent sans raison.* || S'Approuver. v. pron. Se féliciter. *Il s'approuve fort d'avoir pris ce parti.* = Approuvé, ée. part. *Maximes universellement reçues et approuvées.* || S'emploie absol. et ellipt. au bas d'un acte, d'un état, d'un compte. *Ap. l'a et ap. lu et ap.*

Discipl. ecclés. — Un prêtre approuvé est celui qui a reçu de son évêque le pouvoir d'entendre les confessions et d'absoudre. Comme c'est un acte de juridiction, l'évêque a le droit de limiter cette *approbation* pour le temps, pour le lieu et pour les cas.

APPROVISIONNEMENT. s. m. [Pr. *apro*...]. Action de rassembler toutes les choses nécessaires à la consommation d'une ville, d'une armée, etc. *Faire des approvisionnements pour une armée. On l'a chargé de l'ap. de la flotte.* || Se dit des choses rassemblées pour la consommation d'une ville, etc. *Un grand ap. de blé, de bois, etc. Cette place a un ap. suffisant pour six mois.*

APPROVISIONNER. v. a. [Pr. *apro*...] (lat. *ad, providere*, pourvoir à). Faire un approvisionnement, fournir des provisions. *Ap. une place de guerre, un hôpital.* = S'Approvisionner. v. pron. Se munir de provisions. *S'ap. de bois pour l'hiver.* = Approvisionné, ée. part.

APPROXIMATIF, IVE. adj. [Pr. *apro*...]. Qui est fait par approximation. *Calcul ap. État ap. d'une dépense à faire, Estimation approximative.*

APPROXIMATION. s. f. [Pr. *apro*...] (lat. *ad, proximus*, proche de). Dans le langage ord., calcul, estimation dans laquelle on ne s'attache pas à une exactitude rigoureuse. *Dites-moi par ap. ce que peut coûter l'impression de ce livre. Je ne vous donne là qu'une ap. A en juger par ap.*

Math. — Dans les sciences naturelles ou expérimentales, aussi bien que dans l'industrie et la pratique ordinaire de la vie, nous ne connaissons aucune grandeur que par *ap.*, ainsi, par ex., la grandeur de la terre, la distance du soleil, la distance de deux villes, le diamètre d'une roue, etc., ne nous sont pas connus d'une manière absolue. Toutes les mesures que nous effectuons consistent à assigner deux limites numériques entre lesquelles est comprise la grandeur à mesurer. La mesure est d'autant plus *approchée* que ces deux limites sont plus resserrées.

Dans les mathématiques pures elles-mêmes on est souvent obligé de se contenter de valeurs plus ou moins approchées de certaines quantités qu'il est impossible de déterminer rigoureusement, soit à cause de leur nature même, soit à cause de l'imperfection de nos procédés, et l'on donne le nom de *méthodes d'ap.* aux artifices à l'aide desquels on obtient ces valeurs. Par ex., les grandeurs incommensurables avec l'unité ne peuvent être exprimées qu'approximativement à l'aide des symboles numériques. Tel est le cas du rapport de la circonférence au diamètre. La méthode des polygones inscrits pour la détermination de ce rapport fournit un exemple de la méthode d'approximation la plus générale ou méthode des limites. Les longueurs des périmètres des polygones inscrits successifs fournissent des valeurs de plus en plus approchées de la longueur de la circonférence qui en est la limite. Voy. Incommensurable, Limite, Cercle.

Les séries (voy. ce mot) fournissent souvent le moyen le plus rapide pour calculer certaines quantités par approximation. C'est par l'emploi des séries qu'on a calculé le nombre π, le nombre *e*, les logarithmes des nombres et des fonctions circulaires, etc. Malheureusement, il n'est pas toujours facile de développer en série la quantité qu'on veut calculer, et encore faut-il, quand cela est possible, que la série obtenue soit suffisamment convergente. Newton et Lagrange ont donné des méthodes très commodes pour calculer par approximation les racines d'une équation. Une question très importante, et qui se pose souvent dans la pratique, est celle qui consiste à déterminer avec quelle approximation doivent être connues les données d'un problème et comment il faut diriger les calculs pour obtenir les solutions avec une approximation donnée. Cette question sera étudiée au mot Erreur.

Approximations successives. — La méthode des approximations successives est usitée en mathématiques et dans les sciences physiques pour obtenir les valeurs approchées d'une quantité difficile à déterminer. Elle trouve son application toutes les fois que l'inconnue peut être considérée comme dépendant d'une quantité qui dépend elle-même de l'inconnue. Elle consiste à attribuer à l'inconnue une valeur plus ou moins approchée et à se servir de cette valeur pour calculer une plus approchée, à l'aide de laquelle on en calcule une troisième et ainsi de suite jusqu'à ce qu'on ait obtenu l'approximation désirée. Soit par ex. pour calculer l'une des racines de l'équation du second degré

$$ax^2 + bx + c = 0$$

quand *a* est très petit, on écrira l'équation :

$$x = -\frac{c}{b} - \frac{ax^2}{b}.$$

On calculera d'abord $x_1 = -\dfrac{c}{b}$, puis on calculera

$$x_2 = -\frac{c}{b} - \frac{ax_1^2}{b},$$

en remplaçant dans le second membre *x* par x_1, puis x_3 en remplaçant *x* par x_2 et ainsi de suite. Les valeurs x_1, x_2, x_3, etc., sont des valeurs de plus en plus approchées de la racine. Presque toutes les méthodes employées en astronomie pour la détermination des coordonnées des étoiles, des éléments des planètes, etc., sont des applications de la méthode des approximations successives, parce que les quantités qu'on veut déterminer comprennent des termes correctifs qui dépendent des inconnues elles-mêmes. On commence par négliger ces termes correctifs pour obtenir une première valeur approchée à l'aide de laquelle on calcule les termes correctifs, ce qui fournit une seconde valeur approchée permettant de calculer les termes correctifs avec plus d'approximation, etc.

APPROXIMATIVEMENT. adv. [Pr. *apro*...]. Par approximation.

APPUI. s. m. [Pr. *apui*] (lat. *podium*; du gr. πούς, ποδός, pied). Soutien, support. *Mettre un ap., des appuis à un mur. Il faut un ap. à cet arbre.* || *L'ap. d'une fenêtre, d'un balcon*, etc., La partie d'une fenêtre, d'un balcon, sur laquelle on peut s'appuyer. || *A hauteur d'ap.*, se dit de ce qui est élevé à la hauteur ordinaire du coude, de façon qu'on puisse s'appuyer dessus. || Fig., Aide, secours, protection, soutien. *Vous avez tort de compter sur son ap. Un malheureux sans ap.* — Se dit aussi des personnes et des choses dont on tire secours, aide ou protection. *Cet homme est l'ap. de toute sa famille. Ce juge est l'ap. des opprimés. Ses enfants sont les appuis de sa vieillesse.* || T. Gram. *Ap. de la voix*, Augmentation de l'élévation ou de l'intensité de la voix sur une syllabe. || T. Man. Se dit de l'effet que produit le mors sur la bouche du cheval et de l'impression qui en résulte sur la main du cavalier. *L'ap. est fin*, quand la bouche est délicate; *il est lourd*, quand l'animal pèse à la main. *Un bon ap. ou un ap. à pleine main* est celui qui laisse à la main du cavalier le sentiment d'une pression douce et toujours égale. On dit qu'un *cheval n'a point d'ap.*, lorsque ses barres étant très sensibles, le cavalier ne sent aucune pesanteur. || T. Méc. *Point d'ap.* Voy. Levier. = A l'Appui. Locut. prépos. Pour appuyer. *Je vous prie de dire quelque chose à l'ap. de ma demande. Pièces à l'ap. d'un compte*, ou simplement *Pièces à l'ap.* || T. Jeu de boule. *Aller à l'ap. de la boule*, Jeter sa boule de manière qu'elle pousse celle de son partenaire et qu'elle l'approche du but. — Fig. et fam., Seconder celui qui a commencé une affaire, fait une proposition, ouvert un avis. *Faites la proposition, j'irai à l'ap. de la boule.*

Syn. — *Soutien, Support.* — On place un *ap.* contre une chose pour l'empêcher de plier ou de tomber : les tuteurs auxquels on attache les arbrisseaux et les arcs-boutants qui servent à consolider un mur sont des *appuis*. On place un *support* sous la chose qui doit être soutenue : c'est ainsi qu'une poutre sert de *support* à des chevrons qui à leur tour *supportent* un plancher. S'il arrive que les *supports* soient trop faibles pour le poids dont on les charge, un *soutien* devient alors nécessaire et on le pose à l'endroit où son action est le plus efficace. — Au fig., *ap.* se dit principalement de celui qui aide quelqu'un de son influence, de son crédit, de son autorité ; ce jeune homme est certain d'obtenir de l'avancement, car il a l'*ap.* d'un haut fonctionnaire. *Soutien* s'emploie de préférence en parlant d'assistance matérielle : Cet enfant est l'unique *soutien* de sa famille ; Ce prêtre est le *soutien* des pauvres de sa paroisse. Quant au mot *support*, il est peu usité au figuré. — *Aide, assistance, secours.* Ces mots désignent quelque chose de plus matériel ; *ap.*, quelque chose de plus moral.

APPUI-MAIN. s. m. [Pr. apui-...]. Baguette dont se servent les peintres pour soutenir la main qui tient le pinceau ou le crayon. Plur. des *Appuis-main*.

APPUI-TÊTE. s. m. [Pr. apui-...]. T. de Mét. Chez les photographes, appareil qui sert à maintenir immobile la tête de la personne qui pose.

APPULSE. s. f. [Pr. apulse] (lat. *appulsus*, voisinage, de *ad*, auprès, et *pulsus*, poussé).

Astr. — On nomme ainsi le passage de la lune près d'une planète ou d'une étoile sans qu'il y ait *occultation*. L'instant de l'*ap.* est celui de la plus courte distance des bords des deux astres. On observe les appulses pour déterminer les lieux de la lune, les erreurs des tables astronomiques et les longitudes des lieux terrestres.

APPUYER. v. a. [Pr. apui-ié]. Soutenir par le moyen d'un appui. *Ap. une muraille par des piliers*, un édifice par des arcs-boutants. || *Ap. une chose contre une autre*, La poser contre une autre de manière que celle-ci l'empêche de tomber. *Ap. une échelle contre la muraille.* — *Ap. une maison contre une autre*, contre un coteau, L'adosser à une autre maison, etc. || Poser une chose sur une autre, contre une autre, avec une pression plus ou moins forte. *Ap. les mains, les coudes sur la table. Il lui appuya le genou sur la poitrine.* — *Il lui appuya le pistolet, le bout de son fusil sur la poitrine.* Cette loc. s'emploie également lors même que l'arme est tenue à quelque distance du corps. || Fig., Aider, protéger, soutenir. *Je vous appuierai de tout mon pouvoir, de tout mon crédit.* || Corroborer, autoriser, fonder. *Il appuya son sentiment par de bonnes raisons. Cette opinion est appuyée du témoignage des anciens.* || T. Art mil. *Il appuya l'aile droite de son armée au fleuve et la gauche à un bois*, Il la disposa de manière que son aile droite touchait au fleuve et la gauche à un bois, afin de les garantir de ces côtés-là. — *Il envoya un régiment de dragons pour ap. son infanterie*, Pour aider celle-ci à soutenir le choc de l'ennemi. || T. Chas. *Ap. les chiens*, Les animer du cor et de la voix. || T. Escr. *Ap. la botte*, Ap. le fleuret sur le corps de son adversaire après l'avoir touché. — Fig., Insister sur une épigramme, sur un argument qui embarrasse l'adversaire. || T. Man. *Ap. l'éperon à un cheval*, Le lui appuyer fortement. *Ap. des deux*, Appliquer fortement les deux éperons à la fois. = s'APPUYER. v. pron. Se servir de quelque chose pour appui, pour soutien. *S'ap. sur une canne, sur une balustrade, contre un arbre. Appuyez-vous sur moi.* — *La droite de l'armée s'appuyait à un marais*, Touchait à un marais. || Fig., *S'ap. sur la protection, le crédit, l'amitié de quelqu'un*, ou simplement *s'appuyer sur quelqu'un*, Faire fond, se reposer sur la protection de quelqu'un. — *S'ap. de la protection, du crédit, de l'amitié de quelqu'un*, S'en aider. — *S'ap. sur de bonnes raisons, sur l'usage reçu, sur l'autorité des anciens, sur un passage de l'Écriture, sur l'exemple de quelqu'un*, S'aider de, s'autoriser de. = APPUYER. v. n. Poser, être soutenu. *Cette voûte appuie sur des piliers.* || Peser sur quelque chose. *Appuyez davantage sur le cachet, sur le burin. N'appuyez pas autant en écri-*

vant. || *Ap. sur la droite, sur la gauche*, ou *Ap. à droite, à gauche*, Se porter sur la droite, sur la gauche. Se dit surtout en parlant de plusieurs personnes qui sont rangées sur une même ligne. || Insister. *Ap. sur un fait, sur une circonstance, sur un argument.* || *Ap. sur une phrase, sur une syllabe*, La prononcer en la marquant, soit par l'intensité ou l'élévation de la voix, soit par une augmentation de durée. *Appuyez sur les derniers mots pour mieux faire saisir l'intention de l'auteur.* || T. Mus. *Ap. sur une note*, Augmenter l'intensité de la voix sur une note, ou prolonger la durée de cette note. || T. Man. *Ce cheval appuie sur le mors*, Il porte la tête basse de manière à fatiguer la main du cavalier. = APPUYÉ, ÉE. part. — Conjug. Voy. EMPLOYER.

ÂPRE. adj. 2. g. (lat. *asper*). Inégal, raboteux. Se dit particul. des chemins. *Un sentier âp. et difficile conduit au sommet de la montagne.* || Rude au toucher, qui fait une impression désagréable sur les organes tactiles. — On dit par anal., *Le froid est fort âp.* || Qui produit sur l'organe du goût une sensation désagréable analogue à celle que produisent les fruits verts. *Fruits âpres, vin âp.* — Qui affecte désagréablement l'oreille. *Une voix dure et âp.* || Fig., se dit de certaines choses pour en marquer la rudesse ou la violence. *Le combat fut des plus âpres. C'est un homme qui a l'humeur âp. Son style est très âp.* || Se dit encore des personnes qui se portent avec trop d'ardeur à quelque chose. *Cet homme est âp. au jeu, au gain.* — *Chien âp. à la curée*, Plein d'avidité, de voracité. — Prov. et fig., *Cet homme est âp. à la curée*, Est très avide d'argent, de places, d'honneurs. = Syn. Voy. ACERBITÉ.

ÂPREMENT. adv. Avec âpreté, d'une manière âpre. *Le froid commence bien âp. Réprimander âp. Il se porte trop âp. à tout ce qu'il fait. Ce chien se jette âp. sur la viande.*

APRÈS. prép. et adv. (R. *à*, près). La fonction générale de cette prép. consiste à marquer l'ordre de succession dans le temps et dans l'espace. || Rapport de temps. *Ap. le déluge. Ap. la naissance de J.-C. Tibère fut empereur ap. Auguste. Nous parlerons de cette affaire ap. mon retour. Il est revenu ap. une longue absence.* — *Ap. avoir bu*, ou simpl. *Après boire, nous nous expliquerons.* — *Après avoir chanté il se retira. Le chien a passé ap. le sanglier.* — *Ap. cela, il ne faut s'étonner de rien. Il lui fit une verte réprimande, ap. quoi il le congédia.* || Rapport de lieu, d'espace. *Ap. ce vestibule est un magnifique salon. Ap. le parterre est un boulingrin, ap. le boulingrin une grande pièce d'eau.* — *Elle traîne ap. elle une foule d'adorateurs. Les maréchaux marchaient ap. l'empereur.* || Rapport de hiérarchie sociale, morale, artistique, etc. *Les conseillers sont ap. les présidents. Tous les fabulistes passent ap. La Fontaine. Ap. l'or et le platine, l'argent est le plus cher des métaux usités dans les arts. C'est l'homme que j'aime le plus ap. vous.* || *Ap.* indique aussi la tendance. *On a longtemps attendu ap. lui. On a longtemps attendu son arrivée. On attend plus qu'ap. sa valise pour partir. Sa valise arrivée, on partira.* — *Je n'attends pas ap. cette somme*, Je ne suis pas pressé d'avoir cette somme, je n'en ai pas besoin. — *Attendre, languir, soupirer ap. quelque chose*, Désirer vivement une chose qu'on trouve lente à venir. *Les gendarmes courent ap. les voleurs. Courir ap. la fortune, les honneurs.* || De quelqu'un qui est sans cesse aux côtés d'une personne, on dit qu'il s'occupe beaucoup d'elle, on dit : *Il est toujours ap. elle. Il est toujours ap. moi pour épier mes actions. Cette mère est sans cesse ap. ses enfants.* — Se dit le plus souvent en mauvaise part. *Crier ap. quelqu'un*, Le gronder, le quereller. *Tout le monde crie ap. ce ministre*, Tout le monde le blâme. *Il n'y a qu'un cri ap. lui*, s'emploie dans le même sens ; mais il se dit aussi en parlant de quelqu'un que tout le monde désire, attend avec impatience. — *Être ap. quelqu'un*, Le tourmenter, le maltraiter. *Ils étaient quatre ap. lui. Dans la mêlée, ils se mirent tous ap. lui.* || *Être après quelque chose*, S'en occuper actuellement. *J'ai trouvé mon avocat qui était ap. mon dossier. Cette femme est toujours ap. sa toilette.* = APRÈS, adv., exprime les mêmes rapports ; seulement l'un des termes du rapport n'est pas exprimé et se compose de l'idée comprise dans la proposition précédente ou suivante. *Il est parti après.* — *Il est long-temps ap. Cinq ans ap. Peu ap. Vous irez devant, et lui ira ap. Avez-vous lu ce livre ? Je suis ap.* — *Il vous a dit qu'il me connaissait : après ? c.-à-d. Ap. cela,* que vous a-t-il dit? *Vous arrivâtes malade : après?* = n'APRÈS. loc. prépositive et elliptique. *Le jour d'ap.* Le jour qui succéda à celui dont on vient de parler. On dit de même : *La semaine d'ap. L'année d'ap. Il est revenu le mois d'ap.* || *D'ap.*, suivi d'un complément, sign. par suite de, en conséquence de. *Raisonner d'ap. ses prétentions. D'ap. ces considérations je conclus que.* — Sur l'autorité de. *Je n'en parle que d'ap. les auteurs les plus graves.* || *D'ap.* exprime encore le rapport entre un original ou un modèle et la copie ou l'imitation qu'on en fait. *Ce tableau est peint d'ap. Raphaël. Portrait d'ap. nature.* — *Il se conduit d'ap. les exemples qu'il a sous les yeux.* = APRÈS TOUT. loc. adv. Tout bien considéré, quand cela serait. *Ap. tout, il n'était guère possible de faire autrement.* = APRÈS COUP. loc. adv. Trop tard, quand il n'est plus temps. *Vous voulez produire des pièces quand votre procès est jugé, c'est venir ap. coup.* = CI-APRÈS. loc. adv. usitée dans le style didactique et dans la pratique. Plus tard, plus loin. *On verra ci-ap. la preuve de ce que j'avance. Les conditions du marché seront stipulées ci-ap.* = APRÈS QUE. conj. Lorsque. *Ap. que vous aurez parlé. Je partirai ap. que j'aurai achevé mon travail.*

APRÈS-DEMAIN. adv. qui sert à désigner le second jour après celui où l'on est. *L'affaire est remise à après-d.* || S'emploie subst. *Après-d. passé, il ne sera plus reçu à soumissionner.*

APRÈS-DÎNÉE. s. f. Espace de temps qui s'écoule depuis le repas de midi jusqu'au soir. *J'irai vous voir cette après-d.* — Pl. des *après-dînées. Il passe toutes ses après-dînées chez lui.*

Obs. gram. — Plusieurs auteurs écrivent *après-dîné* ou *après-diner*, et font ce mot masculin. — La locution *J'irai vous voir après dîner*, diffère de celle-ci : *J'irai vous voir cette après-dînée*, en ce que dans le premier cas je dis que je vous ferai visite immédiatement après avoir dîné, tandis que, dans le second cas, j'ai tout le temps qui s'écoulera entre l'heure du dîner et le soir pour faire cette visite.

Ce terme vieillit, car on a pris l'habitude d'appeler dîner le repas du soir.

APRÈS-MIDI. s. f. Espace de temps qui s'écoule depuis l'heure de midi jusqu'au soir. *Une belle après-m. Je vous ai attendu toute l'après-m.* — Pl. des *après-midi. Il est visible toutes les après-midi.* — Quelques-uns font ce mot masculin.

APRÈS-SOUPÉE. s. f. Temps qui s'écoule depuis le souper jusqu'au coucher. — Pl. des *après-soupées. Il passe ses après-soupées en bonne compagnie.* || *Après-souper* ou *après-soupé.* Voy. l'obs. qui suit le mot *Après-dînée.*

ÂPRETÉ. s. f. (R. *âpre*). Qualité de tout ce qui est âpre. *L'âp. des chemins, du froid, d'un fruit, de la voix.* || Fig. *L'âp. des mœurs, du caractère, de l'humeur, des manières, d'un reproche, d'une parole.* — *Ap. du style. Ap. au gain*, etc. = Syn. Voy. ACERBITÉ.

APRIÈS, roi d'Égypte, de 593 à 570 av. J.-C., fut détrôné et mis à mort par Amasis.

À PRIORI. Mots latins qui signifient : d'après ce qui précède.

Phil. — Cette locution et son opposée *à posteriori* apportent à l'esprit un sens très net et très clair, mais qu'il est assez difficile de rattacher à leur étymologie. Étymologiquement, raisonner *à priori*, c'est raisonner d'après des principes généraux et arriver ainsi directement à une conclusion; raisonner *à posteriori* ce serait prouver la vérité ou la fausseté d'une proposition d'après l'accord ou le désaccord de ses conséquences avec des vérités reconnues. Ainsi le raisonnement *à posteriori* serait une sorte de raisonnement par l'absurde. Mais on sait que toute démonstration peut être présentée indifféremment soit-directement, soit par l'absurde (voy. LOGIQUE), de sorte que les deux modes de raisonnement ne diffèrent que par le procédé d'exposition. Cependant on peut remarquer que la méthode *à priori*, plus rapide et plus directe, est une méthode d'enseignement et de synthèse, tandis que la méthode *à posteriori* est une méthode de recherche ou d'analyse. Mais les deux locutions sont rarement employées dans le sens que nous venons d'indiquer. Dans le langage de la philosophie et de la science modernes,

raisonner *à priori* veut dire raisonner en cherchant les déductions de quelques principes généraux qu'on admet pour vrais, et *raisonner à posteriori* c'est raisonner en s'appuyant sur les données de l'expérience. Il n'est plus ici question de la forme du raisonnement qui peut être ind ifféremment direct ou indirect, mais de la nature des prémisses qui sont des principes généraux dans le premier cas, principes pouvant eux-mêmes être dérivés de l'expérience, et dans le second cas des vérités expérimentales particulières à la question qu'il s'agit de traiter. Par exemple, Newton annonça que la terre est aplatie aux pôles en s'appuyant sur les lois de la force centrifuge et sur la fluidité ancienne du globe terrestre : c'était un raisonnement *à priori* dont la conclusion ne fut vérifiée *à posteriori* que vers le milieu du siècle suivant par des mesures directes effectuées à la surface de la terre (voy. APLATISSEMENT). D'une manière générale on peut dire que, dans les sciences, la méthode *à priori* permet de prévoir des faits qui sont souvent vérifiés *à posteriori. A posteriori* signifie aussi *après que la chose a été déjà devinée.* On peut dire aussi que la méthode *à priori* procède par raisonnement et déduction, tandis que la méthode *à posteriori* est la méthode expérimentale. Dans le langage de la philosophie qui exige une grande précision, *à priori* s'emploie pour les conceptions directes de la raison, et *à posteriori* pour les enseignements de l'expérience; c'est ainsi que Kant a distingué les *jugements synthétiques à priori* qui sont des propositions directement formulées par la raison, et les *jugements synthétiques à posteriori* qui sont le résultat de l'expérience acquise par l'intermédiaire des sens. Ainsi *tout changement a une cause* est un jugement *à priori; La terre tourne* est un jugement *à posteriori.* Voy. AXIOME, JUGEMENT, CAUSALITÉ.

APRIORISME. s. m. T. Philos. Emploi des méthodes *à priori.*

APRON. s. m. (lat. *asper*, rude). T. Icht. Genre de poissons acanthoptérygiens voisin des perches. Voy. PERCOÏDES.

À-PROPOS. s. m. Voy. PROPOS.

APSIDE. s. f. (gr. ἁψίς, courbure) T. Archit. Voy. ABSIDE.

Astr. — On donne le nom d'*Apsides* aux deux points situés aux extrémités du grand axe de l'orbite d'une planète ou d'un satellite : ce sont les points où la planète se trouve à sa plus grande et à sa moindre distance de l'astre central. Le point de la plus grande distance s'appelle l'*ap. supérieure* ou l'*aphélie*, s'il s'agit d'une planète, et celui de la plus petite distance est nommé *ap. inférieure* ou *périhélie* s'il s'agit d'une planète. La ligne qui unit ces deux points et qui constitue le grand axe de l'orbite, a reçu en conséquence le nom de *ligne des apsides.* Elle éprouve un lent déplacement dans le plan de l'orbite, déplacement qui est dû aux actions perturbatrices des autres planètes ou satellites, et le temps que met l'astre à compléter une révolution relativement à ses apsides constitue la période anomalistique. Voy. ANNÉE, ANOMALIE, APHÉLIE, APOGÉE.

APT, ch.-l. d'arr. (Vaucluse), 5,700 hab.

APTE. adj. 2 g. (lat. *aptus*, propre à). Propre à faire quelque chose; qui réunit les conditions requises pour une chose. *Il est ap. à remplir cet emploi, à exécuter ce travail. Il est ap. à posséder, à succéder.*

APTÉNODYTE s. m. (gr. ἀπτήν, qui ne vole pas; δύτης, plongeur). T. Ornith. Nom scientifique du *Manchot.* Voy. BRACHYPTÈRE.

APTÈRE. adj. 2 g. et s. m. (gr. ἀ priv.; πτερόν, aile). T. Zool. qui signifie *privé d'ailes.* On désigne ainsi un ordre d'insectes. Voy. INSECTE.

APTÉRONOTE. s. m. (gr. ἀ priv.; πτερόν, nageoire; νῶτος, dos). T. Icht. Genre de poissons malacoptérygiens apodes, voisins des gymnotes. Voy GYMNOTE.

APTÉRYX. s. m. (gr. ἀ priv.; πτέρυξ, aile). T. Ornith. On a donné le nom d'*Ap. austral* à un oiseau de la Nouvelle-Zélande, et qui est un des plus remarquables dans la série ornithologique, puisqu'à des ailes rudimentaires il tout a fait impropres au vol il réunit un bec de courlis ou de bécasse et des pattes de gallinacé. Il est de la taille d'une poule; son plumage est brun ferrugineux, décomposé et tombant. On l'a classé avec raison dans l'ordre des *Brévipennes* de Cuvier; car, comme ceux de l'autruche et du casoar, ses os ne sont point percés pour l'introduction de l'air, qui ne pénètre pas non plus dans la cavité abdominale; son sternum est fort petit, et il est en outre dépourvu de bréchet, ainsi que tous les brévipennes.

L'ap., que les indigènes de la Nouvelle-Zélande connaissent sous le nom de *Kiwi*, se tient dans les forêts les plus fourrées et les plus sombres, et y reste blotti durant le jour sous les grandes herbes marécageuses ou dans les cavités que forment les racines des arbres. C'est là aussi qu'il construit un nid grossier où il ne pond qu'un œuf. Il ne sort de sa retraite qu'à la nuit pour chercher sa nourriture, qui, à ce qu'il paraît, se compose uniquement de vers. Il les attrape en grattant le sol avec ses pieds et en introduisant son long bec dans les terrains mous et marécageux. L'ap. se rencontre ordinairement par paires. Son cri ressemble à un fort coup de sifflet, et c'est en imitant ce cri que les naturels parviennent à le saisir. Quand on a pris une femelle, il devient facile de s'emparer du mâle qui reste ordinairement près d'elle pour la protéger. Malgré la brièveté et la grosseur de ses jambes, le kiwi court avec une vitesse incroyable. Il sait aussi fort bien se servir de ses éperons pour se défendre, lorsqu'il est atteint par les naturels ou par leurs chiens.

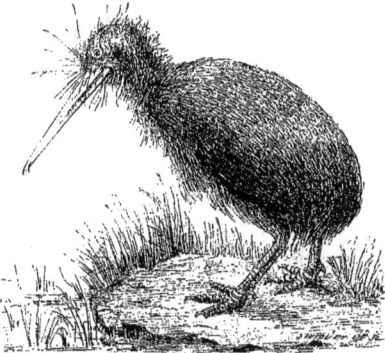

APTINE. s. m. (gr. ἀπτήν, qui ne peut voler). T. Entom. Genre d'insectes coléoptères pentamères de la famille des *Carabiques*.

APTITUDE. s. f. Disposition naturelle à quelque chose, principalement aux arts, aux sciences. *Il a une grande ap. à la peinture, aux langues, aux mathématiques*, ou pour *la peinture, les langues, les mathématiques*.

APTYCHUS. s. m. T. Zool. Paléont. H. de Meyer avait décrit sous ce nom des formations bivalves qu'on rencontre dans la dernière loge des ammonites et que ce naturaliste considérait à tort comme des restes d'animaux ayant servi de nourriture aux ammonites. On les rencontre d'ailleurs souvent séparés des ammonites et certains terrains sont remplis de ces coquilles, ordinairement par paires, se touchant l'une l'autre par leur ligne droite médiane dentée. Le bord externe est arqué, le bord antérieur évidé, un peu concave. Les deux coquilles isolément triangulaires, d'ordinaire un peu allongées, forment par leur réunion un demi-cercle ou une demi-ellipse. Le côté externe est bombé, le côté interne un peu creusé. Or ces coquilles, tantôt lisses, tantôt recouvertes d'ornements, doivent être considérées, d'après Richard Owen, comme étant les opercules des ammonites. Et si, dans certains terrains, on rencontre des quantités d'aptychus et pas de coquilles d'ammonites, c'est que ces formations tombaient au fond quand l'animal était pourri et que les coquilles, remplies d'air, surnageaient et étaient emportées par les vagues. Th. Fuchs pense que, les aptychus étant formés de

calcite et les coquilles d'ammonite d'aragonite, les premiers ont mieux résisté que les secondes à l'action dissolvante de l'acide carbonique.

APULÉE, écrivain latin, contemporain de Marc-Aurèle, IIᵉ siècle. Son conte le plus célèbre est l'*Ane d'or*.

APULIE ou **POUILLE**, prov. de l'Italie méridionale anc.

APURE. s. m. T. Admin. Acte qui apure, qui vérifie définitivement.

APUREMENT. s. m. Vérification définitive d'un compte, en vertu de laquelle le comptable est reconnu quitte. *Faire l'ap. d'un compte.*

APURER. v. a. (R. *pur.*) Vérifier un compte pour s'assurer que toutes ses parties sont en règle, et en donner quittance au comptable.‖ T. Chim. Ramener un corps à un état de pureté complète. = Apuré, ée, part.

APUS. s. m. (gr. à priv.; πούς, pied). T. Zool. Crustacé branchiopode d'eau douce, pourvu d'une carapace scutiforme qui recouvre la tête et le thorax, de pattes-mâchoires rameuses, de nombreuses pattes branchiales et d'une queue formée par deux longs appendices sétacés. On les voit souvent apparaître pendant les inondations, là où depuis longtemps il n'y avait eu de flaques d'eau.

APYGIES. s. f. pl. (gr. à priv.; πυγαῖον, croupion). T. Paléont. Zool. Ordre de l'embranchement des brachiopodes et qu'on nomme aussi quelquefois testicardines.

Dans cet ordre qui existe encore de nos jours, le rectum se termine en cul-de-sac; les valves, calcaires, sont réunies par une charnière; le support brachial est présent ou absent. Pour ce qui a trait à l'anatomie de ce groupe, il faut se reporter à l'article Brachiopodes. Ici nous ne dirons qu'un mot de leur distribution géologique.

On les distingue en un certain nombre de familles. Dans les familles des *Productides* (Voy. ce mot), le *G. Chonetes* remonte au silurien et se trouve dans le dévonien et le calcaire carbonifère; les *G. Productus* et *Strophalosia* s'étendent du dévonien au permien. En somme, tous les genres de cette famille sont éteints et sont limités à la période paléozoïque. Il en est de même de la famille des *Orthides* ou *Strophoménides*. La famille des *Koninckinides* se rencontre dans le dévonien, le trias et le rhétien; celle des *Spiriférides* se trouve surtout dans les terrains paléozoïques et les plus jeunes formes viennent du lias; celle des *Atrypides* ne renferme que des types paléozoïques; les *Rhynchonellides* vivent depuis les temps siluriens jusqu'à l'époque actuelle.

La famille des *Stringocéphalides* se rencontre dans le dévonien moyen, et Barrande en a décrit une espèce du silurien supérieur.

Dans la famille des *Thécidéides*, on trouve des types depuis le calcaire carbonifère jusqu'à nos jours. Quant à la famille des *Térébratulides*, qui assurément est une des plus importantes, c'est dans les dépôts mézozoïques et caïnozoïques qu'elle s'étend surtout, et elle renferme le plus grand nombre de genres qui existent actuellement. Voy. Brachiopodes.

APYRE. adj. 2 g. (gr. à priv.; πῦρ, feu) Nom qu'on donnait anciennement aux substances qui n'éprouvent aucun changement lorsqu'on les soumet à une température très élevée, comme l'amiante, le cristal de roche, etc.

APYRÈNE. adj. (gr. à priv. ; πυρὴν, noyau). T. Bot. Dont les fruits ne contiennent pas de graine.

APYRÉTIQUE. adj. (gr. à priv.; πυρετός, fièvre). T. Méd. Qui est sans fièvre. Se dit des affections qui ne sont point accompagnées de réaction fébrile. — Sert aussi à désigner les jours dans lesquels il n'y a pas d'accès de fièvre.

APYREXIE. s. f. (gr. à priv.; πυρεξὸς, fièvre). T. Méd. Absence de fièvre. Voy. Fièvre.

APYRINE. s. f. (gr. à priv.; πῦρ, feu). Sorte d'amidon qu'on tire d'une espèce de noix de coco.

APYRITE. s. f. (gr. à priv.; πῦρ, feu). T. Minér. Tourmaline rouge.

AQUAFORTISTE. s. m. (ital. *acquaforte*, eau-forte). Artiste qui fait de la gravure à l'eau-forte.

AQUAPUNCTURE. s. f. (lat. *aqua*, eau; *punctura*, piqûre). T. Méd. Nom donné à une méthode thérapeutique qui a pour but de produire avec l'eau un jet filiforme assez puissant pour percer la peau dans le but de calmer les douleurs par une sorte de révulsion locale. L'aq. a été employée avec succès contre les névralgies et les rhumatismes.

AQUARELLE. s. f. [Pr. *acouarelle*] (lat. *aqua*, eau). Peinture pour laquelle on emploie des couleurs transparentes délayées dans l'eau. Voy. PEINTURE.

AQUARELLISTE. s. m. Peintre à l'aquarelle.

AQUARIEN. s. m. (lat. *aqua*, eau). T. Antiq. Employé chargé de veiller aux aqueducs.

AQUARIUM. s. m. [Pr. *acouariome*]. Mot latin dérivé de *aqua*, eau, qui signifie *réservoir d'eau*, et se dit d'une sorte de vivier où l'on élève des plantes et des animaux aquatiques. — On construit aujourd'hui des aquariums d'eau douce et des aquariums d'eau de mer naturelle ou artificielle, dans lesquels on conserve des animaux et des plantes de toutes sortes. L'aq. du Jardin d'acclimatation du bois de Boulogne est remarquable. Il y en a un au Havre, qui est un vrai modèle et qui sert à conserver des animaux pour les études de laboratoire de physiologie installé dans la même ville.

AQUATILE. adj. Qui vit dans l'eau. *Plante aquatile.*

AQUA-TINTA ou **AQUA-TINTE.** s. f. [Pr. *acoua-tinta*]. (lat. *aqua*, eau; *tincta*, colorée). Sorte de gravure qui imite les dessins au lavis à l'encre de Chine. Voy. GRAVURE.

AQUATIQUE. adj. 2 g. [Pr. *acouatique*] (lat. *aquaticus*). Plein d'eau, marécageux. *Lieux aquatiques.*
  Zool. et Botan. — On donne le nom d'*Aquatiques* aux animaux qui vivent dans l'eau ou sur ses bords. — Ce terme est également usité en botanique; mais il ne se dit que des plantes qui vivent dans l'eau douce ou sur le bord de l'eau. En outre on distingue ces plantes par les termes : *Lacustres* ou *Lacustrales*, dans les lacs ou au bord des lacs; *Fontinales*, dans ou près les fontaines; *Fluviales*, *Fluviatiles*, dans ou près les fleuves. Quant à la manière dont elles sont dans l'eau, on distingue celles qui sont *Submergées*, vivant couvertes d'eau; *Emergées*, sortant de l'eau par leur sommité; *Inondées*, tantôt couvertes, tantôt découvertes; *Flottantes*, soutenues entre deux eaux; *Nageantes*, soutenues à la surface de l'eau. On applique le terme générique de *Marécageuses* aux plantes qui croissent dans les marais; on appelle particulièrement *Uligineuses* celles qui croissent dans les prairies humides, et *Tourbeuses* celles des tourbières ou lieux analogues. — Pour les plantes qui vivent dans l'eau salée ou sur ses bords, on désigne par le nom de *Marines* celles qui croissent dans la mer couvertes d'eau, de *Maritimes* celles qui croissent au bord de la mer, et de *Salines* celles qui croissent dans les terrains saumâtres ou salés.

AQUA-TOFFANA. s. f. (ital. *acqua*, eau; *Toffana*, nom de femme). Poison célèbre inventé vers le milieu du XVIIe siècle par une femme nommée *Toffana*, qui habitait Palerme. Un procès retentissant apprit que ce poison avait causé la mort de plus de six cents personnes parmi lesquelles, dit-on, le pape Clément XIV. On n'a jamais connu la composition exacte de cette drogue fatale. On croit qu'elle contenait surtout de l'acide arsénieux.

AQUEDUC. s. m. (lat. *aqua*, eau; *ductus*, conduit). Canal destiné à conduire de l'eau d'un lieu à un autre. || T. Anat. Le nom d'*Aq.* a été donné très improprement à divers canaux qui n'ont rien de commun avec les aqueducs. Tels sont l'*Aq. de Fallope*, l'*Aq. du Vestibule*, l'*Aq. du Limaçon*, qui appartiennent au temporal, et l'*Aq. de Sylvius*, qui appartient au cerveau.
  Quoique, d'après son étymologie, le nom d'*Aq.* paraisse convenir à tout conduit ou canal destiné à amener des eaux courantes d'un endroit à un autre, cependant on l'applique uniquement aux canaux construits en pierre ou en maçonnerie, pour conduire des eaux, avec pente régléc, à travers un sol inégal. On distingue les aqueducs en *souterrains* et en *apparents*. Les premiers consistent en une galerie

voûtée construite à travers une montagne ou au-dessous du niveau du sol; les seconds, nécessaires lorsqu'il s'agit de franchir une vallée ou une rivière, sont élevés au-dessus du sol et supportés par une construction en maçonnerie pleine ou en arcades. Le plus souvent la disposition des lieux exige la réunion de ces deux genres de constructions.
  Dès l'antiquité la plus reculée, il y eut des aqueducs remarquables par la hardiesse et la solidité de leur établissement : tels furent ceux de Sésostris en Égypte, de Sémiramis à Babylone, de Salomon dans le pays d'Israël. Les Grecs, néanmoins, paraissent n'avoir pas connu les aqueducs; mais ceux qu'ont élevés les Romains doivent être rangés parmi les travaux les plus admirables que nous ait laissés le peuple-roi. C'est surtout aux environs de la Ville éternelle qu'on rencontre des restes nombreux d'aqueducs sillonnant de leurs longues lignes d'arcades les champs arides de la campagne de Rome, enjambant par-dessus les voies, les tombeaux, les édifices, et allant se perdre dans les vertes montagnes d'Albano et de Tivoli. Les aqueducs souterrains, à moins qu'ils ne fussent taillés dans le roc vif, étaient revêtus, ainsi que nous l'avons dit, de maçonnerie et voûtés ou recouverts de grandes dalles. On y ménageait, de distance en distance, des regards (*lumina*), soit pour faciliter les réparations que le temps rendait nécessaires, soit pour donner issue ou accès à l'air dans le canal parcouru par les eaux. Dans les aqueducs apparents, c'est à la partie supérieure de la construction que se trouvait pratiquée la *cuvette*, c.-à-d. le canal destiné à la conduite de l'eau. Celle-ci coulait tantôt à ciel ouvert, tantôt à l'abri de dalles entre lesquelles on laissait des ouvertures pour livrer passage à l'air. Les arcades, d'un diamètre en général assez étroit, étaient soute-

Fig. 1.　　　　　　　　　　Fig. 2.

nues sur des pieds-droits qui avaient souvent une grande élévation (Fig. 1. Vue d'une partie de l'aq. appelé *Aqua Claudia*, commencé sous Caligula l'an 36 de notre ère, et terminé par Claude l'an 50 ; 2. Coupe du même). Ces arcades se transformaient en véritables ponts lorsqu'il s'agissait de faire franchir aux eaux des vallées profondes ou des rivières d'une certaine largeur. Quelquefois même, selon les exigences du terrain, on superposait les unes au-dessus des autres deux ou trois rangées d'arcades : dans ce cas, l'aq. était dit *double* ou *triple*. Il était rare que la direction d'un aq. ne déviât pas de la ligne droite : le plus souvent il décrivait des sinuosités plus ou moins multipliées. On a supposé que cette disposition avait pour but de ménager aux eaux une pente constamment uniforme, et d'éviter de faire des constructions trop élevées. Les aqueducs offraient le long de leur parcours des piscines couvertes où les eaux déposaient les matières étrangères dont elles pouvaient être chargées. Quelques-unes de ces piscines se composaient de plusieurs bassins étagés, de sorte que l'eau s'échappait parfaitement limpide du dernier réservoir. Elle arrivait enfin à un château d'eau (*castellum*) qui terminait l'aq. Là, elle se partageait ordinairement en trois parties : l'une servant à alimenter les fontaines publiques; l'autre destinée aux thermes, et la troisième aux fontaines des particuliers qui en avaient obtenu ou payé la concession. Des tuyaux en plomb ou en terre cuite, de forme conique, afin qu'ils pussent s'emboîter les uns dans les autres, servaient à distribuer les eaux fournies par le *castellum*.
  Il paraît que le premier aq. qui ait été construit à Rome le fut, vers l'an 312 av. J.-C., par les soins d'Appius Claudius Cæcus. Il rassemblait les sources éparses des montagnes de Frascati, et les conduisait jusqu'à Rome ; mais la quantité d'eau que fournissait cet aqueduc étant devenue insuffisante, on alla chercher au loin d'autres sources, et l'on édifia successivement divers aqueducs. Frontin, qui fut revêtu par Nerva de la charge de directeur des eaux (*curator aquarum*), charge qui n'était jamais conférée qu'à des personnages consulaires, rapporte qu'au commencement du règne de cet empereur, Rome possédait neuf grands aqueducs qui fournissaient par jour 14,018 *quinaires*, soit, suivant le calcul de Prony, 787,000 mètres cubes d'eau, et cela, malgré les déperditions involontaires et les prises d'eau faites en fraude par les particuliers. Sans ces pertes, la quantité

d'eau amenée par les aqueducs aurait été, d'après Frontin, de 23,582 quinaires, ou 1,320,520 mètres cubes. Or, en divisant le premier nombre que donne cet auteur par le chiffre de 4 million d'habitants (car la population de Rome ne dépassa jamais ce nombre), on trouve 787 litres pour la consommation journalière de chaque citoyen. Sous Nerva, Frontin ajouta cinq nouveaux aqueducs à ceux qui existaient déjà, et il paraît que plus tard leur nombre total s'éleva jusqu'à vingt. Le développement total des neuf anciens aqueducs peut être évalué à 525 kilomètres environ. Trois de ces aqueducs qui ont été restaurés et entretenus par les papes, fournissent encore à la Rome moderne 180,500 mètres cubes d'eau par jour.

Tous les pays qui subirent la domination des Romains ayant adopté leurs usages et leur passion pour les bains et les naumachies, on vit s'élever dans les diverses provinces des aqueducs rivaux de ceux de Rome, et souvent même plus magnifiques encore. Ainsi, on en trouve des vestiges plus ou moins bien conservés en Grèce, en Afrique, en Asie Mineure, en Espagne, en France, etc. Parmi les aqueducs étrangers, nous mentionnerons seulement celui de Ségovie, dans la Vieille-Castille, dont il reste 119 arcades construites en pierres de

Fig. 3.

grand appareil. Cet aq. se compose de deux étages d'arcades dont la hauteur totale est de 32m,50. Il traverse la ville et passe par-dessus les maisons qui sont dans le fond de la vallée. — Les restes d'aqueducs romains sont fort nombreux chez nous : on en rencontre à Paris, à Lyon, à Saintes, à Luynes, à Néris, à Metz, à Nîmes, à Fréjus, à Vienne, etc. Dans cette dernière ville, une faible partie des anciens aqueducs souterrains a été réparée par les soins de la municipalité. en certains jours d'abondantes nappes d'eau apportées par les aqueducs descendent du haut de la cité, et balayent les rues ou entraînent dans le Rhône les immondices qu'elles rencontrent. L'aq. de Metz avait à peu près 29 kilom. de développement, et amenait à cette ville les eaux de la Gorze ; il franchissait la Moselle dans un endroit où elle a environ 1,200 mètres de large. Les glaces ont emporté les arches qui traversaient le fleuve ; cependant il reste encore près de Jouy 17 arcades qui donnent une idée de la beauté de ce monument. Mais le plus magnifique édifice de ce genre que nous aient laissé les Romains, est sans contredit l'aq. de Nîmes, dont on attribue la construction à Vipsanius Agrippa, gendre d'Auguste. Cet aq. conduisait dans la ville les eaux des fontaines d'Eure et d'Airan, et avait une longueur totale d'environ 40,000 mètres. La partie la plus remarquable, connue sous le nom de *Pont du Gard* (Fig. 3), est une construction formée de trois rangs d'arcades superposées, qui franchit une vallée profonde au bas de laquelle coule le Gardon. Les arcades inférieures sont au nombre de 6, ayant chacune 22m,75 d'ouverture, à l'exception de celle sous laquelle coule le ruisseau, qui a 24 mètres. La seconde rangée se compose de 11 arcades,

et la troisième de 36. Le premier et le second étage ont chacun 20m,12 de hauteur ; quant au troisième, il n'a que 8",53, ce qui donne pour l'édifice tout entier 48m,77 d'élévation. C'est sur la galerie supérieure que se trouve le canal où coule l'eau. Les pieds-droits, les voûtes sont construits en belles pierres de taille, sans aucune espèce de ciment. La cuvette seule est en moellons, et son intérieur est formé par un massif de béton revêtu d'une couche de ciment fin. L'épaisseur du monument d'un parement à l'autre est de 6m,30 au premier rang, 4m,56 au second, et 3m,6 au troisième. La retraite formée au premier étage était de 1m,27, et offrait un passage pour les piétons. La longueur totale au niveau du troisième étage est de 265m,70. Au commencement du Ve siècle, lors de l'invasion des Barbares, cet aq. fut rompu à ses deux extrémités, et subit de graves mutilations. Mais vers le milieu du siècle dernier (1745) on y fit quelques réparations. On prolongea, en outre, les piles inférieures de l'aq., et l'on y établit un pont qui aujourd'hui fait partie de la route de Nîmes à Avignon.

Parmi les aqueducs modernes élevés en France, nous citerons l'aq. d'Arcueil construit par l'architecte de Brosse, en 1624, pour amener les eaux de Rungis au Luxembourg, sur l'emplacement et au-dessus de l'aq. romain qui amenait les mêmes eaux au palais des Thermes ; l'aq. de Montpellier élevé sur la fin du règne de Louis XIV par l'ingénieur Pitot ; l'aq. de Buc près de Versailles, construit en 1686 ; et enfin l'aq. de Maintenon, entrepris à la même époque pour amener à Versailles les eaux de la rivière d'Eure. Ce dernier eût été supérieur aux plus magnifiques aqueducs de l'antiquité ; mais il fut abandonné après avoir coûté 22 millions. On n'avait encore élevé que 48 arcades qui joignaient les deux collines de Maintenon dans un espace de 875 mètres ; cet aq. avait trois rangées d'arcades, et une hauteur totale de 71 mètres. Un aq. non moins gigantesque que ce dernier, mais véritablement utile, est celui de Roquefavour qui porte les eaux de la Durance à Marseille, dans le double but d'alimenter la ville et d'assainir le port en y jetant un puissant courant d'eau vive. Il a 20 kilom. de long, il atteint en quelques endroits la hauteur de 80 mètres. Ce magnifique ouvrage a été construit par l'ingénieur Montricher et terminé en 1848. — Dans ces derniers temps, on a construit pour l'alimentation des villes de nombreux aqueducs, dont les plus remarquables sont, entre celui de Marseille dont nous venons de parler, ceux qui amènent à Paris les eaux de la Dhuys

Fig. 4.

et de la Vanne. Dans ces constructions l'eau ne coule pas, comme dans les aqueducs anciens, sur un canal à ciel ouvert : elle circule dans des tuyaux fermés. Les tuyaux de l'aqueduc de la Dhuys ont la forme ovoïde, le gros bout en dessous ; ceux des eaux de la Vanne sont circulaires. Du reste, l'aq. des

37

eaux de la Vanne est le plus parfait des aqueducs modernes. La Vanne prend sa source dans les environs de Sens ; les eaux sont captées à leur source. L'aq. passe à Moret où il franchit la vallée du Loing, traverse la forêt de Fontainebleau, passe au-dessus de l'Orge à Savigny, remonte en siphon sur le plateau, et se dirige directement du sud au nord, du plateau de Juvisy à Paris, pour arriver sur l'aq. d'Arcueil (qui est par là composé de trois étages superposés : celui des Romains, celui des Médicis et celui du second Empire) et déverser ses eaux dans les réservoirs de Montsouris. La plupart du temps les tuyaux sont disposés en pente douce, soit sur des arches, soit à fleur de terre, soit en souterrain. Ils ont 2 mètres de diamètre, et la hauteur maxima de l'eau, dans leur intérieur, n'est que de 0m,40, de sorte qu'il est possible de se laisser filer au courant de l'eau sur un léger batelet pour la vérification de l'eau. Les gorges, les petites vallées, sont franchies sur des arches de toutes dimensions, depuis 6 mètres jusqu'à 40 mètres d'ouverture ; mais, lorsqu'on rencontre une vallée trop large, on a eu recours à un procédé ingénieux, celui des *siphons*. Ces siphons sont formés de tuyaux de fonte de 1m,40 de diamètre intérieur ; ils suivent à peu près les sinuosités du terrain, franchissant sur des arcs les rivières et les canaux, et se relèvent de l'autre côté de la vallée. L'eau s'engouffre dans ces tuyaux et remonte de l'autre côté, d'après le principe des vases communiquants : il suffit que le point d'arrivée soit un peu plus bas que le point de départ. Les arcades ont été construites en béton aggloméré (Fig. 4). La partie la plus difficile du travail a été la traversée de la forêt Fontainebleau, à cause de la nature sablonneuse du terrain et des énormes blocs de grès qu'on y rencontre. L'aqueduc de la Vanne est l'œuvre capitale de Belgrand.

AQUETTE. s. f. Liqueur italienne composée d'eau, de vin et d'aromates. || Nom de l'aqua-toffana.

AQUEUX, EUSE. adj. (lat. *aquosus*). Qui ressemble à de l'eau, qui est de la nature de l'eau. *Liquide aq. La partie aqueuse du sang. L'humeur aqueuse de l'œil.* || Se dit des légumes, des fruits qui contiennent beaucoup d'eau. *Ce légume est très aq.* || T. Géol. *Dépôts aq.*, Dépôts qui évidemment ont été formés par les eaux.

AQUICOLE. adj. 2 g. Qui a rapport à l'aquiculture.

AQUICULTURE. s. f. (lat. *aqua* ; *cultura*, culture). Aménagement des eaux pour la production du poisson.

AQUIFÈRE. adj. (lat. *aqua* et *fero*, je porte). Qui porte ou contient de l'eau. *La sonde atteignit la couche aq.*

AQUIFOLIACÉES. s. f. pl. (lat. *aquifolium*, houx). T. Bot. Nom donné par de Candolles à la famille des *Iliacées.* Voy. ce mot.

AQUILA, v. d'Italie, ch.-l. de l'Abruzze Ultérieure ; évêché, 15,730 hab.

AQUILAIRE. s. f. (lat. *aquila*, aigle). T. Bot. Genre de plantes de la famille des *Thyméléacées.* Voy. ce mot.

AQUILARIÉES. s. f. pl. Tribu de végétaux de la famille des *Thyméléacées.* Voy. ce mot.

AQUILÉE, v. de l'Adriatique (Illyrie, empire d'Autriche), jadis florissante, 2,000 hab. Au temps d'Auguste, elle comptait 130,000 hab.

AQUILÉGIA. s. f. (lat. *aquilegia*). T. Bot. Nom scientifique de l'Ancolie Voy. Renonculacées.

AQUILIN. adj. (lat. *aquila*, aigle). N'est usité que dans cette loc. : *Nez aq.*, Nez recourbé comme le bec de l'aigle.

AQUILON. s. m. (lat. *aquilo*, de *aquila*, aigle, à cause de la vitesse de ce vent). Vent du Nord. — En poésie et dans le style élevé, on dit *les aquilons* pour désigner tous les vents froids et violents.

AQUITAINE, une des quatre divisions politiques de l'ancienne Gaule, entre la Garonne, les Pyrénées et le golfe de Gascogne. Nom des hab. : Aquitains.

ARA. s. m. T. Ornith. On désigne sous le nom d'*Ara* un

genre de perroquet dont les joues sont dénuées de plumes. Les aras sont remarquables par la grandeur de leur taille, la grosseur de leur bec, la beauté de leur plumage aux couleurs éclatantes et variées, et la longueur de leur queue qui est étagée et terminée en pointe. La richesse de leur plumage en fait apporter un grand nombre en Europe. Cependant ces oiseaux ont moins d'intelligence que les perroquets et que les perruches, et leur voix est criaillante et fort désagréable. — Les aras (Fig. *Ara canga*) ne se trouvent que dans l'Amérique méridionale et aux Antilles, où ils causent de grands dommages aux plantations de café et de cacao. Ils ne volent point en troupes nombreuses et vont ordinairement par couples. Ils perchent sur les arbres les plus élevés et ne se posent jamais à terre, d'où ils auraient de la peine à prendre leur essor, à cause de la longueur de leurs ailes et de la brièveté de leurs pieds. Ces oiseaux construisent leur nid dans des creux d'arbres, et la femelle ne pond que deux œufs que le mâle couve tour à tour avec elle. — Quoique la nudité des joues soit, ainsi que nous l'avons dit, le caractère distinctif principal du genre ara, les ornithologistes sont généralement d'accord pour y placer quelques grandes espèces qui offrent tous les caractères secondaires du genre, à l'exception de celui-là : tels sont l'*A. hyacinthe* et l'*A. azuret* de Vieillot.

ARABE s. m. Habitant ou originaire de l'Arabie (voy. ce mot). ═ adj. 2 g. Qui appartient à l'Arabie. *Langue ar. Mœurs arabes. Architecture ar. Cheval ar.* || *Il apprend l'ar.*, Il apprend la langue arabe. || Par all. à la réputation de voleurs que l'on a faite aux Arabes, on dit d'un homme dur, avide, d'un créancier impitoyable, d'un usurier : *C'est le plus ar. de tous les hommes.* — S'emploie souvent subst. *Je ne veux pas avoir affaire à lui, c'est un ar.* || *Chiffres arabes ;* les dix chiffres de la numération usuelle, nommés ainsi par erreur : ils paraissent être originaires de l'Inde. Voy. Chiffre.

ARABESQUE. adj. 2 g. Qui appartient à l'Arabie, qui est d'origine arabe. *Mœurs arabesques. Architecture ar. Genre, style ar.* Vx. || S'employait aussi subst. au masc. *L'ar.* — Aujourd'hui on dit *Arabe.*

ARABESQUES. s. f. pl. T. Peint. et Sculpt. On donne le nom d'*Ar.* à un genre d'ornements peints ou sculptés, ou bien sculptés et peints tout à la fois, représentant un assemblage capricieux de fleurs, de fruits, d'arbustes, d'animaux réels ou imaginaires, de figures de toute espèce, combinés avec divers agencements de lignes. Ce n'est pas aux Arabes qu'il faut attribuer l'invention de ce système d'ornementation, car il était déjà connu des anciens. Les frises de leurs monuments sont fréquemment décorées de feuillages, de rinceaux, d'enroulements et de griffons. On voit d'élégants modèles de ce genre de décoration sur les murs des bains de Titus à Pompéi et sur un grand nombre de vases grecs trouvés à Herculanum. Les Arabes, auxquels leur religion défendait toute représentation d'êtres animés, durent naturellement faire un grand usage de cette sorte d'ornement dans la décoration de leurs édifices, et c'est sans doute pour ce motif qu'on lui donna le nom sous lequel il est connu. On retrouve aussi les arabesques communément employées dans l'architecture romane, particulièrement dans les monuments du Midi, au XIIᵉ siècle, où elles sont quelquefois d'une exécution heureuse. Mais c'est surtout pendant la Renaissance qu'on en fit usage. On ne saurait trouver rien de plus gracieux et de plus léger que celles qui sont prodiguées dans presque toutes les constructions de cette époque. Cependant il était réservé au peintre le plus célèbre, à Raphaël, de porter ce genre d'ornementation à un point de perfection qui n'a plus été dépassé. Rien n'égale la richesse et la beauté des arabesques exécutées sur ses dessins aux loges du Vatican. Ces ornements ont été fort employés en France sous le règne de Louis XIV. Aujourd'hui on y a encore recours pour la décoration des murs intérieurs, des panneaux, des pilastres, des montants de portes, des frises, des plafonds et des voûtes. Mais il faut se garder de les appliquer sur des objets de grandes dimensions et de les employer dans les décorations d'un style sévère.

ARABETTE. s. f. T. Bot. Genre de plantes de la famille des *Crucifères*. Voy. ce mot.

ARABIDÉES. s. f. pl. T. Bot. Tribu de plantes de la famille des *Crucifères*. Voy. ce mot.

ARABIE, vaste presqu'île au S.-O. de l'Asie, entre la mer Rouge, l'océan Indien et le golfe Persique. L'Arabie est un vaste plateau dont le centre est occupé en majeure partie par des déserts et des steppes semblables au Sahara africain. Les côtes seules sont arrosées et cultivables. Dans sa plus grande longueur, elle mesure environ 2,500 kil., et dans sa plus grande largeur en millier. Sa superficie est évaluée à 3,156,000 kil. car., et sa population à 4 ou 5 millions d'âmes. La plus grande partie est indépendante : le Nedjed, l'Hadramaout, le territoire d'Oman, etc.; sur la mer Rouge, l'Hedjaz et l'Yemen appartiennent aux Turcs; Aden, sur le détroit de Bab-el-Mandeb, est aux Anglais. || Villes principales : *La Mecque*, cité sainte des musulmans; *Médine*, *Aden*, port fortifié à l'extrémité sud de la mer Rouge. ,, L'Arabie exporte du café, de l'encens et des chevaux.

Au moyen âge, lorsque l'Europe semblait retourner à la barbarie, les Arabes étaient certainement la race la plus civilisée du monde. Les sciences étaient florissantes dans leur vaste empire et leur commerce avait pris la place de celui des Phéniciens, des Grecs et des Romains. Mahomet donna à ses disciples l'idéal et l'unité qui leur manquaient. Mais la loi rigide du Coran et le fatalisme sont contradictoires au sentiment de la liberté humaine et du progrès, et c'est ce qui explique la décadence des Arabes.

ARABINE. s. f. T. Chim. Principe acide et soluble dans l'eau, appelé aussi *acide arabique*, qui constitue presque entièrement la gomme arabique. Voy. GOMME. L'ar., qui a pour formule $C^{12}H^{21}O^{11}$, est identique avec l'acide métaperlique et peut s'extraire dans l'art de la tapisserie, des carottes, etc. Ses isomères, la *métarabine* et la *pararabine*, se gonflent dans l'eau au lieu de s'y dissoudre comme l'ar.

ARABINOSE. s. f. T. Chim. Sucre cristallisé non fermentescible, du groupe des glucoses, résultant de la transformation de l'arabine sous l'action des acides. Il a pour formule $C^5H^{10}O^5$. Il est à la fois alcool tétratomique et aldéhyde. Réduit par l'amalgame de sodium, il donne l'alcool correspondant appelé *arabite* $C^6H^{12}O^6$. Par oxydation il se convertit en *acide arabonique* $C^5H^{10}O^6$. Enfin l'acide cyanhydrique aqueux le transforme en *acide arabinose-carbonique* $C^6H^{12}O^7$.

ARABIQUE. adj. 2 g. Qui appartient à l'Arabie, qui vient de l'Arabie. *Golfe Ar.*, La mer Rouge. — *Gomme ar.* Voy. GOMME et LÉGUMINEUSES. — *Acide ar.* Synonyme d'*arabine*. Voy. ce mot.

ARABISANT. s. m. Philologue qui étudie particulièrement l'arabe.

ARABITE. s. f. T. Chim. Voy. ARABINOSE.

ARABLE. adj. 2 g. (lat. *arare*, labourer). Labourable. *Sol ar*. *Terres arables*.

ARABONIQUE. adj. T. Chim. Voy. ARABINOSE.

ARACAN ou **ARAKAN**, contrée de l'Inde anglaise, sur la côte est du golfe de Bengale, 500,000 hab. Cap. *Aracan*, 10,000 hab.

ARACARI. s. m. T. Ornith. Genre d'oiseaux grimpeurs originaire de l'Amérique du Sud. Voy. TOUCAN.

ARACHIDE. s. f. (lat. *arachis*). Plante de la famille des *Légumineuses* nommée aussi *Pistache de terre*, qui croît vigoureusement au Sénégal et sur la côte occidentale de l'Afrique, et qui est cultivée dans le midi de l'Espagne sous le nom de *Cacahouet*. Ses graines fournissent une huile qui est l'objet d'un commerce important. L'huile d'arachides est d'un goût agréable et peut remplacer l'huile d'olive pour les usages culinaires. Cette huile très limpide est surtout utilisée dans les industries des tissus de laine, de l'éclairage et de la savonnerie. Elle est aussi employée par les pharmaciens et les parfumeurs. Voy. HUILE.

ARACHIDIQUE ou **ARACHIQUE.** T. Chim. *Acide ar.* — Acide extrait de l'huile d'arachides et qui a pour formule $C^{20}H^{40}O^2$. Il appartient à la série grasse et est un homologue de l'acide acétique.

ARACHINE. s. m. T. Chim. Éther glycérique de l'acide arachidique. Comme la glycérine est triatomique, il y a la mono-, la di-, et la triarachine. Voy. ARACHIDIQUE.

ARACHNÉ. Myth. Jeune Lydienne qui osa défier Minerve en la surpassant dans l'art de la tapisserie, et qui fut métamorphosée en araignée (Ἀράχνη).

ARACHNÉOLITHE. s. m. [Pr. *arak...*] (gr. ἀράχνης, en forme d'araignée; λίθος, pierre). T. Paléont. Crabe ou araignée de mer fossile.

ARACHNIDES. s. f. pl. [Pr. *araknide*] (gr. ἀράχνη, araignée). T. Zool. Les *Ar.* constituent la 2ᵉ classe de l'embranchement des animaux articulés. Cette classe, qui a été établie et nommée ainsi par Lamarck, se distingue nettement des insectes et des crustacés. — La tête est confondue avec le thorax, et l'ensemble de ces deux parties a reçu le nom de *Céphalothorax*. La partie postérieure du corps consiste tantôt en une masse globuleuse et sans divisions, comme chez les

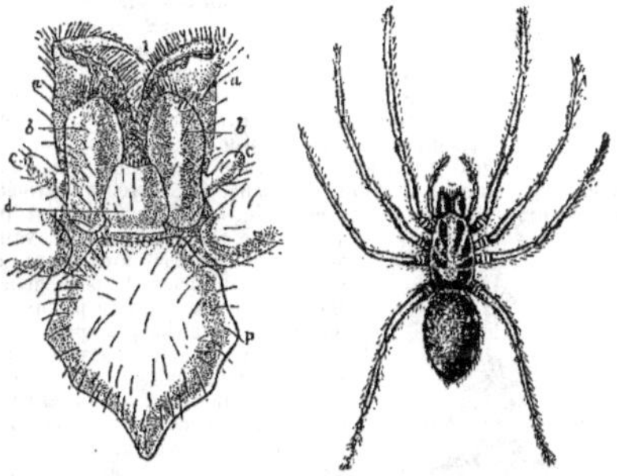

Fig. 1.   Fig. 2.

araignées (ex. Fig. 2), tantôt en une série d'anneaux distincts, comme chez les scorpions (Voy. ce mot). Ces animaux sont tous dépourvus d'ailes; mais ils sont munis de 4 paires de pattes attachées au thorax et terminées en général par 2 crochets. Ils n'éprouvent pas de véritables métamorphoses, mais de simples mues. Leur corps est ordinairement de consistance molle, surtout l'abdomen, et peu garni de poils propres à le protéger. — La bouche se compose de deux mandibules ou pièces articulées en forme de petites serres et armées de crochets; d'une paire de mâchoires lamelleuses dont chacune supporte un palpe de plusieurs articles; d'une languette placée au-dessous des mandibules et fixée entre les mâchoires, et d'une lèvre inférieure formée par un prolongement du sternum. Les mandibules des ar. se meuvent en sens contraire de celles des insectes, c.-à-d. de haut en bas. Latreille les regardait comme les analogues des antennes et en conséquence il les a nommées *Chélicères* ou *Antennes-pinces*. Chez les ar. parasites dont la bouche est en forme de siphon ou de suçoir, ces organes sont remplacés par deux lames pointues. (Fig. 1. Bouche de l'*Araignée domestique* vue en dessous : *a, a*, mandibules; *b, b*, mâchoires; *d*, lèvre sternale; *c, c*, premier article des palpes; *p*, plastron. — Fig. 3. Tête vue de profil : *a*, mandibule terminée par le crochet; *c*, mâchoire; *d*, palpe; *e*, lèvre. D'après les dessins du professeur Dugès, dans Cuvier, *Règne animal*.) Dans les espèces les plus parfaites, le tube digestif est en général de forme assez simple : sa partie thoracique ou estomac présente quelquefois plusieurs appendices cæcaux, et sa partie abdominale offre deux renflements dont le premier a reçu le nom de *duodénum*, et le second celui de *gros intestin*. Il existe, chez la plupart des ar., des vaisseaux biliaires analogues à ceux des insectes; mais chez les scorpions on observe des glandes hépatiques en grappe.

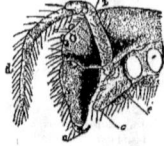

Fig. 3.

Le plus grand nombre des ar. ont un système nerveux constitué par une masse ganglionnaire centrale située à la partie moyenne du thorax, qui émet de chaque côté quatre branches destinées aux pattes, qui présente en avant deux autres ganglions d'où partent les nerfs optiques et mandibulaires, et enfin qui donne naissance en arrière à deux cordons se réunissant bientôt pour former un renflement d'où émanent les filets qui se rendent aux divers organes contenus dans l'abdomen. Chez les scorpions (voy. ce mot), l'organisation de l'appareil nerveux est supérieure à ce qui existe chez les autres animaux de la classe dont nous parlons.

La respiration a lieu tantôt au moyen de trachées, comme chez les insectes, tantôt au moyen de poumons; mais les organes qui portent ce nom sont simplement de petites poches composées d'une multitude de lamelles membraneuses, et rapprochées entre elles à la manière des feuillets d'un livre (Fig. 4). Ces poumons sont logés dans l'abdomen et reçoivent l'air par des ouvertures transversales situées à la face inférieure du corps et appelées *Stigmates* (*Pneumo stomes* de Latreille); ces derniers sont au nombre de 2, de 4 et même de 8. Certaines ar., quoique pourvues de poumons, possèdent également des trachées et réunissent ainsi les deux formes d'appareil respiratoire. — Le système circulatoire consiste essentiellement en un cœur situé sur le dos ayant la forme d'un gros vaisseau allongé qui reçoit les vaisseaux venus des poumons et donne naissance aux artères destinées aux diverses parties du corps. (Fig. 5 : *a*, prolongement qui va dans le céphalothorax; *b*, vaisseaux du poumon antérieur; *c*, vaisseaux du poumon postérieur.) Dans les espèces qui respirent au moyen de trachées, il paraît n'y avoir qu'un simple vaisseau sans ramifications, analogue au vaisseau dorsal des insectes. — On sait peu de chose sur les organes des sens chez ces animaux. Le toucher s'exerce évidemment par l'extrémité des pattes et surtout au moyen des palpes maxillaires; mais, quoique les ar. paraissent posséder la faculté de l'audition, l'anatomie n'y a pas découvert d'appareil spécial pour cette fonction. Quant à leurs yeux, leur organisation est d'une extrême simplicité. Ils sont très nombreux, le plus souvent au nombre de 8, et sont disposés de manières assez diverses; en conséquence, on a pris en considération le nombre et la disposition de ces organes pour l'établissement des genres dans cette classe d'animaux.

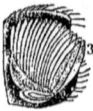

Fig. 4.

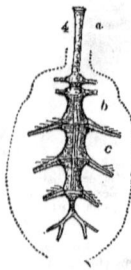

Fig. 5.

La plupart des anciens observateurs avaient pensé que, chez les mâles, les organes de la reproduction étaient situés à l'extrémité des palpes; mais il paraît que ces parties ne sont que des organes excitateurs. Les ar. sont ovipares. Un grand nombre enveloppent leurs œufs dans un cocon de soie. Chez quelques espèces, la femelle reste auprès de sa progéniture pour veiller à sa conservation; parfois même elle porte constamment son cocon avec elle, ou emporte ses petits sur son dos, lorsqu'ils sont trop faibles pour marcher. — Nous avons dit que les ar. n'éprouvent que de simples mues : néanmoins, dans certaines espèces, les deux dernières pattes ne se développent qu'à un âge plus ou moins avancé, et n'apparaissent qu'au moment d'un changement de peau. C'est seulement après la quatrième ou cinquième mue au plus, que les animaux de cette classe deviennent aptes à se reproduire.

En général, les ar. se nourrissent d'insectes, qu'elles saisissent vivants; mais plusieurs espèces se fixent sur le corps des animaux et de l'homme lui-même. Elles se bornent à sucer les humeurs de leur proie ou de l'animal sur lequel elles vivent en parasites. Quelques-unes cependant ne se trouvent que dans la farine, sur le fromage et même sur divers végétaux.

Cuvier et Latreille divisent la classe des ar. en deux ordres, les *Ar. pulmonaires* et les *Ar. trachéennes*. Les premières possèdent des sacs pulmonaires et un cœur avec des vaisseaux bien distincts. Elles ont en général de 6 à 8 petits yeux lisses; mais chez quelques-unes il en existe 10 à 12. Les secondes sont dépourvues de poches pulmonaires et respirent seulement à l'aide de trachées qui communiquent avec l'air extérieur par deux stigmates très petits situés à la face inférieure de l'abdomen. Le nombre des yeux lisses varie de 2 à 4; quelques espèces même en sont tout à fait dépourvues. — Chacun de ces ordres a été lui-même subdivisé : ainsi les *Ar. pulmonaires* constituent deux familles, celle des *Ar. fileuses* ou *Aranéides* et celle des *Pédipalpes*; et l'ordre des *Ar. trachéennes* comprend trois familles : les *Pseudo-Scorpions* ou *Faux-Scorpions*, les *Pycnogonides* et les *Holètres*. Voy. ces mots.

ARACHNIDES FOSSILES. Paléont. M. Scudder a donné un fort bon aperçu de la distribution géologique des ar. Nous lui empruntons donc ces notions. Beaucoup d'ar. ne sont pas susceptibles de conservation; aussi n'en trouvons-nous que peu de restes fossiles dans les couches terrestres.

La plupart des ar. des formations anciennes appartiennent aux formes possédant un squelette cutané solide. Dans deux espèces de vraies araignées, l'abdomen était aussi muni de plaques dorsales chitineuses. A l'exception de ces deux araignées et d'une araignée-scorpion (pédipalpe), toutes les ar. paléozoïques appartiennent soit aux scorpions, soit au groupe éteint des *Anthracomarti* (voy. ce mot). Les dépôts mésozoïques n'ont jusqu'ici fourni aucun reste certain d'arachnide. Mais grâce aux conditions exceptionnelles de conservation offertes par l'ambre, on connaît mieux le développement des ar. à l'époque tertiaire qu'il n'aurait pu l'être si le gisement en eût été la roche solide. A l'exception des *Pédipalpes* et des *Anthracomarti* (voy. ces mots), tous les ordres, et, parmi les araignées proprement dites, toutes les familles sont représentées dans l'ambre, tandis que les roches tertiaires n'ont donné ni *Scorpions*, ni *Chelonethi*, ni *Opiliones*.

Toutes les ar. fossiles de l'Europe et de l'Amérique septentrionale ont été trouvées dans la zone tempérée; elles indiquent pourtant, autant qu'on en peut juger par analogie avec leurs parents actuels, toutes sans exception, un climat plus chaud que celui qui règne actuellement dans leurs localités. Et cela est vrai tout aussi bien pour les formes paléozoïques que pour les formes tertiaires; ces dernières, la comparaison avec les types actuels, par ex. pour la faune d'araignées de l'ambre, indique un facies nettement tropical. Voy. ARANÉIDES.

ARACHNITIS ou **ARACHNOÏDITE**. s. f. [Pr. *araknitiss*]. T. Méd. Inflammation de l'arachnoïde.

ARACHNOÏDE. s. f. [Pr. *araknoïde*] (gr. ἀράχνη, toile d'araignée; εἶδος, ressemblance). Les anatomistes nomment ainsi, à cause de sa ténuité, l'une des membranes qui enveloppent le cerveau. Voy. ENCÉPHALE et MÉNINGE. — En Zoologie et en Botanique, le terme *Ar.* s'emploie adjectivement pour désigner certaines parties qui offrent quelque analogie soit avec la forme des araignées, soit avec les toiles qu'ourdissent ces animaux.

ARACHNOÏDIEN, ENNE. adj. [Pr. *arak...*]. T. Méd. Qui a rapport à l'arachnoïde. *Liquide arachnoïdien*, Liquide placé entre la pie-mère et l'arachnoïde, mais non dans la cavité de celle-ci.

ARACK, ARRACK ou **RACK**. s. m. On nomme ainsi, dans les Indes Orientales, la liqueur alcoolique qu'on obtient en distillant le riz fermenté, auquel on ajoute des fruits et une petite quantité d'écorce d'une espèce de palmier (*Areca cate-chu*). L'ar. a une saveur et une odeur très fortes et un peu nauséabonde, qui est due à la présence d'une huile volatile particulière analogue à celle qui donne à l'eau-de-vie de grains son odeur désagréable. On donne encore le même nom à diverses liqueurs fermentées que l'on prépare avec d'autres substances et qui rappellent l'eau-de-vie de riz.

ARAGO (FRANÇOIS), savant astronome et physicien français, né à Estagel (Pyr.-Or.) le 26 février 1786, entra à 17 ans à l'École polytechnique et fut nommé, en en sortant, secrétaire du Bureau des longitudes; fut élu, à l'âge de 23 ans, membre de l'Académie des sciences, professa l'astronomie à l'École polytechnique et dirigea l'Observatoire de Paris. Parmi ses travaux, en dehors de l'astronomie et de la météorologie qu'il développa dans presque toutes leurs branches, signalons la découverte de l'aimantation du fer doux sous l'action du courant électrique, principe de la télégraphie. Éloquent vulgarisateur de la science astronomique, on lui doit entre autres les célèbres Notices de l'*Annuaire du Bureau des longitudes* et son *Astronomie populaire*. Ses œuvres complètes ont été imprimées, en 1854, en 17 volumes. Républicain convaincu, il fut député de son département de 1830 à 1848, puis fut ministre de la guerre et de la marine sous le gouvernement provisoire de 1848. Après le coup d'État, l'empereur eut le bon goût de ne pas l'obliger à prêter serment. Il mourut, directeur de l'Observatoire de Paris, et secrétaire perpétuel de l'Académie des sciences, le 2 octobre 1853.

Arago eut trois frères : JEAN (1788-1836), mort général, au service du Mexique; JACQUES, voyageur et écrivain (1790-1855); ÉTIENNE, auteur dramatique et homme politique (1802-1891), mort administrateur du Musée du Luxembourg. Il a eu deux fils : EMMANUEL, né en 1812, avocat, homme politique, et ALFRED, né en 1820, artiste peintre.

ARAGON, province d'Espagne, cap. *Saragosse*. C'était au moyen âge un royaume indépendant. Pop. 926,000 hab. Sup. : 47,389 kil. car. Elle a formé les trois provinces de Huesca, Saragosse et Féruel. Nom des hab. : ARAGONAIS, AISE.

ARAGONITE. s. f. T. Minér. Variété de chaux carbonatée cristallisée dans le système droit à base rectangle et qui a été découverte dans l'Aragon en 1775.

ARAIGNÉE. s. f. (lat. *aranea*) Genre d'animaux à corps articulé, dépourvus d'ailes, remarquables par leurs huit pattes grêles et allongées, et par les fils qu'ils produisent. *Ar. de cave. Ar. qui file. Toile d'ar. Fil d'ar.* — Par ellipse, *Oter les araignées d'un plafond,* En ôter les toiles d'ar. || Fig. et fam., *Cette femme a des pattes d'ar.,* Elle a des doigts longs et maigres. || T. Vét. Simple inflammation cutanée des mamelles qui disparaît à la suite de lotions et de compresses boriquées fidèles.

Zool. — Les *Araignées* constituent la seconde section des *Arachnides fileuses* ou *Aranéides*. Elles n'ont qu'une seule paire de poumons et de stigmates, d'où le nom d'*Aranéides dipneumones* qu'elles ont reçu. En outre, toutes ont des palpes à cinq articles, insérés sur le côté externe des mâchoires, et une languette avancée entre les mâchoires, tantôt presque carrée, tantôt triangulaire ou semi-circulaire. Les filières sont en gén. au nombre de six. — La section des *Araignées* forme trois tribus principales, subdivisées elles-mêmes en groupes secondaires. La première de ces tribus comprend les *Araignées sédentaires,* qui construisent des toiles, ou tout au moins jettent des fils pour surprendre leur proie, et se tiennent habituellement dans ces pièges ou tout auprès. Dans la deuxième, on range les espèces qui ne font pas de toile, mais qui vont à la chasse des insectes et se retirent dans des trous ou dans des cavités qu'elles tapissent de leurs fils : ce sont les *Araignées vagabondes.* Enfin, on doit, avec Walckenaer, placer tout à fait à part l'*Argyronète,* qui est la seule espèce d'ar. aquatique connue.

ARAIGNÉES SÉDENTAIRES. — Ces araignées ont les yeux rapprochés sur la largeur du front : ces organes sont au nombre de 6 ou de 8; dans ce dernier cas, il y en a 4 ou 2 au milieu, et 2 ou 3 de chaque côté. Latreille les distingue en *Rectigrades* et en *Latérigrades,* suivant que, dans leur marche, elles se portent toujours en avant ou qu'elles peuvent se porter non seulement en avant, mais encore en arrière et sur les côtés. Les *Rectigrades* ourdissent des toiles et sont tou-

jours stationnaires; leurs pieds sont élevés dans le repos Leurs yeux se forment tout, par leur disposition générale, un segment de cercle ou un croissant. — Les *Rectigrades* se subdivisent encore en *Tubitèles* ou *Tapissières,* en *Inéquitèles* ou *Filandières,* et en *Orbitèles* ou *Tendeuses.*

Les *Tubitèles* ou *Tapissières* ont les filières cylindriques, rapprochées en un faisceau dirigé en arrière. Elles filent des toiles blanches d'un tissu serré, qu'elles placent dans des fentes, dans des trous de mur, sous les pierres, entre les branches et les feuilles des végétaux : leurs pieds sont robustes. Elles comprennent les genres *Clotho* (Fig. 1), *Drasse, Séyestrie, Clubione* et *Ar.* proprement dite. — Les *Clothos* ont 8 yeux; leurs 2 filières supérieures sont un peu plus longues que les autres et leurs mandibules sont inclinées sur la lèvre dont la forme est triangulaire. Le type du genre est la *Cl. de Durand* (Fig. 1), qui se trouve en France aux environs de Narbonne et dans les Pyrénées. La clotho, suivant les observations de L. Dufour, établit à la surface inférieure des grosses

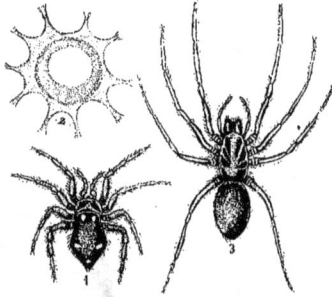

pierres, ou dans les fissures des rochers, une sorte de pavillon (Fig. 2) dont le contour présente sept ou huit échancrures fixées par leurs angles sur la pierre, au moyen de faisceaux de fil, tandis que les bords restent libres. Ces échancrures sont formées de plusieurs épaisseurs d'étoffe qui sont filées ensemble, et entre ces épaisseurs l'ar. ménage quelques passages secrets par lesquels seule elle peut s'introduire dans son pavillon, qui reste impénétrable à tout autre insecte. L'extérieur de cette toile, remarquable par sa texture, ressemble à un tafétas d'une finesse extrême et dont l'épaisseur s'accroît avec l'âge de l'ouvrière; car, à chaque mue, elle ajoute à cette toile un certain nombre de doublures. Enfin, l'époque de la reproduction étant arrivée pour la clotho, elle tisse un appartement encore plus duveté et plus moelleux, où elle renferme le sac des œufs et les petits qui en devront éclore. C'est dans les premiers jours de janvier ou dans les derniers de décembre qu'a lieu la ponte des œufs. Pour préserver ce précieux dépôt contre les rigueurs de la saison, la clotho l'enveloppe de duvet et l'applique sur la pierre en dehors de sa tente. Lorsque les petits sont éclos, et leur prodigue ses soins; mais dès que ceux-ci peuvent se passer de leur mère, ils l'abandonnent et vont loin d'elle établir leurs pavillons particuliers. La mère reste seule dans sa tente, qui lui sert de tombeau. — Les *Séyestries* ont 6 yeux presque égaux, et possèdent à la fois des poumons et des trachées. Degner et Lister ont reconnu que ces araignées sont nocturnes. Elles construisent des tubes allongés, très étroits, cylindriques, où elles se tiennent en embuscade, les premières paires de pattes dirigées en avant et posées sur autant de fils qui divergent, mais qui tous aboutissent au tube comme à un centre commun. Sitôt qu'une mouche vient s'embarrasser dans ces filets, les mouvements qu'elle fait pour se dégager ébranlent les fils sur lesquels sont posés les pattes de l'ar. De cette façon, celle-ci reconnaît de quel côté est sa victime et elle fond dessus pour la dévorer. On trouve assez souvent dans les maisons de Paris une espèce de ce genre, la *Ség. perfide* (Fig. 3), qui est longue de 15mm et à le corps velu, d'un noir tirant sur le gris de souris, avec les mandibules vertes et des taches noires le long du dos et de l'abdomen. — Les *Araignées proprement dites* ou *Tégénaires* de Walckenaer ont deux filières notablement plus longues que les autres, et leurs quatre yeux antérieurs disposés sur une ligne courbe (Fig. 5). Elles construisent aux angles des murs, dans l'intérieur de nos habitations, sur les plantes, dans les haies et souvent sur les bords des chemins, dans la

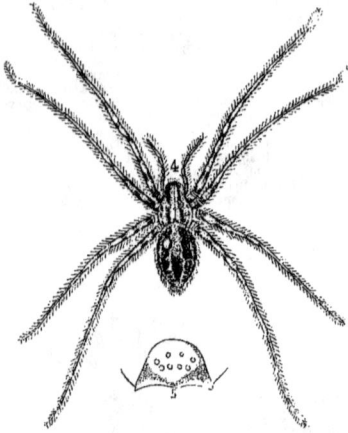

terre ou sous les pierres, une grande toile à peu près horizontale, à la partie supérieure de laquelle est un tube où elles se tiennent immobiles. Là, elles restent des semaines entières, attendant patiemment qu'un insecte vienne s'embarrasser dans leur toile. A peine a-t-il touché les fils, que l'ar. s'élance sur lui : s'il est petit, elle l'enlève sur-le-champ et l'emporte dans sa demeure; mais quand la taille de celui-ci lui permet de lutter contre son ennemi, elle tire un fil de ses filières, et, le dirigeant avec ses pattes postérieures sur l'insecte qui se débat, elle l'enlace de tous côtés et parvient à rendre ses mouvements impuissants : alors elle le suce à son aise. S'il lui paraît trop fort pour elle, on la voit briser aussitôt elle-même les fils de sa toile pour lui rendre la liberté. L'*Ar. domestique* (Fig. 4) est l'espèce la plus commune dans nos maisons; elle est noirâtre, avec deux rangées de taches brunes dont les plus grandes sont les antérieures; son abdomen est de forme ovale.

Les *Ar. Inéquitèles* ou *Filandières* ont des filières presque coniques, faisant peu de saillie, convergentes et disposées en rosette. Leurs pieds sont grêles et leurs mâchoires sont inclinées sur la lèvre. Leur abdomen est plus volumineux, plus mou et plus coloré que dans les genres qui précèdent. Enfin, leurs toiles représentent un réseau irrégulier, et sont composées de fils qui se croisent en tous sens et sur plusieurs plans. — Latreille place dans ce groupe les genres *Scytode, Episine, Théridion* et *Pholque.* — Les *Théridions* ont également 8 yeux, 4 au milieu en carré, dont les 2 antérieurs placés sur une petite éminence, et 2 de chaque côté, situés aussi sur une élévation commune. Le céphalothorax est en forme de cœur renversé ou presque triangulaire. Le *Thér. bienfaisant* (Fig. 8) a été ainsi nommé par Walckenaer, parce qu'il s'établit entre les grappes de raisin et les garantit de l'attaque de plusieurs insectes. — Les 8 yeux des *Pholques* sont placés sur un tubercule et divisés en trois groupes, un de chaque côté, formé de 3 yeux disposés en triangle, et le troisième au milieu, composé de 2 yeux placés sur une ligne transverse. Le *Ph. phalangiste* ou *Ar. domestique à longues pattes* (Fig. 9) a le corps long, étroit et d'une couleur jaune, presque livide; l'abdomen est à peu près cylindrique, très mou et marqué en dessus de taches noirâtres. Il est commun dans nos maisons, où il construit une sorte de réseau composé de fils flottants et très espacés, et tendus sur plusieurs plans. Cette ar. agglutine ses œufs en une masse ronde qu'aucun tissu ne recouvre et les transporte ainsi entre ses mandibules.

Le groupe des *Araignées Orbitèles* ou *Tendeuses* comprend les genres *Linyphie, Ulobore* (Fig. 11), *Tétragnathe* et *Épeire.* Ce groupe se distingue du précédent par les mâ-

choires qui sont droites et sensiblement plus larges à leur extrémité. Les yeux sont disposés ainsi : 4 au milieu, formant un quadrilatère, et 2 de chaque côté. Leur abdomen, grand

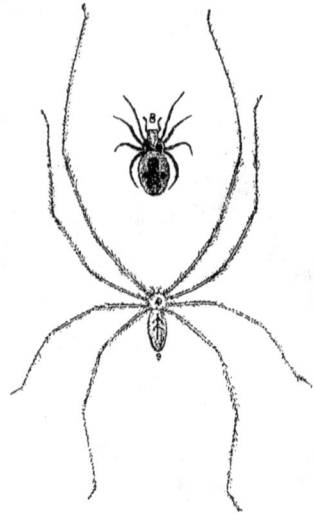

et mou, présente des couleurs assez variées. Les Orbitèles font des toiles en réseau régulier, composé de cercles concentriques croisés par des rayons droits, se rendant du centre à la circonférence. Quelques-unes se construisent au bord de

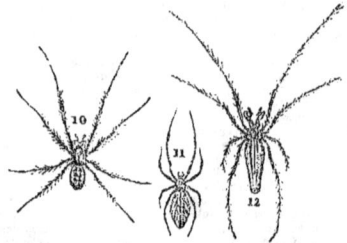

leur toile, qui est tantôt horizontale, tantôt verticale une cavité ou petite loge où elles se tiennent cachées. Leurs œufs sont agglutinés, très nombreux et renfermés dans un cocon volumineux. Les fils qui soutiennent la toile de ces araignées peuvent s'allonger d'un cinquième environ; les astronomes s'en servent pour construire les micromètres qu'ils placent dans l'intérieur des lunettes et des télescopes. — Les *Linyphies* (Fig. 10. *Lin. montagnarde*) ont les mâchoires carrées, droites, presque de la même largeur. Leurs yeux sont ainsi disposés : 4 au milieu, formant un trapèze dont le côté postérieur est le plus large; les 4 autres groupés par paires, une de chaque côté et dans une direction oblique. Elles construisent sur les buissons, les genêts, les pins, etc., une toile horizontale, mince, peu serrée, et tendent au-dessus, sur plusieurs points et d'une manière irrégulière, des fils perpendiculaires ou obliques qu'elles fixent aux lieux environnants. L'animal se tient à la partie inférieure de sa toile et dans une situation renversée. — Les *Tétragnathes* ont les yeux situés, quatre par quatre, sur deux lignes presque parallèles et séparées par des intervalles presque égaux. La *Tét. étendue* (Fig. 12) tend sur les buissons une toile verticale, à réseau régulier, au centre de laquelle elle se tient. Degeer a trouvé de jeunes araignées de cette espèce adhérentes à plusieurs de ces fils de soie que l'on voit, dans les beaux jours d'automne, voltiger en l'air, et il a même observé qu'elles les allongeaient.

Les *Épeires* ont les 2 yeux de chaque côté rapprochés par paires et presque contigus, et les 4 autres forment au milieu un quadrilatère. Leurs mâchoires se dilatent dès leur base et constituent une palette arrondie. Les espèces de ce genre construisent une toile verticale ou inclinée : les unes se placent au centre, le corps renversé ou la tête en bas ; les autres se tiennent tout auprès une demeure, tantôt en forme de tube soyeux, tantôt composée de feuilles rapprochées et liées par

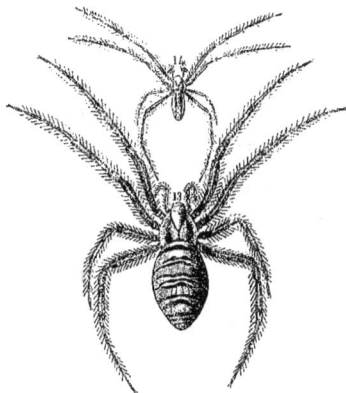

des fils, tantôt ouverte par le haut et imitant un nid d'oiseau. Leur cocon est en général globuleux ou ovoïde. L'*Ép. fasciée* (Fig. 13. Femelle; 14. Mâle) est très commune en France, où elle s'établit sur le bord des ruisseaux. Le céphalothorax est couvert d'un duvet soyeux et aplati ; son abdomen est d'un beau jaune, entrecoupé par intervalles de lignes transverses, noires ou d'un brun noirâtre. Son cocon mérite d'être cité : il est long d'environ 27mm et a la forme d'un petit ballon de couleur grise avec des raies longitudinales noires : une de ses extrémités est tronquée et fermée par un opercule plat et soyeux. La toile de certaines espèces exotiques est composée de fils si forts qu'elle arrête de petits oiseaux, et, dit-on, embarrasse même l'homme qui s'y trouve engagé. Enfin, les naturels de la Nouvelle-Hollande et de quelques îles de la mer du Sud mangent, à défaut d'autre aliment, une espèce d'é-

peire, appelée *Ép. plumipède*. — Les *Araignées* qui font partie de la tribu des *Latérigrades* ont en général les mandibules petites et les mâchoires inclinées sur la lèvre. Le corps est ordinairement aplati, à forme de crabe, avec l'abdomen long, arrondi ou triangulaire. Leurs yeux sont toujours au nombre de 8 et forment, par leur réunion, un segment de cercle ou un croissant. Ces araignées se tiennent tranquilles, les pieds étendus sur les végétaux. Elles ne font pas de toile et jettent simplement quelques fils solitaires pour arrêter leur proie. Elles cachent leur cocon entre des feuilles dont elles rapprochent les bords et veillent sur lui avec sollicitude jus-

qu'à l'éclosion des petits. Parmi les genres qui composent la tribu, nous citerons les *Micrommates* (Fig. 15), les *Philodromes* (Fig. 16) et les *Thomises* (Fig. 17).

ARAIGNÉES VAGABONDES. — Cette tribu se compose d'espèces qui ont le céphalothorax grand et les pieds robustes. Leur caractère distinctif réside dans la disposition de leurs yeux, qui s'étendent au moins autant d'avant en arrière que transversalement. Latreille a divisé cette tribu en deux groupes : les *Citigrades* et les *Saltigrades*. — Les *Citigrades*, appelés aussi *Araignées-loups*, ont le céphalothorax ovoïde et rétréci en avant. Leurs pattes ne sont propres qu'à la course. En général, les femelles se tiennent sur le cocon qui renferme leurs œufs et l'emportent avec elles : c'est seulement à la dernière extrémité qu'elles l'abandonnent ; mais, le danger passé, elles reviennent aussitôt veiller à sa sûreté. Parmi les genres de ce groupe, nous mentionnerons uniquement ceux qui renferment des espèces indigènes. Les *Lycoses* ont les yeux disposés sur trois lignes transverses, la première formée de 4, les deux autres de 2. Ces araignées courent très vite, habitent presque toutes à terre et y pratiquent en général des trous qui leur servent d'habitation. D'autres s'établissent dans les fentes des murs, les cavités des pierres, etc. ; quelques-unes font un tuyau composé d'une toile fine, long d'environ 5 centim., et recouvert à l'extérieur de parcelles de terre. Toutes se tiennent près de leur demeure et y guettent

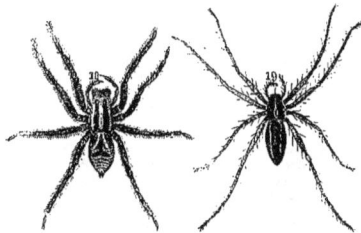

leur proie, sur laquelle elles s'élancent avec une rapidité étonnante. Parmi les espèces qui composent ce genre, la plus célèbre, sans contredit, est la *Lyc. tarentule*. Elle est très commune aux environs de Tarente, en Italie, et c'est de là qu'elle a reçu son nom. La *Tarentule narbonnaise* (Fig. 18) est bien plus petite que celle d'Italie. Le venin de cette espèce d'ar. a été le sujet d'une infinité de fables. Ainsi, on a cru pendant longtemps que sa morsure produisait une maladie appelée *tarentisme*, qui ne se pouvait guérir qu'au moyen de la musique. Certains auteurs ont même indiqué et noté les airs réputés les plus propres à opérer la guérison des *tarentulati*, c.-à-d. des malades atteints de tarentisme. C'est un fait connu aujourd'hui, même du vulgaire, que le venin de cette ar. n'est dangereux que pour les insectes dont elle fait sa proie. La tarentule se plaît dans les lieux arides et exposés au soleil. Elle se tient dans des conduits souterrains parfaitement cylindriques, qu'elle creuse dans le sol jusqu'à la profondeur d'environ 35 centim. Ces sortes de clapiers ont d'abord une direction verticale, puis ils forment un coude au tiers de leur longueur et reprennent ensuite leur direction primitive. C'est à l'origine de ce coude que la tarentule se poste en embuscade pour épier sa proie et s'élancer sur elle. L'orifice extérieur du terrier est quelquefois terminé par un tuyau que l'ar. construit avec de petits fragments de bois ou artistement disposés les uns au-dessus des autres et unis au moyen d'un peu de terre glaise. Ce tuyau, qu'elle laisse, ainsi que l'intérieur de son terrier, de fils soyeux, met son réduit à l'abri des inondations et des corps étrangers qui pourraient tomber dans l'orifice et l'obstruer. Il lui sert, en outre, d'embûche en offrant aux mouches et aux autres insectes dont elle se nourrit un point saillant pour se poser. — Les *Dolomèdes* (Fig. 19) ont les yeux disposés sur trois lignes transverses représentant un quadrilatère un peu plus large que long, avec les deux postérieurs situés sur une éminence. — Les *Oxyopes* ont 8 yeux qui sont disposés deux par deux sur quatre lignes transverses (Fig. 20).

Les araignées qui constituent le groupe des *Saltigrades* sont remarquables par la grosseur de leurs cuisses antérieures et par leurs pieds admirablement disposés pour le saut et pour la course; elles marchent par saccades, s'arrêtent tout court après avoir fait quelques pas et se haussent sur les pieds antérieurs. Quand elles découvrent un insecte, une mouche, un cousin surtout, elles s'en approchent tout doucement, jusqu'à une distance qu'elles puissent franchir d'un seul bond et s'élancent tout à coup sur leur victime. Plusieurs saltigrades construisent entre les feuilles, sous les pierres, etc., des nids de soie en forme de sacs ovales et ouverts aux deux bouts, où elles se retirent pour se reposer, faire leur mue et se garantir des intempéries des saisons. Ce groupe ne renferme que les deux genres *Érèse* et *Saltique*, dont quelques espèces

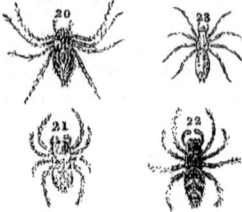

habitent la France. Nous citerons seulement l'*Érèse sinabre* (Fig. 21) et le *Saltique chevronné* (Fig. 22, double grandeur). Le premier est remarquable en ce que son céphalothorax et ses pattes sont entièrement noirs, et en ce que son abdomen est d'un beau rouge cinabre avec quatre points noirs sur la partie supérieure. Le second est long d'environ 8^{mm}. Son corps est noir, avec l'abdomen ovale, allongé, ayant trois bandes blanches demi-circulaires.

Le genre *Argyronète* forme à lui seul une section distincte et se compose d'une espèce unique, l'*Arg. aquatique* (Fig. 23). Ses yeux sont au nombre de 8, dont 2 de chaque côté, très rapprochés l'un de l'autre, placés sur une éminence; les 4 intermédiaires forment un quadrilatère. L'argyr. est d'un gris brunâtre et revêtue de poils assez longs. Quoique destinée à respirer l'air atmosphérique, cette ar. habite dans les eaux dormantes et choisit les lieux où les plantes aquatiques croissent en grand nombre. Lorsqu'elle vient à la surface de l'eau, les poils innombrables qui revêtent son corps emprisonnent une multitude de petites bulles d'air, de telle sorte que quand elle plonge elle se trouve toujours environnée d'air respirable. Elle nage ordinairement à la renverse, le céphalothorax en bas et l'abdomen en haut, et l'air qui entoure ce dernier le fait paraître brillant comme du vif-argent. L'argyr. se construit dans l'eau une coque soyeuse qu'elle maintient dans une position convenable au moyen de fils fixés aux plantes environnantes. Cette cloche, qui est de la grosseur d'une noix et d'une grande régularité, n'offre qu'une ouverture très étroite qui lui sert d'entrée. Quand cette habitation est en partie terminée, l'animal vient à la surface de l'eau, élève son abdomen hors du liquide, replie ses pattes et rentre avec précipitation dans l'eau, emportant une quantité innombrable de petites bulles d'air. Arrivé sous sa cloche, il se débarrasse de ces bulles, retourne à la provision et répète ce manège jusqu'à ce qu'il ait complètement rempli la coque qui va lui servir de demeure. Il s'établit alors dans cette habitation, et c'est de là qu'il s'élance sur les petits animaux engagés dans les fils tendus aux alentours. Lorsque l'air de la cloche est vicié par sa respiration, l'argyr. la renverse et la remplit de nouveau. À l'époque de la ponte, elle fabrique un petit cocon avec une soie extrêmement blanche et d'une grande finesse, y dépose ses œufs et les fixe dans sa loge avec quelques fils. Peu de jours après, les petites araignées éclosent, et à peine sont-elles échappées de l'œuf, qu'elles abandonnent l'habitation de leur mère et se construisent une cloche particulière. Quoique cette araignée ne sorte jamais de l'eau, elle peut néanmoins vivre quelque temps hors de ce liquide; toutefois elle dépérit rapidement et meurt au bout de peu de jours. Cette espèce est rare aux environs de Paris, mais elle se trouve dans divers lieux de la France, notamment en Champagne. Elle est plus commune dans le nord de l'Europe et on la rencontre jusque dans la Laponie.

Les araignées manifestent une prédilection marquée pour la musique. L'ouïe semble pourtant leur faire défaut. Ce sont sans doute les vibrations de l'air qui leur causent un certain plaisir.

Les araignées épeires tendent souvent, en tournant la tête au vent, des fils très longs, plus ou moins élevés dans l'air, qui viennent s'accrocher aux arbres, et le long desquels elles voyagent. Ce sont ces fils que l'on appelle *fils de la Vierge.*

ARAIRE. s. m. (lat. *aratrum*). Charrue simple dénuée d'avant-train. Voy. Charrue.

ARAL (Mer ou lac d'), grand lac d'eau salée dans l'Asie occidentale (Turkestan russe). Sa longueur est de 428 kil., sa largeur de 291 kil.

ARALIA. s. f. T. Bot. Genre de plantes de la famille des *Araliées.* Voy. ce mot.

ARALIÉES. s. f. pl. T. Bot. Famille de végétaux dicotylédones dialypétales inférovariés, à feuilles alternes et dépourvues de stipules. Les *Ar.* sont des arbres, des arbrisseaux qui grimpent quelquefois à l'aide de racines adventives (*Lierre*) ou des plantes herbacées qui offrent tout l'aspect des *Ombellifères.*

Caract. bot.: Calice soudé avec l'ovaire, entier ou denté. Pétales au nombre de 2, de 5 ou de 10, caducs, manquant dans quelques genres. Préfloraison valvaire. Étamines égales en nombre aux pétales, ou deux fois plus nombreuses, insérées au bord du calice sur le pourtour d'un disque épigyne. Pistil formé parfois d'autant de carpelles que de sépales, ou d'un nombre moindre, ou d'un nombre plus grand. Ovaire infère, pluriloculaire; ovules solitaires, pendants, anatropes, styles égaux en nombre aux loges, quelquefois connés: stigmate simple. Fruit drupacé consistant en autant de noyaux

qu'il y a de carpelles, rarement un diakène. Graines solitaires, pendantes, adhérentes au péricarpe; albumen charnu ou corné présentant à sa base un petit embryon, avec la radicule dirigée vers le hile. [Fig. 1. *Lierre d'Europe* (*Hedera Helix*). — 2. Fleur du *Dimorphantus edulis*. — 3. Coupe verticale de l'ovaire. — 4. Ovaire entier. — 5. Fruit mûr. — 6. Coupe du dernier. — 7. Coupe de la graine de l'*Hed. Helix.*]

Les espèces de cette famille se trouvent dans les régions tropicales et tempérées de tout le globe. On en rencontre même dans les régions les plus froides, telles que le Canada, la côte nord-ouest de l'Amérique et le Japon. Le docteur Hooker a vu l'*Aralia polaire* (*Aralia polaris*) jusque dans le groupe des îles Auckland. Cette famille se compose de 88 genres et de 340 espèces. On en a trouvé 2 espèces dans le terrain crétacé et 53 dans les couches tertiaires, parmi lesquelles 39 appartiennent au genre *Aralia*, les autres aux genres *Panax*, *Cussonia* et *Hedera*. — Quelle que soit leur analogie extérieure avec les ombellifères, ces plantes paraissent ne jamais posséder, à un haut degré du moins, les propriétés dangereuses qui distinguent quelques espèces de cette dernière famille. Elles sont en général stimulantes et aromatiques. Néanmoins l'huile essentielle à laquelle un si grand nombre d'Ombellifères doivent leurs vertus stomachiques et carminatives, se rencontre rarement dans les fruits charnus des Aralies. La racine charnue et tubéreuse si célèbre sous le nom de Ginseng, et si estimée par les Chinois comme tonique stimulant, provient du *Panax Ginseng.* Suivant Meyer, le Ginseng possède sa saveur piquante et aromatique particulière. Les Chinois l'administrent dans toutes les maladies qui se lient à un état de faiblesse générale. Quoiqu'on ait prétendu que les vertus du Ginseng sont imaginaires, il n'est guère possible de croire que si cette racine était complètement inerte, elle eût acquis une si grande réputation. Les Américains vendent aux Chinois la racine du *Panax quinquefolium* comme substitutif du Ginseng. Elle possède une saveur amère et douceâtre assez agréable : on l'emploie quelquefois comme la réglisse. Le *Panax fruticosus* et le *P. Cochleatus* sont des aromatiques odorants usités dans les Moluques. Les baies du *Panax Anisum* ont l'odeur de la plante dont elles portent le nom. L'*Ar. à grappes* (*Aralia racemosa*), l'*Ar. hispide* (*Ar. hispida*) et l'*Ar. épineuse* (*Ar. spinosa*), connue aussi sous le nom vulgaire d'*Angélique épineuse*, donnent une gomme-résine aromatique. L'écorce de la racine de cette dernière est un purgatif drastique fréquemment employé par les médecins anglo-américains. La racine de l'*Ar. nudicaulis*, appelée vulgairement *Salsepareille de Virginie*, est diaphorétique et sert de succédané à la salsepareille vraie. Le *Dimorphanthus edulis* est usité en Chine comme sudorifique. Sa racine est amère, aromatique et assez agréable au goût : les Japonais la mangent en hiver, comme nous faisons de la Scorsonère. Le *Lierre d'Europe* (*Hedera Helix*) a une odeur peu agréable : ses feuilles passent pour sudorifiques, et ses baies sont purgatives et émétiques. L'*Hedera umbellifera*, qui croît dans l'île d'Amboine, donne, dit-on, un bois qui a l'odeur de la Lavande et du Romarin ; et l'*H. terebinthacea*, de Ceylan, produit une gomme-résine qui a l'odeur de la térébenthine. La moelle du *Fatsia papyrifera* sert à fabriquer le papier de Chine.

ARAM, fils de Sem, père des Araméens. ‖ Nom donné par la Genèse à la région comprenant la Syrie et la Mésopotamie, occupée par les descendants d'Aram.

ARAMAÏSME. s. m. (de *Aram*). Tour, expression particulière au dialecte araméique ou araméen.

ARAMÉEN, ENNE. adj. Qui habite l'Aram. Les langues araméennes sont un rameau des langues sémitiques comprenant le *Chaldéen* et le *Syriaque.*

ARAMER. v. a. T. Techn. Mettre du drap sur un rouleau pour l'allonger par l'étirage.

ARAMITS, ch.-l. de c. (Basses-Pyrénées), arr. d'Oloron, 960 hab.

ARAMON. s. m. Nom d'une variété de vigne. Voy. VIGNE.

ARAMON, ch.-l. de c. (Gard), arr. de Nîmes, 2,700 hab.

ARAN (VAL D'), vallée espagnole, dans les Pyrénées centrales, d'où sort la Garonne.

ARANÉEUX, EUSE. adj. (lat. *araneosus*). Qui imite la toile d'araignée.

ARANÉIDES. s. f. pl. (lat. *aranea*, araignée). Zool. — Le terme d'*Aranéides*, dans la méthode de Cuvier et Latreille, est synonyme d'*Arachnides fileuses*. Les araignées constituent la première famille des *Arachnides pulmonaires*, et présentent les caractères suivants : Mandibules terminées par un crochet mobile, arqué, dur et pointu, offrant près de la pointe un petit trou pour la sortie du suc avec lequel l'animal donne la mort à ses victimes ; palpes pédiformes, sans pince au bout, terminés au plus, chez les femelles, par un petit crochet ; mâchoires au nombre de deux ; céphalothorax présentant ordinairement une impression en forme de V, qui indique l'espace occupé par la tête ; yeux au nombre de 6 et plus souvent de 8 ; abdomen mobile et en général mou, qui est suspendu au céphalothorax par un pédicule court, et qui est muni, au-dessous de l'anus, de 4 à 6 filières (Fig. 1. Les 6 filières et l'anus de l'*Araignée domestique*), *a-a-d.* de 4 à 6 mamelons charnus au bout, cylindriques ou coniques, articulés, très rapprochés les uns des autres et per-

cés à leur extrémité d'une infinité de petits trous pour donner passage aux fils soyeux que sécrètent ces animaux ; pieds composés de sept articles, dont les deux premiers forment les hanches, le troisième la cuisse, le quatrième et le cinquième la jambe, et les deux derniers le tarse.

Le venin, chez les ar., est sécrété par une vésicule qui est logée dans la mandibule ou dans le céphalothorax et qui communique par un conduit excréteur à l'extrémité du crochet dont nous avons parlé. (Fig. 3. Crochet mandibulaire portant sa glande venimeuse, très grossi ; Fig. 4. Extrémité de ce cro-

chet avec la fente et l'orifice du venin.) La morsure des grandes espèces, connues dans l'Amérique du Sud sous le nom d'*Araignées-crabes*, est capable de donner la mort à de petits animaux vertébrés. Elle peut même déterminer chez l'homme un accès de fièvre, mais non des accidents mortels, ainsi qu'on l'a prétendu.

Les organes sécréteurs de la soie consistent en vésicules de diverses grosseurs et terminées par un canal qui va aux canules du dernier article. La matière contenue dans ces vaisseaux ressemble à une gomme visqueuse, insoluble dans l'eau et dans l'alcool, fragile comme du verre, et n'offrant de souplesse que quand elle est divisée en fils fort minces. La substance soyeuse s'écoule par les ouvertures microscopiques des mamelons et forme une multitude de filaments d'une ténuité prodigieuse, qui sont en nombre égal à celui des trous (ces derniers dépassent le nombre de mille dans certaines espèces), et qui, en se réunissant tous ensemble à leur sortie, constituent les fils destinés à la construction de la toile. L'ar. les dévide par le seul poids de son corps à l'aide de ses pattes. (Fig. 2. *a*, grandes vésicules de l'organe qui sécrète la soie : il y en a cinq ; *b*, petites vésicules ; *c*, petite filière portée par une portion de la peau à la base de la grande ; *d*, premier article de celle-ci dépouillé de ses poils ; *e*, second article, également dépouillé ; *f*, troisième article auquel on a enlevé les poils et la majeure partie des petites canules dont on ne voit que l'insertion. Cette figure, ainsi que celles qui précèdent, sont empruntées à Dugès, dans la nouvelle édition du *Règne animal* de Cuvier.) Au sortir des mamelons, les fils de soie sont gluants, et il leur faut un certain degré de dessiccation pour pouvoir être employés. Toutefois, lorsque la température est favorable, un instant suffit, puisque les ar. s'en servent aussitôt qu'ils s'échappent de leurs filières. — Ces longs fils et ces flocons blancs et soyeux qu'on voit voltiger au printemps et en automne, après un temps brumeux, et qu'on appelle vulgairement *Fils de la Vierge*, ne se forment point dans l'atmosphère, ainsi qu'on l'a cru fort longtemps : ils sont produits par des araignées appartenant principalement aux genres *Épeire* et *Thomise.* — On est parvenu à fabriquer des bas et des gants avec la soie que sécrètent certaines ar.; néanmoins ces essais ne peuvent être considérés que comme de simples objets de curiosité.

Les *Ar.* ont été divisées en deux sections, suivant le nombre de leurs poumons. La première est celle des *Tétrapneumones*, c.-à-d. des ar. pourvues de quatre poumons, et la seconde, celle des *Dipneumones*, qui n'en possèdent que deux. Comme ces dernières sont plus souvent appelées du nom d'*Araignées*, nous en avons traité à ce mot. Il ne nous reste donc plus à parler ici que des *Tétrapneumones*.

Parmi ces ar. on distingue d'abord les *Mygales*. Elles ont les pieds et les mandibules robustes, et les crochets de ces dernières sont repliés en dessous. Les palpes sont insérés à l'extrémité supérieure des mâchoires, de sorte qu'ils paraissent être composés de six articles, dont le premier ferait l'office de mâchoire. Leurs yeux, au nombre de 8, sont en général grou-

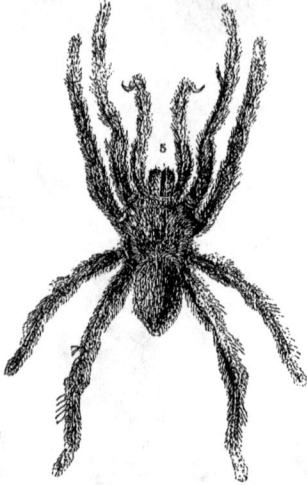

pés sur une éminence; il y en a, de chaque côté, trois formant un triangle renversé, et les deux autres sont disposés transversalement au milieu des précédents. Les mygales sont pour-

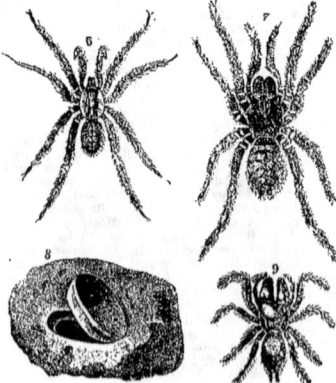

vues de 4 filières dont les deux extérieures sont très saillantes, tandis que les deux inférieures sont ordinairement très courtes. C'est à ce genre qu'appartiennent les plus grandes araignées connues. Quelques-unes, dans l'état de repos et les

pattes étendues, occupent un espace de 19 à 21 cent. de diamètre: on les connaît en Amérique sous le nom d'*Araignées-crabes*. La *Mygale avicularie* (Fig. 5), ainsi nommée parce qu'on prétend qu'elle s'attaque même aux petits oiseaux, a de 36 à 54 millimètres de longueur. Elle est noirâtre, très velue, avec l'extrémité des palpes, des pieds et les poils inférieurs de la bouche rougeâtres. Elle se trouve à la Martinique. La *Myg. maçonne* (Fig. 6; 7. Mâle), qu'on rencontre dans nos départements méridionaux, n'a que 18 millimètres de longueur; mais elle est remarquable par son industrie. Cette espèce établit en général sa demeure contre des terres secs, compacts et exposés au midi. Elle se creuse des galeries souterraines qui ont souvent jusqu'à 65 centimètres de profondeur et qui sont très inclinées. Elle tapisse l'intérieur de son terrier avec un tissu soyeux, et en ferme l'entrée au moyen d'une porte à charnière. Ce couvercle est composé de plusieurs couches de fils cimentés avec de la terre glaise, et offre une disposition telle que son propre poids suffit pour le fermer. (Fig. 8. Nid de la *Myg. maçonne*). La myg. se place ordinairement en sentinelle derrière sa porte, et lorsqu'elle redoute de voir sa demeure envahie par un ennemi, elle s'accroche courageusement à la partie intérieure et bombée du couvercle de son terrier et oppose une résistance énergique pour empêcher de l'ouvrir. — La *Myg. pionnière*, qui habite la Corse et la Toscane, a des habitudes analogues. — Le genre *Atype* (Fig. 9) se creuse des galeries dans les terrains en pente. On le trouve notamment aux environs de Paris.

ARANÉIDES FOSSILES. T. Zool. Paléont. Si nous considérons à part le seul groupe, répandu avec tant de profusion à l'époque tertiaire, des vraies araignées, dit Scudder, nous y trouvons un grand nombre de genres éteints. Des 71 types connus, il y en a 66 qui viennent d'Europe, 13 d'Amérique septentrionale, 8 étant communs aux deux continents. Il n'y a pas moins de 37 de ces genres (35 européens et 2 américains) qui soient éteints et pas un seul de ceux-ci ne se rencontre à la fois dans les deux continents. Mais toujours les roches tertiaires d'Europe et d'Amérique contiennent, à l'exception des *Dysdérides* qui sont spéciales au Nouveau Monde, les mêmes familles d'araignées et ce sont surtout celles que l'ambre renferme en abondance.

Parmi les *Saltigrades* nous citerons l'*Attoïdes eresiformis*. Voy. ATTOÏDES. La famille des *Citigrades* n'a fourni qu'un seul échantillon de *Linoptes* dans l'ambre. Sont représentées dans l'ambre ou dans les dépôts lacustres tertiaires les familles des *Latérigrades*, *Territélaires*, *Tubitélaires*, *Orbitélaires*, chacune par un grand nombre d'espèces. Voy. ARACHNIDES.

ARANÉIFORME. adj. 2 g. Qui a la forme d'araignée.

ARANÉOLE. s. f. Icht. Petite vive ou vive commune.

ARANJUÈS, v. d'Espagne, sur le Tage. Beau château construit par Philippe II.

ARANTÈLES. s. f. pl. T. Vén. Filandres en forme de toile d'araignée qui se trouvent au pied du cerf.

ARARAT, montagne d'Arménie (Turquie). Sa plus haute cime atteint 5,156 mètres. Une antique légende assure qu'après le déluge asiatique l'arche de Noé s'y arrêta.

ARASEMENT. s. m. Action d'araser; résultat de cette action. || T. Menuis. Extrémité d'une planche, à la naissance du tenon. || T. de Constr. Dernière assise d'une maçonnerie.

ARASER. v. a. (R. *ras*). T. Maçonn. Mettre de niveau un mur, un bâtiment, en élevant les endroits bas à la hauteur de celui qui est le plus élevé. || T. Menuis. Donner un trait de scie jusqu'à une certaine épaisseur à l'extrémité d'une planche où l'on veut faire une emboîture. = ARASÉ, ÉE. part.

ARASES. s. f. pl. T. Maç. Pierres qui servent à mettre un mur de niveau. On dit aussi *Pierres d'arase*.

ARATOIRE. adj. 2 g. (lat. *aratorius*). Qui sert ou qui a rapport à l'agriculture. *Art ar. Travaux, instruments aratoires*.

ARATUS, poète et astronome grec, florissait vers 270 av. J.-C.; a laissé un poème intitulé: *Les Phénomènes et les Signes*.

ARATUS DE SICYONE, chef de la ligue achéenne (271-213 av. J.-C.).

ARAUCANIE, contrée de l'Amérique méridionale, au sud du Chili, habitée par des Indiens indépendants. Nom des hab. : ARAUCANIEN ou ARAUCANS.

Le poète espagnol Alonzo d'Ercilla a écrit, sous le titre de l'*Araucana*, un poème pour célébrer le courage des Araucaniens dans la guerre entreprise contre eux par Philippe II.

ARAUCARIA. s. m. T. Bot. Bel arbre ornemental de la famille des *Conifères*. Voy. ce mot.

ARBACÈS, gouverneur de Médie, VIII° siècle av. J.-C., fondateur du royaume de Médie.

ARBALESTRES. s. f. pl. T. Techn. Ficelles qui servent à monter le métier des ferrandiers, faiseurs de gaze, de soie, etc.

ARBALESTRILLE. s. f. (Vx fr. *arbalestre*, arbalète). T. Astr. Ancien instrument formé d'une croix en bois et d'une alidade et qui servait à mesurer la hauteur du soleil en mer pour déterminer la latitude. Cet instrument est aujourd'hui remplacé avantageusement par le SEXTANT.

ARBALÈTE. s. f. (lat. *arcubalista*; de *arcus*, arc, et *balista*, baliste). Arme de trait qui représente à peu près un arc ordinaire, auquel on a ajouté un fût de bois destiné à diriger le projectile. || *Cheval en arb.*, Cheval attelé seul devant les deux chevaux de limon d'une voiture.

Techn. — L'*Arb.* se composait d'un arc en acier, en bois flexible ou en corne, d'un fût ou *arbrier* vers l'une des extrémités duquel se trouvait fixé le milieu de l'arc, et d'une corde de boyau qui servait à tendre l'arc. Le fût était creusé pour recevoir le projectile, et était muni vers son milieu d'une *noix* d'acier destinée à recevoir la corde tendue. Un ressort de détente faisait tourner la noix, et alors la corde, en vertu de son élas-

ticité, et surtout de celle de l'arc, imprimait au projectile une impulsion si forte, qu'il brisait à de grandes distances les hauberts et les casques d'acier. On tendait l'arc tantôt avec la main (Fig. 2), tantôt au moyen d'une roue (Fig. 1). Il y avait aussi une sorte d'arb. de siège, qu'on établissait sur les murs à poste fixe. Celle-là était une machine assez puissante; il fallait plusieurs hommes pour la servir, et on la tendait avec une poulie. Les projectiles qu'on lançait avec l'arb. étaient

ordinairement des dards gros et courts qu'on appelait *carreaux* ou *matras* (Fig. 3). Enfin, on donnait le nom d'*arb. à jalet* ou d'*arc à jalet* à une espèce d'arb. avec laquelle on lançait de petites boules de terre cuite ou des balles de plomb.

L'origine et la date de l'invention de l'arb. sont totalement inconnues. Il paraît qu'en Angleterre on s'en servait à la chasse sous le règne de Guillaume le Conquérant. En France, ce n'est que sous Louis le Gros qu'il est parlé pour la première fois de cette arme, dans les comptes de l'armée et dans nos chroniques.

Au moyen âge on donnait le nom d'arb. ou *arbalestrille* à un instrument à l'aide duquel les marins prenaient la hauteur du soleil. Voy. ARBALESTRILLE.

ARBALÉTRIER. s. m. Homme de guerre qui tirait de l'arbalète. ||T. Charpent. Voy. COMBLE.

ARBELAGE ou **ARBELAY**. s. m. Lame de fer aplatie pour la fabrication de la tôle.

ARBELLES. v. d'Assyrie, célèbre par la victoire d'Alexandre sur Darius (331 av. J.-C.).

ARBITRAGE. s. m. Juridiction et jugement des arbitres. *Se soumettre à l'ar. Je m'en tiens à l'ar.* Voy. ARBITRE. || T. Banq. Voy. CHANGE. || T. Bourse. Voy. BOURSE.

ARBITRAIRE. adj. 2 g. (lat. *arbitrarius*). Qui a pour cause la seule volonté de l'homme, sans règle fixe ni fondement naturel. *Les méthodes artificielles sont arbitraires. Rien n'est si ar. que la mode.* || Se dit de ce qui, n'étant défini ou réglé par aucune décision, est laissé au libre arbitre de chacun. *L'Église n'a point décidé là-dessus, cela est ar. La chose est ar.* || Se dit aussi de ce qui, dans la législation, est laissé à la discrétion des juges. *Amende ar. Peines arbitraires.* || Despotique, irresponsable. *Pouvoir ar. Victime d'ordres arbitraires.* — Qui n'est pas conforme aux prescriptions de la loi. *C'est de la part du ministre un acte ar.* = S'emploie subst. au masculin, dans le sens de volonté variable, incertaine, se substituant à l'autorité immuable de la loi. *Les caprices de l'ar. Les victimes de l'ar.*

ARBITRAIREMENT. adv. D'une façon arbitraire, despotique. *Il gouvernait ar.*

ARBITRAL, ALE. adj. (lat. *arbitralis*). *Jugement ar.*, Qui a été rendu par des arbitres. — On dit de même, *Sentence arbitrale*.

ARBITRALEMENT. adv. Par arbitres. *Cette affaire a été jugée ar.*

ARBITRATION. s. f. Estimation approximative. Peu usité.

ARBITRE. s. m. (lat. *arbiter*). Celui qui est choisi pour terminer un différend. *Nommer un ar. Choisir pour ar. Convenir d'arbitres. S'en rapporter à des arbitres. Compromettre entre les mains d'arbitres.* || Maître absolu. *Vous êtes l'ar. de mon sort. Dieu est l'ar. du monde. Ce prince s'est rendu l'ar. de la paix et de la guerre.* ||T. Métaph. *Libre ar.* Voy. LIBERTÉ.

Droit. — L'*Arbitrage* est le moyen le plus simple et le plus naturel de vider les contestations. Aussi les arbitres furent-ils nécessairement les premiers juges que les hommes appelèrent pour faire cesser leurs débats. On trouve l'arbitrage établi chez tous les peuples de l'antiquité, et nos ancêtres y eurent constamment recours. Bien plus, nos rois et même de simples particuliers furent maintes fois appelés à décider, comme arbitres, certaines questions internationales, et terminèrent ainsi de graves querelles survenues entre différents souverains.

Aujourd'hui, on donne le nom d'*Ar.* à celui qui est choisi par un tribunal ou par les parties intéressées pour juger les contestations sur lesquelles la loi ne défend pas de faire un *compromis*. Toute personne capable de contracter et ayant la libre disposition de ses droits peut nommer des arbitres pour régler une contestation dans laquelle elle se trouve engagée. Dans ce cas, un compromis doit être fait entre les parties. Les arbitres doivent observer dans la procédure, à moins de convention contraire, les délais et les formes établis pour les tribunaux, et tous les actes de l'instruction ainsi que les procès-verbaux sont faits par eux. Le jugement est signé par chacun des arbitres; si la minorité refuse de le signer, les autres arbitres en font mention et le jugement a le même effet que s'il avait été signé par tous. S'il y a deux arbitres et qu'ils soient en désaccord, les parties ou, à défaut, le président du tribunal, en désignent un troisième qui prend le nom de *tiers arbitre*. Si les arbitres ont été autorisés à nommer un tiers, en cas de partage, ils sont tenus de le faire par la décision qui prononce le partage; au cas où ils ne pourraient s'accorder, le tiers arbitre serait nommé par le président du tribunal, qui doit ordonner l'exécution de la décision arbitrale. Dès que la sentence a été prononcée, elle est rendue exécutoire par une ordonnance du président du tribunal de première instance. Les parties peuvent interjeter appel, à moins qu'elles n'y aient renoncé dans le compromis. Les jugements arbitraux n'ont force de loi qu'entre les parties; ils ne peuvent donc être opposés à des tiers. Encore faut-il, pour que les parties elles-mêmes soient tenues de les exécuter, que le jugement n'ait pas été rendu sans compromis ou hors des termes du compromis; qu'il ne l'ait pas été sur compromis nul ou expiré; qu'il n'ait pas été rendu seulement par quelques arbitres non autorisés à juger en l'absence des autres; que, s'il l'a été par un tiers arbitre, celui-ci ait conféré avec les arbitres partagés d'opinion; enfin que la sentence n'ait pas été prononcée sur choses non demandées. Les arbitres une fois nommés ne peuvent être révoqués que du consentement unanime des parties. Le décès même des parties, lorsque tous les héritiers sont majeurs, ne met point fin au compromis; le délai fixé par cet acte est seulement suspendu pendant le temps nécessaire pour faire inventaire et délibérer. Les tribunaux n'interviennent par pour sanctionner les décisions prises par les arbitres que les parties elles-mêmes ont librement choisis.

Naguère le Code de comm. ordonnait que les contestations qui s'élevaient entre associés à raison de la société fussent jugées par des arbitres : c'est ce qu'on appelait l'*arbitrage forcé*. Mais cette disposition a été abrogée par la loi du 17 juillet 1856, et les contestations jusqu'alors légalement réservées aux arbitres doivent aujourd'hui être jugées par les tribunaux de commerce. Cependant les associés peuvent toujours se soustraire à la juridiction commerciale en soumettant par un compromis leurs contestations à des arbitres.

Dans tous les cas qui viennent d'être exposés, les arbitres doivent décider d'après les règles du droit; mais il est une espèce d'arbitrage qui laisse plus de latitude à ceux qui en sont chargés : c'est l'arbitrage des *amiables compositeurs*. Ces arbitres particuliers sont investis de la confiance entière des parties. On leur laisse la faculté de s'affranchir de toutes les prescriptions de la loi et de toutes les formes de la procédure, pour ne suivre absolument que les inspirations de leur conscience. La mission des amiables compositeurs est la plus belle qui puisse être confiée à un arbitre; elle dénote chez ceux qui l'en chargent une estime sans bornes. Les autres arbitrages n'ont pas, il est vrai, un caractère aussi respectable; mais ils sont aussi d'une utilité fort grande. Ils diminuent considérablement les frais et les délais des procès ordinaires, et épargnent bien souvent aux parties les inconvénients qui, dans certaines causes, résulteraient infailliblement des débats publics.

On peut citer encore une classe d'arbitres dont les fonctions sont beaucoup plus restreintes que celles de tous les autres. Nous voulons parler des *arbitres rapporteurs*. Lorsqu'un tribunal a besoin, pour s'éclairer, de connaître certains comptes, certaines pièces dont l'examen occasionnerait aux juges une perte de temps considérable, une personne est commise pour faire les vérifications nécessaires, entendre les parties, chercher à les concilier, et en tout cas donner son avis au tribunal. Tel est l'emploi des arbitres rapporteurs. Mais quelle que soit l'opinion de ces arbitres, les juges ne sont nullement liés par leur avis; le jugement qui intervient est souvent diamétralement opposé à la manière de voir de l'arbitre rapporteur. Cette sorte d'arbitrage a lieu tant en matière civile qu'en matière commerciale.

ARBITRER. v. a. Décider, régler, estimer en qualité de juge ou d'arbitre. *Je m'en remets à ce que le juge arbitrera. Les réparations ont été arbitrées par les experts.* = ARBITRÉ, ÉE. part.

ARBOGASTE, chef franc, fit tuer l'empereur Valentinien II et mit à sa place le rhéteur Eugène; mais, vaincu par Théodose le Grand, il se donna la mort (394 ap. J.-C.).

ARBOIS. s. m. Nom vulgaire du Cytise des Alpes. Voy. LÉGUMINEUSES.

ARBOIS, ch.-l. de c. (Jura), arr. de Poligny, 4,400 hab., vins renommés.

ARBORER. v. a. (lat. *arbor*, arbre). Planter, élever quelque chose haut et droit à la manière d'un arbre. *Ar. un drapeau, une bannière. Ar. la croix.* — *Ar. un pavillon,* c'est le hisser, le déployer au vent. — *Ar. un mât,* c'est le dresser. || S'emploie au fig. *Ar. l'étendard de la révolte.* || Se déclarer ouvertement pour une doctrine, pour un parti. *Il arbora le spinozisme.* Dans ce sens, *Arborer* se prend ordinairement en mauvaise part. = ARBORÉ, ÉE. part.

ARBORESCENCE. s. f. (lat. *arborescere*, devenir arbre). Qualité de ce qui est arborescent.

ARBORESCENT, ENTE. adj. T. Bot. S'applique aux végétaux à tige ligneuse et à ceux qui constituent de véritables arbres, et à ceux qui en affectent le port.

ARBORICOLE adj. 2 g. (lat. *arbor*, arbre; *colere*, habiter). Qui habite les arbres. *Les oiseaux arboricoles.*

ARBORICULTURE. s. f. (lat. *arbor*, arbre; *cultura*, culture). La culture des arbres.

ARBORISATION. s. f. (lat. *arbor*, arbre). T. Minéral. On donne le nom d'*Arborisations* ou de *Dendrites* aux cristallisations qui offrent l'apparence de plantes incrustées dans une roche quelconque. On les appelle quelquefois *Herborisations* lorsqu'elles ont l'aspect d'herbes ou de petites mousses. Parmi les arborisations, les unes sont *superficielles* et se présentent sur le plan des pierres schisteuses, comme un dessin sur une feuille de papier; d'autres sont *intérieures* ou *profondes* et semblent avoir été incrustées dans la roche lorsque celle-ci était encore dans un état de mollesse. Elles sont en général formées par du fer ou du manganèse. Les plus belles arborisations se rencontrent dans les agates orientales. Voy. ce mot et les figures.

Chim. — Le mot *Arb.* désigne toute espèce de cristallisation ramifiée, telle que les *arborisations* de glace qui se déposent en hiver sur les carreaux, ou les cristallisations d'argent, de plomb, qu'on obtient en précipitant ces métaux d'une dissolution saline et qui ont reçu le nom d'*arbres de Diane, de Saturne*, etc.

ARBORISÉ, ÉE. adj. T. Min. Se dit des roches ou des pierres qui offrent des arborisations. *Agate arborisée.*

ARBORISTE. s. m. Celui qui élève ou cultive des arbres. On dit mieux : *pépiniériste.*

ARBOUSE. s. f. (lat. *arbutum*). Fruit de l'Arbousier.

ARBOUSIER. s. m. T. Bot. Arbre à fruits comestibles (*arbouses*) de la famille des *Éricacées*. Voy. ce mot.

ARBRE. s. m. (lat. *arbor*). Végétal ligneux dont la tige, appelée tronc, est simple inférieurement et ne commence à se ramifier qu'à une certaine hauteur. || Prov. et fam., *Se tenir au gros de l'ar.*, Rester attaché aux opinions les plus anciennes et le plus généralement adoptées. — *Entre l'ar. et l'écorce il ne faut pas mettre le doigt,* Il ne faut pas s'immiscer dans les débats de famille. — *L'ar. ne tombe pas du premier coup,* Il faut du temps pour réussir dans une affaire. || Dans l'Écriture, *L'ar. de vie* et *L'ar. de la science du bien et du mal* désignent deux arbres qui étaient plantés au milieu du Paradis terrestre. *Le fruit de l'ar. de vie aurait conféré à l'homme l'immortalité; le fruit de l'ar. de la science lui fit perdre son état d'innocence.* || On dit *L'ar. de la croix, l'ar. du salut,* pour désigner la croix où Jésus-Christ fut attaché sur le Calvaire. || *Ar. généalogique,* Figure généralement tracée en forme d'arbre, dont les branches et les rameaux, partant d'une souche commune, représentent la filiation des membres d'une famille et indiquent leurs divers degrés de parenté. || *Ar. encyclopédique,* Tableau systématique des connaissances humaines, disposé de manière à montrer leurs rapports et leurs connexions. Voy. ENCYCLOPÉDIE. || T. Chim. *Ar. de Diane, Ar. de Saturne,* Cristallisation arborescente d'argent ou de plomb. Voy. ces mots. || T. Méc. L'axe principal qui communique le mouvement aux autres parties d'une machine. *L'ar. d'un tour. L'or. de la fusée d'une montre.* — Se dit aussi de longues et grosses pièces de bois essentielles à certaines machines, à certains instruments. *L'ar. d'une grue, d'un pressoir.* — *L'ar. d'une balance,* La verge de fer à laquelle est suspendu le fléau. ‖ T. Mar. *Ar. de meistre, de trinquet.* Voy. MEISTRE, etc.

Bot. — On désigne sous le nom d'*Ar.* tout végétal ligneux dont la tige, appelée *tronc,* ne se ramifie qu'à une certaine hauteur et atteint des dimensions considérables, 6 mètres au moins, comme le Chêne, le Peuplier, le Bouleau, le Saule, etc. Les autres végétaux ligneux de taille moindre ont reçu les noms d'*Arbrisseaux,* d'*Arbustes* et de *Sous-Arbrisseaux.* On nomme *Arbrisseaux (arbusculæ)* les végétaux dont la tige ligneuse est ramifiée dès sa base et dont la hauteur ne dépasse guère 5 mètres ou trois fois la taille de l'homme, comme le Prunellier, le Noisetier, etc. L'*Arbuste (arbustum, frutex)* se ramifie aussi dès sa base, mais il s'élève encore moins haut, comme de 1 à 2 mètres ; tels sont le Daphné, le Groseillier, etc. Enfin, les *Sous-Arbrisseaux (suffrutices)* sont les végétaux dont la tige sciole est ligneuse et persistante, mais dont les rameaux sont herbacés et se renouvellent tous les ans. Ces végétaux, qu'on appelle aussi *sous-ligneux* et *suffrutescents (suffruticosi),* ne dépassent pas la taille de 1 mètre. La Sauge officinale, le Rue odorante, le Thym des jardins, en sont des exemples. Rien n'est plus variable que la hauteur des arbres proprement dits. Tandis qu'une foule d'espèces, comme le Poirier, le Pommier, l'Amandier, ne dépassent pas 10 mètres, d'autres atteignent 20 mètres comme le Peuplier d'Italie, 30 mètres comme le Pin sylvestre, 80 mètres comme l'*Araucaria excelsa,* 90 mètres comme le *Sequoia gigantea* de la Californie. On a même vu un de ces derniers qui avait 152 mètres de hauteur avec une circonférence de 33 mètres. Quant à la distinction établie entre les arbrisseaux, arbustes et sous-arbrisseaux, elle est tout à fait arbitraire, car il n'existe aucune limite rigoureuse entre ces trois groupes ; mais elle est commode pour les descriptions, et, comme telle, admise par tous les botanistes.

Considérés sous le rapport économique ou envisagés au point de vue de l'agriculture, les arbres se distinguent en arbres *forestiers,* en arbres *fruitiers* et en arbres *d'ornement* : les premiers sont ceux qui peuplent nos forêts ; les seconds, ceux qui portent des fruits bons à manger, et que l'homme cultive principalement dans ce but ; les arbres d'ornement peuvent appartenir aux deux classes qui précèdent : on ne les nomme ainsi qu'à raison de l'emploi qu'on en fait dans l'horticulture. — Enfin on appelle *arbres verts* les arbres et les arbrisseaux qui ne perdent jamais leur feuillage : tels sont les Lauriers, les Alaternes, les Yeuses, les Pins, les Genévriers, les Thuyas, etc.

On a donné vulgairement le nom d'*Ar.,* en y joignant quelque épithète plus ou moins caractéristique, à divers végétaux ligneux. Comme ces végétaux sont fort souvent désignés par leur dénomination vulgaire, nous allons donner ici la liste des principaux d'entre eux, en renvoyant au nom de la famille pour donner les particularités qui les concernent.

Arbre à l'ail : plusieurs arbres, entre autres le *Cordia Myxa,* famille des *Borraginées,* et des espèces du genre *Sequieria,* famille des *Phytolaccacées.* — A. d'amour : *Cercis siliquastrum (Légumineuses).* — A. aux anémones : *Calycanthus floridus (Monimiacées).* — A. d'argent : *Elæagnus angustifolia (Eléagnées).* — A. aveuglant : *Excœcaria agallocha (Euphorbiacées).* — A. des Banians : *Ficus bengalensis (Urticacées).* — A. de baume : divers arbres, entre autres le *Bursera gummifera* et l'*Hedwigia balsamifera (Térébinthacées)* ; le *Toluifera balsamum (Légumineuses)* ; une espèce de *Terminalia (Combrétacées)* ; l'*Hypericum angustifolium (Hypéricacées)* ; le *Clusia flava (Clusiacées).* — A. à beurre : *Bassia butyracea (Sapotées).* — A. à brai : Ar. de Manille qui fournit une substance résineuse employée dans les constructions navales, mais qui est encore inconnu aux botanistes. — A. du Brésil : *Cæsalpinia echinata (Légumineuses).* — A. à calebasses : *Crescentia cujete (Gesnéracées).* — A. de Caroni : *Galipea officinalis (Rutacées).* — A. de Castor : *Magnolia glauca (Magnoliacées).* — A. à chapelet : *Melia azedarach (Méliacées)* ; *Abrus precatorius (Légumineuses).* — A. du ciel : *Ginckgo biloba (Conifères).* — A. à cire : divers arbres qui donnent une matière analogue à la cire des abeilles : *Myrica cerifera (Myricées)* ; *Ceroxylon andicola (Palmiers).* — A. des conseils : *Ficus religiosa (Urticacées).*—A. au corail : *Erythrina corallodendron (Légumineuses)* ; *Arbutus andrachne (Ericacées).* — A. à cordes : *Musa textilis (Scitaminées)* ; diverses espèces de *Figuiers (Urticacées).*—A. au coton : *Bombax ceyba (Malvacées).* — A. de Chypre : *Cordia gerascanthus (Borraginées)* ; *Pinus Halepensis* et *Taxodium distichum (Conifères).* — A. de Cythère : *Spondias cytherea (Térébintha-*

cées). — A. désaltérant : *Phytocrene gigantea (Urticacées).* — A. du diable : *Hura crepitans (Euphorbiacées).*— A. de Dieu : le même que l'A. des conseils. — A. du dragon : *Dracæna draco (Liliacées).* — A. d'encens : plusieurs espèces d'*Amyris* et d'*Icica (Térébinthacées)* ; *Terminalia benzoin (Combrétacées).* — A. à enivrer : *Piscidia erythrina,* et plusieurs *Tephrosias (Légumineuses).* — A. de fer : *Mesua ferrea (Clusiacées).* — A. à fraises : *Arbutus unedo (Ericacées).* — A. à la glu : *Ilex aquifolium (Ilicacées).* — A. à la gomme : plusieurs espèces du genre *Acacia (Légumineuses)* ; *Eucalyptus resinifera* et *Metrosideros costata (Myrtacées).* — A. aux grives : *Sorbus aucuparia (Rosacées).* — A. à l'huile : *Blæococca verrucosa* et *vernicia (Euphorbiacées).* — A. immortel : *Endrachium Madagascariense (Convolvulacées)* ; *Erythrina corallodendron (Légumineuses).* — A. de Judas ou de Judée : *Cercis siliquastrum (Légumineuses).* — A. à lait : plusieurs espèces de la famille des *Apocynées* et de celle des *Euphorbiacées.* A. aux lis : *Liriodendron tulipifera (Magnoliacées).* — A. à la main : *Cheirostemon platanoides (Malvacées).* — A. au mastic : *Pistacia lentiscus (Térébinthacées)* ; *Amyris elemifera (Rutacées).* — A. à la migraine : *Premna integrifolia (Verbénacées).* — A. de mille ans : *Adansonia digitata (Malvacées).* — A. de Moïse : *Mespilus pyracantha (Rosacées).* — A. de mort : *Hippomane mancinella (Euphorbiacées).* — A. de neige : *Viburnum Opulus (Caprifoliacées).* — A. ordéal ou à épreuves : *Erythrophleum (Légumineuses).* — A. à pain : *Artocarpus incisa* et *integrifolia (Urticacées).* — A. à papier : *Broussonetia papyrifera (Urticacées).*—A. du paradis : *Elæagnus angustifolia (Eléagnées).* — A. à pauvre homme : *Ulmus campestris (Urticacées).* — A. à perruque : *Rhus cotinus (Térébinthacées).* — A. à la pistache : *Staphylea (Sapindacées).* — A. poison : *Antiaris toxicaria (Urticacées)* ; *Hippomane mancinella (Euphorbiacées).* — A. au poivre : *Schinus molle (Térébinthacées)* ; plusieurs espèces du genre *Vitex (Verbénacées).* — A. puant : *Anagyris fœtida (Légumineuses)* ; *Olax Zeilanica (Olacacées)* ; *Sterculia fœtida (Malvacées).* — A. aux quarante écus : le même que l'A. du ciel. — A. saint : *Melia azedarach (Méliacées).* — A. de St-Thomas : *Bauhinia variegata (Légumineuses).* — A. à sang : espèce de Millepertuis du genre *Visnia (Hypéricacées).*—A. aux savonnettes : *Sapindus saponaria (Sapindacées).* — A. à seringue : *Hevea Guianensis (Euphorbiacées).* — A. aux serpents : *Ophioxylon serpentinum (Apocynées).*—A. de soie : *Mimosa arborea* et *julibrissim (Légumineuses)* ; *Asclepias syriaca (Asclépiadées).* — A. à suif : *Croton sebiferum (Euphorbiacées)* ; *Virola sebifera (Myristicées).* — A. à tan : *Rhus Coriaria (Térébinthacées).* — A. triste : *Nyctanthes arbor (Oléacées).* — A. aux tulipes : le même que l'A. aux lis. — A. à la vache : *Galactodendrum utile (Urticacées).* — A. au vermillon : *Quercus coccifera (Cupulifères).* — A. au vernis : *Rhus vernix* et autres arbres de la famille des *Térébinthacées* ; plusieurs espèces de *Terminalia (Combrétacées).* — A. de vie : plusieurs espèces du genre *Thuya (Conifères).* — A. du voyageur : *Urania speciosa (Scitaminées).*

ARBRESLE (L'), ch.-l. de c. (Rhône), arr. de Lyon, 3,600 hab.

ARBRET ou **ARBROT.** s. m. T. Chasse. Petit arbre dont on a remplacé les branches par des gluaux.

ARBRETER. v. a. Préparer un arbret.

ARBRIER. s. m. Fût en bois de l'arbalète qui porte une rainure destinée à diriger le trait.

ARBRISSEAU. s. m. T. Bot. Petit arbre. Voy. ARBRE.

ARBROT. s. m. Voy. ARBRET.

ARBUE. s. f. Syn. d'*Erbue.* Voy. ERBUE.

ARBUSCULAIRE. adj. 2 g. (lat. *arbuscula,* arbrisseau.) T. Hist. nat. Se dit des organes et des appendices ramifiés à la manière d'un petit arbre. *Branchies arbusculaires.*

ARBUSCULE. s. m. Petit arbre.

ARBUSTE. s. m. (lat. *arbustum*.) T. Bot. Petit arbre. Voy. ARBRE.

ARBUSTIF, IVE. adj. Qui se rapporte aux arbustes.

ARBUTINE. s. f. T. Chim. Glucoside contenu dans les feuilles de Busserole. Sa formule est $C^{12}H^{16}O^7$. Traitée par l'eau en présence des acides minéraux ou de l'émulsine, l'arb. se dédouble en glucose et en hydroquinone. Elle est identique à la *vaccinine* contenue dans les baies de l'Airelle rouge.

ARC, riv. de France, affluent de gauche de l'Isère.

ARC (JEANNE D'). Voy. JEANNE D'ARC.

ARC. s. m. (lat. *arcus*). Arme formée par une verge flexible et par une corde attachée aux deux extrémités, dont on se sert pour lancer des flèches. *La poignée d'un arc. Bander, débander un arc. Tirer de l'arc. Détendre un arc.* || Fig. et prov., *Il faut détendre l'arc*, Il faut donner du repos à l'esprit fatigué par une attention prolongée. — *Débander l'arc ne guérit pas la plaie*, Il ne suffit pas de se repentir du mal qu'on a fait, il faut encore le réparer. — *Avoir plusieurs cordes à son arc*, Avoir plusieurs moyens pour faire réussir un projet, ou pour se tirer d'affaire. || T. Anat. Se dit de la courbure que présentent certaines parties. *L'arc antérieur de l'atlas. L'arc du côlon.* || T. Archit. *Arc en plein cintre. Arc en fer à cheval. Arc ogive. Arc de triomphe* (Voy. ci-dessous). || T. Astron. *Arc diurne, nocturne* (Voy. ci-après). || T. Carross. *L'arc d'un carrosse*, L'arc formé de deux pièces de fer qui joignent l'extrémité antérieure de la flèche à l'essieu des petites roues. || T. Géomét. Portion d'une ligne courbe quelconque. *Arc de cercle.* — *La corde d'un arc* est la ligne droite qui joint les deux extrémités de cette portion de ligne courbe. || T. Phys. *Arc voltaïque*, Étincelle électrique qui se dégage entre les deux pôles d'une pile électrique. Voy. PILE.

Art milit. — L'Arc est l'une des armes offensives le plus anciennement connues; sa simplicité est telle, en effet, qu'il ne fallut pas un grand effort de génie pour l'inventer. On a trouvé l'arc et la flèche en usage chez presque toutes les peuplades sauvages que les voyageurs ont découvertes. Néanmoins la forme de l'arc, la substance dont il est composé, la manière dont la flèche est armée, etc., présentent de notables différences, suivant les matériaux que chaque peuple avait à sa disposition, et suivant l'état de son industrie. Le bois, la corne, l'acier même, ont été employés à la construction de l'arc. La corde est souvent fabriquée avec des intestins d'animaux desséchés; mais en général elle est de chanvre, et on a la précaution de la cirer pour qu'elle ne s'effile pas. La flèche est, chez certaines peuplades, armée d'une épine, d'une arête de poisson, d'un caillou pointu; mais chez les peuples civilisés elle était ordinairement munie d'une pointe en fer dont la forme était en général triangulaire et qui offrait à sa base deux espèces de crochets acérés. L'extrémité opposée était garnie de plumes latéralement, et plus ou moins profondément encochée pour s'ajuster sur la corde. Quant au carquois, sorte d'étui qui servait à mettre les flèches, sa forme n'avait rien de constant. — Les Grecs attribuaient généralement l'invention de l'arc à Apollon, qui en avait enseigné l'usage aux Crétois. L'arc était une arme fort employée par les Grecs aux temps

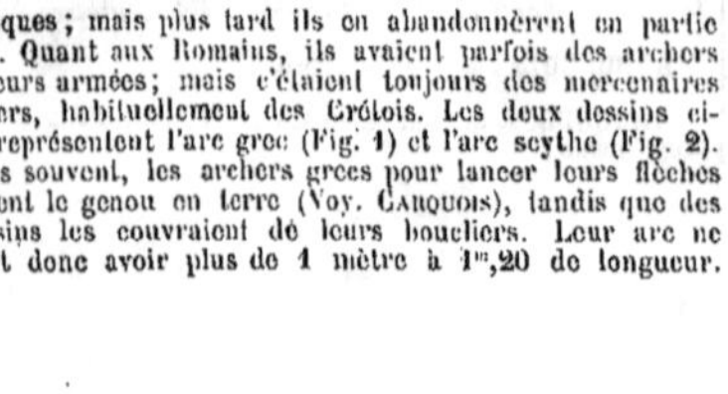

2

1

homériques; mais plus tard ils on abandonnèrent en partie l'usage. Quant aux Romains, ils avaient parfois des archers dans leurs armées; mais c'étaient toujours des mercenaires étrangers, habituellement des Crétois. Les deux dessins ci-joints représentent l'arc grec (Fig. 1) et l'arc scythe (Fig. 2). Le plus souvent, les archers grecs pour lancer leurs flèches mettaient le genou en terre (Voy. CARQUOIS), tandis que des fantassins les couvraient de leurs boucliers. Leur arc ne pouvait donc avoir plus de 1 mètre à 1^m,20 de longueur.

L'arc des Scythes, qui combattaient à découvert et souvent à cheval, était beaucoup plus long et plus puissant.

Au moyen âge, l'arc fut longtemps en usage dans les armées. Dans un de ses capitulaires, Charlemagne ordonne que tout soldat soit pourvu d'un arc avec deux cordes et douze flèches. Cependant, au XIIe siècle, l'arbalète vint faire concurrence à l'arc. Enfin, au XVIe siècle, ces deux armes, devenues impuissantes devant les armes à feu, disparurent à la fois. Voy. AUCHER.

Astron. — Les arcs reçoivent différentes dénominations suivant les cercles de la sphère sur lesquels on les considère. — On nomme *arc diurne* la portion de petit cercle qu'un astre parcourt sur l'horizon pendant le mouvement diurne. *L'arc nocturne* est celui que l'astre décrit sous l'horizon.

L'arc qu'une planète paraît décrire quand son mouvement est direct a reçu le nom d'*arc de direction* ou de *progression*; mais lorsque la planète semble se mouvoir dans le sens rétrograde de l'ordre des signes, on donne à l'arc qu'elle décrit le nom d'*arc de rétrogradation*.

Archit. — On donne le nom d'Arc à toute construction qui se termine en dessous par une surface courbe. Ce terme n'implique pas d'autre idée, et c'est en cela qu'il diffère des mots *arcade, arche, voûte*, etc., qui désignent, il est vrai, des constructions engendrées par une ligne courbe, mais qui possèdent en outre une signification particulière. Toutefois, on entend plus spécialement par ce mot une construction soit en pierres, soit en briques, dont les matériaux sont disposés de telle façon qu'ils se soutiennent les uns les autres par leur propre poids et qui peuvent en outre supporter une charge additionnelle plus ou moins considérable.

Les formes d'arcs que l'architecture a employées sont très variées: toutefois elles se ramènent à un petit nombre de types que nous allons énumérer. *L'arc de* ou *en plein cintre* (Fig. 1. Théâtre romain à Lillebonne, Seine-Inférieure) est celui dont la

Fig. 1.

courbe décrit une demi-circonférence parfaite. Le plein cintre est le type de l'architecture romaine, et il a dominé également dans toute la période où l'art romain servit de modèle aux architectes. *Le cintre surhaussé* (Fig. 2) est un plein cintre dont les deux côtés, à partir du diamètre transversal, se prolongent perpendiculairement jusqu'à l'imposte. Dans le *cintre surbaissé* ou *en segment de cercle*, au contraire, le centre de la circonférence se trouve au-dessous de la naissance de l'arc. Le cintre surhaussé a été surtout employé vers le XIIe siècle; quant au plein cintre surbaissé, on le rencontre assez fréquemment, et son usage n'a pas été abandonné. On l'emploie souvent pour les ponts et on lui donne le nom de *voûte en arc de cercle*. *L'arc elliptique* et l'arc *en anse de panier* sont très surbaissés.

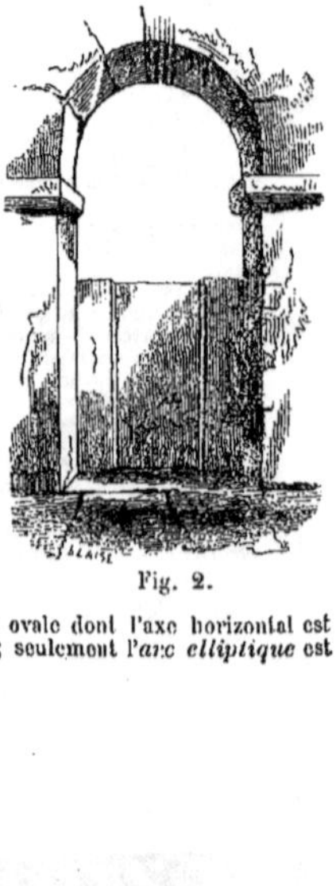

Fig. 2.

Tous les deux ont une forme ovale dont l'axe horizontal est plus grand que l'axe vertical; seulement l'arc *elliptique* est formé d'une demi-ellipse dont le grand axe est horizontal, tandis que l'*anse de panier* est formée des trois arcs des cercles qui se raccordent tangentiellement, ou même d'un nombre supérieur. Ces formes, qui permettent d'obtenir de larges ouvertures avec une médiocre élévation, sont surtout usitées pour construire les arches des ponts. Voy. Pont. L'anse de panier se rencontre aussi fréquemment dans les monuments appartenant au style ogival tertiaire.—L'*arc outrepassé* ou *en fer à cheval* est, pour ainsi dire, l'arc caractéristique de l'architecture mauresque : il est rare de le ren-

Fig. 3.

contrer dans l'architecture du Nord; mais on le remarque quelquefois dans les monuments byzantins (Fig. 3. Arcade de marbre, construite à Tarragone dans la Catalogne, au Xe siècle). — L'*arc en fronton*, appelé aussi *arc en mitre* et *arc angulaire*, est une de ces formes primitives d'architecture qui appartiennent à tous les pays. Ainsi on observe cet arc dans certaines constructions cyclopéennes, dans plusieurs édifices byzantins, dans quelques monuments religieux élevés en France au XIIe siècle. Toutefois c'est surtout dans l'archi-

Fig. 4.

tecture saxonne qu'on en rencontre de nombreux exemples. La Fig. 4 représente une fenêtre saxonne avec deux arcs angulaires. — La Fig. 5 représente des *arcs enlacés*; elle nous dispense de les définir. Les arcs ainsi disposés sont assez communs dans l'architecture romane. Les segments qui se trouvent au-dessous des intersections supérieures forment un arc pointu, ce qui a fait supposer à l'archéologue Milner que l'ogive devait son origine à cette circonstance.

L'*arc ogive* ou *arc en ogive*, ou simplement l'*ogive*, qu'on appelle encore *arc pointu* ou *arc gothique*, parce qu'il est

le type de l'architecture de ce nom, offre pour caractère général d'être formé par deux segments de courbe qui se coupent en

Fig. 5.

faisant un angle généralement aigu à la partie supérieure de l'arc. On distingue plusieurs sortes d'ogives. — L'*ogive*

Fig. 6.

équilatérale ou *arc en tiers point* [(Fig 6) est celle qui

Fig. 7.   Fig. 8.

est construite sur un triangle équilatéral. — L'*ogive aiguë* ou *ogive en lancette* (Fig. 7 et 8) est formée sur un triangle dont l'angle supérieur est plus aigu que les deux autres ; en d'autres termes, le rayon qui sert à décrire les deux côtés de l'arc est plus grand que l'ouverture. On conçoit que cet arc peut être plus ou moins élancé. — L'*ogive outrepassée* ou *ogive lancéolée* est une ogive aiguë qui va en se rétrécissant au-dessous de son plus grand diamètre. — L'*ogive obtuse* (Fig. 9) est décrite par un rayon plus court que l'ouverture de l'arc : par conséquent elle est susceptible de se rapprocher tantôt de l'ogive aiguë et tantôt du plein cintre. Dans ce dernier cas, on lui

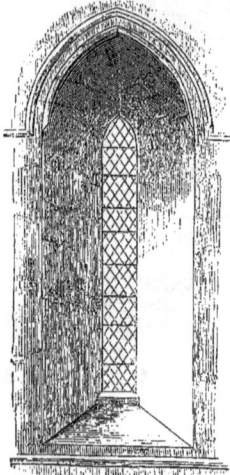
Fig. 9.

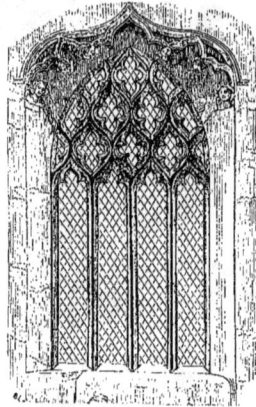
Fig. 10.

Fig. 11.

Il existe en outre d'autres arcs dont nous ne saurions nous dispenser de parler. Quelques-uns, en effet, ont leur pourtour découpé de différentes façons, mais surtout en segments de cercle. Tels sont les *arcs trilobés* que représente la Fig. 13 : les arcs de ce genre sont dits *quintilobés* ou *polylobés*, selon qu'ils offrent cinq découpures ou un plus grand nombre. On donne encore les mêmes noms aux arcs qui ne

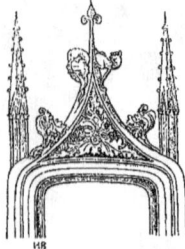
Fig. 12

Fig. 13.

sont pas découpés comme les précédents, mais dont l'intrados est décoré d'ornements figurant des découpures analogues (Fig. 14). On désigne généralement sous le nom d'arc à

donne le nom de *plein cintre brisé*. — On doit ranger aussi parmi les arcs en ogive l'*arc en accolade* ou *arc en talon* (Fig. 10), qui est décrit de quatre centres et qui est alternativement concave et convexe ; l'*arc en doucine*, dont les courbures présentent une disposition inverse, et l'*arc Tudor* (Fig. 11), sorte d'ogive surbaissée décrite aussi de quatre centres. — Le *plein cintre brisé*, ou *arc déprimé*, qu'on peut regarder comme l'ogive à son état rudimentaire, est la plus ancienne forme d'ogive que l'on trouve en France. L'*ogive à lancette* domine dans le XIIIe siècle ; l'*ogive obtuse* est commune dans le XVe, et l'*équilatérale* se rencontre depuis le XIIIe siècle jusqu'au XVIe. L'*arc en accolade* est propre au XVe siècle et à une partie du suivant. L'*arc Tudor*, fort rare en France, est au contraire très fréquent dans les monuments anglais qui appartiennent à la période où régnait le style dit *perpendiculaire*. Cet arc a été appelé Tudor parce que son apparition coïncide avec l'avènement de la famille de ce nom au trône d'Angleterre. On remarque encore assez souvent à la fin du XVe siècle une sorte d'*arc elliptique surbaissé* (Fig. 12) ; mais cet arc est, en général, surmonté d'un autre arc qui lui donne un aspect plus léger et plus pittoresque.

encorbellement une sorte de plate-bande qui est soutenue à

Fig. 14.

chaque extrémité par un corbeau ; mais c'est à tort qu'on

applique la dénomination d'arc à cette espèce d'ouverture (Fig. 15).

Enfin on donne le nom d'*arc rampant* à celui dont les naissances sont placées à des hauteurs inégales. Voy. CONTRE-FORT, Fig. 5 et 6. — L'*arc en décharge* est un arc de forme quelconque qui est construit au-dessus d'un linteau, d'un vide, ou même dans l'épaisseur d'un mur plein, pour diviser le poids d'une construction supérieure, ou pour le faire porter sur des points d'appui plus résistants. — Les *arcs renversés* s'em-

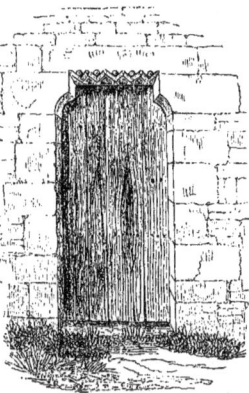

Fig. 15.

ploient dans les fondations d'un édifice pour contre-bouter des points d'appui isolés et reporter leurs efforts sur une plus grande superficie de terrain. — Quant aux formes *arc en berceau* et *arc de cloître*, il en sera parlé au mot VOUTE.

Quoiqu'on ait rencontré exceptionnellement des arcs dans quelques constructions plus anciennes, ce sont les Romains qui ont compris les premiers l'utilité de l'arc et qui ont généralisé son emploi. Toutefois les architectes de Rome s'en sont presque constamment tenus à la forme du plein cintre, qu'ils avaient primitivement adoptée. C'est seulement dans le moyen âge, après l'introduction de l'ogive, que l'on vit se produire une variété merveilleuse de formes dans ce mode de construction. La forme que les Romains avaient adoptée était solide et capable de résister à des inégalités de pression considérables. Dans l'architecture gothique, au contraire, la science a déployé toutes ses ressources pour parvenir à des effets merveilleux et extrêmement variés, sans pour cela que la solidité fût mise en danger.

ARC DE TRIOMPHE. — On nomme *Arc de triomphe* ou *Arc triomphal* une sorte de portique monumental érigé pour consacrer le souvenir de quelque fait d'armes glorieux. Dans les premiers siècles de la République, les Romains, pour honorer un général qui avait remporté une grande victoire, érigeaient un simple portique de bois sous lequel devait passer le vainqueur. A la partie supérieure de cet édifice était une tribune où se tenaient des joueurs d'instruments et des porteurs de trophées. Les faces principales du portique étaient ornées des attributs des villes conquises, des dépouilles enlevées aux vaincus et de peintures représentant des batailles ; des guirlandes de fleurs et de feuillage complétaient la décoration. Ces édifices fragiles, qu'on détruisait après la cérémonie pour laquelle ils avaient été élevés, firent bientôt place à des monuments plus durables. Ceux-ci n'eurent, dans le principe, qu'une seule ouverture ou arc en plein cintre supporté par deux pieds-droits. Cependant, lorsqu'ils servaient de portes, on leur donnait quelquefois deux ouvertures, l'une destinée au passage des voitures qui entraient dans la ville, l'autre à celles qui en sortaient. Plus tard, on les construisit généralement à trois ouvertures, disposition qui était plus convenable pour la cérémonie et la pompe triomphale. Parfois le monument offrait trois arcades de mêmes dimensions; dans quelques cas, il n'existait qu'une seule arcade accompagnée de

deux portes latérales ; mais le plus ordinairement il y avait une arcade de grandes dimensions avec deux arcades latérales plus petites. Rien n'était négligé pour donner à ces édifices un caractère plus monumental : on y prodiguait le marbre et le bronze, tandis que l'architecture et la sculpture déployaient toutes leurs ressources dans leur décoration. Le plus souvent ces monuments étaient ornés de colonnes, surmontés par un attique chargé d'inscriptions, et enfin couronnés par une statue équestre ou par un quadrige. — En Italie, on rencontre

Fig. 1.

encore un assez grand nombre d'arcs de triomphe dans un état plus ou moins parfait de conservation. Le plus ancien de tous, l'*arc de Rimini*, fut dédié à Auguste, à l'occasion du rétablissement de la voie Flaminienne. Il ne se compose que d'une seule arcade. Il en est de même de celui de *Suze*, élevé au pied du mont Cenis, en l'honneur du même empereur. L'*arc de Titus*, qui n'est également percé que d'une seule arcade, est un des monuments les p'us remarquables de l'antiquité par la noblesse de ses proportions et la beauté de son exécution. Sa hauteur totale est de 15^m,35 et sa largeur de 13^m,90. Cet arc fut érigé en l'honneur de la prise de Jérusalem, ainsi que l'attestent les bas-reliefs qui le décorent, et qui représentent les dépouilles du Temple, telles que le chandelier à sept branches, la table des pains de proposition, etc. Les arcs de *Bénévent* et d'*Ancône*, tous deux consacrés à Trajan, n'ont également qu'une arcade. Des deux arcs élevés à Rome en l'honneur de Septime Sévère, l'un est remarquable en ce qu'il est l'unique exemple connu d'un arc de triomphe qui consiste en un simple entablement formant plate-bande sur deux pieds-droits dont les angles sont ornés de pilastres: on l'appelle vulgairement *arc des Orfèvres*, parce qu'il fut érigé aux frais des orfèvres et des marchands du *Forum Boarium*. Le second, qui est situé au pied du Capitole, est percé d'une arcade principale et de deux arcades plus petites. — L'*arc de Constantin* (Fig. 1) a la même forme que le précédent, mais ses dimensions sont plus grandes. Son élévation totale, y compris l'attique, est de 21^m,33, sa largeur de 24^m,62, et son épaisseur de 6^m,64. Il fut construit à Rome à l'occasion de la victoire de Constantin sur Maxence, et, pour le décorer, on dépouilla l'arc de Trajan de ses ornements.

On trouve aussi des arcs de triomphe dans toutes les provinces romaines. De tous ceux qui subsistent en France, le plus magnifique et le mieux conservé est l'*arc d'Orange*, appelé vulgairement *arc de Marius* (Fig. 2).

A l'imitation de l'antiquité, presque tous les peuples modernes ont élevé des arcs de triomphe, et plusieurs de ces édifices ne le cèdent en rien à ceux que les Romains nous ont laissés. Personne n'ignore que les deux monuments connus sous les noms vulgaires de *Porte Saint-Denis* et de *Porte Saint-Martin* sont deux arcs de triomphe érigés par la ville de Paris en l'honneur de Louis XIV. Le premier fut construit par Franç. Blondel en 1673, et le second par Pierre Bullant

en 1671. *L'arc du Carrousel* a été édifié sur les plans de

Fig. 2.

Percier et Fontaine (1806-1809). Il rappelle l'arc de Trajan. — Mais l'arc de triomphe le plus colossal et le plus magni-

Fig. 3.

fique qu'on ait jamais construit est *l'arc de l'Étoile* (Fig. 3). La première pierre de ce monument, dédié à la gloire des armées françaises depuis 1789, fut posée le 15 août 1806. Les architectes Raymond et Chalgrin avaient d'abord été chargés de dresser des projets. Celui de ce dernier ayant été approuvé par Napoléon, en mars 1809, Chalgrin dirigea la construction jusqu'au-dessus de la corniche du piédestal. Au mois de janvier 1811, époque de la mort de cet artiste, l'architecte Goust suivit l'exécution du projet jusqu'à la hauteur de l'imposte du grand arc. Interrompus en 1814, les travaux furent repris en 1823 par Goust, et terminés en 1836 par Blouet. La hauteur totale de ce monument est de 45^{m}, sa largeur de 44^{m} et son épaisseur de 22. Les groupes sont le *Départ* (1792), par Rude; le Triomphe (1810), par Cortot; la Résistance (1814), par Etex, et la **Paix** (1815), par le même. L'usage d'élever des arcs de triomphe n'est pas particulier aux peuples de l'Europe. Les Chinois possèdent aussi des monuments de ce genre appelés *pay-léou*. Ils ont en général trois portes · leur base est en pierre et le reste est en charpente; un toit, dans la forme ordinaire, en constitue le couronnement. Ces arcs de triomphe sont décorés de figures, et couverts de peintures et de dorures qui produisent un effet assez pittoresque.

ARCACHON (Bassin d'), lagune formée par le golfe de Gascogne, sur la côte du dép. de la Gironde. || Ville sur ce bassin, célèbre par ses bains de mer, et station d'hiver pour les malades, à 56 kilom. de Bordeaux; 7,133 hab

ARCADE. s. f. Se dit généralement d'une ouverture qui présente un arc à sa partie supérieure. *Les arcades du Palais-Royal. Cet aqueduc se compose de deux rangées d'arcades superposées.* — Par analogie, on dit : *Des arcades de verdure.* || En T. Anat., on emploie souvent le terme d'arcade en parlant de différentes parties qui présentent une courbure. *L'ar. zygomatique. Ar. orbitaire* ou *sourcilière. Arcades dentaires. L'ar. palmaire. Ar. crurale.* Voy. ces mots. || T. Tiss. Ficelles fines et très solides, terminées par une boucle, qui servent à relier les fils de la chaine aux crochets du métier Jacquart, de manière qu'ils soient alternativement soulevés ou baissés.

Archit. — L'*Ar.*, quel que soit le peuple auquel on doive attribuer son invention, ne fut d'abord généralement employée que dans l'architecture romaine; mais de là son usage se répandit chez la plupart des autres peuples, et la forme de cette construction subit suivant les temps et les lieux des modifications importantes. Chez les Romains, l'ar. était toujours en plein cintre et s'appuyait en général sur des pieds-droits; quelquefois cependant elle était supportée par des colonnes. — Les architectes donnent aux diverses parties qui composent une ar. des noms particuliers qu'il est im-

Fig. 1.

portant de connaître. On nomme *claveaux* ou *voussoirs* les pierres en forme de coin C, D, D', I, I', G, G', F, F', qui constituent l'arc proprement dit (Fig. 1, représentant une arcade dont la décoration est d'ordre corinthien). Le voussoir C, qui est au milieu, reçoit le nom spécial de *clef*, et l'on donne celui de *contre-clefs* aux deux voussoirs contigus D, D'. Les voussoirs F, F', qu'on voit à la *naissance de l'arc*, s'appellent *coussinets* ou *sommiers*. Les claveaux G, G' constituent la *retombée* de l'arc. La surface concave formée par le dessous des voussoirs se nomme *intrados*, et la ligne courbe supérieure formée par le dessus de ces mêmes voussoirs est appelée *extrados*. Le bandeau à moulure dont l'arcade est décorée porte le nom d'*archivolte*. Ces moulures varient suivant l'ordre auquel appartient la décoration de l'arcade. Les *pieds-*

droits ou *jambages* A A' sont couronnés par une petite corniche XX' appelée *imposte* qui reçoit la retombée de l'arc. Le pied-droit est décoré d'une colonne qui supporte l'entablement de l'ordre. Enfin, l'espace triangulaire K K', que l'on voit de chaque côté entre les voussoirs et la colonne, a reçu le nom de *tympan*.

Tout ce que nous avons dit des différentes formes d'arcs s'applique rigoureusement aux arcades : c'est ainsi qu'on distingue les arcades en plein cintre, les arcades en fer à cheval, les arcades elliptiques, les arcades ogivales, etc. Mais elles reçoivent en outre quelques dénominations particulières, suivant la manière dont elles sont disposées. Ainsi, par exemple, deux arcades inscrites dans une arcade plus grande sont appelées *arcades géminées :* cette disposition, qui se montre pour la première fois dans l'architecture byzantine, se reproduit fréquemment dans l'architecture romane occidentale,

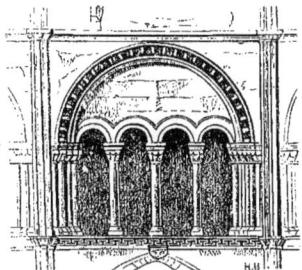

Fig. 2.

ainsi que dans les édifices gothiques. Souvent, dans ces derniers, il y a trois arcades inscrites, et celle du milieu est quelquefois plus grande que les deux latérales. La Fig. 2 offre même un exemple de quatre arcades réunies sous une arcade commune. C'est ainsi, par ex., qu'ils nommaient l'oxyde rouge représentent véritablement des ouvertures; tantôt elles sont *simulées* et ne servent qu'à la décoration de l'édifice. Dans ce cas, on leur donne également le nom d'*arcades borgnes* ou d'*arcades aveugles*.

ARCADIE, contrée de l'ancienne Grèce, dans le Péloponèse, dont les poètes avaient fait le séjour de l'innocence et du bonheur. Nom des hab. ARCADIENS, ENNE.

ARCADIUS, empereur d'Orient, fils aîné de Théodose le Grand, régna de 395 à 408

ARCANE. s. m. (lat. *arcanus*, secret, de *arca*, coffre). Opération, remède mystérieux des alchimistes. || Par extens. secret, mystère. *Les arcanes de l'art, de la science, de la vie future.* — Ce terme nous vient des alchimistes, qui l'avaient appliqué à divers produits chimiques ou pharmaceutiques, parce qu'ils faisaient un mystère de leur mode de préparation. C'est ainsi, par ex., qu'ils nommaient l'oxyde rouge de mercure obtenu par l'action de l'acide nitrique, *Arcanum corallanum*, et qu'ils appelaient le sulfate de potasse, *Arcanum duplicatum*.

ARCANNE. s. f. Craie rouge dont se servent les charpentiers.

ARCANSON. s. m. Résidu solide et jaunâtre qu'on obtient quand on distille l'*essence de térébenthine*, et qu'on appelle aussi *colophane*. Voy. ce mot.

ARCASSE. s. f. (lat. *arca*, arche). T. Mar. Assemblage de toutes les pièces qui forment et soutiennent l'arrière d'un vaisseau. || T. Technol. Se dit des deux pièces de bois qui enferment la roue d'une poulie.

ARCATURE. s. f. (R. *arc*). T. Archit. On donne le nom d'*Arcat*. à un genre de décoration, surtout usité dans le style roman et dans le style gothique, qui consiste en un système de petites arcades. Tantôt les arcatures sont en relief et font saillie sur le mur qu'elles décorent; tantôt elles sont détachées du mur, devant lequel elles forment une espèce d'écran, et on les appelle alors *arcatures à claire-voie*, tantôt enfin elles sont découpées à jour et destinées à être vues des deux côtés : dans ce cas, elles servent de couronnement à une galerie, à un écran d'église, etc. — Ces arcatures ou petits

Fig. 1.

arcs sont souvent portés par des corbeaux, ou alternativement par des colonnettes et des corbeaux (Fig. 1. Arcat. des bas-côtés de la cathédrale d'Auxerre), d'autres fois elles sont

Fig. 2.

uniquement portées par des colonnettes : telle est, par ex., la série d'arcatures de la cathédrale de Plaisance dont la Fig. 2 représente la partie moyenne.

ARC-BOUTANT. s. m [Pr. *ar-boutan*] T. Archit. Sorte de contrefort terminé supérieurement en demi-arc et servant à soutenir par dehors une voûte, un mur, etc. *Les arcs-boutants sont fréquemment employés dans le style ogival.* — Fig. et fam., *Cet homme est l'arc-b. de son parti*, il en est le principal soutien. || T. Charp. Se dit des pièces de bois qui servent à ou soutenir d'autres, et spécialement des *Contre-fiches*. || T. Charron, *Les arcs-boutants d'un train de carrosse*. Les verges qui servent à tenir en état les montants d'une carrosse.

ARC-BOUTER. v. a. [Pr. *ar-bouté*] (R. arc et *bouter*, vieux mots français qui signifient soutenir, appuyer) Soutenir, appuyer, consolider au moyen d'un arc-boutant. *Arc-b. une voûte.* — Par extens., s'emploie dans le cas même où le moyen de soutènement ne consiste pas en un arc-boutant. *Ce mur est arc-bouté par des piliers.* == ARC-BOUTÉ, ÉE, part.

ARC-DOUBLEAU. s. m. [Pr. *ar-doublô*] Plur. Des *Arcs-doubleaux*. T. Archit. Arc en saillie sur le nu d'une voûte pour la renforcer. Voy. VOUTE.

ARCEAU. s. m. (R. *arc*). T. Archit. La courbure d'une voûte en berceau, la partie cintrée d'une porte, d'une fenêtre, etc. *L'arceau d'une voûte.* — Se dit aussi de petits arcs surbaissés. — Par ext. *Des arceaux de verdure.* || T. Chir. Même signif. qu'*Archet*.

ARCENANT. s. m. Nom d'un cépage de vigne appelé aussi *gamet.*

ARC-EN-BARROIS, ch.-l. de c. (Haute-Marne), arr. de Chaumont, 1,200 hab.

ARC-EN-CIEL. s. m. [Pr. *arkanciel,* même au plur., qui fait *arcs-en-ciel*]. Météore atmosphérique en forme d'arc, qui offre les couleurs du prisme, et qui est toujours placé à l'opposite du soleil, le spectateur tournant le dos à cet astre. || Nom d'un poisson des mers de l'Inde.

Phys. — Ce météore si connu présente, lorsqu'il est bien complet, l'apparence de deux arcs concentriques dont l'un, qui est à l'intérieur, est appelé *arc principal* ou *primaire,* et dont l'autre, à l'extérieur, est appelé *arc secondaire.* Tous deux sont formés des couleurs du spectre solaire, mais disposées d'une manière inverse dans l'un et dans l'autre, le rouge étant placé au bord extérieur de l'arc primaire, et au bord intérieur de l'arc secondaire. L'arc intérieur est un segment de cercle dont le rayon sous-tend un angle d'environ 42° ; le rayon de l'arc extérieur sous-tend un angle d'environ 51° ; et le centre commun des deux arcs est situé dans le prolongement de la ligne droite qui passe par le centre du soleil et l'œil du spectateur. D'après les circonstances qui accompagnent invariablement l'apparition de ce météore, on a pensé de bonne heure que les couleurs de l'arc-en-ciel sont produites par le passage des rayons du soleil au travers des gouttes de pluie; mais ce phénomène, qui est d'une nature complexe, n'a pu être expliqué d'une manière tout à fait satisfaisante que lorsque Newton eut découvert la nature composée de la lumière blanche et les différences de réfrangibilité des divers rayons qui la constituent.

Pour expliquer le phénomène de l'arc-en-ciel, supposons un rayon de lumière arrivant dans une chambre obscure au moyen d'une étroite ouverture pratiquée dans un volet, et tombant

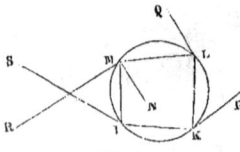
Fig. 1.

en I (Fig. 1) sur un globule sphérique d'eau, dans la direction SI, et suivons le chemin que parcourra la lumière à l'intérieur du globule. En entrant dans le globule au point I elle est réfractée, et par conséquent décomposée; les rayons de chaque couleur étant déviés de leur direction primitive suivant des angles différents qui sont déterminés par l'indice de leur réfraction. Afin de rendre la chose plus claire, nous nous bornerons à considérer le rayon rouge. Soit IK la direction de ce rayon après sa première réfraction. En rencontrant la surface de la goutte d'eau en K, une portion de ce rayon la traversera et sera de nouveau réfractée dans la direction de KP, pendant que l'autre portion sera réfléchie par la surface de la goutte dans la direction KL. Mais en arrivant de nouveau à la surface au point L, cette portion du rayon qui a été réfléchie en K se divisera encore en deux parts : l'une s'échappera en L, et sera réfractée dans la direction LQ, tandis que l'autre portion sera réfléchie par la surface et marchera dans la direction LM. En M, le phénomène se répétera, une portion de lumière traversera aussi la goutte d'eau et sera réfractée dans la direction MR, tandis que l'autre sera réfléchie dans la direction MN. Ce sera indéfiniment la même répétition ; mais l'intensité de la lumière diminuera à chaque nouveau contact, et, après un petit nombre de réflexions, la quantité de lumière qui émergera sera insuffisante pour faire impression sur l'œil.

Tout cela peut se montrer expérimentalement en faisant arriver un rayon de lumière sur un cylindre de verre rempli d'eau et placé dans une chambre obscure : la lumière rouge émergeant en K, L, M, sera aperçue quand l'œil se trouvera placé dans la direction des lignes KP, LQ ou MR.

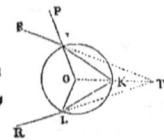
Fig. 2.

Soit SI (Fig. 2) le rayon incident, IK la direction de ce rayon après sa première réfraction, K le point où s'opère la réflexion, L le point d'émergence, et LR la direction du rayon émergent; prolongeons SI et RL qui se rencontrent en T. L'angle STR s'appelle l'*angle de déviation.* Or, il existe

entre l'angle d'incidence, l'angle de réfraction et l'angle de déviation certaines relations nécessaires, et le calcul appuyé sur l'expérience montre que la déviation est maximum pour les rayons rouges lorsque l'angle d'incidence atteint 59°23'30", l'indice de réfraction du rayon rouge étant

$$\frac{108}{81} = 1,3333.$$

L'angle de réfraction devient dans ce cas 40°12'10", et le plus grande déviation possible pour ce rayon 42°1'40". Il est facile de prouver qu'il n'y a de réfractée en quantité suffisante pour faire une impression sensible sur l'œil que la lumière qui tombe sur la goutte sous l'angle d'incidence correspondant à la plus grande déviation. Ce fait tient à cette circonstance générale que toute quantité qui passe par un minimum ou un maximum, varie très peu dans le voisinage. Les rayons du soleil peuvent être considérés comme parallèles. Or, les rayons parallèles à SI et voisins de SI subiront des déviations très peu différentes, puisque SI correspond au maximum de déviation, et sortiront, à très peu de chose près, parallèles à LR, de sorte qu'ils formeront à l'émergence un faisceau presque parallèle, tandis que des rayons parallèles arrivant en tout autre point que I frapperont la goutte en différents points voisins, et subiront des déviations inégales. Dès lors, ils formeront à la sortie un faisceau *divergent,* seront éparpillés, et, par suite, sans action sur la rétine, à la distance du spectateur. D'après l'expression de Newton, ces rayons sont *inefficaces,* tandis que ceux qui conservent un parallélisme suffisant pour former un faisceau, sensible à une certaine distance, sont appelés *rayons efficaces.*

Une fois ces principes parfaitement compris, toutes les circonstances du phénomène sont faciles à expliquer. Soit ABC (Fig. 3) une section de goutte de pluie suivant un plan qui passerait par le centre de la goutte et l'œil du spectateur, et supposons que les rayons parts du centre du soleil tombent sur la goutte dans la direction SA. Soit E la position de l'œil du spectateur, lequel a le dos tourné

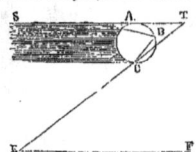
Fig. 3.

vers le soleil, et menons une ligne EF qui soit parallèle à SA. Il est clair que l'observateur ne peut recevoir de cette goutte qu'un rayon arrivant dans la direction CE et faisant par conséquent avec les rayons solaires SA un angle égal à l'angle CEF qui mesure ainsi l'angle de déviation correspondant à la goutte d'eau considérée. Pour que les rayons rouges ainsi reçus dans l'œil soient efficaces, il faut donc que l'angle ECF soit égal à l'angle de déviation maximum, c.-à-d. à 42°1'40". Les gouttes d'eau qui remplissent cette condition sont celles que rencontrerait la ligne droite EC en tournant autour de EF : elles forment ainsi un cône d'axe EF et de sommet E. Quant aux rayons rouges réfractés et réfléchis par toutes ces gouttes, ils forment la surface du même cône, dont l'axe est la prolongation de la ligne droite tirée du centre du soleil à l'œil du spectateur; et comme l'œil de ce dernier est au sommet du cône, il apercevra un segment circulaire de lumière rouge, l'autre portion du cercle étant au-dessous l'horizon.

Ce que nous venons de dire s'applique seulement aux rayons qui viennent du centre du soleil, mais la même chose doit avoir lieu pour les rayons qui partent d'un point quelconque du disque solaire. Or, comme le diamètre de ce disque sous-tend un angle d'environ 31', les rayons qui nous en arrivent des différents points du disque solaire, font entre eux des angles dont le maximum est de 31', le spectateur verra donc une bande de lumière rouge d'environ 31' de largeur.

L'explication que nous venons de donner au sujet de la lumière rouge s'applique à toutes les autres couleurs du spectre; il n'y a de différence que celle qui résulte de la variation de l'indice de réfraction. Ainsi par ex., pour le rayon violet, lorsqu'il passe de l'air dans l'eau, l'indice de réfraction est $\frac{109}{81}$ ou 1,3468. On en conclut 40°17' pour la déviation maximum du rayon violet. Dans ce cas, comme on le voit, l'angle du maximum de déviation est moindre que pour le rayon rouge, ce qui fait que le violet est situé en dedans du rouge. La largeur de la bande violette sera évidemment la même que celle du rouge, puisque l'une et l'autre dépendent de la même cause, à savoir la grandeur du diamètre apparent du soleil.

Puisque les rayons rouge et violet sont ceux dont l'indice de réfraction est respectivement le plus petit et le plus grand, toutes les autres couleurs du prisme se placeront entre ces deux-là, et formeront des bandes de même largeur, mais ces bandes se fondront les unes dans les autres en nuances insensibles. La largeur totale de l'arc intérieur est représentée par cette quantité, plus le diamètre apparent du soleil ou environ 2° 15'.

La dimension de l'arc dépend de la hauteur du soleil au-dessus de l'horizon. Lorsque le soleil est au niveau de l'horizon, l'arc est un demi-cercle pour un spectateur placé dans une plaine ; mais pour celui qui est au sommet d'une montagne, il peut être un segment plus grand qu'un demi-cercle.

Nous avons maintenant à dire comment se forme l'arc extérieur. La lumière éprouve deux réflexions dans l'intérieur du globule, et le trajet d'un rayon qui y pénètre, comme on le voit représenté dans la Fig. 4, est SIKLMR. On trouve alors 50° 59' pour déviation maximum du rayon rouge, et 54° 9' pour celle du rayon violet, ce qui répond à 70° 59' pour l'angle d'incidence dans le premier cas, et à 71° 26' dans le second, puis à 45° 27' et 44° 47' pour l'angle de réfraction.

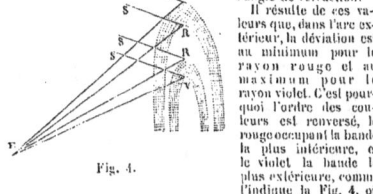

Il résulte de ces valeurs que, dans l'arc extérieur, la déviation est au minimum pour le rayon rouge et au maximum pour le rayon violet. C'est pourquoi l'ordre des couleurs est renversé, le rouge occupant la bande la plus intérieure, et le violet la bande la plus extérieure, comme l'indique la Fig. 4, où

Fig. 4.

ER représente le rayon rouge et EV le rayon violet, l'œil du spectateur étant placé en E. La largeur comprise entre le milieu du rouge et le milieu du violet est de 3° 10', c'est-à-dire de près du double de la largeur de l'arc intérieur. L'intervalle compris entre le rouge de l'arc intérieur et le rouge de l'arc extérieur est de 50° 59' — 42° 2', ou 8° 57'. Toutes ces valeurs, déduites comme les précédentes de la théorie de la réfraction, coïncident exactement avec celles que l'on obtient expérimentalement par la mesure directe du phénomène.

En 1700, Halley a calculé les diamètres des arcs-en-ciel formés par trois, quatre et cinq réflexions ; mais ces arcs se montrent très rarement, leur lumière étant trop faible pour faire impression sur l'œil. On aperçoit quelquefois des arcs surnuméraires en dedans de l'arc extérieur. Ces arcs ont été expliqués par Young (1804) à l'aide de la théorie des interférences. On observe encore sur le sol des arcs-en-ciel renversés : ils sont produits par des gouttes de rosée suspendues à la cime des herbes ou aux toiles d'araignées. Dans certaines circonstances favorables, on voit aussi des arcs-en-ciel lunaires ; mais, en général, leurs couleurs sont faibles et à peine sensibles. Enfin, il s'en produit lorsqu'on regarde l'espèce de pluie que forme une cascade ou un jet d'eau.

La véritable théorie de l'arc extérieur, et la détermination des angles particuliers de déviation qui seuls rendent les rayons transmis à l'œil assez denses pour être visibles, appartiennent à Descartes. L'explication que cet illustre philosophe en a donnée dans sa Dioptrique est complète sous tous les rapports, excepté en ce qui regarde la cause des couleurs, dont la théorie fut révélée par la grande découverte de Newton sur l'inégale réfrangibilité des différents rayons.

On observe quelquefois, également à l'opposé du soleil, un arc-en-ciel sans couleurs ou blanc, sauf une teinte rougeâtre extérieure, de 33° à 37° de rayon au lieu de 42°. Dans cet arc-en-ciel, les couleurs sont effacées par interférence et les gouttes d'eau sont plus petites que dans la pluie : ce sont les gouttelettes de la bruine, du brouillard ou des nuages, mesurant de 6 à 100 millièmes de millimètres.

ARC-EN-TERRE. s. m. T. Phys. Phénomène analogue à celui de l'arc-en-ciel et qui se produit sur la terre par les gouttes de rosée. Voy. ARC-EN-CIEL.

ARCESTIDES. s. m pl. T. Paléont. Zool. Famille de Mollusques céphalopodes ou sous-ordre des Ammonitides. Voy. ce mot. La coquille est généralement lisse, sans ornements et rarement ornée de stries spirales ou de faibles côtes rayonnantes ; la chambre d'habitation est longue et occupe de un à un tour et demi.

Les tours croissent lentement et sont d'ordinaire très enroulés. L'ouverture est très souvent contractée ; les lobes des formes triasiques sont le plus souvent très découpés, de sorte que les selles ne consistent qu'en un étroit pédoncule à nombreux rameaux horizontaux très voisins, portant à leur tour des ramuscules Dans le genre Lobites, le développement de la ligne suturale s'arrête au stade goniatique. On les divise en quatre sous-familles : Arcestines, Joannitines, Didymitines, Lobitines.

Cette famille des Arcestides ne renferme que des formes triasiques et quelques formes indiennes du Permo-Carbonifère.

ARCHÆOPTERIS. s. f. [Pr. arké-op-térisse] (gr. ἀρχαῖος, ancien ; πτερὶς, aile). T. Bot. Genre de fougères fossiles que l'on rencontre principalement dans le terrain dévonien. L'A. hibernica est caractéristique de la formation du vieux grès rouge d'Écosse et de l'Amérique du Nord.

ARCHÆOPTERYX. s. m. [Pr. arké-optéryx] (gr. ἀρχαῖος, ancien ; πτέρυξ, aile). T. Paléont. Zool. Le plus ancien oiseau dont on possède le squelette est l'Archæopteryx lithographica, dont on a trouvé deux empreintes jusqu'ici dans les pierres lithographiques jurassiques de Solenhofen en Bavière. La découverte de cet animal fait époque dans l'histoire de la paléontologie, parce que cet animal est un témoin des premières phases de l'évolution par laquelle les oiseaux se sont peu à peu différenciés des reptiles.

En 1860, nous dit M. Gaudry, Hermann de Meyer signala une plume, un an plus tard on découvrit un squelette muni de ses plumes, que Richard Owen décrivit et qui fut acquis par le British Museum. Un second échantillon plus parfait fut découvert depuis, acquis par le musée de Berlin, et étudié par Dames.

Cet oiseau possède une tête petite avec de grands orbites. Les mâchoires sont armées de dents implantées dans des alvéoles. Il y a environ 20 vertèbres présacrées et autant de caudales. Le sacrum est formé d'un petit nombre de vertèbres. Les vertèbres sont biconcaves. Les côtes, dépourvues d'apophyses uncinées, sont délicates. La ceinture scapulaire est comme celle des oiseaux ; le sternum est large, il y a une furcule, le coracoïde et l'omoplate ont les mêmes rapports que chez les oiseaux actuels. Le membre antérieur offre 3 métacarpiens libres, comme cela se voit chez les embryons d'oiseaux actuels, et ces métacarpiens sont suivis de 3 doigts terminés par des griffes recourbées. Quant aux os du bassin on trouve : les os l'ium, ischium et pubis, séparés, comme chez les embryons d'oiseaux actuels et chez les Dinosauriens. Les métatarsiens sont unis, mais montrent de profondes incisures Les membres antérieurs sont revêtus de grandes plumes fixées au bord cubital de l'avant-bras et de la main. Ces plumes ont absolument la structure des plumes des oiseaux actuels. Les membres postérieurs sont revêtus de plumes jusqu'au bas du tibia. Il y avait probablement aussi une collerette comme celle du condor. Puis la queue, qui était longue, comme celle des reptiles, offrait à chaque vertèbre et de chaque côté une plume. Le reste du corps était nu. Voy. SAURURIENS et OISEAUX.

ARCHAÏQUE. adj. 2 g. [Pr. arkaïque] (gr. ἀρχαῖος, ancien) Se dit des mots du langage et des œuvres d'art qui appartiennent à des temps antérieurs. Cet écrivain affectionne les termes, les tournures archaïques. D'après son style, ar., cette statue doit être contemporaine des marbres d'Égine.

ARCHAÏSME. s. m. [Pr. arkaïsme] (gr. ἀρχαϊσμός, de ἀρχαῖος, ancien). Mot ancien, locution vieillie, tour de phrase suranné. D'ores en avant pour dorénavant, soulez pour avoir coutume, sont des archaïsmes. La Fontaine affectionnait les archaïsmes. || Imitation des auteurs ou des artistes anciens. L'ar. devient une grâce dans notre fabuliste. C'est pour dissimuler leur impuissance que certains peintres ont érigé l'ar. en système.

ARCHAL. s. m. [Pr. archal] (lat. aurichalcum et orichalcum ; gr. ὀρείχαλκος, de ὄρος, montagne, ou plutôt d'un ancien mot analogue au sanscrit ârâ, jaunâtre, primitif du latin aurum, or, et χαλκός, airain). N'est usité que dans cette locution, Fil d'archal, Fil de laiton.

ARCHANGE. s. m. [Pr. *arkange*] (lat. *archangelus*; du gr. ἀρχή, primauté, ἄγγελος, ange). Ange d'un ordre supérieur. V. ANGE.

ARCHANGÉLIQUE. s. f. [Pr. *arkangélique*]. T. Bot. Plante du genre angélique, famille des *Ombellifères*.

ARCHE. s. f. (R. *arc*). La partie d'un pont sous laquelle l'eau passe, soit que sa construction offre la forme d'un arc, soit qu'elle présente une ligne droite. *Ar. elliptique. Ar. en plein-cintre. Pont à une seule ar.* ou *d'une seule ar. Les glaces ont emporté deux arches de ce pont.*

ARCHE. s. f. (lat. *arca*, coffre). Bâtiment que Noé aurait construit par l'ordre de Dieu, afin de se sauver du déluge. *L'arche flotta sur les eaux.* — Fig., *Être hors de l'ar.* Être hors de l'Église, hors des voies du salut. — Fig. et prov., On dit d'une maison où l'on rencontre des gens de toute espèce, ou bien qui est habitée par toute sorte de gens : *Cette maison-là est une ar. de Noé.* || *Ar. d'alliance*, *Ar. sainte* ou *Ar. du Seigneur*, Espèce de coffre où étaient déposées les tables de la loi. || Fig. et prov., *C'est l'ar. sainte* ou *C'est l'ar. du Seigneur*, C'est une chose sur laquelle il ne faut pas porter la main, ou C'est une chose dont il ne faut pas parler. || T. Zool. Genre de *Mollusques acéphales*. Voy. ARINES. || *Ar. de pompe*. T. Mar. Cloison établie dans la cale, au pied du grand mât pour enfermer les pompes.

Hist. rel. — *Arche d'alliance.* — Dieu aurait fait avec Abraham et sa postérité un pacte d'alliance qui aurait eu pour signe la *circoncision*, et, plus tard, aurait renouvelé ce pacte avec les Israélites par l'intermédiaire de Moïse, en donnant

les deux tables de la loi sur le mont Sinaï. Les tables, gage de cette dernière alliance, furent renfermées dans un coffre de bois incorruptible et revêtu de lames d'or, qui reçut le nom d'*Arche d'alliance*. On mit aussi dans l'arche la verge d'Aaron et un vase plein de la manne dont le peuple s'était nourri dans le désert. Le couvercle de ce coffre était appelé *propitiatoire*. Il était surmonté (voy. la Fig.) de deux chérubins d'or, dont les ailes étaient étendues de manière à former une espèce de siège. Les deux côtés les plus longs de l'arche étaient munis de deux anneaux d'or dans lesquels on glissait deux bâtons dorés qui servaient à la transporter.

Les Hébreux avaient pour cette arche la plus grande vénération; ils la conservaient dans la partie la plus retirée du tabernacle et la portaient avec eux dans leurs expéditions militaires comme gage de la protection divine.

ARCHÉE. s. f. Quelques auteurs font ce mot mascul.

Philos. — Ce nom, qui dérive du grec ἀρχή, principe, et qui fut d'abord imaginé par Basile Valentin, pour désigner le feu qu'il plaçait au centre de la terre, fut ensuite appliqué par Paracelse au principe immatériel qu'il supposait présider aux phénomènes de la vie et qu'il distinguait de l'âme intelligente. Enfin, J.-Bapt. Van Helmont accorda une archée à chacun des organes particuliers de l'économie vivante. Toutefois, pour maintenir l'harmonie et l'unité dans les fonctions des différents organes, il plaça toutes ces archées spéciales sous l'autorité d'une archée supérieure ou centrale, que non seulement il considérait comme le principe de la vie, mais encore à laquelle il attribuait la puissance d'*informer* la matière, c.-à-d. de déterminer la figure particulière de chaque corps humain ou animal, de présider à son développement successif et de communiquer à la substance dont ce corps est

composé, les propriétés requises pour sa conservation. Il n'est pas difficile de reconnaître dans le système de l'archée de Paracelse ou des archées multiples de Van Helmont la doctrine devenue plus tard si célèbre sous le nom de *vitalisme*, laquelle, jugeant tout rôle dans les fonctions physiologiques indigne de l'âme, fait régir les corps organisés par un principe spécial intermédiaire.

ARCHÉGONE. s. m. [Pr. *arkégone*] (gr. ἀρχή, commencement; γόνος, naissance.) T. Bot. Cavité en forme de bouteille qui, dans les Mousses et les Hépatiques, renferme l'élément femelle ou *oosphère*. Voy. MOUSSES et HÉPATIQUES.

ARCHÉGOSAURE. s. m. [Pr. *arkégozore*] (gr. ἀρχαῖος, ancien; σαῦρος, lézard). T. Paléont. Zool. Genre d'amphibiens *Stégocéphales* (Voy. ce mot) dont la colonne vertébrale et les condyles occipitaux sont faiblement ou pas ossifiés. Chez l'adulte, les vertèbres sont amphicœliques. Ce genre se trouve dans le permien de Lébach (Prusse rhénane). La tête a une forme triangulaire très allongée. Ses intermaxillaires et ses maxillaires portent de nombreuses dents pointues, striées, avec des plis simples. Le ventre est couvert de petites écailles minces, aciculées; la ceinture thoracique offre des pièces curieuses, il y en a trois: la médiane offre un contour rhomboïde, elle représente, suivant M. Gaudry, l'entosternum des lézards et des tortues; puis les deux pièces qui s'appuient dessus seraient les clavicules, c.-à-d. les homologues des épisternums des tortues et des grands os arqués de la ceinture thoracique des poissons. On voit ensuite des sus-claviculaires, homologues de ceux des poissons, qu'on appelle quelquefois des sus-scapulaires et homologues peut-être aussi de l'épine de l'omoplate des mammifères.

En arrière sont les omoplates. Il y a deux paires de membres, sensiblement égaux, tournés en arrière et servant à la natation.

ARCHÉLAÜS, philosophe grec, disciple d'Anaxagore, maître de Socrate (Vᵉ s. av. J.-C.). || Roi de Macédoine, en 429 av. J.-C., donna asile à Euripide exilé. || Général de Mithridate, fut battu par Sylla à Chéronée et à Orchomène (86 av. J.-C.). || Fils d'Hérode le Grand, ethnarque de Judée, fut déposé par Auguste, l'an VII de J.-C.

ARCHELET. s. m. Petit archet à l'usage des horlogers. || T. Pêche. Branche de saule pliée en rond qui sert à tenir le vervoux ouvert. || Bâton en croix aux quatre coins duquel s'attache le filet à prendre les goujons.

ARCHENTÈRE. s. f. [Pr. *arkentère*] (gr. ἀρχή, commencement; ἔντερον, entrailles). T. Zool. Appareil alimentaire primitif de l'embryon des articulés.

ARCHÉOGRAPHIE. s. f. [Pr. *arkéo...*] (gr. ἀρχαῖος, antique; γράφειν, décrire). Représentation par la peinture ou la sculpture des scènes antiques.

ARCHÉOGRAPHIQUE. adj. 2 g. Qui dépend de l'archéographie. *Peinture arch.*

ARCHÉOLITHIQUE. adj. [Pr. *arkéo...*] (gr. ἀρχαῖος et λίθος, pierre). Qui a rapport à l'époque la plus ancienne de de l'âge de la pierre.

ARCHÉOLOGIE. s. f. [Pr. *arkéologie*] (lat. *archæologia*, du gr. ἀρχαῖος, antique et λόγος, science).

L'*Archéol.*, prise dans son sens le plus étendu, a pour objet l'étude de l'antiquité tout entière, d'après les productions de l'art et les écrits des auteurs anciens. Elle applique les connaissances historiques et littéraires à l'explication des monuments et de tous les vestiges antiques que l'on a pu découvrir, et elle fait servir les renseignements fournis par ces monuments et les restes précieux à l'interprétation des ouvrages de littérature et d'histoire. L'archéol. ainsi comprise peut seule faire revivre pour nous le passé d'une manière à peu près complète. Avec son secours, nous devenons pour ainsi dire contemporains de chaque époque et concitoyens de tous les peuples qui ont existé. Nous connaissons leur vie extérieure, leur vie privée, leurs mœurs, leurs usages civils et religieux, leurs habitudes domestiques; nous les voyons avec leurs costumes; nous entrons dans leurs temples; nous participons à leurs fêtes, à leurs spectacles. à leurs jeux, à leurs assemblées publiques; nous assistons au développement de leurs arts et de leur industrie, nous sommes spectateurs de leurs combats; nous parcourons leurs camps, leurs forteresses, etc. En un mot, l'archéol. éclaire d'une vive lumière l'histoire des nations antiques et donne l'intelligence d'une foule de passages obscurs des écrivains dont les ouvrages sont parvenus jusqu'à nous. Ainsi qu'on le voit, elle embrasse un champ de recherches immense, aussi les érudits se sont-ils vus forcés de la scinder en différentes branches. On admet généralement trois divisions principales dans cette science. — L'archéol. littéraire comprend la *Paléographie*, qui déchiffre les écritures anciennes, la *Diplomatique*, qui constate l'authenticité des manuscrits et des documents, et l'*Épigraphie*, qui recueille et interprète les inscriptions. — L'*archéol. de l'art* a pour objet l'étude de l'*antiquité figurée*, c.-à-d. de toutes les œuvres qui ont un caractère monumental ou artistique. Elle décrit les édifices antiques et nous révèle leur destination; elle caractérise leur style et nous apprend l'époque où ils ont été élevés. Elle nous fait connaître les œuvres d'art, peinture ou sculpture, qui les décorent. L'étude des monnaies et des médailles, qui est d'une si haute importance pour l'histoire, a reçu le nom particulier de *Numismatique*, et l'on a appelé *Iconographie* l'étude des portraits des personnages historiques. L'archéol. de l'art s'occupe de tout ce qui a rapport à la *Plastique* ou art de modeler, à la *Toreutique* ou art de ciseler, à la *Glyptique* ou art de graver sur pierres fines. Enfin elle comprend encore l'étude des poteries ou *Céramique*, car un grand nombre de ces objets sont de véritables œuvres d'art par l'élégance de leurs formes et les peintures qui les enrichissent. — L'*archéol. des usages et ustensiles* n'est pas d'un intérêt moindre que les deux précédentes, car c'est par elle surtout que nous pénétrons dans la connaissance de la vie domestique des peuples anciens. Au reste, les divisions que nous venons d'indiquer n'ont d'utilité que pour l'étude de la science et ne sauraient être conservées dans l'application de l'archéol. à l'histoire.

L'archéol. est une science toute moderne : les anciens, en effet, par suite de leur excessif amour-propre national, se préoccupaient assez peu de la recherche des antiquités des peuples qui les avaient précédés. Les Grecs et les Romains attachaient même au mot *archéol.* un sens aussi différent de celui que nous lui attribuons : c'est ainsi que Denys d'Halicarnasse et Flavius Josèphe ont donné le titre d'*Archéologie*, le premier à son livre relatif à l'origine et aux commencements de Rome, le second à son histoire de la nation juive. — O. Müller divise l'histoire de l'*Archéol.* chez les modernes en trois périodes. La première (1450 à 1600) est celle des artistes et des littérateurs qui n'envisagent les antiquités que comme objets d'art, les recueillent avec soin et les étudient principalement sous le rapport de la perfection de leurs formes et de la beauté du travail. A cette époque appartiennent les grands maîtres, surtout italiens. La seconde période est celle des antiquaires : elle comprend le XVIIᵉ siècle et la première moitié du XVIIIᵉ. On se contente d'étudier l'antiquité dans le seul intérêt de l'érudition et de la curiosité. C'est l'époque des Spon, des Wheler, des Ernesti, des Christ, des Montfaucon; c'est alors que se publient les immenses recueils de Grævius, de Gronovius, de Sallengre, de Poleni, de Montfaucon, etc., vastes dépôts de dissertations sur toutes les parties de l'archéol., mais principalement sur les antiquités grecques et romaines. Enfin, la troisième période, inaugurée par les travaux de Winckelmann et de Lessing, s'offre à nous avec un caractère tout particulier. L'archéol. est envisagée d'un point de vue véritablement philosophique. On la cultive pour étendre le domaine de l'histoire et pour suivre sous ses aspects les plus divers le développement de la civilisation dans les siècles passés. En outre, l'archéol. ne se borne plus à l'étude de l'antiquité classique, c.-à-d. de l'antiquité grecque et romaine. Elle embrasse dans ses recherches toutes les nations qui nous ont laissé quelques vestiges de leur civilisation primitive. Enfin, cessant de regarder la grande période du moyen âge comme une époque de décadence et de barbarie, elle étudie avec un soin religieux tout ce qui la concerne, et s'attache même aujourd'hui avec une prédilection marquée à poursuivre l'étude des monuments grandioses que l'architecture chrétienne a prodigués sur le sol de l'Europe et particulièrement sur le sol de la France.

Une nouvelle branche de l'archéol., non moins intéressante, mais encore très obscure, vient de naître : c'est l'*archéol. préhistorique*. Elle a pour objet, non plus l'étude des peuples tels qu'ils nous apparaissent à leurs divers états de civilisation et de développement historique, mais exclusivement l'étude des races humaines avant toute histoire et toute véritable civilisation. Elle recherche leur âge relatif au moyen de la géologie, leurs différences au moyen de leur conformation physique, leur état intellectuel et moral au moyen des rares vestiges d'armes, d'ustensiles, etc., qu'elles ont laissés après elles, soit dans leurs sépultures, soit dans les cavernes qui leur servaient d'habitations, soit dans les constructions que quelques-unes de ces races avaient établies sur les bords des lacs de certaines contrées. Voy. PRÉHISTOIRE.

ARCHÉOLOGIQUE. adj. 2 g. [Pr. *arkéologique*]. Qui a rapport à l'archéologie. *La science ar, Recherches archéologiques.*

ARCHÉOLOGUE. s. m. [Pr. *arkéologue*]. Celui qui se livre à l'archéologie, qui est versé dans l'archéologie.

ARCHÉOPTÉRYX. s. m. Voy. ARCHEOPTERYX.

ARCHER. s. m. [Pr. *arché*] (R. arc). Homme de guerre qui combattait avec l'arc. || T. ichtyol. Genre de poisson de la famille des *Squammipennes* qui a le talent de lancer avec sa bouche, à plus d'un mètre, des gouttes d'eau qui blessent les insectes et les font tomber à l'eau.

Hist. mil. — Au moyen âge, le mot *Archer* cessa de désigner exclusivement le soldat armé de l'arc pour devenir la dénomination commune de l'infanterie, par opposition au corps principal de l'armée, qui était constitué par la cavalerie. Dès le temps de Philippe-Auguste, il y avait dans l'infanterie française plus d'arbalétriers que d'archers proprement dits, et l'on appliquait même le nom d'archers à des corps de fantassins armés de pertuisanes, de hallebardes et d'autres armes de hast. Au reste, tandis que la cavalerie était entièrement composée par la noblesse, les corps désignés sous le nom d'archers étaient essentiellement recrutés dans les milices communales, milices qui donnèrent à Philippe-Auguste la célèbre victoire de Bouvines (1214). Par son ordonnance du 28 avril 1448, Charles VII décréta que toutes les villes et campagnes fourniraient un archer par 50 feux ou maisons. Ces archers étaient habillés aux frais de la paroisse et armés à ceux du roi. Ils ne recevaient de solde que lorsqu'ils entraient en campagne par ordre du roi; mais ils étaient exempts d'impôts : de là le nom de *francs-archers* que ce prince donna à la nouvelle milice. Mais les nobles, pleins de mépris pour ces manants, ces vilains, qui maniaient la charrue et sillonnaient la terre comme des taupes, les appelèrent par dérision *francs-taupins*. Sous ce prince, les francs-archers représentaient une force totale de 16,000 hommes, laquelle était partagée en quatre corps, commandés chacun par un capitaine général. L'absence de discipline, d'esprit militaire et d'habitude de la guerre des francs-archers ayant bientôt déterminé Louis XI à supprimer cette milice (1480), la dénomination d'archers n'en continua pas moins de subsister pour désigner certains corps spéciaux, comme les *archers de la garde*, qui faisaient partie des gardes du corps du roi et qui ne disparurent que sous François Iᵉʳ, les *archers de la connétablie*, sorte d'officiers de justice qui faisaient exécuter les sentences du tribunal de ce nom, et principalement les corps d'hommes armés qui étaient chargés d'arrêter les malfaiteurs et de faire la police des villes. A Paris notamment, avant 1789, il y avait les *archers du grand prévôt*, les *archers du guet*, les *archers des pauvres*, etc. Ces derniers avaient pour mission d'arrêter les vagabonds et les gens sans aveu. Voy. ARC.

ARCHEROT. s. m. Petit arche. Nom donné à Cupidon dans les vers de nos anciens poètes. Inus.

ARCHET. s. m. (R. arc). Baguette flexible de bois, à laquelle sont attachés des crins enduits de colophane, et qui sert à faire vibrer les cordes de divers instruments de musique. *Avoir un beau coup d'ar. Manier l'ar. avec grâce.* || On appelle encore *Archet* ou *Arceau* une sorte de châssis de bois en forme de demi-cercle que l'on met, soit au berceau d'un enfant pour soutenir un rideau au-dessus de sa tête, soit au-dessus d'une partie malade pour la préserver du contact et du poids des couvertures. || T. Techn. Arc d'acier ou de baleine, qui est plus ou moins courbé par une corde attachée à ses deux extrémités et dont les ouvriers se servent pour tourner ou pour percer. || T. Chir. Petit arc d'acier muni d'une corde servant à faire tourner l'outil destiné en lithotritie à la perforation du calcul lorsqu'on est obligé d'avoir recours à cette opération.

Mus. — Les seuls *instruments à archet* usités aujourd'hui sont au nombre de cinq : le *violon*, l'*alto*, la *viole d'amour*, le *violoncelle* et la *contrebasse*. Tous ont la même forme, sont construits de la même manière et ne diffèrent guère que par leurs dimensions. En conséquence, nous nous contenterons de donner la figure et la description du plus répandu, c.-à-d. du *violon* (Fig. 1). Le corps de l'instrument se compose de deux tables, l'une supérieure, appelée *table d'harmonie*, et l'autre inférieure, nommée *dos*. La partie qui rendimaire qui unit les deux tables a reçu le nom d'*éclisse*. Un morceau de bois peu épais, légèrement arrondi, appelé *chevalet*, sert à élever les cordes. Celles-ci sont fixées d'un côté à une pièce de bois appelée *queue* et de l'autre à des chevilles qui servent à donner à chaque corde la tension convenable. La planche d'ébène qui fait saillie sur une partie du manche, et contre

Fig. 1.

Fig. 2.

laquelle les doigts pressent les cordes pour varier leurs intonations, se nomme *touche*. Enfin on appelle *âme* un petit morceau de bois cylindrique qu'on place dans l'intérieur de l'instrument au-dessous du chevalet, afin de soutenir la table sous la pression des cordes et de mettre en communication de vibration toutes les parties de l'instrument. — Quant à l'archet (Fig. 2), il est muni, vers son extrémité inférieure, appelée *talon*, d'une vis au moyen de laquelle on tend les crins à volonté.

Les instruments à cordes pincées et à manche ayant une analogie plus ou moins frappante avec notre guitare sont certainement d'origine orientale. Mais il paraît que l'idée de disposer ces cordes sur des plans différents au moyen d'un chevalet et de les faire résonner à l'aide d'un ar. de crins appartient à l'Occident et est née dans le moyen âge. Au XIII° siècle, on distinguait déjà deux sortes d'instruments de ce genre : la *rubebbe* et la *viole*. La première n'avait que 2 cordes et la seconde en comptait 5. Mais le corps de ces instruments n'avait point la forme de nos violons ; il ressemblait à celui de la mandoline. C'est vers la fin du XV° siècle que le *violon* prit naissance. Pour cela, on réduisit la viole à de plus petites proportions et on lui enleva une de ses cordes. Le nouvel instrument ne tarda pas à supplanter les instruments analogues, dont les sons étaient moins purs et moins éclatants. On pense que les premiers violons ont été fabriqués en France, car dans les partitions italiennes du XVI° siècle ils sont indiqués sous le nom de *piccoli violini alla franzese* (petits violons à la française).

Le *violon* est monté de 4 cordes qu'on accorde habituellement comme l'indique la Fig. 3, c.-à-d. que les cordes de l'instrument jouées à *vide*, ou, en d'autres termes, sans qu'on les touche avec les doigts, produisent les notes ci-contre. La première corde porte le nom de *chanterelle*. L'étendue générale du violon est d'environ 4 octaves (Fig. 4). L'exécutant appuie l'instrument sur la clavicule gauche et le maintient en

Fig. 3.

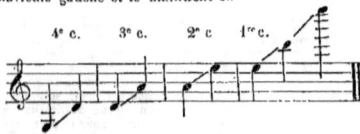

4° c.   3° c.   2° c.   1° c.

Fig. 4.

position avec le menton, la main gauche devant rester libre pour toucher les cordes. Lorsque la partie de violon dépasse le *si* de la chanterelle, l'exécutant est obligé de *démancher*, c.-à-d. de rapprocher la main du cheval et. Il résulte de ce déplacement de la main que les notes qui se font sur les autres cordes varient suivant que la main se trouve plus ou moins rapprochée du chevalet. Les sons qu'on tire du violon au moyen de l'ar. présentent un caractère assez différent suivant la manière dont on fait agir l'ar. sur les cordes. On peut encore modifier ces sons au moyen de la position de l'ar., c.-à-d. selon qu'on joue près du chevalet ou sur la touche. Dans la plupart

des compositions instrumentales, on écrit deux parties de violon, appelées l'une *premier violon* et l'autre *second violon* ; de là vient que dans les orchestres tous les violonistes sont divisés en deux bandes qu'on nomme *premiers* et *seconds violons*.

L'*alto* ou *viole* est un instrument un peu plus volumineux que le violon : l'exécutant le tient et on joue de la même manière. Il s'acco. de une quinte plus bas (Fig. 5). Il tient ainsi le milieu entre le violon et le violoncelle. Son étendue est d'environ 3 octaves (Fig. 6).

L'alto représente à peu près la viole du moyen âge qui aurait perdu une de ses cordes. — La *viole d'amour* est un instrument

Fig. 5.

4° c.   3° c.   2° c.   1° c.

Fig. 6.

plus moderne que les autres espèces de viole : les compositeurs modernes l'emploient encore quelquefois comme instrument de solo. Elle est montée de cinq cordes ordinaires accordées comme l'indique la Fig. 7 ; mais elle possède, en outre, cinq autres cordes de métal qui passent sous la touche et sous le chevalet, et que l'on accorde à l'unisson des premières ; lorsque l'instrument est joué d'une certaine manière, les cordes de métal résonnent aussi et les sons produits ressemblent à ceux de l'harmonica.

Fig. 7.

Le *violoncelle* est la basse du violon : il est monté de 4 cordes qu'on accorde à l'octave inférieure de celles du l'alto (Fig. 8). Il a environ 4 octaves d'étendue (Fig. 9).

L'exécutant joue assis et tient son instrument entre les jambes. Le démanché offre des difficultés bien plus considérables pour le violoncelle que pour le violon, surtout lorsqu'on est obligé d'employer le pouce comme sillet. Le violoncelle a été intro-

Fig. 8.

4° c.   3° c.   2° c.   1° c.

Fig. 9.

duit en France sous le règne de Louis XIV par un Florentin nommé Jean Batistini ; mais il n'a été définitivement substitué à la basse de viole que vers 1720.

La *contrebasse* est le plus grave de tous les instruments à ar. En France et en Belgique, il n'est monté que de 3 cordes accordées par quintes (A, Fig. 10), tandis qu'en Allemagne, en Angleterre et en Italie on le monte de 4 cordes accordées par quartes (B, Fig. 10). Ces cordes, par leur longueur et leur gros-

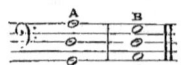

Fig. 10.

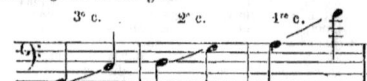

3° c.   2° c.   1° c.

Fig. 11.

seur, sonnent à l'octave inférieure de celles du violoncelle: l'étendue de notre contrebasse est indiquée ci-dessus (Fig. 11)

La contrebasse a remplacé le *violone* et l'*accordo*, et se joue debout comme les anciens instruments. C'est en 1700 qu'elle a été introduite à l'Opéra.

ARCHÉTYPE, s. m. [Pr. *arkétipe*] (gr. ἀρχή, commencement, τύπος, type, empreinte, forme). Original, modèle, patron, sur lequel on fait quelque chose. — On nommait autrefois *Archétypes* les modèles de monnaies ou de mesures qui servaient à échantillonner les autres. Aujourd'hui on dit *Étalon*. || S'emploie adjectivement : *Les idées archétypes.*

Philos. — L'école platonicienne désignait sous le nom d'*idées archétypes* les formes substantielles des choses telles qu'elles sont de toute éternité dans la pensée de Dieu. Le même terme se rencontre aussi dans les écrits de Locke; mais le philosophe anglais lui donne une autre signification. Pour lui les *idées archétypes* sont des conceptions pures de notre esprit, qui les forme par la réunion arbitraire des notions simples. Enfin quelques philosophes hermétiques, considérant Dieu comme le modèle absolu de tout ce qui est, l'appellent l'*Archétype du monde.*

ARCHEVÊCHÉ. s. m. Circonscription territoriale qui est soumise à l'autorité spirituelle et à la juridiction d'un archevêque. *Cette paroisse est dans l'ar. de Reims. Cet ar. est un des plus riches de France.* || Ville où se trouve un siège archiépiscopal. *Cambrai est un ar.* || Demeure, palais de l'archevêque. *Sa maison est à côté de l'ar.*

ARCHEVÊQUE. s. m. (gr. ἀρχή, primauté : ἐπίσκοπος, évêque). Prélat métropolitain qui a un certain nombre d'évêques pour suffragants. Ce titre parait remonter au IVᵉ siècle. Voy. ÉVÊQUE.

ARCHI (gr. ἀρχή, principe, primauté, suprématie). Préfixe tiré du grec, qui marque supériorité, suprématie, prééminence : *Archichancelier, Archiduc, Archiépiscopal, Archidiacre, Archange, Archevêque.* On voit que l'i disparaît dans certains mots commençant par une voyelle. - Dans le style famil., on se sert également de ce préfixe *archi* pour donner plus de force au terme auquel on la joint : *Archifou, Archimenteur, Archivilain.* — Comme on peut former de la sorte un très grand nombre de mots, nous ne donnerons que ceux qui sont les plus usités. Enfin, nous ferons observer que ce préfixe se prononce tantôt archi et tantôt *arki*.

ARCHIAC. ch.-l. de c. (Charente-Inférieure), arr. de Jonzac, 1,000 hab.

ARCHIATRE. s. m. [Pr. *arkiatre.*] (gr. ἀρχή, ιατρός, médecin). Titre donné sous l'empire romain à certains médecins attachés au palais de l'empereur. Les empereurs d'Allemagne eurent aussi des *archiatres.*

ARCHICHANCELIER s. m. Voy. CHANCELIER.

ARCHICONFRÉRIE. s. f. [Pr. *archi*]. Grande confrérie religieuse.

ARCHIDAMUS. Nom de cinq rois de Sparte (620-293 av. J.-C.).

ARCHIDESMIDES. s. m. pl. [Pr. *arki...*] (gr. ἀρχαῖος, ancien; δεσμος, lien) T. Paléont. Zool. Dans cette famille qui rentre, suivant Scudder, dans l'ordre des Myriopodes *Archipolypodes* (Voy. ce mot), les plaques dorsales sont à peine consolidées, les deux pièces paraissant complètement séparées, l'antérieure plus forte et plus développée. Le corps est pourvu d'expansions foliacées plus ou moins nettes à la partie antérieure des segments.

Deux genres rentrent dans cette curieuse famille : *Kampecaris*, de *l'old red Sandstone* du Forfarshire, et *Archidesmus*, venant également du dévonien de la même localité.

ARCHIDIACONAT s. m. [Pr. *archi...*]. Dignité d'archidiacre.

ARCHIDIACONÉ. s. m. [Pr. *archi...*]. Circonscription territoriale soumise à la juridiction spirituelle d'un archidiacre.

ARCHIDIACRE. s. m. [Pr. *archi...*]. Voy. DIACRE.

ARCHIDIOCÉSAIN, AINE. adj. [Pr. *archi...*]. Qui dépend d'un archevêché.

ARCHIDUC. s. m. [Pr. *archi...*]. Titre de dignité qui n'est usité qu'en parlant des princes de la maison d'Autriche.

Le titre d'*Arch.* avait été pris par les chefs de la maison d'Autriche dès le milieu du XIIᵉ siècle (1156); mais il ne devint héréditaire dans leur maison qu'après la promulgation de la Bulle d'or (1355) et ne fut reconnu par les électeurs de

l'empire qu'en 1453 sur l'ordre exprès de Frédéric III, empereur d'Allemagne.

ARCHIDUCAL, ALE. adj. [Pr. *archi...*] Qui appartient à l'archiduc. *Couronne archiducale.*

ARCHIDUCHÉ. s. m. [Pr. *archi...*]. Ne se dit que de la seigneurie d'Autriche. *L'Autriche a porté le titre d'arch. jusqu'en 1804.* Le 10 août de cette année, François II. empereur d'Allemagne, archiduc d'Autriche, prit le titre d'empereur d'Autriche, sous le nom de François Iᵉʳ.

ARCHIDUCHESSE. s. f. [Pr. *archi...*]. Titre que porte la femme d'un archiduc, ou toute princesse qui est revêtue de cette dignité par sa naissance. *Marie-Antoinette et Marie-Louise étaient archiduchesses d'Autriche.*

ARCHIÉPISCOPAL, ALE. adj. [Pr. *arki...*]. Qui appartient à l'archevêque. *Palais arch. Dignité archiépiscopale.*

ARCHIÉPISCOPAT. s. m. [Pr. *arki...*] (gr. ἀρχή, ἐπίσκοπος, évêque). Dignité d'archevêque. *Il a été élevé à l'archiépisc.* || Temps durant lequel un archevêque a occupé son siège. *Pendant son arch. Il est mort après dix ans d'arch.*

ARCHIÈRE. s. f. [Pr. *arki...*] (R. arc). Ouverture pratiquée dans les murailles et par laquelle on tirait de l'arc. || Lucarne, petite ouverture dans le mur d'une pièce.

ARCHIJULIDES. s. m. pl. [Pr. *arkijulide*] (gr. ἀρχαῖος, ancien; ιουλος, mille-pattes). T. Paléont. Zool. Dans cette famille de Myriopodes *Archipolypodes* (Voy. ce mot), Scudder fait rentrer plusieurs genres, dont les plaques dorsales sont presque consolidées, mais cependant encore séparables, bien que la pièce antérieure soit rarement à un niveau beaucoup plus élevé que la postérieure. Le corps est lisse en général et couvert plus ou moins de papilles, disposées en séries et portant parfois des poils ou de fines épines.

Toutes les espèces viennent des dépôts carbonifères et permiens d'Europe et de l'Amérique septentrionale. Nous citerons les genres : *Archiulus, Palæojulus, Trichiulus* et *Xylobius.*

ARCHILOQUE, poète grec, qui florissait vers 700 av. J.-C., célèbre par ses odes et ses satires; il inventa le vers ïambique.

ARCHILOQUIEN. adj. et s. m. T. Versific. anc. On nomme ainsi deux sortes de mètres dont on attribue l'invention au poète grec Archiloque. On distingue l'*arch.* proprement dit et le *grand arch.* — L'*arch.* se compose de deux dactyles et d'une syllabe :

> Púlvis et | úmbră sŭ|mus.   HORACE.

Ce vers, comme on le voit, n'est autre chose que la seconde moitié d'un pentamètre. — Le *grand arch.* s'appelle aussi *dactylicotrochaïque heptamètre*, parce qu'il se compose de sept pieds. Les trois premiers sont des dactyles ou des spondées; le quatrième est un dactyle et les trois derniers sont des trochées. En outre, il y a toujours un repos après le quatrième pied.

> Pāllĭdă | mōrs ǣ|quō pŭl|sāt pĕdĕ | paupĕ|rūm tă|bērnas...
> Vītæ | sūmma brĕ|vis spēm | nōs vĕtăt | inchŏ|ārĕ longam.
>   HORACE.

ARCHILUTH. s. m. (R. *luth.*). T. Mus. Instrument dont les Italiens se servaient pour faire la basse continue. Il était plus grand que le luth et muni d'un plus grand nombre de cordes.

ARCHIMANDRITAT. s. m. Dignité d'archimandrite. || Bénéfice possédé par un archimandrite.

ARCHIMANDRITE. s. m. (gr. ἀρχή, primauté; μάνδρα, bergerie). Titre ecclésiastique qui n'est guère en usage que dans l'Église grecque et qui répond à celui d'*Abbé* dans l'Église catholique.

ARCHIMÈDE, grand géomètre de Syracuse (287-212 av. J.-C.), défendit par ses inventions sa patrie attaquée par le général romain Marcellus et fut tué par un soldat. On lui doit entre autres découvertes l'expression de la surface et du volume de la sphère, et la loi de la poussée verticale qu'é-prouve un corps plongé dans un liquide. Cette loi connue sous le nom de *Principe d'Archimède* peut s'énoncer ainsi : *Tout corps plongé dans un liquide ou dans un gaz y subit une poussée verticale dirigée de bas en haut, qui est égale au poids du volume du fluide déplacé par le corps.*

ARCHINE. s. m. T. Métrol. Mesure russe de longueur, qui vaut 0m,71. L'archine turque vaut 0m,75. || T. Techn. Centre formé dans la charpente qui soutient les terrains d'une carrière.

ARCHIPEL. s. m. [Pr. *archipel*] (ital. *arcipelago*, cor-ruption du grec αἰγιοπέλαγος, mer Égée). T. Géogr. Groupe d'îles.

Géogr.—A l'origine, le mot *Archipel* a été un nom propre qui servait et qui sert encore à désigner soit la partie orien-tale de la Méditerranée comprise entre l'Asie Mineure à l'est, la Grèce à l'ouest, la Macédoine et la Thrace au nord, et l'île de Crète au sud, soit l'ensemble des îles dont cette mer est parsemée. Mais ensuite ce terme est devenu un nom com-mun qui s'applique à toute partie de mer semée d'îles, ainsi qu'à tout assemblage un peu considérable d'îles plus ou moins rapprochées les unes des autres.

On rencontre des archipels dans toutes les mers du globe; mais ils diffèrent singulièrement les uns des autres par leur étendue, par le nombre et la grandeur des îles qui les com-posent, par leur configuration, par leur constitution géolo-gique et par leur origine. Quand un assemblage d'îles est peu considérable, on le désigne sous le nom de *groupe* plutôt que sous celui d'*archipel*. La plupart des archipels sont constitués par une série de groupes diversement disposés. Tandis que l'arch. Féroé, dans l'océan Atlantique, ne com-prend que 22 îles et quelques rochers formant en réalité un seul groupe, l'arch. des Carolines proprement dites ou cen-trales, dans l'océan Pacifique, comprend environ 500 îles réparties entre une quarantaine de «groupes au moins, qui s'étendent sur un espace de six degrés en latitude et de vingt-six en longitude. Pouynipète, la plus grande de ces 500 îles, ne dépasse pas la superficie de 330 kil. carrés. Au contraire, l'arch. Indien renferme des îles d'une étendue extraordinaire, telles que Java (132,000 kil.), Célèbes (199,000), Suma-tra (362,000) et Bornéo (740,000).

Une distinction essentielle à établir entre les archipels est celle des archipels *continentaux* et celle des archipels *pélagiques*. Les premiers sont en général assez peu distants des conti-nents dont ils dépendent. Le plus souvent ils affectent une forme allongée et suivant la direction des chaînes de mon-tagnes les plus rapprochées. Enfin, ils offrent la même struc-ture géologique, la même flore et la même faune. Ils semblent être, pour le plus grand nombre, des fragments détachés des continents à la suite des dislocations produites par le soulève-ment des montagnes continentales. Tels sont, en Europe, par ex., l'archipel des îles Britanniques, qui doivent leur sépara-tion du continent au soulèvement des Alpes principales, et celui du groupe Sicule, qui s'en détacha vraisemblablement à l'époque du soulèvement du Ténare. Plusieurs archipels con-tinentaux sont assurément formés par des portions de terres sous-marines dont les régions les plus élevées sont seules totalement émergées du sein des eaux. Le groupe des îles Baléares, celui de la Corse et de la Sardaigne, dans la mer Méditerranée, paraissent appartenir à cette catégorie. Enfin, d'autres archipels représentent les montagnes et les plateaux les plus élevés de terres qui se sont affaissées, mais qui n'ont été qu'incomplètement submergées. L'arch. Colombien ou arch. des Antilles, dont la grande ligne courbe forme la limite extérieure du golfe du Mexique et ressemble à un pont jeté entre la Floride et l'Amérique méridionale vers les bouches de l'Orénoque, constitue, aux yeux de tous les géologues, les débris du naufrage d'une partie du nouveau continent. De même, si l'on admet avec Léopold de Buch que la longue série des archipels et groupes d'îles désignés sous le nom de Nouvelle-Guinée, de Nouvelle-Irlande, de Nouvelle-Bretagne, d'îles Salomon, de Nouvelles-Hébrides, de Nouvelle-Calédonie et de Nouvelle-Zélande ont jadis formé la limite septentrio-nale et orientale du continent austral, il faudra les ranger, avec l'arch. des Antilles, dans la classe des archipels conti-nentaux. Enfin, dans l'opinion de Darwin, l'arch. Magella-nique, qui comprend la grande Terre de Feu avec les îles adjacentes, et qui constitue l'extrémité australe du continent américain, serait le résultat de l'affaissement de cette extrémité.

Quant aux archipels pélagiques, qui se trouvent constam-

ment à une grande distance des terres et dont la formation paraît avoir été indépendante de celle des continents, ils appartiennent pour la plupart à l'océan Pacifique, où ils occupent une étendue d'environ 125° de longitude, depuis les Philippines (vers 124° long. E.) jusqu'à la solitaire île de Pâques (111° long. O.), et sont tous compris, phénomène des plus remarquables, entre le 30° parallèle N. et le 30° paral-lèle S. Ces archipels se partagent en deux classes, suivant qu'ils sont d'origine volcanique, ou bien d'origine madrépo-rique. Les premiers semblent avoir été produits par voie de soulèvement, tandis qu'au contraire la base des seconds paraît être en voie d'affaissement : c'est ce que nous exposerons et démontrerons ailleurs. Voy. ILE.

ARCHIPOLYPODES. s. m. pl. [Pr. *arki*...] (gr. ἀρχαῖος, ancien; πολὺς, beaucoup; πούς, ποδός, pied). T. Paléont. Zool. Scudder désigne sous ce nom des Myriopodes paléozoïques qu'il érige en ordre. Le corps est cylindrique, allongé, ayant son maximum d'épaisseur au milieu de la moitié antérieure ou du tiers antérieur, composé de nombreux segments. Les appendices céphaliques sont fixés à un seul anneau. Les segments du corps, y compris ceux qui sont immédiatement derrière la tête, sont formés d'une paire de plaques ventrales, et d'un écusson dorsal plus ou moins nettement divisé; ce dernier recouvre le dos et la plus grande partie des côtés et se par-tage en une pièce antérieure, costulée, ornée souvent d'épines ou de tubercules, et une pièce postérieure plus lisse et plus basse. Les plaques ventrales sont aussi larges que le corps; chacune d'elles porte une paire de longs membres, rapprochés à leur base et, en dehors de ceux-ci, une grande ouverture respiratoire transversale. Cet ordre important ne se trouve que dans les terrains paléozoïques. Voy. ARCHIDESMIDES, EUPHOBÉRIDES, ARCHIULIDES, MYRIOPODES.

ARCHIPOMPE s. m. T. Mar. Corruption de *arche de pompe*. Voy. ARCHE.

ARCHIPRESBYTÉRAL, ALE. adj. [Pr. *archi*...]. Qui concerne l'archiprêtre. *La dignité archipresbytérale.*

ARCHIPRÊTRE. s. m. [Pr. *archi*...]. Titre honorifique qui confère au curé qui en est revêtu une certaine prééminence sur les curés des autres églises.

Dans l'ancienne Église, des fonctions spéciales étaient atta-chées à la dignité d'*archip*. Celui qui en était revêtu exer-çait, sous l'autorité de l'évêque, un droit de surveillance sur les autres ecclésiastiques. En cas d'absence de l'évêque, il remplaçait celui-ci pour tout ce qui concernait la discipline. Au VIe siècle, on créa des archiprêtres urbains ou doyens des curés, et des archiprêtres de campagne ou doyens ruraux. Au moyen âge, Paris avait deux archiprêtres : c'étaient le curé de Saint-Séverin et celui de Sainte-Madeleine en la Cité. Depuis longtemps, le titre d'archip. n'est, conformément à notre définition, qu'un titre purement honorifique.

ARCHIPRÊTRÉ. s. m. [Pr. *archi*...]. Se disait jadis du territoire placé sous la juridiction d'un archiprêtre.

ARCHITARBIDES. s. m. pl. [Pr. *arki*...] (gr. ἀρχαῖος, ancien; ταρβός, terreur). T. Paléont. Zool. Famille d'Arach-nides de l'ordre des *Anthracomartides* (Voy. ce mot). Le céphalothorax, au moins moitié aussi grand que l'abdomen, est de forme variable. Les coxæ partent ou bien d'une fossette centrale, ou d'une ligne, ou d'un large triangle, dont la base est formée par le bord postérieur. L'abdomen a 7 à 9 seg-ments et est ovale ou arrondi, large en avant, portant de chaque côté une côte convergente vers l'ouverture ovale. La surface est assez lisse. Les segments antérieurs de l'abdomen sont visibles en dessous, mais très rétrécis au milieu. Il n'y a pas d'appendices abdominaux.

Nous citerons les genres *Geraphrynus*, provenant du car-bonifère de Mazon Creek; *Architarbus*, trouvé dans le Lan-cashire, à Mazon Creek et en haute Silésie; et *Anthraco-martus*. (Voy. ce mot.)

ARCHITECTE. s. m. [Pr. *archi*...] (lat. *architectus*, gr. ἀρχιτέκτων, de ἀρχός, chef, et τέκτων, ouvrier). Celui qui fait le plan des édifices, qui en dresse le devis et qui souvent même dirige l'exécution des travaux. *C'est un habile ar.* || On donne quelquefois à Dieu les noms suivants : *l'Ar. éternel, l'Ar. suprême, l'Ar. de l'univers.*

ARCHITECTONIQUE. adj. 2 g. [Pr. *archi*...] (lat. *archi-*

tectonicus; gr. ἀρχιτεκτονέω, je construis). Qui a rapport aux procédés techniques de l'architecture. *L'art ar. Procédés architectoniques* || S'emploie subst., au fém., pour désigner l'art de la construction. — Se dit aussi fig., en parlant de la coordination des diverses parties d'un système.

ARCHITECTONOGRAPHE. s. m. [Pr. *archi*...] (gr. ἀρχιτεκτονέω, je construis, et γράφω, je décris). Celui qui fait la description et l'histoire des édifices.

ARCHITECTONOGRAPHIE. s. f. [Pr. *archi*...]. Description des édifices.

ARCHITECTURAL, ALE. adj. [Pr. *archi*...]. Qui a rapport à l'architecture. *Décoration architecturale.*

ARCHITECTURE. s. f. [Pr. *archi*...] (lat. *architectura*). Art d'élever des constructions de toute espèce. *Arch. civile, religieuse. Arch. navale. Arch. militaire. Arch. hydraulique.* || Disposition, ordonnance d'un bâtiment. *Une belle arch. Un beau morceau d'arch.* || Fig., *L'admirable arch. du corps humain.* — *L'Arch.* est l'art de bâtir selon des proportions et des règles déterminées par le caractère et la destination des édifices. Elle reçoit, suivant les objets auxquels elle est appliquée, différentes dénominations. On l'appelle *arch. religieuse*, lorsqu'elle désigne l'art d'élever des monuments consacrés au culte; *arch. civile*, quand elle a pour but de construire des édifices publics et particuliers destinés à satisfaire aux divers besoins de l'homme vivant en société. *L'arch. militaire* s'occupe des travaux de construction nécessaires soit à la défense, soit à l'attaque d'un territoire. Voy. FORTIFICATION. — *L'arch. navale* a pour objet la construction des bâtiments de guerre et de commerce. Voy. VAISSEAU. — Enfin, on désigne sous le nom d'*arch. hydraulique* l'art de conduire et de retenir les eaux, ainsi que celui d'élever des constructions dans leur sein. Voy. CANAL, PONT, etc.

I. GÉNÉRALITÉS. — Nous ne nous occuperons ici que de l'arch. proprement dite, c.-à-d. de l'arch. civile et religieuse. Cette dernière a tenu jusqu'à notre époque la place prépondérante; car c'est le sentiment religieux chez les principales nations qui a inspiré à l'origine le sentiment artistique et la recherche du beau, et c'est dans l'érection des édifices consacrés au culte que les architectes ont surtout déployé toutes les ressources de leur art. Au reste, l'arch. ne constitue un art véritable que lorsque les peuples sont déjà parvenus à un haut degré de civilisation, d'opulence et de luxe. A son origine, on ne peut guère la considérer que comme une industrie grossière qui a pour but de fournir à l'homme un abri contre les intempéries des saisons. Toutefois, à quelque hauteur que l'art architectural s'élève chez une nation, on y retrouve toujours certains traits caractéristiques qui nous révèlent son point de départ. C'est ainsi que les auteurs s'accordent généralement à reconnaître trois types primitifs d'arch., dont chacun se rapporte à trois états différents de la race humaine. — Les plus anciens peuples étaient ou pasteurs, ou agriculteurs, ou chasseurs. Les premiers menaient une existence errante et conduisaient leurs troupeaux dans les plaines les plus fertiles : ils furent donc obligés de se faire des demeures mobiles qu'ils pussent emporter dans leurs pérégrinations. Ils inventèrent la *tente*, qui est encore le type évident de l'arch. chinoise : car les premiers habitants de ce pays, comme toutes les peuplades mongoliques, furent d'abord *nomades*, en d'autres termes pasteurs, et *scénites*, c'est-à-dire habitant sous des tentes. L'agriculture au contraire, obligeant l'homme à se fixer dans le lieu qu'il a choisi et à travailler sans cesse la même terre, le porta à se construire une maison solide pour y abriter non seulement sa famille, mais encore ses bestiaux et ses récoltes. La *cabane* construite en bois et surmontée d'un toit incliné fut le premier résultat de cette nécessité. Quant aux peuples qui vivaient de la chasse ou de la pêche, ils parcouraient sans cesse les pays de forêts et de montagnes, ou s'établissaient au bord de la mer : il est probable qu'ils se contentaient de se retirer dans les excavations naturelles que leur offraient les rochers, ou bien ils se creusaient des cavités pour se mettre à l'abri. Au reste, il ne faut pas croire que l'art de chaque pays doive toujours se rapporter à un principe ou type unique; car si l'arch. chinoise est dérivée de la tente, celle de la Grèce de la cabane primitive, celle de l'Inde des excavations souterraines, plusieurs auteurs admettent que celle de l'Égypte procède de la combinaison de ces deux derniers principes.

II. ARCHITECTURE DITE CELTIQUE OU MÉGALITHIQUE. — La simplicité des formes et l'absence de tout indice d'un art quelconque sont une marque certaine de l'antiquité des monuments; ceux qui ont reçu à tort le nom de *celtiques* et *druidiques* sont probablement les plus anciens qu'ait élevés la main des hommes. On les nomme mieux *monuments mégalithiques*, du grec μέγας, μεγάλη, grand, et λίθος, pierre. Ces monuments grossiers, dont on a attribué à tort l'érection à nos ancêtres les Celtes, parce qu'ils sont surtout répandus dans les pays qu'occupait cette antique race, la France et l'Angleterre, se rencontrent néanmoins dans une foule d'autres contrées, dans la Belgique, le Danemark, la Suède, la Norvège, sur les rivages de la Méditerranée, dans le Levant et jusque dans l'Inde, et sont considérés actuellement comme datant de l'époque de la pierre polie. Tous ces restes précieux offrent pour caractère commun d'être formés d'énormes pierres en général brutes, et d'affecter des dispositions assez peu variées. — En première ligne on distingue les *Peulvans* ou *Menhirs* (Voy. MENHIRS), qui sont simplement constitués par une pierre unique de forme allongée, plantée verticalement en terre ou seulement posée sur le sol. — Les *Pierres branlantes* sont d'énormes blocs de pierre posés sur un autre rocher, de telle manière que le moindre choc suffit pour leur imprimer un mouvement d'oscillation; dans certains cas même, la pierre supérieure tourne comme un pivot sur celle qui la supporte. On trouve des pierres branlantes dans la Normandie, la Bretagne, la Guyenne, la Bourgogne, etc.

Le *Dolmen* (Voy. ce mot) est un monument composé de pierres verticales appelées piliers, supportant une ou plusieurs pierres formant couverture et désignées sous le nom de *tables*. Ce monument présente à l'intérieur une ou plusieurs chambres que précède ordinairement une étroite galerie ou un vestibule; on trouve les dolmens soit enfouis dans le sol, soit recouverts d'une couche de terre formant un tumulus.

Les *Cromlechs* ou *Cercles de pierre* commencent à présenter un ensemble un peu plus monumental; ce sont des enceintes formées de monolithes et de trilithes disposés sur un plan circulaire. (Voy. CROMLECH).

Enfin, si nous mentionnons les alignements ou pierres rangées sur une ou plusieurs lignes parallèles, dont le plus célèbre est celui de Carnac, et les allées couvertes formées de deux rangs de pierres supportant une série de pierres plates qui forment une sorte de terrasse, appelées aussi *Grottes aux Fées*, *Tables du Diable*, etc., nous aurons rapidement passé en revue tout ce qui concerne l'*arch. mégalithique*. Pour ce qui est de la destination de ces constructions préhistoriques, les nombreux squelettes trouvés sous certains dolmens montrent que ceux-ci n'étaient autre chose que des tombeaux ou caveaux funéraires.

Les cromlechs étaient également des lieux de sépulture, des cimetières. Quant aux menhirs, dont on rencontre des spécimens isolés auprès de quelques dolmens, on incline à penser qu'ils ont été érigés comme monuments commémoratifs de quelque événement important.

III. ARCHITECTURE PÉLASGIQUE. — Le nom de *Pélasgiques* ou *Cyclopéennes* est donné à certaines constructions fort anciennes qu'on rencontre en divers lieux de la Grèce, de l'Italie et de l'Asie Mineure. Les Grecs les attribuaient aux Cyclopes; aujourd'hui on les attribue communément aux Pélasges, peuple dont l'origine est extrêmement controversée, mais qui, dans les temps préhistoriques, occupait le sol de la Grèce. Ces constructions consistent le plus souvent en murailles massives composées de pierres de forme irrégulière et ajustées ensemble sans l'emploi de ciment d'aucune sorte, ce qui établit entre cette arch. et la mégalithique une étroite affinité. Mais, à la différence de cette dernière, l'arch. pélasgique ne resta pas absolument stationnaire, ainsi que le prouve la simple inspection des monuments qui sont encore debout, et où l'on voit l'appareil cyclopéen, par des perfectionnements successifs, se rapprocher singulièrement du grand appareil usité plus tard chez les Grecs. Les constructions les plus anciennes qui nous restent des Pélasges sont les enceintes des acropoles qu'ils avaient élevées sur le sommet des montagnes afin de rendre les attaques plus difficiles. Les murs de l'antique acropole de Tyrinthe ont 1m.62 d'épaisseur, et sont constitués par trois rangées parallèles de pierres ayant 1m.52 d'épaisseur, et laissant ainsi entre elles deux galeries larges de 1m.25, et hautes de 3m.65. Les parois de ces galeries sont formées par des assises de pierre et la partie supérieure par deux autres assises horizontales qui s'avancent l'une vers l'autre, et se rencontrent au sommet de façon à figurer à peu près un arc en ogive. L'acropole de Mycènes date vraisemblablement de la même époque que celle de Tyrinthe. Les figures 1 et 2 donnent une idée de l'espèce d'appareil employé dans la construction des murs de Mycènes. La première

Fig. 1.

est la porte d'une poterne. La seconde, qui est mentionnée par Pausanias et qui est connue sous le nom de *Porte aux Lions*,

Fig 2.

est formée par deux pierres qui servent de jambages et qui sont légèrement inclinées l'une vers l'autre. Le linteau, au-

Fig. 3.

dessus duquel sont sculptés deux lions, consiste en une énorme pierre de 4^m,57 de longueur et de 1^m,32 de hauteur. L'épaisseur générale des murs est de 6^m,40, et leur hauteur dans les parties les mieux conservées est de 13^m,10. — Près

de l'acropole de Mycènes on rencontre un édifice circulaire assez bien conservé que l'on désigne généralement sous la dénomination de *Trésor d'Atrée*, mais que plusieurs archéologues prétendent être le tombeau du fils d'Atrée, Agamemnon (Fig. 3. Chambre en rotonde du Trésor d'Atrée). Tout d'abord la vue de ce curieux monument a fait supposer à divers savants que, dès cette époque reculée, ces peuples connaissaient l'art de construire des voûtes; mais un examen plus attentif démontre qu'il est formé d'assises horizontales. L'assise supérieure faisait saillie en avant de l'inférieure, de telle sorte que l'édifice devenait plus étroit à mesure qu'il s'élevait, et qu'ensuite il a suffi d'abattre tous les angles saillants pour donner à l'intérieur l'aspect d'une voûte. Cette construction, par sa forme intérieure, ressemble assez bien à une ruche. Elle a environ 14^m,63 de diamètre et 14^m,94 d'élé-

Fig. 4

vation. On reconnaît que des clous de bronze ont été distribués à toutes les hauteurs et dans toute l'étendue des parois circulaires du Trésor d'Atrée. Une porte ménagée à l'intérieur de l'édifice donne entrée dans un caveau taillé dans le roc. Les anciens Grecs peuvent avoir voulu conserver là des trésors; car, d'après leurs mœurs et leurs croyances, ils ne connaissaient rien de plus inviolable que les tombeaux.

En 1876-77, M. Schliemann fouilla une partie de la ville antique, et notamment l'Agora ou place publique, et y découvrit entre autres 25 tombes dont les cadavres se pulvérisèrent à l'air en quelques secondes. Masques d'or, diadèmes et couronnes d'or, bracelets, bagues, coupe royale, poteries, forment un véritable trésor. Le fer en est absent : or, bronze et pierre. Tous ces vestiges paraissent antérieurs à Homère.

Il existe encore en Grèce d'autres édifices analogues au « Trésor d'Atrée » : nous nous contenterons de mentionner le trésor de Minyas à Orchomène en Béotie, dont parle Pausanias. La figure 4 représente l'entrée de cet édifice vue de l'extérieur.

IV. ARCHITECTURE ÉGYPTIENNE.—L'état si parfait de conservation dans lequel beaucoup de monuments égyptiens s'offrent aujourd'hui à nos regards est bien propre à exciter notre surprise et notre admiration, quand on songe que l'Égypte était déjà déchue de son antique splendeur longtemps avant l'époque où ont été écrites les histoires les plus anciennes qui soient parvenues jusqu'à nous. Ce phénomène est dû à la réunion de plusieurs circonstances importantes. Le mode de construction, la solidité des matériaux, la nature du climat, y ont sans doute une grande part ; mais cet état de conservation tient surtout à la position particulière du pays, qui est séparé du reste de l'univers par les océans de sable et d'eau, et qui n'a pour limitrophes que des tribus sauvages. En effet, si aux premiers habitants eût succédé un peuple puissant, si de riches et industrieuses cités se fussent élevées sur l'emplacement des anciennes, les monuments égyptiens auraient été en grande partie anéantis; car ils auraient sans doute servi de carrières pour les constructions nouvelles. Les hordes arabes et les habitants de l'Égypte actuelle ont, il est vrai, bâti leurs misérables villages sur quelques-uns de ces anciens emplacements. Les terrasses de plusieurs temples forment le plancher des habitations modernes, et, à Thèbes, deux étages de

Fig. 5.

bules fermés par une suite de portes empêchaient le temple lui-même d'être aperçu. Ce dernier, dont nul n'avait le droit d'approcher, avait très peu d'étendue, et l'on y conservait

Fig. 6.

Fig. 7.

villes élevés sur le plafond de ces ruines éternelles sont là pour attester que les moyens de destruction ont été inférieurs à la résistance d'édifices construits d'une manière aussi solide.

C'est au respect des Égyptiens pour les morts que sont dus leurs monuments les plus prodigieux, nous voulons dire les Pyramides. Diodore de Sicile rapporte que les rois d'Égypte dépensaient plus d'argent pour leurs tombeaux que n'en dépensent les autres souverains pour leurs palais. Ils pensaient, dit cet historien, que tant que dure la vie, la fragilité de notre corps ne vaut pas la peine que nous lui donnions une demeure solide et durable. A leurs yeux un palais n'était qu'une hôtellerie occupée successivement par plusieurs voyageurs, et dans laquelle chacun ne s'arrête que l'espace d'un jour. En conséquence, ils regardaient leurs tombeaux comme leurs véritables palais, puisqu'ils devaient y résider éternellement, et ils n'épargnaient aucune dépense pour les rendre dignes d'une telle destination. Aux mots PYRAMIDE, OBÉLISQUE et TOMBEAU, nous reviendrons sur ces monuments.

C'est à l'Égypte que diverses religions polythéistes ont emprunté leurs principaux mystères, et c'est dans l'ombre des souterrains qu'avaient lieu les initiations dont la loi suprême était de demeurer secrètes. Aussi le Secret était-il adoré dans ces retraites sous la figure d'Harpocrate. Suivant Plutarque, les sphinx qui décoraient l'entrée des temples signifiaient que la mythologie égyptienne était mystérieuse et emblématique. Plusieurs vesti-

l'animal sacré ou son image. Mais les avenues, les galeries, les portiques ou les logements des prêtres couvraient une vaste superficie de terrain. A l'exception de quelques

Fig. 8.

variantes dans les plans des temples égyptiens, on remarque dans tous ces monuments un caractère identique et uniforme qui règne partout, dans leur façade, dans leur forme générale et dans les détails de leur décoration, laquelle est principalement composée d'hiéroglyphes, le plus monotone assurément de tous les genres de décoration. Pour les Égyptiens, élévation semble avoir la signification de grandeur, et volume ou masse paraissent être synonymes de puissance. Chez eux, les plans sont constamment uniformes. Ils ne connaissent absolument que la ligne droite et la forme carrée, et, ainsi que l'a fait depuis longtemps observer le comte de Caylus, il n'existe aucun monument circulaire construit dans le style égyptien.

Les bois propres à la charpente, à l'exception du palmier, étant rares en Égypte, les seuls matériaux usités dans les

Fig. 9.

édifices antiques étaient la brique, soit cuite, soit simplement séchée au soleil, et la pierre, surtout le marbre et le granit. Les Égyptiens avaient acquis une telle habileté dans l'art de travailler la pierre, malgré l'énorme dimension des blocs qu'ils employaient, que c'est à peine si l'on peut distinguer leurs assises. Pour donner une idée de la quantité de pierre qui entrait dans les constructions égyptiennes, nous dirons qu'il existe à Thèbes des murs qui n'ont pas moins de 16 mètres d'épaisseur à leur base.

Les temples égyptiens étaient généralement construits sur le même plan. Ils se composaient d'une série de portes magnifiques, de cours entourées de portiques, de salles plus ou moins vastes, soutenues par un nombre plus ou moins considérable de colonnes et de galeries et d'appartements destinés à des usages divers. Ce qui frappe d'abord le spectateur, c'est la vue de ces grandes portes, qui sont flanquées de chaque côté par un massif en forme de pyramide quadrangulaire tronquée et que les archéologues modernes désignent sous le nom de *pylônes*. Les temples étaient en général

entourés de murs qui ne permettaient pas de saisir d'un seul coup d'œil l'ensemble de l'édifice. Ceux qui n'avaient pas d'enceinte semblable étaient fermés par un mur bâti entre les colonnes et qui s'élevait au tiers ou à la moitié de la hauteur de celles-ci. (Fig. 5. Petit temple de l'île de Philæ.) Strabon décrit en ces termes la disposition générale des temples égyptiens : « A l'entrée du sol consacré, on trouve d'abord une avenue pavée, large d'un plèthre ou un peu moins (environ 35 mètres), et trois ou quatre fois plus longue que large. Dans toute la longueur de cette avenue que les Grecs appellent *dromos*, règne de chaque côté une suite de sphinx de pierre, distants les uns des autres de 20 coudées ou même davantage (10 à 11 mètres). Après les sphinx on rencontre un grand propylon (pylône), puis un second et même un troisième, car le nombre de ces derniers varie, tout comme celui des sphinx. (Fig. 6. Vestibule et pylône du grand temple d'Isis dans l'île de Philæ.) Au delà de ces vestibules (*propylaia*) s'élève le temple (*naos*), précédé d'un large portique ou *pronaos*. (Fig. 7. *Pronaos* du même temple.) Le sanctuaire (*sekos*) est de petites dimensions. Il ne renferme pas de statue, ou, s'il en existe une, elle représente la figure non d'un homme, mais de quelque animal. De chaque côté du pronaos s'élève une aile (*pteron*). Ces ailes consistent en deux murs aussi hauts que le temple lui-même, et à la surface desquels sont sculptées de grandes figures semblables à celles que l'on voit dans les ouvrages dus aux Grecs et aux Étrusques. »

Les plans des temples se distinguent par leur extrême régularité. Le grand temple de Philæ est le seul qui fasse exception à la règle; mais il est évident que cette circonstance tient à la configuration même du lieu où il est bâti. Néanmoins on observe d'énormes différences relativement aux dimensions de ces édifices. Ainsi, le dromos en avant du temple de Karnak avait 2,000 mètres de longueur et était décoré de deux rangées de 600 sphinx et 58 béliers. Souvent aussi, devant la masse principale du temple, on élevait des obélisques en l'honneur du prince qui avait érigé le monument. L'uniformité constante des façades en rend l'aspect monotone. La forme pyramidale semble régner dans tous les édifices égyptiens : les murs, par ex., ne sont verticaux qu'à l'intérieur, tandis que leur face extérieure présente un talus prononcé; aussi devait-il en résulter une solidité extraordinaire. L'arch. égyptienne faisait un usage très fréquent des colonnes; ce qui s'explique aisément par le fait qu'on n'employait qu'une seule pierre pour recouvrir l'entre-colonnement. Par conséquent les entre-colonnements sont en général étroits; leur dimension ordinaire est d'environ un diamètre et demi. — Les colonnes se distinguent en cylindriques et en polygonales. Parmi les premières, les unes sont lisses et chargées ou non d'hiéroglyphes; les autres semblent être composées de faisceaux de tiges que relient ensemble de distance en distance des bandes circulaires analogues à des cercles de tonneaux. Ces bandes forment ordinairement deux ou trois groupes de trois, quatre, ou cinq cercles chacun : telles sont les colonnes que l'on voit dans la Fig. 8, qui représente l'intérieur du grand temple d'Edfou, très ensablé. Cette disposition architecturale paraît avoir été tout à fait arbitraire. Les colonnes polygonales se rencontrent fréquemment, mais surtout dans les édifices qui ont été taillés dans le roc. Les colonnes vont en diminuant de la base au sommet, mais sans offrir la moindre apparence de renflement. On peut avancer hardiment qu'il n'existe aucune proportion rigoureuse entre leur hauteur et leur diamètre. Aussi nous contenterons-nous de dire qu'elles sont courtes, épaisses et trapues, car elles ont parfois jusqu'à 3m,35 de diamètre. On ne trouve rien dans les constructions égyptiennes qui ressemble à ce que nous entendons par pilastre, quoique certaines colonnes quadrangulaires puissent en rappeler l'idée. Toutefois il existe des pilastres dans la petite chambre sépulcrale de la grande pyramide. On rencontre

plus remarquable de tous ces monuments est le palais de Karnak. Les ruines qu'il présente sont les plus connues et les plus magnifiques de l'antiquité égyptienne. Les habitations particulières étaient loin d'offrir une telle magnificence; cependant elles étaient disposées avec art et parfaitement appropriées aux exigences du climat. Les salles de réception et les chambres étaient régulièrement distribuées sur les côtés des cours. Ces habitations se composaient ordinairement de deux étages; toutefois, suivant Diodore, on voyait à Thèbes des maisons qui en avaient jusqu'à 4 et 5. Les rues étaient étroites, mais régulières: il paraît même qu'on évitait avec soin le contraste disgracieux qui résulte de la juxtaposition de maisons de hauteur trop inégale.

Jusqu'ici nous n'avons parlé que des *constructions* de l'Egypte antique, nous devons maintenant signaler l'existence

Fig. 10.

également peu de colonnes qui aient une base, mais les chapiteaux offrent une grande variété. Leur forme habituelle est celle d'un carré, d'un vase ou d'un simple renflement. Quelques-uns sont également sculptés et décorés de fleurs de lotus, de feuilles de palmier ou d'autres végétaux. On voit à Denderah des chapiteaux ornés de têtes d'Isis. En général ils sont dépourvus d'abaque et réunis à l'architrave au moyen d'un dé étroit et carré, taillé dans la même pierre que le chapiteau. Il est rare que l'entablement se compose de plus d'une architrave que surmonte un vaste cavet, lequel se termine supérieurement par un chapelet ou par un filet. Ce cavet est souvent décoré de glyphes et autres ornements en creux, avec un globe ailé au centre. La toiture du temple était constituée par une terrasse plate, formée de dalles épaisses.

Quant aux palais égyptiens, comme ils offrent une disposition analogue à celle des temples, nous n'entreprendrons pas de les décrire. On trouve des ruines considérables de plusieurs de ces édifices qui attestent la grandeur et la magnificence que les Pharaons déployèrent dans leurs demeures : le

d'immenses édifices taillés dans le roc. Parmi ces excavations, les unes étaient destinées à servir de sépulcres, les autres étaient des habitations; plusieurs étaient consacrées au culte. On appliquait le nom de *spéos* à tous les monuments de ce genre qui n'étaient pas des tombeaux, et l'on donnait le nom d'*hémispéos* à ceux qui étaient en partie creusés dans le rocher et en partie construits de matériaux rapportés. C'est dans la Nubie que se trouvent principalement ces excavations. Les plus remarquables sont les deux spéos découverts par Belzoni à Ipsamboul, sur la rive occidentale du Nil. Le *temple d'Athor*, dédié il y a 33 siècles à la déesse de la lumière et de la beauté par l'épouse de Ramsès II, le Sésostris des Grecs, est le plus petit. Sa façade (Fig. 9, restaurée) est décorée de six colosses de 11m,35 de hauteur, taillés dans le roc. Cet édifice est couvert de bas-reliefs dont plusieurs sont du plus haut intérêt. A côté se voit le *grand temple* creusé sous le règne de Sésostris et dont nous donnons ici (Fig. 10), d'après G. Le Bon, la restitution intérieure la plus probable. Le travail nécessaire pour achever un aussi vaste monument a de quoi effrayer l'imagination. La première salle de l'intérieur est soutenue par huit piliers contre lesquels sont adossés autant de colosses de 9^m,75 chacun, qui représentent Sésostris. On y voit aussi une série de bas-reliefs historiques très remarquables et relatifs aux conquêtes de ce pharaon en Afrique. Les autres salles, car elles sont au nombre de seize, sont ornées de bas-reliefs religieux offrant des particularités fort curieuses. Enfin le temple est terminé par un sanctuaire, au fond duquel sont assises quatre statues bien plus fortes que nature et d'un très beau travail. La façade extérieure est décorée de quatre colosses assis d'une hauteur de 20 mètres. Nous mentionnerons encore les quatre spéos d'Ibrim, qui paraît être la Premnis de Strabon. Selon Champollion, le plus ancien de ces monuments remonte au règne de Thoulhmosis Ier, 1600 ans environ avant J.-C., et le plus récent à celui de Sésostris.

V. ARCHITECTURE BABYLONIENNE ET ASSYRIENNE — Toutes les traditions antiques nous montrent la région comprise entre l'Euphrate et le Tigre comme l'un des pays les plus anciennement habités par les hommes. Les empires qui existèrent pendant une longue suite de siècles dans ces contrées furent aussi célèbres par leur puissance que par leurs richesses, et

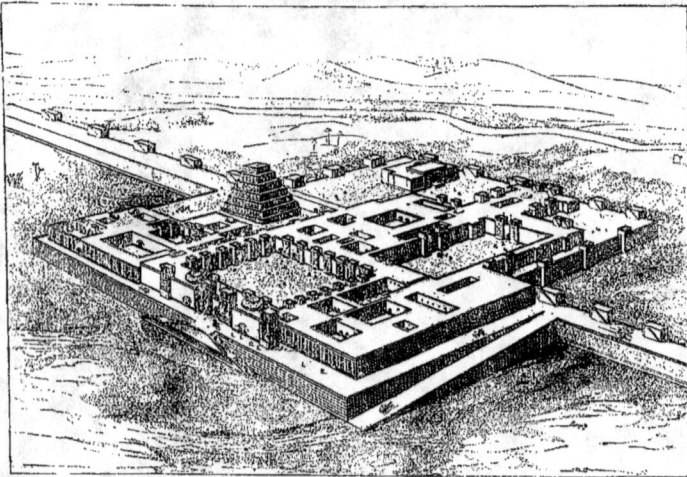

Fig. 11.

tous les écrivains de l'antiquité s'accordent à parler avec admiration des merveilles que présentaient les cités fameuses de cette partie de l'Asie occidentale. — La plus ancienne et la plus célèbre de ces cités, Babylone, était située sur l'Euphrate, qui la divisait du nord au sud en deux parties égales. Ses murailles, ses jardins suspendus, son temple de Bel surtout, frappaient d'étonnement les étrangers. Hérodote, qui avait visité cette ville dans le cours du Ve siècle avant notre ère, dit que l'enceinte de Babylone était formée par deux murailles. La plus extérieure représentait un carré dont chaque côté avait 120 stades (22 kilom.) de longueur, de telle sorte que son périmètre total avait une étendue de 4,808 stades (88 kilom.). La hauteur de ce mur était de 100 coudées royales, environ 50 mètres, et son épaisseur de 50 coudées ou 25 mètres. La muraille dont nous parlons était placée entre deux larges fossés, et protégée en outre par 250 tours, érigées deux par deux en face l'une de l'autre, mais entre lesquelles pouvait circuler un char à quatre chevaux. Enfin, il y avait à cette muraille 100 portes de bronze massif, comme les jambages et les linteaux. Le mur intérieur n'était pas moins fort, mais il était beaucoup moins étendu; toutefois, l'historien grec évalue son périmètre à 360 stades (66 kilom.). Il importe d'observer que, le sol de la Babylonie étant absolument dépourvu de pierre, les fameuses murailles de la ville de Bel étaient, ainsi que d'ailleurs tous les édifices de cette immense cité, construites en briques cuites au soleil et cimentées avec

de l'asphalte. L'enceinte fortifiée de Babylone qu'a décrite Hérodote avait été commencée par Assarhaddon et fut achevée par Nabuchodonosor ou Néboukadnézar. C'est aussi à ce prince qu'étaient dus les fameux jardins suspendus, qu'une tradition sans fondement attribua plus tard à la fabuleuse Sémiramis. Ces jardins consistaient en un vaste édifice carré ayant 4 plèthres (140 mèt.) de longueur sur chaque face et composé de plusieurs terrasses étagées en retraite les unes au-dessus des autres, comme celles de l'Isola Bella dans le lac Majeur, de façon à représenter une pyramide tronquée. La terrasse supérieure avait 25 mètres d'élévation. Sous chaque terrasse, il existait une galerie dont le plafond était formé de pierres plates ayant 5 mètres de longueur sur 1^m,30 de largeur. Sur ce plafond reposaient un lit de roseaux cimentés avec de l'asphalte, un double rang de briques cuites liées avec du plâtre, puis des lames de plomb, et enfin de la terre végétale qui constituait un sol artificiel destiné à nourrir une foule d'arbres et de plantes rares. Strabon dit que le plafond de ces galeries était soutenu de distance en distance par de gros piliers carrés, creux à l'intérieur et remplis de terre pour recevoir les racines des grands arbres. Ces jardins étaient encore dans tout leur éclat au temps d'Alexandre. Le fameux temple de Bel était construit, suivant la croyance commune, sur l'emplacement même de l'antique tour de Babel dont parle la Bible. Ce monument, érigé par Nabuchodonosor, est décrit en ces termes par Hérodote : « C'est un carré régulier dont chaque côté peut avoir 2 stades (368 mèt.). On voit au milieu une tour quadrangulaire massive, qui a un stade (184 mèt.), tant en longueur qu'en largeur. Sur cette première tour une autre est bâtie, une troisième sur celle-ci, et ainsi de suite jusqu'au nombre de huit. On peut monter au sommet de toutes par une rampe qui circule en dehors de chacune d'elles. A la moitié du chemin, on a ménagé un lieu d'arrêt et des sièges sur lesquels ceux qui montent peuvent se reposer. Sur la dernière tour se trouve un temple, où l'on voit un lit très large, magnifiquement couvert, près duquel est une table d'or. Du reste, on n'y aperçoit aucune image de divinité. Personne ne passe la nuit dans ce lieu, si ce n'est une femme du pays qui est choisie par le dieu et que désignent les Chaldéens, prêtres de Bel. » Le soubassement de la construction avait environ 24^m,50 de hauteur, et chacun des sept étages 8^m,10, de sorte que l'élévation totale de l'édifice, non compris le temple qui en formait le couronnement, dépassait 80 mètres. Des fouilles pratiquées par le général Rawlinson ont permis de constater que chacun des sept étages avait un revêtement de couleur particulière, suivant l'astre auquel il était consacré. Les couleurs se succédaient ainsi en commençant par le bas : noir, Saturne; blanc, Vénus; pourpre, Jupiter; bleu, Mercure; rouge, Mars; argent, la Lune, et or, le Soleil. Cet ordre, en partant du sommet, est celui des jours de la semaine. Aujourd'hui, cette construction fameuse est représentée par une éminence de forme oblongue, qui a environ 700 mètres de circuit et qui est appelée par les Arabes *Birs Nemroud*, c'est-à-dire Tour de Nemrod, tandis que les Juifs la désignent sous le nom de Prison de Nabuchodonosor. A son sommet existe un massif solide en briques qui a 11^m,25 d'élévation sur 8^m,50 de largeur, et qui est percé de petits trous carrés disposés en rhomboïdes. Les briques dont est formé ce massif sont revêtues d'inscriptions et unies entre elles par un ciment tellement solide qu'il est difficile de les détacher sans les briser. Les autres parties du sommet de la colline sont couvertes d'une quantité immense de briques réunies en masses solides et vitrifiées, comme si elles avaient subi l'action du feu le plus violent. Ce n'est qu'à la suite de fouilles suivies avec persévérance et d'une longue étude des auteurs anciens, que les archéologues modernes, parmi lesquels notre savant assyriologue Oppert doit être cité au premier rang, sont parvenus à identifier les monceaux informes de décombres qui couvrent l'emplacement de l'antique Babylone avec les monuments mentionnés par les historiens grecs et latins. La terrible prédiction d'Isaïe a été littéralement accomplie : « Cette grande Babylone, reine entre tous les royaumes du monde, qui faisait l'orgueil des Chaldéens, sera détruite et ne sera plus rebâtie dans la suite des siècles. Les Arabes n'y dresseront pas même leurs tentes, et les pasteurs n'y viendront point faire reposer leurs troupeaux. Les bêtes fauves s'y retireront. Les hiboux hurleront à l'envi l'un de l'autre dans ses maisons superbes, et les dragons habiteront dans ses palais de délices. »

Une ville non moins célèbre que Babylone et qui fut sous tous les rapports sa rivale, a également disparu de la surface du sol : nous voulons parler de la capitale de l'Assyrie, Ninive, qui s'élevait sur la rive orientale du Tigre, vis-à-vis de la ville actuelle de Mossoul, et dont la fondation était presque contemporaine de celle de Babylone. Suivant Ctésias, l'enceinte de Ninive représentait un parallélogramme dont les deux grands côtés avaient 150 stades et les deux autres 90, de telle sorte qu'elle offrait un développement total de 480 stades (88 kilom.) : « Ce mur avait 100 pieds (30 mèt.) de haut, et il était assez large pour que trois chars pussent y marcher de front. Le nombre total des tours était de 1,500 ; elles avaient chacune 200 pieds (60 mèt.) d'élévation. » Mais, d'après une inscription de Sennachérib, les murs de Ninive avaient seulement 360 stades (environ 66 kilom.) de circuit : ils étaient construits à l'extérieur en briques, et l'intérieur se composait de terres rapportées. Cette cité fameuse fut détruite deux fois, d'abord l'an 747, ensuite l'an 625 av. notre ère. Ses ruines n'ont été découvertes qu'en 1842. On trouve encore sur les débris les traces de l'incendie qui détruisit la ville pour la seconde fois.

L'arch. des Assyriens différait peu de celle des Babyloniens. Leurs monuments, ainsi que ceux de la Chaldée, étaient en général construits sur des tertres artificiels qui constituaient comme un immense soubassement à tout l'édifice, et, malgré la constitution différente du sol du pays, qui fournit en abondance des pierres propres à bâtir, les Assyriens avaient poussé l'imitation de l'art babylonien à celles en pierre. Seulement, à la brique séchée ou cuite ils substituèrent une sorte de pisé composé de briques encore molles qui adhéraient intimement les unes aux autres sans ciment, de telle manière que chaque muraille, chaque voûte, une fois séchée, constituait une seule masse compacte. Par suite de ce mode de construction, les Assyriens étaient contraints de donner une épaisseur énorme aux murailles, de limiter singulièrement la hauteur de leurs édifices, qui n'avaient en général qu'un seul étage, et enfin de ne jamais faire que des salles très étroites : car une voûte en pisé ne peut avoir qu'une faible portée. La Fig. 11 représente la restitution du *palais du roi Sargon* (721-702) à Khorsabad, et la Fig. 12 montre la restitution d'une des portes principales, d'après le travail très remarquable de l'architecte Félix Thomas. Ce palais a été découvert en 1842 dans la localité connue actuellement sous le nom de Khorsabad, à 16 kil. nord-est de l'ancienne Ninive. Les sculptures les plus précieuses et les autres antiquités découvertes dans ce lieu se

trouvent au musée du Louvre. La largeur des salles des palais assyriens découverts jusqu'à ce jour ne dépasse jamais 13 mètres, tandis que leur longueur atteint parfois 45 et même 58 mètres. La pierre n'apparaît dans les constructions assyriennes que pour constituer les revêtements des murailles, sous la forme de grandes plaques sculptées. Un fait important à signaler dans l'histoire de l'arch. assyrienne, c'est l'emploi de l'arcade à claveaux, en forme de cintre ou d'ogive. On a trouvé sous la portion la plus ancienne du palais de Nimroud, l'ancienne Kalach, un aqueduc construit en briques cuites et voûté de cette manière. Ce qui constituait la magnificence des palais assyriens, c'était leur vaste étendue et surtout leur décoration. Les parois des chambres étaient recouvertes d'un enduit de stuc coloré, ou quelquefois de peintures à fresque. Celles des grandes salles étaient, comme nous venons de le dire, revêtues, jusqu'à une certaine hauteur, de grandes lames de pierre sculptées avec un art remarquable, et représentant des scènes de divers genres, mais le plus souvent de guerre et de chasse. Au-dessus régnait une sorte d'attique en briques émaillées. Certaines salles étaient uniquement décorées par ce dernier procédé. Enfin, d'autres pièces, ainsi

Fig. 12.

que nous l'apprennent de nombreuses inscriptions, étaient lambrissées de bois précieux, tels que le cèdre, le cyprès, l'ébène et le santal ; mais on n'a jusqu'à présent retrouvé aucun vestige de ces lambris. Les toits des édifices étaient habituellement plats, formant terrasse, et entourés de tous côtés par une bordure de créneaux en gradins, semblables à ceux que l'on voit aujourd'hui dans quelques anciennes mosquées du Caire, la mosquée El-Azhar par exemple. La masse de terre qui constituait la terrasse était soutenue soit par des voûtes de pisé, soit par une charpente solide, construite principalement en bois résineux. Certaines salles, de forme carrée et d'étendue nécessairement médiocre, étaient couvertes par une coupole hémisphérique, formée d'un bloc unique de pisé, qui faisait saillie au-dessus de la terrasse. On n'a trouvé dans les édifices assyriens aucune trace de fenêtre. Ils étaient donc éclairés soit par les portes, soit, tout au moins pour les salles qui étaient entourées d'autres salles, par des ouvertures pratiquées dans le plafond. Pour fermer ces ouvertures, on employait, suivant Fr. Lenormant, ces peaux de cétacés dont il est si souvent fait mention dans les inscriptions, après les avoir préparées de façon à les rendre translucides. Les portes principales, tant celles qui s'ouvraient à l'extérieur que celles qui s'ouvraient sur les cours, étaient habituellement disposées en voûtes de plein cintre. Elles étaient toujours décorées de statues colossales représentant le plus souvent des taureaux ailés et à face humaine (*Kiroubi*), ou encore des lions également munis d'ailes et d'une tête d'homme (*Nirgalli*), ou plus rarement des lions ordinaires, mais énormes. L'archivolte des portes était ornée de briques émaillées, ainsi qu'on le voit dans la Fig. 12. A chaque palais assyrien semble avoir été attachée une tour ou pyramide à sept étages, égaux en hauteur et disposés en retraite les uns sur les autres : celle du palais de Sargon avait environ 43 mètres d'élévation. Ces pyramides, appelées *zikurat*, étaient revêtues de stuc, dont la couleur différait pour chaque étage, comme on l'a déjà vu par l'exemple du temple de Bel, sur le modèle duquel elles étaient bâties. Ces curieux monuments servaient à la fois de temples et d'observatoires astronomiques. On en aura une idée par la restitution de l'Observatoire de Khorsabad que l'on trouvera au mot OB-SERVATOIRE.

VI. ARCHITECTURE PHÉNICIENNE ET JUIVE. — Il ne reste aucun monument important de l'arch. phénicienne. D'après les témoignages d'Euripide et de Lucien, elle n'était qu'une imitation de celle de l'Egypte, et, en effet, les vestiges de constructions phéniciennes qui subsistent encore aujourd'hui présentent, dit Renan, un caractère de force massive et imposante, avec le dédain du fini dans les détails. Les temples phéniciens néanmoins paraissent avoir été de très petites dimensions, ainsi qu'on en peut juger par les ruines de celui d'Astarté à Paphos, dans l'île de Chypre, temple qui en outre est figuré sur plusieurs médailles. Celles-ci nous apprennent qu'un devant de ce dernier s'élevaient deux obélisques unis par une chaîne.

Les Juifs ne possédèrent pas d'arch. particulière, la Bible nous apprend qu'ils faisaient construire leurs monuments par des ouvriers étrangers. Le fameux temple de Salomon, le plus important de tous et dont plusieurs archéologues tels

Saints, dans lequel était déposée l'*Arche d'alliance* (Voy. à ce mot). Le Temple, à l'exception du portique, était entouré de trois étages de chambres et avait des dimensions assez réduites. Il était placé au centre de trois enceintes : la première, c'est-à-dire la plus petite, entourant le Temple, était le parvis des prêtres ; la seconde, celui des Israélites ; et la troisième, le parvis des Gentils. Ce monument fut détruit par les Assyriens en 688, reconstruit par Zorobabel, puis, plus tard, sur de plus grandioses proportions, par Hérode le Grand

Fig. 13.

(17 av. J.-C.) ; mais l'an 70 de notre ère, lors de la prise de Jérusalem par Titus, il fut complètement détruit.

VII. ARCHITECTURE DES ANCIENS PERSES. — Cette arch. dérive de deux sources, l'Egypte et l'Assyrie. A la première elle a emprunté son mode de construction, à la seconde son système de décoration. Comme en Egypte, les monuments de la Perse sont généralement construits en pierre ou creusés dans le roc. Si l'on compare les portes ou portiques de ce pays que représente la Fig. 14 avec ceux qui subsistent sur les bords du Nil, on est frappé de la similitude qu'offrent leurs couronnements. Dans tous ces édifices, le couronnement constitue une espèce d'entablement avec une large moulure concave, ornée de côtes ou de feuilles, et surmontée d'un larmier. Toutefois, les murailles elles-mêmes sont moins massives que celles des constructions de l'Egypte. Quant aux colonnes, elles diffèrent de celles de ce dernier pays par leur légèreté. Elles sont souvent très sveltes et assez analogues à la colonne ionique. Les statues, les grands bas-reliefs et les briques émaillées, qui jouent un si grand rôle dans les édifices assyriens, n'ont guère moins d'importance dans l'arch. persane ancienne. (L'usage des briques émaillées est bien plus considérable encore dans l'arch. persane moderne, attendu la proscription par le Coran de toute représentation de figures d'hommes et d'animaux.) Enfin, comme les

Fig. 14.

que de Vogüé, Perrot, Chipiez, etc., se sont attachés à faire la restitution, fût bâti par un architecte et des ouvriers de Tyr, que le roi Hiram prêta à Salomon pour cette circonstance. Ce monument fut probablement de style égypto-assyrien, mais les essais de restitution qu'on nous a donnés ne concordant pas entre eux, on ne peut rien dire de précis sur la construction de ce temple. Le Livre des Rois nous apprend que le Temple se composait d'un portique servant d'entrée, donnant accès dans une cella, suivie elle-même d'une salle plus petite qui était le sanctuaire, ou *Saint des*

Assyriens, les anciens Perses aimaient à établir leurs édifices sur des terrasses ou de larges soubassements. Parmi les vestiges qui subsistent encore de leur arch., les plus remarquables sont ceux qui couvrent l'emplacement de la ville de Persépolis, dans la plaine de Merdascht, à 50 ou 60 kilom. N.-N.-E. de Schiraz (Fig. 13. Vue des ruines de Persépolis. — Fig. 14. Restitution de quelques portiques de ces ruines). Les ruines auxquelles les habitants ont donné le nom de *Tchehel-Minar* ou les quarante colonnes, sont très vraisemblablement les débris du palais auquel Alexandre mit le feu dans une

·orgie, à l'instigation de la courtisane Thaïs. Leur ensemble présente la forme d'un amphithéâtre et de plusieurs terrasses élevées les unes au-dessus des autres. On monte d'une terrasse à l'autre par des escaliers si commodes, que dix cavaliers pourraient y passer de front. Toutes ces constructions sont en marbre, et les blocs énormes qu'on y a employés sont réunis sans chaux ni mortier, d'une manière si admirable qu'il est difficile d'en découvrir les joints. Un immense espace est ainsi couvert de colonnes, de portails, de fragments de murs revêtus de bas-reliefs curieux et de débris de tout genre. On trouve encore non loin de là des tombeaux taillés dans le roc, où l'on enterrait les rois perses, suivant le témoignage de Diodore de Sicile. Des voyageurs ont aussi décrit les ruines intéressantes qui couvrent la plaine de Mourghab, celles du mont Bisoutoun près de Kirmanchah, et les grottes funéraires de *Nakschi-Roustam*, à 9 kilom. environ de Persépolis. Leur étude confirme ce que nous venons de dire des caractères de l'arch. des anciens Perses.

De 1881 à 1885, M. et Mme Dieulafoy ont fait en Perse, notamment à Suse, des fouilles importantes dont on peut voir les principaux résultats au musée du Louvre. Signalons parmi leurs découvertes celle du palais d'Artaxercès, construit sur les ruines de celui de Darius, et qui est si curieux par ses alignements de colonnes et leurs chapiteaux à têtes d'animaux. (Voy. au mot Chapiteau.)

VIII. Architecture indienne. — Parmi les érudits, beaucoup pensent qu'on doit considérer l'Inde comme le berceau de la civilisation, et regardent son arch. comme le prototype de toutes les autres. Mais l'opinion la plus accréditée est que la civilisation de l'Égypte remonte à une antiquité supérieure. En conséquence, on admet généralement que, si l'arch. indienne est véritablement indigène, ce que semblent démontrer certains caractères qui lui sont propres, elle n'a du moins exercé aucune influence sur les styles architectoniques adoptés par les peuples situés plus à l'occident. Les opinions les plus contradictoires ont été émises au sujet de l'âge des monuments de l'Inde. Mais la probabilité la plus grande est qu'ils ne sont pas antérieurs à notre ère. Quant aux Hindous, on ne peut baser aucun calcul sur leur chronologie fantastique. En l'absence de tout document historique, on peut en général déterminer approximativement l'âge relatif des édifices d'un pays. Cependant l'Inde fait exception à cette règle, le style architectural s'y montrant aussi invariable que les institutions religieuses et politiques.

Les édifices indiens se divisent en trois classes, savoir : monuments *souterrains*, monuments *excavés* ou *taillés* dans le roc à ciel ouvert, et monuments *construits*. — On trouve des temples souterrains dans les îles d'Éléphanta et de Salsette, à Karli (présidence de Bombay), à Ellora (présidence de Madras), dans l'île de Ceylan, etc. Le plus célèbre est celui d'Éléphanta. Il a 39^m,62 de longueur, 33^m,52 de largeur et 4^m,42 de hauteur. (Fig 15. Intérieur du temple d'Éléphanta.) Le plafond est plat, et paraît supporté par quatre rangées de colonnes en forme de balustres, qui sont hautes d'envi-

Fig 15.

ron 2^m,74 et reposent sur des piédestaux dont la hauteur est à peu près le tiers de celle des colonnes elles-mêmes. Une grande partie des murs est décorée de figures humaines colossales sculptées en haut-relief. À l'extrémité de la caverne

Fig. 16.

se trouve une pièce obscure représentant un carré de 6 mètres de côté, dans laquelle on entre par quatre portes flanquées chacune de figures gigantesques. — Les excavations qui existent à Kenhéri, île de Salsette, se composent de quatre étages de galeries qui conduisent à trois cents appartements. Pour former la façade, on a taillé verticalement un des côtés de la montagne.

Le principal temple a 25^m,60 de long sur 12^m,20 de large. Le plafond ressemble à une voûte dont le couronnement est élevé de 12^m,20 au-dessus du sol. L'entrée forme un portique supporté par quatre colonnes, et on compte à l'intérieur trente piliers octogones, dont les chapiteaux et les bases représentent des éléphants, des tigres et des chevaux. Les murs sont couverts de figures sculptées d'hommes, de femmes, d'éléphants, de chevaux et de lions. Au fond du temple on voit un autel qui a 6 mètres de diamètre et 8^m,32 de hauteur. Au-dessus de cet autel, le rocher est taillé en forme de dôme.

Les excavations d'Ellora, à 19 kil. N.-O d'Aurengabad, se composent d'un groupe de dix temples, dont une partie est souterraine et dont l'autre est taillée dans le roc à ciel ouvert de manière à figurer des édifices construits pierre à pierre. La Fig. 16 représente un de ces temples, qui porte le nom d'*Indra Subba* : on aperçoit même une partie de son intérieur. Les ruines de l'antique Mahâlipouram ou Mavalipouram, la ville des *Sept pagodes*, à 56 kil. S. de Madras, offrent, pour ainsi dire, l'aspect d'une cité pétrifiée, car elle a été presque entièrement taillée dans le roc à ciel ouvert. Une grande partie de ces ruines a été engloutie par la mer ; néanmoins les édifices qui subsistent encore comptent parmi les plus intéressants de l'Inde. Tous ces monuments ne sont pas des temples, et l'on en remarque un entre autres, soutenu par plusieurs rangées de piliers, qui paraît avoir été une grotte destinée à servir de *Tchoultry* ou d'hôtellerie pour les pèlerins.

Parmi les monuments construits qu'on trouve sur le sol de l'Inde, les plus considérables sont les édifices appelés *Pagodes* par les Européens. Les pagodes ne sont pas simplement des édifices religieux : elles renferment en général dans leur vaste enceinte des palais, des jardins, et servent en outre de forteresses. Ces monuments affectent constamment la forme pyramidale, et ils ne diffèrent essentiellement entre eux que sous le rapport de l'étendue, de la hauteur et de l'ornementation. Une des plus vastes pagodes connues est celle qu'on remarque dans la petite île de Seringham, près de Trichinopoly, sur la côte de Coromandel. Elle se compose, suivant Sonnerat, de sept enceintes carrées et concentriques dont les murs ont 7ᵐ,62 de haut sur 1ᵐ,22 d'épaisseur. Chaque enceinte est distante de la suivante de 406ᵐ,60, et présente sur chaque

Fig. 17.

face une large porte munie d'une tour. Le périmètre du mur le plus extérieur est d'environ 6,400 mètres. C'est dans les enceintes intérieures que sont situées les chapelles. La célèbre pagode de Chillambaram près de Porto-Novo, sur la même côte, a 36ᵐ,66 de hauteur sur 24,38 de largeur à la base. Elle est tronquée au sommet, qui forme une terrasse d'environ 11 mètres de côté. Cette pyramide n'est construite en pierre que jusqu'à la hauteur de 9ᵐ,14; le reste est en briques. La pagode de Tandjaore (Fig. 17) est considérée comme le plus beau temple pyramidal de l'Inde. Elle a 61 mètres d'élévation et repose sur un soubassement de 12ᵐ,20 de côté. L'édifice se compose de douze zones superposées dont chacune est décorée de sculptures différentes.

Il existe dans les diverses contrées de l'Inde une foule de pagodes remarquables; on comprend que nous ne pouvons les décrire ici. Nous terminerons en citant comme un morceau curieux d'architecture le *Tchoultry* ou hôtellerie de Madourch (Fig. 18). La façade offre un aspect tout à fait théâtral, et sa parfaite symétrie lui donne l'apparence d'un ouvrage dû à un art plus avancé que la plupart des autres monuments

Fig. 18.

de l'Inde. Cependant, quand on examine ses détails et en particulier son système d'encorbellement, cette étude détruit le charme que produit d'abord la vue de cet édifice.

Il est assez naturel de croire que les plus anciens monuments de l'Inde sont les excavations souterraines dont nous avons parlé, auxquelles ont succédé les édifices taillés dans le roc à ciel ouvert, puis les édifices construits avec des matériaux rapportés. Néanmoins il se peut qu'il y ait des exceptions à

cette règle. — Le fait que l'arch. de l'Inde a commencé, ainsi que l'arch. égyptienne, par des monuments creusés dans le roc, a été invoqué comme un puissant argument en faveur de l'opinion des savants qui supposent qu'il y a eu communication entre ces deux peuples. Cependant rien ne ressemble moins au style architectural égyptien que le style observé dans tous les monuments de l'Hindoustan. En Egypte, la forme essentielle de l'édifice est toujours facile à saisir, d'autant que les hiéroglyphes qui le recouvrent n'altèrent point le caractère de la construction et ne nuisent jamais à l'effet de l'ensemble; dans l'Inde, au contraire, la forme essentielle du monument disparaît sous la profusion des ornements qui le divisent et le décomposent pour ainsi dire. Par la même raison, dans l'arch. égyptienne, les plus petits édifices nous apparaissent avec un caractère de grandeur, tandis que la subdivision infinie des monuments indiens fait paraître petits ceux-là mêmes qui sont le plus remarquables par leurs dimensions. En Egypte enfin, la solidité est portée à l'extrême; dans l'Inde, les architectes semblent avoir généralement visé à imprimer à leurs constructions un caractère de légèreté.

Quelle que soit la diversité du mode d'ornementation des édifices indiens, on aurait tort de supposer que les architectes hindous ne prenaient conseil que de leur caprice et de leur imagination. Dans un pays où tout est basé sur la religion et réglé par des principes immuables, il était impossible que l'arch. ne fût pas également soumise à des lois invariables. Or c'est assurément l'existence de règles fixes ou de canons architectoniques qui a déterminé l'uniformité singulière qu'on observe dans les monuments de l'Inde.

A l'arch. indienne se rattachent les magnifiques monuments dont on a découvert les restes au Cambodge et qui ont été élevés par le peuple Khmer, aujourd'hui disparu. D'après M. Delaporte, les monuments Khmers ont été construits entre le VIIIᵉ et le XIVᵉ siècle de notre ère. On peut en voir de curieux spécimens au Musée du Trocadéro et au Musée Guimet, à Paris.

IX. Architecture grecque. — La présence de colonnes est le caractère essentiel de l'arch. grecque, et tous les auteurs s'accordent à reconnaître que la cabane est le type de cette arch. Les premiers arbres ou poteaux en bois qui furent plantés dans la terre afin de soutenir un système de toiture quelconque, furent l'origine des colonnes isolées qui plus tard supportèrent les portiques des temples. Le diamètre du tronc des arbres étant plus considérable à la base qu'au sommet, la colonne, qui est l'imitation de ce tronc, alla aussi, à partir de sa base, en diminuant d'épaisseur. En outre, attendu que cette partie de l'arbre ne présente rien qui soit analogue à la base, l'ordre architectural le plus ancien, le Dorique, est également dépourvu de base. Toutefois, comme le bois en contact avec le sol ne tarde pas à pourrir sous l'influence de l'humidité, on imagina bientôt de poser la colonne sur un dé en pierre, dé qui fut le modèle du piédestal. Scamozzi suppose que les cercles de fer ajustés sur les deux extrémités du tronc pour empêcher le bois de se fendre ont fait naître l'idée des moulures de la base et du chapiteau des colonnes. Il était naturel d'augmenter le développement de la surface

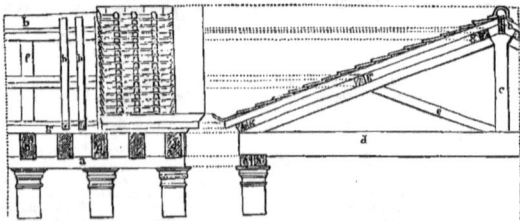

Fig. 19.   Fig. 20.

supérieure du chapiteau, afin de procurer un point d'appui plus large à l'architrave. Ce membre d'arch., dont le nom, qui signifie *poutre principale*, rappelle l'origine, était placé horizontalement sur le sommet des colonnes, et destiné à supporter la toiture de l'édifice entier. Les solives du plafond reposent sur l'architrave, et l'espace qu'elles occupent en hauteur constitue ce que l'on a nommé la *frise.* Dans l'ordre dorique, les extrémités de ces solives sont creusées de deux

glyphes ou rainures et de deux *demi-glyphes;* en conséquence on les a appelées *triglyphes.* Les *métopes* sont les
espaces vides qui subsistent entre les triglyphes : ainsi dans
l'*Iphigénie* d'Euripide, Pylade conseille à Oreste de se glisser
à travers les métopes pour pénétrer dans le temple. Plus
tard, on remplit ces intervalles avec de la maçonnerie, et ils
n'en conservèrent pas moins le nom de métopes qui signifie
ouvertures entre. Les chevrons inclinés du toit formaient
une saillie au delà des murailles, de manière à rejeter à une
certaine distance l'eau de la pluie, et ce sont ces saillies qui
ont donné naissance aux mutules et aux modillons. L'élévation,
ou ce que l'on a nommé en termes techniques la portée du
fronton, dépendait du degré d'inclinaison du toit, qui était
elle-même déterminée par la nature de l'étinal. C'est ainsi
que les auteurs font dériver de la cabane les divers membres
d'arch. La Fig. 19 qui représente l'élévation du toit, et la
Fig. 20 qui en représente la coupe, expliquent suffisamment
ce que nous venons de dire. *aa,* architraves ou poutres ; *bb,*
faîtage ; *c,* poinçon ; *dd,* l'entrait ou *transtrum ; e,* contre-
fiche ou *capreolus; ff,* forces ou *cantherii; gggg,* pannes
ou *templa; hh,* chevrons ou *asseres.*

Les historiens rapportent que, vers l'an 1500 av. J.-C.,
Cadmus introduisit en Grèce le culte des divinités égyptiennes,
et apprit à ses habitants non seulement l'art de tailler la
pierre, mais encore celui de fondre et de travailler les métaux. Néanmoins, on ne saurait en conclure que l'art grec
dérive de l'art égyptien : car, ainsi que nous l'avons vu, l'arch.
de ces deux peuples est fondée sur un type différent. Le plus
ancien auteur dans lequel on trouve quelques détails sur
l'arch. primitive de la Grèce est Homère. Il est évident qu'à
l'époque où écrivait l'auteur de l'*Odyssée,* l'arch. n'avait pas
encore été réduite en principes et que les ordres n'étaient

Fig. 21.

pas encore connus. Aux yeux d'Homère, comme on le peut
voir par sa description du palais d'Alcinoüs, la nature des
matériaux est d'une tout autre importance que la forme et les
proportions de l'édifice. Quant aux progrès que fit l'arch.
depuis l'époque d'Homère jusqu'aux temps de Solon et de
Pisistrate, nous ne possédons aucun document qui puisse nous
les faire connaître.

Les maisons grecques étaient divisées en deux corps de
logis principaux, l'un destiné aux hommes et l'autre aux
femmes : le premier s'appelait *andronitis,* et le second *gynécée.* Les appartements prenaient jour sur deux cours intérieures, dont l'une occupait le centre du gynécée et l'autre
le centre de l'andronitis ; car les maisons n'offraient que de
rares ouvertures sur la rue, ce qui devait donner aux villes
un aspect assez triste. Dans l'origine, les habitations grecques
furent d'une extrême simplicité ; mais, plus tard, les citoyens
riches rivalisèrent de luxe et de richesse dans la construction
et la décoration de leurs demeures, qui, suivant Démosthène,
surpassaient en beauté les plus grands édifices publics. Néanmoins, les maisons n'avaient en général qu'un seul étage et
se terminaient supérieurement par une plate-forme entourée
d'une balustrade.

Le plus ancien des trois ordres usités dans l'arch. grecque
est évidemment l'ordre dorique : toutefois nous ignorons
l'époque précise de son invention. On a prétendu qu'il avait
été imaginé par Dorus, fils d'Hellénus, qui régnait sur l'Achaïe
et le Péloponèse. Suivant Vitruve, ce prince ayant élevé un
temple à Junon dans la ville d'Argos, ce temple se trouva par
hasard bâti dans le genre qu'on appela depuis dorique. Mais il est
probable que cet ordre dut son nom à ce que les Doriens
en firent usage avant les autres peuples de la Grèce. L'ordre
dorique est celui qui se rapproche le plus du type architec-

tural dont nous avons expliqué la formation. Au reste, lorsqu'on examine les différents monuments d'ordre dorique que
nous a légués l'ancienne Grèce, on reconnaît sur-le-champ
qu'il existe une assez grande variété dans les proportions et
les détails des diverses parties de ces édifices. Dans le principe, le dorique était court et massif et rappelait l'aspect de
certains monuments égyptiens, et surtout les colonnes qui décoraient les tombeaux égyptiens de Beni-Hassan (Fig. 21). Ces
tombeaux sont creusés dans le roc, et situés sur la rive droite
du Nil, au sud du Caire. Les colonnes ont 5 1/2 diamètres de
hauteur, portent 20 cannelures peu profondes, et n'ont qu'un
simple abaque pour chapiteau. On n'y voit aucune trace
de base ou de plinthe. Au-dessus de l'architrave, qui est

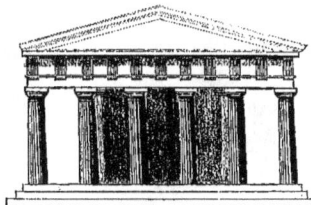

Fig. 22.

unie, le rocher forme une saillie que l'on a taillée de façon à
en faire une espèce de corniche. Dans les constructions d'ordre
dorique élevées par les Grecs, la hauteur des colonnes, en
prenant pour mesure leur diamètre inférieur, varie de 4,06
à 6,53, et celle de l'entablement, mesurée de même, varie de
1,14 à 2,20. La largeur des entre-colonnements présente également de notables différences : exprimée en termes du
diamètre, elle varie de 1,62 à 7,20. On peut en général, en
considérant ces trois éléments, déterminer l'âge relatif des
monuments d'ordre dorique. Le temple de Jupiter Panhel-
lénien à Égine (Fig. 22) est vraisemblablement l'un des plus
anciens temples doriques de la Grèce. Pausanias dit qu'il fut
construit par Eaque, avant la guerre de Troie. Cette assertion prouve simplement que les Grecs lui assignaient une
haute antiquité. Nous pensons qu'on peut rapporter son érection à l'an 600 av. J.-C. Les sculptures dont il était décoré, et
qui sans doute étaient d'une date plus récente que l'édifice
lui-même, paraissent remonter à l'époque de l'invasion des
Perses. Elles se trouvent aujourd'hui au musée de Munich.

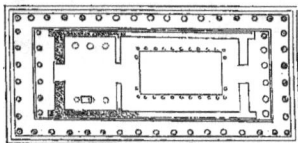

Fig. 23.

Le temple dorique de Corinthe est probablement du VIe siècle
avant notre ère. Parmi les nombreux temples élevés par les
colonies grecques en Italie et en Sicile, nous nous bornerons
à citer celui de Jupiter Olympien à Agrigente, en Sicile. Ce
temple, qui, suivant Diodore de Sicile, ne fut jamais achevé,
est l'un des monuments les plus grandioses qu'ait élevés l'antiquité. Il était construit sur de telles proportions que les
cannelures de ses colonnes étaient assez larges pour recevoir
le corps d'un homme. — Quant aux monuments doriques
d'Athènes, il est facile d'assigner la date de leur construction.
Les propylées furent élevés en 437 av. J.-C. Ainsi, c'est sous
l'administration de Périclès que furent bâtis les propylées
(Voy. Acropole) et le fameux temple de Minerve appelé Parthénon. Ictinus fut l'architecte de ce temple qui a toujours
passé pour le chef-d'œuvre de l'arch. grecque, et Phidias exécuta les sculptures qui le décoraient. La Fig. 23 est le plan
de ce temple ; la Fig. 24 représente son élévation, et la

Fig. 25 le montre dans son état actuel. Le temple de Thésée est à peu près de la même époque : on suppose qu'il fut érigé pour recevoir les cendres de ce héros lorsqu'elles furent rapportées de Scyros à Athènes. On attribue aussi à Ictinus la construction des temples doriques de Minerve à Sunium et d'Apollon Épicurius dans l'Arcadie.

L'ordre ionique, suivant Vitruve, fut employé pour la première fois au temple de Diane à Éphèse, en Ionie, bâti par

Fig. 24.

Chersiphon, vers le temps des premières olympiades. Cet ordre n'est donc guère moins ancien que le dorique. Il reste encore quelques ruines du temple ionique de Jupiter à Samos : cet édifice, qui fut construit vers l'an 540 av. J.-C. par deux architectes samiens, Rhœcus et Théodorus, est cité par Hérodote comme l'un des plus magnifiques monuments élevés par les Grecs. Hermogène d'Alabanda construisit le temple octostyle de Bacchus à Téos, si vanté par Vitruve. On cite encore parmi les temples ioniques élevés dans les colonies celui d'Apollon Didyméen, près de Milet, bâti vers l'an 336 avant notre ère, et celui de Minerve Poliade à Priène, dédié par Alexandre de Macédoine. — Athènes possédait trois temples d'ordre ionique : celui de Minerve Poliade, celui d'Érechthée, et un petit temple sur les bords de l'Ilissus. On ignore la date précise de l'érection du double temple de Minerve Poliade et d'Érechthée. La Fig. 26 présente une vue restaurée de ce monument remarquable. On n'observe pas dans l'ordre ionique moins de variété que dans l'ordre dorique. Ainsi, tandis que la hauteur des colonnes est à leur diamètre inférieur comme 8,24 est à 1 dans le temple sur l'Ilissus, la proportion est de 9,33 à 1 pour les colonnes du temple d'Érechthée. La hauteur moyenne de l'entablement est de 2,57 diamètres, et la hauteur de la corniche est à celle de l'entablement comme 2 est à 9. Les bases des colonnes offrent aussi de fort notables différences. Il en est de même des volutes qui sont le trait caractéristique de l'ordre ionique. Dans les temples de Minerve Poliade à Priène et d'Apollon Didyméen, ainsi que dans le temple sur l'Ilissus, les tours de spirale ne sont séparés que par un seul canal, au lieu que dans les temples d'Érechthée et de Minerve Poliade à Athènes chaque volute se compose de deux spirales distinctes séparées par des canaux. On remarque encore plusieurs différences dans les autres parties du chapiteau et de la colonne.

Le trait distinctif de l'ordre corinthien, aussi bien que de l'ordre ionique, est le chapiteau. Au mot ACANTHE, nous avons parlé de la légende rapportée par Vitruve au sujet de l'invention du chapiteau corinthien ; mais, bien antérieurement à la naissance de l'arch. grecque, les Égyptiens décoraient leurs chapiteaux de feuilles de palmier, de fleurs de lotus, etc. Si l'on remarque surtout l'analogie que la forme de la fleur du lotus présente avec celle de la campane du chapiteau corinthien, on sera porté à admettre que ce dernier est une simple

modification de certains chapiteaux égyptiens. Malheureusement, soit que l'extrême légèreté de cet ordre ait nui à la solidité des édifices où il a été employé, soit que les Grecs, malgré sa richesse et sa magnificence, lui aient préféré les ordres précédents, on ne rencontre que fort peu de vestiges de monuments grecs où l'on ait appliqué l'ordre corinthien. Ainsi la *Tour des Vents* à Athènes mérite à peine d'être rangée dans cette catégorie, et quant au *Monument choragique* de *Lysicrate*, également à Athènes, il offre quelque chose d'un peu outré, relativement du moins à l'idée que nous nous faisons aujourd'hui de l'ordre corinthien (Voy. CHORAGIQUE). Il paraît que l'on ne commença à faire usage de cet ordre que vers la fin de la guerre du Péloponnèse. On fait démontré jusqu'à l'évidence par l'examen des monuments grecs, à quelque ordre qu'ils appartiennent, c'est que les architectes ne s'astreignaient servilement à aucune règle absolue, soit pour la proportion des divers membres des ordres, soit pour leur décoration, et que le génie de l'artiste avait la liberté de se déployer dans des limites convenables. Peut-être au siècle dernier a-t-on trop cherché à établir des règles immuables et des proportions arrêtées pour chacun de ces modes et a-t-on voulu faire une classification qui n'existait pas dans l'antiquité autant qu'on l'a supposé depuis. Ce qui distingue le plus un ordre d'un autre, c'est presque uniquement le chapiteau ; or le chapiteau et la colonne entraînent forcément un ensemble de lignes et de détails en rapport avec leur caractère de richesse, de force ou de simplicité. Il suffisait donc aux architectes grecs d'être artistes et d'avoir un goût impeccable pour faire une colonne surmontée d'un chapiteau corinthien, plus légère, plus svelte qu'une colonne dorique, d'y mettre une base qui était d'autant plus ouvragée que le chapiteau l'était lui-même, et ainsi du reste. L'ordre dorique primitif fut modifié et successivement enrichi pour devenir l'ordre ionique et corinthien.

Fig. 25.

Aux ordres que nous venons de nommer on en ajoute quelquefois un quatrième, qu'on a appelé *ordre cariatide*. Dans cet ordre, le fût des colonnes est remplacé par des figures d'hommes et plus souvent de femmes. Le *Pandroseum*, qui est attaché au temple de Minerve Poliade (Fig. 26), nous en offre un exemple. Voy. CARIATIDE.

Les ornements que les Grecs appliquaient à la décoration de leurs édifices religieux étaient tirés des objets réels ou symboliques de leur culte. Ainsi, par ex., dans le temple d'Apollon à Téos, on voit la lyre, le trépied, etc. La défaite des Amazones était représentée sur le temple de la Victoire à Athènes, et celle des Lapithes dans le temple de Thésée. Enfin le fronton du Parthénon représentait la lutte qui eut lieu entre Neptune et Minerve, lorsqu'il s'agit de donner un nom à la ville nouvelle ; et le baudrier qui entourait la celle du même temple représentait la procession des Panathénées.

X. ARCHITECTURE ÉTRUSQUE. — On pense généralement que les Étrusques étaient une colonie pélasgique venue de la Grèce. Cette opinion semble jusqu'à un certain point confirmée par l'identité de l'arch. de ce peuple avec l'arch. cyclopéenne. Les villes étrusques, ainsi que le prouvent les vestiges qui subsistent encore à Volterra, à Crotona, à Fiesole et à Cora, près de Velletri, étaient entourées de murailles construites avec d'énormes blocs de pierre et ordinairement fort élevées. Dans les plus antiques spécimens de ce genre de construction, ces blocs sont de forme polygonale irrégulière; mais ils sont ajustés de telle façon qu'ils se joignent exactement. Les portes étaient d'une extrême simplicité et communément formées de pierres oblongues carrées. La porte d'Hercule, à Volterra, représente une arcade composée de dix-neuf pierres. Il est certain d'ailleurs que les Étrusques connaissaient l'art de construire les voûtes et en faisaient un emploi assez fréquent. Au mot AMPHITHÉÂTRE, nous avons dit que les Romains avaient emprunté à l'Étrurie ce genre d'édifice, ainsi que l'usage des combats de gladiateurs. Les temples étrusques étaient périptères, et les frontons de ces édifices étaient décorés de statues, de quadriges et de bas-reliefs en terre cuite, dont il restait encore quelques morceaux à l'époque de Vitruve et même à celle de Pline. On attribue aussi aux Étrusques l'invention de l'ordre toscan, qui nous paraît n'être qu'une reproduction dégénérée, abâtardie, du dorique grec. Les caractères qui le distinguent seront exposés à l'art. ORDRE.

XI. ARCHITECTURE ROMAINE. — Les éléments primitifs de l'arch. romaine se retrouvent tous, soit chez les Grecs, soit chez les Étrusques; néanmoins les Romains ont imprimé à toutes leurs constructions un cachet particulier qui ne permet de les confondre avec celles d'aucun peuple. Ils empruntèrent aux Étrusques l'ordre toscan, et aux Grecs les ordres dorique, ionique et corinthien, tout en faisant subir à ces derniers d'assez importantes modifications. Le dorique surtout perdit beaucoup de sa simplicité et de sa sévérité primitives. L'ordre corinthien est de tous les ordres celui que

Fig. 26.

Fig. 27.

les architectes romains paraissent avoir le plus affectionné; mais ils le modifièrent par la suite au point qu'on en fit un cinquième ordre, sous le nom d'ordre composite. Il existe notamment entre l'arch. grecque et romaine un trait distinctif et caractéristique : c'est la forme du profil des moulures. Dans l'arch. purement grecque, les contours des moulures sont tous formés par des sections de cône, tandis que dans l'arch. romaine ces contours représentent des arcs de

cercle. L'usage des colonnes accouplées et des niches ne se rencontre que dans les édifices romains; toutefois les colonnes accouplées n'ont été employées qu'à une époque où l'art commençait à dégénérer. Mais ce qui caractérise plus essentiellement encore l'arch. romaine, c'est l'introduction des arcades et des voûtes dans une foule de monuments, tels que les amphithéâtres, les théâtres, les arcs de triomphe, les aqueducs, etc. Rome éleva des édifices d'une forme inconnue jusqu'alors, et ouvrit à l'art architectonique une voie nouvelle que les architectes du moyen âge parcoururent dans toute son étendue.

Les premiers maîtres des Romains dans l'art de bâtir furent les Étrusques, ainsi que l'attestent divers passages des historiens latins. Ce fut à l'époque de Tarquin l'Ancien, qui était lui-même né en Étrurie, qu'on exécuta les premières constructions monumentales qui devaient faire de Rome la première cité de l'univers. En effet, ce roi, après avoir conquis plusieurs villes, appliqua les trésors dont la guerre l'avait rendu maître à construire un cirque immense dans la vallée qui séparait le mont Aventin du mont Palatin. Il fit bâtir les murs de la ville en pierres taillées, dessécha les terrains où devait s'élever le Forum, entoura celui-ci de portiques, commença les Cloaques et jeta les fondements du temple de Jupiter Capitolin. Tarquin le Superbe fit continuer les travaux de ce temple; mais son principal titre de gloire est d'avoir terminé les Cloaques. Il ne recula devant aucun travail, devant aucune dépense pour achever cette construction aussi remarquable par son immensité que par son utilité. Le temple de Jupiter Capitolin ne fut terminé qu'après l'expulsion des rois, 508 ans av. J.-C., et il fut consacré sous le 3e consulat de Publicola. — Il nous est impossible de suivre l'histoire de l'arch. romaine et de décrire ses progrès. Nous dirons seulement que la conquête de la Grèce, en faisant connaître aux Romains les inimitables monuments de ce pays et en attirant en Italie une foule d'artistes grecs, donna à l'arch. romaine une vive impulsion. D'un autre côté, les richesses inouïes que possédaient un grand nombre de particuliers favorisèrent singulièrement les progrès d'un art qui ne peut se développer qu'au sein du luxe et de l'opulence. Sous le règne d'Auguste une foule de monuments de tous genres s'élevèrent dans Rome, ainsi que dans toutes les provinces de l'empire. Parmi ses successeurs, Néron, Vespasien, Titus, Trajan, les Antonins, encouragèrent tout particulièrement l'arch.; mais, à partir de Néron, l'art se corrompit rapidement. Après avoir épuisé dans l'emploi des ornements toutes les ressources de la richesse guidée par le goût, les architectes romains mirent de côté toute sobriété, sacrifièrent l'ensemble aux détails et aux accessoires, couvrirent de décorations toutes les parties des édifices indistinctement, chargèrent les divers membres d'or-

Fig. 28.

nements et de sculptures, comme celui qui pour orner un tissu le couvrirait entièrement de broderies. On construisit donc des édifices qui pouvaient étonner par le luxe de leur décoration et par l'immensité de leurs proportions, mais qui ne sauraient satisfaire le goût exercé de l'artiste intelligent.

Fig. 29.

Nous ne décrirons pas les diverses espèces d'édifices élevés par les Romains, tels que théâtres, cirques, amphithéâtres, aqueducs, thermes, etc., car tous doivent être l'objet d'articles spéciaux; nous nous bornerons à parler de leurs temples et de leurs habitations privées.

Les temples quadrangulaires des Romains offrent en général une grande analogie avec les temples grecs. Le temple de Jupiter Stator, élevé sur le Forum, était peut-être le plus

beau monument d'ordre corinthien qui eût jamais existé. Il n'en reste aujourd'hui que trois colonnes, qui ont 14m,52 de hauteur, et dont le diamètre inférieur est de 1m,475. Les temples corinthiens de Jupiter Tonnant et de Mars Vengeur, construits par Auguste, et celui que Marc Aurèle érigea en l'honneur d'Antonin et de Faustine, méritent surtout d'être cités. Rome, car nous ne saurions parler de la foule de temples qui s'élevèrent dans le monde entier sous la domination romaine, et qui portent le cachet de son architecture. Rome est très pauvre en exemples de temples ioniques : les deux seuls dont il reste encore des vestiges sont le temple de la Fortune Virile et celui de la Concorde.

Parmi les temples circulaires, nous citerons celui de Vesta

Fig. 30.

à Rome, celui de la Minerve Medica aux environs de la ville, et celui de la Sibylle à Tivoli. Dans ce dernier, ainsi que dans le temple de Vesta, la cella est entourée de colonnes d'ordre corinthien, et on suppose qu'elle était recouverte par un dôme reposant sur ses murs. Le temple de la Sibylle (Fig. 27) est porté sur un soubassement circulaire d'environ 1m,52 de hauteur ; ses chapiteaux sont remarquables en ce que les feuilles, au lieu d'être, comme à l'ordinaire, appliquées à la campane, s'en détachent au contraire. — Le temple dit de Minerve Medica est fort ruiné ; il n'en reste guère plus de la moitié. Il avait 33m,53 de diamètre, et était recouvert d'un dôme hémisphérique construit en briques et dont le sommet était élevé de 34m,44 au-dessus du pavé. De chaque côté de cet édifice, il existait une aile semi-circulaire formée par une voûte hémisphérique. Enfin l'entrée du temple consistait en un vestibule rectangulaire orné de quatre colonnes corinthiennes surmontées d'un fronton. — A l'art. PANTHÉON, nous parlerons du fameux temple circulaire connu sous ce nom et que l'on suppose avoir fait partie des bains d'Agrippa.

A la différence des Grecs, les Romains vivaient avec leurs femmes dans des appartements communs: aussi la distribution des maisons romaines est-elle différente de celle des maisons grecques. Il n'est pas besoin de dire que la grandeur, le luxe et le nombre des pièces d'une habitation étaient en rapport avec la fortune et le rang du propriétaire. Les pièces qui composaient essentiellement une maison romaine étaient distribuées autour de deux cours rectangulaires. La porte, qui s'ouvrait sur la rue, donnait accès dans un corridor ou *prothyrum* (Fig. 28. Porte et Prothyrum à Pompéi) conduisant au *cavædium :* on nommait ainsi la première cour de la maison. Cette cour était décorée d'une galerie supportée par des colonnes sur laquelle s'ouvraient différentes pièces destinées à divers usages, et particulièrement celles qui étaient consacrées aux hôtes. Ce premier corps de logis recevait le nom d'*atrium*. On distinguait plusieurs sortes d'atrium selon la forme du toit et suivant le nombre des colonnes qui soutenaient la galerie. L'atrium corinthien (Fig. 29) était le plus riche de tous. L'ouverture qu'on voyait au milieu du toit du cavædium, et qui servait soit à donner du jour, soit à livrer passage aux eaux pluviales, s'appelait *compluvium*, et on donnait le nom d'*impluvium* au bassin carré placé au centre de la cour pour recevoir ces eaux. Le *tablinum* était une pièce qui s'ouvrait sur l'atrium, en face du prothyrum. C'est là que le maître de la maison recevait ses visiteurs et ses clients. C'est aussi dans cette pièce que l'on conservait les archives de la famille, les généalogies, les statues et les images des ancêtres. On donnait le nom d'*alæ*, ailes, aux appartements situés à droite et à gauche du tablinum, et celui de *fauces* aux deux corridors qui conduisaient de l'atrium au péristyle. Celui-ci ressemblait à l'atrium sous le rapport de la forme et de la décoration, mais il était plus spacieux. Au centre du péristyle (Fig. 30), on trouvait ordinairement un parterre planté d'arbustes et de fleurs, ainsi qu'un bassin. Cette partie du péristyle s'appelait *xystus*. Tout autour de la galerie de colonnes étaient distribués divers appartements, parmi lesquels on doit citer les *cubicula* ou chambres à coucher, qui toutes étaient précédées d'une antichambre (*procœtum*), le *triclinium* ou salle à manger, les salons de réception plus ou moins somptueux appelés *œci*, la *pinacothèque* ou galerie de tableaux, la bibliothèque, etc. Les étages supérieurs étaient occupés par les esclaves et les affranchis. Souvent il y avait un *solarium* (terrasse) qui était quelquefois planté d'arbustes et de fleurs.

Fig. 31.

La Fig. 31 représente le plan d'une maison romaine avec les noms des différentes parties.

Pour terminer cet article, nous mentionnerons encore, à

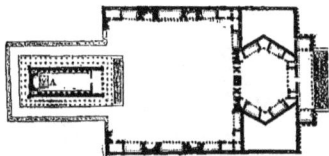

Fig. 32.

cause de leur célébrité, les ruines de Baalbeck ou Héliopolis, à 80 kilom. au nord-ouest de Damas, en Syrie, et celles de la ville de Palmyre, situées dans une oasis au milieu du grand désert de Syrie. Sur l'autorité d'un fragment de Jean d'An-

Fig. 33.

tioche, surnommé Malala, on rapporte généralement à l'époque d'Antonin le Pieux les constructions extraordinaires qui se voient dans ces deux villes. Le principal édifice de Baalbeck est un temple diptère en forme de rectangle, situé au centre de l'extrémité occidentale d'une vaste enceinte quadrangulaire (Fig. 32). Le temple A a environ 62 mètres de long sur 31 de large; la longueur de l'enceinte quadrangulaire est de

DICTIONNAIRE ENCYCLOPÉDIQUE.

110 mètres, et sa largeur de 106. En avant se trouve une cour hexagone qui servait de vestibule et qui était précédée d'un vaste portique. Le style des constructions de Baalbeck furent élevés. On ne peut juger par la Fig. 33 qui représente un temple circulaire situé un peu au-dessus de celui dont nous venons de parler. Ce qu'on admire surtout dans les

Fig. 34.

constructions de Baalbeck, c'est la grandeur prodigieuse des blocs dont elles sont composées. Burckhardt, qui a mesuré quelques-uns de ces blocs, a trouvé que le plus grand avait $55^m,50$ de longueur sur $3^m,65$ de largeur, et autant d'épaisseur. Cette pierre est une des masses les plus énormes qu'ait jamais remuées la main de l'homme. — Les ruines de Palmyre ou Tadmor, dont nous donnons ici une légère esquisse (Fig. 34), n'indiquent pas un style architectural supérieur à celui des monuments de Baalbeck; néanmoins, l'étendue et la grandeur de ces avenues de colonnes et de portiques font une profonde impression sur le voyageur. La ville de Palmyre, dont la fondation est attribuée à Salomon, fut détruite en 237 par l'empereur Aurélien.

XII. ARCHITECTURE BYZANTINE. — Pendant que l'art romain allait dégénérant de plus en plus, une religion nouvelle, qui devait donner naissance à une arch. toute différente, grandissait au milieu des supplices et des persécutions. Au commencement du IVe siècle, c.-à-d. à l'époque où Constantin fit monter le christianisme sur le trône, les chrétiens n'avaient encore élevé qu'un petit nombre d'édifices publics consacrés à leur culte. Les assemblées religieuses des premiers fidèles avaient lieu dans des maisons particulières, ou bien dans des lieux secrets où ils pouvaient se soustraire aux recherches de leurs persécuteurs: c'est ainsi

Fig. 35.

qu'à Rome les mystères du culte nouveau se célébraient généralement dans les Catacombes. A peine parvenu à l'empire, Constantin éleva à Rome plusieurs églises chrétiennes, parmi lesquels nous citerons Sainte-Croix de Jérusalem, Saint-Jean de Latran, Saint-Laurent hors les murs, Saint-Paul hors les murs, et Saint-Pierre, qui furent bâties sur le plan des basiliques romaines (Voy. BASILIQUE). Mais, en 328, ce prince ayant transféré le siège de l'empire dans l'ancienne Byzance, qui dès lors prit le nom de Constantinople, il voulut que cette ville rivalisât de grandeur et de ma-

Fig. 36.

gnificence avec Rome. En conséquence, non seulement il y édifia une foule de palais, de bains et d'édifices religieux; mais

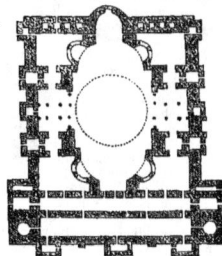

encore il dépouilla la Grèce, l'Italie et l'Asie de leurs chefs-d'œuvre pour enrichir et décorer sa nouvelle capitale. Il paraît que plusieurs des églises que cet empereur y fit construire offraient déjà les caractères propres qui ont fait donner à l'arch. néo-grecque le nom d'arch. byzantine. — Parmi ces

Fig. 37.

caractères, les uns sont relatifs au plan et au mode de construction, les autres à la décoration et à l'ornementation des parties accessoires de l'édifice.

Le plan des églises construites dans ce nouveau style diffère essentiellement de celui des édifices religieux construits dans l'Occident à la même époque. Aux angles d'un vaste carré, dont les côtés se prolongeaient à l'extérieur en quatre nefs plus courtes et égales entre elles (forme de la croix grecque), se trouvaient quatre piliers liés par quatre arcades qui s'appuyaient sur eux. Des pendentifs étaient disposés entre ces arcades de manière à former avec ces dernières, à leur sommet, un cercle qui portait une coupole. Cette coupole ne devait point, comme celle du Panthéon, à Rome, ou celle de l'église du Saint-Sépulcre, élevée à Jérusalem par Hélène, mère de Constantin, reposer sur un vaste cylindre placé entre elle et le sol. Elle s'élançait dans les airs au-dessus de ces quatre immenses arcades, et pour qu'elle réunît, autant que possible, la légèreté et la solidité, malgré ses grandes dimensions, elle était en général construite avec des tubes cylindriques de terre ajustés l'un dans l'autre. Des demi-coupoles fermaient les arcs sur lesquels s'appuyait le dôme central, et couronnaient les quatre nefs ou bras de la croix. L'une de ces nefs, terminée par l'entrée principale, était précédée d'un portique ou narthex. La nef opposée formait le sanctuaire, tandis que les deux branches latérales étaient coupées dans leur hauteur par une galerie destinée aux femmes. Souvent encore il s'en échappait de petites absides couronnées de demi-dômes, ou de chapelles surmontées de petites coupoles. — De longues et étroites fenêtres étaient ménagées à la base des coupoles et des demi-coupoles. Les murs présentaient fréquemment des assises de briques alternant avec des assises de pierres, et quelquefois même offraient des lignes de briques verticales. La surface extérieure des murs était également ornée avec des briques couvertes de dessins très variés, tels que gammas, croix, rosaces, etc. Quant à leur paroi interne, elle était enrichie de mosaïques, et ce genre de décoration est caractéristique du style byzantin, quoiqu'on le rencontre dans quelques églises romanes. Les portes étaient rectangulaires ou en plein cintre : dans le premier cas elles étaient surmontées d'un arc en décharge également en plein cintre. Au VIIIe siècle, les fenêtres percées dans les murs sont géminées, et la double arcade est supportée par une colonnette. Les architectes byzantins employaient principalement l'arc en plein cintre : on trouve cependant quelques exemples de cintre surbaissé et même d'arc en fer à cheval. Les chapiteaux des colonnes ont ordinairement la forme d'un cube qui va en s'amincissant vers sa partie inférieure et dont les faces sont décorées de feuillages divers et de lignes entrelacées. Les moulures sont très saillantes et à bords généralement arrondis. Au-dessous du larmier on remarque fort souvent une sorte d'ornement en zigzag posé à plat dans un creux de façon à présenter une série de pointes. L'église de Saint-Nicodème, à Athènes (Fig. 35), nous offre un exemple du style architectural dont nous venons de tracer les caractères.

Le monument le plus magnifique qui ait été construit dans ce style est l'église élevée par Justinien sur l'emplacement de celle que Constantin avait consacrée à la Sainte-Sagesse. Le temple nouveau, vulgairement connu sous le nom d'église de *Sainte-Sophie*, fut construit par les architectes Anthémius de Tralles et Isidore de Milet. Ce fut la 32e année de son règne, en 539, que Justinien fit la dédicace de cette église aujourd'hui convertie en mosquée. (Fig. 36. Plan de Sainte-Sophie. — Fig. 37. Coupe et élévation de la même.) Une croix grecque inscrite dans un carré représente la forme générale de cet édifice. La coupole, qui mesure 35 mètres de diamètre et s'élève à 55 mètres environ au-dessus du parvis, est supportée par quatre grands arcs qui forment quatre pendentifs. Sur les deux arcs perpendiculaires à l'axe de la nef s'appuient deux voûtes hémisphériques qui donnent au

Fig. 38.

plan de la nef une forme ovoïde. Chacun de ces deux hémisphères est lui-même pénétré par deux hémisphères plus petits qui sont soutenus par des colonnes. Cette superposition de coupoles, dont les points d'appui ne sont pas apparents, donne à toute la fabrique, dit Texier, un aspect de légèreté inimaginable. En avant de l'église se trouvait un vaste atrium ou cour carrée entourée de portiques. Un grand nombre d'églises grecques sont précédées de cours semblables. Les murs de l'église étaient en briques ; mais les piliers qui soutenaient la coupole étaient formés de gros blocs carrés de pierre calcaire, et, afin de diminuer le poids qu'ils devaient supporter, la coupole était construite soit en pierre ponce, soit en briques de Rhodes, qui étaient dix fois plus légères que les briques ordinaires. Les murs furent revêtus des marbres les plus précieux recueillis de toutes parts. On prodigua l'or, les mosaïques, les peintures, pour la décoration du nouveau temple. Justinien l'enrichit en outre d'une foule de vases, de candélabres et d'ornements du plus grand prix.

Suivant Eusèbe, ce fut sous le règne de Constantin que l'on commença à élever des églises sur le plan d'une croix grecque surmontée à son centre d'une coupole ; mais il ne reste à Constantinople aucun vestige des anciennes églises édifiées par ce prince. Plus tard, c.-à-d. après l'époque de Justinien, on multiplia le nombre des coupoles. Ainsi on ajouta au dôme central des coupoles plus petites placées, tantôt sur les deux bras latéraux, tantôt sur les quatre bras de la croix. Dans quelques églises même on en mit sur les quatre angles du carré, et le narthex fut également décoré de plusieurs coupoles dont les dimensions étaient moindres encore.

Le style byzantin a exercé une influence évidente sur l'arch. de tous les peuples qui ont eu des rapports suivis avec la capitale de l'empire d'Orient. Ainsi on trouve à Venise, dans le nord de l'Italie et en Sicile un grand nombre de temples chrétiens où le système de construction et de décoration byzantin frappe les yeux les moins exercés. L'arch. néo-grecque s'est introduite avec le christianisme dans plusieurs contrées de l'Asie et de l'Europe orientale. En Arménie, en Géorgie, en Crimée, les églises sont en général construites d'après ce type. La Russie surtout possède de nombreuses églises où ce style s'est conservé dans presque toute sa pureté. Dans d'autres, il est modifié par une importation toute mauresque, nous voulons dire par l'introduction de dômes en forme de bulbe qui rappellent ceux des mosquées du Caire, de la Perse et de l'Inde. Nous citerons comme exemple de ce genre d'arch. la célèbre église de

Fig. 39.

Vassili-Blagennoï, à Moscou (Fig. 38). Cette église, malgré sa médiocre étendue, offre un assemblage de dix-sept coupoles, toutes différentes par leurs formes, leurs couleurs et leurs proportions. L'une ressemble à une boule, une autre à une pomme de pin ; celle-ci à un melon, celle-là à un ananas. Elle a été bâtie vers 1560, par le tzar Iwan Wassiliéwitch. On prétend que ce prince fit crever les yeux à l'artiste pour le mettre hors d'état de construire une nouvelle église qui pût rivaliser avec ce monument.

XIII. ARCHITECTURE MAURESQUE.—Avant la naissance de Mahomet, les Arabes, peuple essentiellement nomade, ne possédaient pas d'arch. proprement dite. Ils avaient, il est vrai, sept temples où se trouvaient les idoles qu'ils adoraient ; mais ces édifices furent détruits par les premiers musulmans ; à l'exception de celui de la Mecque, appelé temple de la Caaba, du nom de la fameuse pierre noire qui est encore l'objet du culte des sectateurs de l'islamisme.

Tout le monde sait combien furent rapides et prodigieuses les conquêtes des musulmans après la mort de Mahomet, qui eut lieu l'an 632 de notre ère. Le contact des Arabes avec des nations beaucoup plus civilisées fit bientôt naître chez ce peuple l'amour des arts et des sciences. La première mosquée élevée par les Arabes fut celle que le calife Omar fit bâtir sur l'emplacement du temple de Jérusalem. Sous le même calife, Amrou, après avoir conquis l'Égypte, construisit la mosquée qui porte son nom, dans le lieu appelé aujourd'hui le Vieux Caire. A la fin du VIIe siècle, Abd-el-Melck édifia de nombreuses mosquées. Son fils Walid (705-715) bâtit à Damas, sur les ruines de l'église de Saint-Jean-Baptiste, une mosquée si magnifique qu'elle ne coûta pas moins de 56 millions de francs. C'est à cette mosquée qu'on éleva pour la première fois ces minarets du haut desquels les muezzins appellent les musulmans à la prière. Partout où l'islamisme pénétra, on vit s'élever de nombreux édifices consacrés au nouveau culte, ainsi qu'une foule de palais, d'hôpitaux, de caravansérails et d'autres monuments. La Fig. 39 représente la mosquée Hassan, au Caire. Mais l'aspect des édifices arabes qui

Fig. 40.

remontent aux premiers siècles de l'ère musulmane suffit pour démontrer, alors même que le fait ne serait pas déclaré par tous les historiens mahométans, que les architectes qui les ont bâtis étaient des artistes grecs. L'usage des arcs en plein cintre, l'emploi des voûtes en cul-de-four et des coupoles en pendentifs, le système d'ornementation, tout dans les mosquées et les palais des califes rappelle le style byzantin. Cependant nous devons signaler ici une particularité d'un

Fig. 41.

haut intérêt, c'est que le fameux *Mékyâs* ou Nilomètre de l'île de Roulah, construit dans la première moitié du IXe siècle de notre ère, est décoré sur chacune de ses faces d'une arcade ogivale, et que dans la mosquée de *Touloun*, élevée au Caire vers 877, les arcades présentent la forme de l'ogive pure.

C'est en Espagne, quand la domination des Maures fut établie d'une manière solide, que l'arch. arabe se déploya avec toute l'originalité dont elle était susceptible. La fameuse mosquée de Cordoue fut commencée par Abd-er-Rahman-ben-Moawiah en 770, et terminée par son fils vers la fin du VIIIe siècle. Son plan représente un parallélogramme formé par une muraille crénelée et munie de contreforts également crénelés. Ce vaste espace quadrangulaire est divisé intérieurement en deux parties, à savoir : une cour de 64 mètres de profondeur prise sur la longueur de l'édifice, et la mosquée elle-même qui couvre le reste de la surface. Celle-ci se compose, en allant du nord au sud, de 19 nefs formées par 17 rangées de colonnes et de 32 nefs plus étroites allant de l'est à l'ouest. Ainsi l'intersection des nefs entre elles donne 850 colonnes qui, jointes aux 52 colonnes qui décorent la cour, forment un total de 902 colonnes. Leur diamètre est d'environ 45 centim., et leur hauteur moyenne d'à peu près 4m,60. Elles sont couronnées par des chapiteaux de formes variées se rapprochant de l'ordre corinthien ou du composite. Ces colonnes n'ont ni socle ni base, et sont surmontées d'arceaux allant de l'une à l'autre. Les plafonds sont en bois et ornés de peintures. Une des choses qui produisent le plus d'effet dans la mosquée de Cordoue, c'est la beauté des marbres des colonnes. La plus grande partie de ces marbres provient d'anciens monuments romains. Les décorations sont toutes en stuc ; elles sont toujours peintes de diverses couleurs et quelquefois dorées, à l'imitation des églises du Bas-Empire. Au commencement du XVIe siècle, on a fait de grands changements dans cette mosquée, afin de la convertir en église chrétienne.

De tous les monuments mauresques de l'Espagne, le plus célèbre et le plus merveilleux est sans contredit l'Alhambra. Cet édifice a été construit sous l'émirAbou-Abdallah-ben-Nas-ser, vers le milieu du XIIIe siècle. Il est situé sur le sommet d'un rocher qui commande la ville de Grenade, et servait à la fois de palais et de forteresse. Lorsqu'on pénètre dans l'Alhambra, on se croit transporté dans un palais bâti par des fées. Dans l'impossibilité où nous sommes de le décrire en détail, nous parlerons seulement de la célèbre cour des Lions, la deuxième que l'on rencontre après avoir franchi l'entrée du palais (Fig. 40). Cette cour a la forme d'un rectangle de 30 mètres de long sur 15 de large ; elle est entourée de galeries qui sont soutenues par 128 colonnes

de marbre blanc. Les arcades sont en plein cintre surhaussé, en fer à cheval, en ogive, et les colonnes sont tantôt isolées, tantôt accouplées et même groupées trois par trois, quatre par quatre, de manière à produire des effets aussi variés que possible. Des ornements en stuc peints de diverses couleurs, or, vermillon, rose et azur, décorent ces arcades et ajoutent encore à la magie de l'ensemble. Le revêtement de l'intérieur des galeries consiste également en ornements de stuc rehaussés de peintures et de dorures ; des mosaïques de faïence règnent autour des soubassements. La cour est aujourd'hui partagée par quatre allées en dalles de marbre blanc. Au centre de la cour s'élève, sur un soubassement de marbre, la fontaine entourée de douze lions : la partie en marbre blanc qui surmonte la vasque supérieure est de construction moderne. Cette fontaine est le spécimen le plus complet de la sculpture arabe. Le reste de la cour forme un délicieux parterre de fleurs et d'arbustes peu élevés. L'Alcazar de Séville, dont la construction est postérieure à celle de l'Alhambra, jouit d'une célébrité presque égale ; néanmoins l'art arabe y est évidemment en décadence (Fig. 41. Vue de l'une des salles de l'Alcazar de Séville).

Si le plaisir, nous pourrions presque dire la sensualité des yeux était l'objet principal de l'arch., nous serions obligés de placer les architectes arabes bien au-dessus des grands artistes qu'ont produits les autres nations. On ne peut rien voir de plus léger, de plus svelte, de plus élégant que les constructions que les Maures ont élevées en Espagne. Le système de décoration généralement usité dans leurs édifices produit sur nos sens une impression indéfinissable. La multiplicité et la finesse des détails, que fait ressortir le contraste harmonieux des plus riches couleurs, charment et séduisent l'imagination. Enfin les ouvertures en forme d'étoile que les Arabes d'Espagne pratiquaient dans leurs dômes, produisaient, par la manière dont la lumière pénétrait dans les salles, un effet véritablement magique. Cependant les édifices mauresques de l'Espagne n'offrent point ce caractère de grandeur qui distingue les monuments égyptiens, grecs ou romains. Les Maures faisaient surtout usage de briques, et lorsqu'ils employaient la pierre, ils la revêtaient d'une couche de stuc. Il n'y a rien dans leur manière de construire qui mérite notre attention. Les dômes qui couronnent les appartements ne se font remarquer ni par leur élévation, ni par leur diamètre ; ils ne témoignent pas non plus d'une grande habileté mécanique. Les architectes arabes semblent même avoir ignoré l'art d'élever une voûte sur des piliers. Ainsi, dans la mosquée de Cordoue, où l'intervalle entre chaque colonne est d'environ 5 mètres, il n'aurait pas fallu une habileté bien merveilleuse pour la voûter, et cependant nous voyons les plafonds en charpente régner exclusivement dans tout l'édifice. En outre, leur manière de construire les arcades était évidemment fort défectueuse, car celles-ci n'offrent pas une résistance suffisante à la poussée. Si l'on construisait de semblables arcades en maçonnerie et sur de certaines dimensions, elles ne tarderaient pas à se lézarder ; mais l'usage de la brique permet de donner aux arcades les formes les plus capricieuses, pourvu que le ciment soit de bonne qualité, qu'on en mette beaucoup et qu'on attende qu'il soit bien sec pour enlever les cintres. Enfin la manière dont les Arabes employaient les colonnes antiques qui leur tombaient sous la main, et les grossières imitations qu'ils en faisaient prouvent qu'ils n'avaient aucune idée du type dont elles dérivaient ni de leurs proportions. En résumé, l'arch. mauresque, considérée soit au point de vue de la construction, soit au

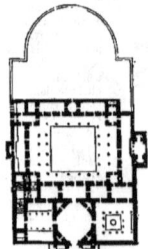

Fig. 42.

point de vue du système général de décoration, a tout emprunté aux peuples étrangers, mais surtout aux Byzantins. La seule chose qui lui soit propre ou, pour mieux dire, la seule chose qui la caractérise, c'est la façon dont les Arabes ont combiné ces lambeaux, la variété qu'ils ont répandue dans les diverses parties de leurs édifices et l'harmonie singulière qui, malgré cela, éclate dans leurs conceptions architecturales.

Quant aux habitations privées, le plan suivi chez les nations mahométanes est à peu près invariable, car il est donné par les mœurs du pays (Fig. 42. Plan d'une maison turque, à Alger). Les maisons particulières sont rarement percées d'ouvertures sur la rue, et encore ces ouvertures sont-elles fort étroites et ordinairement grillées. Les différences que présentent les habitations ne portent guère que sur la grandeur des bâtiments et sur les décorations qui en ornent l'intérieur.

XIV. ARCHITECTURE ROMANE. — Notre savant archéologue de Caumont a donné le nom de *style roman* au style architectural que présentent les édifices élevés dans la longue période qui s'étend du V⁰ siècle jusqu'au milieu du XII⁰, époque où le style gothique, plus convenablement nommé *style ogival*, devint prédominant. Au commencement de cette période on s'efforça d'imiter l'arch. romaine; mais les traits caractéristiques de cette dernière allèrent toujours en s'altérant de plus en plus, surtout dans le XI⁰ siècle, par l'importation de l'élément byzantin. En conséquence, on a distingué l'arch. romane en *romane primordiale* ou *latine* (IV⁰ au XI⁰ siècle), et en *romane secondaire* ou *romano-byzantine* (XI⁰ et XII⁰ siècle). — Dans le *style latin*, les arcades sont constamment en plein cintre et sont supportées par des colonnes cylindriques où l'on reconnaît quelque imitation des proportions classiques; les chapiteaux rappellent le chapiteau corinthien, ou bien sont ornés de divers feuillages lourdement sculptés. Les pilastres, les corniches et les entablements offrent encore quelques points de ressemblance avec ces mêmes parties telles qu'on les observe dans l'arch. romaine. Les surfaces rectangulaires et les moulures carrées prédominent également, et les lignes horizontales règnent presque sans partage. Les murs sont épais et construits soit en pierres, soit en briques. Ils ne présentent pas de contreforts saillants, et se terminent ordinairement par une forte tablette ou une espèce de corniche. Les ouvertures sont petites, étroites, en plein cintre et subordonnées aux surfaces dans lesquelles elles sont pratiquées. Les membres d'arch. sont massifs et lourds; enfin les voûtes sont fort rares.

Dans la période *romano-byzantine*, les arcades sont généralement en plein cintre; parfois le plein cintre est surhaussé et les moulures de l'arc descendent verticalement jusqu'à l'imposte ou jusqu'au chapiteau. L'arc en fer à cheval s'observe très rarement; quant à l'ogive, elle est fréquente dans les édifices élevés à l'époque de transition du style roman au style gothique. Les arcs sont supportés tantôt par des colonnes cylindriques ou polygonales, tantôt par des piliers formés d'un assemblage de colonnes entières ou engagées.

Les bases, les fûts et les chapiteaux de ces colonnes offrent la plus grande diversité : par conséquent il n'y a point ici de forme caractéristique du style roman. Nous dirons seulement que ces parties sont en général d'autant plus chargées d'orne-

ments qu'on approche davantage de la fin de cette période. Les voûtes sont d'un usage général. Elles sont ordinairement cylindriques et renforcées d'arcs-doubleaux. Cependant on rencontre aussi des voûtes d'arêtes et dans quelques-unes même on voit déjà apparaître des espèces de nervures. Souvent la façade des églises présente une sorte de porche formé par le retrait des portes en arrière ; dans ce cas, les jambages sont fort souvent ornés d'une série de colonnettes. Dans un grand nombre de portes, surtout dans celles qui sont peu élevées, la baie ne dépasse pas la naissance de l'arc, et alors le tympan est habituellement décoré d'ornements divers ou de bas-reliefs représentant des sujets religieux (Fig. 43. Portail de l'église de Semur, en Bourgogne). Les fenêtres offrent communément l'aspect de petites portes et sont dépourvues de meneaux ; parfois elles sont disposées deux à deux et séparées par une simple colonnette qui supporte la retombée des deux arcs ; souvent une arcade plus large surmonte les deux arcs de la fenêtre. Enfin, dans quelques cas, les fenêtres sont groupées trois par trois. Quelquefois la façade de l'église offre

Fig. 43.

Fig. 44.

une fenêtre circulaire, laquelle, vers la fin de la période romane, est divisée en compartiments par des colonnettes qui rayonnent du centre à la circonférence. Les moulures usitées à la même époque sont diversifiées à un degré incroyable ; souvent aussi elles sont prodiguées sur le même point, principalement aux archivoltes des arcs, avec un luxe véritablement exagéré. On remarque la même exubérance d'ornements aux bases et aux chapiteaux des colonnes. C'est surtout dans l'arch. romano-byzantine que se voient les arcs enlacés. Les arcades qui en résultent ne sont pas toujours simulées : parfois elles sont percées de manière à former de véritables fenêtres. Les corniches et les modillons présentent également une très grande variété de formes et de décoration. Dans un assez grand nombre d'églises, les murailles sont couronnées par une série de légères arcatures. La face intérieure et extérieure des murs est quelquefois décorée d'un parement qui offre des dessins variés : on a même employé des matériaux de diverses couleurs, de manière à produire des figures géométriques. Dans quelques églises, certaines portions des murs sont couvertes de moulures. Les contreforts, en gén., sont larges, mais peu saillants ; assez fréquemment ils sont décorés de colonnettes placées sur les angles ; quelquefois même ils représentent de simples demi-colonnes. Les clochers n'affectent pas des formes constantes ; les plus remarquables sont ceux que surmonte une flèche pyramidale à base hexagone ou octogone.

L'influence de l'art byzantin sur l'arch. romane ne se manifeste pas uniquement dans le système d'ornementation et dans les formes que revêtent les parties accessoires de la construction. Il existe sur les bords du Rhin, ainsi que dans le centre et dans le midi de la France, bon nombre d'églises dans lesquelles on remarque la présence d'absides en cul-de-four et de coupoles sur pendentifs. Mais c'est dans le nord de l'Italie que l'arch. byzantine apparaît dans toute sa pureté. Le plus célèbre des édifices construits dans ce style est la cathédrale de Saint-Marc à Venise, qui a été élevée dans le XI⁰ siècle sur les dessins d'un artiste de Constantinople (Fig. 44).

Son plan est celui d'une croix grecque. Les quatre bras présentent une voûte en berceau, et le carré qui forme le centre de l'église a environ 12^m,40 de côté ; il est surmonté d'une grande coupole hémisphérique bâtie sur pendentifs. Quatre autres coupoles plus petites s'élèvent autour de la précédente. Nous mentionnerons encore l'église de Saint-Vital, à Ravenne, dont la construction remonte au VIe siècle. Son plan est un octogone, et sur l'un des côtés de cet octogone se trouve un vestibule rectangulaire orné de colonnes. A l'intérieur huit piliers disposés sur le même plan supportent une coupole byzantine.

L'église Saint-Pierre de Montrouge, à Paris, construite en 1868 par l'architecte Vaudremer, constitue une restitution parfaitement réussie du style roman de la deuxième époque, au moins en ce qui regarde l'extérieur ; la partie intérieure du monument est d'un style plus douteux.

Fig. 45.

XV. ARCHITECTURE GOTHIQUE OU OGIVALE. — On nomme ainsi le style architectural qui a fleuri dans l'Europe occidentale, surtout en France, en Allemagne et en Angleterre, depuis la seconde moitié du XIIe siècle jusqu'au milieu du XVIe, c.-à-d. jusqu'à l'époque où l'arch. classique vint le détrôner. Quoique le style ogival offre le contraste le plus frappant avec l'arch. romaine, et qu'il se soit développé avec une extrême rapidité à compter du moment où l'arc en ogive s'est introduit dans les édifices religieux du moyen âge, il est évident qu'il est issu de cette dernière. En effet, il est facile de suivre les métamorphoses qu'ont subies le plan, le mode de construction et le système d'ornementation des églises latines ou romanes pour produire enfin le style gothique. La discussion des opinions contradictoires émises par les auteurs au sujet de l'origine de l'ogive devant se trouver à ce mot, nous nous bornerons à rappeler ici que cette forme d'arc se rencontre déjà dans plusieurs édifices arabes du IXe siècle de notre ère. Nous dirons aussi que la présence de l'arc en ogive dans un monument ne prouve pas nécessairement que celui-ci appartienne au style gothique ; car, sans parler des édifices arabes auxquels nous avons fait allusion, il existe diverses églises romanes où l'ogive a été employée simultanément avec le plein cintre.

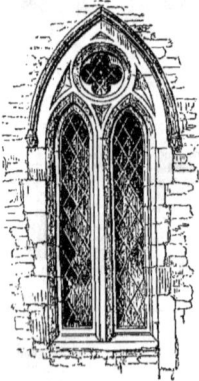

Fig. 46.

Les traits caractéristiques essentiels de l'arch. gothique nous semblent pouvoir se résumer ainsi : les arcs sont toujours brisés, c.-à-d. que leur courbe présente constamment un angle à son sommet. Les piliers s'allongent au point de ne plus offrir de trace des proportions classiques : tantôt ils sont taillés de manière à ressembler à un faisceau de colonnes groupées et combinées ensemble de diverses façons ; tantôt ils se composent d'un support principal auquel sont accolées des colonnes dont la disposition est très variable. Les moulures, les corniches et les chapiteaux n'ont plus rien qui ressemble aux modèles que nous a transmis l'arch. romaine : les vives

arêtes, les surfaces rectangulaires, les pilastres et les entablements ont disparu. Les éléments de la construction deviennent plus sveltes, se détachent, se répètent, se multiplient et semblent se ramifier. Les ouvertures constituent, pour ainsi dire, la partie essentielle des édifices, car toutes les autres parties se subordonnent à elles. Les lignes *verticales* se prolongent et prédominent complètement sur les lignes horizontales. Ainsi, par ex., les colonnettes des piliers s'élancent jusqu'à la voûte, s'y réunissent à celles du côté opposé, s'entrecroisent avec elles de diverses manières et divisent la voûte en compartiments réguliers. La disposition des fenêtres de la claire-voie, la forme du triforium et la décoration des nefs se subordonnent nécessairement à la symétrie de ces compartiments. Enfin les contreforts présentent une saillie très considérable, dépassent la ligne des parapets et sont surmontés de pinacles.

Fig. 47.

Pendant les trois siècles qu'elle a régné sans partage, l'arch. ogivale n'est pas restée un seul instant stationnaire : elle a même subi des modifications telles que les auteurs qui ont écrit l'histoire de l'art au moyen âge ont distingué quatre variétés principales de style dans l'arch. gothique. Ces variétés de style, étant le résultat des progrès mêmes de l'art, n'ont pu exister simultanément : elles correspondent donc à des époques différentes. Toutefois il est essentiel de se rappeler : 1° que jamais les changements de style ne se sont opérés brusquement ; 2° qu'il y a toujours eu un temps de transition pendant lequel les métamorphoses des éléments architectoniques se sont opérées ; 3° que le long espace de temps exigé pour la construction de nos magnifiques cathédrales a rarement permis que le même édifice fût construit dans un style unique. C'est pourquoi, dans un fort grand nombre d'églises, on observe la superposition de plusieurs styles, ou l'application de styles différents aux diverses parties du monument, selon la date de la construction de ces parties. Les classifications établies par les auteurs ne sauraient donc être acceptées d'une manière absolue.

Fig. 48.

Style ogival primaire ou gothique à lancettes. — La période pendant laquelle a dominé le style ainsi désigné comprend la fin du XIIe siècle et le XIIIe siècle tout entier. Ce style doit son nom à la forme aiguë qu'affectent généralement les arcades et toutes les ouvertures de l'édifice. Cependant l'ogive équilatérale se rencontre quelquefois, et l'on observe fréquemment des arcades trilobées et quintilobées dans les petites ouvertures. Dans ce style, les portes, lorsque l'édifice atteint de grandes dimensions, sont souvent divisées en deux baies par une colonne ou pilier central. Elles sont en retraite sur la façade et s'évasent de dedans en dehors de façon à représenter une espèce de porche. L'arc qui les surmonte est orné de nombreuses moulures et les jambages sont décorés de colonnettes entièrement détachées du mur. Ces colonnettes se montrent également dans les jambages des fenêtres, dans les niches, etc. Les fenêtres sont ordinairement longues et étroites ; quelquefois elles sont ornées de rinceaux, mais cette décoration ne s'observe que vers la fin du XIIIe siècle. Elles sont tantôt isolées, tantôt groupées deux par deux, trois par trois, etc. Ce groupe de fenêtres est fréquemment surmonté d'une arcade qui l'embrasse tout entier, et l'espace compris entre cette arcade et les fenêtres est percé d'une ouverture en forme de trèfle, de quatre-feuilles, etc. Bientôt les fenêtres s'élargissent ; mais alors elles sont divisées en plusieurs jours par des meneaux verticaux, et la partie supérieure de la fenêtre se décore d'un réseau plus ou moins compliqué. Les Fig. 45, 46, 47, 48 représentent différentes formes de fenêtre propres au style ogival primaire. Les roses sont d'abord généralement découpées de contre-lobes et présentent des colonnettes disposées comme les rayons d'une roue autour de leur moyeu ; plus tard les divisions se multiplient, de manière à offrir un réseau analogue à celui des fenêtres. Les voûtes sont pourvues d'arêtes et munies d'arcs-doubleaux, de formerets et de croisées d'ogives. Quelquefois le sommet de la voûte porte une nervure longitudinale, et les points d'intersection de ces nervures sont décorés de rosaces. Les piliers sont parfois cylindriques, comme ceux de la nef de Notre-Dame de Paris, disposition qui rappelle le style roman ; mais le plus souvent ils consistent en une grosse colonne ronde ou polygonale, à laquelle sont accolées plusieurs colonnettes dont chacune est pourvue d'une base et d'un chapiteau. Ce dernier est ordinairement décoré de feuillages. Les moulures revêtent des formes très variées ; en général elles sont alternativement convexes et concaves ; celles-ci sont profondément fouillées, de manière à produire une puissante opposition d'ombre et de lumière. Les ornements présentent également une grande diversité ; ils consistent en petites rosaces, en trèfles, en violettes, en fleurons, en rinceaux, etc. Les crosses commencent aussi à être usitées. Toutefois l'ornementation est moins riche que dans les styles suivants. Enfin les toits sont toujours

PICROT   E.GUILLOTIN.

Fig. 49.

fort aigus. Les contreforts sont très saillants, s'élèvent souvent au-dessus de la ligne du parapet et se terminent par des pignons aigus qui font jusqu'à un certain point l'effet de pinacles. Les arcs-boutants se montrent pour la première fois dans l'arch., mais les pinacles ne sont pas encore d'un usage général.

L'un des plus beaux monuments construits dans le style ogival à lancettes est sans contredit Notre-Dame de Paris, dont la Fig. 49 représente la façade occidentale. Cette magnifique cathédrale, commencée en 1163, ne fut terminée qu'en 1270. Le plan de Notre-Dame figure la croix latine ; néanmoins la branche supérieure de la croix est presque aussi longue que l'inférieure. L'édifice est soutenu par 120 piliers qui offrent des proportions et des formes diverses, mais qui sont régulièrement disposés de façon à former une double enceinte autour de la nef et du chœur. L'intérieur présente donc cinq nefs parallèles, un vaste transept et une rangée de chapelles de chaque côté : ces dernières ont été construites au XIVe siècle. La cathédrale de Paris a 130 mètres de longueur dans œuvre, sur 46^m,60 de largeur, et 34^m,66

d'élévation sous voûte. La hauteur des tours est de 66 mètres. Fortement endommagée pendant les troubles de la Révolution, dégarnie de ses statues et de ses ornements les plus élégants, elle a été restaurée par Viollet-le-Duc de 1845 à 1865.

Style ogival secondaire ou *style gothique rayonnant.* — Les édifices chrétiens construits dans le cours du XIVe siècle nous montrent l'arch. ogivale parvenue à son état complet de développement. Elle n'a rien perdu de ses formes sévères et grandioses, mais elle a acquis toute la légèreté et toute l'élégance compatibles avec l'idée religieuse dont ces temples sublimes sont le symbole matériel. Le style rayonnant ne nous présente aucune modification fondamentale dans les parties essentielles de l'église telles qu'elles subsistaient dans le style primaire ; nous trouvons simplement de nombreux changements de détails qui donnent un aspect particulier à l'ensemble de l'édifice. — L'ogive en lancette n'est plus aussi usitée, c'est l'ogive équilatérale qui domine. En conséquence, les ouvertures, et principalement les fenêtres, s'élargissent. Les meneaux qui les divisent deviennent plus sveltes et se multiplient. Le réseau de la fenêtre se complique : il représente des figures géométriques extrêmement variées, où dominent les cercles, les roses polylobées, les quatre-feuilles, etc. (Fig. 50. Fenêtre appartient à ce dernier style). Les grandes fenêtres circulaires connues sous le nom de roses acquièrent un diamètre prodigieux ; l'immense réseau qui les décore offre les mêmes traits caractéristiques que celui des fenêtres (Fig. 51. Rose de la cathédrale de Strasbourg). Les moulures concaves et concaves sont généralement séparées par de petits filets. Les ornements sont plus nombreux et plus riches. Des rinceaux de feuillages et de fleurs, tellement fouillés qu'ils semblent détachés de la pierre, courent le long des gorges des corniches et des archivoltes. Les niches, les statues, les colonnettes, les pinacles chargés de crosses se multiplient à l'infini. Les piliers simulent un faisceau de colonnes ayant chacune son socle et son chapiteau. Ces chapiteaux sont enrichis de divers feuillages d'une délicatesse et d'une élégance extrêmes. Les nervures des voûtes ont plus de légèreté qu'au XIIIe siècle. Les fenêtres et les portes sont généralement couronnées par un fronton dont le tympan est orné de roses, de trèfles, etc. Les rampants de ces frontons sont garnis de crosses étagées les unes au-dessus des autres, et se terminent supérieurement par un bouquet. Les arcs-boutants se chargent de décorations. Les pinacles sont couronnés de pinacles élancés et enrichis d'un bouquet à leur sommet.

La plus remarquable des cathédrales édifiées dans le style rayonnant est celle de Strasbourg (Fig. 52). La première pierre du portail fut posée en 1277, sous la direction de l'architecte Erwin de Steinbach. Après la mort d'Erwin, les travaux furent continués par son fils Jean et par d'autres artistes ; mais la flèche ne fut achevée qu'en 1439, par Jean Hültz de Cologne. Le plan de cette église ressemble à celui de Notre-Dame de Paris. La longueur de l'édifice dans œuvre est de 105 mètres et sa largeur de 38 mètres. L'élévation de la voûte est de 30 mètres environ. C'est sur la tour septentrionale de la façade que s'élève cette flèche si célèbre dans les fastes de l'arch. Rien ne saurait, en effet, donner une idée exacte de sa hardiesse et de son élégance. Quant à sa hauteur, elle est de 142 mètres au-dessus du pavé.

La cathédrale de Cologne doit être également rangée parmi les édifices du XIVe siècle. C'est l'un des plus grandioses et des plus magnifiques spécimens de l'arch. chrétienne. Son plan (Fig. 53) offre une régularité et une symétrie parfaites, comparables à celles qui caractérisent les monuments de l'art antique. L'emplacement sur lequel est bâtie l'église actuelle était occupé par l'ancienne cathédrale construite à l'époque de Charlemagne. Mais cette dernière ayant été détruite par le feu 4248, l'archevêque Conrad résolut de rebâtir sa cathédrale au même lieu, et, dès l'année suivante, c.-à-d. le 14 août 1249, il posa la première pierre de la nouvelle église. Tout faisait espérer que l'exécution des travaux marcherait avec rapidité; mais on dut bientôt renoncer à cette espérance.

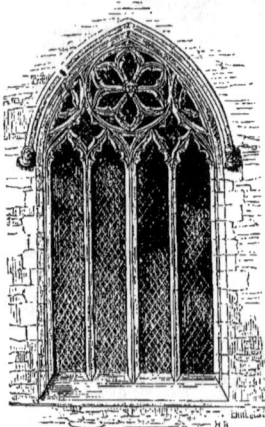

Fig. 50.

Les archevêques de Cologne dissipèrent en guerres inutiles les sommes destinées à un autre usage, et l'architecte Gérard, qui dirigeait les constructions en 1257, abandonna la ville pour se retirer à Bonn. Malgré cela, les travaux ne furent pas interrompus; mais ils marchèrent avec une extrême lon-

Fig. 51.

teur. La consécration du chœur eut lieu le 27 septembre 1322, c.-à-d. soixante-treize ans après la pose de la première pierre. A cette époque, les travaux se ralentirent encore davantage, et, vers 1370, le zèle des fidèles se refroidit complètement à cause des abus qui s'étaient glissés dans l'administration des fonds. Sous l'archevêque Thierry de Moers, en 1437, la tour méridionale étant parvenue au troisième étage, on y suspendit les cloches. Au commencement du XVIe siècle, la cathédrale

vit sa tour septentrionale s'élever encore un peu, ainsi que sa nef; on y plaça de magnifiques verrières, et ce fut tout pour une longue période. Ce n'est qu'au XIXe siècle que l'œuvre fut reprise à la suite d'un enthousiasme général et avec les fonds fournis par de nombreuses souscriptions. Elle a été achevée en 1880. Les architectes qui en ont dirigé les travaux pendant ce siècle sont Zwirner, mort en 1861, et Voigtel.

Style ogival tertiaire. — A la fin du XIVe siècle, l'arch. ogivale avait atteint son apogée. La technique de l'art avait fait des progrès immenses. La pierre était devenue, pour ainsi dire, ductile comme la cire entre les mains des artistes de cette époque, et il n'existait plus de difficulté qu'ils ne fussent capables de surmonter. Mais le désir de faire autrement que leurs prédécesseurs, et de les vaincre à force d'audace et de témérité, jeta les architectes du XVe siècle dans une voie fausse qui devait promptement amener la décadence de l'arch. Ils oublièrent que l'arch. a pour but suprême la réalisation symbolique des plus nobles conceptions de l'homme, et dès lors

Fig. 52.

le temple chrétien perdit son caractère grave, sévère et

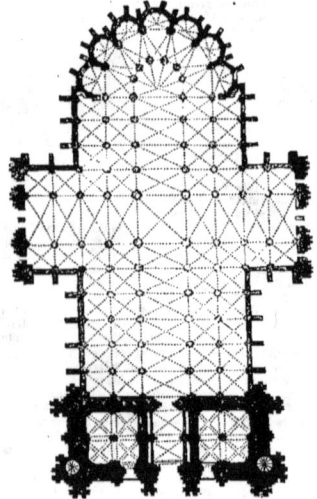

Fig. 53.

véritablement religieux. Cette période de décadence commença à la même époque dans tous les pays où régnait l'arch. ogivale, c.-à-d. en France, en Allemagne et en Angleterre; toutefois, dans ce dernier pays, elle se produisit sous une forme particulière. C'est pour cela que le style ogival du XVe siècle a reçu en Angleterre le nom de *style perpendiculaire*, et, sur le continent, celui de *style flamboyant*.

Style ogival fleuri ou *flamboyant*. — Parmi les caractères distinctifs de ce style, on doit mettre au premier rang celui de la présence simultanée d'arcs de formes diverses :

Fig. 54.

ainsi l'ogive équilatérale du siècle précédent est encore fort usitée; mais l'ogive obtuse se montre très fréquemment et l'on voit apparaître l'arc en accolade, l'arc en doucine, l'arc en anse de panier, etc. Les fenêtres, dont la forme est plus évasée que dans le style rayonnant, sont toujours divisées verticalement par des meneaux prismatiques. Les lignes qui forment le réseau des fenêtres sont sinueuses et ondulées

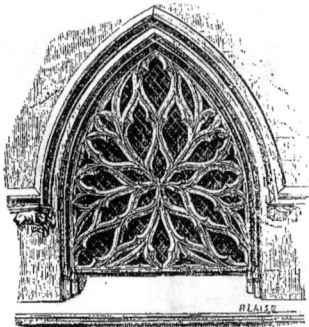

Fig. 55.

(Fig. 54 et 55). On a comparé les figures qu'elles décrivent à des flammes ondoyantes, et c'est pour cela qu'on a donné le nom de style flamboyant à notre style ogival tertiaire. — Les dessins qu'offrent les grandes roses sont tout à fait analogues à ceux du réseau des fenêtres. Les ornements sont prodigués sur toutes les parties susceptibles d'en recevoir. Les fleurs de toute espèce, les rinceaux de feuillages sont sculptés avec une habileté et une délicatesse merveilleuses; mais ces ornements sont trop compliqués, ou bien leurs détails sont trop minutieux, et, dans les deux cas, l'effet se trouve amoindri. Dans un style architectural où la décoration semble être l'élément essentiel, les voûtes devaient aussi se ressentir de ce changement. Aussi les voyons-nous se recouvrir d'un réseau de nervures très compliqué; en même temps, chaque

point d'intersection se décore d'une rosace, d'un écusson ou d'une clef pendante. Les piliers ne sont plus sculptés ou colonnettes fasciculées : ils représentent un faisceau de meneaux à arêtes saillantes séparés les uns des autres par des moulures concaves. Ces meneaux, en se prolongeant, vont former les archivoltes des arcades et les nervures des voûtes. L'absence de chapiteaux dans ces piliers est un trait caractéristique du style flamboyant. D'autres fois les piliers sont circulaires et unis, et les moulures les plus saillantes des archivoltes sont les seules qui se continuent jusqu'au bas de la colonne. Enfin, dans un petit nombre d'églises, on voit des piliers cylindriques ou octogones munis de chapiteaux, et alors les moulures qui vont décorer les arcades et les voûtes semblent naître du sommet de ces chapiteaux. Les contreforts offrent la même disposition que dans la période antérieure; mais leur décoration est d'une richesse exubérante et offre les caractères propres du style flamboyant. L'extrados des arcs rampants est surtout fréquemment orné d'arcatures ogivales à jour. — Il n'existe pas en France de grandes cathédrales entièrement construites dans le style que nous venons de décrire ; mais il s'observe dans un plus ou moins grand nombre de parties des édifices religieux d'une certaine importance. Nous mentionnerons, entre autres, la cathédrale de Beauvais, l'église de Saint-Ouen à Rouen, celles de Saint-Gervais et de Saint-Merry à Paris, de Saint-Pierre à Avi-

Fig. 56.

gnon, et l'église d'Harfleur en Normandie, etc. (Fig. 56. Vue d'un portail de l'église d'Harfleur.)

L'arch. gothique s'est étendue également dans le midi de l'Europe ; mais là, tout en conservant le caractère qui lui est propre, elle a subi l'influence des formes architecturales des styles qui l'avaient précédé. C'est ainsi qu'en Espagne les églises construites dans le style gothique présentent fort souvent le système de décoration propre à l'arch. mauresque. Le Portugal possède un des plus magnifiques édifices bâtis dans le style ogival, nous voulons parler de l'église de Batalha qui est toute en marbre blanc et qui n'a pas moins de 127 mètres de longueur. On trouve en Italie de nombreux monuments de l'arch. ogivale élevés dans le XIIIe et dans le XIVe siècle. Le plus ancien est l'église d'Assise, construite par l'architecte Lapo et consacrée à saint François (1228-1336). Mais de tous les édifices religieux construits dans ce style, le plus remarquable est la cathédrale de Milan. Cette église, commencée en 1336, fut terminée en 1387. Elle est construite en marbre blanc. Son plan est celui de la croix latine; sa longueur est de 149 mètres et sa plus grande largeur de 90 mètres environ. L'intérieur de cette église est divisé en cinq nefs. Les portes et les fenêtres de la façade occidentale appartiennent au style italien moderne et leur association avec des tourelles gothiques surmontées de pinacles et de clochetons forme un ensemble d'un goût douteux. Le principal architecte de cet édifice fut un Allemand nommé Zamodia. On doit remarquer que l'intérieur de cette cathédrale, qui est de la fin du XIVe siècle, est construit dans le style qui régnait à cette époque en France et en Allemagne. La quantité de statues et de bas-reliefs en marbre qui ornent cette église est véritablement prodigieuse : quelques auteurs, en effet, portent leur nombre à quatre mille

Fig. 57.

cinq cents. La dénomination de *gothique* appliquée au style architectural dont nous venons d'exposer les caractères dans ses différentes périodes est complètement inexacte. Les Goths, en effet, ne sauraient avoir inventé ni l'arc ogival, ni l'arch. de même nom, puisque l'apparition de celle-ci est postérieure de plusieurs siècles à l'anéantissement des empires fondés par ces barbares. Ils n'ont exercé aucune influence sur l'art, si ce n'est d'accélérer par leurs dévastations la ruine des monuments de l'antiquité. Au reste, ainsi que l'ont démontré Moller, Maffei, Muratori et Tiraboschi, lorsque ces peuples se furent établis en maîtres dans l'Italie, ils se servirent des artistes du pays. Leur roi Théodoric, qui régna de 493 à 525, eut recours pour les édifices qu'il fit élever, aux lumières des architectes romains, et l'histoire nous a même conservé les noms d'Aloysius et de Daniel, comme ayant été employés par ce prince.

C'est surtout au XVII° et au XVIII° siècle que l'épithète de gothique, devenue synonyme de barbare et de mauvais goût, a été appliquée à l'arch. du moyen âge. Les merveilleuses constructions de l'arch. ogivale ont été pendant plus de deux siècles regardées comme des créations monstrueuses dépourvues de tout génie artistique. Aujourd'hui les édifices religieux élevés par nos pères sont universellement compris et appréciés. Les architectes du moyen âge ont déployé dans la construction de ces édifices une habileté et une science supérieures à celles qu'a exigées l'érection des monuments les plus grandioses de l'antiquité. Ces artistes, si longtemps traités d'ouvriers ignorants et barbares, réunissaient les qualités les plus éminentes de l'architecte, c.-à-d. possédaient l'art de produire les plus grands effets possibles avec les moyens les plus simples. Mais ce qui domine dans ces monuments, c'est le sentiment religieux poussé jusqu'à l'exaltation, qui a inspiré les artistes et leur a fait produire tant de chefs-d'œuvre. Ce sentiment religieux, cette foi ardente, se manifestent dans tout l'art gothique, aussi bien dans l'ensemble des plus belles cathédrales que dans les plus petits détails. En effet, partout la matière s'y trouve vaincue, dominée, asservie par l'esprit ; partout se voit l'élan de l'âme qui veut se dégager des choses terrestres ; et tout est calculé pour produire et entretenir l'exaltation religieuse chez le spectateur : les flèches hardies qui s'élancent au ciel, les splendides verrières laissant passer une lumière magique, la solennité des voûtes élevées, soutenues par d'innombrables faisceaux de colonnes qui rappellent la majesté des forêts, tout inspire le recueillement, et il n'est personne qui ne se sente ému et ne laisse à la porte ses peines matérielles en pénétrant dans une de nos merveilleuses cathédrales.

Mais si l'architecture religieuse occupe au moyen âge la place prépondérante, parce qu'elle reflète l'idée dominante de cette longue époque, il est une autre architecture qui, pour être moins artistique, n'en joue pas moins un rôle considérable dans ces temps de féodalité guerrière : c'est l'architecture militaire, dont le château est l'expression. Le château du moyen âge est une forteresse. Il ne devrait être que l'habitation du seigneur, mais cette habitation est tellement fortifiée qu'elle semble n'être qu'accessoire, et ce qui frappe le plus au premier abord dans un château féodal, c'est l'appareil formidable de défense construit en vue de résister le plus longtemps possible à un siège.

A l'origine, c.-à-d., pendant l'invasion normande, les châteaux étaient sommairement construits : des bâtiments rudimentaires et une tour en bois étaient élevés sur une éminence artificielle ou motte, et entourés d'un fossé et de palissades. Au XIII° siècle, l'architecture militaire atteignit son apogée. Le château fort était construit entièrement en pierre ; il se composait d'un large fossé, protégé de palissades appelées barres, entourant tout ou partie de la construction. Derrière le fossé s'élevait le mur

Fig. 58.

d'enceinte, épais quelquefois de 7 mètres, comme au château de Coucy, et flanqué de tours ; on appelait courtines les parties de l'enceinte comprises entre deux tours consécutives. Le sommet du mur et des tours était garni de créneaux, derrière lesquels tiraient les archers ; les machicoulis étaient des constructions saillantes, en bois à l'origine, plus tard en pierre, élevées sur le sommet du mur ; le plancher en était percé de fentes par lesquelles les assiégés jetaient des projectiles sur la tête des assaillants. De chaque côté de la porte s'élevaient deux lourdes tours, on entrait au château après avoir franchi le fossé sur un pont-levis relevé en temps de siège. L'intérieur du château était divisé en deux cours ou bailles ; la première, dans laquelle se trouvaient les dépendances, les logements des artisans, etc., était séparée de la seconde par un nouveau rempart. Dans la seconde cour était l'habitation du seigneur et de ses gens. Enfin, adossé le plus généralement au mur d'enceinte, mais séparé et fortifié encore par un fossé, se dressait le donjon. Le donjon était une tour de dimensions considérables et divisée en plusieurs étages où le seigneur et ses hommes d'armes se retranchaient pour continuer la résistance lorsque le château était envahi (la Fig. 57 représente le château féodal de Pierrefonds restauré). Voy. CHATEAU.

Ce système de construction n'était pas exclusif aux châteaux ; des villes étaient fortifiées d'après des principes semblables : les enceintes de Carcassonne et d'Aigues-Mortes, en sont des exemples remarquables.

Les monastères et les abbayes étaient même fortifiés comme des châteaux ; l'abbaye du mont Saint-Michel est une véritable forteresse.

L'architecture privée au moyen âge n'offre rien de particulier, elle se ressent du style ogival. Les demeures des riches bourgeois et des marchands étaient souvent bien construites et d'un aspect pittoresque ; quelques-unes, comme la maison de Jacques Cœur, à Bourges, étaient de véritables hôtels, peu confortables il est vrai, et où l'air et la lumière étaient parcimonieusement mesurés. Ce qui distingue une maison ordinaire du moyen âge, c'est un toit très aigu formant sur la façade un pignon pointu sur lequel il avance notablement : une charpente en bois apparente soutient quelquefois la partie de la toiture qui surplombe. Le pignon à lui seul a souvent une hauteur égale à la hauteur de la maison, il contient le second étage et le grenier ; enfin, le rez-de-chaussée et le premier étage prennent le jour par des ouvertures de style gothique souvent sans aucune régularité, mais quelquefois ornées d'une façon intéressante.

Dans bien des villes qui obtinrent des franchises municipales, s'élevèrent des maisons communes ou hôtels de ville. La partie essentielle d'un hôtel de ville était le beffroi, moitié donjon, moitié clocher, qui contenait les cloches pour convoquer les citoyens aux assemblées. L'hôtel de ville renfermait une grande salle pour les réunions, des archives, un corps de garde et une prison. On rencontre encore beaucoup d'hôtels de ville moyen âge dans le nord de la France et en Belgique ; celui de Bruxelles a un beffroi haut de 114 mètres et une salle longue de 60 mètres. Un des plus remarquables spécimens de l'application du style ogival aux monuments civils nous est offert par le magnifique Palais de justice de Rouen.

XVI. ARCHITECTURE DE LA RENAISSANCE. — Ce fut en Italie que commença le mouvement de réaction qui eut pour résultat de détrôner dans l'Europe entière l'arch. ogivale. L'art gothique n'avait pas jeté de bien profondes racines dans la péninsule italique et presque tous les édifices construits dans le style ogival présentent des traces plus ou moins nombreuses de l'influence persistante de l'art romain. La contemplation de cette multitude de monuments classiques qui couvre le sol de l'Italie ramena de bonne heure les architectes italiens à l'imitation de ces monuments. Les premiers signes de cette révolution dans l'art se manifestèrent dès le XIVe siècle. En 1370, nous voyons Orcagna décorer la *Loggia dei Lanzi*, à Florence, d'immenses arcades en plein cintre. Toutefois c'est au célèbre Brunelleschi, né en 1377, que la postérité a décerné avec raison le titre de restaurateur de l'arch. antique. On lui doit la coupole de Sainte-Marie des Fleurs à Florence. Après lui, l'architecte qui contribua le plus au mouvement artistique dont nous parlons est L.-B. Alberti, de la noble et ancienne famille des Alberti de Florence. Enfin, parmi la foule de grands architectes que l'Italie produisit au XVIe siècle, nous citerons les noms à jamais illustres de Bramante, qui commença la reconstruction de la célèbre basilique de Saint-Pierre à Rome, l'un des monuments les plus remarquables par l'ampleur des proportions et son caractère grandiose ; de Michel-Ange Buonarroti, génie immortel, à la fois peintre, architecte et sculpteur qui termina Saint-Pierre ; de Raphaël, de San-Gallo, de Balthazar Peruzzi, de Giocondo, de San-Micheli, de Vignola, de Serlio et d'Ammanati. — Le style de cette époque a reçu le nom de style de la *Renaissance*. Quoiqu'on se proposât alors comme règle générale l'imitation de l'antique, cette imitation fut loin d'être servile, et, il faut l'avouer, elle ne fut pas toujours fort intelligente. Ce fait est aisé à concevoir, puisque les monuments que nous a laissés l'antiquité avaient été érigés pour les besoins d'un culte tout différent du culte chrétien et d'une civilisation qui n'offre presque aucune analogie avec la nôtre. Dans cette période le plein cintre reconquiert son ancienne prééminence : on reproduit les ordres grecs et romains, mais on les modifiant et en prétendant leur assigner des proportions invariables. Les accouplements de colonnes, l'emploi d'ordres superposés, la présence de frontons brisés, de frontons circulaires, caractérisent l'arch. de cette époque. Les feuillages et les enroulements de toute sorte, avec des animaux réels ou imaginaires, agencés à la manière d'arabesques, se rencontrent fréquemment dans les édifices du XVe siècle.

Fig. 59.

De l'Italie, le style de la Renaissance se répandit assez promptement, d'abord en France, puis dans le reste de l'Europe. Il nous est impossible de décrire ici tous les monuments de la Renaissance en France ; déjà, dès la fin du XIVe siècle, les châteaux féodaux devinrent moins barbares : les mœurs s'adoucissant, les demeures seigneuriales perdirent peu à peu leur aspect guerrier. Le château de Pierrefonds est un exemple de cette modification qui, au XVIe siècle, s'accentua encore ; le côté militaire tend à disparaître, tandis que le confortable et l'élégance augmentent de plus en plus, et sous l'influence italienne qui s'accroît de jour en jour, la France voit partout s'élever des châteaux très élégants (Fig. 58. Lanterne du château de Blois), Gaillon dont la Fig. 59 représente un portique conservé à l'École des Beaux-Arts de Paris. Sous François Ier, Pierre Nepveu construit Chambord, une merveille ; au château de Madrid et à Fontainebleau, le gothique disparaît pour faire place à un style dont les éléments sont puisés en Italie ou inspirés de l'antique. Chenonceaux, Châteaudun et quantité de châteaux dans la région de la Loire datent de cette époque. Des maisons particulières telles que la maison dite de François Ier à Paris, celle d'Agnès Sorel à Orléans ; des hôtels de ville comme ceux d'Orléans et de Paris (1533), sont des spécimens de ce style à la fois riche, élégant et gracieux. Dans la seconde moitié du XVIe siècle, Philibert de l'Orme, Pierre Lescot, Jean Bullant, élevèrent l'art architectural à une splendeur qui n'a guère pu être dépassée depuis ; ils eurent le mérite de laisser une large part à leurs inspirations personnelles, et, si leurs œuvres n'ont pas un style arrêté comme le gothique, au moins ont-elles un caractère particulier, essentiellement français, et montrent-elles ce que peut produire notre génie, quand il s'inspire et sait tirer parti des modèles antiques. A Pierre Lescot nous devons une partie du nouveau Louvre (Voy. LOUVRE); Philibert de l'Orme, qui avait étudié à Rome et relevé et mesuré les vieux édifices, construisit, entre autres chefs-d'œuvre, le château d'Anet et commença les Tuileries (1564), qui furent continuées par Jean Bullant. Jacques Androuet du Cerceau publia de nombreux

Fig. 60.

recueils sur l'architecture au XVIᵉ siècle. Le plus connu de ses ouvrages est « *Les plus excellens bastimens de France*, 1576-1579 »; il y reproduit les édifices célèbres de son temps. Enfin, l'architecture religieuse, qui avait résisté plus long-temps à l'invasion du goût italien, se ressentit à son tour de cette influence et, à la fin du XVIᵉ siècle, le style gothique tendait à disparaître même des monuments sacrés; encore un peu, il sera tout à fait abandonné, et, au XVIIIᵉ siècle, deviendra même l'objet d'un mépris qui ira jusqu'au vandalisme. Au XVIIᵉ siècle, l'architecture continue dans la même voie. Sous Louis XIII, les constructions privées qui avaient gardé leur style français se modifièrent par l'heureuse adjonction de la brique; la place Royale (depuis place des Vosges, à Paris) date de cette époque et offre un ensemble remarquable. Les principaux architectes de cette époque furent: Salomon de Brosse, qui construisit le palais du Luxembourg; Lemercier, qui continua le Louvre, en fit l'aile occidentale et le pavillon de l'Horloge (Fig. 60), et à qui on doit aussi la Sorbonne et le palais Cardinal, connu plus tard Palais-Royal; enfin, Levau qui travailla au Louvre, continua les Tuileries, bâtit l'Institut et Saint-Sulpice. Le vieux style français ne tardera pas à disparaître, le goût du classique domine de plus en plus; le gothique admirable est traité de barbare et dans les monuments religieux les arceaux élancés sont remplacés par

des voûtes et des colonnades antiques, l'ogive disparaît; à la place des arcs-boutants on met de grandes consoles à volutes renversées, appelées ailerons, c'est le triomphe du dorique, du corinthien, de l'entablement et de la corniche, et cette imitation du classique qui, au début, a produit des monuments remarquables va aller en s'augmentant jusqu'à devenir une imitation servile qui entraînera une véritable décadence de l'art.

Sous Louis XIV, l'architecture, conformément au goût de l'époque, fut pompeuse et grandiose. Claude Perrault et Mansart sont les seuls noms qu'on ait à citer. Claude Perrault, médecin et architecte, fit la célèbre colonnade du Louvre (1665). Mansart construisit le palais de Versailles, qui n'est intéressant que comme dimension, et termina l'Hôtel des Invalides. Il serait injuste de ne point parler ici de Lenôtre, l'architecte des jardins de Versailles. Lenôtre créa, pour ainsi dire, l'art des jardins, et exécuta dans ce genre de réels chefs-d'œuvre. Ses carrés de verdure, ses plates-bandes de fleurs et de gazon, toujours symétriquement disposées; ses allées régulières d'arbres taillés et la profusion de statues, balustres, vases, fontaines, dont les parterres étaient ornés, s'accommodaient parfaitement avec les monuments qu'ils entouraient. Depuis, on a presque abandonné ce style dit français, et tous les parcs et jardins se font dans le goût anglais: on est revenu, avec quelque raison, à l'imitation de la nature. Si l'on a exagéré ce style par la composition de ces petits jardins bourgeois de 4 à 500 mètres carrés dans lesquels on accumule: rivière, lac, rocher, cascade, prairie, pont, kiosque, etc., on obtient des effets pittoresques et charmants lorsque ces jardins sont dessinés sobrement et avec goût, comme l'a fait Alphand à Paris.

Au XVIIIᵉ siècle, le goût du grandiose et du majestueux disparut, et, avec Louis XV, on ne voulut plus avoir pour le habitations privées que des conceptions coquettes et gracieuses. En même temps la disposition intérieure des demeures fit de grands progrès, on ne sacrifia plus tout à l'effet extérieur comme au siècle passé, on rechercha la commodité et le confortable. Tous les arts décoratifs se ressentirent de cette tendance des esprits à la coquetterie et à la légèreté, et un style ornemental nouveau en naquit: ce fut le rococo ou le rocaille, style inférieur et de décadence à coup sûr, qui a certainement produit des œuvres gracieuses, mais qui, pour être exempt de sévérité et de raideur, ne fut que trop souvent informe, maniéré et prétentieux, et qu'on a grand tort de tant copier à notre époque. Mais ceci s'applique plus spécialement à la décoration et aux arts industriels. L'archit. produisit un grand nombre d'hôtels intéressants, et d'ailleurs les architectes étaient toujours de fervents adeptes de l'antiquité grecque et romaine, et lorsqu'ils construisaient des monuments publics, ils savaient revenir aux sévères traditions. Au milieu du XVIIIᵉ siècle, Gabriel construisit l'École militaire, le Garde-Meuble, le ministère de la Marine; Antoine fit la Monnaie; Héré, la place Stanislas, à Nancy; Boffrand, Oppenard, Leblond, etc., construisirent un grand nombre d'hôtels privés. Enfin, à la fin du siècle, Soufflot édifia le Panthéon à Paris, monument qui marque l'apogée du goût classique; Louis bâtit la salle du Théâtre-Français, les galeries du Palais-Royal; mais son triomphe est le théâtre de Bordeaux, qu'on cite comme un parfait modèle du genre. A la fin du siècle, l'archit. fut en pleine décadence, l'imitation servile de l'antique n'eut plus de bornes, les architectes semblèrent prendre à tâche de repousser toute idée originale, de renier l'architecture française et même de détruire ou de gâter les monuments gothiques. Soufflot lui-même crut de son devoir de modifier dans le style qui lui était cher la grande porte de Notre-Dame-de-Paris, et Louis, le chœur de la cathédrale de Chartres. La Révolution et tout le trouble qu'elle amena dans les esprits, les guerres, l'instabilité des fortunes, éloignèrent de l'art le courant des idées, et tout contribua à en activer la désorganisation. En vain Percier et David, le peintre, essayèrent-ils de faire sortir du chaos quelque chose qui pût être considéré comme un style de l'époque; sous le premier Empire, on ne fit qu'imiter le grec, mais sans le comprendre, on l'interprétant mal ou plutôt en ne l'interprétant pas du tout; on ne chercha en aucune façon à l'appliquer à nos mœurs et à nos besoins, et on ne produisit que des œuvres qui, au point de vue artistique, sont nulles.

XVII. Architecture contemporaine. — A la fin de la Restauration, les études d'architecture reprirent un peu d'importance; on réorganisa l'Académie de France à Rome, et des architectes tels que Duc, Duban, Vaudoyer, Labrouste, Paccard, par leurs études mieux raisonnées sur l'antiquité, arrivèrent à des résultats meilleurs; ensuite Lassus et Viollet-le-Duc firent tous leurs efforts pour réhabiliter les monuments du moyen âge français, trop longtemps abandonnés et trouvés barbares. La commission des monuments historiques, qui fut instituée lors de cette sorte de renaissance artistique, encouragea et sanctionna ces recherches et, grâce à une plus juste appréciation des besoins de notre époque, nos architectes nous dotèrent d'œuvres excellentes et d'un caractère moderne, quoique composées essentiellement d'éléments classiques. Il faut citer parmi les monuments modernes les plus dignes de remarque comme étant les mieux appropriés au but qu'ils doivent remplir : les bibliothèques Nationale et Sainte-Geneviève, le Palais de justice, la cour de l'école des Beaux-Arts (Duban), la prison cellulaire de Mazas (Gilbert), etc.

L'œuvre architecturale la plus remarquable de notre époque est, sans contredit, le grand Opéra de Paris (Fig. 61), dû à Ch. Garnier. Soit que l'on considère l'extérieur du monument d'un effet grandiose, surtout sur les côtés et la façade postérieure, soit qu'on envisage l'aménagement commode et spacieux de l'intérieur, le superbe escalier central ou la profusion et la richesse des ornementations et leur infinie variété, on est frappé de sa beauté et de l'homogénéité de ce monument de premier ordre.

Certes, l'archit. est toujours dans la même voie depuis la Renaissance; toujours ce sont les mêmes formules, et nous ne faisons qu'adapter à nos usages les formes consacrées de l'antiquité, malgré une tendance très marquée de nos jours à puiser des inspirations dans les arts orientaux, arabe et persan. Depuis le gothique, il n'y a pas à proprement parler de nouveau style en architecture.

Sommes-nous donc incapables de puiser en nous-mêmes des idées nouvelles? Ce serait peut-être aller trop loin que de le penser; mais pour qu'un style absolument neuf puisse prendre naissance, il faudrait que nos architectes fussent poussés à changer d'ordre d'idées par des besoins impérieux, comme par exemple un but nouveau à donner à certains édifices, ou une révolution dans la manière de construire : car les siècles passés nous ont laissé tant de modèles et de docu-

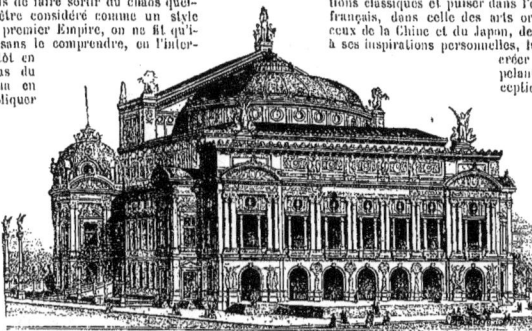

Fig. 61.

ments, que ce serait folie de ne vouloir pas en tenir compte. L'architecte de nos jours devrait donc s'inspirer des traditions classiques et puiser dans l'étude du moyen âge français, dans celle des arts orientaux, y compris ceux de la Chine et du Japon, des idées qui, jointes à ses inspirations personnelles, lui permettraient de créer des œuvres ne rappelant en rien les conceptions passées, mais parfaitement appropriées à leur destination; peut-être en sortirait-il un style nouveau?

Quoi qu'il en soit, dès à présent il est certain que le développement considérable de l'industrie et du commerce, la création des chemins de fer, les progrès de la métallurgie, poussent les constructeurs dans une voie nouvelle, et il faut sans doute voir là ce besoin impérieux, cette force des choses qui oblige déjà les architectes à modifier leurs conceptions artistiques, qui change même dans une certaine mesure l'idée qu'on se faisait du beau et qui déterminera sans doute le style particulier au XXᵉ siècle.

Une considération esthétique qu'il ne faut pas perdre de vue et qui est vraie, maintenant plus que jamais, c'est qu'une chose est belle quand elle est parfaitement proportionnée et appropriée au but qu'elle doit remplir; à ce point de vue, on doit citer comme œuvres d'art : les gares de chemins de fer, et les Halles Centrales, édifiées par l'architecte Ballard, sur l'instigation de Napoléon III, qui avait admiré le Hall en fer de la gare du chemin de fer atmosphérique de Saint-Germain, dû à l'ingénieur Eug. Flachat. De nos jours, le fer entre de plus en plus dans nos constructions. Les nouvelles écoles et tous les bâtiments civils que l'on construit actuellement et où le fer et la brique jouent un si grand rôle, sont pour la plupart dignes d'intérêt : ces constructions puisent leur beauté dans leur parfaite appropriation au but auquel elles sont destinées. L'immense galerie des Machines à l'Exposition universelle de 1889, ainsi que la tour Eiffel, toute en fer, de 300 mètres de haut (Fig. 62), resteront comme des exemples grandioses de ce que peut faire l'industrie humaine dans un ordre d'idées artistique et architectural tout différent de ce qui s'était fait jusqu'alors.

Du reste, dans ces sortes de constructions métalliques on ne s'est guère préoccupé jusqu'ici que du côté pratique, et l'on a presque complètement négligé la partie artistique. Il y a lieu d'espérer que le jour où les hommes de goût apporteront à ce genre d'édifices le soin et l'attention qu'ils accordent aux constructions en pierre, ils sauront tirer des formes qu'il convient de donner au métal un genre de beauté particulier et une formule artistique nouvelle. Il est difficile de prévoir aujourd'hui ce que pourrait donner la construction métallique entendue de cette manière. Si la tour Eiffel paraît, à cause de nos traditions, d'un goût artistique fort contestable, il faut cependant reconnaître que son aérienne transparence n'est pas sans beauté, et que la

Fig. 62.

partie inférieure avec ses quatre piliers obliques et ses arcs immenses est d'un effet assez majestueux. De plus, ces nombreux arcs qui soutiennent le premier étage produisent, en se croisant de diverses manières, des jeux de lignes tout à fait inattendus, et des effets d'ombre et de lumière qui ont leur caractère et leur charme particulier et qu'on ne peut trouver que sur cet unique monument. Il y a là certainement le germe d'un art nouveau.

Même en dehors des constructions métalliques qui peuvent être considérées comme caractérisant le style particulier à notre époque pratique et industrielle, il est encore dans l'arch. contemporaine des ouvrages qui, par leur ensemble, sont spéciaux à notre temps et à nos mœurs urbaines, nous voulons parler des grandes artères de nos principales cités. L'usage d'habiter des maisons de six étages, les règlements de police et de voirie, le luxe et la richesse qui sont répandus à profusion dans certains quartiers, tout a contribué à donner aux maisons d'une même rue un aspect semblable, quoiqu'elles diffèrent les unes des autres et soient construites par des architectes divers. Il en résulte pour chaque rue une physionomie propre due à un ensemble architectural et pittoresque qui n'a au rien d'analogue à aucune époque, qui est absolument typique de la nôtre, et qui contribue dans une large mesure, ainsi qu'on peut le voir par la rue de la Paix et l'avenue de l'Opéra, à Paris, à la splendeur de nos grandes cités.

Bibliogr. — Vitruve, *Traité d'architecture* (ouvrage latin du 1er siècle de notre ère); Baptiste Alberti, *Traité de l'Art de bâtir* (XVe siècle); L. Reynaud, *Traité d'architecture*, 1851; E. Viollet-le-Duc, *Dictionnaire de l'architecture du XIe au XVIe siècle; Histoire de l'habitation humaine*, 1879.

ARCHITRAVE. s. f. [Pr. *archi*...] (préfixe *archi*, voy. ce mot, et lat. *traba*, poutre). T. Archit. Partie de l'entablement qui porte immédiatement sur les chapiteaux des colonnes, au-dessous de la frise. Voy. Architecture grecque et Entablement.

ARCHITRÉSORIER. s. m. [Pr. *archi*...]. T. Hist. Grand trésorier. Dignitaire de l'ancien empire d'Allemagne. Voy. Trésorier.

ARCHITRICLIN. s. m. [Pr. *archi*...] (gr. ἀρχὸς, chef; τριχλίνιον, salle à manger). Celui qui chez les Romains était chargé de l'ordonnance d'un festin. — Fam., on donne le nom d'ar. à celui qui se charge de l'ordonnance d'un repas. *Nous avions un admirable ar.*

ARCHIVAIRE. s. m. [Pr. *archi*...]. Employé à la garde des archives.

ARCHIVER. v. a. [Pr. *archi*...]. Recueillir et classer des archives.

ARCHIVES. s. f. pl. [Pr. *archi*...] (gr. ἀρχεῖον, demeure des magistrats). Anciens titres, chartes et autres papiers importants. *Les ar. d'une maison, d'une communauté, d'une ville, d'un royaume. Fouiller dans les ar. Le trésor des ar.* || Lieu où l'on conserve ces sortes de titres. *Construire des ar. On a déposé cette pièce aux ar.* || Se dit aussi du dépôt où sont conservés les actes, les minutes d'une administration. *Les ar. de la préfecture. Les ar. du greffe.* || On dit quelquefois fig., en parlant des bibliothèques : *Ce sont les ar. de la science, du savoir.*

Toutes les nations de l'antiquité possédèrent des *archives*. Celles du peuple juif étaient conservées dans le temple de Jérusalem, où elles devinrent la proie des flammes, lorsque Titus s'empara de cette cité. On sait que les Perses, les Mèdes, les Assyriens, les Phéniciens, les Grecs eurent aussi des dépôts publics où ils conservaient tous les écrits relatifs à leur histoire; mais ce furent surtout les prêtres de l'Égypte qui s'attachèrent à conserver tous les documents des siècles éteints. Il a été retrouvé de nos jours des pièces originales, des manuscrits qui nous font connaître des événements accomplis plus de 2,000 ans avant notre ère. Plusieurs nations de l'Asie et notamment les Chinois prétendent avoir des ar. qui remontent à une antiquité encore plus reculée. — Les ar. des Romains étaient gardées dans des temples et confiées à la vigilance des préteurs et des consuls; dans la suite, sous les empereurs, des fonctionnaires spéciaux furent commis à la garde et à l'entretien des ar. de la Ville entière. — Nous ne saurions guère attribuer le nom d'ar. aux quelques documents rassemblés par nos premiers rois; c'est seulement au commencement de la seconde race que l'on doit rapporter l'établissement des ar. royales en France. L'Annaliste de Metz, à la date de 813,

affirme que l'on conservait dans les ar. du palais les originaux des décisions de plusieurs conciles tenus par ordre de Charlemagne, et plusieurs ordonnances de Louis le Débonnaire portent que les originaux de ces mêmes ordonnances seront déposés dans les archives du palais; mais ces dispositions ne furent maintenues que sous les rois carlovingiens. Après l'avènement des Capétiens, l'état de la France troublée par les entreprises des princes étrangers et par celles des grands feudataires ne permit pas aux souverains d'avoir d'autres palais que leurs camps. Alors les ar. firent partie du bagage des armées. Il en résulta qu'elles furent nécessairement exposées à toutes les chances de destruction que les hasards de la guerre pouvaient faire naître. Philippe-Auguste en fit la déplorable expérience, en 1194, dans le Blaisois, près du village de Belleforge, lorsqu'il fut surpris par Richard d'Angleterre, qui lui enleva ses ar. ainsi que le sceau royal. Plus tard, Philippe-Auguste s'occupa de réparer cette perte. Il fit recueillir avec soin les chartes émanées de lui et devint par cela même le véritable fondateur du trésor des chartes, qui fut dans l'origine établi à la tour du Louvre ou au Temple. Saint Louis le transféra dans la Sainte-Chapelle de Paris, où il est resté jusqu'à la Révolution. — A l'exemple de la couronne, tous les établissements publics, les monastères, les chapitres, et même les grandes maisons, eurent leurs ar., ce qui multiplia prodigieusement en France les dépôts de documents historiques d'une authenticité incontestable. Cependant les ar. ne prirent un véritable développement qu'à partir du siècle de Louis XIV. A cette époque, Baluze s'occupa avec une grande activité du classement des manuscrits qui formèrent la base du dépôt de la guerre. Colbert fit fouiller en même temps les ar. du midi de la France par le conseiller Doat, qui composa avec ces documents précieux l'une des plus utiles collections de ce genre. Sous Louis XV, le duc de Choiseul confia à des bénédictins et à d'autres savants le soin d'examiner minutieusement, dans toutes les provinces du royaume, les dépôts d'ar. dont le nombre s'élevait alors à plus de 1,200. Ce dépouillement fournit des copies d'environ 50,000 pièces classées chronologiquement. Les ar. d'Angleterre, de Rome et des Pays-Bas furent mises également à contribution et produisirent aussi un grand nombre de documents du plus haut intérêt pour l'histoire. Toutes ces collections subsistent encore et sont fréquemment consultées par les érudits.

A la Révolution, chaque corps de l'État eut d'abord ses ar. particulières; mais on revint bientôt sur cette disposition, et la Convention, par un décret du 14 juillet 1794, établit les Ar. nationales comme dépôt central pour toute la France. Aujourd'hui, les Ar. nationales sont divisées, d'après le tableau dressé en 1811, en six sections : *législative, administrative, historique, topographique, domaniale* et *judiciaire.* Le public est admis à consulter les ar., et, moyennant une modique rétribution, on délivre des copies authentiques des pièces qu'elles renferment. Cependant les pièces ayant moins de cinquante ans de date et celles qui concernent les personnages encore vivants ou des familles encore existantes ne peuvent être communiquées que moyennant des autorisations spéciales. Outre ce dépôt central, qui est placé dans l'ancien hôtel de Soubise, au Marais, il en existe en France une foule d'autres, car chaque établissement public, chaque ville, chaque commune a ses ar. Il y a aussi auprès de chaque ministère des ar. spéciales dont la richesse et l'importance grandissent chaque jour.

Les ar. départementales furent instituées par une loi du 5 brumaire an V. Depuis le 21 mars 1884 les ar. départementales et communales dépendent du ministère de l'instruction publique, et il existe quatre inspecteurs généraux des ar.

Parmi les ar. des autres nations de l'Europe, nous citerons celles de l'Angleterre et de Rome comme les plus précieuses. Nous mentionnerons aussi celles de l'Escurial à Madrid. Quant à l'empire d'Autriche, ses documents les plus anciens remontent à peine au XIVe siècle.

ARCHIVIOLE. s. m. [Pr. *archi*...]. Ancien instrument de musique composé d'un clavecin et d'un jeu de viole qui fonctionnait à l'aide d'une manivelle semblable à celle des vielles.

ARCHIVISTE. s. m. [Pr. *archi*...]. Conservateur des archives.

ARCHIVOLTE. s. f. [Pr. *archi*...]. (lat. *arcus*, arc; *volutus*, roulé).

Archit. — L'*arch.* consiste en un bandeau ou couronnement concentrique qui règne à la tête des voussoirs d'une arcade et qui repose sur les impostes. Dans l'architecture antique, la décoration de l'*arch.* est différente pour chaque ordre. Souvent l'*arch.* est interrompue à son sommet par une console ou une agrafe. (Voy. *Arcade.* Fig. 1.) Mais c'est dans

Fig. 1.

l'architecture romane et dans la gothique que nous voyons la décoration des archivoltes présenter une extrême variété dans leur système d'ornementation, qui est tantôt de la plus grande simplicité, tantôt d'une richesse incroyable. Ainsi, dans certains cas, l'*arch.* est indiquée par un appareil mi-parti de pierres blanches ou jaunâtres et de pierres noires; d'autres fois ces archivoltes polychromes figurées offrent des dessins

Fig. 2.

géométriques qui varient ordinairement d'arcade en arcade. La Fig. 1 représente une arcade normande dont l'*arch.* est marquée par un simple biseau, et la Fig. 2 une autre arcade normande dans laquelle l'*arch.* est figurée par trois séries de voussoirs étagés. Fort souvent, au contraire, l'arcade romane (Fig. 3) a une *arch.* chargée de décorations de formes très variées, surtout de zigzags et de dents de scie. Enfin, dans le style gothique, l'*arch.* se compose de tores multipliés et de scoties profondément creusées et refouillées, et est fort souvent ornée de fleurons, de feuillages, de guirlandes, de

figurines, de statuettes, etc. Le style de ces ornements présente, en outre, d'assez notables différences dans les diverses périodes de l'architecture ogivale. Tantôt la forme et la déco-

Fig. 3.

ration de l'*arch.* varie pour chaque arcade; tantôt elle reste la même, et, dans quelques cas, elle se continue d'un arc à l'autre : on l'appelle alors *arch. retournée.*

ARCHONTAT. s. m. [Pr. *arkonta*] Dignité d'*archonte.* Voy. ce mot.

ARCHONTE. s. m. [Pr. *arkonte*] (gr. ἄρχων, qui commande). Magistrat principal de la république athénienne. Il y eut d'abord, après le dernier roi Codrus, un *arch.* à *vie.* En 752, la dignité d'arch. devint décennale; enfin, vers 684, l'arch. unique et décennal fut remplacé par neuf archontes annuels. Le premier arch. s'appelait *arch. éponyme* (de ἐπὶ, sur, et ὄνομα, nom), parce que son nom servait à désigner l'année. Il était spécialement chargé de veiller à la sûreté des citoyens et de les protéger. Au second, qui portait le titre de *basileus* ou *arch. roi*, était dévolu le soin de poursuivre les délits religieux, de surveiller les sacrifices, de prononcer sur les contestations élevées entre les familles sacerdotales. Tout ce qui concernait la guerre et la surveillance des étrangers établis à Athènes, rentrait dans les attributions du troisième arch. nommé *arch. polémarque* (de πόλεμος, guerre, et ἄρχω, je commande). Enfin les six derniers connus sous la qualification de *thesmothètes* (de θεσμός, loi, et τίθημι, je pose) étaient particulièrement préposés à l'administration de la justice, au maintien de l'ordre et de la tranquillité publique.

ARCHURE. s. f. [Pr. *archure*] (de *arche*). Pièces de menuiserie en forme de coffre qui sont placées devant les meules d'un moulin.

ARCHYTAS DE TARENTE, savant grec (440-360 av. J.-C.).

ARCIDES. s. m. pl. (lat. *arca*, arche). T. Paléont. Zool. Famille de mollusques *Lamellibranches Homomyaires* (voy. ce mot), dont la coquille est arrondie, ovale ou allongée, recouverte d'un épiderme rugueux ou poilu. Le ligament est le plus souvent externe et situé sur une area unie ou interne, mais rarement, et dans une fossette triangulaire unique. La charnière offre une longue rangée de dents semblables, en forme de peigne, suivant une ligne droite ou courbe. On reconnaît deux groupes : le premier, celui des *Arcines*, est très répandu dans les couches paléozoïques; le second, celui des *Pectunculines*, qui fait le passage aux Naculides, a fait son apparition un peu après le premier; mais en somme tous deux commencent dans le silurien et vont jusqu'à l'époque actuelle.

ARCIFORME. adj. 2 g. (lat. *arcus*, arc, et *forma*, forme). T. Techn. En forme d'arc.

ARCILIÈRES. s. f. pl. (R. *arc*). T. Charp. Pièces de bois cintrées et tournant sur place.

ARCIS-SUR-AUBE, ch.-l. d'arr. (Aube), 2,600 hab. Victoire de Napoléon 1er sur les Russes en 1814.

ARCOLE, bourg d'Italie (Vénétie); victoire de Bonaparte sur les Autrichiens en 1796, due surtout à l'intrépidité de Bonaparte s'élançant sur le pont d'Arcole le drapeau à la main.

ARCOLE. Nom d'un jeune brave qui, à Paris, le 28 juillet 1830, s'élança sur le pont qui conduisait à la place de Grève, en portant le drapeau tricolore et en s'écriant : « Mes amis, si je meurs, souvenez-vous que je me nomme Arcole. » (Curieuse coïncidence avec le fait précédent.) Le pont reconstruit à cette place porte le nom d'Arcole.

ARCOLE. s. f. Bride de sabot, bricole.

ARÇON. s. m. (R. *arc*). Pièce de bois arquée, qui fait partie de la charpente d'une selle de cheval. *Une selle à deux arçons. Ar. de devant. Ar. de derrière.* || *Être ferme sur les arçons, dans les arçons*, se tenir bien en selle. — *Perdre les arçons, Vider les arçons*, tomber, être renversé de cheval. || Fig., *Être ferme sur ses arçons*, être inébranlable dans ses principes, défendre victorieusement ses opinions. — *Perdre les arçons*, Être déconcerté dans une discussion, ne savoir quel parti prendre dans une affaire.

Techn. — On donne le nom d'*Ar.* à une sorte d'archet dont on se sert pour diviser et mélanger régulièrement les lainages et les poils d'animaux. Cet instrument est composé d'un arc suspendu au plancher par son milieu et aux deux extrémités duquel est fixée une corde à boyau fortement tendue. Les poils ou la laine qui doivent subir l'opération de l'*arçonnage* sont placés en tas sur une claie d'osier très serrée et traversée par la corde de l'arc que l'*arçonneur* met en vibration au moyen du *coche*, sorte de fuseau terminé de chaque côté par un bouton arrondi. Les vibrations sont combinées avec certaines variétés de mouvements, de manière à opérer le mélange intime des matières.

ARÇONNAGE. s. m. Action de préparer avec l'arçon la laine, le coton, le poil, et résultat de cette action.

ARÇONNER. v. a (R. *arçon*). T. Chapell. Battre la laine, la bourre et la soie avec l'arçon.

ARCOT. s. m. T. Fonderie. Parties de métal tombées dans les cendres.

ARCTATION. s. f. (lat. *arctatio*, rétrécissement). T. Méd. Rétrécissement d'une ouverture naturelle ou d'un canal. — On dit plutôt *Coarctation*.

ARCTIE. s. f. T. Ent. Genre d'insectes lépidoptères. Voy. NOCTURNES.

ARCTIER. s. m. Fabricant d'arcs et de flèches.

ARCTIQUE. adj. 2 g. (gr. ἄρχτος, ours). T. Géog. On désigne sous ce nom le pôle septentrional du monde, parce que la Petite-Ourse caractérise ce pôle céleste. Par opposition, on nomme pôle *antarctique* le pôle méridional, situé à l'autre extrémité de l'axe. Les extrémités de l'axe de la terre portent des noms correspondants.—Les *cercles polaires ar.* et *antarctique* sont deux petits cercles de la sphère céleste parallèles aux tropiques et à l'équateur, et éloignés respectivement des pôles ar. et antarctique de 23°27. Ces deux cercles opposés sont décrits par le pôle de l'écliptique dans le mouvement de précession des équinoxes. Sur la terre ces petits cercles séparent les zones glaciales des zones tempérées. — Par suite, on se sert des mots ar. et *antarctique* pour qualifier ce qui se rapporte à ces régions; c'est ainsi qu'on dit les *mers arctiques*, les *terres arctiques*, l'océan glacial *antarctique* et la mer *antarctique*.

ARCTOMYS. s. m. (gr. ἄρχτος, ours; μῦς, rat). T. Zool Nom de genre de la *Marmotte*. Voy. ce mot.

ARCTOPITHÈQUES. s. m. (gr. ἄρχτος, ours; πίθηχος, singe). T. Zool. Sous-ordre de singes de l'Amérique du Sud, de petite taille et couverts de poils duveteux ; griffes aux mains, queue longue et touffue. Ils ne contiennent qu'une seule famille, celle des *Hapalides*, dont l'espèce la plus connue est le *Ouistiti*. Voy. ce mot.

ARCTOSTAPHYLOS. s. m. (gr. ἄρχτος, ours; σταφυλὴ, raisin). T. Bot. Genre de plantes de la famille des *Éricacées*. Voy. ce mot.

ARCTOTIS. s. m. (gr. ἄρχτος, ours; οὖς, ὠτὸς, oreille). Genre de plantes herbacées à feuilles pétiolées, membraneuses, à fleurs jaunes ou verdâtres. On les nomme aussi *Oreilles d'ours* et on les cultive comme plantes d'ornement. Famille des *Composées*.

ARCTURUS. s. m. [Pr. *arc-tu-russe*] (gr. ἄρχτος; οὐρὰ, queue : à la queue de l'Ourse). T. Astron. Nom donné à l'étoile de première grandeur α de la constellation du *Bouvier*, qu'on trouve en prolongeant en ligne courbe la queue de la *Grande-Ourse*. L'étym. précéd. est la plus adoptée. Cependant Arcturus pourrait aussi venir de ἄρχτος; οὖρος, gardien, car les anciens catalogues appelaient le Bouvier le Gardien. Nous penchons même plutôt pour cette origine. Cette étoile a un mouvement propre rapide, et c'est son déplacement séculaire en latitude qui a mis les astronomes sur la voie de l'étude des mouvements propres des étoiles.

ARCUATION. s. f. (lat. *arcuare*, courber en arc). T. Méd. Courbure des os chez les enfants devenant rachitiques.

ARCUEIL, village du dép. de la Seine, arr. de Sceaux, 6,100 hab. Aqueduc remarquable. Voy. AQUEDUC.

ARCURE. s. f. (de *arc*). T. Jardin. L'arc. consiste à courber en forme d'arc des rameaux et même des branches, l'extrémité inclinée vers le sol, pour qu'ils se mettent à fruit. || T. Artill. Défaut de la fabrication des bouches à feu en fonte. Inflexion que présentent les arcs des différentes parties de la surface extérieure.

ARCY-SUR-CURE, village du dép. de l'Yonne, arr. d'Auxerre, célèbre par ses grottes.

ARDAHAN, v. d'Arménie cédée à la Russie par la Turquie en 1878.

ARDDHANARI. Dieu hindou représenté avec les deux sexes.

ARDE. s. f. Petite digue de séparation entre les partènements.

ARDÈCHE, rivière de France, affluent de droite du Rhône.

ARDÈCHE (Dép. de l'), formé de l'ancien Vivarais, 371,000 hab. Ch.-l. *Privas*. 2 autres arr · *Largentière*, *Tournon*.

ARDÉE, anc. v. des Rutules (Latium).

ARDÉIDÉES. s. f. T. Zool. Famille de l'ordre des *Échassiers* (voy. ce mot). Les hérons rentrent dans cette famille et constituent la sous-famille des *Ardéinées*.

ARDÉLION. s. m. (lat. *ardere*, être plein d'ardeur). Homme qui fait l'empressé, qui se mêle de tout, qui a toujours l'air affairé. Fam. et peu us.

ARDEMMENT. adv. Avec ardeur. Ne se dit que fig., *Aimer, désirer ar.*

Je l'avouerai, mon cœur ne veut rien qu'ardemment;
Je me croirais haï d'être aimé faiblement.

VOLTAIRE.

ARDENNES, forêt au nord de la Champagne (France et Belgique).

ARDENNES (Dép. des), formé d'une partie de la Champagne. 325,000 hab. Ch.-l. *Mézières*. 4 autres arr.: *Rethel*, *Rocroi*, *Sedan*, *Vouziers*.

ARDENET ou **ARDERET**. s. m. Ornith. Nom vulgaire du gros-bec des Ardennes.

ARDENT, TE adj. Qui est en feu, qui est allumé, enflammé. *Brasier, charbon ar. Fournaise ardente.* || Fig., Qui enflamme, qui produit et communique une chaleur très vive. *Ce feu est trop ar Le soleil est très ar. aujourd'hui.* || Fig., Violent, véhément. *Désir, amour, zèle ar. Soif ardente. Fièvre ardente.* || Fig., Qui se porte avec affection et véhémence à quelque chose. *Il est ar. à l'étude, à la chasse.* || Fig., Qui est extrêmement actif, qui a de la fougue, de l'entraînement. *C'est un homme très ar. Caractère, esprit, génie ar. Cheval, chien trop ar.* || *Poil ar.*, Poil roux. — *Cheveux d'un blond ar.*, D'un blond tirant sur le roux. || Chapelle ardente, Appareil funèbre composé surtout de nombreux cierges allumés qui entourent un cercueil ou un catafalque. || *Verre ar.* Lentille convexe qui concentre les rayons du soleil à son foyer. || *Miroir ar.* Miroir concave. Voy. Mюон.

ARDENT. s. m. Espèce de météore enflammé. Voy. FEU FOLLET. || *Mal des ardents*, Sorte de gangrène généralisée qui a régné épidémiquement en France dans le XIIᵉ siècle. Cette peste fort meurtrière s'appelait aussi *feu Saint-Antoine*.

ARDENTES, ch.-l. de c. (Indre), arr. de Châteauroux, 2,700 hab.

ARDER ou **ARDRE**. v. a. (lat. *ardere*, brûler). Vieux mot. N'est plus employé.

ARDERET. s. m. Voy. ARDENET

ARDES, ch.-l. de canton (Puy-de-Dôme), arr. d'Issoire, 1,300 hab.

ARDEUR. s. f. (lat. *ardor*, formé de *ardere*, brûler). Chaleur vive, extrême. *L'ar. du feu, du soleil. Pendant les grandes ardeurs de la canicule* || *L'ar. de la fièvre n'a pas diminué*, Sa violence est toujours aussi grande. — *Il se plaint d'une ar. d'entrailles*, d'un sentiment de chaleur vive dans les entrailles. — *Il y a de l'ar. à la peau de ce malade*, la peau fait éprouver au toucher une sensation de chaleur âcre et piquante. || Fig., Vivacité extrême, empressement. *Travailler avec ar L'ar. de la jeunesse, des passions. Poursuivre avec ar. L'ar. du combat, de la dispute. Il est plein d'ar. pour le service de ses amis.* || Fig., Fougue, activité excessive. *Ce cheval, ce chien a trop d'ar.* || Dans le style poétique, ar. se prend pour amour. *Il lui cachait son ar. Rien ne peut modérer ses ardeurs insensées.*

Eh quoi ! vous me jurez une ardeur éternelle,
Et vous me la jurez avec cette froideur !   RACINE.

ARDIER. s. m. T. Tisserand. Corde qui se met autour de l'ensouple et qui sert à la faire tourner.

ARDILLON. s. m. T. Techn. Pointe de métal servant à arrêter dans la boucle la courroie qu'on y passe. || T. Imp. Chacune des deux petites pointes qui servent à fixer la feuille à imprimer.

ARDISIE. s. f. (gr. ἄρδις, dard). T. Bot. Genre de plantes de la famille des *Myrsinées* comprenant des arbrisseaux à feuilles ponctuées. Voy. MYRSINÉES.

ARDITO. s. m. (ital. *ardito*, hardi). T. Mus. Marquer l'énergie dans l'exécution.

ARDOIR. v. a. Voy. ARDER.

ARDOISE. s. f. T. Min. L'ar. est une espèce de schiste argileux qui se présente sous la forme de feuillets sonores, minces, étroits, faciles à séparer. Sa couleur est très variable : ainsi il y a des ardoises verdâtres, rougeâtres, violettes et noires; mais le plus souvent leur couleur est une espèce de gris foncé particulier, appelé justement *gris d'ar.* Cette diversité de nuances dépend des proportions variables de silice, d'alumine, de fer et de magnésie que contient l'ar. — On rencontre les ardoises dans les terrains primitifs, mais principalement dans les terrains de transition. Dans les terrains primitifs, elles forment des couches très inclinées, quelquefois verticales, qui alternent en général avec des lits de grès. Dans les terrains de transition, les couches sont presque toujours horizontales et moins mélangées de lits de grès. Elles ren-

forment souvent une grande quantité de débris organiques appartenant à des plantes monocotylédones ou cryptogames, telles que des roseaux, des bambous, des fougères, et à quelques espèces animales (ammonites, poissons). Les ardoises servent principalement à couvrir les constructions. La facilité avec laquelle on peut les obtenir en lames très minces leur donne, sous le rapport de la légèreté, un avantage marqué sur la tuile. Mais pour couvrir à cet usage, il faut que les ardoises n'absorbent pas l'humidité ; sans cela, elles se couvrent de mousses et sont bientôt détruites par la gelée. Il faut, en outre, qu'elles ne contiennent pas de pyrite; autrement elles se garderaient pas le clou, car celui-ci serait promptement détruit par l'oxydation. — On emploie encore l'ar. à quelques usages moins importants, par ex. au dallage des maisons, à la fabrication de tablettes ou tableaux noirs pour écrire ou dessiner, aux revêtements verticaux des urinoirs, etc. — Les ardoises sont l'objet d'exploitations considérables. Leur extraction se fait ordinairement à ciel ouvert. Comme leur valeur intrinsèque est peu élevée, la couche doit avoir une grande puissance pour qu'on se décide à l'exploiter par des travaux souterrains. De quelque manière que se fasse l'exploitation, la pierre est toujours détachée sous forme de blocs prismatiques quadrangulaires. On partage ensuite les blocs en masses plus petites et de la dimension que doit avoir l'ar Il ne reste plus alors qu'à la refendre, ce qui se pratique au moyen d'un maillet et d'un long ciseau, que les ouvriers manient avec une dextérité merveilleuse. Cette opération doit être faite immédiatement après l'extraction du bloc, l'ar. perdant la faculté de s'exfolier quelque temps après qu'elle a été tirée de la carrière.

La France possède un grand nombre d'ardoisières, dont les principales sont celles d'Angers (Maine-et-Loire), de Fumay, de Rimogne et de Signy-le-Petit (Ardennes), et celles de l'Isère.

ARDOISÉ, ÉE. adj. Qui tire sur la couleur d'ardoise. *Gris ard. Teinte ardoisée.*

ARDOISER. v. a. Couvrir d'ardoises.

ARDOISEUR, EUSE. adj. Qui est de la nature de l'ardoise.

ARDOISIER, IÈRE. T. Minér. Qui a de la tendance à se partager en feuillets comme l'ardoise.

ARDOISIÈRE. s. f. Carrière d'où l'on tire de l'ardoise.

ARDRE. v. a. Voy. ARDER.

ARDRES, ch.-l. de c. (Pas-de-Calais), arr. de Saint-Omer, 2,500 hab.

ARDU, UE. adj. (lat. *arduus*). Escarpé, de difficile accès. *Sentier ar. Montagne ardue.* || S'emploie principalement au fig., et se dit de certaines choses qu'il est difficile d'aborder, de mener à bonne fin. *Questions ardues. Matières ardues. Entreprise ardue.*

ARDUITÉ. s. f. (de *ardu*). Qualité de ce qui est ardu.

ARE. s. f. (lat. *area*, aire). Unité de surface pour les mesures agraires. L'are est la surface d'un carré de 10 mètres de côté. Voy. AGRAIRE (*Métrol.*).

ARECA. s. m. T. Bot. Genre de plantes de la famille des *Palmiers.* Voy. ce mot.

ARÉCAÏNE et **ARÉCOLINE**. s. f. T. Chim. Alcaloïdes contenus dans la noix d'Aréca. L'*arécaïne* forme des cristaux très solubles dans l'eau, répondant à la formule $C^7H^{14}AzO^2$, H^2O. L'*arécoline*, $C^8H^{13}AzO^2$, est liquide, très alcaline, soluble en toutes proportions dans l'eau, et bout vers 220 degrés; c'est un poison violent qui, à petite dose, paraît exercer une action vermifuge analogue à celle de la pelletiérine.

ARÉCÉES. s. f. pl. T. Bot. Tribu de végétaux de la famille des *Palmiers.* Voy. ce mot.

ARÉES. s. f. pl. Tribu de végétaux de la famille des *Aroïdées.* Voy. ce mot.

ARÉFACTION. s. f. (lat. *arefactio*, de *arere*, être sec, et *facere*, faire). Dessication qu'on fait subir aux médicaments qu'on veut réduire en poudre.

AREIGNOL. s. m. T. Pêche. Sorte de filet.

AREIN. s. m. Nom dans les Alpes des avalanches d'hiver.

AREINE. s. f. T. d'expl. houillère. Galerie d'écoulement ayant son orifice dans le fond d'une vallée et pratiquée pour assécher les travaux des mines.

ARÉNACÉ, ÉE. adj. (lat. arena, sable). T. Géol. Se dit des roches friables, composées de petits grains se désagrégeant facilement et offrant l'aspect du sable. Roches arénacées. Dépôt ar. Structure arénacée.

ARÉNAIRE. adj. 2 g. (lat. arenarius). T. Bot. Se dit des plantes qui croissent dans le sable ou dans les endroits sablonneux.

ARENARIA. s. f. T. Bot. Genre de plantes dont le nom vulgaire est Sabline, de la famille des Caryophyllées.

ARÉNATION. s. f. (lat. arenatio, d'arena). T. Méd. Opération qui consiste à couvrir de sable chaud une partie du corps ou tout le corps d'un malade.

ARÈNE. s. f. (lat. arena, sable). Expr. poétique qui sert à désigner le sable ou menu gravier qui couvre la surface des déserts, les bords de la mer et des fleuves. || On a également donné ce nom à la partie de l'amphithéâtre où avaient lieu les combats de gladiateurs et ceux des bêtes féroces, parce qu'on a recouvrait de sable. Voy. AMPHITHÉÂTRE. — Par ext., ce nom a été appliqué à l'amphithéâtre lui-même; mais alors on l'emploie au plur. Les arènes de Nîmes. Voy. AMPHITHÉÂTRE. || Fig., Entrer, descendre dans l'ar., Se préparer à soutenir une lutte, soit physique, soit intellectuelle, avec des rivaux. L'ar. politique. L'ar. littéraire.

Archéol. — Arènes de Paris ou de Lutèce. — Au mot AMPHITHÉÂTRE, on trouve les arènes de Nîmes, d'Arles, etc. On a longtemps douté de l'existence d'ar. à Paris, malgré quelques traditions historiques. En 1869, en perçant la rue Monge, on en reconnut l'emplacement, et les fouilles faites depuis ont permis de reconstituer leur forme et leur étendue. Elles occupaient le versant nord du mont Leucotitius (actuellement montagne Sainte-Geneviève); les habitations romaines s'étendaient principalement de là au Luxembourg. Les ar. de Lutèce furent

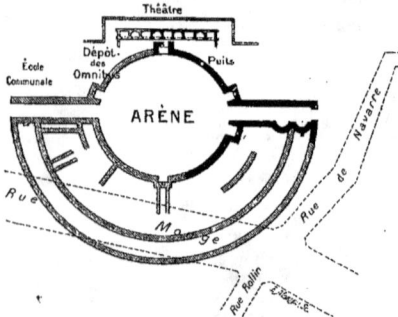

élevées sous les Antonins, au IIe siècle de notre ère. Il n'en reste que des substructions et des débris enfouis dans le sol. Le mur du podium est assez bien conservé. Ces restes sont ce qu'il y a de plus ancien à Paris, le palais des Thermes ayant été bâti par Constance Chlore à la fin du IIIe siècle. Ces restes sont loin d'être entièrement découverts, comme le montre le croquis ci-contre, dans lequel les parties noires représentent ce qui est découvert et les grises ce qui est caché sous des propriétés voisines et sous la rue Monge elle-même.

ARÉNER. v. n. (arène). S'affaisser dans le sable, tomber.

ARÉNEUX, EUSE. adj (lat. arena, sable). Sablonneux Ne se dit qu'en poésie.

ARENGA. s. m. T. Bot. Genre de plantes de la famille des Palmiers. Voy. ce mot.

ARÉNICOLE. adj. 2 g. (lat. arena, sable; colo, j'habite). T. Hist. nat. Qui vit dans le sable. — S'emploie subst. pour désigner une espèce d'Annélides. Voy. DORSIBRANCHES.

ARÉNIER. s. m. Propriétaire d'une arène.

ARÉNIFÈRE. adj. 2 g. (lat. arena; fero, je porte). T. Géol. Qui contient du sable. Roches arénifères.

ARÉNIFORME. adj. 2 g. (lat. arena; forma, forme). T. Géol. Qui ressemble à du sable. Mélange ar. = On emploie dans le même sens l'adj. Aréniacé, ée.

ARÉNULEUX, EUSE. adj. (lat. arenula, petit grain de sable). T. Didact. Plein de menu sable.

ARÉOGRAPHIE. s. f. (gr. Ἄρης, Mars; γράφω, je décris). T. Astr. Étude et description de la planète Mars.

ARÉOGRAPHIQUE. adj. On lit dans le Dictionnaire de Littré : « Qui a rapport à l'aréographie; la configuration géographique de la planète Mars (FLAMMARION, Acad. des sc., Comptes rendus, t. LXXXV, p. 479). »

ARÉOLAIRE. adj. 2 g. T. Didact. Qui est rempli d'aréoles. || T. Méc. Vitesse ar. Rapport entre l'aire engendrée par un segment de droite mobile et le temps employé à l'engendrer. Voy. FORCE CENTRALE.

ARÉOLATION. s. f. T. Didact. Disposition en aréoles.

ARÉOLE. s. f. (lat. areola, dimin. de area, aire). Petite aire, petite surface. || Cercle coloré qui entoure le mamelon de la femme. || Cercle qu'on remarque autour des boutons de la petite vérole, de la vaccine, etc. || T. Hist. nat. S'emploie aussi dans le sens de cellule ou de petite cavité. Les aréoles du derme. = C'est par ce motif qu'on a quelquefois désigné le tissu cellulaire sous le nom de Tissu aréolaire.

ARÉOLÉ, ÉE. adj. Se dit d'un corps marqué de rides ou de rugosités peu apparentes.

ARÉOMÈTRE. s. m (gr. ἀραιὸς, léger; μετρὸν, mesure). T. Phys. Instrument qui sert à mesurer les poids spécifiques d s liquides, ainsi que ceux des corps solides.

Un ar. est généralement constitué par un flotteur surmonté d'une tige et lesté de façon que celle-ci reste verticale quand on fait flotter l'instrument dans un liquide. Or, d'après le principe d'Archimède, lorsqu'un solide flotte dans un liquide, le poids du liquide déplacé par la portion immergée est égal au poids du solide lui-même. Un même ar. s'enfoncera donc d'autant plus que le liquide où il plonge sera moins dense, et le volume déplacé sera en raison inverse de la densité du liquide. Au moyen de traits marqués sur la tige on pourra indiquer, pour chaque affleurement, soit le volume de la partie immergée (comme dans les volumètres), soit la densité du liquide (densimètres), soit son degré de concentration (aréomètres du commerce). Tous ces instruments, dont le poids reste le même tandis que le volume immergé varie avec la nature du liquide, sont appelés des aréomètres à poids constant et à volume variable.

Si au contraire on veut que l'instrument plonge de la même quantité dans différents liquides, il faudra le charger de poids additionnels d'autant plus forts que le liquide où l'on opère sera plus dense; le poids total de l'instrument sera proportionnel à la densité du liquide. Dans ce cas la tige ne porte qu'un trait d'affleurement et est surmontée d'un petit plateau ou chapeau destiné à recevoir les poids. On aura ainsi des aréomètres à volume constant et à poids variable.

Les aréomètres à poids constant, plus commodes, sont surtout usités dans le commerce. C'est à R. Boyle qu'on doit les premiers perfectionnements de l'ar. à volume variable. Cet instrument se compose d'un tube de verre creux (Fig. 1) soufflé en boule vers l'extrémité inférieure; au-dessous de cette petite sphère creuse, il existe une autre cavité contenant du mercure ou du plomb, qui sert à lester l'ar. et à le faire tenir verticalement lorsqu'il flotte dans un liquide. L'intérieur

de la tige renferme une bande de papier qui porte des divisions indiquant la quantité plus ou moins grande dont plonge l'instrument. Dans les *volumètres*, tels que celui de Gay-Lussac, qui est décrit plus loin, les divisions sont égales et indiquent le volume spécifique du liquide. Dans les *densimètres*, une échelle à degrés inégaux donne immédiatement la densité. Mais, dans le commerce, ce n'est pas toujours la densité des liquides qu'il importe de connaître, c'est plutôt leur degré de concentration. C'est à cet usage que sont destinés les *aréomètres de Baumé*.

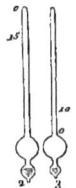

On les distingue en deux classes : les *pèse-sels* ou *pèse-acides*, et les *pèse-liqueurs* ou *pèse-esprits*. Les premiers servent pour les liquides plus pesants que l'eau, les seconds pour les huiles et les liqueurs plus légères que l'eau. Chacun de ces instruments a donc une graduation particulière. Pour le pèse-sels (Fig. 2), au point où l'instrument s'arrête dans l'eau pure, on marque 0 ; puis on le plonge dans une dissolution formée de 15 parties de sel de cuisine et de 85 parties d'eau, et au point d'affleurement on marque 15 : on divise cet intervalle en 15 parties égales, et on continue les divisions en dessous. Pour le pèse-liqueurs (Fig. 3), le 10e degré est déterminé par l'immersion dans l'eau distillée, et le 0 est donné par une dissolution de 10 parties de sel marin dans 90 parties d'eau.

D'autres aréomètres employés dans le commerce ne contiennent qu'un petit nombre de divisions aréométriques données par un ar. étalon, juste ce qu'il en faut pour l'usage auquel ils sont destinés. Ces degrés marquent des densités comprises entre des limites assez rapprochées : ainsi le *pèse-sirop* n'a besoin que des degrés 20 à 36, puisq e le sirop de sucre ne peut dépasser ce degré sans tourner au caramel ou se prendre en masse solide ; le *pèse-vin*, *pèse-moût* ou *œnomètre* ne s'étend que de 10 à 12° au-dessous du niveau de l'eau jusqu'à 10 ou 12° au-dessus ; le *galactomètre*, *pèse-lait* ou *lacto-densimètre* va de 0 à 12 ou 15° ; le *pèse-éther* va de 30 à 70°, etc. Quant à l'ar. ou *pèse-liqueur de Cartier*, ce n'est qu'une altération grossière de celui de Baumé. Le 10e degré Cartier coïncide avec le 10° du pèse-esprit de Baumé, et le 22e correspond à peu près au 23e de Baumé. Les degrés de l'ar. Cartier n'ont aucun rapport avec la richesse en alcool. Malgré cela, il a été longtemps adopté exclusivement par la régie ; c'est à cet appareil que se rapportent les dénominations d'alcools à 25, 36, 40°, ou d'eaux-de-vie à 19, 20, 22°. Aujourd'hui le pèse-esprits de Cartier est abandonné et remplacé par l'alcoomètre de Gay-Lussac.

Les aréomètres de Baumé sont encore très employés dans le commerce ; ils ne donnent pas les densités des liquides ; mais celles-ci s'obtiennent facilement par le calcul.

Le pèse-acides Baumé marque 66° dans l'acide sulfurique concentré, 36° dans l'acide nitrique du commerce, 22° dans l'acide chlorhydrique usuel. Au pèse-liqueurs Baumé l'éther ordinaire du commerce marque 56, et convenablement rectifié il peut aller jusqu'à 65 ; l'ammoniaque marque 22 à 26 suivant qu'elle est plus ou moins concentrée.

L'*alcoomètre* de Gay-Lussac, dont nous avons parlé à l'article ALCOOL, est un ar. fondé sur d'autres principes : il donne la force réelle des esprits et leur richesse alcoolique. On doit au même savant un instrument nommé *volumètre* (Fig. 4 et 5), dont les degrés indiquent les rapports des volumes des parties plongées, d'où l'on peut conclure inversement les rapports des densités. Si l'instrument est destiné à des liquides plus denses que l'eau, il doit avoir pour lest une charge telle qu'il s'enfonce presque entièrement dans ce liquide : au point d'affleurement, on marque 100. Pour achever la graduation, on forme une solution saline dont la densité soit les 4/3 de celle de l'eau. L'instrument plongé dans cette dissolution s'y enfonce moins que dans l'eau pure et seulement des 3/4 de son volume. On marque 75 à ce nouveau point d'affleurement ; on divise l'interva le de 100 à 75 en 25 parties égales, et on prolonge la division en dessous avec des degrés égaux. Si l'instrument est destiné à des liquides moins denses que l'eau, son lest ne doit le faire enfoncer dans ce liquide qu'un peu au-dessus de la naissance de la tige. A ce point on marque 100; puis on charge l'instrument de 1/4 de son poids, de telle sorte

qu'il déplace un volume d'eau égal aux 5/4 du volume qu'il déplaçait d'abord : on marque alors 125 à ce nouveau point d'affleurement ; l'échelle s'achève en divisant l'intervalle de 100 à 125 en 25 parties égales, et en prolongeant la division en dessous. Ces aréomètres indiquent de véritables fractions du volume pris pour unité et représenté par 100, et il suffit de renverser les fractions pour avoir l'échelle pour avoir les densités ; on a donc $D = \dfrac{100}{n}$.

Les aréomètres à volume constant sont construits sur un autre principe. L'ar. de Fahrenheit (Fig. 6) est en verre, afin qu'il ne soit pas attaqué par les acides ; il a la forme d'un petit ballon A terminé vers le bas par une petite boule B et surmonté par une tige f très effilée soutenant une petite coupe ou cuvette C qu'on nomme le *chapeau*. Le corps du ballon est creux, rempli d'air et hermétiquement fermé. La petite boule contient du mercure ou du plomb qui sert de lest. Enfin le *point d'affleurement* est marqué sur la tige. Quand on plonge cet ar. dans un liquide, il s'enfonce jusqu'à ce qu'il y ait égalité entre son poids et le poids du liquide qu'il déplace : alors on ajoute des *poids additionnels* sur le chapeau pour *affleurer* l'instrument, c.-à-d. pour que l'instrument s'enfonce jusqu'au point d'affleurement. On comprend d'abord que ces poids varient suivant la densité des liquides. Supposons que l'instrument pèse 50 grammes et qu'il faille poser 10 grammes sur le chapeau pour l'affleurer dans l'eau pure, on en conclura que le volume d'eau déplacé par l'ar. affleuré pèse 50 + 10 grammes ou 60 grammes, puisqu'un corps flottant pèse autant qu'un volume de liquide égal à celui de sa partie immergée. Si maintenant on plonge le même ar. dans un liquide dont on veut comparer la densité à celle de l'eau, il faudra mettre aussi un certain poids sur le chapeau pour affleurer l'instrument ; supposons 4 grammes : on en conclura que le volume déplacé du nouveau liquide pèse 50 + 4 ou 54 grammes. Or, à volumes égaux, les densités des corps sont proportionnelles à leurs poids, la densité du liquide en question sera donc à celle de l'eau comme 54 est à 60, c.-à-d. 0,9, l'eau étant 1. La formule générale est $D = \dfrac{P + p}{P + p'}$, où P représente le poids de l'ar. qu'on détermine une fois pour toutes, p le poids additionnel correspondant au liquide, p' celui qui correspond à l'eau. Afin d'éviter les calculs, on peut former pour chaque instrument une table particulière qui donnera immédiatement la densité à côté du poids additionnel.

L'ar. de Nicholson, appelé aussi *Hydromètre* (Fig. 7), diffère de l'ar. de Fahrenheit en ce qu'on attache à sa partie inférieure une sorte de petit panier qui plonge dans le liquide. Cette simple modification permet de se servir de cet ar. pour déterminer le poids spécifique ou la densité des corps solides. C'est même à cet usage que l'instrument sert presque exclusivement. Dans ce cas, comme on n'emploie d'autre liquide que l'eau, il n'y a aucun inconvénient à construire l'appareil en métal. Pour déterminer la densité d'un corps solide, on pose ce corps sur le chapeau, et à côté on ajoute assez de tare pour affleurer l'instrument. Ensuite on enlève le corps, on le remplace par des poids marqués de manière à rétablir l'affleurement. Supposons que ces poids s'élèvent à 3 grammes ; il est évident que c'est là le poids du corps lui-même. Enfin on ôte les poids marqués sans toucher à la tare ; on remet le corps, mais dans le petit panier, de façon qu'il soit immergé ; pour rétablir l'affleurement il faudra remettre sur le chapeau des poids marqués ; soit 2 grammes : c'est là le poids d'un volume d'eau égal à celui du corps. La densité de ce corps, par rapport à celle de l'eau, sera donc $\frac{3}{2}$. En général, soit p le poids du corps, obtenu comme il est dit plus haut, et soit p' le poids

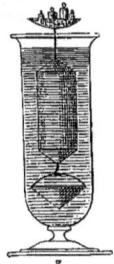

qui rétablit l'affleurement quand le corps est placé dans le panier ; la densité sera donnée par la formule $D = \frac{p}{p'}$.

Charles apporta encore un heureux perfectionnement à l'ar. de Nicholson. Dans son ar.-balance, il imagina de renverser à volonté la nacelle de l'instrument et d'accrocher le lest tantôt par le fond du panier (Fig. 8), tantôt par l'anse (Fig. 9), selon que l'on veut connaître la densité de corps plus légers ou plus pesants que l'eau. En effet, dans le premier cas, l'eau exerce sa pression de bas en haut ; dans le second, cette même pression s'exerce de haut en bas, et, en renversant la nacelle suivant le cas donné, l'opérateur n'a rien à changer à ses calculs.

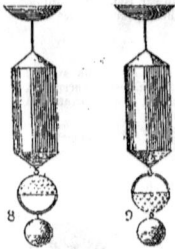

Les aréomètres sont d'autant plus sensibles que leur volume est plus considérable et leur tige plus déliée. On les construit en divers métaux, et plutôt en verre. On les loge ordinairement dans un étui de verre ou de fer-blanc qu'on nomme éprouvette, et qu'on remplit des liqueurs à essayer, ainsi qu'on le voit dans la Fig. 7. L'ar. doit y flotter librement, sans frotter contre les parois ; on attend qu'il ne se dégage plus aucune bulle d'air et que tout soit bien en repos pour voir le point de flottaison, et l'on s'assure que le point d'arrêt revient toujours le même en imprimant à la tige un petit mouvement dans le sens vertical. Pour avoir des résultats exacts, il faut tenir compte des effets de la dilatation dus à la température des liquides essayés et des effets de la capillarité, qui varient d'un liquide à un autre.

On attribue l'invention de l'ar. à la fille de Théon, la célèbre Hypatia, qui florissait au commencement du Ve siècle de notre ère ; mais il est permis de penser que cet instrument n'était pas inconnu à Archimède.

ARÉOMÉTRIQUE. adj. T. Phys. Qui se rapporte à l'aréomètre.

ARÉOPAGE. s. m. (gr. Ἄρης, Mars ; πάγος, colline). Nom d'un célèbre tribunal d'Athènes. ‖ Fig. on nomme ainsi une assemblée de juges, de magistrats, d'hommes d'État, de savants, d'hommes de lettres, etc. Je me soumets au jugement de cet ar.

Hist. — L'époque de la fondation de ce tribunal remonte, à ce que l'on croit généralement, vers la fin du règne de Cécrops, ou le commencement de celui de Cranaüs, son successeur. Le nom d'Ar. lui avait été donné, suivant l'opinion la plus répandue et la plus probable, parce qu'il tenait ses séances sur une colline consacrée au dieu Mars. Il paraît que l'ar. ne connut dans l'origine que des crimes capitaux et que ce fut lui qui appliqua le premier la peine de mort. Mais Solon (591 av. J.-C.) augmenta considérablement les attributions de ce tribunal. Les aréopagites furent dès lors appelés à punir le vol, l'impiété, l'immoralité ; à prononcer sur les contestations religieuses, l'érection des temples, l'institution de nouvelles cérémonies ; à réprimer le luxe, la paresse, la mendicité ; à veiller au maintien des bonnes mœurs, à l'éducation des enfants, aux intérêts des orphelins. Ils avaient même le droit de pénétrer dans le foyer domestique pour en bannir la discorde et s'assurer de la légitimité des moyens d'existence de chaque citoyen. Bien plus encore, ils pouvaient reviser et casser les décisions du peuple. Périclès (461 av. J.-C.), regardant l'autorité de ce tribunal comme un obstacle à ses desseins de domination, le réduisit de nouveau à l'état où il se trouvait avant Solon. Depuis cette époque l'ar. ne recourra plus son ancien éclat ; et jamais il ne lui arriva d'intervenir dans les affaires publiques, comme il l'avait fait quelquefois auparavant, lorsque la république se trouvait dans des circonstances graves.

La procédure usitée devant l'ar. était d'une extrême simplicité. Ce tribunal siégeait en plein air, et ses séances n'avaient lieu que la nuit, soit pour que la fermeté des juges ne fût pas ébranlée par la vue des larmes ou du repentir de l'accusé, soit pour que ce dernier ne se laissât pas intimider par l'imposante gravité du tribunal. Dans l'origine, les intéressés plaidaient eux-mêmes leur cause ; mais par la suite il leur fut permis de prendre des défenseurs. Les sentences de l'ar. étaient défi-

nitives. Il y avait cependant certaines causes pour lesquelles le condamné conservait le droit d'appel au peuple ou devant le tribunal du Palladium.

ARÉOPAGITE. s. m. Membre de l'aréopage.

ARÉOPAGITIQUE. adj. Qui se rapporte à l'aréopage.

ARÉOSTYLE. s. m. (gr. ἀραιός, peu nombreux : στύλος, colonne.) T. Archit. Système particulier d'entre-colonnement. Voy. Entre-colonnement.

ARÉOTECTONIQUE. s. f. (gr. Ἄρης, Mars ; τεκτονική, art de construire). Partie de la science de l'ingénieur qui traite de l'attaque et de la défense des places.

ARÉQUIER. s. m. T. Bot. Espèce de Palmier dont la graine connue sous le nom de noix d'Areca, mélangée avec de la chaux et pliée dans une feuille de bétel, constitue un masticatoire très usité dans l'Inde. Voy. Bétel et Palmiers.

ARÉQUIPA. v. d'Amérique (Pérou) près du volcan d'Aréquipa (6,187 mètres). Altitude : 2,393 mètres ; 35,000 hab.

ARER. v. n. (lat. arare, labourer). T. de Mar. Se dit de l'ancre d'un vaisseau, lorsque, le fond étant mauvais, elle n'y tient point et laboure la terre.

ARÊTE. s. f. (lat. arista). Se dit des os longs et minces qui forment la charpente des poissons. Ce poisson a beaucoup d'arêtes. Petite, grosse ar. — Se dit quelquefois du squelette entier des poissons. L'ar. d'une truite, d'un brochet. ‖ T. Bot. Sorte de poil roide ou de pointe filiforme terminale ou dorsale insérée subitement, et qui ne semble pas être la continuation d'une nervure. Dans les Graminées, les arêtes sont formées par ce qu'on appelle vulgairement les barbes de l'épi. ‖ Se dit en général de l'intersection de deux plans. Ar. vive, celle qui est formée par un angle bien net et bien prononcé. Ar. mousse, celle dont l'angle est plus ou moins arrondi. ‖ T. Géom. Ar. d'un angle dièdre, d'un angle polyèdre, d'un polyèdre. Voy. ces mots. ‖ T. Archit. Angle formé par la rencontre de deux plans droits ou courbes d'une pierre, d'une pièce de bois, ou de deux segments de voûte. ‖ T. Géog. Ligne courbe ou brisée qui sépare ordinairement les deux versants principaux d'une chaîne de montagnes.

ARÉTHUSE. s. f. T. Bot. Genre de plantes de la famille des Orchidées.

ARÉTHUSE, source célèbre de l'île d'Ortygie, près de Syracuse (Sicile).

ARÉTHUSE, une des Hespérides, ou la nymphe de la fontaine précédente. ‖ Nom d'une petite planète.

ARÊTIER. s. m. (R. arête). T. Archit. Pièce de charpente inclinée suivant l'encoignure d'un comble et sur laquelle s'assemblent les empanons. Voy. Coyer. ‖ T. de Plomb. Lame de plomb qui, maintenue par des pattes, couvre les angles d'un comble en pavillon ou ceux d'une flèche. ‖ Pavé qui se trouve placé à la rencontre de deux ruisseaux.

ARÊTIÈRE. s. f. T. Archit. Supplément de mortier ou de plâtre qui sert, au lieu de tuile, à couvrir la partie où sont les arêtiers.

ARÉTIN (L'), poète italien, très licencieux (1492-1557).

AREZZO, v. de Toscane. Patrie de Pétrarque, de Vasari, de l'Arétin ; 11,816 hab.

ARGALA. s. m. T. Ornith. Espèce de grande cigogne. Voy. Cigogne.

ARGALI. s. m. T. Mamm. Espèce de mouton sauvage. Voy. Mouton.

ARGALOU. s. m. T. Bot. Nom vulgaire du Paliure piquant de la famille des Rhamnées. Voy. ce mot.

ARGAMASSE. s. f. T. Archit. Plate-forme au-dessus d'un édifice.

ARGAN. s. m. T. Bot. Fruit de l'ARGANIER. Voy. ce mot.

ARGAND, physicien, né à Genève, inventa en 1782 la cheminée en verre qu'on adapte aux lampes et les lampes auxquelles le fabricant Quinquet a donné son nom.

ARGANE. s. m. *Bois d'argane.* Nom vulgaire du *Sideroxylum spinosum,* de la famille des *Sapotacées.* Voy. ce mot.

ARGANEAU ou mieux **ORGANEAU.** s. m. T. Mar. Voy. ANCRE.

ARGANIER. s. m. T. Bot. L'ar. est un arbre de la famille des *Sapotacées* (*Argania Sideroxylum*) très abondant au Maroc, dont le fruit, gros comme une pomme de reinette, contient une amande qui fournit une huile comestible et douée d'un pouvoir éclairant considérable, parce qu'elle contient beaucoup de paraffine. Malheureusement le sultan du Maroc interdit complètement l'exportation de cette huile. Le bois de l'arg. est dur et résistant. Il serait à souhaiter que la culture de cet arbre se répandît en Algérie et en Tunisie.

ARGAS. s. m. [Pr. *argasse*.] T. Zool. Genre d'arachnides. Voy. HOLÈTRES.

ARGÉ. s. m. (Nom d'une nymphe). T. Ent. Genre d'insectes lépidoptères. Voy. DIURNES.

ARGÉE (Mont), aujourd'hui Ardjich-Dagh, montagne du sud de l'Asie Mineure (3,841ᵐ) d'où l'on découvre parfois la Méditerranée et la mer Noire. Neiges perpétuelles.

ARGELANDER, astronome allemand, 1799-1875.

ARGELÈS, ch.-l. d'arr. des Hautes-Pyrénées, à 35 kilom. de Tarbes; 1,700 hab.

ARGELÈS-SUR-MER, ch.-l. de c. des Pyrénées-Orientales, arr. de Céret; 3,134 hab.

ARGÉMA. s. m. (gr. ἀργός, blanc). T. Méd. L'*Arg.* est une maladie de l'œil caractérisée par un petit ulcère de la cornée succédant à un phlyctène et dont la rupture laisse une plaie transparente de couleur blanchâtre. L'arg. diffère du *Bothrion* en ce que celui-ci est un ulcère plus profond. On dit aussi ARGÉMON.

ARGÉMON. s. m. Voy. ARGÉMA.

ARGÉMONE. s. f. (R. *argémon*, parce qu'on croyait que cette plante guérissait l'argémon). T. Bot. Genre de plantes de la famille des *Papavéracées.* Voy. ce mot.

ARGENS, riv. de France qui se jette dans le golfe de Fréjus.

ARGENSON (MARC-RENÉ VOYER D'), lieutenant général de police à Paris en 1697, garde des sceaux en 1719, mourut en 1721. || Son fils aîné, RENÉ-LOUIS, marquis d'Argenson, min. des affaires étrangères de 1744 à 1747, a laissé: *Mémoires et Journal inédits.* || Son frère, MARC-PIERRE ,comte d'Argenson, fut ministre de la guerre de 1742 à 1757.

ARGENT. s. m. (lat. *argentum*; du gr. ἀργός, blanc). Métal blanc, brillant et très ductile. *Mine d'arg. Barre, lingot d'arg. Arg. en barre, en lingot. Arg. mat, poli, bruni. Fondre, affiner, tirer, battre, monnayer de l'arg. Arg. en pâte, en coquille. Arg. de bon aloi. Médaille, vase, vaisselle, flambeau d'arg.* || Se dit particulièrement de la monnaie faite avec ce métal. *On lui donna la moitié de la somme en arg. et le reste en monnaie de billon. On a battu cette année à la Monnaie tant de millions en arg. et en or.* — En ce sens, on dit *Arg.* blanc pour arg. monnayé. || Syn. de numéraire, or, argent, billets de banque, actions, obligations, valeurs quelconques de Bourse, etc. *Avoir de l'arg. en caisse, dans le commerce, à la Banque. Manquer d'arg. Il ferait tout pour de l'arg.* || *Article d'arg.,* Locution usitée dans les administrations pour désigner l'arg. qu'on expédie d'un lieu à un autre. || On appelle *Arg. du jeu,* L'arg. gagné au jeu; *Arg. des cartes,* Celui que les joueurs donnent pour les cartes qu'on leur fournit. || Fam., *Avoir de l'arg. mignon,* Avoir de l'arg. en réserve qu'on

peut employer en dépenses superflues ou de caprice, sans s'abstenir de ses dépenses ordinaires. || Fam., *Payer arg. sec, arg. bas, arg. sur table,* Payer arg. comptant. || Prov. et fam., *Avoir le drap et l'arg.,* Retenir la chose dont on est payé. — *C'est arg. perdu, autant d'arg. perdu,* C'est de l'arg. dépensé pour une affaire qui ne doit pas réussir. — *Arg. mort,* Arg. qui ne porte aucun intérêt, qui ne produit aucun bénéfice. — *Mettre du bon arg. contre du mauvais,* Faire des avances, des frais, dans un procès ou dans une affaire sans certitude d'en retirer quelque chose. — *Jouer bon jeu, bon arg.,* Jouer sérieusement, avec obligation de payer. — *Y aller bon jeu, bon arg.,* Agir tout de bon, sérieusement, franchement. — *Prendre quelque chose pour arg. comptant,* Croire légèrement ce qu'on vous dit. — *Point d'arg., point de Suisse :* Point d'arg., point de serviteurs. — *C'est un bourreau d'arg.,* C'est un prodigue, un homme qui dépense l'arg. aussitôt qu'il l'a entre les mains.

> L'argent en honnête homme érige un scélérat.
> BOILEAU.

Les affaires qui roulent sur l'argent ont toujours quelque chose de sale. (Mᵐᵉ DE MAINTENON.) — *Il y a, en général, une prévention défavorable contre ceux qui manient l'argent.* (NAPOLÉON.) — *L'argent n'a pas d'odeur,* réponse de Vespasien à Titus lui disant que les Romains lui reprochaient d'avoir mis un impôt sur tout, même sur les urinoirs. || T. Blas. Voy. ÉMAIL. || *Arg. vif, Vif-argent.* Voy. MERCURE. || *Âge d'arg.* Voy. ÂGE.

Chim. — L'*Arg.* est un corps simple, métallique, d'un blanc très pur, rendu très brillant par le poli, inodore, insipide, plus dur que l'or et moins dur que le cuivre, éminemment malléable, le plus ductile de tous les métaux après l'or. Il peut être réduit en feuilles d'un millième de millim. d'épaisseur et être étiré en fils tellement ténus qu'avec 16 kil. de ce métal on pourrait fabriquer un fil assez long pour embrasser le contour de la terre. De 0 à 100°, il se dilate de 1/500 de sa longueur. Il est très tenace : un fil homogène d'un millim. de diamètre peut supporter sans se rompre un poids de 24 kil. Sa pesanteur spécifique est 10,47 lorsqu'il a été fondu, et 10,54 lorsqu'il a été écroui sous le marteau. — La fusion de l'arg. s'opère à 1000°. A une température un peu supérieure il se volatilise en émettant des vapeurs verdâtres. Les agents atmosphériques n'altèrent jamais l'arg. Lorsque de l'arg. parfaitement pur et en fusion est tenu au contact de l'air, il absorbe jusqu'à 22 fois son volume d'oxygène; mais il l'abandonne en se refroidissant, en même temps il se produit une sorte d'effervescence à sa surface, et même une portion d'arg. peut être projetée à distance : ce phénomène a reçu le nom de rochage. Le symbole de l'arg. est Ag, et son poids atomique est 108.

L'arg. n'est attaqué que par un petit nombre d'acides. Ainsi l'eau régale le convertit rapidement en chlorure insoluble, et l'acide azotique le dissout avec dégagement de bioxyde d'azote. L'acide chlorhydrique même bouillant agit à peine sur lui, et l'acide sulfurique ne l'attaque qu'autant qu'il est concentré et bouillant. L'arg. est un élément monoatomique qui se combine directement avec une foule de corps simples, mais il a surtout beaucoup d'affinité pour le soufre et le chlore. Au contact d'un corps qui contient du soufre ou qui peut fournir de l'hydrogène sulfuré, en si petite quantité que ce soit, comme les œufs, les choux, l'air dans certaines circonstances, l'arg. se noircit; mais la couche de sulfure qui se forme dans ce cas est très mince, et on l'enlève facilement en frottant le métal altéré avec du blanc d'Espagne ou du rouge d'Angleterre.

On connaît plusieurs combinaisons de l'arg. avec l'oxygène ; la plus importante est le *Protoxyde* Ag²O, qu'on obtient à l'état d'hydrate en versant de la potasse dans l'azotate d'arg. C'est un corps pulvérulent, d'un noir, qui est décomposé par la chaleur ou la lumière. Il constitue une base puissante qui neutralise complètement les acides et qui, exposée encore humide au contact de l'air, en absorbe l'acide carbonique. L'oxyde d'arg. est peu soluble dans l'eau et très soluble dans l'acide azotique et dans l'ammoniaque. Sa dissolution ammoniacale donne naissance à une poudre noire extrêmement détonante, qu'on désigne sous le nom d'*Arg. fulminant.* La chaleur, le moindre choc, le simple contact même suffisent pour produire la décomposition de ce corps avec une violente explosion.

Les *Sels d'arg.* sont incolores en général et d'une saveur métallique et astringente. Ils noircissent par l'action de la lumière qui leur fait éprouver une décomposition partielle. Avec la potasse ou la soude, les sels d'arg. solubles donnent un précipité brun d'oxyde d'arg. Avec les carbonates alcalins, on a un précipité blanc de carbonate d'arg. Avec le chlore, l'acide chlorhydrique et les dissolutions de chlore, ces sels forment un précipité blanc caillebotté de chlorure d'arg. Avec l'acide sulfhydrique et les sulfures alcalins on obtient un précipité noir de sulfure d'arg., et, avec les arséniates alcalins, un précipité rouge brique d'arséniate d'arg. Le fer, le cuivre, le zinc, l'étain, etc., précipitent l'arg. à l'état métallique. Le mercure le précipite en produisant un amalgame qui cristallise en longues aiguilles (*arbre de Diane*). Nous ne parlerons ici que des sels qui sont usités dans la médecine ou dans l'industrie.

Le Chlorure d'arg. AgCl, s'obtient aisément en traitant une dissolution de nitrate d'arg. par le chlorure de sodium ou sel marin. Le précipité est blanc, caillebotté; mais il devient violet et même noirâtre sous la simple influence de la lumière solaire, qui lui enlève une partie de son chlore. Il est insoluble dans l'eau, dans les acides azotique, chlorhydrique et sulfurique; mais il est très soluble dans les hyposulfites solubles et dans l'ammoniaque. Sa dissolution ammoniacale laisse déposer, à la température de l'ébullition, un produit fulminant. Le chlorure d'arg. fond à + 260°, et donne, par le refroidissement, une masse demi-transparente, perlée et flexible comme de la corne, ce qui lui a valu le nom d'*Arg. corné*. Il se sublime, à l'air libre, à une température peu élevée. Il peut être réduit par le simple contact du fer, du zinc et du cuivre, qui lui enlèvent son chlore, par toutes les substances organiques hydrogénées, et à sec par les alcalis. Il est décomposé par la lumière, phénomène qui est la base de la *photographie*. Voy. ce mot. On se sert du chlorure d'arg. pour argenter certains métaux et pour préparer un papier photographique. — *Le Bromure d'arg.* AgBr, et *l'Iodure d'arg.* AgI, sont analogues au chlorure; ils n'en diffèrent essentiellement qu'en ce que leur dissolution ammoniacale est beaucoup moins considérable, surtout pour l'iodure. Le *Gélatino-bromure d'arg.* qui sert à obtenir des épreuves photographiques si rapides, n'est autre chose que du bromure d'arg. produit au sein d'une solution de gélatine par la double décomposition d'un bromure alcalin et de l'azotate d'argent. — *Le Sulfure d'arg.* Ag²S, est un composé gris noirâtre, très fusible et cristallisant facilement. En le chauffant au contact de l'air, on le réduit à l'état métallique avec dégagement d'acide sulfureux. Le mercure le réduit par la trituration à la température ordinaire. On le prépare directement en fondant ensemble le soufre et l'arg. — *Le Cyanure argentico-potassique*, dissolution de cyanure d'argent, AgCy, dans un excès de cyanure de potassium, KCy, est employé pour argenter à la pile. On l'obtient en mettant en présence deux équivalents de cyanure potassique et un équivalent d'un composé argentique quelconque, excepté le sulfure.

L'Azotate ou Nitrate d'arg. AgAzO³, est un sel incolore, très caustique, d'une saveur âcre et amère, cristallisant en lames minces, transparentes, nacrées et inaltérables à l'air. Il est très soluble dans l'eau et dans l'alcool. Il fond à 198° et se décompose au rouge vif. Coulé dans une lingotière, il donne par le refroidissement le produit connu sous le nom de *Pierre infernale*. Ces lingotières étant ordinairement en fer, l'azotate d'arg. au contact de ce métal se réduit en partie et prend la couleur noire qu'on lui connaît. Lorsqu'il n'a pas été fondu, on désigne ce sel par le nom de *Nitrate d'arg. cristallisé*. L'azotate d'argent est réduit par les matières organiques qui en absorbent l'oxygène et mettent l'argent métallique en liberté. C'est pour cela que ce sel brûle les tissus. Cette réduction de l'azotate d'arg. est utilisée dans l'industrie pour l'argenture des miroirs. L'azotate d'arg. déflagre sur les charbons ardents. Il détone sous le choc du marteau, quand il est mêlé au soufre ou au phosphore. On prépare ce sel en dissolvant l'arg. au moyen de l'acide nitrique, en évaporant et en reprenant l'azotate par l'eau bouillante. Dans les laboratoires, on fait un fréquent usage de la dissolution aqueuse du nitrate d'arg. pour reconnaître la présence du chlore et des chlorures. Le nitrate d'arg. est peut-être le caustique le plus employé en médecine. Il agit assez lentement sur la peau, mais très rapidement sur les chairs vives; l'irritation qu'il occasionne est ordin. de peu de durée, et il n'est point absorbé. L'escarre produite est sèche, grisâtre, légère. Il est aussi l'un des principaux agents de la médication substitutive. A l'intérieur, on l'a administré à très faibles doses et en prenant les précautions convenables, contre diverses affections nerveuses lorsqu'on avait déjà épuisé toutes les ressources de l'art. Ainsi on en a obtenu quelques succès, rares il est vrai, dans les cas d'épilepsie. Au bout d'un certain temps d'administration de ce remède à l'intérieur, la peau prend une teinte ardoisée indélébile. — On se sert quelquefois du nitrate d'arg. pour

marquer le linge. A cet effet, on humecte la partie du linge destinée à être marquée avec une dissolution de carbonate de soude. On la laisse sécher, et alors on y imprime des caractères à l'aide d'un timbre en buis trempé dans un mucilage gommeux contenant du nitrate d'arg. en dissolution. Le nitrate d'arg est décomposé par le carbonate de soude, et l'action de la lumière fait apparaître des caractères noirs partout où l'azotate a touché. Le linge doit être lavé ensuite.

Le Sulfate d'arg. Ag²SO⁴, s'obtient en traitant le métal par l'acide sulfurique concentré et bouillant. Comme il a été question de la conversion de l'arg. en sulfate pour l'extraction de la faible quantité d'or que contiennent certaines pièces d'arg., nous renverrons au mot AFFINAGE. — *Le Chlorate d'arg.* AgClO³, s'obtient sous forme de cristaux très solubles. Il déflagre sur les charbons ardents et se transforme en chlorure. Il détone facilement par le choc, et la détonation est terrible lorsqu'on le percute après l'avoir mêlé avec de l'azotate d'arg. concentré, de l'alcool très fort. Il se produit une vive réaction et le fulminate se précipite sous forme d'une poudre blanche que l'on recueille sur un filtre et que l'on dessèche sans la chauffer. Le fulminate d'arg. peut être manié quand il est humide; mais, lorsqu'il est sec, il détone avec violence au moindre choc. Il pourrait être employé pour la fabrication des amorces des fusils à percussion, mais on préfère en général le fulminate de mercure.

Alliages d'arg. — L'arg. s'allie facilement avec plusieurs métaux tels que le cuivre, le platine, l'or et le mercure. — Pour la fabrication des monnaies et des ouvrages d'orfèvrerie et de bijouterie, on combine toujours l'arg. avec une certaine quantité de cuivre qui, sans altérer sa couleur, lui donne une plus grande dureté. En France, l'alliage employé pour les pièces de 5 fr. est composé de 0,900 d'arg. et de 0,100 de cuivre; on accorde une tolérance de 0,002 en plus ou en moins des 0,900 d'arg. Les pièces de 2 fr., de 1 fr., de 50 cent. et de 20 cent. sont au titre de 0,835 avec une tolérance de 0,003. L'alliage des médailles et de la vaisselle d'arg. est formé de 0,950 d'arg. et 0,050 de cuivre, avec une tolérance de 0,005. On fait aussi usage d'un alliage de 0,800 d'arg. et 0,200 de cuivre, avec une tolérance de 0,005, pour la fabrication de divers ouvrages de bijouterie. La soudure pour l'arg. est à un titre qui varie de 0,770 à 0,880. — Afin de donner aux objets d'arg. contenant une certaine proportion de cuivre tout l'éclat de l'arg., on leur fait subir une préparation qui a pour but d'enlever aux couches superficielles de la pièce le cuivre qu'elles renferment. En conséquence on chauffe la pièce au rouge, le cuivre s'oxyde, et on la plonge encore chaude dans dans une solution faible d'acide sulfurique ou d'acide azotique qui dissout l'oxyde de cuivre formé sans attaquer l'arg. — Le plomb s'allie à l'arg. en toutes proportions; les alliages ainsi obtenus sont très sujets à la liquation; le procédé Pattinson pour l'affinage du plomb est fondé sur ce fait. — On allie l'arg. au platine pour souder les pivots des dents artificielles. — Quant aux alliages que ce métal produit avec l'or et avec le mercure, il sera parlé du premier au mot Or, et du second quand nous traiterons de l'exploitation des mines d'arg. Voy. plus loin **Métall**. Toutefois nous dirons ici un mot d'un amalgame particulier assez remarquable. Lorsqu'on mêle ensemble dans un vase 3 parties d'une dissolution saturée de nitrate d'arg. et 2 p. d'une dissolution également saturée de nitrate de mercure, et qu'on place au fond du vase un amalgame fait avec 7 p. de mercure et 1 p. d'arg., on remarque qu'au bout de deux à trois jours tout l'arg. est précipité à l'état d'amalgame solide, composé de petits grains cristallins groupés en forme de ramifications. Ce produit a reçu en raison de sa forme le nom d'*Arbre de Diane, Diane* étant le nom donné par les alchimistes à l'arg.

En raison de son peu d'altérabilité, l'arg. est tellement préférable pour une foule d'usages aux autres métaux moins précieux, que l'on a imaginé de donner aux ustensiles fabriqués avec des métaux communs les avantages de l'arg., en les recouvrant d'une couche mince de ce métal. Cette opération constitue aujourd'hui deux arts importants, l'*Argenture* et le *Plaqué*, dont nous traiterons séparément.

Minér. — Il existe dans la nature un assez grand nombre de minerais qui contiennent une proportion plus ou moins considérable d'arg. Mais dans la plupart cette quantité est si minime, que l'extraction du métal ne couvrirait pas les frais de l'opération. — 1° L'*Arg. natif*, c.-à-d. pur ou simplement mélangé de quelques matières étrangères, se présente tantôt sous la forme de cristaux octaèdres, cubiques ou cubo-octaèdres, tantôt sous celle de dendrites, de lamelles, de filaments, tantôt en particules imperceptibles, disséminées, tantôt enfin sous forme de blocs d'un volume variable : on en a cité qui pesaient plusieurs quintaux. L'arg. natif est quelquefois fort abondant dans les dépôts ferrugineux nommés *Pacos* et *Colorados* dans l'Amérique équatoriale. On en trouve aussi en Norwège, en Sibérie, en Saxe, en Bohême, etc. La France possède deux gîtes métallifères où l'on a rencontré de l'arg. natif : l'un est à Allemont (Isère), et l'autre à Sainte-Marie-aux-Mines (Vosges).

Parmi les espèces minérales qui renferment de l'arg., nous citerons la *Discrase* ou *Arg. antimonial*, qui se trouve à Saint-Wenzel (Bade), à Andréasberg (Hartz), à Guadalcanale (Espagne), et à Allemont (Isère) ; l'*Arg. carbonaté*, découvert en 1788 par Selb dans les mines de Veneeslas, pays de Bade ; l'*Arg. ioduré*, découvert par Vauquelin dans des minerais argentifères du Mexique ; l'*Euchairite*, minéral composé de sélénium, d'arg. et de cuivre, rencontré à Strickerum (Suède) ; le *Tellurure d'arg.*, observé par Rose parmi les produits de la mine de Sawodinski dans l'Altaï. On rencontre dans divers minerais hydrargirifères un amalgame naturel appelé *Mercure argental*. Les espèces que nous venons d'énumérer sont trop rares ou contiennent une trop faible proportion de métal précieux pour qu'on puisse en tirer parti. Les seules espèces qui soient exploitées sont celles où l'arg. se trouve combiné avec le chlore ou avec le soufre. — L'*Arg. chloruré*, appelé encore *Kérargyrite* ou *Arg. corné*, parce qu'il se coupe comme de la corne, ne se rencontre en Europe et en Asie que dans quelques filons argentifères en très petits cristaux ou sous forme de léger enduit ; mais il constitue un minéral important dans l'Amérique équinoxiale, où il fait souvent partie des minerais ferrugineux désignés au Pérou sous le nom de *Pacos* et au Mexique sous celui de *Colorados*. Ce sont surtout les espèces minérales où l'arg. est combiné avec le soufre et divers autres corps, que l'on exploite. — L'*Argyrose* ou *Arg. vitreux* (soufre et arg.) fournit la plus grande partie de l'arg. du commerce. Les gisements les plus importants sont ceux du Mexique, de Schemnitz en Hongrie et de Freyberg dans la Saxe. — L'*argyrythrose* ou *arg. rouge* (soufre, antimoine, arg.) ne se trouve jamais en Europe qu'en petite quantité, et comme substance subordonnée aux gîtes d'arg. sulfuré ou de galène argentifère ; mais elle constitue la partie la plus importante des filons exploités dans le Mexique. — La *Psaturose* (soufre, antimoine, arg., cuivre) se trouve dans les mêmes gisements que l'espèce précédente. — La *Miargyrite*, connue, comme l'argyrythrose, sous le nom d'*Arg. rouge*, et qui est un composé de soufre, d'antimoine, d'arg., de cuivre et de fer, n'a été rencontrée qu'à Braunsdorff, en Saxe. — La *Proustite* (soufre, antimoine, arsenic, arg.) se trouve dans les mêmes gisements que l'argyrythrose, avec laquelle elle a été longtemps confondue. — La *Stromeyérine* de Beudant (soufre, arg., cuivre, fer) n'est encore connue qu'en petites masses compactes qui proviennent des mines de Schlangenberg, en Sibérie. — La *Sternbergite* (soufre, fer et arg.) se trouve dans les mines de Joachimsthal, en Bohème. — L'*Arg. arsénié* (soufre, arsenic, fer et arg.) ainsi que l'*Arséniure d'arg.* (arsenic, antimoine, fer et arg.) se rencontrent dans différentes mines du Hartz, aux environs d'Andréasberg. — La *Polybasite* (soufre, antimoine, arsenic, arg., cuivre et fer) se présente, dans les mines de Guanaxuato et de Guarisamey, au Mexique, sous forme de cristaux groupés en plaques plus ou moins épaisses. — Enfin l'espèce minérale nommée *Panabase*, à cause du grand nombre de substances qui la constituent (celle de Sainte-Marie-aux-Mines, Vosges, par ex , contient du soufre, de l'antimoine, de l'arsenic, du cuivre, du fer, du zinc et de l'arg.), forme quelquefois des gîtes presque à elle seule : mais on la trouve aussi dans les divers dépôts métallifères de plomb, de cuivre, d'étain, etc. Il y en a dans presque toutes les contrées, en France, en Saxe, en Angleterre, au Mexique et au Pérou.

Presque toujours la *Galène* ou sulfure de plomb est associée à une petite partie d'arg. à l'état de sulfure ; il suffit qu'elle contienne 0,005 de ce métal pour qu'on regarde une galène comme très riche. Dans beaucoup de cas, on peut en extraire l'arg. avec avantage, lors même que la proportion est plus faible. — L'arg. entre, pour de faibles proportions il est vrai, dans la composition de presque tous les sulfures. Il n'est pas de bioxide (sulfure de zinc), de pyrite (sulfure de fer et de cuivre), d'arséniures, d'ar sénio-sulfures qui n'en contiennent une certaine quantité. Tous les miné-

raux qui donnent de l'or renferment une certaine proportion d'arg. ; en conséquence, nous en ferons mention à l'art. Or.

Mines d'argent. — Presque tous les minéraux que nous venons d'énumérer sont disséminés en très petite quantité dans de grandes masses de matières. Les voyageurs qui visitent les mines d'arg. de l'Allemagne sont toujours étonnés de la faible teneur des matières que le mineur va chercher quelquefois à une profondeur de plus de 800 mètres. Les mines d'arg. les plus riches du monde sont sans contredit celles des deux Amériques : les districts de mines les plus célèbres de ce continent sont ceux de Guanaxuato, Catorca et Zacatacas au Mexique, le bassin de Yauricocha ou de Pasco, au Pérou, enfin la montagne de Potosi, dans la république de Bolivie. L'Asie possède vraisemblablement un assez grand nombre de mines d'arg., mais elles sont peu connues. La Chine en exploite sans aucun doute. Il en existe d'importantes en Sibérie, dans les districts de Kolyvan et de Nertschinsk. Les sables de l'Oural, exploités pour l'or, donnent avec ce métal une certaine quantité d'arg. L'Afrique paraît complètement dépourvue de ce métal, du moins jusqu'ici elle n'en fournit pas au commerce. L'Océanie n'est pas plus productive. En Europe il y a beaucoup de mines d'arg. : les plus riches sont celles du Hartz (Hanovre, Brunswick, Anhalt) ; celles de Freyberg, en Saxe ; de la Silésie, de la Thuringe et des provinces du Rhin ; celles du district de Schemnitz dans la haute Hongrie, et du Siebenburg en Transylvanie ; celles de Joachimsthal et de Pzibram en Bohême, et celles de Kongsberg en Norwège. La France ne produit que très peu d'arg. : les seules exploitations en activité sont situées dans les départements du Finistère, de la Lozère et du Puy-de-Dôme. Les mines de Sainte-Marie, qui ont été autrefois dans un état assez prospère, ne donnent plus que des produits insignifiants.

On a calculé que la production totale de l'arg. depuis 1493 jusqu'en 1884 a été de 75,079 tonnes pour l'Amérique du Sud, 83,100 au Mexique, 14,736 aux États-Unis, 31,536 en Europe et dans les autres pays. Le total s'élève à 204,451 tonnes, représentant une valeur de 44,979 millions de francs. La production annuelle a plus que triplé depuis une trentaine d'années ; en 1887, elle a été de 3,383 tonnes, valant 700,500,000 francs.

Métall. — Les différents procédés suivis pour extraire l'arg. de ses minerais ont pour but de l'amener à l'état d'alliage avec le plomb ou à l'état d'amalgame avec le mercure. Dans le premier cas, le procédé s'appelle par *fusion*, dans le second il est dit par *amalgamation*. Si l'on traite de l'arg. natif, c.-à-d. libre de toute combinaison, et simplement mêlé avec de la gangue, on le sépare par *imbibition* ; si l'arg. est uni à d'autres métaux, on suit d'abord le procédé propre à l'extraction de ces métaux, et l'on sépare ensuite l'arg. du cuivre par la *liquation*, du plomb par la *coupellation*. Mais l'imbibition et la liquation donnant l'arg. à l'état d'alliage avec le plomb, c'est encore en définitive au moyen de la coupellation que l'on obtient l'arg. pur dans ces deux cas. Quant à l'amalgamation, c'est un procédé à l'aide duquel on réduit l'arg. en même temps qu'on le sépare des autres métaux en l'unissant au mercure.

Imbibition. — Dans ce procédé, pour séparer l'arg. libre des matières avec lesquelles il se trouve mélangé, on divise les minerais et on les soumet au lavage. Le résidu une fois desséché est chauffé et brassé avec du plomb en fusion. L'arg. s'allie facilement à ce métal, et se trouve ainsi séparé des matières qui l'accompagnent. Il n'y a donc ensuite qu'à soumettre ce plomb à la coupellation pour en retirer l'arg. C'est là le procédé que l'on suit à Kongsberg.

Liquation. — Après avoir amené le cuivre argentifère à l'état de *cuivre noir* en l'oxydant au moyen d'un grillage (Voy. Cuivre), on le fond avec deux à trois fois son poids de plomb, et on le moule en masses discoïdes. L'arg. s'allie parfaitement au plomb, tandis que le cuivre ne forme avec ces métaux qu'une sorte de mélange mécanique. On chauffe ce double alliage dans des fours à réverbère, assez pour fondre l'alliage de plomb et d'arg., mais pas assez pour fondre le cuivre. L'alliage se sépare de ce dernier métal et s'écoule sous forme d'une rosée qui suinte de toutes parts. L'arg. ainsi séparé du cuivre reste uni au plomb, et on n'a plus qu'à lui faire subir la coupellation pour l'obtenir pur.

Le Pattinsonage, ou procédé de Pattinson, est fondé sur la liquation qu'éprouvent les alliages de plomb et d'arg. Les galènes argentifères sont traitées comme si l'on voulait simplement débarrasser le plomb de son soufre et des substances qui l'accompagnent : car, dans toutes ces opérations, l'arg. reste combiné avec le plomb, qui reçoit le nom de *plomb* d'œuvre, lorsqu'il ne s'agit plus que d'extraire l'arg. qu'il renferme. Le procédé de l'attinson consiste à fondre ce plomb argentifère et à le soumettre à un refroidissement lent. L'alliage se sépare en deux parties : le plomb cristallise et se dépose au fond du bain en ne retenant que très peu d'arg. ; on enlève ces cristaux à l'aide d'une écumoire ; la partie liquide qui reste est un alliage très riche en argent. Chacune des portions ainsi obtenues est de nouveau soumise à des fusions et à des refroidissements successifs, jusqu'à ce qu'on ait d'une part un plomb très pauvre, et d'autre part un alliage très riche, qui contient la presque totalité de l'arg. et qu'on soumet à la coupellation.

Un autre procédé consiste à ajouter au plomb d'œuvre fondu du zinc (10 fois environ le poids de l'argent). Le zinc s'empare de l'argent pour former un alliage triple de zinc, de plomb et d'arg., qui vient se réunir en écume à la surface du bain. On enlève cette écume, on en sépare le zinc par distillation et on soumet ensuite le résidu à la coupellation.

Coupellation. — On fait fondre l'alliage de plomb et d'arg., et l'on soumet la masse en fusion à un courant d'air très vif. Comme le plomb est facilement oxydable et que l'arg. l'est fort peu, le premier passe à l'état d'oxyde, tandis que le second demeure à l'état métallique. Cette opération se pratique dans des coupelles faites avec de l'argile poreuse ou des cendres lavées, fortement tassées. On donne à ces coupelles la forme d'un bassin épais et peu convexe, afin qu'il présente à l'air une grande surface relativement à sa profondeur. Quand l'alliage est en pleine fusion, on dirige sur lui le vent de forts soufflets, afin de hâter l'oxydation du plomb. La couche d'oxyde est enlevée du bain à mesure qu'elle s'y forme. Quand l'arg. a ainsi perdu la plus grande partie du plomb qu'il contenait, on le soumet à une nouvelle coupellation, afin de le débarrasser d'une plus grande quantité de métal étranger. L'opération doit s'arrêter lorsque le bain métallique, que des espèces de nuages parcouraient auparavant, devient tout à coup très brillant. Ce phénomène, qui indique la fin de l'opération, a reçu, dans les usines, le nom d'*éclair.* — La coupellation est pratiquée en petit par les essayeurs pour déterminer le titre de l'arg. Voy. *Essai.*

L'*Amalgamation* est pratiquée dans l'Amérique du Sud et l'a été longtemps en Allemagne. Elle consiste à séparer l'arg. en l'alliant au mercure ; mais les procédés employés sont fort différents.

Méthode américaine. — Les minerais sont d'abord concassés en fragments de 2 à 3 centim. cubes de grosseur ; on ne conserve pour l'amalgamation que les fragments qui contiennent moins de 0,01 d'arg. : les autres sont ordinairement soumis à la fonte. On bocarde les premiers à sec à l'aide de pilons pesant chacun 100 kilogr. soulevés par des cames placées sur un arbre horizontal mis en mouvement par une roue hydraulique ou par un manège à mulets. Chaque pilon tombe dans une auge séparée, en bois ou en pierre. La poudre ainsi obtenue est réduite en poussière impalpable dans des moulins où l'on ajoute un peu d'eau. Ces moulins sont mus par des mulets qui font tourner un arbre vertical armé de quatre bras sur chacun desquels est montée une meule verticale en granit, se mouvant dans un bassin en pierre. Les boues qui s'échappent des moulins sont recueillies dans des fosses de 1 à 2 mètres de profondeur, et transportées, quand elles ont pris de la consistance au soleil, à l'aire d'amalgamation, espèce de cour pavée et entourée de murs. On en forme des tas de 1,200 quintaux mélangés de 2 ou 3 p. 100 de sel marin. On incorpore ensuite dans ce mélange du *Magistral,* composé de sulfate de cuivre et de sulfate de fer, et on fait piétiner la masse pendant cinq à six heures par des mulets. On introduit ensuite le mercure par petites portions, en le tamisant sur le tas au travers d'une chausse en laine ; puis, pour l'incorporer dans la masse, on la fait piétiner et retourner avec des pelles de bois pendant plusieurs jours, jusqu'à ce que l'amalgamation paraisse complète. On ajoute encore une seconde et même une troisième charge de mercure, en traitant à chaque fois le minerai comme il vient d'être dit. Enfin, on ajoute une dernière charge de mercure pour réunir l'amalgame, et, après avoir fait piétiner le mélange pendant quelques heures, on retire les terres amalgamées pour les soumettre au lavage. La durée totale de l'amalgamation est de douze à quinze jours en été et de vingt à vingt-cinq en hiver. La quantité du magistral varie avec les saisons et la teneur du minerai. On reconnaît l'excès ou l'insuffisance du magistral à la couleur que prend le mélange. Lorsqu'il y a trop de magistral, on ajoute à la matière un peu de chaux. Pour séparer l'amalgame des matières terreuses ou salines qui l'accompagnent, on agite le tout dans une cuve remplie d'eau, le mercure chargé d'arg. gagne le fond de la cuve, et on enlève par la décantation toutes les substances étrangères. Il ne reste plus que l'amalgame à l'état liquide et contenant le mercure en excès. On presse fortement cet amalgame dans un sac, le mercure s'écoule en partie et laisse un résidu solide dans lequel tout l'arg. est concentré. On isole enfin ce dernier métal en distillant le nouvel amalgame. Cette méthode, due à un Espagnol, Bartolomé de Medina, venu au Mexique en 1550, s'est conservée jusqu'à présent en Amérique sans aucune amélioration. Boussingault explique cette opération de la manière suivante : « En ajoutant du magistral au minerai contenant du sel marin, se forme du bichlorure de cuivre. Le mercure d'un côté, le sulfure d'arg. et l'arg. natif de l'autre, font passer le bichlorure à l'état de chlorure ; le chlorure de cuivre se dissout, aussitôt qu'il est formé, dans l'eau saturée de sel marin dont le minerai est imbibé ; il pénètre ainsi dans toute la masse et réagit sur le sulfure d'arg., en le transformant en chlorure d'arg. Le chlorure d'arg. une fois formé se dissout à la faveur du sel marin, et l'arg. ne tarde pas à être revivifié par le mercure. Si le minerai contenait trop de magistral, il se formerait trop de bichlorure de cuivre dont l'excès est toujours nuisible, parce qu'il détruit le mercure et l'arg. déjà réduit, en les changeant en chlorures. Dans ce cas il faut décomposer le bichlorure de cuivre par un alcali, et c'est ce que font les *amalgameurs* en ajoutant de la chaux. »

Méthode saxonne. — Voici le procédé qui a été suivi à Freyberg depuis la fin du siècle dernier jusqu'en 1858, et qui est encore avantageux dans les pays où les minerais de plomb sont peu abondants et où le combustible n'est pas rare. On mêle les fragments pauvres et riches de minerai, de telle façon que le mélange contienne 0,002 d'arg., 0,34 de sulfure de fer. Le minerai est bocardé à sec et pulvérisé, puis on ajoute 0.1 de sel marin. On grille ce mélange dans un four à réverbère, en ayant soin que la température ne dépasse pas d'abord le rouge sombre. Le soufre s'oxyde alors et passe en partie à l'état d'acide sulfureux qui se dégage, et en partie à l'état d'acide sulfurique. Divers sulfates se forment, et lorsque la température devient plus élevée, ils réagissent sur le chlorure de sodium en déterminant la chloruration de l'arg. et des autres métaux. A la fin de l'opération, la chaleur est assez forte pour décomposer tous ces chlorures métalliques, à l'exception du chlorure d'arg., et les convertir en oxydes. La masse que l'on obtient par le grillage est réduite en poudre impalpable à l'aide de moulins analogues aux moulins à farine. L'amalgamation s'exécute dans des tonnes tournant autour d'un axe horizontal et mises en mouvement, comme les moulins, par des roues hydrauliques. Ces tonnes reçoivent le minerai, avec une certaine quantité de fer et d'eau, et, au bout de quelque temps, quand ces matières sont bien mélangées, on introduit le mercure. Le mouvement de rotation des tonnes accélère l'opération, dans laquelle le chlorure d'arg. est réduit par le fer, qui se convertit en chlorure de fer, et l'arg. devenu libre s'unit au mercure. Le traitement s'achève comme dans la méthode américaine. On sépare les matières étrangères d'avec l'amalgame au moyen de lavages. Ensuite on presse l'amalgame dans un sac de coutil, enfin on le soumet à la distillation. La perte de mercure ne dépasse pas 0,25 pour 1 d'arg.

En Europe, où la plupart des minerais argentifères contiennent du cuivre, on a aujourd'hui substitué à l'amalgamation saxonne divers procédés par voie humide, qui ont également remplacé la liquation dans le traitement des cuivres argentifères. — 1° *Procédé Augustin.* La matte cuivreuse, obtenue par un premier traitement du minerai, est soumise à un grillage oxydant qui transforme les sulfures en sulfates, puis à une calcination au rouge cerise qui décompose tous ces sulfates, sauf celui d'arg. Le produit est ensuite broyé et mélangé intimement avec du sel marin, puis soumis à un nouveau grillage qui transforme le sulfate d'arg. en chlorure. On épuise la masse par une solution bouillante de sel marin qui dissout et entraîne ce chlorure d'arg. Enfin, dans la liqueur on précipite l'arg. au moyen de lames de cuivre. Quant au sulfate de cuivre qui reste en dissolution, on le traite par le fer qui en précipite le cuivre. — 2° *Procédé Ziervogel.* Il diffère du précédent en ce qu'on ne se sert pas de sel marin : on grille la matte de manière à convertir l'arg. en sulfate, que l'on extrait ensuite par un lessivage à l'eau chaude. Dans la solution on précipite l'arg. par du cuivre. — 3° *Procédé Kersten.* La matte cuivreuse est grillée et chauffée assez fortement pour que le sulfate d'arg. soit lui-même décomposé ainsi que les autres. On traite ensuite la masse par de l'acide sulfurique étendu, qui dissout le cuivre ; l'arg. reste à l'état métallique dans le résidu insoluble, qui contient aussi le plomb à l'état de sulfate. — 4° *Procédé hongrois (fonte d'imbibi-*

tion). La matte est amenée à l'état liquide dans du plomb fondu. Celui-ci s'empare de l'arg., tandis que, par le refroidissement, le cuivre vient se solidifier à la surface du bain en produisant une matte qu'on enlève au fur et à mesure de sa formation.

Quand le minerai argentifère contient à la fois du plomb et du cuivre, on le soumet préalablement à une série de grillages et de fusions, en y ajoutant des matières plombeuses si c'est nécessaire ; à chaque fusion une portion du plomb, plus fusible, se sépare et s'écoule en entraînant une certaine quantité d'arg. et en laissant une matte de plus en plus cuivreuse, que l'on traite finalement par un des procédés que nous venons d'indiquer. Quant au plomb d'œuvre qui résulte de ces opérations, on lui fait subir le raffinage, le pattinsonage et enfin la coupellation.

L'arg. peut être amené à un assez grand état de pureté par la coupellation ; mais le procédé ne le sépare pas de l'or qu'il peut contenir : il faut, pour cela, faire subir à l'arg. obtenu une nouvelle opération. Voy. AFFINAGE.

ARGENT, ch.-l. de c. (Cher), arr. de Sancerre, 2,000 hab.

ARGENTAL. adj. T. Minér. Qui renferme de l'argent métallique.

ARGENTAN ou **ARGENTON.** s. m. T. Techn. Alliage de cuivre, de nickel, de zinc, d'étain et de fer, remarquable par sa blancheur et son éclat.

ARGENTAN, ch.-l. d'arr. (Orne), 6,200 hab.

ARGENTANE. adj. f. Olives *arg.*, Sorte d'olives.

ARGENTAT, ch.-l. de c. (Corrèze), arr. de Tulle, 3,100 hab.

ARGENTATION. s. f. Action d'argenter. || T. Anat. Injection d'un corps ou d'un tissu avec du mercure, ce qui lui donne une apparence argentée.

ARGENTER. v. a. Couvrir quelque chose d'une feuille ou d'une couche d'argent. || Fig. et poét., Donner l'éclat, la blancheur de l'argent. *La lune argentait les flots de la mer.* = ARGENTÉ, ÉE. part. || S'emploie adject. au fig. *Le plumage arg. du cygne. Les rayons argentés de la lune. — Gris argenté.* Couleur grise mêlée de blanc et donne de l'éclat. *Étoffe de soie d'un gris arg. Cheveux d'un gris arg.*

ARGENTERIE. s. f. Vaisselle, ustensiles et meubles d'argent. *Voilà une magnifique arg.* || Il y a pour dix mille francs d'arg. || Se disait autrefois, chez le roi, d'un fonds qui se faisait tous les ans pour certaines dépenses extraordinaires. *Le trésorier de l'arg.*

ARGENTEUIL, ch.-l. de c. (Seine-et-Oise), sur la rive droite de la Seine, arr. de Versailles, 13,300 hab. Petit vin. Église du XVe siècle. On prétend y conserver quelques lambeaux de la tunique de Jésus-Christ.

ARGENTEUR. s. m. Ouvrier qui argente les métaux et autres matières.

ARGENTEUX, EUSE. adj. Pécunieux, qui a beaucoup d'argent. Pop. et peu us.

ARGENTIER. s. m. Officier qui, dans les maisons royales et dans d'autres grandes maisons, était autrefois préposé à la distribution de certains fonds d'argent. — On désignait aussi sous ce nom tous les ministres et les surintendants des finances. *Étienne Barbette fut arg. de Philippe le Bel, et Jacques Cœur arg. de Charles VII.*

ARGENTIÈRE (L'), ch.-l. de c. (Hautes-Alpes), arr. de Briançon ; 1,000 hab.

ARGENTIFÈRE. adj. 2 g. (lat. *argentum ; fero*, je porte). T. Min. Qui contient accidentellement de l'argent.

ARGENTIN, INE. adj. Dont le son est analogue à celui de l'argent. *Cette cloche a un son arg. Timbre arg., voix argentine.* || Se dit des choses qui ont l'éclat et la blancheur de l'argent. *Couleur argentine. — Poétiq., Onde argentine. Flots argentins.* || En peint., *Ton arg.,* Teinte qui rappelle l'éclat de l'argent.

ARGENTINE (RÉPUBLIQUE). État de l'Amérique du Sud, 4,000,000 d'hab. ; 2,789,400 kilom. carrés, cap. *Buenos-Ayres,* 500,000 hab.

A appartenu à l'Espagne jusqu'en 1810. A 400 lieues des côtes sur l'océan Atlantique, est limité à l'Ouest par la Cordillère des Andes qui la sépare du Chili. Pays de vastes plaines, le *Gran Chaco* et les *Pampas,* traversé par de grandes rivières le Parana et l'Uruguay, qui forment le *Rio de la Plata.*

Est divisé en 14 provinces, sans compter la Patagonie. V. pr. La Plata, Tucuman, Cordova, Santa-Fé, Salta, Mendoza. Pays d'agriculture et d'élevage, attire chaque année une forte émigration européenne, particulièrement d'Italiens et de Basques. Voy. la Carte d'AMÉRIQUE.

ARGENTINE. s. f. T. Bot. Nom donné à certaines plantes des genres *Céraiste* et *Potentille* (Voy. ces mots), qui ont le dessous des feuilles blanc. || T. Icht. Poisson qui habite la Méditerranée, famille des *Salmonides.* || Poudre d'étain employée dans l'impression des tissus pour produire des effets d'argenture. || T. Minér. Variété de chaux carbonatée qui présente un éclat nacré.

ARGENTON. s. m. Voy. ARGENTAN.

ARGENTON, ch.-l. de canton (Indre), sur la Creuse (l'Argentomagus des Romains), arrondissement de Châteauroux, 6,300 hab.

ARGENTON, rivière de France (Deux-Sèvres) qui se jette dans le Thouet après un parcours de 65 kilomètres.

ARGENTON-CHÂTEAU, ch.-l. de c. (Deux-Sèvres), arr. de Bressuire. 1,300 hab.

ARGENTOPHILE. s. m. (lat. *argentum,* gr. φιλεῖν, aimer). Nom que l'on a donné à un liquide destiné à rafraîchir les vieilles argentures et qui n'est autre qu'une dissolution de cyanure de potassium.

ARGENTORATUM. Nom latin de Strasbourg.

ARGENTRÉ, ch.-l. de canton (Mayenne), arr. de Laval, 1,500 hab.

ARGENTRÉ-DU-PLESSIS, ch.-l. de c. (Ille-et-Vilaine), arr. de Vitré, 2,300 hab.

ARGENTURE. s. f. Couche d'argent plus ou moins épaisse appliquée sur la superficie de quelque objet. *Cette arg. n'est pas solide.* || Art d'appliquer les couches d'argent. — Il y a plusieurs procédés d'arg.

Techn. — L'art de revêtir la superficie de certains métaux d'une couche d'argent susceptible d'acquérir l'éclat et le poli de l'argent massif est pratiqué depuis les temps anciens. L'on possède aujourd'hui divers procédés d'arg., parmi lesquels nous citerons en premier lieu celui de l'*Arg. en feuille.* Il consiste d'abord à *émorfiler* la pièce de cuivre, c.-à-d. à la préparer à la lune ou au tour et à enlever les arêtes vives ainsi que le morfil avec une pierre à polir. Ensuite on la *décape* en la chauffant jusqu'au rouge, on la plongeant dans l'eau seconde (acide nitrique très étendu) et on la frottant avec de la pierre ponce et de l'eau. Parvenue à ce point, la pièce est chauffée de nouveau, mais moins fortement, puis plongée derechef dans l'eau seconde, opération qui couvre la surface de petites aspérités propres à retenir les feuilles d'argent. Si ces aspérités ne paraissent pas suffisantes, on pratique sur la pièce de petites hachures au moyen d'un couteau d'acier destiné à cet usage ; c'est ce qu'on appelle *hacher.* Enfin on la chauffe encore jusqu'à ce qu'elle se colore d'une teinte bleuâtre. Ainsi préparée, la pièce est maintenue à un degré de chaleur sur de la cendre chaude, et, à l'aide d'un *mandrin* pour le soutenir et de petites pinces appelées *brucelles,* l'argenteur applique alors 2 feuilles d'argent sur la partie qu'il veut argenter et les presse fortement avec le *brunissoir à vavaler ;* puis il en applique de nouveau 5 à 6 feuilles à la fois et brunit successivement jusqu'à ce qu'il ait posé ainsi de 30 à 60 feuilles, suivant que l'arg. doit être plus belle et plus durable. Si l'ouvrier, en chauffant trop, noircit quelque pièce, il enlève la poudre noire avec un *gratte-bossse,* espèce de brosse en fil de laiton. Pour terminer, lorsque la pièce est suffisamment argentée, on la *bruni à fond* avec le *brunissoir à polir,* afin de lui donner cet aspect qui la ferait prendre pour de l'argent

45

nassif. — Lorsque les pièces argentées par ce procédé sont détériorées en quelque point, il faut les désargenter complètement pour les couvrir d'une nouvelle arg., ce qui devient très coûteux. C'est là un grave inconvénient de ce procédé. — Mais un autre procédé, dû à Mellawitz, permet de réparer facilement les points d'une pièce désargentée. Il convient surtout pour les pièces de peu d'épaisseur relevées en bosse. Ce procédé consiste à humecter avec de l'eau légèrement salée la surface de la pièce préalablement décapée, et à tamiser bien également par-dessus un mélange composé d'argent précipité de sa dissolution nitrique par une lame de cuivre, de chlorure d'argent lavé et desséché et de borax purifié et calciné. On chauffe ensuite la pièce au rouge, on la plonge dans de l'eau bouillante contenant un peu de sel marin et de crème de tartre, puis l'on gratte-boësse pour enlever les impuretés. Cela fait, on passe très également sur un pinceau une couche d'une pâte formée par parties égales de poudre de l'opération précédente, de sel ammoniac, de sel marin, de sulfate de zinc et de fiel de verre, le tout mêlé, porphyrisé avec soin et délayé avec un peu d'eau légèrement gommée. On chauffe de nouveau au rouge cerise, on retire, on gratte-boësse, on continue de charger quatre ou cinq fois successivement de la même manière avec la pâte, et l'opération est terminée, si l'on veut une arg. mate ; dans le cas contraire on brunit. Par ce procédé, le cuivre est pénétré par l'argent, de sorte que l'arg. est très solide. — L'Arg. dite au pouce se fait avec un mélange de poudre d'argent, de sel marin et de crème de tartre broyés et réduits en bouillie avec un peu d'eau. On trempe le doigt enveloppé d'un linge dans cette pâte et on frotte la surface bien décapée de la pièce à argenter ; après quoi on lave successivement dans de l'eau de lessive tiède et dans de l'eau pure ; enfin on essuie avec un linge blanc et l'on expose à une légère chaleur pour faire sécher. On emploie encore des procédés analogues à ce dernier pour les argentures peu coûteuses et qui n'ont pas besoin d'offrir une grande solidité.

L'Argenture galvanique, si employée aujourd'hui, est due à de Ruolz qui a trouvé le moyen de fixer solidement le dépôt d'argent qu'on obtient en décomposant par la pile le cyanure double d'argent et de potassium en dissolution étendue. Les procédés de de Ruolz sont devenus l'origine d'une industrie importante qui comprend aussi la dorure, le nickelage, etc., et dont nous ferons l'étude au mot GALVANOPLASTIE.

L'arg. du bois, du papier, du carton, etc., se fait par des procédés spéciaux, dans le détail desquels nous ne saurions entrer ici. En général on emploie pour argenter ces substances des colles, des vernis qui, prenant à la fois sur les feuilles d'argent et sur les pièces à argenter, produisent entre ces substances une adhérence qui les fixe suffisamment.

L'Argenture des glaces a, depuis longtemps, remplacé l'opération insalubre de l'étamage. L'opération est basée sur la réduction du nitrate d'argent par une matière organique, le plus souvent l'acide tartrique, ou le sucre interverti, ou l'aldéhyde. La glace bien nettoyée est posée horizontalement sur une table métallique chauffée à 45°. On verse sur la surface une solution contenant 100 gr. de nitrate d'argent et 62 gr. d'ammoniaque concentrée à laquelle on a ajouté une solution contenant 11 gr. d'acide tartrique ou à peu près autant d'aldéhyde, le tout étendu d'eau distillée. On verse ensuite une deuxième solution composée de même, mais où la dose d'acide tartrique est double. Sous l'influence de la chaleur, l'acide tartrique réduit le sel métallique qui se dépose bientôt en couche adhérente et brillante. Au bout d'une heure environ l'arg. est terminée ; pour la rendre plus solide, on lave la surface une dissolution étendue de cyanure double de mercure et de potassium et on la saupoudre de zinc pulvérisé : il se forme un amalgame d'argent brillant et très adhérent ; on recouvre ensuite d'un vernis protecteur. On emploie aussi le procédé suivant :

L'Argenture des miroirs de télescopes a été réalisée pour la première fois par Léon Foucault. On emploie aujourd'hui le procédé Martin qui exige les quatre liqueurs suivantes : 1° solution de 40 gr. de nitrate d'argent dans 1 litre d'eau distillée ; 2° solution de 60 gr. de nitrate d'ammoniaque dans 1 litre d'eau ; 3° solution de 100 gr. de potasse caustique bien pure dans 1 litre d'eau ; 4° solution de 25 gr. de sucre dans 250 gr. d'eau : on intervertit le sucre par dix minutes d'ébullition avec 3 gr. d'acide tartrique, on neutralise, on ajoute 50 gr. d'alcool et on étend d'eau pour former un demi-litre. On nettoie le verre avec de l'acide nitrique, puis avec de la potasse additionnée d'alcool, on le lave enfin avec de l'eau pure et on le plonge dans une bassine où l'on a versé

des volumes égaux de chacune des liqueurs. Il se forme un dépôt, d'abord jaune, mais qui passe bientôt au blanc d'argent brillant. On retire le miroir, on le lave et on le polit légèrement avec une peau de chamois et du rouge fin d'Angleterre.

ARGÈS. s. m. T. ichth. On nomme ainsi un genre de de poissons de l'Amérique méridionale qui appartient à la famille des Siluroïdes et qui est voisin des Pimélodes. Ce genre ne comprend que deux espèces. La première ne nous présente aucun intérêt. Quant à la seconde, Arges cyclopum, c'est un petit poisson observé en 1803 par Al. de Humboldt. « Les habitants des Andes, dit Valenciennes, le nomment Prenadilla, dénomination qui s'applique aussi à un autre poisson d'un genre voisin auquel j'ai donné le nom de Bronte. Les Prenadillas sortent par le cratère des volcans ou par des fissures ouvertes à 5,000 ou 5,200 mètres d'élévation au-dessus du niveau de la mer, et à plus de 2,600 mètres au-dessus des plaines environnantes. Ils sont rejetés par les efforts d'éruption non seulement du Cotopaxi, mais encore du Tungurahua, du Sangay, de l'Imbabura et du Carguairazo. En 1691, par exemple, le volcan d'Imbabaru en vomit des milliers sur les environs de la ville d'Ibara, et les fièvres pestilentielles qui désolèrent ces contrées furent attribuées aux miasmes putrides de ces animaux exposés à l'action du soleil. Lorsque la cime du Carguairazo s'affaissa le 19 juin 1698, il sortit également des milliers de Prenadillas de ses flancs, au milieu des boues argileuses et fumantes vomies par la montagne. Nous ne tenterons pas d'aborder les questions que ce curieux phénomène soulève, car les savants n'ont encore formé que des conjectures sur les courants souterrains qui peuvent exister dans ces volcans, et ils ne sauraient expliquer comment l'eau soumise à la haute température de ces fournaises peut contenir assez d'air pour y laisser respirer ces poissons, et comment ces animaux, petits et à chair très molle, ne sont pas entièrement détruits par une sorte de cuisson pendant l'éruption. »

ARGIEN, IENNE. s. et adj. Habitant d'Argos. Jeux argiens, qui se célébraient à Argos.

ARGILE. s. f. (lat. argilla). Espèce de terre onctueuse, molle et ductile. Un vase d'arg. Pétri d'arg. C'est un colosse aux pieds d'arg. || Fig., Le corps de l'homme.

L'âme est-elle, en effet, un souffle du grand Être,
Et ce rayon divin, dans l'argile enfermé,
Sera-t-il par la Mort éteint ou rallumé ?

LAMARTINE.

Minér. — On donne le nom d'Argiles à des substances terreuses essentiellement formées d'alumine, de silice et d'eau, et qui ont pour caractère commun la propriété de se délayer dans l'eau et de former avec ce liquide une pâte onctueuse, tenace, susceptible de se mouler et de se laisser allonger en différents sens. Les argiles parfaitement pures sont blanches ; mais comme elles sont presque toujours mélangées à d'autres substances, il est rare qu'elles ne soient pas colorées. Les argiles offrent des nuances très variées ; il y en a de rouges, de jaunes, de brunes, de grises et de bleuâtres ; on en trouve aussi qui présentent des veines de diverses couleurs. Les argiles sont en général onctueuses et douces au toucher, se laissent aisément pulvériser, et sont assez tendres pour être facilement polies par le frottement de l'ongle. Elles absorbent l'eau avec avidité. C'est à l'affinité qu'elles ont pour ce liquide qu'elles doivent la propriété de happer à la langue. Elles jouissent aussi de la propriété d'absorber les huiles aussi bien que l'eau. — La chaleur enlève aux argiles leur eau de combinaison, ce qui fait qu'au lieu de se dilater comme la plupart des autres corps, elles se contractent au contraire à mesure qu'on élève leur température. C'est sur cette propriété qu'est fondée la construction de divers pyromètres. Voy. ce mot. Lorsqu'elles sont pures, les argiles sont infusibles ; mais il n'en est pas de même quand elles se trouvent associées en proportions convenables à la chaux, à la magnésie, à l'oxyde de fer ou à des silicates de ces mêmes bases. Lorsqu'elles ont été chauffées à un degré convenable, elles perdent la faculté de se délayer dans l'eau et deviennent inattaquables par ce liquide. La chaleur y produit un changement de coloration, qui varie suivant les substances étrangères qu'elles contiennent : celles qui renferment du fer, par exemple, deviennent rouges. Les argiles sont des silicates d'alumine hydratés. En général les argiles ne font pas effervescence avec les acides. L'acide sulfurique concentré et bouillant est le seul qui les dissolve complètement, pourvu cependant qu'elles soient humides ou simplement desséchées ;

car il n'agit pas sur l'arg. qui a été fortement calciné. La dissolution laisse précipiter de la silice en gelée. Lorsqu'on traite l'arg. par un alcali caustique, le silicate d'alumine qui la constitue se transforme rapidement en silicate double d'alumine et d'alcali.

Les argiles sont très répandues à la surface du globe. On les trouve dans toutes les positions possibles dans la série des terrains intermédiaires, secondaires et tertiaires, tantôt entre les couches de calcaire, tantôt au milieu des matières arénacées siliceuses dont elles forment la pâte. Quelquefois elles sont homogènes, mais fréquemment elles contiennent des particules fines de quartz, de mica, de feldspath, etc.; ailleurs elles sont mélangées de carbonate de chaux, et souvent elles sont colorées en rouge par le peroxyde de fer, ou en jaune par l'hydrate de cet oxyde. Les terrains de transition et secondaires anciens offrent assez souvent des collines d'argiles remarquables en ce qu'elles ne présentent jamais le moindre escarpement et sont d'une stérilité complète. Dans les terrains secondaires plus modernes, elles forment, comme dans les terrains tertiaires, des couches ordinairement horizontales, souvent fort étendues, et généralement situées à des profondeurs peu considérables. Telles sont la plupart des argiles dont les arts font une si grande consommation. La densité de ces couches et leur disposition qui ne permettent pas à l'eau de les traverser, influent considérablement sur la direction souterraine des eaux des sources. L'arg. renferme souvent des débris de corps organisés. Telle est l'arg. schisteuse ou arg. à fougères qui accompagne la houille et alterne avec elle. Mais c'est principalement dans l'arg. plastique que ces débris se rencontrent le plus fréquemment, surtout dans les couches supérieures. Ainsi on y trouve des lignites, et quelquefois des troncs d'arbres entiers pétrifiés, des débris de végétaux monocotylédones, des nodules de succin, et un mélange de coquilles pélagiques et fluviatiles. On a trouvé aussi dans certaines argiles plastiques (Paris, Londres) des ossements d'animaux vertébrés.

L'arg. est une des substances minérales les plus utiles que nous offre l'écorce du globe. Ses nombreuses variétés, qui dépendent des proportions diverses de ses éléments, permettent de l'employer à une multitude d'usages. — Le Kaolin est une arg. blanche, quelquefois jaunâtre ou grisâtre, friable, maigre au toucher, faisant difficilement pâte avec l'eau, et infusible au chalumeau quand elle est pure. Le kaolin sert à fabriquer la porcelaine. La France possède un grand nombre de gîtes de cette espèce d'arg. Celui de Saint-Yrieix (Haute-Vienne) mérite surtout d'être cité à cause de sa grande puissance. — Les argiles plastiques forment avec l'eau une pâte tenace et fort liante. Elles sont très réfractaires et deviennent très dures par la cuisson. On s'en sert pour fabriquer une infinité de poteries fines, telles que la terre de pipe et les poteries de grès. La facilité avec laquelle elles résistent à la chaleur permet aussi d'en faire les pots de verreries ainsi que les gazettes qui servent à la cuisson de la porcelaine. Elles sont également fort utiles aux sculpteurs pour modeler leurs figures. Les principales argiles plastiques de France sont les argiles réfractaires de Dreux, de Montereau, de Forges-les-Eaux et de Gournay. Parmi celles d'Allemagne, nous citerons seulement l'arg. de Gross-Almerode, dont on fait les creusets de Hesse. L'Angleterre possède également beaucoup de gîtes d'arg. plastique. — L'Arg. figuline, appelée vulgairement Terre glaise, offre les mêmes propriétés plastiques que les espèces précédentes, mais elle est en général moins compacte, plus friable et se délaye plus facilement dans l'eau. Elle est souvent fortement colorée et devient rouge par la cuisson. Comme elle contient de la chaux et de l'oxyde de fer, elle fond à une température ordinairement très inférieure à celle que les autres argiles peuvent supporter sans altération. Quelques-unes font effervescence avec les acides. On emploie l'arg. figuline dans la fabrication des poteries grossières, des briques, des tuiles, des carreaux, des creusets, etc. Quand elle a été broyée et privée par le lavage de ses particules les plus grossières, on peut en faire de la faïence. Enfin elle sert encore à fabriquer des statues et des vases en terre cuite pour les jardins. Il existe des bancs très étendus d'arg. figuline à Vanves, à Arcueil et à Vaugirard. — L'Arg. smectique ou Terre à foulon a une consistance ferme, comme le savon sec, et est onctueuse au toucher. Délayée dans l'eau et battue avec ce liquide, elle mousse comme le savon. La propriété qu'elle possède à un haut degré d'absorber les huiles, la fait employer dans le foulage des draps, pour enlever les substances grasses dont ils sont imprégnés. C'est aussi avec une arg. smectique que sont faites les Pierres à détacher. Les meilleures terres à foulon se trouvent en Alsace, en Angleterre, en Écosse et en

Saxe. — L'arg. connue sous le nom de Cymolithe, parce qu'elle se trouve dans l'île de Cymolis (Archipel grec), est de couleur gris de perle, tendre, douce au toucher. On l'emploie en guise de savon pour blanchir le linge. — On appelle Arg. légère une arg. sèche au toucher, qui se délaye difficilement dans l'eau, et présente à peine du liant. Elle résiste très bien au feu et conduit fort mal la chaleur. Elle jouit de la propriété remarquable de surnager l'eau tant qu'elle n'en est pas imbibée. On en fait des briques que leur extrême légèreté rend très utiles dans certaines constructions, par exemple dans celles qui se font à bord des vaisseaux. Ces briques servent également à garnir l'intérieur des fourneaux. — Les Argiles ocreuses sont maigres et colorées par l'oxyde de fer, en rouge lorsque cet oxyde est anhydre, en jaune lorsqu'il est hydraté. Ce sont ces argiles préparées, tantôt à l'état naturel, tantôt calcinées, qui constituent les Ocres jaunes, rouges ou brunes, la Terre d'Ombre, la Terre de Sienne simple ou brûlée, la Terre d'Italie, le Brun rouge, le Rouge d'Angleterre, etc. La Sanguine est une arg. ocreuse rouge qui sert à faire les crayons de cette couleur. Les ocres sont, à cause de leur bas prix, fort employés comme substances colorantes On s'en sert pour les papiers de tenture, pour les peintures communes à la détrempe, pour peindre à l'huile les objets exposés à la pluie et à l'humidité, etc. La Terre sigillée, le Bol d'Arménie, la Terre de Lemnos, connues sous la dénomination générique de Terres bolaires, sont des argiles ocreuses très fines, ordinairement colorées par des oxydes de fer qui s'y trouvent en plus forte proportion que dans l'arg. commune. On les employait autrefois en médecine comme astringentes. La Terre de Bucaros est une arg. ocreuse que l'on trouve en Portugal près d'Estremos. Elle acquiert au feu une belle couleur rouge, et l'on fabrique des vases poreux qui servent à faire rafraîchir l'eau. L'Almagre, que les Espagnols emploient pour polir leurs glaces, et qu'ils mêlent à leur tabac pour lui donner la couleur rougeâtre qui le distingue, n'est également qu'une espèce d'arg. ocreuse. — Enfin, Cordier donne le nom d'Arg. inflammable à une roche composée d'arg. ordinaire mélangée de bitume gris. Cette substance est légère, spongieuse, de couleur généralement grisâtre, brûle avec facilité et répand en brûlant une odeur fétide. — Au sujet de l'arg. considérée au point de vue agricole, voy. AMENDEMENT.

ARGILEUX, EUSE. adj. Qui est formé d'argile, qui contient de l'argile. *Terrain arg. Couche argileuse. Schiste arg.*

ARGILIÈRE. s. f. Terrain d'où l'on retire l'argile.

ARGILIFÈRE. adj. 2 g. (de *argile*, et lat. *fero*, je porte). T. Géol. Qui contient accidentellement de l'argile. *Calcaire arg.*

ARGILIFORME. adj. (de *argile*, et lat. *forma*, forme). T. Géol. Qui a l'aspect de l'argile.

ARGILITE. s. f. T. de Minér. Schiste argileux.

ARGILLACÉ, ÉE. adj. T. de Géol. Qui a l'aspect ou la consistance de l'argile.

ARGILLORNIS (de *argile*, et gr. ὄρνις, oiseau). T. Paléont. Oiseau fossile pourvu de dents trouvé en 1878 dans l'argile éocène de Sheppey, près de Londres.

ARGILOÏDE. adj. (de *argile*, et gr. εἶδος, forme). T. Didact. Qui ressemble à l'argile.

ARGILOLITHE. s. m. (de *argile*, et gr. λίθος, pierre). T. de Géol. Argile sédimentaire durcie.

ARGILOPHYRE. s. m. T. Minér. Variété de trachyte silicifère à pâte très fine et d'un aspect terreux.

ARGININE. s. f. T. Chim. Alcaloïde extrait des semences du lupin jaune.

ARGINUSES. Îles de la mer Égée; victoire des Athéniens sur les Spartiates (406 av. J.-C.).

ARGO. s. m. (gr. ἀργός, blanc). T. Myth. Nom du navire sur lequel Jason et ses compagnons se seraient embarqués pour aller conquérir la Toison d'or. || T. Astr. Nom d'une constellation australe : *le navire Argo.*

ARGOL. s. m. Nom des fientes de bœufs, chevaux, chameaux, moutons, desséchées avec lesquelles on fait du feu dans les steppes de Tartarie et de Mongolie.

ARGOLIDE. partie du Péloponèse, aujourd'hui province du royaume de Grèce.

ARGON. s. m. T. de Chasse. Bâton ou morceau de bois plié en arc dont on se sert pour prendre des oiseaux.

ARGONAUTA. s. m. (de *Argonautes*, navigateurs mythologiques). T. Zool. et Paléont. Genre de mollusques actuel et tertiaire. La coquille de la femelle, malgré sa fragilité, se compose de trois couches et est sécrétée par le manteau et en partie par les deux bras dorsaux, élargis en forme de nageoires. (A. Sismondai.) Vient du pliocène. Voy. Argonautides.

ARGONAUTES. s. m. pl. (R. *Argo*; gr. ναύτης, pilote). T. Myth. Héros grecs, compagnons de Jason, qui montaient le navire Argo. = Argonautes. s. m. T. Zool. Voy. Argonauta.

ARGONAUTIDES. s. m. pl. (de *Argonautes*, navigateurs mythologiques). T. Zool. et Paléont. Famille de mollusques qui ne comprend qu'un genre : *Argonauta* (Voy. ce mot), qui possède une dizaine d'espèces vivantes et dont on connaît une espèce fossile du pliocène.

Le mâle n'a pas de coquille, tandis que la femelle a une coquille uniloculaire, mince, spirale, plissée ou tuberculeuse, comprimée latéralement, et pourvue de deux carènes à sa partie convexe.

ARGONNE. région montagneuse et boisée de France (département de la Meuse et des Ardennes).

ARGOS. v. de Grèce, cap. de l'Argolide. La plus ancienne ville de Grèce, fondée vers le XVIIIe siècle avant notre ère.

ARGOT. s. m. (Vient sans doute de *jargon*). Certain langage des malfaiteurs, qui n'est intelligible qu'entre eux. *Savoir, connaître, parler l'ar.* Quelques exemples : Académie, arche de Noé; Amour, *dardant*; Assassin, *escarpe*; Dieu, *mec des mecs*; Eau-de-vie, *eau d'affe*; Enfant, *môme*; Guillotine, *la veuve*; Nuit, *sorgue*; Police, *la rousse*; Tête vivante, *sorbonne*; Tête coupée, *tronche*; Tuer, *refroidir*. || Se dit des termes particuliers employés dans certaines professions. *L'ar. du théâtre. L'ar. des ateliers.* || T. Jardin. Bois mort qui est au-dessus de l'œil.

ARGOTER. v. a. T. Jardin. Couper l'extrémité d'une branche morte. = Argoté, ée. part.

ARGOTIQUE. adj. (de *argot*). Qui tient de l'argot.

ARGOTISER. v. n. (de *argot*). Parler argot.

ARGOULET. s. m. Se disait autrefois d'un carabin. || Fig., Un homme de rien. Inus.

ARGOUSIN. s. m. (Corruption de l'espagnol *alguazil*). Sous-officier chargé de surveiller les forçats dans les bagnes.

ARGOUSSIER. s. m. T. Bot. Nom vulgaire du genre Hippophae, de la famille des *Eléagnées*. Voy. ce mot.

ARGOUT (Comte d'). Ministre sous Louis-Philippe, 1er gouverneur de la Banque de France (1782-1858).

ARGOVIE, un des vingt-deux cantons de la Suisse, pop. 202,000 hab., cap. *Aarau*.

ARGUE. s. f. Machine servant à dégrossir les lingots d'argent, d'or et de cuivre qui doivent ensuite passer par des filières plus fines. || Bureau public où les tireurs d'or portent leurs lingots à dégrossir.

ARGUER. v. a. [Pr. *argu-er*] (lat. *arguere*, montrer, prouver). Accuser. *Ar. un acte de faux.* = v. n. Tirer une conséquence. *Vous arguez à tort de ce principe.* = Argué, ée. part. || Technol. Passer un fil de métal par les trous de l'argue.

ARGULE. s. f. T. Zool. Voy. Entomostracés.

ARGUMENT. s. m. (R. *arguer*). Se dit de toutes les formes régulières du raisonnement. *Arg. solide, convaincant, invincible. Arg. captieux, sophistique. Eluder, rétorquer un arg. Répondre à un arg.* || Conjecture, indice, preuve. *Je tire de ce fait un grand arg. contre lui.* || Résumé succinct d'un ouvrage. *L'arg. d'une pièce de théâtre, d'un poème, d'un discours.* = Syn. Voy. Annexe.

Logiq. — On appelle *Arg.* un raisonnement dans lequel, après avoir posé une, deux, ou même un plus grand nombre de propositions, on tire les conséquences qui sont contenues dans les propositions énoncées. Ainsi le syllogisme, le dilemme, le sorite et l'enthymème sont des arguments. Dans l'école, on donne au *dilemme* le nom d'*arg. cornu*, c.-à-d. qui frappe des deux côtés, et on nomme *arg. ad hominem* un arg. qui tire sa force des circonstances propres ou relatives à la personne même à qui l'on adresse. Par extension, on applique quelquefois le nom d'*arg.* à une démonstration régulière qui repose sur une série de raisonnements. C'est dans ce sens, par ex., qu'on dit l'*arg. de Clarke* en faveur de l'existence de Dieu, l'*arg. de Warburton* pour prouver la divinité de la mission de Moïse. Voy. Syllogisme et Raisonnement.

Phys., Astr. — On donne en général le nom d'*Arg.* à un nombre qui sert à en trouver un autre dans une table. Ainsi, en supposant une table qui donne la valeur de la réfraction à différentes hauteurs, la hauteur peut être appelée l'arg. de la réfraction. — En T. d'Astronomie, on donne particulièrement le nom d'arg. à une quantité de laquelle dépend une équation, une inégalité ou une circonstance quelconque du mouvement d'une planète. L'*arg. de latitude* est l'arc de l'orbite d'une planète compris entre le nœud ascendant et le lieu de la planète vue du soleil, selon l'ordre des signes. Il sert à calculer la latitude de la planète. L'*arg. annuel* est la distance du soleil à l'apogée de la lune ou l'arc de l'écliptique compris entre le soleil et cet apogée. L'*arg. de l'équation du centre* est la même chose que l'anomalie (Voy. ce mot), c.-à-d. la distance à l'aphélie ou à l'apogée. L'*arg. de la parallaxe* est l'effet qu'elle produit sur une observation, effet qui sert à la détermination de la parallaxe horizontale.

Math. — La variable d'une fonction s'appelle quelquefois l'*arg.* Ainsi, l'arg. d'une fonction circulaire est l'arc considéré. On appelle *arg.* d'une quantité imaginaire l'arc dont la tangente est le coefficient de $\sqrt{-1}$ divisé par la partie réelle. Voy. Imaginaire.

ARGUMENTANT. s. m. Celui qui argumente dans un acte public contre le répondant.

ARGUMENTATEUR. s. m. Celui qui se plaît à argumenter. *C'est un arg. perpétuel.* Ne se dit qu'en mauvaise part.

ARGUMENTATION. s. f. Art d'argumenter. *Règles de l'arg.* || Action d'argumenter. *J'ai dormi pendant son arg.*

ARGUMENTER. v. a. Faire usage d'arguments. *Il n'est pas nécessaire d'arg. pour prouver ce que je vous accorde. Arg. contre quelqu'un.* || Tirer une conséquence d'une chose à une autre. *La loi dont vous argumentiez est abrogée depuis longtemps.*

ARGUS. s. m. [Pr. *Argusse*]. T. Myth. Nom d'un prince argien qui avait cent yeux, et à qui Junon avait confié la garde d'Io. || Fig., se dit d'une personne chargée d'en surveiller une autre continuellement. Se prend ordinairement en mauvaise part. *C'est un arg. qui ne me perd pas de vue un seul instant.* — On dit d'un homme très vigilant, qui ne laisse rien échapper, qu'il a des yeux d'Arg.

ARGUS. s. m. T. Ornith. Oiseau de l'ordre des *Gallinacés*, de la sous-famille des *Paroninés* qui fréquente les forêts obscures et sauvages de Java et de Sumatra, de divers points de l'Inde, et surtout de Malacca, où il est abondant.

Ornith. — Son plumage est brun sombre, mais harmonieux cependant, et surtout le mâle est remarquable par ses longues et larges rémiges secondaires couvertes dans toute leur longueur, d'une rangée de grandes taches oculaires. C'est cette partie du plumage qui a engagé les naturalistes à lui donner le nom mythologique d'Argus.

Le nom d'*Argus* a été donné aussi à des papillons, à des araignées, à des lézards et à des mollusques.

ARGUT, UTE. adj. Latinisme. Qui est d'un esprit aigu.

ARGUTIE. s. f. [Pr *argucie*] (lat. *arguere*, démontrer). Raisonnement pointilleux, vaine subtilité. *Vaine arg. Ce discours n'est qu'un ramas d'arguties.*

ARGYLE ou **ARGYLL**, comté d'Écosse, 115,030 hab.

ARGYLIE. s. f. T. Bot. Genre de plantes de la famille des *Bignoniacées.*

ARGYNNE. s. m. T. Entom. Genre de lépidoptères diurnes.

ARGYOPE. s. f. T. Zool. Genre d'*Aranéides*, voisin des *Épeires.*

ARGYRANTHÈME. adj. (gr. ἄργυρος, argent; ἄνθημα, fleur). T. Bot. Qui a des fleurs d'un blanc éclatant.

ARGYRASPIDES. s. m. pl. (gr. ἄργυρος, argent; ἀσπίς, bouclier). T. Hist. anc. Nom que portaient certains soldats de la garde d'Alexandre, parce qu'ils étaient armés d'un bouclier en argent. *On prenait les Arg. dans la noblesse inférieure de la Macédoine.*

ARGYRE, nymphe qui présidait à la fontaine de ce nom en Achaïe.

ARGYRE. s. f. (gr. ἄργυρος, argent). Genre d'insectes diptères couverts d'un duvet argenté.

ARGYRÉE. s. f. (gr. ἀργύρεος, d'argent). T. Bot. Genre de plantes de la famille des *Convolvulacées.* Voy. ce mot.

ARGYRÉIOSE. s. m. Icht. Syn. du *Zeus vomer*, Lin.

ARGYRIASIS. s. m. (gr. ἄργυρος, argent). T. Méd. Granules métalliques qui se forment dans la muqueuse intestinale, dans le rein, le poumon, etc., chez les personnes qui ont pris à l'intérieur des préparations contenant de l'azotate d'argent.

ARGYRIQUE. adj. Qui appartient au métal argent. Sels *argyriques.*

ARGYRISME. s. m. T. Méd. État des individus dans l'organisme desquels l'argent a pénétré par ingestion ou par contact. Ce métal se dépose sous forme de fines granulations nommées *argyriasis* dans les tissus, qu'il colore en noir bleuâtre.

ARGYROCÉPHALE. adj. (gr. ἄργυρος, argent; κεφαλή, tête). T. Didact. Qui a la tête d'un blanc argentin.

ARGYROCOME. adj. (gr. ἄργυρος, argent; κόμη, chevelure). T. d'Astr. Qui a une chevelure argentine, en parlant d'une comète.

ARGYRODITE. s. f. T. Minér. Sulfure de germanium et d'argent qu'on rencontre dans certains minerais argentifères de Freiberg. Sa formule est $3Ag^2S,GeS^2$. C'est dans ce minéral qu'a été découvert le germanium.

ARGYROMÉTRIE. s. m. Méthode à l'aide de laquelle le poids de l'argent déposé sur une pièce d'orfèvrerie s'accuse de lui-même avec précision.

ARGYRONÈTE. s. f. (gr. ἄργυρος, argent; νέω, je file). T. Zool. Genre d'aranéides. Voy. ARAIGNÉE.

ARGYROPÉE. s. f. (gr. ἄργυρος, argent, ποιεῖν, faire). T. d'Alch. Art prétendu de faire de l'argent.

ARGYROPHYLLE. adj. (gr. ἄργυρος, argent; et φύλλον, feuille). T. Bot. Qui a des feuilles d'un blanc d'argent. Peu us.

ARGYROPYRITE. s. m. T. Minér. Sulfure d'argent et de fer, $Ag^2Fe^6S^{11}$.

ARGYROSE. s. f. (gr. ἄργυρος). T. Min. Sulfure d'argent qui cristallise dans le système cubique.

ARGYRYTHROSE. s. f. (gr. ἄργυρος; ἐρυθρός, rouge). T. Minér. Nom donné par Beudant au minéral connu sous le nom d'*argent rouge*. C'est de l'argent antimonié sulfuré. Il constitue un riche minerai d'argent qu'on trouve en Bohême, en Saxe, en Norvège et en Amérique.

ARIAN. s. m. T. Ornith. Voy. VAUTOUR.

ARIANE, fille de Minos, roi de Crète, et de Pasiphaé, et sœur de Phèdre, s'éprit de Thésée et lui donna le fil au moyen duquel il sortit du labyrinthe. Thésée l'aima, puis l'abandonna. — *Fil d'Ariane*, allusion métaphorique pour désigner un moyen de se diriger au milieu de difficultés embarrassantes. || Nom donné à une petite planète.

ARIANISME. s. m. Nom donné à la doctrine d'Arius, hérésiarque du IVe siècle, qui niait la consubstantialité du Père et du Fils, et par suite la divinité du Verbe. Voy. HÉRÉSIE.

ARIBINE. s. f. T. Chim. Alcaloïde extrait de l'*Araríba rubra*, arbre du Brésil dont l'écorce sert aux Indiens à teindre la laine en rouge. La formule de l'ar. est $C^{24}H^{20}Az^3$. Les alcaloïdes naturels non oxygénés sont généralement liquides; mais celui-ci est solide et ne fond qu'à 229°.

ARICA, ville maritime du Pérou, dép. d'Aréquipa, 20,000 hab.

ARICIE. s. f. T. Zool. Genre d'*Annélides dorsibranches.* — Nom donné aussi à des insectes *Diptères.*

ARICINE. s. f. T. Chim. Alcaloïde contenu dans les quinquinas d'Arica et de Cusco, où il accompagne la cusconine et la cusconidine. L'ar. a pour formule $C^{24}H^{28}Az^2O^4$; elle cristallise en prismes incolores, non amers, insolubles dans l'eau, solubles dans le chloroforme, fusibles à 188°. C'est une base monoacide formant des sels incolores, cristallisables, non fluorescents.

ARIDE. adj. 2 g. (lat. *ardere*, brûler). Sec, dépourvu de toute humidité. *Rocher, terre ar. Climat, saison ar.* Ce *malade a la peau, la langue ar.* || Fig., *Sujet, matière ar.*, Qui ne prête à aucun développement. — *Auteur, esprit ar.*, Qui ne produit rien. — *Âme, cœur ar.*, Qui manque de sensibilité. *Il y a des esprits qui se croient positifs et qui ne sont qu'arides* (V. Ilugo). || T. de Céram. Se dit des substances qui possèdent la propriété de diminuer la plasticité des éléments de la pâte.

ARIDITÉ. s. f. Sécheresse extrême. *Ar. de la terre. L'ar. de la saison.* || Fig., *L'ar. d'un sujet. Ar. du style. Ar. de l'esprit, d'âme, de cœur.* || Dans le langage ascétique, *Ar.* se dit de l'état de l'âme qui n'éprouve point de consolation dans les exercices de piété. *Les plus grands saints ont des temps d'ar.*

ARIDURE. s. f. (de *aride*). Ancien T. de Méd. Syn. d'*atrophie.*

ARIÉ, prov. de l'anc. Asie (auj. le Hérat).

ARIÈGE, riv. de France, sort des Pyrénées orientales; affluent de droite de la Garonne.

ARIÈGE (Dép. de l'), formé du comté de Foix et d'une partie du Languedoc, 227,000 hab., 489,387 hect., ch.-l. *Foix;* 2 arr.: *Pamiers* et *Saint-Girons*. Hab.: Ariégeois.

ARIEN, IENNE. s. Celui, celle qui professe l'arianisme. || Se prend adj. *Un prince ar. Les opinions ariennes.*

ARIÉTITIDES. s. m. pl. T. Paléont. Zool. Certains auteurs érigent en famille quelques genres d'*Ammonitides* (Voy. ce mot) sous le nom d'*Ariétitides.* Dans ce cas, ce sont les genres *Arietites, Agassiceras, Caloceras* et *Lillia; Arnioceras, Discoceras, Asteroceras, Coroniceras, Vermiceras, Arieticeras*, peuvent être considérés comme synonymes, et la famille des *Ariétitides* ne serait en somme formée que par le genre *Arietes* qui se diviserait alors en sous-genres. Quoi qu'il en soit, nous donnerons comme il suit la description de cette famille remarquable et par suite du genre : Coquille aplatie, discoïde, à ombilic profond, à côtes rayonnantes, parfois épineuses, simples et droites sur les flancs et souvent anguleuses ou dirigées en arrière sur le côté externe. Ce dernier, qui est caréné, offre quelquefois un sillon de chaque côté de la carène. Ouverture à bord simple et droit sur les côtés prolongés, sur le bord externe, en un long appendice qui n'est pas recourbé en dedans. L'aptichus est corné et d'une seule pièce. C'est dans le lias qu'on rencontre abondamment ces types.

ARIETTE. s. f. (ital. *aria*, air). T. Mus. Air détaché d'un mouvement vif et léger.

ARILLE. s. m. (lat. *arillus*). T. Bot. On désigne ainsi un tégument accessoire de la graine qui se développe aux dépens du funicule au voisinage du hile. L'ar. s'applique sur le tégument, sans contracter adhérence avec lui et finit souvent par envelopper complètement la graine. Voy. GRAINE.

ARILLODE. s. m. T. Bot. Expansion développée autour du micropyle de la graine et finissant par former autour de celle-ci une sorte de sac qui enveloppe la graine à la façon d'un arille.

ARIMESPES. Habitants légendaires de l'ancienne Asie, qui n'auraient eu qu'un œil au milieu du front et faisaient la guerre aux Griffons.

ARIMER. v. a. T. Épingl. Ajuster le poinçon sur l'enclume.

ARIMATHIE ou **RAMA**, v. de Judée, patrie de Joseph, disciple de Jésus-Christ.

ARINTHOD, ch.-l de c. (Jura), arr. de Lons-le-Saunier, 1,050 hab.

ARIOBARZANE, nom de 3 rois de Cappadoce et de 3 rois de Pont.

ARION, poète grec, VIII° siècle av. J.-C. La légende rapporte qu'il fut transporté sur la mer par un dauphin, charmé par les accords de sa lyre.

ARION. s. m. T. Zool. Nom scientifique de la limace. V. ce mot.

ARIOSO. adv. (ital. *arioso*, de *aria*, air). T. de Mus. Indique un chant soutenu et approprié aux airs.

ARIOSTE, poète italien (1474-1533), auteur d'*Orlando furioso* (Roland furieux).

ARIOVISTE, roi des Suèves, vaincu en Gaule par César (58 av. J.-C.).

ARISARUM. s. m. (*arisarum*, lin). Bot. Genre de plantes de la famille des *Aroïdées*. Voy. ce mot.

ARISÉMA. s. m. [Pr. *ariséma*.] (gr. ἄρις, espèce d'arum; αἷμα, sang). T. Bot. Genre de plantes de la famille des *Aroïdées*. Voy. ce mot.

ARISTARQUE, grammairien grec (160 av. J.-C.), corrigea les textes de Pindare et d'Homère. || s. m. Se dit d'un critique éclairé et sévère. On oppose quelquefois Aristarque à Zoïle, critique inepte et envieux.

ARISTARQUE DE SAMOS, astronome grec (III° siècle av. J.-C.). Il reconnut, l'un des premiers, le mouvement de la Terre sur elle-même et autour du Soleil, et calcula la distance de la Lune et du Soleil.

ARISTÉ, ÉE. adj. (lat. *arista*, arête). T. Bot. Se dit des organes munis d'une arête. En parlant des Graminées, on dit glume *aristée* par oppos. à glume *mutique*, c.-à-dire dépourvue d'arête.

ARISTÉE, fils d'Apollon et de la nymphe Cyrène, père d'Actéon. Il aurait appris aux hommes à élever les abeilles et à cultiver l'olivier.

ARISTIDE, général athénien, surnommé *le Juste*, célèbre par ses vertus civiques, mort en 469 av. J.-C.

ARISTIPPE, philosophe grec, disciple de Socrate, fondateur de l'école cyrénaïque (V° siècle av. J.-C.).

ARISTOBULE, nom de deux rois de Judée (1er siècle av. J.-C.).

ARISTOCRATE. subst. et adj des 2 g. Celui, celle qui est partisan de l'aristocratie, d'un gouvernement aristocratique. || Membre d'une aristocratie, d'une classe privilégiée. — *Je ne suis ni ar. ni démocrate, ni pour les grands ni pour le peuple, mais pour l'humanité entière.* (LAMARTINE.)

ARISTOCRATIE. s. f. (gr. ἄριστος, le meilleur; κράτος, puissance). Gouvernement politique où le pouvoir souverain est possédé et exercé par un certain nombre de personnes considérables et privilégiées. *Aucun gouvernement de l'Europe ne peut être aujourd'hui regardé comme une véritable ar. Louis XI terrassa l'ar., Richelieu la musela, Louis XIV lui mit le collier de la domesticité.* (MICH. CHEVALIER.) || Se dit de la classe noble ou privilégiée dans un État. *L'ar. nobiliaire. L'ar. financière.*

Les anciens attachaient au mot *Ar.* le sens qui résulte de son étymologie. Pour eux, l'ar. était une forme de gouvernement dans laquelle l'exercice du pouvoir se trouvait entre les mains des citoyens qui par leur naissance, leur influence morale et leurs talents éprouvés étaient reconnus comme les plus recommandables de l'État. On ne confondait pas dans l'antiquité l'ar. avec l'oligarchie, ainsi qu'on le fait souvent de nos jours. Suivant Aristote, l'ar. est justement et régulièrement en possession de l'autorité. L'oligarchie, au contraire, doit en général le pouvoir à l'usurpation. La seconde n'est que la perversion de la première, et tandis que l'ar. gouverne dans l'intérêt général, l'oligarchie opprime dans son propre intérêt. — Chez les peuples modernes, le terme ar. ne sert plus à désigner une forme particulière de gouvernement : on l'emploie pour caractériser une classe peu nombreuse de personnages notables par leur noblesse ou par leur fortune. Lorsque cette classe est en privilège de diriger les affaires publiques, le gouvernement qui en résulte est appelé aristocratique. Dans ce sens, par ex., le gouvernement de l'Angleterre, avec ses deux chambres, peut être mis au rang des gouvernements aristocratiques, parce qu'il se trouve nécessairement entre les mains des classes qui composent l'ar. de la monarchie.

ARISTOCRATIQUE. adj. 2 g. *État, gouvernement ar.*, Qui est dirigé par une aristocratie. || *Ton, langage ar. Idées, sentiments, manières aristocratiques*, Qui caractérisent les classes élevées, ou qui leur sont propres.

ARISTOCRATIQUEMENT. adv D'une manière aristocratique.

ARISTODÈME, roi de Messénie en 731 av. J.-C., célèbre par sa lutte contre Sparte, sacrifia sa fille pour obéir à un oracle.

ARISTOGITON, Athénien qui, avec Harmodius, assassina le tyran Hipparque et fut mis à mort par Hippias (514 av. J.-C.).

ARISTOLOCHE. s. f. (gr. ἄριστος, excellent; λόχια, lochies). T. Bot. Genre de plantes de la famille des *Aristolochiacées*. Voy. ce mot.

ARISTOLOCHIACÉES. s. f. pl. Famille de végétaux dicotylédones de l'ordre des apétales inférovariés.

Caractères bot. : Les *Ar.* sont des plantes herbacées ou frutescentes ; fréquemment ces dernières sont grimpantes. Feuilles alternes, simples, pétiolées, sans stipules. Fleurs axillaires, solitaires, brunes ou de couleur foncée. Fleurs hermaphrodites. Calice adhérent, tubuleux, à divisions tantôt régulières, tantôt inégales. Préfloraison valvaire. Étamines 6 ou 12, épigynes distinctes ou soudées au style et aux stigmates. Pistil formé de 4, le plus souvent de 6 carpelles ; ovaire infère à 6 loges, très rarement à 3 ou 4 seulement ; ovules anatropes, en nombre indéfini, attachés horizontalement à l'axe; style simple ; stigmates rayonnés, en nombre égal à celui des loges de l'ovaire. Fruit capsulaire, à 3, 4 ou 6 loges polyspermes. Graines minces, anguleuses ou rondes, avec un très petit embryon situé à la base d'un albumen charnu ou corné. Cotylédons peu apparents ; radicule près du hile. [Fig. 1. *Aristolochia galeata*. 2. Fruit d'une *Aristoloche*. 3. Coupe transversale du même. 4. Coupe d'une graine. — 5. *Bragantia Blumei*. 6. Coupe de son bois. 7. Une de ses fleurs. 8. Graine. 9. Coupe verticale de la graine. — 10. Anthères et stigmates de l'*Asarum*.]

Les plantes de cette famille forment 5 genres et 200 espèces Elles sont très communes dans les régions équinoxiales de l'Amérique du Sud, et rares dans les autres pays. On en trouve quelques-unes dans l'Amérique du Nord, en Europe et en Sibérie. Elles sont plus nombreuses dans le bassin de la Méditerranée, et il n'y en a que fort peu dans l'Inde. On les divise en 3 tribus :

Tribu I. — *Asarées*. — Anthères libres ; 6 carpelles (*Asa-*

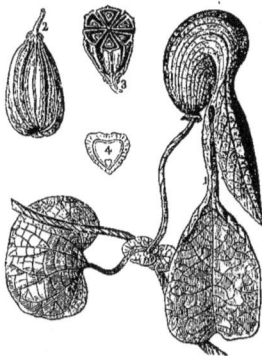

rum). — L'*As. canadense* est une plante aromatique, chaude, stimulante et diaphorétique. L'*Asaret* ou *Asarum Europæum* est le meilleur des émétiques indigènes, il exerce quelquefois une action purgative. L'*Asaret* entre dans la composition de toutes les poudres sternutatoires : son nom vulgaire est *Cabaret*.

Tribu II. — *Bragantiées*. — Anthères libres ; 4 carpelles (*Bragantia, Thottea*). — La *Bragantie tomenteuse* (*Bra-*

gantia tomentosa), plante d'une amertume extrême, est usitée à Java comme emménagogue.

Tribu III. — *Aristolochiées*. — Anthères soudées ; 6 carpelles (*Aristolochia*). — Les Ar. sont en général toniques et stimulantes. Les *Aristoloches*, comme leur nom l'indique, passent pour emménagogues ; cette réputation appartient surtout aux espèces européennes (*Aristolochia longa* et *rotunda*). Aux Indes orientales, les médecins indigènes administrent comme anthelmintique une décoction faite avec les feuilles sèches de l'*Aristolochia bracteata*, plante amère et nauséeuse. Les Hindous attribuent à la racine de l'*Ar. indica*, qui est d'une extrême amertume, des propriétés emménagogues et antiarthritiques. L'*Ar. fragrantissima*, appelée au Pérou *Bejuca de la Estrella* ou *Roseau de l'Étoile*, est fort estimée dans ce pays dans les cas du dysenterie, de fièvres inflammatoires malignes, de douleurs rhumatismales, etc. : c'est sa racine que l'on emploie. On a attribué à la racine de la *Serpentaire de Virginie* (*Ar. serpentaria*) la faculté d'arrêter les progrès des formes les plus dangereuses du typhus ; cette plante a une odeur aromatique qui approche de celle de la valériane, et une saveur chaude, piquante et amère : elle agit comme stimulant, tonique, diaphorétique, et, dans certains cas, comme antispasmodique et anodin. Ainsi que son nom l'indique, elle passe pour un antidote contre les morsures des serpents, propriété que partagent diverses autres espèces, parmi lesquelles nous citerons l'*Ar. trilobata*, plante de la Jamaïque que l'on emploie également comme un sudorifique dont l'action est prompte et énergique, et l'*Ar. anguirida* de Carthagène. La racine de cette dernière était regardée comme un antidote contre la morsure des serpents. L'*Ar. anguirida* est vraisemblablement le célèbre *Guaco* des Colombiens, dont les propriétés alexipharmaques ont tant occupé de Humboldt, Roulin et d'autres naturalistes.

ARISTOLOCHIÉES. s. f. pl. T. Bot. Tribu de plantes de la famille des *Aristolochiacées*. Voy. ce mot.

ARISTOMÈNE, roi de Messénie, soutint contre les Spartiates la 2ᵉ guerre de Messénie (684 à 671 av. J.-C.).

ARISTOPHANE, poète comique d'Athènes (Vᵉ siècle av. J.-C.), auteur de comédies licencieuses, satiriques et assez grossières.

ARISTOPHANESQUE. adj. Qui a le caractère des comédies d'Aristophane.

ARISTOPHANIEN. adj. m. T. de métrique ancienne. Sorte de vers ainsi appelés du nom du poète Aristophane.

ARISTOTE, philosophe grec, un des plus puissants génies de l'humanité, né à Stagire en Macédoine, l'an 384 av. J.-C., mort à Chalcis, en Eubée, en 322. Après avoir suivi pendant vingt ans l'enseignement de Platon, Aristote se sépara de son maître, dressa l'inventaire des connaissances humaines, combla les lacunes, créa des sciences nouvelles et devint en quelque sorte une encyclopédie vivante. Ses ouvrages embrassèrent toutes les sciences, et régnèrent pendant près de deux mille ans. Il fut le précepteur d'Alexandre le Grand, écrivit l'*Histoire naturelle des animaux*, fonda la secte philosophique des Péripatéticiens. Voy. PHILOSOPHIE. Outre son *Histoire naturelle*, signalons parmi ses traités, les *Éthiques*, l'*Organon*, la *Physique*, la *Politique*, le *Traité du Ciel*, la *Météorologie*, la *Métaphysique*. Les œuvres d'Aristote ont été traduites en français par M. Barthélemy Saint-Hilaire, qui y a consacré plus d'un demi-siècle (1832-1892). Elles forment 35 vol. gr. in-8°, et constituent un véritable monument littéraire, élevé à la gloire d'Aristote et de l'Antiquité.

ARISTOTÉLICIEN, ENNE. adj. Conforme à la doctrine d'Aristote. *Philosophie aristotélicienne.* On dit aussi ARISTOTÉLIQUE, et PÉRIPATÉTICIEN. || Pris subst., ARISTOTÉLICIEN signifie partisan d'Aristote. Voy. PHILOSOPHIE.

ARISTOTÉLIE. s. f. T. Bot. Genre de plantes de la famille des *Liliacées*. Voy. ce mot.

ARISTOTÉLIQUE. adj. T. de philos. Qui se rapporte à Aristote ou à sa philosophie.

ARISTOTÉLISER. v. n. Être partisan de la doctrine d'Aristote.

ARISTOTÉLISME. s. m. Doctrine philosophique d'Aristote.

ARISTOXÈNE, philosophe et musicien grec, vers 350 av. J.-C.

ARITHMÉTICIEN. s. m. Qui sait, qui professe l'arithmétique.

ARITHMÉTIQUE. s. f. (gr. ἀριθμός, nombre). L'Ar. est la science des nombres : elle étudie leur formation, leur représentation, leurs propriétés et les opérations auxquelles on peut les soumettre. L'idée du nombre est fournie par la répétition d'événements semblables ou par la collection de plusieurs objets semblables. En dépouillant cette idée de la considération de la nature de l'événement qui se répète ou des objets collectionnés, l'esprit s'élève à la notion du *nombre abstrait* qui, comme toutes les notions simples, n'est pas susceptible de définition. Le plus simple de tous les nombres est *l'unité* ou *un*. Chaque nombre se forme du précédent par l'introduction de *l'addition* d'une unité de plus. Il en résulte que la suite des nombres est illimitée. Dès lors, il est impossible de désigner tous les nombres par des noms spéciaux, et de les représenter par des symboles distincts. Il a donc fallu imaginer un système permettant de nommer tous les nombres avec un petit nombre de mots, et de les représenter avec un petit nombre de signes. Les systèmes qui réalisent ces conditions ont été nommés *systèmes de numération*, et la numération est cette partie de l'ar. qui étudie les systèmes de numération : nous la développerons au mot NUMÉRATION. Les nombres dont nous venons de parler et qui peuvent être considérés comme d's collections d'unités ne sont pas les seuls objets dont s'occupe l'ar. Nous verrons tout à l'heure qu'on a été conduit à considérer d'autres objets abstraits auxquels on a aussi donné le nom de *nombres*; mais pour les distinguer des précédents, ceux-ci seront appelés *nombres entiers*, et les autres *nombres fractionnaires et incommensurables*. L'ar. des nombres entiers doit nécessairement précéder celle des autres espèces de nombres.

Opérations sur les nombres entiers. — Toutes les opérations qu'on peut effectuer sur les nombres entiers dérivent d'une seule : *l'addition*, qui est ainsi l'opération fondamentale des nombres entiers. L'addition de plusieurs nombres entiers a pour objet de former un seul nombre avec toutes les unités contenues dans les nombres donnés, sans omission d'aucune unité, ni introduction d'aucune unité nouvelle. Le résultat s'appelle *somme* ou *total*. Il résulte immédiatement de cette définition que l'addition jouit des deux propriétés suivantes qui contiennent toute la théorie de l'opération : 1° la somme de plusieurs nombres est indépendante de l'ordre des termes; 2° pour ajouter plusieurs nombres on peut réunir ceux-ci en groupes, faire la somme de chaque groupe, et ajouter enfin ces sommes partielles. Voy. ADDITION.

On distingue d'ordinaire en ar. quatre opérations fondamentales : 1° *l'addition* que nous venons de définir; 2° la *soustraction*, qui est l'opération inverse de l'addition, et qui a pour but, étant donnés deux nombres, d'en trouver un troisième qui, ajouté au premier, reproduise le second; 3° la *multiplication*, qui a pour objet d'ajouter autant de nombres égaux à un nombre donné nommé *multiplicande* qu'il y a d'unités dans un autre nombre donné appelé *multiplicateur;* ces deux nombres donnés s'appellent aussi les *facteurs*, et le résultat est le *produit*; on démontre que le produit ne change pas quand on permute les facteurs ; 4° la *division*, qui est l'opération inverse de la multiplication, et qui a pour objet de trouver l'un des *facteurs* d'une multiplication quand on connaît l'autre facteur et le produit. Il convient d'y ajouter les deux suivantes : 5° *l'élévation à une puissance* qui a pour objet de multiplier successivement autant de nombres égaux à un nombre donné appelé *base* qu'il y a d'unités dans un autre nombre appelé *exposant* ; et, 6°, *l'extraction d'une racine* qui a pour objet de trouver un nombre qui, élevé à une puissance donnée, reproduise un nombre donné. On voit que ces six opérations dérivent bien de l'addition. Un article spécial sera consacré à chacune d'elles.

Théorie des nombres. — Il convient de remarquer que, tant qu'on n'envisage que les nombres entiers, les trois opérations inverses, soustraction, division et extraction de racines ne sont pas toujours possibles. Ainsi, il est impossible de retrancher un nombre d'un autre plus petit ; il est impossible de diviser 7 par 4 parce qu'il n'y a pas de nombre entier qui, multiplié par 4, donne 7. L'impossibilité de la soustraction ne présente aucune difficulté en arithmétique parce qu'on la reconnaît immédiatement, tandis que la distinction des cas où la division est possible ou non conduit à la théorie importante de la *divisibilité*. On dit qu'un nombre est divisible par un

autre quand il est égal à cet autre multiplié par un nombre entier. Ainsi 18 est divisible par 6 parce que 18 est égal à 6 multiplié par 3. La théorie de la divisibilité conduit à celle du *plus grand commun diviseur* et du *plus petit commun multiple* de deux ou plusieurs nombres, à la considération des nombres *premiers* et *premiers entre eux*, et à la décomposition des nombres en facteurs premiers. Un nombre est premier quand il n'est divisible que par lui-même et par l'unité, et l'on démontre que tout nombre est un produit d'un seul système de *facteurs premiers*. Voy. DIVISIBILITÉ, DIVISEUR, NOMBRE PREMIER. Cette théorie des nombres premiers est devenue la base d'une branche de l'ar. connue sous le nom de *théorie des nombres* et qui a reçu un grand développement de la part de Gauss et des géomètres contemporains. Cette théorie contient des questions de divisibilité et des questions d'analyse indéterminée du degré supérieur. C'est une des parties les plus difficiles de la science mathématique : elle a fait appel à toutes les ressources de l'algèbre et de l'analyse infinitésimale ; mais à son tour elle a contribué aux progrès dans ces diverses sciences ; c'est ainsi que les belles recherches de Gauss consignées dans les *Disquisitiones Arithmeticæ* sur les groupes de diviseurs ont permis à cet illustre géomètre à démontrer qu'on peut toujours résoudre par radicaux une équation binôme dont le degré est un nombre premier égal à une puissance de 2 plus une unité.

Des fractions. — Lorsqu'une opération ne peut s'effectuer, on peut la rendre possible en généralisant à la fois le sens de l'opération et l'objet auquel on l'applique. C'est ainsi qu'on a inventé les nombres négatifs pour rendre toutes les soustractions possibles, et les nombres fractionnaires pour rendre toutes les divisions possibles. Mais l'introduction des nombres négatifs sort du domaine de l'ar. pour entrer dans celui de l'algèbre, tandis que la théorie des fractions doit être considérée comme faisant encore partie de l'ar. C'est que la notion des nombres négatifs est un effet d'un ordre d'abstraction plus élevé et plus complexe que celle des nombres fractionnaires. Cette dernière notion s'introduit facilement dans l'esprit par la division d'un objet en plusieurs parties, et la mesure des grandeurs ; elle ne comporte que l'idée de grandeur, tandis que le nombre négatif comporte les deux idées de grandeur et de sens. D'une manière tout à fait abstraite le nombre fractionnaire peut être considéré comme un symbole composé de deux nombres entiers, le numérateur et le dénominateur; et destiné à représenter le quotient de ces deux nombres : d'où il résulte que ce symbole représentera un nombre entier toutes les fois que le numérateur sera divisible par le dénominateur. On généralisera le sens des opérations fondamentales de manière à pouvoir les appliquer à ces symboles, ce qui revient à dire qu'on définira les opérations appliquées aux fractions ; mais ces définitions ne devront pas être arbitraires : car, d'une part elles devront conserver les propriétés fondamentales des opérations faites sur les nombres entiers, et, d'autre part, les nouvelles définitions devront reproduire les anciennes toutes les fois que les fractions représenteront des nombres entiers. Ces remarques sont la base de la théorie des *Fractions*. Voy. ce mot.

Des racines. — La théorie de l'extraction des racines est enseignée d'ordinaire après les fractions. Cet ordre est plus commode pour éviter les redites. Cependant, il serait plus logique de placer la théorie de l'extraction des racines des nombres entiers, après la division des nombres entiers, et celle de l'extraction des racines des nombres fractionnaires après la théorie des fractions. De même que l'impossibilité d'effectuer toutes les divisions conduit à la considération des nombres fractionnaires, l'impossibilité d'extraire toutes les racines conduit à celle des *nombres incommensurables*. $\sqrt{2}$ par exemple est un nombre incommensurable parce qu'il n'existe aucun nombre entier ou fractionnaire dont le carré soit égal à 2. Cependant les nombres incommensurables représentent une notion beaucoup plus générale. Ils se rencontrent dans la mesure des grandeurs, la résolution des équations, etc. La théorie des nombres incommensurables doit être considérée comme faisant partie de l'ar. ; cependant on l'expose généralement en algèbre. (Voy. INCOMMENSURABLE. RACINE.)

Des problèmes. — Enfin, une dernière partie de l'ar. consiste dans l'application des procédés de calcul à la résolution des problèmes qui se posent dans la pratique. C'est dans ce but qu'on a établi la théorie des *rapports* et *proportions*. (Voy. ces mots). Les problèmes les plus simples qui se présentent dans la pratique ont été répartis en groupes d'après leur nature et les opérations qu'ils comportent. C'est ainsi qu'on trouve dans les traités d'ar. des développements sur les règles de *trois simple* ou *composée*, d'*intérêt*, d'*escompte*, de *société*, de *mélange*, d'*alliages*. Il faut bien avouer que ces distinctions sont assez arbitraires. Il est impossible de prévoir et de classer tous les problèmes que l'on peut être amené à résoudre. De plus, les méthodes algébriques, par leur généralité, se prêtent beaucoup mieux que les raisonnements arithmétiques à l'établissement des règles qui servent à résoudre toute une catégorie de problèmes de même nature. On trouve aussi, dans les anciens livres d'ar., des méthodes de résolution d s problèmes nommés règles de *fausse position* et de *double fausse position*. Quelque ingénieux que soient ces procédés de raisonnement, il y a un avantage considérable à leur substituer la mise en équation des problèmes par les symboles algébriques. On arrive ainsi au but beaucoup plus vite et beaucoup p'us sûrement. Nous ne voulons cependant pas dire qu'il faille négliger complètement les applications pratiques de l'ar. ; nous estimons seulement qu'il convient de restreindre ces applications aux problèmes les plus simples ; ceux qui présentent un certain degré de complication ne doivent être proposés qu'à titre d'exercice, pour développer la sagacité des élèves, et ne sauraient devenir l'objet de théories spéciales. Il est bien préférable de développer l'enseignement des éléments de l'algèbre, qui permet de résoudre les mêmes problèmes avec beaucoup moins d'efforts.

Historique. — L'ar. est aussi ancienne que le monde. Dès que les hommes ont vécu en société, ils durent s'habituer à compter et à effectuer les opérations les plus simp.es nécessaires au moindre échange d'objets uti es. L'idée de nombre est une des idées fondamentales qu'on retrouve chez les peuplades les plus sauvages. Cependant, l'ar., considérée comme science abstraite, est d'une date toute récente. Les anciens Égyptiens, Grecs et Romains, savaient assurément effectuer tous les calculs qui leur étaient nécessaires, mais ils n'avaient aucune notion de ce que nous appelons aujourd'hui la *Théorie des nombres*. Ce que les Grecs nous ont laissé sous le nom d'ar. ne consiste qu'en spéculations vagues et superstitieuses sur les propriétés occultes des nombres. C'est Pythagore qui paraît avoir le premier posé les bases de l'ar. On lui attribue la table de multiplication ; malheureusement ses disciples, au lieu de poursuivre réellement la science des nombres, préférèrent développer certaines idées bizarres du maître relatives à la *perfection* de certains nombres et à l'influence des nombres dans la nature. Ces divagations métaphysiques ne pouvaient mener à rien, et peut-être doit-on attribuer à cette fâcheuse tendance de l'école pythagoricienne le discrédit où tombèrent bientôt chez les Grecs les recherches arithmétiques, tandis que les études géométriques brillèrent d'un si vif éclat entre les mains des Euclide, des Archimède et des Apollonius. D'autre part le système de numération des Grecs se prêtait mal aux études théoriques. Il en était de même, à plus forte raison, de celui des Romains. Il fallut l'introduction des chiffres dits arabes pour donner l'essor nécessaire aux études arithmétiques. Voy. NUMÉRATION. Plus tard est venue la *numération décimale des fractions*, progrès considérable attribué à l'astronome Müller, plus connu sous le nom de Regiomontanus. Au XVIIᵉ siècle, l'ar. théorique était déjà fort avancée, car Fermat a laissé un grand nombre de théorèmes relatifs à la théorie des nombres. La plupart de ces théorèmes sont énoncés sans démonstration, et quelques-uns d'entre eux n'ont pas encore pu être démontrés malgré tous les efforts des mathématiciens. On se demande si Fermat les a réellement démontrés sans publier ses raisonnements, ou s'il les a simplement énoncés par induction. Il convient toutefois de remarquer qu'aucun des énoncés de Fermat n'a été reconnu faux. Enfin, comme nous l'avons déjà dit, Gauss et les géomètres contemporains ont porté à un haut degré de développement l'ar. théorique ; mais il reste encore bien des obscurités dans cette partie si difficile de la science.

Ar. politique. — On a donné le nom d'ar. *politique* ou *sociale* à cette partie de la science qui a pour but la détermination des éléments numériques relatifs à tout ce qui intéresse l'homme vivant en société. On dit aujourd'hui *Statistique*. Voy. ce mot.

ARITHMÉTIQUE. adj. 2 g. Qui concerne l'arithmétique, qui est selon les règles de l'arithmétique. *Calcul ar. Rapport, proportion, progression ar.* Voy. PROPORTION, RAPPORT et PROGRESSION.

ARITHMÉTIQUEMENT. adv. D'une manière arithmétique.

ARITHMÉTOGRAPHE. s. f. (gr. ἀριθμός, nombre; γράφω, j'écris). Instrument à calculer au moyen duquel on exécute

les opérations ordinaires de l'arithmétique par un procédé analogue à celui des bâtons de Néper. Il a été inventé en 1860 par l'ingénieur Dubois. Voy. CALCUL.

ARITHMOGRAPHE. s. m. (gr. ἀριθμός, nombre; γράφω, j'écris). T. Technol. Sorte de règle à calcul, qui est courbée en cercle. Voy. CALCUL. CERCLE A CALCUL.

ARITHMOGRAPHIE. s. f. (gr. ἀριθμός; γράφω, j'écris). Voy. ARITHMOLOGIE.

ARITHMOLOGIE. s. f. (gr. ἀριθμός; λόγος, connaissance). Ces deux termes ont été créés par A.-M. Ampère, et employés par cet illustre savant dans son *Essai sur la philosophie des sciences*. Il définit l'*Arithmographie* l'art d'écrire les nombres, de représenter par des signes conventionnels les valeurs des grandeurs dont la composition est connue, et de transformer ces diverses expressions en expressions équivalentes, jusqu'à ce qu'on arrive à celle qui est la plus simple et la mieux appropriée à l'usage qu'on se propose d'en faire. — L'*Arithmologie* est la science qui embrasse l'ensemble de nos connaissances relativement à la mesure des grandeurs en général. Cette science comprend quatre divisions : l'*Arithmographie* dont nous venons de parler, l'*Analyse mathématique* ou algèbre, la *Théorie des fonctions* et la *Théorie des probabilités*.

ARITHMOMANCIE. s. f. (gr. ἀριθμός, nombre; μαντεία, divination). Sorte de divination dans laquelle on prétend connaître l'avenir par les nombres. Comme exemple, rappelons seulement que les 9 premiers nombres écrits en carré comme il suit :

$$4 \quad 9 \quad 2$$
$$3 \quad 5 \quad 7$$
$$8 \quad 1 \quad 6$$

dont chaque rang donne le même total (15), étaient censés opérer des charmes.

ARITHMOMÈTRE. s. m. (gr. ἀριθμός; μέτρον, mesure). Sorte de machine à calculer inventée, en 1819, par Thomas, de Colmar. Voy. CALCUL.

ARITHMOPLANIMÈTRE. s. m. (gr. ἀριθμός, nombre; lat. *planus*, plan; gr. μέτρον, mesure). Instrument avec lequel on effectue rapidement les opérations les plus difficiles de la géométrie et de la trigonométrie, et les calculs des mouvements des terres dans les projets de chemins de fer, de routes et de canaux. Il a été inventé en 1840 par l'ingénieur français Léon Lalanne.

ARIUS, hérésiarque célèbre (mort en 336), niait la divinité du Verbe, fut condamné au concile de Nicée. Sa doctrine est appelée *Arianisme*, et ses disciples *Ariens*.

ARIZONA. Province des États-Unis d'Amérique, annexée en 1854. Superf. 295,000 kil. carr. Sa population, qui surpasse déjà 100,000 hab., s'accroît rapidement.

ARKANGEL, ville de Russie, près l'embouchure de la Dwina. 25,000 hab.

ARKANGEL (NOUVELLE-), ville de l'Amérique du Nord, ancien chef-lieu des possessions russes cédées aux États-Unis.

ARKANSAS, riv. de l'Amérique du Nord, affluent de droite du Mississipi. || L'un des États de l'Union américaine, 484,000 hab.

ARKOSE. s. f. T. Géol. Roches formées de fragments très divers agglutinés par différentes causes, telles que l'infiltration d'un ciment siliceux aidée de l'influence de la chaleur.

ARLANC, ch.-l. de c. (P.-de-D), arrondissement d'Ambert, 3,500 hab.

ARLANDES (Marquis d') (1742-1809), fit la première ascension en ballon avec Pilâtre des Rosiers, 21 nov. 1783.

ARLBERG. Chaîne de montagnes d'Autriche-Hongrie. Tunnel, le 3ᵉ percé à travers les Alpes, le moins long et le plus haut. Altitude : 1,311ᵐ; longueur : 13,259ᵐ; percé en

1883. Les deux tunnels antérieurs sont celui du mont Cenis (1870), altitude : 1,238ᵐ, longueur : 12,233ᵐ, et celui du Saint-Gothard (1880), altitude : 1154ᵐ, longueur : 14,912ᵐ.

ARLEQUIN. s. m. (ital. *il* ou *al lechino*, le lécheur de plats, de *leccare*, lécher). Personnage bouffon de la Comédie italienne. — Fig. et fam., *C'est un arl.*, C'est un homme sans consistance dans ses opinions politiques. || Par allus. au vêtement de ce personnage, qui est formé de pièces de diverses couleurs, on dit fig. et fam., *C'est un habit d'arl.*, en parlant d'un tout composé de parties disparates et d'un ouvrage fait de fragments pris de différents auteurs. || Sorte de bateau à une seule place, avec un affût à la proue.

Il serait difficile d'établir l'origine d'*Arl.* Quelques auteurs ont voulu retrouver ce personnage parmi les bouffons de la comédie grecque, et ils n'hésitent pas à affirmer qu'il faut considérer le satyre imberbe comme l'arl. primitif, attendu qu'il était coiffé d'un petit chapeau, armé d'une baguette blanche, vêtu d'une peau tachetée, et qu'il portait un masque de teinte brune. Riccoboni, dans son *Histoire du théâtre italien*, prétend, avec plus d'apparence de raison, qu'on doit chercher Arl. parmi les mimes romains, et il le reconnaît dans le bouffon appelé *Sannio*. Cet esclave, dont le vêtement était composé de petites pièces de diverses couleurs, paraissait sur le théâtre le visage barbouillé de suie, la tête rasée, et avait une chaussure à semelle plate semblable à celle que porte l'Arl. de l'Italie moderne, auquel on assigne Bergame pour patrie, et qui est également connu sous le nom de *Zannio*. Mais Génin conteste l'origine latine ou italienne d'Arl., et veut qu'il soit né sur le sol français. Selon cet écrivain, les personnages d'Arl. et de Pierrot auraient figuré dans les processions dramatiques du bon roi René au XVᵉ siècle, et tous deux auraient même fait partie de la *Mesnie hellequine*, si célèbre au moyen âge, l'un comme fantôme noir, l'autre comme fantôme blanc.

Quelle que soit l'origine véritable d'Arl., il est certain qu'il ne se montra sur notre scène que vers la fin du XVIIᵉ siècle, et qu'il y fut introduit par les Italiens. Ce rôle, qui exigeait l'esprit de repartie et le don de l'improvisation, fournissait aux artistes habiles les moyens d'obtenir de brillants succès ; aussi fut-il joué par des comédiens de premier ordre, parmi lesquels nous citerons Domenico Biancolelli (1675), Vincentini (1720), et le célèbre Carlo Bertinazzi (1741). - Les pièces dans lesquelles Arl. était le principal personnage recurent le nom d'*Arlequinades*. La plupart étaient des *comedie dell' arte*, c.-à-d. de simples canevas que l'acteur se chargeait de remplir avec plus ou moins de verve et d'esprit. Mais bientôt les auteurs remplacèrent les canevas par des pièces écrites, et nous possédons sous le titre de *Théâtre de la Foire* un recueil assez volumineux d'arlequinades dues à Lesage, Piron et Cailhava. Les personnages des arlequinades sont un général Colombine, amante d'Arl., Pierrot, rival malheureux de ce dernier, Pantalon, bouffon d'origine vénitienne, Mezzelin, Cassandre, Gilles, etc.

ARLEQUINADE. s. f. Bouffonnerie d'arlequin, soit dans le jeu, soit dans les paroles. — Par extens., toute plaisanterie ou grimace qui rappelle celles d'Arlequin. || Genre de pièces de théâtre où Arlequin joue le principal rôle. — Voy. ARLEQUIN.

ARLES, ch.-l. d'arr. (Bouches-du-Rhône), 24,300 hab. Ruines romaines admirables, arènes parfaitement conservées, beaux monuments du moyen âge. Nom des hab. ARLÉSIEN.

ARLES-SUR-TECH, ch.-l. de c. (Pyrénées-Orientales), arr. de Céret, 2,300 hab.

ARLEUX, ch.-l. de c. (Nord), arrondissement de Douai, 1,700 hab.

ARLINCOURT (Vicomte d'), littérateur français (1789-1856). En 1827, on joua de lui au Théâtre-Français une pièce (*le Siège de Paris*) où l'on remarque entre autres ces deux vers extraordinaires, qui font surtout songer à un énorme appétit :

J'habite la montagne, et j'aime à la vallée.

Mon père en ma prison seul à manger m'apporte.

ARLINGUE. s. m. Batelier retirant le bois de flottage qui s'échappe.

ARLON, ch.-l. du Luxembourg belge, 5,550 hab.

ARMADA, nom d'une flotte surnommée l'*Invincible*, que le roi d'Espagne Philippe II équipa contre l'Angleterre en 1588, et qui fut anéantie par une tempête. || Par extens. s. f. Toute grande flotte.

ARMADILLE. s. f. (esp. *armadilla*, dimin. d'*armada*, armée navale). Flottille que le roi d'Espagne entretenait dans le nouveau monde pour empêcher les étrangers de commercer dans ses possessions. || Il se disait aussi de chacun des bâtiments qui composaient cette flotte.

ARMADILLE. s. m. T. Zool. Nom donné à un genre de Mammifères appelé aussi tatou, et à un genre de Crustacés. Voy. ÉDENTÉS et ISOPODES.

ARMAGH, v. d'Irlande, auj. ch.-l. du comté d'Armagh, anc. cap. du royaume, 12,654 hab.

ARMAGNAC, ancien pays de France (prov. de Gascogne, aujourd'hui département du Gers), réuni à la France par Henri IV.

ARMAGNACS, partisans du duc d'Orléans sous Charles VI.

ARMAILLADE. s. f. T. de pêche. Sorte de filet fixe.

ARMAILLI. s. m. Nom du conducteur ou berger des troupeaux de vaches dans la Suisse romande.

ARMANÇON, riv. de France, affluent de l'Yonne.

ARMAND. s. m. T. Vét. Remède destiné à redonner l'appétit et les forces au cheval.

ARMATEUR. s. m. Celui qui arme ou qui équipe à ses frais un ou plusieurs navires pour les envoyer en course ou faire le commerce. || Se disait aussi autrefois du capitaine qui commandait un navire armé en course et par ext. du navire lui-même.

ARMATI, physicien, né à Florence, mort en 1317, passe pour l'inventeur des bésicles ou lorgnons à verres convexes. D'autres attribuent cette invention à Roger Bacon, mort en 1294. L'époque de l'invention paraît être vers 1290. Cependant, Ducange pense en avoir retrouvé des vestiges dès le siècle précédent, et il semble bien que les Chinois en faisaient usage longtemps auparavant.

ARMATURE. s. f. Assemblage de barres et de pièces de métal disposées de manière à maintenir les parties d'un ouvrage de maçonnerie, de charpente, de mécanique, d'un modèle de sculpture avant de faire, d'une figure coulée en bronze, etc. || Ferrures de vitraux. || T. Phys. Pièce de fer attirée par un électro-aimant. Voy. ÉLECTRO-AIMANT. || T. Mus. Voy. NOTATION.

ARME. s. f. (lat. *arma*, armes). Tout ce qui sert à attaquer ou à se défendre. *Ar. offensive, défensive. Armes à feu. Armes blanches. On a distribué des armes au peuple.* || *Prendre les armes,* S'armer, soit pour l'attaque, soit pour la défense. Se dit encore lorsqu'on saisit ses armes pour rendre honneur à quelqu'un, ou pour se livrer à quelque exercice militaire. — *Prise d'armes,* Action de s'armer dans l'un des cas ci-dessus. || *Aux armes!* Cri par lequel une troupe est avertie qu'elle doit prendre les armes. || *Être sous les armes,* se dit des hommes qui ont pris les armes pour faire un service militaire, ou pour rendre honneur à quelqu'un. — On dit dans le même sens : *Se mettre sous les armes, Rester sous les armes.*

En parlant des troupes prêtes à combattre qui sont à la disposition d'un prince, d'un État, on dit : *Il a tant d'hommes sous les armes.* — Fig. et fam., on dit d'une femme qui est parée pour être recherchée dans le but de plaire : *Elle est sous les armes.* — *Être bien sous les armes,* Avoir l'air militaire, se tenir dans l'attitude convenable quand on est sous les armes. — *Être présent sous les armes,* se dit des hommes qui ont rejoint leurs drapeaux et qui sont disponibles pour le service militaire. || *Porter les armes,* Servir, faire la guerre. *Il a porté les armes dans sa jeunesse.* — *Porter les armes, présenter les armes,* etc., se dit de certains maniements d'armes qu'exécutent les soldats. — *Port d'armes,* Le fait ou le droit de porter des armes sur soi, de sortir armé. — *Port d'armes,* se dit aussi de l'attitude du soldat qui porte les armes. *Il est au port d'armes.* || *En venir aux armes*, En venir aux hostilités, commencer la guerre. || *Poser les armes*, mettre bas les armes, Cesser de combattre, se rendre. — Se dit aussi dans le sens de faire la paix, suspendre les hostilités. || *Rendre les armes*, Remettre ses armes au vainqueur. — Fig., S'avouer vaincu dans une discussion, dans un débat. || Fig., *Les armes lui tombèrent des mains*, Il se laissa fléchir, apaiser. || *Passer quelqu'un par les armes*, Le fusiller. *Les espions furent saisis et passés par les armes.* || *Salut des armes*, Façon particulière de saluer en exécutant un certain mouvement de l'arme. || *Homme d'armes*, se disait anciennement d'un cavalier armé de toutes pièces. — *Gens d'armes.* Voy. GENDARMES. || *Salle d'armes*, Espèce de galerie qui renferme des armes rangées en ordre et bien entretenues. — Lieu où l'on enseigne l'art de l'escrime. || *Place d'armes.* Voy. PLACE. || *Armes courtoises*; *Armes à outrance.* Voy. TOURNOI. || *Pas d'armes.* Voy. PAS. || *Armes* s'emploie au plur. pour désigner l'armure entière d'un homme de guerre. *Avoir de belles armes*, *des armes brillantes.* || *Maître d'armes*, maître en fait d'armes, Celui qui enseigne l'escrime. — *Faire des armes*, *tirer des armes*, S'exercer à l'escrime. — *Mettre les armes à la main à un jeune homme*, Lui donner les premières leçons d'escrime. — *Avoir les armes belles*, Faire des armes avec grâce. || Au plur., le mot *Armes* s'emploie aussi pour désigner la profession militaire. *Suivre la carrière, le métier des armes.* || Se dit encore au plur. dans le sens de guerre. — *Vider une querelle par les armes. Recourir aux armes.* — *Faire ses premières armes*, Faire sa première campagne. — *Suspension d'armes*, Suspension des hostilités en vertu d'une convention. || Au plur., *Armes* signifie souvent entreprises de guerre, exploits militaires. *Napoléon s'est élevé par ses armes au comble de la gloire.* — Dans ce sens, on dit : *Un fait d'armes*, Un exploit guerrier. *Il est connu par ses nombreux faits d'armes.* || Prov., *Les armes sont journalières*, Dans la guerre, on peut éprouver des alternatives de succès et de revers. — S'emploie aussi fig. : *Cet orateur a brillé hier et échoué aujourd'hui; les armes sont journalières.* || *Arme* se dit encore de chaque espèce particulière de troupes dont se compose une armée. *L'ar. de l'artillerie, de la cavalerie. L'ar. des dragons. Dans quelle arme sert votre fils?* || Au fig., *Arme* s'emploie en parlant de tout ce qui sert à combattre un adversaire, à détruire une erreur, une passion. *Les armes de la raison. La calomnie est l'ar. des méchants. Vous me fournissez des armes contre vous-même.* — *Faire ar. de tout*, Recourir à tous les moyens possibles pour réussir dans ses desseins. || T. Zool. Tout ce que la nature a donné aux animaux pour se défendre contre leurs ennemis ou pour attaquer leur proie. || T. Bot. Les moyens de défense dont sont pourvus certains végétaux. || En T. Blas., *Armes* n'est usité qu'au plur., et a la même signification qu'*Armoiries.* *Les armes de France. Il a hérité de tous les biens de cette maison à condition d'en porter le nom et les armes. Sceller du sceau de ses armes. Cachet d'armes.* Voy. ARMOIRIES. — *Juge d'armes*, Celui qui était établi pour juger des armoiries et des titres de noblesse. — *Héraut d'armes, Roi d'armes.* Voy. HÉRAUT. || T. Tech. Feuillet de scie très mince et large dont se servent les facteurs de piano, les ébénistes, etc. || Nom des plaques gravées dont se servent les relieurs pour imprimer les ornements sur les plats des couvertures.

Art milit. — Les armes anciennes et modernes forment deux grandes divisions suivant qu'elles sont affectées à l'attaque ou à la défense : dans le premier cas on les appelle armes *offensives*, dans le second armes *défensives.*

Les armes *offensives* se divisent en armes *portatives* et en armes *non portatives.* — Les armes *portatives* offrent encore deux divisions principales : 1° les armes *portatives de main*, parmi lesquelles on distingue les massues, les haches, les sabres, les épées, les lances, les piques, etc.; 2° les armes *portatives de jet*, comprenant celles qui lancent des projectiles au moyen d'un mécanisme qui les fait mouvoir, telles que la fronde, l'arc, l'arbalète, ou de l'explosion de la poudre, comme la carabine, le fusil, le pistolet, etc. Ces armes sont encore appelées *armes à feu* par opposition à *armes blanches* qui désignent les armes à main tranchantes ou piquantes. — Les armes *non portatives* forment deux catégories. À la première appartiennent les armes pesantes, dans lesquelles les gaz produits par la déflagration de la poudre remplissent le rôle de moteur : tels sont les canons, les obusiers, les mortiers. On leur donne spécialement le nom de *bouches à feu.* Dans la seconde catégorie viennent se placer les armes non portatives mues par tout autre moyen : nous

citerons entre autres les chars armés, la baliste et la catapulte des anciens.

Les armes *défensives* embrassent tout ce qui a été inventé par l'homme pour se mettre à couvert des coups de son ennemi. Ces moyens de défense sont *personnels* ou *collectifs.* Parmi les premiers, nous mentionnerons les casques, les cuirasses, les boucliers, etc. Les seconds sont en gén. désignés par l'épithète d'*immobiles*, à cause de la stabilité de leur construction. Ils consistent dans les abris sous lesquels on se met à couvert, dans les obstacles que l'on dispose en campagne entre soi et l'ennemi et dans les fortifications permanentes.

Armes d'honneur. — Chez divers peuples anciens, chez les Grecs et chez les Romains, par ex., on décernait des armes particulières aux guerriers qui s'étaient distingués par des actions éclatantes. Dans l'ancienne monarchie française, cette distinction a été quelquefois accordée à des corps entiers.

Dans les dernières années de notre Révolution, alors que la France avait à repousser les armées de l'Europe coalisée, le gouvernement consulaire décréta que des *armes d'honneur* seraient décernées aux corps ou aux militaires qui se distingueraient par quelque haut fait. Mais ce système de récompenses militaires fut supprimé par l'établissement de l'ordre de la Légion d'honneur, le 19 mai 1802. Les militaires qui avaient reçu des armes d'honneur furent de droit membres de l'ordre.

ARMÉE. s. f. (R. *arme*). — Dans un sens général, on donne le nom d'*Ar.* à la réunion de toutes les forces militaires d'un État; dans un sens plus restreint, on appelle ainsi un corps de troupes de toutes armes ou mieux un groupe de plusieurs corps, dirigé par la volonté d'un chef unique. Suivant que l'on considère un corps de troupes à l'état actif ou à l'état passif, et suivant le but qu'on s'est proposé en le réunissant, on ajoute au mot *ar.* une épithète caractéristique. Ainsi, on nomme *ar. de terre* la première des deux plus grandes divisions de l'ar. en général : elle comprend toutes les troupes appelées à combattre sur terre; tandis que l'*ar. de mer* ou *ar. navale* est la réunion d'un nombre assez considérable de vaisseaux de guerre, qui portent les troupes destinées à porter les vaisseaux ou les côtes d'une nation ennemie; l'*ar. coloniale* comprendra les troupes destinées aux expéditions lointaines. — Les milices organisées et entretenues, même en temps de paix, constituent l'*ar. permanente* ou *régulière.* — On désigne sous le nom d'*ar. sédentaire* la réunion des troupes destinées à garder le territoire : l'*ar. territoriale*, la *gendarmerie*, les *invalides*, les *vétérans*, les *gardes-côtes*, etc., par opposition à *ar. active*, laquelle se compose des forces destinées, avec la réserve, à être mobilisées au premier ordre. — Une *ar. d'observation* est celle qui protège ou paralyse les opérations d'une autre ar. — On appelle *ar. de secours* celle qui est destinée soit à faire entrer des renforts ou des vivres dans une place assiégée, soit à faire lever le siège à l'ennemi. — On appelle *ar. d'occupation* celle que le vainqueur laisse ce pays ennemi, après la signature de la paix, pour assurer l'exécution des traités. — L'*ar. qui se compose de troupes appartenant à plusieurs nations et qui est commandée par un seul chef, prend le nom d'ar. combinée.* — Les *armées coalisées* sont des armées fournies par plusieurs États, dont chacune est commandée par un chef particulier, mais qui toutes agissent contre un ennemi commun. — L'*ar. confédérée* tire son nom de la constitution politique des nations qui l'ont mise sur pied : c'est ainsi que les corps formés par chacun des cantons suisses composent l'ar. confédérée de la Suisse. — Le terme d'*ar. auxiliaire* s'applique spécialement à une ar. dont le concours n'est qu'éventuel, ou à une ar. qu'à prix d'argent. — Enfin on ajoute souvent au mot ar. le nom du pays où doit agir le corps de troupe dont il s'agit ou des accidents géographiques (montagnes ou cours d'eau) sur lesquels il opère. C'est ainsi que l'on dit l'*ar. du Nord*, l'*ar. d'Italie*, l'*ar. d'Espagne*, l'*ar. du Rhin*, l'*ar. de Sambre-et-Meuse*, l'*ar. des Pyrénées*, l'*ar. de la Loire.*

Lorsqu'une ar. est en marche, la partie des troupes qui se tient en tête se nomme l'*Avant-garde*; l'*Arrière-garde*, au contraire, est un détachement qui marche derrière le corps principal. Toutes deux se composent des trois armes, infanterie, cavalerie, artillerie. L'avant-garde marche et prend position en avant de l'ar. pour l'éclairer et la couvrir. Dans la tactique moderne, ce rôle appartient surtout à la cavalerie et à l'artillerie à cheval. L'arrière-garde est également destinée à couvrir l'ar., en cas d'attaque par derrière. Si une ar.

quitte sa position, l'arrière-garde reste toujours en bataille jusqu'à ce que la totalité des forces principales se soit mise en mouvement. — Les corps qui forment les deux extrémités de la ligne d'une armée en bataille reçoivent le nom d'*Ailes* et les troupes placées entre les ailes prennent celui de *Centre*.

L'aile qui se trouve à la droite du centre, en faisant face à l'ennemi, porte le nom d'*aile droite*, et l'autre celui d'*aile gauche*; de sorte que deux armées étant en présence, l'aile droite de l'une a pour antagoniste l'aile gauche de l'autre, et réciproquement.

Chez les Égyptiens, les guerriers formaient une caste particulière. Cette caste était la plus considérée de toutes, après la caste sacerdotale. On allouait à chaque soldat pour sa subsistance journalière 2 1/2 kil. de pain, 1 kil. de viande et une certaine quantité de vin ; et pour l'entretien de sa famille, on lui assurait la possession de 12 aroures (un peu plus de 3 hectares) de terres exemptes de toute charge. Dès son origine, cette caste fournissait 600,000 fantassins, 24,000 cavaliers et 27,000 chars armés en guerre. La formation décimale, généralement adoptée par les peuples de l'antiquité, chez les Parthes et chez les Mèdes par ex., se trouvait également établie dans l'ar. égyptienne. Du reste, cette ar. était dans une ignorance presque complète de l'art stratégique et de la science des fortifications.

Il n'en fut pas de même des armées de la Grèce : cette terre fertile en héros, se trouvant partagée en petites républiques ayant toutes une organisation militaire analogue, arriva par ses luttes continuelles à une connaissance assez approfondie de l'art de la guerre. A Sparte, tous les citoyens, depuis 20 ans jusqu'à 60, étaient soldats ; mais on ne les appelait que successivement et suivant les besoins, à la défense de la patrie ou des alliés. Les guerriers spartiates étaient vêtus de rouge et portaient un emblème particulier sur leurs boucliers. Leur arme principale était la pique. Ils marchaient au combat comme à une fête, au son de la flûte, sous les ordres d'un de leurs rois qui était entouré d'une garde d'élite. Les armées de Lacédémone comptaient dans leurs rangs des archers de l'île de Crète, qui recevaient pour solde une darique par mois (18 fr. 53 c.), et elles se composaient en majeure partie de Messéniens et d'autres alliés. A la bataille de Platée, par ex., sur 45,000 hommes envoyés par Lacédémone, il n'y avait que 5,000 Spartiates. Chez les Athéniens, au contraire, les étrangers étaient rarement appelés à faire partie de l'ar. On confiait même difficilement aux citoyens pauvres le soin de défendre la patrie : cet honneur était réservé à ceux qui avaient le plus d'intérêt à se dévouer pour elle. L'obligation de servir son pays commençait chez les Athéniens deux années plus tôt que chez les Spartiates, et ne cessait qu'à 80 ans. Au lieu d'appeler les citoyens à leur tour de rôle, comme à Lacédémone, les généraux athéniens choisissaient les hommes les plus propres à soutenir les fatigues de la guerre, et l'ar. se trouvait ainsi composée de l'élite de la population. Un fait important à signaler dans la constitution des armées grecques, c'est la faiblesse de leur cavalerie. A Athènes, cette arme ne s'élevait pas à 1,200 hommes ; il est vrai qu'elle comptait dans ses rangs les citoyens les plus considérés et les plus riches. A Lacédémone, elle était moins forte encore et se composait des hommes les plus pauvres et les moins propres au maniement des armes.

L'organisation de l'ar. romaine était infiniment supérieure à celle des armées des autres peuples. A Rome, tout citoyen était soldat. L'obligation de servir la patrie commençait à l'âge de 17 ans et durait 20 années. Les levées se faisaient au Champ de Mars : les tribuns militaires tiraient les tribus au sort et choisissaient dans celles qui leur étaient échues les hommes les plus aptes au service. Le soldat romain se préparait aux fatigues de la guerre par des exercices réguliers. On l'habituait à faire de longues marches chargé d'un poids d'environ 23 kil., sans y comprendre ses armes. Il portait ordinairement des vivres pour quinze jours. La paye du fantassin était de trois as. environ 25 centimes, par jour. Celle de la cavalerie était plus forte. L'ar. se composait de plusieurs légions, et la légion formait un corps complet, renfermant des troupes de toute arme. Voy. LÉGION. Dans les premiers temps de Rome, la cavalerie n'était à l'infanterie que dans la proportion de 1 à 2.; mais par la suite elle fut de 1 à 10. La République n'opposa pendant longtemps aux armées les plus nombreuses que deux légions romaines et deux légions auxiliaires; cependant la victoire se tournait habituellement du côté des Romains La discipline, dans leurs armées, était de la plus grande sévérité. A mille pas de Rome, les g néraux avaient droit de vie et de mort sur tous les hommes qui étaient placés

sous leurs ordres : une troupe qui avait fui était décimée; un soldat qui abandonnait son bouclier recevait la mort. Aussi longtemps que ces mobiles puissants, la gloire et la crainte, agirent sur les armées romaines, elles se montrèrent invincibles ; mais lorsqu'ils s'affaiblirent, Rome tomba sous les coups des barbares.

Nous ne saurions parler ici de l'organisation militaire des hordes venues du Nord qui, après avoir renversé l'empire romain, s'établirent dans ses diverses provinces. Nous ne décrirons pas non plus ces armées gauloises qui saccagèrent Rome et portèrent la terreur de leurs armes dans tout le monde connu. Les institutions militaires de ces peuples n'offrent rien qui soit digne d'intérêt, et leur valeur indomptable fit seule tous leurs succès.

Cependant la civilisation s'étant développée en Gaule, notamment pendant les deux siècles qui ont précédé la conquête romaine, les armées gauloises comprenaient, comme toutes celles des peuples civilisés de l'antiquité, une infanterie dont la principale manœuvre pendant le combat était de marcher en mass compacte, les boucliers serrés les uns contre les autres au-dessus des têtes et formant ce qu'on appelait la *tortue ;* — une cavalerie recrutée parmi les grands et qui se mettait en bataille sur trois rangs, — et enfin des trains de chariots montés de guerriers et dont le rôle était de charger au travers des rangs ennemis.

Sous les rois de la première race, tous les Francs étaient appelés à porter les armes. On ne les vit jamais introduire dans leurs rangs les Gaulois qu'ils avaient soumis. Mais une fusion inévitable s'établit peu à peu entre les vainqueurs et les vaincus, et après l'établissement de la féodalité, les vassaux composèrent en grande partie les armées. Chaque seigneur était tenu d'amener à la guerre un nombre déterminé de combattants qu'il nourrissait et équipait à ses frais. Celui-ci devait au roi un service de 40 jours ; celui-là un service de 20, de 10 et même de 5 jours. De là des inconvénients sans nombre : il arrivait souvent qu'à la veille d'une bataille les troupes se retiraient sous prétexte que le délai fixé était expiré. Sans cesse, en outre, commandées par mille chefs différents, les armées féodales étaient d'une faiblesse extrême.

Ce fut en partie pour remédier à cette organisation vicieuse que Louis le Gros favorisa l'établissement des communes. Alors chaque village, chaque bourg, devait fournir un certain nombre d'hommes d'armes, qui marchaient sous la bannière de leur commune. Les couvents mêmes étaient assujettis à l'obligation de donner des soldats au roi. La guerre terminée, les vassaux retournaient à la charrue. Ce système politique et militaire était en vigueur chez tous les autres peuples de l'Europe. Aucun prince, soit en Angleterre, soit en Allemagne, soit en Italie, n'entretenait d'ar permanente. On doit à Philippe-Auguste la création des premières compagnies de soldats en France. Jusque-là le pillage avait formé la principale ressource des armées ; en instituant des troupes régulières, ce prince leur accorda une solde. Quoique peu nombreuses, les compagnies soldées servirent de noyau pour la formation des armées. Charles VII et Louis XI attachèrent à leurs personnes certains corps de troupes désignés sous le nom de *Compagnies d'ordonnance*. Ce dernier appela aussi auprès de lui des Écossais et des Suisses. Les successeurs de ce prince suivirent son exemple. Il y eut même des époques où les Suisses composèrent uniquement les forces de nos rois. Dans les guerres du Milanais, on vit fréquemment ces soldats mercenaires nous abandonner au moment de l'action et laisser notre cause sans défenseurs. François 1er sentit la nécessité de créer une ar. nationale : il organisa plusieurs légions ; mais ces projets furent bientôt abandonnés et l'on revint à l'ancien usage de louer des compagnies franches à des capitaines qui les formaient eux-mêmes et les mettaient au service du prince qui payait le mieux. La méthode de recruter les armées au moyen de volontaires engagés à prix d'argent a subsisté jusqu'à la Révolution de 1789. Sous Louis XV, un grade de capitaine ou de colonel s'achetait comme une charge au parlement ou un office de procureur. Plus d'une fois un enfant de dix ans fut le chef nominal d'une compagnie ou d'un régiment. Dans les temps d'urgence, on faisait des levées en masse Il fallait alors conduire immédiatement à l'ennemi des hommes sans expérience et souvent sans discipline et qui cependant, sous la Révolution par exemple, couraient de victoire en victoire. Mais l'établissement de la conscription vint mettre un terme à cette manière de lever des troupes ; et, à partir du 21 août 1798, tout Français fut appelé à servir son pays. Depuis l'établissement de la conscription, le mode de recrutement de l'ar. a subi diverses modifications. D'après la loi du 21 mars 1832 qui reste en vigueur jusqu'en 1872, l'ar. se recruta au moyen d'appels annue.s et d'engagements volontaires. Il était dressé chaque année par les maires des communes un tableau de recensement sur lequel étaient inscrits tous les jeunes gens âgés de 20 ans accomplis. Chaque canton devait fournir un contingent déterminé, et l'on désignait par la voie du sort les jeunes gens qui devaient faire partie de ce contingent. Toutefois, le conscrit désigné par le sort avait le droit de se faire remplacer sous les drapeaux. Il existait de la sorte toute une catégorie de vieux soldats qui, moyennant une prime, contractaient plusieurs rengagements de suite pour le compte d'autrui. Cette coutume prit surtout beaucoup de développement sous le second empire, où le nombre des soldats rengagés atteignit, à un moment, le tiers de l'effectif total de l'ar. Le service durait 7 années. A l'expiration de ce terme, chaque militaire recevait son congé et se trouvait définitivement libéré de l'obligation d'être soldat.

Cependant en 1867, en présence de l'accroissement des forces de la Prusse par suite de la création déjà ancienne d'armées de réserve (Landwehr et Landsturm), le ministre de la guerre en France, maréchal Niel, jeta les bases d'une organisation d'après laquelle, lors de la guerre de 1870-71, les hommes de 20 à 25 ans non désignés par le sort pour faire partie de l'armée active furent appelés à former la garde nationale mobile, et les célibataires de 25 à 40 ans une 2° ar. de réserve nommée garde nationale mobilisée. Depuis, l'organisation de l'ar. a été modifiée deux fois.

D'après la loi du 27 juillet 1872, tout Français doit le service militaire *personnel* s'il n'y est déclaré impropre, et fait successivement partie de *l'ar. active*, de *la réserve de l'ar. active*, de *l'ar. territoriale* et de *la réserve de l'ar. territoriale.* La durée du service dans ces différentes portions de l'ar., fixée d'abord à 5 ans pour la première, 4 ans pour la seconde, 5 ans pour la troisième et 6 ans pour la quatrième, a été modifiée de la manière suivante par la loi du 15 juillet 1849 : ar. active, 3 ans ; réserve de l'ar. active, 9 ans ; ar. territoriale, 6 ans ; réserve de l'ar. territoriale, 7 ans. Ce qui porte la durée totale du service militaire à 25 ans au lieu de 20. La présence sous les drapeaux est réelle même en temps de paix, en ce qui concerne l'ar. active pendant la durée du service, sauf pour les jeunes gens voués à certaines carrières libérales, les soutiens de famille, etc., qui, autrefois dispensés de toutes obligations militaires, servent maintenant pendant un an. La réserve de l'ar. active et l'ar. territoriale, qui ne doivent être mobilisées qu'en cas de guerre, ne répondent en temps de paix qu'à des appels de 28 et de 13 jours.

L'ar. française est divisée en deux gouvernements militaires (Paris et Lyon), 18 corps d'ar. répartis sur l'étendue du territoire, un 19° corps d'ar. en Algérie, plus la brigade d'occupation de Tunisie, et comprend : *Infanterie*, 163 régiments d'infanterie de ligne à 4 bataillons de 4 compagnies (les quatrièmes bataillons des 145 premiers régiments devant concourir avec des troupes de réserve à la formation de régiments mixtes numérotés de 201 à 345), 30 bataillons de chasseurs à pied, 4 régiments de zouaves, 4 régiments de tirailleurs algériens, 2 régiments étrangers, 5 bataillons d'infanterie légère d'Afrique, 4 compagnies de fusiliers de discipline, plus les pionniers de discipline ; *Cavalerie* (à 5 escadrons par régiment), 13 régiments de cuirassiers, 30 régiments de dragons, 21 régiments de chasseurs, 13 régiments de hussards, 6 régiments de chasseurs d'Afrique, 4 régiments de spahis, 8 compagnies de cavaliers de remonte ; *Artillerie*, 38 régiments à 12 batteries, 16 bataillons d'artillerie de forteresse, 2 régiments de pontonniers, 10 compagnies d'ouvriers d'artillerie, 3 compagnies d'artificiers ; *Génie*, 5 régiments ; *Train des équipages militaires*, 20 escadrons ; *Secrétaires d'État-Major et de Recrutement*, 20 sections ; *Commis et ouvriers militaires d'administration*, 25 sections ; *Infirmiers militaires*, 25 sections ; *Gendarmerie*, 27 légions, la *Garde Républicaine* et le régiment des *Sapeurs-Pompiers de Paris*.

Il convient d'y ajouter, en cas de guerre, l'ar. territoriale qui comprend : 145 régiments d'infanterie, 10 bataillons de zouaves, 19 régiments de cavalerie, 19 régiments d'artillerie, 18 bataillons du génie, 18 escadrons du train des équipages militaires, 18 sections de commis et ouvriers militaires d'administration et 18 sections d'infirmiers.

Chaque corps d'ar. de France se compose actuellement de deux divisions d'infanterie à deux brigades, soit 8 régiments, d'une brigade d'artillerie à 2 régiments, d'une brigade de cavalerie à 2 régiments, d'un escadron du train des équipages militaires, d'une section de secrétaires, d'une section de

commis et ouvriers, d'une section d'infirmiers. — Le surplus des troupes, notamment de la cavalerie, forme des unités à part, des *divisions indépendantes*.

Chaque corps comprend, en outre, une direction du service de l'intendance, une direction du service de santé, une direction du service vétérinaire, quelques-uns un commandant du génie.

Les corps d'ar. numérotés de 1 à 18 ont leurs chefs-lieux dans les villes ci-après : Lille, Amiens, Rouen, Le Mans, Orléans, Châlons-sur-Marne, Besançon, Bourges, Tours, Rennes, Nantes, Limoges, Clermont-Ferrand, Lyon, Marseille, Montpellier, Toulouse, Bordeaux. Le 19° est à Alger, avec 3 divisions à Alger, Oran et Constantine.

L'ar. française, sur le pied de paix, présente un total d'environ 500,000 hommes. L'appel de la réserve de l'ar. active pourrait porter l'effectif à deux millions d'hommes. Avec l'ar. territoriale et sa réserve, il dépasserait quatre millions.

Les armées étrangères, ou du moins celles des grandes puissances, sont constituées sur le même modèle, sauf celle des Îles-Britanniques, qui se recrute exclusivement par enrôlements volontaires.

La France possède encore une ar. de mer qui comprend : les équipages de la flotte, 5 compagnies de gendarmerie maritime, 1 régiment d'artillerie de marine, 7 compagnies d'ouvriers, une d'artificiers, 8 régiments d'infanterie de marine formant corps d'ar. en France ; 4 régiments, 4 bataillons et 5 détachements de la même arme aux colonies, plus les troupes indigènes préposées à la garde de ces possessions, et qui se composent : d'un régiment de tirailleurs sénégalais, d'une compagnie de conducteurs sénégalais (artillerie), d'un régiment de tirailleurs annamites, de 4 régiments de tirailleurs tonkinois, d'une compagnie de tirailleurs gabonais, d'une compagnie de cipahis de l'Inde, d'une compagnie de tirailleurs sakalaves et de 3 compagnies de disciplinaires.

Les armées sont la ruine des nations modernes. Si tous les citoyens de l'*Europe* avaient quelque sagesse dans l'esprit, ils ne nommeraient députés que les hommes qui s'engageraient à ne jamais voter le budget de la guerre. Mais il faudrait que les électeurs de toutes les nations obéissent à la même idée, et formassent une sorte de ligue internationale.

ARMELINE. s. f. Peau très fine et fort blanche qui vient de Laponie et qui appartient à l'hermine.

ARMEMENT. s. m. L'action d'armer, de pourvoir des armes nécessaires. *L'ar. du soldat. On ordonna l'ar. de la garde nationale. L'ar. de la citadelle est achevé.* — L'ensemble des objets qui servent à armer. *L'ar. de cette place se compose de...* || Appareil de guerre. *Grand, puissant ar. La Russie fait des armements formidables.* — || T. Mar. Action de munir un bâtiment de tout ce qui est nécessaire pour le mettre en état de prendre la mer. *Ce vaisseau est en ar. Entrer en ar. État d'ar.*

Mar. — En T. de Mar., faire l'Ar. d'un vaisseau, ce n'est pas seulement le pourvoir des choses nécessaires à l'attaque et à la défense ; c'est le munir de tout ce qui lui est indispensable pour qu'il puisse prendre la mer : c'est le lester, le mâter, le gréer, lui donner son équipage, des vivres, d'es embarcations, etc. Ce terme s'applique non seulement aux bâtiments de guerre, mais aussi aux navires marchands. Dans ces derniers, les marchandises font donc partie de l'ar.

ARMÉNIE, contrée de l'Asie occidentale, divisée en Arménie russe, cap. Érivan ; et Arménie turque, cap. Erzeroum. Elle est bornée au nord par le Caucase, à l'est par la mer Caspienne, au sud par la Mésopotamie et à l'ouest par l'Euphrate ; 24,000 kilom. carrés (voy. la carte d'Asie). Hautes montagnes, dont le fameux mont Ararat (5,156ᵐ). État politique très instable. On dit que le nombre des Arméniens s'élève à 5 millions. Nom des hab. : ARMÉNIEN, ENNE.

ARMÉNIEN. s. m. et adj. Habitant de l'Arménie ; qui appartient à l'Arménie ; langue qui se parle en Arménie.

ARMENTIÈRES. ch-l. de c. (Nord), arr. de Lille, 28,609 hab. Tissages de toiles.

ARMER. v. a. Pourvoir d'armes. *Il y a dans cet arsenal de quoi ar. cinquante mille hommes.* || *Ar. quelqu'un de toutes pièces, Le revêtir d'une armure complète.* — Dans le même sens, on dit : *Ar. de pied en cap.* || *Ar. quelqu'un chevalier.* Voy. CHEVALERIE. || *Ar. une batterie, La garnir* de pièces d'artillerie. — On dit dans le même sens : *Ar. une place, une forteresse.* || *Ar. un vaisseau en guerre, en course, pour le commerce,* L'équiper et le pourvoir de tout ce qui est nécessaire à l'expédition qu'il va entreprendre, soit pour la guerre, soit pour le commerce. — Les marins disent quelquefois : *J'ai ar. sur tel navire,* pour dire qu'ils ont fait partie de son équipage. Dans ce sens, *Ar.* est pris comme verbe neutre. || *Ar.* pris absol. sign. Lever des troupes, faire des préparatifs de guerre. *Toutes les puissances arment.* || Fig., Exciter, causer la guerre. *L'ambition des princes a souvent armé les peuples les uns contre les autres.* — Par ext. on dit : *L'intérêt arme quelquefois le fils contre le père. L'envie arme les familles les unes contre les autres.* || T. Arqueb. *Ar. un fusil, un pistolet,* Bander le ressort du chien. || T. Faucon. *Ar. l'oiseau,* Lui attacher des sonnettes aux pieds. || T. Mus. *Ar. la clef.* Voy. Notation. || T. Tech. Garnir une chose avec une autre qui la fortifie. *Ar. une poutre, une meule de moulin avec des bandes de fer.* = s'Armer. v. pron. Se munir d'armes. *S'ar. d'une épée, d'un fusil, d'une cuirasse. Ils s'armèrent aussitôt et se précipitèrent sur l'ennemi.* — *S'ar. jusqu'aux dents,* Se munir d'armes offensives plus qu'on n'a coutume de le faire. || Faire la guerre. *Cet écrivain excite les peuples à s'ar. les uns contre les autres.* || Fig., Se prémunir. *S'ar. contre le froid, contre la pluie. S'ar. d'un manteau contre l'hiver.* || Par ext., on dit : *S'ar. de patience, de résolution, de courage. S'ar. contre les accidents de la fortune.* || En T. Man., on dit qu'*un cheval s'arme contre son cavalier,* lorsqu'il résiste aux aides et aux châtiments. *Il s'arme contre le mors,* lorsqu'il empêche l'action du mors, soit en se servant de la langue ou des lèvres, soit en approchant le menton du poitrail. = Armé, ÉE. part. *Pesamment ar. Ar. à la légère.* || Fig., *Il est ar. de toutes pièces.* ou *ar. de pied en cap,* se dit de quelqu'un qui est préparé à discuter tous les points d'une affaire et à répondre à toutes les objections. || *A main armée,* Les armes à la main, à force ouverte. *Entrer à main armée dans un pays. Il a commis plusieurs vols à main armée.* || S'emploie adject. *Plante armée d'épines. Le requin a la gueule armée de dents]très aiguës. Bâton ar. d'une pointe de fer.*

ARMÉRIE. s. f. T. Bot. Genre de plantes de la famille des *Plombaginées.* Voy. ce mot.

ARMET. s. m. Sorte de petit casque fermé, qui était en usage dans les XIV°, XV° et XVI° siècles. N'est plus usité qu'on parlant de la chevalerie errante des vieux romans. *L'ar. de Mambrin.* — Voy. Casque.

ARMIDE, une des plus charmantes héroïnes de la *Jérusalem délivrée,* du Tasse. || Femme séduisante. *C'est une Armide.*

ARMILLAIRE. adj. [Pr. les LL. sans les mouiller]. Ne s'emploie que dans cette loc., *Sphère armillaire.* — Instrument composé de cercles représentant l'horizon, le méridien, l'équateur, l'écliptique, etc., et dont l'ensemble a l'aspect d'une sphère. Il sert à l'étude de l'astronomie.

ARMILLES. s. f. pl. (lat. *armilla,* bracelet) [Pr. les LL. mouillées]. T. Archit. Même signif. qu'*Annelet.* Voy. ce mot. || T. Astr. Instrument formé de cercles et qui servait aux observations de la lune et du soleil par l'observation des ombres de ces cercles les uns sur les autres. *Les arm.* ont été en usage jusqu'à Tycho-Brahé.

ARMINIANISME. s. m. T. Théol. Doctrine des Arminiens.

ARMINIENS. s. m. pl. Secte protestante fondée en Hollande au commencement du XVII° siècle par Jacques Arminius, et qui repoussait les doctrines de Calvin sur la grâce et la prédestination.

ARMINIUS ou **HERMANN,** chef des Chérusques, qui extermina les légions de Varus dans les défilés de Teutburg (9 ap. J.-C.).

ARMISTICE. s. m. (lat. *arma,* armes; *sistere,* arrêter). Suspension d'hostilités entre deux armées ennemies, deux parties belligérantes. *On convient d'un ar. de quelques jours. Rompre l'ar. Lorsque l'ar. fut expiré.* — Voy. Trêve. *C'est une faute populaire assez commune de dire amnistie pour armistice.*

ARMOIRE s. f. (lat. *armu,* armes, instruments). Meuble ordinairement plus haut que large, fermé par une ou plusieurs portes, et dans lequel on renferme toutes sortes d'objets. *Ar. de chêne, de fer. Ar. à glace.* || Ouverture pratiquée dans l'épaisseur d'un mur et fermée par une porte.

ARMOIRIES. s. f. pl. (lat. *arma*). T. Blas. On nomme indifféremment *Armes* ou *Armoiries* les emblèmes de noblesse et de dignités régulièrement donnés ou autorisés par un pouvoir souverain, pour la distinction des personnes, des familles, des sociétés, des corporations et des villes. Les armoiries se composent de figures diverses, et de différentes couleurs ou émaux, disposés méthodiquement et représentés sur un fond ou champ. Ces marques ont été ainsi appelées parce qu'on les portait principalement sur le bouclier, sur la cuirasse, sur la cotte d'armes et sur les bannières.

L'usage d'emblèmes portés sur les armes remonte à la plus haute antiquité. Ainsi Eschyle décrit avec un soin minutieux les figures qui ornaient les boucliers des sept chefs qui commandaient devant Thèbes; mais c'étaient là des signes distinctifs purement personnels et qui ne se transmettaient pas par hérédité. A Rome, Auguste et ses successeurs firent graver des images sur les boucliers des soldats; mais toute une cohorte, toute une légion portait la même figure, qui devenait un signe de ralliement. Les ar., telles qu'elles subsistent aujourd'hui, ne datent que de la fin du X° siècle. A cette époque, les sceaux commencent à porter des ar. Ainsi l'on possède le contrat de Sanche, infant de Castille, avec Guillemine, fille de Gaston II, vicomte de Béarn (an 1000), au bas duquel il y avait sept sceaux apposés, dont deux se sont conservés entiers. Le premier représente un écu chargé d'un lévrier; le second est un écu tranché par des barres transversales; on peut reconnaître dans ces écus les figures employées dans le blason moderne. Deux sceaux d'Adalbert, duc et marquis de Lorraine, apposés à deux chartes des années 1030 et 1037, représentent un écu chargé d'une aigle au vol abaissé. Le sceau de Thierry II, comte de Bar-le-Duc et de Montbéliard, mis au bas d'un acte de l'an 1093, représente *deux bars adossés.* Enfin, le moine de Marmoutiers, qui a écrit l'histoire de Geoffroy, comte d'Anjou, l'an 1100, parle du blason comme d'un usage établi depuis longtemps dans les familles illustres. L'usage des ar. se généralisa par les tournois; mais il ne se régularisa tout à fait qu'à l'époque des croisades. Le nombre immense de chevaliers réunis pour la guerre sainte obligea chacun d'eux à adopter un emblème qui pût servir de ralliement à ses soldats, et les descendants de ces chevaliers conservèrent religieusement les emblèmes qui attestaient la part prise par leurs aïeux à ces luttes glorieuses. Lors de l'affranchissement des communes, celles-ci prirent aussi des ar. comme marque d'indépendance et comme signe de ralliement. Une fois devenues un symbole de noblesse héréditaire, les ar. tentèrent la vanité d'une foule de gens qui s'arrogèrent le droit d'en porter : aussi les rois de France furent-ils, à plusieurs reprises, contraints de lancer des édits contre les usurpateurs.

Les héraldistes distinguent sept espèces d'ar.* — 1° *Ar. de domaine,* Ce sont celles des terres que possèdent les souverains et les princes. — 2° *Ar. de dignités.* Ces ar. sont ainsi nommées parce qu'elles sont le signe ou le symbole d'une fonction, d'une dignité quelconque. Ces sortes d'ar. se portent indépendamment de celles qui sont personnelles. Les ar. de dignités se distinguent en *intérieures* et en *extérieures.* Les premières occupent le champ de l'écu, et les secondes sont celles qui accompagnent ou surmontent l'écu. — 3° *Ar. de concession.* On nomme ainsi celles qui contiennent quelques pièces des ar. des souverains, accordées à certaines personnes pour les honorer ou pour les récompenser des services rendus. Les ar. entières du souverain figurent même dans celles de certaines familles. — 4° *Ar. de patronage.* Telles sont les armes de plusieurs villes qui portent en chef les armes du prince qui les protège. — 5° *Ar. de prétention.* On donne ce nom aux ar. qui contiennent des pièces destinées à indiquer les droits que l'on prétend avoir sur des royaumes, principautés, terres : c'est ainsi que l'Angleterre jusqu'au XVIII° siècle joignait à ses ar. celles de la France. — 6° *Ar. de sociétés* ou de *corporations.* Ce sont celles des académies, des universités, des chapitres, des corps de marchands, etc. — 7° *Ar. de famille.* Ce sont celles qui sont destinées à distinguer les familles entre elles. Ces ar. sont dites *pures et pleines,* quand elles ne sont accompagnées d'aucun signe accessoire. Les aînés des familles les portent ainsi. Elles sont *brisées,* quand les cadets les surchargent de quelque pièce ou les modifient pour se distinguer de leurs aînés. Elles sont *substituées,* quand une personne prend, en vertu d'un contrat de mariage ou d'un titre quelconque, les armes et le nom d'une autre famille : dans ce cas, les armes primitives disparaissent. Elles sont dites *fausses, à enquérir* ou *à enquerre*, lorsqu'elles ne sont point établies selon les règles héraldiques. Enfin on appelle armes *parlantes* ou armes qui *chantent* celles qui désignent le nom de la famille qui les porte. Ainsi, par ex., les armes de la maison de Mailly sont des maillets, et celles du royaume de Castille sont un château.

L'énumération des ar. de toutes les maisons souveraines de l'Europe nous entraînerait trop loin : en conséquence nous citerons seulement celles des principaux États, et nous nous contenterons d'indiquer les figures du champ de l'écu. — AUTRICHE (Fig. 1). D'or à l'aigle éployée de sable, becquée et membrée d'or, couronnée de même, languée de gueules, te-

Fig. 1.

nant dans la patte dextre une épée d'argent garnie d'or et un sceptre aussi d'or, et dans la patte sénestre un monde d'azur croisé et cintré d'or. Cette aigle est chargée en cœur d'un écu tiercé en pal : au 1 d'or au lion de gueules couronné (qui est de *Habsbourg*); au 2 de gueules à la fasce d'argent (qui est d'*Autriche*); au 3 d'or à la bande de gueules chargée de trois aiglettes d'argent (qui est de *Lorraine*). — BAVIÈRE (Fig. 2). Fuselé en bande d'argent et d'azur; en cœur un écu de gueules à une épée d'argent garnie d'or, et un sceptre d'or mis en sautoir — BELGIQUE. De sable au

Fig. 2.

lion couronné d'or. — DANEMARK (Fig. 3). Une croix pattée d'argent, cantonnée, au 1 d'or semé de cœurs de gueules, à trois lions léopardés et couronnés d'azur (qui est de *Dane-*

Fig. 3.

Fig. 4.

mark); au 2 de gueules à un poisson d'argent ayant la tête

coupée, et surmonté d'une couronne d'or (qui est d'*Islande*); au 3 de gueules au dragon couronné d'or (qui est de *Vandalie*); au 4 d'or à deux lions léopardés d'azur. Sur le tout, parti : d'or à deux fasces de gueules (qui est d'*Oldenbourg*), et d'azur à la croix d'or pattée et alésée (qui est de *Delmenhorst*). — ESPAGNE (Fig. 4). Écartelé aux 1 et 4 de gueules au château sommé de trois tours d'or (qui est de *Castille*); aux 2 et 3 d'argent au lion de gueules couronné d'or (qui est de *Léon*); enté en pointe d'argent à la grenade de gueules feuillée de sinople (qui est de *Grenade*); sur le tout d'azur à trois fleurs de lis d'or (qui est de *Bourbon-France*). — FRANCE. Sous le règne de la branche

Fig. 5.

Fig. 6.

aînée de la famille des Bourbons : d'azur à trois fleurs de lis d'or (Fig. 5). Sous la monarchie de Juillet, d'azur au livre de la Charte d'or. Sous le règne de l'empereur Napoléon III, les ar. de la France étaient d'azur à l'aigle d'or empiétant un foudre également d'or (Fig. 6). — GRANDE-BRETAGNE

Fig. 7.

(Fig. 7). Écartelé : aux 1 et 4 de gueules aux trois léopards d'or (qui est d'*Angleterre*); au 2 d'or au lion de gueules renfermé dans un double trescheur (qui est d'*Écosse*); au 3 d'azur à la harpe d'or cordée d'argent (qui est d'*Irlande*). — GRÈCE. D'azur à la croix alésée d'argent, chargée en cœur de l'écu de Danemark. — HOLLANDE (Fig. 8).

Fig. 8.

D'azur semé de billettes d'or, au lion d'or couronné, lampassé de gueules, tenant de la patte dextre une épée à lame d'argent, et de la sénestre un faisceau de flèches d'or, lié de même. — PORTUGAL (Fig. 9). D'argent à cinq écus d'azur

Fig. 9.

Fig. 10.

posés en croix, chacun chargé de cinq besants d'argent; à la bordure de gueules chargée de sept châteaux d'or. — Prusse (Fig. 10). D'argent à l'aigle éployée de sable, becquée, membrée et couronnée d'or, tenant de la dextre un sceptre du même et de la sénestre un globe impérial aussi d'or. — Russie (Fig. 11). D'or à l'aigle éployée de sable, becquée et membrée de gueules, et couronnée d'or, tenant de la patte dextre un sceptre d'or et de la sénestre un globe aussi d'or,

Fig. 11.   Fig. 12.

et portant sur la poitrine un écu de Saint-Georges (qui est de *Moscou*). Sur les ailes de l'aigle sont les écus de Kiew, Nowogorod, Astracan, Sibérie, Casan et Wladimir. — Saxe (Fig. 12). Burelé d'or et de sable de huit pièces au crancelin de sinople en bande. — Suède et Norvège (Fig. 13). Parti : au 1 d'azur à trois couronnes d'or (qui est de *Suède*) ; au 2 de gueules au lion d'or couronné de même, tenant de ses pattes une hache d'armes d'argent emmanchée d'or (qui est

Fig. 13.   Fig. 14.   Fig. 15.

de *Norvège*). — Turquie (Fig. 14). De sinople au croissant d'argent. — Wurtemberg (Fig. 15). Parti : à dextre, d'or à trois rames de cerf de sable ; à sénestre, d'or à trois lions léopardés de sable. — Le 20 juin 1790, la Constituante abolit la noblesse et les ar. En 1804, Napoléon les rétablit toutes deux ; mais la noblesse ne conférant plus de privilège, les titres et les ar. n'eurent plus qu'une signification purement honorifique.

ARMOISE. s. f. (lat. *artemisia*). Bot. Genre de plantes de la famille des *Composées*, comprenant plusieurs espèces dont les principales sont : l'*Ar. commune* appelée vulgairement *herbe de la Saint-Jean*, l'*Ar. des champs*, l'*Ar. aurone*, l'*Ar. absinthe* qui sert à la fabrication de l'absinthe, l'*Ar. estragon* dont les feuilles sont employées comme condiment, l'*Ar. génipi* et l'*Ar. de Judée* qui fournit le médicament vermifuge connu sous le nom de *Semen-contra*.

ARMOISEUR. s. m. (de *armoise*). Celui qui fabrique de l'armoisin.

ARMOISIN. s. m. Sorte de taffetas faible et peu lustré.

ARMON. s. m. T. Carrosserie. Nom de chacune des deux pièces entre lesquelles se trouve placé le gros bout du limon.

ARMORACIE. s. f. T. Bot. Genre de plantes de la famille des *Crucifères*. Voy. ce mot.

ARMORIAL. s. m. Recueil contenant les armoiries de la noblesse d'un royaume, d'une province. L'*ar. de France*. L'*ar. du Dauphiné*.

ARMORICAIN. s. m. T. de Philol. Langue parlée dans l'Armorique ou Basse-Bretagne.

ARMORIER. v. a. Mettre, peindre, graver ou appliquer des armoiries sur quelque chose. *Faire armorier une voiture, un cachet*. — Armorié, ée. part.

ARMORIQUE, ancien nom de la Bretagne, mot celtique qui signifie *sur les bords de la mer*.

ARMORISTE. s. m. Celui qui compose des armoiries, qui écrit sur le blason. Peu us.

ARMSTRONG, ingénieur anglais, né en 1810, inventeur de la machine électrique par projection de vapeur qui porte son nom et d'un système de canon rayé auquel il a donné également son nom.

ARMURE. s. f. (R. *arme*). L'ensemble des armes défensives qui couvrent le corps, comme la cuirasse, le casque, etc. *Une ar. brillante. Se revêtir de son ar. Pièce d'ar.* || T. Phys. *Ar. d'un aimant*. Pièce de fer qu'on laisse en contact avec l'aimant pour que celui-ci ne perde pas sa force magnétique. Voy. Aimant. || Étoffe de soie ou de laine qui est façonnée avec une espèce de pointillé. || Nom général donné aux projectiles d'une nature quelconque dont sont armées les fusées de guerre. || T. Techn. Ensemble du système de *lames* ou *lisses* que comporte un métier à tisser. L'armure la plus simple est à deux lames ; elle sert à faire la toile unie ; la moitié des fils de la chaîne s'élève et s'abaisse alternativement. V. Tissage. || Armures. s. f. pl. T. Arbor. Appareils dont on entoure les arbres pendant leur jeune âge pour les protéger contre les mutilations auxquelles ils sont exposés.

Art milit. — L'usage des armes défensives, comme le casque, le bouclier et la cuirasse, a existé dans tous les temps et dans tous les lieux ; mais, parmi les peuples anciens, aucun n'a connu l'ar. compliquée qui a été à la mode, pendant plusieurs siècles, dans les armées européennes. Cette ar. n'est pas même aussi ancienne qu'on le croit vulgairement ; elle dérive de l'ar. de mailles des règnes de Philippe-Auguste et de saint Louis, qu'il ne faut pas confondre avec elle. L'ar. de mailles consistait en une sorte de chemise en tissu métallique (*Haubert*) qui enveloppait le corps et à laquelle étaient fixés divers appendices pour protéger les pieds, les mains, les jambes, les cuisses et la tête. A la fin du XIIIe siècle, on commença à substituer des plaques de fer à ce tissu. Les premières de ces plaques eurent pour objet la défense des jambes ; on les appliqua plus tard à celle des bras et des cuisses ; enfin, on remplaça le haubert par la cuirasse. On arriva ainsi graduellement à l'ar. de fer plein, qui représentait une espèce de boîte métallique où se trouvait enfermé le corps tout entier. Un mécanisme semblable à celui de l'écrevisse laissait libre le jeu des articulations ; et des boucles, des charnières et des fiches mobiles servaient à réunir entre elles les différentes parties du harnais. Les premières armures complètes parurent du temps de Philippe le Long

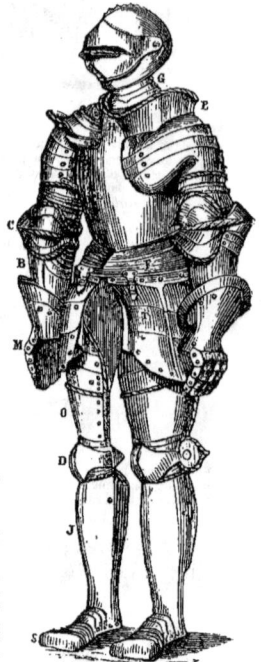

(1316-1322), mais elles ne furent généralement adoptées que sous le règne de Charles VI (1380-1422). Une ar. *de pied en cap* se composait des parties suivantes : le *Casque* ou *Heaume;* le *Gorgerin,* C, lames articulées qui entouraient le cou et le joignaient le casque à une pièce appelée *Hausse-col,* H, qui protégeait le haut de la poitrine, ; la *Cuirasse* ou *corps de cuirasse,* L, qui enveloppait tout le corps; les *Brassards,* B, en lames de fer articulées, surtout aux coudes, pour garantir les bras; les *Cubitières,* C, appelées primitivement *Plaques de coude,* pour protéger cette dernière partie; les *Épaulières,* E, qui couvraient le point de jonction de la cuirasse aux brassards; les *Gantelets,* M, qui étaient de peau de buffle, recouverts de lames de fer articulées; les *Faltes,* F, lames mobiles qui pendaient de la cuirasse sur le bas-ventre, et auxquelles étaient fixées de grandes pièces tombant sur le haut des cuisses, et appelées *Tasses, Tuiles* ou *Tassettes,* T; les *Cuissards,* O, qui protégeaient le devant de la cuisse chez les cavaliers, et le devant et le derrière chez les fantassins; les *Grèces,* J, nommées d'abord *boîtes de fer,* qui enfermaient la jambe et se joignaient aux cuissards par des articulations couvertes par les *Genouillères,* D, et les *Sobrets,* S, lames de fer articulées qui enveloppaient le dessus du pied. L'ar. qui précède était spécialement destinée aux chevaliers, car celle des hommes de pied était moins compliquée et plus légère. En outre, la monture du cavalier portait elle-même une ar. particulière consistant dans les pièces suivantes : le *Chanfrein,* qui garantissait le devant de la tête; le *Hausse-col,* qui couvrait le dessous du cou; le *Manefaire,* qui défendait le dessus du cou; le *Gorgerin,* qui faisait le tour du poitrail et se joignait à la selle par ses deux bouts; les *Flancars, Flançois,* ou *Flanchis,* qui couvraient les flancs; la *Croupière,* qui enveloppait toute la partie postérieure de l'animal : l'ensemble des pièces de l'ar. du cheval se nommait *Barde.* — L'ar. de pied en cape a existé en France jusqu'à la fin du XVIᵉ siècle, mais se recevant de nombreuses modifications de détail, suivant le goût du fabricant ou du propriétaire et les caprices de la mode. De là cette multitude de modèles différents que l'on rencontre dans les musées. On peut en voir une belle collection au musée d'artillerie du palais des Invalides, à Paris.

ARMURERIE. s. f. (de *armurier*). Profession d'armurier; forge, boutique d'armurier.

ARMURIER. s. m. Celui qui fabrique ou qui vend des armes, de quelque genre que ce soit. ‖ Dans un régiment, celui qui est chargé de l'entretien et de la réparation des armes.

ARNAUD DE BRESCIA, réformateur du XIIᵉ siècle, établit une république à Rome, puis fut pris et mis à mort (1155).

ARNAULD (Antoine), avocat, célèbre dans la lutte des jansénistes contre les jésuites, fut comme le second fondateur de Port-Royal des Champs (1560-1619). Parmi ses nombreux enfants, on remarque l'aîné, Arnauld d'Andilly (1589-1674), auteur d'ouvrages de piété, et le dernier, Antoine Arnauld (1612-1694), surnommé *le Grand.*

ARNAULT, littérateur français (1766-1834), secrétaire perpétuel de l'Académie française en 1833, auteur de la tragédie de *Marius à Minturnes* (1791).

ARNAY-LE-DUC, ch.-l. de c. (Côte-d'Or), arr. de Beaune, 2,000 hab.

ARNHEIM, v. de Hollande, cap. de la province de Gueldre, sur le Rhin, 33,000 hab.

ARNI. s. m. T. Mamm. Espèce de buffle. Voy. Buffle.

ARNICA. s. m. (lat. *ptarmica*). T. Bot. Plante médicinale de la famille des *Composées,* vulgairement appelée *tabac des Vosges* et *bétoine des montagnes.* La teinture alcoolique d'ar. est fréquemment employée comme vulnéraire. Cette plante est un des principaux ingrédients du *vulnéraire suisse.* Voy. Composées.

ARNICINE. s. f. T. Chim. Principe âcre contenu dans les fleurs, les feuilles et les racines de l'*Arnica montana.*

ARNO, fleuve d'Italie, arrose Florence.

DICTIONNAIRE ENCYCLOPÉDIQUE.

ARNOBE, écrivain latin du IVᵉ siècle.

ARNOLD DE MELCHTAL, l'un des trois chefs qui jurèrent de mourir pour la liberté des trois cantons helvétiques (1307).

ARNOLD DE WINCKELRIED, héros suisse (1386).

ARNOUL ou **ARNULF,** roi de Germanie, descendant de Charlemagne (849-899).

AROBE. s. f. Voy. Arrobe.

AROÏDÉES. s. f. pl. (lat. *arum,* gouet). Famille de plantes monocotylédones de l'ordre des graminées.

Caract. bot. : Ce sont des plantes vivaces, tantôt herbacées et ordinairement à racine tubéreuse, tantôt frutescentes ou arborescentes, ou même quelquefois grimpantes et s'élevant à l'aide de racines aériennes. Feuilles engaînantes à leur base, convolutées dans le bourgeon, à nervures généralement ramifiées, parfois cordiformes. Spadice ordinairement renfermé dans une spathe en capuchon. Fleurs unisexuées, nues ou périanthées, parfois hermaphrodites et périanthées, disposées à la surface du spadice; le plus souvent les fleurs mâles occupent la partie supérieure et les fleurs femelles la partie inférieure de ce dernier. Fleurs hermaphrodites : périanthe double; étamines en 2 verticilles binaires ou ternaires. Fleurs mâles : étamines en nombre défini ou indéfini, très courtes; anthères sessiles à 1, 2 ou même à plusieurs loges, ovales, extrorses. Fleurs femelles : Pistil formé de 2 ou 3 carpelles; ovaire uniloculaire, très rarement tri- ou pluriloculaire, polysperme; ovules dressés ou pariétaux, sessiles ou attachés à un long funicule, orthotropes, campylitropes, ou parfois anatropes; stigmate sessile. Fruit charnu. Graines avec albumen charnu abondant, rarement sans albumen; embryon dressé, pointu, avec une fente latérale où se trouve la plumule, et situé dans l'axe de l'albumen; radicule obtuse, placée ordinairement près du hile, par-

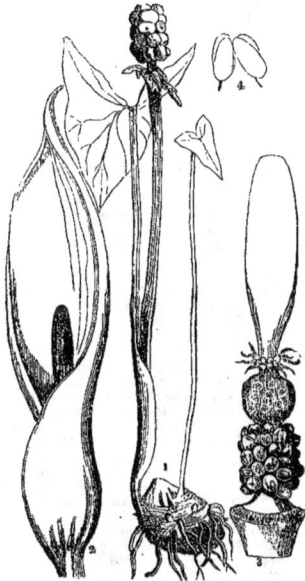

fois à l'extrémité opposée. (Fig. 1. *Arum maculatum.* 2. Sa spathe. 3. Son spadice chargé de fleurs. 4. Anthère. 5. Coupe

47

transversale d'un ovaire. 6. Groupe de fruits mûrs. 7. Graine.
8. Coupe de la graine pour faire voir l'embryon. 9. Fruit
divisé verticalement pour montrer la position des graines.
4°. Coupe perpendiculaire d'une graine.)

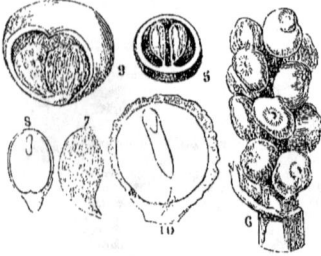

Cette famille se compose d'environ 98 genres et 900
espèces répandues dans toutes les régions tropicales, mais
rares dans les climats tempérés. Dans ces derniers, elles
sont généralement herbacées, sous celles des pays
chauds sont souvent arborescentes, d'une grande taille, et
grimpent le long des arbres à l'aide de leurs racines
aériennes.

On divise cette famille en 3 tribus :

TRIBU I. — *Arées.* — Fleurs nues, unisexuées (*Pistia, Arisarum, Arisema, Biarum, Arum, Dracunculus, Colocasia,
Caladium, Philodendron, Dieffenbachia*, etc.). Les plantes
de cette tribu contiennent communément un principe âcre ;
plusieurs même sont des poisons dangereux. L'une des plus
remarquables sous ce rapport est la *Dieffenbachia seguina*
qui habite les Indes occidentales et l'Amérique du Sud, et
qui parvient à la hauteur d'un homme. Lorsqu'on mâche
cette plante, la langue se tuméfie au point qu'il devient impossible d'articuler une parole. Les taches qu'elle fait sur le
linge sont indélébiles. Les feuilles de la *Colocasie comestible*
(*Colocasia esculenta*) provoquent une salivation abondante,
et déterminent une sensation brûlante dans la bouche. Malgré
leur âcreté, les rhizomes charnus de plusieurs Ar. sont parfaitement innocents et même nutritifs, lorsqu'on les a fait
bouillir ou rôtir ; tels sont les rhizomes de diverses espèces de
Caladiums (*C. bicolor, pœcile et violacea*), de plusieurs
Colocasies (*Colocasia esculenta, himalensis, antiquorum,
mucronata*, etc.), qui sont employés comme substances alimentaires dans les contrées tropicales. Toutefois, le suc du
Caladium bicolor est cathartique et anthelmintique. Dans les
îles de la mer du Sud, la *Colocasie à grosse racine* (*C. ma-
crorhiza*) se cultive en grand sous le nom de *Racine de Tara*
ou de *Kapeh*. Dans l'île de Portland, les habitants de la
campagne mangent les rhizomes du *Gouet ordinaire*
(*Arum maculatum*), qui a reçu chez nous les noms vulgaires de *Racine amidonnière, Giron, Pied de veau*, etc.
La fécule qu'on en retire se vend à Londres sous la dénomination de *Sagou de Portland*. Dans presque toute
l'Inde, on cultive l'*Arum maculatum*, l'*A. indicum* et
quelquefois l'*A. nymphæifolium* : le premier y est nommé
Kachou et *Guglée*, le second *Man-kachou* et *Man-gouri*.
On y cultive également l'*A. campanulatum*, appelé aujourd'hui *Amorphophallus* : cette dernière espèce mérite
véritablement le nom de *Pomme de terre* des *Télingas*.
Employée fraîche, la racine de la *Colocasia himalensis* est
stimulante, diaphorétique et expectorante. On obtient une
fécule semblable de *Xanthosome* à feuilles de flèche
(*Xanthosoma sagittifolia*) appelé vulgairement *Chou caraïbe*, de la *Pothandra virginica*, et des hideux *Amorphophallus* de l'Archipel indien. Les spadices de quelques
espèces ont une odeur putride et nauséabonde. Certains
Arums, tels que l'*A. cordifolium*, l'*A. italicum*, l'*A. maculatum*, dégagent une quantité remarquable de calorique
lorsque leurs fleurs sont au moment de s'ouvrir. Les émanations de l'*A. dracunculus* déterminent des étourdissements,
des maux de tête et des vomissements. La racine de l'*Amorphophallus oriæensis* est extrêmement âcre lorsqu'elle est
fraîche, et les indigènes de l'Inde l'emploient en cataplasmes
sur les tumeurs pour les exciter et les mener à maturité :
cette racine est en effet un stimulant énergique ; on se sert
également d'autres espèces telles que l'*Ar. montanum*.

Le suc de l'*Arisæma python num* est caustique. Les *Colocasies* sont remarquables par le suc laiteux qu'elles contiennent. Diverses espèces de *Philodendron* donnent un suc âcre
et trouble que l'on emploie au Brésil pour modifier les ulcères
de mauvaise nature. La racine tubéreuse du *Richardia afri-
cana*, belle espèce remarquable par sa spathe neigeuse et son
spadice doré, figurait autrefois dans les officines sous le nom
de *radix Ari æthiopii*.

TRIBU II. — *Callées.* — Fleurs nues, hermaphrodites
(*Calla, Monstera, Scindapsus, Tornelia*, etc.).

Suivant Linné, les Lapons préparent une espèce de pain,
qu'ils nomment *Missebrod*, avec les rhizomes de la *Calle
des marais* (*Calla palustris*), malgré leur extrême âcreté.
A cet effet, après avoir séché et broyé ces racines, ils les
font bouillir et macérer jusqu'à ce qu'elles aient perdu toute
leur âcreté ; puis ils les font cuire au four comme les autres
substances farineuses. Cette même plante passe pour être un
diaphorétique très énergique. Le fruit du *Scindapsus officinalis*, coupé en morceaux transversaux et desséchés, se
trouve dans toutes les pharmacies de l'Inde, où on le désigne
sous le nom de *Gudj-pippul*. A Demerary, dans la Guyane,
les feuilles fraîches du *Monstera pertusa* sont employées par
les indigènes en guise de vésicatoires et de rubéfiants dans
les cas d'hydropisie. Le *Dracontium polyphyllum* s'administre à l'intérieur, en atténuant toutefois son âcreté ; on le
regarde comme antispasmodique et comme utile dans le cas
d'asthme. Agardh pense que le principe âcre de cette plante
est un stimulant très énergique. Dans l'Amérique du Nord,
les racines et les graines du *Symplocarpe fétide* (*Sym-
plocarpus fœtidus*), appelé ainsi de son odeur détestable,
sont usitées comme antispasmodiques
et principalement employées dans
les accès d'asthme.

TRIBU III. — *Acorées.* — Fleurs
périanthées, hermaphrodites (*Orontium, Pothos, Acorus*, etc.).

(Fig. 1. *Calla palustris* : 2. Fleur ;
3. Coupe de l'ovaire ; 4. Coupe verticale du fruit mûr ; 5. Graine ; 6. La
même coupée longitudinalement.)

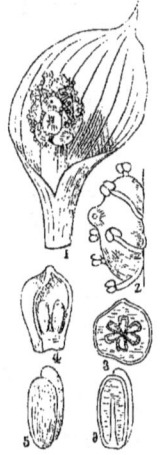

Le rhizome de l'*Acore odorant* ou
Ac. vrai (*Acorus calamus*) renferme un principe amer et aromatique auquel il doit des propriétés
toniques. On l'a employé avec quelques succès dans les cas de catarrhe
chronique et d'asthme humide. A
Constantinople, on en fait une sorte
d'électuaire qu'on regarde comme un
excellent stomachique et qu'on emploie comme préservatif lorsqu'il règne quelque maladie épidémique.
Cette espèce, chez nous, est surtout
employée par les parfumeurs, qui la
font entrer dans la préparation de la
poudre à poudrer à cause de l'odeur
qu'elle exhale et qu'elle doit à une
huile essentielle mêlée avec la fécule
qu'elle contient. Le *Pothos scandens*
s'emploie dans l'Inde dans les cas de
fièvre putride. L'*Oronce aquatique*
(*Orontium aquaticum*) est âcre, quand elle est fraîche ;
mais on peut manger sans inconvénient sa racine après qu'on
l'a fait dessécher.

AROMADENDRON. s. m. (gr. ἄρωμα, parfum ; δένδρον,
arbre). T. Bot. Arbre de Java fournissant un beau bois de
construction et dont l'écorce aromatique est employée comme
stomachique. Famille des *Magnoliacées*.

AROMATE. s. m. Se dit de toute substance répandant une
odeur plus ou moins suave. — Les *Aromates* se tirent pour
la plupart du règne végétal : tels sont l'encens, la myrrhe, le
benjoin, la vanille, etc. Tantôt toutes les parties d'une plante
sont aromatiques, comme dans l'oranger ; tantôt la substance
aromatique ne réside que dans une partie de la plante,
comme la racine de l'iris, la fleur du rosier, etc. Le règne
animal ne fournit qu'un fort petit nombre d'aromates, parmi
lesquels le musc, l'ambre gris, le castoréum tiennent le premier rang. — Les aromates sont rarement employés seuls et
à l'état naturel : le plus souvent on leur fait subir quelque
préparation, ou on les mélange entre eux de façon à obtenir
des odeurs plus suaves ou plus pénétrantes. — Dans la par-

fumerie, les aromates servent à communiquer une odeur agréable aux pommades, aux eaux de senteur et autres cosmétiques; dans la pharmacie, on les emploie, soit dans le même but, soit comme stimulants ou comme calmants, suivant les propriétés particulières dont ils jouissent; enfin on emploie comme condiments ceux qui possèdent des propriétés stimulantes et toniques. Voy. Arome.

AROMATICITÉ. s. f. Qualité de ce qui est aromatique.

AROMATIQUE adj. 2 g. Qui est de la nature des aromates, ou qui en a l'odeur. *Substance, plante, racine ar. Odeur ar.* || T. Chim. *Série aromatique.* Voy. ci-dessous.

Chim. — Série aromatique. — On donne ce nom à l'ensemble des corps qui peuvent être regardés comme des produits de substitution du benzène C⁶H⁶. Par exemple, une molécule de benzène et une du méthane CH⁴ peuvent se souder en perdant chacune un atome d'hydrogène et donner un nouveau carbure : le toluène C⁶H⁵.CH³; cela revient à substituer le résidu ou radical méthyle CH³ à un atome d'hydrogène du benzène. Une pareille substitution peut se répéter plusieurs fois; on peut aussi remplacer deux atomes d'hydrogène par un radical bivalent; enfin plusieurs molécules de benzène peuvent se souder ensemble, avec ou sans l'adjonction d'un radical de la série grasse. On peut donc classer de la façon suivante les carbures dérivés du benzène : 1° L'hydrocarbure ne contient qu'un noyau de benzène. Par ex., en substituant une ou plusieurs fois le radical méthyle, on aura le toluène C⁶H⁵(CH³), les xylènes C⁶H⁴(CH³)², le mésitylène et le pseudocumène C⁶H³(CH³)³, le durène C⁶H²(CH³)⁴. Dans la même catégorie rentrent les éthylbenzènes, l'allylbenzène, le styrol ou cinnamène, etc. 2° Le carbure contient plusieurs noyaux de benzène reliés par des radicaux de la série grasse. A cette classe appartient le diphénylméthane (C⁶H⁵)²CH², le triphénylméthane (C⁶H⁵)³CH, le stilbène, le tolane. 3° Plusieurs noyaux benzéniques sont reliés directement entre eux : diphényle C⁶H⁵², dicrésyles, fluorène (C⁶H⁴)²CH². Des soudures plus compliquées produisent le naphtalène, l'anthracène, le phénanthrène, d'où dérivent de nouveaux hydrocarbures : l'anthracène donne les méthyl — et phénylanthracènes; le naphtalène fournit l'acénaphtène, les dinaphtyles, le pyrène, le chrysène, etc.

Chacun de ces hydrocarbures engendre à son tour une série de dérivés. En effet, si l'on y remplace l'hydrogène par Cl, par Br, par AzO², on obtient les dérivés chlorés, bromés, nitrés; la substitution de AzH² donne les dérivés amidés (aniline, toluidine, etc.), celle de OH donne les dérivés benzéniques donnant les phénols; si, au contraire, on substitue OH dans les radicaux de la série grasse unis à ces noyaux, on produit des alcools, qui eux-mêmes pourront donner naissance à des éthers, à des aldéhydes, à des acides et à leurs sels. On obtiendrait de même, par substitution directe ou indirecte, les dérivés sulfonés, les composés diazoïques, etc., en un mot tous les corps de la série aromatique.

AROMATISATION. s. f. Action d'aromatiser.

AROMATISER. v. a. Mêler une substance aromatique à une autre; communiquer une odeur aromatique à quelque chose. = Aromatisé, ée. part.

AROMATITE. s. f. Minér. Pierre précieuse, dont parle Pline, ayant la couleur et l'odeur de la myrrhe.

AROME. s. m. (gr. ἄρωμα parfum). Principe odorant qui s'échappe de différentes substances d'origine animale ou végétale.

On admet généralement qu'elles sont dues à la diffusion dans l'air d'une partie du corps odorant ou d'une substance bien définie contenue dans ce corps. Certains aromes ne préexistent pas dans les corps odorants et ne se développent qu'à la suite d'une transformation ou d'une combinaison avec un corps étranger. Ainsi, l'ar. du tabac est dû à des composés ammoniacaux qui ne prennent naissance que grâce aux sels ammoniacaux qu'on y mêle pendant sa préparation. De même, l'ar. des amandes amères est dû à l'essence d'amandes amères qui se forme par l'action de deux substances, l'*amygdaline* et l'*émulsine* (voy. ces mots), contenues dans les amandes. De même encore, l'ar. des vieux vins est dû à des éthers qui ne se développent qu'à la suite d'une fermentation très lente.

Le philosophe Ch. Fourier donnait le nom d'aromes aux principes subtils qu'il supposait émaner des astres et à l'in-

fluence desquels il attribuait la création des espèces vivantes sur les différents astres.

AROMIA. s. f. T. Zool. Insecte coléoptère de la famille des *Longicornes*, tribu des *Cérambyciens*. En France, l'*Aromia moschata*, qui se trouve sur les vieux saules, est remarquable par sa belle couleur verte aux reflets bronzés et par l'odeur musquée qu'elle répand.

ARON, riv. de France, affl. de droite de la Loire, vient des collines du Nivernais.

ARONA, v. d'Italie, sur le lac Majeur, 3,300 hab. Patrie de saint Charles Borromée.

ARONDE. s. f. (lat. *hirundo*, hirondelle). Anc. nom de l'hirondelle. || T. Fortif. On donne ce nom aux ailes ou branches d'un ouvrage à corne ou à couronne, lorsqu'elles vont se rapprochant vers le corps de la place, de sorte que la gorge est moins étendue que le front. || T. Charp. *Queue d'ar.; assemblage à queue d'ar.* Voy. Assemblage. || T. Zool. Voy. Ostracés.

ARONDELLE. s. m. T. Pêche. Ligne de pêche dont on se sert au bord de la mer.

ARONDINAIRE. s. an. (*arundo*). T. Bot. Genre de plantes de la famille des *Graminées*. Ce sont de grands végétaux arborescents des régions chaudes de l'Amérique et de l'Asie. Voy. Graminées.

ARONIE. s. f. T. Bot. Genre de plantes de la famille des *Rosacées*. Voy. ce mot.

ARPAD, chef des Hongrois, donna son nom à la 1ʳᵉ dynastie des rois hongrois, les Arpades, qui régna de 997 à 1301.

ARPAJON, ch.-l. de c. (Seine-et-Oise), arr. de Corbeil, 3,000 hab.

ARPÈGE, ARPÉGEMENT. s. m. (ital. *arpeggio,* de *arpa,* harpe). Manière de faire entendre successivement et rapidement toutes les notes d'un accord, au lieu de les frapper à la fois, ce qui s'appelle *Plaquer.*

ARPÉGEMENT. s. m. (ital. *arpeggiamento*). T. Mus. L'action d'arpéger et quelquefois l'arpège lui-même.

ARPÉGER. v. n. Faire des arpèges. = Conj. Voy. Manger.

ARPENT. s. m. (lat. *arvum,* champ; *pendere,* évaluer). Ancienne unité des mesures agraires, valant, à Paris, 34 ares 19. Voy. Agraires.

ARPENTAGE. s. m. Mesurage d'un terrain par arpent ou par toute autre mesure de superficie. *Faire l'ar. d'une terre.* || Art de mesurer la superficie des terres. *Il connaît bien l'ar.*

L'art d'évaluer la superficie des terrains se compose de trois sortes d'opérations distinctes : les unes ont lieu sur le terrain même et servent à reconnaître les contours des surfaces à mesurer; elles constituent l'*ar.* proprement dit; les autres ont pour but la reproduction sur le papier de la configuration du terrain : elles font l'objet du *lever des plans*; les dernières se rapportent aux calculs nécessaires pour évaluer l'aire des surfaces relevées; elles appartiennent à la géométrie et à la trigonométrie proprement dites.

Les opérations d'ar. sur le terrain se réduisent presque tou-

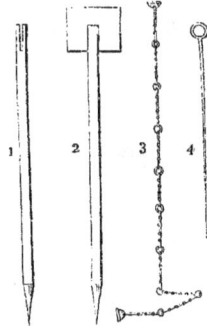

jours à la mesure de lignes droites ou d'angles. Pour mesurer des lignes droites, on fait usage de jalons, d'une chaîne et de fiches. Les *jalons* ou *piquets* sont des bâtons droits terminés en pointe et ferrés au bout, afin de pouvoir être enfoncés dans le sol. Ces jalons sont souvent surmontés d'une petite plaque peinte de deux couleurs, qui sert à les faire distinguer dans l'éloignement (Fig. 1 et 2). — La *chaîne d'arpenteur* (Fig. 3), appelée aussi *décamètre*, parce qu'elle a dix mètres de longueur, se compose de tiges de fer reliées par des anneaux distants l'un de l'autre de deux décimètres. Il y a un anneau plus gros pour marquer chaque mètre, et chacune des extrémités se termine par un anneau plus large dans lequel on peut passer la main; ces deux anneaux font partie de la longueur de la chaîne. Quelquefois on emploie à la place de la chaîne un ruban d'acier divisé, de dix mètres de longueur, qui peut s'enrouler dans une boîte et se dérouler à volonté. — Les *fiches* (Fig. 4) sont des tringles en fer de 40 à 50 centimètres de hauteur terminées par des anneaux et assez fortes pour être enfoncées en terre.

Les *jalons* servent à marquer sur le terrain les lignes

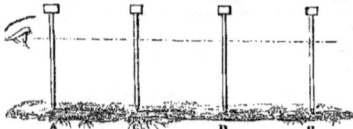

Fig. 5.

droites à mesurer. On plante d'abord verticalement deux jalons aux extrémités A et B de la ligne à tracer (Fig. 5); puis l'arpenteur se place derrière le jalon A à quelques mètres de distance, et, visant de l'œil droit les jalons A et B, il fait poser par un aide un 3e jalon C dans l'alignement de AB. Pour cela, l'aide soutient le jalon verticalement de la main droite, à quelques centimètres du sol, et l'arpenteur lui fait signe de la main s'il doit aller à droite ou à gauche, jusqu'à ce que le jalon C soit aligné. Le 3e jalon étant placé, on en fait planter de même un 4e, un 5e, et ainsi de suite, suivant la longueur de la ligne. Cette opération s'appelle *jalonner un terrain*. — Pour mesurer la longueur, il faut en général deux personnes; le *porte-chaîne* marche en avant avec 11 fiches dans une main et l'une des poignées de la chaîne dans l'autre, tandis que l'arpenteur tient la chaîne par la poignée opposée. Le porte-chaîne s'arrête quand il se sent retenu par l'arpenteur qui appuie l'extrémité de la poignée au point de départ de la ligne à mesurer. Ce dernier fait alors placer le porte-chaîne dans l'alignement des jalons, et, quand la chaîne est bien tendue, le porte-chaîne passe une fiche dans la poignée et l'enfonce en terre. Cela fait, il continue sa route, jusqu'à ce que l'arpenteur soit arrivé à cette 1re fiche. Ensuite l'opération recommence comme ci-dessus : le porte-chaîne plante une nouvelle fiche, l'arpenteur arrache celle qui se trouve de son côté, et l'on continue jusqu'à ce qu'on soit arrivé au bout de la ligne. On compte alors combien l'arpenteur a de fiches dans la main, on multiplie ce nombre par 10 mètres pour avoir la longueur totale, et, s'il existe une fraction de décamètre au delà de la dernière fiche plantée, on l'ajoute au nombre obtenu.

Pour mesurer les angles on se sert de divers instruments dont le plus simple est le *graphomètre*. Le *graphomètre* (F g. 6) se compose d'un demi-cercle divisé en degrés et demi-degrés. Le diamètre AA du demi-cercle, que l'on appelle *ligne de foi*, est muni à ses extrémités de deux petites fenêtres qu'on nomme *pinnules*, lesquelles sont partagées par le milieu, dans le sens de leur hauteur, par un fil très fin. Sur le centre C du diamètre est établie à pivot une règle mobile BB, nommée *alidade*, munie aussi de deux pinnules. Elle porte à ses extrémités un vernier circulaire qui s'applique parfaitement contre le limbe dans toutes les positions. Le graphomètre est muni d'une *boussole* D. Il est porté par un trois-pieds et se meut sur un genou qui permet de donner au limbe de l'instrument la direction et l'inclinaison désirées. Pour mesurer un angle à l'aide de cet instrument, il suffit, lorsqu'il est planté, de diriger la ligne de foi dans le sens des objets qui forment un des côtés, de façon que les fils des pinnules B et B se confondent ensemble et coupent ces objets par le milieu. Ensuite on fait tourner l'ali-

dade sur le limbe jusqu'à ce que ses pinnules s'alignent également avec les objets qui marquent l'autre côté de l'angle cherché : le chiffre que l'alidade indique sur le limbe est la mesure de l'angle que l'on veut déterminer. — Si, au lieu de mesurer un angle, on veut en tracer un d'une grandeur donnée sur le terrain, on aligne d'abord la ligne de foi avec u

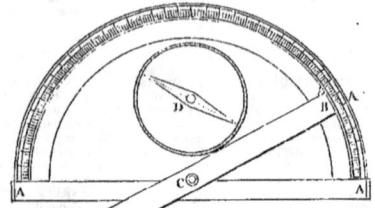

Fig. 6.

des côtés; puis, portant l'alidade sur le chiffre donné, on fait planter un jalon dans l'alignement qu'elle détermine. — Le graphomètre est souvent construit d'une manière différente. Voy. GRAPHOMÈTRE. — L'usage du graphomètre ne donnant la mesure des angles qu'à moins d'une minute près, on a recours, dans les cas où l'on a besoin d'une approximation plus grande, à l'emploi du *cercle répétiteur*. Quant au *théodolite*, il est peu usité dans l'art. proprement dit : on s'en sert principalement dans les opérations géodésiques. Aujourd'hui on emploie fréquemment, pour mesurer les angles, des instruments perfectionnés, tels que le *théodolite-niveau*, la *boussole d'arpenteur*, etc. Voy. BOUSSOLE, NIVEAU, THÉODOLITE.

Les contours du terrain ayant été mesurés soit directement, soit au moyen des angles qu'ils forment, il est facile de déterminer sa superficie, en décomposant le polygone irrégulier qu'il représente ordinairement en un certain nombre de triangles, ainsi que nous l'avons dit au mot AIRE. Toutefois cette méthode suppose que l'on peut parcourir librement l'intérieur du terrain à mesurer; mais, si ce terrain était boisé ou marécageux, ou s'il s'agissait d'un étang, d'un grand édifice, etc., alors il faudrait procéder différemment. Dans ce cas, on circonscrit au terrain une figure régulière, telle qu'un rectangle PMNQ (Fig. 7), dont la surface est facile à calculer; puis des sommets D et B, qui ne touchent pas les côtés du rectangle, on abaisse les perpendiculaires D*n*, B*m*. Par

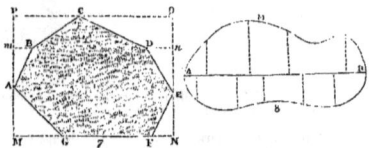

ce moyen, on décompose en triangles et trapèzes la portion de surface dont ce rectangle excède le terrain à évaluer. Ensuite on mesure cet excédent et on le retranche de la surface du rectangle. Enfin si le contour du terrain n'est pas formé par un assemblage de lignes droites ou par une ligne courbe régulière (Fig. 8), il faut alors avoir recours à une approximation, en considérant le périmètre de la figure comme formé par un grand nombre de lignes droites et en opérant comme ci-dessus, c.-à-d. en décomposant la figure en un certain nombre de parties dont les côtés sont à peu près droits. Quelquefois encore on fait passer la figure intérieurement, partie extérieurement d'une figure irrégulière (Fig. 9), des lignes droites qui font à peu près compensation entre les portions ajoutées et les portions retranchées. On obtient ainsi une figure composée de lignes droites et par conséquent facile à calculer, qui représente approximativement la surface cherchée. Du reste, la pratique, appuyée des connaissances géométriques, suggérera, dans chaque cas particulier, le mode le plus simple qu'il convient d'employer pour arriver au but.

Comme on le voit, on a souvent, dans l'ar., soit à déterminer l'endroit où deux lignes se joignent, soit à abaisser une perpendiculaire sur une ligne. Pour marquer le point de jonction de deux lignes, on marche dans la direction de l'une de ces lignes, AB, par

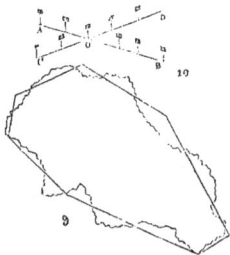

ex. (Fig. 10), jusqu'à ce qu'on se trouve en même temps à peu près dans la direction de l'autre, CD. A l'aide de tâtonnements que l'habitude abrège, on parvient facilement à planter un jalon de telle façon qu'en regardant derrière dans la direction OB, il cache tous ceux qui sont situés dans cette direction, et qu'en regardant derrière ce même jalon dans la direction OD, il cache également tous ceux qui sont dans

cette direction. Le point O ainsi déterminé est donc le point d'intersection des droites jalonnées AB et CD.

Pour élever une perpendiculaire sur une ligne, on se sert de l'équerre d'arpenteur. Il existe plusieurs instruments de ce nom. Le plus usité consiste en une espèce de prisme octogonal (Fig. 11) muni de 4 fentes perpendiculaires qui se coupent à angles droits. Ce prisme se visse sur une tige terminée par un piquet de fer au moyen duquel on plante l'instrument dans le sol. Si le point où doit passer la perpendiculaire est donné sur la ligne même, on établit l'instrument sur ce point; on dirige deux des pinnules dans la direction de la ligne donnée, puis on fait planter un jalon dans la direction des deux autres pinnules. Quand, au contraire, c'est le point duquel doit être abaissée la perpendiculaire qui est donné, on procède par tâtonnements en plaçant le pied de l'instrument sur différents points de la ligne où doit aboutir la perpendiculaire, jusqu'à ce qu'on soit arrivé à celui dans lequel, l'un des diamètres de l'équerre étant dans la direction de la ligne de base, l'autre diamètre se trouve dans la direction du point donné.

Fig. 11.

Lorsque le terrain à mesurer est d'une étendue assez considérable pour que la courbure de la terre y soit sensible, l'évaluation de sa superficie n'est plus du domaine de l'ar. proprement dit. Dans ce cas on a recours aux méthodes plus générales de la géodésie (voy. ce mot). Dans les limites d'étendue qui sont particulières à l'ar., le terrain à mesurer est toujours une figure plane, ou du moins on la regarde décomposé en plusieurs figures qui sont en effet planes. Or toute figure plane pouvant être regardée comme composée d'un certain nombre de triangles, la théorie de l'ar. peut se réduire, ainsi que nous l'avons dit, à mesurer des aires de triangles plans. On sent dès lors de quel secours peuvent être pour l'ar. les méthodes trigonométriques, qui lui donnent le moyen de constituer ces triangles avec quelques-uns seulement de leurs éléments, et qui lui permettent de remplacer des mesures de lignes, si rarement exactes, par des mesures d'angles beaucoup plus sûres.

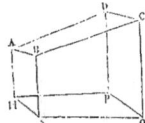

Fig. 12.

En général, on mesure les distances et les angles horizontalement, de sorte que l'on obtient la mesure de la projection du terrain sur un plan horizontal. Quand on a à mesurer la superficie d'un terrain en pente, les arpenteurs ont l'habitude de projeter cette surface sur un plan horizontal. Cette méthode a reçu le nom de cultellation. Soit, par ex., le rectangle ABCD (Fig. 12) dont la superficie fait partie de celle d'un coteau. On abaisse de chacun de ses angles une perpendiculaire sur un plan horizontal HO, et le quadrilatère HNOP représente alors l'aire du rectangle ABCD, tel qu'il doit figurer sur le plan du terrain. — On a recours à la méthode

de cultellation, non seulement parce qu'il serait impossible de faire raccorder les diverses parties d'un plan si les unes avaient été mesurées dans le sens horizontal et les autres dans le sens des pentes du sol, mais encore parce qu'il est reconnu que, les végétaux poussant toujours verticalement, les produits de la culture d'un terrain incliné ne peuvent dépasser ceux que l'on obtiendrait sur la projection horizontale de ce même terrain. Voy. au mot PLAN : Levé des plans.

ARPENTEMENT. s. m. Action d'arpenter et résultat de cette action.

ARPENTER. v. a. Faire l'arpentage d'un terrain. || Fig. et fam. Parcourir vite et à grands pas. Je viens d'ar. toute la ville. — S'emploie absol. Voyez comme il arpente. ☞ ARPENTÉ, ÉE, part.

ARPENTEUR. s. m. Celui dont la profession ou l'office est de mesurer les terres.

ARPENTEUSE. adj. et s. f. T. Entom. Se dit de certaines chenilles de Lépidoptères. Voy. NOCTURNE.

ARPHAXAD, fils de Sem.

ARPHAXAD ou **PHRAORTE,** roi de Médie.

ARPINO (lat. Arpinum), v. d'Italie, dans la terre de Labour, 11,535 hab. Patrie de Marius, de Cicéron, d'Agrippa.

ARPON. s. m. T. Mar. Large et longue scie fort en usage dans les chantiers.

ARQUEBUSADE. s. f. Coup d'arquebuse. Il fut blessé d'une ar.
Méd. — On donne vulgairement le nom d'Eau d'arquebusade, ou mieux celui d'Alcoolat vulnéraire, à un liquide spiritueux et aromatique qui s'emploie surtout à l'extérieur comme résolutif, dans les cas de contusions légères sans plaie et sans inflammation marquée. On l'administre quelquefois à l'intérieur à la dose d'une ou deux cuillerées dans un verre d'eau. Les substances qui entrent dans la composition de cet alcoolat sont les feuilles et les sommités sèches des plantes suivantes : absinthe, angélique, calament, camomille romaine, fenouil, hysope, lavande, marjolaine, menthe, origan, sauge, tanaisie et thym.

ARQUEBUSE. s. f. (ital. arco, arc; buso, percé). Ancienne arme à feu portative. Voy. FUSIL.

ARQUEBUSER. v. a. Tuer à coups d'arquebuse. On le fit ar. Vx. ☞ ARQUEBUSÉ, ÉE, part.

ARQUEBUSERIE. s. f. L'art, le métier de celui qui fabrique des armes à feu portatives.

ARQUEBUSIER. s. m. Celui qui fabrique ou vend des armes à feu portatives. || S'employait autrefois pour désigner un homme de guerre armé d'une arquebuse, et plus tard même pour désigner certaines troupes légères, quand le mousquet eut remplacé l'ar. Ar. à pied, à cheval.

ARQUEL. s. m. (diminutif de arc). T. Tisserand. Petit fil de fer fixé à la brochette qui retient les tuyaux dans la navette.

ARQUER. v. a. (lat. arcus, arc). Courber en arc. Ar. une pièce de bois, une bande de fer. ☞ S'ARQUER. v. pron., et ARQUER. v. n. Fléchir, se courber. Cette poutre commence à s'ar. ou à ar. Les jambes de cet enfant ont une tendance à s'ar. ☞ ARQUÉ, ÉE. part. Cet homme a les jambes arquées. || T. Vét. Cheval arqué. Voy. ARC-BOUT.

ARQUERITE. s. f. Amalgame d'argent $Ag^{12}Hg$ qu'on trouve en masses cristallisées dans le calcaire d'Arqueros (Chili).

ARQUES-LA-BATAILLE, bourg de France (Seine-Inférieure), arr. de Dieppe, 1,100 hab. Victoire d'Henri IV sur le duc de Mayenne en 1589.

ARRACACHA. s. f. T. Bot. Genre de plantes de la famille des Ombellifères. Voy. ce mot.

ARRACHAGE. s. m. T. Jardin. Action de déplanter un arbre.

ARRACHE-CARTOUCHE. s. m. T. Arm. Extracteur aussi appelé *tire-cartouche.*

ARRACHEMENT. s. m. Action d'arracher. || T. Arch. Se dit des pierres qu'on arrache d'un mur pour y substituer d'autres pierres faisant saillie et destinées à servir de liaison avec un second mur. — *Les arrachements d'une voûte,* Les premières retombées d'une voûte liées et engagées dans un mur. || T. Géom. On dit que l'intersection de deux surfaces cylindriques ou coniques du second degré constitue un arrachement, lorsque la courbe d'intersection se compose d'une seule branche continue et fermée, de telle sorte que, si l'on enlevait l'un des deux corps, on arracherait de l'autre une portion laissant une excavation qui ne le traverserait pas de part en part.

ARRACHE-PIED (D'). loc. adv. (*Avec un effort continu, comme celui d'un homme qui arrache un pied d'arbre.*) Sans interruption, sans discontinuer. *Il a travaillé six heures d'arrache-pied.*

ARRACHE-PIEUX. s. m. Machine servant à arracher les pieux plantés dans les travaux de terrassement.

ARRACHER. v. a. (lat. *eradicare*, déraciner). Détacher avec effort ce qui tient à quelque chose; ôter de force quelque chose. *Ar. des arbres, des herbes. Ar. une dent. Ar. un clou. Ar. une arme des mains de quelqu'un. Dans sa douleur, il s'arrachait les cheveux.* — Par ext., *Ar. quelqu'un de sa retraite, de son asile. Il faut l'ar.,* se dit de quelqu'un ou de quelque chose qu'on recherche avec empressement. *Ce livre a le plus grand succès, on se l'arrache.* || Ils sont prêts à s'ar. les yeux, Ils ont une altercation très violente. || *Ar. un préjugé, une opinion de l'esprit, de la tête de quelqu'un,* L'y faire renoncer. — *Ar. de son cœur un sentiment, une passion, un souvenir,* S'en détacher. On a bien de la peine à s'ar. le cœur une première affection. || Se dit des choses qu'il est difficile d'obtenir. *Il faut lui ar. l'argent qu'il vous doit. Je lui ai enfin arraché cette promesse. Il lui a arraché son secret à force d'instances.* || *Ar. la vie à quelqu'un,* Lui donner la mort ou être cause de sa mort. *Achille arracha la vie à Hector. M'enlever mon fils, c'est m'ar. la vie.* || Fig. On lui arracherait plutôt la vie, l'âme, le cœur, que de faire consentir à une lâcheté. — *Ar. des larmes, des cris, des gémissements, des soupirs,* se dit d'une douleur physique ou morale qui fait pleurer, crier, gémir, etc. *En se faisant le récit de leurs malheurs, ils s'arrachaient mutuellement des larmes.* — On dit dans un sens anal. : *La douleur de mon enfant m'arrache le cœur.* || En parlant de ce qui attache, captive, asservit, s'emploie dans le sens de détourner, d'éloigner avec effort : *Ar. quelqu'un à l'étude, à ses plaisirs, à ses passions, à sa tristesse, à ses regrets. Il n'a pu ar. son fils à cet indigne attachement.* || *Ar. quelqu'un à la misère, à la mort,* Le retirer de la misère, le soustraire à un danger imminent. — On dit dans un sens anal. : *Ar. à la tyrannie, à la haine, à la vengeance, à la contagion des mauvais exemples.* || T. Grav. Enlever de dessus le cuivre des parties déjà gravées pour les corriger. || T. Chapell. Éplucher le jarre ou poil luisant qui se trouve sur les peaux de castor. = s'ARRACHER. v. pron. S'ar. des bras de quelqu'un. Il ne pouvait s'ar. du tombeau de son père. S'ar. à l'étude, à ses passions, à un indigne amour. = ARRACHÉ, ÉE. part.

Obs. gram. — *Ar.* se construit avec la prép. *à* lorsqu'il exprime d'une manière générale l'action d'enlever, de détourner, d'éloigner, etc.; il se construit avec la prép. *de,* toutes les fois qu'on veut exprimer cette action d'une manière déterminée en y joignant l'idée de place, de lieu. Ainsi on dit : *Ar. un enfant à sa mère; Ar. un enfant des bras de sa mère. Ar. une dent à quelqu'un; Ar. une dent de la bouche de quelqu'un. Ar. quelqu'un au sommeil; Ar. quelqu'un de son lit.* — Dans certains cas où le pronom *lui* est complément du verbe, on dit indifféremment : *On ne saurait lui ar. une parole; On ne saurait ar. une parole de lui.*

Syn. — *Ravir.* — Ces deux verbes ne s'emploient pas indifféremment l'un pour l'autre. Quand on *arrache,* on a recours à la force, à la violence, ou du moins on est obligé de faire un certain effort pour vaincre la résistance opposée à l'action. Ce n'est pas sans violence qu'on *arrache* un enfant à sa mère; il faut faire effort pour *ar.* un arbre, une dent, etc. *Ravir* se dit de préférence lorsqu'on s'aide de l'adresse, de la ruse, lorsqu'on a recours à quelque artifice. On *ravit* les biens d'un orphelin; un animal carnassier *ravit* sa proie. — Au sens figuré, les verbes *ar.* et *ravir* présentent la même différence qu'au sens propre.

ARRACHE-SONDE. s. m. T. Technol. Outil qui sert à retirer du trou de sonde les fragments de la sonde, quand elle se brise pendant l'opération du forage.

ARRACHE-TUYAU. s. m. T. Technol. Outil de l'ouvrier sondeur et armé de crochets horizontaux pour retirer du trou les tuyaux brisés.

ARRACHEUR. s. m. T. Agric. Outil arrachant mécaniquement les différents produits de la terre : betterave, pomme de terre, etc.

ARRACHEUR. s. m. Celui qui arrache. N'est usité que dans ces loc. : *Ar. de dents. Ar. de cors.* || Fam., on dit d'un homme qui est dans l'habitude de mentir : *Il ment comme un ar. de dents.*

ARRACHIS. s. m. (R. *arracher*). T. de Jardin. Plant arraché.

ARRACHOIR. s. m. Instrument de forme variable propre à arracher les racines des arbres, les perches de houblon.

ARRAGONITE. s. f. T. Min. Orthographe vicieuse de *Aragonite.*

ARRAISONNEMENT. s. m. T. Langage sanitaire. Examen soigneux d'un navire duquel on doute quant à la santé.

ARRAISONNER. v. a. (R. *raison*). Donner des raisons à quelqu'un pour l'amener à un avis, à une opinion. *Je l'ai arraisonné sans succès.* = ARRAISONNÉ, ÉE. part.

ARRAN (VAL D'), vallée des Pyrénées, d'où sort la Garonne (en Espagne).

ARRANGEANT, ANTE. adj. Qui arrange, qui n'est pas difficultueux.

ARRANGEMENT. s. m. Action d'arranger; état de ce qui est arrangé. *Il s'est chargé de l'ar. de mes livres. Il y a du goût dans l'ar. de ces meubles.* || *Cet homme manque d'ar.,* Il manque d'ordre, d'économie; il ne sait pas régler sa dépense. || Ordre, disposition qu'on observe dans le discours, en mettant chaque partie, chaque idée, chaque terme à la place convenable. *L'ar. des paroles contribue à la clarté, à la beauté du discours.* || Conciliation, accord, convention amiable. *Leur procès s'est terminé par un ar. Il a pris des arrangements avec ses créanciers.* || Mesure, disposition que l'on prend pour arriver à un but. *Il a si bien pris ses arrangements qu'il réussira dans son entreprise.* Fam. || T. Math. Voy. COMBINATOIRE.

ARRANGER. v. a. (R. *rang*). Placer dans un certain ordre, dans l'ordre qui convient. *Ar. des livres.* || *Ar. une maison, un appartement,* Mettre dans un ordre convenable toutes les choses qui s'y trouvent, ou bien y faire des réparations, des embellissements. || *Ar. sa barbe, ses cheveux, ses vêtements, sa cravate,* Les disposer, les ajuster convenablement. Fam. || *Ar. ses idées, ses paroles,* Les disposer dans l'ordre qui convient au sujet qu'on a à traiter. || Fig., *Ar. ses affaires,* Les mettre dans un meilleur ordre, dans un meilleur état. || *Ar. une affaire, un procès, une querelle, un différend,* Les terminer à l'amiable. || *Ar. sa vie,* Distribuer son temps et ses occupations de la manière la plus convenable ou la plus agréable pour soi. || Fam. et iron., *Ar. quelqu'un,* Le maltraiter. *Il a fait l'impertinent, mais je l'ai bien arrangé.* — *Comme l'orage vous a arrangé ! Comme il a mis vos vêtements en désordre !* || On dit d'une chose qui qui déplaît, que l'on juge avantageuse ou désavantageuse : *Cela m'arrange, cela ne m'arrange pas.* = s'ARRANGER. v. pron. *Arrangeons-nous autour du feu,* Plaçons-nous autour du feu de manière que tout le monde puisse se chauffer. — *Il s'arrange dans son fauteuil pour* *dormir*, Il se met dans une posture commode pour dormir. || *S'ar. chez soi*, Disposer sa maison, son appartement, ses meubles d'une façon commode et agréable. || *S'ar. pour faire quelque chose*, Prendre ses dispositions pour exécuter quelque chose. *Arrangez-vous pour avoir fini votre tableau avant l'exposition.* — *Arrangez-vous comme vous pourrez*, Tirez-vous d'embarras comme vous pourrez, je ne me mêle plus de vos affaires. || *Nous nous sommes arrangés pour louer cette maison à nous deux*, Nous nous sommes accordés pour, etc. — *Ce procès ou ce duel n'aura pas lieu ; les deux adversaires se sont arrangés*, Ont terminé leur différend à l'amiable. — Dans un sens anal., on dit : *Il s'est arrangé avec ses créanciers.* — ARRANGÉ, ÉE. part. — Se dit en mauvaise part d'un homme qui a de l'affectation, de la pédanterie dans son ton, dans ses manières, dans ses paroles. *Il est toujours ar. dans sa manière de s'exprimer. Il a toujours un air ar.* = Conj. Voy. MANGER.

Syn. — *Ranger.* — *Ranger*, c'est mettre une chose à sa place ; *ar.*, c'est assigner aux choses une place convenable pour les mettre dans un ordre particulier. On *arrange* une fois, ou *range* tous les jours. Ainsi, par ex., on *arrange* sa bibliothèque en classant les livres qu'elle contient suivant le format de chaque ouvrage et la matière dont il traite ; et l'on *range* un livre dans sa bibliothèque en le remettant à la place qu'on lui a assignée une fois pour toutes.

ARRANGEUR. s. m. (de *arranger*). T. Littér. Celui qui donne une forme définitive à un canevas, à une idée. || T. Mus. Celui qui arrange une composition musicale pour un autre ensemble de voix ou d'instruments que la combinaison primitive.

ARRAS. ch.-l. du départ. du Pas-de-Calais, à 175 kil. de Paris, 25,700 hab., place forte, évêché. Primitivement Nemetacum, capitale des Atrébates. Arras eut à soutenir trois sièges remarquables. En 1414, Charles VI l'enleva au duc de Bourgogne. En 1640, Richelieu l'enleva aux Espagnols. En 1654, Turenne s'y mesura avec Condé et remporta la victoire. — Nom des hab. : ARRAGEOIS, OISE.

ARRASTRE. s. f. T. Techn. Machine qui sert à réduire en poudre et à tamiser le minerai argentifère.

ARRATEL. s. m. Mesure de poids portugaise valant 0 kil., 4589.

ARREAU. ch.-l. de c. (Hautes-Pyrénées), arr. de Bagnères-de-Bigorre, 1,230 hab.

ARRÉMON. s. m. (gr. ἄῤῥημον, silencieux). T. Ornith. Genre d'oiseaux de l'ordre des passereaux, voisin des moineaux ordinaires et très commun dans l'Amérique du Sud. Voy. TANGARA.

ARRENTEMENT. s. m. Bail à rente.

ARRENTER. v. a. (R. *rente*). Donner à rente. = ARRENTÉ, ÉE. part.

ARRÉRAGER. v. n. Se dit des rentes ou redevances annuelles qui ne sont pas payées et qui s'accumulent. *Ne laissez pas ar. cette redevance. Il ne faut pas se laisser ar.* Ne s'emploie qu'à l'infinitif.

ARRÉRAGES. s. m. pl. (R. *arrière*). Termes échus d'une rente, d'une pension, d'une redevance quelconque. *Payer, toucher les ar. d'une pension.* — La loi a établi quelques dispositions spéciales relativement à cette espèce de revenus. — Considérés comme *fruits civils*, les ar. s'acquièrent jour par jour et non par termes échus. L'usufruitier a le droit de les percevoir et de les employer, sans être tenu à aucune restitution envers le nu propriétaire de la rente. En général, les ar. ne produisent point d'intérêts ; toutefois on peut déroger à cette règle par une convention particulière. Les intérêts courent aussi du jour où le créancier a formé contre le débiteur une demande ou bien extrajudiciaire. — Chaque fois qu'il veut toucher les termes échus, l'usufruitier d'une rente viagère doit justifier de son existence ou de celle de la personne sur la tête de laquelle a eu lieu la constitution. S'il s'agit d'une pension servie par l'État, le trésor ne paye que sur le vu d'un certificat de vie délivré par un notaire ; en cas de maladie du rentier, le certificat peut être donné sur une attestation du maire du domicile, visée par le sous-préfet ou par le juge de paix. Pour les militaires en activité de service, ce certificat est délivré par les conseils d'administration des corps et les inspecteurs aux revues. — A l'échéance des termes, on doit avoir soin de les réclamer, autrement on s'expose à les perdre, le Code civil fixant à cinq ans seulement le délai pour la prescription des ar. Bien plus, un décret du 8 ventôse an XIII déclare que les rentes viagères sur l'État sont présumées éteintes lorsque les ar. n'ont point été réclamés pendant trois années consécutives. Elles peuvent, il est vrai, être rétablies sur les états de payement lorsqu'on justifie d'un certificat de vie ; toutefois les ar. échus ne sont payés que pour cinq ans au plus.

Les ar. des rentes sur l'État sont payables à dates fixes, par trimestre.

Pour les rentes nominatives, la présentation du titre, qui doit être revêtu d'une estampille constatant le payement, est indispensable. Pour les titres mixtes et au porteur, il suffit de présenter le coupon arrivé à échéance.

ARREST (D'). astronome allemand (1822-1875). A découvert entre autres, en 1851, une comète qui porte son nom.

ARRESTATION. s. f. Action d'arrêter quelqu'un, de l'empêcher de continuer sa route. || Action de se saisir d'une personne pour l'emprisonner ou la garder à vue, en vertu d'un ordre supérieur ou en exécution d'un jugement. *On a fait un grand nombre d'arrestations.* — État d'une personne ainsi arrêtée. *Être en ar., en état d'ar.* — Voy. LIBERTÉ *individuelle* et CONTRAINTE *par corps.*

ARRESTOGRAPHE. s. m. Synonyme d'arrêtiste.

ARRÊT. s. m. (R. *arrêter*). Action d'arrêter. Résultat de cette action. *L'ar. des affaires. Marcher sans ar.* — *Temps d'ar.*, Interruption d'un mouvement continu. || Fig., on dit d'un homme léger et sur les paroles duquel on ne saurait compter, *qu'il n'a point d'ar.*, que *c'est un esprit sans ar.* || Jugement d'une cour souveraine, d'un tribunal supérieur. *Un ar. contradictoire. Un ar. par défaut. Les juges prononcèrent contre lui un ar. de mort. Obtenir un ar. En exécution de l'ar., qui l'avait condamné. Se pourvoir contre un ar.* || Fig., *Les arrêts du destin, du ciel, de la providence, de Dieu.* || Se dit aussi des décisions d'une personne à laquelle on reconnaît une puissance, une autorité. *Votre décision sera pour moi un ar. Ses paroles sont des arrêts sans appel.* || Saisie, soit de la personne, soit des biens. *On a fait ar. sur sa personne et sur ses biens. Mettre quelqu'un en ar. entre les mains d'un huissier.* Voy. SAISIE. || *Maison d'ar.*, Prison, lieu de détention. || T. Technol. Se dit de certaines pièces qui servent, dans un mécanisme, à empêcher l'action d'un ressort ou à circonscrire un mouvement dans certaines limites. || T. Arqueb. Petite pièce de fer qui arrête le ressort d'une arme à feu et l'empêche de se débander. *L'ar. d'un fusil, d'un pistolet.* || T. Couture et lingerie. Anse qu'on met à l'extrémité des ouvertures pour empêcher que le linge ou l'étoffe ne se déchire. *On a oublié de faire un ar. à cette boutonnière.* || Pièce du harnais où un chevalier appuyait et arrêtait sa lance. *Tenir, mettre la lance en ar.* || T. Chasse. Se dit de l'action d'un chien qui arrête le gibier. *Ce chien est à l'ar., en ar.* — *Tenir le gibier en ar.*, se dit du chien qui empêche le gibier de partir. || T. Manège. Action du cheval quand il s'arrête. *Ce cheval a l'ar. mauvais. Il est ferme sur l'ar.* — Mouvement de la main pour arrêter le cheval ou ralentir son mouvement. *Former un ar., un demi-ar.* || T. Discipline militaire. Se dit au pluriel de la défense qui est faite à un officier de sortir de chez lui ou de s'éloigner d'un lieu fixé, pendant un temps déterminé. *Mettre quelqu'un aux arrêts. Garder les arrêts. Rompre les arrêts. On a levé ses arrêts.* — *Arrêts forcés, Arrêts de rigueur*, Défense absolue de sortir. — *Arrêts simples*, Défense de sortir, si ce n'est pour faire son service.

Droit. — L'origine du mot *Ar.* est incertaine ; on le trouve pour la première fois dans les monuments judiciaires qui remontent au XIIe siècle. Il s'appliquait anciennement aux décisions des cours ou tribunaux supérieurs, comme le Conseil du roi et les Parlements, décisions dont on ne pouvait appeler. Aujourd'hui il sert à qualifier les décisions des Cours d'appel et de la Cour de cassation, celles des tribunaux inférieurs recevant plus spécialement le nom de *jugements*. Les formes employées pour le prononcé des arrêts ont souvent varié et se sont rapprochées plus ou moins, selon les époques, des formalités actuellement usitées.

Les arrêts de nos cours sont rendus à la pluralité des voix :

en cas de partage, la voix du président est prépondérante. Tout ar. doit être prononcé publiquement, et son dispositif doit énoncer les considérants sur lesquels il est basé, ainsi que les articles de la loi dont on a fait l'application. Dans les cours d'assises, les arrêts sont rendus sur les décisions prises par le jury. Le président, avant de prononcer un ar., doit lire, en public et en présence de l'accusé, les dispositions de la loi pénale qui ont prévu et puni son crime ; puis la minute de l'ar. est rédigée par le greffier et doit être signée par les juges dans les vingt-quatre heures Lorsqu'une cour d'appel a statué sur une cause civile ou une cour d'assises sur une cause criminelle, le condamné peut se pourvoir en cassation contre la décision rendue. Les arrêts de la Cour de cassation sont inattaquables.

Toutes les cours sont tenues de se conformer dans leurs jugements aux prescriptions de la loi : aucun juge ne peut prononcer sur une question par voie de disposition générale et réglementaire. Il n'en était pas ainsi avant 1789. Quelquefois les parlements, empiétant sur le pouvoir législatif, rendaient des *Arrêts de règlement*. A cet effet, le parlement s'assemblait en audience solennelle, et déclarait, sous le bon plaisir du roi, qu'un point de droit déterminé serait toujours jugé dans tel ou tel sens, jusqu'à ce qu'il plût à l'autorité souveraine d'en ordonner autrement. Quoique arbitraire, cette manière de procéder avait un but d'utilité : elle tendait à rendre la jurisprudence uniforme. On appelait quelquefois ces décisions, *Arrêts rendus en robes rouges*, parce que les conseillers siégeaient en robes rouges dans les audiences solennelles.

ARRÊTABLE. adj. Qui peut être arrêté, détenu comme prisonnier.

ARRÊTANT. s. m. Morceau de fer du métier à bas, empêchant un crochet de passer outre.

ARRÊTÉ. s. m. Résolution prise par une assemblée délibérante, par une compagnie. *Après une longue délibération, l'assemblée a pris un ar.* || Décision d'une autorité administrative. Les ministres, les préfets, les sous-préfets, les gouverneurs des colonies, les maires, etc., prennent des arrêtés. || T. Fin. *Ar. de compte*, Règlement de compte.

ARRÊTE-BŒUF. s. m. T. Bot. Nom vulgaire de la *Bugrane commune* ou *Ononis spinosa*, plante de la famille des *Légumineuses*. Voy. ce mot.

ARRÊTER. v. a. (lat. *ad*, à ; *restare*, rester). Empêcher la continuation d'un mouvement, le cours, le progrès de quelque chose, l'écoulement de quelque liquide. *Ar. une horloge. Ar. un homme, un cheval dans sa course, dans sa marche. Ar. l'eau par le moyen d'une digue. Ar. une hémorragie.* || Fixer, assujettir, consolider. *Ar. un volet que le vent agite. Ar. une patère qui ne tient pas.* || Fig. *Ar. ses yeux, ses regards sur quelqu'un ou sur quelque chose*, Regarder fixement. — Fig. *Ar. sa pensée sur quelque chose*, Considérer avec attention quelque chose. || Empêcher quelqu'un d'agir, de faire ce qu'il désire faire, le poursuivre ce qu'il a commencé. *Il allait faire une mauvaise spéculation, je l'ai arrêté à temps. C'est la crainte seule qui l'arrête. Quel est l'obstacle qui vous arrête?* — Dans un sens anal., on dit : *Ar. les progrès de l'insurrection, les brigues, les cabales. Ar. le carnage. Ar. l'ardeur des combattants. Rien n'arrête le temps. Cette maladie a arrêté sa croissance.* || Fixer, retenir. *Les grâces, l'esprit, la beauté, rien ne peut ar. cet inconstant.* || Résoudre et décider quelque chose ; convenir de faire quelque chose. *Qu'a-t-on arrêté dans cette assemblée? Nous avons arrêté de partir ensemble. Ar. une marche, un plan de conduite.* || *Ar. un compte*, Le régler. — *Ar. des parties*, Les régler || Engager quelqu'un à son service, *Ar. un valet de chambre, une cuisinière.* — Par ext., on dit : *Ar. un appartement, une voiture, une cabine sur un paquebot.* || Appréhender au corps, retenir prisonnier. *On l'a arrêté pour vol, pour dettes. On l'a arrêté prisonnier.* || Saisir par voie de justice. *Ses créanciers ont fait ar. ses bagages. Ar. les exemplaires d'un pamphlet.* — *S'arrêter.* Voy. SAISIR. || T. Couture. *Ar. un point*, Faire un nœud à la fin de la couture pour que le fil n'échappe pas. || T. Chasse. *Mon chien vient d'ar.*, c.-à-d. rencontrer une perdrix et se tient immobile. || T. Man. *Ar. et rendre*, Former des demi-temps d'arrêt successifs. || *Ar.*, à l'impératif, s'emploie souvent absol. *Tu cours à ta perte, arrête!* Cocher, *arrêtez!* — *Ar.* s'emploie aussi absol. en T. de Chasse,

Ce chien arrête bien. = s'ARRÊTER. v. pron, Cesser d'aller, d'agir, de parler. *Ma montre vient de s'ar. Il s'est arrêté au milieu de son discours. Quand il est à jouer, cet enfant ne sait plus s'ar.* || Tarder, s'amuser, rester quelque temps dans un lieu. *Allez et revenez sans vous ar. Nous nous sommes arrêtés plus d'une heure chez lui.* || Faire un séjour en quelque endroit, pendant un voyage. *Nous nous arrêtâmes trois jours à Marseille avant de prendre le paquebot.* || Se déterminer, se fixer. *Après avoir écouté différentes propositions, il finit par s'ar. à la première.* || Avoir égard à, tenir compte de. *S'ar. aux apparences. S'ar. à des bagatelles. Il ne faut pas s'ar. à ce qu'il dit.* = ARRÊTER. v. n. Faire une station, interrompre sa marche. Se dit surtout des cavaliers ou de gens à équipage. *Nous arrêtâmes à Villejuif pour faire boire nos chevaux.* = ARRÊTÉ, ÉE, part. *Cet homme n'a pas l'esprit bien ar., Ses idées ne sont pas nettes.* || *Avoir des idées, des opinions bien arrêtées*, Avoir des idées, des opinions bien précises, nettement formulées. || *C'est ar.* ou *C'est une chose arrêtée*, C'est une chose décidée, résolue. || T. Point. *Esquisse, composition arrêtée*, Esquisse, composition sur laquelle on n'a plus à revenir. — On dit encore qu'*un dessin est ar.*, lorsque les contours en sont tracés avec justesse et fermeté.

ARRÊTISTE. s. m. Compilateur ou commentateur d'arrêts.

ARRÊTOIR. s. m. Dent qui surmonte la bague d'une baïonnette.

ARRHAPHIQUE adj. (de à priv. et de ῥάφη, couture). Se dit d'un système de reliure sans coutures.

ARRHEMENT. s. m. Action d'arrher.

ARRHÉNATHÈRE. s. f. (gr. ἄρρην, mâle ; ἀθήρ, barbe d'épi). T. Bot. Genre de plantes connu aussi sous le nom de *Fromental*, de la famille des *Graminées*. Voy. ce mot.

ARRHER. v. a. S'assurer d'un achat, d'une location en donnant des arrhes. *Ar. des marchandises. Ar. un appartement.* = ARRHÉ, ÉE, part.

ARRHES. s. f. pl. (lat. *arra*, s. m.). Ce qui est donné comme signe, gage ou à-valoir de l'exécution d'un marché. *Donner des ar.* || Se disait autrefois fig., dans le sens d'assurance, de gage. *Les bonnes œuvres sont les ar. du salut.* Dans le principe, les *Ar.* étaient un simple gage que l'un des contractants donnait à l'autre comme signe matériel de la conclusion d'une vente, d'un marché, etc. En conséquence, la valeur des ar. était en général fort minime. — Aujourd'hui on donne des ar. comme garantie de l'exécution d'un contrat, lorsque cette exécution dépend de la volonté des parties. La valeur des ar. est ordinairement assez forte pour indemniser celui des contractants qui se trouverait lésé dans le cas d'inexécution des conventions. Ainsi, dans le cas où une promesse de vente a été faite avec des ar., chacun des contractants est libre de se départir, ce lui qui les a données en les perdant, et celui qui les a reçues en les doublant. (Code civil, 1590.) Les ar., lorsqu'il y a exécution de la promesse, sont à imputer sur le prix principal. L'usage s'est généralement établi de donner, lorsqu'on loue un appartement ou un domestique, une petite somme, connue sous le nom de *Denier à Dieu*, soit au portier de la maison, soit au domestique qu'on arrête. On ne doit pas le confondre avec les ar. Le denier à Dieu reste en dehors du prix convenu ; c'est une espèce d'étrenne donnée à raison de la conclusion de l'arrangement.

ARRHIDÉE, fils de Philippe II de Macédoine, fut, à la mort d'Alexandre, proclamé roi avec le jeune Alexandre Aigos ; il fut mis à mort par Olympias (316).

ARRHIZE. adj. (à priv., ῥίζα, racine). T. Bot. Qui est dépourvu de racine ou de radicule, selon qu'il s'agit d'une plante ou d'un embryon.

ARRIEN (FLAVIUS), historien grec du IIe siècle après J.-C., auteur de l'*Expédition d'Alexandre*.

ARRIÈRE. adv. (lat. *ad*, à ; *retro*, en arrière). Loin. N'est usité que dans ces locutions et d'autres semblables, pour marquer le dégoût, l'horreur ou le dédain. *Ar. les médisants.* || T. Mar. *Vent ar.*, Loc. elliptique qu'emploient les marins pour dire que le vent souffle du côté de la poupe, de l'ar. à l'avant du bâtiment. *Avoir vent ar. Aller vent ar.* == ARRIÈRE. prép. La prép. *Arrière* est toujours inséparable et se joint à certains substantifs pour y ajouter, en général, une idée de postériorité. *L'arrière-corps d'un bâtiment. Un arrière-neveu, des arrière-neveux,* etc. == ARRIÈRE (EN). Loc. adv. qui indique une direction, une position opposée à celle qui est devant soi. *Aller, retourner en ar. Faire un pas en ar. Votre chapeau est trop en ar.* || Fig. et fam., *Cette affaire ne va ni en avant ni en ar.,* Elle est toujours dans le même état. || Derrière. *Pourquoi restez-vous en ar.?* — Fig., *Vous êtes bien en ar. pour votre travail,* vous êtes bien en retard. — Fig., *Il me loue en ma présence et me déchire en ar.,* En mon absence. == EN ARRIÈRE DE. loc. prépos. Derrière, à une certaine distance de. *Cette division est en ar. de la ligne de bataille.* || Fig., *Mon fils est fort en ar. de ses condisciples,* Il n'est pas aussi avancé qu'eux dans ses études. — Dans un sens anal., on dit : *Être en ar. de son siècle.*

ARRIÈRE. s. m. La partie postérieure d'un véhicule, d'un bateau. || T. Mar. L'ar. d'un vaisseau est la partie qui s'étend depuis le grand mât jusqu'à la poupe. — *Un bâtiment est sur l'ar.,* Lorsque par suite d'un mauvais arrimage son ar. est trop plongé dans l'eau.

ARRIÉRÉ. s. m. Reste d'une dette qu'on n'a pas payée intégralement à l'échéance. *Payer l'ar., une partie de l'ar.* — En T. Fin., s'emploie pour désigner certaines dettes, rentes ou pensions que l'État ne paye point le moment. *Sa créance a été mise, portée à l'ar.* || On dit, par ext., *J'ai beaucoup d'ar. dans ma comptabilité, dans ma correspondance,* Je suis en retard pour le travail de ma comptabilité, etc.

ARRIÈRE-BAN. s. m. Voy. BAN. — Pl. des *arrière-bans.*

ARRIÈRE-BASSIN. s. m. T. Mar. Le bassin le plus reculé d'un port. == Pl. des *arrière-bassins.*

ARRIÈRE-BEC. s. m. T. Archit. Angle de chaque pile d'un pont du côté d'aval. == Pl. des *arrière-becs.*

ARRIÈRE-BOUCHE. s. f. T. Anat. Voy. BOUCHE.

ARRIÈRE-BOUTIQUE. s. f. Pièce qui est placée immédiatement derrière la boutique. == Pl. des *arrière-boutiques.*

ARRIÈRE-CAVITÉ. s. f. T. Anat. Cavité qui se forme en arrière du péritoine, ou celle qui se trouve en arrière des fosses nasales. == Pl. des *arrière-cavités.*

ARRIÈRE-CHAMBRE. s. f. Chambre qui est derrière une autre. == Pl. des *arrière-chambres.*

ARRIÈRE-CORPS. s. m. T. Arch. Voy. AVANT-CORPS. || T. Menuis. Lambris assemblé en renforcement avec un autre. || T. Marb. Évidement pratiqué sur l'angle d'un socle ou sur toute autre partie du marbre. == Pl. des *arrière-corps.*

ARRIÈRE-COUR. s. f. Cour de moindre dimension que la cour principale, et servant à donner du jour aux appartements. *Cette maison a deux arrière-cours.* == Pl. des *arrière-cours.*

ARRIÈRE-FAIX. s. m. T. Anat. Voy. ACCOUCHEMENT.

ARRIÈRE-FERMIER s. m. Celui qui tient une ferme d'un sous-fermier. == Pl. des *arrière-fermiers.*

ARRIÈRE-FIEF. s. m. Voy. FIEF. == Pl. des *arrière-fiefs.*

ARRIÈRE-FLEUR. s. f. T. Mégiss. Reste de fleur qui n'a pas été enlevé de dessus les peaux en les effleurant.

ARRIÈRE-GARANT. s. m. Garant qui répond de la solvabilité d'un premier garant. Voy. GARANT. == Pl. des *arrière-garants.*

ARRIÈRE-GARDE. s. f. Partie d'une armée de terre qui marche la dernière. Voy. ARMÉE. == Pl. des *arrière-gardes.*

ARRIÈRE-GOÛT. s. m. Saveur différente de celle qu'on a d'abord éprouvée en goûtant certains corps sapides. Se prend ordinairement en mauvaise part. *Le vin frelaté par la litharge laisse un ar.-g. douceâtre.* == Pl. des *arrière-goûts.*

ARRIÈRE-MAIN. s. m. T. Jeu de paume. Coup du revers de la main. *J'ai gagné la partie par un bel ar.-m.* — On l'emploie au féminin en parlant d'un homme qui joue bien du revers de la raquette ou du battoir. *Il a l'ar.-m belle.* || T. Man. Voy. AVANT-MAIN. == Pl. des *arrière-mains.*

ARRIÈRE-NEVEU. s. m. Le fils du neveu, par rapport à l'oncle. *C'est mon ar.-neveu.* — Dans le style poétique, la loc., *Nos arrière-neveux,* s'emploie pour désigner une postérité reculée.

> *Mes arrière-neveux me devront cet ombrage.*
> LA FONTAINE.

ARRIÈRE-PENSÉE. s. f. Pensée, intention qui est contraire à celle qu'on exprime, et qui cependant se laisse entrevoir ou soupçonner. *Cet homme a toujours des arrière-pensées.*

ARRIÈRE-PETIT-FILS. s. m. **ARRIÈRE-PETITE-FILLE.** s. f. Le fils ou la fille du petit-fils ou de la petite-fille par rapport au bisaïeul ou à la bisaïeule. *Louis XV était arrière-petit-fils de Louis XIV. Elle a quatre arrière-petites-filles.*

ARRIÈRE-PLAN. s. m. Partie d'une perspective la plus éloignée du spectateur. Voy. PERSPECTIVE. == Pl. des *arrière-plans.*

ARRIÈRE-POINT. s. m. Point d'aiguille qui empiète sur l'espace occupé par celui qui le précède. *Faire des arrière-points.*

ARRIÈRE-PORT. s. m. T. Mar. Partie reculée d'un port où sont amarrés des navires spéciaux. == Pl. des *arrière-ports.*

ARRIÉRER. v. a. Retarder. *Ar. un paiement,* Ne pas le faire au temps de l'échéance. == s'ARRIÉRER. v. pron. — *Ce locataire s'est arriéré de deux termes.,* Doit deux termes de son loyer. Demeurer en arrière. *L'infanterie s'arriéra.* == ARRIÉRÉ, ÉE. part. *Paiement ar.* — *Affaires arriérées,* Affaires qui n'ont pu être expédiées à temps. — *Cet enfant est fort ar.,* Il a fait peu de progrès pour son âge. — *Cet employé est toujours arriéré,* Il est toujours en retard pour son travail.

ARRIÈRE-RADIER. s. m. Ouvrage fait en aval afin de prévenir les affouillements aux abords d'une construction hydraulique. == Pl. des *arrière-radiers.*

ARRIÈRE-SAISON. s. f. L'automne ou plus ordin. la fin de l'automne. *Les fruits de l'ar.-s.* || En parlant du midi et du vin, on appelle *Ar.-s.* les mois qui précèdent la moisson ou les vendanges nouvelles. *Le prix du blé éprouve ordinairement une hausse dans l'ar.-s.* || Fig., Le commencement de la vieillesse. == Pl. des *arrière-saisons.*

ARRIÈRE-SCÈNE. s. f. Partie de la scène où se trouvent les toiles de fond. == Pl. des *arrière-scènes.*

ARRIÈRE-TRAIN. s. m. Partie qui est portée par les roues de derrière dans un véhicule à quatre roues. Voy. AVANT-TRAIN. == Pl. des *arrière-trains.*

ARRIÈRE-VASSAL. s. m. Vassal d'un seigneur qui était lui-même vassal d'un autre. Voy. FIEF. == Pl. des *arrière-vassaux.*

ARRIÈRE-VOUSSURE. s. f. T. Archit. On nomme ainsi une espèce d'arc ou une voûte pratiquée derrière une porte ou derrière une fenêtre pour en couronner l'embrasure. Quelquefois les arrière-voussures sont destinées à faire fermer la porte plus exactement; d'autres fois, ce sont des arcs en décharge placés pour soulager son linteau. On distingue plusieurs sortes d'arrière-voussures suivant la forme qu'elles présentent. == Pl. des *arrière-voussures.*

ARRIGHI DE CASANOVA, duc de Padoue, général français (1778-1853).

ARRIMAGE. s. m. (gr. ἀρμὸς, assemblage). T. Mar. Art d'arrimer; action d'arr. ou résultat de cette action. *L'ar. est un art difficile. Chargement de facile ar. Frais d'ar.*

Mar. — L'*Ar.* est l'art de disposer méthodiquement tous les objets qui doivent être contenus dans un navire. Quand on place ces objets, on se propose de les ranger dans l'ordre le plus propre à leur conservation, d'économiser l'espace autant que faire se peut, et de répartir leur poids de façon que le bâtiment ne perde aucune de ses qualités. Il ne suffit donc pas que les corps que doit porter un vaisseau soient arrimés le plus solidement possible; il faut que leur place soit distribuée de manière à procurer au bâtiment la plus grande stabilité, des mouvements très doux, une ligne d'eau favorable à la marche; il faut encore qu'aucune de ses parties ne soit fatiguée par un poids supérieur à celui que l'ingénieur l'a destinée à supporter. L'art de l'ar. se fonde non seulement sur les données de la science, mais encore sur celles de l'expérience; car celle-ci enseigne quelquefois à neutraliser certains défauts de construction du navire.

ARRIMER. v. a. T. Mar. Placer, disposer, dans un ordre méthodique, tous les objets à bord d'un navire. *Ar. le lest. Ar. une cargaison.* = Arrimé, ée, part.

ARRIMEUR. s. m. T. Mar. Celui qui arrime.

ARRIOLER (S'). v. réfl. T. Mar. En parlant du vaisseau, voguer d'après le vent; en parlant de la mer, n'avoir qu'une lame qui suit le cours du vent.

ARRISER. v. a. T. Mar. *Ar. une voile,* c'est l'amener en partie momentanément. — On dit aussi par abrév., *Riser.* = Arrisé, ée. part. — Voy. Voile.

ARRISSER. v. a. T. Mar. Lier, attacher les vergues, les chaloupes, pour qu'elles ne se déplacent pas pendant un gros temps.

ARRIVAGE. s. m. Abord d'un navire, d'un bateau dans un port. *Le lieu d'ar.* || Se dit aussi de l'arrivée des marchandises par la voie de l'eau. *Il y a de nombreux arrivages de grains à Marseille.*

ARRIVÉE. s. f. Action d'arriver. *Son ar. m'a fait grand plaisir.* || Moment où une personne arrive en quelque endroit. *Je me trouvais au débarcadère à son ar.* — Moment où des lettres, des marchandises sont apportées en quelque endroit. *A l'ar. de ces marchandises, il faudra les déballer.* || *Jour d'ar., heure d'ar.,* jour et heure où arrivent les courriers, les voitures publiques, les convois de chemins de fer, etc.

ARRIVER. v. n. (lat. *ad*, vers; *ripa*, rive). Aborder, approcher de la rive. *Nous arrivâmes à une plage déserte. Ar. au port.* || Avancer sur. *Ce vaisseau arrive sur nous. Ces deux frégates arrivèrent l'une sur l'autre et se lâchèrent leur bordée. Un corps de cavalerie arrive sur notre droite.* || Parvenir au lieu où l'on voulait aller. *Il est arrivé hier à Lyon. Vous arrivez d'Espagne.* || Se dit de toute chose qui parvient à sa destination. *Il vient d'ar. à ce marchand trente balles de café. Il paraît que ma lettre n'est pas arrivée à son adresse.* || *Ar. à bon port,* Parvenir heureusement au terme de son voyage, au lieu de sa destination. *Mon fils est arrivé à bon port. Ces colis ne sont pas arrivés à bon port* || *Le ministre est inaccessible, je n'ai pu ar. jusqu'à lui,* Je n'ai pu parvenir à le voir, à lui parler. || *Les convives commencent à ar.,* A venir. *Il arrive à grands pas. Nous approchons.* || Fig., *Cet enfant arrive à l'âge de puberté. Le jour de l'expiation est arrivé. La mort arrive à grands pas. Les fruits arriveront bientôt à maturité. Pas fait de phrases, arrivez au fait. Les idées lui arrivent plus vite que les mots.* || Parvenir, atteindre. *Ar. à son but, à ses fins. Ar. à la fortune, aux plus hautes dignités. Il est arrivé à jouer assez bien ce concerto. L'astronomie est arrivée à découvrir les lois qui régissent le système planétaire.* || *Cette dépense n'arrivera pas à mille francs,* Ne s'élèvera pas à mille francs. || Pris absol., *Ar.* signifie souvent réussir, parvenir. *Il est si intrigant qu'il arrivera. Médiocre et rampant, et l'on arrive à tout* (Beaumarchais). En parlant des accidents, des événements de la vie, *Ar.* sign. survenir. *Un malheur m'arrive jamais seul. Voyez ce qui m'arrive. Cela peut ar. à tout le monde.* — *Cela ne m'arrivera jamais,* Je ne le ferai jamais ou Je ne m'y exposerai jamais. — On dit dans un sens anal. et par forme de réprimande ou de menace : *Que cela ne vous arrive plus !* = Arriver, s'emploie impersonn. *Il arrivera des gens que nous n'attendons pas. Il est arrivé*

des nouvelles de l'Espagne. *Il vient de m'ar. un accident. Il arrive souvent que... — Il en arrivera ce qu'il pourra,* loc. fam. qui sign., A tout hasard. Le résultat sera bon ou mauvais, peu m'importe. *Ar. comme mars en carême,* se dit d'une chose toute naturelle, le mois de mars marquant nécessairement l'époque du carême. =: Arrivé, ée. part. || T. Mar. Pivoter pour prendre le vent ou augmenter son effet sur les voiles.

ARROBE. s. f. T. Métrol. Mesure de capacité pour les liquides usitée en Espagne et en Portugal et dont la contenance varie de 10 à 16 litres, suivant les provinces.

ARROCHE. s. f. T. Bot. Genre de plantes herbacées ou sous-frutescentes dont quelques espèces, comme l'arroche-épinard, dite aussi belle-dame, sont comestibles. Elles appartiennent à la famille des *Chénopodiacées.* Voy. ce mot.

ARROGAMMENT. adv. Avec arrogance.

ARROGANCE. s. f. Orgueil, fierté, hauteur; manières hautaines; ton impérieux. *Sotte ar. Ar. insupportable. Parler avec ar.*

ARROGANT, ANTE. adj. Hautain, fier, impérieux, *Ce parvenu est fort ar. Ton ar. Paroles arrogantes.* || S'emploie subst. *C'est un petit ar. C'est une arrogante.*

Syn. — *Rogue.* — L'*Ar.* a de la hauteur, de la morgue, des prétentions élevées; il s'attribue un mérite, une supériorité, et souvent même une autorité qu'il ne possède point. Sous ce rapport, l'homme *rogue* ressemble à l'*ar.*; mais en outre il est brusque, bourru et parfois brutal; il a un air peu avenant, un ton sec et des manières pleines de rudesse. Le terme *ar.* s'applique plus spécialement au caractère, à l'esprit, au langage; le mot *rogue,* à l'égard, à l'humeur, aux façons d'agir d'une personne. Le premier appartient au style élevé, le second au style familier et même vulgaire.

ARROGER. v. a. (lat. *adrogare,* demander). Ne s'emploie qu'avec le pron. pers. Se pour *A soi.* S'attribuer illégitimement quelque chose. *S'ar. un pouvoir qu'on n'a pas. Ils se sont arrogé des titres qui ne leur appartiennent pas.* = Arrogé, ée. part. = Conjug. Voy. Manger. =: Syn. Voy. Approprier.

ARROI. s. m. Appareil, train, équipage. Vx.

ARRONDIR. v. a. (R. *rond*). Donner une forme sphérique ou circulaire. *Ar. une boule. Ar. une barre de fer. Ar. une meule. Ar. ses bras en dansant.* || Fig. et fam. *Ar. son champ, son héritage, son domaine,* Acquérir des terres contiguës. — Dans un sens anal., on dit, *Ar. sa fortune.* || *Ar. une période; Ar. ses phrases,* Leur donner du nombre, de l'harmonie. || T. Mar. *Ar. un cap, une île,* Naviguer autour d'un cap, d'une île, en en suivant de près les contours. || T. Peint. et Sculpt. Modeler, faire sentir le relief, la saillie des objets. || T. Math. *Ar. un poids, une mesure,* Prendre pour mesure approchée le nombre rond le plus rapproché de la mesure réelle compliquée de fractions. == s'Arrondir. v. pron. Prendre une forme ronde. *L'ivoire s'arrondit sous la main du tourneur. Son visage s'arrondit.* || En parlant de quelqu'un qui augmente son domaine, sa fortune, on dit qu'il *s'arrondit. J'ai acheté ce coin de terre pour m'ar.* = Arrondi, ie. part. || S'emploie adjectiv. et signifie alors, Qui a une forme ronde. *Un visage ar. Formes arrondies.* Cette plante a des feuilles arrondies. Le corps d'un homme bien fait doit être carré; dans la femme, tout est plus arrondi (Buffon).

ARRONDISSAGE. s. m. (de *arrondir*). T. Technol. Opération qui consiste à arrondir une chose, en particulier une lime.

ARRONDISSEMENT. s. m. Action d'arrondir; État de ce qui est arrondi. *L'ar. d'une sphère, d'une figure.* — Fig. *L'ar. d'une période, d'une phrase.* || *Ar. de poids,* Pesée approximative où l'on prend un poids rond au lieu du poids réel compliqué de fractions. Se dit de toute autre mesure. = Arrondissement, Division territoriale. *Un chef-lieu d'ar. Chaque département est divisé en arrondissements.* Voy. Département. Paris divisé en 12 arrondissements jusqu'au 31 décembre 1859, est divisé en 20 depuis le 1er janvier 1860, par l'annexion des communes suburbaines. *Être marié au 21ᵉ ar.*, Vivre en concubinage. || Circonscription territoriale soumise à quelque autorité civile ou militaire. *Un ar. maritime*, *Le second ar. de Paris.* || *Conseil d'arr.* Conseil composé d'autant de membres qu'il y a de cantons dans l'ar., nommés au suffrage universel, et se réunissant sur la convocation du préfet pour s'occuper des intérêts de l'ar. *Le conseil général*, composé de la même façon, s'occupe des intérêts du département tout entier.

ARRONDISSEUR. s. m. T. Technol. Outil servant à arrondir les dents des peignes.

ARROSAGE. s. m. Action d'amener de l'eau d'une manière quelconque sur des terrains trop secs. Résultat de cette action. *Arr. abondant, insuffisant.* Voy. Arrosement. || T. Artill. Voy. Pomper à canon.

ARROSEMENT. s. m. Action d'arroser. *L'ar. des promenades publiques.* || T. Jeu. *L'ar. a été cher.* Voy. Arroser.

Agric. — La présence de l'eau est une des conditions indispensables au développement de la vie ainsi qu'à la croissance de tous les êtres, soit animaux, soit végétaux. De là la nécessité de fournir de l'eau aux plantes que l'homme cultive pour sa subsistance ou pour les besoins de l'industrie, lorsque le sol n'est pas traversé par des cours d'eau, ou lorsque les pluies sont insuffisantes. L'homme imite ces deux procédés de la nature : tantôt il dérive les eaux d'une rivière et les conduit au moyen de canaux artificiels dans les champs qu'il veut féconder ; tantôt il distribue l'eau sur le sol et sur les plantes à la manière de la pluie. On désigne plus spécialement le premier de ces procédés par le terme d'*irrigation*, et le second par celui d'*Ar.*

L'*Ar.* s'exécute à l'aide d'instruments assez simples, mais qui varient suivant les circonstances. Le plus vulgaire est

Fig. 1.

l'*Arrosoir* bien connu de tout le monde qui se compose d'un vase plus ou moins grand, muni d'un tube dont l'orifice sert à verser l'eau sur le sol et sur les plantes. A ce tube s'ajoute un renflement appelé *pomme* ou *gerbe*, percé de trous, et qui sert à distribuer l'eau sous forme de pluie. La Fig. 1 représente un arrosoir dont la pomme est remplacée par un long bec. Il est usité dans les serres pour arroser les plantes ou les

Fig. 2.

pots placés sur des gradins éloignés. L'orifice de cet ustensile est fermé par une soupape à ressort qui comprime l'eau et la fait jaillir à une assez grande distance. Pour les semis qui veulent être arrosés avec précaution, de crainte de déranger

les semences, Petit a imaginé l'arrosoir pneumatique (Fig. 2). Il suffit de boucher ou de déboucher avec le pouce le trou A pour arrêter ou permettre l'écoulement de l'eau. Quand on veut simplement arroser les feuilles des plantes, on se sert souvent de seringues d'une forme particulière (Fig. 3. *Seringue* de Petit). Enfin, lorsque les plantes sont trop élevées

Fig. 3.

pour qu'on puisse les arroser avec l'instrument qui précède, on a recours à des pompes plus ou moins compliquées. La Fig. 4 représente une pompe simple à main, fort employée. Une soupape, qui se lève de bas en haut, existe à la base de la pompe au

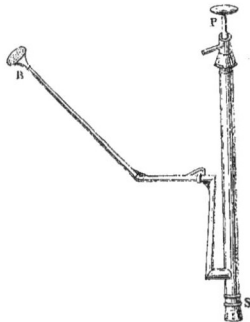

Fig. 4.

point S. On place l'instrument dans un vase plein d'eau. En tirant le piston P, l'eau monte dans le corps de la pompe et le remplit ; puis, lorsqu'on pousse le piston, l'eau comprimée ferme la soupape et s'échappe par le tube latéral qui conduit à la pomme B.

On simplifie beaucoup l'ar. et on économise considérablement la main-d'œuvre toutes les fois qu'on peut installer un réservoir dans un endroit élevé et le remplir facilement soit au moyen d'une canalisation publique, soit à l'aide d'une pompe mue par une roue hydraulique, un moulin à vent, une bête de somme attelée à un manège ou même la force des bras. Dans ce cas on dispose dans le sol du jardin une canalisation qui conduit l'eau du réservoir et qui présente des bouches de distance en distance. On visse sur l'une de ces bouches l'une des extrémités d'un tuyau flexible dont l'autre extrémité est terminée par une pomme d'arrosoir ou par un ajutage conique en face duquel est une lame oblique pour étaler l'eau. L'eau arrivant ainsi dans le tuyau sous pression jaillit à l'extrémité, et on peut la diriger sans fatigue aux endroits nécessaires. On peut aussi employer des tuyaux percés de petits trous sur une assez grande longueur qu'on dispose à demeure pendant plusieurs heures et qui répandent l'eau en pluie autour d'eux. Dans le voisinage des grandes villes où il existe des distributions publiques d'eau, l'ar. des jardins se fait toujours ainsi.

Les règles générales qu'il est possible d'établir au sujet de l'ar. sont en fort petit nombre. Tout agriculteur sait que la quantité d'eau à distribuer aux plantes doit varier suivant la nature des plantes elles-mêmes, et qu'il faut en outre tenir compte de la nature du sol et du climat. Telle plante pourrirait avec une quantité d'eau qui ne suffirait pas à une autre. Un sol argileux, qui retient fortement l'eau, doit être moins arrosé qu'un sol calcaire. L'agriculteur doit aussi, sous le rapport de l'ar., principalement quand il s'agit de végétaux exotiques, imiter le climat sous lequel ils vivaient primitivement. Enfin, ces trois influences différentes se modifient réciproquement, et leur combinaison doit être l'objet d'une étude constante de la part du cultivateur. La nature de l'eau, employée dans l'ar., donne lieu aussi à quelques considérations particulières. Celle qui convient le mieux est l'eau de pluie, parce qu'elle est plus aérée et contient moins de sels en dissolution ou en suspension. Après elle vient l'eau des rivières. Quant à celle des puits et des sources, ele est bien moins propre à l'ar.; il est souvent nécessaire et toujours convenable, avant d'en faire usage, de la laisser séjourner pendant quelque temps en contact de l'air et de la lumière solaire.

L'ar. des rues dans les villes a un double but : tantôt il est un complément du balayage parce qu'en délayant les boues il les rend plus faciles à enlever ; tantôt, pendant les chaleurs, il a pour objet de rafraichir l'air et d'abattre la poussière. L'ar. des rues ne doit pas être laissé à la discrétion des riverains. Dans toutes les grandes villes il constitue un service municipal. Il s'effectue quelquefois au moyen de longs tuyaux flexibles supportés par de petits trains de deux roues et de distance en distance, et dont on visse les extrémités sur les prises d'eau. Mais ce procédé qui gêne la circulation des voitures ne devrait être employé que sur les voies peu fréquentées. Pour les autres on emploie les tonneaux d'arrosage que tout le monde connait. Ce sont de grands tonneaux montés sur un chariot et portant à l'arrière un tuyau en demi-cercle percé de trous par où l'eau s'échappe en jaillissant tandis que le tonneau, trainé par un ou deux chevaux, avance sur la rue.

ARROSER. v. a. (lat. *ros*, rosée). Humecter, mouiller quelque chose en y répandant de l'eau ou quelque autre liquide. *Ar. des fleurs, le pied des arbres, un jardin. Ar. les rues.* — Fam., *J'ai été bien arrosé, J'ai été bien mouillé par la pluie.* ‖ *Ar. de ses larmes,* Mouiller de larmes. *Il arrosait son lit de ses larmes.* — Fig., *Ar. son pain de ses larmes,* Vivre dans la douleur et la misère. — *Ar la terre de ses sueurs,* Féconder la terre par son travail. ‖ *Faire circuler de l'eau dans les terres, afin de les fertiliser. De nombreux canaux amènent l'eau du fleuve voisin pour ar. ces prairies.* — Se dit également des fleuves et des cours d'eau qui traversent un pays. *La Loire arrose les champs fertiles de la Touraine.* ‖ Fig. et fam., *Ar. ses créanciers,* Leur distribuer quelque somme pour leur faire prendre patience. — On dit aussi en parlant de petites libéralités que dans de certaines circonstances il faut distribuer, *Ayez soin d'ar. ces gens-là.* ‖ Se dit de la rétribution qu'un joueur doit à tous les autres dans certains jeux et dans certains cas. *Ar. un brelan.* — Se dit également en parlant du supplément que des actionnaires ou des intéressés dans une entreprise sont quelquefois obligés d'ajouter à leur mise de fonds pour subvenir à des dépenses imprévues. *Il nous en a coûté autant pour ar. que pour la première mise de fonds.* == ARROSÉ, ÉE, participe.

ARROSOIR. s. m. Vase propre à arroser. *Un ar. de ferblanc. Pomme d'ar.* Voy. ARROSEMENT. ‖ T. Zool. Genre de Mollusques acéphales. Voy. ENFERMÉS.

ARROUX, rivière de France, affluent de droite de la Loire. arrose Autun.

ARROW-ROOT. s. m. [Pr. *arrô-route*] (angl. *arrow,* flèche ; *root,* racine). Sorte de fécule qui s'extrait de diverses espèces végétales appartenant au genre *Maranta.* Voy. SCITAMINÉES et AMIDON.

ARRUGIE. s. f. T. Mines. Canal pour l'écoulement des eaux.

ARS. s. m. (R. *arc*). T. Méd. vét. Le pli qui se remarque à la réunion de la poitrine et du membre antérieur du cheval, endroit où l'on pratique quelquefois la saignée. — *Cheval (rayé aux ars,* Cheval qui, par suite de l'action irritante de la sueur et des poussières, a des excoriations sur la peau de la région de l'ars entre le poitrail et le membre antérieur.

ARS ou **ARS-EN-RÉ,** ch.-l. de c. (Charente-Inférieure) dans l'île de Ré, arr. de la Rochelle, 1,900 hab.

ARSACE, fondateur de l'empire des Parthes (255 av. J.-C.).

ARSACIDES, puissante dynastie des Parthes ou Perses fondée par Arsace (255 av. J.-C. — 226 après). Tous les souverains de cette dynastie portèrent le nom d'Arsace.

ARSENAL. s. m. (ar. *dar sina à,* maison où l'on construit ; esp. *darsena* ; port. *arsenal*). Lieu où l'on tient en réserve toutes sortes d'armes et de munitions de guerre. — Fig., *Cet ouvrage est un ar. où toutes les opinions trouvent des arguments.* ‖ Établissement dans lequel on fabrique ou répare les affûts, les voitures, le matériel d'artillerie, dit, suivant le cas, *ar. de construction* ou de *réparation.*

En général les *Arsenaux* ne sont pas de simples dépôts d'armes et de munitions. Aux édifices qui servent ainsi de magasins sont ordinairement joints des bâtiments spéciaux destinés à la fabrication, à la réparation et à l'entretien des armes de tout genre, à la confection de la poudre et des diverses espèces d'artifices usités aujourd'hui. On y trouve, par conséquent, des fonderies, des forges et des ateliers plus ou moins nombreux, selon l'importance de l'établissement. Les principaux arsenaux ou ateliers de construction que possède la France sont ceux de Douai, Vernon, Besançon, Bourges, Rennes, Clermont-Ferrand, Lyon, Grenoble, Toulouse, Tarbes, Puteaux, Vincennes et Versailles. On peut y ajouter l'école de pyrotechnie et la fonderie de canons de Bourges, les manufactures d'armes de St-Étienne, Tulle et Châtellerault, les poudreries du Bouchet, du Ripault, d'Esquerdes, de Vonges, de St-Médard, de Pont-de-Buis, de St-Chamas et de Sevran-Livry, les raffineries de Lille, Marseille et Bordeaux.

Enfin, à chaque place importante d'artillerie est annexé un arsenal de réparation.

Les arsenaux maritimes sont des établissements d'une étendue et d'une importance supérieures encore à celles des arsenaux dont nous venons de parler. Un ar. maritime, en effet, doit contenir les matériaux et les ateliers de tout genre nécessaires à la construction, à l'armement, au désarmement, au radoub, à l'abri et à l'entretien des vaisseaux et autres bâtiments de guerre. On y trouve des approvisionnements immenses en bois de construction et de mâture, des forges, des ateliers pour la voilerie, la corderie, la menuiserie, la tonnellerie, la peinture, la sculpture, l'avironnerie, etc. ; un parc d'artillerie et une salle d'armes ; une manutention et des magasins pour les vivres ; des radeaux, des pontons, des chalands, etc. ; des chantiers et des bassins de construction ; des machines à curer, etc. Il renferme en outre des casernes pour les troupes, un hôpital pour les malades et les blessés, ainsi que divers bâtiments occupés par l'administration préposée à la direction et à la surveillance de toutes les parties de l'établissement. Il n'est pas besoin de dire qu'un ar. maritime tient toujours à une rade et qu'il est protégé par des fortifications, afin de le mettre à l'abri des entreprises de l'ennemi.

La France possède cinq arsenaux maritimes : Cherbourg, Brest, Lorient, Rochefort et Toulon. Ces arsenaux sont les seuls où l'on puisse construire, armer et abriter des vaisseaux de ligne.

Chez les puissances étrangères, les arsenaux maritimes les plus importants sont : en Angleterre, Woolwich, Sheerness, Deptford, Portsmouth et Plymouth ; en Suède, Carlscrona ; en Russie, Cronstadt (mer Baltique) et Sébastopol (mer Noire) ; en Prusse, Kiel, Dantzick et Stettin ; en Danemark, Copenhague ; en Hollande, Flessingue, le Texel, etc. ; en Belgique, Anvers ; en Espagne, la Corogne, Cadix, Carthagène, Barcelone, Gibraltar (aux Anglais) ; en Portugal, Lisbonne ; en Italie, et dans ses dépendances géographiques, Gênes, Livourne, Naples, Ancône, Venise, Trieste, Palerme, Malte (à l'Angleterre), etc. ; en Turquie, Constantinople ; en Égypte, Alexandrie. Parmi les arsenaux de l'Amérique, nous nous contenterons de citer ceux de New-York, Boston, Baltimore (États-Unis), Vera-Cruz (Mexique), Carthagène (Nouvelle-Grenade), Valparaiso (Chili), Rio-Janeiro et Bahia (Brésil).

Sous Henri IV et Sully, l'arsenal de Paris était célèbre. Il n'en reste aujourd'hui que la Bibliothèque qui porte ce nom. L'arsenal de Venise est le monument le plus célèbre de ce genre : il date du XIVe siècle.

ARSÉNIATE. s. m. T. Chim. Nom générique des sels formés par l'acide arsénique. Voy. ARSENIC.

ARSENIC. s. m. [Pr. *arsenik*] (gr. ἀρσενικὸν, m. s., d'ἀρσενικὸς, énergique, violent, dérivé de ἄρσην, mâle, ainsi nommé à cause de l'énergie de ce poison). T. Chim.

L'Ars. est un métal solide, d'un gris d'acier brillant, lorsqu'il est récemment préparé ou lorsqu'on l'a conservé à l'abri du contact de l'air. Il est insipide et inodore, mais le frottement en dégage une légère odeur alliacée ; sa texture est grenue et quelquefois écailleuse ; il est très cassant et facile à pulvériser. Sa densité est de 5,75. A une température d'environ 400°, il passe immédiatement à l'état de vapeur, sous la pression ordinaire de l'atmosphère. On le liquéfie qu'en le soumettant à la chaleur rouge en même temps qu'à une forte pression dans un vase bien fermé. A la température ordinaire, l'oxygène de l'air, quand ce dernier est humide, se combine avec l'ars. et le transforme en une poudre noirâtre dont le nom vulgaire de *Mort aux mouches* indique les propriétés toxiques et l'usage. Lorsqu'on met l'ars. en contact avec un corps en ignition, il brûle à l'air comme de l'amadou, en répandant une lumière bleuâtre, à peine visible pendant le jour, mais qui, dans l'obscurité, ressemble exactement à la lumière du phosphore. Cette combustion s'accompagne d'une odeur particulière qui rappelle celle de l'ail ou du phosphore. Quand on projette de l'ars. sur des charbons ardents, il se réduit complètement en vapeurs brunâtres d'abord (ars.), puis blanches (acide arsénieux), en dégageant la même odeur alliacée. Cette odeur n'appartient ni à l'ars. en vapeur, ni à l'acide arsénieux ; elle ne fait que se développer au moment même du passage de l'ars. à l'état d'acide arsénieux, ou réciproquement. Le symbole de l'ars. est As ; son poids atomique et son équivalent sont tous deux égaux à 75. La molécule d'arsenic libre est As⁴, correspondant à 2 volumes ; le poids moléculaire est donc 300. La densité de sa vapeur diminue quand on élève la température ; au-dessus de 1700°, elle correspond au poids moléculaire As² = 150.

L'ars. se combine avec une foule de corps simples ; mais nous ne parlerons ici que des composés qui offrent un certain intérêt pour la thérapeutique, l'industrie et la médecine légale. Toutes les combinaisons formées par l'ars. ont pour caractère commun d'exhaler une odeur alliacée, quand on les projette sur des charbons ardents, et de donner de l'ars. métallique lorsqu'on les chauffe avec du flux noir dans un tube à réduction.

L'ars. forme avec l'oxygène deux combinaisons : l'acide arsénieux et l'acide arsénique. — L'*Acide arsénieux* ou *Anhydride arsénieux*, appelé aussi *Oxyde d'ars.*, *Ars. blanc*, *Mort aux rats* (As²O³)², se vend dans le commerce sous le simple nom d'ars. Lorsqu'il est récemment préparé, l'acide arsénieux est en masses vitreuses ; cet *acide vitreux* est amorphe, transparent, incolore, d'une densité 3,74 ; mais il devient peu à peu opaque, par suite d'une cristallisation microscopique qui se propage lentement de la surface vers le centre, et qui donne à la masse l'aspect laiteux de la porcelaine. Dans cette nouvelle modification, appelée *Acide porcelanique*, la densité a diminué et s'est réduite à 3,69. L'acide arsénieux est dimorphe ; il cristallise en tétraèdres par la voie sèche et en octaèdres par la voie humide. Lorsqu'il est en poudre, il ressemble par son aspect et sa blancheur à du sucre pulvérisé ou à de la farine ; mais son poids est relativement plus grand, et, vue à la loupe, cette poudre se compose de petits octaèdres réguliers. L'acide arsénieux est inodore, insipide et laisse au goût douceâtre dans l'arrière-gorge. L'acide arsénieux est peu soluble dans l'eau, et l'acide porcelanique l'est moins que l'acide vitreux ; celui-ci se dissout à froid dans 403 parties d'eau ; mais, si la dissolution s'est faite à chaud, elle relient ou se refroidissant 1 partie d'acide vitreux pour 30 parties de liquide. L'acide arsénieux devient plus soluble dans l'eau lorsqu'on y ajoute un acide, comme l'acide chlorhydrique. Sa dissolution aqueuse rougit faiblement le tournesol. Il est très soluble dans l'acide chlorhydrique. Lorsqu'on le chauffe dans un matras, il se volatilise sans se liquéfier et sans se décomposer. L'acide arsénieux s'obtient en grand pendant le grillage des minerais de cobalt arsenical ; mais, comme après la première sublimation il n'est pas pur, on le sublime de nouveau dans des cu-arbites en fonte. — On emploie cet acide dans les arts, dans les manufactures de toiles peintes, dans la fabrication du verre, pour préparer l'orpiment artificiel, le vert de Scheele, etc. Mélangé avec de la farine, il sert à détruire les rats. Enfin, quoiqu'il soit doué de propriétés toxiques très violentes, la thérapeutique a su l'utiliser dans un grand nombre de cas. Toutefois, comme les diverses préparations arsenicales possèdent des propriétés semblables, nous leur consacrerons un paragraphe unique, afin d'éviter les répétitions. — L'*Acide arsénique anhydre* ou *Anhydride arsénique* As²O⁵ est solide, blanc, cristallisable et d'une saveur métallique caustique. Sa densité est de 3,73. Il fond au rouge sombre et se décompose au rouge blanc en anhydride arsénieux et en oxygène. Sur les charbons ardents il se boursoufle, puis se décompose en arsenic qui se volatilise, et en oxygène qui s'unit au charbon. Il attire lentement l'humidité de l'air. Il est beaucoup plus soluble dans l'eau que l'acide arsénieux ; car 6 parties d'eau froide et 2 parties d'eau chaude suffisent pour le dissoudre. Sa dissolution rougit fortement le tournesol. De même que l'acide phosphorique, il forme avec l'eau trois hydrates : l'*Acide arsénique normal*, l'*Acide pyroarsénique* et l'*Acide métarsénique*. L'acide normal H³AsO⁴ s'obtient en

chauffant de l'acide arsénieux ou de l'arsenic avec une eau régale formée de 12 parties d'acide azotique et de 4 parties d'acide chlorhydrique, et en évaporant. Si l'on chauffe ensuite jusqu'au rouge sombre, on obtient l'acide anhydre. Aujourd'hui on prépare l'acide arsénique en grand, dans l'industrie des couleurs d'aniline, en faisant passer un courant de chlore dans de l'acide arsénieux en suspension dans l'eau.

Le soufre est susceptible de se combiner en diverses proportions avec l'ars. Les composés les plus importants sont le bisulfure et le trisulfure. Le *Bisul. ure* As²S² est encore désigné sous les noms de *Réalgar*, *Orpin rouge*, *Ars. rouge*, *Rubine d'ars.*, *Rubis arsenical*, *Poudre rouge des cécaux*. Le réalgar naturel est en morceaux d'un rouge terne ou brillant, lamelleux, faciles à rayer. On le trouve en Chine, au Japon, en B hême, dans les produits volcaniques, etc. L'artificiel est en masses compactes, d'un rouge foncé, à cassure vitreuse écailleuse ; sa poudre est rouge hyacinthe. On le prépare en chauffant de l'ars. ou de l'acide arsénieux avec un excès de soufre. Le réalgar s'emploie en peinture ; mais il altère les couleurs blanches de plomb avec lesquelles on l'unit. Les artificiers s'en servent pour faire les feux blancs dits *Feux indiens* ou *chinois*, qui répandent une lumière fort vive. La composition employée pour ce feu est formée de 2 parties réalgar. 7 fleur de soufre et 24 nitre. — Le *Trisulfure* As²S³, appelé aussi *Orp ment*, *Orpin*, *Ars. jaune*, se rencontre dans la nature en morceaux d'un jaune doré, mat ou brillant, fibreux ou lamelleux, doux au toucher. Il vient de la Hongrie, de la Valachie, et se trouve dans toutes les mines riches en ars. L'artificiel est tantôt en masses dures, compactes, lamelleuses, semi-vitreuses, irrégulièrement colorées en jaune citron plus ou moins foncé, qui s'obtiennent en sublimant un mélange d'acide arsénieux et de soufre ; tantôt en poudre jaune et opaque, qui s'obtient en précipitant une dissolution d'acide arsénieux par l'acide sulfhydrique. L'orpiment est usité en peinture : il donne une très belle teinte d'un jaune transparent ; mais, après quelque temps, il a l'inconvénient de noircir les couleurs de plomb avec lesquelles on le mêle, ou l'en faisant passer à l'état du sulfure. — Les deux sulfures naturels jaune et rouge sont insolubles ou fort peu solubles dans l'eau ; les sulfures artificiels le sont davantage, surtout le sulfure jaune en morceaux ; aussi jouissent-ils de propriétés toxiques bien plus prononcées. Chauffés avec du flux noir, ils se réduisent en ars. métallique et en sulfure de potassium, lequel traité par l'acide chlorhydrique laisse dégager du gaz acide sulfhydrique reconnaissable à son odeur. Cette réaction est la plus important ct la plus caractéristique. — Le réalgar et l'orpiment très pur sont quelquefois usités en médecine.

L'ars. se combine très bien avec divers métaux, et forme avec eux des alliages fort cassants, lors même qu'il n'entre dans le mélange que pour une très faible proportion. Plusieurs de ces aliag s sont plus fusibles et moins colorés que les métaux qui les composent. L'alliage des anciens miroirs de télescope, par ex., était formé d'ars., de cuivre et d'étain. On sait qu'aujourd'hui ces miroirs se font en verre argenté. L'ars. fondu avec parties égales de cuivre constitue le *Cuivre blanc*, dont on fabrique en Allemagne des ustensiles et des objets d'agrément. L'ars. entre encore dans la fabrication du plomb de chasse, qui en contient 2 à 3 millièmes.

L'*Iodure d'ars.* est solide, volatil, soluble dans l'eau. Sa couleur est rouge de laque. Il s'obtient en chauffant avec de l'iode de l'ars. pulvérisé, et en distillant ensuite pour séparer l'iodure de l'excès d'ars. métallique. Ce composé est usité en médecine.

L'*Hydrogène arsénié* ou *Hydrure d'ars.*, ou bien encore *Arséniure d'hydrogène* AsH³ est un gaz incolore, insoluble et inflammable. Son odeur est nauséabonde et rappelle celle du phosphore. Ce gaz est excessivement délétère. A l'état de pureté, sa densité est 2,695. Quand on le fait passer à travers d'un tube incandescent, le gaz se décompose en hydrogène et en ars. Il brûle à l'air avec une flamme jaune et se transforme en eau et en un mélange grisâtre d'ars. et d'acide arsénieux. Le chlore, l'iode, le soufre, les acides nitrique et sulfurique décomposent le gaz hydrogène arsénié.

Les *Arsénites* et les *Arséniates* sont des sels formés par la combinaison de l'acide arsénieux ou de l'acide arsénique avec une base. Ceux de potasse, de soude et d'ammoniaque sont seuls solubles dans l'eau. Les arsénites et les arséniates insolubles se transforment cependant en sels solubles, quand on les fait bouillir avec du carbonate de potasse ; il se produit alors un arsénite ou un arséniate de potasse soluble et un carbonate insoluble, dont on sépare la base par l'acide azotique pour constater ses caractères. Les arsénites solubles donnent lieu aux mêmes réactions que les dissolutions d'acide arsénieux. Les arséniates solubles se comportent avec les réactifs comme l'acide arsénique.

Les principaux sels arsénieux sont les suivants : 1° *L'Arsénite de cuivre* ou *Vert de Scheele* se présente sous la forme d'une poudre d'un vert clair. On l'obtient en faisant bouillir ensemble du sulfate de cuivre, de la potasse et de l'acide arsénieux, dans de l'eau. Ce sel est usité comme substance colorante, de même que le *Vert de Schweinfurth*, qui est une combinaison d'arsénite de cuivre et d'acétate de cuivre ; ces couleurs sont très vénéneuses. — 2° *L'Arsénite de potasse* est en masses amorphes d'un blanc sale. Pour l'obtenir on fait bouillir une dissolution de potasse avec un excès d'acide arsénieux. — 3° *L'Arséniate de potasse* se prépare en chauffant ensemble de l'acide arsénieux et du nitrate de potasse cristallisé. Ce sel est blanc, cristallisé et possède une réaction acide. — 4° *L'Arséniate de soude* est cristallisé, incolore et doué d'une saveur amère. On le prépare en chauffant un mélange d'acide arsénieux et de nitrate de soude. — 5° *L'Arsénite d'ammoniaque* est en prismes rhomboïdaux incolores et légèrement efflorescents. On l'obtient en saturant l'acide arsénieux par l'ammoniaque. — 6° *L'Arséniate de protoxyde de fer* est blanc et s'altère rapidement à l'air. Il se produit par voie de double décomposition, en traitant l'arséniate de soude par le sulfate de protoxyde de fer. — Les cinq derniers sels que nous venons de nommer ne sont usités qu'en médecine.

Thérap. — L'ars. est le plus énergique de tous les poisons minéraux, et son action vénéneuse s'exerce sur tous les êtres organisés, sur les plantes aussi bien que sur les animaux, pourvu qu'il soit absorbé. C'est pourquoi les préparations arsenicales, toutes choses égales d'ailleurs, sont d'autant plus actives qu'elles sont plus solubles. L'ars. métallique, qui est insoluble, ne paraît pas avoir d'effet toxique par lui-même, et s'il a quelquefois empoisonné des animaux, c'est sans doute parce qu'il s'est transformé en oxyde dans leur estomac. Les préparations arsenicales peuvent être absorbées par toutes les voies, aussi bien par la peau recouverte de son épiderme ou dénudée que par les membranes muqueuses. Mais elles possèdent en même temps des propriétés thérapeutiques précieuses dont la médecine tire un parti avantageux dans certaines maladies. Appliquées sur les tissus, les compositions arsenicales les irritent violemment et peuvent y déterminer la formation d'escarres. Administrées à très faible dose, elles donnent lieu aux phénomènes suivants : Augmentation de l'appétit et de la soif ; selles plus faciles, plus abondantes et sans diarrhée ; sentiment de chaleur sèche, qui du creux de l'estomac s'étend peu à peu à tout le corps ; état fébrile léger, mais évident, qui n'affecte jamais le type intermittent à moins que l'ars. n'ait été donné à doses éloignées et régulièrement ; excitation nerveuse très notable ; insomnie ; augmentation de la contractilité musculaire ; sécrétion urinaire plus abondante, coïncidant ordinairement avec la sécheresse de la peau ; salivation quand l'usage de l'ars. est longtemps continué. — Les préparations arsenicales, employées à doses extrêmement faibles, sont des médicaments véritablement héroïques dans certains cas ; mais il faut toujours surveiller attentivement leurs effets. Depuis longtemps déjà, il est reconnu qu'elles sont l'agent thérapeutique le plus efficace dans les affections de la peau dites squammeuses. On fait surtout usage de la *Liqueur de Fowler* qui est une solution d'arsénite de potasse, et de la *Liqueur de Pearson* qui est une solution d'arséniate de soude. Le biarséniate de potasse et l'arséniate d'ammoniaque s'emploient de la même manière et dans les mêmes circonstances. L'arséniate de protoxyde de fer s'administre sous forme de pilules, dans les cas de dartres rongeantes scrofuleuses. L'iodure d'ars. est usité dans le même cas ; mais il s'emploie à l'extérieur sous forme de pommade. Le sulfure jaune d'ars. (orpiment) n'est plus employé en médecine ; il entre seulement dans la composition de certaines préparations épilatoires. — L'acide arsénieux est usité à l'extérieur comme escarotique. La *Pâte caustique du frère Côme* ou de *Rousselot*, et la *Pâte arsenicale de Dubois*, dans lesquelles l'acide arsénieux constitue le principe actif, sont très utiles contre les affections cancéreuses limitées. L'acide arsénieux s'administre plus souvent à l'intérieur : il entre dans la composition des *Pilules asiatiques* si vantées contre les affections squammeuses de la peau. Aujourd'hui, cependant, l'acide arsénieux est surtout usité comme fébrifuge dans le cas de fièvres intermittentes. Dès 1700, Slevot, professeur à Iéna, l'avait proclamé le fébrifuge par excellence, et l'avait déclaré supérieur au quinquina. Depuis lors d'habiles praticiens ont constaté l'efficacité de l'ars. comme antipériodique. Néanmoins,

c'est aux expériences nombreuses faites en Algérie par le docteur Boudin, dans le cas de fièvres intermittentes simples et pernicieuses, que les préparations arsenicales doivent la popularité dont elles jouissent à cette heure. Le même médecin en a aussi obtenu quelques succès contre certaines névralgies, et notamment contre celles qui dépendent du nerf trifacial.

Toxicol. et **Méd. légale.** — Toutes les combinaisons arsenicales sont plus ou moins toxiques ; mais c'est l'acide arsénieux qui sert le plus souvent aux tentatives criminelles. On admet généralement deux formes d'empoisonnement par cette substance : la forme aiguë et la forme lente. L'empoisonnement aigu débute par une sensation d'acuité et de constriction de la gorge, puis des vomissements de matières blanchâtres avec soif intense et diarrhée. Les symptômes s'aggravent bientôt : abattement, prostration, crampes, suppression des urines ; ventre dur, ballonné, langue rouge et sèche. Enfin survient la cyanose, la respiration s'embarrasse, la face et les extrémités bleuissent, et la mort arrive en peu de jours. Vers le second jour, il y a des accidents du côté de la peau par où la nature cherche à éliminer le poison : ce sont des taches pétéchiales, des élevures ou des vésicules. Si le malade ne succombe pas, les douleurs dans les membres persistent longtemps et la convalescence est longue et difficile.

La forme lente résulte de l'administration répétée du poison. On observe des alternatives de malaise et de santé, un état de maigreur qui s'accentue de plus en plus et finit par produire l'aspect d'une vieillesse anticipée. Vomissements fréquents, digestion difficile, coliques violentes, vertiges, lassitude, hémorragies, taches pétéchiales, éruptions variées, douleurs dans les membres, etc. : tels sont les principaux symptômes, qui cessent rapidement dès qu'on suspend l'administration du poison. Dans le cas contraire, le malade finit par succomber dans l'épuisement et le marasme.

Le traitement de l'empoisonnement consiste d'abord à favoriser l'évacuation du poison par les vomissements. Il faut administrer à haute dose la magnésie hydratée qui précipite l'acide arsénieux à l'état d'arsénite insoluble. On emploie aussi le peroxyde de fer récemment préparé. Lorsque le poison est absorbé, il faut le chasser le plus rapidement possible par les urines et par la peau. Orfila a proposé dans ce but un mélange d'eau, de vin blanc et de salpêtre. On frictionnera le malade, afin d'activer la circulation.

Dans tous les cas d'empoisonnement, on trouve l'ars. soit simplement mêlé aux aliments ou aux boissons, soit combiné avec certains liquides animaux, tels que le sang et l'urine, ou avec la substance même de certains organes, comme le foie, la rate, etc. Ces substances empêchent, en général, que l'on puisse constater directement la présence du poison au moyen des réactifs : il faut donc les éliminer aussi complètement que possible. Lorsqu'elles sont simplement mélangées avec de l'acide arsénieux en poudre ou en fragments plus ou moins volumineux, on parvient à l'aide de lavages ; mais lorsque l'acide arsénieux s'y trouve dissous ou combiné, le lavage ne suffit plus pour effectuer cette séparation. Dans ce cas, on doit détruire les matières organiques en les carbonisant. On place les matières imprégnées d'ars. dans une capsule de porcelaine, après les avoir préalablement divisées, si elles sont solides, et l'on y ajoute de 1/6 à 1/2 de leur poids d'acide sulfurique, suivant qu'elles sont grasses ou non, liquides ou solides, etc. On chauffe ensuite graduellement jusqu'à ce que le mélange entre en ébullition et que la matière organique soit entièrement dissoute. Sitôt que le mélange commence à se boursoufler, on modère l'action de la chaleur et l'on continue l'évaporation jusqu'à ce qu'il ne se dégage plus de vapeurs blanches d'acide sulfurique ou sulfureux. L'opération terminée, on retire la capsule du feu, et l'on broie le résidu charbonneux qu'elle contient. On laisse refroidir ce résidu, puis on l'humecte avec de l'acide azotique et l'on fait évaporer jusqu'à ce qu'il ne se dégage plus de vapeurs nitreuses. Alors on broie de nouveau le charbon, on le délaye dans de l'eau distillée, on fait bouillir le mélange pendant 20 à 25 minutes, et l'on filtre le tout plusieurs fois, afin d'épuiser aussi complètement que possible le charbon de l'ars. qu'il contient. L'addition de l'acide azotique ou de l'eau régale est faite en vue de détruire complètement la matière organique, et de transformer l'acide arsénieux en acide arsénique.

Il ne reste plus qu'à soumettre la liqueur filtrée à l'appareil de Marsh. Cette opération a pour but d'obtenir l'ars. à l'état métallique, afin de reconnaître la nature du poison, non seulement par les réactifs, mais encore par ses caractères physiques. L'appareil de Marsh est fondé, d'une part, sur la propriété que possède l'hydrogène à l'état naissant de décomposer les préparations arsenicales oxydées en eau et en gaz hydrogène arsénié ; d'autre part, sur celle que possède le gaz hydrogène arsénié de se décomposer et de donner de l'ars. métallique, lorsqu'on fait brûler lentement ce gaz au contact de l'air, ou lorsqu'on le chauffe au rouge sombre. Pour satisfaire à la première de ces données, on mêle la dissolution arsenicale avec des corps susceptibles de développer de l'hydrogène (eau, zinc et acide sulfurique).

On remplit la seconde donnée de deux manières. Ou bien on fait dégager le gaz hydrogène arsénié par l'extrémité effilée d'un tube, on l'enflamme ensuite et l'on interpose dans la flamme une capsule de porcelaine. On obtient ainsi des taches qui présentent les caractères suivants : 1° leur couleur est ordinairement brun fauve, brun chocolat, gris ardoisé ou gorge de pigeon ; 2° elles ne rougissent pas le papier de tournesol humide ; 3° elles ne se volatilisent pas à la température ordinaire ; mais à chaud elles se volatilisent promptement, complètement, sans s'étendre et en répandant une odeur alliacée ; 4° elles se dissolvent rapidement à froid dans l'acide azotique pur : cette solution, évaporée à siccité, laisse un résidu blanc soluble d'acide arsénique, qui, délayé dans l'eau et traité par l'azotate d'argent neutre, précipite en rouge brique (arséniate d'argent) ; 5° enfin, en mêlant ce précipité avec du flux noir et en le chauffant, on obtient l'ars. à l'état métallique. L'antimoine, formant avec l'hydrogène un composé analogue, l'hydrogène antimonié, peut donner lieu à des taches assez semblables dont les caractères distinctifs sont les suivants : 1° ces taches sont d'un bleu noirâtre foncé et fuligineuses quand elles sont épaisses, d'un gris bleuâtre et miroitantes quand elles sont minces ; 2° elles s'élèvent avant de se volatiliser et ne donnent pas d'odeur alliacée ; 3° l'acide azotique les dissout à froid, et la solution évaporée à siccité laisse un résidu jaunâtre (acide antimonieux) qui ne devient pas rouge brique par l'azotate d'argent. L'acide antimonieux se dissout dans l'acide chlorhydrique, et la solution se colore et précipite en orangé rougeâtre par l'acide sulfhydrique.

Ce procédé est extrêmement sensible : une liqueur renfermant 1 millionième d'acide arsénieux donne des taches caractéristiques à l'appareil de Marsh. Néanmoins, comme ce mode opératoire peut donner lieu à des erreurs, il doit être contrôlé par la production et l'examen des anneaux. Pour les obtenir, on fait passer le gaz hydrogène arsénié à travers un

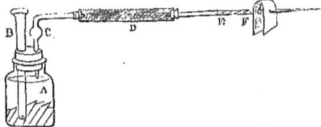

tube de verre chauffé au rouge sombre : l'hydrogène se dégage par l'extrémité du tube, et l'ars. se condense sous forme d'anneau au delà de la partie chauffée. La Fig. ci-dessus représente l'appareil. A, flacon à col droit et à large ouverture, fermé par un bouchon percé de 2 trous ; à l'un des trous est adapté un tube B, droit, de 1 centimètre de diamètre, qui descend jusqu'au fond du flacon ; à l'autre trou est également adapté un tube C, d'un plus petit diamètre, coudé à angle droit. La branche verticale de ce dernier est renflée dans sa partie supérieure et taillée en biseau à son extrémité inférieure. Sa branche horizontale s'adapte à un tube D plus large, long de 3 décimètres environ et rempli d'amiante, auquel en succède un autre E, de 2 millimètres de diamètre intérieur et de plusieurs décimètres de longueur. Ce dernier est effilé à son extrémité, enveloppé de feuilles de clinquant dans une longueur de 1 décimètre environ, et muni au delà d'un étrier en cuivre F. Le flacon doit être assez grand pour qu'il reste un vide d'environ 1/5 sa capacité totale lorsque les liqueurs suspectes y auront été versées. On introduit dans le flacon de petites lames de zinc laminé, assez d'eau pour mouiller complètement le zinc et boucher l'ouverture inférieure du tube de sûreté, et un peu d'acide sulfurique. Lorsque l'air est chassé, et que le gaz hydrogène se dégage par l'extrémité effilée du tube, on chauffe au rouge sombre, au moyen de charbons ardents placés sur une grille, la portion du tube entourée de clinquant, et l'on introduit ensuite peu à peu la liqueur suspecte par le tube de sûreté B. En passant à travers l'amiante, le gaz hydrogène arsénié se dépouille complètement des portions de liqueur qu'il a entraînées : il se décompose ensuite, dans la partie chauffée du tube, en ars. qui se

condense plus loin sous forme d'anneau, et en gaz hydrogène qui s'échappe par l'extrémité effilée. Toutes les fois que l'anneau est constitué par de l'ars., il est facile de reconnaître ce métal aux caractères suivants : 1° Du côté des charbons, la circonférence de l'anneau est bien arrêtée ; elle est moins limitée dans le sens opposé ; sa couleur est gris d'acier, avec reflet bleuâtre, miroitant. 2° Si l'on chauffe la partie correspondante du tube en le tenant incliné, le métal se vaporise promptement, se condense au-dessus, sous forme d'une poudre blanche granuleuse, qui est constituée par de l'acide arsénieux, et l'odeur alliacée de l'ars. se fait sentir à l'extrémité effilée. 3° Quand, après avoir fait dissoudre une portion de cette poudre blanche dans de l'eau aiguisée d'acide chlorhydrique, on fait passer dans la dissolution un courant de gaz acide sulfhydrique, il se forme un précipité jaune de sulfure d'ars. ; le sulfate de cuivre ammoniacal versé dans la même dissolution y détermine un précipité vert d'arsénite de cuivre. 4° En traitant une partie du métal de l'anneau ou de la poudre blanche précédente par de l'acide azotique ou de l'eau régale, on le ramène à l'état d'acide arsénique, dont la dissolution donne par l'azotate d'argent neutre un précipité rouge brique d'arséniate d'argent. 5° Enfin, si l'on chauffe dans un tube, avec du flux noir, l'acide arsénieux ou l'arsénite d'argent obtenu, on obtient de nouveau de l'ars. métallique semblable à celui de l'anneau.

Néanmoins, dans toute expertise légale concernant l'empoisonnement par l'ars., il y a deux causes d'erreur que nous devons signaler. Ainsi l'ars., découvert à l'aide de l'appareil de Marsh, peut provenir soit des réactifs ou des instruments employés (on doit donc toujours essayer préalablement ces réactifs et ces instruments pour s'assurer qu'ils ne contiennent pas d'ars.), soit du terrain dans lequel le cadavre a été inhumé. Les terrains arsenicaux peuvent en effet céder leur ars. aux cadavres, par voie d'imbibition. Mais dans ce cas des lavages répétés l'enlèvent aux organes, tandis que, dans le cas d'absorption pendant la vie, il ne l'est tout autrement. D'un autre côté, l'ars. imbibé est indifféremment réparti dans toutes les régions du corps, tandis que l'ars. absorbé se trouve en bien plus grande quantité dans le foie, la rate, les reins, les urines, etc. — Il résulte en outre des expériences entreprises sur l'ars. que ce poison peut être décelé, non seulement dans un cadavre inhumé depuis longtemps, mais encore dans les détritus, dans les parois du cercueil, dans le terreau, etc. Ainsi il est presque impossible, dans l'état actuel de la science, qu'un crime d'empoisonnement par les préparations arsenicales échappe aux recherches de la justice.

Minér. — L'ars. est une substance assez commune dans la nature, quoique peu abondante. On trouve à l'état natif : de l'ars. ; de l'acide arsénieux appelé ars. blanc ; deux sulfures d'ars. (l'*orpiment* et le *réalgar*) ; divers arséniates : de chaux (*Pharmacolite*, *Arsénicite*), de plomb (*Mimétèse*), de cobalt (*Erythrine*), de nickel (*Nikélocre*), de cuivre (*Erinite*, *Liroconite*, *Olivénite*, *Aphanèse*), de fer (*Scorodite*, *Pharmacosidérite*, *Néoctèse*, *Sidérétine*) ; des ars·nites : de cobalt (*Rhodoïse*), de nickel (*Néoplase*) ; et divers arséniures, tels que l'arséniure d'argent (Saxe. ARGENT), l'arséniure d'antimoine, l'arséniure de nickel (*Nickeline*) et l'arséniure de cobalt (*Smaltine*). Cette dernière substance est employée pour fabriquer l'oxyde de cobalt qui sert à colorer les émaux et les verres en bleu, ou pour préparer l'espèce de verre bleu désignée sous le nom de *Smalt*. — Quant à l'acide arsénieux, dont il se fait aussi une consommation assez considérable, surtout dans l'industrie des matières colorantes (vert de Scheele, vert de Schweinfurth, couleurs d'aniline), il s'obtient en général comme produit accessoire du grillage des minerais de cobalt et d'étain (Saxe). Quelquefois cependant, comme à Reichenstein (Silésie), on le prépare comme produit principal, par le grillage du *Mispickel* ou fer arsenical. Voy. aussi les mots COBALT, FER, etc.

ARSENICAL, ALE. adj. Qui a rapport à l'arsenic. *Odeur arsenicale.* || Qui contient de l'arsenic. *Pâte arsenicale. Sels arsenicaux.* — S'emploie subst. au plur. *Les arsenicaux sont des médicaments héroïques.*

ARSÉNICISME. s. m. T. Méd. État maladif d'un individu qui a absorbé de l'arsenic à petites doses pendant longtemps, de manière à subir une intoxication chronique. Voy. ARSENIC.

ARSÉNICITE. s. f. T. Minér. Nom donné aux arséniates de chaux naturels. On dit encore *pharmacolithe* (poison-pierre).

ARSÉNICOPHAGES (*arsenic* et gr. φάγειν, manger). Nom donné à certaines populations qui consomment régulièrement de l'arsenic. On les rencontre surtout parmi les paysans de la Basse-Autriche et de la Styrie et parmi les montagnards du Tyrol. Les premiers absorbent l'acide arsénieux pour se donner de la force et de l'embonpoint, les autres pour se rendre plus aptes à l'ascension des montagnes. Les ars. commencent par la minime dose d'une très petite lentille qu'ils avalent le matin à jeun. Avec l'accoutumance, ils augmentent progressivement la dose et arrivent à avaler 25 à 30 centigrammes d'acide arsénieux par jour sans que leur santé s'altère, et ils retirent de ce singulier régime de bons effets incontestables.

ARSÉNICOXYDE. s. m. T. Minér. Nom générique des minerais qui contiennent des oxydes d'arsenic.

ARSÉNIÉ, ÉE. adj. T. Chim. *Hydrogène arsénié.* Voy. Arsenic.

ARSÉNIEUX. adj. m. T. Chim. *Acide arsénieux.* Voy. Arsenic.

ARSÉNIOSIDÉRITE. s. f. (de *arsenic* et gr. σίδηρος, fer). T. Minér. Arséniate ferrico-calcite qui se présente sous forme de masses globulaires d'un brun jaunâtre.

ARSÉNIQUE. adj. m. T. Chim. *Acide arsénique.* Voy. Arsenic.

ARSÉNIT. s. m. T. Minér. Mot quelquefois employé pour Arsénolithe. Voy. ce mot.

ARSÉNITE. s. m. T. Chim. Nom générique des sels formés par l'acide arsénieux. Voy. Arsenic.

ARSÉNIURE. s. m. T. Chim. Nom générique des composés binaires de l'arsenic. Voy. Arsenic.

ARSÉNOLITHE. s. m. (de *arsenic* et gr. λίθος, pierre). T. Minér. Acide arsénieux anhydre octaédrique.

ARSENPHYLLITE. s. m. (de *arsenic* et gr. φύλλον, feuille). T. Minér. Acide arsénieux anhydre, isomorphe avec la valentinite et présentant la même composition que l'arsénolithe.

ARSIN, INE. adj. (de *ars* ou *ards*, part. passé du verbe *ardre*). T. Eaux et Forêts. *Bois arsin,* Bois où le feu a pris, de quelque manière qu'il y ait été mis.

ARSINE. s. f. (R. *arsenic*). T. Chim. Les *Arsines* sont des composés basiques analogues aux *Amines* (voy. ce mot) et qui dérivent de l'hydrogène arsénié AsH³ par la substitution de radicaux alcooliques à l'hydrogène. Toutes les arsines connues correspondent au type AzX³ des amines tertiaires : telles sont la triméthylarsine As(CH³)³, la triéthylarsine As(C²H⁵)³, la tripropylarsine As(C³H⁷)³, la triphénylarsine As(C⁶H⁵)³. De plus on connaît un grand nombre de composés du type AsX⁵, dans lesquels l'arsenic est quinquivalent, et qui correspondent aux sels d'amines : par exemple, l'iodure de triéthylarsine (C²H⁵)³As⁻I², et les sels d'éthylarsonium, analogues aux sels d'ammonium, comme l'iodure d'éthylarsonium (C²H⁵)⁴AsI. Les composés méthylés de l'arsenic dérivent de l'oxyde de cacodyle (CH³)⁴As²O, qui forme la plus grande partie de la liqueur fumante de Cadet. Voy. Cacodyle.

Les *arsoniums* sont des radicaux univalents, analogues à l'ammonium et appartenant au type AsH⁴. On connaît des sels d'éthylarsonium As(C²H⁵)⁴, de méthylarsonium As(CH³)⁴, de diméthyldiéthylarsonium As(CH³)²(C²H⁵)², etc.

ARSOUILLE. s. m. T. de bas peuple, dérivé, sans doute, de souiller. Individu vil, dépravé, crapuleux.

ART. s. m. (lat. *ars;* gr. ἀρετή, vertu, force, puissance). Application de la science acquise par l'homme et de la puissance dont il dispose à la réalisation d'une conception quelconque. *Les termes, les préceptes, les règles, les procédés, les ressources, les secrets de l'a. Il a employé dans ce discours tout l'a. de l'éloquence. L'a. de la poésie, de la peinture, de l'architecture. L'a. de la guerre, de la navigation. L'a. de médecine. L'a. de guérir. L'a. du potier, du forgeron. Ce drame est fait avec a. Cet ouvrier excelle, est expert dans son a. Les maîtres de l'a. Sa maladie est au-dessus des ressources de l'a.* || Ensemble des moyens que peut employer l'homme pour exciter chez ses semblables le sentiment du beau, ou réaliser des conceptions qui ont pour origine le sentiment du beau. Se dit dans ce sens spécial par opposition à *Science* et *Industrie. L'a. est l'expression du beau. L'a. est l'incarnation de l'idéal. L'a. se raréfie et disparaît dès qu'il cesse d'être désintéressé, c.-à-d. dès que l'artiste sacrifie une partie des ses idées au goût du jour pour augmenter le produit de son œuvre. L'a. de la peinture, de la sculpture, de la musique. La littérature est une forme de l'a. Faire de l'a. pour l'a., Chercher la réalisation d'une conception idéale, en dehors de toute espèce d'idée d'application à l'industrie ou à la morale. Ce tableau montre plus de métier que d'a.* || Arts, au pl. sans épithète, se dit tantôt des arts qui se proposent l'utilité pour but direct et immédiat, tantôt de ceux qui ont pour objet la satisfaction des besoins intellectuels de l'homme, tantôt de ces deux catégories d'arts prises ensemble. *Les arts utiles à l'homme. Les arts mécaniques. Cette matière s'emploie souvent dans les arts. École des arts et métiers. Amateur des arts. Ce prince encourage et protège les arts. Les arts ont fleuri dans le siècle de Périclès. Chez ce peuple tous les arts sont encore dans l'enfance.* || On donne le nom d'a. à une collection de règles et de préceptes pour faire quelque chose. *L'A. poétique de Boileau. L'A. d'aimer d'Ovide. L'a. du teinturier. L'a. de bâtir.* || Talent, habileté, adresse. *Il a employé l'a. des plus excellents ouvriers. Cet architecte a déployé un grand a. dans la décoration de cet édifice. — Fig., Je voudrais avoir l'a. de vous plaire. Il a l'a. d'ennuyer. Agir, se conduire, s'insinuer avec a.* || S'emploie au prop. et au fig., pour désigner ce qui est le résultat du travail de l'homme, par oppos. à ce qui est créé par la nature. *Un lieu fortifié par la nature et l'a. L'a. n'a pas encore su utiliser toutes les forces de la nature. Cette substance est un produit de l'a. Il y a dans la grâce de cette femme plus d'a. que de naturel.*

En définissant le mot *a.* ainsi que nous l'avons fait plus haut, nous l'avons pris dans son acception la plus générale, acception qui est en même temps conforme à l'étymologie. C'est dans ce sens que le terme *a.* s'emploie par opposition au terme *science.* Ce dernier représente la connaissance purement abstraite, tandis que le premier désigne l'application des principes scientifiques eux-mêmes à la réalisation d'une conception quelconque. Mais la multiplicité des objets auxquels s'applique l'activité humaine est si grande, ces objets diffèrent tellement entre eux, et les procédés techniques sont tellement divers, que l'homme a dû établir plusieurs catégories parmi les arts. La distinction la plus anciennement établie est celle des *Arts libéraux* et des *Arts industriels.*

On définit habituellement les *Arts libéraux,* ceux où l'intelligence a le plus de part ; mais nous pensons qu'il serait mieux de les définir, ceux qui n'ont pas pour but de produire des objets d'utilité. Les arts libéraux ont été ainsi nommés parce que, dans l'antiquité, les hommes libres les cultivaient de préférence, et dédaignaient les arts mécaniques, qui étaient abandonnés aux esclaves. Dans les écoles du moyen âge, on distinguait sept arts libéraux : les trois premiers (grammaire, logique et rhétorique) formaient le cours d'études qu'on appelait *Trivium.* Les quatre autres (arithmétique, géométrie, musique et astronomie) composaient le *Quadrivium.* En conséquence, on donnait autrefois, dans les Universités, le nom de *Maître ès arts* à celui qui avait obtenu le degré donnant pouvoir d'enseigner les humanités et la philosophie ; on l'appelait *Faculté des arts* le corps des régents de l'Université chargés d'enseigner les humanités et la philosophie, et tous les maîtres ès arts immatriculés. Ces dénominations ont aujourd'hui complètement disparu.

On a spécialement donné le nom de *Beaux-arts* à la peinture, à la sculpture, à l'architecture, à la musique et à la danse ; on y joint quelquefois l'éloquence et la poésie, parce que ces arts s'adressent à la fois à l'imagination et aux sens de l'homme, et produisent sur lui des impressions vives et profondes. Mais, si l'on considère la musique, la danse, etc., comme de simples amusements, on les appelle *Arts d'agrément.* — Parmi les institutions fondées en France dans le but de favoriser la culture et le progrès des beaux-arts, nous nommerons l'*Académie des Beaux-Arts* (Voy. Académie et Institut), l'*École nationale des Beaux-Arts,* l'*Académie de France à Rome,* le *Conservatoire national de musique* et les *Musées*. Voy. Conservatoire et Musée. L'École des Beaux-Arts, dont la fondation remonte à l'année 1793, est destinée à l'enseignement de la peinture, de la sculpture, de l'architecture et de la gravure. Le bâtiment qu'elle occupe est un monument remarquable. L'enseignement y est gratuit. Tout étudiant artiste, français ou étranger, âgé de moins de trente ans, peut prétendre à une place à l'École. Les places d'élève sont données au concours. Il y a chaque année, à l'École, un grand concours pour la peinture, la sculpture et l'architecture; tous les deux ans, pour la gravure en taille-douce; tous les quatre ans, pour la gravure en médailles et pierres fines. Les élèves français sont seuls admis. Ceux qui remportent les premiers grands prix sont envoyés à Rome aux frais de l'État. Ils passent cinq ans en Italie, et continuent leurs études sous la surveillance et l'inspiration du directeur de l'*Académie de France à Rome*. Cette Académie est établie dans la villa Medici. Tous les ans, au mois de septembre, il y a au palais des Beaux-Arts, à Paris, une exposition publique des ouvrages envoyés par les *pensionnaires de Rome*. — Outre ces institutions du premier ordre, nous avons encore, soit à Paris, soit dans les grandes villes de province, un certain nombre de sociétés artistiques, établies sous divers titres, ainsi que beaucoup d'écoles spéciales pour la peinture, la sculpture, l'architecture, la musique, mais particulièrement pour le dessin. — Quant à la question philosophique que soulève le terme de *beaux-arts*, nous la traiterons au mot Esthétique.

Les *Arts industriels*, qu'on désigne encore fort souvent par la dénomination d'*Arts et métiers*, sont ceux où l'intelligence s'applique à modifier la matière, à utiliser les forces naturelles, à transformer les substances que nous offre la nature en produits médiatement ou immédiatement propres à la satisfaction des besoins de l'homme. On appelle plus spécialement *Arts mécaniques* ceux d'entre les arts industriels qui exigent des travaux manuels ou s'aident du travail des machines. Les arts industriels, grâce au développement de l'industrie moderne et de la subdivision du travail introduite dans la plupart des fabrications, sont devenus excessivement nombreux. La plupart étant, dans cet ouvrage, l'objet d'articles spéciaux, nous ne les énumérerons pas ici. Voy. les mots Conservatoire, Exposition, Industrie.

A. sacré ou *A. hermétique*, voy. Alchimie. — *A. dramatique*, voy. Dramatique. — *A. oratoire*, voy. Éloquence et Rhétorique. — *A. poétique*, voy. Poésie et Versification. — *A. militaire* ou *A. de la guerre*, voy. Tactique, Stratégie et Fortification. — *A. nautique*, voy. Navigation.

Bibliogr. — J. Winckelmann, *Histoire de l'Art chez les Anciens*, Dresde, 1764, traduite par Huber, 1781, et Jansen, 1803; — Alexandre du Sommerard, *les Arts au moyen âge*; — Ch. Laboulaye, *Essai sur l'Art industriel*; — Théophile Gautier, *l'Art moderne*, 1856; *les Beaux-Arts en Europe*, 1856; — *Dictionnaire des Beaux-Arts*, publié par l'Académie des Beaux-Arts; — Charles Clupiez, *Histoire de l'Art dans l'antiquité*, 4 vol. 1886; — Olivier Rayet, *Monuments de l'Art antique*; — Henri Havard, *l'Art à travers les mœurs*, 1883; — Charles Blanc, *Grammaire des Arts décoratifs*, 1882; — E. O. Lami, *Dictionnaire de l'Industrie et des Arts industriels*, 9 vol., 1880-1891.

ARTABAN, capitaine des gardes de Xerxès, assassina son maître et fut lui-même par Artaxerxès Ier. ‖ Nom de quatre rois des Parthes, de la dynastie des Arsacides. ‖ Héros d'un roman de La Calprenède, qui a pour titre *Cléopâtre*, et dont la fierté est passée en proverbe : « Fier comme Artaban. »

ARTABE. s. m. (gr. ἀρτάβη). Mesure de capacité des Perses évaluée à 52 litres. Les Égyptiens avaient une mesure du même nom qui valait 25 litres.

ARTABOTRYS. s. m. (gr. ἀρτάω, je suspends; βότρυς, grappe). T. Bot. Genre de plantes de la famille des *Anonacées*. Voy. ce mot.

ARTAMIE. s. f. (gr. ἀρτάω, je suspends), T. Zool. Genre d'oiseaux formant un groupe de transition entre les *Langrayens* et les *Pies-grièches*.

ARTANTHE. s. m. (gr. ἀρτάω, je suspends; ἄνθος, fleur). T. Bot. Genre de plantes de la famille des *Pipéracées*, dont une espèce donne le *Matico*. Voy. ces mots.

ARTAPHERNE, général perse, fut vaincu avec Datis à Marathon (490 av. J.-C.).

ARTAUD DE MONTOR (Le chevalier), littérateur français (1772-1849), traducteur de *Dante*, auteur de l'*Histoire des souverains pontifes*.

ARTAXERXÈS Ier, *Longue-Main*, roi de Perse (472-425 av. J.-C.), fut vaincu par les Grecs et obligé de signer la paix de Cimon, en 449. ‖ Artaxerxès II, *Mnémon*, roi de Perse (405-362 av. J.-C.), triompha de la révolte de son frère Cyrus le Jeune et signa le traité avantageux d'Antalcidas, en 387. ‖ Artaxerxès III, *Ochus*, roi de Perse (362-338 av. J.-C.), réduisit l'Égypte insurgée.

ARTELLE. s. f. T. de Plombier. Morceau de bois de chêne concave, servant à verser la soudure.

ARTÉMISE. s. f. T. Bot. Syn. d'*Armoise*. Voy. ce mot et Composées.

ARTÉMISE, reine d'Halicarnasse, se distingua au combat de Salamine. ‖ Reine de Carie (IVe siècle av. J.-C.), célèbre par sa douleur à la mort de Mausole, son mari, et par le monument qu'elle lui éleva, monument connu sous le nom de Mausolée, et qui était l'une des sept merveilles du monde.

ARTÉMISIUM, cap au nord de l'île d'Eubée, où la flotte de Xerxès fut détruite par les Grecs en 480 av. J.-C.

ARTÉMON, hérétique qui niait la divinité de Jésus et dont la doctrine fut condamnée au concile d'Antioche en 216. Ses disciples portèrent le nom d'*Artémoniens*.

ARTENAY, ch.-l. de c. (Loiret), arr. d'Orléans, 1,000 hab.

ARTÈRE. s. f. (gr. ἀήρ, air; τηρεῖν, conserver). T. Anat. On donne le nom d'*Artères* aux vaisseaux sanguins qui du cœur transmettent le sang à toutes les parties du corps. L'étymologie que l'on attribue à ce mot et que nous venons de donner, est fondée sur la croyance où étaient les anciens que ces vaisseaux ne contenaient que de l'air. Quelques-uns cependant ne partageaient pas l'opinion commune.

Les artères portent le sang du cœur jusqu'aux extrémités du corps; les veines ramènent le sang au cœur. Voy. Cœur, Circulation.

Au figuré, le mot *Artère* s'emploie pour désigner de grandes voies de circulation : *Cette rue est la principale art. de la ville. Les fleuves sont les artères du globe.*

Anat. — Les artères naissent du cœur par deux troncs principaux, lesquels se divisent en une multitude de branches et de rameaux. L'un de ces troncs, l'*Aorte* (voy. ce mot) part du ventricule gauche, et va distribuer à tous les organes le sang qui vient d'être soumis au contact vivifiant de l'air dans les poumons; l'autre, l'*Art. pulmonaire*, naît du ventricule droit et sert uniquement à transporter le sang veineux dans le poumon pour que ce liquide y subisse l'action de l'air qui doit le transformer en sang artériel. Chez le fœtus, ces deux circulations communiquent seulement au moyen d'une branche appelée *canal artériel*, qui joint l'aorte à l'art. pulmonaire, et qui s'oblitère après la naissance. — A mesure que les artères se divisent, leur diamètre diminue, de sorte qu'après un certain nombre de divisions, elles se terminent par des rameaux tout à fait capillaires. C'est par ces derniers rameaux que les artères se continuent sans interruption avec les veines. Dans leur cours, les artères communiquent entre elles par de nombreuses *anastomoses* qui établissent le long des gros troncs artériels une voie collatérale non interrompue qui peut suppléer le tronc principal. C'est à l'existence de ces anastomoses et à la faculté qu'ont les artères d'augmenter de capacité à mesure qu'elles reçoivent plus de sang, qu'est due la facilité avec laquelle la circulation continue sans s'interrompre lorsqu'un tronc artériel a été oblitéré.

Les artères sont composées de trois *tuniques*, c.-à-d. de trois membranes superposées. La tunique externe, appelée aussi *tunique cellulaire*, se compose de deux couches; la plus intérieure est formée par un tissu fibreux élastique, semblable à celui de la tunique moyenne, tandis que l'autre est constituée par un tissu filamenteux, aréolaire, comme feutré. Cette tunique jouit d'une grande extensibilité dans tous les sens, et résiste seule à la constriction des ligatures qui divisent plus ou moins complètement les autres tuniques. — La *tunique moyenne* ou *fibreuse* a reçu le nom de *tunique propre* des artères. Elle se compose d'une couche épaisse de fibres annulaires entrecroisées à angle très aigu qui ressemble sous tous les rapports au tissu jaune élastique que l'on rou-

49

contre dans d'autres parties du corps. Cette tunique est très élastique dans le sens latéral, mais elle se déchire avec la plus grande facilité par les tractions exercées suivant sa longueur. — La *tunique interne* est une pellicule extrêmement mince, demi-transparente, blanchâtre, très lisse et très friable. Elle adhère intimement à la tunique moyenne. Indépendamment de ces trois tuniques, les artères possèdent encore des vaisseaux artériels et veineux qui se distribuent dans l'épaisseur de leurs parois et qui portent le nom de *vasa vasorum*. Elles sont en outre entourées de plexus nerveux qui les accompagnent dans tout leur trajet.

Les artères possèdent un degré extraordinaire d'élasticité, qu'elles doivent au tissu de leur tunique moyenne. C'est en vertu de cette élasticité qu'elles jouissent de la faculté de se rétrécir à mesure qu'elles contiennent moins de sang. Ainsi, lorsqu'une art. est divisée, le volume du jet de sang va constamment en diminuant. Par la même raison, quand les battements du cœur s'affaiblissent, les artères se resserrent, et leur élasticité résiste d'autant plus à l'impulsion du sang que les contractions de l'organe central deviennent plus faibles. Dans ce cas, les artères sont moins distendues et contiennent moins de sang comparativement que le système veineux. Ce phénomène devient surtout évident peu de temps avant la mort, et il est une des causes de la vacuité des artères que l'on remarque sur les cadavres. — Indépendamment de l'élasticité dont elles sont douées, les artères possèdent encore une contractilité incontestable. Voy. CAPILLAIRE, CIRCULATION, POULS, etc.

Pathol. — Le système artériel est sujet à un assez grand nombre d'altérations morbides. De même que les autres tissus, les artères sont susceptibles d'inflammation, soit aiguë, soit chronique; et cette inflammation (*Artérite*) semble, dans beaucoup de cas, être le point de départ de la plupart des affections dont le tissu des artères est susceptible. Ces vaisseaux peuvent encore être affectés soit de dilatation simple, c.-à-d. sans solution de continuité d'aucune des tuniques, soit de dilatation anévrysmale. Voy. ANÉVRYSME. Ils peuvent se rétrécir, s'oblitérer, devenir le siège de diverses dégénérescences, s'incruster de matière osseuse, athéromateuse, etc. Ils peuvent aussi s'ulcérer et se rompre.

ARTÉRIALISATION. s. f. T. de Physiol. Transformation du sang veineux en sang artériel, dans son passage à travers le poumon. Ont dit plutôt HÉMATOSE.

ARTÉRIALISER. v. a. T. de Physiol. Changer en sang artériel.

ARTÉRIEL, ELLE. adj. T. Anat. Qui appartient aux artères. *Un tronc ur. Les tuniques artérielles. Sang ar.*, sang rouge, hématosé, exclusivement propre à entretenir la vie. Le sang *veineux*, au contraire, est plus foncé et a perdu ces propriétés. — *Veines artérielles*, Les veines pulmonaires.

ARTÉRIEUX, EUSE. adj. (*arteriosus*, de *arteria*). Qui tient de la nature de l'artère.

ARTÉRIOLE. s. f. T. Anat. Petite artère.

ARTÉRIOLOGIE. s. f. (gr. ἀρτηρία; λόγος, discours). Partie de l'anatomie qui traite des artères.

ARTÉRIOTOMIE. s. f. (*artère*; gr. τέμνω, je coupe). T. Méd. Nom donné à la saignée pratiquée sur une artère. Très fréquente autrefois, cette opération est à peu près complètement abandonnée. Cependant on n'a tout récemment proposé la saignée de l'artère temporale dans les apoplexies. Voy. SAIGNÉE. — En Méd. vét. on pratique la saignée des petites artères dans les maladies cérébrales, sur la queue et aux tempes chez le cheval, sur la queue chez le porc, et sur les oreilles chez le bœuf.

ARTÉRITE. s. f. T. Méd. Inflammation d'une artère qui peut affecter une ou plusieurs des membranes qui en constituent les parois. C'est une affection assez rare.

ARTÉSIEN, ENNE. adj. On a donné le nom de *Puits artésiens*, de *Puits forés* et de *Fontaines artésiennes* à des fontaines jaillissantes creusées de main d'homme, ou même à de simples puits d'un faible diamètre alimentés par des eaux venant d'une grande profondeur. On obtient ces puits lorsqu'en forant verticalement le sol jusqu'à des profondeurs suffisantes, on atteint une nappe d'eau souterraine

qui remonte à la surface du sol le long du canal que la sonde lui a ouvert. Ces eaux forment souvent des jets abondants et élevés. Les puits artésiens sont appelés ainsi du nom de la province française de l'Artois, où ils ont été pratiqués depuis plusieurs siècles. Il paraît, néanmoins, que des puits de cette espèce étaient parfaitement connus des anciens. Olympiodore, qui florissait à Alexandrie vers le milieu du VIe siècle, rapporte que, lorsqu'on creusait des puits dans l'oasis, à une certaine profondeur qui allait quelquefois jusqu'à 180 mètres, ces puits lançaient par leurs orifices des rivières d'eau dont les agriculteurs profitaient pour arroser les campagnes. « Ce qu'il y a de certain, dit Degousée, c'est que l'existence des eaux souterraines jaillissantes a été connue des anciens Égyptiens : les procédés qu'ils employaient sont encore pratiqués en Afrique par les Arabes du désert. » La Chine connaît aussi les puits forés. Dans certaines parties de l'Italie on faisait probablement usage des puits artésiens à une époque reculée. Le puits foré dans l'ancien couvent des Chartreux à Lillers, en Artois, a été creusé en 1176. Stuttgard possède aussi des puits artésiens d'une date fort ancienne, mais qui ne saurait être précisée. L'art de percer ces puits a reçu une grande impulsion vers le milieu du XIXe siècle, depuis que la Société d'encouragement et la Société d'agriculture de Paris ont fait sentir l'importance de ces sources artificielles pour l'industrie, l'agriculture et la salubrité publique.

On sait que l'eau des puits ordinaires, des puits artésiens et des sources n'est autre chose que de l'eau de pluie qui a traversé les terres perméables jusqu'à la rencontre de quelque couche imperméable. Dans les terrains stratifiés, les roches forment des couches superposées, tantôt horizontales et tantôt se relevant en plans inclinés. Ces couches se trouvent fréquemment comme brisées sur les pentes des montagnes, et leur tranche se trouve alors exposée à l'action de l'atmosphère. Entre ces couches on rencontre souvent des lits de sable ou d'autres matières perméables à l'eau. Les dépôts aqueux fournis par la pluie, la neige, etc., pénètrent donc à travers ces lits de matières perméables, et finissent par former d'immenses nappes d'eau qui circulent entre les couches imperméables comme entre les parois d'un tuyau de conduite, sous la pression de la colonne aqueuse engagée dans les portions supérieures de ce canal. Si une fissure naturelle ou quelque perforation artificielle parvient jusqu'à l'une de ces nappes, l'eau s'élèvera aussitôt par cette issue à peu près jusqu'à la hauteur du point où les eaux se rassemblent, et cela en vertu de la loi hydrostatique qui fait que l'eau se met de niveau dans les deux branches d'un siphon renversé ou d'un tuyau recourbé en U. Le point le plus élevé auquel l'eau parvient dans le tube d'un puits artésien prolongé au-dessus du sol, porte le nom de *niveau hydrostatique* du puits. — Quelques fontaines artésiennes, par ex. celle de Lillers, en Artois, jaillissent au milieu d'immenses plaines d'où l'on n'aperçoit aucune colline. C'est que la source de ces veines d'eau est bien au delà des limites de la vue, parfois à cent kilomètres et plus. La nécessité d'admettre l'existence d'une nappe liquide souterraine de 400 kilom. d'étendue ne saurait être une objec-

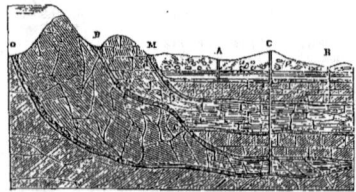

Fig. 1.

tion quand on considère que la même structure géologique s'étend parfois bien au delà de cette limite.

La coupe géologique représentée par la Figure 1 fait comprendre la manière dont l'eau du ciel, après s'être condensée, se distribue dans les couches de l'écorce terrestre. Elle fait voir très clairement que la hauteur à laquelle l'eau remonte dans le trou d'un puits art. dépend de l'élévation du réservoir qui fournit la nappe aqueuse à laquelle aboutit le puits. Ainsi le puits A qui aboutit à la nappe *a* dont les eaux proviennent de la filtration M, donnera de l'eau qui débordera à la surface du sol, tandis que, dans le puits

B qui est alimenté par la nappe b, l'eau jaillira au-dessus de cette surface, et que dans le puits C elle n'atteindra pas le niveau du sol. La même figure nous montre qu'un puits art. traverse souvent plusieurs nappes aqueuses s'élevant à des hauteurs différentes. Dans le puits C, par ex., il y a cinq colonnes d'eau ascendantes, a, b, c, d, e, dont chacune s'élève à une hauteur proportionnelle à la hauteur du point d'où elle tire son origine. Parmi ces colonnes aqueuses, les unes seront jaillissantes ou tout au moins se déverseront à la surface du sol, pendant que les autres ne s'élèveront pas au niveau de cette surface.

Il existe à Paris plusieurs puits artésiens. Celui qui fut creusé le premier est le puits de Grenelle, qui atteint la profondeur de 548 mètres; il est alimenté par une couche de

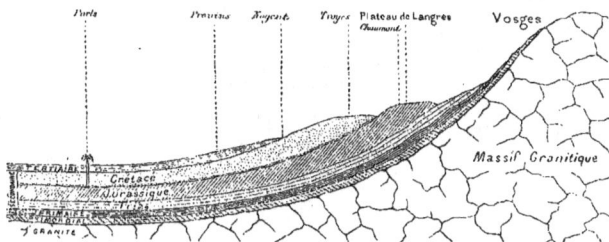

Fig. 2.

sables aquifères qui émerge sur le sol à une grande distance en formant une sorte de couronne qui passe par Montereau, Compiègne, Laon et le plateau de Langres (Fig. 2). C'est donc l'eau de pluie qui tombe dans ces régions qui pénètre dans le sable, et vient jaillir dans le puits foré de Grenelle. Ce puits a été creusé par l'ingénieur Mulot. Les travaux commencés en 1834 ne furent terminés qu'en 1841 après toutes sortes de péripéties. Le puits est tubé en tôle très forte jusqu'à 588 mètres. Il a coûté 300,000 francs à la ville de Paris. Une colonne monumentale a été élevée à l'orifice du puits à travers laquelle l'eau s'élève et se répand dans un réservoir situé à 34 mètres au-dessus du sol et d'où elle est distribuée dans les quartiers avoisinants. Le puits de Passy, creusé postérieurement, en 1857, atteint 586 mètres. Celui de la Butte-aux-Cailles est encore plus profond.

La quantité d'eau que fournit un puits art. varie suivant le diamètre du tuyau d'ascension, la hauteur du niveau hydrostatique du puits, et la facilité plus ou moins grande avec laquelle l'eau se meut dans les canaux souterrains.

Le puits de Grenelle, jaugé au niveau du sol, donnait 2300 litres d'eau par minute. A 33 mètres au-dessus du sol, il donne encore 1100 litres. Le puits art. foré à Bages, près de Perpignan, par Fabre et Espériquette, donne 2000 litres par minute. Le puits jaillissant que Degousée a foré à Tours, dans le quartier de cavalerie, jaugé à près de 2 mètres de hauteur au-dessus du sol, a donné 1110 litres d'eau. — Quelques puits artésiens offrent dans leur dépense, ce qui revient au même, dans leur niveau, des variations qui concordant d'une manière remarquable avec le flux et le reflux de la mer. Ainsi, le niveau du puits art. de Noyelle-sur-Mer (Somme) monte et baisse avec la marée, et il existe à Fulham, près de la Tamise, un puits foré de 97 mètres de profondeur, dont la dépense varie de 353 à 273 litres d'eau par minute, selon que la marée est haute ou basse. Souvent aussi le débit d'un puits se trouve diminué par le forage d'un puits voisin s'alimentant à la même nappe. Ainsi, le forage du puits de Passy a notablement diminué le débit du puits de Grenelle.

Les eaux provenant des puits artésiens ont une chaleur constamment supérieure à la température moyenne que l'on observe à la surface du sol. Cette température croît proportionnellement à la profondeur du puits. Arago a montré qu'elle s'élevait en tout lieu à raison d'un degré centigrade environ pour chaque 20 à 30 mètres de profondeur. Ainsi les eaux du puits de Grenelle ont une température constante de + 27°,8, la température moyenne du sol étant + 10°,6 à Paris. A une profondeur de 66 mètres, les eaux de la fontaine jaillissante

de la gare de Saint-Ouen ont + 12°,9. Les eaux du puits creusé à Sheerness (Angleterre) ont une température de + 15°,5, la température moyenne de la surface étant + 10°,5. Ce puits est profond de 110 mètres. Il n'est pas douteux que ces eaux n'arrivent au jour avec le degré de chaleur que possèdent les couches intérieures entre lesquelles elles sont enfermées, et sous ce rapport la détermination de la température des fontaines jaillissantes est devenue d'un grand intérêt pour la connaissance du globe que nous habitons.

Les eaux des puits forés sont en général d'une grande pureté, si l'on en excepte toutefois celles qui sont situées entre des couches argileuses : car alors elles ont presque toujours un goût et une odeur désagréables. L'eau du puits de Grenelle renferme environ moitié moins de sels calcaires que l'eau de la Seine, et ne contient pas de sulfate de chaux, composé des plus nuisibles dans beaucoup d'applications usuelles.

L'eau des fontaines artésiennes ne sert pas seulement à l'irrigation des campagnes et à la salubrité des villes. L'industrie a pu encore l'appliquer à une foule d'usages. Ainsi ces sources ont été recherchées comme moteurs même dans les pays où les cours d'eau ne sont pas rares. En effet, leur température élevée et constante permet de les appliquer au service des usines pendant les hivers les plus rigoureux, soit directement quand elles sont abondantes, soit simplement comme moyen de fondre les glaçons qui arrêtent le mouvement des roues hydrauliques. Dans le nord de la France, on trouve un grand nombre de moulins alimentés par les eaux d'un ou de plusieurs puits artésiens. Dans le Wurtemberg, on a fait circuler l'eau de puits artésiens dans des tuyaux convenablement disposés pour échauffer des ateliers. Elle peut également servir à entretenir dans les serres une température uniforme. Les papeteries, qui sont souvent obligées d'interrompre leur travail à l'époque des grandes pluies, évitent ces chômages forcés par l'emploi des eaux jaillissantes, dont la limpidité est inaltérable. Dans quelques localités, ces eaux constamment pures et possédant une température invariable ont servi à établir des croissancières artificielles très productives. Dans le département du Nord, on rouit le lin à l'aide de puits artésiens. Enfin, en versant l'eau de ces puits dans les étangs, on empêche les variations extrêmes de chaleur et de froid qui font quelquefois périr une grande quantité de poissons.

Les perfectionnements apportés dans les procédés de sondage ont permis de multiplier rapidement les puits forés. On a foré un grand nombre de puits dans le sud de l'Algérie, dans des régions absolument stériles, et partout l'arrivée de l'eau à la surface du sol a ramené la fertilité et créé pour ainsi dire des oasis artificielles au milieu du désert.

On fore quelquefois le sol pour rejeter dans les entrailles de la terre des eaux qui, ramenées à la surface sur des bancs imperméables d'argile ou de pierre, rendraient de grandes étendues de pays marécageuses et impropres à la culture. Ces trous sont percés jusqu'à la rencontre de quelque couche perméable absorbante. On leur donne le nom de Puisards, Puits absorbants ou Boitouts. Dans la plupart des carrières des environs de Paris on se débarrasse des eaux de cette manière. La voirie de Bondy se débarrasse par le même procédé de 100 mètres cubes d'eau par jour. — Mulot s'est également servi de ce moyen pour débarrasser la ville de Saint-Denis de l'eau d'une fontaine artésienne, lorsqu'il gèle : l'eau jaillissante retombe alors dans un tube absorbant plus grand que le premier et qui l'enveloppe de toutes parts.

Comme les procédés techniques employés pour le forage des puits artésiens s'appliquent également à la recherche de certains minerais, de la houille, par ex., nous en traiterons au mot SONDAGE.

ARTEVED ou **ARTEVELLE** (JACQUES), brasseur de Gand. s'empara du pouvoir en Flandre et périt en 1345. || Son fils

Philippe fut vaincu et tué à la bataille de Rosebecque, gagnée en 1382 par le roi de France Charles VI.

ARTHANITINE. s. f. T. Chim. Syn. de *Cyclamine.* Voy. ce mot.

ARTHEZ, ch.-l. de c. (Basses-Pyrénées), arr. d'Orthez, 1,400 hab.

ARTHOSTHÈME. s. m. Arbre de la famille des *Conifères.*

ARTHRALGIE. s. f. (gr. ἄρθρον, articulation; ἄλγος, douleur). T. de Méd. Douleurs dans les articulations; névralgie articulaire.

ARTHRECTASIE. s. f. (gr. ἄρθρον, articulation; ἔκτασις, dilatation). T. Méd. Dilatation des articulations.

ARTHRECTOMIE. s. f. (gr. ἄρθρον, articulation; ἐκτομή, amputation). T. Chir. Opération qui a pour but d'extirper toutes les parties constitutives d'une articulation envahie par des fongosités.

ARTHRITE. s. f. (gr. ἄρθρον, articulation). T. Méd. Inflammation des articulations. On distingue l'*ar. aiguë,* l'*ar. chronique* et l'*ar. sèche* ou *déformante.* Voy. ARTICULATION.

ARTHRITIDE s. f. (gr. ἄρθρον). T. Méd. Affection cutanée qui est un symptôme de l'arthrite.

ARTHRITIQUE. adj. 2 g. T. Méd. Se dit des maladies qui affectent les articulations et des remèdes usités contre ces maladies. *Affection ar. Douleurs arthritiques. Remèdes arthritiques.*

ARTHRITISME. s. m. (gr. ἄρθρον). T. Méd. État maladif ou diathèse générale qui favorise les maladies articulaires : la goutte, le rhumatisme, la dyspepsie, les inflammations du foie, des reins, de la vessie, les migraines, les névralgies; et certaines affections cutanées : herpès, urticaire, etc. Voy. HERPÉTISME.

ARTHROCACE. s. f. (gr. ἄρθρον, articulation; κάκος, mauvais). T. Méd. On a donné ce nom à un grand nombre d'affections diverses, telles que : carie, ostéosarcome, ulcère fongueux, etc., ayant leur siège dans le voisinage des articulations.

ARTHRODIAL, ALE. adj. T. Anat. Qui a rapport à une arthrodie. *Cartilages arthrodiaux.*

ARTHRODIE. s. f. (gr. ἀρθρωδία, articulation). T. Anat. Articulation dans lesquelles les surfaces articulaires sont planes ou presque planes. Voy. ARTICULATION.

ARTHRODYNIE. s. f. (gr. ἄρθρον, articulation; ὀδύνη, douleur). T. Méd. On donne ce nom à des douleurs vagues dans une ou plusieurs articulations, et dont la cause est assez obscure.

ARTHROGRYPOSE. s. f. (gr. ἄρθρον, articulation; γρῦπος, courbé). T. Méd. Flexion permanente des articulations.

ARTHROLOBIUM. s. m. [Pr *arthrolobiomme*] (gr. ἄρθρον, articulation; λόβιον, gousse). T. Bot. Genre de plantes de la famille des *Légumineuses.* Voy. ce mot.

ARTHROLYCOSIDES. s. f. pl. (gr. ἄρθρον, articulation; λύκος, loup). T. Paléont. Zool. Cette famille d'*Arachnides,* de la classe des *Anthracomarti* (Voy. ce mot), présente un céphalothorax circulaire, des coxæ rayonnant d'une fossette centrale, un abdomen ovale plus étroit à sa base que le céphalothorax, lisse, sans ornementation longitudinale, composé de sept segments, que l'on distingue facilement sur la face inférieure. Il n'y a pas d'appendices abdominaux. Nous citerons les deux espèces suivantes : *Arthrolycosa antiqua,* trouvée dans les rognons de sphérosidérite de l'Illinois, et *Rakovnicia antiqua* du terrain houiller de Bohême.

ARTHROPHYTE. s. m. (gr. ἄρθρον; φύτον, plante). Production morbide de nature variée qui se développe dans les articulations.

ARTHROPODES. s. m. pl. (gr. ἄρθρον; πούς, ποδὸς, pied). T. Zool. Syn. d'*Articulés,* un des grands embranchements du règne animal. Voy. ARTICULÉS.

ARTHROPTÈRES. s. m. pl. (gr. ἄρθρον, articulation: πτερόν, nageoire). T. Zool. Paléont. On désigne ainsi un groupe de poissons *Téléostéens* (voy. ce mot), caractérisé par les rayons segmentés des nageoires dorsales. On le divise en *Physostomes, Scomberesoces* et *Anacanthiniens.*

Dans le groupe des *Physostomes* on reconnaît plusieurs familles : les *Physostomes apodes* ou *Anguilliformes* qui se trouvent déjà dans le tertiaire; plusieurs genres, tels que *Anguilla, Ophisurus,* etc., sont encore vivants; les *Clupéides,* dont la plupart des genres apparaissent dans le tertiaire, mais dont l'un, *Clupea,* se rencontre dans le crétacé; les *Exocles* qui comprennent des genres éteints, des types tertiaires, et un genre crétacé et vivant encore, *Exox* ou *Brochet;* les *Salmonides,* que l'on trouve depuis le crétacé jusqu'à nos jours; les *Cyprinodontes* qui se rencontrent depuis le tertiaire, et dont un genre, *Lebias,* est très commun.

La plupart des genres de *Cyprinoïdes* apparaissent déjà dans le tertiaire; il en est de même des *Acanthopsidés* et des *Siluroïdes.*

Le second groupe, des *Scomberesoces,* auquel appartiennent des genres fossiles et encore vivants, se rencontre depuis le crétacé ou le tertiaire.

Le troisième groupe, des *Anacanthiniens,* offre des genres fossiles dans les terrains tertiaires, et des formes fossiles et encore vivantes. Ainsi le genre *Gadus* est vivant et fossile depuis le tertiaire; parmi les *Pleuronectes,* les genres *Rhombus* et *Solea* ou soles, se rencontrent dès le tertiaire.

ARTHROPYOSE. s. f. ἄρθρον, articulation, et πῦον, pus). Suppuration d'une articulation.

ARTHROSTEMME. s. f. (gr. ἄρθρον, j'ajuste, et στέμμα, couronne). T. Bot. Genre de plantes de la famille des *Mélastomacées* comprenant des herbes et des arbrisseaux habitant l'Amérique tropicale.

ARTHROSTRACÉS. s. m. pl. (gr. ἄρθρον, articulation; ὄστρακον, coquille). T. Zool. Paléont. Ce groupe de *Crustacés malacostracés* contient deux grands sous-ordres : les *Amphipodes* et les *Isopodes.* Voy. ces mots. Les espèces de ce groupe ont les yeux latéraux, sessiles, avec sept segments thoraciques, rarement plus ou moins, et autant de paires de pattes, sans carapace bien nettement exprimée.

À notre époque, les *Amphipodes* et les *Isopodes* sont largement représentés et très variés de formes, mais ils n'ont qu'une faible importance paléontologique, cependant quelques-uns apparaissent dès le carbonifère.

ARTHROTOMIE. s. f. (gr. ἄρθρον; τόμη, incision) T. Chir. Ouverture d'une articulation.

ARTHUR ou **ARTUS,** roi de la Grande-Bretagne, du VIe siècle de notre ère, sur lequel on ne connaît que des légendes, comme celle des chevaliers de la Table ronde.

ARTHUR DE BRETAGNE, prince anglais, fut assassiné par son oncle Jean sans Terre (1203).

ARTICHAUT. s. m. (ital. *articiocco;* lat. barb. *articoccus,* et peut-être gr. ἀρυτικὸς, objet d'assaisonnement). Plante potagère qui appartient à la famille des *Composées.* L'art. est un chardon cultivé. *Un pied d'art. Des cardes d'art. Un carré d'artichauts.* — Se dit aussi du légume que produit cette plante et qui n'est autre chose que le capitule avant son épanouissement. *Pomme d'art. Artichauts à la poivrade.* || *Art. d'hiver,* Nom vulg. du *Topinambour.* Voy. COMPOSÉES. — *Art. des Indes,* Nom donné à la *Patate.* Voy. CONVOLVULACÉES. — *Art. de Jérusalem,* Dénomination vulg. d'une espèce de *Courge.* Voy. CUCURBITACÉES. — *Art. sauvage,* Nom donné improprement à la *Cartine sans tige,* au *Cardon d'Espagne,* au *Chardon-Marie.* Voy. COMPOSÉES. — *Art. des toits,* Nom vulg. donné à la *Joubarbe.* Voy. CRASSULACÉES. || T. Techn. Pièce de serrurerie, qui est hérissée de plusieurs pointes et de crocs, et dont on garnit une clôture pour empêcher de la franchir ou de l'escalader.

Bot. — Le genre *Art.* (*Cynara*) comprend 6 ou 7 espèces dont les deux plus importantes sont le *Cardon* (*Cyn. cardun-*

culus) et l'*Art. proprement dit* (*Cyn. scolymus*), le seul dont nous parlerons ici. La tige de l'*Art.* est droite, rameuse, haute de 60 cent. à 1 mètre; ses feuilles sont grandes, blanchâtres en dessous et très décompées. Elle porte au sommet de ses ramifications un capitule formé d'écailles imbriquées, charnues à leur base et fixées à un réceptacle également charnu, vulgairement connu sous le nom de *Cul d'art*. La partie comestible est constituée par les bractées de l'involucre et le réceptacle commun du capitule. Le *foin* est formé par les fleurs non épanouies. Cette espèce se rencontre à l'état sauvage en Algérie. Toutefois, on croit généralement qu'elle dérive du *Cardon* et qu'elle a été obtenue à l'aide de la culture. L'art. est cultivé dans la plupart des contrées de l'Europe. On en connaît six variétés; mais les plus estimées sont : 1° l'*Art. vert* ou *commun* que l'on cultive de préférence dans les départements du nord de la France et auquel on peut rapporter comme sous-variétés l'*Art. de Laon* et l'*Art. de Bretagne* ou *Art. camus*; 2° l'*Art. violet* dont la tête est plus allongée et dont les écailles ont une teinte violette à la pointe; 3° l'*Art. rouge*, moins gros que le précédent, et dont les écailles extérieures sont colorées en rouge pourpre; 4° l'*Art. blanc*, qui vient dans le Midi. C'est une espèce délicate, et, à cause de cela, peu cultivée.—L'art. se multiplie par graines ou par œilletons; mais le premier mode de propagation n'est usité que lorsque les anciennes plantes ont péri par accident. Comme les racines de l'art. sont grosses et longues, elles ont besoin d'une terre profonde et meuble. A l'approche de l'hiver on a soin de couper ses tiges et ses feuilles et de le butter pour le garantir de la gelée. On est même obligé, lorsque le froid devient trop intense, de couvrir la butte de litière ou de feuilles. — Toutes les parties de la plante ont une amertume extrêmement prononcée, à l'exception des parties charnues de la tête. Aussi ces dernières sont-elles les seules que l'on fasse servir aux usages culinaires. L'art. est d'ailleurs un aliment sain et de facile digestion, que l'on peut manger cru ou cuit, préparé de diverses manières.

ARTICHAUTIÈRE. s. f. Terrain planté d'artichauts. || Vase où l'on fait cuire les artichauts.

ARTICLE. s. m. (lat. *articulus;* diminutif de *artus,* membre). T. Anat. Le mot *Art.;* pris dans son acception étymologique, ne s'emploie qu'en parlant des phalanges de la main et du pied. *Les doigts sont divisés en plusieurs articles.* — Se dit plus ordinairement des jointures des os dans le corps de l'homme et des animaux, et n'est usité qu'en parlant des articulations mobiles. *Il a été blessé à l'un des articles du petit doigt.* On emploie habituellement le terme *Articulation,* excepté dans cette loc. : *Amputation dans l'article.* || Dans son sens fig., qui est le plus usité, *Art.* se dit de chaque partie d'une loi, d'un traité, d'un contrat, d'une convention qui établit une disposition, une condition, une stipulation quelconque. *L'art. 6 de cette loi porte que... Les articles secrets du traité. Approuver, combattre un art. Les articles de ce contrat sont mal rédigés.* — On donne le nom d'*Articles* aux différentes dissertations politiques, littéraires, scientifiques, etc., et même aux diverses nouvelles que renferme un journal. *Il y a dans le* Journal officiel *un art. d'un haut intérêt. J'ai inséré dans cette feuille plusieurs articles littéraires.* || Se dit de chacun des sujets distincts sur lesquels roule une lettre, une dissertation, un ouvrage didactique, etc. *Je passe à l'art. le plus important de votre lettre.* — Par ext., Question; matière qui est l'objet d'une discussion, *Nous parlerons un autre jour de cet art. Il n'entend pas raillerie sur cet art.* — Dans le même sens, on dit : *C'est un art. à part.* || *A l'art. de la mort,* Au dernier moment de la vie. || T. Palais. *Interroger sur faits et articles,* Interroger sur les circonstances et particularités d'une chose. || T. Com. Se dit de chaque somme inscrite dans un compte, un mémoire, une facture, un inventaire, etc. *Examiner un compte art. par art. Débattre, contester, allouer, rayer un art. Art. de dépense. Art. de recette.* — On donne aussi le nom d'*Articles* aux différentes espèces de marchandises qu'un commerçant a dans ses magasins. *Cet art. s'écoule facilement. Tous les articles sont à prix fixe. Nous ne vendons point cet art.* || T. Théol. *Art. de foi* Tout ce qui est dans le symbole des apôtres est *art. de foi.* Voy. Foi. || T. Zool. Différentes parties du corps des animaux *articulés.* Voy. ce mot. || T. Bot. Voy. ci-dessous. || T. Gram. Voy. ci-dessous.

Zool. — Chez les animaux articulés, on donne exclusivement le nom d'*Art.* aux pièces simples et mobiles les unes sur les autres qui entrent dans la composition des appendices que portent ces animaux, tels que les antennes, les palpes, les pattes, les tarses, etc. On désigne, au contraire, par le terme *Anneaux* les portions de l'enveloppe du corps de ces animaux qui, bien que comprises entre deux articulations, sont toujours composées de plusieurs pièces, unies ou soudées, formant deux arceaux, l'un supérieur, l'autre inférieur. Le point de jonction soit des anneaux, soit des articles proprement dits, s'appelle *Articulation.* — Ce dernier terme sert encore à désigner les parties distinctes de certaines coquilles multiloculaires, qui ont été formées à chaque déplacement que l'animal a éprouvé en grossissant.

Bot. — Les botanistes appellent *Articles* les intervalles compris, dans certaines plantes, entre deux *Nœuds* ou deux *Articulations.* En même temps, ils emploient le terme *Articulation* pour désigner le point où deux parties d'un même végétal s'emboîtent l'une dans l'autre, ainsi que celui où deux parties continues dans leur jeunesse se séparent ou se détachent d'elles-mêmes et sans déchirement sensible à une époque déterminée de leur vie. Tels sont les points d'attache des feuilles du poirier, des folioles de l'acacia, etc.

Gram. — On peut définir l'article : *Un mot qui, mis devant un substantif, en détermine l'étendue, et qui, mis devant tout autre mot, nous avertit qu'on doit envisager ce mot comme un substantif.* Dans cette phrase, *Pour mériter le nom d'homme, il faut agir en homme et non en animal sans raison,* le mot *homme* est pris dans son sens le plus général et ne désigne ni un individu, ni l'espèce considérée comme un être spécial. Aussi n'est-il pas précédé de l'art. Si, au contraire, je veux parler d'un certain homme en particulier, j'emploierai l'art., et je dirai : *l'homme qui a bâti cette maison était fort riche.* Dans d'autres cas, l'art. sert à indiquer que le nom appellatif est pris dans toute son étendue, et caractérise l'espèce entière, en l'opposant à une autre espèce. *La femme a la sensibilité en partage, mais la force est l'apanage de l'homme.* L'art. joue un rôle analogue devant les noms abstraits : *Agissez avec prudence. Il n'a pas fait preuve en ceci de la prudence qui lui est habituelle. La prudence est une vertu peu commune.* Dans ces exemples, *Il est bon de savoir joindre l'agréable à l'utile; Le lever et le coucher du soleil; Le si que vous venez d'ajouter à votre phrase change complètement la question;* l'art. indique que les adjectifs *agréable* et *utile,* que les verbes *lever* et *coucher,* que la conjonction *si* sont considérés comme des choses individuelles, ou, en d'autres termes, sont pris substantivement.

L'art., ainsi que le démontre l'étude comparative des langues, n'est point un élément essentiel du discours. Dans certaines langues, telles que le basque et le danois, on supplée à l'absence de l'art. par des suffixes qui en remplissent les fonctions. Le latin n'emploie ni art. ni suffixes. Ainsi la phrase : *Da mihi panem* peut se traduire de trois façons différentes : *Donnez-moi le pain; Donnez-moi du pain; Donnez-moi un pain.* On voit par là que si l'art. n'est pas absolument nécessaire à une langue, il contribue singulièrement à la précision et à la clarté du discours.

On reconnaît généralement deux espèces d'articles, l'art. *défini, Le, La, Les,* et l'art. *indéfini, Un, Une,* au pluriel *Des,* qui n'a nullement en général la signification d'une contraction de *de les* et qui est synonyme de *plusieurs.* On peut à la rigueur considérer ces mots comme des noms de nombres, un désignant l'unité et *des* un nombre indéterminé. Il convient cependant de remarquer que l'ensemble de la préposition *de* pris dans un sens partitif et de l'art. au singulier, soit sous la forme masculine *de la* au féminin, soit sous la forme contractée *du,* forme une expression où l'art. a complètement perdu sa signification de *déterminatif,* et constitue une partie du discours qu'on ne peut guère nommer autrement que art. *indéfini.* Il est clair que dans les phrases *Donnez-moi du vin, de la bière,* l'art. a un sens opposé à celui qu'il présente dans les phrases *Le vin était très bon, la bière était très fraîche.* Dans le premier cas, il s'agit de vin et de bière quelconques; dans le second, de ceux qui ont été servis et qui sont bien déterminés. Pourtant, il y a des cas où l'art. contenu dans les expressions *du, de la* reprend tous la signification déterminative et où le mot *des* est bien une contraction pour *de les : Donnez-moi du vin que vous venez de mettre en bouteilles, de la bière que vous venez de recevoir, des gâteaux que vous venez d'acheter.* Nous pensons donc qu'il n'y a aucun inconvénient à conserver la distinction de l'art. défini, et de l'art. indéfini, celui-ci étant représenté par les mots *un, des, du, de la,* quoique les trois derniers reprennent quelquefois leur signification primitive. L'art. *défini* indique que le substantif qui le suit est pris dans un sens particulier déterminé par le reste de la phrase, et l'*art. indéfini* que le substantif est pris dans son sens général sans aucune particularisation.

L'art. reçoit, comme les adjectifs, les modifications de genre et de nombre : *le* pour le masc., *la* pour le fém., et *les* pour le plur. des deux genres. Au sing., devant les mots qui commencent par une voyelle ou par une *h* muette, la voyelle de l'art. s'élide : *L'esprit, l'homme, l'amitié.* Quant aux formes *au, aux, du, des,* elles résultent de la contraction de l'art. avec les prépositions *à* et *de. Au* se dit pour *à le, aux* pour *à les, du* pour *de le, des* pour *de les.* Toutefois *au* ne s'emploie que devant les noms masculins commençant par une consonne, *au courage.* Lorsque, au contraire, le substantif commence par une voyelle ou par une *h* muette, on fait usage de la prép. *à* et de l'art. *le,* mais avec élision de la voyelle de ce dernier : *A l'esprit, à l'homme.* L'art. contracté *du* se place avant tous les noms masculins qui commencent par une consonne; mais la prép. *de,* jointe à l'art. *le* ou *la,* selon le genre du nom, s'emploie avant tous ceux qui commencent par une voyelle ou par de cette manière, on évite l'hiatus.

L'art. se place toujours devant le substantif qu'il détermine, et si le subst. est précédé d'un adj., même modifié par un adv., l'art. doit être mis avant eux : *Le plus affreux objet.* — Il n'y a que les adjectifs *tout, feu,* et les expressions *Monsieur, Madame, Monseigneur,* qui comportent une exception à cette règle; l'art. se place alors entre eux et le subst. : *Tout le monde; Toutes les années; Feu la reine; Monsieur le président; Madame la baronne; Monseigneur l'évêque.*

L'art. se répète en gén. devant chacun des substantifs dont il a pour fonction de déterminer l'étendue : *Les rues, les places et les carrefours étaient remplis d'une foule bruyante.* D'après cette règle, il est incorrect de dire : *Les avocats et avoués de Paris; Les père et mère de cet enfant.* La grammaire exige : *Les avocats et les avoués de Paris; Les père et la mère de cet enfant.* Nous devons pourtant reconnaître qu'un grand nombre d'écrivains, principalement parmi les auteurs d'ouvrages scientifiques, négligent d'observer rigoureusement cette règle. La répétition de l'art. doit également avoir lieu dans le cas où le subst. est sous-entendu; l'art. se place alors devant l'adj. qui modifie le nom sous-entendu : *Les beaux vers me ravissent, les mauvais me rebutent; L'histoire ancienne et la moderne; les philosophes anciens et les modernes; Le premier et le second étage.* Mais l'art. ne doit pas se répéter lorsqu'il modifie qu'un seul et même subst., de manière qu'on ne puisse pas en sous-entendre un autre. Ainsi on dit : *Le sage et pieux Fénelon; Le doux et tendre ouvrage.*

Comme les noms propres désignent les êtres d'une manière déterminée, il n'est besoin d'aucun signe pour faire connaître les individus auxquels ils s'appliquent; en conséquence, ils ne prennent pas l'art., du moins en général. Toutefois, il est des circonstances où un nom propre reçoit une détermination plus particulière, et alors il doit être précédé de l'art. — Devant les noms de personnes, on emploie l'art. lorsqu'on attache à ces noms un sens professionnel, et qu'on veut restreindre leur application. *Les Anglais regardent Milton comme l'Homère de la Grande-Bretagne; Les Racines et les Molières seront toujours rares.* — On place également l'art. devant le nom d'une artiste dramatique qui est devenue célèbre : *La Pisaroni, la Malibran.* On l'emploie quelquefois de cette manière lorsqu'on veut témoigner peu d'égards pour la personne dont on parle : *La Gaussin.* Il est encore usité devant la plupart des noms qui dérivent de l'italien, conformément aux habitudes de cette langue : *Le Tasse, le Corrège, l'Arioste, les Carrache, le Bramante.* — On fait aussi usage de l'art. pour individualiser le nom qui s'applique à plusieurs princes : *Henri l'Oiseleur, Philippe le Bel.* Il concourt avec l'adjectif à modifier les noms propres sous un autre rapport que celui d'étendue : *Le sage et pieux Fénelon; L'éloquent Bossuet; Le cruel Néron.* — Enfin l'art. précède souvent les noms des ouvrages d'architecture, de peinture, de sculpture, de musique et de poésie : *Le Parthénon; Les Tuileries; La Transfiguration de Raphaël; Le Jugement dernier de Michel-Ange; La Vénus de Milo; Le Jupiter olympien; L'Iphigénie de Gluck; L'Iliade; L'Énéide,* etc.

Devant les noms communs on fait usage de l'art., ainsi que nous l'avons déjà dit, toutes les fois que l'étendue de la signification du subst. est déterminée, c.-à-d. lorsqu'on prend ce subst. dans son sens le plus large, ou lorsqu'on limite son étendue d'une manière précise. L'art. s'omet, au contraire, quand le subst. est pris dans un sens vague et indéterminé.

Tel est le principe général qui doit servir de règle à l'écrivain. Néanmoins, l'art. est fréquemment employé, non seulement en français, mais encore dans la plupart des langues modernes, d'une manière abusive et contraire à sa destination primitive. Quoique dans plusieurs de ces circonstances on puisse, à force de subtilités, en justifier l'emploi d'une manière plus ou moins spécieuse, il est un assez grand nombre de cas où l'on ne peut l'excuser que par le caprice de l'usage. Ainsi pourquoi dit-on : *J'ai eu beaucoup de peine à faire ce travail, et J'ai eu bien de la peine à faire ce travail?* C'est uniquement en étudiant nos grands écrivains qu'on se familiarisera avec ces idiotismes et qu'on acquerra le tact nécessaire pour se déterminer dans les cas difficiles. Il est cependant une règle qu'il faut connaître : elle ne repose que sur l'usage et n'est nullement justifiée par la raison. C'est la règle d'après laquelle l'art. indéfini *des* doit être supprimé devant un substantif pris au pluriel et précédé d'un adjectif. Ainsi on dit : *De vaillants soldats* et *Des soldats courageux.* Mais il faut mettre le mot *des* s'il a la signification de *de les* et non celle de plusieurs : *La mort héroïque des vaillants cuirassiers de Reischoffen.*

Pour les règles qui concernent l'emploi de l'art. devant les adverbes de comparaison, voy. COMPARAISON.

ARTICULAIRE. adj. 2 g. T. Anat. et Méd. Qui appartient, qui a rapport aux articulations. *Apophyse, cavité, capsule art. Hydropisie art. Concrétions articulaires. Rhumatisme art. Douleur art.* || T. Bot. Voy. FEUILLE.

ARTICULAT. s. m. T. Dr. Pièce dans laquel on articule, on énonce par articles.

ARTICULATION. s. f. T. Anat. Se dit de l'assemblage des os les uns avec les autres et de leur mode d'union. *L'art. de la cuisse avec la hanche. Les articulations des doigts. Maladies des articulations.* || En T. Entom. et Bot., s'emploie dans un sens analogue. *L'art. de l'opuntia a des articulations.* Voy. ARTICLE. || T. Physiol. Action d'articuler, d'émettre des sons articulés. *L'art. de certaines lettres arabes est extrêmement difficile. Le grasseyement est un vice d'art. de la lettre R. Cet orateur a l'art. fort nette.* Voy. PAROLE. || T. Palais. *Art. de faits,* Énumération, déduction des faits article par article. || T. Géol., Se dit des différences de configuration de la surface terrestre dans le plan vertical et le plan horizontal, dans le relief et la sinuosité des continents.

Anat. - On entend par *art.* l'union de deux ou de plusieurs pièces osseuses, mobiles ou non les unes sur les autres. Les points de leur surface, par où les os se correspondent dans une articulation, ont reçu le nom de *surfaces articulaires.* Ces surfaces sont continues ou simplement contiguës. Dans le premier cas, la continuité est établie par une couche intermédiaire de tissu cartilagineux ou fibreux, interposée entre les deux surfaces articulaires, disposition qui ne s'observe que dans les articulations où les mouvements sont nuls ou à peu près nuls. Dans les articulations à surfaces articulaires contiguës chacune de ces dernières est revêtue d'une couche cartilagineuse (*Cartilage d'encroûtement, cartilage articulaire*), intimement adhérente par une de ses faces au tissu osseux. L'autre face de ce cartilage est libre, lisse et polie; elle répond à l'intérieur de l'articulation, et c'est elle qui supporte les frottements qui ont lieu entre les surfaces articulaires pendant le mouvement. Indépendamment de ces cartilages, les surfaces articulaires exposées à des chocs violents ou à des mouvements répétés, sont munies de lames cartilagineuses libres par les deux faces et interposées aux cartilages d'encroûtement. Ces cartilages, appelés *Cartilages interarticulaires,* ont aussi reçu le nom de *Ménisques,* à cause de leur forme généralement semi-circulaire; quelques-uns sont tout à fait circulaires et percés d'une ouverture à leur centre. Toutes les articulations à surfaces articulaires contiguës sont pourvues d'une membrane séreuse appelée *Membrane* ou *Capsule synoviale,* qui tapisse toute l'étendue des cartilages dont nous venons de parler. Cette membrane est destinée à faciliter le glissement des surfaces de l'articulation, au moyen du liquide visqueux qu'elle sécrète et qui a reçu le nom de *Synovie.*

Les os qui composent les articulations sont maintenus en rapport par des ligaments composés de fibres d'un blanc nacré, flexibles, inextensibles, tantôt parallèles, tantôt entre-croisées, qui s'implantent sur les os par leurs deux extrémités. Parmi ces ligaments, les uns (*Ligaments interosseux*) sont placés entre les surfaces articulaires, les autres (*Liga-*

ments périphériques) occupent le pourtour de ces surfaces. Ces derniers se présentent tantôt sous forme de faisceaux ou de bandelettes (*Ligaments proprement dits*), tantôt sous celle de membranes ou de capsules (*Capsules fibreuses*), qui offrent l'aspect de petits manchons dont les deux ouvertures adhèrent aux os qu'ils unissent. Outre ces ligaments, les articulations des vertèbres sont pourvues d'une espèce particulière de ligaments appelés *Ligaments jaunes* ou *élastiques*, formés par une espèce de tissu fibreux extensible et très élastique.

Suivant la méthode la plus généralement adoptée, les articulations se divisent en trois grandes classes : les *Diarthroses*, les *Synarthroses* et les *Amphiarthroses*.

Dans les *Diarthroses* (gr. δίὰ, à travers; ἄρθρον, articulation), les surfaces articulaires sont contiguës ou libres, et configurées de manière à se mouler exactement les unes sur les autres. Ces articulations sont pourvues de cartilages d'encroûtement, de synoviales, de ligaments périphériques, et elles exécutent toutes des mouvements. On les divise en six genres. — 1° *Enarthroses* : tête ou portion de sphère plus ou moins complètement reçue dans une cavité; mouvements dans tous les sens, y compris les mouvements rotatoires. L'art. de la cuisse avec le bassin (Fig. 1. *Art. coxo-fémorale* dont la capsule fibreuse appelée *cotyloïde* est détruite pour mieux laisser voir le mode d'union des deux os) et celle du bras avec l'épaule en sont des exemples. — 2° *Articulations par emboîtement réciproque* : surfaces articulaires concaves dans un sens, convexes dans le sens perpendiculaire au premier, de manière à s'enfourcher ré-

Fig. 1.

ciproquement; mouvements en tous sens, comme les énarthroses, mais point de rotation. L'art. du trapèze avec le premier métacarpien appartient à ce genre. — 3° *Articulations condyliennes* ou *Condylarthroses* (gr. κόνδυλος, renflement des articulations) : tête allongée ou *Condyle*, reçue dans une cavité elliptique; mouvements en quatre sens, flexion, extension, abduction, adduction, circumduction, mais point de rotation. L'art. de la mâchoire inférieure avec l'os temporal est le type de cette sorte d'art. — 4° *Articulations trochléennes* (lat. *trochlea*, poulie) ou *Ginglymes* (gr. γίγγλυμος, charnière, gond) : réception ou engrènement réciproque des surfaces articulaires qui sont disposées en forme de poulie ou de trochlée; deux mouvements en sens opposé. Les articulations du coude et du genou, par exemple, sont des ginglymes. — 5° *Articulations trochoïdes* (gr. τροχός, roue) : un axe reçu dans un anneau, en partie osseux, en partie fibreux; mouvement de rotation. L'art. de la seconde vertèbre avec la première est l'unique exemple de ce genre. — 6° *Arthrodies* (gr. ἄρθρωδία, articulation superficielle) : surfaces articulaires planes ou presque planes; le mouvement se réduit à un simple glissement peu étendu. Les articulations des os du carpe et du tarse appartiennent à cette catégorie. Les *Synarthroses* (gr. σύν, avec) sont caractérisées par leurs surfaces articulaires, armées de dents ou d'inégalités qui s'engrènent réciproquement. De là le nom de *Sutures* qui leur est donné habituellement. — On divise les synarthroses en trois genres, *sutures dentées, écailleuses et harmoniques*, suivant que les surfaces articulaires sont disposées en dents, en écailles, ou tout simplement rugueuses et juxtaposées. L'union des divers os de la tête entre eux nous offre ces trois sortes de sutures. Voy. Crâne. Il est inutile de dire que ces articulations sont incapables d'exécuter aucun mouvement.

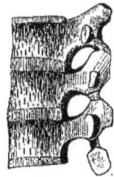

Anciennement on admettait parmi les synarthroses une espèce d'art. que l'on nommait *Gomphose*, et qui se disait de l'implantation des dents dans leurs alvéoles; mais aujourd'hui qu'il est reconnu que les dents ne sont point des

Fig. 2.

os dans l'acception rigoureuse du mot, la gomphose a cessé d'être mise au nombre des articulations.

Les *Amphiarthroses* (gr. ἀμφί, autour) ou *Symphyses* (gr. σύμφυσις, union naturelle) ont des surfaces articulaires planes ou presque planes, en partie contiguës, en partie continues par un tissu fibreux. Telles sont les articulations du corps des vertèbres (Fig. 2. Mode d'union des vertèbres). — Ces articulations sont maintenues par des ligaments interosseux et par des ligaments périphériques; leur mouvement propre consiste en une sorte de balancement qui résulte de l'élasticité des ligaments qui unissent les surfaces des corps des vertèbres.

Pathol. — Les articulations peuvent être le siège d'affections fort nombreuses et fort diverses : les luxations, les tumeurs blanches, les hydarthroses, la goutte et le rhumatisme devant être l'objet d'articles séparés, nous ne parlerons ici que de l'inflammation des articulations qui a reçu le nom générique d'*Arthrite*. L'arthrite peut être aigu, chronique, subaigu; de nature rhumatismale, goutteuse, scrofuleuse, tuberculeuse (*tumeurs blanches*). L'arthrite rhumatismale peut être sèche, déformante, noueuse, ou bien accompagnée d'hydropisie synoviale ou *hydarthrose*.—L'*Arthrite proprement dite* se manifeste le plus souvent sous l'influence de causes externes, telles que coups, chutes, entorses, fractures, plaies, etc., qui intéressent l'art. Les arthrites par cause interne s'observent parfois après l'accouchement, dans les cas de phlébite et d'infection purulente, à la suite du cathétérisme, etc. Le diagnostic de cette affection est fort aisé dans le cas où elle résulte d'une cause externe; dans le cas contraire, il est souvent d'une extrême difficulté. Le pronostic de l'arthrite par cause externe est peu grave, lorsque la maladie est convenablement traitée. Celle qui succède aux plaies de toute nature est fort dangereuse. Le moins qui puisse arriver, quand la suppuration s'est établie en pareil cas, est une ankylose irrémédiable. Rien n'est comparable dans certaines circonstances aux douleurs qu'éprouvent les malades; ceux-ci résistent difficilement au delà de quelques jours à l'excès de leurs souffrances. L'arthrite suite de phlébite et d'infection purulente est presque constamment fatale. Dans tous les cas d'arthrite, le traitement doit donc être excessivement énergique. La méthode antiseptique, en permettant aujourd'hui l'ouverture et le drainage des articulations, a rendu le pronostic de l'arthrite suppurée infiniment moins grave qu'il n'était autrefois.—Voy. Plaies, Luxations, Goutte, etc.

ARTICULER. v. a. Prononcer distinctement les lettres, les syllabes et les mots. *Il ne peut art. le consonne* Cu. || Pris absol. signif. faire exécuter aux organes de la parole les mouvements nécessaires pour modifier les sons produits par le larynx, de manière à prononcer distinctement les consonnes et les syllabes. *Cet enfant commence à art.* || *Art. un fait,* Affirmer positivement et circonstancier un fait. || T. Proc. Énoncer article par article. *Il a demandé à art. les faits, le tribunal l'y a autorisé.* == s'ARTICULER. v. pron. *La lettre R s'articule difficilement.* || Se dit des os qui sont maintenus en rapport par un mode d'articulation quelconque. *La tête de l'humérus s'articule avec la cavité glénoïde de l'omoplate. Toutes les vertèbres s'articulent les unes aux autres.* — On dit aussi, dans un sens anal., en parl. des insectes : *Le corselet s'articule à l'abdomen ou avec l'abdomen.* == Articulé, ée. part. *Voix articulée. Sons articulés.* — *Voilà une phrase bien articulée.* Prononcée bien distinctement. — *Fam., Il lui a répondu par un refus bien articulé,* Par un refus bien net. || T. Anat. Joint au moyen d'une articulation. *Le tibia est articulé avec le fémur.* || T. Zool. et Bot. Se dit des parties qui sont composées d'articles, qui ont des articulations. *Les antennes des insectes sont articulées. La tige du gui est articulée. Pétiole articulé.*

Syn. — *Prononcer, Proférer.* — On *articule* des syllabes, des lettres; on *prononce* des mots, quelquefois autrement qu'ils ne sont écrits; on *profère* des menaces.

ARTICULÉS. s. m. pl. T. Zool. Les *Art.* ou *Arthropodes* constituent l'un des grands embranchements dont se compose le règne animal. Le corps des art. se compose d'un certain nombre de segments en forme d'anneaux, situés à la suite les uns des autres, articulés de façon à jouir d'une mobilité plus ou moins grande. Cette enveloppe constitue pour ces animaux un véritable squelette extérieur ou plutôt *tégumentaire*, qui joue le même rôle que le squelette intérieur chez les vertébrés. C'est en effet cette enveloppe qui détermine la forme générale du corps, protège les parties molles, fournit les points d'attache aux muscles, et porte les membres ou les appendices dont la plupart des articulés sont pourvus.

La forme des art. est symétrique; les deux moitiés latérales de leur corps sont similaires. Les divers anneaux qui constituent l'animal offrent une grande ressemblance entre eux; dans les *Myriapodes* chacun des anneaux est la répétition presque complète de l'anneau contigu. Les membres et les appendices qui sont supportés par les anneaux présentent une variété considérable pour chacune des classes de l'embranchement.

La structure interne des art. correspond exactement à leur configuration extérieure: le système nerveux, par exemple, offre une série de répétitions analogue à celle des segments du squelette tégumentaire. Il consiste en une série de ganglions réunis entre eux et formant une chaîne ventrale. Chaque anneau possède une paire de ganglions médullaires réunis entre eux par des cordons nommés commissures, et reliés aux ganglions des anneaux suivants ou précédents par des cordons ou connectifs. Ces connectifs, dans le premier anneau qui suit la tête, s'écartent et entourent le tube digestif, formant ainsi le *collier œsophagien;* puis se réunissent sur une paire de gros centres nerveux, les ganglions cérébroïdes. Outre ce système, il y a un système sympathique. De chaque ganglion partent en divergeant les filets nerveux qui vont se distribuer aux organes renfermés dans la portion correspondante du corps, de sorte que chacun de ces ganglions semble faire les fonctions de centre nerveux pour les parties environnantes, et suffire pendant un certain temps à leur sensibilité lorsque l'animal a été divisé.

La respiration chez les art. est ou aérienne, ou aquatique. Dans le premier cas, elle s'effectue au moyen de poumons ou de trachées; dans le second, elle a lieu au moyen de branchies. — Le système circulatoire, chez ces animaux, est peu développé, quelquefois même il manque complètement. La couleur de leur sang est très variable; en général cependant elle est blanche. Leur appareil digestif consiste en un tube étendu d'un bout à l'autre de leur corps, et terminé par une bouche et un anus, situés l'une à la tête, l'autre à l'extrémité opposée du corps. Tous ces animaux sont pourvus soit de mâchoires, soit d'instruments particuliers servant à la préhension des aliments. Mais ces organes diffèrent des organes analogues dans les vertébrés, en ce qu'au lieu d'être placés l'un devant l'autre, ils sont disposés latéralement par paires.

Les art. sont divisés en quatre classes: les *Crustacés,* les *Arachnides,* les *Myriapodes* et les *Insectes.* Voy. ces mots.

Les caractères essentiels de ces quatre classes peuvent se résumer de la manière suivante: — 1° INSECTES. Tête distincte du

Fig. 1.

thorax; en général des ailes; toujours trois paires de pattes (Fig. 1. *Danaïde plexippe*). — 2° MYRIAPODES. Pas d'ailes; corps très allongé et formé par une suite d'anneaux à peu près uniformes, dont chacun porte une paire de pattes au moins; pattes au nombre de vingt-quatre et au delà (Fig. 2. *Lithobie à tenailles,* très grossie). — 3° ARACHNIDES. Tête confondue avec le thorax; quatre paires de pattes; jamais d'ailes (Fig. 3. *Thélyphone à queue*). — Dans ces trois

classes, la respiration est aérienne et s'effectue au moyen de

 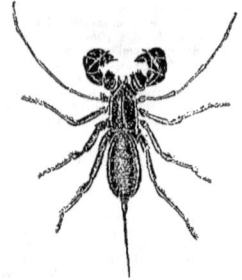

Fig. 2.　　　　　Fig. 3.

poumons ou de trachées. — 4° CRUSTACÉS. En général, cinq

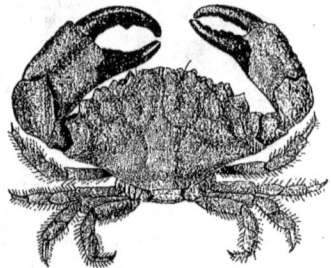

Fig. 4.

ou sept paires de pattes (Fig. 4. *Crabe labouré*). — Cette classe est pourvue de branchies pour respirer dans l'eau.

Paléont. — Les quatre classes d'art. renferment toutes de nombreux représentants fossiles, bien que les conditions pour les formes aériennes aient été peu favorables. Un fait remarquable, c'est que déjà aux temps paléozoïques les classes, ordres, familles, genres d'*Arthropodes* étaient très différenciés; cela indique leur haute antiquité. Des formes très singulières n'existent plus, tant parmi les *Crustacés* que parmi les *Arachnides,* les *Insectes* ou les *Myriapodes.* Voy. ces mots.

ARTIEN. s. m. Terme dont on se servait dans les anciennes universités pour désigner les écoliers sortis des humanités et étudiant en philosophie.

ARTIFICE. s. m. (lat. *arte, facere* faire avec art). Art, industrie. || S'emploie parfois comme synonyme d'art, plutôt comme un genre de diminutif. *L'artifice n'est pas l'art.* || Habileté, industrie, talent. *Cette machine est construite avec un art. merveilleux.* || Moyen, mécanisme. *Il est difficile de découvrir l'art. qui fait mouvoir cet automate.* || *Ce malade ne vit que par art.,* Ne vit qu'à force de soins et de régime. — *Cette famille se soutient par art.,* A force d'expédients. — *Cet écrivain n'est pas correct, mais l'art. de son style séduit tout le monde,* L'habileté, l'art avec lequel il exprime ses idées séduit, etc. || Ruse, déguisement, fraude. *Art. grossier, Procédé d'art. C'est un homme sans art. Se garantir des artifices d'une coquette.* || Toute composition de matières aisées à enflammer. *Magasin d'artifices.* — *Feu d'art.,* Ensemble de feux résultant de l'inflammation d'une quantité plus ou moins grande de pièces d'art., et produisant, par certaines combinaisons de formes et de couleurs, un spectacle agréable et pittoresque. — Voy. PYROTECHNIE.

Syn. — *Ruse, Astuce, Perfidie, Fourberie.* — Quoique ces expressions indiquent toutes l'intention de tromper, les mots *art*, et *ruse*, particulièrement ce dernier, se disent quelquefois d'une action excusable. Ainsi, par ex., la *ruse* peut servir à se tirer d'un danger et même à surprendre un ennemi. Aussi dit-on : *Voilà une excellente ruse de guerre!* On a également recours à l'*art*, pour éviter de se compromettre, pour se tirer d'un mauvais pas. Au contraire, *astuce* et *fourberie* se prennent toujours en mauvaise part. Cependant *astuce* dit plus que *fourberie;* car le premier de ces mots s'applique au caractère, tandis que *fourberie* sert le plus souvent à qualifier un acte isolé. — Ces distinctions ne s'appliquent pas exactement aux adjectifs correspondants: *Rusé*, *Artificieux*, *Fourbe* et *Astucieux*. En effet, le premier peut se dire d'un homme qui n'a pas l'intention de nuire, mais qui par suite d'un caractère craintif et méfiant n'ose pas agir ouvertement. Il est possible de vivre avec un homme *rusé*, tout en ayant soin de se tenir sur ses gardes ; mais on doit éviter tout rapport avec un homme *artificieux*, *fourbe* ou *astucieux*. L'*artificieux* cherche à vous surprendre, le *fourbe* cherche à vous faire tomber dans un piège, l'*astucieux* fait de continuels efforts pour vous tromper.

ARTIFICIEL, ELLE. adj. Qui est le produit de l'art ou de l'industrie. *Fontaine art. Fleurs artificielles. Dents artificielles. Aimant art.* || On dit d'une femme à la beauté de laquelle l'art a plus de part que la nature : *C'est une beauté artificielle.* Voy. MNÉMONIQUE. || *Méthode, classification artificielle.* Voy. MÉTHODE, CLASSIFICATION. || *Horizon art.* T. Astr. Voy. HORIZON, NADIR.

ARTIFICIELLEMENT. adv. Par un moyen artificiel.

ARTIFICIER. s. m. Celui qui confectionne des pièces d'artifice, soit de réjouissance, soit de guerre. || T. Guerre. *Maître art.*, le sous-officier chargé, dans les régiments d'artillerie, de la direction des travaux pyrotechniques.

ARTIFICIEUSEMENT. adv. D'une manière artificieuse. *Il en a agi art. avec moi.*

ARTIFICIEUX, EUSE. adj. Plein d'artifice, de ruse. Se prend habituellement en mauvaise part. *C'est l'homme du monde le plus art. Conseil art. Conduite artificieuse. Paroles artificieuses.* || Pris en bonne part, fait avec art. *L'artificieuse et fine contexture des tragédies de Racine* (VOLTAIRE).

ARTILLÉ, ÉE. adj. (On mouille les L.) T. Mar. Garni de son artillerie. *Un vaisseau art. de toutes pièces.* Vieux et peu usité.

ARTILLERIE. s. f. (On mouille les L.) (lat. *ars telorum*, art de lancer les projectiles). Matériel de guerre qui comprend les bouches à feu et les projectiles. *Art. de siège, de campagne, de montagne. Grosse art. Art. légère. Un parc d'art. Se servir de l'art. Une pièce d'art. L'art. d'une place*, d'un vaisseau. || Se dit aussi du personnel employé au service des bouches à feu. *Un régiment d'art. Le corps de l'art. Servir dans l'art. Un officier d'art. Il commandait l'art.* — *École d'art.*, École où l'on forme des artilleurs.

Le terme d'*Art.* ne date que du moyen âge. Voici comment le définit un poète du XIII° siècle, Guillaume Guiart :

    Artillerie est le charroi
    Qui par duc, par comte, par roi,
    Ou par aucun seigneur de terre
    Est chargé de quarriaux en guerre,
    D'arbalestes, de dars, de lances,
    Et de larges d'unes semblances.

Art milit. — Toutefois, si l'on considère l'étymologie, on est parfaitement en droit de dire que les anciens possédaient de l'art. : car ce terme s'applique à toute machine propre à lancer des projectiles quelconques. Les anciens, personne ne l'ignore, avaient imaginé pour l'attaque des places différentes machines plus ou moins puissantes, telles que le *Bélier*, la *Baliste*, la *Catapulte* et l'*Hélépole*. L'invention du *Feu grégeois*, en 673, doit être mentionnée ici comme faisant époque dans l'histoire ; cependant elle n'exerça aucune influence sur l'art militaire. Au moyen âge, les machines de guerre se multiplièrent singulièrement : parmi elles nous citerons le *Trébuchet*, le *Mangonneau* et le *Beffroi*, ce dernier imitation de l'hélépole antique. Suivant la chronique de P. Langtoft, Richard Cœur de Lion avait sur ses barques et sur ses galères des machines

qui étaient mises en mouvement par le vent, et qui lançaient sur l'ennemi du feu et des pierres. Un autre chroniqueur anglais, Hemingsford, rapporte que les machines employées par Edouard Iᵉʳ au siège de Stirling, vers la fin du XIII° siècle, lançaient des pierres du poids de 300 livres.

Quoique la force explosive de la poudre à canon ait été connue en Europe dès le XIII° siècle, c'est seulement dans le siècle suivant que les armes à feu commencèrent à se substituer aux anciennes machines de guerre. Barbour rapporte qu'Edouard III employa le canon dans sa première campagne contre les Écossais en 1327, et Ducange dit que les Français s'en servirent pour la première fois au siège de Puy-Guillaume, en 1338. Mais ces armes étaient tellement rares que, suivant Rapin Thoyras, les quatre canons employés par Edouard III à la bataille de Crécy (26 août 1346) contribuèrent au succès de cette journée tout autant par la surprise qu'ils causèrent à l'armée française que par l'effet matériel qu'ils produisirent. Quelques années plus tard, les bouches à feu étaient déjà beaucoup plus communes. En 1372, Du Guesclin battit l'ombre de grandes bombardes avec lesquelles il foudroya la ville de Thouars, occupée par les Anglais. En 1378, Charles V employa, au siège d'Ardres, quarante bombardes qui produisirent de grands effets.

La première art. à feu dont les historiens de l'époque fassent mention, se composait de pièces d'un si petit calibre qu'on pourrait, à la rigueur, les considérer comme des armes à feu portatives, si la grossièreté de leur construction ne les eût rendues difficiles à manier. Ces petits *Tubes* ou *Canons*, car les deux mots étaient synonymes, lançaient des balles de plomb d'un faible diamètre, ou des traits appelés *Carreaux*, parce qu'ils étaient armés d'un fer pyramidal à base carrée. Les pièces de gros calibre, nommées aujourd'hui *Bouches à feu*, portèrent dans le principe le nom générique de *Bombardes*. Elles furent d'abord fabriquées en bois et cerclées en fer, puis on les construisit avec des barres de fer longitudinales, assemblées et cerclées comme les douves d'un tonneau. Mais ces assemblages étant dépourvus de solidité, on les fabriqua

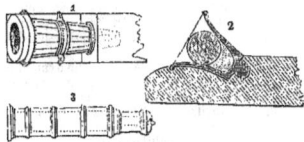

en fer forgé, puis en fonte, et enfin en bronze. Les premières bombardes étaient de forme conique (Fig. 1), ce qui les rendait propres à lancer des boulets de pierre de grosseurs variées. Lorsque la pièce était très courte, on l'appelait *Mortier*, vraisemblablement à cause de sa ressemblance avec l'ustensile de ce nom (Fig. 2). L'une d'une pièce de ce genre). Sous Charles VII les frères Jean et Gaspard Bureau imaginèrent de se servir de boulets de fer. Dès lors les bouches à feu commencèrent à se rapprocher de leurs formes actuelles. On les monta sur de grossiers chariots à quatre roues, qui permettaient de les transporter plus aisément et de les tirer presque horizontalement, tandis qu'auparavant le

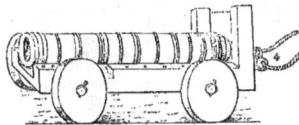

tir courbe était seul en usage. Le nom de *Canon* fut étendu à ces nouvelles pièces (Fig. 4. Canon primitif). On conserva néanmoins l'usage des boulets de pierre lancés avec des bombardes, et celles-ci reçurent le nom de *Pierrières* ou *Pierriers* (Fig. 3). Les frères Bureau firent l'emploi le plus judicieux de l'art. dans ces sièges. Les villes que défendaient les Anglais et qu'ils avaient mis des mois entiers à assiéger, furent enlevées en peu de semaines. En 1450, toute la conquête de la Normandie, qui obligea à entreprendre soixante sièges, fut accomplie par Charles VII en un an et six jours.

Les premières bouches à feu étaient d'un poids considérable et montées de telle façon qu'il était fort difficile de les mouvoir. Leur service se faisait aussi avec une extrême lenteur. Tous les détails de la charge étaient exécutés par un seul homme, en sorte que les plus grosses pièces tiraient à peine un coup en deux heures. Néanmoins, diverses modifications avantageuses dans la fabrication des pièces et dans la manière de les manœuvrer s'opérèrent peu à peu, mais non sans difficulté, soit à cause des dépenses qu'elles entraînaient, soit à cause du préjugé qui condamnait comme impie l'usage des bouches à feu. Malgré ces obstacles, vers la fin du XIVe siècle et le commencement du XVe, les anciennes machines de guerre, qui jusqu'alors avaient été employées concurremment avec l'art, nouvelle, disparurent complètement. Pendant l'époque dont il s'agit, on désigna cette dernière art. sous le nom d'*Art. à feu* pour la distinguer de l'ancienne. Vers 1420, il existait déjà des pièces d'art. en bronze. A Toulouse, on en conserve une, du calibre de 7, qui fut fondue en 1438. C'est aussi à peu près vers ce temps-là que l'usage se répandit de donner aux pièces d'art. des noms d'animaux réputés malfaisants ; de là les noms de *Faucon, Fauconneau, Couleuvrine, Serpentin, Dragon, Basilic, Sacre,* etc. Ces dénominations servaient en outre à distinguer les divers calibres des bouches à feu.

Dès cette époque, on construisit des pièces d'art. de très grandes dimensions. En 1408, au siège de Tongres, l'armée française, suivant Christine de Pisan, avait quatre grands canons, « le premier, jetant de 400 à 500 livres pesant ; le second, jetant environ 300 livres ; et les autres deux, jetant 200 livres au plus ». En 1477, lorsque Louis XI se préparait à attaquer les villes de la Flandre et de la Picardie, il donna ordre de couler à Paris, à Orléans, à Tours, à Amiens, des canons de bronze et des bombardes du plus fort calibre. D'après Comines, une de ces pièces de bronze portait de la Bastille à Charenton un boulet du poids de 500 livres. Au siège de Constantinople, en 1453, Mahomet II, à ce que l'on prétend, avait employé des pièces qui lançaient des pierres de 800 à 1,200 livres. La fameuse couleuvrine d'Ehrenbreistein, fondue en 1528, est du calibre de 141 ; sa longueur est de 4 m. 55 centim., et son poids de 12,000 kilog. On voit aussi à Douvres une pièce du calibre de 18, qui a près de 8 mètres de long.

Les nécessités de la guerre de campagne avaient aussi déterminé la création de bouches à feu légères, montées sur des affûts à roues et à avant-train. L'art. était déjà si multiplié dans la seconde moitié du XVe siècle, qu'à la bataille de Granson Charles le Téméraire perdit 113 bouches à feu. Lorsque Charles VIII envahit l'Italie, il traînait après lui 140 grosses pièces de bronze, dont 36 de siège et 104 de campagne. Les premières étaient des canons ou basilics de 48, de 8 pieds de longueur ; les secondes étaient des couleuvrines, faucons, fauconneaux, etc., de calibre inférieur, mais proportionnellement beaucoup plus longues. Ces bouches à feu étaient montées sur des affûts à deux roues et à crosses, auxquels on ajoutait un avant-train quand on voulait marcher. Il y avait aussi 200 bombardes et un millier de *Haecquebuttes à croc.* Ces dernières étaient une espèce d'arme à feu portative qui pesait environ 50 livres et qu'on montait sur des chevalets pour s'en servir. A partir de cette époque, les progrès de l'art. furent assez rapides en France, nonobstant le mauvais vouloir de la noblesse, qui répugnait à abandonner son ancien système. François Ier lui dut cependant plus d'une victoire, celle de Marignan entre autres ; et sans la fatale imprudence de ce prince, l'art. lui aurait encore donné la victoire à Pavie. Chez les autres peuples de l'Europe, l'art. ne restait pas non plus stationnaire. Déjà, en 1503, l'application de la poudre aux mines, due aux Espagnols, commence à jouer un rôle important dans la guerre de siège. Quelques années après, nous voyons les Impériaux au siège de Mézières, en 1521, et les Turcs à celui de Rhodes, en 1522, faire usage d'obusiers et de mortiers pour lancer des projectiles incendiaires. Fronsberger, qui décrit l'art. allemande du temps de Charles-Quint, mentionne, sous le nom de *Feuerbuchsen,* des *Obusiers* qui n'avaient que 4 pieds de longueur, mais dont l'âme avait quelquefois jusqu'à 1 pied de diamètre. On s'en servait pour lancer, soit contre une ville, soit sur un gros de troupes, des balles à feu, des grenades, des boulets creux ou de la mitraille composée de petites pierres. Il parle aussi de mortiers. Charles-Quint avait fait exécuter à Bruxelles des expériences assez exactes sur les proportions qu'il convient de donner aux différentes bouches à feu. C'est d'après ces expériences que furent fondus à Malaga les fameux canons appelés les Douze-

Apôtres, qu'il destinait au siège de Tunis. Ces pièces, que le sort de la guerre a fait tomber en notre pouvoir, sont du calibre de 45, et leur longueur est mesurée par dix-huit fois le diamètre de leur boulet (Fig. 5. L'une de ces pièces). Au combat de Renty, livré en 1554, les troupes de Charles-Quint firent usage de petites pièces montées sur avant-train, qui étaient conduites par deux chevaux et manœuvraient au galop. L'un des grands vices de l'art. à cette époque était la multiplicité des calibres. En France, on en comptait dix-sept pour les canons, et parmi les pièces régulières seulement. Henri II réduisit ce nombre à sept, et Charles IX à six. Pendant les guerres de religion qui désolèrent la France, l'art. ne fit aucun progrès ; néanmoins, c'est dans cette période que fut inventé le *Pétard,* espèce de cône en fer chargé de poudre, et destiné à enfoncer par sa force d'explosion les portes auxquelles on l'a attaché. Henri IV s'en servit avec un succès complet au siège de Cahors en 1580. On prétend généralement que le tir à boulets rouges a été employé pour la première fois

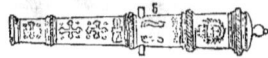

par les Polonais, au siège de Dantzig, en 1577. Le premier emploi d'une *Machine infernale* date aussi de cette époque. Au siège d'Anvers par le duc de Parme, en 1584, l'ingénieur Pierre Timmermans fit sauter, par ce moyen, le pont de bateaux que l'assiégeant avait construit sur l'Escaut.

Sous Henri IV, Sully, qui était grand maître de l'art., répara les désordres qui s'étaient introduits dans ce service pendant les guerres civiles. A l'avènement de Louis XIII, la France possédait 400 bouches à feu, dont 50 du calibre de 45. C'est sous ce prince que l'on voit la *Bombe* employée pour la première fois. Dans le principe, le mortier, ainsi que nous l'avons vu, lançait seulement des boulets de pierre. Bientôt on s'en servit pour lancer des projectiles incendiaires. Mais le projectile en fer, creux et explosif, qui porte actuellement le nom de bombe, n'a eu son apparition dans l'histoire qu'en 1627, où Henri de Nassau s'en servit dans le siège de Grol. Quelques-unes des bombes lancées sur cette place pesaient 466 livres. On les appela d'abord *grosses grenades* ; plus tard on leur appliqua la dénomination de bombes pour les distinguer des grenades qui se lançaient à la main. Les premières bombes avaient la forme d'une marmite de fer ou d'un cylindre ; cependant on reconnut assez promptement que la forme sphérique était préférable. En France, le premier emploi des bombes eut lieu au siège de La Mothe, en 1634. L'année suivante, le siège du fort de Schink, par H. de Nassau, offrit le premier exemple d'un bombardement employé presque comme moyen exclusif d'attaque.

Nous voudrions pouvoir décrire les modifications profondes que l'invention et les perfectionnements successifs de l'art. firent peu à peu introduire dans la stratégie, dans la fortification et dans la guerre de siège ; mais notre cadre nous interdit de semblables développements. Nous nous contenterons de citer les noms de Gustave-Adolphe, qui dans la guerre de Trente ans sut tirer un parti tout nouveau de l'art. dans la guerre de campagne ; de Vauban, qui, après avoir créé la fortification moderne, érigea en système le tir à ricochet, et rendit désormais l'attaque supérieure à la défense ; de Lafrézelière, qui résolut presque entièrement le difficile problème de réunir dans les pièces la plus grande solidité avec la plus grande légèreté possible (Fig. 6. Canon monté d'après le système de Lafrézelière, sous Louis XIV) ; du grand Frédéric, qui mobilisa l'art. de façon à en faire le plus puissant auxiliaire de ses belles conceptions stratégiques ; de Gribeauval, qui, malgré les résistances les plus opiniâtres, vint à bout de réformer tout le matériel français, ce vieux notre pays de ce beau système d'art. qui contribua si puissamment à nos victoires dans les guerres de la Révolution et de l'Empire.

Ces grandes guerres furent encore pour l'art. envisagée soit comme art, soit comme science, l'occasion d'immenses progrès.

Durant cette période, on s'attacha plus particulièrement au développement de cette arme, car elle était devenue la force principale des armées. Napoléon lui a dû presque toutes ses victoires : il déclara lui-même que sa grande tactique consistait à amener inopinément, au moment décisif d'une bataille, des masses d'art. qui arrêtaient et foudroyaient les troupes ennemies. L'imagination s'effraie au récit de ces luttes gigantesques où tonnaient 4,500 bouches à feu, au milieu de 500,000 combattants. Depuis la chute du premier empire, et malgré la paix dont l'Europe a joui longtemps, divers perfectionnements d'une extrême importance ont été apportés dans l'arme de l'art. Mais une véritable révolution s'est produite dans cette science depuis la reprise des guerres, pendant le second empire, par suite de l'invention du canon rayé par les Français, en 1859, et de l'adoption par la Prusse en 1866 du canon se chargeant par la culasse. Depuis, au milieu des perpétuels préparatifs militaires qui tiennent l'Europe en alerte, l'art. a encore réalisé de nouveaux progrès qui ont porté l'étendue de son action à des chiffres formidables. Nous les signalerons à l'article CANON, où nous exposerons le système actuel. Aujourd'hui l'art. constitue l'une des branches les plus compliquées de l'art de la guerre. Elle exige des connaissances scientifiques très étendues et des études militaires profondes.

Envisagé sous le point de vue du *Matériel*, l'art. se divise en art. de *siège*, art. de *campagne*, art. de *montagne*, art. de *côtes*, et art. de *marine*; mais comme cette distinction est fondée soit sur le calibre, soit sur la nature dont les pièces sont montées, il en sera parlé au mot CANON. Outre les pièces et leurs accessoires, le matériel de l'art. comprend encore l'assemblage de mille objets divers provenant d'une foule d'établissements différents, tels que poudrières, fonderies, forges, manufactures d'armes, etc., dont la création, la direction et l'inspection appartiennent au corps de l'art.

La force de l'art., par rapport à celle des autres armes, varie suivant la force et la valeur de ces armes, la composition de l'armée à combattre, la nature du pays où l'on doit agir, etc. Les mêmes considérations déterminent le choix des calibres et les proportions des éléments divers qui composent le matériel. Son but n'est point seulement de tuer des hommes ou de démonter des pièces sur les points isolés, mais elle a aussi pour objet de faire des trouées dans le front de l'ennemi, d'arrêter ses attaques, de seconder celles qui sont dirigées contre lui et surtout d'incendier les habitations qui lui servent d'abri. Ici, la canonnade simule une attaque, couvre une manœuvre préparatoire ; là, délogeant un corps de troupes, le chasse de ses positions, facilite le passage des rivières et des défilés découverts. Quand les armées sont en présence, leur front est couvert de nombreuses batteries placées dans la position la plus convenable aux circonstances locales, à la situation des troupes et au but tactique qu'il faut remplir. Aux divers corps de troupes sont en outre attachées des batteries particulières qui les accompagnent partout. — Des *Parcs d'art.* disposés sur le champ de bataille alimentent l'armée de munitions, entretiennent les batteries de poudre, de projectiles, d'artifices, de chevaux et d'hommes. Un parc spécial pour chaque batterie combattante ; mais ces parcs sont eux-mêmes alimentés par d'autres moins nombreux, plus forts et placés à des distances plus considérables en arrière de l'armée. On a soin de réunir également dans les places de dépôt à portée des opérations, des bouches à feu, projectiles, poudres, affûts, voitures, etc.

Un mot maintenant du *Personnel* de l'art. Chez les anciens, les machines de guerre étaient servies par des ouvriers que dirigeaient des ingénieurs ou des architectes. Dans les armées romaines, le service de ces machines fut d'abord confié à deux centuries d'ouvriers choisis parmi les meilleurs soldats. Sous les empereurs, les machines affectées à chaque légion étaient manœuvrées par une escouade de onze hommes. Au moyen âge, les *Engins* étaient manœuvrés par des hommes exercés à ce service, et connus sous le nom d'*Artilliers* et d'*Engaigneurs*. Leur chef, au XIIe siècle, avait le titre de *Maître de l'art*. Ce titre se conserva après l'introduction de l'art. à feu. Vers 1411, on créa des canonniers et artilleurs brevetés. Ces canonniers appelés *Maîtres* étaient assistés par plusieurs aides ou *Servants*, désignés, d'après leurs fonctions, par les noms de *Cartiers* (ceux qui faisaient les charges), de *Chargeurs*, de *Boutefeux*, etc. Charles VII organisa des compagnies de *Bombardiers ;* en 1450, le nombre des artilleurs dépassait 3,000 pour une armée permanente de 15,000 hommes. Sous Louis XI, il y avait 6,000 canonniers et ouvriers d'art. Ce prince, en 1479, créa un *Maître général d'art.*, que François Ier, en 1515, éleva au titre de *Grand*

Maître, et qu'Henri IV mit au nombre des grands officiers de la couronne. Malgré cela, les artilleurs ne formaient point un corps spécial ; ils étaient attachés par petites troupes aux diverses sections de l'armée. Ce fut seulement en 1668, sous Louis XIV, que l'on songea à donner à l'art. une organisation régulière. On fonda des compagnies d'art., qui plus tard (1684, 1693, 1695) furent réunies ensemble et constituèrent les régiments de *Royal-Artillerie* et de *Royal-Bombardier.* En 1720, de Vallière réunit tout le personnel de l'arme en un seul corps qui fut appelé *Royal-Artillerie*, corps homogène et solide, recruté au moyen d'*Apprentis canonniers*, qui avaient préalablement reçu l'instruction nécessaire. En 1755, la charge de *Grand Maître de l'art.* fut supprimée, et en 1758 le corps royal le titre de *Corps royal d'art.* En 1765, il fut divisé en sept régiments qui prirent les noms de régiments de *La Fère*, de *Metz*, de *Strasbourg*, de *Grenoble*, de *Besançon*, d'*Auxonne* et de *Toul*. En 1791, ces régiments quittèrent leur nom et ne furent plus désignés que par leurs numéros.

Depuis cette époque, le personnel de l'art. a beaucoup varié en France. Vers 1793, il se composait d'environ 25,000 hommes, y compris les ouvriers du train et les pontonniers. Mais il s'accrut successivement, et au 30 mars 1814 il présentait un total de 103,336 hommes, chiffre énorme que la Restauration se hâta de réduire à peu près au quart. Actuellement, le corps de l'art. se compose d'un *État-major* particulier, comprenant 284 *officiers* et 660 *employés militaires*, et d'un corps de campagne de 38 régiments, formant brigade deux à deux, le premier régiment de chaque brigade comprenant 12 batteries montées ; le deuxième régiment, 9 batteries montées et 3 batteries à cheval.

À ces 38 régiments il faut ajouter 16 bataillons d'art. de forteresse à 6 batteries chacun, 12 batteries d'art. de montagne, 12 batteries affectées à l'Algérie et à la Tunisie, 2 régiments de pontonniers, 10 compagnies d'ouvriers d'art., et 3 compagnies d'artificiers.

L'art. à cheval ne diffère de l'art. montée qu'en ce que, dans la première, tous les hommes sont à cheval. Dans l'art. montée, les canonniers servants marchent à pied ou bien montent sur les coffres et caissons, lorsque la course est trop rapide. Chaque batterie de campagne ou de montagne attelle 6 canons. On peut évaluer à 50,000 hommes l'environ l'effectif de l'art. française.

Artillerie de marine. — Dans la marine militaire de notre pays, ce sont les matelots eux-mêmes qui remplissent les fonctions d'artilleurs à bord des navires. Néanmoins, le nom spécial d'*Art. de marine* a été attribué à un régiment organisé par les décrets des 5 juin 1855, du 14 août 1861, du 20 déc. 1864 et 7 mars 1876 et qui se compose en 1890 de 36 batteries formant un total de 4,500 hommes, de 7 compagnies d'ouvriers, d'une compagnie de conducteurs, d'une compagnie de conducteurs sénégalais et d'une compagnie d'artificiers. Les décrets cités portent l'état-major du corps à 430 officiers : officiers généraux, colonels, lieutenants-colonels, chefs de bataillon, capitaines et lieutenants, plus 219 gradés. L'art. de la marine est répartie, selon les besoins du service, dans les ports militaires et dans nos possessions d'outre-mer.

Un comité ayant le titre de *Comité technique de l'art.* est établi auprès du ministre de la guerre, pour donner son avis sur toutes les questions qui intéressent l'organisation et le service de l'arme. Il se compose de dix membres, tous choisis parmi les généraux d'art. Les fonctions de secrétaire sont remplies par un colonel. L'établissement de ce comité, auquel sont dues d'importantes améliorations, remonte à l'année 1795.

Le service de l'art. exigeant de la part de ceux qui le dirigent des connaissances aussi variées que profondes, il était indispensable de donner aux jeunes gens qui se destinent à cette noble carrière, une instruction toute spéciale. Actuellement, les deux tiers des places d'officiers sont attribuées aux élèves qui sortent de l'*École polytechnique*, mais toutefois après que ceux-ci ont suivi, pendant deux ou trois nouvelles années, les cours de l'*École d'application de l'art. et du génie*, établie à Fontainebleau. L'autre tiers des officiers d'art. est choisi parmi les sous-officiers de l'arme qui ont suivi, après examen, les cours de l'école des sous-officiers d'art. et du génie à Versailles. Avant la Révolution, il y avait à Châlons-sur-Marne une école spéciale pour les officiers d'art. ; mais quand le premier consul, en 1802, créa l'École d'application de Metz, l'École spéciale de Châlons fut fondue dans le nouvel établissement. Il existe en outre 49 écoles d'art. destinées à l'instruction théorique et pratique des troupes de l'art., officiers, sous-officiers et soldats. Elles sont établies à Douai, La Fère, Versailles, Le Mans, Orléans, Châlons, Besançon, Bourges, Poitiers, Rennes, Vannes, Angoulême, Clermont-Ferrand, Grenoble, Nîmes, Castres, Toulouse, Tarbes et Vincennes. La marine possède à Cherbourg, à Brest, à Lorient, à Rochefort et à Toulon cinq *Écoles d'art. de marine* pour former au service de l'art. les officiers et marins de la flotte.

Bibliogr. — BRUNET, *Histoire de l'art.*; — TIIBOUX, *Instruction théorique et pratique sur l'art.*; — Prince N.-L. BONAPARTE (NAPOLÉON III), *Études sur le passé et l'avenir de l'art.*; — Général SUZANE, *Histoire de l'Art.*

ARTILLEUR. s. m. Celui qui sert dans l'artillerie. *C'est un bon art.*

ARTIMON. s. m. (gr. ἀρτάω, je suspends). T. Mar. *Mât d'art.*, Mât d'arrière, le plus petit mât d'un grand bâtiment. Voy. MÂT. *Voile d'art.*, Voile la plus rapprochée de l'arrière. *Vergue d'art.*, Vergue qui supporte cette voile.

ARTIOPTERYX. s. f. (gr. ἄρτιος, ajusté; πτέρυξ, aile). T. Zool. Genre d'insectes de l'ordre des *Névroptères*, famille des *Planipennes*, tribu des *Myrméléonides*, et qui vivent à la Nouvelle-Hollande.

ARTISAN. s. m. (lat. *ars, artis*, art, industrie). Celui qui exerce un art mécanique, un métier. *C'est un art., un simple art.* || Fig., Celui qui est l'auteur, la cause de quelque chose. *Il a été l'art. de sa fortune.* — *C'est un art. d'imposture et de calomnie*, C'est un fabricateur de, etc.

Syn. — *Ouvrier, Manœuvre.* — Ces trois termes désignent toujours des hommes livrés à des travaux manuels. Celui d'*ouvrier* a cependant une signification plus étendue, car il peut s'appliquer à l'*art.* et au *manœuvre*. Malgré cela, il se dit plus habituellement des travailleurs salariés qui sont attachés aux ateliers et aux manufactures. *Art.* s'emploie spécialement pour désigner un homme qui exécute des travaux plus difficiles ou considérés comme plus relevés. Il s'applique aussi à ces petits entrepreneurs d'industrie manuelle qui travaillent pour leur propre compte. Celui dont les travaux grossiers n'exigent guère que l'emploi de la force musculaire est un simple *manœuvre*. Ainsi, un tisserand et un forgeron sont des *ouvriers*; un bijoutier et un coiffeur sont des *artisans*; un aide-maçon, un terrassier, un batteur en grange sont des *manœuvres*. — *Art.* est souvent usité au fig., *ouvrier* ne l'est que rarement; *manœuvre* lui-même l'est quelquefois, mais alors c'est toujours en signe de mépris.

ARTISON. s. m. (Peut-être du lat. *tarmes, tarmitis*, ver qui ronge le bois; il n'en serait resté que deux syllabes). Nom vulgaire donné à tous les insectes qui rongent les étoffes, les pelleteries, le papier, le bois, etc.

ARTISONNÉ, ÉE. adj. Qui est troué, rongé par les artisons. *Drap art. Fourrure artisonnée.*

ARTISTE. s. 2 g. (R. *art*). Celui, celle qui cultive les beaux-arts, les arts libéraux, la musique, la peinture, la sculpture, l'architecture. *Notre époque abonde en habiles artistes. L'art. a le monde entier pour patrie.* — *L'art. se manifeste individuellement dans son œuvre et lui imprime son caractère propre* (LAMENNAIS). — Se dit encore des acteurs, des chanteurs et des danseurs de théâtre. *Les artistes attachés à l'Opéra.* || Par ext., s'emploie en parlant des personnes qui excellent dans un art. *Cet amateur est un véritable art.* || *Art. vétérinaire*, Médecin vétérinaire. || *Art. capillaire*, Coiffeur habile capable d'imaginer et d'exécuter de nouvelles formes de coiffure. || S'emploie quelquefois adjectiv. *Le monde art. abonde en originaux.* Voy. ART.

ARTISTEMENT. adv. Avec art, avec industrie et habileté. *Ouvrage art. fait. Ce vase est art. ciselé.*

ARTISTIQUE. adj. 2 g. Qui est relatif aux beaux-arts. *Réunion art. Exposition art.* || Qui porte le cachet d'un artiste. *Ce meuble est vraiment une œuvre art.*

ARTOCARPE. s. m. (gr. ἄρτος, pain; χαρπός, fruit). Genre de plantes de la famille des *Urticacées*. Voy. ce mot.

ARTOCARPÉES. s. f. pl. Tribu de végétaux de la famille des *Urticacées*. Voy. ce mot.

ARTOIS, ancienne province de France, réunie sous Louis XIV; a formé en partie le département du Pas-de-Calais. (Habit. ARTÉSIEN, ENNE.)

ARTOLITHE. s. m. (gr. ἄρτος, pain et λίθος, pierre). T. Minéral. Concrétion pierreuse de forme arrondie, comme un pain, qui se trouve dans les terrains tertiaires.

ARTOPHAGE. adj. (gr. ἄρτος, pain et φαγεῖν, manger). Qui mange surtout du pain.

ARUDY, ch.-l. de c. (Basses-Pyrénées), arr. d'Oloron, 1,800 hab.

ARUM. s. m. [Pr. *arome*.] Plante herbacée de la famille des *Aroïdées* nommée aussi *gouet, pied de veau, herbe à pain*, qui croît dans les lieux humides et dont le tubercule contient un suc très âcre qui produit sur la peau des vésications assez fortes. Par la dessication, ce principe âcre disparaît complètement, à tel point que ce tubercule devient comestible. Voy. AROÏDÉES.

ARUNDINE. s. f. (lat. *arundo*, roseau). Genre de plantes de la famille des *Orchidées* ayant quelque ressemblance avec les roseaux, et dont les fleurs en grappe présentent un labelle rouge pourpre.

ARUSPICE ou HARUSPICE. s. m. (lat. *aruspex*, m. s.). T. Hist. anc. L'étymologie de ce terme, suivant l'opinion la plus vulgaire, dérive des mots *ara*, autel, et *inspicere*, regarder; cependant elle paraît plutôt venir de *haruga*, victime, et de la racine *spec*. Les *Haruspices* tiraient leur origine de l'Étrurie, et c'est de là qu'ils vinrent à Rome. Leur art, qu'on appelait *Haruspicina*, consistait à expliquer et à interpréter la volonté des dieux d'après les apparences que présentaient les entrailles (*exta*) des animaux offerts en sacrifice, et aussi d'après les phénomènes plus ou moins extraordinaires (*portenta*) dont la nature était le théâtre, tels qu'orages, tremblements de terre, etc. Les règles de cet art étaient consignées dans certains livres nommés *libri haruspicini, fulgurales* et *tonitruales*. Les haruspices furent d'abord tellement considérés à Rome, que plusieurs fois le Sénat décréta qu'un certain nombre de jeunes citoyens, appartenant aux premières familles de l'Étrurie, seraient instruits dans cet art. Malgré cela, sous la République, les haruspices ne formaient pas, comme les Augures, une corporation sacerdotale; ils ne sont nulle part qualifiés de prêtres (*sacerdotes*), et ils ne remplissaient aucun rôle politique dans l'État. C'est seulement sous les empereurs que les historiens mentionnent un collège de soixante haruspices; on ignore toutefois la date précise de cette nouvelle institution. Cependant, déjà avant la fin de la République, leur art était complètement tombé en discrédit. Caton, et non pas Cicéron, comme on l'a si souvent répété, disait qu'il ne concevait pas comment deux haruspices pouvaient se regarder sans rire. Bientôt après, le nom d'haruspice devint synonyme de charlatan et de diseur de bonne aventure, qui exploite la crédulité publique. C'est dans ce sens qu'on parle de Juvénal.

ARVALS (Chant des frères). Le plus ancien monument de la langue latine, remontant au temps de Romulus, prière d'un collège de prêtres qui faisait au printemps une procession destinée à appeler la bénédiction des dieux sur la terre. Les *Rogations* ont continué cette tradition.

ARVE, rivière de France, affluent de gauche du Rhône.

ARVERNES, peuple puissant de la Gaule, anciens habitants de l'Auvergne. Patrie de Vercingétorix; le pays des Arvernes ne fut conquis qu'après la prise d'Alésia.

ARVERS (Félix), poète français (1806-1850), qui a écrit plusieurs pièces de théâtre et quelques poésies aussi inconnues les unes que les autres, mais auteur d'un sonnet « sans défaut », si charmant et d'ailleurs si justement admiré, que nous ne résistons pas au plaisir de le donner ici :

Ma vie a son secret, mon âme a son mystère :
Un amour éternel en un moment conçu.
Le mal est sans espoir. Aussi j'ai dû le taire
Et celle qui l'a fait n'en a jamais rien su.

Hélas ! j'aurai passé près d'elle inaperçu,
Toujours à ses côtés et pourtant solitaire,
Et j'aurai jusqu'au bout fait mon temps sur la terre,
N'osant rien demander, et n'ayant rien reçu.

Pour elle, quoique Dieu l'ait faite douce et tendre,
Elle ira son chemin, distraite, et sans entendre
Ce murmure d'amour élevé sur ses pas.

A l'austère devoir pieusement fidèle,
Elle dira, lisant ces vers tout remplis d'elle :
« Quelle est donc cette femme? » et ne comprendra pas.

ARVICOLE. adj. 2 g. (lat. *arvum*, champ ; *colo*, j'habite). T. Hist. nat. Qui habite les champs cultivés. || S'emploie subst. pour désigner un genre de la famille des *Rongeurs*. Voy. CAMPAGNOL.

ARYAS, ARYEN, nom d'un grand rameau de la race blanche dont plusieurs branches ont émigré à une époque très reculée, de l'Inde en Europe, et sont les ancêtres de presque toute la population actuelle de l'Europe.

ARYBALLE. s. m. (gr. ἀρύβαλλος, m. s.). T. Archéol. Vase grec, large à sa base, étroit dans le haut, ressemblant à une bourse serrée à son ouverture.

ARYTHÉNOÏDE. adj. 2 g. et s. m. (gr. ἀρύταινα, entonnoir ; εἶδος, forme). T. Anat. S'applique à deux cartilages qui font partie du larynx. Voy. LARYNX.

ARYTHMIE. s. f. (gr. α priv. ; ῥυθμός, rythme). T. Physiol. altération du rythme normal du cœur ou de la respiration.

ARZ, une des îles du Morbihan.

ARZACHEL, astronome juif, de Tolède, du XIe siècle.

ARZACQ-ARRAZIGUET, ch.-l. de c. (Basses-Pyrénées), arr. d'Orthez, 1,150 hab.

ARZANO, ch.-l. de c. (Finistère), arr. de Quimperlé, 1,900 hab.

ARZEGAYE. s. f. Lance courte et ferrée employée autrefois par la cavalerie.

ARZEL. s. m. Cheval qui a les pieds de derrière blancs, avec le chanfrein blanc.

ARZEW ou **ARZEU**, ch.-l. de c. (Algérie), arr. d'Oran, 4,500 hab.

AS. s. m. [Pr. l'S.] (lat. *as* ; gr. εἷς, *un*). Un point seul marqué sur un des côtés d'un dé ou sur une carte.

Hist. — Chez les Romains, le mot *As* désignait tout entier considéré comme divisible. Ainsi un fonds de terre, un héritage, un capital, les intérêts d'un capital, etc., considérés dans leur universalité, représentaient un *as* : de là l'expression *ex asse hæres*, qui signifie héritier de la totalité. — Cependant il désignait surtout l'unité de poids et l'unité monétaire. — L'as, envisagé comme unité de poids ou *livre* (*libra*), se subdivisait en 12 onces, et chacun des multiples de l'once ou des fractions de la livre supérieures à l'once portait également un nom particulier : le *sextans* représentait 2 onces ; le *quadrans* ou *teruncius*, 3 ; le *triens*, 4 ; le *quincunx*, 5 ; le *semis*, 6 ; le *septunx*, 7 ; le *bes* ou *des*, 8 ; le *dodrans*, 9 ; le *dextans* ou *decunx*, 10 ; le *deunx*, 11. A ces termes on doit ajouter la *sescuncia* qui représentait 1 1/2 once. — Enfin l'once (*uncia*) se subdivisait en 2, 3, 4, 6, 24, 48 et 144 parties : la moitié de l'once s'appelait *semiuncia* ; le tiers, *duella* ; le quart, *sicilicus* ; le sixième, *sextula* ; le vingt-quatrième, *scrupulum*, *scripulum* ou *scriptulum* ; le quarante-huitième, *obolus* ; et le cent quarante-quatrième, *siliqua*. Les noms des fractions de l'once s'employaient dans un sens tout aussi général que ceux des fractions de l'as. Cette phrase de Cicéron nous en offre un exemple bien évident : *Facit hæredem ex deunce et semiuncia Cæcinam, ex duabus sextulis M. Fulcinium ; Œbutio sextulam adspergit.* L'as contenant 12 onces, et l'once contenant 6 sextules, il est clair que 12 onces représentent 72 sextules. Par conséquent Cæcina est héritier de 11 onces et 1/2, ou de 69 sextules, et des 3 sextules qui restent, 2 sont

attribuées à Fulcinius, et une seule à Œbutius. — Aux articles MONNAIE et POIDS, nous parlerons de l'as comme unité pondérale et monétaire, les observations générales qui précèdent n'ayant d'autre but que de faciliter l'interprétation de certains passages qu'on rencontre dans les auteurs anciens.

ASA, roi de Juda (944-904 av. J.-C.).

ASACRAMENTAIRE. adj. (gr. α priv. et *sacrement*). T. Théol. Qui ne participe pas aux sacrements.

ASA-FŒTIDA. s. f. T. Bot. et Pharm. Gomme-résine qui se présente en petites masses d'un brun rougeâtre, d'une odeur fétide. On en a extrait un produit défini : C40 H26 O10. On la retire à l'aide d'incisions faites à la racine du *Ferula asafœtida* et de *F. Nartex*, famille des *Ombellifères*, qui croît dans la Perse et l'Hindoustan. Elle se dissout facilement dans le vinaigre fort et l'alcool faible. Très en vogue autrefois dans la médecine, elle est aujourd'hui peu usitée. On la prescrit cependant encore comme antispasmodique, surtout dans l'hystérie.

Le premier document où ce mot se trouve est un manuscrit grec du XIIIe siècle, le Codex de Nicolas Myrepsus, où y lit ἄζα φῖτιδα. Au XVe siècle on a commencé à écrire *Assa*, et l'Académie a adopté cette orthographe. Dans le mot primitif il n'y a qu'un seul *s*. Son étymologie est très incertaine.

ASAGRÉE. s. f. T. Bot. Genre de plantes dédié par Lindley au botaniste américain Asa Gray. Famille des *Liliacées*. Voy. ce mot.

ASAPHE. s. m. T. Zool. Voy. ASAPHUS.

ASAPHUS. s. m. (gr. ἀσαφής, incertain). T. Paléont. Zool. Ce genre a été créé par Alexandre Brongniart pour caractériser certains crustacés de l'ordre des *Trilobites*, dont le thorax est court relativement par rapport à la tête et au pygidium. La tête a un contour parabolique avec limbe rarement distinct. Les angles génaux sont arrondis, aigus ou même prolongés en épines génales. La glabelle est peu lobée, privée de sillons latéraux ou vaguement limitée, lorsque ces sillons sont présents. Les yeux ont une surface triplement réticulée. Le thorax a 8 segments (ou 9 par exception). Le pygidium est grand, sans divisions, ou au contraire avec un axe bien distinct et des régions latérales segmentées. L'ornementation est composée de stries fines ou de plis. L'hypostome est bifurqué. Dans ce genre, beaucoup d'espèces peuvent s'enrouler. Dans le silurien inférieur on trouve ce genre et il est représenté par des formes isolées dans le silurien supérieur. Dans le silurien inférieur on rencontre le genre *Ogygia* qui diffère du précédent par un hypostome non échancré. Voy. TRILOBITES.

ASARÉES. s. f. pl. T. Bot. Tribu de végétaux de la famille des *Aristolochiacées*. Voy. ce mot.

ASARET. s. m. T. Bot. Genre de plantes de la famille des *Aristolochiacées*. L'*as.* d'Europe est une petite plante herbacée vivace qui croît dans les lieux humides et qui est douée de propriétés vomitives. Voy. ARISTOLOCHIACÉES.

ASARIQUE. adj. T. Chim. Voy. ASARONE.

ASARONE. s. f. T. Chim. Substance solide, cristallisable, qu'on extrait de la racine de l'*Asaret* d'Europe, et qui rappelle le camphre par son odeur et sa saveur. L'*As.* fond à 59° et bout à 296° ; elle est insoluble dans l'eau, soluble dans l'alcool, l'éther et les essences ; elle a pour formule C24 H16 O4. Oxydée par l'acide nitrique ou par le permanganate de potasse, elle fournit, entre autres produits, de l'*acide asarique* C10 H17 O5, qui cristallise en aiguilles fusibles à 144° et bouillant à 300°.

ASARUM. s. m. T. Bot. Nom scientifique du genre *Asaret*.

ASBESTE. s. m. [Pr. *azbeste*.] (gr. ἄσβεστος, inextinguible). T. Minér. Substance minérale filamenteuse, inaltérable au feu, inattaquable par les acides, et dont les variétés ne semblent pas pouvoir être rapportées à un genre unique de minéraux. La plupart des *Asbestes* sont des variétés d'amphiboles. L'*amiante* est une variété d'asb. Voy. AMIANTE.

ASBOLANE. s. f. (gr. ἀσβόλη, suie). T. Minér. Mélange

noir et compact d'oxyde de cobalt et de peroxyde de manganèse, qu'on appelle aussi *cobalt oxydé noir*.

ASBOLINE. s. f. (gr. ἀσβόλη, suie). T. Chim. Huile jaune, âcre et amère, qu'on extrait de la suie, et qui renferme de la pyrocatéchine et de l'homopyrocatéchine. La présence de ces phénols, dont les éthers méthyliques se retrouvent dans la créosote, peut expliquer l'action thérapeutique de l'asboline, qui est quelquefois employée dans le traitement de la tuberculose.

ASCAGNE ou **JULE**, fils d'Énée (Myth.).

ASCALAPHE. s. m. (gr. ἀσκάλαφος, espère de hibou). T. Entom. Genre d'insectes névroptères. Voy. PLANIPENNES.

ASCALAPHE, fils de Mars et d'Astysché (Myth.).

ASCALAPHE, fils d'Achéron et de Gorgyra (Myth.).

ASCALON, une des anciennes cités royales des Philistins, au bord de la Méditerranée, en Syrie. On en voit encore les ruines.

ASCARICIDE. s. f. (gr. ἀσκαρίς, sorte de ver ; lat. *cædo*, je tue). T. Bot. Genre de plantes de la famille des Composées que les Indiens emploient comme vermifuge. Voy. COMPOSÉES.

ASCARIDE. s. m. (gr. ἀσκαρίς). T. Zool. Genre de vers intestinaux. Voy. VERS.

ASCARINE. s. f. T. Bot. Genre de plantes de la famille des *Chloranthées*.

ASCÈLE. adj. et s. m. (gr. ἀ privatif ; σκέλος, jambe). T. Didact. Qui n'a point de jambes.

ASCENDANCE. s. f. T. Jurisp. Se dit des parents en ligne directe et ascendante. *Asc. paternelle. Asc. maternelle.* || Progrès, augmentation.

ASCENDANT, ANTE. adj. (lat. *ascendere*, monter). Qui va en montant. *Mouvement asc. Sève ascendante. Aorte ascendante.* || T. Jurisp. *Ligne ascendante.* Série des parents dont on descend en ligne directe. || T. Astr. Indique le passage de l'hémisphère sud dans l'hémisphère nord. *Signe asc., Nœud asc., Latitude ascendante.* Voy. SIGNE, NŒUD, LATITUDE. || T. Bot. S'emploie pour désigner une tige ou un organe quelconque qui, après avoir été couché ou incliné à sa base, se redresse verticalement dans sa partie supérieure. — Les épithètes *Assurgent, ente,* et *Redressé, ée,* ont la même signification.

ASCENDANT. s. m. T. Astrol. Point de l'écliptique qui se lève sur l'horizon, considéré par rapport à la nativité des personnes : la planète qui se trouvait à ce point était dite *à l'asc. Il avait Mars à l'asc. au moment de sa naissance. Il faut savoir votre asc.* — Fig. et par ext. Influence exercée sur chaque homme par l'asc. qui a présidé à sa naissance. *Il n'a pu résister à son asc. Cet asc. malin qui vous force à rimer.* || Influence, autorité qu'une personne a sur l'esprit, sur la volonté d'une autre. *Sa femme exerce sur lui un asc. inexplicable. Cet orateur a un grand asc. sur la multitude.* — On dit aussi l'*Asc. de la vertu, des lumières.* || T. Jurisp. Personne dont on descend. *Le mariage est défendu entre les descendants et les ascendants en ligne directe.*

ASCENSEUR. s. m. Appareil élévatoire mû par la pression de l'eau ou l'énergie d'un courant électrique.

La dénomination d'ascenseur a été donnée par l'inventeur, M. Léon Édoux, à une machine élévatoire hydraulique qui fut exposée et fonctionna à l'Exposition universelle de 1867. Depuis cette époque, cette machine a été perfectionnée, et s'est considérablement répandue dans les magasins, les hôtels, et même les maisons particulières. On a aussi construit des ascenseurs où la pression de l'eau est remplacée par la force d'une machine dynamo-électrique. Il convient de réserver le nom d'*asc.* à ces deux catégories d'appareils, et de conserver l'ancien nom de *monte-charge* (voy. ce mot) aux machines dont la force motrice a une autre origine, à ceux notamment où l'on utilise des treuils.

L'asc. Édoux, le plus ancien et le plus répandu, se compose essentiellement d'un cylindre ou corps de pompe métallique dont la hauteur est égale à la course verticale à parcourir, et d'un piston plongeur de longueur égale qui supporte à sa partie supérieure le *plateau* ou la *cabine*. La course du plateau est guidée par des montants verticaux qui constituent la cage de l'asc. Un robinet distributeur facile à manœuvrer à toutes les hauteurs de la cage, et même de l'intérieur de la cabine, grâce à un système très simple de tiges et de cordes, permet d'introduire dans le cylindre l'eau d'un réservoir supérieur, ou de faire écouler l'eau du cylindre dans un tuyau de décharge. Quand le robinet est fermé, l'appareil est au repos. L'introduction de l'eau dans le cylindre fait naturellement monter le piston et par suite le plateau. La descente s'obtient en vidant le cylindre. Un appareil spécial formé d'une valve et d'un contrepoids modère automatiquement la vitesse de l'eau dans les tuyaux, et par suite la vitesse d'ascension ou de descente de tout l'appareil. L'arrêt automatique au sommet de la course est obtenu à l'aide de deux taquets dont l'un est fixé à la cabine, l'autre à la tige qui commande le robinet, de manière qu'à la rencontre de ces deux taquets la tige se soulève et le robinet se ferme. Le réservoir supérieur est alimenté soit par les eaux de la ville, soit par une pompe à vapeur. La pression de l'eau dépend naturellement de la hauteur de ce réservoir. La section du piston plongeur dépend de la pression de l'eau et du poids à soulever. Chaque dizaine de mètres de hauteur produit une pression de 1 atmosphère environ, c'est-à-dire une force ascensionnelle d'environ 1 kilogramme par centimètre carré de la section du piston. Il convient de remarquer que cette pression s'exerçant sur la partie inférieure du piston diminue à mesure que celui-ci s'élève. Il est utile d'équilibrer au moyen de chaînes, de poulies, de contrepoids, au moins une partie du poids à soulever qui se compose du poids du piston augmenté de celui du plateau et de la cabine. C'est d'après ces principes qu'a été construit en 1878 l'asc. de la tour du Trocadéro.

L'importance et le nombre des ascenseurs construits dans ces dernières années ont appelé l'attention des ingénieurs et provoqué dans leur construction diverses modifications, parmi lesquelles nous signalerons celle de M. Semain, qui s'est proposé de supprimer l'établissement dispendieux d'un puits d'une profondeur égale à celle de l'édifice. Pour y arriver, cet ingénieur a relié par une chaîne et une poulie le plateau à un piston qui sert de contrepoids, et qui se meut dans un cylindre vertical placé hors terre. Le fonctionnement est inverse de celui de l'asc. Édoux. Quand on introduit l'eau dans le cylindre, le piston monte et l'asc. descend ; il monte quand on vide le cylindre.

Les ascenseurs qu'il a fallu construire pour permettre l'ascension de la tour Eiffel présentaient des difficultés spéciales. Trois sortes d'ascenseurs ont été appliquées à cette tour de 300 mètres : — 1° Des asc. du système Roux, Combaluzier et Lepape, dit *piston articulé*, allant du sol au premier étage. L'organe principal est une chaîne sans fin supportant la cabine et s'enroulant en haut et en bas sur deux tambours dont l'un est mû par la force hydraulique. Cette chaîne, improprement appelée *piston articulé*, est formée de tiges de fer de 1 mètre de longueur et de 45 millimètres de diamètre articulées entre elles. Mais ce qui fait l'originalité et la sécurité du système, c'est que cette chaîne est sur toute sa longueur enfermée dans une gaîne fixe, établie le long des montants d'un pilier, de sorte que la cabine, guidée du reste par des galets roulant sur des ruils, suit l'ossature même de la tour. Si la chaîne venait à se rompre, les éléments enfermés dans la gaîne ne pourraient se séparer ; ils se presseraient l'un contre l'autre, travaillant à la compression, et aucun accident ne pourrait résulter. L'appareil moteur se compose de deux grands cylindres horizontaux dans lesquels se meuvent des pistons de 1 mètre de diamètre avec 5m,05 de course. Le mouvement de chaque piston produit par l'introduction de l'eau dans les cylindres se communique au tambour à l'aide d'une chaîne de Gall, qui passe d'une part sur une poulie fixée à l'extrémité libre du piston, d'autre part sur un pignon monté sur l'arbre du tambour, le tout disposé de manière que la course de 5m,05 de piston détermine l'ascension complète de la cabine. Celle-ci parcourt suivant la courbure du monument un chemin de 65m,60 correspondant à une hauteur verticale de 54m,25. — 2° *Deux ascenseurs américains système Otis*, allant directement du rez-de-chaussée au second étage, avec arrêt facultatif au premier étage. La distance verticale est de 113m,40, mais le chemin courbe est de 150 mètres. La cabine est suspendue par six fils d'acier dont un seul serait assez résistant pour la supporter en toute sécurité. L'appareil moteur se compose d'un cylindre de 11 mètres de longueur et de 0^m,95 de diamètre placé parallèlement au montant de la tour, dans lequel se meut un piston qui soulève la cabine par l'intermédiaire d'une moufle composée de deux chariots, contenant chacun six poulies de 1^m,50 de diamètre montées sur le même axe. L'un de ces chariots est fixé au piston, l'autre est fixe, et le brin libre du câble, après s'être enroulé sur une poulie de renvoi, vient s'amarrer à la cabine. — 3° Un ascenseur du système Édoux, allant du second au troisième étage, sur une hauteur de 160 mètres. La disposition de cet asc. est nouvelle, en ce sens qu'il se compose de deux cabines s'équilibrant l'une l'autre, et dont une seule est actionnée par deux pistons hydrauliques. Un plancher a été ménagé au milieu de la distance verticale à franchir, et les deux cabines peuvent arriver à la hauteur de ce plancher; puis, quand l'une s'élève jusqu'au sommet, l'autre descend jusqu'au second étage. En faisant redescendre la première, la seconde se relèvera et les deux cabines viendront s'arrêter sur le plancher intermédiaire. Ainsi, c'est toujours la même cabine qui franchit la moitié inférieure, et l'autre qui franchit la moitié supérieure. Ce système exige donc le transbordement des voyageurs sur le palier intermédiaire; mais il a l'avantage de réduire de moitié la course des pistons. C'est la cabine supérieure qui est reliée aux pistons.

Ascenseur électrique. — L'asc. électrique, dont l'invention est due à M. Chrétien, a fonctionné pendant l'Exposition universelle de 1889 dans l'un des deux pylones situés aux angles du Palais des Machines. Pour éviter aux voyageurs toute impression désagréable, l'inventeur s'est proposé d'obtenir une vitesse variable, de manière qu'au démarrage, aussi bien à la montée qu'à la descente, la vitesse croisse insensiblement jusqu'à un certain maximum où elle se maintiendra pendant la plus grande partie du trajet, pour diminuer ensuite progressivement et devenir nulle à la fin du trajet. L'électricité est particulièrement apte à se prêter à ce régime intermittent de vitesse variable. Le courant fourni par une machine Gramme était reçu dans deux autres machines Gramme, disposées en séries et servant ainsi de machines motrices. Les variations de vitesse étaient produites par l'introduction ou la suppression de résistances variables dans le circuit électrique.

ASCENSION. s. f. (lat. *Ascensio,* m. s., de *ascendere,* monter). Action de monter, de s'élever. *Asc. d'une montagne.* L'asc. *de l'eau dans les pompes, du mercure dans le baromètre, de la sève dans les rameaux. Asc. d'un ballon dans les airs.* — Se prend quelquefois absolument pour désigner l'action de s'élever dans les airs au moyen d'un aérostat. *Cet aéronaute a déjà fait plusieurs ascensions.* || T. Théol. Élévation miraculeuse de J.-C. qui, d'après la tradition chrétienne, aurait été transporté au ciel, c'est-à-dire dans l'espace extérieur à notre planète, quarante jours après sa résurrection. — Par ext., Le jour auquel l'Église célèbre ce souvenir. || Fig. Progrès. *L'asc. de l'esprit humain.* || ASCENSION DROITE, OBLIQUE. T. Astr. Voy. ci-dessous.

Astr. — L'asc. *droite* d'un astre est l'arc de l'équateur céleste compris entre le point équinoxial et le point de l'équateur qui se trouve au méridien en même temps que cet astre. Pour déterminer la position d'un astre, concevons un grand cercle qui passe par cet astre et les deux pôles, et qui coupe par conséquent l'équateur à angle droit, cercle qu'on nomme *cercle horaire.* Il est clair que la position de l'astre sera déterminée si l'on connaît, d'une part, la position de ce cercle, et, d'autre part, la position de l'astre sur ce cercle. Cette dernière est déterminée par la distance à laquelle l'astre se trouve de l'équateur, suivant le cercle horaire; cette distance est appelée sa *Déclinaison.* Pour fixer la position du cercle horaire, il suffit de connaître la distance d'un point fixe de l'équateur au point d'intersection de l'équateur et du cercle horaire. Le point fixe de l'équateur à partir duquel on commence à compter les ascensions droites est le point de l'équateur où ce cercle est traversé par le soleil lorsqu'il passe de l'hém. austral dans l'hém. boréal. Ce point est nommé *l'équinoxe de printemps* ou le point *vernal.* On compte les ascensions droites le long de l'équateur, sur toute la circonférence du cercle, en allant de l'ouest à l'est de 0° à 360°. Il résulte de là que l'asc. droite d'un astre mesure encore l'angle compris entre les cercles horaires qui passent respectivement par le point vernal et par l'astre. L'asc. droite et la déclinaison sont les deux *coordonnées* à l'aide desquelles on détermine la position d'un astre quelconque. Elles définissent la position de l'astre, comme la longitude et la latitude définissent celle d'un lieu terrestre. L'asc. droite est générale-

ment donnée *en temps,* parce qu'on la trouve en observant, avec une horloge marquant l'heure sidérale, le temps qui s'écoule entre le passage du point vernal et celui de l'astre au méridien. On est convenu de faire commencer le jour sidéral à l'instant où le point vernal passe au méridien : les astronomes comptent alors 0^h 0^m 0^s. Donner l'asc. *droite* en temps équivaut à prendre pour mesure des angles une unité appelée *heure* égale à 15°. On peut donc dire encore que l'asc. *droite d'un astre est l'heure sidérale de son passage au méridien.* Il suffit de multiplier l'asc. droite ainsi définie par 15 pour l'obtenir en degrés. Supposons par exemple qu'un astre arrive au méridien à 5^h 35^m 26^s. 5^h 35^m 26^s représentent l'asc. droite en temps, et équivalent à un arc de l'équateur de 83° 51^m 30^s. — L'asc. *oblique* d'un astre est l'arc de l'équateur intercepté entre l'équinoxe du printemps et le point de l'équateur qui se présente à l'horizon en même temps que l'astre. Cette asc. varie selon la latitude du lieu de l'observation. A l'équateur, elle coïncide avec l'asc. droite. Ce terme est aujourd'hui peu usité en astronomie. — La différence entre l'asc. droite et l'asc. oblique est ce qu'on appelle la *Différence ascensionnelle.* Cette expression s'emploie surtout relativement au soleil. Le sinus de la différence ascensionnelle est égal à la tangente de la latitude multipliée par la tangente de la déclinaison de l'astre.

La détermination des asc. droites des astres se fait au moyen de la *lunette méridienne* ou du *cercle méridien.* Voy. MÉRIDIEN et COORDONNÉES.

ASCENSION (Ile de l'). Ile de l'Océan Atlantique, à 1,300 kilomètres au nord-ouest de Sainte-Hélène (aux Anglais). Voy. la carte de l'AFRIQUE.

ASCENSIONNEL, ELLE. adj. N'est guère usité que dans ces deux locutions: *Force ascensionnelle,* Force par laquelle un corps tend à s'élever (voy. HYDROSTATIQUE, AÉROSTAT); et *Différence ascensionnelle.* Voy. ASCENSION.

ASCENSIONNISTE. s. m. Celui qui fait une ascension au sommet d'une montagne.

ASCÈTE. s. 2 g. (gr. ἀσκητής, qui s'exerce). Celui ou celle qui se consacre d'une manière particulière aux exercices de piété. Chez les anciens, on donnait le nom d'*Ascètes* aux individus qui embrassaient un genre de vie plus austère et s'exerçaient plus à la vertu que le commun des hommes. En ce sens : les Esséniens, chez les Juifs, les Pythagoriciens, chez les Grecs, méritaient ce titre. Dans les premiers temps de l'Église, il fut appliqué à ceux d'entre les chrétiens qui se distinguaient par l'austérité de leurs mœurs, qui s'abstenaient, par ex., de vin et de viande. Plus tard, la vie monastique ayant été regardée comme plus parfaite que la vie commune, le nom d'*ascètes* ne servit plus qu'à désigner les moines et particulièrement ceux qui, retirés dans les déserts, n'avaient d'autre occupation que de s'exercer à la méditation, à la lecture, aux jeûnes et aux autres mortifications.

ASCÉTIQUE. adj. 2 g. Qui a rapport aux exercices de la vie spirituelle. *Vie, auteur, ouvrage asc.* || Se prend subst. pour *ascète. Les extases des ascétiques.* || Se dit aussi de certains ouvrages ascétiques. *Les Ascétiques de saint Basile.*

ASCÉTISME. s. m. Vie, état d'une personne qui se voue exclusivement aux exercices de piété et vit dans l'austérité.

ASCIDIE. s. f. (gr. ἀσκίδιον, petite outre). T. Zool. Mollusques nus de la classe des *Tuniciers.* Voy. ce mot.

ASCIDIÉ, ÉE. adj. (gr. ἀσκίδιον, petite outre). Se dit des feuilles terminées par un appendice creux, comme les feuilles des *Nepenthes.* Voy. FEUILLE.

ASCIE. s. f. (gr. ἀσκίον). T. Entom. Genre d'insectes diptères. Voy. ATHÉRICÈRES.

ASCIENS. s. m. pl. (gr. α priv.; σκία, ombre). T. Géogr. Dénomination des peuples qui, habitant la zone torride, ont quelquefois le soleil à leur zénith, de manière qu'à ce moment les objets ne projettent plus d'ombre.

ASCITE. s. f. (gr. ἀσκίτης, m. s., de ἀσκός, outre). T. Méd. Hydropisie intestinale. Voy. HYDROPISIE.

ASCLÉPIADE, poète lyrique grec (VIIe siècle av. J.-C.).

ASCLÉPIADE, philosophe grec, très instruit et très pauvre, du IVᵉ siècle av. J.-C.

ASCLÉPIADE. T. Versif, anc. Se dit d'un vers grec, ou latin composé d'un spondée, de deux choriambes et d'un iambe. On attribue son invention au poète grec Asclépiade (VIIᵉ siècle av. J.-C.).

Mǣcē | nās ǎtāvīs | ēdǐtē rē | gǐbus. HORACE.

L'asc. proprement dit reçoit aussi le nom de petit asc. pour le distinguer du grand asc., où l'iambe final est remplacé par deux dactyles.

Tū nē | quaesiēris | scīrē nēfas | quēm mihī | quēm tibī. HORACE.

ASCLÉPIADE. adj. et s. m. T. Bot. Genre de plantes de la famille des Asclépiadées. Voy. ce mot.

ASCLÉPIADÉES. s. f. pl. T. Bot. Famille de végétaux dicotylédones gamopétales supérovariées.

Caractères bot. : Plantes en général frutescentes, parfois herbacées, presque toujours lactescentes et rarement grimpantes, à feuilles entières opposées, quelquefois alternes ou verticillées, présentant entre leurs pétioles des cils au lieu de stipules. Inflorescence généralement interpétiolaire, en ombelle, ou en panicule, ou en grappe. Calice quinquéfide, persistant. Corolle quinquélobée, régulière, caduque. Préfloraison imbriquée, très rarement valvaire. Étamines au nombre de 5, insérées à la base de la corolle, alternant avec les divisions du limbe; filets ordinairement connés; anthères biloculaires, paraissant quelquefois avoir 4 loges, quand leurs cloisons sont presque complètes; pollen rarement libre, le plus souvent agrégé dans chaque loge en 1 ou 2 pollinies. Carpelles au nombre de 2; styles en même nombre, unis l'un à l'autre, souvent très courts; stigmate commun aux 2 styles, dilaté, quinquégone, contre les faces duquel s'appliquent les anthères. Follicules 2, dont l'un avorte quelquefois; placenta attaché à la suture et finissant par se séparer. Graines nombreuses, imbriquées, pendantes, presque toujours hérissées de poils vers le hile; albumen mince. Embryon dressé: cotylédons foliacés; radicule supère; plumule peu apparente. [Fig. 1. Schubertia multiflora. 2. Les anthères unies au stigmate. 3. L'ovaire et le stigmate; les masses polliniques ont été détachées de ce dernier. 4. Paire de masses polliniques pendantes avec leur glande. 5. Follicules à maturité. — 6. Fleurs du Cynanchum fruticulosum. 7. Ses masses polliniques. — 8. Colonne du Glossonema boryanum. — 9 Fleur de l'Heterostemma acuminatum. — 10. Une de ses anthères. — 11. Ses masses polliniques. — 12. Asterostemma repandum. — 13. Sa couronne staminale. — 14. Ses masses polliniques. — 15. Graine du Vincetoxicum nigrum. — 16. Son embryon. — 17. Stapelia.]

Cette famille, qui ne compte pas moins de 146 genres et de 1,300 espèces, habite principalement les régions tropicales et équinoxiales. Elle est surtout fort répandue dans la partie sud de l'Afrique.

On la divise en 2 tribus :

Tribu I. — Périplocées. — Pollen simple (Periploca, Cryptostegia, etc.).

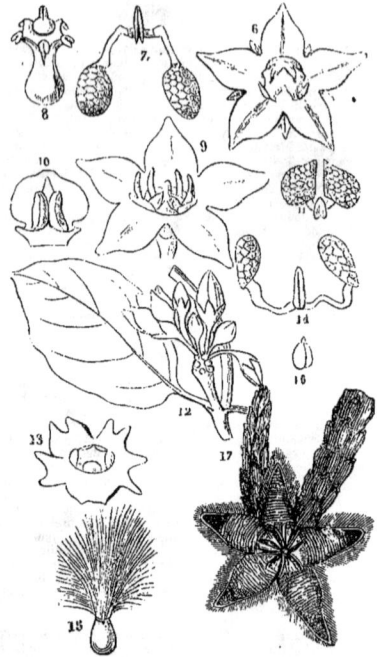

Le suc laiteux du Periploca græca est très âcre : les Orientaux s'en servent pour tuer les loups.

Tribu II. — Cynanchées. — Pollen composé (Secamone, Oxypetalum, Gomphocarpus, Asclepias, Vincetoxicum, Cynanchum, Hoya, etc.).

Les racines des plantes de cette tribu sont en général âcres et stimulantes. Plusieurs sont émétiques : telles sont la Tylophore asthmatique (Tylophora asthmatica) et la Scammonée émétique (Secamone emetica). Quelques autres, comme l'Asclepias accumbens, sont diaphorétiques : cette plante jouit de la singulière propriété d'exciter la transpiration générale sans accroître d'une manière appréciable la chaleur du corps. Dans la Virginie, on l'administre usuellement contre la pleurésie. Diverses espèces d'asc. s'emploient comme substances alimentaires; nous citerons entre autres la Céropégie comestible, l'Oxystelme comestible, et deux espèces de Sarcostemme (Sarcostemma forskahlianum et stipitaceum). La Plante à vache de Ceylan (Gymnema lactiferum) donne un suc laiteux que boivent les Cingalais; ils mangent également les feuilles après les avoir fait bouillir. Aux États-Unis, l'Asc. tubéreuse (Ascl. tuberosa) est un remède populaire dans une foule de maladies; il paraît agir comme cathartique doux, comme diaphorétique et comme expectorant. Cette plante s'est très bien naturalisée chez nous, où elle est cultivée pour la beauté de ses fleurs. Les nègres des Indes occidentales emploient comme émétique et purgatif une décoction faite avec l'Asclepias curassavica, qui a des fleurs écarlates. Cette plante est connue dans le commerce sous le nom de faux ipécacuanha des Antilles. Les habitants de la côte de Coromandel remplacent l'ipécacuanha par la racine de la Tylophore asthmatique. On l'a en effet employée avec succès dans une épidémie de dysenterie qui avait atteint l'armée anglaise. À haute dose, ce médicament agit comme vomitif; à petites doses souvent répétées, il n'agit que comme cathartique, on lui attribue aussi la faculté d'exciter la diaphorèse. Le Sarcostemma glaucum ou Ipécacuanha de Venezuela possède les mêmes propriétés. Le Cynanque de Montpellier (Cynanchum acutum) et le Dompte-venin

(*Vincetoxicum officinale*) sont tous deux drastiques. On prétend que les Indiens de l'Amérique du Nord empoisonnaient leurs flèches avec le suc du *Gonolobus macrophyllus*. La racine, l'écorce et surtout le lait épaissi du *Calotropis gigantea*, appelé dans l'Inde *Akund*, *Yercum* ou *Mudar*, sont purgatifs et possèdent des propriétés altérantes énergiques : on les a surtout administrés avec succès dans les cas d'affections squammeuses, d'éléphantiasis et de maladies vénériennes. En Égypte, on falsifie le séné avec les feuilles du *Solenostemma argel*. On en trouve une grande quantité dans certains échantillons du séné dit de la Palle. Les feuilles sont plus amères que celles du séné, et, suivant Guibourt, il est dangereux de les administrer à cause de leurs propriétés irritantes. Dans l'Inde on remplace fréquemment la salsepareille par les racines de l'*Hemidesme indien* (*Hemidesmus indicus*), qui constituent en outre un excellent diurétique. On les prétend toniques et diaphorétiques. A Penang, selon Wallich, le *Cynanchum ovalifolium* donne du caoutchouc d'excellente qualité. C'est peut-être à la présence de cette substance qu'est due la ténacité des fibres de certaines espèces. Roxburgh dit que les fibres de la *Marsdénie très tenace* et de l'*Ortie* de même nom (*Marsdenia et Urtica tenacissima*) sont les plus solides qu'il connaisse. D'après Wight, ce les du *Calotropis gigantea* l'emportent encore de beaucoup par leur résistance. Les montagnards du Radjmahl se servent de la *Marsdenia tenacissima* pour fabriquer les cordes de leurs arcs. L'*Orthantera viminea*, qui atteint une hauteur de près de 3 mètres, est également remarquable par la longueur et la ténacité de ses fibres. Quelques espèces donnent un indigo d'excellente qualité : tels sont la *Marsdenia tinctoria*, trouvée dans le Sylhet, et le *Gymnema tingens*. Les Hottentots mangent plusieurs espèces du genre *Stapélie* (*Stapelia*). Enfin, la plante appelée improprement *Asclepias syriaca*, attendu qu'elle est originaire des États-Unis de l'Amérique, fournit une ouate soyeuse, dont on a fabriqué divers tissus. Cette ouate n'est autre chose que les soies qui surmontent les graines; mais son peu d'abondance et le bon marché du coton ont empêché le développement de cette industrie. On a également cherché à utiliser les tiges de cette plante en les faisant rouir comme celles du chanvre. L'*Asc. syriaca* est encore désignée sous les noms vulgaires de *Coton sauvage*, de *Plante à soie*, etc. La racine du *Condurango* (*Gonolobus Condurango*) est employée en Europe comme tonique.

ASCLÉPIADES (Les), famille de médecins grecs prétendant descendre d'Esculape.

ASCLÉPIADÈS, célèbre médecin grec, à Rome, contemporain de Cicéron et de Lucrèce (Ier siècle avant notre ère).

ASCLÉPIION. s. m. (gr. Ἀσκληπιεῖον, de Ἀσκληπιός, Esculape). Temple d'Esculape. Les asclépiions étaient des maisons où les malades venaient chercher des secours.

ASCOBOLE. s. m. T. Bot. Genre de Champignons de la famille des *Discomycètes*. Voy. ce mot.

ASCOBOLÉES. s. f. pl. (gr. ἀσκός, outre; βολή, action de jeter). T. Bot. Groupe de *Champignons ascomycètes*, formant une tribu de la famille des *Discomycètes*. Voy. ce mot.

ASCOCÉRATIDES. s. m. pl. (gr. ἀσκός, outre; κέρας, corne). T. Paléont. Zool. Nom donné à une famille de *Mollusques céphalopodes tétrabranches* (voy. CÉPHALOPODES), qui présentent des cloisons latérales à l'axe de la coquille.

Le genre *Ascoceras* a une coquille en forme de bouteille; la chambre d'habitation, située sur le côté ventral, occupe toute la longueur de la coquille, et forme une cavité large et haute, entourée latéralement par les bords descendants de quatre ou cinq cloisons incomplètes. Le siphon est petit et situé du côté dorsal. L'ouverture est simple.

Ce genre se rencontre dans le silurien de la Bohême, de la Scandinavie, d'Angleterre et de l'Amérique septentrionale.

ASCOLI (lat. *Asculum*), v. d'Italie, dans les Abruzzes, 11,200 hab.

ASCOMYCÈTES. s. m. pl. (gr. ἀσκός, outre; μύκης, champignon). T. Bot. Les *Ascomycètes* constituent un des des ordres les plus variés de la classe des *Champignons*. Leur mode de reproduction se fait souvent à l'aide de plusieurs appareils sporifères distincts; mais le principal de ces appareils sporifères, celui qui ne manque jamais, a pour élément essentiel une cellule mère nommée *asque*, produisant dans son intérieur, par division du protoplasme, un certain nombre de spores libres, souvent huit : d'où la dénomination donnée à l'ordre tout entier. A la maturité, les spores sont mises en liberté, soit par la dissolution totale de la membrane de l'asque, soit par sa déhiscence qui a lieu, tantôt par une déchirure irrégulière au sommet, tantôt par une fente circulaire qui détache un couvercle.

Parfois isolés et disséminés, les asques sont le plus souvent localisés sur le thalle et groupés dans des appareils spéciaux nommés *périthèces*. Dans le périthèce, les asques sont, d'ordinaire, serrés côte à côte, entremêlés de cellules stériles ou *paraphyses* et formant une assise continue nommée *hyménium*. Les asques sont situés tantôt à la surface, tantôt à l'intérieur du périthèce mûr, qui peut s'ouvrir ou être indéhiscent.

Outre les *ascospores*, qui sont essentiellement des spores de conservation et qui ne manquent jamais, beaucoup d'Asc. produisent, dans d'autres conditions de milieu, 1, 2, 3 et même 4 sortes de spores différentes que l'on nomme *conidies* et qui sont toujours exogènes, tandis que les ascospores sont endogènes.

L'ordre des Asc. est divisé en 4 familles, dont on peut résumer les caractères dans le tableau suivant :

$$
\text{Thalle}
\begin{cases}
\text{indépendant}
\begin{cases}
\text{externe} \dots\dots \text{Discomycètes.} \\
\text{interne}
\begin{cases}
\text{indéhis-}\\
\text{cent} \dots \text{Périsporiacées.}
\end{cases}
\end{cases}\\
\text{Hyménium} \quad \text{Périthèce}
\begin{cases}
\text{s'ouvrant}\\
\text{au som-}\\
\text{met.} \dots \text{Pyrénomycètes.}
\end{cases}\\
\text{vivant en symbiose avec des Algues. Lichens.}
\end{cases}
$$

ASCOPHORE. s. m. (gr. ἀσκός, outre; φορός, qui porte). T. Didact. Qui porte un utricule, un godet.

ASCOSPORE. s. f. (gr. ἀσκός, outre; σπόρα, semence). T. Bot. Genre de Champignon de la famille des *Périsporiacées*. Voy. ce mot. — On désigne aussi sous ce nom les spores qui ont pris naissance à l'intérieur d'un asque.

ASCOT. s. m. Sorte de serge.

ASCULUM, v. de l'Italie ancienne, célèbre par une grande bataille entre les Romains et le roi Pyrrhus (279 av. J.-C.), auj. *Ascoli*.

ASDRUBAL, nom de plusieurs généraux carthaginois, entre autres du beau-frère et du frère d'Annibal (IIIe siècle av. J.-C.).

ASELLE. s. m. (lat. *asellus*, petit âne). T. Zool. Genre de *Crustacés isopodes*. Voy. ISOPODES.

ASELLINE. s. f. T. Chim. Alcaloïde contenu en petite quantité dans l'huile de foie de morue. Sa formule est $C^{33}H^{27}Az^4$. L'as. est solide, inodore à froid; chauffée, elle fond en dégageant l'odeur douceâtre des ptomaïnes volatiles. A petite dose, elle produit des troubles respiratoires et du stupeur; à forte dose, des convulsions et la mort.

ASEPSIE ou **ASEPTIE.** s. f. (gr. ἀ priv.; σῆψις, putréfaction, et σήπειν, corrompre). Qualité qui fait échapper aux atteintes de la corruption. || T. Méd. Destruction des microbes de la putréfaction; ensemble des procédés propres à en empêcher le développement. Voy. ANTISEPSIE.

ASEPTIQUE. adj. 2 g. (gr. ἀ priv.; σήπτικος, corrompu). T. Phys. Qui est peu ou point vicié par des organismes microscopiques. *L'air des montagnes et l'air de la mer sont plus as. que l'air des villes.*

ASEPTOL. s. m (gr. ἀ priv.; σήπειν, corrompre). T. Chim. L'*Aseptol* C⁶H⁵(OH).SO³H, appelé aussi *acide sozolique*, est un acide phénolsulfonique qui se présente sous la forme d'un liquide sirupeux, de densité 1,45, et qu'on obtient en traitant à froid le phénol par l'acide sulfurique. Il est fort employé comme antiseptique; sous ce rapport, il est trois fois plus actif que l'acide phénique; en outre, il présente sur ce dernier l'avantage d'être inodore, très soluble dans l'eau et nullement toxique.

ASER, un des fils de Jacob; a donné son nom à une des douze tribus d'Israël.

ASES, divinités scandinaves : Odin, Thor, Frigga, etc.

ASIALIE. s. f. (g. à priv.; σίαλον, salive). T. de Méd. Absence de salive.

ASIARCHAT. s. m. [Pr. *Aziarka*] (gr. Ἀσία, Asie; ἀρχή, présidence) T. Hist. ancienne. — Dans les provinces de l'Asie Mineure les magistrats qui présidaient aux cérémonies religieuses et aux jeux publics célébrés chaque année en l'honneur des dieux et de l'empereur, recevaient le nom de *d'Asiarques*. Ces magistrats, de même que les édiles à Rome, devaient supporter eux-mêmes les dépenses considérables de ces fêtes somptueuses; aussi cette dignité n'était conférée qu'aux citoyens les plus riches. Les asiarques étaient au nombre de dix; ils étaient élus par les principales villes de l'Asie Mineure, et leurs noms devaient être approuvés par le proconsul romain. L'un des dix avait la suprématie sur ses collègues; habituellement il résidait à Éphèse. La durée de cette magistrature, appelée *As.*, était limitée à une année; mais il paraît que les citoyens qui l'avaient exercée, conservaient toute leur vie le titre honorifique d'asiarque. Dans la lettre écrite par l'Église de Smyrne au sujet du martyre de saint Polycarpe, on lit que le peuple furieux demanda à l'asiarque Philippe de lâcher un lion contre Polycarpe, et que Philippe refusa, en disant que ce serait une chose illégale, attendu que le spectacle des bêtes féroces était terminé.

ASIARQUE. s. m. Celui qui était revêtu de l'asiarchat.

ASIATIQUE. adj. 2 g. Qui appartient à l'Asie. || *Luxe as.*, Luxe excessif. — *Mœurs asiatiques*, Mœurs efféminées.

Aujourd'hui, tout ce qui concerne les langues, la littérature, la géographie, l'histoire et les religions de l'Orient est l'objet de recherches persévérantes de la part d'une foule de savants : car on comprend toute l'importance de ces études pour la philologie, pour l'ethnographie et pour l'histoire générale envisagée surtout au point de vue de la philosophie, de l'anthropologie et de l'histoire des religions. Les érudits qui se livrent à ces difficiles études ont bientôt senti le besoin de se réunir pour se communiquer leurs idées, pour s'entr'aider dans leurs recherches et pour publier certains travaux à frais communs. Ces sociétés ont pris le nom de *Sociétés asiatiques*. La plus ancienne association de ce genre est celle que les Hollandais fondèrent à Batavia, en 1780. Vient ensuite celle de Calcutta, qui fut créée en 1784 par le célèbre orientaliste W. Jones. Bientôt après, les Anglais en instituèrent une seconde à Bombay. Ces trois sociétés ont publié des recueils remplis de documents précieux. Il existe à cette heure, chez toutes les grandes nations de l'Europe, des sociétés et des établissements qui ont pour but la propagation des études concernant l'Asie, la formation d'interprètes et la traduction des ouvrages les plus importants écrits dans les divers idiomes de l'Orient. La première société de ce genre établie en Europe est celle de Paris; elle a été fondée en 1822; celle de Londres n'a été instituée que deux ans plus tard. La *Société as.* de Paris a pour organe un recueil mensuel intitulé *Journal as.* La société de Londres possède une précieuse bibliothèque et un riche musée d'antiquités asiatiques. A Saint-Pétersbourg il existe aussi un musée asiatique. Signalons, à Paris, le musée Guimet.

ASIDE. s. m. T. Entom. Genre d'*Insectes coléoptères hétéromères*. Voy. MÉLASOMES.

ASIDÈRE. adj. 2 g. (gr. à priv.; σίδηρος, fer). Se dit des uranolithes qui ne renferment pas de fer métallique. Voy. AÉROLITHE.

ASIDÉRITE. s. f. (gr. à priv.; σίδηρος, fer). Nom donné par M. Daubrée aux uranolithes exempts de fer métallique, tels que celui d'Orgueil.

ASIE, la plus vaste et la plus peuplée des cinq parties du monde. Elle a une superficie de 42 millions de kil. car., et une population de 800 millions d'âmes. Sa plus grande longueur est de 12,000 kil. du N. E. au S. O.; sa plus grande largeur est de 8.500 kil. — *Carte ci-contre.*

Ses côtes sont baignées par l'océan Glacial Arctique, l'océan Pacifique, l'océan Indien et la Méditerranée. Elle renferme, en outre, une mer intérieure, la Caspienne. Chacune de ces mers ou océans forme à son tour un grand nombre de mers moins étendues et pourtant considérables, telles que la mer de Behring, la mer de Chine, le golfe du Bengale, la mer d'Oman, la mer Rouge, la mer Noire.

Quant à l'orographie, on peut considérer l'Asie comme formée par un vaste plateau central, rayonnant de toutes parts, grâce à des ramifications sans nombre ayant toutes la même origine. Ce plateau, dont on a évalué la superficie à 5 millions de kil. car., constitue la chaîne de l'Himalaya, s'étendant du plateau de Lang-Tau, au sud-est, au plateau de Pamir, au nord-ouest. Il nous donne les sommets les plus élevés qui soient au monde, tels que le Gaurisankar et le Kintchinkchinga, qui ont respectivement 8,840 et 8,580 mètres. Les principales chaînes de montagnes, se séparant de l'Himalaya pour aller vers le Kamtchatka, sont les monts Karakoroum, les Kouenlaun, les Bolor, les Thianchan, les monts Altaï, dont aucun n'a moins de 4,000 mètres. Il faut encore citer l'Hindoukouch, l'Elbourz et le Kara-Dagh dans la partie orientale.

Les cours d'eau ont à leur tour une très grande longueur. L'Iénisseï et le Yang-tse-Kiang ont plus de 5,000 kil.; l'Obi et le Mékong, plus de 4,000; le Brahmapoutre, la Léna, le Hoang-ho, l'Indus et le Gange, plus de 3,500. Viennent ensuite l'Amour, l'Euphrate et l'Oural qui ont plus de 2,800 kil.

L'Asie a été le berceau de la civilisation, mais les anciens n'en ont connu que la partie occidentale, de l'Indus à la Méditerranée. Jusqu'au XIIIe siècle de notre ère, on ne peut établir que quelques rapports peu précis avec les Chinois ou les peuples de l'Indo-Chine. Marco-Polo (1271-1295) ouvre la série des grandes découvertes. A la fin du XVe siècle, les Portugais établissent des relations directes entre l'Europe et l'Asie occidentale. Au XVIIe siècle, les Hollandais et les Français commencent l'exploitation méthodique du continent au sud et à l'est, en même temps que les Russes l'abordent par le nord. Avec le XVIIIe siècle arrivent les voyages scientifiques; aujourd'hui les régions inexplorées sont peu étendues; mais il reste beaucoup à faire ou connaître la géologie et tous les détails scientifiques.

Au point de vue politique, l'Asie se divise en deux groupes : les États indépendants et les possessions européennes.

États indépendants.	Superficie.	Population.
Empire chinois.	12.000.000	425.000.000
Corée.	250.000	10 500.000
Empire japonais.	382.000	40.000.000
Royaume de Siam.	7.725.000	6 000.000
Nepaul, Boutan, Cachemire.	400.000	6 000.000
Afghanistan.	720.000	4.000.000
Béloutchistan.	275.000	350.000
Perse.	1.650.000	7.500.000
Arabie.	3.156.000	5.000.000
Empire ottoman.	1.890.000	16.500.000
Possessions anglaises.	8.004.000	354.600.000
Hindoustan.	5 940.000	290.000.000
États tributaires.	1.320.000	55.000.000
Haute Birmanie.	680.000	6.800 000
Ceylan, etc.	64.000	2.800.000
Possessions françaises.	525.000	18.500.000
Annam.	220.000	6.000.000
Tonkin.	145.000	9.000.000
Cochinchine.	60.000	2.000.000
Cambodge, etc.	100.000	1.500.000
Possessions russes.	15.803.000	13.440.000
Sibérie.	12 518.000	4.315.000
Asie centrale.	3.080.000	5.325.000
Transcaucasie, etc.	205.000	3.500.000
Possessions portugaises.	4.000	550.000

Les races et les langues se divisent ainsi qu'il suit :

RACES.	PEUPLES.	LANGUES.
Famille aryenne.	Hindous. . { Aryas . . . . / Mahrattes. . / Radjpoutes	Bengali. / Pali.
— iranienne.	{ Persans, Afghans, Kourdes, / Boukhares.	Zend.
	Houng-ho, l'Indus	
	Arméniens, Guèbres. . . .	Pehlvi.
— slave.	Slaves, Ruthènes. . . .	Slave.
— germanique.	Anglais	Anglais.
— caucasienne.	Géorgiens	Géorgien.
— tartare . . .	Mongols. . { Mogols, Kal-/ moucks, / Dzoungares. .	Mongol.

RACES.	PEUPLES.	LANGUES.
Famille tartare. *Turcs* . . .	Turcomans, Kirghiz, Bachkirs, Jakoutes. . . .	Turc.
— — *Toungouses*.	Lamoutes. . . Mandchoux. .	Mandchou.
— chinoise. . .	Chinois, Japonais, Annamites. . .	Chinois.
— tamoule . . .	Khmers, Siamois, Birmans, Thibétains, Cingalais. . .	Tamoul.
— sémitique . .	Juifs ou Israélites (disséminés)	Hébreu.
	Chaldéens, Arabes, Syriens, Bédouins. . . .	Arabe.
Familles diverses . .	Aïnos (Japon), Miaotse (Chine), Nègres.	

Les religions sont également très nombreuses : les principales sont : le *brahmanisme*, pratiqué surtout dans l'Hindoustan ; le *bouddhisme* qui compte des centaines de millions de sectateurs en Chine, au Japon, en Indo-Chine et dans l'Asie centrale ; la religion de *Confucius*, sorte de philosophie répandue dans la classe élevée de la Chine ; l'*islamisme*, qui compte 40 millions de croyants dans l'Inde et domine dans toute

l'Asie occidentale ; le *christianisme*, avec 15 millions d'adhérents répandus surtout dans les possessions européennes ; enfin le *judaïsme*, avec 2 millions d'individus.

ASIE MINEURE ou ANATOLIE. Vaste presqu'île de l'Asie occidentale (Turquie d'Asie) entre la mer Noire au nord, la mer de Marmara et l'Archipel à l'ouest, la Méditerranée au sud ; parcourue par des montagnes en général peu éloignées de la côte et qui laissent à l'intérieur un plateau à peu près stérile, sillonnée enfin par des fleuves ou rivières qui n'ont pas grande étendue. Le développement total des côtes est d'environ 4,000 kil.; la plus haute montagne est le *Taurus* avec 3,840 mètres, et le plus grand fleuve le *Kizil-Ermak* (anciennement Halys) avec un millier de kilom. La température moyenne varie suivant la saison : à Brousse, entre + 4° et + 27° cent.; à Smyrne entre + 7° et + 28° cent.

L'Asie Mineure éveille dans l'esprit le souvenir de la guerre de Troie, de l'empire de Crésus, de la lutte des Perses et des Grecs, des guerres d'Alexandre, enfin de la conquête romaine. Elle appartient depuis le moyen âge aux Turcs, qui y ont détruit jusqu'aux vestiges de l'antique civilisation.

Ses villes les plus importantes sont : Smyrne avec 200,000 hab., Kaïsarieh, Magnésie, Adana, Angora, Konieh, Kara-Hissar, Brousse et Aïdin. — Parmi les îles fort nombreuses qui font comme une ceinture au continent, il faut citer Lemnos, Ténedos, Chio, Samos, Patmos, Cos, Rhodes et enfin Chypre, qui appartient aux Anglais.

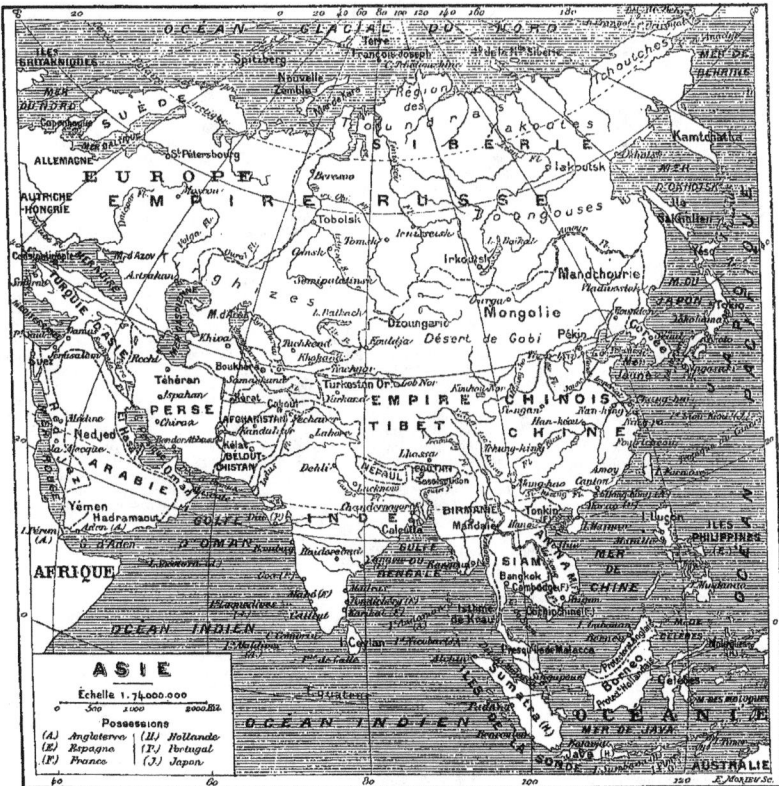

L'Asie Mineure renferme d'importantes mines qui ne sont pas exploitées; l'agriculture est très négligée et l'industrie presque nulle. Les ports, desservis par des services réguliers de bateaux à vapeur européens, font seuls un commerce d'une certaine valeur. Le plus important est Smyrne, qui fait pour 200 millions d'affaires. Il n'est pas douteux qu'avec d'autres institutions et une religion moins fataliste ce pays retrouverait assez promptement la vitalité et l'activité qui lui font aujourd'hui défaut.

ASILE ou **ASYLE**, st m. (gr. ἄσυλος, inviolable, de ἀ priv., et συλάω, je pille). Lieu établi pour servir de refuge aux débiteurs, aux criminels. || Lieu où l'on est à couvert des poursuites de la justice, d'une persécution, d'un danger. *Trouver as. dans la maison d'un prince.* || Par ext., Demeure, habitation, retraite. *Vous êtes sous as., venez chez moi. Un malheureux qui n'a aucun as.* —Fig., *L'as. de la vertu, de la paix, de l'innocence.* || Se dit aussi d'une maison où un homme qui n'a pas de quoi subsister trouve tout ce qui lui est nécessaire. *Un as. pour l'indigence. Il ne savait plus où donner de la tête, il a trouvé un as. chez un de ses amis.* || Fig., s'emploie en parlant des personnes et des choses qui protègent, qui défendent. *La justice des tribunaux est l'as. du faible.* || T. Ent. Genre d'insectes de l'ordre des diptères, carnassiers et ravisseurs. Voy. DIPTÈRES et TANYSTOMES.

Syn. — *Refuge.* — D'après son étymologie, *As.* désigne un lieu où l'on n'a rien à craindre, et *Refuge* un lieu où l'on se met à l'abri quand on est poursuivi. *As.* se rapporte davantage à un danger futur et prévu; *refuge* à un péril présent, imminent. Un homme poursuivi par des assassins cherche un *refuge* dans la première maison venue; un conspirateur, au moment où il se voit découvert, cherche un *as.* chez un ami. *As.* emporte l'idée de secours donné par une personne; *re ugr* s'applique plutôt à l'abri momentané offert par une chose. *As.* se prend toujours en bonne part; *refuge* se dit souvent en mauvaise part. L'homme las du monde trouve un *as.* dans un cloître; des bandits trouvent un *refuge* dans une caverne.

Hist. — Le *droit d'as.* était le droit en vertu duquel l'individu qui s'était réfugié dans certains lieux privilégiés, s'y trouvait à couvert de toute poursuite civile ou criminelle. Cette institution, qui nous paraît aujourd'hui si bizarre, se retrouve chez la plupart des peuples primitifs. Partout, on avait senti la nécessité de dérober l'individu au coupable aux fureurs irréfléchies dont il eût pu, au premier moment, être la victime. Le droit d'as. venait corriger ce que la loi littérale pouvait avoir de trop rigoureux. — Chez les Juifs, Moïse avait désigné certaines villes comme des asiles inviolables. Toutefois les assassins, les meurtriers volontaires en étaient exclus : « Si quelqu'un a tué son prochain par artifice en lui dressant des embûches, tu l'arracheras de mon autel pour qu'il meure » (Exode, xxi, 14). Les meurtriers involontaires qui y trouvaient retraite, étaient obligés d'y rester jusqu'à la mort du grand prêtre; alors seulement ils pouvaient rentrer sans danger dans leur ancien domicile. — En Grèce, presque tous les temples, les autels consacrés aux dieux, les bois sacrés, les enceintes réservées offraient un abri sûr aux débiteurs, aux esclaves fugitifs, à tous ceux qui avaient à redouter la colère d'un ennemi ou la punition d'un forfait. Le droit d'as. néanmoins fut violé quelquefois, et souvent éludé. Ainsi on laissa des malheureux mourir de faim en leur refusant toute nourriture, ou en murant les portes des temples où ils s'étaient réfugiés. Rome connut aussi le droit d'as., mais il y fut réduit de plus justes bornes. Sous Tibère enfin, le Sénat conserva ce privilège aux seuls temples de Junon et d'Esculape.

Le christianisme dut nécessairement admettre le droit d'as. Aussi voit-on le droit d'as. grandir et s'étendre avec le pouvoir de l'Église. Dans le principe, l'Église ne prétendait pas soustraire absolument le coupable au châtiment qu'il avait mérité. « Qu'il satisfasse, qu'il ait paix de la vie et des membres, et qu'il soit rendu à la puissance temporelle. » Mais cette sage restriction fut souvent oubliée, et dès lors il s'ensuivit une lutte inévitable entre le pouvoir ecclésiastique et la puissance temporelle. Le lieu d'as. le plus respecté était l'intérieur de l'église elle-même. Au moyen âge, les asiles les plus célèbres étaient, en France, les églises Notre-Dame de Paris et Saint-Martin de Tours. En Angleterre, on cite particulièrement l'église de Beverley. Dans quelques temples, il y avait près de l'autel un siège ordinairement de pierre, où le réfugié venait s'asseoir et qu'on nommait *Pierre de la paix* (la Fig. ci-jointe représente la pierre de la paix qui subsiste encore dans l'église de Beverley). Plus tard le privilège de l'as. s'étendit à l'enceinte qui

entourait l'église, c.-à-d. à trente et quarante pas de distance de tous côtés. Enfin, les évêques et les abbés prétendirent que leurs vastes domaines devaient tous être des lieux de refuge, et souvent ils firent respecter leurs prétentions.

Mais l'abus fut poussé encore plus loin. Comme le palais du roi et les hôtels des princes du sang jouissaient du privilège de l'as., les plus petits barons firent aussi de leurs châteaux des lieux de refuge, où

les malfaiteurs des villes voisines trouvaient l'impunité. De leur côté, les communes s'arrogèrent également ce droit. Tout serf, par ex., qui mettait le pied dans les villes de Toulouse et de Bourges, devenait libre. Certaines communes se faisaient reconnaître le droit de sauver les réfugiés, à moins que ce ne fussent des voleurs ou des meurtriers.

Les rois, soit dans l'intérêt du pouvoir monarchique, soit dans l'intérêt de la justice, durent naturellement tendre à limiter et à supprimer le droit d'as. Aussi les voyons-nous d'abord reconnaître ce droit aux églises, mais en exceptant du bénéfice les individus coupables de certains crimes. D'autres fois ils recourent aux subterfuges pour éluder le privilège dont il s'agit. Parmi ceux qui luttèrent avec le plus de succès contre le droit d'as. soit religieux, soit séculier, nous devons citer Philippe le Bel, Charles V, Louis XI, Louis XII, François 1er, Louis XIII, ou plutôt Richelieu, et Louis XIV. Les parlements aidèrent puissamment la royauté dans cette tâche. Néanmoins les dernières traces du droit d'as. ne disparurent qu'à la Révolution. Ainsi l'abbaye de Saint-Romain, en Normandie, ne perdit son privilège qu'en 1789. Il en fut de même du droit d'as. dont jouissaient les demeures royales, les hôtels des ambassadeurs et l'hôtel du grand prieur de Malte, à Paris, connu sous le nom de *Temple.* La Révolution abolit ces privilèges, et aujourd'hui il n'existe plus en France un seul as.

Salles d'as. (aujourd'hui, en France, *Écoles maternelles*). — On nomme ainsi des établissements charitables où l'on reçoit les enfants de 2 à 3 ans jusqu'à 6 ou 7. L'institution des salles d'as. a pour but : 1° de mettre les enfants des classes laborieuses à l'abri des accidents et de la contagion des mauvais exemples auxquels ils sont exposés, lorsque leurs parents, obligés de vaquer à leur travail habituel, sont dans la nécessité de les laisser sans surveillance; 2° de préparer l'instruction et l'éducation de ces enfants; 3° de seconder le développement de leurs forces physiques et de leur intelligence au moyen de leçons et d'exercices appropriés à leur âge.

Les premières maisons de ce genre ont été fondées à Rome sous le nom d'*Écoles Pies*, par un digne prêtre, Joseph Calasanzio, à la fin du XVIe siècle. Cependant la fondation des salles d'as. pour l'enfance, sous leur forme actuelle, est de date récente, de 1770 environ. Elle est due à Oberlin, pasteur au Ban-de-la-Roche, dans les Vosges. En 1801, Mme de Pastoret fonda une salle d'as. rue Saint-Honoré et en confia la direction à des sœurs. L'Angleterre imita cet exemple, et les nombreuses salles d'as. établies dans ce pays, sous le nom d'*Infant-schools*, ont obtenu un immense succès. En 1826, Cochin et d'autres personnes charitables répandirent cette institution à Pa is et dans plusieurs villes manufacturières. Enfin, une ordonnance en date du 22 décembre 1837 fixa les bases de l'organisation de ces établissements et les plaça dans les attributions du ministre de l'instruction publique. C'est ce qu'a fait la loi du 15 mars 1850. Dans les salles d'asile, on enseigne aux enfants les éléments de la lecture, de l'écriture et du calcul. On peut encore y joindre des chants instructifs et moraux, des travaux d'aiguille et tous les ouvrages de mains. Cette heureuse institution s'est propagée dans tous les États civilisés du globe, l'Italie, l'Allemagne, la Hongrie, les États scandinaves, la Russie, etc. Il existe même des salles d'as. à Constantinople, ainsi que dans quelques villes de l'Asie musulmane et brahmanique. — En France, les enfants sont admis gratuitement à la salle d'as. Il existe des cours pratiques destinés à former des directrices et des sous-directrices.

Asiles. — e nom d'as. s'applique généralement aux établissements fondés par la charité publique ou privée, soit pour soulager les infirmités humaines, soit pour assurer des moyens de subsistance aux vieillards et aux individus incapables de subvenir à leurs besoins. Les établissements de ce genre sont très nombreux dans les pays civilisés. En France, nous citerons l'*As. du Vésinet*, fondé en 1855, et destiné primitivement aux ouvriers qui auraient été blessés ou mutilés dans leurs travaux; l'*As. de Vincennes*, fondé également en 18.5, pour recueillir pendant leur convalescence des ouvriers qui ont reçu des blessures ou contracté des maladies pendant leurs travaux; l'*As. des femmes convalescentes*, au Vésinet; enfin, les *asiles de nuit*, fondés à Paris par deux sociétés : les asiles d'hommes par l'*OEuvre de l'hospitalité de nuit*, constituée en 1878; les asiles de femmes par la *Société philanthropique*, qui date de 1780. Le premier as. de nuit ouvert aux hommes est celui de la rue de Tocqueville (1878). Il y en avait six en 1886, et leur nombre continue à s'augmenter. L'inscription suivante, gravée sur la porte d'entrée de l'as. de la rue de Tocqueville, indique le but de l'œuvre : « *L'OEuvre de l'hospitalité de nuit* offre un abri gratuit et temporaire pour la nuit aux hommes sans asile, sans distinction d'âge, de nationalité et de religion, à la condition qu'ils observent les mesures d'ordre, de moralité et d'hygiène prescrites par le règlement. » Les arrivants trouvent des couchettes en fer avec matelas de varech, On leur fournit tous les objets nécessaires à la propreté, ainsi que des vêtements de rechange. Nul ne peut passer plus de trois nuits consécutives à l'as. sans autorisation spéciale. L'œuvre s'occupe aussi de procurer du travail à ses clients.

Dans les asiles de femmes celles-ci sont admises pour une, trois ou cinq nuits, suivant les cas. On leur distribue une soupe à l'arrivée et une autre au réveil. On a remarqué que la clientèle des asiles de femmes était, en général, beaucoup plus intéressante que celle des asiles d'hommes. Enfin, la ville de Paris possède plusieurs asiles de nuit entretenus aux frais de la municipalité, dont le premier a été ouvert rue de la Bûcherie, en 1886.

Asiles-ouvroirs. — La ville de Paris a créé sur divers points des *asiles-ouvroirs*, où les femmes admises avec leurs enfants sont occupées à des travaux de couture et de lingerie destinés aux établissements de l'Assistance publique. Elles peuvent y séjourner deux ou trois semaines à la seule condition d'y travailler un certain nombre d'heures fixé à l'avance.

L'*As. Sainte-Anne*, à Paris, est un hospice d'aliénés. Voy. HÔPITAL, HOSPICE, AVEUGLE, SOURD-MUET, etc.

ASIMINE. s. f. T. Chim. Alcaloïde extrait des semences du paw-paw (*Asiminia triloba*), qui ressemble à la morphine.

ASIMINIER. s. m. T. Bot. Genre de plantes de la famille des *Anonacées* dont les fruits bacciformes, sessiles, renferment plusieurs graines unisériées. Les arbrisseaux de ce genre ont des fleurs d'un pourpre très brun. Voy. ANONACÉES.

ASINAIRE. adj. 2 g. (lat. *asinus*, âne). Qui appartient à l'âne. Meule *as*, meule tournée par un âne.

ASINE. adj. f. (lat. *asinus*, âne). Ne s'emploie que dans cette loc. Bête, Espèce, Race *as*., Un âne ou une ânesse; l'espèce des ânes, race d'âne. Peu us.

ASINER. v. n. Faire l'âne.

ASININE. adj. f. Qui appartient à un âne. Dureté *as*.

ASIPHONIDES. s. m. pl. (gr. à priv. et *siphon*). T. Zool. Paléont. On désigne ainsi un ordre important de mollusques *Lamellibranches*, dont l'animal est dépourvu de siphons; dont les lobes palléaux sont distincts, ou réunis seulement en arrière ou en un seul point, et dont l'impression palléale est entière, simple, parfois très peu visible. On divise cet ordre en trois groupes : les *Monomyaires*, les *Hétéromyaires*, et les *Homomyaires*. Voy. ces mots.

Des représentants de cet ordre existent depuis le silurien. Beaucoup de genres sont fossiles et actuels. Voy. LAMELLI-BRANCHES.

ASIRAQUE. s. m. (gr. ἀσίρακος, m. s.). T. Entom. Genre d'insectes hémiptères. Voy. CICADAIRES.

ASMODÉE. Démon de l'amour impur (Bible, Livre de Tobie), habile dans l'art de satisfaire toutes les curiosités. Du mazdéisme *aeshma daeva*.

ASNIÈRES. ch.-l. de c. (Seine), près de Paris, sur la Seine, arr. de Saint-Denis, 19,600 hab.

ASOPUS, riv. de Béotie.

ASPARAGÉES. s. f. pl. (gr. ἀσπάραγος, asperge). T. Bot. Tribu de plantes de la famille des *Liliacées*. Voy. ce mot.

ASPARAGINE. s. f. (gr. ἀσπάραγος, asperge). T. Chim. L'As. $C^4H^8Az^2O^3$ se trouve dans les jeunes pousses d'asperge et de houblon, dans les racines de réglisse, de guimauve, de grande consoude, dans les tiges étiolées de plusieurs légumineuses (vesces, pois, lentilles, haricots, etc.). Pour l'extraire des jeunes pousses d'asperge, on en exprime le suc, on le filtre, on le concentre par la chaleur et on l'abandonne au repos : l'as. se dépose en cristaux durs, inaltérables à l'air, inodores, peu sapides. Elle est peu soluble dans l'eau, insoluble dans l'alcool, l'éther, les huiles et les essences; mais elle se dissout facilement dans les alcalis et les acides. C'est l'amide de l'acide aspartique et elle possède à la fois les fonctions d'amide, d'amine et d'acide monobasique; aussi elle se combine aux acides à la façon de l'ammoniaque et elle fonctionne comme un acide monobasique vis-à-vis des oxydes métalliques en échangeant un atome d'hydrogène contre une quantité équivalente de métal. C'est ce qu'exprime sa formule de constitution $CO^2H.CH(AzH^2).CH^2.CO AzH^2$. Voy. ASPARTIQUE (Acide).

ASPARAGOLITHE. s. f. (gr. ἀσπάραγος, asperge; λίθος, pierre). T. Minér. Phosphate de chaux cristallisé vulgairement nommé *pierre d'asperge*. Voy. APATITE.

ASPARTIQUE. adj. (R. *asparagine*). T. Chim. L'*acide as*. $C^4H^7AzO^4$ peut s'obtenir en faisant bouillir l'asparagine avec de l'eau de baryte jusqu'à ce qu'il ne se développe plus d'ammoniaque. On précipite ensuite la baryte par l'acide sulfurique, on filtre et on évapore. L'acide as. se dépose alors en petites tables rectangulaires, inodores, d'une saveur aigrelette, très peu solubles dans l'eau, mais solubles dans les acides chlorhydrique et sulfurique et dans les solutions alcalines. Il est identique à l'acide succinique amidé, et l'on a pu l'obtenir en partant de l'acide succinique. Comme le montre sa formule de constitution $CO^2H.CH(AzH^2).CH^2CO^2H$, l'acide as. est à la fois une amine (par le groupe $CH AzH^2$) et un acide bibasique (par ses deux groupes CO^2H); il peut donc former des sels soit en se combinant aux acides (chlorhydrate, sulfate, azotate d'acide as.), soit en se combinant aux bases (aspartates métalliques). — L'anhydride aspartique, chauffé avec du gaz ammoniac ou de l'urée, se transforme, comme l'a démontré Grimaux, en substances colloïdes azotées qui possèdent la plupart des propriétés de l'albumine.

ASPASIE, femme d'Athènes célèbre par sa beauté et son esprit, née à Milet, épouse de Périclès (Vᵉ siècle av. J.-C.).

ASPE ou **ASPLE.** s. m. (allem. *Haspel*, dévidoir). Techn. Dévidoir sur lequel on place les écheveaux pour les dévider.

ASPECT. s. m. (lat. *aspicere*, jeter les yeux sur un objet). Vue d'une personne ou d'une chose. *Il tremble à l'as. de son maître. A l'as. de ces ruines, il s'arrêta.* — Fig., *L'as. de la mort. L'as. du péril.* — *Au premier as.*, Au premier abord. || Relativement à l'impression que produit sur nous la vue d'une personne ou d'un objet, on dit : *Cette femme a l'as. imposant, sévère. As. riant, gracieux, enchanteur. Ce vallon a un as. pittoresque.* || Se dit des différentes faces, des différents points de vue sous lesquels on peut considérer un objet, une affaire. *Pour bien juger de la beauté de ce monument, il faut le voir sous tous ses aspects. Vous n'avez considéré cette entreprise que sous l'as. le plus favorable. Je l'ai examinée sous tous les aspects. L'as. du ciel étoilé nous invite à la méditation.* || T. Astrol. Situation respective des astres par rapport à l'influence qu'on lui attribuait sur les destinées humaines, *As. bénin, favorable. Malin as.* — Se disait aussi de la position relative de deux astres, *As. quartil : quadrature.* Voy. ce mot. — Fig., Cette entreprise s'annonce sous un fâcheux *as*. Voy. ASTROLOGIE.

ASPERGE. s. f. (gr. ἀσπάραγος, m. s., et originairement, jeune tige naissante d'un arbrisseau quelconque) T. Bot. et Hortic. Le genre *Asp*. fait partie de la famille des *Liliacées*, et il est le type de la tribu des *Asparagées*. Il comprend environ une cinquantaine d'espèces, dont huit seulement croissent dans les diverses parties de l'Europe méridionale. L'*Asp. commune (Asp. officinalis)* est la plus utile du genre.

Ses jeunes pousses ou *turions* forment, au printemps, un aliment sain et fort recherché. Dans le midi de la France, on n'estime pas moins les turions de l'asp. sauvage, quoique moins gros que ceux de l'asp. cultivée. Nous remarquerons, en passant, que les fleurs de la première exhalent une odeur forte et agréable, tandis que celles de la seconde sont complètement inodores. L'asp. est cultivée en grande quantité aux environs des vi les. Les plantations se font en général avec des *griffes* de deux ans obtenues de semis en pépinière. Les griffes, qu'il ne faut pas confondre avec les racines proprement dites, sont une réunion de rhizomes allongés provenant d'un centre commun. Quoique sa tige aérienne soit annuelle et que ses racines ne dépassent pas trois ans, l'asp., grâce au renouvellement constant de ses rhizomes, peut être considérée comme une plante vivace. Seulement les nouvelles griffes se formant toujours au-dessus des racines et se rapprochant toujours de plus en plus de la surface du sol, il est nécessaire de les recharger chaque année d'une couche légère de terre préparée, et, tous les deux ans, d'y ajouter un lit de fumier consommé. Par ce moyen, une *Aspergière* ou *Aspergerie* peut se conserver quinze ans et même davantage. Un fait assez curieux à signaler, c'est que l'asp. est de toutes les plantes potagères celle sur laquelle le sel, comme amendement, produit l'effet le plus sensible. Les progrès de sa culture ont été dus surtout à l'agronome La Quintinie.

L'odeur spéciale que les asperges communiquent à l'urine a fait penser qu'elles exercent une action spéciale sur la sécrétion urinaire; c'est ce que l'expérience a confirmé. Les asperges sont excellentes comme diurétiques. Toutefois, elles sont nuisibles pour les personnes affectées de maladies de reins. Ajoutons qu'elles jouissent de la propriété d'exercer une action sédative prononcée sur la circulation, et de diminuer la fréquence des battements du cœur. — En 1805, Vauquelin et Robiquet ont extrait des asperges un principe chimique cristallisable, qu'ils ont nommé *Asparagine*. Voy. ce mot. — L'odeur dont il a été question plus haut paraît due à un sel qui se forme dans l'organisme, l'aspartate d'ammoniaque: elle se change en odeur de violette par l'addition de quelques gouttes d'essence de térébenthine.

ASPERGER. v. a. (lat. *ad*, vers; *spargere*, répandre). Jeter çà et là des gouttes d'eau ou d'un autre liquide. *Elle s'est écroulée; on l'a aspergée d'eau froide pour la faire revenir. Le prêtre a aspergé les fidèles d'eau bénite.* = Aspergé, ÉE. part. == Conjug. Voy. MANGER.

ASPERGÈS. s. m. [Pr. l'S.] T. Liturg. Moment de l'office où se fait la cérémonie de jeter de l'eau bénite. *On en est à l'asp.* || Goupillon à jeter de l'eau bénite. *Présenter l'asp.* Fam. || Ce nom vient du premier mot de l'antienne qui précède la messe: *Asperges me, Domine, hyssopo et mundabor.*

ASPERGIÈRE. s. f. (R. *asperge*). T. Hortic. Champ d'asperges.

ASPERGILLE. s. m. (lat. *aspergillum*, goupillon). T. Bot. Genre de Champignons qui appartiennent à la famille des *Périsporiacées.* Voy. ce mot.

ASPERGILLIFORME. adj. (*aspergillum*, goupillon, et *forme*). T. de Bot. Qui ressemble à un goupillon.

ASPÉRIFOLIÉES. s. f. pl. (lat. *asper*, rude; *folium*, feuille). T. Bot. Nom donné par certains botanistes à la famille des *Borraginées.*

ASPÉRITÉ. s. f. (lat. *asper*, âpre, raboteux). Rudesse, qualité de ce qui est raboteux, inégal. *L'asp. du sol, d'une écorce.* — Fig., *L'asp. du caractère, du style.* || Se dit aussi des petites élévations qui rendent une surface raboteuse, inégale. *Ce chemin est couvert d'aspérités. La tige de cette plante a beaucoup d'aspérités.* — Fig., *Son style est plein d'aspérités.*

ASPERME. adj. (ἄσπερμος, de à priv., et σπέρμα, graine). T. Bot. Qui ne produit pas de graines.

ASPERMIE. s. f. (R. *asperme*). T. Bot. Absence de graines.

ASPERN, village sur le Danube, un peu au-dessous de Vienne, célèbre par la bataille connue sous le nom d'Essling (1809).

ASPERSION. s. f. (R. *aspergcr*). Action d'asperger, de jeter de l'eau par gouttes. *Asp. d'eau parfumée, d'eau bénite.* — *Baptême par asp.* Voy. BAPTÊME. || T. Céram. Procédé employé pour placer la glaçure sur les poteries composées. Une fois la poterie cuite, on verse la glaçure en bouillie épaisse sur les parties destinées à être glacées.

ASPERSOIR. s. m. Goupillon à jeter de l'eau bénite. *Jeter de l'eau bénite avec l'asp.*

ASPÉRULE. s. f. (lat. *asper*, rude). T. Bot. Genre de plantes de la famille des *Rubiacées.* Voy. ce mot.

ASPET, ch.-l. de c. (Haute-Garonne), arr. de Saint-Gaudens, 2,300 hab.

ASPHALINE. s. f. (gr. ἀσφάλεια, sécurité). T. Chim. Substance explosive, où le principe actif, qui est la nitroglycérine, ne préexiste pas et ne se forme qu'au moment de s'en servir. Cette substance, inventée en 1885, ne paraît pas mériter le nom grec qu'on lui a imposé, car elle débuta en haut son inventeur.

ASPHALTITE (LAC) ou **MER MORTE**, lac de Palestine dans lequel se perd le Jourdain, et d'où l'on tirait l'asphalte.

ASPHALTAGE. s. m. Travail qui consiste à paver une rue avec de l'asphalte.

ASPHALTE. s. m. (gr. ἄσφαλτος, bitume). T. Minér. Substance noire, solide, à cassure vitreuse conchoïdale, sans odeur, insoluble dans l'alcool, fusible seulement à une température plus élevée que celle de l'eau bouillante, et formée de carbone, d'hydrogène et d'oxygène. Sa pesanteur spécifique varie de 1 à 1,16. Cette substance est connue de temps immémorial, et a reçu le nom vulg. de *Bitume de Judée* et de *Baume de momie*, parce qu'elle abonde sur les bords du lac Asphaltite ou mer Morte, et que les Égyptiens en faisaient usage pour embaumer les corps. Dans la mer Morte, l'asp. s'élève continuellement à la surface des eaux, où il arrive dans un certain état de mollesse; les vents le poussent ensuite dans les anses et dans les golfes où on le recueille. Il prend de la consistance par l'exposition à l'air. Il se produit également de l'asp. à la surface des eaux dans plusieurs autres localités, et notamment dans un lac de l'île de la Trinité (Antilles), nommé *Lac de poix*. Cette substance se trouvant dans le sol en amas qui imprègnent les roches calcaires ou siliceuses, on avait d'abord désigné la roche sous le nom d'asp. et réservé le nom de bitume à la substance imprégnante. L'asp. sert principalement à recouvrir les trottoirs et les chaussées. On l'emploie aussi à la fabrication de la couleur nommée *Momie*. Pour les travaux publics, l'asp. s'emploie sous deux formes: 1° en poudre, chauffé et comprimé à chaud pour les chaussées; 2° en mastic, c.-à-d. additionné de bitume et de sable pour trottoirs, terrasses, dallages et revêtements verticaux.

Dans le commerce, on désigne encore sous le nom d'asp. une substance qui diffère tout à fait de la précédente, et que les minéralogistes appellent *Malthe* ou *Pissasphalte*. Cette substance est encore connue sous les noms vulgaires de *Bitume glutineux*, *Goudron minéral*, *Poix minérale* et *Pétrole tenace*. Le malthe est une substance molle, glutineuse, exhalant une odeur de goudron, soluble dans l'alcool, dans l'huile de térébenthine, etc. Il se durcit dans les temps froids et se ramollit pendant l'été, mais il est toujours fusible à la température de l'eau bouillante. Cette substance se rencontre en abondance dans certaines localités, à Orthez et à Gaupenne (Landes), à Lobsann (Alsace), à Seyssel (Ain), à Pont-du-Château (Puy-de-Dôme), etc. Tantôt elle s'écoule presque pure par les fissures des roches et en couvre la surface, tantôt elle imprègne des matières terreuses ou arénacées. Dans le premier cas, on n'a besoin que de la ramollir. Dans le second, on jette les matières dans de grandes chaudières d'eau bouillante, et le bitume se rassemble bientôt à la surface; ou bien encore on amoncelle les terres bitumineuses, on y met le feu vers le centre, et le malthe, devenant plus fluide, s'écoule de toutes parts dans les bassins où on le recueille. — Cette espèce de bitume s'emploie pour enduire les cordages et les bois qui doivent servir dans l'eau. En Suisse, on s'en sert pour graisser les voitures. On fait entrer cette matière dans la composition des vernis dont on recouvre le fer, et dans les peintures grossières qui présentent beaucoup de solidité. Comme le malthe devient très solide lorsqu'il est mêlé à une dose convenable de sable, on en fait aujourd'hui un fréquent usage pour la couverture des édifices et des terrasses, et principalement pour le dallage des ponts et trottoirs. On a également essayé de l'employer dans quelques systèmes de pavage; mais l'expérience n'a pas donné de résultats satisfaisants. Voy. BITUME.

Par ext., le mot *Asp.* s'emploie pour désigner le sol qui en est couvert. *Marcher sur l'asp. A la femme de Paris, le génie de la démarche! aussi l'édilité lui devait-elle l'asphalte des trottoirs.* (BALZAC.)

ASPHALTER. v. a. Étendre de l'asphalte.

ASPHODÈLE. s. m. (gr. ἀσφόδελος, m. s.). T. Bot. Genre de plantes de la famille des *Liliacées*. L'*As. rameux* ou bâton royal peut s'élever à 1ᵐ,50. Il croît abondamment sur les côtes de la Méditerranée, dans le Nord de l'Afrique et les îles Canaries. Les tubercules fournissent un alcool très pur; avec leur résidu, les tiges et les feuilles, on fabrique du papier et du carton. Aussi cette espèce est-elle l'objet d'un commerce important. Voy. LILIACÉES.

ASPHODÉLINE. s. f. T. Bot. Genre de plantes de la famille des *Liliacées*. Voy. ce mot.

ASPHYXIE. s. f. (gr. ἀ, priv.; σφύξις, battement du pouls). T. Physiol. Ensemble des phénomènes produits par la suspension de la respiration. La cause essentielle et immédiate de l'asp. est toujours la même, c'est le défaut ou l'insuffisance de l'oxygénation du sang dans le poumon, lorsque ce liquide se trouve soustrait, en totalité ou en partie, à l'influence vivifiante de l'oxygène contenu dans l'air atmosphérique. Mais ce résultat peut être produit de bien des manières et par un assez grand nombre de causes occasionnelles différentes, à tel point qu'un physiologiste a pu dire : « On meurt toujours d'asphyxie. » — Au point de vue des causes, on distingue deux grandes classes d'asp. La première comprend tous les cas d'asp. qui résultent de ce que l'air ni aucun fluide élastique ne pénètre plus dans le poumon, soit parce que l'animal est placé dans le vide, ou plongé dans un liquide quelconque (asp. par submersion) ; soit parce qu'un obstacle mécanique obstrue les voies aériennes (strangulation, corps étrangers, tumeurs), ou s'oppose à la dilatation des cellules pulmonaires (compression exercée à l'extérieur sur la cage thoracique, par ex., par un éboulement de terre; à l'intérieur, sur le poumon, par un épanchement dans la cavité des plèvres, ou dans celle de l'abdomen, etc.) ; soit enfin parce que les muscles dilatateurs de la poitrine sont paralysés à la suite d'une lésion du système nerveux. La seconde classe embrasse tous les cas où l'asp. est occasionnée par la pénétration dans les poumons d'un fluide gazeux impropre à la respiration, tel que l'azote ou l'hydrogène. On doit en exclure toutes les asphyxies produites par les gaz toxiques soit purs, soit mélangés en certaine proportion avec l'air atmosphérique; car alors ce n'est pas à une asp. simple, mais à un véritable empoisonnement que l'on a affaire. C'est donc improprement que l'on a donné le nom d'asp. aux accidents produits par l'acide carbonique, l'oxyde de carbone, l'acide sulfhydrique et autres gaz essentiellement délétères.

L'asp. peut s'observer chez tous les êtres de l'échelle animale, attendu que pour tous la respiration est une fonction indispensable à la vie. Les exceptions admises pendant longtemps en faveur de quelques espèces, de certains batraciens par ex., ne reposent sur aucune espèce de fondement. Ces animaux ne tardent pas à succomber lorsqu'on les prive d'air d'une manière absolue, soit en les tenant plongés dans l'eau, soit en les plaçant dans le vide de la machine pneumatique. S'il paraît avéré que des crapauds ont vécu des années entières renfermés dans des blocs de pierre ou dans des troncs d'arbres, c'est que les pores ou les fissures de la matière qui les enveloppait donnaient encore accès à une quantité d'air suffisante pour entretenir la respiration, d'ailleurs peu énergique, chez ces animaux. C'est en effet ce que démontrent les expériences de F. Edwards sur ce sujet. Ainsi, des crapauds ensevelis dans du plâtre gâché, puis renfermés dans des boîtes en carton ou en bois blanc, ont vécu pendant un assez long espace de temps, lorsque les boîtes étaient exposées à l'air : lorsque, au contraire, elles étaient plongées dans l'eau, ces animaux périssaient au bout de quelques heures. L'asp. ne survient pas avec la même promptitude chez toutes les espèces animales. Les animaux à sang froid sont ceux qui résistent le plus longtemps. Chez les animaux à sang chaud, l'asp. est incomparablement plus prompte. Elle commence dans la minute qui suit celle où la respiration a été interrompue, et ne persiste qu'un fort petit nombre de minutes. Spallanzani a reconnu que, dans l'état de torpeur le plus profond de leur sommeil d'hiver,

alors que la respiration est complètement suspendue, les animaux hibernants peuvent impunément séjourner dans un air non renouvelé et même dans l'acide carbonique. Ce que nous venons de dire des animaux à sang chaud ne s'applique qu'à l'animal adulte. Chez les fœtus nouveau-nés de ces animaux, la mort survient beaucoup moins promptement. Ce fait, déjà constaté par Haller, a été depuis vérifié par Buffon et par plusieurs physiologistes distingués. Il résulte des expériences entreprises à ce sujet que l'asp. est d'autant plus tardive à se manifester que l'animal est plus rapproché du moment de sa naissance. D'un autre côté, dans les différentes espèces, les nouveau-nés ne résistent pas également à l'asp. Edwards a établi que les différences observées à cet égard sont en rapport avec la quantité de chaleur que peut produire chaque espèce animale au moment de la naissance. Les animaux qui en produisent le moins, et qui par conséquent se rapprochent le plus, sous ce rapport, des animaux à sang froid, vivent beaucoup plus longtemps sans respirer que les autres.

Voici, d'après Adelon, le tableau général de l'asp. chez l'homme. — D'abord, sentiment d'angoisse qui ne tarde pas à être porté à l'extrême, et qui est accompagné de bâillements et de pandiculations. Ensuite, si la respiration a continué à se faire un peu, c.-à-d. si l'asp. est graduelle, à ce sentiment d'angoisse s'ajoutent des vertiges, des douleurs de tête ; la face devient violette, bleue, ainsi que les lèvres, les origines des membranes muqueuses, et souvent même toute la surface de la peau. En troisième lieu, après une, deux ou trois minutes, toutes les fonctions sensorielles se suspendent ; il y a perte des sens, des facultés intellectuelles et affectives, de tout sentiment. Presque en même temps les muscles de la locomotion cessent de pouvoir se contracter, et l'individu, ne pouvant plus se soutenir, tombe. C'est alors qu'il y a mort apparente, et il ne reste plus en effet de la vie que l'action de la circulation et des fonctions qui en dérivent. Le cadavre des asphyxiés conserve longtemps sa chaleur ; les tégument-s sont livides, surtout à la face où ils sont plus gorgés de sang que partout ailleurs. Le parenchyme de tous les organes, le foie, la rate, le rein, le poumon surtout, sont également pleins d'un sang noir et fluide, car il est fort rare que ce liquide soit coagulé dans l'asp. C'est principalement dans le système veineux qu'il se trouve accumulé : les cavités gauches du cœur ainsi que les artères sont vides ou n'en contiennent qu'une petite quantité. — Tout ce tableau de l'asp. avant et après la mort, est, du reste, d'autant plus vrai que la respiration a été moins promptement et moins complètement suspendue ; car si elle l'a été tout à coup et entièrement, non seulement la mort est plus prompte, mais encore le sujet éprouve moins d'angoisses avant de mourir.

Le pronostic de l'asp. dépend de la cause qui l'a produite et du degré auquel est parvenue la mort apparente. Toutes choses égales d'ailleurs, il est d'autant plus favorable que la cause peut être plus facilement et plus promptement enlevée, que l'asp. ne se complique point de l'action d'un gaz délétère, et enfin que la mort apparente a duré moins longtemps.

Le traitement de l'asp. comprend des moyens généraux applicables à tous les cas, et des moyens particuliers qui ne conviennent qu'à une espèce particulière d'asp. En conséquence, nous ne parlerons ici que des moyens généraux. — Le premier soin à prendre, dans toute asp., est de lever, s'il est possible, l'obstacle qui s'oppose à la respiration et de placer l'asphyxié dans un air pur. Puis on cherche à rétablir la respiration en excitant les contractions de la poitrine. Le procédé le plus simple consiste à presser sur les côtes, et à relever et baisser alternativement les bras à raison de 16 à 18 fois par minute, pendant qu'une autre personne comprime le ventre pour refouler en haut le diaphragme. En abandonnant ensuite les côtes à leur ressort naturel et les parois de l'abdomen à leur propre poids, il se produit ainsi dans le poumon un vide qui est aussitôt rempli par l'air extérieur (respiration artificielle). On parvient au même résultat en insufflant de l'air dans le poumon, soit avec la bouche, soit au moyen d'un soufflet. Lorsqu'on pratique l'insufflation de bouche à bouche, on a soin de serrer les narines de l'asphyxié pour ôter toute issue à l'air. Quel que soit, du reste, le mode d'insufflation employé, il faut, après que l'on a soufflé, presser les parois de la poitrine et le bas-ventre pour produire une expiration artificielle. La faradisation des muscles du thorax est aussi un moyen puissant contre l'asp. Les excitants de toute nature sont encore très utiles dans les divers cas d'asp. Les frictions principalement sont d'une utilité incontestable : elles ont pour effet de favoriser la circulation du sang dans les capillaires cutanés, d'augmenter la chaleur de la partie qui y est soumise, et de réveiller l'action nerveuse par l'irritation qu'elles exercent sur les nerfs de la peau. Il est encore utile de stimuler les muqueuses buccale et pituitaire chez l'individu asphyxié. On y parvient en chatouillant le voile du palais avec une plume, en irritant la membrane pituitaire avec des sternutatoires ou au moyen de l'acide sulfureux. La pyridine, le nitrite d'amyle et l'iodure d'éthyle sont les expédiques plus recommandables, mais dont le médecin seul pourra user. En cas d'intoxication par l'oxyde de carbone, les inhalations d'oxygène rendront de signalés services. Enfin, comme le tube intestinal a la propriété de conserver longtemps son irritabilité, les lavements excitants offrent une dernière ressource dans les cas où les autres stimulants ont échoué. On emploie en général l'eau salée (64 gr. de sel pour un lavement) ou l'eau vinaigrée (1 partie de vinaigre pour 3 parties d'eau). — Comme complément de cet article, voy. les mots SUBMERSION, STRANGULATION, CARBONE (acide carbonique, etc.), SOUFRE (hydrogène sulfuré), RESPIRATION, etc., etc.

Asphyxie locale des extrémités. — Voy. GANGRÈNE *symétrique des extrémités.*

Méd. vét. — Outre les causes de l'asphyxie chez l'homme, il y a la météorisation chez les ruminants, la tympanite chez le cheval, les breuvages maladroitement administrés surtout chez le cheval, les coups de foudre. Les symptômes sont les mêmes que chez l'homme; ce qu'il faut avant tout, c'est écarter la cause de l'asphyxie pour essayer de ramener les mouvements respiratoires par la respiration artificielle, l'insufflation d'air dans les poumons, les titillations du larynx, l'excitation de la muqueuse nasale par des odeurs fortes ammoniacales ou autres, les frictions sèches et générales.

ASPHYXIER. v. a. Déterminer, causer l'asphyxie. — s'ASPHYXIER. v. pron. Se donner la mort par asphyxie. *S'asp. avec du charbon.* = ASPHYXIÉ, ÉE, part. || Se prend aussi subst., *Secours pour les noyés et les asphyxiés.*

ASPHYXIQUE. adj. Qui a rapport à l'asphyxie.

ASPIC. s. m. (gr. ἀσπίς, aspic, serpent). T. Zool. Espèce de serpent très venimeux, célèbre dans l'histoire par la mort de Cléopâtre. On pense que c'était l'*Haje.* Voy. ce mot. Dans les environs de Paris on nomme *asp.* une des espèces de vipères qui est commune dans la forêt de Fontainebleau. || Fig. Personne médisante, venimeuse dans ses paroles. Il paraît que la signification funeste donnée à l'*as* de pique en cartomancie vient de la transformation vulgaire du mot « aspic » en « as de pic ». Voy. VIPÈRE. || T. Cuisine. Espèce de mets composé de viande ou de poisson froid et de gelée.

Bot. — Nom vulgaire du *Lavandula Spira*, de la famille des *Labiées*, avec lequel on prépare l'*huile d'asp.* Celle-ci est une substance oléagineuse, limpide, transparente, volatile, très inflammable, d'une odeur et d'une saveur âcres, qui renferme du camphre en assez grande quantité. On l'obtient par la distillation des fleurs; elle est employée quelquefois en médecine, soit en frictions, soit à l'intérieur, à la dose de deux ou trois gouttes.

ASPICARPE. s. m. (gr. ἀσπίς, bouclier, et κάρπος, fruit). T. Bot. Genre de plantes de la famille des *Malpighiacées.* Voy. ce mot.

ASPIDIÉES. s. f. pl. T. Bot. Tribu de fougères dont le genre *Aspidium* est le type, appartenant à la famille des *Polypodiacées.* Voy. ce mot.

ASPIDISTRA. s. m. T. Bot. Genre de plantes originaires du Pérou et du Chili, de la famille des *Liliacées.* Voy. ce mot.

ASPIDIUM. s. m. [Pr. *aspidiomme*] (gr. ἀσπίδιον, petit bouclier). T. Bot. Genre de Fougères de la famille des *Polypodiacées.* Voy. ce mot.

ASPIDOBRANCHES. s. m. pl. (gr. ἀσπίς, ἀσπίδος, bouclier et *branchies*). T. Zool. Paléont. Sous-ordre de *Mollusques gastropodes protobranches* (voy. ces mots), dont les branchies sont seulement attachées par leur base, et dont les deux lamelles qui les constituent sont situées à la partie antérieure du dos. Le cœur a deux oreillettes, entre lesquelles passe l'intestin. La radula est composée de dents médianes, intermédiaires et latérales. Les coquilles sont patelliformes, auriculées, spiralées ou turbinées, et munies d'un opercule.

Ce sous-ordre comprend beaucoup d'espèces. Quelquefois le nombre des espèces fossiles est plus considérable que celui

des espèces vivantes, dans d'autres cas, c'est le contraire qui a lieu. Voy. FISSURELLA, HALIOTIS, PLEUROTOMARIA, BELLEROPHON, TROCHUS, TURBO, NERITA.

ASPIDOLITE. s. f. (gr. ἀσπίς, ἀσπίδος, bouclier; λίθος, pierre). T. Minér. Variété de mica magnésien, de couleur vert olive et d'un bel éclat nacré. On la trouve au Tyrol.

ASPIDOPHORE. s. m. (gr. ἀσπίς, bouclier; φορός, qui porte). T. Icht. Genre de *Poissons percoïdes.* Voy. JOUES CUIRASSÉES.

ASPIDOSAMINE. s. f. T. Chim. Voy. ASPIDOSPERMINE.

ASPIDOSPERMATINE. s. f. T. Chim. Voy. ASPIDOSPERMINE.

ASPIDOSPERME. s. m. (gr. ἀσπίς; σπέρμα, graine). T. Bot. Genre de plantes de la famille des *Apocynées.* Voy. ce mot.

ASPIDOSPERMINE. s. f. T. Chim. Alcaloïde contenu dans l'écorce du *Quebracho blanco*, arbre du genre aspidosperme. Cette substance, dont la formule est $C^{44}H^{28}Az^4O^4$, cristallise en prismes ou en aiguilles incolores, fusibles à 205°, solubles dans l'alcool, le benzène et le chloroforme. C'est une base très faible, dont les sels sont amorphes et solubles. — L'*aspidospermatine*, fusible à 162°, et l'*aspidosamine* qui fond vers 100°, sont deux autres alcaloïdes qu'on rencontre dans la même écorce et qui ont pour formule $C^{22}H^{28}Az^2O^2$; tous deux sont amers, présentent une réaction alcaline et sont très solubles dans l'éther, l'alcool et le chloroforme.

ASPIN. s. m. T. Minér. Marbre que l'on extrait des carrières d'Aspin (Hautes-Pyrénées).

ASPIOLE. s. m. Fée, sylphe, génie.

ASPIRAIL. s. m. (de *aspirer*). T. Technol. Trou pratiqué dans un fourneau pour que l'air puisse y pénétrer.

ASPIRANCE. s. f. Néologisme. Qualité d'aspirant à un grade ou à une fonction.

ASPIRANT, ANTE. adj. N'est guère usité que dans cette locut. : *Pompe aspirante.* Voy. POMPE. — s. Se dit d'une personne qui aspire à obtenir une place, un emploi, un titre, à être reçue dans un corps. *Il y a beaucoup d'aspirants pour cette place. Asp. au doctorat.* = Asp. de marine, Officier de marine qui se trouve immédiatement au-dessous de l'enseigne.

ASPIRATEUR, TRICE. adj. (de *aspirer*). Qui a rapport à l'aspiration.

Phys. — s. m. Appareil destiné à aspirer l'air atmosphérique pour en faire passer un volume donné dans un appareil spécial. L'asp. le plus simple se compose d'un vase plein d'eau, dont la partie supérieure communique par un tuyau avec l'appareil que l'air doit traverser. En laissant écouler l'eau par un robinet inférieur, l'air atmosphérique est aspiré et obligé de traverser toute la série des tubes disposés en avant de l'asp. Le volume de l'air ainsi *aspiré* est celui du vase corrigé de l'influence due à la vapeur d'eau.

Chir. — Instrument de forme variable destiné à pratiquer l'aspiration des liquides ou des gaz normaux ou de nature morbide contenus dans les cavités naturelles ou accidentelles du corps. Les aspirateurs consistent en une aiguille qu'on fait pénétrer dans la cavité que l'on veut vider, reliée par un tube en caoutchouc avec un récipient où on fait le vide à l'aide d'une pompe à main. Les appareils de Potain et de Dieulafoy sont les plus commodes. Ils sont d'un usage courant dans l'évacuation des liquides de pleurésie, d'ascite, etc. C'est grâce aux aspirateurs que la pleurésie se traite si aisément aujourd'hui.

ASPIRATIF, IVE. adj. Qui a le caractère de l'aspiration. || T. Myst. Qui aspire à l'affection.

ASPIRATION. s. f. Action d'aspirer. *L'as. de l'air dans les poumons. L'as. des liquides par les spongioles des racines. L'as. de l'eau dans un corps de pompe.* || Fig., Élan, mouvement de l'âme qui se porte vers quelque chose.

Les aspirations continuelles de l'âme vers un monde meilleur ont été citées comme preuve de son immortalité. || T. Hydraul. *Tuyaux d'as.* Voy. POMPE.

Gram. — On appelle ainsi une espèce d'articulation gutturale qui exige, pour se produire, que le canal oral soit entièrement ouvert. Malgré le nom d'*As.* que l'usage a donné à ce mode d'articulation, il s'accompagne toujours d'un mouvement expiratoire. Ainsi, quand on dit que la lettre H se prononce par aspiration, on se sert d'une locution tout à fait vicieuse au point de vue physiologique, et quoique la loi suprême des langues, nous voulons dire l'usage, nous autorise à l'employer, il est bon d'être averti de l'impropriété de cette expression. Voy. PAROLE.

ASPIRER. v. a. (lat. *ad*, vers; *spirare*, souffler). Attirer un fluide quelconque. *Le poumon, en se dilatant, aspire l'air atmosphérique. Les radicules d'une plante aspirent l'eau dans laquelle on les plonge. On suce en aspirant avec plus ou moins de force.* — Par ext., *Cette pompe aspire l'eau avec force.* || T. Gram. *Dans la langue française, on aspire l'H au commencement de certains mots,* On prononce l'H avec une articulation gutturale. Voy. ASPIRATION. || ASPIRER. v. n. Prétendre à une chose; la désirer vivement. *Asp. aux honneurs, à la fortune, à la gloire, au repos. Les grandes intelligences aspirent sans cesse à des connaissances nouvelles. Les femmes aspirent à l'amour, et quand elles l'ont trouvé, ne savent pas toujours le garder.* || ASPIRÉ, ÉE. part. *Une H aspirée.*

Syn. — *Inspirer, Respirer, Soupirer, Expirer.* — Tous ces verbes ont un radical commun, *spirare*, souffler; mais leur signification varie suivant celle des diverses prépositions qui entrent dans leur composition. Il n'y a donc, à proprement parler, aucune synonymie à établir entre eux. *Asp.* et *inspirer* ont au propre un sens assez rapproché; ce qui les distingue, c'est que dans *l'aspiration* la personne agit elle-même, tandis qu'*inspiration* peut se dire de l'insufflation de l'air dans les poumons opérée par une personne étrangère.

Soupirer, c'est proprement pousser de l'air de bas en haut, souffler de dessous; ce qui a lieu en effet lorsqu'on laisse échapper un *soupir* : il y a dans cette action de la mélancolie, de la lenteur, un désir calme ou du moins timide. Quand on *respire*, on réitère vivement l'action d'asp. et d'expirer l'air : cet acte s'opère avec une certaine rapidité. Quant à *expirer*, il est l'opposé d'*inspirer*, et signifie proprement rejeter au dehors l'air qu'on a *aspiré* ou mieux *inspiré*. Pris dans un sens plus restreint, il se dit du dernier acte respiratoire de l'homme, qui se termine en effet par une *expiration* suprême de l'air contenu dans les poumons.

Au fig., l'emploi du verbe *Asp.* implique en général un désir d'élévation, d'acquisition, de supériorité. Cependant Corneille l'a employé hardiment en un sens absolument contraire dans ce vers bien connu de *Cinna* :

Et monté sur le faîte, il aspire à descendre.

ASPIS. s. f. T. Zool. Voy. ASPIC.

ASPLÉNIÉES. s. f. pl. T. Bot. Tribu de fougères dont le genre *Asplenium* est le type appartenant à la famille des *Polypodiacées.* Voy. ce mot.

ASPLÉNIUM. s. m. [Pr. *aspléniomme*] (gr. à priv.; σπλήν, rate). T. Bot. Genre de fougères de la famille des *Polypodiacés.* Voy. ce mot.

ASPRE. s. m. Petite monnaie d'argent usitée en Turquie et dont la valeur varie avec les localités. Voy. MONNAIE.

ASPRÈDE. s. m. T. Ichth. Genre de poissons voisins des *Silures.* Voy. SILUROÏDES.

ASPRIÈRES, ch.-l. de c. (Aveyron), arr. de Villefranche, 1,200 hab.

ASQUE. s. m. (gr. ἀσκός, outre). T. Bot. Cellule reproductrice de certains champignons dont le contenu protoplasmique se divise en un certain nombre de spores libres, le plus souvent au nombre de huit.

ASSA-FŒTIDA. s. f. Voy. ASA-FŒTIDA.

ASSAGIR. v. a. (R. *A* et *sage*). Rendre sage.

DICTIONNAIRE ENCYCLOPÉDIQUE.

ASSAI. adv. (ital. *assai*, beaucoup). T. de Mus. Se joint comme augmentatif au mot qui indique le mouvement d'un air. *Presto assai.*

ASSAILLANT. s. m. Celui qui attaque. *L'ass. a été repoussé avec rigueur.* — Dans les tournois, *Ass.* se disait par oppos. à *Tenant.*

ASSAILLIR. v. a. (lat. *ad*, vers; *salire*, sauter). Attaquer vivement. *Ass. un camp. Être assailli d'une grêle de pierres.* || Fig., *Une furieuse tempête nous assaillit au sortir du port. Jamais tentation plus dangereuse ne vint ass. mon cœur.* == S'ASSAILLIR. v. pron. S'attaquer réciproquement. == ASSAILLI, IE. part.

Conj. — *J'assaille, tu assailles, il assaille; nous assaillons, vous assaillez, ils assaillent. J'assaillais; nous assaillions. J'assaillis, nous assaillîmes. J'assaillirai. J'assaillirais. Assaille; assaillons. Que j'assaille; que nous assaillions. Que j'assaillisse; que nous assaillissions.* Anciennement on disait au prés. de l'indic. : *J'assaus, tu assaus, il assaut, et au futur, J'assaillerai.*

Syn. — *Attaquer.* — La différence qui existe entre ces deux verbes est évidente : elle ressort de leur étymologie. *Ass.* dit plus qu'attaquer : *assaillir* c'est *attaquer* brusquement, à l'improviste, avec une violence extrême.

ASSAINIR. v. a. (R. *sain*). Rendre sain. *On a assaini ce pays en desséchant ses marais.* == ASSAINI, IE. part.

ASSAINISSEMENT. s. m. Action d'assainir, résultat de cette action. *L'ass. d'une ville, d'un quartier.*

Hyg. — L'ass. consiste dans l'emploi des moyens propres à faire disparaître les causes d'insalubrité. Les principales causes de propagation des maladies étant l'encombrement, la malpropreté et l'usage d'air et d'eau contaminés soit par les produits de la décomposition des matières animales et végétales, soit par les déjections des malades, les principaux moyens d'ass. seront l'isolement des habitations où l'on fera pénétrer à flots l'air et la lumière, le desséchement des marais, l'adduction d'eaux pures, la *désinfection* des locaux et des objets mobiliers. Voy. DÉSINFECTION, DESSÉCHEMENT, ÉPIDÉMIE, MARAIS, HYGIÈNE.

ASSAISONNEMENT. s. m. Ce qui sert à assaisonner. *Il faut mettre un peu plus d'ass. dans cette salade.* || L'action et la manière d'assaisonner. *La viande était bonne, mais l'ass. ne valait rien.* || Fig., Ce qui rend une chose plus piquante, plus agréable. *La louange forme un certain ass. sans lequel elle n'est qu'une insipide flatterie.* Voy. DIÉTÉTIQUE.

ASSAISONNER. v. a. (R. *saison*. Ce v. signifie donc conduire les choses à leur saison, à leur état de perfection). Accommoder des viandes ou d'autres comestibles avec des ingrédients propres à flatter le goût. *Ass. une salade.* — On dit absol., *Ce cuisinier assaisonne bien.* || Fig., Se dit de ce qui sert à rendre plus piquant, plus agréable ce que l'on dit, ce que l'on fait. *Les grâces que ce prince accorde, il les assaisonne de paroles flatteuses. Il assaisonne toujours ses écrits de quelques traits malins.* == ASSAISONNÉ, ÉE. part.

ASSAM, contrée de l'Inde anglaise au sud du Thibet, 1,600,000 hab.

ASSAR-HADDON, roi d'Assyrie (707-667 av. J.-C.).

ASSAS (Chevalier d'), officier français, célèbre par son héroïsme à la bataille de Clostercamp (15 octobre 1760). Capitaine de chasseurs au régiment d'Auvergne, il tomba, dans une découverte pendant la nuit, au milieu des ennemis. Il pouvait acheter sa vie par son silence, mais l'armée va périr si elle ignore le danger qui la menace. Il s'écrie : *A moi, Auvergne, voilà les ennemis !* et tombe aussitôt percé de coups.

ASSASSIN. s. m. Celui qui attente avec préméditation ou de guet-apens à la vie d'une personne. *Il est tombé sous les coups d'un ass. Il a été blessé par un ass.* || Petite mouche noire que les femmes se plaçaient autrefois au-dessous de l'œil.

Hist. — Ce mot a été apporté de l'Orient. Il y avait en Égypte, vers la fin du Xe siècle de l'ère chrétienne, une secte de musulmans dissidents connus sous le nom d'*Ismaélites* ou

52

Fatimites. La dernière de ces dénominations leur venait de Fatima, fille de Mahomet et épouse d'Ali, et la première d'Ismaël, le septième des imans directement issus du prophète par Fatima. Cette secte avait jeté en Égypte les bases de sa domination, et elle étendait même ses ramifications dans la Syrie et dans la Perse. Elle possédait, au Caire, une école fameuse appelée *Dar-al-Hekmet* ou *Maison de la sagesse*, qui servait de foyer au prosélytisme ismaélite, et d'où sortaient les missionnaires ou *Daïe* chargés de propager dans les pays étrangers ses doctrines religieuses ou mystiques.

Un de ces missionnaires, Hassan-ben-Sabbah-Homaïri, né dans un village de la Perse, conçut le hardi projet d'utiliser à son profit le fanatisme des Ismaélites, et de fonder sa puissance non par la guerre ouverte, mais par l'assassinat. Ayant réussi à se faire nommer grand maître des missions, il songea dès lors à établir solidement son pouvoir, et parvint à s'emparer par adresse de la forteresse presque imprenable d'Alamout, l'an 1090 de notre ère. Une fois maître d'un lieu de refuge assuré, il procéda à l'accomplissement de ses desseins.

Il lui fallait des fanatiques résolus, des affidés prêts au moindre signe à sacrifier leur vie. Il sut s'en attacher un grand nombre par des moyens qui dénotent en lui une imagination féconde en ressources. Lorsqu'il voulait avoir des exécuteurs sacrés, des sicaires que la crainte de la mort ne pût jamais arrêter, il enivrait avec une liqueur excitante quelques-uns de ses sectaires, les faisait transporter durant leur sommeil dans des jardins secrets où, à leur réveil, il les enivrait de toutes les délices que peut inventer la sensualité orientale. C'était là un avant-goût du paradis réservé aux fidèles. Ces courts instants de volupté laissaient dans l'imagination de ces malheureux une trace profonde, et ils en venaient à considérer la mort comme le commencement de la félicité éternelle. Les sicaires d'Hassan portaient le nom de *Fédavis* ou *sacrés*; ils jouissaient auprès du vulgaire d'une considération sans bornes, et marchaient toujours vêtus de blanc, comme il convient à des prédestinés. Le breuvage employé pour les plonger dans l'ivresse était une préparation de chanvre appelée en arabe *Haschisch*. De là le nom d'*Haschischin*, et par corruption assassins, donné aux Fédavis et ensuite à tous les Ismaélites. Le grand maître portait le titre de *Scheik-al-Djebel*, c.-à-d. *Vieux* ou *Chef de la montagne*, scheik étant l'équivalent du latin *senior*.

Hassan se rendit redoutable à tous les princes ses voisins. Aucun d'eux ne pouvait se soustraire au poignard de ses émissaires. Il n'y avait pas de sérail où ne vécût en secret un affidé ismaélite, attendant mystérieusement l'heure favorable et les ordres de son chef. Les chroniques des croisades sont pleines de récits merveilleux sur le dévouement absolu de ces sicaires. Le comte de Champagne étant allé visiter le château d'Alamout, le scheik voulut lui donner une idée de son autorité et de l'obéissance absolue de ses serviteurs. Il fit un signe à deux sentinelles qui se trouvaient postées au sommet d'une tour, et aussitôt les deux fanatiques se précipitèrent dans l'abîme.

L'histoire de la secte, ou, comme on l'a appelée, de l'*Ordre des assassins* ne présente qu'une série de crimes abominables. Le seul aperçu de la fin des grands maîtres en peut faire juger. « Depuis Hassan-ben-Sabbah jusqu'à la chute de l'ordre, dit l'orientaliste de Hammer, une mort violente a toujours terminé la vie des grands maîtres. Deux d'entre eux furent tués par leurs fils; deux autres par leurs parents. Hassan II périt sous le coup de son gendre et de son fils Mohammed, et ce dernier à son tour fut empoisonné par son fils Djelaleddin. Celui-ci reçut aussi son châtiment de la main de ses parents, et mourut, comme son père, par le poison. Alaeddin, fils de Djelaleddin, fit tuer les empoisonneurs; mais Rokneddin, son fils, augmenta le nombre des parricides. » La puissance des Assassins, après avoir duré près de deux siècles, fut enfin détruite par Houlakou, frère de Yonges-Khan. Rokneddin, septième et dernier grand maître de l'ordre, périt dans une bataille rangée sur les bords de l'Oxus, en 1258. Le château d'Alamout tomba également sous les coups des Mongols, qui le rasèrent et en livrèrent aux flammes les débris. — Voy. de Hammer, *Hist. des Assassins*. Trad. franç, 1838.

Des arabisants contestent aujourd'hui cette étymologie ancienne.

ASSASSIN, INE. adj. Qui assassine. N'est guère usité qu'en poésie. *Un fer ass.* — Fig. et fam., *Des yeux, des regards assassins. Œillade assassine.*

ASSASSINANT, ANTE. adj. Ennuyeux, fatigant. *Un compliment ass.*

ASSASSINAT. s. m. Meurtre commis avec préméditation ou de guet-apens. *Commettre un ass.* Par exag., se dit de certains actes qui, légalement, ne sauraient être qualifiés de ce nom. *Ils l'ont surpris sans défense et l'ont accablé de coups, c'est un ass.* On applique même cette dénomination à de simples discours. *Cette calomnie est un véritable ass.* Il On dit d'une condamnation injuste prononcée par haine, quoiqu'on ait suivi toutes les formes judiciaires prescrites : *C'est un ass. juridique.*

Syn. — *Meurtre.* — Ce qui distingue l'ass. du *meurtre*, c'est que ce dernier est simplement un homicide volontaire commis spontanément, à la suite de circonstances imprévues, sans dessein formé d'avance, tandis que l'ass. est toujours prémédité. Le *meurtrier* tue dans une occasion fortuite; l'*assassin* attend sa victime, cherche le moment de la frapper, et quelquefois même fait naître l'occasion. Voy. HOMICIDE.

ASSASSINER. v. a. Attenter avec préméditation ou de guet-apens à la vie de quelqu'un. *On l'a assassiné le soir au coin d'une rue.* || Par exag., on dit : *Ils se mirent quatre après lui et l'assassinèrent de coups. C'est ass. un homme que de le calomnier de la sorte.* || Fig. et fam., Fatiguer, importuner à l'excès. *Il assassine tout le monde de compliments.* — ASSASSINÉ, ÉE. part.

ASSATION. s. f. (lat. *assare*, faire rôtir). T. Didact. Coction des aliments ou des médicaments dans leurs propres sucs, sans addition d'aucune liqueur.

ASSAUGUE. s. m. Voy. AISSAUGUE.

ASSAUT. s. m. (ancienn. *Assault*, du bas latin *assaltre*, assaillir). Attaque pour emporter de vive force une ville, une place de guerre, un poste fortifié. *Ass.* général. *Aller, monter à l'ass. Soutenir, repousser un ass. Prendre, emporter une place d'ass.* || Fig., Les assauts de la tempête. *Sa fortune a essuyé un rude ass. Sa vertu a eu à soutenir de rudes assauts.* || Sollicitations vives et pressantes, tentation violente. *J'ai déjà soutenu plusieurs assauts pour cette affaire. Résister aux assauts des passions.* || T. Escr. Combat singulier simulé qui s'exécute avec des fleurets. *Faire ass. Annoncer un ass.* — Fig., *Faire ass. d'esprit, de science, de plaisanteries*, Disputer à qui déploiera le plus d'esprit, le plus de science, à qui dira les meilleures plaisanteries.

Art milit. — Un *Ass.* est l'attaque que l'on fait pour se rendre maître d'une ville, d'une place de guerre, d'un poste, etc. Dans quelques cas rares, on livre l'ass. subitement sans travaux préliminaires; mais presque toujours l'ass. n'est livré que lorsque l'assaillant est parvenu à faire aux fortifications de la place une brèche assez large pour que plusieurs hommes y puissent monter de front. Souvent, pour s'emparer d'une ville forte, plusieurs assauts successifs sont nécessaires. On donne d'abord l'ass. aux *ouvrages défensifs extérieurs*; puis on le donne au *corps de la place*. On appelle ass. *général* celui qui est livré au corps d'une place par plusieurs brèches à la fois. Voy. les articles FORTIFICATION et SIÈGE. — Parmi les assauts célèbres, livrés par les Français, nous citerons ceux de Berg-op-Zoom (16 sept. 1747), de Port-Mahon (17 avril 1756), de Saragosse (février 1809), de Constantine (13 oct. 1837), et enfin celui que l'armée alliée française et anglaise a livré aux ouvrages extérieurs de Sébastopol (8 sept. 1855). — Une ordonnance de Louis XIV, du 6 avril 1705, et un décret rendu par Napoléon le 1er mai 1812 exigeaient que le commandant d'une place forte soutînt au moins un ass. au corps de place avant de capituler.

ASSAUVAGIR. v. a. (de *sauvage*). Rendre sauvage. == v. n. Devenir sauvage.

ASSAVOIR. v. a. Savoir. Vieux mot qui n'est plus usité que dans le style marotique, et s'emploie presque toujours avec le v. *faire. Je te fais assavoir.*

ASSEAU. s. m. (bas lat. *asciculus*, du lat. *asciola*, *asciolus*, diminutif de *ascia*, instrument de charpentier). Marteau à l'usage du couvreur, dont la tête est courbée en portion de cercle.

ASSEC. s. m. (de *sec*). Période pendant laquelle un étang desséché est livré à la culture.

ASSÉCHAGE. s. m. (de *assécher*). T. Technol. Absorption, à l'aide de tripoli, de l'huile qui a pénétré dans le bois; opération préparatoire de l'application du vernis.

ASSÉCHEMENT. s. m. Action d'assécher; état de ce qui est asséché. Voy. DRAINAGE.

ASSÉCHER. v. a. (R. *sec*). T. Ponts et Chaussées. Rendre sec; enlever l'humidité d'une chose. *As. une route. As. un bassin de construction.* Enlever, à l'aide de pompes, l'eau qu'il contient. — Asséchen. v. n. T. Mar. Se dit d'un rocher, d'un banc, d'un havre, d'un port qui reste à sec lorsque la mer se retire. *Ce banc assèche à marée basse.*

ASSEMBLAGE. s. m. Union, réunion de plusieurs personnes ou de plusieurs choses. *C'est un ass. d'aventuriers et de voleurs qui forma la population primitive de Rome. Ce discours n'est qu'un ass. de phrases incohérentes.* ‖ Fig., Son caractère est un ass. singulier de vices et de vertus. — Se dit quelquefois en bonne part, L'ass. des qualités qui font l'homme d'État. ‖ T. Menuis. et Charp. Union de plusieurs pièces que l'on a rapprochées et jointes de manière à former un tout. *Un parquet se fait de l'ass. de plusieurs pièces de bois.* ‖ T. Imprim. et Lib. Action de réunir les feuillets d'un volume dans l'ordre de leurs signatures. *Faire un ass. Atelier d'ass.* Voy. BROCHAGE.

Techn. — En T. de Menuiserie et de Charpenterie, on nomme

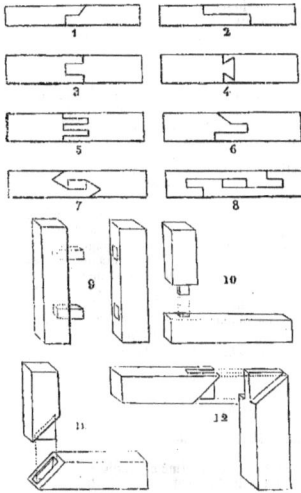

Ass. la réunion de deux ou de plusieurs pièces de bois jointes ensemble solidement. On distingue un très grand nombre d'assemblages différents : nous nous contenterons d'indiquer les plus usités, ici, le dessin nous dispensera de toute espèce de description. Disons seulement que dans quelques cas on complète l'ass. à l'aide d'une clef, comme dans l'ass. à trait de Jupiter, ou d'une cheville. La clef est une pièce de bois qu'on introduit dans une ouverture ménagée à cet effet dans l'ass. La cheville est un petit morceau de bois qu'on introduit par force dans un trou de vrille qui traverse les deux pièces de bois. — *Ass. à repos, à panne* (Fig. 1). — *Ass. à mi-bois* (Fig. 2). — *Ass. à tenon et à mortaise* (Fig. 3). — *Ass. à queue d'aronde* (Fig. 4). — *Ass. à refourchement* (Fig. 5). — *Ass. à tenon et mortaise avec*

mors d'âne (Fig. 6). — *Ass. à trait de Jupiter* (Fig. 7 et 8). — *Ass. à clefs* (Fig. 9). — *Ass. carré à simple tenon et mortaise* (Fig. 10). — *Ass. carré à onglet et à tenon et mortaise* (Fig. 11). — *Ass. carré à onglet et à mi-bois* (Fig. 12).

ASSEMBLÉE. s. f. Réunion plus ou moins considérable de personnes dans un même lieu. *Grande, nombreuse ass. Ass. choisie. Le lieu d'ass. La durée, la fin de l'ass. Le prêtre bénit et congédia l'ass.* ‖ Se dit particulièrement de certains corps délibérants. *Ass. constituante. Ass. législative. Ass. des États. Ass. des notables. Convoquer, dissoudre l'ass. Présider l'ass.* — Par anal., Ass. de parents, de créanciers, d'actionnaires. ‖ Fig., l'Église est appelée L'ass. des fidèles. ‖ T. Chasse. Lieu où se rendent les chasseurs et où ils déjeunent avant que d'aller au laisser-courre. ‖ T. Milit. Quartier d'ass. Lieu que l'on indique aux troupes pour s'assembler. Battre l'ass., Battre, sonner l'ass., Battre le tambour, sonner de la trompette pour avertir les soldats de se rassembler. ‖ Dans quelques régions de la France l'ass. est la fête d'un village.

ASSEMBLEMENT. s. m. (de *assembler*). Action d'assembler.

ASSEMBLER. v. a. (R. *ensemble*). Mettre ensemble. *Ass. des papiers, des livres, des meubles. Ass. des matériaux pour bâtir.* — Fig., *Cet homme assemble en lui tous les vices.* ‖ Réunir, convoquer. *Ass. des troupes. Ass. les chambres, le conseil.* — Fam., *Cet homme a bientôt assemblé son conseil.* Il prend brusquement ses résolutions, sans consulter personne. ‖ T. Techn. Joindre ensemble plusieurs pièces de bois de manière à en former un tout. *Ass. les montants d'une porte.* — On dit de même, *Ass. les pièces d'une machine, d'une serrure.* ‖ T. Impr. et Lib. Réunir les feuilles d'un volume dans l'ordre de leurs signatures. — s'ASSEMBLER. v. pron. Se rassembler. *Les Chambres s'assemblent. Ses créanciers se sont assemblés.* ‖ Prov., On dit en parlant des personnes qui ont les mêmes penchants, les mêmes habitudes : *Qui se ressemble s'assemble.* S'emploie ordinairement au mauvais part. — ASSEMBLÉ, ÉE. Il parla devant le peuple assemblé.

Syn. — *Rassembler.* — Assembler suppose moins de peine que *rassembler.* Les choses ou les personnes qu'on *assemble* se trouvent rapprochées du lieu où on les réunit, elles sont pour ainsi dire sous la main. Celles qu'on *rassemble* étaient éparses, éloignées, et n'avaient point l'habitude de se trouver ensemble. C'est ainsi que les membres d'une société *s'assemblent*, et que la populace se *rassemble* dans les jours d'émeute. On *rassemble* des matériaux de tout genre pour approvisionner un arsenal maritime; et quand on veut construire un navire, on *assemble* les matériaux déjà préparés.

ASSEMBLEUR, EUSE. s. Ouvrier, ouvrière qui assemble les feuillets des livres.

ASSÈNEMENT. s. m. T. Ancien Droit. Acte par lequel un père avantageait ses enfants puînés, en leur assignant certains biens.

ASSÉNER. v. a. (lat. *assignare*, attribuer, donner). Porter un coup violent et assuré. *Il lui asséna un coup de bâton sur la tête.* — ASSÉNÉ, ÉE. part. *Un coup fortement ass.* = Conj. Voy. MENER.

ASSENTIMENT ou **ASSENTEMENT.** s. m. Consentement volontaire donné à une proposition, à un acte. ‖ Approbation intérieure qu'on ne put refuser à une chose évidemment vraie, évidemment bonne. *L'évidence force l'ass. Ces vérités ont l'ass. du genre humain.*

Syn. — *Consentement.* — Il y a entre ces deux mots à peu près la même différence qu'entre *agrément* et *autorisation.* L'ass. exprime une conformité de sentiment qui s'ajoute rien à la vérité, à l'importance, à la stabilité d'une opinion, d'un acte, d'une proposition. Le *consentement* est souvent nécessaire pour qu'une chose s'accomplisse. Un courtisan demande au prince son *ass.* lorsqu'il a l'intention de se marier; dans un cas semblable, le fils doit obtenir le *consentement* de son père. Dans le premier cas, il y a déférence; dans le second, il y a nécessité.

ASSENTIR. v. n. (lat. *assentire*). Donner son assentiment. *Ass. à un acte. Ass. à une vérité démontrée.* Peu us. ⹊ Conj. Voy. SEXTIR.

ASSEOIR. v. a. (lat. *adsedere*). Mettre quelqu'un sur un siège, le placer sur son séant. *Ass. un enfant, un malade. Asseyez-le sur le gazon.* || Poser une chose d'aplomb et à demeure. *Ass. une statue sur un piédestal. Les fondements de cet édifice sont assis sur le roc.* || *Ass. un camp,* Établir un camp. || Fig., Fonder, établir. *Ass. un gouvernement sur des bases solides. Il ne faut pas ass. son jugement sur de simples présomptions.* — Dans un sens anal., on dit, *Ass. un impôt, une rente, une hypothèque.* || T. Manège. *Ass. un cheval sur ses jambes,* Le dresser à exécuter les airs de manège, ou à galoper ayant la croupe plus basse que les épaules. || T. Adm. forest., *Ass. les ventes,* Marquer les cantons de bois qui doivent être coupés. ⹊ **s'ASSEOIR.** v. pron. Se mettre sur son séant. *Asseyez-vous. Il s'assit.* — Par ext., *Cet oiseau est allé s'ass. sur une branche,* Est allé s'y percher. || Fig., *S'ass. à la table de quelqu'un,* Y être admis. — *S'ass. sur le trône,* Parvenir à la royauté. || S'emploie quelquefois, soit au prop., soit au fig., avec l'ellipse du pronom. *On le fit ass. sur un fauteuil.* — *On le fit ass. sur le trône malgré lui,* On lui imposa la royauté. || T. de Mét. *Ass. l'or,* c'est, chez le doreur, le poser sur une première assiette qui lui sert de fond pour augmenter son relief. ⹊ Assis, ISE. part. *Voter par assis et levé.*

Conj. — *J'assieds, tu assieds, il assied; nous asseyons, vous asseyez, ils asseyent. J'asseyais; nous asseyions. J'assis; nous assîmes. J'assiérai ou j'asseyerai. J'assiérais ou j'asseyerais. Assieds; asseyons. Que j'asseye; que nous asseyions. Que j'assisse. Asseyant.* On dit aussi *J'assois, j'assoirai.* L'Académie écrit *j'assoirai,* sans e, *et je sursoirai* avec un e. Il serait logique de diminuer ces exceptions, qui compliquent inutilement l'orthographe.

ASSEREAUX. s. m. T. d'Expl. Accidents de terrain que l'on rencontre dans une couche ardoisière.

ASSERMENTER. v. a. (R. *serment*). Obliger sous la foi du serment. Se dit principalement en parlant des personnes qui doivent prêter serment pour pouvoir remplir certaines fonctions publiques. *Ass. un fonctionnaire public.* ⹊ ASSERMENTÉ, ÉE. part. Qui a prêté serment pour être admis à remplir certaines fonctions. *Expert ass. Traducteur ass.* || Pendant la Révolution, on appelait *Prêtres assermentés,* les prêtres qui avaient prêté serment à la constitution civile du clergé, par opp. à ceux qui avaient refusé ce serment, et qu'on nommait *Insermentés* ou *Non assermentés.*

ASSERTIF, IVE. adj. Qui a le caractère de l'assertion.

ASSERTION. s. f. (lat. *asserere,* affirmer). Proposition que l'on avance comme vraie; affirmation. *Ass. fausse, hasardée. Je le crois sur sa simple ass.*

ASSERTIVEMENT. adv. Avec assertion.

ASSERTOIRE ou **ASSERTORIQUE.** adj. 2 g. T. Philos. Kant a donné le nom, la qualification d'*ass,* au jugement dans lequel l'affirmation ou la négation est considérée comme l'expression de la réalité, sans qu'il s'y joigne l'idée de la nécessité. Autrement, si l'attribut est considéré comme nécessairement lié au sujet, le jugement devient *apodictique. L'homme est doué de raison,* est un jugement ass. *Tout cercle a un centre,* est un jugement apodictique. Pour Hégel, l'adj. *ass.* est employé dans un sens plus particulier; il indique un jugement dans lequel le sujet est jugé eu égard à ce qu'il doit être. Ex. : *Cette action est bonne.* Le jugement *ass.* devient *apodictique* quand il est motivé : *Cette machine est bien faite, parce qu'elle remplit toutes les conditions nécessaires à son fonctionnement et à son usage.*

ASSERVIR. v. a. (R. *servir;* du lat. *servus,* esclave). Au propre, rendre esclave. Assujettir, réduire à une extrême dépendance. *Ce conquérant a asservi plusieurs nations. Ass. quelqu'un à ses caprices.* || Fig., *Ass. ses passions,* Les dompter. — *La beauté de cette femme asservit bien des cœurs.* ⹊ s'ASSERVIR. v. pron. Se soumettre. *S'ass. aux règles. Je ne saurais m'ass. à l'étiquette.* ⹊ ASSERVI, IE. part. passé.

La terre ne tient point ma pensée asservie. (V. HUGO.)

Rem. — On devrait conjuguer *asservir* comme *servir,* et on le faisait au XVIe siècle. L'usage a prévalu de le conjuguer comme *finir.*

Syn. — *Subjuguer, Assujettir, Soumettre, Opprimer.* — La *soumission* peut être libre, spontanée et volontaire; elle peut aussi être contrainte et forcée. Un fils est *soumis* à son père par affection et par devoir; une nation est *soumise* par les armes. L'*assujettissement* est toujours la conséquence de la *soumission* forcée. Avant de réduire à l'état de *sujets* les peuples vaincus, il faut les avoir entièrement *soumis. Subjuguer* et *asservir* expriment des idées de violence, de contrainte, d'oppression plus fortes que les mots *soumettre* et *assujettir.* Une nation est *subjuguée,* c.-à-d. mise sous le *joug,* quand elle n'est plus capable de résister; alors elle s'humilie et plie sous la volonté du vainqueur. L'*asservissement* marque le dernier degré de la faiblesse et de la honte.

ASSERVISSEMENT. s. m. Action d'asservir. *Contribuer à l'ass. de sa patrie.* || État de ce qui est asservi. *Tenir un peuple dans l'ass.* — Fig., *L'ass. aux usages est souvent une insupportable tyrannie. L'ass. des esprits.*

ASSERVISSEUR. s. m. Celui qui asservit.

ASSESSEUR. s. m. (lat. *assessor;* de *ad,* auprès; *sedere,* s'asseoir). Magistrat adjoint à un juge principal, pour l'aider dans ses fonctions ou le suppléer en son absence. — Chez les Romains, on donnait le nom d'*assesseurs* aux jurisconsultes qui assistaient de leurs conseils certains fonctionnaires publics, tels que les consuls, les préteurs, les gouverneurs de provinces, le préfet du prétoire, celui du prétoire, etc. Comme ces fonctionnaires, quoique chargés de rendre la justice, étaient souvent peu familiers avec la législation de leur pays, il était nécessaire qu'ils eussent auprès d'eux des hommes versés dans la connaissance des lois et de la jurisprudence romaines. Ces jurisconsultes siégeaient au tribunal à côté du magistrat; mais ils ne prononçaient jamais une sentence judiciaire. A mesure que les formes antiques de la procédure romaine furent abandonnées, les assesseurs, ainsi que le conjecture Savigny, se substituèrent aux juges et en prirent la place. Sabinus, à ce que nous apprend Ulpien, avait écrit un livre sur les devoirs des assesseurs. — A l'imitation des Romains, et pour le même motif, il y avait chez nous, avant la Révolution, des assesseurs attachés aux juges titulaires, principalement lorsque ceux-ci étaient des juges d'épée. Ces assesseurs avaient, du reste, les mêmes privilèges que les autres juges de la juridiction. L'Assemblée constituante, par la loi qui créa les juges de paix (24 août 1790), donna à chacun de ces magistrats deux assesseurs qui jugeaient conjointement avec lui; mais la loi du 29 ventôse an IX supprima les assesseurs, et depuis lors le juge de paix juge seul. Sous le premier Empire, les juges des cours et tribunaux de douanes, autres que les présidents, portaient le nom d'assesseurs. Aujourd'hui, ce titre est exclusivement réservé aux juges arabes adjoints aux tribunaux français, en Algérie. Par ext. : toute personne qui en seconde une autre.

ASSESSORAL, ALE. adj. Qui concerne l'assesseur.

ASSESSORAT. s. m. Office d'assesseur.

ASSETTE. s. f. (même radical que *asseau*). Marteau ayant une tête d'un côté et de l'autre un tranchant, large de deux pouces et un peu recourbé vers le manche; les couvreurs s'en servent pour dresser, couper et clouer les lattes et les ardoises, et les tonneliers pour polir et arrondir les douves des tonneaux.

ASSEZ. adv. [Pr. *assé*] (lat. *ad satis*). Suffisamment, autant qu'il faut. *Ass. grand. Il est ass. fort pour vous tenir tête. Il est ass. prudent pour qu'on lui confie cette mission. Ces fondations ne sont pas ass. solidement construites. Nous n'avons pas ass. de vivres. Il a ass. d'amis. Il y a ass. de temps que nous vous attendons. Je suis venu ass. à temps. Ass. et trop longtemps. C'est ass. parlé, ass. disputé. Il avait ass. de gloire. Il juge avec ass. de sagacité la portée des événements. C'est ass. que vous soyez averti. N'était-ce pas ass. que vous d'z abandonner votre pays? C'est ass., C'en est ass.,* ou simplement *Ass. Ce n'est pas ass. d'éviter le mal. Ce n'est pas ass. pour lui de faire son devoir.* || *Ass.* sert souvent à restreindre la signification du mot qui le suit. *Cette femme est ass. jolie. Cela me paraît ass. probable. Ils vivent ass. bien ensemble. C'est un homme d'ass. peu d'esprit. Il en ass. souvent dans cette maison.* Quelquefois *ass.* s'emploie par ironie, et, dans ce cas, équivaut à un superlatif. *Il est ass. étrange que ce soit vous qui me fassiez ce reproche.*

A l'origine, ce mot signifiait *beaucoup* et se plaçait après le substantif. Encore aujourd'hui le mot *assai*, en italien, signifie *beaucoup.*

Syn. — *Suffisamment.* — Ce dernier mot dit moins que le terme *ass.* On peut avoir *suffisamment* de bien pour vivre, mais y ajouter ne nuirait pas. Quand au contraire on a *ass.* d'une chose, toute addition peut être considérée comme un excédent. Le sage qui se contente de peu, dit *ass.* dès qu'il a *suffisamment. Suffisamment* se rapporte à ce qui peut être très borné, et *ass.* au désir, lequel n'a pas de limites. C'est ainsi que l'avare n'a jamais *ass.* d'or, tandis que le prodigue n'en a jamais *suffisamment.*

ASSIBILATION. s. f. T. Phonétique. Attribution d'un son sifflant à une lettre qui ne l'a pas d'ordinaire. *L'ass. du t dans action.*

ASSIBILER. v. a. Donner le son sifflant au c ou au t.

ASSIDU, UE. adj. (lat. *ad,* auprès; *sedere,* s'asseoir). Se dit d'une personne qui se trouve fréquemment auprès de quelqu'un ou dans quelque lieu. *Il est fort ass. auprès du prince. Ce médecin est ass. auprès de son malade. Il est trop ass. dans cette maison.* || Ponctuel, exact à se rendre où l'on doit être. *Ce juge est fort ass. au tribunal. Cet employé est ass. à son bureau.* || Qui s'applique avec persévérance. *Être ass. au travail, à l'étude.* || Se dit aussi des choses et du sign., Fréquent, continu. *Rendre des soins assidus à quelqu'un. Travail ass. Visites assidues.*

ASSIDUITÉ. s. f. Présence fréquente d'une personne auprès de quelqu'un pour lui faire la cour, pour lui rendre des soins, des services. *L'ass. d'un courtisan auprès d'un prince. L'ass. d'un médecin auprès d'un malade. Il redouble d'ass. auprès de cette femme.* — Dans ce sens, il s'emploie au plur., mais ordinairement en mauvaise part. *Je n'aime pas les assiduités de mon fils dans cette maison.* || Ponctualité, exactitude à se trouver où l'on doit être. *L'ass. d'un député aux séances de la Chambre, d'un commis à son bureau.* || Application persévérante. *Ass. au travail, à l'étude, à ses devoirs. A force d'ass. et de patience, vous en viendrez à bout.*

ASSIDÛMENT. adv. D'une manière assidue. *Travailler ass. Il va très ass. dans cette maison.*

ASSIÉGEANT, EANTE. adj. Qui assiège. *L'armée assiégeante.* || Le plus souvent il s'emploie subst. et au plur. *Les assiégeants ont beaucoup avancé les travaux.* — Se dit aussi au sing. dans un sens collectif, *L'ass. et l'assiégé,* pour: les assiégeants et les assiégés.

ASSIÉGER. v. a. (R. *siège*). Investir une place de guerre, une forteresse pour s'en emparer. *On va ass. cette ville, cette forteresse.* — On dit des personnes qui sont enfermées dans le lieu investi, qu'*Elles sont assiégées. Le roi fut assiégé dans sa capitale.* || Par anal. *L'incendie nous assiégeait de toutes parts.* — On dit encore par exag. *La foule assiège les portes de la cathédrale,* Elle s'y presse. || Fig., Poursuivre, accabler, obséder. *Ses créanciers l'assiègent tous les matins. Mille ennuis m'assiègent. Cet assiégé de conseils, de demandes.* — *Cet importun assiège constamment ma porte,* Se présente à chaque instant chez moi. = ASSIÉGÉ, ÉE, part. S'emploie subst. pour désigner ceux qui sont renfermés dans un lieu assiégé. *Les assiégés firent plusieurs sorties.* == Conj. Voy. MANGER.

ASSIETTE. s. f. (lat. *ad,* auprès; *sedere,* être assis). Situation, manière d'être assis, couché, placé. *Ce malade ne peut trouver une bonne ass. Cet enfant ne saurait rester dans la même ass.* || Situation d'un corps posé sur un autre, en sorte qu'il soit ferme et stable. *L'ass. d'une pierre, d'une poutre.* || Situation d'une maison, d'une ville, d'une forteresse, d'un camp. *L'ass. de cette place est avantageuse. Ce général a bien choisi l'ass. de son camp.* || État d'équilibre, de stabilité. *Après tant d'agitations, la* France a repris son ass. || Fig., État, disposition de l'esprit. *Il n'a pas l'esprit dans une bonne ass. Il n'est pas aujourd'hui dans son ass. ordinaire,* ou simplement *dans son ass.* || T. Mar. *L'ass. d'un navire,* La situation d'un navire dans laquelle sa marche est plus rapide et ses oscillations plus douces. *L'ass. d'un vaisseau dépend en grande partie de son arrimage.* || T. Fin., *L'ass. de l'impôt,* se dit de l'impôt relativement aux objets sur lesquels il porte, et de sa répartition || T. Adm. forest. *Ass. des ventes,* Désignation du canton de bois qui doit être coupé. || T. Jurisp. *L'ass. d'une rente,* Le fonds sur lequel une rente est assise, est assignée. || T. Man. Manière dont le cavalier est posé sur la selle. *Il y a une bonne et une mauvaise ass.* — On dit qu'*un cavalier ne perd pas l'ass.,* lorsqu'il est ferme sur les étriers.

ASSIETTE. s. f. (sans doute, de *ad* et *secare,* couper, plutôt que de la place où l'on est assis). Vaisselle, vase plat sur lequel on pose ce que l'on veut manger. *Ass. d'argent, de porcelaine. Ass. plate, creuse. Ass. à potage. Ass. de dessert.* — *Assiettes volantes,* Assiettes où l'on sert les entrées, etc. — *Assiettes blanches,* Assiettes nettes qu'on donne en relevant celles qui ont servi. || Par ext., *Ass. de fruits,* Ass. chargée de fruits. *Ass. de potage,* Ass. qui contient du potage. — Le contenu de l'ass. *Manger une ass. de soupe, de potage.* || Fig. et fam. *Piquer l'ass., Manger habituellement chez les autres.* — *Piqueur d'ass.* ou *Pique-ass.,* Parasite.

Syn. — *Situation.* — *Ass.* semble avoir quelque chose de moins stable, de plus susceptible de changement que *situation.* C'est pourquoi on dira l'*ass.* d'un camp et la *situation* d'une ville, d'une montagne. En outre, *ass.* se rapporte plutôt à la position qu'on donne actuellement à une chose, et *situation* à celle qu'elle occupe depuis longtemps; le premier de ces termes exprime l'action d'asseoir, l'autre le fait d'être assis. *L'ass.* de cette poutre est difficile; la *situation* de ces pierres que rien ne soutient offre des dangers.

ASSIETTÉE. s. f. Plein une assiette. *Une ass. de potage.* On dit plus ordin. *Une assiette de potage.*

ASSIGNABLE. adj. 2 g. Qui peut être assigné, déterminé avec précision. *Il n'y a pas entre ces deux objets de différence ass.*

ASSIGNAT. s. m. T. Jurisp. anc. Affectation d'un héritage au payement d'une redevance quelconque. || Sorte de papier-monnaie qui avait cours sous la première République, et qui ne tarda pas à tomber dans une complète dépréciation. Voy. PAPIER-MONNAIE.

ASSIGNATION. s. f. Action d'affecter un fonds au payement d'une dette, d'une rente, d'une redevance. || Délégation de payement sur un fonds ou sur une recette déterminée. || T. Jurisp. Acte par lequel une personne est sommée de comparaître en justice à jour fixe, soit pour être jugée, soit pour être entendue comme témoin, soit pour tel autre motif. *Faire donner une ass. Recevoir une ass.* Voy. CITATION.

ASSIGNER. v. a. (lat. *assignare,* attribuer, imputer). Affecter un fonds ou une recette déterminée au payement d'une dette, d'une rente, etc. *Ass. une pension sur le trésor public. Il lui a assigné une rente sur ses biens patrimoniaux.* || Fixer, donner, attribuer. *Ass. un jour pour le payement d'une dette. Vous m'avez dit pas trouvé au rendez-vous qu'on vous avait assigné. Il faut rester à la place que la nature nous a assignée.* || Déterminer, faire connaître. *On ne peut pas toujours ass. la véritable cause des événements.* || T. Procéd. Sommer par exploit judiciaire de comparaître devant le juge. *Faire ass. quelqu'un. Il fut assigné à comparaître devant la cour.* = ASSIGNÉ, ÉE. part. *Être ass. sur un bon, sur un mauvais fonds.* || Prov., *Ce payement est assigné sur les brouillards de la Seine,* Rien ne l'assure, rien ne le garantit. || Se prend subst. en parlant de celui qui a reçu un exploit d'ajournement. *L'assigné qui ne comparait pas est condamné par défaut.*

ASSIMILABLE. adj. 2 g. Qui peut être regardé comme semblable. *Ces deux faits ne sont pas assimilables.* || Qui peut se convertir en substance organique. *Tous les aliments ne sont pas également assimilables.*

ASSIMILANT, ANTE. adj. T. Physiol. Qui assimile, incorpore.

ASSIMILATEUR, TRICE. adj. T. Didact. Qui procure l'assimilation.

ASSIMILATIF, IVE. adj. (de *assimiler*). Qui tient à l'assimilation.

ASSIMILATION. s. f. Action par laquelle on présente deux ou plusieurs choses comme semblables. *Vous faites là une fausse ass., une ass. injurieuse.* || Action de rendre semblable. *L'ass. des peuples.* || T. Physiol. Acte par lequel un corps vivant, après avoir absorbé certaines molécules étrangères, les convertit en sa propre substance. *La faculté d'ass. s'affaiblit chez les vieillards.* Voy. ALIMENT et NUTRITION. Par ext., Facilité que l'on a de se pénétrer des choses étudiées. *Il a une grande facilité d'ass.* || T. Admin. milit. Correspondance de grade entre les officiers qui commandent le soldat et certains fonctionnaires militaires qui ne le commandent pas, comme les médecins, les intendants, etc.

ASSIMILER. v. a. (lat. *ad*, à; *similis*, semblable). Rendre semblable. *L'ivrognerie assimile l'homme à la brute.* || Présenter comme semblable, comparer. *On ne peut ass. ce cas à un autre. Vous ne pouvez ass. un simple prévenu à un coupable.* || Se dit en parlant des corps vivants qui convertissent en leur propre substance les molécules qu'ils ont absorbées. *L'animal ne peut ass. que des substances qui conviennent à son organisation.* = s'ASSIMILER. v. pron. S'emploie dans toutes les acceptions du v. actif. *Par ses vices cet homme s'assimile à la brute. Je n'oserais m'ass. à ce grand homme. Les particules organiques qui s'assimilent à la propre substance de l'animal.* — Par ext., S'approprier, faire sien. *L'homme peut s'ass. tout ce qu'il apprend.* = ASSIMILÉ, ÉE. part.

ASSINIE, riv. d'Afrique, tributaire du golfe de Guinée. || Établissement français de la Côte de l'Or (Guinée).

ASSIS. part. passé du verbe *asseoir*, avec ses diverses significations. — *Magistrature assise,* se dit des magistrats qui fonctionnent assis, juges ou conseillers, par opp. à la magistrature debout, ou du parquet, qui fonctionne debout. La première est inamovible; la seconde est amovible.

ASSISE. s. f. (lat. *ad*, auprès; *sedere,* être assis). T. Archit. Rang de pierres de taille qu'on pose horizontalement pour construire une muraille. *La première, la seconde ass. d'un mur.* — En parlant d'une muraille dont les rangées de pierres sont d'égale hauteur, on dit *qu'elle est bâtie par assises réglées.* — *Une ass. de parpaing* est celle dont les pierres tiennent toute l'épaisseur du mur. Voy. APPAREIL. || f. Géol. Se dit des couches de matières minérales successivement déposées par les eaux, et formant des bancs parallèlement superposés et séparés par des joints qui les font ressembler aux assises de maçonnerie. *Les assises sont de même nature minéralogique et souvent de même grain.* || Se disait au plur. des séances extraordinaires que tenaient autrefois les officiers des seigneurs de fiefs, soit pour recevoir l'hommage et les droits seigneuriaux, soit pour rendre la justice. — Fig. et fam., on dit *qu'une personne tient ses assises dans une maison, dans une société,* pour marquer qu'elle y est fort écoutée, qu'elle y fait autorité. || T. Législ. *Cour d'assises,* Tribunal séant dans chaque département pour juger les personnes accusées de crimes. — On nomme encore *Assises* les sessions que tiennent ces cours. *Les prochaines assises auront lieu au 45 août.*

Droit. — Au moyen âge, on donnait le nom d'*Assises* à des assemblées convoquées par le roi pour juger les causes importantes ou aux sessions extraordinaires que le juge supérieur tenait dans le ressort de sa juridiction. C'est à saint Louis que remonte l'origine de cette institution. On a encore appliqué la dénomination d'*Assises grandes* et *petites* à plusieurs assemblées judiciaires d'espèces différentes, qu'on appelait également *grands plaids* et *plaids ordinaires.* D'après Ducange, les *grands plaids* étaient des séances solennelles que tenaient les cours souveraines hors du lieu de leur siège ordinaire. Quelquefois encore on confondait sous la dénomination d'assises et l'assemblée des seigneurs constitués en assises, et les actes émanés de cette cour. Voilà pourquoi on appela *Assises de Jérusalem* un recueil de décisions prises par les barons français établis en Palestine à la suite des croisades. Après la création des parlements, les attributions de ces grandes assemblées judiciaires, tenues par les seigneurs, passèrent aux nouvelles cours. — Aujourd'hui les *Cours d'assises* diffèrent essentiellement des assises du moyen âge. Celles-ci prononçaient simplement sur des causes civiles ; les nôtres sont des tribunaux criminels où un accusé est jugé par ses pairs, c.-à-d. par douze citoyens investis, pour un temps déterminé, de l'autorité judiciaire. C'est seulement sous l'Empire, en 1811, après la promulgation du Code d'instruction criminelle, que nos Cours d'assises ont été définitivement organisées et ont commencé à fonctionner.

Tout prévenu d'un acte qualifié *crime* par le Code pénal, c'est-à-dire pouvant entraîner l'application d'une peine *afflictive* ou *infamante,* est d'abord renvoyé devant la chambre des mises en accusation, laquelle, sur l'instruction faite par les seuls officiers du parquet, ordonne la continuation ou la cessation des poursuites, suivant qu'elle trouve suffisantes ou non les charges relevées contre l'inculpé. Dans ce dernier cas, il est relaxé ; dans le cas contraire, il est renvoyé devant la Cour d'assises. Au jour indiqué, l'accusé comparaît libre, c.-à-d. dégagé de liens ; seulement il est entouré de gardes destinés à veiller sur lui. Le public est admis dans la salle d'audience, à moins que la cause ne soit de telle nature qu'il en puisse résulter une atteinte grave à la morale publique. Dans ce cas, la Cour prononce le *huis clos* et les membres du barreau sont les seuls qui aient le droit d'assister aux débats. Le tribunal est ainsi composé : d'un côté, douze jurés désignés par le sort (Voy. JURY) ; en face, l'accusé et son conseil ; puis la Cour formée de deux conseillers et d'un président, d'un membre du parquet remplissant les fonctions du ministère public, et d'un greffier. Après que les jurés ont prêté serment, et que l'acte d'accusation a été lu par le greffier, le prévenu est interrogé ; puis on fait successivement appeler les témoins. Ceux-ci prêtent serment de dire toute la vérité. Leurs dépositions peuvent être contrôlées par l'accusé, par son avocat, ainsi que par le ministère public. Chacun d'eux, ainsi que chacun des jurés, peut faire poser aux témoins, par l'organe du président, toutes les questions qu'il juge convenables. Les témoins entendus, l'organe du ministère public prend la parole ; l'accusé lui répond lui-même ou par l'organe de son défenseur. Il tâche de détruire les charges accumulées contre lui, réfute les arguments du ministère public, discute les dépositions des témoins et s'efforce, par tous les moyens en son pouvoir, de démontrer son innocence ou du moins d'atténuer sa culpabilité. Quand les plaidoiries ont été entendues, ainsi que les répliques (toutefois l'accusé ou son conseil ont toujours la parole les derniers), le président demande à l'accusé s'il n'a rien à ajouter pour sa défense ; puis il déclare les débats terminés. Avant la loi du 19 juin 1881, le président prononçait un résumé des débats contre lequel aucune réclamation n'était permise. Ce résumé a été supprimé en 1881, comme étant inutile et parfois même injuste vis-à-vis de l'accusé. Le président pose ensuite aux jurés les questions résultant de l'acte d'accusation et celles qui ont pu surgir des débats. Le nombre des questions est parfois très considérable ; mais la plus essentielle des questions est toujours celle-ci : « L'accusé est-il coupable d'avoir commis tel ou tel acte ? » Si l'accusé est âgé de moins de seize ans, on doit poser encore la question de discernement. Le président avertit en outre les jurés que, s'ils croient qu'il existe en faveur de l'accusé des circonstances atténuantes, ils doivent en faire la déclaration. Quel que soit le nombre des accusés, les questions relatives à chacun d'eux doivent être posées séparément. Les jurés se retirent alors dans la chambre qui leur est destinée, et le président fait sortir l'accusé de l'audience. Aussitôt que les jurés ont délibéré, ils rentrent dans la salle d'audience. Sur l'interrogation du président, le chef du jury, la main placée sur le cœur, prononce ces paroles : « Sur mon honneur et ma conscience, devant Dieu et devant les hommes, la déclaration du jury est : ..... » La déclaration et les réponses du jury aux questions posées étant faites, le rôle de ce dernier est terminé. Le président fait rappeler l'accusé, auquel il est donné lecture de la déclaration du jury. Si la déclaration de ce dernier est négative, le président ordonne que l'accusé soit mis en liberté sur-le-champ, à moins qu'il ne soit retenu pour autre cause. Dans le cas contraire, après avoir entendu le ministère public et le défenseur de l'accusé sur l'application de la peine, la Cour délibère, puis le président donne lecture du texte de la loi appliquée, prononce l'arrêt en présence de l'accusé et du public (car à ce moment où les débats sont terminés, le public est toujours admis), et avertit aussitôt le condamné qu'il a trois jours pour se pourvoir en cassation.

Voilà quelles sont, dans les cas ordinaires, les formalités suivies en Cour d'assises; mais il est telles affaires qui nécessitent l'accomplissement de prescriptions particulières. Ainsi, lorsqu'il y a une partie civile, elle peut faire entendre un avocat, et la Cour est tenue de prononcer sur les dommages-intérêts. Si l'accusé est sourd-muet, s'il ne comprend pas ou ne parle pas la langue française, il lui est nommé un interprète. Il en est de même lorsque quelqu'un des témoins se trouve dans ce cas. Les débats une fois entamés doivent être continués sans interruption et sans aucune espèce de communication avec le dehors, jusqu'après la déclaration du jury inclusivement. Le président ne peut les suspendre que pendant les intervalles nécessaires pour le repos des juges, des jurés, des témoins et des accusés. Lorsqu'un témoin qui a été cité ne comparaît point, la Cour peut, sur la réquisition du procureur général et avant que les débats soient ouverts par la déposition du premier témoin inscrit sur la liste, renvoyer l'affaire à une autre session. La Cour prononce l'absolution de l'accusé, si le fait dont il est déclaré coupable n'est pas défendu par la loi pénale.

Il est facile de comprendre, d'après ce qui précède, la supériorité de nos Cours d'assises sur la procédure criminelle usitée avant 1789. Alors tous les actes du procès étaient secrets, et l'on accordait à peine à l'accusé la faculté d'avoir un conseil. Aujourd'hui, aucune garantie ne lui est refusée: la publicité des débats, la récusation d'un certain nombre de jurés, la liberté d'appeler des témoins à décharge, et celle de discuter les accusations des témoins à charge, lui sont accordées par la législation moderne. Aux citoyens désignés par le sort appartient le droit de prononcer sur la question de fait, c'est-à-dire qui demande simplement de l'intelligence; aux hommes spéciaux, aux magistrats, le pouvoir d'appliquer la loi, ce qui rentre exclusivement dans leurs attributions. L'institution des Cours d'assises est on ne peut plus conforme à nos mœurs; elle protège la personne de chaque citoyen, et ne laisse aucune voie ouverte à l'arbitraire.

Les Cours d'assises ne sont point des tribunaux permanents. Ce sont des tribunaux momentanés, mais réguliers, qui siègent, sauf quelques exceptions, au chef-lieu de chaque département. Chaque Cour se compose, comme nous l'avons dit, de trois magistrats. Dans les villes où il existe une Cour d'appel, les assises sont tenues par trois des membres de la Cour, dont l'un est président. Dans les autres chefs-lieux de département, la Cour d'assises est formée par un conseiller de la Cour qui préside, et par deux juges choisis parmi les membres du tribunal de première instance. Les Cours d'assises siègent chaque trimestre, à moins de quelque circonstance extraordinaire qui nécessite leur réunion à des intervalles plus rapprochés. A Paris la Cour d'assises est presque en permanence.

Hist. — *Assises de Jérusalem.* — Après la conquête de Jérusalem, dans la première croisade, Godefroy de Bouillon, élu roi du nouvel État, sentit la nécessité d'y établir des institutions régulières. Il réunit donc en *Assises* (1099) les seigneurs qui avaient des fiefs dans son royaume, ainsi qu'un certain nombre de clercs distingués par leur piété et leurs lumières. Le corps de législation qui fut rédigé dans cette réunion, reçut le nom d'*Assises de Jérusalem.* On l'appela aussi *Lettres du Saint-Sépulcre,* parce que le manuscrit original fut déposé dans l'église de ce nom. Les dispositions les plus remarquables de ce corps de lois sont celles qui concernent l'organisation judiciaire. Il établit à Jérusalem deux Cours distinctes: la première, présidée par le roi et composée des principaux seigneurs, jugeait les différends survenus entre les grands vassaux; la seconde, que présidait le vicomte de Jérusalem, était destinée aux roturiers. Ces Assises organisaient donc le jugement des individus par leurs pairs sur la base du système féodal. Lorsque le dernier roi de Jérusalem, Guy de Lusignan, obtint le royaume de Chypre (1192), il y transporta la législation des Assises de Jérusalem. Bientôt après, ce même corps de droit fut appliqué dans l'empire latin de Constantinople, fondé en 1204, après la prise de cette ville par les Croisés. Quelques années plus tard, Geoffroy de Villehardouin l'introduisit dans la principauté de Morée.

ASSISE, v. d'Italie, près de Pérouse, 5,000 hab. Patrie de saint François. On y voit entre autres un ancien temple dédié à Minerve et transformé en église sous le titre de Sainte-Marie-la-Minerve.

ASSISTANCE. s. f. Présence. Se dit en parlant d'un officier public ou d'un ecclésiastique exerçant quelque fonction de son ministère. *On lui donna tant pour son droit d'ass.* || Assemblée. *Son discours ravit toute l'ass.* || Dans quelques ordres religieux on donne le nom d'*Ass.* au corps qui compose le conseil de l'ordre. *Après la mort du général, l'ass. ordonna que...* || Se dit aussi par rapport aux différents États où les maisons de certains ordres religieux sont situées, et par rapport à la première et principale division que ces ordres en ont faite. *L'ass. d'Italie. L'ass. de France. Il y a tant de provinces sous l'ass. d'Italie.* || Aide, secours, appui. *Implorer, promettre, prêter, donner ass. Demander ass. ou de l'ass. Refuser son ass. Il y a réussi sans ass. ou sans l'ass. de personne. L'ass. privée est supérieure à l'ass. publique.*

Législ. — *Assistance publique.* — On entend par là l'ensemble des institutions établies pour secourir les indigents, et qui relèvent de l'administration. L'ass. publique comprend: les *Bureaux de bienfaisance,* chargés de répartir à domicile les secours dans les communes où ils sont établis; les *Hôpitaux* destinés au soin des malades indigents; les *Hospices* affectés aux vieillards et aux infirmes; les *Asiles* publics d'aliénés; le *Service des Enfants assistés* ayant pour but la protection de l'enfance abandonnée; les *maisons d'Aveugles, de Sourds-muets,* les *Dispensaires,* les *Ateliers de charité,* les *Dépôts de mendicité,* les *Fourneaux économiques,* etc. À Paris, l'ass. publique a été organisée par la loi du 14 janvier 1849. En ce qui touche les secours à domicile, le service en est assuré par les bureaux de bienfaisance dans chaque arrondissement, sous la surveillance du maire. Les lois du 24 juillet 1867 et du 21 mai 1873 ont organisé les bureaux de bienfaisance dans les départements. Un décret du 31 mars 1883 a établi une inspection générale des établissements de bienfaisance. — L'ass. publique à Paris coûte annuellement plus de 25 millions.

Assistance judiciaire. — L'*Ass. judiciaire* a été organisée en France par la loi du 22 janvier 1851. Elle a pour objet de permettre aux personnes indigentes de poursuivre toute action civile et d'y répondre, sans avoir aucuns frais à débourser. Elle lève l'obstacle qui rendait illusoire, pour les indigents, le recours à la justice, faute de ne pouvaient payer les frais.

Pour être admis à profiter du bénéfice de l'ass. judiciaire, il faut d'abord prouver, par un extrait du rôle des contributions avec certificat du percepteur, qu'on ne paie pas d'impôt, et ensuite fournir la preuve de l'impossibilité où l'on est, pour cause d'indigence, de recourir à la justice à l'effet de faire valoir son droit. C'est au ministère public du tribunal de son domicile qu'on doit adresser, sur papier libre, la demande d'ass. judiciaire. Un bureau spécial, constitué dans chaque tribunal d'arrondissement et Cour d'appel, ainsi qu'au Conseil d'État et à la Cour de cassation, statue sur la demande et y fait droit, si elle est fondée. Les décisions prises par le bureau, après information, ne sont pas motivées; elles résument sommairement les faits, et déclarent que l'ass. demandée est accordée ou refusée. Elles sont sans appel. — Le président du tribunal, informé par le ministère public que l'ass. judiciaire est accordée, en donne avis au bâtonnier de l'ordre des avocats, au président de la chambre des avoués et au syndic des huissiers, lesquels désignent l'avocat, l'avoué et l'huissier qui prêteront leur ministère à l'assisté. Celui-ci est dispensé provisoirement du paiement des sommes dues au Trésor pour timbre, enregistrement, greffe ou consignation d'amende. Il est aussi prévis irement dispensé de rien payer aux avocats, greffiers ou officiers ministériels. Si l'adversaire de l'assisté est condamné aux dépens, il paie en même temps que les frais qui seraient dans tous les cas à sa charge, ceux qu'aurait payés l'assisté s'il n'avait pas eu recours à l'ass. judiciaire. Si c'est l'assisté qui perd, il est seulement tenu envers le Trésor des sommes avancées pour taxes des témoins ou honoraires des experts. — Lorsque, pendant le cours du procès, il survient à l'assisté des ressources pécuniaires, ou bien lorsque ce dernier a, par une déclaration frauduleuse, obtenu une ass. à laquelle il n'avait pas droit, elle peut lui être retirée; dans ce cas, la décision du bureau fait mention des motifs du retrait. Sur l'avis du bureau, des poursuites en police correctionnelle peuvent être exercées contre l'assisté dont la déclaration a été reconnue frauduleuse. Indépendamment des dommages et des frais de toute espèce, l'assisté est alors passible d'une amende égale au montant de ces droits et frais, mais qui, néanmoins, ne peut excéder 100 francs. Il peut aussi, par application de l'art. 463 du Code pénal, être condamné à un emprisonnement de huit jours à six mois. — L'ass. judiciaire en matière criminelle ou correctionnelle est réglée d'après le principe de l'art. 294 du Code d'Instr. crim. Devant la Cour d'assises, il est pourvu à la défense des accusés par la nomination d'office du défenseur, lorsqu'ils ne l'ont pas eux-mêmes choisi.

La France a conclu, avec l'Autriche-Hongrie en 1880 et avec l'Allemagne en 1881, deux conventions ayant pour but d'assurer à ses nationaux, avec réciprocité, le bénéfice de l'ass. judiciaire.

ASSISTANT. s. m. Se dit de toutes les personnes présentes en un lieu. *Tous les assistants furent scandalisés de sa conduite.* || Ceux qui dans certains ordres religieux sont établis pour aider le supérieur général dans ses fonctions ou ceux qui secondent l'officiant dans quelque cérémonie. Dans la consécration d'un évêque, on appelle assistants les deux évêques qui se tiennent aux côtés du nouvel élu. *Il est ass. du général. Le corps des assistants.* — Les *Abbesses* ont aussi des *assistantes.* || Ceux qui aident un savant dans une expérience ou une observation. *Pour cette observation délicate, l'astronome avait besoin de deux assistants.*

ASSISTANT, ANTE. adj. Qui assiste. Se dit principalement des ecclésiastiques qui secondent l'officiant dans quelque grande cérémonie. *Il y avait tant de prêtres assistants à l'autel. Les évêques assistants.*

ASSISTER. v. n. (lat. *ad*, auprès; *sistere*, se tenir). Être présent à quelque chose. *Ass. à la messe, au sermon. Ass. à un mariage, à un concert, à un spectacle. Il a assisté à ce vol; mais la peur l'a empêché de s'y opposer.* — *Ass. à un jugement*, signifie quelquefois faire partie du tribunal qui prononce un jugement. :=. ASSISTER. v. a. Accompagner pour quelque action. *Devant quatre témoins assistés d'un notaire.* || Seconder en justice. *Un avocat assistait le prévenu.* || *Ass. un malade, un criminel à la mort*, L'exhorter, l'aider à mourir en chrétien. || On dit en manière de souhait, *Dieu vous assiste!* || Aider, secourir. *Ass. les pauvres; ass. ses amis de son crédit, de sa bourse, de ses conseils. Dieu nous assistera.* — ASSISTÉ, EE. part.

ASSOCIATION. s. f. (R. *associer*). Union de plusieurs personnes dans un intérêt commun, dans un but commun. *Acte d'ass. Former, rompre, dissoudre une ass. Associations commerciales, religieuses, littéraires, politiques*, etc. *Les membres d'une ass.* — S'emploie aussi en parlant des choses. *Ass. d'intérêts. Une heureuse ass. de mots.*

Nous entendons par *Ass.* toute réunion d'individus constituée en vue de la réalisation d'une idée commune quant aux personnes, mais spéciale quant à son objet. Cette définition nous paraît distinguer nettement l'ass. de la société elle-même. L'homme est essentiellement et nécessairement un être social. La fondation de la famille et celle de la société elle-même ne sont pas le résultat de la volonté humaine, du choix et de la délibération des hommes. La famille et la société s'imposent à eux. L'ass., au contraire, naît du concours de volontés individuelles qui se proposent de satisfaire à un besoin commun et spécial. Le vie de l'homme en famille et en société lui fournit, il est vrai, les moyens de satisfaire à une multitude de besoins, soit intellectuels, soit moraux, soit physiques; néanmoins l'activité humaine est si prodigieusement variée, que certains hommes ne trouvent pas dans la *société commune* toutes les satisfactions qu'ils désirent; ils tendent alors à s'unir entre eux et créent ainsi des *sociétés particulières* ou des *associations*.

Les différentes espèces d'ass. se divisent naturellement en deux classes, selon que les individus qui s'associent ont pour objet la satisfaction d'un besoin *spirituel*, ou qu'ils ont uniquement en vue un intérêt *matériel*. Ces deux classes se subdivisent encore. Ainsi la première comprend : 1° les associations religieuses (*Ordres religieux, Congrégations, Confréries*); 2° les associations politiques, soit licites, soit illicites (l'ass. pour l'*Émancipation des Catholiques* dans la Grande-Bretagne, et l'ass. du *Libre Échange*, en France, sont des exemples des premières; les sociétés secrètes de toutes les époques appartiennent à la seconde espèce); 3° les associations qui ont pour objet l'avancement des lettres, des arts, des sciences, de l'industrie, de l'agriculture, etc. (les *Académies*, la *Société Asiatique*, les *Sociétés des Beaux-Arts*, la *Société Astronomique*, la *Société Géologique*, la *Société d'Encouragement pour l'Industrie nationale*, les *Comices agricoles*, etc.); 4° les associations qui se proposent pour but la propagation de l'instruction, le développement de la moralité humaine (les sociétés de *Tempérance*, les Asso-

ciations *Philotechnique* et *Polytechnique* pour l'instruction des adultes, l'*Alliance française* pour la propagation de la langue française à l'étranger, etc.); 5° les associations de bienfaisance (*Société de Saint-Vincent de Paul, Société Philanthropique, Œuvre de la Bouchée de pain*, etc.). — Les associations qui rentrent dans la seconde classe forment deux sections. Dans l'une, nous rangeons les sociétés industrielles et commerciales, qui sont simplement des associations formées en vue d'une exploitation commerciale ou industrielle devant rapporter des bénéfices; dans l'autre, nous plaçons les sociétés de secours mutuels et les assurances de tout genre, c.-à-d. les formes d'association qui tendent à établir une certaine solidarité entre les hommes.

Les associations qui constituent la première classe diffèrent complètement de celles qui appartiennent à la seconde; en effet, leur mobile est tout autre. Les unes ont, comme nous venons de le dire, le lucre pour objet; les autres non seulement sont complètement désintéressées, mais encore elles exigent généralement des sacrifices plus ou moins considérables de chacun de leurs membres. Cependant ce sont celles-ci qui se forment avec le plus de facilité, qui se répandent le plus promptement et qui acquièrent le plus d'influence. C'est que ces associations, précisément parce qu'elles s'adressent uniquement à l'intelligence, aux sentiments moraux de l'homme, s'emparent de lui tout entier; c'est qu'un mobile spirituel quelconque est mille fois plus puissant que tous les mobiles matériels.

Le développement du principe de l'ass. est en raison directe du développement de la société. Ses formes se multiplient à mesure que se multiplient les besoins de l'homme. Dans les sociétés antiques, les associations se montrent principalement sous la forme religieuse et politique. Ces associations, si nombreuses chez les peuples modernes, qui ont pour objet les lettres, les sciences, la diffusion de l'instruction, l'amélioration morale des hommes, la bienfaisance publique, etc., étaient complètement inconnues aux anciens. Les sociétés industrielles elles-mêmes étaient rares chez eux. L'explication de ce fait est tout entière dans l'institution de l'esclavage, qui formait la base de l'état social antique.

L'ass. est une forme essentielle du développement de l'activité humaine. Elle est un produit de la liberté individuelle; car, si on s'associait l'homme se lie, c'est après avoir discuté et librement accepté les lois propres à l'ass. particulière dans laquelle il est entré. Il ne saurait y avoir antagonisme entre l'ordre social lui-même et une ass. constituée dans ces conditions légitimes d'existence. Bien plus, l'ass. ayant uniquement pour but de donner satisfaction à des besoins spéciaux que la société n'est pas appelée à satisfaire, elle est véritablement le complément de celle-ci. En effet, le rôle de l'ass. est d'accomplir ce que l'homme ne peut accomplir par ses forces individuelles; elle fait disparaître l'insuffisance de ces forces; elle les unit, les coordonne et les fait converger vers un même point. Elle multiplie ainsi leur puissance, et réalise des prodiges dont l'individu isolé pouvait à peine concevoir la possibilité. À l'heure qu'il est, nous n'avons pas besoin de citer des exemples de la puissance qui réside dans l'ass.; il suffit de jeter un coup d'œil sur l'histoire moderne, depuis le moyen âge, si fécond en merveilleux travaux, jusqu'à nos jours, et de regarder autour de nous les œuvres de tout genre qu'accomplit l'ass. Les associations mêmes dont le mobile est le moins élevé, celles qui n'ont en vue qu'un intérêt matériel et privé, exercent encore une influence spirituelle et morale dont il faut tenir compte. Elles développent les habitudes d'ordre et de prévoyance, elles rendent plus faciles les relations des hommes entre eux, elles rapprochent les peuples eux-mêmes; enfin, en déterminant une meilleure répartition des charges et des avantages sociaux, elles tendent à faire disparaître cet antagonisme qui subsiste trop souvent entre les diverses classes de la société. Les bienfaits de l'ass., appliquée aux différentes sphères de l'activité humaine, sont donc bien évidents, et l'on peut affirmer que chaque jour nous verrons les applications de ce principe si fécond se multiplier et se généraliser de plus en plus.

Écon. polit. — Quoique tous les genres d'ass. aient un part plus ou moins directe à la production et à la distribution de la richesse publique, nous ne nous occuperons dans ce paragraphe que des associations qui ont pour but, d'une part la production de certains objets ou l'accomplissement de certains travaux d'utilité générale, et d'autre part l'acquisition aux conditions les plus avantageuses des objets de consommation, ce qui les répartit en deux classes : 1° les associations de production, 2° les associations de consommation.

Les associations de production sont généralement désignées

sous le nom de *sociétés commerciales*. On y distingue trois types : 1° la *société en nom collectif* composée de plusieurs associés dont la responsabilité est illimitée en cas d'insuccès; 2° la *société en commandite* composée de deux sortes d'associés, les uns dits *gérants* dont la responsabilité est illimitée, et les autres dits *commanditaires* qui ne sont responsables que jusqu'à concurrence d'une certaine somme fixée par le contrat d'ass.; les bénéfices se partagent entre les divers associés suivant les termes de ce contrat; 3° la *société anonyme* qui n'est qu'une ass. impersonnelle de capitaux. Le capital social est distribué en *actions* représentées par des titres de papier qui sont offerts au public moyennant un prix déterminé et qui sont négociables sur le marché. Les deux premiers types sont d'une application nécessairement restreinte, le nombre des associés étant toujours peu considérable. Cependant, leur action économique est extrêmement importante. Elles permettent à un négociant, à un industriel d'augmenter l'importance de sa maison au delà de ce qu'il pourrait faire avec ses seules ressources; elles offrent aux capitaux des placements rémunérateurs en permettant aux capitalistes qui manquent de la pratique des affaires de s'intéresser aux entreprises tentées par des hommes spéciaux et sans fortune, et surtout elles permettent toutes les combinaisons de l'ass. si féconde du capital et du talent, si rarement réunis dans une seule personne. Mais c'est surtout la société anonyme qui mérite d'attirer l'attention de l'économiste. Cette forme d'ass. est essentiellement moderne. Le principe fondamental de ce type d'ass. est de rendre l'ass. des capitaux indépendante de l'ass. des personnes. De plus, elle permet, d'une part, de partager l'avoir social en parts si petites que les bourses les plus médiocres peuvent s'intéresser à l'entreprise, et, d'autre part, de réaliser des accumulations de capitaux si considérables qu'on trouverait difficilement des gens assez riches pour les fournir. La société anonyme est donc la seule forme d'ass. qui se prête aux grandes entreprises, et de fait c'est elle seule qui a permis l'accomplissement de ces gigantesques travaux d'utilité publique si répandus aujourd'hui : exploitations minières, chemins de fer, télégraphes sous-marins, transports maritimes, percement de l'isthme de Suez, etc. L'ass. de capitaux en société anonyme est, de plus, entièrement conforme aux idées démocratiques, puisqu'elle permet à chacun d'employer ses épargnes, si petites qu'elles soient, de la seule manière qui soit vraiment lucrative : le commerce et l'industrie. Sous l'empire de la concurrence, les entreprises commerciales et industrielles ont une tendance à se centraliser pour diminuer leurs frais généraux et tirer le meilleur parti de leurs moyens d'action et de leur personnel. De là ces grandes maisons commerciales et industrielles que nous voyons grandir et prospérer autour de nous. L'ass. des capitaux se prête admirablement à cette évolution, en même temps qu'elle fait disparaître le danger de voir de si colossales entreprises se constituer en monopoles entre les mains de quelques riches, puisque le capital social est réparti en un grand nombre de propriétaires dont la plupart sont attachés à l'établissement lui-même. Voy. MONOPOLE, SOCIÉTÉ.

Les *associations de consommation*, appelées souvent *sociétés coopératives*, sont des sociétés où les associés, après avoir versé un petit capital nécessaire aux opérations du début, nomment parmi eux un comité chargé d'acheter en grande quantité les denrées nécessaires aux besoins de la vie, lesquelles sont ensuite cédées aux associés au prix d'achat majoré de ce qui est nécessaire pour couvrir les frais d'exploitation. A la fin de chaque année, les bénéfices, s'il y en a, sont répartis entre tous les associés proportionnellement à leurs achats. Les économistes qui ont vanté ce mode d'ass. ont espéré que, par ce moyen, les consommateurs arriveraient à économiser les frais qu'ils payent aux intermédiaires, marchands en gros et en détail, parce que les acheteurs de la société, en raison de la grande quantité de marchandises qu'ils doivent se procurer, s'adressent directement aux producteurs. En revanche les associés doivent payer les frais de l'exploitation, lesquels comprennent la rémunération des acheteurs; car ceux-ci, quand l'ass. se développe, ne fournir une somme de travail qui ne leur permet pas d'exercer un autre métier. Toute la question revient donc à savoir si ces frais d'exploitation sont inférieurs aux bénéfices réalisés par les intermédiaires qu'on a supprimés. Mais ceux-ci ont aussi des frais d'exploitation à supporter, et l'on peut admettre qu'ils équivalent à peu près à ceux de l'ass. Restent donc en présence, d'une part les bénéfices nets des entrepreneurs, de l'autre la rémunération des acheteurs. Il n'est pas douteux que celle-ci est plus faible que ceux-là. Il convient aussi d'ajouter que les commerçants ont à supporter des impôts, les

patentes, qui ne frappent pas les sociétés de consommation. Il semble donc que tout l'avantage soit en faveur de celles-ci; mais la question doit aussi être examinée sous un autre aspect. D'abord l'économie réalisée se réduit à fort peu de chose : la patente et la différence entre le bénéfice *net* du marchand et la rémunération des agents de l'ass. Or, si considérable qu'on suppose le bénéfice net d'une grande maison commerciale, ayant un chiffre d'affaires considérable, croit-on que ce bénéfice, réparti sur la somme des marchandises vendues, en augmente beaucoup la valeur? Ensuite, l'agent d'une société et le propriétaire d'une grande maison de commerce sont dans deux situations bien différentes : le premier est un salarié qui n'a qu'un intérêt médiocre à acheter bon marché et à diminuer les frais d'exploitation. L'autre a sa fortune, son existence même engagée dans l'entreprise. Toute amélioration qu'il réalise est une source de bénéfices considérables, toute négligence est un danger de ruine. Du reste, la concurrence le pousse à améliorer sans cesse les conditions qu'il peut offrir à ses clients. N'est-il pas à craindre que l'ass. soit moins zélé pour les intérêts de l'ass. que le marchand pour les siens, et ne fasse perdre de cette manière à l'ass. le léger bénéfice qu'elle a pu réaliser d'autre part ? Pour toutes ces raisons nous ne pensons pas que les associations de consommation soient appelées à se généraliser, et nous croyons que le véritable intérêt du consommateur est dans l'existence d'un certain nombre de grandes maisons de commerce bien installées, bien achalandées et se faisant concurrence l'une l'autre. Pour l'intérêt général, il conviendrait que le capital de ces maisons fût réparti en un grand nombre d'actions, afin que le bénéfice se distribuât à un grand nombre d'actionnaires. Quoi qu'il en soit, il existe en Angleterre un certain nombre d'ass. de consommation qui sont en pleine prospérité. Depuis quelques années, il s'en est fondé une à Paris sous le nom de *Société coopérative des employés de l'État et de la ville de Paris*, qui a jusqu'ici assez bien réussi; mais en parcourant ses catalogues on constate que les prix de vente sont à peu près les mêmes que ceux des grandes maisons de commerce. Voy. COOPÉRATION.

Les *associations ouvrières* dont il a été tant question à l'époque de la Révolution de 1848, rentrent dans la catégorie des associations de production. D'après certains socialistes de cette époque, il semblait que l'ass. fût la panacée universelle qui dût supprimer la misère et donner à chacun l'abondance. Les écrivains qui ont prôné ce genre d'ass. voulaient substituer au régime du salariat un procédé tout différent de distribution des produits de l'industrie. Du reste, le mode de distribution variait avec les auteurs. Les uns, comme Louis Blanc, voulaient faire des parts égales pour tous les travailleurs, quelles que fussent leurs occupations et leurs capacités; d'autres, comme Fourier, voulaient que chacun fût rétribué en proportion des trois facultés, *capital, travail et talent*. Ce qu'il y a de commun dans toutes ces théories, c'est une sorte d'organisation de vastes associations ouvrières, commanditées par l'État, nommant leurs directeurs, gérants, employés, etc., et se partageant les bénéfices... s'il y en a. Nous n'insisterons pas sur le côté chimérique de pareilles conceptions. Nous reconnaissons qu'il serait incomparablement désirable que les ouvriers fussent associés aux bénéfices de l'entreprise à laquelle ils apportent le concours de leur travail; mais nous ne concevons pas comment une ass. d'ouvriers sans instruction et surtout sans capitaux pourrait arriver à faire prospérer une industrie. L'élection des directeurs et ingénieurs renouvelée tous les ans nous paraît une fantaisie conduisant à la faillite. Du reste, que gagneraient les ouvriers à ce système? Le bénéfice net du patron et des actionnaires, c.-à-d. l'excès du bénéfice sur les frais d'exploitation et l'intérêt du capital engagé, et pas autre chose. Personne n'ignore qu'actuellement, avec la concurrence et les nécessités de l'industrie moderne, il est rare que les actionnaires d'une entreprise industrielle reçoivent beaucoup au delà de l'intérêt de leur argent. Quant au directeur, n'est-il pas juste qu'il soit rétribué en raison de sa responsabilité et de ses mérites, et croit-on qu'une ass. d'ouvriers trouverait un directeur capable de mener à bien l'entreprise si elle ne lui offrait une position supérieure, qu'il tienne à conserver et à améliorer? On se fait donc une singulière illusion quand on croit que l'industrie exploite les ouvriers. Qu'on calcule les bénéfices nets d'une grande entreprise occupant plusieurs milliers d'ouvriers et qu'on les répartisse par la pensée entre tous les ouvriers, et l'on verra si chaque part en sera beaucoup amélioré. Quoi qu'il en soit, la difficulté fondamentale de la création d'une ass. ouvrière, c'est la constitution du capital qui doit faire vivre l'entreprise. Peut-être une ass. d'un petit nombre d'ouvriers capables dans un métier spécial trouverait-elle des commanditaires; mais l'*ass.* ouvrière pratiquée sur une grande échelle ne deviendra possible que quand les ouvriers posséderont eux-mêmes de petits capitaux constitués par l'épargne, qu'ils associeront comme ils associeront leur travail. Tel serait en effet l'idéal de l'industrie : la propriété, et par conséquent les bénéfices de l'entreprise partagés entre tous ceux qui y contribuent. Alors chacun s'intéressant au succès accomplirait sa tâche avec plus de zèle et plus d'ardeur. Malheureusement, nous sommes loin de cet idéal. Cependant le seul système qui paraisse réellement pratique, celui qui a été appliqué par quelques industriels de cœur et de mérite, et dont ils ont retiré d'excellents résultats, c'est celui de la *participation aux bénéfices*, qui peut être pratiqué sous différentes formes. Voy. Participation. Quant aux associations ouvrières proprement dites, il s'en est établi plusieurs entre ouvriers qui avaient, à force de privations, économisé le capital nécessaire. Nous n'en connaissons qu'une qui ait véritablement prospéré, c'est la *Société des lunetiers*; mais au bout de peu de temps les associés, voulant augmenter l'importance de leurs affaires, ont pris des ouvriers salariés, et sont devenus des patrons comme les autres patrons. Voy. Coopération, Participation, Prolétaire, Salariat, Socialisme, Société.

Législ. — Aux termes de la loi, aucune ass. religieuse, littéraire, politique ou autre ne peut se former sans l'autorisation du gouvernement, si elle est composée de plus de vingt personnes. Dans ce nombre ne sont pas comprises celles qui habitent la maison dans laquelle on se réunit (C. pénal. art. 291 ; L. 10 avril 1834). Toute ass. qui se sera formée sans autorisation, ou qui, après l'avoir obtenue, aura enfreint les conditions à elle imposées, sera réputée illicite et pourra être dissoute (art. 292, C. pénal). L'autorisation donnée par le gouvernement est toujours révocable (L. 10 avr. 1834, art. 1). Ces dispositions sont applicables, lors même que l'ass. est subdivisée en groupes ou en sections de moins de vingt personnes, et qu'elles ne se réunissent pas tous les jours ou à des jours marqués (L. 10 avr. 1834, art. 1). Les individus qui se réunissent sans l'autorisation exigée ou ne se conforment pas aux conditions imposées pour l'autorité, sont passibles d'une amende de 50 à 1.000 fr., et d'un emprisonnement de deux mois à une année. En cas de récidive, les peines peuvent être doublées ; le condamné peut en outre être frappé de l'interdiction de séjour, pendant un temps égal au double du maximum de la peine. Le bénéfice des circonstances atténuantes peut, dans tous les cas, être appliqué au condamné (L. 10 avr. 1834, art. 2; C. pénal, art. 463). Enfin, la loi considère comme complices, et punit comme tels les individus qui ont prêté ou loué sciemment leur maison ou leur appartement pour une ou plusieurs réunions d'une ass. non autorisée (même loi, art. 3). Lors même que l'ass. a été autorisée, la personne qui prête sa maison ou son appartement pour les réunions de cette ass., sans la permission de l'autorité municipale, est passible d'une amende de 16 à 200 fr. (C. pénal, art. 294). C'est au préfet de police dans le département de la Seine, au préfet dans les autres départements, qu'il appartient d'accorder ou de refuser l'autorisation aux associations.

Pour la législation des associations de commerce, voy. Société.

Parmi les associations utiles fondées en France, nous citerons les suivantes : *Ass. polytechnique*, fondée en 1830 pour l'enseignement populaire; *Ass. philotechnique*, fondée en 1848 dans le même but; *Ass. française pour l'avancement des sciences*, fondée en 1872 pour favoriser le progrès et la diffusion des sciences, et qui a absorbé en 1876 l'ass. scientifique fondée dans le même but en 1864 par Leverrier. Voy. Sociétés.

Philos. — *Association des idées*. — L'ass. des idées est un acte psychologique en vertu duquel une idée en appelle une autre dans notre esprit, et celle-ci une autre, jusqu'à ce que la chaîne soit rompue par une circonstance extérieure. En voici un exemple :

« *Je n'ai jamais vu voler le papillon Thaïs sans revoir le lac Némi; je n'ai jamais regardé certaines mousses de mon herbier sans me retrouver sous l'ombre épaisse des yeuses de Frascati. Une petite pierre me fait revoir toute la montagne dont je l'ai rapportée, et la revoir avec ses moindres détails, de haut en bas. L'odeur du licoronville fait apparaître devant moi un terrible paysage d'Espagne dont je ne suis ni le nom ni l'emplacement, mais où j'ai passé avec ma mère à l'âge de quatre ans.* » (G. Sand, *A propos des Charmettes*.)

« L'association des idées proprement dite est un phénomène en quelque sorte tout mécanique, tout extérieur, qui ne ressemble en rien à cet autre ordre d'association rationnel et raisonnable que la logique et la rhétorique enseignent et exigent, et que l'on appelle *liaison des idées*. Les deux faits, au contraire, s'opposent l'un à l'autre. La liaison des idées appartient à l'entendement, l'association des idées à l'imagination. L'une est le caractère propre de la faculté de penser, l'autre n'est que la faculté de sentir. L'animal associe ses idées comme nous; l'homme seul est capable de les lier. » (Paul Janet. *Philosophie*.)

Cette distinction si nettement établie par la philosophie moderne entre l'*ass.* et la *liaison* des idées correspond à l'ancienne distinction entre l'*ass. volontaire* et *involontaire*. Pour la faire mieux comprendre quelques développements ne seront pas inutiles.

La première question qui se présente est de savoir par quels rapports les idées s'entraînent et s'appellent les unes les autres. Aristote est le premier qui ait abordé cette question dans son traité *De la Mémoire et de la Réminiscence*. Il ramène à trois les rapports entre les idées associables : la *ressemblance*, le *contraste* et la *contiguïté*. Cette énumération est absolument complète, et la philosophie moderne n'y a rien ajouté, si toutefois on fait rentrer dans le rapport de contiguïté les rapports de *cause à effet* et de *signe à chose spécifiée*, ce qui est parfaitement légitime. Le mot *contiguïté* signifie en effet le rapport entre deux idées qui sont rapprochées dans le temps ou l'espace. L'idée d'un objet appellera celle des objets qu'on a mis dans le voisinage du premier; l'idée d'un événement appellera celle des événements contemporains. Plus généralement une idée quelconque appellera celles qui lui auront déjà été associées dans l'esprit. Dans le rapport de cause à effet, quelle que soit la distance dans le temps ou l'espace entre les deux termes, l'esprit supprime par abstraction les intermédiaires, et les deux idées deviennent contiguës; dans le rapport de signe à chose spécifiée, qui est la condition essentielle du langage, il s'agit d'une ass. d'idées déjà faite, et les deux idées sont contiguës par le souvenir et l'habitude qu'on a de les avoir déjà associées plusieurs fois. C'est ainsi que du seul mot *arbre*, par exemple, ou l'aspect des lettres qui constituent ce mot éveille invariablement, par souvenir et par habitude, l'être végétal désigné par ce mot. On peut même réduire à deux les termes de la classification d'Aristote, car il est évident que les rapports de *ressemblance* et de *contraste* appartiennent à une même classe dont ils sont les espèces contraires. Il est facile de comprendre le rôle important que joue la mémoire et l'habitude dans le phénomène de l'*ass.* des idées. Il est évident que la simple *ass.* ne peut éveiller dans l'esprit que des idées qu'il a déjà eues, par l'observation des phénomènes ou la réflexion. Sans insister sur la grave question de l'origine des idées, il est certain que chaque sensation nouvelle apporte une idée nouvelle à l'esprit, et que la grande majorité, sinon la totalité de nos idées, vient des sens. Si même il existe des idées qui ne viennent pas des sens, ce que nous ne voulons pas discuter ici (Voy. Idée), il est non moins certain que les idées de ce genre ne s'éveillent dans l'esprit qu'à propos de certaines sensations. L'ass. des idées n'a donc d'autre effet que de relier en une sorte de série linéaire une suite d'idées puisées dans une sorte de fonds intellectuel plus ou moins riche suivant la valeur intellectuelle de chacun. La simple *ass.* des idées est incapable de créer des idées nouvelles. L'opération par laquelle l'esprit s'élève des idées particulières aux idées générales dont elle distinguée de l'ass. des idées; c'est un des effets particuliers de l'*activité* de l'âme qui a reçu le nom d'*abstraction* (Voy. ce mot), tandis que dans l'ass. des idées proprement dite l'âme ne joue qu'un rôle entièrement passif, comme celui d'un spectateur qui verrait se dérouler devant lui une longue toile sur laquelle serait peinte toute une série de tableaux. Cependant, les idées abstraites ou générales une fois conçues par l'esprit peuvent entrer à leur tour dans la chaîne de l'ass. C'est ainsi que l'aspect d'un chêne ou d'un orme éveillera successivement dans l'esprit, par un rapport qui tient à la fois de la ressemblance et de la contiguïté, les idées d'arbre, de végétal, d'être organisé, d'évolution, de monde et de Dieu, à condition toutefois que ces idées aient été primitivement conçues. C'est faute de cette distinction entre l'ass. des idées et l'*abstraction* que les doctrines de l'*associationisme* (Voy. ce mot) ont fini par aboutir à l'idéalisme absolu ou au pyrrhonisme le plus complet.

Une autre question intéressante est celle de l'origine et de la fin de la chaîne. Cette origine et cette fin sont *toujours des sensations.* Le plus souvent c'est une sensation inattendue qui nous apporte la première idée de la série, et c'est une sensation nouvelle qui vient la rompre pour ouvrir une nouvelle série. Alors même que l'ass. est volontaire, c'est une sensation qui amène à l'esprit la première idée de l'objet sur lequel il *veut* réfléchir ; par exemple le son d'une horloge éveillera par contiguïté l'idée d'heure et celle du travail à entreprendre. Le même phénomène se produit à la fin du travail.

La cause première de l'ass. des idées est tout à fait obscure. Elle tient à la nature même de notre esprit et ne paraît pas susceptible d'analyse. L'ass. des idées est un fait qu'il faut reconnaître et qui se rattache à l'impossibilité où nous sommes de nous appesantir, non pas longtemps, mais pendant un certain temps très court, sur une seule idée. Le philosophe, le savant qui, suivant l'expression habituelle, creuse une idée, cherche en réalité parmi toutes les idées qui s'associent à celle-ci celles qui lui seront utiles pour la solution du problème. Ce n'est pas une idée, mais une légion d'idées associées qui remplissent son entendement pendant ses méditations. Tout le monde a été frappé de la rapidité avec laquelle s'accomplit ce phénomène de l'ass. Mais toutes ces observations sont de simples faits qu'on enregistre et dont on chercherait en vain l'explication, au moins dans l'état de la science moderne.

Une autre question non moins obscure est celle de savoir pourquoi dans le nombre incalculable d'idées qui peuvent s'associer à une autre, c'est une en particulier, plutôt qu'une autre, qui se présente à l'association. C'est là que s'établit naturellement la distinction entre l'*ass.* et la *liaison* des idées, ou entre l'*ass. volontaire* et *involontaire*. Ordinairement, quand l'esprit est dans un état de tranquillité qui n'éveille pas l'attention, il accueille sans choix les idées que lui amène l'*ass. spontanée des idées,* sans que rien paraisse déterminer pourquoi telle idée en appelle une plutôt qu'une autre. Si l'homme est solitaire, cet état de l'esprit constitue la rêverie : les idées viennent et se succèdent, on ne sait pourquoi. Dans d'autres cas, une idée s'impose par l'importance que nous lui attachons, les idées qui s'y associent forment un cercle fermé qui nous ramène incessamment l'idée primitive, que nous voudrions pourtant chasser : c'est l'état d'*idée fixe* ou de *préoccupation,* état toujours pénible. Si l'homme est entouré de ses semblables, et converse avec eux, les ass. d'idées qui se produisent dans l'esprit de chacun éveillent de nouvelles idées chez les autres. Les rapports plus ou moins heureux, plus ou moins inattendus entre ces diverses idées, constituent le charme de la conversation. Enfin dans l'état d'*attention* ou de *réflexion,* la volonté entre en cause et parmi toutes les idées qu'une idée précédente amène, elle choisit celle sur laquelle elle veut s'appesantir et qui lui paraît la plus propre à l'objet qu'elle a en vue, et écarte toutes les autres. La chaîne des idées ainsi liées se présente alors avec un caractère rationnel et une intention finale qui se révèlent surtout dans le choix des rapports que l'on formera pour ainsi dire les maillons. Le géomètre, le philosophe choisiront le rapport de cause à effet ; le poète le rapport de ressemblance et de contraste ; celui qui veut amuser ses semblables cherchera les rapports de contiguïté les plus inattendus et les plus bizarres pour faire naître le rire chez ses auditeurs, etc. Dans la science, c'est la liaison des idées bien conduite qui mène aux grandes découvertes. Dans la littérature, c'est encore elle qui facilite l'œuvre de l'imagination et qui contribue en grande partie au charme du style par la nature des rapports qui relient les idées exprimées. En dehors des œuvres drolatiques, où l'on recherche l'inattendu et le bizarre, les bons écrivains enchaînent leurs idées par des rapports si naturels que le lecteur finit par s'imaginer qu'il n'aurait pu écrire autrement s'il avait eu les mêmes choses à dire. Toutes les fois que les idées intermédiaires sont omises, ou que les rapports sont éloignés et peu naturels, le style paraît heurté et fatigant.

ASSOCIATIONISME. s. m. T. Philos. Doctrine qui ne voit dans tous les phénomènes psychologiques que de simples associations d'idées.

Philos. — L'ass. a été professé pour la première fois par Hume. Ce qui est caractéristique dans cette doctrine, c'est l'explication du jugement, de la croyance, par l'association des idées. Pour Hume, entre l'idée qu'on a d'un être réel ou imaginaire, et la conviction de son existence, il n'y a qu'une différence d'intensité, d'énergie dans la conception de l'idée. Les idées que l'on croit se rapporter à des objets réels sont plus fortes que les autres, et il n'y a pas de différence essentielle entre l'idée et le jugement. La volonté elle-même n'est

qu'une idée, et la notion de l'identité du moi provient simplement de la mémoire qui rappelle les perceptions passées et les unit dans l'idée d'une existence commune. Ainsi, dans cette théorie philosophique, il n'y a plus rien dans l'univers que l'*idée,* qui est l'image des perceptions ou impressions antérieures.

C'est l'idéntisme le plus absolu. Il résulte aussi de ce système que la croyance à la réalité du monde extérieur, c.-à-d. à des objets qui ont une existence propre indépendante de la perception, ne provient que de l'imagination qui rattache à un objet unique d'existence continue une série discontinue d'impressions semblables. C'est une sorte de confusion entre la ressemblance et l'identité. Ainsi, l'ass. aboutit au scepticisme le plus absolu : il nie l'existence du monde extérieur, il nie l'existence du moi en considérant les différents états de conscience comme des faits isolés : *toutes nos perceptions distinctes sont des existences distinctes,* a dit Hume. En définitive, l'ass. est impuissant à rendre compte de la notion d'identité du moi ; son erreur fondamentale est dans le point de départ, dans la confusion des faits psychiques, de l'idée, avec la croyance et la volonté. Les doctrines de Hume ont été développées au XVIII⁰ siècle par Hartley et James Mill.

Au XIX⁰ siècle, l'ass. se présente comme une doctrine plus large que celle de Hume ; mais, en revanche, il y perd sa rigueur logique. Stuart Mill distingue la croyance de l'idée, admet la substantialité de l'esprit et réduit le monde extérieur à de simples possibilités de sensations, ce qui le supprime en réalité. Il explique la formation des concepts par la seule vertu de l'association des idées, nie toute innéité mentale et n'admet dans l'esprit que des habitudes acquises. Alexandre Bain se rapproche de Stuart Mill. Herbert Spencer s'en sépare complètement. Il donne aux phénomènes de l'esprit et du monde extérieur un support commun, force mystérieuse, inconnaissable, analogue à la *substance* de Spinoza. Il croit que toutes les idées dérivent des sens et de l'association ; mais à l'expérience de l'individu il ajoute celle des ancêtres transmise par l'hérédité. Il admet donc des *idées innées héréditaires.* L'erreur commune à toutes les formes de l'ass. consiste dans la fausse analyse du phénomène de l'ass. des idées. Au lieu de n'y voir, comme le montre l'observation bien faite, qu'une suite linéaire d'idées déjà conçues, les partisans de l'ass. croient que les idées simples peuvent se réunir, s'*associer,* en une seule idée générale. Ils arrivent ainsi à nier l'activité spéciale de l'esprit qui constitue l'abstraction, à méconnaître la nature de cette faculté précieuse, et à se méprendre entièrement sur le mode de formation des idées générales qui sont la base de toute science, de toute classification et de tout raisonnement, et qui loin de se former par des groupements d'idées particulières, proviennent au contraire de l'analyse et de la division des idées qui naissent directement de nos sensations. Aussi, toutes ces doctrines ont ceci de commun qu'elles détruisent l'activité de la pensée et dissolvent l'identité et la persistance du moi. Voy. ABSTRACTION, ASSOCIATION, IDÉE. — Consulter aussi la *Psychologie de l'Association,* par Louis Ferré. Paris 1883, in-8⁰.

ASSOCIEMENT. s. m. (de *associer*). État de ce qui est associé.

ASSOCIER. v. a. (lat. *socius,* compagnon). Prendre quelqu'un pour collègue, pour compagnon dans une dignité, dans un emploi, dans une entreprise, etc. *L'an 11 de notre ère, Auguste associa Tibère à l'empire. Ass. quelqu'un à une entreprise. Il l'a associé à son commerce. L'académie ne pouvait manquer de s'ass. un écrivain aussi distingué.* || Fig. *Ass. quelqu'un à son crime, à ses dangers, à sa gloire. L'y faire participer.* || Fig., Unir, joindre. *C'est l'intérêt qui associe ces deux individus. Il associe avec facilité ses idées. Ass. l'agréable à l'utile.* == s'ASSOCIER. v. pron. *Nous nous sommes associés pour cette entreprise. Ces deux expressions ne peuvent s'ass. Ass. aux vues, aux sentiments, aux périls, aux plaisirs de quelqu'un. Je ne suis associé avec un ingénieur habile.* || Hanter, fréquenter. *Il ne faut pas qu'un jeune homme s'associe avec toute espèce de gens.* == ASSOCIÉ, ÉE. s'emploie subst. *C'est mon ass. Les bénéfices se partagent entre tous les associés. Cette marchande a deux associées.* — Dans quelques académies, on donne le nom d'*Associés* ou de *Membres associés,* à certains membres qui participent aux travaux du corps sans jouir des mêmes avantages que les *Membres titulaires.*

ASSOGUE. s. f. (espag. *azoca,* mercure). On donnait ce nom à certains galions d'Espagne destinés à porter au Mexique le mercure dont on se sert dans le traitement des minerais d'argent.

ASSOLEMENT. s. m. (R, *sole*). T. Agric. Le mot *Sole* (dérivé du latin *solum*, le sol) est employé dans le langage de l'agriculture pour désigner la partie des terres d'une exploitation occupée par telle ou telle culture à un moment donné, et destinée à recevoir, pendant un nombre déterminé d'années, des cultures de végétaux différents qui se succèdent périodiquement. Ainsi, en parlant de la distribution de ses champs, le fermier dit : une *sole de froment ;* une *sole d'avoine ;* une *sole de colza.* Diviser une terre en soles, cela s'appelle *Assoler ;* changer l'ordre dans lequel se succèdent les cultures, se nomme *Dessoler.* Enfin, on nomme *Assolement* la distribution en *soles* des terres dont se compose une exploitation rurale. Ce terme se trouve employé pour la première fois en France dans un *Mémoire* de Costa, publié en 1774.

L'antiquité possédait sur les assolements des notions puisées seulement dans l'observation empirique. Varron, Caton et Columelle disent formellement (ne faisant en cela que reproduire les idées émises par les Géoponiques grecs) qu'il ne faut pas semer du blé deux ans de suite dans la même terre, à moins qu'elle ne soit très fertile ; et qu'en général, il est bon de varier périodiquement les récoltes, si l'on veut qu'elles soient constamment abondantes. C'est tout ce qu'ils en savaient, et aucun agronome grec ou romain n'a laissé entrevoir qu'il eût une idée même incomplète de ce que nous nommons la théorie des assolements. Durant la longue période du moyen âge, les travaux des champs étaient échus en partage aux classes les plus déshéritées et les moins éclairées de la nation. En France, bien que la profession de cultivateur fût au rang de celles que les nobles pouvaient exercer sans déroger, peu d'hommes instruits s'occupaient d'agriculture ; la routine régnait sans partage sur cette première de toutes les industries. Quoique le pays fût alors bien moins peuplé qu'il ne l'est actuellement, la terre mal cultivée produisait peu, et les famines étaient presque périodiques. Il est constaté que pendant le XVIIe et le XVIIIe siècle l'étendue des terres consacrées à la culture des céréales était plus considérable qu'elle ne l'est aujourd'hui ; et malgré cela les récoltes obtenues étaient d'un tiers moins abondantes. Cependant, à l'époque de la Renaissance, des hommes intelligents avaient commencé à étudier l'agriculture et à écrire sur cette science si intéressante pour les peuples. Vers le milieu du XVIe siècle, on alternait déjà les récoltes avec une certaine intelligence, ainsi que le témoigne le livre célèbre du sire de Pradelles, Olivier de Serres, sur le *Mesnage des champs,* dont la première édition fut publiée sous le règne de Charles IX. On sait combien Sully protégea notre agriculture, qui cicatrisa presque à elle seule les plaies de la France après les longs troubles civils et religieux des règnes des derniers Valois.

La pratique des assolements était restée longtemps à peu près stationnaire en Europe, lorsque, vers le milieu du siècle dernier, deux illustres agronomes anglais, Jethro Tull, regardé comme le restaurateur de l'agriculture britannique, et John Sinclair, dont les écrits justement célèbres furent traduits dans toutes les langues de l'Europe, appelèrent l'attention du monde agricole sur l'importance des assolements. Ils affirmèrent la nécessité d'accorder plus de place aux cultures de plantes fourragères et propagèrent cette doctrine : que la somme des produits de la terre en céréales doit être augmentée, non par le retour trop fréquent de récoltes médiocres, mais par la périodicité plus éloignée de récoltes très abondantes, obtenues d'un sol parfaitement préparé pour ce genre de production.

En France, depuis le commencement de ce siècle, la marche du progrès en agriculture peut se diviser en trois étapes.

La première se distingue par la tendance à supprimer la jachère, dont la part dans l'exploitation du sol était alors considérable. — La seconde est caractérisée par la substitution des assolements alternes au *régime triennal* ou *quadriennal.* La terre est alors successivement occupée par des plantes de natures différentes, pour ne pas la tenir improductive. — La troisième, la plus féconde en résultats, est inaugurée par l'emploi des engrais chimiques. Voy. ENGRAIS. Elle a pour conséquence la suppression complète de la jachère, la liberté culturale par la disparition des dernières entraves, la nécessité de l'ass.

Le régime triennal ou quadriennal, dont nous allons nous occuper un instant, parce qu'il vit encore dans quelques cantons attardés, était lui-même, quand il apparut, une innovation importante. Il faisait de la terre deux parts. L'une, qu'on maintenait en prairies, quand même, à tort ou à raison, sans con-

sulter les aptitudes du sol ; l'autre, qu'on distribuait en trois ou quatre soles destinées successivement à la production des diverses céréales ; mais avec cette circonstance aggravante que la terre restait en jachère, c.-à-d. improductive, pendant une année, tous les deux ou trois ans.

Le progrès que ce système introduisait avait une limite assez restreinte. Appliqué pendant un grand nombre d'années, dans les conditions les plus heureuses de culture, il arrivait un moment où la récolte s'arrêtait à 12 ou 15 hectolitres de froment et le rendement à 2,000 ou 2,400 kil. de paille par hectare.

Le jour vint où ce régime ne répondit plus aux besoins de la population. Il dut disparaître ou se modifier.

Cette transformation a commencé il y a soixante-dix ans. C'est la période de Mathieu de Dombasle et de Boussingault. Elle a pour base les assolements alternes. La jachère est prohibée. On la remplace par la culture du colza, du trèfle, de la pomme de terre, de la betterave, de la carotte et autres plantes sarclées, qui permettent l'entretien d'un nombreux bétail. Avec ce système, le froment atteint 20 hect. à grand'peine à l'hectare, et la paille a sauté de 2,400 à 3,400 kil.

Mais ce rendement de 18 à 20 hectolitres devient lui-même un maximum qui ne peut être dépassé. De sorte que, pour aller au delà, il est nécessaire de recourir à d'autres auxiliaires.

Expliquons que cette limite est infranchissable parce que l'emploi du fumier a ses limites de fertilité et que ses *défauts* et son *insuffisance* ne lui permettent pas de répondre aux exigences d'une culture intensive.

Ainsi l'agriculture qui n'opère que par le fumier, a dit son dernier mot. Obligée de lutter contre l'importation des blés étrangers et l'augmentation des frais de main-d'œuvre, elle ne peut améliorer économiquement, à bref délai, les terres de qualité médiocre. Elle a cessé d'être une industrie suffisamment rémunératrice.

Ces vérités sont appuyées par la grande et la petite culture. Le capital représenté par la valeur de la terre et le fonds de roulement, espèces et travail, ne rapporte pas 3 p. 100. C'est Boussingault qui l'affirme, et Mathieu de Dombasle en a fait la triste expérience. Son exploitation agricole ne constituait en perte et il ne la soutenait qu'à l'aide de sa fabrication d'instruments aratoires.

Personne, nous le supposons, pratiquant les mêmes doctrines et usant des mêmes moyens, n'aura la prétention de mieux faire que ces habiles agronomes. Donc, l'agriculture la mieux entendue, n'ayant à sa disposition que les éléments anciens et leur action impuissante, restera besoigneuse, grattant quelques rares économies à force de privations. Voilà son avenir et son espoir. Elle est incapable d'un effort vigoureux, parce que les capitaux hésitent à se diriger vers elle. Remarquons, d'ailleurs, qu'elle ne peut user, comme les autres industries, ni du crédit ni de l'emprunt. Le crédit, en effet, est un expédient onéreux au bout duquel il faut payer ; l'emprunt est une opération financière ayant pour but un surcroît de bénéfice à réaliser, et pour résultat la ruine, si le but n'est pas atteint.

La production manufacturière, mieux inspirée, a su trouver dans un outillage nouveau, dans l'emploi des produits chimiques et dans l'application des forces motrices par la vapeur, les éléments d'une prospérité inespérée. Pourquoi les fabricants de froment et de viande repousseraient-ils obstinément les riches présents que leur offrent les découvertes modernes ?

Voyons comment les Anglais, que passent pour avisés, ont résolu le problème. Où leur culture si prospère a-t-elle trouvé sa supériorité ? Un seul exemple va nous l'apprendre.

Sir O. Scott doit à l'agriculture une fortune considérable. Il a choisi, à cause des aptitudes du sol, comme moyen d'exploitation d'un domaine de 300 hectares environ, la production de la viande. Il engraisse 250 bœufs, 4,000 moutons, entretient 30 vaches laitières et une nombreuse porcherie. Chaque année, il achète pour 50,000 francs de farineux et de tourteaux, substances dont l'introduction équivaut à une importation d'engrais. Et ce qui va étonner un grand nombre de nos cultivateurs, malgré la masse énorme de fumiers et de déjections produite par une telle fabrique de viande, il achète encore pour 30,000 francs d'engrais minéraux. — Pourquoi ? — *Parce que* les produits exportés de la ferme : os, viande, œufs, lait, fromage, ont appauvri l'exploitation d'*engrais spéciaux,* dont le fumier reste dépourvu. De sorte que le fumier employé seul comme auxiliaire serait un agent réparateur incomplet. Son excès nuirait plutôt à la végétation, en apportant un trouble pléthorique, par surabondance d'azote, dans la fonction vitale des plantes de culture. L'évidence de cette affirmation sera démontrée à l'art. *Engrais*.

Tout le travail, dans cette exploitation, se fait à la machine. C'est elle qui laboure, sème, fauche, récolte, fane, bat, coupe, hache, broie et transporte.

Ainsi, les succès de O. Scott, qui vus de près n'ont rien de mystérieux, sont dus tout entiers à l'emploi d'engrais naturels et artificiels, à la suppression, par conséquent, des entraves de l'ass., à l'usage des instruments perfectionnés, à la puissance d'un fonds de roulement considérable que le bénéfice peut rétribuer. Un détail typique. Nos voisins, gens que nous pourrions trouver quelquefois trop pratiques, ont été chercher des os jusque dans l'Inde, pour les besoins de leurs fermiers. Le Danemark seul leur a fourni de ce singulier approvisionnement pour plus d'un million par an, pendant longtemps. Ensuite, ils ont exploité tous les champs de bataille de l'Europe, exhumant à grands frais les vieux débris des phalanges guerrières mortes au champ d'honneur, ceux des nôtres et des leurs indifféremment. Et, triste fin des gloires d'ici-bas, ils ont broyé ces os; puis, confondant vainqueurs et vaincus dans une même poussière, ils ont converti cette poudre en *phosphate soluble* pour engraisser leurs champs.

Si notre piété pour les morts nous fait un devoir de repousser ce genre de spéculation, du moins prenons note que le procédé a fourni aux Anglais de splendides moissons. Puisons des phosphates à d'autres sources, nous n'en manquons pas; mais utilisons ces richesses.

Nos agriculteurs n'ont donc qu'un seul moyen d'élargir leur horizon borné, c'est d'imiter les procédés de sir O. Scott, en tenant compte, bien entendu, de l'élasticité des ressources budgétaires de chacun et de l'étendue de la ferme.

Nous ne voulons pas dire, cependant, que cette exploitation anglaise soit à imiter servilement, partout et toujours. Il faut s'orienter selon les circonstances. Ce qu'il convient de retenir, c'est que la pratique qui résument ses prescriptions dans cette formule étroite : « Faites du fumier, quand même, à tout prix; hors le fumier, pas de salut! » a fait son temps, parce qu'elle soumettait au même régime les régions du Midi privées de fourrages et les vallées fraîches de la Normandie et de la Nièvre, où la prairie est la culture dominante et le mieux appropriée aux aptitudes de ces contrées.

La théorie des assolements, déjà vieillie, doit disparaître.

La doctrine nouvelle dit, au contraire : « Ce que vous ne devez pas perdre de vue, c'est de rendre à la terre n'importe comment, par le fumier ou les engrais chimiques, plus d'acide phosphorique, de potasse, de soude, de magnésie et de chaux, qu'elle n'en a donné, et la moitié de l'azote que vous lui avez pris. Si votre région est favorable à l'élève des animaux, faites du bétail. Le fumier rendra ce que vous avez emprunté à la terre, moins les sels minéraux contenus dans les plantes d'exportation et qu'il faut restituer par des engrais venus du dehors. »

S'agit-il de régions où la culture fourragère est impossible ou trop aléatoire ? — Elle dit alors : « Restreignez la production du fumier au strict nécessaire, pour assurer une bonne préparation du sol et la consommation des déchets de récolte dont vous ne pourriez tirer parti autrement. Vendez tout ce qui fait profit. Complétez vos fumures par l'importation d'engrais étrangers à l'exploitation. »

La loi, c'est de fumer à haute dose, par des apports de matières fertilisantes sagement combinées; au besoin, de circonscrire ses efforts sur un espace plus restreint.

Dans le passé, toute exploitation reposait sur deux conditions inflexibles : 1° un équilibre de convention entre la prairie et la céréale; 2° un ordre à peu près invariable dans la succession des récoltes.

La doctrine des engrais chimiques a brisé ces entraves. La culture affranchie de toute contrainte peut spéculer à son aise sur l'élève du bétail, la production du blé, du sucre, de l'alcool, de la fécule, des matières textiles et tinctoriales, des graines oléagineuses, même sur la vente du fourrage et de la paille.

Le but, l'unique but, c'est le bénéfice.

Procédant par assolements libres, l'agriculture nouvelle, nous l'avons dit, ne se soumet à d'autre règle que de rendre à la terre les matières que les produits d'exportation ont enlevées. Elle connaît les matières par nombre et par poids et leur rôle fonctionnel dans chaque espèce de plante; elle sait où les prendre. La proposition est donc déplacée. Ce n'est plus une question agricole, mais une affaire d'argent; un compte de manufacturier à établir entre les matières premières d'importation et les produits d'exportation fabriqués; entre la dépense pour achats d'engrais et la recette provenant

de la récolte. Faire ceci ou cela : du blé, s'il est cher; de la viande, si elle est rare; ce qui se demandera ou se vendra bien, selon le flair ou l'habileté de chacun.

Il ne reste à l'agriculteur que les préoccupations suivantes :

Compter avec le climat et la composition du sol, c.-à-d. ne pas demander au domaine des plantes qu'il ne peut produire; recourir de temps en temps, selon les nécessités, à l'alternance des *plantes nettoyantes*; préparer convenablement la terre avant de lui confier le soin de produire une nouvelle récolte.

Dans la pratique, on appelle *plantes nettoyantes* celles qui, ayant besoin de nombreux binages, ou sarclages, comme la betterave, le maïs, débarrassent le sol des plantes nuisibles.

On désigne sous le nom de *plantes salissantes* celles qui, garnissant faiblement le sol, laissent aux herbes parasites des moissons toutes facilités de croître et de se propager.

Le blé est une plante salissante. A ce titre, il est difficile, dans beaucoup de terres fortes et légèrement humides, de le cultiver plusieurs années de suite, ou de le faire succéder à une récolte de même nature.

Si l'on utilisait de grandes quantités de fumier, cet engrais répandrait dans la terre des masses de graines nuisibles dont le développement serait favorisé par le blé. Pour éviter cet inconvénient, le fumier doit être répandu l'année précédente sur une récolte de plantes nettoyantes; le supplément de l'engrais nécessaire au froment est alors fourni en entier par les produits chimiques.

Enfin, si l'on faisait succéder le blé d'hiver à des récoltes tardives, le temps manquerait pour ameublir suffisamment la terre; un grand nombre de mottes la tiendraient soulevée; elle s'affaisserait pendant l'hiver; il en résulterait le déchaussement des jeunes plantes et leur dépérissement. Cet état se produit lorsque le blé succède aux betteraves, aux pommes de terre tardives, à la garance, etc. Il faut que le sol, bien pulvérisé, ait le temps de se tasser légèrement avant de recevoir la semence nouvelle.

Hors ces quelques minces restrictions qui sautent à l'entendement de chacun, les doctrines modernes laissent à l'agriculteur liberté pleine et entière de s'orienter comme il l'entendra, de manœuvrer selon ses aspirations et de fabriquer les produits commerciaux qui devront lui apporter les plus gros profits.

Les chiffres ont une éloquence brutale. Tandis que l'intelligence de Boussingault tirait à grand'peine 18 hectolitres de froment ou 26,000 kilogrammes de betteraves d'un hectare de terre, nos agronomes de l'heure présente, avec les nouvelles méthodes, font produire aisément à la même superficie du sol 45 hectolitres de froment, ou 50,000 kilogrammes de betteraves très sucrées. Voy. ENGRAIS, FUMIER, TERRE ARABLE, NUTRITION.

ASSOLER. v. a. (R. *sole*). T. Agric. Faire un assolement, diviser une terre par soles. == ASSOLÉ, ÉE. part.

ASSOMBRIR. v. a. (R. *sombre*). Rendre sombre. *Les nuages assombrissent le ciel.* — Fig., Rendre triste, soucieux. *Le chagrin ass. sa jeunesse.* == S'ASSOMBRIR. v. pron. *Le ciel s'est assombri tout à coup.* — Fig. *Son visage s'assombrit.* == ASSOMBRI, IE. part.

ASSOMBRISSEMENT. s. m. État de ce qui est assombri.

ASSOMMANT, ANTE. adj. Excessivement fatigant, ennuyeux, incommode. *Travail ass. Chaleur assommante. Sa conversation est assommante.*

ASSOMMEILLER (S'). v. pr. Commencer à sommeiller.

ASSOMMEMENT. s. m. Action d'assommer ou d'abattre un animal.

ASSOMMER. v. a. (R. *somme*). Tuer avec quelque chose de pesant. *Ass. un bœuf avec un maillet. Ass. à coups de bâton, à coups de pierre.* || Battre avec excès. *Ce maître assommait ses esclaves. On l'assomma de coups.* || Fig., Incommoder, importuner, accabler, ennuyer. *Cette chaleur m'assomme. Ce fat assomme tout le monde de ses compliments.* || *Viens au bal.* — *Tu sais bien que ce plaisir m'assomme* (C. DELAVIGNE). == S'ASSOMMER. v. pron. *Ces deux furieux s'assommaient de coups.* == ASSOMMÉ, ÉE. part.

ASSOMMEUR. s. m. Celui qui assomme. *On enrôla des assommeurs à gages.*

ASSOMMOIR. s. m. Sorte de piège disposé de manière à assommer certains animaux, tels que renards, blaireaux, etc. || Instrument pour assommer. Bâton garni à l'une de ses extrémités d'une balle de plomb. || Fig. et prov., on dit d'un événement accablant et inattendu, *C'est un coup d'ass.* || Établissement où l'on débite des boissons alcooliques. Pop.

ASSOMPTIF, IVE. adj. (lat. *assumptivus*, qu'on tire du dehors). T. Philos. Jugement *ass.*, proposition *ass.*; jugement, proposition auxiliaire. || T. Hérald. *Armes ass.*, Armes qu'on a le droit de porter après une action d'éclat.

ASSOMPTION. s. f. (lat. *assumere*, prendre, enlever). Élévation miraculeuse de la Vierge qui, d'après la tradition chrétienne, aurait été transportée par les anges au delà de la terre. — Jour auquel l'Église célèbre cette fête. || Tableau ou estampe qui représente l'ass. de la Vierge. *C'est une Ass. du Guide.* || T. Logiq. La seconde proposition d'un syllogisme, autrement appelée *la mineure. Cette ass. n'est pas exacte.* Vx.

ASSOMPTION, capitale du Paraguay, fondée en 1534. 48,000 habitants.

ASSONANCE. s. f. (R. *son*). T. Gram. Ressemblance imparfaite de son dans la terminaison des mots. *Superbe* et *perde*, *Drapeau* et *flot*, sont des assonances et ne peuvent constituer une rime. Il faut éviter avec soin les assonances non seulement dans la poésie, mais encore dans la prose, à la fin des membres des périodes, à moins que ce ne soit dans le but de frapper davantage : *Pour qui sont ces serpents qui sifflent sur vos têtes?* (RACINE). || Fig., Concordance, accord, *Il faut savoir saisir les assonances et les discordances de l'histoire.* (E. PELLETAN.)

ASSONANT, ANTE. adj. Qui produit une assonance. Ne se dit guère qu'au plur. *Mots assonants, syllabes assonantes.*

ASSORTIMENT. s. m. Convenance, harmonie de plusieurs choses qui ont entre elles quelque rapport. *L'ass. des couleurs est agréable. Il y a dans ce bouquet un bel ass. de fleurs.* || Assemblage complet de certaines choses ordinairement faites pour aller ensemble. *Un ass. de diamants, de bijoux. Ass. complet de couleurs à l'aquarelle.* || T. Comm. Partie de marchandises du même genre, mais de qualités et de prix différents. *Ce marchand a un bel ass. de soieries, de dentelles,* etc. | En Librairie, on appelle *Livres de fonds,* Ceux dont un libraire est éditeur ou propriétaire, par oppos. à *Livres d'ass.,* livres qu'il tire des autres libraires. On dit en ce sens, *Fonds d'ass.*

ASSORTIR. v. a. (lat. *sors, sortis,* sort, lot). Mettre ensemble deux ou plusieurs choses qui se conviennent. *Ass. des couleurs, des fleurs avec goût. Il faut ass. les nuances de votre ajustement. Ass. des chevaux.* || Fig., S'emploie en parlant des personnes. *Dans beaucoup de mariages, on s'occupe peu d'ass. les personnes. J'ai fait de mon mieux pour ass. mes convives.* = *Ass. un magasin, une boutique,* Les garnir de toutes les espèces de marchandises nécessaires au genre de commerce qu'on se propose d'y faire. *Allez chez ce marchand, il vous assortira,* il vous fournira ce dont vous avez besoin pour compléter votre assortiment. || T. Technol. Mélanger des minerais et des fondants pour faciliter la fusion. = s'ASSORTIR. v. pron. *Ces deux meubles ne s'assortissent pas ensemble.* || Fig., se dit de la convenance des caractères. *Leurs caractères, leurs humeurs ne s'assortissent pas. — ASSORTIR. v. n. Convenir. Ces deux couleurs n'assortissent pas bien ensemble. Il cherche un cheval qui puisse ass. à celui qu'il a.* = ASSORTI, IE. part. *Il faut des époux assortis. Marchand bien ass. Attelage ass.* || T. Juridique. Accompagné de, appuyé de.

ASSORTISSANT, ANTE. adj. Qui convient, qui assortit bien. *Choisissez une doublure assortissante à votre robe.*

ASSORTISSEUR. s. m. Marchand de petits coupons d'étoffes.

ASSORTISSOIR. s. m. (R. *assortir*). Crible qui sert au confiseur à marquer, par la grandeur et la forme des trous, la grandeur et la forme des dragées.

ASSORTISSOIRE. s. f. (R. *assortir*). Caisse qui renferme un assortiment de quoi que ce soit.

ASSOS, v. de l'ancienne Asie Mineure, en Mysie. Ruines remarquables, mises au jour en 1882 par M. Clarque.

ASSOTER. v. a. (R. *sot*). Rendre sottement amoureux. *Il s'est laissé ass. de cette fille.* Fam. = s'ASSOTER. v. pron. Devenir sottement amoureux. *Il s'est assoté d'une femme qui le ruinera.* Fam. = ASSOTÉ, ÉE. part.

ASSOUÂN, anc. Syène, v. de la Haute Égypte, sur la frontière de la Nubie, à 100 kilom. au sud-est du Caire; 4,000 hab.

Assouân (Syène, Souân, As-Souân) est célèbre dans l'histoire de l'astronomie. C'est à tort que les dictionnaires prétendent qu'elle ne marquait pas le tropique du Cancer, par la raison qu'elle en est éloignée de 70 kilomètres. Ce n'était pas une erreur des anciens : c'est le tropique qui a changé de place. Le fait vaut la peine d'être étudié.

Le soleil est au zénith et ne porte aucune ombre, à midi, le jour du solstice, pour tous les pays situés le long du cercle de latitude égale à l'obliquité de l'écliptique. Actuellement, l'obliquité de l'écliptique étant de 23° 27', tous les points situés de cette latitude soit au nord, soit au sud de l'équateur, ont le soleil vertical au solstice d'été ou au solstice d'hiver.

Ce fait d'observation très ancienne. Plutarque, dans son *Traité de la cessation des Oracles;* Strabon, dans sa Géographie (Livre XVI, chap. 4); Lucain (*Umbras usquam flectente Syene*) et d'autres auteurs signalent cette verticalité. Il était de tradition dans toute l'antiquité, que l'image du soleil se reflétait entièrement au fond d'un puits de Syène. La latitude de Syène est 24° 5' 23".

Aujourd'hui, le soleil n'arrive plus au zénith de Syène, et il n'y arrivait même plus au temps de Plutarque. Il est vrai que, pour que le soleil soit visible au fond d'un puits, il n'est pas nécessaire qu'il soit absolument vertical, si le puits est large et peu profond. Toutefois, à une certaine époque, le soleil est réellement passé juste au zénith de Syène. Voici quelques anciennes mesures de l'obliquité de l'écliptique :

1100 ans avant J.-C.	Tchou-Kong, à Loy'ang (Chine).		23° 54'
350	—	Pythéas, à Marseille. . .	23° 49'
250	—	Ératosthènes, à Alexandrie .	23° 46'
890 ans après J.-C.	Albategni, à Antioche. . .		23° 36'
1437	—	Ulugh-Beigh, à Samarkande .	23° 31'
1655	—	Cassini, à Bologne. . . .	23° 29'

Valeurs auxquelles nous pouvons ajouter les suivantes :

1750	Astronomes modernes	23° 28' 18"
1800	—	23° 27' 55"
1850	—	23° 27' 31"

Les limites de l'oscillation de l'obliquité de l'écliptique sont, d'après les travaux récents de Stockwell, de 24° 35' 38" à 21° 58' 36".

Le soleil a pu être visible dans les puits de Syène aux XXX°, XXIX° et XXVIII° siècles avant notre ère. Cette tradition indiquerait donc pour la ville de Syène une très haute antiquité.

Les anciens y faisaient passer l'un de leurs principaux parallèles et déterminèrent, d'après le méridien de cette ville, le premier degré de leur géographie. Ératosthène et Ptolémée se considérèrent comme absolument sur le tropique.

Nous avons eu la curiosité de nous rendre compte de la marche du soleil zénithal sur ce point célèbre de l'histoire de la géographie, depuis l'époque à laquelle le soleil a donné naissance à cette tradition mémorable, et nous avons tracé sur la carte ci-contre, le chemin parcouru en vertu de la diminution séculaire de l'obliquité de l'écliptique. On voit que le cercle tropical est graduellement descendu vers le sud. Le soleil, qui dardait ses rayons verticalement sur le parallèle de 24° 5', est actuellement vertical sur la latitude de 23° 27'. La différence est de 38', ou de 70 kilomètres.

Telle est la quantité géographique dont l'obliquité de l'écliptique a fait éloigner le soleil de nos régions depuis quatre mille huit cents ans environ. La variation actuelle est de 47" par siècle, ce qui correspond à 1,450 mètres.

Nous avons adopté pour la valeur de l'obliquité de l'écliptique le chiffre de 23° 28' 17",9 reconnu par Laplace et Bessel comme correspondant à l'année 1750 prise pour origine des calculs, et nous avons admis avec Stockwell la variation séculaire de 47″. Si l'on compare le calcul aux observations, on trouve que cette variation est un peu trop faible : car toutes les observations anciennes ont donné un chiffre supérieur à celui du calcul, et ni la nutation, ni la réfraction ne rendent

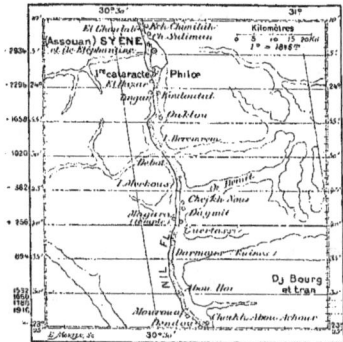

compte de ces différences, puisqu'en les réunissant on n'atteint pas 1″. Il est vrai que le disque solaire mesure 32′ et que la hauteur vraie est celle du centre. Quoi qu'il en soit, 50″ de variation séculaire conviendraient mieux pour les anciennes observations.

Bibl. — FLAMMARION. L'Astronomie, revue mensuelle, sept. 1887.

ASSOUCHEMENT. s. m. T. Archit. On nomme ainsi dans un fronton les pierres qui forment la base du triangle.

ASSOUCY (D'), poète burlesque (1604-79).

ASSOUPIR. v. a. (lat. sopor, sommeil). Déterminer cet état d'engourdissement qui précède le sommeil. Les fumées du vin l'assoupissent. La lecture d'un livre ennuyeux assoupit le lecteur. — Les narcotiques assoupissent la douleur, La diminuent, la suspendent. ‖ Fig., Empêcher l'éclat, le progrès, les suites de quelque chose de fâcheux. Il faut tâcher d'ass. cette fâcheuse affaire. Ass. la sédition. = s'ASSOUPIR. v. pron. S'endormir. Il s'assoupit d'ordinaire après le repas. — Fig., Se calmer, s'affaiblir. Avec le temps les haines s'assoupissent. Ses douleurs se sont assoupies. = ASSOUPI, IE. part.

ASSOUPISSANT, ANTE. adj. Qui assoupit. Se dit au propre et au fig.

ASSOUPISSEMENT. s. m. État d'une personne assoupie. Il était dans un profond ass. ‖ Fig., Nonchalance, négligence extrême pour ses devoirs, pour ses intérêts. Il est tombé dans un honteux ass. Il ne songe point à ses intérêts, il est là-dessus dans un ass. étrange.

ASSOUPLIR. v. a. (R. souple). Rendre souple. Ass. une étoffe, un ressort. ‖ Fig., Ass. un caractère altier. Ass. une langue grossière. ‖ T. Man. Ass. un cheval, Le façonner, le préparer aux différents airs. = s'ASSOUPLIR. v. pron. Devenir souple. S'emploie au prop. et au fig. = ASSOUPLI, IE. part.

ASSOUPLISSAGE. s. m. T. Métier. Opération qui consiste à faire passer les fils de soie dans un bain d'eau bouillante jusqu'à ce qu'ils deviennent spongieux.

ASSOURDIR. v. a. (R. sourd). Causer une surdité passagère. Le bruit du canon l'avait assourdi. — Par exag., Il crie à nous ass. ‖ Se dit d'un grand bruit qui ne permet pas de discerner d'autres sons. Ce vacarme m'assourdit tellement que je ne puis entendre ce que vous me dites. ‖ T. Peint. Diminuer l'éclat d'un ton, affaiblir la lumière. = ASSOURDI, IE. part. Dont on a étouffé le son.

ASSOURDISSANT, ANTE. adj. Qui assourdit. Se dit au prop. et au fig. Un bruit ass. Ces cloches sont assourdissantes. Le ramage de ces oiseaux est ass.

ASSOURDISSEMENT. s. m. (R. assourdir). État de ceux qui sont assourdis. Action d'assourdir.

ASSOUVIR. v. a. (lat. adsopire, assoupir, apaiser). Rassasier pleinement. Il ne peut ass. sa faim. On ne peut ass. cet enfant. ‖ S'emploie au fig. en parlant de certaines passions. Ass. sa haine, sa vengeance, sa cruauté, sa fureur, sa rage. Les plus grands trésors ne sauraient ass. son avarice. — Se prend quelquefois en bonne part. Il a un désir de gloire qu'il ne peut ass. = s'ASSOUVIR. v. pron. Se rassasier, au prop. et au fig. Cette bête féroce ne peut s'ass. Son ambition ne s'assouvira jamais. — S'ass. de sang, de carnage, Tuer, égorger jusqu'à ce que la fureur soit apaisée. = ASSOUVI, IE. part.

ASSOUVISSEMENT. s. m. Action d'assouvir, état de ce qui est assouvi. Rien ne suffit à l'ass. de sa faim. — Fig., L'ass. des désirs, des passions.

ASSUJETTIR ou **ASSUJÉTIR.** v. a. (R. sujet). Ranger sous sa domination. Ass. un peuple, une province. — Fig., Ass. ses passions. Sa bonté lui assujettit tous les cœurs ‖ Astreindre, obliger. Les règles de l'art assujettissent l'ouvrier. Les devoirs de sa charge l'assujettissent beaucoup. ‖ Arrêter une chose de telle sorte qu'elle soit solidement fixée et sans mouvement. Ass. un mât, ass. une pièce de bois. ‖ T. Art vét. Lier et contenir un animal afin de pouvoir pratiquer sur lui une opération ou faire un pansement. = s'ASSUJETTIR. v. pron. S'astreindre, se soumettre. S'ass. à la règle, aux usages, à la mode. S'ass. aux fantaisies, aux caprices de quelqu'un. = ASSUJETTI, IE. part. Cette table est mal assujettie. ‖ Être assujetti, fort assujetti, Être astreint par les devoirs de sa place à une assiduité de tous les instants. = Syn. Voy. ASSERVIR.

Obs. gram. — L'orthographe assujétir, qui est plus conforme à l'étymologie et qu'on ne saurait blâmer, est cependant condamnée par l'Académie et à peu près abandonnée.

ASSUJETTISSANT, ANTE ou **ASSUJÉTISSANT, ANTE.** adj. Qui astreint, qui exige une assiduité constante. C'est un métier ass., une place assujettissante.

ASSUJETTISSEMENT ou **ASSUJÉTISSEMENT.** s. m. État de ce qui est assujetti, L'ass. d'un pays. ‖ État de contrainte habituelle. C'est un grand ass. Il ne peut souffrir cet ass. — L'ass. aux modes, à l'étiquette, aux usages, etc. La nécessité de s'y conformer. Les assujettissements de la grandeur, de la cour.

Syn. — Sujétion. — Il y a toujours de la contrainte dans l'assujettissement ; la sujétion peut être volontaire. Le premier de ces termes marque le désir de se soustraire à la force, au joug qui pèse sur nous ; dans le second, on ne trouve que l'idée de soumission. L'ass. provient d'une puissance qui s'impose et maintient sa volonté. Le plus souvent la sujétion naît de l'habitude, des besoins, des convenances.

ASSUMER. v. a. (lat. ad, pour 'soi'; sumere, prendre). Ne s'emploie qu'au fig. et dans cette locut. : Ass. la responsabilité d'une chose, ou Ass. sur soi la responsabilité, etc., Prendre sur soi la responsabilité, etc. = ASSUMÉ, ÉE, part.

ASSUR, fils de Sem, fondateur de Ninive, d'après la légende.

ASSURABLE. adj. Qui peut être assuré.

ASSURANCE. s. f. (R. sûr). Certitude. On ne peut plus douter de cette nouvelle, on en a une entière ass. J'ai l'ass. d'obtenir cette place. ‖ Confiance. Vous pouvez prendre cette étoffe en toute ass. — Il n'y a point d'ass., il n'y a nulle ass. à prendre en lui, On ne peut se fier à lui. ‖ Promesses, protestations par lesquelles on s'efforce d'inspirer à une personne de la confiance, de l'espoir. Ce ne sont pas là de vaines assurances, des assurances en l'air. Il m'a donné mille assurances de son attachement, de sa fidélité, de son dévouement. ‖ Aplomb, hardiesse. Il ne craint rien, il parle avec ass. Cet orateur n'a pas encore assez d'ass. Une noble ass. ‖ Sûreté. Je l'ai mis en lieu d'ass. C'est ce qui fait l'ass. du pays. ‖ Obligation, gage, nantissement, sûreté qu'on donne à quelqu'un avec qui l'on traite. *Je vous donnerai une bonne ass. C'est un homme dont il est prudent d'exiger des assurances.* || Sorte de contrat par lequel on s'assure une indemnité en cas de certains événements spécifiés à l'avance, en échange du payement d'une certaine somme, dans des conditions déterminées.

Fin. — Les contractants qui ont fait un contrat d'ass. sont respectivement désignés par les noms d'*Assureur* et d'*Assuré*. L'acte fait entre les parties est ce qu'on appelle une *Police d'ass.* La rétribution payée par l'assuré a reçu le nom de *Prime*, et l'événement prévu qui donne lieu à l'exécution du contrat de la part de l'assureur, a reçu celui de *Sinistre*. La prime peut consister en une somme une fois payée (*prime unique*), ou en une contribution annuelle (*prime annuelle* ou *annuité*). Le rôl d'assureur est généralement rempli par des sociétés commerciales fondées dans ce but spécial.

Tous les calculs relatifs aux assurances reposent sur la probabilité de la perte de l'objet assuré. En effet, la situation relative de l'assureur et de l'assuré peut être comparée mathématiquement à celle de deux joueurs dont les chances sont inégales, et qui veulent compenser cette inégalité par celle de leurs mises. Or, cette compensation a lieu toutes les fois que le rapport de ces mises est égal à celui des chances respectives. Si nous supposons, par ex., une partie entre deux joueurs dont l'un a 99 chances contre l'autre 1, il y a 99 à parier contre 1 que le premier gagnera ; sa mise devra donc être 99 fois plus forte que celle du second si l'on veut égaliser les chances. Ainsi, les enjeux réunis formant 100 fr., le premier joueur devra risquer 99 fr., tandis que le second ne mettra que 1 fr. au jeu. Il en est de même d'un assureur qui s'engage à payer une somme de 100 fr. dans le cas de la destruction d'un objet déterminé, lorsque la probabilité de cette destruction est égale à 1/100 : ses chances favorables sont alors égales à 99, et il peut parier 99 contre 1 que le cas funeste n'arrivera pas. Par conséquent la prime de l'assuré devra être la quatre-vingt-dix-neuvième partie de ce que risque l'assureur, ou la centième partie de la somme totale qui doit appartenir finalement à l'un ou à l'autre. S'il était possible d'admettre qu'en faisant en même temps cent opérations semblables l'assureur ne dût en rencontrer qu'une seule de funeste, il est évident qu'en recevant cent primes de 1 fr., il n'aurait ni profit ni perte en payant 100 fr., pour l'objet perdu. Dans cet état de choses, il n'aurait qu'à exiger une prime un peu plus forte pour obtenir un bénéfice. Mais la probabilité 1/100 ne signifie pas que, sur chaque centaine d'opérations, il y aura nécessairement une opération mauvaise. Il pourra arriver, au contraire, que plusieurs centaines d'opérations soient toutes heureuses, et que tout à coup les événements malheureux se succèdent rapidement. Tout ce que l'on peut conclure de cette probabilité 1/100, c'est que sur un grand nombre d'opérations du même genre, le cas funeste se réalisera dans le rapport de 1 à 99, la probabilité d'obtenir ce rapport augmentant avec le nombre d'opérations embrassées. Aussi l'assureur ne peut-il espérer une exacte compensation des chances de gain ou de perte qu'en étendant le cercle de ses opérations. D'ailleurs, les primes doivent être calculées de manière à le dédommager non seulement de ses risques généraux, mais encore à lui payer l'intérêt de ses fonds et ses frais d'administration.

Un système d'ass., pour être parfait, doit être basé sur une somme considérable de nombres pris dans le temps et dans l'espace. Ainsi, par ex., si l'on voulait fonder une ass. contre la grêle, il ne suffirait pas de considérer la fréquence des cas et la somme des dommages causés dans un département dans une seule année ou même dans un laps de dix ans ; il faudrait encore les considérer sur tout le territoire de la France et pendant une suite d'années bien plus considérable, afin d'obtenir une moyenne approximative. En conséquence, une société d'ass., pour être solide, doit étendre autant que possible sa sphère d'action, et être constituée pour une longue série d'années. Les sociétés d'assurances de tout genre auront atteint mathématiquement leur but, lorsqu'elles auront fait disparaître tout ce qu'il y a d'aléatoire pour elles-mêmes dans leurs opérations. On y est déjà parvenu pour les assurances sur la vie, grâce à la découverte empirique des lois de la mortalité humaine.

Au point de vue de la sécurité publique et du bien-être général, il est désirable que le système des assurances se développe sur une aussi large échelle que possible, et qu'il s'applique au plus grand nombre possible d'éventualités. Plus il y a de valeurs assurées, plus les assurés sont certains d'être indemnisés en cas de sinistre ; et grâce à cette *solidarité* que l'ass. établit entre tous ceux qui y ont recours, elle

peut devenir un puissant élément d'harmonie sociale. La Grande-Bretagne est, jusqu'à ce jour, le pays de l'Europe où les bienfaits de l'ass. sont le mieux compris par toutes les classes de la population.

On divise généralement les assurances, d'après leur objet, en trois grandes classes : 1° *Assurances maritimes* ; 2° *Assurances terrestres* ; 3° *Assurances sur la vie*. Nous allons donner quelques détails sur chacune d'elles.

Assurances maritimes. — L'ass. maritime a pour but de garantir l'expéditeur d'un navire contre les risques de mer, c.-à-d. contre la perte du bâtiment et de sa cargaison, contre les détériorations et les avaries de toute nature qui peuvent atteindre fortuitement le vaisseau ou les marchandises dont il est chargé. L'assureur s'engage à rembourser à l'assuré le montant des pertes que ce dernier pourra éprouver. Le taux de la prime à payer par l'assuré varie nécessairement suivant la longueur du voyage, les parages où il doit passer, la saison de l'année, l'état de paix ou de guerre, la solidité du bâtiment, la réputation du capitaine, la nature des marchandises, etc. Le contrat d'ass. étant de sa nature aléatoire, toutes les conventions faites entre les parties sont nulles, s'il est établi qu'au moment de la signature de l'acte, l'une des parties connaissait la perte du navire ou son arrivée au lieu de sa destination. Il en est de même dans le cas où il y aurait eu de la part de l'assuré quelque réticence ou fausse déclaration propre à tromper l'assureur sur l'étendue ou la nature du risque, et cela lors même que la réticence ou la déclaration frauduleuse n'aurait exercé aucune influence sur la perte ou l'avarie de l'objet assuré. La matière des assurances maritimes est régie par le titre X du livre II du C. de comm., qui n'est lui-même, à quelques améliorations près, que la reproduction de l'Ordonnance de la marine de 1681. Les assurances maritimes paraissent avoir été à peu près inconnues des Grecs et des Romains ; les premiers monuments juridiques qui en traitent remontent au XIV° siècle. En France, jusqu'en 1848, il existait un petit nombre d'assureurs particuliers et quelques compagnies établies dans les ports de mer. Ce fut la *Compagnie d'Assurances générales* qui débuta en 1818, puis vint la *Sécurité* (1836), l'*Océan* et le *Lloyd Français* (1837), la *Métusine* (1838), etc. Après 1848, Paris prit une grande prépondérance en matière d'assurances maritimes. Une vingtaine de compagnies s'y sont créées depuis cette date.

Opérations des compagnies parisiennes d'assurances maritimes pendant l'année 1887 :

Capital social	65,400,000 fr.
Partie versée	48,412,750 —
Sinistres	11,592,376 —

Assurances terrestres. — Cette classe comprend les assurances contre l'incendie, la grêle, les épizooties, etc. Celles contre les incendies occupent le premier rang.

Assurances contre l'incendie. — Cette sorte d'ass. est la plus répandue dans notre pays, et les formes qu'elle affecte sont variées. La première ass. contre l'incendie des maisons fut fondée à Londres en 1684. En France, on voit paraître quelques essais de ce genre dans la seconde moitié du XVIII° siècle ; mais c'est seulement de 1816 que date véritablement chez nous l'établissement de ce système d'assurances. Les compagnies fondées dans ce but sont nombreuses, attendu que les bases sur lesquelles reposent leurs opérations sont maintenant bien connues. En effet, quoique les incendies semblent se reproduire sans aucune régularité quand on considère un territoire peu étendu, l'expérience démontre que, dans un grand pays, le nombre des incendies et des maisons détruites par le feu est sensiblement le même chaque année. — Ici, tout comme dans les assurances maritimes, l'assureur doit tenir compte, pour la fixation de la prime, d'une foule de circonstances, telles que le mode de construction de la maison assurée, la nature des matériaux (bois, fer, pierre, ardoise, chaume), sa destination et son usage, sa position isolée et loin de tout secours ou dans une ville populeuse, etc. En conséquence, il établit une classification minutieuse de tous les cas particuliers de risques, qui lui sert de base pour établir une classification correspondante de *primes*. Le taux de la prime à payer par l'assuré est donc déterminé par deux éléments, la valeur de l'objet assuré et les risques particuliers d'incendie auxquels il est exposé. La prime reste fixe et invariable, quelles que soient les chances, bonnes ou mauvaises, subies par les compagnies d'assurances privées. Ces compagnies sont formées par des capitalistes qui réunissent un fonds social pour la garantie de leurs opérations. Elles sont assez nombreuses et se font une concurrence assez vive pour qu'on n'ait pas à craindre que, dans le but de se procurer des bénéfices exagérés, elles élèvent outre mesure le taux de leurs primes.

Au reste, il existe un autre mode d'ass. contre l'incendie, qui offre des avantages particuliers, mais qui a aussi ses désavantages : nous voulons parler de l'*Ass. mutuelle*. Ici ce sont les assurés eux-mêmes qui se garantissent réciproquement contre les pertes résultant de l'incendie : aussi n'ont-ils pas de contribution annuelle à payer, sauf une très faible prime pour couvrir les frais généraux d'administration. Il n'est fait appel aux assurés que dans le cas où il faut réparer le dommage ou la perte causée à l'un d'eux. Alors la répartition du chiffre de l'indemnité se fait entre tous les associés, au prorata de la valeur pour laquelle chacun d'eux est assuré. Il n'est pas besoin de dire que cette valeur a été, lors de l'admission de chaque personne dans l'association, déterminée d'après l'estimation intrinsèque des objets assurés, et d'après les risques particuliers auxquels ils sont exposés. — Le système de la mutualité a cet avantage d'exclure toute idée de spéculation individuelle, et la contribution éventuelle payée par l'assuré est toujours exactement proportionnelle à l'étendue des désastres à réparer. Mais il a un inconvénient, c'est que l'assuré peut rester parfois assez longtemps sans avoir rien à payer, et tout à coup se voir obligé de contribuer pour une somme assez considérable. En outre, une ass. mutuelle peut difficilement étendre ses opérations sur une vaste surface de pays ; et c'est encore là un sérieux désavantage dans le cas d'un vaste incendie, tel que celui de la ville de Salins en 1825.

Voici quelles sont les conditions générales formulées dans toutes les polices d'ass. contre l'incendie. L'ass. porte sur toutes les causes ordinaires d'incendie, y compris le feu du ciel ; elle s'étend à toutes les propriétés mobilières et immobilières. Sont exceptés les cas d'incendie causés par guerre, invasion, émeutes, volcans et tremblements de terre. En cas d'explosion ou de détonation autre que celle de la foudre, s'il ne s'ensuit pas un incendie, il n'est rien dû à l'assuré ; s'il en résulte un incendie, il lui est seulement tenu compte du dommage causé par l'incendie. — On assure le *Risque locatif* et le *Recours du voisin*, c.-à-d. qu'en cas d'incendie, l'assureur couvre la responsabilité du locataire chez lequel le feu s'est déclaré, tant à l'égard de son propriétaire qu'à l'égard des autres locataires de la même maison. — Les dépôts et fabriques de poudre, les pierreries, les lingots, l'or et l'argent monnayés ne sont assurés à aucune condition. — Les dentelles, cachemires, bijoux, médailles, tableaux, statues, peuvent être assurés ; mais chaque objet de ce genre doit être désigné et décrit dans la police d'ass. — L'ass. ne garantit l'assuré que contre la *perte réelle* qu'il a éprouvée. Les estimations portées dans la police, l'élévation de la prime payée, etc., ne peuvent être invoquées par l'assuré comme une preuve ni même comme une présomption en faveur de l'étendue de sa perte. C'est ce qu'ignorent la plupart des assurés : aussi les voit-on exagérer à l'envi la valeur de leurs propriétés immobilières et surtout mobilières, un grand profit des compagnies à prime qui perçoivent alors une annuité plus considérable, sans augmentation de risque et de responsabilité.

Assurances diverses. — Le nombre des cas auxquels peut s'appliquer le système de l'ass. est presque illimité ; mais si l'on excepte les assurances dont nous venons de parler, et celles sur la vie dont il va être question tout à l'heure, les données scientifiques et expérimentales sont trop insuffisantes pour que l'on puisse fonder sur des bases sérieuses des établissements solides et puissants. Les *Assurances sur la grêle* sont dans ce cas. La statistique des désastres qu'elle cause n'est pas complète, et la science météorologique n'est pas assez avancée pour fixer les lois de ce redoutable phénomène. Néanmoins, il est d'observation que certaines contrées sont rarement frappées par la grêle, tandis que d'autres sont presque périodiquement éprouvées par ce fléau, et quelquefois dans un espace immense. Aussi, en temps ordinaire, les compagnies perçoivent des primes très fortes ; et s'il survient des sinistres graves, s'élevant à quelques dizaines de millions, elles se voient obligées de déposer leur bilan. Il n'y aurait qu'un moyen de parer dans une certaine mesure à ces difficultés, ce serait la fusion de toutes les compagnies en une seule, et l'extension de l'ass. à la presque totalité des récoltes. — Ce que nous venons de dire s'applique également aux *Assurances sur les bestiaux*, c.-à-d. *contre les Épizooties*. Elles sont sujettes à des mécomptes semblables, et elles ne peuvent devenir sûres et solides qu'à la condition de la généralisation du système.

La première compagnie d'ass. contre la grêle a été fondée à Toulouse, vers la fin du siècle dernier. — Nous devons mentionner aussi deux sortes d'assurances qui, restées longtemps ignorées, ont pris depuis quelques années un certain développement grâce à des observations et des statistiques nombreuses qui permettent aujourd'hui de les faire reposer sur des bases scientifiques. Ce sont : l'*Ass. contre la maladie* (Voy. MORBIDITÉ), et les *Assurances contre les accidents*. Ces dernières comprennent deux groupes : 1° Les *Assurances contre les accidents pouvant atteindre les choses* (*Assurances contre le bris des glaces, contre les accidents de chevaux et voitures*, etc.); 2° les *Assurances contre les accidents pouvant atteindre les personnes*, groupe de beaucoup le plus important, surtout depuis qu'elles ont été appliquées aux voyages en chemin de fer. Il comprend les *Assurances individuelles* en vertu desquelles l'assureur paie une indemnité convenue à la victime d'un accident quel qu'il soit ; et les *Assurances collectives* ou *ouvrières* garantissant les fonctionnaires, employés ou ouvriers contre les accidents professionnels.

Ces dernières assurances sont même obligatoires dans certains cas, soit sous la forme d'un contrat avec un assureur, soit sous la forme d'indemnités, de pensions, de retraites, dont la responsabilité peut être imposée aux sociétés ou patrons (Voy. PENSIONS, RETRAITES, INVALIDITÉ, ACCIDENT). — Nous nous contenterons de citer, pour mémoire, les *Assurances contre les faillites*, les *pertes et frais de procès*, les *non-valeurs de location*, les *risques de transport*, etc.

Assurances sur la vie. — Elles comprennent deux genres de contrats différents, quoique basés sur les mêmes principes : ce sont les *Assurances en cas de mort* et les *Assurances en cas de vie*.

1° *Assurance en cas de mort.* — Dans ce genre de contrat, l'assureur, moyennant le versement d'une certaine somme ou le payement annuel d'une certaine prime, garantit un capital ou une rente payable, *à la mort de l'assuré*, à sa veuve, à ses enfants, à ses héritiers ou à toutes autres personnes, au choix de cet *assuré*. Ici l'ass. ne produit son effet qu'au décès de l'assuré ; elle ne lui profite pas personnellement, elle lui donne seulement, en échange des sommes dont il fait le sacrifice, la satisfaction de savoir qu'après lui ceux dont il est le soutien et qui peut-être resteront d'une mort toutes leurs ressources, seront mis en possession d'une rente ou d'un capital dont le chiffre est proportionné à l'importance de la somme une fois versée, ou au taux de la prime annuelle payée par lui à la compagnie d'ass. — Le capital et la rente ainsi assurés sont dus par la compagnie du moment où elle a touché, soit la somme fixe une fois payée comme prix de l'ass., soit la première prime annuelle convenue. Un homme de trente ans, par ex., fait assurer sa vie pour une somme de 10,000 fr. payable à ses héritiers au jour de sa mort ; il doit payer, à cet effet, une somme de 249 fr. par an. Qu'il vienne à mourir immédiatement après avoir effectué le versement de sa première annuité, la compagnie aura reçu 249 fr. et néanmoins elle devra payer 10,000 fr. aux héritiers de l'assuré.

L'ass. en cas de mort peut se faire dans trois conditions différentes ; elle peut être : *Pour la vie entière*, c.-à-d. pour toute la durée de l'existence de l'assuré ; *Temporaire*, c.-à-d. pour un temps déterminé ; *De survie*, dans le cas où une personne désignée survivra à l'assuré.

A. — *Assurance sur la vie entière.* Elle a pour caractère l'invariabilité de l'annuité qui demeure la même, une fois qu'elle a été fixée d'avance, en raison de la somme assurée et de l'âge de l'assuré. Il doit la payer jusqu'au terme du contrat, c.-à-d. jusqu'à sa mort.

B. — *Assurance temporaire.* Les conditions de cette ass. sont les mêmes que celles de l'ass. sur la vie entière ; seulement, lorsque le terme convenu est expiré, si l'assuré est vivant, la compagnie est libérée envers lui de toute obligation.

C. — *Assurance de survie.* Ici l'assureur s'engage à payer un capital ou à servir une rente à une personne désignée par l'*assuré*, mais seulement dans le cas où cette personne survivrait à l'assuré.

2° *Assurance en cas de vie* ou *ass. viagère.* — Cette classe d'assurances réalise la plus sage au même temps que la plus élémentaire des prévoyances, celle que l'État assure à tous ses serviteurs après un certain nombre d'années de services, à l'âge où les forces sont diminuées et où les ressources manqueraient pour parer aux éventualités du sort. Ce serait un excellent principe d'économie sociale que chacun comprît

54

que dans sa vieillesse il ne doit être à charge à personne, et que son devoir est de ne point tout dépenser, de réserver une partie, un dixième, par exemple, de son gain, pour assurer au moins le pain quotidien de ses dernières années. En cela, la prévoyance de l'État pour ses serviteurs devrait être imitée par chaque citoyen.

Les rentes viagères se divisent en *Rentes viagères immédiates* sur une ou plusieurs têtes et en *Rentes viagères différées*.

A. — *Rentes viagères immédiates*. Elles se constituent par le versement d'un capital quelconque dans la caisse d'une compagnie d'assurances. La rente servie par celle-ci est d'autant plus forte que la somme versée est plus considérable et que l'âge de l'assuré est plus avancé.

B. — *Rentes viagères sur deux têtes*. Une rente viagère constituée sur deux têtes revient soit en totalité, soit en partie, suivant les conventions faites avec l'assureur, à celui des deux rentiers qui survit à l'autre. Cette opération convient à deux époux sans enfants, à deux frères, etc.

C. — *Rentes viagères différées*. Ce genre d'ass. consiste à verser soit en un seul payement, soit en plusieurs payements successifs, une somme dont on consent à ne pas recevoir la rente pendant un temps déterminé. Ce terme expiré, l'assuré touche une rente viagère qui rentre dans les conditions générales des *rentes viagères immédiates*. Seulement elle est d'autant plus considérable que le terme du payement a été plus éloigné. Les rentes viagères différées conviennent surtout aux personnes d'un âge peu avancé, qui, vivant du leur travail ou de leur industrie, peuvent se priver de leur capital pendant un certain nombre d'années. Un des avantages de cette espèce de rentes, c'est qu'elles peuvent être constituées aussi bien par le payement de primes annuelles que par le versement d'un capital. La *Caisse des retraites*, créée et dirigée par l'État, est exactement basée sur le principe des rentes viagères différées, et remplit à l'égard de ses déposants absolument les mêmes fonctions que les compagnies d'assurances à l'égard de leurs assurés. Voy. CAISSE DE RETRAITE.

Il est en outre une combinaison importante qui procède à la fois de l'ass. en cas de décès et de l'ass. en cas de vie. Elle porte, pour cette raison, le nom d'*Ass. mixte*.

Dans l'*Ass. mixte*, le capital est payable immédiatement au décès de l'assuré, ou au plus tard à une échéance convenue si l'assuré est vivant.

Lorsque le décès de l'assuré n'entraîne pas le payement immédiat du capital qui reste payable à l'échéance fixée, mais libère seulement le contrat de tout payement de prime, elle prend le nom d'*Ass. mixte à terme fixe*.

Nous venons d'exposer les principales opérations auxquelles donne lieu l'application du système des assurances à la vie humaine; mais nous avons toujours supposé que les *assurés* avaient affaire à des assureurs ou à des compagnies d'ass. à prime fixe, parce que, chez nous, l'ass. à prime est de beaucoup la plus usitée. Cependant il existe aussi des sociétés d'ass. sur la vie fondées sur le principe de la *mutualité*. C'est même sur cette base qu'a été créée à Londres, en 1706, la première institution d'ass. sur la vie, laquelle existe encore aujourd'hui. (Il importe de bien distinguer les sociétés *tontinières* des sociétés *mutuelles d'ass*. sur la vie, quoique souvent on désigne indifféremment l'une ou l'autre de ces associations par l'un ou l'autre de ces noms; mais il y a là erreur de langage. Voy. TONTINE.) — Nous avons dit que le premier établissement d'assurances sur la vie datait de 1706 et avait été fondé en Angleterre, où les institutions de ce genre sont fort nombreuses et comptent une multitude d'assurés dans toutes les classes de la société. Les tentatives faites pour les introduire en France en 1787 échouèrent, et notre plus ancienne société d'assurances sur la vie date seulement de 1819.

Toutes les opérations d'assurances sur la vie sont des combinaisons des chances de mortalité avec le placement des fonds à intérêts composés. Elles reposent donc sur le calcul des probabilités (Voy. ce mot). Les primes sont fixées d'après des tables de mortalité convenablement choisies, et permettent aux compagnies de recevoir constamment le prix du risque qu'elles courent et, par suite, de remplir les engagements qu'elles ont contractés.

ASSURE. s. f. (de *assurer*). T. de Métier. Dans une tapisserie de haute lisse, le fil d'or, d'argent, de soie ou de laine dont on couvre la chaîne de la tapisserie; ce qu'on appelle trame dans les étoffes et les toiles.

ASSURÉMENT. adv. Certainement, sûrement.

ASSURER. v. a. (R. *sûr*). Rendre ferme, fixe, stable. *Ass. avec des étais un mur qui menace ruine. Ass. un plancher. Ass. une statue sur son piédestal.* || *Ass. la main*, Rendre la main ferme et sûre. *Il faut qu'un chirurgien s'exerce pour s'ass. la main. Dessinez beaucoup si vous voulez ass. votre main.* — Fig., *Ass. sa contenance, son visage*, Prendre une contenance, un visage ferme. || Rendre ferme, résolu; accoutumer à ne point s'effrayer. *L'habitude d'entendre le canon assure les soldats. Il tire des coups de revolver aux oreilles de son cheval pour l'ass*. Peu us. || Affermir, consolider, fortifier. *Ass. sa fortune, sa puissance. Ass. un pays contre ses voisins.* || Rendre une chose certaine, en garantir le maintien. *Ce traité assure la paix. L'indépendance du juge assure la liberté des citoyens. Ce mariage assure le bonheur de sa fille.* || Prendre les mesures nécessaires pour qu'une chose ne manque pas au besoin. *Ass. des vivres à une armée. Ass. la subsistance d'une ville. Il s'est assuré des provisions pour six mois.* || Affirmer, certifier une chose. *Il assure un mensonge aussi hardiment qu'une vérité. Cette femme assure qu'elle n'a que vingt ans. Il assurait n'être pas sorti de chez lui.* || *Ass. quelqu'un de sa reconnaissance, de son dévouement, de son respect*, Lui faire des protestations de reconnaissance, etc. On dit de même, *Vous pouvez l'ass. que je lui suis très dévoué. Ce qu'il a déjà fait pour vous assure de ses bonnes intentions à votre égard*, Nous est un garant de ses bonnes intentions, etc. *Nous sommes assurés du succès*, Nous avons la certitude du succès. || T. Droit. Garantir un droit, faire qu'il ne périclite pas. *Ass. le douaire d'une femme. Ass. une hypothèque, une créance.* — *Ass. à quelqu'un une rente, une pension*, Les assigner sur des fonds sûrs. — *Faire une donation, tester en faveur de quelqu'un. Il assura tous ses biens à son neveu après sa mort.* || Se dit en parlant des parties entre lesquelles est intervenu un contrat d'assurance. *J'ai assuré, j'ai fait ass. mon navire et sa cargaison. C'est la compagnie des assurances mutuelles qui a assuré cette maison contre l'incendie. Ses terres sont assurées contre la grêle* || T. Mar. *Ass. son pavillon*, Tirer un coup de canon en arborant le pavillon de sa nation. || T. Manége. *Ass. la bouche d'un cheval*, L'accoutumer à souffrir le mors sans donner des signes d'impatience. == s'ASSURER. v. pron. S'affermir. *Assurez-vous bien dans cette position. Il faut d'abord vous ass. sur votre cheval.* || Être persuadé, avoir la certitude, la confiance que... *Je m'assure qu'il fera ce qu'il m'a promis. Assurez-vous que je viendrai. Qui peut s'ass. d'être toujours heureux?* || Avec les prépositions *dans* et *en*, signifie Mettre sa confiance. *Malheur à celui qui ne s'assure que dans ses richesses!* || Se procurer la certitude d'un fait. *Assurez-vous de cette nouvelle avant de la répandre. Je m'assurerai s'il a dit la vérité.* || *S'ass. de quelqu'un*, Prendre les moyens convenables pour le déterminer à faire ce que l'on désire. *C'est de cet homme que votre affaire dépend; si vous voulez qu'elle réussisse, assurez-vous de lui. S'ass. de quelqu'un*, sign. quelquefois l'arrêter, l'emprisonner. *On s'est assuré de lui. On s'est assuré de sa personne.* — Poétiq. *S'ass. contre quelqu'un*, Prendre des moyens pour empêcher l'effet de sa malveillance, de son inimitié. || *S'ass. d'une chose*, Prendre les moyens nécessaires pour en être le maître, pour l'avoir à sa disposition. *Ce général s'est assuré de ce poste. Je me suis assuré d'une barque.* ==ASSURÉ, ÉE. part. *Cette poutre est mal assurée. Sa main est assurée. Sa perte est assurée. Navire assuré. Marchandises assurées.* || Adject. Hardi, sans crainte. *Contenance, mine assurée. Regards assurés.* || Infaillible, certain, inévitable. *Signe, présage assuré. Il a pris des moyens assurés.* || Qui met en sûreté. *Un rempart assuré. Une retraite assurée.* || Se prend quelquefois en mauvaise part, et alors se met ordin. devant le subst. *Un assuré voleur. Un assuré menteur.* || S'emploie substantiv. pour désigner celui qui a fait ass. son navire, sa maison, etc. *L'assureur et l'assuré.* == Syn. Voy. AFFERMIR et AFFIRMER.

ASSUREUR. s. m. Celui qui assure les navires, les maisons, etc. Voy. ASSURANCE.

ASSURGENT, ENTE. adj. (lat. *ad*, vers; *surgere*, monter). T. Bot. Se dit de toute partie qui, horizontale à sa base, se redresse et devient verticale. Syn. d'*Ascendant*.

ASSYRIE, contrée de l'ancienne Asie, sur les bords du Tigre; sa capitale était Ninive. Nom des hab.: ASSYRIEN, ENNE. | premier royaume d'Ass. finit avec Assour-Rah-Amar, vers 1060. Le second royaume commence vers 1020 avec Bel-Kat-Iras-

LES ANCIENNES MONARCHIES DE L'ASIE

La plupart des provinces d'Asie figurant sur cette carte furent dans l'antiquité, réunies sous diverses grandes monarchies, qui se sont succédé jusqu'à la conquête d'Alexandre et dont les limites, variables suivant les époques atteignirent leur plus d développement sous la domination des Perses.

Fig. 1.

F. Bineteau del.

La Mésopotamie ancienne, arrosée par l'Euphrate et le Tigre, qui, aux temps préhistoriques, ne confondaient pas comme aujourd'hui leurs embouchures, reste, dans l'histoire, immortalisée par deux grandes nations rivales, la Chaldée ou Babylonie, et l'Assyrie ou Mésopotamie supérieure.

Les inscriptions en caractères cunéiformes qui ont pu être déchiffrées sur les briques retrouvées indiquent que le premier empire chaldéen existait déjà environ 4000 ans avant notre ère et que le premier royaume d'Assyrie, ou d'Assour, paraît avoir été fondé par des Chaldéens vers l'an 1800 avant notre ère.

Il fut d'abord gouverné, au nom de la Chaldée, par des *patési* ou pontifes. De nombreux canaux, dérivés du Tigre et de ses affluents, arrosaient le pays. La capitale était Ninive, les villes principales El-Assar, Kalah, Dour-Saryoukin. Vers l'an 1500, des *sar* ou rois rendirent l'Ass. indépendante de la Chaldée et de l'Égypte, et vers l'an 1270 l'un d'eux, Toukla-Asar Ier entra triomphant à Babylone et réduisit la Chaldée en province assyrienne (Ninus et Sémiramis sont des êtres légendaires et apocryphes). Il y eut pendant une longue suite de siècles une rivalité perpétuelle entre Ninive et Babylone. Tantôt celle-ci imposait ses lois; tantôt Ninive dominait. La grande lutte de l'Asie paraissait être de décider qui aurait la suprématie entre les deux capitales. Le roi le plus célèbre du premier royaume Assyrien fut Teglath-Pal-Asar Ier (ou Touklat-Habal-Asar Ier), infatigable guerrier qui comptait orgueilleusement quarante-deux peuples vaincus (vers l'an 1130). Le

Fig. 2.

sou et finit 625 ans av. J.-C. avec Assour-Édil-Ilâni. Ses rois les plus célèbres furent: Assur-Nazir-Pal (ou Assour-Nazir-Habal) (882-857), grand conquérant et grand constructeur; Teglath-Pal-Asar II (754-726), Sargon ou Saryon-Kin (721-704),

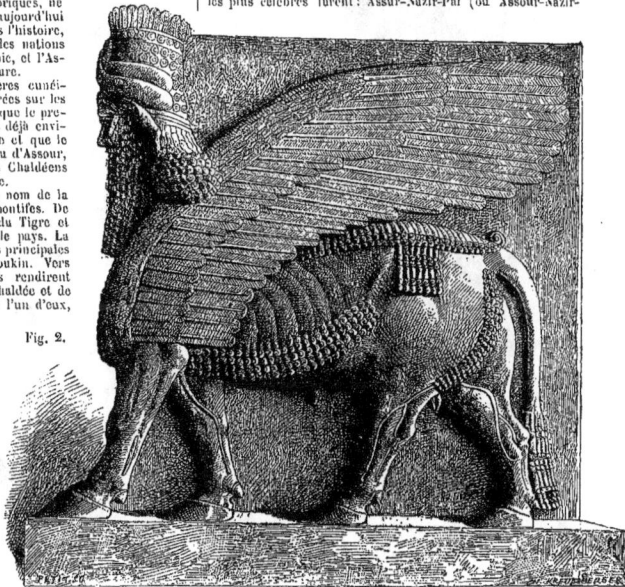

Sin-Akhéprib (le Sennachérib des Juifs) (704-680), et Assour-Baar-Bepal (Assurbanipal), 660. Nous ne signalerons pas la dynastie des Salman-Azar (Sardanapales) au nombre des célèbres rois de l'Assyrie.

Vers l'an 632, l'Ass. tout entière, dont l'histoire, d'ailleurs, ne se compose que de guerres, fut mise à feu et à sang par une invasion kimmérienne, et cette nation cessa d'exister. Sept ans plus tard, en 625, Ninive fut prise par le Mède Kyaxarès (Cyaxare), et le dernier roi assyrien Assour-Edil-Hàni se brûla dans son palais plutôt que de se rendre. Ce fut la fin de l'Assyrie, qui devint, avec la Babylonie, une province de la Perse.

L'Assyrie n'a rien fait pour la civilisation. Elle a tout emprunté à la Chaldée. C'était un camp, qui ne vécut que pour la guerre et par la guerre.

Nous donnons ici, d'après Gustave Le Bon (*Les Premières Civilisations*), la carte générale des anciennes monarchies de

Fig. 3.

l'Asie : l'*Assyrie* est au centre, dans la Médie, sur la rive gauche du Tigre; ainsi que plusieurs dessins qui nous reportent à ces antiquités lointaines, tous authentiques, reproductions photographiques des bas-reliefs conservés soit au Louvre, soit au British Museum. La figure 3 représente, d'après un bas-relief de Ninive du VII° siècle av. J.-C., le roi Assur-Bani-Pal à la chasse; la figure 4, un guerrier assyrien, d'après un bas-relief du palais de Sargou, à Khorsabad, VIII° siècle (721-702) avant notre ère, et la figure 2 un taureau ailé à tête humaine provenant du même palais et du même siècle. Khorsabad se trouve à 16 kilomètres nord-est de l'ancienne Ninive. Les grands taureaux ailés à face humaine paraissent avoir été le symbole de Ninive, l'Hercule assyrien. Ils étaient placés de chaque côté des portes principales du palais. On les considérait comme des génies tutélaires. On a retrouvé dix taureaux sur la façade du palais de Sennachérib, à Ninive. Celui qui est reproduit ici a été transporté au musée du Louvre.

Déjà l'on a vu, au mot ARCHITECTURE (fig. 11), un essai de restitution du palais du roi Sargon, à Khorsabad (fig. 12), la restitution de l'une des portes principales de ce palais, où l'on voit précisément l'un des taureaux ailés à tête humaine.

Il ne faut pas confondre ce roi Sargon, assyrien, du

Fig. 4.

VIII° siècle, avec Sargon l'ancien, d'Agadé, chaldéen, de trois mille ans antérieur.

Dès le second empire d'Ass. (1020), l'ancienne capitale, El-Assar, fut abandonnée, et les rois fixèrent leur séjour à Kalah, au confluent du Tigre avec le grand Zab, aujourd'hui Nimroud, riche en ruines de tous genres. Kalah, toutefois, ne garda pas longtemps le premier rang. Assur-Nazir-Pal, le huitième ou neuvième roi du second empire, adopta Ninive comme capitale, prit Babylone, conquit la Syrie et la Phénicie. Salmanazar III continua cette œuvre de guerre incessante, puis, plus tard, Téglath-Pal-Asar II (en 745), et surtout Sargon qui fonda une nouvelle dynastie, puis, enfin, Sennachérib, Asarhaddon et Assur-Bani-Pal. A partir de cet apogée la puissance de Ninive déclina rapidement. L'Ass. ne s'est jamais relevée : elle fut le colosse aux pieds d'argile dont parle la Bible. C'est à grand'peine qu'après des siècles et des siècles de complet oubli, les archéologues ont pu retrouver ses ruines.

On peut voir au musée du Louvre, ainsi qu'au British Museum de Londres, de remarquables spécimens de la sculpture assyrienne, provenant principalement des fouilles à Khorsabad et à Nimroud dues au Français Émile Botta (1842), puis à l'Anglais Layard (1849) et à leurs successeurs. Le palais de Nimroud a été édifié par Sardanapale III vers l'an 930 av. J.-C., et celui de Khorsabad par le roi Sargon vers l'an 720. Ils étaient construits en briques.

La langue assyrienne est sémitique, se rapproche du chaldéen, et a été parlée du XIII° au 1er siècle avant notre ère. Les inscriptions dites cunéiformes sont écrites en trois langues : en persan, en médique et en assyrien.

Bibl. — Ouvrages de Maspéro, Oppert, Lenormand, G. Le Bon, Smith, Rawlinson, Ragozin.

ASTACIDES. s. m. pl. (gr. ἀστακός, écrevisse). T. Zool. Paléont. C'est dans cette famille de *Crustacés décapodes macroures* (voy. Décapodes) que rentre l'*Écrevisse*. Nous ne donnerons donc pas ses caractères, renvoyant à ce mot. Près du genre actuel *Astacus* (écrevisse), prennent place un certain nombre de formes voisines, de toutes les formations depuis le carbonifère : *A. Philippi* du calcaire carbonifère de l'Irlande, puis des genres jurassiques voisins du genre *Astacus* et du genre *Nephrops*: *Glyphœa, Etallonia, Orphnea, Mecochirus, Clytia, Selenisca*, qui sont bien conservés et abondants dans les schistes de Solenhofen.

D'autres genres se trouvent dans le crétacé, et le genre *Astacus* existe déjà dans le tertiaire.

ASTACIENS. s. m. pl. T. Zool. Groupe de crustacés ayant pour type le genre *Astacus*. Voy. Écrevisse.

ASTAFFORT. ch.-l. de c. (Lot-et-Garonne), arr. d'Agen, 2,200 hab.

ASTAROTH. Nom d'un démon chez les juifs et les chrétiens. Voy. Astarté.

ASTARTÉ. n. p. T. Myth. — s. f. T. Zool. Mollusque.
Myth. — *Astarté* était le nom d'une divinité phénicienne regardée comme la reine du ciel. Dans la Bible, elle est appelée *Achtoreth*; plur., *Astaroth*. Nous savons fort peu de chose sur son culte et sur les attributs qu'on lui assignait. D'après les auteurs sacrés, le culte rendu à Ast. avait beaucoup d'analogie avec celui que les Grecs rendaient à *Vénus*, et les attributs de ces deux divinités étaient à peu près les mêmes. Il est même probable que le culte d'Ast., sous le nouveau nom de Vénus, a été emprunté par les Grecs aux Phéniciens. Ce qui vient à l'appui de cette conjecture, c'est que l'île de Chypre, l'une des résidences chères à Vénus, fut longtemps possédée par les Phéniciens, et célèbre par le temple d'Ast.

Zool. — Les zoologistes modernes ont donné ce nom mythologique à un mollusque conchifère de la famille des *Cardiacés*. Voy. ce mot.

ASTARTIDES. s. m. pl. T. Zool. Paléont. Cette famille de *Mollusques lamellibranches siphonidés* (voy. ce mot) possède des coquilles épaisses équivalves, à dents cardinales bien développées, à dents latérales antérieures absentes d'ordinaire, tandis que les latérales postérieures existent souvent. Il y a un ligament fort, externe. Les impressions des adducteurs sont ovales; il y a une petite impression d'un muscle pédieux, au-dessus de l'adducteur antérieur.

Il y a un grand nombre d'espèces, toutes marines; c'est à l'époque mézozoïque qu'elle fut à son apogée. A l'époque tertiaire elle est déjà moins bien représentée; on compte encore actuellement 80 espèces vivantes. Le genre *Pleurophorus* se rencontre dans le dévonien, le carbonifère, le trias et le rhétien. Le genre *Matheria* se trouve dans le silurien inférieur du Canada. Le genre *Anodontopsis* est aussi du silurien de l'Angleterre et de l'Amérique septentrionale. Le genre *Cardita* existe depuis le trias jusqu'à l'époque actuelle. Quant au genre *Astarte* qui donne son nom à la famille, les

espèces vivantes habitent surtout les mers des régions froides, et il y a environ 300 espèces fossiles qui remontent au silurien.

ASTATIQUE. adj. 2 g. (gr. ἄστατος, instable). T. Phys. Un *système* ast. est un système de deux aiguilles aimantées ayant le même moment magnétique, placées l'une au-dessus de l'autre et reliées l'une à l'autre, les pôles de nom contraire en regard, de telle sorte que les actions qu'exerce la Terre sur le système s'équilibrent, et que le système cesse de se diriger vers le nord et reste en équilibre indifférent dans toutes les positions.

ASTE. s. f. Branche à fruit conservée plus ou moins longue sur la vigne.

ASTÉLIE. s. f. T. Bot. Genre de plantes herbacées de la famille des *Liliacées*. Voy. ce mot.

ASTEMME. s. f. (gr. à priv.; στέμμα, couronne). T. Entom. Genre d'*Insectes hémiptères*. Voy. Géocorises.

ASTER. s. m. [Pr. l'r.] (gr. ἀστήρ, étoile). Genre de plantes de la famille des *Composées*. Voy. ce mot. — L'*As.* de Chine est la *Reine-Marguerite*.

ASTÉRACANTHE. s. m. (gr. ἀστήρ, étoile; ἄκανθα, épine). T. Zool. Rayons épineux de poissons fossiles.

ASTÉRACÉES. s. f. pl. (gr. ἀστήρ, étoile). T. Bot. Tribu de plantes de la famille des *Composées*.

ASTÉRIDES. s. m. pl. (gr. ἀστήρ, étoile). T. Zool. Paléont. On désigne sous le nom d'*Ast.* ou d'*Astéroïdes* une classe d'*Échinodermes* (voy. ce mot) aplatis, étoilés ou pentagonaux, n'ayant des ambulacres que sur la face ventrale, et possédé l sur le dos un revêtement cutané, compact, et un squelette ventral constitué par des pièces mobiles disposées à la façon des vertèbres. On en rencontre peu dans les couches géologiques et ils sont mal conservés. Les *Étoiles de mer* et les *Ophiures* sont fréquentes dans le lias (couche à *Ammonites angulatus*); mais leur état de conservation est mauvais et ne permet pas d'en donner une détermination exacte.

On les divise en deux groupes : 1° *Ophiurides* qui ont des bras nettement séparés du disque arrondi ou pentagonal; ces bras ne contiennent pas d'appendices du tube digestif; parmi les *Ophiurides*, les *Euryales* se rencontrent dans le calcaire carbonifère d'Amérique; les *Ophiures* existaient dans le silurien et se poursuivent jusqu'à nos jours; 2° *Stellérides*, qui ont des bras non séparés du disque et contenant des appendices digestifs et parfois aussi des glandes génitales. On les divise en deux groupes : les *Encrinastéries* des couches cambriennes, siluriennes, dévoniennes, carbonifères, et les *Ast. vraies* qui sont plus récentes et que l'on trouve dans le lias, l'oolithe, le crétacé, le tertiaire et de nos jours.

ASTÉRIE. s. f. (gr. ἀστήρ). T. Zool. Étoile de mer. Famille d'*Échinodermes*. Voy. Échinoderme. || T. Minér. Sorte d'étoile qu'on observe dans certains cristaux convenablement éclairés. Voy. Astérisme.

ASTÉRISER. v. a. Faire suivre ou précéder d'un astérisque.

ASTÉRISME. s. m. (gr. ἀστερισμός, m. s., de ἀστήρ, étoile). T. Astr. Ce mot s'employait autrefois dans le sens de constellation.

Phys. — On désigne sous le nom d'*Ast.*, un phénomène lumineux, observé d'abord sur le *Saphir*, pierre précieuse du groupe des *Corindons*, qui possède la propriété, lorsqu'il est exposé à une vive lumière, de réfléchir une étoile à six rayons, appelée *Astérie*. Ces rayons forment entre eux des angles égaux et partent d'un centre commun, comme s'ils étaient produits par l'intersection de trois droites lumineuses également inclinées, qui se croiseraient en un même point. Le même phénomène se manifeste lorsque la lumière, au lieu d'être réfléchie par le saphir, est placée derrière la pierre et regardée à travers sa substance. L'ast. n'est pas particulier au saphir; il s'observe aussi dans le grenat, l'émeraude, etc. — La cause de ce phénomène est restée longtemps ignorée; mais Saussure et Babinet ont montré qu'il est dû à la structure du minéral. Les pierres qui produisent l'ast. présentent des séries de stries ou de solutions de continuité linéaires, tant à l'intérieur de la masse qu'à sa superficie, et ces stries sont elles-mêmes le résultat de l'accroissement intermittent ainsi que de la structure intime du cristal. Chaque ligne de stries se comporte à l'égard de la lumière comme un petit miroir plan, de forme linéaire; les rayons lumineux sont donc réfléchis perpendiculairement à la direction de ces petits miroirs. Lorsque deux systèmes de stries semblables se croisent à angles droits, les lignes lumineuses sont au nombre de deux; elles se croisent alors à angles droits, et l'on a une étoile à quatre rayons. Si la pierre précieuse est, comme le saphir, formée de lames dont les bords figurent trois rangs de miroirs linéaires se croisant à angles égaux entre eux, on voit paraître une étoile à six rayons.

Une expérience des plus simples vient confirmer cette explication de l'ast. Si l'on regarde la lumière d'une bougie à travers une plaque de verre sur laquelle on a tracé des raies parallèles, on aperçoit une bande lumineuse perpendiculaire à leur direction. Si l'on coupe ces raies à angles droits par d'autres stries parallèles, on aura une étoile à quatre rayons. Enfin, quand on trace trois séries de raies, de façon à former sur le verre un réseau de triangles équilatéraux, il se produit trois bandes lumineuses et par conséquent une étoile à six rayons. Enfin, l'examen microscopique et le mode de clivage des cristaux qui offrent le phénomène de l'ast., achèvent de confirmer la théorie ci-dessus.

C'est encore par une considération du même genre que l'on explique deux autres phénomènes lumineux, appelés Cercle parhélique et Couronne, qui s'observent dans certains cristaux. Le premier se voit dans ceux qui présentent déjà le phénomène de l'ast.; il consiste en un cercle lumineux passant par la flamme qui sort de point de mire. Le second offre la forme d'une couronne circulaire régulière qui entoure le centre lumineux. Ces deux phénomènes sont produits par des séries de stries ou de lignes miroitantes parallèles à l'axe de la substance cristalline.

ASTÉRISQUE. s. m. (gr. ἀστερίσκος, petite étoile). T. Impr. Signe en forme d'étoile (*) qu'on emploie pour indiquer un renvoi ou pour avertir le lecteur d'une chose convenue.

ASTERNAL, ALE. adj. (à priv., et sternum). T. Anat. Côtes ast., Celles qui ne s'articulent pas avec le sternum. Ce sont les fausses côtes.

ASTÉROÏDE. s. m. (gr. ἀστὴρ, astre; εἶδος, ressemblance). T. Astr. Nom générique donné aux nombreuses planètes télescopiques situées entre Mars et Jupiter (Voy. PLANÈTE) ainsi qu'aux étoiles filantes et bolides, météores ignés, qui, de loin, ressemblent à des astres, sans en être. S'emploie aussi dans le sens de « petit astre ».

ASTÉROPHYLLITES. (gr. ἀστήρ; φύλλον, feuille). T. Paléont. végét. Genre de végétaux fossiles, voisins des Equisetum et formant avec le genre Annularia la famille des Annulariés. Voy. ce mot.

ASTHÉNIE. s. f. (gr. à priv.; σθένος, force). T. Méd. Voy. ADYNAMIE.

ASTHÉNIQUE. adj. 2 g. Qui présente les caractères de l'asthénie. Maladie asth. Phénomènes asthéniques.

ASTHÉNOPIE. s. f. (gr. ἀσθενής, faible, et ὤψ, œil). État d'une vue qui, quoique bonne, se trouble momentanément sous l'influence d'un travail minutieux et continu.

ASTHMATIQUE adj. 2g. [Pr. asmatique]. Qui a un asthme, qui est sujet à l'asthme. || S'emploie subst. C'est un asth.

ASTHME. s. m. [Pr. Asme] (gr. ἄσθμα, difficulté de respirer). T. Méd. C'est une affection caractérisée par une respiration difficile, fréquente et accompagnée de convulsions des muscles respiratoires, par l'absence presque constante de fièvre, enfin, par sa marche intermittente et par ses accès qui reviennent à des époques irrégulières et souvent fort éloignées, dans l'intervalle desquelles la respiration est tout à fait libre. — L'accès survient en général la nuit, et sans s'être annoncé par des symptômes précurseurs. Il débute par un sentiment de compression et de resserrement de la poitrine. Si le malade est couché, il se met aussitôt sur son séant. La respiration, d'abord lente et sifflante, devient de plus en plus difficile. Alors il fait tous ses efforts pour dilater la poitrine. Il s'accroche aux corps solides qui sont près de

lui. Les inspirations sont brusques et presque aussitôt interrompues. Le malade est dans un état d'anxiété extrême; il croit à chaque instant qu'il va suffoquer. En même temps, il éprouve une toux fréquente, interrompue et non suivie d'expectoration. L'auscultation de la poitrine ne révèle que des râles bronchiques. Son visage est coloré, violacé; sa peau se couvre de sueur; ses pieds et ses mains se refroidissent. La seule modification que présente la circulation, c'est un peu plus de fréquence dans le pouls, qui devient en outre plus petit et plus serré. La durée ordinaire de l'accès est de trois à quatre heures. Quand celui-ci est parvenu à son maximum d'intensité, le malade commence à tousser plus librement, et l'expectoration devient plus facile et plus abondante. Ce dernier phénomène ou l'émission d'une grande quantité d'urine claire marque la fin de l'accès et se trouve bientôt suivi d'une détente générale, accusée par un grand bien-être.

On distingue deux espèces d'ast. L'une a reçu le nom d'ast. idiopathique ou essentiel, parce que sa cause physique échappe entièrement à nos moyens d'investigation; l'autre est appelée ast. symptomatique, parce qu'il accompagne une lésion matérielle dont il paraît dépendre. Le plus souvent on l'observe à la suite d'une maladie organique du cœur, de l'aorte ou du poumon et des premières voies aériennes, comme dans le coryza, les polypes nasaux. — Les causes de l'ast. essentiel sont relatives, soit aux accès, soit à la maladie elle-même. Les accès sont le plus souvent provoqués par les grandes variations atmosphériques, par l'influence de l'air humide, par celle d'un vent sec, mais animé d'une grande vitesse, par l'action de certaines odeurs fortes ou de certains gaz, par l'inspiration de poussières irritantes, telles que le pollen des graminées dans l'asthme des foins, la poussière des blés criblés, de la laine cardée, ainsi que par toutes les causes qui agissent spécialement sur le système nerveux, comme les peines morales, les passions violentes, etc. Les causes de l'affection elle-même sont fort obscures. Cependant l'influence prédisposante de l'hérédité, de l'âge et du sexe est bien constatée. La maladie attaque surtout les individus du sexe masculin parvenus à l'âge moyen de la vie, dont les parents ont eu de l'asthme eux-mêmes, de la goutte, des rhumatismes, de la gravelle et de l'épilepsie, avec laquelle elle alterne souvent. — Le pronostic de l'ast. symptomatique est subordonné à celui de la lésion organique primitive. — Celui de l'ast. essentiel n'a rien de grave. Quelque pénibles que soient les accès, ils n'empêchent pas les malades d'atteindre un âge avancé; cependant, ils se compliquent au bout d'un certain temps d'emphysème pulmonaire et de dilatation du cœur droit, ce qui n'est pas très favorable. — Le traitement doit nécessairement se déterminer d'après la même considération. Dans l'ast. symptomatique, le traitement est dirigé contre la maladie que l'ast. accompagne. Dans l'ast. idiopathique, le traitement se compose de moyens hygiéniques et de moyens thérapeutiques. On doit spécialement insister sur les premiers, car il importe avant tout d'éloigner des malades tout ce qui est de nature à favoriser le retour des accès. Il faut qu'autour d'eux la température soit tempérée et toujours égale, que l'air ne soit ni trop sec ni agité, que leur nourriture soit simple et de facile digestion, que les boissons alcooliques et excitantes soient absolument proscrites. Les vêtements chauds, l'usage de la flanelle, les frictions, en un mot tous les moyens propres à entretenir une légère irritation à la surface cutanée, sont généralement utiles. Quant aux agents thérapeutiques, les plus puissants sont ceux qui modifient les sécrétions bronchiques, tout en influençant directement le système nerveux. Trois granules d'acide arsénieux le matin, et un gramme d'iodure de potassium le soir: telle est la médication la meilleure de l'ast., de même que les cures au Mont-Dore par les eaux sulfureuses. On peut y adjoindre les bains sulfureux et les narcotiques cupudiques (opium, solanées) utiles surtout au moment des crises. Un dernier mot: examiner toujours l'état des fosses nasales, dont les lésions entraînent parfois les symptômes de l'ast. vulgaire.

Outre les deux espèces d'ast. dont nous venons de parler, les auteurs décrivent encore, sous le même nom, deux dyspnées convulsives qui attaquent exclusivement l'enfance. L'une est appelée Ast. aigu de Millar et l'autre Ast. de Kopp, Ast. de Hirsch ou Ast. thymique. Voy. Spasme de la glotte au mot GLOTTE, et Laryngite striduleuse au mot LARYNGITE.

ASTHMÉ. adj. (de asthme). T. Fauconn. Oiseau ast., Oiseau qui ne peut avoir son haleine.

ASTI, v. d'Italie (ancien Piémont), patrie du poète Alfieri. 23,000 hab. Vin mousseux renommé.

ASTIC ou **ASTI**. s. m. (Étym. controversée. Paraît venir de l'allem. *stich*, chose poinlue. Voy. ASTIQUER). Gros os de cheval ou de mulet dont les cordonniers se servent pour lisser certaines parties du soulier et dont la cavité leur sert à mettre le suif pour graisser leur alène. || Polissoir de giberne. || Mélange de blanc d'Espagne, d'eau-de-vie et de savon servant à nettoyer les pièces de cuivre du fourniment.

ASTICOT. s. m. (de *asticoter*, parce que ce ver remue beaucoup). T. Pêche. Larve d'insecte servant d'appât pour la pêche. (Ces sortes de vers blancs sont de véritables chenilles qui, laissées dans une boîte, se transforment en chrysalides et en mouches.) Se dit principalement des larves qui pullulent dans les viandes gâtées.

ASTICOTER. v. a. Contrarier, agacer, tracasser quelqu'un sur de petites choses (sans doute même origine que *Astiquer*). *Il ne cesse d'us. ces enfants.* Fam. = s'ASTICOTER. v. pron. *Ces enfants s'asticotent sans cesse.* Fam. = ASTICOTÉ, ÉE. part.

ASTIGMATE ou **ASTIGMATIQUE**. adj. T. Méd. Qui est atteint d'astigmatisme.

ASTIGMATISME. s. m. (gr. à priv.; στίγμα, point). Trouble de la vue dans laquelle les rayons lumineux partis d'un contre ne se réunissent plus en un même point de la rétine.

Méd. — On peut considérer l'œil comme un corps de révolution autour d'un axe horizontal antéro-postérieur appelé *axe optique*. Les plans passant par cet axe sont les *méridiens* de l'œil. L'*ast.* consiste en ce que les courbures des milieux de l'œil ne sont pas égales suivant tous les méridiens, de sorte que les rayons lumineux sont plus ou moins réfractés suivant qu'ils traversent l'œil dans un méridien ou dans un autre. Alors les uns vont former leur image en avant, les autres en arrière de la rétine et la vision devient confuse. L'ast. est une affection très fréquente ; peu de personnes en sont complètement exemptes. On le reconnaît facilement en observant un réseau formé de barres parallèles noires laissant entre elles des espaces blancs. Si l'on fait tourner ce réseau, l'astigmate le verra beaucoup plus nettement dans une position que dans les autres. On peut aussi construire sur une feuille de papier deux réseaux, l'un de barres verticales, l'autre de barres horizontales (Fig.). L'un des réseaux paraîtra plus net que l'autre ; si même l'ast. est très prononcé, l'un des réseaux sera très net, l'autre très confus. L'ast. se corrige à l'aide de verres cylindriques ou de verres sphériques noircis avec un intervalle allongé laissé transparent. C'est à l'astigmatisme qu'est dû ce fait singulier que certaines personnes ont une vision plus meilleure quand elles sont couchées sur le côté.

ASTIQUER. v. a. Polir avec un astic. (Paraît venir de l'allem. *stich*, piquer.) Par ext. *S'astiquer*, Faire sa toilette (pop.). || Battre. *Prends garde, je vais t'astiquer.*

ASTOLPHE, roi des Lombards (749-756), attaqua le saint-siège, fut vaincu et dépossédé de l'Exarchat et de la Pentapole par Pépin le Bref, qui les donna au pape.

ASTOME. adj. 2 g. (gr. à priv.; στόμα, bouche). T. Hist. nat. Qui n'a pas de bouche.

ASTRABAD, très ancienne ville de Perse, qui compte encore aujourd'hui 40,000 hab.

ASTRACAN. s. m. (R. *Astrakan*, ville). Peau d'agneau mort-né avec son poil frisé, servant de fourrure.

ASTRAGALE. s. m. (gr. ἀστράγαλος). T. Anat. Nom de l'un des os du pied. Voy. SQUELETTE. || T. Bot. Genre de plantes de la famille des *Légumineuses* dont quelques

espèces, habitant l'Orient, fournissent la *gomme adragante*. Voy. LÉGUMINEUSES. || T. Archit. Moulure ronde qui embrasse l'extrémité supérieure d'une colonne, ainsi que le représente la Fig. ci-devant, prise d'une colonne du théâtre de Marcellus, à Rome. Lorsque cette moulure est employée ailleurs, comme dans la corniche, on l'appelle *Baguette*.

Allus. litt.
Ce ne sont que festons, ce ne sont qu'astragales,
vers de Boileau qui, dans l'*Art poétique*, s'élève contre les descriptions interminables données par certains auteurs.

ASTRAGALÉE. s. f. T. Archit. Profil d'une corniche terminée à sa partie inférieure par un astragale.

ASTRAKAN, v. de Russie, capitale du gouvernement de ce nom, dans une île du Volga. Pêcheries importantes. 50,000 hab.

ASTRAL, ALE. adj. Qui se rapporte aux astres. *Les influences astrales. Année astrale*, locution peu usitée qui a la même signif. qu'*Année sidérale*. Voy. ANNÉE. || *Lampe astrale.* Voy. LAMPE. || *Corps astral*, Nom par lequel les occultistes désignent un principe intermédiaire qu'ils croient exister entre l'âme et le corps de chaque individu. Voy. OCCULTISME.

ASTRANCE. s. f. (R. *astre*). T. Bot. Genre de plantes de la famille des *Ombellifères*. Voy. ce mot.

ASTRAPÉE. s. m. (gr. ἀστραπαῖος, qui lance des éclairs). T. Entom. Sous-genre d'insectes coléoptères. Voy. BRACHÉLYTRE.

ASTRAPIE. s. f. (gr. ἀστραπή, éclat). T. Ornith. Genre de passereaux. Voy. PARADIS (*Oiseau de*).

ASTRE. s. m. (gr. ἄστρον, astre). Se dit de tous les corps célestes en général, et peut se dire de la Terre elle-même, qui est une planète. *Le mouvement des astres. L'aspect des astres. Observer les astres.* — *L'as. du jour*, Le soleil. — *L'as. de la nuit*, La lune.

Les astres roulent en silence
Sans savoir la route des cieux.
               LAMARTINE.

En parlant des corps célestes, par rapport à leur influence prétendue sur les corps terrestres, et particulièrement sur les destinées de l'homme, on dit : *As. bénin. As. favorable. Il est né sous un as. malheureux.* Consulter les astres. Lire *dans les astres.* — Fig., Cette femme est belle comme un *as.*, C'est une étoile. || Homme illustre: *C'est un as.* devant *lequel tout s'incline.*

ASTRÉE. s. f. Déesse de la justice. || On nomme quelquefois ainsi la constellation de la *Vierge.* — C'est aussi le nom d'une planète télescopique entre Mars et Jupiter. Voy. PLANÈTES. || T. Zool. Sorte de polypier pierreux dont la surface est parsemée d'étoiles. Voy. ZOANTHAIRES.

ASTREINDRE. v. a. (lat. *ad*, à; *stringere*, lier). Obliger, soumettre. *Ast. quelqu'un à des travaux pénibles, à des conditions déraisonnables.* = s'ASTREINDRE. v. pron. *Je ne veux pas m'ast. à ces lois tyranniques.* = ASTREINT, EINTE. part. = Conjug. Voy. PEINDRE.

ASTREINTE. s. f. Synonyme de CONTRAINTE.

ASTRÉPHIE. s. f. (gr. à priv.; στρέφω, je tourne). T. Bot. Genre de plantes de la famille des *Valérianées.*

ASTRICTIF, IVE. adj. T. Méd. Qui a la vertu de resserrer.

ASTRICTION. s. f. (lat. *astrictio*, resserrement). T. Physiol. Se dit du resserrement qu'éprouvent les tissus sous l'action de certaines substances.

ASTRINGENCE. s. f. T. Méd. Propriété qui caractérise les substances dites *Astringentes.*

ASTRINGENT, ENTE. adj. (lat. *astringere*, resserrer). T. Méd. || S'emploie aussi subst. au masc.

Méd. — On donne le nom d'*Astringents* à des médicaments qui jouissent de la propriété de resserrer, de condenser les tissus organiques avec lesquels on les met en contact. Leur action sur l'économie peut se manifester par des effets locaux et par des effets généraux. Les effets locaux sont, les uns primitifs, les autres secondaires. Une substance astringente appliquée immédiatement sur la peau, sur une muqueuse, sur une plaie, diminue le diamètre des vaisseaux capillaires, tarit les sécrétions locales, détermine le refroidissement de la partie, lequel s'accompagne de pâleur, et cause une sensation particulière de resserrement. L'effet secondaire est précisément l'inverse de l'effet primitif. La chaleur et la rougeur de la partie reviennent et augmentent graduellement ; la sensibilité devient plus vive ; le tissu devient plus ferme et plus dense qu'avant l'application du médicament. Mais pour que cette réaction se produise, il faut que le contact du médicament ne soit pas trop prolongé. Dans le cas contraire, si l'ast. employé est énergique, la lumière des vaisseaux capillaires s'efface ; la circulation se suspend ; le resserrement et la condensation du tissu persistent ; celui-ci perd sa vitalité, et reste frappé de mortification, ou, pour mieux dire, il éprouve une sorte de *tannage* qui le préserve de la décomposition et de la gangrène. — Lorsque les astringents sont administrés à l'intérieur, leurs effets sont parfaitement en harmonie avec ceux que produit leur application locale. A petite dose, ils causent dans la bouche, l'œsophage et l'estomac une sensation d'astriction singulière et caractéristique, à laquelle succède en général un appétit extraordinaire. Ils diminuent les sécréti n intestinale, déterminent de la constipation, et suppriment la transpiration cutanée. A dose plus élevée, ils provoquent des nausées, des vomissements et des *crampes d'estomac* qui se propagent jusqu'au tube intestinal. Ils peuvent même déterminer des accidents graves ; c'est qu'alors le médicament n'agit plus simplement comme astringent, mais comme irritant et, pour certaines substances, comme escharotique.

La médecine administre comme astringents des substances fort diverses. Les unes sont minérales, les autres sont végétales. Parmi les premières, nous citerons l'alumine et différents sels alumineux, l'oxyde et le sulfate de zinc, l'acétate et le sous-acétate de plomb, le borax, l'acide sulfurique et l'acide nitrique. Les principaux astringents végétaux sont : le tanin, l'écorce de chêne, la noix de galle, le cachou, le ratanhia, la gomme kino, la bistorte. Tous ces médicaments ne doivent pas s'employer indifféremment les uns pour les autres. Les circonstances dans lesquelles la médecine a recours aux astringents, sont très variées. Ils sont surtout employés à l'extérieur dans le cas d'inflammations légères et superficielles, et dans celui d'hémorragies externes. Quant à leur administration interne, elle est principalement recommandée dans les hémorragies atoniques, ainsi que dans les catarrhes et flux chroniques.

ASTROBOLISME. s. m. (gr. ἄστρον, astre; βὔλος, action de lancer). T. Méd. Paralysie soudaine attribuée à une influence des astres. || Coup de soleil.

ASTRODERME. s. m. (gr ἄστρον, étoile; δέρμα, peau). T. Icht. Genre de poissons *acanthoptérygiens*. Voy. ScomBÉROÏDES.

ASTRODYNAMIQUE. s. f. (*astre* et *dynamique*). T. Didact. Dynamique des astres ou connaissance des forces qui les meuvent.

ASTROGNOSIE. s. f. (gr. ἄστρον, astre; γνῶσις, connaissance). T. Didact. Connaissance des astres.

ASTROÏTE. s. f. (gr. ἄστρον). T. Zool. Polypiers à cellules étoilées, tels que les astrées. Ce sont des madrépores qu'on trouve souvent pétrifiés. Voy. ZOANTHAIRES. || Espèce de pierre à laquelle la magie orientale attribuait de grandes vertus. C'était vraisemblablement une variété de corindon présentant le phénomène de l'*Astérisme*.

ASTROLABE. s. m. (gr. ἄστρον; λαμϐάνω, je prends).

Astr. — Ainsi que l'indique son nom, l'*Ast.* était un instrument qui servait à observer les astres et à déterminer les latitudes et les longitudes. Son invention est due à Hipparque, célèbre astronome du II° siècle avant notre ère. Il se composait de deux cercles ou d'un plus grand nombre de cercles, ayant un centre commun et inclinés les uns sur les autres, de manière à permettre à l'astronome d'observer en même temps dans les différents cercles de la sphère. Si, par ex., les différents cercles sont à angles droits, l'instrument donnera à la fois la longitude et la latitude, ou l'ascension droite et la déclinaison de l'astro; sous cette forme l'instrument est appelé astr. *armillaire*. Ptolémée le réduisit à une surface plane, à laquelle il donna le nom de *planisphère;* de là vient que dans les temps modernes le terme d'ast. a quel-

quefois servi à désigner un planisphère, ou la projection stéréographique de la sphère sur le plan d'un de ses grands

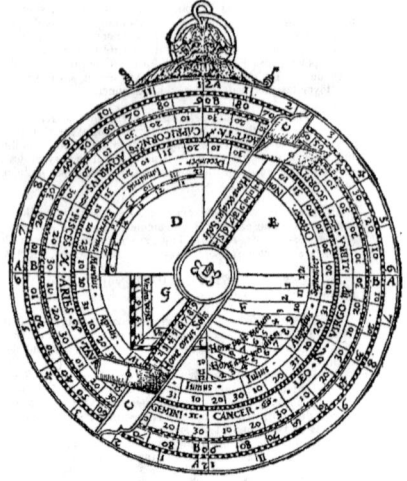

Fig. 1.

cercles. Depuis l'invention des instruments d'optique, l'ast. est complètement tombé en désuétude. On se servait aussi de l'ast. pour déterminer les hauteurs des édifices. Nous

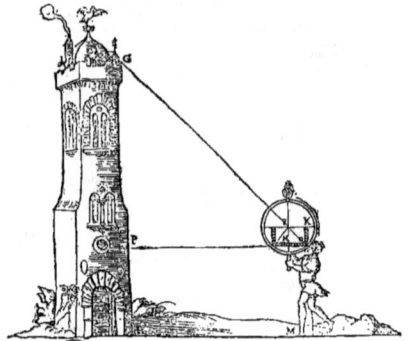

Fig. 2.

reproduisons ici deux figures du XVI° siècle, extraites d'un ouvrage sur l'astrolabe (*Joannis de Rojas comment. in Astrolabium.* Lutetiæ, 1551), qui montrent son aspect le plus répandu et l'un de ses modes d'emploi.

ASTROLÂTRE. s. et adj. 2 g. (gr. ἄστρον; λατρεύω, j'adore). Qui adore les astres.

ASTROLÂTRIE. s. f. Culte des astres. Voy. SABÉISME.

ASTROLOGIE. s. f. (gr. ἄστρον; λόγος, science). L'astrol. enseignait que les astres exercent une influence sur les destinées humaines, et que l'on peut déterminer cette influence et découvrir l'avenir. Cette idée pouvait paraître logique à l'époque où l'on croyait que la Terre et l'Homme étaient le centre et le but de la création entière. Mais la révélation astronomique est venue nous apprendre que notre globe n'est qu'une modeste planète, emportée autour du Soleil, en compagnie d'un grand nombre d'autres; qu'elle n'a été l'objet d'aucun privilège, que l'espace est infini, que les étoiles sont innombrables et disséminées à toutes les distances, et que les destinées des minuscules habitants de la Terre ne sont pas régies par ces causes lointaines.

Dans l'origine, l'*astrol.* ne se distinguait pas de l'*astronomie*, et les deux mots, dont l'étymologie est à peu près la même, s'employaient indifféremment l'un pour l'autre. Tant qu'elle resta confondue avec l'astronomie, l'astrol. eut sa part de vérité et d'utilité, puisqu'elle s'occupait de l'observation des positions des corps célestes; mais elle ne tarda pas, un peu partout, dès l'antiquité, chez les Chinois, chez les Assyriens, chez les Égyptiens, chez les Chaldéens, chez les Grecs et chez les Romains, à dominer l'astronomie et à régner sur les superstitions populaires. Dans la préface de ses *Tables Rudolphines*, Képler fait observer que l'astrol., toute folle qu'elle est, est la fille d'une mère sage, et que la fille folle est indispensable pour soutenir et faire vivre sa mère. C'était encore vrai au temps de Képler qui était obligé de faire des horoscopes pour gagner sa vie. On ajoute souvent au mot *astrol.* l'épithète de *judiciaire*, parce que les adeptes de cet art prétendu se proposaient de porter des jugements sur les événements futurs.

On présume que l'astrol. judiciaire a pris naissance dans la Chaldée, et que de là elle a passé en Perse, dans l'Inde et en Égypte, d'où elle fut ensuite transportée en Grèce, en Italie et dans le reste du monde. Les Juifs ne surent pas toujours s'en défendre. Dans la Grèce, nous voyons Hippocrate et Galien, à l'exemple sans doute des prêtres égyptiens, faire de l'astrol. l'un des fondements de la médecine. Quant aux Romains, peuple enclin à tous les genres de superstition, ils adoptèrent avec empressement les spéculations astrologiques. Néanmoins, à aucune époque, elles ne furent en aussi grand honneur qu'au moyen âge. Pendant que l'alchimie poursuivait sans relâche le grand œuvre, l'astrol. décourrait dans le ciel les signes qui devaient présider aux destinées des rois, annoncer les catastrophes et le bouleversement des empires. Naturellement, plus d'une fois, les événements donnèrent à cette vaine science de cruels démentis. Ainsi elle avait décrété la fin du monde pour le mois de septembre de l'an 1186; rien ne vint, comme on le pense bien, justifier cette sinistre prédiction. Le monde, épouvanté pendant plusieurs années, se réjouit de l'erreur des astrologues; cependant sa confiance en eux ne diminua point. Aussi vit-on, quelques siècles plus tard, un professeur d'astronomie allemand, Stoffler, annoncer, sans hésitation, un nouveau déluge pour le mois de février 1524. Les peuples tremblèrent d'effroi. On y crut très sincèrement et même un docteur de Toulouse, nommé Auriol, fit construire une arche pour sa famille et ses amis. En dépit de la prédiction des astrologues, le mois de février se passa comme à l'ordinaire; il fut même remarquable par sa sécheresse. Quelquefois, au contraire, d'heureuses coïncidences parurent confirmer les prédictions astrologiques. Ainsi, un jour de colère, Vitellius ordonna aux astrologues de quitter l'Italie. Ceux-ci répondirent par une affiche qui ordonnait insolemment à l'empereur d'avoir à quitter la terre auparavant. Et à la fin de l'année Vitellius était mis à mort.

Comme les empereurs romains et byzantins, les rois de France eurent leurs astrologues. Charles V s'occupait d'astrol. avec passion et fonda même à Paris un collège d'astrologues. Louis XI consultait les siens en toutes circonstances. Catherine de Médicis avait fait élever en son hôtel (Hôtel de Soissons) une colonne qui existe encore (sur le périmètre de la Bourse du commerce) du haut de laquelle elle consultait les astres avec Nostradamus. Louis XIII fut surnommé le Juste, parce qu'il était né sous le signe de la Balance.

Sur le point de se rendre à la fameuse entrevue de Péronne, Louis XI avait consulté son astrologue Galeotti, et celui-ci lui avait assuré que tout marcherait au gré de ses désirs. On comprend la fureur du roi à son retour; il fait appeler aussitôt Tristan : « Mon compère, lui dit-il, Galeotti est dans mon cabinet; dans quelques minutes, je le reconduirai; écoute avec soin les mots que je t'adresserai en le congédiant. Si je lui dis : « Il y a un ciel au-dessus de nous », qu'il soit pendu à l'instant même. Si, au contraire, je lui dis : « Allez en paix », garde-toi de toucher à un cheveu de sa tête. » Et le roi rentre dans son cabinet où le pauvre Galeotti l'attendait plus mort que vif. « Eh bien ! sire *astrologue*, lui dit-il, avec un sourire sardonique, vous qui lisez

si bien dans l'avenir, pourriez-vous me dire à quelle époque vous mourrez? — Sire, répondit habilement l'Italien, ma science ne me permet pas de préciser cette date; tout ce que je sais, c'est que je dois mourir trois jours avant Votre Majesté. » C'est ainsi que fut sauvé Galeotti; il savait à quel point le roi avait peur de la mort, et cette faiblesse ne lui avait pas échappé. Aussi le roi, en reconduisant lui-même l'astrologue à la porte, répéta-t-il, non pas une fois, mais trois fois la phrase : « Allez en paix, allez en paix, allez en paix », et avec un regard si significatif que le compère Tristan se garda bien de toucher à la chère tête de l'astrologue.

Les astrologues ont dû être assez souvent des hommes plus habiles que crédules, sachant tirer parti de toutes les situations.

Il n'y a pas encore deux siècles que le règne de cette superstition a cessé. Depuis l'époque de la Renaissance, nous voyons des hommes éminents dans la science préconiser cet art de déceptions; nous voyons des souverains, Louis XI, Catherine de Médicis, Charles-Quint, consulter avec respect les astrologues. Ce dernier, même, prescrivit l'enseignement de cette prétendue science. A la naissance de Louis XIV, l'astrologue de la cour, Morin, tira son horoscope avec toute la gravité requise par son emploi. Un fait plus surprenant encore, c'est que les premières tables lunaires calculées d'après la théorie de Newton avaient été destinées à servir aux observations astrologiques. Képler, qui découvrit les lois des mouvements planétaires; Cassini, le premier directeur de l'Observatoire de Paris, croyaient à l'astrol. Jérôme Cardan la révérait à ce point qu'il se laissa mourir de faim au jour fixé par les astres pour sa mort.

On a quelquefois donné le nom d'*Astrol. naturelle* aux pronostics météorologiques relatifs aux saisons, aux changements de temps, aux prétendues influences de la lune, et plusieurs auteurs, à commencer par Hésiode et Virgile, ont donné des règles pratiques poétiquement formulées. Mais c'est là de la météorologie et non de l'astrol.

Les prédictions astrologiques étaient fondées sur les *Aspects*, c.-à-d. sur les positions où se trouvaient le Soleil, la Lune et les planètes les uns par rapport aux autres, soit au moment de la naissance, soit à quelque autre période critique de l'existence d'une personne, et sur certaines influences que l'on attribuait arbitrairement à chacun des corps célestes. Dans le but de faciliter la détermination des aspects, toute l'étendue du ciel, visible ou invisible, était divisée en douze parties égales par l'horizon, par le méridien, et par quatre autres cercles passant par les points nord et sud de l'horizon et par les points de l'équateur qui sont à la distance de 30 et de 60 degrés du méridien, quelquefois aussi par le premier vertical et par l'écliptique : car à ce sujet la pratique des astrologues n'était pas uniforme. Ces espaces égaux se nommaient les douze *Maisons* du ciel; les cercles qui les circonscrivaient s'appelaient *Cercles de position*. Ces cercles de position étaient supposés fixes et immobiles, de sorte qu'un corps céleste, par l'effet de la rotation diurne, parcourait dans l'espace d'un jour chacune des douze maisons célestes. La première maison était comprise entre l'horizon oriental et le premier cercle de position, en avançant vers l'ouest; par conséquent, la septième commençait à l'horizon occidental. On donnait le nom d'*Horoscope* au commencement de la première maison, ou au point de l'écliptique qui se levait au moment même de l'observation. La première maison était la maison de *vie*; la deuxième, celle de la *richesse*; la troisième, celle des *frères*; la quatrième, celle des *parents*; la cinquième, celle des *enfants*; la sixième, celle de la *santé*; la septième, celle du *mariage*; la huitième, celle de la *mort*; la neuvième, celle de la *religion*; la dixième, celle des *dignités*; la onzième, celle des *amis*; la douzième, celle des *ennemis*. Chaque maison du ciel avait pour seigneur un corps céleste particulier. On admettait, en outre, qu'il y avait entre elles de grandes différences sous le rapport de la puissance. Ainsi, la première maison était la plus puissante; après elle venait la dixième; de sorte que de deux planètes également puissantes sous tous les autres rapports, celle qui se trouvait dans la maison la plus puissante l'emportait sur l'autre.

Après avoir préalablement considéré cette division du ciel, il reste encore à étudier les *aspects* ou les *configurations* des corps célestes doués d'influences. L'aspect, ainsi que le définit Képler, est l'angle formé par les rayons émanés de deux planètes et se rencontrant à la Terre, et qui ont la propriété d'exercer quelque influence naturelle. Les anciens reconnaissaient cinq aspects qu'ils indiquaient par des signes particuliers, savoir : la *conjonction* ♂, l'*opposition* ♂, le *trine* △, le *quadrile* □ et le *sextile* ✳.

Nous offrons ici à la curiosité de nos lecteurs une réduction en fac-similé d'une ancienne page de la *Connaissance des Temps*, recueil astronomique fondé en 1679 et toujours dirigé par des astronomes de l'Académie des sciences, qui a publié ces aspects astrologiques jusqu'en 1745. Il paraît qu'à

Figure des Aspects.

♂. Conjonction, ou situation des Planetes dans le même lieu du Zodiaque en longitude.

✳. Sextil : Distance de la sixième partie du Zodiaque, ou de deux signes.

◻. Quadrat : Distance de la quatrième partie du Zodiaque, ou de trois signes.

△. Trine : Distance de la troisième partie du Zodiaque, ou de quatre signes.

☍. Opposition : Distance de la moitié du Zodiaque, ou de six signes.

cette époque encore les médecins s'en servaient pour ordonner les jours de saignée, de purge, etc.

Le premier et le dernier signe (conjonction et opposition) et le troisième (aujourd'hui quadrature) sont encore employés dans nos annuaires. Dans l'aspect de conjonction, l'angle fait par les deux planètes est 0 ; dans l'opposition, il est de 180°. Le trine est le tiers d'un cercle ou 120° ; le quadrile égale 90° et le sextile 60°. Relativement à leur influence, les aspects se divisent en *bénins*, *malins* et *indifférents*. Le quadrile et l'opposition étaient considérés comme malins et malfaisants ; le trine et le sextile étaient bénins et propices ; la conjonction était un aspect indifférent. En attribuant certaines influences à chacune des planètes, et en supposant que tous les animaux, tous les végétaux, tous les pays, etc., sont soumis à leur empire, on aura une idée de la nature de l'art astrologique.

Voici le résumé de la doctrine astrologique que Manilius expliquait déjà il y a deux mille ans dans son grand poème de huit mille vers, intitulé *les Astronomiques*.

Sept astres principaux et les douze constellations influent particulièrement sur la destinée humaine et sur les événements. Ces sept astres illustres sont : le Soleil, la Lune, Vénus, Jupiter, Mars, Mercure et Saturne.

Le Soleil préside à la tête, la Lune au bras droit, Vénus au bras gauche, Jupiter à l'estomac ; en continuant de descendre, on trouve Mars, puis Mercure qui tient la jambe droite et Saturne la jambe gauche.

Dans les constellations, le Bélier gouverne la tête ; le Tau-

reau, le cou ; les Gémeaux, les bras et les épaules ; l'Écrevisse, la poitrine et le cœur ; le Lion, l'estomac ; l'abdomen correspond au signe de la Vierge ; les reins à la Balance. Viennent ensuite : le Scorpion... le Sagittaire, gouvernant les cuisses ; le Capricorne, gouvernant les genoux ; le Verseau, les jambes, et les Poissons, les pieds.

Albert le Grand a assigné aux astres les influences suivantes :

Saturne était censé dominer sur la vie, les changements, les sciences et les édifices ;

Jupiter, sur l'honneur, les souhaits, les richesses et la propriété ;

Mars, sur la guerre, les prisons, les mariages et les haines ;

Le Soleil, sur l'espérance, le bonheur, le gain et les héritages ;

Vénus, sur les amitiés et les amours ;

Mercure, sur les maladies, les dettes, le commerce et la crainte ;

La Lune, sur les pluies, les songes et les larcins.

Chacun de ces astres présidait à un jour de la semaine, à une couleur, à un métal, etc.

Le Soleil gouvernait le dimanche ; la Lune, le lundi ; Mars, le mardi ; Mercure, le mercredi ; Jupiter, le jeudi ; Vénus, le vendredi, et Saturne, le samedi.

Le Soleil figurait le jaune ; la Lune, le blanc ; Vénus, le vert ; Mars, le rouge ; Jupiter, le bleu ; Saturne, le noir ; Mercure, les couleurs nuancées.

Le Soleil présidait à l'or ; la Lune, à l'argent ; Vénus, à l'étain ; Mars, au fer ; Jupiter, à l'airain ; Saturne, au plomb ; Mercure, au vif-argent.

Le Soleil était censé bienfaisant et favorable ; Saturne, triste, morose et froid ; Jupiter, tempéré et bénin ; Mars, ardent ; Vénus, généreuse et féconde ; Mercure, inconstant ; la Lune, mélancolique.

Dans les constellations, le Bélier, le Lion et le Sagittaire étaient chauds, secs et ardents ; le Taureau, la Vierge et le Capricorne étaient lourds, froids et secs ; les Gémeaux, la Balance et le Verseau étaient légers, chauds et humides ; l'Écrevisse, le Scorpion et les Poissons étaient humides, mous et froids.

Les influences attribuées aux corps célestes sont d'ailleurs tout aussi arbitraires que celles qui sont assignées aux aspects. Au reste, la manière dont s'exerçaient ces influences variait à l'infini, selon les Maisons du ciel que les planètes occupaient à un moment donné.

Il serait aujourd'hui tout à fait oiseux de réfuter sérieusement le système d'influences imaginaires et de règles arbitraires qui constituait l'astrologie. La science (le simple bon sens aurait dû suffire) en a démontré l'inanité. Cependant il y a encore aujourd'hui des astrologues et des crédules qui les consultent, comme il y a des almanachs qui prédisent le temps un an d'avance. Une partie notable de l'humanité aime assez être trompée. Il est juste d'ajouter que la recherche de l'inconnu intéressera toujours les esprits curieux.

ASTROLOGIQUE. adj. 2 g. Qui appartient à l'astrologie. *Prédictions astrologiques.* || *Figure ast.*, Description de l'aspect général des astres au-dessus de l'horizon à un moment déterminé.

ASTROLOGIQUEMENT. adv. D'une manière astrologique.

ASTROLOGUE. s. m. Celui qui s'adonne à l'astrologie. || Fig. et prov., *Ce n'est pas un grand ast.*, se dit d'un homme qui n'est pas fort habile dans sa profession.

ASTROLOME. s. m. (gr. ἄστρον ; λῶμα, bordure). T. Bot. Genre de plantes de la famille des *Épacridées*. Voy. ce mot.

ASTROMANCIE. s. f. (gr. ἄστρον, astre ; μαντεία divination). Divination par les astres.

ASTROMÈTRE. s. m. (gr. ἄστρον ; μέτρον, mesure). T. Astr. Instrument nommé plus souvent *Héliomètre*. Voy. ce mot.

ASTRONIE. s. f. (gr. ἄστρον). T. Bot. Genre de plantes de la famille des *Mélastomées*. Voy. ce mot.

ASTRONOME. s. m. Celui qui cultive la science astronomique. *Ce sont les travaux des astronomes qui nous donnent des yeux et nous dévoilent la prodigieuse ma-*

gnificence de ce monde, presque uniquement habité par des aveugles. (FONTENELLE.) — Adj. Qui s'occupe d'astronomie. *Un peuple ast.*

ASTRONOMIE. s. f. (gr. ἄστρον, astre ; νόμος, loi). L'*Ast.* est la science des astres. Elle comprend toutes les notions relatives aux corps célestes, à leurs mouvements, à leur répartition dans l'espace, à leurs distances mutuelles, à leur constitution physique et à l'influence réciproque qu'ils exercent les uns sur les autres. En fait, l'ast. est par excellence *la science générale de l'univers.*

L'univers se compose de tout ce qui existe. La Terre que nous habitons, le Soleil, la Lune, les planètes, les étoiles, les comètes, en un mot toutes les choses existantes constituent l'univers et font l'objet de l'ast. Autrefois, lorsqu'on ignorait la réalité, et que sur l'illusion vulgaire des sens on croyait que la Terre était fixe au centre du monde, base et but de la création tout entière, l'ast. pouvait être considérée comme une science ne s'occupant que des choses d'en haut et à peu près inutile à ceux qui veulent se borner au tangible et au positif. Mais aujourd'hui qu'il est démontré que la Terre n'est pas fixe au centre et qu'elle est, au contraire, un astre, comme la Lune, tournant autour du Soleil, voguant dans l'espace, isolé dans le vide, sans appui ni soutien d'aucune sorte ; aujourd'hui qu'il est démontré que ce globe autour duquel nous marchons est simplement la troisième planète du système solaire, dans l'ordre des distances au Soleil, que les autres planètes sont des globes analogues à celui que nous habitons, gravitant comme le nôtre autour du même foyer, et que notre monde n'est, en un mot, qu'un des astres innombrables qui peuplent l'immensité, l'ast. est devenue aussi la science de la Terre et la base même de toutes les sciences qui s'occupent de la Terre et de l'humanité.

En effet, elle seule peut nous apprendre où nous sommes, nous dire sur quoi nous marchons, nous montrer comment cette boule tournante se soutient dans l'espace, par quelles combinaisons nous avons des années, des saisons, des jours et des nuits, en un mot nous faire connaître la vraie place que nous occupons dans la nature ; c'est sur elle que la navigation est fondée ; c'est elle qui nous a fait connaître la véritable forme du globe terrestre, la géographie ; c'est grâce à elle que tous les peuples de la Terre sont aujourd'hui en communication les uns avec les autres, échangeant leurs produits et leurs idées, et marchant ensemble à la conquête du progrès ; elle nous instruit à la fois sur la Terre et sur le Ciel ; sans elle nous vivrions comme des aveugles, comme des animaux, comme des plantes, sans nous donner la peine (ou pour mieux dire le plaisir) de nous rendre compte de notre position et de voir exactement ce que nous sommes.

Voilà la vérité toute franche. Conçoit-on qu'à l'heure présente il y ait encore au moins 99 personnes sur 100 qui se passent de cette science et demeurent dans cette indifférence toute végétale, vivant leur vie entière sans penser même un seul instant à se demander où elles sont ? Conçoit-on qu'une notion positive qui devrait être la base primordiale de toute instruction sérieuse soit encore aujourd'hui absolument négligée par la plupart des hommes qui se font les éducateurs de la jeunesse, et qu'au lieu des éléments de la science de l'univers, qui pourraient être enseignés aux enfants dès l'âge le plus tendre pour diriger immédiatement leurs jeunes intelligences dans la rectitude et dans la réalité, on farcisse leur imagination et on emplisse leurs têtes d'histoires inutiles et d'erreurs funestes dont ils auront plus tard la plus grande peine à se débarrasser, lorsqu'ils arriveront eux-mêmes à l'âge où l'on raisonne ? Il est assurément difficile, sinon d'expliquer, du moins de justifier un pareil état de choses.

Cependant ce ne serait pas une tâche bien lourde, et ce serait, au contraire, une œuvre agréable et utile que de donner à la jeunesse, dès le commencement de son éducation, ces notions si importantes. Mais il faut avant tout que ceux auxquels l'éducation de la jeunesse est confiée soient bien convaincus eux-mêmes de l'intérêt qui s'attache à l'étude, même élémentaire, de l'ast., et de l'utilité de cette connaissance pour l'ensemble des raisonnements qui doivent nous diriger dans la vie ; car c'est par l'intérêt et par le charme de leur enseignement qu'ils feront passer leurs convictions dans l'âme des enfants qui leur sont confiés, et c'est en les amusant qu'on les instruira le mieux. Le mot *s amusant* n'est pas déplacé ici ; en vérité, rien n'est aussi amusant que l'ast. descriptive élémentaire, quoique rien peut-être ne soit aussi ardu et aussi sérieux que la pratique de cette science.

Quoi de plus intéressant, par exemple, pour le jeune père

de famille, pour la jeune mère, ou pour l'instituteur, que de montrer à l'enfant les plus brillantes étoiles du ciel, par une belle soirée d'été, ou même d'hiver ; de lui apprendre à reconnaître immédiatement les sept étoiles célèbres du Chariot, à trouver l'étoile polaire à l'aide d'un simple alignement, et s'orienter exactement, de telle sorte que plus tard, en route par une nuit obscure, il sache toujours le faire sans peine ? Quoi de plus facile que d'apprendre par cœur les noms des vingt plus brillantes étoiles et ceux des constellations, de reconnaître le zodiaque et de trouver dans le ciel le chemin que le Soleil paraît décrire par suite du mouvement annuel de la Terre autour de lui ? Quoi de plus simple que de voir les étoiles se lever à l'orient, arriver à leur point de culmination, qui représente le sud et le méridien de chaque lieu, à les voir descendre à l'occident, et de réfléchir au mouvement diurne de la Terre auquel toutes ces apparences sont dues ? Quoi de plus intéressant que de chercher les planètes au milieu du zodiaque, et, à l'aide d'une petite lunette, de voir les satellites de Jupiter, l'anneau de Saturne, les phases de Vénus ? N'est-ce pas une heure agréablement passée que celle que l'on consacre à examiner à l'aide d'un télescope, même de faible puissance, les échancrures merveilleuses produites sur le bord de la Lune par la lumière solaire à l'époque du premier quartier, broderies charmantes qui paraissent alors suspendues dans l'azur céleste comme de l'argent fluide, irrégularités lumineuses dont on ne tarde pas à reconnaître la forme et la cause, et qui nous transportent sur les terrains si bouleversés de ce monde voisin ? On aperçoit de profonds cratères blancs remplis d'ombre, d'immenses cirques aux talus démantelés, et de vastes plaines obliquement éclairées par l'astre du jour, offrant l'aspect de nappes de velours gris : peu à peu la lumière s'élève, et l'on assiste au lever du soleil sur ces Alpes lointaines, à son élévation d'heure en heure et à l'éclairement successif des divers méridiens lunaires. À défaut de télescope, l'observation de la lumière cendrée dans l'intérieur du croissant lunaire les premiers jours de la lunaison se fait à l'œil nu, et peut servir d'utile sujet de réflexion si l'on veut s'expliquer la cause de cette clarté secondaire, chercher comment elle est produite par la lumière que notre Terre reçoit du Soleil et réfléchit dans l'espace, trouver quelles sont les contrées de la Terre qui sont alors tournées vers la lune et lui envoient le « clair de Terre ». Une éclipse de Soleil ou de Lune ne devrait jamais se passer sans qu'on en profitât pour se rendre compte du mouvement de la Lune autour de la Terre et du cône d'ombre qui accompagne tout globe éclairé. C'est ainsi que pour celui qui veut s'instruire, toute chose est un objet de curiosité et d'explication, surtout chez l'enfant, dont les impressions sont nouvelles, fraîches, et laissent dans le cerveau des traces ineffaçables.

Le mouvement de la Terre, l'inclinaison de son axe, la cause productrice des saisons, la variation de durée du jour et de la nuit, le changement de hauteur du Soleil, peuvent être le plus facilement expliqués sur un globe terrestre incliné comme il doit l'être, et un tel mode d'enseignement offre aux yeux et à l'esprit l'avantage d'affranchir immédiatement l'esprit de l'erreur des sens et de l'illusion vulgaire qui nous fait naître et grandir dans la conviction de l'immobilité de la Terre au bas du monde : car il montre l'isolement du globe terrestre dans l'espace, sa situation relativement au Soleil, et la manière dont il tourne pour présenter successivement tous ses méridiens à l'astre radieux et produire la succession des jours, des nuits, des saisons et des années. Quelques tableaux clairs et précis, et de simples expériences bien comprises peuvent être plus utiles au progrès de l'élève que de longues leçons souvent fastidieuses. Et parmi les lectures à faire à haute voix, est-il un meilleur choix que celui des ouvrages sur la nature, surtout sur l'ordre et la grandeur de l'univers, sur la beauté du ciel, sur l'organisation des mondes, vastes et nobles sujets qui élèvent l'âme en même temps qu'ils agrandissent l'esprit !

L'ast. est la première des sciences. Elle est la première par l'importance de son enseignement, qui devrait être la base de toute science et de toute philosophie ; la première par la grandeur et la dignité de son sujet, qui embrasse l'univers tout entier ; la première par son antiquité séculaire, car son origine se confond avec celle de l'histoire, avec celle de l'humanité elle-même.

Avant même d'avoir inventé l'écriture et commencé l'histoire, les hommes observaient déjà le ciel, cherchaient à y surprendre les causes des événements, des saisons, des variations de la nature terrestre ; jetaient les bases d'une mesure élémentaire du temps, d'un *calendrier* primordial ; s'ingéniaient à fixer par le retour des phénomènes célestes les dates des travaux, des fêtes, des actes principaux de la vie; suivaient le cours du Soleil, de la Lune, des étoiles, qui leur représentaient les manifestations visibles de la cause invisible qui ment le monde; remarquaient les planètes brillantes qui se déplaçaient dans l'armée des fixes; saluaient, dans leurs mouvements et dans leurs coïncidences avec les faits de la nature terrestre, les actes mystérieux de chefs célestes, de divinités secondaires mettant en œuvre les lois du Destin; établissaient inconsciemment les premiers jalons de l'*origine de tous les cultes;* commençaient la religion en même temps que la science; cherchaient des points de repère parmi les étoiles pour se guider dans la *navigation* et dans les voyages d'émigration à travers les déserts; enfin traçaient les premières cartes célestes, formaient les constellations et y inscrivaient comme sur des tablettes impérissables les faits qu'ils voulaient graver dans leur mémoire et conserver aux siècles futurs.

C'est sous le beau ciel de l'Orient que cette science sublime a pris naissance, pour se répandre de là en Chine, en Chaldée, en Phénicie, en Égypte, en Grèce, en Italie et dans toutes les parties du monde successivement conquises par l'esprit humain. Les premiers astronomes ont été les pasteurs de l'Himalaya, faisant paître leurs troupeaux au milieu de ces plaines élevées de l'Asie centrale couronnées d'un ciel admirable, au sein de ces nuits limpides et silencieuses où l'âme du pâtre aussi bien que celle du philosophe se sent transportée d'admiration. La multitude des étoiles, leur cours uniforme et majestueux, l'éclat splendide des plus brillantes, la douce blancheur de la Voie lactée, l'étoile filante qui semble se détacher des cieux, le profond silence de la nature recueillie, puis l'orient qui pâlit, l'aurore qui s'annonce; Vénus, l'étoile du berger, qui reste la dernière, et la symphonie grandiose du lever du Soleil qui éclate dans sa gloire et dans sa splendeur : tous ces aspects formaient un enchaînement de tableaux, une succession de scènes dignes d'entourer le berceau de la plus belle et de la plus vaste des sciences.

Il est impossible de fixer, même approximativement, la date des titres de noblesse de l'ast. : leur antiquité se dénombrerait par milliers d'années, et l'on aurait presque autant de fondement à supposer une antiquité de quinze ou vingt mille ans aux observations astronomiques dont il reste des vestiges dans les livres sacrés des Védas de l'Inde et dans les monuments de pierre de l'Égypte, qu'à leur supposer seulement six ou dix mille ans. Anciennement, on n'écrivait pas, et les faits historiques ne se transmettaient que par la tradition, souvent sous la forme de chants populaires analogues aux rhapsodies conservées sous les noms d'Hésiode et d'Homère. L'une des plus anciennes reliques de l'ast. primitive, qui nous reste encore intacte aujourd'hui, est la dénomination des sept jours de la semaine par les noms des sept astres principaux des anciens : le Soleil, la Lune, Mars, Mercure, Jupiter, Vénus et Saturne, consécration qui était déjà en usage en Chaldée il y a quatre ou cinq mille ans : car les fouilles faites à Ninive dans les ruines du palais de Sardanapale ont mis au jour des tablettes écrites en langue accadienne (antérieure aux Babyloniens) conservant ces dénominations, ainsi que certaines observations astronomiques faites dès cette lointaine époque. Alors déjà il y avait des observatoires nationaux officiels, des cours d'ast. et des bibliothèques publiques — tout à fait comme aujourd'hui. Il en était de même en Chine à la même époque. Les annales du Céleste Empire nous représentent le législateur Fou-hi établissant l'enseignement de l'ast. sur la plus large base, 2,850 ans avant notre ère, et l'empereur Hoang-Ti fondant son magnifique observatoire en 2608, régularisant le calendrier et observant l'étoile polaire, qui était alors l'étoile alpha de la constellation du Dragon; nous avons aussi l'observation d'une éclipse totale du Soleil arrivée, en Chine également, l'an 2169 avant notre ère, sans qu'elle eût été prédite, et qui coûta la vie au directeur de l'observatoire, parce que l'astrologie était alors intimement liée à la politique. Il y avait donc déjà des époque des bureaux de calculs prédisant les phénomènes célestes, et ces phénomènes avaient déjà été observés depuis un assez grand nombre de siècles pour qu'on ait pu découvrir les lois de leurs retours et de leurs périodicités. Tout cela nous reporte au delà de 5,000 ans au minimum.

L'étoile polaire, alpha du Dragon, paraît aussi avoir joué un rôle dans la construction des pyramides : car sur les neuf pyramides d'Égypte, six ont des galeries droites ouvertes au nord et creusées en descendant dans l'intérieur suivant une inclinaison variant de 26° à 28°, dans le plan méridien,

de telle sorte qu'un observateur placé au fond de ces galeries devait voir précisément l'étoile polaire à son passage inférieur au méridien; la grande pyramide a été construite il y a quarante siècles, vers l'an 2170 avant notre ère. Nous possédons des observations d'éclipses faites en Égypte depuis l'an 2720 avant notre ère, et des observations de l'étoile alpha de l'Hydre datant de l'an 2306.

D'autre part, le zodiaque paraît avoir été fixé à l'époque où l'équinoxe du printemps arrivait dans les derniers degrés de la constellation du Taureau, vers l'étoile Aldébaran : car le Taureau est indiqué dans tous les anciens chants astrognostiques comme « ouvrant l'année avec ses cornes d'or », et il ne reste pas de traces d'une association des Gémeaux à l'œuvre du Soleil. Or, l'équinoxe n'a pu répondre aux derniers degrés du Taureau, en vertu de la précession des équinoxes, que vers l'an 4000 à 4500 avant notre ère, et cette date coïncide avec la forme et la position des anciens zodiaques. La formation primitive de la sphère céleste, sans noms, par simples alignements, la reconnaissance de la route de la Lune, du Soleil et des planètes à travers le ciel et le premier dessin du zodiaque ont été certainement de beaucoup antérieurs aux observations précises des retours planétaires, aux dénominations des astres, et aux calculs des éclipses, qui datent déjà de plus de 5,000 ans. La fondation de notre zodiaque actuel, 6,000 ans avant l'époque actuelle, nous indique donc en quelque sorte la date la plus modeste que nous puissions décerner à l'antiquité de l'astronomie.

Longtemps après, il y a trois mille ans environ, les Phéniciens, alors à l'apogée de leur puissance, avaient organisé l'ast., ou pour mieux dire l'astrologie, en un véritable culte. Héliopolis était dès la plus haute antiquité célèbre par le culte du Soleil, qui lui avait donné son nom. L'Hercule de Tyr en était le symbole. Le culte de la Lune en était inséparable et les nouvelles lunes (néoménies) étaient l'occasion de fêtes solennelles. Vénus, Mercure, Mars, Jupiter et Saturne étaient autant de divinités adorées. Les Phéniciens se guidaient en mer d'après la Petite Ourse, qu'ils appelaient *Cynosure* (queue de chien), tandis que la Grande Ourse, nommée *Hélice* par les Grecs, servait de guide à ceux-ci.

Les Hébreux ont signalé dans leur Bible : la Grande Ourse, *Asch* (tournant); les Pléiades, *Kimah* (désir [du printemps qu'elles annonçaient il y a 3,500 ans]); Orion, *Kesil* (la constellation [par excellence]); le Dragon, *Nakhasch,* dont l'étoile la plus brillante marquait le pôle nord; les demeures du Soleil dans le zodiaque, les *Mazaroth.* Les Hébreux avaient tiré leur science élémentaire des Égyptiens. Ceux-ci plaçaient l'établissement de leur ast. entre les mains d'Hermès, qu'ils faisaient vivre vers l'an 3400 avant notre ère. C'est vers l'an 2887 que leur réforme du calendrier, par cinq jours supplémentaires ajoutés aux 360, a été faite, et c'est plusieurs siècles après que l'observation de *Sirius,* la plus brillante étoile du ciel, à laquelle nous avons conservé son nom égyptien, leur montra que l'année n'est pas exactement de 365 jours, mais de 365 jours un quart, les inondations du Nil, soigneusement notées, avançant insensiblement sur le lever héliaque de cette étoile et cessant de pouvoir être prédites par elle.

Les anciennes observations astronomiques paraissent avoir été écrites sur des briques que l'on cuisait ensuite pour les conserver. Sénèque en parle (*Questions naturelles,* IV, 3), et on en a retrouvé récemment. Malheureusement, les révolutions des empires, les guerres et les émigrations jetèrent des troubles et souvent de longues lacunes dans l'étude pacifique des sciences, et l'histoire a eu trop souvent la douleur de constater des destructions complètes de monuments, de livres, de bibliothèques, ordonnées par de barbares soldats. Ainsi lorsque Ptolémée écrivit son grand ouvrage, au II° siècle de notre ère, il ne trouva d'observations conservées que celles des Chaldéens postérieures à l'établissement de l'ère de Nabonassar, qui commence le 26 février de l'an 747 avant l'ère actuelle. La plus ancienne observation dont il se serve est une éclipse de Lune arrivée la 26° année de cette ère, le 19 mars 721 avant J.-C. On avait inventé dès cette époque le calcul du Saros, période de 18 ans et 11 jours, après laquelle les éclipses de Soleil et de Lune reviennent dans le même ordre.

La première école scientifique grecque a été fondée par Thalès, né à Milet vers l'an 640 avant notre ère. Les divisions actuelles de la sphère en cinq zones étaient déjà enseignées dans cette école. Hérodote rapporte que les éclipses y étaient observées et calculées, et que Thalès avait notamment prédit celle qui arriva juste au moment d'une bataille entre les Mèdes et les Perses, et eut l'avantage d'arrêter la guerre par la frayeur qu'elle occasionna aux deux armées. (Elle arriva le 30 septembre 610 ou le 28 mai 584.) — Pythagore paraît avoir été disciple de Thalès.

La fameuse école d'Alexandrie a fourni à l'ast. une précieuse série d'observations, depuis celles d'Aristillus et de Timocharis en l'an 295 avant notre ère, jusqu'à celles d'Hipparque qui, en l'an 130 avant notre ère, publia le premier catalogue d'étoiles qui nous ait été conservé et fonda l'astronomie mathématique, et jusqu'aux travaux de Ptolémée qui publia son *Almageste* vers l'an 150 de notre ère, ouvrage important dans lequel il expose l'état de l'astronomie à son époque et les diverses hypothèses émises sur la construction de l'univers, en se rangeant malheureusement du côté du système des apparences (quoiqu'il discute fort longuement la théorie du mouvement de la Terre); — opinion qui fit donner définitivement son nom à ce système.

Les invasions des Barbares, le bouleversement des peuples et la nuit du moyen âge arrivèrent, interrompant les travaux de l'esprit humain et l'étude de la nature. Cependant dans les pays non chrétiens, notamment chez les Arabes, à Bagdad et au Caire, l'astronomie continua de fleurir, depuis le calife Haroun-al-Raschid (800) jusqu'à Ulugh Beigh, roi astronome (1400), petit-fils du monstre Tamerlan, mais aussi excellent que son aïeul avait été horrible. Il en fut de même en Chine.

Au milieu du XVIᵉ siècle de notre ère, en l'an 1543, Copernic mourant légua à l'humanité la bible de l'astronomie moderne, qui prouve que la Terre où nous sommes n'est pas au centre du monde, mais n'est qu'une simple planète tournant comme les autres autour du Soleil. Depuis plus de trois cents ans, les travaux progressifs des illustres génies qui consacrèrent leur vie à chercher la vérité, les Galilée, les Képler, les Newton, immortels fondateurs de l'astronomie moderne; ceux de Cassini, Roemer, Halley, Flamsteed, Bradley, Lalande, Herschel, Laplace, Bessel, Le Verrier; ceux des astronomes modernes de toutes les nations ont constamment prouvé, vérifié, démontré la réalité du système de Copernic.

L'un des plus grands progrès de la science a été dû à Képler (né en 1571, mort en 1630). En comparant et en calculant laborieusement les observations recueillies jusqu'à lui, Képler découvrit : 1° que les orbites des planètes sont des ellipses dont le Soleil occupe un des foyers; 2° que chaque planète se meut dans son orbite elliptique, de telle façon que les aires, comprises entre les rayons vecteurs, sont proportionnelles aux temps employés par la planète pour parcourir les arcs enfermés dans ces rayons; 3° que les carrés des temps des révolutions des diverses planètes sont entre eux comme les cubes des distances moyennes au Soleil. Ces trois principes fondamentaux du mouvement des planètes dans leurs orbites ont reçu le nom de *Lois de Képler*. On ne saurait trop apprécier l'importance de cette découverte, soit sous le rapport des erreurs qu'elles anéantirent, soit sous le rapport de leur influence sur la théorie astronomique. Le mouvement circulaire et uniforme avait encore force d'axiome. Képler lui-même avait partagé l'erreur commune, et il avait été obligé, pour concilier cette fausse donnée avec les observations, de supposer que le Soleil était placé à une petite distance du centre de chacun des cercles planétaires. Les lois de Képler conduisirent à la découverte de la gravitation universelle et à tous les magnifiques résultats de la mécanique céleste. — En même temps que Képler, vivait Galilée (né en 1564, mort en 1642). Aidé du télescope, ce grand physicien reconnut les inégalités de la surface de la Lune, les oscillations apparentes de cet astre auxquelles on a donné le nom de *Librations*, les taches du Soleil, etc. Il aperçut les quatre satellites de Jupiter, qui, par leur analogie avec la Lune, établirent un rapport nouveau entre la Terre et les autres planètes. Il découvrit de la même manière les phases de Vénus, et le mouvement de cette planète autour du Soleil fut démontré. En publiant ces grandes découvertes, Galilée vit qu'elles confirmaient les théories pythagoriciennes du mouvement de la Terre.

Cependant, la découverte des lois des mouvements célestes n'était pas le dernier point où, après tant de travaux et d'efforts, l'esprit humain devait parvenir : il lui restait encore à s'élever jusqu'à la cause immédiate, jusqu'au principe général dont ces lois dérivent. Descartes songea le premier à résoudre ce grand problème en ramenant à la mécanique la cause de ces mouvements; mais il s'égara dès son point de départ. « Il était réservé à Newton, dit Laplace, de nous faire connaître le principe général des mouvements célestes. La nature, en le douant d'un profond génie, prit encore soin de le placer dans les circonstances les plus favorables. Descartes avait changé la face des sciences mathématiques par l'application féconde de l'algèbre à la théorie des courbes et des fonctions variables. Wallis, Wren et Huygens venaient de trouver les lois de la communication du mouvement. Les découvertes de Galilée sur la chute des graves, et celles de Huygens sur les développées et sur la force centrifuge, conduisaient à la théorie du mouvement dans les courbes. Képler avait déterminé celles que décrivent les planètes, et avait entrevu la gravitation universelle. Enfin, Hooke avait très bien vu que les mouvements planétaires sont le résultat d'une force primitive de projection combinée avec la force attractive du Soleil. La mécanique céleste n'attendait ainsi, pour éclore, qu'un homme de génie, qui, rapprochant et généralisant ces découvertes, sût en tirer la loi de la pesanteur. »

C'est ce que Newton exécuta dans son ouvrage des *Principes mathématiques de la philosophie naturelle*. En comparant les effets de la gravité terrestre telle qu'elle se manifeste dans la chute des corps près de la surface de la Terre avec la déviation constante qu'éprouve la Lune dans son orbite par rapport à la tangente à cette orbite, Newton trouva que ces deux phénomènes sont produits par une seule et même cause, et que la Lune est retenue dans son orbite par l'attraction de la Terre. Des recherches ultérieures, fondées sur les lois générales des mouvements planétaires découvertes par Képler, l'amenèrent à conclure qu'une force de même nature s'étend à tout l'univers, et que tous les corps, dans les cieux et sur la Terre, s'attirent les uns les autres en raison directe de leurs masses et en raison inverse du carré de leurs distances. A l'aide de ce principe unique, il expliqua les mouvements elliptiques de toutes les planètes et de leurs satellites, les faits qui concernent les formes de ces corps, leur rotation et les oscillations des fluides qui les entourent. Il prouva que l'action d'un corps sur un point extérieur est la même que si toute la masse était réunie en son centre; il démontra que le mouvement de rotation de la Terre autour de son axe avait dû produire un aplatissement aux pôles; que la précession des équinoxes était due à l'action de la Lune sur la Terre, et enfin que la double attraction de la Lune et du Soleil était la cause des marées. D'après les lois de Képler, les courbes décrites par les planètes sont des ellipses : cela serait vrai pour une planète qui se mouvrait seule autour du Soleil; mais la présence des autres planètes et des satellites détruit la simplicité de cette loi, et apporte quelques légères modifications à la courbe des orbites planétaires. L'influence réciproque que les planètes exercent les unes sur les autres est cependant encore assez sensible, mais, à cause de la faiblesse comparative de cette influence, on la regarde comme troublant simplement l'action prépondérante du Soleil. Le calcul des forces perturbatrices ou des effets produits par l'attraction mutuelle de tous les corps qui font partie du système solaire, constitue le problème le plus difficile et le plus important qui ait jamais été soumis à l'analyse mathématique. Newton aborda, sans la résoudre, la question des perturbations des planètes. Euler, d'Alembert, Clairaut, Lagrange et Laplace, plus heureux, complétèrent son œuvre, en faisant rentrer dans les lois mêmes de la gravitation universelle des faits qui semblaient la contredire. — En même temps, l'ast. pratique fit des progrès en rapport avec ceux de l'ast. théorique. Des observatoires furent établis dans différents pays. On fonda des académies et des sociétés pour effectuer, au moyen d'efforts combinés, ce qui surpassait les forces individuelles. On entreprit des voyages et des expéditions dans les parties du monde les plus éloignées, afin de mesurer la Terre et de déterminer d'autres éléments nécessaires pour que nous connaissions complètement du système planétaire. On parvenait aussi chaque jour à de nouvelles découvertes. C'est d'abord Halley, qui observe la comète de 1680 et prédit son retour pour la fin de 1758 ou le commencement de 1759; puis vient Bradley, qui découvre l'aberration de la lumière et la nutation. Dom, Cassini aperçoit quatre satellites de Saturne. Plus tard, en 1781, Herschel ajoute une planète, Uranus, au système des anciens. Au commencement de ce siècle, quatre nouvelles planètes, remarquables par leur petitesse et par la grande inclinaison de leurs orbites sur l'écliptique, viennent s'ajouter à notre système planétaire et combler la lacune qui, d'après la loi de Bode, semblait exister entre Mars et Jupiter. Ces dernières années, le nombre de ces planètes télescopiques ultra-zodiacales s'est considérablement accru et paraît devoir s'augmenter encore. D'autre part, au delà d'Uranus, à l'extrémité de notre système planétaire, un nouvel astre,

Neptune, s'est montré pour la première fois en 1846, à l'endroit même que lui avaient assigné les calculs de Leverrier.

L'état de perfection où l'ast. est arrivée aujourd'hui peut être regardé comme le plus grand triomphe de la raison et de la science humaines. Les mouvements de la Lune et des planètes nous sont connus avec la plus grande exactitude, et les tables ont toute la précision que la navigation et l'ast. pratique peuvent désirer. L'ast. sidérale n'a pas fait moins de progrès. On est parvenu à déterminer les mouvements propres dont chaque étoile visible est animée, et même ceux d'un grand nombre d'étoiles télescopiques; les étoiles doubles et multiples ont montré qu'elles sont régies aussi par la gravitation universelle; l'analyse spectrale nous fait connaître aujourd'hui la constitution chimique des étoiles dont on détermine l'âge relatif et la température, et la photographie est appelée à prendre possession du ciel dans ses détails toujours changeants comme dans son ensemble.

Laplace l'a dit avec raison : « L'astronomie, par la dignité de son objet et la perfection de ses théories, est le plus beau monument de l'esprit humain, le titre le plus noble de son intelligence. » C'est elle qui a donné à l'homme la notion des lois de la nature, supprimant le miracle et le bon plaisir d'un petit dieu conçu à l'image de l'homme pour laisser dominer l'idée sublime d'un Principe supérieur, infini et éternel. A l'erreur anthropocentrique et géocentrique a succédé la notion d'un univers sans bornes « dont le centre est partout et la circonférence nulle part ». Et le but définitif de l'ast. se révèle comme étant la recherche des conditions de la vie et de la pensée dans cet univers infini et éternel, de telle sorte que la philosophie astronomique est destinée à remplacer graduellement dans les esprits pensants toutes les philosophies et toutes les religions antérieures. C'est l'étude de la constitution de l'univers au point de vue moral aussi bien qu'au point de vue physique; c'est la recherche de la vérité suprême, du commencement et de la fin des mondes, des conditions de durée du Cosmos; c'est la contemplation de la nature infinie, dans le temps comme dans l'espace.

L'étude du ciel peut être divisé en deux grandes sections : l'astr. sidérale, qui traite de l'ensemble de l'univers, des étoiles en général, et l'ast. planétaire, qui traite spécialement de notre système du monde, des planètes, qui gravitent autour du Soleil.

On distingue aussi l'astr. mathématique et l'astr. physique. La première s'occupe des positions, des mouvements, des lois; la seconde de la nature des astres. L'astr. physique, l'étude de la nature des astres, est évidemment le but définitif de la science. — Voy. Attraction, Comètes, Constellations, Étoiles, Lune, Mouvement diurne, Planètes, Soleil, Système du monde, Terre, etc.

Sociétés astronomiques. — Un certain nombre de sociétés astronomiques se sont formées dans le but de réunir entre elles les personnes qui s'occupent de cette science ou qui s'intéressent à ses progrès. Voici les principales :

Société royale astronomique de Londres. Fondée en 1820. Public des Mémoires et un Bulletin mensuel. Le prix de la cotisation est de 2 livres ou 52 francs par an.

Société astronomique de Chicago. Fondée en 1862. Fait paraître un Rapport annuel. Le prix de la cotisation est de 100 dollars ou 500 francs une fois donnés.

Société astronomique internationale. Fondée à Heidelberg en 1863, ayant son siège à Leipsig. Publie un Bulletin trimestriel et des Mémoires séparés. Le prix de la cotisation est de 15 marks ou 18 fr. 75 par an.

Société astronomique de France. Fondée à Paris en 1887. Publie un Bulletin mensuel. Siège : Hôtel des Sociétés savantes, rue Serpente. Possède un observatoire et une bibliothèque. La cotisation est de 10 francs par an. A eu pour présidents : 1887 et 1888, C. Flammarion; 1889 et 1890, Faye; 1891 et 1892, Bouquet de la Grye; 1893, Tisserand.

Sociétés scientifiques Flammarion. Fondées à Bogota (Colombie) en 1881; à Jaën (Espagne) en 1882; à Argentan (Orne) en 1882; à Marseille en 1883; à Ixelles-Bruxelles en 1886; à Soissons en 1890.

Société astronomique du Pacifique. Fondée à San Francisco en 1889. Publie un Bulletin mensuel.

Association astronomique britannique. Fondée à Londres en 1890. Publie un Bulletin mensuel.

Principales Revues astronomiques :

L'Astronomie, revue mensuelle d'astronomie populaire, de météorologie et de physique du globe, fondée en 1882, à Paris, par Camille Flammarion;

Bulletin astronomique, publié sous les auspices de l'Observatoire de Paris, fondé l'année suivante par F. Tisserand;

Ciel et Terre, publié par l'observatoire de Bruxelles, fondé en 1880;

The Observatory, publié à Londres, fondé en 1877;

The Sidereal Messenger, publié à Northfield (Etats-Unis), fondé en 1882. Continué à partir de 1892, par Astronomy and Astrophysics;

Revista do Osservatorio, fondée en 1886, par Cruls, directeur de l'observatoire de Rio de Janeiro;

The Astronomical Journal, fondé en 1886 par Gould, à Cambridge (Etats-Unis);

Sirius, fondé en 1868, à Cologne, par J. Klein;

Himmel und Erde, fondé en 1887, à Berlin, par la Société scientifique Urania;

Astronomische Nachrichten, fondé en 1821, à Kiel. Bulletin purement mathématique.

Biblio g. — C. Flammarion, Astronomie populaire; les Étoiles, etc.; — Arago, Astronomie populaire; — Delaunay, Cours élémentaire d'Astronomie; — Guillemin, le Ciel; — H. Faye, Cours d'Astronomie; — Soumon, Traité d'Astronomie pratique; — Brunnow, Traité d'Astronomie sphérique; — Gauss, Théorie du Mouvement des Corps Célestes (traduit du latin par Dubois); — Hoefer, Histoire de l'Astronomie; — Clerke, History of Astronomy, etc.

ASTRONOMIQUE. adj. 2 g. Qui appartient à l'astronomie. Tables, observations, calculs, instruments astronomiques.

ASTRONOMIQUEMENT. adv. Suivant les principes de l'astronomie.

ASTROSCOPE. s. m. (gr. ἄστρον, astre; σκοπέω, je regarde). L'Ast. est un instrument astronomique, inventé vers la fin du XVII° siècle par Schukhard, professeur à Tubingue. Il se compose de deux cônes, sur les surfaces desquels sont décrites les étoiles et les constellations; ce qui donne le moyen de les retrouver facilement dans le ciel.

ASTROSOPHIE. s. f. (gr. ἄστρον, astre; σοφία, doctrine). T. Didact. Connaissance des astres.

ASTROSTATIQUE. s. f. (astre et statique). Statique des astres ou connaissance de la masse et de la distance respective des astres.

ASTUCE. s. f. (lat. astutia). Ruse, finesse. Ne se dit qu'en mauvaise part. Un homme plein d'ast. Il a fait cela par ast. Il emploie toujours de petites astuces. = Syn. Voy. Artifice.

ASTUCIEUSEMENT. adv. Avec astuce. Agir as.

ASTUCIEUX, EUSE. adj. Qui est plein d'astuce. Se dit des personnes et des choses. Homme as. Femme astucieuse. Conduite astucieuse. Question astucieuse. = Syn. Voy. Artifice.

ASTUR. s. m. T. Zool. Nom scientifique de l'autour. Voy. ce mot.

ASTURIES (Les), province d'Espagne (aujourd'hui Oviédo). L'héritier présomptif de la couronne porte le nom de Prince des Asturies.

ASTYAGE, fils de Cyaxare et dernier roi des Mèdes (VI° siècle av. J.-C.), aïeul de Cyrus d'après Hérodote.

ASTYANAX, fils d'Hector et d'Andromaque.

ASTYLE. adj. (gr. à, priv., et style). T. Bot. Qui est dépourvu de style.

ASYLE. s. m. Voy. Asile.

ASYMÉTRIE. s. f. T. Didact. Absence de symétrie.

ASYMÉTRIQUE. adj. 2 g. (gr. à priv., et symétrie). Qui manque de symétrie.

ASYMPTOTE. s. f. [Pr. assymptote] (gr. ἀσύμπτωτος, non coïncidant, de à, priv.; σύν, avec; πίπτω, je tombe) T. Géom. On dit qu'une droite est as. à une branche de courbe indéfinie, lorsque la distance d'un point de la courbe à la droite diminue indéfiniment quand le point s'éloigne à l'infini sur la branche de courbe. Ainsi la courbe et son *as* se rapprochent indéfiniment sans jamais se rencontrer. Ce terme, qu'Apollonius a employé le premier, signifie *qui ne se rencontre pas*.

Les personnes étrangères à l'étude des mathématiques ont souvent de la peine à admettre cette proposition, que deux lignes peuvent se rapprocher incessamment l'une de l'autre, et cependant ne jamais se rencontrer ni coïncider. Toutefois « ce mystère, dit Montferrier, s'éclaircit avec facilité lorsqu'on examine la génération de la courbe nommée *Conchoïde*. Soit MN (Fig. 1) une ligne droite indéfinie : d'un point A situé en dehors, menons les droites AB, A*a*, A*b*, A*c*, etc., et prenons les diverses parties *eB*, *fa*, *gb*, *hc*, etc.,

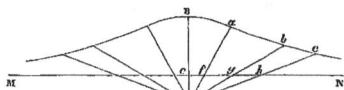

Fig. 1.

toutes égales entre elles ; la courbe B*abcd*, qui passe par les extrémités B, *a*, *b*, *c*, etc., est la *conchoïde*, et la droite MN est son *as*. ; car il est évident que la courbe ne peut jamais toucher MN, quoique chacun de ses points *a*, *b*, *c*, etc., s'en rapproche de plus en plus ».

Les asymptotes d'une courbe peuvent souvent être déterminées par des constructions géométriques. C'est ainsi qu'on démontre aisément que l'hyperbole a des asymptotes que l'on obtient en menant par le centre des perpendiculaires sur les tangentes issues du foyer au cercle principal. Voy. HYPERBOLE.

Quand une courbe est définie par une équation, il est facile de trouver les équations de ses asymptotes. Pour y arriver, nous considérerons d'abord les *as*. parallèles aux axes de coordonnées. Soit AB (Fig. 2) une branche de courbe admettant une *as*. CD parallèle à l'axe des *y*. Il est clair que lorsque

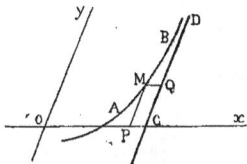

Fig. 2.

le point M s'éloigne indéfiniment, l'ordonnée MP du point M augmente indéfiniment, tandis que l'abscisse OP tend vers l'abscisse OC de l'*as*. puisque la longueur MQ = PC, qui est proportionnelle à la distance du point M à l'*as*., tend vers 0. *On obtiendra donc l'abscisse d'une as. parallèle à l'axe des y en cherchant la limite vers laquelle tend* x *quand* y *croît indéfiniment*. Si la courbe est algébrique, ordonnons son équation par rapport à *y* :

$$X_0 y^m + X_1 y^{m-1} + X_2 y^{m-2} + \ldots\ldots = 0.$$

X_0, X_1, X_2... étant des fonctions de X, puis divisons l'équation par y^m :

$$X_0 + X_1 \frac{1}{y} + X_2 \frac{1}{y_2} + \ldots\ldots = 0.$$

Il est clair que si *y* augmente indéfiniment, les polynômes X_1, X_2... restant nécessairement finis, tous les termes de l'équation, à partir du second, tendent vers 0. Pour que l'équation soit vérifiée, il faut donc que X_0 tende aussi vers 0, c'est-à-dire que *x* tende vers l'une des racines du polynôme X_0. Ces racines sont donc les abscisses des diverses asymptotes parallèles à l'axe des *y*, dont le nombre est ainsi égal au degré du polynôme X_0. On voit donc qu'*on obtient les asymptotes parallèles à l'axe des y d'une courbe algébrique en égalant à 0 le coefficient du terme du plus haut degré en y*. On obtiendrait d'une manière analogue les asymptotes parallèles à l'axe des *x*.

Pour les asymptotes obliques aux axes nous chercherons d'abord leur direction, puis leur position. Soit M un point de la courbe (Fig. 3) *as*. à la droite AB; joignons OM, et supposons que le point M s'éloigne indéfiniment sur la branche de courbe. Alors, il est manifeste que le rayon OM aura pour

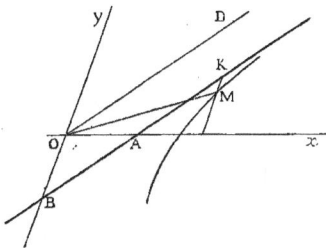

Fig. 3.

position limite une droite OD parallèle à l'*as*. Or, le coefficient angulaire de la droite OM est le rapport $\frac{y}{x}$ des deux coordonnées du point M. Donc : *le coefficient angulaire d'une as. est la limite vers laquelle tend le rapport* $\frac{y}{x}$ *des coordonnées d'un point de la courbe, quand ce point s'éloigne à l'infini sur la branche de courbe correspondante*. Pour trouver cette limite dans le cas des courbes algébriques, partageons l'équation en groupes homogènes :

$$\varphi_m (x,y) + \varphi_{m-1} (x,y) + \varphi_{m-2} (x,y) + \ldots\ldots = 0.$$

Divisons toute l'équation par x^m, et posons $\frac{y}{x} = t$. Il viendra :

$$\varphi_m (1,t) + \frac{1}{x} \varphi_{m-1} (1,t) + \frac{1}{x^2} \varphi_{m-2} (1,t) + \ldots\ldots = 0.$$

Quand le point s'éloigne à l'infini sur une branche oblique, *x* devient infini, *t* reste fini; donc tous les termes à partir du second deviennent nuls, et l'équation devant toujours être vérifiée, $\varphi_m (1,t)$ tend vers 0, c.-à-d. que *t* tend vers l'une des racines du polynôme $\varphi_m (1,t)$. Donc, on *obtient les coefficients angulaires des asymptotes en égalant à 0 l'ensemble des termes du degré le plus élevé où l'on a remplacé* x *par* 1 *et* y *par* t.

Pour la position de l'*as*. menons par le point M la parallèle MK à l'axe des *y*, qui rencontre l'*as*. en K. MK étant proportionnel à la distance du point M à l'*as*. tend vers 0. Posons MK = ε. L'équation de l'*as*. sera :

$$y_1 = tx + d,$$ *d* étant l'ordonnée à l'origine OD.

D'autre part, l'ordonnée de la courbe représentée par :

$$y = y_1 + ε$$

ou

$$y = tx + d + ε,$$ qu'on peut écrire $y - tx = d + ε.$

A la limite, ε devenant nul, on a $d = y - tx$. Donc, l'*ordonnée à l'origine de l'as. de coefficient angulaire* t *est la limite vers laquelle tend l'expression* $y - tx$ *relative à un point de la courbe, quand ce point s'éloigne à l'infini sur la branche correspondante*. Posons donc $y = tx + d$ et cherchons la limite de *d* dans le cas de courbes algébriques. L'équation de la courbe deviendra :

$$\varphi_m (x,tx+d) + \varphi_{m-1} (x,tx+d) + \varphi_{m-2} (x,tx+d) + \ldots = 0,$$

ou en appliquant la formule de Taylor :

$$\varphi_m (x,tx) + d\varphi'_m (x,tx) + \frac{d^2}{2} \varphi''_m (x,tx) + \ldots$$
$$+ \varphi_{m-1} (x,tx) + d \varphi'_{m-1} (x,tx) + \ldots$$
$$+ \varphi_{m-2} (x,tx) + \ldots = 0,$$

toutes les dérivées étant prises par rapport à la variable *tx* ou *y*. Dans chaque terme, *x* se met en facteur un certain nombre de fois ; le premier terme de l'équation : $x^m \varphi_m (1,t)$ est nul, puisque t est le coefficient angulaire d'une as., et, en divisant par x^{m-1}, l'équation devient :

$$d\varphi'_m (1,t) + \frac{1}{x}\left[\frac{d^2}{2}\varphi''_m (1,t)\right] + \ldots = 0.$$
$$+ \varphi_{m-1}(1,t) \qquad + d\varphi'_{m-1}(1,t)$$
$$+ \varphi_{m-1}(1,t)$$

x devenant infini, tous les termes, à partir du second, tendent vers 0 et d est donné par l'équation du premier degré :

$$d\varphi'_m (1,t) + \varphi_{m-1}(1,t) = 0.$$

La dérivée est prise par rapport à t. Si t est racine simple du polynôme φ_m cette équation est déterminée, et il existe une as. correspondant à la direction donnée. Si t est racine double et si $\varphi_{m-1}(1,t)$ est différent de 0, φ'_m sera nul et l'équation est impossible : d est infini. On dit que la courbe admet des asymptotes parallèles rejetées à l'infini. C'est le cas de la parabole. Les branches de courbe qui jouissent de cette propriété sont dites, pour cette raison, *paraboliques*. Si enfin $\varphi_{m-1}(1,t)$ est nul, l'équation en d est indéterminée ; les deux termes disparaissent, et il faut recourir aux termes suivants, qui donnent une équation du deuxième degré et deux asymptotes parallèles réelles ou imaginaires.

En poursuivant cette discussion, on reconnaîtra qu'une courbe algébrique admet toujours un nombre d'asymptotes égal à son degré ; seulement, ces asymptotes peuvent être réelles ou imaginaires, distinctes ou confondues, à distance finie ou infinie.

La théorie des asymptotes comprend encore la recherche de la disposition des branches de courbes correspondant à chaque as. Cette étude, qui se rattache à la théorie des *points multiples*, est trop compliquée pour que nous puissions l'aborder ici.

Une vérité qui a l'air d'un paradoxe, c'est que les espaces *asymptotiques* ou les aires limitées par des courbes et leurs asymptotes, quoique indéfiniment étendues, ont quelquefois des limites finies qu'elles ne peuvent dépasser. Nous citerons, comme exemples de ce cas, la courbe logarithmique ainsi que toutes les courbes dont l'équation peut se mettre sous la forme $x^m y^n = k$, pourvu que m et n ne soient pas égaux.

On considère aussi des courbes as. l'une à l'autre : c'est ce qui arrive toutes les fois qu'on peut faire correspondre les points des deux branches de courbe, de telle sorte que la distance des deux points correspondants tende vers 0 quand les points s'éloignent indéfiniment. Par exemple, les branches paraboliques admettent des paraboles as.

ASYMPTOTIQUE. adj. 2 g. [Pr. *assymptotique*]. Qui appartient ou qui a rapport à l'asymptote. *Point as. Courbe as.*

ASYNDÉTON. s. m. (gr. à priv. ; συνδέω, j'unis).
Rhét. — On nomme ainsi la suppression des conjonctions copulatives d'une phrase, suppression qui a pour objet de donner au discours plus de rapidité et plus d'énergie. La fameuse phrase de César : *Je suis venu, j'ai vu, j'ai vaincu* (Veni, vidi, vici), nous fournit un exemple de cette figure. Les rhéteurs appelaient *asynartètes* (du gr. à priv., συναρτάω, je lie ensemble) les propositions qui se suivent ainsi, sans emploi de la conjonction copulative.

ASYNTACTIQUE. adj. (gr. à priv., et *syntaxe*). Qui est contraire à la syntaxe.

ASYSTOLIE. s. f. (gr. à priv. ; *systole*, défaut). Insuffisance de la systole du cœur.

ATACAMA, province de la Bolivie, dans l'Amérique du Sud.

ATACAMITE. s. f. T. Minér. Cuivre oxydulé pulvérulent qu'on trouve à Atacama.

ATAGHAN. s. m. Sorte de poignard en usage parmi les Orientaux.

ATAHUALPA, le dernier des Incas du Pérou, fut mis à mort par l'infâme Pizarre (1533).

ATALA, titre et nom de l'héroïne du premier roman de Chateaubriand (1843). || Nom d'une petite planète.

ATALANTE, fille d'un roi de Scyros, célèbre par son agi-

lité à la course. Elle avait déclaré qu'elle n'épouserait que celui qui la devancerait à la course ; elle fut vaincue par Hippomène, qui jetait devant elle des pommes d'or qu'elle s'amusait à ramasser. Personnage mythique. || T. Astr. Petite planète découverte entre Mars et Jupiter.

ATARAXIE. s. f. (gr. à priv. ; ταράσσω, je trouble). T. Philos. Quiétude, calme, tranquillité de l'âme. *Les stoïciens appelaient at. un état de l'âme tel qu'elle ne peut être émue par aucun événement.*

ATAULPHE ou **ADOLPHE**, beau-frère d'Alaric Ier, roi des Visigoths, épousa Placidie, sœur d'Honorius, et s'établit dans l'Aquitaine (411-415).

ATAVIQUE. adj. T. Didact. Qui tient aux aïeux.

ATAVISME. s. m. (lat. *atavus*, de *ad*, à, et *avus*, aïeul). T. Bot. Tendance des plantes hybrides à retourner à leur type primitif. || T. Physiol. Ressemblance avec les aïeux ; réapparition chez un descendant éloigné des formes, maladies, habitudes, etc., des ancêtres. || En général, l'at. désigne la tendance des êtres organisés à reproduire des formes ancestrales souvent très éloignées. Voy. HÉRÉDITÉ.

ATAXIE. s. f. (gr. à priv. ; τάξις, ordre). T. Méd. Voy. ATAXIQUE. || T. Bot. Genre de plantes de la famille des *Graminées*. Voy. ce mot.

ATAXIQUE. adj. 2 g. T. Méd. Le terme *Ataxie* a été employé par Sydenham pour désigner un ensemble de phénomènes nerveux qui, survenant dans le cours d'une maladie, troublent la régularité de sa marche, et en augmentent beaucoup la gravité. Ils sont en effet toujours déterminés par une affection cérébrale primitive ou secondaire. Les principaux phénomènes ataxiques sont l'affaiblissement ou la perversion des fonctions des sens, un état spasmodique plus ou moins prononcé, l'insomnie ou la somnolence, la stupeur, etc. — Au commencement de ce siècle, Pinel avait imposé le nom de *fièvres ataxiques* aux affections fébriles qui présentent les caractères attribués par Sydenham à l'at. Aujourd'hui on réserve ce nom aux malades affectés d'*ataxie locomotrice*. L'ataxie locomotrice, *tabes dorsalis* ou maladie de Duchenne (de Boulogne), consiste en une sclérose des cordons postérieurs de la moelle épinière, et notamment du cordon dit de Goll. Cette grave maladie, qui affecte surtout les sujets masculins à l'époque de la seconde jeunesse (de 35 à 45 ans), est due à l'hérédité nerveuse, à la syphilis, aux excès vénériens. Dans une première période, l'at. éprouve des douleurs très rapides et très violentes dans les membres inférieurs (douleurs fulgurantes), puis des troubles de la vue (strabisme, atrophie de la papille, paralysie de la paupière supérieure), du priapisme et de la dysurie, des vomissements et de l'arthralgie. Dans la deuxième période, la marche devient hésitante et incoordonnée, le malade ne sent plus le sol, il tombe lorsqu'on lui ferme les yeux, ou s'il est dans l'obscurité. La troisième période consiste dans les paralysies, le gâtisme et la mort. L'ataxie de la jeunesse et de l'enfance est une maladie à part, décrite sous le nom de *mal de Friedreich*. Le meilleur traitement de l'ataxie consiste dans l'hydrothérapie, les pilules de nitrate d'argent à 1 centigr., l'iodure de potassium, le phosphore de zinc, les eaux minérales de Lamalou et de Wiesbaden, la suspension par la méthode de Motchakowsky, d'Odessa, ou les courants électriques continus.

ATCHARS. s. m. pl. Sorte d'assaisonnement qui nous vient de l'Inde. Les at. se composent de fruits verts, tels que mangues, bilimbis, citrons, ou de légumes, comme haricots, bourgeons de palmiste, confits dans du vinaigre ou dans le suc aigri de différentes espèces de palmiers, avec de la moutarde pilée, du gingembre, du piment, etc.

ATCHEH, capitale du gouvernement de ce nom dans l'île de Sumatra, sur la rivière du même nom ; 35,000 hab.

ATÈ, fille de Jupiter et d'Éris, divinité malfaisante. Myth. || Nom d'une petite planète entre Mars et Jupiter.

ATECHNIE. s. f. (gr. à priv. ; τέχνη, art). Néologisme. Défaut d'art.

ATÈLE. s. m. (gr. ἀτελής, imparfait). T. Mam. Nom d'un genre de singes de l'Amérique méridionale.

ATÉLECTASIE. s. m. T. Méd. Défaut d'extension, de dilatation, du poumon en particulier, constaté surtout chez les nouveau-nés.

ATELIER. s. m. (vx fr. *astelle*, petite planche). Lieu où travaillent réunis des artistes ou des ouvriers. *At. de peintre, de sculpteur. Les ateliers d'une fabrique, d'une imprimerie, d'une fonderie.* — Lieu de travail d'un peintre, d'un sculpteur, d'un architecte. *Personne n'est admis à visiter son at.* || Espace occupé sur le port par chaque ouvrier tireur dans l'exploitation du bois de flottage. || Par ext., Réunion de ceux qui travaillent dans un at. *At. nombreux. Couleur un at. Chef d'at.* — Réunion des élèves qui travaillent dans un même lieu sous la direction d'un peintre, d'un sculpteur ou d'un architecte. *L'at. de ce peintre est très nombreux. Il est sorti de grands artistes de cet at. Ce peintre a congédié son at.* || Compagnie de Francs-Maçons réunis sous le même vocable. *L'At. ∴ de la Rose du parfait silence* || T. Astr. At. du Sculpteur, constellation australe. Voy. CONSTELLATION.

Ateliers publics, nationaux. — L'idée de créer de grands travaux temporaires afin d'occuper les hommes valides qui, par suite de circonstances imprévues, viennent à se trouver sans ouvrage et sans moyens de subsister, n'est pas née d'hier. Elle remonte au moins au XVIᵉ siècle. Un édit de François Iᵉʳ, rendu en 1548, prescrit d'employer aux travaux publics tous les mendiants valides. La police de ces ateliers, dits *ateliers de charité*, fut réglée par plusieurs ordonnances de Louis XIV (1685 et 1689). Le terrible hiver de 1709, la famine et la misère qui en furent la suite, donnèrent lieu à une nouvelle ordonnance du même prince ayant encore pour objet l'organisation de ces ateliers. En 1786, Louis XVI étendit ce mode d'assistance à tout le royaume, et ordonna d'ouvrir dans toutes les provinces des *ateliers publics* pour donner du travail aux hommes inoccupés. Les troubles qui signalèrent les débuts de la Révolution ayant fait fermer une foule d'établissements privés, il devint plus urgent que jamais d'occuper les ouvriers dénués de ressources. On organisa des travaux de terrassement pour les hommes, et des travaux de filature pour les femmes et les enfants. L'ordre et la rémunération de ces travaux furent réglés par une loi de juillet 1791. Depuis cette époque, les divers gouvernements qui se sont succédé en France ont plusieurs fois recours aux mêmes mesures : l'Empire, dans la disette de 1810; la Restauration, dans celle de 1817; le gouvernement de Juillet, après la Révolution de 1830 et dans la crise industrielle qui affligea Lyon en 1837; le gouvernement provisoire de la République, en 1848. Mais, à cette dernière époque, une imprévoyance inouïe présida à l'embrigadement des ouvriers et à l'organisation des travaux, et l'on sait les événements déplorables qui furent le résultat de ces *ateliers nationaux*. Il ne faut pas perdre de vue qu'en dehors des travaux publics dont l'utilité est incontestable, l'établissement d'*ateliers publics*, dans lesquels on offrirait du travail à tous les ouvriers qui en réclameraient, de telle sorte que la quantité de travail se trouverait réglée non par les besoins de l'État, mais par le nombre des ouvriers qui se présenteraient, ne saurait être une institution sociale et économique et constituerait simplement une œuvre de charité publique.

ATELLANES. s. f. pl. (R. *Atella*, nom de ville). T. Hist. littéraire. — Les *At.* étaient une sorte de comédie ou plutôt de farce, très goûtée par le peuple romain. Ce genre de pièces était ainsi nommé d'Atella, ville des Osques, située dans la Campanie. On désignait aussi sous le nom de *Jeux osques* (ludi Osci) parce qu'elles étaient écrites en dialecte osque. Il paraît que dans l'origine et dans le pays même où les at. prirent naissance, elles n'étaient que des farces improvisées, sans action dramatique, mais pleines de verve et de malignité. Néanmoins, lorsque ce genre de spectacle fut transporté à Rome, vers 340 av. J.-C., il prit un caractère nouveau et constitua un drame régulier. Ainsi Macrobe établit une distinction formelle entre les at. et les *mimes*, qui étaient plus grossiers. Ces derniers étaient écrits en latin et non en osque; ils n'avaient qu'un acte, tandis que les at. en avaient cinq, sans compter les *Exodes* ou intermèdes bouffons qui se jouaient entre les pièces. Les at. offraient, à ce qu'il paraît, un mélange de haute comédie et de parodie de ce genre lui-même. Elles différaient des mimes par l'absence de paroles grossières et indécentes; néanmoins elles étaient pleines de verve, et abondaient en plaisanteries fort vives, mais de nature à plaire à des esprits délicats. Un passage de Cicéron nous fait voir que les at. avaient jusqu'à

son époque conservé ce caractère; car il blâme sévèrement un auteur de ses amis d'y avoir introduit des plaisanteries grossières, bonnes seulement pour les mimes. Valère-Maxime et Donat témoignent aussi du caractère décent des at. C'est sans doute pour ce motif que ce genre de pièces n'était pas joué par des acteurs de profession, mais seulement par de jeunes Romains qui appartenaient souvent aux meilleures familles. En paraissant sur le théâtre dans les at., ils n'encouraient aucune déchéance morale ou civile.

Les personnages types des at. ont survécu à la langue osque, à la République romaine, à l'Empire, et à la langue latine elle-même. Ils charment encore les habitants de la Rome in derne, de Naples, de Bologne, de Venise et de l'Italie entière. En effet, le *Sannio*, le *Bucco* et le *Pappus* des at. sont l'Arlequin, le Ninis et le Vieillard imbécile des farces italiennes; le *Macchus* n'est autre que le *Pulcinella* napolitain, qu'il ne faut pas confondre avec le *Polichinelle* français, laid, bête et bossu. On a trouvé dans les fresques de Pompéi le *Macchus* antique, vrai portrait du *signor Pulcinella*, avec cette inscription : « Un citoyen d'Atella » (*Civis Atellanus*). Les demi-masques dont, en Italie, Arlequin, Pantalon et le Docteur se couvrent le visage, sont évidemment empruntés par la tradition aux masques portés par les personnages correspondants de la comédie antique.

ATÉMADOULET, ou mieux **ATÉMADEVLET.** s. m. (arabe, *ozem*, suprême; *devlet*, prospérité). Titre que portait jadis le premier ministre du shah de Perse.

ATERGATIS, nom d'une divinité des Phéniciens, qui avait la forme d'un poisson.

ATERMOIEMENT. s. m. T. Comm. et Jurisp. Convention par laquelle les créanciers accordent un délai à leur débiteur. *Obtenir, accorder un at. L'at. n'oblige que les créanciers qui l'ont signé.*

ATERMOYER. v. a. (R. *terme*). T. Comm. et Jurisp. Reculer les termes d'un payement. *At. une lettre de change, une promesse, un billet, etc.* || S'ATERMOYER, v. pron. Faire un atermoiement. *Il s'est atermoyé avec tous ses créanciers.* || ATERMOYÉ, ÉE, part.

Conjug. — Change l'*y* en *i* devant un *e* muet : *j'atermoie*. Ajoute un *i* aux deux prem. pers. pl. de l'imparf. de l'ind. et du prés. du subj. : *Nous atermoyions, Que vous atermoyiez.*

ATEUCHUS. s. m. [Pr. l'*s*] (gr. ἄτευχής, sans armes). T. Ent. Genre de coléoptères qui vivent dans les fientes et les excréments des animaux. Voy. SCARABÉIDES.

ATHALARIC, roi des Ostrogoths en Italie (526-534), succéda, sous la tutelle de sa mère Amalasonte, à son aïeul Théodoric.

ATHALIE, fille d'Achab et de Jézabel, épouse de Joram, extermina toute la race de David. Son petit-fils Joas échappa seul et fut mis sur le trône par le grand prêtre Joïada, qui fit périr Athalie (870 av. J.-C.). La fin tragique d'Athalie a fourni à Racine le sujet d'une de ses plus belles tragédies.

ATHALIE. s. f. T. Entom. Genre d'insectes hyménoptères. Voy. PORTE-SCIE.

ATHAMANTE. s. f. (gr. Ἀθάμας, nom d'homme). T. Bot. Nom d'une espèce de Méon (*Meum Athamanticum*) de la famille des *Ombellifères*. Voy. ce mot.

ATHANAGILDE, roi des Visigoths d'Espagne (554-567), père de Galswinthe et de Brunehaut.

ATHANASE (SAINT), l'un des Pères de l'Église, triompha de l'hérésie d'Arius au concile de Nicée. Plusieurs fois exilé, il mourut patriarche d'Alexandrie (373).

ATHANOR. s. m. Fourneau des alchimistes.

ATHÉE. s. m. (gr. à priv.; Θεός, Dieu). Celui qui ne reconnaît point de Dieu, qui nie l'existence de la Divinité. *C'est un at. Une secte d'athées. Sous cette grande harmonie des êtres il ne peut parler de Dieu. L'athée n'aperçoit qu'un silence éternel.* (J.-J. ROUSSEAU.) | S'emploie adj. *Une proposition at. Un sentiment at.*

56

L'épithète d'*athée* est trop souvent donnée de la manière la plus inconsidérée. Tout croyant traite d'at. celui qui ne partage pas sa foi. Vanini, brûlé comme at. par l'Inquisition, prend un fétu de paille de son bûcher en disant à la foule : « Voilà qui prouve l'existence de Dieu. » Sylvain Maréchal a écrit en 1800 un *Dictionnaire des Athées* dans lequel il a compris Pascal, Moïse, Mahomet et même Jésus-Christ.

ATHÉISME. s. m. L'opinion, la doctrine des athées. *Cette opinion approche de l'ath. Faire profession d'ath.*

Philos. — L'*Athéisme* est l'opinion de ceux qui nient l'existence de Dieu. — On distingue communément trois sortes d'ath., savoir : l'ath. *négatif*, l'ath. *positif* ou *systématique* et l'ath. *moral*. — L'ath. *négatif*, dit-on, est celui des hommes qui, par stupidité ou par ignorance, ne se sont pas élevés à la connaissance de Dieu : ce serait donc un ath. involontaire. Il ne saurait exister, si réellement il existe quelque part, que chez les peuplades sauvages stationnant au degré le plus bas de l'échelle humaine. L'idée de l'infini et celle de cause conduisent nécessairement l'homme, dans tous les temps et dans tous les lieux, à une conception quelconque de la Divinité. Lors même que cette conception serait réduite au degré le plus infime du fétichisme, il n'y aurait pas là d'ath. proprement dit. L'ath. *positif*, au contraire, ne peut se développer que dans un état de civilisation avancée. Il est le résultat des systèmes philosophiques qui croient pouvoir expliquer tous les phénomènes de la nature sans l'intervention de l'idée de Dieu, et qui cherchent le principe de toutes choses dans un état antérieur existant de toute éternité, et dans des combinaisons s'enchaînant et se succédant nécessairement. C'est ainsi que toutes les théories *matérialistes* rentrent dans l'ath. systématique. On ne pourrait dire autant des doctrines *sensualistes*, si tous ceux qui les professent étaient de vrais logiciens, ce qui est assez rare. — Toute philosophie qui aboutit à la négation de Dieu est incapable de fonder une doctrine morale dans le vrai sens du mot, et ne peut trouver d'autre base à la morale pratique que l'intérêt bien entendu. L'ath. qui se présente sous la forme métaphysique, est donc en même temps un ath. *moral*. Mais il est encore d'autres doctrines qui, si elles ne constituent pas le véritable ath. aux yeux du métaphysicien, ne sont pas moins impuissantes que ce dernier à produire une conception morale obligatoire pour les hommes. Le panthéisme, soit avoué, soit déguisé sous l'une des mille formes qu'il sait revêtir, est certainement dans ce cas. Il en est de même de toute conception métaphysique qui nie la personnalité et la liberté de Dieu, parce que l'idée d'*obligation morale* est inséparable de celle d'un Être suprême qui nous ordonne, en nous laissant la liberté de lui désobéir. Il en est de même, à plus forte raison, des doctrines qui aboutissent à la négation de la liberté de l'homme : car si l'homme n'est pas libre, il ne saurait y avoir pour lui ni loi morale obligatoire, ni juste ni injuste, ni mérite ni démérite, ni peine ni récompense. Quand on parle le langage de la métaphysique, on a tort de confondre le panthéisme avec l'ath.; mais quand on considère les conséquences du premier au point de vue de la morale, cette assimilation n'est point une injustice. — L'ath. vient surtout de ce que certains hommes ont eu la naïveté ou l'impudence de prétendre définir Dieu et d'en faire un être animé de toutes les passions humaines. Jusqu'à ces derniers temps, l'ath. s'est toujours présenté dans l'histoire comme un principe d'amoindrissement moral de l'homme. En Grèce, aussi bien qu'à Rome, on le trouve lié au scepticisme et à l'égoïsme systématique, destructeur de tout idéal artistique et moral, ne laissant d'autre but à la vie que la satisfaction des intérêts et des passions. Bacon et Voltaire le trouvent *odieux*, quoiqu'ils déclarent en même temps, peut-être un peu légèrement, que l'ath. est un danger social moins funeste que le fanatisme. L'ath. contemporain se présente, au contraire, avec un caractère de profondeur et de logique que le différencie totalement de l'ath. antique. Il a la prétention d'être au moins aussi moral que les systèmes religieux; il prétend substituer à l'idéal religieux l'idéal scientifique et artistique, et prend pour base de la morale la subordination de l'individu *homme* à l'espèce *Humanité*. A la notion d'un Dieu personnel, gouvernant le monde par sa volonté, il cherche à substituer la notion de *lois scientifiques*, ou règles invariables, d'après lesquelles les phénomènes se succèdent nécessairement les uns aux autres. Là où l'ath. antique invoquait le hasard, ce qui ne veut rien dire, l'ath. moderne invoque la Science et ses lois immuables. Ces doctrines ont un côté de grandeur indéniable; elles sont professées par des hommes de grand talent et de grande vertu, et se présentent avec un caractère

spécieux qui peut faire d'autant plus illusion qu'elles ont des procédés pour expliquer les plus hautes facultés de l'homme. Cependant, elles ne résistent pas à un examen un peu approfondi, et finissent par aboutir aux mêmes conséquences désastreuses que l'ath. ancien. Leur logique est plus superficielle que réelle : elles invoquent des hypothèses que la science est loin d'avoir démontrées. Les notions premières de lois et de matière qu'elles cherchent à substituer à celle de Dieu sont encore plus incompréhensibles. Cela est tellement vrai, qu'en suivant l'évolution philosophique moderne, on voit les conséquences logiques du système se développer peu à peu, les notions premières disparaître à leur tour, parce qu'elles ont perdu leur seul point d'appui qui est l'Être suprême, les idées de lois et de substance sombrer comme inconcevables, l'existence même de la matière mise en doute, et les phénomènes proclamés les seules réalités. Le monde extérieur, l'être intérieur lui-même, le moi, enfin, sont déclarés de simples phénomènes, et l'esprit humain s'arrête épouvanté devant le gouffre béant du pyrrhonisme le plus absolu. Il n'y a plus rien qui existe, rien qui soit vrai. La vérité n'est qu'un moi; toute connaissance, toute certitude est impossible à l'homme. Telles sont les conséquences métaphysiques nécessaires de toute doctrine athée. Les conséquences morales se devinent : du moment qu'il n'y a plus que des apparences, il n'y a aucune raison pour que chacun ne choisisse pas à tout prix celles qui lui sont du moins les plus agréables, si toutefois il peut encore choisir, car la liberté a sombré avec tout le reste. Que deviendrait une société dont tous les membres partageraient ces doctrines accablantes? En définitive, il n'y a que deux systèmes philosophiques qui puissent logiquement se défendre : d'une part, la croyance en un Dieu personnel, libre, tout-puissant, créateur de tout ce qui existe, aussi bien dans l'ordre moral que dans l'ordre matériel, mais infini et *inconnaissable*; d'autre part, le scepticisme le plus absolu : non pas la négation, mais le doute et l'incertitude étendus à *tout*. Logiquement, les deux systèmes sont inattaquables; lequel des deux satisfait le mieux l'esprit humain? Voy. DIEU, MATÉRIALISME, POSITIVISME, PROVIDENCE, PANTHÉISME, PYRRHONISME, SCEPTICISME, etc.

ATHÉISTIQUE. adj. (vx fr. *athéiste*, athée). Qui a rapport à l'athéisme.

ATHÉNÉE. s. f. (gr. Ἀθήνη, Minerve). Lieu public où les poètes et les rhéteurs faisaient lecture de leurs ouvrages. || Établissement où se font des cours et des lectures.

Hist. — Lorsque la Grèce fut tombée sous la domination romaine, Athènes perdit sa puissance, mais elle ne cessa pas d'exercer une haute influence sur le monde civilisé. Elle demeura, en effet, durant plusieurs siècles encore, l'un des principaux foyers de lumière du monde antique. De toutes les parties de l'Empire, la jeunesse accourait dans la ville de Minerve (*Athèné*) pour y étudier la philosophie, les lettres et les beaux-arts. De là, le nom d'*Athénée* (*Athenæum*) donné, soit dans l'antiquité, soit dans les temps modernes, à diverses institutions ayant pour objet l'enseignement des lettres, de la philosophie, des beaux-arts et des sciences. — L'un des plus célèbres parmi les anciens établissements de ce genre et de ce nom, est l'Ath. fondé à Rome (125 après J.-C.) par l'empereur Adrien. Il était situé dans le Capitole, et constituait une sorte d'université, où des professeurs choisis faisaient des cours publics sur les différentes branches des connaissances humaines. L'Ath. fondé à Lyon (37 après J.-C.) par l'empereur Caligula mérite une mention spéciale. On sait que ce fou couronné, mais enthousiaste amateur de ce genre et de l'éloquence, y avait institué des concours d'éloquence grecque et latine. Les vainqueurs recevaient des prix magnifiques, tandis que les vaincus étaient obligés d'effacer leurs compositions avec une éponge ou avec la langue, et si mieux ils n'aimaient être fouettés ou jetés dans la Saône.

Il a existé, tant à Paris, que dans différentes villes de France, quelques sociétés désignées sous le nom d'Ath. Elles avaient toutes pour objet la propagation des lettres, des sciences et des beaux-arts. Nous citerons seulement l'*Ath. royal* et l'*Ath. des Arts*, tous deux fondés à Paris. Le premier fut créé en 1785, sous le nom de *Musée*, qu'il quitta bientôt pour celui de *Lycée*; mais il fut obligé de renoncer encore à ce nom, lorsque les anciens collèges royaux reçurent le titre de *Lycées*. Il s'appela alors *Ath*. Sous ces deux derniers noms, cet établissement jouit pendant plusieurs années d'une réputation européenne. On y faisait des cours sur les diverses branches des lettres et des sciences : Marmontel, Laharpe, Garat, Gingucné, Lemercier, Monge, Fourcroy, Cuvier, y professèrent. L'Ath. des Arts, dont la fondation remonte à 1792, porta d'abord, comme son homonyme, le nom de Lycée des Arts, auquel il dut également renoncer. Il était formé dans l'origine par une réunion de savants et d'artistes de premier mérite, tels que Lavoisier, Condorcet, Lalande, Berthollet, Daubenton, Thouin, Vauquelin, Chaptal, Hallé, Millin, Lesueur et Dalayrac. Il s'y faisait des cours publics et gratuits fort suivis. — En Belgique, on donne le nom d'Ath. à des établissements d'instruction secondaire, qui représentent nos Lycées actuels.

ATHÉNÉE, grammairien grec (IIIe siècle).

ATHÈNES, ville de l'ancienne Grèce, actuellement capitale du royaume de Grèce, 85,000 hab. Nom des hab. : ATHÉNIEN, ENNE. — Pendant plusieurs siècles, à l'époque la plus belle de l'antiquité, Athènes fut le foyer intellectuel et artistique du monde civilisé. Elle parait avoir été fondée vers l'an 1582 av. J.-C. par Cécrops, qui est regardé comme le chef d'une colonie venue d'Égypte. Elle fut consacrée à Minerve (Ἀθήνη), dont elle prit le nom. Son plus vif éclat fut atteint sous Périclès (Ve siècle av. J.-C.). Vaincue à Chéronée (338) par Philippe, elle perdit dès lors, avec la Grèce, toute puissance politique. — Principales ruines : l'Acropole avec le Parthénon, le temple de la Victoire aptère, les temples de Thésée, de Jupiter olympien, la tour des Vents.
Depuis la fondation du moderne royaume de Grèce (1834), une Athènes nouvelle s'élève sur les ruines de l'ancienne.

ATHÉRICÈRES. s. m. pl. (gr. ἀθήρ, pointe; κέρας, corne). T. Ent. Les Ath. constituent l'une des familles de l'ordre des Diptères. Les caractères essentiels de cette famille sont : antennes composées seulement de deux ou trois articles dont le dernier est toujours accompagné d'un stylet ou d'une soie, et n'offre jamais de divisions annulaires; trompe en général membraneuse, longue, coudée, qui est ou bien entièrement renfermée dans la cavité orale, ou bien saillante, et qui offre un suçoir composé de deux à quatre soies. — A l'état parfait, ces insectes sont rarement carnassiers. La plupart se tiennent sur les fleurs, sur les feuilles et quelquefois sur les excréments d'animaux. Cependant un grand nombre piquent la peau des animaux vivants, mais c'est pour y déposer leurs œufs. Les larves ont le corps annelé, plus ou moins fusiforme, très mou et très contractile, avec une tête de forme variable; leurs organes extérieurs consistent en un ou deux crochets qui, dans quelques genres, sont accompagnés de mamelons; les stigmates sont ordinairement au nombre de quatre. La larve ne mue pas; la peau qu'elle avait à sa naissance se solidifie et forme, excepté chez une espèce de coque ovoïde ou sphérique. Le corps de la larve se détache peu à peu de la peau devenue coque, prend la figure d'une boule allongée, et passe bientôt après à l'état de nymphe. Enfin, pour sortir de son enveloppe quand sa métamorphose est opérée, l'insecte fait sauter avec sa tête l'extrémité antérieure de sa coque, qui se détache sous forme de calotte.
Les Ath. se partagent en un certain nombre de tribus : les Syrphides, les OEstrides, les Conopsides et les Muscides.
Parmi les Syrphides, on en remarque plusieurs qui offrent une très grande ressemblance avec les bourdons et avec les guêpes. Telles sont les espèces du genre Volucelle, qui, grâce à cette ressemblance, pénètrent, sans beaucoup de danger, dans les nids des bourdons pour y déposer leurs

Fig. 1. Fig. 2.

œufs. La larve parasite vit dans le nid et dévore les larves du légitime possesseur (Fig. 1). Les Éristales et les Élophiles ressemblent aussi, par leur livrée, à des hyménoptères de la famille des Apiaires. Leurs larves ont reçu de Réaumur le nom de Vers à queue de rat, parce que, vivant au fond des eaux stagnantes et corrompues, elles possèdent une

queue très longue qui leur sert d'organe respiratoire. Cette queue se compose de deux tuyaux rentrants que l'animal allonge à son gré de façon à maintenir toujours au-dessus de la surface de l'eau l'extrémité de ce conduit. L'Élophile pendant (Fig. 2 grossie) est commun chez nous; sa larve vit dans les eaux bourbeuses, les égouts et les latrines. — Les

Fig. 3. Fig. 4.

Syrphes, qui ont donné leur nom à la tribu, sont des diptères allongés, ornés de taches et de bandes jaunes (Fig. 3. Syr. du poirier). Elles vivent sur les plantes, mais leurs larves se nourrissent presque exclusivement de pucerons. — Les genres Baccha, Chrysogastre, Paraque (Fig. 4. Par. bicolore), pour la plupart sont indigènes. — Les Chrysotoxes et

Fig. 5. Fig. 6.

les Céries, par leur corps noir, tacheté ou fascié de jaune, ressemblent un peu à des guêpes (Fig. 5. Cérie claricorne). Ces insectes vivent sur les fleurs. — Les insectes qui composent les genres Méradon (Fig. 6. Mér. du narcisse), Ascie, Xylote, Pipize, Milésie, Eumère, etc., habitent pour la plupart notre pays. Leurs larves vivent dans le bois en décomposition, et se nourrissent de substances végétales. Certaines larves ont été trouvées dans des oignons de narcisse, dont elles rongeaient l'intérieur. De là, le nom de l'espèce dont nous donnons la figure.
Les principaux genres de la tribu des Conopsides sont les Conops proprement dits, les Myopes et les Stomoxes. A l'état parfait, ces insectes vivent en général sur les fleurs;

Fig. 7. Fig. 8.

mais leurs larves sont toutes carnassières. Les Conops ont généralement l'aspect d'une guêpe (Fig. 7. Con. à pattes jaunes, grossi). Leurs larves sont parasites des bourdons et subissent leurs métamorphoses dans le corps de ces hyménoptères. Quant aux Stomoxes, que le vulgaire confond généralement avec nos Mouches domestiques, ce sont des insectes fort incommodes pour l'homme et pour les animaux. Le Stom. piquant (Fig. 8) perce la peau de l'homme avec une merveilleuse facilité; il l'attaque de préférence aux jambes, et le harcèle surtout pendant l'automne et à l'approche des orages. Les bœufs et les chevaux ne sont pas garantis de ses piqûres par l'épaisseur de leur cuir. Les larves des stomoxes se développent dans le fumier. — Pour les autres tribus des athéricères, nous renvoyons aux mots ŒSTRIDE et MUSCIDES.

ATHÉRINE. s. f. (gr. ἀθήρ, épi). T. Icht. Genre de poissons acanthoptérigiens. Voy. MUGILOIDES.

ATHÉRIX. s. m. (gr. ἀθήρ, épi). T. Entom. Genre d'insectes diptères. Voy. DIPTÈRES.

ATHERMAL, ALE. adj. (gr. ἀ priv., et *thermal*). T. Phys. Qui est à la température de 10° centigrades, en parlant d'eaux minérales.

ATHERMANE. adj. 2 g. (gr. ἀ priv.; θέρμος, chaleur). T. Phys. Qui ne se laisse pas traverser par la chaleur rayonnante. Voy. DIATHERMANE.

ATHERMOCHROÏQUE. adj. T. Phys. Qui n'est pas *thermochroïque*. Voy. ce mot.

ATHÉROMATEUX, EUSE. adj. Qui est de la nature de l'athérome.

ATHÉROME. s. m. (gr. ἀθήρα, bouillie). T. Méd. Tumeur enkystée renfermant une substance blanchâtre. Voy. LOUPE. L'ath. artériel est la dégénérescence graisseuse, puis fibro-cartilagineuse ou calcaire des parois artérielles. Il est dû à la vieillesse, l'alcoolisme, le saturnisme, la syphilis, etc. || T. Méd. vét. Tumeur se développant souvent dans le tissu cellulaire sous-cutané, constituée par une masse grisâtre ressemblant à du mastic. Elle ne guérit que par incision et énucléation des parois du kyste qui la contient.

ATHÉROSPERME. s. m. (gr. ἀθήρ, pointe ; σπέρμα, graine). T. Bot. Genre de plantes de la famille des *Monimiacées*. Voy. ce mot.

ATHÉROSPERMÉES. s. f. pl. Tribu de végétaux de la famille des *Monimiacées*. Voy. ce mot.

ATHÉRURE. s. m. (gr. ἀθήρ, épi; οὐρά, queue). T. Mam. Genre d'animaux voisin des *Porcs-Épics*. Voy. ce mot.

ATHÉTOSE. s. f. (gr. ἀθέτος, sans position fixe). T. Méd. Phénomène morbide consistant en mouvements involontaires habituellement continus, lents et exagérés, ordinairement limités à une main ou à un pied, quelquefois aux deux mains ou aux deux pieds.

ATHIS, ch.-l. de c. (Orne), arr. de Domfront, 3,300 hab.

ATHLÈTE. s. m. (gr. ἀθλεῖν, combattre). Celui qui combattait à la lutte, au pugilat, etc., dans les jeux solennels de la Grèce et de Rome. *Un puissant ath. Combat d'athlètes. Les athlètes combattaient ordinairement nus.* || Fig., Homme fort et robuste, adroit aux exercices du corps. *Avoir une santé, une vigueur d'ath.* || Fig., *Les athlètes de la foi, les athlètes de J.-C.*, Les martyrs.

Les Grecs, et après eux les Romains, désignaient sous le nom d'*Athlètes* les combattants qui disputaient dans les jeux publics les prix réservés aux vainqueurs dans les exercices corporels; ces prix se nommaient en grec *athla*. L'institution des luttes athlétiques remonte à la plus haute antiquité, ainsi que le prouve la description des jeux qui accompagnèrent les funérailles de Patrocle (Hom., *Iliad.* XXIII). On comprend que, chez les peuples guerriers, à une époque où la valeur personnelle décidait du sort des batailles, des exercices empreints d'un caractère religieux, ayant pour but le développement de la force corporelle, devaient attirer sur ceux qui parvenaient à y exceller une grande considération. Dans l'origine, on n'était point ath. de profession ; les prix, aux jeux publics, étaient disputés par des individus qui appartenaient aux familles les plus nobles et les plus illustres. Mais plus tard, l'appât des récompenses accordées aux athlètes vainqueurs donna naissance à une classe d'individus qui firent des exercices athlétiques l'unique occupation de leur vie, qui se soumirent, dans ce but, à un régime particulier, et qui érigèrent l'art athlétique en profession proprement dite. On distingua alors les *Athlètes* et les *Agonistes*. Ces derniers étaient de simples citoyens qui se livraient aux exercices gymnastiques dans l'unique but d'augmenter leurs forces physiques et de se rendre plus propres aux combats militaires.

Lorsqu'un citoyen d'une ville grecque quelconque remportait la victoire dans les grandes fêtes nationales helléniques, il en rejaillissait sur la cité qui lui avait donné naissance, une gloire et une renommée singulières. Les athlètes vainqueurs dans l'une des quatre grandes solennités de la Grèce, c.-à-d. aux jeux Olympiques, Isthmiques, Pythiques et Né-

méens, recevaient le titre d'*Hiéroniques (Hieronicæ)*. Ces jeux eux-mêmes étaient appelés *Isclastiques (Isclastici)*, parce que les athlètes qui y avaient remporté la victoire avaient le droit d'entrer en triomphe (εἰσελαύνειν) dans leur ville natale.

A Rome, selon Tite-Live, les luttes d'athlètes furent introduites par Marcus Fulvius (186 av. J.-C.) dans les jeux qu'il célébra après avoir terminé la guerre d'Étolie. Sous Auguste et sous ses successeurs, principalement sous Néron, le nombre des athlètes s'accrut prodigieusement en Italie, en Grèce et dans l'Asie Mineure. A Rome, ils constituaient une sorte de corporation ayant ses privilèges, son lieu d'assemblée (*Curia athletarum*), son lieu d'exercices à couvert (*Xystus*), et son chef ou président (*Xystarchus* et Ἀρχιερεύς). — Déjà Auguste avait accordé aux athlètes de nouveaux privilèges ; leur faveur ne fit que s'accroître sous les autres empereurs. A l'époque de Trajan, l'État accordait une somme d'argent, appelée *opsonia*, aux athlètes victorieux dans les jeux isclastiques. D'après un rescrit de Dioclétien et de Maximien, les athlètes qui avaient remporté trois couronnes aux mêmes jeux, pourvu qu'il n'y eût pas de connivence entre les compétiteurs, étaient affranchis pour leur vie de toute espèce de taxe.

Quoique par métaphore on ait quelquefois appliqué le nom d'ath. à d'autres combattants, ce terme, employé dans son sens propre, désigne exclusivement les individus qui disputaient le prix dans les cinq concours de la *Course*, de la *Lutte*, du *Pugilat*, du *Pentathle* et du *Pancrace* (voy. ces mots). Les athlètes étaient complètement nus, soit lorsqu'ils s'exerçaient dans leur palestre, soit lorsqu'ils luttaient en public. Dans les temps homériques, ils portaient une sorte de ceinture (*Perizoma*) qui cachait les organes sexuels. Il en était encore ainsi à l'époque des premiers jeux Olympiques. On donnait le nom de *Palestre* au lieu où s'exerçaient les athlètes. Dans la Grèce, les palestres étaient complètement distinctes des *Gymnases*, quoique les auteurs latins et les écrivains modernes aient souvent confondu les deux choses. Leurs exercices étaient dirigés par le *Gymnasiarque*; leur régime diététique était réglé par un *Alipte*, qui remplissait ce que nous appellerions aujourd'hui les fonctions d'*Entraîneur*. L'aliple était aussi chargé d'oindre, avant et après l'exercice, le corps de l'ath. avec de l'huile ou du *Cérome* (mélange d'huile et de cire). Toutefois, chez les Romains, l'aliple était simplement un esclave dont le service consistait à frictionner et à oindre son maître lorsque celui-ci allait au bain.

ATHLÉTIQUE. s. f. Partie de la gymnastique des anciens qui concernait les athlètes.

ATHLÉTIQUE. adj. 2 g. Qui appartient, qui a rapport à l'athlète. *Taille, force ath. Formes athlétiques.*

ATHLÉTIQUEMENT. adv. D'une manière athlétique.

ATHLOTHÈTE. s. m. (gr. ἄθλος, combat; τίθημι, je règle). Officier qui, chez les anciens Grecs, présidait aux jeux gymniques.

ATHOR, divinité égyptienne, femme de Phtha, représentée avec une tête humaine que surmontent des cornes et un disque.

ATHOS, montagne de Turquie (Roumélie); nombreux couvents de moines grecs.

ATHOUS. s. m. T. Zool. Genre de coléoptères de la tribu des *Élatérides*. Voy. ce mot.

ATICHE. s. f. T. de Pêche. Bandelette qui entoure le tranchant d'un haim.

ATILIUS (MARCUS), un des anciens poètes comiques de Rome.

ATINTER. v. a. Parer, orner avec affectation. *Qui vous a ainsi atinté?* = s'ATINTER. v. pron. Se parer. *Elle est deux heures à s'at.* = ATINTÉ, ÉE. part.

ATLANTA. s. m. (gr. ἄτλας, ἄτλαντος, atlas). T. Zool. Paléontol. Genre de mollusques gastropodes *Hétéropodes* (voy. ce mot) dont la coquille est petite, fragile, enroulée sur un même plan; le dernier tour porte une haute carène médiane, entaillée par une fente près de la bouche. Ce genre est actuel et fossile ; on en a trouvé une espèce dans le terrrainre de Saint-Domingue.

ATLANTE. s. m. (R. *atlas*). T. Archit. Figure humaine chargée de quelque fardeau. Voy. CARIATIDE. || T. Zool. Voy. ATLANTA. || ATLANTES, nom des habitants de l'île fabuleuse nommée *Atlantide*.

ATLANTIDE, île ou continent que d'antiques traditions plaçaient à l'ouest des Colonnes d'Hercule (détroit de Gibraltar), dans l'océan Atlantique. Voy. ATLANTIQUE.

ATLANTIDES, les filles d'Atlas. Myth.

ATLANTIQUE. adj. 2 g. (gr. ἀτλαντικός, d'Atlas, montagne de l'Afrique, qui a donné son nom à la mer voisine, et que l'on comparait à Atlas portant le ciel). T. Géogr. *Océan Atl.*, *mer Atl.* — S'emploie aussi subst., au féminin. *Il a traversé quarante fois l'Atl.* || T. Typogr. *Format atl.* Format où la feuille entière ne forme qu'un seul feuillet de deux pages. On dit aujourd'hui format *in-plano*.

Géogr. — L'océan Atl. est cette immense étendue de mer qui baigne les côtes occidentales de l'Europe et de l'Afrique, et les côtes orientales du nouveau continent. Il s'étend au nord jusqu'à l'océan Glacial Arctique, et au sud jusqu'à l'océan Austral. Sa largeur varie, suivant les saillies des terres et les golfes, de 300 à 700 et 800 myriamètres, et en prenant pour limites les deux cercles polaires on peut évaluer sa superficie à 900,000 myriamètres carrés. L'Atl. représente, pour ainsi dire, un immense cours d'eau, tant est remarquable le parallélisme de ses côtes opposées. Au nord, celles-ci sont profondément découpées, soit du côté de l'Europe, soit du côté de l'Amérique ; au sud, au contraire, les côtes de l'Afrique et celles du nouveau continent n'offrent presque pas de découpures. La saillie de la partie nord-ouest de l'Afrique correspond à l'enfoncement du golfe des Antilles, et la saillie de la partie nord-est de l'Amérique méridionale correspond à l'enfoncement du golfe de Guinée.

Les mers intérieures qui portent le nom de mer Baltique et de mer Méditerranée ne sont, à proprement parler, que des golfes de l'Atl. Certaines parties de ce vaste océan ont aussi reçu des noms particuliers : telles sont la mer du Nord, la mer d'Irlande, la mer ou golfe du Mexique, la mer des Antilles, etc.

Les plus grands fleuves du globe versent leurs eaux dans l'océan Atl. proprement dit. Nous citerons en Europe :

l'Elbe, le Rhin, la Loire, la Garonne, le Tage ; en Afrique : le Sénégal, le Niger, le Congo ; dans l'Amérique du Nord : le Saint-Laurent, le Mississipi ; dans celle du Sud : l'Orénoque, le fleuve des Amazones et la Plata. L'Atl. renferme quelques archipels et plusieurs îles importantes ; mais ces terres se trouvent en général très-distantes des continents. Parmi elles, on remarque surtout les îles Britanniques, les Açores, les Canaries, l'Islande, Terre-Neuve et les Antilles. A 150 myriamètres environ des côtes continentales, on ne rencontre plus que des îlots, comme Sainte-Hélène, l'Ascension et Tristan-d'Acunha.

L'océan Atl., sillonné depuis trois siècles par une multitude de vaisseaux, était presque ignoré des anciens. Les Carthaginois, qui les premiers s'étaient hasardés à côtoyer le rivage occidental de l'Europe et de l'Afrique, y avaient cependant fait quelques découvertes, entre autres celle d'une partie de l'archipel des Canaries, qu'ils appelaient les îles Fortunées. Est-ce aux premiers rapports de ces navigateurs ou à une tradition réelle que l'on doit la légende de cette fameuse *Atlantide* que Platon dit avoir jadis existé en face et à l'occident du détroit de Gibraltar ? « Les prêtres égyptiens, écrit-il, racontèrent à Solon un fait historique conservé dans leurs

annales, et dont l'antiquité remontait selon eux à 9,000 ans. A cette époque, il existait en face des Colonnes d'Hercule une île plus grande que la Libye et l'Asie réunies, et qui s'appelait Atlantide. Les rois de cette île régnaient sur toute l'Afrique jusqu'à l'Égypte, et sur l'Europe jusqu'à la mer Tyrrhénienne. Ils voulurent pousser leurs conquêtes plus loin ; mais les Athéniens, qui brillaient alors sur tous les peuples dans les arts de la paix et de la guerre, résistèrent aux Atlantes et les repoussèrent. Peu après cette victoire, un grand tremblement de terre engloutit tout à coup l'île Atlantide ; la mer qui porte son nom n'est plus navigable ; elle est embarrassée par le limon des îles détruites. » C'est ainsi que s'exprime Platon dans son *Timée* ; mais, dans son *Critias*, l'Atlantide n'est plus qu'une île de 3,000 stades de long. Du reste, c'était, suivant lui, une des plus belles et des plus fertiles contrées de l'univers. Le commerce y florissait sous un gouvernement admirable. Toute l'île, divisée en dix royaumes, était gouvernée par autant de rois, tous descendants de Neptune.

Le récit de Platon n'est qu'une fiction poétique et morale, mais peut-être est-il l'écho d'une tradition évanouie. On peut invoquer à l'appui de l'hypothèse de l'existence ancienne de l'Atlantide la nature volcanique des îles qui composent les archipels des Canaries, des Açores et de Madère. Si ces îles ne sont que les débris d'une vaste terre, aujourd'hui engloutie dans les abîmes de l'Océan, ce cataclysme est certainement antérieur à l'existence des sociétés civilisées. Tout ce que l'on peut dire, c'est que le fait d'un grand bouleversement géologique dans les îles situées à l'ouest de l'Afrique est dans l'ordre des choses possibles.

ATLANTOSAURIENS. s. m. pl. (gr. ἄτλας, ἄτλαντος, atlas ; σαῦρα, lézard). T. Paléont. zool. Ces reptiles de l'ordre des *Dinosauriens* (voy. ce mot) rentrent dans le sous-ordre des *Sauropodes*. Voy. ce mot.

Les vertèbres antérieures sont opisthocœliques ; les ischions sont dirigés vers le bas et se réunissent sur la ligne médiane à leur extrémité inférieure.

Le genre *Atlantosaurus* du jurassique des montagnes Ro-

— BLANCHET

cheuses était énorme. *A. immanis* avait plus de 30 mètres de long ; les ischions et le pubis mesuraient 1m20, le fémur 2m50 de long et 0m63 de large à la partie supérieure. Le sacrum est composé de 4 vertèbres. Voy. la Figure.

L'*Apatosaurus* du même gisement atteignait 20 mètres de long environ, et ses vertèbres cervicales possédaient environ 1m10 de large. Le *Brontosaurus* est de la même localité.

ATLAS. s. m. [On fait sentir l's] (gr. à augmentatif ; τλάω, je supporte). Suivant la mythologie grecque, *Atlas* était fils de Japet et de Clymène, et frère de Prométhée, d'Épiméthée et de Menœtius. On lui donne pour épouse Pléione, fille de l'Océan, qui le rendit père des sept Atlantides ou Pléiades. Ayant voulu escalader le ciel avec les autres Titans, il fut condamné par Jupiter à soutenir le poids de la voûte céleste.

ATLAS. T. Anat. Nom donné à la première vertèbre cervicale, qui supporte immédiatement la tête. C'est une allusion au rôle du Titan mythologique. Voy. VERTÈBRE. || T. Entom. Espèce de papillon nocturne du genre *Phalène*. Voy. NOCTURNES.

ATLAS, recueil de cartes terrestres ou célestes. — Par

ext., Recueil de planches, de tableaux, qu'on joint à certains ouvrages pour en faciliter l'intelligence.

Au XVIe siècle, Gérard Mercator, ayant publié une collection de cartes géographiques dont le frontispice représentait Atl. portant le globe sur ses épaules, donna à son recueil le nom d'*Atl.* Depuis ce moment, tous les recueils et publications du même genre ont reçu le même titre.

ATLAS, chaîne de montagnes au nord de l'Afrique (Maroc, Algérie, Tunisie). Elle a donné son nom à l'Atlantique. Homère connaissait le Jurjura, Hérodote le Petit Atl. et Ptolémée distingua le Petit Atl. du Grand. Ils ne forment, en réalité, qu'un même massif géologique. Le point le plus élevé est le Miltsin, à 95 kil. au S.-E. de la ville de Maroc : son altitude est de 3,477 mètres.

ATMÂ. s. f. Dans la philosophie religieuse des Indiens, l'âme émanée de la grande âme universelle.

ATMIDIATRIQUE. s. f. (gr. ἀτμίς, vapeur; ἰατρική, médecine). Méthode thérapeutique qui consiste dans l'emploi des vapeurs ou des gaz, soit en bains, soit en fumigations.

ATMIDOMÈTRE. s. m. Synonyme de *Atmomètre*.

ATMIDOMÉTRIE. s. f. (gr. ἀτμίς, ἀτμίδος, vapeur; μέτρον, mesure). Mesure des vapeurs.

ATMIDOMÉTROGRAPHE. s. m. (gr. ἀτμίς; μέτρον; γράφω, j'écris). T. Phys. Instrument enregistreur mesurant l'évaporation et enregistrant la quantité de liquide évaporé.

ATMOMÈTRE. s. m. (gr. ἀτμός, vapeur; μέτρον, mesure). T. Phys. Instrument qui sert à mesurer la rapidité de l'évaporation de l'eau à la surface de la terre.

ATMOSPHÈRE. s. f. (gr. ἀτμός; σφαῖρα, sphère). T. Astr. et Phys. La couche d'air dont le globe terrestre est environné. *L'at. est chargée de vapeurs. Il faudrait une petite pluie pour rafraîchir l'at.* — S'applique aussi aux autres corps célestes. *L'at. de Jupiter. La Lune paraît dépourvue d'at.* ═ S'emploie encore en parlant de l'air confiné dans un espace limité et même très resserré. *L'at. des grandes villes est viciée par une foule d'émanations insalubres. Il y a des gens qui se plaisent dans l'at. infecte et suffocante d'une tabagie.* ‖ Fig. *Nous vivons dans une at. de corruption et d'intrigue.* ‖ En T. Phys., le nom d'*At.* s'applique à toute couche de fluide libre qui entoure un corps isolé. ‖ En T. Méc., le mot *At.* s'emploie comme unité de mesure pour évaluer les pressions. Voy. plus bas.

Phys. — *L'At. terrestre* est cette immense couche fluide, formée par un mélange de gaz et de vapeurs, qui entoure notre globe de toutes parts, le suit dans toutes ses évolutions, et se trouve ainsi emportée avec lui dans l'espace. Au mot Air, nous avons étudié la composition et les propriétés chimiques de l'air atmosphérique; ici nous allons l'examiner au point de vue physique exclusivement.

Pesanteur de l'atmosphère. — La première chose que nous ayons à considérer dans l'étude de l'at., c'est sa pesanteur, ou, en d'autres termes, la pression qu'exerce cette énorme masse fluide sur la Terre elle-même et sur les corps solides situés à la surface du globe. La pesanteur de l'air avait été soupçonnée par quelques philosophes anciens, entre autres par Lucrèce; mais c'est seulement vers le milieu du XVIIe siècle que cette propriété de l'air a été démontrée expérimentalement. En 1644, Torricelli établit que l'ascension de l'eau dans la pompe aspirante est due à la pression de l'at., et qu'une colonne d'eau d'environ 32 pieds (10m26) fait équilibre à une colonne d'air atmosphérique qui aurait la même diamètre et qui s'élèverait jusqu'à la limite supérieure de l'at. Il prouva son assertion en faisant voir qu'une colonne mercurielle se comporte absolument comme l'eau, et que la moindre longueur de cette colonne est en raison de la plus grande densité du nouveau liquide employé. Il prit un tube de verre long de 1 mètre et fermé à l'une de ses extrémités; il le remplit de mercure et le plongea par son extrémité ouverte dans une cuve remplie du même métal. La colonne mercurielle s'abaissa dans le tube et y resta suspendue à la hauteur de 28 pouces (76 centim.) environ. En inclinant le tube, la longueur de la colonne augmentait, mais sa hauteur verticale au-dessus du bain métallique restait toujours la même. Le *baromètre* était inventé. Un peu plus tard, Pascal montra que la colonne de mercure soutenue par la

pression atmosphérique dans le tube de Torricelli diminue de hauteur à mesure qu'on s'élève au-dessus du sol, parce que toute la couche d'air laissée au-dessous de l'appareil cesse de presser sur la surface libre de mercure. Il fit lui-même l'expérience au sommet de la tour Saint-Jacques, à Paris, et la fit répéter par son beau-frère Périer, au sommet du Puy de Dôme. Ces expériences célèbres mirent hors de doute l'existence du poids et de la pression de l'atmosphère, et ruinèrent l'ancienne opinion qui expliquait l'ascension de l'eau dans les pompes par une prétendue *horreur du vide* qu'aurait eue la Nature. En 1750, Otto de Guericke, par l'invention de la *machine pneumatique* (voy. ce mot), fournit une démonstration directe de la pesanteur de l'air. — Un litre d'air sec, à Paris, à 60 mètres au-dessus du niveau de la mer, à la température 0, et sous la pression 76 centim., pèse 1gr293,187. On en conclut 1gr292,743 pour le poids du litre d'air sous le parallèle de 45 degrés et au niveau de la mer.

Nous venons de voir que le poids d'une colonne mercurielle ayant 76 centim. de hauteur est égal au poids d'une colonne d'air qui aurait la même base et qui s'élèverait jusqu'à l'extrême limite de l'at. Rien n'est donc plus facile que de mesurer par ce procédé la pression totale de l'at. Si la colonne mercurielle barométrique a une base de 1 centim. carré, sa hauteur, évaluée en centimètres, mesure son volume évalué en centimètres cubes. Or, 1 centim. cube de mercure pèse 13gr598. Par conséquent le poids de la colonne mercurielle sera 13gr598 × 76, c.-à-d. 1,033gr448. Par conséquent encore, ce poids de 1,033gr448 fait équilibre à une colonne d'air qui aurait pour base 1 centim. carré, et pour élévation la hauteur totale de l'at. terrestre. Ainsi donc, la pression exercée par l'at. sur chaque centim. carré à la surface de la terre, est égale à 1,033gr448. Mais, de même que celle de tous les autres fluides, la pression de l'at. s'exerce également dans toutes les directions. Il en résulte que l'air dans un tube exerce non seulement sur le fond même de ce tube, mais encore sur ses parois latérales une pression de 1,033gr448 par centim. carré. En conséquence, pour déterminer la pression de l'at. sur un corps quelconque, il nous suffira de connaître la superficie de ce corps et de multiplier cette surface par 1033,448. Ainsi, par ex., le corps d'un homme de stature moyenne présentant une surface de 17,000 centim. carrés, on trouve que le corps humain supporte une pression moyenne de 17,568 kilogrammes. Ce chiffre paraît énorme au premier abord, et l'on a de la peine à concevoir qu'un poids aussi disproportionné aux forces de l'homme et qui semblerait devoir l'écraser, soit néanmoins tout à fait insensible pour lui. Cependant cette contradiction n'est qu'apparente et s'explique aisément, quand on considère que les fluides élastiques renfermés dans l'intérieur de notre corps exercent du dedans en dehors une pression en sens inverse de celle qui agit de dehors en dedans. Or, comme ces deux pressions opposées sont égales, elles se font équilibre et se neutralisent réciproquement. Maintenant, si nous calculons la pression que la masse atmosphérique exerce sur la surface entière de notre globe, nous arrivons à un chiffre véritablement prodigieux. En estimant la surface de la terre à environ 500,000 milliards de mètres carrés, nous trouvons que la pression de l'at. ambiante est représentée par 5,167,240,000 milliards de kilogrammes. Ce poids de 5 quintillions de kilogrammes représente un peu moins de la millionième partie du poids du globe terrestre tout entier. — La pression atmosphérique éprouve des variations fréquentes. Parmi ces variations, les unes sont régulières, les autres sont irrégulières. Au nombre des premières, on remarque les variations diurnes, et celles qui se manifestent selon les différentes saisons de l'année; au nombre des secondes, les oscillations qui accompagnent les changements de temps. Il en sera parlé au mot Baromètre.

Densité de l'atmosphère. — La densité de l'at. n'est pas la même aux différentes distances de la surface du globe. Il est aisé de s'en rendre compte. Si nous concevons un tube vertical rempli d'air et allant de la surface du sol jusqu'aux limites de l'at., il est évident que chaque molécule d'air contenue dans le tube aura à supporter la pression de toutes les molécules situées au-dessus. Or, comme l'air, en vertu de son élasticité, se contracte proportionnellement à la pression qu'il éprouve, il est évident que sa densité ira en diminuant de bas en haut. Cette densité diminue suivant une progression géométrique, c.-à-d. que si, à une certaine hauteur au-dessus de la surface du globe, la densité est la moitié de celle que l'on trouve au niveau de la mer, à une hauteur double cette densité ne sera plus que le quart de celle observée au niveau de l'Océan. Par conséquent, si les hauteurs au-dessus de la surface de la terre sont prises en progression arithmétique, les densités des couches atmosphériques correspondantes à ces hauteurs seront en progression géométrique décroissante. Supposons, par ex., qu'à la hauteur de 2 kilomètres au-dessus de la surface de la terre, la densité de l'air atmosphérique soit représentée par l'unité, les densités des couches correspondantes aux autres hauteurs seront représentées comme il suit :

Hauteur en doubles kil. :
1, 2, 3, 4, 5, 6, 7.

Densités correspondantes :
1 ; 0,739 ; 0,6309 ; 0,5011 ; 0,3981 ; 0,3163 ; 0,2511.

Il résulte de là qu'à la hauteur de 14 kilom, la densité se trouverait réduite au quart, qu'à 28 kilom. elle ne serait plus qu'un seizième, et ainsi de suite. Réciproquement, lorsqu'on connaît les variations de la densité ou de la pression à différentes hauteurs de l'at., il est aisé de calculer l'élévation à laquelle on se trouve. C'est ainsi que le baromètre sert à déterminer les altitudes des montagnes au-dessus du niveau de la mer, ainsi que la hauteur à laquelle s'élève un aérostat. C'est Laplace qui, le premier, a donné la formule reliant l'altitude à la pression atmosphérique, en tenant compte de la température. Cette formule est très exacte dans les régions inférieures de l'at. ; mais il serait téméraire de vouloir l'étendre aux régions les plus élevées. La formule de Laplace repose en effet sur la loi de Mariotte, d'après laquelle la pression d'un gaz est proportionnelle à sa densité ; mais cette loi n'est pas rigoureuse, comme on sait. Regnault a démontré que la compressibilité des gaz ne suit pas rigoureusement cette loi, tout en s'en écartant fort peu ; mais naturellement, les expériences de Regnault n'ont pas pu porter sur les pressions extrêmement faibles que l'on rencontrerait nécessairement dans les régions supérieures de l'atmosphère. Il est permis de douter que la loi de Mariotte s'applique encore, même approximativement, à ces pressions très faibles, et dès lors la formule de Laplace cesse elle-même d'être applicable.

Hauteur de l'atmosphère. — Si toutes les couches d'air de l'at. possédaient la même densité, un calcul fort simple permettrait d'en déterminer la hauteur : comme on connaît, par la pression atmosphérique, le poids d'une colonne d'air de 1 centim. carré de section, et s'étendant depuis le sol jusqu'à la limite supérieure de l'at., il suffirait de diviser ce poids par la densité de l'air pour en avoir le volume, et par suite la hauteur. On trouverait ainsi environ 8,000 mètres. Mais comme la densité de l'air diminue avec la pression, et que celle-ci décroît par l'élévation, la densité atmosphérique décroît rapidement elle-même à mesure qu'on s'élève, de sorte que la hauteur de l'at. dépasse de beaucoup le nombre précédent. Si du moins la température de l'air était constante, et si la loi de Mariotte était rigoureuse, la formule de Laplace permettrait d'assigner la valeur de la densité de l'air correspondant à chaque altitude ; on pourrait ainsi déterminer une hauteur au delà de laquelle l'air n'aurait plus qu'une pression de 1 millimètre, ou $\frac{1}{760}$, ou $\frac{1}{750}$ de millimètre de mercure ; mais la température de l'air s'abaisse rapidement à mesure qu'on s'élève, et cela suivant une loi qui nous est inconnue, et de plus, la loi de Mariotte n'est pas rigoureuse, de sorte que ce moyen d'appréciation lui-même nous fait défaut. Il existe cependant plusieurs méthodes pour arriver à une évaluation approximative, ou tout au moins à la détermination d'un minimum.

L'une d'elles, qui a été proposée par Képler, est fondée sur l'observation du crépuscule. On sait que la cause du crépuscule réside dans la propriété que possède l'air atmosphérique de diffuser la lumière, et que la fin du crépuscule arrive lorsque le soleil est descendu à 18 degrés au-dessous de l'horizon. Le phénomène du crépuscule se produit lorsqu'un rayon de lumière émané du soleil et frappant la surface de notre globe atteint les plus hautes régions de l'at., et se réfléchit alors vers la Terre, dans la direction d'une tangente à la surface terrestre au lieu de l'observation. Les observations ont donné de 100 à 300 kilomètres de hauteur.

D'autre part, les étoiles filantes sont des corpuscules qui pénètrent dans l'at. avec une très grande vitesse et deviennent incandescents à cause de la chaleur développée par la résistance et la compression de l'air qu'ils traversent. Il en résulte que la hauteur d'une étoile filante est toujours inférieure à celle de l'at. Or on peut déterminer la hauteur d'une étoile filante quand elle est observée de deux points différents. Les observations ont donné de 100 à 400 kil.

Une autre indication de la hauteur de l'atmosphère terrestre est donnée dans les éclipses de Lune. On aperçoit assez souvent bordant l'ombre foncée de la Terre, une ombre transparente, distincte de la pénombre géométrique, assez bien limitée, et mesurant 2' environ d'épaisseur, soit environ 364 kilomètres.

Enfin la hauteur des aurores boréales a été mesurée de 100 à 250 kilomètres.

Ainsi, la hauteur de l'atmosphère terrestre n'est pas inférieure à 400 kilomètres.

Personne n'ignore que la température de l'at. va en décroissant à mesure que l'on s'élève au-dessus du niveau de la mer. Mais on n'est pas encore parvenu à établir les lois de ce décroissement, attendu les nombreuses circonstances qui le modifient. Il est aussi inégal dans les diverses saisons, et l'on a constaté que la différence de température entre l'été et l'hiver va toujours en diminuant à mesure qu'on s'élève dans l'at. Sur le mont Ventoux, en Provence, Martins a trouvé que la température décroissait d'un degré centigrade par 129 mètres d'élévation en été, et par 188 mètres en hiver. Suivant lui, on peut admettre, dans nos climats, un décroissement moyen de 1 degré pour 168 mètres.

Limites de l'atmosphère. — Quoique nous soyons hors d'état d'assigner la hauteur précise où finit l'at., il est cependant certain qu'elle a une limite, qu'elle ne s'étend pas indéfiniment dans les espaces célestes, mais qu'elle appartient exclusivement à notre globe. Si la Terre était immobile et la loi de Mariotte applicable à toutes les pressions et à toutes les températures, l'at. s'étendrait indéfiniment avec une pression indéfiniment décroissante. Mais il ne peut en être ainsi à cause de la rotation de la Terre et de la force centrifuge. A mesure qu'on s'élève à la surface de la Terre, la pesanteur diminue et la force centrifuge augmente. En calculant ces deux variations, on trouve que c'est à 6 fois 1/2 environ (6,64) le rayon du globe, c'est-à-dire à 42,392 — 6,378 ou 35,974 kilomètres au-dessus de la surface de la Terre que la force centrifuge égale la pesanteur : c'est la limite théorique maximum de l'atmosphère, et c'est aussi la distance à laquelle graviterait un satellite en 23h56m, durée de la rotation de notre planète. Toutes les molécules matérielles qui se trouveraient au delà de cette limite circuleraient librement autour de la Terre, comme des satellites, sans exercer aucune pression sur celles qui seraient au-dessous d'elles. Dans ces conditions, ces molécules ne pourraient plus être considérées comme faisant partie du globe terrestre. Cette région d'équilibre entre la force d'attraction de la Terre et la force centrifuge constitue donc une limite nécessaire que l'at. terrestre ne saurait dépasser. Il est même probable qu'elle est très loin de l'atteindre, car dans les conditions d'extrême rareté et de très basse température où se trouvent les régions supérieures de l'at. les gaz n'ont vraisemblablement plus les mêmes propriétés élastiques que nous leur connaissons.

Forme de l'atmosphère. — L'at. étant limitée, on a dû rechercher quelle forme elle affectait. Si la Terre était absolument immobile, l'at. présenterait, en vertu des lois de la gravitation, une surface parfaitement sphérique. Mais notre planète, ainsi que la masse d'air qui l'entoure, ayant un mouvement de rotation diurne, la force centrifuge agit d'autant plus énergiquement sur leurs différentes parties que celles-ci sont plus éloignées de l'axe de rotation. La force centrifuge exerçant son maximum d'action sur les parties situées à l'équateur, il s'ensuit que la forme de l'at. doit être nécessairement celle d'un *sphéroïde aplati* vers les pôles. Une autre cause vient augmenter le renflement de l'at. à l'équateur et son aplatissement aux pôles, c'est la chaleur solaire qui détermine une dilatation considérable dans la masse d'air située vers l'équateur.

Effets de l'at. sur la lumière et la chaleur. — De même que tous les autres corps transparents, l'at. réfracte les rayons lumineux et les dévie de leur course rectiligne. On donne à ce phénomène le nom de *Réfraction*. La réfraction augmente l'élévation apparente de tous les corps célestes au-dessus de l'horizon ; mais, heureusement pour l'astronomie, on peut calculer ses effets avec une approximation suffisante, du moins lorsque l'astre est à une assez grande hauteur au-dessus de l'horizon. Voy. RÉFRACTION. D'autre part, l'at., malgré sa transparence, intercepte et réfléchit les rayons lumineux ; s'il ne les diffusa dans tous les sens. Si l'at. n'existait pas, les objets ne seraient éclairés qu'autant qu'ils se trouveraient exposés aux rayons directs du Soleil. Dès l'instant que nous cesserions d'apercevoir cet astre ou dès les objets éclairés par ses rayons, nous nous trouverions plongés dans une obscurité complète. Les rayons solaires réfléchis par la Terre se perdraient dans les régions de l'espace, un froid excessif régnerait constamment sur notre globe. Le Soleil continuerait de briller avec une intensité toujours égale jusqu'au moment où il atteindrait l'horizon, et alors nous passerions presque subitement de la clarté la plus brillante de l'heure de midi aux ténèbres les plus obscures. On peut, en se transportant sur le sommet d'une haute montagne, où l'air est déjà fort raréfié, juger approximativement des effets dont nous parlons. Le froid y est insupportable; l'œil n'y reçoit guère d'autre lumière que celle qu'envoient directement le Soleil et les étoiles; et le pouvoir éclairant de l'at. est si faible, qu'un homme placé à l'ombre peut apercevoir les étoiles en plein midi. Aussi la présence de l'at. avec un plus ou moins grand degré de transparence est un élément essentiel de l'établissement des climats. Voy. CLIMAT, CRÉPUSCULE.

Couleur de l'at. — La couleur bleue générale de l'at., ainsi que les teintes brillantes et diverses que nous admirons le soir et le matin, dépendent des différentes modifications que les divers rayons lumineux éprouvent en traversant la masse d'air qui nous entoure. La couleur bleue prédominante de l'at. doit être attribuée à ce que les rayons bleus et violets sont plus facilement diffusés, ou à ce qu'ils possèdent moins de puissance pour traverser les couches atmosphériques. Il en résulte que la lumière ayant traversé une grande épaisseur d'at. a perdu une partie de ses rayons bleus et violets et paraît rouge. C'est ce qui explique les colorations des nuages au lever et au coucher du Soleil, parce qu'alors la lumière du Soleil a traversé une couche d'air bien plus épaisse que quand cet astre est à une très grande hauteur. Il paraît que cette plus facile diffusion des rayons bleus et violets doit être attribuée à la présence dans l'at. de poussières extrêmement ténues, et particulièrement de gouttes d'eau ou de petits cristaux de glace d'une ténuité extrême. On sait, en effet, que les rayons bleus et violets ont une longueur d'onde plus petite que les autres. Si la lumière blanche rencontre des particules très petites, celles-ci ne pourront pas réfléchir de rayons dont la longueur d'onde excéderait leurs dimensions. Si donc ces particules sont extrêmement petites, les rayons de l'extrémité violette du spectre seront réfléchis en plus grande abondance que les autres. C'est ainsi qu'on explique, non seulement la couleur bleue du ciel, mais encore ce fait général que toutes les poudres très ténues précipitées dans un milieu incolore, telles qu'on en obtient dans certaines expériences de chimie, paraissent bleues par réflexion. Lorsqu'on s'élève à une grande hauteur dans l'at., la teinte bleue disparaît, et l'air devient d'un noir foncé. La couleur du ciel n'est pas la même à tous les points d'un même vertical. Elle est ordinairement plus foncée au zénith; puis elle s'éclaircit vers l'horizon, où elle est souvent complètement blanche. La couleur de la même partie du ciel change aussi assez régulièrement pendant le jour; ainsi elle devient plus foncée depuis le matin jusqu'à midi, et reprend plus claire depuis midi jusqu'au soir. Enfin, Alex. de Humboldt a observé que le ciel est plus bleu entre les tropiques que dans les hautes latitudes, mais plus pâle en pleine mer que dans l'intérieur des terres. La différence observée par Humboldt tient à ce que les gouttes de brouillards de grandes dimensions capables de réfléchir tous les rayons du spectre existent en plus grande quantité en mer et dans les hautes latitudes, d'où il suit que la lumière diffusée est lavée de blanc.

L'at. est une région de nuages et de vapeurs par l'action desquels la terre est fertilisée et devient capable de perpétuer la vie des animaux et des végétaux. L'étude des divers phénomènes dont elle est le théâtre, et des effets produits par les changements qui s'opèrent continuellement dans sa condition physique, constitue l'une des branches les plus importantes de la physique. — Voy. MÉTÉOROLOGIE, CLIMAT, VAPEUR, VENT, ÉLECTRICITÉ.

Marées atmosphériques. — L'air étant doué, encore que l'eau, de légèreté et de mobilité, il doit aussi obéir à l'action combinée du Soleil et de la Lune, et il doit y avoir des marées atmosphériques. En conséquence, on a attribué à ces marées certaines variations diurnes de la pression atmosphérique, qui sont accusées par le baromètre. Mais, suivant Laplace, les variations indiquées par cet instrument sont dues non à l'action directe de l'attraction lunaire sur l'at., mais à l'élévation et à la dépression des eaux de l'Océan. Quant à l'action solaire, il pense qu'elle s'exerce uniquement par l'expansion que déterminent les rayons calorifiques de cet astre. Il est vraisemblable en effet que le baromètre doit rester insensible aux marées atmosphériques elles-mêmes. Les colonnes d'air, bien que de hauteurs différentes, doivent néanmoins avoir le même poids, puisque l'effet direct des marées est de maintenir l'équilibre en compensant par la hauteur la diminution de la pesanteur.

Astr. — *At. des planètes.* — Les planètes et leurs satellites étant des corps qui offrent la plus grande analogie avec la Terre, il était naturel de supposer qu'elles sont également entourées d'une at. plus ou moins semblable à la nôtre. Les observations astronomiques ont démontré que cette hypothèse est une réalité, du moins pour toutes les planètes que leur volume et leur distance permettent d'étudier exactement. La Lune seule fait exception à la règle; du moins n'a-t-on pu jusqu'ici y découvrir que des traces incertaines d'une at. qui ne peut y être que très raréfiée. Les atmosphères de toutes les planètes ressemblent à celle de la Terre, sous le rapport de leur nature et de leur forme. En effet, « toutes les couches atmosphériques, dit Laplace, en portant des atmosphères planétaires, doivent prendre à la longue un même mouvement angulaire de rotation, commun au corps qu'elles environnent; car le frottement de ces couches les unes contre les autres et contre la surface des corps doit accélérer les mouvements les plus lents et retarder les plus rapides, jusqu'à ce qu'il y ait entre eux une égalité parfaite. En supposant que, par une cause quelconque, l'at. vienne à se resserrer, ou qu'une partie se condense à la surface du corps, le mouvement de rotation du corps et de l'at. en sera accéléré. À la surface extérieure de l'at., le fluide n'est retenu que par sa pesanteur, et la figure de cette surface est telle que la résultante de la force centrifuge et de la force attractive du corps lui est perpendiculaire. L'at. est aplatie à ses pôles et renflée à son équateur; mais cet aplatissement a des limites, et, dans le cas où il est le plus grand, le rapport de l'axe du pôle à celui de l'équateur est celui de 2 à 3. L'at. ne peut s'étendre à l'équateur que jusqu'au point où la force centrifuge balance exactement sa pesanteur; car il est clair qu'au-delà de cette limite le fluide devrait se dissiper. » L'étude des spectres planétaires a prouvé l'existence de la vapeur d'eau, par conséquent de l'oxygène et de l'hydrogène, dans les at. de Mars, Jupiter et Vénus. — Voy. les articles consacrés à chacune des grandes planètes.

Bibl. — FLAMMARION, *l'Atmosphère, météorologie populaire;* KAEMTZ, *Cours complet de Météorologie;* H. MOHN, *les Phénomènes de l'Atmosphère;* HOUZEAU et LANCASTER, *Traité de Météorologie;* l'*Astronomie,* revue mensuelle d'astronomie et de météorologie.

Méc. — Dans le langage de cette science, le terme d'*At.* est très fréquemment usité comme *unité de pression,* lorsqu'il s'agit d'évaluer des pressions considérables, comme celles des machines à vapeur. Cette unité est la pression atmosphérique ordinaire agissant sur l'unité de surface, telle que la donne le baromètre. Elle équivaut à un poids de 1,033 gr. sur un centim. carré de superficie. Une chaudière remplie de vapeur à la tension de trois *atmosphères* ne supporte en réalité qu'un excès de tension égal à deux atmosphères, attendu que la pression de l'air extérieur fait équilibre au tiers de la tension de la vapeur. En Angleterre, on ne compte que l'excès de tension; chez nous, on ne fait pas la déduction de cette contre-pression. Dans le système d'unité CGS, on appelle at. ou *pression de 1 kilog. par centim. carré.* Elle est équilibrée par une colonne de mercure de 0ᵐ75 environ.

ATMOSPHÉRIQUE. adj. 2 g. Qui appartient, qui a rapport à l'atmosphère. *Air at. Vapeurs atmosphériques.* || *Poussières atmosphériques.* Voy. POUSSIÈRE. *|| Chemin de fer at.* Voy. CHEMIN DE FER. — *Machine at.* On a donné aux premières machines à vapeur, qui étaient à simple effet avec condensation de la vapeur dans le cylindre. Voy. MOTEUR.

ATMOSPHÉROLOGIE. s. f. (*atmosphère;* λόγος, théorie). Traité de l'air atmosphérique considéré en masse.

ATOCIE. s. f. (gr. à priv.; τόκος, accouchement). T. Méd. Synonyme de stérilité chez la femme.

ATOLL ou **ATTOLL**. s. m. (du mot maldive *atoll*). T. Géogr. Île madréporique, dans l'Océan, ayant la forme d'un anneau continu autour d'un lac qui communique quelquefois avec la mer par une ouverture plus ou moins large. On dit aussi: ATTOLE, et ATTOLON.

ATOMAIRE. adj. (R. *atome*). T. Didact. Qui est parsemé de points colorés.

ATOME. s. m. (Pr. *atôme*) (gr. ἄτομος, m. s., de à priv.; τομή, action de couper). Particule indivisible constituant l'élément ultime de la matière. || Se dit par ext., des molécules que l'on voit voltiger dans l'air lorsqu'un rayon de soleil pénètre dans un lieu obscur. || Fig., s'emploie pour exprimer l'extrême petitesse de certains corps relativement à d'autres, ou relativement à l'espace dans lequel ils se meuvent. *Les hommes sont des atomes sur ce globe, qui n'est lui-même qu'un at. dans l'immensité.*

Phys. — On admet presque universellement que la matière est constituée de particules indivisibles, nommées *atomes*. Dans les corps les plus compacts, les atomes ne se touchent pas : ils sont éloignés les uns des autres, soumis à des forces qui s'exercent entre eux et qu'on nomme *forces moléculaires*, et répartis en groupes dont les atomes constituants oscillent sans cesse autour de leur position d'équilibre. Chacun de ces groupes constitue une *molécule*.

Les corps simples diffèrent entre eux par le poids et les propriétés de leurs atomes ; mais tous les atomes d'un même corps simple sont de même poids et semblables entre eux. Les corps composés sont formés de molécules contenant les atomes de divers corps simples : toutes les molécules d'un même corps simple sont semblables. Les chimistes modernes admettent généralement que les corps simples eux-mêmes sont composés de molécules ; mais ces molécules sont formées d'atomes semblables. Les divers *états allotropiques* d'un même corps simple s'expliquent par les différences qui peuvent se présenter dans le groupement des atomes constituant une molécule.

Il est impossible de se faire une idée de la dimension des atomes ; la science ne connaît aucun phénomène qui puisse fournir des renseignements précis à cet égard. On sait seulement que ces dimensions sont extrêmement petites. Les expériences faites sur le laminage des feuilles d'or montrent que dix mille de ces feuilles tiennent dans une épaisseur d'un millimètre. — On est arrivé à diviser un millimètre, sur une lame de verre, en mille parties égales, et il existe des infusoires si petits que leur corps tout entier, placé entre deux de ces divisions, ne les touche pas ; les membres, les organes de ces êtres sont composés de cellules, celles-ci de molécules, celles-ci d'atomes — Vingt centimètres cubes d'huile étendue sur un lac arrivent à couvrir 1,000 mètres carrés, de sorte que la couche d'huile ainsi répandue ne mesure qu'un deux-cent-millième de millimètre d'épaisseur. — L'analyse spectrale de la lumière décèle la présence d'un millionième de milligramme de sodium dans une flamme. — Les ondes de la lumière sont comprises entre 4 et 8 dix-millièmes de millimètre, du violet au rouge. Il faut 2,300 ondes de lumière pour remplir un millimètre. Pendant la durée d'une seconde, l'éther, qui transmet la lumière, exécute sept cent mille milliards d'oscillations, dont chacune est mathématiquement définie. — L'œil ral perçoit $\frac{1}{10000000}$ de milligramme de mercaptan dans l'air respiré. — D'après les expériences de Reynold et Rücker, l'épaisseur des bulles de savon peut descendre à 0ᵐ,012, c'est-à-dire à 12 millièmes de micron, lequel est égal au millionième de millimètre. — Dans ces expériences faites pour arrêter les tourbillons du camphre par une couche d'huile, lord Rayleigh a constaté que tout mouvement s'est arrêté avec une couche de 0ᵐᵐ000002, soit 2 millionièmes de millimètre. C'est là une limite supérieure déjà très serrée de la grandeur de la molécule.

La dimension des atomes doit être notablement inférieure à un millionième de millimètre de diamètre.

On sait aussi, d'après l'étude des propriétés de la lumière, que les dimensions des atomes sont de beaucoup inférieures aux plus petites longueurs d'onde des rayons lumineux. Cauchy a démontré que la dispersion des rayons lumineux telle qu'on l'observe dans le prisme ne peut s'expliquer si les dimensions des atomes dépassent 1 cent-millionième de millimètre (0ᵐᵐ00000001).

D'autre part, le physicien anglais Thomson a cherché dans certains phénomènes tels que la capillarité, la force électromotrice des métaux au contact et les propriétés cinétiques des gaz, des évaluations permettant d'assigner un *minimum* aux dimensions des atomes. Mais il convient de remarquer : 1° que les évaluations tirées de la capillarité concernent, en réalité, les distances mutuelles des atomes ; 2° que ce qui sont tirées de la force électro-motrice des métaux au contact et de la théorie cinétique des gaz sont sujettes à de nombreuses objections ; 3° qu'en tous cas, ces évaluations, fussent-elles reconnues parfaitement exactes, se rapporteraient non à l'*at.*, mais à la molécule. Ajoutons que dans l'état actuel de la science on en pourra dire autant de tout procédé de mensuration des atomes, par ce que c'est la molécule et non l'at. qui est la véritable partie constituante d'un corps : c'est elle qui reste semblable à elle-même dans toutes les modifications qui n'emportent pas la destruction du corps et son remplacement par une autre espèce chimique.

En définitive, on ne connaît aujourd'hui aucun phénomène

qui permette d'assigner une limite inférieure aux dimensions des atomes. Dès lors, il est permis de supposer ceux-ci aussi petits qu'on voudra.

Plusieurs physiciens et philosophes, frappés de cette idée et considérant, d'autre part, la difficulté qu'il y a à concevoir l'Univers matériel comme composé de petites particules étendues et *insécables*, quoiqu'on puisse très bien les réduire par la pensée en autant de parties qu'on voudra, en sont arrivés à supposer les atomes *inétendus*.

C'est Leibnitz qui a, le premier, formulé cette hypothèse. Dans cet ordre d'idées, les atomes sont de simples points géométriques sans dimensions ; mais ils sont susceptibles de mouvement et exercent des actions mécaniques les uns sur les autres : les atomes sont des *centres de forces*. Les dimensions des corps sont le résultat des distances qui séparent les atomes. Cette théorie a reçu le nom de *dynamisme*. Elle n'est en contradiction avec aucun phénomène physique connu.

Une autre théorie fort ingénieuse et toute différente a été imaginée par sir William Thomson : elle repose sur les travaux de Helmholtz, relatifs aux propriétés des *anneaux tourbillonnants dans un fluide parfait*. Tout le monde connaît ces anneaux que les fumeurs produisent quelquefois avec la fumée de leur pipe, et qui se forment invariablement dans l'inflammation spontanée de l'hydrogène phosphoré. On peut encore les faire naître en renfermant dans une boîte fermée d'un côté par une toile tendue et percée dans la

Fig. 1.

paroi opposée d'une ouverture circulaire, un mélange capable de produire d'abondantes fumées de chlorhydrate d'ammoniaque (Fig. 1) : il suffit de frapper assez vigoureusement sur la toile pour faire sortir par l'ouverture circulaire un anneau de fumée. Cet anneau, qui affecte la forme d'un tore, est composé de filets gazeux tournant le long des méridiens du tore, tandis que l'ensemble se déplace tout d'une pièce (Fig. 2). Dans un fluide parfait, c'est-à-dire sans frottement, de pareils anneaux sont indestructibles et insécables. Si l'un d'eux rencontre un obstacle, il se déforme au voisinage de l'obstacle

Fig. 2.

sans le toucher jamais, pour exécuter ensuite autour de lui des oscillations autour de la forme circulaire qui est sa forme d'équilibre. Si deux anneaux viennent à se rencontrer, ou bien après s'être rapprochés l'un de l'autre ils s'éloigneront comme s'ils rebondissaient l'un sur l'autre, ou bien l'un des deux se rétrécira et passera dans l'intérieur de l'autre ; mais jamais ils ne se toucheront, ni, à plus forte raison, ne se fondront l'un dans l'autre. Toutes ces propriétés se vérifient expérimentalement, quoique le frottement de l'air finisse par détruire les anneaux que l'on voit former. Ajoutons qu'outre les anneaux circulaires, on en peut concevoir d'autres de formes variables, dont les propriétés, étudiées par Helmholtz, sont analogues à celles des anneaux circulaires.

Frappé de l'indestructibilité de ces tourbillons, sir William Thomson y voit l'image des atomes matériels. On peut se représenter l'Univers comme rempli d'un fluide parfait, dans lequel circulent des tourbillons qui constituent ce que nous nommons matière : chacun de ces tourbillons, indestructible et insécable, est parfaitement distinct de la masse ambiante et de tous les autres tourbillons : il remplit toutes les conditions qu'on demande à l'at. matériel ; les corps simples diffèrent par la grandeur et la forme des tourbillons atomes qui les composent. Cette théorie, remarquable par sa simplicité et sa généralité, est extrêmement séduisante ; malheureusement elle ne fournit aucune explication ni de la gravitation universelle, ni des forces moléculaires qui produisent la cohésion des corps solides et liquides et l'immense variété des combinaisons qu'étudie la chimie.

L'idée des atomes remonte à la plus haute antiquité. On la voit discutée à l'École d'Élée, en Grèce, 500 ans J.-C. Leucippe, Démocrite, Épicure, considérèrent les atomes comme la base élémentaire de la constitution de la matière. Lucrèce chanta en beaux vers et popularisa la doctrine d'Épicure, avec des conséquences philosophiques que ne comporte pas nécessairement la théorie des atomes. Descartes rejeta les atomes et le vide et enseigna le plein de l'espace. Newton soutint l'existence des atomes et de nouveau Leibnitz les combattit. La chimie moderne les admet comme base expérimentale de l'organisation de tous les corps.

Les diverses idées qu'on peut se faire de l'at. matériel seront discutées sous le rapport philosophique au mot MATIÈRE (*Constitution de la*).

Bibl. — DUMAS, *Leçons de Philosophie chimique;* WURTZ, *la Théorie atomique;* STALLO, *la Matière et la Physique moderne;* HELMHOLTZ, *Popular lectures on scientific subjects;* W. THOMSON, *Popular lectures.*

ATOMICITÉ. s. f. T. Chim. Propriété qu'ont les atomes des corps simples de s'unir à un nombre déterminé d'atomes d'autres corps simples. Tandis qu'un atome de chlore ne se combine qu'à un d'hydrogène pour former de l'acide chlorhydrique, un atome d'oxygène s'unira à deux d'hydrogène pour former de l'eau, un d'azote à trois d'hydrogène pour donner l'ammoniaque, etc. On exprime ces faits en disant que ces corps n'ont pas la même *capacité de saturation*, et que le chlore n'exige qu'un atome d'hydrogène pour se saturer, tandis que l'oxygène en exige deux, l'azote trois, le carbone quatre. Les mots *atomicité, valence, capacité de saturation*, sont synonymes.

Les corps tels que l'hydrogène, le chlore, le brome, les métaux alcalins, qui, en se combinant ensemble, ne peuvent produire qu'un composé formé de deux atomes, sont dits *monotomiques ou univalents;* leur at. est égale à 1. Les composés ainsi formés sont appelés *saturés* parce qu'ils ne peuvent plus se combiner à un nouvel atome univalent. Dans un pareil composé, par exemple dans l'acide chlorhydrique HCl, l'atomicité unique du chlore est saturée par celle de l'hydrogène ; on dit aussi qu'il y a eu *échange d'une atomicité* entre ces deux éléments. — Les corps *diatomiques ou bivalents* sont ceux qui, comme l'oxygène ou le soufre, s'unissent à deux atomes univalents pour former un composé saturé (eau H²O, acide sulfhydrique H²S). — Les corps *triatomiques ou trivalents*, comme l'azote, exigent trois atomes univalents pour se saturer. — Le carbone est *tétratomique ou quadrivalent* (p. ex. dans le méthane CH⁴). — On connaît aussi des corps *pentatomiques ou quintivalents*, des corps *hexatomiques ou sextivalents*, etc.

L'at. ou valence d'un élément n'est pas absolue : elle peut dépendre de la nature des corps auxquels il se combine, ou des combinaisons dans lesquelles il est engagé. Ainsi le phosphore est trivalent dans PhCl³, quintivalent dans PhCl⁵; l'azote est triatomique dans l'ammoniaque et les amines, pentatomique dans les sels ammoniacaux et les sels d'amines. Voici les valences habituelles des principaux éléments :

L'hydrogène, les métalloïdes de la famille du chlore (Fl, Cl, Br, I), les métaux alcalins (K, Na) et l'argent sont univalents, sauf de rares exceptions. L'oxygène, le soufre, le sélénium, le tellure, sont bivalents, quelquefois quadrivalents, mais n'offrent jamais d'at. impaire. Les métaux alcalino-terreux (Ca, Sr, Ba), le magnésium, le zinc, le cuivre, le mercure, sont aussi diatomiques. L'aluminium et le bore sont trivalents, les corps de la famille de l'azote (Az, Ph, As), l'antimoine et le bismuth sont tri- et quintivalents. Le Fer, le manganèse, le nickel, le cobalt, manifestent des atomicités paires ; il en est de même du palladium et du platine. Le carbone et le silicium, l'étain et le plomb sont quadrivalents ; mais le plomb est souvent bivalent, le carbone ne l'est que dans l'oxyde de carbone. On voit qu'en général les atomicités d'un même élément sont toutes paires ou toutes impaires.

Un groupe formé de plusieurs éléments possède aussi une at. quand il n'est pas saturé. Si on enlève un atome univalent à un composé saturé tel que l'éthane C²H⁶, on obtient un *radical* monoatomique (éthyle C²H⁵); si on enlève deux atomes, le résidu sera bivalent (éthylène C²H⁴); trois, il sera trivalent (éthylidène C²H³), etc. Ces radicaux n'existent pas en général à l'état libre; quand on cherche à les isoler, deux de

leurs molécules s'unissent et se saturent réciproquement comme dans le diéthyle (C²H⁵)².

On indique quelquefois l'at. par des accents ou des chiffres romains, comme dans les exemples suivants : Cl', (C²H⁵)', O', Az''', (C²H³)''', Cu, Pr, etc. Ordinairement, dans les formules on indique l'échange d'une at. entre deux corps par un trait ou un point placé entre leurs symboles ; d'habitude on supprime ces signes partout où il est facile de les suppléer. Ainsi l'hydrate de potassium s'écrira K—O—H ou K.O.H pour montrer que les deux atomicités de l'oxygène sont saturées, l'une par celle du potassium, l'autre par celle de l'hydrogène. La formule de l'acide carbonique O=C=O montre que chaque atome d'oxygène sature deux des quatre atomicités du car-

bone. La formule de l'éthane pourra s'écrire soit H—C—H,

soit CH³.H (où CH³ est un groupe univalent), soit H.CH².H (avec CH² bivalent).

Un composé ne cesse pas d'être saturé si l'on y remplace un atome univalent par un autre atome (ou un groupe) univalent, ou encore un corps bivalent par un autre bivalent, etc. On obtient ainsi les *produits de substitution* de ce composé. Ainsi l'eau H.O.H donnera naissance aux oxydes hydratés tels que K.O.H, aux acides tels que H.O.AzO², aux sels oxygénés K.O.Cl ou K.O.AzO², aux alcools C²H⁵.O.H, etc. On pourra aussi remplacer l'oxygène par un autre corps bivalent et obtenir par ex. l'acide sulfhydrique H.S.H. Tous ces composés sont saturés et possèdent la même constitution que l'eau, puisqu'ils sont formés de deux corps (ou groupes) monoatomiques réunis par un corps diatomique ; l'eau peut donc être regardée comme le *type* de ces composés. De même l'ammoniaque Az : H³ est le type des amines, des amides, des alcalamides ; l'hydrogène H. H est le type des hydracides et des hydrures. On retrouve ainsi les *types de Gerhardt*, qui ont été le point de départ de la théorie des atomicités.

Mais cette théorie va plus loin et cherche à pénétrer dans la constitution des radicaux, souvent très compliqués, qui entraînent dans les formules de Gerhardt. Pour cela, la théorie s'appuie sur les hypothèses suivantes :

1° Tout atome conserve le même nombre de valences dans toutes ses combinaisons, ou du moins dans chaque série de combinaisons analogues. C'est le principe qui est contenu dans la définition même de l'atomicité d'un corps ;

2° Dans une molécule saturée, chaque valence d'un atome est saturé par une seule valence d'un autre atome et sont par l'ensemble des atomicités de toute la molécule. Par conséquent, chaque atome est relié au précédent et au suivant comme au anneau dans une chaîne, à laquelle on ne peut enlever un chaînon sans la briser. La molécule peut constituer une *chaîne fermée*, comme dans la benzine,

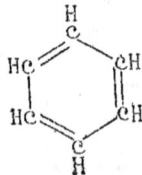

ou une *chaîne ouverte* comme dans K—O—H et dans

H H H
H—C—C—C—H,
H H H

3° Deux atomes d'un même corps simple peuvent échanger une atomicité, et même plusieurs quand ce corps est plurivalent. Ainsi dans l'eau oxygénée H.O.O.H les deux atomes d'oxygène ont échangé entre eux une valence. Deux atomes de carbone en échangent une dans l'éthane H³C.CH³, deux dans l'éthylène H²C : CH², trois dans l'acétylène HC : CH ; ils en échangent alternativement une et deux dans la benzine citée plus haut. Les corps azoïques et diazoïques contiennent deux atomes d'azote liés par une ou deux atomicités (Az–Az ou Az=Az). On s'explique de même que la molécule d'un corps simple à l'état libre, au lieu d'être formée d'un seul atome, en contient presque toujours deux, qui se saturent réciproquement; aussi les molécules du chlore, de l'oxygène, de l'azote, sont représentées par Cl.Cl, par O:O, et par Az ⫶ Az;

4° Tout composé existant à l'état libre est, en général, saturé, c.-à-d. que toutes les atomicités des éléments qui y entrent se saturent réciproquement. On peut donc dire à l'avance que les éléments univalents, en s'unissant entre eux, ne donneront jamais que des composés de la forme H.Cl; que les corps diatomiques ne pourront se combiner qu'avec deux atomes univalents en donnant des chaînes ouvertes telles que H.O.H ou H.O.O.H ; que des carbures de la formule C^nH^{2n+1} ne peuvent pas exister, etc. Toutefois, ces déductions ne doivent être faites qu'avec prudence : car d'abord la capacité de saturation d'un même élément peut varier; d'autre part, on connaît à l'état libre des corps, en petit nombre il est vrai, qui ne sont pas saturés. Ainsi dans le bioxyde d'azote —A ⫶ O une atomicité de l'azote n'est pas satisfaite ; le carbone, toujours quadrivalent, n'échange que deux atomicités dans l'oxyde de carbone —C :O ; enfin, les molécules de certains éléments, comme le mercure, ne contiennent à l'état libre qu'un atome et ne sont certainement pas saturées.

Les difficultés provenant de ce que l'atomicité d'un même élément peut varier ne se présentent que dans la chimie minérale; elles disparaissent pour les composés organiques. Pour ceux-ci on peut admettre que l'hydrogène et les métalloïdes de la famille du chlore sont toujours univalents, le carbone toujours quadrivalent, l'oxygène et le soufre bivalents (rarement quadrivalents), l'azote trivalent dans les amines, quinlivalent dans leurs sels. Cela permet de simplifier les formules, en n'indiquant par les traits ou les points que les échanges d'atomicités entre les atomes plurivalents. On pourra, par ex., sans crainte d'équivoque, écrire CHCl².CHCl.CH Cl, au lieu de

$$Cl\ H\ Cl$$
la formule développée $H-\overset{|}{C}-\overset{|}{C}-\overset{|}{C}-H.$
$$Cl\ Cl\ H$$

Le principal avantage de la théorie des atomicités c'est qu'elle explique, avec la plus grande facilité, les *isoméries* (voy. ce mot) et qu'elle prévoit dans chaque cas le nombre des isomères possibles. Ainsi les pentanes C^5H^{12} ne peuvent correspondre qu'à des chaînes ouvertes : l'une linéaire $CH^3.CH^2.CH^2.CH^2.CH^3$, et deux autres ramifiées (ou arborescentes) :

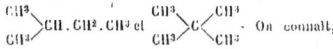

$$CH^3 \searrow CH.CH^2.CH^3 \text{ et } \begin{matrix} CH^3 \\ CH^3 \end{matrix} \searrow C \begin{matrix} CH^3 \\ CH^3 \end{matrix} — On connaît,$$

en effet, ces trois isomères prévus par la théorie, et l'on n'en a pas obtenu d'autres.

Enfin la théorie de l'at. permet de donner une représentation claire des différentes fonctions chimiques que possèdent les composés organiques. Par ex. les alcools primaires sont caractérisés par la présence du groupe univalent (CH³.OH); si l'on y remplace H² par O, on obtient le groupement caractéristique des acides (CO OH') ; les amines primaires contiennent (CH².AzH²)' ; les acétones (G:O)" bivalent, etc. D'après cela, la formule de l'acide lactique CO³H.CHOH.CH³ nous montre immédiatement que ce composé est à la fois un acide par le groupe (CO²H)' et un alcool secondaire par le groupe bivalent (CO²H)". Le glycocolle CH².AzH².CO²H fonctionne comme une amine primaire et comme un acide. Les formules de ce genre, en indiquant l'échange des atomicités, permettent de prévoir la plupart des réactions d'un composé : elles sont souvent appelées *formules de constitution.*

Un nombre surprenant de travaux ont été entrepris par les chimistes, soit pour vérifier les déductions de la théorie des atomicités, soit pour déterminer la constitution des composés organiques. Ces recherches ont amené des synthèses très importantes de corps déjà connus (alizarine, rosanilines, indigo, névrine, etc.), ainsi que la découverte d'une foule de composés nouveaux. De pareils résultats donnent un grand poids à la théorie de l'at. Toutefois on a rencontré, au cours de ces recherches, quelques difficultés qui nécessitent de nouvelles hypothèses. Pour certains composés, dont les réactions se groupent en deux séries distinctes, on arrive à deux formules de constitution différentes, également plausibles, chacune d'elles expliquant bien toute une série de réactions. On peut supposer que ces formules correspondent à deux états d'équilibre moléculaire et que, sous certaines influences, le corps passe d'un état à l'autre par une sorte de migration des atomes à l'intérieur de la molécule. Quelques chimistes peuvent même que cette transposition moléculaire s'effectue in-

cessamment, les atomes exécutant des oscillations qui les transportent alternativement de la première position à la seconde. Une difficulté d'un autre genre a été soulevée par la découverte de l'isomérie physique : des corps peuvent différer par leurs propriétés physiques tout en possédant la même formule de constitution ; c'est le cas des acides tartriques. Le nombre des atomes et l'échange des valences étant les mêmes dans ces composés, la théorie de l'at. ne peut pas rendre compte de cette différence de propriétés physiques. Lebel et Van T'Hoff l'expliquent par une différence de configuration dans les molécules; ils attribuent aux atomicités des directions déterminées dans l'espace et supposent que chaque atome de carbone occupe le centre d'un tétraèdre régulier aux sommets duquel s'exercent les atomicités. Si les éléments ou les groupes placés à ces quatre sommets sont tous différents (ce qu'on exprime en disant que la molécule possède un atome de carbone asymétrique), on conçoit la possibilité de deux arrangements distincts qui donneront naissance à des polyèdres non superposables. Les deux molécules représentées par ces polyèdres auront la même constitution chimique, mais feront dévier le plan de polarisation de la lumière, l'une à droite,

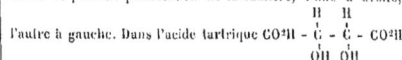

$$\begin{matrix} H & H \end{matrix}$$
l'autre à gauche. Dans l'acide tartrique $CO^2H - \overset{|}{C} - \overset{|}{C} - CO^2H$
$$\begin{matrix} OH & OH \end{matrix}$$

il y a deux carbones asymétriques, dont les effets peuvent s'ajouter ou se détruire; trois arrangements distincts sont possibles, ce qui explique l'existence des trois acides tartriques, l'un dextrogyre, un autre lévogyre, le troisième sans action sur la lumière polarisée. Voy. STÉRÉOCHIMIE.

ATOMIQUE. adj. 2 g. Ne s'emploie guère que dans ces locut. *Théorie at.* et *Poids at.* Il y a lieu de distinguer la théorie at. en philosophie, qui prétend expliquer les phénomènes de l'Univers par le mouvement et les combinaisons des petits corpuscules nommés atomes (voy. MATÉRIALISME, MATIÈRE), et la théorie at. en chimie.

Chim. — THÉORIE ATOMIQUE. — Pour rendre compte des propriétés de la matière et, en particulier, de la constitution des gaz, les physiciens ainsi que les chimistes admettent que tout corps est formé de *molécules*, particules distinctes, très petites, qu'on ne peut pas diviser sans changer la nature chimique de ce corps. C'est à l'état gazeux que les corps présentent le plus grand nombre de propriétés communes : pour tous les gaz le volume varie en raison inverse de la pression (loi de Mariotte); tous se dilatent de la même quantité pour une même élévation de température (loi de Guy-Lussac), etc. Il est donc naturel de leur assigner une même constitution; on a été ainsi conduit à admettre que, sous un même volume et dans des conditions identiques de température et de pression, tous les gaz renferment un même nombre de molécules : c'est là *l'hypothèse d'Avogadro et d'Ampère.* La théorie cinétique des gaz actuel, en outre, que ces molécules, assez éloignées les unes des autres pour ne pas exercer d'attractions mutuelles, sont lancées dans toutes les directions avec des vitesses très grandes. A l'aide de ces hypothèses, on peut démontrer à priori toutes les lois physiques des gaz et donner l'explication des phénomènes que présente la matière radiante.

Mais ces molécules peuvent se scinder sous l'influence des agents chimiques : elles sont donc formées de particules plus petites : les *atomes*, éléments les plus simples de la matière, indivisibles par les actions chimiques elles-mêmes. L'atome est donc la plus petite partie d'un élément qui puisse faire partie d'une combinaison. En s'unissant entre eux, les atomes de même nature donnent naissance aux molécules d's *corps simples*; ceux de nature différente forment les *corps composés*. Chaque composé chimiquement défini est caractérisé par le nombre et la nature des atomes qui le constituent. Les atomes d'un même élément ont tous le même poids, qu'ils conservent à travers toutes les réactions : c'est le *poids at.* de cet élément. Il s'ensuit que les différentes molécules d'un même composé sont aussi caractérisées par un poids invariable : c'est le *poids moléculaire*, égal à la somme des poids atomiques des éléments qui constituent la molécule. Mais une molécule ne peut renfermer qu'un nombre entier d'atomes ; chaque élément y apporte son poids at. ou un multiple entier de ce nombre ; par conséquent, les poids des corps simples qui entrent dans un composé défini, seront proportionnels à leurs poids atomiques, ou à des multiples de ces poids. Ainsi les nombres 1 pour l'hydrogène, 6 pour le carbone, 16 pour l'oxygène, 14 pour l'azote, etc., ou bien des multiples entiers de ces nombres, serviront à représenter les proportions pondérales suivant lesquelles ces éléments se combinent deux à deux, trois à trois, etc., pour former les innombrables composés de la chimie. La théorie at. nous fait ainsi retrouver d'un seul coup toutes les lois pondérales des combinaisons chimiques : loi des proportions définies, loi des proportions multiples, loi des nombres proportionnels. Voy. CHIMIE. — De plus, d'après la loi d'Avogadro, des volumes égaux de gaz contiennent le même nombre de molécules ; les poids de ces volumes égaux (ou, ce qui revient au même, les densités de ces gaz) seront donc dans le même rapport que les poids des molécules : par conséquent, les poids moléculaires pourront être représentés par les densités des corps à l'état gazeux. — Enfin, comme les réactions chimiques ne se produisent qu'entre des nombres entiers de molécules, et que chaque molécule correspond à un volume, nous arrivons à la conclusion suivante : les volumes des gaz qui se combinent, ainsi que le volume du composé, seront entre eux dans des rapports exprimés par des nombres entiers, d'ordinaire très simples. Nous retrouvons ainsi les lois des combinaisons gazeuses, ou lois des volumes de Gay-Lussac.

Telle est la théorie at. proprement dite. Sur cette théorie est venue s'en greffer une autre : la théorie des atomicités, qui admet que chaque atome conserve, dans toutes ses combinaisons, non seulement un poids invariable, mais encore une capacité de saturation constante. Voy. ATOMICITÉ. C'est l'ensemble de ces deux théories qu'aujourd'hui l'on désigne habituellement par le nom de théorie at.

POIDS ATOMIQUES — Comme on vient de le voir, les *poids moléculaires* des corps simples ou composés sont proportionnels aux densités de ces corps pris à l'état gazeux. On rapporte tous ces poids à celui de l'hydrogène ; pour éviter les fractions, on prend 2 pour poids moléculaire de l'hydrogène et l'on convient qu'il correspondra à 2 volumes Dès lors, les poids moléculaires de tous les corps, simples ou composés, correspondent à 2 volumes et sont égaux aux doubles densités gazeuses prises par rapport à l'hydrogène. Si l'on appelle D la densité d'un gaz par rapport à l'air, celle de l'hydrogène étant 0,06926, le poids moléculaire P de ce corps sera donné par la formule :

$$\frac{P}{2} = \frac{D}{0,06926} \text{ ou } P = 28,877 \times D.$$

Le symbole de chaque corps simple représente un atome de ce corps. Ainsi H représente un atome d'hydrogène, ou un poids d'hydrogène égal à 1 ; O, un atome d'oxygène ou un poids d'oxygène égal à 16, etc.

Comme la molécule d'un corps simple est formée de un ou plusieurs atomes, le *poids atomique* sera une fraction du poids moléculaire ou lui sera égal. Or. en analysant toutes les combinaisons de l'hydrogène, on voit que 2 volumes d'un gaz hydrogéné ne contiennent jamais moins de 1 volume de cet élément, correspondant à un poids égal à 1. On prendra donc 1 pour le poids at. de l'hydrogène. Pour tout autre élément on pourra de même analyser toute la série de ses composés et prendre pour poids at. la plus petite fraction du poids moléculaire que l'on rencontrera dans ses combinaisons.

Mais ce procédé n'est pas absolument sûr et peut conduire à un poids at. trop fort : en effet, pour certains corps, nous ne connaissons qu'un nombre assez restreint de combinaisons, et l'on pourrait en découvrir plus tard de nouvelles qui nous obligeraient à dédoubler ce poids at. On a donc cherché autre part un critérium pour la fixation des poids, et on l'a trouvé dans la loi des chaleurs spécifiques de Dulong et Petit. D'après cette loi, le produit du poids at. par la chaleur spécifique est un nombre sensiblement constant et égal à 6,4, pour tous les corps simples, quand on les prend sous des états comparables, p. ex. à l'état solide et loin de leur point de fusion. D'après cela, on choisira parmi les sous-multiples du poids moléculaire celui qui, multiplié par la chaleur spécifique, donnera un produit sensiblement égal à ce nombre 6,4. C'est ainsi qu'on a déterminé les poids atomiques de la plupart des métaux Dans la théorie at. ce nombre représente la capacité calorifique de l'atome ; on voit qu'elle est la même pour tous les corps simples.

Pour certains éléments tels que le bore, le silicium, le carbone, la chaleur spécifique varie tellement avec la température et l'état physique du corps, que la loi de Dulong et Petit est inapplicable. On a recours alors à la loi de l'isomorphisme, de Mitscherlich, loi qu'on peut énoncer ainsi : Quand deux composés sont isomorphes, ils sont, en général, formés d'un même nombre d'atomes groupés de la même façon. Si donc deux éléments donnent naissance à des composés isomorphes, et que le poids at. de l'un soit connu, on pourra en

déduire celui de l'autre. Ainsi les fluostannates et les fluosilicates sont isomorphes ; or, le poids at. de l'étain est connu et conduit à la formule SnFl⁶ pour le fluorure d'étain ; on devra donc donner au fluorure de silicium la même formule SiFl⁶, et par là le poids at. du silicium sera fixé. Dans certains cas exceptionnels la loi de l'isomorphisme conduit à des conclusions erronées ; on ne s'en sert qu'en l'absence d'autres moyens, ou pour contrôler les poids atomiques obtenus par les méthodes précédentes.

Il faut remarquer que la loi d'Avogadro et celle de Dulong, de même que la loi de Mariotte, ne sont pas rigoureusement exactes, et qu'elles ne donneraient pour les poids atomiques que des valeurs approchées. Dans la pratique, on détermine d'abord par l'analyse le poids exact d'un élément qui se combine à 1 d'hydrogène ou à 8 d'oxygène ; ensuite, parmi les multiples ou les sous-multiples de ce nombre, on choisit pour poids at. celui qui s'accorde très approximativement avec la loi d'Avogadro et celle de Dulong. Si la loi d'Avogadro était rigoureuse, la densité d'un gaz, d'après la formule indiquée plus haut, serait D = $\frac{P}{28,877}$; ce quotient s'appelle la *densité théorique* et diffère ordinairement un peu de la densité réelle fournie par l'observation. — Le rapport du poids moléculaire à la densité s'appelle le *volume moléculaire*; il est le même pour tous les corps à l'état gazeux ; mais, si l'on prend les densités correspondant à l'état liquide ou solide, les volumes moléculaires sont très différents. On appelle de même *volume at.* le quotient du poids at. par la densité. Si l'on range les corps simples d'après la grandeur de leur poids at., on trouve que le volume at. calculé pour l'état solide est une fonction périodique de ce poids.

La molécule d'un corps simple est, en général, formée de deux atomes ; c'est ce qui résulte de la comparaison des poids atomiques avec les poids moléculaires Mais l'arsenic et le phosphore ont des molécules As⁴ et Ph⁴ composées de 4 atomes ; la molécule de l'ozone contient 3 atomes ; celle du soufre en contient 6 à 500°, et seulement 2 au-dessus de 800°. D'autre part, le mercure et le cadmium, à l'état de vapeur, ont une molécule formée d'un seul atome ; et peut-être en serait-il de même pour les autres corps à des températures suffisamment élevées ; on a constaté, en effet, que la densité du chlore et celle du brome diminuent graduellement au-dessus de 600°, ce qui indique une dissociation ou décomposition partielle de la molécule

On trouve au mot CHIMIE un tableau donnant les poids atomiques des différents corps et les symboles qui leur correspondent ; on verra en même temps l'usage que l'on fait de ces symboles pour écrire, en notation atomique, les formules des corps composés, et les équations qui représentent les réactions chimiques.

La notation at., qui simplifie considérablement les formules de la chimie organique, est une conséquence de la théorie at.; mais elle peut être présentée indépendamment de toute hypothèse. Il suffit de convenir que les nombres proportionnels des corps composés seront tous rapportés à 2 volumes de vapeur, et que l'on choisira pour les corps simples des nombres en harmonie avec la loi de Dulong et Petit.

ATOMISME. s. f. T. Philos. Doctrine qui prétend expliquer la formation de l'Univers et tous les phénomènes qui s'y accomplissent par les simples mouvements et combinaisons des atomes. Voy. MATÉRIALISME, PHILOSOPHIE. ‖ Système des physiciens qui considèrent les corps matériels comme formés d'atomes indestructibles et indivisibles. Voy. ATOME, MATIÈRE.

ATOMISTE. s. m. Partisan des doctrines de l'atomisme.

ATOMISTIQUE. adj. 2 g. T. Philos. *Théorie atom.* Voy. ATOMISME.

ATONE. adj. 2 g. (gr. ά priv.; τόνος, ton). Sans expression. *Œil atone.* ‖ T. Gram. Qui n'a pas d'accent tonique.

ATONIE. s. f. (gr. ά priv.; τόνος, ton). T. Méd. Faiblesse des tissus, défaut d'énergie vitale d'un organe. Voy. ADYNAMIE. ‖ Fig., Inertie morale ou intellectuelle.

ATONIQUE. adj. 2 g. Qui a rapport à l'atonie, qui résulte de l'atonie. *État, maladie, ulcère at.*

ATOSSA, fille de Cyrus, roi de Perse, épousa d'abord son frère Cambyse, puis le mage Smerdis, et enfin le conquérant du trône, Darius Iᵉʳ.

ATOUR. s. m. (R. *atourner*). Parure. Ne se dit guère qu'au plur. et en parlant de la parure des femmes. *Elle avait ses plus beaux atours. Quand elle est dans ses atours.* || Au sing., *Dame d'atour*, Dame dont la charge est de présider à la toilette de la reine ou des princesses ; il y a aussi des *Femmes d'at.*, et même des *Garçons d'at.*, chargés de la garde des robes et parures des princesses.

ATOURNER. v. a. (lat. *adornare*). Orner, parer. Ne se dit qu'en parlant de la parure des femmes et par plaisanterie. *At. l'épousée.* Vx. = ATOURNÉE, ÉE. part.

ATOUT. s. m. (R. *à-tout*). T. Jeu de cartes. Carte de même espèce que celle qui retourne. *Jouer un at. Les atouts emportent les autres cartes.* || Coup, blessure. *Recevoir un atout.* Pop.

ATOXIQUE. adj. (gr. à priv., et *toxique*). T. Didact. Qui n'a point de venin.

ATRABILAIRE. adj. 2 g. (lat. *atra*, noire ; *bilis*, bile). Terme que les anciens médecins employaient pour désigner les individus attaqués d'hypocondrie. Il est souvent usité dans le langage familier comme syn. de *triste, morose, chagrin. C'est un homme at., Visage, humeur at.* || Se prend subst. *C'est un at.*

ATRABILE. s. f. T. Méd. anc. Bile noire, humeur âcre qui passait pour être sécrétée par les capsules surrénales, et pour causer la mélancolie, l'hypocondrie. Voy. ce mot.

ATRAGÈNE. s. f. (lat. *ater*, noir ; *genus*, origine). T. Bot. Genre de plantes de la famille des *Renonculacées*. Voy. ce mot.

ATRAMENT ou **ATRAMENTUM.** s. m. (de *ater, atra*, noir). Encre des Romains.

ATRAMENTAIRE. adj. 2 g. (lat. *atramentum*, encre). Qui ressemble à de l'encre. *Saveur at.*, Saveur analogue à celle de l'encre.

ÂTRE. s m. (lat. *atrium*, logis, maison, foyer, et non pas *ater*, noir). Foyer, l'endroit de la cheminée où l'on fait le feu. || *L'â. d'un four*, La partie plane d'un four. || T. Verrerie. Pièce de grès couvrant le fond des fours. || T. Émail. Pièce de terre cuite qu'on place dans le fourneau à la hauteur du feu de moufle.

ATRÉE, roi d'Argos et de Mycènes, fils de Pélops (XIIIᵉ siècle av. J.-C.). Pour se venger de son frère Thyeste, amant de sa femme, il lui servit dans un repas les deux enfants nés de cet adultère. Le « festin d'Atrée » est resté légendaire.

ATRÉSIE. s. f. (gr. à priv. ; τρῆσις, perforation). T. Térat. Oclusion ou imperforation congénitale d'une ouverture naturelle.

ATRICHIE. s. f. (à priv. ; θρίξ, τριχός, poil, cheveu). T. Didact. Absence de poils, de cheveux.

ATRIDES, c.-à-d. descendants d'Atrée, Agamemnon et Ménélas, petits-fils d'Atrée.

ATRIUM. s. m. [Pr. *atriome*]. T. Archit. Cour intérieure des maisons romaines. Voy. ARCHITECTURE romaine. || Parvis ou enceinte extérieure des premières églises.

ATROCE. adj. 2 g. (lat. *atrox*). Horrible, énorme, excessif. *Crime, vengeance, injure at. — Douleur at.*, Douleur très violente. || Extrêmement cruel. *Caractère at. Homme at. Âme at.*

ATROCEMENT. adv. D'une manière atroce. *Les sauvages de l'Amérique torturaient et leurs prisonniers. — Cette action est at. perfide*, Est extrêmement perfide.

ATROCITÉ. s. f. Énormité, excès. *Crime d'une at. révoltante.* || Action atroce, très cruelle. *Ces soldats ont commis des atrocités inouïes.* || Cruauté extrême. *L'at. d'un tyran, L'at. de l'âme, du caractère.*

Étym. — L'étymologie de ces trois mots — *atrox* — paraît venir du grec ἀ privatif et τρώγω, je mange, littéralement : ce qui ne peut pas s'avaler. C'est ainsi que *cruel* vient de *crudus*, cru.

ATROLACTIQUE. adj. 2 g. T. Chim. *L'acide atrolactique* C⁹H¹⁰O³ résulte de l'oxydation de l'acide hydratropique. Voy. ATROPIQUE. Il est solide et cristallise en tables orthorhombiques, fusibles à 94°, peu solubles dans l'eau froide, facilement solubles dans l'eau bouillante.

ATROPA. s. m. (R. *atropos*, l'une des trois Parques, par allusion aux propriétés vénéneuses de cette plante). T. Bot. Nom scientifique de la Belladone. Voy. ce mot.

ATROPÉES. s. f. pl. T. Bot. Tribu de végétaux appartenant à la famille des *Solanées*. Voy. ce mot.

ATROPHIE. s. f. (gr. à priv. ; τροφή, nourriture). T. Physiol. et Méd. L'*at.* se définit ordinairement une diminution du volume du corps ou de l'une de ses parties seulement, et son étymologie indique que cette diminution est causée par un défaut de nutrition. L'at peut porter sur un élément anatomique unique ou sur un organe tout entier ; en outre, tantôt elle s'observe comme un phénomène naturel, comme une conséquence du développement organique de l'individu, tantôt elle se présente comme un effet morbide, comme le résultat d'une maladie. On distingue donc deux sortes d'at. : l'at. *physiologique* et l'at. *pathologique*. La résorption de certains organes transitoires, tels que la glande thymus, est un ex. d'at. du premier genre. L'amaigrissement rapide, par résorption des vésicules adipeuses, qui s'observe dans presque toutes les maladies graves, est un cas le plus fréquent d'at. pathologique. Au reste, dans les deux cas, il n'y a pas simplement défaut de nutrition de l'organe ou du tissu qui est le siège de l'at. ; il y a encore résorption de tous les éléments anatomiques ou de quelques-uns d'entre eux seulement. — Selon la nature de la cause qui détermine l'at. pathologique, celle-ci est *générale* ou *partielle*. L'at. partielle est ordinairement causée par une compression locale, par le défaut d'exercice, par une diminution dans la circulation de la partie, par l'affaiblissement ou la suppression de l'influence nerveuse, résultant soit d'une lésion locale des nerfs, soit d'une altération dans la partie des centres nerveux d'où émanent ces nerfs eux-mêmes. La cause la plus commune de l'at. générale est une lésion profonde de quelqu'un des organes essentiels à la vie, de l'appareil respiratoire par ex. — Il n'existe pas de traitement particulier qui se puisse opposer à l'at. pathologique générale ou partielle. Comme elle n'est jamais qu'un symptôme, c'est la maladie qui en est la cause déterminante qu'il s'agit de combattre. Voy. MUSCLE, MYOPIE, PARALYSIE.

L'at. n'est pas toujours un fait pathologique ou tératologique ; elle a joué un rôle normal et important dans les espèces végétales et animales. Les organes qui cessent de fonctionner diminuent de vigueur, s'atrophient, et parfois même disparaissent. Les yeux des poissons des lacs souterrains se sont atrophiés. Les ailes des oiseaux qui ne volent plus sont dans le même cas. Voy. ORGANES, ESPÈCES.

ATROPHIÉ, ÉE. adj. Qui est dans un état d'atrophie. *Cet enfant a la jambe atrophiée.*

ATROPHIER (S'). v. pron. T. Physiol. et Méd. Se dit d'un membre, d'un organe, d'un tissu qui diminue de volume, de consistance, qui perd une partie de sa substance, et parfois même disparaît entièrement. *Les membres paralysés s'atrophient. La queue du têtard s'atrophie et disparaît.* — ATROPHIÉ, ÉE, part.

ATROPINE. s. f. (R. *atropa*). T. Chim. Alcaloïde extrait de l'*Atropa belladona*. L'at. C¹⁷H²³AzO³ est le principe actif de la belladone ; toutes les parties de la plante en contiennent, mais on l'extrait généralement de la racine. Le suc clarifié de la racine fraîche est additionné de potasse et agité avec du chloroforme ; on reprend le résidu par l'alcool bouillant, on clarifie au charbon animal et l'on fait cristalliser. L'at. pure se présente sous la forme d'aiguilles soyeuses, blanches, inodores, d'une saveur amère et âcre, fusibles à 90°, très solubles dans l'alcool, peu solubles dans l'eau. Elle jouit de propriétés alcalines prononcées, ramène au bleu la teinture de tournesol rougie, et se combine avec les acides en formant des sels dont le plus important est le *sulfate d'at.*, (C¹⁷H²³AzO³)²SO⁴. Ce sel, employé fréquemment en médecine, se prépare en ajoutant goutte à goutte un mélange de 1 p. d'acide sulfurique et de 10 p. d'alcool à une solution de 10 p. d'at. dans de l'éther pur et sec : le sulfate, insoluble dans l'éther, se dépose. — L'at., chauffée en tubes scellés soit avec l'hydrate de baryte, soit avec l'acide chlorhydrique concentré, fixe de l'eau et se dédouble en *acide tropique* C⁹H¹⁰O³ et en *tropine* C⁸H¹⁵Az², base volatile, bouillant à 229°. Celle-ci, sous l'influence de l'acide chlorhydrique, se transforme elle-même en une nouvelle base non oxygénée, bouillant à 162° : la *tropidine* C⁸H¹³Az.

L'at. possède à un haut degré la propriété de dilater la pupille de l'œil, et l'on s'en sert, à ce titre, pour l'exploration de l'œil, et même pour la dilatation d'autres organes. C'est un violent poison narcotique. A la dose de 1 centigramme elle détermine déjà des accidents graves chez l'homme. C'est à elle que la belladone doit ses propriétés vénéneuses ; mais cette plante, qui est également un poison redoutable pour les chiens et les oiseaux, se montre tout à fait inoffensive à l'égard de certains animaux : les porcs, les lapins, les moutons, se nourrissent impunément de ses racines ou de ses feuilles. — On prescrit l'at. à la dose de 3 milligrammes dans certaines affections nerveuses; mais on l'emploie surtout à l'extérieur, soit en solution dans la glycérine, soit à l'état de sulfate, dans le traitement des maladies des yeux, ou simplement pour l'examen ophthalmoscopique.

ATROPIQUE. adj. 2 g. (R. *atropine*). T. Chim. L'*acide atropique* C⁹H⁸O⁴, isomère de l'acide cinnamique, se forme par la décomposition de l'atropine; celle-ci, traitée par l'acide chlorhydrique ou par l'eau de baryte, se dédouble d'abord en tropine et en acide tropique; mais ce dernier fixe facilement de l'eau et donne de l'acide atropique, en même temps que deux isomères appelés *acides isatropiques*, l'un fusible à 203°, l'autre à 237°. Quant à l'acide atr., il cristallise en tables clinorhombiques, fusibles à 106°, bouillant à 257°. Par hydrogénation il se convertit en *acide hydratropique* C⁹H¹⁰O², liquide bouillant à 264°, que le permanganate de potasse transforme en acide atrolactique.

ATROPOS (gr. Ἄτροπος, inflexible). Nom de l'une des trois Parques. Myth. Voy. PARQUES. ‖ s. m. T. Ent. Espèce de papillon crépusculaire d. la tribu des sphingides, connue vulgairement sous le nom de *tête de mort*. Voy. CRÉPUSCULAIRES.

ATTABALE. s. m. [Pr. *atabale*] (espagn. *atab*, timbale; de l'arabe *at*, le, et *thabal*, tambour). Espèce de tambour dont se servent les Maures.

ATTABLER. v. a. [Pr. *atabler*] (R. *table*). Faire asseoir à table. *Si vous ne pouvez accorder ces hommes, attablez-les, et vous les concilierez bientôt.* Fam. et peu u. —s'AT-TABLER. v. pron Se mettre à table dans l'intention d'y rester longtemps. *Ils s'attablèrent à midi et ne sortirent de table qu'à six heures du soir.* — Se dit aussi en parlant du jeu. *Ils se sont attablés pour jouer aux échecs, aux cartes,* etc. Fam. ‿ ATTABLÉ, ÉE. part. *Nous les trouvâmes attablés.*

Syn. — *Se mettre à table.* — Cette dernière locution exprime simplement une action habituelle ; *s'at.*, au contraire, réveille l'idée d'un acte qui sort des règles accoutumées. On *se met à table* chaque jour pour prendre ses repas ; on *s'attable* dans une circonstance exceptionnelle, pour faire un dîner qui doit durer longtemps, auquel on a invité des amis ou des étrangers.

ATTACCA [Pr. *at-taka*] (ital. *attacca*, à l'impératif, *attaque*). T. Mus. Mot dont on se sert pour indiquer qu'un morceau doit suivre le précédent sans aucune interruption.

ATTACCO [Pr. *at-tako*] (ital. *attacco*, appendice). T. Mus. Petite partie de la fugue étrangère au sujet principal.

ATTACHANT, ANTE. adj. [Pr. *atachan*]. Qui attache, qui intéresse ; qui fixe fortement l'attention. *Spectacle très at. Etude, lecture attachante.*

ATTACHE. s. f. [Pr. *atache*] (R. *attacher*). Tout ce qui sert à attacher, tel que lien, courroie, etc. L'at. d'un limier, d'un lévrier. Mettre un chien, un cheval à l'at. ‖ Chien d'at. Chien de garde que l'on ne laisse libre que la nuit. — Fig. et prov., *Il est là comme un chien d'at., ou comme un chien à l'at.,* se dit d'un homme que son emploi, son travail obligent à une extrême sujétion. ‖ *Prendre des chevaux à l'at.,* Les garder à l'at. moyennant une rétribution, et seulement

pour qu'ils soient à couvert pendant quelque temps. ‖ Fig., en parlant des personnes, se dit de tout ce qui les captive. *Il aura bien de la peine à rompre ces... Ôter al. criminelle.* — *Avoir de l'at. au jeu, pour le jeu; à l'étude, pour l'étude,* etc., Être extrêmement attaché au jeu, etc. ‖ Fig., *Je ne veux rien faire sans votre at., sans prendre votre at.,* Sans m'assurer votre agrément. ‖ T. Anat. *At.* se dit de l'endroit d'une partie solide où vient s'insérer un muscle, un tendon, un ligament. — On nomme encore *Attaches musculaires,* les impressions que laissent sur les coquillages les muscles qui servent à attacher l'animal. ‖ *At. de diamants,* Assemblage de diamants mis en œuvre et composé de plusieurs pièces qui s'accrochent l'une à l'autre. ‖ *Bas d'at.,* Grand bas de soie qui s'attachait au haut-de-chausse. Voy. BAS.

Syn. — *Attachement.* — L'at. provient de l'habitude, d'un besoin qu'on s'est créé, d'une servitude à laquelle on s'est soumis. *L'attachement* est une liaison où le choix, le goût et le cœur ont plus de part. Ce qui fait qu'une *at.* dure, c'est notre faiblesse, le manque d'énergie qui nous empêche de nous en affranchir. Le principe de la durée d'un *attachement* est une affection sincère et, en général, de nature plus avouable.

Chancellerie. — On donnait autrefois le nom de *Lettres d'at.,* aux lettres par lesquelles le roi autorisait la mise à exécution dans le royaume, soit des bulles du pape, soit des ordonnances émanées d'un chef d'ordre qui résidait à l'étranger. On appelait aussi de ce nom les commissions expédiées soit à la chambre des comptes, soit ailleurs, pour l'exécution de quelque arrêt ou de quelque ordonnance. — La même dénomination était appliquée aux ordonnances d'un gouverneur de province pour faire mettre à exécution les ordres du roi qui lui étaient présentés ou adressés. — Enfin, on appelait également lettres d'at., les lettres que donnaient le connétable, le grand amiral, le colonel général ou le mestre de camp général d'une armée, pour être jointes aux commissions accordées par le roi aux officiers qui devaient servir sous leurs ordres.

ATTACHE-BOSSETTE. s. m. [Pr. *atache...*] (de *attache* et *bossette*). Dans l'éperon, morceau de fer conique à ses deux bouts, qui sont creusés pour conserver la tête du clou. ‖ Plur. *Des attache-bossettes.*

ATTACHÉ. s. m. [Pr. *ataché*]. Part. passé du verbe *attacher,* pris substantivement : *Un attaché d'ambassade.*

ATTACHEMENT. s. m. [Pr. *ata...*]. Sentiment qui fait que l'on tient à quelque personne, à quelque chose. *Avoir de l'at. pour sa femme, pour ses enfants, pour ses amis. Avoir de l'at. à un parti. Il a trop d'at. à ses intérêts. Rien ne remplace l'at., la délicatesse et le dévouement d'une femme.* (CHATEAUBRIAND.) ‖ *Grande application. Avoir de l'at. à l'étude, au travail.* — Syn. Voy. AFFECTION et ATTACHE. ‖ ATTACHEMENTS, au plur. Se dit pour désigner les notes que les architectes ou les vérificateurs prennent sur les ouvrages de diverses espèces, lorsque ces ouvrages sont encore apparents, pour y avoir recours dans le règlement des mémoires.

ATTACHER. v. a. [Pr. *atacher*] (lat. *ad*, à ; celt. *tac* ou *tact*, clou). Fixer, arrêter une chose de manière qu'elle demeure dans la situation voulue. *At. les voiles au mât. At. une tapisserie à une muraille. At. avec un lien, avec un cordon, avec des clous,* etc. — On dit de même, *At. les galériens à la chaîne. At. des chevaux à un char.* ‖ Fig., *La Providence a attaché un plaisir à l'accomplissement de chacun de nos devoirs. On lui a conféré ce titre avec toutes les prérogatives qui y sont attachées.* ‖ Fig., *At. ses yeux, ses regards sur quelqu'un, sur quelque chose,* Le regarder fixement. — Captiver. *Ce spectacle attachait nos yeux, nos regards.* ‖ Fig., *At. du prix, de l'importance à quelque chose,* Regarder quelque chose comme précieux, comme important. *J'attache beaucoup de prix à votre estime. Il attache beaucoup de prix à des futilités.* — *At. son bonheur, sa gloire,* etc., *à quelque chose,* L'en faire dépendre. — *At. un sens, une signification, une idée à un mot, à un terme,* Lui donner un sens particulier, l'entendre d'une certaine manière. ‖ Fig., Lier par l'intérêt, par le devoir, par quelque sentiment. *Il est attaché à l'ambassade, à l'administration des postes. Le prince l'a attaché à sa personne. C'est l'ambition qui l'attache à ce parti. Son emploi l'attache à Paris. Nous sommes attachés à la patrie par un sentiment irrésistible. Il est* *fort attaché à ses enfants.* || Intéresser vivement. *L'étude des mathématiques attache beaucoup. At. son affection a quelque chose. Le jeu l'attache plus qu'il ne convient.* || T. Art milit. *At. le mineur au corps d'une place,* Le mettre à même de se rendre au pied du rempart pour qu'il puisse y travailler à couv rt, à l'effet de conduire la mine sous le corps de la place. — s'ATTACHER, v. pron. Se fixer, se lier à quelque chose. *Les chausses s'attachaient au pourpoint avec des aiguillettes.* — Fig., *S'at. au char d'une femme,* Se mettre au nombre de ses adorateurs. — On dit dans un sens anal. *S'at. au char de la fortune, de la puissance.* — Fig., *Mes regards s'attachèrent longtemps sur elle. La saveur s'attache à ce qui est nouveau.* || S'accrocher, adhérer à. *Votre chien s'est attaché à mon habit, j'ai cru que je ne pourrais lui faire lâcher prise. La poix s'attache aux mains.* — Fig., *Le renom s'attache au criminel. L'envie s'attache au mérite.* || Fig., Se consacrer au service de quelqu'un, s'efforcer de lui plaire, soit par devoir, soit par intérêt. *S'at. par reconnaissance au service de quelqu'un. S'at. à la fortune d'un ministre. Ils se sont attachés l'un à l'autre par des services réciproques.* || Fig., Concevoir de l'affection. *Elle et moi, nous nous attachâmes l'un à l'autre, nous devînmes inséparables. Je m'attache à lui de plus en plus. Le chien s'attache à son maître.* || Fig., S'appliquer, s'intéresser à... *C'est un homme qui ne s'attache qu'à des bagatelles. Il s'attachait uniquement à remplir son devoir. Les choses de la terre ne méritent pas qu'on s'y attache.* || Fig., *Cet homme s'attache trop à ses idées, à ses opinions,* Il y tient trop fortement. || Fig., *S'at. à la poursuite, aux pas de quelqu'un,* Le poursuivre sans relâche. || T. Peint. *Les objets s'attachent dans ce tableau,* Ils paraissent tenir ensemble, quoique le peintre ait eu l'intention de les montrer séparés par un espace. = ATTACHÉ, ÉE. part. — Syn. Voy. ADHÉRENT.

Syn. — *Lier.* — On *lie* toujours avec un lien ; on peut *at.* aussi de toute autre manière, avec un clou, au moyen d'un corps agglutinant, etc. On lie un *fou furieux* pour empêcher ses mouvements, de crainte qu'il ne nuise à lui-même ou à d'autres personnes ; on *attache* un criminel au pilori, pour qu'il reste là où l'on l'a mis. Au fig., *lier* réveille toujours l'idée d'une obligation, d'une puissance qui s'impose ; il en est autrement d'*at.* Ainsi, on est *lié* par un contrat, et l'on ne peut rompre ce lien ; on est *attaché* par un intérêt, par une affection quelconque, mais on peut briser cette attache.

ATTACHEUR, EUSE. s. m. et f. [Pr. *ata*...]. T. Technol. Ouvrier, ouvrière qui attache.

ATTACOLITE. s. f. [Pr. *at-takolite*] (gr. ἄττακος, crabe). T. Minér. Phosphate hydraté de bases diverses, fer, alumine, chaux, manganèse, etc., et qui a la couleur du crabe.

ATTACUS. s. m. [Pr. *at-ta-kuss*] (lat. *attacus,* nom d'un insecte). T. Zool. Genre de papillons nocturnes. Voy. BOMBYCIENS.

ATTAGAS. s. m. [Pr. *at-ta-gassa*] (gr. ἀτταγᾶς, francolin, oiseau du genre perdrix). T. Ornith. Syn. de *Lagopède.* Voy. ce mot.

ATTAGÈNE. s. m. [Pr. *at-tagène*]. T. Ent. Genre d'insectes coléoptères. Voy. CLAVICORNES.

ATTALE, nom de trois rois de Pergame, dont le premier fonda la bibliothèque de Pergame, et dont le dernier légua ses États aux Romains (132 av. J.-C.).

ATTALE, sénateur romain, nommé empereur par Alaric (409), fut déposé, puis pris par Honorius (415).

ATTALÉE. s. f. [Pr. *at-talée*] (R. *Attale,* nom d'homme). T. Bot. Genre de grands palmiers de l'Amérique du Sud. Voy. PALMIER.

ATTAQUABLE. adj. 2 g. [Pr. *atakable*]. Qui peut être attaqué. *La place n'est at. que d'un côté.*

ATTAQUANT. s. m. [Pr. *atakan*]. Assaillant, celui qui attaque. || S'emploie surtout au plur. *Les attaquants furent repoussés.*

ATTAQUE. s. f. [Pr. *atake*]. Action d'assaillir l'ennemi,

d'engager le combat. *At. générale, vigoureuse, impétueuse. Commencer, soutenir, repousser l'at.* — Assaut qu'on livre à une place. *Aller à l'at. Donner l'at. Se disposer à l'at. Ordonner l'at.* — Se dit aussi des travaux qu'on exécute pour s'approcher d'une place assiégée. *On a fort avancé les attaques.* || Agression, insulte. *Deux voleurs se précipitèrent sur lui, mais il repoussa vigoureusement leur at.* — Fig. *Ce pamphlet est une violente at. contre le gouvernement. Vos paroles sont une at. contre mon honneur. Cet article n'est pas une critique, c'est une at. personnelle.* || Fig., Objection. *L'orateur a repoussé toutes les attaques par des arguments victorieux.* — Dans ce sens, en parlant d'une discussion, on dit, *L'attaque et la défense. L'at. a été plus spirituelle que la défense.* || Fig., *Il m'a déjà fait une at. là-dessus,* Il a déjà essayé de me sonder à ce sujet. — *Il lui donne toujours quelque at. sur son avarice,* Il lui adresse toujours quelque épigramme sur son avarice. || T. Méd. Invasion soudaine d'une affection périodique ou d'un mal sujet à des retours plus ou moins fréquents. *At. de goutte, de paralysie.* Voy. ACCÈS. || *At. de nerfs,* Spasmes nerveux accompagné de mouvements convulsifs, de larmes et de cris. || T. Mus. Action d'un musicien qui, après un repos, prend la note et commence un morceau ou un trait avec hardiesse et sûreté. *A l'opéra, il y a des chefs d'at. pour guider les autres chanteurs.*

Art milit. — On peut définir l'at. tout mouvement d'une armée ou d'un corps qui engage une action contre une armée ou contre un corps qui lui est opposé. L'at. est appelée *générale,* lorsque la totalité ou la plus grande partie des troupes présentes sur le terrain prend part au mouvement ; dans le cas contraire, l'at. est dite *partielle.* L'at. *principale* est celle qui est dirigée sur les points décisifs. La *fausse at.* est une démonstration qui a pour objet de tromper l'ennemi et de masquer les manœuvres réelles. On distingue encore les attaques de *front,* de *flanc,* à *revers,* selon la direction des mouvements de l'assaillant relativement à la position des troupes qui sont l'objet de l'at. Les termes at. *centrale,* at. *d'aile,* n'ont pas besoin d'explication. On appelle at. *en lignes* celle que font les troupes rangées en ordre de bataille, et at. *en colonnes* celle où les troupes sont en ordre profond. — Pour les places fortes, l'at. a lieu aussi de diverses manières. On distingue l'at. *par surprise,* qui est aujourd'hui fort rare ; l'at. *par blocus,* l'at. *par bombardement* et l'at. *régulière.* Voy. FORTIFICATION, SIÈGE.

ATTAQUER. v. a. [Pr. *ataker*] (D'après Littré, c'est le même mot que *attacher* avec la prononciation picarde. Suivant Larousse, du latin *attingere,* atteindre, étymol. plus que douteuse. Suivant Toubin, du sanscrit *vah,* vers, lat. *ad,* et *tek,* s'approcher). Assaillir, faire acte d'agression. *At. l'ennemi. At. quelqu'un sur le grand chemin. At. de front. At. une place forte.* || Fig., *Vous l'avez attaqué sur sa puissance. At. le gouvernement dans ses écrits. At. quelqu'un dans sa réputation, dans son honneur.* On dit encore, *At. quelqu'un de conversation,* Lui adresser la parole afin de l'engager à parler. || Tâcher de renverser, de détruire quelque chose, d'y porter atteinte. *At. les vices, les préjugés, les abus. Cet ouvrage attaque les mœurs, la religion. At. une doctrine, un système. At. la réputation, l'honneur de quelqu'un. Il faut at. énergiquement cette maladie.* || Ronger, altérer, détériorer. *Les charançons attaquent le blé. La rouille attaque le fer.* || Fam., Entamer. *Vous devriez bien at. cette volaille.* — Fig., *Il a bien attaqué son sujet,* Il l'a pris par où il le fallait prendre. || T. Jurisp. *At. quelqu'un en justice,* lui intenter une action judiciaire. — *At. un acte,* En contester la validité. || T. Man., *At. un cheval,* Le piquer vigoureusement avec les éperons. || T. Mar., *At. un cap, une côte, une île,* En approcher près de la reconnaître. || T. Méd. Affecter. *Le croup attaque principalement les enfants. Les tubercules attaquent particulièrement le poumon. Il est attaqué par la fièvre, par la goutte. Sa poitrine est attaquée,* ou *Il est attaqué de la poitrine,* se dit de quelqu'un qui est malade de la poitrine, et spécialement de quelqu'un qui est phthisique. || T. Mus. Faire l'attaque d'un trait, d'un morceau. *Il attaque bien la corde. Ce chanteur ne sait pas at. la note.* — s'ATTAQUER, v. pron. En venir aux mains. *Les deux armées se sont attaquées. Ces deux champions s'attaquèrent avec vigueur.* || *S'at. à quelqu'un,* Le provoquer, l'offenser ouvertement, se déclarer contre lui. *Il s'est attaqué à plus fort que lui.* || *S'at. à une chose,* Se déclarer contre elle, la blâmer, la déprécier. *Cet écrivain s'attaque à toutes nos gloires. Il s'attaque à nos institutions.* = ATTAqué, ée. part. || Prov. *Bien attaqué, bien défendu*, La défense a bien répondu à l'attaque. == Syn. Voy. ASSAILLIR. **Obs. gram** — *S'attaquer à.* — *Attaquer* exprime simplement le fait de l'agression, sans donner à comprendre si l'adversaire de l'assaillant est plus faible ou plus fort que lui. Quand on emploie la locution *s'at. à*, on fait par cela même entendre que la provocation vient du faible au fort. Celui qui *attaque* tout le monde *s'attaque* souvent à plus fort que lui.

ATTARDER. v. a. [Pr. *atarder*] (R. *tard*). Mettre en retard. *Cette rencontre m'a attardé.* ==S'ATTARDER. v. pron. Se mettre en retard. *Comment pouvez-vous vous at. ainsi?* == ATTARDÉ, ÉE. part.

ATTE s. m. [Pr. *ate*] (gr. ἄττω, je saute). T. Bot. Fruit de l'*Anone* ou *Corossolier* écailleux. Voy. ANONACÉES. || T. Zool. Genre d'arachnides de petite taille et sauteurs. — Genre de fourmis à palpes très courtes. Voy. FOURMI.

ATTEIGNEMENT s. m. [Pr. *atègneman*]. Action d'atteindre et résultat de cette action.

ATTEINDRE. v. a. [Pr. *atindre*] (lat. *attingere*; de *ad*, à ; *tangere*, toucher). Frapper de loin avec quelque chose. *Il l'atteignit d'un coup de pierre, d'un coup de fusil. At. le but.* Le toucher. — Fig., *At. son but*, Réussir dans ce qu'on se propose. || Se dit aussi en parlant du projectile. *Un éclat d'obus l'atteignit à la jambe. Sa balle a atteint le but.* || Fig., *Porter atteinte*, léser. *Ces calomnies ne sauraient m'at. Les maux de la guerre atteignent toute la population.* — Dans un sens naturel, on dit : *Les maladies nous atteignent au moment où nous y songeons le moins.* || Parvenir à. *Nous atteignîmes la ville à l'entrée de la nuit. Ces arbres, quoique plantés en même temps, n'atteignent pas la même hauteur. Cet enfant brise tout ce qu'il peut at.*, Tout ce qu'il peut toucher. — Fig., *At. l'âge de raison. Il a atteint la cinquantaine. At. la fin de ses maux, le terme de sa carrière.* || Joindre quelqu'un qu'on suit ou qu'on poursuit. *Il prit la poste pour l'at. At. l'ennemi par une marche forcée.* — Se dit des animaux et des choses. *Ce chien atteignit le sanglier. Nous ne pûmes at. le bâtiment anglais.* — Fig., *Tôt ou tard la peine atteint le coupable.* || Égaler. *Il se flatte d'at.* Racine, d'at. Michel-Ange. == ATTEINDRE. v. n. Toucher à une chose éloignée, à une certaine hauteur. *At. au plancher. At. au but.* — Fig., *Cette charge est au-dessus de sa portée.* At. à un [perfection, au sublime, au faîte de la gloire.] — ATTEINT, EINTE. part. *At. de maladie, de démence*, Frappé, affligé de maladie, de démence. — Fig. et par anal., on dit, *Être at. d'une manie ridicule, d'un amour-propre incurable.* || *At. et convaincu*, formule usitée autrefois dans les jugements criminels, pour dire que l'accusé était reconnu coupable et convaincu. == Conj. Voy. PEINDRE.
Obs. gram. — *Atteindre* (v. a.), avec le régime direct, se dit des personnes en général, et des choses auxquelles on parvient sans difficulté, sans effort, et parfois même sans que la volonté y ait la moindre part. — *Atteindre à* (v. n.), se dit des choses auxquelles on ne peut parvenir qu'avec difficulté, qu'en faisant des efforts dirigés vers elles. Ainsi l'on dira : 1° *At. un certain âge*, parce qu'on atteint les années sans difficulté, sans effort, et, à coup sûr, malgré soi ; 2° *At. à la perfection*, parce que, pour parvenir à la perfection, il y a des difficultés à vaincre, des efforts considérables à faire ; 3° *Il est difficile d'at.* Racine, parce qu'ici *at.* est employé dans le sens n'égaler, et qu'alors il prend le régime ou complément de ce dernier verbe.

ATTEINTE. s. f. [Pr. *atinte*]. Coup dont on est atteint. *Rude at. At. légère.* — Fig., Impression produite su l'esprit ou sur le cœur. *Son esprit en reçut une vive at. C'est alors qu'il ressentit les premières atteintes de cette fatale passion.* — Fig., *At. mortelle*, Impression profonde et douloureuse. || Au prop. et au fig., Effet nuisible, dommage, préjudice produit par une cause quelconque. *La vigne se ressent encore des atteintes de la gelée. Être à l'abri de toute at. Ma santé n'a jamais reçu d'at. Cela porte at. à son crédit. Cette ordonnance donne at. au droit de propriété. Les atteintes de la calomnie.* || Se dit d'une attaque légère en parlant de certaines maladies. *Il a eu une at. de goutte, de gravelle. Il a déjà éprouvé quelques atteintes d'apoplexie.* || T. Jeu de bague. *Donner at. à une bague*, La toucher sans l'emporter. == HORS D'ATTEINTE. loc. adv. Se dit d'une personne ou d'une chose qu'on ne peut atteindre. *Le fugitif est*

à cette heure hors d'at. — Fig. *Sa réputation est hors d'at.*
Méd. vét. — *Atteinte.* On dit qu'il y a atteinte chez le cheval quand celui-ci est contusionné ou blessé plus ou moins profondément au membre inférieur, à la couronne, au boulet ou au pâturon par lui-même ou par d'autres chevaux. C'est surtout le fer qui produit ces accidents (voy. COUPER, SE COUPER, vét.), soit que l'animal marche en forgeant, qu'il soit faible, que les fers aient trois crampons dont l'interne pénètre dans le bourrelet, ou des crampons trop hauts, que les chevaux marchent attachés à la queue l'un de l'autre, ce qui occasionne des heurts. Les symptômes sont la boiterie, les plaies ou contusions de la peau, la tuméfaction, la douleur. Suivant la gravité de la lésion, on applique des lotions boriquées froides, des cataplasmes boriqués ou des pansements phéniqués ou sublimés. En outre, pour éviter le retour de ces accidents, on doit écarter toutes les occasions d'atteintes désignées plus haut.

ATTÉLABE. s. m. [Pr. *atélabe*] (gr. ἀττέλαβος, escarbot]. T. Entom. Genre de coléoptères voisins des *Charançons*, de la famille des *Curculionides*. Voy. ce mot. Les att. de la vigne et des arbres fruitiers causent de très grands ravages.

ATTELAGE. s. m. [Pr. *atelage*] (R. *atteler*). Se dit du nombre de chevaux, de bœufs, etc., nécessaires pour traîner une voiture ou pour tirer la charrue. *J'ai deux attelages de charrue.* || En parlant de voitures de luxe, se dit d'une paire ou de plusieurs paires de chevaux propres à être attelés ensemble. *Voilà un at. bien assorti. Il a un at. de six chevaux gris-pommelés.*

ATTELÉE. s. f. [Pr. *atelée*]. Temps pendant lequel des animaux de tirage restent attelés.

ATTELER. v. a. [Pr. *ateler*] (sans doute du mot *attelle*, trait, morceau de bois). Attacher des chevaux, des bœufs, etc., à la voiture, à la charrue, etc., qu'ils doivent tirer. *Attelez les chevaux à la voiture.* — S'emploie absol. *Attelez.* — On dit aussi, *At. un chariot, une charrue.* == S'ATTELER. v. pron. Se dit des gens qui s'attachent à une voiture pour la traîner. *Dans leur enthousiasme, les jeunes gens coururent s'at. à sa voiture.* || Se lier, s'associer. *S'at. avec quelqu'un.* — Se dévouer, s'appliquer à. *S'at. à une œuvre utile. S'at. à une utopie.* — ATTELÉ, ÉE. part. *Chevaux attelés. Voiture attelée de quatre chevaux.* || Fig. et prov., en parlant d'associés qui ne s'accordent pas. *C'est une charrette mal attelée.* == Conj. Voy. APPELER.

ATTELLE. s. f. [Pr. *atèle*] (vx fr. *aste*, du latin *hasta*, bâton, lance, trait). Morceau de bois chantourné qui s'élève au-dessus du collier d'un cheval et auquel les traits sont attachés. || T. Chir. Éclisse, lame de fer, de bois, etc., servant à la confection des appareils destinés à maintenir immobile un membre fracturé. Voy. FRACTURE. — Outil de bois qui sert aux potiers à lever la poterie sur la roue.

ATTELLEMENT. s. m. [Pr. *atèlement*]. Action d'atteler, résultat de cette action.

ATTELOIRE. s. f. [Pr. *ateloire*] (R. *atteler*). Cheville fixant les traits du cheval au limon ou au brancard. || Poignée pour saisir un instrument.

ATTENANT, ANTE. adj. [Pr. *atenan*] (lat. *attinens*). Contigu, tout contre. *Son jardin est at. au mien, du mien. Il couche dans la chambre attenante à celle de sa mère.*

ATTENANT. prép. [Pr. *atenan*]. Joignant, tout contre. *Il loge tout at. le palais, ou tout at. au palais, ou encore tout at. du palais.* Vx. || Adv. *Vous avez vu sa maison? Je loge tout al.*

ATTENDRE. v. a. [Pr. *atandre*] (lat. *ad*, vers ; *tendere*, tendre). Rester en un lieu où l'on compte qu'une personne viendra, qu'une chose sera apportée ou amenée, qu'un événement se produira, etc. *Il y a une heure que je vous attends ici. Il l'attendit au passage, au coin de la rue. J'attendais le convoi à la station. Je suis resté deux heures à at. L'ennemi de pied ferme. On dit: Attend son maître. L'astronome attend le passage d'un astre au méridien, le commencement de l'éclipse.* — Par ext., on dit *Ma voiture m'at. à la porte.* — Prov. et fig., *Attendez-moi* *sous l'orme*, se dit en parlant d'un rendez-vous où l'on n'a pas dessein d'aller, d'une promesse qu'on ne veut pas tenir : vient sans doute de l'usage où l'on était autrefois de juger les différends sous un gros arbre — ordinairement sous un orme - planté devant la porte du château. A Paris, certaines dettes se payaient sous l'orme de Saint-Gervais. — Prov. hist. *J'ai failli attendre*, mot de Louis XIV, un jour que ses voitures arrivèrent au moment précis où il sortait du palais. — Fig., *C'est où je l'attends; C'est là que je l'attends, C'est là que je verrai ce qu'il est capable de faire*, ou *C'est là que je prendrai mon avantage sur lui.* ‖ Être dans un état particulier provenant de la croyance qu'on a que quelqu'un va arriver, qu'un événement va se produire. *Nous attendons le ministre de jour en jour dans notre ville. J'attends son retour depuis longtemps. On attend encore deux courrires à dîner. At. une lettre, des nouvelles. L'armée attend des renforts. Il attend la mort avec courage. At. une grâce, une récompense, l'effet d'une promesse.* — Fig., *Le dîner, le souper vous attend*, Il est prêt. — Prov., *Tout vient à point à qui sait at.*, Avec le temps et la patience on vient à bout de tout. Ce proverbe, comme presque tous, a son antonyme : *Aide-toi, le ciel t'aidera. —Vous ne perdrez rien pour at.*, Prenc patience, ce retard ne vous causera point préjudice, peut-être même vous sera-t-il avantageux. ‖ Fig., *Voilà le sort qui vous attend*, Qui vous est destiné, qui vous est réservé. — On dit de même : *La misère attend le dissipateur. Quelle gloire vous attend !* — On dit encore des choses qui sont destinées à en recevoir d'autres, qu'*Elles les attendent. Le pressoir attend la vendange. Cette manufacture n'attend plus que ses machines.* ‖ Différer l'exécution d'une chose ; Suspendre ou ralentir ce que l'on fait ; Rester dans l'inaction jusqu'à l'arrivée d'une personne ou d'une chose. *Les circonstances ne sont pas favorables pour cette opération, il faut at. Il attend l'arrivée de son frère pour se marier. Attendez le printemps avant de vous remettre en route. Qu'attendez-vous pour agir? Notre navire n'attend qu'un vent favorable. Attendons avant de prononcer un jugement sur cette affaire.* — On dit souvent en manière de menace, *Attendez!* ‖ Fig., *Un coup n'attendait pas l'autre*, Les coups se succédaient rapidement, sans interruption. — On dit de même : *Un bon mot n'attendait pas l'autre.* ‖ Fig., en parlant de la précocité de quelqu'un, on dit : *La raison, la valeur, etc., n'attend pas le nombre des années.* ‖ At. à, sign. Différer jusqu'à... *Pour partir, attendez à un autre jour, à la belle saison.* — On dit aussi, *Attendez jusqu'à demain, jusqu'à la semaine prochaine.* ‖ At. après, sign. At. avec impatience. *Il y a longtemps qu'on attend après vous. J'attends après cet argent pour payer un billet.* ‖ At. avec la prép. de, sign. Espérer, se promettre quelque chose. *Le juste n'attend sa récompense que de Dieu. Je n'en attends rien de bon. J'attends ce service de votre complaisance.*

S'ATTENDRE. v. pron. Compter sur quelqu'un, sur quelque chose ; Se tenir comme assuré de quelque chose. *Je m'attends à vous voir demain. Il ne faut pas s'at. à lui. Elle ne s'était pas attendue à ce dénouement. On s'attendait que la séance serait orageuse. Il s'attend à rencontrer bien des obstacles. Après cela on peut s'at. à tout.* ‖ Iron., *Attendez-vous-y*, pour dire : Ne comptez pas sur moi, sur les promesses qu'on vous fait.

EN ATTENDANT. loc. adv. Pendant ce temps, jusqu'à tel moment déterminé par ce qui précède. *Je vais en at. écrire une lettre. Reposez-vous en at.*—EN ATTENDANT QUE. loc. conjonct. Jusqu'à ce que. *En at. que la nouvelle se confirme.* — On dit encore dans cette acception, *En at. l'heure; En at. mieux*, Jusqu'à ce que l'heure, jusqu'à ce qu'il arrive mieux.

ATTENDU, UE. part. *Cette volaille est dure, elle n'a pas été assez attendue*, On aurait dû la garder plus longtemps avant de la faire cuire. ‖ Pris absol., *At.*, est invariable; il joue le rôle d'une préposition et sign. Vu, eu égard à. *Il fut exempté du service militaire at. ses infirmités.* — ATTENDU QUE. loc. conjonct. Vu que, comme. *At. qu'il s'agissait d'une matière importante, il fut arrêté que... At. que l'accusé avoue*, etc. ‖ s. m. Chacun des alinéas d'un arrêt. *Il y a au moins une dizaine d'attendus dans cet arrêt.* Ne prend pas la marque du pluriel.

Obs. gram. — *S'attendre à.* — On attend une chose qui arrivera peut-être, qui a coutume d'arriver, sans se préoccuper de sa réalisation ou sans manifester un sujet un intérêt marqué. Il en est tout autrement lorsqu'on s'y attend. Alors, non seulement on espère qu'elle arrivera, mais on y compte,

on la tient pour assurée. Lorsqu'un prodigue *attend* un héritage pour payer ses dettes, il arrive souvent que le bien qu'il *s'attendait* à posséder est donné à un autre.

ATTENDRIR. v. a. [Pr. *atandrir*] (R. *tendre*). 1° Littéral. Rendre tendre, rendre moins dur. Ne se dit guère que des aliments. *Il faut battre ce gigot pour l'at.* ‖ 2° Au figuré, Toucher, émouvoir de compassion, de tendresse, exciter la sensibilité. *Il m'a attendri par sa douleur. Les larmes de ces enfants ont attendri mon cœur.* — S'emploie aussi. Racine et l'art d'at. = S'ATTENDRIR. v. pron. S'emploie au prop. et au fig. *Les viandes s'attendrissent à la cuisson. Son père s'est attendri en voyant son repentir. S'at. sur le sort du malheureux.* = ATTENDRI, IE. part.

ATTENDRISSANT, ANTE. adj. [Pr. *atan...*]. Qui émeut de compassion, de tendresse. *Spectacle at. Paroles attendrissantes.*

ATTENDRISSEMENT. s. m. [Pr. *atan...*]. Émotion, sentiment de tendresse, de compassion. *Ces paroles lui causèrent un grand at. Verser des larmes d'at.* ‖ État d'une âme attendrie. *Il profita de l'at. où il le trouva.*

ATTENTAT. s. m. [Pr. *atanta*] (lat. *attentare*, entreprendre). Entreprise criminelle contre les personnes ou contre les choses. *C'est un at. contre les libertés publiques. At. aux droits de quelqu'un. At. contre le gouvernement. At. contre la propriété. At. politique.* Voy. COMPLOT.

Législ. — *At. à la pudeur.* Jusqu'à la loi du 28 avril 1832, l'at. à la pudeur restait impuni lorsqu'il était commis sans violence. On comprit cependant qu'il était nécessaire de protéger l'enfance contre les actes odieux et l'on punit de la peine de la réclusion tout attentat consommé sans violence sur la personne d'un enfant de moins de onze ans. La loi du 13 mai 1863 a élevé l'âge à quinze ans, puis la statistique montre qu'il y a environ trois fois plus d'attentats commis sur des enfants que sur des adultes.

ATTENTATOIRE. adj. 2 g. [Pr. *atan...*]. Qui attente. Ne se dit que des choses. *Acte at. aux droits des citoyens. Mesure at. à la propriété. Cette sentence était at. à l'autorité du Parlement.*

ATTENTE. s. f. [Pr. *atante*] (R. *attendre*). État de celui qui attend. *Être dans l'at. d'un événement. Il a passé huit jours dans l'at. Longue, ennuyeuse at. At. pénible, douloureuse. — L'attente est plus souvent un tourment qu'un bonheur* (LA ROCHEF.-DOUD.).

L'attente d'être heureux devient une souffrance.

A. DE MUSSET.

Salle d'at., Pièce dans laquelle on attend. ‖ Espérance, opinion qu'on a conçue de quelqu'un, de quelque chose. *Ce prince a répondu à l'at. qu'on avait de lui. Il a rempli, surpassé notre at. Cela est arrivé contre l'at. de tout le monde.* — Par ext., *L'objet de l'at. des nations. Sous le règne d'Auguste, le Messie était l'at. des nations* (BOSSUET). ‖ *Table d'at.*, Surface, panneau sur lequel il n'y a encore rien de gravé, de peint, de sculpté. — Fig., on dit d'un jeune homme dont l'esprit n'est pas encore entièrement formé, mais qui est propre à recevoir toutes les impressions qu'on voudra lui donner : *C'est une table d'at.; Ce n'est encore qu'une table d'at.* ‖ T. Archit. *Pierres d'at.*, Pierres qui font saillie d'espace en espace à l'extrémité d'un mur, pour faire liaison avec quelque autre construction qu'on pourrait élever à côté. — Se dit aussi au fig., en parlant d'une affaire commencée et que l'on a suspendue dans le dessein de la continuer plus tard. ‖ T. Chir. *Ligature d'at.*, Ligature provisoire. Voy. HÉMOSTATIQUE.

ATTENTER. v. n. [Pr. *atanter*] (lat. *attentare*, entreprendre). Commettre un attentat contre une personne, contre une chose. *At. à la vie de quelqu'un. At. à la pudeur, à l'honneur d'une femme. At. sur la personne de quelqu'un. At. contre les libertés publiques.*

ATTENTIF, IVE. adj. [Pr. *atantif*]. Qui a de l'attention, de l'application. *Être at. à son ouvrage. Avoir l'esprit at. Il est fort at. à instruire ses enfants.* — Par ext., on dit, *Œil at.*, Oreille attentive, Observation attentive. ‖ C'est *un homme très at.*, C'est un homme rempli d'obligeance, d'égards, de politesse. — On dit encore : *Il a pour sa mère les soins les plus attentifs.*

ATTENTION. s. f. [Pr. *atancion*] (lat. *ad*, vers; *tendere*, tendre). Tension de l'esprit vers un objet, application à quelque chose. *Cette étude exige une forte at., une at. continuelle. Donner, prêter une grande at. Travailler avec ou sans at. Il n'a at. à rien. Apporter une sérieuse at. à ce qu'on fait. Attirer à soi l'at. Réveiller, fixer, captiver l'at. Faites at. que. Faites at. à ce que.* — Pris absol. et d'une manière impérative, il sign. Soyez attentif. *At., je vais donner le signal At. au commandement.* ‖ Soin officieux, obligeant. *Je fus touché de cette at. délicate. Il a pour moi des attentions infinies.*

Syn. — *Avec attention, Attentivement.* — L'adverbe marque un état habituel, constant, une qualité persistante qu'on met en usage dans toutes les circonstances de la vie ; la locution adverbiale exprime en quelque sorte une exception, du moins elle spécialise l'action. En revanche, *avec at.* indique plus de soin, plus d'énergie qu'*attentivement.* — *Égards, Ménagements.* — Ces termes, dans l'acception où ils sont synonymes, ne s'emploient guère qu'au pluriel. Ils diffèrent entre eux comme les causes qui produisent les actions qu'ils expriment. Ainsi les *attentions* naissent de l'affection et de l'obligeance ; elles sont réservées aux personnes que nous aimons ou à celles que notre cœur nous porte à servir. La considération et la déférence sont les mobiles des *égards* : on les accorde aux personnes âgées ou recommandables soit par leurs talents, soit par leurs qualités morales. Enfin, les *ménagements* ne sont guère dus qu'à l'intérêt ou au savoir-vivre. On *ménage* les gens qui peuvent être utiles ou ceux dont la position est malheureuse.

Philos. — Dans le langage philosophique comme dans le langage ordinaire, le mot *Att.* désigne tantôt la concentration volontaire et plus ou moins prolongée de l'esprit sur un objet, tantôt la faculté qui opère cette concentration. — Dans la foule d'impressions que nous recevons à chaque instant, la plupart passent presque inaperçues ou sont même comme non avenues. Quelques-unes seulement arrivent à un état de netteté et de clarté parfaites : ce sont celles qui ont provoqué de la part de l'âme une réaction, à la suite de laquelle notre esprit concentre son activité sur l'objet qui a déterminé l'impression. Cette concentration a pour but d'étudier complètement ce dernier. C'est par l'att. que nous parvenons à une connaissance complète des choses après les avoir examinées sous leurs divers aspects. On a ingénieusement comparé l'att. à un microscope qui grossit les objets et en découvre les plus fines nuances. Plus l'att. est énergique et profonde, plus notre âme reste, pendant ce temps, fermée aux autres impressions qui tendent à agir sur elle. Nous ne voyons et n'entendons alors plus rien ; tout ce qui se passe autour de nous nous est absolument étranger ; les douleurs physiques elles-mêmes semblent se calmer et se taire. Ce sont là des faits d'observation trop vulgaires pour que nous y insistions. Nous nous contentons de remarquer que l'att., pour se continuer longtemps, a besoin de changer non pas d'objet, mais de point de vue. Si, par ex., nous fixons notre att. sur un tableau, nous considérons successivement chacune de ses parties et chacune de ses qualités, pour ensuite en considérer l'ensemble. Ainsi, nous contemplons chacun des personnages qu'il représente, et chacune des parties du même personnage ; nous étudions son attitude, son expression, soit dans le personnage en lui-même, soit dans ses rapports de ce dernier avec les autres figures du tableau ; puis nous observons les rapports réciproques de ces personnages comme formant un ensemble et constituant une unité. Nous pouvons également considérer soit le dessin, soit le coloris du tableau, pour nous faire une idée exacte du tout. Notre esprit parcourt donc successivement une foule de points pour revenir à ceux qu'il a déjà parcourus ; il quitte une des faces de l'objet pour passer à une autre et revenir à la première. C'est à cette condition seulement que notre esprit peut se concentrer longtemps sur le même objet, et parvenir à la connaissance claire et distincte qu'il veut acquérir. Sans ce mouvement, pour ainsi dire, oscillatoire, l'esprit arriverait à la fatigue avec une promptitude extrême. Du reste, l'exercice de l'att. est singulièrement favorisé par l'habitude, ainsi qu'on l'observe d'ailleurs pour tous les phénomènes intellectuels. Il est à peine besoin de signaler l'influence de l'att. sur la mémoire. Il n'est personne qui ne sache par expérience que les choses auxquelles on a le plus appliqué son att. sont aussi celles dont on garde le mieux le souvenir. Tout ce que nous venons de dire des objets ou plutôt des idées des objets, est également vrai des conceptions intellectuelles pures et des faits de conscience : car l'activité de l'âme s'exerce sur ceux-ci absolument de la même manière. Cependant l'att. reçoit un nom particulier, suivant qu'elle s'applique aux choses extérieures ou aux faits de conscience : on l'appelle *observation* dans le premier cas, et *réflexion* dans le second.

L'att. est un phénomène essentiellement volontaire : nous la dirigeons, nous la fixons, nous la retirons à notre gré. Elle s'exerce de deux manières : 1° sur les sensations, en négligeant celles qui n'intéressent pas l'objet qu'on a en vue pour recueillir avec soin les idées que font naître les autres ; 2° sur l'association des idées, en choisissant, parmi la multitude d'idées qu'éveille une idée primitive, celle qui paraît le mieux appropriée au sujet qu'on étudie. Voy. ASSOCIATION *des idées.* Quand l'att. s'exerce uniquement sur les idées, de manière à négliger toutes les sensations extérieures, elle prend plus spécialement le nom de *Réflexion* ou *Méditation.* Voy. ces mots.

Mais l'état d'att. est toujours plus ou moins fatigant ; il faut un effort soutenu pour le maintenir, effort rendu plus facile par l'habitude. Les hommes n'ont pas tous au même degré la facilité et l'habitude de l'att. Il y a des êtres légers qui ne peuvent fixer leur attention nulle part. Il y en a d'autres qui n'abandonnent aucune idée sans l'avoir examinée scrupuleusement et complètement. Les différences de valeur intellectuelle entre les hommes tiennent pour une grande part à la plus ou moins grande capacité d'att. de chacun. Quoique l'att. soit essentiellement libre et volontaire, il y a cependant telles impressions qui attachent notre attention malgré nous, telles idées que nous ne pouvons chasser de notre pensée. C'est ce qui arrive à la nouvelle d'un malheur imprévu, ou quand nous sommes sous l'empire d'un désir violent que nous ne pouvons satisfaire. Tel est encore le cas de ces phrases en prose ou en vers, de ces passages de musique qui s'imposent parfois à la mémoire, et qu'on répète mentalement plusieurs fois sans raison apparente. Cette espèce d'att. involontaire, qui nous retire la liberté et qui s'accompagne toujours d'un sentiment pénible, diffère tout à fait de l'att. volontaire, la seule véritablement féconde. Elle constitue la *Préoccupation* et même l'*Obsession.* Voy. ces mots.

ATTENTIONNÉ, ÉE. adj. [Pr. *atan...*]. Qui a des attentions, des égards, des prévenances ; et aussi, qui a de l'application.

ATTENTIVEMENT. adv. [Pr. *atan...*] Avec attention. *Lire, écouter att.* — Syn. Voy. ATTENTION.

ATTÉNUANT, ANTE. adj. [Pr. *aténuan...*]. T. Droit crim. Se dit des faits, des circonstances qui diminuent la gravité d'un crime, d'un délit. *Circonstances atténuantes.* Voy. CIRCONSTANCE. ‖ T. Méd. On donnait autrefois le nom d'*Atténuants* à certains médicaments que l'on supposait posséder la propriété de diminuer le volume des molécules des fluides animaux, ou leur force de cohésion. *Remèdes atténuants.* — S'emploie aussi subst. *On a eu recours aux atténuants.*

ATTÉNUATION. s. f. [Pr. *aténuacion*]. Se disait autrefois de l'action des remèdes appelés *Atténuants.* ‖ S'emploie encore quelquefois pour désigner un état d'émaciation extrême accompagné d'une diminution considérable des forces. ‖ T. Pharm. Diminution dans la densité d'un fluide. ‖ T. Anc. Droit crim. Diminution des charges contre un accusé. *Donner ses défenses par al. Moyens d'at.* ‖ T. Pathol. *At. des virus.* Procédé par lequel on diminue la virulence de certains organismes microscopiques qui produisent des maladies contagieuses. Voy. MICROBE, VACCINATION, VIRUS.

ATTÉNUÉ, ÉE. adj. [Pr. *aténué*]. T. Bot. Se dit des parties d'un végétal qui vont en diminuant du sommet à la base ou de la base au sommet.

ATTÉNUER. v. a. [Pr. *aténuer*] (lat. *tenuis*, fin, mince, léger). Diminuer les forces et causer l'amaigrissement. *Les jeûnes, les veilles, les fatigues l'ont atténué.* ‖ Rendre moins grave. *Att. l'effet d'un mal. Cette circonstance atténue son crime, atténue la gravité de son délit.* ‖ T. Méd. *Att. le sang, les humeurs.* Voy. ATTÉNUANT. — S'ATTÉNUER. v. pron. *Son crime s'atténue par cette circonstance que...* — ATTÉNUÉ, ÉE. part. ‖ *Virus atténué.* Voy. MICROBE, VACCINATION, VIRUS.

ATTERRAGE. s. m. [Pr. *atèrage*] (lat. *ad*, vers; *terra*, terre). T. Mar. Voisinage d'un point de la côte. *Arriver sur l'at. des côtes d'Europe.* — A l'approche d'une terre, on dit qu'*On est à l'at.*, même avant d'être à portée d'apercevoir la côte. ‖ On donne encore le nom d'*At.* à l'action d'arriver de la haute mer dans le voisinage d'une terre.

ATTERREMENT. s. m. [Pr. *atèreman*] (R. *atterrer*). Action de terrasser. ‖ Épouvante, effroi.

ATTERRER. v. a. [Pr. *atérer*] (lat. *ad*, vers; *terra*, terre). Abattre, renverser par terre, terrasser. *Il saisit le taureau par les cornes et l'atterra.* ‖ Fig., Ruiner entièrement. *Les Goths achevèrent d'at. la puissance romaine.* ‖ Fig., Accabler, affliger excessivement. *Il avait soutenu ses malheurs avec constance, mais ce dernier coup l'a atterré.* = ATTERRER. v. n. T. Mar. Arriver de la haute mer dans le voisinage d'une terre et la reconnaître. *Nous atterrâmes sur Belle-Isle, sur Noirmoutiers.* == ATTERRÉ, ÉE. part.

ATTERRIR. v. n. [Pr. *atérir*] (lat. *ad*, vers; *terra*, terre). T. Mar. Prendre terre. *Nous atterrîmes à tel endroit. Nous avons atterri près du cap.* Il se conjugue avec l'auxiliaire *avoir* quand il s'agit d'une action : *La chaloupe a atterri à marée montante*; avec l'auxiliaire *être* quand il s'agit d'un état : *La chaloupe est atterrie dans une crique.* ‖ T. Navig. fluv. Remplir, obstruer de terre.

ATTERRISSAGE. s. m. [Pr. *atèrissage*]. Action d'atterrir. *Nous avons fait notre att. tel jour.*

ATTERRISSEMENT. s. m. [Pr. *atèrissman*]. Dépôt de matières terreuses que la mer ou les fleuves forment sur leurs bords. Ce mot a à peu près le même sens que le mot ALLUVION : il exprime un agrandissement de la terre ferme aux dépens de la mer ou des fleuves, par les dépôts apportés par les eaux. Ainsi, par exemple, en France, tous les terrains de la Camargue, d'Arles à la mer, sont dus aux alluvions du Rhône qui apporte environ dix-sept millions de mètres cubes de sédiment par an et avance annuellement de cinquante mètres dans la mer. A cette action du fleuve s'ajoute celle du vent et des sables qui modifie plus ou moins les rivages et forme des cordons littoraux. On a commis plus d'une erreur dans l'interprétation de ces mouvements. L'une des plus communes, précisément vers les régions dont nous venons de parler, est celle qui assure qu'à l'époque de saint Louis Aigues-Mortes était au bord de la mer : la distance d'Aigues-Mortes à la mer n'a pas changé depuis l'époque de saint Louis. En général, les rivages de la mer varient assez vite, car toute sorte d'*att.*, d'une part, et, d'autre part, de l'action des vagues rongeant les falaises. De siècle en siècle, les configurations géographiques changent presque partout.

Droit. — Rives des fleuves. Voy. ALLUVION.

ATTESTATION. s. f. [Pr. *ates...*]. Certificat, témoignage donné par écrit. *Att. de bonnes vie et mœurs. Il a l'att. du médecin, du maire. Il est porteur des meilleures attestations.* — S'emploie quelquefois en parlant d'un simple témoignage verbal.

ATTESTER. v. a. [Pr. *atester*] (lat. *testis*, témoin). Certifier, soit de vive voix, soit par écrit, la vérité d'une chose. *Il a attesté avec serment que le fait s'était passé ainsi. Cet événement est attesté par plus de cent personnes.* ‖ Fig., se dit des choses dont l'existence sert de preuve, de témoignage. *Les ruines de Palmyre attestent son ancienne splendeur. Ses larmes attestent sa douleur.* ‖ Prendre à témoin. *Cela n'est point arrivé par ma faute, et j'en atteste tous ceux qui étaient présents à l'action.* — On dit de même : *At. le ciel; J'en atteste les dieux.* = ATTESTÉ, ÉE. part.

ATTICISME. s. m. [Pr. *at-ticisme*] (gr. *attikos*, athénien). Délicatesse de langage, finesse de goût particulière aux Athéniens. — Par ext., on dit d'un écrivain qui joint l'élégance à la pureté, qu'*il y a de l'at. dans ses écrits.* ‖ T. Gram. grecque. Forme ou tournure propre au dialecte attique, c.-à-d. au dialecte des Athéniens.

ATTICISTE. s. m. On nomme ainsi les auteurs grecs qui après l'établissement de la *langue commune* affectaient de n'employer que l'ancien dialecte attique.

ATTICUS (Titus Pomponius), chevalier romain (110-153 av. J.-C.), célèbre surtout par les lettres que lui écrivit Cicéron.

ATTIÉDIR. v. a. [Pr. *atièdir*] (R. *tiède*). Rendre tiède ce qui est chaud. *At. de l'eau chaude en y mêlant de l'eau froide.* ‖ Fig., Affaiblir l'ardeur de quelque sentiment. *Le temps attiédit leur amour.* — s'ATTIÉDIR. v. pron. Devenir tiède, s'amortir. *Cette eau s'est attiédie. Son zèle s'attiédit.* — On dit de même : *Les plus fervents s'attiédissent quelquefois.* La ferveur de leur dévotion se ralentit. = ATTIÉDI, IE. part.

ATTIÉDISSEMENT. s. m. [Pr. *atié....*]. Diminution de chaleur. N'est guère usité qu'au fig. *Son amitié pour moi n'a souffert aucun at. Sa dévotion était d'abord très fervente, mais il est tombé depuis peu dans un grand at.*

ATTIER. s. m. [Pr. *atié*]. T. Bot. Nom vulgaire du *Corossolier écailleux* (*Anona squamosa*), famille des *Anonacées.* Voy. ce mot.

ATTIFEMENT. s. m. [Pr. *atifeman*] (R. *attifer*). Action d'attifer; résultat de cette action.

ATTIFER. v. a. [Pr. *atifer*] (vx fr. *tiffer*, du flamand *tippen*, couper le bout des cheveux). Orner, parer. Ne se dit que des femmes et d'ordin. en parlant de leur coiffure. *Qui est-ce qui vous a ainsi attifée?* — s'ATTIFER. v. pron. *Vous êtes bien longtemps à vous at.* ATTIFÉ, ÉE. part. Fam.

ATTIFET. s. m. [Pr. *atifè*] (R. *attifer*). Ornement de tête pour les femmes. Vx et peu us.

ATTIGNY, ch.-l. de c. (Ardennes), arr. de Vouziers; 1,000 hab.

ATTILA, roi des Huns, en 434, avec son frère, qu'il fit assassiner en 442, régna seul ensuite et voulut se rendre maître, avec ses hordes barbares, des deux empires romains d'Orient et d'Occident. Il se surnommait lui-même le *Fléau de Dieu*. Il envahit l'Europe et l'écrasa; mais il fut vaincu par Aétius, général de Valentinien III, dans les Champs catalauniques, près Châlons-sur-Marne, en 451. L'année suivante, cependant, il s'aventura jusqu'à Rome, où le pape saint Léon l'arrêta. Il mourut en 453, la nuit même des orgies d'un nouveau mariage avec une jeune fille d'une grande beauté.

ATTINTER. v. a. [Pr. *atinter*] (A et *tin*, pièce de bois). T. Mar. Établir un objet quelconque sur des tins, qui sont des pièces de bois horizontales un peu inclinées dans le sens de la longueur.

ATTIQUE, contrée de la Grèce ancienne, qui avait pour cap. *Athènes.* — Préfecture de la Grèce moderne, cap. *Athènes.*

ATTIQUE. adj. 2 g. [Pr. *at-tique*] (gr. *attikos*). Qui a rapport à la manière et au goût des anciens Athéniens. *Finesse, grâce at.* ‖ Fig., *Sel at.*, Plaisanterie fine et délicate. *Cette comédie est pleine de sel at.* ‖ T. Philol. *Dialecte at.*, Dialecte grec qui était particulier aux Athéniens. — *Auteurs attiques*, ou subst., *Les attiques*, Auteurs qui ont employé ce dialecte. — *Formes attiques*, Formes de langage propres au dialecte at.

ATTIQUE. s. m. [Pr. *at-tique*]. T. Archit. Les architectes modernes donnent le nom d'at. à un petit étage, orné ou nommé dépourvu de pilastres, que l'on construit au-dessus d'un ordre principal pour former la partie supérieure d'un édifice. Il a été nommé ainsi, soit parce que les pilastres qui servent en général à le décorer, rappellent plus ou moins les colonnes attiques dont parle Pline, soit parce que sa proportion imite celle de quelques édifices d'Athènes qui étaient peu élevés et sur lesquels on ne voyait point de toits. Du reste, aucun monument de l'antiquité, si ce n'est les arcs de triomphe (Voy. Arc de triomphe, fig. 1, 2, et surtout l'at. qui surmonte l'arc de Constantin), ne nous offre d'exemple d'at. On remarquera même que, dans ces arcs, les pilastres n'ont pas de chapiteaux, sauf le couronnement que leur forme la saillie de la corniche. Lorsqu'un at. est orné de pilastres, leur largeur doit être seulement égale au diamètre supérieur de l'ordre auquel ils sont superposés, et leur saillie ne doit pas excéder le quart de leur largeur. La meilleure manière d'employer l'at. comme étage consiste à le mettre toujours en retraite de l'entablement qui surmonte l'édifice. Les grands architectes de l'Italie lui donnent pour hauteur le quart au moins et le tiers au plus de l'ordre qu'il surmonte. — La dénomination d'at. s'applique encore, mais abusivement, à un étage peu élevé situé entre deux grands étages (on l'appelle alors *at. interposé*), et au revêtement en menuiserie qui forme le dessus des portes d'appartements.

ATTIQUEMENT. adv. [Pr. *at-tiqueman*]. T. Gram. grecque. A la manière attique. *Attiquement*, on dit ξὺν pour σὺν.

ATTIRABLE. adj. 2 g. [Pr. *atirable*]. Qui est susceptible d'être attiré. *La limaille de fer est facilement att. à l'aimant ou att. par l'aimant.*

ATTIRAGE. s. m. [Pr. *atirage*] (R. *attirer*). T. Techn. *Poids d'at.*, Les poids du rouet d'un fileur d'or. *Cordes d'at.*, Les cordes qui soutiennent un poids.

ATTIRAIL. s. m. [Pr. *atirail*, *ll* mouillées] (R. *attirer*, dans le sens de parer, arranger). Nom collectif qui s'emploie pour désigner une grande quantité de choses diverses. *En voyage il traîne toujours un grand att. après lui. Qu'était-il besoin de tout cet att.?* — Fig., *Le vain at. des grandeurs n'a rien qui m'éblouisse.* || *Att. de chasse*, Ensemble des diverses choses nécessaires à la chasse. — On dit de même, *Att. de guerre, de ménage. L'att. d'une imprimerie.*

ATTIRANT, ANTE. adj. [Pr. *atiran*]. Qui attire. N'est guère usité qu'au fig. *Cette marchande est adroite et attirante. Politesse attirante. Elle avait, ainsi que toutes les Gauloises, quelque chose de capricieux et d'attirant* (CHATEAUBRIAND).

Syn. — *Attractif, Attrayant.* — Quoique ces trois adjectifs signifient *attirer*, *attractif* s'emploie surtout en physique et au propre : *Propriétés attractives de l'aimant, force attractive du soleil; attirant* et *attrayant* s'emploient surtout au figuré : *Son aspect est sympathique et attirant; sa bouche est attrayante.*

ATTIRER. v. a. [Pr. *atirer*] (lat. *ad*, à [soi] ; *trahere*, tirer). Tirer, faire venir à soi. *L'aimant attire le fer. La laine, la soie attirent l'humidité de l'air.* || Fig., *Les regards de la foule. Le miel attire les mouches. L'homme et la femme s'attirent par des qualités différentes. Cette tragédie attire beaucoup de monde. Votre conduite vous attirera le mépris des honnêtes gens.* — Prov., *Un malheur en attire un autre.* = s'ATTIRER. v. pron. *Les molécules des corps s'attirent mutuellement.* = ATTIRÉ, ÉE. part.

ATTISE. s. f. [Pr. *atize*] (R. *attiser*). Bois que le brasseur met dans le fourneau sous la chaudière.

ATTISEMENT. s. m. [Pr. *atizeman*]. Action d'attiser.

ATTISER. v. a. [Pr. *atizer*] (lat. *ad*, auprès ; *titio*, tison). N'est usité que dans cette phrase, *At. le feu*, Arranger les tisons dans un foyer, de façon à les faire mieux brûler. || Fig., *At. le feu*, Aigrir les esprits déjà irrités les uns contre les autres. — On dit dans un sens aussi, *At. le feu de la sédition, de la guerre civile.* = ATTISÉ, ÉE. part.

ATTISEUR. s. m. [Pr. *atizeur*]. Celui qui attise, qui aime à attiser le feu. Fam. et peu us.

ATTISOIR. s. m. [Pr. *atizoir*] (R. *attiser*). Ustensile qui, dans certains métiers, sert à attiser le feu.

ATTITRER. v. a. [Pr. *atitrer*] (R. *titre*). Donner habituellement à quelqu'un la préférence sur d'autres, pour les choses qui concernent sa profession ou son commerce. Ne s'emploie guère qu'au part. passé. *C'est mon marchand attitré.* — Se prend quelquefois en mauvaise part. *Des témoins, des assassins attitrés*, Des témoins achetés, des assassins soudoyés. On dit mieux, *Témoins, assassins à gages.* = ATTITRÉ, ÉE. part.

ATTITUDE. s. f. [Pr. *atitude*] (lat. *aptitudo*, disposition). Situation, position du corps. *Belle at. Mauvaise at. At. forcée. Toutes les attitudes de ce tableau sont admirables. Cette danseuse a des attitudes pleines de grâce. L'at. du commandement, du respect, de la crainte, de la menace*, etc. *L'at. que prend un malade est parfois un des signes caractéristiques de sa maladie.* — *Être toujours en at.*, Prendre des poses affectées, avoir des gestes trop étudiés. || Fig. et par ext. se dit de la conduite que l'on tient ou

des mesures que l'on prend dans certaines circonstances. *Dans ces conjonctures difficiles, il a gardé une at. ferme. L'at. résolue de la nation a intimidé les puissances étrangères.*

Syn. — *Posture.* — *Attitude* se prend ordinairement en bonne part ; il en est autrement du mot *posture.* *Attitude* exprime quelque chose de forcé, d'inusité, d'extraordinaire ; celui-là indique simplement la position du corps qui convient dans telle ou telle circonstance. Un baladin, un acrobate prend des *postures* singulières en plaçant son corps d'une manière bizarre ; un acteur imite les *attitudes* d'un empereur, d'un guerrier, d'un valet, selon les exigences de son rôle.

L'attitude normale de l'homme, celle qui exprime le mieux sa noblesse et le distingue de tous les animaux, est la station verticale si bien décrite par Ovide :

Os homini sublime dedit, cœlumque tueri
Jussit, et erectos ad sidera tollere vultus.

« Dieu a donné à l'homme un visage élevé, il lui a ordonné de regarder le ciel et de diriger les yeux vers les astres. »

La principale condition pour que le corps se maintienne en équilibre dans la position verticale est, d'après les lois de la mécanique, que son centre de gravité, qui se trouve dans le voisinage de la deuxième vertèbre sacrée, passe par le plan dit de sustentation, limité par l'écartement des pieds. Plus cette surface est large et mieux l'équilibre est assuré. Si l'homme ajoute au poids de son corps celui d'un fardeau, il est obligé de s'incliner dans différents sens pour que son centre de gravité *passe toujours entre les pieds.* C'est pour la même raison que les hommes maigres tendent à se voûter, tandis que les obèses se rejettent en arrière. Voy. GRAVITÉ.

ATTOÏDES. s. m. pl. [Pr. *at-to-ïde*] (gr. ἅττω, je saute). T. Paléont. zool. Voy. ARANÉIDES. Charles Brongniart a désigné sous ce nom une curieuse araignée sauteuse des marnes d'eau douce d'Aix en Provence (oligocène).

ATTOLE ou **ATTOLON.** s. m. T. Géogr. Voy. ATOLL.

ATTOMBISSEUR. s. m. [Pr. *aton...*] (*à* et *tomber*). T. Fauconnerie. Oiseau qui attaque le héron dans son vol.

ATTORNEY. s. m. [Pr. *atorné*] (mot anglais : du vieux français *atorné*, disposé à, préposé à). T. Jurispr. angl. On distingue en Angleterre les *Attorneys privés* et les *Attorneys privés.* Ces derniers sont tout simplement des hommes d'affaires qui agissent pour le compte de leurs clients, selon l'étendue du mandat qu'ils en ont reçu; mais ils ne peuvent ester en justice pour leurs mandataires. Aussi n'est-il pas nécessaire qu'ils soient gradués en droit. Les seconds, appelés *Attorneys at law*, sont des officiers publics qui ont qualité légale pour poursuivre et défendre en justice au nom de leurs clients. Le fait que l'att. est officier public de la cour auprès de laquelle il exerce, le place dans une juridiction immédiate de celle-ci, ou même temps qu'il tient d'elle certains privilèges spéciaux. Le *Solicitor* diffère de l'att. en ce qu'il exerce auprès des *Cours d'équité*, tandis que ce dernier exerce auprès des *Cours de la loi commune.* L'att. est l'intermédiaire indispensable entre le plaideur et son avocat (*Barrister*), lequel ne plaide que conformément aux instructions écrites de l'att. Il remplit donc auprès des tribunaux anglais des fonctions analogues à celles de nos avoués. — L'*Attorney général* est un officier de la couronne créé par lettres patentes du roi. Il est chargé des poursuites judiciaires au nom de la couronne, et il doit informer d'office dans les matières criminelles qui intéressent celle-ci. Il libelle également tous les bills en cour de l'Échiquier pour ce qui concerne le domaine et les revenus du roi, et tous les bills adverses à ce sujet sont libellés contre lui. Sa qualité de principal conseiller légal de la couronne, pour toutes les matières qui rentrent dans les fonctions de sa charge, font de l'att. général un personnage d'une haute importance politique. Aussi cet office change-t-il généralement de mains avec chaque nouveau cabinet.

ATTOUCHEMENT. s. m. [Pr. *atou...*] (R. *toucher*). Action de toucher. Ne se dit que des personnes. *Jésus-Christ guérissait les malades par le seul at. Attouchements illicites, déshonnêtes.*

ATTOUCHER. v. a. [Pr. *atoucher*] (R. *à* et *toucher*). Toucher à.

ATTRACTEUR, TRICE. adj. (lat. *attrahere*, supin *attractum*). Qui agit par attraction, qui exerce une attraction.

ATTRACTIF, IVE. adj. [Pr. *atractif*]. Qui a la propriété d'attirer. *Force, puissance attractive.* — *Remèdes attractifs.* S'emploie subst. en parlant des remèdes topiques qu'on croyait propres à attirer le sang et les humeurs. ═ Syn. Voy. ATTIRANT.

ATTRACTION. s. f. [Pr. *atrak-cion*] (lat. *attractio*; de *ad*, vers [soi]; *trahere*, tirer). Action d'attirer; effet produit par une force qui attire. *L'at. du fer par l'aimant. L'at. de la Terre sur la Lune. At. à distance. At. moléculaire. Les attractions électriques.* ‖ Fig., Attrait, ce qui séduit, ce qui attire. *L'amour est la plus puissante des attractions. Son esprit si élevé exerçait autour de lui une attraction irrésistible.*

Astr. et Phys. — L'attraction exprime le fait que les astres circulent dans l'espace comme si leurs mouvements étaient réglés par une force identique à celle qui, autour de nous, représente la pesanteur. Déjà Copernic avait considéré la pesanteur comme une loi universelle.

« La pesanteur, dit-il (*De Revolutionibus orbium celestium*, 1543), est une tendance que l'Auteur de la nature a imprimée à toutes les parties de la matière pour s'unir et se former en masse. Cette propriété n'est point particulière à la Terre; elle appartient également au Soleil, à la Lune et à toutes les planètes. C'est par elle que les molécules de la matière qui composent ces corps se sont réunies et arrondies en globes, et conservent leur forme sphérique. Toutes les substances placées à la surface des corps célestes pèsent également vers les centres de ces corps, sans que cela empêche ces globes de circuler dans leurs orbites. Pourquoi ce fait naturel mettrait-il obstacle au mouvement de la Terre? Ou, si l'on suppose que le centre de gravité doit être nécessairement celui de tous les mouvements, pourquoi encore placerait-on ce centre dans la Terre, tandis que le Soleil et toutes les planètes ont aussi leurs centres de gravité, et que le Soleil, à raison de sa masse infiniment prépondérante, mériterait plutôt cette préférence? Ce choix est d'autant plus raisonnable, qu'on en déduit d'une manière simple tous les phénomènes et les apparences dans les mouvements des étoiles et des planètes. »

Après Copernic, Képler a posé les principes des mouvements des corps célestes. Voy. PLANÈTES. Ces lois laissaient l'explication à découvrir.

Newton s'attaqua au problème et parvint à assimiler absolument la cause de la forme des orbites planétaires à la pesanteur. L'examen du mouvement de la Lune a nous faire connaître, dans l'histoire même de sa découverte, le principe fondamental du mouvement des corps célestes et de l'équilibre de la création. C'est l'examen de notre satellite qui, en effet, a conduit Newton à la découverte des lois de l'attraction universelle.

Voici par quelle série de raisonnements on peut concevoir l'identité de la pesanteur terrestre avec la force qui régit les mouvements célestes.

La pesanteur, qui fait tomber les corps vers la Terre, ne se manifeste pas seulement tout près de la surface du sol, elle existe encore au sommet des édifices et même sur les montagnes les plus élevées, sans que son énergie paraisse éprouver aucun affaiblissement appréciable. Il est naturel de penser que cette pesanteur se ferait également sentir à de plus grandes distances, et si l'on s'éloigne de la Terre jusqu'à une distance du son centre égale à 60 fois son rayon, c.-à-d. jusqu'à la Lune, il peut fort bien arriver que la pesanteur des corps vers la Terre n'ait pas entièrement disparu. Cette pesanteur ne serait-elle pas la cause même qui retient la Lune dans son orbite autour de la Terre? Telle est la question que Newton s'est posée.

Galilée avait analysé le mouvement des corps dans leur chute vers la Terre; il avait reconnu que la pesanteur produit sur ceux-ci toujours le même effet dans le même temps, quel que soit leur état de repos ou de mouvement. Dans la chute d'un corps tombant verticalement avec vitesse initiale, elle accroît toujours la vitesse d'une même quantité dans l'espace d'une seconde, quel que soit le temps écoulé depuis le commencement de la chute. Dans le mouvement d'un corps lancé vers une direction quelconque, elle abaisse le corps au-dessous de la position qu'il occuperait à chaque instant en vertu de sa seule vitesse de projection, précisément de la quantité dont elle l'aurait fait tomber verticalement dans le même temps, si ce corps eût été abandonné sans vitesse initiale.

Un boulet lancé horizontalement se mouvrait indéfiniment en ligne droite et avec la même vitesse, si la Terre ne l'attirait pas; en vertu de la pesanteur, il s'abaisse peu à peu au-dessous de la ligne droite suivant laquelle il a été lancé, et la quantité dont il tombe ainsi successivement au-dessous de cette ligne est précisément la même que celle dont il serait tombé dans le même temps suivant la verticale, si on l'avait abandonné à son point de départ sans lui donner aucune impulsion. Prolongez la direction du mouvement imprimé tout d'abord au boulet jusqu'à la rencontre de la muraille verticale que ce boulet vient frapper; puis mesurez la distance qui sépare le point obtenu du point situé plus bas, où la muraille a été frappée par le boulet : vous aurez précisément la quantité dont le boulet serait tombé verticalement sans vitesse initiale, pendant le temps qui s'est écoulé depuis son départ jusqu'à son arrivée sur la muraille.

Ces notions si simples s'appliquent directement à la Lune. A chaque instant, dans son mouvement autour de la Terre, on peut l'assimiler à un boulet lancé horizontalement. Au lieu de continuer indéfiniment à se mouvoir sur la ligne droite suivant laquelle elle se trouve lancée, elle s'abaisse insensiblement au-dessous pour se rapprocher de nous en décrivant un arc de son orbite presque circulaire. Elle tombe donc à chaque instant vers nous, et la quantité dont elle tombe ainsi dans un certain temps s'obtient facilement, comme pour le boulet, en comparant l'arc de courbe qu'elle parcourt pendant ce temps avec le chemin qu'elle aurait parcouru pendant le même temps sur la tangente au premier point de cet arc, si son mouvement n'avait point subi d'altération.

Voici comment s'effectue le calcul de la quantité dont la Lune tombe vers la Terre en une seconde de temps :

Notre planète étant sphérique, et la longueur de la circonférence d'un de ses grands cercles (méridien ou équateur) étant de 40 millions de mètres, le rayon de la Lune, tracée avec un rayon égal à 60 fois le rayon de la Terre, aura une longueur de 60 fois 40 millions de mètres ou 2,400 millions de mètres.

La Lune met à parcourir la totalité de cette orbite 27 jours 7 heures 43 minutes 11 secondes, ce qui fait un nombre de secondes égal à 2,360,591. En divisant 2,400,000,000 mètres ce nombre, on trouve que la Lune parcourt par chaque seconde 1,017 mètres, un peu plus d'un kilomètre.

Pour en conclure la quantité dont la Lune tombe vers la Terre en une seconde, supposons qu'elle se trouve à un point marqué L (fig. ci-contre), à un certain moment, la Terre se trouvant au point marqué T. Lancée horizontalement de la droite vers la gauche, la Lune devrait parcourir la ligne droite L A si la Terre n'agissait pas sur elle; mais, au lieu de suivre cette tangente, elle suit l'arc L B. Le chemin parcouru en une seconde est, avons-nous dit, de 1,017 mètres : or, si l'on mesure la distance qui sépare le point A du point B, on trouve la quantité dont la Lune est tombée vers la Terre en une seconde, puisque, sans l'attraction de la Terre, elle se serait éloignée en ligne droite. Cette quantité est de 1ᵐᵐ353, c.-à-d. à peu près 1 millimètre 1/3.

Eh bien, si l'on pouvait élever une pierre à la hauteur de la Lune, et, là, la laisser tomber, elle tomberait précisément vers la Terre avec cette même vitesse de 1ᵐᵐ353 dans la première seconde de chute. La pesanteur diminue à mesure qu'on s'éloigne du centre de la Terre, en raison du carré de la distance, c.-à-d. de la distance multipliée par elle-même. Ainsi, à la surface de la Terre, une pierre qui tombe parcourt 4ᵐ90 dans la première seconde de chute. La Lune est à 60 fois la distance de la surface au centre de la Terre. La pesanteur est donc diminuée, en ce point, de 60 × 60, ou 3,600. Pour savoir de quelle quantité tomberait en une seconde une pierre élevée à cette hauteur, il nous suffit donc de diviser 4ᵐ90 par 3,600. Or $\frac{4^m 90}{3600} = 1^{mm}353$, c.-à-d. juste la quantité dont la Lune s'écarte par seconde de la ligne droite. Une pierre élevée à la hauteur de la Lune mettrait, au lieu d'une seconde, une minute à parcourir, en tombant, 4ᵐ90.

Pourquoi la Lune ne tombe-t-elle pas tout à fait? Parce

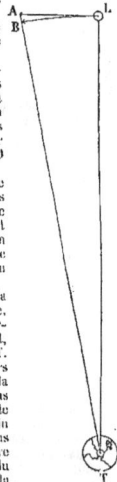

qu'elle est lancée dans l'espace comme un boulet. Tout autre corps, boulet ou autre, lancé avec la même vitesse, à cette distance de la Terre, ferait exactement comme la Lune. La vitesse de son mouvement (plus d'un kilomètre par seconde) produit, comme une pierre dans une fronde, une force centrifuge dont la tendance est de l'éloigner de nous *précisément de la même quantité* dont elle tend à se rapprocher à cause de l'attraction, ce qui fait qu'elle reste toujours à la même distance !

La vitesse du mouvement de la Lune autour de la Terre vient de la force même de notre planète. La Terre est la main qui fait tourner la Lune dans son orbite, la fronde. Si notre planète avait plus de force, plus d'énergie qu'elle n'en a, elle ferait tourner son satellite plus rapidement ; si, au contraire, elle était plus faible, elle ferait tourner cette fronde moins vite. La vitesse du mouvement de la Lune donne exactement la mesure de la force de la Terre. Cette force est proportionnelle à la masse, ce qu'on exprime en disant que les corps s'attirent en raison directe des masses, ou de la quantité de matière dont les corps célestes sont composés.

À l'époque où Newton essaya de faire cette comparaison entre la pesanteur à la surface de la Terre et la force qui retient la Lune dans son orbite, le diamètre du globe terrestre n'était pas connu avec une exactitude suffisante. Le résultat ne répondit pas complètement à son attente : il trouva pour la quantité dont la Lune tombe vers la Terre en une seconde, «un peu moins d'un vingtième de pouce»; mais, bien que la différence ne fût pas grande, elle lui parut suffisante pour l'empêcher de conclure à l'identité qu'il espérait trouver. La cause qui l'avait arrêté ne fut expliquée que seize ans plus tard. Pendant l'année 1682, assistant à une séance de la Société Royale de Londres, il y entendit parler de la nouvelle mesure de la Terre faite par l'astronome français Picard, se fit communiquer le résultat auquel cet astronome était parvenu, revint aussitôt chez lui, et, reprenant le calcul qu'il avait essayé seize ans auparavant, il se mit à le refaire avec ces nouvelles données... Mais, à mesure qu'il avançait, la précision désirée arrivait avec une évidence de plus en plus lumineuse : le penseur en fut comme mentalement ébloui, et se sentit frappé d'une telle émotion, qu'il ne put continuer et dut prier un de ses amis de terminer le calcul.

C'est qu'en effet le succès de la comparaison que Newton cherchait à établir devenait complet, et ne permettait pas de douter que la force qui retient la Lune dans son orbite ne fût bien réellement la même que celle qui fait tomber les corps à la surface de la Terre, diminuée d'intensité dans le rapport indiqué du carré des distances.

Les anciens avaient pressenti, d'ailleurs, l'identité de la force qui retient la Lune sur son orbite avec la pesanteur, leur raisonnement avait devancé celui de Newton. On lit dans Plutarque (*De facie in orbe Lunæ*, traité écrit vers l'an 100 de notre ère), à propos de la Lune : « La rapidité de sa révolution empêche sa chute, comme les corps que l'on fait tourner dans une fronde sont retenus par sa révolution circulaire qu'on leur imprime. La Lune n'obéit pas à la pesanteur, parce qu'elle en est empêchée par sa révolution. » Le fait était deviné, mais non démontré, de même que celui du mouvement de la Terre sur son axe et autour du Soleil, car on lit dans le même traité : « Aristarque de Samos soutenait que les étoiles étaient immobiles et que la Terre faisait une révolution oblique le long du zodiaque et, en outre, tournait sur son axe. » Mais c'étaient là de simples conjectures, sans démonstration.

Newton avait également découvert, par des méthodes de calcul dont il était l'inventeur, que, sous l'action d'une pareille force dirigée vers le Soleil, chaque planète devait décrire une ellipse ayant un de ses foyers au centre même du Soleil ; et ce résultat était conforme à l'une des lois du mouvement des planètes établies par Képler à l'aide d'une longue suite d'observations. Il était donc autorisé à dire que les planètes pèsent ou gravitent vers le Soleil, de même que les satellites pèsent ou gravitent vers les planètes dont ils dépendent; et que la pesanteur des corps sur la Terre n'est qu'un cas particulier de la gravitation manifestée dans les espaces célestes par le mouvement de révolution des planètes autour du Soleil et des satellites autour des planètes.

Quoi de plus naturel, dès lors, que de généraliser cette idée en disant que les astres répandus dans l'espace pèsent ou gravitent les uns vers les autres, suivant cette belle loi qui a pris place dans la science sous le nom d'*attraction* ou de *gravitation universelle?*

Les progrès de l'astronomie ont absolument démontré l'universalité de cette force (dont nous ignorons d'ailleurs la cause

et l'essence intime). On l'exprime par cette formule qu'il importe de retenir :

La matière attire la matière, en raison directe des masses et en raison inverse du carré des distances.

Avant Newton, on employait le terme d'at. pour désigner une espèce de qualité inhérente à certains corps. Aujourd'hui on se sert de ce mot, non pour exprimer un mode particulier ou une espèce particulière d'action, mais simplement le *fait* que les différentes parties de la matière tendent à se rapprocher les unes des autres, abstraction faite de la question de savoir si la force qui produit cette tendance est inhérente aux corps ou consiste dans l'action d'un agent ou d'un milieu extérieur. Newton lui-même avertit ses lecteurs qu'il ne suppose nullement l'existence réelle d'une force attractive siégeant au centre vers lequel tendent les corps. Il prend la précaution de dire qu'il emploie ce mot pour désigner un *fait* et non une *cause*; qu'il s'en sert uniquement pour éviter les systèmes et les explications ; que cette tendance peut avoir sa cause dans quelque matière subtile qui émanerait des corps, et qu'elle peut être l'effet d'une impulsion réelle ; mais que, quelle que soit sa cause, ce fait est évidemment un phénomène primordial susceptible de nous servir de point de départ pour expliquer d'autres faits qui en dépendent. De nos jours on attache peu de valeur aux objections du genre de celles que Newton s'efforçait de prévenir ; mais à l'époque où il vivait, on les considérait comme extrêmement importantes. On a accusé Newton de faire revivre les *qualités occultes* de l'ancienne scolastique, et il est certain que la difficulté physique ou métaphysique d'expliquer la nature de l'att. contribua grandement à retarder en Europe l'adoption de la théorie newtonienne de l'univers.

Outre l'at. céleste ou *universelle*, on doit signaler ici l'*At. moléculaire* et l'*At. électrique* d'où dépendent les phénomènes d'at. des aimants. La première s'exerce entre toutes les molécules de la matière et est certainement la cause de la *pesanteur*. Il convient cependant de distinguer la pesanteur de l'at. que la Terre exerce sur les corps qui l'environnent, parce que le poids d'un corps est la résultante de l'at. qu'il éprouve de la part de la Terre, et de la force centrifuge. Voy. PESANTEUR.

L'at. moléculaire est encore appelée *At. atomique*, parce qu'elle s'exerce, comme nous venons de le dire, entre les atomes ou les particules les plus petites des corps. Les distances auxquelles elle s'étend sont insensibles. C'est à ce mode d'at. que se rattachent les phénomènes de l'*affinité*, de l'*adhésion*, de la *capillarité*, ainsi que beaucoup d'autres phénomènes physiques et chimiques.

Des trois sortes d'at. que nous venons d'énumérer, il n'y en a que deux dont les lois soient bien connues : ce sont l'at. électrique et l'at. universelle, qui du reste suivent la même loi du carré des distances. Il sera question des actions électriques aux mots ÉLECTRICITÉ, COURANTS. Quant à l'at. universelle, Newton, qui en a découvert et démontré les lois, les a comprises dans cette simple formule : « À une distance finie, tous les corps de la nature s'attirent l'un l'autre en raison directe des masses et en raison inverse du carré des distances. » Nous y reviendrons au mot GRAVITATION.

Plusieurs physiciens ont voulu identifier l'at. moléculaire avec l'at. universelle, ou du moins ont prétendu que la première n'était qu'une modification de la seconde ; mais, dans l'état actuel de la science, cette identification paraît peu probable.

At. des montagnes. — L'at. qui s'exerce entre les corps de petites dimensions qui nous entourent est insensible, parce que l'at. qui résulte de la masse de la Terre absorbe, pour ainsi dire, celle qu'ils exercent les uns sur les autres, et fait que leur rapprochement mutuel est imperceptible. Mais la force attractive de la matière devient parfaitement appréciable dans le cas où une montagne d'une certaine importance agit sur le fil à plomb d'un instrument astronomique délicat. C'est encore Newton qui, le premier, a déduit cette conséquence de sa théorie de la gravitation universelle. Dans son traité *De mundi systemate*, il calcule qu'au pied d'une montagne hémisphérique de 4,828 mètres de hauteur et de 9,656 mètres de longueur (à sa base), le fil à plomb doit dévier d'un angle d'environ 1'18".

Les personnes qui ne sont pas habituées à saisir les rapports qui existent entre les différentes branches de la science, et qui ne savent pas que la solution rigoureuse d'une question jette souvent le plus grand jour sur une foule d'autres points, se demanderont naturellement quelle peut être l'utilité de déterminer la valeur de l'at. exercée sur le fil à plomb par une montagne. Cependant ce problème est un des plus importants pour l'astronomie, et il faut qu'il soit résolu pour que l'on puisse venir à bout de déterminer les dimensions et la figure de la Terre, ainsi que sa densité moyenne. On trouve la grandeur et la figure de la Terre en comparant les longueurs de différentes lignes mesurées en divers lieux de sa surface avec les arcs célestes correspondants, dont les extrémités sont les points zénithaux, c.-à-d. les intersections des verticales terrestres avec la sphère céleste. Mais si, par l'effet de l'at. d'une montagne ou par toute autre cause locale, le fil à plomb est dévié de sa position normale, la position du zénith apparent se trouvera altérée, et une déviation de ce genre, quelque faible qu'elle soit, causera une erreur considérable : car chaque seconde de l'arc céleste correspond à une longueur de 30 mètres à la surface de la Terre. Il faut donc absolument avoir le moyen de corriger exactement ces causes d'erreur, lorsqu'il est impossible de se soustraire à celles-ci. En outre, le calcul de l'at. d'une montagne donne un moyen de déterminer la densité moyenne du globe terrestre. En effet, si l'on suppose connue la déviation qu'une montagne exerce sur le fil à plomb, comme les dimensions de la montagne peuvent se déterminer géométriquement et que l'on peut en général acquérir une connaissance assez exacte de la densité des matériaux qui entrent dans sa composition, on arrive à déterminer approximativement la masse de matière qu'elle contient. Or, les dimensions de la Terre et la puissance attractive qu'elle exerce, sont également connues. Ainsi donc, par la comparaison des deux résultats nous nous trouverons en possession des données nécessaires pour parvenir à calculer la masse et la densité moyenne de notre planète. — Les méthodes au moyen desquelles on peut déterminer la force attractive d'une montagne intéressent trop peu de personnes pour que nous les décrivions ici.

La première tentative faite pour déterminer expérimentalement cette at. est due aux académiciens français Bouguer et La Condamine, qui, vers 1738, avaient été envoyés au Pérou pour mesurer la longueur d'un arc du méridien terrestre. Le mont Chimborazo, l'un des colosses des Cordillères, fut pris pour objet de cette expérience, et ils trouvèrent que le fil à plomb était dévié de 7 secondes et demie par l'at. de la montagne. Malheureusement les instruments de ces observateurs n'étaient pas assez parfaits pour une opération aussi délicate. En 1774, le célèbre astronome Maskelyne commença une autre série d'expériences avec des instruments bien supérieurs. Il avait fait choix du mont Schehallien, en Écosse, pour siège de ses opérations, et celles-ci lui donnèrent une déviation de 5″,8. Les dimensions de la montagne ayant été exactement mesurées, Hutton exécuta les calculs dont ces expériences avaient fourni les données. Leur résultat fut que la densité moyenne de la Terre était à celle de l'eau à peu près comme 5 est à 1. — Nous ne citerons que pour mémoire les expériences faites en 1810 par le baron de Zach sur le mont Mimet, près de Marseille. Cet habile astronome trouva une déviation de 2″. Depuis, les observations ont presque toujours montré une déviation, variable selon la densité des montagnes. Ajoutons que la densité moyenne de la Terre a été déterminée par un procédé beaucoup plus précis, qui est dû à Cavendish et qui consiste à mesurer l'at. mutuelle de deux sphères de plomb. Voy. GRAVITATION, TERRE.

ATTRACTIONNAIRE. s. et adj. 2 g. [Pr. *atrak-cionère*]. Nom qu'on donnait autrefois aux partisans du système de l'attraction newtonienne.

ATTRACTIONNISTE. s. m. [Pr. *atrak-cioniste*]. Synonyme d'*Attractionnaire*.

ATTRAIRE. v. a. [Pr. *atrère*] (lat. *attrahere*). Attirer par le moyen d'un appât. Vx, et n'est usité qu'à l'infinitif. *Le sel est bon pour att. les pigeons.*

ATTRAIT. s. m. [Pr. *atrè*] (R. attraire). Ce qui attire. *L'at. du plaisir, de la gloire, de la richesse. Cette maison a de grands attraits pour moi. La femme règne par l'at.* || Inclination, goût que l'on a pour quelque chose. *Se sentir de l'at. pour la musique, pour la danse. Je me sens de l'at. pour lui.* || Au plur., se dit particul. des agréments et des charmes d'une femme. *Elle était parée de tous les attraits de la jeunesse et de la beauté. Il s'est laissé prendre à ses attraits.* = Syn. APPAS, CHARMES.

ATTRAPE. s. f. [Pr. *atrape*] (R. trappe). Tromperie faite pour plaisanter. *Ne croyez pas ce qu'il vous dit, c'est une at.* — Fam., *Dragées d'at.*, Dragées dans lesquelles on a mis quelque chose d'amer ou de mauvais goût, pour faire une at. à ceux à qui on les offre. || T. Techn. Dans les fonderies, pince

coudée qui sert à retirer du fourneau les creusets qui se cassent.

ATTRAPE-LOURDAUD. s. m. Voy. ATTRAPE-NIGAUD.

ATTRAPE-MINON. s. m. [*attraper*, et *minon*, nom familier du chat]. Hypocrite qui attrape les simples. || Pl. *Des attrape-minons* ou *des attrape-minon.*

ATTRAPE-MOUCHE. s. m. Bot. et Ornith. Nom vulgaire donné à diverses plantes qui ont la propriété de retenir ou d'emprisonner les mouches ou les petits insectes qui se posent sur leurs fleurs ou sur leurs feuilles. Telles sont la *Dionæa muscipula* (*Droséracées*), le *Silene muscipula* (*Cariophyllées*), l'*Apocynum androsæmifolium* (*Apocynées*), etc. || *Attrape-mouche* est encore le synonyme vulgaire du mot *Gobemouche*, qui désigne une nombreuse famille d'oiseaux de la classe des *Dentirostres*. || Pl. *Des attrape-mouches* ou *des attrape-mouche.*

ATTRAPE-NIGAUD. s. m. Ruse grossière qui ne peut tromper que des ignorants ou des sots. *C'est un attrape-nigaud*, ou *C'est un attrape-lourdaud.* Fam. || Pl. *Des attrape-nigauds* ou *des attrape-nigaud.*

ATTRAPER. v. a. [Pr. *atraper*] (R. *trappe*). Prendre à une trappe, à un piège ou à quelque chose de semblable. *At. un renard dans un piège, un oiseau avec de la glu. Il s'est laissé at. au piège.* || Prendre sur le fait, surprendre. *Je t'ai attrapé à me voler mes fruits. Que je vous y attrape !* || Fig., Tromper. *C'est un filou qui m'a attrapé. Les plus fins y sont attrapés.* || Faire une attrape à quelqu'un, en manière de plaisanterie. *Je l'ai bien attrapé.* — Fam. et prov. *Attrapez-moi toujours de même*, se dit à quelqu'un qui nous procure quelque avantage ou quelque plaisir, sont nu ayant l'intention vraie ou feinte de nous jouer un tour. || Fig., Être attrapé, signifie quelquefois être déçu, éprouver un mécompte. *Je comptais entendre cet opéra, mais je fus bien attrapé ; il n'y avait plus de billets au bureau.* || Fig., *Attrapé !* Exclamation familière que l'on adresse à une personne qui vient d'être l'objet d'une plaisanterie, qui vient d'éprouver un mécompte, ou à un enfant que l'on vient de châtier. || Fig., Obtenir, se procurer quelque chose par quelque manœuvre. *Cet escroc lui a attrapé beaucoup d'argent. Il a enfin attrapé l'emploi qu'il sollicitait.* || Obtenir en partage par la voie du sort. *Ce conscrit a attrapé un bon numéro. Il attrape toujours le meilleur lot.* — Par anal., on dit, *J'ai attrapé la plus mauvaise place.* || Atteindre en suivant en poursuivant ; saisir au passage. *Nous l'attraperons à la première halte. On a couru après le voleur sans l'at. Je vais vous jeter une orange, attrapez !* — Fam., *Attrape qui peut*, se dit lorsqu'on jette quelque chose à plusieurs personnes qui luttent entre elles de force ou d'adresse à qui s'en emparera. || Saisir, atteindre. *Tâchez d'at. cette branche.* — Fig., *Je n'ai jamais pu at. deux rimes.* — Au figuré, *l'esprit, on attrape la sottise.* — Fig. et fam., *At. un coup d'épée ; At. un rhume ; At. la fièvre ;* Recevoir un coup d'épée ; Prendre un rhume ; Gagner la fièvre. || Frapper, heurter. *Je l'ai attrapé d'un coup de pierre. La balle l'a attrapé au bras.* || Fig. et fam., se dit de l'exactitude avec laquelle on représente, on rend, on reproduit les caractères, etc. *At. la ressemblance,* etc. *Ce poète a bien attrapé le caractère du joueur, il l'a bien représenté. Le traducteur a bien attrapé le sens de ce passage. Cet artiste a bien attrapé la manière hollandaise.* — On dit mieux, Saisir le caractère, etc. — s'ATTRAPER. v. pron. Se tromper mutuellement. *Les deux filous se sont attrapés l'un l'autre.* Se heurter. *Je me suis attrapé à une porte.* || T. Man. *Ce cheval s'attrape. Se donne des atteintes en marchant.* = ATTRAPÉ, ÉE. part.

ATTRAPEUR, EUSE. adj. [Pr. *atrapeur*]. Celui, celle qui attrape. *C'est un at. de successions.* Fam.

ATTRAPE-VILAIN. s. m. Ce qui sert à attraper un avare. || Pl. *Des attrape-vilains* ou *des attrape-vilain.*

ATTRAPOIRE. s. f. [Pr. *atrapoire*]. Piège, machine pour attraper des animaux. || Fig. et fam., Ruse, finesse dont on se sert pour surprendre, pour tromper quelqu'un. *Les filous ont cent sortes d'attrapoires.* Vx et peu us.

ATTRAYANT, ANTE. adj. [Pr. *atrè-iant* (R. attraire)]. Qui charme, qui attire. *Discours at. Accueil at. Beauté attrayante. Cette femme n'a rien d'at.*

ATTREMPAGE. s. m. [Pr. *atrampage*]. T. Technol. Chauffe graduelle du four des verriers.

ATTREMPÉ, ÉE. adj. [Pr. *atrampé*]. T. Fauconnerie. Se dit d'un oiseau qui n'est ni gras ni maigre.

ATTREMPER. v. a. [Pr. *atramper*] (R. *à* et *tremper*). T. Technol. Chauffer graduellement le four d'une verrerie. || Donner la trempe à l'acier.

ATTRIBUABLE. adj. 2 g. [Pr. *atri*...]. Qui peut, qui doit être attribué.

ATTRIBUER. v. a. [Pr. *atribu-er*] (lat. *ad*, à ; *tribuere*, accorder). En parlant de privilèges, de prérogatives, d'avantages, Attacher, annexer, concéder. *L'édit de création de cette charge lui avait attribué de grands privilèges. Les fonctions attribuées au préfet de police sont très nombreuses et très diverses.* — S'*at. des droits, des titres,* etc., S'arroger des droits, etc. Voy. s'**APPROPRIER.** || Rapporter une chose à celui qu'on prétend en être la cause, l'auteur. *On lui attribue la victoire. On lui attribue ce livre.* — Se dit également des choses. *Il attribuait tous vos succès au hasard. Plutarque attribue à la seule fortune la grandeur romaine, et à la seule vertu celle d'Alexandre* (Bossuet). — S'*at.,* Se donner pour avoir fait une chose. *Il s'attribue des vers qu'il n'a pas faits.* || Affirmer qu'une personne, qu'une chose possède certaines qualités bonnes ou mauvaises. *Il a toutes les qualités qu'on lui attribue. On lui attribue des vices qu'il n'a pas. On attribuait jadis à ce remède de grandes vertus, des propriétés merveilleuses.* == **ATTRIBUÉ, ÉE.** part.

Syn. — *Imputer.* — On *attribue* également des choses bonnes et des choses mauvaises, tandis qu'on *impute* toujours des choses blâmables.

ATTRIBUT s. m. [Pr. *atribu*] (lat. *ad*, à ; *tributum*, tribut, don). Ce qui est propre et particulier à un être, à une chose. *La toute-puissance est un des attributs de Dieu. Un des principaux attributs de la souveraineté, c'est le droit de faire grâce. La faculté de voler est un att. essentiel de l'oiseau* (Buffon). || T. Log. Ce qui s'affirme ou se nie du sujet d'une proposition. Ainsi lorsqu'on dit : *Dieu est tout-puissant, Dieu* est le sujet, et *tout-puissant* est l'*att.* Voy. **PROPOSITION.** || T. Beaux-Arts. Symbole qui sert à distinguer et à caractériser une figure mythologique ou allégorique. *L'aigle et le foudre sont les attributs de Jupiter ; le trident est l'att. de Neptune ; le caducée celui de Mercure ; la balance et le glaive sont ceux de Thémis. L'arc et les flèches sont les attributs de l'Amour.* — On dit par anal., *Les attributs de la musique, d'un art, d'une science. Les attributs de la peinture, de l'astronomie,* etc. || T. Peint. en bâtim. L'*att.,* Le travail du vitrier qui peint sur les enseignes les attributs de la profession exercée.

ATTRIBUTAIRE. s. m. [Pr. *atri*...]T. Jurisp. Celui à qui il a été attribué un lot.

ATTRIBUTIF, IVE. adj. [Pr. *atri*...]. T. Jurisp. Qui attribue. *Arrêt at. de juridiction.*

ATTRIBUTION. s. f. [Pr. *atribucion*]. Action d'attribuer. || T. Jurisp. et Admin. Partie d'administration assignée à une fonction publique, et par conséquent aux personnes qui sont chargées de l'exercer. *Les attributions des juges de paix, d'un tribunal. Cela entre dans les attributions du ministre de la guerre, du préfet. Il empiète sur mes attributions.* || Concession de quelque prérogative, de quelque privilège, en vertu de lettres du prince. *Un édit d'at. de droits.* || *Lettres d'at.,* Pouvoir que donnait le roi à des commissaires ou à une juridiction subalterne, pour juger une affaire en dernier ressort.

ATTRISTANT, ANTE. adj. [Pr. *atristan*]. Qui attriste. *Souvenirs attristants. Nouvelles attristantes.*

ATTRISTER. v. a. [Pr. *atrister*] (R. *triste*). Rendre triste, affliger. *Cette nouvelle m'attriste.* == s'**ATTRISTER.** v. pron. *Il s'attriste beaucoup par cet événement.* == **ATTRISTÉ, ÉE.** part. et adj. *Il a l'air bien attristé.* == Syn. Voy. **AFFLIGER.**

ATTRIT, ITE. adj. [Pr. *atri*]. T. Théol. Pénétré d'attrition. Voy. **ATTRITION.**

ATTRITION. s. f. [Pr. *atricion*] (lat. *attritio ; de terere*, broyer). T. Méc. Frottement de deux corps durs qui s'usent mutuellement. Voy. **FROTTEMENT.** || T. Méd. Écorchure superficielle de la peau, produite par la compression ou par le frottement. — Écrasement, broiement d'une partie quelconque. || T. Théol. Regret d'avoir offensé Dieu causé par la crainte du châtiment. C'est la *contrition imparfaite.* Voy. **PÉNITENCE.**

ATTRITIONNAIRE s. m. [Pr. *atri-cio-nère*]. T. Théol. Théologien qui soutient que l'at. est suffisante pour justifier le pécheur, opinion qui a été condamnée.

ATTROUPEMENT. s. m. [Pr. *atroupeman*]. Rassemblement tumultueux. *La sédition commença par des attroupements. La force armée eut ordre de dissiper les attroupements.*

Législ. — La première loi que nous ayons eue en France contre les attroupements est celle que vota l'Assemblée constituante le 21 octobre 1789. Elle ne punissait que l'att. séditieux, et, dans le cas où celui-ci ne se dissipait pas après les sommations légales, elle autorisait la proclamation de la loi martiale et l'emploi de la force militaire. Après la Révolution de 1830, une nouvelle loi était devenue nécessaire : elle fut votée le 2 avril 1831. Aux termes de cette dernière loi, tous les attroupements, de quelque nature qu'ils soient, sont interdits. Ils doivent se disperser à la première sommation faite par un magistrat ou par un officier civil chargé de la police judiciaire, tel que préfet, sous-préfet, maire, adjoint, commissaire de police, etc. Néanmoins, on en excepte les gardes champêtres et les gardes forestiers. Le magistrat chargé de faire les sommations doit être revêtu d'une écharpe tricolore, et chaque sommation doit être précédée d'un roulement de tambour ou d'un son de trompe. Après trois sommations, il peut être fait usage de la force publique. Les agitations qui suivirent la Révolution de Février 1848 donnèrent lieu à une troisième loi concernant les attroupements. Cette loi, qui porte la date du 7 juin 1848 et qui est encore actuellement en vigueur, distingue l'att. armé de celui qui ne l'est pas. Elle les interdit tous les deux ; mais la pénalité diffère selon que l'att. était armé ou ne l'était pas, selon qu'il s'est dissipé sur-le-champ ou seulement après la seconde ou la troisième sommation, et enfin selon qu'il a opposé de la résistance. La provocation aux attroupements est également condamnée. C'est aux cours d'assises que sont déférés les individus accusés d'avoir pris part à un att. ou de l'avoir provoqué.

ATTROUPER. v. a. [Pr. *atrouper*] (R. *troupe*). Rassembler plusieurs personnes en troupe et tumultueusement. *Il attroupa tous les mécontents pour faire une sédition.* == s'**ATTROUPER.** v. pron. *Au son du tocsin, les paysans des environs s'attroupèrent. Il est défendu de s'at. Il s'attroupa une foule de gens.* == **ATTROUPÉ, ÉE.** part.

ATWOOD (GEORGES), physicien anglais (1745-1807). || **MACHINE D'ATWOOD.** T. Phys. Machine inventée par ce physicien pour vérifier par l'expérience les lois de la chute des corps. Elle permet de constater ces deux lois : 1° la vitesse d'un corps qui tombe librement est proportionnelle au temps écoulé depuis le commencement de la chute ; 2° les espaces parcourus sont proportionnels aux carrés des temps employés à les parcourir. Voy. **CHUTE** des corps, **PESANTEUR.**

ATYCHIE. s. f. [Pr. *atichie* (gr. ἀτυχία, misère). T. Ent. Genre d'insectes lépidoptères. Voy. **CRÉPUSCULAIRES.**

ATYPE. s. m. (gr. ἀ priv. ; τύπος, forme). T. Zool. Genre d'Arachnides de la famille des *Aranéides.*

ATYPIQUE. adj. 2 g. T. Méd. Se dit des affections périodiques qui n'ont pas de type régulier. *Fièvre at.*

ATYS, jeune berger phrygien, aimé de Cybèle, la trompa avec une nymphe, fut saisi d'une fureur inspirée par la déesse et se mutila. Myth.

ATYS, roi de Lydie (XVIᵉ s. av. J.-C.), le premier de la dynastie des Atyades.

AU. Mot formé par contraction de la prép. *à* et de l'art. *le.* Ainsi donc, *au* a la valeur de *à le.* Dans le vieux français on trouve *al* au lieu de *à le : Al temps d'Innocent III.* — Voy. **ARTICLE.**

AUBADE. s. f. (R. *aube*). Concert qui se donnait à l'aube du jour sous les fenêtres d'un personnage. Se donne maintenant à toute heure. *L'au. n'est guère en usage que dans le corps de musique militaire : on la donne aux officiers supérieurs, au jour de l'an ou à certains jours de fête.* || Fig. et iron., Insulte, avanie, vacarme fait à quelqu'un. *On lui a donné l'au. Il a eu une étrange au.*

AUBAGE. s. m. (R. *aube*). T. Charron. Planches refendues, dont on fait les panneaux.

AUBAGNE, ch.-l. de c. (Bouches-du-Rhône), arr. de Marseille, 8,200 hab.

AUBAIN. s. m. (lat. *alibi*, ailleurs ; *natus*, né). T. Jurisp. Étranger qui n'est pas naturalisé dans le pays où il demeure. Peu us. Voy. AUBAINE.

AUBAINAGE. s. m. (R. *aubaine*). Exercice du droit d'aubaine.

AUBAINE. s. f. (R. *aubain*). T. Jurisp. Succession aux biens d'un étranger qui meurt dans un pays où il n'est pas naturalisé. || Fig. et fam., se dit de tout avantage inespéré. *Il lui est arrivé une succession qu'il n'espérait pas; c'est une bonne aub. pour lui.* — Iron. *Une mauvaise aub.*, Une affaire désagréable.

Législ. anc. — Le *Droit d'aub.* prouvait peu en faveur de l'hospitalité de nos aïeux. Voici en quoi il consistait. Lorsqu'un étranger venait résider en France, il était considéré à peu près comme serf. On trouve dans les *Établissements de saint Louis* cette coutume sauvage érigée en loi : « L'étranger qui vient demeurer en la châtellenie d'un baron, sans le reconnaître pour seigneur dans l'an et jour, est exploitable à merci par le baron. » Mais il arrivait souvent qu'après avoir prêté serment de fidélité, et s'être engagé à payer chaque année des redevances écrasantes, le malheureux *aubain* se voyait en butte à toutes sortes d'exactions, pillé et dépouillé sans miséricorde. A sa mort, ses parents, ses enfants même, étaient exclus de sa succession ; il ne pouvait ni tester ni disposer de la moindre portion de sa fortune. Cet abus fut poussé si loin, qu'on finit par considérer comme aubain, non plus seulement l'étranger non régnicole, mais encore tout individu qui abandonnait le lieu de sa naissance pour aller s'établir dans une paroisse voisine. — Suivant quelques auteurs, le droit d'aub., nous aurait été transmis par les Grecs et les Romains ; mais le plus grand nombre, entre autres Montesquieu, le regardent comme une institution apportée par les Barbares. Quoi qu'il en soit de son origine, nous le trouvons établi en France au temps de Charlemagne. Un capitulaire prouve qu'il était alors exercé au profit du roi dans toutes les provinces. Il est probable que les faibles successeurs de ce prince se laissèrent arracher le droit d'aub. par leurs grands vassaux, en même temps qu'une foule d'autres privilèges. Néanmoins ils ne l'abandonnèrent jamais complètement, puisque nous voyons une lutte acharnée s'établir pendant plusieurs siècles, à ce sujet, entre les seigneurs et la couronne. Enfin, après une résistance opiniâtre, les premiers furent contraints de céder, et le droit d'aub. fut déclaré domanial, imprescriptible, inaliénable. Les aubains, toutefois, ne s'en trouvèrent guère mieux. En certains lieux, ils payaient des redevances considérables. S'ils se mariaient sans l'autorisation du roi, ils étaient frappés d'une amende de soixante sous. Bien plus, ils ne pouvaient épouser des régnicoles sans s'exposer à perdre le tiers ou la moitié de tous leurs biens. Nous devons dire cependant que diverses ordonnances royales apportèrent avec le temps certaines modifications à l'exercice d'un droit qui constituait un obstacle monstrueux au commerce avec l'étranger et aux relations internationales. Les étrangers résidant dans certaines villes cessèrent d'y être soumis. On en exempta : Toulouse, Bordeaux, Marseille, Dunkerque, le Languedoc tout entier, les marchands qui venaient aux foires de Champagne et à celles de Lyon, les ambassadeurs, les étudiants, les ouvriers de certaines fabriques, les Écossais, les Suisses, les lansquenets allemands et les Italiens qui servaient dans nos armées. Les traités avec les nations étrangères contribuèrent aussi puissamment à modifier cette coutume barbare dès le XVe siècle. Aussi, en 1787, Necker estimait-il que le droit d'aub. ne rapportait pas au Trésor plus de 40,000 écus par an.

Bientôt après, l'Assemblée constituante, par son décret du 6 août 1790, abolit le droit d'aub., en invitant les autres peuples (car cette coutume barbare était en vigueur dans

toute l'Europe) à l'abolir de leur côté. Mais, parmi les gouvernements européens, il ne s'en trouva pas un seul qui répondit à cet appel. En conséquence, les rédacteurs du Code civil établirent que l'étranger résidant en France y jouirait des mêmes droits que ceux qui seraient accordés aux Français par la nation à laquelle cet étranger appartiendrait. L'art. 726 de l'ancien Code Napoléon, aujourd'hui Code civil, était ainsi conçu : « Un étranger n'est admis à succéder aux biens que son parent, étranger ou Français, possède dans le territoire du royaume, que dans les cas et de la manière dont un Français succède à son parent possédant des biens dans le pays de cet étranger. » D'après l'art. 926 du même Code, le Français ne pouvait disposer au profit d'un étranger que dans le cas où cet étranger aurait pu disposer au profit d'un Français.— Quoique ces dispositions ne fussent que rigoureusement justes, elles furent abolies par la loi du 14 juillet 1819, qui accorde aux étrangers le droit de succéder, de disposer et de recevoir de la même manière que les Français dans toute l'étendue du royaume. Néanmoins, par une précaution plus que justifiée par le fait que l'exemple de la France n'a pas encore été imité par tous les peuples civilisés, cette loi renferme la clause suivante (art. 2) : « Dans le cas de partage d'une même succession entre des cohéritiers étrangers et Français, ceux-ci prélèveront sur les biens situés en France une portion égale à la valeur des biens situés en pays étranger dont ils seraient exclus à quelque titre que ce soit, en vertu des lois et coutumes locales. »

AUBANEL, poète provençal (1829-1886).

AUBE s. f. (lat. *albus*, blanc). Point du jour, aurore. *L'au. du jour. Se lever avant l'au.*
Déjà l'aube naissante
Répand sur l'Orient sa clarté blanchissante.
CASTEL.
Quand l'aube matinale
Entr'ouvre par degrés la porte orientale.
MILLEVOYE.
Par ext., se dit en parlant des choses : *l'au. de l'histoire, l'au. d'une gloire.* || T. Hydraul. Planche fixée à la circonférence d'une roue hydraulique et sur laquelle s'exerce la pression de l'eau. *Au. plane, courbe.* || Large tunique blanche qui descend jusqu'aux pieds, que le prêtre porte à l'autel par-dessous la soutane et par-dessous la chasuble, et qu'on arrête au-dessus des reins par un cordon ou une ceinture.

AUBE, rivière de France, affluent de droite de la Seine, arrose Bar-sur-Aube et Arcis-sur-Aube.

AUBE (Dép. de l'), formé d'une partie de la Champagne. 255,500 hab. Ch.-l. Troyes ; 4 autres arr. : Arcis-sur-Aube, Bar-sur-Aube, Bar-sur-Seine, Nogent-sur-Seine.

AUBENAS, ch.-l. de c. (Ardèche), arr. de Privas, 7,800 hab.

AUBENTON, ch.-l. de c. (Aisne), arr. de Vervins, 1,400 hab.

AUBÉPINE. s. f. (lat. *alba*, blanche ; *spina*, épine). T. Bot. Arbrisseau épineux à fleurs blanches odoriférantes et à fruits rouges, de la famille des *Rosacées*. Voy. ce mot.
L'aubépine est, avec le lilas, la fleur symbolique du printemps :
Tout renaît, et déjà l'aubépine
A vu l'abeille accourir à ses fleurs.
BÉRANGER.

AUBER, compositeur de musique, né à Caen en 1782; mort à Paris en 1871. Ses principaux ouvrages sont la *Muette de Portici*, le *Domino noir*, *Fra Diavolo*, les *Diamants de la Couronne*, *Haydée*, le *Philtre*, le *Cheval de bronze*, la *Part du Diable*.

AUBÈRE. adj. 2 g. (lat. *albus*, blanc). Se dit d'un cheval dont la robe est un composé de poils blancs et alezans d'une manière assez uniforme. || S'emploie subst. *L'au. clair. L'aub. foncé.*

AUBERGE. s. f. (Même origine que *héberger*. Anc. haut all. *heriberga*, campement militaire ; all. *herberge*, auberge). Maison où l'on trouve à manger et à coucher en payant. *Tenir* *au. Descendre, vivre à l'au.* || Fig. et fam., *Tenir au.*, Avoir maison ouverte, recevoir tout le monde à sa table. — *Prendre la maison de quelqu'un pour une au.*, S'y établir pour quelque temps, ou aller y dîner fréquemment, sans être invité, ni désiré. || Se disait autrefois, à Malte, du lieu où les chevaliers de chaque langue étaient nourris en commun. *L'au. de France. L'au. d'Allemagne.*

AUBERGINE. s. f. (arab. *al-badindjam*; esp. *alberengena*). T. Bot. Espèce de *Morelle* (*Solanum melongena*), de la famille des *Solanées*, dont le fruit est comestible. || Fruit de cette plante. Voy. SOLANÉES.

AUBERGISTE. s. 2 g. Celui ou celle qui tient auberge.

AUBERON. s. m. T. Serrur. Petit morceau de fer au travers duquel passe le pène d'une serrure.

AUBERGANIÈRE. s. f. Pièce de fer sur laquelle sont rivés des auberons.

AUBERT (SAINT), évêque d'Avranches, fondateur du monastère du mont Saint-Michel (VIIIe siècle).

AUBERT (AUGUSTUS-RAYMOND), peintre français (1781-1857).

AUBERT (PIERRE-EUGÈNE), dessinateur et graveur de paysages (1788-1846).

AUBERVILLIERS, commune du dép. de la Seine, canton et arr. de Saint-Denis, 25,000 hab.

AUBETTE ou **AUBÈTE.** s. f. T. Administ. milit. Désignait autrefois le bureau où, dès le matin, les officiers de la garnison allaient à l'ordre. || Petite loge en bois ou en maçonnerie.

AUBE-VIGNE. s. f. (*aube*, de *albus*, blanc; et *vigne*). T. Bot. Sorte de *Clématite*.

AUBIER. s. m. (lat. *albus*, blanc). T. Bot. La partie tendre et blanchâtre du bois qui se trouve entre le bois dur et l'écorce de l'arbre. Dans la coupe d'un tronc d'arbre on doit distinguer de l'extérieur à l'intérieur : 1° l'écorce; 2° le liber; 3° l'aubier; 4° le bois proprement dit. Dans la construction, l'ébénisterie, la sculpture sur bois, etc., l'aubier ne peut presque servir à aucun usage, parce qu'il est trop tendre. Il faut plusieurs années pour que l'aubier se transforme en bois véritable, suivant les espèces et les terrains. Voy. TIGE. || AUBIER ou OBIER est aussi l'un des noms vulgaires d'une espèce de *Viorne* (*Viburnum Opulus*). Voy. CAPRIFOLIACÉES. || Espèce de *Saule*.

AUBIFOIN. s. m. (lat. *album*, blanc; *fœnum*, foin). T. Bot. Espèce de *Centaurée* (*Centaurea cyanus*) qui croît dans les blés et qu'on nomme plus vulgairement *Bluet*; famille des *Composées*. Voy. ce mot.

AUBIGNÉ (AGRIPPA D'), guerrier français, compagnon de Henri IV, aïeul de Mme de Maintenon (1550-1630), auteur d'une *Histoire universelle*, et des *Tragiques*, poème satirique.

AUBIGNY, ch.-l. de c. (Cher), arr. de Sancerre, 4,200 hab.

AUBIN. s. m. (autrefois *hobin*, de l'angl. *hobby*, cheval qui va l'aubin). T. Man. On nomme ainsi l'une des allures défectueuses du cheval. Le cheval qui va l'*au.* galope avec les jambes de devant, et trotte ou va l'amble avec celles de derrière. Il est évident que l'animal ne prend cette allure que par suite de la faiblesse de ses reins et de son arrière-train. En outre, il est incapable de la soutenir longtemps. Les chevaux qui vont l'au. ont fort peu de valeur.

AUBIN, ch.-l. de c. (Aveyron), arr. de Villefranche, 9,100 hab.

AUBINER. v. n. T. Man. Aller l'aubin.

AUBOUR. s. m. (lat. *alburnum*, bois blanc). T. Bot. Nom vulgaire du *Cytisus Laburnum*, de la famille des *Légumineuses*. Voy. ce mot. — On donne aussi ce nom au *Viburnum Opulus*, de la famil.e des *Caprifoliacées*. Voy. ce mot.

AUBRIER. s. m. (bas lat. *hoberarius*) L'un des noms du *Hobereau*, oiseau de proie.

AUBRIOT (HUGUES), prévôt de Paris sous Charles V, fit construire la Bastille (1369).

AUBRY DE MONTDIDIER, chevalier du temps de Charles V, fut assassiné en 1371, près de Montargis, par Richard Macaire, et vengé par son chien qui s'attacha à la personne du meurtrier et fit si bien qu'il amena la justice à faire une enquête. Telle est du moins la légende. Il convient cependant d'observer que cette légende du *chien de Montargis* était déjà populaire plus d'un siècle et demi auparavant.

AUBRY-LECOMTE, dessinateur-lithographe français (1797-1858).

AUBUSSON, ch.-l. d'arr. (Creuse), 6,700 hab. Célèbre par sa manufacture de tapis.

AUBUSSON (PIERRE D'), grand maître de l'ordre de Saint-Jean de Jérusalem ou de Rhodes (1423-1503), défendit avec succès Rhodes contre Mahomet II (1480).

AUCH, ch.-l. du dép. du Gers (anc. cap. des *Ausci*. Eusques), à 685 kilom. de Paris, 14,800 hab. Archevêché.

AUCHE. s. f. Cavité percée dans la tête du mouton destiné à façonner les têtes des épingles. On dit aussi *tétine*.

AUCHENIA. s. f. [Pr. *ôkéni-a*] (gr. αὐχήν, cou). T. Zool. Nom scientifique du genre *Lama*. Voy. ce mot.

AUCHÉNIE. s. f. [Pr. *ôkénie*] (gr. αὐχήν, cou). T. Entom. Genre d'insectes coléoptères. Voy. EUPODES.

AUCKLAND (Îles), groupes d'îles de l'Océanie, au N.-O. de la Nouvelle-Zélande, par 51° lat. S. et 164° long. E. Découvertes en 1806 par Bristow. Aux Anglais.

AU CLAIR DE LA LUNE, chanson populaire, dont la musique est attribuée à Lulli.

AUCUBA. s. m. T. Bot. Arbrisseau du Japon à feuilles lisses toujours vertes panachées de jaune. Famille des *Cornées*. Très rameux, de 1m à 1m30 de haut. A été importé en Europe en 1783.

AUCUN, UNE. adj. (lat. *aliquis*, quelqu'un). Quelqu'un, quelque, quelconque. *De tous ceux qui se disaient mes amis, aucun m'a-t-il secouru ? Je doute qu'aucune d'elles le fasse. L'intolérance est bonne à aucune société humaine.* || Dans les phrases où il est joint à une négation, *Aucun* sign. généralement nul, pas un. *Je ne connais au. de vos juges. Je ne le veux en aucune manière.* — Il s'emploie quelquefois au plur. *Il ne m'a rendu aucuns soins. Il n'a pris aucunes dispositions.*

Obs. gram. — Dans le style marotique, on dit *d'aucuns* pour *aucuns, quelques-uns. D'aucuns prétendent que...* Molière a employé cet archaïsme aujourd'hui inusité : *Il y en a d'aucunes qui prennent des maris seulement pour se tirer de la contrainte de leurs parents.*

Syn. — *Nul.* — *Au.* n'étant pas négatif par lui-même a moins de force et d'étendue que *nul.* Ce dernier terme en effet est complètement exclusif. On ne dira point : *Nul* de ces hommes n'a osé faire cela, mais *au.* de ces hommes. De même encore, pour donner plus d'énergie à l'idée, on dira : *Nulle considération* ne doit empêcher l'application de la loi à tous les citoyens également, au lieu d'employer le mot *aucune.*

AUCUNEMENT. adv. Est toujours joint à une négation, et en conséquence sign. : nullement. *Je n'en veux auc.* || Dans cette vieille formule de chancellerie, *Le roi ayant auc. égard à*, cet adverbe avait le sens de : en quelque façon.

AUDACE. s. f. (lat. *audacia*, de *audere*, oser). Hardiesse excessive. *Grande au. Au. inouïe. Entrer, se présenter, parler avec au. Réprimer l'au. des méchants.* || Se prend aussi en bonne part. *Noble au. Généreuse au.*

Syn. — *Hardiesse.* — La *hardiesse* suppose un courage réfléchi, l'au. exclut presque toujours la réflexion. Un homme hardi est ferme, et ne recule point devant le danger, il marche même à sa rencontre. Un homme *audacieux* est emporté, il se précipite dans le péril pour avoir la satisfaction de le braver. Pris dans un sens moins élevé, ces deux termes conservent entre eux la même différence. La *hardiesse* exclut la crainte, elle est souvent une qualité. L'*au.* est une *hardiesse* excessive; elle ne connaît guère les convenances qui retiennent les autres hommes, et doit presque toujours être considérée comme un défaut.

Prov., *Audaces fortuna juvat.* (La fortune favorise les audacieux.) Le vers primitif, de Virgile, est :

Audentes fortuna juvat. (*Énéide*, X, v, **278.**)

De l'audace, encore de l'audace, toujours de l'audace, paroles de Danton dans son discours du 2 septembre 1792 contre la coalition de l'Europe et les ennemis de la patrie.

AUDACIEUSEMENT. adv. Avec audace, d'une manière insolente. *Parler, répondre aud.* || Se prend aussi en bonne part. *Il se jeta aud. au milieu de ses ennemis.*

AUDACIEUX, EUSE. adj. Qui a de l'audace. *C'est un homme au., une femme audacieuse.* — Se prend subst. *C'est un jeune au.* || Qui a une noble hardiesse, une grande intrépidité. *Un génie au. Un général au. Projet au., Projet qui annonce beaucoup de courage, d'intrépidité.* || Se dit fig. du style et des conceptions de l'esprit. *Style au. L'ode doit être audacieuse dans ses expressions et dans sa marche.* || Fig. et poét., s'emploie en parlant des arbres, des montagnes, etc. *Ces monts au.*

AUDE, petit fleuve de France, arrose Carcassonne et se jette dans la Méditerranée.

AUDE (Dép. de l'), formé d'une partie du Bas-Languedoc, arrosé par l'Aude, 317,400 hab. Ch.-l. *Carcassonne;* 3 autres arr. : *Castelnaudary, Limoux, Narbonne.*

AU DEÇÀ (*Au et deçà*). loc. adv. De ce côté-ci, par opposition à *au delà.*

AU DEDANS (*Au et dedans*). loc. adv. À l'intérieur.

AU DEHORS (*Au et dehors*). loc. adv. À l'extérieur.

AU DELÀ (*Au et delà*). loc. adv. De ce côté-là. Opposé à *au deçà.*

AUDENGE, ch.-l. de c. (Gironde), arr. de Bordeaux, 1,300 hab.

AU-DESSOUS (*Au et dessous*). loc. adv. Plus bas, inférieurement.

AU-DESSUS (*Au et dessus*). loc. adv. Plus haut, supérieurement.

AU-DEVANT (*Au et devant*). loc. adv. Dans une position antérieure.

AUDIEN, IENNE. s. m. et f. (*Audeus,* auteur de cette secte). Hérétiques qui prétendaient que Dieu avait les formes humaines, et que les ténèbres, le feu et l'eau n'avaient point de commencement.

AUDIENCE. s. f. (lat. *audire,* entendre, écouter). Attention que l'on donne à celui qui parle. *Parlez, vous avez au. Donnez-moi un moment d'au.* || Séance qu'une personne de rang supérieur consacre à écouter ceux qui ont demandé à l'entretenir. *Les ambassadeurs furent admis à l'au. du roi. Demander, accorder au. Ce ministre donne au. tel jour.* || Séance dans laquelle les juges écoutent les plaidoiries. *Au. publique. Au. à huis clos. Ouvrir, tenir, lever l'au. Cette affaire occupera trois audiences.* — *Au. solennelle,* Au. d'apparat, dans laquelle se plaident les causes les plus importantes, où s'entérinent ordinairement les lettres de grâce ou de commutation de peine, etc. *Les tribunaux de première instance n'ont pas d'audiences solennelles.* || Par ext., l'assemblée de ceux qui l'on donne au., qui assistent à l'au. *Toute l'au. en fut scandalisée.* || Le lieu où se donne l'au. *Fermer l'au. On le mit hors de l'au.* — Dit aussi, *La salle d'au.* || S'employait autrefois dans le sens de province, en parlant des pays soumis aux Espagnols. *L'au. de Quito, de Panama.* — Administration qui résidait dans ces

provinces. *Il fallut s'adresser à l'au. de Los Reyes.* — Se dit encore aujourd'hui de certains tribunaux d'Espagne. *L'au. de Valladolid.*

Législ. — Au premier rang des garanties que réclame une bonne administration de la justice, soit en matière civile, soit en matière criminelle, on doit placer la publicité des débats judiciaires. Chez les Grecs et chez les Romains, les *audiences* étaient publiques, et tout accusé avait la faculté de contrôler les dépositions des témoins et de repousser les accusations élevées contre lui. Il ne fallut rien moins que la barbarie du régime féodal pour ravir aux accusés les garanties dont ils jouissaient dans l'antiquité. Avant 1789, la publicité des audiences n'avait lieu que pour les affaires civiles; mais, en matière criminelle, il en était autrement. Souvent même on refusait un défenseur à l'accusé; les témoins étaient presque toujours entendus hors de sa présence, de sorte que leurs dépositions ne pouvaient que fort difficilement être discutées par le principal intéressé. Le rétablissement de la publicité des débats par la loi du 16 août 1790 a donc été une des plus précieuses conquêtes de l'époque moderne. Cette publicité est de règle absolue; elle ne souffre d'exception que lorsqu'elle peut être dangereuse pour l'ordre public ou pour les mœurs. Dans ce cas, le tribunal la déclare par un jugement. Encore faut-il que les portes soient rouvertes avant le prononcé de la sentence. C'est pour faciliter au public l'accès des tribunaux que les audiences doivent être tenues dans le lieu ordinaire des séances. On ne peut jamais déroger à cette règle, sauf en certains cas urgents, prévus du reste par la loi. Si les juges de paix sont en général autorisés à rendre leurs décisions dans leur demeure, c'est à la condition expresse que les portes en resteront ouvertes. Le président du tribunal a la police de l'au.; il peut ordonner toutes les mesures nécessaires pour le maintien de l'ordre et punir sur-le-champ les délits commis en sa présence, s'ils sont de la compétence du tribunal. Dans le cas contraire, le délinquant est arrêté et jugé par le tribunal compétent. — Les articles 504 à 509 du Code d'Instr. criminelle statuent sur la procédure à suivre pour les délits ou crimes commis à l'au. Quant aux peines encourues par les coupables, elles sont déterminées par les articles 222 et suivants du Code pénal.

AUDIENCIER. adj. m. N'est guère usité que pour désigner l'huissier chargé d'appeler les causes dans les audiences des tribunaux, d'imposer silence, d'ouvrir et de fermer les portes, etc. *Huissier au.* || S'emploie subst., surtout dans le titre de *Grand au.,* donné à l'un des principaux officiers de la chancellerie de France, lequel faisait rapport au chancelier des lettres de grâce, de noblesse, etc. *Il y avait deux grands audienciers.*

AUDIETTE. s. f. (lat. *audire,* entendre). Petit cornet acoustique.

AUDIFFRET (Charles-Louis-Gaston, marquis d'), économiste français (1787-1878).

AUDINCOURT. ch.-l. de c. (Doubs), arr. de Montbéliard, 5,200 hab. Belles forges.

AUDIOMÈTRE. s. m. (lat. *audire;* gr. μέτρον, mesure). T. de Phys. Instrument destiné à mesurer la sensibilité de l'ouïe. L'*aud.* de Graham Bell se compose d'un téléphone dans lequel passe un courant interrompu, dont on diminue l'intensité jusqu'à ce que le sujet n'entende plus rien. Plus le courant est faible, plus l'ouïe est fine.

AUDIPHONE. s. m. (lat. *audire;* gr. φωνή, voix). Instrument qui permet à certains sourds de percevoir les sons et la parole articulée. Il se compose d'une lame en caoutchouc durci d'une courbure spéciale, munie d'un manche, et dont on applique l'une des extrémités sur la mâchoire supérieure. Les vibrations se transmettent à l'oreille interne par les os du crâne.

AUDITEUR. s. m. (lat. *auditor*). Celui qui écoute un discours, un sermon, etc., dans quelque assemblée. *Ce prédicateur a toujours un grand nombre d'auditeurs.* || *Disciple. Ce professeur a peu d'auditeurs.* — *Au. bénévole,* Au. favorablement disposé. Se dit aussi de celui qui vient écouter un maître par goût et sans s'astreindre à l'assiduité. || *Au. des comptes.* Voy. Comptes (*Cour des*). — *Au. au Conseil d'État.* Voy. Conseil d'État. — Dans quelques pays le nom d'*Au.* se donne également à certains fonctionnaires. *Au. d'un cardinal. Au. de la nonciature. Au de rote.*

AUDITIF, IVE. adj. (lat. *audire*, entendre). Qui appartient à l'organe de l'ouïe. *Organe au. Appareil au. Conduit au. Nerf au,* ou *nerf acoustique. Artères et veines auditives.* Voy. OREILLE.

AUDITION. s. f. (lat. *audire*, entendre). Action d'entendre, d'écouter. *Il est difficile de juger d'une pièce de théâtre à la première au.* || T. Physiol. Perception des sons. Voy. OREILLE. || T. Procéd. *Au. de témoins,* Action d'ouïr des témoins en justice ; et *Au. de compte,* Action d'ouïr et d'examiner un compte.

AUDITION COLORÉE. — On désigne sous ce nom, depuis quelques années, le fait, probablement entièrement subjectif, que certaines personnes éprouvent à l'audition des sons une impression associant ces sons à des couleurs déterminées. Ainsi, pour les uns la voyelle *a* est rouge, l'*é* blanc, l'*i* noir, l'*o* jaune, l'*u* bleu ; pour d'autres, le son *a* est noir, l'*é* jaune, l'*i* rouge, l'*o* blanc et l'*u* vert.

AUDITOIRE. s. m. Lieu, enceinte où l'on se réunit pour entendre prononcer un discours. — Se dit particulièrement de la salle où l'on plaide, dans les tribunaux. *L'au. d'un tribunal. Ouvrir l'au. Les portes de l'au.* || S'emploie encore pour désigner l'assemblée elle-même. *Ce professeur a toujours un nombreux au.*

AUDITORAT. s. m. (de *auditeur*). Fonction d'auditeur.

AUDOUIN (JEAN-VICTOR), entomologiste français (1797-1841).

AUDOVÈRE, femme de Chilpéric Ier, fut mise à mort par ordre de Frédégonde (580).

AUDRAN (GÉRARD), graveur français (1640-1703). .

AUDRUICK, ch.-l. de c. (Pas-de-Calais), arr. de Saint-Omer, 2,900 hab.

AUDUBON (JEAN-JACQUES), célèbre naturaliste américain (1782-1851), auteur des *Oiseaux* et des *Quadrupèdes d'Amérique.*

AUERSTAEDT, village de Saxe, célèbre par la victoire de Davoust sur les Prussiens en 1806. Davoust fut créé duc d'Auerstaedt.

AUFFE. s. f. T. Bot. Nom qu'on donne quelquefois à l'*Alfa* (*Stipa tenacissima*). Voy. ALFA et GRAMINÉES.

AUGE (Vallée d'), partie de la Normandie, dép. du Calvados, arr. de Pont-l'Évêque, célèbre par ses pâturages et ses troupeaux.

AUGE. s. f. (lat. *alveus*, bassin). Pierre ou pièce de bois creusée, qui sert à donner à boire et à manger aux chevaux et à d'autres animaux domestiques. || Vaisseau de bois dans lequel les maçons, les plâtriers délayent leur ciment ou leur plâtre. *Dans sa jeunesse, cet architecte a porté l'au.* — Prov., *Mieux vaudrait porter l'au,* que *faire ce métier-là,* se dit pour marquer le mépris qu'on fait d'un emploi. || T. Hydraul. *Auges,* au pl., désignent des rigoles de bois ou de pierre qui servent ordinairement à faire tomber l'eau sur la roue d'un moulin, pour mettre celle-ci en mouvement. || Ancien T. d'Astron., synonyme d'*Apside.*

AUGÉE. s. f. Quantité que peut contenir une auge.

AUGELOT. s. m. (diminutif de *auge*). T. d'Agric. Petite fosse en forme d'auge où l'on plante la vigne. || Dans les salines, sorte d'auget à mettre le dépôt qui se forme en faisant bouillir l'eau salée.

AUGER (LOUIS-SIMON), journaliste et littérateur français (1772-1829).

AUGER. v. a. (R. *auge*). T. Technol. Creuser en gouttière une des surfaces d'un morceau de fer plat.

AUGEREAU, duc de Castiglione, maréchal et pair de France (1757-1816).

AUGET. s. m. Petite auge où l'on met la mangeaille des oiseaux que l'on nourrit en cage. *Un au. de bois, de faïence.* || T. Hydraul. Une des petites auges placées à la circonférence d'une roue hydraulique pour recevoir l'eau qui doit la mouvoir. *Roue à augets.* Voy. ROUE. || Technol Petite caisse de bois placée au-dessous de la trémie d'un moulin à farine et qui reçoit le grain pour le serrer dans l'œillard de la meule.

AUGETTE. s. f. (diminutif de *auge*). Vase dans lequel l'amalgameur lave le minerai qu'il vérifie.

AUGIAS, roi d'Élide dont Hercule nettoya les écuries. Ces étables contenaient trois mille bœufs et n'avaient pas été nettoyées depuis trente ans. Hercule les nettoya en un jour, en y faisant passer le fleuve Alphée. Conte myth. et sans doute symbolique. || *Nettoyer les écuries d'Augias,* loc. prov. Faire un travail difficile.

AUGIER (ÉMILE), écrivain dramatique français, né à Valence en 1820, mort à Paris en 1889. Citons parmi ses meilleures œuvres : l'*Aventurière,* le *Gendre de M. Poirier* (en collaboration avec J. Sandeau), les *Effrontés,* le *Fils de Giboyer, Maître Guérin, Paul Forestier, Madame Caverlet,* les *Fourchambault.* Reçu membre de l'Académie française en 1858.

AUGITE. s. f. (gr. αὐγή, éclat). T. Minér. Variété de pyroxène, composée de silice, de chaux, de magnésie et d'oxyde ferreux avec peu d'alumine. On la rencontre en cristaux clinorhombiques noirs dans les laves et dans les basaltes. Voy. PYROXÈNE.

AUGMENT. s. m. (lat. *augere,* augmenter). T. Droit anc. *Aug. de dot,* Avantage que le mari faisait à sa femme en cas de survie, avantage à prendre sur ses biens et proportionnellement à la dot qu'il avait reçue. Le *Contre-augment* était un gain nuptial et de survie, en vertu duquel le mari survivant à la femme retenait une portion de la dot. Dans les pays de droit coutumier, l'*Aug. de dot* s'appelait *Douaire.* || T. Gram. Addition qui se fait au commencement d'un temps de verbe, dans certaines langues, telles que le grec et le sanscrit. — Dans la conjug. grecque, on nomme *Aug. syllabique,* celui qui consiste dans l'addition d'une syllabe, comme ἔτυπτον, je frappais, imparfait de τύπτω, je frappe ; et *Aug. temporel,* celui qui consiste dans le changement d'une brève en longue, comme ὤραζον, je bornais, imparfait de ὁρίζω, je borne. || T. Méd. Période pendant laquelle les symptômes d'une maladie s'aggravent de plus en plus.

AUGMENTABLE. adj. (de *augmenter*). T. Susceptible d'augmentation.

AUGMENTATIF, IVE. adj. T. Gram. On donne le nom d'*Augmentatifs* à certaines particules et à certaines terminaisons qui servent à augmenter le sens des noms ou des verbes, c.-à-d. à leur donner une signification plus étendue ou plus énergique. Les *Diminutifs* produisent l'effet opposé. Les particules augmentatives et diminutives *bien, fort, très, peu, guère,* etc., sont toutes classées parmi les adverbes. Notre langue possède très peu de terminaisons augmentatives ; les diminutives sont plus nombreuses, et les mots qui reçoivent celles-ci sont aussi beaucoup plus usités que ceux qui reçoivent celles-là. Il en est autrement dans la langue italienne et dans l'espagnole, sœurs pourtant de la langue française ; il est fait dans ces deux langues un grand usage des mots à terminaisons augmentatives et diminutives. — Comme exemples de noms à terminaisons augmentatives, nous citerons les substantifs : *Aiguillon,* augm. d'Aiguille ; *Médaillon,* augm. de Médaille ; *Lourdaud,* augm. de Lourd ; l'adj. *Grandiose,* augm. de Grand, etc. Parmi les subst. à terminaisons diminutives, nous nommerons : *Agnelet,* dim. d'Agneau ; *Amourette,* dim. d'Amour ; *Maisonnette,* dim. de Maison ; *Fillette,* dim. de Fille ; *Globule, Pellicule* et *Monticule,* diminutifs des mots Globe, Peau, Mont. Pour les adjectifs de la même classe, il suffira d'indiquer *Aigrelet,* dim. d'Aigre ; *Rondelet,* de Rond ; *Grandelet,* de Grand ; *Doucet,* de Doux ; *Bellâtre, Folâtre, Douceâtre, Bleuâtre,* diminutifs des adjectifs Bel, Fol, Doux, Bleu. Quelques-uns même, tels que *Doucet,* etc, ont un adv. correspondant, *Doucettement ; Doucereux,* autre dim. de Doux, forme encore l'adv. *Doucereusement.*

AUGMENTATION. s. f. Accroissement ; addition d'une

chose à une autre du même genre. *Aug. en longueur, en largeur. Aug. de revenus, de fortune, de traitement.*

AUGMENTER. v. a. Accroître, agrandir, rendre une chose plus considérable, plus grande. *Il augmente tous les jours son revenu. Aug. son train, sa maison, sa terre. Aug. le prix des denrées. La réflexion augmente les forces de l'esprit comme l'exercice augmente les forces du corps.* || Par ell., *Aug. ses domestiques, ses commis,* etc., sign. *Aug. leurs gages, leurs traitements. Ces ouvriers veulent qu'on les augmente. Vous allez être augmentés.* == AUGMENTER. v. n. Croître en quantité, en qualité, en intensité. *Sa fortune a augmenté du double cette année. Le froid va en augmentant. Ses forces augmentent.* || Hausser de prix. *Le sucre augmente. Le blé a augmenté dans toute l'Europe.* == S'AUGMENTER. v. pron. À la même signif. que le v. neutre. *Leurs richesses s'augmentent. Mon mal s'augmente.* == AUGMENTÉ, ÉE, part.

Syn. — *Croître.* — Une chose *croît* lorsque les parties semblables viennent successivement et pour ainsi dire imperceptiblement s'assimiler à elle. Elle *augmente*, ou de la même manière dont elle croît, ou par l'addition immédiate d'une certaine quantité de choses de même nature. *Aug.* a donc une signification plus générale que *croître*. Ainsi la fortune d'un négociant *croît* par les gains journaliers qu'il réalise dans son commerce, elle *augmente* par un héritage qui vient tout à coup la grossir. Voy. aussi AGRANDIR.

AUGSBOURG, v. de Bavière, célèbre par la diète qui s'y tint en 1530, lorsque les Luthériens présentèrent à Charles-Quint leur profession de foi dite *Confession d'Augsbourg*, et plus tard, en 1686, par la *Ligue d'Augsbourg*, ligue de presque toute l'Europe contre Louis XIV; 61,400 hab. Autrefois *Augusta Vindelicorum*.

AUGURAL, ALE. adj. T. d'Antiq. rom. Relatif aux augures, aux présages, ou qui appartient à l'augure. *La science augurale. Bâton augural. Les livres auguraux.* Voy. AUGURE.

AUGURAT. s. m. Collège des augures de Rome, leur doctrine.

AUGURE. s. m. (lat. *augur,* m. s. Peut-être de *augere,* augmenter, élever). Ministre de la religion chez les Romains.

Hist. — Dans l'antiquité romaine on donnait le nom d'*Augur* à un prêtre (*sacerdos*) qui prédisait l'avenir d'après l'observation du vol des oiseaux, de leur chant, de leur altitude, de l'appétit des poulets sacrés, et même des éclairs, du tonnerre, de l'état du ciel, etc.; ce terme, néanmoins, se prenait quelquefois dans une signification plus étendue.

L'origine de l'institution des augures se confond avec celle de Rome elle-même. Il y en eut d'abord trois, puis neuf. Sylla porta leur nombre à quinze. Les choses demeurèrent en cet état jusqu'au règne d'Auguste, qui, entre autres pouvoirs extraordinaires, se fit attribuer le droit d'élire des augures à volonté, qu'il y eût ou non des vacances dans leur collège; à dater de cette époque, leur nombre fut illimité.

Dans le principe, selon Denys d'Halicarnasse, les augures, comme les autres prêtres, étaient élus par les patriciens assemblés dans leurs curies (*Comitia curiata*). Or, comme aucune élection n'était valide sans la sanction des augures, le collège possédait virtuellement un droit de véto sur l'élection de tous ses membres. Aussi les augures obtinrent-ils bientôt le droit d'élire eux-mêmes leurs nouveaux collègues (*jus cooptationis*).

Cicéron, Aug. lui-même, parlent de la dignité d'aug. comme de l'une des charges les plus éminentes de l'État. En effet, les augures pouvaient non seulement empêcher les comices de voter, mais encore annuler une résolution déjà adoptée, si les auspices n'avaient pas été pris régulièrement. Avec ces deux mots *Alio die (à un autre jour)*, un seul aug. arrêtait toute délibération; et plus d'une fois on vit un décret du collège augural annuler une loi qui avait subi toutes les formalités requises. Sur d'anciennes médailles les augures sont représentés vêtus d'une longue robe qui leur couvre la tête, descend jusqu'aux pieds, et se rejette en arrière par-dessus l'épaule gauche. Leur main droite tient le *Lituus* ou *Bâton augural*, espèce de baguette recourbée et terminée par une crosse qui leur servait à encadrer un certain espace de ciel pour observer ce qui s'y passerait. (La Fig. 1 est le dessin

d'un très antique spécimen de sculpture étrusque qui représente un augure; Fig. 2 et 3, *Deniers* romains où l'on voit le bâton augural). La crosse des évêques pourrait bien avoir pour origine le bâton augural.

Les principales fonctions des augures consistaient à observer et à interpréter les signes surnaturels, à assister les magistrats et les généraux quand il fallait prendre les auspices, à conserver les traditions de la loi cérémonielle, et à donner leur avis sur les expiations exigées par les prodiges, ainsi que sur tout ce qui concernait les choses religieuses. Leur art déri-

vait de trois sources, savoir : les formules et les traditions du collège, les *Livres auguraux* (*Libri augurales*) qui subsistaient encore au temps de Sénèque, et les *Commentaires des augures* (*Commentarii augurum*), tels que ceux de Messala et d'Appius Clodius Pulcher.

Dans les premiers temps, les augures formaient par eux-mêmes un corps important dans l'État, avec lequel il fallait compter. Mais, pendant les guerres civiles, les augures devinrent véritablement une arme politique à l'usage de tous les partis. Cicéron, qui vivait à cette époque, déplore l'abandon et le déclin où était déjà tombé l'art augural. Son discrédit, du reste, alla toujours croissant. Enfin, le collège des augures fut supprimé par l'empereur Théodose vers la fin du IVe siècle de notre ère. Voy. AUSPICES.

All. hist. — « Deux augures ne peuvent se regarder sans rire. » C'est le vieux Caton qui a le premier lancé ce trait contre les augures, et Cicéron le répète dans son *Traité de la divination*. M. Gérôme a illustré ce souvenir en un tableau fort spirituel.

AUGURE. s. m. (lat. *augurium,* présage, de *augur,* augure, prêtre). Se dit de tout ce qui semble présager, pronostiquer quelque chose que ce soit. *Bon, mauvais aug. Cet événement est d'un bon aug. ou d'un bon aug. Ce changement a paru de bon aug. au médecin. J'en accepte l'aug.* (CORNEILLE.) || Fig. et fam., *C'est un oiseau de bon ou de mauvais aug.,* se dit d'un homme dont l'arrivée fait prévoir quelque bonne ou quelque fâcheuse nouvelle.

Syn. — *Présage.* — Le *présage* est la prévision d'une chose à venir, d'un événement futur; l'*aug.* est la prévision du bonheur ou du malheur procuré par cette chose ou par cet événement. Le premier s'applique uniquement à la réalité de ce qui est prévu; le second, au résultat bon ou fâcheux qu'il produira. Ainsi, on tire un *aug.* favorable ou sinistre, un *présage* certain ou incertain.

AUGURER. v. a. (R. *augure*). Tirer une conjecture, un présage de certaines observations que l'on a faites ou de certains signes que l'on a remarqués. *J'augure bien, j'augure mal de cette entreprise. Je n'en augure rien de bon.* == AUGURÉ, ÉE. part.

AUGUSTA, nom latin de plusieurs villes :
AUGUSTA ÆDUORUM ou AUGUSTODUNUM, Autun.
AUGUSTA ALLOBROGUM. Ancien nom latin de Genève.
AUGUSTA ASTURICA. Astorga.
AUGUSTA AUSCORUM. Auch.
AUGUSTA CÆSAREA. Saragosse.
AUGUSTA ou JULIA GADITANA. Cadix.
AUGUSTA NEMETUM. Spire.
AUGUSTA RAURACORUM. Augst.
AUGUSTA SUESSIONUM. Soissons.
AUGUSTA TAURINORUM. Turin.
AUGUSTA TREVIRORUM. Trèves.

Augusta Veromanduorum. Saint-Quentin.
Augusta Vindelicorum. Augsbourg.

AUGUSTAL, ALE. adj. T. Antiq. rom. Qui a rapport à Auguste, ou à un auguste, ou à un empereur.

AUGUSTE. adj. 2 g. (lat. *augustus*, m. s. Vient sans doute, comme *augure*, de *augere*, augmenter, élever, comme *augustus*, étroit, vient de *angere*, serrer). Grand, imposant, respectable, digne de vénération. *Cet aug. empereur. Cette tête aug. Ce temple aug. Cette aug. assemblée.*
Hist. — Le titre d'*Auguste* (*Augustus*) ayant été donné à Caïus Julius Cæsar Octavius, lorsqu'il succéda à Jules César, son père adoptif (A. 28 av. J.-C.), ce titre devint le nom sous lequel il fut habituellement désigné. Ses successeurs le portèrent également, de telle sorte que les termes d'Empereur et d'Aug. devinrent synonymes. Plus tard, les successeurs désignés de l'empereur ou les individus associés à l'empire reçurent d'abord le titre de *César* avant de recevoir celui d'*Auguste*. Les femmes et les filles des empereurs furent désignées sous le titre d'*Augusta*. Les Grecs traduisirent le terme d'*Aug.* par celui de *Sébaste* (Σεβαστός). Lorsque le siège de l'empire fut transféré à Constantinople, le titre d'Aug. parut insuffisant à l'exagération orientale, et l'on y ajouta les épithètes de *perpetuus* et de *perennis*, qui signifient : perpétuel. Cette qualification ridicule fut adoptée peu après le règne de Constantin le Grand. Le *perpetuus Augustus* fut ensuite transporté en Occident, et adopté par l'empereur d'Allemagne Othon II, vers 973. Depuis le règne de l'empereur Henri IV (1190), ce titre devint tout à fait officiel et inséparable de celui d'empereur d'Allemagne. On trouve encore ce titre, traduit en russe, sur quelques médailles du czar Pierre le Grand.
Histoire auguste. — On désigne sous ce nom une collection historique qui renferme les vies détachées ou les biographies des empereurs romains, depuis Adrien jusqu'à Dioclétien, c.-à-d. pendant une période de 160 ans. Les écrivains auxquels on attribue les diverses parties de cette collection sont : Ælianus Spartianus, Julius Capitolinus, Vulcatius Gallicanus, Ælius Lampridius, Trebellius Pollio et Flavius Vopiscus. Tous ces auteurs appartiennent au III° ou au IV° siècle de notre ère.

AUGUSTE, premier empereur romain, petit-neveu de Jules César, connu d'abord sous le nom d'Octave, naquit à Rome l'an 63 av. notre ère. Après le meurtre de César il brigua la succession du dictateur et se porta comme son vengeur et son exécuteur testamentaire, et quoique âgé de dix-huit ans seulement, sut contrebalancer l'ambition d'Antoine et s'attacher par la ruse les Romains les plus influents et l'armée. Grâce à Cicéron, il fit du Sénat son allié, se fit proclamer consul, puis forma le triumvirat avec Antoine et Lépide. Le dernier parti républicain fut vaincu dans la défaite de Brutus et Cassius (an 42), puis Antoine fut à la bataille d'Actium (31). Octave revint à Rome triomphant et le Sénat lui décerna le titre d'*Auguste*. Le titre d'*imperator* qui lui fut adjoint signifiait simplement qu'il commandait en chef les armées. Auguste gouverna le monde pendant 44 ans, à compter de la bataille d'Actium, et mourut dans un voyage (à Nola, dans la maison de son père), en l'an 14 de notre ère, âgé de 76 ans.
Auguste fut surtout un ambitieux égoïste qui sacrifia tout, absolument tout, à ses intérêts. Son siècle a été remarquable au point de vue littéraire : c'est le temps de Lucrèce, Virgile, Horace, Ovide.

AUGUSTE I, Électeur de Saxe, de 1553 à 1586.

AUGUSTE II, roi de Pologne (1670-1733), Électeur de Saxe, élu roi de Pologne après la mort de Sobieski (1697).

AUGUSTE III, Électeur de Saxe et roi de Pologne, fils du précédent (1696-1763).

AUGUSTIN (Saint), Père de l'Église latine (354-430), évêque d'Hippone (Afrique). Célèbre par ses écrits, parmi lesquels on doit signaler la *Cité de Dieu* et les *Confessions*.

AUGUSTIN (Saint), apôtre de la Grande-Bretagne (596). Premier évêque de Cantorbéry.

AUGUSTIN, INE. adj. T. Hist. relig. Se dit d'un certain nombre d'ordres religieux d'hommes ou de femmes qui sui-

vaient une règle dite de saint Augustin, parce qu'ils attribuaient la fondation de leur ordre à ce célèbre évêque d'Hippone. *Les Augustins se vouaient à la prédication chez les infidèles.*

AUGUSTINE. s. f. Sorte de chaufferette où une lampe à esprit-de-vin donne la chaleur.

AUGUSTINIEN. adj. et s. m. On nomme ainsi les théologiens qui font profession de suivre la doctrine de saint Augustin, sur les questions de la *grâce*, du *libre arbitre* et de la *prédestination*. Voy. Grâce, Prédestination, Liberté.

AUGUSTOBONA, ancien nom latin de Troyes.

AUGUSTODUNUM, ancien nom latin d'Autun.

AUGUSTULE (Romulus), dernier empereur d'Occident (475-476). Ce souverain éphémère, Romulus Augustus (qui fut surnommé *Augustule* par un diminutif dérisoire), réunissait ainsi dans son nom celui du fondateur de Rome et celui du fondateur de l'empire, singularité assez curieuse.

AUJOURD'HUI. adv. de temps. (R. *au-jour-de-hui*: du lat. *hodie*, aujourd'hui). Le jour où l'on est. *Il arrive auj. Il part dès auj. Ce sera pour auj. J'ai différé jusqu'à auj., ou jusqu'auj. à vous donner de mes nouvelles.* — Se prend subst. *Auj. passé, ils ne seront plus admis à faire leurs offres. Nous avons tout auj. pour cette affaire.* — D'*auj. en huit, en quinze,* Dans huit jours, dans quinze jours à partir du jour où l'on est. || A présent, au temps où nous sommes. *Cela se pratiquait autrefois, mais auj. on en use autrement. La mode d'auj. Les jeunes gens d'auj.* || *Auj.* s'emploie quelquefois par opp. à Hier ou à Demain pour désigner un intervalle de temps très court. *Auj. elle dit blanc, et demain elle dit noir. Ce qui fut bien hier peut-il être mal auj. ?*
Aujourd'hui sur le trône et demain dans la boue.
Corneille.
Dans le patois de la Haute-Marne, pour *auj.* on dit encore *hodieu.*

AULARQUE. s. m. (gr. αὐλή, cour; ἄρχειν, commander). T. Antiq. Prince de la cour.

AULASTOME. s. m. (gr. αὔλαξ, sillon; στόμα, bouche). T. Zool. Genre d'annélides. Voy. Sangsues et Hirudinées.

AULÉTRIDE. s. f. (gr. αὐλητρίς, ίδος, m. s.). T. Antiq. Joueuse de flûte.

AULIDE, petit pays de l'ancienne Grèce, cap. *Aulis*.

AULIQUE. s. f. (lat. *aula*, cour). Thèse que soutient un étudiant en théologie, lorsqu'on lui donne le bonnet de docteur. *Il a soutenu son aul.*

AULIQUE. adj. 2 g. (lat. *aula*, cour). S'emploie dans ces deux locutions : *Conseil aul., Conseiller aul.* — Dans l'ancien empire d'Allemagne, le *Conseil aul.* constituait une cour suprême qui jugeait en dernier ressort et sans appel les causes attribuées à l'empereur, et qui toutes étaient relatives au droit féodal. La partie qui se croyait lésée par un arrêt du conseil aul. pouvait s'adresser, par voie de *supplication*, à l'empereur lui-même. Ce conseil fut supprimé en 1806, lors de la fondation de la Confédération du Rhin par Napoléon. — Actuellement le titre d'*Aul.* est devenu une qualification générique, qui dans différents États germaniques s'applique aux principaux corps de l'ordre judiciaire, administratif et politique.

AULIS, port de l'anc. Béotie, en face de Chalcis en Eubée, où se réunit la flotte des Grecs ligués contre Troie.

AULNAIE ou **AUNAIE.** s. f. [Pr. *ône*]. Lieu planté d'aulnes.

AULNAY, ch.-l. de c. (Charente-Inférieure), arr. de Saint-Jean-d'Angély, 1,800 hab.

AULNE ou **AUNE.** s. m. [Pr. *ône*] (lat. *alnus*, m. s.). T. Bot. Genre d'arbres de la famille des *Cupulifères*. Voy. Aune.

AULNE, riv. de France, qui se jette dans la rade de Brest.

AULNOYE ou **AULNOY** (Comtesse d'), femme de lettres française, m. en 1705, célèbre par ses *Contes de fées*.

AULOFÉE. s. f. (R. *lof*). T. Mar. Mouvement de rotation accidentel d'un bâtiment pour approcher du lit du vent : c'est l'opposé de l'arrivée. *On arrête l'aul. en mettant plus ou moins la barre au vent.*

AULOPE. s. m. T. Icht. Section du genre *Saumon*. Voy. SALMONÈS.

AULOSTOME. s. m. (gr. αὐλός, flûte; στόμα, bouche). T. Icht. Les *Aulostomes* ou *Bouches en flûte* sont des

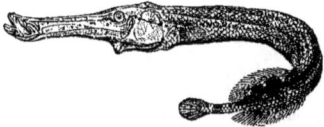

poissons *Acanthoptérygiens*, dont la bouche est située au bout d'un prolongement tubulaire de la face (Fig. *Aul. tacheté*).

AULT, ch.-l. de c. (Somme), arr. d'Abbeville, 1,487 hab. Port sur la Manche.

AULU-GELLE, grammairien latin (II⁰ siècle ap. J.-C.), auteur des *Nuits attiques*.

AULUS, village de l'Ariège, 1,060 hab. Eaux minérales, contenant du sulfate de chaux, du sulfate de magnésie et du sulfate de soude.

AUMAILLES. adj. f. pl. (lat. *animalia*, animaux). T. Coutume ancienne. Se disait du gros bétail, comme bœufs, vaches, taureaux. *Bêtes aumailles*.

AUMAIRE. Vieux mot synonyme d'*armoire*.

AUMALE. s. f. Tissu de laine cardée, analogue à l'anacoste et se fabriquant dans le dép. de l'Oise.

AUMALE, ch.-l. de c. de la Seine-Inférieure, arr. de Neufchâtel ; 2,200 hab. En 1592, combat contre les Espagnols, où Henri IV fut blessé. Érigé en comté au XI⁰ siècle par Guillaume le Conquérant et en duché en 1547 par Henri II, acheté par Louis XIV en 1675, passa ensuite à la maison d'Orléans. Le 4⁰ fils de Louis-Philippe, Henri d'Orléans, né en 1822, reçut le titre de duc d'Aumale.

AUMALE, ch.-l. de subdivision militaire de l'arr. d'Alger, à 111 kilom. d'Alger, 5,800 hab.

AUMALE (CHARLES DE LORRAINE, duc d'), un des chefs de la Ligue (1556-1631).

AUMÔNE. s. f. (gr. ἐλεημοσύνη, compassion, assistance). Ce qu'on donne aux pauvres par charité. *Au. de pain et de vin. Au. privée. Aumônes publiques. Faire, donner, demander l'au. Vivre d'aumônes. Être réduit à l'au. C'est une au. bien placée. — Il dérobe l'au. aux pauvres*, se dit d'un individu qui demande l'au. par pure fainéantise. || T. Jurisp. féod. *Terre tenue en franche au.*, Terre donnée à l'Église en toute franchise des droits qui appartenaient au seigneur sur les autres concessions féodales ou censières. || Autrefois on donnait encore le nom d'*Au.* à certaines peines pécuniaires, à certaines amendes qui profitaient aux hôpitaux et aux pauvres.

L'aumône a été recommandée par toutes les religions; mais c'est le christianisme qui a le plus contribué à en développer l'usage en en faisant un devoir impérieux : car la charité universelle est le premier précepte et la base même du christianisme à son origine. Voy. CHARITÉ. D'autre part, la nouvelle religion, toujours sous l'empire de cette inépuisable charité qui est son vrai caractère primitif, s'efforça de relever les malheureux de la déconsidération publique et de la honte qui pesait sur eux. Puis, les idées de renoncement et d'ascétisme se développant, l'état de pauvreté fut plus tant considéré comme agréable à Dieu. Mais le véritable pauvre ne peut vivre que d'aumône. Alors s'établirent les ordres mendiants, alors l'aumône devint une nécessité sociale. Aujourd'hui ces exagérations religieuses sont abandonnées : le paupérisme est considéré comme un mal social; l'homme qui vit de son travail est honoré, et celui qui ne vit que d'aumône, quand il pourrait faire autrement, est déconsidéré sans que pour cela les esprits droits affectent aucun sentiment méprisant pour celui qui tombe dans la misère sans l'avoir méritée. L'au. n'en reste pas moins un devoir sacré quand elle s'adresse à des infortunes accidentelles ou passagères; mais il faut avoir le courage de la reconnaître, l'au. habituelle donnée à tous les mendiants sans discernement est une faute économique et une calamité sociale. Elle n'a d'autre effet que d'entretenir une population de fainéants sans courage et sans pudeur au détriment des véritables pauvres, qui meurent de misère avant de toucher à cette pâture honteuse. La charité moderne doit se faire une idée plus haute de ses devoirs : il ne s'agit pas de répandre une maigre pluie de menue monnaie sur des dépenaillés sans aveu. Il faut réserver les ressources de l'aumône pour les infortunes dignes d'intérêt qu'on ne peut soulager autrement; mais celles-là généralement se cachent : il faut savoir les trouver. Puis il faut, et c'est là la grande tâche, la plus difficile et la plus haute, il faut s'efforcer de mettre chacun à même de subvenir à ses besoins par son travail. À l'au. qui avilit, il faut substituer le secours par le travail qui relève la dignité et le courage, en attendant que les améliorations sociales parviennent à déraciner cette plaie du paupérisme. Voy. CHARITÉ.

AUMÔNER. v. a. T. Jurisp. anc. Payer une somme aux hôpitaux ou aux pauvres, en vertu d'une condamnation judiciaire. *Au. cent écus aux pauvres.*=AUMÔNÉ, ÉE. part. *Cet homme a été aumôné*, Il a été condamné à payer une aumône.

AUMÔNERIE. s. f. Charge d'aumônier. || Se disait particulièrement dans les abbayes de certain bénéfice claustral affecté à la distribution des aumônes. *L'au. de Saint-Denis, de Saint-Germain des Prés.* || *La Grande Au. de France*, La charge de grand aumônier, l'hôtel qu'il habitait.

AUMÔNIER, IÈRE. adj. Qui fait souvent l'aumône. *Cette dame est fort aumônière.* Vx.

AUMÔNIER. s. m. Ecclésiastique dont la fonction ordinaire est de distribuer les aumônes des personnes auxquelles il est attaché, de leur dire la messe, de faire la prière du soir et du matin, etc. *Grand au. de France. Au. du roi, de la reine. L'au. du château.* || Prêtre attaché à un corps, à un établissement pour y remplir les fonctions ecclésiastiques. *L'au. d'un collège*, etc.

Législ. — Les aumôniers militaires ont été supprimés en 1880. Toutefois des ministres des différents cultes peuvent être attachés à certains rassemblements d'au moins 2,000 hommes. En cas de mobilisation, des ministres des différents cultes seront attachés aux armées, corps d'armée et divisions en campagne. Les aumôniers des écoles normales d'instituteurs et d'institutrices ont été supprimés en 1883. Les élèves ont toute facilité pour l'exercice de leur culte dans les églises et temples de la ville.

À Paris, les aumôniers des hôpitaux ont été supprimés en 1883. Les ministres de tous les cultes ont accès dans l'hôpital sur la demande des malades. Les hôpitaux de province ont encore des aumôniers. Il y a aussi des aumôniers dans les prisons et les lycées et collèges.

AUMÔNIÈRE. s. f. Bourse qu'on portait anciennement attachée à la ceinture et qui, originairement, renfermait l'argent destiné aux aumônes. || Sorte de ruche.

AUMONT, ch.-l. de c. (Lozère), arr. de Marvejols, 1,300 hab.

AUMONT (JEAN D'), maréchal de France (1522-1595). || ANTOINE D'AUMONT, petit-fils du précédent, maréchal de France (1601-1669). || LOUIS-MARIE-CÉLESTE, duc D'AUMONT, célèbre élégant de la Restauration qui inventa l'attelage *à la d'Aumont*.

AUMONT (A LA D'). loc. adv. Se dit d'un attelage composé de quatre chevaux attelés sans volée et conduit par deux postillons, qui fut mis à la mode à l'époque de la Restauration par le duc d'Aumont.

AUMUSSE. s. f. (all. *mütze*, bonnet). Sorte de bonnet garni de fourrure qui formait la coiffure habituelle du IXᵉ au XIVᵉ siècle. *Les rois de France portaient leur couronne par-dessus l'au.* || Sorte de pèlerine fourrée qui est la marque de la dignité des chanoines.

AUNAGE. s. m. Mesurage à l'aune. *Faire bon au.* || Nombre d'aunes que contient une pièce de drap, de toile, etc. *Vérifiez l'au. de cette pièce de velours.*

AUNAIE. s. f. Voy. AULNAIE.

AUNÂTRE. s. m. (R. *aune*). T. Bot. Genre intermédiaire entre les aunes et les bouleaux. Voy. CUPULIFÈRES.

AUNAY-SUR-ODON, ch.-l. de c. (Calvados), arr. de Vire, 1,900 hab.

AUNE. s. f. (lat. *ulna*, coude, coudée, ou plutôt bas lat. *alena*, avant-bras, qui vient du goth. *aleina*, m. s.). T. Métrol. Mesure ancienne qui avait 3 pieds 7 pouces 10 lignes 5/6 de longueur (1ᵐ,188). *Mesurer, vendre à l'au. Cette pièce a vingt aunes et demie. Une demi-au.* || Bâton de même longueur dont on se sert pour mesurer. || La chose mesurée. *Une au. de drap.* Voy. LONGUEUR. || Fig. et prov., *Les hommes ne se mesurent pas à l'au.*, Il ne faut pas juger de leur mérite par leur taille. — *Mesurer les autres à son au.*, Juger d'autrui par soi-même. — *Je sais ce qu'en vaut l'au.*, se dit d'une chose dont on a fait l'expérience à ses dépens. — *Tout du long de l'au.*, Beaucoup, excessivement. *On l'a battu, on lui en a donné tout du long de l'au.* Fam.

AUNE ou **AULNE**. s. m. (lat. *alnus*). T. Bot. (*Betula alnus*). Genre d'arbres de la famille des *Cupulifères.* Ces arbres ou arbrisseaux croissent généralement au bord des eaux, dans les lieux très humides et même dans l'eau, comme les aunes.

Le saule aime une eau vive, et l'aune une eau dormante.
DELILLE.

L'aune et le peuplier, amoureux des rivages,
Couronnent les ruisseaux de leurs pâles feuillages.
ROSSET.

On compte environ douze espèces d'aunes. L'aune commun est un arbre de 15 à 30 mètres. Pour ses caractères botaniques, voir CUPULIFÈRES.

AUNEAU. s. m. T. Agric. Arcure qu'on forme avec un sarment de vigne de l'année précédente pour lui faire produire plus de fruits.

AUNEAU, ch.-l. de c. (Eure-et-Loir), arr. de Chartres, 1,850 hab.

AUNÉE. s. f. (lat. *inula*). T. Bot. Genre de plantes amères et aromatiques de la famille des *Composées.* Voy. ce mot.

AUNER. v. a. (R. *aune*, mesure). Mesurer à l'aune. *Au. une pièce de drap, de toile.* || *Machine à auner,* Appareil muni d'un compteur servant à mesurer et à plier une pièce d'étoffe et indiquant sa longueur. = AUNÉ, ÉE. part.

AUNETTE (PETITE), s. f. Sorte de toile.

AUNEUIL, ch.-l. de c. (Oise), arr. de Beauvais, 1,400 hab.

AUNEUR. s. m. Se disait autrefois d'un officier chargé d'inspecter l'aunage. *Il y avait à Paris un corps de vingt-quatre jurés auneurs.*

AUNIS, anc. province de France (la plus petite), capitale *La Rochelle*, a formé une partie de la Charente-Inférieure et des Deux-Sèvres.

AUPARAVANT. adv. (R. *au, par, avant*). Qui marque priorité de temps. *Un mois, un an aup. Si vous voulez partir, dites-nous aup. ce qu'il faut faire.*

Obs. gram. — *Auparavant* étant un adverbe ne peut être suivi d'un complément. Ne dites pas : *auparavant la nuit,* mais *avant la nuit.*

AUPRÈS. adv. de lieu. (R. *au, près*). Marque le voisinage, la proximité. *Je ne puis voir cela si je ne suis au. Le village s'étend en amphithéâtre; tout au. coule une petite rivière.* ==AUPRÈS DE. prép. qui indique un rapport de proximité. *Sa maison est au. de la mienne. La rivière passe au. de cette ville.* — *Il ne peut être admis au. du roi, Il ne peut avoir audience.* || Fig., *Trouver protection au. de quelqu'un,* En être protégé. || *Au. de* sert à marquer l'espèce de proximité qui résulte de la présence habituelle, de la fréquentation, des assiduités, de la familiarité, du service domestique. *Cette jeune fille a toujours vécu au. de sa mère. Son ami est toujours au. de lui. Elle avait au. d'elle un médecin fort capable. L'ambassadeur de France au. de la cour de Madrid. J'ai été ce valet d'au. de mon fils.* || Fig., *Il est fort bien au. du ministre,* Il est fort bien dans l'esprit du ministre. *On cherche à me nuire au. de vous,* dans votre esprit. — On dit dans un sens anal., *Il s'est justifié au. de moi. Il a fait valoir au. du roi les services que vous avez rendus à l'État.* || En comparaison de, *La terre n'est qu'un point au. du reste de l'univers. Votre mal n'est rien au. du sien.*

Obs. gram. — *Auprès de* et *Près de,* considérés dans leur sens propre, expriment tous deux un rapport de proximité de lieu; mais le premier indique une proximité plus immédiate que le second. *Près de* sert encore à exprimer la proximité de temps, tandis qu'*auprès de* n'est pas usité dans ce cas. D'autre part, *auprès de* s'emploie, à l'exclusion de *près de,* en parlant de la présence habituelle et fréquente d'une personne auprès d'une autre. — *Auprès de* se dit encore dans le sens de *En comparaison de,* et *près de* ne saurait recevoir cette signification.

AUPS, ch.-l. de c. (Var), arr. de Draguignan, 2,000 hab.

AURA. s. f. (lat. *aura,* vent). T. Méd. Sensation particulière qui semble monter le long des membres dans les attaques d'*hystérie,* d'*épilepsie* et de *rage.* Voy. ces mots. || Autrefois, Émanation subtile de la semence qui, dans l'opinion des anciens, était nécessaire pour la fécondation (*Aura seminalis*). On sait aujourd'hui que le contact du sperme avec l'ovule se produit directement.

AURADE. s. f. (lat. *aureus,* d'or). T. Icht. Nom vulgaire du spare doré ou dorade. Voy. SPAROÏDES.

AURALITE. s. f. T. Minér. Minéral qu'on rencontre en Finlande, où il se présente en petites masses dont l'aspect rappelle la pyrargilite d'Albo. C'est une altération de la *Cordiérite.* Voy. ce mot.

AURAMINE. s. f. (lat. *aurum,* or). T. Chim. Matière colorante jaune dérivée de la *Benzophénone.* Voy. ce mot. Les auramines servent à teindre les tissus en nuances jaunes résistant à la lumière et au savon.

AURANTIACÉES. s. f. pl. (lat. *aurantium,* oranger). Tribu de végétaux de la famille des *Rutacées,* qu'on désigne aussi sous le nom de *Citrées.* Voy. RUTACÉES.

AURANTIAMARINE. s. f. (R. *aurantiacées*). T. Chim. Glucoside amer, non cristallisable, très soluble dans l'eau, contenu dans l'écorce d'oranges amères, où il accompagne son isomère, l'hespéridine.

AURANTIAMARIQUE. adj. 2 g. (R. *aurantiacées*). T. Chim. *L'acide aur.* C¹⁰H¹²O⁴ est un composé résineux, non cristallisable, insoluble dans l'eau froide, soluble dans l'eau bouillante; on l'extrait de l'écorce d'oranges amères.

AURATE. s. m. (lat. *aurum,* or). T. Chim. Nom des sels résultant de la combinaison du peroxyde d'or ou *acide aurique* avec une base salifiable. Voy. OR. || Hortic. Poire d'été, ainsi nommée à cause de sa couleur d'or.

AURAY, ch.-l. de c. (Morbihan), arr. de Lorient, 6,200 hab. Duguesclin y fut fait prisonnier en 1634 par Jean de Montfort. — Chapelle dédiée à sainte Anne, où chaque année des milliers de Bretons viennent en pèlerinage pour le pardon.

AURE. s. m. Vent, souffle léger.

AUREA MEDIOCRITAS. Mots latins qui signifient, Médiocrité dorée, synonyme, dans le texte d'Horace (Ode vii, liv. II), d'aisance tranquille et dépourvue d'ambition.

AUREILLON. s. m. T. Techn. Partie du métier servant à fabriquer les étoffes de soie.

AURÉLIEN, empereur romain, né vers l'an 212, empereur de 270 à 275, mort assassiné.

AURÉLIÈRE. s. f. (de *oreille*). T. Entom. Un des noms vulgaires du perce-oreille.

AURÉLIUS (Victor), historien latin (IVe siècle après J.-C.), auteur de biographies des empereurs romains.

AURENG-ZEB, empereur du Mogol (1619-1707).

AURÉOLAIRE. adj. (de *auréole*). T. Didact. Qui imite une auréole.

AURÉOLE. s. f. (lat. *aureolus*, de couleur d'or). Cercle lumineux dont les peintres entourent la tête des saints. || Fig., Le degré de gloire qui distingue les saints dans le ciel. L'*aur. des martyrs*. L'*aur. des vierges*. || Fig., L'*aur. de gloire et de vertu dont il est entouré*. || T. Phys., *Aur. accidentelle*, Coloration qui apparaît habituellement autour des objets vivement éclairés sur lesquels on fixe les yeux. || *Aur. du soleil*, lumière qui apparaît autour du soleil pendant les éclipses totales, et qu'on nomme plus souvent la *Couronne*. Voy. ce mot, et Soleil. || *Aur. des aéronautes*, Cercle lumineux qui entoure l'ombre du ballon sur les nuages ou sur les prairies. Voy. Anthélie.

AURÉUS. s. m. (mot lat. sign., Qui est en or). Anc. monnaie d'or romaine dont la valeur a varié de 4 francs à 20 francs.

AURIAC (Eugène d'), écrivain français (1813-1889).

AURICHALCITE. s. f. (lat. *aurum*, or; gr. χαλκὸς, cuivre). T. Minér. Carbonate hydraté de cuivre et de zinc, en cristaux aciculaires, translucides, d'un vert clair et d'un éclat nacré.

AURICUIVRE. s. m. (lat. *aurum*, or, et *cuivre*). Alliage métallique imitant l'or.

AURICULAIRE. adj. 2 g. (lat. *auricula*, dimin. de *auris*, oreille). Qui appartient à l'oreille. *Conduit, nerf, artère aur. Muscles auriculaires*. — *Plumes auriculaires*, Celles qui garnissent les oreilles des oiseaux. || *Doigt aur.*, Le petit doigt. S'emploie subst. l'*Auriculaire*. || *Témoin aur.*, Témoin qui a entendu le propos ou le récit dont il témoigne. Voy. Témoin. || *Confession aur.*, Confession qui se fait à voix basse à l'oreille du prêtre. Voy. Pénitence. || En T. Zool., l'adj. *aur.* est employé comme dénomination caractéristique de plusieurs animaux. *Vautour aur. Forficule aur.* Limnée *aur.*

AURICULE. s. f. (lat. *auricula*, petite oreille). T. Ornith. On nomme ainsi les crêtes dont les pennes les plus élevées sont placées au vertex, comme chez plusieurs espèces de chouettes. || T. Bot. Appendices latéraux et arrondis en forme d'oreille qui se trouvent à la base de certaines feuilles, comme dans la *Sauge officinale*. — *Aur.* ou *Oreille d'ours*, espèce de primevère. Voy. Primulacées. || T. Zool. Nom d'un genre de mollusques. Voy. Auriculidés et Pulmonés.

AURICULÉ, ÉE. adj. Hist. nat. Qui est muni d'auricules ou oreillettes. Bot., Entom. et Conchyl.

AURICULIDES. s. m. pl. (lat. *auricula*, petite oreille). T. Zool. et Paléont. Famille de mollusques : la coquille est épaisse, épidermée, à spire courte dont le dernier tour est très grand, le bord de la columelle est couvert de plis ; le labre est généralement dentelé en dedans. C'est surtout dans les eaux saumâtres qu'on les rencontre, près de la mer ou des lieux humides. Si l'on connaît près de deux cents espèces vivantes, les espèces fossiles ne sont pas très nombreuses ; elles ont apparu dans les terrains crétacés et on les rencontre dans les terrains marins ou d'eau douce. Nous citerons les

genres : *Auricula* qui est actuel (tropical), jurassique, crétacé, tertiaire ; *Carychium*, vivant en Europe, en Amérique, aux Indes, et fossile dans le jurassique supérieur et dans le tertiaire ; et le genre *Polyodonta*, qui est vivant et tertiaire. Voy. Pulmonés

AURICULO-VENTRICULAIRE. adj. T. Anat. On appelle orifices *auric.-ventriculaires* ceux qui établissent la communication entre les oreillettes et les ventricules du cœur.

AURIÈRE. s. f. T. Agric. Fausse orthographe pour Orière.

AURIFÈRE. adj. 2 g. (lat. *aurum*, or; *fero*, je porte). T. Minér. Se dit des terrains qui contiennent de l'or, et des cours d'eau qui charrient des parcelles du même métal.

AURIFICATION. s. f. (de *aurifique*). T. Chirur. Opération consistant à obturer des dents creuses avec des feuilles d'or

AURIFIER. v. a. Pratiquer l'aurification

AURIFIQUE. adj. (lat. *aurum*, or; *facere*, faire). Qui a la puissance de produire de l'or, ou de changer quelque chose en or.

AURIFORME. adj. 2 g. (lat. *auris*, oreille; *forma*, forme). T. Hist. nat. Qui a la forme d'une oreille.

AURIGA. Nom latin de la constellation du Cocher. On donne quelquefois le nom d'*Aurigides* aux étoiles filantes qui paraissent émaner de la constellation du Cocher.

AURIGNAC, ch.-l. de c. (Haute-Garonne), arr. de Saint-Gaudens, 1,300 hab

AURIGNY, île de la Manche, sur la côte de France, 3,003 hab. À l'Angleterre.

AURILLAC, ch.-l. du dép. du Cantal, à 554 kilom. de Paris, 15,800 hab. Patrie du célèbre Gerbert (le pape Silvestre II).

AURILLARD. adj. Voy. Oreillard.

AURINE. s. f. (lat. *aurum*, or). T. Chim. Substance d'un rouge orangé qui existe dans la coralline du commerce. Voy. Coralline.

AURIOL. s. m. (lat. *aureolus*, de couleur d'or). T. Ornith. Nom vulgaire du loriot commun.

AURIPEAU. s. m. Voy. Oripeau.

AURIQUE. adj. f. (lat. *auris*, oreille). T. Mar. Se dit des voiles qui ont la forme d'un trapèze. Voy. Voile.

AURIQUE. adj. 2 g. (lat. *aurum*, or). T. Chim. Se dit du second oxyde d'or et des sels qu'il forme. Voy. Or.

AURI SACRA FAMES. Mots latins qui signifient, Exécrable faim de l'or (Virgile, *Énéide*, III, 57.) En français le mot *soif* a remplacé le mot *faim*.

AURISCALPE. s. m. (lat. *auriscalpium*, de *auris*, oreille, et *sculpere*, gratter). Cure-oreille.

AUROCHS. s. m. (all. *auerochs*, composé de *auer*, qui est le latin *urus*, ou de *auer*, plaine, bruyère, et *ochs*, bœuf). T. Mamm. Grand mammifère de l'ordre des *Ruminants*; un des noms vulgaires du bœuf Urus, qui est un bœuf des bruyères. Voy. Bison.

AUROFERRIFÈRE. adj. 2 g. T. Minér. Contenant de l'or et du fer

AURON, rivière de France, affluent du Cher, passe à Bourges.

AURONE. s. f. (lat. *abrotonum*, m. s.). T. Bot. Nom vulgaire d'une espèce d'armoise appelée aussi *Citronnelle*. C'est l'*Artemisia Abrotanum*, de la famille des *Composées*. Voy. ce mot.

AUROPHILE. s. f. (lat. *aurum*, or, et gr. φιλέω, j'aime).

60

T. Techn Liquide contenant du cyanure de potassium et servant à rafraîchir les vieilles dorures.

AUROPLOMBIFÈRE. adj. 2 g. T. Minér. Contenant du plomb et de l'or.

AUROPOUDRE. s. f. T. Minér. Alliage naturel d'or, de palladium et d'argent qu'on trouve au Brésil sous la forme de petits grains cristallins.

AURORAL, ALE. adj. Qui appartient à l'aurore.

AURORE. s. f. (lat. *aurora*, m. s.). Crépuscule du matin; lumière que l'on aperçoit dans l'atmosphère quelque temps avant que le soleil paraisse sur l'horizon. *Lever de l'au. L'éclat de l'au. L'au. commençait à paraître.* Voy. Crépuscule. || *Fig. C'est l'au. d'un beau jour,* se dit d'un incident heureux qui annonce un plus grand bonheur. — *Fig.,* Commencement de certaines choses. *L'au. de la vie. L'au. d'un beau règne.* — *Une beauté dans son au.,* Une belle personne très jeune. || S'emploie quelquefois en poésie pour désigner le levant, les pays qui sont à l'orient de nous. *Du couchant à l'au. Les climats de l'au.* || *Couleur d'au.,* Espèce de jaune doré. *Satin couleur d'au.,* et par abrév., *Satin au. Ruban au.* || Les poètes, à l'imitation des anciens, personnifient souvent l'Aurore. *L'Aurore aux doigts de rose.* (Homère.)

L'Aurore au teint vermeil
Annonce à l'univers le retour du Soleil.
Segrais.

AURORE BORÉALE. s. f. Phénomène lumineux qui apparaît en général dans la partie septentrionale du ciel, et dont la lumière présente une certaine analogie avec celle de l'aube ou du crépuscule. De là le nom d'*au.* et l'épithète spécifique de *boréale* qu'on lui a donnée; mais il serait mieux nommé *au. polaire,* attendu qu'il se manifeste vers les deux pôles. Ce phénomène devrait donc être appelé *au. boréale* lorsqu'il se montre au pôle nord, et *au. australe* lorsqu'il apparaît vers le pôle austral.

Les apparences et les formes que revêt le phénomène de l'au. boréale, sont très variées. Le plus souvent elle paraît naître d'une espèce de nuage ou de vapeur brumeuse qui s'élève à quelques degrés seulement au-dessus de l'horizon, et qui, du nord, s'étend à l'est et à l'ouest en décrivant une sorte d'arc dont la longueur dépasse parfois 100 degrés, dont la concavité générale est tournée vers la terre, et dont le sommet se trouve sensiblement dans le méridien magnétique. Le bord supérieur du nuage est blanchâtre et lumineux, et la partie inférieure souvent sombre et obscure; quelquefois pourtant, entre celle-ci et l'horizon, la clarté du ciel se laisse apercevoir. De la partie supérieure du nuage on voit partir des courants lumineux en forme de colonnes, qui tantôt s'élèvent à quelques degrés seulement, et tantôt atteignent et même dépassent le zénith. Dans quelques cas, l'hémisphère boréal est tout entier couvert du météore; mais c'est au nord, vers la partie centrale du météore, que l'éclat de la lumière offre le plus de vivacité et d'intensité. Les courants lumineux ont, en général, un mouvement tremblotant, et, quand ils sont très rapprochés les uns des autres, ils présentent l'aspect de vagues ou de nappes de lumière qui se succèdent avec rapidité, ou bien encore de draperies étincelantes qui paraissent agitées par le vent. Lorsque plusieurs colonnes, parties de différents points, se rencontrent au zénith, il se produit un petit météore dont l'éclat est plus intense que celui des colonnes séparées. Quelquefois il se forme plusieurs météores de ce genre qui présentent, jusqu'à un certain point, l'aspect d'une couronne. Enfin, l'éclat de ce spectacle merveilleux diminue; le mouvement cesse; la partie lumineuse se resserre et se concentre, et le météore s'affaiblit peu à peu jusqu'à ce qu'il disparaisse; d'autres fois il s'éteint subitement. On trouvera ici deux types d'aurores boréales: le type de la Fig. 1, qui est le plus fréquent, a été observé notamment à Évreux, le 27 septembre 1731, et le type de la Fig. 2 a été dessiné par Bravais à Bosekop, en Laponie, le 21 janvier 1839.

Les aurores boréales se montrent quelquefois teintées des diverses couleurs du prisme, parmi lesquelles dominent l'orangé et le vert, mais plus fréquemment les différentes nuances du rouge. Maupertuis décrit une au. boréale observée par lui en Laponie, pendant laquelle une grande partie du ciel du côté du sud se montra colorée d'un rouge si vif que toute la constellation d'Orion semblait noyée dans le sang.

Fig. 1.

Le phénomène de l'au. boréale dure souvent plusieurs heures; quelquefois il se prolonge pendant toute la nuit et même durant plusieurs nuits consécutives. Il commence en général deux ou trois heures au plus tard après le coucher du soleil.

Dans certains cas, les aurores boréales sont visibles sur une étendue immense et à des distances considérables du pôle. La même au., par ex., a été aperçue à la fois à Moscou, à Varsovie, à Rome et à Cadix. Sous le climat de Paris, ce phénomène se présente le plus souvent à l'approche des froids rigoureux, sous forme de longs jets d'une lumière rougeâtre, assez semblables aux flammes d'un incendie pour produire une complète illusion. L'au. boréale s'accompagne de bruits particuliers et de nature variée. Ce bruit a souvent été nié; une enquête ouverte par Tromholt a fourni 92 affirmations et 22 négations. Le fait est donc hors de doute.

Le phénomène de l'au. boréale était connu dans l'antiquité. Aristote le décrit avec assez d'exactitude dans son livre des Météores ; Cicéron, Lucain, Sénèque et Pline y font allusion. Il faut donc qu'il ait été observé maintes fois sous le climat, pourtant très méridional, de la Grèce et de l'Italie. Les descriptions d'armées combattant dans les airs et d'autres prodiges semblables, qui se trouvent dans les écrivains du moyen âge, doivent certainement leur origine à l'aspect merveilleux et fantastique que présente parfois l'au. boréale. Le *Traité de l'aurore boréale*, par Mairan, donne le catalogue de toutes les aurores observées et mentionnées par les auteurs avant 1754. Depuis 1820, elles sont devenues extrêmement communes, sans doute parce qu'elles sont mieux observées, à ce point que Bravais, pendant son séjour hivernal à Bosekop, en a compté 153 dans l'espace de 218 jours. Les *aurores australes* sont peut-être moins fréquentes que les aurores boréales; quoi qu'il en soit, les occasions de les observer sont beaucoup plus rares.

Les observations modernes ont permis de compléter les caractères que présente l'au. boréale. D'abord le phénomène a le plus souvent son siège dans les parties inférieures de l'atmosphère et ne dépasse pas la zone des nuages. On a observé des aurores à 200, 100 et même 50 mètres d'altitude. Cependant d'autres fois le météore se produit dans des régions beaucoup plus élevées. Ainsi d'après Fœryel, la grande aurore de 1870 aurait eu une altitude de 160 à 200 kilomètres à la base des rayons. Les sommets des rayons se seraient élevés jusqu'à plus de 500 kilomètres. La production de l'au. paraît liée à l'état de l'atmosphère, et toutes les fois que l'*au.* se produit, l'air est chargé de *cirrho-stratus*, nuages constitués par des aiguilles de glace. Le spectroscope montre dans le spectre des lueurs aurorales une raie caractéristique jaune verdâtre. Les aurores présentent un maximum de fréquence aux équinoxes. Leur fréquence présente aussi une période undécennale qui coïncide avec celle de la fréquence des taches solaires. Arago avait déjà remarqué que les belles aurores coïncident toujours avec ces perturbations de l'aiguille aimantée qui ont été nommées depuis *orages magnétiques*. Enfin on a reconnu dans ces derniers temps que les grandes aurores observées jusque dans les latitudes moyennes et les orages magnétiques se produisent quand la surface solaire présente de grandes taches, ce qui achève de mettre hors de doute la relation encore inexpliquée qui *rattache les aurores boréales et le magnétisme terrestre à l'activité de la surface solaire*. Cependant les aurores observées dans le voisinage du pôle ne paraissent manifester aucune relation avec les perturbations de l'aiguille aimantée.

Toutes ces observations s'accordent pour assigner aux aurores une origine électrique. Il est certain que le magnétisme terrestre et les aurores se rattachent à une cause commune. Une explication assez naturelle de ces phénomènes lumineux a été donnée par le physicien suisse de la Rive : on sait que la Terre est électrisée négativement, que le potentiel croît à mesure qu'on s'élève, et que les régions supérieures de l'atmosphère sont électrisées positivement. Cette

différence de potentiel qui paraît due surtout à l'évaporation de l'eau est surtout prononcée dans les régions tropicales. Dans les régions polaires où l'air froid et humide est plus conducteur, les fluides électriques se recomposent lentement et cet effluve électrique donne lieu à la lumière des aurores. Les observations de Nordenskiöld en Sibérie paraissent confirmer cette théorie. Ce savant explorateur a déduit de s s travaux qu'il existe autour du pôle magnétique, au-dessous de l'horizon, une zone lumineuse permanente dont le plan est p. rpendiculaire à la verticale de ce pôle. Cette zone est invisible au pôle magnétique parce qu'elle est au-dessous de l'horizon; il en est de même, pour la même raison, dans les régions situées trop au sud. Dans certaines circonstances cette zone se dédouble et les deux parties en sont r liées par des rayons lumineux qui constituent les grandes aurores visibles au loin. Ajoutons que M. de la Rive est parvenu à produire expérimentalement des décharges lentes d'électricité qui rappellent l'apparence des aurores et que M. Lemström a vu, en recouvrant une grande surface d'un réseau métallique armé de pointes métalliques, se produire au-dessus de ces pointes des lueurs d'un blanc jaunâtre où le spectroscope a retrouvé la raie vert jaunâtre caractéristique de la lumière aurorale.

Une autre théorie bien plus complète, et qui, d'ailleurs, précise, sans la contredire, la théorie précédente, est celle de M. Edlund, qui rattache les aurores au phénomène de l'*induction polaire* découvert par M. Weber. Ce phénomène consiste dans la production de courants qui prennent naissance dans un manchon métallique enveloppant un aimant, quand on fait tourner le manchon autour de l'aimant, soit que celui-ci reste immobile, soit qu'il participe lui-même au mouvement de rotation. La Terre peut être assimilée à un pareil manchon contenant à son intérieur un aimant à deux pôles. L'action des courants ainsi produits par la rotation de la Terre consiste à repousser l'électricité terrestre dans les hautes régions de l'atmosphère et à l'entraîner vers les pôles, où elle acquiert une tension suffisante pour pouvoir rejoindre la Terre sous forme de décharges lentes suivant la direction de l'aiguille d'inclinaison. Cette théorie explique d'une manière remarquable les phénomènes qui accompagnent les aurores habituelles des régions polaires, lesquelles, sauf de rares

Fig. 2.

exceptions, n'agissent pas sur les boussoles; mais elle réussit moins bien pour les aurores immenses qui s'étendent dans les deux hémisphères sur plus des deux tiers de la surface du globe. Il semble qu'on confond sous le nom d'aurores deux phénomènes différents et que les grandes aurores, généralement accompagnées de perturbations magnétiques, n'ont pas la même origine que les autres et doivent être attribuées aux courants terrestres.

Le nombre des aurores boréales s'accroît jusqu'à une zone boréale assez éloignée du pôle, comme le montre la Fig. 3,

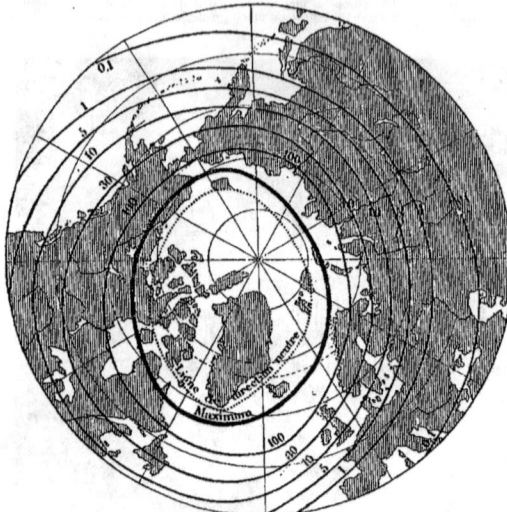

Fig. 3.

tracée d'après la statistique de ces phénomènes de 1700 à 1872. La ligne marquée 100, par exemple, sur ce diagramme, montre qu'il y a cent fois plus d'aurores boréales le long de cette ligne, qui passe au nord de l'Écosse, que le long de la ligne 1, qui passe par la France. La zone maximum est marquée par la ligne noire.

Bibliogr. — De Mairan, *Traité de l'Aurore boréale*, 1733; — Bravais, Lottin, Lilliehook et Siljestroem, *Aurores boréales*, dans la collection des voyages de la *Recherche*, 1838, 1839; — Hermann Fritz, *Das Polarlicht*, Zurich, 1884; Lemstroem, *l'Aurore boréale*, Paris, 1886; — *l'Astronomie*, revue mensuelle, t. V, 1886.

AURORE, en grec Ἠώς (Éôs), divinité grecque, avant-courrière du Soleil, fille du Titan Hypérion et de la Terre, épousa un mortel, Tithon. (Mythol.).

AUROTELLURITE. s. f. (lat. *aurum*, or, et *tellure*). T. Minér. Tellurure massif d'or, appelé aussi or graphique.

AURURE. s. m. (lat. *aurum*, or) T. Chim. Alliage de l'or avec un autre métal. *Aurure d'argent.*

AUSCIENS, AUSCI ou AUSQUES, ancien peuple de la Gaule, dont la capitale était Ausci, auj. Auch.

AUSCULTATEUR. s. m. T. Méd. Celui qui pratique l'auscultation.

AUSCULTATION. s. f. (lat. *auscultatio*, action d'écouter). T. Physiol. et Méd. Les sons de diverse nature qui se produisent à l'intérieur de certains organes, soit à l'état normal, soit à l'état morbide, fournissent à l'art de guérir les plus précieuses indications; l'étude des bruits et de leur corrélation avec les symptômes des maladies a reçu le nom d'*Auscultation*. Bien que mentionnée très clairement dans un passage d'Hippocrate, l'aus. était restée complètement oubliée pendant vingt-trois siècles, lorsque Laënnec, vers 1816, l'imagina de nouveau, et créa ainsi un admirable procédé diagnostique, qui mérite d'être signalé comme l'un des plus grands progrès de l'art médical. Améliorée et perfectionnée en un certain nombre de points par les travaux des professeurs Andral, Bouillaud, Barth, etc., l'aus. est aujourd'hui pratiquée par les médecins de toute l'Europe. — L'aus. peut être *directe* ou *immédiate*, et *indirecte* ou *médiate*; elle est *directe*, quand le médecin applique son oreille sur la partie qu'il veut explorer; elle est *indirecte* quand, au lieu d'appliquer l'oreille sur cette partie, il se sert de l'instrument appelé *Stéthoscope*. Cet instrument, dont l'invention est due à Laënnec, consiste en un tube de bois d'un petit diamètre et long d'environ 15 centim. qui remplit la fonction de conducteur du son. De ses deux bouts, l'un, le plus évasé, appuie sur la peau; l'autre se termine par un disque d'ivoire sur lequel le médecin applique l'oreille. Quoique, dans certaines circonstances, l'aus. indirecte offre quelques avantages, l'aus. directe est de beaucoup la plus usitée. Aussi, le terme de *Stéthoscopie*, qui s'emploie quelquefois comme synonyme d'aus., nous paraît-il tout à fait défectueux.

La connaissance exacte des *bruits normaux*, c.-à-d. de ceux qui se produisent dans certains organes à l'état de santé, est le point de départ de l'aus.: car ces bruits servent de points de comparaison pour l'appréciation des *bruits anormaux;* mais il faut les étudier à la fois sous les rapports de l'intensité, du rythme et du caractère, toute modification de leur état habituel révélant une modification correspondante dans les organes.

Aus. de la respiration. — Si, dans l'état physiologique, on applique l'oreille sur la poitrine d'un homme qui respire, on entend un léger murmure, doux et moelleux à l'oreille; c'est le *bruit respiratoire naturel* ou *murmure vésiculaire*. Il se compose de deux bruits distincts, celui de l'*inspiration* qui est plus intense et plus prolongé, et celui de l'*expiration*. Lorsque la respiration est ample et rapide, le murmure vésiculaire est plus bruyant; il augmente aussi en force chez les enfants (*respiration puérile*), et diminue au contraire chez les vieillards. Normalement il est plus intense vers la racine des bronches (*respiration bronchique normale*). La respiration forte, la respiration *faible* et la respiration *nulle* (cette dernière expression signifie simplement que le médecin n'entend absolument rien), sont des signes diagnostiques importants, surtout le dernier. — Nous en dirons autant des altérations du rythme respiratoire, c.-à-d. de la respiration *rare, fréquente, saccadée, courte* et *longue.* L'*expiration prolongée* est un signe des plus précieux. La respiration *rude* et la *sèche* se définissent d'elles-mêmes. La *respiration bronchique*, appelée aussi *souffle tubaire*, s'imite très bien en aspirant et en soufflant dans un rouleau de papier; la respiration *caverneuse* ressemble au bruit qu'on détermine en soufflant dans un espace creux; la respiration *amphorique* est un bruit retentissant, à timbre métallique, qu'on reproduit aisément en soufflant dans une bouteille de verre à goulot étroit et à parois résonnantes. — Les *bruits anormaux* de la respiration ont reçu, dans le langage médical, les noms de *Râles* ou de *Rhonchus*. On les distingue en *secs* et en *humides*. Les râles secs, appelés aussi *râles sonores*, sont caractérisés par leur timbre musical; tantôt le râle consiste en un sifflement plus ou moins aigu (*râle sibilant*), tantôt il ressemble au son que rend sous le doigt une corde de basse (*râle ronflant*). Les râles humides comprennent le râle *crépitant*, le *sous-crépitant* et le *caverneux*. Le premier donne la sensation d'une crépitation semblable au bruit que produit du sel soumis dans une bassine à une chaleur douce; le second se compare au bruit que l'on détermine en soufflant avec un chalumeau dans de l'eau de savon. Le troisième est nommé aussi *gargouillement*, et ce dernier terme dit assez le caractère que lui est propre; il est toujours mêlé de respiration caverneuse. — Le *tintement métallique* est exactement semblable au bruit que rend une coupe de métal ou de verre, quand on la frappe légèrement avec une épingle. Il accompagne, dans certains cas, la respiration et la voix; mais il se manifeste mieux pendant la toux. On a signalé encore des bruits de *craquement*, de *claquement*, de *froissement*, etc. — Le bruit appelé *frottement pleurétique* est assez analogue au froissement d'un parchemin sec; tantôt il est assez doux (*frôlement*), tantôt il est dur (*raclement*), et assez intense pour être perçu par la main appliquée sur le thorax. La *toux*, observée par l'aus. médiate ou immédiate, fournit aussi des caractères diagnostiques utiles dans les affections de poitrine ; nous en parlerons au mot Toux.

Aus. de la voix. — Lorsqu'on ausculte un individu, tandis qu'il parle, on perçoit une résonance éclatante qui frappe l'oreille avec force. Ce *retentissement naturel de la voix* peut s'exagérer plus ou moins, ou se modifier dans son caractère. Quand l'exagération est médiocre, on lui donne le nom de *Bronchophonie légère* ; à un degré plus élevé, le retentissement devient la *Bronchophonie vraie* ou *Voix bronchique*. Lorsque la voix prend un timbre aigre, tremblotant et saccadé, on la nomme *Voix chevrotante*, *Ægophonie* ou *Égophonie*, à cause de sa ressemblance avec le bêlement de la chèvre. On dirait parfois que le malade parle avec un jeton entre les dents (*voix de polichinelle*). Dans la *Voix caverneuse* ou *Pectoriloquie*, il semble que les vibrations vocales sont concentrées dans un espace creux, dont les parois renvoient à l'oreille les sons plus ou moins distinctement articulés. Quand le malade chuchote à voix basse et que celui qui ausculte perçoit les mots chuchotés comme s'ils étaient prononcés à voix assez forte à son oreille, on dit qu'il y a *pectoriloquie aphone*. La *Voix amphorique* se caractérise par une résonance semblable au bourdonnement creux et métallique que l'on obtient en parlant à travers le goulot d'une cruche aux trois quarts vide. Enfin, si la voix du malade est trop faible pour retentir dans la poitrine, le médecin peut recourir à l'*Autophonie*, et étudier les modifications que subit la résonance de sa propre voix, lorsqu'il parle la tête appliquée sur la poitrine du malade.

Aus. de l'appareil circulatoire. — Elle se pratique sur le cœur et sur les artères. — La théorie des bruits normaux de l'organe central de la circulation étant donnée au mot Cœur, nous ne l'exposerons pas ici. Toute modification de ces bruits normaux, quant à leur déplacement relatif, quant à leur faiblesse et à leur force ou à leur intensité, quant à leur rythme (ce qui comprend leur fréquence, leur régularité, leur ordre de succession et leur nombre), quant à leur timbre, qui peut être plus sourd ou plus clair qu'à l'ordinaire, qui peut être rauque et étouffé, ou sec, dur, parcheminé, et même métallique, fournit des indications précieuses et en général fort exactes pour le diagnostic des maladies du cœur. Il en est de même des *bruits anormaux* de cet organe, c.-à-d. des bruits dont il n'existe aucune trace à l'état physiologique. On divise ceux-ci en *bruits de souffle*, qui se produisent dans les cavités cardiaques, et en *bruits de frottement* qui se forment au dehors de l'organe, dans le péricarde. Parmi les premiers, on distingue le bruit de *soufflet* ou de *souffle proprement dit*, les bruits de *râpe*, de *lime* et de *scie*, et les *bruits musicaux*, tels que le *sifflement*, le *piaulement* et le *roucoulement* ; les noms mêmes de ces bruits indiquent assez le caractère de chacun d'eux. Les bruits de *frottement* reçoivent, d'après leur nature, les noms de *frôlement*, *frottement dur*, *bruit de cuir neuf* et de *raclement*. — Le bruit normal d'une grosse artère, de la crurale, par ex., observé sur un individu adulte bien portant, consiste en un petit murmure, peu sonore, presque mat, et isochrone à la pulsation du vaisseau. Dans l'état pathologique ce bruit se transforme en un souffle unique et intermittent (*souffle à un seul courant*), ou continu (*souffle à double courant*, *double souffle intermittent crural*), qui prend assez souvent un caractère particulier : on l'appelle alors *bruit de diable*, à cause de son analogie avec le bruit que produit le jouet d'enfant qui porte ce nom. D'autres fois, on entend des *bruits musicaux* diversement modulés, appelés par Bouillaud *Chant des artères*. Ces derniers, ainsi que le bruit de souffle continu et le bruit de diable, s'observent surtout en auscultant la carotide droite, chez les individus affectés de chlorose ou d'anémie.

Applications diverses de l'aus. — Bien que l'aus. soit surtout utile dans les affections des organes de l'appareil respiratoire et de l'appareil circulatoire (car elle a permis de porter le diagnostic de ces maladies à un point de précision vraiment prodigieux), elle peut rendre encore d'éminents services dans une foule d'autres cas pathologiques. Ainsi on l'a appliquée utilement au diagnostic de diverses maladies du

péritoine, de l'estomac, du foie, de la vessie, de l'oreille, des os, des articulations, etc. — Une des plus heureuses applications de l'aus. est celle qui en a été faite par Mayor, de Lausanne, au diagnostic de la grossesse, laquelle est révélée soit par le bruit appelé *souffle utéro-placentaire*, soit par les *doubles battements* de la circulation fœtale. — Dans l'article ci-dessus, nous avons omis à dessein tout développement sur les causes des phénomènes sonores qu'observe l'aus., et sur leur valeur séméiologique. Un pareil travail n'eût intéressé que l'homme de l'art, et, pour toute autre personne, il eût été dangereux. C'est pour cela que nous nous sommes contenté d'indiquer, aussi exactement que possible, la signification vraie des termes usités dans le langage médical, en tant qu'ils se rapportent à l'aus. — Pour d'autres détails, on pourra consulter, entre autres ouvrages spéciaux, l'excellent *Traité pratique d'aus.*, par Barth et Roger.

AUSCULTATRICE. s. f. Religieuse chargée d'écouter ce qui se dit au parloir.

AUSCULTER. v. a. (lat. *auscultare*, écouter). T. Méd. Écouter les bruits qui se produisent dans certaines parties du corps, afin d'éclairer le diagnostic des maladies. = Ausculté, ée. part.

AUSONE, poète latin, né à Bordeaux (309-394 ap. J.-C.), composa des épigrammes, des idylles et un poème de *la Moselle*.

AUSONES, peuple de l'anc. Italie, près des Volsques, d'où est venu le nom d'*Ausonie*, donné autrefois à toute l'Italie.

AUSPICE. s. m. (lat. *avis*, oiseau ; *aspicere*, regarder). Chez les Romains, présage tiré du vol, du chant des oiseaux et de la manière dont mangeaient les poulets sacrés. Ne se dit guère qu'au plur. *Prendre les auspices. Les auspices lui furent favorables.* || S'emploie principalement au fig., *Sous d'heureux, sous de fâcheux auspices*, Dans les circonstances qui présagent des succès ou des revers. — *Sous les auspices de quelqu'un*, Sous sa conduite, avec son appui, sa protection. *J'entreprendrai cette affaire sous vos auspices.*

Hist. — Ce terme signifiait primitivement un signe fourni par les oiseaux. La religion, chez les Romains, s'étant successivement augmentée d'emprunts faits aux religions de l'Étrurie et de la Grèce, la signification du mot *Auspices* fut étendue à tous les signes surnaturels. La principale distinction entre l'aus. et l'augure consistait, à ce qu'il semble, en ce que ce dernier s'appliquait exclusivement à l'inspection des signes faite par un membre du collège augural. — Les oiseaux, par rapport aux auspices, se divisaient en deux classes : les *Oscines* et les *Præpetes*. Les premiers donnaient les présages par leur chant, les seconds par leur vol et par le mouvement de leurs ailes. — Les oiseaux se partageaient encore en *Dextræ* (observés à droite) et *Sinistræ* (observés à gauche). L'interprétation de ces deux mots a donné lieu à quelques difficultés résultant de ce que les auteurs ont souvent confondu les notions des Grecs et celles des Romains à ce sujet. Chez les deux peuples, on était d'accord sur ce point que les signes favorables venaient de l'orient ; mais pour prendre les auspices le prêtre grec se tournait vers le nord, et, par conséquent, avait l'est à sa droite, tandis que l'augure romain, au contraire, se tournait vers le sud et avait ainsi l'est à sa gauche. La confusion fut encore augmentée par les euphémismes communs aux deux nations ; en outre, la règle elle-même n'était pas absolue, du moins chez les Romains. Le hibou, l'hirondelle, le geai, le pic, étaient presque toujours défavorables. D'un autre côté, l'oiseau de Jupiter, l'aigle, était généralement regardé comme un messager de bonheur. Il en était de même du héron. La corneille, dans les auspices pris pour un mariage, était considérée comme un sûr présage de félicité conjugale.

On prenait les auspices avant un mariage, une expédition guerrière, une élection de magistrats, et dans toute circonstance importante pour les affaires publiques ou privées. La veille de l'élection, les candidats aux fonctions publiques passaient la nuit à la belle étoile, afin d'observer les auspices avant le lever du soleil. Dans les premiers temps de la République, les auspices avaient une importance telle que le soldat lié par son serment militaire, si les auspices n'avaient pas été pris régulièrement. — Le chef d'une armée recevait les auspices en même temps que le commandement (*imperium*). C'est pourquoi l'on disait d'une guerre qu'elle était faite sous la conduite et sous les auspices (*ductu* et *auspicio*) d'un général, quand bien même il n'était pas présent à l'armée. Aussi, lorsqu'un lieutenant gagnait une victoire en l'absence de celui-ci, les honneurs du triomphe étaient décernés non pas au lieutenant, mais au général.

AUSSI. adv. (lat. *aliud*, autre ; *sic*, de même). Pareillement, de même *Vous le voulez, et moi au.* || Encore, de plus. *Portez chez lui cette caisse et cette lettre au. Dites-lui au. de ma part que.* || Autant, également. *Il est au. sage que vaillant. Il est au. modeste que vous êtes orgueilleux. Elle n'est pas au. douce qu'elle le semblait. Il ne travaille plus au. bien. Je sais cela au. bien que vous. Ils ont au. peu d'argent l'un que l'autre.* || Tellement, à ce point. *Comment un homme au. prudent a-t-il pu faire une pareille démarche ?* = Aussi. conj. C'est pourquoi, par conséquent. *Il sert un maître qui le maltraite, au. le veut-il quitter. Il aurait eu tort d'en user de la sorte, au. ne l'a-t-il pas fait. — Il a été volé la nuit, mais au. pourquoi s'était-il retiré si tard ?* Dans cette dernière phrase et autres analogues, *Aussi* est simplement explétif, et ne sert qu'à donner plus de force à la conj. adversative *Mais.* || *Aussi bien*, dans les phrases suivantes, a la signification de: car, au reste, d'ailleurs. *Je n'ai que faire de l'en prier ; au. bien n'en ferait-il rien. Je ne veux point aller au spectacle, au. bien est-il trop tard.*

Obs. gram. -- *Aussi* et *si* ne peuvent que dans un seul cas être employés l'un pour l'autre ; c'est lorsqu'ils servent à établir une comparaison dans des phrases négatives, telles que les suivantes : *Il n'est pas si* ou Aussi *grand que vous; Personne ne vous traitera* aussi ou si *bien que lui.* Dans les phrases affirmatives, *aussi*, de comparaison *aussi* doit toujours être employé, à l'exclusion de *si.* — L'adv. *aussi* doit se répéter devant tous les adjectifs qu'il modifie. « *L'âne*, dit Buffon, *est de son naturel aussi humble, aussi patient, aussi tranquille que le cheval est fier, ardent, impétueux.* » Voy. Autant.

AUSSIÈRE. s. f. T. Mar. Cordage composé de trois ou quatre torons qu'on emploie quand il s'agit de produire de grands efforts. Voy. Cordage.

AUSSITÔT. adv. de temps. (R. *aussi, tôt*). Dans le moment, sur l'heure. *On envoya chercher le médecin, il arriva aus., tout aus. Il est parti aus. après vous* || Par ellips., on dit, *Aus. votre lettre reçue, j'ai fait votre commission*, pour : Aus. après la réception de votre lettre, etc. || Prov., *Aus. dit, aus. fait*, s'emploie pour exprimer une grande promptitude dans l'exécution de quelque chose. On dit de même *Aus. pris, aus. pendu.* = Aussitôt que. loc. conj. Dès que. *Aus. qu'il aura fait son travail, il ira vous voir.*

AUSTER. s. m. [Pr. l'*r*] (gr. αὔω, je dessèche). Nom que les Latins donnaient au vent du midi. Il est quelquefois usité dans la poésie française. *L'humide aus. L'aus. impétueux.*

AUSTÈRE. adj. 2 g. (gr. αὐστηρὸς, de αὔω, je dessèche). Se dit des choses qui ont une certaine saveur âpre et astringente. *Vin aus. Ce fruit a une saveur aus.* || Fig., dans les Beaux-arts, s'applique à tout ce qui a un caractère de gravité qui exclut toute espèce d'ornement. *Ce peintre a préféré le genre aus. au genre gracieux. L'architecture d'une prison doit offrir quelque chose d'aus.* || Fig., Sévère, rude. *Homme aus. Mœurs austères. Visage aus. Morale, conduite, vertu aus.* || En parlant des doctrines et des pratiques religieuses, se dit de ce qui mortifie le corps et l'esprit. *Religion aus. Règle aus. Jeûne, pénitence aus. Mener une vie aus.*

Syn. — *Sévère, Rude.* — *L'austérité* naît des principes, des règles qu'on se fait ; la *sévérité* dépend surtout du caractère ; la *rudesse* est l'exagération de la sévérité, et se lie généralement à un défaut d'intelligence. Ce n'est que pour soi que l'on est *austère*, et l'on n'est *rude* que pour les autres ; mais on peut être *sévère* pour soi et pour les autres. Beaucoup d'hommes sont *austères* pour eux, sans être *sévères* aux autres ; d'autres sont *sévères* pour autrui, sans être *austères* pour eux-mêmes. La mollesse est l'opposé de l'*austérité*, le relâchement celui de la *sévérité*, la complaisance poussée à l'excès celui de la *rudesse.*

AUSTÈREMENT. adv. Avec austérité.

AUSTÉRITÉ. s. f. Sévérité pour soi-même, rigueur, dureté. *L'aus. de ses mœurs. L'aus. républicaine. L'aus. des préceptes de la religion. L'aus. de la règle de saint Bruno.* || Mortification du corps et de l'esprit. Dans ce sens s'emploie au plur. *Son corps est affaibli par les austérités.* || T Physiol. Se dit des choses qui ont une saveur âpre et astringente. = Syn. Voy. Âcreté.

AUSTERLITZ, village de la Moravie (Autriche), célèbre par la victoire de Napoléon Ier sur les Autrichiens et les Russes coalisés (2 déc. 1805). Cette victoire marqua l'apogée de la puissance militaire de Napoléon.

AUSTRAL, ALE. adj. (R. *auster*). Méridional; qui se trouve du côté d'où souffle le vent du midi. *Aus.* est l'opposé de *Boréal. Pôle aus. Hémisphère aus. Terres australes. Constellations australes.* — On n'est pas d'accord pour le pluriel masculin. Les uns écrivent *austraux* et les autres *australs.*

AUSTRALASIE. Ce mot, qui signifie Asie de l'hémisphère austral, s'applique à l'ensemble des îles qui constituaient autrefois la Mélanésie, c.-à-d. à l'Australie proprement dite, la Tasmanie, la Nouvelle-Zélande, la Nouvelle-Guinée, les îles Salomon, la Nouvelle-Calédonie et les îles Fidji. Le plus souvent pourtant, il ne sert qu'à désigner l'ensemble des colonies anglaises de cette partie du monde : Australie, Tasmanie, Nouvelle-Zélande et Fidji.

AUSTRALÈNE ou **AUSTRATÉRÉBENTHÈNE**. s. m. (R. *austral*). T. Chim. Térébenthène dextrogyre formant la majeure partie de l'essence de térébenthine extraite du *Pinus australis.*

AUSTRALIE. La plus grande île du globe et la partie la plus importante de l'Océanie. Sa superficie est de 7,626,275 kil. car.; sa plus grande dimension de l'O. à l'E. est de 4,000 kil., et sa plus grande largeur du N. au S. dépasse 3,000. Elle est baignée par trois mers : le Grand Océan à l'est, l'Océan austral au sud et la mer des Indes à l'ouest. — Les côtes ont un développement d'environ 14,000 kil.; à l'est, elles sont bordées d'une ligne à peu près continue de récifs qui en rend l'approche très dangereuse; c'est là que se trouve la mer de Corail. Au sud se trouve la grande baie australienne, dont les navires s'éloignent le plus possible, par crainte du courant méridional qui les entraîne contre des rochers dangereux. La côte occidentale comprend par être basse et couverte de mangliers, pour finir par être sablonneuse et déserte. Quant au golfe de Van-Diemen et au golfe de Carpentarie, dans le nord, leur rivage est en général bas, marécageux et inhospitalier.

L'intérieur du continent est encore peu connu. Son élévation moyenne est faible ; les montagnes elles-mêmes ne se détachent point en saillies considérables, sauf le long de la côte orientale où elles atteignent et dépassent 2,000 mètres. Elles forment là une succession de belles vallées avec un sol fécond, un climat tempéré et des eaux suffisantes. Dans l'intérieur, au contraire, on ne trouve qu'une succession monotone de collines et de plaines désertes. Les sources sont rares et les rivières ne conservent pas l'eau toute l'année; elles n'ont en général pas de pente suffisante pour vaincre les obstacles. Le *Murray*, qui est la plus importante, puisqu'il mesure 1,800 kil. depuis sa source et 3,000 si l'on y comprend le cours du *Darling*, son principal affluent, n'a qu'un très faible débit, et plusieurs de ses affluents se perdent dans le sol sans parvenir jusqu'à lui.

Quant au climat, il diffère beaucoup selon les régions. Il est tropical dans le Nord et tempéré sur la côte orientale. A Sydney, la température moyenne est d'environ 17°. Dans l'intérieur, il y a des alternances de sécheresse et d'humidité qui tiennent surtout à l'absence d'une grande chaîne de montagnes exerçant une action régulière.

L'Australie a été découverte par les Portugais entre 1507 et 1529, mais les côtes n'ont été définitivement reconnues que au XVIIIe siècle par le capitaine Cook. La pénétration dans l'intérieur des terres commença en 1813. La colonisation primitive a été l'œuvre de forçats ou *convicts*; on les a accueillis dans la colonie du 1788 à 1849. Le gouverneur Thomas Brisbane, en 1822, donna un grand développement à l'industrie pastorale par la formation de compagnies d'agriculteurs. Quelques années plus tard, la découverte des mines d'or, en attirant une population nouvelle, assura la prospérité et l'avenir du pays, qui compte aujourd'hui 3 millions d'habitants d'origine étrangère. Quant à la race indigène, qui diminue tous les jours et ne s'élève pas à plus de 25 ou 30,000 individus, c'est une des plus sauvages du globe. Les indigènes ont le front bas et fuyant et l'angle facial ne dépasse pas 66°.

Au point de vue politique, l'Australie forme avec la Nouvelle-Zélande et la Tasmanie une confédération de sept colonies, qui jouit d'une indépendance presque absolue, sous la haute suzeraineté de l'Angleterre. Les cinq colonies continentales sont la Nouvelle-Galles du Sud, Victoria, Queensland, l'Australie méridionale et l'Australie occidentale. Chacune d'elles jouit d'une constitution distincte et du pouvoir de modifier son administration. Elles peuvent toutes se donner des lois particulières, à condition qu'elles ne soient pas en opposition avec les lois fondamentales anglaises. Toutefois la Confédération australienne ne date que de 1885 par la création d'un conseil fédéral de l'Australasie.

Les villes les plus importantes sont: Melbourne qui dépasse 500,000 habitants; Sydney, 400,000; Adélaïde, 150,000, et Brisbane, 100,000.

Malgré les progrès de la population, il s'en faut de beaucoup que toutes les terres soient encore appropriées; les gouvernements coloniaux dépensent chaque année de fortes sommes pour attirer les émigrants. Les pâturages sont la principale richesse du pays; il n'est pas rare de trouver dans la zone tempérée des stations d'élevage qui ont parfois une superficie de 100 kil. carrés et où les têtes de bétail se comptent par dizaines de mille. Tous les uns, les *squatters* australiens, c.-à-d. les propriétaires de troupeaux, s'avancent plus avant dans les terres sur la trace des explorateurs, bravant la sécheresse et la rigueur du climat.

L'industrie n'occupe encore qu'une place secondaire. Celles qui se sont le plus développées sont liées à l'agriculture et en dérivent: ce sont les minoteries, la préparation des viandes conservées, les tanneries, les fabriques de machines agricoles, les filatures. — Par contre, les mines d'or sont la source d'une industrie très active, qui va pourtant en diminuant. L'or a été découvert en 1839. De 1853 à 1860, le rendement annuel a été en moyenne de plus de 300 millions de francs; une année même, en 1853, il a atteint 350 millions. La production actuelle n'est plus que de 125 à 150 millions, dont les sept dixièmes pour la seule province de Victoria. Les champs de Ballarat et de Bendigo sont devenus célèbres entre tous.

Le commerce extérieur de l'Australie grandit sans cesse. Il était de 80 millions en 1844, de 230 millions en 1851, d'un milliard en 1863; il dépasse aujourd'hui 3 milliards. L'article d'exportation le plus important de tous est la laine, qui figure à elle seule pour un chiffre considérable. L'Angleterre occupe naturellement le premier rang dans ce commerce: près de 1 milliard 400 millions.

AUSTRASIE, ce mot signifie *royaume de l'Est*. C'était la partie orientale de l'ancien empire franc (511-843). Sa capitale était Metz.

AUSTRATÉRÉBENTHÈNE. s m. Voy. AUSTRALÈNE.

AUSTRIA. nom latin de l'Autriche. || Nom d'une petite planète entre Mars et Jupiter.

AUTAN. s. m. (lat. *altanus*, de *altus*, haut). Vent du midi. N'est usité qu'en poésie pour désigner un vent violent. *L'au. furieux. La violence des autans.*

AUTANT. adv (lat *aliud*, autre, *tantum*, tant). Sert à marquer l'égalité entre deux termes quelconques. *Ces chevaux valent au. l'un que l'autre. Il est modeste au. que savant. Je suis au. que vous. Je bois au. d'eau que de vin. Travaillez au. que vous pourrez. C'est au. d'épargné. Il y avait au. d'hommes que de femmes. Tous ces récits sont au. de mensonges.* — Prov. *Au. de têtes, au. d'avis,* Il y a au. de manières de voir différentes qu'il y a de personnes. || Absol. et fam. *Cela est fini ou au. vaut; C'est un* homme mort ou au. vaut. On peut considérer cette chose comme terminée; on peut regarder cet homme comme mort. — *Au. faire cela sur-le-champ que de différer,* Il vaut au. faire, etc. Cette ellipse est fréquente dans certaines phrases familières. *Ce cheval me coûte neuf cent quatre-vingt-dix francs, au. dire mille francs.* || *Au. comme au.*, Également, en même quantité. *Il en meurt tous les ans au. comme au.* Peu us. || Selon, à proportion. *Au. que j'en puis juger. Un prince n'est grand qu'au. qu'il est juste. Je ne le ferai qu'au. qu'il y aura autorisé. Au. que je m'en soucierais.* || *Au. bien, au. mal.* Aussi bien, aussi mal. *Il est au. bien à la cour qu'on y puisse être. Il s'en est acquitté au. mal qu'il se pouvait.* Vx. On dit aujourd'hui, Aussi bien, aussi mal. ⇒ **D'AUTANT.** loc. adv. Dans la même proportion. *Donnez-moi cent écus, vous serez quitte d'au. Cela vous soulagera d'au.* — Fam. *À la charge ou À charge d'au.* À condition de rendre la pareille. — Fam. *Boire d'au.*, Boire en invitant ses compagnons à faire raison. *Ne songeons qu'à nous divertir et buvons d'au.* ⇒ **D'AUTANT PLUS, D'AUT NY MIEUX, D'AUTANT MOINS.** Locutions adverbiales dans lesquelles *plus, mieux, moins,* conservent leur valeur habituelle, et où *d'autant* a la signifie.; par cela même, pour cela même. *Montrez-vous désintéressé dans cette affaire, vous en serez d'au. plus estimé. Sa conduite prouve qu'il fait peu de cas de vos bontés, il l'es mérite d'au. moins.* ⇒ **D'AUTANT QUE.** loc. conj. Vu, attendu que, parce que. *Je n'accepterai pas cette condition d'au. qu'elle est inutile.* ⇒ **D'AUTANT PLUS QUE, D'AUTANT MIEUX QUE, D'AUTANT MOINS QUE,** locutions conjonctives dans lesquelles *d'Autant que* conservent toujours la signifie: attendu que ou parce que les mots *plus, mieux* et *moins* remplissent leur fonction d'adverbes de comparaison par rapport au premier membre de la phrase. *Je le crois d'au. mieux qu'il est homme de bien. Je sais la chose d'au. mieux que j'en ai été témoin oculaire. Il est d'au. moins redoutable qu'il n'a point d'armes.*

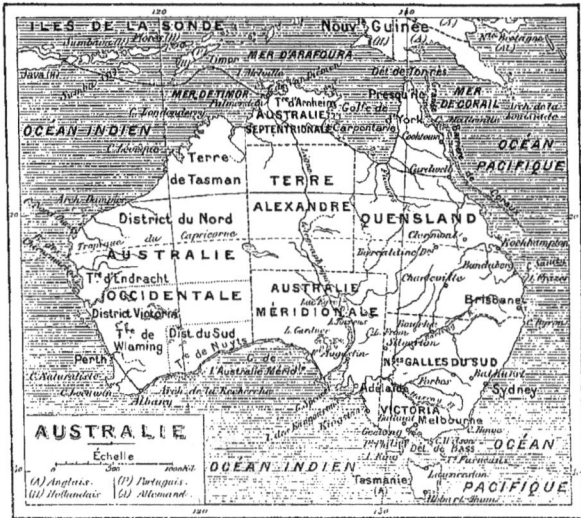

Obs. gram. — *Autant* est un adv. de comparaison qui

marque un rapport d'égalité : *J'aime Fénelon au. que je l'admire; Au. de têtes, au. d'avis.* Par conséquent, dans les phrases qui indiquent un nombre sans exprimer de comparaison, il faut se servir de *tant* au lieu de *au.* : *Il a tant de richesses qu'on ne saurait les compter.* — *Aussi* est, comme *au.*, un comparatif d'égalité; cependant ils ne s'emploient pas tous deux de la même manière. Ainsi l'on dira : *Il est* AUSSI *modeste qu'instruit; Il est modeste* AUTANT *qu'instruit; Il est* AUSSI *libéral que son frère est avare.* Comme on le voit par ces exemples, l'adv. *aussi* se place avant l'adj., lequel est immédiatement suivi de la conj. *que; autant*, au contraire, se place après l'adj. et la conj. *que* suit immédiatement l'adv. Avec les verbes on emploie toujours *autant* et jamais *aussi. Je l'aime autant que vous l'aimez.*

AUTEL. s. m. (lat. *altare;* de *altus,* haut). Sorte de piédestal ou de table de pierre destinée à l'usage des sacrifices. *Élever, dresser, consacrer un au. Conduire une victime à l'au. Se prosterner devant les autels, au pied des autels. L'au. de Jupiter. L'au. de Diane. Les autels des faux dieux, des idoles.* || Dans la religion catholique, espèce de table où l'on célèbre la messe. *Un grand, un petit au. L'au. de la Vierge.* — *Au. privilégié,* Au. où l'on peut dire la messe des morts, les jours où on ne peut la célébrer aux autels qui ne sont pas privilégiés. — *Au. portatif,* Pierre plate et carrée, bénite selon les formes ordinaires de l'Église, pour célébrer la messe en pleine campagne. || *Le saint sacrement de l'au.,* L'Eucharistie. || Fig. et prov., *Le prêtre vit de l'au.,* Il est juste que chacun vive de sa profession. || *Élever au. contre au.,* Faire un schisme dans l'Église, ou dans quelque communauté. — Par ext., se dit de tout établissement rival qui s'élève en présence d'un autre déjà existant. || Se prend quelquefois, fig. surtout, au plur., pour dire : la religion, le culte religieux. *Attaquer, renverser les autels. Les ministres des autels. Combattre pour les autels.* || Fig., *Ce héros mérite qu'on lui élève des autels,* Il est digne des plus grands honneurs. || T. Astr. Constellation australe. Voy. CONSTELLATION.

L'*Autel,* ainsi que l'indique son radical *alt,* qui signifie haut, est une plate-forme élevée en l'honneur de la Divinité et destinée à recevoir des sacrifices qu'on lui offre. A l'origine, nous voyons les patriarches ériger des autels en plein air pour offrir des victimes au Seigneur. Dans ces temps reculés, les autels étaient construits sans art, et il y a lieu de croire que, sous le rapport de leur mode de structure, ils ressemblaient à ces murs qui sont connus, dans l'architecture, sous le nom de pélasgiques ou cyclopéens. En outre, on choisissait souvent, pour l'emplacement de l'au., le sommet d'une colline ou d'une montagne : ce sont là les *lieux-hauts* dont parle la Bible. Mais une fois les Juifs établis dans la terre promise, leur religion leur interdit les autels locaux et les sacrifices particuliers, et prescrivit qu'il n'y eût, pour tout le peuple, qu'un seul temple et qu'une seule famille consacrée au sacerdoce. Le temple renfermait deux autels, celui des *holocaustes,* sur lequel on brûlait des victimes, et celui des *parfums,* sur lequel on brûlait de l'encens et des aromates. Le premier était en airain, et le second en or.

Les autels des peuples celtiques, et en particulier des Gaulois, à l'époque de la conquête romaine, étaient érigés en plein air, et consistaient en une simple table de pierre, quelquefois creusée de rigoles pour laisser écouler le sang des victimes. — Dans le sanctuaire de plusieurs temples égyptiens, on a trouvé des autels composés d'un seul morceau de granit ou de basalte, présentant la forme d'un cône tronqué, et toujours ornés d'inscriptions hiéroglyphiques. Ces autels ont environ 1m,30 de hauteur. Ils sont très évasés à leur partie supérieure, creusés en entonnoir, et percés d'un trou qui les traverse dans toute leur longueur.

Chez les Romains, on distinguait plusieurs sortes d'autels. L'*Ara* désignait un autel moins élevé que l'*Altare,* ce dernier mot étant formé par contraction de *alta ara.* La hauteur des autels était proportionnée à la dignité des dieux. C'est ce que montrent ces vers de Virgile (Égl. V, 65) :

......*En quattuor aras :*
Ecce duas tibi, Daphni; duas altaria Phœbo.

(Voici quatre autels *(ara)* : deux petits pour toi, Daphnis, deux grands *(altaria)* pour Phœbus.)

D'un autre côté, les sacrifices offerts aux dieux infernaux n'avaient pas lieu sur des autels, mais dans des fosses creusées dans le sol et appelées *Scrobiculi.* Les premiers autels furent d'une extrême simplicité, aussi bien pour la forme que pour la matière. D'ailleurs, comme chez les anciens presque tous les actes importants étaient précédés de sacrifices religieux, il y

avait souvent nécessité d'élever rapidement un autel. Dans ce cas, on le construisait, comme dans les temps primitifs, en briques ou en mottes de gazon, en pierres brutes; témoin ce vers de Lucain (IX, 988) :

Erexit subitas congestu cespitis aras.
(Il éleva sur-le-champ deux autels formés de gazon rassemblé.)

Mais lorsque l'aut. pouvait être construit à loisir, on le faisait en briques ou en maçonnerie (Fig. 1. Au. sculpté sur la colonne Trajane, à Rome); le plus souvent alors il était orné d'une base et d'une corniche, comme on le voit dans les figures qui suivent. La forme de ces constructions était ordinairement carrée ou rectangulaire ; néanmoins, il existe aussi des autels triangulaires

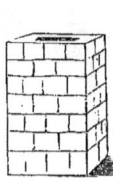  

Fig. 1.   Fig. 2.   Fig. 3

ou ronds. Notre Fig. 2 est empruntée à une peinture d'Herculanum. La Fig. 3 représente un autel découvert à Antium. On y lit l'inscription ARA VENTORVM, et on y voit sculpté une proue de navire ainsi qu'une figure emblématique du vent. La surface supérieure des autels était en général plate lorsqu'ils étaient destinés simplement à recevoir des offrandes ; mais elle était concave lorsque l'au. était destiné à recevoir du feu ou à servir aux sacrifices sanglants. Dans les cérémonies religieuses, les autels étaient habituellement décorés de bandelettes et de guirlandes de feuilles, de fleurs et de fruits, appelées *Verbenæ,* quelle que fût la matière de ces guirlandes. Chaque divinité d'ailleurs avait ses plantes préférées. Sur un grand nombre d'autels antiques, des guirlandes sculptées remplacent les guirlandes réelles. Indépendamment de ces ornements, certains autels sont décorés de bas-reliefs représentant des sacrifices, des animaux consacrés aux divinités, ainsi que divers emblèmes et attributs de ces dernières.

La Fig. 4, qui est empruntée à un médaillon de l'arc de Constantin, représente l'empereur Trajan offrant un sacrifice

Fig. 4.

à Apollon. L'autel est à peu près deux fois moins haut que le piédestal qui supporte la statue du dieu. Nous ferons remarquer en passant l'*auréole* qui entoure la tête de l'empereur.

Dans les grands temples il y avait souvent trois autels différents. Le premier était situé dans la *cella*, devant la statue du dieu : on y brûlait de l'encens et on y déposait certaines offrandes. Le second était érigé devant la porte du temple, ou sous le péristyle, ou souvent même en plein air : c'est sur celui-ci qu'on égorgeait les victimes et qu'on brûlait leurs chairs. Tel est l'au. circulaire de la *Villa Pamphili*, l'un des plus grands et des plus élégants que l'on connaisse. On y voit la cavité pour recevoir le feu, et les rigoles pour l'écoulement du sang. Le troisième, appelé *ancalabris*, était *portatif*; on y déposait les offrandes et les vases

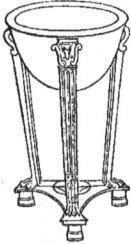

sacrés. Les autels en bronze avaient généralement la forme de *trépieds* (Fig. 5. Autel ou Trépied en bronze trouvé à Fréjus). Les autels étaient érigés soit par l'État, soit par la piété des particuliers. Souvent ceux-ci en établissaient un devant la porte de leurs maisons. L'au. jouait un grand rôle dans la vie antique; c'est devant lui que se célébraient les mariages, que l'on prêtait un serment, que l'on jurait un traité, et que l'on adressait ses prières aux dieux. Enfin, l'au. offrait aux suppliants, aux malheureux, aux esclaves, et parfois même aux criminels, un refuge assuré et inviolable. Voy. ASILE.

Lorsque le christianisme s'établit sur les ruines de l'idolâtrie, la religion nouvelle dut aussi avoir ses autels. Mais comme le culte nouveau s'était organisé dans le sein des catacombes, comme les premiers autels avaient été les sépulcres mêmes des martyrs de la foi, les autels qui furent ensuite érigés dans les temples chrétiens imitèrent la forme d'un sarcophage. Durant les premiers siècles de l'Église, les autels furent généralement construits en bois. Cependant, à mesure que les conquêtes de la religion chrétienne s'étendirent, son culte acquit une plus grande splendeur, et dans les basiliques construites ou consacrées au nouveau culte par Constantin, s'élevèrent des autels remarquables par leur magnificence et par le prix des matériaux qui entraient dans leur composition. Dans nos églises catholiques, l'au. est le plus souvent en pierre ou en marbre. A la place où le prêtre consacre l'Eucharistie, se trouve une pierre marquée de cinq croix, en l'honneur des cinq plaies de J.-C. Cette pierre, qui doit être consacrée par l'évêque, constitue à proprement parler tout l'au.; le reste n'est qu'accessoire. Dans les églises primitives il n'y avait qu'un seul au., conformément à cette parole de saint Ignace : « Un seul évêque et un seul au. dans une église. » Cet usage de n'ériger qu'un seul au. dans le temple s'est conservé dans les églises d'Orient et même dans les églises catholiques du rite ambroisien; mais, dans les églises d'Occident, le nombre des autels augmenta bientôt, et saint Grégoire nous apprend que, de son temps, au VI⁵ siècle, il y en avait douze ou quinze dans certaines églises.

La forme et la décoration des autels chrétiens sont assez variées; ils ont en effet participé, sous ces rapports purement extérieurs, aux révolutions diverses qu'a subies le style architectural des édifices religieux, ainsi qu'on le voit dans ceux

qui ont été construits durant la période romane, pendant la prédominance de l'art ogival (Fig. 6, Au. du XV⁵ siècle, dans le style ogival fleuri), à l'époque de la Renaissance, et dans ces derniers siècles de décadence de l'art religieux. En outre, on remarque, dans un certain nombre d'entre eux, des particularités assez curieuses. Ainsi, il en existe qui sont sup-

portés par quatre colonnes ou même par une seule ; d'autres qui ont pour support deux jambages en pierre ; enfin, on en rencontre qui sont soutenus par des consoles (Fig. 7. Au. du XIV⁵ siècle). L'emplacement occupé par les autels est assez variable. Les uns sont isolés, les autres adossés. Ceux-ci sont le plus souvent appuyés contre un mur, comme la plupart des autels érigés dans les chapelles latérales des églises. Le *maître au.* ou *grand au.* qui sert aux messes paroissiales et solennelles, est toujours isolé. Ordinairement il est placé dans le chœur; dans quelques églises, il se trouve en bas du chœur, ou entre le chœur et la nef, ou bien encore au delà du chœur,

au milieu de l'abside. Le maître au. est toujours élevé sur une plate-forme avec des degrés conduisant à chacune de ses faces. Enfin, il est quelquefois surmonté d'un baldaquin. — Au-dessus de l'au. se trouve le *tabernacle* qui sert à renfermer le saint *ciboire*, où le prêtre dépose les hosties consacrées. Des chandeliers, parfois des vases de fleurs, placés sur les gradins qui partent de chaque côté du tabernacle, servent à la décoration de l'au. et ajoutent à la splendeur du culte. Les premiers, que l'on allume toujours pendant la célébration de la messe, rappellent le souvenir des catacombes et des lieux obscurs et cachés où les premiers chrétiens, pour fuir la persécution, étaient obligés de célébrer le culte divin. Devant l'au. brûle toujours une lampe, emblème de l'amour dont un chrétien doit brûler pour Dieu. Jadis, l'au. était accompagné de deux tables appelées *crédences;* l'une recevait les offrandes des fidèles, et sur l'autre on déposait le pain et le vin avant la consécration. Cette dernière, qui est encore en usage dans l'Église grecque, porte le nom d'*au. de prothèse*. Souvent aussi il y avait auprès de l'au. une *piscine* ou une sorte de bassin dans lequel on versait l'eau qui avait servi à rincer le calice ou à laver les mains du prêtre. Cette piscine était généralement placée dans une niche à droite de l'au. Elle subsiste encore dans quelques églises. Voy. TABERNACLE, RÉTABLE, etc.

AUTELS DE LA PATRIE, autels élevés pendant la Révolution, de 1790 à 1792, dans un certain nombre de communes de France et régularisés par le décret du 6 juillet 1792. On devait y célébrer les mariages, les naissances et les décès. Un colossal autel de la Patrie avait été élevé en juillet 1790, au milieu du Champ de Mars, à Paris, et l'on y avait célébré le 14 juillet l'anniversaire de la prise de la Bastille. Talleyrand y avait même célébré une messe solennelle.

AUTEL. s. m. Astr. Constellation de l'hémisphère céleste austral, au sud du Scorpion. Ancienne : déjà dans Eudoxe et Aratus.

AUTERIVE, ch.-l. de c. (Haute-Garonne), arr. de Muret, 2,800 hab.

AUTEUIL, ancien village de la banlieue de Paris, aujourd'hui compris dans l'enceinte de la capitale (16⁵ arrond.). Séjour favori de Boileau, La Fontaine, Helvétius et de beaucoup d'hommes célèbres.

AUTEUR. s. m. (lat. *auctor; de augere*, accroître). Celui qui est la première cause de quelque chose. *Dieu est l'au. de toutes choses. Vous êtes l'au. de ma ruine. Ce misérable n'est pas l'au. du crime, il n'en est que l'instrument.* || *Les auteurs d'une race*, Ceux de qui elle descend. *Les auteurs de nos jours*, Notre père et notre mère. || Celui qui a inventé, qui a conçu quelque chose. *L'au. d'une dé-*

couverte, d'un procédé, d'un système, d'un projet. || Celui qui a fait un ouvrage de littérature, de science ou d'art. *L'au. de ce poème sera bientôt célèbre. Cette symphonie est d'un au. jusqu'alors inconnu. La pièce achevée, on demanda le nom de l'au. Cette dame est au. d'une comédie.* — S'emploie absol. *C'est un au. médiocre. Un mauvais au. Un au. sacré, profane, orthodoxe. Au. apocryphe, pseudonyme, anonyme. Au. original. Au. grec, latin, anglais, arabe, persan,* etc. *Les auteurs modernes. Les auteurs anciens. Les auteurs classiques. Nous sommes bien plus appliqués à noter les fautes d'un auteur qu'à profiter de ses vues.* (VAUVENARGUES.)

Le bon auteur pour moi, c'est celui qui m'éclaire
Et chez qui le bon sens l'emporte sur l'esprit.
PÉLISSIER.

Se prend aussi adject. *Une femme au. Les femmes auteurs de notre siècle.* || Par ext. L'ouvrage même d'un au. *Lire, citer, commenter, expliquer, critiquer un au. Étudier les bons auteurs.* || Celui ou celle de qui on a appris quelque nouvelle. *Si vous doutez de ce que je vous raconte, je vous nommerai mon au.* || T. Jurisp., Celui de qui on tient quelque droit. *On lui disputait la possession de cette terre, il appela ses auteurs en garantie.* — *Droits d'au.* Voy. PROPRIÉTÉ *littéraire.*

Anecdote. — Un auteur avait présenté à Voltaire un manuscrit, en le priant de lui en dire son avis. Voltaire ayant gardé l'ouvrage quelques jours le rendit en disant : « Je l'ai lu et j'y ai même changé quelque chose. » L'auteur parcourt son manuscrit, et ne trouvant aucune rature, commence à croire que Voltaire n'a pas même regardé l'ouvrage. « Allez jusqu'au bout, » dit Voltaire. Arrivé là, il trouve effectivement une correction. Voltaire avait effacé *n* du mot « fin ».

AUTHARIS, roi des Lombards (584-590).

AUTHENTE. s. m. T. Plain-chant. Synonyme de mode authentique.

AUTHENTICITÉ. s. f. Qualité de ce qui est authentique. *L'au. d'un acte, d'un fait, d'une nouvelle. Cette pièce porte un caractère d'au. incontestable.*

AUTHENTIQUE. adj. 2 g. (gr. αὐθεντικὸς, qui fait autorité). Se dit des actes qui ont été reçus, dressés par des officiers publics, et qui sont revêtus des formes solennelles. *Contrat, titre au. Attestation, déclaration au. Acte au.* Voy. ACTE. — *Copie au.,* Copie émanée de l'officier public qui a reçu l'acte, certifiée et légalisée. || Certain, dont la vérité ou l'autorité ne peut être contestée. *Histoire, témoignage au. Ce passage n'est pas au.* || Mus. *Mode au.,* Mode approuvé. Voy. PLAIN-CHANT.

AUTHENTIQUE. s. f. T. Diplom. Anciennement on donnait le nom d'*Authentiques* aux manuscrits originaux par oppos. aux copies. *J'ai vu dans les archives l'au. et la copie. On trouve dans cette collection l'au. de cette pièce.* Aujourd'hui on dit plutôt *Original.* || T. Droit rom. Nom donné aux *Novelles* de Justinien. Voy. NOVELLE.

AUTHENTIQUEMENT. adv. D'une manière authentique.

AUTHENTIQUER. v. a. T. Droit anc. Rendre authentique. Ne se disait guère qu'en parlant des actes où l'on faisait mettre l'attestation des magistrats et le sceau public. *Au. un acte.* || T. Droit rom. *Au. une femme,* La déclarer atteinte et convaincue d'adultère, et lui infliger la peine portée par l'*Authentique,* Si qua mulier. = AUTHENTIQUÉ, ÉE, part.

AUTHON, ch.-l. de c. (Eure-et-Loir), arr. de Nogent-le-Rotrou, 1,400 hab.

AUTOBIOGRAPHIE. s. f. (gr. αὐτὸς, soi-même ; βίος, vie ; γράφειν, écrire). Vie d'un individu écrite par lui-même. Voy. BIOGRAPHIE, MÉMOIRES.

AUTOCÉPHALE. s. m. (gr. αὐτὸς, soi-même ; κεφαλὴ, tête). Nom que les Grecs donnaient aux évêques qui n'étaient point sujets à la juridiction des patriarches.

AUTOCHTONE. s. m. et adj. 2 g. [Pr. ôtok-tone] (gr. αὐτὸς, soi-même ; χθών, terre). Se dit des peuples qui ont toujours habité les pays où ils se trouvent.

Syn. — *Indigène, Aborigène. Autochtone* signifie, qui

est de la terre même ; *indigène,* qui est né dans le pays ; *aborigène,* dont les aïeux mêmes habitaient le pays.

AUTOCLAVE. adj. et s. f. (gr. αὐτὸς, soi-même ; lat. *clavis,* clef). T. Phys. Marmite dont le couvercle ferme hermétiquement, ce qui permet d'élever la température au-dessus de celle de l'ébullition de l'eau à l'air libre. Voy. DIGESTEUR.

Ind. — Le mot *Autoclave* signifie : se fermant par lui-même. Il devrait être réservé au mode de fermeture dit *à joint autoclave.* Cette fermeture est formée d'une pièce de fonte s'appliquant intérieurement sur l'ouverture par l'intermédiaire d'un tampon de chanvre ou de caoutchouc, de telle sorte que la pression intérieure serre le joint et rend toute fuite impossible. C'est le mode de fermeture usité pour les *trous d'homme* des chaudières à vapeur. On a étendu le mot *aut.* aux appareils munis de joint aut. et qui sont usités dans beaucoup d'industries : tels sont les appareils à cuire le sucre, à fabriquer la colle et la gélatine, à fondre les suifs, à saponifier les matières grasses pour la fabrication des bougies stéariques, etc. Ces appareils sont employés toutes les fois qu'on a besoin d'obtenir une haute température ou une grande pression en vase clos.

AUTOCLINIQUE. s. f. (gr. αὐτὸς, soi-même, et *clinique*). Observation d'une maladie par celui-là même qui l'éprouve.

AUTOCOPISTE. s. m. (gr. αὐτὸς, et *copiste*). Appareil destiné à la reproduction de l'écriture en plusieurs exemplaires. Il se compose d'une feuille de parchemin touchée et recouverte de gélatine sur laquelle on écrit avec une encre spéciale à base d'aniline, et avec laquelle on peut tirer de 150 à 200 épreuves.

AUTOCRATE. s. m. et **AUTOCRATRICE.** s. f. (gr. αὐτὸς ; κράτος, puissance). Celui ou celle dont la puissance ne relève d'aucune autre. — Titre du czar ou empereur de Russie ou de la czarine, quand c'est une femme qui règne. *Autocrate, autocratrice de toutes les Russies.*

AUTOCRATIE. s. f. (R. *autocrate*). Gouvernement exercé par un monarque qui possède une autorité absolue, illimitée.

AUTOCRATIQUE. adj. (R. *autocrate*). Qui appartient à un autocrate, à l'autocratie. *Gouvernement aut.*

AUTO-DA-FÉ. s. m. (mot espagnol qui signifie *Acte de foi*). Infâme cérémonie dans laquelle le pouvoir séculier faisait exécuter les jugements prononcés par l'Inquisition. Se disait particulièrement en parlant du supplice par le feu. || Ne prend la marque du pluriel, puis que c'est un mot étranger : *Il avait assisté à trois auto-da-fé* ; — à moins qu'on ne l'écrive sans traits d'union et qu'on n'en fasse un mot français, ce que fait l'Académie dans sa dernière édition : *Des autodafés.*

AUTODIDACTE. s. m. (gr. αὐτοδίδακτος, de αὐτὸς, soi-même, et διδάσκειν, enseigner). Celui qui apprend sans maître.

AUTODIDACTIQUE. adj. 2 g. (gr. αὐτὸς, soi-même ; διδάσκειν, apprendre). Qui s'apprend sans maître. *Tenue des livres aut.* — *Méthode aut.,* Méthode pour apprendre sans maître un art, une science.

AUTODIDAXIE. s. f. Action d'apprendre sans maître.

AUTODYNAMIQUE. adj. (gr. αὐτὸς, et *dynamique*). T. Didact. Qui est mû par une force propre.

AUTOFÉCONDATION. s. f. (gr. αὐτὸς, soi-même, et *fécondation*). T. Bot. Fécondation d'une fleur hermaphrodite par le pollen de cette fleur pénétrant dans les ovules de la même fleur, ou encore fécondation d'une plante hermaphrodite par le pollen d'une fleur pénétrant dans les ovules d'une autre fleur de la même plante. On dit plus souvent *Fécondation directe.* Voy. FÉCONDATION.

AUTOGÉNIE. s. f. (gr. αὐτός ; γένος, naissance). État d'un être qui ne devrait son existence qu'à lui-même. Ne peut s'appliquer qu'à la cause suprême, à Dieu. || Physiol., Doctrine qui soutient la génération par ancêtres de même espèce, en oppos. avec l'*hétérogénie* ou génération spontanée, produisant des êtres sans parents.

AUTOGNOSE. s. f. (gr. αὐτὸς ; γνῶσις, connaissance). T. Didact. Connaissance acquise par l'étude de soi-même.

AUTOGRAPHE. adj. 2 g. (gr. αὐτός; γράφειν, écrire). Qui est écrit de la main même de l'auteur. *Manuscrit aut. Lettre aut.* Il s'emploie subst. au masc. *C'est un aut. Collection d'autographes. Les demandes d'autographes sont des indiscrétions qui font perdre leur temps aux auteurs.*

Il ne nous reste aucune pièce autographe des grands hommes de l'antiquité. Tout a été détruit par le temps. Les collections n'ont été commencées qu'au XVIe siècle. Des lettres d'hommes célèbres, curieuses ou importantes au point de vue politique, atteignent parfois des prix fort élevés. Ainsi une lettre autographe du pape Grégoire XIII au roi Charles IX, levant ses scrupules avant les massacres de la Saint-Barthélemy, s'est vendue 2,000 francs, un autographe de Corneille, 1,000 francs. Le prix dépend aussi de la rareté. Les lettres de Voltaire, qui sont nombreuses, se vendent en général de 30 à 40 francs. Celles de Molière sont introuvables.

AUTOGRAPHIE. s. f. T. Technol. Procédé par lequel on transporte sur la pierre lithographique, ou sur toute autre matière, les traits de l'écriture ou du dessin pour les multiplier par l'impression. Le procédé le plus employé est dû à Senefelder, inventeur de la lithographie. On écrit avec une encre grasse sur un papier préparé avec une pâte d'amidon, de gomme et d'alun. On mouille avec de l'eau tiède et on applique la page écrite sur la pierre lithographique en exerçant une certaine pression. L'encre est transportée sur la pierre avec la colle qui enduit le papier; on retire celui-ci et on imprime par les moyens ordinaires. Les nouveaux systèmes de reproduction connus sous le nom de *Polycopie* (Voy. ce mot) ont en partie remplacé l'aut. quand on n'a besoin que d'un petit nombre d'exemplaires; dans le cas contraire, l'aut. est le seul procédé rapide et économique, malgré la difficulté très réelle qu'il y a à écrire ou à dessiner sur le papier encollé.

AUTOGRAPHIER. v. a. Transporter un manuscrit sur la pierre ou sur une autre matière, pour en multiplier les exemplaires par les procédés de l'autographie. *Aut. une lettre circulaire.* = AUTOGRAPHIÉ, ÉE, part.

AUTOGRAPHIQUE. adj. 2 g. Qui concerne l'autographie. *Procédé, presse, encre aut.* || T. Télégr. *Appareils autographiques,* Appareils télégraphiques qui reproduisent à distance l'écriture et les dessins manuscrits. Voy. TÉLÉGRAPHIE.

AUTO-INDUCTION. s. f. T. Phys. Induction d'un courant sur lui-même. Syn. de *Self-Induction.* Voy. INDUCTION. || Pl. *Des auto-inductions.*

AUTO-INOCULATION. s. f. T. Pathol. Acte pathogénique par lequel un parasite situé dans une certaine partie du corps passe dans une autre partie chez le même individu, et y détermine la maladie dont il est l'agent spécifique. || Pl. *Des auto-inoculations.*

AUTO-INTOXICATION. s. f. T. Pathol. Intoxication produite par une substance toxique qui est sécrétée par l'organisme sain ou malade du sujet lui-même, et qui n'est pas détruite ou éliminée. || Pl. *Des auto-intoxications.*

AUTOLABE. s. f. (gr. αὐτός; λαβή, pince). Pince qui se ferme d'elle-même par l'élasticité de ses branches.

AUTOLYCUS, mathématicien grec, né à Pitane (Asie Mineure), IVe siècle av. J.-C., auteur de la *Sphère en mouvement* et des *Levers et couchers des astres.*

AUTOMATE. s. m. (gr. αὐτόματος, qui agit de son propre mouvement). On donne ce nom à toute machine qui représente un être animé et qui exécute certains mouvements. || Fig. et fam. *C'est un aut.,* C'est un homme sans intelligence, qu'on fait agir comme l'on veut. = AUTOMATE. adj. 2 g. *Le canard aut. La pianiste aut.*

On nomme *Aut.* toute imitation d'un être vivant qui en reproduit avec plus ou moins de perfection les mouvements naturels, au moyen d'un mécanisme intérieur. Lorsque l'aut. représente un être humain, on lui donne le nom particulier d'*Androïde.* — En général, l'agent du mécanisme interne des automates consiste en un ressort d'acier; on se sert aussi de poids, et même parfois de sable fin qui tombe sur la circonférence d'une roue motrice. — L'invention des automates remonte à une haute antiquité. Aulu-Gelle rapporte, d'après Favorinus, qu'Archytas de Tarente, mathématicien qui vivait environ 400 ans avant notre ère, avait construit une colombe volante, fort admirée de ses contemporains; mais ce récit doit être considéré comme une fable. — Au moyen âge, l'androïde d'Albert le Grand n'a pas joui d'une moindre célébrité. Cet aut. ouvrait la porte à ceux qui venaient visiter le savant, et les accueillait avec un salut — Kircher, Porta et d'autres écrivains prétendent que le savant mathématicien Regiomontanus avait construit un aigle et une mouche qui volaient l'un et l'autre; mais l'existence de ces machines est tout aussi douteuse que celle de la colombe d'Archytas. — Les automates authentiques les plus fameux sont ceux que le célèbre mécanicien Vaucanson construisit vers le milieu du XVIIIe siècle. Son *Joueur de flûte,* qui exécutait tous les mouvements des doigts et de la langue qu'exige le jeu de cet instrument, et son *Joueur de flageolet,* qui s'accompagnait en outre sur le tambourin, excitèrent l'admiration universelle; mais le chef-d'œuvre de l'artiste en ce genre fut le *Canard* merveilleux qui battait des ailes, nageait, barbotait, et avalait des aliments, en reproduisant avec une étonnante exactitude les mouvements de l'oiseau vivant. Malheureusement, ce chef-d'œuvre de mécanique n'a pas été conservé. On cite encore, ce la fin du XVIIIe siècle et du commencement du XIXe, les *Têtes parlantes* de l'abbé Mical, qui n'empêchèrent pas leur constructeur de mourir de misère, le *Dessinateur* et le *Pianiste* de Droz. Le *Joueur d'échecs* de l'Allemand Kempelen n'était pas un aut. à proprement parler : c'était une machine d'apparence très compliquée représentant un Turc jouant aux échecs; le Turc gagnait toujours. La vérité est que dans l'intérieur du buffet se cachait un proscrit polonais nommé Worowsky, à qui l'on avait coupé les deux jambes à la suite d'une blessure reçue dans une insurrection, et qui était d'une force exceptionnelle aux échecs. Le mécanisme, avec le bruit qu'il faisait, n'était qu'un simple trompe-l'œil destiné à donner le change aux spectateurs.

Les grands mécaniciens que l'Europe possède à cette heure, ne songent plus à construire des automates : les besoins toujours croissants de la science et de l'industrie offrent en effet à leur talent un emploi plus rationnel et plus fructueux. Robert Houdin a construit plusieurs automates remarquables, entre autres l'*Escamoteur chinois,* le *Danseur de corde,* l'*Oranger mystérieux* et l'*Écrivain dessinateur.* — Voy. BORGNIS, *Traité des machines imitatives* et les *Confidences de Robert Houdin.*

AUTOMATIE. s. f. (de *automate*). T. Didact. État d'un automate. || Pouvoir de se mouvoir, d'agir spontanément.

AUTOMATIQUE. adj. 2 g. T. Méd. et Physiol. Se dit des mouvements qu'un malade exécute sans en avoir conscience, et de ceux qui, comme les mouvements du cœur, s'opèrent sans le concours de la volonté. || T. Technol. Se dit des appareils très variés qui exécutent d'eux-mêmes certaines opérations importantes. *Frein aut.,* Frein qui fonctionne de lui-même dès que la vitesse dépasse une certaine limite. *Parachute aut.,* Appareil qui fonctionne dans les mines en cas de rupture du câble et prévient la chute de la benne.

AUTOMATIQUEMENT. adv. À la manière des automates, mécaniquement. *Cet homme se meut aut.*

AUTOMATISATION. s. m. Action d'automatiser.

AUTOMATISER. v. a. Rendre automate.

AUTOMATISME. s. m. T. Physiol. Se dit des mouvements qui s'opèrent en nous sans que notre volonté y participe. *L'aut. dans les maladies est un symptôme des plus graves.* || Théorie d'après laquelle tous les actes de la vie sont produits par des excitations extérieures sans l'intervention d'aucune spontanéité. Descartes a soutenu que les animaux sont privés de tout sentiment et de toute volonté, que ce sont de simples machines et que les signes par lesquels nous croyons qu'ils témoignent leur joie, leur douleur ou leurs passions sont de simples mouvements inconscients provoqués par les influences extérieures, des mouvements réflexes, comme on dirait aujourd'hui. Il réservait ainsi à l'homme seul le bénéfice du sentiment et de la pensée, et creusait un abîme infranchissable entre la vie de l'homme et celle des animaux. Cette théorie paradoxale est connue sous le nom d'*automatisme des animaux* ou *automatisme de Descartes.* Voy. DÉTERMINISME.

AUTOMATISTE ou **AUTOMATURGE.** s. m. (de *automate,* et gr. ἔργον, œuvre). Celui qui fait des automates.

AUTOMÈTRE. s. m. (gr. αὐτὸς, soi-même; μέτρον, mesure). Instrument servant pour les levées de plan et les nivellements.

AUTOMNAL, ALE. adj. [Pr. *ôtom-nal*]. Qui appartient à l'automne. *Plante automnale. Foires automnales.* Au masc. plur. on dit *automnaux* et *automnals*.

AUTOMNATION. s. f. [Pr. *ôtom-nacion*] (R. *automne*). T. Agric. Influence de l'automne sur les plantes.

AUTOMNE. s. m. et f. [Pr. *ôtonne*] (lat. *autumnus*; de *aucto*, j'augmente, parce que c'est la saison où l'on récolte les fruits de l'année). La troisième des quatre saisons de l'année. *Un bel au. Une au. froide et pluvieuse. Un au. fort pluvieux. Le soleil entrait à pleins rayons dans ma chambre, avec ses douces tièdeurs d'automne.* (LAMARTINE.) || Fig., l'âge qui précède la vieillesse. *Il est dans son au. L'au. de la vie.* — L'automne de l'hémisphère boréal commence à l'équinoxe, au moment où le soleil traverse l'équateur, le 21 ou le 22 septembre et finit au solstice, au moment où le soleil atteint son point le plus austral, le 21 ou 22 décembre. Sa durée est de 89 jours 16 heures 30 minutes. Voy. SAISONS.

Obs. gram. — L'étude des grands écrivains prouve qu'ils n'emploient pas tout à fait indifféremment le masc. et le fém. En général, lorsque l'adj. précède le subst., ils font *automne* masc.; ils le font fém., au contraire, lorsque l'adj. suit le nom immédiatement. Cependant cet usage n'est pas suivi d'une manière constante. On l'a critiqué assez spirituellement par cette phrase : *Depuis que nous sommes dans ce pays, c'est le* PREMIER AUTOMNE PLUVIEUSE *que nous ayons* EUE, phrase hermaphrodite qui n'est guère plus ridicule que celle-ci : LES VIEILLES GENS SONT SOUPÇONNEUX. Ici, comme en bien d'autres cas, c'est le bon goût de l'écrivain qui décide. Il semble que l'on ne devrait mettre *automne* au féminin que lorsqu'on envisage cette saison sous le rapport de la fécondité. Sans doute on pourrait décider qu'il ne doit être que d'un seul genre, par exemple du masculin, mais il n'y a aucun mal à ce qu'un mot reste des deux genres, puisque, au fond, il est ainsi, et que la langue française n'a pas de neutre; et il y aurait inconvénient à condamner un usage qui se trouve dans nos écrivains du XVII° siècle et qui, dès lors, nous paraîtrait une faute.

AUTOMOBILE. adj. (gr. αὐτὸς, soi-même, et *mobile*). T. Méc. Qui se meut de soi-même.

AUTOMOTEUR, TRICE. adj. T. Méc. (gr. αὐτὸς, soi-même; et *moteur*). T. Techn. Se dit des appareils qui font d'eux-mêmes manœuvrer certaines pièces dans certains cas déterminés. Est à peu près synonyme d'*Automatique*.

AUTON (JEAN D'), auteur de la *Chronique de Louis XII* (1466-1527).

AUTONOME. adj. 2 g. (gr. αὐτὸς, soi-même; νόμος, loi). Se dit d'une ville ou d'une province qui s'administre elle-même indépendamment du gouvernement central.

AUTONOMÈTRE. s. m. (mot très mal forgé du gr. αὐτὸς, soi-même, et μέτρον, mesure). Instrument servant à prendre soi-même la mesure de ses vêtements.

AUTONOMIE. s. f. Liberté dont jouissent les pays autonomes. L'*aut. politique d'un peuple, aut. communale.* || Liberté, indépendance morale ou intellectuelle. *L'aut. de la conscience.*

AUTOPHAGIE. s. f. (gr. αὐτὸς, soi-même, et φάγειν, manger). T. Physiol. Entretien de la vie aux dépens de sa propre substance, chez un animal soumis à l'inanition.

AUTOPHONE. s. m. (gr. αὐτὸς; φωνὴ, voix). T. Mus. Sorte d'accordéon à manivelle.

AUTOPHONIE. s. f. (gr. αὐτὸς; φωνή, voix). T. Méd. Procédé d'auscultation dans lequel le médecin tire des indications des modifications qu'éprouve sa propre voix quand il parle la tête appuyée sur la poitrine du malade. Voy. AUSCULTATION.

AUTOPLASTIE. s. f. (gr. αὐτὸς; πλαστὸς, formé). Dans le langage de la chirurgie, ce terme désigne la restauration d'une partie mutilée faite aux dépens des parties saines de l'individu, soit que la mutilation résulte d'un accident, soit qu'elle ait été déterminée par une maladie quelconque. L'origine de l'aut. remonte à une haute antiquité. Elle paraît avoir été pratiquée de temps immémorial dans l'Inde, où un mode de pénalité fort en usage consiste à amputer le nez ou les oreilles, souvent même pour le délit le plus léger. L'aut. prend différents noms selon la partie qu'il s'agit de restaurer. Ainsi les termes de *Rhinoplastie*, de *Blépharoplastie*, d'*Otoplastie*, de *Chéiloplastie*, de *Génioplastie*, de *Bronchoplastie*, de *Staphyloplastie*, de *Palatoplastie* ou *Uranoplastie*, désignent l'aut. appliquée au nez, à la paupière, au pavillon de l'oreille, à la lèvre, à la joue, au larynx (et non pas aux bronches), au voile du palais et à la voûte palatine. Quelques auteurs, en se servant de ces noms, changent la terminaison *tie* en celle de *tique*.

Le principe sur lequel repose le système d'opérations chirurgicales appelé du nom générique d'aut., est la possibilité de réunir des parties transportées d'une région à une autre sur le même individu. Tantôt le lambeau est pris au voisinage de la perte de substance, comme sur le front, pour refaire un nez artificiel, et tantôt il est pris à distance, sur le bras, par exemple, pour la même opération de rhinoplastie. De là, deux grandes méthodes dont la première se subdivise en deux autres, selon que le lambeau qu'il s'agit de greffer a une large base ou un simple pédicule. Celle-ci est appelée par les auteurs *méthode indienne*; celle-là est nommée *méthode de Celse* ou *méthode ancienne*; enfin, l'aut. à distance a reçu le nom de *méthode de Tagliacozzi* ou *méthode italienne*. Chacune de ces méthodes compte d'ailleurs plusieurs procédés opératoires distincts; le chirurgien choisit entre eux selon les circonstances du cas auquel il a affaire. Les noms des chirurgiens les plus éminents de notre siècle, tels que Græfe, Roux, Dieffenbach, Lisfranc, Dupuytren, Velpeau, etc., se rattachent à ces procédés et aux perfectionnements de cette branche de la chirurgie, aujourd'hui en progrès, grâce aux nouvelles méthodes de précision qui ont été inaugurées dans l'art moderne des pansements.

AUTOPLASTIQUE adj. (de *autoplastie*). T. de Chir. Qui se rapporte à l'autoplastie.

AUTOPSIE. s. f. (gr. αὐτός; ὄψις, vue). T. Méd. Ouverture et inspection d'un cadavre. || Vision intuitive; État de l'âme dans lequel, suivant les anciens, on avait un commerce intime avec les dieux et l'on participait à leur puissance.

Législ. — Le mot *Aut.*, dans son sens étymologique, désigne tout examen attentif et personnel d'un objet quelconque; mais, dans l'usage ordinaire, il est usité pour exprimer l'inspection détaillée des parties internes d'un cadavre. C'est donc de cette inspection que l'on entend parler quand on emploie ce terme, lors même qu'on n'y ajoute pas l'adj. *cadavérique*, qui en complète la signification. L'aut. a pour objet, soit le progrès de l'art médical, lorsqu'elle est faite dans le but de reconnaître les altérations des organes produites par la maladie à laquelle un individu a succombé, soit la constatation légale des causes de la mort.

Si c'est dans un simple but d'instruction médicale que le médecin désire ouvrir un cadavre, il faut : 1° qu'il en obtienne le consentement de la famille du défunt; 2° que le décès ait été légalement constaté; 3° que l'aut. ait lieu en présence du médecin chargé par la police de cette constatation. Pour ce cas, les formalités à remplir et les autorisations à obtenir sont déterminées par l'ordonnance de police du 14 messidor an XII, et, à Paris, par l'arrêté du préfet de la Seine du 24 décembre 1821.

Quand on soupçonne que la mort d'un individu est le résultat d'un crime, on adresse d'abord au procureur de la République un procès-verbal de *levée* du cadavre, c.-à-d. un procès-verbal qui constate l'état extérieur du corps. D'après les renseignements à lui transmis, ce magistrat juge s'il y a lieu d'ordonner l'aut., désigne les hommes de l'art qui devront y procéder, et leur adresse une réquisition en conséquence. Néanmoins, s'il y a urgence, c.-à-d., si l'état de décomposition du cadavre fait craindre que plus tard l'aut. ne devienne impossible, l'officier de police peut autoriser l'aut. sans attendre les réquisitions du procureur de la République. L'homme de l'art qui a été requis légalement ne peut se dispenser de procéder à l'aut. En conséquence, il examine méthodiquement toutes les cavités, et constate exactement l'état de tous les organes. Il prête serment, car son rapport doit peut-être déterminer des poursuites judiciaires, et plus tard provoquer un acquittement ou une condamnation.

AUTOPSIER. v. a. Faire l'autopsie d'un corps mort.

AUTOPTIQUE. adj. (R. *autopsie*). T. Didact. Qui est relatif à l'autopsie, c.-à-d. à la simple inspection d'un objet.

AUTORISABLE. adj. Qui peut être autorisé.

AUTORISATION. s. f. Action par laquelle on autorise, on accorde une permission, un pouvoir. *L'aut. d'un mari, d'un tuteur. Demander, accorder une aut. L'aut. du gouvernement est nécessaire pour cela.*

Droit. — *L'Aut.* est l'acte par lequel certaines personnes, soit réelles, soit morales, sont relevées de l'incapacité dans laquelle les tient la loi, et sont rendues habiles à contracter ou à plaider. Les causes qui motivent cette incapacité légale sont fort diverses; il en sera parlé aux articles MARIAGE, INTERDICTION, etc. — Les communes, les hospices, les fabriques et autres établissements publics sont considérés comme étant en état d'incapacité perpétuelle, et sont en conséquence placés sous la surveillance de l'administration. Ils ne peuvent ni plaider, ni faire certains actes, sans l'aut. des sous-préfets, et, dans quelques cas, du gouvernement lui-même. — D'après la constitution de l'an VIII, art. 75, les agents du gouvernement ne pouvaient être poursuivis en justice pour crimes ou délits commis dans l'exercice de leurs fonctions, qu'après aut. du Conseil d'État. Le décret du gouvernement de la Défense nationale du 19 septembre 1870 a aboli cette disposition. —Actuellement, il faut une aut. du Sénat ou de la Chambre des députés pour qu'un de leurs membres puisse être jugé pendant le cours de la session, sauf le cas de flagrant délit.

AUTORISER. v. a. Donner autorité. *C'est la loi qui autorise les magistrats.* Ce sens a vieilli. ‖ Donner le pouvoir, la permission de faire quelque chose. *Elle voulait hypothéquer son bien, son mari ne l'y a pas autorisée. Aut. une société anonyme. Je vous autorise à parler en mon nom.* — S'emploie dans un sens anal., en parlant des choses. *J'ai autorisé cette démarche. Comment un général peut-il aut. de semblables violences?* ‖ Par ext., Fournir un motif, un prétexte de faire une chose. *L'inconduite de la mère autorise celle de la fille. L'exemple des chefs autorisait les soldats à se livrer à toutes sortes d'excès.* == s'AUTORISER. v. pron. Acquérir de l'autorité. *Les coutumes s'autorisent par le temps et acquièrent force de loi.* ‖ Prendre droit ou prétexte de faire quelque chose. *Il s'autorise de votre exemple pour agir de la sorte. Il s'applique à justifier tous les vices pour s'aut. à les avoir tous.* == AUTORISÉ, ÉE. part. ‖ Qui fait autorité. *Ces preuves sont empruntées aux savants les plus autorisés.*

AUTORITAIRE. adj. Qui aime ou favorise l'autorité.

AUTORITAIREMENT. adv. D'une façon autoritaire.

AUTORITARISME. s. m. Caractère autoritaire. ‖ Système politique qui admet la nécessité d'une autorité forte équivalant à l'arbitraire.

AUTORITÉ. s. f. (lat. *auctoritas; de aucto,* j'augmente). Droit, pouvoir de commander, d'obliger à quelque chose. *L'aut. divine. L'aut. des lois, des magistrats. L'aut. d'un père de famille sur ses enfants. L'aut. conjugale. Maintenir, conserver, étendre, perdre son aut. Abuser, se prévaloir de son aut. User, agir d'aut. Vente par aut. de justice. Prendre un ton d'aut. Acte d'aut.* Voy. ACTE. — *Il veut tout emporter d'aut.,* se dit d'un homme accoutumé à parler, à agir d'une manière impérieuse — *Faire une chose de son aut. privée,* la faire sans en avoir le droit, ou sans observer les formes ordinaires. ‖ Se prend absol. et sign., l'administration, le gouvernement considéré principalement dans ses rapports avec les citoyens. *L'aut. supérieure. Les agents de l'aut. Recourir, s'adresser à l'aut.* — *Les autorités constituées* ou simplement *Les autorités,* Les magistrats, les hauts fonctionnaires chargés d'une partie quelconque de l'administration publique. *Toutes les autorités de la ville sont allées présenter leurs hommages au prince. Les autorités civiles et militaires du département.* ‖ Crédit, considération, influence. *Il a bien de l'aut. dans son corps, dans sa famille. Ses talents et sa pro-*

bité lui ont acquis une grande aut. dans son pays. — Se dit aussi en parlant des choses. *L'aut. des paroles de quelqu'un. L'aut. d'un témoignage, d'une preuve,* etc. ‖ Sentiment d'un auteur ou d'un personnage important, que l'on rapporte à l'appui de ce que l'on dit. *Il affirme cela sans aut. Les historiens anciens me fourniraient cent autorités pour prouver ce que j'avance. Alléguer, produire, apporter des autorités.* ‖ *Faire aut.,* faire loi, servir de règle en quelque matière. *Autrefois Aristote faisait aut. dans les écoles. Les décisions de ce jurisconsulte font aut. Dans les sciences physiques, l'opinion d'un homme, quel que soit son génie, ne saurait faire aut.*

AUTOSITAIRE. adj. m. (gr. αὐτός, soi-même; σῖτος, nourriture). Se dit d'un monstre double, composé de deux individus semblables dont chacun est analogue à un autosite. Voy. TÉRATOLOGIE.

AUTOSITE. s. m. (gr. αὐτός; σῖτος, nourriture). Monstre capable de vivre et de se nourrir par le jeu de ses propres organes. Voy. TÉRATOLOGIE.

AUTOSUGGESTION. s. f. Voy. SUGGESTION.

AUTOTÉLIE. s. f (gr. αὐτός; τέλος, fin). T. Didact. Qualité de l'être qui a sa fin en soi-même.

AUTOTHÉTIQUE. adj. (gr. αὐτός; θετικός, qui pose, de τίθημι). T. de Philos. Qui est posé par l'esprit même.

AUTOTOMIE. s. f. (gr. αὐτός; τομή, coupure). T. Zool. Action de se mutiler soi-même. Acte par lequel certains animaux, notamment les crabes, brisent et abandonnent un de leurs membres, sous l'influence de certaines excitations subies par ce membre. Ce phénomène paraît avoir dans le règne animal une importance beaucoup plus grande qu'on ne l'avait soupçonné. Il présente toutes sortes de variétés depuis l'amputation spontanée du crabe ou du lézard qui abandonne sa patte ou sa queue pour échapper à son ennemi jusqu'aux divisions qu'on observe chez certains animaux inférieurs, à la suite desquelles les deux tronçons continuent à vivre et qui s'opèrent soit à cause des mauvaises conditions de nutrition, soit dans un but de reproduction. Dans tous les cas, les expériences de MM. Frédéricq et Giard ont montré que l'aut. constitue une action réflexe et non un acte volontaire.

AUTOUR. prép. (R. *tour*). Sert à marquer le rapport d'une chose qui environne une autre chose, ou qui, en se mouvant, fait le tour de celle-ci. *Aut. de lui. Aut. de la tête, du bras Il se promène aut. de la ville. La terre tourne aut. du soleil.* ‖ Fig., *Il a aut. de lui une foule d'intrigants. Il tourne toujours aut. des questions.* ‖ Sign. souvent Auprès, et marque attachement, assiduité. *Ces enfants tournent aut. de leur mère. Elle est si charitable qu'elle est toujours aut. des malades.* ‖ S'emploie adverb. *Il regarda tout aut. si on le suivait. Le palais était fermé; aut., veillait une garde nombreuse.* — *Ici aut.,* Dans le voisinage. *Il demeure quelque part ici aut.* ‖ Prov. : *Il ne faut pas confondre aut. avec alentour.* Ce dernier mot s'emploie plutôt pour les objets éloignés. *Les convives sont aut. d'une table, les serviteurs alentour. Aux alentours d'un village.* On ne peut cependant déterminer une règle absolue.

AUTOUR. s. m. (lat. *astur*). T. Ornith. Les classificateurs ont formé des genres *Autours* et *Éperviers* une sous-famille qu'ils nomment *Accipitrinées* (du lat. *Accipiter,* Épervier), et qui fait partie de la famille des *Falconidées.* — Ces oiseaux sont caractérisés par leurs ailes plus courtes que la queue, et surtout par la forme de leur bec qui se courbe dès sa base. Les *Autours* et les *Éperviers* ont également les tarses écussonnés; mais les premiers les ont plus courts que les seconds.

Il existe un assez grand nombre d'espèces d'Autours, mais une seule habite notre pays : c'est l'*Aut. ordinaire* (*Astur ou Dadalion palumbarius,* Fig. 4). Son plumage est brun en dessus, blanc en dessous, moucheté en long dans le premier âge, et rayé en travers de brun dans l'âge adulte; ses sourcils sont blanchâtres, et sa queue est marquée de cinq bandes plus foncées. L'aut. ordinaire mâle a de 50 à 54 centimètres de longueur, et la femelle en a environ 60. Cette espèce habite de préférence les montagnes boisées; elle se nourrit de pigeons, de poules, de levrauts, de rats, etc. Le vol des autours est bas, et la forme de leurs ailes les oblige à fondre obliquement sur leur proie. — Le plumage de l'*Épervier commun (Falco nisus)* ressemble beaucoup à

Fig. 1.

celui de l'aut.; mais ses jambes sont plus hautes et il est d'un tiers plus petit (Fig. 2). La longueur de son doigt médian lui permet de saisir sa proie avec beaucoup de facilité. Cet oiseau est très répandu chez nous. Il se nourrit de souris, de taupes, de petits oiseaux, de lézards et de mollusques. — Au moyen

Fig. 2.

âge, on dressait à la chasse l'aut. et l'épervier, mais on les employait uniquement contre le menu gibier. Voy. FAUCON-NERIE.

Anecd. — Un imprimeur, ayant à se plaindre de l'auteur d'un ouvrage d'histoire naturelle, fit la faute d'impression suivante : L'auteur (pour autour) est une espèce de buse.

AUTOURSERIE. s. f. L'art d'élever et de dresser des autours. Voy. FAUCONNERIE.

AUTOURSIER. s. m. (de *autour*). Celui qui dresse des autours.

AUTRAN, poète et littérateur français (1813-1877), auteur des *Poèmes de la mer*, de *Laboureurs et Soldats*, de la *Fille d'Eschyle*.

AUTRE. adj. 2 g. (lat. *alter*). Il marque distinction, différence entre les personnes ou entre les choses. *Je n'ai jamais*

eu son au. frère. Il m'a irrité avec deux autres personnes. L'une et l'au. saison est favorable. Souvent il est morose, d'autres fois il est d'une gaieté folle. Entre autres choses il exigea que... D'une ou d'au. manière, cela se fera. ‖ S'emploie ordinairement avec ellipse du nom auquel il se rapporte, lorsque ce nom a déjà été exprimé dans la phrase. Il tua l'un des assaillants et mit en fuite les autres. Mon chapeau est usé, je vais en acheter un au. Aller de côté et d'au. ‖ L'au. s'oppose fréquemment à l'un ou à certains termes analogues. Dans ce cas, le mot auquel il se rapporte est toujours sous-entendu. Des deux livres que vous me demandez, voici l'un, voilà l'au. Des deux frères, l'un a pris le parti de l'Église, l'au. le parti de l'épée. Ils sont morts l'un et l'au. Je n'ai vu ni l'un ni l'au., ni les uns ni les autres. Ni l'un ni l'au. n'ont fait leur devoir. Je prends celui-ci et je vous laisse l'au. Ils se détestent l'un l'au. Ils sont faits l'un pour l'un. Ils sont dupes les uns des autres. Il ne faut pas confondre l'un avec l'au. ‖ On dit d'un homme qui a changé en bien ou en mal, C'est un au. homme, tout un au. homme, ou mieux un tout au. homme. Il est devenu tout au. Je le trouve tout au. Se prend plus ordinairement en bonne part. ‖ Fam., Parler de choses et d'autres, S'entretenir de diverses choses. — Il dit d'une façon et il fait d'une au. Ses actions sont contraires à ses discours. — Prov. : Autres temps, autres mœurs, Les mœurs changent avec le temps. — Fam., L'un vaut l'au., ou Qui voit l'un voit l'au., Il n'y a pas de différence entre eux. — Il y en a d'uns et d'autres, Il y en a de bons et de mauvais. — C'est tout un ou tout au., Il n'y a point de milieu, point d'autre alternative. — L'un dans l'au., En portant l'au., En compensant l'un avec l'au. — Il n'en fait pas d'autres, C'est son habitude d'agir de la sorte. ‖ Quelquefois Au. marque une différence notable du moins au plus. L'homme que vous citez est habile, mais celui dont je vous parle est bien un au. homme. Le vin que nous bûmes hier était bon, mais celui d'aujourd'hui est bien d'un. vin. — Fam., Il en sait bien d'autres, Il est capable de bien d'autres tours. — J'en ai vu bien d'autres, J'ai vu des choses bien plus extraordinaires. — En voici bien d'une au. ou d'un au., Voici une chose encore plus surprenante. ‖ S'emploie dans le sens de second, et marque la ressemblance, l'égalité, la conformité qu'il y a entre deux personnes, entre deux choses. C'est un au. Alexandre, un au. César. Il le regarde comme un au. lui-même. Cette ville est un au. Paris. ‖ Se prend absol. et sign. Une autre personne en général. J'aime mieux que vous l'appreniez d'un au. que de moi. Toute au. qu'elle ne s'en serait pas si bien tirée. Il rejette toujours la faute sur les autres. D'autres vous flatteraient, mais je vous dois la vérité. Il dîne toujours chez l'un ou chez l'au. — Fam. et popul., Comme dit l'au., Comme dit cet au., Comme on dit. Ah! cet au.! écoutez ce que vous dit cet au., façon de parler populaire qui marque que l'on n'ajoute pas foi aux paroles de quelqu'un et qui exprime une sorte de mépris. — A d'autres, Allez compter vos sornettes à d'autres personnes; quant à moi, je n'en crois rien. ‖ Fam., Nous autres, vous autres, Nous, vous. ‖ L'au. jour, Un des jours qui ont précédé celui où l'on parle. Je l'ai rencontré, l'au. jour, votre père.

Obs. gram. — Les locutions : En voici bien d'une au. et En voici bien d'un au., sont toutes deux autorisées par l'Académie; néanmoins la première est la plus usitée, parce que, dans cette phrase elliptique, c'est le mot sorte que l'on sous-entend le plus souvent. = Lorsque le mot au. se trouve dans une proposition principale suivie d'une proposition subordonnée unie à la première par la conj. que, la proposition subordonnée prend la particule explétive ne, mais seulement si la proposition principale est affirmative; elle ne la prend pas lorsque celle-ci est négative ou interrogative : C'est au. chose que je ne pensais; Il est tout au. que je ne l'ai connu; L'événement n'a pas été au. que je l'imaginais; Pensiez-vous me trouver au. que vous m'avez connu? La même observation s'applique à l'adv. autrement. Voy. ce mot. = Quand l'un, l'au. sont employés disjonctivement, comme dans ces phrases : Démosthène et Cicéron sont les deux plus grands orateurs de l'antiquité : l'un a plus de force, l'autre a plus d'abondance; J'aime presque également l'étude et la paresse, mais l'une me distrait et l'au. me laisse en proie à l'ennui, il faut noter que l'un ou l'une se rapporte toujours à la personne ou à la chose dont on a parlé d'abord, et l'au. à la seconde. — On confond souvent les deux loc. L'un l'au. et L'un et l'au. Il existe cependant entre elles une différence bien tranchée. *L'un l'au.* exprime une action mutuelle, réciproque de la part de plusieurs personnes ou de plusieurs choses : *Ils se vantent l'un l'au.; Elles médisent l'une de l'au.; Ils se font des présents l'un à l'au.* On emploie également au pluriel : *Aimez-vous les uns les autres; Nous nous devons des égards les uns aux autres; Ils feront bien de se défier les uns des autres.* La loc. *L'un et l'au.* marque une idée de réunion, de connexité, de similitude entre plusieurs personnes ou entre plusieurs choses : *Elle n'avait que deux enfants, elle les a perdus l'un et l'au.; Deux historiens parlent de ce fait, l'un et l'au. le racontent de la même manière.* Au pluriel : *Il a trompé les uns et les autres; Défiez-vous des uns et des autres.*

AUTREFOIS. adv. Anciennement, jadis, au temps passé. *C'était aut. l'usage. Aut. on croyait que... Les hommes d'aut. vivaient, dit-on, plus longtemps que ceux d'aujourd'hui.* — Syn. Voy. ANCIENNEMENT.

AUTREMENT. adv. D'une autre façon, d'une manière différente. *Faisons aut. Suivant lui la chose s'est passée tout aut. Il agit aut. qu'il ne pense. La femme sent et pense aut. que l'homme. Cette affaire est bien aut. importante que vous ne pensez, Est beaucoup plus importante que...* || Sinon, sans cela. *Soyez sage, aut. je vous châtierai. Il vous a rendu sa charge à cette condition, aut. il n'eût pas voulu s'en défaire.* || Pas aut., loc. fam., qui sign., Peu, guère. *C'est un homme qui n'est pas aut. riche. Est-il malade? Pas aut.; mais il est chagrin.* — Obs. gram. Voy. AUTRE.

AUTRICHE (En allemand : *OEsterreich*), province de la monarchie austro-hongroise comprise entre la Moravie et la Bohême au nord, la Bavière et la province de Salzbourg à l'ouest, la Styrie au sud et la Hongrie à l'est. — Désigne par extension la partie de la monarchie austro-hongroise limitée au nord et à l'ouest par l'Allemagne, à l'ouest encore par la Suisse, au sud par l'Italie, à l'est par la Hongrie et la Russie. Cette partie porte encore le nom de *Cisleithanie*. Nom des hab. : AUTRICHIEN, ENNE.

L'Autriche actuelle était connue des Romains sous le nom d'Illyrie, de Norique et de Pannonie supérieure. Les Barbares la traversèrent sans s'y fixer, et Charlemagne la conquit à la fin du VIIIe siècle. Elle devint ensuite un margraviat, puis un marquisat, et, enfin, un duché s'étendant sur les bords du Danube et allant de la Drave au 14e de long. or. En 1250, un petit seigneur de la Suisse allemande, Rodolphe, comte de Habsbourg, hérita du duché; peu d'années après, en 1273, ce comte de Habsbourg devenait empereur d'Allemagne : la maison d'Autriche était fondée. Cette maison, assez modeste à ses débuts, n'a pas tardé, par des mariages ou par des guerres, à constituer dans l'Europe centrale un empire redoutable, qui a atteint son apogée au XVIe siècle avec Charles-Quint (1521-1555). Son ambition fut définitivement bornée du côté de l'Occident par le traité de Westphalie (1648), qui termina la guerre de Trente ans; l'Autriche se retourne alors du côté de l'Orient et de l'Italie, où elle devient prépondérante au XVIIIe siècle.

Mais, depuis les guerres de la République et de l'Empire, son influence n'a cessé de diminuer. Au temps de Napoléon Ier, le chef de la maison perdit le titre d'empereur d'Allemagne et dut se contenter de celui d'empereur d'Autriche; en 1859, nouvel affaiblissement, l'Autriche abandonne ses dernières provinces italiennes; en 1866, elle est exclue de la confédération germanique; enfin, en 1867, elle doit composer avec les Hongrois qu'elle tenait depuis des siècles sous sa domination et leur accorder une constitution dualiste qui a placé les deux pays sur un pied d'égalité.

La partie de l'empire qui s'appelle plus particulièrement

Autriche, est située à l'ouest et séparée de la Hongrie par un petit affluent du Danube, nommé la *Leitha*. Elle confine à la mer Adriatique par ses provinces de Dalmatie et d'Istrie et est, pour le reste, un pays absolument continental. Les montagnes forment deux massifs très distincts : au nord est le quadrilatère de Bohême avec les monts de Moravie, le Bœhmer-Wald, l'Erz-Gebirge et le Riesen-Gebirge; à l'ouest se trouvent les Alpes avec leurs différentes ramifications : Alpes Suisses, Alpes du Tyrol, Alpes Carniques, Alpes Dinariques, Alpes de Styrie, Alpes Noriques. Les plus hauts sommets sont le mont Ortler (3,900 mètres) dans les Alpes du Tyrol, et le pic des Trois-Seigneurs (3,200 mètres). — Les cours d'eau prennent leur source dans le pays ou ne font que le traverser; aucun ne s'y jette dans la mer. Vers la mer du Nord s'écoulent l'Elbe et le Rhin; vers l'Adriatique, l'Adige et l'Isonzo, et vers la mer Noire le Danube, qui traverse l'Autriche proprement dite depuis Passau jusqu'à son confluent avec la Leitha.

L'Autriche a une population de 24 millions d'habitants, presque tous de race germanique et appartenant à la religion catholique. Elle est divisée en 14 provinces, qui se subdivisent à leur tour en 61 cercles ou districts :

PROVINCES	SUPER-FICIE	POPU-LATION	CHEFS-LIEUX	
Tyrol et Vorarlberg . .	29k300	930,000	Innsbruck. .	25,000
Salzbourg. . . .	7,200	175,000	Salzbourg. .	27,000
Carinthie	10,400	360,000	Klagenfurth.	20,000
Styrie. . . .	22,500	1,290,000	Gratz	115,000
Haute Autriche.	12,000	785,000	Linz	48,000
Basse Autriche.	19,800	2,660,000	Vienne . . .	1,375,000
Istrie et Littoral.	8,000	320,000	Trieste . . .	160,000
Dalmatie . . .	12,000	530,000	Zara	30,000
Carniole	10,000	500,000	Laybach . .	30,000
Galicie	78,500	6,610,000	Lemberg . .	130,000
Bukovine . . .	10,450	650,000	Czernowitz. .	55,000
Bohême. . . .	51,950	5,850,000	Prague . . .	185,000
Moravie. . . .	22,200	2,280,000	Brünn . . .	95,000
Silésie	5,000	605,000	Troppau . .	23,000

AUTRICHE-HONGRIE

Le budget s'élève à plus d'un milliard 300,000 francs. Les monnaies usitées sont : le gulden ou florin, 2f,50; la couronne, monnaie d'or, de 34f,40, et la demi-couronne, de 17f,20. Il y a, en outre, des pièces de 10 francs et de 20 francs, correspondant à notre monnaie. — L'effectif de l'armée est de 150,000 hommes en temps de paix et de 500,000 hommes en temps de guerre. L'instruction y est très développée; c'est un des pays de l'Europe où l'on compte le moins d'ignorants.

Au point de vue économique, l'agriculture nous présente les pâturages de Styrie et de Carinthie et de belles races de mérinos. L'industrie nous offre particulièrement les verreries et les faïences de Bohème, la carrosserie de Vienne, les ameublements de Vienne, les broderies du Vorarlberg et les dentelles de Prague. Le commerce extérieur se fait tout à la fois par la voie du Danube et par le port de Trieste, l'un des plus importants de la Méditerranée. Ce seul port fait 800 millions d'affaires.

AUTRICHE-HONGRIE, vaste monarchie de l'Europe centrale, composée de deux groupes politiques unis par la Constitution de 1867, et qui forment, d'une part, l'empire d'Autriche avec 14 provinces, et, de l'autre, le royaume de Hongrie avec 7 provinces. La ligne de démarcation, ou, si l'on préfère, le trait d'union qui existe entre ces deux parties, est une petite rivière de 130 kil., qui se jette dans le Danube : la Leitha, d'où le nom de Cisleithanie donné au groupe de l'ouest, et celui de Transleithanie donné au groupe oriental.

Chacun de ces groupes a ses institutions propres et son autonomie. Il existe toutefois, pour l'administration commune, trois ministères (affaires étrangères, guerre et finances), qui forment un intermédiaire entre l'empereur-roi et le gouvernement de chaque pays. Le budget commun dépasse un peu 300 millions de francs ; il existe aussi une armée commune, organisée sur le système prussien et où la langue officielle est l'allemand. — La population totale est de 40 millions d'habitants pour une superficie de 632,310 kil. carrés. Les races les plus diverses se coudoient et se mélangent à peu près dans les proportions suivantes :

Allemands, 10,000,000 ; Tchèques, 6,800,000 ; Magyars, 5,500,000 ; Ruthènes, 3,300,000 ; Roumains, 3,300,000 ; Croates-Serbes, 3,000,000 ; Polonais, 2,800,000 ; Slovènes, 1,250,000 ; Italiens, 1,000,000 ; Juifs, 1,300,000 ; divers (Russes, Grecs, etc.), 500,000.

L'antagonisme de ces races est une menace constante pour l'unité de l'empire, laquelle ne se maintient que par la fidélité personnelle au souverain.

Liste chronologique des empereurs d'Autriche. — François II abdique le titre d'empereur d'Allemagne en 1806, et prend celui d'empereur d'Autriche, sous le nom de François Ier. — Ferdinand Ier, emp. d'Autriche, 1835. — François-Joseph Ier, 1848.

AUTRUCHE. s. f. (gr. στρουθός, m. s.). T. Ornith. L'*Aut.* forme le premier genre de la famille des *Brévipennes* ou *Coureurs*, ou *Struthionidées*.

L'*Aut.* propre (Fig. 1) est le plus grand de tous les oiseaux connus qui se rencontrent aujourd'hui à l'état vivant. Elle atteint une hauteur de 2 mètres à 2m50, et son poids va de 40 à 50 kilogrammes. Sa tête est chauve et très petite comparativement au reste du corps ; son bec est déprimé horizontalement, de longueur médiocre, et

Fig. 1.

mousse à son extrémité ; son œil est grand et ses paupières sont garnies de cils ; la longueur de son cou atteint presque 1 mètre ;

ses jambes sont dénuées de plumes ; ses tarses sont très élevés, et ses pieds n'ont que deux doigts, dont l'externe, plus court que l'autre de moitié, est dépourvu d'ongle. Le sternum de l'aut. consiste en un simple bouclier, et ne présente pas cette crête longitudinale qui existe chez les oiseaux propres au vol ; aussi les muscles pectoraux sont-ils fort minces ; mais, en revanche, les muscles des cuisses et des jambes sont d'une extrême épaisseur. Ses ailes sont très courtes et garnies de plumes lâches et flexibles, dont les barbes ne s'accrochent pas les unes aux autres comme chez les autres oiseaux. Ces organes sont donc impropres au vol ; cependant ils sont d'un grand secours à l'aut., lorsqu'elle s'enfuit pour échapper à la poursuite des bêtes féroces et surtout de l'homme, qui lui fait une guerre acharnée. Un caractère analogue singulier, qui n'a été observé que chez l'aut. et chez le nandou, parmi les oiseaux, c'est que la portion terminale du canal intestinal forme un vaste réservoir où l'urine s'accumule comme dans une vessie ; de là résulte pour eux la faculté d'uriner. Chez ces deux oiseaux enfin les organes reproducteurs sont conformés comme chez les grands quadrupèdes. — L'*Aut.* propre se rencontre dans toute l'Afrique, depuis la Barbarie jusqu'au cap de Bonne-Espérance ; elle est également répandue en Arabie. Ces oiseaux habitent de préférence les lieux arides et solitaires, où ils vivent tantôt en troupes nombreuses, tantôt en groupes composés de quelques individus seulement. Quelquefois on les voit paître côte à côte avec des troupes de zèbres. L'aut. en effet vit d'herbages et de graines ; mais son goût est si obtus qu'elle avale indifféremment des cailloux, des morceaux de fer, etc. ; de là l'expression proverbiale : *Avoir un estomac d'aut.* Les Arabes donnent à l'aut. le nom d'*Oiseau-Chameau*, à cause des analogies de forme et d'habitudes qu'ils ont remarquées entre ces deux animaux, et Linné a transporté cette dénomination pittoresque dans le langage scientifique, en imposant à l'aut. le nom de *Struthio camelus*. L'aut. femelle pond une quinzaine d'œufs. Sous la zone torride, elle se contente de les déposer dans le sable pendant la journée, et ne les couve que la nuit ; mais au sud et au nord de cette zone les œufs sont couvés jour et nuit. L'incubation dure vingt-trois jours suivant certains auteurs, et quarante-deux suivant d'autres. Il paraît que le mâle partage avec la femelle le soin de couver les œufs et d'élever les petits. Ces œufs sont d'un volume énorme ; leur grand diamètre est d'environ 15 centimètres et leur petit diamètre de 12 ; ils pèsent à peu près 1,500 grammes, et sont fort bons à manger. Leur couleur est d'un blanc sale tirant sur le jaune ; leur coque est très dure et on peut s'en servir en manière de vase. A la sortie de l'œuf, les petits courent et cherchent leur nourriture. Dans le jeune âge, l'aut. a la tête et le cou entièrement couverts d'un duvet fauve, épais et soyeux, rayé de bandes plus foncées ; le reste du corps est hérissé de *contous* ou tuyaux de plumes, d'où sort une touffe de barbes disposées en pinceau. Cette première *livrée* de duvet et de plumes tombe et se renouvelle en se modifiant avant que l'oiseau devienne adulte. Chez ce dernier, la tête et le cou sont seulement garnis de poils rares et clairsemés, la peau du cou devient rouge pendant l'époque du rut. — La chair des jeunes autruches est mangeable ; mais celle des adultes est dure et coriace ; néanmoins les nègres s'en nourrissent. Sa peau fournit un cuir excellent. — Au reste, c'est exclusivement pour ses plumes, qui déjà dans l'antiquité étaient recherchées comme article d'ornement, qu'on chasse l'aut. ou qu'on l'élève en domesticité. Les plumes qui servent à cet objet sont celles des ailes et de la queue. Celles des mâles sont plus estimées que celles des femelles, et l'on préfère surtout celles qui ont été enlevées à l'animal vivant. — Prise jeune, l'aut. s'apprivoise aisément. Certaines tribus africaines en élèvent, dit-on, en état de quasi-domesticité, des troupeaux assez nombreux. Ils les renferment dans des parcs où ils pourvoient à leur nourriture. Le fait paraît assez probable, si l'on considère l'énorme quantité de plumes d'aut. que nous rapporte le commerce. Si la chasse seule les fournissait, l'espèce ne tarderait pas sans doute à s'éteindre. On a pu dresser cet oiseau à se laisser monter par l'homme, comme le cheval. Il supporte assez bien ce fardeau, et court avec une rapidité prodigieuse ; mais il n'est guère possible au cavalier de diriger à son gré cette monture de nouvelle espèce. Nous avons vu au Jardin zoologique d'Acclimatation de ces oiseaux traîner des voitures.

Au Jardin d'Essai d'Alger on en élève un troupeau.

L'Amérique du Sud possède une espèce particulière d'aut., appelée *Nandou* ou *Churi* (*Rhea americana*). La taille du *Nandou* (Fig. 2) ne dépasse pas 1m30 à 1m60. Il a le bec droit, les narines très allongées, les pieds robustes avec trois doigts munis d'ongles à chaque pied; ce dernier caractère le distingue essentiellement de l'aut. d'Afrique. Sa tête et son cou sont revêtus de plumes grisâtres semblables à celles du dos et des cuisses. Les ailes sont assez longues, mais cependant insuffisantes pour le vol. Les plumes de ces parties sont longues d'environ 30 centimètres, nombreuses, très touffues et d'un gris bleuâtre. Elles sont bien loin d'avoir la valeur de celles de l'aut.; aussi ne servent-elles qu'à faire des panaches et des houssoirs. L'organisation interne du nandou offre la plus grande analogie avec celle de l'aut. Cet oiseau vit, soit par couples isolés, soit par bandes

Fig. 2.

nombreuses, dans les plaines découvertes, sans jamais se hasarder dans les contrées boisées. Il habite depuis les régions tropicales de l'Amérique du Sud jusqu'au détroit de Magellan, dont le climat est celui du nord de l'Europe. — La femelle du nandou pond à terre, dans un trou peu profond qu'elle garnit d'un peu de paille. Ses œufs, au nombre de seize ou dix-sept, ont à peu près la moitié du volume des œufs d'aut.; ils sont de la même grosseur par les deux bouts. On trouve souvent des nids de nandou qui contiennent de soixante-quinze à quatre-vingts œufs, fait singulier, qui prouve que plusieurs femelles viennent pondre dans le même nid. Le Nandou, pris jeune, s'apprivoise aisément et devient extrêmement familier; mais, dans les basses-cours, on doit le tenir séparé des autres espèces d'oiseaux, car il abuse de sa force pour les maltraiter. La chair du nandou adulte est très médiocre, celle des jeunes est assez bonne. Leur peau sert à fabriquer des bourses.

AUTRUI. s. m. (lat. *alter, alterius*). Les autres hommes, le prochain. *Il ne faut pas désirer le bien d'au. Ne fais pas à au. ce que tu ne voudrais pas qui te fût fait. Vivre aux dépens d'au. Parler par la bouche d'au.* — *En épousant les intérêts d'au., nous ne devons pas en épouser les passions.* ‖ Prov., *Mal d'au. n'est que songe,* Le mal du prochain ne touche guère. — Fig. et prov., *Qui s'attend à l'écuelle d'au. a souvent mal diné,* Celui qui compte sur les autres est souvent trompé dans ses espérances. ‖ *Au.* n'a pas de plur. et n'est jamais précédé de l'article, excepté dans cette ancienne formule de chancellerie : *Sauf en autres choses notre droit, et l'au. en toutes,* Et le droit des autres en toutes.

AUTUN, ch.-l. d'arr. (Saône-et-Loire), 15,200 hab., évêché. Ancienne capitale des Éduens, autrefois *Bibracte, Ædua,* puis *Augustodunum.* Anciens murs romains et deux portes antiques monumentales. — Nom des hab. : AUTUNOIS, OISE.

AUTUNITE. s. f. (R. *Autun*). T. Minér. Phosphate hydraté d'urane et de chaux, en lames ou en cristaux orthorhombiques, presque quadratiques, d'un jaune verdâtre, à éclat nacré.

AUVEL. s. m. T. de Pêche. Sorte de claie en cannes avec laquelle on construit l'enceinte des bourdignes.

AUVENT. s. m. (de *ante-vannus,* van avancé. On a écrit au XVe siècle *ôte-vent,* par une interprétation différente.) Petit toit incliné à un seul rampant qu'on place au-dessus d'une porte pour préserver de la pluie. ‖ T. de Jardinage. Abri en paillasson ou en bois pour garantir les arbres ou espaliers des gelées du printemps. ‖ T. de Marine. Sorte de faux sabord volant dont on se sert contre la pluie.

AUVERGNE. s. f. T. Métier. Dissolution de tan dans laquelle on fait macérer la peau de veau.

AUVERGNE (*Arvernia*), anc. province de France, a formé les départements du Puy-de-Dôme, du Cantal, et en partie de la Haute-Loire. Elle avait pour capitale Clermont-Ferrand. La basse Auvergne, célèbre par sa fertilité, portait aussi le nom de *Limagne.* Anciens volcans. Les dialectes ou patois parlés encore aujourd'hui chez les paysans d'Auvergne constituent une véritable langue, dérivée du latin et du celtique. ⸗ Nom des hab. : AUVERGNAT, ATE.

AUVERGNER. v. a. T. Métier. Faire tremper les peaux dans une dissolution de tan.

AUVERNAT. s. m. Nom d'un certain vin d'Orléans.

AUVERT. Employé seulement dans le *Diable auv.,* locution fautive pour le *Diable-vauvert.*

AUVILLARS, ch.-l. de c. (Tarn-et-Garonne), arr. de Moissac, 1,300 hab.

AUXERRE [Pr. *ô-cè-re*] (en latin *Autissiodurum*), ch.-l. du dép. de l'Yonne, sur la rivière l'Yonne, 18,000 hab. Ancienne cap. de l'Auxerrois. Patrie de saint Germain, évêque d'Auxerre. La cathédrale, dédiée à saint Étienne, est un des plus beaux édifices gothiques que nous ayons en France.

AUXI-LE-CHÂTEAU, ch.-l. de c. (Pas-de-Calais), arr. de Saint-Pol, 2,700 hab.

AUXILIAIRE. adj. 2 g. (lat. *auxilium,* secours). Qui aide, dont on tire des secours. Est surtout usité en parlant des troupes qu'un État envoie au secours d'un autre État. *Armée aux. Troupes auxiliaires.* — S'emploie substant. *Un corps d'auxiliaires. J'ai trouvé en lui un puissant aux. Quand on a pour auxiliaires le bon droit et la raison, on doit triompher.* ‖ T. Anat. On donne quelquefois le nom de *Muscles auxiliaires.* aux muscles qui concourent à produire un même mouvement. ‖ T. Thérap. *Aux.* s'emploie parfois comme syn. d'*Adjuvant.* Voy. ce mot. ‖ T. Gram. *Verbes auxiliaires,* Verbes qui servent à former plusieurs temps des autres verbes.

Gram. — Presque toutes les langues ont des verbes *auxiliaires;* nous en avons deux en français, le v. *Avoir* et le v. *Être.* — Le premier sert : 1° à former ses propres temps composés, *J'ai eu, J'avais eu,* etc.; 2° à conjuguer les temps composés du v. *Être, J'ai été, J'eusse été,* etc.; 3° les temps composés des verbes actifs, *J'ai chanté, J'aurais aimé, J'eusse eu,* etc.; 4° les temps composés de tous les verbes neutres dont le participe est invariable, *J'ai grandi, J'aurais couru, Ils auraient dansé,* etc.; 5° enfin, les temps composés d'une foule de verbes unipersonnels, *Il a plu, Il aurait neigé, S'il eût convenu,* etc. — Quant à l'aux. *Être,* il sert à conjuguer : 1° tous les temps des verbes passifs, *Il est aimé, Être frappé. Vous avez été chassé,* etc.; 2° les temps composés des verbes pronominaux, *Vous vous êtes blessés, Nous nous sommes trompés, Il s'est repenti,* etc.; 3° les temps composés des verbes neutres dont le participe est variable, *Il est mort, Quand nous fûmes arrivés, Lorsque l'été sera passé,* etc.; 4° les temps composés de certains verbes unipersonnels, *Il est advenu que..., S'il était constaté..., Il fut arrêté...,* etc. — Cependant les verbes *Être* et *Avoir* ne sont pas toujours auxiliaires. L'un est ordinairement v. substantif, c.-à-d. qui sert à affirmer l'existence, purement et simplement; l'autre est un v. actif, tout comme *Aimer, Finir, Recevoir,* etc. Voy. ÊTRE, AVOIR, CONJUGAISON et VERBE.

AUXOIS, pays de l'anc. province de Bourgogne; v. principales : *Semur, Avallon, Montbard.*

62

AUXOMÈTRE. s. m. (gr. αὔξος, grossissement; μέτρον, mesure). T. de Phys. Instrument employé pour mesurer de combien un appareil d'optique grossit les objets.

AUXONNE [Pr. ô-son-ne], ch. de c. (Côte-d'Or), arr. de Dijon, sur la Saône, 6,700 hab.

AUXONOMÈTRE. s. m. (gr. αὔξειν, augmenter; μέτρον, mesure). Appareil destiné à mesurer la croissance d'une plante à de courts intervalles de temps.

AUZANCES, ch.-l. de c. (Creuse), arr. d'Aubusson, 1,500 hab.

AUZON, ch.-l. de c. (Haute-Loire), arr. de Brioude, 1,600 hab.

AUZOUT (ADRIEN), mathématicien, né à Rouen en 1630, mort en 1691, inventeur du micromètre.

AVACHIR (S'). v. pron. (all. weich, mou). Devenir lâche, mou, flasque, sans vigueur. Se dit par aval. en parlant des personnes auxquelles un excès d'embonpoint fait perdre la fermeté de leurs formes. Se dit aussi d'une étoffe, du cuir, d'un habit, lorsqu'ils se déforment et s'affaissent par l'usage. == AVACHI, IE. part.

AVAGE. s. m. Droit que les exécuteurs de la haute justice levaient en argent ou en nature en quelques lieux, et certains jours de marché.

AVAILLES. ch.-l. de c. (Vienne), arr. de Civray, 2,250 hab.

AVAL. s. m. (lat. ad, vers; vallis, vallée). Le bas du courant d'une rivière par opposition à l'amont qui est la direction du haut. Ce bateau vient d'av., va en av. En av. de l'écluse. — T. Mar. Vent d'av., se dit, sur nos côtes, de tout vent qui vient du large, depuis le sud-sud-est jusqu'au nord-nord-ouest, en passant par l'ouest.

AVAL. s. m. (R. aval, en bas. à cause de la place de la signature; mais ne serait-ce pas plutôt un diminutif d'à valoir?). T. Banque et Commerce. Il y a diverses manières de garantir le payement d'une lettre de change. L'av. est le cautionnement fourni par un tiers qui n'est lui-même ni tireur, ni endosseur, ni accepteur. On peut donner la garantie par av., soit sur une lettre de change même, soit au moyen d'un acte séparé. Dans le premier cas, le garant se contente d'apposer sa signature précédée des mots : Pour aval; dans le second, qui n'a lieu d'ordinaire que lorsque cette espèce de caution est fournie par une personne illettrée, l'av. est donné dans un acte notarié. L'art. 112 du C. de Comm. dispose que le donneur d'av. est tenu solidairement et par les mêmes voies que les tireurs et endosseurs, sauf les conventions différentes des parties. Quelquefois la garantie du donneur d'av. est générale, d'autres fois elle est fournie seulement pour un temps fixe, et est soumise à l'accomplissement de certaines conditions. Les parties peuvent au reste déroger aux règles ordinaires par des conventions spéciales.

AVALAGE. s. m. (R. avaler, c.-à-d. descendre). Descente d'une pièce de vin dans une cave. || Action de faire descendre à un bateau le cours d'une rivière.

AVALAISON ou **AVALASSE.** s. f. (R. avaler, descendre). Chute d'eau torrentielle qui est produite par des pluies abondantes. Peu us. || T. Mar. On donne le nom d'Avalaison à un vent d'aval qui souffle plusieurs jours sans interruption. || Amas de pierres déposé par les eaux.

AVALANCHE. s. f. (lat. ad, vers; vallis, vallée). T. Géol. On donne le nom d'Av. à une masse de neige qui se précipite avec fracas du sommet des hautes montagnes au fond des vallées. Cette masse grossit sans cesse dans sa course, en entraînant avec elle les neiges qu'elle rencontre, et acquiert ainsi un volume si considérable et une rapidité telle, qu'elle renverse tout ce qu'elle rencontre sur son passage, arbres, rochers, habitations. Ce phénomène redoutable s'observe plus fréquemment sur les montagnes dépouillées que sur celles qui sont boisées. C'est surtout au printemps, à l'époque de la fonte des neiges, que les avalanches sont fréquentes et dangereuses. La terre échauffée par les rayons solaires fond les couches de neige qui la recouvrent immédiatement ; alors les masses de neige qui reposaient sur ces couches inférieures cessent d'avoir un point d'appui, et restent, pour ainsi dire, suspendues et menaçantes. La moindre agitation de l'air suffit donc pour détacher les neiges supérieures. Le pas ou la voix des voyageurs détermine souvent la chute de masses énormes de neiges qui s'écroulent avec un bruit plus terrible que celui du tonnerre. — En hiver, il y a aussi des avalanches, mais elles sont en général produites par un vent très violent, ou bien encore par un froid très intense et très sec, qui a eu pour effet de pulvériser la neige. Celle-ci ayant ainsi perdu sa cohésion naturelle, des masses considérables peuvent s'ébouler au moindre choc. — Dans les montagnes de la Suisse, on donne à ce dernier genre d'avalanches le nom de Lauvines venteuses; les autres sont nommées Lavanges ou Lauvines jouvières. — Il arrive souvent encore que des voyageurs, sans être atteints directement par l'av., sont renversés par le vent impétueux qui l'accompagne et qui est déterminé par la violence excessive avec laquelle la masse de neige, dans sa course furieuse, refoule l'air sur son passage. — C'est à une av. qu'il faut attribuer la catastrophe qui détruisit l'établissement de Saint-Gervais-les-Bains au mois de juillet 1892, et ensevelit une partie de cette belle vallée sous une masse prodigieuse de boue formée d'un mélange de neige fondue et de débris de terre et de roches enlevés aux flancs de la montagne.

AVALANT, ANTE. adj. T. Marinier. Qui descend, qui va en aval.

AVALASSE. s. f. Voy. AVALAISON.

AVALÉE. s. f. (R. avaler, c.-à-d. descendre). Quantité d'ouvrage faite par le tisserand sans dérouler les ensuples.

AVALEMENT. s. f. Action de descendre, résultat de cette action. || Action de faire descendre par le gosier.

AVALER. v. a. (R. aval). Faire descendre. Avaler une pièce de vin dans la cave. || T. Jard. Avaler une branche. La couper près du tronc. || Faire descendre par le gosier, dans le tube digestif, une substance quelconque soit solide, soit fluide. Av. un bouillon, un œuf. Av. une arête, une épingle. — S'emploie absol. Il ne peut plus av. — Ne faire que tordre et av., Manger précipitamment, avaler sans mâcher. || Fam. et par exagér., Il avalerait la mer et les poissons, se dit, au prop., d'un homme dont il est impossible d'apaiser la soif ou la faim, et au fig., d'un homme trop avide de richesses. || Prov. et fig., Av. le calice, Av. le morceau, Se soumettre à quelque chose de fâcheux, malgré la répugnance qu'on y peut avoir. — Av. des couleuvres, Recevoir des dégoûts, des mortifications qu'on est forcé de dissimuler et dont on n'ose se plaindre. — Av. en faire av. cela, On le lui fera croire, ou on le lui fera endurer. On lui en fera av. bien d'autres. == AVALER, v. n. T. Banque et Comm. Avaler un billet. Donner la garantie dite aval. Voy. ce mot. || T. Marinier. Descendre en suivant le courant de l'eau. Ce bateau avale, va en avalant. == S'AVALER. v. pron. Le ventre de cette jument s'avale, descend trop bas. == AVALÉ, ÉE. part. et adj. Qui s'abaisse, qui pend. Avoir les joues, les oreilles, les épaules avalées.

AVALERESSE. s. f. Nom des bures que l'on est occupé à creuser tant qu'on n'a pas atteint la houille dans les mines.

AVALETTE. s. f. T. de Pêche. Morceau de bois qui sert dans la pêche au libouret.

AVALEUR. s. m. Se dit fam. et par plaisanterie, de celui qui, sans motif, avale quelque aliment, quelque médicament. C'est un av. de bouillons. Quel av. de pilules! || Fig. et prov., C'est un av. de charrettes ferrées, C'est un fanfaron. || Ouvrier qui travaille à l'avaleresse.

AVALIES. s. f. pl. T. de Comm. Laines qui proviennent de peaux de moutons livrés à la boucherie et qui sont vendues aux mégissiers.

AVALISER. v. a. (R. aval). T. Banque et Comm. Donner un aval. Voy. ce mot.

AVALISTE. s. m. T. Banque et Comm. Celui qui donne un aval.

AVALLON, ch.-l. d'arr. (Yonne), 6,100 hab.

AVALOIR. s. m. T. Pêche. Espèce de nasse.

AVALOIRE. s. f. Expression triviale qui sert à désigner le gosier, et se dit d'un homme qui mange et boit beaucoup. *Il a une belle av. Quelle av.!* || T. Sellerie. Pièce du harnais des chevaux de trait, consistant en une large bande de cuir, qui passe derrière les cuisses de l'animal, un peu au-dessous de la queue, et sert à faire reculer la voiture à laquelle le cheval est attaché, ou à la retenir dans les descentes.

AVALURE. s. f. T. Vétér. Accident du sabot du cheval produit par un corps étranger ou une plaie et consistant dans le détachement de la corne sur une étendue plus ou moins grande de la muraille. On le traite facilement avec de l'essence de térébenthine sur de la charpie, appliquée et maintenue sur l'ouverture au moyen d'un bandage. || Maladie des oiseaux qui les fait maigrir, dépérir et leur fait durcir, grossir, et *avaler* le ventre.

AVANÇAGE. s. m. T. Adm. Lieu où des voitures publiques stationnent en vertu de l'autorisation qui leur est donnée par la police municipale.

AVANCE. s. f. (R. *avant*). L'espace de chemin qu'on a devant quelqu'un. *Ce coureur a gagné une av. de vingt-cinq pas sur son concurrent. Il a deux lieues d'av. sur vous.* — Par anal., on dit, *Avoir une heure, une journée d'av. sur quelqu'un.* — *Prendre l'av. sur quelqu'un,* Prendre les devants sur lui, partir avant lui, ou le dépasser. — *Donner de l'av. à quelqu'un,* Lui accorder un avantage de temps ou d'espace. || *Ce qui est déjà fait ou préparé pour une affaire, pour un ouvrage. C'est une grande av., quand on veut bâtir, que d'avoir ses matériaux. J'ai fait mes recherches pour écrire mon livre, c'est une grande av., c'est autant d'av.* || Se dit des premières démarches, des premières propositions que l'on fait pour une affaire, une réconciliation, un accommodement, ou pour former une liaison quelconque. *Faire les avances. Faire des avances à quelqu'un, auprès de quelqu'un. Il a mal reçu ou Il a repoussé toutes ses avances.* || Se dit des sommes que l'on prête, d'un payement anticipé, d'un déboursé que l'on fait pour quelqu'un. *Faire une av. de trois mille francs. C'est lui qui a fait toutes les avances pour cette entreprise. J'en serai pour mes avances.* — *Être en av.,* Avoir fait une avance de quelque somme. *Je suis en av. avec lui d'une somme de quarante mille francs.* || T. Archit. Tout ce qui fait saillie sur la muraille nue d'un bâtiment; toute partie du bâtiment qui dépasse l'alignement des autres maisons. *Le balcon fait une av. considérable. Cette maison forme une av. de deux pieds sur la rue. Abattre une av.* = D'AVANCE, PAR AVANCE. Locutions adverbiales qui marquent anticipation de temps. *Payer quelqu'un par av. Payer d'av. une année de son loyer. Je m'en réjouis d'av. Je vous en fais mes compliments par av.*

AVANCÉE. s. f. T. Art militaire. Corps de garde avancé ou petit poste en avant de celui qui garde la porte d'une place de guerre.

AVANCEMENT. s. m. Progrès en quelque matière que ce soit. *On reconnaît un grand av. dans cet élève. L'av. de cet édifice n'est pas sensible. Le rapide av. des sciences ne date que du seizième siècle.* || Se dit particulièrement de l'action de s'élever dans la carrière des emplois, de monter en grade. *Cet officier a eu un av. bien rapide. Solliciter, obtenir de l'av.* || T. Jurispr. *Av. d'hoirie,* Don d'un ascendant donné par avance, par anticipation, à un enfant pour s'établir. Cette donation est faite sans dispense de rapport, et seulement à valoir sur la succession future.

AVANCER. v. n. Aller en avant. *Il recule au lieu d'av. Avancez donc. L'ennemi avançait sur nous, vers nous. Faites av. cet homme.* — Par anal., on dit qu'une *montre avance,* lorsqu'elle indique une heure plus avancée que l'heure réelle, ou lorsqu'elle marche trop vite. || Empiéter. *Vous avez avancé d'un mètre sur mon terrain.* — Sortir de l'alignement. *Ce mur avance. Ce toit avance.* || Faire des progrès en un terme, vers un but. *Av. en âge, en sagesse, en vertu. Dans cette carrière on n'avance que difficilement.* — Dans ce sens se dit aussi des choses. *Ce travail avance lentement. Les affaires n'avancent point entre ses mains.*

AVANCER. v. a Pousser, porter en avant. *Avancez un fauteuil. Il avança la tête hors de la voiture. Av. le bras.* || *Av. l'heure, le jour, l'époque d'une chose,* c'est rendre plus prochain, le jour, l'heure, le moment où une chose doit avoir lieu. *La chaleur avance la végétation. Le chagrin avança la mort de mon père. J'ai avancé mon départ.* || On dit : *Av. une montre, une pendule,* Faire indiquer à une montre, à une pendule les heures avant le temps où elle devrait les indiquer, ou, lorsqu'elle retarde, avant le temps où elle les indiquait faussement. || Faire faire des progrès à une chose. *Av. un ouvrage, une affaire. Ses travaux ont fort avancé la science.* — *Av. quelqu'un,* Le faire monter en grade. *Le ministre a fort avancé cet employé en peu de temps.* || Payer par anticipation. *J'ai avancé trois mois de gages à mon domestique.* — Débourser une somme pour le compte de quelqu'un, pour les frais de quelque entreprise. *Il lui a avancé vingt mille francs pour s'établir.* || Fig., Émettre une opinion, proposer, affirmer. *Je n'avance rien dont je n'aie de bonnes preuves. Quand j'avance un fait, c'est que j'en suis sûr.* = S'AVANCER. v. pron. Aller en avant. *L'armée s'avançait vers l'ennemi. Ce nuage s'avance vers nous.* — On dit par anal. : *L'heure, le jour, la saison, l'année s'avance.* || Faire du progrès dans une carrière. *Ce militaire s'est fort avancé en peu d'années.* — *S'av. dans le monde,* Y obtenir des succès. || En parlant des choses, signifie faire saillie. *Ce balcon s'avance trop sur la voie publique. Cette jetée s'avance fort loin dans la mer.* || Fig., se dit en matière d'affaires et de négociations, lorsqu'on met en avant quelque chose qui engage jusqu'à un certain point. *Je me suis avancé jusqu'à lui offrir telle somme. Cet ambassadeur s'est trop avancé, il sera désavoué.* = AVANCÉ, ÉE. part. Qui approche de son terme, de sa conclusion. *Âge avancé, nuit, saison avancée. L'heure est avancée. L'affaire est trop avancée, on ne peut plus reculer.* — *Civilisation avancée, science avancée,* Qui a fait beaucoup de progrès. || *Être av. dans un travail,* Approcher de sa fin. *Il n'a pas terminé sa gravure, mais il est fort av.* — Ironiq. et fam., on dit, *Le voilà bien av.!* en parlant de quelqu'un qui a pris une peine inutile, ou qui s'est conduit de manière à compromettre ses intérêts. *Qui arrive avant le temps ordinaire. La saison est bien avancée,* Les fruits, les fleurs, les blés poussent avant le temps ordinaire. On dit de même, que *Les arbres, les fruits, les fleurs,* etc., *sont fort avancés.* || Dans un sens anal., *Un jeune homme av.* signifie un jeune homme précoce. — *Un esprit av.,* se dit dans le même sens, — et quelquefois d'un homme dont les opinions diffèrent de l'opinion dominante. — *Opinions, doctrines avancées,* se dit en politique des opinions ou doctrines qui n'ont pas été professées dans les temps passés et qui ne sont pas acceptées par la majorité, mais que ceux qui les proposent croient qu'elles finiront par prévaloir et qu'ils se trouvent ainsi *en avance* de leur temps. || Trop mûr, qui commence à gâter. *Fruit avancé, Viande avancée.* || T. Art milit. *Ouvrage av.,* Ouvrage de fortification isolé et indépendant du corps de la place, et qui sert à le couvrir. — *Corps de garde av.,* Qui se trouve à une certaine distance de la place. *Sentinelle ou Garde avancée,* Qui est fort avant vers l'ennemi.

Conj. — *J'avance, nous avançons; J'avançais, nous avancions; J'avais avancé; J'avancerai; J'aurai avancé; J'avancerais; J'aurais av.; J'eusse avancé; Avance; avançons; Que j'avance, que nous avancions; Que j'avançasse, que nous avançassions; Que j'aie avancé; Que j'eusse avancé; Avançant.* — On voit que, dans ce v., le *c* doit se prononcer comme *ç;* c'est pour lui conserver cette prononciation que l'on met une cédille au *c,* toutes les fois qu'il est suivi d'un *a* ou d'un *o.*

AVANCEUR. s. m. (de *avancer*). Celui qui avance. || Ouvrier qui donne le quatrième tirage au fil d'or.

AVANÇON. s. m. (de *avancer*). T. Pêche. Petite allonge mise à une ligne de pêche pour y disposer les hains. || Morceau de bois qu'on place à l'extrémité des ailes d'un touret dans les corderies maritimes, afin de retenir le fil de caret qu'on y dévide.

AVANIE. s. f. (probabl. du turc *avan,* vexation, et gr. moderne αβανία). Dans le Levant, on donnait ce nom à toutes les vexations, insultes, extorsions d'argent que les mahométans, sous le moindre prétexte, faisaient supporter aux étrangers et aux chrétiens. || Se dit fam., d'un traitement humiliant, d'un affront que reçoit une personne en présence de plusieurs autres. *Il a essuyé une sanglante av.* = Syn. Voy. AFFRONT.

AVANT. prép. (lat. *ab*, de; *ante*, avant; *en avant* de). Sert à marquer une priorité de temps. *Av. la fin de l'année. Av. la naissance de J.-C.* ou *Av. Jésus-Christ. Je suis parti av. le jour. Elle est accouchée av. terme. Je partirai av. un mois. Il est arrivé un instant av. vous.* — Dans cette acception, et sous cette dernière forme, *Avant* s'emploie souvent avec ellipse du régime. *Le jour d'av., L'année d'av.* ; *Le jour, l'année qui a précédé celle dont il vient d'être question, etc. — Dans quelques formules de pratique, *Av.* précède immédiatement un verbe à l'infinitif. *Av. dire droit; Av. faire droit,* Avant de juger définitivement. || Marque priorité d'ordre et de situation. *Nous devons servir Dieu et l'aimer av. toutes choses. La maison où il loge est av. l'église. Il faudrait mettre ce chapitre av. l'autre.* || *Av. tout,* D'abord, principalement. *Av. tout il faut prendre nos précautions. Je désire av. tout que cette nouvelle ne s'ébruite pas.* Dans le même sens, on dit quelquefois, *Av. toutes choses. Posons av. toutes choses cette vérité incontestable.* || Comme prép., *Av.* est souvent uni d'une manière inséparable à certains mots pour indiquer une chose qui en précède une autre : tels sont *Av.-bras, Av.-propos, Av.-dernier,* etc. Voy. ces mots. == AVANT DE, AVANT QUE DE, loc. prépos. Ces deux locutions marquent priorité de temps, et s'emploient avec l'infinitif. *Av. de partir* ou *Av. que de partir. Av. donc que d'écrire, apprenez à penser. Av. de louer ce livre, lisez-le.* == AVANT QUE, loc. conj. qui exprime une priorité de temps. *Viens me voir av. que je parte. J'irai en Italie av. qu'il soit un an.*

Syn. — *Devant.* — En général, *Av.* exprime une priorité de temps, et *Devant* une priorité de position. Ainsi l'on dit : L'homme fut créé *av.* la femme; *On a nommé av. moi;* Le capitaine marchait *devant* sa compagnie; Un inconnu se plaça *devant* nous. — Dans certains cas, néanmoins, *av.* et *devant* semblent synonymes, à cause de la coïncidence des deux ordres de priorité : L'article se place *avant* ou *devant* le substantif.

Obs. gram. — Les locutions *Avant de* et *Avant que de* sont, comme nous l'avons vu, employées toutes deux avec le verbe à l'infinitif. Néanmoins, la première est aujourd'hui plus usitée que la seconde; on la trouve plus rapide. Les grands écrivains du siècle de Louis XIV donnaient, au contraire, la préférence à la seconde, qui rappelle davantage le mot latin *antequam.* Les poètes les plus célèbres de cette époque, Corneille, Racine, Molière, etc., se sont même servis de la loc. *av. que,* suivie d'un infinitif. Ainsi Racine a écrit : « Mais avant que partir je me ferai justice » — Aujourd'hui, *Av. que* s'emploie seulement comme locut. conjonct., et veut toujours le subjonctif. — Nous ferons observer encore que l'on ne doit pas employer indifféremment *Av. que* avec le subj., et *Av. que de* ou *Av. de* avec l'infin. Cette dernière loc. s'emploie lorsque l'action exprimée par le verbe à l'infin. se rapporte au sujet de la proposition; dans le cas contraire, il faut se servir de *Av. que* avec le verbe au subj. Je lui ai fait visite av. mon départ, ou av. de partir, ou av. que de partir. Je l'ai payé av. son départ ou av. qu'il partît.

AVANT. adv. de lieu. Ne s'emploie ordin. que précédé des mots, Si, Bien, Trop, Plus, Assez, Fort. *Bien av. Trop av. Assez av.* || Il sert à marquer mouvement, progrès. *N'allez pas trop av. dans le bois. La balle pénétra fort av. dans sa poitrine.* || Par anal., se dit en parlant du temps. *Bien av. dans l'hiver. Nous veillâmes fort av. dans la nuit.* || Fig., Pénétrer trop av. dans les sciences. *Vous poussez les affaires trop av. Être bien av. dans les bonnes grâces, dans l'esprit de quelqu'un.* == EN AVANT. Loc. adv. qui indique direction, position du côté qui est en face de soi. *Pousser en av. Aller en av. Faire un pas en av. Se pencher en av. Votre chapeau est trop en av.* — T. du Commandement mil. *En av., marche!* ou simplement *En av.!* || T. Man. *Ce cheval est beau de la main en av.,* Il est beau du devant. || Fig. et fam., *Aller en av.,* Continuer de faire une chose, malgré les obstacles. — *Cette affaire ne va ni en av. ni en arrière,* Est toujours dans le même état. || Fig., *Mettre en av.,* Émettre, soutenir une proposition. *Vous avez mis en av. un principe qui paraît dangereux.* || *En avant,* signif. quelquefois devant et à une certaine distance. *Il était au pied du trône et deux pas en av* || *En avant* se dit, par anal., en parlant du temps. *De ce jour-là en av. De là en av.* Vx et peu us. == EN AVANT DE. Loc. prépositive. Devant

et à une certaine distance. *Il était à dix pas en av. de nous.* — Fig., L'homme de génie est toujours en av. de son siècle.

AVANT. s. m. La moitié du vaisseau qui s'étend depuis le grand mât jusqu'à la proue. || *Un navire est sur l'av.* ou *sur le nez,* Lorsque son av. plonge trop profondément dans l'eau. || *La lame vient de l'av.,* Lorsqu'elle vient frapper l'av. du navire. || *Un bâtiment va de l'av.,* lorsqu'il marche bien et fait de la route. — Fig., *Aller de l'av.,* S'engager promptement dans une affaire sans trop en considérer les difficultés.

AVANTAGE. s. m. (bas lat. *abantaticum*). Se dit de toutes les choses dont un homme peut tirer parti pour son utilité, son profit, ses succès ou son élévation. *Grand av. Médiocre av. Av. considérable. Les avantages de la figure, de la jeunesse, de la naissance, de la fortune, de l'esprit, du pouvoir. L'ennemi avait l'av. du terrain et du nombre. Profiter de ses avantages. Prendre, conserver, ménager ses avantages. Abuser de ses avantages. Il contait la chose à son av.. Parler à l'av. de quelqu'un.* || *Être habillé, coiffé à son av.,* D'une manière qui fasse ressortir les qualités physiques de la personne. || Dans un grand nombre de phrases, av. a le sens de succès, mais en impliquant une idée de lutte. *Dans tous les combats il a eu l'av. Nos troupes remportèrent de grands avantages. Se battre avec av. La querelle s'est terminée à son av.* || *Prendre quelqu'un à son av.,* C'est l'attaquer quand on est dans les circonstances les plus favorables pour soi et les plus défavorables pour lui.* || T. Mar. *Avoir l'av. du vent, Prendre l'av. du vent,* se dit d'un vaisseau qui, relativement à un autre navire, a pris le dessus du vent, c.-à-d. reçoit le vent le premier.* || T. Man. *Prendre de l'av. pour monter à cheval,* Monter sur quelque chose pour mettre plus aisément le pied à l'étrier. || T. Jeu. Se dit de toute concession que fait un joueur à un adversaire plus faible, afin d'égaliser les chances. || T. Droit. Libéralité, don, traitement favorable qu'on fait à quelqu'un, en lui donnant plus qu'il ne pouvait exiger ou attendre. Se dit surtout de la portion de biens qu'un père donne à un de ses enfants, au delà de la part que la loi attribue. *Av. direct, indirect, prohibé. Il a fait de grands avantages à sa femme, à son fils aîné.* Voy. DONATION et TESTAMENT.

Syn. — *Utilité, Profit.* — *Utilité* a plus de rapport à l'usage qu'on peut faire d'une chose pour ses besoins; *profit,* au gain, au bénéfice qu'elle procure; *avantage,* à la supériorité qu'elle nous donne sur les autres, à la satisfaction d'amour-propre que nous en retirons.

AVANTAGER. v. a. Faire à quelqu'un un avantage, donner des avantages. *Il a été avantagé par la nature des biens les plus précieux. Son père l'a avantagé par son testament.* == s'AVANTAGER. v. pron. Se faire réciproquement des avantages. *Ces deux époux se sont avantagés.* == AVANTAGÉ, ÉE, part. == Conjug. Voy. MANGER.

AVANTAGEUSEMENT. adv. D'une manière avantageuse. *Se placer av. Il parle de lui-même trop av.*

AVANTAGEUX, EUSE. adj. Qui présente, qui procure des avantages, ou qui est susceptible de procurer. *Commerce av. Traité av. Poste av. Proposition avantageuse. Sa fille a trouvé un parti av. Il est av. à l'État ou pour l'État que... On m'a parlé de vous d'une manière avantageuse.* — *Coiffure, parure avantageuse,* Qui sied très bien. *Taille avantageuse,* Taille élevée avec un port noble. || Vain, présomptueux, qui se prévaut de tout. *Prendre un ton, un air av. en paroles.*

AVANT-BEC. s. m. T. Archit. Angle d'une pile de pont du côté d'amont. Voy. PONT. == Pl. *Des avant-becs.*

AVANT-BOUCHE. s. f. Partie de la bouche qui s'étend des lèvres aux dents. == Pl. *Des avant-bouches.*

AVANT-BRAS. s. m. Partie du bras depuis le coude jusqu'au poignet, constitué par deux os, le radius et le cubitus. *Il s'est cassé l'av.-bras.* Voy. BRAS. == Pl. *Des avant-bras.*

AVANT-BRISE. s. f. Brise matinale, brise du matin. == Pl. *Des avant-brises.*

AVANT-CALE. s. f. T. Mar. Prolongement de la cale jusqu'à la mer. == Pl. *Des avant-cales.*

AVANT-CHEMIN-COUVERT. s. m. T. Fortif. Chemin couvert plus en avant d'un autre.= Pl. *Des avant-chemins-couverts.*

AVANT-CŒUR ou **ANTICŒUR.** s. m. T. Méd. vétér. Toute tumeur qui naît au poitrail d'un cheval ; de même toute tumeur charbonneuse occupant la pointe du sternum.= Pl. *Des avant-cœurs.*

AVANT-CORPS. s. m. T. Archit. On nomme ainsi tout corps de maçonnerie qui est en saillie sur la face d'un bâtiment, et l'on désigne par le nom d'*Arrière-corps* les parties situées en arrière par rapport à un avant-corps.= Pl. *Des avant-corps.*

AVANT-COUR. s. f. T. Archit. On donne ce nom à une espèce de cour par laquelle on passe pour entrer dans les autres cours d'un grand édifice, et l'on donne celui d'*Arrière-cour* à une petite cour qui, dans un corps de bâtiment, sert à dégager et à éclairer les appartements.= Pl. *Des avant-cours.*

AVANT-COUREUR. s. m. Celui qui court devant quelqu'un pour l'annoncer. || Fig., se dit de tout ce qui annonce ou présage quelque chose qui arrivera bientôt après. *Le frisson est l'av.-c. de la fièvre. Les murmures du peuple sont les av.-coureurs des révolutions.* — S'emploie adj. *Les signes av.-coureurs.* = Pl. *Des avant-coureurs.*

AVANT-COURRIER. s. m. Homme à cheval courant devant une voiture de poste, pour faire préparer les relais. = Pl. *Des avant-courriers.*

AVANT-COURRIÈRE. s. f. Celle qui précède, qui devance. N'est guère d'usage qu'en poésie, en parlant de l'aurore. *L'av.-c. du jour, du soleil.* = Pl. *Des avant-courrières.*

AVANT-CREUSET. s. m. T. Métall. Construction qui, dans un haut fourneau, précède le creuset.= Pl. *Des avant-creusets.*

AVANT-DERNIER, IÈRE. adj. Qui est avant le dernier. *L'av.-d. chapitre de ce volume. L'av.-d. préfet.* || S'emploie subst. *Il est l'av.-d. de ses enfants. Elle est l'av.-dernière.*

AVANT-DUC. s. m. (*Avant* et *duc*, de *ductus*, conduit, venant de *ducere*). Pilotage construit à l'entrée et sur le bord d'une rivière.= Pl. *Des avant-ducs.*

AVANT-FOSSÉ. s. m. T. Fort. Fossé qui environne la contrescarpe du côté opposé à la ville. = Pl. *Des avant-fossés.*

AVANT-GARDE. s. f. La partie d'une armée de terre ou de mer qui marche la première. *Les deux av.-gardes se rencontrèrent.* Voy. ARMÉE. || Fig., *Il était à l'av.-g. du parti philosophique.* = Pl. *Des avant-gardes.*

AVANT-GLACIS. s. m. T. Fortif. Glacis qui règne au delà d'un avant-fossé. = Pl. *Des avant-glacis.*

AVANT-GOÛT. s. m. Premier essai que l'on fait, première idée que l'on se forme d'une chose. *Le bien-être dont vous jouissez déjà n'est qu'un av.-g. des fruits de la paix. Ce n'est que l'av.-g. des plaisirs qui vous attendent.*= Pl. *Des avant-goûts.*

AVANT-HIER. [Pr. *Avan-thier*]. adv. de temps. Se dit du jour qui précède la veille.

AVANTIN. s. m. T. Jardin. Synonyme de *crossette.* Voy. ce mot.

AVANT-LAIT. s. m. T. Boucherie. Maniement pair ou double particulier à la vache, placé à la partie interne de la cuisse, à la partie supérieure du pis, et immédiatement en avant des vaisseaux sanguins qui se rendent aux mamelles ou qui en émanent.

AVANT-LA-LETTRE. T. Grav. Épreuve d'une gravure ou d'une lithographie avant qu'on ait gravé sur la planche ou écrit sur la pierre les mots indiquant le sujet.

AVANT-LOGIS. T. Arch. Corps de logis qui précède la maison d'habitation.= Pl. *Des avant-logis.*

AVANT-MAIN. s. m. T. Jeu de Paume. Se dit d'un coup poussé du devant de la raquette ou du battoir. *Un coup d'av.-main.* || T. Man. La partie antérieure du cheval, par opposition au corps et à l'*Arrière-main* qui désigne la partie postérieure de l'animal.= Pl. *Des avant-mains.*

AVANT-MUR. s. m. T. Blas. Se dit d'un pan de muraille joint à une tour. || T. Anat. Couche de substance grise qui s'élève de la partie supérieure de la tonsille cérébrale et se recourbe vers la substance blanche de la circonvolution limitant la scissure de Sylvius.= Pl. *Des avant-murs.*

AVANT-PART. s. f. T. Coutume. Préciput. = Pl. *Des avant-parts.*

AVANT-PÊCHE. s. f. T. Hortic. Variété de pêche très précoce. Voy. PÊCHER. = Pl. *Des avant-pêches.*

AVANT-PIED. s. m. T. Anat. Synonyme de métatarse. = T. Cord. L'empeigne d'une botte. = Pl. *Des avant-pieds.*

AVANT-PIEU. s. m. T. Agric. Pince en fer avec laquelle on prépare les trous en terre pour planter des piquets. || T. Arch. Morceau de bois carré mis sur un pieu qu'on bat pour l'enfoncer.= Pl. *Des avant-pieux.*

AVANT-PORT. s. m. T. Mar. Enceinte qui précède l'entrée de certains ports. Voy. PORT. = Pl. *Des avant-ports.*

AVANT-POSTE. s. m. Poste avancé, le plus près de l'ennemi. *Les av.-postes communiquent entre eux par une ligne de vedettes.*= Pl. *Des avant-postes.*

AVANT-PROJET. s. m. Appréciation sommaire des frais que doit coûter et des produits que peut rendre une entreprise ; esquisse rapide que l'on trace d'une œuvre d'art, pour la soumettre à qui de droit. *Si mon av.-projet est agréé, je dresserai un projet détaillé.* = Pl. *Des avant-projets.*

AVANT-PROPOS. s. m. Espèce de préface ; discours qui sert d'introduction à un ouvrage, et en fait souvent connaître le but et le plan. || Dans la conversation, ce que l'on dit avant de venir au fait qu'on se propose de raconter. *Il a fait un av.-pr. bien inutile. Laissez-là tous ces av.-propos.*= Pl. *Des avant-propos.*

Syn. — *Préface, Introduction, Avertissement.* — L'*Avant-propos*, la *Préface*, l'*Avertissement* ou l'*Introduction* ont cela de commun qu'ils se placent à la tête d'un livre. Les termes d'*Av.*-propos et de *Préface* ont au fond le même signification, et tous deux désignent un discours adressé par l'auteur au lecteur, pour prévenir favorablement celui-ci en faveur du livre, ou pour lui exposer la marche et le but de l'ouvrage. Cependant aujourd'hui le mot *Av.*-propos est souvent employé tout à fait hors de propos, comme lorsqu'il sert de titre à un préambule qui n'a aucun rapport avec le contenu du livre. L'*Introduction* est plus qu'une *Préface* ; elle est indispensable à la complète intelligence de l'ouvrage ; elle en fait partie intégrante. C'est ainsi que l'auteur qui veut écrire l'histoire d'une époque expose sommairement, dans une *introduction*, les faits principaux qui ont précédé cette époque, et dont la connaissance est nécessaire pour que le lecteur puisse comprendre sans difficulté le récit des événements.

AVANT-QUART. s. m. Le coup que certaines horloges sonnent un instant avant l'heure, la demie, ou le quart. Ce coup sert à avertir que l'heure va sonner.= Pl. *Des avant-quarts.*

AVANT-SCÈNE. s. f. Dans nos théâtres, c'est la partie de la scène comprise entre le rideau et la rampe. — On nomme *Loges d'av.-sc*, les loges qui sont placées sur les côtés de l'av.-sc. Voy. THÉÂTRE. || Fig., se dit des faits que l'on suppose s'être accomplis avant l'instant où commence la pièce. *L'exposition de cette pièce indique parfaitement la série des événements qui constituent l'av.-sc.* = Pl. *Des avant-scènes.*

AVANT-TERRASSE. s. f. Terrasse adossée à une autre terrasse.= Pl. *Des avant-terrasses.*

AVANT-TERRE. Arches *av.-t.* Les deux arches d'un pont qui tiennent aux culées.

AVANT-TOIT. s. m. Portion d'un toit qui fait saillie sur l'alignement des murs d'un bâtiment. = Pl. *Des avant-toits.*

AVANT-TRAIN. s. m. T. Charronnage. Le train qui comprend les deux roues de devant et le limon d'un chariot, d'une voiture, d'une pièce de campagne. || T. Man. Se dit des jambes de devant et du poitrail d'un cheval, par oppos. à *Arrière-train*, qui désigne la croupe et les membres postérieurs de l'animal. = Pl. *Des avant-trains.*

AVANT-VEILLE. s. f. Le jour qui précède immédiatement la veille. = Pl. *Des avant-veilles.*

AVAOUSSÉ ou **AVAUX**. s. m. Nom vulgaire du Chêne kermès (*Quercus coccifera*).

AVARE. adj. 2 g. (lat. *avarus*, m. s., du verbe *avere*, désirer avec ardeur, même racine que *avide*). Qui a la passion de l'argent, qui l'accumule sans intention d'en faire usage. *Homme, femme ar. Caractère, humeur av. Ces deux époux sont aussi avares l'un que l'autre.* || Fig , Qui est ménager, qui ne prodigue pas une chose. Se prend souvent en bonne part. *Être av. de son temps. Ce général est av. du sang de ses soldats. Le ciel lui a été av. de ses dons. Le travail de l'homme force la terre la plus av. à devenir fertile.* = AVARE est aussi subst. 2 g. *Un av. est toujours misérable ; il ne manque pas moins de ce qu'il a que de ce qu'il n'a pas. Je n'ai jamais rencontré un pareil av.*

Syn. — *Avaricieux*. — Ces deux termes expriment la même idée ; mais *avaricieux* s'applique plutôt à l'homme qui, dans certaines circonstances particulières, se montre d'une parcimonie sordide, et *ar.* à celui qui, dans toutes les actions de sa vie, laisse percer la honteuse passion qui le domine. En outre, *ar.* se prend quelquefois en bonne part, dans le sens figuré, tandis qu'*avaricieux* s'emploie toujours en mauvaise part et dans son sens littéral. = *Intéressé*. — L'*av.* et l'*avaricieux* se font toujours remarquer par leur âpreté au gain. L'homme *intéressé* a bien le même défaut ; mais, ainsi que l'indique le radical de ce terme, l'intérêt personnel est la loi suprême de sa conduite. En conséquence, s'il aime le plaisir, la dépense, l'homme *intéressé* peut en même temps se montrer prodigue ; son âpreté pour le gain ne fera alors que s'accroître.

AVARES, peuple d'origine mongole, comme les Huns, qui ravagea l'Europe au VIe siècle et fut anéanti par Charlemagne.

AVARICE. s. f. Amour désordonné de l'or, des richesses. *Av. insatiable, sordide. Il se refuse tout par av.*

Syn. — *Lésinerie, Parcimonie*. — L'*av.* indique la passion d'accumuler, elle est toujours un vice odieux. Les termes de *lésinerie* et de *parcimonie* se rapportent à l'épargne et à l'économie, qui est en elle-même une qualité louable. La *parcimonie* résulte de l'exagération de l'économie ; c'est l'épargne minutieuse, même dans les cas où il faut savoir dépenser. La *lésinerie* est plus que cela : c'est l'épargne sordide et ridicule, telle que la pratique l'avare. En effet, elle accompagne constamment l'*avarice*.

AVARICIEUX, EUSE. s. a. Celui ou celle dont les actions dénotent l'avarice, celui ou celle qui lésine. *Homme av. Femme avaricieuse.* — On dit aussi, *Humeur avaricieuse.* || S'emploie subst. *C'est un av., une avaricieuse.* Fam. = Syn. Voy. AVARE.

AVARICUM, ancien nom latin des Bituriges, ville de la Gaule, aujourd'hui Bourges.

AVARIE. s. f. (paraît venir de l'esp. *haberia*, qui dépend d'un port de mer ; même origine que l'allemand *hafera* et le français *havre*, le hollandais *havery*). T. Mar. et Com. Dommage arrivé à un bâtiment ou aux marchandises dont il est chargé. — Ce terme est également usité dans la navigation intérieure, et se dit même en parlant des marchandises dont le transport a lieu par terre. || *Av.* de portefeuille, pertes que subit le portefeuille d'une banque.

Législ. — On distingue l'*Av. ordinaire* et l'*Av. maritime*. — La première est toute détérioration survenue à la marchan-

dise depuis sa sortie des mains du vendeur jusqu'à sa destination. Si elle éprouve un dommage ou si elle se perd, la responsabilité échoit à celui qui a causé l'accident ou qui ne l'a pas prévenu ; ainsi l'a établi le Code de Commerce : « Le commissionnaire qui se charge d'un transport par terre ou par eau est garant des avaries ou pertes de marchandises et effets, s'il n'y a stipulation contraire dans la lettre de voiture, ou force majeure (Art. 98). — Il est garant des faits du commissionnaire intermédiaire auquel il adresse les marchandises (Art. 99). — La marchandise sortie du magasin du vendeur ou de l'expéditeur voyage, s'il n'y a pas convention contraire, aux risques et périls de celui à qui elle appartient, sauf son recours contre le commissionnaire et le voiturier chargé du transport (Art. 100). — Le voiturier est garant de la perte des objets à transporter, hors les cas de force majeure. Il est garant des avaries autres que celles qui proviennent du vice propre de la chose ou de la force majeure (Art. 103). » La réception des objets transportés et le paiement du prix de la voiture éteignent toute action contre le voiturier pour avarie ou perte partielle, si, dans les trois jours, non compris les jours fériés, qui suivent celui de cette réception et de ce paiement, le destinataire n'a pas notifié au voiturier par acte extrajudiciaire, ou par lettre recommandée, sa protestation motivée (Art. 105, modifié par la loi du 11 avril 1888). Dans le cas où il juge devoir refuser réception des objets transportés, le destinataire adresse aussitôt une requête au président du tribunal de commerce, ou, à son défaut, au président du tribunal civil, ou même au juge de paix. Le président ou le juge de paix, par ordonnance mise au pied de la requête, nomme un ou plusieurs experts chargés de vérifier et de constater les avaries. La contestation est ensuite vidée soit par voie de transaction, soit par voie judiciaire. Les dispositions ci-dessus mentionnées sont communes aux maîtres de bateaux, aux entrepreneurs de diligences et voitures publiques, ainsi qu'aux administrations de chemins de fer. Au reste, toutes actions contre le commissionnaire, le voiturier, etc., à raison de la perte ou de l'av. des marchandises, sont prescrites dans le délai d'un an, sans préjudice des cas de fraude ou d'infidélité ; le tout à compter, pour le cas de perte, du jour où la remise des marchandises aurait dû être effectuée, et pour les cas d'av., du jour où la remise des marchandises aura été faite (Art. 108, modifié par la loi précitée).

Le Code de Com. (art. 397) définit l'*Av. maritime* : « Toute dépense extraordinaire faite pour le navire et les marchandises, conjointement ou séparément ; tout dommage qui arrive au navire et aux marchandises, depuis leur chargement et départ jusqu'à leur retour et déchargement. » Les avaries sont de deux classes, *Avaries grosses* ou *communes*, et *Avaries simples* ou *particulières*. — Les premières sont, en général, les dommages soufferts volontairement et les dépenses faites après délibérations motivées, pour le bien et le salut communs du navire et des marchandises, depuis leur chargement et départ jusqu'à leur retour et déchargement. Parmi les avaries communes, nous citerons : les câbles ou mâts rompus ou coupés, les choses jetées à la mer, les ancres et autres effets abandonnés pour le salut commun, les frais faits pour remettre à flot le navire échoué, dans l'intention d'éviter la perte totale ou la prise, etc. Ces avaries étant faites pour la sûreté et le bien commun de tous, il était juste que chacun y contribuât en proportion de son intérêt ; en conséquence, elles doivent être supportées (C. de Com. 401) par les marchandises et par la moitié du navire et du fret, au marc le franc de la valeur. Les lamanages, tonnages, pilotages, les droits de congés, visites, tonnes, balises, ancrages et autres droits de navigation, ne sont point des avaries ; ils sont de simples frais à la charge du navire (C. de Com. 406). — Les *avaries particulières* sont les dépenses faites et le dommage souffert pour le navire seul, ou pour les marchandises seules. Telles sont : la perte des câbles, ancres, voiles, mâts, causée par tempête ou autre accident de mer ; la nourriture et le loyer des matelots pendant la quarantaine ; le dommage arrivé aux marchandises par leur vice propre, par tempête, prise, naufrage ou échouement ; les frais faits pour les sauver, etc. Toutes ces avaries sont supportées et payées par le propriétaire de la chose qui a essuyé le dommage ou occasionné la dépense. Néanmoins, lorsqu'une av. particulière a été causée par la faute ou négligence du capitaine ou de l'équipage, le propriétaire des marchandises a son recours contre le capitaine (C. de Com. 405). Les avaries provenant du contact des marchandises avec l'eau de mer résultant le plus souvent de la faute du capitaine, l'usage est général, dans les ports français, de stipuler que la marchandise ne sera reçue au débarquement que *sèche et bien conditionnée*, ce qui met à la charge de l'armateur ou du capitaine ce genre d'av., motif puissant pour que celui-ci prenne toutes les précautions convenables. En cas d'*abordage* de navires, si l'évènement a été purement fortuit, le dommage est supporté, sans répétition, par celui des navires qui l'a éprouvé. Si l'abordage a eu lieu par la faute de l'un des capitaines, le dommage est payé par celui qui l'a causé. S'il y a doute dans les causes de l'abordage, le dommage est réparé à frais communs, et par égale portion, par les navires qui l'ont fait et souffert. Dans ces deux derniers cas, l'estimation du dommage est faite par experts (C. de Com. 407).

Une demande pour avaries n'est pas recevable, si l'av. commune n'excède pas 1 p. 100 de la valeur cumulée du navire et des marchandises, et si l'av. particulière n'excède pas aussi 1 p. 100 de la valeur de la chose endommagée (A. 408). Le propriétaire de la marchandise avariée doit protester et signifier sa protestation dans les vingt-quatre heures, et assigner dans le mois de la protestation. De son côté, le capitaine qui livrerait les marchandises et recevrait son fret, s'interdirait tout droit d'action d'av. contre les affréteurs (A. 435, 436). Ces actions se prescrivent par un laps de cinq ans. — L'assureur est ordinairement tenu des avaries jusqu'à concurrence de la somme assurée; toutefois la clause *franc d'avaries* l'affranchit de toutes avaries, soit communes, soit particulières, excepté dans les cas qui donnent ouverture au *délaissement*; alors les assurés ont l'option entre le délaissement et l'exercice d'action d'av. (A. 409). En outre, le Code de Commerce (A. 330) dispose que les prêteurs à la grosse contribuent, à la décharge des emprunteurs, aux avaries communes. Les avaries simples sont à la charge des prêteurs, s'il n'y a convention contraire. — Les parties peuvent du reste déroger, par des conventions particulières, aux règles tracées par la loi.

AVARIÉ, ÉE. adj. Qui a éprouvé quelque avarie. *Le vaisseau est fort av. Marchandises avariées. Voilà du café av.*

AVARIER (S'). v. pron. Se détériorer, s'altérer, éprouver quelque avarie. Ne se dit guère qu'en parlant des marchandises. *Ce café s'est avarié. Ces blés s'avarieront.* = AVARIÉ, ÉE. part.

AVATAR ou **AVATARA.** s. m. Dans la religion indienne, descente d'un dieu sur la terre, et en particulier les incarnations de Vishnou, qui sont les dix principales formes : poisson, tortue, sanglier, homme-lion, nain, les deux Rama, Crischna, Bouddha et Calci. || Par ext. Transformation, métamorphose.

A VAU-L'EAU. loc. adv. (*A val*). En se laissant aller au courant de l'eau. *La barque allait à vau-l'eau.* || Fig., *L'affaire est allée à vau-l'eau,* N'a pas réussi.

AVAUX. s. m. Voy. AVAOUSSÉ.

AVÉ ou **AVÉ MARIA.** s. m. La salutation angélique, la prière que l'on adresse à la Vierge Marie. — *Récitez cinq Pater et cinq Avé.* — Fam., *Je reviendrai dans un Avé,* Dans aussi peu de temps qu'il en faut pour réciter un Avé. || On appelle aussi *Avé Maria* les plus petits grains du chapelet et du rosaire. — Cette prière a été ainsi nommée parce qu'elle commence en effet par les mots latins *Ave Maria,* qui signifient, *Salut, Marie !*

Liturgie. — L'Avé Maria se compose : 1° des paroles de l'ange Gabriel à la Vierge, lorsqu'il vint lui annoncer le mystère de l'Incarnation (Luc, 1, 28); 2° de celles que sainte Élisabeth adressa à la Vierge lorsqu'elle fut honorée de sa visite (Luc, 1, 42); 3° de la prière que l'Église adresse à la Mère de Dieu pour implorer son intercession auprès de son Fils.

AVE, CÆSAR ! MORITURI TE SALUTANT. Mots latins qui signifient : *Salut, César ! ceux qui vont mourir te saluent,* paroles prononcées par les gladiateurs avant le combat devant la loge de l'empereur.

AVEC. prép. (lat. *apud hoc,* basse latinité, *en cela*). Fut d'abord adverbe avant d'être employé comme préposition. Prise dans son acception la plus générale, cette prép. marque un rapport de connexité, soit entre des personnes, soit entre des choses, soit entre des personnes et des choses. || 1° Ce rapport de connexité peut indiquer union, concours, ou simple relation de société, entre les personnes. *Il s'est marié av.*

ma sœur. *Je me concerterai av. vous. Il est très bien av. mon frère. Av. ces gens-là, il faut toujours être en discussion.* — Fam., *Av. lui, il n'y a jamais rien de bien fait.* Quand on s'affaire à lui, ou si l'on s'en rapporte à lui, etc. || 2° Il marque aussi ensemble, simultanéité, soit entre les personnes, soit e. les choses. *J'ai fait mon voyage av. lui. Je crois av. vous que... Il s'est battu av. Paul. La France était en guerre av. la Prusse.* — *Mettez tous ces papiers les uns av. les autres. Mettre le bon av. le mauvais. Il a une maladie du foie av. une hydropisie.* Ce mot s'emploie quelquefois av. tel autre. *La douleur s'efface av. le temps.* — Par ext., on dit : *Le bonhomme av. sa face enluminée nous faisait l'éloge de la tempérance. Que nous veut-il av. son air sévère? Je suis étonné qu'av. sa méfiance il se laisse si souvent duper. Av. tous les égards que je lui devais, je lui ai cependant fait mes plaintes.* — Fam., *Avec* s'emploie quelquefois pour, par ellipse du régime. *Il a pris mon manteau, et s'en est allé av.* || 3° Il désigne également l'instrument, la matière qu'on emploie pour faire une chose. *Frapper av. un marteau. Écrire av. une plume, av. un crayon. Attacher av. une corde. Av. de l'argent, je réussirai. Bâtir av. du bois. Ces pilules sont faites av. du calomel et du gayac.* || 4° Il exprime en outre le moyen, la manière dont on fait quelque chose. *On ne réussit pas toujours av. l'intrigue. Ce chirurgien opère av. dextérité. Il écrit av. facilité. Il travaille av. peine.* || 5° Il exprime encore la disposition morale des personnes, lorsqu'elles font quelque chose. *Se conduire av. prudence. Il s'est battu av. courage. Il se bat son fils qu'av. douleur. Il a reçu votre présent av. joie.* = D'Avec. Lorsque la prép. *De* précède la prép. *Avec,* la première a pour effet de détruire le rapport de connexité qui est indiqué par la seconde : par conséquent, la loc. prépos. *d'avec* marque la distinction, la séparation entre deux personnes ou entre deux choses. *Distinguer l'ami d'av. le flatteur, la fausse monnaie d'av. la bonne. Séparer l'or d'av. l'argent*

AVECQUE ou **AVECQUES.** prép. S'employait autrefois pour *Avec.* Cette forme n'est plus usitée que dans le style marotique.

AVEINDRE. v. a. (lat. *a, de* ; *venire,* venir). Tirer une chose hors du lieu où elle était placée. *Aveignez-moi une serviette de l'armoire.* Vx et fam. = AVEINT, EINTE. part. = Conjug. Voy. PEINDRE.

AVEINE. s. f. Anciennement on écrivait et on prononçait ainsi le mot *Avoine.*

AVEINIÈRE. Voy. AVENIÈRE.

AVELANÈDE. s. f. T. Bot. Nom donné dans le commerce aux cupules du *Quercus Ægilops,* qui sont employées pour le tannage des cuirs. Voy. CHÊNE.

AVÉLIES. s. f. pl. T. Technol. Genre particulier de toile imprimée venant de l'Inde.

AVELINE. s. f. (lat. *avellana,* de *Avella,* ville de Campanie). T. Bot. Fruit de l'*Avelinier,* grosse et excellente noisette à la peau rougeâtre. On en extrait une huile employée par les luthiers.

AVELINIER. s. m. T. Bot. Variété de *noisetier.* Voy. NOISETIER et CUPULIFÈRES.

AVELLANAIRE. adj. 2 g. (lat. *arellana,* aveline). T. Didact. Qui est de la grosseur d'une noisette. || T. Géognosie. Se dit des grains d'une roche grenue.

AVELLE. s. f. T. Pêche. L'un des noms de l'*ablette.*

AVEN. s. m. [Pr. *avèn*]. Puits naturels dans certaines roches, notamment dans les causses de l'Aveyron, de la Lozère et de l'Hérault.

AVÉNAGE. s. m. (lat. *avena,* avoine). Redevance qui se paie en avoine. Vx.

AVENANDIA. s. f. [Pr. *aré...*]. Ver géant qui mesure de 1 mètre à 3 mètres de longueur et se rencontre notamment au Pouliguen (Loire-Inférieure). Famille des *Némertins.*

AVENANT, ANTE. adj. Qui a bon air, bonne grâce. *Un homme av. Une femme très avenante.* — En parlant de la grâce, des manières, *Air av. Manières avenantes.* — On dit encore, *Homme nul av., Manières peu avenantes.* — A L'AVENANT. loc. adv. A proportion, de même, pareillement. *Il fait grande dépense en habits, en chevaux et en toutes choses à l'av.* || Est quelquefois suivi de la prépos. *de. Le dessert fut à l'av. du dîner.*

AVENANT. s. m. Modification introduite dans un contrat, une convention. *Aux termes de la convention du 2 janvier 1893 et de l'avenant du 20 juin de la même année.*

AVÉNÉINE. s. f. (lat. *avena*, avoine). Substance cristallisable extraite de l'avoine. C⁵¹H²⁰O⁸. Se trouve dans le péricarpe. Extraite par Sérullas en 1877.

AVÈNEMENT. s. m. (R. *avenir*). Venue, arrivée. Ne se dit guère que de l'élévation à une dignité suprême. *L'av de ce prince au trône, à la couronne, à l'empire, a fait naître de grandes espérances. Joyeux av. A son av. au pontificat, le pape ordonna que...* || T. Théol. La venue du Messie. *Le premier av. s'est accompli lorsque le Fils de Dieu s'est incarné. Le second av. aura lieu lorsque J.-C. descendra visiblement du ciel dans sa gloire et dans sa majesté pour juger tous les hommes.* || Hasard. *C'est grande av. s'il ne se tire pas d'affaire.* — Mat d'av., Nom vulgaire du Panaris. || T. Comm. *Mettre à la grosse av.,* Prêter à la grosse. Voy. GROSSE. — A L'AVENTURE. loc. adv. Au hasard, sans dessein, sans réflexion. *Marcher, errer à l'av. Vivre à l'av.* = D'AVENTURE, PAR AVENTURE. loc. adv. et fam. Par hasard. *Si d'av., Si par av. il arrivait quelqu'un.* = Syn. Voy. ACCIDENT.

AVÉNERON. s. m. (lat. *avena*, avoine). Folle avoine. Voy. AVOINE.

AVENIÈRE. s. f. Champ semé d'avoine.

AVÉNINE. s. f. (lat. *avena*, avoine). Substance découverte par Johnston dans l'avoine. Cette matière est jaune et soluble dans l'eau, l'acide acétique ne la précipite que peu à peu. La solution aqueuse ne se précipite pas quand on la fait bouillir, mais elle se trouble par le refroidissement.

AVENIR ou **ADVENIR.** v. n. (lat. *ad*, vers; *venire*, venir). Arriver par accident. N'est usité qu'au prés. de l'infinitif et à la troisième personne des temps des autres modes. *Il avint ou advint que... S'il advenait ou avenait que., Il en adviendra ou aviendra ce qu'il pourra. Quoi qu'il en puisse avenir ou advenir. Fais ce que dois, advienne que pourra.* = AVENANT, ANTE, ou ADVENANT, ANTE. part. prés. Ne s'emploie que dans les contrats et autres actes publics, pour signifier, S'il arrive que., *Avenant le désir du donateur. Le cas advenant que.,* = AVENU, UE ou ADVENU, UE. part. *Acte nul et non av. Il faut regarder cela comme chose non avenue.*

AVENIR. s. m. (R. *à*, *venir*). Le temps futur; ce qui doit arriver. *Dieu voit le présent et l'av. L'av. en décidera Lire dans l'av. Prédire l'av. Songer à l'av. Craindre pour l'av. Un fâcheux av. Un brillant av. Le présent est gros de l'av.* (LEIBNIZ). *La vie est une aspiration vers l'av.* (P. LEROUX).

On peut voir l'avenir dans les choses passées.
ROTROU.

Vers l'obscur avenir l'âme prend son essor.
C. DELAVIGNE.

Fig., se dit de la position future, de l'état de fortune que l'on peut espérer. *Assurer, compromettre l'av. de ses enfants. Se faire un av. N'avoir plus d'av.* — Par anal., on dit, *Jeune homme d'av., plein d'av.,* Qui annonce des dispositions heureuses, qui donne de grandes espérances. || Dans le style élevé et en poésie, *Av.* se prend quelquefois dans le sens de postérité. *Que dira l'av.? L'av. nous contemple.* || T. Procéd. Acte d'avoué à avoué; sommation par laquelle l'avoué d'une partie avertit l'avoué de la partie adverse de comparaître à l'audience au jour déterminé par l'acte. *Faire signifier un av.* = A L'AVENIR. loc. adv. Désormais. *Ne faites plus cela à l'av.*

AVENT. s. m. (lat. *adventus*, venue). Le temps destiné par l'Église catholique pour se préparer à la fête de Noël, à l'avènement de Jésus. *L'av.* commence le dimanche le plus voisin de la Saint-André et finit à Noël Les noces sont interdites pendant l'av. comme pendant le carême. *Le troisième dimanche de l'av.* — On dit au plur. *Les avents de Noël. C'est aux avents qu'on a coutume de planter.* || *Prêcher l'av.,* Prêcher la station de l'av. — *Jeûner l'av.,* Jeûner pendant l'av. || Se dit aussi de la collec-

tion des sermons qu'un prédicateur a prononcés pendant l'av. *L'av. de Massillon.*

AVENTER. v. a. (lat. *à* et *vent*). Placer au bon vent.

AVENTIN (MONT), une des sept collines de l'ancienne Rome. C'était le quartier du peuple comme le Palatin était celui de l'aristocratie. Quelques historiens l'ont confondu avec le mont Sacré où se retirèrent les plébéiens après l'émeute de l'an 493 av. J.-C., au delà de l'Anio, à 4 kil. de Rome.

AVENTISTE. s. m. (R. *avent*). Secte religieuse qui croit à un second et prochain avènement de Jésus-Christ, fondée par William Miller, en 1831, aux États-Unis.

AVENTURE. s. f. (lat. *adventus*). Ce qui arrive d'imprévu, d'extraordinaire à quelqu'un. *Av. heureuse, malheureuse, étrange, extraordinaire. Raconter ses aventures.* || Fam., *Cette femme, cette fille a eu des aventures,* Elle a eu des intrigues amoureuses. || *Dire la bonne av., Dire à quelqu'un sa bonne av.,* Prédire à quelqu'un ce qui doit lui arriver d'heureux ou de malheureux, à l'aide de la chiromancie, des cartes, ou de quelque autre moyen analogue. *Diseur, diseuse de bonne av.* || Fig., *Courir après les aventures,* se dit de quelqu'un qui recherche les entreprises extraordinaires. — *Tenter l'av.,* Entreprendre une affaire dont le succès est plus que douteux. || Hasard. *C'est grande av., s'il ne se tire pas d'affaire.* — *Mat d'av.,* Nom vulgaire du Panaris. || T. Comm. *Mettre à la grosse av.,* Prêter à la grosse. Voy. GROSSE. — A L'AVENTURE. loc. adv. Au hasard, sans dessein, sans réflexion. *Marcher, errer à l'av. Vivre à l'av.* = D'AVENTURE, PAR AVENTURE. loc. adv. et fam. Par hasard. *Si d'av., Si par av. il arrivait quelqu'un.* = Syn. Voy. ACCIDENT.

AVENTURER. v. a. Risquer, exposer une chose au hasard de la perdre. *Av. une somme. Av. sa fortune.* — On dit aussi *Av. sa vie, sa personne.* = S'AVENTURER. v. pron. Se hasarder, s'exposer. *S'av. dans un pays inconnu. S'av. dans une affaire. Craignez de trop vous av.* = AVENTURÉ, ÉE. part. *Argent av.,* En danger d'être perdu. *Affaire aventurée,* Qui offre peu de chances de succès.

AVENTUREUX, EUSE. adj. Qui hasarde, qui s'expose, qui s'aventure. *C'est un homme extrêmement av. au jeu. Un soldat av.* — Par anal., *Un esprit, un caractère av. Une humeur, une vie, une existence aventureuse. Un projet av.*

Syn. — *Aventurier.* — Employés adjectivement, ces deux mots sont synonymes; mais *Aventurier* exprime plus particulièrement l'idée d'aimer, de rechercher les aventures, et *Aventureux* celle de ne pas les éviter, de les tenter lorsqu'elles se présentent. L'homme dont l'humeur est *aventurière* court le monde avec son goût, sa passion; celui qui a l'humeur *aventureuse,* se trouvant par circonstance à même de vous en pousser, saisit avec empressement l'occasion qui lui est offerte.

AVENTURIER. s. m. Celui qui cherche les aventures, qui s'engage volontiers dans des entreprises hasardeuses. *On vit bientôt arriver dans cette colonie des aventuriers de tous les pays* || Nom donné aux gens de guerre qui servaient volontairement sans s'astreindre à toute la rigueur du service militaire. *Au moyen âge, les aventuriers composaient une grande partie des armées des nations occidentales.* — On a également donné ce nom à des pirates qui infestaient les mers de l'Amérique, et qu'on appelait autrement *Flibustiers, Boucaniers.* || Personne sans profession, sans fortune, qui ne vit que d'intrigues. *Il ne faut pas se fier à cet av.* — Dans cette acception fam., s'emploie au fém. *Cette femme n'est qu'une aventurière* = Syn. Voy. AVENTUREUX.

AVENTURINE. s. f. T. Techn. et Minér. Pierre artificielle fort belle; paillettes d'or sur fond marron. C'est un verre mêlé de limaille de cuivre.

Technol. — *L'Avent.* est un composé vitreux qui doit son nom à cette circonstance qu'il fut découvert par hasard ou par *aventure.* On rapporte qu'un ouvrier vénitien, ayant laissé tomber un peu de limaille métallique dans un creuset contenant du verre en fusion, remarqua l'heureux effet produit par ce mélange. Il s'empressa de le reproduire, et l'av. de Venise fut bientôt recherchée presque à l'égal des pierres précieuses. Elle servit, comme celles-ci, à fabriquer diverses espèces de bijoux. Le procédé de la fabrication de l'av. resta longtemps un secret entre les mains des Vénitiens. Un Français, Lehaillif, après avoir analysé avec soin la composition de ce produit, essaya de l'imiter; mais il n'obtint qu'un demi-succès. Deux autres chimistes, Frémy et Clémandol, firent de nouvelles tentatives qui réussirent complètement (1848). Le procédé de ces derniers consiste à chauffer pendant douze heures un mélange de verre pilé (200 parties), de protoxyde de cuivre (40 parties), et d'oxyde de fer provenant des battitures de forge (80 parties), puis à soumettre la masse en fusion à un refroidissement lent. La fabrication de l'av. fut perfectionnée par Hautefeuille en 1861. En 1865, Pelouze trouva le moyen de fabriquer une av. à base de chrome qui ne le cède en rien aux plus belles aventurines de Venise.

Minér. — On nomme *Av.* ou *Quartz aventuriné*, à cause de sa ressemblance avec l'av. artificielle, une variété de quartz à fond blanc, verdâtre, jaune ou brun rougeâtre, qui présente des points brillants répandus dans la masse de la pierre. On distingue deux sous-variétés de quartz aventuriné. Dans l'une, qui est une variété d'*hyalomicte*, les points brillants sont formés par de petites paillettes de mica qui sont disséminées d'une manière assez uniforme et qui réfléchissent très bien la lumière. Dans l'autre, qui est du *quartz grenu*, les reflets lumineux sont produits par la présence, à l'intérieur de la pierre, de cristaux plus vitreux que le reste de la masse. Ces cristaux ne renvoient que de la lumière blanche, lorsque la masse est entièrement blanche, et des reflets jaunâtres ou brunâtres ou brun rougeâtre, dans le cas où la pierre est pénétrée accidentellement de matières ferrugineuses. La première de ces variétés est d'un plus joli effet, et en conséquence est plus recherchée que la seconde; néanmoins elle est encore bien inférieure à l'av. artificielle.

AVENUE. s. f. (lat. *ad*, vers; *venire*, arriver). Chemin par lequel on arrive en quelque lieu. *L'armée se saisit de toutes les avenues des montagnes, de la place. Fermer, boucher les avenues.* || Chemin planté d'une ou de plusieurs allées d'arbres et qui conduit à une habitation. *On arrive à ce château par une belle av. Planter une av. de marronniers.* — Par anal., *Ouvrir des avenues dans un parc, dans une forêt,* Y ouvrir des allées. || Fig., *Toutes les avenues du monde s'ouvraient pour lui.* Elle garda avec soin *toutes les avenues de son cœur.*

AVÉRAGE. s. m. T. Comm. La moyenne avérée, vraie, reconnue telle; en général, la moyenne.

AVÉRANO. s. m. (portugais, *ave de verano*, oiseau d'été). T. Ornith. Oiseau du Brésil. Voy. COTINGA.

AVÉRÉ, ÉE, part. passé. Établi comme vrai.

AVÉRER. v. a. (lat. *verus*, vrai). Prouver qu'un fait est vrai, qu'une chose est véritable. *On a avéré ce fait-là. Je n'ai pu av. la chose.* = s'AVÉRER. v. pron. *La chose s'est avérée.* = AVÉRÉ, ÉE. part. *Crime avéré. Sa fuite est avérée.* = Conjug. Voy. CÉDER.

Syn. — *Vérifier,* c'est rechercher si une chose est vraie; *l'av.,* c'est prouver qu'elle l'est. Dès qu'un fait a été *vérifié* par l'examen de tous les documents qui peuvent servir à établir sa réalité et qu'on l'a reconnu vrai, il est *avéré,* on ne peut plus en douter.

AVERNE, lac d'Italie, près de Naples, entre Pouzzoles et Baïa, dans le cratère d'un ancien volcan, associé à la légende des Enfers, de Virgile. Les anciens appelaient de ce nom un grand nombre de marais malsains.

AVERNE. s. m. Antre qui, suivant la mythologie, conduisait aux Enfers. || Poétiquement, les Enfers mêmes.

AVÉRON. s. m. T. Bot. La folle avoine. Voy. AVOINE.

AVERRHOA. s. m. T. Bot. Genre de plantes de la famille des *Géraniacées.* Voy. ce mot.

AVERRHOES ou **AVERROES,** philosophe arabe (1120-1198). Né à Cordoue, mort au Maroc. Voy. AVERRHOÏSME.

AVERRHOÏSME. s. m. T. de Philos. Doctrine d'Averrhoès, répandue dans les écoles au moyen âge, et qui n'était que la doctrine d'Aristote arrangée par les philosophes arabes dont Averrhoès, venu le dernier, avait rassemblé et coordonné les travaux. L'av. admettait l'éternité du monde,

conçu comme une suite de phénomènes découlant les uns des autres à l'infini aussi bien dans le passé que dans l'avenir. Pour expliquer le monde intellectuel et moral, il admet un *intellect actif,* sorte d'âme de la terre et de l'humanité dont les âmes individuelles ne sont que des parcelles. L'*intellect actif* est seul immortel. Après la mort les intelligences séparées retournent se fondre en lui; mais suivant la vertu, ses talents, son travail, l'homme vivant reçoit une part plus ou moins grande de l'intellect actif, et c'est en cela que consistent la supériorité et la récompense des meilleurs.

AVERSA, v. d'Italie, dans la Terre de Labour, à 15 kilom. nord de Naples, 20,183 hab.

AVERSE. s. f. (R. *verser*). Pluie subite et abondante. *Essuyer une av.* = A VERSE, loc. adv. Voy. VERSE (A).

AVERSION. s. f. (lat. *aversio,* m. s., de *aversari,* détourner la tête pour ne pas voir). Haine, antipathie, répugnance. *Avoir de l'av. pour quelque chose, pour ou contre quelqu'un. Il avait pris sa femme en av. Il a le vin en av.* — Fig. et fam., *C'est ma bête d'av.,* C'est la personne que je déteste le plus. = Syn. Voy. ANTIPATHIE.

AVERTIN. s. m. (lat. *vertere,* tourner). Maladie mentale qui rend opiniâtre, emporté, furieux. Se dit aussi de ceux qui sont affectés de cette maladie. *Le peuple appelait saint Mathurin le patron des avertins.* Inusité aujourd'hui. || T. Méd. vétér. Maladie particulière aux moutons, nommée aussi *Tournis.* Voy. ce mot.

AVERTIR. v. a. (lat. *ad,* vers; *vertere,* tourner). Informer, instruire quelqu'un de quelque chose; appeler l'attention de quelqu'un sur quelque chose. *Je vous avertis que votre ami est arrivé. Av. du danger, d'un accident. Je l'ai averti de la conduite de son fils. Il faut av. les parents.* || T. Man. *Av. un cheval,* Le réveiller au moyen de quelques aides quand il se néglige dans ses exercices. = s'AVERTIR, v. pron. *Nous nous sommes avertis de nous tenir sur nos gardes.* = AVERTI, IE. part. *Etre bien averti,* Etre bien informé, on se tenir sur ses gardes. || *Tenez-vous pour averti,* se dit par forme de menace, et pour marquer qu'il y aurait du danger à ne pas profiter de l'avertissement qu'on a reçu. — On dit dans le même sens : *Un bon averti en vaut deux;* mais cette loc. prov. sign. ordinairement que, lorsqu'on est informé, on est à même de ne pas se laisser surprendre.

AVERTISSEMENT. s. m. Avis qu'on donne à quelqu'un d'une chose, afin qu'il y prenne garde. *Av. utile, salutaire. Donner, recevoir un av. Des avertissements réitérés.* — Fig., *C'est un av. du ciel,* se dit d'un événement qui doit porter à faire de sérieuses réflexions. || Titre qu'on donne à une espèce de petite préface. *Av. de l'éditeur,* synonyme d'AVANT-PROPOS. Voy. ce mot. — Fig. et fam., *C'est un av. au lecteur,* se dit à propos d'un accident ou de quelque autre chose qui peut faire qu'on se tienne sur ses gardes. — On dit plus souvent, *C'est un avis au lecteur.* || T. Adm. finance., Invitation de payer que les percepteurs des contributions envoient aux contribuables.

Syn. — *Avis, Conseil.* — L'*av.* sert à éclairer, à prémunir; l'*avis,* à faire connaître; le *conseil,* à diriger. Quand on *avertit* quelqu'un, c'est pour qu'il se tienne sur ses gardes, pour qu'il porte son attention sur une certaine chose; lorsqu'on lui donne un *avis,* on lui annonce simplement que tel fait, telle chose existe; si on l'aide de ses *conseils,* c'est dans le but de lui indiquer la voie à suivre, le parti à prendre. Dans un autre sens, l'*avis* diffère du *conseil* en ce qu'il est uniquement la manifestation d'une opinion personnelle à celui qui le donne, quelle que soit sa position de supériorité ou d'infériorité à l'égard de la personne qui le reçoit; tandis que le *conseil* suppose ordinairement chez cette dernière un état d'infériorité, de dépendance ou d'intimité.

AVERTISSEUR. s. m. Celui qui avertit. || Titre d'un officier de la maison du roi dont la fonction était d'avertir quand le roi venait dîner. || Phys. et Technol. Appareil destiné à avertir.

Techn. — Les *avertisseurs de télégraphe et de téléphone* sont de simples sonneries électriques que le poste transmetteur met en mouvement pour éveiller l'attention du poste récepteur. Dans les téléphones, l'appareil est généralement disposé de telle sorte qu'il suffit au poste transmetteur de retirer les cornets de leurs appuis pour fermer le courant qui actionne la sonnerie de l'autre poste.

Les *avertisseurs d'incendie* sont destinés à transmettre un appel au poste de pompiers en cas d'incendie : on en a placé dans tous les quartiers à la disposition du public. Il suffit de casser la glace qui protège le bouton d'appel, et d'appuyer sur celui-ci. Cette opération met en mouvement deux sonneries ; l'une au poste des pompiers, l'autre dans l'appareil même. Celle-ci s'arrête quand les pompiers se mettent en marche. Il faut de plus que l'avertisseur indique aux pompiers l'endroit d'où part le signal. A cet effet, chaque appareil transmetteur porte un numéro, et le mouvement du bouton déclanche un poids dont la chute fait tourner une roue portant autant de cames qu'il y a d'unités dans ce numéro, et qui fait partie d'un circuit électrique. Chaque came en venant buter contre un taquet ferme le courant, de sorte que celui-ci est ouvert et fermé autant de fois qu'il y a d'unités dans le numéro. Chaque ouverture et fermeture du courant fait avancer d'un cran une aiguille placée sur un cadran au poste, de sorte que cette aiguille s'arrête d'elle-même au numéro de l'avertisseur. Les sonneries sont placées en dérivation ; comme la dernière came de l'avertisseur reste en contact avec le taquet, le circuit reste fermé et les sonneries fonctionnent jusqu'à ce que les pompiers l'interrompent, ce qui remet tout dans l'état primitif.

On a aussi construit des *avertisseurs automatiques d'incendie* ou *thermo-avertisseurs* qui fonctionnent dès que la température s'élève au-dessus d'un certain degré. Le principe commun de tous ces appareils consiste à séparer deux pièces faisant partie d'un courant par une matière isolante fusible à 50 ou 60 degrés. Dès que la température atteint ce degré, la substance isolante fond, les pièces se mettent en contact, le courant se trouve fermé et fait fonctionner une sonnerie d'alarme.

AVESNES, ch.-l. d'arr. (Nord), 6,500 hab.

AVESNES-LE-COMTE, ch.-l. de c. (Pas-de-Calais), arr. de Saint-Pol, 1,500 hab.

AVESTA, ZEND-AVESTA, livre sacré des anciens Perses. Voy. ZEND et SABÉISME.

AVET. s. m. (lat. *abies*, *etis*, sapin). Un des noms vulgaires du sapin argenté. Voy. SAPIN.

AVEU. s. m. (R. *avouer*). Déclaration par laquelle on reconnaît avoir dit ou fait quelque chose. *Faire l'av. d'une erreur, d'une faute, d'un crime. Tirer un av. de quelqu'un. Rétracter un av. Arracher des aveux. La pudeur fait les aveux formels et demande à être vaincue* (J.-J. ROUSSEAU). || *Témoignage. De l'av. de tout le monde, Tout le monde convient que, reconnaît que... De l'av. de tout le monde, Molière est le plus grand poète comique qui ait jamais paru. De l'av. de tous ceux qui l'ont entendu, c'est l'orateur le plus éminent de la Chambre. La jalousie est un aveu du mérite.* || Approbation, consentement, agrément. *Il ne fait rien sans mon av. J'ai obtenu l'av. de son père pour ce mariage. C'est de votre av. qu'il a fait cela.* || *Homme sans av.*, Vagabond, homme sans feu ni lieu, que personne ne veut reconnaître.

Syn. — *Confession.* — L'av. suppose la contrainte ou tout au moins l'existence d'une influence quelconque qui détermine le coupable à parler. La *confession*, au contraire, est tout à fait spontanée. Un accusé mis à la torture, ou même simplement pressé de questions, finit par *avouer* son crime ; le coupable qui se repent, le *confesse* aussitôt.

Droit. — Dans l'origine, l'*Av.* était une sorte de serment par lequel un vassal s'engageait à être fidèle à son seigneur, à payer exactement les redevances fixées, et à rester justiciable de la personne avouée. Mais l'acception de ce mot changea dans la suite. Au moment où une châtellenie passait d'une tête dans une autre, chaque fonancier était obligé de donner à son nouveau maître une déclaration écrite, contenant l'énumération et la description des terres qui constituaient le fief dont il se trouvait détenteur. C'est cette déclaration qui reçut les noms d'*Av.* de *Dénombrement* ou de *Dénombrance*, et quelquefois celui d'*Av. en dénombrement*. L'av. établissait la propriété du seigneur et faisait foi entre lui et le vassal. Rien n'était donc plus utile que cet acte qui servait à marquer la distinction des biens.

Aujourd'hui l'*Av.* est simplement une déclaration contenant reconnaissance d'un fait ou d'un droit prétendu par un adversaire. On distingue, en matière civile, l'av. *judiciaire* et l'av. *extrajudiciaire*. Le premier est fait en justice par la partie ou son fondé de pouvoir spécial. Il fait foi contre celui qui avoue, mais il ne peut être divisé contre lui, c.-à-d. que la partie qui s'en prévaut doit l'accepter avec toutes ses conséquences et dans son entier. Il ne peut être révoqué sous prétexte d'une erreur de droit. Il faut, pour parvenir à sa révocation, prouver qu'il y a eu erreur de fait. Quant à l'av. *extrajudiciaire*, lorsqu'il est purement verbal, il ne peut être allégué toutes les fois qu'il s'agit d'une demande pour laquelle la preuve testimoniale ne serait point admissible. Voy. TORTURE.

En matière criminelle, l'aveu de l'accusé fait pleine foi contre lui. Autrefois on avait inventé mille moyens plus ou moins affreux pour contraindre un accusé de s'avouer coupable. Voy. TORTURE. Un accusé est libre de nier son crime ; on cherche par toutes les investigations possibles à démontrer sa culpabilité, malgré ses dénégations ; puis, sur la déclaration du jury, la loi reçoit son application.

AVEUER ou **AVUER**. v. a. (R. *vue*). T. Chasse. Garder à vue, suivre de l'œil. *Av. la perdrix.* = AVEUÉ, ÉE. part.

AVEUGLANT, ANTE. adj. Qui aveugle, qui ôte le sens.

AVEUGLE. adj. 2 g. (lat. *ab*, sans ; *oculus*, œil). Privé de l'usage de la vue. *Devenir av. Av. de naissance*, ou *Aveugle-né.* || Fig., se dit d'une personne qui manque de lumières, de jugement. *Il faut qu'il soit bien av. pour ne pas voir ce qui se passe dans sa maison.* — Se dit aussi de celui dont la raison est troublée par une passion. *Les amants sont aveugles. L'ambition, la colère rendent les hommes aveugles. Il est av. sur ses défauts.* — S'emploie encore en parlant des passions elles-mêmes. *Ambition, amour, haine, fureur aveugles. Désir, passion aveugles. La colère est av.* || Est également usité en parlant de ce qui, sans offusquer la raison, ne permet pas la discussion, l'examen. *La religion demande une foi av. Il a en son père une confiance av. Complaisance av.* — On dit de même, *Obéissance av., Soumission av.*, lorsque la volonté de la personne n'est pas libre, quoique la raison puisse critiquer les ordres imposés. *Le soldat exécute avec une soumission av. les ordres qu'il reçoit. Certaines sectes exigeaient une obéissance av. de la part de leurs membres.* — *Ce malheureux n'a été que l'av. instrument du crime*, Il l'a exécuté par contrainte ou sans discernement. || Fig., s'applique à ce qui agit ou semble agir sans discernement. *L'av. fortune, Le sort, le hasard aveugles. Av. destin.* || Dans les sciences naturelles, l'adj. *Av.* est quelquefois employé soit au propre, soit au fig. *Acontias av. Hémorroïdes aveugles.* Pour la signifie. spécifique de cette épithète, voyez les substantifs auxquels elle se trouve jointe.

= AVEUGLE. s. m. Un pauvre av. Mener un av. Un aveugle-né. || Loc. prov., *Crier comme un av. qui a perdu son bâton*, Crier bien fort pour quelque mal léger. — *Au royaume des aveugles les borgnes sont rois*, Avec des connaissances médiocres on ne laisse pas de briller parmi les ignorants. — *Juger d'une chose comme un av. des couleurs*, En juger sans en avoir aucune connaissance. — *C'est un av. qui en conduit un autre*, se dit de quelqu'un qui n'est pas plus sage ni plus habile que la personne dont il dirige la direction. = A L'AVEUGLE, EN AVEUGLE. loc. adv. A la manière d'un av., Sans intelligence, sans réflexion. *Agir à l'av. Juger en av.*

Syn. — *Aveuglé.* — Il n'y a entre ces deux termes qu'une différence, c'est la durée de l'état qu'ils marquent. L'homme *av.* est constamment privé de la vue au propre ou au figuré ; l'homme *aveuglé* ne l'est que pour un temps, pour une circonstance spéciale. = A l'Av., En Av., Aveuglément. — La loc. en av. exprime l'absence complète et entière de la faculté de voir. L'adv. *aveuglément* a une signification moins absolue ; il marque simplement un rapport entre la façon d'agir des aveugles et celle de la personne dont on parle. A l'av. ne renferme point comme aveuglément l'idée d'état habituel ; il indique seulement l'absence momentanée et volontaire de la faculté de voir. Au fig., l'homme qui se conduit en av. ne peut guère faire autrement ; il est et sera toujours un imprudent. Celui qui va à l'av. est ébloui ; l'âge et l'expérience le corrigeront. Enfin, celui qui agit aveuglément se conduit ainsi, pour ainsi dire, de propos délibéré. Ce n'est pas en lui habitude ; il abdique momentanément et dans une circonstance donnée la clairvoyance qu'il possède.

Philos. — La privation d'un sens aussi important que la vue semblerait, au premier abord, devoir réduire l'av. de naissance à une condition inférieure à celle du commun des hommes. Cependant il n'en est rien. L'av.-né parvient, à l'aide du développement supérieur qu'acquièrent chez lui les sens de l'ouïe et du toucher, à se créer des moyens de communication suffisants avec ses semblables et avec le monde extérieur. Les observateurs qui ont étudié les aveugles-nés rapportent à ce sujet des faits véritablement surprenants. Le célèbre Saunderson, professeur de mathématiques à l'université de Cambridge, en parcourant avec les mains une suite de médailles, discernait celles qui étaient fausses, lors même qu'elles étaient assez bien contrefaites pour tromper les yeux d'un bon connaisseur; il jugeait de l'exactitude d'un instrument de mathématiques en faisant passer ses doigts sur les divisions. Un av. reconnaît à la résonance de sa propre voix l'étendue de la pièce où il se trouve. On en a vu qui appréciaient la distance des objets, même par un temps calme, au moyen des impressions que l'air atmosphérique leur faisait éprouver. La plupart reconnaissent, avec une exactitude merveilleuse, les personnes au son de leur voix, au simple bruit de leurs pas, et cela, souvent après ne les avoir entendues qu'une seule fois. — L'état moral et intellectuel des aveugles de naissance n'offre pas un objet d'étude moins intéressant. « Ce qui frappe d'abord dans l'av.-né, dit Dufau, c'est son état de calme et d'inaction physique. De là, un état de concentration habituelle qui exerce la plus grande influence sur son caractère moral. En effet, vivant ainsi constamment en lui-même, sa pensée et ses sentiments doivent le plus souvent rester cachés pour nous, et il faut l'observation la plus attentive pour pénétrer le mystère de la vie intime de son âme. C'est pour n'avoir pas compris cela que divers écrivains, Diderot entre autres, ont émis à ce sujet une foule d'assertions fausses et absurdes. Ainsi, de ce que les aveugles sont en général graves et peu expansifs, on a conclu qu'ils doivent être dépourvus de sensibilité; c'est une erreur : de longues années d'observation nous ont fait reconnaître que les mêmes émotions que nous ressentons sont ressenties par eux et avec une puissance égale, sinon supérieure. Seulement, si rien ne les excite à se manifester au dehors, elles restent en eux et n'influent que rarement sur leur froide et impassible contenance. On a voulu aussi qu'un être qui ne voit point, fût, par nature, sans religion et sans pudeur. L'expérience prouve, au contraire, que les aveugles peuvent être amenés à comprendre et à aimer une croyance, et qu'ils ont une foi plus épurée. Quant au sentiment de la pudeur, il se manifeste chez les enfants aveugles d'une façon bien digne de remarque. Cette réserve extrême qui rend parmi nous quelques personnes si délicates sur les objets offerts à leurs regards, passe ici de la vue à l'ouïe, et exclut en général du langage de ces jeunes gens les paroles légères et les équivoques sans décence. De l'habitude de concentration dont nous avons parlé, naît cette ténacité qu'on remarque dans le jugement et dans la volonté des aveugles. Ils ne connaissent point ce que nous appelons caprice, et, comme leurs déterminations ont toujours été précédées de mûres réflexions, ils y tiennent fortement. De là, aussi, une sorte de confiance en eux-mêmes qui dégénère parfois en un amour-propre facilement irritable, et forme, avec la défiance aisément explicable qu'ils portent dans leurs relations avec nous, les deux traits fâcheux de leur caractère moral; travers qui, d'ailleurs, disparaissent avec l'éducation. Lorsque la cause qui a déterminé la cécité congénitale n'a pas du reste affecté le système nerveux central, le développement intellectuel de l'av.-né n'est pas moins rapide que prodigieux. L'abstraction, l'analyse, la mémoire, se prêtent un appui mutuel pour conduire cet être imparfait à l'acquisition d'une foule de connaissances de l'ordre le plus élevé. »

De tout temps, on a cité des aveugles de naissance qui se sont fait remarquer par un haut degré de culture intellectuelle. Le savant Diogène d'Alexandrie, qui eut l'honneur d'être le maître de saint Jérôme, était av. de naissance. Nous avons déjà nommé le célèbre mathématicien Saunderson. Nous mentionnerons encore A. Rodenbach, l'un des principaux orateurs de la Chambre des représentants de Belgique; Pingeon, le mathématicien; l'habile organiste Gauthier, le mécanicien Montal, l'un de nos meilleurs facteurs de pianos, et tant de compositeurs et de musiciens remarquables.

Les aveugles de naissance auxquels on a rendu la vue par une opération chirurgicale, ont donné lieu à des observations physiologiques d'un grand intérêt, quand ils recouvraient cette faculté à un âge assez avancé pour qu'ils pussent rendre compte de leurs sensations. Les observations les plus suivies ont été faites sur un jeune av. âgé de treize ans, auquel Cheselden, célèbre chirurgien anglais, avait abaissé la cata-

racte. Ce jeune homme, quoique av., pouvait distinguer le jour de la nuit, comme tous ceux qui sont aveugles par une cataracte; il distinguait même une forte lumière, le noir, le blanc, l'écarlate; mais il ne discernait point la forme des corps. On lui fit d'abord l'opération sur un seul œil. Au moment où il commença à voir, tous les objets lui parurent appliqués contre ses yeux. Les objets qui lui étaient le plus agréables, sans qu'il pût dire pourquoi, étaient ceux dont la forme était régulière. Il ne reconnaissait point les couleurs qu'il avait distinguées dans une forte lumière étant av. Lorsqu'on lui présentait les objets qu'il connaissait auparavant par le toucher, il les considérait avec attention pour se les rendre familiers; mais bientôt il oubliait tout, ayant trop de choses à retenir. Il fut longtemps sans voir que les tableaux représentaient des corps solides : il les regardait comme des plans diversement colorés; mais lorsqu'il fut détrompé, et qu'en y portant la main il ne trouva que des surfaces, il demanda si c'était la vue ou le toucher qui le trompait. Il était surpris qu'on pût faire tenir dans un petit espace la peinture d'un objet plus grand que cet espace, par ex., un visage dans une miniature. D'abord, il ne pouvait souffrir qu'une très faible lumière, et voyait tous les objets fort gros; mais les premiers se rapetissaient à mesure qu'il en voyait de plus gros. Quoiqu'il sût bien que la chambre où il était, était plus petite que la maison, il lui était impossible de comprendre comment la maison pouvait paraître plus grande que la chambre. Les mêmes phénomènes ont été constatés chez d'autres aveugles opérés dans des circonstances analogues; de là découle une conséquence : ces faits démontrent sans réplique la nécessité d'une éducation spéciale pour chacun de nos sens, et en particulier pour celui de la vue.

Le malheur dont sont frappés les aveugles-nés impose envers eux, à la société, un ordre particulier de devoirs. Jusqu'à la fin du XVIIIe siècle ces devoirs n'avaient pas été remplis; les jeunes aveugles ne recevaient aucun genre d'instruction. — Les premières tentatives sérieuses dans cette voie sont dues à Valentin Haüy, frère du célèbre minéralogiste du même nom. Guidé par le succès partiel de quelques essais antérieurs, Haüy entreprit de donner aux jeunes aveugles des notions de lecture, d'écriture et de musique au moyen de caractères en relief. Il fonda, en 1784, à Paris, sous le patronage de la Société philanthropique, la première maison d'éducation pour les jeunes aveugles qui ait existé en Europe. Fermé pendant la Révolution, cet établissement fut rouvert en 1817. Il occupe, depuis 1843, sur le boulevard des Invalides (Institution nationale des Jeunes Aveugles), un local spacieux construit pour admettre deux cents aveugles des deux sexes. Ils y reçoivent, outre les éléments d'une instruction assez étendue, des notions approfondies de musique, art pour lequel les aveugles ont une aptitude toute particulière. Ils ont, au reste, le choix entre les professions dont l'exercice est compatible avec leur infirmité. Les caractères en relief de Valentin Haüy étaient d'une pratique difficile. Louis Braille, aveugle, élève de l'Institution, modifia complètement le système et fit un alphabet composé de six points également en relief, lesquels, par leur configuration, représentent les lettres, les chiffres et les notes de musique. Nous donnons ci-dessous cet alphabet. Cette invention admirable est la seule usitée aujourd'hui et rend d'inappréciables services. — Depuis l'initiative prise à cet égard par la France, Amsterdam, Berlin, Breslau, Bruxelles, Copenhague, Dresde, Édimbourg, Londres, Vienne, Zurich et plusieurs villes des États-Unis d'Amérique ont des instituts de jeunes aveugles fondés en général sur le modèle de celui de Paris.

Si les mesures prises pour adoucir le sort des aveugles-nés par les bienfaits de l'éducation sont d'une date récente, les institutions charitables pour recueillir les aveugles indigents remontent à une époque fort ancienne. Il suffit de rappeler la fondation par saint Louis, au XIIIe siècle, de l'Hospice des Quinze-Vingts. Dans le principe, cet établissement fut destiné à servir d'asile à trois cents pauvres chevaliers, qui, pendant les Croisades, avaient perdu la vue en Égypte et en Syrie. Depuis cette époque, s'il n'a plus reçu de chevaliers, il n'a pas cessé d'être consacré aux vieillards aveugles dépourvus de moyens d'existence. Néanmoins, il faut reconnaître qu'un seul établissement de ce genre est bien insuffisant pour un pays qui, comme la France, ne compte pas moins de trente-huit mille aveugles.

Il existe un journal pour les aveugles : Le Louis Braille, et une revue : La Revue Braille; de plus, un journal pour les « amis des aveugles » : Le Valentin Haüy, tous rédigés par M. de la Sizeranne. A Londres, une Society for prevention of Cecity rend d'immenses services prophylactiques : il serait à souhaiter qu'une institution analogue existât en France.

Alphabet des aveugles. — Voici les signes, formés de points en relief, dont il a été question plus haut :

Première série.

a b c d e f g h i j

Deuxième série.

k l m n o p q r s t

Troisième série.

u v x y z ç é à è ù

Quatrième série.

â ê î ô û ë ï ü œ w

an in on un eu ou oi ch gn ll

Ponctuation.

, ; : . ? ! ( ) « * »

Chiffres.

Les chiffres se représentent par les signes de la première série, précédés de :

1 2 3 4 5 6 7 8 9 0

Les sept notes de la gamme sont représentées par les mêmes signes que les chiffres, en partant du chiffre 4. Ainsi l'*ut* ou *do* est représenté par le signe qui répond au chiffre 4, le *ré* par le signe qui répond au chiffre 5, et ainsi de suite.

AVEUGLEMENT. s. m. Privation du sens de la vue. Ne se dit plus au sens propre ; on le remplace par le mot *Cécité*. || Fig., Trouble, obscurcissement de la raison. *Grand av. Av. volontaire. Il faut être dans un étrange av. pour...*

AVEUGLÉMENT. adv. N'est d'usage qu'au fig. Sans réflexion, sans examen. *Croire, obéir, av. Suivre av. ses caprices.* = Syn. Voy. AVEUGLE.

AVEUGLER. v. a. Priver du sens de la vue ; rendre aveugle. *L'impératrice Irène fit av. son fils Constantin, l'an 797 de notre ère.* || Par ext., se dit en parlant de ce qui fatigue ou trouble la vue pour quelques instants. *L'éclat du soleil m'aveugle. La poussière nous aveuglait.* || Fig., Priver de l'usage de l'intelligence, de la raison. *L'amour-propre l'aveugle. La prospérité aveugle l'homme.* || T. Mar. *Av. une voie d'eau*, la boucher provisoirement avec de l'étoupe, du suif, une plaque de plomb, etc. = S'AVEUGLER. v. pron. Au prop. *Œdipe, suivant la fable, s'aveugla de ses propres mains.* || Fig., Ne pas faire usage de sa raison, de ses lumières, de son expérience. *S'av. sur ses défauts. Ce père s'aveugle sur la conduite de ses fils.* = AVEUGLÉ, ÉE. part. = Syn. Voy. AVEUGLE.

AVEUGLETTE (A L'). loc. adv. A tâtons, sans voir clair. *Aller à l'av. Chercher quelque chose à l'av.* Fam.

AVEYRON, riv. de France, affl. du Tarn, passe à Rodez.

AVEYRON (Dép. de l'), formé du Rouergue, 400,000 hab. Ch.-l. Rodez ; 4 autres arr. : *Espalion, Millau, Saint-Affrique, Villefranche.*

AVEZAC (M. A. P. D'), géographe français (1799-1875).

AVIATION. s. f. (*avis*, oiseau). Procédé par lequel les oiseaux volent, et qu'on a vainement cherché à imiter pour se soutenir et se diriger dans les airs.

Phys. — De tout temps, il s'est rencontré des hommes qui ont cru pouvoir, par des dispositions mécaniques, s'élever dans les airs à la manière des oiseaux ; les plus hardis ont payé de leur vie leurs audacieuses expériences. Nous ne ferons pas ici l'historique de ces déplorables tentatives que ne guidait aucun esprit scientifique et qui ne seraient que profondément ridicules si elles n'avaient été aussi tragiques. Il est certain que le problème de l'*aviation* n'est pas impossible à résoudre, puisqu'il est réalisé dans la nature par les oiseaux et les insectes, et que l'industrie humaine peut et doit garder l'espérance de le réaliser à son tour ; mais il ne saurait être abordé par un empirisme grossier et l'on n'en peut attendre la solution que d'une étude approfondie de la réaction de l'air sur de grandes surfaces en mouvement. Avant de songer à voler soi-même, il paraît indispensable de chercher d'abord comment et pourquoi les oiseaux volent. Ce n'est que depuis un petit nombre d'années que des recherches sérieuses et scientifiques ont été entreprises sur ce difficile sujet, et la science est loin d'en connaître assez pour pouvoir songer à appliquer le petit nombre de résultats acquis. Il n'existe encore aucune théorie satisfaisante du vol des oiseaux ; le temps n'est pas bien éloigné où l'on ne se rendait même pas compte de la nature du mouvement des ailes. Grâce aux belles expériences de photographie instantanée du Dr Marey, on a aujourd'hui des données précises, et l'on a pu admirer à l'Exposition universelle de 1889 une douzaine de modèles en bronze représentant les positions successives des ailes et du corps d'un pigeon, modèles obtenus d'après des photographies instantanées prises à des intervalles égaux pendant le vol de l'oiseau. Voy. CHRONOPHOTOGRAPHIE. Il est clair que l'oiseau est soutenu par la pression que l'air exerce sur ses ailes en mouvement. La question du vol est donc intimement liée à celle de la résistance de l'air sur une surface en mouvement. Or on ne possède sur cet important phénomène que des données empiriques incomplètes et confuses. Newton et après lui Navier sont les premiers physiciens qui s'en soient occupés. Sur la foi d'un raisonnement insuffisant, et de quelques expériences très difficiles à exécuter, du reste, Newton et Navier ont admis : 1° que la résistance que l'air oppose au mouvement d'une surface plane qui se déplace perpendiculairement à son plan est proportionnelle au carré de sa vitesse ; 2° que, si le plan se déplace obliquement, la résistance est diminuée dans le rapport du carré du sinus de l'angle que fait le plan mobile avec la direction de son mouvement. De plus, Navier se représentait le vol des oiseaux d'une manière très simple qui est encore l'explication que donnent beaucoup de personnes, et qu'on a appelée la théorie du vol orthogonal : elle consiste à considérer les ailes comme des surfaces planes frappant l'air perpendiculairement de haut en bas ; la résistance de l'air s'opposant en partie à la descente des ailes, il faut que le corps de l'oiseau s'élève. Ensuite les ailes sont repliées pour pouvoir être relevées sans rencontrer de résistance et développées ensuite pour le battement suivant. D'après cette théorie, l'oiseau retombe d'une certaine hauteur pendant la remonte de ses ailes, et pour qu'il se soutienne, il faut que pendant chaque battement il se soit élevé d'une quantité au moins égale à celle dont il redescendra pendant la deuxième phase de son mouvement. En partant de là et des lois de la résistance formulées par Navier, il est facile de calculer le travail mécanique nécessaire à la sustentation. On a trouvé qu'une hirondelle développerait ainsi un travail de $\frac{1}{7}$ de cheval-vapeur par seconde. Si l'on réfléchit qu'un bon cheval ordinaire ne fournit que $\frac{1}{3}$ de cheval-vapeur par seconde, on arriverait à cette conclusion manifestement absurde que 13 hirondelles fourniraient autant de travail que trois chevaux, et cela sans interruption pendant les longues durées de leurs lointaines migrations : c'est la condamnation formelle de cette théorie.

Le fait du vol prolongé pendant des heures et des jours montre clairement que si le travail musculaire de l'oiseau est assez considérable au moment de l'essor, il est certainement très faible pendant la route. Le fait est que la deuxième loi de Newton, la loi du carré du sinus, est inexacte et que la conception du vol orthogonal est radicalement fausse. Borda voulut refaire de nouvelles expériences sur la résistance dans le mouvement oblique, crut pouvoir affirmer que la résistance était seulement proportionnelle au sinus de l'inclinaison. Cette loi conduit à ce résultat remarquable que *le travail nécessaire pour soutenir un poids donné dans l'air peut être aussi petit qu'on veut, pourvu que l'angle de l'aile* avec la direction de son mouvement soit suffisamment petit. À la vérité cette conclusion est obtenue en négligeant le frottement de l'air sur la surface de l'aile, lequel croît avec l'inclinaison, de sorte qu'en réalité elle n'est pas tout à fait exacte et qu'il y a une inclinaison très faible pour laquelle le travail est minimum. Ce résultat a été confirmé par les expériences les plus récentes ; il est aussi d'accord avec ce que les épreuves chronographiques du Dr Marey nous ont appris sur le mouvement des ailes des oiseaux, lesquelles font toujours un angle très petit, 2° ou 3°, avec la direction de leur mouvement. Cependant la loi du sinus n'est pas beaucoup plus exacte que celle du sinus carré.

La question est beaucoup plus complexe qu'on ne l'avait cru ; elle a été élucidée en partie par Athanase Dupré, dans sa *Théorie mécanique de la chaleur*.

Ce physicien est arrivé par la double voie de la théorie et de l'expérience à ce résultat qui semble paradoxal et qui est cependant très exact : *si une surface plane reçoit un courant d'air normal, la pression qu'exerce ce courant d'air sur la surface est plus grande quand la surface se déplace dans son plan que quand elle est immobile.* Ce singulier phénomène s'explique par ce fait que quand la surface est immobile, les filets d'air en mouvement s'échappent par tout le contour de la surface, tandis que si elle se déplace dans son plan, ceux-ci ne peuvent s'échapper que par la région du contour qui est à l'arrière du mouvement. Il en résulte manifestement que la valeur de la pression dépendra aussi de la forme de la surface, considération qui avait complètement échappé à Navier et à Borda, et qui explique la divergence des résultats auxquels ils ont été conduits. Le principe d'Athanase Dupré s'applique, en effet, au mouvement oblique ; celui-ci peut être décomposé en un mouvement orthogonal et un mouvement dans le plan ; on peut, sans rien changer, appliquer à tout le système, air et surface mobile, une vitesse égale et contraire à la vitesse normale ; on sera dans le cas d'une surface recevant un courant d'air et se déplaçant dans son plan. Si le mouvement par plan n'augmentait pas la pression, on retrouverait par ce raisonnement, qui est celui de Newton, la loi du sinus carré, en ne considérant, comme il convient, que la composante de la pression normale dirigée en sens inverse du mouvement primitif ; mais grâce à l'augmentation de pression, la résistance est plus considérable que ne le croyaient Newton et Navier et suit une loi qui dépend de la forme de la surface. Considérons, par exemple, une surface rectangulaire, une sorte de ruban. Si ce ruban se déplace dans le sens de sa longueur, les filets d'air s'échappent par les côtés et la loi se rapproche de celle de Newton ; si, au contraire, le ruban se déplace dans le sens de sa largeur, en montant, les filets ne peuvent s'échapper que par-dessous, la résistance augmente et la loi se rapproche de celle de Borda. Quant au vol des oiseaux, il faut l'assimiler au déplacement horizontal d'un plan très légèrement incliné sur l'horizon, la partie la plus haute en avant. De ce mouvement résulte sur la face antérieure une pression normale dont la composante verticale fait équilibre au poids de l'oiseau, tandis que la composante horizontale retarde le mouvement ; c'est la théorie du cerf-volant, avec cette différence que le cerf-volant est immobile et pressé par l'air en mouvement, tandis qu'ici c'est l'aile qui est en mouvement et l'air immobile. Cependant la vitesse de translation ne tarderait pas à diminuer par suite de la résistance même de l'air, et les battements d'aile n'ont pas d'autre effet que d'entretenir cette vitesse : ils jouent le rôle de propulseur. Ces considérations expliquent pourquoi les oiseaux sont incapables de s'élever sans se donner préalablement une vitesse horizontale par le saut ou par la course. Enfin, la théorie précédente est encore insuffisante puisqu'on n'y considère que des surfaces planes, ce qui n'est certes pas le cas des ailes des oiseaux. Plusieurs physiciens, entre autres M. Goupil, ont fait des expériences sur les ailes courbes, et ils sont arrivés à cette conclusion que des formes convenables permettraient de réduire encore beaucoup le travail nécessaire à la sustentation.

De nombreux expérimentateurs, parmi lesquels il convient de citer MM. Pline, Delouvrier, Pénaud, Jobert, Hureau de Villeneuve, Langley et le commandant Renard, directeur de l'établissement aérostatique de Chalais-Meudon, ont cherché à approfondir la question soit par le calcul, soit par l'expérience. Ils sont même arrivés à construire de petits appareils qui se soutiennent d'une manière satisfaisante et sont capables de fournir un vol plus ou moins long. Dans ces petits modèles, le moteur est un fil de caoutchouc tordu qui fournit le travail nécessaire en se détordant. Ces appareils se divisent en trois classes :

1° *Les hélicoptères* (gr. Ἕλιξ, hélice ; πτερόν, aile). Ce sont des hélices dont l'axe diffère peu de la verticale et dont la rotation détermine l'ascension de l'appareil. Le commandant Renard a calculé que la puissance de ces appareils est très limitée ; ils exigent toujours un travail mécanique assez considérable, et du reste on ne connaît aucun moteur sérieux qui puisse mettre en mouvement l'hélice nécessaire pour l'enlever.

2° *Les orthoptères* (gr. ὀρθός, droit ; πτερόν, aile), ou *oiseaux mécaniques* dans lesquels on imite le vol des oiseaux par le mouvement alternatif d'ailes. Leur construction en grand paraît à peu près impossible.

3° *Les aéroplanes* (lat. *aer*, air, et *planer*). Ce sont des surfaces planes ou courbes qui se déplacent obliquement et dont la vitesse est entretenue par un propulseur qui est le plus souvent une hélice. Ce sont les seuls qui paraissent avoir quelque avenir, parce qu'ils exigent peu de travail. Il importe de leur assurer une grande stabilité de direction, car la moindre variation dans leur inclinaison pourrait déterminer leur chute. Cette stabilité s'obtient du reste très facilement par l'emploi d'un gouvernail qui fonctionne automatiquement, et corrige presque instantanément les mouvements de tangage.

Malgré les espérances que peuvent faire concevoir les nombreuses études relatives à l'aviation et le bon fonctionnement des petits modèles, il faut bien reconnaître que l'on est encore très éloigné d'une solution pratique et qu'il reste de grandes difficultés à vaincre. Aucun modèle de dimensions un peu grandes n'a été construit. Comparée aux ballons dirigeables, la navigation aérienne par les aéroplanes aurait l'avantage de diminuer considérablement la résistance de l'air, puisque l'énorme surface du ballon se trouverait supprimée. On pourrait ainsi obtenir des vitesses bien plus grandes. Mais, comme l'a fait observer le commandant Renard, la solution du problème de la navigation aérienne par les ballons dirigeables paraît bien plus proche et il est sage de commencer à chercher dans cette voie. Plus tard, dans un avenir encore éloigné, l'aéroplane permettra le transport rapide, et par tous les temps, des fardeaux légers, tandis que le ballon dirigeable permettra le transport des fardeaux lourds par le beau temps. Voy. AÉROSTAT, NAVIGATION AÉRIENNE.

Bibliogr. — Commandant RENARD, Conférence faite à la Société de physique, le 23 avril 1892 (résumée dans le *Génie civil*, t. XXI, 2° semestre 1892) ; — R. SOREAU, *le Problème de la direction des ballons* dans les *Mémoires de la Société des ingénieurs civils*, février 1893 ; — *Revue de l'aéronautique*.

AVICENNE, le plus illustre des médecins arabes (980-1037). Son véritable nom est Abou-Ali-el-Hosseïn, abrégé d'abord en Ibn-Sina.

AVICENNIA. s. m. (R. *Avicenne*, n. pr.). T. Bot. Genre de plantes de la famille des *Verbénacées*.

AVICEPTOLOGIE. s. f. (lat. *avis*, oiseau ; *capere*, prendre ; gr. λόγος, science). Traité sur l'art et les différentes manières de prendre les oiseaux.

AVICOLE. adj. (lat. *avis*, oiseau ; *colere*, habiter). T. Hist. nat. Se dit des parasites vivant sur les oiseaux.

AVICULAIRE. adj. 2 g. (lat. *avicularis*, qui a rapport aux oiseaux). T. Hist. nat. Qui sert à la nourriture des oiseaux. *Polygonum aviculaire.* — Qui dévore les oiseaux, ou vit en parasite sur eux. *Mygale av. Hippobosque av.*

AVICULE. s. f. (lat. *avicula*, petit oiseau). T. Zool. Genre de mollusques bivalves dont une espèce, l'*avicule perlière*, fournit des perles recherchées et la plus belle nacre. Voy. OSTRACÉS et PERLE.

AVICULIDES. s. m. pl. (lat. *avicula*, petit oiseau). T. Zool. Paléont. Voy. HÉTÉROMYAIRES. — Dans cette famille de mollusques Lamellibranches Hétéromyaires, la coquille est équivalve ou inéquivalve, à ligne cardinale droite, allongée, présentant une ou deux oreillettes ou ailes, avec une échancrure ou une ouverture bâillante en-dessous de l'oreillette antérieure de la valve droite, qui sert au passage du byssus. La charnière est à petites dents obscures ; l'impression musculaire postérieure est grande, sub-centrale, sinueuse, allongée ; la coquille est formée d'une couche interne nacrée et d'une couche extérieure lamelleuse ou prismatique.

La plupart des espèces de cette famille sont éteintes et se rencontrent dans les couches paléozoïques ; on en connaît plus de 4,000 espèces fossiles. Les formes vivantes, un nombre de 120 environ, se rencontrent surtout aux profondeurs moyennes des mers tropicales.

Le genre *Avicula* existe depuis le silurien jusqu'à notre époque. Le genre *Meleagrina* est actuel et fossile depuis le jurassique.

Les *Ambonychia* existent depuis le silurien jusqu'au calcaire carbonifère. La sous-famille des *Inocérames* se trouve dans le trias, le jurassique, le crétacé, le tertiaire et de nos jours. Les *Vulsellinés* sont jurassiques, crétacés, tertiaires et actuels.

AVICULTURE. s. f. (lat. *avis*, oiseau, et *culture*). Art de multiplier et d'élever les oiseaux.

AVIDE. adj. 2 g. (lat. *avidus*; de *aveo*, je désire avec ardeur). Se dit de celui qui désire quelque chose avec ardeur. S'emploie au prop., en parlant du boire et du manger. *Cet homme est si av. qu'il dévore plutôt qu'il ne mange.* — Fig., *Être av. de gloire, d'honneurs, de richesses*, etc. — *Être av. de sang, de carnage*, Se plaire à répandre le sang. || Absol. et fig., Qui est extrêmement cupide, qui est très intéressé. *C'est un homme av. Il ne faut pas être si av.* || Dans ces diverses acceptions, *Av.* se dit également en parlant des choses. *Une bouche av. Des mains, des yeux avides. Un air av. Des regards avides.*

AVIDEMENT. adv. Avec avidité. Se dit au prop. et au fig. *Manger, boire av. Contempler av. Courir av. aux honneurs.*

AVIDITÉ. s. f. Désir immodéré, insatiable. Se dit dans tous les sens d'*avide. Manger avec av. L'av. du gain, des honneurs. Regarder, écouter avec av.*

Syn. — *Cupidité.* — Ces deux termes expriment un désir ardent, immodéré. Mais *cupidité* se dit uniquement en parlant de l'argent et des biens matériels, et se prend toujours en mauvaise part, tandis qu'*av.* s'emploie souvent en parlant de passions plus nobles, et se prend parfois en bonne part. En outre, appliqués à l'argent, aux richesses, les mots *cupidité* et *av.* présentent encore une différence. La *cupidité* exprime un état persistant, *av.*, un état qui peut être temporaire; la *cupidité* est plus concentrée, plus cachée; l'*av.* est moins hypocrite, elle se laisse plus aisément apercevoir.

AVIGNON, ch.-l. du dép. de Vaucluse, sur le Rhône, à 743 kilom. de Paris, archevêché, 43,500 hab. Ancien palais des papes. Curieux remparts.

Ancienne capitale des Gaulois Cavares, Avignon paraît avoir été fondée par les Marseillais au VIe siècle av. J.-C. Elle devint une cité florissante de la Gaule Narbonnaise. Évangélisée dès la première heure, peut-être même par Marthe, qui aurait abordé au rivage de Provence avec sa sœur Marie et Lazare, peu de temps après la mort de Jésus, elle devint, en 1208, avec le Comtat Venaissin, propriété du pape par don de Raymond VI, comte de Toulouse, seigneur d'Avignon. Après une série de difficultés politiques de tous genres, le pape français Clément V s'y installa en 1309. En 1376, la papauté, alors représentée par Grégoire XI, quitta Avignon pour revenir à Rome. Avignon ne fut réunie à la France qu'en 1791, et resta jusqu'à cette époque à l'Église romaine.

AVILA, v. d'Espagne, ch.-l. de la prov. d'Avila (Vieille-Castille), 7,963 hab. Évêché.

AVILA (D'), historiographe des deux Castilles et des Indes (1577-1658).

AVILIR. v. a. (R. *vil*). Rendre vil, abject, méprisable. *Av. son nom, son caractère. Ses habitudes l'ont avili aux yeux de tout le monde.* — Absol. *La lâcheté avilit.* || *L'abondance de cette marchandise l'a avilie*, L'a fort déprécié; *En a avili le prix*, A fait considérablement baisser son prix. = s'Avilir. v. pron. Se rendre vil, méprisable. *S'av. par des bassesses. S'av. à ses propres yeux.* — *S'av.*, est encore usité en parlant des marchandises et de leur prix. = Avili, ie. part. Voy. Abaisser.

Syn. — *Avili, Vil.* — L'adjectif *vil* marque un état habituel d'abjection, de bassesse; *avili* suppose que l'avilissement n'a pas existé de tout temps, qu'il est survenu à la suite de quelque circonstance particulière. L'homme *vil* a été de tout temps méprisable, l'homme *avili* l'est devenu en se dégradant.

AVILISSANT, ANTE. adj. Qui avilit. *Il est dans un état av., dans une dépendance avilissante.*

AVILISSEMENT. s. m. État d'une personne ou d'une chose avilie. *Tomber, vivre dans l'av. Sortir de l'av. L'av. de son nom, de son caractère.*

AVILLON. s. m. [Pr. *avi-llon*, *ll* mouillées] (autre forme d'*aiguillon*). T. Fauconnerie. Doigt de derrière d'un oiseau de proie.

AVILLONNER. v. a. T. de Fauconnerie. Attaquer avec les serres de derrière.

AVINAGE. s. m. Action d'aviner les fûts, les cuves, etc.

AVINER. v. a. (R. *vin*). Imbiber de vin un vase neuf destiné à contenir du vin. *Av. une cuve, des futailles.* = Aviné, ée. part. || Fig. et fam., *Il est av.; C'est un corps av.*, se dit d'un homme qui a pour habitude de boire beaucoup. — *Avoir les jambes avinées*, Chanceler sur ses jambes pour avoir trop bu.

AVIR. v. a. T. Technol. Rabattre les bords d'une pièce de ferblanterie pour assembler.

AVIRAISON. s. f. (*A* et *virer*). Détour de l'eau dans les salines.

AVIRON. s. m. (R. *virer*). T. Mar. Rame; espèce de longue pelle en bois qui sert à refouler l'eau et à imprimer le mouvement à une embarcation légère. *Aller à force d'avirons.* || Rameur. || Pelle de bois pour remuer les graisses chez les bouchers. || T. Zool. On nomme quelquefois ainsi les pattes aplaties de certains insectes nageurs, tels que les *Dytiques*, les *Notonectes*, etc.

Techn. — L'aviron est le plus simple et probablement le premier des instruments employés par l'homme pour faire mouvoir et diriger sur l'eau une embarcation quelconque. — On distingue dans l'aviron deux parties : le *manche* et la *pelle*. Celle-ci plonge seule dans l'eau; le manche sert à la manœuvrer. La longueur *régulière* de l'av., c.-à-d. la longueur la plus favorable pour obtenir de cet instrument le plus grand effet utile, est de trois fois la largeur de l'embarcation à laquelle il est destiné. Le point d'appui de l'av. est sur le bord du bateau, à un tiers de sa longueur à partir de la poignée. Le rameur est placé du côté de l'embarcation opposé à celui où la pelle de son av. plonge dans l'eau. On nomme *av. en pointe*, celui qui est manœuvré par un seul rameur sur chaque banc d'un canot, et *avirons accouplés*, deux avirons que manient simultanément un seul rameur ou deux hommes assis sur le même banc, ramant parallèlement des deux côtés de l'embarcation. — Les grands navires à voile ont généralement deux avirons d'une longueur moyenne de 15 mètres, qui exigent pour fonctionner la force de cinq hommes chacun. On s'en sert, par exception, dans les temps de grand calme, soit pour s'éloigner d'un écueil, soit pour s'approcher d'un ennemi ou pour lui échapper.

On nomme *Pagaye*, un av. court, à pelle plate, ordinairement plus large que celle de l'av. ordinaire. La pagaye porte généralement une pelle à chacune de ses extrémités; elle n'est pas fixée au bateau; on s'en sert en la tenant des deux mains, et en plongeant alternativement les deux pelles à droite et à gauche de l'embarcation, presque verticalement dans l'eau. Le terme *pagayer* s'applique à cette manière spéciale de ramer. — La *Godille* est une variété de large av. On ne s'en sert qu'en la faisant tourner à l'arrière des embarcations; la godille est fort utile dans les ports encombrés de navires, où, par ce motif, il est difficile aux canotiers d'employer leurs avirons. Grâce à la godille, ils passent partout où il se trouve seulement un espace libre égal à la largeur de leur canot.

AVIRONNERIE. s. f. T. Mar. Atelier où l'on fabrique les avirons.

AVIRONNIER. s. m. Celui qui fait ou vend des avirons.

AVIS. s. m. (Ancien. *Advis*, du lat. *advisum* [*visus*, vue], ce qui semble). Opinion, sentiment. *Dire, donner son av. Émettre un av. Changer d'av. Prendre l'av. Se ranger à l'av. Être d'un av. singulier. Je suis d'av. que... À mon av. Selon mon av. Sauf meilleur av.* — Opinion et suffrage de chaque juge, lorsqu'il s'agit de prononcer dans quelque affaire. *Prendre les av. Aller aux av. Les av. sont partagés.* || Conseil, instruction que l'on donne à quelqu'un. *Av. charitable, amical, paternel. Il a profité des av. de sa mère. — Donneur d'av.,* se dit d'un homme qui est toujours prêt à donner des conseils, même quand on ne lui en demande pas. *C'est un insipide donneur d'av.* || Prov. et fig., *Il y a jour d'av.,* Nous avons le loisir de délibérer. — *Droit d'av.,* Honoraires. Vx. -- *Av. du Conseil d'État.* Voy. CONSEIL D'ÉTAT. — *Av. doctrinal.* Voy. DOCTRINAL. — *Av. de parents,* Délibération d'un conseil de famille. Voy. CONSEIL DE FAMILLE. || Avertissement. *Je lui ai donné av. de la conduite de son fils. J'ai reçu l'av. que j'avais affaire à un intrigant. — Av. au public, Av. au lecteur.* Voy. AVERTISSEMENT. — Se dit particulièrement des nouvelles qu'on mande et de celles qu'on reçoit. *Je vous donnerai av. de tout ce qui se passera. Je partirai au premier av. On a reçu av. de Rome. Lettre d'av.,* Lettre qu'un négociant adresse à son correspondant pour lui donner connaissance de quelque chose qui concerne leur commerce. = Syn. Voy. AVERTISSEMENT.

AVISÉ, ÉE. adj. Prudent, circonspect; qui ne fait rien sans réflexion. *C'est un homme sage et av.* || Subst., *C'est un mal av.* On écrit plus ordinairement *Malavisé.* Voy. ce mot.

Syn. — *Prudent, Circonspect.* — L'homme *avisé* fait surtout usage de l'imagination; l'homme *prudent,* de la réflexion; l'homme *circonspect,* de l'attention.

AVISEMENT. s. m. Acte d'une personne avisée.

AVISER. v. a. Donner avis. N'est usité que dans ces deux phrases proverbiales : *Un fou avise bien un sage,* Un fou peut parfois donner un bon conseil; *Un verre de vin avise bien un homme,* Le vin inspire quelquefois de bonnes idées. || Fam., Apercevoir d'assez loin. *Je l'avisai dans la foule.* = AVISER. v. n. Être d'avis, juger à propos. *Les États avisèrent qu'il fallait mettre un terme à cet abus. La cour a renvoyé les parties pour se pourvoir comme elles aviseront bon être.* || Faire attention, réfléchir, prendre garde. *Avisez à ce que vous avez à faire. Il est temps d'y av.* = AVISÉ, ÉE. part.

AVISER (S'). v. pron. Réfléchir, faire attention à quelque chose. *Elle s'en est avisée trop tard. Il ne s'avise de rien.* — Prov., *On ne s'avise jamais de tout.* || Trouver, inventer, imaginer. *Je ne me serais jamais avisé de cet expédient. Il n'y a malice dont il ne s'avise.* || Oser, avoir l'audace de... *S'il s'avise de me tromper, il s'en repentira. Ne vous en avisez pas.* || Se mettre en tête quelque chose. *Si mon avare d'oncle s'avisait de faire le prodigue, il m'étonnerait bien.*

AVISO. s. m. (ital. *aviso,* avis.) Nom qu'on donne à tout bâtiment qu'on expédie pour porter des paquets, des dépêches, etc. On choisit pour avisos de petits navires d'une marche rapide et d'une allure légère.

AVISSURE ou **AVISURE.** T. Technol. s. f. Bord rabattu d'une pièce de ferblanterie.

AVITAILLEMENT. s. m. Se dit de l'action de fournir les provisions pour un camp, pour une place de guerre, pour un vaisseau, et des provisions mêmes qui sont rassemblées pour cette destination. *Il est chargé de l'av. de cette place. On s'est assuré d'un av. considérable.* On a pris l'habitude de dire *ravitaillement,* même lorsqu'il s'agit de la première fourniture.

AVITAILLER. v. a. (lat. *ad,* pour; *victus,* vivres.) Mettre des vivres dans une place, dans une ville qui court risque d'être assiégée, ou dans un vaisseau qui va partir. *Av. une place, une ville. Le bâtiment est avitaillé.* Comme dans le mot précédent, on a pris l'habitude de dire *ravitaillé.* = AVITAILLÉ, ÉE. part.

AVITUS, empereur d'Occident, proclamé à Toulouse en 455, mort l'année suivante. Sidoine Apollinaire, son gendre, a écrit son histoire.

AVITUS (SAINT), de la famille du précédent, évêque de Vienne, en Dauphiné, de 490 à 525, auteur de poèmes bibliques.

AVIVAGE. s. m. T. Métier. Action d'aviver, opération par laquelle on enlève au coton teint à la garance sa teinte brune et sombre. || T. Miroit. Première façon de la feuille d'étain qu'on frotte de mercure.

AVIVER. v. a. (lat. *vivus,* vivant.) Donner de la vivacité, de l'éclat, etc. *Av. un tableau. Av. les tailles d'un cuivre. Av. une couleur. — Av. le feu,* Lui donner plus d'ardeur. — *Av. les métaux, Av. le marbre,* C'est leur donner du poli. — *Av. une statue de bronze,* La gratter légèrement pour la dorer. — *Av. une poutre,* La tailler à vive arête. || Exciter. *La privation avive l'amour.* || Irriter. *Ce mouvement avivait ma blessure.* || T. Métier. Voy. AVIVAGE. = AVIVÉE, ÉE, part.

AVIVES. s. f. pl. (lat. *aqua viva,* eau vive, parce qu'on croyait que les chevaux contractaient cette affection en buvant des eaux vives; — mais plutôt de l'arabe *ad-dhiba* qui est le nom de cette maladie). Inflammation et engorgement des glandes parotides du cheval. Glandes qui sont le siège de cette affection. Voy. PAROTIDITE.

AVIVOIR. s. m. T. Dorure. Instrument qui sert à aviver, à étaler l'amalgame de l'or.

AVIZE, ch.-l. de c. (Marne), arr. d'Épernay, 2,400 hab.

AVOCASSER. v. n. Exercer la profession d'avocat. Fam., et ne se dit qu'ironiquement.

AVOCASSERIE. s. f. La profession d'avocat. Se dit fam. et par dénigrement. *Il fait de l'av.*

AVOCASSIER, IÈRE. adj. Qui a rapport à l'avocasserie. *Les simples habitants du lieu admiraient sa faconde avocassière.*

AVOCAT. s. m. (lat. *ad,* vers; *vocatus,* appelé). On écrivait autrefois *advocat.* Celui qui fait profession de défendre des causes en justice. *Les avocats parlent pour qui veut, tout qu'on veut, sur tout ce qu'on veut* (COMMENIN). — *C'est précisément parce qu'un av. n'a de conviction arrêtée sur rien qu'il est toujours si admirablement prêt à parler sur tout* (DE GIRARDIN). *Je veux qu'on puisse couper la langue à un av. qui s'en sert contre le gouvernement* (NAPOL. Ier). — *Un véritable av. peut soutenir le faux aussi bien que le vrai.—Av. plaidant,* Celui qui s'adonne principalement à la plaidoirie. — *Av. consultant,* Celui qui donne seulement son avis et son conseil par écrit sur les affaires litigieuses. — *Av. général,* Voy. MINISTÈRE PUBLIC. — Fig. et fam., *Av. du diable,* Celui qui, dans une controverse religieuse, est chargé de proposer les objections. || Fig., Celui qui intercède pour un autre, qui défend sa réputation, qui soutient ses intérêts auprès de quelqu'un. *Je serai votre av. auprès de votre père.* — En ce sens on dit aussi, au fém., *Avocate.* Sa mère fut son avocate. || Celui qui se fait le champion d'un parti, d'une doctrine, d'un système. *Il s'est fait l'av. des doctrines les plus immorales.* Voy. BARREAU.

Anecd. — Un av. avait si bien plaidé la cause d'un voleur, qu'il avait obtenu son acquittement complet. Celui-ci avait été accusé d'avoir dérobé une montre de grand prix. Après l'audience, il remercia chaudement son éloquent défenseur et termina par ces mots : Et maintenant, croyez-vous que je puisse le porter? — Autrefois, à Rome, les femmes plaidaient. Mais on leur interdit le barreau à la suite de l'histoire de Calpurnie. Celle-ci, ayant perdu sa cause, fut si irritée contre les juges qu'elle ne trouva rien de mieux que de lever sa toge et de leur montrer son... mépris. On décida que les femmes ne seraient plus avocates.

AVOCATIER. s. m. T. Bot. Arbre de la famille des *Lauracées* dont le fruit est appelé *Poire d'Avocat.*

AVOCATOIRE. adj. Qui rappelle. *Lettres avocatoires.*

AVOCETTE. s. f. T. Ornith. Échassier longirostre. Le genre av. qui se reconnaît au premier coup d'œil à la forme de son bec qui est très long, très mince et recourbé de bas en haut, se rapproche des oiseaux nageurs par celle de ses pieds qui sont palmés aux trois quarts. Les autres caractères du genre sont les suivants : jambes presque nues, très longues et grêles, tarses élevés, pouce articulé très haut. De quatre espèces qui composent ce genre, une seule se trouve en Europe : c'est l'*Av. à nuque noire* (*Avocetta recurvirostra*). Son plumage est généralement blanc, à l'exception de la nuque et de la partie postérieure du cou qui sont noires, et des ailes qui présentent trois bandes de la même couleur. Cette av. est de la grosseur d'un pigeon ordinaire. Elle nage au besoin avec agilité; mais, habituellement, elle marche à gué dans les eaux basses où abondent les vers, les mollusques et les petits

crustacés dont elle se nourrit. Elle niche dans les grandes herbes au bord des eaux salées marécageuses; son cri ressemble assez exactement à celui de l'*Echasse*. Cette espèce habite le nord de l'Europe; mais, en hiver, elle émigre, et on la rencontre alors dans le midi de la France. Elle remonte quelquefois les fleuves, ce qui explique son apparition annuelle dans le bas Poitou où on lui fait une chasse fort active, car sa chair passe pour être assez délicate.

AVOGADOR. s. m. (ital. *avocare*, évoquer). Magistrat de l'ancienne république de Venise, dont les fonctions présentaient une certaine analogie avec celles du *Ministère public* dans la France actuelle.

AVOI. s. m. T. Brasserie. Donner un *av.*, faire couler d'une cuve dans une autre.

AVOINE. s. f. (lat. *avena*). Plante de la famille des *Graminées*, dont le fruit se nomme également *av.* || Balle d'*av.*, Écaille qui enveloppe les fruits d'*av.* et avec laquelle on fait ordinairement le coucher des petits enfants. || Au plur., Se dit de l'*av.* qui est encore sur pied dans les champs. *Voilà un bon temps pour les avoines. Couper, faucher, faire les avoines.*

Agric. — L'*av. cultivée* (*Avena sativa*) est une plante de la famille des *Graminées*. Ses caractères botaniques sont : Epillets formés de trois fleurs au moins, plus ou moins divergentes; fleur terminale restant toujours à l'état rudimentaire; paillettes de la glume membraneuses, bifides à leur sommet; fruit cylindrique allongé, terminé en pointe, marqué d'un sillon longitudinal, généralement velu à son sommet; fleurs en panicule, quelquefois, mais rarement, figurant un épi lâche.

L'av. est une des céréales les plus nécessaires à l'agriculture européenne, car elle donne des récoltes abondantes dans des terres siliceuses, trop légères et trop pauvres pour qu'il soit possible d'en obtenir du froment ou même du seigle. Son grain sert principalement à la nourriture des chevaux et accessoirement à celle de toute espèce de bestiaux, d'oiseaux domestiques et d'animaux de basse-cour. Dans quelques pays même elle forme la base de l'alimentation de l'homme. La culture a prodigieusement multiplié les variétés de l'espèce; les agronomes les classent en deux groupes : variétés à grain noir, et variétés à grain blanc. Ces dernières sont les plus répandues dans les parties septentrionales de l'Europe; les premières sont seules cultivées dans les pays tempérés et méridionaux. Les principales variétés cultivées en France, sont : 1° l'*av. noire commune* ou *av. de Brie*, la plus répandue de toutes; 2° l'*av. blanche de Flandre*, qui ne s'avance guère au midi du bassin de la Somme; 3° l'*av. d'hiver*, à grain noir, reconnaissable à ses balles rayées de brun. Cette dernière peut se semer en automne comme les autres céréales d'hiver, mais seulement au sud et à l'ouest du bassin de la Seine; au nord et à l'est de cette limite, elle gèlerait trop souvent. On connaît aussi, mais seulement dans les exploitations dirigées par les cultivateurs les plus éclairés, l'*av. patate* (Fig. 2), à grain

blanc et court, fort cultivée en Écosse; l'*av. de Sibérie* à grain noir; l'*av. blanche de Hongrie*; l'*av. de Zélande*, qui passe pour la meilleure de toutes les blanches; l'*av. de Tartarie* (Fig. 1) à grain noir, très répandue en Angleterre pour la nourriture des chevaux, et l'*av. de Géorgie*, remarquable, comme la précédente, par la disposition des épillets tous penchés du même côté et formant comme un épi lâche unilatéral. — L'av. est du reste la céréale qui, jusqu'ici, s'est le mieux prêtée aux modifications qu'a cherché à lui imprimer la main de l'homme. En Écosse, où les districts montagneux n'ont pas d'autre céréale, la culture a créé une foule d'excellentes variétés, les unes précieuses par le volume et la qualité supérieure de leur grain, les autres par la rapidité de leur végétation, qui leur permet de croître et de mûrir dans un très court espace de temps. Les principales d'entre ces variétés qui commencent à se répandre en Belgique, en Allemagne et en France, sont les avoines du *Shérif*, de *Kildrummie* et de *Hopetown*.

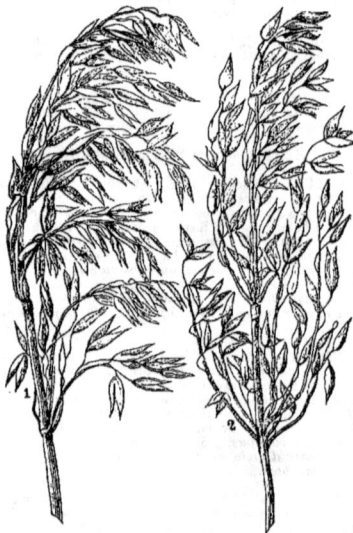

C'est par sélection qu'un célèbre agronome écossais, Lawson, est parvenu à augmenter notablement leur précocité, ainsi que leur rendement.

L'av. est la moins pesante des céréales; l'hectolitre dépasse rarement le poids de 55 kilogrammes. Dans les terres qui lui conviennent le mieux, son rendement en grain est de 35 à 40 hectol., par hectare; il est de 25 à 30 hectol. dans les terres de fertilité moyenne. La paille d'av. hachée avec du foin de prairies naturelles ou artificielles est la base de la nourriture des bêtes à laine pendant l'hivernage, dans les exploitations dirigées d'après les principes de l'économie rurale la plus avancée et la plus rationnelle. Chez nous, l'av. n'entre pas dans la consommation ordinaire de la population; mais il en est autrement en Écosse. La farine d'av. se prête mal à la panification; elle ne donne qu'un pain très brun, gluant, lourd et de difficile digestion. Mais, en dépouillant seulement le grain de son écorce, on obtient un gruau parfaitement sain, très nourrissant, agréable au goût, et qui se prête à toutes sortes d'assaisonnements. Le gruau d'av. est le principal aliment des montagnards écossais; ce qui explique le soin tout particulier que l'on apporte en Écosse à améliorer toutes les variétés de cette céréale.

Le genre av. renferme en outre différentes espèces qui ne sont pas sans intérêt. Telle est l'*av. élatior* (*av. elatior*) qui fait partie de l'herbe de nos prairies naturelles. Quant à la *folle avoine* (*av. fatua*), appelée dans certaines provinces *avéneron* ou *avéron*, c'est une des plantes les plus nuisibles aux récoltes. Ses racines traçantes étouffent les blés, et ses graines, qui mûrissent de bonne heure, se ressèment d'elles-mêmes, de sorte qu'il est très difficile de nettoyer un champ qu'elle a une fois envahi. Cependant, dans la Hollande et dans la Campine belge, on s'est servi utilement de la folle avoine pour fixer les sables mouvants.

On s'est longtemps demandé pourquoi l'av., que le cheval mange avec avidité, qui traverse son intestin imparfaitement broyée, sans perdre sa faculté germinative, c.-à-d. sans être digérée, communique cependant au solipède cette énergie singulière que ne lui procure aucune autre matière alimentaire.

Aujourd'hui, nous savons que l'écorce, ou péricarpe, de cette graminée renferme un principe stimulant, un glucoside isolé il y a quelques années par E. Serullas, et avec lequel ce chimiste a reproduit synthétiquement le givre de vanille, principe odorant et savoureux de la gousse exotique. Un travail d'oxylation semblable se produit dans l'intestin du cheval. C'est la vanille qui opère et donne tant de nerf à la bête. Voy. VANILLE.

La mercuriale des marchés, basée sur la qualité de l'avoine, taxe précisément aux plus hauts prix les sortes de cette céréale qui renferment le plus de glucoside lanilliquo, c.-à-d. les avoines noires et en première ligne celles de Bretagne.

AVOINERIE. s. f. Terre semée en avoine.

AVOIR. v. a. (lat. *habere*). 1° Dans son acception la plus usitée et la mieux déterminée, *av.* signifie : posséder à quelque titre et de quelque manière que ce soit; être en possession, en jouissance de quelque chose. *Av. de l'argent. Av. une maison, une terre, des revenus, un emploi. Av. de quoi vivre. Av. un cheval, des bestiaux. Il a eu la plus belle part de la succession paternelle. Rien de ce qu'il a ne lui appartient. J'ai des droits sur son héritage. Il a un poste lucratif. Il a une dignité très élevée. Minerve avait plusieurs temples dans la Grèce. Nous avons de belles promenades dans notre ville.* — Par anal., cette signification d'av. a été étendue aux animaux et aux choses. *Ce chien a un maître. Ce cheval a une belle écurie, une bonne litière; il a du foin et de l'avoine. Ma maison a vingt locataires. Cette cité a dix mille habitants. Cette doctrine a de nombreux partisans. Cette table a deux tiroirs.* || 2° Dans un sens plus particulier, av. se dit pour obtenir, acquérir, se procurer la possession de... *J'ai eu cette voiture à très bas prix. On n'a pas facilement cet ouvrage. Il aura tout ce qu'il demande. C'est lui qui aura le prix. C'est un homme intègre que vous n'aurez jamais, Que vous ne pourrez acheter.* — *Av. une femme,* Obtenir ses faveurs. — *Av. la parole,* dans le lang. parlementaire, sign., Obtenir la permission de parler. *Vous aurez la parole après le ministre* || 3° Av. se dit de tout ce qui est propre à une personne, sous le rapport physique, moral et intellectuel. *L'homme a une tête, des bras et des jambes. Av. des yeux bleus, un nez aquilin. Av. quinze ou vingt ans. Av. la force, l'agilité, la santé. Av. une maladie grave. Av. de la faiblesse. Il a le bras cassé, une jambe emportée. Av. la fièvre. Av. mal à la tête. Il a un coup d'épée dans la poitrine. Av. faim, av. soif, av. chaud, av. froid. Av. de nombreux besoins. Av. une bonne tête, de l'intelligence, des pensées, des opinions, des idées. Av. un jugement sain, l'imagination vive, une mauvaise mémoire. N'av. pas le sens commun. Av. de l'amour, de la haine, de l'ambition. Av. des passions, des vices, des vertus. Av. peur. Av. honte. Av. pitié. Av. foi en quelque chose.* Il a de l'autorité, du crédit, de l'influence. — Av. se dit également dans ce sens, en parlant des animaux, *Ce cheval a les jambes fines. Cet oiseau a un plumage magnifique, un chant fort agréable. Le chat a les mouvements très agiles. Cette vache a mal à la jambe. Ce mouton a le tournis. Votre chien a beaucoup d'intelligence, beaucoup de mémoire; il a de l'attachement pour vous. Les tigres ont de la cruauté.* — Par ext., il se dit même des choses, en parlant de leurs qualités et des effets qu'elles produisent. *Cet arbre a une tige élancée. Cette graine a de l'amertume. Le suc de cette plante a des propriétés vénéneuses. Ce métal a de la ténacité. Ce marbre a le grain très fin. Cet édifice a un caractère de grandeur. Cette poésie a plus d'éclat que de grâce. Ce songe a quelque chose d'effrayant.* || 4° Lorsque le verbe av. a pour sujet et pour régime direct deux ou plusieurs personnes, il indique simplement l'existence d'une relation quelconque entre ces personnes, la nature de cette relation étant uniquement déterminée par la valeur des termes qui sont sujet et régime du verbe. *Mon cousin a*

encore son père et sa mère. J'ai une femme et des enfants. Tu avais un médecin habile. Av. des amis, des ennemis, des connaissances, des voisins, des envieux. Av. des domestiques. Av. un maître, un chef. Av. des élèves. Av. des soldats. Av. quelqu'un comme associé, pour complice, pour adversaire.* — Dans certaines phrases, la signification du verbe av. est déterminée, soit par un régime indirect, soit par tout autre complément. *Elle voudrait toujours avoir son fils auprès d'elle,* Elle voudrait que son fils fût toujours auprès d'elle. *Le commissaire de police avait avec lui deux agents,* Il était assisté de deux agents. *Av. quelqu'un à dîner. Il a beaucoup de monde à ses soirées.* — Par tant des animaux et quelquefois même des choses, on dit dans un sens analogue : *Cette lionne a deux lionceaux. Ce coq a une douzaine de poules. Les abeilles ont le clairon et la gallérie pour ennemis. Cet ouvrage a pour auteur un écrivain distingué. Cet accident peut avoir des suites fâcheuses. Les plaisirs ont leurs dangers.* || 5° Av. se dit de toute espèce de rapport entre les personnes et les choses extérieures à l'homme, sans impliquer nécessairement l'idée de possession ou de propriété. *Av. une bague au doigt. Il avait ce jour-là un habit noir. Av. de la boue sur ses vêtements. Av. une hache à la main. Av. une affaire, un procès, une querelle. Av. une correspondance, un entretien. Av. du temps devant soi. Nous aurons bientôt du froid, de la chaleur. Nous avons une température étouffante, une année sèche, pluvieuse. Av. affaire à quelqu'un.* || 6° Av. se construit souvent avec la préposition *à*, suivie d'un infinitif. Dans ce cas, il indique ordinairement que l'on a pour soi l'obligation, dans l'intention, ou qu'on a la faculté d'accomplir l'action exprimée par le verbe employé à l'infinitif. *J'ai quelque chose à faire. J'ai à parler à quelqu'un. Nous avons une décision à prendre. Il a des chevaux à vendre, une terre à affermer. Il a plusieurs places à donner. Il a bien des choses à vous apprendre. Vous n'avez qu'à vouloir, qu'à commander, qu'à faire un signe,* Il vous suffit de..., etc. || 7° Av. s'emploie impersonnellement dans le sens du verbe *Être*; mais alors il se joint toujours à la particule *y. Il y a un an, il y a deux ans. Il y a beaucoup de gens qui... Il y a lieu de croire. Il y a de la honte à agir ainsi. N'y eût-il que ce seul obstacle, il faudrait renoncer à cette affaire. Il y avait plus de mille personnes. Il n'y a qu'un instant qu'il était ici. Il n'y a rien que je ne fasse pour vous. Il n'y a rien à faire. Il y a tout à espérer. Il y en a qui pensent...* On rencontre des personnes qui pensent... Fam.—*S'ignore ce qu'il s'est passé entre eux; tant y a qu'ils se sont brouillés,* Toujours est-il qu'ils se sont brouillés. || 8° Av. s'emploie encore dans plusieurs locutions qui méritent d'être signalées d'une façon particulière. *Nous avons, vous avez des gens qui...,* Il existe des gens qui... — Fam., *Il a beau dire, il a beau faire, il a beau crier,* Quoi qu'il puisse dire, quoi qu'il puisse faire, malgré ses cris. — Fig. et fam., *L'av. beau ou l'av. belle,* Avoir une occasion favorable de faire quelque chose. — Popul., *Av. de quoi,* Être riche ou dans l'aisance. *C'est un homme qui a de quoi. Il n'est rien tel que d'en av.* — Il en a, se dit ironiquement de quelqu'un qui a reçu quelque coup, qui a éprouvé quelque disgrâce. Il en a dans l'aile, se dit dans le même sens, et aussi en parlant de quelqu'un qui est devenu amoureux. — Fam., *Contre qui en a A qui en avez-vous?* Contre qui êtes-vous fâché ou irrité? — Fam. et par forme de menace, *Vous en aurez,* Vous serez châtié, maltraité. — *Avoir en aversion, en horreur,* etc., Éprouver de l'aversion, etc., pour quelqu'un ou pour quelque chose. — *Av. pour agréable,* Être satisfait d'une chose, l'approuver. *Il ne fera cette démarche qu'autant que vous l'aurez pour agréable,* Qu'autant qu'elle vous plaira. — *Av. pour but, pour effet,* Se proposer pour but, etc. — *Av. pour soi,* se dit de tout avantage particulier à une personne ou à une chose. *Il a pour lui sa fortune, elle a pour elle sa beauté. L'un a pour lui la puissance, l'autre a pour lui le bon droit.* || 9° Av. suivi d'un participe; verbe auxiliaire dans la conjugaison. *J'ai eu. Il n'a rien dit.* Voy. CONJUGAISON.— EU, EUE, part. N'est guère usité que joint à quelque temps du v. *Avoir. La fortune qu'il a eue. En égard à.* Voy. ÉGARD.

Conj. — INDICATIF. *Présent :* J'ai, tu as, il a; nous avons, vous avez, ils ont. — *Imparfait :* J'avais, tu avais, il avait; nous avions, vous aviez, ils avaient. — *Passé défini :* J'eus, tu eus, il eut; nous eûmes, vous eûtes, ils eurent. — *Passé indéfini :* J'ai eu, tu as eu, il a eu; nous avons eu, vous avez eu, ils ont eu. — *Passé antérieur :* J'eus eu, tu eus eu, il eut eu; nous eûmes eu, vous eûtes eu, ils eurent eu. — *Plus-que-parfait :* J'avais eu, tu avais eu, il avait eu; nous avions eu, vous aviez eu, ils avaient eu. — *Futur :* J'aurai, tu auras, il aura ; nous aurons, vous aurez, ils auront. — *Futur antérieur :* J'aurai eu, tu auras eu, il aura eu ; nous aurons eu, vous aurez eu, ils auront eu. ═ CONDITIONNEL. *Présent :* J'aurais, tu aurais, il aurait ; nous aurions, vous auriez, ils auraient. — *Passé :* J'aurais eu *ou* J'eusse eu, tu aurais eu *ou* tu eusses eu, il aurait eu, *ou* il eût eu ; nous aurions eu *ou* nous eussions eu, vous auriez eu *ou* vous eussiez eu, ils auraient eu, *ou* ils eussent eu. ═ IMPÉRATIF. *Présent ou Futur :* Aie ; ayons, ayez. — SUBJONCTIF. *Présent ou Futur :* Que j'aie, que tu aies, qu'il ait ; que nous ayons, que vous ayez, qu'ils aient. — *Imparfait :* Que j'eusse, que tu eusses, qu'il eût ; que nous eussions, eu ; vous eussiez, qu'ils eussent. — *Passé :* Que j'aie eu, que tu aies eu, qu'il ait eu ; que nous ayons eu, que vous ayez eu, qu'ils aient eu. — *Plus-que-parfait :* Que j'eusse eu, que tu eusses eu, qu'il eût eu ; que nous eussions eu, que vous eussiez eu, qu'ils eussent eu. ═ INFINITIF. *Présent :* Avoir. — *Passé :* Avoir eu. — *Participe présent :* Ayant. *Participe passé :* Eu, eue ; ayant eu.

Obs. gram. — Les locutions impersonnelles *Il est* et *Il y a* sont fréquemment employées l'une pour l'autre. Cependant il existe une différence entre les deux locutions. *Il est* semble exprimer quelque chose de plus particulier. C'est ce que démontrent les exemples suivants : « *Il est* des dangers auxquels l'homme le plus sage ne saurait échapper ; *Il y a* dans cette affaire des dangers auxquels vous ne pourrez échapper ; *Il y a* dans Juvénal des passages intraduisibles.

AVOIR. s. m. Propriété, bien, fortune. *Cette maison se loue bien ; c'est un brî av.* — *Voilà tout son av.*, C'est là tout ce qu'il possède. ‖ T. Com. *Doit et av.*, Dette active et dette passive. Voy. COMPTABILITÉ.

AVOIRA. s. m. T. Bot. Espèce de palmier épineux de la Guinée, dont la partie charnue du fruit fournit *l'huile de palme.* Voy. PALMIER.

AVOIRDUPOIDS. s. m. T. Com. Nom que les Anglais donnent à la livre de 16 onces anglaises ; elle vaut 453ᵍʳ593.

AVOISINANT, ANTE. adj. Qui est voisin. *Les races avoisinantes.*

AVOISINER. v. a. (R. *voisin*). Être proche, être voisin. Ne se dit que de la proximité du lieu. *Les terres qui avoisinent la forêt.* ═ S'AVOISINER. v. réfl. Devenir plus voisin. ═ AVOISINÉ, ÉE. part. *Être bien ou mal av.*, Avoir de bons ou de mauvais voisins.

AVORTEMENT. s. m. (lat. *ab* et *oriri*, sortir). T. Physiol. Action d'avorter. Expulsion naturelle ou accidentelle du fœtus avant terme. Au point de vue légal, il y a avortement quand l'accouchement a lieu avant le 180ᵉ jour de la grossesse. S'emploie principalement en parlant des femelles des animaux. — En parlant des femmes, *av.* ne se dit, dans le langage ordinaire, que de l'accouchement prématuré provoqué par des moyens criminels ; dans tout autre cas, on dit plus ordinairement *Fausse couche.* ‖ T. Bot. Se dit, par anal., des parties qui éprouvent un arrêt de développement. ‖ Au fig., s'emploie quelquefois en parlant d'un projet, d'une entreprise qui a échoué. *Cette entreprise donnait les plus belles espérances ; elle a abouti à un av.*

Méd. — On distingue l'*av. spontané, accidentel* et *provoqué.*

L'*av. spontané* peut provenir de certaines dispositions maladives du père ou de la mère, qui font que l'embryon n'a pas l'énergie vitale nécessaire pour atteindre le terme de viabilité et meurt avant la fin de son évolution. Parmi ces dispositions, il faut mentionner la syphilis, la tuberculose, et en général toutes les maladies infectieuses aiguës, plus ou moins graves, et les empoisonnements. L'*av. accidentel* se produit à la suite de secousses nerveuses, de coups sur l'abdomen ou de fatigues exagérées. Les femmes qui ont déjà fait une ou plusieurs fausses couches, sont prédisposées à l'*av.* dans les grossesses suivantes. C'est pourquoi on ne saurait leur recommander trop de précautions. L'*av.* peut être *provoqué* par le médecin dans le cas où l'étroitesse du bassin, par viciation ou tumeur, s'opposerait à l'expulsion du fœtus arrivé à terme. Pratiqué avec les précautions convenables, il ne présente presque aucun danger pour la mère. Il n'en est pas de même de l'*av.* provoqué dans un but criminel, parce que le plus souvent, dans ce cas, les précautions nécessaires ne peuvent être prises à cause du caractère clandestin de l'acte. Dans

près de la moitié de ces cas, la mère succombe à une hémorragie, ou à une septicémie produite par la putréfaction des annexes non expulsées du fœtus.

Légis. — La loi pénale punit sévèrement, chez tous les peuples chrétiens, l'action de provoquer, soit au moyen de substances médicamenteuses, soit de toute autre manière, l'accouchement prématuré ou l'*av.*, comme on l'appelle dans le langage médico-légal. — Dans l'antiquité païenne, les Grecs ne paraissent pas avoir attaché l'idée de crime à cet acte détestable ; il en était autrement à Rome, où la loi punissait, soit des travaux publics, soit de la relégation dans une île avec confiscation d'une partie de leurs biens, ceux qui provoquaient l'*av.* ; la peine de l'exil était infligée à la mère, lorsque le crime avait été commis de son consentement. — En France, le Code pénal punit de la peine de la réclusion quiconque a procuré l'*av.* d'une femme. La même peine est infligée à la femme qui s'est procuré l'*a.* à elle-même, ou qui a consenti à faire usage des moyens à elle indiqués, si l'*av.* s'en est suivi. Le médecin, chirurgien, officier de santé ou pharmacien qui a indiqué ou administré ces moyens, encourt la peine des travaux forcés à temps, dans le cas où l'*av.* a lieu.

L'*av.* est pratiqué sur une vaste échelle dans beaucoup de races inférieures, et constitue même une sorte de coutume d'État. Cela se conçoit très bien quand on songe qu'il faut limiter le nombre des habitants par rapport à la quantité des subsistances, et le fait par suite se rencontre surtout dans les îles et dans les régions peu riches. En Tasmanie, l'*av.* était de rigueur un certain nombre de fois. Pour l'obtenir, une vieille femme frappait sur le ventre de la femme enceinte. En Nouvelle-Calédonie, les femmes qui veulent avorter mangent des bananes vertes bouillies. A Formose, les femmes ne peuvent avoir d'enfants qu'à 36 ans. Jusque-là toute femme enceinte a le ventre piétiné. Il en était de même en Amérique sur les bords de la baie d'Hudson, de l'Orénoque et du Rio de la Plata.

Le *New-York medical Record* estime (mai 1893) qu'il n'y a pas moins de 80,000 avortements criminels par an à New-York. D'autres grandes villes du vieux monde fourniraient des chiffres de même valeur, ce qui n'indique pas un niveau moral très élevé.

Méd. vét. — *Avortement simple.* — En vétérinaire on connaît, comme en médecine humaine, l'*av.* et l'accouchement prématuré. L'*av.* a lieu quand l'expulsion se fait chez les chevaux et ânes 40 jours avant terme, chez la vache 35 jours, brebis et chèvres 20 jours, chiennes et chattes 8 jours. L'*av.* est d'autant plus rare que l'espèce est plus petite, sauf pour la lapine qui avorte assez souvent quand elle reste avec le lapin. L'*av.* existe aussi chez les oiseaux de basse-cour, il se caractérise alors par l'absence de coque et par des germes morts. Un premier *av.* prédispose à des avortements ultérieurs, et c'est d'ordinaire dans la deuxième période de la grossesse qu'il se produit. Il est dû à des troubles gastro-intestinaux, amenés par des aliments toxiques, altérés ou purgatifs, au trop froids, à des maladies infectieuses, la gastro-hépatite chez la jument, à des traumatismes. Dès qu'on soupçonne une fausse couche d'*av.*, on la met dans un lieu sombre, et on lui donne des petits lavements laudanisés. Si elle avorte, on doit lui faire une toilette antiseptique des parties génitales ; en tous cas, il faut appeler le vétérinaire. Il faut écarter de la reproduction les femelles prédisposées à l'*av.* ou les vaches devenues taurelières.

Avortement épidémique des vaches, juments, brebis, chèvres. — La cause n'en est pas bien connue, bien qu'on ait rencontré très souvent un micrococcus dans les parties génitales des femelles malades. Ce qui est certain, c'est que l'avortement sévit épidémiquement à de certaines époques, qu'il est des régions où il revient tous les ans, qu'il est essentiellement contagieux. Une vache qui a avorté fait avorter ses voisines en gestation, par suite de la souillure des litières, des instruments de pansage. Les vétérinaires, les bouviers, le liquide qui s'écoule de la vulve, le fœtus avorté, le liquide amniotique et les enveloppes sont les éléments infectieux qui transmettent le mal. Expérimentalement, on a provoqué l'avortement en inoculant la vulve et le vagin de vaches en gestation avec le pus vaginal de femelles avortées. Dans ces cas, il survient au bout de 3 semaines au plus. La porte d'entrée semble donc être toujours génitale. On ne sait comment agit la cause pour provoquer la mort du fœtus et l'avortement. Toutes les conditions débilitantes, stabulation continue, fourrage de mauvaise qualité, etc. y prédisposent. L'avortement survient le plus souvent aux 3ᵉ et 5ᵉ mois chez la vache, aux 4ᵉ et 9ᵉ mois chez la jument, précédé pendant 3 jours de rougeur du vagin avec petits tubercules, d'un écoulement purulent à travers la vulve, et de tarissement du lait. Il se fait très aisément. Le fœtus est d'ordinaire mort-né. Après l'avortement l'écoulement persiste, amenant des troubles de la santé, et ce qui est plus grave, la stérilité. Les médicamenteux sont inefficaces. Seuls l'éloignement aussi précoce que possible des vaches pleines dans une autre étable ou au pâturage, l'attribution exclusive de bouviers et de tout ce qui peut les toucher aux vaches malades, les lavages antiseptiques des parties génitales des vaches avortées et de celles en gestation, l'incinération des fœtus et la désinfection absolue de tout objet contaminé peuvent éviter l'épidémie. Une alimentation riche, de l'exercice et les préparations ferrugineuses donneront plus de résistance aux femelles pleines. En outre, il sera bon de changer le taureau ou l'étalon qui est souvent le véhicule de la maladie, et de ne faire saillir les femelles qu'après disparition complète de l'écoulement génital.

Bot. — Dans la physiologie végétale, on confond souvent l'av. partiel avec la *transformation* des parties avortées, attendu que ces deux phénomènes s'accompagnent et coïncident en effet très fréquemment. Ainsi, par ex., on dit vulgairement que, dans la plupart des plantes d'ornement, les fleurs doubles deviennent stériles par l'av. des étamines. Cependant ici les étamines n'avortent pas, à proprement parler; elles se transforment simplement en pétales, ce qui rend la fleur double et stérile. — La grande irrégularité de forme que présentent certaines fleurs, tient à l'av. d'une partie de leurs organes reproducteurs, qui donne lieu à un accroissement énorme d'une partie des pétales. Si les étamines avortent régulièrement, comme dans l'*Erodium*, où, sur dix étamines, cinq avortent en alternant avec celles qui subsistent, la symétrie de la corolle n'en est pas dérangée; mais si l'av. est irrégulier, comme dans la fleur du *Pélargonium*, où, sur dix étamines, trois avortent constamment, tandis que les sept autres seules se développent, les pétales sont de formes et de grandeurs inégales, et la corolle est très irrégulière. C'est également à l'av. partiel de leurs organes reproducteurs que la plupart des *Orchidées* et une foule d'autres plantes doivent les formes si bizarres et si élégantes de leurs corolles.

Zool. — Le terme d'*Av.* s'emploie parfois dans la physiologie animale, dans un sens analogue, c.-à-d. pour désigner l'arrêt de développement d'une partie quelconque, surtout lorsque cet arrêt se lie au développement excessif d'une partie voisine. Nous citerons l'exemple de la grande classe d'insectes désignés sous le nom de *Diptères*, à laquelle appartiennent les mouches, les cousins, etc. Chez tous ces insectes, le grand et rapide accroissement des ailes supérieures arrête celui des deux ailes inférieures, qui se trouvent ainsi réduites à une sorte de moignon très court appelé *balancier* par les naturalistes. Ces insectes sont donc réellement *Tétraptères* dans le principe; ils ne deviennent diptères que par av. des ailes inférieures.

AVORTER. v. n. (lat. *ab*, de; *oriri*, sortir). En parlant des femmes, accoucher avant terme; s'emploie dans le cas où l'accouchement a été provoqué par des moyens criminels; autrement dit, *Accoucher avant terme, Faire une fausse couche.* || En parlant des animaux, Mettre bas avant terme. *Ma vache vient d'av.* || Par anal., en T. de Bot., *Av.* se dit des parties, des organes d'une plante qui s'arrêtent dans leur développement. *Les froids tardifs ont fait av. les fruits. Les pétales de cette fleur ont avorté.* || Fig., en parlant d'un dessein, d'une entreprise, d'une affaire qui a échoué, et de tout ce qui ne répond pas aux espérances qu'on en avait conçues. *L'entreprise avorta faute de fonds. Il eut la douleur de voir av. tous ses projets.* = AVORTÉ, ÉE, part. Blé av. Fruit av. Fleur avortée. — *Dessein av. Négociation avortée. Talent av.*

AVORTON. s. m. Fœtus issu avant terme. Se dit de l'homme et des animaux. — Par ext., se dit d'un animal qui est resté fort au-dessous de la taille à laquelle il aurait dû parvenir, et, par mépris, d'un homme mal fait, mal bâti. *Ce n'est qu'un chétif av.* || On appelle encore de ce nom un fruit qui n'a pu parvenir à sa grosseur ordinaire, une plante rabougrie et mal conformée. || Fig., se dit d'un ouvrage d'esprit qui n'est pas ce qu'il aurait pu être, si l'auteur avait apporté plus de soins et plus de temps à le faire. *Un auteur de ce mérite n'aurait pas dû mettre au jour un pareil av.*

AVOUABLE. adj. 2 g. Qui peut être avoué. *Ce ne sont pas là des actes avouables.*

AVOUÉ s. m. Officier ministériel, autrefois appelé procureur, dont la fonction est de représenter les parties devant les tribunaux, et de faire en leur nom toutes les procédures nécessaires. || Autrefois on nommait ainsi un seigneur qui se chargeait d'être le protecteur, le défenseur des droits d'une église, d'un monastère, etc.

Légis. — Le terme d'*Avoué*, de même que celui d'*Avocat*, tire son origine du mot latin *advocatus*, qui signifie *appelé auprès de quelqu'un pour l'aider ou pour l'assister.* Ainsi, à Rome le mot *advocatus* s'appliquait à l'individu qui conseillait et assistait une autre personne dans un procès, mais non à l'orateur ou au patron qui portait la parole. Cette distinction subsistait au temps de Cicéron. Mais après la chute de la République, le rôle de l'orateur ayant perdu presque toute son importance, on commença à confondre ses fonctions avec celles de l'*advocatus*. Ce dernier nom servit à désigner toute personne qui en assistait une autre dans la conduite d'une cause ou d'un procès : c'est ainsi qu'Ulpien définit l'*advocatus* (Dig. 50, tit. 13). L'orateur lui-même était compris dans cette définition. La rémunération des soins donnés à une affaire par l'*advocatus* recevait le nom d'*honoraire* (*honorarium*).

Au moyen âge, l'expression d'*advocatus*, dont on a fait plus tard *advoué* et *avoué*, servait à désigner le défenseur ou le champion auquel un individu ou un corps incapable de se défendre par lui-même remettait le soin de soutenir ses droits, soit devant les tribunaux, soit aux combats singuliers, aux jugements ou dans les guerres privées.

Aujourd'hui, en France, le terme d'*Av.* désigne un officier ministériel dont les fonctions consistent à représenter les parties devant les tribunaux, *à postuler et à conclure pour* elles. Avant la Révolution, ces mêmes fonctions étaient également remplies par des officiers ministériels qui portaient le nom de *Procureurs*. On connaît avec certitude l'existence des *procureurs au Châtelet*, en 1327, et celle des *procureurs au Parlement*, en 1341. Ils assistaient les plaideurs pour tous les actes de procédure, et leur intervention était obligatoire. — En 1791, les offices de procureurs furent supprimés comme entachés de vénalité; mais la fonction elle-même ne fut pas abolie, puisque la même loi établit qu'il y aurait auprès des tribunaux des officiers ministériels ou *avoués* chargés de représenter les parties et de faire tous les actes de forme nécessaires pour la régularité de la procédure. Mais la loi du 3 brumaire an II vint bientôt supprimer les avoués. Cette loi autorisa seulement les parties à se faire représenter par de simples fondés de pouvoirs. Ces agents n'avaient ainsi aucun caractère officiel, et de plus ils ne pouvaient former, du moins aux termes de la loi, aucune réclamation pour leurs soins et salaires, contre les citoyens qui avaient eu recours à leur assistance. La réforme était allée trop loin, et l'on ne tarda pas à s'apercevoir que l'on n'avait remplacé les abus anciens que par des abus nouveaux et plus grands. Aussi, sous le Consulat, Napoléon prit-il purement et simplement le parti de rétablir l'institution antique du procureur sous le nom plus moderne d'av. La loi du 27 ventôse an VIII rétablit donc les avoués auprès des tribunaux de première instance et d'appel, en fixant leurs attributions à peu près sur le pied où elles sont aujourd'hui. Plusieurs lois, décrets et ordonnances ont successivement réglé l'organisation de ce corps.

Il existe deux classes d'avoués : les avoués de première instance et les avoués d'appel; les premiers ne peuvent postuler auprès des cours d'appel; les seconds ne peuvent postuler auprès des tribunaux de première instance. Pour tout procès porté devant ces deux juridictions, l'intervention des avoués est obligatoire. En effet, quiconque veut appeler une autre personne devant un de ces tribunaux, doit d'abord choisir un av., ou, comme on dit dans la langue du Palais, *constituer av.* Le nom même de l'av. constitué doit être, à peine de nullité, désigné dans le premier acte de procédure, c.-à-d. dans l'acte d'assignation. Le ministère des avoués n'est admis ni près des justices de paix, ni près des tribunaux de commerce, etc. Quant à la Cour de cassation, ce sont les avocats auprès de cette Cour qui remplissent eux-mêmes les fonctions attribuées ailleurs aux avoués.

Le nombre des offices d'av. est limité. Les titulaires sont à la nomination du chef de l'État, qui seul a le pouvoir de les destituer; ils fournissent un cautionnement en numéraire. Les tribunaux près lesquels ils exercent peuvent seulement prononcer contre eux la peine de la suspension temporaire. Les avoués qui exercent près du chaque cour ou tribunal, nomment un conseil disciplinaire, appelé Chambre des avoués, qui est investi du droit d'infliger certaines peines aux membres de la compagnie. Un tarif, publié en 1807, fixe les frais à percevoir par les avoués pour chaque acte de la procédure; les honoraires sont en dehors. L'action de l'av. contre son client, pour le payement de ses frais et salaires, se prescrit par deux années. La loi interdit aux avoués de se rendre cessionnaires des causes de leurs clients, ou, en d'autres termes, d'acheter des procès.

Pour être appelé aux fonctions d'av., il faut être âgé de vingt-cinq ans au moins; avoir suivi pendant deux ans, dans une Faculté de droit, les cours de procédure civile et criminelle; avoir obtenu, après examen, un certificat de capacité et avoir travaillé pendant cinq années en qualité de clerc dans une étude d'av. Cette dernière condition n'est de rigueur que lorsqu'il s'agit d'exercer près d'une Cour d'appel. Quand l'av. a le titre de licencié en droit, il a la faculté de plaider lui-même les causes de ses clients; néanmoins, les avoués qui ont ce droit n'en usent que par exception. Dans l'usage ordinaire, après avoir rempli les formalités légales du ressort de son office, indiqué les points sur lesquels le tribunal est appelé à statuer et pris des conclusions à cet effet, son rôle est terminé; celui de l'avocat commence. Depuis 1816, le titulaire de tout office d'av. a la faculté de désigner son successeur; de plus aujourd'hui la loi reconnaît formellement à l'av. le droit de transmettre sa charge à prix d'argent.

AVOUER. v. a. (lat. ad, à [soi]; vocare, appeler). Confesser, reconnaître qu'une chose est ou n'est pas. Av. une faute, un crime. Avouez-moi la vérité. Je vous avoue mon faible, mon ignorance. Il avoua l'avoir fait ou qu'il l'avait fait. Il faut av. que cet homme est bien fou. J'ai été, je l'avoue, fort surpris. — La femme n'avoue son amour qu'après l'avoir prouvé. (LATERRA.) || Av. un ouvrage, un écrit, S'en reconnaître l'auteur. Av. un enfant, S'en reconnaître le père. Av. pour fils, pour frère, Reconnaître pour fils, etc. || Approuver, ratifier. J'avouerai tout ce que vous aurez fait en mon nom. — Av. quelqu'un, Déclarer qu'on ratifie tout ce qu'il a fait ou fera. Je l'avouerai en tout ce qu'il fera, comme je l'avoue en tout ce qu'il a fait. || Lorsque des actions, des paroles sont conformes à la morale, à la piété, on dit qu'elles peuvent être avouées par la morale, la piété, etc. = s'Avouer, v. pron. S'av. coupable; S'av. vaincu, Se confesser coupable, se reconnaître vaincu. || Être avoué. Il y a des vices qui ne s'avouent pas. || S'av. de quelqu'un, Se réclamer, s'autoriser. Il s'est avoué d'un banquier de cette ville. Peu us. = Avoué, ÉE. part. Ce sont là des principes avoués de tout le monde, Admis et reconnus pour vrais par tout le monde. = Conjug. Voy. Jouer.

AVOUERIE. s. f. T. Droit féodal. Fonction d'avoué.

AVOYER. s. m. (même étym. qu'Avoué). Titre du premier magistrat dans quelques cantons et dans quelques villes suisses.

AVRANCHES, ch.-l. d'arr. (Manche), anc. Ingena Abrincæ ou Abrincatui. Sur le sommet d'un plateau. Vue admirable sur la mer et le mont Saint-Michel; 7,800 hab. || Nom des hab. AVRANCHIN, INE.

AVRE, rivière de France qui prend sa source dans le département de l'Orne, dans la forêt du Perche, traverse le département de l'Eure, par Verneuil, et se jette dans l'Eure. En 1890, après de longues résistances de la part des populations riveraines, ses eaux ont été captées avec celles des sources de la Vigne et de Verneuil pour être amenées à Paris, où arrivaient déjà celles de l'Ourcq, de la Dhuis et de la Vanne, ce qui donna dès lors 260,000 mètres cubes d'eau de source par jour à la ville de Paris. Les travaux ont été terminés, et l'inauguration en a été faite le 30 mars 1893. Ces eaux arrivent au réservoir de Saint-Cloud. De là, une conduite franchit la Seine et transporte ces eaux à l'entrée de Paris, d'où elles sont dirigées d'une part sur le réservoir de Passy, d'autre part jusqu'à la rencontre des eaux de la Dhuis, sous la place de l'Étoile. La dépense a été de 35 millions, dont 8 pour les indemnités aux propriétaires riverains, à cause des dommages causés aux moulins, usines, etc., par l'abaissement du plan d'eau de la rivière. Le produit total des sources des eaux de l'Avre est de 100,000 mètres cubes par jour. L'aqueduc mesure 102 kilomètres, dont 75 à ciel ouvert et 27 en galeries souterraines.

AVRELON. s. m. T. Bot. Un des noms vulgaires du Sorbier des oiseaux.

AVRIL. s. m. [Pr. l'l mouillée, d'après l'Académie; cependant, l'usage de prononcer l'i simple est très répandu. Au XVIIe siècle, on disait avri.] Le quatrième mois de l'année

grégorienne. || Prov., Donner un poisson d'av. à quelqu'un, Engager quelqu'un, le premier jour d'av., à faire quelque démarche inutile, pour avoir occasion de se moquer de lui; faire accroire à quelqu'un une fausse nouvelle dans le même but. — Le nom d'Av., Aprilis chez les Romains, vient du verbe aperire (ouvrir), parce que les bourgeons s'ouvrent dans ce mois, ou bien parce qu'à cette époque la terre semble-ouvrir son sein et se couvrant d'une végétation nouvelle. Av. était le deuxième mois de l'année romaine.

AVRILLÉ, ÉE. adj. [Pr. les ll mouillées]. T. Agric. Blé av., Blé semé en avril.

AVRILLET. s. m. [Pr. les ll mouillées]. T. Agric. Blé semé en avril.

AVUER. v. a. Voy. AVEUER.

AVULSION. s. f. (lat. avulsio, m. s.). T. Chir. Arrachement. Ne s'emploie guère qu'en parlant des dents.

AVUNCULAIRE. adj. 2 g. (lat. avunculus, oncle). Qui se rapporte à l'oncle ou à la tante. La succession av.

AWA. s. m. Nom d'une boisson fermentée fabriquée avec la racine d'une espèce de poivrier (Piper methysticum) et du lait de coco. On désigne aussi sous ce nom la plante elle-même. Voy. PIPÉRACÉES.

AX, ch.-l. de c. (Ariège), arr. de Foix, sources sulfureuses; eaux thermales, analogues à celles de Luchon; 750 hab.

AXAGE. s. m. T. Tech. Opération qui consiste à fixer un axe en acier ou en fer dans un rouleau d'impression ou virole.

AXE. s. m. (gr. ἄξων, essieu, pivot). T. Didact. — Le mot Axe présente des acceptions très variées et fort diverses, car il est usité dans toutes les sciences, et chacune de celles-ci lui attribue une signification plus ou moins précise, selon qu'elle est elle-même plus ou moins exacte et rigoureuse. Néanmoins, quel que soit l'usage que l'on fasse de ce terme, il rappelle toujours, jusqu'à un certain point, son origine (axis, essieu).

Géom. — On appelle axe de symétrie d'une figure une droite telle que tous les points de la figure se correspondent deux à deux, de telle sorte que la ligne droite qui joint deux points correspondants rencontre l'axe, lui est perpendiculaire et s'y trouve divisée en deux parties égales. Si l'on fait tourner la figure de 180° autour de son axe, elle coïncidera avec sa position primitive. On appelle aussi axe de symétrie de certaines figures une droite qui ne répond pas à la définition précédente; mais telle que la figure coïncide avec sa position primitive quand on lui fait subir une rotation d'une grandeur quelconque autour de cet axe. Tel est le cas d'une pyramide triangulaire régulière qui coïncide avec elle-même après une rotation de 120° autour de son axe. Certaines figures n'ont pas d'axe. Parmi celles qui en admettent, nous citerons les prismes et pyramides réguliers, les polyèdres réguliers, les surfaces de révolution, l'ellipsoïde, les deux hyperboloïdes, les deux paraboloïdes, les cônes et cylindres du second degré sauf le cylindre parabolique, etc. Certaines courbes ou surfaces transcendantes admettent une infinité d'axes. Quand une figure plane admet un axe, cet axe partage la figure en deux parties égales, qu'on peut faire coïncider en faisant tourner l'une d'elles de 180° autour de l'axe. Tel est le cas d'un diamètre d'un cercle, d'un axe d'une ellipse, d'une hyperbole ou d'une parabole. Pour trouver analytiquement l'axe d'une courbe plane, on s'appuie sur cette remarque que si l'on prend cet axe pour axe des x, l'équation ne devra pas changer quand on change y en $-y$. Si cette équation est algébrique et ramenée à la forme entière, y ne devra y entrer qu'à des puissances toutes paires, ou toutes impaires. De même, si une surface admet un axe de symétrie, et qu'on prenne cet axe pour axe des z, l'équation ne devra pas changer quand on change à la fois x en $-x$ et y en $-y$. Si cette équation est algébrique et entière, les termes seront tous de degré pair ou tous de degré impair par rapport aux lettres x et y. Toutes les sections faites par des plans perpendiculaires à l'axe auront un centre sur l'axe. Un axe est un diamètre perpendiculaire aux cordes ou aux plans qui lui sont conjugués. Voy. DIAMÈTRE.

Axe de courbure. — Intersection de deux plans normaux à une courbe infiniment voisins. Voy. COURBURE.

Axes de coordonnées. Voy. COORDONNÉES.

Astr. — L'*axe astronomique* est une ligne droite imaginaire qu'on suppose passer par le centre et par les deux pôles d'un corps céleste, et autour de laquelle s'accomplit la rotation de ce corps. — L'*axe de la terre* est incliné de 66 degrés 1/2 par rapport à l'écliptique. Si l'axe de la terre était perpendiculaire au plan de l'écliptique, l'écliptique et l'équateur coïncideraient; il n'y aurait pas de saisons; les jours seraient égaux aux nuits en tout temps et pour toute la terre. Voy. SAISON.

On se représentera facilement l'axe de rotation de la Terre par la figure ci-dessous : la ligne droite ainsi désignée passe par le centre du globe et aboutit aux deux pôles. Le grand cercle qui lui est perpendiculaire marque l'équateur, qui est incliné de 23° 1/2 sur l'écliptique, au plan dans lequel notre planète se meut autour du Soleil. Voy. ÉCLIPTIQUE, ASSOLAN, SAISONS.

L'axe de la Terre paraît invariable, c.-à-d. que les pôles ne paraissent pas avoir changé de place depuis les plus an-

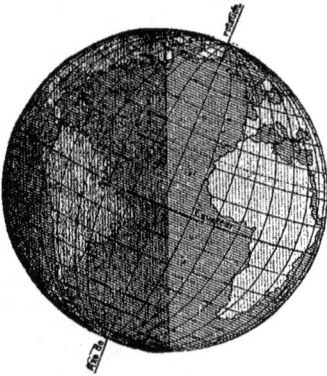

ciennes observations. Mais son inclinaison, sa position dans l'espace, varie légèrement, entre 24° 35' et 21°58'. Elle est actuellement de 23° 27'.

Grand axe de l'orbite. — Ligne menée du périhélie à l'aphélie, passant par le Soleil. Voy. ELLIPSE, ORBITE, APSIDE. Le demi grand axe représente la distance moyenne de la planète au Soleil.

Petit axe de l'orbite. — Ligne perpendiculaire au grand axe et passant par le centre.

On appelle aussi *axe* un diamètre de la sphère céleste perpendiculaire à un certain plan : *Axe de l'écliptique, Axe de l'orbite lunaire.*

Mécan. — *Axe de rotation.* — Ligne droite fixe autour de laquelle tourne un corps solide : *Axe d'un treuil, d'un volant.*

Axe instantané de rotation. — Le mouvement quelconque d'un corps solide peut se ramener à chaque instant à une translation et à une rotation autour d'une droite qu'on nomme *axe instantané,* parce qu'elle change à chaque instant de position. L'axe instantané devient un *axe permanent de rotation,* quand le corps tourne toujours autour de la même droite. Voy. MOUVEMENT.

Axe des moments. — Ligne droite par rapport à laquelle on prend les moments des forces. Voy. MOMENT.

Axe d'un couple, d'un moment. — Ligne droite perpendiculaire au plan du couple ou du moment, et proportionnelle à la valeur du moment. Voy. COUPLE, MOMENT.

Axes principaux d'inertie. Voy. INERTIE, *Moment* D'INERTIE.

Phys. — La physique emploie le mot *Axe* par analogie avec sa signification en géométrie; c'est ainsi que l'on dit : l'*axe d'une lentille* ou d'un verre lenticulaire. Toute lentille étant un segment d'une sphère, l'axe de la lentille est une portion de l'axe même de ce segment. C'est une droite menée par le centre de la lentille, et par les deux points contraux ou sommets des surfaces courbes dont la réunion par leurs bords constitue la lentille. — L'*axe optique* d'un instrument est la droite qui passe par le centre optique de l'objectif, et la croisée des fils du réticule. Voy. INSTRUMENTS D'OPTIQUE, LUNETTE, TÉLESCOPE, etc.

L'*axe optique de l'œil* ou *axe visuel* est la ligne droite qui joint le centre de l'œil au point observé.

L'*axe d'un aimant* est la ligne qui joint les pôles de l'aimant. Voy. AIMANT.

Minér. — Les *axes cristallographiques* sont des lignes droites idéales passant par le centre d'un cristal et autour desquelles les faces sont disposées symétriquement. Dans les cristaux du système quadratique et du système rhomboédrique, celui de ces axes qui est perpendiculaire à tous les autres se nomme *axe principal.* C'est en même temps l'*axe optique* d'un pareil cristal, c.-à-d. une droite telle qu'un rayon réfracté parallèlement à cette droite reste unique et ne présente pas le phénomène de la double réfraction. Les cristaux que nous venons de nommer ne possèdent qu'une direction jouissant de cette propriété; aussi les appelle-t-on *cristaux à un axe.* Ceux qui appartiennent aux systèmes orthorhombique, clinorhombique et anorthique sont désignés en optique sous le nom de *cristaux à deux axes;* ils n'ont pas d'axe principal, mais ils possèdent deux directions telles que toute onde lumineuse plane et perpendiculaire à l'une d'elles se propage dans le cristal avec une vitesse constante, quelle que soit sa polarisation; c'est à ces deux directions qu'on donne alors le nom d'*axes optiques.* Voy. RÉFRACTION. Enfin, l'on considère encore dans les cristaux des axes de symétrie : ce sont des droites telles que le cristal, en tournant autour d'une de ces droites, arrive à coïncider avec sa première position après avoir effectué une fraction de tour déterminée. Ces axes sont dits *binaires, ternaires, quaternaires,* suivant que la rotation à effectuer est de 180°, de 120° ou de 90°. Dans le cube, les 6 droites passant par les milieux des arêtes opposées sont des axes binaires, les 4 diagonales sont des axes ternaires, et les 3 droites menées par le centre parallèlement aux arêtes sont des axes quaternaires. Dans les cristaux rhomboédriques l'axe principal est ternaire; dans les cristaux quadratiques il est quaternaire. Dans ceux du système anorthique, il n'y a aucun axe de symétrie. — Nous avons supposé jusqu'ici, pour plus de simplicité, qu'on avait affaire à un cristal unique régulièrement formé et possédant un centre; si l'on considère un milieu cristallisé en faisant abstraction de sa forme extérieure, les axes représentent, non plus des droites de position déterminée, mais de simples directions; et l'on pourra faire passer les axes cristallographiques, les axes optiques et ceux de symétrie par un point quelconque de ce milieu.

Bot. — Toute partie d'un végétal, soit principale, soit accessoire, qui supporte des organes appendiculaires, est considérée par les botanistes comme un *axe;* l'analogie est frappante dans le tronc des arbres conifères, par ex., où le centre de la tige est réellement un axe autour duquel la tige elle-même est disposée symétriquement, comme un solide de révolution. La souche, la tige, le rameau, le pédoncule, le réceptacle de la fleur, la columelle, le support commun des épillets chez les graminées, sont autant d'*axes végétaux.* L'axe, considéré dans le pédoncule, peut être *défini* ou *indéfini.* Il est défini quand il donne naissance à un ou à plusieurs pédoncules terminaux; la plante ne s'accroît alors que par des bourgeons latéraux. Il est indéfini quand le bourgeon terminal donne lui-même naissance à un autre bourgeon terminal, comme dans le Pin, le Mélèze et le Poirier.

Zool. — La variation des formes et la complication des appareils organiques chez les animaux rendent, à leur égard, le sens du mot *axe* moins précis et plus éloigné de son sens géométrique primitif qu'il ne l'est chez les végétaux. — Cuvier et les autres naturalistes qui ont le plus profondément étudié l'organisation des animaux, se servent du mot *axe* pour désigner la ligne idéale autour de laquelle les organes sont symétriquement disposés. Cette ligne, qui souvent n'est pas droite, qui peut même s'écarter de la ligne droite au point de devenir une spirale, ne répond plus du tout à l'idée primitive du mot, aucun mouvement effectif de développement ne s'accomplissant autour d'elle; elle n'a plus, avec les autres acceptions du mot *axe* que des rapports plus ou moins éloignés. On a proposé de lui substituer le mot *épine,* qui n'est pas universellement accepté. En fait, l'*axe,* dans le règne animal, est la ligne, droite ou non, des deux côtés de laquelle les organes sont placés dans un arrangement symétrique, plus ou moins régulier.

AXER (MACHINE A). Machine servant dans les fabriques

d'indiennes à faire entrer de force les axes ou mandrins dans les rouleaux, dits viroles.

AXIAL, ALE. adj. Qui appartient à un axe ou qui en a le caractère.

AXIE. s. f. T. Bot. Arbrisseau de la Cochinchine de la famille des *Valérianées.* || T. Zool. Genre de crustacés décapodes. Voy. MACROURES.

AXIFÈRE. adj. (*axis*, axe, et *ferre*, porter). T. Hist. nat. Qui est muni d'un axe.

AXILE. adj. 2 g. (R. *axe*). T. Bot. Se dit des organes centraux des plantes.

AXILLAIRE. adj. 2 g. [Pr. les deux *l*, sans les mouiller] (lat. *axilla*, aisselle). T. Anat. Qui appartient à l'aisselle. *Nerf ax. Glandes axillaires.* Voy. AISSELLE. || T. Bot. Se dit de tout organe placé à l'intérieur de l'angle formé par la tige et un rameau, ou par un rameau et une feuille. *Épines axillaires. Feuilles axillaires.* Voy. FEUILLE.

AXINE. s. f. Matière grasse extraite des tissus de *Llaveia Aximus*, insecte du groupe des Coccides. Elle est employée comme onguent contre les douleurs. || Nom de cet insecte au Mexique.

AXINITE. s. f. (gr. ἀξίνη, hache). T. Minér. Minéral composé de silice, d'alumine, d'oxyde de fer, d'oxyde de manganèse et d'acide borique. Voy. TOURMALINE.

AXIOMATIQUE. adj. (de *axiome*). T. Didact. Qui tient de l'axiome.

AXIOME. s. m. (gr. ἀξίωμα; de ἀξιόω, je pose en principe). Proposition générale reçue et acceptée comme vraie sans démonstration. *Ax. de mathématiques. Ax. de morale. Ax. de philosophie.*

Philos. — On définit quelquefois l'ax. une *vérité évidente par elle-même.* Il est cependant certain qu'aucune vérité ne saurait être *évidente par elle-même,* la qualité de l'évidence dépendant essentiellement de l'être raisonnable qui aperçoit sans effort la vérité d'une proposition. Du reste, on a rangé sous le nom d'ax. des propositions de nature fort différentes. Pour bien comprendre quelles sont celles de ces propositions qui méritent véritablement le nom d'ax., il importe de faire d'abord l'analyse de nos jugements. Cette analyse a été faite d'une manière complète par Kant. L'illustre philosophe allemand répartit d'abord les jugements en deux classes : les *jugements analytiques* et *synthétiques.* Les premiers sont ceux dans lesquels l'attribut exprime une qualité appartenant *nécessairement* au sujet, de telle sorte qu'on ne pourrait le supprimer sans contradiction, ou, encore, ce qui revient au même, les jugements hypothétiques dans lesquels la conclusion est une conséquence nécessaire de l'hypothèse, c'est-à-dire une conséquence qu'on ne saurait nier sans contradiction. Le jugement analytique n'ajoute donc rien au sujet ou à l'hypothèse; mais il fait connaître les propriétés qu'on n'aperçoit pas toujours immédiatement et qui ne deviennent manifestes qu'à la suite d'un raisonnement plus ou moins long. Les théorèmes d'arithmétique et d'algèbre, les propositions les plus compliquées de l'analyse mathématique sont des jugements analytiques, parce que ces sciences ne sont, en définitive, que le développement logique de toutes les propriétés implicitement contenues dans l'idée de *nombre,* et même, comme l'a fort bien remarqué M. Tannery, de *nombre entier.* Il n'en est pas de même en géométrie et en mécanique, comme nous le verrons tout à l'heure.

Les jugements synthétiques sont ceux dans lesquels le sujet pourrait être conçu sans contradiction comme ne possédant pas l'attribut. Telles sont toutes les propositions des sciences physiques et naturelles, les faits historiques, etc. Enfin, parmi les jugements synthétiques, Kant distingue les jugements *synthétiques à posteriori,* qui résultent de l'expérience, c'est-à-dire du témoignage des sens, et les *jugements synthétiques à priori,* qui sont formulés directement par la raison. Cette distinction bien comprise, on voit immédiatement que seuls les jugements synthétiques *à priori* peuvent constituer des axiomes.

Si l'on examine avec soin les propositions le plus souvent citées comme axiomes, on reconnaîtra que la plupart d'entre elles rentrent dans le cas des jugements analytiques. Par exemple, *le tout est plus grand que sa partie, deux quan-*

tités égales à une troisième sont égales entre elles, sont des conséquences immédiates de la définition des mots : *tout, grand, partie, égal.* D'autres axiomes n'ont aucun sens : telle est la fameuse proposition : *la ligne droite est le plus court chemin d'un point à un autre,* qui n'a de sens qu'après qu'on a défini la longueur d'une ligne courbe, et cette définition ne peut être établie qu'après qu'on s'est déjà bien avancé dans la géométrie. Dans tous les cas, cette propriété de la ligne droite est si peu un ax. qu'elle a été démontrée par Euclide. D'autres sont tellement obscures qu'on a peine à y trouver un sens précis, faute de bien concevoir les idées qui y figurent; tel est le cas de la plupart des prétendus axiomes invoqués en métaphysique, par exemple: *Toute qualité suppose une substance.*

En réalité, le nombre des axiomes véritables énoncés sous une forme précise est extrêmement restreint; ils ne peuvent se rapporter qu'à la métaphysique ou aux mathématiques, toutes les autres branches des connaissances humaines dépendant de l'expérience. Dans les sciences de raisonnement, on ne peut tout définir, ni tout démontrer, parce qu'il faut avoir déjà la notion de quelque chose pour y ramener par définition les notions plus complexes, et il faut au moins une proposition pour en déduire d'autres par raisonnement. Les sciences de raisonnement ne sont donc que le développement des propriétés nécessairement contenues dans un petit nombre d'idées simples et de propositions fondamentales : ce sont ces propositions fondamentales qu'on appelle communément axiomes; mais pour qu'elles méritent véritablement ce nom, il faut d'abord que la raison les accepte sans effort pour vraies, autrement ce seraient des hypothèses, et ensuite qu'elles ne dérivent pas de l'expérience. Les écoles sensualiste et positiviste, qui font dériver toute certitude des sens, nient qu'il y ait des *jugements synthétiques à priori;* par conséquent, pour elles, il n'y a pas d'*axiomes.*

Au reste, il semble que les discussions soulevées à propos des axiomes reposent sur un malentendu ou plutôt sur une analyse incomplète de ces vérités fondamentales. On se représente généralement un axiome comme une proposition dont le sujet et l'attribut apportent un sens précis à l'esprit indépendamment de leur réunion dans un jugement, ou, ce qui revient au même, expriment des idées déjà définies. L'évidence consisterait alors dans l'adhésion formelle de la raison qui accorderait sans discussion possible l'attribut au sujet. Si c'est ainsi qu'on comprend les jugements synthétiques *à priori,* les positivistes ont raison de les nier. Il n'y en a pas. Toute proposition dont les termes peuvent être conçus indépendamment du jugement qui les lie laisse un doute dans l'esprit et demande une vérification déductive ou expérimentale. Si cette vérification est impossible, les propositions de cette nature constituent des *hypothèses* rendues plus ou moins vraisemblables par l'accord des déductions qu'on en tire avec les données de l'expérience. Tels sont les principes de la mécanique, et certaines propositions de géométrie, comme le *postulatum* d'Euclide, d'après lequel on ne peut mener, par un point, qu'une parallèle à une ligne droite, comme encore la proposition relative à l'existence du plan. Voy. GÉOMÉTRIE. Il est vrai que les objets qu'on étudie en géométrie sont tellement abstraits et tellement différents de ce qu'on observe qu'on peut se demander si l'adhésion qu'on accorde à ces propositions dérive bien de l'expérience; mais dans tous les cas les propositions de cette nature, qu'on les considère comme des hypothèses ou comme des vérités expérimentales, ne méritent pas le nom d'axiome. — Au contraire, parmi les propositions qui servent de fondement aux sciences de raisonnement, il y en a qui présentent un caractère tout différent et beaucoup plus complexe. Ce sont celles qui expriment un jugement non susceptible de démonstration entre des termes non susceptibles de définition. Autrement dit, ces propositions établissent une relation entre des idées qui ne peuvent pas être réduites à des idées plus simples, et le jugement implique une qualité intégrante de ces idées sans laquelle elles ne pourraient être conçues. La négation du jugement n'entraînerait pas contradiction comme dans le jugement analytique, mais elle détruirait l'idée même du sujet et de l'attribut. Ces propositions contiennent donc à la fois une *notion fondamentale* et un *jugement fondamental* qui naissent à la fois dans l'esprit par des voies sur lesquelles il est permis de discuter, mais qui, dans tous les cas, ne peuvent pas être séparées. Tel est, en particulier, le seul principe sur lequel s'appuient les plus hautes spéculations de l'analyse algébrique et d'après lequel la somme de plusieurs nombres entiers est indépendante de l'ordre dans lequel on les ajoute : il fait partie intégrante de l'idée de nombre entier. Tel est encore dans la géométrie la proposition d'après laquelle une ligne droite est complètement définie par deux de ses points. Ces propositions, auxquelles il conviendrait peut-être de réserver le nom d'*axiomes*, sont du reste en fort petit nombre. En dehors des deux précédentes, nous ne voyons guère à citer que le *principe de causalité*, base des sciences physiques qu'on peut énoncer : *tout changement a une cause*, et qui comprend à la fois les notions fondamentales de *cause* et d'*effet* et la relation sans laquelle ces deux notions ne peuvent être conçues (voy. CAUSALITÉ); puis les principes de *libre arbitre, de bien, de mal et de responsabilité* qui sont la base de la morale.

Ce double caractère des principes fondamentaux, d'après lequel ils contiennent pour ainsi dire une définition et un jugement, les rend fort difficiles à énoncer d'une manière claire et correcte, quoiqu'ils soient très faciles à comprendre, et explique dans une certaine mesure les discussions auxquelles ils ont donné lieu. Quant à leur origine, on en a beaucoup disputé. Ce qui est certain, c'est qu'on ne peut les nier sans nier en même temps les idées auxquelles ils se rapportent, de sorte que la question de leur origine est, au fond, la même que celle de l'origine des idées. Nous nous bornerons ici à faire observer que les écoles qui font dériver toute certitude de l'expérience admettent implicitement le principe de causalité, puisqu'il est impossible de prouver par l'expérience que l'expérience ne nous trompe pas et que nos sensations ont bien une cause extérieure à nous. Cela montre, d'une part, l'importance capitale du principe de causalité dans les spéculations philosophiques, et, d'autre part, le danger des systèmes exclusifs, et en particulier du système sensualiste, qui tombe dans la contradiction s'il accepte la causalité et dans le pyrrhonisme s'il la nie. Voy. CERTITUDE, MORALE, PHILOSOPHIE, etc.

AXIOMÈTRE. s. m. (gr. ἄξιον, axe; μέτρον, mesure). T. Mar. Appareil placé sur l'avant de la roue d'un gouvernail, pour indiquer la position de la barre.

AXIS. s. m. (lat. *axis*, essieu). T. Anat. La seconde vertèbre du cou. Vertèbre ainsi dite parce que l'apophyse odontoïde, qui en fait partie, logée entre l'arc supérieur de l'atlas et le ligament transverse, sert en quelque sorte de pivot aux mouvements de la tête. || T. Mamm. Voy. CERF.

AXOLOTL. s. m. T. Erpét. Genre de batraciens des lacs du Mexique. Voy. BATRACIEN URODÈLE.

Les axolotls sont des êtres très remarquables et dignes d'une attention toute particulière, au point de vue de la philosophie naturelle, par les témoignages qu'ils apportent à la théorie de la transformation des espèces. On ne les connaît réellement que depuis l'année 1865. Cette année-là, le naturaliste Auguste Dumeril remarqua qu'un certain nombre de ceux qui avaient été envoyés l'année précédente au Muséum d'histoire naturelle de Paris perdaient leurs branchies et se transformaient en un animal amphibie respirant par des poumons.

Il résulta de ces observations que, comme l'avait prévu Cuvier, sans connaître l'évolution de ce batracien, l'axolotl est une forme larvaire et non pas un animal complet. C'est la forme larvaire de l'amphibien urodèle *Amblystoma tigrinum*.

Mais ce qu'il y a de remarquable, c'est que cette forme larvaire produit des œufs d'où sortent des animaux qui dépouillent rapidement cette forme primitive pour devenir des amblystomes.

Dans son état larvaire ou d'axolotl proprement dit cet animal offre des formes épaisses, un museau obtus, une houppe de branchies de chaque côté du cou, tandis que dans sa forme parfaite ou amblystome il se rapproche beaucoup de la salamandre terrestre. Sa longueur est d'environ 20 centimètres. On se rendra compte de cet être avant et après sa transformation par la figure ci-dessous. Le naturaliste assiste à à la métamorphose d'un animal aquatique respirant par des branchies, en un reptile amphibien, et cet exemple est plus remarquable encore que celui des têtards de la grenouille et du crapaud, puisque les axolotls pondent des œufs et se reproduisent.

AXONGE. s. f. (lat. *axis*, essieu; *ungere*, oindre). T. Pharm. Ce mot, d'après son étymologie, ne devrait désigner que la graisse destinée à enduire les essieux des voitures. Cependant aujourd'hui il sert à désigner certaines graisses molles, et surtout la graisse de porc extraite et préparée pour les besoins de la médecine et des arts. La graisse de porc est usitée en pharmacie pour la préparation des pommades et des divers onguents; en parfumerie, pour celle des pommades; et en cuisine, pour l'apprêt de certains mets, pour la friture, etc. Dans la pharmacie et dans la parfumerie, elle porte le nom d'ax.; mais elle reçoit celui de *saindoux* quand elle est employée aux usages culinaires. Pour obtenir de l'ax. parfaitement blanche, on choisit la *panne*, c.-à-d. le tissu cellulaire graisseux qui revêt les organes abdominaux du porc; on la fait fondre au bain-marie pour la débarrasser de toutes les matières étrangères; enfin, on la passe au travers d'un tamis serré. Elle est alors douce, blanche, inodore, et se compose en général de soixante-deux parties d'oléine et de trente-huit de stéarine.

AXONOMÉTRIQUE. adj. 2 g. (gr. ἄξιον, axe; μέτρον, mesure). T. Géom. *Perspective ax*. Projection orthogonale sur un plan oblique aux trois directions principales de l'objet qu'on veut représenter et qui sont en général la verticale et deux directions horizontales rectangulaires. Le plus souvent le plan de projection fait des angles égaux avec ces trois directions.

AXYLE. adj. (gr. ἀ priv. ; ξύλον, bois). T. Bot. Qui ne produit pas de bois.

AY, ch.-l. de c. (Marne), arr. de Reims, sur la Marne; vins mousseux; 6,700 hab.

AYAN. s. m. En Turquie, officier supérieur chargé, dans une province, de veiller à la sûreté des particuliers.

AYANT [Pr. é-ian]. adj. verbal. T. Prat. usité seulement dans les deux locutions suivantes : *Ayant cause*, Celui auquel les droits d'une personne ont été transmis à titre singulier. Il est opposé à héritier ou successeur universel, et ne s'emploie guère qu'au plur. *Les héritiers ou ayants cause.* — *Ayant droit*, Celui qui a droit ou qui est intéressé à quelque chose. Ne s'emploie guère qu'au plur. *Chacun des ayants droit.*

AYAPANA. s. m. T. Bot. Nom donné à une Eupatoire (*Eupatorium triplinerve*) originaire des bords de l'Amazone, et dont les feuilles étaient autrefois préconisées comme stimulantes. Voy. COMPOSÉES.

AYDENDRON. s. m. T. Bot. Genre de plantes qui croît dans l'Amérique équatoriale, de la famille des *Lauracées*.

AYE. Interj. Voy. AÏE.

AYE-AYE. s. m. T. Mamm. Mammifère voisin des lémuriens qui habite Madagascar. Voy. CHÉIROMYS.

AYEN, ch.-l. de c. (Corrèze), arr. de Brives, 1,100 hab.

AYMON (Les quatre fils), héros des légendes du moyen âge; ils étaient tous quatre montés sur un cheval unique nommé *Bayard*.

AYUNTAMIENTO. s. m. (espag. *junta*, réunion). En Espagne on nomme ainsi le corps des conseillers municipaux d'une ville. *L'ay. est élu par le peuple, et présidé par l'alcade.*

AZAÏS, philosophe français (1766-1845), auteur du système des *Compensations*. Il professait que tout se compense, la destruction et la recomposition dans le monde physique, la joie et la douleur dans le monde moral.

AZALÉE. s. f. T. Bot. Genre de plantes ornementales, à variétés nombreuses, appartenant à la famille des *Composées*. Charmants arbrisseaux, fleurs élégantes, variées, de toutes nuances, mais sans parfum. Voy. COMPOSÉES.

AZALÉINE. s. f. T. Chim. Syn. de *Fuchsine*.

AZAMOGLAN. s. m. (turc, *adjiam*, étranger ; *oglon*, enfant). Nom donné dans le sérail aux enfants chargés des fonctions les plus basses et les plus pénibles.

AZARIAS, roi de Juda nommé aussi Ozias (803-752 av. J.-C.).

AZAY-LE-RIDEAU, ch.-l. de c. (Indre-et-Loire), arr. de Chinon, 2,200 hab.

AZAZEL. s. m. (*azazel*, mot hébreu signifiant séparation). Le bouc émissaire, dans la Bible. || Démon auquel était voué le bouc chargé des péchés du peuple.

AZÉDARACH. s. m. T. Bot. Bel arbre originaire de l'Inde, de la famille des *Méliacées*, cultivé dans le midi de l'Europe pour ses belles fleurs violacées, d'odeur suave, d'où son nom de *Lilas de Chine*.

AZEF. s. m. Nom de l'alun de plume.

AZEGLIO, anc. ministre de Sardaigne, écrivain politique et romancier (1801-1866).

AZEL. s. m. Nom, en Algérie, des terres domaniales.

AZÉLAÏATE. s. m. T. Chim. Voy. AZÉLAÏQUE.

AZÉLAÏQUE. adj. 2 g. T. Chim. L'acide azélaïque $C^9H^{16}O^4$ se forme dans l'oxydation de beaucoup de matières grasses par l'acide azotique; on l'obtient également, mélangé d'acide subérique, dans l'oxydation du liège. Il cristallise en aiguilles fusibles à 105°, solubles dans l'eau chaude, dans l'éther et surtout dans l'alcool. C'est un acide monobasique dont les sels et les éthers portent le nom d'*azélaïates*.

AZEROLE. s. f. T. Bot. Fruit de l'Azerolier.

AZEROLIER. s. m. T. Bot. Espèce d'aubépine dont les fruits sont comestibles, appartenant à la famille des *Rosacées*. Voy. ce mot.

AZIDINE. s. f. T. Chim. Nom donné à des composés cristallisés qui se forment par l'action de la phénylhydrazine sur les éthers imidés.

AZIME. adj. Voy. AZYME.

AZIMIDE. s. f. T. Chim. Nom générique des composés qui prennent naissance par l'action de l'acide nitreux sur les orthodiamines. Ce sont des combinaisons très stables qui répondent à la formule $R=Az^3H$ où R désigne un radical aromatique bivalent; la plus simple d'entre elles est la benzazimide (ou azimido-benzène) $C^6H^4=Az^3H$ produite par l'action de l'acide nitreux sur l'ortho-phényl...-diamine. Les azimides sont généralement basiques et capables de s'unir directement à l'acide chlorhydrique; mais elles peuvent aussi remplacer l'hydrogène du groupe Az^3H par un métal ou par un radical alcoolique. Par réduction elles reproduisent les diamines qui leur ont donné naissance.

Les *hydrazimides*, appelées encore composés *ortho-amidoazoïques*, contiennent deux atomes d'hydrogène de plus que les azimides correspondantes et répondent à la formule $R=Az^3H^3$. On les obtient en faisant réagir les sels diazoïques sur les amines. Traitées par les agents d'oxydation elles se transforment en azimides.

AZIMUT ou **AZIMUTH.** s. m. [Pr. le *t*] (ar. *al semt*, le droit chemin). T. Astron. Ce terme est employé en astronomie pour désigner l'arc de l'horizon compris entre le méridien et le cercle vertical qui passe par une étoile ou par un autre corps céleste; il désigne aussi l'angle fait au zénith par le méridien et le cercle vertical dans lequel le corps est situé. On peut compter l'az. soit du point nord, soit du point sud de l'horizon; les astronomes modernes préfèrent commencer au point nord, et comptent à l'est et à l'ouest jusqu'à 180°; mais l'az. n'est pas un de ces éléments que l'astronomie actuelle observe habituellement, attendu qu'on peut aisément le déduire de la déclinaison, qui se mesure beaucoup plus facilement et plus exactement. Dans les opérations trigonométriques de la géodésie, la détermination précise de l'az. d'un objet est une opération d'une très haute importance. On l'exécute alors à l'aide du théodolite. L'az. et la distance zénithale suffisent pour définir un point de la sphère céleste. Ce sont les *coordonnées azimutales* de ce point. — L'*Az. magnétique* est l'arc de l'horizon compris entre le méridien du lieu et le méridien magnétique; il mesure la déclinaison de l'aiguille aimantée. — On appelle aussi az. un plan vertical quelconque.

AZIMUTAL, ALE. adj. Qui représente ou qui mesure les azimuts. *Cercle az.*, Grand cercle vertical passant par le zénith et coupant l'horizon à angle droit. *Lunette az.*, Lunette montée sur un pied qui permet le mouvement horizontal comme le mouvement vertical de l'instrument. Le « pied Cauchoix » est une monture de ce genre. *Cadran az.* Voy. GNOMONIQUE.

AZINCOURT, village de France (Pas-de-Calais), célèbre par la défaite que les Anglais y firent subir à la noblesse française en 1415.

AZINE. s. f. T. Chim. On a d'abord nommé *azines* les dérivés du corps hypothétique $HAz=AzH$, lequel constituerait l'az. proprement dite. De là les noms d'hydrazine, de phénylhydrazine, etc. — Aujourd'hui l'on appelle le plus souvent *azines* les composés contenant le noyau aldine $C \overset{Az}{\underset{Az}{\diamondsuit}} C$ compris entre deux chaînes cycliques (tandis que les corps où ce noyau est à l'extrémité de la chaîne portent le nom de quinoxalines). Quand les deux chaînes d'une az. sont différentes, on fait suivre leurs noms du mot *azine*, comme dans la naphtophénazine $C^{10}H^6 \overset{Az}{\underset{Az}{\diamondsuit}} C^6H^4$. Quand elles sont identiques on ne répète pas leur nom; ex. : la phénazine $C^6H^4 \overset{Az}{\underset{Az}{\diamondsuit}} C^6H^4$, la naphtazine $C^{10}H^8 \underset{Az}{\overset{Az}{|}} C^{10}H^8$. Parmi les dérivés des azines on compte les matières colorantes connues sous les noms de *Safranines* et d'*Eurrhodines*. Voy. ces mots. Très probablement il faut aussi y rattacher le bleu de Bâle et quelques couleurs analogues récemment découvertes: l'induzine, le vert azinique, la rubramine, etc., qui paraissent être des amidées. Certains chimistes étendent la dénomination d'*azines* à toutes les combinaisons contenant un noyau hexagonal benzénique dans lequel un groupe CH est remplacé par un atome d'azote; les corps où cette substitution est réalisée deux ou trois fois s'appellent alors *diazines* et *triazines*. Si l'on adopte cette définition, les azines et les quinoxalines citées plus haut deviendront des diazines; l'az. la plus simple sera la pyridine.

Toutes les azines sont des bases et constituent de véritables ammoniaques composées; les ammoniums correspondants sont appelés *azonium*.

AZO. T. Chim. Préfixe servant à la nomenclature des composés azoïques. Voy. AZOÏQUE.

AZOF ou **AZOV**, ville de la Russie d'Europe, sur le Don, à 30 kil. de son embouchure dans la mer d'Azov, 3,000 hab. Ancienne Tanaïs des Grecs.

AZOF (Mer d') ou de ZABACHE, se joint à la mer Noire par le détroit d'Iénikali, ancien Bosphore cimmérien. Reçoit les eaux du Don. Ancien *Palus mæotis*.

AZOÏQUE. adj. 2 g. (gr. à priv.; ζόον, animal). T. Géol. *Terrains azoïques*, Terrains primitifs dans lesquels on ne découvre pas de fossiles et qu'on suppose formés avant l'apparition de la vie organisée sur la terre.

AZOÏQUE. adj. 2 g. et s. m. (R. *azote*). T. Chim. Dans son acception la plus étendue, le nom de *composés azoïques* sert à désigner les corps qui renferment deux atomes d'azote unis entre eux par l'échange d'une ou de deux valences. D'habitude, c'est seulement une classe particulière de ces composés que l'on nomme ainsi; ces *azoïques proprement dits*, dont il sera question plus loin, répondent à la formule R - Az : Az - R'; les deux atomes d'azote ont échangé deux valences, de sorte que le groupe Az² est bivalent; et R, R' désignent des radicaux qui appartiennent généralement à la série aromatique. -- Lorsque l'un de ces radicaux est remplacé par un élément halogène (chlore, brome), par un hydroxyle ou par un radical d'acide, on a les composés *diazoïques*, tels que le chlorure de diazobenzène $C^6H^5 \cdot Az^2 \cdot Cl$, le nitrate de diazonaphtaline $C^{10}H^7 \cdot Az^2 - AzO^3$.

Si les deux atomes d'azote ne sont unis que par une valence, le groupe - Az - Az - devient quadrivalent. Tous les composés *hydrazoïques* et les *hydrazines* dérivent du type $H^2 - Az \cdot Az \cdot H^2$ dans lequel un ou plusieurs atomes d'hydrogène peuvent être remplacés par des radicaux univalents. Exemples: la phénylhydrazine $C^6H^5 \cdot HAz - AzH^2$; la phénylnaphtylhydrazine $C^6H^5 \cdot HAz \cdot Az H \cdot C^{10}H^7$.

Si nous remplaçons, dans l'hydrazine, deux atomes d'hydrogène par un oxygène, nous aurons le type $H - Az - Az - H$

des composés *azoxiques*. L'union de deux molécules d'hydrazine peut donner des *tétrazones* $R^2 = Az - Az - Az = R^2$ qui contiennent une chaîne linéaire de quatre atomes d'azote.

Tous ces composés dérivent facilement les uns des autres et forment un groupe naturel; mais nous ne traiterons ici que des azoïques proprement dits, renvoyant pour les autres aux mots AZOXIQUE, DIAZOÏQUE, HYDRAZINE, etc. A plus forte raison ne parlerons-nous pas ici des corps, tels que les azines, les quinoxalines, les pyrazols, où les deux atomes d'azote font partie intégrante d'un noyau cyclique et qui n'ont plus que des rapports très éloignés avec les composés de la série azoïque.

COMPOSÉS AZOÏQUES PROPREMENT DITS. -- Ces corps contiennent deux radicaux unis par le groupe bivalent -Az-Az-. Le plus souvent ces deux radicaux sont aromatiques; dans le cas où l'un d'eux est remplacé par un radical de la série grasse, on a un azoïque *mixte*; enfin, dans les azoïques *gras*, les deux radicaux sont gras. Pour la nomenclature de ces composés, on énonce les deux générateurs en les séparant par le mot *azo*; dans le cas où les deux radicaux sont identiques, on a l'habitude de n'énoncer qu'une fois le corps géné-

rateur. Exemples: benzène-azo-benzène (ou simplement azobenzène) $C^6H^5 \cdot Az = Az - C^6H^5$; benzène-azo-naphtalène $C^6H^5 - Az = Az \cdot C^{10}H^7$; nitrobenzène-azo-phénylamine $C^6H^5(AzO^2) - Az = Az \cdot C^6H^4(AzH^2)$. Suivant que les générateurs sont des carbures, des phénols, des composés amidés, on a des *azo-carbures*, des composés oxyazoïques ou *azophénols*; des composés *amidoazoïques*, etc. -- Pour préparer les azoïques, on soumet les dérivés nitrés aromatiques à une réduction ménagée; la réduction complète produirait une amine. Le nitrobenzène, par exemple, est transformé par l'amalgame de sodium en azobenzène, avec élimination d'eau; en poussant la réduction plus loin on obtiendrait de l'aniline. Inversement on peut obtenir les azoïques par l'action ménagée des corps oxydants sur les amines; c'est ainsi que la toluidine donne l'azotoluène $C^7H^7 \cdot Az^2 \cdot C^7H^7$. -- Les azoïques sont généralement solides, cristallisés, insolubles dans l'eau, colorés en jaune ou en rouge. Ils sont bien plus stables que les diazoïques. L'hydrogène naissant les transforme en hydrazines. L'action des corps oxydants produit des composés azoxiques. La plupart des autres réactifs portent leur action, non pas sur le groupe Az², mais sur les noyaux aromatiques; ainsi l'acide azotique donne des dérivés nitrés; l'acide sulfurique, des dérivés sulfonés. Ces derniers sont généralement acides et solubles dans l'eau; il en est de même des dérivés carboxylés. Les composés oxyazoïques, qu'il ne faut pas confondre avec les azoxiques, ont un caractère phénolique. Les dérivés amidoazoïques sont basiques; traités par l'acide chlorhydrique et un excès d'amine, ils se convertissent en induines, matières colorantes violettes ou bleues.

Les composés *tétrazoïques* sont formés de deux chaînons contenant chacun le groupe -Az=Az-; telles sont les couleurs dérivées de la benzidine, et qui correspondent à la formule générale $R - Az = Az - C^6H^4 - C^6H^4 - Az = Az - R'$. Ces corps composés ne doivent pas être confondus avec les tétrazones, cités plus haut, et dans lesquelles les quatre atomes d'azote sont côte à côte. Les tétrazoïques les plus importants s'obtiennent en diazotant (c.-à-d. en traitant par l'acide azoteux) les diamines telles que la benzidine, la tolidine, etc., qui possèdent les deux groupes amidés dans deux résidus aromatiques différents. Avec les autres diamines on n'obtient pas directement de tétrazoïques et l'on est obligé de suivre une voie détournée; par ex. on diazote un dérivé az. amidé. -- Les tétrazoïques sont des corps solides cristallisant difficilement ou incristallisables; ils se comportent, du reste, comme les azoïques et possèdent les propriétés des deux groupes qu'ils renferment. -- On connaît aussi des composés *hexazoïques* et *octazoïques*, c.-à-d. formés de trois ou quatre chaînons azoïques.

MATIÈRES COLORANTES AZOÏQUES. -- Ces substances, très nombreuses et très importantes, résultent de la combinaison, à molécules égales, d'un dérivé diazoïque avec une amine ou un phénol. Mais les produits azoïques ainsi obtenus sont insolubles dans l'eau; pour les rendre solubles, il faut les transformer en dérivés sulfoniques. Ordinairement on préfère partir des amines déjà sulfonées, les diazoter, c.-à-d. les transformer en dérivés diazoïques, puis les combiner avec les amines ou les phénols. La sulfonation s'opère par l'action de l'acide sulfurique fumant, plus ou moins riche en anhydride. La diazotation s'effectue par les vapeurs nitreuses, ou mieux par un mélange d'acide chlorhydrique et d'azotite de soude; cette opération doit se faire en solution étendue et à basse température, à cause de l'instabilité des composés diazoïques. Enfin le produit obtenu est mélangé à froid, soit avec le chlorhydrate ou le sulfate de l'amine, soit avec le phénol dissous dans la soude caustique. La matière colorante est précipitée; on l'exprime au filtre-presse et on la sèche. Les colorants azoïques étant très nombreux, nous les partagerons en plusieurs classes.

I. Composés amidoazoïques: couleurs basiques dont la nuance varie du jaune au brun. On les prépare en faisant agir un sel de diazoïque sur une amine. Le *jaune d'aniline* (amidoazobenzène), trop volatil pour être employé directement en teinture, sert à préparer d'autres couleurs; les induines, le rouge de Biebrich, etc. La *chrysoïdine* (diamidoazobenzène) teint en orangé. Le *brun de phénylène*, ou *brun Bismark*, est un triamidoazobenzène.

II. Dérivés sulfonés des composés amidoazoïques: ce sont des couleurs généralement acides et solubles, variant du jaune au rouge à mesure que le poids moléculaire s'accroît. On les prépare en faisant agir l'acide sulfurique fumant sur les amidoazoïques. Ainsi, avec le jaune d'aniline, on obtient le *jaune acide*; l'amidoazobenzène diméthylé donne l'*héliantine* ou *méthylorange*, très sensible aux acides; le phénylamidoazobenzène fournit l'*orangé de diphénylamine*, dont les dérivés nitrés sont la *curcumine* et le *jaune azoïque*. On peut aussi faire agir un diazoïque sur une amino sulfonée; c'est ainsi que la nitraniline, diazotée et traitée par l'acide naphtionique (acide α-naphtylamine sulfonique), donne le *rouge naphtionique* ou *succédané d'orseille*.

III. Les couleurs produites par la combinaison d'un diazoïque et d'un phénol varient du jaune au rouge et possèdent généralement des teintes brunes. Elles sont peu employées en teinture à cause de leur insolubilité dans l'eau; elles servent à faire des laques, à colorer les corps gras, etc. Tels sont les *soudans* I et II (benzène-azonaphtol et xylène-azonaphtol), le *brun de Soudan* (naphtalène-azonaphtol) Par l'action du phénol sur l'acide picramique diazoté, on obtient le *jaune Lancastre*, qui teint la soie en un beau brun jaune.

IV. Les dérivés sulfonés des substances appartenant à la classe précédente composent la majorité des colorants azoïques employés dans l'industrie, parce que leurs sels sont solubles dans l'eau. On les emploie ordinairement à l'état de sels de soude pour la teinture de la soie et de la laine. Ces couleurs varient du jaune au rouge, en donnant aussi des teintes brunes. Quant aux phénols qu'on fait entrer dans leur composition, on choisit le plus souvent des naphtols, qui produisent des nuances très solides. Pour préparer les colorants de cette classe, on peut : 1° faire agir un phénol sulfoné sur un sel de diazoïque. Ainsi les naphtols mono- et disulfoniques combinés avec les dérivés diazoïques de l'aniline, de la toluidine, de la xylidine, de la cumidine, donnent naissance à divers *orangés*, *tropéolines*, *ponceaux*, *écarlates*, *écarlates de cochenille*. Avec ces sels de dizomaphtalène on obtient les *rouges Bordeaux*. Les dérivés diazoïques de certains éthers fournissent les *rouges d'anisol*, de *phénétol*, de *crésol*, etc ; 2° on peut aussi combiner un diazoïque sulfoné avec un phénol. L'acide sulfanilique (ou acide amidobenzène sulfonique) étant diazoté, puis combiné avec le phénol, donne la tropéoline Y; avec la résorcine, il fournit le *jaune de résorcine*; avec les naphtols, les *orangés de naphtol*. L'acide naphtionique (acide amidonaphtaline sulfonique), traité de même, donne avec les naphtols la *roccelline* et des *rouges solides*; 3° enfin, l'on peut combiner un diazoïque sulfoné avec un phénol sulfoné. Ainsi l'acide naphtionique diazoté et combiné avec un naphtol sulfoné donnera un *écarlate de crocéine*, des *rouges solides*, etc.

Colorants tétrazoïques. — On obtient des colorants tétrazoïques en faisant agir successivement deux molécules d'un sel de diazoïque sur une amine ou un phénol. Si, par ex., après avoir préparé le jaune de résorcine (résorcine-azobenzène sulfonique), on le traite par un sel de diazoxylène, il se produit un composé deux fois azoïque : le *brun de résorcine* (xylène-azorésorcine-azobenzène sulfonique). De même, le chlorure de diazobenzène, en réagissant sur la chrysoïdine, donne un *brun acide*, etc.— On peut encore partir d'un amidoazoïque, le diazoter une seconde fois et le combiner avec une amine ou un phénol. Ainsi le jaune d'aniline sulfoné, diazoté et combiné avec le β-naphtol, produit l'*écarlate de Biebrich*. On prépare de même des crocéines et des écarlates de crocéine. — Mais les colorants tétrazoïques les plus remarquables dérivent de certaines diamines telles que la benzidine, la tolidine, la dianisidine, le diamidostilbène, que l'acide nitreux convertit directement en dérivés tétrazoïques. En combinant un pareil dérivé avec deux molécules d'un phénol ou d'une amino, on obtient des matières colorantes qui possèdent la propriété remarquable de teindre directement le coton sans mordant. Au lieu des phénols ou de- amines, on peut prendre leurs dérivés sulfoniques ou carboxylés. La nuance de la couleur dépend, non plus de la base diazotée, mais du composé auquel celle-ci est unie. Les *congos*, couleurs rouges, sont produits par les naphtylamines sulfonées ou non; les *azobleus*, couleurs bleues ou violettes, par les naphtols sulfonés; les *chrysamines*, jaunes, par les autres phénols ou par l'acide salicylique. On peut obtenir des nuances intermédiaires en combinant la base tétrazoïque avec deux molécules différentes. Voy. BENZIDINE.

Les premières couleurs azoïques connues furent le jaune d'aniline, employé industriellement en 1863, puis le brun de phénylène en 1866. C'est à partir de 1877 que l'on combina les diazoïques avec les naphtols; dès lors les découvertes se succédèrent rapidement et l'on obtint bientôt toute la série des couleurs azoïques. Un nouveau progrès fut réalisé en 1883 par la découverte des couleurs tétrazoïques pour coton; jusqu'alors on croyait que la propriété de teindre directement le coton sans mordant appartenait exclusivement aux couleurs végétales. Aujourd'hui les couleurs azoïques, d'un prix peu élevé et d'un emploi facile, ont remplacé en grande partie la plupart des colorants végétaux : la cochenille, l'orseille, le curcuma, le rocou, etc. Elles servent, non seulement à la

teinture et à l'impression des tissus, mais encore à la coloration des papiers, des cuirs, de la paille, des corps gras, à la peinture décorative, à l'impression des livres. On en fait des laques, des vernis et des encres. Quelques-unes, comme l'héliantine, sont employées en chimie analytique pour le titrage des acides et des bases. En général, les couleurs azoïques ne sont pas toxiques.

AZOL. s. m. T. Chim. Nom générique donné aux combinaisons dans lesquelles entre un noyau pentagonal contenant un ou plusieurs atomes d'azote. Le pyrazol

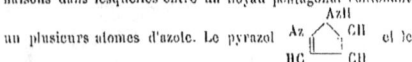

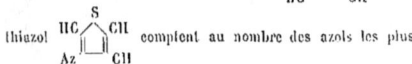

[formule] et le thiazol [formule] comptent au nombre des azols les plus simples. L'indol, les indazols et le carbazol rentrent aussi dans cette classe de composés. Dans ces dernières années on a découvert un grand nombre de corps de ce genre; mais leur nomenclature, et même le sens précis qu'on doit attacher aux mots *Azol*, *Diazol* et *Triazol*, ne sont pas encore définitivement fixés.

AZOLLE. s. f. T. Bot. Genre de plantes aquatiques de a famille des *Salviniacées*. Voy. ce mot.

AZONE. s. f. T. Chim. Nom générique des combinaisons formées par l'action de la phénylhydrazine sur les aldéhydes et sur les acétones. Les glucoses de la formule $C^6H^{12}O^6$ s'unissent également à la phénylhydrazine et donnent des azones de deux sortes : les *glucose-hydrazones*, composés incolores, très solubles dans l'eau, répondant à la formule $C^{12}H^{18}Az^2O^5$, et les *osazones* $C^{18}H^{22}Az^4O^4$, qui se présentent en amas d'aiguilles microscopiques, très peu solubles dans l'eau et dans les réactifs usuels.

AZONIUM. s. m. T. Chim. Voy. AZINE.

AZOOSPERMIE. s. f. (gr à priv.; ζόον, animal; σπέρμα, semence). T. Méd. État maladif dû à différentes causes et caractérisé par l'absence de spermatozoïdes dans le sperme, ce qui entraîne la stérilité, mais non l'impuissance. Voy. SPERME.

AZOOTIQUE. adj. (à priv.; ζόον, animal). T. Géol. Qui ne contient aucun débris de corps organisés.

AZOPHÉNINE. s. f. (R. *azote*; *phénol*). T. Chim. L'az., qu'on peut regarder comme la substance mère des indulines, se forme quand on chauffe, au-dessous de 100°, un mélange d'amidoazobenzine d'aniline et de chlorhydrate d'aniline. En élevant ensuite la température à 150° ou 170°, on obtient les *Indulines*. Voy. ce mot. L'az. cristallise en aiguilles aplaties, d'un rouge rubis, fusibles à 241°. Elle a pour formule $C^{30}H^{24}Az^5$.

AZOPHÉNYLÈNE. s. m. T. Chim. Synonyme de *Phénazine*. Voy. ce mot.

AZOTATE. s. m. T. Chim. Nom générique des sels formés par l'acide azotique. Voy. AZOTE.

AZOTE. s. m. (gr. à priv., ζόη, vie). T. Chim. — L'Az. est un corps simple, gazeux, qui a été reconnu comme gaz distinct par Rutherford en 1772. Deux ans plus tard, Lavoisier démontra qu'il constitue l'un des principaux éléments de l'air atmosphérique, dont il forme les soixante-dix-neuf centièmes. Il est incolore, inodore, insipide; il n'est ni acide, ni alcalin. De même que le gaz hydrogène et le gaz acide carbonique, il éteint subitement les corps en ignition, mais il ne s'enflamme pas, comme le fait l'hydrogène, et, agité avec de l'eau de chaux, il ne la donne pas de précipité blanc, comme le fait l'acide carbonique. Ainsi que ces deux gaz, il est absolument impropre à entretenir la respiration, et c'est de là que vient son nom; cependant il n'est nullement délétère. Sa densité par rapport à l'air est 0,9713; 1 litre d'az. pèse donc 1gr,256. L'eau n'en dissout que les 22 millièmes de son volume à 0°. Le point critique de l'azote est — 146°; à cette température on peut le liquéfier sous une pression de 33 atmosphères. Liquide, il bout à — 194° sous la pression atmosphérique, et possède à ce moment la densité 0,885. Il se solidifie vers — 210°. Son symbole est Az; son poids atomique, de même que son équivalent, est 14. On désigne aussi l'az. par le symbole N, abréviation de *Nitrogène*, nom que l'on donnait autrefois à ce corps, parce qu'il entre dans la composition du *nitre* ou azotate de potasse. — L'un des caractères essentiels de l'az., au point de vue chimique, c'est son inertie, et la difficulté avec laquelle il se combine avec les autres corps. Il forme, il est vrai, des combinaisons avec presque tous les corps simples, mais ces combinaisons se produisent sous absorption de chaleur et ne s'obtiennent que d'une manière indirecte. Toutefois, il se combine directement, au rouge, avec le bore, le magnésium et le titane.

Nous avons dit que ce gaz constitue environ les quatre cinquièmes de l'air atmosphérique, où il ne se trouve qu'à l'état de simple mélange. Il se dégage parfois en grande quantité, et presque pur, du sein de la terre, pendant les phénomènes volcaniques, ou des crevasses qui se manifestent dans diverses parties du globe, pendant les tremblements de terre. Enfin, il se produit quelquefois encore en abondance dans certaines mines, et résulte, d'après Leblanc, de la présence de sulfures de cuivre et de fer qui sont très avides d'oxygène et enlèvent ce dernier à l'air confiné dans les galeries. L'az. est assez abondamment répandu dans le règne minéral, mais surtout à l'état d'azotate. Dans le règne végétal, et principalement dans le règne animal, il fait partie d'une foule de corps définis dont la composition est très complexe : ainsi, par exemple, toutes les substances animales, à l'exception des corps gras, en contiennent. L'az. soluble, comme on l'a dit, être le pivot sur lequel tournent les transformations chimiques de la vie animale, comme le carbone est celui autour duquel se meuvent les phénomènes de la végétation.

On peut préparer le gaz az. de plusieurs manières. Le plus souvent on l'extrait de l'air atmosphérique. Pour cela, il suffit de prendre un certain volume d'air, et d'éliminer l'oxygène qu'il contient. On peut, par exemple, disposer à la surface de l'eau d'une cuve un large morceau de liège sur lequel on place une capsule de porcelaine contenant un morceau de phosphore. On allume le phosphore, et aussitôt on renverse sur la cuve une cloche de verre que l'on fait plonger dans l'eau. La combustion du phosphore ne cesse que lorsque l'oxygène de l'air a disparu. Cet oxygène s'est combiné avec le phosphore en donnant naissance à de l'acide phosphorique, qui, à mesure de sa formation, s'est dissous dans l'eau de la cuve. On remarque alors que le volume gazeux contenu dans la cloche est diminué d'un cinquième environ. L'az. obtenu ainsi n'est pas absolument pur ; il contient encore des traces d'oxygène, d'acide carbonique, de vapeur d'eau et de vapeur de phosphore. On se débarrasse du premier en introduisant dans la cloche un bâton de phosphore non enflammé qui s'empare des dernières molécules d'oxygène ; on enlève le second à l'aide d'une dissolution de potasse ; on extrait la vapeur d'eau au moyen de fragments de chlorure de calcium, et celle du phosphore avec quelques bulles de chlore. — Le procédé suivant est plus expéditif et fournit de l'az. parfaitement pur : il consiste à faire passer un courant d'air sur de la tournure de cuivre chauffée au rouge. On introduit cette tournure dans un tube de verre peu fusible AB, qu'on entoure de clinquant avant de le placer sur le fourneau (Fig. 1). Par son extrémité A, il communique avec un appareil R destiné à fournir le courant d'air, et par son extrémité B avec un tube recourbé qui conduit le gaz obtenu dans la cloche C. L'air qui traverse le tube AB est fourni par le vase R, d'où il est chassé par l'eau qui vient peu à peu prendre sa place. Mais comme cet air contient de l'acide carbonique et de l'humidité, on interpose entre l'appareil R et le tube AB deux tubes en U. Le premier, T, contient de la pierre ponce imbibée d'une dissolution concentrée de potasse, qui s'empare du gaz acide carbonique, et le second, T', de la ponce arrosée d'acide sulfurique qui absorbe l'humidité de l'air. L'oxygène de l'air étant lui-même enlevé par le cuivre qui s'oxyde en même temps, c'est de l'az. qui arrive dans la cloche C. — Dans les laboratoires, on se sert quelquefois d'une dissolution

aqueuse d'ammoniaque pour préparer le gaz az. A cet effet, on décompose l'ammoniaque par le chlore qui se combine avec l'hydrogène d'une partie de l'ammoniaque pour former de l'acide chlorhydrique. Celui-ci se combine de son côté avec la partie de l'ammoniaque non décomposée par le chlore, et produit du chlorhydrate d'ammoniaque, lequel reste en dissolution dans l'eau. Dans ce mode de préparation, il faut avoir soin que la dissolution ammoniacale conserve toujours un excès d'ammoniaque Sans cela, le chlore attaquerait le chlorhydrate d'ammoniaque lui-même, et il se produirait du *chlorure d'az.* composé qui est très instable et détone avec violence. — Enfin, l'on obtient encore l'az. en chauffant une solution concentrée d'azotite d'ammoniaque : ce sel se décompose entièrement en eau et en az. Dans cette préparation, l'azotite d'ammoniaque peut être remplacé par un mélange de chlorhydrate d'ammoniaque et d'azotite de potasse.

Combinaisons de l'azote avec l'oxygène. — Les principales sont : le *protoxyde d'az.* ou *oxyde azoteux* Az^2O (dans la notation en équivalents AzO) ; l'*acide hypoazoteux* $AzOH$ (en équivalents AzO,HO) ; le *bioxyde d'az.* ou *oxyde azotique* AzO (en équivalents AzO^2) ; l'*acide azoteux* Az^2O^3 (équiv. AzO^3) ; l'*acide hypoazotique* ou *peroxyde d'az.* AzO^2 (équiv. AzO^4) ; l'*acide azotique* AzO^3H (équiv. AzO^5,HO). On connaît encore l'*acide perazotique* Az^2O^6 (équiv. AzO^6).

Protoxyde d'azote Az^2O. — Découvert par Priestley, en 1776. C'est un gaz incolore, inodore et doué d'une saveur légèrement sucrée. Il a une densité de 1,527, et 1 litre de ce corps pèse $1^{gr},976$. Il est soluble dans l'eau, et plus encore dans l'alcool ; l'eau en dissout environ les quatre cinquièmes de son volume. A la température de $0°$ et sous la pression de 30 atmosphères, il passe à l'état liquide. Il bout à — 88° et se solidifie à — 100°. Les corps en ignition brûlent dans le gaz protoxyde d'az. avec plus de vivacité que dans l'air, mais moins vivement que dans l'oxygène pur ; cependant du soufre faiblement allumé s'éteint dans le protoxyde. Il est naturel que le protoxyde d'az., renfermant deux fois plus d'oxygène que l'air, entretienne mieux la combustion que celui-ci. Mais dans l'air l'oxygène est à l'état de simple mélange, tandis qu'il est à l'état de combinaison dans le protoxyde d'az. Il résulte de là que le corps en ignition doit, pour y brûler, détruire la combinaison du protoxyde pour s'emparer de son oxygène. Par conséquent il faut qu'il se trouve à une température plus élevée que pour brûler simplement dans l'air. Le protoxyde d'az. mélangé avec l'hydrogène détone par l'approche d'une flamme ou au passage de l'étincelle électrique. — Les animaux plongés dans du gaz protoxyde d'az. peuvent y vivre plusieurs heures ; seulement la combustion qui s'opère dans l'économie est trop active, et il en résulte des altérations organiques mortelles. Respiré par l'homme, il détermine l'anesthésie et quelquefois une sorte d'ivresse assez gaie ; aussi est-il parfois désigné sous le nom de *gaz hilarant*. — On prépare ce gaz en chauffant modérément l'azotate d'ammoniaque pur et sec : AzH^4AzO^6 ; ce sel se décompose sous l'influence de la chaleur en eau et en protoxyde d'az. On peut encore obtenir le protoxyde en traitant du zinc par l'acide azotique étendu. Le métal se dissout en dégageant un mélange de protoxyde et de bioxyde. On laisse quelque temps séjourner ce mélange sur la limaille de fer ou de zinc humide ; alors le bioxyde abandonne au métal la moitié de son oxygène, et se trouve ainsi transformé en protoxyde.

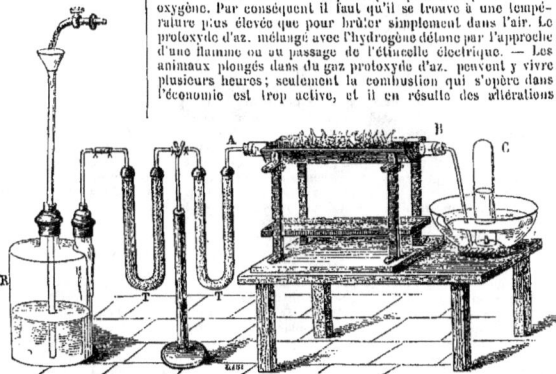

Fig. 1.

— Pour préparer industriellement le protoxyde d'az. liquide, on refoule ce gaz pur et sec, à l'aide d'une pompe, dans un récipient métallique très résistant entouré de glace; il faut pousser la compression jusqu'à 30 atmosphères. Ce liquide peut servir à produire un froid plus intense que l'acide carbonique solide. Mélangé à du sulfure de carbone, il abaisse la température à — 140°. Mais on emploie surtout le protoxyde d'az. à l'état gazeux et à la pression d'une atmosphère pour produire l'anesthésie. Les dentistes s'en servent fréquemment. Dans les opérations chirurgicales de longue durée, il produirait bientôt l'asphyxie; il faut alors, comme l'a montré P. Bert, employer un mélange de protoxyde d'az. à 1 atmosphère et d'oxygène à 1/5 d'atmosphère. Dans ces conditions, la durée des inhalations peut être prolongée sans danger, et le protoxyde d'az. est le moins dangereux des anesthésiques; mais il nécessite une chambre spéciale à parois résistantes, dans laquelle on opère au sein du gaz comprimé.

Acide hypoazoteux AzOH. — Découvert par Divers en 1871, cet acide prend naissance par l'action de l'amalgame de sodium sur l'azotite de potasse. Formé avec une grande absorption de chaleur, il est peu stable, et se décompose spontanément en protoxyde d'azote et en eau. Sa solution réduit le permanganate de potasse et bleuit l'empois d'amidon additionné d'iodure de potassium. Les hypoazotites alcalins sont solubles dans l'eau; leur solution décolore l'iode; les autres sels, tels que l'hypoazotite d'argent AzO Ag, sont la plupart insolubles.

Bioxyde d'azote AzO. — C'est un corps gazeux, incolore, sans réaction acide, qui est presque insoluble dans l'eau, et dont la densité est 1.039. Son point critique est —93°; à cette température il se liquéfie sous une pression un peu supérieure à 71 atmosphères. Il bout à — 154° sous la pression atmosphérique et se solidifie à — 185°. Il se distingue essentiellement de tous les autres gaz par cette propriété qu'aussitôt qu'il est mis en contact avec l'air, il dégage des vapeurs rutilantes. Ces vapeurs ne sont autre chose que de l'acide hypoazotique, le bioxyde se combinant, dans ce cas, avec une partie de l'oxygène de l'air pour se transformer en acide hypoazotique. Le bioxyde d'az. est un composé non saturé qui peut jouer le rôle d'un radical monoatomique (*nitrosyle*), par exemple dans le chlorure de nitrosyle AzO Cl, dans les sulfates de nitrosyle (cristaux des chambres de plomb), etc. — Quoique plus riche en oxygène que le protoxyde, le bioxyde n'entretient pas aussi facilement la combustion. Le soufre enflammé s'éteint dans celui-ci; un charbon faiblement allumé s'éteint également. Néanmoins, si la température du corps en ignition est assez élevée pour produire la décomposition du bioxyde, la combustion devient presque aussi vive dans ce gaz que dans l'oxygène lui-même. C'est ce que l'on remarque quand on y plonge du phosphore enflammé ou un charbon très incandescent. Les animaux placés dans une cloche pleine de ce gaz y périssent avec de violents frissons. Il agit dans ce cas comme corrosif, parce que, dans les poumons, il se convertit en acide hypoazotique. — On prépare le bioxyde d'az. en faisant réagir à froid le cuivre sur l'acide azotique très étendu; il se forme de l'azotate de cuivre qui reste en dissolution, et du bioxyde d'az. qui se dégage et qu'on recueille à l'abri de l'air. On l'obtient encore en faisant arriver peu à peu de l'acide azotique dans une solution bouillante de sulfate de protoxyde de fer.

Acide azoteux ou *nitreux*. — L'acide anhydre Az²O³ est un liquide bleu foncé, bouillant à 0°, très instable; une faible élévation de température le décompose en bioxyde d'az. et en acide hypoazotique. C'est un agent d'oxydation plus énergique encore que l'acide azotique. On l'obtient, mêlé d'un peu d'acide hypoazotique, en mélangeant quatre volumes de bioxyde d'az. avec un volume d'oxygène à la température de — 40°. Il se forme aussi dans le dédoublement de l'acide hypoazotique au contact de l'eau. Enfin, l'on prépare souvent de l'acide azoteux à l'état impur (*vapeurs nitreuses*) en chauffant l'acide azotique avec de l'amidon; ces vapeurs nitreuses sont de l'acide azoteux plus ou moins mélangé de bioxyde d'az. et d'acide hypoazotique. — L'acide hydraté aurait pour formule HAz²O² (en équiv. Az²O³, HO); on connaît les *azotites* correspondantes. L'azotite de potasse, qui peut servir à préparer tous les autres, s'obtient en chauffant l'azotate de potasse au rouge sombre. — L'acide azoteux transforme un grand nombre de substances organiques en dérivés azotiques ou diazoïques; il sert en particulier à fabriquer une foule de matières colorantes. Voy. AZOTEUX. Le plus souvent on emploie pour cet usage l'acide azoteux à l'état naissant, c.-à-d. un mélange d'azotite de soude et d'acide chlorhydrique.

Acide hypoazotique ou *peroxyde d'azote* AzO². — Cet acide est un liquide de couleur jaune fauve à 0°, et d'une densité de 1.42. De ce point à 22° au-dessus, sa couleur devient de plus en plus foncée. A 22° il dégage des vapeurs d'un rouge foncé très intense, appelées quelquefois *gaz rutilant* et *vapeurs rutilantes*. Leur densité est 1.72. Cet acide bout à 28°; à 1°,5 au-dessous de zéro il commence à se solidifier; à — 9° il forme une masse blanche, de texture fibreuse. — L'acide hypoazotique est très caustique; il corrode la peau et la jaunit. A l'égard des bases, il ne se comporte pas comme le font les autres acides, mais il se dédouble en donnant un mélange d'azotate et d'azotite. Mis en contact avec de l'eau en excès, elle s'y dissout et en même temps se décolore, parce qu'il se décompose alors en bioxyde d'az. qui se dégage et en acide azotique qui reste dans la dissolution. Lorsque l'eau est en quantité peu considérable, il se forme deux couches distinctes de liquide : l'une, inférieure, bleue; l'autre, supérieure, verte. La première est de l'acide azoteux impur; la seconde est de l'acide azotique contenant en dissolution de l'acide azoteux et de l'acide hypoazotique, dont le mélange (bleu et jaune) produit une coloration verte. — On prépare ce corps au moyen de l'azotate de plomb. On dessèche d'abord ce sel à l'aide d'une chaleur douce; on le verse ensuite dans une cornue de grès que l'on place sur un fourneau à réverbère, et à laquelle on adapte un tube en U plongé dans un mélange réfrigérant. L'azotate de plomb est décomposé par la chaleur; mais, comme l'acide azotique qui entrait dans sa composition ne peut se maintenir à l'état anhydre, il se transforme en oxygène et en acide hypoazotique, qui se condense, sous la forme d'un liquide jaune, dans la courbure du tube, tandis que l'oxygène se dégage par l'extrémité ouverte du même tube. — Dans beaucoup de circonstances, le composé AzO² fonctionne comme un radical; il prend alors le nom de *nitryle* ou d'*azotyle*. C'est ce radical qui constitue dans l'acide azotique et dans le chlorure correspondant appelé chlorure de nitryle; il existe aussi dans les composés organiques nitrés, où il remplace un atome d'hydrogène.

Acide azotique ou *nitrique*. — Cet acide, qui constitue la combinaison la plus importante de l'oxygène avec l'az., peut s'obtenir sous deux états : anhydre et hydraté. L'*acide anhydre* ou *anhydride azotique* Az²O³ a été obtenu par Sainte-Claire Deville, en traitant l'azotite d'argent bien sec par le chlore également bien desséché. Il se présente sous forme de cristaux prismatiques, à base rhombe. Il fond à 29°,5, bout à 50°, et à quelques degrés au-dessus, il se décompose en oxygène et en acide hypoazotique. Il se décompose lentement à la température ordinaire. C'est un oxydant énergique. Au contact de l'air, il absorbe l'humidité de celui-ci et se décompose immédiatement.

L'*acide azotique hydraté* AzO²H se prépare habituellement, dans les laboratoires, en introduisant dans une cornue de verre de l'azotate de potasse ou salpêtre; puis à l'aide d'un long tube, on y verse un poids égal d'acide sulfurique du commerce; ensuite on engage le col de la cornue dans un matras qui est refroidi par un courant continu d'eau froide, et l'on chauffe le mélange. Au commencement de l'opération, il se produit des vapeurs rutilantes, parce que les premières portions d'acide azotique sont décomposées par l'acide sulfurique en oxygène et en acide hypoazotique. Ces vapeurs cessent de se former; mais elles se manifestent de nouveau à la fin de l'opération, parce qu'il faut alors élever notablement la température pour fluidifier les dernières portions de sel, afin que l'acide sulfurique puisse les attaquer et chasser les dernières parties d'acide azotique. Dans cette opération, l'acide azotique est expulsé de sa combinaison avec la potasse par l'acide sulfurique qui se combine avec celle-ci en formant un sulfate de potasse. Il est toujours coloré en jaune par une certaine quantité d'acide hypoazotique; il contient aussi une petite quantité d'acide sulfurique qui a été entraînée par la distillation. Pour le purifier, on le distille avec un peu d'azotate de plomb réduit en poudre très fine, en ayant soin de recueillir à part les premières portions de cette nouvelle distillation, lesquelles renferment de l'acide azoteux, et d'arrêter l'opération avant que tout le liquide ait distillé; car les dernières portions ne seraient pas non plus de l'acide azotique pur.

L'acide azotique hydraté ainsi obtenu est le plus concentré que l'on connaisse : cependant il renferme encore 14 p. 100 d'eau. C'est un liquide incolore, odorant et très corrosif. Il a une densité de 1.522, bout à 86°, et se solidifie à —4°. On l'appelle acide azotique monohydraté et sa formule est AzO³H. Cet acide ne reste pas longtemps incolore, car il prend une teinte jaune, sous la seule influence de la lumière. Celle-ci, en effet, détermine la décomposition d'une certaine partie de l'acide en donnant naissance à de l'oxygène et à de l'acide hypoazotique, lequel reste à l'état de dissolution dans l'acide azotique non décomposé. La chaleur décompose également l'acide monohydraté ; les produits de la décomposition diffèrent suivant l'élévation de la température. Lorsqu'on fait passer l'acide azotique en vapeurs à travers un tube de porcelaine chauffé au rouge vif, il se décompose entièrement en azote et en oxygène, et l'eau qu'il contenait passe sans altération. A une température moins élevée, il se dégage de l'oxygène et de l'acide hypoazotique. — Son affinité pour l'eau est très remarquable. Au contact de l'air humide, il répand d'épaisses fumées blanchâtres, et ce phénomène lui a valu le nom vulgaire d'*acide azotique fumant*. Quand on le mêle avec de l'eau, sa température s'élève d'une façon notable. Lorsqu'on additionne l'acide monohydraté d'une petite ou d'une forte proportion d'eau, et qu'on soumet le mélange à la distillation, les premières portions de la distillation contiennent, dans le premier cas, plus d'acide, et, dans le second, moins d'acide réel que le liquide resté dans la cornue. Pendant ce temps, un thermomètre, plongé dans le liquide bouillant, ne cessera de monter jusqu'au moment où il aura atteint 123°. Il se maintiendra alors stationnaire, et le reste de la distillation offrira toujours la même proportion d'acide et d'eau. La quantité de celle-ci sera constamment 40 p. 100. Ce nouvel acide azotique est appelé *quadrihydraté*, et se représente par la formule $2AzO^5H + 3H^2O$ (en équiv. $AzO^5, 4HO$). L'acide *azotique quadrihydraté* est beaucoup plus stable que le monohydraté. Il ne se décompose ni sous l'influence seule de la lumière, ni par des distillations répétées. Quand on le distille avec un poids égal d'acide sulfurique concentré, il perd les trois quarts de son eau et se transforme en acide monohydraté.

L'acide azotique agit sur les tissus organiques en les décomposant et en les colorant en jaune. Il jaunit aussi la soie et la laine. Il détruit et colore également en jaune la teinture d'indigo qui résiste aux acides les plus violents, même à l'acide sulfurique. Le chlore et le brome sont sans action sur lui ; mais les autres métalloïdes l'attaquent avec l'aide de la chaleur. Le soufre, le carbone, le phosphore, l'iode, le bore, le silicium, l'arsenic, le décomposent alors, et passent à l'état d'acides sulfurique, carbonique, phosphorique, etc. L'hydrogène le décompose à chaud en donnant de l'az. et de l'eau : à froid l'hydrogène naissant le transforme en ammoniaque et en eau. Beaucoup de métaux le décomposent aussi, mais à la température ordinaire. Les uns, tels que l'étain et l'antimoine, passent à l'état d'acides, et forment de l'acide antimonique et métastannique. La plupart s'oxydent, et l'oxyde produit s'unit avec l'acide azotique non décomposé pour former un azotate. Quelques-uns, néanmoins, présentent, sous ce rapport, un phénomène des plus singuliers : c'est que l'acide quadrihydraté agit sur eux beaucoup plus énergiquement que l'acide monohydraté. Ainsi, par exemple, si l'on plonge des pointes de fer dans de l'acide fumant, à la température ordinaire, elles restent intactes et conservent leur éclat métallique, tandis que dans l'acide du commerce, qui contient toujours plus de 40 p. 100 d'eau, elles se dissolvent rapidement avec dégagement de vapeurs rutilantes, et se transforment en azotate de fer. Mais si l'on étend l'acide fumant avec une petite quantité d'eau, le fer est attaqué et dissous très promptement. Néanmoins, quand le métal est resté pendant un certain temps en contact avec l'acide monohydraté, l'acide étendu n'agit plus sur lui. Le fer est alors, comme on dit, *préparé* ou *passif*. Cet état de passivité paraît dû à une gaîne gazeuse de bioxyde d'azote qui se forme à la surface du métal et l'isole de l'acide. Si l'on fait le vide, ou si l'on touche le fer avec un métal plus attaquable, tel que le cuivre, la passivité cesse et l'acide étendu est violemment attaqué. C'est cette propriété du fer de résister à l'action de l'acide azotique fumant qui permet de se servir de cylindres de fer pour la fabrication de cet acide. Il en résulte seulement la nécessité de le préparer exclusivement de l'acide aussi concentré que possible ; il suffit ensuite de le *diluer*, c.-à-d. de l'étendre d'eau, pour les besoins du commerce. — L'acide azotique, mêlé à l'acide chlorhydrique, constitue un corps nouveau, eau régale, qui jouit de propriétés particulières n'appartenant à aucun des deux acides dont le mélange est formé. V. CHLORE. — Presque toutes les matières organiques sont attaquées par l'acide azotique, quelquefois avec une grande violence, comme l'essence de térébenthine. Tantôt il agit comme oxydant et fournit principalement des acides ; ainsi, avec l'amidon, il donne de l'acide oxalique. Tantôt il substitue le radical nitryle AzO^2 à l'hydrogène des substances organiques en produisant des dérivés nitrés ; beaucoup de ces dérivés sont des substances explosives (nitroglycérine, coton-poudre, pyroxyle) ; plusieurs servent à préparer des matières colorantes ; tels sont : l'acide picrique, l'acide phtalique, le nitrobenzène, le nitrotoluène, etc.

Fabrication de l'acide azotique. — Dans l'industrie, on fabrique cet acide en décomposant l'*azotate de potasse*, vulgairement appelé *sel de nitre* ou *salpêtre*, par l'acide sulfurique, comme on le fait dans les laboratoires. Seulement

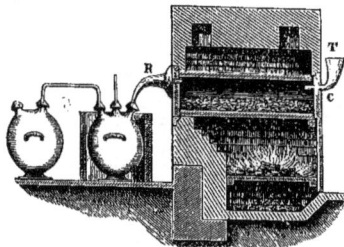

Fig. 2.

l'appareil est différent, ainsi que l'exigent les nécessités industrielles. De grands cylindres de fonte, C (Fig. 2), établis dans des fourneaux en maçonnerie, remplacent la cornue de verre. Le fond de chaque cylindre est mobile, afin qu'on puisse y introduire la charge d'azotate qui varie de 150 à 250 kilogrammes. Quand les cylindres sont chargés, on lute les jointures avec de l'argile, et l'on verse de l'acide sulfurique à 60° (195 à 325 kilog.) par le tube recourbé en forme d'entonnoir T. Le tube enlevé et remplacé par un tampon qui ferme hermétiquement l'orifice, on chauffe aussi régulièrement que possible. A mesure que l'acide sulfurique décompose le sel de potasse et chasse l'acide azotique, celui-ci se dégage par l'extrémité opposée du cylindre, où se trouve un tube R en grès qui le conduit, ainsi que tous les produits de la distillation, dans l'appareil de condensation. Celui-ci se compose d'une série de jarres en grès, appelées *bonbonnes*, munies de deux ou trois tubulures pour recevoir le liquide distillé et communiquer les unes avec les autres. Ces bonbonnes contiennent, au préalable, une certaine quantité d'eau. L'acide qui se condense dans les premières jarres est le plus impur ; car il s'y trouve une assez forte proportion d'acide sulfurique que la distillation a entraînée ; aussi ne le met-on pas dans le commerce. Les dernières ne renferment qu'une dissolution d'acide très étendue ; en conséquence, on la reverse dans les bonbonnes qui doivent servir aux opérations ultérieures afin qu'elle arrive à l'état de concentration nécessaire. Le contenu des autres bonbonnes est livré au commerce. Assurément ce n'est pas de l'acide azotique bien pur : il contient toujours une certaine quantité d'acide azoteux, et ordinairement un peu de chlore résultant des chlorures que renferme la masse de nitre employée à la fabrication ; néanmoins son état de pureté est suffisant pour les besoins industriels. Il varie aussi quant à son degré de concentration ; mais il est facile de le ramener au degré voulu, et, d'ailleurs, dans le commerce, son prix est en raison de sa concentration. Aujourd'hui les fabriques d'acide azotique préfèrent remplacer l'azotate de potasse par l'azotate de soude que l'on trouve en bancs considérables au Chili. Ce dernier sel revient à meilleur marché, et fournit à poids égal une plus forte proportion d'acide azotique. •

Pour terminer ce que nous avons à dire de l'acide azotique, nous ajouterons que ce corps qui se décompose par l'action de la pile, se produit aussi sous l'influence de l'électricité par la combinaison directe de l'az. et de l'oxygène ; mais la présence de l'eau est indispensable. Cette expérience explique la formation de l'acide nitrique dans l'air atmosphérique, pendant les orages très violents et sous l'influence des décharges répétées de la foudre. — La découverte de l'acide azotique date de l'an 1325. Elle est due au célèbre alchimiste Raymond Lulle, qui obtint ce composé en distillant de l'argile avec de l'azotate de potasse alors appelé *nitre*. Aussi cet acide reçut-il dans le principe le nom d'*Esprit de nitre*.

Acide perazotique ou *pernitrique.* — Découvert en 1881 par Berthelot, cet acide n'est connu qu'à l'état d'anhydride répondant à la formule Az²O⁶. Il prend naissance en même temps que l'ozone quand on soumet à l'effluve électrique un mélange d'azote et d'oxygène secs : on l'obtient sous forme d'un gaz qui se concrète à 23° en une poudre cristalline blanche. Au contact de l'eau il se décompose rapidement en oxygène et en acide azotique.

Azotures. — L'az. se combine non seulement avec l'oxygène, mais encore avec plusieurs autres métalloïdes. Parmi ces combinaisons, celles qu'il forme avec l'hydrogène et avec le carbone sont de la plus haute importance pour la science et pour les arts. Nous voulons parler de l'*Azoture d'hydrogène* ou *Ammoniaque*, et de l'*Azoture de carbone* ou *Cyanogène*, qui méritent chacun un article particulier. Voy. AMMONIAQUE et CYANOGÈNE. On a découvert récemment de nouvelles combinaisons hydrogénées de l'azote. Voy. AZOTHYDRIQUE et HYDRAZINE. Quant aux combinaisons qui peuvent avoir lieu entre l'az. et les autres métalloïdes, tels que le chlore, l'iode, le bore, le phosphore, celles qui offrent quelque intérêt sont indiquées aux mots CHLORE, IODE, etc. Ces *azotures* présentent, du reste, cela de commun de ne pouvoir se produire que par des voies indirectes, et d'être extrêmement instables. — Il en est de même des *azotures métalliques*, c.-à-d. des corps formés par la combinaison de l'az. avec un métal. Voy. AZOTHYDRIQUE.

Azotates et *Azotites.* — L'histoire de ces sels ne pouvant être séparée de celle des corps qui constituent leurs bases, c'est aux articles consacrés à ces corps que nous la renvoyons. Néanmoins, nous exposerons ici les caractères qui sont communs aux sels dont l'acide est constitué par l'acide azotique ou par l'acide azoteux. — Tous les *azotates*, à l'exception de quelques sous-azotates, sont solubles dans l'eau. Tous se décomposent par la chaleur, en dégageant soit de l'oxygène, soit des produits riches en oxygène qui activent fortement la combustion. C'est pour cela qu'ils déflagrent quand on les projette sur des charbons ardents, et parfois même produisent une détonation quand on les chauffe avec du charbon en poudre. Les azotates à base alcaline dégagent de l'oxygène et se transforment en azotites. Chauffés plus fortement, ils dégagent de l'oxygène et de l'az., en laissant pour résidu un oxyde alcalin. Les azotates de mercure, d'or, d'argent, de platine, chauffés convenablement, laissent du métal pur pour résidu. Les autres azotates donnent pour résidu un oxyde métallique, en dégageant pendant l'opération de l'oxygène et du bioxyde d'az., qui, au contact de l'air, se transforme en vapeurs rutilantes d'acide hypoazotique. — Lorsqu'on chauffe les azotates avec de l'acide sulfurique, ils dégagent des vapeurs blanches très piquantes d'acide azotique. Si l'on ajoute au mélange une petite quantité de tournure de cuivre, il se dégage du bioxyde d'az. qui donne aussitôt des vapeurs rutilantes. Cette réaction est caractéristique. — La présence, dans une liqueur, d'une très petite quantité d'azotate, est facile à constater. On prend une dissolution de sulfate de protoxyde de fer dans l'acide sulfurique concentré, puis on y verse goutte à goutte une partie de la liqueur à éprouver. La dissolution se colore en rose ou en brun, selon que l'azotate se trouve en très faible proportion ou en quantité plus considérable. — Les *Azotites*, de même que les azotates, se décomposent tous par la chaleur ; ils fusent également sur les charbons, et déflagrent quand on les chauffe avec du charbon en poudre. Cependant, ils se distinguent aisément des azotates en ce que, traités par l'acide sulfurique, ils dégagent immédiatement des vapeurs rutilantes.

Usages de l'azote. — L'az., qui joue un si grand rôle dans la nature et dans les phénomènes de la vie, soit végétale, soit animale, a fort peu d'importance dans l'industrie. Cependant, ses propriétés peuvent être utilisées pour la conservation des substances organiques et particulièrement des substances alimentaires. L'az. pur est employé dans les laboratoires lorsqu'on veut faire une réaction dans un courant gazeux, à l'abri de toute action oxydante.

On a vu plus haut l'application du protoxyde d'az. à la chirurgie et l'usage de l'acide azoteux dans la fabrication des matières colorantes. Quant à l'acide azotique, l'industrie en fait un emploi considérable, comme le prouve la consommation de cet acide en France seulement (elle atteint actuellement 5,000,000 kilogrammes chaque année). L'acide azotique, à des degrés divers de concentration, est employé pour le décapage des métaux et des alliages, dans l'essayage des monnaies, dans le mode de gravure dit *à l'eau-forte*, dans la lithographie, dans la teinture, dans la fabrication des

acides sulfurique et oxalique, etc. C'est surtout par son action sur les substances organiques qu'il a reçu des applications nombreuses et importantes. Ainsi, il sert à préparer la dynamite, le coton-poudre, le pyroxyle, le collodion, etc. ; d'autre part, les dérivés nitrés qu'il produit avec les phénols, le benzène, le toluène, le naphtalène, servent à fabriquer beaucoup de matières colorantes. Enfin, il est d'un usage constant dans les laboratoires de chimie, soit comme corps oxydant, soit comme dissolvant des métaux, soit comme réactif.

Dans la médecine, l'acide azotique est usité comme caustique, dans le cas de verrues, d'excroissances légères, et pour toucher certains ulcères atoniques. On s'en sert sous forme de pommade (*Pommade nitrique* ou *oxygénée*) dans quelques affections cutanées. Étendu d'eau jusqu'à agréable acidité, l'acide azotique constitue une boisson tempérante et astringente (*Limonade nitrique*) usitée dans les affections scorbutiques, dans les maladies du foie, et surtout dans les éruptions cutanées, lichen, eczéma, etc., qu'il s'accompagnent d'un prurit pénible. Mélangé avec une proportion convenable d'alcool, il constitue l'*Acide nitrique alcoolisé* ou *Esprit de nitre dulcifié* des formulaires. — Pris à l'état de concentration, l'acide azotique est un poison des plus violents, qui agit à la manière des poisons corrosifs, et en détermine tous les symptômes. Dans les cas d'empoisonnement de ce genre, il faut sur-le-champ administrer au malade de l'eau chargée de magnésie ou de craie, ou, à défaut de ces substances, de l'eau chargée de cendres. Ces substances agissent en saturant l'acide introduit dans l'estomac. L'action des cendres dépend de la potasse qu'elles contiennent. On peut encore employer l'eau de savon.

Origine de l'azote des végétaux. — Tandis que les animaux s'assimilent les principes azotés élaborés par la plante, celle-ci emprunte son azote à la nature inorganique. Cet azote est fourni principalement à l'état de nitrates par le sol et les engrais. Dans certains cas, les plantes peuvent aussi utiliser directement l'az. des sels ammoniacaux ; mais le plus souvent les substances ammoniacales contenues dans les terres et les fumures sont transformées préalablement en nitrates par l'action de certains microbes, comme l'ont prouvé Schloesing et Muntz en 1877. Tout récemment, plusieurs espèces de ces bactéries ont été isolées et l'on a reconnu que les unes transforment les composés ammoniacaux en azotites, tandis que d'autres exercent leur action sur ces azotites et les convertissent en azotates.

L'air atmosphérique contient de l'ammoniaque et de l'acide nitrique que les pluies amènent dans le sol et qui contribuent à la nutrition des végétaux. Mais l'az. libre de l'atmosphère peut-il être assimilé ou utilisé comme aliment par les plantes ? Cette question, qui a soulevé de nombreuses controverses, fut d'abord résolue négativement, il y a une cinquantaine d'années, par les expériences de Boussingault, que vinrent confirmer celles de Lawes et Gilbert. Boussingault avait fait germer des graines dans un sol stérilisé, en présence d'air dépouillé d'ammoniaque par l'acide sulfurique ; il établit que, dans ces conditions, les plantes, loin de s'enrichir aux dépens de l'air, perdent au contraire une partie de l'az. contenu dans leurs semences. Mais G. Ville fit voir que, dans la terre arable, les plantes en pleine croissance, et particulièrement les légumineuses, fixent une quantité d'az. bien supérieure à celle que contenait le sol ou qui était apportée par les pluies ; cet excès ne peut provenir que de l'atmosphère elle-même. Une première explication de ce fait fut donnée par Berthelot en 1877 ; ce savant montra que, beaucoup de matières organiques, et notamment les hydrates de carbone si répandus dans les végétaux, fixent directement le gaz az. sous l'action de l'effluve électrique ; cette fixation se produit déjà sous une tension électrique assez faible, telle que celle qui existe normalement dans l'atmosphère. De nouvelles expériences, faites par Berthelot vers 1886, démontrèrent que la terre arable absorbe l'az. de l'air grâce à la coopération de certains micro-organismes répandus dans le sol ou à sa surface. Dans le cas des légumineuses, Hellriegel et Wilfarth ont découvert, attachées aux racines de ces plantes, des colonies de microbes dont le rôle consiste à s'emparer de l'az. libre de l'air, à le transformer en substance azotée et à le transmettre ainsi au végétal ; par contre, celui-ci fournit aux microbes l'humus et les matières ternaires nécessaires à leur développement ; il y a là une sorte de symbiose ou de vie commune aux microbes et à la plante.

En résumé, le végétal reçoit sa nourriture azotée principalement sous forme de nitrates contenus dans les engrais ou élaborés par les microbes. Quant à savoir comment ces nitrates sont ensuite modifiés et se transforment en substances albuminoïdes, c'est une question encore enveloppée d'obscurité, et l'on ne possède guère sur ce sujet que des hypothèses plus ou moins ingénieuses.

AZOTÉ, ÉE. adj. Se dit des substances qui contiennent de l'azote. *Aliment az. Matières organiques azotées.*

AZOTÉA. s. f. Terrasse d'une maison mauresque en Afrique.

AZOTEUX. adj. T. Chim. *Acide az.* AzO^2H, *Oxyde az.* Az^2O. Voy. AZOTE.

AZOTH. s. m. T. d'Alchimie. Prétendue matière première des métaux.

AZOTHYDRIQUE. adj. T. Chim. L'*acide azothydrique* récemment découvert par Curtius répond à la formule Az^3H. A l'état anhydre c'est un liquide limpide, très mobile, bouillant à 37 degrés, et doué d'une odeur insupportable qui irrite vivement la muqueuse nasale. Il est très acide, rougit la teinture de tournesol et répand d'épaisses fumées au contact du gaz ammoniac. En solution étendue, il dissout le fer, le zinc, le cuivre, l'aluminium, le magnésium, en formant des azotures métalliques et dégageant de l'hydrogène. En solution concentrée il attaque même l'or, qui s'y dissout en donnant à la liqueur une coloration rouge. Avec les sels d'argent, les sels de plomb et les sels mercureux il donne des précipités d'azotures insolubles. On voit, par tout ce qui précède, que l'acide az. présente une analogie remarquable avec les acides halogénés tels que l'acide chlorhydrique ; mais il s'en distingue par ses propriétés éminemment explosives; anhydre, il détone avec une violence inouïe sous l'action de la chaleur, ou sous l'influence d'une diminution de pression, ou même sans cause apparente; une solution à 27 p. 100 est déjà dangereuse à manier.

Les sels que l'acide az. forme avec les métaux sont des *azotures* qui ont pour formule Az^3M ou Az^6M. L'acide sulfurique les décompose en mettant l'acide az. en liberté. Ces combinaisons sont également très explosives ; les moins instables sont les sels alcalins et alcalino-terreux. L'azoture de sodium Az^3Na et celui d'ammonium Az^3H^4 sont bien cristallisés et très solubles dans l'eau; ils ne sont pas isomorphes avec les chlorures correspondants. L'azoture d'argent Az^2Ag est insoluble; l'ammoniaque le noircit, mais la lumière et l'air n'ont pas d'action sur lui. L'azoture de plomb Az^6Pb et l'azoture mercureux Az^6Hg^2 sont également insolubles dans l'eau.

L'acide az. a été préparé par Curtius en faisant réagir l'acide nitreux sur certains dérivés de l'hydrazine. L'éther hippurique, traité par l'hydrate d'hydrazine, donne de l'hippurylhydrazine sur laquelle on fait agir l'acide azoteux naissant ; le produit de la réaction est additionné de soude, puis traité à l'ébullition par l'acide sulfurique étendu; il se forme de l'acide az. qui distille avec la vapeur d'eau. Un mode de préparation plus simple a été donné tout récemment par Wislicenus; il consiste à transformer le sodium en amidure de sodium ($NaAz^2H^2$) par un courant de gaz ammoniac bien sec, et à chauffer cet amidure avec le protoxyde d'az.; on obtient de l'azoture de sodium qu'on transforme en acide az. à l'aide de l'acide sulfurique étendu.

AZOTIQUE. adj. T. Chim. *Oxyde azotique* ou *Bioxyde d'azote* AzO ; *Acide azotique* AzO^3H. Voy. AZOTE.

AZOTURE. s. m. T. Chim. Nom générique des composés de l'azote avec un autre corps, et particulièrement avec les métaux. Voy. AZOTE et AZOTHYDRIQUE.

AZOV. Voy. AZOF.

AZOXIME. s. f. T. Chim. Nom générique des composés résultant de la combinaison d'un acide et d'une amidoxime avec élimination d'eau. Pour les préparer on fait réagir sur une amidoxime le chlorure ou l'anhydride d'un acide, et l'on chauffe le produit de la réaction. Les azoximes sont très stables et résistent énergiquement à l'action des réactifs; elles possèdent généralement une volatilité excessive, même quand leur point d'ébullition est assez élevé. Leur formule générale

est $R - C\diagdown^{AzO}_{Az}\diagup C - R'$, en désignant par R et R' des radicaux gras ou aromatiques.

Les *amidoximes* qui servent à préparer ces composés ont

pour formule $R - C\diagdown^{AzOH}_{AzH^2}$ et sont produites par la combinaison directe d'un nitrile avec l'hydroxylamine.

AZOXIQUE. adj. 2 g. T. Chim. Les composés *azoxiques* sont constitués par deux radicaux aromatiques réunis par le groupe bivalent $- Az - Az -$. On les prépare soit en oxy-$\underset{O}{\diagup}$

dant les composés azoïques, soit en soumettant à une réduction ménagée les dérivés nitrés des carbures aromatiques. Aussi les obtient-on comme produits de transition dans la préparation des azoïques : ainsi, quand on réduit le nitrobenzène pour préparer l'azobenzène, il se forme d'abord de l'azoxybenzène $C^6H^5.Az^2O.C^6H^5$. Les composés azoxiques sont solides, de couleur jaune ou orangée; ils sont très stables vis-à-vis des oxydants; mais sous l'influence des réducteurs ils se transforment d'abord en azoïques, puis en hydrazines et finalement en amines. L'acide nitrique les convertit facilement en produits de substitution nitrés; l'acide sulfurique en dérivés sulfonés. — Dans ces dernières années les composés azoxiques ont servi à préparer plusieurs matières colorantes remarquables. La première en date (1886) fut le *jaune soleil*, dérivé disulfonique de l'azoxystilbène. Plus récemment on a utilisé les dérivés azoxiques de l'aniline et de la toluidine. Les azoxyanilines $C^6H^5(AzH^2) - Az^2O - C^6H^5(AzH^2)$ s'obtiennent en réduisant les nitranilines en solution alcoolique par la poudre de zinc. Les azoxytoluidines $C^7H^6(AzH^2) - Az^2O - C^7H^6(AzH^2)$ se préparent de même en partant des dérivés nitrés de la toluidine. En combinant le dérivé tétrazoïque d'une azoxytoluidine avec deux molécules d'acide α naphtolsulfonique, on obtient le *rouge Saint-Denis*, qui teint le coton non mordancé en nuances d'un rouge très vif, remarquables par leur résistance aux acides. Le *jaune foulon* résulte de la combinaison de deux molécules d'acide salicylique avec le dérivé tétrazoïque de l'azoxytoluidine ; il teint aussi le coton directement ; de plus, la présence des groupes salicyliques lui communique la propriété de teindre la laine sur mordant ; il résiste très bien au foulon.

Le nom d'*oxyazoïque*, qu'on donne quelquefois aux composés azoxyques, doit être réservé à des combinaisons d'un autre genre, à la fois azoïques et phénoliques, répondant à la formule générale $R - Az = Az - R(OH)$.

AZOXY. Préfixe employé dans la nomenclature des composés azoxyques.

AZTÈQUES, nom des anciens habitants du Mexique.

AZULÈNE. s. m. T. Chim. Corps organique découvert par Peisse dans plusieurs huiles essentielles et notamment dans le patchouli.

AZULINE. s. f. (R. *azur*.) Matière colorante bleue dérivée du produit précédent ainsi que de l'acide phénique et de l'aniline. Voy. CORALLINE.

AZULMINE. s. f. T. Chim. Substance noire, amorphe, soluble dans les acides et dans les bases, se formant par l'action des alcalis sur l'acide cyanhydrique mélangé d'eau. D'après A. Gauthier, elle dérive de la xanthine et a pour formule $C^{10}H^{10}Az^6O^4$; elle est généralement accompagnée de *protazulmine* $C^{11}H^{12}Az^{13}O$, substance cristallisée, presque incolore, soluble dans l'eau bouillante, se transforment facilement en azulmine.

AZULMIQUE. adj. 2 g. T. Chim. L'*acide azulmique* est identique à l'*azulmine*. Voy. ce mot.

AZUR. s. m. (bas lat. *lazur*, de l'arabe-persan *lazouverd*, lapis-lazuli). Sorte de verre coloré en bleu avec de l'oxyde de cobalt et réduit en poudre très fine. || Se dit d'un bleu clair comme celui de l'azur, et c'est dans ce sens qu'on dit : l'*az. du ciel*, l'*az. des flots*, l'*az. d'un lac*, l'*az. des mers*, pour désigner la couleur bleue du ciel, etc. — *Un ciel d'az.*, Un ciel bleu et sans nuages.

Ces abîmes d'azur qui sont pour nous les cieux.
LAMARTINE.

On appelle quelquefois le lapis-lazuli, *Pierre d'az.* || T. Blas. Voy. ÉMAIL. || *Boules d'az.*, Boules formées avec une pâte de savon, d'alun, de potasse et d'indigo dissous dans de l'acide sulfurique, et qui servent aux blanchisseuses pour donner au linge une teinte azurée.

Techn. — L'*Az.* ou *Bleu d'az.*, appelé encore *Smalt*, est d'un assez grand usage, soit dans la peinture, soit dans la fabrication des émaux et des verres colorés, soit dans les papeteries et les blanchisseries, pour donner au papier et à la toile une couleur bleuâtre. On en consomme annuellement en France plus de 200 millions de kilogrammes, qui proviennent principalement des fabriques de la Saxe et de la Bohême. Voici quel est le procédé employé pour sa préparation. On fond un mélange de deux ou trois parties de sable avec une partie de carbonate de potasse et une partie d'oxyde de cobalt. Dès que la vitrification est opérée, on verse la matière en fusion dans l'eau froide pour la rendre plus facile à pulvériser, puis on la soumet à l'action de pilons et de cylindres qui la réduisent en une poudre extrêmement ténue, mais dont les grains toutefois ne sont pas parfaitement homogènes. Ensuite, on tamise cette poudre et on la trie de manière à en former quatre qualités différentes, suivant la grosseur des grains. A cet effet, on la délaie dans une cuve remplie d'eau et percée de quatre trous superposés les uns aux autres et échelonnés à distances égales. On imprime un rapide mouvement de rotation à la cuve; la poudre la plus fine monte dans les couches supérieures de l'eau et sort avec le liquide qui s'échappe lorsqu'on débouche l'ouverture supérieure. La même opération se pratique pour les couches inférieures qui sont toutes reçues dans des récipients différents. Ainsi divisé, l'az. est soumis à un séchage particulier, et peut être ensuite livré au commerce. — Les diverses qualités d'az. sont distinguées dans le commerce sous les noms d'az. *de premier, de second, de troisième* et *de quatrième feu*. On désigne ici par feu le degré de finesse et de vivacité de la matière colorante. La poudre très grossière s'appelle encore *az. à poudrer*, et la plus fine *az. d'émail.*

Pour l'az. du ciel : Voy. AIR et ATMOSPHÈRE.

AZURAGE. s. m. Action de teindre en bleu.

AZURÉ, ÉE. adj. Qui est de couleur d'azur. *Fond az. Teinte azurée.* — Poétiq. *Voûte azurée. Le ciel az. La plaine azurée*, ou *les plaines azurées*, La mer, la surface des mers.

AZURER. v. a. (R. *azur*). Rendre de couleur d'azur.

AZURESCENT, ENTE. adj. (R. *azur*). T. Didact. Qui tire sur le bleu d'azur.

AZURIN, INE. adj. (R. *azur*). T. Didact. Qui est d'un bleu pâle tirant un peu sur le gris.

AZURINE. s. f. T. Chim. Substance obtenue en chauffant la crésylène diamine avec l'acide salicylique; ses solutions présentent une belle fluorescence bleue.

AZURITE. s. f. T. Min. Ancien nom de la klaprothine, pierre d'un bleu admirable. Nom donné aujourd'hui à la variété bleue de carbonate de cuivre naturel. Voy. CUIVRE.

AZY. s. m. Présure faite avec du petit-lait et du vinaigre.

AZYGOS. adj. et s. f. (gr. à priv.; ζυγός, pair). T. Anat. Ancien nom des deux muscles *palato-staphylins* qu'on considérait comme un seul muscle. || Nom donné à deux veines impaires qui font communiquer la veine cave inférieure avec la veine cave supérieure.

AZYLINE. s. f. T. Chim. Nom donné à certains dérivés amidoazoïques qui sont isomériques avec les chrysoïdines et qui répondent à la formule générale :

$$X^2Az - R - Az = Az - R - Az X^2$$

où R désigne un radical aromatique et X de l'hydrogène ou un résidu d'hydrocarbure. Ce sont des matières colorantes rouges, cristallisables, insolubles dans l'eau, solubles dans l'alcool, le benzène, l'acide acétique et l'acide chlorhydrique. On les prépare en faisant réagir le bioxyde d'azote sur les amines aromatiques tertiaires en solution alcoolique.

AZYME. adj. (gr. à priv.; ζύμη, levain). T. biblique. *Pain az.*, Pain sans levain, que les Juifs mangent dans le temps de leur Pâque. — Il est subst. au pl. dans cette phrase de la Bible, *La fête des azymes.*

Méd. — Le pain azyme préparé en plaques minces sert, en thérapeutique, à envelopper les poudres médicamenteuses pour en faciliter l'absorption. On le nomme aussi *hostie, pain à chanter, oublie.* En 1872, un pharmacien de Paris, M. Simonin, a eu l'ingénieuse idée de fabriquer avec du pain azyme des cachets très commodes qui enveloppent complètement le médicament.

AZYMITE. s. m. (R. *azyme*). Celui qui fait usage du pain azyme pour l'hostie. Nom donné par les Grecs aux Latins, qui se servent du pain sans levain dans le sacrifice de la messe.

AZZARKAL, astronome arabe de Cordoue, XIe siècle, astronome d'Al-Mamoun, roi de Tolède.

B

B. s. m. La seconde lettre de notre alphabet et la première de nos consonnes. On la nomme *Bé*, suivant l'appellation ancienne et la plus usuelle, et *Be*, suivant la méthode moderne. *Un B majuscule. Un petit b. Un b mal formé.* || Fam., *Ne parler que par B et par F*, Employer à tout instant les juraments grossiers. *Duclos avait l'habitude de prononcer sans cesse en pleine Académie des B et des F; l'abbé Renet lui dit : « Monsieur, sachez qu'on ne doit prononcer à l'Académie que les mots qui se trouvent dans son Dictionnaire.* » (CHAMFORT.) || Fam. et prov., *Être marqué au B*, Être ou borgne, ou bègue, ou bossu, ou boiteux. *Les gens marqués au B passent vulgairement pour être spirituels et malins.*

Philol. — La figure de cette lettre est la même que celle de l'alphabet latin, dérivé de celui des Grecs, où elle était appelée *Bèta* (Majuscule B, minuscule β). Les Grecs la tenaient de l'alphabet des Phéniciens, chez lesquels elle se nommait *Beth*, comme chez les Hébreux, et représentait, dit-on, « la maison ». VOY. ALPHABET.

La lettre B occupe la seconde place dans l'alphabet des nations européennes, comme dans les anciens alphabets dont nous venons de parler ; elle a presque conservé sa forme primitive.

Le B est classé par les grammairiens parmi les consonnes *labiales*, c.-à-d. parmi celles qu'on prononce principalement avec les lèvres ; elle a la plus grande affinité avec les lettres P et V. Le B et le P étaient, chez les Grecs et chez les Romains, souvent pris l'un pour l'autre. C'est ainsi que l'on trouve dans les inscriptions latines *apsens* pour *absens* ; *pleps* pour *plebs*, etc. Comme la lettre B est plus faible que le P, lorsque cette dernière consonne suit immédiatement la première, le B disparaît et le P se redouble ; c'est ainsi qu'on écrit *supponere*, *supprimere*, pour *subponere*, *subprimere*, etc. La substitution réciproque du B et du V est très fréquente chez les Italiens et chez les habitants de la Péninsule hispanique. Il en est de même dans la France méridionale, chez les Gascons, les Languedociens et les Provençaux. De là cette plaisanterie que, chez les Gascons, *vivere* et *bibere* sont la même chose. Les Grecs modernes prononcent aujourd'hui comme un V la lettre β qui correspond au B des Latins et dont l'ancienne prononciation était vraisemblablement celle du B.

Le B était usité comme lettre numérique dans l'antiquité. Cette lettre valait 2 chez les Hébreux et chez les Grecs, et 300 chez les Romains. Si le B était surmonté d'un trait horizontal, il signifiait 3,000 chez les Romains. — En musique, le B indique la note *si* chez les Allemands, et le *ré* chez les Anglais. Enfin, chez nous, B mis en tête d'une partie désigne la basse chantante, et B. C. la basse continue.

Prononc. — Le son de B reste toujours le même, soit au commencement, soit au milieu d'un mot. Le *B final* ne se prononce pas dans *plomb*, mais il se prononce dans les mots *radoub*, *rob*, *rumb*, *nabab*, ainsi que dans les noms propres *Joab, Jacob, Aureng-zeb*, etc. Dans *Doubs*, nom de rivière et de département, il ne se prononce pas. —

Dans les mots où cette lettre est redoublée, c.-à-d. dans les mots *abbé, rabbin, sabbat*, et leurs dérivés, on ne fait entendre qu'un seul B.

BAAL, BEL ou **BÉLUS**, nom générique de la divinité chez les Chaldéens, les Babyloniens, les Phéniciens et les Carthaginois. La forme *Bel* est la plus usitée chez les Chaldéens et les Babyloniens, et la forme *Baal* chez les Phéniciens, les Hébreux et les Carthaginois. Ce mot est le sens général de *maître* ou *seigneur*, et le dieu, auquel on sacrifiait des taureaux et même de petits enfants, et devant lequel les femmes et les jeunes filles se prostituaient, paraît avoir représenté surtout la puissance génératrice mâle de l'univers, de même qu'Astarté représentait la puissance génératrice femelle. Parmi les surnoms de Baal on peut remarquer, chez les Philistins, Baal-Zeboub, devenu Belzébuth, et chez les Moabites, Baal-Phigor, devenu Belphégor.

BAASA, roi d'Israël (942-919 av. J.-C.).

BABA. s. m. Sorte de pâtisserie d'origine polonaise, dans la composition de laquelle il entre de la crème, du safran, du cédrat, du raisin sec de Malaga et du raisin de Corinthe.

BABEL. s. f. *Tour de Babel*. Tour construite, suivant la Bible, par les hommes orgueilleux qui prétendaient l'élever jusqu'au ciel. Dieu punit leur orgueil en faisant parler des langues différentes aux milliers d'ouvriers qui parlaient auparavant la même langue, de sorte qu'ils ne purent s'entendre. Les Juifs ont emprunté cette légende aux anciens Chaldéens. Par analogie, une *tour de Babel* signifie confusion d'opinions et de discours : *C'est la Tour de Babel.*

Parmi les idées que l'on s'est faites de la tour de Babel, nous signalerons la prétendue restitution qu'en a donnée au XVIIe siècle le célèbre jésuite Kircher. Elle n'a aucune valeur archéologique, mais elle ne laisse pas d'être fort curieuse (Fig. 1 ci-contre). Le type de ces tours de l'ancienne Babylonie était la *zigurat*, c'est-à-dire, à peu de chose près, la pyramide, dont les Égyptiens réservaient à leurs morts seulement l'austère et pesante grandeur.

Certes, peut-on dire avec le Dr G. Le Bon (*les Premières Civilisations*), dans les plaines absolument plates de la Babylonie ces sortes de montagnes artificielles devaient produire un grand effet, d'autant plus qu'on leur avait prodigué, par les couleurs des revêtements, par les rampes diversement disposées, par les statues colossales du sommet, tous les ornements qu'elles comportent. Toutefois notre imagination ne s'émeut et ne s'enflamme guère en face des plus belles restaurations que l'on en ait faites, surtout lorsque nous avons d'abord conduit cette même imagination à travers les colonnades grandioses des temples égyptiens.

La zigurat n'était, en effet, qu'une pyramide à étages. Le nombre de ces étages était généralement de sept, dont l'ensemble atteignait souvent à une très grande hauteur.

Les nombres que donnent les auteurs grecs sont certainement exagérés. Les fouilles récentes ont montré jusqu'à trois et quatre étages de certaines zigurats, celle du palais de Khorsabad, entre autres, que l'on a nommée l'*Observatoire* à cause de sa destination scientifique autant que religieuse (Fig. 2). La hauteur des étages les plus élevés ne dépassait pas dix mètres. En admettant pour chaque zigurat le nombre de sept étages, — nombre le plus généralement adopté, et considéré, pour ainsi dire, comme fatidique, — nous arrivons, en tenant

Fig. 1.

existe aussi des zigurats à double rampe, mais ce second type, quoique plus riche et plus varié, paraît avoir été exceptionnel.

Chacun des sept étages de la zigurat était peint d'une couleur différente. Ce nombre sept, ces sept couleurs, rappelaient les sept planètes et les nuances qui les symbolisaient. Le premier étage était peint en blanc avec de la chaux; le second était peint en noir avec du bitume; le troisième, le quatrième et le cinquième, construits en briques de diverses nuances ou vitrifiées au feu, offraient les couleurs rouge, bleu et orange; le sixième était argenté et le septième était doré.

La petite chapelle qui surmontait l'édifice était également revêtue de lames d'or, et le dôme qui la couvrait brillait au loin comme un astre mystérieux. Parfois des statues colossales, dorées comme le sanctuaire, se dressaient isolément aux extrémités de la dernière plateforme.

La masse énorme du monument et ses couleurs étincelantes, les dieux éblouissants du sommet, l'harmonieux enroulement des rampes, tout cet ensemble devait avoir une beauté spéciale qui justifierait les descriptions enthousiastes des écrivains grecs.

Ces masses énormes et rigides ne présentaient pas les remarquables dispositions intérieures des Pyramides, dont elles se rapprochent extérieurement. L'on n'a pas retrouvé une seule chambre dans les ruines des zigurats. C'étaient des agglomérations de terre et de briques, qui ne tenaient du monument que par le dehors, mais qui, en dedans, étaient de simples monticules.

Quelques chapelles ou reposoirs s'offraient le long de la rampe aux fidèles, qui s'y arrêtaient dans leur fatigante ascension. Au fond, la vraie destination de ces montagnes artificielles était moins d'offrir aux dieux un sanctuaire digne de leur majesté, ou à la multitude un lieu consacré pour y célébrer le culte, que de fournir aux prêtres un observatoire commode et suffisamment élevé. La science des astres ne se séparait pas de la religion dans la Chaldée. La piété du peuple était surtout alimentée par l'ardente curiosité des mages.

compte du soubassement ou plate-forme inférieure et de la chapelle du sommet, à quatre-vingt-dix ou cent mètres comme plus grande hauteur.

La zigurat, comme les palais et tous les monuments importants en Mésopotamie, reposait sur une immense plate-forme de briques. Parfois elle occupait le milieu de cette plateforme, mais souvent elle se rapprochait davantage de l'un des côtés. On montait jusqu'au sommet par une rampe en spirale, bordée d'un parapet dont les dentelures élégantes se détachaient heureusement sur la monotonie de l'ensemble. Il

Lorsque le culte de Babylone passa chez les Assyriens, peuple moins savant et plus guerrier, la zigurat réduisit ses proportions. On ne voit pas à Ninive le temple indépendant du palais. La tour à étages, moins élevée, moins monumentale qu'on Chaldée, devient une simple dépendance dans la demeure des rois. Quant aux astronomes, ils émigrent constamment vers la Basse Chaldée, et s'en vont faire leurs études et leurs observations dans les écoles de Babylone, la vieille cité, la mère de toute science.

Ce qui reste maintenant de la plus haute et de la plus célèbre ziggurat, le fameux temple de Bélus, c'est une ruine encore imposante, nommée le Birs-Nimroud. Dans la grande plaine qui s'étend sur la rive droite de l'Euphrate, on aperçoit de loin cette colline surmontée d'un pan de construction en ruine et dont l'ensemble domine encore le désert d'une hauteur de 74 mètres.

Quand on quitte le petit village de Hillah, seul groupe d'habitations qui représente aujourd'hui l'antique Babylone,

Fig. 2.

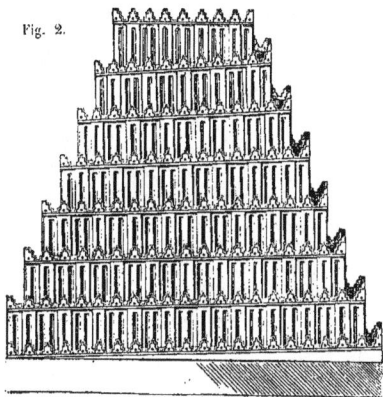

et que, rêvant à ces grands souvenirs, on aperçoit la masse mélancolique du Birs-Nimroud, on est impressionné peut-être plus qu'on ne le serait par quelque ruine encore imposante et splendide.

On approche, et, tandis qu'on erre autour de la colline, on voit se lever et disparaître de maigres loups, effrayés par le bruit des voix et des pas humains.

Alors on songe à l'orgueil, au luxe déployés jadis par cette reine de l'Asie dont on foule la muette poussière, puis la parole du prophète revient à la mémoire :

« Et Babylone sera réduite en monceaux. Les dragons viendront y demeurer avec les faunes ; elle servira de retraite aux autruches ; elle ne sera plus habitée ni rebâtie dans la suite de tous les siècles... Personne n'y demeurera plus. »

BAB-EL-MANDEB, « la Porte des Pleurs », au golfe d'Aden, détroit qui unit la mer Rouge à la mer d'Oman (océan Indien). L'île Périm le partage en deux parties irrégulières. Voy. la Carte d'Afrique.

BABELQUARTZ. s. m. T. Minér. Nom donné à des cristaux de quartz de Beralstone, dans le Devonshire.

BABEUF, écrivain politique, fondateur du système communiste nommé *Babouvisme*, né en 1764. Ayant conspiré contre le Directoire, il fut condamné et exécuté en 1797.

BABEURRE. s. m. Liquide séreux qui reste après qu'on a battu la crème pour séparer le beurre. On l'appelle aussi *Lait de beurre*. Voy. BEURRE.

BABICHE. s. f. Barbiche.

BABIL. s. m. [Pr. l'l mouillée] (all. *babbeln*, babiller. Voy. aussi BABINE). Abondance de paroles inutiles. *Je ne hais pas le babil des enfants.*

BABILLAGE. s. m. [Pr. les *ll* mouillées]. Action de babiller. *Quel ennuyeux ba. !* Fam.

BABILLARD, ARDE. adj. [Pr. les *ll* mouillées]. Qui aime à parler beaucoup ; qui dit beaucoup de paroles inutiles. *Cette petite fille est trop babillarde.* — Se dit aussi de quelques animaux. *Sansonnet ba. Une pie babillarde. La cigale babillarde.* || S'emploie subst. *C'est un franc ba. Quelle incommode babillarde !* — Se dit encore de même en parlant d'une personne incapable de garder un secret. *Gardez-vous de ce ba.* — Ce mot s'emploie toujours fam. || T. Tech. Petit cylindre en fonte placé au sommet de la trémie dans un moulin. On dit aussi *Baille-blé.*

BABILLEMENT. s. m. [Pr. les *ll* mouillées]. T. Méd. Action de parler beaucoup et avec volubilité. *Le ba. s'observe fréquemment dans la manie.*

BABILLER. v. n. [P. les *ll* mouillées]. Parler beaucoup et avec frivolité. *Cette jeune fille ne fait que ba. Nous avons perdu notre temps à ba.* Fam. = Syn. Voy. BAVARDER.

Ce mot, naturel, qui se retrouve partout, procède des syllabes imitatives *ba ba ba* qu'émet l'enfant en essayant de parler. (gr. βαΐζειν ; all. *babbeln*, angl. *babble*, etc.)

BABILLERIE. s. f. [Pr. les *ll* mouillées). Habitude de babiller.

BABINE. s. f. (d'un radical *bab* ou *bap* qu'on retrouve dans presque toutes les langues aryennes avec des sens variés ; all. *bappe*, mufle ; sanscrit *bos*, manger, crier ; irl. et gaël. *bab*, enfant). Au propre désigne les lèvres pendantes de certains animaux. *Ne tire donc pas la babine de ce chien. Un singe qui remue les babines.* || Fig. et pop., *Il s'en lèche les babines,* se dit d'un homme qui a mangé ou bu quelque chose à son goût et qui en marque sa satisfaction. — On dit encore d'un homme qui a beaucoup mangé de quelque mets, ou même qui a mangé son bien, *Il s'en est donné par les babines.*

BABINET (JACQUES), savant physicien et spirituel écrivain français, membre de l'Institut (Académie des sciences), auteur des *Études et Lectures sur les Sciences d'observation*, né à Lusignan (Vienne) en 1794, mort à Paris en 1872.

BABIOLE. s. f. (d'un rad. arien *bab*, voy. BABIL. ; irl. et gaël. *bab*, enfant). Jouet d'enfant. *Je lui apporte quelques babioles.* || Fig. et fam., désigne toutes sortes de choses puériles. *Il ne s'amuse qu'à des babioles.* — Se dit aussi de choses de nulle valeur. *Son cabinet ne se compose que de babioles.* Voy. BAGATELLE.

BABION. s. m. Sorte de petit singe.

BABIROUSSA. s. m. (malais, *babi*, cochon ; *rusa*, cerf). T. Mam. On nomme ainsi une espèce de *Pachyderme* qui offre une grande analogie avec le sanglier. Sa peau dure, épaisse, de couleur en général brun sale, est parsemée de poils assez rares, très courts, qui sortent de petits tubercules. Sa queue est grêle. Ses canines supérieures et inférieures sont

remarquables par leur longueur. Celles-ci remontent verticalement en soulevant un peu la lèvre supérieure ; celles-là percent la peau du museau et se recourbent en arrière au point de s'enfoncer quelquefois dans les chairs du front. Chez la femelle, elles sont plus courtes et ne font que percer la peau (Fig. *Sus babyrussa*).

Le bab. habite exclusivement les îles de l'Archipel indien,

où il vit dans les forêts seul avec sa femelle. Il se nourrit d'herbes et de feuilles. Il est excellent nageur, et cette faculté lui permet souvent d'échapper aux poursuites des chiens et des chasseurs. Le bab. s'élève assez aisément en domesticité, et il devient alors omnivore, comme le porc.

BABLAH. s. m. T. Bot. Fruit de l'Acacia d'Arabie. Voy. LÉGUMINEUSES. || Substance employée dans la teinture, et extraite de ce fruit.

BABŒUF. Voy. BABEUF.

BÂBORD. s. m. (R. *bas, bord*). T. Mar. Le côté gauche d'un bâtiment, en partant de la poupe. *Avoir les armures à bâbord. Faire feu de tribord et de bâbord,* Faire feu des batteries de droite et de gauche du bâtiment. — Fig. et fam., se dit pour faire usage de toutes ses ressources, de tous ses moyens. — Le côté gauche d'un navire est désigné sous le nom de *Bâbord* par opposition avec le côté droit appelé *Tribord.* Il est considéré comme la partie la moins honorable du bâtiment. Les officiers se tiennent habituellement à tribord; les matelots et contremaîtres à bâbord. C'est toujours à tribord qu'est placé l'escalier par lequel on monte sur le pont d'un navire; le côté de bâbord n'est abordable qu'au moyen de bouts de cordages. En général, le bâbord est réservé pour la manœuvre. — Par suite d'une décision récente du ministre de la marine, on dit aujourd'hui dans les commandements, pour éviter la confusion des termes : *Bord-ba* et *Bord-tri.*

BABORDAIS. s. m. T. Mar. Une classe des hommes d'équipage dont les hamacs sont à bâbord et qui montent à leur tour faire le quart, dit alors *quart de bâbord.*

BABOTTE. s. f. T. Zool. Larve d'insecte qui dévore la luzerne.

BABOUCARD. s. m. T. Zool. Nom vulgaire de plusieurs espèces de *Martins-pêcheurs.*

BABOUCHE. s. f. (persan, *papouch,* chaussure). Sorte de pantoufle sans quartier de derrière et sans talon, et dont l'usage nous est venu du Levant. *Une paire de babouches.*

BABOUIN. s. m. (même étym. que *babine*). Espèce de singe du genre *Cynocéphale.* Voy. ce mot. || Fig. et fam., se dit d'un enfant étourdi et turbulent. *C'est un petit ba.* — S'emploie aussi au fém. *Venez ici, petite babouine.* || Figure ridicule que les soldats dessinaient autrefois sur la muraille des corps de garde, pour la faire baiser à ceux qui se rendaient coupables de certaines infractions aux règlements établis entre eux. *On lui fit baiser le ba.* — Fig. et prov., *Faire baiser le ba. à quelqu'un,* Réduire quelqu'un à se soumettre aux conditions qu'on lui impose, et avec quelque espèce de honte. || Petite pustule qui vient aux lèvres. Fam.

BABOUR ou **BABER** (MOHAMMED), arrière petit-fils de Tamerlan et fondateur de l'empire Mongol dans l'Hindoustan (1483-1530).

BABOUVISME. s. m. Doctrine communiste de Babeuf. Voy. SOCIALISME.

BABOUVISTE. s. f. Partisan de la doctrine de Babeuf.

BABRIUS ou **BABRIAS,** fabuliste grec du IIIe siècle de notre ère.

BABYLONE, cap. de la Chaldée, sur l'Euphrate, probablement la plus ancienne, et pendant de nombreux siècles la plus puissante et la plus riche des villes de l'Asie antérieure. Sa fondation remonte au moins à 4000 ans avant notre ère. Pendant longtemps capitale d'un puissant empire chaldéen, elle tomba vers le XIVe siècle sous le joug de Ninive, et ne retrouva son indépendance qu'en 625, sous le règne de Nabuchodonosor, après la chute et la destruction de Ninive vaincue par la coalition des Mèdes, des Égyptiens et des chaldéens. Après un siècle de gloire et de puissance, elle tomba aux mains du roi des Perses Cyrus, en 538; un peu plus tard elle eut à soutenir un nouveau siège et fut prise par Darius, fils d'Hystaspe, et définitivement incorporée à l'empire Persan. Alexandre le Grand, qui y entra en 525 après ses conquêtes, avait manifesté le désir de la relever de sa décadence et de restaurer ses monuments. La mort mit ses projets à néant, et Babylone,

qui avait été si longtemps la reine de l'Orient, tomba rapidement dans la ruine la plus complète. Cette magnifique cité excitait l'étonnement et l'admiration des peuples grecs. Une légende attribuait sa fondation à la reine Sémiramis, qui y aurait construit les *jardins suspendus,* une des sept merveilles du monde. Ses ruines retrouvées au XIXe siècle sont un trésor inépuisable pour les archéologues.

Les murs de Babylone comptaient au nombre des sept merveilles du monde. Hérodote les a vus et les a décrits, avec leur développement immense, leur hauteur et leur épaisseur prodigieuses, le fossé qui se creusait à leurs pieds, les tours massives qui les garnissaient de distance en distance et leurs cent portes d'airain. Ce que les fouilles nous ont révélé dépasse encore ces descriptions, écrit G. Le Bon. Quand Diodore ou lui-même parlent de murs sur lesquels on aurait pu mener plusieurs chariots de front, ils restent encore en deçà de la vérité et semblent avoir craint de n'être pas crus dans leur pays s'ils donnaient les dimensions véritables.

Les murs de Khorsabad, que l'on a pu mesurer, avaient, en effet, vingt-quatre mètres d'épaisseur; à l'endroit des portes, l'ensemble des constructions donnait une profondeur de soixante-sept mètres. La hauteur était à proportion. Diodore, en l'évaluant d'après Ctésias à quatre-vingt-dix mètres pour les murs de Babylone, ne nous étonne nullement; du fond des fossés au haut des créneaux, il ne devait pas y avoir beaucoup moins. A l'intérieur même des palais, nous rencontrons des murs ayant jusqu'à huit mètres d'épaisseur.

Ces énormes dimensions, qui impressionnaient si vivement les voyageurs grecs, sont d'ailleurs, au point de vue architectural, une marque d'infériorité, et montrent combien l'architecture chaldéenne était encore primitive. L'épaisseur et la hauteur des murs sont, en effet, les moyens les plus élémentaires de pourvoir à la défense d'une place. Point n'est besoin de combinaisons d'ingénieurs ou de savants pour imaginer cela. Comme exécution, rien n'est plus simple, pourvu qu'on dispose d'un grand nombre de bras et de matériaux faciles à manier et à entasser, telles que les briques, tirées à profusion, comme Hérodote nous l'indique, de la tranchée qui, ensuite, constituait le fossé de la ville.

Derrière des murs pareils, on comprend que Ninive et Babylone aient pu soutenir les longs sièges dont l'histoire nous parle. Les catapultes, les béliers, les trous de mine ne pouvaient presque rien dans de semblables épaisseurs. La largeur du chemin de ronde, le nombre des tours permettaient de poster toute une armée sur les murailles, et les assaillants en bas, dans la plaine, n'avaient pas l'avantage de la situation. Quant à la famine, on savait y parer en donnant aux villes une étendue extraordinaire pour leur population, ce qui procurait des espaces vides que l'on mettait sans doute soigneusement en culture.

En acceptant ce point de vue, on peut admettre certaines assertions des anciens auteurs, suivant lesquelles Babylone aurait occupé un emplacement équivalent à sept fois celui du Paris actuel et égal environ à tout le département de la Seine. Le seul danger pour ces immenses capitales en temps de siège, c'était leur fleuve, sans lequel pourtant elles auraient péri de sécheresse. La brèche qu'il ouvrait restait toujours un point faible, et ses eaux, surtout au moment des inondations, rongeaient les murs de briques, pour lesquels l'humidité est une cause de ruine.

Durant un des sièges que soutint Ninive, l'oracle avait prédit que cette ville ne serait jamais prise d'assaut, à moins que le fleuve lui-même ne se déclarât son ennemi. Elle résista durant deux ans avec bonheur. Mais la troisième année, il tomba des pluies si abondantes que les eaux du Tigre inondèrent une partie de la ville, et renversèrent les murs sur une certaine étendue, causant ainsi une brèche par laquelle l'ennemi put entrer.

Lorsque Balthasar passait son temps dans les orgies, confiant dans la force de ses murs, Cyrus, détournant à partir le cours de l'Euphrate, pénétra dans Babylone par le lit du fleuve et détruisit l'empire des Chaldéens.

Pour embellir ses œuvres, l'architecture babylonienne a dû recourir à la sculpture et à l'ornementation fournie par les briques émaillées.

Les colosses, les bas-reliefs et la polychromie, en couvrant les surfaces nues des murs, en masquant les angles des portes, en étincelant le long des corniches, ont donné aux édifices chaldéens ce caractère de richesse et de splendeur qui émerveilla les Grecs, et qui, même parmi des ruines informes, éblouit encore le chercheur moderne quand il erre dans les palais écroulés.

Les portes des villes comptaient parmi les monuments pour lesquels les Babyloniens se montraient le plus prodigues d'ornementation. Il existait deux espèces de portes : celles qui étaient réservées aux piétons, et celles par lesquelles entraient les cavaliers, les chars de guerre et les chariots des paysans. Ces dernières, exposées à toutes sortes de heurts et d'accidents, étaient fort simples. Mais les portes réservées aux piétons, et dans lesquelles on entrait par de larges degrés, offraient toutes les beautés des plus riches édifices.

De hautes tours crénelées les flanquaient de chaque côté. On voyait se dresser à l'entrée les superbes taureaux androcéphales de cinq à six mètres de haut, chef-d'œuvre de la sculpture chaldéenne. La partie supérieure de la porte formait une voûte dont l'archivolte présentait un large bandeau de briques émaillées, aux dessins charmants et aux éclatantes couleurs.

Le long du vaste passage intérieur, des colosses semblables à celui qui, au Louvre, étouffe un lion sous son bras gauche (voy. la Fig.), se dressaient comme pour garder l'entrée de la ville et pour en montrer la grandeur. C'est Nin ou Ninip, l'Hercule assyrien. Une série de bâtiments prolongeait ce passage, des deux côtés duquel s'ouvraient des chambres pour les corps de garde et des abris profonds où les passants pouvaient s'arrêter et jouir de la fraîcheur que procurait l'énormité des murs.

Les PORTES (Bab) des villes et des grands édifices jouaient alors comme elles jouent encore en Orient un rôle tout particulier. Elles représentent l'agora des Grecs, le forum des Romains. C'est là qu'on venait se réunir pour causer des bruits publics, pour flâner, pour écouter les nouvelles, et même pour rendre la justice.

BABYLONIE, région de l'Asie ancienne dont Babylone était la capitale. Voy. BABYLONE, ASSYRIE (Carte) et CHALDÉE.

BABYSME. s. m. Secte religieuse née en Perse vers l'année 1843, ainsi dénommée du nom qu'a pris son fondateur *Bab*, c.-à-d. la *Porte*. Nom de ses partisans : les *Babys*.

BAC. s. m. (celte, *bac*, *bassin*, *cuve*). Sorte d'embarcation qui sert à passer une rivière. || Par méton., on dit, *Passer le bac*, pour passer la rivière dans un bac. || *Bac oblique*, bac réuni obliquement à un câble tendu d'une rive à l'autre, de manière à traverser la rivière par l'action même du courant. || T. Tech. Cuve en pierre ou en métal pour recevoir l'eau de pluie, ou pour tout autre usage. — Endroit plein d'eau pour conserver le poisson.

Techn. — Avant l'invention des ponts en fer, la construction d'un pont sur certains fleuves était une œuvre fort difficile; elle était en même temps très dispendieuse; et en conséquence elle ne pouvait être entreprise que dans les centres de population où le mouvement de la circulation était assez considérable pour garantir aux entrepreneurs un revenu suffisant. Les petites barques ou nacelles, mues à force d'avirons, peuvent bien, il est vrai, transporter d'un bord à l'autre les passagers; mais ce mode de transport est coûteux, parce qu'une barque légère ne peut passer ainsi qu'un petit nombre de personnes à la fois. En outre, il est impraticable quand il s'agit de transporter des voitures chargées, des chevaux, des bestiaux, etc. Le problème à résoudre consistait donc à trouver un moyen économique de transporter d'une rive à l'autre d'un fleuve les fardeaux les plus lourds et les plus encombrants. On y parvint au moyen des bacs. Un bac, en effet, est un bateau de dimensions toujours assez considérables, de construction solide et à fond plat, qui est mis en mouvement par la seule force du courant. Le procédé le plus usité en France est le suivant. On construit sur les deux bords opposés de la rivière, et en face l'une de l'autre, deux pyramides de pierre, tronquées à leur sommet, ou deux mâts de bois solides. Entre ces deux pyramides, et par leur sommet, on jette un fort cordage ou câble que l'on tend au moyen de treuils. Ainsi la corde est assez élevée pour ne pas entraver la navigation. Une poulie dont la gorge glisse sur le cordage tendu est reliée

au bac par deux cordes de longueur inégale qui sont attachées à l'un des côtés de celui-ci, de façon à le maintenir constamment dans une position oblique par rapport à la direction du courant du fleuve. La figure ci-après représente un bac, traversant un fleuve dans la direction indiquée par la flèche. D'après le principe de la composition des forces, l'action du courant représentée aussi par une flèche, qui s'exerce obliquement sur le b. se décompose en deux forces dont l'une, dirigée suivant la projection du cordage qui relie le b. à la poulie, n'a d'autre effet que de tendre celui-ci, tandis que l'autre fait avancer l'embarcation. — Quand on veut opérer le passage en sens contraire, on déplace les petites cordes latérales, de sorte que le bac présente au courant son autre flanc avec son obliquité en sens inverse. — On arriverait aux mêmes résultats en fixant la corde à laquelle le bac est attaché à un pieu solidement enfoncé au milieu de la rivière, comme cela se pratique sur le Rhin et sur l'Escaut. La théorie du passage est absolument la même que dans le cas précédent; seulement, le bateau, au lieu de suivre une ligne à peu près droite, décrit sensiblement un arc de cercle ayant le pieu pour centre et la longueur de la corde pour rayon, ce qui exige que cette cette dernière ait une longueur au moins égale à la demi-

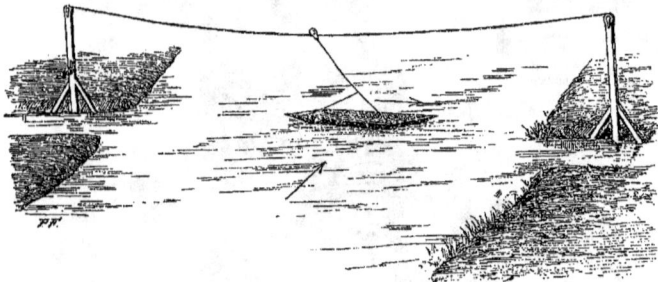

largeur de la rivière. Lorsqu'elle doit être très longue, cette corde est ordinairement supportée par une série de petits bateaux qui la tiennent élevée au-dessus du niveau de l'eau d'une quantité suffisante. C'est à ce genre de bac que l'on donne plus spécialement le nom de *Traille*. — Dans un troisième système, on tend, comme dans le premier, le câble à travers la rivière, mais on ne laisse plonger dans l'eau; pour cela, il faut qu'il ait un certain jeu. Le bac est attaché directement à cette corde par deux rouleaux, derrière lesquels elle glisse à mesure que le bac avance : celui-ci la soulève successivement hors de l'eau, et se trouve ainsi empêché d'aller à la dérive. La disposition des rouleaux est telle que le bac demeure constamment oblique par rapport à la direction du courant. Les bateliers, d'ailleurs, aident le mouvement de progression en halant directement sur le câble, et en poussant sous eux le bateau avec leurs pieds. — Aux deux points de la rive auxquels aboutit un bac, on établit une espèce de débarcadère mobile pour faciliter l'entrée du bateau aux hommes, aux chevaux et aux voitures.

BACALAS ou **BACALAR**. T. Charp. et T. Mar. Pièce de bois clouée sur la couture de la poupe d'un navire.

BACALIAU. s. m. Nom de la morue séchée.

BACASSON. s. m. T. Pap. Voy. BACHASSON.

BACCALAURÉAT. s. m. Ce terme désigne le premier degré qu'on prend dans une Faculté quelconque, pour parvenir à la *Licence*, puis au *Doctorat*. On l'a fait dériver du latin *bacca*, baie, et *laurus*, laurier, à cause de l'usage où l'on était jadis de donner une couronne de laurier chargée de ses baies à celui qui avait obtenu ce grade, et qui recevait dès lors le titre de *Bachelier*. Quant à ce dernier mot, on l'a fait venir soit du latin *baccalaureatus*, couronné de laurier, soit de *bas chevalier*. Cette étymologie est très controversée. Littré consacre un long article à en démontrer la fausseté et voit dans ces deux mots des dérivés d'un radical celtique ou germanique, *bacal*, *bacel* ou *bachel*, rattaché au germanique *rassal*, et signifiant comme lui tantôt subordonné, tantôt fier, courageux. L'origine la plus probable est, selon Schetor, la racine celtique *bach*, jeune, d'où *bachelette*, jeune fille; *bachalor* (anglais), garçon. On dit encore en Picardie, *baichot*, petit garçon.

Comme tous les autres grades universitaires, le Bac. ne

s'obtient qu'après certaines épreuves heureusement subies par le candidat. Ces épreuves varient selon les Facultés. — Autrefois, on distinguait dans l'enseignement secondaire classique trois bac. : le *Bac. ès lettres*, le *Bac. ès sciences* et le *Bac. ès sciences restreint*. Depuis le décret du 8 août 1890, il n'existe plus qu'un bac. unique pour l'enseignement secondaire classique (art. 1). Les épreuves du bac. sont les unes écrites, les autres orales. Les épreuves écrites sont éliminatoires (art. 3). Le bénéfice de l'admissibilité aux épreuves orales après échec à ces épreuves est acquis aux candidats, pendant l'année suivante, à la condition qu'ils se présentent, pour réparer leur échec, devant la Faculté où ils l'ont subi (art. 4). Les candidats peuvent produire, en se faisant inscrire, un livret scolaire établi dans les formes qui sont prescrites par l'arrêté ministériel du 8 août 1890 (art. 6). Pour les épreuves écrites, sauf pour la version latine, il est donné trois sujets différents, entre lesquels les candidats ont le droit de choisir (art. 8).

Des épreuves. — Les épreuves sont divisées en deux parties (art. 10). Nul ne peut se présenter aux épreuves de la deuxième partie qu'un an après avoir subi celles de la première partie (art. 11). Les épreuves de la première partie sont : *Épreuves écrites* : une version latine, une composition française. — *Épreuves orales* : 1° l'explication d'un texte grec; 2° l'explication d'un texte latin; 3° l'explication d'un texte français; 4° l'explication d'un texte allemand ou anglais, suivie d'un thème oral ou d'un entretien; 5° une interrogation d'histoire et de géographie d'après le programme de la classe de rhétorique; 6° une interrogation sur les éléments des mathématiques d'après le même programme (art. 12). Les candidats à la deuxième partie peuvent choisir au moment de leur inscription entre les séries suivantes d'épreuves : Première série. *Épreuves écrites* : une dissertation française sur un sujet de philosophie. *Épreuves orales* : 1° une interrogation sur la philosophie, l'histoire de la philosophie et les auteurs philosophiques; 2° une interrogation sur l'histoire contemporaine; 3° une interrogation sur les éléments de la physique, de la chimie et de l'histoire naturelle. Les épreuves de cette série ont pour base le programme de la classe de philosophie. — Deuxième série. *Épreuves écrites* : une composition de mathématiques et de physique. *Épreuves orales* : 1° une interrogation sur les mathématiques; 2° une interrogation sur la physique; 3° une interrogation sur la chimie; 4° une interrogation sur l'histoire contemporaine; 5° une interrogation sur la philosophie. Les épreuves de cette série ont pour base le programme de la classe de mathématiques élémentaires des lycées. — Il est une troisième série, plus spécialement consacrée aux sciences physiques et naturelles. Un règlement spécial détermine les conditions et programmes de cette série (art. 13).

Le diplôme de l'enseignement secondaire spécial, créé en 1865, sous l'impulsion du ministre de l'instruction publique de cette époque, M. Duruy, a été remplacé, en vertu du décret du 4 août 1881, par le bac. de l'enseignement secondaire spécial, qui lui-même a reçu le nom de bac. de l'enseignement secondaire moderne depuis le décret du 5 juin 1891. Les épreuves sont divisées en deux parties. Nul ne peut se présenter aux épreuves de la deuxième partie avant d'avoir subi avec succès celles de la première partie. Ces dernières comprennent pour l'écrit : 1° un thème et une version de langues vivantes; 2° une composition française; pour l'oral, l'explication d'un texte français et d'un texte de langues vivantes; des interrogations sur l'histoire, la géographie, les mathématiques, la physique et la chimie. — Les candidats à la seconde partie peuvent choisir, au moment de leur inscription, entre les séries suivantes d'épreuves : 1° série, à l'écrit, une dissertation sur un sujet de philosophie; à l'oral, des interrogations sur la philosophie, l'histoire contemporaine, la géographie, la littérature, l'histoire naturelle. 2° série, à l'écrit, une composition de mathématiques et de physique; à l'oral, des interrogations sur les sciences, l'histoire contemporaine, la philosophie et la géographie. 3° série, à l'écrit, une composition de mathématiques et physique; à l'oral, des interrogations sur les sciences, l'histoire contemporaine, la philosophie. — Les épreuves de la 2° et de la 3° série diffèrent entre elles en ce que celles de la seconde ont pour base le programme de la classe de première (sciences) de l'enseignement secondaire moderne; celles de la troisième, le programme de la classe de mathématiques élémentaires des lycées. — Sont inscrites sur les diplômes les mentions suivantes : 1re série, lettres, philosophie; 2e série, lettres, sciences; 3e série, lettres, mathématiques.

Dans l'enseignement supérieur, il existe un bacc. en droit et un bacc. en théologie. Le bacc. en droit est l'examen qui termine les études de droit de la première et de seconde année (1re et 2e parties). A la différence de la licence, ce grade ne confère aucun droit. Le candidat au titre de bachelier en théologie doit avoir suivi pendant trois ans un cours de théologie dans une Faculté, ou dans un séminaire diocésain. Il faut en outre qu'il subisse avec succès un examen sur les matières théologiques et soutienne une thèse latine sur ces mêmes matières. Dans les Facultés de médecine, on ne connaît, à proprement parler, qu'un seul grade : celui de docteur. On comprend, en effet, que dans la pratique de l'art de guérir la science ne peut se morceler par degrés : car la responsabilité ne saurait se fractionner suivant les grades. — Tous les examens à subir dans les diverses Facultés dont nous venons de parler, sont publics, ce qui est une garantie non moins précieuse pour les juges que pour les candidats.

BACCARA. s. m. Jeu de cartes et de hasard qui se joue entre un banquier et des pontes.

BACCARAT, ch.-l. de c. (Meurthe-et-Moselle), arr. de Lunéville, manufacture de cristaux, 5,700 hab.

BACCAURÉE. s. f. (lat. *bacca,* baie; *aurea,* dorée). T. Bot. Genre de plantes de la famille des *Euphorbiacées.* V. ce mot.

BACCHANAL. s. m. [Pr. *Bacanal*] (Corr. de *Bacchanales*). Tapage, vacarme. *Faire bac. Faire du bac.*

BACCHANALE. s. f. [Pr. *Bacanale*] (lat. *Bacchus*). Au plur., Fête religieuse que les anciens célébraient en l'honneur de Bacchus. *La fête des Bacchanales. Célébrer les Bacchanales.* || Au sing., Représentation, par la peinture ou par la sculpture, d'une scène de cette fête. *Le bas-relief représentait une bac. La Bac. du Poussin.* || Fig., Danse tumultueuse et désordonnée, qui fait partie d'un ballet, d'un opéra. *Le troisième acte se termine par une bac.* || Fig. et famil. Débauche bruyante et indécente. *Ils ont fait une bac. qui a duré toute la nuit.*

Hist. — Les fêtes célébrées en l'honneur de Bacchus portaient des dénominations différentes, suivant le nom que les divers peuples donnaient à ce dieu, suivant le lieu où elles étaient célébrées, et même d'après quelque circonstance particulière liée à son culte. Les Grecs leur donnaient le nom générique de *Dionysiaques,* et les Romains celui de *Bacchanales,* parce que les premiers nommaient *Dionysos* le même dieu que les seconds appelaient *Bacchus.*

Le caractère général des fêtes de Bacchus, chez les Grecs, était une joie extravagante et une exaltation désordonnée, qui se manifestaient de diverses manières. Müller a parfaitement expliqué la signification de certaines pratiques usitées dans la célébration des Dionysiaques, et qui paraissent, au premier abord, tout à fait absurdes et dépourvues de sens. D'après lui, les adorateurs de Bacchus croyaient se rendre plus agréables au dieu et se rapprocher de l'objet de leur culte, en imitant autant que possible les Satyres, les Faunes et les Nymphes qui avaient accompagné le dieu dans ses expéditions conquérantes. « Le désir, dit-il, de se transformer en quelque chose d'étrange et d'extraordinaire, de vivre dans un monde imaginaire, éclate partout dans ces fêtes de Bacchus. C'est ce que démontrent les pratiques singulières de se peindre le corps avec du plâtre, de la suie, du vermillon, et différents sucs végétaux verts ou rouges, de se vêtir de peaux de chèvre et de daim, de se couvrir la figure de feuilles de peuplier, de porter des masques en bois, en écorce ou autres substances, et enfin de se déguiser complètement en un personnage nouveau. » L'ivresse et la musique bruyante des flûtes, des cymbales et des tambours, étaient également communes à toutes les fêtes de ce dieu. Dans les processions appelées θίασοι, les femmes se déguisaient aussi en suivantes de Bacchus, appelées *Bacchæ*

(*Bacchantes*), *Lenæ, Thyades, Ménades, Nymphes,* etc. Elles ornaient leur tête de guirlandes de lierre, et tenaient le *thyrse* à la main, de sorte que la population qui célébrait la fête semblait tout entière inspirée et enivrée par la présence du dieu. Les chœurs qui se chantaient dans ces solennités portaient le nom de *Dithyrambes,* par allusion à la double naissance de Bacchus; ils célébraient les exploits du dieu dans les mètres les plus hardis et avec les images les plus vives. L'antique symbole de la fertilité de la nature, le *phallus,* était porté dans ces processions et suivi par des hommes déguisés en femmes et appelés *Ithiphalles.* Un homme, appelé *Licnophore,* portait une corbeille, λίκνος, où était l'image de Bacchus. Des jeunes filles de noble naissance, ayant des guirlandes de figues autour du cou, portaient aussi des corbeilles pleines des mêmes fruits, d'où le nom de *Canéphores,* qu'on leur donnait. S'abandonner alors à l'ivresse était, suivant les Grecs, un témoignage de gratitude à l'égard du dieu qui avait donné le vin aux hommes; dans quelques contrées même, c'était une impiété que de rester sobre pendant les Dionysiaques. — Les Athéniens célébraient chaque année quatre fêtes en l'honneur de Bacchus.

Les *petites Dionysiaques,* ou *Dionysiaques rurales,* avaient lieu dans le mois de *Poséidon,* à l'époque des vendanges, et se célébraient dans les divers *dèmes* ou bourgs de l'Attique, sous la surveillance des magistrats locaux appelés démarques. Cette fête, qui était la plus ancienne des quatre, se distinguait encore des autres par la gaieté et la liberté extrêmes qui y présidaient. Les esclaves eux-mêmes étaient absolument libres pendant sa durée, et leurs clameurs tumultueuses étaient presque intolérables. C'est là que l'on doit chercher l'origine de la comédie antique, dans les plaisanteries et dans les sarcasmes (κῶμος ἐξ ἁμαξῶν) que les villageois, montés sur des chars, adressaient aux spectateurs de la fête. Aristophane donne à la comédie le nom de *Chant de lie* (τρυγῳδία), à cause de la coutume où étaient alors les villageois de se barbouiller le visage avec de la lie de vin. Les *Ascolies* et autres jeux qui furent plus tard introduits dans les Dionysiaques urbaines, paraissent avoir pris naissance dans les Dionysiaques rurales. Le jeu des Ascolies, qui signifie *danse sur une outre* (ἐν ἀσκῷ λαζεῖν), consistait à sauter d'un seul pied sur une outre faite avec la peau d'un bouc, gonflée d'air et enduite d'huile de façon à rendre cet exercice fort difficile et à provoquer des chutes nombreuses qui prêtaient à rire aux assistants. Le vainqueur, dans cette sorte de lutte, recevait, pour récompense, l'outre pleine de vin.

La fête appelée *Lenæa,* du mot grec ληνός, qui signifie pressoir, se célébrait dans le mois de *Gamélion,* dans le temple antique de *Dionysus Limnæus.* Aux *Lénéennes,* il y avait une procession, ainsi que des luttes dramatiques pour la tragédie et la comédie. Un bouc était sacrifié au dieu, et un chœur, placé auprès de l'autel, chantait un dithyrambe en son honneur. Ce dithyrambe fut, par l'introduction d'un acteur, le point de départ de la tragédie antique. Cette origine est encore rappelée par l'étymologie du mot lui-même, qui signifie *chœur ou chant du bouc,* τραγικὸς χορὸς ou τραγῳδία.

Les *Anthestéries* se célébraient vers le milieu du mois d'*Anthestérion.* Elles duraient trois jours et étaient, comme les Lénéennes, présidées par le second archonte. Ce magistrat était aussi chargé de distribuer les prix aux vainqueurs dans les différents jeux. Le κῶμος ἐξ ἁμαξῶν était également en usage aux Anthestéries. Les esclaves prenaient part aux réjouissances de la fête; mais lorsqu'elle était terminée, on les renvoyait au logis avec ces mots : « Fermez les portes, Cariens, les Anthestéries sont finies. » On ne sait pas si cette fête s'accompagnait de représentations dramatiques; mais la chose est probable. Les mystères qui se liaient avec la célébration des Anthestéries, avaient lieu le matin, dans le temple appelé Lénæon, au sud de l'Acropole. Le second archonte ou archonte-roi, qui présidait à la fête, désignait quatorze prêtresses, nommées γεραραί (les vénérables), qui dirigeaient les cérémonies des mystères avec l'assistance d'une autre prêtresse. La femme de ce magistrat (βασίλισσα) offrait un sacrifice mystérieux pour le salut de la cité; elle était fiancée au dieu dans une solennité secrète, et recevait le serment des *vénérables,* qui était ainsi conçu : « Je suis pure et exempte de tout ce qui peut souiller, et je n'ai jamais eu de rapports avec un homme. Je célébrerai les Thognia et les Iobakcheia au temps voulu, conformément aux usages de mes ancêtres. » L'admission aux mystères, dont les hommes étaient exclus, n'avait lieu qu'après certaines épreuves qui paraissent avoir consisté en purifications par l'air, l'eau ou le feu. Les femmes initiées portaient des peaux de faon ou de chevreau appelées *Nébrides,* et quelquefois des peaux de panthère. Au lieu de guirlandes de lierre qui étaient destinées aux cérémonies publiques, les *mystes* avaient des guirlandes de myrte. Dans ces mystères, on sacrifiait au dieu la victime usitée aux fêtes de Cérès, c.-à-d. une truie. Dans quelques endroits, on immolait une vache avec son veau.

Les **grandes Dionysiaques** ou *Dionysiaques urbaines* étaient célébrées dans le mois d'*Élaphébolion*. Ainsi que nous l'apprend l'orateur Démosthène, les solennités de la fête se suivaient dans l'ordre que voici : la grande procession publique, le chœur des enfants, le chœur qui chantait le dithyrambe, la comédie et enfin la tragédie. Il paraît que, dans la procession, le dieu lui-même était représenté par un homme. Parmi les drames qui se jouaient aux grandes Dionysiaques, les tragédies au moins étaient habituellement des pièces nouvelles. Une couronne était décernée à l'auteur de la meilleure pièce, et son nom était proclamé dans le théâtre de Bacchus. Pendant cette fête, les prisonniers étaient mis en liberté, et personne ne pouvait pratiquer une saisie sur les biens de son débiteur ; mais une guerre n'était nullement interrompue par la célébration des Dionysiaques. Comme cette fête avait lieu au commencement du printemps, à l'époque de la réouverture de la navigation, Athènes était alors visitée non seulement par une foule de gens de la campagne, mais encore par une multitude d'étrangers.

Le culte de Bacchus était presque universel dans les villes grecques d'Asie, aussi bien que dans celles d'Europe. Le délire frénétique qui présidait à la célébration des fêtes en l'honneur de Bacchus les fit, avec le temps, dégénérer en scènes dégoûtantes d'ivresse et d'impudicité ; mais il faut reconnaître aussi que ces excès honteux ne se produisirent qu'à une période relativement assez moderne. — Dans les premiers temps de l'histoire grecque, les fêtes de Bacchus s'accompagnaient de sacrifices humains, et des traces de cette coutume barbare se rencontrent encore à une époque de pleine civilisation. A Chio, à cet usage révoltant on substitua un autre moins cruel : les chairs de la victime offertes au dieu étaient distribuées aux Bacchantes qui les dévoraient toutes crues et saignantes. Cette cérémonie portait le nom d'*Omophagia*, et, d'après elle, on avait donné à Bacchus le surnom d'*Omadios* et d'*Omestès* (mangeur de chair crue). Plutarque rapporte même que Thémistocle, après la victoire de Salamine, sacrifia trois nobles persans à Dionysos Omestès ; mais l'exactitude de ce récit a été mise en doute par plusieurs critiques éminents.

Il paraît que le culte de *Dionysos*, ou plutôt que les mystères et les orgies *dionysiaques* passèrent d'abord de l'Italie méridionale ou Grande Grèce en Étrurie, puis de là à Rome, où le dieu fut honoré sous le nom de *Bacchus*, et où les mystères reçurent en conséquence celui de *Bacchanales*. Dans le principe, à Rome, les femmes seules furent admises à la célébration de ces mystères. La durée de l'initiation était fixée à dix jours, pendant lesquels on devait vivre dans la chasteté. Le dixième jour, l'initié participait à un repas sacré, subissait la purification par l'eau, et était introduite dans le sanctuaire (*Bacchanal*). Les orgies n'avaient lieu qu'une fois chaque année, et ne duraient que trois jours. Des matrones remplissaient alternativement les fonctions des prêtresses. Mais bientôt une de ces matrones, issue d'une famille noble de la Campanie, et nommée Pacula Annia, se prétendant inspirée directement par Bacchus lui-même, changea totalement le mode de célébration des mystères. Elle admit les hommes à l'initiation, et introduisit l'usage de célébrer les mystères la nuit. Elle ordonna, en outre, qu'ils seraient célébrés tous les mois, durant cinq jours. Dès ce moment, les Bacchanales devinrent l'occasion des plus honteux désordres et des crimes les plus exécrables. Ainsi que le rapporte Tite-Live, les initiés ne se contentaient pas de se livrer dans leurs assemblées aux excès de la table et du vin, ils s'adonnaient encore aux vices les plus monstrueux. Ce n'est pas tout ; ces réunions devinrent un foyer de crimes qui éclatèrent bientôt au dehors et épouvantèrent la ville entière. On y organisait le faux témoignage ; on y fabriquait toutes sortes de faux actes, et spécialement des faux testaments. Puis, pour que ces testaments produisissent leur effet, les personnages dont on voulait hériter étaient empoisonnés ou assassinés. C'était aussi le sort de tout individu, homme ou femme, qui, en présence des monstruosités et des atrocités de tout genre dont les mystères étaient le théâtre, essayait de s'y opposer ou même refusait d'y prendre part. « Fouler aux pieds toutes les lois divines et humaines, tel était, dit Tite-Live, le principe de cette société. » Au moment où cette affreuse société fut dissoute, le nombre des *Bacchants* ou initiés, tant hommes que femmes, s'élevait à sept mille personnes recrutées dans toutes les classes de la société. Pendant les deux dernières années de son existence,

on n'avait admis à l'initiation que des individus n'ayant pas dépassé l'âge de vingt ans ; l'extrême jeunesse paraissait en effet plus facile à séduire, à corrompre et à intimider.

Enfin, l'an de Rome 568 (186 av. J.-C.), les consuls Spurius Posthumius Albinus et Quintus Marcius Philippus furent informés de l'existence, au sein de Rome, de cet exécrable foyer de désordres et de crimes. Après s'être assurés de l'étendue et de la gravité du mal, ils firent leur rapport au Sénat. Les sénateurs, quoique chacun d'eux en particulier redoutât de voir quelque membre de sa propre famille affilié à cette odieuse association, s'empressèrent de donner aux consuls pleins pouvoirs pour instruire contre les coupables et les punir selon toute la rigueur des lois. Aussitôt, les consuls, après avoir donné aux magistrats sous leurs ordres toutes les instructions nécessaires, convoquèrent une assemblée du peuple. Là, Posthumius fit connaître la *conspiration* qui menaçait le salut de la République. Des récompenses furent promises à tous ceux qui fourniraient de nouveaux renseignements ou révéleraient le nom de quelqu'un des conjurés. Des mesures furent prises pour qu'aucun de ces derniers ne pût quitter l'Italie. La nuit suivante, une foule de personnes furent arrêtées ; plusieurs se donnèrent la mort. Le jugement de ceux qui furent saisis dura trente jours. Pendant ce temps, Rome se trouva presque déserte : car les innocents, aussi bien que les coupables, avaient raison de craindre. Parmi ceux qui furent convaincus, les plus coupables furent condamnés à mort et exécutés ; les autres furent jetés en prison. Les femmes coupables furent livrées à leurs maris ou à leurs familles, pour recevoir dans l'intérieur de leur maison la peine due à leurs crimes ; plusieurs furent mises à mort. Les consuls reçurent du Sénat l'ordre d'abolir tous les mystères de Bacchus et de détruire tout ce qui était consacré à son culte, à l'exception des statues et des autels du dieu qui existaient dans les temps anciens. Enfin, de crainte de paraître vouloir supprimer le culte de l'un des grands dieux, le Sénat rendit un décret par lequel il autorisait les citoyens qui voudraient offrir à Bacchus un sacrifice solennel, à s'adresser au préteur urbain. Ce magistrat transmettait la requête au Sénat, qui délibérait à ce sujet. La délibération n'était valable que s'il y avait cent membres au moins présents à l'assemblée. Si le Sénat accordait la demande, le nombre des assistants au sacrifice ne pouvait dépasser cinq personnes. Enfin, il était interdit aux adorateurs de Bacchus d'avoir par derrière un fonds commun pour célébrer la fête du dieu. Ce sénatus-consulte, rapporté par Tite-Live, est également mentionné par Cicéron. En 1640, on découvrit à Cigliolo, près de Bari, dans la Calabre ultérieure, une table de bronze où ce décret se trouve gravé. Ce curieux monument fait aujourd'hui partie du Musée de Vienne.

Malgré la suppression des Bacchanales, on continua de célébrer à Rome, le 16 mars de chaque année, une fête plus simple et plus innocente en l'honneur de Bacchus. Cette fête était appelée *Liberalia*, de *Liber* ou *Liber Pater*, l'un des noms de Bacchus. On peut comparer les descriptions que donnent Ovide et Varron des cérémonies de cette fête. Des prêtres et des prêtresses, d'un âge avancé, décorés de guirlandes de lierre, parcouraient la ville en portant du vin, du miel, des gâteaux, et un *autel à anses*, au milieu duquel était un foyer où l'on brûlait de temps en temps des offrandes. La joie la plus vive présidait à cette fête, qui était aussi célébrée par diverses espèces de jeux ; c'est ce qu'indique le terme *Ludi liberales*, qui s'employait quelquefois au lieu de celui de *Liberalia*.

Vers la fin de la République, les Bacchanales reparurent ; sous les empereurs, elles furent célébrées publiquement avec les cérémonies les plus licencieuses et se répandirent dans le monde entier. Les débauches les plus monstrueuses les accompagnaient également. Notre chaste Gaule elle-même avait reçu avec la civilisation romaine le culte de Bacchus et son culte impur. Lorsque le christianisme vint régénérer le monde antique, le culte de Bacchus fut celui qui lui opposa la plus forte résistance. A la fin du IVe siècle après J.-C., saint Augustin déplore la licence qui présidait aux fêtes de ce dieu. Les édits les plus sévères des empereurs étaient impuissants à mettre un terme à ces excès, et c'est seulement à l'aide des efforts les plus persistants que les ministres de la nouvelle religion parvinrent à déraciner le culte du dieu de l'ivresse.

BACCHANTE. s. f. [Pr. *Bacante*]. Femme qui célébrait la fête des Bacchanales. || Fig. et fam., *C'est une vraie bac.*, se dit d'une femme emportée et furieuse, d'une femme sans retenue, et même d'une femme qui se livre avec excès aux plaisirs de la table.

BACCHARIDE ou **BACCHARIS**. s. f. T. Bot. Genre d'arbrisseaux de la famille des *Composées*. Voy. ce mot.

BACCHIAQUE. adj. [Pr. *Bakiaque*]. *Vers bacc.*, Sorte de vers grec ou latin composé principalement de bacchius.

BACCHIQUE. adj. et s. m. [Pr. *Bakique*]. T. Prosod. grecque et latine. Sorte de pied composé d'une brève et de deux longues (āmōrēs). Il s'employait surtout dans les hymnes à Bacchus.

BACCHIUS. s. m. [Pr. *Bakius*] (βακχεῖος, relatif à Bacchus). Pied grec ou latin composé d'une brève et de deux longues.

BACCHUS. n. p. (gr. Διόνυσος et également Βάκχος). T. Mythol. Le dieu du vin chez les anciens Grecs et Romains. S'emploie dans certaines locut., surtout en poésie. *La liqueur de Bac.*, Le jus de *Bac.*, Le vin. *Chanter Bac.*, Chanter le vin. — Fam., *Un adorateur de Bac.*, Un ivrogne.

Myth. — Bacchus était fils de Jupiter et de Sémélé d'après la tradition la plus répandue. D'autres légendes le font fils de Jupiter et de Proserpine, ou d'Iris, ou de Cérès. Il vainquit les Titans révoltés contre Jupiter et fit la conquête de l'Inde monté sur un âne, et suivi d'hommes et de femmes qui portaient, au lieu d'armes, des thyrses ornés de pampres et des tambours, enseignant aux peuples, sur son passage, la culture de la vigne. Cette expédition à la fois majestueuse et grotesque faisait le fond des traditions relatives au culte de ce dieu. Voy. BACCHANALE.

BACCIFÈRE. adj. 2 g. (lat. *bacca*, baie; *fero*, je porte). T. Bot. Se dit des plantes dont le fruit est une baie.

BACCIFORME. adj. 2 g. (lat. *bacca*; *forma*, forme). T. Bot. Se dit des fruits qui ont la forme d'une baie.

BACCIOCHI, épousa en 1797 Elisa Bonaparte, sœur de Napoléon Ier, devint prince de Lucques et de Piombino et mourut en 1841.

BACH, célèbre et nombreuse famille de musiciens allemands dont le plus illustre fut Jean-Sébastien (1685-1750).

BACHASSE. s. f. T. Rural. Chaussée d'un étang.

BACHASSON. s. m. (dimin. de *bac*). T. Papet. Auge qui donne de l'eau aux piles.

BACHAT. s. m. Auge à cochons dans quelques provinces || T. Papet. Cavité se trouvant sous le pilon.

BACHAUMONT (FRANÇOIS), auteur, avec son ami Chapelle, du *Voyage de Chapelle et Bachaumont* (1624-1702).

BACHAUMONT (Louis PETIT DE), 1690-1771, auteur des *Mémoires secrets* de 1767 à 1771, continués après lui jusqu'en 1788.

BÂCHE. s. f. T. Bot. Nom vulgaire d'un palmier du genre *Mauritia*. Voy. PALMIER. || T. de Houill. La cuve en bois servant à puiser les eaux du réservoir. || Mesure de houille d'un hectolitre. || Bâche de hiercheur, petit panier dans lequel les hiercheurs traînent la houille ou les pierres. || Planche sciée de longueur pour revêtir les parois des bures. || Espèce de plancher que l'on établit pour faciliter le roulage. || Filet que l'on traîne sur le sable pour prendre le poisson.

BÂCHE. s. f. Espèce de couverture en cuir ou le plus souvent en forte toile, parfois goudronnée, dont on recouvre les chariots, les bateaux, etc., pour mettre leur chargement à l'abri de la pluie, de l'humidité, etc. || Sorte de cuvette où se rend l'eau puisée par une pompe aspirante, d'où elle est reprise par d'autres pompes qui l'élèvent de nouveau. || T. de Jardinage (voir ci-dessous).

Hortic. — Le terme de *Bâche* sert à désigner un *abri vitré*, construit soit en bois, soit en maçonnerie. Les jardiniers l'appellent improprement *châssis*; ils donnent ainsi au tout le nom de la partie : car le châssis est simplement la partie *vitrée*

qui recouvre la bâche. Les bâches sont destinées tantôt à préserver du froid, pendant l'hiver, les plantes délicates, tantôt à *forcer* certains végétaux, pour qu'ils végètent et produisent des fruits avant la saison naturelle. Dans ce der-

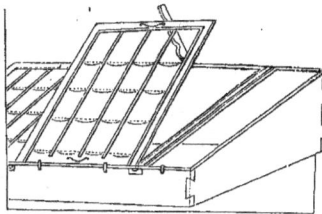

Fig. 1.

nier cas, la bâche est un diminutif de la *serre à forcer*. La bâche la plus simple se pose à plat sur le sol. Elle se compose essentiellement d'un coffre portatif de quatre planches; celle du fond doit être plus élevée que celle du devant. Sur ce coffre se posent des châssis vitrés, dont chaque partie, considérée isolément, porte le nom de panneau (Fig. 1). On peut à volonté, comme on le voit, enlever les panneaux et découvrir complètement la bâche, ou les soulever autant qu'on le désire

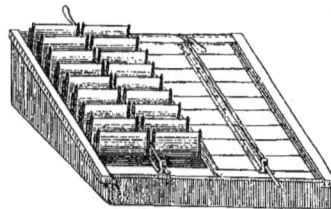

Fig. 2.

au moyen d'une crémaillère. En enlevant la dernière planche latérale du coffre, on peut placer à la suite l'un de l'autre autant de coffres qu'il est nécessaire, et donner à ce genre de bâche une longueur indéterminée; le dernier coffre de la série se ferme, dans ce cas, par une dernière planche mobile. Une bâche qui remplace avec beaucoup d'avantages la bâche ordinaire, est celle que représente la Fig. 2. Cette bâche, qui a été imaginée par Parmentier, peut être utile surtout

Fig. 3.

pour les petites serres d'appartement. Ainsi que le montre le dessin, la moitié des lames de verre peut être baissée et l'autre moitié fermée hermétiquement. Ces lames sont fixées par une traverse en fer qui se meut au moyen d'une poignée mobile, retenu par un ressort à dents. On peut donc les ouvrir au degré que l'on veut. — La construction représentée par la Fig. 3 constitue ce que l'on appelle une *bâche fixe*. Sa hauteur intérieure est de 1m,70 sur le devant, et de 2m,20

67

sur le derrière; le sol du fond de la bâche est de 1 mètre plus bas que le terrain environnant; la largeur et la longueur varient selon la destination de la bâche. Si c'est une *bâche froide*, ou, comme disent les jardiniers, un *châssis froid*, les parois qui supportent les panneaux vitrés sont formées de deux planches de bois blanc, laissant entre elles un intervalle de quelques centimètres pour la circulation de l'air. Moyennant cet arrangement, le froid ne pénètre pas dans la bâche froide; il suffit, en effet, pendant les plus fortes gelées, de jeter un peu de litière sèche le soir sur les panneaux. Toutes les plantes d'orangerie hivernent très bien dans la bâche froide Si l'on veut s'en servir pour *forcer* diverses plantes, on ménage un espace de 0m,30 à 0m,40 en avant et en arrière des parois ex érieures de la bâche ; cet intervalle est rempli de fumier en fermentation, qu'on renouvelle lorsqu'il a donné toute sa chaleur; la bâche prend alors le nom de *châssis tiède* ou *chaud*. Lorsque, au lieu de la chaleur du fumier, la bâche doit recevoir celle d'un appareil de chauffage, comme pour la culture forcée du fraisier, de la vigne ou de l'ananas, la bâche, dont toutes les dispositions restent d'ailleurs les mêmes, est construite non plus en planches, mais en briques ; le bois ne résisterait pas assez longtemps à l'action destructive de la chaleur humide exigée par ces cultures. C'est une petite serre.

BACHELETTE. s. f. (même étym. que *bachelier*). Vieux mot qui signifie une jeune fille d'une figure gracieuse. *Une gente ba.*

BACHELICK. s. m. Voy. BACHLICK.

BACHELIER. s. m. (pour l'étym., voy. BACCALAURÉAT). Titre qui se donnait autrefois à un jeune gentilhomme qui servait sous la bannière d'un chevalier. Voy. CHEVALERIE. || Celui qui a été promu au baccalauréat dans une Faculté. Voy. BACCALAURÉAT || Se disait autrefois d'un jeune homme à marier. || Scolastique. *Bac. courant*, Celui qui prenait ses degrés avant d'avoir terminé ses études.

BÂCHER. v. a. Couvrir d'une bâche. *A-t-on bâché la voiture de déménagement?* = BÂCHÉ, ÉE. part. || T. de Houill. Poser les bâches sur madrier et les clouer sur les bois de la cloison qui coupe le puits selon son axe longitudinal. || Plancheier une voie pour faciliter le roulage.

BÂCHEUR. s. m. Ouvrier chargé de bâcher.

BACHI-BOUZOUCK. s. m. Mot turc plus ou moins francisé depuis la guerre de Crimée, de 1854, et qui désigne un soldat irrégulier. Les bachi-bouzoucks sont la cavalerie irrégulière de la Turquie, qui n'est levée qu'en temps de guerre et se compose de volontaires.

BACHIQUE. adj. 2 g. (R. *Bacchus*). Qui est consacré, qui a rapport à Bacchus. *Fête ba.* — *Liqueur ba.*, Le vin. — *Chanson ba.*, Chanson à boire, chanson où l'on fait l'éloge du vin || T. Peint. *Le genre bac.*, se dit des tableaux qui représentent les scènes de buveurs. On dit aussi dans le même sens, *Scène ba.* *Ce peintre excelle dans les scènes bachiques.* || On dit encore, *Talents bachiques*, en parlant d'un convive qui est de bon appétit.

BACHIRE. s. f. T. Houill. Cloison de planches clouées dans une burc.

BACHLICK ou **BACHELICK.** s. m. Espèce d'écharpe en filet de laine à larges mailles. || Coiffure, sorte de capuchon en poils de chameau.

BACHOLLE. s. f. (R. *bâche*). Casserole de cuivre dont on se sert dans les papeteries. || Vase en bois où le fromage dépose la pelote de lait caillé pour faire le fromage de Cantal.

BACHON s. m. ou **BACHOU.** s. f. Grand vaisseau de bois pour transporter les boyaux au lavoir.

BACHOT. s. m. (dimin. de *bac*). Petit bateau ordinairement à fond plat. *Nous descendîmes la Saône en ba.*

BACHOT. s. m. Dans l'argot des écoles, abréviation de *baccalauréat*.

BACHOTAGE. s. m. Droit établi sur les bachots.

BACHOTEUR. s. m. Batelier qui conduit un bachot.

BACHOTTE. s. f. T. de pêche. Espèce de baquet pour transporter les poissons.

BACHOU. s. m. Sorte de tonneau ouvert par le haut et servant de hotte.

BACILLE. s. m. (lat. *bacillus*, bâtonnet). T. Bot. Genre de *Bactériacées.*

Hist. nat. — Les bacilles sont des microbes en bâtonnets, c'est-à-dire des cellules végétales cylindriques, dont la longueur, de 7 à 8 μ au maximum (μ désigne le *micron* ou millième de millimètre), dépasse plusieurs fois la largeur. Cette forme cylindrique n'est ni caractér stique, ni immuable. Ils peuvent être renflés en leur milieu, ou à une de leurs extrémités (bacilles en massue, en battant de cloche); ils sont tantôt rectilignes (surtout bacilles courts), tantôt plus ou moins incurvés, tantôt isolés ou réunis par 2, 3, 4 ou davantage, en chaînette. Leurs extrémités sont arrondies, ou carrées, ou sinueuses comme chez le bacille du charbon. Le contenu protoplasmique est uniforme ou granuleux, incolore ou coloré très diversement (bacilles chromogènes); quelquefois il est vacuolaire comme dans le bacille de la fièvre typhoïde. La motilité est variable; les uns sont très mobiles, à l'aide de cils vibratiles ou de leur propre masse pendant toute leur existence, les autres cessent de se mouvoir au moment de germer. D'autres sont lents. Il en est de toujours immobiles, comme la bactéridie charbonneuse. Il y a q ui ne peuvent vivre qu'au contact de l'air, tandis que d'autres se passent d'oxygène libre, et même ne peuvent proliférer qu'en son absence. D'autres enfin peuvent supporter l'absence ou la présence de l'air, et se multiplier. Les bacilles se reproduisent de deux façons: par division, ce qui est le mode général pour toutes les espèces, surtout quand les conditions d'existence sont défavorables, ou par sporulation Comme ce reste des microbes, les bacilles sont les uns nuisibles aux plantes vivant tant plantes qu'animaux, les autres s'attaquent aux matières organisées ayant vécu, ou aux matières organiques ou minérales complexes qu'ils dédoublent en éléments chimiques plus simples; d'autres sont lumineux ou colorés. Pour la facilité de la classification, on distingue les bacilles en pathogènes (qui causent des maladies), chromogènes ou colorés, lumineux, de fermentation, de putréfaction et indifférents. Nous parlerons des bacilles pathogènes à propos des maladies dont on leur attribue la cause. Voy. MICROBE-, FERMENTATION, PUTRÉFACTION, CHARBON, CHOLÉRA, DIPHTÉRIE, LAIT, LÈPRE, MORVE, ŒDÈME MALIN, PNEUMONIE, PNEUMO-ENTÉRITE, PUS, RHÉNOSCLÉROME, ROUGET DU PORC, SEPTICÉMIE, TÉTANOS, TYPHOÏDE, TUBERCULOSE, etc.

Bacilles colorés. — Ils sont très nombreux, bruns, verts, bl u ciel, jaune d'or, rouge carmin, rouge rose, violets, fluorescents, etc. Beaucoup ont été retirés de l'eau, d'autres des substances en infusion, d'autres des matières alimentaires, lait par ex., coloré souvent en bleu ou en jaune (*bacillus synxanthus* ou *syncyanus*), ou de l'air; le bacille type est le *micrococcus prodigiosus*; celui-ci donne une coloration rouge sang. Les pluies de sang, les hosties sang antes, le pain, le lait, la sueur rouges ne sont que des produits de coloration de ce bacille, très fréquent dans l'air, car il suffit de laisser des pommes de terre cuites et coupées à découvert pour voir le lendemain voir de petites taches rouge sang qui grandissent et recouvrent toute la pomme de terre d'une couche rouge à reflets verts métalliques. La matière colorante incluse dans les bacilles est soluble dans l'alcool et non dans l'eau, les acides la rendent rouge violet, les alcalis au contraire rouge jaune. Cette coloration ne se produit qu'en présence de l'air, et dans une colonie il n'y a que les microbes superficiels qui la sécrètent ; profondément, les microbes sont incolores. Les cultures successives sur bouillon alca in lui font perdre cette propriété colorante (à cause du faible accès de l'air). Il suffit de la recultiver un certain nombre de fois sur pomme de terre pour la lui rendre, ce qui est encore obtenu plus rapidement si on l'ensemence dans du bouil en légèrement acide. Mais si on ensemence même sur pomme de terre des microbes non colorés pris dans la profondeur et successivement, on parvient à obtenir des cultures qui ne sont plus colorées même fort longtemps, et voilà une propriété de premier ordre, la couleur, qui aura disparu. Ce microbe est encore intéressant par les variétés de forme qu'il prend suivant les milieux de cu ture. Voy. MICROBE. Les cultures dégagent une forte odeur de triméthylamine Par lui-même il est inoffensif, mais inoculé en même temps que le charbon symptomatique au lapin, qui est réfractaire à cette dernière maladie, la mort s'ensuit certainement.

Bacilles lumineux. — Plusieurs bacilles ont la propriété curieuse d'être phosphorescents. Les plus connus sont : le bacille de Fischer, trouvé dans la mer des Indes sur des poissons morts; celui d'Hermes Forster et Titanus, découvert sur la barbue dans la mer du Nord; celui de Giard, sur les noctiluques; celui de Dubois, dans la Méditerranée sur les pholades. Tous ces bacilles de 1,5 μ sur 0,5 μ sont très voisins dans leur biologie. Ils se cultivent bien sur la gélatine, qu'ils liquéfient ou non suivant l'espèce, et qu'ils rendent lumineuse au point qu'on peut lire à cette clarté et impressionner des plaques photographiques après une pose assez longue. Ils commencent à être lumineux à basse température, à + 5°, et perdent leur phosphorescence de 30° à 40° suivant qu'ils sont des pays froids ou chauds; la gélatine salée ou mêlée à du bouillon de poisson augmente leur luminosité, l'addition de sucre ou d'acides à certaines espèces l'empêche. L'accès de l'air est nécessaire pour que la phosphorescence ait lieu; cependant ils continuent de briller quelques secondes encore dans le vide. En tous cas l'insolation des cultures n'est pas nécessaire, celles en chambre noire sont très lumineuses. Cette lumière est blanche, peu verdâtre ou bleuâtre. Elle donne un spectre s'arrêtant au bleu et au vert. Ces bacilles lumineux sont la cause de la phosphorescence observée depuis longtemps, en certaines circonstances atmosphériques, dans l'eau de mer (indépendamment de la noctiluque), sur la viande de boucherie, surtout sur celle du porc, sur le poisson lorsqu'il n'est plus frais, sur des morceaux de bois mort, sur des champignons au début de la putréfaction dans les forêts, sur du lait, du pus, de l'urine, de la sueur. On n'ignorait pas que cette phosphorescence était transmissible par contact, et qu'il suffisait d'en mettre une parcelle sur de la viande saine pour voir bientôt celle-ci devenir lumineuse sur une surface de plus en plus grande. Mais on en ignorait la cause.

Les questions relatives à la culture des bacilles, à l'altération de leurs propriétés pathogènes, et à leur action sur l'organisme seront étudiées au mot *Microbe* qui désigne une catégorie plus générale d'êtres microscopiques.

BACILLUS. s. m. T. Ent. Genre d'insectes orthoptères de la famille des *Phasmiens.* Voy. ce mot.

BÂCLAGE. s. m. (de *bâcler*). Arrangement des bateaux dans un port pour la charge et la décharge des marchandises. ‖ Fermeture d'un port par des chaînes, des câbles. ‖ Fermeture du passage d'une rivière par des hérissons.

BÂCLER. v. a. (lat. *baculus*, bâton). Fermer une porte ou une fenêtre par derrière, avec une barre ou autre chose. — Par anal., *Bâ. un port,* Le fermer avec une chaîne. ‖ *Bâ. un bateau,* Le mettre dans un lieu commode pour la charge et la décharge des marchandises. Peu us. ‖ Fig. et fam., Expédier un travail à la hâte. *Il ne fait que bâ. sa besogne. Il a bâclé sa tragédie en quinze jours.* = BÂCLÉ, ÉE. part. ‖ Fig. et fam., *Cela est bâclé, C'est une affaire bâclée,* se dit d'un traité conclu, d'une affaire arrêtée.

BACNEUR. s. m. Ouvrier qui creuse des bacnures.

BAC-NINH, v. du Tonkin, cap. de la province de ce nom, prise par les troupes françaises, le 18 mars 1884.

BACNURE ou **BAQUENURE.** s. f. T. Mines. Galerie faite à travers les bancs de roches perpendiculairement au puits d'une mine.

BACOLOGIQUE. adj. 2 g. (ital. *baco*, vers à soie; gr. λόγος, traité). Qui a rapport aux vers à soie.

BACON (ROGER), moine anglais (1214-1294), l'un des plus grands savants et des esprits les plus profonds du moyen âge, auteur de l'*Opus majus.* Études astronomiques importantes contre le système de Ptolémée; projet de réforme du calendrier julien; recherches en optique et en chimie. Fut persécuté pour ses idées supérieures. On lui attribue, sans doute à tort, l'invention de la poudre.

BACON (FRANÇOIS), lord *Verulam,* né à Londres (1560-1626), chancelier d'Angleterre sous Jacques Ier, fondateur de la méthode expérimentale dans l'étude des sciences, célèbre philosophe, esprit encyclopédique, auteur du *Novum Organum.*

BACONISME. s. m. La philosophie de François Bacon. Se

dit particul. de la méthode expérimentale et inductive que ce philosophe a mise en honneur.

BACONNER. v. a. Mettre dans un baquet d'eau salée.

BACOVE. s. f. Nom vulg. de la banane courte.

BACQUEVILLE, ch -l. de c. (Seine-Inférieure), arr. de Dieppe, 2,200 hab.

BACTÉRIACÉES. s. f. pl. (gr. βακτηρία, bâton). T. Bot. Famille d'Algues dont le thalle est formé de cellules microscopiques généralement dépourvues de chlorophylle, et qui vivent pour la plupart en parasites, soit dans les substances organisées au sein desquelles elles déterminent des fermentations diverses, soit dans les êtres vivants, chez lesquels elles déterminent des maladies infectieuses. Voy. FERMENTATION, PUTRÉFACTION, MICROBE.

BACTÉRIE. s. f. (gr. βακτηρία, bâton). T. Bot. Nom sous lequel on désigne un grand nombre d'organismes microscopiques. Est syn. de MICROBE. Voy. ce mot.

BACTRES, ancienne capitale de la Bactriane.

BACTRIANE, vaste contrée de l'Asie ancienne (auj. Turkestan), à l'E. de la Perse. Nom. des hab. BACTRIEN, ENNE.

BACTRIOLES. s. f. pl. Rognures de feuilles d'or provenant du travail du batteur d'or.

BACTRIS. s. m. T. Bot. Genre de palmiers de l'Amérique du Sud. Voy. PALMIER.

BACUL. s. m. Large croupière des bêtes de voiture, qui leur bat sur les cuisses.

BACULITE. s. f. (lat. *baculus,* bâton). T. Zool. Genre de coquilles fossiles de la famille des *Ammonitides.*

BADAIL. s. m. (Rad. *bail,* de *badare*). T. Pêche. Sorte de filet en forme de chausse, que l'on traîne au fond de l'eau.

BADAJOZ, v. d'Espagne, cap. de l'Estramadure, 23,000 hab.

BADAMIER. s. m. T. Bot. Genre d'arbres de la famille des *Combrétacées,* qui produit la *badam,* amande d'un goût excellent. Rejeter l'étymologie de *bois de damier.*

BADAUD, AUDE. s. (bas lat. *badare,* bâiller). Se dit d'une personne curieuse et frivole, qui s'amuse à tout et admire tout. *C'est un franc ba., une vraie badaude. Il se plaisait à faire attrouper les badauds de Paris.* — S'emploie adj. *Cette jeune personne est trop badaude.* Fam. = Syn. Voy. NIAIS.

BADAUDER. v. n. S'amuser en badaud. *Il ne fait que ba. Ba. a bien son agrément.* Fam.

BADAUDERIE. s. f. Action, discours de badaud. *Ce que vous faites, ce que vous dites là est une franche ba. Cette pièce est pleine de badauderies fort amusantes.*

BADE s. f. (*bad,* de *badare,* bâiller). T. Charp. Ouverture du compas qui mesure les jours entre une pièce de bois et la place où elle doit être mise.

BADE (Grand-duché de), État de l'empire d'Allemagne, sur la rive droite du Rhin; borné au sud par la Suisse. Voy. la *Carte d'*ALLEMAGNE. Pop. 1,570,000 hab., cap. *Carlsruhe.*

BADE (all. *Baden-Baden*), v. d'Allemagne (grand-duché de Bade), 7,500 hab. Eaux minérales. Situation pittoresque et charmante. Ruines d'un vieux château.

BADELAIRE. s. m. (lat. *balteus,* baudrier). T. Blas. Épée courte, large et recourbée comme un sabre.

BADERNE. s. f. (angl. *bad,* mauvais; *yarn,* fil?). T. Mar. Vieux cordages. ‖ Fig. Toute chose hors d'état de servir. — Fam. *Vieille baderne,* Vieil imbécile.

Mar. — On nomme ainsi une tresse épaisse à trois, quatre et même cinq torons, faite avec des fils provenant de vieux cordages hors de service. On s'en sert dans la marine pour garnir les parties du navire exposées à des frottements considérables, comme le cabestan. On cloue aussi de la *baderne*, en manière de paillasson, sur le pont des bâtiments qui transportent des chevaux ou des bestiaux. Cette précaution empêche ces animaux de glisser et prévient la dégradation du bois qui constitue le pont. Enfin, on en fait des ceintures qu'on passe sous le ventre des chevaux pour les soutenir contre le roulis.

BADIANE. s. f. T. Bot. Genre de plantes dont une espèce de la Chine et du Japon donne l'*Anis étoilé*. Famille des *Magnoliacées*. Voy. ce mot.

BADIÉRA. s. f. T. Bot. Genre de plantes de la famille des *Polygalées*.

BADIÈRE. s. f. Se dit d'une table d'ardoise épaisse et régulière.

BADIGEON. s. m. Couleur en détrempe dont on peint les murailles. *Le bad. se fait avec de la pierre calcaire pulvérisée, passée au tamis et délayée dans l'eau. On colore souvent le bad. en jaune avec de l'ocre.*

BADIGEONNAGE. s. m. Action de badigeonner; ouvrage de celui qui a badigeonné.

BADIGEONNER. v. a. Peindre une muraille avec du badigeon. *Il a fait bad. sa maison en jaune.*

BADIGEONNEUR. s. m. Ouvrier qui badigeonne. Se dit par mépris d'un peintre sans mérite.

BADILLON. s. m. T. Mar. Petite brochette que l'on cloue de distance en distance sur le gabarit d'un bâtiment en construction pour indiquer la largeur des pièces de bois.

BADIN, INE. adj. (gr. παιδνὸς, enfantin?). Enjoué, qui aime à rire, ou qui plaisante de tout. *Il est un âge et des positions où l'homme ba. est ridicule. Humeur badine.* || Se dit du ton, des manières, du style, et d·certains ouvrages littéraires. *Air ba. Il a des manières par trop badines. Le style vraiment ba. est fort rare. Vers badins.* || S'emploie subst. *C'est un bq., un agréable ba.*

Syn. — *Folâtre.* — *Badin* s'applique surtout à l'esprit et aux productions de l'esprit; *folâtre* au caractère et aux manières. L'enfant a le droit d'être *folâtre* à cause de la pétulance propre à son âge; l'homme fait ne peut plus l'être. Ce dernier, en revanche, peut être *badin*, à la condition toutefois qu'il ait l'esprit naturellement disposé à envisager les choses par leur côté plaisant.

BADINAGE. s. m. Action de badiner, de plaisanter; plaisanterie gaie et innocente. *Tout cela n'est qu'un ba.* Il tourne vos remontrances en ba. *Il y a dans cette épître un élégant ba.* || Fig. et fam., *Ce travail n'est qu'un ba. pour lui.* Ne lui coûte aucun effort. || T. Ch. Chasse qui consiste à attirer les canards sauvages à l'aide d'un chien que l'on fait courir sur le bord de l'eau.

Syn. — *Badinerie.* — Le mot *badinerie*, aujourd'hui d'ailleurs peu usité, s'emploie en parlant d'un acte isolé de *badinage*; celui-ci se dit de l'action et de l'habitude même de badiner.

BADINANT. s. m. Cheval surnuméraire dans un attelage. *Il y avait six chevaux de carrosse et un ba.* Vx.

BADINE. s. f. (orig. celt.: irl. et gaël. *buitin*, petit bâton). Baguette mince et flexible qu'on porte en manière de canne, ou qui sert à battre les habits. || Au plur. *Badines*, se dit des pincettes très légères.

BADINER v. n. (R. *badin*). Jouer, s'amuser. *Cet enfant ne fait que ba. C'est un homme qui aime à ba.* — Se dit de certains animaux. *Ce jeune chien est toujours à ba. N'ayez pas peur de lui, il ne veut que ba. Ce cheval badine avec son mors.* || Plaisanter, parler ou écrire d'une manière enjouée. *Vous badinez, je crois. Il badine agréablement dans ses écrits.* — Fam., *Il ne badine pas,* se dit d'une personne très grave, ou très sévère, ou très susceptible. || Fig., en parlant d'ajustements et d'ornements, *badiner* a le sens de voltiger. *Cette dentelle est trop tendue, il faut qu'elle badine. Cette draperie badine agréablement.* || BADINER. v. a. Plaisanter. *On peut le ba., il ne se fâche pas.* Fam. = BADINÉ, ÉE. part.

BADINERIE. s. f. Ce qu'on fait ou ce qu'on dit dans l'intention de s'amuser, de plaisanter. *Ce qu'il en fait n'est que pure ba. Il ne dit que des badineries.* Fam. = Syn. Voy. BADINAGE.

BADINGUET, nom de l'ouvrier maçon qui, le 25 mai 1846, céda à Louis-Napoléon Bonaparte, alors prisonnier au fort de Ham, les vêtements à l'aide desquels le futur empereur réussit à s'évader.

BADISTER. s. m. (gr. βαδιστὴς, coureur). T. Entom. Genre d'insectes coléoptères. Voy. CARABIQUES.

BADONVILLER. ch.-l. de c. (Meurthe-et-Moselle), arr. de Lunéville, 1,700 hab.

BADOURS. s. m. pl. T. Tech. Tenailles moyennes.

BADROUILLE. s. f. T. Mar. Pelote formée de vieux cordages goudronnés pour chauffer un vieux bâtiment que l'on veut caréner.

BADUEL et LOUARN, paysans bretons, accusés d'assassinat, victimes d'une erreur judiciaire (1854), qui moururent au bagne en 1855 et 1856, et dont l'innocence fut juridiquement reconnue en 1860, par l'aveu et la condamnation du vrai coupable.

BAFFETAS. s. m. Toile grossière de coton blanc, qui se fabrique dans l'Inde, particulièrement à Surate. On écrit aussi BAFETAS et BAFTAS.

BAFFIN (Mer ou baie de), vaste golfe au N. de l'Atlantique, entre le Groenland et l'Amérique du Nord.

BAFOUER. v. a. (d'un radical germanique *bap* ou *baf*, lèvre, qu'on retrouve dans *babine*). Traiter quelqu'un avec une moquerie outrageante. *Vous allez vous faire ba. On l'a bafoué de la belle manière.* = BAFOUÉ, ÉE, part.

BÂFRE. s. f. (du même radical *bap* ou *baf*, lèvre). Repas abondant. *Il y a aujourd'hui une bâ. chez lui.* || Action de manger. *Il ne songe qu'à la bâ.* Ce mot est bas.

BÂFRER. v. n. Manger avec avidité et avec excès. *Il ne pense qu'à bâ.* Fam. et ne se dit que par mépris.

BÂFREUR. s. m. Celui qui a l'habitude de manger avec avidité et avec excès. Fam. et ne se dit que par mépris.

BAGACE. s. f. Voy. BAGASSE.

BAGADAIS. s. m. T. Ornith. Voy. PIE-GRIÈCHE.

BAGAGE. s. m. (Vx fr. *bagues*, hardes, paquets). Équipage des personnes en voyage ou des soldats en campagne. *Des voleurs m'ont pris tout mon ba. Il a passé à l'ennemi avec armes et bagages. Les bagages de la cour, de l'armée, du régiment.* — T. Guerre. On appelle *Gros ba.*, celui qui ne peut être transporté que par des chariots, et *Menu ba.*, celui qui peut être porté par des bêtes de somme. || Fam., Mobilier de peu de valeur. *C'était pitié de le voir déménager avec son pauvre ba.* — Fig. et fam., *Plier ba., Trousser ba.,* Déloger furtivement, s'enfuir, et, par ext., mourir. *Il ne tardera pas à plier ba.* || Fig. et fam., se dit des œuvres littéraires d'un auteur. *Il n'a qu'un bien mince ba. pour prétendre à l'Académie.*

BAGARRE. s. f. Tumulte, grand bruit, encombrement sur la voie publique ou dans un lieu public. *Je me suis trouvé dans la ba. Il s'est esquivé, sauvé, tiré de la ba.* Fam. — Fig. et fam., *Se tirer d'une ba., de la ba.,* Se tirer d'une situation embarrassante, d'une mêlée tumultueuse, d'une querelle.

BAGASSE. s. f. (ital. *bagascia*; Vx fr. *baiasse*, d'abord *servante*). Femme de mauvaise vie. Pop., bas et peu us.

BAGASSE ou BAGACE. s. f. Tige de la canne à sucre quand elle a été passée par le moulin pour en exprimer le suc. || Tige de l'indigo lorsqu'elle a été retirée de la cuve après la fermentation.

BAGATELLE. s. f. (Vx fr. *bague*, chose portative). Objet de peu de prix, ou sans utilité. *Cette boutique n'est pleine que de bagatelles. J'ai reçu de lui quelques bagatelles.* || Fig., Chose frivole, futile, sans importance. *La moindre ba. suffit pour l'occuper. Il prend tout pour des bagatelles. Ils se sont brouillés pour une ba.* — Fig., *S'amuser à la ba.*, Négliger ses devoirs pour s'occuper de choses insignifiantes. — Par ext., Ne songer qu'à la bag., N'être occupé que d'amourettes; on dit de même, *Renoncer à la ba.* || S'emploie absol. et en manière d'interj., pour signifier qu'on ne croit pas ou qu'on ne craint pas quelque chose. *Vous dites qu'il partira, ba.! Il veut me provoquer, ba.!*

Syn. — *Babiole, Colifichet.* — Ces mots désignent tous les trois des choses frivoles, sans utilité et sans importance. *Ba.* a un sens plus général; *babiole* se dit surtout des hochets, des jouets qui servent à amuser les enfants. Un *colifichet* se dit souvent d'un objet de toilette; même dans ce sens, il est bien une chose sans utilité et sans importance, mais il n'est pas toujours de peu de prix, comme le sont les *babioles* et les *bagatelles.*

BAGAUDES (celt. *bagad*, insurgés attroupés). Paysans et serfs gaulois révoltés contre les Romains, se soulevèrent vers l'an 270 de l'ère chrétienne, puis l'an 284 et l'an 407.

BAGDAD, v. importante de la Turquie d'Asie, sur le Tigre, 100,000 hab.

BAGNAGE. s. m. T. Jardin. Incision circulaire pratiquée aux branches des arbres fruitiers, de la vigne, pour arrêter la sève descendante et empêcher le fruit de couler.

BAGNE. s. m. (ital. *bagno*, bain). Ce terme fut appliqué, dit-on, au XVIe siècle, par des Italiens à une prison de Constantinople qui renfermait autrefois des bains. De l'Orient, ce mot fut importé en Occident, et fut généralement adopté pour désigner le lieu où sont détenus les individus condamnés aux travaux forcés. — L'établissement des *bagnes*, en France, remonte à 1748, époque de la suppression des galères. Ils furent destinés à recevoir les criminels condamnés aux travaux forcés à temps ou à perpétuité. Les premiers furent ceux de Marseille et de Cherbourg. Successivement, on en créa de nouveaux à Brest, à Lorient, à Toulon et à Rochefort, c.-à-d. dans les principaux ports militaires du royaume, où l'on pouvait tirer parti des condamnés en leur imposant certains travaux pénibles ou dangereux. La Révolution respecta les bagnes. Le 20 août 1828, une ordonnance royale assigna une destination spéciale à chacun d'eux. Les bagnes de Brest et de Rochefort furent réservés aux condamnés à plus de dix ans, celui de Toulon aux condamnés à dix ans et au-dessous, et celui de Lorient aux condamnés militaires. Mais en 1830 ce dernier fut supprimé, et en 1836 la répartition des condamnés ci-dessus indiquée fut abandonnée. Enfin, un décret du 16 février 1852 a supprimé les bagnes et les a remplacés par des colonies pénitentiaires. Au moment de leur suppression, ils comptaient une population de près de 8,000 condamnés. Le bagne de Toulon a été évacué le dernier, le 1er août 1873.

BAGNÈRES-DE-BIGORRE, ch.-l. d'arr. (Hautes-Pyrénées), 8,600 hab. Eaux minérales. Sous les Romains, ce lieu s'appelait *Vicus aquensis.*

BAGNÈRES-DE-LUCHON, ch.-l. de c. (Haute-Garonne), arr. de Saint-Gaudens, 3,500 hab. Eaux minérales. Sous les Romains, ces bains s'appelaient *Aquæ balneariæ Lixonienses.*

BAGNOIRE. s. f. T. Mét. Nom de la chaudière employée à faire le sel.

BAGNOLE. s. f. Sorte de wagon pour les chevaux.

BAGNOLES, village du dép. de l'Orne. Eaux thermales.

BAGNOLET. s. m. T. Mar. Prélart goudronné, employé à couvrir les câbles autour des bittes, à bord des navires non pontés.

BAGNOLETTE. s. f. Ancienne sorte de coiffe à l'usage des femmes.

BAGNOLS, ch.-l. de c. (Gard), arr. d'Uzès, 4,500 hab. Vins renommés.

BAGOUS. s. m. (persan *bagous*, eunuque). T. Entom. Genre d'insectes coléoptères. Voy. CURCULIONITES.

BAGOUT. s. m. Bavardage hardi. *Que de gens passent pour avoir de l'esprit et qui n'ont que du bagou.* (L.-J. LARCHER.)

BAGRE. s. m. T. Icht. Genre de poissons voisin des *Silures.* Voy. SILUROÏDES.

BAGUE. s. f. (lat. *bacca*, baie, boule). Anneau que l'on met au doigt et qui est souvent orné d'une ou de plusieurs pierres précieuses. *Ba. d'or, d'argent, de cheveux. Porter une ba.* — Fig. et fam., *C'est une ba. au doigt*, se dit d'une chose qui est parfaitement à la convenance d'une personne, d'un emploi bien rétribué et où l'on a très peu à faire. || T. Prat. *Bagues et joyaux*, Les pierreries, bijoux et autres objets précieux de même genre qui appartiennent à une femme mariée, et qu'elle reprend après la mort de son mari. Peu us. || Moulure au goulot d'une bouteille. || T. Méc. *Ba. d'excentrique.* Anneau dans lequel tourne l'excentrique qui est fixé à sa bielle. || *Jeu de bagues*, Jeu qui consiste à enlever en courant, à l'aide d'un stylet ou d'une lance, un anneau suspendu à une potence.

BAGUÉ. adj. m. T. d'Arm. *Canon bagué*, Canon de fusil dont la surface intérieure offre une espèce de boursouflure annulaire provenant d'une mauvaise fabrication.

BAGUENAUDE. s. f. Fruit du baguenaudier. C'est une gousse vésiculeuse qui est pleine d'air et qui éclate avec bruit quand on la presse entre les doigts. || Fig., Ineptie, nullité, niaiserie.

BAGUENAUDER. v. n. S'amuser à des choses frivoles, comme les enfants qui font éclater des baguenaudes. *Il ne faut pas ba. dans cette occasion.* Fam.

BAGUENAUDERIE. s. f. Action de baguenauder, niaiserie, frivolité.

BAGUENAUDIER. s. m. T. Bot. Genre d'arbrisseaux de la famille des *Légumineuses.* Voy. ce mot.

BAGUENAUDIER. s. m. Celui qui baguenaude. Fam. || Jeu d'enfant qui consiste à enfiler et à désenfiler des anneaux disposés de telle sorte qu'on ne peut les placer ou les déplacer que dans un certain ordre.

BAGUER. v. a. T. Couture. Arranger les plis d'un habit, d'une robe, etc., et les arrêter avec du fil ou de la soie. — BAGUÉ, ÉE. part.

BAGUES. s. f. pl. (Vx fr. hardes, paquets). T. Guerre. Se disait autrefois pour *bagage.* Ce terme est conservé seulement dans cette locution, *Sortir d'une place vie et bagues sauves*, Sortir d'une place avec la faculté d'emporter sur soi tout ce qu'on peut. — Fig. et fam., *Sortir, revenir bagues sauves*, Se tirer heureusement d'un péril.

BAGUETTE. s. f. (lat. *baculus*, bâton). Verge, houssine, bâton fort mince. *Il avait une ba. à la main.* || Fig. et fam., *Commander à la ba.*, Mener les gens à la ba.*, Commander d'une manière impérieuse et brutale. — *Obéir à la ba.*, Se laisser mener à la ba.*, Obéir avec servilité et avec crainte. || T. Pyrot. *Ba. de fusée volante*, Ba. attachée à une fusée volante pour la faire monter en ligne droite. || T. Arqueb. *Ba. d'arquebuse, de fusil, de pistolet*, Sorte de ba. de fer, de bois, de baleine, etc., dont on se sert pour enfoncer et pour presser la charge qu'on met dans le canon de ces armes. || *Baguettes de tambour*, Deux petits bâtons courts avec lesquels on bat le tambour. — On dit de même *Baguettes de timbale*, etc. || *Ba. à mèche.* Voy. CHANDELLE. || *Ba. magique*, La ba. qui est l'attribut des magiciens et des fées, dont ils se servaient dans leurs enchantements. *La ba. de Circé, d'Armide, de Mélusine.* — Dans un sens anal. on dit la *Ba. d'un escamoteur.* — Au théâtre, on nomme *Rôles à ba.*, Les rôles de magicien, de fée, etc. || T. Archit. Petite moulure ronde, unie ou ornée. Voy. ASTRAGALE.

Légendes. — Le Pentateuque nous représente les magiciens et les enchanteurs de Pharaon armés d'une *verge* ou *baguette* dont ils se servaient dans les maléfices. Il rapporte que ces magiciens, en présence du roi, jetèrent à terre leurs baguettes et qu'elles se changèrent en serpents; mais Aaron, qui en avait reçu l'ordre de Dieu, ayant aussi jeté la sienne, elle se transforma également en serpent, et ce serpent dévora les autres (*Exode*, VII, 11, 12). La ba. était encore l'attribut des magiciens et des magiciennes de la Grèce antique. Le caducée de Mercure n'était pas autre chose. Homère a rendu célèbre la ba. de Circé (*Odyss.*, X). Au moyen âge, les enchanteurs, les nécromants, les fées, les devins de tout genre, figurent dans toutes les légendes avec leur ba. magique. La *ba. divinatoire* est évidemment issue de celle des magiciens de l'antiquité et du moyen âge; mais elle n'a plus la puissance d'opérer les mêmes prodiges. Au XVIe siècle, on lui attribua simplement la faculté de découvrir les métaux précieux cachés dans les entrailles de la terre et les trésors qui y étaient enfouis. Un siècle plus tard, nous voyons le rôle de la ba. magique s'amoindrir encore : elle ne sert plus qu'à découvrir les sources d'eau cachées.

Législ. milit. — Avant la Révolution, les punitions corporelles étaient en usage dans l'armée française. L'une d'elles consistait à faire passer l'homme qui s'était rendu coupable de certaines fautes contre la discipline, entre deux haies de soldats qui étaient armés de baguettes de saule ou d'osier, et qui frappaient le condamné à mesure que celui-ci passait devant eux. C'est ce qu'on appelait *passer par les baguettes*. Cette peine a été supprimée chez nous en 1788. Les punitions corporelles n'ont été supprimées dans la marine qu'à la révolution de 1848, par un décret signé d'Arago.

BAGUEUR. s. m. Instrument propre à baguer.

BAGUIER. s. m. (R. *bague*). Petit coffret pour serrer des bagues.

BAGUISTE. s. m. Ouvrier fabriquant la bague.

BAH. Interj. qui marque la surprise, le doute, l'insouciance, le dédain. *Bah ! cela n'est pas possible. Bah ! bah ! je me soucie bien de ses menaces.* Fam.

BAHAMA ou **LUCAYES**, îles de l'Océan Atlantique, au S.-E. des États-Unis (aux Anglais).

BAHIA ou **SAN SALVADOR**, v. du Brésil, ch.-l. de la prov. de Bahia, anc. cap. de ce pays, 152,000 hab.

BAHUT. s. m. [Pr. *Bahu*] (all. *behuten*, enfermer). Sorte de coffre, ordinairement couvert de cuir, et dont le couvercle est en voûte. — Par extens., ce terme a été appliqué à une armoire quelconque, et aujourd'hui il se dit particulièrement d'une armoire antique. || T. Archit. *Pierres taillées en ba.*, Pierres dont le haut est bombé comme le couvercle d'un ba. *L'appui du parapet est taillé en ba.*

BAHUTIER. s. m. Ouvrier qui fait des bahuts. — Prov., *Il ressemble aux bahutiers, il fait plus de bruit que de besogne*, se dit d'un homme qui fait beaucoup de bruit et peu d'ouvrage.

BAI, IE. adj. (lat. *badius*, m. s.). Rouge-brun. Ne se dit qu'en parlant de la couleur d'un cheval. *Il a le poil bai, la robe baie. Il montait une jument baie.* — Par ellip., on dit, *Des chevaux bai clair, bai brun, bai doré.* || S'emploie subst., *Je n'aime pas le bai châtain.*

BAIART. s. m. Auge de maçon.

BAIE. s. f. (lat. *bacca*, m. s.). T. Bot. Fruit charnu, indéhiscent, dépourvu de noyau. Voy. FRUIT.

BAIE. s. f. (R. *bayer*, être ouvert, tenir la bouche ouverte, attendre en vain. || T. Archit. Ouverture dans un mur ou dans un massif de charpente pour y pratiquer une porte ou une fenêtre. || Tromperie que l'on fait à quelqu'un pour se divertir. *Donner une baie. C'est un donneur de baies.*

BAIE. s. f. (lat. *Bajæ*, Baïes). Lieu agréable sur la côte de Campanie. || T. Géogr. Enfoncement de la mer dans les terres.

Syn. — *Golfe.* — La baie présente à son entrée une ouverture plus étroite, tandis que le *golfe*, au contraire, présente sa plus grande largeur à l'entrée même. La baie d'Audierne, en France ; celle de Naples, en Italie, ainsi que bien d'autres, sont loin d'offrir ce caractère; cependant toutes les cartes leur donnent ce nom. Quelques auteurs disent que la baie diffère seulement du golfe en ce que la première est

plus petite. Ceci est généralement vrai, mais souffre pourtant de nombreuses exceptions; nous nous contenterons de citer la baie d'Hudson. La confusion entre les deux termes de golfe et de baie est à peu près complète, et il sera fort difficile de la faire cesser. Elle tient à ce que nos marins et nos cartes ont souvent accepté, sans examen, les termes géographiques imposés par les Anglais. Or, nos voisins attachent aux termes *gulf* et *bay* une signification complètement opposée à celle que les géographes français donnent à *golfe* et à *baie*. Le *gulf* des Anglais est plus étroit à l'entrée, et leur *bay*, au contraire, est plus large.

BAIERA. s. m. (R. *Baier*, nom d'un naturaliste allemand). T. Paléont. végét. Genre de Conifères fossiles de la tribu des *Taxinées* et du groupe des *Salisburiées*. On en connaît un certain nombre d'espèces (*B. gracilis, Münsteriana, longifolia, marginata*, etc.), distribuées dans le lias et le jurassique. En France, on trouve le *Baiera longifolia* dans les calcaires lithographiques de Châteauroux (Indre).

BAIÉRINE. s. f. (all. *Baiern*, Bavière). T. Minér. Niobate ou hyponiobate de fer et de manganèse. Voy. TANTALE.

BAÏF, l'un des sept poètes français de la Pléiade Ronsard (1532-1589).

BAIGNADE. s. f. Action de prendre un bain en rivière ou en mer, et espace réservé à cet usage.

BAIGNER. v. a. (R. *bain*). Mettre dans le bain; faire prendre un bain, des bains. *Bai. un enfant. Il faut bai. le malade pendant un mois. Bai. un chien. Se bai. les yeux, les pieds, les mains*, etc. || Fig., se dit d'une mer, d'un cours d'eau, d'un lac, etc., par rapport aux lieux qu'ils entourent ou qu'ils touchent. *La mer baigne cette terre de trois côtés. La rivière baignait les murailles de la ville.* || Fig. et par hyperb., Mouiller, arroser. *Bai. son lit de larmes. Les pleurs baignaient son visage.* = SE BAIGNER. v. pron. *Je suis allé me bai. à la mer, dans le fleuve. Ce chien aime beaucoup à se bai.* — Avec ellipse du pron., on dit, *Faire bai. un chien, un cheval*, etc. || Fig. et par hyperb., *Se bai. dans le sang*, Verser le sang sans nécessité, par cruauté; faire périr beaucoup de personnes. = BAIGNER. v. n. Être entièrement plongé dans un liquide, *Il faut que ces herbes baignent dans l'alcool, dans le vinaigre. Bai. dans sa sueur.* — *Bai. dans son sang*, Perdre beaucoup de sang, en être couvert. = BAIGNÉ, ÉE. part. *Il avait les yeux baignés de larmes. On le laissa baigné dans son sang.*

BAIGNES-SAINTE-RADEGONDE, ch.-l. de c. (Charente), arr. de Barbezieux, 2,000 hab.

BAIGNEUR, EUSE. s. Celui ou celle qui se baigne. *La rivière était pleine de baigneuses. Nos bains de mer avaient attiré une foule de baigneurs et surtout de baigneuses.* || Celui ou celle qui tient des bains publics, ou qui est employé dans un bain public. || Celui ou celle qui, dans les bains de mer, aide à prendre un bain ou à nager.

BAIGNOIR. s. m. Établissement de bains.

BAIGNOIRE. s. f. Grand vase, ordinairement en métal, en pierre ou en bois, dans lequel on prend des bains. || Dans les théâtres, loge au rez-de-chaussée. *Nous louâmes deux baignoires grillées.*

BAÏKAL, grand lac d'Asie (Sibérie).

BAIL. s. m. [*l* mouillée] (bas lat. *balium*, m. s.). L'étymologie de ce mot reste incertaine. *Bail* est le subst. verbal de *Bailler*, donner. Mais il existait dans l'ancienne langue un autre subst. *bail*, avec le sens de tuteur, précepteur, administrateur, et *bail* dans le sens de tutelle, *bailli, bailliage* dans le sens d'administration, se retrouvent en même temps que le premier sens. Origine : *bajulus, custos*, gardien. Contrat par lequel une personne s'oblige envers une autre personne à la faire jouir d'une chose, pendant un certain temps et moyennant un certain prix. Se dit surtout en parlant de maisons ou de propriétés rurales. *On a résilié tous leurs baux.* — Fig. et fam., *Je n'ai pas fait de bail, Je n'ai pas contracté d'engagement.* — *Il n'a pas fait un long bail avec lui*, Ils n'ont pas vécu longtemps ensemble. Fam.

Droit. — La législation française reconnaît deux sortes de louage, celui des choses et celui d'ouvrage ou de service. Ce dernier constitue le *contrat de louage* proprement dit; le nom de *bail* est réservé au premier. Quoique, en général, le contrat de louage puisse s'appliquer à toutes les sortes de biens, meubles ou immeubles, qui sont dans le commerce, les choses dites *fong.bles*, c'est-à-dire qui se consomment par l'usage, comme le vin, les grains, l'huile, etc., ne peuvent servir de matière à une convention de cette nature. Les *droits d'usage et d'habitation* ne peuvent être cédés ni loués, parce que ce sont des droits attachés à une personne exclusive. Quant aux *servitudes*, quoiqu'elles constituent des droits réels, elles ne peuvent non plus être louées, à moins de location du fonds lui-même; car elles ne sont établies que pour le service du fonds. Le Code civil distingue nommément trois sortes de *baux*, savoir le *B. à loyer*, quand il a pour objet le louage d'une maison ou d'un appartement, le *B. à ferme*, quand il s'agit d'une propriété rurale, et le *B. à cheptel*, lorsque ce sont des bestiaux qui sont l'objet du louage. Nous ne parlerons ici que du *B. à loyer* et du *B. à ferme*, et nous commencerons par exposer les dispositions communes à ces deux sortes de baux (C. civil, art. 1744 à 1751).

Toute personne capable de contracter peut prendre ou donner une chose à bail. Cette convention étant regardée comme un acte de pure administration, il n'est pas nécessaire d'avoir la capacité d'aliéner pour consentir un bail; voilà pourquoi le mineur émancipé, la femme mariée pour ses biens paraphernaux, le tuteur pour le compte du pupille, l'usufruitier, etc., peuvent passer des baux dont la durée néanmoins, n'excède pas neuf ans. Quant à ceux qui sont faits pour une période plus longue, ils sont considérés comme une espèce d'aliénation; il faut donc, dans ce cas, que celui qui donne à bail ait le droit de disposer de la chose. A plus forte raison, cette condition est-elle exigée pour la validité des baux emphytéotiques. — On appelle *bailleur* celui qui livre la chose, *preneur* celui qui la reçoit. Les parties contractent soit par écrit, soit verbalement. Quelquefois des arrhes sont données pour assurer l'exécution du bail (voy. ARRHES). Lorsqu'il n'y a pas eu commencement d'exécution de la convention, on n'est jamais admis à prouver par témoins la réalité de celle-ci ; le demandeur a seulement le droit de déférer le serment à son adversaire ou de demander qu'il soit interrogé sur faits et articles. S'il y a commencement d'exécution, et si la contestation porte sur le prix, le propriétaire, à défaut de quittance, est cru sur son serment, à moins que le preneur ne préfère soumettre la question à des experts. Sauf convention contraire avec le bailleur, rien n'empêche le preneur de sous-louer à un tiers; alors il se trouve à l'égard de ce dernier dans les conditions du propriétaire réel. Tout bailleur est tenu de délivrer la chose en bon état et d'y faire, pendant la durée du bail, les réparations nécessaires. Si les vices ou défauts de la chose louée en interdisent l'usage en tout ou en partie, le preneur a droit à une indemnité. Aucune modification ne peut être apportée à la forme de la chose, et le preneur reste garant de toute réclamation relative à la propriété, qui viendrait troubler le preneur dans sa jouissance. De son côté, celui-ci doit user de la chose en bon père de famille et suivant la destination fixée par le bail. Mais l'obligation principale pour lui est d'acquitter les arrérages aux époques convenues. A la fin du bail, le preneur est tenu de rendre la chose telle qu'il l'a reçue, à moins qu'elle n'ait péri en t talité ou en partie, par vétusté ou force majeure. En ce juste, en effet, que les dégradations survenues à la suite d'accidents imprévus, de circonstances inévitables, ou par le vice même de la chose, restent à la charge du propriétaire, puisque la chose eût également péri entre ses mains. — Les baux prennent fin de plusieurs manières : par la destruction fortuite de la chose; par l'expiration du temps marqué pour la durée du bail; par l'événement d'une condition résolutoire insérée dans le bail ; par le défaut respectif des deux parties de remplir leurs engagements. Ni la mort des contractants, ni la vente de la chose, ne portent atteinte aux conventions arrêtées. Seulement dans certains cas, il peut y avoir *éviction*; mais alors le preneur a droit à des indemnités qui sont réglées par la loi. Avant l'expiration du bail fait sans écrit, celle des parties qui veut le faire cesser, doit donner congé à l'autre en observant les délais fixés par l'usage des lieux. Quand le bail est écrit, il n'est pas nécessaire de donner congé, lors de son expiration; mais si le preneur reste en jouissance des lieux sans opposition de la part du bailleur, il s'opère, par *tacite reconduction*, un nouveau bail dont l'effet est le même que celui qui résulte d'une location verbale. En cas de réparations urgentes, le locataire doit les souffrir, pourvu toutefois qu'elles ne rendent pas inhabitable l'immeuble loué; car alors il peut demander la résiliation

du bail. Si elles durent plus de quarante jours, le prix de la location est réduit proportionnellement au temps pendant lequel subsiste l'incommodité. Outre les règles que nous venons d'exposer, et qui sont communes aux baux à loyer et aux baux à ferme, il en est d'autres particulières à chacune de ces deux espèces.

Celui qui loue une maison ou un appartement doit les garnir de meubles suffisants, qui répondent au propriéta e du prix de la location, et sur lesquels ce dernier possède un *privilège*. Les sous-locataires se trouvent également responsables vis-à-vis du bailleur, jusqu'à concurrence du prix de leur sous-location, sans qu'ils puissent lui opposer des payements faits par anticipation. Toutes les réparations locatives qui ne sont point nécessitées par la vétusté ou par quelque cas de force majeure, demeurent à la charge du preneur; cependant, la nomenclature qu'on donne la loi peut être restreinte ou étendue suivant l'usage des lieux. Pour les grosses réparations, comme le curement des puits et fosses d'aisances, elles incombent au propriétaire. A l'expiration du bail écrit, si le locataire continue sans empêchement d'occuper les lieux, il est censé y rester aux mêmes conditions pour le terme ordinaire, et n'en peut être expulsé que par la signification d'un congé, suivant le délai fixé par l'usage. Le bailleur n'a pas non plus le droit de résoudre la location sous prétexte qu'il veut lui-même habiter les lieux. Toutefois, si dans le bail il s'est réservé cette faculté, le congé doit être donné en temps utile. De son côté, le locataire est tenu d'exécuter les conditions arrêtées, et, quand la résiliation arrive par sa faute, de payer le prix du bail jusqu'à la relocation, sans préjudice des dommages-intérêts, le cas échéant. Quant aux simples baux de meubles ou d'appartements meublés, ils sont soumis aux mêmes règles que les autres; néanmoins, l'usage des lieux et les conventions particulières font varier à l'infini les contestations auxquelles ces sortes de contrats donnent naissance (C. civil, art. 1752 à 1762).

Usages de Paris. — Les baux et les locations des maisons et des appartements commencent et finissent aux quatre termes du 1er janvier, du 1er avril, du 1er juillet et du 1er octobre. Lorsqu'il n'a point été fait de convention particulière sur la durée du bail, il finit au terme pour lequel le congé a été donné par le propriétaire et reçu par le locataire, ou réciproquement. Le congé doit être signifié six mois à l'avance pour les maisons, corps de logis et boutiques, seulement trois mois à l'avance pour les appartements d'un loyer supérieur à 400 francs, et six semaines seulement avant l'expiration du terme, pour les loyers de 400 fr. et au-dessous. Quoique, d'après l'usage, les déménagements se fassent le 8 du mois pour les petites locations, et le 15 pour celles qui excèdent 400 francs, cependant l'expiration légale du terme est toujours fixée au 1er de chacun des mois qui commencent les termes. Le locataire payant moins de 400 fr. de loyer ne peut faire accepter le congé par le propriétaire que jusqu'au 15 du second mois du terme à l'expiration duquel il désire sortir; passé le 15, le congé ne peut plus être ni donné ni reçu, si ce n'est de gré à gré.

De même que le locataire d'une maison ou d'un appartement, le preneur d'un bien rural est obligé de fournir des garanties matérielles au propriétaire. Ainsi, il doit garnir sa ferme des bestiaux et des ustensiles nécessaires à l'exploitation. S'il ne remplit point cette condition ou toute autre stipulée dans le bail, le propriétaire peut en a poursuivre la résiliation et demander des dommages-intérêts, suivant les circonstances. Tout fermier d'un héritage rural est tenu d'engranger dans les lieux à ce destinés. Si des usurpations sont commises sur le fonds, le preneur est resi re ponsable, à moins qu'il n'ait averti le propriétaire en temps utile. Le prix du fermage doit être intégralement acquitté aux époques convenues. A défaut de payement, le propriétaire peut faire une saisie-gagerie, conformément aux dispositions des articles 819 et suivants du Code de procédure civile. Néanmoins, la loi a déterminé certains cas où des réductions sont de droit : c'est lorsque, fortuitement ou par force majeure, la totalité ou la moitié au moins de la récolte est enlevée. Alors, si le bail est à long terme, et que le fermier ne se trouve point indemnisé par l'abondance des récoltes précédentes, une remise, payable à la fin du bail, lui est accordée. Lorsque le bail n'est que d'une année, le preneur reste déchargé de la totalité ou d'une partie proportionnelle du prix de la location. Quand le preneur est demeuré chargé des cas fortuits, la stipulation ne s'applique point aux cas fortuits extraordinaires, tels que les ravages de la guerre, les inondations auxquelles le pays n'est point sujet d'habitude, mais seulement aux cas fortuits ordinaires tels que grêle, feu du ciel, gelée ou coulure.

Rien n'empêche cependant le fermier de s'interdire toute réclamation relative aux cas fortuits prévus et imprévus. Le bail sans écrit d'un fonds rural est censé fait pour tout le temps nécessaire afin que le preneur recueille tous les fruits de l'héritage afferme. A l'expiration des baux écrits ou verbaux, on peut se dispenser de donner congé : le contrat cesse de plein droit. Le fermier sortant est tenu de laisser à son successeur les terres convenablement préparées et travaillées pour la saison où l'on se trouve. S'il a reçu à son entrée les pailles et engrais, il ne lui est dû, pour leur valeur, aucune indemnité. — Dans le bail appelé *colonage partiaire*, qui constitue une sorte de société entre le bailleur et le preneur, celui-ci ne peut ni sous-louer ni céder l'héritage. Il doit son propre travail au propriétaire, parce que, dans ce cas, le contrat est presque toujours intervenu en considération de la personne même du colon partiaire. De son côté, le propriétaire supporte dans les pertes qui peuvent survenir, une part proportionnelle à la portion de fruits qui lui revient (C. civil., art. 1763 à 1778).

Notons que depuis la loi du 23 août 1871, tous les baux, même ceux faits verbalement, sont soumis à un droit d'enregistrement qui s'élève à 0,25 centimes pour 100 francs sur le montant cumulé de tous les loyers à échoir pendant la durée du bail. Sont dispensées toutefois de ce droit les locations verbales ne dépassant pas trois ans et dont le prix annuel n'excède pas 400 francs.

Les baux qui ont pour objet des biens nationaux, des biens de communes, d'hospices et autres établissements publics sont soumis à des règlements particuliers. D'après les lois du 12 septembre 1791 et 28 pluviôse an VIII, les baux des biens nationaux se font à la diligence des employés des domaines, aux enchères, devant le préfet ou le sous-préfet du lieu où les immeubles sont situés. Ils sont annoncés par des placards publics, et les conditions de l'adjudication sont régies dans un cahier des charges dont on peut, à l'avance, prendre connaissance. Aucun cas fortuit, prévu, ou imprévu, ne confère à l'adjudicataire le droit de réclamer une indemnité ou une diminution de prix. S'il s'élève des contestations, elles sont jugées par les tribunaux ordinaires. Les mêmes formalités sont usitées pour les biens des communes. Seulement, aux termes de la loi du 14 décembre 1790 et de celle du 28 pluviôse an VIII, l'adjudication est faite par le maire sous la surveillance du préfet et du sous-préfet. Quant aux biens des hospices et autres établissements publics, la forme dans laquelle ils doivent être affermés est déterminée par un décret du 12 août 1807. Ces baux, comme ceux dont nous venons de parler, sont faits publiquement, avec apposition d'affiches, aux enchères, sous la surveillance du préfet ou du sous-préfet, et en présence d'un administrateur de l'établissement qui possède les biens ; mais l'acte d'adjudication est reçu par un notaire. Sous l'empire des lois plus haut mentionnées, la durée des baux des biens des communes, des hospices et des autres administrations publiques ne pouvait excéder neuf ans. Aujourd'hui, en vertu d'une loi du 25 mai 1835, il est permis de les affermer pour une période de dix-huit ans. — Comme complément de cet article, voy. LOUAGE, CHEPTEL, CONGÉABLE, EMPHYTÉOSE, FERMAGE, TRANSCRIPTION.

BAILE. s. m. (bas lat. *bajulus*). Titre que portait jadis l'ambassadeur de Venise auprès de la Sublime-Porte.

BAILLARD. s. m. [Pr. *ba-illar*, *ll* mouillées]. T. Agric. Variété très productive de l'orge vulgaire et dont on fait un pain fort grossier. ¶ T. Teint. Chevalet sur lequel on fait égoutter les soies et les laines.

BAILLE. s. f. [Pr. les *ll* mouillées]. T. Mar. Sorte de demi-futaille en forme de baquet, qui sert à différents usages. ¶ Se dit des perches dont on entoure les pâturages dans le Nord de la France.

BAILLE-BLÉ. s. m. [Pr. les *ll* mouillées] (R. *bailler*; *blé*). Petit cylindre en fonte placé au collet de la trémie dans un moulin. On dit aussi *babillard*.

BÂILLEMENT. s. m. [Pr. les *ll* mouillées]. Inspiration longue et profonde, faite involontairement, et accompagnée d'une expiration quelquefois bruyante. *Faire un bâil. Avoir de fréquents bâillements.* ¶ T. Gram. Sorte d'hiatus produit par la rencontre de certaines voyelles, comme dans : *Il alla à Abbeville*.

On considère, en général, le b. comme un acte instinctif occasionné par un embarras de la respiration, ou un ralen-

tissement survenu dans cette fonction, et qui semble avoir comme conséquence directe d'introduire dans les poumons une plus grande quantité d'air.

Le b. peut survenir dans des conditions diverses. Ainsi les modifications qu'éprouve la respiration en passant de la veille au sommeil et réciproquement excitent le b. quand on est sur le point de s'endormir et lorsqu'on s'éveille. Les femmes sujettes aux attaques de nerfs bâillent presque toujours au commencement et à la fin de l'accès. L'ennui, le désœuvrement, la faim, les digestions laborieuses, les malaises, les états morbides de nature spasmodique, la fatigue, déterminent le b.

BÂILLER. v. n [Pr. les *ll* mouillées et surtout l'*â* long]. Faire un bâillement. *Bâil. d'ennui, de sommeil. Je ne fais que bâil.* ¶ Fig., S'entr'ouvrir, être mal joint. *Les ais de cette cloison bâillent. Cette porte bâille.* — *Voilà une étoffe qui bâille,* Qui n'est pas assez tendue.

BAILLER. v. a. [Pr. les *ll* mouillées et surtout l'*a* bref] (bas lat. *bajulare*, diriger, gouverner). Donner, mettre en main, livrer. *Bail. à ferme. Bail. par contrat, par testament.* Peu us. ¶ Fam., *Vous me la baillez belle. Vous m'en baillez d'une belle,* Vous voulez m'en faire accroire =BAILLÉ, ÉE. part.

BAILLERESSE. s. f. [Pr. les *ll* mouillées]. T. Prat. Celle qui baille à ferme, à loyer, qui passe un bail à quelqu'un. Peu us.

BAILLET. adj. m. [Pr. les *ll* mouillées] (R. *bai*). Se dit d'un cheval qui a le poil roux tirant sur le blanc. *Cheval baillet.*

BAILLETTE. s. f. [Pr. les *ll* mouillées]. Terre donnée par un noble à un serf.

BAILLEUL. s. m. [Pr. les *ll* mouillées]. Se dit d'un empirique qui fait profession de remettre les membres luxés, de guérir les fractures. Peu us.

BAILLEUL. ch.-l. de c. (Nord), ar. d'Hazebrouck, 13,300 hab.

BÂILLEUR. s. m. [Pr. les *ll* mouillées]. Celui qui bâille, qui est sujet à bâiller. *Un bâill. me fait toujours bâiller.* ¶ Auget distributeur dans les anciens moulins.

BAILLEUR. s. m. [Pr. les *ll* mouillées]. T. Prat. Celui qui baille à ferme ou à loyer. Se dit par oppos. à *preneur*, celui qui prend à bail. ¶ T. Com. *Bail. de fonds,* Celui qui fournit les capitaux nécessaires pour une entreprise. Fig. et fam., *Bail. de bourdes,* Celui qui a l'habitude de conter des choses fausses.

BAILLI. s. m. [Pr. les *ll* mouillées] (bas lat. *bajulus*, garde, protecteur). Sous les premières races des rois de France, les possesseurs des fiefs étaient chargés d'administrer la justice au nom du prince, dans toute l'étendue de leurs domaines respectifs. Comme il s'élevait fréquemment des plaintes contre la partialité de ces juges trop puissants, Charlemagne avait institué, sous le titre de *Missi dominici*, des commissaires chargés de recevoir les appels des parties, et de rectifier, au besoin, les sentences attaquées ; mais sous les faibles successeurs de ce prince la puissance souveraine disparut presque entièrement et les seigneurs refusèrent formellement de laisser contrôler et réformer leurs jugements Ils restèrent ainsi maîtres absolus dans leurs domaines. L'autorité royale fut longtemps à reconquérir son droit de justice ; plusieurs des successeurs de Hugues Capet échouèrent dans leurs tentatives à cet effet. Il fallut donc recourir aux voies détournées pour obtenir indirectement ce qu'on ne pouvait imposer par la force Plusieurs villes étaient alors sous la dépendance immédiate du domaine ; on y créa, sous le nom de *grands bailliages*, des juridictions qui s'agrandirent peu à peu. Il n'y eut d'abord que quatre, ceux de Vermandois, de Sens, de Mâcon et de Saint-Pierre-le-Moûtier ; mais, à mesure que les fiefs se réunirent à la couronne, soit par déshérence, soit de toute autre manière, les rois y établirent des *baillis* investis de l'autorité judiciaire au nom du roi. Pour distraire certaines causes des justices seigneuriales, on inventa les *cas royaux*. C'étaient des procès dans lesquels le roi se prétendait intéressé, et alors, comme il n'était pas convenable que le souverain comparût devant le tribunal de son vassal, celui-ci se voyait contraint de subir la sentence des *baillis royaux*. L'*Avouerie*, par laquelle une personne se mettait sous la protection immédiate du roi, contribua aussi à étendre le ressort des grands bailliages, attendu

que par cet acte cette personne devenait exclusivement justiciable des tribunaux royaux. Enfin, Philippe-Auguste, devenu plus puissant que ses prédécesseurs, établit des baillis dans les principales villes du royaume. Ces délégués royaux ne furent pas, dans l'origine, des gens de loi. Ils étaient choisis parmi les grands seigneurs de la cour, et comme, avec l'administration de la justice, on leur confiait le soin de percevoir les impôts, de convoquer le ban et l'arrière-ban, de conduire les contingents à l'armée et de pourvoir les troupes de vivres et de munitions, il arriva bientôt qu'ils ne purent suffire à remplir leurs nombreuses fonctions. En conséquence, ils cédèrent le droit de juger à des *lieutenants*, qui, à leur tour, prirent des *sous-lieutenants*. Tous ces divers officiers judiciaires portèrent également le titre de *baillis*. Dans les intervalles de paix, les baillis primitifs, c'est-à-dire les seigneurs, ayant voulu reprendre leur pouvoir des mains de leurs délégués, pour l'exercer par eux-mêmes, les rois s'y opposèrent et les forcèrent de laisser aux lieutenants la possession absolue des emplois qui leur avaient été confiés provisoirement. Ceux-ci devinrent dès lors de véritables magistrats. Cependant ils ne furent pas les seuls qui portassent le titre de *bailli*. En effet, les seigneurs hauts-justiciers s'étaient également déchargés de leurs fonctions judiciaires sur des délégués qui reçurent le même nom; mais on appela ces derniers *baillis de robe longue* ou *petits baillis*, pour les distinguer des premiers qui étaient nobles et d'épée. Les sentences des *baillis seigneuriaux* étaient déférées par appel aux *baillis royaux*, et en dernier ressort aux parlements, lorsque ces assemblées eurent été rendues sédentaires. Cette organisation judiciaire s'affermit peu à peu, en sorte que chaque village, chaque bourg, se trouva placé sous la juridiction d'un *bailli* spécial. D'après une ordonnance de Louis XII, ces officiers de justice durent offrir certaines garanties de être gradués en droit; ce qui n'empêcha point Henri II de leur enlever les causes d'appel par la création de cours particulières composées de neuf magistrats et désignées sous le nom de *Sièges présidiaux*. — En 1789, la France se trouvait divisée en circonscriptions judiciaires appelées bailliages, lesquelles constituaient aussi des divisions administratives. Ainsi, les provinces qui n'étaient pas divisées par sénéchaussées, l'étaient par bailliages relativement à l'élection des députés aux États généraux. Ce furent les électeurs des bailliages qui, en 1789, rédigèrent ces fameux cahiers où étaient formulés tous lesprincipes que proclama et qu'appliqua l'Assemblée constituante.

Dans l'ordre de Malte, les chevaliers qui étaient revêtus d'une dignité supérieure à celle de commandeur, et qui étaient établis dans les pays catholiques auprès des divers bailliages et chapitres de l'ordre recevaient le titre de *Baillis*. Ce titre leur conférait le privilège de porter la grand'croix. Enfin, dans certains pays de l'Allemagne, de la Suisse, on désigne encore sous ce nom certains magistrats préposés à l'exécution des lois.

BAILLIAGE. s. m. [Pr. *ba-illage*, *ll* mouillées] (R. bailli). Tribunal composé de juges qui rendaient la justice au nom du bailli ou sous sa présidence. *Procureur du roi au bailliage.* || Partie du territoire qui était sous la juridiction du bailli. || Le lieu, la maison où se tenait le tribunal du bailli. || Dans quelques contrées de la Suisse et de l'Allemagne, district dont l'administration est confiée à un bailli. || Dignité et juridiction d'un bailli dans l'ordre de Malte.

BAILLIAGER, ÈRE. adj. [Pr. *ba-illagé*, *ll* mouillées]. Qui appartient au bailliage. *Les assemblées baillingères furent convoquées pour l'élection des États généraux.*

BAILLIE. s. f. [Pr. *ba-illi*, *ll* mouillées] (bas lat. *bajulare*, diriger, go.verner). T. Droit féodal. Seigneurie, autorité, droit de tutelle, fonction de tuteur.

BAILLIVE. s. f. [Pr. les *ll* mouillées]. La femme d'un bailli.

BÂILLON. s. m. [Pr. les *ll* mouillées] (R. *bâiller*). Morceau de bois, de fer, etc., que l'on met en travers de la bouche d'une personne, pour l'empêcher de parler ou de crier, ou dans la gueule d'un animal pour l'empêcher de mordre ou de faire du bruit. *Jadis on mettait quelquefois un bâil. aux condamnés que l'on envoyait au supplice.*

BÂILLONNÉ. [Pr. les *ll* mouillées]. Art héral. Se dit de tout animal ayant entre les dents un bâton d'un autre émail que le corps.

BÂILLONNER. v. a. [Pr. les *ll* mouillées].Mettre un bâil-

DICTIONNAIRE ENCYCLOPÉDIQUE.

lon, *Bâil. un homme, un chien.* || *Bâil. une porte,* La fermer en dehors avec une pièce de bois. || Fig., *Bâil. la presse, les journaux,* Leur interdire de parler.

BAILLOQUES. s. f. pl. [Pr. les *ll* mouillées]. T. Comm. Plumes d'autruche mêlées de brun et de blanc.

BAILLOT, violoniste français et compositeur (1771-1842).

BAILLOTTE. s. f. [Pr. les *ll* mouillées] (diminutif de *baille*). Tech. Vase de bois, plus souvent appelé *baquet*.

BAILLY (JEAN-SYLVAIN), savant français, né à Paris en 1736, membre de l'Académie des sciences (1763), de l'Académie française (1784) et de l'Académie des inscriptions (1785), auteur de l'*Histoire de l'astronomie* et d'autres ouvrages, fut président de l'Assemblée constituante en 1789, présida notamment la mémorable séance du *Jeu de paume*, fut acclamé maire de Paris. Bailly a été l'un des fondateurs de la République française, mais, trop modéré pour les radicaux de la Terreur, cet homme, d'un si noble caractère, fut condamné à mort et guillotiné le 12 novembre 1793. Voy. la belle notice d'ARAGO.

BAILY (FRANCIS), astronome anglais (1774-1844).

BAIN. s. m. (lat. *balneum*). Immersion et séjour plus ou moins prolongé du corps ou d'une partie du corps dans l'eau ou dans quelque autre fluide, soit par plaisir, soit par motif de propreté de santé. *B. de mer. B. de rivière. B. chaud, froid, tiède. B. à domicile. Prendre, prescrire, ordonner des bains. Les bains sont fort utiles dans certaines affections nerveuses. Le b. était très bon le matin. C'est le meilleur endroit de la rivière pour le b. Les Orientaux font un usage immodéré des bains.* — *B. entier,* Immersion complète du corps jusqu'au cou. *B. local* ou *topique,* Immersion d'une seule partie du corps. *Demi-b.,* Immersion jusqu'à la ceinture. *B. de siège,* Immersion de la partie inférieure du tronc. *B. de pieds,* Simple immersion des pieds. S'emploie en parlant des animaux. *Il faut faire prendre des bains à ce chien, à ce cheval.* || Se dit aussi de l'eau ou du fluide dans lequel on se plonge. *Préparer un b. Chauffer un b. Se mettre au b. Entrer dans le b. B. tiède. B. simple, B. d'eau pure. B. composé,* B. d'eau dans lequel on a mélangé certaines substances. *B. de lait. B. de son. B. médicamenteux. B. gélatineux. B. sulfureux* *B. d'eau minérale. B. de vapeur* ou *B. de vapeurs,* Lieu clos et rempli de vapeurs chaudes où l'on plonge le corps entier ou une partie du corps. — *Prendre un b. d'air,* Demeurer nu, exposé à l'action de l'air pendant un certain temps. — *B. de sable, de boue, de bourbe, de cendres, de marc de raisin,* etc., B. qui consiste à se plonger dans ces matières ou à s'en couvrir le corps. — Fig. et fam., on dit d'un gros nuage qui menace de la pluie, *C'est un b. qui chauffe;* et l'on appelle *B. de grenouilles, B. de crapauds,* un lieu où l'eau est sale et bourbeuse. || Baignoire. *Remplir, vider le b. Mettez de l'eau dans le b. B. de siège,* Petits baignoires pour ces sortes de bains. — *Fond de b.,* Linge dont se garnit l'intérieur de la baignoire. || *B. de pieds,* Petites baignoires pour l'on se baigne. *Les bains sont dans l'aile gauche de l'édifice.* On dit aussi *Cabinet de bain, Salle de bain.* — Établissement public où l'on peut prendre des bains. *Bains publics. Entreprise de bains. Construire des bains. Aller aux bains.* — Se dit encore de certains lieux où il y a des eaux naturellement chaudes où l'on va se baigner. *Les bains d'Aix, de Bade, de Bourbonne, d'Uriage,* etc. || T. Hist. *L'ordre du Bain,* V. CHEVALERIE. || T. Chim. Toute matière interposée entre le feu et le vase que l'on veut chauffer On dit, *B. de vapeur,* lorsque le vase qui contient la substance à chauffer, est seulement exposé à la vapeur de l'eau bouillante; *B. de sable* ou *de cendre,* lorsque le vase est placé dans du sable ou dans de la cendre; *B.-marie,* lorsque le vase à chauffer est plongé dans l'eau chaude. Voy. ALAMBIC. — Cette manière de chauffer est aussi usitée en cuisine sous le même nom de *B.-marie.* || T. Archit. Maçonner à b. de mortier, Poser les pierres, jeter les moellons, asseoir les pavés en plein mortier. || T. Teint. Cuve où il y a de l'eau et des drogues pour la teinture. *B. de cochenille.* || T. Techn. S'emploie généralement pour désigner, soit les liqueurs dont les ouvriers se servent pour donner certaines préparations à leurs ouvrages, soit les vases contenant ces liquides. || T. Expl. houill. Réservoir souterrain formé par l'infiltration des eaux dans les vides laissés par l'exploitation de la houille.

Physiol. et Médec. — L'action physiologique exercée sur

68

l'organisme humain par l'immersion du corps dans l'eau pure présente des différences telles, selon la température du liquide lui-même, qu'il est impossible de donner une description générale des phénomènes qui en résultent. Il faut nécessairement établir certaines divisions fondées sur la température des bains. En conséquence, avec la plupart des auteurs, nous distinguerons les bains en *bains froids*, *bains frais*, *bains tièdes* et *bains chauds*.

B. froid (de 0° à + 15° centig.). Lorsqu'on se plonge dans une masse d'eau dont la température est de 0° à + 5 ou 6°, on éprouve une sensation de froid très vif, marqué par une horripilation générale, un tremblement violent de la mâchoire inférieure, une forte douleur de tête et un engourdissement dans tous les membres. Les mouvements que l'on exécute favorisent la déperdition de la chaleur par le renouvellement de l'eau ambiante, sans déterminer la moindre réaction. Au bout de quelques minutes, la céphalalgie augmente; on éprouve, à l'épigastre, dans les muscles et dans les articulations, des douleurs vives qui s'accompagnent bientôt de crampes. La respiration s'accélère et devient gênée; le pouls est petit, fréquent et concentré. Enfin, la périphérie entière du corps présente les phénomènes d'une vive rétraction des tissus; tous les membres paraissent sensiblement plus minces; le nez est effilé, le visage pâle et jaunâtre; les yeux sont caves, les lèvres violettes; parfois même la peau se couvre de plaques violacées. Tous ces phénomènes, tant externes qu'internes, s'expliquent aisément par le reflux du sang de la périphérie à l'intérieur des organes. Il est impossible de supporter ce b. plus de quelques minutes. Lorsqu'on en sort, il se manifeste une réaction toujours très violente, qui s'accompagne en général d'une chaleur âcre et piquante, ainsi que d'une vive agitation. Tantôt cette réaction est prompte à se manifester, tantôt elle se produit tardivement : dans ce dernier cas, l'on éprouve un malaise considérable qui ne disparaît que lorsqu'elle a eu lieu.

Quand la température du b. froid est plus élevée, c.-à-d. de 10° à 16° centig., les phénomènes primitifs qu'il détermine sont analogues à ceux que nous venons de décrire; mais ils sont beaucoup moins intenses. Ce qui en fait surtout la différence, c'est que le malaise d'abord produit par l'immersion du corps dans l'eau, est remplacé assez promptement par un bien-être sensible, et qu'on semble s'habituer à cette température. En outre, les mouvements auxquels on se livre dans ce cas, ne sont plus suivis d'un refroidissement pénible. La réaction suit bientôt la sortie du b.; on se sent alors frais, agile, dispos, et l'on éprouve un appétit fort vif.

On conçoit que les bains au-dessous de 10° soient très peu usités, et en effet le médecin n'y doit recourir que dans les circonstances tout à fait exceptionnelles. Ils constituent, toutefois, la base d'une méthode allemande très réputée pour le traitement de la fièvre typhoïde grave : méthode de Brand, de Stettin, étudiée surtout en France par le Dr Glénard, de l'École de médecine de Lyon. — Il n'en est pas de même du b. de 10° à 15°. Comme une pareille température est supportable pendant un certain laps de temps, et comme les mouvements exécutés dans l'eau diminuent l'impression du froid, ces bains constituent un des agents les plus efficaces de la médication tonique, surtout lorsqu'on sait les combiner avec l'usage des autres moyens propres à modifier profondément l'organisme. On a vanté les bons effets du b. froid contre la chorée ou danse de Saint-Guy; mais les résultats annoncés n'ont pas été confirmés par l'expérience. Quant à leur emploi dans les fièvres intermittentes, dans la manie, l'hypocondrie, etc., on ne saurait ni le recommander ni le proscrire absolument : il peut être utile dans quelques cas et nuisible dans d'autres. C'est à l'homme de l'art à juger de l'opportunité de tout remède exceptionnel.

B. frais (de 15° à 24°). — Ce b. est ordinairement celui auquel se livrent les jeunes gens durant la belle saison : c'est dans l'eau à cette température qu'ils prennent l'exercice si salutaire de la natation. La première sensation que l'on éprouve, quand on entre dans la rivière, surtout si, au lieu de plonger, on y entre graduellement, est pénible; mais elle disparaît presque aussitôt. Lorsqu'on est dans l'eau, on n'y éprouve aucune gêne, aucun malaise, pourvu qu'on ait soin d'exercer convenablement le système musculaire. La réaction légère qui s'opère après le b., produit un effet agréable et en même temps utile à la santé. Le b. frais, pris ainsi dans l'eau courante, ne saurait être trop recommandé aux jeunes personnes des deux sexes : il fortifie puissamment la constitution, et il peut être un moyen curatif des plus efficaces dans les affections atoniques, notamment dans la scrofule. Il est fréquemment employé dans certaines maladies nerveuses, ainsi que dans les phlegmasies aiguës et même dans les fièvres éruptives;

mais nous ne pouvons pas entrer ici dans ces détails de la médecine pratique. — Le b. frais pris dans une baignoire est loin de produire d'aussi bons effets, à cause de l'immobilité à laquelle il condamne. — Cette sorte de b. convient peu aux vieillards, car ils sont naturellement trop exposés aux congestions viscérales, et, chez eux, la réaction n'est pas aussi franche que chez les adultes.

Pendant un temps, il a été de mode d'administrer des bains frais aux jeunes enfants, dans le but louable de fortifier leur constitution. C'était un malheureux emprunt, comme tant d'autres, fait à l'antiquité. En effet, les Spartiates, qui baignaient leurs enfants dans l'Eurotas, ne vivaient ni sous le même climat, ni de la même manière que nous. Pour que l'usage du b. frais ne nuise pas à l'enfant, il faut d'abord qu'il soit assez fort pour que la réaction s'opère vivement et franchement; et, dans tous les cas, il convient de l'habituer graduellement à l'impression de l'eau froide. — Le moment de la journée auquel le b. de rivière se prend avec le plus d'avantage, est le matin avant le premier repas, et mieux encore l'après-midi, de quatre à six heures, avant le repas du soir. La digestion du repas précédent doit être achevée, afin de ne pas troubler cette fonction et éviter même des accidents plus graves. Il faut donc s'en abstenir pendant les trois premières heures après le repas; pour les enfants, deux heures d'intervalle entre ce dernier et le b. sont suffisantes. La même précaution est prescrite pour le bain tiède. — Un préjugé vulgaire et très répandu veut que les bains frais de rivière soient malsains et dangereux pendant les jours caniculaires. Ce préjugé est absolument dénué de fondement.

La température des eaux de la mer, marquant en général 15° à 17° au thermomètre centigrade, les *bains de mer* rentrent dans la catégorie des bains frais, presque froids. Les phénomènes d'action et de réaction qui se produisent pendant l'immersion et à la sortie de l'eau, sont absolument les mêmes que ceux que nous venons de décrire en parlant des bains frais de rivière. Mais les effets secondaires et généraux que détermine l'eau de mer diffèrent beaucoup de ceux que détermine l'eau douce : aussi l'efficacité du b. de mer dans les affections atoniques, et particulièrement dans la scrofule ou dans la tendance à cette maladie, est-elle beaucoup plus grande. Cette différence résulte de deux causes, l'une physique, l'autre chimique. L'agitation incessante de l'eau, la douche énergique que produit le choc de la lame sur le corps, augmentent singulièrement l'action tonique propre à l'eau froide. La quantité considérable de sels (près de 4 centièmes de son poids) que l'eau de mer tient en dissolution, et les vapeurs salines qui saturent l'air des côtes, expliquent aussi, pour une grande partie, la puissance de ces bains employés comme moyen thérapeutique. Il faut noter surtout que les substances médicamenteuses les plus efficaces dans les cachexies atoniques, telles que l'iode, le brome, le phosphore, se trouvent en forte proportion dans l'eau de mer. Les bains de mer sont encore fort utiles dans une foule de maladies nerveuses. La vogue qui s'attache à ces bains est donc méritée; et les femmes du monde, que leur genre de vie tend incessamment à débiliter, ont donc raison de les fréquenter : elles y retrouvent un peu de vigueur et de santé. Toutefois, précisément parce que le b. de mer agit avec énergie sur l'organisme, les cas où il est contre-indiqué sont assez nombreux. La meilleure saison pour prendre les bains de mer est la fin de l'été ou le commencement de l'automne, parce qu'alors l'eau est un peu moins froide et l'air extérieur un peu moins chaud. Ainsi que l'a écrit le Dr Monin, « le bain de mer est une de ces armes à deux tranchants dont l'usage exige une certaine habileté : c'est un tonique efficace, un irritant vital énergique, un puissant modificateur ».

B. tiède (de 24° à 32°). — Le b. tiède proprement dit varie entre les températures de 26° à 30°. Il n'est personne qui ne sache, par expérience, que ce b. par lui-même est, pour ainsi dire, un plaisir, et qu'il procure une sensation de bien-être toute particulière. Il ne fait pas éprouver le sentiment du froid, mais celui d'une chaleur douce et pénétrante. La fréquence de la respiration et celle du pouls, notamment, éprouvent une diminution sensible. Ce b. assouplit les autres tissus; le volume du corps est augmenté; la peau se gonfle, se ride, se ramollit. Il délasse l'organisme entier, soit après une fatigue physique, soit après un travail intellectuel prolongé. Il agit encore de la manière la plus avantageuse en nettoyant la surface extérieure du corps, en enlevant les concrétions que la poussière et la sueur accumulent. Sa température est en effet celle qui est la plus convenable pour le b. de propreté. Comme en outre ce b. n'exerce sur l'organisme aucune action vive, quoique son emploi fréquent soit à la longue débilitant, il existe peu de contre-indications à son usage. Il importe seulement, au sortir de ce b., de se prémunir avec soin contre les refroidissements, attendu que la surface cutanée est alors très impressionnable à l'air extérieur.

Au point de vue thérapeutique, le b. tiède n'est guère moins utile qu'au point de vue hygiénique. L'eau du b. en contact avec des parties irritées ou enflammées agit sur elles à la manière d'un topique émollient, en diminuant la tension, l'injection, la chaleur et la douleur des surfaces. Cet effet se produit également dans les organes qui ne sont pas soumis à l'influence directe de l'eau. Le ralentissement de la respiration et de la circulation, le relâchement de la peau, l'état de détente générale de l'organisme et de calme qui accompagnent l'usage de ces bains, expliquent assez leur action sédative. Il n'est pas de maladie inflammatoire contre laquelle on n'ait employé le b. tiède avec succès. Dans les phlegmasies viscérales, telles que la péritonite, la métrite, l'hépatite, la néphrite et la cystite, c'est un des moyens sur lesquels il faut le plus insister. La même recommandation est applicable aux cas d'affections nerveuses.

B. chaud (de 32° et au-dessus). — Quoique la température du corps humain soit en moyenne de 37°, un b. élevé à cette température nous fait éprouver une vive et pénible impression de chaleur. Cette impression s'explique aisément, si l'on considère la densité supérieure de l'eau, la pression qu'elle exerce sur nous et l'absence d'évaporation à la périphérie cutanée. Cependant, au bout de quelques instants, on supporte très bien cette température. Il en est autrement lorsque la chaleur du b. est plus élevée de quelques degrés seulement. Alors l'entrée dans l'eau produit un frisson, une horripilation semblable à celle qui se manifeste au moment de l'immersion dans l'eau froide; mais bientôt l'on ressent une chaleur très vive; la respiration s'accélère; le pouls devient plus fort et beaucoup plus fréquent; la surface cutanée se gonfle par l'afflux du sang; la peau rougit, le visage surtout se colore d'une vive rougeur; les yeux sont saillants, injectés et larmoyants; enfin, la tête s'appesantit et le vertige survient, signes irrécusables d'une vive congestion cérébrale qui pourrait devenir promptement funeste. L'irritation déterminée par la chaleur à la surface de la peau rend compte de l'afflux du sang et des phénomènes résultant de cet afflux qui se produisent à la périphérie du corps. Au sortir du b. chaud, la peau est le siège d'une transpiration abondante, et l'on éprouve une faiblesse et une débilité musculaire prononcées. — Le b. très chaud est fort utile contre les rhumatismes chroniques.

Ce que nous venons de dire des bains de tout genre doit s'entendre d'une façon générale. Un bon médecin sait tenir compte des idiosyncrasies particulières.

Le *B. de vapeur* offre les plus grandes analogies avec le b. chaud; il produit à peu près les mêmes effets physiologiques. Quoique sa température soit bien plus élevée que celle du b. d'eau, il se supporte aisément, à cause de la moindre densité du fluide vaporisé, de l'absence de toute pression extérieure, et surtout de l'évaporation qui s'opère à la surface du corps. Le b. de vapeur excite vivement la peau, y détermine un afflux sanguin énergique et une transpiration abondante, que l'on peut continuer de façon à obtenir une dérivation puissante. Chez les peuples occidentaux, le b. de vapeur est peu usité comme b. hygiénique; il en est autrement dans l'Orient et dans plusieurs contrées du nord de l'Europe. C'est donc parce qu'exclusivement comme moyen thérapeutique qu'on l'administre chez nous. On en obtient de merveilleux effets dans plusieurs maladies chroniques, telles que le rhumatisme et la sciatique, et dans certaines dermatoses invétérées. — On peut prendre le b. de vapeur ou y introduisant le corps tout entier y compris la tête, ou le corps excepté la tête, ou une partie du corps seulement. Quand la tête est hors du b., la transpiration s'établit moins promptement que lorsque le malade respire l'air échauffé de l'étuve. Dans le cas du b. partiel, la transpiration est d'abord locale; mais ordinairement elle ne tarde pas à devenir générale. Si le corps tout entier est plongé dans le b., on n'élève sa température au delà de 50° centig.; dans les autres cas, on peut la porter à 60° et à 75°. La durée du b. varie selon la susceptibilité du malade et le but thérapeutique que l'on se propose. — Cette espèce de b. s'administre aujourd'hui au moyen d'appareils extrêmement simples, dans lesquels on introduit tout le corps à l'exception de la tête, ou seulement la partie malade. On porte ces appareils à domicile, et on peut même donner un b. de vapeur à un patient incapable de faire un mouvement dans son lit. On introduit le malade dans un sac de toile imperméable qui laisse la tête au dehors; puis, au moyen d'un tube qui aboutit dans l'intérieur du sac, on y fait pénétrer la vapeur

d'eau que l'on dégage à l'aide d'une simple lampe à alcool. Lorsqu'on le juge à propos, on peut charger la vapeur de substances aromatiques stimulantes qui ajoutent à son action. — Le *B. de chaleur* ou l'*étuve sèche* diffère de b. de vapeur, appelé par opposition *étuve humide*, en ce qu'on se borne à chauffer l'air renfermé dans l'appareil où est plongé le corps du malade. Son action, qui dépend uniquement de la quantité de calorique dont l'air est alors chargé, est identiquement la même que celle du b. de vapeur; seulement il provoque plus énergiquement la transpiration.

Les *Bains médicamenteux* sont, en général, préparés avec de l'eau que l'on charge de certains principes médicamenteux : tels sont les bains *sulfureux*, les bains *alcalins*, les bains *salins*, les bains *iodés* ou *iodurés*, les bains *mercuriels*, etc. Comme leurs effets diffèrent selon la substance active qu'on a ajoutée à ce liquide, et qui, pour agir, a besoin d'être absorbée et introduite dans l'économie, nous en parlerons aux articles consacrés à ces substances elles-mêmes. Quant aux bains émollients, adoucissants et aromatiques, on les prépare au son, à l'amidon, à la gélatine. On nous permettra de passer sous silence les bains de sang, ceux de marc de raisin, ceux de lait, etc. Les *Bains d'eaux minérales* sont des bains médicamenteux *naturels* qui jouent un rôle intéressant dans la thérapeutique; mais leur histoire ne saurait être séparée sans inconvénient de celle de ces eaux elles-mêmes. Voy. EAUX MINÉRALES. Les *Bains locaux*, quoique usités presque exclusivement dans un but thérapeutique, ne peuvent donner lieu à aucune considération de quelque intérêt. Leur action n'est spéciale qu'en ce sens qu'elle est appliquée à une partie du corps seulement; mais elle dépend uniquement de la température et de la composition du b. — Il nous resterait encore, pour compléter l'exposé succinct que nous venons de consacrer aux bains en général, à parler de l'*Hydrothérapie*; mais, ainsi que son nom l'indique, elle constitue à elle seule un système thérapeutique : à ce titre, elle mérite un examen séparé. Voy. HYDROTHÉRAPIE.

Bains électriques médicinaux. — On comprend sous ce nom, en thérapeutique, plusieurs opérations différentes. Dans le « bain électrique » on isole le malade en le faisant monter sur un tabouret à pieds de verre et on lui fait tenir en main un conducteur en relation avec une machine électro-statique. On porte ainsi tout son corps à un potentiel élevé. Dans le bain électrique proprement dit, le malade est placé dans une baignoire en relation avec l'un des pôles d'une pile et tient dans ses mains un conducteur relié à l'autre pôle.

Hist. — Dans l'antiquité, l'usage des bains était infiniment plus répandu que de nos jours : c'est qu'on effet ils étaient un besoin de première nécessité pour des peuples qui ne connaissaient pas l'usage du linge, qui ne portaient que des vêtements de laine, qui marchaient les pieds presque nus, et qui avaient souvent les bras et les jambes complètement découverts. L'utilité des bains, des lotions et des ablutions de tout genre, au point de vue de l'hygiène et de la santé publiques, était alors telle que plusieurs législations firent de ces soins de propreté une obligation indispensable. La législation mosaïque en est le plus frappant exemple. Si l'on considère en outre la chaleur des climats sous lesquels vivaient les premiers peuples, il est aisé de comprendre que le b. devait encore être pour eux une source de plaisir et une véritable volupté.

Dès les temps les plus reculés de l'histoire de la Grèce, l'usage du b. était habituel pour les individus des deux sexes. Ainsi, Nausicaa, fille du roi des Phéaciens, va avec ses esclaves laver ses vêtements; puis, cette opération terminée, elle se baigne dans la rivière (*Odyss.*, VI, 65). Moschus nous représente Europe se baignant dans l'Anaurus, et Théocrite nous peint Hélène se baignant dans l'Eurotas avec ses compagnes. Les sources chaudes étaient également fréquentées dans le même but. Les sources thermales, appelées Bains d'Hercule, Ἡράκλεια λουτρά, sont célébrées par les poètes. Pindare parle des *bains chauds* des Nymphes. Le b. chaud artificiel se prenait dans un vase appelé ἀσάμινθος par Homère et ἐμβάτης par Athénée. Lorsqu'on se baignait uniquement pour se laver, le b. froid était préféré comme plus fortifiant; mais après un exercice violent ou pénible, on faisait usage du b. chaud pour rafraîchir le corps et diminuer la tension musculaire. Un passage d'Homère (*Il.*, X, 576) nous apprend que l'on se servait de baignoires de marbre poli, comme celles qui furent plus tard en usage chez les Romains. L'usage du b. était alors regardé comme tellement indispensable, qu'il faisait partie des obligations de l'hospitalité. Dans les poèmes homériques, l'étranger qui arrive chez son hôte est immédiatement conduit au b. pour laver la poussière qui le couvre et le délasser de la fatigue du voyage. Dès cette époque, les Grecs avaient l'habitude de prendre deux bains successivement : le b. frais d'abord, puis le b. chaud. La coutume opposée de se plonger dans l'eau froide, en sortant du b. chaud, est mentionnée par Aristide, qui écrivait dans le II° siècle de notre ère ; mais elle paraît avoir été empruntée aux Romains lorsque ceux-ci eurent subjugué la Grèce. Après le b., surtout après le b. chaud, on s'oignait le corps avec de l'huile, dans le but d'entretenir la souplesse de la peau ; souvent l'huile destinée à cet usage était parfumée avec des herbes odoriférantes. Chez les Grecs, le b. précédait toujours le repas. Les Lacédémoniens, qui considéraient le b. chaud comme énervant et efféminé, usaient de deux sortes de bains, savoir le b. froid dans l'Eurotas, et le b. d'étuve sèche ; le premier se prenait tous les jours. Dans la Grèce, les gens riches avaient des bains dans leurs maisons ; pour les gens du peuple, il paraît qu'il y avait des bains publics. A Athènes, ils étaient attachés aux gymnases ; mais ces établissements n'offraient ni le luxe ni la magnificence que les Romains déployèrent plus tard dans leurs thermes. Il semble qu'il en fut autrement chez les Perses ; car lorsque Alexandre entra dans les bains de Darius, il s'écria : « Est-ce au sein d'une telle mollesse que l'on peut commander aux hommes ! »

Les Romains, aussi bien que les Grecs, n'eurent d'abord d'autres bains que l'eau des rivières. Sénèque nous apprend que, dans les premiers temps de la République, ils se lavaient chaque jour les bras et les jambes, et qu'ils se baignaient dans le Tibre une fois par semaine. On ignore à quelle époque l'usage des bains chauds s'introduisit à Rome ; mais le même auteur rapporte que Scipion avait un b. chaud dans sa villa de Liternum. Il consistait en une seule chambre petite et obscure. Valère-Maxime et Pline l'Ancien attribuent l'invention de l'étuve humide et sèche à un nommé Sergius Orata, qui vivait du temps de Crassus, avant la guerre des Marses. A l'époque de Cicéron, comme on le voit par plusieurs passages des écrits de cet orateur, l'usage des bains d'eau chaude et de vapeur était extrêmement répandu. On les recherchait par sensualité, et on y déployait déjà beaucoup de luxe. Il y avait aussi alors à Rome des établissements de bains où le public était admis moyennant une rétribution très minime.

Durant les premiers siècles de l'histoire romaine, les lois de la pudeur étaient religieusement respectées dans les bains pris en commun. Ainsi, suivant Valère-Maxime, un père n'aurait pas osé se baigner en compagnie de son fils pubère, ni un gendre en compagnie de son beau-père. Mais la décence disparut quand les richesses et le luxe envahirent Rome ; et lorsque se répandit l'usage des grands établissements nommés *Thermes*, non seulement on vit les hommes de tous les âges et de toutes les conditions se baigner ensemble, mais encore les sexes s'y mélangèrent sans pudeur. Cette promiscuité fut interdite par Adrien, Antonin, Marc-Aurèle et Alexandre Sévère. Les deux premiers assignèrent aux deux sexes des heures différentes ; le dernier défendit d'ouvrir des bains communs aux hommes et aux femmes. — Lors de l'établissement des premiers bains publics, ils furent exclusivement réservés aux gens du peuple ; les gens riches, aussi bien que les chevaliers et les sénateurs, prenaient le b. dans leurs propres maisons. Mais, déjà sous Jules César, nous voyons la mère d'Auguste fréquenter les bains publics. Plus tard, les plus grands personnages, jusqu'aux empereurs, ne craignirent pas de se baigner pêle-mêle avec la populace. C'est ce que Spartien nous rapporte d'Adrien, et Lampride du vertueux Alexandre Sévère lui-même. Le dissolu Gallien se plaisait dans les thermes où tous les sexes et tous les âges étaient confondus.

Les bains, à Rome, s'ouvraient au lever du soleil, et se fermaient à son coucher ; mais il paraît qu'à l'époque d'Alexandre Sévère ils demeurèrent ouverts toute la nuit. Au temps de Cicéron, le prix du b. ne coûtait qu'un *quadrans*, environ 2 centimes, et il resta toujours le même. Les enfants au-dessous d'un certain âge ne payaient rien. Enfin, les voyageurs et les étrangers paraissent y avoir été admis gratuitement. Les bains se fermaient lorsqu'il arrivait quelque calamité publique. — Le moment de la journée où les Romains allaient au b., était en général la huitième heure. Vitruve dit que le meilleur moment, pour se baigner, est de midi au coucher du soleil. Lorsque l'eau était prête et les bains préparés, le public en était averti par le son d'une cloche. — Tant que les bains ne furent considérés que comme un moyen de propreté ou une mesure hygiénique, on se contenta d'en prendre un au plus chaque jour. Mais, lorsque la corruption des mœurs fut arrivée à son apogée, on vit des individus passer au b. une grande partie de la journée. L'empereur Commode

prenait jusqu'à sept et huit bains par jour ; les empereurs Gordien et Gallien en prenaient six ou sept en été, et deux ou trois en hiver. Commode même y prenait souvent ses repas. De même que les Grecs, les Romains se baignaient habituellement avant leur principal repas, et, comme eux aussi, ils s'oignaient le corps d'huile ou de parfums précieux. — La manière dont les Romains prenaient le b., les raffinements qu'ils avaient introduits dans leur pratique, le luxe et la magnificence qu'ils déployèrent sous l'empire dans la construction et la décoration des établissements publics destinés à cet usage, offrent des détails du plus haut intérêt ; il en sera parlé au mot THERMES.

Les désordres de tout genre auxquels avaient donné lieu les thermes, firent peu à peu abandonner ces établissements à mesure que le christianisme convertit à une religion chaste, sévère et ennemie de toute sensualité les peuples qui avaient fait partie de l'empire romain. L'invasion des barbares qui détruisit les monuments antiques de tout genre, n'épargna pas davantage les thermes. L'Orient seul conserva ses traditions en même temps que les traditions romaines, en fait de bains. Les conquêtes de l'islamisme y contribuèrent aussi puissamment. En effet, d'une part, le Coran proscrit l'usage du bain et des ablutions ; de l'autre, il favorise à tous les degrés le développement de la sensualité. L'influence du climat a aussi quelque droit d'être mentionnée. Parmi les pays qui subirent le joug musulman, l'Espagne nous offre, dans plusieurs villes, de remarquables débris de bains arabes qui donnent une haute idée de leur luxe et de leur splendeur, et qui rappellent jusqu'à un certain point les thermes romains. En Égypte, en Syrie, en Turquie même, on rencontre, parmi les bains publics, plusieurs édifices qui méritent l'attention. On cite particulièrement ceux de Saint-Jean-d'Acre. Du reste, c'est généralement au Caire que l'on trouve, dans les bains publics, le plus de luxe et de recherche. Chacun des édifices affectés à ce service est formé de deux parties distinctes. Dans la première, où règne une température fraîche, les baigneurs déposent leurs vêtements qu'ils échangent contre une simple serviette passée autour des reins. On n'arrive à la seconde que par un long couloir, chauffé graduellement, dont la température augmente à mesure qu'on approche de la salle de b. proprement dite, où règne une atmosphère chargée de vapeur d'eau chaude et de parfums. C'est là que le baigneur, étendu sur une espèce de banc, est *massé*, c.-à-d., pétri en quelque sorte, des pieds à la tête, par les esclaves attachés à l'établissement. Il passe ensuite sous une pluie de mousse de savon, puis dans un cabinet où il trouve de l'eau chaude et de l'eau froide à sa disposition pour se laver. Cela fait, il retourne prendre ses vêtements dans la salle d'entrée, en traversant le même couloir à température graduée qui lui évite la transition brusque de l'air chaud à l'air frais. L'Asie Mineure, la Syrie, la Perse et l'Inde ont des bains publics établis à peu près dans le même système. En Turquie, on les retrouve avec un peu moins de luxe, mais accessibles pour tous moyennant une rétribution des plus minimes ; il n'y a pas de village turc qui ne possède son b. public. Dans les pays mahométans, les maris les plus sévères n'ont pas le droit d'empêcher leurs femmes de se rendre au b. plusieurs fois la semaine ; elles y passent une grande partie de la journée. Des heures différentes sont assignées aux deux sexes.

Chez les Russes, les bains, également fréquentés par tous, sont une reproduction grossière des bains orientaux. Ils consistent en une salle garnie de banquettes ou de matelas de foin, que chauffe un fourneau de fonte rempli par un feu très vif et recouvert de cailloux brûlants. De temps à autre, on verse un seau d'eau froide sur ces cailloux ; elle se vaporise aussitôt et change l'étuve sèche en étuve humide. La température de la salle varie de 40 à 50° centigr. Les baigneurs, étendus sur les banquettes, sont bientôt inondés par une sueur abondante. On les frictionne alors avec des branches de bouleau, ce qui produit un effet non pas analogue au massage. Après être restés quelque temps dans l'étuve, ils vont se plonger dans l'eau froide ou se rouler dans la neige, puis ils rentrent un instant dans l'étuve ; enfin, ils s'essuient et s'en vont. Dans la Finlande, où le même système de bains est d'un usage général, on assure que la chaleur de l'étuve est portée jusqu'à 60° centigr., température qui semble difficile à supporter, même passagèrement. Nous venons de décrire ici les bains du peuple. Les grands seigneurs ont des étuves humides pourvues de tout ce qui peut ajouter à la commodité et à l'agrément du bain.

En France, pendant tout le moyen âge, les grandes cités possédèrent des établissements de bains publics connus sous le nom d'*Étuves*. A Paris, les *baigneurs-étuvistes* formaient une corporation. Leurs établissements étaient en général concentrés dans le même quartier, où l'on voit encore une rue appelée des *Vieilles-Étuves*. Au fur et à mesure des progrès de la civilisation et du goût du bien-être, ils se sont améliorés, transformés et multipliés. Aujourd'hui, il n'y a pas un seul quartier de Paris qui n'ait plusieurs établissements de bains. Quant aux bains publics établis sur la Seine elle-même, le plus ancien n'a guère qu'un siècle de date. Toutes nos villes de quelque importance possèdent aussi des établissements de bains publics, car le b. de propreté et le b. hygiénique sont entrés dans les habitudes de tout le monde.

BAIN, ch.-l. de c. (Ille-et-Vilaine), arr. de Redon, 4,900 hab.

BAIN-MARIE. s. m. Voy. BAIN et ALAMBIC.

BAINS, ch.-l. de c. (Vosges), arr. d'Épinal. Eaux minérales. 2,600 hab.

BAÏONNETTE. s. f. Tige de fer pointue qui s'ajuste au bout du fusil. *Croiser la b. Charger à la b. Coup de b.* ||

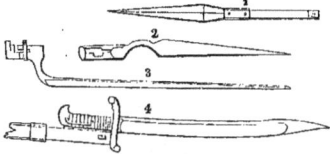

Fig., est usité au plur. pour désigner des soldats d'infanterie, ou même des soldats en général. *Il avait pour lui dix mille baïonnettes. Ce gouvernement ne peut se maintenir sans l'appui des baïonnettes étrangères.*

Art milit. — La baïonnette est la plus redoutable des armes blanches de l'infanterie de nos jours. On fait généralement dériver son nom de celui de la ville de Bayonne, où furent fabriquées, dit-on, les premières armes de ce genre. Cependant ce mot se trouve dans les écrivains militaires dès l'année 1571 et même 1523, tandis que la première mention d'une fabrique à Bayonne n'est que de 1640. Mais cette fabrique même de baïonnettes à Bayonne, établit un lien incontestable entre cette ville et cette arme. Ce n'était, dans l'origine, qu'une espèce de fer de lance à manche de bois court qui s'introduisait dans le canon du fusil (Fig. 1) et le transformait momentanément en pique. Les avantages de cette arme ayant été bientôt appréciés à leur juste valeur, les mousquets de l'infanterie commencèrent à recevoir des baïonnettes dès 1640. Ce fut trente ans plus tard, en 1670, que la b. s'adapta au fusil au moyen d'une douille avec un manche coudé; système qui, en éloignant la lame du canon, permet de laisser la b. au fusil pendant le tir : ce qui s'est maintenu presque jusqu'à nos jours, mais non sans des modifications notables (Fig. 2 et 3). — En 1839, lorsque furent organisés, d'après un nouveau système approprié à la guerre d'Afrique, les chasseurs à pied, dits de Vincennes, on substitua à la b. de leurs carabines un *sabre-baïonnette* qui fut une première fois rejeté comme d'un usage peu commode, puis remplacé par le *sabre-yntagan* vers 1842 (Fig. 4). Le tranchant du *yatagan-baïonnette* a forcé de donner aux troupes qui en furent armées un fourreau de tôle d'acier, pour recevoir cette arme, quand elle n'est pas adaptée à leur carabine. La longueur du yatagan-baïonnette est de 51 cent.; son poids, hors du fourreau, est de 1 kil. 50 gram. On adapte aussi à certains pistolets une b. à ressort, au moyen de laquelle le pistolet est transformé en une sorte de poignard; aucune arme de ce genre n'est en usage dans les troupes régulières des armées européennes.

L'usage du sabre-b. fut rétabli et devint général dans l'armée française lors de l'adoption, en 1866, du fusil Chassepot.

Fig. 5.

Cette b. se composait : 1° d'une poignée de cuivre avec rainure pour la directrice du canon du fusil; 2° d'une croisière munie d'un côté d'une douille destinée à laisser passer l'extrémité du canon, de l'autre d'un quillon recourbé servant à former les faisceaux; 3° d'une lame à un tranchant, d'une longueur de 58 cent. et décrivant une légère sinuosité pour s'écarter de la trajectoire de la balle.

Cette arme, d'un poids assez considérable, n'était, pendant le combat, adaptée au canon qu'au moment de la charge; aussi, lors de l'invasion allemande, nos soldats, presque toujours condamnés à la défensive, en firent-ils rarement usage. En 1874, quand le fusil Chassepot fut remplacé par le fusil Gras, on rendit le sabre-b. plus léger en réduisant ses dimensions et en remplaçant la poignée en cuivre par une poignée en bois de noyer avec pommeau en laiton. Enfin, en 1899, depuis l'adoption du fusil à répétition système Lebel, l'armée est pourvue d'une épée-b. qui n'a plus du sabre qu'une poignée nickelée, une croisière et un fourreau d'acier, mais dont la lame quadrangulaire est plus mince que l'ancienne b. à coude et d'autant plus meurtrière (Fig. 5).

Dans les armées étrangères, la b. varie de dimensions et de forme suivant les nations. En Allemagne, par exemple, c'est une sorte de poignard large et court, tenu dans un fourreau en cuir noirci.

BAÏOQUE. s. f. (ital. *bajocco*, m. s.). Ancienne monnaie des États Romains qui valait un peu plus de 5 centimes.

BAÏRAM. s. m. Nom donné aux deux fêtes de la religion musulmane. Le *grand B.* tombe le premier jour du mois qui suit le mois de *ramadan* pendant lequel le jeûne est obligatoire. Le *petit B.* ou *Kourban-Baïram* ou fête des sacrifices a lieu 60 jours après le grand B. On dit aussi *Beiram* et *Beyran*.

BAIRDIA. s. f. (R. *Baird*, naturaliste américain). T. Zool. et Paléont. Mac Coq a ainsi désigné des crustacés fossiles ostracodes de la famille des *Cythéridés* (voy. ce mot), qui ont une carapace polymorphe, généralement renflée, lisse, étirée, en pointe en arrière. Il existe encore de nos jours de ces petits crustacés; mais ils ont existé dès les terrains siluriens; ils ont été abondants dans le calcaire carbonifère, dans le trias, etc.

BAIREUTH ou **BAYREUTH**, v. de Bavière, ancienne principauté, 18,000 hab.

BAIS, ch.-l. de c. (Mayenne), arr. de Mayenne; 1,900 hab.

BAISAILLER. v. n. [Pr. *bê-za-illèr, ll*, mouillées]. Donner des baisers, faire des visites, avec un sens d'ennui.

BAISEMAIN. s. m. (R. *baiser*, main). T. Féodalité. Hommage que le vassal rendait à son seigneur en lui baisant la main. || Cérémonie en usage dans quelques cours, qui consiste à baiser la main du souverain. || Au plur., se dit pour civilités, compliments. *Je vous fais mes baisemains.* — Au plur. et au fém., *À belles baisemains*, Avec soumission et complaisance. *Il a accepté mon offre à belles baisemains.* Fam.

BAISEMENT, s. m. Action de baiser. Ne se dit guère que de l'action de baiser les pieds du Pape. *Il a été admis au bai. des pieds de Sa Sainteté.*

BAISER, v. a. (lat. *basiare*). Poser les lèvres sur une personne, sur une chose, en les entourant pendant le contact. *Baiser à la bouche, à la joue, au front ou sur la bouche, etc. B. la main d'un prince, d'une femme.* || Se dit aussi en parlant des choses que l'on baise en témoignage de vénération, de respect, d'amour. *Baiser la croix, des reliques, la patène, quand on va à l'offrande. B. la terre par humilité. Elle b. sans cesse le portrait de son enfant.* || *Baiser la main*, Porter sa main par respect près de sa bouche, quand on veut présenter ou recevoir quelque chose, ou quand on veut saluer quelqu'un. Dans cette accept., on dit quelquefois à un enfant, *Faites la révérence, baisez la main.* — *Baiser les mains*, se dit fig. et fam. pour faire ses civilités, ses compliments à quelqu'un. *Je n'ai que le temps de vous venir bai. les mains, et je pars. Veuillez dire à madame que je lui baise très humblement les mains.* — Se dit par ironie, pour témoigner à une personne qu'on n'approuve point ce qu'elle dit, ou qu'on ne veut pas faire ce qu'elle demande. *Oh! pour cela, je vous baise les mains.* || Fig., *Vous devriez baiser la trace de ses pas,*

Vous lui devez la plus grande reconnaissance pour les services qu'il vous a rendus. = SE BAISER. v. pron. *Ces enfants se baisaient tout à l'heure, et maintenant ils se disputent.* — Se dit de certains animaux. *Ces deux pigeons sont toujours à se baiser.* — S'emploie aussi en parlant de choses qui sont en contact : *Des pains qui se baisent dans le four. Ces arbres se baisaient et s'entrelaçaient.* = BAISÉ, ÉE, part.

BAISER. s. m. (lat. *basium*). Action de celui qui baise. *Le baiser était une manière de saluer, très ordinaire dans toute l'antiquité.* || Application des lèvres sur le visage ou sur quelque partie du corps de quelqu'un. *Bai. d'amitié, d'amour, de civilité. Les chastes baisers d'une mère. Donner, rendre, prendre, dérober un bai. Laisser prendre un baiser. Refuser un baiser. Il y a bien des nuances dans les baisers, même dans ceux d'une fille innocente.* (BALZAC.)

J'aime, et je veux pâlir; j'aime, et je veux souffrir;
J'aime, et, pour un baiser, je donne mon génie.
                   A. DE MUSSET.

Poét. — Douce influence extérieure, caresse, contact agréable. *Les baisers du zéphir, de l'onde, du soleil, de la lumière.*

Baiser de paix. Baiser qu'on donne ou qu'on reçoit en signe de réconciliation. — Cérémonie qui a lieu dans les messes solennelles, lorsque l'officiant et ses ministres s'embrassent. || Fig. et prov. *Baiser de Judas,* Baiser d'un traître, par allusion à celui que Judas donna à Jésus, en le trahissant. — *Baiser Lamourette,* Réconciliation peu durable, ainsi dit d'un embrassement général qui eut lieu entre les députés de l'Assemblée nationale, sur un appel chaleureux à la réconciliation fait par Lamourette en 1792; mais, le moment d'enthousiasme passé, chacun retourna à son parti.

BAISEUR, EUSE. adj. Qui se plaît à baiser. Fam.

BAISOTER. v. a. Diminutif et fréquentatif de baiser. *Elle baisote continuellement sa petite fille. Ces deux enfants sont toujours à se baisoter.* Fam.

BAISSE. s. f. (R. *bas*). Abaissement de niveau. *La rivière est en baisse.* || Diminution de prix, de valeur. *Toute baisse de prix d'un objet manufacturé, lorsque le salaire de l'ouvrier reste le même, est un bénéfice pour la société.* || Se dit surtout en parlant des fonds publics, et des titres cotés à la Bourse. *Cette nouvelle a déterminé une b. considérable. Les actions de ce chemin de fer sont en b. Jouer à la b.* Voy. BOURSE. || *A la baisse,* A la descente, terme de bateliers.

BAISSEMENT. s. m. Action de baisser.

BAISSER. v. a. (R. *bas*). Mettre plus bas; diminuer la hauteur, rendre plus bas. *Bai. un mur, un toit, une maison.* || Faire descendre, faire aller de haut en bas. *B. un store, une jalousie, le rideau d'un théâtre. B. la visière d'un casque. B. la tête, les épaules, les bras.* — *B. les yeux,* Regarder en bas. *Au lieu de répondre, il baissa les yeux* — Fig. et fam., *B. l'oreille,* Faiblir, se décourager, paraître mortifié. || Placer une chose plus bas qu'elle n'était. *B. un tableau, une enseigne. B. le pavillon d'un vaisseau* ou *B. pavillon pour marquer que le bâtiment se rend à l'ennemi.* — Fig. *B. pavillon devant quelqu'un,* Lui céder, lui céder. On dit dans le même s ns, *B. la lance devant quelqu'un.* || En parlant du son, diminuer leur hauteur musicale ou leur intensité. *B. la voix. B. le ton d'un morceau de musique.* Par extens., on dit *B. un instrument de musique. B. une corde.* — *B. de ton,* Parler avec moins d'assurance, de présomption ou d'insolence. *Voyant qu'il ne réussirait pas à m'intimider, il commença à b. le ton.* || En parlant du prix des denrées, des marchandises, baisser s'emploie encore dans le sens de diminuer. *B. le prix des cotons, des blés,* etc. || T. Man. *B. la main à un cheval,* Faire aller son cheval à toute bride. = BAISSER. v. n. Aller en diminuant de hauteur. *La rivière baisse. Les eaux ont baissé d'un mètre.* — Diminuer de prix. *Les huiles, les savons baissent. La rente baisse.* — Par ell., on dit *La Bourse baisse.* — Fig. et fam., *Les actions de cet homme baissent,* Son crédit, sa réputation, son influence diminuent. On dit aussi : *Sa faveur, son crédit, sa puissance baisse.* || Fig., s'emploie dans le sens général d'affaiblissement, de diminution, d'amoindrissement. *Le jour baisse,* Il est moins brillant. *Sa voix baisse,* Elle est moins forte ou elle perd les qualités qui la distinguaient. *Sa vue baisse,* Elle devient plus faible. *Le froid baisse,* Il devient moins intense,

Ce vin commence à b., Sa force et son bouquet diminuent. *Ce vieillard baisse rapidement,* Il perd rapidement ses forces. = SE BAISSER. v. pron. Se mettre dans une position moins haute que la position naturelle. *Il faut se b. beaucoup pour pénétrer dans cette caverne.* — Prov. et ironiq. *Il croit qu'il n'y a qu'à se b. et en prendre,* se dit de quelqu'un qui, par présomption, croit pouvoir aisément réussir dans ce qu'il désire. = BAISSÉ, ÉE. part. *Tête baissée,* loc. fig. et elliptique, qui se dit de ceux qui vont au combat ou s'exposent au péril avec courage et intrépidité. *Nos soldats fondirent sur l'ennemi tête baissée.* — Se dit aussi de ceux qui s'engagent dans une affaire sans examen et imprudemment. *Aussitôt qu'on lui eut proposé cette affaire, il y donna tête baissée. Il a donné tête baissée dans le piège qu'on lui a tendu.* = SYN. Voy. ABAISSER.

BAISSER. s. m. Action de ce qui baisse. *Le lever et le baisser du rideau.*

BAISSIER. s. m. (de *baisse*). Spéculateur qui joue à la baisse sur les fonds publics. || Nom des atterrissements dans certaines rivières.

BAISSIÈRE. s. f. Le reste du vin, de la bière, du cidre, qui approche de la lie.

BAISSOIR. s. m. (de *baisser*). Réservoir en maçonnerie qui, dans les salines, reçoit l'eau concentrée.

BAISURE. s. f. (R. *baiser*). Endroit par lequel un pain en a touché un autre dans le four.

BAITRE. s. f. Un des noms du *grèbe.* Voy. ce mot.

BAÏUS (MICHEL DE BAY), théologien, du Hainaut (1513-1589).

BAJAZET Ier, sultan des Turcs ottomans de 1339 à 1402, maître de presque toute l'Asie Mineure, vainqueur des chrétiens à Nicopolis, fut vaincu et pris par Tamerlan à Angora : bataille d'Ancyre, un million de combattants. = BAJAZET II, sultan de 1481 à 1512, victime d'une révolte des janissaires, fut empoisonné par son fils Sélim.

BAJOIRE. s. f. (R. *baiser?*). T. Numis. Médaille ou monnaie empreinte de deux têtes affrontées ou superposées. Vx.

BAJOUE. s. f. (R. *bas, joue*). Partie de la tête d'un quadrupède qui s'étend depuis l'œil jusqu'à la mâchoire. Se dit surtout du veau et du cochon.

BAJOYER. s. m. T. Hydraul. Nom des deux massifs en maçonnerie qui forment les parties latérales d'une écluse. Voy. CANAL, ÉCLUSE.

BAJULE. s. m. (lat. *bajulus,* porteur, soutien, gouverneur). Vieux mot qui a eu toutes les significations de *bailli.* Dans le Bas-Empire et sous Charlemagne le *ba.* était le personnage chargé de l'éducation d'un prince.

BAKCHIZ. s. m. Gratification, pourboire, en Orient.

BAKEWELL, agronome anglais (1726-1795) qui fit de curieuses expériences sur les résultats de la sélection artificielle dans les races bovines et ovines et créa la variété de moutons connue sous son nom et sous celui de Dishlay, nom du pays qu'il habitait.

BAKOU, v. forte de Russie sur la mer Caspienne, 40,000 hab.

BAL. s. m. (R. lat. *ballare,* dérivé lui-même du gr. βαλλίζειν, danser). Réunion, assemblée où l'on danse. *B. paré, masqué, public, bourgeois, champêtre. Donner un b. Aller au b. Ouvrir le b. Courir les bals.* || *La reine du b.,* Celle pour qui on donne le b., ou à qui on fait les honneurs, — ou celle qui a éclipsé toutes les autres femmes du bal. || Fig. et fam., *Mettre le b. en train,* Élever une question qui agite et réveille les esprits. || Fig., fam. et ironiq., *Donner le b. à quelqu'un,* Le maltraiter. || T. Jeu. *Mettre une carte au b.,* Jouer une carte. *C'est le b. de telle carte.*

Bal de l'Opéra. — Ce bal masqué remonte à l'année 1715, et a été imaginé par le chevalier de Bouillon. Son plus grand éclat de folie a eu lieu de 1836 à 1860.

Allus. littér. — *Elle aimait trop le bal; c'est ce qui l'a tuée.* Vers des *Orientales* de Victor Hugo, dans la pièce intitulée *Fantômes*, qui commence par cet autre vers non moins connu :
Hélas! que j'en ai vu mourir des jeunes filles !

BALAAM, faux prophète de l'histoire des Hébreux. On peut lire son épisode dans la Bible, au ch. XXII des *Nombres*, où il est écrit que l'ânesse de Balaam vit un ange et parla.

BALADER. v. n. (Vx fr. *baller*, se mouvoir). T. Pop. Flâner, errer, se promener seul. = SE BALADER. v. pr. m. s. On dit encore dans le même sens, *Faire une balade, Aller en balade.*

BALADIN. s. m. (lat. *ballare*, danser). Ce terme désignait jadis un danseur de théâtre. || Se dit aujourd'hui des bateleurs et saltimbanques qui exercent leur art sur la place publique. || S'applique encore à un bouffon de société. || Dans le même sens, on dit quelquefois au fém. *Une baladine.*

BALADINAGE. s. m. Plaisanterie bouffonne et de mauvais goût. *J'aime peu le bal.*

BALADOIRE. adj. f. (lat. *ballare*, danser). Usité seulement dans cette loc., *Fête bal.*, qui se dit quelquefois des fêtes villageoises où l'on danse.

BALAFRE. s. f. Blessure longue faite au visage par une arme blanche, et plus souvent la cicatrice qui reste quand la blessure est guérie.

BALAFRER v. a. Blesser en faisant une balafre. *Il le balafra d'un coup de sabre.* = BALAFRÉ, ÉE, part.

BALAGHAT, province de l'Hindoustan anglais, dans le Dékan méridional, présidence de Madras, cap. Bellary, 2,175,000 hab.

BALAI. s. m. (bas-breton, *balan*, genêt). Instrument qui sert à ramasser les ordures éparses, pour les ôter d'une rue, d'une chambre, etc. *B. de bouleau, de jonc, de crin, de plumes. Passez le b. dans ma chambre. Donnez un coup de b. à mon cabinet.* — *Manche à b.*, Le bâton au bout duquel est fixé le b. || Fig. et prov., on dit d'un domestique nouveau qui s'acquitte bien de son service les premiers jours qu'il en est chargé : *C'est un b. neuf; Il fait b. neuf.* || Fig. et prov., *Rôtir le b.*, Rester fort longtemps dans un emploi obscur. *Il a vingt ans rôti le b. dans le plus triste emploi de précepteur.* — Se dit plus souvent en parlant de personnes qui ont mené une vie de désordre et de débauche. *Ils ont longtemps rôti le b. ensemble.* || T. Fauconn. La queue des oiseaux. — T. Vénerie. Le bout de la queue des chiens. || *B. de sorcier*, Branche déformée par maladie sur un sapin.

BALAIS. adj. m. T. Minér. *Rubis balais.* Voy. RUBIS.

BALAKLAVA, port de Crimée, occupé de 1854 à 1856 par les flottes anglaise et française.

BALANCE. s. f. (lat. *bilanx*; de *bis*, deux fois, et *lanx*, bassin). Instrument qui sert à mesurer le poids des corps. || *Le poids emporte la bal.*, Il est plus pesant que la chose pesée. — Fig., *Cette considération emporte la bal.*, L'emporte sur les raisons opposées. || Fig., *Faire pencher la bal.*, Faire qu'une personne, une chose, un avis, une considération l'emporte sur une autre. || Fig., *Tenir la bal. égale entre deux personnes ou deux partis*, Ne favoriser ni l'un ni l'autre. || Fig., *Mettre dans la balance*, Comparer, examiner en comparant. *Si l'on met dans la bal. les actions de ces deux hommes,.....* — *Mettre en bal.*, se dit dans un sens mal. *J'ai mis en bal. les avantages et les inconvénients de ce projet.* — *Entrer en bal.*, Être comparé. *Ses titres ne sauraient entrer en bal. avec les miens.* || Fig., *Être en bal.*, Être en suspens, ne savoir que résoudre, que faire. — On dit de même, *Tenir l'esprit en bal.* — En parlant d'un combat où la victoire a été longtemps disputée, on dit que *la victoire a été longtemps en bal.* || Dans le langage de la politique, *Bal.* se dit de l'espèce d'équilibre qui résulte entre les États de leurs forces, de leurs alliances, etc., de manière qu'aucun d'eux ne soit assez prépondérant pour détruire ou opprimer les autres. *La bal. de l'Europe était en péril.* — S'emploie encore en parlant du système de la pondération des pouvoirs dans un État. *Le gouvernement parlementaire* vise à établir la bal. des pouvoirs. || T. Comm. Différence entre le crédit et le débit. Somme qui représente le bénéfice ou la perte dans un inventaire. Voy. COMPTABILITÉ. || T. Écon. polit. *Bal. du commerce*, Différence entre les exportations et les importations d'un pays. Voy. COMMERCE, ÉCONOMIE POLITIQUE.

Mécan. et Phys. — Le nom de *Bal.* s'applique généralement à toute machine qui sert à *peser* les corps, ou à déterminer le rapport de leur poids à un poids connu pris pour unité; néanmoins, dans un sens limité et plus exact, il désigne, parmi les appareils de pesage, ceux-là seulement qui constituent des variétés du levier. Nous ne parlerons ici que de ce dernier genre d'instruments.

La *Bal.* ordinaire se compose de deux plateaux suspendus aux deux extrémités d'un levier à bras égaux, appelé *fléau*, et destinés à recevoir, l'un les poids marqués, l'autre le corps à peser.

Les conditions que doit remplir une bonne balance sont au nombre de quatre :

1° La balance doit être *juste*, c'est-à-dire que le fléau doit être horizontal toutes les fois que les plateaux, ou mieux les couteaux extrêmes du fléau supportent des charges égales;

2° La balance doit être *symétrique*, c'est-à-dire que le fléau doit s'incliner du même angle pour une même différence de charge quel que soit le plateau qui supporte la surcharge;

3° La *sensibilité* de la balance doit être aussi grande que possible, c'est-à-dire que le fléau doit s'incliner le plus possible pour une faible surcharge;

4° La sensibilité doit être indépendante de la charge; c'est-à-dire que l'inclinaison du fléau doit rester la même pour une même *différence* de charge, quelle que soit la charge des plateaux.

Les conditions 2 et 4 réunies exigent que les trois points de suspension du fléau et des plateaux soient en ligne droite, et que cette ligne droite soit perpendiculaire à celle qui joint le centre de gravité du fléau à son point de suspension, de sorte que quand la balance est à l'équilibre et vide cette ligne droite est effectivement *horizontale*.

Si l'on suppose ces deux conditions remplies et qu'on applique des poids égaux aux deux extrémités du fléau, le système sera soumis à trois forces, qui sont ces deux poids et le poids du fléau. L'équilibre aura lieu, d'après la théorie du levier, quand la somme algébrique des moments des trois forces par rapport au point de suspension sera nulle; mais si le fléau est horizontal, le poids du fléau agit suivant une verticale qui passe par le point de suspension et son moment est nul. Il faut donc, pour qu'il y ait équilibre, que les deux autres moments soient égaux, et comme les forces sont égales, il faut que les bras de levier, c'est-à-dire les distances comprises entre les couteaux ou *bras du fléau*, soient égaux. Ainsi la condition de justesse exige l'égalité des bras du fléau. Supposons cette nouvelle condition remplie et soit (Fig. 1) P la charge de chaque plateau, p la surcharge, ϖ le poids du fléau, appliqué au centre de gravité G, a le bras du fléau $OA = OB$, d la distance OG du centre de gravité au point de suspension, et φ l'angle dont s'incline le fléau pour atteindre sa position d'équilibre. Les bras des moments des trois forces seront respectivement :

$$OC = a \cos \varphi, \quad OD = a \cos \varphi \quad \text{et } OF = d \sin \varphi,$$

et l'équation d'équilibre :

$$(P + p) \cos \varphi = P a \cos \varphi + \varpi \sin \varphi$$

ou

$$p a \cos \varphi = \varpi d \sin \varphi$$

ou enfin

$$\tan g \varphi = \frac{a p}{\varpi d}$$

Il résulte de cette formule que l'angle φ sera d'autant plus grand que a et p seront plus grands, ϖ et d plus petits. Pour une même surcharge p, l'inclinaison et par suite la sen-

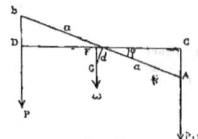

Fig. 1.

sibilité seront d'autant plus grandes que le fléau sera plus long (a grand) et plus léger (ϖ petit) et enfin que le centre de gravité du fléau sera plus rapproché du point de suspension (*d* petit). Les conditions que doit réaliser la construction d'une bonne bal. sont donc les suivantes :

1° Les trois points de suspension du fléau et des plateaux en ligne droite;

2° Le fléau très rigide, afin qu'il ne fléchisse pas sous la charge, ce qui courberait la ligne précédente en abaissant ses extrémités et ferait diminuer la sensibilité quand la charge augmenterait ;

3° Le fléau aussi long que possible;

4° Le fléau aussi léger que possible;

5° Le centre de gravité sur la perpendiculaire à la ligne des couteaux menée par le point de suspension et aussi près que possible au-dessous de ce point sans se confondre avec lui.

Si le centre de gravité coïncidait avec le point de suspension du fléau, la formule précédente donnerait, *d* étant égal à 0, tang φ = ∞, c.-à-d. que le fléau s'inclinerait jusqu'à devenir vertical pour la moindre surcharge, toute pesée serait impossible. Si le centre de gravité était au-dessus du point de suspension, le fléau tendrait à se retourner : la bal. serait dite *folle*.

Telle est la théorie à laquelle l'artiste doit se conformer pour la construction d'une bonne bal. Les conditions (1) et (5) sont assez faciles à réaliser avec des soins de construction ; mais les conditions (2), (3) et (4) sont contradictoires. Pour les concilier autant que possible, on donne au fléau la forme d'un losange d'acier évidé. Le fléau est muni d'une aiguille dirigée soit vers le haut, soit vers le bas, et indiquant sur un segment de cercle gradué le degré de son inclinaison. Lorsque le fléau

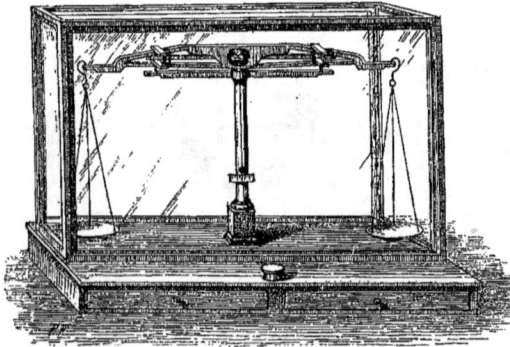

Fig. 2.

est horizontal, l'aiguille se trouve sur la division 0. Comme il faut toujours assez longtemps au fléau pour revenir à l'état de repos, on reconnaît qu'il y a équilibre lorsque les excursions de l'aiguille des deux côtés du zéro de l'échelle sont égales entre elles. Dans le but de ménager les couteaux, on adapte à la bal. une *fourchette* mobile qui supporte les deux bras du fléau, quand on ne se sert pas de la bal. Les plateaux doivent être également soulevés pendant qu'on place ou qu'on enlève leur charge. Enfin, une cage de verre recouvre l'appareil entier, et le protège contre la poussière et contre l'action perturbatrice que peuvent exercer les courants d'air. La Fig. 2 représente une bal. de précision, établie d'après les principes qui viennent d'être exposés.

La sensibilité d'une bal. construite avec soin et conformément à ces principes peut être portée à un point véritablement prodigieux. Ainsi, nos plus habiles fabricants d'instruments de précision construisent pour les cabinets de physique et les laboratoires de chimie des balances qui inclinent pour un excès de poids inférieur à un milligramme, même lorsqu'elles sont chargées d'un kilogramme. Enfin, pour augmenter encore la sensibilité, on a imaginé de faire glisser sur le fléau un petit fil d'argent qu'on peut manœuvrer à l'aide d'une tige sans ouvrir la cage. Il est clair qu'éloigner ce *cavalier* du milieu du fléau équivaut à ajouter une surcharge dans le plateau. Le fléau porte des divisions et le poids du cavalier est connu; si, par exemple, le cavalier pèse 10 milligrammes et que le fléau soit divisé en 100 parties du centre

à l'extrémité, le cavalier placé sur la 23e division, par exemple, produira le même effet qu'un poids de 2mg,3 dans le plateau. On appelle plus particulièrement *Trébuchet* une petite bal. de précision dont on se sert dans les essais : on en fabrique qui trébuchent au dixième de milligramme.

Fig. 3.

Nous mentionnerons encore la *bal. de Roberval* ou *bal. à parallélogramme* dont l'usage est fort commun. Dans cette bal. (Fig. 3), les plateaux sont placés au-dessus de l'extrémité des bras de levier, et par conséquent les points de suspension sont en dessous des bassins. Leur forme est plus gracieuse, et, en outre, elles n'encombrent pas les comptoirs comme la bal. commune avec sa colonne et les chaînes de ses bassins. Mais quoique leur exactitude soit suffisante pour les besoins du commerce, on ne peut s'en servir pour des pesées qui exigent une grande précision : le frottement y est trop considérable pour cela. Le plus souvent on préfère à la bal. de Roberval une bal. formée de deux petites bascules de Quintenz associées (voy. plus loin.) Le mécanisme en est plus compliqué, mais la précision est plus grande (Fig. 4).

Quand on veut vérifier l'exactitude d'une bal., on commence par s'assurer que le fléau reste bien horizontal lorsqu'il n'y a rien dans les plateaux. Ensuite, on place un corps dans l'un des plateaux, et l'on met dans l'autre les poids nécessaires pour faire exactement équilibre à ce corps. Cela fait, on intervertit l'ordre de la pesée ; on met le corps dans le plateau qui a reçu les poids, et ceux-ci dans le plateau qui a reçu le corps. Si le fléau, après cette interversion des rôles de chaque plateau, se maintient encore horizontal, la bal. est aussi exacte qu'on peut le désirer. — L'exactitude de la bal. ayant été préalablement constatée, on place les corps à peser dans l'un des plateaux, et on ajoute successivement dans l'autre des poids marqués, jusqu'à ce que le fléau reste horizontal, ou plutôt jusqu'à ce que ses oscillations se traduisent par des excursions de l'aiguille égales et symétriques. — Lorsqu'une bal. n'est pas d'une exactitude rigoureuse, et qu'on désire cependant peser un corps avec une grande précision, on a recours à la

Fig. 4.

méthode des doubles pesées, appelée aussi *méthode de Borda*, qui exige seulement que la bal. soit sensible. Dans l'un des plateaux A, on met le corps que l'on veut peser; puis, au lieu de placer des poids dans l'autre plateau B, on y met peu à peu de petits morceaux de fer, des grains de plomb, des fragments de papier, du sable, jusqu'à ce que ces matières fussent exactement équilibré au corps placé dans le premier plateau A. Alors, on enlève doucement le corps du plateau A, et on lui substitue des poids connus, comme grammes, centigrammes, etc., jusqu'à ce qu'ils fassent à leur tour équilibre aux objets placés dans le second plateau B.

La *bal. romaine* ou simplement la *Romaine*, ainsi appelée

Fig. 5.

parce qu'elle était d'un grand usage chez les Romains qui la nommaient *statera* (Fig. 5. *Statère antique*, appartenant au musée Capitolin, à Rome), est un simple levier du premier genre à bras inégaux. A l'aide de cet instrument, on peut mesurer des poids très différents les uns des autres, au moyen d'un poids unique, ordinairement moins considérable, que

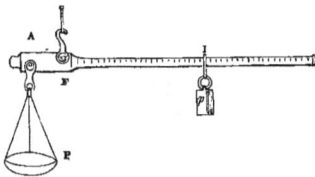

Fig. 6.

l'on nomme *peson*. On sait qu'un levier se trouve en équilibre lorsque le poids et la puissance sont en raison inverse de leurs distances respectives au point d'appui. Par conséquent, si l'on suspend à l'extrémité A du petit bras de la romaine (Fig. 6) le corps à peser P, on n'aura qu'à faire glisser le peson p le long du grand bras jusqu'à ce que l'équilibre soit établi ; et alors il suffira de mesurer les distances du point d'appui F au peson p et au corps à peser P, pour déterminer le rapport du poids de ce corps à celui du peson qui est connu. Pour fixer les idées, supposons que le peson p pèse un kilogramme et que la distance FA, longueur du petit bras, soit de 1 centimètre. Supposons en outre que le grand bras soit, à partir de F, divisé en centimètres ; admettons enfin que son poids équilibre celui du grand bras quand la romaine n'est pas chargée. Si l'on place sur le plateau suspendu au petit bras un corps P pesant 5 kilogrammes, l'équilibre de la romaine exigera que le peson p soit placé à 5 centimètres du point F. Ainsi, la division 5 du grand bras correspondra à un poids de 5 kilogrammes, et de même les divisions 4 ou 6 correspondront à des poids de 4 ou 6 kilogrammes.

La romaine dont on se sert communément est construite d'une façon un peu différente ; car le point d'appui ou de suspension n'est pas placé de manière que les deux bras s'équilibrent ; mais, afin d'éviter l'erreur qui résulterait de ce mode de construction, il suffit de commencer à tracer la division du fléau à vide. Chaque division du fléau correspond à une même augmentation du moment du peson, et par suite à une même augmentation de poids dans le plateau. — La romaine ordinaire, afin de multiplier ses usages, est habituellement pourvue de deux crochets de suspension placés à quelque distance l'un de l'autre, et deux séries de graduations différentes

sont tracées sur les côtés opposés du grand bras. Cet instrument offre ce grand avantage qu'on n'a pas besoin d'un assortiment de poids, et que la pesée peut se faire plus vite sans que la précipitation expose à d'aussi grandes erreurs. En outre, la pression supportée par le point de suspension du fléau est moindre que dans la bal., quand le poids du corps à peser l'emporte sur celui du peson. Mais la bal. est préférable quand il s'agit de déterminer de petits poids.

Les étymologistes font venir le nom de *Romaine* de l'arabe *Rommana*, qui signifie poids et balance. Cette étymologie nous semble inexacte, puisque les Romains connaissaient cette bal. et qu'il en reste des spécimens.

La *bal. de Quintenz*, appelée *bal.-bascule* ou simplement

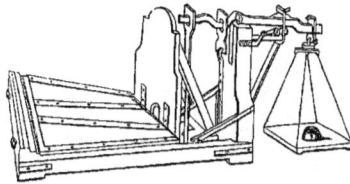

Fig. 7.

bascule (Fig. 7), est un instrument de pesage reposant sur l'équilibre de leviers inégaux.

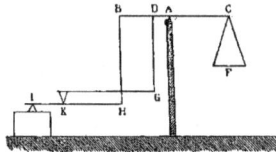

Fig. 8.

Son mécanisme est représenté par la figure 8. Un support A placé verticalement soutient, à son sommet A, le fléau CDB dont les bras respectifs sont AC et AB. A l'extrémité C de ce fléau est suspendu le plateau F destiné à recevoir les poids lorsqu'on se sert de l'instrument. Du côté opposé du point d'appui A, sont suspendues au bras AB du fléau deux tiges verticales DG et BH. La tige BH porte au point H l'extrémité d'une verge horizontale HI ; cette verge repose au point I sur un couteau fixe ; elle soutient au point K une autre verge GK, laquelle au point G repose elle-même sur la tige verticale DG. La *plate-forme* ou le *pont* de la bal., destiné à recevoir les objets à peser, s'appuie sur GK. C'est au moyen de couteaux qu'a lieu le contact de toutes les pièces aux points A, C, D, B, G, H, I et K, ce qui donne à tout le système une extrême mobilité. — Un corps pesant étant placé sur la plate-forme, celle-ci doit s'abaisser en restant horizontale ; il faut, pour cela, que l'abaissement du point G ou celui du point D, ce qui revient au même, soit égal à l'abaissement du couteau K. Ces deux abaissements doivent donc être dans le même rapport avec celui du point B ou du point H. Ces rapports étant ceux des bras de levier AD et AB d'une part, IK et IH d'autre part, il faut qu'on ait :

$$\frac{AD}{AB} = \frac{IK}{IH}$$

Si l'on pose un poids P sur la plate-forme, ou un point quelconque entre H et K, ce poids se décomposera en deux forces, l'une a, appliquée en G ou en D, l'autre P — a, appliquée au point K ; celle-ci se décomposera en deux autres appliquées en I et H ou B, et inversement proportionnelles aux longueurs IK et KH. La force appliquée en I est détruite par la fixité du support. Celle qui est appliquée en H ou B a pour valeur :

$$(P - a)\frac{IK}{IH} = (P - a)\frac{AD}{AB}$$

Son moment par rapport au point A sera donc :

$$(P - a)\frac{AD}{AB} \cdot AB = (P - a)AD;$$

elle produira donc le même effet qu'une force $P - a$ appliquée en D; de sorte que tout se passe comme si l'on avait appliqué en D les deux forces a et $P - a$, c'est-à-dire la force P. L'équilibre est donc indépendant de la position de la charge

Fig. 9.

sur la plate-forme, et le rapport de la charge aux poids marqués appliqués en C est égal au rapport de AC à AD. Si, par exemple, la longueur de AD est égale au tiers de la longueur de AC, le poids à mettre au plateau F sera le tiers du poids du fardeau posé sur n'importe quel point de la plate-forme. Cette proportion peut varier à volonté. Dans l'usage ordinaire, elle est d'un dixième : 1 kilogramme sur le plateau de la bal. fait équilibre à 10 kilogrammes posés sur la plate-forme. Cet appareil est extrêmement commode pour les pesées considérables, car il occupe bien moins de place qu'une bal. à plateaux de même force. En outre, la pesée se fait beaucoup plus vite.

On a combiné le principe de la bascule de Quintenz avec celui de la romaine de manière à simplifier beaucoup les pesées. Les chemins de fer n'emploient plus guère aujourd'hui que les bascules romaines (Fig. 9). Pour en comprendre le fonctionnement, il suffit de concevoir que le point C (Fig. 8) est l'extrémité d'un levier sur lequel glisse un peson. Il est clair que toute

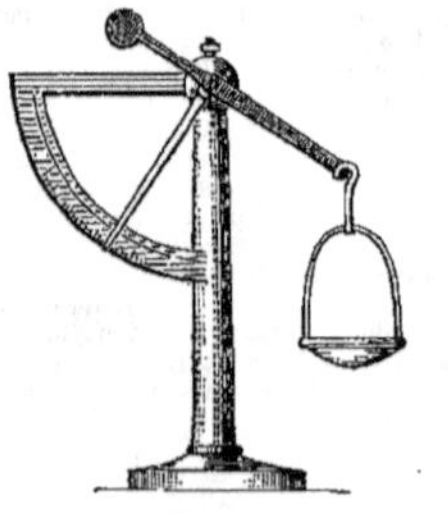

Fig. 10.

variation dans la position du peson équivaut à une variation dans la charge de C. Chaque division équidistante du levier correspond à une même variation dans le moment du poids du peson, et par conséquent à un poids égal ajouté ou retranché en C. On a aussi construit des bascules romaines à deux curseurs, se déployant sur deux leviers séparés et indiquant, par exemple, l'un les kilogrammes, l'autre les hectogrammes. Enfin, en marquant sur le levier, au-dessous des divisions, des chiffres en relief, et en remplaçant le second curseur par un verrou mobile dans le peson et portant aussi des chiffres en relief, on est arrivé à réaliser une bascule qui grave sur un carton introduit dans le peson le poids qu'elle indique. Les ponts-bascules qui servent à certains endroits des villes pour peser les voitures chargées sont construits d'après les mêmes principes; ce sont tantôt des bascules analogues à la bascule Quintenz avec poids marqués, tantôt des bascules romaines. Tous ces systèmes de balances sont assez peu précis. Ils suffisent cependant aux besoins du commerce.

Un autre instrument qui est aussi fort usité, mais qui ne peut guère servir que pour des poids très peu considérables, est celui que représente la Fig. 10. On le nomme vulgairement *Peson*, quoique ce terme serve déjà à désigner le poids curseur de la romaine, et quoique dans ce nouvel instrument on n'ait même pas-besoin d'un poids curseur pour déterminer le poids des corps. Le peson se compose essentiellement d'un levier porté sur un point d'appui fixe, d'une aiguille soudée au levier et faisant avec lui un angle droit, et d'un cercle gradué sur lequel avance la pointe de l'aiguille quand l'instrument fonctionne. Dans la Fig. 10, l'une des extrémités du levier porte un plateau de bal. auquel fait équilibre la boule métallique par laquelle se termine l'autre extrémité. Lorsque l'instrument est à vide, le levier est horizontal, et l'aiguille qui lui est perpendiculaire occupe une position verticale, parallèle à l'axe de la colonne du peson. — Maintenant, si l'on place un corps quelconque dans le plateau, l'équilibre est rompu; la position du levier cesse d'être horizontale; elle devient oblique à l'axe du support. Il est évident que le plateau s'abaissera d'autant plus qu'il sera plus chargé. Or, l'aiguille étant forcée de suivre les mouvements du levier, sa pointe décrira sur le quart de cercle gradué des arcs qui dépendent du poids du corps pesé dans le plateau. Les divisions de l'arc de cercle ne doivent pas être équidistantes : on les détermine facilement en s'appuyant sur la théorie des moments. — On peut beaucoup varier la forme générale de cet instrument, mais cela ne change rien à son mécanisme. On emploie surtout le peson dans les filatures, dans les papeteries et aussi dans certains bureaux pour peser les lettres et objets confiés à la poste. On l'appelle alors *pèse-lettres*.

On appelle *bal. hydrostatique*, une bal. dont les plateaux portent des crochets à leur partie inférieure, pour peser des corps immergés dans un liquide. Elle sert à la détermination des densités. Voy. DENSITÉ.

Balance de torsion. — Appareil imaginé par Coulomb pour mesurer les attractions électriques et magnétiques; il peut servir en physique à mesurer le couple produit par n'importe quelle action. Il se compose essentiellement d'une tige horizontale suspendue en son centre par un fil d'argent ou de cuivre, dont la partie supérieure est fixée à un disque horizontal divisé qui peut tourner sur lui-même, de manière qu'à l'aide d'un micromètre on puisse évaluer l'angle de torsion, le tout enfermé dans une cage de verre pour éviter l'agitation de l'air. Après avoir placé l'aiguille dans une certaine position, on fait agir la force à mesurer, ce qui fait tourner l'aiguille, et on ramène ensuite celle-ci à sa position primitive en faisant tourner le disque supérieur. A ce moment, il y a équilibre entre l'action qu'on veut mesurer et le couple de torsion du fil. Or on démontre que celui-ci est proportionnel à l'angle de torsion, de telle sorte que le nombre lu sur le micromètre mesure directement le couple en expérience.

Balance électrique. — Les balances électriques servent à mesurer les grandeurs électriques ou magnétiques. Ces appareils sont très nombreux et reposent sur des principes variés. Il en est dans lesquels la mesure du courant se fait à l'aide de poids; ce sont de véritables balances. Nous citerons la *bal. dynamo-électrique* de Marcel Déprez, ou *électrodynamomètre*, qui est destinée à mesurer l'intensité des courants dans l'industrie, et qui se compose d'une bal. de Roberval, dont l'un des plateaux est remplacé par une bobine peu épaisse et d'un grand diamètre. Le courant passe dans cette bobine et dans deux bobines fixes, ce qui produit des attractions qui détruisent l'équilibre de la bal. : on rétablit celui-ci à l'aide de poids. L'action pondérale est proportionnelle au carré de l'intensité. Sir W. Thomson a construit plusieurs appareils du même genre. La *bal. électrodynamique* de M. Ader, qui sert à mesurer l'intensité des courants téléphoniques, se compose d'une aiguille horizontale portant à l'une de ses extrémités une spirale dans laquelle passe le courant et placée entre des spirales fixes; quand le courant passe, les attractions des courants inclinent l'aiguille : un miroir placé au milieu de l'aiguille permet d'apprécier les moindres déplacements. La *bal. électromagnétique* de M. Becquerel se compose d'une bal. très sensible, dont les plateaux portent chacun une tige de fer doux qui s'enfonce à l'intérieur d'une bobine fixe; les deux bobines sont enroulées en sens contraire : quand le courant passe, l'une des tiges est attirée, l'autre repoussée; on rétablit l'équilibre à l'aide de poids. Cet appareil a été perfectionné par M. Jacobi, qui a donné une formule pour déduire des poids observés l'intensité du courant. Parmi les balances électriques qui n'emploient pas de poids, nous citerons la *bal. de torsion* de Coulomb, et la *bal. d'induction* de M. Hughes, dont le principe consiste à faire passer un courant interrompu au voisinage de deux bobines disposées en sens inverses : il se produit dans ces deux bobines des courants induits de sens contraires qu'on transmet dans un téléphone; si ces courants sont égaux, ils se détruisent et le téléphone ne rend aucun son. L'expérience consiste à déplacer l'une des bobines induites de manière à modifier l'intensité du courant correspondant jusqu'à ce qu'on obtienne le silence. Les mesures se déduisent de la position des bobines.

Astr. — *Balance*, constellation zodiacale. Cette constellation est essentiellement formée de deux étoiles de 2e grandeur (presque de 3e) α et β et d'une vingtaine d'autres visibles à l'œil nu, de 4e, 5e et 6e grandeur. Tous les historiens commettent une erreur à son égard. On enseigne classiquement que cette constellation n'a été introduite dans le Zodiaque, entre la Vierge et le Scorpion, qu'à une époque relativement récente, pendant la vie de l'empereur Auguste, et l'on cite à l'appui ces vers de Virgile dans les *Géorgiques* (I, 32) :

Anne novum tardis sidus te mensibus addas,
Qua locus Erigonem inter Chelasque sequentes
Panditur : ipse tibi jam brachia contrahit ardens
Scorpius, et cœli justa plus parte relinquit,

flatterie qui peut se traduire ainsi : « Et toi qui dois un jour être admis au conseil des dieux, ô César! veux-tu, nouvel astre d'été, te placer entre la Vierge Erigone et les serres du Scorpion ? Déjà devant toi l'ardent Scorpion replie ses serres pour te laisser dans le ciel un espace suffisant. » Ce serait la justice d'Auguste qui aurait inspiré à ses sénateurs et à ses astronomes la création du signe de la Balance. Mais il y a là une erreur manifeste. Auguste était né au mois d'août (lequel mois a pris son nom à cause de cette coïncidence); on lui aura consacré un astérisme qui existait déjà, généralement nommé *chelaï* « les serres » du Scorpion, et à dater de cette époque cet astérisme s'est spécialement appelé la Balance; mais déjà les Égyptiens et les Grecs lui avaient donné ce nom. La naissance d'Octave-Auguste tombait au commencement de la Balance. De plus, c'est là qu'était apparue la fameuse comète qui plana dans le ciel à la mort de Jules César et dans laquelle la piété du peuple avait vu l'âme de César elle-même s'envolant dans les cieux.

Virgile lui-même (*Géorgiques*, I, 208) semble reconnaître une autre étymologie à ce nom de Balance :

Libra die somnique pares ubi fecerit horas,
Et medium luci atque umbris jam dividit orbem,
Exercete, viri, tauros...

« Quand la Balance rend égales les heures du travail et les heures du sommeil, quand le jour et la nuit se partagent également le monde, laboureurs, conduisez vos taureaux aux champs... »

Mais c'est encore là une origine erronée. La Balance existait dans le Zodiaque alors l'époque où elle marquait l'équinoxe d'automne. Son nom est dû, sans doute, à ses deux étoiles principales qui sont d'égale grandeur, assez écartées l'une de l'autre, et donnent fort simplement l'idée de deux plateaux de balance. C'est une origine analogue à celle des Gémeaux.

BALANCÉ. s. m. Pas de danse où le corps se balance d'un pied sur l'autre en temps égaux.

BALANCELLE. s. f. T. Mar. Embarcation d'origine napolitaine qui est pointue des deux bouts, qui porte un mât avec une grande voile à antenne, et qui monte de dix-huit à vingt avirons. *Les balancelles ne se voient plus que sur les côtes d'Espagne.*

BALANCEMENT. s. m. Mouvement par lequel un corps incline tantôt d'un côté, tantôt de l'autre. *Bal. d'un bateau, d'une voiture.* || T. Peint. Disposition symétrique des masses et des groupes, quand ils se font, pour ainsi dire, équilibre les uns aux autres.

Archit. — *Bal. des marches.* Lorsque la cage d'un escalier est composée de parties droites et de parties courbes, on ne doit pas laisser les arêtes des marches normales à la ligne de foulée, autrement la largeur du collet des marches diminuerait brusquement quand on passerait de la partie droite à la courbe. C'est pour éviter cet inconvénient qu'on *balance les marches* en inclinant les arêtes d'un certain nombre de marches dans la partie droite. On peut opérer suivant des règles diverses. Dans la figure ci-jointe, les lignes pleines représentent les marches balancées, et les lignes ponctuées les marches non balancées.

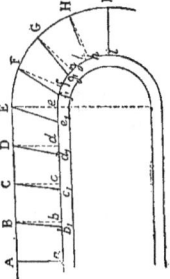

BALANCER. v. a. Mouvoir un corps de manière qu'il oscille ou incline tantôt d'un côté, tantôt de l'autre. *Le vent balançait la lyre suspendue à une branche. Pour se maintenir en équilibre, il faut qu'un danseur de corde balance légèrement son corps.* || Fig., Compenser une chose par une autre, de manière à produire une sorte d'équilibre. *Mes gains balancent mes pertes. Ses vertus balancent ses vices.* || Fig., Faire équilibre à une autre chose; égaler en valeur, en importance. *Cette raison balance toutes les vôtres. Le crédit de ce banquier ne saurait bal. le crédit de l'autre.* || Fig., *Bal. la victoire*, La rendre incertaine. || Fig., Examiner en comparant. *Bal. le pour et le contre. J'ai balancé toutes vos raisons. En balançant les avantages et les inconvénients...* || T. Comm. *Bal. un compte*, Comparer les sommes qui figurent au débit et au crédit d'un compte, pour constater l'égalité ou la différence des totaux. || T. Peint. Se dit en parlant des masses, des groupes que l'on dispose de façon qu'il y ait entre eux une certaine symétrie, un certain équilibre. *Un massif d'arbres balance une masse de rochers.* — On dit dans un sens anal., *Bal. une composition.* — *Une figure est balancée*, lorsque les membres se sont disposés avec équilibre, relativement au centre de gravité. || *Bal. un escalier*, En établir le balancement. — **BALANCER.** v. n. Fig., Être en suspens, hésiter. *Il a longtemps balancé entre l'espérance et la crainte. Il a accordé ma demande sans bal. Il n'y a pas à bal. La victoire ne balança pas longtemps.* || T. Danse. Exécuter le pas appelé *Balancé.* — SE BALANCER. v. pron. Se mouvoir de façon à incliner tantôt d'un côté, tantôt de l'autre. *Se bal. sur une escarpolette. Le faucon se balançait dans les airs. Il ne faut pas se bal. en marchant.* || Fig., Se compenser. *Mes profits et mes pertes se balancent.* — *Ses comptes se balancent*, Donnent un total égal au crédit et au débit. || T. Peint. *Ces groupes, ces masses se balancent bien*, Présentent une disposition symétrique convenable. — BALANCÉE, ÉE. part. — Conj. Voy. AVANCER.

Syn. — *Hésiter.* — *Bal.*, au propre, signifie incliner tantôt d'un côté, tantôt de l'autre; *hésiter*, si on lui conservait le sens du v. lat. *hærere*, dont il dérive, voudrait dire rester fixe, immobile. De là résulte la différence que présentent ces deux termes au sens figuré. Lorsqu'on examine deux choses et qu'on les compare, on *balance*; quand on a des obstacles à vaincre, on *hésite*. Dans le premier cas, on ne sait que faire; dans le second, on n'ose pas. Le doute, l'incertitude fait qu'on *balance*; on *hésite* par faiblesse ou pusillanimité.

BALANCERIE. s. f. Art de fabriquer des balances.

BALANCIER. s. m. Long bâton dont se servent les danseurs de corde pour maintenir plus aisément leur équilibre. || T. Horlog. Pièce oscillante servant à régler le mouvement d'une horloge ou d'une montre. Dans les horloges, le *bal.* est un pendule; dans les montres, c'est un anneau métallique fixé à un ressort en spirale. Le *bal.* est dit *compensateur* quand il est disposé de manière que les oscillations conservent la même durée malgré les variations de température. Voy. Horlogerie. || *Bal. des machines à vapeur.* Dans les machines du type Watt, le *bal.* est une grande pièce oscillant autour d'un axe horizontal située à la partie supérieure du bâti de la machine, et qui reçoit le mouvement de la tige du piston pour le transmettre au volant et aux pièces accessoires : tiroir, pompe, etc. Voy. Moteur. || *Balancier hydraulique.* C'est une machine aujourd'hui inusitée qui était destinée à utiliser la force d'une chute d'eau en faisant arriver l'eau alternativement dans deux seaux placés aux extrémités d'un levier; le seau plein faisait osciller le levier et se vidait au bas de sa course pendant que le seau vide se remplissait à la partie supérieure. || *Bal. monétaire,* Machine qui sert à frapper les pièces de monnaie. Voy. Monnayage. || T. Entom. Petits organes spéciaux qu'on rencontre chez les insectes Diptères et qui consistent en deux petits moignons dirigés en travers du thorax, élargis à leurs extrémités, et placés en arrière des ailes; ces organes qui sont considérés comme les rudiments de la paire d'ailes métathoraciques, servent à l'animal à régulariser et diriger son vol. L'ablation des balanciers ou le simple écrasement des boutons terminaux rend le vol impossible.

BALANCIER. s. m. Ouvrier qui fabrique ou vend les balances, poids et autres instruments dont on se sert pour peser.

BALANCINE. s. f. T. Mar. Cordage fixé à l'extrémité des vergues et qui sert à leur donner une position horizontale ou inclinée suivant les circonstances.

BALANÇOIRE. s. f. Pièce de bois posée en équilibre sur un point d'appui, et sur laquelle se balancent deux personnes placées aux deux bouts. || Fig. Actes ou propos ayant pour but de tromper ou d'amuser.
Syn. — *Balançoire* se dit fréquemment pour *escarpolette,* mais par abus, car la b. est précisément ce qui, à l'imitation de la balance, s'élève par un côté et s'abaisse par l'autre.

BALANÇON. s. m. Bois de sapin débité en petites pièces. || Nom de petits ais dont on couvre les maisons.

BALANDRAN ou **BALANDRAS.** s. m. (bas lat. *palandrana,* m. s.). Sorte de casaque en étoffe de laine grossière, dont on se servait autrefois pour se garantir de la pluie.

BALANDRE. s. f. (bas lat. *palandaria,* m. s.). T. Mar. Sorte de bâtiment de mer.

BALANE. s. m. T. Zool. Genre de crustacés *Cirrhopodes.* Voy. ce mot.

BALANICEPS-ROI. s. m. (gr. βάλανος, gland; *caput,* tête). Genre d'oiseaux de l'ordre des échassiers.

BALANIFÈRE. adj. (gr. βάλανος, gland; *ferro,* je porte). T. Bot. Qui a pour fruits des glands.

BALANINE. s. m. (gr. βάλανος, gland). T. Entom. Genre d'insectes coléoptères. Voy. Curculionites.

BALANITE. s. m. (gr. βάλανος, gland). T. Bot. Genre de plantes de la famille des *Olacacées.* Voy. ce mot. = **BALANITE.** s. f. T. Méd. Inflammation de la membrane muqueuse du gland. Le plus souvent cette inflammation intéresse également la membrane muqueuse du prépuce, et l'affection reçoit le nom de *Balanoposthite* (gr. πόσθη, prépuce). — Ces deux maladies se traitent par des soins de propreté et des caustiques.
Méd. vét. — Tous nos mammifères domestiques peuvent en être atteints, et surtout le chien. Même traitement que pour l'homme; il faut donner aux animaux des soins de propreté et les éloigner des femelles.

BALANOGLOSSE. s. m. (gr. βάλανος, gland; γλῶσσα langue). Curieux genre d'animaux marins voisins des échinodermes et dont la plupart sont phosphorescents.

BALANOÏDE. adj. (gr. βάλανος, gland; εἶδος, forme). Qui a l'apparence d'un gland.

BALANOPHAGE. adj. (gr. βάλανος, gland; φαγεῖν, manger). Qui se nourrit de glands.

BALANOPHORACÉES. s. f. pl. (R. *Balanophore*). T. Bot. Famille de végétaux Dicotylédones de l'ordre des *Apétales infèrovariées.*
Caract. bot. Plantes sans chlorophylle, de couleur brune, jaune ou rouge, parasites sur racines, à tiges charnues, horizontales, ramifiées et à pédoncules couverts d'écailles imbriquées. Fleurs monoïques, réunies en capitules denses qui sont arrondis ou oblongs, ou dioïques; réceptacle rarement nu, le plus souvent couvert d'écailles ou de soies de formes variées, portant également çà et là des écailles épaisses et peltées. Fleurs mâles pédicellées, calice profondément triparti, égal, étalé, à segments légèrement concaves, pouvant manquer; étamines 1-3, épigynes, avec des filets et des an-

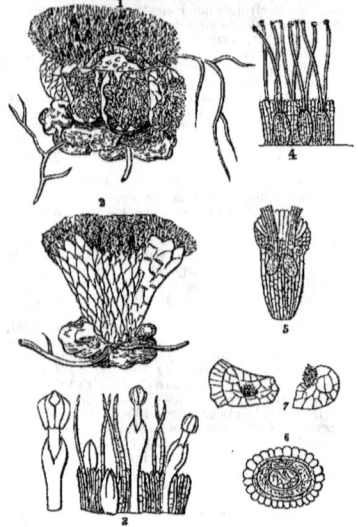

thères unis ensemble; ces dernières, au nombre de 4. Fleur femelle à ovaire infère, uniloculaire, uni-, bi- ou tri-ovulé, couronné par le limbe du calice qui est ou marginal et presque renversé, ou composé de 2 à 4 folioles inégales; ovule pendant; style 1, rarement 2, filiforme, terminé en pointe; stigmate simple, terminal, un peu convexe. Fruit : akène ou drupe. Graine, dans le *Cynomorium coccineum,* solitaire, composée d'un albumen mucilagineux; embryon très petit relativement à l'albumen, arrondi, blanchâtre, renfermé sous le tégument, indivis; dans les autres espèces, la graine n'a pas de tégument. [Fig. 1. Plante mâle de *Scybalium fungiforme.* 2. Plante femelle du même. 3. Fleurs mâles avec les poils qui sont interposés entre elles. 4. Fleurs femelles. 5. Coupe verticale d'une fleur femelle, avec les deux ovules pendants. 6. Coupe transversale d'une fleur mûr. 7. Graines.]
On divise cette famille en trois tribus :
Tribu I. *Mystropétalées.* — Trois carpelles : *Sarcophyton,* etc.
Tribu II. *Hélosidées.* — Deux carpelles : *Scybalium, Helosis, Lophophytum, Ombrophytum,* etc.
Tribu III. *Balanophorées.* — Un carpelle : *Balanophora, Cynomorium, Langsdorfia,* etc.
Les *Bal.* comprennent 14 genres et 35 espèces, qui toutes habitent les régions tropicales des deux mondes, à l'exception d'une seule qui se trouve à Malte. — Les plantes de cette famille paraissent en général douées de propriétés styptiques. Le *Cynomorium coccineum,* ou *Champignon de Malte* des pharmacies, a longtemps joui d'une grande réputation comme astringent. Diverses espèces d'*Helosis* passent également pour styptiques. On dit que le *Sarcophyte,* espèce dioïque qui se trouve au cap de Bonne-Espérance, a une odeur épouvantable. Suivant Pœppig, l'*Ombrophyte,* qui au Pérou apparaît tout à

coup après la pluie, à la manière de certains champignons d'Europe, est appelé *Maïs de montagne* à cause de sa ressemblance avec une espèce de maïs. Cette plante est tout à fait insipide; néanmoins les Péruviens la font cuire et la mangent comme les champignons.

BALANOPHORE. s. m. (gr. βάλανος, gland; φορὸς, qui porte). T. Bot. Plante de la famille des *Balanophoracées*. Voy. ce mot. = BALANOPHORE. adj. 2 g. T. Hist. nat. Qui porte des glands.

BALANOPHORÉES. s. f. pl. T. Bot. Tribu de végétaux de la famille des *Balanophoracées*. Voy. ce mot.

BALANO-POSTHITE. s. f. T. Méd. Voy. BALANITE.

BALANO-PRÉPUTIAL, ALE. adj. (gr. βάλανος, gland; et *préputial*). Qui se rapporte à la fois au gland et au prépuce.

BALANOPSÉES. s. f. pl. (gr. βάλανος, gland; ὤψ, œil). T. Bot. Famille de végétaux Dicotylédones de l'ordre des Apétales supérovariées.
Caract. bot. Arbres ou arbustes à feuilles isolées, non stipulées. Fleurs dioïques, nues. Fleurs mâles à 5 ou 6 étamines, à 4 loges. Fleurs femelles solitaires, involucrées, à 2 carpelles unis en un ovaire uniloculaire, renfermant 2 ovules anatropes. Fruit baccien. Graine albuminée; embryon droit.
Les *Bal.* comprennent le seul genre *Balanops* avec 7 ou 8 espèces habitant presque toutes la Nouvelle-Calédonie.

BALANT. s. m. T. Mar. Partie de la manœuvre qui n'est pas halée, c.-à-d., qui n'est ni raide ni bandée.

BALANT. adj. Voy. BALLANT.

BALANTIDIUM. s. m. (gr. βαλάντιον, bourse; εἶδος, forme). Zool. Genre d'infusoires hétérotriches. Famille des *Bursaridés*, vivant dans l'intestin du porc et parfois dans celui de l'homme.

BALANTINE. s. f. Petit sac que les merveilleuses du Directoire portaient à leur ceinture.

BALANUS s. m. (gr. βάλανος, gland). T. Zool. et Paléont. Ces crustacés, qui appartiennent à l'ordre des *Cirripèdes* (voy. ce mot), sont libres au jeune âge et se fixent plus tard sur les roches, sur les corps flottants, sur les crustacés, etc. Grâce à leurs valves calcaires, ils ont pu être conservés à l'état fossile, et on les a trouvés, dans les terrains tertiaires, depuis l'Éocène; mais ils sont plus abondants dans le miocène.

BALAON ou **BALAOU.** s. m. T. Mar. Espèce de goélette en usage dans les Antilles et dans l'Amérique du Nord.

BALARD, chimiste français (1802-1876). A découvert le brome en 1826.

BALARUC, village du canton de Frontignan (Hérault). Eaux thermales sulfureuses.

BALATA. s. m. Arbre de la Guyane servant pour le charronnage et les roues de moulin.

BALATON, lac de Hongrie. En allemand *Platten-see*.

BALAUSTE. s. f. T. Bot. Se dit des fruits multiloculaires analogues au fruit du Grenadier, qui portait autrefois le nom vulgaire de *Balauste*.

BALAUSTIER, s. m. T. Bot. Nom vulgaire du *Grenadier*. Voy. MYRTACÉES.

BALAYAGE. s. m. [Pr. *balè-iage*]. Action de balayer.— Le *Bal. des voies publiques* est une mesure de propreté indispensable dans les grandes villes, au point de vue de l'hygiène et de la salubrité. Autrefois, à Paris, en vertu d'une ordonnance de police qui remonte à 1799, les propriétaires étaient tenus de faire balayer la portion de rue située devant leur immeuble. La municipalité se chargeait du balayage des places, quais, promenades publiques, etc. Plus tard, les propriétaires eurent la faculté de racheter cette obligation par un abonnement payé à la ville. Ce système présentait d'assez graves inconvénients et, surtout, il ne se prêtait pas à l'emploi des machines à balayer. Aussi, la loi du 26 mars 1873 a

supprimé l'abonnement facultatif et l'obligation imposée aux propriétaires, et on a établi, en échange, une taxe dite de bal. Un grand nombre de villes de France et d'Algérie ont été également autorisées à se charger du bal. et à établir la taxe correspondante; mais la loi stipule que le montant total de la taxe ne peut dépasser les frais de bal. payés par la municipalité.
Les boues provenant du bal. forment une partie des immondices urbains nommés *gadoue*, qui sont utilisés comme engrais. Voy. GADOUE.

BALAYEMENT. s. m. [Pr. *balèman*]. Action de balayer.

BALAYER. v. a. [Pr. *balè-ier*] (R. *balai*). Nettoyer un lieu avec un balai. *Bal. une chambre. Bal. la rue.* — Enlever quelque chose avec un balai. *Balayez ces immondices, ces débris.* — Par extens., se dit d'une robe qui traîne à terre. *Sa robe balayait le trottoir.* || Fig., *Le vent du nord balaye le ciel,* Il en chasse les nuages. On dit de même, *Le vent, l'ouragan balaye la plaine,* lorsqu'il soulève et chasse devant lui des tourbillons de poussière. || En T. Guerre et de Mar., on dit fig., *Bal. le pays; Bal. la plaine; Bal. la mer,* Chasser les ennemis qui ont envahi le pays, les corsaires, les pirates ou les bâtiments ennemis qui tiennent la mer. — On dit aussi dans le même sens, *Bal. l'ennemi, la flotte ennemie, les corsaires,* etc. *Il balaya tout ce qu'il rencontra sur son passage.* = BALAYÉ, ÉE. part. = Conjug. Voy. PAYER.

BALAYETTE. s. f. [Pr. *balè-iette*]. Petit balai. || Petit balai de bruyère taillé en brosse, dont on se sert dans le filage des cocons.

BALAYEUR, EUSE. [Pr. *balè-ieur*]. Celui, celle qui balaye. Se dit des individus qui font le métier de balayer les rues.

BALAYEUSE. s. f. [Pr. *balè-ieuse*]. T. Méc. Machine à balayer. La bal. employée par la ville de Paris se compose d'une brosse cylindrique fixée à une charrette à deux roues et qui tourne autour de son axe horizontal en recevant le mouvement d'une des roues de la charrette, par l'intermédiaire d'un engrenage. Cette brosse tourne en sens inverse du mouvement des roues et son axe est incliné par rapport à la direction du véhicule. De la sorte, les boues sont rejetées en avant et sur le côté, et finissent par s'accumuler le long des trottoirs, d'où on les pousse dans les bouches d'égout, à l'aide d'un balai en caoutchouc. Les brosses sont en *Piassava.* Voy. ce mot. || Garniture qu'on met à la partie inférieure d'une robe à traîne.

BALAYURES. s. f. pl. [Pr. *balè-iure*]. Ordures amassées avec un balai. || *Bal. de mer,* Plantes marines et débris que la mer jette sur ses bords.

BALBEK ou **BAALBECK,** anc. Héliopolis, v. de la Syrie centrale, à 80 k. de Damas, célèbre par les ruines d'un temple du Soleil.

BALBI, géographe italien (1782-1848).

BALBIN, empereur romain (237-238).

BALBO, historien italien (1789-1853).

BALBOA, navigateur espagnol, découvrit l'océan Pacifique, en 1513.

BALBUTIE. s. f. (de *balbutier*). État habituel de celui qui balbutie. La *balb.* de l'enfance.

BALBUTIEMENT. s. m. [Pr. *balbu-ciman*]. Vice de prononciation qui fait qu'on balbutie; action de balbutier.

BALBUTIER. v. n. [Pr. *balbu-ci-er*] (lat. *balbutire*). Articuler avec difficulté les lettres B et L. — Par ext., Articuler imparfaitement les mots; hésiter en parlant. *Cet enfant commence à balb. Je ne comprends pas ce qu'il dit, tant il balbutie.* || Fig., Parler sur quelque sujet confusément et sans connaissance suffisante. *Il a voulu parler sur cette affaire, et il n'a fait que balb.* || S'emploie quelquefois activ. *Balb. un compliment. Il a balbutié son rôle.* = BALBUTIÉ, ÉE. part. = Voy. BÉGAIEMENT.

BALBUTIEUR. s. m. [Pr. *balbu-ci-eur*]. Celui qui balbutie.

BALBUZARD. s. m. T. Zool. Genre de l'ordre des oiseaux de proie diurnes de la famille des *Faucons*.

BALCON. s. m. (ital. *balcone*, m. s., peut-être du persan *bâla khanch*, chambre au-dessus de la grande porte). T. Archit. Un b. est une saillie pratiquée sur la façade extérieure d'un édifice, au-devant des fenêtres, qui est supportée par des colonnes ou des consoles, et qui est munie d'un appui en pierre ou en fer. — Le b. était inconnu à l'architecture antique, les mœurs et les habitudes de réclusion des femmes n'auraient d'ailleurs pas permis une innovation de ce genre. Elle n'a fait son apparition qu'au moyen âge, et s'est promptement répandue en Espagne et en Italie. Aujourd'hui le b. est aussi très usité chez nous, malgré la différence de climat; dans le Nord, on en fait peu d'usage. On distingue plusieurs sortes de b. selon son étendue. Le plus souvent, il comprend une ou trois fenêtres; quelquefois, au contraire, il forme une galerie extérieure qui entoure l'étage tout entier. Ces deux espèces de b. portent, en Italie, le nom de *Ringhiera*. Dans ce dernier pays, on voit fréquemment les balcons soutenus par une rangée de colonnes ou manière de portique; ils constituent une sorte de terrasse placée en avant des appartements : dans ce cas on les appelle *Loggia*. Il est d'usage, dans le midi de l'Europe, d'ombrager le b., soit au moyen de jalousies, soit au moyen de stores qui dépassent le rebord de la balustrade. Enfin, lorsque le b. forme avant-corps, et est entouré de tous côtés d'un vitrage qui permet aux personnes de voir au dehors sans être vues, on l'appelle *Mignara*. — On désigne encore, sous le nom de b., la balustrade en pierre ou en fer qui est placée à la partie inférieure d'une fenêtre et qui sert d'appui. — Enfin, dans nos théâtres, ce terme sert encore à désigner la partie de la galerie qui avoisine l'avant-scène de chaque côté, ou même toute la galerie du premier étage.

BALCONIER. s. m. Celui qui pérore à un balcon ou harangue la foule du haut d'un balcon.

BALDAQUIN. s. m. (ital. *baldachino*). Sorte de dais, ordinairement garni d'étoffe, qui est posé ou suspendu au-dessus d'un trône, d'un lit, etc. *Lit à bal. Le bal. d'un catafalque*. — Le mot *Baldacchino*, dont nous avons fait *baldaquin*, dérive d'un nom de ville, de *Bagdad*, que les écrivains du moyen âge appelaient par corruption *Baldac*. On y fabriquait alors des étoffes précieuses, tissues d'or et de soie, qui étaient désignées sous le nom de *baldechinum*. Or, comme ces tissus étaient fort recherchés pour faire des dais, ces derniers furent eux-mêmes appelés *baldaquins*. Enfin, on en vint à appliquer cette dénomination à tout ouvrage d'architecture, soit en marbre, soit en bronze, qui, dans les basiliques modernes, sert à couvrir et à décorer l'autel. Le plus célèbre bald. de ce genre est celui de Saint-Pierre de Rome, construit par Bernin, sous le pontificat d'Urbain VIII. Il est en bronze et porté par quatre colonnes torses également en bronze qui posent sur des piédestaux de marbre. Les colonnes sont cannelées jusqu'au tiers de leur hauteur, décorées de chapiteaux composites et surmontées de quatre grandes figures d'anges. Sa hauteur totale est de 28 mètres (1 mètre de plus que l'Observatoire de Paris), et le poids du bronze qui est entré dans sa construction dépasse 90,000 kilog. Quelquefois le bald., au lieu d'être supporté par des colonnes, est suspendu à la voûte du chœur, au-dessus du maître-autel : tel est celui de Saint-Sulpice à Paris.

BALDER, dieu scandinave, 2e fils d'Odin et de Frigga.

BÂLE, v. de Suisse, ch.-l. du c. de Bâle, sur le Rhin, 45,000 hab. Concile célèbre (1431). Traités de paix entre la France et la Prusse (5 avril 1795), et entre la France et l'Espagne (22 juillet 1795). Ancienne Basilia, fondée sous Valentinien Ier, remplaça l'ancienne cap. de cette province, Rauraca, devint florissante, fit partie du royaume de Bourgogne, passa sous la suzeraineté des empereurs d'Allemagne et, en 1501,

se joignit à la Confédération helvétique. — Séjour d'Erasme et d'Holbein. — Belle cathédrale (Münster) du XVe siècle.

BALÉARES, îles de la Méditerranée, dépendant du royaume d'Espagne; les principales sont *Majorque, Minorque, Iviça*; 285,000 hab.; cap. *Palma*.

BALEINE. s. f. (lat. *balæna*; gr. φάλαινα, m. s.). Genre de mammifères de l'ordre des *Cétacés*. ‖ Fragments des fanons de l'animal précédent. *Les baleines d'un corset, d'un parapluie*. La b. naturelle, devenant de plus en plus rare, tend à être partout remplacée par de la b. artificielle, en caoutchouc durci, du bois, de l'acier, etc.

Zool. — Les *Cétacés* constituent l'un des ordres de la classe des *Mammifères*; ils se subdivisent en cinq familles, dont l'une, celle des *Balénidés*, a pour type la *Baleine franche*. Les animaux qui composent cette dernière famille se distinguent par la grosseur extraordinaire de leur tête, et par leurs mâchoires, dont l'inférieure est dépourvue de

Fig. 1.

dents et dont la supérieure est garnie de fanons. Ils forment seulement trois genres, les genres *Baleine, Mégaptère, Balcinoptère*. Les Baleines proprement dites et les Balénoptères présentent les caractères différentiels suivants : Tête invariablement aussi large que longue chez les premières, tandis qu'elle est souvent effilée et pointue chez les seconds; nageoire dorsale adipeuse, absente chez les Baleines, toujours présente chez les Balénoptères; fanons beaucoup plus petits chez ceux-ci que chez celles-là.

Le genre Bal. comprend la *Bal. franche* (*Balæna mysticetus*), la *Bal. Nord-caper* (*Bal. glacialis*), la *Bal. du Cap* (*Bal. australis*), et trois ou quatre autres espèces très imparfaitement connues et même douteuses. — La *Bal. franche* (Fig. 1) a la tête d'une grosseur énorme, égale à celle du corps et prenant à peu près le tiers de la longueur totale de l'animal. Elle est obtuse en avant et presque aussi large que longue. Les plus grandes baleines que l'on ait vues ne dépassaient pas 30 mètres; il est rare d'en rencontrer ayant plus de 20 mètres de longueur. Un animal de cette der-

Fig. 2.

nière taille pèse 70,000 kilogr., et son corps, mesuré un peu en arrière des nageoires pectorales, où il est le plus gros, peut avoir de 10 à 13 m. de circonférence. La peau offre une couleur noire ou gris foncé sur les parties supérieures du corps, et gris blanchâtre sur les parties inférieures. Les nageoires pectorales sont longues de 2m,50 à 3 mètres; ce sont, en somme, les membres antérieurs, les bras; la caudale affecte une forme à peu près triangulaire, et n'a pas moins de 6 à 7 mètres de largeur.

Parmi les Balcinoptères, les espèces les mieux déterminées sont : le *Gibbar* (*Balænoptera gibbar*) à museau aplati et à ventre lisse; le *Jubarte* (*Bal. jubartis*), remarquable par les plis longitudinaux que présente sa peau sous la gorge et sous le ventre; le *Rorqual* (*Rorqualus musculus*) (Fig. 2), peu différent de l'espèce précédente; le *Balcinoptère à bec* (*Bal. rostrata*), dont les deux mâchoires pointues sont d'inégale longueur, la supérieure étant plus courte et moins large que l'inférieure; et le *Bal. boeskop* (*Bal. capensis*), ainsi nommé par les Hollandais parce qu'il a une bosse sur l'occiput. La difficulté d'observer directement les Baleines et les Balænoptères laisse subsister beaucoup d'incertitude sur plusieurs points importants de leur histoire naturelle. Cependant ces animaux ont été récemment l'objet de travaux de MM. Pouchet et Beauregard. Quelques parties de leur organisation présentent des particularités fort remarquables. L'œil est très petit par rapport au volume de l'animal; il n'est guère plus gros que celui du bœuf. L'énorme distance qui sépare ses yeux l'un de l'autre, ne permet pas à la bal. de voir le même objet avec les deux yeux en même temps. Néanmoins, elle a la vue très perçante et distingue les objets de fort loin, surtout lorsqu'elle regarde entre deux eaux. L'organe de l'ouïe n'est point apparent au dehors; celui de l'odorat paraît résider, d'après les observations de Hunter et d'Albers, confirmées par celles de Delalande, dans les trous respiratoires ou évents, communs à la bal. et à tous les autres cétacés souffleurs. Les évents sont placés à peu près au sommet de la tête, à la distance de 5 mètres à 5m,50 de son extrémité.

La bal., comme l'ont avancé presque tous les naturalistes, rejette-t-elle réellement de l'eau par ses évents? Il paraît incroyable que le fait puisse être encore douteux: cependant, les observateurs qui ont le mieux étudié ces animaux, notamment Scoresby, qui en a vu prendre plus de trois cents, affirment que la bal. lance par ses évents un jet de vapeur et non un jet de liquide. Mais cette vapeur se condense brusquement au contact de l'air froid et retombe sous forme de pluie.

La bal. ne produit habituellement qu'un seul petit, un « Baleineau », qu'elle nourrit de son lait, comme font les femelles de tous les mammifères. On ignore la durée précise de la gestation et celle de l'allaitement. Les mamelles de la bal. sont placées vers l'extrémité postérieure du corps. Dieffenbach, qui a fréquemment dégusté le lait de la bal., assure qu'on ne peut le distinguer du lait de vache. Il a vu plusieurs fois des baleines femelles suivies de deux baleineaux, dont l'un, d'après son volume, paraissait être plus âgé que l'autre d'un ou de deux. Le baleineau, à sa naissance, est gros comme un bœuf et a une longueur de près de 3 mètres. La mère, pour allaiter son petit, est forcée de s'incliner sur le côté, afin qu'il puisse respirer en tettant, ce qu'il ne pourrait faire s'il n'avait la tête hors de l'eau. La croissance des baleineaux est fort lente, ce qui donne lieu de supposer que les baleines doivent vivre fort longtemps; mais on manque absolument de données certaines sur la durée de leur existence.

La bouche immense de la bal. présente des particularités de conformation sans analogie chez les autres animaux. La partie inférieure, dépourvue de dents, contient la langue, longue, épaisse, presque toute formée d'un tissu graisseux. La partie supérieure, en forme de toit renversé, est garnie des deux côtés de grandes lames, de texture fibreuse et très élastique, effilées à leurs bords et disposées comme des dents de peigne fortement serrées les unes contre les autres. Ces lames, longues d'à peu près 3 mètres, sont au nombre de 700 à 800. Elles sont appelées Fanons par les naturalistes; mais dans le commerce, où l'on en faisait un grand usage pour la monture des parapluies, la fabrication des corsets, etc., elles sont connues sous le nom de Baleines. Cette disposition de la bouche de la bal. ne lui permettrait pas d'avaler, pour s'en nourrir, des corps tant soit peu volumineux. Lorsqu'elle ouvre la bouche, une énorme quantité d'eau s'y précipite; cette eau est tamisée par les fanons qui retiennent les petits poissons et les mollusques marins qu'elle peut contenir. Ces derniers, particulièrement ceux du genre Clio, qui sont prodigieusement multipliés dans les mers du Nord où vit la bal., constituent sa principale nourriture. Elle absorbe aussi, en les réduisant en bouillie, sans quoi elle ne pourrait les avaler, des milliers de poissons peu volumineux, tels que merlans, harengs et maquereaux, dont elle poursuit les bandes innombrables dans leurs migrations périodiques. Le sens du goût paraît ne pas exister chez cet animal.

Ce qu'on connaît des mœurs, des habitudes et des instincts de la bal., se réduit à bien peu de chose. Vers l'époque où elles doivent mettre bas, les femelles se rapprochent constamment des parages où la mer le moins profonde, soit, comme l'ont avancé plusieurs naturalistes, pour vaquer aux devoirs de la maternité sans être troublées par la turbulence des mâles, soit parce que les eaux de ces parages conviennent mieux aux jeunes baleineaux. Elles montrent pour leurs petits un attachement extrême; quand les pêcheurs parviennent à prendre d'abord le baleineau, la mère, folle de désespoir, se laisse prendre sans songer à fuir. La bal. nage plus vite que ne le pourrait faire supposer sa forme massive; elle ne s'aide, pour se déplacer, que de sa *queue* ou *nageoire cau-*

dale, qui est plate, horizontale et douée d'une puissance extraordinaire; ses nageoires antérieures ne lui servent qu'à se maintenir en équilibre. Lorsqu'elle est poursuivie, elle peut faire 15 kilomètres à l'heure. Malgré sa force prodigieuse, la bal. paraît être d'un naturel craintif et inoffensif; elle fuit à l'approche du moindre danger.

La bal. habite principalement les mers polaires du Nord; elle s'en éloigne vers le mois de novembre et y retourne vers le mois de mars. Dans les mers australes, les baleines se tiennent en grand nombre entre les îles de la Nouvelle-Zélande et la Nouvelle-Calédonie; les pêcheurs anglais et américains nomment, par ce motif, cette partie de la mer du Sud, le *champ des Baleines* (*Whale-Field*). On les rencontre encore en assez grand nombre vers le détroit de Behring d'une part, et vers le détroit de Davis de l'autre; les naturalistes ne sont pas d'accord sur le point de savoir si les baleines de la mer du Sud sont ou ne sont pas les mêmes que celles de la mer Glaciale du Nord. Dieffenbach et Scoresby, deux des observateurs les plus dignes de foi, ne trouvent aucune différence appréciable entre les baleines du Nord et celles du Sud; ils pensent que ce sont les mêmes qui émigrent périodiquement. La baie d'Arapoa, sur le détroit de Cook, entre les deux îles de la Nouvelle-Zélande, est le rendez-vous d'un grand nombre de navires *baleiniers* de plusieurs nations; les baleines sont nombreuses dans ces parages à l'époque où les femelles doivent mettre bas. Le rorqual (*B. musculus*) se rencontre quelquefois dans la Méditerranée: c'est l'espèce mentionnée par Aristote sous le nom de *Mystycetos*.

La pêche de la bal. a été pratiquée dès le IXe siècle par les Danois, les Norvégiens et les Islandais. Au XVe, les Basques en eurent comme le monopole en Europe : ils y employaient chaque année de 50 à 60 navires et de 9 à 10,000 hommes. Au XVIe siècle, les Hollandais avaient su donner une grande importance à leurs expéditions de navires baleiniers. On rapporte que dans l'espace de quarante-six ans ils prirent 32,900 baleines qui leur rapportèrent 380 millions de francs. Les Français ont depuis longtemps complètement abandonné cette pêche. De nos jours, les ports de Dundee en Angleterre et de Thonsberg en Norvège sont les seuls d'Europe qui arment pour la pêche de la baleine qui se trouve ainsi presque monopolisée par les Américains du Nord.

Les navires baleiniers, à quelque nation qu'ils appartiennent, ont habituellement 40 mètres de long, 10 de large et 4 de profondeur. Leur bordage en bois de chêne doit être assez solide pour résister au choc des glaces flottantes. Ils sont ordinairement montés par un équipage de 30 à 40 hommes, et ont à leur bord 6 à 7 chaloupes de pêche nommées *Baleinières*. L'équipage de chacune de ces chaloupes comprend 1 ou 2 *harponneurs*, 1 patron et 4 rameurs. Chacune d'elles est pourvue de 3 grands javelots à fer barbelé appelés *Harpons*, de 5 à 6 lances à long manche dont le fer seul a de 50 à 60 centimètres, et de 7 paquets de cordes nommées *lignes*, ayant chacune environ 200 mètres de longueur.

Dès qu'une bal. est signalée, les chaloupes sont mises à la mer; on s'approche d'elle le plus possible; on la frappait autrefois d'un harpon au manche duquel était fixée une ligne. Actuellement on la tue à l'aide d'une balle explosible et d'engins plus puissants. La bal. blessée se laisse tomber quelquefois avec tant de précipitation qu'elle se brise les mâchoires ou le crâne contre les rochers du fond de la mer. Habituellement, elle ne reste pas plus d'un quart d'heure sans venir respirer à la surface de l'eau. Blessée, elle peut rester sous l'eau jusqu'à une demi-heure, et faire, pendant ce temps, beaucoup de chemin, en entraînant la ligne attachée au harpon dont elle ne peut se débarrasser. Il faut que la ligne se déroule aussi facilement que possible : car si elle venait à s'accrocher, la chaloupe serait submergée avec son équipage. Le frottement qu'éprouve alors le bord de celle-ci est si considérable que le bois s'enflammerait si l'on n'avait soin de l'arroser sans cesse. A mesure que le cordage se déroule, les pêcheurs ajoutent plusieurs lignes les unes à la suite des autres; quelquefois la longueur de la ligne mise en dehors dépasse 3,000 mètres. Comme il faut toujours qu'elle finisse par revenir à la surface de l'eau pour reprendre sa respiration, la bal. est alors entourée par les embarcations et achevée à coups de lance, mais avec de grandes précautions, car l'agonie d'un animal aussi monstrueux est redoutable. Enfin, la bal. meurt épuisée par la perte de son sang. Afin de rendre moins dangereuse l'attaque de ce géant des mers, l'on a proposé et l'on a employé avec succès des espèces de fusées à la Congrève. Ces fusées sont munies d'une pointe d'acier près de laquelle se trouve un petit globe de fer qui éclate comme un obus dans le corps de l'animal. Leur cherté seule y a fait renoncer les pêcheurs. La bal. morte est remorquée vers le navire et attachée le long des flancs du bâtiment. Alors, les marins couverts de vêtements de cuir et chaussés de bottes munies de crampons pour pouvoir marcher sur le cuir glissant de la bal., commencent à dépecer leur capture de la tête à la queue. Le lard est coupé en tranches parallèles de 45 à 50 centimètres de largeur. Ces pièces sont divisées en morceaux du poids d'environ 500 kilogrammes chacun, qu'on descend à fond de cale. Depuis le commencement du siècle, la pêche, ou, pour parler plus exactement, la *chasse* de la bal. est devenue tellement active, que le nombre de ces animaux est déjà considérablement réduit, et qu'on prévoit l'époque peu éloignée où la race des baleines et des baleinoptères aura complètement disparu.

Les navires armés pour la pêche de la bal. ne donnent pas exclusivement la chasse aux *Baleines proprement dites*, qui, du reste, sont déjà presque complètement détruites; ils poursuivent aussi les *Cachalots* et les diverses espèces de *Baleinoptères*. Le cachalot et les baleinoptères donnent également beaucoup d'huile, quoique en moindre quantité que la bal. propre. Les fanons des baleinoptères sont de peu de valeur. Quant au cachalot, il en est dépourvu; mais, en revanche, il fournit cette matière grasse, concrète, blanche et cristalline, contenue dans ses sinus sous-cutanés, connue dans le commerce sous les noms tout à fait impropres et inexacts de *Sperma ceti* ou de *Blanc de baleine*. La chasse des baleinoptères est moins lucrative et en même temps plus dangereuse que celle de la bal. franche. Ces animaux en effet, plus agiles et plus courageux que cette dernière : on a vu se retourner contre les assaillants et attaquer les chaloupes lancées à leur poursuite. Voy. les articles Cétacé, Cachalot, etc.

Ast. — *Baleine*. — Constellation australe, entre le Bélier et les Poissons, remarquable entre autres par son étoile o (omicron), surnommée l'étonnante (Mira), qui varie de la 9ᵉ à la 3ᵉ grandeur, et quelquefois davantage, dans la période de 331 jours. Voy. Constellations et Étoiles variables.

BALEINÉ, ÉE. adj. Garni de baleines. *Col bal. Ce corset est trop bal.*

BALEINEAU. s. m. Le petit de la baleine.

BALEINIER. s. m. T. Mar. Navire équipé pour la pêche de la baleine. ‖ S'emploie adject. *Un navire bal.*

BALEINIÈRE. s. f. Canot étroit et très léger dont se servent les baleiniers pour harponner et suivre la baleine. *Les deux extrémités d'une bal. sont semblables.*

BALEINOPTÈRE. s. m. (R. *baleine*; gr. πτερον, aile, nageoire). T. Mamm. Section du genre *Baleine*. Voy. Baleine.

BALENICEPS. s. m. T. Zool. Genre d'oiseaux de l'ordre des *Échassiers*.

BALÉRON. s. m. Salle d'audience où le souverain malais rend la justice.

BALETE. s. m. Nom commercial des fibres du *Ficus indica*, plante textile.

BALÈTRE. s. m. T. Métier. Bavure d'une pièce fondue se trouvant aux joints du moule.

BALÈVRE. s. f. (R. *lèvre*). L'ensemble des lèvres, avec un sens de dénigrement et de mépris. ‖ T. Archit. Excédent d'une pierre sur une autre, près d'un joint, dans la douelle d'une voûte ou dans le parement d'un mur. — Par ext., Éclat près d'un joint occasionnel dans la pierre, parce que le premier joint était trop serré.

BALI, île de l'Océanie, dans la Malaisie, archipel de la Sonde, située entre l'île de Java, à l'ouest, dont elle est séparée par un détroit qui porte son nom, et l'île de Sombock à l'est. On l'appelle quelquefois la petite Java. Superficie 5,575 kil. car., 800,000 hab.

BÂLI. s. m. Idiome de l'Inde. Voy. Pali.

BALICORNE ou **BALISCORNE.** s. f. Pièce de fer d'un soufflet de forge.

BALINE. s. f. Grosse étoffe de laine pour l'emballage

BALIOL ou **BAILLEUL** (Jean), proclamé roi d'Écosse (1292) malgré les prétentions de Robert Bruce; vaincu par Édouard Iᵉʳ d'Angleterre, il abdiqua en 1296. Son fils disputa sans succès la couronne à David Bruce, de 1332 à 1342.

BALISAGE. s. m. T. Mar. Action de placer des balises.

BALISE. s. f. (R. *palus*, pieu?). T. Mar. On nomme *Bal.* une marque très apparente placée sur un écueil, un banc de sable ou tout autre obstacle à la navigation pour avertir les marins et leur indiquer les *passes*. — Elle consiste ordinairement en une barre de fer verticalement fixée sur le point à éviter, et surmontée soit d'un baril vide, soit de tout autre objet propre à rendre la bal. visible d'une distance suffisante. Dans le voisinage des bancs de sable, la bal. proprement dite est souvent remplacée par des *bouées flottantes* qui servent au même objet. Dans les passages très dangereux, on substitue parfois à la bal. une embarcation à amarre fixe, portant un phare; ce n'est plus alors une bal., bien que le terme soit usité dans ce sens par les marins : c'est un véritable *feu flottant*. Voy. Phare.

On se sert aussi de balises dans la navigation fluviale, lorsque le lit navigable d'une rivière est sujet à varier par suite du déplacement de bancs de sable. On plante dans le fleuve, pour indiquer la passe, de longues perches blanches qui sont en général surmontées d'un petit drapeau : ce sont de vraies balises. On désigne encore quelquefois sous le nom de bal. l'espace que les propriétaires riverains sont obligés de laisser le long des rivières navigables pour le halage des bateaux; mais on dit plus souvent *chemin de halage*. Le *balisage* est dans les attributions des inspecteurs de la navigation.

BALISE. s. f. T. Bot. Fruit du *Balisier*.

BALISEMENT. s. m. L'action de mettre des balises.

BALISER. v. a. T. Mar. Placer des balises; marquer par des balises un banc, une passe, etc. *On va bal. l'embouchure du fleuve.* = Balisé, ÉE. part.

BALISEUR. s. m. T. Mar. Celui qui est chargé de faire un balisage. ‖ Celui qui est chargé de veiller à ce que les riverains laissent un certain espace sur le bord des rivières pour le chemin de halage.

BALISIER. s. m. T. Bot. Genre de plantes très connu sous le nom de *Canna*, de la famille des *Scitaminées*. Voy. ce mot.

BALISTE. s. m. (gr. βαλλω, je lance). T. Zool. Poissons caractérisés par un corps recouvert de grandes écailles rhomboïdales, dures et non imbriquées, et ainsi nommés à cause de la rapidité avec laquelle ils relèvent les rayons épineux de leur première nageoire dorsale. Voy. Sclérodermes.

BALISTE. s. f. (lat. *batista*; gr. βαλλιστα, de βαλλω, je lance). T. Art milit. Machine de guerre usitée chez les anciens. ‖ Parmi les machines de guerre qui constituaient l'artillerie des anciens, la *Bal.* était l'une des plus importantes et des plus usitées. Les historiens grecs en font remonter l'in-

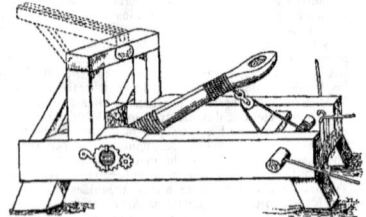

vention à une époque un peu antérieure à celle d'Alexandre le Grand. Ni les sculptures de la Colonne Trajane, ni les passages de Végèce, de Vitruve et d'Ammien Marcellin où il est parlé de cette machine, n'en donnent une idée suffisamment exacte pour qu'il soit possible de se la représenter autrement que par approximation. La Fig. ci-dessus est suffisante pour comprendre sa construction et son mécanisme. Ordinairement elle servait à lancer des pierres rondes ou des espèces de boulets. Quand on voulait lancer des dards, on y ajustait une sorte de fût qui jouait le rôle du fût de l'arbalète du moyen âge. Les auteurs anciens font mention de balistes qui lançaient des pierres pesant depuis 25 jusqu'à 150 kilogrammes. Selon l'historien Josèphe, celles que les Romains employèrent de son temps au siège de Jérusalem, sous Titus (70 ap. J.-C.), lançaient leurs projectiles à une distance de 400 mètres. Chez les Romains, la bal. était comprise, avec la catapulte et quelques autres machines, sous le nom de *Tormenta*, qu'on faisait dériver de *torquere*, tordre, parce que tous ces appareils étaient mis en mouvement par la force de câbles fabriqués, dit-on, avec des fibres animales, comme le sont aujourd'hui nos cordes à boyaux. De là le nom d'*Artillerie névrobalistique* que donnent les modernes à ces anciennes machines de guerre. La bal. était souvent mise en batterie sur les hauteurs pour tirer par-dessus la tête des soldats combattant en plaine; celles qui servaient dans les batailles rangées se construisaient sur place. Néanmoins, ces machines, ainsi que les catapultes, étaient le plus souvent employées pour l'attaque et la défense des villes. Leur usage était également connu des Carthaginois. Lorsque les Romains eurent pris Carthagène, principal arsenal des Carthaginois en Espagne, ils y trouvèrent, d'après Tite-Live, vingt-trois grandes balistes et cinquante-deux petites.

La bal., ainsi que la catapulte des anciens, cessa de figurer dans les guerres du moyen âge, quoique les auteurs de cette époque donnent encore ces noms aux *mangonneaux* et aux *trébuchets*. Les machines antiques avaient pour moteur la force de torsion des câbles de nerfs, tandis que celles du moyen âge étaient des appareils à contre-poids. Bien plus, les écrivains de la basse latinité donnèrent fort souvent le nom de *bal.* à l'arbalète, et celui de *balistarii* aux arbalétriers : de là des erreurs singulières commises par les traducteurs des chroniques du moyen âge. Voy. CATAPULTE.

BALISTIQUE. s. f. (gr. βάλλειν, lancer). T. Mécan. On donne le nom de *bal.* à cette partie de la mécanique qui traite du mouvement des *projectiles*, c.-à-d. des corps lancés dans l'espace par une force d'impulsion quelconque, puis abandonnés à eux-mêmes. La pierre lancée par la fronde, la flèche au moment de son départ, la balle à sa sortie du fusil, sont des *projectiles*, tant que ces corps continuent à être en mouvement. — Un projectile, quel qu'il soit, est sollicité par trois forces indépendantes l'une de l'autre : 1° la *force d'impulsion* par laquelle il est mis en mouvement; 2° la *force de la pesanteur*; 3° la *résistance du milieu* qu'il doit traverser.

Lorsqu'un corps est lancé dans l'espace sous l'action de la première impulsion, il tend à persister dans la direction

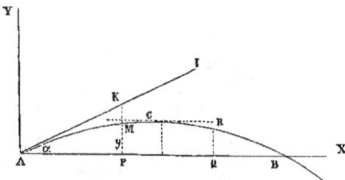

Fig. 1.

initiale de son mouvement, d'après la loi de l'inertie de la matière. Par ex., un boulet lancé dans l'espace, s'il n'était sollicité que par sa première impulsion, décrirait une ligne droite indéfinie avec une vitesse toujours égale; mais la force de la pesanteur, agissant sans cesse sur lui, le fait, à chaque instant, tomber d'une certaine quantité qui transforme successivement sa direction primitive, et fait que sa trajectoire est une ligne courbe au lieu d'être une ligne droite. En outre, la résistance du milieu intervient pour changer les conditions du mouvement, de sorte que le boulet finit toujours par rencontrer le sol et s'arrête. Nous allons d'abord raisonner dans l'hypothèse que la résistance du milieu ambiant, c.-à-d. de l'air, est nulle, ce qui revient à supposer un projectile lancé dans le vide suivant une certaine direction. Cette hypothèse, d'ailleurs, conduit à des résultats assez rap-

prochés de la vérité pour être très utile dans un grand nombre de cas.

Mouvement d'un projectile dans le vide. — Soit A (Fig. 1) le point de départ du projectile et α l'angle IAX de sa direction initiale avec l'horizontale. Il est d'abord évident que, pendant toute la durée de son mouvement, le mobile, étant seulement soumis à l'influence de la pesanteur, restera dans le plan vertical déterminé par la ligne AI, vitesse initiale. Traçons donc dans ce plan deux axes rectangulaires, l'un horizontal AX, l'autre vertical AY, que nous prendrons pour axes de coordonnées. Si la pesanteur n'existait pas, le corps parcourrait au bout du temps t le chemin AK d'un mouvement uniforme. En nommant a la vitesse initiale on aurait ainsi AK = at. Mais si d'autre part le corps était soumis simplement à l'action de la pesanteur, il tomberait au bout du temps t d'une certaine hauteur KM, déterminé par la relation KM = $\frac{1}{2}gt^2$. En vertu de ces deux causes simultanées, il décrit la courbe intermédiaire AM dont nous allons chercher la nature. On a :

$$MP = y = KP - KM = at \sin\alpha - \frac{1}{2}gt^2,$$

$$AP = x = at \cos\alpha.$$

La relation entre x et y ou l'équation de la courbe s'obtiendra en éliminant le temps t entre les deux relations précédentes, ce qui donne :

$$y = x \tan\alpha - \frac{gx^2}{2a^2\cos^2\alpha},$$

ou en posant $a^2 = 2gh$ (h étant la hauteur de chute due à la vitesse a), on aura pour équation :

$$y = x \tan\alpha - \frac{x^2}{4h\cos^2\alpha}.$$

Cette équation étant celle d'une *parabole*, nous pouvons conclure, dès à présent, ce fait important découvert par Galilée : « *La trajectoire décrite par un corps lancé dans le vide, suivant une certaine direction, est une parabole.* »

Cette parabole a son axe CE vertical; elle est tangente à la ligne AI, qui est la direction de la vitesse initiale. Nous pouvons facilement déterminer son sommet en complétant le carré des termes en x, ce qui ramène l'équation à la forme

$$(x - 2h \sin\alpha \cos\alpha)^2 = 4h \cos^2\alpha (h \sin^2\alpha - y);$$

si l'on pose

$$x - 2h \sin\alpha \cos\alpha = x' \text{ et } h \sin^2\alpha - y = y',$$

ou bien : $x = 2h \sin\alpha \cos\alpha + x'$ et $y = h \sin^2\alpha - y'$, l'équation de la courbe prend la forme

$$x'^2 = 4hy'^2 \cos^2\alpha.$$

Les coordonnées du sommet sont donc AE = $2h \sin\alpha \cos\alpha$ et EC = $h \sin^2\alpha$, comme on aurait d'ailleurs pu les obtenir directement, en cherchant le point pour lequel la tangente est parallèle à l'axe des abscisses. En faisant dans l'équation générale de la parabole $y = 0$, on obtient les valeurs de l'abscisse des points de rencontre de la trajectoire avec l'axe AX. On trouve d'abord le point A et ensuite le point B qui a pour abscisse $x = 4h \sin\alpha \cos\alpha = 2h \sin 2\alpha$. On voit alors que la longueur AB qu'on nomme l'amplitude du jet a sa plus grande valeur quand $\sin 2\alpha = 1$, c.-à-d. quand $2\alpha = \frac{\pi}{2}$,

ou quand l'angle α est de 45 degrés. Ainsi : *Pour une même valeur de la vitesse initiale, l'amplitude du jet a sa plus grande valeur quand le corps est lancé suivant un angle de 45 degrés.*

Proposons-nous maintenant la solution de cette question : Étant donné un point déterminé par ses coordonnées X et Y, trouver la direction suivant laquelle il faut lancer le projectile pour atteindre ce point, en supposant la charge de poudre, c.-à-d. la grandeur de la vitesse initiale donnée d'avance. Ici, h peut être considéré comme connu : $h = \frac{a^2}{2g}$, et l'inconnue est α; posons $\tan\alpha = u$, d'où $\cos^2\alpha = \frac{1}{1 + u^2}$. L'équation de la courbe devant être évidemment satisfaite lorsqu'on remplace x et y par X et Y, on aura la relation

$$Y = Xu - \frac{X^2(1 + u^2)}{4h},$$

équation du second degré, d'où l'on déduit facilement

$$u = \frac{2h}{X} + \frac{1}{X}\sqrt{4h^2 - 4hY - X^2}.$$

Pour que la question soit résoluble, il faut que le radical ne soit pas imaginaire, c'est-à-dire qu'on doit avoir $4h^2 - 4hY - X^2 \geqq 0$. S'il en est ainsi, il y aura deux solutions, c.-à-d. qu'il y aura deux directions différentes de la vitesse initiale avec laquelle on pourrait atteindre un but donné. La plus petite valeur de u correspond à une trajectoire plus *tendue* que l'autre, c'est celle du *tir direct*; l'autre, qui donne une trajectoire plus courbée, est celle du *tir plongeant*. Si l'on a $4h^2 - 4hY - X^2 = 0$, il n'existe plus qu'une seule manière d'atteindre le but. Enfin, il y aura impossibilité absolue si $4h^2 - 4hY - X^2 > 0$.

On pourrait se demander quels sont les points de l'espace

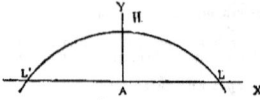

Fig. 2.

susceptibles d'être atteints par les projectiles lancés du point A avec une vitesse déterminée (Fig. 2.) On les déterminera en construisant la parabole qui a pour équation $4h^2 - 4hY - X^2 = 0$, dont l'axe est dirigé suivant AY, et dont le sommet est situé à la hauteur $AH = h$. Tant que le point sera contenu dans la parabole HL, on aura $4h^2 - 4hY - X^2 < 0$ et le point sera battu dans deux directions différentes; s'il est sur la parabole même, il sera battu dans une seule direction; enfin, quand le but sera en dehors de la courbe, il sera impossible de l'atteindre. Pour cette raison, cette parabole a reçu le nom de *parabole de sûreté*. Il est évident qu'elle enveloppe une région d'autant plus étendue que la vitesse initiale du projectile est plus grande. Enfin, il convient de remarquer que toutes les trajectoires correspondant à une même vitesse initiale sont tangentes à la parabole de sûreté. Celle-ci est donc leur enveloppe.

Si l'on veut avoir à un moment donné la vitesse V du mobile sur sa trajectoire, on l'obtient immédiatement par le théorème des forces vives :

$$V^2 - V_0^2 = 2g(y_0 - y).$$

Ici $V_0 = a$ et $y_0 = 0$.

Donc : $V^2 = a^2 - 2gy = a^2 - 2gt\sin\alpha + gt.$

Les deux composantes horizontales et verticales de la vitesse sont respectivement :

$$\frac{dx}{dt} = a\cos\alpha, \quad \frac{dy}{dt} = a\sin\alpha - gt.$$

Quant à la direction de cette vitesse, elle s'obtiendra immédiatement en menant une tangente à la trajectoire au point correspondant.

Mouvement d'un projectile dans un milieu résistant. — Le problème de la détermination du mouvement d'un corps dans un milieu résistant est extrêmement difficile et compliqué. Cependant, grâce aux travaux des géomètres, on

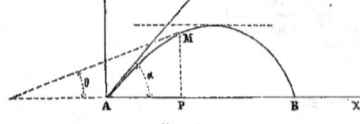

Fig. 3.

possède de nombreuses formules approchées qui permettraient de résoudre d'une manière satisfaisante les questions qui s'y rattachent, si l'on connaissait bien la loi de variation de la résistance de l'air. Malheureusement cette loi est inconnue. L'hypothèse de Newton, d'après laquelle la résistance de l'air est proportionnelle au carré de la vitesse, est loin de la vérité. Les expériences faites à ce sujet par de nombreux offi-

ciers d'artillerie ont montré qu'il n'était guère possible de représenter la résistance de l'air par une formule. La formule qui paraît représenter le mieux les expériences est :

$$\rho = av^2 + bv^3,$$

les coefficients a et b variant avec les formes et les dimensions des projectiles. Du reste, quelle que soit la loi de la résistance, la trajectoire est plus courbée après le point le plus élevé et présente une asymptote verticale (Fig. 3).

Les projectiles subissent aussi une déviation latérale qui est due à la rotation du projectile et aux irrégularités de sa forme. Avec les boulets sphériques cette déviation pouvait se produire indifféremment dans les deux sens. Mais avec les boulets actuels qui ont une forme ogivale et reçoivent des rayures du canon une rotation rapide, la déviation, d'ailleurs plus faible, se fait toujours du côté vers lequel tourne la partie supérieure du projectile. L'expérience a démontré qu'il y avait avantage à remplacer les boulets cylindro-coniques par des boulets dont la partie antérieure a pour méridienne un arc de cercle ou d'ellipse tangent à la génératrice du cylindre et que la résistance de l'air diminue quand la longueur de la pointe ogivale augmente; mais cette diminution cesse d'être sensible quand la longueur de l'ogive dépasse trois à quatre fois le rayon de la base.

Les considérations que nous venons de résumer constituent ce qu'on appelle la *bal. extérieure*. La *bal. intérieure* s'occupe des lois de la combustion de la poudre, et du mouvement du projectile dans l'âme du canon. Parmi les questions qui dépendent de la *bal. intérieure*, l'une des plus importantes est celle du *rendement de la poudre*. C'est la quantité de travail ou de force vive que recueille le projectile par chaque unité de poids de la poudre employée. L'expérience a démontré que le rendement augmente : 1° avec le poids de la charge jusqu'à une certaine limite au delà de laquelle il reste à peu près constant; 2° avec le poids du projectile jusqu'à un certain point au delà duquel il reste à peu près constant; 3° avec la vivacité de combustion de la poudre, toujours jusqu'à un certain point. Les éléments balistiques dépendent aussi de la forme de la rayure intérieure : celle-ci peut être à pas constant ou à pas progressif. La première a la forme d'une hélice : son développement est une ligne droite; dans la seconde, l'inclinaison de la rayure sur les génératrices va en augmentant de la culasse à la bouche, de sorte qu'au départ le projectile est animé d'une faible vitesse de rotation, qui s'accélère à mesure qu'il avance vers la bouche de l'arme. Ajoutons enfin que le colonel Sebert de l'artillerie de marine a imaginé des appareils enregistreurs, par l'emploi desquels on a constaté que la pression dans l'âme du canon s'élève jusqu'à 4,000 atmosphères pendant la déflagration de la poudre.

Le *Pendule balistique* est un appareil fort simple qui sert à déterminer la vitesse initiale que possède un projectile au sortir de l'âme d'une bouche à feu. Il consiste en une espèce de mortier en fonte que l'on remplit de matières compressibles, telles que bois, argile desséchée, etc. Cet appareil est relié à un cadre en fer qui est suspendu à un point fixe, de façon à pouvoir osciller autour de ce point. Une aiguille fixée à la partie inférieure du pendule et mise en rapport avec un arc de cercle gradué, fait connaître l'amplitude des oscillations. Supposons qu'on ait disposé à une faible distance un canon chargé, précisément en face du mortier que nous venons de décrire. Au moment où le projectile atteindra ce dernier, il lui communiquera une certaine partie de sa vitesse et le déplacera en le faisant tourner autour de son axe de suspension. L'aiguille marchera sur le cadran d'une certaine quantité qui servira de mesure à l'impulsion que le mortier a reçue, c.-à-d. à la vitesse dont le boulet était animé. Le théorème sur la conservation des quantités de mouvement conduit facilement à la formule :

$$V = \frac{1}{b\mu}\sqrt{2PH(I + \mu b^2)}.$$

V exprime la vitesse cherchée du projectile, b la distance du point de percussion à l'axe de suspension du pendule, μ la masse du projectile, P les poids du pendule et du boulet réunis, H la distance verticale parcourue par le centre de gravité, I le moment d'inertie du pendule avant sa réunion au projectile. — Un autre procédé pour déterminer la vitesse initiale du boulet consiste à mesurer le recul du canon. Il se fonde sur ce principe que la force explosive de la poudre communique au projectile et à la pièce des quantités égales de mouvement, mais dans des directions opposées. A cet effet, on suspend le canon de manière à en faire un *pendule*, et on mesure son déplacement comme dans le pendule balistique.

Le recul mesuré, on calcule la vitesse du projectile au moyen d'une formule analogue à la précédente.

Bibliogr. — *Cours de l'École d'application de l'artillerie et du génie;* — SARRAU, *Recherches sur les effets de la poudre dans les armes;* — *Revue d'artillerie;* — *Mémorial de l'artillerie de la Marine.*

BALIVAGE. s. m. T. Adm. forest. Choix et marque des baliveaux qui doivent être conservés.

BALIVEAU. s. m. T. Adm. forest. Jeune arbre qu'on réserve, lors de la coupe d'un bois taillis, pour le laisser croître comme les arbres de haute futaie. *On a réservé dix baliveaux par hectare.* Voy. SYLVICULTURE.

BALIVERNE. s. f. Propos frivole; occupation futile. *Dire, conter des balivernes. Il ne s'occupe que de balivernes.* Fam.

BALIVERNER. v. n. S'occuper de balivernes. Fam.

BALKANS, chaîne de montagnes de la Turquie d'Europe.

BALLADE. s. f. [Pr. *balade*] (bas lat. *ballare*, danser). T. Littér. La *Bal.* est une espèce de petit poème narratif, basé sur un fait historique ou sur une fiction, portant l'empreinte des goûts, des sentiments, des habitudes et du caractère du peuple chez lequel il circule. La signification de ce terme n'a rien de précis, car il comprend des compositions essentiellement différentes entre elles, dont les seuls caractères communs sont la brièveté du rythme, la simplicité et la clarté du style. Certains auteurs font naître la bal. chez les Arabes, d'autres chez les Armoricains; d'autres encore font honneur de son invention aux Normands et aux Provençaux; mais Percy, Bouterweck et Schlegel s'accordent à lui reconnaître une origine teutonique. Le plus ancien poème allemand, le chant des *Niebelungen*, se composait d'une série de morceaux détachés qu'on pourrait appeler *bal.* Bien que le mot bal. soit d'origine latine, à aucune époque du moyen âge l'esprit de chevalerie n'a exercé une grande influence dans les pays voisins des Alpes. Cette circonstance explique suffisamment la pauvreté de la littérature italienne en poésies relatives à la chevalerie. Quant à la France, les poètes du pays d'Oc, non plus que ceux de la langue d'Oïl, n'ont jamais porté la bal. à une grande perfection; car leurs fabliaux et leurs légendes dégénèrent promptement en longs romans en prose, où l'on ne retrouve presque plus rien de l'esprit poétique des anciens ménestrels. L'Espagne, au contraire, est riche en ballades d'un caractère chevaleresque très élevé; on peut néanmoins classer ces compositions avec plus d'exactitude parmi les poèmes romantiques qu'à côté de même de quelques ballades portugaises, dont l'origine est évidemment espagnole. Les peuples celtiques, du moins ceux qui conservèrent leur langue primitive, quoique plus ou moins altérée, ont des poésies qui peuvent se ranger dans la catégorie des ballades. Dans le pays de Galles, la musique et la bal. furent portées, dès le XIIe siècle, à un haut degré de perfection; mais l'impitoyable Édouard Ier, en massacrant les bardes gallois, anéantit du même coup les poètes et leurs poésies. De tous les genres de ballades, la bal. irlandaise est celle qui paraît se prêter le mieux à la musique, comme on le voit dans les *Mélodies irlandaises* de Thomas Moore. Bien qu'il existe parmi les érudits de grandes divergences d'opinion relativement à la nature et aux caractères de la bal., ils s'accordent néanmoins à reconnaître que les plus nombreuses et les plus riches collections de ballades appartiennent à l'Angleterre et à l'Écosse. Parmi les poètes modernes, il en est plusieurs, surtout en Allemagne, qui ont cultivé avec le plus grand succès ce genre de poésie; nous citerons Walter Scott, Schiller, Gœthe, Uhland et Bürger.

La bal. française est un petit poème composé seulement de quatre strophes, et assujetti à des règles minutieuses. On ne pouvait employer que trois rimes, et la rime devait être la même dans les parties correspondantes de chaque strophe. Chaque strophe devait en outre se terminer par le même vers. Enfin, les trois premières strophes devaient avoir de sept à douze vers, le plus souvent de huit ou dix syllabes. Quant à la quatrième strophe, que l'on nommait *envoi*, elle devait être plus courte de moitié que les précédentes, et conserver les rimes de la partie dont elle dépendait. La bal. a été en grande vogue, chez nous, depuis la fin du XIVe siècle jusqu'au milieu du XVIIe; on en trouve quelques-unes de charmantes dans Villon, Charles d'Orléans et Clément Marot. Pour donner une idée de ce genre de poème, nous citerons une bal. de Charles d'Orléans, qui est pleine de sentiment et de naïveté :

En la forest d'ennuyeuse mémoire
Un jour m'advint qu'à part moi cheminoye ;
Si rencontrai l'amoureuse déesse
Qui m'appela demandant où j'alloye.
Je répondis que par fortune étoye
Mis en exil en ce bois, longtemps a,
Et qu'à bon droit appeler me pouvoye
L'homme égaré qui ne sçait où il va.

En souriant, par sa très grande humblesse,
Me respondit : Ami, si je savoye
Pourquoi tu es mis en cette détresse,
De mon pouvoir volontiers t'aideroye ;
Car jà pieçà je mis ton cœur en voye
De tout plaisir que je sais qui l'on osta.
Or me déplaist qu'à présent je te voye
L'homme égaré qui ne sçait où il va.

Hélas ! dis-je, souveraine princesse,
Mon fait sçavez; pourquoi vous le diroye ?
C'est par la mort, qui fait à tous rudesse,
Qui m'a tollu celle que tant amoye,
Et qui étoit tout l'espoir que j'avoye,
Qui me guidoit, si bien m'accompagna
En son vivant, que point ne me trouvoye
L'homme égaré qui ne sçait où il va.

Aveugle suis; ne sçais où aller doye;
De mon baston, si j'aime que ne fourvoye,
Je vais tastant mon chemin çà et là ;
C'est grand pitié qu'il convient que je soye
L'homme égaré qui ne sçait où il va.

On voit que cette bal. n'est pas tout à fait régulière, car l'envoi se compose de cinq vers, au lieu de quatre. Du reste, les puériles entraves attachées à ce genre de poème ont sans doute beaucoup contribué à le faire abandonner, quand on comprit que la valeur de la poésie ne consiste pas dans la difficulté vaincue. — Quelques-uns de nos poètes contemporains écrivent encore quelquefois des ballades; mais ce sont de simples imitations des petits poèmes ainsi nommés dans les littératures étrangères. Elles n'ont rien de commun avec l'ancienne bal. française. Il en est toutefois de charmantes. Voici deux modèles du genre, inspirés par le même sentiment. La première est *la Fiancée fidèle*, de Gérard de Nerval, imitation du style naïf des anciennes ballades; la seconde est *la Coupe du roi de Thulé*, de Gœthe, traduite et mise en vers par Gérard de Nerval, également :

LA FIANCÉE FIDÈLE

Le duc Loys est sur son pont
Tenant sa fille en son giron,
Elle lui demande un calandre
Qui n'a pas vaillant six deniers.

« Oh ! oui mon père, je l'aurai,
Malgré ma mère qui m'a portée;
Aussi malgré tous mes parents
Et vous, mon père, que j'aime tant.

— Ma fille, il faut changer d'amour
Ou vous entrerez dans la tour.
— J'aime autant rester dans la tour,
Mon père, que de changer d'amour !

— Vite... où sont mes estafiers
Aussi bien que mes gens de pied ?
Qu'on mène ma fille à la tour,
Elle n'y verra jamais le jour. »

Elle y resta sept ans passés
Sans que personne eût la trouver;
Au bout de la septième année
Son père vint la visiter.

« Ma fille !... comme vous en va ?
— Ma foi, mon père, bien mal çà va.
J'ai les pieds pourris dans la terre
Et les côtés mangés de vers.

Ma fille, il faut changer d'amour...
Ou vous resterez dans la tour.
— J'aime mieux rester dans la tour,
Mon père, que de changer d'amour !

LA COUPE DU ROI DE THULÉ

Il était un roi de Thulé
A qui son amante fidèle
Légua, comme souvenir d'elle,
Une coupe d'or ciselé.

C'était un trésor plein de charmes
Où son amour se conservait :
A chaque fois qu'il y buvait
Ses yeux se remplissaient de larmes.

Voyant son dernier jour venir,
Il divisa son héritage.
Mais il excepta du partage
La coupe, son cher souvenir.

Il fit à la table royale
Asseoir les barons dans sa tour;
Debout et rangée à l'entour,
Brillait sa noblesse loyale.

Sous le balcon grondait la mer.
Le vieux roi se lève en silence,
Il boit, frissonne et sa main lance
La coupe d'or au flot amer !

Il la vit tourner dans l'eau noire,
La vague en s'ouvrant fit un pli,
Le roi pencha son front pâli...
Jamais on ne le vit plus boire.

On comparera avec intérêt à cette dernière bal. celle qui est
chantée dans le *Faust*, de Gounod (Poème de Michel Carré
et Jules Barbier) :

Il était un roi de Thulé
Qui jusqu'à la tombe fidèle,
Eut en souvenir de sa belle
Une coupe en or ciselé.

Nul trésor n'avait tant de charmes ;
Dans les grands jours il s'en servait,
Et chaque fois qu'il y buvait
Ses yeux se remplissaient de larmes.

Quand il sentit venir la mort,
Étendu sur sa froide couche,
Pour la porter jusqu'à sa bouche
Sa main fit un suprême effort.

Et puis en l'honneur de sa dame
Il but une dernière fois;
Sa coupe trembla dans ses doigts,
Et doucement il rendit l'âme.

BALLAGE. s. m. [Pr. *balage*]. T. Métall. Corroyage qui
a lieu entre le réchauffage et l'étirage définitif.

BALLANCHE, philosophe français, auteur de la *Palingé-
nésie sociale* (1776-1847).

BALLANT, ANTE. adj. [Pr. *balan*] (R. *baller*). Usité
seulement dans cette loc. fam., *Aller les bras ballants*,
Marcher en laissant balancer ses bras. || T. Mar. *Câble
ballant, corde ballante*, Cordage dont une extrémité est
libre et suspendue. Les marins disent aussi subst., *Saisir
le ballant d'un cordage*.

BALLARIN. s. m. T. Fauconnerie. Faucon apporté de Hongrie, petit et de plumage brun avec la tête noire.

BALLAST. s. m. [Pr. *balast*.] (angl. *ballast*, lest).
T. Mar. Lest composé de cailloux et de gravier. || T. Chem.
de fer. Le bal. est une couche de 0ᵐ,50 de sable, de gravier,
de briques ou scories concassées, etc., qu'on répand sur la

plate-forme de la voie sur laquelle reposent les traverses.
Celles-ci se trouvent ainsi enfouies dans le bal. qui augmente
leur stabilité. La matière du bal. doit livrer facilement passage à l'écoulement des eaux.

BALLASTAGE. s. m. [Pr. *balastage*]. T. Chem. de fer.
Action de placer du ballast sur une voie ferrée.

BALLASTER. v. a. [Pr. *balaster*]. T. Chem. de fer. En-
sabler une voie ferrée.

BALLASTIÈRE. s. f. [Pr. *balastière*]. Lieu d'extraction
du ballast.

BALLAYE. s. f. [Pr. *balè*] T. Fleuriste. Aigrette touffue
servant à imiter le centre des fleurs composées.

BALLE. s. f. [Pr. *bale*] (gr. βάλλειν, lancer). Corps de forme
sphérique qui est destiné à être lancé. || T. Jeu. Corps sphé-
rique, ordinairement de 5 à 8 centimètres de diamètre, fait de
chiffons, de liège, de caoutchouc, ou de toute autre matière
élastique, et recouvert de peau, qui sert à jouer à la paume.
Prendre la b. au bond. Renvoyer la b. — Jouer à la b.,
Se renvoyer une b. l'un à l'autre à l'aide de la main seulement. — *Juger la b.*, Prévoir où doit tomber la b.; fig. et
fam., Prévoir le tour que doit prendre une affaire. — Fig. et
fam., *Prendre la b. au bond*, Saisir habilement l'occasion
favorable. — Fig. et fam., *Renvoyer la b.*, Se décharger sur
quelqu'un d'un soin, d'un embarras, d'un travail; dans la
conversation, dans une discussion ou une dispute, répliquer
avec esprit, riposter avec vivacité. Dans tous ces sens on dit,
Se renvoyer la b. — Fig. et fam., *Si la b. me venait.
Quand la b. me viendra*, Si j'étais ou quand je serai en position de faire telle chose. — Fig. et fam., *A vous la b.*,
C'est à vous à dire ou à faire quelque chose; c'est vous que
cela regarde. — Prov., fig. et fam., *Au bon joueur la b.;
La b. cherche le bon joueur; La b. va au joueur*, ou simplement *La b. au joueur.* Ces locut. sont quelquefois usitées
pour dire que les bonnes occasions s'offrent à ceux qui savent
en profiter. || Fig. et pop. *Enfant de la b.*, Enfant du maître
d'un jeu de paume, et par ext., Toute personne qui a embrassé
la profession de son père. *C'est un enfant de la b. Cet acteur
est un enfant de la b.* || T. Art milit. Projectile en métal
qui sert à charger les armes à feu portatives. *B. de fusil, de
pistolet. Carabine chargée à b. La b. lui a fracturé le
fémur.* Voy. FUSIL. — *B. de calibre*, Celle qui est de la
grosseur voulue pour le canon de l'arme. — *Balles ramées*,
Deux balles attachées ensemble par un fil de fer. — Fig. et
fam., *Ce sont autant de balles perdues*, Ce sont autant d'ef-
forts inutiles. || T. Chim. *Essai à la b.* Voy. ALLIAGE.

BALLE. s. f. (le même mot que le précédent, la *balle* étant
quelque chose d'arrondi). Gros paquet de marchandises, ordinairement enveloppé de grosse toile et lié de cordes, pour être
transporté d'un lieu à un autre. *Il a reçu une b. de coton,
d'épiceries.* || *Marchandises de b.*, Celles que vendent les.
marchands forains et colporteurs, et qui sont ordinairement
de qualité et de valeur inférieures. *C'est de la quincaillerie
de b.* Vx et peu us. || Fig. et par mépris, on dit *Un juge de
b., Un rimeur de b.*, pour désigner un juge ignare, un poète
sans aucun mérite.

BALLE. s. f. (celt. *ballan*, peau, couverce). T. Bot. Pellicule qui enveloppe le grain d'avoine. *Un oreiller de b. d'a-
voine.*

BALLER. v. n. [Pr. *baler*] (B. lat. *ballare*). Danser.
*Une petite bohémienne vient tous les jours baller sur le
parvis Notre-Dame* (V. Hugo). || Se dit en parlant de
cérémonies ecclésiastiques en usage dans les anciennes cathédrales, de certaines salutations au chœur par le grand
chantre, qui ressemblaient à une danse grave et antique. *Le
grand chantre ballera au premier psaume.*

BALLERINE. s. f. [Pr. *balerine*]. Danseuse de profession.

BALLEROY, ch.-l. de canton (Calvados), arr. de Bayeux.
4,100 hab.

BALLET. s. m. [Pr. *balè*] (Dimin. de *bal*). Danse figurée
exécutée par plusieurs personnes sur un théâtre. *Danser,
exécuter un b. Air de b.* || *Ballet-pantomime*, ou simple-
ment *Ballet*, Pièce de théâtre où l'action n'est représentée

que par la mimique des danseurs. *Le b. de Psyché. Le b. de Sylvia.* || *Opéra-b., comédie-b.,* Pièces de théâtre dont chaque acte s'accompagne d'un divertissement de danse. — *Entrée de b.,* se disait autrefois des intermèdes d'un b., et des actes d'un opéra-b., lorsque chaque acte était un sujet détaché. N'est usité aujourd'hui qu'en parlant d'un divertissement exécuté par plusieurs danseurs, dans un b. ou dans un opéra.

Le b. est originaire de l'Égypte. Chez les Grecs et les Romains il ne servait jamais que d'intermède dans les pièces de théâtre. C'est à Tortone, en Italie, que fut représenté le premier b. comme spectacle isolé, à l'occasion du mariage d'Isabelle d'Aragon avec un duc de Milan. Tout ce qui était plaisir était accueilli très empressement par la reine Catherine de Médicis; aussi ne manqua-t-elle point d'introduire le b. en France. Le premier divertissement de ce genre qu'elle donna fut le grand b. de *Circé et ses Nymphes.*, composé par un sieur Beaujoyeux, et mis en musique, à ce qu'on croit, par un Vénitien nommé Baïf. Henri IV manifesta un goût extraordinaire pour ce spectacle. Plus de quatre-vingts ballets furent composés de 1589 à 1610 et représentés par les soins de Sully, qui y parut lui-même. Louis XIII et surtout Louis XIV se livrèrent avec ardeur à ce divertissement. De 1648 à 1670, le grand roi y figura lui-même avec la reine, les princesses et toutes les dames de la cour. Benserade, Lulli, Molière, mirent tout leur art en œuvre pour satisfaire à ce goût. Quelques vers du *Britannicus* de Racine ayant déterminé Louis XIV à ne plus se donner ainsi en spectacle, on dressa des danseuses et des figurantes qui jouèrent les rôles jusque-là remplis par de grandes dames. Depuis lors, le b. n'a pas cessé d'être en grand honneur, et aujourd'hui les diverses capitales de l'Europe s'arrachent au prix de sommes énormes les danseuses en renom. — Voy. CHORÉGRAPHIE.

BALLETANT. s. m. [Pr. *baletan*]. Celui qui prend part à un ballet.

BALLIER. s. f. [Pr. *balié*] (R. *balle*). T. Agric. Lieu d'une grange où l'on rassemble toutes les menues pailles provenant du battage et du vannage.

BALLON. s. m. [Pr. *balon*] (R. *balle*). Corps sphérique et creux enflé d'air et recouvert de cuir, dont on se sert pour jouer. *Ce b. est fait avec une vessie. B. en caoutchouc. Jouer au b.* — Fam., *Être enflé comme un b.,* Être très enflé, et, fig. plein d'orgueil, de suffisance. || T. Phys. *B. aérostatique,* ou simplement *Ballon,* Grand b de forme sphéroïdale, qui est gonflé d'un gaz plus léger que l'air, et qui, abandonné à lui-même, tend à s'élever dans l'atmosphère. Voy. AÉROSTAT. — *B. captif,* Qui est retenu avec une corde. *B. perdu,* Qui est abandonné au courant de l'air. — *B. d'essai,* Petit b. qu'on lance pour connaître la direction du courant atmosphérique; et fig., Idée que lance dans le public un écrivain, un politicien, etc., pour pressentir l'accueil qui pourra être fait à quelque œuvre plus considérable sur la même matière. || T. Chim. Vase ordinairement en verre, de forme sphérique, très employé dans les laboratoires. || T. Géogr. Se dit du sommet de certaines montagnes, surtout dans les Vosges, lorsqu'il présente une forme arrondie, et de la montagne elle-même. *Le b. d'Alsace* à 1,400 mètres, *et le b. de Guebwiller* 1,257 *mètres de hauteur au-dessus du niveau de la mer.* || T. Mar. Sorte de bâtiment à plusieurs rames dont on se sert pour naviguer sur les fleuves et dans la mer du pays de Siam. || T. Carross. *B. d'un break,* Partie mobile comprenant l'impériale, les toits de châssis et qui se pose sur les ridelles de la voiture pour en faire un omnibus.

BALLON, ch.-l. de c. (Sarthe), arr. du Mans, 1,460 hab.

BALLON D'ALSACE, une des plus hautes montagnes des Vosges, 1,400 m.

BALLONNÉ, ÉE. adj. [Pr. *baloné*]. T. Méd. Gonflé comme un ballon, distendu. Se dit surtout en parlant de l'abdomen, lorsqu'il est distendu par une accumulation de gaz.

BALLONNEAU. s. m. [Pr. *balonô*]. Petit ballon servant dans les expériences de physique.

BALLONNEMENT. s. m. [baloneman]. T. Méd. État de l'abdomen lorsqu'il est distendu par des gaz. On dit mieux *Météorisme* et *Météorisation.* Voy. ces mots.

BALLONNER. v. a. [Pr. *baloner*]. T. Méd. Distendre. Se dit seulement en parlant des gaz accumulés dans l'abdomen. = SE BALLONNER. v. pron. Se distendre. *L'abdomen se ballonne.* || Devenir bombé, en parlant d'un mur. = BALLONNÉ, ÉE. part.

BALLONNET. s. m. [Pr. *balonè*]. Petit ballon, petit vase en verre. || Petit ballon gonflé d'air à l'intérieur d'une aéronef. Voy. AÉROSTAT.

BALLONNIER. s. m. [Pr. *baloniè*]. Celui qui fait ou vend des ballons à jouer.

BALLOT. s. m. [Pr. *balô*] (R. *balle*). Petite balle de marchandises. *J'ai reçu le b. que vous m'avez expédié.* || Fig. c' fam., *Voilà votre vrai b.* ou *votre b.,* Voilà qui vous convient, qui fera votre affaire.

BALLOTE. s. f. T. Bot. Genre de *Labiées,* auquel appartient la ballote noire dite vulgairement *Marrube noir* et *Marrube puant.* Voy. LABIÉES.

BALLOTE. s. f. T. Bot. Chêne à glands comestibles des côtes d'Afrique, connu aussi sur la côte d'Espagne.

BALLOTIN. s. m. [Pr. *balotin*]. Petit ballot.

BALLOTTADE. s. f. [Pr. *balotade*] (R. *ballotter*). T. Man. Saut qu'on fait faire à un cheval, dans lequel l'animal lève les quatre jambes en l'air et à la même hauteur, et présente les fers des pieds de derrière sans détacher la ruade. *Dans le langage des écuyers, la bal. est un air relevé.*

BALLOTTAGE. s. m. [Pr. *balotage*]. Action de ballotter. || T. Polit. Deuxième tour de scrutin dans une élection. Dans toute élection, aucun candidat ne peut être nommé au premier tour que s'il a réuni un certain nombre de voix qui dépend du nombre des électeurs inscrits. Quand aucun des candidats n'a réuni ce nombre de voix, on dit qu'il y a bal. et l'on procède quelque temps après au *scrutin de bal.,* après lequel l'élection est définitive en faveur du candidat qui a réuni le plus de voix.

BALLOTTE. s. f. [Pr. *balote*] (R. *balle*). Petite boule dont on se sert pour donner les suffrages ou pour tirer au sort. Peu us. Aujourd'hui on dit *Boule.*

BALLOTTEMENT. s. m. [Pr. *baloteman*]. Mouvement d'une chose qui, n'étant pas fixée, ballotte, c.-à-d. va tantôt d'un côté, tantôt de l'autre.

BALLOTTER. v. n. [Pr. *baloter*] (bas lat. *ballare,* danser; gr. πάλλω, je secoue). Être agité, remué, éprouver des secousses. *Cette porte ballotte. Le sabre ballotte dans son fourreau.* || Se servir de ballottes pour donner les suffrages ou pour tirer au sort. Vx. || T. Jeu de paume. Peloter, se renvoyer la balle, sans jouer partie. = BALLOTTER. v. a. Agiter en divers sens, secouer. *Les vents ballottaient notre barque sans relâche. La mer nous a ainsi ballottés pendant deux jours.* || Mettre en paquets. || Fig. et fam., *B. quelqu'un,* Se jouer de lui, le renvoyer de l'un à l'autre, sans avoir l'intention de rien faire pour lui. — Fig., *B. une affaire,* La discuter, l'agiter, en délibérer. || *B. des candidats,* Aller au scrutin, pour décider lequel des deux candidats qui ont eu le plus de voix dans un scrutin précédent, l'emportera sur l'autre. *Demain, on ballottera les deux compétiteurs. Il a été ballotté avec un tel.* = BALLOTTÉ, ÉE. participe.

BALL-TRAP. s. m. Appareil à ressort qui lance en l'air des boules sur lesquelles on s'exerce au tir des canards : le tireur s'efforce de briser avec les plombs lancés par le fusil la boule lancée par le b.-trap. Ces boules sont généralement en verre ou mieux en caoutchouc gonflé d'un mélange d'air et d'eau.

BALLU (THÉODORE), architecte français (1817-1885).

BALMÈS (JACQUES-LUCIEN), écrivain catholique espagnol (1810-1848).

BALNÉAIRE. adj. (lat. *balneum,* bain). Qui concerne les bains.

BALNÉATION. s. f. Administration des bains en général.

BALNÉATOIRE. adj. Qui a rapport aux bains.

BALNÉOGRAPHIE. s. f. (gr. βαλανεῖον, bain; γράφειν, écrire). T. Didact. Traité sur les bains.

BALNÉOTHÉRAPIE. s. f. (gr. βαλανεῖον, bain; θεραπεύειν, soigner). T. Méd. Traitement d'une maladie par les bains. Voy. Bain.

BALOIRE. s. f. T. Mar. Longue pièce de bois qui détermine la forme qu'un vaisseau doit avoir.

BALOISE. s. f. Tulipe de trois couleurs.

BALOUANE. s. f. Masse cylindrique de sel arrondie aux extrémités.

BALOURD, OURDE. s. (R. bas, lourd). Se dit, fam. et par mépris, d'une personne grossière et stupide. C'est un ba., une grosse balourde.

BALOURDISE. s. f. Chose faite ou dite sans esprit et mal à propos. Il ne fait et ne dit que des balourdises. || Ce qui constitue le caractère d'un balourd. Cet homme est d'une étrange bal.

BALSAMIER. s. m. [Pr. balzamié]. T. Bot. Voy. Baumier.

BALSAMIFÈRE. adj. 2 g. [Pr. balzamifère] (lat. balsamum, baume; fero, je porte). T. Bot. Qui produit du baume.

BALSAMIFLUÉES. s. f. pl. [Pr. balzamiflué] (lat. balsamum; fluo, je coule). T. Bot. Désignait autrefois un groupe de plantes formant aujourd'hui la tribu des Liquidambacées, placé dans la famille des Saxifragacées. Voy. ce mot.

BALSAMINE. s. f. [Pr. balzamine] (lat. balsamum, baume). T. Bot. Genre de plantes de la famille des Géraniacées. Malgré son nom, cette plante est inodore. A sa maturité, son fruit éclate dès qu'on le touche.

BALSAMINÉES. s. f. pl. [Pr. balzaminé]. T. Bot. Groupe de plantes formant une tribu de la famille des Géraniacées. Voy. ce mot.

BALSAMIQUE. adj. 2 g. [Pr. balzamique] (lat. balsamum, baume). Se dit des choses qui ont une propriété, une qualité analogue à celle du baume. Cette plante a une odeur bal., une vertu bal. — Air bal., Air chargé des parfums qui s'exhalent des plantes odorantes. || T. Méd. Se dit des plantes médicinales et des médicaments qui contiennent des baumes ou agissent à la manière des baumes. Ce sont les substances qui renferment de l'acide benzoïque ou de l'acide cinnamique. Plantes, substances, pilules balsamiques. — S'emploie subst. On aura recours aux balsamiques.

BALSAMITE. s. f. [Pr. balzamite]. T. Bot. Genre de plantes de la famille des Composées. Voy. ce mot.

BALSAMO (Joseph), véritable nom de Cagliostro.

BALSAMODENDRON. s. m. [Pr. balzamodendron] (gr. βάλσαμος, baume; δένδρον, arbre). T. Bot. Genre de plantes de la famille des Térébinthacées. Voy. ce mot.

BALSE. s. m. Radeau du Chili formé de deux outres.

BALTADJI. s. m. (turc, balta, hache). Hist. mod. Soldat préposé à la garde du harem et des princes ottomans.

BALTARD (Victor), architecte français, constructeur des Halles centrales (1805-1874).

BALTHASAR, dernier roi de Babylone (554-538 av. J.-C.), tué après une orgie, à la fin de laquelle la légende rapporte qu'une main mystérieuse avait tracé sur les murs l'inscription fameuse : Mané, Thécel, Pharès, à l'heure où Cyrus prenait la ville.

BALTIMORE, v. des États-Unis d'Amérique (Maryland), beau port. 280,000 hab.

BALTIQUE (Mer), vaste golfe d'Europe entre la Suède, la Russie, l'Allemagne et le Danemark. Voy. la carte d'Europe. Les eaux y sont peu salées, les marées presque nulles. Pelagus scythicum et Sinus codanus des anciens.

BALUE (La), aumônier de Louis XI, cardinal, fut enfermé pendant onze ans dans une cage de fer à cause de ses intrigues avec Charles le Téméraire (1421-1491).

BALUETTE. s. f. T. Pêche. Nom de petites baguettes ajustées le long d'une espèce de ligne.

BALUSTRADE. s. f. (R. balustre). Rangée de balustres portant une tablette d'appui et servant d'ornement, de garde-fou, de séparation ou de clôture. — Par ext., Toute sorte de clôture qui est à jour et à hauteur d'appui.

BALUSTRE. s. m. (gr. βαλαύστρον, fruit du grenadier sauvage). T. Archit. On donne, en architecture, le nom de Balustre à une espèce de petite colonne, et celui de Balustrade à une série de colonnes de ce genre qui soutiennent une tablette à hauteur d'appui. La balustrade sert de garde-fou à une terrasse, d'appui à une fenêtre ou à un balcon, de rampe à un escalier, etc., ou bien encore elle couronne, à titre de simple ornement, le bord supérieur de la façade d'un édifice. Cette colonne renflée ressemble au fruit d'où elle a pris son nom.

On ne trouve aucun exemple de b. dans les monuments de l'antiquité, et il n'en est fait aucune mention dans les écrits des anciens sur l'architecture. C'est presque la seule invention de quelque valeur ajoutée par l'architecture classique moderne aux ordres de l'antiquité. Elle date seulement de l'époque de la Renaissance, et c'est en Italie que l'on en voit les plus anciennes applications.

Le b. se compose, comme la colonne, de trois parties, d'un chapiteau, d'un fût ou vase, et d'une base ou piédouche. On a prétendu assigner à chacune de ses parties des proportions rigoureuses selon les ordres auxquels on les associe. C'est

pousser la manie des règles trop loin. Il suffit de poser en principe que les balustres doivent être plus légers et plus sveltes quand on les combine avec les ordres ionique, corinthien ou composite. Les Figures 1, 2 et 3 représentent trois types de balustres : le premier s'associe très bien avec l'ordre toscan, le second avec les ordres dorique et ionique, le troi-

sième avec les ordres corinthien et composite. Les architectes s'accordent à dire que le nombre des balustres d'une balustrade doit être impair, que l'intervalle entre eux doit être égal à la moitié de leur plus grand diamètre, et ne doit jamais être moindre que le tiers de ce diamètre. Lorsqu'une balustrade sert de couronnement à un édifice, sa hauteur doit être en proportion avec les parties du bâtiment. — On donne aux balustres des formes très variées. Lorsque la circonstance requiert une expression de solidité, au lieu de faire les balustres ronds, on peut les faire carrés sur le plan, comme le montre la Fig. 4. Quand, au contraire, on désire une expression particulière de légèreté, on emploie le b. à double ventre, tel que ceux que représentent nos Fig. 5, 6 et 7. Ces trois nouveaux types conviennent respectivement à l'ordre dorique, à l'ionique et au corinthien.

On applique quelquefois le nom de b. à un assemblage de balustres qui sert de clôture dans une église ou dans une chambre; suivant nous, cet emploi est abusif. — Enfin, ce terme sert encore à désigner la partie latérale de la volute du chapiteau ionique, que Vitruve nomme *pulvinata*.

BALUSTRER. v. a. Orner, entourer d'une balustrade. Peu us. = BALUSTRÉ, ÉE. part.

BALUZE (ÉTIENNE), érudit français (1631-1718), a publié les *Capitulaires des rois francs*.

BALYK. s. m. Dos d'esturgeons salés et séchés.

BALZAC (JEAN-LOUIS DE), un des créateurs de la prose française, dont les œuvres sont : *Lettres, le Prince, le Socrate chrétien, l'Aristippe* (1594-1654).

BALZAC (HONORÉ), dit DE BALZAC, célèbre romancier français, né à Tours en 1799, mort à Paris en 1850. Son œuvre se compose d'un grand nombre de romans où il étudie toutes les classes sociales de son temps, et qui sont réunis sous le titre commun de *Comédie humaine*. Grand analyste et merveilleux peintre de caractères, Balzac avait des idées générales sur tout, à ce point que ses livres en sont encombrés. « Opprimé par un surcroît de théories, dit Taine, il mettait en roman une politique, une psychologie, et tous les enfants légitimes ou adultérins de la philosophie. Avec Shakespeare et Saint-Simon, Balzac est le plus grand magasin de documents que nous ayons sur la nature humaine. »

BALZAN. adj. m. Se dit d'un cheval noir ou bai, qui a des balzanes.

BALZANE. s. f. (ital. *balza*, bordure). Marque blanche aux pieds d'un cheval.

BALZORINE. s. f. Espèce de tissu de laine, à long poil, et qui se fabrique en Angleterre.

BAMBA, ville de l'Afrique occidentale dans le Congo, capitale de la province du même nom.

BAMBARA, royaume intérieur de l'Afrique occidentale au S.-O. du Sahara. Environ 2 millions d'hab.

BAMBELLE. s. f. T. Mécan. Synonyme de *Bielle*.

BAMBERG, v. de Bavière (Allemagne), 26,000 hab.

BAMBIN. s. m. (gr. βαμβαίνω, je bégaie). Un enfant, un petit garçon. *Faites donc taire ces bambins*. Fam.

BAMBOCHADE. s. f. Genre de tableaux ou de dessins représentant des scènes populaires, bouffonnes et grotesques, ainsi nommés du peintre Pierre de Laar, surnommé Bamboche à cause de sa petite taille. *Il ne peint que la bam.* || Tableau ou dessin de ce genre. *Les bambochades de Callot*.

BAMBOCHE (PETER VAN LAAR, surnommé LE BAMBOCCIO), peintre hollandais qui vécut surtout à Rome (1613-1673).

BAMBOCHE. s. f. (ital. *bamboccio*). Marionnette plus grande que les marionnettes ordinaires. *Faire jouer des bamboches*. || Fig. et fam., se dit par dénigrement d'une personne mal faite et de petite taille. || S'emploie au plur. en parlant de parties de plaisir où l'on se livre à une gaieté immodérée, à des amusements grossiers. *Faire ses bamboches*.

BAMBOCHE. s. f. (R. *bambou*). Jeunes tiges de bambou, dont on fait des cannes légères.

BAMBOCHER. v. n. Se livrer à des plaisirs grossiers, faire des bamboches. Popul.

BAMBOCHEUR, EUSE. s. Celui, celle qui a l'habitude de faire des bamboches. Popul.

BAMBOU. s. m. (mot d'origine indienne; sanscrit *ramba*, malais *bambou* et *mambou*). T. Bot. Le genre *Bambou* (*Bambusa*), de la famille des *Graminées*, comprend des végétaux du plus grand intérêt, à cause des nombreux services qu'ils rendent à l'humanité. Ses caractères botaniques sont : Épillets composés, multiflores. Fleurs disposées sur deux rangs, tantôt hermaphrodites, tantôt mâles, avec une seule hermaphrodite dans l'épillet. Étamines 6, plus longues que les valves de la glume. Ovaire surmonté d'un style simple à sa base, trifide au sommet, à stigmates plumeux. Fruit ligneux recouvert par les paillettes de la glume.

Le *Bambou* est originaire de l'Inde, d'où il s'est répandu, à titre de plante usuelle, dans toutes les contrées intertropicales, où il peut croître. Sa structure est celle de notre Roseau d'Europe (*Arundo Donax*); mais souvent il dépasse 20 mètres de hauteur. Bien que leur tige soit simple, certaines espèces du genre offrent l'aspect d'un arbre assez semblable à un palmier, parce que de nombreux rameaux chargés de feuilles naissent des nœuds de leur partie supérieure. Placé dans des circonstances favorables, le B. croît avec une rapidité extraordinaire. Vers 1850, Neumann, jardinier en chef des serres du Muséum, supprima un vieux pied du B. auquel il ne laissa qu'un seul rejeton dont il eut soin de favoriser la croissance par tous les moyens possibles. Le jeune B. s'éleva de 14 mètres en 40 jours, soit à raison de 35 centim. par jour; il croissait, pour ainsi dire, à vue d'œil. Les usages économiques du B. sont très multipliés. Dans l'Inde, la moelle des jeunes tiges se mange confite au vinaigre, comme hors-d'œuvre; les très jeunes pousses se mangent aussi en guise d'asperges; de ses nœuds découle une liqueur sucrée qui se concrète à l'air et qui sert à préparer diverses liqueurs fermentées fort agréables; on fait des nattes et des corbeilles avec son écorce découpée en lanières flexibles; cette même écorce macérée et réduite en pâte sert à fabriquer un papier doux et solide, appelé *papier de Chine*. En Chine, les vases à l'usage des gens du peuple sont tout simplement des *entre-nœuds* de bambous, de diverses grosseurs, sciés à la longueur voulue; on leur conserve, pour en former le fond, une portion de la cloison transversale qui constitue chaque nœud; ce sont des vases tout faits, propres, salubres, à très bas prix et d'un excellent usage. Enfin, les tiges de bambous de diverses grosseurs servent à faire des cannes appelées *bambous*, des tiges d'ombrelles, des tuyaux de pipe, des sarbacanes, des palanquins, des meubles et des ustensiles de toute sorte, des tuyaux pour conduire l'eau, des solives et même des poutres pour les maisons. Employé comme bois de construction, le B. offre l'avantage de réunir la légèreté à la solidité. En outre, il est peu attaqué par les insectes et n'est jamais envahi par la pourriture sèche. — Les articulations du B. sont ordinairement le siège d'un dépôt appelé *Tabashir*, qui est formé de silice, d'un peu de chaux et d'une faible quantité de matière organique et auquel on attribuait jadis des propriétés merveilleuses. Voy. GRAMINÉES.

BAMBOULA. s. m. Tambour des nègres d'Haïti. = BAMBOULA. s. f. Danse qu'ils exécutent au son de cet instrument.

BAMBYCE, ancienne ville de Syrie, à l'ouest de l'Euphrate, appelée Hiérapolis « Ville Sainte », par Séleucus Nicator. — Aujourd'hui Membidsch.

BAN. s. m. (all. *bann*, proclamation). Proclamation solennelle, mandement de l'autorité pour ordonner ou défendre quelque chose. — *Battre un b., Battre le b., Battre le tambour pour annoncer qu'il va être fait une proclamation ou une annonce. — B. à vin ou Ban-vin*, voy. BANVIN. — *B. de mariage*, publication solennelle qui se fait dans l'église pour avertir qu'il y a promesse de mariage entre deux personnes. *On a publié le premier b. Dispenser des bans*. — Au lieu de *Ban*, les protestants disent *Annonce*. Voy. MARIAGE. || T. Féod. Mandement public adressé par un souverain à ses vassaux lorsqu'il les convoquait pour le service militaire. — L'assemblée même des individus ainsi convoqués. *Le roi convoque le b. et l'arrière-b. Le b. se rapportait aux fiefs, et l'arrière-b. aux arrière-fiefs*. — *Moulin à b., Four à b.*, ou *Moulin banal, Four banal*, etc. Voy. BANALITÉ. || Exil, bannissement. *Garder son b. Enfreindre son b.* — *Rupture de b., Rompre son b.*, se dit principalement en parlant d'un condamné qui quitte le lieu à lui assigné pour résidence après l'expiration de sa peine. — Dans l'ancienne constitution germanique,

Mettre un prince au b. de l'Empire, c'était le bannir de l'Allemagne et le déclarer déchu de ses dignités et de ses droits. *Mettre une ville au b. de l'Empire*, c'était la déclarer déchue de ses droits et privilèges. || Titre donné autrefois aux gouverneurs militaires de certaines provinces limitrophes de la Hongrie et de la Turquie. *B. de Croatie et de Slavonie.*

Hist. — On n'est pas d'accord sur la signification véritable des mots *ban* et *arrière-ban*, ou plutôt sur la distinction à établir entre eux. Selon La Roque, dont nous suivons ici l'opinion, le b. se composait des possesseurs de fiefs qui relevaient directement du roi, et l'arrière-b. de ceux qui se trouvaient sous la dépendance immédiate des seigneurs. Tout grand vassal était tenu de fournir au roi, son suzerain, un état ou dénombrement de son fief, afin qu'on pût savoir au juste le nombre d'hommes sur lequel on devait compter en cas de guerre. Bientôt on confondit ensemble le b. et l'arrière-b. : ils n'eurent plus qu'une même signification, l'appel des milices sous les drapeaux. Ce mode de recrutement pour les armées offrait des inconvénients graves. Tous les hommes représentant un même fief restaient toujours sous la bannière du seigneur ou de leur paroisse, et formaient ainsi une infinité de petits corps distincts, sans lien entre eux, sans unité, commandés par des chefs particuliers et incapables de procéder avec ensemble et efficacité. En outre, les soldats étaient inhabiles au maniement des armes, indisciplinés, et plus d'une fois ils refusèrent le service au moment décisif. Charles VII, qui, pendant ses longues guerres contre les Anglais, avait pu se convaincre que cette absence d'uniformité et de discipline était l'une des principales causes de la faiblesse de ses armées, eut l'idée d'organiser des milices permanentes. Dès lors, le b. et l'arrière-b. ne furent plus qu'une réserve qu'on appelait sous les drapeaux seulement en cas de nécessité absolue. Louis XI les convoqua très souvent; mais ses successeurs, à mesure que leurs troupes régulières s'augmentèrent, cessèrent d'employer ce moyen de défense. Néanmoins François Ier régularisa le service du b. et de l'arrière-b., et en fixa la durée à trois mois pour l'intérieur et à 40 jours hors des frontières. Cette dernière obligation fut supprimée par Henri II. Enfin cette institution militaire disparut peu à peu et Louis XIV ne convoqua le b. et l'arrière-b. qu'une seule fois, en 1674. — Cette milice formait une armée particulière dont les diverses fractions étaient sous les ordres des baillis ou des sénéchaux, lesquels obéissaient eux-mêmes à un *capitaine général*. Dunois fut le premier revêtu de ce titre qui tomba plus tard en désuétude. En effet, il n'est plus parlé, depuis le règne de Henri IV, d'aucun capitaine général du b. et de l'arrière-b.

En 1812, Napoléon conçut l'idée d'organiser, d'après de nouveaux principes et sur de nouvelles bases, la défense du territoire, qui pouvait se trouver menacé pendant la lointaine expédition qu'il méditait. Un sénatus-consulte du 13 mai de cette année partagea en trois classes la population virile du pays. La première, composée des hommes les plus jeunes et les plus valides, devait être mobilisable jusqu'à la frontière; on l'appelait le *jeune ban*; la seconde classe, ou *ban moyen*, n'était mobilisable que jusqu'aux confins du département; et la troisième, ou *vieux ban*, était destinée à la défense des villes elles-mêmes. Cent mille hommes du premier ban furent appelés sous les armes; mais, sauf cette levée, Napoléon ne donna pas suite à son projet.

BANAL, ALE. adj. (R. *ban*). T. Féod. Se disait des choses à l'usage desquelles le seigneur d'un fief avait droit d'assujettir ses vassaux pour en retirer certaines redevances, certains droits. *Moulin, pressoir b. Taureau b. Fours banaux.* || Fig. Ce qui est à la disposition, à l'usage de tout le monde. *Consolation banale. Amitié banale. Cœur b.* — Par anal., Ce qui est devenu vulgaire, insignifiant, trivial, à force d'être employé ou répété. *Compliment b. Expression banale. Louanges banales.*

BANALITÉ. s. f. (R. *banal*). T. Droit féod. || Caractère de ce qui est banal, vulgaire, commun. *Il ne sait dire que des banalités.*

Hist. — Sous l'ancien régime, on nommait ainsi le droit qu'avait le seigneur d'un fief d'assujettir ses vassaux à faire certaines choses de la manière qu'il leur prescrivait. Ainsi, les vassaux devaient moudre leur grain au moulin du seigneur, cuire leur pain à son four, presser leur vendange à son pressoir, moyennant une certaine rétribution ou redevance. C'étaient là les banalités les plus répandues. Dans certains endroits, il y avait des boucheries, des brasseries, des forges banales, des taureaux, des verrats banaux, etc. Les droits de

banalité naquirent en général de la suppression du servage. Ils constituaient donc le prix moyennant lequel les serfs, ou autrement les vilains, avaient racheté leur liberté. Les banalités étaient plus ou moins onéreuses suivant les lieux, mais et ces étaient nécessairement, dans tous les cas, une charge pesante pour ceux qui y étaient assujettis, car le monopole abuse toujours. Bien que domicilié ailleurs, tout propriétaire d'une terre comprise dans la circonscription desservie par un moulin banal était contraint de payer au seigneur, à titre de *Vertes-moutes*, le prix de mouture de la quantité de grain qu'il aurait consommée, s'il eût résidé dans sa terre. Comme tous les droits féodaux, les droits de banalité furent abolis, sans indemnité, par l'Assemblée constituante, le 15 mars 1790. Les banalités établies par des conventions libres furent réservées et simplement déclarées rachetables; mais bientôt cette espèce de banalité fut supprimée par un décret de la Convention en date du 17 juillet 1793.

BANANE. s. f. T. Bot. Fruit du bananier.

BANANERIE. s. f. Lieu planté de bananiers.

BANANIER. s. m. T. Bot. Genre de plantes de la famille des *Scitaminées* qui croît dans les pays chauds. Ce sont des plantes herbacées à grandes feuilles dont la tige est recouverte par la gaîne des feuilles. Ces plantes rendent d'immenses services par leurs feuilles qui peuvent servir à couvrir les habitations ou à fabriquer des textiles, et surtout par leurs fruits très nutritifs et très abondants. Voy. SCITAMINÉES.

BANATTE. s. f. (de *banne*). Panier dans lequel les bouchers font passer le suif pour l'épurer.

BANC. s. m. [Pr. *ban*] (B. lat. *bancus*). Long siège où plusieurs personnes peuvent s'asseoir l'une à côté de l'autre. *B. de pierre, de bois, de gazon. B. à dos. Les bancs de la salle sont vides.* — *Un b. de rameurs*, Un b. sur lequel sont assis les rameurs. — *Les bancs des écoles*, se dit de l'école, du collège même. — *Être sur les bancs*, Se mettre sur les bancs, sign. encore être au collège, faire ses classes, suivre les cours d'une faculté. — *Les bancs de la noblesse, du tiers état*, Les bancs distincts sur lesquels s'asseyaient autrefois, dans les assemblées des États généraux, les trois ordres de l'État. Dans le langage parlementaire, on dit encore : *Les bancs de la droite, du centre, de la gauche; Les bancs des ministres; Le b. des évêques*, dans la Chambre des lords, en Angleterre. — Dans ces diverses acceptions, *Banc* se prend aussi par extens. pour désigner les personnes qui y sont assises. *Un coup de canon emporta tout un b. Le b. des évêques vota entier a voté contre le bill.* || *B. de l'œuvre*, Siège dans une église réservé aux marguilliers et membres de la fabrique de la paroisse, qui est ordinairement placé en face de la chaire. || *B. de procureur, B. d'avocat*, L'endroit dans la salle du palais où un procureur, un avocat donnait autrefois rendez-vous à ses clients. — Dans les tribunaux actuels, *B. des avocats* désigne la banquette où s'asseyent les avocats. — *B. des accusés*, Banc où sont placés les accusés pendant le cours des débats. On dit de même, *Le b. des témoins, des jurés*. — Jadis on disait fig. *Le grand b.*, pour désigner le corps des présidents à mortier du Parlement. — *Le b. du roi, de la reine*, en Angleterre, est une cour souveraine ainsi nommée parce qu'anciennement le roi y siégeait en personne. || T. Géogr. phys. Haut-fond, dans le fond de la mer qui est plus ou moins rapprochée du niveau de l'eau. — Se dit aussi des amas de gravier, de sable, etc., qui se trouvent dans les fleuves. — *B. de glace*, Masse considérable de glaces flottantes qu'on rencontre dans les hautes latitudes. || T. Géol. Se dit particulièrement des substances consistantes, telles que calcaire, gypse, grès, lorsqu'elles sont disposées par couches à peu près horizontales, superposées, ayant une certaine puissance et une certaine étendue. || T. Pêche. Masse considérable de poissons qui voyagent ensemble. *Nous rencontrâmes un immense b. de harengs. B. de morues, de maquereaux*, etc. Voy. MIGRATION. — *B. d'huîtres*, Amas d'huîtres qui occupe un espace considérable au fond de la mer et à peu de distance des côtes. || T. Tech. Dans une foule d'industries, le mot *Banc* s'applique à une sorte de table ou d'établi dont les ouvriers se servent pour leur travail.

BANCABLE. adj. T. Comm. Se dit d'un effet de commerce qui a la condition nécessaire pour être escompté à la Banque de France.

BANC-À-BROCHES. s. m. T. Filat. Machine servant à étirer les fils en leur donnant une légère torsion nécessaire pour maintenir entre les fibres une cohésion suffisante. Voy. Coton, Filature. = Pl. *Des bancs-à-broches.*

BANCAL, ALE. adj. Qui a les jambes tortues. *Son fils est b.* || S'emploie subst. *C'est une bancale.* Fam. — Ce mot vient sans doute, comme *bancroche*, d'une comparaison populaire avec les pieds d'un banc, plus rapprochés par le haut.

BANCASSE. s. f. T. Mar. Coffre servant de banquette et de lit.

BANCELLE. s. f. Petit banc long et peu large.

BANCHE. s. f. T. Géol. Sur les bords de la mer, banc de marne argileuse qui, alternativement humecté par les vagues et blanchi au contact de l'air, blanchit et prend à la surface la consistance de la pierre. || L'une des deux planches du moule dans lequel on fait le pisé.

BANCHÉE. s. f. Ce que tient le moule employé à faire le pisé.

BANCHUS. s. m. T. Entom. Genre d'insectes hyménoptères. Voy. Pupivores.

BANCO. adj. (ital. *banco*, comptoir). Qualification donnée aux valeurs de banque invariables par opposition aux valeurs courantes qui varient suivant le change.

BANCOUL. s. m. Synonyme de bancoulier.

BANCOULIER. s. m. T. Bot. Genre de plantes de la famille des *Euphorbiacées.*

BANCROCHE. adj. et s. 2 g. Qui a les jambes tortues, qui est rachitique et contrefait. Fam. et ne se dit que par dénigrement.

BANCROFT (Georges), historien et homme d'État américain (1800-1893).

BANDA, ville florissante de l'empire anglo-indien, présidence d'Agra, chef-lieu du district sud du Bundelkand. || Groupe d'îles de l'archipel des Moluques qui a donné son nom à la mer voisine.

BANDAGE. s. m. (R. *bande*). T. Chir. Lien, bande ou autre appareil servant à maintenir un pansement ou à quelque autre usage. *Appliquer, délier un b.* || L'art d'appliquer les bandages. *Ce chirurgien entend très bien le b.* || T. Technol. Se dit surtout en parlant de roues et d'autres machines semblables, de bandes de fer ou d'autre métal qui les entourent et qui les serrent pour les tenir en état. *Il faut mettre un b. à cette roue.*

Chir. — Le terme de *Bandage*, pris dans son acception la plus étendue, sert à désigner toute espèce d'appareil destiné soit à contenir ou à rapprocher des parties divisées, soit à maintenir les parties dans leur position normale lorsqu'elles tendent à en sortir. Dans une signification plus restreinte, il sert plus spécialement des appareils de pansement formés de *bandes* de toile ou d'autres tissus. — On divise les bandages soit au point de vue des indications qu'ils doivent remplir, soit au point de vue de leur mode de construction; et l'on peut parler ainsi. Chaque espèce de b. reçoit aussi un nom particulier.

Lorsqu'on classe les bandages suivant le but que l'on se propose d'atteindre, on distingue les espèces suivantes : *B. contentif*, celui qui sert à maintenir les pièces d'appareil et les topiques appliqués sur les plaies; *B. préservatif*, celui qui protège les plaies contre l'action des corps extérieurs et de la température; *B. unissant*, celui qui réunit des parties divisées; *B. divisif*, celui qui maintient leur écartement; *B. expulsif*, celui qui facilite la sortie des liquides; *B. compressif*, celui qui comprime un vaisseau pour y arrêter le cours du sang ou une tumeur pour en déterminer l'atrophie; *B. rétentif*, celui qui s'oppose au déplacement des organes; et *B. suspensif*, celui qui est destiné à soutenir quelque partie malade. — La plupart de ces termes sont peu usités.

Quand on les considère en eux-mêmes, on, comme nous l'avons dit, sous le rapport de leur construction, les bandages se divisent en *simples*, *composés* et *mécaniques*; puis chacune de ces catégories se subdivise encore :

1° *Bandages simples.* — Ils consistent en une seule bande ou pièce de linge que l'on ajuste de diverses manières suivant l'exigence des cas. — Dans le *B. circulaire*, la bande forme des cercles qui se recouvrent exactement ou partiellement. On s'en sert pour maintenir en place les topiques ou les pièces d'appareil sur la partie malade et pour pratiquer la saignée du bras, etc. Dans ce dernier cas, la constriction doit être assez forte pour arrêter la circulation veineuse, sans arrêter la circulation artérielle. — Le *B. oblique* diffère du précédent, en ce qu'il ne décrit pas des cercles horizontaux; leur obliquité doit varier suivant la forme des parties.— Le *B. spiral* est celui dont les circonvolutions sont disposées en spire : les circonvolutions sont alors nommées *doloires*. Ce b. est *imbriqué*, *contigu* ou *écarté*, selon que les tours de bande se recouvrent à demi, sont simplement juxtaposés ou laissent entre eux un certain intervalle. Il se commence et s'achève toujours par quelques tours circulaires. C'est sur les membres qu'on l'applique le plus ordinairement. — Les *Bandages croisés* aussi nommés *Bandages en 8 de chiffre*, parce que, pour les faire, on entrecroise la bande de façon à figurer le chiffre 8. Les plus usités parmi ces bandages sont le *Chevestre double* qui s'emploie dans les fractures du corps de la mâchoire inférieure; le *B. croisé du cou et de l'aisselle*, qui maintient parfaitement les pièces d'appareil sur le cou, l'aisselle ou sur l'épaule; le *Spica de l'aine*, qui s'emploie dans un but semblable, ou pour exercer une compression sur la région inguinale; le 8 *du coude*, usité chaque jour pour arrêter l'écoulement du sang après la saignée; et le *B. de l'étrier* ou 8 *du cou-de-pied*, qui s'emploie, entre autres cas, après la saignée du pied. — Le *B. récurrent* est celui dont les tours se bande vont et reviennent alternativement sur leurs pas. Il ne s'applique qu'à la tête, sur laquelle il forme une espèce de bonnet : de là le nom de *Capeline*, sous lequel on le désigne habituellement. — Les *Bandages pleins* sont faits avec des pièces de linge entières et sans division. Les plus employés sont le *B. de corps* pour comprimer l'abdomen après la paracentèse, etc.; le *B. plein triangulaire de la tête* ou *B. fronto-occipital* de Mayor, qui remplace avantageusement la capeline quand on veut maintenir des topiques sur la tête; le *B. plein triangulaire du moignon*, utile dans le pansement des opérations, et l'*Écharpe*, qui sert, dans une foule de cas, à soutenir le bras, l'avant-bras et la main. — Les *Bandages invaginés* sont formés d'une bande percée de trous dans lesquels on fait passer un nombre égal de *chefs* ou lanières, taillés à l'extrémité de la même bande ou à l'extrémité d'une autre bande. Ils sont surtout usités pour réunir les plaies ou pour rapprocher les bouts du tendon d'Achille, les fragments des os écartés, etc. — Les *Liens* sont de simples cordons destinés à maintenir quelque pièce dans la position voulue.

2° *Bandages composés.* — Les bandages classés dans cette catégorie sont formés de plusieurs pièces de linge réunies ensemble, soit par des coutures, soit autrement; ils comprennent les bandages en T, en croix, en fronde, en bourse et en gaine. — Le *B. en T*, ainsi nommé de sa ressemblance avec la forme de cette lettre, se distingue en *T simple* et en *T double* : le premier n'a qu'une branche verticale; le second en a deux. On s'en sert dans des circonstances très diverses. — Le *B. en croix* est aujourd'hui peu usité. — Les *Frondes* consistent en une pièce de linge fendue à ses deux extrémités en deux ou trois lanières ou *chefs*, jusqu'à deux ou trois travers de son milieu que l'on appelle *plein*. Les frondes remplacent fort bien le chevestre et le b. croisé du cou et de l'aisselle. — La partie essentielle des *Bandages en bourse*, appelés plus souvent *Suspensoirs*, est un sac qui reçoit la partie que l'on veut soutenir. — Les *Gaines* ont la forme d'un doigt de gant; elles s'appliquent aux doigts, aux orteils, etc. — Enfin, on comprend sous le nom de *Bandages lacés* et *bouclés* ceux qui sont formés de pièces de linge, de peau, etc., et que l'on lace au moyen de lacets ou de boucles : tels sont les corsets et les bas lacés; on les emploie surtout comme moyens de compression.

3° *Bandages mécaniques.* — Les bandages ainsi nommés sont en général de véritables *appareils* chirurgicaux, qui diffèrent singulièrement des bandages proprement dits. Ils ont, pour la plupart, des destinations tout à fait spéciales. Voy. Hémostatique, Hernie, Fracture, Orthopédie. Depuis l'avènement de l'antiseptie et des pansements si commodes à la tarlatane, l'usage des bandages est presque tombé en désuétude. On ne s'en sert plus guère que dans le traitement des lésions osseuses et articulaires.

Comme toute personne, même la plus étrangère à l'art

71

médical, peut être appelée à appliquer au moins une bande, nous croyons utile d'indiquer ici les règles générales à suivre dans ce cas. Une bande, de même qu'un bandage, ne doit être ni trop lâche ni trop serrée. Trop lâche, elle glisse et se dérange au moindre mouvement; trop serrée, elle «peut causer des accidents graves et même la gangrène. — Une bande doit toujours s'appliquer de bas en haut, de manière à refouler les liquides vers la partie supérieure; si l'on procédait autrement, il y aurait stase des liquides organiques dans les parties inférieures et engorgement des extrémités. — Le procédé d'application d'une bande désigne selon qu'elle est à un ou deux *globes*, c.-à-d. selon qu'elle est enroulée par une seule de ses extrémités ou par toutes deux, de façon à représenter un ou deux cylindres.

La bande doit être préalablement enroulée sur elle-même de manière à former un cylindre que l'on appelle *globe*. On prend ce cylindre de la main droite, le pouce appliqué sur l'une des extrémités de l'axe, le doigt médius sur l'extrémité opposée. Le *chef initial*, c.-à-d. celui des bouts de la bande par lequel on commence l'application, est posé sur le point désigné; après quoi l'on fait d'abord plusieurs tours circulaires pour bien fixer le chef, puis on continue à dérouler la bande en l'appliquant dans la direction voulue. Quelquefois on réserve 10 à 12 centimètres de longueur du chef initial pour le nouer, quand le b. sera achevé, avec l'extrémité terminale. Il ne faut dérouler la bande qu'autant qu'il est nécessaire, sans quoi elle se relâcherait, ce qui obligerait de défaire le b. pour le réappliquer en entier. Les secousses, qui sont toujours nuisibles et souvent très douloureuses, doivent être soigneusement évitées.— Lorsque la partie sur laquelle on applique la bande n'est pas d'un diamètre uniforme, il peut en résulter un écartement de la partie de la bande qui correspond à la portion la moins saillante du membre sur lequel la bande est enroulée; les écartements de ce genre portent le nom de *Godets*. On évite les godets en faisant ce qu'on nomme des *Renversés*, c.-à-d. en renversant obliquement la bande de la partie la plus saillante vers celle qui l'est le moins, par ex., de haut en bas à la partie inférieure de la jambe, et de bas en haut au-dessus de la saillie du mollet. Ce renversé rétrécit la bande au niveau du plus petit diamètre de la partie où elle est posée.— Le pansement achevé, la bande est arrêtée, soit en fixant le chef terminal avec des épingles, soit en appliquant un lien circulaire autour de la bande, soit, quand on a laissé libre le chef initial, en nouant les deux bouts de la bande l'un contre l'autre. On peut aussi, quand la bande est fendue de manière à former deux chefs à son extrémité terminale, en porter un de chaque côté et les nouer ensemble. — L'épingle ou le nœud servant à arrêter la bande ne doit coïncider ni avec la plaie, ni avec un point sur lequel la pression puisse être douloureuse; on replie au besoin le bout de la bande pour que les épingles puissent être fixées en un lieu qui satisfasse à cette condition. Il faut fixer l'épingle de façon que la convexité du membre n'en puisse faire saillir la pointe; enfin cette pointe doit être cachée dans les circonvolutions de manière à ne blesser ni le malade ni le chirurgien.

Méd. vét. — L'application des bandages est la même qu'en chirurgie humaine. On appelle aussi *bandages* les pansements que l'on fait avec de l'étoupe, de la corde, de l'ouate et de la charpie.

BANDAGISTE. s. m. Ouvrier qui fait les bandages en général et spécialement les *bandages* herniaires. || Adj. *Chirurgien ban.*, Celui qui s'occupe de perfectionner les bandages et qui les applique.

BANDE. s. f. (Ce mot dérive de la racine indo-germanique *band* qui signifie primitivement *lien*; en all. *benden*, attacher). Lien plat et large qui sert à serrer quelque chose. *B. de toile. B. de papier. B. de cuivre, de fer. B. pour pansement.* Voy. BANDAGE. *La b. de la saignée s'est défaite. J'ai mis ma brochure sous b. et je l'ai expédiée par la poste.* || Se dit de tout morceau d'étoffe, de papier, de cuir, etc., qui est beaucoup plus long que large. *Son mantelet est garni de bandes de velours. Coupez-moi ce papier par bandes.* || Par ext., s'emploie pour désigner certaines choses dont la largeur est peu considérable relativement à la longueur. *Une b. de terre. Une b. lumineuse s'élevait à l'horizon. Les ailes de ce papillon sont traversées par une b. plus foncée.* || Les côtés intérieurs d'un billard qui sont rembourrés et élastiques. *Toucher la b. Être collé sous b. Les bandes ne rendent pas. Elles sont peu élastiques.* || T. Anat. Se dit de certaines parties allongées, étroites et de peu d'épaisseur. *B. ligamenteuse, B. musculaire.* || T. Archit. Se dit

de différents membres plats qui ont peu de saillie et ont en général une certaine longueur. — *B. lombarde.* Voy. CONTREFORT. || T. Astr. *Bandes de Jupiter, de Saturne.* Voy. JUPITER et SATURNE. || T. Blas. Une des sept pièces honorables du blason formée de deux lignes diagonales allant de gauche à droite en descendant. Voy. HÉRALDIQUE. || T. Mar. *B. du nord, B. du sud*, le côté du nord, le côté du sud, par rapport à la ligne équinoxiale. — Inclinaison latérale d'un navire. Lorsqu'un navire sous voile incline sous l'effort du vent qui souffle par le travers, *Il donne la b.* — Quand on veut réparer l'un des côtés du navire, *On le met à la b. On lui donne la b.*, On le fait incliner sur le côté opposé.=Syn. Voy. CONTREFORT.

BANDE. s. f. (même étymologie que le mot précédent). Troupe, compagnie, société. *Une b. de musiciens. Je rencontrai une b. de jeunes gens qui se rendaient à la fête.* — Au plur., *Bandes* se disait de certaines troupes irrégulières en usage dans les guerres du moyen âge et, plus tard, de certaines troupes d'infanterie régulière. *Des bandes d'aventuriers. Les vieilles bandes espagnoles.* — Se prend souvent en mauvaise part. *Une b. de factieux. Une b. de voleurs. On a arrêté le chef de la b.* — Se dit aussi des animaux. *Une b. d'étourneaux. Certains animaux vont par bandes.* || S'emploie par dénigrement dans le sens de ligue, parti. *Il est d'une autre b.* — Faire b. à part, se dit de plusieurs personnes qui se séparent d'une compagnie pour rester unies seulement entre elles. || Après la Révolution, on donnait le nom de *Bandes noires* aux compagnies de spéculateurs qui achetaient les grandes propriétés pour les revendre en détail, et les anciens châteaux pour les démolir et en vendre les matériaux.

Hist. — Au mot ARMÉE, nous avons dit comment étaient composées les armées féodales en France, soit avant, soit après l'affranchissement des communes, et nous avons montré que leur organisation ne permettait à nos rois d'entreprendre avec sécurité aucune expédition de quelque importance et de quelque durée. Philippe-Auguste ayant besoin, pour la réalisation de ses projets, de se créer une armée qui fût constamment sous sa main et à sa disposition, prit à sa solde des *Corps d'aventuriers* appelés aussi *Bandes militaires.* Les écrivains du XIIe siècle et du siècle suivant leur donnent encore les noms de *Cotereaux, Brabançons, Routiers, Malandrins.* Au XIVe et au XVe siècle, on les appela *Grandes compagnies, Bandes noires*, puis *Lansquenets*, etc. Composées d'abord de serfs fugitifs et de gens sans aveu accourus de tous les pays de l'Europe, ces bandes se recrutèrent plus tard d'hommes appartenant à toutes les conditions sociales. Elles étaient commandées par des chefs de leur choix et elles vendaient leurs services à qui voulait les acheter. La guerre terminée, au lieu de se dissoudre, elles se répandaient dans les campagnes et pillaient pour leur propre compte. Aussi ne tardèrent-elles pas à devenir un objet d'épouvante pour les populations, et fut-on plus d'une fois obligé de former comme des espèces de croisades pour les exterminer. Dès la fin du XIIe siècle, des associations armées s'organisèrent dans plusieurs provinces pour leur donner la chasse; de ce nombre furent les *Capuchins* ou *Capucins*, les *Frères de la paix*, etc. — Pendant nos longues guerres avec les Anglais, ces corps d'aventuriers acquirent une importance considérable; mais ils devinrent à chaque trêve un véritable fléau pour le pays. On sait que, pour en débarrasser le royaume, après le traité de Brétigny (1360), Du Guesclin les conduisit en Espagne au secours de Henri de Transtamare, qui disputait à son frère Pierre le Cruel la couronne de Castille. Ils périrent presque en entier dans cette expédition; mais d'autres leur succédèrent à la reprise des hostilités. Les nouvelles bandes différèrent des anciennes en ce que l'élément étranger y eut dominé par l'élément national; toutefois leurs habitudes pillardes furent à peu près les mêmes. Aussi Charles VII essaya-t-il de se passer, en partie du moins, de leurs services, en créant les premiers corps réguliers qu'ait eus la cavalerie, les *gens d'armes* qu'on appela aussi *Compagnies d'ordonnance* (1439) et l'infanterie des *Francs-archers* ou *Francs-taupins* (1445). Cependant, après la mort de ce prince, on revint, surtout en ce qui concerne les troupes à pied, aux errements des temps antérieurs, et c'est avec des corps de mercenaires levés et commandés par des capitaines particuliers, mais soumis à un commencement de discipline, que nos rois du XVe siècle et du XVIe firent généralement la guerre. Quoique composés, selon l'expression de Brantôme, d'«hommes de sac et de corde,» ces corps n'en furent pas moins d'une grande utilité, et on les vit figurer dans les armées même après l'organisation de l'infanterie régulière de

François Ier (*Légions provinciales*, 1532) et de Henri II (*Régiments*, 1558). Les dernières bandes ne disparurent qu'après les guerres de religion, sous Henri IV, qui en forma plusieurs régiments (1584-1610). Depuis lors, la France n'a plus eu de bandes militaires à son service; car on ne peut assimiler aux troupes de ce nom ni les Suisses qui faisaient au service des plus réguliers, ni les corps francs qui, à l'époque des guerres de Louis XIV et de la Révolution, et pendant l'invasion de 1870-71, ont figuré dans nos luttes avec l'Europe.

BANDEAU. s. m. (R. *bande*). Bande qui sert à ceindre le front et la tête. *B. de toile, de velours, de crêpe. Les religieuses portent ordinairement un b. en signe de renoncement au monde. Le b. royal.* Le diadème dont anciennement les rois se ceignaient la tête. *Ceindre le b. royal.* ‖ Bande d'étoffe, plus ou moins épaisse, qu'on met sur les yeux de quelqu'un pour l'empêcher de voir. *Les poètes et les peintres représentent l'Amour avec un b. sur les yeux. La Justice et la Fortune ont souvent un b. sur les yeux.* — Fig., on dit *Avoir un b. sur les yeux,* en parlant de quelqu'un qui par passion, par préjugé ou par ignorance, ne voit pas ou ne se passe sous les yeux, ou ne voit pas les choses telles qu'elles sont. — Dans un sens anal., on dit *Arracher le b., Faire tomber le b. de dessus les yeux de quelqu'un,* Le détromper, lui montrer son erreur, lui faire voir ce qu'il ne voyait pas. ‖ T. Archit. Plate-bande unie qui se pratique autour d'une porte, d'une arcade, ou d'une fenêtre. — Planche mince et étroite qui surmonte les lambris de menuiserie, au-dessous du plafond, lorsque celui-ci n'a point de corniche.

BANDELETTE. s. f. (dimin. de *Bande*). Petite bande avec laquelle on entoure et on lie quelque chose, ou qu'on emploie en manière d'ornement. *Cette b. serre trop. Les bandelettes d'un maillot. La tête de la victime était ornée de bandelettes. Les bandelettes sacrées.* ‖ T. Archit. Même signifie. que *Filet* ou *Listel.*

BANDER. v. a. (R. *bande*). Lier et serrer avec une bande. *B. une plaie. B. le front d'un malade.* — *B. les yeux,* Mettre un bandeau sur les yeux de quelqu'un. ‖ Tendre quelque chose avec effort. *B. une corde. B. un arc, une arbalète. B. un ressort.* — *Le vent bandait les voiles.* Vx. ‖ Fig. et prov., *B. son esprit, Avoir l'esprit bandé,* S'appliquer, être appliqué à quelque chose avec grande contention d'esprit. Vx et peu us. ‖ T. Jeu de paume. *B. une balle,* Enlever une balle en mouvement et l'envoyer dans les filets. ‖ T. Archit. Assembler les pierres d'une arcade, d'une voûte, et les fermer avec la clef. ‖ BANDER. v. n. Être tendu. *Cette corde bande trop.* ‖ T. Mar. Coudre des morceaux de toile sur une voile pour la consolider. ‖ Orfèv. Redresser une dorure. ‖ T. Manuf. Donner au semple une grande tension. Voy. SEMPLE. == SE BANDER. v. pron. Résister opiniâtrement à quelqu'un, s'opposer, être tout à fait contraire à quelqu'un ou à quelque chose. *Il se bande contre ma volonté, mais je viendrai à bout de lui. Les habitants de cette ville se sont tous bandés les uns contre les autres.* Vx. == BANDÉE, ÉE. part. ‖ T. Blas.

Se dit d'un écu couvert de bandes en si tout le champ qui présente cette disposition. *L'écu de FIESQUE est bandé d'azur et d'argent de six pièces.* Voy. la Fig.

BANDEREAU. s. m. Cordon qui sert à porter une trompette ou bandoulière.

BANDEROLE. s. f. (dimin. de *bandière*). Espèce d'étendard ou de flamme que l'on met pour ornement à diverses choses. *Un vaisseau avec ses banderoles. L'arbre était orné de banderoles.* ‖ Espèce de baudrier auquel est attachée la giberne. — La bretelle d'un fusil.

BANDIÈRE. s. f. (all. *bond*, bande d'étoffe, drapeau). Ne s'emploie plus qu'en parlant de l'espèce de bannière qu'on place au sommet des mâts d'un navire. — On dit encore, *Le front de b. d'un camp,* la ligne en avant d'un camp sur laquelle les soldats établissent leurs armes en faisceaux; et *L'armée est rangée en front de b.,* Elle est rangée en ligne avec les étendards et les drapeaux à la tête des corps.

BANDINE. s. f. T. Agric. Nom vulgaire du sarrasin.

BANDINGUE. s. f. T. Pêche. Ligne qui, attachée à la tête d'un filet, l'empêche de se renverser.

BANDINS. s. m. plur. T. Mar. Balustrade en saillie à l'arrière des bâtiments sur laquelle on peut s'appuyer.

BANDIT. s. m. (ital. *bandito*, banni). Malfaiteur, vagabond qui se livre au brigandage. — Par ext., se dit des gens sans aveu, et même des individus qui mènent une vie désordonnée et bravent les bienséances. *Vivre comme un b.* C'est un vrai b. Être toujours fait comme un b.,* Avoir mauvaise mine et être mal vêtu. Fam.

BANDITE. s. m. Terrain réservé et grevé d'un droit d'usage spécial en pâturage au profit d'un ou plusieurs particuliers.

BANDITISME. s. m. L'ensemble des bandits, leurs mœurs et leur organisation.

BANDOIR. s. m. Ressort en métal servant à bander quelque mécanisme. ‖ Roue qui sert à bander le battant du métier des rubaniers.

BANDOLINE. s. f. (R. *bandeau*). Solution mucilagineuse et aromatisée préparée avec des pépins de coing, dont les femmes se servent pour lisser leurs cheveux.

BANDOULIER. s. m. (R. *bande*). Brigand qui vole dans les montagnes. *Les bandouliers des Pyrénées.* Vx.

BANDOULIÈRE. s. f. (R. *bande*). Large bande de cuir, passée par-dessus l'épaule gauche et pendante au-dessous du bras droit. *La b. servait aux cavaliers pour porter leur mousqueton, et aux fantassins pour y attacher leur fourniment de poudre et de balles.* ‖ Baudrier de cuir ou d'étoffe. *La b. d'un suisse d'église, d'une garde-chasse.* — On dit *Porter la b., Être garde-chasse; Donner la b. à quelqu'un,* L'établir garde-chasse; *Ôter la b. à un garde-chasse,* Le casser de ses fonctions. ‖ *Porter une chose en b.,* La porter derrière le dos et en sautoir, au moyen d'une bretelle ou d'un cordon.

BANDURE. s. m. T. Bot. Nom vulg. d'une espèce du genre *Nepenthes.* Voy. NÉPENTHÈES.

BANG, BANGHE ou **BANGUE.** s. f. Noms donnés dans l'Inde à notre chanvre cultivé, dont on tire le haschich. Voy. CHANVRE, HASCHICH.

BANGALA, contrée d'Afrique sur la rive droite du haut Congo.

BANGALORE, ville forte de l'Hindoustan, 60,000 hab.

BANGIACÉES. s. f. pl. T. Bot. Les *Bangiacées* sont des algues de la famille des *Floridées* (Voy. ce mot), à organisation très simple. Leur thalle se compose de cellules ajustées en un filament (*Bangia*); ou en une lame irrégulière (*Porphyra*); il est fixé à sa base par un crampon. Ce sont des plantes annuelles généralement marines, rarement d'eau douce. Les tétraspores se forment dans des cellules du thalle, en nombre variable dans chaque cellule.

Pour former les anthérozoïdes, une cellule se divise plusieurs fois dans les trois directions, et se transforme en un massif de petites cellules, donnant chacune un anthérozoïde. Pour former l'oogone, une cellule ordinaire se borne à pousser au dehors une petite papille. Après la fécondation l'œuf, sans changer de dimension, se cloisonne aussitôt. Chacune des cellules ainsi formées met en liberté son protoplasma qui forme une spore pourvue de mouvements amiboïdes; cette spore s'entoure d'une membrane, se cloisonne, et devient un petit tubercule qui passe l'hiver et se développe au printemps en une nouvelle plante. Cette famille comprend deux genres seulement. *Bangia* et *Porphyra.*

BANGON. s. m. T. Vét. Tumeur qui vient sous la ganache des moutons.

BANIAN. s. m. Marchand indien qui voyage à l'étranger dans un but de négoce. Les banians ne forment pas une caste spéciale; ils constituent cependant une classe qui se distingue par son costume. ‖ *Arbre* ou *Figuier des Banians,* Nom du *Ficus indica,* famille des *Urticacées.* Voy. ce mot.

BAN

BANIAN. s. m. T. Mar. Officier de l'État qui, contrairement aux règlements se livre au commerce.

BANISTÉRIE. s. f. T. Bot. Genre de plantes de la famille des *Malpighiacées*. Voy. ce mot.

BANGKOK, cap. du roy. de Siam (Asie), 400,000 hab., dont la moitié Chinois; près du golfe de Siam, non loin de l'embouchure du fleuve Ménam qui la traverse.

BANK-NOTE. s. f. Billet de banque ayant cours en Angleterre.

BANKS (Sir Joseph), célèbre naturaliste anglais (1743-1820).

BANKSIE. s. f. (R. *Banks*, n. pr.). T. Bot. Genre de plantes de la famille des *Protéacées*. Voy. ce mot.

BANLIEUE. s. f. (R. *ban, lieue*). Une certaine étendue de pays qui est autour d'une ville et qui en dépend administrativement.
Avant la suppression du mur d'enceinte, en 1859, et l'annexion des communes suburbaines, la banlieue de Paris se composait de Montmartre, La Chapelle, Belleville, Charonne, Bercy, Montparnasse, Plaisance, le Petit-Montrouge, Vaugirard, Grenelle, Auteuil, Passy, les Ternes et les Batignolles, communes comprises entre le mur d'enceinte et les fortifications. Elles furent annexées par décret le 1er janvier 1860.

BANNALEC, ch.-l. de c. (Finistère), arr. de Quimperlé, 5,900 hab.

BANNASSE. s. f. [Pr. *banace*]. Civière pour porter la cendre dans une saline. || Grand panier dans lequel le savonnier passe les graisses.

BANNE. s. f. [Pr. *bano*] (lat. *pannus*, morceau d'étoffe). Grosse toile que l'on étend sur les marchandises transportées par des bateaux, des charrettes, etc. || Espèce de tente que l'on dresse sur un bateau pour se garantir de la pluie ou des rayons solaires. || Auvent en toile que les marchands placent en avant de leurs boutiques pour se garantir de l'ardeur du soleil. || Grande manne ordinairement faite de branches d'osier. Une banne de ce genre, lorsqu'elle est plus petite, reçoit le nom de *Banneau* ou celui de *Bannette*.

BANNEAU. s. m. [Pr. *banô*]. Petite banne.

BANNELLE. s. f. [Pr. *banèle*]. Panier pour les bouchons de liège.

BANNER. v. a. [Pr. *baner*]. Couvrir quelque chose avec une banne. *B. des marchandises.* = Banné, ée, part.

BANNERET. adj. et s. m. [Pr. *banerè*] (R. *bannière*). T. Féod. Seigneur qui comptait assez de vassaux pour lever une bannière. Voy. Chevalerie.

BANNETON. s. m. [Pr. *baneton*]. T. Pêche. Espèce de coffre percé qui sert à conserver le poisson dans l'eau. || T. Boulang. Panier d'osier rond et sans anses, dans lequel on met lever les pains ronds.

BANNETTE. s. f. [Pr. *banète*]. Petite banne.

BANNIE. s. f. [Pr. *bani*]. T. Féod. Action de publier un ban.

BANNIÈRE. s. f. [Pr. *banière*] (B. lat. *bandium*, du germ. *bann* ou *band*, bande d'étoffe pour lier, d'où bande d'étoffe pour se rallier). Enseigne, drapeau, étendard. Jadis ce terme désignait spécialement l'enseigne que le chevalier ou seigneur banneret avait droit de porter à la guerre, et sous laquelle se rangeaient les vassaux qu'il y conduisait. — Fig. et fam., *Se ranger sous la b. de quelqu'un*, Se ranger de son parti. || T. Mar. S'employait autrefois comme syn. de *Pavillon*; aujourd'hui ne dernier est seul usité. || Étendard d'une église ou d'une confrérie. *La b. de la paroisse représente saint Martin.* — Fig., prov. et fam. *Aller au-devant de quelqu'un ou Recevoir quelqu'un avec la croix et la b.*, Lui faire une réception solennelle. *Il faut l'aller chercher avec la croix et la b.*, On a beaucoup de peine à lui faire accepter une invitation. || Étendard des sociétés musicales auquel elles attachent les médailles et les récompenses qu'elles ont obtenues.

Hist. — La b. a emprunté sa forme du *Vexillum* des cohortes romaines, qui consistait en une petite voile carrée attachée supérieurement à une traverse horizontale fixée au bout d'une pique.
Le mot b. servait, au moyen âge, à désigner tout signe de ralliement de forme carrée, adopté soit par les armées, soit par les corporations religieuses ou industrielles. On disait : La *B. de Saint-Denis*, la *B. de France*, la *B. d'Angleterre*, etc. Comme le *vexillum* des légions romaines, la b. chrétienne recevait une sorte de consécration religieuse par la cérémonie de la *bénédiction des drapeaux*, que l'Église avait établi à ce sujet un cérémonial aujourd'hui tombé en désuétude.
A l'origine, une simple croix paraît avoir tenu lieu de signe de ralliement aux gens des paroisses. Plus tard, ils ajoutèrent à la traverse horizontale une pièce d'étoffe carrée sur laquelle ils firent représenter leur saint patron. C'est avec des bannières de ce genre que les milices communales parurent aux armées. Les bannières des abbayes étaient semblables à celles des paroisses. Quand une abbaye envoyait ses vassaux à la guerre, elle faisait porter sa b. par son *avoué*, c.-à-d. par le baron laïque qui était chargé de la protéger et de la représenter. Voy. Avoué. Les rois de France ont eu plusieurs bannières. La plus ancienne ressemblait au *Carroccio* des villes italiennes; elle consistait en une grande voile suspendue à un mât élevé que portait un char à quatre roues. Sur ce char étaient encore placés un autel, une *chisse* ou *chape* renfermant diverses reliques, entre autres celles de saint Martin de Tours, dix chevaliers d'élite chargés de garder la b., et dix trompettes qui sonnaient des fanfares afin d'animer les troupes au combat. On plaçait ce char au milieu du corps de bataille, et c'était autour de lui que se livraient les plus furieux assauts. Cette b. était vraisemblablement celle de l'abbaye de Saint-Martin qui appartenait à la famille des Capétiens; elle était de couleur bleue et semée de fleurs de lys. Lorsque le comté de Vexin fut réuni à la couronne, nos rois devinrent *avoués* de l'abbaye de Saint-Denis, et ce fut à ce titre que, en 1125, Louis VI prit la b. de ce monastère et marcha contre l'empereur d'Allemagne Henri V. Cette b. était la célèbre *oriflamme* : elle était rouge, fendue par en bas et suspendue à une lance dorée. Les deux bannières figurèrent longtemps ensemble dans nos armées; mais l'oriflamme ayant disparu dans la première moitié du XIVe siècle, la b. de Saint-Martin, devenue plus portative depuis une centaine d'années, resta seule en usage. Il en fut ainsi jusqu'à l'époque d'Henri IV, où elle céda la place à la cornette blanche de la maison de Bourbon.
Dans la société féodale, la b. était le signe distinctif d'une partie de la noblesse. Cette b. féodale était carrée comme celle des paroisses; mais elle en différait en ce qu'elle était attachée au-dessous du fer d'une lance et sur le côté, absolument comme nos drapeaux modernes. Sa forme l'empêchait aussi d'être confondue avec le *pennon* des simples bacheliers, qui ressemblait à une flamme. Les chevaliers qui avaient le droit de porter b. se nommaient *chevaliers bannerets* ou simplement *bannerets*; mais ce droit était quelquefois accordé en dehors des conditions ordinaires. Les principaux officiers des armées royales pouvaient, par ex., porter b. sans être bannerets. On ne doit pas oublier que, dans les dénombrements militaires des temps féodaux, les mots *pennon* et *bannière* ont été souvent employés dans le sens du subst. *escadron* dans les livres modernes. Ainsi, au XIVe siècle, par ex., on disait d'un corps de cavalerie qu'il comprenait tant de bannières, tant de pennons, comme on dirait aujourd'hui tant d'escadrons, tant de compagnies.

BANNIR. v. a. [Pr. *banir*] (R. *ban*). Condamner quelqu'un à sortir d'un pays, d'un territoire, avec défense d'y rentrer. *B. quelqu'un de sa patrie. B. du royaume, du pays, de la ville.* Il a été banni à temps, à perpétuité, pour dix ans. || Par ext., Chasser, éloigner, exclure. *C'est un fripon que l'on a banni de toutes les maisons honnêtes.* || Fig., en parlant des choses, Les exclure, les éloigner, les empêcher de s'introduire, de se glisser. *B. le luxe, les arts, la licence. J'ai banni de mon livre tous les termes techniques dont j'ai pu me passer.* — Dans un sens anal., se dit pour éloigner de son âme, de son esprit, de sa mémoire. *B. toute crainte, toute haine. Bannissez cet ingrat de votre mémoire.* = se Bannir. v. pron. *Se b. d'un lieu, d'une maison, d'une société, de la cour*, S'abstenir d'y aller. = Banni, ie, part. Fig. *La paix était bannie de mon cœur, la religion l'y a ramenée.* || Fig., Il est b. de partout, se dit d'un homme méprisé à qui toutes les portes sont fermées. — *Cette opinion est bannie de toutes les écoles*, Elle est généralement abandonnée. || S'emploie subst. au masc. *Obtenir le rappel des bannis.* — Syn. Voy. Exiler.

BANNISSABLE. adj. 2 g. [Pr. *bani-ssable*]. Qui doit être banni. Peu us.

BANNISSEMENT. s. m. [Pr. *bani-sseman*]. Peine qui consiste à être banni. *Il a été condamné au b. La peine du b. temporaire, perpétuel.*

Droit. — Dans l'ancienne Grèce, le terme général φυγή, (fuite ou bannissement) s'employait habituellement en parlant des individus qui, afin d'éviter quelque peine ou quelque péril, quittaient leur patrie et se réfugiaient à l'étranger. On en trouve la preuve dans les récits des temps héroïques, surtout lorsqu'il est question de meurtres commis soit involontairement, soit avec une intention coupable. — A Athènes, le banni. présentait le même caractère, et s'appliquait à peu près dans les mêmes cas que durant les temps héroïques, avec cette différence que la loi en définissait plus rigoureusement les limites, les conséquences et la durée. Ainsi, pour l'homicide volontaire, l'action était intentée devant l'Aréopage. Pour le meurtre simple, elle était portée devant les *Éphètes.* Dans ces deux cas, l'accusé pouvait se bannir (φεύγειν) avant que la sentence fût prononcée. Mais quand un meurtrier échappait ainsi à la punition qu'il aurait subie s'il fût resté dans le pays, il était alors banni à perpétuité, et ne pouvait pas y rentrer, lors même qu'une amnistie générale permettait le retour de tous les autres exilés; car, dans ce cas, la loi qui rappelait les bannis contenait une exception spéciale pour les criminels bannis par l'Aréopage. Le condamné pour meurtre, s'il était trouvé sur le territoire de l'État, pouvait être saisi et mis à mort. Bien plus, quiconque donnait asile ou secours à un individu qui s'était enfui pour éviter la peine capitale, était passible de la même peine que le fugitif lui-même.

Le terme générique de banni. (φυγή) comprenait aussi l'*Ostracisme*, usité à Athènes, et le *Pétalisme*, en usage à Syracuse; mais les lois qui avaient établi ces deux sortes de banni. avaient un caractère purement politique. Il en sera traité au mot Ostracisme. — Indépendamment des personnages auxquels on appliqua l'ostracisme ou le pétalisme, l'histoire grecque nous parle à chaque instant d'individus bannis pour des causes politiques. Ces bannis étaient des personnes qui, s'étant distinguées comme chefs d'un parti quelconque, étaient expulsées ou forcées de quitter leur cité natale, lorsque le parti opposé venait à l'emporter.

Dans les premiers temps de la République, un citoyen romain avait le droit de se retirer en exil dans un autre État, et le citoyen d'un autre État pouvait se retirer en exil à Rome en vertu de relations internationales particulières existant entre cet État et Rome. Ce droit était appelé *jus exsulandi* par rapport à l'État qui recevait les exilés. Ceux-ci, par rapport à leur propre pays, étaient *exsules*, exilés, et leur condition était l'exil, *exsilium*. Par rapport à l'État où se retirait l'exilé, ce dernier était dit *inquilinus*. A Rome, l'*inquilinus* pouvait s'attacher à quelqu'un et se donner un quasi-patron. — L'exil ne privait pas un Romain de ses droits de citoyen, à moins qu'il ne se fût fait inscrire, pendant son exil, comme citoyen d'un autre pays, la loi romaine n'admettant pas qu'il fût possible d'être à la fois citoyen de plusieurs États.

La peine de l'*interdiction de l'eau et du feu* qui était infligée pour différentes espèces de crimes telles que la *violence publique*, le péculat, l'empoisonnement, etc., ne comprenait pas en propres termes l'exil (*exsilium* ou sortie *ex solo*): l'individu interdit pouvait donc, en droit, rester à Rome; mais comment aurait-il pu y vivre? Aussi Cicéron dit-il avec raison que l'exil n'était une peine, mais le moyen d'échapper à la peine. C'est en ce sens seulement que l'interdiction de l'eau et du feu entraînait l'exil.

A l'époque impériale, le mot *exil* était un terme général usité pour exprimer une peine dont il y avait plusieurs espèces. En parlant des jugements publics capitaux (*judicia capitalia*), Paul les définit par la peine qu'ils entraînent, savoir la mort et l'exil; puis il définit ce dernier, l'interdiction de l'eau et du feu, parce qu'elle fait cesser le droit de compter comme *tête* de citoyen. Les autres genres d'exil, dit le même auteur, étaient proprement nommés *relégation* (*relegatio*); le *relégué* ne perdait pas ses droits de citoyen. Cette distinction entre l'exil et la relégation paraît avoir existé du temps de la République, selon le témoignage de Tite-Live et de Cicéron. Ovide se représente lui-même, non comme un *exilé*, mais comme un *relégué*; aussi, dit-il en parlant d'Auguste : « Il ne m'a ôté ni la vie, ni les biens, ni les droits

de citoyen; il m'a seulement ordonné de quitter le foyer paternel. » — On distinguait deux sortes de *relégation*. Dans l'une, il était interdit au relégué de résider soit à Rome, soit dans une province particulière, pendant un temps déterminé ou indéterminé; dans l'autre, une île lui était assignée pour résidence. Le relégué conservait son titre de citoyen, la propriété de ses biens et sa puissance paternelle, lors même que la durée de la peine était illimitée. La relégation avait simplement pour effet de confiner une personne dans un lieu déterminé ou de l'exclure d'un lieu désigné; cette peine était infligée par une loi, par un sénatus-consulte ou un édit du magistrat. Cicéron se sert du mot *relégation* en parlant de T. Manlius contraint par son père à vivre dans la solitude à la campagne.

Sous les empereurs, la *déportation dans une île*, ou, comme on l'appelait simplement, la *déportation*, fut substituée à l'interdiction de l'eau et du feu. Le gouverneur d'une province n'avait pas le pouvoir de prononcer une sentence de déportation; mais il fut accordé au préfet de Rome par un rescrit de l'empereur Sévère. La déportation entraînait la perte des biens et des droits de citoyen, mais non celle de la liberté. Bien que le déporté eût cessé d'être citoyen, il était capable d'acheter, de vendre et de faire les divers actes qui appartiennent au droit des gens. La déportation différait encore de la relégation en ce que sa durée était toujours illimitée. En outre, le relégué se rendait en exil: le déporté était conduit, quelquefois enchaîné, au lieu où il devait subir sa peine. — Comme l'interdiction de l'eau et du feu et la déportation faisaient perdre les droits de citoyen, il s'ensuit que si le condamné était père de famille, il était dépouillé de toute puissance sur ses enfants, et que, s'il était fils de famille, il cessait d'être sous la puissance de son père; car les rapports compris par la loi romaine sous le terme de *patria potestas* ne pouvaient subsister qu'entre citoyens; mais ni l'interdiction ni la déportation ne dissolvaient le mariage. A l'époque de Justinien, la déportation avait complètement remplacé l'interdiction de l'eau et du feu.

Législ. française. — Le b., comme punition de certains crimes et délits, a été appliqué en France, depuis les temps féodaux jusqu'à l'époque de la Révolution, par les justices seigneuriales ou locales et par les tribunaux de justice royale. Cette peine, toujours considérée comme infamante, pouvait être prononcée *à temps* ou *à perpétuité*: le coupable pouvait être banni d'une province seulement ou de tout le royaume. Le b. hors du royaume n'était prononcé que par les Parlements. Le banni qui rentrait sur le territoire français était conduit aux galères pour le reste de ses jours. Le Code pénal de 1810 prononce la peine du b. pour un certain nombre de délits énumérés aux articles 8, 32, 33 et 48; sa durée ne peut être moindre de 5 ans, ni excéder 10 ans. La peine du b. avait, dans la pensée du législateur, un caractère essentiellement politique. « Cette peine, dit Treilhard, a paru convenable pour certains crimes politiques, qui, ne supposant pas toujours un dernier degré de perversité, ne doivent pas être punis des peines réservées aux hommes profondément corrompus. » Si le banni rentre en France avant l'expiration de sa peine, il est, sur la seule preuve de son identité, condamné à la *détention* pour un temps qui ne peut dépasser le double de celui qui restait à courir jusqu'à la fin du b. — La déportation diffère du b. en ce que le banni est simplement expulsé du territoire français, tandis que le déporté est maintenu de force sur une terre française extracontinentale où il doit demeurer. A une époque où aucun État européen n'aurait consenti à donner asile aux bannis, les condamnés au b. subissaient la détention; mais ceux qui en faisaient la demande pouvaient être conduits à un port de mer et embarqués pour les États-Unis d'Amérique. En fait, si le b. est resté inscrit dans le Code pénal, ses applications sont excessivement rares: d'après la statistique judiciaire, le nombre des individus punis du b. depuis 1810 ne s'est pas élevé à un par année. — Le plus souvent, le b. est une mesure de circonstance prise par un gouvernement pour sa propre sûreté; c'est ainsi que la famille de Napoléon b. par la branche du territoire français par l'ordonnance du 24 juillet 1815 et la loi du 11 janvier 1816; une loi semblable, celle du 10 avril 1832, bannit Charles X et sa famille; enfin, un décret du 24 février 1848 prononça le b. contre les membres de la branche d'Orléans. Ces dispositions ont été abrogées, les deux premières en 1848, les deux autres en 1871.

Toutefois, une nouvelle loi portant la date du 22 juin 1886 interdit le territoire de la République aux chefs des familles ayant régné en France et à leurs héritiers directs dans l'ordre de primogéniture. En vertu de cette même loi, le Gouvernement est autorisé à prononcer la même interdiction contre les autres membres de ces familles par un décret rendu en conseil des ministres.

BANON, ch.-l. de c. (Basses-Alpes), arr. de Forcalquier, 1,100 hab.

BANQUAIS. s. m. (de *banc*). T. Mar. Navire ou homme faisant la pêche sur le banc de Terre-Neuve.

BANQUE. s. f. (ital. *banco*, banc sur lequel étaient assis les changeurs dans les marchés ou places publiques, où ils exerçaient leur commerce). Commerce qui consiste à recevoir de l'argent sur une place pour le faire passer sur une autre; à recevoir des capitaux en comptes courants, à prêter ces capitaux à courte ou à longue échéance; à escompter des effets de commerce; à prêter des fonds sur hypothèque ou sur dépôt de titres; à négocier des lettres de change françaises et étrangères, etc. || Établissement public ou privé qui fait le commerce de b. || T. Jeu. A certains jeux, la somme que celui qui tient le jeu a devant soi, pour payer ceux qui gagnent contre lui. — *Faire sauter la b.*, Gagner tout l'argent que celui qui tient la b. a mis au jeu. || T. Imprim. Le paiement qui se fait aux ouvriers, chaque semaine ou chaque quinzaine. *C'est demain jour de b. Livre de b.* || T. Techn. Dans certaines industries, le mot *Banque* s'emploie, conformément à son étymol., pour désigner une sorte de banc.

Écon. polit. — Les banques ordinaires font à peu près toutes les opérations qui constituent le commerce de b. Lorsqu'une b. s'occupe plus spécialement d'une certaine catégorie d'opérations, elle en prend généralement le nom. C'est ainsi qu'il y a : des b. de dépôts et de virements; des b. d'escompte; des b. agricoles, hypothécaires; des b. mobilières; des b. industrielles; des b. d'émission ou de circulation, etc.

Les b. d'émission sont, de toutes ces banques, celles qui jouent le rôle le plus important, grâce au billet de banque qu'elles *émettent* en représentation de leur capital et de leur portefeuille.

La B. de France est la seule b. d'émission autorisée en France. C'est une société dont le capital appartient tout entier à des actionnaires, mais qui est régie par une législation spéciale. Constituée par acte du 24 pluviôse an VIII (13 février 1800), au capital de 30 millions, elle a élevé successivement ce capital, qui atteint aujourd'hui 182,500,030 fr. La durée de son privilège a été prorogée jusqu'au 31 décembre 1897. Le Parlement est actuellement (1893) saisi d'un projet de loi prorogeant jusqu'au 31 décembre 1920 son privilège en stipulant à cette occasion divers avantages pour l'État et les particuliers.

De 1817 à 1838, neuf banques départementales, jouissant du droit d'émettre des billets remboursables à vue, avaient été fondées. Mais en 1848, à la suite de l'établissement du cours forcé, la coexistence de ces banques d'émission, dont les billets avaient cours dans tel département et n'étaient pas reçus dans le département voisin, souleva de telles difficultés, qu'un décret supprima les banques départementales et les réunit à la B. de France.

La B. de France acquitte les contributions directes, la taxe de 3 p. 100 sur le revenu des valeurs mobilières, un droit de timbre sur ses billets en circulation.

Le gouverneur et les deux sous-gouverneurs sont nommés par décret.

Les actionnaires nomment 15 régents et 3 censeurs : trois des régents doivent être choisis parmi les trésoriers généraux. Les directeurs des succursales sont nommés par décret sur la présentation du gouverneur de la B.

Le bilan de la B. est publié chaque jeudi.

Le capital de la B. est représenté par 182,500 actions nominatives libérées de 1,000 fr. Le plus haut prix auquel elles aient été cotées a été atteint en 1881, époque où elles ont dépassé le cours de 6,800 fr. Le dividende le plus élevé a été celui de 1873 (369,81).

La B. de France ne reçoit que des dépôts toujours exigibles et non productifs d'intérêts.

La circulation des billets a été limitée à quatre milliards de francs par la loi du 24 janvier 1893.

Le cours forcé de ces billets a été décrété à la suite des événements de 1870; cette mesure exceptionnelle, qui avait été déjà décrétée à la suite de la Révolution de 1848, consiste en ce que la B. est dispensée de rembourser à vue ses billets en espèces métalliques, comme elle est tenue de le faire en temps ordinaire, tandis que les caisses publiques,

les particuliers sont tenus de recevoir les billets de banque en paiement. Le cours forcé a pris fin le 1er janvier 1878; mais les billets ont conservé le cours légal, c.-à-d. qu'ils doivent être reçus comme monnaie légale par les caisses publiques et les particuliers.

La B. de France ne reçoit à l'escompte que du papier payable à Paris ou sur les places où elle a des succursales, dont l'échéance maxima est à 3 mois, et qui est garanti par 3 signatures reconnues solvables, ou par 2 signatures et un dépôt de titres ou actions acceptés par la B.

Elle fait, pour une durée maxima de 3 mois, des avances sur titres, jusqu'à concurrence des 3/5 ou des 4/5 de leur valeur, suivant leur nature. Cette valeur est fixée d'après les cours cotés au comptant la veille du jour où l'avance est faite. Le taux de l'avance est de 1 à 1 1/2 p. 100 supérieur au taux de l'escompte.

La B. fait au Trésor des avances en compte courant sur garantie de rentes ou de bons du Trésor. Elle a fait à l'État des avances variables dont le chiffre s'est élevé, en 1870-71, jusqu'à 1,500 millions. Ce compte d'avances a été complètement soldé le 14 mars 1879.

B. d'Algérie. — Il existe à Alger une b. d'émission, créée sur les mêmes bases que la B. de France, par une loi du 4 août 1851. Son capital est de 20,000,000 de fr., représenté par 40,000 actions entièrement libérées. Ses billets ont cours légal en Algérie.

Banques Coloniales. — Les banques coloniales sont au nombre de cinq, savoir : b. de la Martinique, b. de la Guadeloupe, b. de la Réunion, b. de la Guyane, b. de l'Indo-Chine. Elles ont le privilège, chacune dans la colonie où elles sont établies, d'émettre des billets de b. — Elles sont placées sous la surveillance d'une commission spéciale nommée par le gouvernement.

Banques Étrangères. — *Allemagne.* — La B. impériale d'Allemagne a été fondée le 14 mars 1875. Ce n'est pas une b. d'État, mais l'État s'est réservé la faculté de se substituer à elle dans certaines conditions déterminées. La B. est d'ailleurs étroitement liée à l'État et placée sous sa surveillance directe; elle fait pour lui certains services financiers. L'État participe, en outre, aux bénéfices de la B. Il existe, à côté de la B. impériale d'Allemagne, 17 banques qui ont le droit d'émettre des billets.

Belgique. — La B. nationale de Belgique, instituée par la loi du 5 mai 1850, est la seule b. *par actions* autorisée à émettre des billets. Cette faculté est laissée aux particuliers, aux commandites simples et autres associations. La B. n'est pas une b. d'État, mais le Trésor reçoit une part considérable de ses bénéfices. En outre, la B. est chargée de faire gratuitement tous les services de trésorerie.

États-Unis. — La liberté des banques d'émission existe aux États-Unis, sous certaines conditions déterminées par la loi. Les banques qui satisfont à ces conditions, prennent le nom de banques nationales et sont placées sous la surveillance d'un *contrôleur de la circulation*, nommé par le gouvernement. Le montant de la circulation de chaque b. est limité par le montant du capital versé, et varie de 90 p. 100 à 60 p. 100 de ce capital. Les banques nationales assurent gratuitement le service du Trésor. Ni l'Union ni les États ne participent à leurs bénéfices.

Angleterre. — La B. d'Angleterre, fondée en 1694, a pour charte l'acte du Parlement de 1844, qui a régi l'émission des billets et a interdit à toute b. qui n'était pas à ce moment b. d'émission, d'émettre des billets. Le nombre des banques qui existaient à cette époque et qui émettaient, en conséquence, des billets concurremment avec la B. d'Angleterre, est encore de 150 environ, mais il tend à diminuer.

La B. d'Angleterre n'est pas une b. d'État, mais elle fait pour l'État toutes les opérations de b. qu'un banquier ordinaire fait pour son client.

Le gouvernement n'intervient pas par la surveillance, ni autrement, dans les affaires de la B.

L'organisation des banques d'émission d'Espagne, d'Italie, des Pays-Bas, etc., procède, plus ou moins directement, des principes sur lesquels sont fondées les banques que nous venons de passer rapidement en revue. Nous ne pouvons que renvoyer aux ouvrages spéciaux les personnes désireuses d'acquérir des notions plus complètes sur ces banques. Voy. CRÉDIT et CIRCULATION.

BANQUER. v. n. T. Mar. Aller à la pêche de la morue sur le banc de Terre-Neuve.

BANQUEREAU. s. m. T. Mar. Petit banc de sable.

BANQUEROUTE. s. f. (ital. *banco*, comptoir ; *rotto*, rompu, à cause de l'usage qui existait de briser le comptoir du commerçant qui ne remplissait pas ses engagements). État du failli que le Code pénal déclare coupable d'imprudence ou de fraude. Aux termes de la loi, les deux mots *Faillite* et *B.*, sont loin d'être synonymes. La faillite, c'est le malheur ; la b., c'est le crime ou le délit. La b. suppose la faillite, mais la réciproque n'est pas vraie.

Droit. — La b. peut être *simple* ou *frauduleuse*. Les articles 584 et suiv. du Code de commerce indiquent les cas où le failli *peut* ou *doit* être déclaré *banqueroutier simple* : il *peut* l'être, p. ex., dans le cas où il n'a pas tenu régulièrement ses livres de commerce (mesure bien rigoureuse pour une pareille négligence !) ; — il *doit* l'être notamment dans le cas où les dépenses de sa maison étaient exagérées.

La b. *simple* est un *délit*, jugé par le tribunal correctionnel et entraînant un emprisonnement d'un mois à deux ans. Au contraire, la b. *frauduleuse* est un *crime*, justiciable de la cour d'assises et puni des travaux forcés à temps. La loi déclare *banqueroutier frauduleux*, le failli qui a soustrait ses livres, détourné ou dissimulé tout ou partie de son actif, ou encore qui s'est reconnu frauduleusement débiteur de sommes qu'il ne devait pas.

Écon. polit. — En termes de finances on appelle b. l'action d'un État qui cesse de payer les arrérages des rentes à ses créanciers, ou qui ne continue à en payer qu'une partie sans offrir le remboursement du capital correspondant aux rentes qu'il ne paye plus. Les banqueroutes d'État sont loin d'être rares dans l'histoire. Les retranchements de *quartiers* ou suppression d'un ou plusieurs termes de rente étaient très fréquents dans l'ancien régime : c'étaient de véritables banqueroutes partielles qui étaient érigées en système financier. Tout le monde connaît le fameux vers de Boileau :

Plus pâle qu'un rentier

À l'aspect d'un édit qui retranche un quartier.

Les altérations de la valeur des monnaies qui constituaient aussi un système financier fréquemment employé par les gouvernements jusqu'au XVIIIᵉ siècle, étaient aussi de véritables banqueroutes. La Régence liquida par une b. les dettes contractées pendant le règne de Louis XIV. La République française fit b. en l'an VI, et ne reconnut que le *tiers* de la dette publique, qui prit le nom de *tiers consolidé*. Il est vrai qu'on remboursa le capital des deux autres tiers en bons sur les biens nationaux ; mais ces bons perdirent immédiatement les 5/6 de leur valeur. L'Autriche fit b. en 1811. Pareil accident est arrivé souvent aux États de l'Amérique du Sud et, en 1875, à la Turquie. Les banqueroutes d'État sont aujourd'hui de véritables calamités publiques : elles détruisent le crédit d'un pays qui entraîne alors dans sa ruine le commerce et l'industrie. Aucun gouvernement ne s'aviserait à l'heure actuelle de proposer la b. comme un expédient financier. On sait trop bien que l'avantage momentané qu'on en retirerait serait trop chèrement payé. Cependant, en voyant le flot des dépenses publiques monter d'année en année et les dépenses publiques excéder constamment les revenus dans tous les États d'Europe, il est permis de se demander si une pareille situation économique peut avoir d'autre solution que la b. dans un avenir plus ou moins lointain.

BANQUEROUTIER, IÈRE. s. Celui, celle qui a fait banqueroute. *B. simple. B. frauduleux.* || S'emploie adj. *Un gouvernement b.*

BANQUET. s. m. (R. *banc*). Festin, repas solennel. *B. somptueux. B. nuptial.* — *B. royal*, Repas de cérémonie où le roi mangeait en public avec toute sa famille. — *B. politique*, Repas où l'on se réunit pour une manifestation politique. || Poét., *Le b. des dieux*, Le repas où l'on supposait que les dieux se trouvaient avec Jupiter. — *Le b. des sept sages*, Le repas où l'on suppose que se trouvèrent les sept sages de la Grèce. || T. Dévot. *Le sacré b.*, Le saint communion. *Le b. de l'Agneau*; *Le b. des élus*, La joie de la béatitude céleste. || *B. de la vie*, Expression poétique par laquelle l'on assimile la vie à un b., composé de mets agréables et amers. *Dieu nous convie au b. d'absinthe et de miel.*

Au banquet de la vie, infortuné convive,

J'apparus un jour, je meurs.

Je meurs, et sur la tombe où lentement j'arrive,

Nul ne viendra verser des pleurs.

GILBERT.

Syn. — *Festin.* — *Festin* ne se dit plus que du style élevé ou familier et désigne tout repas somptueux ou tout au moins bien au-dessus de l'ordinaire. *Le dîner que vous nous*

avez offert était un vrai festin. B. désigne un repas d'apparat offert à l'occasion de quelque circonstance solennelle, et le plus souvent un repas de corps dont les frais sont couverts par une souscription entre les convives.

BANQUETER. v. n. Faire bonne chère. Se dit de quelqu'un qui se trouve fréquemment dans de grands repas. *Il ne fait que b.* Fam.

Conj. — Le *t* se double devant une syllabe muette : *Je banquette, tu banquetteras, nous banquetterions.*

BANQUETEUR. s. m. Celui qui banquette ou fait bonne chère.

BANQUETTE. s. f. (R. *banc*). Sorte de banc rembourré et dépourvu de dossier. *Garnir une salle de banquettes.* — Par exagér., *Jouer devant les banquettes*, se dit, en T. Théâtre, pour jouer dans une salle presque vide de spectateurs. || T. Archit. Appui d'une fenêtre qui s'élève seulement à hauteur de siège et qui est surmonté d'une balustrade de fer. || T. Ponts et chaussées. Petit chemin relevé pour les piétons, qui longe la partie de la chaussée où circulent les voitures. — Dans les rues, etc., la b. est appelée ordinairement *Trottoir.* || T. Art milit. Sorte de marche horizontale établie à 1ᵐ,30 environ en contre-bas de la côte intérieure d'un ouvrage de fortification, et sur laquelle les fusiliers montent pour tirer. Voy. FORTIFICATION. || T. Jardin. Palissade basse à hauteur d'appui.

BANQUIER. s. m. Celui qui fait le commerce de banque. || Dans certains jeux, la personne qui tient le jeu et joue contre tous les autres. || *B. en cour de Rome.* Officier de cette cour qui est chargé de faire venir de la chancellerie ou de la pénitencerie les provisions de bénéfices, les dispenses et autres expéditions. || T. Mar. Navire qui va à la pêche de la morue sur le grand banc de Terre-Neuve.

BANQUISE. s. f. (scand. *bank*, banc ; *ise*, glace ; banc de glace). Amas de glaces qui, dans les mers polaires, forme une espèce de banc. *Une énorme b. empêcha notre navire de pousser plus avant.*

BANQUISTE. s. m. (de *banque*). Charlatan, bateleur.

BANQUO ou **BANCO**, l'un des personnages de *Macbeth*, tragédie de Shakespeare. *Le spectre de Banquo.*

BANS. s. m. pl. T. Vénerie. Nom qu'on donne aux lits des chiens.

BANSE. s. f. Grande manne carrée qui sert à transporter les marchandises.

BANTANE, ville de l'île de Java.

BANVILLE (THÉODORE FAULLAIN DE), poète français et littérateur, né à Moulins, l'un des maîtres du style au XIXᵉ siècle, auteur des *Odes funambulesques* (1823-1892).

BANVIN. s. m. (R. *ban*, *vin*). T. Féod. Droit qu'avait un seigneur de vendre le vin de son cru, à l'exclusion de tout autre, dans sa paroisse, durant le temps marqué par la coutume. || Proclamation qui indiquait le jour où les particuliers pouvaient vendre leur vin nouveau.

BANYULS-SUR-MER, v. de l'arr. de Céret (Pyrénées-Orientales), célèbre par ses vins ; 3,100 hab.

BAOBAB. s. m. T. Bot. Arbre gigantesque qui croît au Sénégal et dans les régions les plus chaudes de l'Afrique, appartenant à la famille des *Malvacées*. Voy. ce mot.

BAOUR-LORMIAN, poète français, traducteur de la *Jérusalem délivrée*, en vers (1770-1854).

BAPAUME, ch.-l. de c. (Pas-de-Calais), arr. d'Arras, 3,000 hab. — Avantage remporté sur les Prussiens, le 3 janvier 1871.

BAPHIER. s. m. T. Bot. Arbre de la famille des *Légumineuses*, dont le bois sert à la teinture.

BAPHOMET, nom d'une idole qu'on dit avoir été adorée

par les gnostiques et les templiers, et qui réunissait les attributs des deux sexes.

BAPTÊME. s. m. [Pr. *batème*] (gr. βαπτίζω, je lave). Le premier des sept sacrements de l'Église, par lequel on est fait chrétien, et qui se confère par le moyen de l'eau et des paroles sacramentelles. || *B. d'une cloche*, Cérémonie religieuse dans laquelle on bénit et l'on nomme une cloche. || *B. du tropique ou de la ligne*, Cérémonie burlesque en usage parmi les marins, qui a lieu au passage d'un navire sous l'un des tropiques ou sous l'équateur et qui consiste à inonder d'eau ceux qui passent ces lignes pour la première fois. || On dit d'un soldat qui pour la première fois prend part à une bataille qu'il reçoit le *b. du feu*.

Théol. — Le *Baptême* est un sacrement institué par J.-C. pour régénérer l'homme spirituellement, le laver de la tache du péché originel et le faire enfant de Dieu et de l'Église; il se donne au moyen de l'eau et en invoquant les trois personnes de la sainte Trinité. — Le mot *B.* signifie *lotion, ablution, immersion*, et vient du mot grec βάπτω ou βαπτίζω, je lave, je plonge.

L'usage de l'eau et des ablutions, comme symbole de purification, se retrouve dans diverses religions et chez plusieurs peuples : c'est ainsi que les Juifs appelaient *b.* certaines purifications légales qu'ils pratiquaient sur leurs prosélytes après la circoncision; mais ces cérémonies n'étaient qu'un emblème, tandis que le *b.* chrétien opère par lui-même la régénération morale de l'homme.

Il *est de foi* que le *b.* a été institué par J.-C., mais on ne peut déterminer avec précision l'époque de son institution. Les uns la placent avec la passion, lorsque le Sauveur sanctifia les eaux par l'attouchement de son corps en entrant dans le Jourdain pour être baptisé par saint Jean-Baptiste; les autres la reculent après la résurrection, quand J.-C. dit à ses disciples : « Allez, enseignez toutes les nations, les baptisant au nom du Père, du Fils et du Saint-Esprit. » (Matthieu, XXVIII, 19.) Toutefois, la première de ces deux opinions est généralement adoptée aujourd'hui; c'est celle qu'enseigne saint Thomas, d'après saint Augustin et saint Grégoire de Nazianze; c'est aussi celle du concile de Trente.

Les deux principaux effets du *b.* sont la *grâce* et le *caractère* qu'il imprime dans notre âme. D'abord ce sacrement confère à tous ceux qui le reçoivent, aux enfants comme aux adultes, la *grâce sanctifiante* qui les rend agréables à Dieu; il détruit le péché originel que tous les enfants apportent en naissant; il efface, en outre, dans les adultes, les péchés actuels qu'ils ont commis avant le *b.* « Vous êtes lavés, vous êtes sanctifiés, vous êtes justifiés au nom de N.-S.-J.-C. (Paul, I Cor., VI, 11.) Le *b.* remet toutes les peines spirituelles et temporelles du péché, soit originel, soit actuel, que l'on devait subir en ce monde ou en l'autre. Le *b.* nous fait aussi enfants de l'Église, et, tout en nous soumettant à ses lois, nous donne droit aux autres sacrements qu'on ne peut recevoir si l'on n'a pas été baptisé; enfin, il nous fait entrer dans la communion des Saints.

Le *b.* imprime en nous un *caractère* indélébile, un signe spirituel qui est comme le sceau des enfants de Dieu; il nous marque comme faisant partie du troupeau du Christ, de sorte qu'il ne peut être réitéré. Ce caractère est imprimé, lors même que celui qui reçoit le *b.* n'est pas dans les dispositions convenables, parce qu'il ne dépend pas, comme fait la grâce, des dispositions de celui qui reçoit le sacrement. Tandis que la grâce est amissible, le caractère ne se perd pas; car il dépend uniquement de la volonté de Dieu, et son existence n'est pas incompatible avec le péché. Aussi nous accompagne-t-il même dans l'autre vie, pour être la gloire des bons et la honte des mauvais. — Le *b.* étant ineffaçable, les lois de l'Église défendent expressément de rebaptiser, à moins qu'on n'ait de fortes raisons de croire que ce sacrement n'a pas été donné du tout, ou ne l'a pas été validement; encore dans ce cas, prescrivent-elles de baptiser sous condition en disant : « Si tu n'as pas été baptisé, je te baptise, etc. »

Le *b.* est nécessaire au salut, nécessaire pour les enfants comme pour les adultes, pour ceux qui sont nés de parents fidèles comme pour ceux qui sont nés de parents infidèles. — Sans le *b.*, on ne peut recevoir validement aucun sacrement, à l'exception de l'Eucharistie, qui alors ne produit aucun effet. Le pape Innocent III, qui le nomme le *fondement de tous les sacrements*, déclare qu'il faudrait baptiser et réordonner le prêtre qui aurait reçu les ordres sans avoir été baptisé.

Mais si le *b.* est d'une nécessité absolue, il peut cependant être suppléé par le martyre ou par la charité parfaite. Le mar-

tyre, ou *b. du sang*, produit les mêmes effets que le *b. d'eau*. Le martyre cependant n'imprime pas le caractère qui est l'effet du *b. d'eau*, et il ne supplée pas à ce dernier, quant à la capacité de recevoir les autres sacrements. Ceux donc qui ont souffert pour la foi sans perdre la vie, sont tenus de se faire baptiser, quand, après les tourments, ils en trouvent la possibilité. — Le *b.* est suppléé par la charité ou contrition parfaite, parce que celle-ci est incompatible avec le péché et produit le même effet que le *b.*, c.-à-d. la rémission des péchés. Elle doit nécessairement être accompagnée du désir de recevoir le *b.*; ce désir doit être explicite chez ceux qui connaissent le *b.*, mais pour ceux qui n'en ont jamais entendu parler, il suffit qu'ils désirent d'une manière générale accomplir tous les préceptes que Dieu a donnés à l'homme. — De même que le martyre, le *b.* de désir ne supplée que temporairement au *b. d'eau*. En outre, il n'imprime pas de caractère et ne donne pas la capacité de recevoir les sacrements. De plus, ni l'Écriture, ni les Pères, ne disent pas qu'il remette toute la peine temporelle; cette peine est remise proportionnellement à la ferveur de la personne.

Le *b.* étant de nécessité absolue pour le salut, il résulte que ceux qui meurent sans le recevoir doivent subir les peines éternelles de l'Enfer. Certains docteurs admettent en faveur des enfants des adoucissements que d'autres rejettent; mais l'Église n'a rien décidé sur ce point. Voy. DAMNATION.

La matière nécessaire du sacrement du *b.* est l'eau naturelle. On peut baptiser avec de l'eau de mer, de rivière, d'étang, de fontaine, de citerne, de pluie, etc. Le vin, l'huile, le cidre, la bière et tous les autres liquides semblables sont impropres au *b.* L'eau naturelle est dans le même cas quand elle fait partie de mélanges tels que bouillons, eau de sel fondu, eau distillée de fleurs, où sa prédominance est douteuse. Cependant on pourrait en faire usage dans un cas de nécessité absolue; mais alors il faudrait réitérer le *b.*, sous condition, de même que nous l'avons dit précédemment, le plus tôt qu'il serait possible. — L'eau dont se sert l'Église pour administrer le *b.* est bénite la veille de Pâques ou de la Pentecôte et mêlée d'un peu de chrême. C'est avec cette eau que le *b.* solennel doit toujours être administré, et ce serait commettre une faute mortelle que d'y substituer alors de l'eau commune.

Pour qu'il y ait *b.*, il faut qu'il y ait ablution; or, l'ablution peut se faire de trois manières : *par infusion*, quand on verse de l'eau sur le corps de la personne que l'on baptise; *par immersion*, quand on plonge le corps dans l'eau baptismale; *par aspersion*, quand on jette de l'eau sur le corps de celui qui reçoit le *b.* — Dans les premiers temps de l'Église, on donnait le *b.* par une triple immersion. Cet usage, qui existe encore en Orient, se maintint en Europe jusqu'au XIIᵉ siècle. Dans le VIᵉ, quelques catholiques d'Espagne ne faisaient qu'une seule immersion, de peur, disaient-ils, que les Wisigoths ariens ne crussent que par la triple immersion on divisait la sainte Trinité; mais cette raison locale ne fit pas d'impression sur les autres Églises. — La coutume de baptiser par infusion paraît avoir commencé dans les pays septentrionaux, où l'usage du bain est impraticable pendant la plus grande partie de l'année, et elle s'introduisit en Angleterre vers le IXᵉ siècle. Si l'Église a préféré ce moyen à l'immersion, c'est dans l'intérêt de la santé des enfants. Par le même motif, elle permet aussi, pendant l'hiver, de faire chauffer l'eau du *b.* — Le *b.* par aspersion paraît avoir été employé à l'origine de la prédication de l'Évangile. On pense que saint Pierre y recourut quand il baptisa les trois mille personnes qui, lors de sa première prédication, crurent en J.-C. — Le *b.* par infusion est seul en usage dans l'Église latine. Pour qu'il soit valable, il ne suffit pas que l'eau mouille les vêtements et les cheveux; il est indispensable qu'elle arrose le corps et ruisselle : sans cela il n'y aurait pas ablution. Il faut, en outre, qu'elle arrose une des parties principales, la tête surtout comme siège de l'intelligence et des principaux sens, et l'on considère comme douteux le *b.* dans lequel l'eau ne toucherait qu'un pied, une main, même la poitrine. Une seule infusion suffit à la rigueur; néanmoins la pratique de l'Église prescrit, pour le *b.* solennel, de verser trois fois de l'eau en formant chaque fois le signe de la croix.

La validité du *b.* exige de la manière la plus absolue l'invocation expresse et distincte des trois personnes de la sainte Trinité. Chez les Latins, la formule par laquelle on administre le sacrement est ainsi conçue : *Baptizo te in nomine Patris et Filii et Spiritus Sancti*. (Je te baptise au nom du Père, du Fils et du Saint-Esprit.) Celle de l'Église grecque n'en diffère pas quant au sens (*Un tel est baptisé au* nom, etc.). Aussi le concile de Florence a-t-il déclaré valide le b., à l'administration duquel elle est employée.

Outre l'ablution par l'eau et l'invocation de la Trinité, sans lesquelles il ne peut y avoir de b., l'administration de ce sacrement comprend certaines cérémonies emblématiques qui ne sont pas indispensables, mais qui sont usitées lorsque le ministre du b. est un prêtre, et dont le rituel recommande l'observation. Aussi, afin qu'on puisse les observer, est-il défendu de baptiser sans nécessité hors de l'église où se trouvent des fonts baptismaux. On appelle B. solennel celui où l'on observe toutes les cérémonies du rituel.

On arrête à la porte de l'église celui qu'on présente au b. pour marquer qu'étant soumis à l'empire du démon, il est indigne d'entrer dans la maison de Dieu. Le prêtre souffle légèrement sur lui pour chasser le démon par la vertu du Saint-Esprit, qui est comme le souffle de Dieu. Il lui imprime aussi sur le front et sur le cœur le signe de la croix, pour marquer qu'il doit embrasser la croix du Sauveur et témoigner hautement, dans l'occasion, qu'il est chrétien. Les exorcismes et les impositions des mains que l'on fait sur le catéchumène ont pour but, les premiers de le délivrer de l'esprit malin, les secondes d'indiquer que Dieu prend possession de lui et l'assujettit à sa domination. Le sel qu'on introduit dans la bouche du catéchumène signifie qu'il va être délivré de la corruption du péché par la grâce du sacrement. La salive qu'on met à ses oreilles et à ses narines signifie qu'il doit avoir les oreilles ouvertes aux vérités de l'Évangile et en respirer la bonne odeur. Ces préliminaires terminés, on conduit le catéchumène aux fonts baptismaux et on lui fait réciter parrain lui-même, s'il est adulte, ou par le parrain et la marraine, s'il est enfant, le *Pater*, l'*Ave* et le *Credo* en témoignage de sa foi, de sa croyance en Dieu et de celle qu'il a en la sainte Vierge. On exige ensuite de lui qu'il renonce à Satan, à ses pompes et à ses œuvres, et on lui fait, avec l'huile des catéchumènes, une onction sur la poitrine et sur les épaules, ce qui signifie que le b. va le fortifier et en faire un généreux athlète contre l'ennemi du salut. L'onction finie, on demande au catéchumène s'il croit en Dieu le Père, en Dieu le Fils, en Dieu le Saint-Esprit, la sainte Église catholique, la rémission des péchés, etc. Après que le catéchumène a fait sa profession de foi en répondant *Je crois*, à chacune des interrogations du prêtre, celui-ci lui demande s'il veut être baptisé. Aussitôt qu'il a répondu affirmativement, le prêtre fait tomber l'eau sur lui en prononçant en latin (la langue vulgaire n'est permise que dans le cas de nécessité) les paroles sacramentelles : *Baptizo te*, etc. On fait ensuite une onction avec le saint chrême sur la tête du baptisé, pour lui apprendre qu'il est devenu membre de J.-C., qu'il a été incorporé comme à son chef, et qu'il participe à son sacerdoce et à sa royauté. On termine en le revêtant d'une robe blanche, ou, si c'est un enfant, en lui mettant un petit linge blanc sur la tête, en disant : « Recevez cet habit blanc et portez-le sans souillure au tribunal de N.-S. J.-C. pour que vous obteniez la vie éternelle. » Enfin, le cierge qu'on lui met à la main est une figure de la foi brillante de la charité, qui lui a été communiquée et qu'il doit ensuite entretenir et augmenter par la pratique des bonnes œuvres.

Actes de baptême. — Après avoir administré le b., le curé, desservant ou vicaire en dresse sur les registres de la paroisse. Il convient que le père assiste au b. de son enfant et en signe l'acte avec le parrain et la marraine. Quoique ces registres, au point de vue civil, n'aient point l'importance qu'ils avaient avant la Révolution, ils peuvent suppléer à la perte ou à la destruction des registres des actes de l'état civil. Les registres des paroisses sont tenus en double. L'un des exemplaires est envoyé chaque année au secrétariat de l'évêché, pour être déposé dans les archives du diocèse. Voy. PARRAIN.

Les différentes sectes protestantes n'attachent pas au b. la même importance que les catholiques; elles l'ont cependant conservé avec un cérémonial plus ou moins simplifié.

BAPTISER. v. a. [Pr. *batizer*] (gr. βαπτίζω, je lave). Conférer le baptême. B. par immersion, par aspersion. || Par ext., B. une cloche, La bénir et lui donner un nom avec certaines cérémonies religieuses. — On dit de même B. un navire. || Prov. et fam., B. quelqu'un, Lui donner un sobriquet. —Fig. et fam., B. son vin, Y mettre de l'eau. || T. Mar. Dans la cérémonie burlesque appelée *Baptême du tropique*, Verser de l'eau sur quelqu'un. — BAPTISÉ, ÉE. part.

BAPTISIE. s. f. [Pr. *batizi*] (gr. βάπτισις, teinture). T. Bot. Genre de plantes de la famille des *Légumineuses*. Voy. ce mot.

BAPTISMAL, ALE. adj. [Pr. *batismal*]. Qui appartient, qui a rapport au baptême. *Eau baptismale. Robe baptismale. Fonts baptismaux.* || Qui est l'effet du baptême. *La grâce baptismale. L'innocence baptismale.* On donne le nom de *Fonts baptismaux*, du latin *fons baptismalis*, qui signifie *fontaine baptismale*, ou vase qui contient l'eau consacrée destinée à la célébration du baptême. Les fonts les plus anciens consistaient en une cuve assez vaste pour que les adultes pussent s'y plonger, car, dans les premiers temps de l'Église, on pratiquait le baptême par immersion. Quand le baptême par infusion eut remplacé les autres modes d'ablution baptismale, les dimensions des fonts diminuèrent beaucoup. On les faisait habituellement en pierre dure et polie ou en marbre ; il y en avait aussi de bronze, de cuivre ou même de plomb. La liturgie actuelle prescrit de les faire en pierre dure ou en marbre, et de les doubler en étain ou en plomb. Si le doublage est en cuivre, ce métal doit être étamé. La forme et la décoration des fonts varient suivant leur âge. On en trouve de carrés, de cylindriques, de polygonaux. La forme hexagone et l'octogone se rencontrent habituellement dans ceux qui appartiennent à la période de l'art ogival. Souvent aussi ils représentent une coupe portée sur un piédouche. Leur date est en général indiquée par le style des ornements qui les décorent. La figure ci-dessous représente des fonts baptismaux du XIVe siècle. A cette époque, on les surmontait gé-

néralement d'un pinacle en bois ou en métal richement ciselé. Les fonts doivent toujours être couverts de façon qu'il ne puisse y entrer ni ordure ni poussière, et fermés à clef. Ils sont ordinairement placés au bas de l'église ou dans une des chapelles rapprochées de la porte.

Dans l'Église catholique, le curé fait la bénédiction solennelle des fonts baptismaux deux fois par an, savoir : le samedi saint et la veille de la Pentecôte, en souvenir des deux époques principales où jadis s'administrait le baptême. Cette bénédiction des fonts est de la plus haute antiquité : saint Cyprien et saint Basile la citent comme une tradition apostolique. Voy. BAPTISTÈRE.

BAPTISME. s. m. [Pr. *batisme*]. Religion des baptistes, où l'on baptise. || Secte des baptistes.

BAPTISTAIRE. adj. m. [Pr. *batistère*]. N'est usité que dans ces locutions : *Registre b.*, Registre où l'on inscrit les noms de ceux qu'on baptise ; et *Extrait b.*, Extrait qu'on tire de ce registre et qui indique la date du baptême d'une personne et les noms qu'elle y a reçus. — S'emploie subst. dans la signif. d'extrait b., *Il faut produire votre b.*

BAPTISTE. s. m. [Pr. *batiste*]. T. Hist. relig. Membre d'une secte protestante qui s'est développée surtout aux États-Unis et qui, comme les *anabaptistes* du XVIe siècle, dont elle procède, refuse le baptême aux enfants pour ne l'accorder qu'à des adultes capables d'apprécier et de comprendre l'importance de ce sacrement.

BAPTISTÈRE. s. m. [Pr. *batistère*]. T. Archit. Quand la religion chrétienne fut reconnue et protégée par l'autorité civile, on construisit de grands édifices particuliers, uniquement

72

destinés à l'administration du baptême, et que par cette raison on appela *Baptistères*. Ces édifices étaient souvent extrêmement vastes : les dimensions du b. de Sainte-Sophie, à Constantinople, étaient telles qu'un concile put y tenir ses séances. Ces vastes proportions s'expliquent par les conditions dans lesquelles on administrait le baptême durant les six ou sept premiers siècles. Le baptême se donnait principalement à de nouveaux convertis, c.-à-d. à des adultes; on ne le conférait que deux fois chaque année : à Pâques et à la Pentecôte; il y avait, par conséquent, un nombre considérable de personnes à baptiser à la fois; chacune d'elles était accompagnée de sa famille et de ses amis; ce concours de fidèles exigeait nécessairement un grand espace.

Les baptistères étaient construits sur un plan circulaire, octogone ou carré et quelquefois en forme de croix grecque. Le centre était occupé par un bassin (*Labrum, Lavacrum*) qui pouvait recevoir plusieurs personnes à la fois; ce bassin avait ordinairement la forme d'une cuve de granit, de marbre ou de porphyre. L'intérieur de l'édifice était orné de peintures relatives au sacrement du baptême. On y voyait la statue de saint Jean-Baptiste et une colombe d'or ou d'argent suspendue à la voûte, en mémoire de la manifestation du Saint-Esprit au baptême de Jésus. Il y avait aussi un autel où l'on célébrait la messe les jours de baptême. — Ces baptistères, ainsi séparés, ont subsisté jusqu'à la fin du VIe siècle. Cependant, déjà à cette époque, il y avait des fonts baptismaux placés dans l'intérieur des églises, à l'entrée de la nef, près du porche. Cet usage devint ensuite général.

Parmi les baptistères remarquables qui subsistent actuellement, nous citerons celui de Saint-Jean de Latran, construit par l'empereur Constantin; celui de Ravenne, bâti en 540, par saint Orso; celui de Florence, dont la principale entrée est

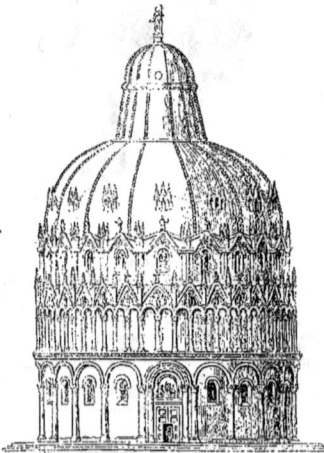

formée par les fameuses portes de bronze dues au ciseau de Lorenzo Ghiberti, portes que Michel-Ange jugeait dignes d'être celles du paradis, et enfin ceux de Bologne, de Parme, de Vérone, de Cnuosa et de Pise. Ce dernier est représenté par la Fig. Commencé en 1152, par l'architecte Diofi Salvi, il fut complètement achevé dans l'espace de neuf ans; mais une inscription placée dans le mur de la galerie intérieure nous apprend que l'édifice fut reconstruit à neuf (*ædificata de novo*) en 1278, vraisemblablement sous la direction de Jean de Pise. Son diamètre, dans œuvre, est de 30m,47. La hauteur mesurée du pavé à la naissance de la coupole est de 38m,8. La hauteur totale de l'édifice est d'environ 54 mètres et demi. L'édifice est en marbre.

BAQUET. s. m. (R. *bac*). Espèce de petit cuvier de bois dont les bords sont fort bas.

BAQUETAGE. s. m. T. Technol. Épuisement des eaux qui noient des travaux de terrassement.

BAQUETER. v. a. Oter l'eau d'un baquet ou de tout autre vase avec une écope.

BAQUETEUSE. s. f. Ouvrière qui se sert des baquettes pour tirer le fil à la filière.

BAQUETTES. s. f. pl. T. Technol. Tenailles pour tirer le fil à la filière.

BAQUETURES. s. f. pl. (de *baquet*). Vin qui tombe dans le baquet quand on le verse ou qu'on le met en bouteilles.

BAQUOIS. s. m. T. Bot. Voy. VAQUOIS.

BAR ou **BARS.** s. m. T. Icht. Genre de poissons *Acanthoptérygiens*, voisin des *Perches*. Les Romains donnaient à ce poisson le nom de *Lupus*, loup, à cause de sa voracité. Il habite les mers et les fleuves de l'Europe méridionale. Le bar de mer est préférable à celui des fleuves. Il dépasse parfois un mètre de longueur.

BAR. s. m. Sorte d'établissement où l'on débite des boissons que les clients boivent debout, à la mode anglaise.

BAR. s. m. (*barbe*, nom du barbeau). T. Blas. Barbeau, poisson fréquent en armoiries, en pal et un peu courbé.

BAR (Duché de), ancien pays de France (appelé aussi *Barrois*), aujourd'hui dép. de la Meuse et partie de la Haute-Marne. Sa capitale était Bar-le-Duc.

BAR (LE), ch.-l. de c. (Alpes-Maritimes), arr. de Grasse, 1,800 hab.

BARA (JOSEPH). jeune garçon de treize ans, né à Palaiseau, qui mourut héroïquement pendant les guerres de la République (décembre 1793).

BARABBAS. malfaiteur juif, condamné à mort, fut délivré par Pilate, sur la demande du peuple, qui le préféra à Jésus.

BARACON. s. m. Nom des baraques élevées par les négriers sur les côtes d'Afrique.

BARADEAU. s. m. Fossé pour l'écoulement des eaux.

BARAGNON. s. m. Fossé latéral d'un champ conduisant l'eau dans un bief.

BARAGOUIN. s. m. (Étym. douteuse. Suivant Toubin, lat. *barigena*, étranger, de *barbara gens*, nation étrangère). Langage corrompu et inintelligible. *Je ne puis comprendre un pareil b.* || Se dit abusiv. et par ext., d'une langue que l'on ne comprend pas. *Ces Allemands nous étourdissent par leur b.* Fam.

BARAGOUINAGE. s. m. Est usité dans le même sens que *Baragouin.* — Se dit plus communément d'une manière de parler vicieuse, embrouillée, qui rend difficile la compréhension de ce que dit une personne. *Tout son discours n'était qu'un b.* Fam.

BARAGOUINER. v. n. Parler incorrectement une langue, prononcer les mots d'une façon vicieuse qui les rend inintelligibles. *Ces Allemands croient parler français, ils ne font que b.* || Se dit abusivement de ceux qui parlent une langue qu'on n'entend pas. *J'ai voyagé avec des étrangers qui n'ont fait que b.* || S'emploie parfois dans le sens actif. *B. un discours*, Le mal prononcer.

BARAGOUINEUR, EUSE. s. Celui ou celle qui baragouine, qui parle mal ou prononce mal une langue. *C'est un b. importun.*

BARAGUEY D'HILLIERS (1795-1878), maréchal de France, prit Bomarsund (1854), et gagna la bataille de Melegnano (1859).

BARALIPTON. Mot forgé par les scolastiques pour rappeler mnémoniquement une forme de syllogisme et où *baruli* est seul significatif, *pton* n'étant qu'une finale pour faire le vers.

BARANDAGE (de *barrer*). s. m. T. Pêche. Action de barrer la rivière avec un filet. Ce genre de pêche est prohibé.

BARANGE. s. m. (de *barrer*). Mur placé devant le fourneau d'une saline.

BARANTE (DE), historien et publiciste français (1782-1866), auteur de l'*Histoire des ducs de Bourgogne* (1824).

BARAQUE. s. f. (esp. *baraca*, hutte de pêcheur). Hutte que construisent les soldats en campagne pour se mettre à couvert. *Un camp de baraques.* || Se dit de toute construction légère et temporaire, faite de planches, telle que boutique de foire, échoppe, etc. || Maisonnette ou abri dans les vignes, les bois, la campagne. || Par ext. et fam., Maison mal bâtie, de chétive apparence. *On ne peut pas loger dans cette b.* — Fig. et pop., en parlant d'une maison où ils sont mal payés ou mal nourris, les domestiques et les ouvriers disent aussi : *C'est une b.; Je ne veux pas entrer dans cette b.*

BARAQUEMENT. s. m. T. Art milit. Construction des baraques; action de se baraquer. *Le b. est dans les attributions du génie.*

BARAQUER. v. a. T. Art milit. Construire des baraques. = SE BARAQUER. v. pron. *Les soldats n'eurent pas le temps de se b.* = BARAQUÉ, ÉE, part.

BARAT. s. m. On nomme ainsi dans le Levant un brevet de *drogman*, c.-à-d. d'interprète, que les ambassadeurs ou consuls des puissances européennes accordent à certains sujets ottomans. Le b. a pour principal effet de soustraire le porteur à la juridiction turque pour le placer sous celle de la nation européenne dont il émane. Cette sorte de protection est parfois fort recherchée, et, en conséquence, se paye plus ou moins cher, selon le besoin qu'on a le porteur, et selon le degré d'influence dont jouit la puissance chrétienne.

BARATE. s. f. T. Mar. Grosse sangle pour aider les basses voiles à résister.

BARATERIE. s. f. (celt. *barat*, tromperie). T. Droit. On appelle *Baraterie de patron*, toute malversation, prévarication et fraude commise par le capitaine, maître ou patron d'un navire, ou par l'équipage, au préjudice des armateurs, des assureurs ou des expéditeurs de marchandises. La loi du 10 avril 1825 énumère les différents cas de b., et édicte les peines dont ils sont passibles. On distingue la *b. simple* ou *civile* qui donne lieu seulement à des dommages et intérêts, et la *b. criminelle* qui comporte l'application de peines plus ou moins sévères.

BARATHROMÈTRE. s. m. (βάραθρον, abîme; μέτρον, mesure.) Instrument destiné à constater l'existence et la direction des courants sous-marins.

BARATON. s. m. Butte à beurre.

BARATTAGE. s. m. L'ensemble des opérations qui se font dans la baratte, pour la fabrication du beurre.

BARATTE. s. f. (celt. *barat*, brouiller). Appareil qui sert à fabriquer le beurre. Voy. BEURRE.

BARATTER. v. a. Agiter du lait dans une baratte pour faire du beurre. = BARATTÉ, ÉE. part.

BARBACANE. s. f. T. Fortific. anc. — Au moyen âge, lorsque la porte d'une ville n'était pas précédée d'un fossé, ou bien lorsqu'il y avait sur le fossé un pont solide, on joignait quelquefois à l'enceinte un ouvrage étroit composé de deux branches presque parallèles et fermées par un arrondissement. Cet ouvrage portait le nom de *Barbacane*, que l'on croit emprunté aux Orientaux pendant les croisades. Ce nom a encore été donné, au moyen âge, à des ouvrages avancés placés à une certaine distance de l'enceinte. Enfin, on s'en servit également pour dési-

gner ces ouvertures étroites et verticales par lesquelles les archers décochaient leurs flèches. — Par imitation, à cause de la similitude de leur forme, on appelle actuellement barbacanes les ouvertures pratiquées dans les murs qui soutiennent les terres pour faciliter l'écoulement des eaux. Ces ouvertures se nomment autrement *Chantepleures*.

BARBACOLE. s. m (Probablement de *barbam colere*, porter longue barbe). Maître d'école, magister du village.

BARBACOLLE. s. f. Le jeu de pharaon.

BARBACOU. s. m. T. Ornith. Genre d'oiseaux de l'ordre des *Grimpeurs*.

BARBADE (LA), une des Antilles anglaises; cap. Bridgetown ; pop. 171,860 h.

BARBANÇON. s. m. Marbre d'un fond noir moucheté extrait à Barbançon (Belgique).

BARBANÈGRE, général franç. (1772-1830), célèbre par la défense d'Huningue (1815).

BARBANTANE. s. m Grosse barrique contenant 563 litres.

BARBARA. Mot forgé par les scolastiques pour désigner mnémoniquement une forme de syllogisme.

BARBARASSE. s. f. T. Mar. Gros cordage pour bosser les grosses amarres.

BARBARE. adj. 2. g. (gr. βάρβαρος, étranger). Dans l'antiquité, les Grecs et les Romains donnaient le nom de *Barbares* aux peuples étrangers, et particulièrement à ceux qui ne parlaient point leur langue. *Les Romains appelaient barbares tous les peuples, excepté les Grecs. Les rois barbares.* || Fig., se dit des peuples grossiers, sauvages et dépourvus de civilisation. *Les peuples africains sont encore barbares relativement aux peuples de l'Europe. On se figure que les anciens Gaulois étaient barbares: c'est une grande erreur : ce furent les barbares qui leur apportèrent la barbarie.* (NAPOLÉON Iᵉʳ.) — On dit de même : *Des mœurs barbares. Des coutumes barbares.* || Fig. signifie, Cruel, inhumain. *Ame b. Cœur b. Des soldats barbares. Une action b. Une joie b. Le culte b. de Moloch.* || En matière de langage, se dit des termes impropres, d'un style grossier et incorrect. *Ces termes sont barbares. Le style de cet écrivain est b.* — *Langue b.,* Langue rude, sans art, qui choque l'oreille. *Les Esquimaux parlent une langue b.* — Par anal., *Musique b.,* Musique qui blesse l'oreille. = BARBARE. s. m. S'emploie en parlant de peuples ou d'hommes sauvages, grossiers, dépourvus de civilisation, *Les Barbares du Nord. Les invasions des Barbares. Cet homme-là est un vrai b.*

BARBARÉE. s. f. T. Bot. Genre de plantes de la famille des *Crucifères*, dont une espèce porte le nom d'herbe de la Sainte-Barbe. Voy. CRUCIFÈRES.

BARBAREMENT. adv. D'une façon barbare. *On l'a traité b. C'est parler b.*

BARBARESQUE. adj. 2 g. Qui appartient aux peuples de cette partie septentrionale de l'Afrique qu'on appelle Barbarie. *Navire b. Les États barbaresques.* || S'emploie aussi substantivement. *Être en guerre avec les Barbaresques.*

BARBARIE ou **ÉTATS BARBARESQUES**, région du nord de l'Afrique comprenant le Maroc, l'Algérie, la Tunisie et la Tripolitaine. Cette dénomination, très usitée autrefois, n'est plus employée depuis la conquête de l'Algérie.

BARBARIE. s. f. (R. *barbare*). État d'un peuple sauvage, grossier, ignorant, dépourvu de civilisation. *Ce peuple est encore plongé dans la b. Sortir de la b. Les siècles de b.* || Cruauté, inhumanité. *Il exerça sa b. sur les vaincus. Quelle affreuse b.! —* Acte particulier de b. *C'est une b. Commettre des barbaries.* || Se dit de l'état grossier d'une science, d'un art. *Corneille fit sortir notre théâtre de la b. L'agriculture, dans une grande partie de l'Europe, est encore dans la b.* || Fig., *B. de langage, de style,* se dit des vices de langage ou de style qui dénotent une absence totale de lumières et de goût.

Syn. — Voy. Cruauté.

Les exemples de b. ne manquent pas dans la race humaine. Nous ne citerons que les deux suivants, dus à un souverain célèbre.

Gentil Bellini, peintre vénitien, fut appelé à Constantinople par Mahomet II, pour lequel il peignit une Décollation de saint Jean-Baptiste. Le sultan, tout en rendant justice au talent de l'artiste, releva néanmoins un défaut dans le tableau : c'est qu'on ne remarquait aucune contraction dans les muscles de la figure, ce qui arrive toujours quand un homme meurt décapité. Pour justifier son sentiment, il appelle un esclave, lui fait voler la tête d'un seul coup de cimeterre, et montre au peintre la crispation des lèvres aux deux coins de la bouche. Bellini convint de la vérité de l'observation, mais il fut tellement épouvanté de cette manière de procéder qu'il s'empressa de quitter Constantinople, malgré les faveurs et les promesses du sultan.

C'est ce même Mahomet II qui fit ouvrir le ventre à quatorze pages pour constater le vol d'un melon.

BARBARINE. s. f. (R. *barbe*). T. Bot. Variété de courge. || Barbarine, adj. f. Qui est de la barbarie. *Race barb.*

BARBARISER. v. n. Néologisme. Parler d'une façon barbare.

BARBARISME. s. m. (gr. βαρβάρισμος). T. Gram. *Barb.* et *Solécisme* sont deux termes de grammaire, qui s'appliquent à certaines fautes contre la langue; mais ils ne s'emploient pas l'un pour l'autre. On commet un barb. lorsqu'on fait usage d'un mot *barbare*, dans le sens grec de « mot qui appartient à une langue étrangère ». A plus forte raison, il se dit d'un mot qui n'appartient à aucune langue. Par extension, le terme de barb. s'applique encore à la faute qui consiste à employer un mot dans une signification autre que celle qui lui appartient. On peut donc le définir avec Quintilien : l'emploi d'un mot seul d'une façon impropre ou vicieuse. Le *Solécisme*, en grec σολοικισμος, vient du nom de la ville de Soli, en Cilicie, dont les habitants parlaient fort mal la langue grecque. Il désigne toute faute contre les règl s de la grammaire et de la syntaxe. — Ainsi, on fait un barb. : 1° En se servant d'un mot qui n'est pas du dictionnaire de la langue : *Elogier*, au lieu de *Louer*; *Paralésie* au lieu de *Paralysie*; *Rébarbaratif*, au lieu de *Rébarbatif*; 2° en prenant un mot dans un sens contraire à celui que lui a consacré l'usage : *Il a recouvert la vue*, pour *Il a recouvré la vue*; 3° en employant des façons de parler qui ne sont en usage que dans une autre langue : *Je suis froid*, pour *J'ai froid*. — On commet au contraire un solécisme, lorsqu'on dit : *Cette ouvrage est fort belle*, pour *Cet ouvrage est fort beau*; *Cette robe et cette ceinture est à moi*, au lieu de *sont à moi*; *Il revenait chez lui*, *quand il rencontre*, au lieu de *quand il rencontra*; *Je n'ai point de l'argent*, pour *Je n'ai point d'argent*, etc.

BARBAROLEXIE. s. f. (βαρβαρος, barbare et λέξις, mot). Emploi d'un mot étranger à la langue, barbarisme.

BARBAROUX, né à Marseille, membre de la Convention, l'un des Girondins, proscrit le 31 mai, mourut sur l'échafaud à Bordeaux (1767-1794).

BARBASTELLE. s. f. (lat. *barba*, barbe; *stella*, étoile). T. Mam. Groupe de chauves-souris, du genre *Synotus*. Voy. Chéiroptères.

BARBAZAN, capitaine français du parti des Armagnacs, sous Charles VI.

BARBE. s. f. (lat. *barba*, m. s.). Poil du menton et des joues. *B. noire, blanche. B. vénérable. B. rase. Porter la b. Se faire la b. Se peindre la b. Un plat à b. Une b. postiche.* || Fig. et fam., *Une jeune b.*, Un jeune homme. *Une vieille b.*, Un homme âgé. || Fig. et fam., *Il a la b. trop jeune*, se dit d'un jeune homme, quand il veut faire des choses qui demandent plus d'expérience et de maturité que ne comporte son âge. — *Faire quelque chose à la b. de quelqu'un*, Faire une chose en présence d'une personne, et comme pour la braver. — *Faire la b. à quelqu'un*, Obtenir un avantage sur quelqu'un, montrer sa supériorité sur lui. *Rire dans sa b.*, Éprouver un sentiment de joie ou une satisfaction maligne qu'on ne laisse pas apparaître au dehors. || T. Mamm. Touffe de poils plus ou moins longs qui pend sous le menton ou des deux côtés du museau de quelques animaux. *B. de bouc, de chèvre, de chat, de singe, de bison.* — *Barbes de baleine*,

Filaments en forme de crins, qui terminent les fanons des baleines ou des baleinoptères. || T. Ornith. *B. de coq*, Appendices caronculaires qui pendent de chaque côté du bec du coq et de la poule. Les naturalistes les nomment *Barbillons*. — *Barbes de plume*, Filaments ramifiés à angle droit, dont sont garnis les tuyaux des plumes, et qui seuls rendent possible l'action du vol. || T. Icht. *Barbes de poisson*, Nageoires horizontales des poissons plats. *Les barbes d'un turbot, d'une plie.* || T. Bot. *Barbes d'épi*, Arêtes filamenteuses qui terminent les glumes de certaines graminées, spécialement des céréales. Le mot *Barbe* se trouve dans un grand nombre de plantes : *B.-de-bouc (Tragopogon pratense)*, voy. Composées. — *B.-de-capucin (Cichorium crispum)*, Chicorée sauvage qu'on mange en salade, voy. Composées; (*Usnea barbata*), voy. Lichen; (*Nigella cærulea*), voy. Renonculacées. — *B.-de-chèvre (Spiræa aruncus et ulmaria)*, voy. Rosacées. — *B.-à-Dieu (Clematis vitalba)*, voy. Renonculacées. — *B.-de-Jupiter (Sedum acre, Sempervivum tectorum)*, voy. Crassulacées; (*Valeriana rubra*), voy. Valérianées.—*B.-de-moine (Cuscuta europæa)*, voy. Convolvulacées. — *B.-de-renard (Astragalus massiliensis)*, voy. Légumineuses. || *Barbes* au plur., se dit de ces bandes d'étoffe qui pendent à certaines coiffures de femme. *Barbes de dentelle, de batiste.* || T. Techni. Se dit de certaines petites inégalités qui restent à certains ouvrages de métal, et qu'il faut faire disparaître.

Hist. — La *Barbe* humaine a subi de nombreuses vicissitudes depuis l'origine des temps historiques jusqu'à nos jours.

Fig. 1.

Les Assyriens portaient la barbe longue et frisée ainsi qu'on peut le voir sur les nombreuses sculptures du Musée assyrien du Louvre à Paris. Voy. Fig. 1. Les Hébreux portaient la b. longue, comme les peuples musulmans de l'Asie la portent encore. Dans l'antiquité, les Égyptiens paraissent avoir été le peuple le plus anciennement rasé du monde ancien. Les Chinois et les peuples asiatiques de race mongole ont la b. rare et peu fournie; mais ils la portent longue, ainsi que les moustaches, depuis la plus haute antiquité.

Chez les Grecs, la b. a été généralement portée longue jusqu'à l'époque d'Alexandre le Grand. Faire disparaître cet ornement touffu du visage humain parut d'abord une chose si choquante, dit Athénée, que le premier qui se fit raser en garda le sobriquet toute sa vie; on ne l'appela plus que *Korséa* (le *rasé*). Selon Plutarque, les Grecs du temps d'Alexandre se rasèrent pour que leurs adversaires ne pussent pas les saisir par la b. dans les combats où l'on s'attaquait corps à corps. Les philosophes de profession n'en continuèrent pas moins à porter la b. longue : de là le dicton populaire : *La b. ne fait pas le philosophe.* Aulu-Gelle dit en propres termes : « Je vois la b. et le manteau; je ne vois pas le philosophe. »

A Rome, l'usage de porter la b. ne cessa qu'environ trois siècles avant notre ère. A cette époque, P. Ticinius Mæna introduisit de la Sicile à Rome les premiers barbiers. Scipion l'Africain passe pour avoir été le premier Romain qui ait adopté l'usage de se faire la b. tous les jours. Les citoyens de toutes les classes laissaient pousser leur b. en signe de deuil dans les temps de calamités publiques ou pour des afflictions privées. Le jour où un jeune fils de famille se faisait raser pour la première fois, était en quelque sorte son entrée dans le monde : c'était le plus souvent l'occasion d'une fête qui coïncidait avec celle de la prise de la toge virile.

Parmi les empereurs romains, Adrien, Antonin le Pieux et Marc-Aurèle portèrent la b. Il en fut de même chez plusieurs de leurs successeurs. On sait que l'un d'eux, Julien, écrivit même à ce propos un ouvrage qui nous est resté : le *Misopogon*, ou « l'ennemi de la barbe », critique plaisante où l'on trouve d'intéressants souvenirs sur Lutèce.

Les Celtes, l'un des peuples de l'antique Germanie, laissaient, selon Tacite, croître leurs cheveux et leur b., jusqu'à ce qu'ils eussent tué un ennemi. Les Gaulois se rasaient le menton et les

Fig. 2.

joues, ne laissant croître que les moustaches, qu'ils portaient fort longues (Fig. 2). Les Français, barbus sous Charlemagne, rasés à partir du règne de Louis VII, reprirent la b. entière sous François Ier, la demi-b. sous Henri IV, puis se rasèrent sous Louis XIII et Louis XIV. Actuellement, l'habitude de se raser règne dans l'Europe tout entière, sauf la Russie et la Turquie Cependant cette mode est loin d'être absolue, et beaucoup de personnes portent la barbe longue.

Les amateurs de curiosités historiques peuvent consulter l'*Histoire de la barbe* par dom CALMET et la *Pogonologie* de DULAURE. Voir, au point de vue de la science anthropologique, le *Système pileux chez l'homme*, par Mme CLÉMENCE ROYER, et la *Barbe considérée comme caractéristique des races*, par M. STANILAND WAKE.

La b. peut atteindre la longueur du corps et même la dépasser. On a vu, en 1875, à Saint-Pétersbourg, un Russe dont la b. ne mesurait pas moins de 2[m]30 de longueur.

All. litt. Du côté de la barbe est la toute-puissance. Allusion à un vers de Molière dans l'*École des Femmes*.

BARBE. s. m. et adj. 2 g. (R. *Barbarie*). Se dit d'un cheval originaire des pays barbaresques. Voy. CHEVAL.

BARBE (SAINTE), vierge et martyre vers 235. Son père, qui était païen, fut son propre bourreau; mais à peine lui eut-il porté le dernier coup qu'il tomba frappé de la foudre. C'est pourquoi sainte Barbe est invoquée dans les temps d'orage et est devenue la patronne des canoniers.

BARBE (SAINTE-), collège fondé en 1430 sur la montagne Sainte-Geneviève à Paris, fut fermé à la Révolution et rouvert en 1798 par Victor de Lanneau.

BARBEAU. s. m. T. Icht. Poisson du genre *Cyprin*, très commun dans les étangs et les rivières. Voy. CYPRINOIDES. || T. Bot. Nom vulgaire de plusieurs espèces de Centaurées. et particulièrement du bluet (*Centaurea Cyanus*). || *Bleu b.*, Espèce de bleu clair.

BARBE-BLEUE, titre d'un conte de Perrault, dont l'origine est historique et a pour héros Gilles de Laval, baron de Retz, né en 1396, mort sur le bûcher à Nantes, en 1440, après une vie d'orgies et de cruautés.

BARBELÉ, ÉE adj. Se dit des traits ou des flèches dont le fer est garni de dents ou de pointes, de telle sorte qu'on ne puisse les retirer de la plaie sans causer une déchirure. *Des flèches barbelées.*

BARBELET. s. m. T. Pêche. Outil pour faire des hameçons.

BARBELLE s. f. T. Bot. Petite barbe ou aigrette. Peu usité.

BARBELURE. s. f. État de ce qui est barbelé.

BARBÉ-MARBOIS (Marquis de), membre du Conseil des Anciens, ministre des finances sous le Ier Empire, ministre de la justice en 1815, premier président de la Cour des comptes sous Louis-Philippe Ier (1745-1837).

BARBERIE. s. f. L'art de raser et de couper les cheveux. || Dans certaines communautés d'hommes, lieu où l'on faisait la barbe.

BARBERINI, famille florentine, dont un membre devint pape en 1623 sous le nom d'Urbain VIII.

BARBERON. s. m Salsifis.

BARBEROUSSE, nom de deux frères pirates. Le premier prit Alger en 1516, et le second, amiral de Soliman II, ravagea les côtés de la Méditerranée, puis fut vaincu par Charles-Quint en 1535. || Surnom donné à l'empereur d'Allemagne Frédéric Ier (1153-1190).

BARBÈS (ARMAND), célèbre révolutionnaire français. Passa une partie de sa vie en prison (1809-1870).

BARBET, ETTE. s. Espèce de chien à poil long et frisé. || S'emploie adj. *Un chien b.* Voy CHIEN.

BARBETS. s. m. plur. Nom que l'on donne aux habitants des vallées des Alpes, livrés souvent à la contrebande.

BARBETTE. s. f. Sorte de guimpe dont les religieuses se couvrent le sein. || T. Art mil. Plate-forme en terre assez élevée sur laquelle on installe une batterie d'artillerie. || T. Mar. Batterie établie sur le pont

BARBEYER. v. n. T. Mar. Se dit d'une voile qui bat, s'agite et ondule, quand le vent la rase au lieu de l'emplir. On dit aussi, dans le même sens, *Barboter*, et mieux *Fasier*.

BARBEZIEUX, ch.-l. d'arr. (Charente), 4,100 habitants. = Nom des hab. : BARBEZISIEN, ENNE.

BARBEZIEUX (LE TELLIER, marquis de), 3e fils de Louvois (1668-1701), succéda à son père comme ministre de la guerre, en 1691.

BARBICAN. s. m. T. Ornith. Genre d'oiseaux grimpeurs de la famille des *Barbus*.

BARBICHE. s. f. Barbe petite et peu fournie. Fam. || T. Bot. Nom vulgaire de la nigelle de Damas, de la famille des *Renonculacées*.

BARBICHON. s. m. Diminutif de *Barbet*.

BARBIÉ DU BOCAGE, géographe français (1760-1825).

BARBIER. s. m. Celui dont la profession est de faire la barbe. || Fig. et prov., *Un b. rase l'autre*, se dit des gens d'une même profession qui se servent et se louent mutuellement. || T. Icht. Poisson de la Méditerranée, de la famille des *Sercoïdes*. Voy. ce mot.

Hist. — Dans tous les temps et dans tous les pays où l'usage de se faire raser a été en vigueur, le *Barbier* a toujours été un homme d'une certaine importance, mêlé à la vie intime de la plupart de ses concitoyens. Le rôle du b. était à peu près le même chez les Grecs qui le nommaient *Koureus*, et chez les Romains qui le nommaient *Tonsor*. Pour se former une idée juste de ses attributions, il est bon de se rappeler qu'outre les soins qu'il était appelé à donner à la barbe et aux cheveux de ses clients, il était encore pédicure et dentiste ; en outre, il était également parfumeur, et faisait commerce, non seulement de parfums, mais encore de ciseaux, de rasoirs, de peignes, de brosses et d'une foule d'instruments divers nécessaires à la toilette des petits-maîtres de Rome, attirail considérable dont on peut voir la nomenclature et la description minutieuse dans le poète Martial. Ajoutons que, comme le Figaro de la comédie, le b. d'Athènes ou de Rome était le confident et l'agent secret de bien des intrigues. Les barbiers furent pendant plusieurs siècles en possession de l'exercice de la chirurgie. Cet état de choses dura jusqu'à la Renaissance. Les progrès rapides que firent alors l'anatomie, la physiologie et, à leur suite, la chirurgie, élevèrent cette dernière branche de l'art de guérir à une hauteur inconnue jusqu'alors. Les hommes de l'art qui se livraient à la chirurgie prirent, dans l'opinion comme dans la réalité, le rang auquel ils avaient droit. Les barbiers perdirent de leur crédit et leur rôle s'amoindrit singulièrement. Depuis Louis XIV, qui mit la perruque française à la mode dans l'Europe civilisée, les barbiers, estimant sans doute plus haut l'art de faire des perruques que celui de manier le rasoir, s'intitulèrent *Perruquiers*. Le discrédit dans lequel tomba tout à coup la perruque à l'époque de la Révolution, fit substituer à ce titre celui de *Coiffeurs*. Aujourd'hui, dans nos villes, il n'y a plus ni barbiers ni perruquiers; il n'y a plus que des coiffeurs, qui cependant n'en continuent pas moins de raser le petit nombre de personnes qui n'ont pas encore pris l'habitude, si répandue aujourd'hui, de se raser elles-mêmes, ou de conserver leur barbe. || *Le Barbier de Séville, ou la Précaution inutile*, comédie en 5 actes, en prose, de Beaumarchais (1775). — Opéra-bouffe en 2 actes, musique de Rossini (1816).

BARBIER (Auguste), poète français (1805-1882), auteur des *Iambes*.

BARBIFÈRE. adj. (lat. *barba*, barbe, et *fero*, je porte). T. Hist. nat. Qui porte une barbe.

BARBIFIER. v. a. (lat. *barba*, barbe; *facere*, faire). Fam., Raser, faire la barbe. = Se BARBIFIER, v. pron. Se faire la barbe. Fam. == BARBIFIÉ, ÉE, part.

BARBILLE. s. f. Filaments aux flans des monnaies.

BARBILLON. s. m. T. icht. Un petit barbeau. || Se dit des filaments vermiformes et flexibles qui sont aux rôles de la bouche de certains poissons. Voy. BARBE. || T. Art vétér. *Barbillons*, au plur., Replis membraneux placés près de la langue du cheval et du bœuf, et destinés à faciliter les mouvements de cet organe; naguère les barbillons étaient regardés comme une maladie. || T. Techn. Pointe d'un hameçon, dont les traits barbelés.

BARBILLONNER. v. n. T. Pêche. Relever le barbillon d'un hameçon. || Se dit des faiseurs d'hameçons qui détachent la languette avec la plane.

BARBIN. s. m. T. Ville. Nom d'un cépage de la Savoie.

BARBISTE. s. m. Celui qui a été élevé à l'institution de Sainte-Barbe, à Paris.

BARBITISTES. s. m. T. Entom. Genre d'orthoptères de la famille des *Locustiens*, voisin de l'*Ephippiger*. Voy. ce mot.

BARBITON. s. m. T. Mus. et Antiq. Ancien instrument à cordes que les Grecs nommaient βάρβιτος, mais dont la forme précise est inconnue. Théocrite lui donne l'épithète πολύχορδος, ce qui porte à croire qu'il avait plus de cordes que la lyre. — Les Arabes nomment *Berbeth*, par altération du mot *Barbiton*, une sorte de luth à quatre cordes, dont les sons peuvent, dans leur opinion, servir de remède à tous les maux qui affligent l'humanité. Les quatre cordes du berbeth ont été l'origine des quatre premières cordes de la guitare, instrument si cher à l'Espagne qui l'a emprunté aux Arabes, longtemps possesseurs de la péninsule ibérique. V. LYRE et HARPE.

BARBITURIQUE. adj. 2 g. T. Chim. L'acide *barbiturique* C⁴H⁴Az²O³ est l'uréide de l'acide malonique. Il se produit lorsqu'on chauffe l'alloxantine avec l'acide sulfurique. Il cristallise en gros prismes solubles dans l'eau bouillante. Les alcalis le dédoublent facilement en acide malonique, ammoniaque et anhydride carbonique. Traité par le brome, il se change en acide *dibromobarbiturique* C⁴H²Br²Az²O³ que l'ébullition avec l'eau convertit en alloxane. Traité par l'acide azotique, il se transforme en acide *nitrobarbiturique* ou *diliturique* C⁴H³(AzO⁴)Az²O³, qui cristallise en prismes quadratiques solubles en jaune dans l'eau bouillante, et qui joue le rôle d'un acide tribasique. — L'acide *nitrosobarbiturique* ou *violurique* C⁴H³(AzO)Az²O³ prend naissance par l'action de l'azotite de potassium sur l'acide barbiturique. Il est monobasique. Ses sels, les *violurates*, sont colorés en violet, en bleu ou en pourpre. — Sous l'action des agents

réducteurs, les acides violurique et diliturique donnent de l'acide *amidobarbiturique*, connu sous le nom d'*uramile*, qui cristallise en aiguilles blanches, soyeuses, et que l'ammoniaque transforme à chaud en murexide.

BARBOCHE. s. f. Sorte de lime.

BARBON. s. m. (R. *barbe*). Vieillard. S'emploie fam. par raillerie et par dénigrement. *C'est un vieux b.* || Fam., on dit d'un jeune homme trop sérieux, *Il fait déjà le b.* || T. Bot. Genre de plantes nommé aussi *Andropogon*, de la famille des *Graminées*. Voy. ce mot.

BARBOTAGE. s. m. Action de barboter. || T. Écon. rur. Boisson composée d'eau dans laquelle on a délayé un peu de farine ou de son, et qui se donne aux bestiaux.

BARBOTEMENT. s. m. Action de barboter.

BARBOTER. v. n. Mot qui sert à exprimer le mouvement et le bruit que font certains oiseaux aquatiques, comme le canard, en cherchant leur nourriture dans l'eau ou dans la boue. *Les canards barbotent dans la mare.* || Signifie aussi marcher dans la boue de façon à se crotter. *On barbote dans les rues.* || Fig. Vivre dans un état infime ou honteux. || Marmotter, prononcer d'une façon peu claire. || T. Phys. et Chim. Se dit d'un gaz que l'on fait passer dans un liquide. || T. Mar. Se dit d'un navire qui, lorsqu'il est au plus près, plonge de l'avant par le tangage et fait peu de chemin. Voy. BARDEYER.

BARBOTEUR. s. m. On nomme quelquefois ainsi le canard domestique. || T. Chim. Vase où l'on fait barboter un gaz.

BARBOTEUSE. s. f. T. d'injure et de mépris. Femme de mauvaise vie. Pop. et bas.

BARBOTIÈRE. s. f. Mare à canards. || Baquet pour les chevaux.

BARBOTIN. s. m. (du nom de l'inventeur). T. Mar. Couronne en fer servant à faciliter le virage des câbles-chaînes.

BARBOTINE. s. f. Poudre vermifuge faite avec la graine de l'*Armoise de Judée* et de la *Tanaisie vulgaire*. On l'appelle aussi *Santoline* et *Semen-contra*. || T. Techn. Bouillie de pâte à porcelaine plus ou moins épaisse qu'on emploie pour confectionner certaines pièces par le coulage, et dans laquelle l'ouvrier trempe les mains pour manier les objets qu'il façonne au tour. Voy. CÉRAMIQUE. || Poterie en terre cuite chargée d'ornements en relief et décorée avant d'être mise au four avec des émaux.

BARBOUILLAGE. s. m. Enduit de couleur, fait à la brosse sur un plafond, un plancher ou un mur. — Par dénigr., une mauvaise peinture. *Ce tableau n'est qu'un affreux b.* — Par ext., se dit aussi d'une écriture peu lisible. *Je ne puis déchiffrer ce b.* || Fig., se dit d'un discours embrouillé, d'un récit peu clair, d'un raisonnement sans suite. *Je ne comprends rien à tout ce b.*

BARBOUILLER. v. a. Salir, tacher, souiller. *Il lui a barbouillé le visage. Il est tout barbouillé d'encre.* || Peindre grossièrement. *Il fait b. de jaune toutes les portes de sa maison.* || Fig. et fam., B. du papier, Faire des écritures. *Cet employé a barbouillé bien du papier dans sa vie.* — Se dit aussi d'un méchant auteur. *Cet homme a barbouillé bien du papier, et n'a jamais écrit une ligne qui vaille.* || Fig. et fam., Prononcer d'une manière peu distincte. *Cet acteur a barbouillé son rôle.* — Exprimer ses idées d'une manière confuse, inintelligible. *Il nous a barbouillé une théorie à laquelle personne n'a rien compris.* || S'emploie abs. Depuis longtemps cet artiste ne fait que b. *On ne devrait pas aborder la tribune, quand on barbouille de cette façon.* == SE BARBOUILLER. v. pron. Barbouiller son visage. *Comme cet enfant s'est barbouillé!* — Fig. et fam., *Cet homme s'est bien barbouillé*, Il a bien gâté sa réputation. || Fam., Le ciel, le temps se barbouille, Il se couvre de nuages et menace de la pluie. == BARBOUILLÉ, ÉE. || Prov. et bas. *Il se moque de la barbouillée*, se dit d'une personne qui tient des propos absurdes et ridicules; et de quelqu'un qui, ayant bien fait ses affaires, se moque de tout ce qui peut arriver, de tout ce qu'on peut dire et faire.

BARBOUILLEUR. s. m. Ouvrier qui peint grossièrement les murs, les planchers ou les portes. — Se dit, par exag. et par dénigrement, d'un mauvais peintre. || Fig. et fam., *Un b. de papier*, ou simplement *Un b.*, Un méchant écrivain. || Fig., Celui qui parle beaucoup sans suite et sans raison, ou avec une prononciation confuse et inintelligible. *Faites taire ce barbouilleur*.

BARBOUILLON. s. m. Qui barbouille.

BARBOUQUET. s. m. (de *bar*, particule péjorative, et *bouquet*, dimin. de *bouche*). T. Vét. Éruption vésiculeuse du mouton apparaissant au bout du nez, et s'étendant aux joues et aux tempes, et à toutes les parties de la peau non laineuses, qui se recouvrent de croûtes noirâtres. On en ignore la cause, qui semble parasitaire, si l'on songe qu'il en existe une variété due à la gale, et que le soufre et l'huile de cade en sont les meilleurs remèdes.

BARBOUQUINE. s. f. Variété de salsifis.

BARBOUTE. s. f. T. Techn. Cassonade trop chargée de sirop. || Gros grain de sucre à refondre.

BARBU, UE. adj. Qui a de la barbe. *Il est b. Cette femme est barbue comme un homme.* || T. Bot. Se dit des parties d'un végétal qui sont garnies de poils réunis en touffes, et particulièrement des épis de certaines *Graminées*, qui sont munis de filets longs et aigus.

BARBU. s. m. (R. *barbe*). T. Ornith. Les oiseaux désignés sous le nom de *Barbus* appartiennent à l'ordre des *Grimpeurs*. Outre les caractères qu'il a en commun avec les autres Grimpeurs, ce groupe ou cette famille se distingue par un bec droit, conique, très robuste, garni de faisceaux de poils ou barbes raides, dirigées en avant.
Les *Barbus* proprement dits (*Bucco*) sont pour la plupart

remarquables par l'éclat et la variété des couleurs de leur plumage. Tous les Barbus habitent les régions intertropicales. — Les Tamatias (*Tamatia*) habitent tous l'Amérique du Sud. Leur plumage est en général sombre et peu varié. Leur tête grosse, leur grand bec et leur queue courte leur donnent un air stupide (Fig. *Tam. tacheté*, de la Guyane); ils vivent exclusivement d'insectes. Leur caractère est triste et solitaire. — La famille des Barbus n'a pas de représentants en Europe.

BARBUE. s. f. Icht. Espèce de poisson plat du genre *Pleuronecte*. Voy. ce mot.

BARBULE. s. f. (de *barbe*). T. Hist. nat. Filament porté par les côtés des barbes d'une plume.

BARBUQUET. s. m. (de *bar*, particule péjorative, et *bouquet*, dimin. de *bouche*). Écorchure ou petit bouton au bord des lèvres.

BARBURE. s. m. (de *barbe*). Ensemble des inégalités d'une pièce fondue qui sort du moule.

BARBUTE. s. m. T. Art mil. anc. Partie du casque qui renfermait la barbe.

BARCA. famille puissante de Carthage, qui eut pour chefs Amilcar et ses deux fils, Annibal et Asdrubal, et qui avait pour rivale la famille des Hannon.

BARCALON. s. m. T. Hist. Titre du premier ministre du roi de Siam.

BARCAROLLE. s. f. (ital. *barca*, barque). T. Mus. Les gondoliers de Venise ont donné le nom de *barcarola*, mot à mot, *chant des bateliers*, à des chansons en patois vénitien, dialecte sonore et riche en voyelles, qu'ils chantent en conduisant leurs embarcations. Souvent, deux gondoliers faisant le même trajet chantent une *b.* à deux voix, avec autant de goût que d'harmonie. Ils ne sont point d'ailleurs étrangers à toute notion de l'art musical. Leur goût est formé de bonne heure par l'audition des chefs-d'œuvre des compositeurs italiens, car les gondoliers ont leurs entrées gratuites à tous les théâtres de Venise. Fort souvent les barcarolles, paroles et musique, sont l'œuvre des gondoliers qui savent leur conserver leur caractère naïf, bien qu'ils aient la mémoire pleine de la musique des grands maîtres et des vers des plus illustres poètes de l'Italie. On sait que plusieurs compositeurs de premier ordre, Rossini, entre autres, n'ont pas dédaigné d'emprunter aux gondoliers de Venise quelques-unes de leurs meilleures barcarolles, devenues par cela même aussi populaires dans les autres pays de l'Europe qu'elles le sont en Italie. La *b.* s'écrit ordinairement en mesure 6-8, quelquefois en 2-4. On doit la chanter plutôt lentement que rapidement, comme si l'on suivait le mouvement cadencé des rameurs.

BARCELONE, ville d'Espagne (prov. de Catalogne), port sur la Méditerranée, 250,000 hab. = Nom des hab.: BARCELONAIS, AISE.

BARCELONNETTE, ch.-l. d'arrondissement (Basses-Alpes), 2,000 hab.

BARCELONNETTE. s. f. (dimin. de *berceau*). Berceau suspendu de façon à être très mobile et à permettre ainsi de bercer l'enfant sans effort.

BARCLAY DE TOLLY, feld-maréchal russe (1758-1818), auteur du plan de défense des Russes contre les Français, en 1812.

BARD. s. m. (all. *bahre*, civière; sanscr. *bara*, qui porte). Espèce de civière propre à transporter des pierres et d'autres fardeaux. — Chariot propre à transporter des matériaux de construction, et qui est traîné par des hommes.

BARDACHE. s. m. Terme obscène signifiant mignon, gîton.

BARDAGE. s. m. (de *bard*). Action de transporter des matériaux sur les bards.

BARDANE. s. f. T. Bot. Genre de plantes de la famille des *Composées*. Voy. ce mot.

BARDE. s. f. Ancienne armure, généralement faite de lames de fer, qui protégeait les chevaux des chevaliers. || T. Cuisine. Tranche mince de lard dont on enveloppe la volaille et diverses espèces d'oiseaux, au lieu de les larder.

BARDE. s. m. (celt. *bard*, poète). T. Hist. Le mot *Bard* ou *Bardh* désigne longtemps, chez les peuples de race celtique, les membres d'une corporation d'un caractère religieux, que nous désignons sous le nom de *Bardes*. Les Bardes étaient non seulement poètes et musiciens, mais encore théologiens, légistes et historiens. Leur principal office, celui dont ils tiraient la haute considération dont ils étaient entourés, consistait à chanter les exploits des héros, pour enflammer le courage des guerriers dans les combats. Ils chantaient habituellement en s'accompagnant sur la harpe. L'origine des Bardes est fort antique. Diodore de Sicile raconte que Bardus, cinquième roi des Gaulois, dont il place le règne vers 2140 ans avant notre ère, fonda des écoles publiques où la musique était enseignée par des Bardes. Des antiquaires modernes ont été jusqu'à soutenir que la principale de ces écoles aurait existé en Bourgogne, à Monthard, dont le nom rappelle celui de B. Quoi qu'il en soit de ces traditions, il est certain que, dans les Gaules, les Bardes jouèrent, jusqu'à l'époque de la conquête romaine, le même rôle que jouèrent les *Scopes* chez les Anglo-Saxons, et les *Scaldes* dans la Scandinavie. Strabon dit que les Bardes de la Gaule chantaient des hymnes, et ils racontaient en vers héroïques, dit encore Ammien Marcellin, les hauts faits des hommes illustres, et ils chantent ces vers en s'accompagnant de leur lyre qu'ils nomment *Rotte* » (*Chrótta*, harpe, en langue celtique). D'après les fragments qui en subsistent, on peut admettre que les Bardes cultivaient trois genres distincts de poésie : la poésie *religieuse*, la poésie *héroïque* ou *guerrière*, et la poésie *satirique*.

L'abolition de la religion druidique par la domination romaine dispersa les Bardes gaulois en même temps que les Druides. Quelques-uns d'entre eux se maintinrent dans les parties de l'Armorique (Bretagne) que Rome ne soumit jamais complètement. Il paraît qu'il ne reste rien des chants des anciens Bardes de la Gaule celtique.

L'institution des Bardes vécut plus longtemps dans le pays de Galles et en Irlande. Les privilèges et les franchises de la corporation des Bardes dans le pays de Galles avaient été réglés par Howel-Dha, roi législateur de ce pays. De nouvelles règles lui furent imposées par Gryfith-ap-Conan, en 1078. Les grandes luttes de poésie nommées *Eisteddfods*, tenues périodiquement à Caerwys, Aberfraw et Mathravel, auxquelles prenaient part tous les Bardes gallois, étaient des fêtes nationales. Les rois du pays désignaient les juges de ces concours solennels. Cet état de choses subsista jusqu'à la conquête du pays par Édouard Ier, roi d'Angleterre, en 1284. Les Bardes, coupables d'exciter les peuples à la résistance contre l'oppression du conquérant, furent persécutés et en grande partie massacrés. Il en resta pourtant quelques-uns, et jusqu'au règne d'Élisabeth on voit les souverains d'Angleterre autoriser de temps à autre des *Eisteddfods* qui n'étaient plus que le pâle reflet des anciennes luttes poétiques. Mais le pays une fois devenu province anglaise, les Bardes n'avaient plus de raison d'être ; aussi cessèrent-ils bientôt d'exister. Les plus anciennes compositions des Bardes gallois qui soient arrivées jusqu'à nous sont celles de Taliessin, Aneurin et Lywareh. Elles datent du VIe siècle.

Dans l'ancienne Écosse, l'institution des Bardes fut longtemps florissante, et les Bardes contribuèrent, sans nul doute, à prolonger la sauvage indépendance des montagnards calédoniens. On sait qu'un poète écossais, Macpherson, a recueilli et traduit en anglais les poésies des anciens Bardes de son pays, surtout celles du plus célèbre d'entre eux, Ossian, devenu aveugle comme Homère. Au commencement de ce siècle, les poésies d'Ossian jouirent d'une faveur extraordinaire. Par une réaction exagérée, on a voulu plus tard nier l'existence même d'Ossian, et attribuer les poésies des anciens Bardes calédoniens à la seule imagination de Macpherson. Il paraît bien constaté que cet auteur a réellement recueilli les traditions poétiques des temps calédoniens ; mais il est certain aussi qu'il les a singulièrement embellies ou altérées.

Les peuples de race germanique ne connurent jamais ni le nom de *Barde*, ni l'institution qui répond à ce nom. Tacite parle bien d'un chant nommé *Bardit*, que les guerriers germains entonnaient avant le combat ; mais, d'après la description qu'il en donne, ce chant n'avait rien de poétique et se composait plutôt de hurlements que de paroles modulées enflammant le cœur à la fois par leur signification et le rythme de la musique. C'est à la suite d'une erreur de copiste qui avait écrit *barditus* au lieu de *barritus* que certains littérateurs, entre autres Klopstock, se sont crus autorisés à parler des bardes allemands. Il est incontestable qu'il y eut des poètes chez les anciens Germains ; mais ces poètes ne jouèrent jamais le rôle des Bardes celtiques, et ne formaient pas une corporation privilégiée.

BARDEAU. s. m. Se dit de petits ais minces et courts dont on se sert, dans certaines localités, pour couvrir les maisons. || Espèce de mulet. Voy. BARDOT. || T. Impr. Réserve de caractères, distribuée comme la casse, dans laquelle on survide les sortes surabondantes.

BARDÉE. s. f. Ce que peut porter un bard. || Ensemble des bardes de lard dont on garnit une volaille.

BARDELLE s. f. Sorte de selle en grosse toile piquée et remplie de bourre. || Bras du bard du verrier.

BARDENNES. s. f. plur. Barres de bois garnissant le banc où travaille l'ouvrier verrier.

BARDER. v. a. Armer et couvrir un cheval d'une barde. || T. Cuis. Couvrir de tranches de lard minces. *B. un chapon.* || Charger des pierres, du bois, etc., sur un bard. — *B. des pierres*, Charger des pierres sur un petit chariot. = BARDÉ, ÉE. part. *Cheval bardé de fer. Des cailles bardées* || Fig. et fam., *Bardé de cordons*, Couvert de décorations. — *Bardé de ri-*

dicules, Qui a beaucoup de travers, qui prête beaucoup à la raillerie.

BARDEUR. s. m. Celui qui porte ou traîne le bard.

BARDIGLIO. s. m. Marbre extrait en Corse et en Italie.

BARDIS. s. m. T. Mar. Séparation de planches qu'on fait à fond de cale pour charger les blés en grenier.

BARDIT. s. m. [Pr le *t*]. Chant celtique, composé par un barde. Voy. BARDE. Par ext., on a donné ce nom à différents chants de guerre de peuples d'origine germanique ou scandinave.

BARDOT ou **BARDEAU.** s. m. Mulet de petite taille, produit du cheval et de l'ânesse. Ce genre de métis est certainement très rare ; certains auteurs ont même prétendu qu'il n'existait pas. Ceux qui affirment son existence le représentent comme plus sobre et plus robuste que le mulet ordinaire, produit de l'âne et de la jument. || Fig. et fam., se dit d'un homme sur lequel les autres se déchargent de leur tâche, ou qu'ils prennent pour sujet de leurs plaisanteries. *C'est le b. de l'atelier, de la compagnie.*

BARDOTTIER ou **BARDOTIER.** s. m. T. Bot. Arbre de la famille des *Sapotées*, qui croît à l'île de la Réunion et dont le bois sert à faire des bardeaux pour couvrir les maisons. Voy. SAPOTÉES.

BARÉGE. s. m. Étoffe de laine, non croisée et très légère, qui sert à faire des fichus, des châles, des robes, etc., fabriquée à Barèges, village des Pyrénées.

BARÈGES, village de France (Hautes-Pyrénées), arr. d'Argelès. Eaux thermales sulfureuses. || *Bains de Barèges*, Bains sulfureux.

BARÉGINE. s. f. T. Chim. Substance analogue au mucus animal, qu'on trouve particulièrement dans les eaux de Barèges. C'est un amas gélatineux d'algues qui décompose les sulfates en dégageant de l'acide sulfhydrique.

BARÈME. s. m. Livre de calculs tout faits, pour l'usage de la comptabilité domestique, du commerce, des chemins de fer, etc. On l'appelle ainsi du nom de celui qui le premier a publié un travail de ce genre. *J'ai acheté un b.* Ce mot devrait s'écrire *Barrème*, comme le nom du calculateur *François Barrème*, mort à Paris en 1803. L'usage a prévalu de l'orthographe vicieuse *Barème*.

BARENTIN (Seine-Inférieure), ville manufacturière, arr. de Rouen, c. de Pavilly ; 4,400 hab. Filatures, papeteries.

BARENTON, ch.-l. de c. (Manche), arr. de Mortain, 2,500 hab.

BARÈRE DE VIEUZAC, homme politique français, membre de la Convention (1755-1841).

BARFLEUR, petit port du département de la Manche, arr. de Valognes ; 1,100 hab.

BARFOUL. s. m. T. Com. Sorte d'étoffe dont s'habillent les nègres.

BARGE. s. f. (variante de *barque*). Sorte de barque à voile carrée, usitée sur la Loire. || T. Ornith. Oiseau de l'ordre des *Échassiers* et de la famille des *Longirostres*.

— Ornith. — Le genre *Barge* (*Limosa*) a pour caractères : Bec droit, très long, flexible, déprimé vers la pointe ; narines latérales fendues en long et percées de part en part ; pieds longs et grêles ; quatre doigts, dont les deux externes sont réunis à leur base par une membrane ; queue courte.

La taille des barges est beaucoup plus élancée et leurs jambes sont plus élevées que celle de la bécasse. Le mâle est toujours plus petit que la femelle. Ces oiseaux sont sujets à deux mues par an ; après chaque mue ils prennent un nouveau plumage différent de celui qu'ils viennent de quitter. Plusieurs savants, trompés par ces modifications périodiques, ont multiplié à tort les espèces comprises dans ce genre. Nous avons en Europe deux espèces bien constatées : la *b. commune* ou *b. à queue noire* et la *b. rousse* ou *b. aboyeuse*, ou *b. à queue rayée*.

L'Amérique méridionale en possède aussi une espèce, la *b. marbrée* ou *Fédoa* (Fig. ci-dessous). On en connaît une autre espèce qui est très petite, mais qui est répandue depuis la mer Caspienne jusqu'au Japon, et depuis la Sibérie jusqu'aux îles de la Sonde et à la Nouvelle-Hollande. Cette espèce, appelée *b. à pieds palmés* (*Limicula indiana*), a été érigée en genre

par le prince Bonaparte, qui lui donne le nom de *Terekia*. Les pieds de cette dernière espèce sont plus complètement palmés que ceux des autres barges.

Les barges vivent en troupes, sur les bords de la mer; elles fréquentent les marécages, où elles trouvent en abondance les vers et les mollusques dont elles se nourrissent.

BARGIER. s. m. Batelier de la Loire conduisant une *barge*.

BARGUETTE. s. f. Sorte de bac pour passer les rivières.

BARGUIGNAGE. s. m. (vx fr. *bargagne*, marché). Difficulté à se résoudre, à prendre un parti. *A quoi bon tant de b.?* Fam.

BARGUIGNER. v. n. (bas lat. *barcaniare*, marchander, peut-être de *barca*, barque). Hésiter, avoir de la peine à se déterminer, particulièrement quand il s'agit d'un traité, d'un achat, d'une affaire. *Il ne faut point b. avec ce marchand. Dites votre opinion sans b.*

BARGUIGNEUR, EUSE. s. Qui barguigne. Fam.

BARGUILLE. s. f. Un des noms locaux de la chènevotte.

BARI. s. f. Fibre textile fournie par le *Corypha umbraculifera*.

BARI, v. d'Italie, ch.-l. de la prov. de Bari, port sur l'Adriatique; 60,000 hab.

BARICAUT. s. m. Petit baril.

BARIDIE. s. f. (gr. βάρις, βάριδος, barque). T. Entom. Genre d'insectes coléoptères tétramères. Voy. CURCULIONITES.

BARIE. s. f. (gr. βαρὺς, grave). T. Gram. gr. L'accent grave.

BARIGEL ou **BARISEL**. s. m. (ital. *barigello*). Nom donné autrefois à Rome et dans plusieurs villes d'Italie au chef des archers.

BARIGOULE. s. f. T. Bot. Nom provençal de l'Agaric du Panicaut (*Pleurotus Eringii*), champignon comestible. || T. Cuis. Nom d'une manière d'assaisonner l'artichaut qu'on remplit d'une farce à la viande, et qu'on fait ensuite cuire dans l'huile, avec une sauce à l'italienne.

BARIL. s. m. [Pr. *bari*] (celt. *baril*). Petit tonneau de bois destiné à contenir des liquides ou des matières sèches.

En France, le b. était la huitième partie d'un muid et devait contenir 18 boisseaux de Paris ou 235 kilog. Le b. de poudre contient 50 kilog. Mille harengs font un b. — On dit *Un b. d'huile*, pour un b. plein d'huile.

BARILLAGE. s. m. T. Technol. Tout ce qui concerne la construction des barils. || Réunion des barils d'un vaisseau. || Approvisionnement de barils.

BARILLARD. s. m. Anc. T. Mar. Celui qui avait soin du vin et de l'eau à bord des galères.

BARILLE. s. f. Nom vulgaire donné à différentes plantes marines dont on extrait de la soude, telles que le *Salsola soda*, le *Batis maritima*, etc. || On nomme encore ainsi une espèce de soude qui se fabrique en Espagne et qu'on obtient par l'incinération de plusieurs plantes marines.

BARILLERIE. s. f. Art de faire des barils.

BARILLET. s. m. Petit baril. — Petite boîte ou bijou en forme de baril. || T. Technol. Appareil contenant de l'eau dans laquelle vient barboter le gaz d'éclairage au sortir des cornues, et où il se débarrasse des parties les plus lourdes des goudrons. || T. Horlog. Cylindre sur lequel s'enroule la corde du poids moteur d'une horloge. — Cylindre creux qui renferme le ressort moteur des pendules et des montres. || T. Optique. Cadre métallique dans lequel est placé l'objectif d'une lunette.

BARILLON. s. m. Petit baril. || Réservoir placé derrière la chaussée d'un étang et destiné à recevoir le poisson.

BARILLON (PAUL DE), ambassadeur de Louis XIV, en Angleterre, en 1677.

BARIOLAGE. s. m. Assemblage de diverses couleurs disposées d'une manière bizarre. *Voilà un étrange b.* Fam.

BARIOLER. v. a. (lat. *varius*, varié). Peindre de diverses couleurs, mises sans ordre et d'une manière bizarre. *Quel est le barbouilleur qui a ainsi bariolé cette cheminée?* = BARIOLÉ, ÉE. part. || Se prend adjectiv. et s'applique aux objets dont les couleurs sont tranchantes et mal assorties. *Une robe bariolée.*

BARISEL. s. m. Voy. BARIGEL.

BARIUM. s. m. Voy. BARYUM.

BARJAC, ch.-l. de c. (Gard), arr. d'Alais, 1,800 hab.

BARJOLS, ch.-l. de c. (Var), arr. de Brignoles, 2,400 hab.

BARLE. s. f. T. Mines. Syn. de *faille*.

BAR-LE-DUC, ch.-l. du dép. de la Meuse, sur l'Ornain. Ancienne capitale du Barrois, 18,000 hab. Filatures, confitures de groseilles renommées.

BARLIN. s. m. Nœud au bout d'une pièce de soie destiné à la tordre.

BARLONG, ONGUE. adj. (lat. *varie*, diversement; *longus*, long). Qui est plus long d'un côté que de l'autre. *Un manteau b. Une robe barlongue.* = Se dit d'une surface qui a la forme d'un trapèze.

BARLOTIÈRE. s. f. T. Métier. Traverse de fer dans un châssis de vitraux.

BARLOW (PIERRE), savant anglais, opticien, astronome (1776-1862).

BARMÉCIDES, famille célèbre dans tout l'Orient. Son fondateur était contemporain du calife Haroun-al-Raschid.

BARNABÉ (SAINT), un des premiers disciples des apôtres, fut le compagnon de saint Paul, mort en l'an 63. Sa fête se célèbre le 11 juin. Avant la réforme grégorienne du calendrier, le solstice d'été arrivait à cette date, et c'est de cette époque que vient le dicton :

La Saint-Barnabé
Plus long jour d'été,

73

qui n'est plus exact depuis l'an 1582, le solstice arrivant réellement le 21 juin.

BARNABITE. s. m. T. Hist. relig. On donne généralement le nom de *Barnabites* aux membres d'un ordre religieux fondé à Milan, en 1530, par Antoine Marie Zacharie, sous le titre de *Chanoines réguliers de Saint-Paul*, parce que la première église dans laquelle ils officièrent était dédiée à saint Barnabé. Ils portaient l'habit noir ecclésiastique et se dévouaient aux missions, à la prédication et à l'enseignement. Leurs vœux comprenaient celui de ne point rechercher les hautes dignités de l'Église.

BARNAVE (Antoine), membre de l'Assemblée constituante, essaya de rapprocher les constitutionnels de la royauté, et, dénoncé pendant la Terreur, fut décapité (1761-1793).

BARNE. s. f. Le lieu d'une saline où se fait le sel.

BARNEVELDT, grand pensionnaire de Hollande, chef du parti républicain, périt sur l'échafaud, victime de la jalousie du stathouder Maurice de Nassau (1549-1619).

BARNHARDITE. s. f. T. Minér. Sulfure double de cuivre et de fer que l'on rencontre dans la Caroline du Nord.

BAROCCI, dit Baroccio ou *le Baroche*, peintre de l'école romaine (1528-1612).

BAROCHE, avocat et homme politique fr. (1802-1871), fut président du Conseil d'État et ministre sous le second Empire.

BAROCO. Mot forgé par les scolastiques pour désigner mnémoniquement une forme de syllogisme.

BAROGRAPHE s. m. (gr. βάρος, pesanteur; γράφειν, noter). T. Phys. Baromètre enregistreur. Voy. Baromètre.

BAROLOGIE. s. f. (gr. βάρος, pesanteur; λόγος, doctrine). T. Phys. Théorie de la pesanteur.

BAROMÈTRE. s. m. (gr. βάρος, pesanteur; μέτρον, mesure). T. Phys. Le *B.* est un instrument qui sert à mesurer la pression de l'atmosphère. — Soit un tube de verre long de 80 centimètres environ et de 5 à 6 millimètres de diamètre, fermé à l'une de ses extrémités, ouvert à l'autre : si, après l'avoir exactement rempli de mercure, on ferme avec le pouce l'extrémité ouverte, et qu'on le plonge ainsi dans un vase plein de mercure, on verra, dès que la main sera retirée, la colonne de mercure descendre d'une certaine quantité dans le tube, osciller quelques instants, et s'arrêter à une hauteur *h* de 76 centimètres environ au dessus du niveau *ab* du mercure dans le vase (Fig. 1). La force qui tient ainsi suspendue cette colonne de mercure est la pression atmosphérique qui s'exerce sur la surface libre du mercure de la cuvette. On sait que, dans les liquides, les pressions se transmettent également dans tous les sens. Si donc on considère un élément de liquide infiniment mince placé horizontalement à la partie inférieure du tube, cet élément supportera de haut en bas le poids de la colonne de mercure contenu dans le tube, et de bas en haut la pression atmosphérique augmentée du poids d'une colonne de mercure dont la hauteur est égale à la partie immergée du tube. Pour l'équilibre, il faut que ces deux pressions soient égales. Donc la pression atmosphérique équivaut, en moyenne, au poids d'une colonne de mercure qui aurait 76 centimètres de hauteur. L'appareil que nous venons de décrire représente l'invention même du b. par le physicien italien Torricelli, en 1642 : c'est aussi le b. réduit à ses éléments les plus simples. Si, dans des circonstances déterminées, la pression de l'atmosphère augmente ou diminue, il est évident qu'il doit en être de même de la colonne de mercure qui lui fait équilibre. — Le vide qui se produit à la partie supérieure du tube, au-dessus de *h*, est le plus par-

Fig. 1.　　Fig. 2.

fait que l'on puisse obtenir. On le désigne d'ordinaire sous le nom de *Vide barométrique*, et l'espace lui-même reçoit, en physique, le nom de *Chambre barométrique*. On nomme *hauteur barométrique* la distance des niveaux du mercure dans le tube et dans la cuvette. Le b. dont la construction vient d'être indiquée porte le nom de *B. à cuvette;* mais on emploie très communément aussi le *B. à siphon*. Ce b. n'a pas de cuvette, ou plutôt le tube lui-même sert de cuvette en se recourbant sur lui-même (Fig. 2). Il forme ainsi deux branches parallèles, mais de longueur très inégale.

Construction des baromètres. — Tout liquide n'émettant pas de vapeur à la température ordinaire pourrait, à la rigueur, servir à construire un b., mais on fait choix du mercure pour deux raisons principales : d'abord, parce qu'étant le plus dense des liquides, c'est lui qui prend la moindre hauteur; ensuite parce qu'il ne mouille pas le verre. Il faut en outre que ce métal soit parfaitement pur et exempt d'oxyde : s'il est impur, sa densité est variable; et s'il renferme de l'oxyde, il adhère au verre et le ternit. Il est encore absolument nécessaire que la chambre barométrique soit parfaitement purgée d'air et de vapeur d'eau. Pour obtenir cette condition, on ne verse le mercure que par portions dans le tube qu'il doit remplir, et on les fait bouillir successivement dans ce tube, en l'exposant sur une grille inclinée garnie de charbons ardents. De cette manière, l'air et l'humidité qui adhéraient aux parois du verre sont entraînés par les vapeurs du mercure. En inclinant avec précaution un b. lorsqu'il est parfaitement purgé d'air et d'humidité, il rend un son sec et caractéristique.

Échelle du baromètre. — Il est essentiel de pouvoir toujours, dans un b., mesurer avec précision la hauteur de la colonne qui indique la pression atmosphérique. Quand la cuvette est très large, le mercure qui rentre ou qui sort de la cuvette n'altère pas sensiblement le niveau, du moins dans les circonstances ordinaires; on peut donc, pour mesurer la colonne barométrique, partir du niveau tel qu'il est comme d'un point fixe. Dès lors tout se réduit à tracer une échelle divisée en centimètres sur la planche même à laquelle se fixent d'ordinaire ces sortes d'instruments. La partie supérieure de l'échelle, où les variations de hauteur sont comprises, doit être divisée en millimètres, et même on y ajoute souvent un vernier. S'il s'agit d'un b. à siphon, on obtient, il est vrai, un niveau à peu près constant en donnant à la petite branche la plus grande largeur possible, mais il vaut mieux avoir une échelle mobile dont on fait coïncider le zéro avec le niveau de la petite branche, quand on veut prendre la hauteur. On a d'ailleurs, comme nous allons le voir, imaginé des dispositions plus rigoureuses dans les baromètres de précision nommés *B. de Fortin* et *B. de Gay-Lussac*.

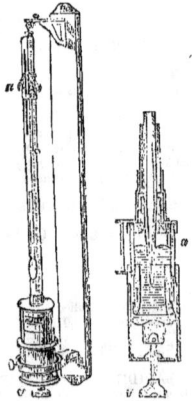

Fig. 3.　　Fig. 4.

Baromètre de Fortin. — C'est un b. à cuvette. Le tube de verre est enfermé dans une monture en laiton qui le protège contre les chocs et qui est fendue dans sa partie supérieure, afin que l'on puisse apercevoir la colonne de mercure (Fig. 3). La cuvette dans laquelle plonge le tube a un fond mobile ou peau de chamois qui s'élève ou s'abaisse à volonté par le moyen d'une vis *v*. Quand on veut observer la hauteur du b., on se sert de cette vis pour amener la surface du mercure de la cuvette exactement au point de contact avec l'extrémité d'une pointe d'ivoire très fine *a* qui est fixée verticalement dans l'intérieur de l'appareil (Fig. 4). La monture en laiton porte les divisions dont l'origine correspond rigoureusement à l'extrémité inférieure de cette pointe. L'observateur n'a donc plus qu'à constater à quel point de ces divisions répond l'extrémité de la colonne de mercure. Afin que l'observation puisse se faire avec une précision minutieuse, le tube de cuivre porte un curseur *a* muni d'un vernier qui permet d'apprécier au moins jusqu'aux dixièmes de millimètre. —

Pour que le tube soit bien vertical pendant l'observation, on peut suspendre l'appareil à l'aide d'un petit anneau que porte la monture à son extrémité supérieure. L'instrument, d'ailleurs, est disposé de manière à pouvoir se fixer par une suspension à la Cardan, à l'extrémité supérieure d'un pied à trois branches. Lorsque les trois branches sont rapprochées, de manière à se toucher, elles laissent à leur intérieur un espace vide dans lequel le b. peut se loger, de sorte que, le pied étant fermé, il se trouve contenu dans une sorte d'étui. Au manchon en cuivre qui enveloppe l'instrument est fixé un thermomètre qui, sans faire nécessairement partie de l'appareil, est très utile pour indiquer la température à laquelle on observe la pression, afin qu'on puisse calculer la correction. Voy. plus loin. — Pour transporter le b. de Fortin, on relève avec la vis de fond de la cuvette, de manière que le mercure, remplissant le tube tout entier, ne puisse plus heurter contre le verre et le briser.

Baromètre de Guy-Lussac. — Ce baromètre est à siphon. Il se compose d'un tube contourné, comme l'indique la Fig. 5. La petite branche et la partie supérieure de la grande sont de même calibre : on espérait de la sorte n'avoir pas à tenir compte de la capillarité, les forces déprimantes dues à la courbure du mercure agissant en sens inverse et se faisant équilibre. Malheureusement, les forces capillaires dépendent de plusieurs éléments et ne sont pas égales dans les deux branches du siphon, tant à cause de la présence de l'air dans la branche ouverte que des impuretés qui recouvrent la surface du mercure exposée à l'air dans cette branche, de sorte que la disposition adoptée, tout en réduisant l'erreur de capillarité, ne la fait cependant pas disparaître complètement. Le mercure ne peut sortir de la petite branche, qui est fermée et qui ne communique avec l'air extérieur que par une ouverture capillaire recurrante *a*. Afin de prévenir encore mieux l'introduction accidentelle de l'air dans la chambre barométrique, Bunten a introduit dans la construction du tube un perfectionnement important. La longue branche se compose de deux parties qui pénètrent l'une dans l'autre (Fig. 6); les bulles d'air, s'il vient à s'en glisser quelques-unes, suivent le verre et vont se loger dans l'espace de cul-de-sac formé par la jonction des tubes, sans jamais pouvoir pénétrer au-dessus de la colonne de mercure. On peut ensuite, quand elles sont assez volumineuses, les faire sortir en renversant l'instru-

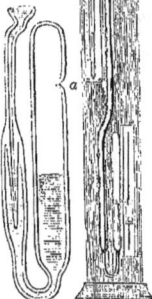

Fig. 5.   Fig. 6.

ment. Le b. proprement dit est enchâssé, à la manière de celui de Fortin, dans un tube de cuivre qui n'a que les ouvertures nécessaires pour prendre la distance des deux niveaux. Ce tube de cuivre porte une division en millimètres, et il y a en outre à chaque extrémité un vernier donnant les dixièmes de millimètre. — L'instrument peut se mettre dans un étui et on le transporte renversé, c.-à-d. la chambre barométrique en bas, pour que celle-ci soit alors pleine de mercure.

Lorsqu'on veut obtenir une très grande précision, le mieux est d'imiter Regnault qui se servait d'un simple tube renversé dans une cuve rectangulaire, au-dessus de laquelle est un style d'ivoire à deux pointes. On fait affleurer la pointe inférieure sur la surface du mercure, et l'on mesure au cathétomètre la distance entre la pointe supérieure et le niveau du mercure dans le tube. Il suffit d'ajouter à cette hauteur celle de la pointe d'ivoire. Malheureusement, ce genre de b. n'est pas transportable. Dans les expéditions, voyages, etc., on emploie surtout le b. de Fortin.

Pour faciliter la lecture et disposer de l'obligation de l'affleurement du mercure avec la pointe d'ivoire du b. Fortin, M. Renou a fait construire par Tonnelot un *b. à large cuvette*, à fond fixe; la variation du niveau étant à peine sensible, l'observation est très précise.

Corrections à faire dans la lecture. — Lorsqu'il s'agit d'observations qui exigent un haut degré d'exactitude, il est indispensable de faire subir certaines corrections aux résultats donnés par la simple lecture des échelles barométriques. La hauteur de la colonne mercurielle est, en effet, modifiée par la température et par la capillarité. La chaleur augmente la longueur de la colonne de mercure et celle des divisions de l'échelle; il faut les ramener l'une et l'autre à la longueur qu'elles auraient à la température 0°. Cette correction se fait à l'aide d'une formule très simple ou au moyen de tables calculées d'avance, d'après la valeur du coefficient de dilatation du mercure et de la substance qui constitue l'échelle graduée. C'est pour connaître la température au moment de la lecture que l'on fixe en général un petit thermomètre près du tube barométrique. — On sait que, par l'effet de la capillarité, le sommet de la colonne mercurielle, au lieu de présenter une surface plane, affecte une forme convexe. Cette convexité, qui a reçu le nom de *Ménisque*, déprime la hauteur de la colonne barométrique. La correction dépend du rayon du ménisque et du diamètre intérieur du tube et on la calcule au moyen de tables spéciales, après avoir mesuré exactement ces deux quantités.

Baromètre à cadran. — Cet instrument (Fig. 7) n'est qu'une modification du b. à siphon ordinaire dont la petite branche est ouverte. Pour le construire, il suffit de placer un b. à siphon derrière un cadran, au centre duquel, sur le même axe qui porte l'aiguille, mais par derrière, est fixée une petite poulie. Sur la gorge de cette poulie s'enroule un fil, portant à ses extrémités deux petits poids de fer égaux, dont l'un repose sur le mercure de la branche ouverte (Fig 8); quand le niveau du mercure dans cette branche s'élève, le poids en contact avec lui est soulevé, l'autre poids descend, la poulie tourne et l'aiguille marche sur le cadran; le contraire a lieu si le niveau s'abaisse, et l'aiguille tourne en sens inverse. Le cadran porte les indications *beau temps*, *variable*, *pluie*, etc., et la pointe de l'aiguille s'arrête sur l'un ou l'autre de ces mots. Ce b. a été imaginé par Hooke.

Baromètre à eau. — Nous avons vu que tout liquide peut servir à construire un b. Pascal fit le premier l'expérience d'un b. à eau, en 1646, à Rouen. On a essayé de faire des instruments où l'eau était employée concurremment avec le mercure. On a établi à Londres un grand b. à eau qui sert à observer les variations soit horaires, soit accidentelles. Comme sa colonne a environ 10°30 de hauteur, on conçoit aisément qu'elle éprouve des oscillations fort étendues et qu'elle doit

Fig. 7.

être sensible à la moindre variation de la pesanteur atmosphérique; aussi remarque-t-on qu'elle est dans une agitation continuelle. Il y a quelque temps, M. J. Jaubert a fait construire à la tour Saint-Jacques, à Paris, un grand b. à eau qui présente quelques dispositions spéciales. On a remédié à l'inconvénient capital qui résulte de l'évaporation de l'eau dans la branche fermée, en recouvrant l'eau d'une couche d'huile de ricin. De plus, l'appareil porte un enregistreur automatique. Outre la production de vapeur d'eau dans la chambre barométrique, les baromètres à eau présentent encore un grave inconvénient qui résulte de la difficulté d'obtenir une température uniforme dans la colonne de près de 10 mètres.

Fig. 8.

Baromètres métalliques. — Indépendamment des baromètres que nous venons de décrire, il existe encore des appareils capables de fournir des indications assez exactes et qui sont en outre remarquables en ce que le mercure n'entre pour rien dans leur construction. Ils portent le nom de *B. anéroïdes* (gr. à priv., νηρὸς, mouillé) ou *holostériques* (ὅλος, entier ; στερεός, solide) et sont métalliques. Le premier a été construit par *Vidie*. Il consiste en une boîte circulaire assez semblable aux pendules de salle à manger, de 12 à

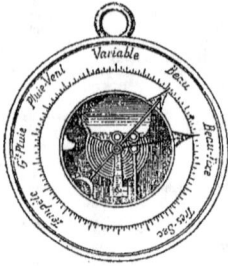

Fig. 9.

15 centimètres de diamètre (Fig. 9). Une aiguille qui se meut sur le cadran, indique, au moyen d'un arc de cercle divisé, la hauteur barométrique correspondant à la pression qu'éprouve l'instrument. L'organe essentiel est un petit tambour métallique dans lequel on a fait le vide, et qui est formé de deux lames minces de melchior gaufrées circulairement pour les rendre plus flexibles. Ce tambour fléchit plus ou moins sous la pression de l'air qui l'enveloppe. Alors un levier de renvoi fait marcher l'aiguille du cadran, à droite et à gauche, selon que la paroi s'affaisse ou se relève. Ce mécanisme est représenté Fig. 10. L'arc de cercle du cadran est gradué par comparaison avec un b. à mercure.

Un autre b. anéroïde, construit par *Bourdon*, offre extérieurement la même forme que le b. de Vidie. Sa construction est basée sur le principe suivant : Lorsqu'un tube à parois flexibles et légèrement aplaties sur elles-mêmes est courbé en spirale ou circulairement, dans le sens de son plus petit diamètre, toute pression intérieure sur les parois a pour effet de dérouler le tube ; toute pression extérieure, au contraire, a pour effet de l'enrouler davantage. Il se compose donc d'un tube de ce genre, dans lequel on a fait le vide, qui est hermétiquement fermé, roulé en cercle et fixé seulement son milieu. Si la pression atmosphérique diminue, ce tube se déroule. Si la pression augmente, il se ferme sur lui-même. Dans les deux cas, le mouvement se transmet à l'aiguille par un mécanisme assez simple. Un autre b. holostérique, construit par Bréguet, ne diffère des deux précédents que par le système de transmission.

Baromètre enregistreur. — On a imaginé plusieurs dispositions pour enregistrer d'une manière continue, sur une feuille de papier, les indications du b. Le problème à résoudre consiste à placer devant une feuille de papier qui s'avance d'un mouvement uniforme, un style que les variations du b. déplacent dans une direction perpendiculaire à celle du mouvement du papier. De la sorte, le style trace une ligne courbe sur laquelle on peut relever la position du style à une époque quelconque et par suite la hauteur barométrique. Parmi les différents systèmes d'enregistreurs, les uns, comme ceux de Salleron et de Rédier, sont construits par des baromètres à mercure, d'autres, plus portatifs, comme ceux de Bréguet et de Richard, ont pour base le b. anéroïde. Dans tous, l'extrémité de l'aiguille porte un style qui laisse la trace de sa position sur un cylindre en rotation. Les enregistreurs Richard inscrivent, à l'aide de leviers qui amplifient le mouvement, les moindres oscillations de la plaque d'un b. anéroïde ; pour augmenter les flexions, on a superposé et relié par le centre de

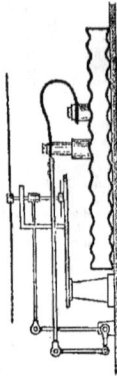

Fig. 10.

leurs fonds plusieurs boîtes d'un anéroïde (Fig. 11). — Ces enregistreurs ont le grand avantage de fonctionner unit et jour et de conserver la trace de toutes les fluctuations de la pression atmosphérique, même les plus légères. Les baromètres enregistreurs Richard sont employés aujourd'hui dans tous les observatoires et dans la marine. On aura une idée exacte de la disposition des feuilles et du tracé barométrique par un exemple détaché des registres de l'Observatoire de Juvisy, assez curieux par la baisse de ce jour-là (20-21 août 1891) (Fig. 12) de 753mm,3 à 743mm,8, correspondant à une tempête maritime assez lointaine.

Variations barométriques. — Les variations dans la

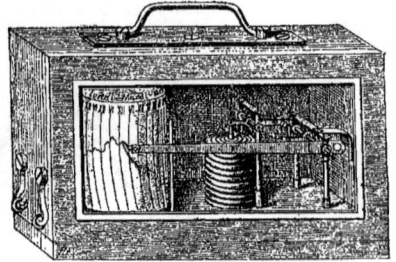

Fig. 11.

pression atmosphérique que nous avons constatée au moyen du b. sont de deux sortes : les unes sont régulières et constantes, les autres sont irrégulières et accidentelles. On donne aux premières le nom de *Variations diurnes* ou de *Variations horaires*, et aux secondes le nom de *Variations accidentelles*.

1° Les *Variations diurnes* se produisent périodiquement à certaines heures de la journée. Sous l'équateur et entre les tropiques, elles atteignent 4mm et sont régulières qu'un b. y pour-

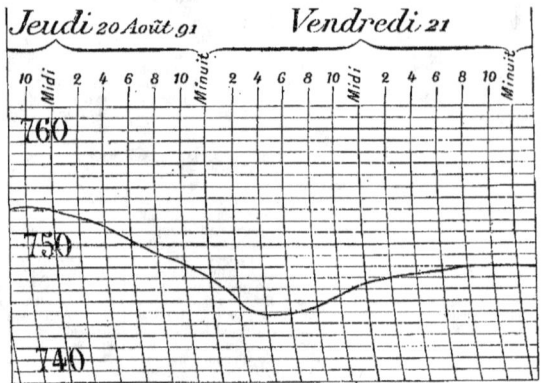

Fig. 12.

rait presque servir d'horloge : mais à mesure qu'on s'éloigne de la ligne équinoxiale, elles sont masquées par des oscillations accidentelles de plus en plus fréquentes. Dans nos pays, ces dernières rendent assez difficile la détermination des lois de la variation diurne : celle-ci cependant, ainsi qu'on l'a constaté, suit une marche sensiblement uniforme dans chaque climat. Chez nous, en général, à partir de midi, la colonne baisse et atteint son minimum entre trois et cinq heures ; elle remonte ensuite et arrive à son maximum entre neuf et onze heures du soir. Elle descend à un nouveau minimum qu'elle atteint vers quatre heures du matin, pour s'élever ensuite jusqu'à dix heures. Ces heures varient un peu avec la saisons : en hiver, les minima et les maxima se rapprochent de midi ; ils ont lieu plus tôt dans l'après-midi et plus tard le matin. Les maxima et les minima n'ont pas lieu aux mêmes heures sur les montagnes et dans la plaine. Il importe de noter ce fait quand on veut mesurer des hauteurs à l'aide du b. (Voy. plus bas.)

La *hauteur moyenne diurne* du b. s'obtient d'une manière très approchée en observant à l'époque du maximum le matin et du minimum le soir, et en prenant la moyenne ; cette hauteur n'est pas la même à toutes les latitudes ; elle n'est pas non plus la même dans les différentes saisons et dans les différents mois de l'année. A Paris (lat. 48°50'), la hauteur barométrique moyenne est, pour chaque mois de l'année, comme il suit : Janvier, 758ᵐᵐ,86; Février, 759,09; Mars, 756,33; Avril, 755,18; Mai, 755,61; Juin, 757,28; Juillet, 756,52; Août, 756,74; Septembre, 756,61; Octobre, 754,42; Novembre, 755,75; Décembre, 755,09. C'est à l'époque des équinoxes qu'on observe en général la hauteur moyenne.

L'explication des variations diurnes du b. n'a pas encore été donnée d'une manière rigoureuse. Il est cependant certain que ce phénomène dépend de l'action calorifique du soleil. Il en est de même de l'influence des saisons. En observant chaque jour à midi et un demi on obtient des nombres très rapprochés de la hauteur moyenne diurne.

2° *Variations accidentelles.* — Si, pour un lieu donné et pendant une année, on prend la différence entre la plus petite et la plus grande hauteur de la colonne barométrique dans chaque mois, et si, après avoir fait la somme de ces différences, on la divise par 12, on aura l'*oscillation annuelle moyenne* du b. en ce lieu. Ainsi l'oscillation annuelle du b. est à Batavia : 2ᵐᵐ,98; à la Havane, 6,38; à Madère, 10,42; à Marseille, 17,69; à Paris, 23,66; à Copenhague, 27,69; à Stockholm, 29,82; à Christiania, 33,04; à Nues (Islande), 35,91. La simple inspection de ces nombres suffit à montrer que les oscillations barométriques sont d'autant plus considérables que l'on s'éloigne davantage de l'équateur. Quand on compare ces différences pour un grand nombre de lieux, on reconnaît de même que la longitude exerce une certaine influence : ainsi, à latitude égale, les oscillations sont plus grandes sur la côte est de l'Amérique que sur la côte ouest de l'Europe, et elles diminuent à mesure que l'on pénètre dans l'intérieur du continent européen. Si l'on fait passer une ligne par tous les points où la moyenne des oscillations barométriques est la même, on obtient ce qu'on appelle des *lignes isobarométriques*. En examinant ces lignes, on trouve, comme le fait observer Kaemtz, qu'il y a une relation remarquable entre l'amplitude des oscillations barométriques et celle des variations thermométriques qu'éprouvent les lieux situés sous une même latitude. Ces deux amplitudes varient dans le même sens ; seulement, les oscillations des deux instruments ont lieu en sens inverse ; car, en général, le thermomètre baisse lorsque le b. monte et *vice versâ*.

Bientôt après l'invention du b., les physiciens avaient remarqué que les vents exerçaient une influence considérable sur la pression de l'air, et que celle-ci variait pour chacun d'eux. Mais ce fut en 1771 seulement que le célèbre mathématicien Lambert conseilla, pour arriver à un résultat positif, de choisir une longue série d'observations, de noter la hauteur barométrique qui accompagne chacune d'elles, et de déterminer la pression moyenne qui y correspond. De nombreuses observations ont été faites d'après cette méthode. Le tableau ci-après en indique les résultats pour cinq des principales villes de l'Europe :

ROSE BAROMÉTRIQUE DES VENTS

VENTS	PARIS	LONDRES	VIENNE	PÉTERSB.	MOSCOU
	mm.	mm.	mm.	mm.	mm.
N.	759,09	759,20	749,88	759,72	743,07
N.-E.	759,49	760,71	749,14	761,97	745,06
E.	757,24	758,93	745,78	762,00	743,90
S.-E.	754,03	756,83	748,30	762,25	741,74
S.	753,15	754,37	747,74	759,90	740,63
S.-O.	753,52	755,25	745,89	759,88	740,34
O.	7.5,57	757,28	745,84	759,43	741,06
N.-O.	757,78	759,28	749,16	757,58	741,76
Moyenne.	756,22	757,58	747,79	760,64	742,19

Pronostics météorologiques. — Les baromètres à cadran, qu'ils soient métalliques ou à mercure, portent à certains degrés de l'échelle des indications météorologiques. Ces indications sont tracées ainsi : à 731 millim., *Tempête* ; à 740, *Grande pluie* ; à 750, *Pluie* ou *Vent* ; à 760, *Variable* ; à 770, *Beau temps* ; à 775, *Beau fixe* ; à 780, *Très sec.* En réalité, le b. indique uniquement les variations de la pression atmosphérique. Cependant, comme ces variations sont intimement liées à l'état général de l'atmosphère, on conçoit que le b. puisse, dans une certaine mesure, servir à pronostiquer le temps. Mais la relation entre la hauteur barométrique et l'état météorologique de l'atmosphère varie considérablement suivant les lieux, à cause de l'énorme influence que les circonstances locales exercent sur ce dernier. Ainsi, un b. que l'on trouvera excellent prophète à Paris, ne donnera le plus souvent que des indications fausses à Buenos-Ayres ou à Melbourne. — Chez nous, le b. est élevé quand régnent les vents du Nord et du Nord-Est qui nous amènent le beau temps ; il est bas par ceux de l'Ouest et du Sud-Ouest qui nous amènent de la pluie. Avant la pluie, le b. est au-dessous de sa hauteur moyenne ; mais lorsque la pluie tombe, il remonte un peu. Il se passe même un fait digne d'être remarqué. La baisse lente et graduelle du b. annonce à peu près infailliblement l'arrivée du mauvais temps ; mais, au moment même d'un orage ou d'une forte pluie, il n'est pas rare de voir une

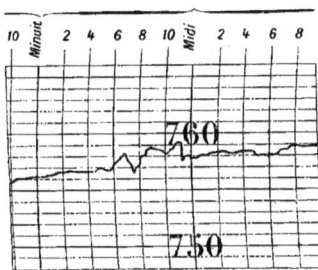

Fig. 13.

hausse barométrique très prononcée. Nous en donnons comme exemple (Fig. 13) celle qui a accompagné l'orage du 10 août 1893 (Observatoire de Juvisy) et qui est très caractéristique.

On a maintes fois essayé de formuler avec précision les indications que peut fournir le b. au sujet des changements météorologiques. Quoiqu'on ne soit pas arrivé à des règles d'une précision absolue, on a cependant obtenu des résultats qui peuvent être considérés comme certains.

A. Lorsque, après une assez longue durée de beau temps, le b. commence à baisser d'une manière lente et continue, la pluie surviendra certainement ; mais si le beau temps a eu une longue durée, le mercure peut baisser pendant deux ou trois jours avant qu'on aperçoive aucun changement dans l'état de l'atmosphère. — B. Si, au contraire, pendant un temps pluvieux qui a déjà eu une longue durée, le b. commence à s'élever lentement et régulièrement, le beau temps arrivera. — C. Si le b. monte avec lenteur et d'une façon continue pendant deux jours ou même davantage, il annonce le beau temps, quand bien même le b. ne cesserait pas un instant pendant ces deux jours, et *vice versâ* ; mais si le b. hausse deux jours ou plus pendant la pluie, puis, que le beau temps étant survenu, il recommence à baisser, le beau temps durera très peu, et *vice versâ.* — D. Dans le printemps et dans l'automne, une chute brusque du b. présage du vent ; dans l'été, elle annonce un orage. Dans l'hiver, après une gelée de quelque durée, un rapide abaissement de la colonne barométrique annonce un changement de vent, accompagné de dégel et de pluie ; mais une hausse qui survient pendant une gelée ayant déjà duré un certain temps, pronostique de la neige. — E. Les oscillations rapides du b. ne doivent jamais être interprétées comme présageant un temps sec ou pluvieux de quelque durée : ces indications sont données exclusivement par la hausse ou par la baisse qui s'opère d'une manière lente et continue ; les oscillations rapides accompagnent constamment les tempêtes.

—F. Vers la fin de l'automne, si après un temps pluvieux et venteux prolongé le b. vient à s'élever, cette hausse annonce le passage du vent au nord et l'approche de la gelée. On voit qu'en réalité c'est la *marche* du baromètre bien plus que son état haut ou bas qui peut donner des probabilités sur le temps.

Les navigateurs, qui ont un si grand intérêt à connaître tous les signes précurseurs d'une tempête, ont consigné de nombreux exemples de la liaison des orages avec les oscillations barométriques. Scoresby affirme qu'il a prédit les tempêtes dix-sept fois sur dix-huit en consultant cet instrument et a remarqué que dans les régions boréales la tempête ne commence que lorsque le b. a atteint son minimum. Le Dr Arnott reconnaît devoir la vie à ses indications : « Le navire que je montais et qui portait un nombreux équipage, dit-il, se trouvait dans les latitudes méridionales. Après une magnifique soirée, le soleil venait de se coucher au milieu des apparences les plus calmes. Tout à coup le capitaine donne ordre de tout préparer avec la plus grande hâte pour résister à l'ouragan ; il venait de constater que le b. baissait avec une rapidité extraordinaire. Cependant les matelots les plus expérimentés, qui n'apercevaient pas dans l'air le moindre signe menaçant, ne comprenaient rien à l'ordre du capitaine et à la promptitude qu'il exigeait. Mais les préparatifs voulus n'étaient pas achevés que le bâtiment fut assailli par un ouragan tel que les plus vieux marins de l'équipage n'en avaient jamais éprouvé d'aussi épouvantable. Rien ne put lui résister : les voiles, déjà coupées et liées aux vergues, furent mises en lambeaux ; les vergues et les mâts perdirent leurs agrès ; d'un seul coup, toutes les manœuvres furent jetées sur le pont. Sans l'avertissement donné par le b., le navire aurait certainement péri avec tout son équipage. » Il est reconnu aujourd'hui que les cyclones et typhons, si dangereux dans les mers tropicales, sont toujours précédés un ou deux jours à l'avance d'une baisse plus ou moins subite du baromètre. Voy. CYCLONE, TYPHON.

Lorsque le b. monte dans un lieu, il monte aussi dans les lieux peu éloignés ; mais alors, en général il baisse en même temps à de grandes distances : il s'établit ainsi entre les divers points de la surface du globe une sorte de compensation. Dans ce cas, l'air se meut rapidement d'une région vers une autre : car l'équilibre atmosphérique, se trouvant rompu, tend aussitôt à se rétablir. Toutes les fois que le b. oscille beaucoup, on en peut conclure que la température et le temps éprouvent des variations extraordinaires sur un point quelconque du globe. — Voy. les mots ATMOSPHÈRE, VENT, PLUIE, THERMOMÈTRE, MÉTÉOROLOGIE, TEMPÊTE, CYCLONE, etc.

Réglage des baromètres. — Il ne faut pas prendre à la lettre les notations *beau fixe, variable, pluie, vent, tempête,* que les constructeurs inscrivent sur les b. de commerce. Ces indications n'ont de valeur relative, dans la mesure indiquée plus haut, que si le b. est réglé pour le lieu où on l'observe. Au niveau de la mer, la pression barométrique est de 760mm ; c'est donc en face de cette hauteur que le mot *variable* est écrit, le « beau temps » étant au-dessus, et le « mauvais temps » au-dessous. Mais que l'instrument soit apporté à une certaine altitude, soit, par exemple, dans le département de la Haute-Marne, ou dans le Puy-de-Dôme, à 400 mètres, et à sa hauteur moyenne normale sera non pas 760mm, mais 726mm. Dans toute observation barométrique, il faut avoir soin de tenir compte de l'altitude, en diminuant la hauteur barométrique en raison de 1mm pour 10m,5 à 0°, ou de 1mm pour 11m,0 à 10° pour la pression de 760m ; et de 1mm pour 10m,8 à 0°, ou pour 11m,2 à 10°, pour la pression de 740m.

Mesure des hauteurs par le b. — Parmi les usages scientifiques du b., l'un des plus importants est la mesure des hauteurs. — Cette mesure repose sur ce fait, annoncé par Pascal et vérifié par Perrier, son beau-frère, dans une ascension sur le puy de Dôme (en 1648), que *la pression atmosphérique diminue régulièrement à mesure qu'on s'élève dans l'atmosphère.* Il est clair, en effet, que si l'on s'élève dans l'atmosphère la pression doit diminuer de tout le poids de la colonne d'air qu'on laisse au-dessous de soi. Il suffit donc de constater au même moment la hauteur du baromètre, au niveau de la mer ou du sol, et cette hauteur sur la montagne ou sur le monument dont on veut déterminer l'élévation. De la différence de ces deux observations on peut déduire, par le calcul, la hauteur qu'il s'agit de connaître. Le problème est beaucoup plus compliqué qu'il ne le paraît au premier abord. En effet, par suite de sa compressibilité, la densité de l'air va sans cesse en diminuant à mesure que l'on s'élève dans l'atmosphère. On conçoit dès lors que, s'il suffit, au niveau de la mer, de porter un b. à une hauteur de 10m,5 pour que la colonne de mercure descende juste de 1 millim., il n'en doit plus être de même en continuant à s'élever dans

l'atmosphère, et que, pour avoir des résultats précis, il faut recourir à une formule qui tienne compte de la diminution progressive de la densité de l'air à mesure que l'on s'élève. Il est nécessaire aussi de ne pas négliger l'évaluation de la température aux deux points extrêmes où l'on opère, car cette dernière exerce aussi un constamment en s'abaissant à mesure que l'on s'élève, et cet abaissement exerce une influence sensible sur la diminution de la hauteur de la colonne mercurielle. En outre, le refroidissement de l'atmosphère, à mesure que l'on s'élève, a pour effet d'augmenter la densité de l'air, de sorte que le décroissement de cette densité n'a pas lieu en raison directe de l'élévation. La formule qui permet de déduire les hauteurs des observations barométriques a été donnée par Laplace. L'Annuaire du Bureau des Longitudes, qui paraît tous les ans, publie des tables qui sont calculées d'après cette formule et permettent de déduire facilement la hauteur ou plutôt la différence de hauteur de deux stations des observations du baromètre et du thermomètre dans ces deux stations. M. Angot a publié récemment de nouvelles tables qui sont construites d'après un plan un peu différent et qui paraissent plus commodes et plus précises.

BAROMÉTRIQUE. adj. 2 g. T. phys. Qui appartient au baromètre. *Le vide* b. Observations barométriques.

BAROMÉTROGRAPHE. s. m. (*Baromètre* et gr. γράφειν, écrire). Instrument inscrivant de lui-même sur un papier les variations du baromètre. Voy. BAROMÈTRE *enregistreur.*

BAROMETZ. s. m. (russe *borametz*, mouton). T. Bot. Espèce de fougère (*Cibotium Barometz*) dont les poils des organes sériaux sont hémostatiques. Voy. POLYPODIACÉES.

BAROMOTEUR. s. m. (gr. βάρος, poids, et *moteur*). T. Méc. Appareil permettant de combiner la force résultant de la pesanteur de l'homme et celle qu'il peut déployer avec les muscles de ses bras.

BARON. s. m. T. Hist. Le mot *Baron*, en bas latin *baro, barus,* vient du terme teutonique *bar,* qui signifie *homme,* et particulièrement homme de condition libre, sans aucune idée de rang nobiliaire ou de dignité spéciale. C'est dans ce sens qu'on trouve *baro* et *barus* employés dans les lois des Francs Ripuaires, des Allemands et des Lombards, où ils sont opposés au mot *Femina.* Un peu plus tard, l'expression *Varones* (barons) s'introduisit en Espagne, ainsi que le prouvent d'anciens documents ; mais elle y fut évidemment importée par les Visigoths. Lorsque le mot *Baron* s'employait déjà dans le sens de seigneur d'une terre, il était encore usité pour désigner le *mari* par opposition à la *femme.*

Le nombre des nobles qui ont porté le titre de b. a changé d'âge en âge durant les temps féodaux, dans les divers pays de la chrétienté. — En France, il n'y avait dans l'origine que trois notables barons selon les uns (Bourbon, Coucy et Beaujeu), et quatre selon les autres (Coucy, Craon, Sully et Beaujeu). Les Montmorency s'intitulaient premiers barons chrétiens. Plus tard, sous Philippe-Auguste, on trouve cinquante-neuf barons, de ceux que l'on nommait communément *hauts Barons* ou *hauts Bers.* Sous Louis XI, les barons placés au-dessus des chevaliers, mais au-dessous des comtes et des vicomtes, formaient une multitude innombrable. Depuis Charles le Chauve, les grands barons s'étaient attribué et avaient exercé héréditairement des droits presque souverains, spécialement ceux de haute, basse et moyenne justice ; on disait alors des terres possédées sans le droit féodal qu'elles étaient tenues en *Baronie.* On désignait aussi quelquefois sous ce nom de baronnie l'ensemble de la noblesse militaire réunie en armes au service du roi. — La Révolution, comme on le sait, abolit à la fois et le titre de B. et le nom de baronnie. Lorsque Napoléon rétablit la noblesse, en 1808, ce titre fut accordé aux ministres, sénateurs, grands dignitaires, etc., et déclaré transmissible de mâle en mâle par ordre de primogéniture. — Avant la Révolution, la *couronne* des barons consistait en un cercle d'or émaillé, entouré d'un bracelet ou chapelet de perles (Fig. ci-contre). Napoléon remplaça cette couronne par une *toque* de velours noir, retroussée de contre-vair, avec porte-aigrette d'argent, et surmontée de trois plumes blanches. Sous la Restauration, la couronne reparaît, et elle est encore de mode aujourd'hui.

En Allemagne, dès les premiers temps de l'Empire germa-

anque, il y eut des seigneurs, possesseurs de grands domaines féodaux, qui s'intitulèrent *Freeherrn*, mot à mot *Seigneurs libres* : c'étaient les barons immédiats du Saint-Empire, faisant partie du corps germanique et ayant voix à la Diète. Vers le milieu du moyen âge, ils prirent les titres de comtes, de ducs et de princes que leurs descendants portent encore aujourd'hui. Le titre de b. resta ce qu'il est en France, un titre nobiliaire supérieur à celui de chevalier, inférieur à celui de comte, le titre de vicomte n'ayant pas d'équivalent en allemand. L'Allemagne est en ce moment, après la Belgique, le pays de l'Europe qui compte le plus de barons. — En Angleterre, la dignité de b. paraît avoir été primitivement territoriale. Après la conquête normande, les grands feudataires de la couronne possédèrent des *Baronnies*. Ils avaient sous leur dépendance des chevaliers, et ils devaient servir en personne avec un nombre déterminé d'hommes. On distinguait les *hauts Barons* de ceux d'un ordre inférieur. Les hauts barons finirent par acquérir le droit héréditaire de siéger dans la première chambre du Parlement, qui fut appelée Chambre des Lords. — En 1611, Jacques Ier institua un nouveau titre nobiliaire, celui de *Baronnet* (en anglais *Baronet*) ou de *Chevalier-Baronnet*. Cette création avait pour but de procurer à l'État des ressources pour maintenir l'Irlande dans l'obéissance. C'est pourquoi les baronnets avaient l'autorisation d'écarteler leurs armoiries propres de celles d'Ulster en Irlande. Jacques Ier créa des baronnets irlandais en 1619, et Charles Ier, à l'exemple de son père, institua aussi des baronnets en 1625, pour la colonisation de la Nouvelle-Écosse ou Acadie. Aujourd'hui, le titre de baronnet est purement honorifique. On les qualifie de *Sir*, titre qui se place toujours devant le prénom; celui de baronnet, ou, par abréviation, *Bart*, suit immédiatement le nom propre, ex. : *Sir Walter Scott, Bart*. La femme d'un baronnet reçoit la qualification de *Lady*.

BARON, acteur français célèbre, auteur de quelques comédies (1653-1729).

BARONNAGE. s. m. État, qualité de baron. S'emploie fam. et en manière de dénigrement.

BARONNE. s. f. Femme noble possédant une baronnie, ou la femme d'un baron. *Madame la b. Elle fait sonner bien haut son titre de b.*

BARONNET. s. f. Titre héréditaire de noblesse conféré par le souverain d'Angleterre.

BARONNIAL, ALE. adj. Qui a rapport ou appartient à un baron; qui dépend d'une baronnie.

BARONNIE. s. f. T. Féod. Terre seigneuriale donnant à celui qui la possède le titre de baron.

BAROQUE. adj. 2 g. (esp. *barrucca*, m. s.). Anc. terme de joaillerie. Se dit des perles qui ne sont pas rondes. || Par ext., s'est appliqué, en parlant des choses physiques et morales, à ce qui est irrégulier, bizarre, inégal, étrange, choquant. *Un meuble, un costume, un chapeau b. Figure b. Caractère b. Expression, style, livre b. Musique b.*

BAROSCOPE. s. m. (gr. βάρος, poids; σκοπέω, j'examine). T. Phys. Appareil qui sert dans les cours de physique à constater la poussée produite par les corps par la pression atmosphérique d'après le principe d'Archimède. Il se compose de deux sphères de métal, l'une creuse d'autre pleine, d'inégales dimensions mais de poids à peu près égal, suspendues aux deux extrémités d'un levier. Dans l'air l'appareil est en équilibre, et le levier est horizontal; mais si on le place sous la cloche d'une machine pneumatique, l'équilibre est rompu et la grande boule creuse qui supportait une poussée plus considérable que l'autre, s'incline vers le bas.

BAROTROPE. s. m. (gr. βάρος, poids; τροπή, action de tourner). Véhicule à pédales accouplées au moyen desquelles l'homme imprime avec ses jambes le mouvement aux roues. · Mécanique du même genre pouvant servir de moteur.

BAROTTE. s. f. Mot employé dans certaines campagnes pour désigner un vaisseau cerclé de fer, et servant à la vendange.

BARPOUR. s. m. Étoffe dont la chaîne est en soie et la trame en laine.

BARQUE. s. f. (lat. *barca*, m. s.). Petit bâtiment pour aller sur l'eau. *B. de pêcheur. B. pontée. B. à deux mâts.* Les marins donnent le nom de *b.* aux bâtiments qui jaugent moins de 150 tonneaux. || Fig., *Conduire la b., Conduire une entreprise, diriger une affaire. — Il a bien conduit sa b.,* se dit d'un homme qui a bien fait ses affaires. || Fig. et poét., *La b. de Saint-Pierre,* L'Église. *La b. de Caron,* La nacelle dans laquelle les ombres traversaient le Styx pour entrer dans les enfers. — Fig. et pop., *Passer la b. à Caron,* Mourir.

BARQUÉE. s. f. Charge d'une barque.

BARQUEROLLE. s. f. Petit bâtiment sans mât qui ne va jamais en haute mer. — Canot qui sert au passage des lagunes de l'Adriatique. ⇒ Ne pas écrire *barcarole*, malgré quelques exemples [VICTOR HUGO, *Orientales*, 5].

BARQUETTE. s. f. Petite barque.

BARQUIEU. s. m. Réservoir dans lequel le fabricant de savon fait et recueille les lessives.

BARR, anc. ch.-l. de c. (Bas-Rhin), arr. de Schlestadt, 5,300 hab. (à l'Allemagne depuis 1871).

BARRAGE. s. m. [Pr. *bârage*] (R. *barre*). Barrière qui ferme un chemin, une rue, un port, une rivière. *Établir un b. à l'entrée d'une rue. On fait un b. sur la rivière.* || Barrière que l'on ne peut passer qu'en payant un droit de péage. Par ext., se disait du droit que l'on paye au barrage, et qui est généralement destiné à l'entretien des routes.
Techn. — En T. de Génie civil, on désigne sous le nom de *Barrage* un obstacle soit permanent, soit temporaire, ayant pour but d'exhausser le niveau et de régulariser la dépense d'un cours d'eau. Les barrages s'établissent tantôt pour obtenir une chute d'eau et l'utiliser comme force motrice, tantôt pour faciliter la navigation d'une rivière. L'exhaussement du niveau d'un cours d'eau par un b. se fait souvent sentir à une très grande distance en amont. Il importe beaucoup de ménager la pente du b. en aval en raison de la force d'impulsion d·t courant ; sans cette précaution, il se produit au pied du b. un *affouillement* ou une excavation, résultant du travail incessant des eaux, qui quelquefois dépasse plusieurs mètres de profondeur. Lorsqu'on établit le b. obliquement au fil de l'eau, la force du courant frappe, en la dégradant plus ou moins vite, l'une des deux berges; son contre-coup se fait sentir sur l'autre et revient frapper la première pour retourner sur la seconde par un grand nombre d'oscillations. Il en résulte que les bords d'une rivière dont le cours est réglé par des barrages obliques se dégradent assez rapidement. On obvie à cet inconvénient en donnant au b. la forme d'un chevron, ayant la pointe tournée en amont. Le courant, divisé par cette pointe, tend naturellement à se réunir au-dessous du b., précisément au milieu du fil de la rivière, ce qui le replace, par rapport à ses rives, dans ses conditions normales. — La plupart des barrages fixes sont construits en maçonnerie, en talus à deux pentes, celle d'aval beaucoup plus prolongée que celle d'amont. — Autant les barrages sont utiles pendant la saison sèche, autant, pendant la saison pluvieuse, ils peuvent augmenter les désastres provenant des inondations. C'est ce qui donne une grande supériorité aux barrages mobiles sur les barrages fixes. Aujourd'hui les barrages des rivières navigables sont toujours mobiles, et comprennent sur chaque rive le long d'un des deux rives, et une *passe* ou *pertuis* navigable assez profond pour permettre la circulation des bateaux quand le barrage est couché. Il existe un grand nombre de systèmes de barrages mobiles qu'on peut classer en deux catégories : 1° les barrages à hausses mobiles composés de panneaux de bois qu'on peut à volonté dresser ou coucher sur le fond de la rivière, 2° les barrages à aiguilles composés de poutrelles de bois qu'on place les unes à côté des autres et qui s'appuient d'une part sur un seuil en bois, disposé au fond de la rivière, d'autre part sur une passerelle établie pour la manœuvre. Le b. *Chanoine* est un b. à hausse qui n'exige pas de passerelle, chaque élément reposant sur un arc-boutant placé au tiers du talus inférieur qui vient buter contre un heurtoir établi dans le radier d'aval. De plus, il y a dans chaque hausse une vanne qui bascule automatiquement et ouvre un orifice dès que le niveau du bief supérieur atteint la partie supérieure des hausses. Pour effacer le b., il suffit de dégager l'arc-boutant du heurtoir; alors tout se couche au fond de la rivière et il ne reste aucune trace du b. Sur la Seine les barrages Chanoine sont employés pour les passes navigables, tandis que le reste de la largeur de

la rivière est fermé par un barrage à aiguilles qui permet de régler le débit par l'enlèvement d'un certain nombre d'aiguilles. Enfin on a imaginé des dispositions qui permettent d'utiliser la force motrice de la chute d'eau produite par le b. pour la manœuvre de l'écluse et du b. lui-même: c'est ce qui a lieu à Suresnes, près de Paris. — On donne aussi le nom de *barrage* à des ouvrages en terre et en maçonnerie qui ont pour objet de boucher une vallée afin d'y retenir les eaux de source et de le transformer en étang ou réservoir destiné à alimenter un canal. C'est évidemment dans le voisinage du point de partage qu'on établit ces sortes de constructions. Voy. CANAL.

BARRAGER. s. m. [Pr. *bàragé*]. Celui qui perçoit le droit de barrage.

BARRAGISTE. s. m. [Pr. *bàragiste*]. Préposé qui est chargé de régler un barrage sur une rivière.

BARRAL. s. m. [Pr. *barat*]. Nom d'un tonneau usité en Bourgogne, variant de capacité.

BARRAS. s. m. [Pr. *barà*]. Sorte de résine qui découle des pins, à la fin de l'automne, à la suite de la récolte de la térébenthine. On lui donne aussi le nom de *Galipot.* Voy. RÉSINE et TÉRÉBENTHINE.

BARRAS (Comte de), membre de la Convention, puis du Directoire (1755-1829).

BARRASQUITE. s. m. [Pr. *baraskite*]. Instrument en fer avec lequel on détache le *barras*.

BARRE. s. f. [Pr. *bàre*] (celt. *bar*, branche d'arbre). Pièce de bois, de fer, etc., étroite et longue. *B. de fer. B. d'appui. Donner des coups de b. à quelqu'un. B. d'or, d'argent. Or en b.* — Fig. et fam., *C'est de l'or en b.*, se dit d'une bonne affaire, d'un marché avantageux, d'un effet de commerce qui sera bien payé, etc. — Prov. *Homme roide comme une b. de fer*, Homme inflexible, intraitable. || *Jeter la b.*, *Lancer la b.*, Sorte de jeu auquel on s'exerçait autrefois. || Pièce de fer longue et carrée qui se pose sur les chenets pour retenir les tisons. || Pièce de bois transversale, qui maintient les fonds d'un tonneau. || Pièce de bois suspendue à des cordes pour séparer les chevaux dans une écurie. *Ce cheval s'est pris dans sa b.* || T. Mar. *B. du gouvernail*, Le levier qui sert à faire mouvoir le gouvernail. *B. franche. B.* que l'on manœuvre directement sous drosse et sans roue. *Les barres du cabestan*, Les leviers dont on se sert pour virer au cabestan. *B. d'aspect*, voy. ASPECT. || T. Imp. *B. du châssis*, Bande de fer qui divise le châssis en deux parties. V. TYPOGRAPHIE. || Petite barrière qui ferme l'enceinte réservée aux membres d'un tribunal, d'une assemblée politique. *Il a été mandé à la b. Il a parlé à la b.* || Fig., Trait de plume, de crayon, etc., pour biffer, souligner ou noter quelque chose; ligne tirée à la fin d'un article. *Faites une b. sur ce passage. Fermer la liste des membres présents en tirant une b.* — On dit absolument: *Vous arrivez trop tard, la b. est tirée.* || T. Mus. Petites lignes perpendiculaires qui coupent la portée de distance en distance pour marquer les mesures. || Premiers exercices faits par les enfants qui apprennent à écrire. *Il ne fait encore que des barres.* || T. Blas. L'une des sept pièces honorables du blason formée par des lignes diagonales qui vont de droite à gauche et de haut en bas. Voy. *Figures HÉRALDIQUES.* || T. Géogr. phys. Amas de sable, de vase, de roches, qui obstrue plus ou moins complètement l'entrée d'un port ou d'une rivière. *La b. de l'Adour. La b. de San-Lucar.* — Premières lames que la marée montante pousse impétueusement devant elle dans certains fleuves. Voy. plus bas. == BARRES, au plur. Jeu de course entre deux jeunes gens qui se partagent en deux camps opposés, dont la limite est ordinairement marquée par un sillon nommé *Barre. Jouer aux barres. Jouer aux barres*, se dit de deux individus qui se cherchent et ne se trouvent pas. || *Toucher barres*, Atteindre la marque de son camp. — *Ne faire que toucher barres*, Ne point s'arrêter au camp, repartir dès qu'on l'a touché; et Fig., Ne point s'arrêter dans un endroit, en repartir aussitôt. *J'ai vu sa maison, mais je n'ai fait que toucher barres, j'suis vite revenu.* || *Partir de barres*, Sortir du camp. — Fig., Sortir au moment précis où l'on doit se mettre en route; ou faire une première démarche, commencer une affaire. || *Avoir barres sur quelqu'un*, Avoir le droit de poursuivre son

adversaire. — Fig., Avoir un avantage sur quelqu'un. || *Barres*, au plur., se dit encore de cette partie de la mâchoire du cheval sur laquelle appuie le mors. *Ménagez les barres de votre cheval.* || Art. milit. Peine à laquelle on soumettait les hommes que n'avait pu dompter celle du silo.

Géogr. — On désigne sous le nom de *Barres* un atterrissement sous-marin, formé par le dépôt des sables et du limon qu'entraînent les eaux des fleuves, au point où elles se trouvent en contact avec les eaux de la mer. Quelquefois la b. laisse près de l'une des rives du fleuve un passage ou *chenal* plus ou moins étroit, assez profond pour le passage des navires, mais sujet à changer de place, au point que les pilotes sont forcés de le reconnaître par des sondages presque quotidiens. Ailleurs, la b. a plus de fixité et n'offre pas de chenal: il faut alors creuser à la drague pour créer un chenal artificiel; tel est le cas de la b. de la Loire. — Le Rhône, la Seine et la Garonne ont aussi leurs barres, chacune avec son caractère particulier. La b. du Rhône est de sable mêlé de galets. La b. de la Seine est de vase, par conséquent très mobile. Celle de la Garonne, ou pour parler plus exactement celle de la Gironde, est située en deçà du rocher qui supporte le phare de Cordouan. Elle est, comme celle du Rhône, de sable mêlé de galets.

La dénomination de *Barre* est encore appliquée, par analogie, à un phénomène très curieux qui se produit au-dessus de l'embouchure de certains fleuves, et précède immédiatement la marée montante. Il consiste en une ondulation particulière composée de deux ou trois lames déferlantes successives qui barrent transversalement le lit du fleuve. A l'embouchure de la Seine, la b. qui se forme aux marées équinoxiales et aux époques de la nouvelle et de la pleine lune, acquiert une telle rapidité, surtout si elle est poussée par un fort vent d'ouest, que les flots de la marée qui monte arrivent à la hauteur de Quillebœuf, s'élèvent, s'amoncellent subitement à une élévation parfois considérable, et se précipitent avec fureur dans le lit du fleuve dont ils refoulent les eaux. Cette b. remonte, en diminuant de vitesse, jusqu'à Rouen, où quelquefois elle est encore assez forte pour que les navires trop voisins les uns des autres s'entrechoquent et se fassent mutuellement des avaries. Le bruit sourd que produit la b. s'entend souvent à une distance de 8 et 10 kilomètres. — L'embouchure de la Gironde ne produit pas d'effets bien remarquables dans le large canal qu'elle parcourt depuis la mer jusqu'au bec d'Ambès, son confluent de la Dordogne et de la Garonne; mais en entrant dans la première de ces rivières, elle se trouve resserrée, et acquiert, à certaines époques, une force épouvantable. Lorsque les eaux sont basses, elle fait chasser les ancres des navires, rompt les câbles et fracasse les bateaux, si l'on n'a pas la précaution de placer ceux-ci au milieu de la rivière, où la profondeur diminue la force du courant. Le bruit de cette b. se fait entendre à la distance de 12 à 15 kilomètres. — Le même phénomène se montre aussi dans la Charente, mais sur une très faible échelle, et seulement dans les grandes marées. Sur les côtes de l'océan Atlantique, la b. est désignée sous le nom de *Mascaret*, que l'on croit d'origine basque.

Le phénomène des barres d'eau se produit avec une violence excessive aux embouchures des fleuves que l'Amérique du Sud envoie à l'Atlantique, spécialement à celles de l'Orénoque, de l'Amazone et du San-Francisco; la Plata n'en a pas, sans doute en raison de son immense largeur. — Dans la saison des grandes eaux et des grandes marées, la lutte entre le courant de l'Amazone et la marée montante prend, pour ainsi dire, des proportions gigantesques. La montagne liquide qui se forme alors, atteint jusqu'à 60 mètres de hauteur et remonte le fleuve avec un mugissement épouvantable. Les rivages sont inondés par les flots écumeux de cette prodigieuse masse d'eau; les rochers sont arrachés et entraînés comme de simples galets. Les Indiens donnent à ce phénomène le nom imitatif de *Pororoca*. Souvent le pororoca produit de graves désastres en inondant et dévastant les parties habitées et cultivées de ses deux rives et de la grande île basse de San-Juan de Marajo. Voy. MASCARET.

BARRE (JACQUES-JEAN), graveur général des monnaies françaises (1792-1855).

BARREAU. s. m. [Pr. *bàrô*] (R. *barre*). Barre de bois ou de fer qui sert de clôture. *Les barreaux d'une fenêtre, d'une grille. Limer des barreaux.* — *Barreaux d'une chaise.* Petits bâtons qui servent à assembler et à maintenir les montants d'une chaise. || T. Phys. *Barreaux magnétiques.* Voy. AIMANT. || T. Imprimerie. *Le b. d'une presse*, Levier au

moyen duquel on manœuvre une presse à bras. Voy. TYPOGRA-
PHIE.

BARREAU. s. m. Lieu où se tiennent à l'audience les avocats pour plaider, et qui était autrefois fermé par un barreau
de bois ou de fer. *S'asseoir au b. Fréquenter le b. Il se
destine au b.,* Il se destine à la profession d'avocat. *Quitter
le b.,* Renoncer à la plaidoirie ; ou même, abandonner la
profession d'avocat. — *Éloquence du b.,* Le genre d'élo-
quence qui convient à la plaidoirie. || Fig. et par ext., Tout le
corps, tout l'ordre des avocats. *Tout le b. est de cet avis. La
discipline du b. Le b. français. Le b. de Paris.*

Droit. — Dans les contestations en matière civile, il est
rare que les parties soient capables de défendre elles-mêmes
leurs intérêts en justice et de plaider leur cause en personne.
Pour les prévenus en matière criminelle, ils pourraient le plus
souvent se défendre en personne ; mais la législation moderne,
par un sentiment d'humanité que tout le monde comprendra,
veut cependant qu'ils soient toujours assistés d'un défenseur
(C. Instr. crim., art. 294). Or, comme la défense des parties
exige certaines conditions spéciales d'aptitude et de science,
elle a dû nécessairement constituer l'objet d'une profession particulière. Mais, en outre, attendu l'importance du rôle que le
défenseur est appelé à remplir, soit au point de vue de l'intérêt
propre des parties, soit au point de vue de l'intérêt social et
de la bonne administration de la justice, l'accès et l'exercice
de cette profession ont dû être réglés par des lois ou des
ordonnances spéciales. Les personnes qui exercent légalement
cette profession reçoivent le titre d'*Avocat.* Ce terme dérive
du mot latin *advocatus,* qui signifie *appelé auprès de quelqu'un, auxiliaire.* « On appelle ainsi, dit un scholiaste de
Cicéron, celui qui, dans un procès, aide une autre personne
de ses conseils ou de sa présence. »

De la profession d'Avocat. — La profession d'avocat est
ouverte à tous sans limitation de nombre : la loi se contente à
cet égard de déterminer les conditions que devront remplir
ceux qui veulent l'exercer ; quant au maintien des règles qui
assurent la dignité de la profession, elle s'en rapporte aux
avocats eux-mêmes. Pour être avocat, il faut être Français,
avoir le grade de licencié en droit, avoir prêté serment, et de
plus être inscrit au tableau de l'ordre, ce qui n'a lieu qu'après
un *stage* de trois années, pendant lequel le stagiaire doit suivre
les audiences des tribunaux. C'est seulement par l'inscription
au tableau que l'avocat fait partie de l'ordre. Toutefois, pendant son stage, il peut plaider toutes les affaires qui lui seraient confiées d'office ou autrement.

En matière civile, la plaidoirie est exclusivement réservée
aux avocats (Loi 22 vent. an XII, art. 24), sauf toutefois le
droit qu'ont les avoués pourvus du grade de licencié de plaider
concurremment certaines causes avec les avocats. Néanmoins
la loi reconnaît aux parties, sans distinction de sexe, le droit
de se défendre elles-mêmes ou de plaider leur cause. « Pourront les parties, assistées de leurs avoués, se défendre elles-
mêmes ; la tribunal cependant aura la faculté de leur interdire
ce droit, s'il reconnaît que la passion ou l'inexpérience les empêche de discuter leur cause avec la décence convenable ou la
clarté nécessaire pour l'instruction des juges » (C. Proc., 85).
Les avocats peuvent seuls donner des consultations par écrit
dans les cas où ces consultations sont exigées par la loi, p. ex.
en matière de requête civile (C. Proc., art. 495), lorsqu'il s'agit
de transiger sur des droits appartenant à un mineur (C. c.,
art. 465). — En matière criminelle, les avocats ne jouissent
pas, à l'exclusion de tous autres, du droit de présenter la défense des accusés. Le prévenu peut, avec l'autorisation du président de la cour d'assises, choisir pour défenseur un de ses
parents ou amis (C. Instr. crim., art. 295). Le législateur a
jugé avec raison que, dans ce cas, imposer à l'accusé un défenseur autre que celui qu'il a désigné, ce serait en quelque
sorte attenter à la liberté de la défense.

Lorsque le tribunal n'est pas complet, les avocats sont appelés, selon l'ordre du tableau, à suppléer les juges et les officiers du ministère public. Ils peuvent aussi, en cas de partage
du tribunal ou de la cour, être appelés à opiner. (L. 22 vent.,
an XII, art. 30 ; C. Proc., art. 118 et 468 ; Ord. 10 août 1810,
art. 35). De plus, comme la discrétion est des devoirs de sa
profession, l'avocat ne peut être tenu de déposer relativement
aux choses qui ont pu lui être confiées à l'occasion de son ministère. Du reste, la liberté dont jouit l'avocat ne doit pas dégénérer en licence. La loi réprime l'abus. Les injures contre les
parties peuvent être poursuivies soit par la voie civile, soit par
la voie correctionnelle (Décr. 1810, art. 37,38 ; Ord. 1822,
art. 43). Il n'est pas besoin de dire qu'il est aussi défendu aux
parties adverses d'injurier les avocats. Quant aux attaques

contre les lois, elles peuvent être réprimées immédiatement
sur les réquisitions du ministère public, par le tribunal saisi
de l'affaire (Décr. 1810, art. 39). On a dit que la profession
d'avocat est une magistrature privée. L'avocat, en effet, ne relève
que de sa conscience : il est absolument libre d'accorder ou de
refuser son ministère, si ce n'est dans le cas où il est désigné
d'office (Ord. 1822, art. 44).

Jadis les honoraires des avocats étaient soumis à la taxe. Aujourd'hui l'avocat les fixe lui-même ; néanmoins la partie peut
en demander la réduction au conseil de discipline (Décr. 1810,
art. 43). On a parfois prétendu que les avocats n'avaient pas le
droit de réclamer devant les tribunaux le payement de leurs
honoraires : c'est une erreur. Ce droit leur appartient ; mais il
est vrai que, par une susceptibilité exagérée, les avocats sont
peu dans l'habitude de réclamer, par les voies judiciaires, la
rétribution due à leurs travaux, quoique l'ingratitude des clients
soit proverbiale. Les avocats ne sont pas dans l'usage de donner quittance de leurs honoraires : ce droit aussi leur a été
souvent contesté (V. Ord. Blois, 1579, art. 161 ; Ord. 1810,
art. 44). Ils ne donnent pas non plus récépissé des pièces qui
leur sont confiées, et ils n'en reçoivent aucun de celui auquel ils
les rendent. Ils sont cependant responsables des pièces qu'ils
égarent.

La profession d'avocat est incompatible avec les fonctions de
l'ordre judiciaire, à l'exception de la place de suppléant ; avec
celles de préfet, sous-préfet et secrétaire général de préfecture ;
avec celles de greffier, de notaire et d'avoué ; avec les emplois
à gages et ceux d'agents comptables ; enfin avec toute espèce
de négoce et avec la profession d'agent d'affaires (Ord. 1822,
art. 42). Enfin, l'avocat ne peut devenir cessionnaire des procès, droits et actions litigieuses qui sont de la compétence du
tribunal dans le ressort duquel il exerce ses fonctions, à peine
de nullité, dépens et dommages-intérêts (C. civil, 1597). Depuis 1850, les avocats sont soumis, sinon à la patente, du
moins à une taxe mobilière proportionnelle au loyer, dont elle
représente le 15°.

Du Conseil de l'Ordre des Avocats. — Les avocats qui
exercent auprès de la même cour ou du même tribunal, constituent une compagnie que l'on nomme l'*Ordre des Avocats.*
La loi actuelle confie à l'ordre lui-même le droit de veiller au
maintien des règles qui assurent la dignité et l'indépendance
de la profession. C'est au reste ce qui avait lieu sous l'ancienne législation. De tout temps, les avocats ont senti la nécessité de maintenir parmi eux une forte discipline, mais de
tout temps aussi ils ont revendiqué le droit d'en poser les règles et d'en faire eux-mêmes l'application. La mission de surveillance que la loi reconnaît à l'ordre des avocats sur chacun
de ses membres est exercée par un *Conseil de discipline* qui
est composé d'un nombre de membres proportionnel à celui
des avocats inscrits au tableau. Ce conseil est élu par tous les
avocats inscrits (Ord. 27 août 1830, art. 1, 2). Il réprime,
d'office ou sur les plaintes qui lui sont adressées, les infrac-
tions et les fautes commises par les avocats (Ord. 20 nov. 1822,
art. 15). Les peines qu'il peut prononcer sont l'avertissement,
la réprimande, l'interdiction temporaire et la radiation du tableau. L'interdiction temporaire ne peut excéder le terme d'une
année. Aucune peine de discipline ne peut du reste être prononcée sans que l'avocat inculpé ait été entendu ou appelé
avec délai de huitaine. Dans le cas d'interdiction à temps ou
de radiation, l'avocat condamné peut interjeter appel devant
la Cour du ressort (Ord. 20 nov. 1822, art. 18 et s.). Le Conseil a aussi mission de veiller aux intérêts généraux de l'ordre.
C'est lui qui dresse tous les ans le *tableau,* ou, en d'autres
termes, la liste des avocats suivant l'ordre d'inscription ; c'est
à lui qu'il appartient de décider si celui qui requiert son inscription au tableau remplit les conditions nécessaires à cet effet.
Le Conseil de l'ordre est présidé par le *Bâtonnier.* Voy. ce mot.

Dans les sièges où le nombre des avocats est inférieur à six,
le Conseil de l'ordre n'existe pas, et c'est le tribunal qui en
exerce les fonctions.

Avocats à la Cour de Cassation et au Conseil d'État. —
Il existe à Paris un ordre particulier d'avocats dont les fonctions spéciales consistent à instruire, discuter et plaider les
affaires portées à la Cour de Cassation et au Conseil d'État.
La simplicité des formes suivies devant ces juridictions su-
prêmes a permis de confier ici aux avocats les fonctions attribuées aux avoués dans les autres juridictions. Ces avocats
sont maintenant au nombre de soixante : ils ont succédé
aux avocats-conseils de l'ancienne monarchie. Pour exercer
cette profession, il faut être Français, avoir atteint l'âge de
vingt-cinq ans, être licencié en droit, avoir suivi le b. pendant
trois ans, être présenté par l'un des titulaires et agréé par le
chef de l'État. Il faut de plus prêter serment et déposer au

74

cautionnement. Ces avocats ont seuls le droit de plaider et instruire les affaires déférées à la juridiction du Conseil d'État. Eux seuls aussi peuvent être employés, devant la C ur de Cassation, en matière civile et de petit criminel. En matière de grand crimin l, le condamné qui se pourvoit, a le droit de choisir son défenseur, non seulement parmi les avocats à la Cour de Cassation, mais encore parmi tous les avocats et même parmi les citoyens étrangers à la profession du b. (C. Instr. crim., 424). Ces avocats ont seuls l'entrée dans les bureaux des différents ministères pour suivre l'instruction des affaires contentieuses. Bien qu'ils soient officiers ministériels, ils peuvent refuser leurs services : ils ne sont pas non plus soumis à la taxe, et ils déterminent eux-mêmes ce qui leur est dû, sauf le recours des parties devant le Conseil de l'Ordre et même devant la Cour. Ils ont, pour le payement de leurs débours et honoraires, une action qui se défait trop de son inhabileté à parler. Lorsqu'un individu se défiait trop de son inhabileté à parler, il se contentait d'ouvrir sa défense par quelques mots, et demandait que l'ami qui l'accompagnait fût autorisé à plaider pour lui. C'est ainsi que Démosthène commence son discours pour Phormion par ces paroles : « Vous voyez, vous voyez tous que Phormion est incapable de se défendre. »

Hist. — En Grèce, pendant longtemps, les parties devaient plaider elles-mêmes leur cause ; car il était admis que la voix, le visage, la contenance et l'attitude de la partie pouvaient fournir d'utiles indications aux juges ou aux jurés pour former leur opinion. Lorsqu'un individu se défiait trop de son inhabileté à parler, il se contentait d'ouvrir sa défense par quelques mots, et demandait que l'ami qui l'accompagnait fût autorisé à plaider pour lui. C'est ainsi que Démosthène commence son discours pour Phormion par ces paroles : « Vous voyez, vous voyez tous que Phormion est incapable de se défendre. »

Tout autre était le caractère de la défense à Rome. Sous la République, elle était gratuite, mais elle servait à arriver aux honneurs. Sous l'Empire, elle devint une profession, un métier, mais en revanche elle était lucrative.

L'institution des avocats ayant été introduite par les Romains dans la Ga le, ainsi que la plupart des institutions propres à la civilisation romaine, les avocats gaulois ne tardèrent pas à acquérir, sinon par une éloquence remarquable, du moins par une intarissable faconde, une certaine renommée. Bientôt ils envahirent Rome elle-même. Aussi Juvénal donne-t-il à la Gaule le nom de mère nourrice des avocats (*nutricula causidicorum Gallia*). Le même auteur nous apprend encore que les habitants de la Grande-Bretagne qui se destinaient à cette profession venaient se former dans les écoles gauloises. Les plus célèbres étaient celles d'Autun, de Trèves, de Lyon, de Toulouse, de Marseille et de Bordeaux. Lorsque les Francs s'emparèrent de la Gaule (Ve siècle), ils conservèrent l'institution du b. et proclamèrent le ministère de l'avocat un ministère noble. Les Capitulaires de Charlemagne veulent qu'on n'admette à cette profession que des hommes doux, pacifiques, craignant Dieu et aimant la justice. La peine de l'interdiction ou de l'exclusion menaçait ceux qui prévariqueraient. Dès le VIIIe siècle, on voit apparaître les *avocats ecclésiastiques*, nom donné aux personnes chargées de défendre les intérêts d'une église, d'un monastère, etc. — Sous saint Louis, au XIIIe siècle, l'influence des avocats commence à se faire sentir, car, dès cette époque, nos rois encouragèrent l'étude du droit et protégèrent les avocats, comme ennemis-nés de la féodalité. Le chap. 14 du 12e liv. des *Établissements* de saint Louis leur est spécialement consacré. L'ordonnance de Philippe le Bel qui rendit le Parlement sédentaire à Paris, eut pour effet d'accroître l'importance de la magistrature ainsi que celle du b. Les avocats cependant étaient alors si peu nombreux, dit Ét. Pasquier, que les parties en amenaient ordinairement à Paris, par crainte de n'en pas trouver de bien instruits et près aux plaids. Ce fait s'explique aisément. L'usage des duels judiciaires régnait encore : non seulement les procès criminels ou *de sang*, comme on parlait alors, mais encore les procès civils se jugeaient et se décidaient, en matière se igneurs par des guerres, et entre les autres personnes, soit communautés soit particuliers, même ecclésiastiques, par *gage de bataille*, à défaut de preuve testimoniale suffisante. Les avocats n'étaient alors requis que pour veiller à l'observation des formalités, lesquelles devaient être suivies strictement. « Il fallait, dit un vieil auteur, plus de champions

és batailles que d'avocats aux plaids. » Le développement de la profession d'avocat suivit naturellement l'abolition des combats judiciaires dont l'usage alla toujours en diminuant à partir du règne de saint Louis, qui les interdit dans ses domaines. On étudia simultanément le droit civil, c.-à-d. le droit romain, et le droit canonique ; on commença aussi dans les provinces situées au nord de la Loire à recueillir et à rédiger les lois et usages qui constituaient ce qu'on appelle le droit coutumier. « C'est de cette époque, dit un ancien jurisconsulte, que nous avons appris la *chicane*, et que le nombre de nos avocats commença à provigner. »

Les avocats furent d'abord taxés. Comme dans le droit romain, les honoraires devaient être proportionnés à l'importance de la cause et au mérite de l'avocat (Ord. 23 oct. 1274, juill. 1315) ; toutefois nul ne pouvait recevoir plus de 30 livres pour chaque cause. Dans le cas où une contestation s'élevait à cet égard entre l'avocat et son client, c'était le juge qui décidait (Beaumanoir, *Cout. de Beauvoisis*, ch. 5). Il était fait défense aux avocats d'injurier les parties adverses (*Établ. de saint Louis*, liv. 12, ch. 11). Ils étaient astreints au serment : ils juraient sur les saints Évangiles qu'ils n'accepteraient rien au delà de 30 liv. pour chaque cause ; ils juraient aussi qu'ils ne se chargeraient que de causes justes, et qu'ils les abandonneraient dès qu'ils les reconnaîtraient pour injustes. — Ce serment devait être renouvelé tous les ans (Ord. juill. 1315). Enfin, la nécessité de l'inscription au rôle, ce que l'on appelle maintenant le *Tableau*, constitua définitivement l'ordre des avocats (Ord. 1344). On voit donc que les règles fondamentales de cette profession étaient fixées dès le milieu du XIVe siècle. De plus, il était prescrit aux avocats d'être brefs, de ne pas répéter dans leurs répliques ce qu'ils avaient déjà dit (Ord. 1363), et d'être exacts aux audiences. Dès le matin ils devaient être à l'audience, et ils ne devaient pas la quitter avant les juges. On condamnait à l'amende l'avocat qui était cause que les affaires étaient retardées (Arr. Parl., 1344) ; enfin, ils ne devaient pas manger avec les parties, *car trop grande familiarité engendre grand mal* Ces ordonnances furent renouvelées au XVe siècle. Parmi les ordonnances du XVIe siècle, nous citerons celles de 1579, qui prescrit de punir sévèrement l'avocat coupable d'avoir sciemment allégué un fait faux, et de 1540, qui interdit aux avocats d'accepter aucune cession de droits litigieux, et qui condamne aux dommages-intérêts et dépens les avocats qui auront mal conseillé les parties ou défendu de mauvaises causes. Un arrêt du Conseil, en date du 4 mars 1543, montre que la profession d'avocat ne dérogeait pas à noblesse.

Pendant toute la durée du moyen âge, les avocats furent mêlés à toutes les grandes affaires de leur temps. Ils étaient les conseillers habituels de nos rois, et ils les aidèrent puissamment dans leurs efforts pour affranchir l'autorité monarchique et pour ruiner la puissance des grands seigneurs féodaux. Mais lorsque nos rois eurent secoué le joug féodal, le rôle et l'influence des avocats diminuèrent singulièrement. La vénalité des offices de judicature, établie d'abord, sinon encore en droit, sous François Ier, contribua beaucoup aussi à amoindrir l'importance de la profession d'avocat, en fermant à la plupart des membres du barreau l'accès de la magistrature.

Néanmoins l'ordre des avocats se maintint avec éclat jusqu'à la Révolution, où il disparut, comme corporation, avec toutes les institutions judiciaires de l'ancienne monarchie, mais où plusieurs de ses membres jouèrent les premiers rôles. En 1790, l'Assemblée constituante, par celle où renfermait pas moins de cent quatre-vingt-trois avocats, vota la suppression de l'Ordre : il n'y eut plus alors que des *défenseurs officieux* (Décr. 15 déc. 1790). Ces derniers ne constituant pas un corps, la loi ne leur demandait aucune justification de moralité ou d'aptitude. Plus tard, la Convention exigea d'eux un certificat de civisme. La loi du 2 nivôse an XI (23 ventôse an XII) rétablirent l'École de droit et l'Ordre des avocats. Vint ensuite le décret du 14 déc. 1810, qui compléta l'organisation de l'Ordre par la nécessité de l'inscription au tableau. La profession avait été régie par les ordonnances des 20 nov. 1822, 27 août 1830, et le décret du 22 mars 1852.

BARREFORT. s. m [Pr. *bàrefor*] (*barre* et *fort*). La plus grosse pièce de bois qu'on tire du sapin.

BARREL. s. m. [Pr. *bàrel*]. T. Mar. Donelles ou douvelles de petites dimensions.

BARREMENT. s. m. [Pr. *bàreman*] (R. *barrer*). T. Vétér. Action de barrer les veines d'un cheval.

BARRÊME, ch.-l. de c. (Basses-Alpes), arr. de Digne, 1,100 hab.

BARRÊME, auteur du *Livre des comptes faits*. Il fut aussi poète (1640-1703). Voy. BARÈME.

BARRÉOLES. s. f. pl. [Pr. *bérréole*] (R. *barre*). T. Gymnast. Machine pour exercices, consistant en quatre poteaux de bois reliés ensemble par un chapiteau. Ces poteaux sont disposés de manière à recevoir deux barres de fer mobiles qui peuvent se rapprocher ou s'éloigner, dans le sens vertical et le sens horizontal.

BARRER. v. a. [Pr. *bârer*] (R. *barre*). Fermer avec une barre. *B. une fenêtre, une porte. B. une rue, un passage.* — Par ext., Obstruer, interrompre, par un obstacle quelconque. *On a barré le passage avec des planches. Des sables barrent l'entrée du port.* || *B. le chemin à quelqu'un*, Empêcher quelqu'un de passer en se mettant devant lui. — Fig. et prov., Traverser quelqu'un dans ses projets, lui créer des obstacles. *On lui a barré le chemin. On dit dans le même sens. B. quelqu'un. On l'a barré dans tous ses projets.* || Garoir, fortifier d'une barre. *B. une table. B. un tonneau.* || Tirer un trait de plume sur quelque écrit pour le biffer, l'annuler. *J'ai barré ces deux lignes. Barrez-moi ce billet.* || T. Vétér. *B. un ruisseau, un nerf*, Lier un vaisseau ou un nerf. = BARRÉ, ÉE. part. || T. Blas. Se dit de l'écu qui porte une barre. *B. d'argent et de gueules.* || T. Chir. *Dent barrée*, Dent molaire dont les racines sont tellement écartées ou tortueuses qu'on ne peut l'arracher sans briser ou emporter une portion de l'arcade alvéolaire.

BARRETON. s. m. [Pr. *bâreton*]. T. Mélier. Petite barre.

BARRETTADE. s. f. [Pr. *baretade*] (de *barrette*). Coup de bonnet, salutation.

BARRETTE. s. f. [Pr. *barète*] (ital. *baretta*). Sorte de bonnet plat. *La b. d'un ouvrier, d'un enfant. A Venise les nobles portaient la b. dans les rues.* || Bonnet carré rouge que portent les cardinaux. *Recevoir la b.*, Être nommé cardinal. || Petite barre dans le barillet d'une montre. || Petite barre en travers d'une tabatière double. || Rayons des roues d'une montre.

BARREUR. s. m. [Pr. *bâreur*]. T. Chasse. Chien dressé pour la chasse au chevreuil, à la perdrix.

BARRICADE. s. f. [Pr. *baricade*] (R. *barrique*). Sorte de retranchement qu'on fait à la hâte, avec des barriques remplies de terre, des pieux, des chaînes, des pavés, des voitures renversées, etc., pour arrêter des troupes, se défendre et se mettre à couvert. *Faire une b. Attaquer, forcer, franchir une b. Il y avait des barricades dans toutes les rues.* — Années de barricades à Paris : 1588, 1648, 1789, 1830, 1848, 1851, 1871.

BARRICADER. v. a. [Pr. *baricader*]. Fermer avec une barricade. *B. une rue.* — *B. une porte*, Mettre derrière une porte tout ce que l'on peut pour empêcher qu'elle ne soit forcée. = SE BARRICADER. v. pron. Opposer au-devant de soi tout ce que l'on peut pour se mettre à couvert, pour se défendre. — Fig. et fam., S'enfermer pour ne voir personne. *Il se barricade tout le jour dans sa chambre et n'en sort que le soir.* = BARRICADÉ, ÉE. part.

BARRIER. s. m. [Pr. *bârié*] (de *barre*). Celui qui, dans la fabrication des monnaies, tourne la barre du balancier.

BARRIÈRE. s. f. [Pr. *barière*]. Assemblage de plusieurs pièces de bois servant à fermer un passage. *Fermer, ouvrir, franchir la b.* || Se dit des bureaux établis à l'entrée des villes pour percevoir les droits d'octroi. *Commis de la b. Hors des barrières. Il a été arrêté aux barrières.* — Par ext., La partie d'une ville, avec ou sans b. — A Paris, l'emplacement d'une porte de l'ancienne enceinte. *La b. d'Enfer. La b. du Trône.* || Enceinte fermée, où avaient lieu autrefois les joûtes, les tournois, les combats singuliers, etc. *Combattre à la b.* || Ce qui borne un État, tout ce qui servant de défense naturel. *Deux puissantes barrières, la mer et les Pyrénées, séparent l'Espagne et la France.* || Fig., Empêchement, obstacle à quelque chose. *Il est temps de mettre des barrières à sa puissance.* — *Il existe entre eux une b. infranchissable*, Il est impossible qu'ils se réconcilient jamais.

BARRIÈRE, régicide, voulut assassiner Henri IV, et fut rompu vif à Melun, en 1593.

BARRIÈRE (THÉODORE), auteur dramatique (1823-1877), auteur de la *Vie de Bohème*, des *Faux-Bonshommes*, des *Filles de marbre*, de l'*Héritage de M. Plumet*, etc.

BARRINGTONIÉES. s. f. pl. [Pr. *baring-tonié*] (R. *Barrington*, nom d'homme). T. Bot. Ancien groupe de plantes aujourd'hui fondu dans la famille des *Myrtacées*, tribu des *Lécythidées*. Voy. MYRTACÉES.

BARRIQUAUT. s. m. [Pr. *bariko*]. Petite barrique.

BARRIQUE. s. f. [Pr. *barique*] (celte, *baril*). Sorte de tonneau, de futaille. *Mettre du vin dans une b.* — *B. de vin, d'eau-de-vie*, B. pleine de vin, d'eau-de-vie. || Mesure qui équivaut au quart d'un tonneau; en Bourgogne, 228 litres. *Ce vin me coûte deux cents francs la b.*

BARRIR. v. n. [Pr. *bar-rir*] (lat. *barrire*, m. s.). Crier, en parlant de l'éléphant.

BARRIT. s. m. [Pr. *bar-ri*] (lat. *barritus*, m. s.). Cri de l'éléphant.

BARROIR. s. m. [Pr. *baroir*] (de *barre*). Sorte de tarière dont se servent les tonneliers.

BARROIS, comté ou duché de Bar, ancien pays de France, dans la Lorraine, cap. Bar-le-Duc. Forme aujourd'hui la presque totalité du dep. de la Meuse et une petite partie de la Haute-Marne.

BARROT (ODILON), avocat et homme d'État français (1791-1873).

BARROT. s. m. [Pr. *baro*]. T. Mar. Petit bau. || Petit baril d'anchois.

BARROTER. v. a. [Pr. *baroter*]. T. Mar. Remplir la cale d'un bâtiment jusqu'aux barrots. || La remplir de piles de morues.

BARROTIN. s. m. [Pr. *barotin*]. T. Mar. Petit barreau entre les baux d'un pont.

BARRURE. s. f. [Pr. *bârure*]. Petite irrégularité sur une pipe.

BARRY (MARIE-JEANNE GOMARD DE VAUBERNIER, comtesse DU), maîtresse de Louis XV, et la dernière favorite de ce roi, de 1768 à 1774. Son vrai nom était *Jeanne Bécu*. C'est lorsque le roi lui fit épouser le comte *Guillaume Du Barry*, qu'on produisit sur un acte falsifié le nom plus aristocratique de *Vaubernier*. Née à Vaucouleurs en 1743. Avant de connaître le roi de France, elle s'était livrée à la plus basse prostitution. Un jour que Louis XV paraissait sentir son abjection et disait au duc de Noailles : « Je sais bien que je succède à Sainte-Foix. — Sire, répondit le duc en s'inclinant, comme Votre Majesté succède à Pharamond. » D'une beauté remarquable, la Du Barry apporta à la cour de France ses habitudes grossières et son langage trivial. Ses dépenses et ses prodigalités dépassèrent encore celles de la Pompadour et peuvent être évaluées à plus de 40 millions de notre monnaie. Elle fut guillotinée sous la Terreur (8 décembre 1793).

BARSE. s. f. Boîte d'étain dans laquelle on apporte le thé de la Chine.

BAR-SUR-AUBE, ch.-l. d'arr. (Aube). 4,300 hab.

BAR-SUR-SEINE, ch.-l. d'arr. (Aube). 3,200 hab.

BART (JEAN), célèbre marin français, né à Dunkerque (1651-1702). Louis XIV lui donna le grade de chef d'escadre.

BARTAS (DU), poète français, auteur de *la Semaine ou Création du monde* (1544-1590).

BARTAVELLE. s. f. T. Ornith. Nom vulgaire de la perdrix de roche. Voy. Perdrix.

BARTHE (Nic.-Thomas), auteur dramatique (1734-1785).

BARTHE (Henri), voyageur allemand (1821-1865). A publié notamment des voyages dans l'Afrique centrale.

BARTHÉLEMY (Saint), l'un des douze apôtres.

BARTHÉLEMY (L'abbé Jean-Jacques), littérateur et antiquaire français, auteur du voyage du *Jeune Anacharsis en Grèce* (1716-1795).

BARTHÉLEMY (Auguste-Marseille), poète fr. (1796-1867), auteur de la *Némésis*. C'est dans sa *Justification* que se trouve ce vers malheureux :

L'homme absurde est celui qui ne change jamais.

BARTHÉLEMY (LA SAINT-), massacre des protestants de France (24 août 1572), par ordre de Charles IX et de Catherine de Médicis.

BARTHEZ (Paul-Joseph), célèbre médecin, né à Montpellier en 1734, mort à Paris en 1806, fondateur du vitalisme, philosophie biologique qui enseigne que l'unité vitale n'est pas le *résultat*, mais le *principe* de l'organisme.

BARTHOLE, jurisconsulte italien (1313-1356).

BARTOLINI, sculpteur florentin (1776-1850).

BARTONIA. s. m. T. Bot. Genre de plantes de la famille des *Loasées*.

BARUCH, l'un des douze petits prophètes. Un jour La Fontaine, ayant ouvert le livre de Baruch, y trouva une prière si belle qu'il ne put s'empêcher de demander pendant quelque temps à toutes les personnes qu'il rencontrait : *Avez-vous lu Baruch ?* Cette interrogation est passée en proverbe.

BARYCENTRE. s. m. (gr. βαρὺς, pesant; *centre*). T. Math. Centre de gravité.

BARYCENTRIQUE. adj. 2 g. T. Géom. *Coordonnées barycentriques.* Voy. Coordonnées.

BARYE (Antoine-Louis), sculpteur français (1795-1875).

BARYTE. s. f. T. Chim. Protoxyde de baryum. Voy. Baryum.

BARYTINE. s. f. T. Minér. Sulfate de baryte naturel. Voy. Baryum.

BARYTIQUE. adj. 2 g. T. Chim. Qui a rapport à la baryte ou au baryum. Voy. Baryum.

BARYTON. s. m. (gr. βαρὺς, grave; τόνος, ton). T. Mus. Genre de voix d'homme qui tient le milieu entre la basse et le ténor. Voy. Voix. — Ancien instrument à archet du genre de la basse de viole. ‖ T. Gram. gr. Se dit des verbes qui se conjuguent sans contraction et qui ont l'accent grave sur la dernière syllabe. S'emploie le plus souvent adjectiv. *Les verbes barytons.*

BARYUM. s. m. [Pr. *bari-ome*] (gr. βαρὺς, pesant). T. Chim. Le *Baryum* (Ba) est un corps simple, métallique, ayant la couleur et l'éclat de l'argent, et une pesanteur spécifique de 4,97. Il appartient à la première classe des métaux, c.-à-d. aux métaux qui décomposent l'eau à froid. Dans cette décomposition de l'eau, l'hydrogène se dégage, et le b. se combine avec son oxygène en formant un oxyde qui constitue une base des plus énergiques. Quand il est pur, son point de fusion est supérieur à celui de la fonte. Au contact de l'air il se ternit promptement, car il en absorbe l'oxygène avec avidité. Son poids atomique est 137. — Le b. a été découvert en 1807 par Humphry Davy. Ce chimiste façonna avec un morceau de baryte hydratée une capsule à parois épaisses dans laquelle il versa un peu de mercure et qu'il plaça sur une lame métallique. Il mit en communication le pôle négatif d'une pile avec le mercure et le pôle positif avec la lame, et il obtint ainsi un amalgame qui, préservé de l'oxydation par une couche d'huile de naphte et distillé dans une cornue de verre, laissa un résidu de b. métallique.

Le b. forme avec l'oxygène deux combinaisons, un *protoxyde* et un *bioxyde*.

Protoxyde de Baryum ou *Baryte* BaO. — La baryte, découverte en 1774 par Scheele, est pesante, poreuse, d'un blanc grisâtre, fusible seulement au chalumeau à gaz hydrogène et oxygène, indécomposable par la chaleur : c'est une base très énergique. Elle est caustique, et vénéneuse, verdit le sirop de violette et désorganise rapidement les substances animales ou végétales. A l'air elle tombe bientôt en poussière en absorbant à la fois l'humidité et l'acide carbonique. Elle est soluble dans l'eau qui en dissout le vingtième de son poids à la température ordinaire, et le dixième à 100 degrés. Elle est en outre très avide de ce liquide; quelques gouttes d'eau versées sur un morceau de baryte anhydre sont absorbées avec un dégagement de chaleur qui volatilise une partie de cette eau et peut même rendre la baryte incandescente. Cette action se produit également avec un mélange d'eau et d'alcool, tandis qu'elle n'a pas lieu avec l'alcool pur. On a ainsi un excellent moyen de reconnaître si l'alcool est anhydre. La baryte hydratée Ba(OH)²+8H²O, dissoute dans l'eau bouillante, puis abandonnée à un refroidissement lent, cristallise en prismes terminés par des pyramides à quatre faces. Les cristaux soumis à l'action d'une température élevée éprouvent d'abord la fusion aqueuse, perdent 8 molécules d'eau, et sont ainsi ramenés à l'état d'hydrate de baryum Ba(OH)², qui est, comme la baryte anhydre, inaltérable aux plus hautes températures. L'action de l'acide sulfurique monohydraté sur la baryte est des plus remarquables. Pendant la combinaison des deux corps, il se produit une telle chaleur que la masse devient incandescente. Ce phénomène fournit un moyen facile de distinguer la baryte de la strontiane. — On prépare l'oxyde anhydre en décomposant par la chaleur le nitrate de baryte renfermé dans une cornue de porcelaine. En dissolvant cet oxyde dans une quantité d'eau suffisante, on obtient l'eau du baryte, c'est un liquide qui se trouble à l'air en absorbant l'acide carbonique et en donnant un précipité de carbonate de baryte.

Bioxyde de Baryum BaO². — Ce corps est assez semblable par son aspect à la baryte. Il se combine aisément avec l'eau et forme un hydrate blanc, très peu soluble dans ce liquide. Au rouge vif, le bioxyde abandonne la moitié de son oxygène et se transforme en baryte anhydre. — On obtient le bioxyde en faisant passer un courant d'air, débarrassé d'acide carbonique, sur de la baryte pure chauffée au rouge sombre. Le bioxyde ainsi formé peut servir à préparer de l'oxygène : il suffit d'arrêter le courant d'air et d'élever la température au rouge vif; l'oxygène se dégage et il reste de la baryte qui peut servir de nouveau. Ce procédé a été imaginé par Boussingault pour extraire l'oxygène de l'air. — Le bioxyde de b. sert encore à préparer l'eau oxygénée.

Combinaisons du Baryum avec les métalloïdes. — Le *sulfure de b.* BaS s'obtient en chauffant au rouge, dans un creuset, le sulfate de baryte avec du charbon. C'est une masse blanche qui jouit de la propriété de devenir phosphorescente dans l'obscurité quand elle a été préalablement exposée pendant un certain temps aux rayons du sol il. Sa dissolution peut servir à préparer les autres composés barytiques. — L'*iodure de b.* cristallise en aiguilles soyeuses, blanches, d'une saveur nauséabonde et très déliquescentes. — Le *bromure* se présente sous forme de prismes rhomboïdaux ou de petits amas cristallins, ayant l'aspect de choux-fleurs. Leur couleur est blanc de lait, leur saveur est amère et nauséabonde, et ils sont très solubles dans l'eau et dans l'alcool. — Le *chlorure* cristallise en lames rhomboïdales très minces ou en lames hexagonales d'apparence nacrée, ayant une saveur piquante, âcre et très désagréable. Ce sel BaCl², 2H²O abandonne son eau de cristallisation à 100 degrés, puis il fond à la chaleur rouge. Il se dissout à 16 degrés dans 2,3 parties d'eau, et à 100 degrés dans 1,3 part. seulement. Cette dissolution sert à reconnaître et à doser l'acide sulfurique avec lequel il donne un précipité insoluble de sulfate de baryte. Le chlorure de b. est insoluble dans l'alcool et dans l'acide chlorhydrique concentré. On l'obtient en dissolvant le carbonate de baryte naturel dans l'acide chlorhydrique.

Sels de baryte. — Ils ne sont pas précipités par l'*ammoniaque pure*, caractère qui les distingue des sels magnésiens et alumineux, et de ceux que forment les métaux de la deuxième classe. Le *carbonate d'ammoniaque* et les *carbonates alcalins* en précipitent la baryte à l'état de carbonate blanc, insoluble, tandis qu'ils ne précipitent pas les sels des métaux alcalins. L'*acide sulfurique* et les *sulfates* solubles donnent un précipité blanc de sulfate de baryte, insoluble dans l'eau et dans l'acide azotique. Ce caractère est commun aux sels de baryte, à ceux de strontiane et à ceux de plomb; mais les premiers se distinguent des seconds en ce qu'ils sont précipités en jaune par une dissolution de *chromate de potasse* qui ne précipite pas ceux-ci; et des troisièmes, en ce que ces derniers noircissent par l'*hydrogène sulfuré* qui laisse incolores les sels de baryte. L'*acide hydrofluosilicique* produit dans les dissolutions de sels de baryte un précipité gélatineux transparent. Enfin, les sels de baryte colorent la flamme de l'alcool en jaune verdâtre, tandis que ceux de strontiane la colorent en rouge pourpre.

Azotate de baryte AzO⁵Ba. — Ce sel cristallise en octaèdres réguliers : on l'obtient en traitant le carbonate de baryte ou le sulfure de b. par l'acide azotique étendu. On s'en sert comme réactif de l'acide sulfurique et des sulfates. Il est employé aussi en pyrotechnie pour obtenir des feux verts.

Carbonate de baryte CO²Ba. — Ce sel est incolore, très peu soluble dans l'eau pure, plus soluble dans l'eau chargée d'acide carbonique. Ses cristaux sont des prismes rhomboïdaux. Sa densité est 4,29. La vapeur d'eau le décompose à la température rouge lorsqu'il est mélangé avec son poids d'hydrate ou de carbonate de chaux. On obtient artificiellement le carbonate de baryte par la double décomposition d'un sel de baryte et d'un carbonate soluble; mais il se trouve assez abondamment dans la nature, notamment en Angleterre, comme gangue des minerais de plomb. Les minéralogistes le désignent sous le nom de *Witherite*.

Sulfate de baryte (SO⁴Ba). — Ce sel est tellement insoluble dans l'eau que l'acide sulfurique forme un précipité dans une solution contenant 200,000° d'un sel de baryte. Il est également insoluble dans les acides azotique et chlorhydrique; mais il se dissout dans l'acide sulfurique concentré et bouillant, qui ensuite laisse déposer des aiguilles cristallines brillantes. Ces cristaux sont du bisulfate de baryte (SO⁴)²BaH²; l'eau les décompose en sulfate neutre et en acide sulfurique. Le sulfate de baryte fond à une température élevée. La chaleur ne le décompose point. Calciné avec du charbon, il donne une masse pyrophorique et phosphorescente (sulfure de b.) comme autrefois sous le nom de *phosphore de Bologne*. Le sulfate de baryte naturel, appelé par les minéralogistes *Spath pesant, Barytine, Baryte sulfatée*, constitue la gangue d'un grand nombre de minerais, tels que ceux d'argent, de cuivre, de mercure et d'antimoine. Sa densité est 4,7. Les cristaux dérivent du prisme orthorhombique, et présentent trois clivages faciles. Ce caractère, joint à sa grande densité, permet de le reconnaître aisément. — Le sulfate de baryte artificiel se prépare en précipitant par l'acide sulfurique un sel soluble de baryte.

Usages des composés barytiques. — On emploie le carbonate de baryte ou la baryte caustique dans la préparation des acides tartrique, citrique, etc., dans le traitement des mélasses de betteraves, dans le raffinage du sucre. Le sulfate de b. artificiel, appelé *blanc fixe* ou *blanc de baryte*, sert dans la peinture, dans la fabrication des papiers peints, dans le glaçage des cartes et des cartons. Le sulfate naturel mêlé quelquefois au blanc de céruse; il entre dans la composition de certains verres; enfin, dans quelques fonderies de cuivre, on l'emploie comme fondant. — Tous les composés solubles de b. sont vénéneux. Malgré sa causticité, la baryte n'est pas employée en médecine comme escarrotique, à cause de la facilité avec laquelle elle est absorbée. Le *bromure*, l'*iodure* ou le *chlorure* de b. sont aussi des poisons irritants énergiques. Ces sels, principalement le chlorure, sont employés en médecine à la dose de 0ᵍʳ,50 à 1 gramme par jour dans les diverses formes de la scrofule et dans les affections qui s'y rattachent. — Dans le cas d'empoisonnement par un composé barytique, le meilleur remède consiste dans l'administration du sulfate de soude ou du magnésie.

BAS, BASSE. adj. (lat. *bassus*, court). Qui a peu de hauteur; qui est au-dessous de la hauteur habituelle ou d'un certain degré d'élévation pris pour terme de comparaison. *Chaises basses. Porte basse. Appartement b. Stature basse. Côte basse. Terrain b. et marécageux. Les eaux sont basses.* — Fig. et fam., *Les eaux sont basses chez lui*, l'argent commence à lui manquer. || *La mer est basse* ou *est endroit*, Elle a peu de profondeur. — *Basse marée, Basse mer*, Le moment où la mer est retirée, où elle est vers la fin de son reflux. *Les marées sont plus basses à certaines époques*, Le flux monte moins haut. || Fig. et fam.,

Le temps est b., L'atmosphère est chargée de nuages peu élevés, et le temps menace de la pluie. || Fig., *Le jour est b.*, Le jour est sur son déclin, ou il n'est pas clair. || Fig., *Avoir la vue basse*, Ne pouvoir distinguer les objets que de fort près. || Se dit de certaines choses placées au-dessous d'autres. *B. étage. La partie basse de l'édifice. Les régions basses de l'air. Les basses voûtes d'un vaisseau. Les basses terres.* || Ce b. monde, Cette terre, ce monde où nous vivons. *En ce b. monde.* || Fig., *Le b. bout de la table*. Voy. BOUT. || T. Art milit. *Places basses*, Casemates et autres ouvrages de même nature. Voy. FORTIFICATION. || Se dit des pays dont le sol est moins élevé que celui d'où descendent les rivières qui les traversent. *Le b. pays est inondé. Le basse Bretagne. La basse Égypte.* — *Un b. Breton, Un b. Normand*, Habitant de la basse Bretagne, de la basse Normandie. — *Le b. breton*, Le langage des b. Bretons. *Le b. allemand*, La langue allemande telle qu'elle est parlée dans le nord de l'Allemagne. || *Le b. Rhin, Le b. Danube, La basse Loire*, etc., La partie des fleuves qui est plus voisine de l'embouchure que de la source. — *La basse Seine*, La partie de la Seine au-dessous de Paris vers la mer, par oppos. à la partie qui se trouve au-dessus de Paris et que l'on nomme *La haute Seine*. || *La partie basse du vin*, la levé, redressé. *Marcher la tête basse. Ce chien a les oreilles basses.* — Fig. et fam., *Avoir l'oreille basse*. Voy. OREILLE. || Fig., *Faire main basse*. Voy. MAIN. || T. Mus. *Bas*, se dit dans le sens de grave, par oppos. à aigu. *Son b. Ton b. Ce morceau est trop b. pour ma voix.* — *Cette corde est trop basse.* || *A basse note*, Sans élever la voix, à basse. *Chanter à basse note.* — Fig., se dit de la manière de parler, de proférer les paroles. *Prier à basse note, Dire des injures à basse note.* Fam. — *A voix basse, D'un ton b.*, Sans élever la voix. *Ils parlaient à voix basse, d'un ton b.* — Fig. et fam., *Faire parler quelqu'un d'un ton plus b.*, Réprimer son orgueil, son arrogance, rabattre sa fierté. || *Bas-dessus, Basse-contre, Basse-taille*. Voy. ces mots et Voix. || *Messe basse*, Messe non chantée et dite à voix basse. || Fig., *Inférieur, subalterne. Les basses classes de la société. Le b. peuple. Le b. clergé. Les b. emplois. Il accepta les fonctions les plus basses.* Autrefois, dans l'armée, on nommait *Bas officiers*, Les militaires gradés appelés aujourd'hui *Sous-officiers*. — *Les basses classes du collège*, Les classes inférieures. *Basse justice.* Voy. JUSTICE. — En Angleterre, *La Chambre basse, La Chambre des communes*. — *Le Bas-Empire*. Voy. Bas-EMPIRE. || Qui est de moindre valeur, de moindre prix. *Monnaie de b. aloi.* — *B. Prix*, Prix modique, au-dessous de l'ordinaire. *Acheter à b. prix.* — *La vente est basse, Les fonds publics sont b., Le change est b.*, Au-dessous du cours ordinaire. || *Un enfant en b. âge*, Dans un âge fort tendre. || Fig., Vil, méprisable. *Un sentiment b. Des actions basses. Une basse jalousie. On ne doit rien faire de b.* — Qui est dépourvu de courage, de générosité, d'élévation; *Homme b. Cœur b. Âme basse.* — Par ext., *Figure basse, Physionomie basse*, Qui semble annoncer des sentiments b. || *Bas.* En parlant de langage et de productions littéraires, b. se dit dans le sens de trivial, populaire, ignoble. *Mot b. Expression basse. Le b. comique.* — S'emploie parfois subst. *Cet écrivain tombe trop souvent dans le b. et dans le bouffon.* — *Style b.*, Style rempli de trivialités. *La basse latinité*. Voy. LATINITÉ. || BAS. s. m. Se dit de la partie inférieure de certaines choses. *Le b. du visage. Le b. d'une robe. Le b. d'une page. Le b. du pavé.* — *Le vin est au b., Le tonneau est presque vide.* — Fig., *Il y a du haut et du b. dans la vie*, Il y a des époques de prospérité et d'autres d'adversité. || T. Mus. *La voix de ce chanteur est belle dans le b.*, Dans les notes graves. = BAS, adv. Dans la partie basse, dans la partie inférieure. *Descendre plus b. Le camp est parti de plus b. Trois portes plus bas.* — *Être assis b. Sur un siège peu élevé.* || *Mettre b. les armes. Armes b.*, Poser les armes dans l'exercice, et plus communément se rendre, cesser de combattre. — *Mettre chapeau b.*, Se découvrir. *Se tenir chapeau b.*, Se tenir découvert par respect. On dit de même, *Être chapeau b. Parler chapeau b.* Par ellipse, on dit en commandant, *Armes b. B. les armes. Chapeau b.* — *Jouer argent b.*, Jouer argent comptant. || Absol., *Mettre b.*, en parlant des femelles de certains animaux, faire des petits. *Cette chienne a mis b.* — T. Vén. *Cerf qui a mis b.*, Cerf dont le bois est tombé. || Fig., *Mettre b. tout scrupule, toute honte. Ces injures viennent de trop b. pour m'atteindre.* — *Le malade est bien b.*, est *au plus b.*, Il approche de sa fin. — Fam., *Il est bien b.*, *Il est b. percé*, Il a peu d'argent, Il est sans ressources. — *C'est un insensé, tenez-le b.*, Tenez-le dans la soumission, dans la crainte. || *Plus b.* s'emploie dans la signification de ci-dessous, ci-après. *On verra plus b. la preuve de ce que j'avance.* || Se dit encore du bon de la voix, soit pour parler, soit pour chanter. *Parlez b.* S'ans élever la voix. *Parlez plus b.*, ou simplement *Plus b.* — *Vous l'avez pris trop b. Sa voix ne descend pas plus b.* || A bas. loc. prép. et adv. *Sauter à b. du lit*, Se lever brusquement. *Il le mit à b. de son cheval*, Il le descendit de cheval. — *Mettre à b.*, Renverser, abattre *Que de maisons on a mises à b.!* — *Être à b.*, se dit fam., au propre et au fig., des choses qui ont été renversées ou détruites *Tous mes arbres sont à b. Ma fortune est à b. Son crédit est à b.* || T. Jeu de Tric-trac. *Tout à b.*, se dit lorsqu'on joue en prenant deux dames à la pile. || *A bas!* se dit, par ellipse, lorsqu'on commande à une personne de descendre du lieu où elle se trouve. — S'emploie encore en signe d'improbation. *A b.! l'orateur! A b. la cabale!* — EN BAS. loc. adv. Dans le lieu qui est plus bas, qui est au-dessous. *Il est en b.* Rouler du haut en b. *Faites le tour par en b.* — *Tirer par b.*, Tirer par le b. — On dit aussi, *Tirer par en b.* Voy. HAUT. — Fig. et fam., *Traiter, regarder du haut en b.* Voy. HAUT. == EN BAS DE. loc. prép. Au bas de. *En b. de la montagne.* == PAR BAS. loc. adv. Dans le b. *Il y a quatre chambres par b. Il est logé par b.* — *Aller par haut et par b.* Voy. HAUT. == LÀ-BAS. loc. adv., qui sert à désigner un lieu moins élevé que celui où l'on est, ou un lieu plus ou moins éloigné. *Il est là-b. Que se passe-t-il donc là-b? Courez là-b.* — ICI-BAS, loc. adv. En ce monde, sur notre terre. *Le bonheur n'est nulle part ici-b. Les choses d'ici-b. sont périssables.* == Syn. Voy. ABJECT.

BAS. s. m. (R. *bas*, adj. On disait autrefois *bas-de-chausse*). Vêtement qui sert à couvrir le pied et la jambe. *B. drapé. B. de laine, de fil, de soie. B. au tricot, à l'aiguille, au métier. B. à jour. Une paire de b.*

Hist. — Chez les peuples anciens, du moins chez ceux que nous connaissons le mieux, qui tous habitaient les bords du baigne la Méditerranée, l'usage des b. était absolument inconnu. Cependant, à Rome, les femmes portaient des bandelettes (*Fasciæ crurales*) artistement roulées autour de leurs pieds et de leurs jambes : lorsque le luxe et la mollesse eurent envahi Rome, quelques hommes empruntèrent aux femmes cet usage. Plus tard, la coutume en devint tout à fait générale, et l'on voit par les enluminures des plus vieux manuscrits qu'elle régna en Europe pendant la première partie du moyen âge.

Plus tard, les bandelettes furent remplacées par une pièce d'étoffe ordinairement de drap, qui était taillée et cousue de façon à s'ajuster au pied et à la jambe, et que l'on appela *Chausse*, du bas latin *hosa*. D'abord ce vêtement était lâche et rayé de diverses couleurs; puis on le porta serré sur la jambe et marquant le mollet; il fut ensuite roulé sur le genou. Les chausses dont nous parlons ne doivent pas être confondues avec l'espèce de culotte large connue sous le nom de *Haut-de-chausse*. Le mot b., pour désigner le vêtement de la jambe, tire évidemment son origine de sa situation relativement au haut-de-chausse. C'est ainsi qu'on nomma *Bas d'attache* un grand b. de soie qui s'attachait au haut-de-chausse. On voit encore cette espèce de b. dans certains costumes de théâtre. Ce fut vers la fin du XIV° siècle que l'art du *tricot* fut inventé. Les premiers b. fabriqués de cette manière furent, dit-on, portés par Henri II, aux noces de sa sœur avec le duc de Savoie. Les *B. tricotés* furent à leur tour détrônés par les *B. au métier*. On ignore le nom de l'inventeur du premier métier à fabriquer les b.; la France et l'Angleterre se disputent l'honneur de lui avoir donné le jour. Quoi qu'il en soit, cette industrie se développa d'abord en Angleterre, et ce fut de ce pays qu'un Français, nommé Jean Hindres, importa dans sa patrie, en 1656, le premier métier à b., lequel servit de modèle à ceux que dès lors on construisit en France. Les b. au métier, à la différence des b. tricotés, avaient besoin

d'être cousus par derrière. Aujourd'hui il existe des métiers circulaires qui servent à fabriquer des b. sans couture. Voy. TRICOT, BONNETERIE.

Bas élastiques. — On appelle ainsi des appareils destinés à comprimer les varices des membres inférieurs. Ils ont été introduits en 1836 par M. F. Le Perdriel; ils sont remarquables par leur souplesse, leur perméabilité à la transpiration, et leur longue durée qui ne diminue en rien leur élasticité. Ils sont faits avec des métiers spéciaux particuliers à l'auteur, et se fabriquent en trois sortes de tissus : le *tissu fort*, le *tissu doux* et le *tissu à jour*.

BASALTE. s. m. (lat. *basaltes*, m. s.). T. Minér. et Géol. Le *Basalte* est une roche compacte, de couleur noire ou grise, plus dure que le verre, très difficile à rompre et d'apparence homogène. Il se compose essentiellement de pyroxène et de feldspath, et contient une proportion notable de fer oxydé. Les analyses faites sur des échantillons de divers lieux ont donné en moyenne, sur 100 parties : silice, 44 à 50; fer oxydulé, 23 à 24; alumine, 15 à 16; chaux, 8 à 9; soude, 2 à 3; magnésie, 2, et eau, 2. La pesanteur spécifique du b. est de 3 environ. Sa cassure est semi-vitreuse et même terreuse. Il est fusible au chalumeau et donne un émail noir. Quoiqu'il soit en général noir, le b. passe accidentellement au gris, au verdâtre et au rouge, soit par le mélange d'autres substances minérales, soit par la décomposition. Malgré l'apparence homogène qu'il présente, on y distingue, à l'aide d'une loupe, les cristaux de feldspath et de pyroxène dont il est formé. Quelquefois on y reconnaît aussi des cristaux d'amphibole, de péridot, d'olivine et de fer titané. Lorsque ces cristaux sont visibles à l'œil nu, le b. offre un aspect porphyroïde : Brongniart, dans ce cas, lui donne le nom de *Basanite*.

Le b. est un produit de formation ignée sorti du sein de la terre à l'état fluide. Les formes singulières sous lesquelles il se présente dans la nature ont attiré de tout temps l'attention des observateurs. On rencontre le b. : 1° en coulées dont le point de départ est visible et se rattache au cratère d'un volcan éteint; 2° en nappes formant des plateaux quelquefois très étendus et d'une grande épaisseur; 3° en lambeaux isolés, en buttes au milieu des plaines ou en filons moulés dans les inégalités du sol; 4° en murailles formées, soit d'une masse compacte, soit de prismes à 3, 4, 5, 6, 7 et 8 pans. Souvent le b. se montre sous toutes ces formes dans le même canton. La plus curieuse est assurément la forme prismatique; elle

donne lieu à des colonnades naturelles, parfois d'une très grande étendue, dont les plus renommées sont la *Chaussée des Géants*, près du cap Fairhead, en Irlande, et la grotte dite de *Fingal* (Voy. la Fig.), dans l'île de Staffa (Hébrides). Cette grotte célèbre est longue d'environ 75 mètres. L'ouverture a 20 mètres de hauteur sur 12°,75 de largeur. Les prismes de cette grotte sont à 5 pans de la plus grande régularité. En France, les formations basaltiques les plus remarquables sont celles de la vallée du Volant (Ardèche), les environs du Puy (Haute-Loire), et de diverses localités des départements du Cantal et du Puy-de-Dôme. On trouve quelquefois des prismes basaltiques d'une seule pièce qui ont une longueur considérable; il en existe à l'île de Sainte-Hélène qui n'ont pas moins de 20 mètres. Mais, en général, les prismes d'une grande longueur sont formés de tronçons placés le ul à bout et comme articulés ensemble. Alors la face inférieure de chaque tronçon offre ordinairement à sa partie inférieure une convexité qui est reçue dans une cavité correspondante du tronçon inférieur. On a remarqué que, dans une masse de prismes ainsi articulés, les articulations se trouvent toutes au même niveau.

Cette tendance des masses basaltiques à se diviser en longs prismes provient du retrait dû au refroidissement de la masse pâteuse; elle n'est pas particulière au basalte et se retrouve dans d'autres roches ignées, telles que le gneustein, le porphyre, etc., et dans les coulées de lave des volcans. — L'éruption du basalte a dû nécessairement avoir lieu à des époques successives; car il se rencontre mêlé avec le granit, l'ard oise, la houille, et avec un grand nombre d'autres terrains qui forment l'écorce du globe. Cette substance s'est fait jour à travers une multitude de fissures irrégulières pratiquées dans l'épaisseur de la croûte extérieure de la terre; aussi est-elle accompagnée de fragments incohérents et de conglomérats de nature diverse. Les basaltes sont intimement liés aux trachytes; cependant il existe un grand nombre de terrains trachytiques qui ne renferment pas trace de b.; de même certains pays abondent en basaltes et ne présentent pas de trachytes: c'est là une anomalie difficilement explicable.

Dans certaines localités, les fragments de b. sont employés en manière de moellons, comme pierres à bâtir; mais cette roche est trop dure pour qu'on puisse la façonner en pierres de taille. On fait des *pierres de touche* avec le b. noir, à cause de sa dureté et de la propriété qu'il possède de résister à l'action des acides les plus concentrés. Enfin, on en fabrique des pilons et des mortiers, et même des enclumes à l'usage des batteurs d'or. — Le terme de *basalte*, suivant les auteurs grecs, est d'orig ine éthiopienne; mais il est très probable que les anciens donnaient ce nom à une espèce de *syénite* noire à grains fins, composée de felspath et d'amphibole. Nos musées d'antiquités possèdent en effet des statues, des vases et des tombeaux égyptiens taillés dans cette dernière espèce de r che.

BISALTIFORME. adj. 2 g. (de *basalte* et *forme*). Qui a la forme du basalte.

BASALTIQUE. adj. 2 g. Formé de basalte.

BASANE. s. f. (ar *bithánet*, peau de mouton tannée). Peau de mouton préparée qui sert à recouvrir les livres et à d'autres usages. *Reliure de b. Portefeuille de b.* — T. Chir.

BASANÉ, ÉE. adj. Hâlé, noirâtre. Se dit de la couleur de la peau. *Homme, visage, teint b. Il a la peau très basanée*.

BASANER. v. a. (R. *basane*). Donner à la peau une t int e noirâtre. || Recouvrir de basane. *B. une culotte.* = Se Basaner, v. réfl. Devenir basané.

BASANITE. s f. (gr. *bázanos*, pierre de touche). T. Minér. Roche basaltique qui contient des cristaux de pyroxène. Voy. Basalte.

BAS-BLEU. s. m. (orig. incert.). Se dit, par dénigrement, d'une femme bel-esprit, d'une femme pédante, et surtout d'une femme auteur.

BAS-BORD. s m T Voy. Babord.

BAS-CÔTÉS. s. m. pl. Galeries latérales ou nefs secondaires qui flanquent la grande nef d'une église. || Partie latérale d'une route moins bien entretenue que la chaussée et réservée aux piétons.

BASCUL. s. m. [Pr. *ba-skul*] (R. *battre*, *cul*). Courroie fixée à la sellette du cheval limonier, et qui embrasse l'avaloir.

BASCULE. s f. (R. *battre*, *cul*). Pièce de bois placée en équilibre, de telle façon que deux personnes, étant assises sur chacun de ses bouts, puvent s'élever et s'abaisser alt. rnativement. || Pièce de fer ou de bois soutenue vers son milieu, de manière qu'en pesant sur l'un des bouts on fait élever l'autre avec ce qui y est attaché. *La b. d'un pont-levis. La b d'une souricière.* || *Faire la b.*, Faire un mouvement semblable à celui d'une b. *Il s'avança sur une planche qui fit la b.*, et

il tomba. — On dit de même, *Mouvement de b.* || *Balance b.*, voy. Balance. — *Pont b.*, voy. Pont. — *Couteau à b.*, Couteau dont le manche est mu ni, latéralement et près de la lame, d'une saillie, de telle sorte que, lorsque le couteau est placé sur la table, le manche, étant plus lourd que la lame, empêche celle-ci de toucher la nappe. || Fig *Systè me de b.*, se dit d'un système de politique qui consiste à s'appuyer alternativement sur deux part.s opposés, à s'allier successivement avec deux États ayant des intérêts contraires, pour empêcher qu'aucun d'eux n'acquière une prépondérance dangereuse.

BASCULER. v. n. (de *bascule*). Éprouver le mouvement de bascule. Fair la bascule.

BAS-DE-CASSE. s. m. T. Typog Partie inférieure de la casse d'imprimerie.

BAS-DESSUS. s. m. T Mus. Genre de voix de femme qu'on appelle, en Italie, *Mezzo-soprano.* Voy. Voix.

BASE s. f. (lat. *basis*, gr. *básis*, appui, soutien). Toute chose sur laquelle une autre est posée, assise, établie. *La b. d'une montagne, d'un rocher. La b. d'un clocher. La b. de la muraille, d'un rempart.* || T Archit. *B. d'une colonne,* voy. Ornak. *B. d'un pilier,* voy. Pilier. *B. d'un piédestal,* voy. Piédestal. || T. Géom. Une face particulière de certains polyèdres. *La b. d'un prisme, d'une pyrami e, d'un cylindre. La b. d'un cône*, etc. Voy. ces mots. — L'un des côtés d'un triangle isoscèle qui n'est égal à aucun autre. — L'un des côtés d'un triangle ou d'un parallélogramme. || T Arpent. et Géod. Ligne droite mesurée sur le terrain et sur laquelle on construit une série de triangles pour dét rminer l'étendue superficielle d'une certaine partie du sol ou la longueur d'un arc de méridien ou de parallèle. Voy. Géodésie. Plans (*Levé des*). || T. Astron. Distance mesur e sur la Terre entre deux points très éloignés, et qui doit servir à mesurer la distance de la Terre à un astre. || T. Hist. nat. Se dit de la partie inférieure de certains organes, principalement par rapport à leur point d'attache ou de support. *La b. du cerveau; la b. du cœur; la b. d'une feuille, de l'ovaire,* etc. T. Chim. Toute substance qui peut s'unir à un acide. T. Pharm. Toute substance qui constitue l'ingrédient principal d'un médicament composé. *La b. de ces pilules est l'aloès.* || Fig. Principe, donnée fondamentale; ce qui fait le fond d'une chose. *Les bases d'un système. Les bases d'un traité.* — Soutien, appui. *La justice est la b. de toute autorité.*

Chim. — En chimie le nom de *Base* s'applique généralement à tous les corps compos s qui peuvent se combiner avec des acides pour former des sels.

Parmi les *Bases inorganiques*, on distingue : 1° les *Bases alcalines*, ou les *Alcalis*, qui sont tous solubles dans l'eau. Ces bases sont celles qui ont le plus d'affinité pour les acides. — 2° Les *Bases terreuses* appelées *Terres* dans l'ancien langage chimique : elles sont peu ou point solubles dans l'eau, exercent, par conséquent, une action très faible ou nulle sur les réactifs végéta x, et rap ellent par leur aspect et leurs propriétés physiques les substances qui forment la *terre*. Les bases terreuses sont la *Chaux*, la *Lithine*, la *Baryte*, la *Strontiane*, la *Magnésie*, la *Glucine* et l'*Alumine*. — 3° Les *Bases métalliques*, ordinairement désignées sous le nom d'*Oxydes*. — Dans la théorie atomique, une base est un hydrate métallique, simple ou double monoatomique, diatomique, etc. (ou monacide, bia ide, etc.) suivant qu'il contient un ou plusieurs hydroxyles OH. Ces hydrates s'unissent, avec élimination d'eau, soit aux hydracides, soit aux oxacides, comme le montrent les formules suivantes :

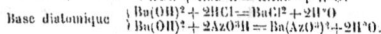

Base monoatomique	$\begin{cases} KOH + HCl = KCl + H^2O \\ KOH + AzO^3H = KAzO^3 + H^2O \end{cases}$
Base diatomique	$\begin{cases} Ba(OH)^2 + 2HCl = BaCl^2 + 2H^2O \\ Ba(OH)^2 + 2AzO^3H = Ba(AzO^3)^2 + 2H^2O \end{cases}$

On voit que ces combinaisons s'effectuent par double décomposition, en échangeant l'hydrogène de l'acide contre le métal. Mais les oxysels peuvent aussi s'obtenir par voie d'addition, en unissant la base anhydre à l'acide anhydre

$$BaO + SO^3 = BaSO^4$$

de même que les autres sels (sulfures, chlorures, etc.), peuvent résulter de l'union directe du métal avec le soufre, le chlore, etc.

On donne aussi le nom de bases à l'*Ammoniaque*, aux *Amines* et aux *Alcaloïdes* (*Bases organiques*), qui, avec les acides, ne se comportent, ni comme les hydrates métalliques, ni comme les bases anhydres. Ainsi le gaz ammoniac ne peut pas former de sels en s'unissant aux oxacides anhydres, il se combine avec les hydracides et avec les oxacides proprement dits (hydratés), mais c'est par voie d'addition et sans élimination d'eau :

$$AzH^3 + HCl = AzH^3Cl$$
$$2AzH^3 + SO^4H^2 = (AzH^3)^2SO^4.$$

Les choses se passent comme si le radical ammonium AzH^4 jouait le rôle d'un métal ; ce serait donc l'hydrate d'ammonium AzH^4O qui représenterait la base proprement dite. Les bases organiques se comportent toutes comme l'ammoniaque vis-à-vis des acides. — Certains sulfures peuvent jouer le rôle de bases (*sulfobases*) vis-à-vis d'autres sulfures à caractère d'acide ; de leur union résultent des *sulfosels*, tels que le sulfantimoniate de sulfure de sodium, ou le sulfocarbonate de potassium. Il en est de même des chlorures, des bromures, etc., qui engendrent des chloroplatinates, des chlorostannates, des bromiplatinates, etc.

BASELLE. s. f. T. Bot. Genre de plantes de la famille des *Chénopodiacées*. Voy. ce mot.

BASELLÉES. s. f. pl. T. Bot. Groupe de plantes formant une tribu de la famille des *Chénopodiacées*. Voy. ce mot.

BAS-EMPIRE, nom de l'empire romain d'Orient, depuis le partage de 395 jusqu'à la prise de Constantinople par les Turcs en 1453. On partage généralement le Bas-Empire en six périodes. La première s'étend d'Arcadius (395-408) à Justinien Iᵉʳ (527-565); la deuxième de la mort de Justinien à l'an 717, avènement de la dynastie isaurienne (Léon III, l'Isaurien); la troisième s'étend de l'an 717 à l'an 867, avènement de la dynastie macédonienne sous Basile Iᵉʳ. La quatrième période de l'empire byzantin commence à cet avènement et se termine en 1056 par l'accession au trône de la dynastie des Comnènes; la cinquième va d'Isaac Iᵉʳ Comnène jusqu'à la chute du premier empire grec et à la prise de Constantinople par les Croisés, en 1204. La domination latine dura un demi-siècle. La sixième période s'étend de la reprise de Constantinople par Michel Paléologue (1226) à la prise de cette ville par les Turcs, en 1453.

BAS-EN-BASSET, ch.-l. de c. (Haute-Loire), arr. d'Yssingeaux, 3,000 hab.

BASER. v. a. (R. *base*). Établir, appuyer, fonder sur quelque chose, comme sur une base. Ne se dit qu'au figuré. *Il faut b. le droit public sur la morale. Ce traité est basé sur le principe de la réciprocité.* = se BASER. v. pron. *Ce système se base sur des faits incontestables.* = BASÉ, ÉE. part.

BAS-FEUILLET. s. m. Une des deux feuilles de la scie du tablettier. = Pl. *Des bas-feuillets.*

BAS-FOND. s. m. Terrain bas et enfoncé. *Sa maison se trouve dans un bas-f. Les bas-fonds sont généralement fertiles.* || *Les bas-fonds de la société,* Classe d'hommes dégradés par la misère ou le vice. || Pl. *Des bas-fonds.*

Géogr. — Le terme de *Bas-fond* est surtout usité pour désigner les parties du fond de la mer qui sont le plus rapprochées de la surface, et conséquent, celles où l'eau a le moins de profondeur. Mais, dans le langage des marins, on distingue les bas-fonds et les hauts-fonds. Ainsi ils nomment *bas-fonds* les parties de la mer peu profondes, mais où il y a cependant assez d'eau pour que les plus gros navires y puissent passer sans toucher ; et ils appliquent le nom de *hauts-fonds* aux parties de la mer n'a pas assez de profondeur pour le passage des navires. Les hauts-fonds et les bas-fonds ne sont connus avec une certaine exactitude que pour les lignes de navigation les plus fréquentées. Dans les parages situés hors du trajet habituel des navires, le capitaine doit naviguer la sonde à la main, avec les plus grandes précautions. L'expérience a enseigné aux marins que le fond, quel qu'il soit, se voit beaucoup mieux d'une certaine élévation que quand on cherche à l'apercevoir du pont du bâtiment. En conséquence, lorsque le capitaine veut éclairer sa route, il prend pour poste d'observation le point le plus élevé possible. Ce qui gêne principalement ce genre d'exploration, c'est que l'œil reçoit bien plus de lumière de la surface des eaux qu'il n'en peut recevoir de l'écueil ou du banc de sable formant bas-fond ou haut-fond qu'il cherche à découvrir. Afin d'obvier à cet inconvénient, Arago a proposé, dans ce cas, d'utiliser les propriétés de la lumière polarisée, et d'observer le fond de la mer à travers une lame de *tourmaline* taillée parallèlement aux arêtes du prisme. Sous l'angle de 37 degrés, une lame de ce genre arrête *complètement* les rayons réfléchis par la surface des eaux qui sont polarisées par cette réflexion, et ne laisse arriver à l'œil que l'image nette des objets sous-marins. Dans les limites comprises entre 27 et 47 degrés, l'élimination des rayons de la surface n'est plus complète ; néanmoins elle est toujours portée à un point suffisant pour faciliter sensiblement la perception des bas-fonds et des hauts-fonds qui peuvent exister dans les parages inconnus ou rarement explorés.

BAS-FOYERS. s. m. plur. T. Métal. Constructions de forme conique munies en dessous de petits ouvreaux pour l'admission de l'air, et en dessus d'une ouverture livrant passage aux produits de la combustion.

BASICITÉ. s. f. (R. *base*). T. Chim. Propriété des corps appelés *bases*. Voy. BASE.

BASIDE. s. f. (lat. *basis*, base). T. Bot. Cellule mère sporifère particulière à l'ordre des *Basidiomycètes*. Voy. ce mot.

BASIDIOMYCÈTES. s. m. pl. (*baside* et gr. μύκης, champignon). T. Bot. Ordre de Champignons très considérable qui a pour types principaux les Agarics, les Bolets, les Tremelles, etc., plantes dont les appareils sporifères, très grands, sont connus de tout le monde sous le nom de *champignons* ou de *champignons à chapeau*. Dans ces appareils sporifères, certaines cellules bourgeonnent vers l'extrémité ou latéralement de poussent de petits rameaux grêles nommés *stérigmates*, dont le nombre varie de 2 à 8 ; l'extrémité de chacun de ces stérigmates se renfle, et finalement produit un spore, qui mûrit et se détache. Ces cellules produisant les spores sont nommées *basides*; d'où le nom donné à l'ordre tout entier. Les basides sont le plus souvent placées côte à côte en une assise continue où elles sont entremêlées de *paraphyses* ou cellules stériles ; cette assise est ce qu'on appelle l'*hyménium*. L'ordre des *Basidiomycètes* est divisé en trois familles : les *Trémellacées*, les *Hyménomycètes* et les *Gastéromycètes*. Voy. ces mots.

BASIFIXE. adj. (*Base* et *fixe*). T. Bot. Qui tient à une autre partie par sa base.

BASIFUGE. adj. 2 g. (lat. *basis*, base; *fugio*, je fuis). T. Bot. Se dit des plantes chez lesquelles la croissance est exclusivement terminale.

BASILAIRE. adj. 2 g. (R. *base*). T. Hist. nat. Se dit des parties qui concourent à former la base d'autres parties, ou qui sont placées à cette base, ou qui y prennent naissance. *L'os b. fait partie de la base du crâne. L'artère b.,* formée par la réunion des deux vertébrales, est située à la face inférieure de la base du cerveau. *Chez les insectes, le premier article des antennes est appelé article b. Dans les plantes, le style est dit b.,* lorsqu'il naît de la base de l'ovaire.

BASILE. s. m. T. Métier. Inclinaison du fer d'un rabot d'une varlope.

BASILE, évêque d'Ancyre, au IVᵉ siècle.

BASILE (SAINT), Père de l'Église grecque (329-379), évêque de Césarée, combattit l'arianisme. Ses pr. ouvrages sont : *Homélies, l'Hexaméron* ou *les Six jours de la création.*

BASILE (Ordre de SAINT), ordre religieux institué par saint Basile en Orient, vers 357.

BASILE Iᵉʳ, *le Macédonien,* emp. d'Orient, de 867 à 886. || BASILE II, *le Jeune,* emp. d'Orient, de 976 à 1025, soumit la Bulgarie.

BASILE (VALENTIN), célèbre alchimiste du XVᵉ siècle, auteur du *Char triomphal de l'antimoine.* Un grand nombre d'ouvrages alchimiques ont été publiés sous son nom.

BASILIC. s. m. (gr. βασιλικός, royal). T. Erpét. Sorte de lézard, de la famille des *Iguaniens.* Voy. ce mot. Jadis on prétendait que le regard seul de cet animal était mortel.

Fig. et fam., *Des yeux de b.*, Des yeux qui expriment le dépit et le courroux. *Elle me fait des yeux de b.*

BASILIC. s. m. (gr. βασιλικὸς, royal). T. Bot. Espèce de plante aromatique de la famille des *Labiées*. Voy. ce mot.

BASILICATE, anc. prov. du royaume de Naples, auj. région du roy. d'Italie, sur le golfe de Tarente; pop. 524,836 hab.

BASILICON ou **BASILICUM.** s. m. (gr. βασιλικὸς, royal). T. Pharm. Nom de diverses drogues qui passaient pour avoir une vertu souveraine. — Onguent composé de résine, de poix, de cire jaune et d'huile d'olive, qui passait pour favoriser la sécrétion du pus.

BASILIDE, philosophe gnostique d'Alexandrie, mort en 130 ap. J.-C., soutenait que la création n'était pas l'œuvre directe de Dieu, mais celle d'êtres intermédiaires entre Dieu et l'homme. Il professait que le Christ ne s'était pas incarné, mais était apparu à plusieurs reprises sous les traits de Siméon le Cyrénéarque, que les Juifs auraient crucifié à sa place. Attaché aux doctrines de Pythagore, il croyait aux propriétés occultes des nombres et à la vertu des pierres dites *Abraxas,* sur lesquelles étaient gravés certains signes mystérieux. Voy. GNOSTIQUE.

BASILIDIEN. s. m. Sectaire gnostique du II° siècle, partisan des doctrines de Basilide. Voy. GNOSTIQUE. || *Pierres basilidiennes,* Pierres sur lesquelles étaient gravés certains signes mystérieux et qui servaient de talisman. On les nomme aussi *Abraxas.* Voy. ce mot.

BASILIQUE. s. f. T. Archit. et Antiq. — Dans l'antiquité romaine, on nommait ainsi un édifice qui servait de palais de justice et de bourse de commerce ou de marché pour les changeurs et autres négociants. Le nom de b. dérive du grec στοὰ βασιλικὴ (*portique royal*), qui à Athènes servait à désigner le tribunal où siégeait le second archonte ou *Archonte roi*. Les Romains, par abréviation, supprimèrent le mot *stoa*, et l'épithète *basilica* devint un subst.

Hist. — La fondation de la première b. romaine ne remonte pas au delà de l'an 182 av. J.-C. Cette b. s'élevait dans le Forum, et on la nommait *Basilica Porcia,* en l'honneur de M. Porcius Caton qui l'avait construite. Indépendamment de cette b., Rome, lors de la translation du siège de l'empire à Constantinople, en possédait vingt autres, érigées à différentes époques. Parmi ces basiliques, nous mentionnerons : 1° La *B. Emilienne,* construite par L. Æmilius Paulus, pendant son consulat (50 ans av. J.-C.), avec les quinze cents talents que César lui avait envoyés de la Gaule, afin de le détacher du parti aristocratique : elle était située dans le Forum ; 2° la *B. de Pompée* appelée aussi *B. royale,* près du théâtre de Pompée ; 3° la *B. Julienne,* érigée par Jules César dans le Forum, vis-à-vis la b. Emilienne : c'est du haut de cet édifice que Caligula s'amusa plusieurs jours de suite à jeter de l'argent au peuple ; 4° la *B. Ulpienne,* dans le Forum de Trajan ; 5° la *B. de Constantin,* bâtie par cet empereur sur la voie Sacrée, près du temple de Rome et de Vénus. De tous ces somptueux édifices il ne reste absolument rien, sauf quelques bases et quelques fragments de colonnes des deux derniers.

Fig. 4.

Dans le principe, les b. étaient ouvertes de toutes parts ; elles se composaient simplement d'une enceinte recouverte d'un toit supporté par un péristyle de colonnes, ainsi que le fait voir la Fig. 1 qui représente la *B. Emilienne,*

d'après une médaille de la famille Æmilia. Mais, lorsque les Romains furent devenus plus riches, on substitua un mur au péristyle extérieur, et l'on plaça les colonnes à l'intérieur de l'édifice.

Le plan de toutes les basiliques était rectangulaire, et leur largeur variait du tiers à la moitié de leur longueur. La b. était divisée, par deux rangées de colonnes, en trois nefs, l'une centrale (*media porticus*), et les deux autres latérales. Le tribunal occupait l'une des extrémités de l'aile centrale ; il était de forme rectangulaire ou circulaire. Parfois il était séparé de la grande nef, ou même il était situé en dehors du mur postérieur de la b., comme l'abside de quelques-unes des plus anciennes églises de Rome. Cette partie de l'édifice recevait, à cause de sa forme, le nom d'*Hémicycle.* Elle formait supérieurement une tête de niche, c.-à-d. une voûte en cul de four, appelée *concha* par les Romains et ἀψ par les Grecs. La b. Ulpienne ou de Trajan, l'une des plus magnifiques de Rome (Fig. 2. Plan de cette b.), possédait deux hémicycles de ce genre. Elle avait en outre deux rangées de

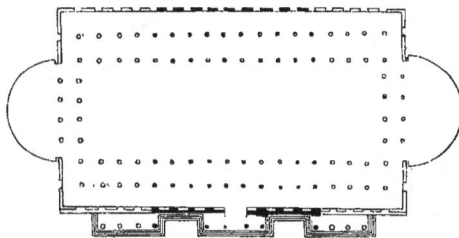

Fig. 2.

colonnes de chaque côté de la nef centrale, et par conséquent quatre nefs latérales.

À l'époque où la religion chrétienne s'établit, elle trouva dans les grandes basiliques construites pour renfermer de nom-

Fig. 3.

breuses personnes, des édifices parfaitement adaptés aux besoins du nouveau culte. Aussi plusieurs d'entre elles furent transformées en églises. Un passage d'Ausone, dans lequel cet auteur s'adresse à l'empereur Gratien, le dit en propres termes : *Basilica, olim negotiis plena, nunc votis pro salute tua suscepti.* Les temples anciens, au contraire, ne furent que rarement affectés à l'usage du nouveau culte, non seulement parce que les chrétiens abhorraient les édifices qui avaient été consacrés aux dieux du paganisme, mais encore parce que ces temples étaient en général construits sur des

75

dimensions trop petites. Quant aux premières constructions religieuses qu'élevèrent les chrétiens, ils imitèrent naturellement, sauf quelques exceptions, le type de la basilique. Les plus anciennes églises de Rome sont en effet construites sur ce plan. Nous citerons celles de Sainte-Agnès, de Saint-Laurent-hors-des-murs, de Saint-Clément, de Saint-Jean de Latran, de Saint-Paul-hors-des-murs. Cette dernière b., dont notre Fig. 3 représente une vue intérieure, a été détruite par un incendie en 1823 et rebâtie en 1847. Sa fondation était généralement rapportée au règne de Constantin; mais elle avait été reconstruite sous Théodose. C'est un édifice somptueux et du plus grand effet. — On distinguait, dans les premières basiliques chrétiennes, cinq parties principales : 1° le *portique* ou *vestibule*, προναος; 2° la *nef*, ναός, *navis*, *aula* et quelquefois *premium*, espace central séparé des nefs latérales par un rang de colonnes de chaque côté : c'est là que se tenaient les fidèles pour assister et prendre part aux cérémonies du culte; 3° le *chœur*, χόρος, *cancellum*, séparé de la nef par une clôture, et occupé par les chœurs de chant, les diacres, sous-diacres, acolytes, etc.; 4° le *sanctuaire*, ιερατειον, ιερόν βήμα, qui occupait l'extrémité de la nef centrale, et qui était séparé du chœur par plusieurs marches, ainsi que par une balustrade (*cancelli*) : c'est au milieu du sanctuaire que s'élevait l'autel; 5° le *presbytère* ou l'*abside*, εξέδρα αψλς, *presbyterium*, qui représentait l'hémicycle ou *tribunal* de la b. païenne. Le siège ou trône de l'évêque était placé au fond de l'hémicycle, et dans l'axe de la grande nef. Il était assez haut pour que les fidèles pussent voir leur pasteur, et pour que celui-ci pût surveiller l'assemblée. Le reste de la partie circulaire de l'abside était garni de gradins destinés au clergé. Lorsque le christianisme eut transformé les idées antiques et fut devenu maître de toutes les intelligences, il engendra un art nouveau qui exprima toutes les aspirations et symbolisa toutes les croyances chrétiennes. Dès lors le type de la b. fut abandonné : il ne resta plus de lui que la multiplicité des nefs, c.-à-d. une disposition matérielle indispensable pour tout édifice construit sur de très vastes dimensions. Le nom de b. disparut également devant celui d'église (*ecclesia*), qui signifie l'assemblée des fidèles. Néanmoins plusieurs églises de Rome conservèrent le nom ancien de b., comme signe de rang et de privilège. Ces églises sont au nombre de sept : Saint-Jean de Latran, Saint-Pierre, Saint-Paul-hors-des-murs, Sainte-Marie-Majeure, Saint-Laurent-hors-des-murs, Sainte-Croix-de-Jérusalem et Saint-Sébastien. Les quatre premières sont appelées *Basiliques majeures ou patriarcales*. Vulgairement on applique aussi la dénomination de b. à toute église remarquable par ses dimensions ou son aspect grandiose, telle que Notre-Dame à Paris, Saint-Paul à Londres, etc.; mais cette expression est impropre. — Depuis un certain nombre d'années, il a été construit en divers lieux, notamment à Paris, quelques églises où l'on a reproduit le plan et le style de la b. chrétienne primitive. Nous citerons celle de Saint-Vincent de Paul, construite par Lepère et Hittorf. Parmi toutes ces imitations de l'art antique, c'est celle qui en reproduit le mieux le caractère religieux. Voy. ÉGLISE et ARCHITECTURE.

BASILIQUE. adj. et s. f. T. Anat. *Veine b.*, L'une des veines du bras. — *Veine médiane b.*, Veine de l'avant-bras qui naît de la veine médiane. Voy. VEINE.

BASILIQUES. s. f. pl. (gr. βασιλικός, royal). Hist. du Droit. Texte grec du *Corpus juris* de Justinien, revisé par les ordres de l'empereur Basile le Macédonien, et revisé de nouveau par l'empereur Constantin Porphyrogénète.

BASILISQUE, usurpateur de l'empire d'Orient (474), vaincu par Zénon l'Isaurien.

BASIN. s. m. (bas lat. *bambacium*, du gr. βόμβυξ, soie?). Étoffe croisée dont la chaîne est de fil et la trame de coton. *On fait des basins tout de coton.*

BASINE, femme de Childéric Ier et mère de Clovis.

BASINERVE. adj. (*base* et *nerf*). T. Bot. *Feuille b.*, Feuille dont les nervures, partant de la base, gagnent le sommet sans se diviser.

BASIPÈTE. adj. (*base*; lat. *petere*, se porter vers). T. Bot. Qui se porte vers la base.

BASIQUE. adj. 2 g. T. Chim. Se dit des sels qui renferment plus de base que les sels neutres. Voy. SEL, CHIMIE.

BASI-SPHÉROÏDAL, ALE. adj. T. Anat. Qui appartient à l'os basilaire et au sphéroïde.

BAS-JUSTICIER. s. m. Dans la féodalité, seigneur qui n'avait que la basse justice.

BAS-LATIN. s. m. Latin corrompu du moyen âge. Voy. LATINITÉ.

BASKIRS, peuplade d'origine mongole qui habite les gouvernements russes d'Orenbourg et de Perm. On les nomme aussi Ischtiaks. Ils sont au nombre de 405,000.

BAS-MÂT. s. m. T. Mar. Partie inférieure d'un mât à brisure. || Pl. *Des bas-mâts.*

BAS-MÉTIER. s. m. Métier que l'on pose sur les genoux, pour les petits ouvrages. || Pl. *Des bas-métiers.*

BASOCHE. s. f. et **BASOCHIEN.** s. m. T. Hist. Dans notre ancienne organisation judiciaire, on donnait le nom de *Basoche* à la corporation établie entre les *clercs* de procureurs par Philippe le Bel, corporation qui avait sa juridiction particulière. A Paris, il existait plusieurs basoches : la b. du Parlement, autrement dite du Palais, la b. du Châtelet et la b. de la Chambre des Comptes. Les autres Parlements avaient aussi leur b. On a longtemps discuté sur l'étymologie du mot b. On sait aujourd'hui que ce mot dérive du latin *basilica*, lieu où se tenait la justice. « Ce qui prouve indubitablement cette étymologie, c'est que les lieux qui se nomment *basoche*, *bazoge*, *bazogue*, s'appelaient en latin *basilica* : à Tours, l'église Saint-Martin de la Basoche, en latin *Sancti Martini basilica.* » LITTRÉ.

L'établissement de la b. date de l'époque où Philippe le Bel rendit son Parlement sédentaire à Paris. Ce prince, pour y attirer des hommes de *clergie* ou des *clercs*, comme on disait alors, c.-à-d. des personnes instruites et en état de traiter les affaires, voulut, de l'avis même du Parlement, qu'ils formassent entre eux une corporation qui fut appelée *Royaume de la b.*, et instituassent un tribunal chargé de prononcer en dernier ressort sur tous les différends qui surviendraient de clerc à clerc, tant en matière civile qu'en matière criminelle. Le président de la corporation prit le titre de *Roi de la b.* « Tous les clercs et praticiens de la cour du Parlement et autres juridictions du ressort de cette cour, dit Félibien, sont sous la puissance du *Roi de la b.*, seul chef souverain de tous les suppôts de son royaume. Du reste, le chef de la b. n'était pas le seul qui portât ce titre pompeux : il y avait aussi le *Roi des arbalétriers*, le *Roi des ribauds*, le *Roi des violons* ou *ménétriers*, etc. Quant à la b. de la Chambre des Comptes, elle se nommait *le chef et souverain empire de Galilée.* Le chef de la b. du Châtelet prenait le nom de *Prévôt.* A Orléans, il prenait le titre d'*Empereur*, et à Angers celui de *Prince de la b.* A Marseille, c'était ordinairement un clerc de notaire qui était roi de la b. : il prenait dans ses actes la qualité de *Roi de la b. par la grâce du bonheur.*

Les Basochiens, ou clercs de la b. du Parlement de Paris, constituèrent dès le principe une espèce de milice : ils furent divisés en bandes ou compagnies, portant chacune la livrée de leur capitaine. Tous les ans, le roi de la b. devait faire la montre ou revue de ses sujets, et ceux-ci étaient tenus d'y assister sous peine d'amende : cette revue annuelle avait lieu dans un endroit champêtre qui prit de la le nom de *Pré aux clercs.* Dans le XVIe siècle, les montres avaient lieu sous forme de carrousel, et attiraient beaucoup de monde. Elles firent tant de bruit au temps de François Ier que ce prince manda à son Parlement qu'il voulait voir la montre du roi de la b. Afin d'obtempérer au désir du prince, et pour faciliter la revue, le Parlement rendit un arrêt (25 juin 1540) portant que tout vaquerait pendant un jour ou deux. La montre se fit au jour marqué : il s'y trouva de sept cents à huit cents clercs. Le nombre des membres de la b. fut toujours considérable. Du temps de Henri III, il y avait près de dix mille clercs : aussi ce prince, effrayé de voir le chef d'une aussi puissante corporation prendre le nom de roi, supprima-t-il le titre de roi de la b. Néanmoins les montres continuèrent jusqu'en 1667; mais elles ne furent plus composées que des seuls officiers de la b. et des clercs du Palais. Depuis cette époque elles se réduisirent à une simple cavalcade, qui avait lieu lorsque les clercs allaient faire marquer dans la forêt de Bondy le mai qu'ils avaient coutume de planter tous les ans devant le grand perron de la cour du Parlement. Ce privilège qu'avaient les clercs de faire couper un mai dans les forêts du roi rappelait un service que

la b. avait rendu à Henri II. En 1548, les habitants de la
Guyenne s'étant révoltés au sujet de la gabelle, les clercs de
la b., dont le nombre s'élevait alors à près de six mille, offrirent
leurs services qui furent acceptés. Ils firent si bien leur devoir,
qu'à leur retour le roi leur demanda quelle récompense ils
désiraient : ils répondirent qu'ils n'en demandaient aucune et
qu'ils étaient toujours prêts à servir Sa Majesté partout où elle
voudrait les envoyer. C'est à cette occasion qu'Henri II accorda
à la b. le privilège que nous venons de mentionner, et qu'il
concéda au roi de la b. le droit d'ajouter à ses armoiries, qui
étaient trois écritoires, timbre, casque et morion, en signe
de souveraineté.

La juridiction de la b. se maintint jusqu'en 1789 ; sa principale
attribution était, surtout dans les derniers temps, de donner
aux clercs qui voulaient se faire pourvoir d'un office de procureur, un certificat constatant qu'ils avaient accompli les
dix années de stage exigées par les règlements. Le tribunal de
la b. se composait d'un chancelier, de plusieurs maîtres des
requêtes, d'un grand audiencier, d'un référendaire, d'un procureur général, d'un avocat général, de plusieurs trésoriers,
greffiers, notaires, huissiers, et d'un aumônier. Les requêtes présentées à la cour de la b. étaient intitulées : *A nos seigneurs du
royaume de la b.* Les jugements étaient expédiés sous ce titre :
La b. régnante en triomphe et titre d'honneur, salut, et à la
fin on mettait : *Donné en notre royaume, le...* — Les clercs de
la b. se signalèrent toujours par leur amour de ce que nos ancêtres appelaient la *gaie science* : ils y étaient doctes et passés
maîtres. Il était de fondation à la b. d'y plaider tous les ans une
cause solennelle l'un des jours gras, depuis neuf heures du
matin jusqu'à midi : c'est ce que l'on appelait la *Cause grasse.*
Le sujet était inventé : il portait ordinairement sur quelque
fait de mésaventure conjugale. Les basochiens étaient aussi dans
l'habitude de jouer des pièces de théâtre, que l'on appelait alors
farces, soties, moralités. Louis XII leur permit de dresser leur
théâtre sur la table de marbre de la grande salle du Palais. Il
paraît que ce furent eux qui, les premiers, abandonnèrent l'ancien thème dramatique de la Passion pour emprunter leurs sujets aux événements contemporains. Plusieurs fois le Parlement,
que du reste ils n'épargnaient pas, dut intervenir pour réprimer
leur licence. Souvent il leur fut fait défense de représenter
leurs pièces sous peine de bannissement et de confiscation des
biens. Malgré les arrêts qui furent rendus à ce sujet, ils parvinrent à conserver leur droit de donner des représentations,
mais à la condition que leurs pièces seraient soumises à un
examen préalable et qu'ils en retrancheraient les *choses
rayées.* Les représentations données par les clercs semblent
avoir cessé à la fin du XVIIᵉ siècle, époque où la b. était en
pleine décadence. Sous la Révolution, on voit les clercs prendre
part aux agitations populaires. En 1789, la b. assistait à la prise
de la Bastille ; pendant un certain temps, elle forma un bataillon qui finit par être réuni à la garde nationale. Le décret
du 13 février 1791, supprimant les corporations, en fit disparaître les dernières traces.

BASQUE. s. f. (suivant Littré, de *basque,* nom de peuple ;
suivant Toubin, sanscrit *vask,* se mouvoir). Pan de l'habit, partie tombante de certains vêtements. *Habit à longues
basques, à basques rondes. Il me tirait par la b. de ma
redingote.* — Par exag. et fam., *Cet enfant est toujours
pendu à la b. de son père,* Il ne le quitte pas un seul
instant. || *Tambour de basque,* Petit tambour orné de gre-
lots qu'on tient d'une main et qu'on frappe de l'autre. Cet
instrument a toujours été inconnu aux Basques, ce qui
semble justifier l'étymologie de Toubin : on aurait dit d'abord
Tambour basque, tambour toujours en mouvement.

BASQUE. s. m. (bas lat. *Vasco*). T. Hist. Nom d'un peuple
que les Romains nommaient *Cantabri,* et les Espagnols *Vas-
congadas, Vascos,* d'où nous avons fait *Basque* et *Gascon.*
Il paraît que *Cantabri* signifie en langue basque *chanteurs
excellents,* et *Vasco,* homme. On a aussi indiqué pour le
mot *Vasco* une origine sanscrite, le mot *vask,* se mouvoir, à
cause de l'humeur turbulente de ces populations qui a fourni
la locution familière, *Aller comme un B., courir comme
un B.,* Aller et courir fort vite. La langue de ce peuple, des
plus intéressantes à étudier, est encore en usage sur une partie du territoire de la France. Le pays b. français se compose
de la basse Navarre, du comté de Soule et du Labour, jadis
Lapurdum : il est tout entier compris dans le département des
Basses-Pyrénées. La population française d'origine b. est
évaluée à 250,000 âmes environ. Outre le pays b. français,
la langue b. ne est parlée de l'autre côté des Pyrénées,
dans les provinces espagnoles de la Biscaye, d'Alava et de

Guipuzcoa et les bas Basques tant français qu'espagnols
forment une population d'environ 1,000,000 d'âmes. Les
Basques donnent à leur langue le nom d'*Euskari* ou *Es-
cuara,* et s'appellent eux-mêmes *Escualdunac.* La langue b.
comprend trois dialectes distincts ; le *lapourdin,* le *vis-
cayen* ou *biscayen,* et le *guipuzcoen.*

Considéré dans ses radicaux, le b. n'offre que de très rares
analogies avec les autres langues, soit de l'Europe, soit des
autres parties du globe. Cependant on a noté que quelques-
uns de ses mots se retrouvent soit dans les langues sémitiques,
soit dans les langues de quelques peuples de l'Asie. Elle n'a
aussi fourni que très peu de mots aux langues des peuples qui
avoisinent actuellement le pays des Basques. En français, on
cite : *bis,* noir ; *enoch,* ennui ; *gurd,* froid, qui ne subsiste
plus que dans les composés *engourdi, dégourdi* ; *auchois,
baie, bizarre, gouge, guigner, malandrins, moignon, nar-
guer, saur, viver.* — Quant à ses formes grammaticales, les
analogies du b. avec certaines langues parlées par les peuplades indigènes de l'Amérique du Nord sont très remarquables. Toutefois, malgré ces dernières affinités, on peut dire
que la langue b. est une langue unique et qui n'a point de
sœurs.

Les philologues modernes rangent le b. parmi les langues
agglutinantes et incorporantes (Voy. LANGUE), et lui trouvent
certaines affinités avec les autres langues agglutinantes, ture,
finnois, etc. Cette langue a cela de commun avec celles des
indigènes de l'Amérique du Nord, qu'elle combine d'une façon
singulière les mots de toute espèce. Ainsi, elle supprime souvent des syllabes entières et ne conserve que quelquefois dans le
mot composé qu'une seule lettre du composant : *ulevin,* le
bruit, et *otsa,* le nuage, font *odotsa,* le tonnerre ; *or-g-atza,*
la mamelle, est composé de *oura,* liquide, et de *atza,* le doigt.
C'est par le même procédé que, dans la langue delaware, le
mot *pi-lape,* jeune homme, est formé de *pilsit,* innocent, et
de *lenape,* homme. Les substantifs se déclinent à l'aide de
postpositions ajoutées au radical. Les verbes se conjuguent à
l'aide de nombreux auxiliaires signifiant *vouloir, pouvoir,
devoir, avoir l'habitude,* etc. La grammaire basque est d'une
extrême complication.

L'origine de la langue b. a donné lieu à de nombreuses discussions parmi les philologues. D'après les travaux les plus
récents, l'opinion la plus probable est que cette langue est
l'ancien idiome des *Ibères,* peuple qui habitait l'Espagne et
l'Aquitaine depuis plusieurs siècles à l'époque de la conquête
romaine.

BASQUINE. s. f. (esp. *basquina,* même étymologie que
basque d'habit). Jupon à l'usage des femmes espagnoles.

BAS-RELIEF. s. m. (R. *bas* et *relief,* relief peu saillant).
Ouvrage de sculpture où les objets représentés font plus ou
moins de saillie, mais sont toujours en partie engagés dans le

bloc. Signalons, parmi les anciens bas-reliefs, ceux de l'arc
de triomphe de Titus, à Rome, élevé après la guerre des
Juifs, qui représentent le transport à Rome des richesses
prises à Jérusalem. Voy. SCULPTURE. || Pl. *Des bas-reliefs.*

BASSAGE. s. m. T. Tann. Opération du gonflement du cuir.

BASSAM (GRAND-), établissement français de la Côte d'Ivoire (Guinée).

BASSAN, nom de plusieurs peintres italiens, dont le plus célèbre est Jacques du Ponte, dit le *Vieux* (1510-1592).

BASSANO, v. d'Italie (Vénétie), 12,000 hab. Victoire de Bonaparte en 1796.

BASSANTIN, astrologue écossais du XVI° siècle.

BASSANVILLE (Comtesse de), femme de lettres française (1802-1884).

BASSAT. s. m. T. Mét. Sorte de sarrau matelassé dans le dos en usage chez les ardoisiers.

BASSE. s. f. T. Mus. La partie la plus grave d'un morceau, celle qui fait entendre les sous les plus graves dans les accords. *Chanter la b. Faire la b. Composer la b. d'un air.* — *B. continue*, Celle qui dure pendant tout le morceau. — Fig. et fam. *C'est la b. continue de son discours, c'est là sa b. continue*, C'est là ce qui revient continuellement dans son discours, dans son ouvrage. || Se dit du genre de voix apte à chanter les parties basses. *Voix de b. Il a une belle b. B. profonde.* — Par ext., La personne qui possède cette voix. *C'est la meilleure b. du théâtre.* || Instrument à cordes et à archet appelé plus ordinairement *Violoncelle.* V. Auchet. || *Basses*, au plur., se dit quelquefois des grosses cordes de certains instruments. *Les basses de ce piano manquent de sonorité.*
Mus. — En T. de Musique, on donne le nom de *Basse* à la partie la moins élevée de toute espèce de musique, à celle qui sert de base à l'harmonie. Dans la partie instrumentale, la partie de b. se tire en général de la musique supérieure. On cherche à celle-ci une b. qui porte les accords voulus, et dont la partie primitive constitue encore la partie essentielle. Parfois aussi, la b. est conçue isolément, mais ce procédé n'est guère usité que pour l'étude. Dans tous les cas, la connaissance de l'*harmonie* est indispensable pour écrire régulièrement une partie de b. — La b. reçoit des désignations diverses, suivant la manière dont elle est conçue et exécutée ; c'est ainsi que les auteurs distinguent la *b. continue*, la *b. chiffrée*, la *b. figurée* et la *b. contrainte.*
B. continue et b. chiffrée. — Lorsque l'instrumentation, dit Fétis, n'avait point encore acquis, dans la musique d'église, l'importance qu'elle a aujourd'hui, l'orgue était presque le seul instrument dont on fît usage pour ce genre de musique. Son emploi se bornait même pendant longtemps à soutenir les voix dans l'ordre où leur partie était écrite, sans y rien mêler d'étranger. Quand la *basse chantante* devait garder le silence, la b. de l'orgue se taisait aussi, et la main gauche de l'organiste s'occupait alors à exécuter la partie de ténor ou de contralto. On attribue communément à Ludovico Viadana, de Lodi, maître de chapelle de la cathédrale de Mantoue, l'invention d'une b. indépendante du chant, propre à être exécutée sur l'orgue ou sur tout autre instrument à clavier, et qui, n'étant point interrompue comme l'ancienne b., reçut le nom de *B. continue.* Plusieurs musiciens semblent avoir eu l'idée de cette b. dans le même temps ; mais Viadana en a donné le premier des règles précises dans une instruction publiée en 1606, à la suite d'un recueil de ses compositions. Il exprima par des chiffres placés au-dessus des notes de la b., les accords des différentes voix, et cette manière abrégée lui permit de ne point écrire sur la partie destinée à l'organiste ce qui appartenait aux voix. Cette manière de chiffres prit en Italie le nom de *partimento*, et en France celui de *B. chiffrée.* — Si l'on écrivait un chiffre pour chaque intervalle qui entre dans la composition d'un accord, la lecture en serait souvent plus difficile que celle de toutes les parties réunies en notation ordinaire. Au lieu de cela, on n'indique que l'intervalle caractéristique. Pour l'accord parfait, par ex., on n'écrit que 3, qui indique la tierce. Si cette tierce devient accidentellement majeure ou mineure par l'effet d'un dièse ou d'un bécarre, on place ces signes à côté et en avant du chiffre ; si elle devient mineure par l'effet d'un bémol ou d'un bécarre, on use du même procédé. Lorsque deux intervalles sont caractéristiques d'un accord, on les joint ensemble : par ex., l'accord de *quinte et sixte* s'exprime par 6/5. Les intervalles diminués se marquent par un trait diagonal qui barre le chiffre de cette manière 7 ; quant aux intervalles augmentés, ils s'expriment en plaçant à côté du chiffre le dièse, le bémol ou le bécarre qui les modifie. Lorsque la note sensible est caractéristique

d'un intervalle, on l'exprime par le signe +. Chaque époque et chaque école ont eu des systèmes différents pour chiffrer les basses. Ces différences sont peu importantes : il suffit de s'entendre.
B. figurée et B. contrainte. — Bientôt après l'invention de la b. continue, on en imagina une variété singulière. On multiplia les figures de notes, en écrivant, par ex., à la place d'une ronde quatre noires, soit sur le même degré, soit sur des degrés différents, mais de telle sorte que l'harmonie n'en fût pas contrariée. Cette nouvelle partie qu'exécutait l'accompagnateur fut appelée *B. figurée.* Elle forma une espèce de chant opposé au chant principal. Imaginer et vaincre des difficultés était, au XVII° siècle, considéré comme une preuve de génie dans l'art musical. Ce fut également à cette époque qu'on inventa la *B. contrainte.* Ici la partie de la b. se composait d'une seule phrase bornée à un petit nombre de mesures et se répétant sans cesse pendant que les parties supérieures cheminaient à l'ordinaire, en continuant leur chant ou leur harmonie, et en les variant de diverses manières. Les Italiens donnaient à cette b. le nom de *basso ostinato.*
B. fondamentale. — Lorsqu'on fait vibrer une verge métallique ou la corde d'un instrument, on entend, outre le son principal qu'elle produit, deux autres sons qui accompagnent le premier. L'un est l'octave de la quinte, et l'autre la double octave de la tierce du son principal : de là résulte la sensation de l'*accord parfait majeur.* Le son principal de la corde, qui est le son générateur de l'accord, est appelé son *fondamental.* C'est sur cette expérience que Rameau édifia un système d'harmonie connu sous le nom de *système de la b. fondamentale* (1722). Ce système, qui obtint en France une vogue prodigieuse, était complètement insuffisant pour rendre compte de la génération de tous les accords possibles ; aussi est-il depuis longtemps abandonné. De toute la doctrine de Rameau sur l'harmonie, il n'est resté que la théorie du renversement des accords. Voy. Harmonie, Intervalle, etc.
Dans la musique vocale, le terme de *Basse* sert à désigner les voix d'homme les plus graves ; mais, afin de présenter dans son ensemble tout ce qui concerne la classification des voix, nous en parlerons à l'art. Voix. Nous dirons seulement ici que, dans les théâtres, on donne vulgairement le nom de *B. chantante* au chanteur dont la voix de b. est assez agile et flexible pour exécuter des traits rapides et variés, comme ceux du rôle de Figaro, dans le *Barbier* de Rossini ; celui de *B. profonde* ou *B.-contre* au chanteur qui possède une voix plus grave que la b. ordinaire, comme celle qu'exige le rôle de Marcel dans les *Huguenots* ; et celui de *B. comique*, non pas à un genre de voix, mais au chanteur qui est chargé de certains rôles spéciaux, tels que celui de Bartholo dans le *Barbier*, et de Gil Perez dans le *Domino noir* d'Auber.

BASSE. s. f. T. Mar. et Hydrog. Endroit où l'eau est peu profonde, et où se trouve caché un banc de sable, de rochers ou de corail.

BASSE. s. f. Ustensile qui sert à porter de la vendange.

BASSE-CONDE. s. f. T. Techn. Panneau supérieur du soufflet d'un haut fourneau. || Pl. *Des basses-condes.*

BASSE-CONTRE. s. f. T. Mus. Variété de la voix de basse-taille un peu plus grave et d'un timbre plus fort. Voy. Basse. || Pl. *Des basses-contre.*

BASSE-COUR. s. f. Cour annexée à un bâtiment d'exploitation rurale, sur laquelle s'ouvrent les écuries, et dans laquelle on élève ordinairement de la volaille, des lapins, etc. *Cette b.-c. est infecte. Les produits de sa b.-c. ne sont pas sans importance.* || Dans les maisons de ville, cour destinée au service des écuries, des équipages, etc. — Fig. et fam., *Nouvelles de b.-c.*, Nouvelles fausses et mal fondées. || Pl. *Des basses-cours.*
Dans toutes les exploitations rurales et dans les maisons de campagne modernes, on nomme *Basse-cour* l'espace consacré particulièrement à l'élève et à l'engraissement de la volaille et des lapins, compris collectivement sous le nom d'animaux de b.-c. — La b.-c. est le domaine spécial des poules, canards, oies et dindons ; les oiseaux plus délicats, le faisan, la pintade, etc., appartiennent à un genre particulier de b.-c. qui porte le nom de *Faisanderie.* Pour que l'élève et l'engraissement des volailles offrent des avantages réels, la b. doit satisfaire à quelques conditions dont nous indiquerons les plus essentielles. L'espace mis à la disposition des vo-

tailles doit être divisé en assez de compartiments pour que les plus grosses, notamment les dindons et les vieilles oies, ne puissent nuire aux volatiles hors d'état de se défendre. Les animaux doivent y trouver en tout temps de l'eau propre pour s'abreuver et un refuge couvert en cas de pluie. La propreté la plus minutieuse doit régner dans le local réservé à la volaille. Les perchoirs sur lesquels elle passe la nuit doivent être fréquemment nettoyés pour éviter la maladie du piétin, souvent fatale aux oiseaux de b.-c.

BASSE-COURIER, IÈRE. s. m. et f. (de *basse-cour*). L'homme ou la femme chargée du soin de la basse-cour. || Pl. *Des basse-couriers*.

BASSÉE (LA), ch.-l. de c. (Nord), arr. de Lille, 3,900 hab.

BASSE-ÉTOFFE. s. f. T. Métier. Alliage de plomb et d'étain.

BASSE-FOSSE. s. f. Cachot souterrain, étroit et humide dans lequel on enfermait autrefois certains prisonniers. || Pl. *Des basses-fosses*.

BASSELIN (OLIVIER), poète français du XVᵉ siècle, né dans le Val-de-Vire, en Normandie, auteur des *Vaux-de-Vire*.

BASSE-LISSE. s. f. T. Techn. Manière de travailler les tapisseries de laine en disposant la chaîne horizontalement sur le métier. Voy. TAPISSERIE. || Pl. *Des basses-lisses*.

BASSE-LISSIER. s. m. Ouvrier qui fait la tapisserie appelée basse-lisse. || Pl. *Des basse-lissiers*.

BASSE-MARCHE. s. f. Partie du métier de basse-lisse. || Pl. *Des basses-marches*.

BASSEMENT. adv. D'une manière basse. S'emploie toujours au fig. *Il pense, il s'exprime et se conduit b.*

BASSER. v. a. Imbiber la chaîne d'une étoffe avec une colle qui rend les fils glissants.

BASSE-RICHE. s. f. T. Minér. Pierre noire incrustée de coquillages dont on fait divers objets. || Pl. *Des basses-riches*.

BASSESSE. s. f. (R. *bas*). État de dégradation morale qui fait que l'on a des sentiments, que l'on fait des actes contraires à la dignité de l'homme, aux lois de la probité et de l'honneur. *B. de cœur. B. de sentiments. Se conduire avec b. L'arrogance des manières n'est souvent que le masque de la b.* || Sentiment ou action qui marque la b. d'une. *Agir ainsi serait faire une b. Il a fait cent bassesses. Celui qui commet une b. doit se mépriser lui-même.* — Se dit parfois de la naissance, d'une condition obscure. *La b. de sa naissance, de son origine, de sa condition.* || Trivialité grossière, choquante. *B. d'une pensée. B. du style.* = Syn. ABAISSEMENT.

BASSET. s. m. Chien de chasse à jambes courtes et quelquefois torses. Voy. CHIEN. || Fig. et fam. Un petit homme dont les membres inférieurs sont trop courts pour sa taille.

BASSE-TAILLE. s. f. T. Mus. Genre de voix d'homme plus grave que le baryton, et moins grave que la basse-contre. *Voix de b.-t. Il a une belle b.-t.* — Par ext., L'individu qui possède une voix de b.-t. *C'est la meilleure b.-t. de l'Opéra.* || Le plus souvent aujourd'hui on dit simplement Basse. Voy. VOIX. || Pl. *Des basses-tailles*.

BASSE-TAILLE. s. f. T. Sculpt. Bas-relief. Vx. || Pl. *Des basses-tailles*.

BASSE-TERRE (LA). ch.-l. de la Guadeloupe (Antilles), 13,000 hab. (à la France).

BASSE-TROMPETTE. s. f. T. Mus. Instrument en cuivre du registre grave. || Pl. *Des basses-trompettes*.

BASSETTE. s. f. Jeu de hasard qu'on joue avec des cartes. *La b. est une espèce de pharaon. Le jeu de b. fut défendu sous Louis XIV.* || T. Mus. Cor de bassette. Voy. HAUTBOIS.

BASSE-VERGUE. s. f. Nom des deux plus fortes vergues. || Pl. *Des basses-vergues*.

BASSE-VOILE. s. f. Les basses-voiles sont celles qui sont gréées sur les bas-mâts. || Pl. *Des basses-voiles*.

BASSICOT. s. m. Caisse de bois dans laquelle on met les blocs d'ardoise pour les enlever de la carrière.

BASSICOTIER. s. m. Ouvrier chargeant l'ardoise sur les bassicots.

BASSIE. s. f. T. Bot. Genre de plantes de la famille des Sapotées. Voy. ce mot.

BAS-SIÈGE. s. m. Siège moins élevé que d'autres. || Pl. *Des bas-sièges*.

BASSIER. s. m. Amas de sable qui empêche la navigation. || Nom donné quelquefois à celui qui joue de la basse.

BASSIGNY, anc. pays de France, *Pagus Bassinicensis*, partie en Champagne, partie en Lorraine. Chaumont était le chef-lieu du premier et Bourmont celui du second, dont Vaucouleurs et Gondrecourt faisaient aussi partie. Compris aujourd'hui dans les dép. de la Haute-Marne, de l'Aube et de la Meuse.

BASSIN. s. m. (celt. *bac*, bassin, cuve, Vx fr. *bacin*, m. s.). Sorte de grand plat creux, généralement de forme ronde ou ovale. *B. d'argent, de cuivre, de porcelaine.* Par anal., Plat qui sert à recevoir les offrandes à la messe. *Il a mis un louis dans le b.* — Fig. et prov., *Cracher au b.*, Contribuer à quelque dépense. *Il lui a fallu cracher au b.* — *B. à barbe*, B. dont le bord est échancré et dans lequel on met de l'eau pour se faire la barbe. — *B. de garde-robe*, ou simplement *Bassin*, Vase destiné à recevoir les évacuations alvines. *Le malade est allé deux fois au b.* — *Bassins d'une balance*, Les deux plateaux d'une balance. — *B. oculaire*, Petit vase de forme ovale dont on se sert pour baigner l'œil. || Pièce d'eau ordinairement bordée de pierres ou de marbre. *Le b. du Luxembourg.* — *B. de fontaine*, Réservoir qui reçoit les eaux d'une fontaine. || T. Mar. Dans un port, lieu où les bâtiments viennent jeter l'ancre. *Ce port est sûr, mais le b. en est trop petit.* — Grande excavation dans un port, faite de main d'homme et fermée par des portes, destinée à garder l'eau, pour que les bâtiments restent à flot à la marée basse. *Ouvrir, fermer les bassins.* — *B. de construction*, ou *Forme*, Ouvrage d'archit. nautique, où l'on construit et radoube les vaisseaux à sec, et où l'on fait ensuite entrer l'eau pour mettre les navires à flot. || Par ext., Vaste plaine entourée de montagnes et de collines. *Cette ville est dans un magnifique b.* — *Bassin d'une mer, d'un fleuve.* Voy. plus bas. || T. Géol. *Bassin houiller*, Grand gisement de houille. Voy. plus bas. || T. Anat. Cavité osseuse qui constitue, chez les mammifères, la partie inférieure ou postérieure du tronc. *Le b. de la femme est plus ample que celui de l'homme.* Voy. SQUELETTE.

    Géogr. et **Hydrogr.** — On donne le nom de Bassin à toute dépression de la surface du globe vers le centre de laquelle coulent et convergent les eaux qui tombent dans un certain rayon. Ce terme ne désigne pas simplement la partie du sol qui est couverte par les eaux, mais l'ensemble de toutes les pentes d'un terrain qui aboutissent au lieu occupé par les eaux, qui constituent toujours le centre d'un b. Ainsi toute la surface de la terre se trouve divisée en bassins séparés par des lignes étroites, qui sont celles du partage des eaux. — On distingue les bassins en *maritimes, lacustres* et *fluviatiles*.

    Un B. maritime est une portion de la surface du globe, soit île, soit continent, qui envoie ses eaux courantes à un même réservoir maritime, mer intérieure close de toutes parts, mer intérieure communiquant avec l'Océan, golfe, baie, ou toute autre portion de l'Océan comprise dans des limites déterminées. Comme exemples de ces diverses classes de bassins maritimes, nous nommerons le b. de la mer Caspienne et celui de la mer d'Aral, en Asie; le bassin de la mer Noire, en Europe et en Asie; celui de la mer Méditerranée, en Europe et en Afrique, et celui de la mer Baltique en Europe; le b. du golfe de Bothnie et celui du golfe de Corinthe; le b. de la baie de Galway, en Irlande; enfin, le b. de la mer Glaciale, celui de l'Atlantique, etc. L'étendue de ces bassins est extrêmement variable.

Le nom de *B. lacustre* s'applique exclusivement à celui qui a pour centre un lac d'eau douce. Le b. du lac Titicaca, dans le plateau des Andes (Amérique du Sud), est le plus remarquable des bassins de cette classe.

Tout *B. fluviatile* fait nécessairement partie du b. maritime auquel il aboutit. Mais le b. d'un fleuve ne comprend pas seulement la vallée que traverse le fleuve lui-même : il comprend encore les vallées de ses affluents et celles des affluents de ses affluents. Chacune de ces vallées peut, à son tour, être considérée comme un b. particulier; de cette façon on a des bassins *secondaires, tertiaires*, etc. Le b. du Rhône, par ex., comprend le b. secondaire de la Saône, le b. tertiaire du Doubs, affluent de la Saône, etc. Les bassins fluviatiles de tout degré sont toujours désignés par le nom du fleuve ou de la rivière elle-même. La considération des grands bassins fluviatiles et celle des systèmes de montagnes (celle-ci se liant nécessairement à celle-là) fournissent la seule base rationnelle pour l'enseignement de la géographie descriptive.

Géol. — Les bassins *géologiques* se distinguent des bassins *hydrographiques*. Les premiers sont ceux dont les parties centrales les plus basses sont formées par les terrains les plus récents et dont les bords sont formés par les terrains plus anciens. Tantôt les deux espèces de bassins se confondent : ainsi les bassins de la Seine, de la Dordogne, du Pô, sont à la fois des bassins hydrographiques et géologiques; tantôt ils sont différents : alors les eaux ne descendent pas des terrains les plus anciens vers les plus nouveaux, ils marchent, au contraire, en sens inverse : telles sont, par ex., la Loire de Blois à Angers, et la Meuse de Verdun à Namur. « Cela tient, dit Constant Prévost, à ce que certains bassins, qu'on peut appeler naturels, ont été successivement remplis par des sédiments qui n'ont fait que recouvrir une partie des dépressions anciennes; tandis que d'autres sont le résultat de dislocations violentes qui ont produit de larges crevasses et des effondrements vers lesquels les eaux se sont portées. » On donne généralement le nom de *bassins houillers* aux grands gisements de houille. Cette dénomination provient de ce que les couches de houille, de schistes, de grès, etc., qui constituent le terrain houiller, affectent la forme de grandes cuvettes.

BASSINAGE. s. m. T. Jard. Arrosage léger. || Dans la boulangerie, façon donnée à la pâte pour la bien pénétrer d'eau.

BASSINAT. s. m. T. Mét. Déchet de soie.

BASSINE. s. f. (R. *bassin*). Sorte de bassin de métal, large et profond, dont on se sert pour faire chauffer, fondre, cuire, etc., diverses substances.

BASSINÉE. s. f. (R. *bassine*). Quantité d'eau contenue dans une bassine. || Portion de chaux contenue dans le bassin où on la détrempe.

BASSINEMENT. s. m. (R. *bassiner*). Action de chauffer avec une bassinoire. || Action de mouiller légèrement.

BASSINER. v. a. (R. *bassin*). Chauffer avec une bassinoire. *B. un lit.* || Humecter, fomenter avec une liqueur tiède ou chaude. *B. une plaie. Se b. les yeux.* || Pop. Poursuivre avec des bruits de bassin, fatiguer, ennuyer. = **BASSINÉE, ÉE.** part.

BASSINET. s. m. (Dimin. de *bassin*). T. Arqueb. Petite capsule où l'on serrait la poudre d'amorce dans les anciens fusils à rouet et à pierre. Voyez FUSIL. || T. Guerre. Calotte de fer que l'on plaçait sous le casque au moyen âge. Voy. CASQUE. || T. Anat. Poche creuse située au fond de la scissure du rein et d'où part l'uretère. Voy. REIN. || T. Bot. Nom vulgaire de plusieurs espèces de renoncules, et en particulier du *Bouton-d'or.* Voy. RENONCULACÉES.

BASSINOIRE. s. f. (R. *bassiner*). Bassin de métal ajusté au bout d'un manche, et muni d'un couvercle percé de trous dont on se sert pour chauffer les lits. *Mettez de la braise dans la b.*

BASSINOT. s. m. (R. *bassin*). Petit bassin au fond d'un vaisseau dans lequel on laisse reposer un liquide.

BASSIOT. s. m. (vx fr. *basse*, ustensile pour porter de la vendange). Petit baquet employé dans la distillation de l'eau-de-vie.

BASSISTE. s. m. (R. *basse*). Musicien qui joue du violoncelle.

BASSOMPIERRE (FRANÇOIS DE), maréchal de France ambassadeur en Espagne, auteur de *Mémoires* (1579-1646).

BASSON. s. m. (R. *basse*). T. Mus. Instrument à vent de la famille du hautbois, et qui en représente la basse. Voy. HAUTBOIS. || Le musicien qui joue de cet instrument.

BASSONORE. s. m. Basson en cuivre destiné aux musiques militaires.

BASSORA, v. jadis commerçante de la Turquie d'Asie, près du Chatt-el-Arab; 5,000 h.

BASSORINE. s. f. T. Chim. Principe de la gomme de Bassora. Voy. GOMME.

BASSOTIN. s. m. Dans la teinturerie, cuve à indigo.

BASSOUIN. s. m. T. Pêche. Petit cordage de 14ᵐᵐ de diamètre servant à attacher les filets sur les halins ou aussières, et en même temps à relier les pièces de filets entre elles.

BASSOUTOS, peuplade de l'Afrique australe, dans la Cafrerie.

BASTAN (Val de), vallée de la Navarre espagnole.

BASTANT. s. m. T. Mét. Frayon de moulin, aussi dit *Bastian.*

BASTANT, ANTE. adj. (ital. *bastare*, suffire). Qui suffit. *Êtes-vous b. pour une si grande entreprise? Cette raison n'est pas bastante.* Fam. et vx.

BASTE. s. m. L'as de trèfle, aux jeux de l'ombre et du quadrille.

BASTE. interj. (ital. *bastare*, suffire). *Baste* indique qu'on se contente, qu'on ne se fâche pas : *B. pour cela.* Indique aussi le dédain : *Baste! je me moque de ses menaces et de ce qu'il peut dire.* || T. Mar. *Baste* ou *Vaste*, commandement signifiant : Assez, tiens bon, arrête.

BASTELICA, ch.-l. de c. (Corse), arr. d'Ajaccio, 3,400 hab.

BASTERNE. s. f. (lat. *basterna*, m. s., du gr. βαστάζω, je porte). Char attelé de bœufs, en usage chez d'anciens peuples du Nord, et sous nos rois de la première race. || T. Antiq. Sorte de litière dont faisaient usage les dames romaines.

BASTIA, ch.-l. d'arr. (Corse), 23,400 hab.

BASTIAT (FRÉDÉRIC), célèbre économiste français, auteur des *Harmonies économiques* (1801-50).

BASTIDE. s. f. Nom qu'on donne, dans le midi de la France, à de petites maisons de campagne. || T. Art mil. Petit ouvrage provisoire que l'on construisait pour les besoins de l'attaque.

BASTIDE-DE-SÉROU (LA), ch.-l. de c. (Ariège), arr. de Foix, 2,500 hab.

BASTIEN-LEPAGE (JULES), peintre fr. (1848-1884).

BASTILLARD. s. m. Nom des anciens prisonniers de la Bastille.

BASTILLE. s. f. (R. *bâtir*). T. Hist. mil. Dans les XIIIᵉ, XIVᵉ et XVᵉ siècle, on désignait sous le nom de *Bastie* ou de *Bastille* un camp entouré d'une enceinte qui en faisait un ouvrage fermé, ayant quelque analogie avec une redoute. Lorsqu'une armée assiégeait une ville, elle élevait autour de ce lec-ci plusieurs enceintes de ce genre, et on les établissait autant que possible de manière à intercepter les chemins qui conduisaient à la place. Les hautes palissades qui formaient l'extérieur de la b., étaient plantées en terre et tenues en outre par des tréteaux placés perpendiculairement à la longueur de cette muraille de bois. Ces tréteaux, engagés à mortaise dans la palissade, pouvaient supporter un plancher, et opposer ainsi deux étages de défenseurs à l'ennemi qui aurait attaqué le b. Dans son ouvrage intitulé *Monuments de la monarchie française*, Montfaucon a reproduit, d'après un manuscrit, le dessin du b. que les Anglais élevèrent près de Dieppe en 1442. Elle consiste en une enceinte de palissades qui semble avoir au moins cinq portes. Il y a quelques mains qui permettent de flanquer certaines parties. La palissade est percée de créneaux et entourée d'un fossé. Les fortifications des assiégeants étaient souvent plus compliquées et l'on a construit dans les sièges, plus d'une fois, de véritables châteaux de bois. Tel fut, suivant Froissart, celui que construisirent les Anglais qui assiégeaient Calais en 1347. Christine de Pisan décrit encore, mais incomplètement, une autre espèce de b., dans la construction de laquelle on employait de la terre. On voit seulement que le rempart d'une b. de terre était formé d'une escarpe de poutres jointives, soutenant un massif formé de lits alternatifs de terre et de claies : celles-ci servaient à empêcher les terres d'exercer une poussée trop considérable sur le revêtement. Le *Boulevard* était un rempart construit de cette manière : il ne différait de la b. qu'en ce qu'il ne formait pas une enceinte close. Cependant on trouve quelquefois les deux mots pris l'un pour l'autre.

La dénomination de b. fut même appliquée à un château fort construit en maçonnerie : tel était celui qui fut élevé, sous Charles V et Charles VI, pour défendre Paris, et qui, depuis sa fondation, conserva toujours le nom de *Bastille*. Avant cette époque, l'approche de Paris, du côté où se trouve actuellement le faubourg Saint-Antoine, n'était défendue que par deux tours isolées et séparées par la grande voie. Ce fut Hugues Aubriot, prévôt des marchands, qui conçut l'idée d'ériger sur ce point une forteresse respectable. Pour cela il fit construire deux nouvelles tours en arrière des deux premières, et les joignit toutes les quatre par une forte muraille. Les travaux, commencés en 1369, ne furent achevés qu'en 1383. Plus tard, la B. fut munie encore de quatre autres tours. Dans son dernier état, elle présentait la forme d'un carré long irrégulier. — Sous le règne malheureux de Charles VI, quelques années seulement après sa construction, la B. ayant été livrée

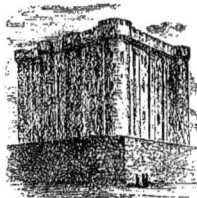

aux Anglais, cette forteresse fut reprise, en 1436, par les Parisiens. En 1588, le duc de Guise s'en empara au nom de la Ligue, et elle ne rentra en capitulation au pouvoir du roi, alors Henri IV, que trois jours après l'entrée de ce prince à Paris (1594). Aussitôt il confia à Sully le commandement de cette forteresse importante (Voy. la Fig.). A l'imitation des Ligueurs, les Frondeurs se rendirent maîtres de la B. en 1649, et c'est de là que Mademoiselle, fille de Gaston d'Orléans, fit tirer le canon sur les troupes royales; mais, deux ans après, 21 octob. 1651, la B. fut rendue au roi Louis XIV. Cette forteresse fut prise par le peuple de Paris, le 14 juillet 1789, et immédiatement démolie. — La B. est surtout fameuse comme prison d'État. Hugues Aubriot, qui l'avait construite, y fut, dit-on, le premier détenu. Si le fait est vrai, on peut dire que cette forteresse a servi de prison depuis son origine jusqu'à l'époque de sa démolition. Sous les Bourbons, notamment, les incarcérations y étaient faites sans jugement, sur de simples ordres nommés *lettres de cachet* qui étaient à la discrétion des ministres. — Sur l'emplacement de l'ancienne B., le gouvernement du roi Louis-Philippe a fait élever une colonne en mémoire de la révolution de Juillet 1830 : cette colonne est connue sous le nom de colonne de Juillet ou colonne de la Bastille.

BASTILLÉ, ÉE. adj. T. Blas. Se dit des pièces qui ont des créneaux renversés et tournés vers la pointe de l'écu.

BASTING. s. m. (même origine que *bâtir* et *bâton*). Solive de sapin qui n'entre pas dans la charpente, mais qui sert à porter les planches.

BASTINGAGE. s. m. (même origine que *bâtir* et *bâton*). T. Mar. On nomme ainsi un système de chandeliers de fer et de filières établi sur le plat-bord et le long des gaillards des bâtiments de guerre, et destiné à supporter les filets nommés

Filets de b. Dès qu'ils sont levés, les matelots vont porter leurs hamacs parfaitement pliés au b., où des gabiers les prennent et les arriment avec le plus grand soin dans les filets, en leur donnant à tous la même inclinaison, et en les maintenant tous à la même hauteur : c'est ce qu'on appelle *faire le b.* Une voile goudronnée peut garantir les hamacs de la pluie. Le b. est d'un effet assez agréable à l'œil; mais au moment d'un combat il est d'une très grande utilité. Placé tout autour du navire, exactement à hauteur de tête d'homme, il met l'équipage à l'abri de la mousqueterie et de la petite mitraille de l'ennemi. Après un engagement, le b. est plein de projectiles qui s'y sont amortis. Les navires de commerce, en général, n'ont point de b.

BASTINGUE. s. f. T. Mar. Toile matelassée dont on se servait autrefois pour le bastingage.

BASTINGUER (SE). v. pron. T. Mar. Faire un bastingage; se mettre à couvert par des bastingages. = BASTINGUÉ, ÉE. part.

BASTION. s. m. (It. *bâtir*, vx fr. *bastillon*). T. Art milit. Ouvrage à revêtements disposé en pointe sur les angles saillants du corps de la place avec des faces et des flancs. Voy. FORTIFICATION.

BASTIONNÉ, ÉE. adj. Qui a des bastions. *Une tour bastionnée.*

BASTIONNER. v. a. (de *bastion*). Garnir de bastions.

BASTISSAGE. s. m. T. Chapell. Premier degré du feutrage des poils destinés à la fabrication des chapeaux.

BASTOGNE. s. f. Art hérald. Bande alésée en chef.

BASTONNADE. s. f. (R. *bâton*). Coups de bâton. *On lui donna la b. En Turquie la b. s'administre avec une libéralité merveilleuse.*

On donne ce nom à un mode de pénalité habituellement appliqué dans l'Orient, spécialement en Chine, en Turquie et en Perse : la bastonnade se donne ordinairement sous la plante des pieds. D'après la loi turque, les esclaves et les raïas ou tributaires, sont seuls passibles de cette peine; mais lorsqu'un magistrat d'un rang élevé est en colère, il ne se laisse point arrêter par cette considération. Les Turcs nomment la bastonnade *zarb*. Elle est fort cruelle, bien qu'elle soit limitée au nombre judaïque de trente-neuf coups, qui, dans certains cas très graves, peut être porté à soixante-quinze. Néanmoins, dans la pratique, cette règle, comme beaucoup d'autres, est fort mal observée. — Cons. LANJUINAIS, *De la bastonnade et de la flagellation pénales.*

BASTRINGUE. s. m. (vx fr. *bast*, prostitué; welsh *rhinc*, cri, tapage, radical qu'on trouve aussi dans le sanscrit *riyka*, danse, *rinc*, danseur). Bal de guinguette. Pop. || Appareil pour préparer le sulfate de soude. || Nom d'une espèce de jeu de billard.

BASTUDE. s. f. T. Pêche. Espèce de filet employé pour la pêche dans les étangs salés.

BAS-VENTRE. s. m. La partie inférieure du ventre. Les anatomistes disent *Hypogastre.*

BAT. s. m. [Pr. le *t*]. Queue de poisson. *Les marchands de marée mesurent le poisson entre l'œil et le b. Ce poisson a tant de pouces de b.*, Entre l'œil et la queue.

BAT ou **BATE.** s. m. T. Mar. Petit bordage de bois debout.

BÂT. s. m. [Pr. *bâ*] (gr. βαστάζειν, porter un fardeau). Espèce de selle de bois garnie de cuir pour les bêtes de somme. *B. de mulet. Ce b. blesse le cheval. Il faut rembourrer ce b. Cheval de b.* || Fig. et fam., *C'est un cheval de b.*, C'est un sot, un lourdaud. — On dit aussi d'un individu chargé dans une maison de la besogne dont les autres ne veulent pas, *C'est le cheval de b.* — *Vous ne savez pas où le b. le blesse*, Vous ne savez pas sur quel point faible il faut l'attaquer.

BAT-A-BOURRE. s. m. (R. *battre* et *bourre*). Instrument de bourrelier pour battre la bourre. || Pl. *Des bat-à-bourre.*

BATACLAN. s. m. (lat. *pata*, vase de cuisine; gr. κλάζω, faire un bruit aigu, ou all. *klingen*, m. s. En provençal *pataclan* sign. bruit, tapage. Peut-être simple onomatopée). Attirail, équipage embarrassant. *Il a renvoyé tout son b.* Pop.

BATADOIR. s. m. T. Techn. Banc à laver.

BATAIL. s. m. (R. *battre*). Anciennement, battant d'une cloche. || T. Blas. Battant d'une cloche d'un autre émail que la cloche même.

BATAILLE. s. f. (R. *battre*). Combat général de deux armées. *B. rangée, jour de b. Risquer une b. Présenter, refuser la b. Gagner la b. Rester maître du champ de b. La b. de Leuctres, de Marengo.* — *B. navale*, Combat général entre deux flottes ennemies. || Ordre dans lequel on range une armée pour se disposer au combat. *Ranger les troupes en b. Ordre de b. Ligne, front de b.* — *Combattre en b. rangée.* || T. Théorie mil. Ordre dans lequel est disposée une troupe déployée, par opposition à l'ordre en carré, en colonne ou par le flanc. *Se ranger en b. Se former sur la droite ou sur la gauche en b.* Dans ce sens et dans celui qui précède, jamais *b.* ne prend l'article. || *Corps de b.,* La partie de l'armée qui est entre les deux ailes, et qu'autrefois on appelait *la b.* — *Maréchal de b., Sergent de b.,* Officiers qui autrefois étaient chargés de mettre les troupes en *b.* || *Cheval de b.,* Cheval propre à bien servir un jour de *b.* — Fig. et fam., *C'est son cheval de b., son grand cheval de b.,* C'est l'argument, le motif sur lequel il s'appuie le plus fortement. || Fig. et fam., *Il a bien fallu des batailles pour en arriver là,* Il a fallu bien discuter, bien contester, surmonter bien des obstacles. || Fig., *Le champ de b. lui est resté,* Il a remporté l'avantage dans une discussion, dans un débat. — Fig., *Il n'a pas mal pris son champ de b.,* se dit de celui qui entreprend quelque chose dans un lieu et dans des circonstances favorables. || Représentation d'une *b.* en peinture ou en sculpture. *Il peint une b. Les batailles d'Alexandre, par Lebrun. Peintre de batailles.* || Sorte de jeu de cartes très simple. *Les enfants jouent à la b.*

Art milit. — Ce mot *Bataille* s'applique le plus souvent au choc, à la lutte de deux armées entières, sur le même terrain, tous les mouvements de chaque armée étant directement subordonnés les uns aux autres. On y joint habituellement l'épithète *rangée*, qui n'ajoute rien au sens, puisqu'il n'y a pas de *b.* non rangée. On désigne, au contraire, sous le nom de *Combat* le choc qui a lieu entre deux portions d'armées plus ou moins fortes. Voy. COMBAT. L'expression d'*Engagement* s'applique à un combat sur de moindres proportions. Il se dit particulièrement d'un combat entre des corps détachés, et le plus souvent entre des avant-postes. Si l'engagement devient général, c'est une *b.* Au mot de *Rencontre* s'attache l'idée de quelque chose d'accidentel. Il se dit du choc de deux corps de troupes, quand il n'a été préparé par aucun des deux adversaires. Lorsque l'attaque est préméditée d'un côté et inattendue de l'autre, l'engagement reçoit le nom de *Surprise.* Dans l'état actuel de la science militaire, il n'y a guère de surprise ou même de rencontre possible qu'entre deux corps détachés et particulièrement entre des troupes avancées ou envoyées en reconnaissance.. Un engagement entre deux troupes de cette espèce est une *Escarmouche.* Les termes *Action* et *Affaire* s'emploient en parlant de toute espèce de choc entre des armées ou corps d'armées, et par conséquent d'une *b.*, d'un combat, d'un engagement, d'une escarmouche : car ils ne spécifient rien relativement aux conditions extérieures du choc. Ainsi l'on dit : *L'action s'engagea au lever du soleil; L'action fut rude; Au plus fort de l'action; L'affaire fut des plus meurtrières; L'affaire fut longtemps disputée.* Voy. TACTIQUE et STRATÉGIE.

BATAILLÉ, ÉE. adj. (de *batail*). T. Blas. Se dit d'une cloche dont le batail est d'un autre émail qu'elle-même.

BATAILLER. v. n. Jadis il se disait dans le sens de combattre, livrer bataille. Aujourd'hui, il s'emploie au fig. dans le sens de contester, disputer avec chaleur. *Il a bien fallu b. pour lui arracher cette concession.* Fam.

BATAILLEUR, EUSE. adj. Qui aime à batailler, à discuter. *Cet homme est bien b. Je n'aime pas son humeur batailleuse.* Fam.

BATAILLÈRE. s. f. (de *batail*). Petite corde qui fait jouer le taquet d'un moulin.

BATAILLON. s. m. (R. *bataille*). Un nombre plus ou moins considérable d'hommes à pied, organisés en corps et destinés à combattre ensemble. *Il ne reconnut pas d'abord le nombre des bataillons ennemis. Ses bataillons manquaient d'épaisseur. Il se précipita au milieu des bataillons ennemis.* || Dans un sens plus spécial, troupe d'infanterie, d'artillerie, ou autre corps à pied, composée de plusieurs compagnies et commandée par un *chef de b. Ce régiment se compose de trois bataillons. Notre b. compte de six à dix compagnies. Chef de b. Flanc, aile d'un b. B. en colonne. Enfoncer, percer, rompre un b.* — *B. carré.* Voy. CARRÉ. — *École de b.,* La théorie des manœuvres qu'un *b.* doit pouvoir exécuter. || Fig. et fam., Un grand nombre. *Il menait promener un b. d'enfants.* Fam.

Art milit. — Le *b.* est l'unité de combat de l'infanterie. En France, il se compose d'un état-major de *b.* et de quatre compagnies se subdivisant comme il suit :

1° ÉTAT-MAJOR. — 1 chef de *b.*, 1 officier de réserve adjoint monté, 1 médecin aide-major monté, 1 médecin auxiliaire non monté, 1 adjudant de *b.*, 1 sergent artificier, 1 sous-officier adjoint à l'officier d'approvisionnement, 1 caporal tambour ou clairon, 1 caporal brancardier, 2 conducteurs : fourgon à bagages et voitures, 3 ordonnances.

2° COMPAGNIES. — 4 capitaines montés, 4 lieutenants, 4 sous-lieutenants, 4 lieutenants ou sous-lieutenants de réserve, 8 adjudants dont 1 de réserve, 4 sergents-majors, 4 sergents fourriers, 32 sergents, 4 caporaux fourriers, 64 caporaux, 16 tambours ou clairons, 8 soldats conducteurs de voitures de compagnie, 4 infirmiers (1 caporal par bataillon), 16 brancardiers, 192 soldats porteurs d'outils, 4 cordonniers, 4 tailleurs, 640 soldats.

Soit pour l'ensemble du bataillon : 20 officiers, 55 sous-officiers et 955 hommes de troupe. Le bataillon possède en outre : 7 chevaux de selle, 12 chevaux de trait, 1 caisson de munitions, 1 voiture à bagages, 4 voitures de compagnie, 1 voiture médicale, 1 voiture de cantinière et 310 outils de terrassier et de destruction portés soit par les hommes, soit par les voitures de compagnie.

BÂTARD, ARDE. adj. (vx fr. *bast*, prostituée; celt. *art* ou *tarz*, marquant l'extraction. — On disait autrefois *fils de basti, fille de bast*). Qui est né hors mariage. *Un enfant b. Une fille bâtarde.* — S'emploie très souvent substant. *C'est son b.* Aujourd'hui, une idée d'injures s'attachant au mot *b.*, on dit mieux : *Enfant naturel.* — Ligne, *Race bâtarde.* Les descendants d'un *b.* || En parlant des animaux, Qui n'est pas de race pure. *Lévrier b.,* Né de l'espèce des lévriers et de celle des mâtins. — Subst., *B. de dogue,* Chien né de l'espèce des dogues et d'une autre espèce de chiens. || En parlant des végétaux, Qui est une dégénération de la véritable espèce. *Olivier b. Fruit b. Reinette bâtarde.* || Fig., Qui n'a pas de caractère propre, qui ne rentre pas dans une classe déterminée. *Le mélodrame est un genre b. Couleur bâtarde. Musique bâtarde.* || *Écriture bâtarde.* Voy. CALLIGRAPHIE. || *Porte bâtarde,* Porte de maison qui n'est ni petite porte, ni porte cochère. — Voy. ENFANT NATUREL.

BÂTARDE. s. f. Écriture bâtarde. Voy. CALLIGRAPHIE.

BATARDEAU. s. m. Petit bâtard. || Petit couteau que l'on portait dans la gaîne de la langue de bœuf, sorte de dague. || T. Arch. et Génie civil. On nomme ainsi un encaissement en pilotis, établi dans le lit d'une rivière et rendu imperméable à l'eau, afin de pouvoir exécuter certains travaux au fond de ce lit.

Techn. — Le *b.* se construit de différentes manières, soit par simple, soit par double enveloppe, avec un lit d'argile ou de chaux battu entre les deux parois parallèles de l'encaissement, pour empêcher l'eau de pénétrer à travers l'épaisseur de ces parois. Quelquefois les parois du *b.* consistent simplement en pieux enfoncés côte à côte, et taillés en queue d'aronde pour s'emboîter les uns dans les autres. Quand l'eau n'est pas très profonde, les pieux sont souvent enfoncés à la distance de 1m50 à 2 mètres, et réunis par un revêtement en planches fixées dans les rainures latérales pratiquées à cet effet dans les côtés des pieux. Pour bâtir dans un *b.*, il faut que le fond soit naturellement de terre solide ou d'argile; car, lors même que les parois du *b.* sont imperméables à l'eau, si le lit de la rivière manque de consistance, l'eau s'infiltre à travers la substance du sol en trop grande quantité pour permettre d'exécuter les travaux de construction. Il est inutile de faire observer que les côtés du *b.* doivent être suffisamment solides pour résister à la pression extérieure de l'eau ambiante.

BÂTARDEMENT. adv. (R. *bâtard*). Par voie de bâtardise.

BATARDIÈRE. s. f. T. Hortic. Plant d'arbres greffés qu'on élève dans les pépinières pour les transplanter dans les jardins.

BÂTARDISE. s. f. État de celui qui est bâtard.

BATATE. s. f. T. Bot. Plante de la famille des *Convolvulacées* dont la racine tubéreuse est comestible. Voy. CONVOLVULACÉES.

BATAVE (RÉPUBLIQUE), nom que portèrent les Pays-Bas (Hollande) de 1795 à 1806.

BATAVES, peuple germanique établi autrefois à l'embouchure du Rhin.

BATAVIA, cap. de l'île de Java (Océanie) (aux Hollandais), 150,000 hab. Commerce de riz, café, sucre, etc.

BATAVIA. s. m. T. Tiss. Les batavias sont des armures dérivées du sergé.

BATAVIQUE. adj. *Larme b.*, Gouttes de verre terminées par une pointe très déliée que l'on produit en laissant tomber du verre liquide dans l'eau froide. Le verre est ainsi *trempé*, les molécules sont dans un état d'équilibre instable, de sorte que si on brise la pointe, toute la masse se réduit en poudre avec une légère détonation. Voy. TREMPE, VERRE.

BAT-COLLE. s. m. T. Mét. Instrument destiné à écraser et à mélanger les diverses parties de la colle dont on se sert dans le lissage des peaux cirées.

BÂTE. s. f. (bas-lat. *basta*, encadrement). Cercle d'une boîte de montre. || Ce qui forme les côtés et le contour d'une tabatière, du pied d'un flambeau. || Lame d'or avec laquelle on donne aux bijoux façonnés une épaisseur factice qui les rend apparents.

BATEAU. s. m. Nom générique des embarcations de toutes sortes naviguant à la rame, avec crocs, à la voile, à la vapeur, etc., aussi bien sur la mer que sur les rivières. *Grand b. Petit b. B. plat. B. de passage. Aller en b. La rivière porte b. B. de foin, de sel*, B. chargé de foin, de sel. — *B. dragueur, plongeur, sous-marin, de sauvetage.* Voy. DRAGUE, PLONGEUR, NAVIGATION et SAUVETAGE. — *B. de loch.* Voy. LOCH. — *Pont de bateaux.* Voy. PONT. — *B. à vapeur, B. électrique, B. sous-marin.* Voy. plus bas. || *Être étourdi du b.*, Se ressentir du malaise pendant une traversée. — Fig. et fam., *Être encore étourdi du b.*, N'être pas remis des fatigues d'un long voyage, ou du trouble éprouvé par suite d'un événement fâcheux. || *Lit en b.*, Lit dont la forme a quelque analogie avec celle d'un b. — *Le b. d'un carrosse*, La menuiserie d'un corps de carrosse.

BATEAU À VAPEUR. — *Histor.* L'action des voiles, si précieuse dans les temps favorables, devient une source de dangers pendant les tempêtes; elle est sans utilité pendant les calmes. Ces inconvénients de la navigation à voiles ont de bonne heure frappé les esprits, et c'est pour y obvier que les anciens multiplièrent le nombre des avirons, et que plus tard on a fait usage de roues à palettes mues par des hommes ou par des animaux. — Les bateaux à roues, toutefois, remontent à une antiquité très reculée. On en trouve des représentations sur les bas-reliefs des premiers temps de notre ère, et les historiens rapportent que, pendant la première guerre punique, les Romains s'en servirent pour transporter un corps de troupes d'Italie en Sicile. Valturio, qui vivait au XVe siècle, a décrit et figuré plusieurs navires à roues dans son traité *De arte militari*. Au XVIIe siècle, Duguet, au Havre, et le prince palatin Robert, à Londres, firent des essais sur les propulseurs de même genre. Les expériences du dernier eurent lieu sur la Tamise (1693) en présence de trois hommes célèbres dans l'histoire de la machine à vapeur, Papin, Savery et Worcester. Son b. était muni de deux roues à palettes mises en mouvement par des chevaux. Cinquante-huit ans plus tard, en 1751, le prince Maurice de Saxe décrivit et proposa des embarcations à manège et à roues. Enfin, en 1799, un Hongrois, le comte Bathyani, fit manœuvrer sur le

Danube, à Vienne, un b. mis en mouvement au moyen de roues à palettes qui étaient mues elles-mêmes par une troisième roue à grand rayon installée au milieu de la construction, et dans laquelle marchaient des hommes. Mais aucun des nouveaux appareils ne présenta un avantage assez décidé pour modifier le système de navigation alors en usage. Les bateaux à roues ne pouvaient devenir et ne sont devenus un moyen utile de transport que lorsqu'on a pu substituer à la force motrice de l'homme et des animaux une force bien autrement puissante, celle de la *vapeur* d'eau. Cette substitution est une des plus merveilleuses conquêtes de la science moderne.

Si l'on en croyait une note publiée en 1826 par Navarrete, la première idée d'appliquer la force motrice de la vapeur à la marche des navires appartiendrait à l'Espagnol Blasco de Garay, capitaine de mer, qui vivait sous Charles-Quint. Cet officier aurait imaginé « pour faire aller les bâtiments et les grandes embarcations, même en temps de calme, sans rames et sans voiles » une machine qui « consistait dans une grande chaudière d'eau bouillante et dans des roues de mouvement attachées à l'un et à l'autre bord du bâtiment ». On aurait essayé l'appareil le 17 juin 1543, à Barcelone, en présence d'une commission nommée par l'empereur. L'expérience aurait pleinement réussi; mais les embarras du gouvernement n'auraient pas permis d'utiliser cette invention. Il résulte de recherches faites dans les archives de Simancas que la vapeur ne jouait aucun rôle dans l'invention de Blasco de Garay, et que ce dernier s'était borné à faire marcher un bateau à roues mues par des hommes. — Arago a victorieusement démontré, contre les prétentions des Anglais, que la double gloire d'avoir inventé la première machine à vapeur à cylindre et à piston, et d'avoir conçu nettement l'application de la nouvelle machine à la navigation, appartient à Denis Papin, médecin français, né à Blois, qui s'expatria à la révocation de l'édit de Nantes, et qui mourut en 1710. Ces deux inventions furent publiées d'abord dans les *Acta eruditorum* de Leipzick, en 1690, et plus de développements en 1695, dans un ouvrage imprimé en français sous le titre de *Recueil de diverses pièces touchant quelques nouvelles machines*. « Il serait trop long, dit Papin dans ce dernier livre, de rapporter ici de quelle manière cette invention (celle de la machine à vapeur) se pourrait appliquer à tirer l'eau des mines, à jeter des bombes, à *ramer contre le vent*... Je ne puis pourtant m'empêcher de remarquer combien cette force serait préférable à celle des galériens pour aller vite en mer. » Puis, après avoir critiqué les moteurs animés qui occupent beaucoup d'espace et consomment beaucoup, même lorsqu'ils ne font rien, l'auteur fait observer que ses corps de pompe seraient moins embarrassants, et il ajoute : « Mais, comme ils ne pourraient pas commodément faire jouer des rames ordinaires, il faudrait employer des roues tournantes. » Il dit qu'il a vu fonctionner des rames de ce genre sur une barque du prince Robert, mais que ces rames étaient mues par des chevaux. Papin avait en outre reconnu que le mouvement rectiligne alternatif du piston pourrait devenir un moteur universel : qu'il serait, par ex., possible de le transformer en un mouvement de rotation continue applicable à l'arbre horizontal aux extrémités duquel sont fixées les roues à palettes destinées à remplacer les rames ordinaires. Le principe de la navigation à vapeur une fois trouvé, Papin fit construire un b. et l'essaya sur la Fulda, à Cassel. L'expérience, il nous l'apprend lui-même dans une lettre à Leibnitz, réussit au delà de ses espérances. « La force du courant de la rivière était si peu de chose, écrit-il, en comparaison de la force des rames, qu'on avait de la peine à reconnaître que le b. allât plus vite en descendant qu'en remontant. » Encouragé par ce premier succès, il résolut d'aller à Londres continuer ses expériences sur une plus grande échelle; mais les bateliers de Munden, petite ville située au confluent de la Fulda et de la Werra, ruinèrent ses projets en mettant ses appareils en pièces.

En 1737, un mécanicien anglais, Jonathan Hull, reproduisit les idées de Papin, et proposa de construire un remorqueur à vapeur qui aurait servi à faciliter aux vaisseaux l'entrée et la sortie des ports. Il voulait placer deux roues à palettes sur l'arrière du bâtiment, et faire tourner les axes des roues à l'aide de la machine de Newcomen, qui jusqu'alors, dit Hull, n'avait été employée que pour élever de l'eau. Les démarches que fit l'auteur pour parvenir à l'exécution matérielle de son projet furent vaines; d'ailleurs, si les plans qui existent sont exacts, son b. présentait des dispositions tellement vicieuses qu'il n'aurait pas pu se mouvoir. À l'époque de ces premières tentatives, on ne connaissait que la machine de Newcomen;

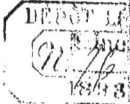

mais cette machine était trop vicieuse pour pouvoir être employée à bord des navires. Aussi Bernoulli déclarait-il en 1753 que, en lui donnant même une force de vingt à vingt-cinq chevaux, on ne pourrait imprimer au navire qui en serait pourvu une vitesse de plus d'un mètre par seconde. C'est cette considération qui fit écarter un projet présenté en 1754 par l'abbé Gauthier. Cependant, en 1738, un mécanicien lorrain nommé Wayringe, auteur d'une pompe à feu qui amenait l'eau dans les jardins de Lunéville, construisit, sur l'invitation du roi de Pologne, Stanislas, un b. à vapeur qui navigua sur la rivière la Vezouze. En tous cas, les difficultés s'aplanirent, lorsque James Watt, par l'invention de la machine à double effet, vers 1770, parvint à ce résultat admirable de diminuer des trois quarts la dépense du combustible, tout en augmentant la force motrice et en régularisant le jeu des diverses parties du mécanisme.

Une machine de Watt fut importée à Paris par les frères Périer, constructeurs de la pompe à feu de Chaillot. Une association se forma entre ces habiles mécaniciens et plusieurs jeunes gens de la noblesse qui s'occupaient d'études scientifiques, pour résoudre le problème de la navigation à vapeur; mais la division s'étant mise parmi eux, ils se séparèrent, décidés à faire des expériences chacun de leur côté. En 1774, le comte d'Auxiron lança sur la Seine, en face du Champ de Mars, un petit b. à vapeur qui ne réussit pas, parce qu'il portait une machine beaucoup trop faible. Les frères Périer ne furent pas plus heureux, l'année suivante, pour la même raison. Quant au marquis Cl. Jouffroy d'Abbans, qui, seul de tous les associés, avait des idées exactes sur la question, il se retira en Franche-Comté et y continua en secret ses recherches. Pendant l'été de 1778, il fit marcher sur le Doubs, à Baume-les-Dames, un b. de 13 mètres environ de long sur 2 de large, dont l'appareil propulseur consistait en des espèces de jambes semblables à celles des palmipèdes. Ce système de moteur n'ayant pas donné de résultats satisfaisants, il l'abandonna pour adopter les roues à aubes. Son nouveau b. fut construit à Lyon: il avait 42m40 de longueur de la poupe à la proue, 4m54 de largeur, 97 centimètres de tirant d'eau, et il portait un poids de 150,000 kilogrammes. Il réussit, le 15 juillet 1781, à remonter, pendant un quart d'heure, le cours de la Saône qui était au-dessus des moyennes eaux. Un procès-verbal de l'expérience fut envoyé au gouvernement avec demande, au profit de l'inventeur, d'un privilège exclusif pour quinze ans. Le ministre de Calonne demanda l'avis de l'Académie des sciences; mais celle-ci voulut, avant que se prononcer, que les essais fussent renouvelés sous ses yeux, à Paris. Le ministre exigea en outre que, dans l'expérience, le b. fût chargé de 300 milliers. Le marquis de Jouffroy ne put, faute de fonds, se soumettre à ces exigences. Bientôt après la Révolution éclatait; Jouffroy émigra, et à son retour en France, en 1796, il parut avoir abandonné ses anciens projets. Seulement il rappela deux fois l'antériorité de ses expériences, d'abord en 1802, lors des essais de Desblanc sur la Saône, puis en 1803, à l'époque des essais de Fulton sur la Seine.

D'autres tentatives pour résoudre le problème de la navigation à vapeur eurent lieu presque en même temps aux États-Unis, en Angleterre, et même en France; mais la plupart ne réussissaient pas ou réussissaient mal.

Il y avait alors à Paris un homme d'une imagination ardente et d'une activité infatigable, Robert Fulton, qui avait quitté l'Amérique, son pays natal, pour venir chercher fortune en Europe. Il harcelait le gouvernement pour lui faire adopter diverses machines infernales de son invention. Ses démarches n'ayant pas eu les suites qu'il en attendait, il donna à ses idées une direction plus sérieuse. Il avait assisté aux expériences de Jouffroy sur la Saône, et il résolut, avec l'assistance de Livingston, de reprendre le problème de la navigation à vapeur. Les commencements furent désastreux. Le premier b. qu'il construisit, trop faible pour porter sa machine, se rompit vers son milieu et s'abîma dans la Seine. Un second b., qui fut essayé le 9 août 1803, en présence d'une commission de l'Académie des sciences, se comporta si bien que, désormais sûr du succès, Fulton et Livingston conçurent le projet d'établir des navires à vapeur sur toutes les rivières de leur pays. — A cette époque, la France était à la veille d'une lutte acharnée avec l'Angleterre. La fameuse flottille réunie à Boulogne et dans les ports voisins s'apprêtait à jeter sur le sol anglais nos phalanges inventives. Fulton offrit au gouvernement de construire un nombre suffisant de *pyroscaphes* pour faire franchir la Manche, malgré les vents et la marée, aux troupes rassemblées sur ses bords. Cette idée frappa vivement Napoléon, qui ordonna aussitôt de soumettre le plan proposé à l'examen de l'Institut. Le rapport fut rédigé, mais il ne fut

pas favorable. Les essais avaient eu lieu sur une trop petite échelle pour qu'on eût pu comprendre l'importance réelle de l'invention. D'ailleurs, lors même que l'on eût accepté le projet de l'illustre Américain, il eût été impossible de le mettre à exécution. La France ne possédait alors aucune usine, aucun ouvrier en état de construire les machines nécessaires; de plus le temps aurait manqué. Fulton alors tourna ses yeux vers sa patrie et transporta en Amérique cette nouvelle industrie qu'il venait de créer au sein de la France. Après plusieurs tâtonnements, il réussit à construire le premier b. à vapeur qui ait fait un service régulier. Ce b., appelé le *Claremont*, avait 50 mètres de long et 5 de large; il jaugeait 150 tonneaux. Ses roues avaient 5 mètres de diamètre. La machine, qui avait été fournie d'après les plans de Fulton par l'usine de Watt, était d'une force de 18 chevaux. Il entreprit son premier voyage le 16 août 1807, et franchit la distance de New-York à Albany, avec une vitesse de 7,500 mètres à l'heure. Fulton venait de résoudre définitivement le problème si longtemps cherché de la navigation à vapeur. Avant lui, on avait trouvé les roues à aubes, le moteur à vapeur, le mode de transmission du mouvement de la machine à l'arbre des roues; mais nul, à l'exception peut-être de Jouffroy, n'avait compris que les essais antérieurs avaient tous échoué principalement à cause de l'insuffisance de la force de la machine. Le succès du *Claremont* fut décisif: il porta la conviction dans tous les esprits. Des compagnies se formèrent pour entreprendre la construction de bateaux à vapeur, et les bénéfices qu'elles obtinrent dépassèrent les espérances les plus hardies.

La nouvelle de ce qui se passait en Amérique arriva bientôt en Europe, et alors on vit une découverte qui s'était transportée de l'ancien monde dans le nouveau, puis du nouveau dans l'ancien, revenir une dernière fois, pour s'y naturaliser, sur la terre des inventeurs primitifs. Mais ici l'Angleterre prit les devants. En 1811, Bell, le premier, construisit à Glasgow un b. qui naviqua sur la Clyde avec succès. Quatre ans après, en 1816, la navigation à vapeur était déjà prospère et passablement étendue dans la Grande-Bretagne. La France ne voulut pas rester en arrière du mouvement. On s'y occupa, dès 1815, du nouveau mode de navigation; mais les premiers essais furent déplorables et nos progrès furent d'une lenteur excessive, tandis que l'Angleterre et les États-Unis couvraient leurs fleuves de bateaux à vapeur. Ainsi, dès 1823, l'Angleterre comptait 150 bateaux; en 1826 elle en avait 200, et 906 en 1838. A cette dernière époque, nous en possédions à peine 160, et encore étaient-ils d'un très petit tonnage.

A l'origine, on crut que les bateaux à vapeur n'étaient propres qu'à la navigation fluviale. Peu à peu cependant on s'enhardit, on se hasarda le long des côtes. Le *Rob-Roy*, en Angleterre, fut le premier bateau qui osa s'aventurer en mer. C'était un petit navire de 90 tonneaux et de 30 chevaux de force. Il fit sans accident, en 1818, le trajet de Greenock à Belfast. La même année, un navire américain, le *Savannah*, franchit l'Atlantique: il toucha d'abord en Angleterre, puis se rendit à Saint-Pétersbourg. La possibilité d'employer la vapeur pour les voyages de long cours était ainsi démontrée. Quelques années après, le navire anglais l'*Enterprize*, muni de deux machines de 60 chevaux chacune, partit de Falmouth (16 août 1825) pour Calcutta, et parvint à sa destination dans l'espace de 113 jours. Ce succès remarquable donna un élan inouï à la navigation à vapeur. Constructeurs et mécaniciens, tous se mirent à l'œuvre. L'ingénieur américain Olivier Evans révolutionna la navigation de son pays en substituant des machines à haute pression aux machines à basse pression en usage jusqu'alors: il obtint ainsi des vitesses inconnues avant lui. Une douzaine d'années après, l'Anglais Fairbairn imagina les bateaux de fer. Enfin, en 1836, les progrès étaient tels que les marins européens regardaient désormais comme possibles les voyages les plus lointains par tous les temps et dans toute saison. En 1838, un service régulier fut établi entre l'Angleterre et l'Union américaine. Il fut inauguré par l^e *Sirius* de 700 tonneaux métriques et de 320 chevaux, et par le *Great-Western* de 450 chevaux et de 1,400 tonneaux. La traversée se fit en 15 et en 18 jours. Les progrès obtenus par la navigation à vapeur étaient tous dus à l'initiative commerciale; mais en présence d'une activité si féconde en grands résultats, les gouvernements pensèrent que la marine militaire ne devait pas rester stationnaire, et que la vapeur pourrait sans doute s'appliquer avantageusement aux bâtiments de guerre. On se mit à l'œuvre, d'abord en Angleterre, puis en France en 1840. La découverte, ou, si l'on aime mieux, l'application de l'hélice comme propulseur fut le signal de ce nouveau progrès.

La navigation à vapeur, soit fluviale soit maritime, soit commerciale soit militaire, s'est développée depuis lors avec une rapidité merveilleuse. Aujourd'hui, tous les navires de guerre, tous les paquebots qui font un service régulier et beaucoup de bâtiments de commerce sont à vapeur. La navigation à voiles subsiste cependant encore pour un grand nombre de bâtiments de commerce et pour tous les bateaux de pêche, et il est certain qu'elle ne disparaîtra jamais. Il y a une considération d'économie qui lui assure l'existence : c'est que le vent ne coûte rien, tandis que le charbon qu'il faut brûler dans le foyer des machines à vapeur est très cher. En revanche, les voyages sont beaucoup plus longs sur les bateaux à voiles; mais cette considération est de second ordre pour le transport de la plupart des marchandises, et l'économie qu'on peut réaliser sur les frais d'équipage, en abrégeant le voyage, est bien loin de compenser la dépense de charbon.

Sur les fleuves, les bateaux à vapeur sont utilisés de plusieurs manières. Les grandes rivières sont sillonnées de yachts de plaisance à vapeur de dimensions très variées. Sur certains fleuves d'Europe et d'Amérique, il existe des services réguliers de paquebots à vapeur pour le transport des voyageurs; cependant le développement des voies ferrées tend à diminuer l'importance de leur trafic, et plusieurs ne subsistent plus que pour l'agrément des touristes : tel est le cas des services de Paris à Saint-Germain, de Rouen au Havre, de Nantes à Saint-Nazaire, sur la Loire, etc. Pour le transport des marchandises par eau, qui tend au contraire à se développer à cause de l'économie qu'il présente sur le transport par voies ferrées, on emploie la vapeur de quatre manières différentes : 1° il y a des porteurs à vapeur dont quelques-uns sont construits pour tenir la mer : il existe un service régulier de Paris à Londres par la Seine, la Manche et la Tamise; 2° il y a des bateaux à vapeur dits *propulseurs*, dont l'avant présente une forme à peu près plate qui peut s'adapter à l'arrière d'une péniche ou d'un chaland, de manière que le propulseur pousse devant lui l'embarcation qu'il doit conduire; 3° on construit des *remorqueurs* à vapeur de dimensions médiocres qui peuvent remorquer à l'aide de câbles, avec une vitesse de 6 à 8 kilomètres à l'heure et même plus, un convoi comprenant quelquefois jusqu'à huit gros bateaux chargés de 150 à 200 tonnes de marchandises; 4° enfin, le procédé le plus employé est celui du *touage*, dans lequel le remorqueur, appelé *toueur*, prend son point d'appui sur une chaîne placée au fond de la rivière que vient s'enrouler sur un tambour placé sur le pont. La force de la machine fait tourner ce tambour, de sorte qu'à chaque tour le toueur avance de la longueur de la circonférence du tambour. Les toueurs de la Seine peuvent remorquer jusqu'à douze gros bateaux chargés. Voy. Toueur.

Les bateaux qui naviguent sur les fleuves et sur les canaux ne font généralement usage que de la vapeur; mais le plus souvent à la mer on combine les deux forces de la vapeur et du vent. Les navires à vapeur qui font un service maritime, ont par conséquent une voilure qui peut, dans beaucoup de cas, leur être du plus grand secours. Voy. Marine.

Appareils de propulsion. — De tous les appareils de propulsion imaginés jusqu'à ce jour, et en laissant de côté le système du *touage*, la roue à aubes et l'hélice sont les seuls que l'expérience ait consacrés, et encore la roue à aubes, qui est la plus ancienne, a-t-elle presque complètement disparu devant l'hélice, qui reste aujourd'hui le seul propulseur maritime. Les roues étaient généralement au nombre de deux, une de chaque côté du b., et un peu en avant du centre de gravité. Elles étaient fixées aux extrémités d'un arbre horizontal traversant le b. perpendiculairement à sa longueur et mû par la machine. Elles étaient garnies à leur circonférence de *pales*, *palettes* ou *aubes* de bois solidement attachées de manière tel qu'il y en ait constamment trois d'immergées. De cette manière, il y en a toujours une qui agit en plein dans le sens le plus favorable à la marche du b.

Quand la machine est en mouvement, les palettes plongent successivement dans l'eau et se meuvent dans la direction de la proue à la poupe. C'est la pression que l'eau exerce sur elles, pendant leur immersion, qui constitue la force motrice appliquée au b.; mais l'appareil propulseur ne recevant cette pression qu'autant qu'il donne à une certaine masse d'eau un mouvement en sens contraire, il en résulte que toute la portion du travail employée à produire ce mouvement de l'eau est en pure perte : de là une très grande différence entre le travail moteur développé par la machine et le travail résistant provenant de la force que le navire a à surmonter. Cette perte de travail provient de ce que pour pousser le b. en avant, on prend un point d'appui sur un corps qui n'est pas fixe, sur le milieu même dans lequel il est plongé. La perte de travail pour les roues les mieux établies est évaluée au tiers de la force fournie par la machine; par conséquent, ces mêmes roues ne rendent que les deux tiers de l'effet utile; leur rendement ne dépasse pas 65 p. 100.

Les roues à aubes présentent des inconvénients très graves. À chaque immersion trois palettes plongent dans l'eau, mais une seule, celle du milieu, utilise la totalité de son action; les deux autres emploient une partie de leur effort à pousser l'eau, l'une en avant, l'autre en arrière, et la perte de travail qui en résulte croît avec la rapidité du mouvement. Cette perte, qui vient s'ajouter à celle qui provient de la mobilité du point d'appui, augmente encore quand l'immersion des roues dépasse les limites normales, ce qui dépend des variations du tirant d'eau, résultant elles-mêmes des différences de chargement. Dans la navigation maritime, quand la mer est agitée, les bateaux ne peuvent se tenir dans une position verticale et sont incessamment secoués par le roulis : une roue se trouve noyée, tandis que l'autre est hors de l'eau; de cette manière, une grande partie de la force motrice est dépensée en pure perte. Les tambours présentent à l'action des vents des surfaces qui contrarient parfois la stabilité du bâtiment; enfin les palettes très larges sont faciles à disloquer par les vagues. De plus, dans les bâtiments de guerre, les roues et les tambours qui les enveloppent sont particulièrement exposés au choc des projectiles.

Au lieu de chercher à améliorer ce qui existait, plusieurs inventeurs ont proposé de substituer aux roues à aubes des propulseurs de diverses sortes. On a essayé plusieurs fois le système imaginé par Bernoulli. Il consiste à appliquer à la propulsion des bateaux la réaction d'une veine fluide qui s'écoule. On n'a jamais obtenu qu'un effet utile très minime pour un travail moteur considérable. Achille de Jouffroy, fils de celui dont nous avons parlé plus haut, reprenant une idée que son père avait déjà tenté de mettre en pratique, a essayé d'imiter l'appareil nageur des oiseaux palmipèdes. Il a même fait construire un b. ayant pour propulseur deux *palmipèdes*, c.-à-d. deux tiges articulées imitant le mouvement intermittent de la patte du cygne. Ces tiges se terminaient par deux larges lames mobiles, s'ouvrant pour repousser l'eau et déterminer le mouvement progressif du b., et se fermant pour revenir de l'arrière en avant. Cet appareil, étant complètement immergé, offrait théoriquement de grands avantages; mais l'épreuve tentée à Saint-Ouen ne lui fut pas favorable. L'hélice, à laquelle nous consacrerons un article spécial (voy. Hélice), supprime la plupart des inconvénients des roues à aubes. On ne peut mieux comparer son action qu'à celle d'un tire-bouchon disposé dans l'axe du navire et animé par la machine d'un mouvement de rotation rapide : elle se *visse* ainsi dans l'eau et avance à chaque tour d'une longueur qui serait égale à son pas, sans la mobilité de l'eau, entraînant avec elle le b. auquel elle est fixée. Cependant, cette comparaison si exacte au point de vue de l'action d'un propulseur donnerait une idée singulièrement fausse de sa forme. Il faut imaginer que le tire-bouchon soit réduit à une seule de ses spires et que de plus on a partagé cette spire en plusieurs secteurs alternativement grands et petits par des lignes tirées à partir de l'axe, et qu'enfin on a enlevé les plus grands de manière à ne laisser subsister que les plus petits, qui constituent ainsi deux, trois, quatre ou six ailes assez peu larges, disposées symétriquement autour du moyeu, à partir duquel elles vont en s'élargissant. De la sorte, l'appareil rappelle la forme des ailes d'un moulin à vent. Les premières hélices utilisaient moins bien que les roues à aubes l'énergie de la machine, à cause du tourbillonnement qu'elles produisaient dans l'eau : leur rendement ne dépassait pas 50 à 55 p. 100; mais grâce aux perfectionnements apportés dans la forme des ailes, on a pu l'élever jusqu'à 70 p. 100. Mais quand même l'hélice aurait sous ce rapport une infériorité, elle la rachète par des avantages inappréciables. Comme elle se place à l'arrière du navire, au-dessous de la ligne de flottaison, elle est constamment immergée, quels que soient les mouvements de roulis; les grands mouvements de tangage peuvent seuls la faire émerger momentanément. Elle supprime les tambours qui élargissaient le b. vers le milieu, donnaient prise au vent et étaient une cause d'accidents. Enfin, dans les navires de guerre, elle est protégée contre les projectiles de l'ennemi par l'arrière du bâtiment qui la surplombe. L'hélice est construite en bronze ou en acier; elle se fixe à l'extrémité d'un arbre de couche placé longitudinalement dans le fond du b., et se loge dans une cavité ménagée à cet effet en avant de l'étambot et du gouvernail. Beaucoup de grands bâtiments portent deux hélices disposées côte à côte aux extrémités de deux arbres parallèles mus d'une manière indépendante. Cette disposition présente le double avantage d'augmenter le rendement du propulseur et de permettre de faire évoluer le bâtiment sans l'action du gouvernail, en faisant tourner l'une des deux hélices plus vite que l'autre.

Machines. — La grande question des machines à vapeur devant être traitée avec tous les détails convenables en son lieu et place, nous nous bornerons à dire quelques mots de celles qu'on emploie dans la navigation. Ces dernières ne diffèrent pas essentiellement des machines ordinaires, sauf qu'elles ont toujours deux cylindres dont les bielles manœuvrent deux manivelles à angle droit, de telle sorte que quand l'une est au point mort, l'autre est à son maximum d'action, ce qui assure la régularité du mouvement. Quelquefois les deux bielles sont montées sur la même manivelle, mais de telle sorte que quand l'une est dans le prolongement de la manivelle, l'autre lui est perpendiculaire, ce qui produit le même effet relativement au point mort. Quelquefois on cale les deux manivelles à 120° de distance, ce qui assure une grande régularité de mouvement. Cette disposition a été adoptée sur plusieurs paquebots de la Compagnie Transatlantique. Du reste, les machines à vapeur en usage dans la navigation présentent des dispositions qui varient selon les ateliers dont elles sortent. Les machines dites *oscillantes*, dont l'invention est due à Maudslay, de Londres, et a été importée en France par Cavé, utiles pour la navigation des rivières, en raison de leur extrême simplicité et de leur légèreté, présentent des inconvénients qui les rendent peu propres pour les navires d'un fort tonnage et pour la navigation maritime. On est obligé de recourir dans ces deux cas à des appareils bien plus compliqués et beaucoup plus lourds. On a longtemps employé des *machines à balancier*, qui n'étaient que des machines de Watt modifiées de manière à porter leur balancier à la partie inférieure au lieu de l'avoir à la partie supérieure. Mais ce type de machines, trop encombrantes, a été abandonné, ainsi que toutes les machines à basse pression, qui ont été longtemps les seules en usage. Aujourd'hui on emploie exclusivement des machines à moyenne et à haute pression, et à détente, qui ont l'avantage d'être moins lourdes, moins encombrantes, et d'utiliser avec plus d'économie la chaleur de combustion de la houille. Les bielles commandées par les tiges des pistons agissent directement sur les manivelles fixées sur l'arbre de l'hélice. Les appareils à haute pression ont été adoptés de bonne heure par les Américains. La puissance de ces machines atteint parfois des chiffres considérables, surtout sur les grands cuirassés de la marine, où s'élève jusqu'à 12,000 chevaux. En résumé, les machines destinées à la navigation doivent réunir ces trois conditions capitales : occuper peu de place, offrir une grande solidité, et cependant être aussi légères que possible.

La théorie et l'expérience démontrent que tout corps qui se meut dans l'eau éprouve, de la part du liquide, une résistance qui est proportionnelle à la plus grande section de sa partie plongée, prise perpendiculairement à sa direction, et que cette résistance augmente comme le carré de sa vitesse. Comme le chemin parcouru pendant un temps donné est proportionnel à la vitesse, il en résulte que le *travail résistant*, qui est le produit de la résistance par le chemin parcouru, croît comme le cube de la vitesse. Ainsi, pour faire marcher un b. 2, 3, 4 fois plus vite, il faut une machine 8, 27, 64 fois plus puissante, et encore suppose-t-on, ce qui dans la pratique ne peut pas être, qu'une machine plus puissante n'augmente pas le tirant d'eau par l'augmentation de son propre poids. Cela explique pourquoi on est obligé de munir de machines très puissantes les bateaux destinés à une marche très rapide. Il ne faut pas croire, cependant, que la dépense de combustible croisse comme la force des machines, c.-à-d. comme le cube de la vitesse. Cette dépense augmente seulement comme le carré de celle-ci, parce que le b., allant plus vite, arrive aussi plus tôt. Ainsi, pour un service de pyroscaphes dont on voudrait doubler la célérité, il faudrait employer une puissance au moins huit fois plus grande ; mais les frais de chauffage ne seraient guère que quadruplés.

En général, on calcule la force des machines à raison d'un cheval-vapeur pour 2 tonneaux pour les petites vitesses, et d'un cheval par tonneau quand on veut obtenir de très grandes vitesses. Mais ces proportions sont dépassées pour les remorqueurs, et cela dans des proportions d'autant plus grandes que les charges qu'ils doivent traîner sont plus considérables. La capacité d'un bâtiment croissant comme le cube de ses dimensions, tandis que la résistance à vaincre n'augmente que comme le carré de ces mêmes dimensions, il en résulte qu'il y a intérêt à construire d'énormes bateaux pour les grandes tra-

versées ; c'est ce qu'on a compris de bonne heure en Amérique. Il est en outre démontré que les grandes chaudières utilisent mieux le combustible que les petites. Voy. CUIRASSÉ, PAQUEBOT.

Forme du b. — A l'origine de la navigation à vapeur, les bateaux étaient à fond plat, et leurs murailles avaient peu de courbures et étaient presque à plomb ; mais on comprit de bonne heure combien cette forme était défectueuse. On arrondit les angles des couples et l'on releva les extrémités des varangues. Dès 1811, le *Fulton* fut construit d'après le nouveau système. — La forme extérieure des navires a une telle influence sur la rapidité de leur marche que, pour une même surface du maître couple (la plus grande section immergée), un b. qui est plat à ses deux extrémités exige une force motrice six fois plus grande qu'un autre b. dont la proue est effilée et fend l'eau avec facilité. La résistance qu'éprouve un b. à se mouvoir est sensiblement proportionnelle au maître couple et au carré de la vitesse du navire. Elle varie peu avec la longueur ; mais elle dépend surtout des formes plus ou moins courbes et plus ou moins allongées de l'avant et de l'arrière. Dans les bateaux les mieux construits, cette résistance n'est que le 15e ou même le 20e de celle qu'éprouverait un plan de même surface que le maître couple se mouvant avec une vitesse égale à celle du b. Il résulte de là que l'on peut donner aux bateaux à vapeur une très grande longueur, puisque, pour une même charge, l'enfoncement, et par suite le maître couple, est alors moindre. Cependant, lorsqu'il s'agit de pyroscaphes maritimes, si on leur donne une trop grande longueur, on risque de compromettre leur solidité, et les mouvements du tangage peuvent les disloquer. Aussi, le principal effort des ingénieurs constructeurs de navires à vapeur est-il d'augmenter la longueur du navire sans compromettre sa stabilité.

Un des moyens les plus propres à diminuer le tirant d'eau des bateaux à vapeur, est de donner à la coque le plus de légèreté possible. On y est parvenu en substituant le fer au bois. On se sert de plaques de tôle réunies par des rivets, comme dans les chaudières, et renforcées de distance en distance par des cornières de fer qui tiennent lieu des varangues des constructions en bois. Les bateaux de fer sont plus solides et plus légers que ces dernières ; ils ne sont pas aussi exposés aux incendies ; ils ont, en outre, l'avantage, quand ils sont hors de service, de donner des matériaux d'une défaite plus facile et plus productive. Quelle que soit, du reste, la matière employée, bois ou fer, on apporte, dans la construction des bâtiments à vapeur maritimes les soins les plus minutieux à l'ajustement de toutes leurs parties, car ils sont plus fatigués que les bâtiments à voiles par le choc des vagues. Il faut encore combattre la tendance qu'ils ont, comme ces derniers d'ailleurs, mais à un plus haut degré, à se déformer dans leur milieu. Cette déformation est accélérée chez eux par le poids de la machine et par les vibrations qu'elle occasionne, ainsi que par la chaleur et l'humidité qu'entretient constamment l'alimentation de la chaudière.

Des deux extrémités du b. à vapeur, la *proue* est la plus importante, puisque c'est sur elle que se produisent les résistances diverses. Elle doit être très effilée, afin que la masse d'eau déplacé soit écartée et non pas refoulée, et afin de diminuer la résistance des couches liquides. On incline ordinairement à l'horizon sous un angle de 45°, en la terminant par une pièce de peu d'épaisseur nommée *taille-mer*, à laquelle se raccordent les courbes du navire. Les *flancs* du b. doivent être sous l'influence d'une masse d'eau unis que possible, pour diminuer les effets du frottement latéral, lesquels paraissent croître avec le carré de la vitesse. Quant à la *poupe*, on lui donne presque la même forme qu'à l'avant, afin que le sillon tracé par le b. soit immédiatement rempli par l'eau. Si l'arrière, au contraire, était entièrement plan, il se produirait, à mesure que le b. avancerait, un creux momentané qui, en faisant baisser le niveau derrière lui, augmenterait d'autant la surélévation de la pression de l'avant, et ralentirait, par conséquent, sa marche. Le même effet a lieu avec un arrière effilé ; mais il est d'autant moindre que ce dernier est formé de courbes plus allongées et mieux raccordées avec les flancs. Voy. CUIRASSÉ, MARINE, REMORQUEUR.

La Fig. 1 représente un ancien bateau à roues ; la Fig. 2, un cuirassé de la marine moderne : l'*Amiral Courbet*, construit en 1882. Il va sans dire que le second bateau est beaucoup plus grand que le premier ; seulement il est représenté à une bien plus petite échelle.

B. électrique. — L'idée d'appliquer l'électricité à la propulsion des bateaux est déjà ancienne : elle remonte à Jarski, qui fit des expériences de cette nature sur la Néva en 1839. Les énormes progrès réalisés dans ces dernières années dans la science et l'application de l'électricité, ont pu faire croire que ce problème touchait à une solution. Cependant, dans l'état actuel de la science, il faut absolument renoncer à l'électricité dans la grande navigation. La raison en est que l'énergie électrique, de quelque manière qu'elle soit produite, revient

commun est un canot de 8 mètres de long sur un mètre de large. M. Trouvé emploie les piles au bichromate à cause de la difficulté de recharger les accumulateurs ; il y en a 7 de six éléments chacun. La dépense, d'après l'inventeur, ne dépasse

Fig. 1.

beaucoup plus cher que l'énergie des machines à vapeur et ne saurait en aucune façon revenir à un prix moindre. Voy. MOTEUR ÉLECTRIQUE. Les avantages que pourraient présenter les moteurs électriques sous le rapport de la commodité et du petit volume ne suffiraient pas pour compenser l'énorme augmentation de dépense. Il semble que l'électricité, tant qu'on ne saura pas la produire plus économiquement qu'avec les piles

pas 1f,60 par heure, et le canot fournit une vitesse de 12 à 14 kilomètres à l'heure qu'on peut maintenir pendant plusieurs heures. Sur la Tamise, où il existe de nombreuses usines électriques, on a préféré les accumulateurs qu'il est facile de recharger. M. Forbes signale dans un rapport à l'Association Britannique pour l'avancement des sciences, une chaloupe électrique de 10 mètres de long sur 2 de large, pouvant porter

Fig. 2.

tu les machines dynamo-électriques, ne puisse être utilement appliquée qu'à la navigation de plaisance ; mais là où la dépense nécessaire peut subir une augmentation, le moteur électrique reprend tous ses avantages : plus de chaudière, plus de feu, plus d'encombrement de combustible, et enfin une machine qui ne tient presque pas de place dans l'embarcation. Aussi a-t-on construit plusieurs canots électriques qui ont donné des résultats très satisfaisants. Le propulseur est invariablement l'hélice : il reçoit le mouvement d'une machine Gramme actionnée soit par le courant d'une pile au bichromate, soit par le courant d'une batterie d'accumulateurs. L'un des premiers bateaux électriques a été construit par M. Trouvé, qui depuis on a construit beaucoup d'autres. Le type le plus

vingt personnes et faisant 8 à 9 kilomètres par heure. Elle porte 46 accumulateurs pesant ensemble 1,200 kilogrammes et pouvant fournir, sans être rechargés, une course de 65 kilomètres. Un autre b. électrique, de construction américaine, a une longueur de 12 mètres. Il porte 200 accumulateurs pesant 4,000 kilogrammes et atteint, paraît-il, la vitesse de 19 kilomètres à l'heure.

B. sous-marin. — Le problème de la navigation sous-marine a préoccupé les esprits sérieux depuis fort longtemps. Fulton réussit à faire manœuvrer sur la Seine, en 1801, un b. sous-marin nommé le Nautilus : le propulseur se composait de manches de rames en forme d'hélice tournant autour d'un arbre et mises en mouvement à bras d'hommes. Plus tard,

Fulton recommença son expérience aux États-Unis, avec un autre b. nommé le *Mute*. Plusieurs autres essais furent tentés depuis avec plus ou moins de succès jusqu'en 1863, où le vice-amiral Bourgeois fit exécuter le *Plongeur*, à la Rochelle : il avait 44ᵐ50 de longueur, et sa forme était celle d'un cigare ; l'hélice était mue par une machine à air comprimé de 80 chevaux. Les essais auxquels il fut soumis montrèrent que la construction du navire ne laissait rien à désirer, sauf en ce qui concerne la stabilité et l'équilibre dans un milieu de densité variable ; il faut avouer que c'était, en effet, là que gisait la plus grande difficulté ; on ne put réussir à maintenir le b. en marche à une profondeur constante. Malgré son insuccès, l'expérience du *Plongeur* contribua beaucoup à avancer la question en montrant les difficultés, et, depuis cette époque,

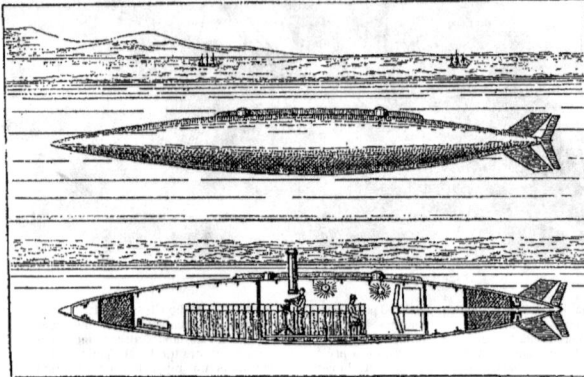

Fig. 3.

de nouveaux essais ont été tentés avec plus de succès. Le moteur à vapeur est à peu près inadmissible à cause de la difficulté d'expulser les produits de la combustion et d'alimenter le foyer d'une quantité d'air suffisante. L'air comprimé paraît abandonné de tous les inventeurs de b. sous-marins, qui demandent à l'électricité l'énergie nécessaire au mouvement du propulseur. Cependant, on peut utiliser la vapeur en ne laissant le foyer ouvert que pendant la marche à flot. Quand on veut plonger, on ferme toutes les ouvertures et l'on emploie la vapeur accumulée dans la chaudière. Plusieurs bateaux sous-marins, notamment le *Peanmarker*, de New-York, 20 tonnes, et les bateaux Norfenfeld, qui appartient au gouvernement, sont construits d'après ce système. Le *Goubet*, de Saint-Pétersbourg, est mû par l'électricité : il ne déplace que deux tonnes. Enfin, nous dirons quelques mots du *Gymnote*, b. sous-marin construit à Toulon par M. Romazotti, ingénieur de la marine, sur les plans de M. Zédé, ancien directeur des constructions navales. Quoique les essais relatifs à ce b. soient tenus aussi secrets que possible par l'administration de la Marine, on possède cependant certains renseignements qui permettront de juger des principales difficultés que rencontre la navigation sous-marine et de la manière dont elles ont été surmontées.

La longueur du *Gymnote* est de 17ᵐ20, son diamètre au milieu, 1ᵐ80, son déplacement, 30 tonnes. Il a la forme d'un long cigare ; le gouvernail se compose de deux ailes placées en avant de l'hélice. L'appareil moteur est une machine électrique du système Krebs, ou même système qu'ont employé MM. Renard et Krebs pour la propulsion de leur aérostat dirigeable. L'électricité est fournie par des accumulateurs logés à la partie centrale (Voy. la coupe Fig. 3). La machine électrique est en arrière des accumulateurs. Aux deux extrémités du b. sont deux compartiments qui sont remplis de lest et servent à assurer l'assiette longitudinale. Vers le centre se voit un tube qui émerge quand le bâtiment navigue à une petite profondeur. Ce tube, placé au-dessus de l'homme chargé de la manœuvre du gouvernail, lui permet, au moyen d'un système de lentilles et de réflecteurs, de voir les objets avoisinants, et de diriger sa marche, disposition indispensable, car l'une des plus grandes difficultés de la navigation sous-marine consiste dans l'opa-

cité de l'eau qui, malgré les plus forts éclairages, ne permet pas de distinguer les objets voisins. Ce tube peut être rentré quand on veut passer sous la coque d'un navire pour l'attaquer. Le mouvement vertical s'obtient en inclinant dans un sens ou dans l'autre les deux ailes du gouvernail placé juste en avant de l'hélice.

L'Espagne possède aussi un b. sous-marin, le *Péral* ; mais il paraît que les expériences auxquelles il a été soumis, n'ont pas donné de résultats satisfaisants.

Les bateaux sous-marins ne sont pas destinés à de longues traversées ; leur rôle plus modeste se borne à la défense des ports et à l'attaque des navires ennemis. Les expériences auxquelles on continue de se livrer, permettront de fixer le meilleur moyen de leur faire remplir ce double rôle. Le développement de la navigation sous-marine sur une échelle un peu grande se heurte à un obstacle considérable : c'est le défaut de visibilité dès que le b. est complètement submergé. Il est impossible de prévoir si l'on arrivera à triompher de cette difficulté qui, dans l'état actuel de la science et de l'industrie, paraît insurmontable.

B. en papier. — On construit en Amérique des bateaux de plaisance en papier. Ils ont été imaginés par C. Walter de Lansingbourg. On les confectionne habituellement en collant sur un modèle en bois de sapin plusieurs feuilles de papier superposées. On place alors le tout dans une étuve chauffée à 60° et on l'y laisse plusieurs jours, après quoi on démonte le modèle en bois et on l'enlève pièce par pièce de manière à ne laisser subsister que la coque en papier. L'épaisseur de ces bateaux ne dépasse généralement pas 1ᵐᵐ6, au moins pour les canots de course. On a cependant construit des bateaux en papier de 12ᵐ80 de long sur 1ᵐ80 de largeur, pouvant porter 40 personnes. Seulement la coque est soutenue par des membrures en bois. On en cite un autre de 6 mètres de long, qui porte une machine à pétrole actionnant une hélice.

BATEILLE. s. f. T. Métall. Mur d'appui extérieur régnant autour de la bune.

BATELAGE. s. m. Se dit des allées et venues d'un bateau pour charger ou décharger un navire. ǁ Mét. ou tour de bateleur.

BATELÉE. s. f. Charge d'un bateau. *B. de foin.* — Fig. et fam., Une grande quantité de personnes. *Il vient de lui arriver une b. de cousins.*

BATELER. v. a. T. Pêche. Aller chercher avec des chaloupes le poisson pêché.

BATELET. s. m. Petit bateau.

BATELEUR, EUSE. s. (vx fr. *basteau*, bâton). Se dit en général des gens qui, dans les places publiques, montent sur des tréteaux, font des tours d'adresse ou de souplesse, afin d'amuser le public. *Une troupe de bateleurs.* — Par exag. et fam., on dit d'un homme qui fait le bouffon en société, *Il fait le b. ; C'est un b.* ǁ T. Zool. Genre d'aigles à queue très courte, d'Afrique.

BATELIER, IÈRE. s. Celui, celle qui a pour profession de conduire des bateaux.

BATELLERIE. s. f. (de *batel*, ancienne forme de bateau). T. Comm. L'ensemble des bateaux qui font le service sur les cours d'eau. ǁ L'industrie des transports par eau.

BATÊME, BATISER, etc. Voy. BAPTÊME, BAPTISER, etc.

BÂTER. v. a. (R. *bât*). Mettre un bât sur une bête de somme. *B. un mulet.* ꞊ BÂTÉ, ÉE. part. ǁ Fig. et prov., *Ane bâté.* Voy. ANE.

BAT-FILIÈRE. s. f. (*battre* et *fil*). Instrument pour battre le fil de fer.

BATH, v. du comté de Somerset (Angleterre) ; 52,000 hab. Sources chaudes minérales.

BATHILDE (Sainte), femme du roi mérovingien Clovis II, gouverna pendant la minorité de son fils Clotaire III, de 656 à 665.

BATHOMÈTRE. s. m. (gr. βάθος, profondeur ; μέτρον, mesure). T. Phys. Instrument inventé par le Dr Siemens, pour mesurer la profondeur de la mer à un endroit sans faire usage de la ligne de sonde, et à l'aide de la simple lecture des indications de l'instrument. Il se compose d'un tube rempli de mercure dont le fond est un diaphragme reposant sur un ressort à boudin. Plus l'attraction terrestre est forte, et plus le diaphragme s'abaisse. Or, l'eau étant moins dense que les roches solides, l'attraction terrestre est d'autant plus faible en un point de la surface de la mer que celle-ci est plus profonde. L'instrument est gradué par comparaison avec quelques sondages ; il indique d'une manière approchée non la profondeur à l'endroit où l'on se trouve, mais la profondeur moyenne dans un rayon de 500 mètres environ.

BATHOMÉTRIE. s. f. Étude du fond des mers.

BATHORI (Étienne), élu roi de Pologne en 1575, après la fuite de Henri de Valois.

BATHURST (Comte), homme d'État anglais, secrétaire d'État pour les colonies, ennemi acharné de Napoléon Ier (1762-1834).

BATHURST, ch.-l. des établissements anglais de la Gambie ; 2,825 hab.

BATHURST, v. du Sénégal (aux Anglais) ; 6,000 hab.

BATHYBIUS. s. m. T. Zool. Nom donné à une masse gélatineuse trouvée au fond de la mer, et que Huxley considère comme étant le premier état de la matière vivante, le protoplasme primitif. Cette manière de voir a soulevé de vives contradictions, et la plupart des naturalistes ne l'acceptent pas.

BATHYLLE, poète latin médiocre qui s'était prétendu l'auteur de certains vers de Virgile. C'était le « geai paré des plumes du paon ».

BATHYLLE, célèbre pantomime du Ier siècle de notre ère, à Rome.

BATHYMÉTRIE. s. f. (gr. βάθος, profond ; μέτρον, mesure). T. Phys. Mesure des profondeurs de la mer.

BÂTI. s. m. (R. *bâtir*). T. Archit. Assemblage des montants, des traverses dans lesquelles sont renfermés un ou plusieurs panneaux de maçonnerie, de menuiserie ou de serrurerie. *Le b. d'une porte.* || T. Couture. Assemblage des pièces d'un vêtement, lorsqu'elles sont simplement faufilées. *J'ai fini le b. de votre robe.* — Par ext., Le gros fil avec lequel on a fait le b. *L'habit est cousu, il faut ôter le b.*

BATIDÉES. s. f. pl. (gr. βάτος, ronce). T. Bot. Le *Batis maritima*, qui compose à lui seul le groupe des *Bati-*

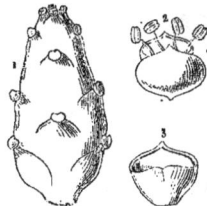

dées, est un sous-arbrisseau qui croît en abondance dans les marais salés des Antilles et de l'Amérique équatoriale, à feuilles

opposées, charnues, dépourvues de stipules. Fleurs dioïques. Fleurs mâles : chatons compactes, à écailles uniflores, arrondies, convexes à la base, concaves au bord, quadrisériées ; calice gamosépale bilobé ; étamines 4, plus longues que le calice, à filets aplatis et à anthères biloculaires s'ouvrant longitudinalement, et 4 staminodes alternes. Fleurs femelles : chatons charnus, à écailles uniflores, acuminées, presque planes, quadrisériées ; calice nul ; carpelles 4, connescents en un, ovaire à 4 loges ; stigmate sessile, arrondi ; ovules solitaires, dressés. Baies succulentes, quadriloculaires ; graines 4 dans chaque baie, triangulaires ; embryon droit sans albumen. (Fig. 1. Fleur femelle. 2. Fleur mâle, avec sa bractée et ses étamines. 3. La même, sans bractée ni étamines.) — On recueille quelquefois cette plante, soit pour l'extraire la soude qu'elle contient en abondance, soit pour la faire confire au vinaigre.

BÂTIER. s. m. Celui qui fait et vend des bâts.

BATIFODAGE. s. m. T. Maçonn. Plafond de terre grasse et de bourre.

BATIFOLAGE. s. m. Action de batifoler. Fam.

BATIFOLER. v. n. (bas lat. *batifolium*, rempart, boulevard, parce qu'on allait y flâner ?). Jouer à la manière des enfants. *C'est assez b.* Fam.

BATIFOLEUR. s. m. Qui aime à batifoler. Peu us.

BATIGNOLLES, ancienne commune de la banlieue de Paris aujourd'hui comprise dans la capitale, dont elle forme le XVIIIe arrondissement.

BÂTIMENT. s. m. (R. *bâtir*). Se dit de toute construction composée d'une ou de plusieurs sortes de matériaux, mais plus spécialement de celles qui sont destinées à l'habitation. *Un b. de pierre, de bois. Il n'est entré dans ce b. que de la brique et du fer. Les bâtiments publics, civils, militaires. B. mesquin. Un corps de b. Ce b. menace ruine. Intendant des bâtiments du roi. Entrepreneur de bâtiments. Ouvriers en b. Peintre en bâtiments. Ce b. est bien avancé.* || Appareil destiné à l'évaporation des eaux chargées de sel. *B. de graduation.* Voy. Saline. || *B. de mer,* et plus souvent *Bâtiment* tout court, Un vaisseau, un navire quelconque. *B. de guerre, de transport, de commerce. B. à rames, à voiles, à vapeur. B. français, anglais, américain. Construire, équiper, armer un b.*

Archit. — En Archit., le mot *Bâtiment,* pris dans son sens le plus général et conformément à son étymologie, s'applique à tout ce qui est bâti ; mais, dans l'usage ordinaire, on entend généralement par b. une construction civile destinée soit à l'habitation, soit à l'exercice d'une industrie. Toute construction qui comporte l'idée de monument, comme une église, un palais, un hôtel de ville ou un palais de justice, prend particulièrement le nom d'*édifice,* lors même que, sous le rapport du plan, il rentre dans les conditions générales d'un b. d'habitation. A plus forte raison, une fontaine, une porte monumentale, un arc de triomphe, sont des *édifices* et ne sont pas des *bâtiments.* — On désigne sous le nom collectif d'*industries du b.,* celles qui concourent à la construction : maçonnerie, charpente, toiture, menuiserie, peinture, vitrerie, plomberie, etc.

Dans la Marine, la dénomination générique de *Bâtiment* est aussi appliquée à toute construction *pontée* de guerre ou de commerce, destinée à tenir la mer. Néanmoins les marins ne sont pas dans l'usage d'appliquer ce terme aux frégates et corvettes. On distingue les bâtiments *à rames,* complètement abandonnés, *à voiles* et *à vapeur.* Les bâtiments de marine reçoivent, en outre, des noms différents suivant qu'ils appartiennent à telle ou telle classe : *Vaisseau de ligne, Frégate, Brick, Corvette, Goélette, Flûte, Cutter, Gabare,* etc. Voy. ces mots.

BATINE. s. f. Selle rembourrée et couverte d'une grosse toile.

BATIPORTE. s. m. T. Mar. Bordage de chêne qui empêche l'introduction de l'eau dans la cale.

BÂTIR. v. a. (d'un radical commun à toutes les langues aryennes qu'on retrouve dans *bât* et *bâton* et qui comporte l'idée de soutien, de support). Construire, édifier ; ou faire construire, faire édifier. *B. une maison, un palais. B. de* pierre, de brique. B. sur pilotis. B. un pont. Louis XIV a bâti le château de Versailles. || On dit absol. Aimer à b. ou à faire b. || S'emploie avec le pron. se pour à soi. Il se bâtit une maison de compagne. || Fig. B. à chaux et à ciment, Faire une construction solide. — Fig., B. en l'air ou sur le sable, Fonder un établissement sur quelque chose de peu solide; former des projets, concevoir des espérances chimériques. || En parlant des animaux, se dit de certains travaux qu'ils exécutent. L'hirondelle bâtit son nid avec une patience admirable. Les termites bâtissent des édifices coniques hauts de plusieurs pieds. Le castor bâtit toujours au bord des eaux. || Fig., Établir. B. sa fortune sur la ruine de quelqu'un. B. un système sur une hypothèse. || T. Couture. Agencer, disposer les pièces d'un vêtement en les faufilant, avant de les coudre complètement. B. un habit. J'ai bâti votre robe. ⇒ SE BATIR, v. pron. Les maisons se bâtissent à Paris avec une rapidité surprenante, Sont construites, etc. Il ne se bâtissait pas une maison qu'il n'en suivit les travaux avec assiduité. ⇒ BÂTI, IE. part. Château bâti de brique. Maison mal bâtie. || Fig. et fam. Un homme bien bâti, mal bâti, Un homme bien fait, mal fait. On dit aussi subst., Un grand mal bâti ou malbâti. — Fig. et fam., Voilà comme je suis b., Tel est mon caractère.

Allus. littér. — Passe encor de b., mais planter à cet âge! vers tiré de la fable de La Fontaine le Vieillard et les trois jeunes hommes.

BATIS. s. m. T. Bot. Voy. BATIDÉES.

BÂTISSAGE. s. m. (de bâtir). T. Chapell. Premier degré du feutrage des poils.

BÂTISSE. s. f. (R. bâtir). Construction d'un bâtiment, quant à la maçonnerie seulement. Voilà une belle et bonne b.

BÂTISSEUR. s. m. Qui a la manie de faire bâtir. C'est un grand b. Fam.

BÂTISSOIR. s. m. (de bâtir). T. Tonnell. Machine à retenir les douves pour la construction d'un tonneau.

BATISTE. s. f. Toile de lin très fine et d'un tissu très serré. Un mouchoir de b. Toile de b. La b. a été ainsi appelée du nom de Baptiste Chambray, qui en fabriqua pour la première fois au XIIIe siècle. — B. d'Écosse, Étoffe de coton d'un tissu très fin et très serré.

BATNA, ville du dép. et arr. de Constantine (Algérie), ch.-l. de subdivision militaire, à 200 k. de Constantine; 6,500 hab. Dans le voisinage, ruines de Lambessa.

BATOCERA. s. m. T. Zool. Coléoptère de la famille des Longicornes.

BATOKAS, grand peuple de l'Afrique australe sur la rive gauche du Zambèze.

BÂTON. s. m. (même origine que bâtir. Voy. ce mot). Long morceau de bois qu'on peut tenir à la main, et qui sert à divers usages. S'appuyer sur un b. Donner des coups de b. Menacer du b. Faire mourir sous le b. B. à deux bouts, B. ferré par les deux bouts, qui peut servir d'arme offensive. — Jouer du b., Manier le b. avec dextérité. || Fig., De b. de vieillesse, Celui ou celle qui sert d'appui à un vieillard. Cet enfant sera votre b. de vieillesse. || B. de commandement, B. qui est le signe de l'autorité et que portent certains officiers. — Le b. de maréchal, ou simplement le b., Voy. MARÉCHAL. — B. pastoral, La crosse de l'évêque. — B. de chantre, B. orné et recouvert d'argent, que le chantre d'une église tient à la main pendant l'office. — B. de prieur, B. que le prieur d'une communauté porte derrière l'écu de ses armoiries. || B. de la croix, B. au haut duquel on met une croix pour la porter dans les processions. — B. d'une bannière, B. au haut duquel est attaché une bannière. || B. de mesure, Le b. ou le rouleau de papier qui sert au chef de musique pour marquer la mesure. || B. de Jacob, La baguette des escamoteurs. || Fig., Il est arrivé à Paris le b. blanc à la main, Il est arrivé pauvre à Paris. On dit de même, Sortir d'un emploi le b. blanc à la main ou avec le b. blanc, En sortir pauvre. Par ext., Sortir d'une place le b. blanc à la main, se dit d'une garnison qui est sortie d'une place sans armes ni bagages. Vx et peu us. — Fig. et fam., Mener quelqu'un le b. haut, Lui faire faire quelque chose le b. haut, Le faire obéir par force et par

crainte. — Sauter le b., Faire quelque chose par force, à contre-cœur, ou se résoudre à faire une chose après avoir beaucoup hésité. — Tirer au b. ou au court b. avec quelqu'un, Contester, disputer avec lui, sans vouloir céder. — Battre l'eau avec un b., Faire des efforts de diverses choses inutiles, perdre ses soins et sa peine. — Mettre, jeter des bâtons dans les roues, Soulever des obstacles, créer des difficultés contre une entreprise. — Faire une chose, parler d'une chose à bâtons rompus, Sans suite, avec des interruptions. — Le tour du b., Profit supplémentaire, souvent secret et illégitime. Son emploi est peu rétribué, mais il y a le tour du b. || B. de perroquet, B. établi sur un plateau de bois et muni, de distance en distance, d'échelons à l'aide desquels le perroquet monte et descend. — Fig. et fam., Petite maison de plusieurs étages dont chacun n'a qu'une chambre. Cette maison n'est qu'un b. de perroquet. || Se dit aussi de diverses choses auxquelles on donne la forme d'un petit bâton. B. de cire. B. de réglisse, de sucre d'orge. Pommade en b. || T. Blas. Voy. HÉRALDIQUE. || T. Bot. B. Royal, Asphodèle rameux. B. de Jacob, Asphodèle jaune. V. LILIACÉES. B. d'or, Giroflée jaune. Voy. CRUCIFÈRES. || Bâtons de Néper, Appareil inventé par Néper pour faciliter les calculs et consistant en une série de petites réglettes d'ivoire ou de bois portant les nombres de la table de multiplication; par une manipulation facile, cet appareil réduit les multiplications à de simples additions et les divisions à de simples soustractions. Voy. CALCUL. || B. pilote. T. Chemin de fer. Voy. STAFF-SYSTÈME.

BATONGA, contrée de l'Afrique occidentale dans la colonie de Cameroun ou golfe de Biafra.

BÂTONNABLE. adj. Qui mérite d'être bâtonné.

BÂTONNADE. s. f. Coups de bâton.

BÂTONNAGE. s. m. (de bâton). T. Vét. Opération qui consiste à introduire dans la bouche des bêtes à cornes affectées de météorisme un bâton avec lequel on va titiller le voile du palais, ce qui détermine des éructations et soulage les animaux. || Action de mettre en bâtons.

BÂTONNAT, s. m. (de bâton). Fonctions de bâtonnier dans le corps des avocats. || Durée de ces fonctions.

BÂTONNÉE. s. f. (bâton, manche de pompe). Quantité de liquide élevée par un coup de piston d'une pompe.

BÂTONNER. v. a. Donner des coups de bâton. — Fig., Rayer, biffer. ⇒ BÂTONNÉ, ÉE. part.

BÂTONNET. s. m. Petit bâton taillé en pointe par les deux bouts, et qui sert à un jeu d'enfants. Faire sauter le b.

BÂTONNIER. Celui qui a en dépôt, pour un temps, le bâton d'une confrérie, et qui le porte aux processions. — On donne ce titre au chef de l'ordre des avocats, en souvenir du temps où l'avocat choisi comme doyen par ses confrères portait dans les processions le bâton ou bannière de saint Nicolas, patron de la corporation. Ses fonctions consistent à présider les conférences et à veiller à la discipline de l'ordre. Il est nommé pour un an à l'élection par l'assemblée générale des avocats, et peut être réélu. (Décret des 10-25 mars 1870). Voy. BARREAU.

BÂTONNIER s. m. Celui qui fait ou vend des manches de brosses, de fouets, de parapluies.

BÂTONNISTE. s. m. Celui qui sait jouer du bâton.

BATOUM, v. sur la mer Noire (prov. de Trébizonde), fut cédée aux Russes par les Turcs en 1878; 3,000 h.

BATOURNER. v. a. T. Tonnel. Mesurer les douves d'un tonneau pour les égaliser.

BATRACHITE. s. f. (Pr. batrakite) (gr. βατραχίτης, m. s., de βάτραχος, grenouille). Pierre verdâtre que les anciens croyaient formée dans le corps d'un crapaud.

BATRACHOÏDE. s. m. (Pr. batrako-ide) (gr. βάτραχος, grenouille; εἶδος, forme). T. Ichl. Genre de poissons Acanthoptérygiens. Voy. PECTORALES pédiculées.

BATRACHOMYOMACHIE (La), c.-à-d. le combat des rats
et des grenouilles (gr. βάτραχος, grenouille; μῦς, μυός, rat;
μάχομαι, je combats). Petit poème grec de deux cent quatre-
vingt-quatorze vers, faussement attribué à Homère.

BATRACHOSIOPLASTIE. s. f. [Pr. batroko-si-oplastie]
(gr. βατράχιον, grenouillette; πλάσσειν, former). T. Chir. Exci-
sion de la membrane muqueuse et accollement de ses bords avec
les lèvres d'une incision qu'on fait au kyste appelé grenouillette.

BATRACIENS. s. m. pl. (gr. βάτραχος, grenouille). T. Erpét.
Les *Batraciens* constituaient, dans la méthode d'Alexandre
Brongniart et de Cuvier, le quatrième ordre de la classe des
Reptiles. Dans les nouvelles classifications, ils constituent
une classe à part. Les animaux qui la composent ont, en
général, des côtes nulles ou rudimentaires et un sternum
très développé. Les vertèbres sont en nombre très variable;
on en compte 10 chez la Grenouille, 42 chez la Salamandre
terrestre, 100 dans la Sirène lacertine, et 230 chez la Cécilie.
Tous, à l'exception des Cécilioïdes, ont la peau molle et nue,
c'est-à-dire absolument dépourvue d'écailles. Les uns, à l'état
parfait, ont une queue qui manque dans les autres. Les membres sont au nombre de quatre, sauf la Sirène qui n'en a
que deux, et les Cécilioïdes qui n'en ont point. A un seul
genre près, les B. manquent d'ongles aux doigts.
Mais ce qui caractérise essentiellement les B. parmi les Vertébrés, ce sont les métamorphoses qu'ils éprouvent. En effet,
dans les premiers temps de leur vie, les B. respirent par des
branchies et ressemblent à des poissons par leur forme et leur
manière de vivre, tandis que, dans la seconde, ils ont des
poumons (quelques genres conservent malgré cela leurs branchies), et leur respiration aérienne. Le cœur se compose
d'un seul ventricule et de deux oreillettes. Tant que les branchies subsistent, l'aorte, en sortant du cœur, se partage en
autant de rameaux de chaque côté qu'il y a de branchies;
mais dans les espèces qui perdent leurs branchies, les rameaux
qui s'y rendent s'oblitèrent, excepté deux qui se réunissent
en une artère dorsale, et qui donnent chacun une petite
branche au poumon. Les œufs s'enflent beaucoup dans l'eau
après avoir été pondus. Le petit, appelé *Têtard* (Anoures et
Urodèles), ne diffère pas seulement de l'adulte par la présence
des branchies. Ses pieds, lorsqu'il en doit avoir, ne se développent que par degrés, et, dans plusieurs espèces, il a encore
une sorte de bec et une queue qu'il doit perdre (Anoures) et
des intestins d'une forme différente. Toutefois il y a des espèces vivipares. — Tous les jeunes B. sont herbivores avant
de prendre leur forme définitive; à l'état parfait ils sont carnivores, sans toutefois jamais
se nourrir de débris d'animaux
en décomposition.
La classe des B. est généralement divisée en trois ordres,
appelés B. anoures, B. urodèles, et B. apodes.
1° Les *anoures* n'ont pas de
queue à l'état adulte, la peau est
nue, les membres sont bien développés; ils ont des branchies
à l'état de larve et des poumons à l'état adulte. On divise
les *anoures* en *discodactyles*,
oxydactyles, et *aglosses*. Les
premiers ont des pelotes adhé-
sives à l'extrémité des doigts,
ce sont les *Rainettes* (voy. ce
mot); les seconds ont des doigts
pointus, une langue, comme les
rainettes; ce sont les *Grenouilles* et les *Crapauds* (voy.
ces mots). Les aglosses, comme
l'indique leur nom, sont dépourvus de langue; ce sont les
Pipas de la Guyane (voy. PIPA);
les mœurs de ces crapauds
sont intéressantes; le mâle, après l'accouplement, place les
œufs sur le dos de la femelle; alors la peau de celle-ci se
gonfle, et il se forme des cellules dans lesquelles les œufs
éclosent.
2° Les *Urodèles* sont nus, à queue persistante; ils ont les
membres courts, des branchies à l'état de larves, des poumons à l'état adulte ou des branchies persistantes. On les a
pour cela divisés en deux groupes. Les uns (Salamandre,
Triton, Amblystome) n'ont pas de branchies à l'état adulte,

ranf les *Axolotls* qui ne sont que des amblystomes qui conservent les branchies à l'état adulte; les autres (Sirène Pro-
tée) ont trois branchies externes persistantes.
3° Enfin les *Apodes* sont vermiformes, ont de petites
écailles, et sont dépourvus de membres: ce sont les *Cécilies*.

BATRACINE. s. f. (gr. βάτραχος, grenouille). Substance
venimeuse que les Indiens Chocomans retirent d'un petit batracien en le tenant embroché près du feu.

BATRIAGE. s. m. T. Mét. Outil des fabricants de tuiles.

BATTAGE. s. m. [Pr. batage] (R. battre). T. Agric. On désigne sous le nom commun de *Battage*, les procédés divers usités
pour séparer le grain des céréales de leur épi. Le procédé le plus
ancien consistait à prendre une poignée de tiges liées et à les
frapper sur un morceau de bois dur. On applique encore dans
certaines contrées pour obtenir le blé des semences, et comme
on emploie à cet usage un tonneau défoncé sur le fond
duquel on bat les gerbes, on lui a donné le nom de *battage
au tonneau*. Le *dépiquage*, qui est encore usité dans tout
l'Orient et dans le midi de l'Europe, consiste à faire marcher
circulairement des bœufs, des mulets ou des chevaux sur les
gerbes disposées en rond à la surface d'une plate-forme d'argile durcie, quelquefois recouverte d'un pavage de briques. La
paille se trouve ainsi triturée et comme hachée. Il ne reste
plus qu'à nettoyer le grain, c'est-à-dire à en séparer les balles,
les débris de paille et la poussière qu'il salissent, opération
qu'on appelle le *vannage* et qui se fait au moyen d'un grand
panier en forme de coquille d'huître nommé *van* (voy. ce mot).
Le dépiquage est mentionné par Moïse dans le *Deutéronome*,
lorsqu'il dit : « Tu ne lieras point la bouche du bœuf qui
foule ton grain dans l'aire » (xxv, 4). Le *B. proprement dit* ou
B. au fléau n'est guère moins ancien et comme hachée. Il est
usité de temps immémorial dans les pays tempérés et froids.
En France, il se pratique pendant l'hiver, à l'intérieur des
granges : de là, les expressions *Battre en grange* et *Batteur
en grange*. En Bretagne et dans les pays de petite culture de
l'ouest de la France ainsi que dans plusieurs départements du
Midi, le b. au fléau se fait sur une aire, à l'air libre, immédiatement après la moisson. Le b. au fléau laisse toujours une
portion du grain dans l'épi; la proportion ordinaire, pour le
froment, varie d'un vingt-cinquième à un vingtième, ce qui, sur
une masse considérable, forme une perte très sensible. Cette
perte, qui équivaut à environ *un tiers* de la totalité des grains
employés comme semence, dit assez combien le procédé du b.
au fléau est défectueux. Le *B. ou dépiquage au rouleau* qui

consiste à promener sur les épis des rouleaux de forme variée
traînés par des chevaux, est bien moins usité que le dépiquage
simple ou que le b. au fléau : il est encore plus défectueux que
ce dernier.
Aujourd'hui, l'usage du fléau disparaît de jour en jour et on lui
substitue des appareils mécaniques, appelés *Machines à battre*
ou *Batteuses mécaniques*. Ces appareils, cependant, ne battent
pas le blé, ils égrènent simplement les épis en les forçant à passer
entre un système de cylindres cannelés. Les conditions exigées

77

d'une bonne machine sont : 1° que le grain ne soit pas brisé, car les fragments farineux sont en grande partie projetés avec la menue paille dans le nettoyage et ainsi perdus; 2° qu'il ne reste point de grain dans l'épi. Cette dernière condition, qui ne peut jamais être exactement remplie ni par le dépiquage, ni par le b. au fléau, constitue avec l'économie de la main-d'œuvre le principal avantage du nouveau procédé. Toutefois il faut encore tenir compte des avantages indirects qui résultent de l'emploi du b. mécanique. Le travail est beaucoup plus rapide; le cultivateur n'a jamais à craindre le manque de bras; il peut connaître, aussitôt après la récolte, la quantité exacte de grain qu'il possède et le vendre immédiatement s'il y trouve avantage; enfin les grains renfermés dans un grenier y sont beaucoup mieux à l'abri des diverses causes de détérioration ou de destruction que lorsque les blés sont laissés en meules ou en grange.

Il existe une grande variété de *batteuses*. Dans toutes, l'organe principal est un *cylindre batteur* muni de saillies nommées *battes* ou de chevilles; ceux à chevilles, *américains*. Ce cylindre tourne dans une portion de cylindre creux à peu près concentrique également muni de battes ou de chevilles, qu'on nomme *contre-batteur*. La gerbe, amenée à l'entrée du contre-batteur, est entraînée par le batteur entre les deux cylindres où elle subit les chocs et frottements des battes ou des chevilles qui en séparent le grain; le tout ressort à l'autre extrémité du contre-batteur : la paille s'engage sur une sorte de couloir, et le grain plus lourd tombe dans un conduit incliné qui l'amène dans un sac. Ces machines peuvent être mues à bras d'hommes. à l'aide d'un manège ou par une machine à vapeur. Souvent le grain, avant de sortir de la machine, passe sur un crible où il est secoué et soumis à l'action d'un courant d'air produit par un ventilateur adapté à la machine, de manière qu'il est complètement nettoyé et prêt à être livré au meunier. Le mouvement de rotation du batteur doit être très rapide : il faut au moins 1,200 coups de batte par minute; la plupart des bonnes machines en donnent de 3,000 à 4,000, ce qui suppose pour le cylindre batteur une rotation de 500 à 1,000 tours. Les batteuses se classent en deux catégories : 1° les batteuses *en long* ou *en bout* dans lesquelles la paille s'avance perpendiculairement au cylindre batteur, système qui permet de réduire autant qu'on veut les dimensions de la machine, mais qui a l'inconvénient de hacher la paille; 2° les batteuses *en travers*, dans lesquelles la paille s'avance parallèlement au cylindre batteur. Ces machines conservent la paille intacte; seulement, quel que soit leur débit, le cylindre doit toujours avoir une longueur égale à celle de la paille, soit au moins 1m50, et quelquefois 2m. Les machines anglaises sont cependant un peu moins larges, 0m90 à 1m55; elles obligent à égrener la paille obliquement. Enfin on distingue : les *batteuses simples* formées d'un batteur et contre-batteur avec quelquefois un secoueur; les *batteuses composées* comprennent en outre un premier nettoyage du grain au moyen d'un crible et d'un ventilateur; les *batteuses à grand travail* qui nettoient le grain deux fois; les *loco-batteuses* qui présentent cette particularité que le moteur et la machine sont montés sur le même chariot, et enfin les *batteuses spéciales*, pour les petites graines, etc. Les loco-batteurs sont à vapeur ou à manège : dans ce dernier cas, le manège est à plan incliné. Voy. MANÈGE. Ce dernier type s'est beaucoup répandu dans ces derniers temps. Les batteuses de grandes dimensions pèsent de 2,000 à 4,000 kilogrammes, coûtent de 3,000 à 4,000 francs et donnent en dix heures de travail de 250 à 350 hectolitres de grain; elles exigent en général une force de 5 à 6 chevaux et sont desservies par 12 personnes. — Les batteuses mécaniques sont aujourd'hui d'un usage général dans les campagnes de France. Les grandes exploitations possèdent seules des batteuses; la petite et la moyenne culture ont recours à des entrepreneurs qui possèdent une ou plusieurs de ces machines et les louent successivement aux cultivateurs de la région.

La Fig. représente un des types les plus répandus de batteuse à grand travail à vapeur. Les épis sont introduits par le haut; la paille sort sur la droite de la machine et le grain nettoyé descend dans un sac qu'on dispose au-dessous du conduit de bois qui se voit sur la gauche du dessin. L'organe circulaire figuré en bas à gauche est le ventilateur qui envoie le courant d'air nécessaire au nettoyage du grain. Sur la droite est une poulie qui reçoit par une courroie le travail de la machine motrice.

Les graines autres que les céréales, les pois, les haricots, le trèfle, la luzerne, et spécialement les graines oléagineuses, comme le colza, la navette, le chanvre, la cameline, se battent soit au fléau, soit à la mécanique, par les mêmes procédés que les céréales. Assez souvent dans les étés chauds et très secs ces graines sont battues au fléau sur place, sur une aire improvisée, recouverte d'une grosse toile à voile. Sans cette précaution, la plus grande partie de ces graines se perdrait dans le transport des champs à la ferme. Le maïs s'égrène à la main.

BATTAKS ou **BATTAS**, indigènes des Indes néerlandaises, au nord-est de Sumatra.

BATTANT. s. m. [Pr. *batan*]. Espèce de marteau, en forme de massue, qui frappe de côté et d'autre dans l'intérieur d'une cloche mise en branle. || Chaque partie d'une porte qui s'ouvre en deux. *Ouvrir une porte à deux battants.* || T. Mar. Partie flottante d'un pavillon. Voy. PAVILLON.

BATTANT, ANTE. adj [Pr. *batan*]. Qui bat. Ne s'emploie guère que dans les locut. suivantes : *Métier b.,* Métier en activité. — *Porte battante,* Porte qui se referme d'elle-même, ou châssis placé devant une porte et se refermant de lui-même pour empêcher le vent d'entrer dans l'appartement. — *Vaisseau de guerre b., bien b.,* Où le service de l'artillerie est facile. — *Pluie battante,* Pluie abondante. *Nous sommes revenus par une pluie battante.* — *Un habit tout b. neuf,* Tout neuf. Fam. || *Tambour b.,* Mener b. Voy. BATTRE.

BATTANT-L'ŒIL. s. m. Bonnet de femme dont la garniture retombe en partie sur les yeux. Fam.

BATTE. s. f. [Pr. *bate*] (R. *battre*). Maillet ou plateau de bois qui a un long manche, et avec lequel on bat la terre pour l'aplanir. *Aplanir une allée avec la b.* || Petit banc sur lequel les blanchisseuses battent et savonnent le linge. || *B. à beurre.* Voy. BERNE. || Le sabre de bois d'Arlequin. || Pièce de la cuvette qui sert à maintenir un sabre dans le fourreau. || Pièce qui, dans une machine à battre frappe le coton. || Le bout mobile qui, dans un fléau, sert à battre.

BATTÉE. s. f. [Pr. *baté*] (R. *battre*). Partie sur laquelle bat une porte quand on la ferme. || Quantité de feuilles que le relieur bat à la fois. || Plat de bois dans lequel on lave les sables et détritus aurifères.

BATTELÉE. adj. f. [Pr. *batelé*]. *Rime bat.,* Rime où la césure d'un vers devait rimer avec la fin du précédent.

BATTELLEMENT. s. m. [Pr. *batèleman*] (R. *battre*). T. Archit. Double rang de tuiles qui termine un toit par le bas, et par où le toit s'égoutte.

BATTEMENT. s. m. [Pr. *bateman*]. Action de battre. — *B. de mains,* Action de battre les mains pour applaudir. — *B. d'ailes,* Mouvement des ailes d'un oiseau qui vole ou se prépare à voler. — *B. du cœur; B. du pouls, des artères,* se dit des mouvements, soit normaux, soit anormaux, du cœur et des artères. || T. Chorégr. Se dit de certains mouvements en l'air qui se font sur une jambe, tandis que l'autre soutient le poids du corps. || T. Escrime. Coup qui consiste à frapper la lame de son épée contre celle de son adversaire. *B. de tierce, de quarte.*

BATTENDIER. s. m. [Pr. *batandié*] (R. *battre*). Ouvrier qui travaille dans un moulin à battre le chanvre.

BATTE-PLATE. s. f. Outil de plombier. || Pl. *Des battes-plates.*

BATTERAND ou **BATTRANT**. s. m. [Pr. *bateran* ou *batran*] (R. *battre*). Masse de fer emmanchée dont on se sert pour casser les pierres. || Gros marteau pour enfoncer les coins dans la roche.

BATTERIE. s. f. [Pr. *bateri*] (R. *battre*). Querelle dans laquelle il y a des coups échangés. *Il y a eu là une b. Il a eu le bras cassé dans une b.* || T. Artill. Lieu, ouvrage où l'on place un certain nombre de pièces pour tirer. — Par ext. Les pièces mêmes qui composent la b. *Dresser, établir une b. Mettre des pièces en b. B. rasante. B. flottante. B. de canons, d'obusiers, de mortiers. Démonter une b.* — *B. d'un vaisseau,* Le pont et les sabords où sont placés les canons d'un vaisseau de guerre. — Par ext. Canons qui garnissent les deux côtés du vaisseau. *Descendre dans la b. Vaisseau à trois batteries. La b. haute. B. basse. B. ou-

verte. B. fermée. || Fig. et fam., *Dresser ses batteries,*
Prendre ses mesures pour accomplir ses projets ou renverser
ceux d'un autre. — *Dresser de bonnes batteries,* ou bien
Avoir une bonne b., Posséder, employer de puissants moyens
pour réussir. — *Changer de b.,* Employer un nouveau
moyen, le premier n'ayant point eu de succès. — *Démonter
les batteries de quelqu'un,* Renverser ses projets, rendre
ses moyens nuls. || Compagnie d'artillerie et son matériel.
*Il est parti avec trois batteries. Il commande la pre-
mière b. Il est de la seconde b.* || T. Phys. *B. élec-
trique,* Réunion de plusieurs condensateurs électriques en
forme de bouteilles de Leyde ou de jarres assemblées les
unes en tension, les autres en surface, et pouvant être chargées ou déchargées à la fois. Se dit par ext., d'une pile formée de plusieurs éléments qu'on appelle *batterie voltaïque,*
ou d'une pile secondaire : *batterie d'accumulateurs.* Voy.
BOUTEILLE DE LEYDE, CONDENSATEUR, ACCUMULATEUR, ÉLEC-
TRICITÉ. || T. Arquebus. Pièce d'acier destinée à battre la
pierre pour produire des étincelles dans le fusil à pierre.
Voy. FUSIL. || *B. de cuisine,* L'ensemble des ustensiles qui ser-
vent à la cuisine et qui sont ordinairement de cuivre battu,
de laiton ou de fer. *Voilà une belle b. de cuisine.* || Se dit
des différentes manières de battre le tambour. *Quelle est
cette b.? C'est la charge, la retraite.* || T. Mus. Se dit d'une
certaine manière de jouer de la guitare, qui consiste à battre
les cordes avec les doigts au lieu de les pincer. — Passage
composé des notes d'un accord qu'on fait entendre successivement sur un instrument, et qu'on répète plusieurs fois dans
un mouvement plus ou moins rapide.

Art mil. — Le terme de *Batterie* s'emploie dans des
acceptions fort diverses que nous examinerons successivement :

1° Il désigne une certaine partie d'un régiment d'artillerie,
analogue à la compagnie dans les régiments d'infanterie, et qui
est à la fois l'unité de combat, l'unité tactique et l'unité administrative de l'artillerie. Les batteries se distinguent en *b.
montée, b. à cheval* et *b. de montagne.* Le matériel de
chaque b. comporte 6 pièces de canon et 9 caissons. Une b.
montée ou à pied comprend, sur le pied de guerre, le personnel suivant : 1 capitaine, 3 lieutenants, dont 1 de réserve,
1 adjudant, 1 maréchal des logis chef, 10 maréchaux des logis
dont 1 fourrier et 1 sous-chef artificier ; 41 brigadiers dont
1 fourrier, 1 maître et 3 aides-maréchaux, 6 artificiers, 8 poin-
teurs, 2 ouvriers en fer, 2 ouvriers en bois, 2 bourreliers,
3 trompettes, 60 servants, 82 conducteurs ; soit, au total,
175 hommes. La b. de montagne comprend 128 conducteurs
au lieu de 82, ce qui donne un effectif total de 221 hommes.
La b. à cheval comprend 215 chevaux dont 87 de selle et 128
de trait ; la b. montée, 161 dont 33 de selle et 128 de trait ;
la b. de montagne, 22 chevaux de selle et 128 mulets de
bât. Dans les batteries montées, trois des servants montent
sur le caisson de chaque bouche et les autres sont à cheval ;
dans les batteries à cheval, tous les servants sont à cheval.
La b. à cheval jouit d'une grande mobilité. Elle est destinée
à se transporter très rapidement sur un point donné du champ
de bataille, où son action est jugée nécessaire. Néanmoins le
grand nombre de chevaux qui la traînent, complique beaucoup
les manœuvres. Il arrive souvent que les animaux s'effrayent,
jettent le désordre dans les mouvements et font perdre, en
définitive, un temps précieux. Aussi n'est-il pas rare de voir
les batteries montées entrer avantageusement en lice avec les
batteries à cheval et l'emporter sur elles en vitesse.

2° B. se prend encore dans le sens de réunion de bouches à
feu en nombre quelconque. On distingue les batteries de *place,
de siège, de côte,* etc. On entend par *batteries de place* toutes
les batteries établies dans une place pour la défendre ; par *batteries de siège,* toutes celles qui sont au contraire établies devant la place pour l'attaquer ; par *b. de côte,* une b. établie
sur un point de la côte pour en défendre l'approche. En général, ces batteries sont formées de pièces de fort calibre,
surtout les batteries de côte, qui ont à lutter contre les énormes bouches à feu installées sur les cuirassés. C'est uniquement pour la marine et les batteries de côte qu'on fabrique
ces canons géants. Voy. CANON. Les batteries de côte se
placent à l'entrée des ports et des îlots avancés pour protéger les mouillages importants. On les établit dans des endroits un peu élevés, afin que leurs projectiles puissent atteindre les vaisseaux de plein fouet, et par ricochet ; tandis
que les vaisseaux placés trop bas ne peuvent riposter que de
plein fouet. Les batteries de côte ont, sur les navires, une
incontestable supériorité résultant de la justesse extrême du
tir de leurs pièces. — Un nombre indéterminé de pièces établi
sur un point quelconque d'un champ de bataille afin d'agir

ensemble, porte encore le nom de b. Tout le monde se rappelle la b. de 70 pièces qui écrasa à Friedland une colonne
russe, et la fameuse b. de 100 bouches à feu placée à Wagram
sous les ordres du général Lauriston.

3° On donne également le nom de b. à l'emplacement occupé par les pièces et à la construction destinée à les protéger. Cette construction est formée par des gabions et par
des saucissons, qui constituent, par leur ensemble, un parapet revêtu, précédé d'un fossé, et présentant, de distance en
distance, des ouvertures pour le passage des bouches à feu
(Fig 1 et 2). Ces ouvertures reçoivent le nom d'*Embrasures ;*
leurs faces latérales se nomment les *Joues ;* la face intérieure
de la masse de la b. est appelée *Épaulement,* et le massif qui
sépare deux embrasures se nomme *Merlon.* La b. est dite à

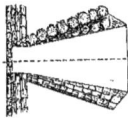

Fig. 1.　　　　Fig. 2.

redan, lorsque la masse couvrante est dirigée suivant plusieurs lignes droites formant entre elles des angles. On l'appelle *blindée,* lorsque les pièces et les hommes qui les servent
sont abrités sous un blindage qui les protège contre les feux
verticaux. La trace, dans le fond de l'embrasure, du plan vertical qui divise en deux parties égales les ouvertures intérieure
et extérieure, reçoit le nom de *Directrice.* L'embrasure elle-
même est dite *directe* ou *oblique,* selon que sa direction est
perpendiculaire ou oblique à la crête intérieure. Le fond de
l'embrasure doit être dirigé vers l'objet à battre sans que son
inclinaison surpasse un sixième. — Les batteries qui défendent les ouvrages sont placées principalement à leurs saillants
et sur leurs flancs : aux saillants, pour bien découvrir tout le
terrain en avant des retranchements ; sur les flancs, pour bien
croiser les feux sur les capitales des ouvrages. Elles sont en
général à *barbette,* c.-à-d. qu'elles sont à découvert et élevées de manière à tirer par-dessus le parapet et à suivre plus
aisément les mouvements de l'ennemi. Une *Barbette* n'est, à
proprement parler, qu'une élévation au-dessus du sol destinée
à élever la volée du canon au-dessus de la plongée. Les progrès de l'artillerie et la plus grande puissance des bouches à
feu ont obligé d'apporter encore plus de soin à l'établissement des batteries. Les saucissons et les gabions sont souvent
remplacés par des sacs à terre qui permettent d'abréger le
travail, chose très importante à la guerre. Enfin, on a renoncé au blindage qu'on ne pouvait jamais construire assez
solidement, car l'effondrement pouvait entraver le service
de la batterie. — Toutes les pièces sont placées sur des plates-
formes formées par la réunion d'un certain nombre de madriers convenablement assemblés, et présentant une longueur
suffisante pour le recul des bouches à feu. — Les charges des
bouches à feu sont établies dans la b. même, au fond des
magasins établis *ad hoc* dans les épaulements, ou bien on les
place dans des boyaux de communication bien défilés, c.-à-d.
à l'abri des coups de l'ennemi, et on les recouvre de saucissons chargés de terre, de gabions, etc. ; quelquefois on les
abrite au moyen de blindages. Dans les campagnes d'hiver,
il faut ménager des abris pour les servants pour les protéger
contre les intempéries quand ils ne sont pas de service aux
pièces. Au siège de Paris en 1870, les Prussiens avaient installé des poêles dans leurs batteries.

4° Enfin, les batteries reçoivent différents noms suivant la
manière dont elles tirent. Une b. est de *plein fouet,* lorsque
les pièces tirent directement sur le but ; elle est dite à *ricochet,* lorsque les projectiles sont lancés de manière à ricocher
une ou plusieurs fois sur le sol ou sur l'eau, avant d'atteindre
le point à battre. C'est au moyen du tir à ricochet que l'on
parvient à battre un but qui est caché. Les batteries à ricochet,
lorsque leur construction a été bien établie, tirent nuit et jour,
tandis que celles de plein fouet ne tirent que de jour, à cause
de l'extrême précision qu'exige le tir de ces dernières. La b.
est appelée *directe,* quand elle bat perpendiculairement la
face d'un ouvrage ou le front d'une troupe. Lorsque ses projectiles parcourront la longueur de quelque partie des ouvrages
ou frappent une troupe en colonne dans le sens de sa profondeur, la b. est dite d'*enfilade.* Elle est dite d'*écharpe,* quand
la direction de son tir est oblique ; enfin, on dit qu'elle est de

rerers, quand la b. frappe par derrière soit un ouvrage, soit un corps de troupe. — Les *batteries de brèche* sont destinées à faire brèche dans les maçonneries de l'ennemi, elles lancent leurs projectiles de manière à couper le revêtement ennemi par une ligne horizontale, et de distance en distance par des lignes verticales. Elles tirent ensuite au milieu des coupures par salves successives, de manière à produire l'écroulement des murs et l'éboulement des terres que supportent ceux-ci. — Voy. Tir, Canon et Fortification.

Marine. — Les bouches à feu montées sur leurs affûts et placées aux sabords, sur un des ponts d'un navire, forment ce qu'on nomme une *Batterie*. Ce nom s'applique au pont sur lequel sont établies les pièces, ainsi qu'à la rangée de sabords qui correspond à la b. de canons. *Ouvrir* ou *fermer une b.*, c'est relever ou abaisser les mantelets de ses sabords. Une b. située entre deux ponts est une *b. couverte*; celle qui est placée sur le pont supérieur est dite *à barbette*. Dans les vaisseaux qui ont plusieurs batteries couvertes, la plus inférieure est appelée *b. basse* ou *première b.*; on nomme les autres *seconde b.*, *troisième b.* ou *b. haute*. Le calibre des pièces de ces diverses batteries va en décroissant de la b. basse à la barbette : cette répartition des canons suivant leur poids est commandée par la stabilité du vaisseau. — *Batterie flottante*. Voy. Canonnière.

BATTES. s. f. pl. [Pr. *bate*] (R. *battre*). T. Sellier. Les portions rembourrées mises en avant et en arrière au-dessus des arçons.

BATTEUR. s. m. [Pr. *bateur*]. Celui qui aime à battre, à frapper. Ne se dit guère que dans cette loc. d'ailleurs peu usitée, *Un b. de gens*. Fam. || B. *en grange*, Homme qui frappe le blé avec un fléau pour faire sortir le grain de l'épi. || *B. de plâtre*, Ouvrier qui écrase le plâtre cuit avec une barre de bois. || *B. d'or*, Ouvrier qui bat les feuilles d'or pour les amincir. || Fig. et fam., *B. de fer*, Celui qui passe sa vie dans les salles d'armes. — *B. de pavé*, Fainéant qui ne fait que se promener dans les rues. || *Batteurs d'estrade*, se disait autrefois des hommes détachés d'une troupe pour aller à la découverte. — Fig., Ceux qui perdent leur temps à courir les grandes routes. || T. Chasse. Se dit des hommes employés à battre les bois, pour en faire sortir le gibier. || *B. de nerfs*, Celui qui réduit les nerfs de bœuf en filasse. || *B.*, Instrument à battre les œufs. || *B.*, Machine qui épluche le coton.

BATTEUSE. s. f. [Pr. *bateuze*]. Machine servant à battre le grain. Voy. Battage.

BATTEUX (L'abbé), littérateur français (1713-1780), auteur des *Principes de littérature*.

BATTIK. s. m. [Pr. *bat-tik*] (mot indien). Genre particulier de cotonnades peintes qui se fabrique à Java, Sumatra, Siam, et où les dessins existent à l'envers et à l'endroit.

BATTITURES. s. f. pl. [Pr. *batiture*] (R. *battre*). Écailles ou parcelles qui se détachent d'un métal que l'on forge. || T. Verrier. Parcelles de verre qui se détachent de la canne.

BATTOIR. s. m. [Pr. *batoir*] (R. *battre*). Nom générique de tout instrument servant à battre. || Sorte de raquette à manche plus ou moins long, enduite de colle et de nerfs, et recouverte de parchemin, dont on se sert pour jouer à la paume. || Grosse palette de bois, à manche rond et court, avec laquelle les blanchisseuses battent le linge lessivé.

BATTOIRE. s. f. [Pr. *batoire*] (R. *battre*). Un des noms de la baratte.

BATTOLOGIE. s. f. [Pr. *bat-tologie*] (gr. βάττος, nom d'un roi de Cyrène qui était bègue; λόγος, parole). T. Gram. Vice d'élocution qui consiste à répéter, dans les mêmes termes ou dans des termes équivalents, ce qu'on a déjà dit.

BATTOLOGIQUE. adj. [Pr. *bat-tologique*]. Qui a rapport à la battologie.

BATTRE. v. a. [Pr. *batre*] (lat. *batuere*, frapper). Donner des coups pour faire du mal, frapper. *B. un homme, B. quelqu'un à coups de poing. B. un chien.* — Prov. et fam., *B. un homme dos et ventre, Le b. comme un chien, Le b. comme plâtre, Le b. avec excès.* || Fig. et fam., *B. un homme à terre*, Accabler quelqu'un qui n'a plus la force de se défendre.

— *Se laisser b. à terre*, Se laisser accabler, opprimer, sans se défendre. || Prov. et fam., *B. le chien devant le lion*, Faire une réprimande à quelqu'un devant une personne plus considérable, afin qu'elle se l'applique. — *B. le chien devant le loup*, se dit de ceux qui feignent d'être désunis pour mieux tromper quelqu'un. — Prov., *Il fait bon b. un glorieux, il ne s'en vante pas*, Un homme vain aime mieux endurer des humiliations secrètes que de s'en plaindre. || T. Guerre. *B. les ennemis*, Les vaincre, les défaire. On dit dans le même sens, *B. un général*, pour *b. l'armée qu'il commande. Masséna battit Souvarow à Zurich.* || *Mener battant les ennemis*, Les obliger à fuir au plus vite, et les poursuivre dans leur fuite. — Fig. et fam., *Mener battant*, se dit lorsque, dans une discussion, on presse son adversaire de tant d'arguments qu'il ne peut y répondre, ou lorsque, au jeu, on a constamment l'avantage sur son adversaire. || *B. une place en ruine*, Employer contre les fortifications et les édifices d'une place des machines capables de les ruiner, telles que le bélier et la baliste chez les anciens, les canons et les mortiers chez les modernes. — Fig., *B. quelqu'un en ruine*, L'attaquer avec des arguments si puissants qu'il ne peut plus se défendre. On dit de même, *B. quelqu'un de raisons sans réplique*, ou simplement, *B. quelqu'un*, Triompher de quelqu'un dans une discussion, le réfuter complètement. — *B. en ruine un système, un raisonnement*, L'attaquer avec des raisons si fortes qu'on y puisse rien opposer; en renverser les fondements. || *B. en brèche*, Diriger les coups de l'artillerie contre un rempart, une muraille, de façon à y pratiquer une brèche. — *B. un bastion, B. une route*, etc., se dit des pièces d'artillerie, lorsqu'elles sont disposées de telle façon qu'elles puissent frapper un bastion, balayer une route. || Frapper sur différentes choses avec divers instruments ou outils. *B. une tapisserie, des meubles, des habits*, pour en faire sortir la poussière. *B. des noyers*, pour faire tomber les noix. *B. un caillou*, pour en faire jaillir le feu. *B. l'or, l'argent, le cuivre*, pour réduire ces métaux en feuilles très minces. *B. la terre*, pour la rendre unie, la tasser, la rendre plus ferme. On dit dans ce sens, *La pluie a battu la terre. B. des livres, B. du papier*, pour en diminuer le volume et rendre les feuilles plus lisses. *B. le briquet, B. le blé, B. le plâtre, B. la lessive. B. le fer sur l'enclume; Le b. à chaud, à froid. B. le fer; Il faut b. le fer pendant qu'il est chaud.* Voy. Fer. || *B. monnaie*, Fabriquer de la monnaie; se dit des ouvriers qui travaillent au monnayage, et de l'État ou du prince qui fait fabriquer la monnaie. — Fig. et fam., *Se procurer de l'argent. Il a battu monnaie en vendant sa bibliothèque.* || *B. le tambour, B. la caisse*, Frapper sur un tambour avec des baguettes. — Par métonymie, on dit : *B. le rappel, la marche, la générale*, etc. Voy. Battre. v. a. || En parlant de substances liquides ou de consistance molle, les agiter, les remuer plus ou moins fortement. *B. du lait, de la crème, des œufs, une sauce.* — *B. le beurre*, Agiter la crème dans une baratte pour séparer le beurre du liquide séreux qui lui est uni. || *B. le grain*, Le frapper avec un fléau, ou le soumettre à l'action d'une machine spéciale nommée *Batteuse*, pour le séparer de ses enveloppes et de la paille. || Fam., *B. le pavé*, Parcourir les rues sans but sérieux, pour passer le temps. *Il ne fait que b. le pavé.* || *B. l'estrade, B. la campagne*, on T. Guerre, Parcourir les champs, aller à la découverte pour reconnaître la position et épier les mouvements de l'ennemi. La loc. *B. l'estrade* a vieilli. — *B. la campagne*, se dit aussi des chasseurs qui se répandent dans la campagne pour faire lever le gibier. — Fig. et fam., *B. la campagne*, se dit d'un homme qui, en parlant ou en écrivant, s'écarte de son sujet par des digressions fréquentes et inutiles, d'une personne qui répond vaguement afin d'éluder une question, ou d'un malade qui est en délire, qui déraisonne. — *B. la plaine, B. un bois, B. le pays*, Parcourir la plaine, etc., dans tous les sens pour l'explorer, y découvrir l'ennemi, y trouver du gibier, ou y chercher quelque chose. — Fam., *B. du pays*, Voir, parcourir beaucoup de pays différents; et Fig., Parler de beaucoup de choses, traiter beaucoup de sujets différents. *Cette discussion nous a fait b. beaucoup de pays.* — Fig. et prov., *Il a battu les buissons, et un autre a pris les oiseaux.* Voy. Buisson. || T. Mar. *B. la mer*, Croiser longtemps dans les mêmes parages. || Fig. et fam., *B. l'eau avec un bâton.* Voy. Bâton. — *Se b. les flancs.* Voy. Flanc. — *Se battre l'œil de quelque chose.* Voy. Œil. || En parlant des eaux en mouvement, baigner, frapper. *La mer bat le pied de cette tour. Les flots battaient les flancs de notre navire.* || T. Mar. On dit que *Les voiles battent les mâts*, Lorsque, le vent ne suffisant pas à les remplir, elles retombent le long des mâts. || T. Mus. *B. la mesure*,

Voy. Mespre. || T. Danse. *B. un entrechat.* Voy. Entrechat. || T. Jeu. *B. les cartes,* Les mêler avant de les distribuer. — À tous les jeux, *Battre* signifie l'emporter sur son adversaire, gagner la partie. = se Battre. v. pron. Combattre, attaquer ou se défendre dans une bataille. *Se b. à pied et à cheval. Se b. en duel. Il se bat bien.* — *Se b. en retraite,* Continuer de combattre tout en se retirant. Vx. || *Se b. à la perche.* Voy. Perche. — *Se b. contre des moulins à vent.* Voy. Moulin. = Battre. v. n. Être agité, se mouvoir. *Le cœur bat, le pouls bat. Il n'est pas mort, son cœur bat. Le cœur me battait avec une violence extrême.* — Fam., *Le cœur lui bat.* Il a peur. || *B. des ailes,* se dit d'un oiseau qui agite ses ailes. — *B. de l'aile* ou *d'une aile,* se dit d'un oiseau fatigué ou blessé qui peut à peine voler ou qui ne peut plus se servir que d'une aile. — *Ne b. que d'une aile.* Voy. Aile. || *B. des mains,* Frapper les deux mains ouvertes l'une contre l'autre, en signe d'applaudissement. || *Cette porte bat, cette jalousie bat,* Elle est agitée par le vent et frappe contre la muraille. || *Le fer de ce cheval bat,* Il commence à se détacher. || *Le soleil bat à plomb sur nos têtes,* Il darde perpendiculairement ses rayons sur nos têtes. || *B. de la caisse, du tambour,* Tirer des sons du tambour avec les baguettes. — *Le tambour bat,* On bat le tambour. Par métonymie, on dit : *Le rappel bat. La générale bat.* — *Tambour battant,* Au son du tambour. — Fig., *Sortir tambour battant,* Sortir d'une place qui a capitulé, avec une partie des honneurs de la guerre. — Fig. et fam., *Mener quelqu'un tambour battant,* Le traiter sans ménagement. — Fig. et fam., *Faire une chose tambour battant,* La faire au vu et au su de tout le monde. || *B. en retraite,* Se retirer du combat en bon ordre. — Fig. et fam., *Commencer à céder dans une discussion; commencer à se retirer du monde ou de quelque société.* || Fig. et fam., *B. froid à quelqu'un.* Voy. Froid. || T. Man. *Battre à la main,* lie du cheval consistant en ce que celui-ci relève et abaisse la tête rapidement, et un grand nombre de fois. Il est dû à l'inhabileté de l'écuyer. On le guérit en quelques jours par un dressage spécial. || T. Vét. *Battre du flanc,* anhalation du cheval, exprimée par des mouvements respiratoires anxieux et considérables, à la suite d'un changement brusque de lieux inégalement échauffés, d'une course rapide, d'une fatigue. Il est le plus souvent un symptôme de la pousse. Voy. Pousse. = Battu, ue. part. — Fig. et fam., *Ne pas se tenir pour battu,* Ne pas démordre d'une chose, y persister, quoiqu'on ait succombé. — Fig. et prov., *Être battu de l'oiseau,* Être découragé par le mauvais succès; Être affaibli par la maladie. — *Autant vaut bien battu que mal battu,* Il est des cas où il ne faut pas s'épargner, quoi qu'il en puisse arriver. — *Les battus payent l'amende.* Voy. Amende. || *Avoir les yeux battus,* Avoir le tour des yeux noir et comme meurtri. — Fig., *Avoir les oreilles battues d'une affaire.* Voy. Oreille. || *Chemin b., Route battue, Sentier b.,* Qui est très fréquenté. — Fig. et prov., *À chemin b., il ne croît point d'herbe,* Il n'y a point de profits à faire dans un négoce dont trop de gens se mêlent. — Fig., *Suivre le chemin b.,* S'attacher aux usages établis. On dit de même, *Suivre les routes battues, les sentiers battus,* S'attacher aux procédés ordinaires, aux moyens connus. || *Battu des vents, de l'orage, de la tempête.* En T. Mar., on dit aussi, *Navire battu par la mer, par un grain, par une rafale.* — Conjug. — *Je bats, tu bats, il bat; nous battons. Je battais; nous battions. Je battis; nous battîmes. Je battrai; nous battrons. Je battrais; nous battrions. Bats, battons. Que je batte, que nous battions. Que je battisse; que nous battissions. Battant; battu.* — Syn. — *Frapper.* — Pour *battre* il faut redoubler les coups ; pour *frapper,* il suffit d'en donner un. On *bat* jamais qu'avec dessein, on *frappe* quelquefois sans le vouloir. Le plus fort *bat* le plus faible ; le plus vif *frappe* le premier. On *bat* les gens et on les *frappe* dans quelque endroit de leur corps. — *Battu, Défait, Vaincu.* — Ces termes s'appliquent le plus souvent à une armée qui a éprouvé un échec ; mais il y a des nuances entre eux. Une armée est *vaincue,* lorsqu'elle est obligée d'abandonner le champ de bataille ; elle est *battue,* lorsqu'elle l'abandonne avec une perte considérable en tués, blessés ou prisonniers ; elle est *défaite,* lorsqu'elle se trouve hors d'état de tenir la campagne ou au moins de recommencer la lutte. En outre, les mots *vaincu* et *défait* s'emploient en parlant d'armées considérables ; quand il s'agit d'un détachement, on ne dit point qu'il a été *vaincu* ou *défait* ; on dit qu'il a été *battu.*

BATTUE. s. f. [Pr. *batu*]. T. Chasse. Action de battre les bois et le taillis avec grand bruit, pour en faire sortir les loups, les renards et autres bêtes. *Il faut réunir des paysans pour faire une b. dans ce bois.* || T. Manège. Bruit que produit sur le sol le pied du cheval dans la marche.

BATTURE. s. f. [Pr. *bature*] (B. *battre*). Espèce de dorure qui se fait avec du miel, de l'eau de colle et du vinaigre. || Volée de coups. || Opération du relieur consistant à battre les feuillets pour les aplanir.

BATZ, bourg de France (Loire-Inf.), à 3 kil. du Croisic, 1,152 hab. L'ancienne chaîne d'îles où se trouvent le Pouliguen, le bourg de Batz et le Croisic est rattachée depuis quatre siècles au continent par des terres basses exploitées comme marais salants.

BATZ. s. m. (allem. *batzen*). Petite monnaie allemande de la valeur de trois sous.

BAU. s. m. (all. *balken,* solive). T. Mar. On désigne sous ce nom de longues solives qui traversent un navire d'un flanc à l'autre pour affermir les bordages, empêcher le rapprochement ou l'écartement de ceux-ci, et soutenir les tillacs. On appelle *B. de dute,* le premier *b.* vers l'arrière ; *B. de lof,* le dernier *b.* vers l'avant ; *Maître b.* ou *Grand b.,* celui qui mesure la plus grande largeur du bâtiment ; enfin, les *Faux baux* sont des pièces de bois semblables aux baux, qui sont placées à 2 mètres de distance l'une de l'autre, sous le tillac des grands vaisseaux, pour fortifier le fond du bâtiment et en former le faux pont.

BAUBI ou **BAUBIS.** s. m. T. Chasse. Chien dressé au lièvre, au renard et au sanglier.

BAUCIS, femme de Philémon (Myth.). Philémon et Baucis dont la légende a été racontée dans un style charmant par La Fontaine, personnifient l'amitié conjugale se poursuivant jusque dans l'âge le plus avancé, et le bonheur tranquille qui en est la conséquence.

BAUD. s. m. Chien courant, originaire de Barbarie, qui s'emploie à la chasse du cerf.

BAUD, ch.-l. de c. (Morbihan), arr. de Pontivy, 4,800 hab.

BAUDELAIRE (Charles), poète français (1821-1867), l'un des plus originaux du XIXᵉ siècle, auteur des *Fleurs du Mal.* A traduit une grande partie de l'œuvre de l'Américain Edgard Poë.

BAUDELAIRE. s. m. Sorte de sabre. || Un des meubles du blason.

BAUDELIER. s. m. Celui qui transporte le bois à dos de bêtes de somme.

BAUDELOCQUE (Jean-Louis), célèbre chirurgien français (1746-1810).

BAUDET. s. m. Âne ; et particulièrement l'âne entier qui sert d'étalon. — *Être chargé comme un b.,* Être excessivement chargé. || Fig. et par injure, *C'est un b.,* C'est un homme stupide.

> Un baudet chargé de reliques
> S'imagina qu'on l'adorait ;
> Dans ce penser il se carrait.   La Fontaine.

BAUDIN (Charles), amiral français (1784-1854), a conquis (1838) le fort de Saint-Jean d'Ulloa (Mexique).

BAUDIN (Jean-Baptiste), médecin et député français, né en 1811, tué sur une barricade, le 2 décembre 1851.

BAUDIR. v. a. T. Chasse. Exciter les chiens du cor et de la voix. = Baudi, ie. part. || v. n. Faire le galant.

BAUDOUIN, nom porté par 9 comtes de Flandre, dont le dernier prit la croix, devint empereur de Constantinople sous le nom de Baudouin Iᵉʳ (1204). || Nom de 5 rois de Jérusalem (1100-1185), dont le premier prit part à la 1ʳᵉ croisade avec son frère, Godefroy de Bouillon, et lui succéda.

BAUDRICOURT (Robert, sire de), gouverneur de Vaucouleurs, qui envoya Jeanne d'Arc à Charles VII.

BAUDRIER. s. m. (lat. *balteus*, m. s. ? Ce mot peut aussi se rattacher au radical *band*, chose servant à lier; sanscr.: *bdâri*, courroie de cuir; vx fr. *baudrée*, cuir). Large bande de cuir ou d'étoffe, qui pend en écharpe et qui sert à porter le sabre ou l'épée. || T. Astron. *B. d'Orion*, Trois étoiles en ligne droite dans la constellation d'Orion. Voy. CONSTELLATIONS. || T. Bot. *B. de Neptune*, Nom vulgaire de la *Laminaire sucrée*. Voy. PHÉOSPORÉES.

Chez les anciens, le *Baudrier* servait à suspendre l'épée, laquelle se portait à gauche; il était, par conséquent, passé sur l'épaule droite. Le b. servait à suspendre l'arc et le carquois. Livius Andronicus et Nemesianus mentionnent celui de Diane, qui s'en servait, en outre, pour retenir ses vêtements et empêcher le vent de les faire flotter : il était passé sur l'épaule droite et sous le bras gauche. Généralement le b. auquel se suspendait l'épée ou le carquois était de cuir et recevait divers ornements; souvent il était décoré plus ou moins richement de plaques de cuivre ou d'argent, quelquefois d'or. — Le goût des riches baudriers était fort répandu à Rome, notamment au siècle d'Auguste, et il ne fit que s'accroître sous les empereurs. Hadrien ne portait pas d'or sur son b., et ce fait est cité comme un exemple de la simplicité de son costume. Mais Pline l'Ancien parle de l'usage où l'on était, de son temps, de recouvrir les baudriers de lames de métaux précieux. — Les anciens auteurs donnent assez souvent le nom de *Balteus*, non seulement au b. proprement dit, mais encore à la ceinture militaire (*Cingulum militare*), qui servait en même temps à soutenir l'épée et à indiquer les divers grades, soit dans la maison de l'empereur, soit dans les légions. — Dans les armées modernes, les baudriers étaient de cuir noir verni et de peau mégissée blanche ou jaune. Leur forme a singulièrement varié dans les armées françaises. Sous Henri IV, on ne portait que de larges baudriers brodés, tels que ceux que portent encore les suisses de paroisse. Aujourd'hui, le b. est définitivement abandonné et remplacé par le ceinturon. Le dernier uniforme militaire comportant le b. était celui des élèves de l'École polytechnique, avant la modification de 1874.

BAUDROIE. s. f. (vx fr. *baudrier*, poche de cuir, à cause de l'énorme bouche de ce poisson). T. Icht. Genre de poissons acanthoptérygiens. Voy. PECTORALES.

BAUDRUCHE. s. f. (vx fr. *baudrée*, cuir. Voy. BAUDRIER). Membrane animale très mince fournie par le bœuf ou le mouton et préparée d'une manière spéciale. La véritable b. dont les batteurs d'or font un si grand usage, et qui *gommée* est employée en pharmacie comme membrane, est la membrane péritonéale du bœuf dans la région du cæcum, mais doublée artificiellement en accolant deux de ces membranes par les faces qui adhéraient à l'intestin : elles adhèrent alors et se soudent complètement très vite. Par extension, on donne aussi le nom de *baudruche* à la membrane externe du cæcum de bœuf ou de mouton préparée à la manière ordinaire. Voy. BOYAUDERIE.

BAUFFE. s. f. T. Pêche. Grosse corde le long de laquelle sont distribuées plusieurs lignes garnies d'hameçons.

BAUGE. s. f. Lieu fangeux où le sanglier se retire et se couche. || Sorte de mortier fait de terre grasse mêlée de paille.

BAUGEUR. s. m. Celui qui fait les constructions en terre et en paille.

BAUGÉ, ch.-l. d'arr. (Maine-et-Loire), 3,600 hab.

BAUGY, ch.-l. de c. (Cher), arr. de Bourges, 1,000 hab.

BAUGUE ou **BAUQUE.** s. f. (bas lat. *balcha*, roseau). Mélange de plantes marines que la Méditerranée rejette sur ses côtes. *La b.* sert à *fumer les terres et à garnir les caisses d'emballage.*

BAUHIN (JEAN et GASPARD), célèbres botanistes suisses du XVIe siècle.

BAUHINIA ou **BAUHINIER.** s. m. (R. *Bauhin*, nom de deux naturalistes suisses). T. Bot. Genre de plantes de la famille des *Légumineuses.*

BAUHINIE. s. f. (R. *Bauhin*, nom de deux naturalistes suisses). T. Minér. Silicate naturel de potasse et d'albumine.

BAUHUIS, jésuite flamand (1575-1629), célèbre par ce vers resté historique :

    Tot tibi sunt dotes, Virgo, quot sidera cœlo.

« Tu as autant de perfections qu'il y a d'étoiles au ciel », vers adressé à la Vierge Marie. Les mots de cet hexamètre peuvent être combinés de 1,022 manières, ce qui est le nombre des étoiles cataloguées anciennement (*Catalogue de Ptolémée*).

BAULITE. s. m. (R. *Baula*, nom d'une montagne). T. Bot. Genre de plantes tropicales de la famille des *Légumineuses.* Voy. ce mot.

BAUME. s. m. (lat. *balsamum*, m. s.). Substance résineuse et odorante qui coule de certains végétaux. — Prov. *Fleurer comme b.* Voy. FLEURER. || Par ext., se dit de certains médicaments composés qui ont une odeur balsamique et s'emploient en général à l'extérieur. *B. tranquille. B. de Fioraventi.* — Fig. et fam., *Je n'ai pas de foi dans son b.*, Je n'ai point de confiance aux discours qu'il débite, aux promesses qu'il fait. || Fig., Ce qui dissipe les inquiétudes, les chagrins; ce qui calme les peines. *Cette nouvelle fut un b. pour moi. C'est un b. sur ma blessure.*

Pharm. — On désigne, dans la matière médicale, sous le nom de *Baumes*, quelques oléo-résines dont le caractère le plus général est d'exhaler une odeur agréable et pénétrante due à la présence de l'acide benzoïque ou de l'acide cinnamique, comme dans les baumes du Pérou et de Tolu. Depuis les travaux de Buquet, on a établi une différence nette et tranchée entre les baumes proprement dits et les substances naturelles ou pharmaceutiques auxquelles on avait donné ce nom. On ne doit appeler *baumes* que les oléo-résines qui renferment de l'acide benzoïque ou de l'acide cinnamique. Les baumes découlent naturellement de l'écorce de certains arbres ou bien ou les obtient au moyen d'incisions. Quelques-uns conservent toujours la consistance de liquide épais ou pâteux, tandis que d'autres deviennent solides. Les baumes agissent comme stimulants en raison de l'huile essentielle et de l'acide benzoïque qu'ils contiennent. Jadis on en faisait un grand usage. Aujourd'hui ils ne sont guère usités à l'intérieur que pour modifier la sécrétion des membranes muqueuses; à l'extérieur, on les emploie comme stimulants et résolutifs. Les baumes principaux sont le *B. du Pérou*, le *B. de Tolu*, le *B. Liquidambar* et le *Styrax*. Les deux premiers sont produits par deux arbres de la famille des *Légumineuses*, appelés *Myrospermum pernifernm* et *M. toluiferum.* Les deux suivants proviennent, l'un du *Liquidambar styraciflua* et l'autre du *L. orientale* de la famille des *Saxifragacées.* Le *B. de Tolu* et celui du Pérou servent à préparer un sirop et des pastilles d'un goût agréable. On les administre très utilement dans les affections chroniques des voies respiratoires. Quant au *Styrax*, il est peu employé en médecine : on a essayé, mais sans grand succès, de le substituer au copahu.

Dans la matière médicale, on donne improprement le nom de *Baumes* à un grand nombre d'oléo-résines qui ne contiennent pas d'acide benzoïque. Nous citerons le *B. d'Aconchi*, le *B. de Gilead* ou *B. de la Mecque* ou communément *B. de Judée*, le *B. à cochon* ou *B. à sucrier* (Voy. ANACARDIACÉES), le *B. de Marie* (Voy. CLUSIACÉES), le *B. de copahu* (Voy. COPAHU et LÉGUMINEUSES), le *B. d'huniri* (Voy. HUMIRIÉES), le *B. du Canada*, le *B. hongrois* (Voy. CONIFÈRES), etc. Mais c'est surtout en pharmacie que l'on abuse du mot *Baume*, en l'appliquant à une foule de préparations différentes, à des alcoolats, à des pommades, à des onguents et à des mélanges de toutes sortes. Parmi ces préparations, la plupart jouissent de propriétés stimulantes et s'emploient à l'extérieur dans le cas de rhumatismes, de contusions, d'ulcères atoniques, etc.; telles sont celles que l'on désigne sous les noms de *B. acétique*, *B. d'Arcéus*, *B. de Chiron*, *B. du commandeur*, *B. de Fioraventi*, *B. de Geneviève*, *B. de Laborde* ou *B. de Fourcroy*, *B. de Lectoure* ou de *Condom*, *B. de Lucatel*, *B. nerval* ou *nervin*, *B. opodeldoch*, *B. du Samaritain*, *B. de Sanchez* ou *antiarthritique*, *B. saxon*, *B. de soufre anisé* ou *térébenthiné*, *B. de vie externe*, *B. vert de Metz* ou de *Feuillet*, etc. Quelques-uns sont composés de substances narcotiques et par conséquent engourdissent les douleurs : nous nommerons le *B. anodin*, le *B. hypnotique* et le *B. tranquille.* D'autres enfin sont un mélange de substances narcotiques et stimulantes, comme le *B. acoustique*, le *B. antiodontalgique* et le *B. hystérique.* Le *B. de vie d'Hoffmann* est une teinture alcoolique d'huiles volatiles assez usitée dans les coliques spasmodiques.

BAUME. s. m. T. Bot. Nom vulgaire d'un grand nombre

de plantes, telles que *Mimulus moschatus* (famille des *Scro-fulariacées*) dont les fleurs jaunes sentent le musc; *Ocimum basilicum*, *Mentha sylvestris*, *M. pulegium*, nommée *B. des champs*; *M. aquatica*, nommée *B. aquatique* (famille des *Labiées*); *Tanacetum vulgare*, *Balsamita suaveolens*, nommée *B. des jardins* (famille des *Composées*), etc.

BAUME. s. f. Dans plusieurs parties de la France, ce mot signifie grotte ou caverne. *La sainte B.*, grotte située dans le département du Var, où la tradition prétend que se retira sainte Madeleine.

BAUME-LES-DAMES, ch.-l. d'arr. (Doubs), 2,600 hab.

BAUMÉ, chimiste français (1728-1804), inventeur d'un *aréomètre* qui porte son nom.

BAUMIER. s. m. T. Bot. Genre de plantes de la famille des *Térébinthacées.* Voy. ce mot.

BAUQUE. s. f. Voy. BAUGUE.

BAUQUIÈRE. s. f. (R. *bau*). T. Mar. Ceinture épaisse pour recevoir l'extrémité des baux.

BAUQUIN. s. f. Bout de la canne que le verrier pose sur ses lèvres pour souffler.

BAUR (FERDINAND-CHRÉTIEN DE), célèbre théologien et critique allemand (1792-1860).

BAUSSET (LOUIS-FRANÇOIS DE), cardinal français, auteur d'une *Histoire de Bossuet* et d'une *Histoire de Fénelon* (1748-1824).

BAUTAIN (L'abbé), philosophe et théologien français (1796-1867).

BAUTZEN, v. d'Allemagne (Saxe), 12,000 hab. Victoire de Napoléon sur les alliés en 1813.

BAUX. pl. de *Bail* et de *Bau*.

BAUXITE. s. f. (R. *Les Baux*, nom de lieu). Minéral formé d'alumine et de sesquioxyde de fer hydratés qu'on trouve sous des formes variées aux Baux, près d'Arles, et dans diverses localités des Bouches-du-Rhône, du Var et de Styrie.

BAVARD, ARDE. adj. et subst. (R. *baver*, parler beaucoup; gr. βαϐάζειν, babiller). Qui parle sans discrétion et sans mesure. *Ce b. m'a fait perdre mon temps. Ne confiez pas vos secrets à cette bavarde.* Fam.

BAVARDAGE. s. m. Action de bavarder. *Son b. m'étourdit.* || Se dit des discours insignifiants et vains. *Voilà bien du b.* || Propos indiscret, médisance. *Laissez-moi, avec vos sots bavardages.* || Fam. dans toutes ses acceptions.

BAVARDER. v. n. (R. *bavard*). Parler avec excès; parler beaucoup de choses insignifiantes et frivoles. *Il aime beaucoup à b. Il bavarde toujours.* Fam. || Parler de choses qu'on devrait tenir secrètes. *Quelqu'un aura bavardé. On a tort de b. ainsi.* Fam.

Syn. — *Babiller.* — Babiller et Bavarder signifient tous les deux dire beaucoup de paroles inutiles; mais le premier se prend quelquefois en bonne part, et le second se dit toujours en manière de critique. Le *babil* ne déplaît pas dans l'enfant; le *bavardage* est toujours désagréable. Le *babillard* parle beaucoup parce qu'il y trouve du plaisir : il peut être parfois spirituel. Le *bavard* ne parle pas moins; mais c'est en général un sot qui pense se faire admirer.

BAVARDERIE. s. f. Vice, défaut du bavard. *Il est d'une b. insupportable.* Fam. || Se dit parfois pour bavardage. *Il m'ennuie avec sa b.* Fam.

BAVARDINER. v. n. Diminutif de bavarder.

BAVARDISE. s. f. (R. *bavard*). Bavardage.

BAVAROISE. s. f. Infusion de thé avec du lait chaud où l'on met du sirop de capillaire au lieu de sucre. *On fait aussi des bavaroises à l'eau simple, au café, au chocolat*, etc.

BAVAY, ch.-l. de c. (Nord), arr. d'Avesnes, 1,900 hab.

BAVE. s. f. (ital. *bava*, bave; gr. βαϐάζειν, parler en bavard, comme les enfants). Salive visqueuse et épaisse qui découle de la bouche. *Essuyer la b. d'un enfant.* — Salive écumeuse et sanguinolente qui s'échappe de la bouche dans certaines maladies. — Se dit aussi en parlant de certains animaux. *La b. d'un chien enragé. La b. d'un reptile.* || *La b. du limaçon*, Liqueur gluante que sécrète le limaçon.

BAVENT (MADELEINE), religieuse au couvent de Louviers, malheureuse héroïne des scandales de ce couvent au XVIIe siècle.

BAVÉOLE ou **BAVEULE.** s. f. T. Bot. Un des noms locaux de la centaurée-bluet.

BAVER. v. n. Jeter de la bave.

BAVETTE. s. f. (R. *bave*). Petite pièce de toile que l'on attache sur la poitrine des petits enfants pour garantir leurs vêtements de la bave ou salive qui découle de leur bouche. || Fig. et fam., *Être encore à la b.*, Être trop jeune pour se mêler d'une discussion, d'une affaire. || Fig. et pop., *Tailler des bavettes*, Passer son temps à bavarder, à faire des commérages.

BAVEUX, EUSE. adj. Qui bave. *Enfant b.* || T. Cuis. *Omelette baveuse*, Omelette peu cuite et molle. || T. Chir. *Chairs baveuses*, Chairs spongieuses d'une plaie. On dit aussi, *Ulcère b.* || T. Imp., *Lettres baveuses*, Lettres qui ne sont pas venues au tirage, parce qu'elles étaient trop chargées d'encre.

BAVIÈRE. s. f. Partie de l'armure destinée à protéger le cou et le menton.

BAVIÈRE, État de l'Europe centrale faisant partie de l'empire d'Allemagne. La Bavière (en all. *Bayern*) est composée de deux groupements territoriaux d'inégale importance situés l'un dans le bassin du Danube et du Mein (Bavière propr. dite) et l'autre sur la rive gauche du Rhin (Palatinat). La superficie totale est de 76,000 kil. car., et la population de 5,600,000 hab. dont 3,970,000 catholiques et 1,570,000 protestants.

La Bavière s'appuie à l'est sur le massif montagneux du Bœhmerwald (1,000 à 1,500 mètres) et au sud sur les Alpes Noriques, dont le plus haut sommet atteint 3,125 mètres; le reste du pays ne dépasse pas une altitude moyenne de 4 à 500 mètres.

La Bavière, conquise par Charlemagne, passa ensuite sous la domination de différents princes, jusqu'au jour où l'empereur Barberousse en investit un de ses fidèles, Othon de Wittelsbach (1180), dont la dynastie s'est perpétuée jusqu'à nos jours. Pendant la guerre de Trente ans, le duc de Bavière soutint l'empereur contre les protestants et reçut en récompense la dignité d'électeur, au traité de Westphalie (1648). Sous le premier empire, la Bavière s'allia à Napoléon, en reçut des accroissements de territoire et fut érigée en royaume. Depuis 1870, elle fait partie de l'empire d'Allemagne, dont elle est le second État par l'étendue et par la population.

Le royaume de Bavière est divisé en huit districts qui sont :

	SUPERFICIE kil. c.	POPULATION hab.
Haute Bavière. . . .	16,725	1,100,000
Basse Bavière. . . .	10,757	665,000
Palatinat.	5,928	730,000
Haut Palatinat. . .	9,662	540,000
Haute Franconie. . .	6,999	575,000
Moyenne Franconie. .	7,574	700,000
Basse Franconie. . .	8,401	620,000
Souabe.	9,812	670,000

Les villes ayant plus de 25,000 hab. sont Munich, la capitale (350,000), puis Nuremberg, Augsbourg, Wurzbourg, Furth, Ratisbonne, Kaiserslautern, Bamberg, Ludwigshafen et Bayreuth.

La Bavière est un pays agricole autant qu'industriel. La vallée du Danube et celle du Mein sont très riches en céréales. On récolte du blé, du seigle, de la betterave, du tabac, du colza et du houblon; la fabrication des bières dites de Munich est une des plus riches industries du pays. Toute l'Europe recherche les jouets d'enfants, la papeterie et l'horlogerie bavaroises. — Voy. la carte d'ALLEMAGNE.

BAVOCHÉ, ÉE. adj. T. Imp. et Grav. Qui n'est pas net. *Cette feuille est bavochée. Épreuve, planche bavochée. Voilà un trait b.*

BAVOCHER. v. n. (R. *baver*). T. Imp. Imprimer d'une manière peu nette, maculer. || T. Dessin et Grav. Former des traits, des contours qui ne sont pas nets.

BAVOCHURE. s. f. Défaut de ce qui est bavoché.

BAVOIS. s. m. T. Féod. Tableau qui contenait l'évaluation des droits seigneuriaux, suivant le prix courant des espèces.

BAVOLER. v. n. T. Fauc. Voler bas, voltiger, en parlant de la perdrix.

BAVOLET. s. m. (vx fr. *bavoler*, voltiger). Espèce de coiffure villageoise, à T. Mod. La partie d'un chapeau de femme qui est fixée au bas de la passe, et par derrière.

BAVON (Saint), patron de Gand (589-653).

BAVURE. s. f. (R. *bave*). Petite trace que laissent les jointures d'un moule laissent sur l'objet moulé. || T. Artill. Saillie de métal produite à la bouche d'une pièce d'artillerie en bronze par les chocs de projectiles.

BAYADÈRE. s. f. [Pr. *ba-ïa-dère*]. T. Relation. Le mot *Bayadère* vient du portugais *Bailadeira*, qui signifie danseuse (*baile*, danse), mais il désigne exclusivement cette classe de femmes si nombreuses dans l'Inde qui exercent la profession de danseuses et de chanteuses. Elles sont partagées en deux grandes catégories, qui se subdivisent encore. La première, celle des *Dévédassis* (esclaves des dieux), est consacrée au service des temples et de leurs ministres; la seconde, celle des *Natis* ou *Nutsch*, comprend les bayadères qui ne sont pas attachées à un temple et courent le pays en exerçant leur profession de chanteuses et de danseuses. — Parmi les Dévédassis, celles du premier rang se recrutent dans la caste des Vaisyas. Elles habitent dans l'enceinte du temple et ne peuvent la franchir sans la permission du grand prêtre. Elles remplissent dans le temple les fonctions secondaires du culte; elles préparent les guirlandes de fleurs pour parer les effigies des divinités; elles exécutent des danses devant leurs statues; elles célèbrent dans des chants sacrés les louanges des dieux; enfin, elles sont le principal ornement des processions et des cérémonies religieuses. La seconde catégorie des Dévédassis est recrutée dans les familles les plus honorables de la caste des Soudras. Leurs attributions sont à peu près les mêmes que celles dont nous venons de parler; mais elles ne sont pas tenues d'habiter dans l'enceinte des temples, elles y sont seulement de service à tour de rôle. Elles jouissent surtout de plus de liberté. Ainsi elles peuvent se rendre chez les particuliers qui les appellent et qui les payent pour y exécuter leurs danses et leurs chants. C'est que font tous les Hindous riches les jours de fête, de festin, de noces ou d'autres solennités de ce genre. C'est presque au sortir de l'enfance que les jeunes filles hindoues entrent dans la corporation des Dévédassis. La beauté physique et l'absence de tout défaut de conformation sont les conditions essentielles de leur admission. Du jour où elles sont admises à recevoir l'instruction particulière qui convient à leur nouvelle condition, elles cessent d'appartenir à leurs familles qui, par un contrat en forme, renoncent à tout droit sur elles.

Les *Natis*, ainsi que nous l'avons dit, courent le pays par bandes. Comme les Dévédassis de second rang, elles embellissent, par leur présence, les fêtes des particuliers; elles dansent dans les auberges (*Tchoultris*) pour récréer les voyageurs. Leur condition est très variable. Les unes s'associent à des musiciens avec lesquels elles partagent leurs bénéfices; les autres sont sous la direction d'une danseuse émérite qui les nourrit, les entretient et reçoit leur salaire; d'autres enfin sont de véritables esclaves, achetées très jeunes par des femmes qui les ont formées aux exercices de leur profession, afin d'en tirer profit. Les unes et les autres ont souvent à se plaindre de la fortune qui ne leur sourit pas toujours et se créent le plus souvent, en dehors de l'art de la danse, des ressources d'une nature moins honorable. — Ce qu'on appelle la danse des bayadères est moins une danse proprement dite

qu'une sorte de pantomime. Les voyageurs qui avaient visité l'Inde peignaient naguère ces danses sous les couleurs les plus séduisantes; mais depuis que nous avons vu à Paris ces merveilles si vantées, la réputation chorégraphique des bayadères a reçu un échec irréparable.

BAYARD (Pierre du Terrail, seigneur de), *le Chevalier sans peur et sans reproche*, se signala sous les règnes de Charles VIII, Louis XII et François Ier, et périt sur le champ de bataille d'Abbiategrasso en Italie (1476-1524).

BAYARD (Jean-François), auteur dramatique français (1796-1853).

BAYARD (Émile), peintre et dessinateur français (1837-1891).

BAYARD, nom du cheval des quatre fils Aymon.

BAYART. s. m. [Pr. *Baïart*]. Espèce de bard, de civière dont on se sert dans les ports. Quelques personnes écrivent *baïart*.

BAYER. v. n. (b. lat. *badare*). Tenir la bouche ouverte en regardant quelque chose. || Fig. et fam. *B. aux corneilles*, Regarder niaisement en l'air ou de côté et d'autre. || Fig., Désirer quelque chose avec ardeur. S'emploie toujours avec la prép. *après. B. après la fortune, après les honneurs.* Fam. et vx. = Conjug. Voy. Payer.

BAYER (Jean), astronome allemand, né à Augsbourg, mort en 1660. Son atlas (*Uranometria* Augsbourg (1603) contient les premières cartes célestes sur lesquelles les étoiles sont désignées par des lettres grecques.

BAYEUR, EUSE. s. Celui ou celle qui baye, qui a l'habitude de bayer. Fam. et vx.

BAYEUX, ch.-l. d'arr. (Calvados), évêché, admirable cathédrale, 8,100 hab. Tapisserie célèbre, brodée à l'aiguille par la reine Mathilde, femme de Guillaume le Conquérant, et sa dame d'honneur, représentant les scènes de la conquête de l'Angleterre (1066). Elle mesure 74 mètres de longueur sur 0m50 de hauteur.

BAYLE (Pierre), écrivain et philosophe français, auteur d'un *Dictionnaire historique et critique* (1647-1706).

BAYLEN, v. d'Espagne de la prov. de Jaen, célèbre par la capitulation du général français Dupont (1808).

BAYON, ch.-l. de c. (Meurthe-et-Moselle), arr. de Lunéville, 1,200 hab.

BAYONNE, ch.-l. d'arr. (Basses-Pyrénées), évêché, 27,200 hab.

BAYONNETTE. s. f. Voy. Baïonnette.

BAYREUTH, ch.-l. du cercle de Haute Franconie (Bavière), 22,072 hab.

BAZAINE, maréchal de France, né en 1811, chef de l'expédition française au Mexique (1863-1867), et en 1870 commandant en chef de l'armée du Rhin. Il fut condamné à la peine de mort pour la honteuse capitulation de Metz, peine commuée en 20 ans de détention. Il est mort, déshonoré, en 1888.

BAZAR. s. m. T. Relat. et Archit. Le mot *Bazar* appartient à la langue arabe. Il signifie *marchandise*, et, par extension, il se dit du lieu où les marchandises sont exposées en vente. Un b. est en effet un édifice plus ou moins vaste, une sorte de marché couvert, rempli de magasins et de boutiques. C'est dans ce sens que ce terme est passé dans les langues de l'Europe. Cependant il existe en Orient des bazars à ciel ouvert. — On cite comme les plus beaux de l'Orient celui d'Ispahan, en partie désert et ruiné depuis que la cour de Perse habite Téhéran; celui de Tauris, qui renferme, dit-on, 15,000 boutiques; le grand b. de Constantinople, construit par Mahomet II, en 1462, et le *Misr cartché* de la même capitale, qui est spécialement affecté à la vente des marchandises d'Égypte. — En France, on désigne sous le nom de b. des établissements où l'on vend des marchandises de toutes sortes étalées à la vue des acheteurs, mais nos b. sont très différents de ceux de l'Orient, qui constituent des lieux de rendez-vous où l'on va flâner et causer sous prétexte d'acheter.

BAZARD (Armand), chef de l'école Saint-Simonienne, avec Enfantin, et du Carbonarisme en 1829 (1791-1832).

RAZAROUTZ (Iles), petit groupe d'îles portugaises sur la côte orientale de l'Afrique par 24°37′ de lat. sud et 32°51′ de long. est.

BAZAS, ch.-l. d'arr. (Gironde), 4,900 hab.

BAZEILLES, comm. du dép. des Ardennes, arr. de Sedan, 1,500 hab. Le 1er septembre 1870, les Bavarois incendièrent ce village et y commirent des atrocités.

BAZIN. s. m. Sorte de papier grand in-4 qu'on emploie pour le dessin et la gravure.

BAZIN, hist. français (1797-1850), auteur d'une *Histoire de France sous Louis XIII et Mazarin*.

BDELLE. s. f. (gr. βδέλλα, sangsue). T. Zool. Genre d'annélides voisin des sangsues. Voy. HIRUDINÉES. — Genre d'arachnides de l'ordre des acariens. Voy. HOLÉTRES.

BDELLÉPITHÈSE. s. f. [Pr. *bdel-lépitèze*] (gr. βδέλλα, sangsue; ἐπίθεσις, application). Application de sangsues.

BDELLIUM. s. m. [Pr. *bdelliome*] (gr. βδέλλιον, m. s., de βδέλλα, je suce). T. Pharm. Sorte de résine fournie par certaines espèces appartenant au genre *Balsamodendron*. Voy. TÉRÉBENTHACÉES et RÉSINE.

BDELLOMÈTRE. s. m. (gr. βδέλλα, je suce; μέτρον, mesure). T. Chir. Petit appareil composé d'une cloche de verre contenant un scarificateur qui peut se manœuvrer de l'extérieur à l'aide d'une tige et qui sert à remplacer les sangsues et les ventouses scarifiées pour produire une saignée locale de façon à régler l'émission du sang.

BEAGLE. s. m. [Pr. *bigle*]. Mot anglais désignant une race particulière de chiens bassets.

BÉANCE. s. f. T. Didact. État de ce qui est béant.

BÉANT, ANTE. part. de l'ancien v. BÉER ou BAYER. Voy. ce mot. Ne s'emploie que comme adj. verbal, et sign., Qui présente une grande ouverture. *Les dragons sont représentés la gueule béante. Gouffre b.* ‖ Par exagér., *Rester, être, demeurer bouche béante*, Rester, être, demeurer stupéfait, absorbé dans une vive attention. *Il resta bouche béante. Nous l'écoutions bouche béante.*

BÉARN, anc. prov. de France, aujourd'hui dép. des Basses-Pyrénées, cap. Pau. Nom des hab. : BÉARNAIS, AISE.

BÉAT, ATE. s. (lat. *beatus*, heureux). Tranquillement heureux. ‖ Dévot, ou, plus souvent, qui fait le dévot. *C'est un vrai b.* Fam. — S'emploie aussi adjectiv. *Une mine béate. Un air b.* Fam. — T. Jeu. Se dit de celui qui, dans une partie, est exempt de jouer avec les autres et de payer sa part. *Nous sommes cinq à jouer le souper, faisons un b. et jouons deux contre deux.* Vx et peu us.

Syn. — *Béat, Bigot, Cafard, Tartufe.* — Le béat affecte un air de béatitude, le *bigot* se livre surtout aux petites pratiques religieuses, le *cafard* est fourbe, le *tartufe* est l'hypocrite diplomate et audacieux.

BÉATEMENT. adv. D'une façon béate.

BÉATENBERG, village et montagne de Suisse, près du lac de Thun, célèbres par les grottes de Saint-Béat.

BÉATIFICATION. s. f. Acte par lequel le pape, assisté du sacré-collège, donne à une personne décédée le titre de bienheureux. Voy. CANONISATION.

BÉATIFIER. v. a. (lat. *beatus*, bienheureux; *facere*, faire). Mettre au nombre des bienheureux. *Le pape a béati-*

fié *un tel.* ‖ Se dit en manière de plaisanterie, pour rendre heureux. *Votre présent l'a béatifié.* — BÉATIFIÉ, ÉE. part.

BÉATIFIQUE. adj. T. Théol. N'est usité que dans le loc. du langage théologique, *Vision b.*, Vision dont jouissent les bienheureux en présence de Dieu dans le ciel.

BÉATILLES. s. f. pl. [Pr. les *ll* mouillées] (dimin. du lat. *beatus*, heureux). Menues choses délicates qu'on met dans les pâtés, les ragoûts, les potages, et que l'on sert quelquefois à part, comme crêtes de coq, ris de veau, foies gras, champignons, etc. *Tourte de b.*

BÉATISSIME. adj. Superlatif, à forme latine, de *Béat*, comme Sanctissime, Révérendissime, etc.

BÉATITUDE. s. f. (lat. *beatitudo*, m. s., de *beatus*, bienheureux). Félicité, bonheur. Ne se dit guère que de la félicité éternelle. *La vraie b. consiste dans la vue de Dieu. Jouir de la b. Il n'y a point de vraie b. dans ce monde. — Les huit béatitudes*, Les huit espèces de félicités annoncées par Jésus-Christ (Matth., v, 3-10).

BÉATRIX, nom de plusieurs princesses du moyen âge, entre autres : BÉATRIX DE BOURGOGNE, épouse, en 1156, de l'empereur d'Allemagne, Frédéric Ier; morte en 1185 ; — BÉATRIX, reine de Hongrie, épouse de Mathias Corvin, roi de Hongrie (1450-1508).

BÉATRIX PORTINARI, jeune femme de Florence immortalisée par l'amour du Dante (1266-1290). La figure de Béatrix est l'une des plus délicieuses apparitions de la *Divine Comédie*.

BEAU ou **BEL, BELLE**. adj. (lat. *bellus*, m. s.). Ce qui excite en nous un sentiment d'amour ou d'admiration. Dans ce sens, il se dit : 1° De l'homme lui-même. *C'est un homme vraiment b. Une belle femme. Un enfant b. comme le jour. Une belle tête. De beaux yeux. Une belle voix.* — 2° Des choses physiques. *L'univers est le plus b. spectacle que l'homme puisse contempler. Un b. paysage. Une belle tempête.* —3° Des choses morales et intellectuelles. *Une belle âme. Un b. génie. De beaux sentiments. Une belle action. Il est beau de faire du bien à ses ennemis.* — 4° Des œuvres de l'art. *Un b. poème. Une belle statue. Un b. tableau. Un b. temple. Une belle symphonie.* ‖ Ce qui charme par l'harmonie des formes et des couleurs. *Un bel homme. Une belle personne. Une belle taille. De beaux traits. De belles formes. Une belle peau. Une belle carnation. Un b. cheval. Un bel oiseau. Un b. plumage. Un b. vallon. Un b. jardin. Une belle vue. Un bel arbre. Une belle forêt. — Le b. sexe*, Le sexe féminin, les femmes en général. — Fam., *Ma belle amie, Ma belle enfant*, ou simplement *Ma belle*, expressions amicales dont on se sert quelquefois en parlant à une jeune fille ou à une jeune femme. ‖ En parlant de l'esprit et des conceptions de l'esprit, *B.* se dit de ce qui nous plaît, sans cependant exciter l'admiration. *Il a un b. talent. Belle imagination. Voilà un b. vers. Un b. duo. Une belle pensée. Il y a dans ce livre quelques beaux endroits. Bel esprit.* Voy. ESPRIT. *Belles-lettres.* Voy. LETTRE. *Beaux-Arts.* Voy. ART., CONSEIL. ‖ En parlant des choses morales, se dit de celles auxquelles nous donnons notre estime, notre approbation. *Un b. caractère. Un b. naturel.* — Par anal., sign. Honorable, glorieux. *Une belle conduite. Une belle mort. Ce général a fait une belle retraite. Un b. nom. C'est la plus belle page de son histoire. Les beaux temps de son règne.* — Par ext., *Bienséant, convenable. Rien n'est si b. dans une jeune fille que la modestie.* ‖ Se dit des choses qui plaisent, parce qu'elles paraissent parfaitement aptes à remplir leur destination. *Une belle ville. Une belle maison. Une belle usine. Un b. port. Un b. navire. Une belle maison. Belle harpe. Un b. violon.* ‖ Qui est parfait dans son genre. *Un b. diamant. Une belle émeraude. De belles perles. Une belle étoffe. Un b. rouge. Un b. vert. Un beau son de voix.* ‖ S'emploie très fréquemment dans une signification tout à fait vague et indéterminée, en parlant de tout ce qui produit sur nous une impression agréable. *Une belle couleur. Un b. bouquet. Une belle verdure. Un b. spectacle. Une belle musique. Un b. bal. Cela est b. à voir. Une belle prairie. Un b. fleuve. Un b. lac. De belles eaux. Un bel habit. Une belle robe.* — *Un b. port, une belle* prestance. Un port majestueux, une mine qui impose. — Fam. Se faire b., se faire belle, Se parer. Vous voilà bien belle aujourd'hui, Vous êtes bien parée aujourd'hui. — Pop., Un b. monsieur, une belle dame, Un monsieur, une dame dont la mise est élégante. — Un homme du bel air, Un homme qui affecte les manières des personnes de distinction. Fam. et peu us. — Fam., Le b. monde. Voy. MONDE. — Fig., Il fait b. voir, Il est agréable de voir. Il fait b. voir un orage quand on est bien à l'abri. || Se dit aussi en parlant des personnes qui possèdent un talent à un degré plus ou moins éminent. Un b. parleur. Un b. danseur. Un b. cavalier. C'est un bel homme de cheval. — Fam., C'est un b. mangeur, un b. diseur, C'est un grand mangeur. Il fait le b. parleur, le b. diseur, Il affecte de bien parler. Voy. JOUEUR. C'est un b. fils. Voy. FILS. || Se dit d'un air pur, d'un ciel serein. Le temps est b. Il fait b. temps, ou simplement, Il fait b. Une belle journée. Un b. soleil. Une belle nuit. Un b. clair de lune. — Les beaux jours, La saison de l'année où l'atmosphère est ordinairement pure et sereine; et Fig., Le temps de la jeunesse. Mes beaux jours sont passés. On dit dans le même sens, Le bel âge. — Fig. et prov., Il fera b. temps, Il fera b. jour, ou Il fera b. quand je le reverrai, Je ne le reverrai jamais. — Fig. et fam., Il y a b. jour, Il y a beaux jours que je ne l'ai vu, Il y a longtemps que je ne l'ai vu. — Mettre quelque chose dans un b. jour, Exposer un objet de telle sorte que la lumière lui arrive dans les conditions les plus favorables; et Fig., Expliquer, traiter une chose avec clarté. || Beau, se dit encore dans le sens de bon, favorable, avantageux. Une belle santé. Un bel emploi. Une belle entreprise. Un b. sujet. Une belle occasion. Il est en belle passe. — Fig., Faire un b. coup, Aux jeux de hasard, faire un coup fort heureux; aux jeux d'adresse, faire un coup fort adroit. — Fig. et fam., Donner b., ou La donner belle à quelqu'un, Lui donner une occasion favorable pour dire ou pour faire quelque chose. — Fig. et fam., L'avoir b., ou L'avoir belle, Avoir une occasion favorable de dire ou de faire quelque chose. Vous ne l'aurez jamais plus belle. — Ellipt., Prendre sa belle, Saisir l'occasion favorable. — Fam., Il fait b. se promener, Le temps est propice pour la promenade. — T. Mar. La mer est belle, Elle est favorable pour la navigation, elle n'est pas trop agitée. || Est fréquemment usité dans le sens de considérable, grand, volumineux, nombreux. Une belle fortune. Un b. traitement. Sa maison a une belle largeur. Il fait une belle dépense. Il a quatre-vingts ans : c'est un bel âge. Sa femme va faire b. bruit, mener b. bruit. Voilà un b. tas de blé. Ce médecin a une belle clientèle. || Fig. et par ironie. Il a b. faire, b. dire, b. prier, b. pleurer, etc., Tout ce qu'il peut faire, dire, etc., est inutile. || Dans le langage fam., Beau s'emploie souvent par antiphrase, et surtout par ironie, dans un sens tout à fait opposé à sa signification propre. Voilà un bel homme pour être aussi fat. Le b. talent que celui de faire des bouts rimés! Avec tous ces beaux raisonnements, vous n'avez pas le sens commun. Il a eu une belle peur. Elle a une belle et bonne fluxion de poitrine dont elle ne se tirera pas. Votre père saura votre belle action, votre belle conduite. Admirez cette belle tournure. Le beau profit que je tirerais de cette affaire! || Fig., Il vous fait beau voir, Vous avez bien mauvaise grâce à... Il ferait beau voir, Il serait bien étrange de voir. — Prov., Ce que vous me proposez là est bel et bon, ou Tout cela est bel et bon, mais je n'en ferai rien, Je ne goûte nullement vos propositions. — Une belle équipée, Une grande sottise, une extravagance. — Par ellipse, Il en a fait de belle, Il a fait de grandes fautes, de grandes sottises, de grandes folies. On dit de même, Il m'en a dit de belles. — De beaux semblants, de belles promesses, de belles paroles, Des apparences, des promesses, des paroles, auxquelles on ne doit pas se fier. — Vous me donnez belle ou Vous me la baillez belle, Vous vous moquez, vous voulez m'en faire accroire. — L'échapper belle. Voy. ÉCHAPPER. || Beau se joint parfois à des termes d'injure ou de mépris pour ajouter à la force de l'expression. C'est un b. coquin. Un b. fripon. || Beau se joint encore à divers termes par une espèce de redondance. Il l'a vendu à beaux deniers comptants. Crier comme un b. diable. — Il paraît un b. jour, un b. matin, Un certain jour, etc. Coucher à la belle étoile, Coucher dehors. Mourir de sa belle mort, Mourir de mort naturelle. Au b. milieu, Tout juste au milieu. ═ BEAU, s. m. Se dit absolument, en littérature et dans les beaux-arts, de tout ce qui élève l'âme ou lui faisant éprouver un sentiment de plaisir et d'admiration. Avoir

l'amour, le sentiment du b. Essai sur le b. Le souverain b. Le b. idéal. Le b. moral. Le b. physique. || Fam., Une belle, Une femme qui a de la beauté, de l'agrément. Courtiser une belle. Courir de belle en belle. — Il était avec sa belle, Avec sa maîtresse. — Ironiq., Ah! je vous y prends, ma belle. — Aimer les belles, Aimer les femmes. || Fam., Faire le b., Faire la belle, Se pavaner, laisser voir qu'on se croit fait pour plaire. — Ironiq., un dit Un b., pour signifier Un fat. Tous ces beaux sont insupportables. || T. Bot. Belle-de-jour, Belle-de-nuit, etc. Voy. ces mots à leur place alphabétique. ═ BEL ET BEAU, BEL ET BIEN, BIEN ET BEAU. loc. adv. et fam., Entièrement, tout net. Il lui riposta bel et b. Il le fit bel et bien. Je le refusai bien et b. ═ DE PLUS BELLE. loc. adv. et fam., Tout de nouveau, plus que jamais. Quand il eut reconduit ses invités, il se mit à boire de plus belle. Il avait promis de ne plus jouer, et il a recommencé de plus belle. || De plus b. en plus b., De mieux en mieux, en augmentant. ═ EN BEAU. loc. adv. Sous un bel aspect, sous une apparence favorable. Il voit tout en b. Cette affaire se présentait en b. — Peindre quelqu'un ou quelque chose en b., Faire ressortir ce qu'une personne ou une chose offre d'avantageux. ═ TOUT BEAU. loc. adv. Doucement, arrêtez, modérez-vous. Tout b., ne vous emportez pas. || T. Chasse. Se dit à un chien, pour l'empêcher de forcer le gibier, et, hors de la chasse, pour réprimer ses mouvements.

Le beau, dans le style, doit être avant tout la clarté. Un auteur doit d'abord faire exactement comprendre ce qu'il veut dire. Cette proposition, si incontestable, a cependant trouvé des contradicteurs. Ainsi, le philosophe allemand Hegel affirme dans sa préface de l'Encyclopédie qu'un philosophe doit être obscur. On peut dire qu'il a prêché d'exemple. Pour la question philosophique que soulève le mot beau, voy. ESTHÉTIQUE.

Obs. gram. — L'ancienne forme masculine Bel s'emploie devant un subst. singulier qui commence par une voyelle ou par un h non aspiré. Bel esprit, Bel enfant. Par exception, cependant, on dit encore Bel et bon. Dans tous les autres cas, on doit se servir de b. Un b. chien. B. à voir. — La vieille forme se conserve encore dans quelques surnoms de nos anciens rois, Charles le Bel, Philippe le Bel.

Syn. — Joli. — Le b. s'adresse à l'âme, le joli s'adresse au goût. Le b. élève l'homme et le transporte; le joli plaît et séduit. Il y a des choses qui peuvent être jolies ou belles, telle est la comédie; il y en a d'autres qui ne peuvent être que belles, telle est la tragédie. Avec de l'esprit et du goût, un écrivain, un musicien, un peintre font de jolies choses; c'est l'âme et le génie qui produisent les belles choses.

BEAUCAIRE, ch.-l. de c. (Gard), arr. de Nîmes, 8,900 hab. Foire célèbre, surtout autrefois (1er-31 juillet).

BEAUCE, anc. pays de France (dép. de Loir-et-Cher et d'Eure-et-Loir). Formé de grandes plaines. Grande production de blé. Cap. Chartres. ═ Nom des hab. : BEAUCERON, ONNE. ═ BEAUCE. s. f. Par ext., Une campagne plate.

BEAUCHAMPS (JOSEPH), astronome et géographe français (1752-1801).

BEAUCOUP. adv. (lat. bella, belle; copia, abondance). Indique un nombre ou une quantité plus ou moins considérable, soit qu'on puisse, soit qu'on ne puisse pas la déterminer. 1° Il se dit en parlant des hommes et des animaux. Cette ville a b. d'habitants. Ils sont b. d'héritiers à partager cette succession. B. de gens pensent ainsi. J'ai vu b. de bestiaux au marché. Il y a b. de poisson dans cette rivière. — 2° Se dit en parlant des choses physiques et des propriétés des choses. Avoir b. d'argent, b. de blé, b. de vin. On trouve b. de fleurs exotiques dans ses serres. Cette source fournit b. d'eau. Elle versa b. de larmes. Il s'écoula b. de temps. Il a b. d'affaires, b. d'occupations. Ce métal a b. de dureté, de ténacité, d'élasticité. Cet ouvrier a b. d'adresse. Il a b. d'esprit, d'intelligence, de modestie, de prudence, de bon sens. Éprouver b. de chagrin, de regret, de joie, de plaisir, de satisfaction. — Il a b. de vertus, b. de vices, Il a un grand nombre de vertus, de vices, sens bien différent de Il a b. de vertu, b. de vice. || Lorsque B. est joint à un verbe qu'il modifie, il signifie toujours augmentation de l'action exprimée par celui-ci. *C'est un homme qui sait b. Il a b. lu. Il a perdu b. Il s'intéresse b. à votre affaire. Cela me chagrine b. Cet enfant grandit b. Ce négociant s'est b. enrichi. Marcher b. Boire b. J'ai b. attendu.* || *B.*, employé avec un adj. ou un adv., marque toujours comparaison, et alors il exprime une augmentation ou une différence considérable. *Je suis b. plus content de votre fils depuis quelques jours. Ce vin est b. meilleur que le dernier. Il est b. plus riche que moi.* — *De b.* s'emploie dans le même sens. *Vous êtes plus savant de b. Vous êtes de b. plus savant.* || *Il s'en faut b.,* Il y a une grande différence. *Le cadet n'est pas si sage que l'aîné, il s'en faut b.* — *Il s'en faut de b.,* La quantité qui devrait y être n'y est pas. *Vous croyez m'avoir tout rendu, il s'en faut de b.* || *B.* se prend substant. dans les phrases suivantes : *C'est b. de savoir obéir. Il sait déjà le latin, c'est b. pour son âge. C'est un grand avantage, c'est un grand progrès,* etc. — Ironiq., *C'est b. s'il vous regarde. C'est à peine s'il vous regarde.*

Obs. gram. — Lorsque *b.* est employé pour *plusieurs,* il y faut en général ajouter *personnes* ou *gens* ou quelque autre subst. *B. de personnes pensent.* La phrase *B. sont d'avis,* au contraire, n'est pas correcte. Dans le langage fam. et surtout dans la poésie, cependant, on dit : *B. l'ont vu. B. en ont parlé, mais peu l'ont bien connu.* Cette licence du reste n'est tolérable que dans le cas où *b.* sert de sujet au v. Par conséquent, on ne saurait dire : *C'est l'avis de b.*; ici, il faut absolument ajouter *de personnes* ou *de gens.* Quant à la phrase : *J'en connais b. qui ont fait de même,* elle est correcte, parce que le pronom *en* tient lieu du subst. — Si le subst. qui suit *b.* est au sing., le v. doit se mettre au sing. Si, au contraire, le subst. est au plur., le v. doit se mettre au plur. *B. de monde se plaint; B. de gens se plaignent.* || Joint à un comparatif, *b.* exprime une augmentation ou une différence considérable. Quand il suit le comparatif, *b.* doit toujours être précédé de la prépos. *de. Vous êtes plus savant de b.* S'il le précède, au contraire, il peut s'employer avec ou sans la prépos. *de. Vous êtes b. plus savant,* ou *Vous êtes de b. plus savant.* Avec des verbes qui marquent comparaison, *b.* doit toujours s'accompagner de la prépos. *de. Être en avance de b., L'emporter de b.*

Syn. — *Beaucoup, Bien.* — Lorsque ces deux mots sont joints à des substantifs abstraits, *bien* est un adv. qui modifie le v., et le subst. qui le suit n'est pas son régime; *b.* au contraire conserve sa signification primitive et équivaut à un subst., tandis que le subst. qui suit le modifie et fait son office de régime. Dans cette phrase : *Il amasse bien de l'argent, bien* modifie le v. *amasser,* c.-à-d., Il amasse de l'argent d'une manière extraordinaire ; dans celle-ci, *Il amasse b. d'argent, b.* signifie une quantité considérable. Voilà pourquoi après *bien* le subst. qui est réellement le régime du v. prend l'article, et qu'il ne le prend pas après *b.,* où il est le régime d'un autre subst. C'est la même raison qui *bien,* en sa qualité d'adv., peut se joindre aux adjectifs, et que *b.* ne s'y joint pas. On dit *Bien bon, Bien beau,* et l'on ne dit pas *B. bon, B. beau.* — Lorsque *bien* et *b.* sont mis absolument après un v., cette différence est encore sensible. Dans *Il mange bien, bien* modifie le v. et marque la manière dont se fait l'action ; dans *Il mange b.,* ce dernier a un rapport particulier aux aliments, et indique que l'on en mange une grande quantité. = *Beaucoup, Plusieurs.* — *B.* est d'usage, soit qu'il s'agisse de calcul, de mesure ou d'estimation ; *plusieurs* n'est jamais employé que pour les choses qui se calculent. Il y a dans le monde *b. de fous* qu'on estime, *b. de terrain* qu'on néglige, et *b. de mérite* qu'on ne connaît pas. L'opposé de *b.* est *peu;* l'opposé de *plusieurs* est *un.* Voy. ABONDAMMENT.

BEAUCUIT. s. m. (anglais, *buckwheat,* blé noir). L'un des noms vulgaires du blé sarrasin.

BEAU-FILS. s. m. T. Relat. qui se dit d'un fils né d'un mariage antérieur, par rapport au second mari de sa mère, ou à la seconde femme de son père. *C'est votre b.-fils, vous avez épousé sa mère. Elle a deux beaux-fils.* || *Beau-fils* est un ancien terme d'affection, usité au moyen âge. Saint Louis disait à son fils : *Biau filz, la première chose que je t'enseigne, c'est que tu mettes ton cuer en amer Dieu.* (JOINVILLE.)

BEAUFORT, ch.-l. de c. (Jura), arr. de Lons-le-Saulnier, 4,200 hab.

BEAUFORT, ch.-l. de c. (Maine-et-Loire), arr. de Baugé, 4,500 hab.

BEAUFORT, ch.-l. de c. (Savoie), arr. d'Albertville, 2,400 hab.

BEAUFORT (HENRI DE), cardinal anglais, frère de Henri IV, roi d'Angleterre, couronna son petit-neveu Henri VI comme roi de France et siégea parmi les juges de Jeanne d'Arc ; mort en 1447.

BEAUFORT (FRANÇOIS DE VENDÔME, duc de), petit-fils de Henri IV et de Gabrielle d'Estrées (1616-1669), joua un rôle important dans la Fronde contre Mazarin. Amiral sous Louis XIV, il fut tué au siège de Candie.

BEAU-FRAIS. s. m. T. Mar. Vent maniable, soufflant uniformément.

BEAU-FRÈRE. s. m. Nom d'alliance donné par le mari au frère de sa femme, par la femme au frère de son mari, ou par les deux hommes qui ont épousé les deux sœurs. *Ils sont beaux-frères, ils ont épousé les deux sœurs.* || Pour l'origine de l'expression, voy. BEAU-FILS.

BEAUGENCY, ch.-l. de c. (Loiret), arr. d'Orléans, 4,300 hab. Vignobles abondants. Vin estimé.

BEAUHARNAIS (ALEXANDRE, vicomte de), né à la Martinique en 1760, général français, fut condamné à mort pour n'avoir pas secouru Mayence (1794), et laissa de son union avec Joséphine Tascher de la Pagerie (qui épousa le Premier Consul en 1796) deux enfants, qui furent le prince Eugène et la reine Hortense, mère de Napoléon III. || EUGÈNE DE BEAUHARNAIS, fils du précédent (1781-1824), joua un rôle important dans les campagnes de Napoléon Ier. Nommé vice-roi d'Italie en 1805, il se retira en Bavière à la chute de l'empire et y mourut avec le titre de duc de Leuchtenberg. || FANNY, comtesse de Beauharnais, femme poète (1738-1813), femme du comte de Beauharnais, oncle d'Alexandre de Beauharnais. C'est à elle que s'appliquait cette épigramme bien connue de Lebrun :

Églé, belle et poète, a deux petits travers :
Elle fait son visage et ne fait pas ses vers.

BEAUJEU (ANNE DE), duchesse de Bourbon, fille de Louis XI et de Marguerite de Savoie, sœur et gouvernante de Charles VIII.

BEAUJEU, ch.-l. de c. (Rhône), arr. de Villefranche, 3,900 hab.

BEAUJOLAIS, anc. pays de France, dans le Lyonnais ; cap. Beaujeu, puis Villefranche ; a formé une partie des dép. du Rhône et de la Loire. Vignobles renommés.

BEAUJON, banquier philanthrope, fonda à Paris l'hospice qui porte son nom (1784).

BEAULIEU, ch.-l. de c. (Corrèze), arr. de Brive, 2,400 hab.

BEAUMANOIR, jurisconsulte célèbre (1226-1296), jouit de la faveur de saint Louis et rédigea les *Coutumes du Beauvoisis* (1284).

BEAUMANOIR (JEAN DE), chevalier breton, compagnon de du Guesclin, l'un des héros du *combat des Trente,* près de Ploërmel. C'est là que, dévoré de soif ardente, il demanda à boire et qu'un de ses chevaliers lui répondit : « Bois ton sang, Beaumanoir. » (1351).

BEAUMARCHAIS (CARON DE) (1732-1799), né à Paris, fils d'un horloger, se distingua dans le métier de son père, puis se lança dans la spéculation, enfin dans la littérature, et eut un grand succès par le *Barbier de Séville,* le *Mariage de Figaro,* etc.

BEAUMES, ch.-l. de c. (Vaucluse), arr. d'Orange, 1,400 hab.

BEAUMONT (CHRISTOPHE DE), archevêque de Paris, lutta contre les jansénistes et contre les philosophes (1703-1781).

BEAUMONT (Jeanne le Prince de), femme de lettres (1711-1780), auteur d'ouvrages pour l'éducation de la jeunesse : le *Magasin des enfants*, le *Magasin des adolescents*, etc.

BEAUMONT (Eon de). Voy. EON.

BEAUMONT (Élie de), savant géologue français (1798-1874), a soutenu que les effets lents et continus des actions naturelles, telles que nous les voyons se manifester sous nos yeux, ne peuvent suffire à expliquer l'état géologique actuel du globe terrestre et qu'il faut y joindre l'effet de révolutions violentes dues principalement au soulèvement des montagnes. Cette doctrine rencontre aujourd'hui de nombreux adversaires, partisans exclusifs des actions lentes. Signalons parmi ses travaux ses recherches sur les *Systèmes de montagnes* et la *Carte géologique de la France*. Élie de Beaumont succéda à Arago comme secrétaire perpétuel de l'Académie des sciences (1853-1874).

BEAUMONT, ch.-l. de c. (Dordogne), arr. de Bergerac, 1,600 hab.

BEAUMONT, ch.-l. de c. (Tarn-et-Garonne), arr. de Castelsarrasin, 4,000 hab.

BEAUMONT-LE-ROGER, ch.-l. de c. (Eure), arr. de Bernay, 1,900 hab.

BEAUMONT-SUR-OISE, ville de France (Seine-et-Oise), arr. de Pontoise, à 31 kil. de Paris, sur l'Oise. — Ruines d'un ancien château fort, 4,000 hab.

BEAUMONT-SUR-SARTHE, ch.-l. de c. (Sarthe), arr. de Mamers, 2,000 hab.

BEAUNE, ch.-l. d'arr. (Côte-d'Or), 12,500 hab. Vins renommés.

BEAUNE-LA-ROLANDE, ch.-l. de c. (Loiret), arr. de Pithiviers, 1,800 hab.

BEAU-PARTIR, s. m. T. Man. Beau départ du cheval, sa vitesse jusqu'à son arrêt.

BEAU-PÈRE, s. m. Nom d'alliance, qui se donne par un mari au père de sa femme, ou par une femme au père de son mari, ou par des enfants au second mari de leur mère. Voy. BEAU-FILS.

BEAUPRÉ, s. m. (angl., *bow-sprit*; all. *bugspriet*, m. s. prop. *mât courbé*). T. Mar. Mât incliné, quelquefois horizontal, placé à l'avant d'un navire. Voy. MÂT.

BEAUPRÉAU, ch.-l. de c. (Maine-et-Loire), arr. de Cholet, 3,900 hab.

BEAUPRÉSENT, s. m. Variété de poire, la même que celle qui est aussi appelée *Épargne* et *Saint-Samson*.

BEAUREPAIRE, officier français, se tua plutôt que de rendre Verdun aux Prussiens (1792).

BEAUREPAIRE, ch.-l. de c. (Isère), arr. de Vienne, 2,700 hab.

BEAU-REVOIR, s. m. T. Chasse. Action du limier qui, étant sur les voies, bande fort sur la tête et sur le trait. || Action de voir facilement l'empreinte du pied d'un animal sur le terrain humide.

BEAUSSET (Le), ch.-l. de c. (Var), arr. de Toulon, 1,800 hab.

BEAUTÉ, s. f. Réunion des qualités d'un objet qui excite un sentiment de plaisir et d'admiration. B. morale. B. *physique*. B. intellectuelle. || Il se dit : 1° De l'homme, considéré au physique et au moral. La b. du corps. La b. du visage. La b. de son âme. La b. de ses sentiments. B. virile. B. féminine. B. parfaite, accomplie, ravissante. La b. des formes. — 2° Des objets naturels. La b. d'un lion, d'un cheval. La b. du ciel. On ne se lasse pas de contempler la b. de cette campagne. — 3° Des œuvres

de l'intelligence et de l'art. La b. d'un poème, d'une statue, d'un tableau, d'une symphonie. La b. d'une découverte. || S'emploie le plus souvent en parlant de toutes les choses qui charment, qui plaisent, qui paraissent, au jugement de celui qui parle, excellentes dans leur genre. La b. du jour. La b. d'une fleur. La b. d'une forêt. La b. d'une couleur. La b. d'une musique, d'une voix, d'un opéra, d'un spectacle, d'une fête. La b. d'une étoffe. La b. de son génie. La b. du style. La b. d'un ouvrage. C'est là ce qui en fait la b. Ce pays est de toute b. || Se dit particulièrement des qualités extérieures d'une personne, et surtout d'une femme et de ses attraits. Sa b. est dans toute sa fleur. B. animée. La b. se passe en peu de temps. Sa b. est déjà fanée. B. bien conservée. Entretenir sa b. Conserver, perdre sa b. La b. de sa taille, de ses bras. — Par ext., se dit en parlant d'une femme remarquable par ses avantages extérieurs. Une jeune b. Une b. sévère, majestueuse. — On dit d'une femme très belle : C'est une b. Toutes les beautés de la ville assistaient au concert. Les plus belles femmes de la ville, etc. — B. grecque et B. romaine, se disent des femmes dont les traits rappellent ce que nous présentent les statues et les médailles antiques de la Grèce et de Rome. — S'emploie absol. pour signifier les belles femmes en général. L'empire de la b. R. hommage à la b.' — On dit de même, Elle était la b. du bal, Elle était la plus belle des femmes qui se trouvaient au bal. || Beautés, au plur., se dit des détails qui concourent à former la b. d'une femme, ou des parties d'une chose qui sont belles, quoique les autres ne le soient pas. Les beautés de la nature. Cette femme a mille beautés. Cette œuvre est pleine de beautés qui en font oublier les défauts. || Beautés, au plur., sert parfois de titre à certains ouvrages composés de traits historiques remarquables. Beautés de l'histoire de France. Beautés de l'histoire romaine.

La beauté ne comporte pas de définition absolue. Pour l'homme, c'est la femme qui représente le premier ordre de b., et il serait assurément difficile de décider pourquoi sur cent belles femmes chacune sera préférée aux quatre-vingt-dix-neuf autres par celui qui l'aimera. L'amour est de toutes les passions humaines celle qui agit avec le plus de violence sur le cœur de l'homme, et ce sentiment est plutôt conduit par l'imagination que par la raison. On a dit que l'homme préfère une belle femme à une laide parce que la perfection extérieure est l'indice d'un caractère aimable et de qualités intellectuelles et morales agréables à rencontrer dans la compagnie de notre vie. Nous ne sommes pas aussi purs. C'est surtout la promesse du plaisir qui séduit. La fraîcheur de la carnation, l'harmonieuse rondeur des contours, l'expression du regard, agissent directement sur l'homme pour le conquérir, et la femme la plus belle est celle qui pour chacun de nous réunit au plus haut point les attraits qui nous charment. Toute définition de la b. serait donc essentiellement relative.

Or la beauté, c'est tout. Platon l'a dit lui-même :
La beauté sur la terre est la chose suprême.
                                        A. DE MUSSET.
Et la grâce, plus belle encor que la beauté.
                                        LA FONTAINE.

BEAUTÉ (Dame de), surnom d'Agnès Sorel, maîtresse du roi Charles VII, lorsque celui-ci lui eut fait don du château de Beauté, à Nogent-sur-Marne, dans le bois de Vincennes.

BEAUTEMPS-BEAUPRÉ, ingénieur hydrographe français, surnommé le père de l'hydrographie à cause de ses belles cartes de marine (1766-1854).

BEAUVAIS, ch.-l. du dép. de l'Oise sur le Thérain, à 97 kil. de Paris, 19,400 hab. Évêché ; manufacture de tapis fondée par Colbert ; belle cathédrale gothique. B. fut assiégé par Charles le Téméraire, en 1472, et sauvé par l'héroïsme de ses habitants parmi lesquels se distingua une femme *Jeanne* dite *Hachette*.

BEAUVAISIS ou **BEAUVOISIS**, anc. pays de France, aujourd'hui dép. de l'Oise, cap. Beauvais.

BEAUVAU, anc. famille originaire d'Anjou, plus tard naturalisée en Lorraine, a compté des hommes d'État, des hommes de guerre, des hommes de lettres.

BEAUVEAU, s. m. T. Techn. Angle formé par deux surfaces contiguës. || Instrument destiné à mesurer cet angle. || Équerre de fondeur de caractères.

BEAUVILLE, ch.-l. de c. (Lot-et-Garonne), arr. d'Agen, 1,100 hab.

BEAUVILLIERS (Duc de), gouverneur du duc de Bourgogne, petit-fils de Louis XIV.

BEAUVOIR-SUR-MER, ch.-l. de c. (Vendée), arr. des Sables-d'Olonne, 2,500 hab. Autrefois, la mer venait jusqu'à cette ville, qui en est maintenant éloignée de 4 kilom.

BEAUVOIR (Roger de Bully, dit de), littérateur français (1809-1866).

BEAUVOISIS. Voy. Beauvaisis.

BEAUZÉE, traducteur français et auteur d'une Grammaire générale (1717-1789).

BÉBÉ. s. m. (celt. *bab*, enfant). Fam. Très jeune enfant. *Je viens de sevrer mon bébé.* || Par anal., Poupée qui ressemble à un petit enfant. || Par ext., Personne de très petite taille. = Nom du nain du roi Stanislas. A sa mort, à l'âge de 35 ans, il mesurait 2 pieds de hauteur et pesait 9 livres 1/2.

BÉBEERINE. s. f. T. Chim. Voy. Bébirine.

BÉBIRINE. s. f. T. Chim. C¹⁰H²¹AzO³. Cet alcaloïde, appelé aussi *Bébeerine* ou *Bibirine*, est contenu en même temps que l'*acide bébirique* et un autre alcaloïde, la *sipirine*, dans l'écorce du Bébeeru ou Sipeeri (*Nectandra Rodiei*). Dans la Guyane, où croît cet arbre, on emploie la bébirine comme succédané de la quinine. C'est une poudre amorphe, blanchâtre, fusible à 198 degrés, très amère, soluble dans l'alcool et l'éther. Elle neutralise facilement les acides dans lesquels elle se dissout. Son sulfate, que l'on peut obtenir à la manière du sulfate de quinine, est employé comme fébrifuge.

BÉBRYCES, peuple de l'ancienne Bithynie, dont le roi Amycus fua Pollux.

BEC. s. m. (celt. *bec*, m. s.). La partie qui tient lieu de bouche aux oiseaux, et qui se compose de deux pièces appelées mandibules, l'une supérieure, l'autre inférieure. *Long b. B. court, aigu, large, crochu. Ouvrir le b. Un oiseau qui se défend du b., qui donne un coup de b.* || Fig., prov. et fam., *Avoir b. et ongles*, Être capable de se défendre et savoir se défendre. — *Avoir bon b.*, Parler avec vivacité, avec hardiesse et quelquefois avec malignité. — *Avoir le b. bien affilé*, Parler facilement et même avec malignité. — *Elle n'a que le b. ou que du b., Elle n'a que du babil. — Se défendre du b.*, Se défendre de paroles. — *Se prendre de b. avec quelqu'un*, Attaquer quelqu'un de paroles, se quereller. — *Donner un coup de b.*, Lancer en passant un trait piquant, un trait de médisance. — *Être pris par le b.*, Être convaincu par ses propres paroles. — *Tenir quelqu'un le b. dans l'eau*, Amuser quelqu'un de belles paroles, de belles promesses, le tenir dans l'attente et l'incertitude en ne lui donnant pas de réponse positive. — *Passer la plume par le b. à quelqu'un*, Le tromper, le frustrer des espérances qu'on lui a données. — *Faire le b. à quelqu'un*, L'instruire de ce qu'il doit dire. — *Montrer à quelqu'un son b. jaune.* Voy. Béjaune. || Fig. et fam., *Causer b. à b.*, Causer tête à tête. — *Faire le petit b.*, Faire la petite bouche. — *Caquet bon b.* Voy. Caquet. — *Blanc-bec.* Voy. Blanc-bec. || *B. de corbin*, *B. d'âne*, etc. Voy. ces mots à leur place alphabétique. || *B.* se dit aussi de la pointe de certains objets. *Le b. d'une plume. Le b. d'une aiguière. — B. d'une lampe*, Partie d'une lampe par où sort la mèche que l'on allume. *B. de gaz*, ou mieux *b. à gaz*, orifice par lequel s'échappe le gaz que l'on veut allumer. Voy. plus bas. — *Flûte à bec.* Voy. Flûte. — *B. de clarinette.* Voy. Haut-bois. — *B. d'ancre.* Voy. Ancre. || T. Géogr. Pointe de terre qui se trouve au confluent de deux rivières. *Le b. d'Ambez. Le b. d'Allier.* || T. Archit. Masse de pierre formant saillie aux extrémités des piles d'un pont.

Zool. — Le *B.* est à proprement parler la bouche des oiseaux, dont les os maxillaires prolongés antérieurement sont revêtus d'une substance cornée fort dure, à bord plus ou moins tranchants, et terminée en pointe ordinairement recourbée. Il se compose de deux pièces appelées *mandibules*. Cet organe sert aux oiseaux non seulement à saisir leur nourriture, mais encore, chez un grand nombre, à dépecer ou à la concasser; chez d'autres, il fait en outre l'office d'une troisième patte pour grimper et s'accrocher aux branches. Ses formes varient à l'infini, suivant la manière de vivre des espèces, et le caractère qu'il présente constitue l'un des éléments essentiels de toute classification ornithologique. Voy. Oiseau. — Certaines particularités de structure que l'on observe dans le b. des oiseaux ont donné naissance à des dénominations vulgaires, dont plusieurs ont passé dans le langage de la science elle-même. Voy. ces mots plus bas. — Ce nom de *bec* a été appliqué vulgairement à des animaux de toutes les classes, lorsque la forme de leur bouche offrait une certaine ressemblance avec le b. d'un oiseau. — Parmi les mollusques, les céphalopodes étant pourvus de mâchoires qui ressemblent assez au b. d'un perroquet, on désigne souvent ces parties par le nom de *bec*. On le donne aussi à la partie saillante d'une coquille qui est ordinairement creusée en gouttière.

Techn. — *Bec à gaz.* — Appareil percé de trous par lesquels s'échappe le gaz d'éclairage. Pendant longtemps on s'est contenté du b. à *papillon* qui laissait échapper le gaz par une fente allongée de sorte que la flamme s'étalait en éventail, ou du b. *bougie* percé d'un simple trou. Plus tard est venu le b. *Manchester* percé de deux trous dirigés l'un vers l'autre et donnant une flamme plate. Le premier perfectionnement sérieux fut l'invention du *bec Bengel* à double courant d'air : il se compose d'un anneau creux en porcelaine; le gaz s'échappe par des trous disposés circulairement tout le long de l'anneau; l'air arrive par l'intérieur de l'anneau. Le b. Bengel est toujours muni d'un verre de 0ᵐ20 environ de hauteur : pour une même consommation de gaz, il éclaire beaucoup mieux que les becs primitifs. En 1877, excitée par la concurrence de la lumière électrique, la Compagnie Parisienne du gaz fit construire les becs dits *intensifs* pour utiliser mieux la flamme du gaz, augmenter le pouvoir éclairant de chaque appareil, et diminuer ainsi le nombre des foyers. Le premier perfectionnement fut le b. *pot-au-feu* composé de six papillons disposés en couronne et dont les flammes qui se touchent forment une couronne de lumière; deux couronnes de cristal placées concentriquement à la base du brûleur produisent un double courant d'air. La lumière de ce b. équivaut à 14 carcels, et la dépense est de 1,500 litres de gaz à l'heure. De nombreux becs intensifs, construits depuis, sont des combinaisons du b. pot-au-feu et du b. Bengel; mais un nouveau progrès fut réalisé par l'emploi des becs à air chauffé. L'idée d'échauffer l'air servant à l'alimentation du brûleur date de Chaussenot, en 1836; mais c'est seulement en 1880 que M. Fr. Siemens en fit l'application vraiment pratique. Dans le b. *Siemens*, les produits de la combustion dirigés vers le bas sont employés, grâce à une canalisation spéciale, à échauffer à la fois le gaz et l'air d'alimentation avant leur arrivée aux orifices du brûleur. Le b. Siemens est devenu le type d'une série d'appareils dits à *récupération de chaleur*, dans le détail desquels nous ne pouvons entrer. Dans tous, l'air passe, avant d'arriver au brûleur, dans une chambre chauffée par la combustion nommée *récupérateur*. Nous citerons seulement la lampe Wenham, où le gaz sort de haut en bas sur le pourtour d'une couronne en stéatite formant une flamme annulaire qui se recourbe vers le haut, le tout enveloppé dans un globe de cristal et qui, à l'aide d'un dispositif spécial, contribue à la ventilation de la pièce où il est installé; le b. *industriel* dû à MM. Cordier et Lacaze, et construit par MM. Bengel frères, qui est spécialement disposé pour l'éclairage des voies publiques et qu'on trouve à Paris sur la place des Victoires et sur la place de la Bastille; et enfin les becs et lampe dits *gazo-multiplex* qui ont été créés par M. A. Bandrept pour la division de la lumière et les petits foyers de 3 à 6 carcels. Grâce à ces nouveaux appareils, la consommation de gaz qui dans le *pot-au-feu* était de 107 litres par carcel et par heure, s'est abaissée jusqu'à 45 et même à 32 litres. Enfin il convient de citer aussi, dans un autre ordre d'idées, les *becs à incandescence* dans lesquels la flamme élève à l'incandescence une corbeille en fils de magnésium qui produit un vif éclat, et le b. à *albocarbone*, où le gaz avant d'être brûlé s'enrichit de vapeurs de naphtaline en traversant un récipient où cette substance est déposée en petits morceaux, ce qui augmente de beaucoup son pouvoir éclairant. — Le b. *Auer* est une ingénieuse application du principe des becs à incandescence. Il se compose d'un brûleur du type Bunsen (Voy. Brûleur), destiné à brûler la totalité du gaz à une très haute température. A cet effet, le gaz arrive à la partie supérieure du cylindre qui reçoit de l'air par la partie inférieure. Le mélange d'air et de gaz arrive ainsi à l'orifice, où la combustion s'effectue à une température d'environ 1,000 degrés. La flamme ainsi produite est bleuâtre et très peu éclairante; mais elle est partout entourée d'un manchon en forme de bonnet de coton constitué par les oxydes de certains métaux rares, *lauthane, erbium, glucinium, terbium, zirconium, didyme*, etc. Ce manchon est porté à l'incandescence par la température très élevée de la flamme et donne un éclairage très blanc d'une grande intensité. Pour fabriquer le manchon, on trempe un mèche de coton de forme convenable dans une solution des oxydes qu'il faut employer, et après séchage on brûle cette mèche, et il reste un tissu assez fragile constitué par ces oxydes. Le manchon, mis en place est entouré d'une cheminée de verre. A cause de la fragilité du manchon, on allume le b. en approchant à la partie inférieure la flamme d'une lampe à alcool. D'après l'inventeur, ce b. ne brûlerait que 20 litres de gaz par carcel et par heure. Voy. ÉCLAIRAGE.

BÉCABUNGA ou **BECCABUNGA**. s. m. T. Bot. Plante du genre *Véronique*, famille des *Scrofulariacées*.

BÉCARD. s. m. T. Ornith. Un des noms vulgaires du grand *Harle commun*. Voy. HARLE.

BÉCARDE. s. f. T. Ornith. Genre d'oiseaux de l'ordre des *Passereaux*. Voy. GOBE-MOUCHE.

BÉCARRE. s. m. (R. *B* carré). T. Mus. Caractère de musique qui a la forme d'un petit carré et que l'on place devant une note qui avait été haussée ou baissée d'un demi-ton, pour la rétablir dans son ton naturel. || Est aussi adj. 2 g. *Ce ré est b. Cette note est b.* — V. BÉMOL.

BÉCASSE. s. f. (R. *bec* et *ac*, racine commune aux langues aryennes et signifie *pointu*). Oiseau qui a le bec fort long et qui est fort peu intelligent. || Fig. et fam. *C'est une b.*, C'est une femme sans esprit. — *La b. est brûlée*, se dit de quelqu'un qui s'est laissé attraper, qui s'est laissé engager de telle sorte qu'il ne peut plus se dédire.

Zool. — Le genre *Bécasse* (*Scolopax*) appartient à l'ordre des *Échassiers*, famille des *Longirostres*. Ses caractères sont: bec très long, droit, dont le bout est mou et prend, après la mort de l'oiseau, une surface pointillée; mandibule supérieure plus longue que l'inférieure, avec un renflement obtus à sa pointe, en forme de talon; sillon des narines régnant jusqu'à assez près du bout; tête comprimée; yeux placés fort en arrière; pieds sans patmures. La forme de la tête et la position des yeux donnent aux oiseaux qui composent ce genre un air singulièrement stupide. Le genre b. comprend trois sous-genres, la *Bécasse*, la *Bécassine* et la *Bécassine-Chevalier*.

La *Bécasse* (*Scolopax rusticola*) a le bas de la jambe emplumé jusqu'à l'articulation. Son plumage est varié en dessus de taches et de bandes grises, rousses et noires; en dessous, il est gris, à lignes transverses noirâtres. Son caractère distinctif consiste en quatre larges bandes qui se succèdent sur le derrière de la tête. Ses yeux semblent organisés pour voir mieux durant le crépuscule qu'en plein jour; aussi est-ce le matin et

le soir qu'elle montre le plus d'activité et qu'elle recherche les insectes dont elle se nourrit. — La *B. commune* (*Rusticola vulgaris*) habite les bois de l'Europe centrale. Son instinct la porte à quitter, à l'entrée de l'hiver, le pied des hautes montagnes, sa résidence habituelle, pour se répandre dans les pays de plaine, où elle fréquente surtout les parties

humides des bois pour chercher sous les feuilles tombées des arbres les vers et les chenilles dont elle se nourrit. Il est rare qu'elle séjourne dans nos contrées et y multiplie. La b. marche mal, mais elle court assez vite. Son vol, quoique rapide, est peu soutenu. Elle est fort recherchée des chasseurs, à cause de la délicatesse de sa chair. On connaît seulement deux autres espèces de bécasse, *la petite B. des États-Unis* (*Rusticola minor*) (voy. la Fig.) et la *B. de Java* (*R. Javanica*).

La *Bécassine* (*Scolopax gallinago*) est plus petite que la b., elle a le bec plus long, le bas de la jambe dénudé, et se distingue par deux larges bandes longitudinales noirâtres sur la tête. Son cou est varié de brun et de fauve; son manteau est noirâtre, avec des bandes fauves longitudinales; ses ailes sont brunes et ondées de gris; enfin, son ventre est blanchâtre et ondé de brunâtre aux flancs. La bécassine vole aussi rapidement la nuit que le jour; son vol est irrégulier. Elle se tient au bord des ruisseaux, dans les marais et s'élève à perte de vue en faisant entendre des cris perçants. Cet oiseau arrive chez nous au printemps pour y nicher; il s'en va en été et revient en automne pour disparaître de nouveau en hiver. — La *petite Bécassine* (*Scol. gallinula*), appelée aussi *Bécassine sourde* et *Bécasson*, est presque de moitié plus petite que la bécassine commune. Elle n'a qu'une bande noire sur la tête; un demi-collier gris occupe sa nuque; le fond de son manteau a des reflets vert bronzé, et ses flancs sont mouchetés de brun comme la poitrine. Elle reste dans nos marais presque toute l'année. On distingue encore deux autres espèces d'Europe (*B. grise* et *B. muette*), et deux d'Amérique (*B. géante* et *B. des savanes*).

Le troisième sous-genre ne comprend qu'une seule espèce, la *Bécassine-Chevalier*, type intermédiaire entre les chevaliers et les bécassines. Cet oiseau se rapproche de celles-ci par le bec, et de ceux-là par les pattes, la coloration et les habitudes toutes marines. Il fréquente les pays marécageux des contrées maritimes, surtout les environs des embouchures des fleuves des États-Unis de l'Amérique du Nord.

BÉCASSEAU. s. m. T. Ornith. Oiseau du genre *Chevalier*, voisin du genre *Bécasse*. || Se dit aussi des petits de la bécasse et de la bécassine.

BÉCASSINE. s. f. T. Ornith. Oiseau du genre *Bécasse*. Voy. BÉCASSE. || Fig. et prov., *Tirer la b. ou à la b.*, Cacher son jeu, sa supériorité, son adresse, pour mieux tromper.

BÉCASSON. s. m. Ornith. Nom vulgaire de quelques oiseaux des genres *Bécasse* et *Chevalier*. Voy. ces mots.

BÉCASSONNIER. s. m. T. Ch. Long fusil à monture légère, de fort calibre, et dont on se sert pour la chasse des oiseaux aquatiques.

BECCABUNGA. s. m. Voy. BÉCABUNGA.

BECCADE. s. f. T. Fauc. Becquée.

BECCARD. s. m. Nom de la femelle du saumon.

BECCARIA, publiciste et économiste italien (1738-1794), auteur du célèbre traité *des Délits et des Peines*, où il s'élève éloquemment contre la justice barbare et inintelligente de son temps, la torture, l'inégalité des châtiments et l'atrocité des peines.

BEC-CORNU. s. m. Voy. BECQUE-CORNU.

BEC-COURBE. s. m. T. Ornith. L'un des noms de l'avocette. || Pl. *Des becs-courbes*.

BEC-CROISÉ. s. m. T. Ornith. Le *Bec-croisé* (*Loxia*) constitue l'un des nombreux genres de la fam. des *Conirostres*, ordre des *Passereaux*. Les ornithologistes le rangent dans la fam. des *Fringillidées*, et en forment la sous-famille des *Loxinées*. Le nom vulgaire de ces oiseaux vient de la conformation de leur bec, dont les deux mandibules sont tellement croisées, que leurs pointes se croisent tantôt d'un côté, tantôt de l'autre, selon les individus. Après le bec, le caractère distinctif le plus tranché consiste dans les ongles très forts, presque triangulaires, très peu courbés. Cette conformation du bec et des ongles sert à l'oiseau pour ouvrir les cônes des pins et extraire les amandes qui constituent sa nourriture. Cependant le bec-croisé ne s'en nourrit pas exclusivement : en Normandie, par ex., on voit souvent des bandes nombreuses de ces oiseaux s'abattre sur les vergers et détruire une grande quantité de pommes, dont ils ne mangent que les pepins. Les becs-croisés habitent les forêts remplies de pins et d'autres conifères du nord de l'Europe et de l'Amérique. — Ce fait le

plus remarquable de l'histoire naturelle du bec-croisé, c'est qu'il multiplie *en toute saison*, particularité unique parmi les oiseaux. On trouve des nids avec des œufs aussi bien en décembre qu'en avril et en mai; l'époque de la ponte paraît déterminée uniquement par le plus ou moins d'abondance des aliments dont ces oiseaux se nourrissent. (Voy. la Fig.)

BEC-D'ÂNE. s. m. Outil de menuisier et de charpentier pour faire des mortaises. || Burin à deux biseaux. || Pl. *Des becs-d'âne.*

BEC-D'ARGENT. s. m. T. Ornith. Nom vulgaire du tangara pompré. || Pl. *Des becs-d'argent.*

BEC-DE-CANE. s. m. Instrument de chirurgie qui sert à extraire les balles. || Pêne mobile d'une serrure taillé en chanfrein, qui est toujours poussé en dehors par un ressort, et qu'on fait rentrer en tournant un bouton.— Par ext., Serrure munie d'un bec-de-cane. || Pl. *Des becs-de-cane.*

BEC-DE-CANON. s. m. Outil de menuisier pour dégager le derrière des moulures. || Pl. *Des becs-de-canon.*

BEC-DE-CIGOGNE. s. m. T. Bot. Nom vulgaire de l'*Erodium ciconium*, et du *Geranium Robertianum*. || Pl. *Des becs-de-cigogne.*

BEC-DE-CIRE. s. m. T. Ornith. Nom vulgaire de la fringille rayée, oiseau du Sénégal. || Pl. *Des becs-de-cire.*

BEC-DE-CORBEAU. s. m. Outil d'acier recourbé par en bas. || Pl. *Des becs-de-corbeau.*

BEC-DE-CORBIN. s. m. (R. *corbin* pour *corbeau*, lat. *corvinus*). Instrument recourbé en forme de bec de corbeau. || *Canne à b.-de-c.*, Canne dont la poignée a la forme d'un bec. || Arme que portait une compagnie de gentilshommes de la garde du roi. *Gentilhomme à b.-de-c.* || Tech. Instrument dont les calfats se servent pour arracher les vieilles étoupes des coutures du navire. || Vaisseau en cuivre dont le raffineur se sert pour verser le sirop dans les formes. || Pl. *Des becs-de-corbin.*

BEC-DE-CROSSE. s. m. Sorte de bec qui fait partie de la crosse du fusil d'infanterie. || Pl. *Des becs-de-crosse.*

BEC-DE-CYGNE. s. m. Instrument de chirurgie employé autrefois pour élargir les plaies d'où l'on voulait retirer un corps étranger. || Pl. *Des becs-de-cygne.*

BEC-DE-FAUCON. s. m. Espèce de hallebarde de longueur médiocre, et en général munie d'un fer crochu. || Pl. *Des becs-de-faucon.*

BEC-DE-GÂCHETTE. s. m. T. Arm. Dans la platine du fusil, c'est la partie prédominante du devant de la gâchette,

et dont l'échappement détermine la percussion. || Pl. *Des becs-de-gâchette.*

BEC-DE-GRUE. s. m. T. Bot. Nom vulgaire de l'*Erodium gruinum*. || Pl. *Des becs-de-grue.*

BEC-DE-HACHE. s. m. Nom vulgaire de l'oiseau nommé huîtrier. || Pl. *Des becs-de-hache.*

BEC-DE-HÉRON. s. m. T. Bot. Nom vulgaire du *Geranium arduinum*, et du *Mésembryanthème en bec*. || Pl. des *becs-de-héron.*

BEC-DE-LÉZARD. s. m. Instrument de chirurgie servant à extraire les balles. || Pl. *Des becs-de-lézard.*

BEC-DE-LIÈVRE. s. m. T. Anat. et Chir. La division verticale et permanente de la lèvre supérieure a été ainsi nommée à cause de l'analogie qu'on lui a trouvée avec la scission de la même partie que présente le lièvre. || Pl. *Des becs-de-lièvre.*

Chir. — Le B.-de-l. est *congénital* ou *accidentel*. Dans le second cas, pour que la division de la lèvre mérite ce nom, il faut que les bords de la solution de continuité se soient cicatrisés isolément. — Le b.-de-l. congénital est *simple, double* ou *compliqué*. Lorsqu'il est simple, il n'existe à la lèvre supérieure qu'une seule fissure, et celle-ci se trouve toujours au-dessous de l'une des narines, le plus souvent de la gauche, mais jamais sur la ligne médiane. Lorsqu'il y a *bifidité*, chacune des deux fissures correspond à l'une des narines, et il existe entre elles un lobe médian plus ou moins développé. Cette difformité peut s'accompagner de différentes complications. Ainsi, les dents qui répondent à la division, n'étant plus soutenues par la lèvre, cèdent peu à peu à la pression de la langue et font saillie en avant; l'arcade alvéolaire elle-même se déjette dans le même sens. Cette arcade est parfois creusée d'un sillon plus ou moins profond, qui correspond à la scissure labiale, et qui est simple ou double comme elle. Au lieu d'un sillon, il peut y avoir une fissure complète du bord alvéolaire; s'il y a deux fissures, elles se réunissent bientôt, et à partir de ce point l'écartement des os qui forment la voûte palatine se prolonge sur la ligne médiane d'avant en arrière jusqu'au voile du palais. Ce dernier, lui-même, peut être divisé en deux moitiés latérales jusqu'à la pointe. Il existe alors une fente depuis la lèvre jusqu'au pharynx, par laquelle la cavité de la bouche communique avec celle des fosses nasales. La cause du b.-de-lièvre congénital réside dans un arrêt de développement : c'est ce que confirme l'étude de l'apparition et de la fusion des os intermaxillaires.

Le b.-de-l. congénital peut entraîner des conséquences assez graves pour le nouveau-né, s'il empêche la succion et la lactation. Il importe alors d'y porter promptement remède. Certains chirurgiens pensent qu'il convient d'opérer sur-le-champ; d'autres, au contraire, sont d'avis de retarder l'opération. Quoi qu'il en soit, cette opération est presque constamment couronnée de succès. — Le b.-de-l. accidentel n'a pas la gravité de celui qui est congénital, car il ne s'accompagne jamais des mêmes complications que celui-ci.

BEC-DE-PERROQUET. s. m. T. Icht. Nom vulgaire du poisson nommé scare psittaque. || Pl. *Des becs-de-perroquet.*

BEC-DE-PIGEON. s. m. T. Bot. Un des noms vulgaires du *Geranium columbinum.* || Pl. *Des becs-de-pigeon.*

BEC-DE-VAUTOUR. s. m. Instrument de chirurgie aujourd'hui hors d'usage. || Pl. *Des becs-de-vautour.*

BEC-D'OIE. s. m. T. Icht. Un des noms vulgaires du dauphin.

BEC-DUR. s. m. T. Ornith. Nom vulgaire du gros-bec commun. || Pl. *Des becs-durs.*

BEC-EN-CISEAUX. s. m. T. Ornith. Genre d'oiseaux. || Pl. *Des becs-en-ciseaux.*

Zool. — Les *Becs-en-ciseaux* ou *Coupeurs d'eau* (*Rhynchops*) constituent un genre bien tranché dans la famille des *Longipennes*, ordre des *Palmipèdes*. Chez ces oiseaux, en effet, les deux mandibules sont aplaties en lames minces; mais la supérieure, qui est d'un tiers plus courte que l'inférieure, présente une étroite rainure qui reçoit celle-ci. Les becs-en-ciseaux se nourrissent de poissons et de mollusques. Lorsqu'ils pêchent, ils volent en rasant la surface de la mer, et tiennent le bec ouvert, de façon que leur mandibule inférieure plonge dans l'eau. Sitôt que sa mandibule inférieure rencontre un petit poisson, notre pêcheur ferme le bec et avale sa proie. Cet oiseau se saisit aussi très adroitement des mollusques bivalves. Il attend avec patience que l'un de ces animaux entr'ouvre sa coquille, et alors il enfonce promptement sa mandibule inférieure entre les deux valves qui se referment sur-le-champ. L'oiseau en profite pour emporter le coquillage, l'ouvre en le frappant sur une pierre, coupe son ligament, et s'en repaît à son aise. — Le *B.-en-cis.* proprement dit (*Rhynchops nigra*) (Fig. ci-dessus) est commun au bord des eaux aux États-Unis, au Brésil, au Paraguay et au Chili. Son envergure, très étendue par rapport au volume du corps, est de 1m20. — Les naturalistes font des becs-en-cis. une sous-famille distincte, celle des *Rhynchopsinées*, qui appartient à la famille des *Loridées*.

BEC-EN-FOURREAU. s. m. T. Ornith. Nom vulgaire d'une espèce d'échassiers, le *Chionis blanc.* || Pl. des *becs-en-fourreau.*

BEC-EN-SCIE. s. m. T. Ornith. Nom vulgaire du *Harle.* Voy. ce mot. || Pl. Des *becs-en scie.*

BECFIGUE. s. m. Se dit de diverses espèces de petits oiseaux à bec fin, qui, en automne, mangent les figues, les raisins et autres fruits. Ils deviennent ainsi très gras et fort bons à manger.

BEC-FIN. s. m. T. Ornith. Famille des passereaux excessivement nombreuse, dont toutes les espèces ont pour caractère commun « le bec droit, menu et semblable à un poinçon ». On divise ensuite cette famille en sept genres : *Traquet, Rubiette, Fauvette, Roitelet, Troglodyte, Hochequeue* et *Farlouse.* Quelques ornithologistes modernes divisent cette famille de Cuvier en deux familles : celle des *Sylviadées* et celle des *Saxicolidées;* d'autres ont proposé des coupes différentes, que nous ne pouvons ni exposer ni discuter ici. Nous parlerons des principales espèces de cette famille aux mots Traquet, Rubiette, Fauvette, Roitelet, Hochequeue et Farlouse. || Pl. Des *becs-fins.*

BÊCHAGE. s. m. Action de bêcher, de cultiver à la bêche.

BÉCHAMEL. s. f. T. Cuis. Sorte de sauce blanche qui se fait avec de la crème. *Sauce à la b. Une b. de brochet.* Cette sauce est ainsi nommée du marquis de Béchamel, maître d'hôtel de Louis XIV.

BÉCHARD. s. m. (de *bêche*). Houe à deux branches larges et pointues.

BÉCHARU. s. m. T. Ornith. Voy. Flamant.

BÊCHE. s. f. (contraction de *bec-de-charrue*, même origine que *bec*, vieux radical celtique signifiant *diviser, trancher*). T. Agric. Voy. plus bas. || Nom des toues sur le Rhône.
   Agric. — La *Bêche* est un instrument de culture qui est formé d'un fer plat, large et tranchant, et d'un manche de bois long d'environ 1 mètre. Il sert à couper la terre et à la retourner. Pour l'enfoncer dans le sol, lorsque celui-ci est compact, on appuie le pied sur le bord supérieur du fer, et l'on n'a besoin de se courber que pour relever l'outil avec la motte de terre qu'il a détachée. — Les bêches les plus usitées offrent quatre formes différentes. Dans la plus commune, la lame de la b., communément nommée *le fer*, a la forme d'un quadrilatère allongé : sa partie supérieure est munie d'une douille qui reçoit l'extrémité du manche; la partie inférieure se termine par une lame le plus souvent droite. C'est de ce genre de b. que font surtout usage les paysans dans les pays de petite culture : aussi l'a-t-on nommée avec raison la *Charrue du petit cultivateur.* Dans les jardins, on emploie de préférence la b. de forme légèrement trapézoïde, un peu plus étroite du bas que du haut. Si le sol renferme des pierres, on donne à la lame habituellement plane une forme légèrement courbe, avec des pointes renforcées à ses deux extrémités, ce qui en rend l'emploi plus avantageux pour ce cas particulier. — Lorsqu'on doit travailler à la b. un terrain excessivement léger, il arrive souvent que la charge de terre prise sur la b. à lame plate, glisse et retombe avant d'avoir été retournée. Afin d'éviter cet inconvénient, le fer de la b. doit être légèrement courbé de haut en bas. Cette forme serait désavantageuse pour bêcher une terre forte; la lame de l'instrument exigerait un plus grand effort pour entrer dans le sol. — Quelquefois le manche, au lieu de se terminer en pointe et d'entrer dans une douille, finit par un large bord en forme de T, qui s'enchâsse entre les deux parties du bord supérieur du fer de la b., lequel est fendu dans le sens de sa largeur.

BÊCHE. adj. f. Usité dans la locution *tête-bêche*, la tête ou la partie supérieure d'un objet étant auprès de la partie inférieure de l'autre. *Se coucher tête-bêche, mettre des bouteilles tête-bêche.*

BÊCHE-LISETTE. s. f. T. Entom. Nom vulgaire du *Rhynchite Bacchus* et de l'*Eumolpe de la vigne.* || Pl. Des *bêche-lisette.*

BÊCHELON. s. m. Très petite binette.

BÊCHEMENT. s. m. (de *bêcher*). Action de bêcher.

BÊCHER. v. a. (R. *bêche*). Couper et remuer la terre avec une bêche. Prov., *J'aimerais mieux b. la terre*, se dit en parlant d'une chose que l'on regarde comme très pénible, ou pour laquelle on éprouve de la répugnance. || (R. *bec*). Pop. Dire du mal de quelqu'un ou de quelque chose. = Bêché, ée. part.

BÉCHER (Jean-Joachim), célèbre chimiste allemand (1625-1682).

BÊCHETON. s. m. Sorte de petite bêche dont on se sert pour la culture des haricots.

BÊCHETONNER. v. a. Déchausser et rechausser les haricots.

BÊCHETTE. s. f. Petite bêche.

BÊCHEUR. s. m. Homme qui bêche.

BÊCHEVETER. v. a. T. Papeterie. Mettre tête-bêche les feuilles de papier.

BÉCHIQUE. adj. 2 g. et s. m. (gr. βήξ, toux). En Méd. et en Pharm., on désigne, sous le nom de *Béchiques*, les plantes et les médicaments employés contre la toux. Cette dénomination est à peu près synonyme de celle de *Pectoral.* La plupart des béchiques sont des émollients, et doivent leur propriété adoucissante au mucilage, à la gomme, à l'huile, au sucre qu'ils contiennent. On les administre sous les formes les plus variées, mais surtout en infusion et en pâte ou en tablettes. Ces médicaments sont en général inoffensifs quand ils ne sont pas utiles.

BÊCHOIR. s. m. (R. *bêcher*). Houe carrée à large fer.

BÊCHON. s. m. (R. *bêcher*). Houe qui sert à biner à la main.

BÊCHOT. s. m. Sorte de petite bêche.

BÉCHOT. s. m. (Dimin. de *bec*). T. Ornith. Nom vulgaire du bécasseau et de la bécassine.

BÉCHUANAS, peuples indigènes de l'Afrique méridionale, dans l'intérieur des terres, au nord des Hottentots.

BECKET (THOMAS), archevêque de Cantorbéry, né à Londres en 1117, défendit contre Henri II, roi d'Angleterre, les prérogatives de l'Église, et fut assassiné par quatre gentils-hommes dévoués au roi (1170).

BÉCLARD (PIERRE-AUGUSTIN), célèbre médecin français (1785-1825).

BÉCLARD (JULES), médecin français, fils du précédent (1818-1887).

BÉCOT. s. m. (Dimin. de *bec*). T. Ornith. L'un des noms de la bécasse.

BÉCOT. s. m. (R. *bec*). Petit baiser rapide.

BÉCOTER. v. a. (R. *bécot*). Donner des bécots.

BEC-OUVERT. s. m. T. Ornith. Sorte de héron. || Pl. *Des becs-ouverts*.

BEC-PLAT. s. m. T. Ornith. L'un des noms vulgaires du canard-souchet. || Pl. *Des becs-plats*.

BEC-POINTU. s. m. T. Icht. Raie blanche. || Pl. *Des becs-pointus*.

BECQUABO ou **BECQUEBOIS.** s. m. (R. *becquer*, et *bois*). T. Ornith. L'un des noms vulgaires du pivert.

BECQUÉ, ÉE. adj. (R. *bec*). T. Blas. *Oiseau b.*, Oiseau qui a le bec d'une autre émail que le reste du corps.

BECQUE-CORNU ou **BEC-CORNU.** s. m. Sot, imbécile. || Pl. *Des becques-cornus* ou *Des becs-cornus*.

BECQUÉE ou **BÉQUÉE.** s. f. La quantité de nourriture qu'un oiseau peut prendre avec le bec, pour la donner à ses petits.

BECQUER ou **BÊCHER.** v. n. T. Fauc. Prendre la bec-quée à plein bec.

BECQUEREL (ANTOINE-CÉSAR), physicien français (1788-1878).

BECQUEREL (ALEXANDRE-EDMOND), physicien français, fils du précédent (1820-1891).

BECQUEROLLE. s. f. (R. *bec*). T. Ornith. L'un des noms de la bécassine.

BECQUET. s. m. (Dimin. de *bec*). T. Icht. Un des noms vulgaires du saumon. || Nom que les saveliers donnent à un bec de cuir dont ils renforcent une semelle qui s'est usée et se sépare de l'autre. || Typogr. Petit morceau de papier qu'on ajoute à une épreuve ou au manuscrit.

BECQUETER ou **BÉQUETER.** v. a. (R. *bec*). Donner des coups de bec. *Les oiseaux ont becqueté ces fruits.* = SE BECQUETER, v. pron. Se battre à coups de bec, comme font les coqs; ou se caresser avec le bec, comme font les pigeons. = BECQUETÉ, ÉE. part. = Conjug. Voy. ACHEVER.

BECQUILLON. s. m. (Dimin. de *bec*). T. Fauc. Bec des oiseaux de proie qui sont encore jeunes.

BEC-ROND. s. m. Nom donné à plusieurs bouvreuils et gros-becs. || Pl. *Des becs-ronds*.

BEC-TRANCHANT. s. m. Nom vulgaire du pingouin. || Pl. *Des becs-tranchants*.

BÉCU, UE. adj. (R. *bec*). T. Fauc. Qui a le bec long ou fort.

BÉCUANT. s. m. T. Min. Délit en pente, dans une exploi-tation ardoisière.

BÉCUL. s. m. Pièce de l'échafaud, dans une ardoisière.

BEDAINE. s. f. (vx fr. *bedon*, tambour). Panse, gros ventre. *Une grosse b. Remplir sa b.* Fam., et ne se dit que par plaisanterie.

BÉDARIEUX, ch.-l. de c. (Hérault), arr. de Béziers, 6,600 hab.

BÉDARRIDES, ch.-l. de c. (Vaucluse), arr. d'Avignon, 2,000 hab.

BÈDE, surnommé LE VÉNÉRABLE, né en Angleterre (673-735), savant universel, auteur de l'*Histoire ecclésiastique de la nation anglaise*.

BEDEAU. s. m. (bas lat. *bedellus*, m. s. peut-être du celt. *bat* ou *bata*, bâton). Bas officier d'une église, qui est chargé de précéder les ecclésiastiques ou les quêteurs, et de mainte-nir le bon ordre. *Le b. porte comme insigne de ses fonctions une verge ou une masse.* || Employé subalterne qui, dans les cérémonies publiques, marchait, une masse à la main, devant le recteur et les principaux membres de l'Université. *Le b. a été remplacé par l'appariteur.*

BEDEAU, BEDAUDE. adj. Se dit vulg. de quelques in-sectes dont le corps, à l'état de larve ou à l'état parfait, pré-sente deux couleurs bien tranchées. *Cigale bedaude.* — On appelle *Bedeaude* la corneille mantelée.

BÉDÉGAR ou **BÉDÉGUAR.** s. m. Sorte de gale chevelue, produite par diverses espèces de rosiers par la piqûre d'une espèce de cynips, le *Rhodiste rosæ*. Voy. GALLICOLES. *Jadis le b. passait pour avoir des vertus merveilleuses.*

BEDFORD (Duc de), frère du roi d'Angleterre Henri V et tuteur de son neveu Henri VI (1389-1435). Vainqueur des Français à Cravant et à Verneuil, il poursuivit Jeanne d'Arc avec acharnement.

BEDFORD, v. d'Angleterre et cap. du comté de Bedford, à 68 kil. de Londres, 17,000 hab.

BEDFORD, comté d'Angleterre, au centre; cap. Bedford; 149,000 hab.

BEDLAM. s. m. Nom d'un fameux hôpital de Londres où l'on enferme les fous. Ce mot est une corruption de *Bethléem*, qui est le vrai nom de cet hôpital.

BÉDOLLIÈRE (ÉMILE DE LA), écrivain français (1814-1883).

BEDON. s. m. Vx mot, qui signifiait tambour. || Fig. et fam., *Un gros b.*, Un homme gros et gras.

BEDONDAINE. s. f. (R. *bedon*). Bedaine. || Espèce de cor-nemuse à large ventre. || Ancien art milit. Machine à jeter des pierres.

BEDOUH, mot arabe cabalistique qui est censé porter bonheur.

BÉDOUILLE. s. f. [Pr. les *ll* mouillées] T. Ornith. Un des noms vulgaires de la farlouse (genre *Pipi* ou *Arthus pra-tensis*).

BÉDOUIN. s. m. (arab. *bedaoui*, habitant du désert). Nom donné aux Arabes nomades répandus dans le nord de l'A-frique depuis le Maroc jusqu'à l'Égypte ainsi que dans les déserts de Syrie et d'Arabie, et particulièrement à ceux qui exercent le brigandage. *Nous fûmes attaqués par des Bé-douins.* || Adject. *Les Arabes Bédouins.*

BÉDRIAC, village de l'ancienne Gaule cisalpine (Italie septentrionale), entre Crémone et Mantoue, où se livrèrent deux batailles en l'an 69 de notre ère. Vitellius gagna l'em-pire à la première et le perdit à la seconde.

BÉE. adj. f. (R. *béer*, pour *bayer*). N'est usité que dans cette locut., *Gueule bée*, en parlant des tonneaux ouverts par un de leurs fonds. *Des tonneaux, des futailles à gueule bée.* = s. f. Ouverture par laquelle coule l'eau qui donne le mouvement à un moulin à eau. || Synonyme de *baie*, ouverture dans un mur.

79

BEECHER-STOWE (Madame), célèbre écrivain américain, auteur de la *Case de l'Oncle Tom* (1812-1892).

BEEFSTEAK. Voy. BIFTECK.

BEER (GUILLAUME), astronome allemand, collaborateur de Madler, frère de Meyerbeer (1797-1850).

BÉER. v. n. Voy. BAYER.

BEETHOVEN (LOUIS VAN), illustre compositeur allemand, né à Bonn, auteur de symphonies et de sonates connues du monde entier (1770-1827). Ce grand génie eut constamment à lutter pour la vie matérielle, malgré la pension de 4,000 florins qui lui fut faite pendant quelque temps par l'archiduc Rodolphe, le prince de Lobrowitz et le prince Kiwsky. Ses œuvres sublimes lui rapportaient à peine de quoi vivre. De plus, il fut atteint de la plus terrible des infirmités pour un musicien : il devint sourd. Outre ses sonates, ses symphonies, ses concertos, ses trios, ses quatuors, Beethoven n'a composé qu'un opéra : *Fidelio*.

BEETLAGE. s. m. Opération consistant à donner un certain lustre aux étoffes de lin et de coton.

BEETLER (Machine à). s. f. Machine servant au beetlage. Elle consiste en une série de pilons en bois, garnis de métal à leur partie inférieure et qui, soulevés par les cames d'un axe horizontal, retombent sur un rouleau autour duquel est enroulé le tissu. Celui-ci, ainsi écrasé par la chute des pilons, creud un certain grain et une souplesse particulière.

BÉFARIE. s. f. T. Bot. Genre de plantes de l'Amérique du Sud, de la famille des *Éricacées*.

BEFFROI. s. m. (bas lat. *belfredus*, m. s., de l'ancien all. *bererril*, tour servant de défense, de *bere*, tour, et *vril*, conserver. Le mot *Beffroi*, aujourd'hui fort peu usité, a eu plusieurs significations. D'après Nicot et Ménage, le b. primitif était une tour placée près de la frontière, où une sentinelle veillait, toujours prête à donner l'alarme en cas de danger. — Plus tard, on désigna particulièrement sous ce nom une tour élevée dans l'enceinte d'une ville ou d'une commune affranchie : cette tour était alors le gage et le symbole des libertés municipales. Tantôt elle était jointe à l'hôtel de ville, tantôt elle en était complètement isolée. Le b. communal contenait une ou plusieurs cloches qui servaient à donner le signal en cas d'incendie ou de danger public. — A la même époque, le terme de b. s'employait encore dans un sens plus rapproché de sa signification primitive. On l'appliquait à ces tours roulantes dont, à l'imitation des anciens, nos aïeux faisaient usage dans les sièges. Froissart en parle à diverses reprises assez longuement. « Les Anglois qui séoient devant la Réole, et qui y fu-
« rent neuf semaines et plus, avoient fait ouvrer et charpenter
« deux beuffroys de gros merrains à trois estages et séant
« à chacun beuffroy sur quatre roes; et estoient ces beuffroys
« du lez de la ville, tous couverts de cuir bouli, pour défendre
« du feu et du traict; et avoient en chacun estage cent ar-
« chers. Si amenèrent les Anglois à force d'hommes ces deux
« beuffroys jusques aux murs ; car entrementes qu'on les
« avoit ouvrés, ils avoient faict emplir les fossés si avant que
« pour conduire tout aise leurs beuffroys ; et commencèrent
« ceux qui estoient en ces estages à traire durement et forte-
« ment à ceux qui se tenoient aux défenses; et traioient si
« roide et si ouniement qu'à peine s'osoit nul montrer. Entre
« ces deux beuffroys qui estoient arrêtés devant les murs,
« avoit 200 compagnons à tout boyaux et grands pies de fer
« et aultres instruments pour effondrer le mur; et jà en
« avoient assez de pierres ostées et rompues. » La ville se rendit. Cependant l'emploi du b. n'avait pas toujours autant de succès, comme on le voit au siège de Breteuil, fait par les Français en 1356. L'invention de l'artillerie à feu fit abandonner l'usage de ces tours. — En Angleterre, on donnait exclusivement le nom de b. (*Belfrid*) à une tour isolée qui dépendait d'une église, et contenait les cloches, comme les édifices du même genre nommés en Italie *Campaniles*. — On se servait encore du mot b. pour désigner, non pas la tour, mais seulement la cloche d'alarme qu'elle renfermait, et même la charpente qui supportait la cloche.

    Le beffroi qu'ébranlait une invincible main
    S'éveillait de lui-même et sonnait les alarmes.

                  C. DELAVIGNE.

BEG. s. m. Voy. BEY.

BÈGAIEMENT ou **BÉGAYEMENT.** s. m. (R. *bègne*). Le *Bégaiement* ou *Psellisme* (gr. ψελλὸς, bègue) est un vice de la parole qui consiste à mal articuler les mots. Il tient parfois à l'inhabileté et à l'immobilité de la langue. L'ivresse le produit d'une manière passagère, et la paralysie du nerf grand hypoglosse d'une manière permanente. Mais la parole peut aussi être imparfaite parce que les sons ne se suc- cèdent pas convenablement, quoique le sujet ait la faculté de les former purs. Le b. est donc proprement l'impossi- bilité momentanée de prononcer une consonne ou une voyelle, ou de l'unir aux précédentes. L'obstacle peut se rencontrer au commencement ou dans le milieu des mots. Si la lettre difficile à prononcer se trouve au milieu d'un mot, il arrive souvent que la syllabe précédente ou celle qui ne peut sortir complètement est répétée plusieurs fois de suite : par ex., *pou-pou-pou-voir*, *illllibraire*. Il manque dans le premier cas la possibilité d'unir la consonne *v* avec la voyelle *ou* qui précède, et dans le second celle d'unir la consonne *l* avec la voyelle *i* qui la suit. La répétition de ce qui précède n'est pas ce qui constitue l'essence du b. : c'est seulement une sorte de reprise pour trouver le passage, la transition. Si la consonne précédente est *explosive*, l'indi- vidu est enclin à la répéter, parce qu'il ne peut pas la sou- tenir à volonté et jusqu'à ce que la voyelle sorte. Mais si cette consonne est *soutenue* (*m*, *n*, *ng*, *f*, *ch*, *r*, *l*, *s*), la répéti- tion n'est plus nécessaire, parce que le son peut être prolongé jusqu'à ce que la voyelle arrive. Ex. *Chchchchariot*. Cepen- dant il arrive aussi que l'homme qui bégaye répète la consonne soutenue, et prononce *mmmmagnifique*. Quelquefois même il intercale involontairement, dans le mot, des lettres qui n'y appartiennent pas, *d*, *l*, *ng*, *nd* et autres. Schulthess pense que ce sont les voyelles et non les consonnes dont l'articula- tion difficile donne lieu au b. Cette remarque, bien qu'elle rectifie une erreur jusqu'alors accréditée, va trop loin; car il arrive souvent que la voyelle est déjà formée, mais que la consonne qui vient après ne veut pas s'y unir. Il y a encore beaucoup de circonstances où l'obstacle existe dès la première consonne d'un mot. Dans ces cas aussi, la cause tient moins à l'articulation par les parties actives de la bouche qu'à une oc- clusion soudaine de la glotte, qui s'oppose au passage de l'air nécessaire pour produire telle ou telle consonne. Cette clôture de la glotte, sur laquelle d'Arnott surtout a appelé l'attention, ne survient que lorsqu'il s'agit d'associer ensemble certaines articulations, le passage de l'air restant libre pour d'autres, par ex. pour la répétition de la syllabe précédente. Au fond, l'obstacle est toujours à la glotte, soit qu'elle ne rende pas le son nécessaire quand il s'agit d'une voyelle, soit qu'elle ne laisse point passer l'air durant la tentative que le sujet fait pour articuler un son dans sa bouche. Le travail de la part de la glotte s'annonce clairement, chez les personnes qui bé- gayent beaucoup, par la gêne de l'expiration et par la conges- tion du sang dans la tête et les veines du cou. L'essence du b. consiste donc en un état pathologique des mouvements as- sociés du larynx et de la bouche. Lorsqu'il est porté au plus haut degré, on observe aussi des mouvements dans les mus- cles de la face. J. Müller partage complètement l'opinion d'Ar- nott et de Schulthess, qui assignent pour cause prochaine au b. une affection spasmodique de la glotte. Cette affection est une occlusion momentanée de la glotte, soit par le rappro- chement des cartilages aryténoïdes, qui s'appliquent l'un contre l'autre, soit par la pression qu'exercent les muscles thyro-aryténoïdiens, qui peuvent accoler les cordes vocales l'une à l'autre. Il faut tenir pour certain que cette affection momentanée est une association pathologique avec certains mouvements de la bouche, particulièrement de la langue, et qu'elle en dépend entièrement. Les parties de la bouche sont placées comme elles doivent l'être; mais il manque le courant d'air venant de la glotte. La marche naturelle pour remédier au b. consiste donc à rendre facile l'association entre les mou- vements du larynx et les articulations. Chanter les mots est déjà un moyen d'y parvenir, parce que, dans le chant, l'atten- tion se porte davantage sur la part que le larynx prend à la prononciation, qu'elle ne le fait dans la parole ordinaire. Aussi les personnes qui bégayent chantent-elles mieux qu'elles ne parlent.

    Tenir la langue trop basse dans la bouche paraît favoriser le b. La méthode de madame Leigh tend à corriger ce vice et à relever la langue vers le palais. Les anciens avaient recours à un moyen analogue quand ils faisaient tenir des corps étran- gers sous la langue. La méthode indiquée par Arnott repose sur des notions physiologiques exactes, eu égard au b. La

...bitte se ferme de temps en temps chez l'homme qui bégaye : il s'agit de faire perdre cette habitude par des exercices méthodiques. Arnott propose de faire unir tous les mots en un seul par des intonations intercalées, jusqu'à l'épuisement de l'haleine. « Ce moyen est bon, dit Müller, mais il ne suffit pas, puisque l'obstacle principal existe la plupart du temps dans l'intérieur même des mots, et tient aux mouvements associés que réclament certaines articulations. Si j'avais une méthode à proposer pour la guérison du b., outre le procédé d'Arnott, j'emploierais le suivant : j'écrirais des phrases dans lesquelles il ne se trouverait aucune consonne absolument muette ou explosive (b, d, g, p, k), il n'y aurait outre les voyelles que des consonnes susceptibles d'intonation concomitante (f, x, ch, s, r, l, m, n, ng); je ferais une loi de prononcer toutes ces lettres avec intonation, et de les traîner très longtemps. De là résulte une prononciation dans laquelle l'articulation est constamment accompagnée d'intonation, de manière que la glotte ne se trouve jamais fermée. Une fois le sujet bien exercé à tenir sa glotte ouverte sans interruption, même entre les mots, comme le conseille Arnott, et à ne jamais la fermer pendant et après chaque consonne et chaque voyelle, on pourrait passer à la consonne muette h, et aux consonnes explosives ; car, parvenu là, il sait déjà de quoi il s'agit. Le procédé de Mᵐᵉ Leigh est d'un empirisme aveugle : ni le maître ni l'élève ne savent ce dont il est question. »

La gymnastique orthophonique musicale et rythmée (méthode de Katercamp) et la méthode par gesticulation (Colombat) ont été, de nos jours, justement abandonnées pour la méthode Chervin, basée sur l'imitation du professeur. La méthode du Dʳ Chervin telle qu'elle est pratiquée à l'Institut des bègues de Paris consiste essentiellement à filer les sons, à lier très lentement les voyelles, puis à marquer, non moins lentement, une syllabation claire et sans saccades. Il faut instituer, tous les jours, quatre leçons d'une heure chacune, dûment précédées de la sédation cérébrale suffisante pour susciter l'attention et la volonté chez l'élève.

Il y a un certain vice assez commun de la parole qui diffère essentiellement du b. C'est l'intonation entre les mots, l'interpolation d'un e, d'un œ, d'un a, plus ou moins long, ou de quelqu'une des voyelles nasales, ou d'un son particulier modifié par la gorge, pendant que la prononciation des mots eux-mêmes est bonne : par ex. je.. e. Il semble entendre un instrument de musique dont le son se prolonge au delà de la durée voulue. Ces sons étrangers forment et facilitent le passage d'un mot à un autre, et c'est peut-être là ce qui souvent y donne lieu, quoique fréquemment aussi ils tiennent à l'hésitation de la pensée. On rencontre quelquefois ce défaut chez les personnes qui bégayent, peut-être parce que c'est un moyen d'éviter une interruption en passant au mot suivant.

Le Balbutiement, regardé vulgairement comme une espèce de b., en diffère tout à fait. Le balbutiement consiste dans la difficulté qu'on éprouve à articuler certaines lettres. Il s'observe exclusivement dans le jeune âge, et tient à ce que l'enfant n'a pas encore acquis la possession complète de ses organes vocaux. Ce vice de prononciation disparaît d'autant plus promptement que le développement de l'intelligence de l'enfant est plus rapide. Le balbutiement s'observe aussi accidentellement chez les personnes timides, dans un moment de frayeur, dans l'état d'ébriété et dans quelques maladies : ici, encore, il a pour cause l'impuissance où se trouve momentanément le système nerveux central de commander aux organes de la phonation. — Un autre vice de prononciation, appelé Blésité, consiste à substituer aux consonnes fortes des consonnes faibles plus molles, et particulièrement à adoucir les consonnes ch, j, g, s. La blésité n'est ni une infirmité naturelle, ni une affection accidentelle : c'est tout simplement une habitude vicieuse. Ce défaut ne s'observe guère que chez certaines femmes qui se figurent donner ainsi à leur langage un caractère gracieux, naïf et enfantin. Sous Louis XIV, la blésité, à la rude de bléser, de même que, sous le Directoire, il a été à la mode de grasseyer.

Actuellement, sur 1000 Français il y a un bègue ; 6 conscrits sur 1000 sont exemptés annuellement pour cette cause. Les Hanovriens et les Russes sont les peuples qui comptent le plus de bègues. En France, c'est le département des Bouches-du-Rhône qui est, à cet égard, le plus tristement célèbre.

BÉGARD, ch.-de-c. (Côtes-du-Nord), arr. de Guingamp, 4,000 hab.

BÉGAUD, E. adj. (m. origine que bègue). Nigaud, sot, ignorant.

BÉGAYER. v. n. (R. bègue). Articuler mal les mots; parler avec difficulté en s'arrêtant à certaines articulations, en coupant et répétant les mots et les syllabes. — Il ne fait encore que b., se dit d'un enfant qui commence à peine à parler. || Fig., Parler de quelque chose d'une manière vague et imparfaite. Les plus grands philosophes ne font que b. quand ils veulent parler de la grandeur de Dieu. == BÉGAYER. v. a. Cet enfant commence à b. quelques mots. Il n'a fait que b. sa harangue. == BÉGAYÉ. ÉE. part. == Conjug. voy. PAYER.

BEGGHARD. s. m. T. Hist. rel. Voy. BÉGUINE.

BEGGIATOA. s. m. (R. Beggiato, nom d'un botaniste). T. Bot. Genre d'algues vivant surtout dans les eaux sulfureuses, appartenant à la famille des Bactériacées.

BÉGLER-BEG ou **BÉGLIER-BEG**, s. m. (du turc, béiler bey, seigneur des seigneurs). Titre réservé aux gouverneurs généraux dans l'empire turc.

BÉGONIA. s. m. (R. Bégon, magistrat français à qui le botaniste Plumier a dédié cette plante). Genre de plantes de la famille des Bégoniées. Voy. ce mot.

BÉGONIÉES. s. f. pl. (R. bégonia). T. Bot. Famille de végétaux Dicotylédones de l'ordre des Apétales inférovariées. *Caract. bot.* : Feuilles alternes, dentées, rarement entières, obliques à la base. Stipules larges, scarieuses. Fleurs le plus souvent rouges, en cymes. Fleurs monoïques, à calice adhérent. Dans la fleur mâle, sépales pétaloïdes au nombre de 4, dont 2 en dedans des autres et plus petits; ce nombre peut être de 8 ou 10. Étamines nombreuses, libres ou concrescentes; anthères à 4 loges s'ouvrant par une fente longitudinale. Dans la fleur femelle, sépales au nombre de 5, imbriqués, et 2 sont plus petits que les autres, ou bien au nombre de 8, dont 4 sont pétaloïdes. Pistil composé de 3 carpelles concrescents en un, ovaire infère, ailé, à trois loges et 3 larges placentas qui se rencontrent dans l'axe; ovules anatropes ; stigmates au nombre de 3, biloculaires, sessiles, un peu en spirale. Fruit membraneux, capsulaire, ailé, à 3 loges, avec un nombre indéfini de petites graines, déhiscent par des fentes à la base

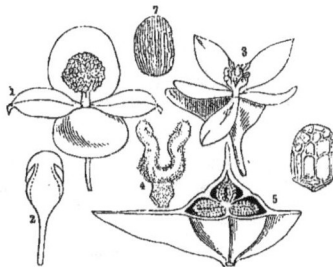

Fig. 1.

sur chaque côté des ailes; rarement une baie. Graines très petites pourvues d'un tégument mince, transparent et marqué de réticulations ; embryon dépourvu d'albumen, à radicule rude et mousse et tournée du côté du hile. (Fig. 1. — 1. Fleur mâle du Begonia Evansiana. 2. Anthère. 3 Fleur femelle. 4. Stigmate. 5. Coupe transversale de l'ovaire. 6. Graine. 7. Embryon.)

Les B. se composent de 2 genres et de 330 espèces. Elles sont communes dans l'archipel des Antilles, l'Amérique du Sud et les Indes orientales. Brown fait observer qu'aucune espèce de cette famille n'habite le continent de l'Afrique, quoiqu'on en ait trouvé plusieurs à Madagascar, dans les îles de France ou Bourbon, et une dans l'île de Johanna.

La racine des plantes de cette famille est astringente et légèrement amère. Au Pérou, on emploie avec succès la racine de deux espèces dans la dysenterie et les autres affections contre lesquelles les astringents sont usités. On dit qu'elle est également utile dans le scorbut et dans certaines fièvres. Le Begonia malabarica, le B. tuberosa et plusieurs autres espèces sont employés comme plantes potagères. Le *B. grandi-flora* et le *B. tomentosa* ont une racine amère douée de propriétés très styptiques. On prétend qu'au Mexique il y en a dont la racine est usitée comme purgatif drastique. On cul-

Fig. 2.

tive dans les jardins un très grand nombre de B., à cause de la beauté de leurs fleurs. Nous citerons, entre autres, le *Begonia miniata* (Fig. 2), le *B. cinnabarina* et le *B. manicata*.

BÉGU, UÉ (lat. *biga*, double, d'où *ambiguus*, douteux). Se dit d'un cheval qui marque toujours, quoi qu'il ait passé l'âge. *Jument bégué.*

BÉGUARD ou **BÉGUIN.** s. m. Nom donné à des héréti-ques du XVIII° siècle qui, se prétendant arrivés à la perfection, partage des saints dans le ciel, en prenaient droit de refuser l'obéissance aux princes et de se dispenser des pratiques de la religion.

BÈGUE. adj. 2. g. (b. lat. *bigare*, répéter, de *biga*, double). Littré indique un radical *beg* qu'on ne trouve qu'en français et en espagnol. Toubin indique le préfixe péjoratif *bé*, et le sanscrit *vac*, parler, d'où *bégayer*, parler mal). *Cette jeune fille est b.* || S'emploie subst. *C'est un b.* Voy. BÉGAIEMENT.

BÉGUETTES. s. f. plur. Petites pinces de serrurier.

BÉGUEULE. s. f. (de *bée* et *gueule*). T. injurieux qui se dit d'une femme prude avec hauteur, ou dédaigneuse avec impertinence. *C'est une b. — Faire la b.*, Affecter d'une façon ridicule la modestie et la vertu. || S'emploie adj. *Elle est trop b.* Fam.

BÉGUEULERIE. s. f. Le caractère, les airs d'une bégueule. *On ne peut pas supporter sa b.*

BÉGUIN. s. m. (R. *béguine*, dont la coiffure a été appe-lée *béguin*). Coiffe de femme rappelant celle des béguines. || Sorte de coiffe pour les enfants, qui s'attache sous le men-

ton. || Fig. et pop., *Je lui ai bien lavé son b.*, Je l'ai bien grondé, bien réprimandé. || Fig. et pop. *Avoir un b. pour quelqu'un,* En être amoureux. C'est une variante de la locu-tion *Être coiffé de quelqu'un.*

BÉGUINAGE. s. m. Maison, couvent de béguines. || Fam. et par dénigr., Dévotion affectée. *Elle donne dans le b.*

BÉGUINE. s. f. (d'un radical germanique *beg*, demander, mendier; flamand *beggen*; anglais *to beg*). Nom de certaines religieuses de la Belgique. || Fam. et par dénigr., Dévote superstitieuse et minutieuse. *C'est une b.*

Hist. — Au XIII° siècle, on désignait sous les noms de *Bég-ghards*, de *béguins*, de *Béguines*, une sorte d'hérétiques qui faisaient profession d'un renoncement absolu, et prétendaient arriver à l'impeccabilité. Les mêmes dénominations furent aussi appliquées, mais à tort, aux religieux et religieuses du tiers ordre de Saint-François. Enfin, on donna encore le nom de *béguins* et de *béguines* à des réunions d'hommes ou de femmes qui, sans constituer une communauté religieuse, vivaient du travail de leurs mains, s'exerçaient à la piété, soignaient les malades et s'occupaient de l'éducation des enfants. Les associations de femmes qui vivaient de cette manière furent surtout nom-breuses dans les Pays-Bas. On n'y admettait que des filles ou des veuves; elles ne prononçaient pas de vœux et pouvaient se marier. Le lieu où les béguines demeuraient en commun s'appelait *béguinage*. Il existe encore des béguinages et des communautés de béguines à Bruxelles, à Gand, à Malines, à Louvain, et dans quelques autres villes des Pays-Bas catho-liques.

BÉGUM. s. f. T. Relation. Titre d'honneur qu'on donne aux princesses dans l'Hindoustan.

BÉHAIM (MARTIN), célèbre cosmographe et navigateur allemand (1436-1506).

BÉHÉMOTH, animal fantastique dont il est parlé au livre de Job et qui paraît représenter l'éléphant ou l'hippopo-tame.

BÉHEN. s. m. [Pr. *béhène*]. Nom pharmaceutique de la racine du *Centaurea Behen* de la famille des *Composées.* Voy. ce mot.

BÉHORS. s. m. Un des noms vulgaires du butor.

BÉHOURDIS. s. m. Tournois, combat à la lance.

BEHRAM, nom propre très usité chez les Persans et qui signifie Mars. Il a été porté par plusieurs rois persans.

BEHRING, navigateur danois au service de la Russie. Dé-couvrit en 1725 la mer et le détroit qui portent son nom.

BEHRING (Détroit de), bras de mer entre l'Asie et l'Amé-rique du Nord. Sépare l'Asie de l'Amérique.

BEHRING (Mer de), partie septentrionale de l'océan Paci-fique entre l'Amérique et l'Asie.

BEIGE. adj. 2 g. (ital. *bigio*, gris). Se dit de la laine qui a sa couleur naturelle. *Laine b. — Serge b.*, et simplement, *Beige*, Forte serge faite avec de la laine qui n'a reçu aucune teinture. On dit aussi *Drap b.*

BEIGNET. s. m. (d'un radical *bigne*, sign. enfler, com-mun aux langues européennes). Espèce de pâte frite à la poêle, et qui enveloppe habituellement une tranche de fruit. *B. de pomme. Faire des beignets.*

BEÏRA, prov. de Portugal, cap. *Coïmbre*, 1,323,134 hab.

BEIRAM. Voy. BAÏRAM.

BÉJARIA. s. f. (R. *Béjer*, nom d'un botaniste espagnol). T. Bot. Genre de plantes de l'Amérique du Sud, de la famille des *Éricacées.*

BÉJART, famille de comédiens français du XVII° siècle, à laquelle appartenait Armande Béjart, qui épousa Molière en 1662.

BÉJAUNE. s. m. (R. *bec jaune*). T. Fauconn. Oiseau

jeune et qui n'est pas dressé. || Fig., Jeune homme sot et niais. *Montrer à quelqu'un son b.*, Lui montrer qu'il est un sot, qu'il n'a point d'expérience. || On écrit aussi *Bec jaune*, mais on prononce toujours *Béjaune*.

BEKKER (Balthasar), théologien hollandais, auteur du *Monde enchanté* (1634-1698).

BEL (on écrit aussi Beel, Baal, Bélos, Bélus), divinité principale des Babyloniens, ayant une certaine analogie avec le Jupiter des Grecs.

BEL. s. m. T. Pêch. Nom donné par les pêcheurs de la morue verte à l'établissement qu'ils font depuis les haubans de misaine jusqu'au commencement du gaillard d'arrière.

BEL, BELLE. adj. Voy. Beau.

BELA. Nom de quatre rois de Hongrie (XIe, XIIe, XIIIe siècle).

BÉLÂBRE, ch.-l. c. (Indre), arr. du Blanc, 2,000 hab.

BÉLANDRE. s. f. (holl. *by land*, près de terre). T. Mar. Barque hollandaise à fond plat, dont on se sert sur les rivières, sur les canaux et dans les rades.

BÊLANT, ANTE. adj. Qui bêle. *Brebis bêlantes*. || Fig. et prov., *Mouton b., bœuf saignant*, Le mouton et le bœuf rôtis ne doivent pas être très cuits.

BÊLE. s. m. Jeu d'enfant. Nom du bâtonnet qu'on fait sauter avec un autre plus grand dans le jeu du bâtonnet. || Juvelot du moyen âge.

BELÉE. s. f. T. Pêch. Corde disposée de manière à porter entre deux eaux les hameçons dont elle est garnie.

BELEINAC, ancienne île de la Seine, près de Caudebec, qui, de 675 à 1536, eut une certaine importance et que les flots de la Seine ont entièrement détruite.

BELEM, faubourg de Lisbonne, sur la rive droite du Tage, célèbre par sa tour; 30,000 hab.

BÊLEMENT. s. m. Action de bêler. Le cri des moutons, des agneaux, des brebis. || Se dit aussi du cri de la chèvre.

BÉLEMNITE. s. f. (gr. βελεμνον, flèche). T. Paléont. Les *Bélemnites* sont des débris fossiles qui ont beaucoup exercé la sagacité des naturalistes. Jadis les idées les plus absurdes avaient cours au sujet de leur origine : ainsi, par ex., on les regardait comme de l'urine de lynx pétrifiée, ou comme des produits de la foudre. Les bélemnites sont des mollusques céphalopodes dibranches dont on retrouve les coquilles à l'état fossile, sous forme de masses cylin-

1   2   3

driques, s'atténuant en pointe à l'une des extrémités. On trouve dans le jurassique moyen de ces restes qui mesurent parfois de 60 à 80 centimètres de long; on peut en conclure que certaines bélemnites atteignaient une longueur totale de 2 mètres à 2m50. On connaît environ 350 espèces, dont les plus anciennes apparaissent dans le lias inférieur. Le maximum de développement a lieu dans le lias moyen et supérieur, le

dogger, le malm et le crétacé inférieur. Dans le crétacé moyen et supérieur, elles deviennent plus rares et disparaissent complètement avec la fin du système crétacé. Voy. Bélemnitides.

On trouve dans le lias les bélemnites dites *plenus, irregularis* et *elongatus*, dont la forme est celle d'un étui conique (Fig. 1. *Bel. plenus*. — Fig. 2, la même coupée, mais ayant encore en place la pile alvéolaire, montrant au milieu la trace du siphon); les bélemnites *acutus, canaliculatus* et quelques autres de forme moins conique, sillonnées d'un canal profond, se rencontrent dans l'oolithe inférieur; on voit, dans les terrains jurassiques, surtout dans l'argile d'Oxford, où cependant elles deviennent rares, des bélemnites lancéolées, avec un sillon inférieur, comme la *B. hastatus*; enfin, les premières formations crétacées nous présentent les bélemnites *mucronatus* (Fig. 3), *dilatatus, Emerici, latus, polygonatus*. — Les céphalopodes auxquels ont appartenu les bélemnites ont dû vivre par troupes très nombreuses sur les côtes des anciens océans, comme l'indique l'existence et le gisement des bancs où l'on rencontre ces débris.

BÉLEMNITIDES. s. m. pl. T. Paléont. zool. Voy. Bélemnite. Les bélemnitides sont des mollusques céphalopodes dibranches du sous-ordre des décapodes et de la famille des *Phragmophores*. Voy. ce mot. Leurs formes sont nombreuses et leur importance géologique extrême. Leur coquille est formée d'un étui solide, calcaire, ordinairement très allongé, cylindrique et conique, et qu'on désigne sous les noms de *rostre, gaine*, etc.; ce rostre est pourvu en avant d'une

Animal de la Bélemnite restauré.
(D'après Huxley.)

A Proostracum.

B Phragmocone.

C Rostre.

alvéole profonde dans laquelle s'enfonce le *phragmocone* conique, cloisonné, traversé par un siphon marginal ventral; la partie dorsale du *phragmocone* s'allonge en un *proostracum* extrêmement délicat, foliacé, arrondi en avant, correspondant à la plume des calmars. Le plus souvent, de ces trois parties le *rostre* seul est conservé. Mais on a trouvé des empreintes de ces animaux dans le lias anglais et on a pu se rendre compte que les bras portaient des crochets.

BÊLER, v. n. (lat. *balare*, m. s.). Se dit en parlant du cri naturel des moutons, des brebis, des agneaux et des chèvres || *Brebis qui bêle perd sa goulée*, La brebis qui bêle ne mange pas. — Fig. et prov., Quand on cause beaucoup à table, on perd le temps de manger. || Fig. et prov., *La brebis bêle toujours de même*, On ne change guère les dispositions que l'on tient de la nature.

BÉLÉSIS, gouverneur de Babylone, renversa Sardanapale avec l'aide d'Arbacès, et fut roi de Babylone (759-747 av. J.-C.).

BELETTE. s. f. T. Mamm. Petit mammifère carnassier du genre *Putois*. Voy. ce mot. || T. Métall. Sorte de lopin cinglé.

BELFAST, v. et port d'Irlande, 180,000 hab. Commerce de toiles et cotonnades.

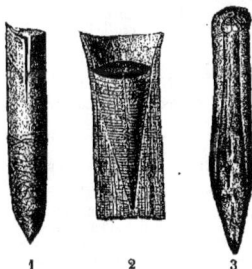

BELFORT v. de France, ch.-l. du territoire de Belfort ou dép. du Haut-Rhin, constitué en 1871 après la perte de l'Alsace et de la Lorraine, 23,500 hab. La défense de Belfort pendant la guerre de 1870-71 a été l'un des épisodes les plus héroïques de cette triste guerre.

BELFORT (COLLINES DE), chaînon peu élevé reliant les Vosges mérid. au Jura.

BELGIQUE, État de l'Europe occidentale compris entre la mer du Nord, la Hollande, l'Allemagne et la France, l'un des plus petits par l'étendue, 29,457 kil. car., l'un des plus importants par sa population relative (6,200,000 hab., soit environ 210 hab. par kil. car.).

Le littoral de la mer du Nord, qui seule baigne ce pays, a un développement de 67 kil. Une série de dunes borde le rivage et sert d'obstacle aux envahissements des flots. Le pays lui-même forme une immense plaine sans montagne et presque sans collines : le plus haut sommet n'atteint pas 700 mètres. Toutefois la Belgique présente des aspects fort différents : les Flandres, qui s'étendent le long de la mer sur une superficie de 100,000 hectares, sont extrêmement fertiles et ont été en partie conquises sur les flots; la Campine, qui est au nord-est de ces plaines fertiles, n'est

chie séparée, indépendante, dont la neutralité est reconnue par toutes les puissances européennes.

Ces fortunes diverses devaient nécessairement laisser une empreinte dans l'esprit et jusque dans le langage des habitants; on compte en effet en Belgique 2,230,000 individus qui ne parlent que le français, 2,480,000 que le flamand et seulement 40,000 qui ne connaissent que l'allemand. Toutefois le français est la langue officielle. Il y a en général peu de sympathie entre les deux races qui habitent le pays : les Wallons au sud et les Flamands au nord. Presque toute la population est catholique.

La Belgique est divisée en huit provinces ainsi qu'il suit :

	SUPERFICIE kil. c.	POPULATION hab.
Anvers	2,832	720,000
Brabant	2,283	1,120,000
Flandre or.	3,000	950,000
Flandre occ.	3,235	750,000
Hainaut	3,722	1,075,000
Liège	2,895	775,000
Limbourg	2,412	225,000
Luxembourg	4,418	215,000
Namur	3,660	335,000

Leurs chefs-lieux sont respectivement Anvers, Bruxelles, Gand, Bruges, Mons, Liège, Hasselt, Arlon et Namur. La capitale, Bruxelles, est une agglomération d'environ 400,000 hab., puis viennent Anvers, Liège et Gand qui toutes trois ont plus de 100,000 hab. Viennent ensuite Malines, Verviers, Bruges, Louvain, Tournai, etc.

L'agriculture est très développée; cela tient en grande partie à l'extrême morcellement du sol : l'étendue moyenne des domaines agricoles est évaluée à deux hectares et demi. Peu de pays également sont aussi industriels et offrent autant de richesses minérales ; l'extraction de la houille occupe à elle seule plus de 100,000 ouvriers et rapporte chaque année environ 45 millions de tonnes. Les ports d'Anvers et d'Ostende, les villes de Bruxelles, Gand, Bruges et Liège sont les principales places de commerce. Le mouvement total des importations est de 1 milliard 675 millions, celui des exportations 1,450,000 et le transit 1,500,000. — Les poids et mesures sont ceux du système métrique français.

BELGIQUE
Échelle

Limites d'États
—— de provinces
Canaux

BELGODÈRE, ch.-l. de c. (Corse), arr. de Calvi, 1,000 hab.

BELGRADE, cap. de la Serbie, sur le Danube, 26,000 hab.

qu'une vaste lande couverte de bruyères; la Condroz est un pays triste et froid, qui s'étend entre la Meuse, l'Ourthe et la Lesse; la Hesbaye, y compris le Borinage, produit en abondance du blé et du bétail et s'étend sur l'un des plus riches bassins houillers du continent européen ; enfin le plateau des Ardennes est pauvre et ne présente guère que des landes incultes et des marécages nommés *fagnes*. — La Meuse et l'Escaut, qui sont les deux rivières les plus importantes, ont respectivement 194 et 233 kil. de cours sur le territoire belge.

La Belgique a subi, comme État, les fortunes les plus diverses. À l'époque féodale, elle était divisée en une multitude de fiefs et de villes organisées en communes. Au XVe siècle la majeure partie du pays fut réunie au duché de Bourgogne, puis passa à la maison d'Autriche par le mariage de Marie de Bourgogne, fille de Charles le Téméraire, avec Maximilien, archiduc d'Autriche. Après l'abdication de Charles-Quint, la Belgique fut comprise dans la part de Philippe II, roi d'Espagne. Les Espagnols l'ont gardée jusqu'en 1714, puis les Autrichiens jusqu'en 1793. Conquise et occupée par la France de 1793 à 1814, elle fut alors réunie à la Hollande dont elle secoua le joug en 1830. Depuis ce temps elle forme une monar-

BELGRAND (EUGÈNE), ingénieur français (1810-1878).

BÉLIAL. s. m. En style biblique, le malin esprit, le démon.

BELIC ou **BÉLIF.** s. m. T. Blas. Couleur rouge, dite aussi gueule.

BÉLIER. s. m. (Suivant Toubin, sansc. *bahr*, frapper; gr. βέλος, coup, animal batailleur; suivant Littré, d'un mot germ. *bell*, clochette qu'on retrouve en anglais : l'animal qui porte la clochette et conduit le troupeau). Le mâle de la brebis, réservé pour la reproduction. Voy. MOUTON. || T. Astr. Constellation du Zodiaque. Elle marquait il y a deux mille ans l'équinoxe de printemps. Voy. CONSTELLATION et ZODIAQUE. || T. Méc. *Bélier hydraulique*, Appareil destiné à utiliser la force d'une chute d'eau. Voy. HYDRAULIQUE. || T. Mar. Garde-côte cuirassé destiné à agir presque uniquement par le choc de son éperon.

Écon. rur. — Le bon choix des béliers est de la plus haute importance pour la valeur des troupeaux. Le b. vit de douze à quatorze ans; le meilleur âge pour la reproduction est de deux à sept ans. Cet étalon peut féconder soixante à soixante-dix brebis de suite. La toison du b. donne une laine résistante, souple et excellente.

Art milit. ancien. — Le *Bélier* était une machine de guerre employée par les anciens pour ébranler et renverser les murailles des villes assiégées. Il consistait en une forte poutre de bois, ordinairement de sapin ou de frêne, armée à l'une de ses extrémités d'une masse de bronze ou de fer (κριαλλ, *caput*) offrant en général la figure d'une tête de b. Il est évident que cette machine fut ainsi nommée, et qu'on donna à son extrémité la forme d'une tête de b, à cause de l'analogie qui existe entre sa manière d'agir et celle dont l'animal de ce nom frappe son adversaire. La Fig 1, empruntée aux bas-reliefs de la colonne Trajane, nous montre le b. dans son état primitif, mû à bras d'hommes, et la manière dont on le manœuvrait. Quand l'art de la guerre fut plus avancé, on s'en servit encore de la même manière, soit lorsque le temps manquait pour des dispositions plus compliquées, soit lorsque l'inégalité du sol ne permettait pas de faire autrement. Pour augmenter l'action de cet engin, on accrut sa masse, et, afin de faciliter sa manœuvre, on imagina de le suspendre à des échafaudages au moyen de cordes ou de chaînes (Fig. 2. B. fait pour être suspendu). Le b., poussé d'abord en arrière, s'élevait et acquerrait, en retombant et par de nouveaux efforts des hommes, une vitesse considérable. Il ébranlait violemment l'obstacle ou le détruisait en partie. On continuait la manœuvre jusqu'à ce qu'on l'eût renversé. Pour faire résister les murailles à ce genre de destruction, on leur donna plus d'épaisseur, et, par suite, il fallut les attaquer avec des masses énormes. On fut ainsi conduit à construire des béliers qui pesaient, dit-on, jusqu'à 150 et 200,000 kil., et qui avaient jusqu'à 25 et 30 mètres de longueur. Mais alors, comme un poids si considérable ne pouvait être facilement suspendu, et, à plus forte raison, mis en mouvement en les faisant glisser sur des poutres enduites de matières propres à diminuer le frottement. On construisait en général au-dessus du b. une espèce de toit de bois (*testudo*, tortue), qui servait à mettre à l'abri des traits de l'assiégé les soldats chargés de manœuvrer la machine. D'autres fois, ils étaient placés dans l'étage inférieur de ces tours roulantes que l'on poussait contre les murs de la place.

Pour défendre leurs murailles contre le b. les assiégés cherchaient à l'incendier, à le briser à coups de grosses pierres, ou à en faire dévier la direction en en saisissant la tête avec une sorte de grosse tenaille appelée *Lupus*.

La date de l'invention du b. n'est pas connue, mais elle ne

paraît pas être très ancienne. On le trouve mentionné pour la première fois dans le récit que fait Thucydide du siège de Platée par les Péloponésiens. Les Carthaginois en firent un fréquent usage dans leurs guerres en Sicile, et les Grecs à l'époque d'Alexandre. Des Grecs, cet engin de guerre passa aux Romains, puis aux nations du moyen âge. En dernier lieu, il changea de nom et fut appelé *Mouton*. L'introduction de l'artillerie à feu le fit abandonner. Cependant on trouve encore dans le petit livre de La Valle, publié en 1524, la figure d'un b. couvert et roulant qui fut employé, au commencement du XVIe siècle, dans les attaques brusquées, et celle d'une petite cabane roulante destinée à abriter les pionniers qui allaient saper la muraille ou creuser la mine.

BELIÈRE. s. f. (d'un radical *bal*, sign. divers objets de forme ronde). Anneau qui est en dedans d'une cloche pour suspendre le battant. ‖ Courroie réunissant le sabre au ceinturon. ‖ Anneau qui porte un pendant d'oreille. ‖ Anneau qui sert à attacher une montre à une chaîne, ou la chaîne au gilet et qui s'ouvre au moyen d'une pièce pouvant rentrer dans l'anneau et qu'un ressort ramène ensuite en place.

BELIF. Voy. BÉLIC.

BELIN, ch.-l. de c. (Gironde), arr. de Bordeaux, 1,700 hab.

BÊLIN. s. m. T. Mar. Voy. BLIN.

BELINURIDES. s. f. pl. T. Paléont. zool. Crustacés mérostomes (voy. ce mot) qui ont l'apparence extérieure des *Limules* (voy. ce mot), mais dont l'abdomen est segmenté. On les groupe quelquefois parmi les xiphosures; en réalité ils servent de passage entre les xiphosures et les mérostomes. C'est dans les terrains de sédiments paléozoïques qu'on les rencontre. Les genres *Belinures*, *Hemiaspis*, *Bunodes*, *Pseudoniscus*, entre autres, rentrent dans ce groupe.

BÉLISAIRE, général de l'empereur Justinien Ier, né vers 490, triompha des Perses en Orient, des Vandales en Afrique, des Ostrogoths en Italie; fut néanmoins disgracié; il mourut en 565.

BELÎTRE. s. m. (lat. *balatro*, bouffon?) Coquin, gueux, homme de néant. *Un vrai belître.*

BELL (ANDRÉ), Écossais, propagateur de la méthode d'enseignement mutuel en Angleterre, en Suisse et en France. (1753-1832).

BELLAC, ch.-l. d'arr. (Haute-Vienne), 4,900 hab.

BELLADONE. s. f. [Pr. *béladone*] (ital. *bella*, belle; *donna*, dame). T. Bot. La B. (*Atropa Belladona*) est une plante de la famille des *Solanées* qui croît dans les lieux incultes et boisés d'une grande partie de l'Europe: elle est assez commune en

France. Elle a une racine vivace, épaisse et charnue. Sa tige, haute d'environ 1 mètre, est cylindrique, velue et rameuse. Ses feuilles sont alternes et quelquefois géminées, grandes, portées sur de courts pétioles, ovales-aiguës, presque entières et velues. Les fleurs sont solitaires à l'aisselle des feuilles et aux angles des divisions de la tige; elles ont une couleur rouge terne; la corolle est campanulée, à 5 segments obtus. A ces fleurs succèdent des fruits d'abord de couleur verte, puis rouge et enfin noire, ayant beaucoup de ressemblance avec les cerises : à la base de ces fruits persiste le calice, et ils offrent intérieurement deux loges renfermant plusieurs graines réniformes. [Fig. 1. Rameau fleuri d'*Atropa Bella-dona*. 2. Corolle développée, montrant l'insertion des étamines. 3. Calice entourant l'ovaire surmonté du pistil. 4. Fruit, baie globuleuse entourée du calice. 5. Coupe transversale du fruit.]

Toutes les parties de la plante sont vénéneuses, mais le fruit en est la plus délétère. L'odeur vireuse que répandent les feuilles à l'état frais, quand on les froisse entre les doigts, et la couleur rougeâtre livide des fleurs, doivent suffire pour rendre la b. suspecte à ceux qui n'en connaissent pas les propriétés funestes. Cependant, les exemples d'empoisonnement par les baies de la b. sont assez fréquents. Elles ont un goût douceâtre et insipide, qui assurément n'a rien d'agréab e; mais il suffit que ce soit un fruit pour qu'on soit tenté d'y goûter. En 1773, de jeunes orphelins pris aux Enfants trouvés de Paris ayant été emp oyés aux travaux du Jardin des plantes, ceux qui sarclaient le compartiment des plantes médicinales mangèrent une assez grande quantité de baies de b. : malgré les plus prompts secours, quatorze d'entre eux succombèrent. L'empoisonnement par la b. présente les symptômes suivants : vertiges, faiblesse, délire, hallucinations, défaillances, nausées, hébétement, in ection de la conjonctive, *dilatation et immobilité des pupilles*, gesticulation, difficulté d'articuler des sons, pouls petit, débile et lent, insensibilité de la peau, état comateux et mort. — Dans les cas d'empoisonnement de ce genre, il faut se hâter d'administrer un vomitif et des lavements purgatifs quand il y a chance d'évacuer une partie du poison; mais on a remarqué que l'estomac est souvent réfractaire à des doses très fortes de tartre stibié : on irrite alors la luette avec une plume, et l'on tâche de provoquer le vomissement par les moyens mécaniques. On peut encore mieux vider l'estomac avec la pompe stomacale. La décoction de café, les alcooliques, les acidulés, les dérivatifs aux extrémités inférieur s conviennent pour combattre les symptômes de stupeur; les bains tièdes ou frais sont utiles contre l'agitation et le délire; les saignées générales et locales, lorsque la congestion sanguine de la tête est menaçante. En général, les accidents ont diminué quand la constipation a pu être vaincue; c'est un motif pour insister sur les lavements laxatifs et salins. On a employé avec succès la b. contre certaines névra gies et c ntre les douleurs excessives, quelle qu'en soit la cause. Elle a été vantée contre l'épilepsie, le tétanos, la folie, le cancer; mais, dans tous ces cas, son efficacité est plus que douteuse. Elle a été administrée avantageusement dans le rhumatisme articulaire et dans la goutte. On l'applique localement dans certaines espèces de spasmes. La faculté caractéristique qu'elle possède de dilater la pupille est mise à profit par les chirurgiens pour faciliter diverses opérati ns qui se pratiquent sur le globe de l'œil, et particulièrement la cataracte. Enfin, d'après Hufeland et plusieurs autres médecins allemands, la b. est un préservatif infai lible de la scarlatine. Suivant le but que l'on se propose, la b. s'administre à l'intérieur sous forme de poudre, d'extrait aqueux ou alcoolique, de sirop, de pilules, etc., et s'emploie à l'extérieur en lotion, en pommade, emplâtre, cérat, etc. — Le principe actif de la plante a été isolé par Brandes; c'est un alcaloïde qui a reçu le nom d'*Atropine*. Voy. ce mot. — Le nom de b. donné à cette plante paraît lui venir de ce qu'elle était jadis usitée en Italie pour préparer un cosmétique qui, dit-on, blanchissait la peau et servait ainsi à entretenir la beauté des dames.

BELLANGÉ (Hippolyte), peintre français (1800-1866).

BELLARMIN (Robert), théologien, consulteur du Saint-Office et cardinal italien célèbre (1542-1621).

BELLÂTRE. [Pr. *bèlâtre*] (lat. *bellus*, agréable). Qui a un faux air de beauté, une beauté mêlée de fadeur. *C'est un b. qui se croit fort beau.* || S'emploie quelquefois adject.

BELLAY (Jean du), cardinal et homme d'État français (1492-1560).

BELLAY (Guillaume du), général de François Ier (1495-1543).

BELLAY (Joachim du), poète français (1524-1560).

BELLE. s. f. *Jeu de la b.*, Jeu de hasard se jouant en tirant des numéros qui correspondent avec ceux d'un tableau. || *B. et flux*, Espèce de jeu qui se joue avec beaucoup de personnes et avec 52 cartes.

BELLEAU (Remy), poète (1528-1577), auteur des *Bergeries* et de traductions en vers, fit partie de la *Pléiade française*.

BELLE-À-VOIR. s. f. T. Bot. Voy. BELVÉDÈRE. = Pl. *Des belles-à-voir.*

BELLE-DAME. s. f. T. Bot. Nom vulg. d'une espèce d'*Amaryllis*, de l'*Atropa Belladona* (Voy. BELLADONE) et d'une espèce d'*Arroche*. Voy. CHÉNOPODIACÉES. || T. Entom. Nom vulgaire de la *Vanesse* du Chardon. Voy. VANESSE. || Pl. *Des belles-dames.*

BELLE-DE-JOUR. s. f. T. Bot. Nom vulgaire du *Liseron* tricolore, espèce de la famille des *Convolvulacées*. Voy. ce mot. || Pl. *Des belles-de-jour.*

BELLE-DE-NUIT. s. f. T. Bot. Nom vulgaire d'une espèce de la famille des *Nyctaginacées*. Voy. ce mot. || Pl. *Des belles-de-nuit.*

BELLE-DE-ONZE-HEURES. s. f. T. Bot. Nom vulgaire de l'*Ornithogale*, famille des *Liliacées*. Voy. ce mot. || Pl. *Des belles-de-onze-heures.*

BELLE-D'UN-JOUR. s. f. T. Bot. Un des noms de la plante précédente. || Nom vulgaire donné à différentes espèces du genre *Hémérocalle*, principalement à l'*Hémérocalle jaune.* || Pl. *Des belles-d'un-jour.*

BELLE-FILLE. s. f. La fille du premier mariage, par rapport à la seconde femme du père, ou au second mari de la mère. || La bru, la femme par rapport au père ou à la mère de son mari. || Pl. *Des belles-filles.*

BELLE-FLEUR. s. f. Pomme de b.-fl. Sorte de pomme. || Pl. *Des belles-fleurs.*

BELLEGARDE. s. f. T. Hort. Espèce de pêche.

BELLEGARDE. ch.-l. de c. (Loiret), arr. de Montargis, 1,200 hab.

BELLEGARDE. place forte, comm. du Perthus, arr. de Céret (Pyrénées-Orientales).

BELLE-ILE-EN-MER. île de l'océan Atlantique, 16 kil. de long sur 8 de large, formant un c. de l'arr. de Lorient (Morbihan), 10,200 hab — Cette île a servi de lieu de détention politique de 1848 à 1857; ch.-l. *Le Palais*, 5,400 hab.

BELLE-ISLE (Duc de), maréchal de France, ministre de la guerre sous Louis XV (1684-1761).

BELLE-ISLE-EN-TERRE, ch.-l. de c. (Côtes-du-Nord), arr. de Guingamp, 1,900 hab.

BELLÊME, ch.-l. de c. (Orne), arr. de Mortagne, 2,600 hab.

BELLEMENT. adv. [Pr. *bèleman*] Doucement, avec modération. Se dit pour avertir quelqu'un d'être plus modéré. *B., vous vous oubliez. Allez tout b.* Fam.

BELLE-MÈRE. s. f. La mère du mari, par rapport à la bru; la mère de la femme, par rapport au mari. || La femme du père, à l'égard des enfants du premier lit. || Pl. *Des belles-mères.*

BELLE-PAGE. s. f. T. Impr. Page impaire, toujours au recto du feuillet, destinée aux titres des livres, des chapitres, aux gravures importantes, etc.

BELLE-PUCELLE. s. f. T. Bot. Nom vulgaire d'une Renoncule des champs. || Pl. *Des belles-pucelles.*

BELLÉROPHON ou **BELLÉROPHE.** s. m. (nom mythol.) T. Paléont. zool. On nomme ainsi un mollusque gastéropode de la famille des *Bellérophontides* (voy. ce mot), dont la coquille globuleuse ou discoïde est tantôt lisse, tantôt garnie de côtes spiralées. Ces animaux ont existé dans les temps paléozoïques depuis le cambrien, et c'est surtout dans le carbonifère qu'ils ont été le plus abondants.

BELLÉROPHON, héros mythologique, qui monta Pégase et triompha de la Chimère.

BELLÉROPHONTIDES. s. m. pl. T. Paléont. zool. Les b. forment une famille de mollusques gastropodes du groupe des *Aspidobranches* (voy. ce mot). Ils sont caractérisés par une coquille épaisse symétrique enroulée dans un même plan, au lieu d'être spiralée; l'ouverture est large ou allongée et le bord externe est marqué d'une entaille qui correspond à une bande qui suit le milieu des tours. Le bord interne de l'ouverture est généralement épais. Les b. sont pour la plupart paléozoïques, et il n'y en a plus dans le trias qu'un petit nombre. Voy. BELLÉROPHON.

BELLES-LETTRES. s. f. pl. Voy. LETTRE.

BELLE-SŒUR. s. f. Nom d'alliance qui se donne par un mari à la sœur de sa femme, par une femme à la sœur de son mari, par un frère ou une sœur à la femme de son frère, ou à deux femmes qui ont épousé les deux frères. || Pl. Des *belles-sœurs*.

BELLE-TOUTE-NUE. s. f. T. Bot. Un des noms vulgaires du colchique (*Colchicum autumnale*). Voy. LILIACÉES.

BELLEVILLE, ch.-l. de c. (Rhône), arr. de Villefranche, 2.900 hab.

BELLEVILLE, anc. c. de l'arr. de Saint-Denis, annexée à Paris en 1860 (19ᵉ et 20ᵉ arr.).

BELLEVUE, village de Seine-et-Oise, arr. de Versailles, à 9 kil. de Paris, entre Sèvres et Meudon. Commencé en 1748 par un château construit par Mᵐᵉ de Pompadour et démoli en 1796. Les premières rues de ce village furent tracées en 1836. On y compte aujourd'hui 5,000 hab.

BELLEY, ch. d'arr. (Ain), à 74 kil. de Bourg; cap. du Bugey; évêché; 6,300 hab.

BELLIARD, général français (1766-1832), fut ambassadeur en Belgique en 1831.

BELLIÈVRE (POMPONNE DE), chancelier de France (1529-1607).

BELLIGÉRANT, ANTE. adj. [Pr. *bel-ligéran*] (lat. *bellum*, guerre; *gerere*, faire). Se dit des peuples, des États qui sont en guerre. Ne s'emploie guère qu'au fém. *Puissances, parties belligérantes*.

BELLIGÉRER. v. n. [Pr. *bel-ligérer*]. Faire la guerre.

BELLINI (JACQUES) et ses fils BELLINI (*Gentile*) (1421-1501) et BELLINI (*Jean*) (1426-1506), peintres célèbres de l'école vénitienne.

BELLINI (VINCENT), compositeur italien, auteur de la *Sonnambula*, *Norma*, *I Puritani*, etc. (1802-1835).

BELLINZONA, un des ch.-l. du c. de Tessin (Suisse), 2.500 hab.

BELLIQUEUX, EUSE. adj. [Pr. *bel-likeu*] (lat. *bellicosus*, m. s.). Qui aime la guerre, martial. *Nation belliqueuse. Prince b. Humeur, ardeur belliqueuse. La trompette belliqueuse. Les sons b. du clairon.*

BELLIS. s. m. [Pr. *bel-liss*] (lat. *bellis*, pâquerette). T. Bot. Nom scientifique du genre *Pâquerette*, famille des *Composées*. Voy. ce mot.

BELLISSIME. adj. 2 g. (lat. *bellus*, joli, d'où le superlatif *bellissimus*). Très beau. Fam. et peu usité.

BELLITE. s. f. [Pr. *bel-lite*] (lat. *bellum*, guerre). Substance explosive composée de binitro-benzine et d'azotate d'ammoniaque, découverte par Carl Lamm, en 1887.

BELLMANN (CHARLES-MICHEL), poète suédois (1740-1795).

BELLON. s. m. [Pr. *bèlon*]. Sorte de cuvier de pressoir à cidre. || Cuve à raisins.

BELLONE. s. f. T. Myth. Déesse de la guerre chez les Romains. || T. Astr. Une des petites planètes entre Mars et Jupiter. Voy. PLANÈTE.

BELLOT, OTTE. adj. [Pr. *bèlo*]. Diminutif de *Beau*. Se dit des enfants, et s'emploie subst. *Ma petite bellotte*. Fam.

BELLOT (JOSEPH-RÉMY), marin français (1826-1853), mort dans une expédition au pôle Nord à la recherche de sir John Franklin.

BELLOTE. s. f. [Pr. *bèlote*]. Fruit du chêne ballote.

BELLOVÈSE, chef gaulois, passa les Alpes (587 av. J.-C.), et fonda Mediolanum (Milan).

BELLOY (JEAN-BAPTISTE DE), 1709-1808, évêque de Marseille, puis archevêque de Paris; cardinal en 1803.

BELLOY (DE), poète dramatique français, auteur de *Le Siège de Calais* (1727-1775).

BELLUAIRE. s. m. [Pr. *bel-lu-ère*] (lat. *belluarius*, de *bellua*, bête féroce). T. Ant. Gladiateur combattant des bêtes féroces.

BELLUNE, v. d'Italie, cap. de la province de Belluno (Vénétie), 13,000 hab.

BELLUNE (Duc de). Voy. VICTOR.

BELMONT, ch.-l. de c. (Aveyron), arr. de Saint-Affrique, 1,500 hab.

BELMONT, ch.-l. de c. (Loire), arr. de Roanne, 3,550 h.

BÉLOMANCIE. s. f. (gr. βέλος, flèche; μαντεία, divination). Divination qui se faisait avec des flèches. Voy. DIVINATION.

BELON (PIERRE), naturaliste français (1517-1564).

BÉLONOÏDE. adj. (gr. βελόνη, aiguille; εἶδος, forme). Se dit des apophyses styloïdes des os temporal et cubitus.

BÉLOSTOME. s. m. (gr. βέλος, dard; στόμα, bouche). T. Entom. Insecte hémiptère de la famille des *Nèpes*. Voy. ce mot.

BELOUSE. s. f. Pièce de métal montée sur le tour d'un potier d'étain.

BELOUTCHISTAN, État de l'Asie méridionale, vassal de l'Angleterre, compris entre l'Afghanistan au nord, la Perse à l'ouest, la mer d'Oman au sud et l'Inde anglaise à l'est. Sa superficie est d'environ 315,000 kil. car., et sa population de 400,000 hab.

Le pays est administré par un khan, qui touche de l'Angleterre un subside de 100,000 roupies, moyennant quoi il doit subordonner toutes ses relations extérieures aux volontés de la Grande-Bretagne.

Le Beloutchistan était primitivement divisé en sept provinces; mais l'une d'elles, celle de Kwatah, sur la frontière indo-afghane, a été récemment annexée à l'Inde anglaise. La capitale est Kelat, petite ville sans importance. Le pays est pauvre et sans valeur commerciale. L'Angleterre n'y a établi sa suzeraineté que dans un intérêt politique. Voy. la carte d'Asie.

BEL-OUTIL. s. m. Petite enclume d'orfèvre. || Pl. Des *bels-outils*.

BELPECH, ch.-l. de c. (Aude), arr. de Castelnaudary, 2,000 hab.

BELPHÉGOR, divinité des Moabites.

BELSUNCE, évêque de Marseille, célèbre par son dévouement durant la peste de 1720 (1671-1755).

BELT (GRAND et PETIT), nom de deux détroits entre le Danemark et la Suède.

80

BÉLUGA. s. m. T. Mam. Espèce de cétacés du genre *Dauphin.* Voy. ce mot.

BÉLUS, roi d'Assyrie, 2,000 av. J.-C.

BELVÉDÈRE ou **BELVÉDER.** s. m. [On fait sentir l'r] (ital. *bel, vedere;* belle, vue). T. Archit. Voy. plus bas. || T. Bot. Plante d'ornement de la famille des *Rosacées.*

Archit. — Ce terme, comme le genre de construction auquel il s'applique, est emprunté à l'Italie. Dans ce pays, beaucoup de palais, dans les villes, et la plupart des *villas,* à la campagne, sont surmontés d'un élégant pavillon, percé sur toutes les faces d'arcades ou de fenêtres, ce qui permet de jouir pleinement de la beauté du paysage dans toute l'étendue de l'horizon. — Le plus célèbre des belvédères de l'Italie est celui du palais du Vatican, à Rome. Il a été construit par le célèbre Bramante. De ce gracieux pavillon, la vue plane sur toute la ville de Rome et sur un paysage immense, borné par le rideau des Apennins à l'est. C'est au b. du Vatican qu'est placée la fameuse statue d'Apollon Pythien, connue des artistes sous le nom d'Apollon du B. — Les architectes de jardins donnent le nom de b., soit à un kiosque isolé, placé sur une éminence, soit à un pavillon ouvert, entouré de balustrades, qui fait partie de la décoration d'un jardin paysager. Souvent, dans le même genre de jardins, on nomme b. une simple plate-forme gazonnée, établie sur un point élevé, afin de commander une vue aussi étendue que possible: tel est, à Paris, le b. des buttes Chaumont.

BELVÈS, ch.-l. de canton (Dordogne), arr. de Sarlat, 2,200 hab.

BELVISIACÉES. s. f. pl. (R. *belvisic*) (plante appelée aussi *Napoleana*), de *Beauvois,* nom d'un botaniste français). T. Bot. Famille établie autrefois par R. Brown, pour les deux genres *Asteranthus* et *Napoleana.* Voy. MYRTACÉES.

BELZ, ch.-l. de c. (Morbihan), arrondissement de Lorient, 2,900 hab.

BELZÉBUTH. s. m. (héb. *beel-zebub,* dieu des mouches). Nom d'une divinité des Philistins. || Nom d'un démon.

BEMBEX. s. m. (gr. βέμβηξ, guêpe). T. Entom. Insecte hyménoptère à corps épais, terminé en pointe. Voy. FOUISSEUR.

BEMBIDION. s. m. (gr. βέμβηξ, guêpe; εἴδος, apparence). T. Entom. Insecte coléoptère de la famille des *Carabiques.* Voy. ce mot.

BEMBO, cardinal et poète italien (1470-1547).

BÉMOL. s. m. (de *b* et *mol,* pour mou). Caractère de musique en forme de petit *b* (♭) qu'on met au-devant d'une note, pour indiquer qu'elle doit être baissée d'un demi-ton. = BÉMOL. adj. 2 g. *Ré b. Cette note est b.*

Mus. — Lorsque Gui d'Arezzo, au commencement du XIe siècle, substitua aux lettres de l'alphabet, dont on se servait avant lui pour nommer les notes de la gamme, les syllabes *ut, re, mi, fa, sol, la,* empruntées à un hymne de l'Église, il conserva la lettre b pour désigner la septième note appelée aujourd'hui *si.* Suivant le chant, on faisait cette note *b,* tantôt d'un ton entier, tantôt d'un demi-ton seulement, plus haute que le *la.* Dans le premier cas, on la nommait *b quarre,* c.-à-d. *b dur,* et dans le second *b mol* ou *b doux.* Plus tard, lorsque la notation fut complétée par l'adoption du *si* pour la septième note de la gamme, la figure et le nom de *b* servirent à indiquer qu'une note devait être accidentellement baissée d'un demi-ton, et le *bécarre* à faire entendre qu'une note, abaissée accidentellement d'un demi-ton, devait être remise dans son ton naturel. Voy. NOTATION.

BÉMOLISER. v. n. (de *bémol*). T. Mus. Marquer une note d'un bémol, ou armer la clef d'un ou plusieurs bémols.

BEN. s. m. [Pr. *bène*]. T. Bot. Nom donné à certaines espèces de plantes du genre *Moringa.* Voy. MORINGÉES.

BEN [Pr. *bène*], mot arabe signifiant fils. || Au pl. *beni.*

BENACE. s. f. (bas-lat. *bena,* sorte de charrue). Étendue de terrain qu'on peut labourer dans un jour avec une espèce de charrue.

BÉNAR. s. m. Gros chariot à quatre roues.

BÉNARDE. s. f. Serrure qui s'ouvre des deux côtés. || Se dit adject. *Serrure b.*

BÉNARÈS, ville de l'Hindoustan anglais, présidence du Bengale, cap. de la province de ce nom, sur le Gange, 200,000 hab.

BÉNASTRE. s. m. T. Pêche. Petit parc de clayonnages ouverts.

BÉNATE. s. f. Caisse d'osier dont on se sert dans les salines. || Quantité de sel qui y entre.

BÉNATIER. s. m. Fabricant de bénates.

BÉNATON. s. m. (dim. de *bénate*). T. Métier. Panier d'osier.

BENAUT. s. m. T. Métier. Baquet cerclé avec deux mains de bois.

BENDER. v. de Russie (Bessarabie), où Charles XII soutint un siège mémorable en 1713.

BENEDEK, général autrichien, né en 1804, commandait à Sadowa en 1866, mort en 1881.

BENEDETTI, diplomate français, né en 1815; ministre de France en Prusse, lors de la déclaration de la guerre de 1870.

BÉNÉDICITÉ. s. m. Prière que l'on fait avant le repas. Elle est ainsi nommée du mot latin par lequel elle commence, mot qui sign. *Bénissez.*

BÉNÉDICTIN, INE. s. T. Hist. relig. L'ordre des *Bénédictins* est le plus considérable des ordres religieux qui aient existé en Occident. Il fut fondé, vers le milieu du VIe siècle, au mont Cassin, dans le royaume actuel de Naples, par saint Benoît de Nursia. Sa règle était un choix des meilleurs statuts observés dans les monastères d'Orient. Elle avait pour but principal de prévenir les inconvénients de la vie purement contemplative, et faisait un devoir du travail. Un des disciples du fondateur, saint Maur, l'introduisit en France, où il fonda l'abbaye de Glanfeuil en Anjou ou de Saint-Maur-sur-Loire. Dès lors, les abbayes furent de véritables colonies agricoles, et, si l'on nous permet l'expression, de véritables colonies intellectuelles, disséminées dans les pays les plus sauvages pour y enseigner le travail et y répandre tous les fruits de la civilisation chrétienne. Cependant, malgré son peu de sévérité, la règle de saint Benoît finit par se relâcher, et le désordre devint si grand, qu'elle dut être réformée. Saint Benoît d'Aniane entreprit de ramener l'ordre à sa pureté primitive, et les statuts qu'il dressa furent rendus obligatoires, pour tous les monastères de l'empire Carolingien, par le synode d'Aix-la-Chapelle de 817. Une deuxième réforme fut apportée par Eudes, abbé de Cluny, qui l'opéra dans le courant du XIe siècle, et, deux cents ans après la mort de son auteur, Cluny comptait 10,000 moines disséminés dans toutes les parties de l'Europe. A partir de cette époque, les abbayes s'habituèrent à se grouper autour de l'une d'elles, qu'elles regardèrent comme leur métropole. On donna le nom de *Congrégations* à ces groupes de maisons religieuses, et celui de *Chef d'ordre* à la maison métropole. La congrégation dont Cluny fut le chef d'ordre est la plus ancienne qu'ait possédée l'ordre de Saint-Benoît.

A la fin du XIe siècle, vers 1098, Robert, abbé de Molesmes, se retira, avec une vingtaine de moines, dans une forêt que lui avait donnée Reynard, vicomte de Beaune, et fonda l'abbaye de Citeaux. Il adopta la règle primitive de saint Benoît et prit l'habit blanc par une dévotion envers la sainte Vierge, à laquelle il consacra son œuvre. C'est à cette circonstance que se rapporte l'origine du nom de *Moines blancs* que l'on donne, dans les anciens titres, aux moines de Citeaux, tandis que, pour un motif du même genre, on applique celui de *Moines noirs* aux Bénédictins de Cluny. L'abbaye de Citeaux devint bientôt si considérable, qu'elle fut obligée d'envoyer au loin le trop-plein de sa population, et, en moins de trois ans, on vit s'élever les abbayes de Morimont, de La Ferté, de Pontigny et de Clairvaux, qui furent appelées les quatre filles de Cîteaux, et qui, à leur tour, produisirent un très grand nombre de communautés. Elles eurent le rang et les prérogatives des maisons chefs d'ordre, bien qu'elles demeurassent toujours placées sous la direction de l'abbé de Cîteaux. Celle de Clairvaux, la plus célèbre des quatre, avait été fondée par saint Bernard, vers l'an 1115. Le nombre des moines qui en relevaient devint dans la suite si grand, que le nom de *Bernardins*, qui avait été donné à ceux de Clairvaux seuls, finit par passer à tous les Cisterciens.

L'ordre de Cîteaux s'étant relâché vers la fin du XII° siècle, il y fut successivement introduit des réformes qui donnèrent lieu à autant de congrégations particulières. C'est à une de ces réformes, celle de Jean de la Barrière, abbé de Notre-Dame des *Feuillants*, près de Toulouse, en 1578, que la congrégation des *Feuillants* dut son origine. Elle s'établit à Paris en 1589, et l'on sait que ses bâtiments de la rue Saint-Honoré servirent, pendant la Révolution, de siège à un club assez célèbre. Une autre réforme, opérée en 1663, par Armand-Jean le Bouthillier de Rancé, abbé de la Trappe, fit de cette maison le chef-lieu d'une congrégation fameuse par l'austérité de ses statuts. C'est aussi au XVII° siècle que s'éleva la congrégation de Saint-Maur, célèbre entre toutes les abbayes de Bénédictins par les services qu'elle a rendus aux lettres et à l'histoire.

Toutes les maisons de la congrégation de Saint-Maur avaient une bibliothèque. Il y en avait même qui renfermaient de hautes écoles et des établissements d'instruction pour la jeunesse noble. Dans toutes, les moines étaient tenus de s'occuper de travaux d'érudition, et, afin qu'ils ne fussent pas distraits de leurs occupations, des frères lais étaient spécialement chargés de toutes les affaires matérielles.

Toutes les publications relatives à cette célèbre congrégation sont remarquables par l'érudition la plus solide, par la critique la plus saine et par une haute impartialité. — La congrégation de Saint-Maur fut supprimée le 13 février 1792, avec toutes les autres corporations religieuses de France. — L'ordre des Bénédictins, suivant un calcul de Fessler, aurait compté parmi ses membres 24 papes, 200 cardinaux, 1,600 archevêques, 4,000 évêques, 15,700 écrivains, 1,560 saints régulièrement canonisés et 5,000 bienheureux.

Les publications que nous devons à la savante congrégation de Saint-Maur formeraient à elles seules une bibliothèque considérable. On peut les diviser en trois catégories. La première comprend les éditions des Pères de l'Église et les ouvrages concernant l'histoire religieuse : nous citerons les éditions de saint Jean Chrysostome, de saint Cyrille de Jérusalem, de saint Athanase, de saint Basile, de saint Grégoire de Nazianze, de saint Irénée, de saint Cyprien, de saint Justin, de saint Augustin, de saint Bernard, etc.; les *Traités de l'ancienne discipline de l'Église*, les *Annales*, et les *Actes des saints de l'ordre de Saint-Benoît*, le *Museum italicum*, enfin la *Gallia christiana* (la Gaule chrétienne). Les noms de Bernard de Montfaucon, Toutlée, Maran, Garnier, Delfau, Blampin, Clémencet, Denis de Sainte-Marthe, Mabillon, Ruinart, Martène, etc., se rattachent à ces savantes et précieuses publications. — La seconde catégorie embrasse les travaux de philologie et d'archéologie. Nous nommerons, parmi les principaux, l'édition et le supplément du *Glossaire de la basse latinité* de Du Cange, par Carpentier, les *Traités de Diplomatique*, par Mabillon, Tassin et Toustain, la *Paléographie grecque*, l'*Antiquité expliquée* et les *Monuments de la Monarchie française*, par Bernard de Montfaucon. — A la troisième catégorie appartiennent toutes les publications relatives à l'histoire. Au premier rang viennent se placer l'*Art de vérifier les dates*, par Clément, Durand et Clémencet; l'*Histoire littéraire de la France*, par Rivet de la Grange, et le *Recueil des Historiens des Gaules et de la France*, par Bouquet, Haudiquier, Clémencet et Brial. Nous ne pouvons énumérer ici les autres ouvrages importants concernant les histoires particulières des provinces et des villes dus à l'illustre congrégation; mais nous rappellerons seulement les noms de Luc d'Achéry, Vaissette, Plancher, Morice, Dovienne, Martin, Lobineau, Bouillard et Félibien; car c'est en grande partie aux infatigables recherches de ces savants que l'histoire de notre pays doit aujourd'hui être mieux connue et mieux comprise.

L'histoire des religieuses dites *Bénédictines* ne nous offre rien qui puisse nous arrêter. Leur plus ancienne maison en France fut, dit-on, celle de Sainte-Croix de Poitiers, dont la fondation est attribuée à sainte Radegonde, femme de Clotaire I°, en 544.

BÉNÉDICTINE. s. f. Liqueur fabriquée par un industriel de Fécamp qui l'a ainsi nommée sans doute pour qu'elle pût faire concurrence à la chartreuse.

BÉNÉDICTION. s. f. (lat. *benedicere*, bénir; de *bene*, bien; *dicere*, dire). Action de consacrer, de bénir, avec les cérémonies habituelles. *La b. d'une église, d'un cimetière. La b. nuptiale.* || Action d'un pape, d'un évêque, d'un prêtre, qui bénit les fidèles en faisant sur eux le signe de la croix. *Donner la b. Recevoir la b. Assister à la b. La b. du saint-sacrement.* || Action par laquelle un père ou une mère bénit ses enfants. *B. paternelle. Donner sa b. à ses enfants.* || Grâce, faveur particulière du ciel. *Dieu l'a comblé de ses bénédictions.* — *C'est une b.*, se dit en parlant d'une grande abondance, qui semble résulter d'une faveur particulière du ciel. *Les récoltes sont magnifiques, c'est une b.* — Cette loc. est encore usitée dans le langage pop. et dans un sens ironique, en parlant de l'excès d'une chose fâcheuse. *Il pleut, il neige que c'est une b.* Dans ces phrases, *Que se dit pour Tellement que.* — *Maison de b.*, Maison où règne la piété. Fig. et fam., Maison où tout abonde. On dit de même, *Pays de b. La terre de Chanaan était un pays de b.* || Se dit encore, et surtout au plur., des vœux et des souhaits qu'on fait pour la prospérité de quelqu'un, *On vous donnera mille bénédictions. Les bénédictions du pauvre.* — *Sa mémoire est en b.*, On ne se souvient de lui qu'en louant sa piété, sa charité, ses vertus.

BÉNÉDICTIONNAIRE. s. m. T. Liturg. Livre qui contient les formules des bénédictions.

BÉNÉFICE. s. m. (lat. *beneficium*, de *bene*, bien, et *facere*, faire). Avantage, gain, profit. *Tout a tourné à son b. Les pertes ont excédé les bénéfices.* || Représentation dont le bénéfice est attribué à un artiste. *Représentation accordée au prince ou par les lois.* || Privilège, avantage accordé au prince ou par les lois. *C'est un droit dont il jouit par le b. du prince. Être admis au b. de cession. Profiter des bénéfices de la loi.* — *Lettres de b. d'âge*, Lettres de chancellerie que les mineurs obtenaient pour être émancipés et pour gouverner eux-mêmes leur bien jusqu'à leur pleine majorité. || T. Hist. Se dit des terres conquises dans la Gaule par les Francs, et que les chefs ou princes distribuaient à leurs compagnons d'armes. || Se disait encore d'un titre, d'une dignité ecclésiastique, accompagnée d'un revenu. *Un bon b. La collation des bénéfices. Poursuivre, posséder, remplir, résigner un b.* — Fig. et prov., *Il faut prendre le b. avec les charges*, Il faut souffrir les incommodités d'une chose quand on en a le profit. *Ce n'est pas un b. sans charge*, Cet avantage ne va pas sans quelque peine, sans quelque dépense, ou même sans quelque danger. || Le lieu même où sont l'église et le bien du b. *Il résidait dans son b. Son b. est bien situé.* || T. Méd. *B. de nature*, Évacuation extraordinaire et spontanée par laquelle la nature se soulage. *B. de ventre*, ou simplement, *Bénéfice*, Diarrhée légère et spontanée. || T. Droit. *B. de discussion ou de division.* Voy. CAUTIONNEMENT. — *B. d'inventaire.* Voy. SUCCESSION.

Hist. — On appelait b. à Rome les gratifications accordées par le Trésor public aux vétérans pour services rendus à la patrie. Plus tard, on étendit ce nom aux concessions de terres faites à des personnes quelconques par les empereurs romains. Une fois établis en Gaule, les Francs adoptèrent cet usage, et leurs rois ou chefs, pour s'assurer la fidélité de leurs compagnons, concédèrent à ceux-ci des terres sous la condition de diverses obligations civiles et militaires. Les concessionnaires de ces terres dites « bénéficiaires » s'efforcèrent d'obtenir le droit d'en transmettre la possession à leurs descendants. L'édit de Charles le Chauve, en 877, consacra en droit l'hérédité des bénéfices qui existait déjà en fait. On donnait également au moyen âge le nom de *bénéfices* aux concessions de biens-fonds ou de revenus attachés aux fonctions ecclésiastiques; toutefois, ce mot s'entendait aussi bien de la fonction elle-même que de l'avantage pécuniaire qu'elle procurait.

Les bénéfices ecclésiastiques se divisaient en *séculiers* et en *réguliers*. Les bénéfices séculiers comprenaient les évêchés, les canonicats, les cures, les chapelles, les vicairies perpétuelles, les prieurés et les dignités capitulaires de prévôt, archidiacre, doyen, etc. Les bénéfices réguliers étaient attachés aux dignités monastiques ou claustrales, dont les titulaires portaient les noms d'abbé, de prieur conventuel, d'aumônier hospitalier, etc. On distinguait encore : les *bénéfices à simple tonsure*, c.-à-d. ceux qu'on pouvait posséder quoiqu'on n'eût que la tonsure, sans être obligé de prendre les ordres sacrés, ni de résider sur les lieux ; les *bénéfices sécularisés*, c.-à-d., ceux qui étaient possédés en principe par des réguliers, mais qui par dispense du pape pouvaient être possédés en commende par des séculiers.

Les bénéfices ecclésiastiques ont été abolis en France par la loi du 2 novembre 1789 ; mais ils existent encore dans quelques pays catholiques. Avant la Révolution, on donnait le nom de *Feuille de bénéfices* à la liste des bénéfices vacants auxquels le roi avait le droit de nommer. Le personnage auquel était confiée cette feuille représentait à peu près un ministre des affaires ecclésiastiques.

BÉNÉFICENCE. s. f. (lat. *beneficentia*, de *bene*, bien, et *facere*, faire). Syn. peu usité de *bienfaisance*.

BÉNÉFICIAIRE. adj. 2 g. [Pr. *bénéfici-ère*, en 6 syllabes]. T. Jurispr. Se dit de l'héritier qui n'a accepté une succession que sous bénéfice d'inventaire. *Héritier b.* — S'emploie substant. *Le b. conserve contre la succession le droit de réclamer le payement de ses créances.* Voy. SUCCESSION. || Se dit encore substant. d'un acteur ou de toute autre personne pour qui l'on donne une représentation à bénéfice.

BÉNÉFICIAIREMENT. adv. [Pr. *bénéfici-èreman*, en 7 syllabes]. T. Droit. Sous bénéfice d'inventaire.

BÉNÉFICIAL, ALE. adj. [Pr. *bénéfici-al*, en 5 syllabes]. Qui concerne les bénéfices. N'est guère d'usage que dans cette loc., *Matière bénéficiale. Être savant dans les matières bénéficiales.*

BÉNÉFICIATURE. s. f. [Pr. *bénéfici-ature*, en 7 syllabes] (R. *bénéfice*). Nom donné aux bénéfices des chantres, des chapelains, qui étaient plutôt des offices à gages que de véritables bénéfices.

BÉNÉFICIER. s. m. [Pr. *bénéficié*, en 4 syllabes]. Qui a un bénéfice ecclésiastique. *Un riche, un gros b.*

BÉNÉFICIER. v. n. [Pr. *bénéfi-ci-er*, en 5 syllabes]. Tirer du bénéfice, du profit d'une chose ; faire quelque profit. *Il n'y a pas à b. sur cet article. Il a beaucoup bénéficié dans cette affaire.* = Conjug. Voy. PRIER.

BENÊT. adj. et s. m. (corrupt. du vieux mot *benoit*, qui signifiait *béni, saint*). Niais, sot. *Voilà un homme bien b. Un grand b.*

BENETNASCH. s. m. T. Astr. L'étoile η de la Grande-Ourse, celle qui est à l'extrémité de la queue de la Grande-Ourse. Les Arabes appellent *na'ch* (cercueil) les quatre étoiles du quadrilatère de la Grande-Ourse, et *benat* (filles) les trois qui forment la queue. On l'appelle aussi *Alkaïd*.

BÉNÉVENT-L'ABBAYE, ch.-l. de c. (Creuse), arr. de Bourganeuf, 1,900 hab.

BÉNÉVENT, ch.-l. de la prov. de Bénévent (Italie), à 50 kilom. N. de Naples, 17,406 hab. || En 1266, Charles d'Anjou y battit Manfred. || Le titre de duc de Bénévent a été donné à Talleyrand par Napoléon Ier.

BÉNÉVOLE. adj. 2 g. (lat. *benevolus*, de *bene*, bien, et *volo*, je veux). Qui est, ou que l'on croit favorablement disposé. Ne se dit guère que par plaisanterie dans ces loc., *Lecteur b., Auditeur b.*

BÉNÉVOLEMENT. adv. Volontiers, par un sentiment de bienveillance. *Il a fait cela b.*

BENFELD, ch.-l. de c. (Bas-Rhin), arr. de Schlestadt, 2,800 hab. (A l'Allemagne depuis 1871.)

BENGALE (Présidence du), vaste région de l'Asie (Inde anglaise), cap. *Calcutta*, 50,000 hab.

BENGALE (Golfe du), partie de l'océan Indien entre l'Hindoustan et l'Indo-Chine. Voy. la carte d'ASIE.

BENGALE (Feu de), lumière que l'on obtient par l'inflammation de certaines compositions chimiques et qui peut offrir diverses couleurs.

BENGALI, s. m. Langue dérivée du sanscrit et que l'on parle au Bengale. || S'emploie adject. *Les caractères bengalis. Grammaire bengalie.* || T. Ornith. Espèce d'oiseau. Voy. PINSON.

BENGUELA, vaste région de l'Afrique occidentale (Congo), aux Portugais.

BÉNI et **BÉNIT.** Voy. BÉNIR.

BÉNIGNEMENT. adv. D'une façon bénigne.

BÉNIGNITÉ. s. f. (R. *bénin*). Douceur, bonté du fort à l'égard du faible, du supérieur à l'égard de l'inférieur. *Recevoir avec b. Un air de b.* Vx.

BENI-HASSAN, village de la haute Égypte, remarquable par des hypogées.

BÉNIN, IGNE. adj. (lat. *benignus*). Doux, humain. *Un naturel doux et b. Humeur bénigne.* — Se dit aussi, par dérision, d'une bonté qui va jusqu'à la faiblesse. *C'est le plus b. des maris.* || Fig. Favorable, propice. *Ciel b. Astres bénins. Influences bénignes. L'air est b., L'air est doux.* || T. Méd. Se dit des maladies qui n'offrent rien de grave. *Rougeole bénigne.* — *Remède b.,* Remède qui agit doucement.

Syn. — **Doux.** — *B.* marque l'inclination et la disposition à faire du bien ; *doux* indique un caractère facile, sociable, accommodant. La *bénignité* est un état moral ; la *douceur* tient plus particulièrement à la tournure de l'esprit, par rapport à la manière de prendre les choses dans le commerce de la vie. L'opposé de celle-là est la *malignité*, ou le secret plaisir de nuire ; les contraires de celle-ci sont l'aigreur et l'emportement. *Doux* ne se prend jamais en mauvaise part ; *b.* se dit quelquefois ironiquement, en parlant d'un homme qui ne sait pas se faire respecter.

BÉNIN (Royaume de), région de l'Afrique occidentale (Guinée), cap. *Bénin.*

BÉNINCASE. s. f. T. Bot. Genre de plantes de la famille des Cucurbitacées. Voy. ce mot.

BÉNIQUE. adj. 2 g. (R. *ben*). L'acide bénique se trouve dans l'huile de ben qu'on extrait du *Moringa oleifera*. Il cristallise en aiguilles fusibles à 73°, solubles dans l'alcool, et ressemble beaucoup à l'acide stéarique. Sa formule est $C^{22}H^{34}O^2$.

BÉNIR. v. a. (lat. *benedicere*, m. s., de *bene*, bien ; *dicere*, dire). Consacrer au culte, au service divin avec certaines cérémonies ecclésiastiques. *B. une église, une chapelle. B. des ornements d'église.* — *B. un abbé, une abbesse,* Faire sur eux certaines prières et certaines cérémonies religieuses, par lesquelles on les installe dans leur dignité. *C'est aux évêques de b. les abbés et les abbesses.* — *B. des époux,* Consacrer leur union s'ivant le rite religieux. On dit de même, *B. un mariage.* || Se dit aussi de l'acte religieux par lequel un père, une mère invoquent sur leurs enfants la protection divine. *Il a béni ses enfants avant de mourir.* || Louer, rendre grâces avec des sentiments de respect et de reconnaissance. *Bénissez Dieu de la grâce qu'il vous a faite. Tout le monde vous bénit.* — Par ext., *Les pauvres bénissent sa mémoire.* — Par anal., se dit en parlant des choses qui rappellent un souvenir agréable. on une chose dont on a lieu de se féliciter. *Je bénis le lieu, l'heure, le moment où je vous ai vu.* || Rendre heureux, combler de faveurs. — En ce sens, *b.* ne se dit que de Dieu. *Que Dieu bénisse vos armes ! Dieu bénit cette famille.* — *Dieu vous bénisse !* loc. famil. assez souvent usitée lorsque que qu'un éternue, ou lorsqu'on n'a rien à donner à un pauvre qui demande l'aumône. Se dit encore ironiquement à quelqu'un pour marquer qu'on est mécontent de lui. *Dieu vous bénisse ! vous avez joliment arrangé cette affaire.* == BÉNI, IE, et BÉNIT, ITE. part. || Fig. et prov., *C'est de l'eau bénite de cour,* Ce sont de vaines protestations de service et d'amitié, de vaines promesses. *C'est un donneur d'eau bénite.*

Obs. gram. — Le part. *Béni, ie,* s'emploie en parlant de la protection particulière de Dieu sur une personne, sur une famille, sur une nation, ou bien encore pour désigner les louanges affectueuses que l'on adresse à Dieu, aux hommes bienfaisants, et même aux instruments d'un bienfait. *L'ange dit à la sainte Vierge : Vous êtes bénie entre toutes les femmes, et Jésus, le fruit de vos entrailles, est béni. Les princes qui ne se croient sur le trône que pour faire le bien de leur peuple, sont bénis des hommes et de Dieu.* — Le part. *Bénit, ite,* se dit seulement en parlant de la bénédiction de l'Église, donnée par un évêque ou par un prêtre, avec les cérémonies ordinaires. On dit : *Un cierge bénit, Du pain bénit, De l'eau bénite, Des abbesses bénites.* — La distinction relative à l'emploi des participes *bénit* et *béni* n'était pas aussi rigoureusement établie au XVII° siècle qu'elle l'est aujourd'hui. On trouve dans Bossuet les deux phrases suivantes : « Dieu fait voir à Ève son ennemi vaincu, et lui montre cette *semence bénite* (J.-C.), par laquelle, etc. — Du temps de Moïse on y montrait encore les tombeaux où reposaient les *cendres bénites* d'Abraham, d'Isaac et de Jacob. »

BÉNISSABLE. adj. (R. *bénir*). Qui mérite d'être béni.

BÉNISSEUR, EUSE. s. Celui, celle qui bénit. — Ne s'emploie que fam. et par dénigrement pour désigner un flatteur, un approbateur de parti pris.

BÉNITIER. s. m. (R. *bénir*). Vase ou bassin destiné à contenir de l'eau bénite. || T. Zool. Nom vulgaire des coquilles des genres *Peigne* et *Tridacne.* Voy. CAMACÉS.
Liturgie. — Dans l'Église catholique, ainsi que dans l'Église d'Orient, on appelle *eau bénite,* de l'eau mêlée de sel sur laquelle le prêtre a prononcé une formule de bénédiction. L'institution de la bénédiction de l'eau date des origines de l'Église chrétienne. Dans l'Église latine, la bénédiction de l'eau se fait avec solennité aux fêtes de Pâques et de la Pentecôte. Dans l'Église d'Orient on la fait le 6 janvier, jour qui est regardé comme l'anniversaire du baptême de Jésus-Christ dans les eaux du Jourdain, par saint Jean-Baptiste.
L'eau bénite est employée dans un très grand nombre de cérémonies et de solennités religieuses. Le prêtre en asperge les fidèles réunis dans l'église, en se servant d'un *aspersoir* vulgairement appelé *goupillon,* qu'il trempe dans un vase porté par un enfant de chœur. Cet instrument est un bâton surmonté d'une pomme garnie de soies, ou d'une pomme de métal percée de trous et garnie intérieurement d'une éponge. Le mot *goupillon* est un diminutif de *goupil,* vieux mot qui signifiait *renard,* et venait lui-même du latin *vulpes* ou plutôt du dimin. *vulpecula,* petit renard, parce qu'on se servait, dans un temps, d'une queue de renard pour faire les aspersions.
Les *Bénitiers* sont des vases remplis d'eau bénite qu'on place habituellement à l'entrée des églises et des chapelles. Dans plusieurs églises d'Italie, particulièrement dans celle de Saint-Sylvestre, à Rome, les bénitiers sont des vases de bronze du plus beau style. Mais, le plus ordinairement, ce sont de modestes coupes de pierre ou de marbre, ou bien de grandes coquilles du genre *Tridacne.* Dans quelques églises, comme celle de Saint-Pierre de Rome et celle de la Madeleine, à Paris, les bénitiers sont surmontés de deux statues d'anges.

BENJAMIN, le plus jeune fils de Jacob, que ce patriarche préférait à ses autres enfants. = s. m. Le fils qu'un père ou une mère aime plus que ses autres enfants. *Cet enfant est son b.* Fam.

BENJAMIN DE TUDÈLE, rabbin voyageur du XII° siècle, né à Tudela en Navarre.

BENJAMINE. s. f. T. Mar. Grand voile goélette de cape, et aussi le foc d'artimon.

BENJOIN. s. m. (ar. *loubbân djaoui,* encens javanais). Sorte de résine qui découle d'incisions faites au tronc du *Styrax Benzoin,* arbre de la famille des *Styracinées* qui croît à Java, à Sumatra, à Bornéo et dans le royaume de Siam. On distingue dans le commerce le b. de Sumatra, celui de Siam et celui de Penang. Le b. se présente en grains solides friables d'une cassure nette et vitreuse; il contient une odeur suave et contient de l'acide benzoïque, une essence en proportion minime et une résine complexe. Il est employé dans la parfumerie et la pharmacie.

BENNE. s. f. (celt. *benn,* chariot). Sorte de tombereau.

|| Vaisseau de bois. On s'en sert dans certaines provinces pour porter la vendange, les grains, la houille, etc. || T. Min. Cage d'extraction ayant généralement la forme d'un tonneau de 4 à 10 hectolitres de capacité, cerclée de fer, et munie d'anneaux ou de crochets qui s'attachent au câble d'encavage pour enlever la houille extraite de la mine.

BENNETT (JAMES-GORDON), publiciste américain, fondateur du *New-York Herald,* né en Écosse en 1795, mort à New-York en 1872. On lui doit entre autres la fondation du service météorologique des États-Unis et l'organisation de l'expédition de Stanley pour la recherche des sources du Nil. Son fils a considérablement développé son œuvre.

BENNINGSEN, un des principaux généraux de la Russie dans la lutte contre Napoléon I° (1745-1826).

BENOIST, trouvère anglo-normand du XII° siècle, a écrit en vers la *Chronique des ducs de Normandie.*

BENOÎT, OÎTE. adj. Béni. || Par ironie, Qui affecte une dévotion doucereuse.

BENOÎT, nom de 14 papes, dont le plus célèbre est Benoît XIV (1740-1756).

BENOÎT (SAINT), célèbre moine italien, fondateur de l'ordre des Bénédictins (480-543). Fête le 21 mars.

BENOÎT D'ANIANE (SAINT), réformateur des couvents bénédictins (750-821).

BENOÎT (ANTOINE), peintre et sculpteur français (1632-1717).

BENOÎTE. s. f. T. Bot. Genre de plantes de la famille des *Rosacées.* Voy. ce mot.

BENOÎTEMENT. adv. D'une manière benoîte, papelarde.

BENSERADE, poète français (1612-1691).

BENTHAM (JÉRÉMIE), publiciste anglais (1747-1832), auteur de nombreux écrits sur la législation et la morale, dans lesquels il prend pour règle l'utilité.

BENTHAMIE s. f. (R. *Bentham,* nom d'un botaniste anglais). T. Bot. Genre de plantes de la famille des *Cornacées,* comprenant de petits arbres du Nepaul et du Japon. Voy. CORNÉES.

BENTHAMISME. s. m. Système qui, d'après les principes de Bentham, fonde la morale et le droit sur l'utile et l'intérêt bien entendu.

BENTIVOGLIO, cardinal italien, nonce en France sous Louis XIII, historien et écrivain distingué (1579-1644).

BENTLEY, philologue anglais (1662-1742).

BENVENUTO CELLINI, célèbre sculpteur, orfèvre et ciseleur italien, né à Florence, appelé en France par François I° (1500-1570).

BENZAMIDE. s. f. (R. *benzol* et *amide*). T. Chim. Amide de l'acide benzoïque. Elle cristallise en prismes orthorhombiques fusibles à 115°, répondant à la formule $C^6H^5.COAzH^2$. On l'obtient en traitant le chlorure de benzoyle par l'ammoniaque ou le carbonate d'ammoniaque. — En faisant réagir différentes amines sur le chlorure de benzoyle on obtient des b. substituées, telles que la benzanilide $C^6H^5.COAzH(C^6H^5)$, les benzotoluides $C^6H^5.COAzH(C^7H^7)$, l'éthyl et la diéthyl-benzamide, etc.

BENZAURINE. s. f. (R. *benzol,* et lat. *aurum,* or, à cause de la couleur de sa solution alcoolique). T. Chim. La b. ou *dioxytriphénylcarbinol* $COH(C^6H^4OH)^2C^6H^5$ se produit quand on chauffe le phénylchloroforme avec le phénol. C'est une poudre cristalline d'un rouge brique, insoluble dans l'eau, soluble en jaune dans l'alcool, l'éther et l'acide acétique. La réduction de la b. donne naissance au dioxytriphénylméthane.

BENZÉINE. s. f. (R. *benzol*). T. Chim. Nom donné à des

matières colorantes analogues aux phtaléines et obtenues par l'action du phénylchloroforme sur les phénols.

BENZÈNE. s. m. (R. *benzoe*, nom scientifique du *benjoin*, plante). T. Chim. Hydrocarbure aromatique répondant à la formule C^6H^6. — Le b. appelé aussi *Benzine*, *Benzol* ou *Phène*, a été découvert par Faraday en 1825. Il ne se rencontre presque jamais dans la nature, mais il prend naissance dans une foule de réactions pyrogénées ; non seulement les composés de la série aromatique, mais un grand nombre d'autres substances organiques, l'essence de térébenthine et la plupart des hydrocarbures, les matières grasses, les alcools, les hydrates de carbone, etc., peuvent donner du b. quand on les soumet à l'action de la chaleur rouge. C'est ainsi qu'il s'en produit d'assez grandes quantités dans la distillation de la houille, des divers goudrons et des pétroles du Caucase. La synthèse du b. a été réalisée par Berthelot, en chauffant l'acétylène C^2H^2, dont il constitue un polymère.

Le b. se présente sous la forme d'un liquide incolore d'odeur assez agréable, dont la densité est 0,900 à 0° et 0,887 à 15°. Refroidi à 0°, il se solidifie en octaèdres droits à base rhombe, qui fondent à 5°,4. Il bout à 80°,4 et subit sans se décomposer l'action de la chaleur jusqu'à 400°. Il se dissout facilement dans l'alcool, l'éther, l'esprit de bois, l'acétone ; très peu dans l'eau. Il dissout l'iode, le phosphore, le soufre, le caoutchouc, la gutta-percha, le mastic, les graisses, les huiles et la plupart des composés aromatiques. Il est inflammable et brûle avec une flamme fuligineuse.

Par l'action des différents réactifs, le b. ne donne en général que des produits de substitution ; toutefois le chlore à la lumière solaire donne des produits d'addition, les hexachlorures de b. $C^6H^6Cl^6$; tandis qu'à la lumière diffuse, et surtout en présence de l'iode, il se substitue à l'hydrogène et produit les différents benzènes chlorés depuis C^6H^5Cl jusqu'à C^6Cl^6 (chlorure de Julin). Le brome se comporte de même. L'acide azotique attaque facilement le b. à froid et le transforme en nitrobenzène $C^6H^5(AzO^2)$; à l'ébullition on obtient le binitrobenzène ; en présence de l'acide sulfurique il se forme aussi du trinitrobenzène. L'acide sulfurique à chaud donne de l'acide b. sulfonique ou phénylsulfonique $C^6H^5(SO^3H)$; l'acide sulfurique fumant donne, en outre, de l'acide phényldisulfonique et du b.-sulfone (ou sulfobenzide) $(C^6H^5)^2SO^2$. — En général, le b. présente une grande stabilité ; l'oxygène est sans action sur lui à des températures peu élevées, les oxydants ne l'attaquent que très difficilement ; il résiste à l'action de l'iode, des métaux alcalins, du perchlorure de phosphore, etc. Mais en présence du chlorure d'aluminium, le b. manifeste, au contraire, une grande sensibilité à l'action des réactifs, comme l'ont montré Friedel et Crafts. Dans ces conditions, les iodures et les bromures alcooliques engendrent les hydrocarbures homologues du b. ; l'oxygène donne du phénol ; le soufre, des dérivés sulfurés, entre autres du sulfhydrate de phényle ; le chlorure d'acétyle produit de l'acétophénone ; l'oxychlorure de carbone, de la diphénylacétone ; le chlorure de benzyle, du diphénylméthane ; le chloroforme, du triphénylméthane, etc.

Dérivés du benzène. — La plupart de ces dérivés résultent de la substitution de divers radicaux à un ou plusieurs atomes d'hydrogène du b. Les dérivés chlorés, bromés, nitrés, sulfoniques, etc., proviennent du remplacement de l'hydrogène par Cl, Br, AzO^2, SO^3H, etc. La substitution de l'oxhydrile OH donne le phénol $C^6H^5.OH$, les dioxybenzènes $C^6H^4(OH)^2$ (pyrocatéchine, résorcine, hydroquinone), les trioxybenzènes $C^6H^3(OH)^3$. La substitution de AzH^2 donne les mono-, bi- et tri-amidobenzènes, dont le plus important est l'aniline $C^6H^5AzH^2$. Entre le nitrobenzène et l'aniline se placent les dérivés azoïques et hydrazoïques. On peut remplacer successivement tous les atomes d'hydrogène du b. par le méthyle CH^3 ; on obtient ainsi les homologues du b. : le toluène, les xylènes, le mésitylène, le cumène, etc. Ces hydrocarbures peuvent, par leur groupe méthyle, donner naissance à des alcools, des aldéhydes, des acides : ainsi, par la transformation de CH^3 en CO^2H ils produiront l'acide benzoïque $C^6H^5.CO^2H$, les acides phtaliques $C^6H^4(CO^2H)^2$, etc., jusqu'à l'acide mellique $C^6(CO^2H)^6$. D'autres radicaux alcooliques, tels que l'éthyle ou le propyle, peuvent de même s'implanter sur le noyau benzénique, et donner naissance à des chaînes latérales, susceptibles de fournir des alcools, des éthers, des aldéhydes, des acétones, des acides, des amides, etc. Enfin plusieurs radicaux différents peuvent se substituer en même temps et engendrer des composés à fonctions mixtes, tels que la vanilline $C^6H^3(CHO)(OH)(OCH^3)$

qui est à la fois aldéhyde, phénol et éther. — Tous ces dérivés ne renferment qu'un seul noyau de b. ; mais plusieurs noyaux peuvent s'unir entre eux, soit directement comme dans le naphtalène, soit par l'intermédiaire d'un radical hydrocarboné comme dans les phénylméthanes Voy. AROMATIQUE, *Série aromatique*. Chacun de ces nouveaux carbures se prête aux mêmes substitutions que le b., et fournit une série de dérivés analogues à ceux dont nous venons de parler. Ce qui augmente encore le nombre de ces dérivés, c'est qu'à chaque substitution correspondent généralement plusieurs isomères.

Formule de constitution. — Le b. n'est pas un hydrocarbure de la série grasse comme le dipropargyle qui a la même formule C^6H^6 ; les produits d'addition les plus élevés du b. appartiennent, en effet, au type C^6H^{12} ou C^6H^{11} ; ce qui prouve que le b. constitue une chaîne fermée. Il se comporte presque toujours comme un carbure saturé ; les atomes de carbone y sont donc fortement liés entre eux et se saturent réciproquement. Enfin le nombre des isomères des benzènes substitués est tout autre que pour un hydrocarbure de la série grasse. La *formule hexagonale*, proposée dès 1866 par Kékulé, rend compte de toutes ces propriétés et permet de prévoir le nombre des isomères qui pourront résulter d'une ou de plusieurs substitutions. D'après cette formule (Fig. 1), les 6 atomes de carbone forment une chaîne fermée et sont placés aux sommets d'un hexagone ; chacun de ces atomes échange deux valences avec le précédent et une seule avec le suivant ; la quatrième valence est saturée par un atome d'hydrogène. Parmi les nombreuses formules

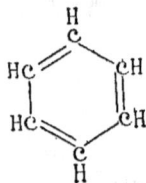   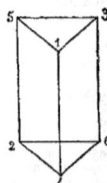   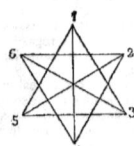

Fig. 1.   Fig. 2.   Fig. 3.

proposées depuis, il en est deux qui expliquent aussi bien, sinon mieux que la précédente, les propriétés de la benzine : l'une est la *formule prismatique* où l'on suppose les atomes de carbone aux sommets d'un prisme triangulaire (Fig. 2), et qui peut se ramener à un hexagone étoilé (Fig 3) ; dans l'autre les atomes de carbone occupent les sommets d'un octaèdre régu-

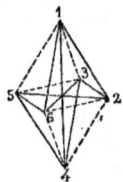   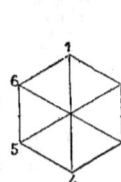   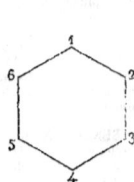

Fig. 4.   Fig. 5.   Fig. 6.

lier (Fig. 4) : c'est la *formule octaédrique* qui se ramène à l'hexagone de la Fig. 5. Dans ces formules, comme dans celle de Kékulé, rien ne distingue un sommet de l'autre, et les différents groupes CH sont tous équivalents. Les six atomes de carbone ainsi liés constituent le *noyau benzénique* qui se conserve dans toutes les réactions, tandis que les atomes d'hydrogène peuvent être remplacés par des radicaux en donnant naissance aux dérivés de substitution du b. Originairement on représente ce noyau simplement par un hexagone, dont on numérote les sommets s'il en est besoin (Fig. 6). — Comme rien ne distingue un sommet de l'autre, une substitution unique ne produira qu'un seul dérivé : c'est ainsi qu'on ne connaît qu'un phénol $C^6H^5.OH$, qu'une toluène $C^6H^5.CH^3$, qu'un b. monochloré $C^6H^5.Cl$. Mais si le même radical est substitué deux fois, il pourra donner trois isomères : le dérivé *ortho* quand la substitution se fait à deux sommets voisins, tels que 1 et 2 (Fig. 6); le dérivé *méta* quand les deux sommets substitués sont séparés par un troisième (1 et 3), le dérivé *para* quand ils sont diamétralement opposés (1 et 4). Ainsi il existe trois xylènes $C^6H^4(CH^3)^2$ (l'ortho-, le méta- et le para-xylène), trois crésols $C^6H^4(OH)^2$, etc. Une triple substitution peut se faire sur trois sommets contigu (1, 2, 3), ou bien donner un dérivé symétrique (1, 3, 5) ou asymétrique. Quand les radicaux substitués sont différents et que leur nombre augmente, celui des isomères peut devenir très grand; ainsi pour chaque dérivé de la forme $C^6LMNPQR$, où L, M, N, etc., désignent des radicaux différents, la théorie prévoit 60 isomères. Une notation particulière permet de distinguer ces isomères dans les formules : par ex. dans $C^6H^3(CH^3)_{(1)}(OH)_{(3)}(OH)_{(5)}$ les indices (1), (3), (5) indiquent les sommets où se sont faites les substitutions.

Préparation industrielle et usages. — Le b. se forme dans la distillation de la houille et va se condenser avec les goudrons. C'est Mansfield qui, en 1847, créa l'industrie des goudrons de houille et en retira le b., ainsi que d'autres produits importants. Ces goudrons sont distillés dans de grands cylindres en tôle; on recueille d'abord les *essences légères* qui passent de 60° à 200° et dont la densité est 0,84. De 200° à 220° passent les huiles lourdes qui, par rectification ou par l'action de la chaleur rouge, peuvent donner une nouvelle quantité d'essences légères qu'on réunit aux premières. Toutes ces essences sont soumises à une épuration : on les agite d'abord avec 5 0,0 d'acide sulfurique pour les débarrasser des substances ammoniacales, de la naphtaline et de différents hydrocarbures, puis avec 1 à 2 0/0 de soude caustique qui enlève les phénols. On procède ensuite à une nouvelle distillation : au-dessous de 120° passent les *benzols* composés principalement de b. qui bout à 80°,4 et de toluène qui bout à 108°; les essences passant de 120° à 150° constituent les *benzines commerciales*. Les benzols servent surtout à fabriquer le nitrobenzène qui sert à la préparation des couleurs d'aniline; l'aniline pour rouge est fournie par les benzols riches en toluène; l'aniline pour bleu ou pour noir, par ceux qui contiennent surtout du b. Le benzol sert encore à dissoudre le caoutchouc et la gutta-percha; le nitrobenzène est employé en parfumerie sous le nom d'essence de mirbane; il a l'odeur de l'essence d'amandes amères. Les benzines commerciales ne contiennent presque pas de b. proprement dit ; elles dissolvent les corps gras, les résines et aussi, à chaud, le caoutchouc, la gutta-percha, le copal, etc.; elles sont employées comme dissolvants pour le dégraissage, pour la fabrication des vernis, etc.; en thérapeutique on s'en sert avec succès pour détruire les parasites de la peau. — Pour obtenir le b. pur qui est nécessaire à la fabrication de certaines matières colorantes, on soumet le benzol à une nouvelle rectification dans des appareils à colonne analogues à ceux qu'on emploie pour la rectification de l'alcool et muni d'un condenseur à boules; ce condenseur est maintenu à une température constante et fait refluer dans l'appareil les produits dont le point d'ébullition est plus élevé; si on le chauffe à 80°, il ne passe que du b.; en portant ensuite la température à 108° on recueillerait le toluène, et ainsi de suite. De cette façon, l'on peut obtenir séparément et à un assez grand état de pureté les différents hydrocarbures contenus dans les essences de goudron et dont chacun a des applications spéciales.

Les goudrons provenant de la fabrication du gaz ne sont pas les seuls qui fournissent du b.; on emploie encore ceux qui se produisent dans la fabrication du coke métallurgique, dans la distillation des schistes bitumeux, etc.; on distille aussi de la houille uniquement pour en tirer le b. et les produits analogues; enfin l'on en prépare d'assez grandes quantités au moyen des produits que fournit la distillation des pétroles du Caucase.

BENZHYDROL. s. m. (R. *benzène*, et *hydrol*). T. Chim. Le *benzhydrol* ou *diphénylcarbinol* $CHOH(C^6H^5)^2$ est un alcool secondaire qui correspond au diphénylméthane et qu'on obtient dans l'hydrogénation de la benzophénone. Il cristallise en aiguilles blanches, fusibles à 67°5, bouillant à 296°. Il perd facilement de l'eau en donnant l'*éther benzhydrolique* $(C^{13}H^{11})^2O$ qui fond à 118° et bout à 315°. Un mélange de b. et de benzène, traité par l'anhydride phosphorique, donne du triphénylméthane. Si, dans cette réaction, l'on remplace le benzène par l'un de ses dérivés, on obtient les dérivés monosubstitués du triphénylméthane.

BENZHYDRYLE. s. m. (R. *benzène*, et *hydryle*). T. Chim. Nom donné au radical $(C^6H^5)^2 : CH$ du benzhydrol.

BENZIDINE. s. f. (R. *benzine*). T. Chim. La b. $(.C^6H^4.Az H^2)^2$ est un dérivé amidé du biphényle qui, depuis quelques années, a pris une grande importance dans la fabrication des matières colorantes. Elle se présente en paillettes incolores brillantes, fusibles à 118°, peu solubles dans l'eau, très solubles dans l'alcool. C'est une base biacide, se combinant avec deux molécules d'acide monobasique et formant des sels bien cristallisés. On la prépare industriellement en réduisant par la poudre de zinc le nitrobenzène additionné d'une solution de potasse caustique; le produit solide est lavé à l'acide chlorhydrique froid pour enlever l'oxyde de zinc; on le dissout ensuite dans l'acide chlorhydrique à chaud. Il se produit du chlorhydrate de b. qu'on fait cristalliser ou qu'on transforme en sulfate insoluble au moyen du sulfate de soude. — La *tétraméthylbenzidine* $[.C^6H^4.Az(CH^3)^2]^2$ se produit par l'action des corps oxydants sur la diméthylaniline.

Matières colorantes dérivées de la benzidine. — Pour préparer ces couleurs tétrazoïques, on commence par diazoter la b. ou son sulfate au moyen de l'acide chlorhydrique et de l'azotite de soude; il se produit du *chlorure de tétrazobiphényle* $(C^6H^4.Az : AzCl)^2$. Les matières colorantes s'obtiennent en faisant agir une molécule de ce dernier corps sur deux molécules d'un phénol, d'une amine, ou de leurs dérivés sulfoniques ou carboniques. Ainsi une molécule de tétrazobiphényle combinée avec une d'acide sulfanilique et une de phénol donne le *jaune Congo*. La *chrysamine* G est une autre couleur jaune produite par l'action de deux molécules d'acide salicylique. Avec les acides naphtolsulfoniques on obtient des couleurs bleues : l'*azoorseilline*, le *bleu de b.* Avec les acides naphtylamino-sulfoniques on produit les rouges : la *delta purpurine* G, les *congos*, la *roseazurine* BB (pour cette dernière couleur on part de la b. sulfonée). Toutes ces matières colorantes teignent directement le coton, sans mordant, en solution alcaline.

BENZILE. s. m. (R. *benzoe*, benjoin). T. Chim. Le *benzile* $(CO.C^6H^5)^2$ est une dicétone correspondant au diphényléthane. On l'obtient par l'oxydation de la benzoïne. Il cristallise en prismes jaunâtres, fusibles à 90°, sublimables, insolubles dans l'eau, très solubles dans l'alcool et dans l'éther. Traité par le perchlorure de phosphore, il donne d'abord du *chlorobenzile* $C^6H^5.CO.CCl^2.C^6H^5$ fusible à 71°, puis du tétrachlorure de toluène. Le b. se dissout dans l'alcool ammoniacal en donnant naissance à l'*imbenzile* $C^{14}H^{11}AzO$, fusible à 140°, et à son polymère, la *benzilimide*, masse gommeuse qui fond à 130°. Ces deux derniers corps se transforment, sous l'action de l'acide sulfurique, en *benzilam* $C^{28}H^{18}Az^2$ qui cristallise en prismes orthorhombiques, fusibles à 105°.

BENZILIQUE. adj. 2 g. (R. *benzyle*). L'*acide b.* ou *diphénylglycolique* $(C^6H^5)^2COH.CO^2H$ se présente en aiguilles blanches, fusibles à 150°, peu solubles dans l'eau froide, très solubles dans l'alcool et l'éther. Il se dissout à froid dans l'acide sulfurique en donnant un liquide rouge cramoisi. Par oxydation, il se convertit en benzophénone; par réduction, en acide diphénylacétique. On obtient l'acide b. en dissolvant le benzyle dans la potasse alcoolique bouillante; il se forme du benzilate de potasse qu'on décompose ensuite par l'acide chlorhydrique.

BENZINE. s. f. (R. *benzoe*, nom scientifique du *benjoin*, plante). T. Chim. Voy. BENZÈNE.

BENZOATE. s. m. (R. *benzoe*, benjoin). T. Chim. Voy. BENZOÏQUE (Acide).

BENZOÏNE. s. f. (R. *benzoe*). T. Chim. La *Benzoïne*, polymère de l'aldéhyde benzoïque, est un acétone-alcool, comme le montre sa formule $C^6H^5.CO.CH(OH).C^6H^5$; on la rencontre en petite quantité dans l'essence d'amandes amères, et on la prépare en traitant par la potasse cette essence brute non débarrassée d'acide cyanhydrique. Elle est fusible à 137°, soluble dans l'eau bouillante et dans l'alcool. Le chlore, l'acide azotique et la plupart des corps oxydants lui enlèvent deux atomes d'hydrogène en donnant du benzile $C^6H^5.CO.CO.C^6H^5$; ce corps, isomère du benzyle, est une dicétone, fusible à 10° et restant en surfusion jusqu'à 20° ou 25°. Avec les agents d'hydrogénation, la benzoïne fournit une autre couleur : la *désoxybenzoïne* $C^6H^5.CO.CH^2.C^6H^5$ fusible à 45°, et un glycol : l'*hydrobenzoïne* $[C^6H^5.CHOH]^2$ fusible à 136°. Avec l'ammoniaque en solution aqueuse ou alcoolique, la benzoïne se combine en donnant la *benzoïnamide* $C^{14}H^{20}Az^4$ et le ben-

zoïnam $C^{8}H^{24}Az^{2}O$. Par son groupe alcoolique CHOH, elle est susceptible de former des éthers.

BENZOÏQUE. adj. 2 g. (R. *benzoe*, benjoin). T. Chim. L'*acide b.* $C^{6}H^{5}.CO.H$, appelé autrefois fleur ou sel de benjoin, existe tout formé dans le benjoin, le baume de Tolu, le sang-dragon, etc.; il se produit par le dédoublement de l'acide hippurique dans la putréfaction de l'urine des herbivores. C'est un solide qui cristallise en lames ou en aiguilles nacrées, incolores, transparentes; il fond à 121°, bout à 249° et se sublime déjà à 145°. Très peu soluble dans l'eau, il se dissout très facilement dans l'alcool, l'éther et les huiles grasses ou volatiles. — C'est un produit d'oxydation de l'alcool ou de l'aldéhyde benzyliques : il se dépose en cristaux dans l'essence d'amandes amères exposée à l'air. Inversement, l'hydrogène naissant le transforme en aldéhyde b. Le chlore, l'acide azotique fumant, l'acide sulfurique le convertissent en dérivés de substitution : *acides chlorobenzoïques, nitrobenzoïques, sulfobenzoïques.* Par l'oxydation des dérivés chlorés on obtient les trois *acides oxybenzoïques* $C^{6}H^{5}(OH).CO H$ dont le plus important est l'*acide salicylique*; un second degré d'oxydation donn. les *acides dioxybenzoïques* $C^{6}H^{3}(OH)^{2}.CO^{2}H$, entre autres l'*acide protocatéchique*. Distillé avec un excès de chaux ou de baryte, l'acide benzoïque se dédouble en acide carbonique et en benzène. — L'acide orthosulfobenzoïque fournit une amide qu'on obtient plus facilement en oxydant l'orthocrésyl-sulfamide par le permanganate de potasse; cette amide perd facilement de l'eau en donnant un anhydride appelé *Saccharine* $C^{7}H^{5}SO^{3}Az$, soluble dans l'eau et douée d'un pouvoir sucrant intense.

Les *benzoates* métalliques correspondent à la formule $C^{6}H^{5}.CO^{2}M'$. La plupart sont facilement solubles dans l'eau et dans l'alcool; leur solution aqueuse est décomposée par presque tous les acides en précipitant de l'acide b. Les benzoates alcalins se décomposent à la distillation sèche en donnant du benzène et de la benzophénone. — On donne aussi le nom de benzoates aux nombreux éthers que l'acide b. forme avec les alcools et les phénols. Le benzoate de méthyle bouillant à 198°, celui d'éthyle à 209°, celui d'amyle à 261° sont fréquemment employés dans les laboratoires pour chauffer des cuves à une température constante.

On a fait la synthèse de l'acide b. en faisant passer de l'acide carbonique dans du benzène chauffé avec du chlorure d'aluminium. On peut l'obtenir facilement en chauffant le benjoin dans une capsule recouverte de papier buvard et d'un cône de carton; le papier absorbe les vapeurs d'huiles essentielles, tandis que l'acide b. va se sublimer sur les parois du cône. Dans l'industrie on a longtemps préparé cet acide au moyen de l'urine des herbivores : l'acide hippurique qu'elle renferme se dédouble, soit par la putréfaction, soit par l'ébullition avec l'acide chlorhydrique, en glycocolle et en acide b. Ce procédé tend à disparaître : on prépare aujourd'hui la plus grande partie de l'a ide b. commercial en oxydant le toluène ou le chlorure de benzyle par l'acide azotique étendu, ou par l'action décomposer par les aralis le phénylchloroforme $C^{6}H^{5}.CCl^{3}$ provenant de l'action du chlore sur la vapeur de toluène.

L'acide b., de même que le benjoin, est antiseptique et stimule la cicatrisation des plaies et des gerçures. Pris à l'intérieur il s'élimine par les urines à l'état d'acide hippurique; on a conclu de là qu'il empêcherait la formation de l'acide urique et on s'en est servi pour le traitement de la goutte; mais les résultats n'ont pas été satisfaisants. Dans l'industrie on emploie d'assez grandes quantités d'acide b. pour la fabrication de certaines matières colorantes, entre autres du bleu de Lyon.

Aldéhyde benzoïque. Voy. BENZYLIQUE.

BENZOL. s. m. T. Chim. Syn. de BENZINE. Voy. ce mot.

BENZONITRILE. s. m. (R. *benzoe*, et *nitrile*). T. Chim. Nitrile de l'acide benzoïque. Liquide incolore, bouillant à 191°. On l'obtient par distillation sèche du benzoate d'ammoniaque ou en chauffant un mélange d'acide oxalique sec et d'aniline.

BENZOPHÉNONE. s. f. (R. *benzine*, et *phénol*). T. Chim. La *B.* $C^{13}H^{10}O$ ou *Diphénylcétone* est l'acétone correspondant à l'acide benzoïque; sa formule peut s'écrire $C^{6}H^{5}.CO.C^{6}H^{5}$. On l'obtient en chauffant, dans un appareil à reflux, du chlorure de benzoyle ou du benzène avec l'oxychlorure de carbone, en présence du chlorure d'aluminium. La formule de la réaction est $COCl^{2} + 2 C^{6}H^{6} = 2 HCl + C^{13}H^{10}O$. La b. cris-

tallise en gros prismes du système rhombique, fond à 48°, bout à 306°; elle est insoluble dans l'eau, soluble dans l'alcool et surtout dans l'éther. Chauffée avec de la chaux potassée, elle se dédouble en benzène et en benzoate de potassium. Traitée en solution alcoolique par l'amalgame de sodium, elle fournit un alcool secondaire : le *Benzhydrol* ou *Diphénylcarbinol* $(C^{6}H^{5})^{2};CHOH$; avec le zinc et l'acide sulfurique elle donne la *Benzopinacone* $C^{13}H^{12}O^{2}$, que des déshydratants transforment en *Benzopinacoline* $C^{26}H^{21}O$. En chauffant la b. avec de l'acide azotique fumant, on obtient la b. binitrée $C^{13}H^{8}(AzO^{2})^{2}O$, que le sulfhydrate d'ammoniaque convertit en *Diamidobenzophénone* ou *Flavine* $CO_{.}^{.}(C^{6}H^{3}.AzH^{2})^{2}$, fusible à 148°. Le dérivé tétraméthylé de la flavine a une grande importance industrielle : c'est la matière première des couleurs à l'oxychlorure de carbone. Mais, comme la b. se prête mal aux réactions de substitution, on prépare ce dérivé directement en utilisant la réaction qui a donné naissance à la b. On fait agir l'oxychlorure de carbone sur la diméthylaniline en so ution benzénique, puis on élimine l'excès de diméthylaniline par un courant de vapeur d'eau. La formule de la réaction est $COCl^{2} + 2[C^{6}H^{5}.Az(CH^{3})^{2}] = 2 HCl + CO_{.}^{.}[C^{6}H^{4}.Az(CH^{3})^{2}]^{2}$. Ce corps $CO_{.}^{.}[C^{6}H^{4}.Az(CH^{3})^{2}]^{2}$ solide, fusible à 179°, très soluble dans l'alcool, constitue la *Tétraméthyldiamidobenzophénone*. Par son action sur l'aniline, en présence d'un agent de condensation tel que le trichlorure de phosphore, il produit le *Violet cristallisé*; en agissant de même sur la phénylnaphtylamine ou sur la diméthylnaphtylamine il donne le *Bleu Victoria*; enfin, si on le chauffe avec du sel ammoniac et du chlorure de zinc, on obtient l'*Auramine*, magnifique matière colorante jaune.

Parmi les autres dérivés de la b., on remarque les *Oxybenzophénones* qui résultent de la substitution d'un ou plusieurs oxhydriles OH à l'hydrogène et qui sont à la fois acétones et phénols. Le *Salicylphénone* est une dioxybenzophénone $CO_{.}^{.}C^{11}H^{8}(OH)$; la *Salicylrésorcine* est une trioxybenzophénone $CO_{.}^{.}C^{12}H^{7}(OH)^{3}$.

BENZOPINACONE. s. f. (R. *benzoe*). T. Chim. Glycol correspondant au tétraphényléthylène. La B., qui a pour formule $[COH(C^{6}H^{5})^{2}]^{2}$, s'obtient par l'hydrogénation de la benzophénone et se présente en prismes fusibles à 186°. Traitée par les acides ou les chlorures d'acides, elle ne donne pas d'éthers, mais se convertit en un anhydride, la *Benzopinacoline* $C^{26}H^{10}O$. Cet anhydride, soumis à l'action des corps hydrogénants, se convertit en un alcool tertiaire, l'*alcool benzopinacolique* $(C H^{5})^{2}COH.CH(C^{6}H^{5})^{2}$, cristallisé, fusible à 151°.

BENZOYLACÉTIQUE. adj. 2 g. (R. *benzoyle*, et *acétique*). T. Chim. L'*acide b.* $C^{6}H^{5}.CO.CH^{2}.CO^{2}H$ est un acide acétonique qui se produit par l'hydratation de l'acide phénylpropiolique. Il cristallise en aiguilles microscopiques, qui fondent à 103° en perdant de l'acide carbonique. Son éther éthylique $C^{6}H^{5}.C .CH.COC^{6}H^{5}$ est un liquide incolore et huileux qui, dans la plupart de ses réactions, se comporte comme l'éther acétylacétique.

BENZOYLBENZOÏQUE. adj. 2 g. (R. *benzoyle*, et *benzoïque*). T. Chim. L'oxy ation du benzyltoluène donne naissance aux trois acides ortho-, méta- et parabenzoylbenzoïques, qui ont pour formule $C^{6}H^{5}.CO.C^{6}H^{4}.CO^{2}H$ et dont les points de fusion respectifs sont 127°, 161° et 149°. L'acide ortho-b. chauffé avec l'anhydride phosphorique perd de l'eau et se convertit en anthraquinone. Avec le phénol, la résorcine ou le pyrogallol en présence du chlorure d'étain il donne des phtaléines.

BENZOYLE. s. m. T. Chim. C'est le radical $C^{7}H^{5}O$ ou $(C^{6}H^{5}.CO)$ qui existe dans les composés benzoïques (chlorure de b., acide et aldéhyde benzoïques, benzamide, etc.).

Le *Chlorure de b.* $C^{6}H^{5}.COCl$ est un liquide incolore très réfringent, de densité 1,21, se solidifiant à — 1°, bouillant à 196°. On le prépare en chauffant de l'acide benzoïque avec du perchlorure de phosphore et en recueillant ce qui passe entre 195° et 200° Par double décomposition avec un grand nombre de corps, il y remplace l'hydrogène par le radical b., et sert ainsi à préparer beaucoup de dérivés benzoïques. Avec l'alcool il donne du benzoate d'éthyle; avec l'aniline de la *Benzanilide*; avec l'ammoniaque, de la *Benzamide* $C^{6}H^{5}.CO AzH^{2}$; celle-ci sous l'influence des corps déshydratants perd l'eau et se convertit en *Benzonitrile* ou *Cyanure de phényle* $C^{6}H^{5}.CAz$. Les bromures, iodures, sulfures, cyanures métalliques, traités par le chlorure de b., donnent le bromure, l'iodure, le sulfure, le cyanure de b. Le benzoate de soude donne l'*Anhydride benzoïque* $(C^7H^5O)^2O$; avec un grand nombre de sels oxygénés à base d'alcali on obtient également des anhydrides.

L'*hydrure de benzoyle* n'est autre chose que l'aldéhyde benzylique. Voy. BENZYLIQUE.

BENZYLAMINE, s. f. (R. *benzyle*, et *amine*). T. Chim. Amine contenant le radical benzyle. Liquide incolore, bouillant à 183°, fortement basique et attirant l'acide carbonique de l'air. Sa formule est $C^7H^7.AzH^2$. La b. se produit quand on traite le chlorure de benzyle par l'ammoniaque en solution alcoolique. On obtient en même temps de la *dibenzylamine*, liquide visqueux répondant à la formule $(C^7H^7)^2AzH$, et de la *tribenzylamine* $(C^7H^7)^3Az$, base faible, qui cristallise en aiguilles blanches, fusibles à 91°.

BENZYLE, s. m. (R. *benzine*). T. Chim. Le B. qu'on ne doit pas confondre avec le benzile est le radical monatomique C^7H^7 ou $(C^6H^5CH^2)$ qui fonctionne dans les composés benzyliques : le toluène ou hydrure de b., l'alcool et les éthers benzyliques, le chlorure de b., les benzylamines, etc. Quand on le met en liberté, en traitant le chlorure de b. par le sodium, le radical se combine avec lui-même et constitue le *bibenzyle* $(C^6H^5.CH^2.)^2$, fusible à 52°, bouillant à 284°, perdant de l'hydrogène et se convertissant en stilbène sous l'action du chlore, du soufre ou de l'oxyde de plomb.

Le *Chlorure de b.* $C^6H^5.CH^2Cl$ est un toluène monochloré qui constitue l'éther chlorhydrique de l'alcool benzylique. Liquide oléagineux, incolore, d'une odeur irritante, il bout vers 180°; sa densité est de 1,11. L'industrie le prépare en grand, en faisant passer un courant de chlore dans la vapeur du toluène maintenu à l'ébullition; on le lave à l'eau alcaline, on le sèche, puis on le rectifie pour le séparer du chlorure de benzylidène et du phénylchloroforme qui se sont formés en même temps. Il sert à préparer industriellement l'acide benzoïque et l'aldéhyde benzylique. — Chauffé avec l'hydrate de plomb il donne l'alcool benzylique. Avec le sulfhydrate de potassium on obtient le *Mercaptan benzylique* $C^6H^5.CH^2SH$, qui en s'oxydant à l'air donne le *Bisulfure de b.* $(C^6H^5.CH^2S)^2$. Quand on traite le chlorure de b. par l'ammoniaque en solution alcoolique, on obtient les *Benzylamines*; la tribenzylamine se dépose en cristaux, la mono- et la dibenzylamine restent dans la solution à l'état de chlorhydrates. Le chlorure de b. se prête facilement aux doubles décompositions et sert à introduire le b. dans la molécule d'un grand nombre de corps; c'est ainsi qu'avec les sels alcalins il produit des éthers benzyliques; avec l'aniline, de la benzylaniline; avec la toluidine, de la toluidine benzylique, etc.

Beaucoup d'hydrocarbures échangent de l'hydrogène contre le radical benzyle quand on les traite par le chlorure de b. et la poudre de zinc : c'est de cette façon qu'on obtient le benzyltoluène, le benzylnaphtalène, les benzyle-biphényles, etc.

BENZYLIDÈNE, s. m. (R. *benzine*). T. Chim. Nom donné au groupement bivalent $C^6H^5.CH$; on le rencontre dans les composés qui dérivent du toluène $C^6H^5.CH^3$ par une double substitution dans le radical gras CH^3.

Le *Chlorure de b.*, appelé encore *Chlorobenzol* $C^6H^5.CHCl^2$, est le plus important de ces composés. Il se forme dans la préparation industrielle du chlorure de benzyle par l'action du chlore sur la vapeur du toluène. Le produit soumis à la distillation fractionnée donne d'abord du chlorure de benzyle; on obtient ensuite le chlorure de benzylidène en recueillant ce qui passe entre 200 et 210°. C'est un liquide incolore, d'une odeur forte à chaud; ses vapeurs irritent les yeux; il bout à 206°. Il sert à préparer les composés benzylidéniques; ainsi l'alcoolate de sodium donne l'éthylate de benzylidène, l'acétate d'argent donne l'acétate de benzylidène, etc. Avec le sulfhydrate de potassium on obtient l'aldéhyde thiobenzylique $C^6H^5.CHS$. Chauffé avec la potasse aqueuse ou même avec l'eau, le chlorure de benzylidène produit de l'aldéhyde benzylique; cette réaction est utilisée industriellement. Voy. BENZYLIQUE (*Aldéhyde*).

Le chlorure de benzylène chloré n'est autre chose que le *phénylchloroforme* $C^6H^5.CCl^3$.

On donne le nom d'*amines benzylidéniques* aux composés que forme l'aldéhyde benzylique en s'unissant aux amines primaires : telles sont la benzylidène-éthylamine $C^6H^5.CH:Az$ C^2H^5, la benzylidène-toluidine $C^6H^5CH:AzC^7H^7$, etc. Ces corps sont, à proprement parler, des amides. Par hydrogénation, ils fixent de l'hydrogène et donnent naissance à des amines secondaires.

BENZYLIQUE, adj. 2 g. T. Chim. L'*aldéhyde b.* ou *benzoïque* $C^6H^5.COH$ forme la plus grande partie de l'*essence d'amandes amères*. Cette essence n'existe pas dans les amandes; elle se produit quand l'émulsine et l'amygdaline qu'elles contiennent sont mises au contact de l'eau. Voy. AMYGDALINE. Pour préparer l'essence on écrase les amandes, ou on exprime l'huile grasse et on les fait macérer pendant 24 heures dans une grande quantité d'eau. L'amygdaline se dédouble en glucose, en acide cyanhydrique et en aldéhyde b. On effectue la distillation au moyen d'un courant de vapeur d'eau qui entraîne ces deux derniers corps. L'essence va se condenser au fond du récipient; l'eau qui surnage et qui retient la majeure partie de l'acide cyanhydrique constitue l'*eau distillée d'amandes amères* employée en pharmacie. L'essence ainsi préparée n'est pas de l'aldéhyde b. pure; elle contient un peu d'acide benzoïque, de l'acide benzoïne et surtout de l'acide cyanhydrique qui lui communique des propriétés vénéneuses et qu'elle retient avec énergie. Pour obtenir l'aldéhyde pure on agite l'essence avec de l'oxyde de mercure et de l'eau; on la sépare et on la mélange avec une solution concentrée d'hyposulfite de soude qui forme avec l'aldéhyde une combinaison solide; on presse cette masse cristalline, et, au moyen du carbonate de soude à l'ébullition ou de la soude caustique, on remet en liberté l'aldéhyde, que l'on décante et qu'on rectifie dans un courant d'hydrogène pour éviter l'oxydation.

L'aldéhyde b. est une huile incolore, très réfringente, d'une saveur âcre et aromatique, d'une odeur d'amandes amères. Elle est plus dense que l'eau; elle bout à 179°,4, se dissout dans 30 p. d'eau, et se mêle en toutes proportions à l'alcool et à l'éther. La chaleur la décompose en benzine et en oxyde de carbone. L'amalgame de sodium la réduit en donnant de l'alcool benzylique et de l'hydrobenzoïne; les oxydants la transforment en acide benzoïque; elle s'oxyde même à l'air, sous l'influence de la lumière, et les flacons mal bouchés se tapissent de cristaux d'acide. Le chlore, le brome, l'acide sulfurique fumant, l'acide nitrique concentré la transforment en produits de substitution. Un de ses dérivés nitrés, l'aldéhyde ortho-nitrobenzylique, chauffé avec de la soude et de l'acétone, fournit de l'indigo; mais cette réaction n'a pas pu entrer dans la pratique industrielle. Quand l'aldéhyde benzylique est chauffée avec un composé aromatique en présence d'un corps déshydratant, tel que l'acide sulfurique ou le chlorure de zinc, elle s'élimine de l'eau et il se forme du triphénylméthane ou l'un de ses dérivés; on peut ainsi obtenir de belles matières colorantes.

L'essence d'amandes amères additionnée d'alcool est employée par les distillateurs sous le nom d'essence de noyau pour fabriquer le kirsch artificiel; l'huile volatile retirée des noyaux de pêche ou d'abricot n'en diffère pas chimiquement. C'est surtout dans l'industrie des matières colorantes que l'aldéhyde benzylique a trouvé des applications importantes. Pour la préparer en grand on fait bouillir 2 p. de chlorure de benzyle avec 20 p. d'eau et 3 p. d'azotate de cuivre; la couche huileuse qui se forme est séparée, lavée à la soude pour enlever l'acide b., puis séchée et rectifiée. Une autre méthode consiste à chauffer en autoclave à 150° du chlorure de benzylidène avec 10 fois son poids d'eau; la couche huileuse est soumise à une distillation fractionnée. Ces procédés fournissent un produit impur; on le purifie par le traitement à l'hyposulfite de soude qui a été indiqué plus haut. L'aldéhyde ainsi préparée sert à fabriquer les *verts à l'essence* : on chauffe pendant 12 heures 40 p. d'aldéhyde avec 25 p. de diméthylaniline et 20 p. de chlorure de zinc; on chasse ensuite par un courant de vapeur les corps en excès qui n'ont pas réagi, et l'on verse la masse dans l'eau bouillante; il se dépose par refroidissement un composé qui, oxydé par le peroxyde de plomb, fournit la base du *vert malachite*; le vert du commerce est un oxalate ou un chlorozincate de cette base. En remplaçant dans cette préparation la diméthylaniline par de la diphénylaniline, on obtient le *vert alcalin* ou *viridine*; avec la diéthylaniline on obtient le *vert brillant*. Ces couleurs sont très employées pour teindre la soie, la laine et le coton. En les dissolvant dans l'acide sulfurique fumant on produit les *verts sulfoconjugués* qui ne teignent que le coton.

L'*Alcool b.* $C^6H^5.CH^2OH$, qu'on rencontre à l'état d'éther (cinnamate de b.) dans le styrax et le baume du Pérou est un liquide incolore, très réfringent, plus dense que l'eau, bouillant à 206°, insoluble dans l'eau, très soluble dans l'alcool et dans l'éther. On le prépare en faisant bouillir le chlorure de benzyle avec de l'eau et de l'hydrate de plomb. La plupart des réactifs agissent sur son groupe alcoolique

CH²OH. Les corps oxydants le transforment en aldéhyde et en acide benzoïques.

BENZYLTOLUÈNE. s. m. (R. benzyle, et toluène). T. Chim. Hydrocarbure aromatique répondant à la formule C⁶H⁵.CH².C⁶H⁷. On l'obtient en chauffant le toluène avec du chlorure de benzyle et de la poudre de zinc. C'est un mélange d'isomères bouillant entre 270° et 280°. Au rouge sombre il se convertit en anthracène. Par oxydation, il donne naissance aux acides benzylbenzoïque et benzoylbenzoïque,

BÉOTIE [Pr. Bé-o-si], contrée de l'ancienne Grèce, cap. Thèbes. Nom des hab. : BÉOTIEN, IENNE.

BÉOTIEN. s. m. (de Béotie, contrée de la Grèce). Lourd et peu lettré, par allusion aux Béotiens qui passaient pour illettrés parmi les Grecs.

BÉOTISME. s. m. (de Béotien). Lourdeur et stupidité illettrée.

BÈQUE-BOIS. s. m. Nom vulgaire de l'oiseau nommé Sittelle. || Pl. Des bèque-bois.

BÉQUÉE, BÉQUETER. Voy. BECQUÉE, BECQUETER.

BÈQUE-FLEUR. s. m. Nom vulgaire des Colibris. || Pl. Des bèque-fleurs.

BÉQUET. s. m. Petit bec. || L'un des noms vulgaires du Brochet. || Pièce ajustée à un soulier. || T. Impr. Petit morceau de papier écrit qu'on ajoute à une épreuve ou à une copie.

BÉQUETTES. s. f. pl. (R. bec). T. Mét. Pinces à l'usage des ouvriers se servant de la filière à main.

BÉQUILLARD. s. m. Vieillard assez cassé et courbé pour avoir besoin d'une béquille. Fam.

BÉQUILLE. s. f. (R. bec, ou lat. baculus, bâton?). Espèce de bâton surmonté d'une petite traverse, sur laquelle les gens infirmes ou les vieillards s'appuient pour marcher. Il ne peut faire un pas sans béquilles. || T. Hort. Instrument en forme de ratissoire, qui sert à biner les plantes en végétation.

BÉQUILLER. v. n. Marcher avec une béquille. Fam. = BÉQUILLER. v. a. T. Hort. Biner avec la béquille une planche d'un jardin. = BÉQUILLÉ, ÉE. part.

BÉQUILLON. s. m. Petite béquille sur laquelle on s'appuie avec la main.

BER. s. m. [Pr. berr] T. Mar. Appareil de charpente et de cordages qui supporte un grand bâtiment pendant qu'on le construit, et qui glisse sur la cale, lorsqu'on lance le navire à l'eau. Le navire se dégage de son b. lorsqu'il est à flot.

BÉRAIN, dessinateur français (1630-1697).

BÉRANGER (PIERRE-JEAN DE), poète-chansonnier français, né à Paris (1780-1857). Il a joui d'une grande célébrité, très justement méritée par le caractère philosophique et libéral de ses chansons.

BÉRARD (JOSEPH-FRÉDÉRIC), médecin, philosophe, né à Montpellier (1789-1828).

BÉRAUD (LAURENT), savant franç., né à Lyon (1703-1777).

BÉRAUD (ANTOINE-NICOLAS dit ANTONY), écrivain et auteur dramatique français, né à Aurillac (1792-1860).

BERBERA, v. égyptienne et port de commerce sur le littoral du Somalis, côte méridionale du golfe d'Aden, 35,000 h.

BERBÈRES, nom sous lequel on désigne la race nombreuse qui peupla originairement le nord de l'Afrique. Cette région se nomma depuis Barbarie ou États barbaresques.

BERBÉRIDÉES. s. f. pl. (R. Berberis). T. Bot. Famille de végétaux Dicotylédones, de l'ordre des Dialypétales supérovariées polystémones.

Caract. bot. : arbrisseaux parfois volubiles ou plantes herbacées vivaces, en général glabres, mais très souvent munies d'épines stipulaires. Feuilles alternes, composées, ordinairement dépourvues de stipules. Fleurs parfois solitaires, souvent groupées en grappes ou en panicules. Sépales 3, 6, 9 ou davantage, caducs, formant de 1 à 5 verticilles, entourés extérieurement d'écailles pétaloïdes. Pétales 6 sur 2 rangs, parfois avec un appendice à leur base à l'intérieur de la corolle. Étamines en même nombre que les pétales et sur deux rangs; anthères biloculaires, à déhiscence valvaire de bas en haut. Carpelle solitaire ou 3; ovaire à une seule loge ou à 3; style le plus souvent latéral; stigmate orbiculaire; ovules anatropes, attachés à la suture, nombreux ou par paires, ascendants ou suspendus. Fruit bacciforme ou rarement cap-

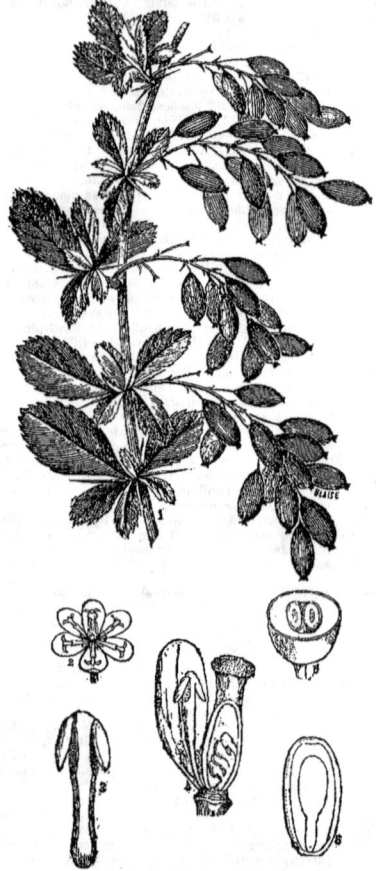

sulaire (Epimedium). Graines crustacées ou membraneuses; albumen corné ou charnu; embryon petit, quelquefois aussi long que l'axe de l'albumen. [Fig. 1. Berberis vulgaris. 2. Fleur. 3. Étamine. 4. Coupe perpendiculaire d'un pistil sur une étamine et un pétale y adhérant. 5. Coupe transversale du fruit. 6. Coupe verticale de la graine.]

Nous ferons observer que les épines du B. vulgaris représentent un état singulier des stipules où le parenchyme a été résorbé, et où les côtes se sont indurées. Les étamines de cette même plante présentent un phénomène d'irritabilité fort curieux. Si l'on touche avec une pointe quelconque les filets staminaux, on les voit s'agiter et se ruer, pour ainsi dire, sur le pistil, et leur action est d'autant plus vive que la température est plus élevée.

Les B. habitent les contrées tempérées de l'hémisphère boréal et de l'Amérique australe. La famille se compose de 19 genres et d'au moins cent espèces.

On la divise en 2 tribus :

TRIBU I. — *Lardizabalées*. Trois carpelles (*Lardizabala, Akebia,* etc.).

TRIBU II. — *Berbéridées*. Un seul carpelle (*Berberis, Mahonia, Leontice, Epimedium, Podophyllum,* etc.).

Les jolies baies rouges du *Berberis vulgaris*, appelé chez nous *Épine-vinette*, sont légèrement acides et astringentes; c'est même de là que vient la dénomination vulgaire de cet arbrisseau. On s'en sert pour préparer une confiture rafraîchissante et d'un goût fort agréable. Les baies des autres espèces du genre *Berberis* possèdent les mêmes propriétés. Elles contiennent de l'acide malique. La tige et l'écorce de l'*Épine-vinette* sont extrêmement astringentes; aussi sont-elles employées par les teinturiers qui en tirent en outre une belle couleur jaune. Le docteur Royle a établi que le *Lycium indicum* de Dioscoride était une espèce de *Berberis* ; aujourd'hui même les Hindous se servent, dans les cas d'ophthalmie, et avec succès, de ce qu'on dit, d'un extrait qu'ils obtiennent de la racine, de la tige et des branches des B. qui croissent dans leur pays. On fait sécher au soleil les fruits du *Berberis asiatica*, comme on fait sécher les raisins dans le midi de la France. Les feuilles un peu amères de l'*Epimedium alpinum* passaient jadis pour sudorifiques et alexipharmaques. On attribuait les mêmes propriétés aux racines du *Caulophyllum thalictroides*. Les graines de ce dernier ont été employées pour remplacer le café. Dans le Levant, on mange les feuilles de la *Bongardia chrysogonum* en guise d'oseille. A Alep, on se sert de la racine du *Leontice leontopetalum* pour remplacer le savon. Suivant les Turcs, elle est utile comme correctif de l'usage immodéré de l'opium. En Perse, on mange, après les avoir fait bouillir ou griller, les tubercules de la *Bongardia Rauwolfii*. — Le rhizome de Podophylle (*Podophyllum peltatum*) fournit une résine (*Podophyllin*) qui a des propriétés purgatives assez énergiques.

BERBÉRINE. s. f. (R. *berberis*). T. Chim. La berbérine $C^{20}H^{17}Az$ est un alcaloïde qu'on retire de l'*Épine-vinette* (*Berberis vulgaris*) et dont il constitue matière colorante. On le rencontre aussi dans les racines du *Colombo* et de plusieurs autres végétaux. Pour le préparer on dessèche la racine d'*Épine-vinette* par l'eau bouillante; l'extrait repris par l'alcool bouillant est ensuite filtré; on distille l'alcool et on laisse cristalliser. La B. se dépose en petits cristaux ou en aiguilles jaunes, insolubles dans l'éther, peu solubles dans l'alcool et dans l'eau, fusibles au-dessus de 100°, se décomposant vers 200°. Elle forme avec les acides des sels jaunes cristallisés. L'acide azotique concentré la transforme en *Acide berbéronique* $C^8H^5AzO^6$; l'hydrogène naissant la convertit en *hydroberbérine* $C^{20}H^{21}AzO^4$, base tertiaire fusible à 167°.

L'écorce et la racine de *Berberis* sont utilisées pour la teinture en jaune. En thérapeutique on emploie la B. comme tonique, surtout dans la dyspepsie et la dysenterie; elle facilite la digestion. A forte dose, c'est un poison des centres nerveux.

BERBERIS. s. m. [Pr. *berbériss*] (gr. βέρβερι, coquillage). T. Bot. Genre de plantes de la famille des *Berbéridées*. Le B. *vulgaris* est connu sous le nom d'*Épine-vinette*. Voy. BERBÉRIDÉES.

BERBÉRONIQUE. adj. T. Chim. L'*acide berbéronique*, produit d'oxydation de la berbérine, est un acide pyridine-tricarbonique, fusible à 143°. Il est tribasique et répond à la formule $C^8H^2Az(CO^2H)^3$. La chaleur le convertit en *acides nicotianique* et *isonicotianique*. En lui enlevant de l'acide carbonique on le transforme en *acide cinchoméronique*.

BERBETH. s. m. (gr. βάρβιτος, sorte de lyre). T. Mus. Sorte de luth à quatre cordes des Arabes. Voy. BARBITON.

BERBOUISSET. s. m. (Corrupt. de *vert-buisson*). L'un des noms vulgaires du *Fragon*, plante de la famille des *Liliacées*. Voy. ce mot.

BERCAIL. s. m. (bas-lat. *berbex*, bélier, du lat. *vervex*, mouton). Bergerie, lieu où l'on enferme un troupeau de mou-

tons ou de brebis. — Fig., *Ramener au b. une brebis égarée*, Ramener un hérétique dans le sein de l'Église; Ramener quelqu'un à des sentiments de piété, à une conduite honnête. On dit de même, *Rentrer, revenir au b.*

BERCE. s. f. T. Bot. Genre de plantes de la famille des *Ombellifères*. Voy. ce mot.

BERCEAU. s. m. (bas-lat. *bersa*, claie d'osier?). Sorte de petit lit où l'on couche les enfants à la mamelle, et qui est ordinairement disposé de manière qu'on peut le balancer aisément. *B. d'osier, d'acajou. Mettre un enfant dans son b.* || *Dès le b.*, Dès la plus tendre enfance. On dit dans ce sens : *Au sortir du b. Un enfant qui est encore au b.* — Fig. et prov., *Étouffer le monstre au b.*, Arrêter le mal dès sa naissance. || Fig., Le lieu où une chose a commencé. *Florence a été le b. de la peinture moderne. La Saxe a été le b. du luthéranisme.* || Fig., se dit du commencement de certaines choses. *Cet établissement est encore au b., à son b. Les arts étaient encore au b.* || T. Arch. Voûte en plein cintre. || T. Jardin. Charmille taillée en voûte ou treillage formant abri, sur lequel on fait monter des plantes grimpantes. *B. de vigne, d'aristoloches.* On dit aussi, *B. de verdure. Ces arbres forment b., font le b. — Allée en b.*, Allée couverte. || T. Bot. *B. de la Vierge.* Nom vulgaire de la *Clématite des haies.* Voy. RENONCULACÉES.

BERCELLE. s. f. Pince d'émailleur pour tirer l'émail à la lampe.

BERCELONNETTE. s. f. Voy. BARCELONNETTE.

BERCEMENT. s. m. Action de bercer.

BERCER. v. a. (R. *berceau*. — On a aussi indiqué le lat. *versare*, tourner; alors *berceau* viendrait de *bercer*, mais cette dérivation est contraire à la loi de formation des substantifs d'après les verbes en français, ce qui rend cette étymologie difficile à admettre). Agiter doucement un enfant en balançant son berceau. *On berce les enfants pour les endormir.* — Fig. et prov., *Le diable le berce*, Il est toujours inquiet et agité. — Fig., *J'ai été bercé de cela, de ces contes-là*, J'en ai ouï parler mille fois dès mon plus jeune âge. || Fig., Amuser d'espérances fausses ou éloignées. *Bercer quelqu'un de vaines promesses.* = SE BERCER. v. pron. Se flatter de quelque chose. *Il se berce d'idées chimériques.* = BERCÉ, ÉE. part.

Conj. — Prend une cédille sous le c devant a et o : *nous berçons, je berçais.*

BERCEUR, EUSE. s. Celui, celle qui berce un enfant. Le masculin est peu usité, cet emploi étant d'ordinaire réservé aux femmes. = BERCEUSE. s. f. Siège reposant sur des patins courbes dans lequel on peut se balancer légèrement. || Nom donné à certaines mélodies.

BERCHE. s. f. T. Mar. Ancienne petite pièce de canon de fonte verte.

BERCHÉMIE. s. f. T. Bot. Genre d'arbrisseaux de la famille des *Rhamnées*. Voy. ce mot.

BERCHOUX, poète français (1765-1839), auteur du poème *la Gastronomie*.

BERCK-SUR-MER, bourg et commune de France (Pas-de-Calais), arr. de Montreuil, 5,800 hab. Hôpital d'enfants de l'Assistance publique de Paris.

BERCY, ancien bourg au S.-E. de Paris, sur la rive droite de la Seine, annexé à la capitale en 1860 (12e arr.). Entrepôt de vins et eaux-de-vie.

BÉRENGER DE TOURS, théologien hérésiarque (998-1088).

BÉRENGER I⁰ʳ, roi d'Italie après la déposition de Charles le Gros (888). || BÉRENGER II, roi d'Italie (950), fut déposé par l'empereur Othon 1er, en 963.

BÉRENGER (LAURENT-PIERRE), écrivain français, auteur de la *Morale en action* (1783). [1749-1822].

BÉRÉNICE, fille d'Agrippa 1er, roi de Judée, aimée de

l'empereur Titus, qui n'osa l'épouser à cause des préjugés nationaux.

BÉRÉNICE, sœur et femme de Ptolémée Évergète, roi d'Égypte. Elle avait fait vœu de couper son opulente chevelure et de la déposer sur l'autel de Vénus si son époux revenait vainqueur de la guerre contre Séleucus, roi de Syrie. Mais cette chevelure fut volée, dans le sanctuaire même. L'astronome Conon, consulté, calma la douleur des jeunes époux en leur montrant dans le ciel un amas d'étoiles, qui pouvait représenter la chevelure métamorphosée, et qui s'appelle depuis la *Chevelure de Bérénice*. Voy. CONSTELLATIONS.

BÉRÉSINA, affluent du Dniéper, célèbre par le désastreux passage de l'armée de Napoléon (26-28 novembre 1812).

BÉRET. s. m. Espèce de toque de laine, ronde et plate, que portent les montagnards basques. || Coiffure de femme, imitée du b. des Basques. *Un b. de retours.*

BERG, anc. duché d'Allemagne.

BERGAMASQUE. s. f. (de *Bergame*, v. d'Italie). T. Mus. Danse et air de danse en usage au XVIII° siècle.

BERGAME, v. d'Italie, cap. de la prov. du même nom, à 40 kilom. de Milan, 30,000 hab.

BERGAME. s. f. Ancienne sorte de tapisserie, fort commune et de peu de valeur. *Les bergames sont ainsi nommées de la ville où on les fabriqua d'abord.*

BERGAMILÈNE. s. m. T. Chim. Camphre liquide de bergamote.

BERGAMOTE. s. f. (portug. *bergamota*; du turc *beg armuth*, poire du Seigneur). T. Bot. Variété de poire fondante très estimée. Voy. POIRIER. || Variété d'orange (*Citrus Bergamia*) dont le zeste fournit une essence très recherchée. Voy. RUTACÉES. || Petite boîte, bonbonnière doublée avec de l'écorce d'orange bergamote. *J'ai rempli ma bergamote de pastilles.*

Chim. — *Essence de B.* — C'est une huile volatile, de couleur jaune ou verdâtre qui s'extrait du zeste d'une variété d'orange (*Citrus Bergamia*). On râpe les zestes, on en retire l'huile par compression et on la distille pour la purifier. Elle paraît constituée par le mélange d'un hydrocarbure C¹⁰H¹⁶, isomère de l'essence de térébenthine, et d'une huile oxygénée bouillant à 183°. L'essence de b. est employée par la parfumerie; elle se distingue des autres essences d'aurantiacées par sa solubilité dans la potasse. À la longue, elle laisse déposer une substance solide, le *Bergaptène* ou *Camphre de B.*, fusible à 206°.

BERGAMOTIER. T. Bot. Espèce d'Oranger qui produit la Bergamote. Voy. RUTACÉES.

BERGAPTÈNE. s. m. T. Chim. Voy. BERGAMOTE.

BERGE. s. f. (celt. *bargod*, bord, ou bas-lat. *berga*, défense; de l'all. *bergen*, défendre?). Bord relevé ou escarpé d'une rivière, d'un chemin, d'un fossé. || Espèce de chaloupe étroite dont on se sert sur quelques rivières. || Portion laissée en friche et située au delà de la raie qui termine un champ.

BERGELADE. s. f. T. Agric. Mélange de vesce et d'avoine qu'on sème ensemble.

BERGEN, ville de Norvège, port sur la mer du Nord, 26,000 hab.

BERGERAC, ch.-l. d'arr. de la Dordogne, à 49 kil. de Périgueux, sur la Dordogne; 14,800 hab. Riches vignobles.

BERGERAC (CYRANO DE). Voy. CYRANO.

BERGER, ÈRE. s. (bas-lat. *berbicarius*, gardeur de brebis; *berbix*, brebis, du lat. *vervex*, mouton). Celui ou celle qui garde les moutons, les brebis. *La houlette du b. Le chien du b. Une jeune bergère.* || Fig. et poét., Amant, amante. *Un b. fidèle. Une bergère inconstante. L'heure du b.*, L'heure favorable aux amants.

J'aperçus dans les yeux d'Amaryllis gagnée
Que l'heure du berger n'était pas éloignée.
LA FONTAINE.

L'étoile du b., La planète Vénus, qui brille le matin et le soir.

BERGÈRE. s. f. Grand fauteuil, plus large et plus profond que les fauteuils ordinaires, dans lequel on met un coussin épais. || Ancienne coiffure de femme pour le négligé. || Un des noms de la bergeronnette.

BERGERETTE. s. f. Dimin. Jeune bergère. On dit aussi *Bergeronnette*. Peu us. || Sorte de vin mixtionné avec du miel.

BERGERIE. s. f. (bas-lat. *berbicaria*, m. s.). Le lieu où l'on enferme les bêtes à laine. — Fig., Maison, réunion à surveiller. *Enfermer le loup dans la b.*, Établir ou laisser quelqu'un dans un endroit où il peut faire beaucoup de mal. = BERGERIES. s. f. pl. Petits poèmes dont les amours des bergers sont le sujet. *Les bergeries de Racan.*

BERGERONNETTE. s. f. (dim. de *bergère*). Voy. BERGERETTE. || T. Ornith. Genre d'oiseaux. Voy. HOCHE-QUEUE.

BERGHAUS (HEINRICH), géographe allemand (1797).

BERGHEM (NICOLAS), peintre hollandais célèbre (1624-1683).

BERGIER, théologien français (1718-1790).

BERGIN, BOURGIN et **BURGIN**. s. m. T. Pêche. Espèce de filet.

BERG-OP-ZOOM, v. du Brabant (Hollande), sur la rive droite de l'Escaut oriental, fut prise, en 1747, par les Français que commandait Lowendal ; 9,000 hab.

BERGOT. s. m. T. Pêche. Sorte de filet.

BERGUES, ch.-l. de canton (Nord), arr. de Dunkerque 5,400 hab.

BÉRIBÉRI. s. m. (mot indien qui sign. *brebis*). T. Méd. Le b. est une maladie propre au climat des Indes orientales. Les malades éprouvent d'abord un abattement général, des lassitudes spontanées ; peu après, les membres deviennent engourdis ; les mains et les pieds ne se meuvent qu'avec peine; la sensibilité s'émousse, et il survient des soubresauts précédés d'une sorte de titillation. Cette affection, dont l'étiologie est fort obscure, se traite par les stimulants appliqués à l'extérieur et par les sudorifiques. Le b. a été ainsi nommé parce que les habitants croient trouver une certaine ressemblance entre la manière de marcher des individus qui en sont atteints et celle de la brebis.

BÉRICHON ou **BÉRICHOT**. s. m. Nom vulgaire du roitelet.

BÉRIL. s. m. T. Min. Voy. BÉRYL.

BÉRING. Voy. BEHRING.

BERKELEY (GEORGES), évêque et philosophe irlandais (1684-1753).

BERKELEYISME. s. m. Doctrine philosophique de Berkeley. Le système de Berkeley est l'une des œuvres les plus logiquement déduites et les plus originales qu'ait jamais produites la spéculation métaphysique. Il emprunte un intérêt spécial à ce fait qu'il constitue une critique très profonde de la doctrine dite *sensualiste*, qui a joué un rôle si considérable dans l'histoire de la philosophie. Locke avait enseigné que toutes les idées viennent des sens, et avait basé toute sa philosophie sur ce postulatum. Berkeley a prouvé d'une manière irréfutable qu'il est impossible de trouver dans la sensation la preuve de la réalité du monde extérieur. La philosophie de son temps distinguait dans les corps les qualités secondaires telles que la *couleur*, la *chaleur*, qui n'existent que dans le sujet qui les perçoit, et les qualités premières, étendue et mouvement, qui sont, comme tend à le prouver la science moderne, les causes des premières. Berkeley a fait voir que les mêmes raisonnements qui servent à prouver que les qualités secondaires n'existent pas dans le corps, mais seulement dans le sujet qui les perçoit, s'appliquent exactement aux qualités premières. Dès lors, si de la matière on retranche le mouvement et l'étendue, il ne reste *rien*. Berkeley n'hésite pas à en conclure que la matière n'existe pas en dehors du sujet qui la perçoit, d'où le nom d'*immatérialisme* donné quelquefois à son système. Pour lui la réalité n'existe que dans les propriétés perçues : la matière n'existe pas au dehors de l'être humain qui la perçoit. Cependant, il croit au principe de causalité. Il faut que nos sensations aient une cause; mais cette cause est tout autre que ce que nous croyons; elle réside uniquement dans l'Être suprême, Dieu. Ainsi il n'y a dans le monde que Dieu, des esprits, et les idées que Dieu fait naître dans les esprits par l'intermédiaire des sensations. Le monde extérieur se compose exclusivement de groupes d'idées coordonnées suivant des règles établies par Dieu et que nous appelons les lois de la Nature. Ce système n'est pas le scepticisme, car Berkeley croit à l'existence de Dieu, à celle de ses semblables et à celle des idées en qualité de choses conçues par Dieu et perçues par l'esprit. De là, le nom d'*idéalisme* donné aussi à cette doctrine; mais il faut bien se garder de confondre cet idéalisme avec l'idéalisme dit *égoïste* ou *égotiste*, qui ne reconnaît que le moi et les idées du moi et n'admet pas l'existence des autres hommes. Logiquement, la théorie de Berkeley paraît inattaquable; il est difficile, sinon impossible, de prendre sa logique en défaut, et, comme toujours, c'est par ses conséquences que la doctrine se condamne. Quoi qu'on dise, il répugne singulièrement à l'esprit de refuser toute réalité objective au monde matériel, et de n'y voir qu'une sorte de fantasmagorie imaginée par Dieu pour occuper notre vie. Ensuite, nos semblables ne nous sont connus que par les sens; pourquoi eux seuls, dans le monde extérieur, sont-ils en dehors de la fantasmagorie? Il est donc permis de nier leur existence, aussi bien que celle de la matière, et ce n'est que pour échapper au scepticisme que Berkeley les conserve. Enfin, quel est le rôle des animaux dans la nature? Berkeley, qui inclinait vers l'automatisme de Descartes, paraît ne voir en eux que des groupes d'idées, comme dans les corps inanimés; mais l'automatisme ne peut plus guère se soutenir aujourd'hui. Dès lors, faut-il voir dans les animaux des esprits capables de percevoir des idées? des êtres semblables à nous, quoique inférieurs à certains égards? S'il en est ainsi, en descendant l'échelle animale, on arrivera aux plantes, puis aux cristaux, et l'on retombera sur le monadisme de Leibnitz avec l'existence objective de la matière. Enfin, que devient la liberté dans ce système? Faut-il admettre que Dieu modifie nos sensations et celles de nos semblables suivant les actions volontaires que nous croyons exercer sur la matière? Cela ressemble singulièrement à l'intervention divine de Malebranche. Mais c'est encore plus compliqué et plus répugnant à l'esprit. Au reste, la théorie de Berkeley présente de frappantes analogies avec celle de Malebranche. Nous les ferons ressortir à propos de ce philosophe. Voy. MALEBRANCHE.

En définitive, à moins de se détruire lui-même, le b. devait aboutir à l'*idéalisme égoïste*, et par là au scepticisme le plus absolu, et tel est, en effet, l'enchaînement d'idées que l'histoire de la philosophie nous montre parmi les penseurs qui ont pris la théorie de Berkeley pour base de leurs spéculations. A ce titre, Berkeley est bien le père de l'idéalisme allemand. La croyance à la réalité du monde extérieur est une de ces nécessités inéluctables auxquelles l'humanité ne peut échapper et que l'on ne peut amoindrir sans tomber tôt ou tard dans le scepticisme absolu.

BERLAIMONT, ch.-l. de c. (Nord), arr. d'Avesnes, 2,700 h.

BERLE. s. f. T. Bot. Nom vulg. du genre *Sium* s'appliquant aussi en particulier au *Sium latifolium* ou *Ache d'eau*, famille des *Ombellifères*. Voy. ce mot.

BERLICHINGEN (GOETZ DE), chevalier allemand (1480-1562).

BERLIN. s. m. T. Fabrique de velours. Paquet de fil arrêté par un nœud.

BERLIN, cap. du royaume de Prusse et de l'empire d'Allemagne, à 890 kil. de Paris, sur la Sprée, 1,300,000 hab. == Nom des hab. BERLINOIS, OISE.
Commencée vers 1220 par un groupe de cabanes, devenue ville vers 1600, Berlin ne comptait encore que 6,000 hab. lorsqu'en 1651, Fréd.-Guillaume, appelé le grand Électeur, y

établit sa résidence. Frédéric-Guillaume I⁰ⁱ érigea ses États en royaume en 1701 et Berlin en fut la capitale.

BERLINE. s. f. (*Berlin*, ville). Voiture suspendue et à quatre roues, dont les panneaux supérieurs et l'impériale sont solides et fixes. *La b. sert à la ville et en voyage.* || Chariot sur lequel on charge la houille au fond des puits dans les houillères.

BERLINGE. s. f. Grosse étoffe de fil et de laine, qui se fabrique dans la Bretagne.

BERLINGOT. s. m. Berline qui n'a qu'un fond. || Sorte de bonbon au caramel.

BERLIOZ, compositeur français, auteur de la *Damnation de Faust* (1803-1869).

BERLOQUE ou **BRELOQUE**. s. f. T. Mil. Batterie de tambour qui annonce les repas, les distributions, etc. *Battre la b.* || Fig. et fam., *Battre la b.*, Déraisonner, dire des paroles dépourvues de sens. Fam.

BERLUE. s. f. (*ber* ou *bar*, préfixe péjoratif dérivé du sanscrit; lat. *lucere*, luire). Aberration du sens de la vue. Ne s'emploie guère que dans cette phrase : *Avoir la b. Il voit les objets autrement qu'ils ne sont, il a la b.* Fam. || Fig. et fam., *Avoir la b.*, Juger mal d'une chose. *Vous ne voyez pas qu'on vous joue; il faut que vous ayez la b.*
Méd. — La *Berlue* est une aberration du sens de la vue, dans laquelle on croit voir des objets qui n'existent réellement pas. La personne affectée de b. croit apercevoir tantôt des étincelles, des croissants lumineux, des globules de feu; tantôt des points noirs, des ombres, des toiles d'araignée, des mouches qui voltigent, etc. La b. est parfois un symptôme de congestion cérébrale ou l'indice d'un commencement d'amaurose. Quand elle n'a pas cette signification, elle est dite idiopathique. Elle se manifeste alors chez les individus qui ont la rétine extrêmement sensible, et chez les personnes qui s'exposent habituellement ou accidentellement à une lumière très vive. La b. idiopathique est en général une affection légère et momentanée : cependant elle persiste quelquefois assez longtemps. On l'a vue durer vingt-cinq ans, sans autre altération de la vue. Le traitement se détermine par la considération des causes de cette affection. Voy. AMAUROSE.

BERME. s. f. (all. *berme*). T. Fortif. Chemin large d'environ 1ᵐ,25, qu'on laisse entre le pied du rempart et le fossé. || Par anal., Chemin qu'on laisse entre une levée et le bord d'un canal ou d'un fossé.

BERMIER, IÈRE. s. m. et f. (R. *berme*). T. Salines. Ouvrier, ouvrière, qui tire les eaux salées.

BERMUDES (Les), petit archipel de l'Atlantique au N.-E. des Antilles; appartient aux Anglais depuis 1612, 13,948 hab.

BERMUDIENNE. s. f. (R. *Bermudes*). T. Bot. Plantes de la famille des *Iridées*. Voy. ce mot.

BERNABLE. adj. Qui mérite d'être berné et moqué. Fam. et peu us.

BERNACHE. s. f. T. Ornith. Division du genre *Oie*. Voy. ce mot.

BERNACLE. s. f. Nom vulg. de l'*Anatife*. Voy. CIRRHIPÈDES.

BERNADOTTE, général français, maréchal de l'empire en 1804; se tourna contre la France en 1812 et devint roi de Suède en 1818, sous le nom de Charles XIV ou Charles-Jean (1764-1844).

BERNAGE. s. m. T. Agric. Mélange de plusieurs espèces de graines, céréales et légumineuses, qu'on sème pour les faucher en vert et en faire du fourrage.

BERNARD, fils de Pépin, petit-fils de Charlemagne, roi d'Italie en 813; se révolta contre Louis le Débonnaire, qui lui fit crever les yeux (818).

BERNARD DE MENTON (SAINT), 923-1008, fonda l'hospice du mont Saint-Bernard.

BERNARD (Saint), né près de Dijon (1091-1153), moine de Cîteaux, fonda Clairvaux, joua un rôle important dans les conciles, les querelles des rois et des papes, prêcha la 2ᵉ croisade en 1146. Il a laissé des lettres, des sermons, etc. Voy. Bénédictin.

BERNARD, duc de Saxe-Weimar, grand capitaine (1604-1639), conquit, dans la guerre de Trente ans, l'Alsace pour la France.

BERNARD (Samuel), financier célèbre sous Louis XIV et Louis XV (1651-1739).

BERNARD, poète français, connu sous le nom de *Gentil Bernard* (1710-1775).

BERNARD (Charles de), littérateur français, auteur de nouvelles et de romans (1806-1850).

BERNARD (Claude), célèbre physiologiste français (1813-1878), l'un des plus grands esprits dont s'honore la science française, aussi remarquable par ses admirables travaux scientifiques que par la profondeur de ses vues philosophiques. Il est l'un des fondateurs de la méthode expérimentale en physiologie. On lui doit, entre autres découvertes, celle de la *fonction glycogénique du foie*, c.-à-d. de la propriété qu'a le foie de transformer en sucre certains principes amylacés contenus dans le sang. Tout en répudiant l'ancien *vitalisme* et la *force vitale*, telle qu'elle avait été comprise autrefois, Claude Bernard croyait que les seules actions physiques sont impuissantes à expliquer la vie. Il voyait dans chaque être organisé, dans chaque organe, un dessein préétabli suivant lequel se succédaient les phénomènes produits par les forces physiques. Il admettait ainsi une sorte de force vitale ayant un caractère *législatif* et non *exécutif*, c.-à-d. dirigeant des phénomènes qu'elle ne produit pas, tandis que les agents physiques produisent des phénomènes qu'ils ne dirigent pas.

BERNARDIN (Saint), religieux. Sienne (1380-1444).

BERNARDIN DE SAINT-PIERRE, littérateur français, né au Havre en 1737, mort en 1814. Auteur de *Paul et Virginie* et de la *Chaumière indienne*.

BERNARDIN, INE. s. Religieux, religieuse de l'ordre de Saint-Bernard. Voy. Bénédictin.

BERNARDINO (Le), passage des Alpes centrales, qui unit Coire à Bellinzona.

BERNARD-L'HERMITE. s. m. T. Zool. Espèce de crustacé macroure. Emprunte pour habitation des coquilles qui ne lui appartiennent pas et qu'il change à mesure qu'il grossit. Voy. Décapodes et Pagure. [Plur. *Des Bernard-l'Hermite.*]

BERNAUDOIR. s. m. Panier d'osier où l'on met les brins qui tombent de la laine battue sur la claie.

BERNAY, ch.-l. d'arr. (Eure), 8,000 hab.

BERNE. s. f. (vx fr. *berne*, étoffe de laine grossière). Espèce de jeu où quatre personnes, tenant les quatre bouts d'une couverture, mettent quelqu'un au milieu, et le font sauter en l'air. *Cela mérite la b.* Vx.
Mar. — Dans le langage des marins, *Mettre le pavillon en berne*, c'est attacher le pavillon à sa hampe de manière que ses plis, retenus de distance en distance par des liens, ne puissent pas se développer au souffle du vent. La pointe inférieure seule flotte librement. Le pavillon mis en b. est un signal de détresse commun à toutes les nations maritimes : c'est l'expression d'un pressant besoin de secours. Un navire de commerce en détresse met simplement son pavillon en b.; un navire de guerre fait le même signal, mais en l'assurant d'un coup de canon. Tout capitaine de navire doit se porter immédiatement au secours du bâtiment, quel qu'il soit, qui a mis son pavillon en b. Ce signal est encore usité comme marque de deuil : ainsi un navire qui a perdu son capitaine met son pavillon en b. Enfin, les navires de commerce s'en servent pour demander un pilote, et, lorsqu'ils sont en partance, pour rappeler à bord leur équipage.

BERNE, le plus vaste des cantons de la Suisse, 532,164 h.;

ch.-l. Berne sur l'Aar, cap. de la Confédération, à 573 kil. de Paris, 44,087 hab. Nom des hab., Bernois, oise.

BERNEMENT. s. m. Action de berner; manière dont on berne quelqu'un. Fam.

BERNER. v. a. (R. *berne*). Faire sauter quelqu'un en l'air, au moyen d'une couverture. Fam. || Fig. et fam., Se moquer de quelqu'un, le tourner en ridicule. *On l'a berné toute la soirée.* = Berné, ée. part.

BERNEUR. s. m. Celui qui berne, au prop. et au fig. *Je me moque de la berne et des berneurs.* Fam.

BERNICLE. s. f. T. Ornith. Espèce d'oie, dite vulgairement cravan. || T. Zool. Sorte de coquille univalve. || Sornettes, vaines paroles. Vx.

BERNINI, dit le *cavalier Bernin*, statuaire, architecte italien (1598-1680), auteur de la colonnade de la place Saint-Pierre à Rome.

BERNIQUE. Terme adverbial qui se dit dans le cas où les espérances de quelqu'un sont déçues. *Je croyais le trouver encore chez lui; mais b.* Pop.

BERNIS (Cardinal de), homme d'État remarquable et petit poète français (1715-1794).

BERNOULLI (Jacques) (1654-1705); (Jean), frère du précédent (1667-1748); (Daniel, fils de Jean) (1700-1782), célèbres géomètres suisses.

BÉROALDE DE VERVILLE, philosophe et mathématicien français connu par sa satire : *Le moyen de parvenir* (1558-1612).

BEROË. s. m. (nom mythol.). T. Zool. Genre de *Zoophytes*. Voy. Acalèphes.

BÉRON. s. m. T. Techn. Endroit du sommier inférieur d'un pressoir à huile par où le liquide s'écoule.

BÉROSE, historien chaldéen (300 av. J.-C.).

BÉROT. s. m. Sorte de petite voiture.

BERQUIN (Louis de), gentilhomme de l'Artois, né vers 1490, brûlé comme hérétique en 1529.

BERQUIN, écrivain français, auteur de nombreux ouvrages pour l'enfance (1749-1791).

BERQUINADE. s. f. Ouvrage écrit pour la jeunesse, à l'imitation des écrits simples et naïfs de Berquin.

BERRE, ch.-l. de c. (Bouches-du-Rhône), arr. d'Aix, 1,700 hab.; port sur l'étang de Berre, qui communique avec la Méditerranée.

BERRET. s. m. Voy. Béret.

BERRIAT-SAINT-PRIX, jurisconsulte et littérateur français (1769-1845).

BERRICHON. adj. Qui appartient au Berry. *Des moutons berrichons.*

BERRY ou **BERRI**, anc. prov. de France, achetée par Philippe Iᵉʳ en 1101 (a formé les dép. du Cher et de l'Indre); cap. *Bourges*. Nom des hab. Berrichon, onne.

BERRY (Jean de France, duc de) (1340-1416), 3ᵉ fils du roi Jean, fut pris à Poitiers, partagea ensuite le pouvoir avec son frère Philippe, duc de Bourgogne, pendant la folie de son neveu Charles VI.

BERRY (Charles, duc de), petit-fils de Louis XIV, 3ᵉ fils du grand Dauphin, épousa l'aînée des filles du duc d'Orléans.

BERRY (Charles-Ferdinand, duc de) (1778-1820), 2ᵉ fils du comte d'Artois (Charles X), fut assassiné par Louvel, le 13 février 1820; il eut de la princesse Caroline de Naples un fils posthume, le duc de Bordeaux ou comte de Chambord, héritier de la couronne de France d'après les principes de l'ancienne monarchie, et désigné, par ses partisans, sous le nom d'Henri V ; né le 29 septembre 1820 et mort sans postérité le 24 août 1883.

BERRYER (Pierre-Antoine), avocat et grand orateur du parti légitimiste (1790-1868).

BERS. s. m. pl. Les ridelles d'une charrue.

BERSAGLIER. s. m. (ital. *bersagliere*, tirailleur). Soldat de l'armée italienne.

BERSOT (Ernest), philosophe français (1816-1880).

BERT (Paul), physiologiste et homme politique français, né à Auxerre en 1833, mort au Tonkin en 1886.

BERTAUT, poète français, auteur d'élégies, de pastorales et de cantiques imités des psaumes ; évêque de Séez (1552-1611).

BERTAVELLE. s. f. (bas-lat. *bertavellus*). T. Pêche. Sorte de filet ; nasse de jonc. || T. Ornith. Sorte de perdrix.

BERTHE. s. f. Petite pèlerine se mettant comme garniture en haut d'un corsage décolleté.

BERTHE, nom de plusieurs reines de France, entre autres *Berthe au grand pied*, mère de Charlemagne, et *Berthe*, femme du roi Robert.

BERTHET (Élie), romancier français (1815-1891).

BERTHIER, maréchal de France, prince de Wagram (1753-1815).

BERTHOLLET, savant chimiste français (1748-1822). On lui doit la découverte des propriétés décolorantes du chlore et leur application au blanchiment des toiles, celle de l'argent fulminant, de la poudre détonante du chlorate de potasse, l'emploi du charbon pour purifier l'eau, et la formule des lois de la double décomposition des sels. || *Lois de Berthollet*. Voy. Sel.

BERTHOLLETIA. s. m. T. Bot. Genre de plantes dédié à Berthollet, famille des *Myrtacées*. Voy. ce mot.

BERTHOUD, célèbre horloger (1727-1807).

BERTILLON (Louis-Adolphe), médecin et statisticien français (1821-1883).

BERTIN (Jean-Victor), peintre paysagiste français (1775-1841).

BERTIN (Louis-François), dit Bertin l'aîné, publiciste, fonda le journal des *Débats* (1766-1841). Son frère, Bertin de Vaux (1771-1842), l'aida dans la direction de ce journal ; Armand Bertin, fils de Bertin l'aîné, prit la direction des *Débats* à la mort de son père (1841-1854).

BERTINCOURT, ch.-l. de c. (Pas-de-Calais), arr. d'Arras, 1,000 hab.

BERTON, compositeur français (1766-1844).

BERTRAND (Comte), général français, compagnon d'exil de Napoléon (1773-1844).

BERTRAND DE MOLLEVILLE, ministre de la marine sous Louis XVI (1744-1818).

BÉRUBLEAU. s. m. T. Minér. Vert de montagne, silicate de potasse et de fer.

BÉRULLE (Pierre de), cardinal français, fonda la congrégation de l'Oratoire (1575-1629).

BERWICK, l'un des 33 comtés de l'Écosse.

BERWICK (Fitz-James, duc de), maréchal de France (1670-1734).

BÉRYL ou **BÉRIL**. s. m. (gr. βήρυλλος, m. s.). T. Min. Variété d'émeraude dont la coloration verte n'est pas très belle et qui est peu estimée dans le commerce. Voy. Émeraude.

BÉRYLLÉ, ÉE. adj (R. *béryl*). T. Phys. *Réfraction b.*, Double réfraction où le rayon extraordinaire est situé entre l'axe et le rayon ordinaire, comme dans le *Béryl*.

BERZÉLITE. s. f. (R. *Berzélius*, chimiste). Substance minérale qui raye fortement le verre et étincelle sous le choc du briquet. C'est un oxychlorure de plomb $Pb^3 O^2 Cl^2$.

BERZÉLIUS, célèbre chimiste suédois (1779-1848).

BERZIN. s. m. Membre d'une secte de mahométans qui fut fondée en Perse et qui prétend suivre les rites établis par Abraham.

BESACE. s. f. (lat. *bis*, *saccus*, double sac). Sorte de sac ouvert par le milieu et fermé par les deux bouts, en sorte qu'il forme deux poches. *Il s'en est retourné la b. vide*. || Fig. et fam. *Être réduit à la b.*, Être tout à fait ruiné. *Réduire quelqu'un à la b*, Le réduire à la mendicité. — *Il en est jaloux comme un gueux de sa b.*, Il y est fort attaché, il y tient beaucoup.

BESACIER. s. m. Qui porte une besace. Fam. et se dit par mépris.

BESAIGRE. adj. 2 g. Se dit du vin qui tourne à l'aigre. || Subst. *Ce vin tourne au b.*

BESAIGUË. s. f. (lat. *bis*, deux fois ; *acutus*, aigu). T. Techn. Outil de fer taillant par les deux bouts, dont l'un est en bec d'âne, et l'autre en ciseau ; il a une poignée de fer au milieu. *Les charpentiers se servent de la b. pour faire des tenons et des mortaises, et pour équarrir les pièces de bois.* || T. Art milit. Arme d'hast dont le fer était en forme de serpe ou de faux, dont on se servait au moyen âge.

BESAINE. s. f. Boulet en pierre lancé par la poudre à canon au XVe siècle.

BESANÇON (*Vesontio* et *Bisontium*), ch.-l. du dép. du Doubs ; place forte ; archevêché ; patrie de Ch. Nodier, Moncey, Victor Hugo, 56,000 hab. Nom des hab. : Bisontin, ine.

BESANT ou **BEZANT**. s. m. T. Numism. et Blas. *Besant* est le nom d'une ancienne monnaie, ainsi appelée parce qu'elle fut d'abord frappée à Byzance, c.-à-d. à Constantinople. Les besants étaient le plus souvent d'or très pur, et, lorsqu'on parle simplement d'un b., on entend toujours une monnaie d'or. La valeur de cette monnaie a beaucoup varié : ainsi, il y a des besants d'or du poids de 1 gram. 295 milligr. valant environ 4 fr. 40 cent. de notre monnaie, et il y en a d'autres qui ne valent pas plus de 1 fr. 5 cent.

On prétend qu'à leur retour des croisades, plusieurs chevaliers avaient cloué sur leur écu de véritables besants d'or, comme pour témoigner qu'ils avaient pris part à ces grandes expéditions. De là, dit-on encore, le b. passa dans le langage symbolique du blason. Quoi qu'il en soit, on donne, dans l'art héraldique, le nom de b. à une pièce ronde et toujours de métal (or ou argent) et toujours posée sur couleur Ainsi, par ex., Rieux d'Acerac porte d'azur à dix besants d'or posés 3, 3, 3 et 1 (Fig. 1) ; il y a encore dans le blason une figure qui est tout à fait l'inverse du b. : c'est le *Tourteau*. Ce dernier est une pièce ronde comme le b. ; mais elle est de couleur et se pose sur champ de métal. Courtenay, par ex., porte d'or à trois tourteaux de gueules (Fig. 2). — Ces deux pièces, le b. et le tourteau, en se combinant ensemble, ont donné

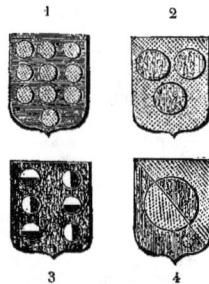

naissance à deux nouvelles figures héraldiques, le *Besant-tourteau* et le *Tourteau-besant*, qui toutes deux sont mi-parties métal et couleur. Ce qui les distingue l'une de l'autre, c'est que la première commence par le métal et la seconde par la couleur. FUENSALIDA, en Espagne, porte de gueules à six besants-tourteaux d'argent et de sable posés 2, 2, 2; le premier et le troisième à dexir· et le second à senestre coupés; les trois autres partis (Fig. 3). Enfin, NAXI, à Venise, porte tranché d'or et de gueules au tourteau-besant sur le tout, tranché de l'un en l'autre (Fig. 4).

BESANTÉ, ÉE. adj. (de *besant*). T. Blas. Chargé de besants, en parlant d'une pièce.

BESAS. s. m. (lat. *bis*, deux). T. Jeu. Le même que *Beset*, qui est plus usité.

BESCHOIS. s. m. (R. *bec*). T. Ornith. Nom vulg. du pic-vert.

BÉSEAU. s. m. T. Agric. Tranchée ou rigole pour étendre une irrigation.

BESENGE. s. f. T. Ornith. Mésange charbonnière.

BESET. s. m. (lat. *bis*, *as*; double as). T. Trictrac. Se dit du coup de dés qui amène deux as. On dit aussi *ambesas*.

BESI. s. m. T. Hort. Nom donné à diverses espèces de poires. *B. Chaumontel. B. de la Motte.*

BESICLES. s. f. pl. (de l'ancien mot wallon *béricle* [comme de *chaire* on a fait *chaise*], venant de *beryllus*, *béryl*, pierre verte transparente dont on se servait au moyen âge). Lunettes qui se posent sur le nez ou qui se fixent à la tête au moyen de branches. Voy. LUNETTES. || Fig. et fam. *Mettez vos b.*, Examinez attentivement, ou prenez garde. *Vous n'avez pas bien mis vos b.*, Vous n'avez pas fait assez d'attention.

BESIER. s. m. (*bési*). Un des noms vulgaires du poirier sauvage).

BÉSIGUE. s. m. Jeu de cartes analogue à la brisque et au mariage qui se joue avec plusieurs jeux. On dit aussi *besy*.

BESLÉRIE. s. f. (R. *Besler*, nom d'un botaniste allemand). T. Bot. Genre de plantes de la famille des *Gesnéracées*.

BESOCHE. s. f. Pioche dont l'extrémité est élargie et qui sert surtout à faire les trous destinés à la plantation des arbres.

BESOGNE. s. f. (peut-être une autre forme de *besoin*; on écrivait autrefois *besoigne*. On a aussi indiqué l'all. *besoyen*, soigner, pourvoir à). Travail, ouvrage, action par laquelle on fait une œuvre. *J'ai beaucoup de b. Je vais à ma b. Faire, quitter sa b. Être assidu à la b.* — *B. de commande*, Travail qui doit être exécuté au gré de celui qui l'a commandé. *B. d'affection*, Travail que l'on a choisi et que l'on exécute à sa fantaisie. — *Être âpre à la b. mou à la b.*, se dit du degré d'activité que quelqu'un met à son travail. — Prov., *Ne songer qu'à sa b. Être tout à sa b.*, S'appliquer uniquement au travail dont on est chargé, s'occuper exclusivement de sa profession. — *Aller vite en b.*, Être expéditif, ou agir avec précipitation. — Fig. *Donner, tailler de la b. à quelqu'un*, Lui donner de la peine, lui susciter des difficultés, des embarras. || Résultat du travail, produit. *Voilà de la bonne b. B. délicate, grossière, bien faite.* — Prov., *Aimer b. faite*, N'aimer pas à travailler. — *S'endormir sur la b.*, au fig., Travailler avec nonchalance. — *Faire plus de bruit que de b.*, S'agiter beaucoup pour faire peu de chose, ou avoir plus de paroles que d'effet. — *Selon l'argent la b.*, Le travail est fait selon le prix qu'on le paie. — *Faire de bonne, de mauvaise b., de la bonne, de la mauvaise b.*, se dit du résultat du travail, selon qu'il est satisfaisant ou qu'il ne l'est pas — Fig. et iron., *Vous avez fait la une belle b.*, se dit à quelqu'un qui a gâté l'affaire dont il s'est mêlé. || Sorte de grand bateau appelé aussi *bateau foncet*.

BESOGNER. v. n. Faire une besogne, faire de la besogne. *Nous avons bien besogné*. Fam. et vx.

BESOIGNEUX, EUSE. adj. [Pr. *be-zo-gneu*] (R. *besoin*). Qui est dans le besoin, dans la gêne. Fam.

BESOIN. s. m. (R. *bes*, préfixe péjoratif commun aux langues romanes, et *soin*, mauvais soin, gêne?). Privation, manque d'une chose nécessaire ou crue telle, avec désir de la posséder. *Il a b. d'argent. Exposez franchement vos besoins.* — Fam., *Cela me fait b., bien b.*, Cela me manque, me serait fort utile, nécessaire. Se dit même d'une personne. *Son mari est en voyage, il lui fait bien b. dans cette affaire.* — Par ext., signifie aussi indigence, dénuement. *Être dans le b. Assister quelqu'un dans son b.* || Se dit de la sensation ou du sentiment qu'éprouve l'homme par rapport à certaines choses qui lui sont nécessaires pour accomplir certaines fonctions, ou pour remplir sa destination. *Besoin physique. Besoins naturels. Les besoins du corps. Sentir, éprouver des besoins. B. impérieux. Le b. de respirer, de manger. Il a b. de faire de l'exercice. Les besoins de l'âme, de l'esprit, du cœur. Les besoins moraux. Le b. d'aimer, de connaître. J'ai b. d'étudier cette question. Besoins factices. Les besoins de la vanité.* — On dit de même, *Les besoins de la société, de l'État. Tout État a b. d'ordre et de sécurité.* || S'emploie dans une acception plus limitée en parlant des animaux. *L'animal a des besoins physiques. Ce cheval a b. de se reposer. Le chien a b. de s'attacher à un maître.* — Est encore usité en parlant des plantes, et, par ext, en parlant des choses inanimées. *Cette plante a b. de chaleur, d'humidité. La terre a b. de pluie. Ce meuble a b. d'être réparé. Ma maison a b. d'être badigeonnée.* || Besoin, se prend absol. pour b. de manger. *Nous étions épuisés de fatigue et de b.* — S'emploie de même pour signifier un b. d'excrétion. *Il lui a pris un b. Un b. pressant. Faire ses besoins.* On dit aussi dans le même sens *B. naturel.* || Se dit des objets et des choses qui sont nécessaires, utiles ou propres à la satisfaction d'un b. *L'exercice est un b. pour lui. Le tabac est devenu pour lui un b. L'étude est un b. pour lui. La stabilité est un des premiers besoins d'un État. Il n'a pas b. de nos conseils.* || *Avoir b. de*, suivi d'un v., sign. Être dans la nécessité, dans l'obligation de. *J'ai b. de me rendre à Paris, mes affaires m'y appellent. Je n'ai pas b. de vous demander le secret.* — *Avoir b.*, Avoir une envie extrême, un désir immodéré de... *Il faut avoir bien b. de se faire remarquer, pour*, etc. || Impersonnell., *Qu'est-il b. de? Qu'est-il b. que? Qu'est-il nécessaire de? Qu'est-il nécessaire que?...* Quand on n'interroge pas, il ne se dit guère qu'avec la négative. *Il n'est pas b. de... Il n'est pas b. que... Point n'est b. de...* ou *que...* == AU BESOIN, loc. adv., Lorsque le b. se fait ou se fera sentir; en cas de nécessité. *On connaît ses amis au b. Au b. nous en ferons usage.*

Philos. — Les besoins auxquels l'homme paraît si impérieusement soumis sont de deux sortes : 1° Les besoins naturels ou physiologiques dont la satisfaction est nécessaire à la vie de l'individu et de l'espèce; 2° les besoins factices ou sociaux, produits de l'habitude et de la civilisation. Les premiers sont fort peu nombreux et se réduisent à 9 : 1° besoin de respirer, 2° soif, 3° faim, 4° b. d'uriner, 5° b. de défécation, 6° b. de repos et de sommeil, 7° appétit sexu·l, 8° b. d'activité musculaire, 9° b. d'activité cérébrale. Au contraire, les besoins factices sont innombrables, mais ils acquièrent par l'habitude un caractère presque aussi impérieux que les premiers. Aussitôt que tous les besoins d'un homme sont satisfaits, il s'empresse de s'en créer de nouveaux, de sorte que quelques-uns restent nécessairement sans satisfaction : quelle que soit sa condition sociale, l'homme dont tous les besoins sont satisfaits est extrêmement rare. Certains moralistes ont critiqué amèrement cette tendance de l'homme à multiplier indéfiniment ses besoins; frappés des maux qu'elle engendre, ils ont méconnu les bienfaits dont elle est la source, et sont tombés dans une erreur fréquente : celle de vouloir changer la nature de l'homme au lieu de l'accepter telle qu'elle est et de la diriger le mieux possible. Il ne faut pas oublier que cette tendance à la multiplication indéfinie des besoins est un des caractères qui distinguent le mieux l'homme de l'animal et la première source du progrès social et industriel par l'activité et l'effort qu'elle détermine chez l'individu pour leur satisfaction. Du reste les besoins factices restent dans une large mesure soumis à l'action de la volonté : il dépend de nous de leur laisser prendre plus ou moins d'empire sur la conduite de notre vie. L'habitude joue en cette matière un rôle considérable; les conditions sociales y ont également une grande importance. Ce que la morale la plus austère peut réclamer, ce n'est pas l'annihilation des besoins factices qui détruirait le principal moteur de l'activité humaine, c'est leur gouvernement par la volonté sous le contrôle de la raison. Il ne faut pas devenir l'esclave de ses besoins; il faut savoir ne pas désirer ce qui est inaccessible; il ne faut pas se laisser aller à certaines habitudes dont on ne pourrait ensuite se défaire qu'avec beaucoup de souffrance et au prix d'un effort de volonté dont on est peut-être incapable. La sagesse vulgaire et la morale la plus élevée sont d'accord pour enseigner qu'on doit limiter ses besoins à ses ressources. Il faut aussi reconnaître que les discussions sur ce sujet ont été beaucoup obscurcies par le sens un peu vague du mot b. Si par b. on entend une nécessité inéluctable qui pousse l'individu à certaines actions en détruisant son libre arbitre, ou un désir tellement ardent que son absence de satisfaction compromettrait les facultés, et peut-être la vie de l'homme, sans aucun doute tous les besoins factices doivent être condamnés; mais si l'on comprend sous le nom de b. tous ces désirs plus ou moins vifs de bien-être, d'amélioration de notre condition matérielle ou intellectuelle, qui sont le fond de notre vie sociale, on peut sans danger leur faire une part légitime pourvu qu'on n'en cherche jamais la satisfaction que par des moyens honnêtes, et qu'on sache y renoncer sans amertume, si l'adversité nous oblige à quelque sacrifice, malgré la douleur très réelle qu'il y a à modifier des habitudes acquises. En un mot, tous les désirs honnêtes sont permis pourvu qu'on ne les transforme pas en besoins dans le sens rigoureux du mot.

BESON. s. m. Ancienne mesure de capacité pour les liquides.

BESSARABIE. prov. de la Russie méridionale, cap Kichenev. Grande production de blé, de maïs et de fruits.

BESSARION (Cardinal), patriarche de Constantinople, m. en 1472.

BESSE, ch.-l. de c. (Puy-de-Dôme), arr. d'Issoire, 1,800 hab.

BESSE, ch.-l. de c. (Var), arr. de Brignoles, 1,200 hab.

BESSÈGES, ch.-l. de c. (Gard), arr. d'Alais, 8,700 hab. Mines de houille et de fer.

BESSEL (Frédéric-Guillaume), célèbre astronome allemand (1784-1846).

BESSEMER (Henry), ingénieur anglais, auteur d'une méthode spéciale de fabrication de l'acier (1813-1893).

BESSIÈRES, maréchal de France, duc d'Istrie (1768-1813).

BESSIN, petit pays de Normandie (Calvados et Manche).

BESSINES, ch.-l. de c. (Haute-Vienne), arr. de Bellac, 2,800 hab.

BESSOIR. s. m. Réservoir pour les eaux extraites des trous de sonde.

BESSON, ONNE. adj. (lat. bis, deux fois). Jumeau, l'un des deux enfants d'une même couche. Vx.

BESSUS, satrape de Bactriane, l'un des meurtriers de Darius III Codoman.

BESTIAIRE. s. m. (lat. bestiarius, m. s.; de bestia, bête). T. Antiq. Celui qui était destiné à combattre dans le cirque contre les bêtes féroces.

BESTIAL, ALE. adj. (lat. bestia, bête). Qui tient de la bête, qui appartient à la bête. Physionomie bestiale. Fureur bestiale.

BESTIALEMENT. adv. En vraie bête. Vivre b.

BESTIALITÉ. s. f. État d'un homme qui est dégradé au point de ne plus avoir que les grossiers instincts de l'animal. || Union charnelle de l'homme ou de la femme avec un animal. La b. était punie de mort chez les Hébreux.

BESTIASSE. s. f. (R. bête). Pécore, personne dépourvue d'esprit, de bon sens. C'est une b. Injurieux et pop.

BESTIAUX. s. m. pl. Voy. Bétail.

BESTIOLE. s. f. (lat. bestiola; dimin. de bestia, bête). Petite bête || Fig. et fam., se dit des enfants, des jeunes personnes qui ont peu d'intelligence, peu d'esprit.

BESTION. s. m. (Dimin. de bête). Petite bête. || Ancienne Mar. Le bec de la proue.

BESTOURNÉ ou **BÉTOURNÉ.** adj. Mal tourné, tourné en sens contraire du sens ordinaire. Le peuple de Paris avait donné cette qualification à l'église Saint-Benoît, non parce qu'elle n'était pas orientée, mais parce que son autel était placé à l'extrémité occidentale de la nef au lieu d'être placé à l'extrémité orientale. Cette incorrection disparut au XIVe siècle, et on appela dès lors cette église « à bien tournée ».

BESY. Voy. Besigue.

BÊTA. Deuxième lettre de l'alphabet grec (β).

BÊTA. s. m. (R. bête). Se dit de quelqu'un qui est très bête. C'est un gros b. Fam.

BÉTAIL. s. m. coll., qui fait Bestiaux au pluriel (lat. bestialis, qui a rapport aux bêtes). Troupeau de bêtes à quatre pieds, qu'on mène paître, comme : vaches, brebis, chèvres, cochons. Ne se dit guère que de ces sortes d'animaux. Gros b., Les animaux de l'espèce bovine. Menu b., Les brebis, chèvres, et autres. Il est chargé du soin du b. Ce fermier a perdu tous ses bestiaux.

BÉTAÏNE. s. f. (R. Beta, nom scientifique de la betterave). Alcaloïde contenu dans la racine de la betterave (Beta vulgaris). On peut l'extraire du suc de cette racine ou des mélasses récentes de betterave. Elle est identique à l'oxynévrine obtenue par l'oxydation ménagée de la névrine. Elle se produit aussi en faisant réagir l'iodure de méthyle sur le glycocolle, ou en chauffant de l'acide trichloracétique avec de la triméthylamine en vase clos. — La b. se présente en gros cristaux déliquescents, très solubles dans l'eau. Elle ne colore pas le tournesol, mais elle se combine avec les acides en donnant des sels cristallisés. La chaleur la décompose en donnant de la triméthylamine; cette décomposition pyrogénée produit la plus grande partie de la triméthylamine qui se forme dans la distillation des mélasses et de l'industrie extrait des vinasses de betteraves.

La b. est un alcaloïde à constitution spéciale qu'on peut regarder comme l'anhydride d'un amino acide : elle correspond à un hydrate d'ammonium quaternaire

$$(CH^3)^3 : Az \diagdown \begin{matrix} CH^2CO^2H \\ OH \end{matrix}$$

qui contient un groupe acide CO^2H, et qui, en perdant de l'eau,

$$CH^2 - CO$$

engendre la b. $(CH^3)^3 : Az - \dot{O}$.

On connaît une série de bases possédant la même constitution et auxquelles on a donné le nom générique de Bétaïnes. L'azote peut y être remplacé par le phosphore; on les appelle alors Phosphobétaïnes.

BÉTAULE. s. f. Huile concrète que l'on tire d'un palmier d'Afrique.

BÊTE. s. f. (lat. bestia, m. s.). Animal privé de raison. B. à quatre pieds. B. brute. B. féroce, sauvage, farouche, privée. B. à cornes. B. à laine. B. à poil. B. de charge, de somme, de voiture. Apprivoiser une b. sauvage. Troupeaux de bêtes. || B. épaulée, B. de trait ou de somme qui n'est plus en état de servir; et fig., Personne sans intelligence, qui n'est bonne à rien. || Fig. et prov., Remonter sur sa b., Recouvrer l'avantage ou le bien qu'on avait perdu, être rétabli dans son emploi. || Fig. et prov., Morte la b., mort le venin; Un ennemi mort ne peut plus nous faire de mal, ou bien quand celui qui nous a offensé ne vit plus, notre ressentiment doit s'éteindre. || Fig. et prov., Vivre en b., mourir en b. Vivre et mourir sans aucun sentiment de religion. C'est la b. noire, C'est un homme généralement haï. C'est ma b. noire, ma b. d'aversion, ou simplement, C'est ma b., se dit d'une personne pour laquelle on a beaucoup d'aversion. Cette locution tire son origine de superstitions relatives à des chiens noirs, chevaux noirs, et qui jouaient un rôle dans les actes de sorcellerie. — C'est une fine, une maligne b., C'est une per-

82

sonne rusée, dissimulée, artificieuse. — *C'est une bonne b.*, se dit d'une personne d'un bon naturel, mais de peu d'esprit. || T. Vén. *Bête* se disait absol. pour désigner le cerf, le sanglier, le daim, ou tout autre animal qu'on chasse à cor et à cri. *Relancer la b. La b. est dans les filets, dans les toiles. Bêtes fauves,* Les cerfs, chevreuils, et daims. *Bêtes noires,* Les sangliers. *Bêtes puantes,* Les renards, blaireaux, putois, etc. *Bêtes de compagnie,* Jeunes sangliers qui vont encore par troupe. — Fig. et fam., *La b. est dans nos filets,* Nous nous sommes rendus maîtres de telle personne, ou elle a donné dans le piège qu'on lui avait tendu. || Fig. et fam., *Personne qui a peu de bon sens ou d'esprit. C'est une b., une grosse b., une petite b., une sotte b., une vraie b. de somme.* — *C'est la b. du bon Dieu,* se dit d'une personne qui pousse la bonté et la crédulité jusqu'à la bêtise. — *Faire la b.,* Affecter d'être sot ou stupide; faire semblant de ne pas comprendre pour avoir un motif de ne point répondre; refuser, par modestie ou par susceptibilité, quelque chose d'avantageux. *N'allez pas faire la b., vous ne retrouverez pas une pareille occasion.* || T. Zool. *B. à Dieu* ou *B. à Martin,* Les coccinelles. *B. à feu,* Les lampyres, fulgores, et autres insectes qui répandent dans l'obscurité un éclat phosphorescent. *B. de la mort,* La blaps mucronée. *B. noire,* Le ténébrion des boulangers, la blatte des cuisines, le grillon domestique. *B. puante,* La moufette. *B. rouge,* La tique ou puce pénétrante. || Espèce de jeu de cartes, auquel on joue à trois, à quatre ou à cinq personnes. — Se dit, à différents jeux, de la somme que l'on dépose quand on a perdu un coup, et qui doit appartenir à celui qui gagnera le coup suivant ou l'un des coups suivants. *Faire la b.,* Perdre le coup qui, d'après les règles du jeu, exige qu'on mette une b. *Mettre sa b.,* La déposer. *Tirer, gagner la b.,* Gagner le coup, lorsqu'il y a une b. sur jeu. = **Bête.** adj. 2 g. Stupide, sot. *Il est b. à manger du foin.* || Se dit en parlant de la conduite, des manières. *Un propos b. Une conduite b. Ce qu'il vient de dire est bien b. Il écoutait d'un air b.* || Prov., *Pas si b.,* Je ne suis pas assez sot pour faire telle ou telle chose. = Syn. Voy. Animal.

BÉTEL. s. m. (mot indien). T. Bot. Le *Bétel* (*Chavica betle*, Miq.; *Piper betle* L.) est une plante grimpante de la famille des *Pipéracées,* qui paraît originaire de l'archipel de la Malaisie, mais que la culture a répandue dans toutes les Indes orientales, où elle est connue sous le nom de *Sirih.* Ses feuilles ressemblent assez à celles du Citronnier, si ce n'est qu'elles sont plus longues et plus pointues. Lorsqu'elles commencent à jaunir, on les cueille et on les réunit en paquets de vingt à trente, qui se vendent journellement dans les rues et sur les marchés. Elles ont une saveur chaude et amère. Ces feuilles forment l'un des principaux ingrédients d'un masticatoire extrêmement usité dans toute la Malaisie et dans l'Inde entière. Ce masticatoire, appelé *Siri-daun* dans l'Inde et *Siri-pinang* dans la Malaisie, a reçu des Européens celui de *Bétel.* On le prépare avec la feuille du B., la noix d'*Arec,* fruit d'une espèce de palmier appelé *Pinang* par les Malais (*Areca oleracea* des bot.), et de la chaux éteinte (*Chunam*) obtenue en calcinant des coquillages. Souvent, la feuille du B. est remplacée par la feuille ou les chatons du *Chavica siriboa.* — Voici ce que dit Marsden de l'usage de ce masticatoire : « Soit dans le but d'émousser les impressions ou des idées pénibles, soit par l'aversion que l'homme éprouve naturellement pour une inaction absolue, un grand nombre de nations ont adopté la coutume de se soumettre, par la mastication ou autrement, à l'action de certaines substances jouissant de propriétés stimulantes et enivrantes. Les habitants de l'Amérique du Sud mâchent la *Coca* ou le *Manheco;* les peuples orientaux, le B. et l'*Arec.* Cette coutume est universelle chez les Malais, qui portent constamment sur eux les ingrédients de cette drogue, et en offrent à tout propos à leurs amis et à leurs hôtes. Le prince la porte dans une boîte d'or, le riche dans une boîte d'argent, le pauvre dans une boîte de cuivre. Ces boîtes sont de forme hexagonale, ont 12 à 15 centimètres de diamètre et sont divisées en compartiments où l'on place la noix d'Arec, la feuille de B. et le *Chunam.* Il y a aussi des places pour ranger les instruments qui servent à couper l'Arec et le B., et la spatule qui sert à étendre le Chunam. Lorsque deux personnes de connaissance se rencontrent, elles commencent par se saluer; puis, elles s'offrent le B. en signe de politesse, ou comme un acte d'hospitalité. Le refuser le B ou le refuser serait une offense. Quand un individu d'une classe inférieure a affaire à une personne d'un rang plus élevé, il commettrait aussi une offense s'il lui adressait la parole avant d'avoir mâché le B. Toute la préparation consiste à étaler un peu de chaux sur une feuille de B., et ensuite à plier dans la feuille une tranche de noix d'Arec. Par la mastication, ce mélange fournit un suc qui donne à la salive une couleur rouge éclatante, laquelle se communique à la bouche et aux lèvres; mais, sans l'addition du Chunam, cette coloration ne se produirait pas. Du reste cette couleur rougeâtre des lèvres est regardée comme fort gracieuse; en outre, l'haleine acquiert une odeur agréable. Le suc, après la première fermentation produite par la chaux, est ordinairement, mais non pas toujours, avalé par l'individu qui mâche cette préparation. On pourrait supposer que l'introduction dans l'estomac d'un liquide pareil doit être préjudiciable aux voies digestives; cependant l'expérience prouve qu'il n'en est rien. Les individus âgés ont généralement les dents vacillantes dans leurs alvéoles; néanmoins je ne pense pas que les dents elles-mêmes soient affectées par l'usage du B.; car, malgré cela, leurs dents restent admirablement blanches jusqu'à ce qu'on se donne le soin de les gâter en les teignant en noir. Les personnes qui ne sont pas habituées au B. éprouvent des étourdissements et des vertiges. Cette préparation enflamme aussi la bouche et l'arrière-gorge, et émousse pour quelque temps la faculté du goût. » — Le B. stimule énergiquement les glandes salivaires, et empêche les sueurs trop abondantes qui sont très débilitantes et dangereuses dans ces régions, où la chaleur est excessive. Malgré les avantages que pourrait présenter l'usage modéré du B., il est évident que son abus doit être nuisible. La plupart des médecins qui ont habité l'Inde pensent que la faiblesse physique des races hindoue et malaise tient en partie à l'abus excessif du B. Beaucoup d'entre eux lui attribuent aussi le mauvais état des dents, très commun chez les deux sexes dans toute l'Asie orientale.

BÉTELGEUSE, nom de l'étoile de première grandeur qui marque l'épaule orientale d'Orion (z). Ce nom vient de l'arabe *Yed-el-djauzâ* « le bras du Géant » ou, peut-être, « de l'Épouse ». On doit donc écrire *Bételgeuse* et non *Betelgeuse.*

BÊTEMENT. adv. En bête. Sottement, stupidement. *Il parle et agit b.* Fam.

BÉTHANCOURT (Jean de), gentilhomme normand, conquérant des îles Canaries, en 1404.

BÉTHANIE, petit bourg près de Jérusalem.

BETHLÉEM, village de Palestine (auj. Beïtlahm, 3,000 hab.) où naquit Jésus-Christ.

BETHMONT (Eugène), avocat et homme politique (1804-1860), ministre de la justice dans le gouvernement provisoire de 1848.

BETHSABÉE, femme d'Urie enlevée par le roi David, qui l'épousa; mère de Salomon.

BÉTHULIE, v. de Palestine que Judith délivra en tuant Holopherne.

BÉTHUNE. ch.-l. d'arr. (Pas-de-Calais), 11,100 hab.

BÉTHUNE-SULLY, ancienne famille française qui a fourni plusieurs personnages distingués, dont le plus célèbre est le grand *Sully,* ministre d'Henri IV. Voy. Sully.

BÉTHYLE. s. m. T. Ornith. Voy. Pie-Grièche. || T. Entom. Genre d'insectes hyménoptères. Voy. Pupivores.

BÉTILLE. s. f. [Pr. les *ll* mouillées]. T. Comm. Sorte d'étoffe de coton blanche ou de mousseline qui se fabrique dans l'Inde. On distingue la B. *simple,* qui est un peu grossière; l'*Organdi,* qui a le grain rond et très fin; et la *Tarlatane,* qui est fort claire.

BÉTIQUE, prov. de l'anc. Espagne (auj. Andalousie).

BÉTIS, nom ancien du Guadalquivir.

BÊTISE. s. f. (R. *bête*). Défaut d'intelligence, de bon sens, de jugement, ou des notions les plus communes. *Il est d'une b. rare. Une chose qui m'humilie profondément, disait Alex. Dumas, est de voir que le génie humain a des limites, quand la bêtise humaine n'en a pas.* || Fam. Se dit des actions et des propos bêtes. *Une grosse b. Il passe son temps à faire et à dire des bêtises.*

Syn. — *Sottise, Stupidité.* — La *bêtise* résulte soit du peu de développement de l'intelligence, soit de l'ignorance; la *sottise* suppose bien un défaut d'intelligence, mais elle tient aussi à un défaut de jugement, à un travers de l'esprit. *Faire et dire des bêtises* ne sont point la même chose que *faire et dire des sottises.* Il y a des *bêtises* qui amusent et font rire. Les *sottises* ennuient et sont parfois insupportables. Les proverbes « Il est plus bête que méchant; Il est si bon qu'il en est bête, » disent assez qu'il vaut mieux avoir affaire à une *bête* qu'à un *sot.* — Le terme *stupidité* exprime la *bêtise* portée au comble. On regarde avec dédain l'individu *stupide*; il serait mieux sans doute de le plaindre.

BÉTOINE. s. f. (lat. *betonica* ou *vetonica,* m. s.; de *Vetones,* peuple de la Lusitanie). T. Bot. Genre de plantes de la famille des *Labiées.*

BÉTON. s. m. (vx fr. *béter,* durcir). T. Maçonn. On nomme *B.* un mélange de mortier hydraulique et de petites pierres ou de pierres concassées. C'est une espèce de maçonnerie à petits matériaux qui se prépare au lieu même où l'on veut l'employer, et qui se solidifie en prenant exactement la forme de l'enceinte où on l'a renfermée. Le b. diffère donc essentiellement des mortiers et des ciments, car il ne sert pas à relier d'autres matériaux de construction : il constitue lui-même le plus solide des matériaux. — Le b. se fabrique de plusieurs manières. Le procédé le plus simple est celui qu'a imaginé l'ingénieur Krantz; il se pratique au moyen d'un appareil dit *Couloir à b.,* qui consiste en une simple caisse rectangulaire, laquelle est formée de madriers jointifs, et renferme une série de plans inclinés en sens inverse. Il suffit de jeter pêle-mêle, par l'ouverture supérieure, les pierres cassées et le mortier; ces matières sont lancées d'un plan incliné sur l'autre et arrivent, parfaitement mélangées, à la partie inférieure. La quantité de pierres qui entre dans la composition du b. varie suivant les résultats que l'on veut obtenir; mais les bons constructeurs pensent qu'il ne faut pas dépasser la limite de deux volumes de pierres pour un de chaux. — Le b. sert de base à toutes les constructions établies soit sous l'eau, soit dans des lieux exposés à l'humidité. Il a la propriété de durcir avec une telle rapidité et il est capable de supporter la maçonnerie 6 à 8 jours après sa mise en place. Mais pour qu'il produise les résultats utiles qu'on en attend, il est indispensable qu'il soit bien *coulé.* Le procédé de coulage le plus usité et le plus sûr est celui dit *Coulage par caisses* ou *par bacs.* Il consiste à descendre le b. sur les points où il doit être déposé, au moyen de caisses de forme et de dimensions appropriées et disposées de manière à pouvoir, par un mouvement de bascule ou par une ouverture *ad hoc,* abandonner, sans secousse, leur charge là où l'on veut qu'elle soit placée. Il faut, en outre, que le b. soit coulé par lits d'une épaisseur considérable, et que la *laitance,* c.-à-d. la chaux pulvérulente qui s'en sépare, soit enlevée avec un soin minutieux. Cette dernière précaution est tellement importante, que s'il restait une certaine quantité de cette substance entre deux coulées successives, il n'y aurait jamais adhérence entre ces deux parties de la masse. — Pour terminer, nous citerons une autre application remarquable du b.; nous voulons parler de la fabrication des pierres artificielles. On fait des caisses de bois à parois mobiles qu'on remplit de b. Ce dernier se solidifie en se moulant sur l'intérieur de la caisse. Aussitôt que sa solidification est complète, on enlève les parois mobiles et on obtient un véritable bloc d'une solidité à toute épreuve. On comprend aisément combien ces blocs peuvent être utiles dans les lieux où l'on manque absolument de pierre de taille.

BÉTONNAGE. s. m. [Pr. *bétonage*]. Travail de maçonnerie fait avec du béton.

BÉTONNER. v. a. [Pr. *bétoner*]. Construire avec du béton.

BETTE. s. f. (lat. *beta,* m. s.), T. Bot. Genre de plantes de la famille des *Chénopodiacées.* Voy. ce mot. — On donne particulièrement ce nom à la Poirée, plante potagère fort connue.

BETTERAVE. s. f. (R. *bette,* et *rave*). T. Bot. et Agric. La *Betterave (Beta vulgaris)* est une plante usuelle de la famille des *Chénopodiacées,* qui, d'après Olivier de Serres,

paraît avoir été introduite d'Italie en France vers la fin du XVIe siècle. Longtemps ses usages ont été limités à ceux d'une simple plante potagère. Sa racine cuite, coupée par tranches, se mangeait le plus souvent en salade. Les seules variétés qui soient encore cultivées comme légume sont : la *B. globe jaune,* la *rouge longue,* la *rouge écorce,* la *jaune des Barres* et la *rouge plate de Bassano.* — C'est presque de nos jours, dans les premières années de ce siècle, que la B. a pris rang parmi les plantes économiques de premier ordre, soit pour la fabrication du sucre et de l'alcool, soit pour la nourriture des bestiaux. — Margraff avait le premier constaté la présence du sucre cristallisable dans la B; les travaux d'Achard montrèrent qu'il y existait en grande abondance, et pouvait en être extrait avec avantage. L'industrie de la sucrerie indigène, née sous le premier empire, durant la longue interruption des relations de la France avec ses colonies, éprouva un grave échec à la paix de Vienne en 1815; cependant il en résulta un très grand bien qui n'avait pas été prévu. Les cultivateurs, ne sachant que faire des betteraves qui leur restaient parce que les premières sucreries indigènes avaient suspendu leurs opérations, les donnèrent à leur bétail. Ce nouvel emploi se trouva si avantageux, que, dès ce moment, la B. prit rang parmi les racines fourragères les plus utiles. Quelques années plus tard, les progrès de l'industrie permirent au sucre de B. de lutter avec le sucre colonial, et la culture de cette plante reçut une impulsion des plus vives. Du reste, les terrains employés à la culture de la B. à sucre ne sont pas entièrement dérobés à la production de la nourriture des peuples européens; la pulpe dont le jus sucré a été exprimé, sert à l'alimentation et à l'engraissement du bétail, et par conséquent à la production de la viande. Les meilleures espèces de Betteraves pour la fabrication du sucre sont : la *rouge grosse* ou *écarlate,* la *blanche de Silésie,* la *blanche à collet rose,* la *blanche de Magdebourg,* la *bouloire,* la *blanche améliorée de Vilmorin,* la *jaune de Hesbaye.* Ces espèces, dans les bons terrains, donnent de 50 à 60,000 kilog. de racines par hectare; leur rendement en sucre varie, selon le sol et selon les conditions climatériques annuelles, entre 8 et 12 p. 100. Les meilleures variétés pour la nourriture du bétail sont la B. *champêtre* ou *Disette,* la B. *de Puiboreau* ou *Disette blanche,* la *jaune d'Allemagne* et la *jaune Castelnaudary.*—Depuis que les maladies de la vigne ont élevé à un taux excessif le prix de l'alcool de vin, on a pu fabriquer l'alcool avec avantage par la distillation du sue de B. livré à la fermentation. Cette industrie a pris de nos jours une grande extension. — La B. est bisannuelle. La graine s'obtient en plantant au printemps les plus belles racines de la récolte de l'année précédente. Elle conserve pendant quatre à cinq ans ses propriétés germinatives.

BETTERAVERIE. s. f. Fabrique de sucre de betterave.

BETTERAVIER, IÈRE. adj. Qui a rapport à la betterave.

BETTINA, comtesse d'Arnim, femme de lettres allemande, célèbre par sa *Correspondance avec Gœthe* (1785-1859).

BÉTULÉES ou **BÉTULINÉES.** s. f. pl. (lat. *betula,* bouleau). T. Bot. Plantes formant une tribu de la famille des *Cupulifères.* Voy. ce mot.

BÉTULINE. s. f. (lat. *betula,* bouleau). La b. est une substance résineuse, cristallisable, fusible vers 258°, qu'on extrait de l'écorce du Bouleau *(Betula alba).* Elle est insoluble dans l'eau, soluble dans l'alcool, le chloroforme, l'acide acétique. L'essence de térébenthine. La solution acétique oxydée par l'acide chromique donne de l'acide bétulique fusible à 200°. Par distillation, la b. fournit entre 80° et 200° une huile pyrogénée d'une odeur particulière *(Huile russe* ou *Essence de bouleau)*; c'est à elle qu'il faut attribuer l'odeur et les qualités spéciales du cuir de Russie.

BÉTUN. s. m. Liquide qui emplit une tonne dans laquelle les planteurs de tabac jettent les détritus des feuilles.

BÉTUSE. s. f. T. Pêche. Tonneau servant à transporter le poisson vivant. || Dans les exploitations rurales, coffre à avoine.

BÉTYLE. s. m. (gr. βαιτυλος, nom de la pierre que, suivant la fable, Saturne avala en place de son fils Jupiter; vient sans doute de *Beth-el,* demeure d'un dieu dans la pierre sacrée). Se dit des pierres informes qu'adoraient les habitants de la Syrie et de la Phénicie, et dont le culte passa plus tard chez les Grecs et chez les Romains. *On a conjecturé que les bétyles étaient des aérolithes, et que c'était leur mystérieuse origine qui leur avait valu les honneurs du culte divin.*

BEUCHOT, bibliographe français (1775-1851).

BEUDANT, minéralogiste et physicien français (1787-1850).

BEUGLE. Nom d'une grosse étoffe de laine dite aussi *bure.*

BEUGLEMENT. s. m. (R. *beugler*). Mugissement; le cri des taureaux, des bœufs et des vaches. *De longs beuglements.*

BEUGLER. v. n. (lat. *buculus; dimin.* de *bos*, bœuf). Mugir. Se dit du cri du taureau, du bœuf et de la vache. || Fig. et par exag., Jeter les hauts cris. *Il se mit à b.*

BEUGLON. s. m. Instrument produisant un grand bruit pour diriger la marche des navires et celle des piétons et des voitures.

BEUGNOT (Jacques-Claude, comte), homme d'État français, ministre de Louis XVIII, auteur de *Mémoires* (1761-1835).

BEUGNOT (Arthur-Auguste, comte), fils du précédent, érudit, homme politique (1797-1865).

BEULÉ (Charles-Ernest), archéologue et écrivain français (1826-1874).

BEURNONVILLE (De), maréchal de France (1757-1821).

BEURRE. s. m. (lat. *butyrum*, m. s.). Matière grasse qu'on retire du lait. *Pot de b.*, Pot où il y a du b.; *Pot à b*, Pot à mettre du b. || *B. fort*, B. qui a une odeur et un goût forts. || *B. noir*, B. qu'on a fait fondre et noircir dans la poêle. *Des œufs au b. noir.* — Fig. et pop., *Avoir les yeux pochés au b. noir*, Avoir les yeux gonflés, meurtris et noirs. || Fig. et prov., *Promettre plus de b. que de pain*, Promettre plus qu'on ne veut ou qu'on ne peut tenir. || On donne encore le nom de *B.* à quelques substances grasses et concrètes que l'on extrait de divers végétaux. *B. de cacao, de coco, de muscade.* — *B. de Bambouc, B. de Galam.* Voy. Cacaoyer, Palmier et Sapotées. || T. Chim. ancienne. Plusieurs chlorures étaient appelés *Beurres*, à cause de leur consistance graisseuse *B. d'antimoine, de bismuth, d'étain, de zinc.* Voy. Antimoine, etc. || T. Minér. *B. de montagne, de pierre, de roche.* Voy. Alun.

Hist. nat. — Lorsqu'on abandonne du lait de vache à lui-même, dans un vase ouvert et à la température ordinaire, il se sépare en deux couches bien distinctes: l'une supérieure, formée d'une substance légère, épaisse, d'un blanc mat et même un peu jaunâtre, onctueuse et agréable au goût : c'est la *Crème;* l'autre, inférieure, d'un blanc bleuâtre, plus fluide, plus dense et moins onctueuse : c'est le lait *écrémé.* — La première, séparée de la seconde et agitée pendant un certain temps à une température de 12° centigr., se prend en une masse jaunâtre consistante qui constitue le *B.* La seconde, abandonnée de nouveau à l'air libre, prend une saveur acide; elle éprouve une fermentation particulière (*fermentation lactique*) qui a pour résultat la formation d'un caillot blanc, mou, opaque, floconneux, nageant dans un liquide transparent d'un jaune verdâtre. La portion coagulée est le *Fromage* ou *Caséum;* la portion liquide est le *Sérum* ou *Petit-lait.*

Analysé chimiquement, le lait contient, suivant Boussingault : eau, 87,4; beurre, 4; sucre de lait et sels insolubles, 5; caséum, albumine et sels insolubles, 3,6. Total = 100. Enfin, quand on examine au microscope, avec un grossissement d'environ 300 fois, une goutte de lait placée entre deux lames de verre, on aperçoit une multitude de particules sphériques, de petites perles nettement terminées dans leurs contours, brillantes au c ntre et différant de grosseur depuis 1/100 jusqu'à 1/1000 de millim., et même au delà. Ces globules qui constituent le b. se trouvent très abondamment dans la crème, et sont bien plus rares dans le lait écrémé. La fabrication du b. consiste simplement dans la séparation des globules gras soit d'avec la crème, soit d'avec le lait tout entier, selon qu'on traite de la crème ou du lait pour préparer le b. — Récemment préparé, le b. est presque dépourvu d'odeur, sa saveur est douce et agréable. Il est fusible à 24° et ne subit aucune décomposition à la température de l'eau bouillante.

Il n'existe pas de rapport constant entre la quantité du lait et celle du b. qu'il peut fournir; ce rapport varie pour chaque bête; il dépend de son âge, de son tempérament, du temps écoulé depuis qu'elle a vêlé, et de son régime alimentaire. Les petites vaches de la race armoricaine, dont les meilleures ne donnent pas plus de 7 litres de lait par jour, l'emportent sur toutes celles de France quant à la production du b.; 14 à 15 litres de lait de ces vaches donnent 1 kilogr. de b. Les autres races ne fournissent pas en moyenne plus de 1 kilogr de b. pour 20 à 25 litres de lait. Les meilleurs traités anglais de l'élève du bétail (Youatt, Youell, Stephens, David Low) indiquent 90 à 100 kilogr. comme le rendement moyen annuel en b. d'une bonne vache. Dans tout le centre de la France, on dit qu'une vache est bonne lorsque 9 à 10 kilogr. de son lait donnent 500 grammes de b. Il faut observer que c'est la proportion de la crème au lait qui varie; celle du b. à la crème varie peu. Dans les meilleurs cantons de l'ancienne Normandie, on compte que 15 à 20 kilogr. de crème fournissent 9 à 10 kilogr. de b. Dans chaque traite, le lait trait en premier lieu est celui qui donne le moins de crème; celui de la fin de la traite est toujours le plus riche.

Le b. est plus léger que l'eau, peu soluble dans l'alcool, soluble dans l'éther et le sulfure de carbone. Il est constitué par le mélange de plusieurs éthers de la glycérine dont les principaux sont la *palmitine* ou *margarine*, l'*oléine* et la *butyrine*. Mais on y trouve aussi de la *caprine, caproïne, capryline, myristine* et *stéarine*. C'est la butyrine qui différencie le beurre des autres corps gras : elle s'acidifie assez vite au contact de l'air en donnant de l'acide butyrique qui communique au b. rance son odeur et sa saveur repoussantes Voy. Butyrine et Butyrique.

Faire de bon beurre est une opération qui demande des soins intelligents et une extrême propreté. Prenons pour exemple une laiterie des environs d'Isigny, où se fabrique le b. le plus fin du monde : nous aurons une idée de l'attention que nécessite une manutention aussi délicate. Afin d'éloigner toute fermentation anormale, non seulement la laiterie, les murs, les pavés, les vases et ustensiles sont incessamment lavés, échaudés, écurés; mais le personnel chargé de traire les vaches et des diverses manipulations est soigneusement choisi. La laiterie est un sanctuaire où l'on ne pénètre qu'après inspection des mains, du linge, des vêtements, voire même de la santé; il faut que tout soit propre, net ou blanc; tout détritus de quelque nat re qu'il soit, toute mauvaise odeur est éloignée. Sans se départir de ses bonnes traditions, Isigny n'est pas resté étranger au progrès. Il a suivi les innovations un observateur prudent. Il a d'abord adopté la *crémeuse* (voy. ce mot) qui fait vite et bien, économise la main-d'œuvre et trouve un regain de 5 à 6 p. 100 de b. qui restait avec le caséum de l'ancienne méthode d'attendre la montée de la crème. Ces moyens nouveaux de fabrication n'ont pas diminué les qualités du b.; au contraire, ils les ont exaltées, ils ont affiné le produit. La traite, dès son arrivée, est confiée à la crémeuse qui sépare le lait de la crème, et celle-ci est passée à la baratte perfectionnée. Le b. fabriqué tous les soirs, enveloppé de linge fin, divisé par petits pains et mis en boîte, est aussitôt expédié un peu partout à l'étranger, mais la plus forte part est dirigée sur l'Angleterre.

Dans beaucoup d'exploitations, le lait récemment trait est porté directement dans une baratte nouvelle qui en extrait le b. sans passer par la crémeuse. C'est la méthode suivie à la Prévalée (Bretagne) et dans le Nord de l'Europe, notamment en Danemark, d'où la méthode est partie. Au début, les Danois et leurs voisins s'ingéniaient à faire descendre le lait à la température de 5° pour l'opération du barattage. Depuis, on a reconnu que ce moyen n'apportait aucune amélioration au produit, ni dans la saveur ni dans la conservation.

La *Baratte* ordinaire est excessivement défectueuse : nous ne la décrirons pas, puisqu'on l'abandonne partout. Il existe maintenant un grand nombre d'instruments infiniment supérieurs au grossier appareil usité dans nos campagnes, et qui remonte aux Celtes nos ancêtres, ou aux Germains du temps de Tacite. Il y en a de toutes dimensions qui permettent de traiter depuis quelques litres jusqu'à plusieurs centaines de litres de crème à la fois. Les grands sont mus par la vapeur; mais quels que soient le moteur et la dimension, on peut classer les barattes mécaniques en deux classes :

La première classe contient les instruments dans lesquels le récipient reste immobile pendant le barattage et renferme un agitateur mobile qui est tantôt une sorte de piston animé d'un mouvement alternatif, tantôt un moulinet à ailettes qui fait de 120 à 150 tours par minute. Tel est le cas des barattes dites danoises, dont la Fig. 1 représente un modèle : le récipient de forme tronconique est mobile autour de deux tourillons, ce qui permet de l'incliner pour le vider quand l'opération est terminée. Pendant le barattage un crochet ou verrou maintient le récipient immobile. Dans les barattes de la deuxième classe, le récipient, qui affecte généralement la forme d'un tonneau, tourne

Fig. 1.

autour d'un axe horizontal. Parmi les plus récentes, nous citerons la baratte Simon dont le mouvement est commandé par des cônes à friction, ce qui permet d'en faire varier la vitesse à volonté. De plus, cet appareil est pourvu d'une éprouvette qui permet de prélever à chaque instant un échantillon de la matière sans arrêter la machine, et d'une bonde qui ne laisse écouler que le lait de b. Enfin, nous signalerons la baratte de Chapelier, dite thermométrique, dont le récipient mobile a la forme d'un prisme à cinq ou six faces et porte à l'intérieur un cylindre de métal dans lequel on introduit, suivant les cas, de l'eau chaude ou de l'eau froide, pour maintenir la température à un degré convenable; un thermomètre plongeant dans l'intérieur facilite la régularité de l'opération. Ces différentes barattes font de 40 à 45 tours par minute.

La saveur et, par conséquent, la qualité du b. sont singulièrement modifiées par la nourriture des vaches. Le b. du lait d'une vache nourrie de fanes ou tiges fraîches de pommes de terre prend une odeur vireuse et des propriétés narcotiques Le b. fait en septembre passe pour le meilleur, parce que c'est l'époque de l'année où les vaches reçoivent les meilleurs aliments. Il arrive souvent, en hiver, lorsque les vaches sont nourries exclusivement de racines et de fourrages secs, que leur b. est presque blanc. Dans ce cas, pour le rendre, non pas meilleur, mais de plus belle apparence, on le colore artificiellement, soit avec le suc exprimé de la carotte rouge, soit avec celui des baies mûres de l'Alkékenge ou Coqueret (Physalis Alkekengi). Ces matières colorantes n'ont rien de malfaisant.

Les meilleurs beurres de France sont : 1° le B. d'Isigny, en Normandie; puis celui de Gournay, souvent désigné sous le nom de B en motte, parce qu'on l'expédie pour Paris en mottes de 50 à 100 kilogr.; ce b. ne se sale pas; il est consommé à l'état frais. 2° Le B. de Bretagne, salé à demi-sel, c.-à-d. à raison de 30 grammes par kilogr. 3° Le B. de Flandres, complètement salé.

L'usage du b. ne fut connu que très tard de l'antiquité grecque et romaine. Homère parle du lait et du fromage sans mentionner le b. Il n'en est pas non plus question dans les écrits d'Euripide, de Théocrite et des anciens poètes grecs. Aristote n'en dit pas un mot dans son Histoire des animaux. Les Romains, lorsqu'ils connurent le b. par leurs rapports avec les Germains, chez lesquels il était usité de temps immémorial, ne s'en servirent d'abord que comme d'une sorte

d'onguent pour panser les plaies et les blessures. Pline dit que le b. est un mets très estimé chez les Barbares, ce qui prouve que les Romains n'avaient pas su l'apprécier. Voy. LAIT.

Conservation. — Dès que le b. est séparé de la crème ou du lait, selon le système adopté pour sa préparation, il est égoutté, comprimé, malaxé, pour séparer le petit-lait et les les parties caséeuses qui peuvent y adhérer. L'usage de le laver est défectueux, parce que l'élément savoureux du b. est soluble dans l'eau. Il ne peut, même avec les précautions les plus minutieuses, se conserver frais au delà de quelques jours, à moins d'y ajouter du sel. Dans le Nord de l'Europe, on ne conserve jamais le b. à l'état frais; dès qu'il est fait, on le sale plus ou moins. En Belgique et en Angleterre, la dose habituelle est de 60 grammes de sel par kilogr. de b. En Hollande, où le lait est habituellement battu sans laisser monter la crème, le sel est ajouté, non pas au b., mais au lait, au moment du barattage. La dose est calculée à raison de 100 grammes environ pour un kilogr. de b., d'après le rendement présumé de la quantité de lait versé dans la baratte. Par ce système, le sel est bien mieux incorporé au b., qui cependant en contient une dose plus faible, car la plus grande partie reste dans le liquid . Dans quelques provinces de la Grande-Bretagne, on ajoute au b., au sortir de la baratte, le mélange suivant : sel fin blanc, 2 parties; sucre, 1 p.; salpêtre, 1 p. La dose est, comme celle du sel, de 60 grammes par kilogr. de b. On assure qu'avec ce mélange substitué au sel, le b. peut se conserver de deux à trois ans, aussi bien que du b. récemment salé. Un autre procédé usité pour la conservation du b. consiste dans la fonte. On met le b. sur un feu doux jusqu'à ce qu'il devienne liquide ; on y ajoute un peu de sel et on le maintient en fusion en l'écumant de temps en temps; puis on le coule dans des vases en grès, en ayant soin que la partie inférieure qui contient de l'humidité et des acides ne se mélange pas au corps gras. Il ne faut pas que le b. soit chauffé au delà de 100 à 120°, autrement il prendrait mauvais goût. Aussi est-il préférable d'opérer les fusions au bain-marie, la température ne dépassant pas 100°. On obtiendrait un produit bien supérieur si l'on pouvait opérer la fusion sans dépasser 40°, température suffisante pour liquéfier le b. et trop basse pour l'altérer.

Falsifications. — Le b. peut être frelaté par l'introduction de matières étrangères minérales ou organiques assez faciles à reconnaître et sur lesquelles nous n'insisterons pas. La sophistication la plus fréquente consiste dans l'addition de matières grasses de diverses provenances dont la plus commune est la margarine, principe extrait de graisses animales. Pour reconnaître ces adultérations, le point de fusion peut déjà fournir des renseignements instructifs, car il varie suivant la proportion et la nature des graisses étrangères introduites. Le b. par fond à 24° et se solidifie à 18°; les beurres sophistiqués fondent et se solidifient à une température plus élevée. Mais le moyen le plus efficace est l'examen microscopique; le b. pur est lisse et présente au microscope des globules arrondis de dimensions variables, parmi lesquels se

Fig. 2.   Fig. 3.

rencontrent des gouttelettes d'eau contenant de la caséine (Fig. 2). La présence de graisses animales, stéarine ou margarine, se révèle par les agglomérations de cristaux en forme d'aiguille présentant l'aspect de touffes ou de plumasseaux plus ou moins étendus (Fig. 3). Il est bien évident que ces distinctions ne s'appliquent pas au b. fondu, qui présente lui aussi l'aspect cristallin dû à la stéarine et à la margarine qu'il renferme et qui se sont cristallisées par refroidissement.

Pour reconnaître la falsification du b., le laboratoire municipal emploie le procédé suivant : on introduit 15 grammes de b. dans une capsule, on fait fondre au bain-marie. Après le dépôt de l'eau et des impuretés, on décante avec soin et on filtre à l'étuve sur un entonnoir maintenu au-dessus d'un gobelet en verre taré à l'avance. On laisse refroidir. On pèse le vase; on enlève avec une baguette 3 à 4 grammes qu'on introduit dans une capsule avec la baguette et le b. adhérent; on pèse le récipient en verre et la différence donne le poids du b. Dans la capsule, on ajoute 50 centimètres cubes d'alcool et 1 à 2 grammes de potasse pure. Le liquide est chauffé au bain-marie jusqu'à ce que de l'eau ajoutée peu à peu n'y introduise plus de trouble. La solution est alors évaporée au bain-marie à consistance sirupeuse, le résidu est redissous dans 100 à 150 centimètres cubes d'eau et la solution rendue fortement acide par l'acide sulfurique étendu. Le tout est alors chauffé doucement jusqu'à ce que la séparation des acides soit bien complète et que le liquide aqueux soit devenu très limpide.

D'autre part, on tare un filtre séché de 12 centimètres de diamètre en papier fort, on le remplit à moitié d'eau et on y verse le contenu de la capsule. Celle-ci est lavée à l'eau chaude qui enlève facilement les acides gras; puis, le lavage de ces acides est continué sur le filtre, jusqu'à ce que l'eau qui s'écoule n'offre plus de réaction acide. — Après le lavage on plonge l'entonnoir dans de l'eau froide, et, dès que les acides se sont solidifiés, on sèche le filtre à 100, jusqu'à ce que le poids ne varie plus. On trouve ainsi le poids des acides gras non volatils et insolubles dans l'eau.

Le b. donne, par ce procédé, 86,5 à 87,5, quelquefois 88 p. 100 d'acides gras; tandis que les graisses animales qui servent à la fabrication en renferment 95 p. 100. — Si donc en analysant un b., on trouve pour la teneur en acide un chiffre supérieur à 87,5, par ex., 91 p. 100, on doit en conclure que le b. a reçu au minimum une addition de 43,33 × 3,5, soit 46 p. 100 de graisse étrangère.

En 1893, M. Houzeau a imaginé un nouveau procédé reposant sur la différence de solubilité du b. et des graisses diverses dans l'alcool. Ce procédé consiste essentiellement à dissoudre le b. suspect dans une quantité d'alcool chaud bien déterminée et à laisser refroidir la solution. On observe la température où par suite de la précipitation des graisses la liqueur commence à se troubler. Le b. pur doit se dissoudre entièrement dans l'alcool et la solution doit se troubler à 63°. Tout b. qui ne se dissout pas entièrement dans l'alcool ou dont la solution se trouble à une température différente de 63°, est un b. falsifié. On conçoit même que la méthode puisse servir à reconnaître les substances qui ont servi à la falsification, et même à les doser approximativement. Dans les cas difficiles, il convient de faire subir à b. une préparation préalable que M. Houzeau appelle l'unification. Consulter les Comptes rendus de l'Académie des sciences, t. CXVI (1893), p. 952 et 1100.

On a aussi inventé un margarimètre. Voy. ce mot.

BEURRÉ. s. m. (R. beurre). T. Hortic. Variété de poire. Voy. POIRIER.

BEURRÉE. s. f. Tranche de pain sur laquelle on a étendu du b. Donner une b. à un enfant.

BEURRER. v. a. Étendre du beurre sur du pain. Ne s'emploie guère qu'au part. = BEURRÉ, ÉE. part. Une tartine beurrée.

BEURRERIE. s. f. (R. beurre). Lieu où l'on fait, où l'on conserve le beurre.

BEURRIER. s. m. Vase où l'on met du beurre.

BEURRIER, IÈRE. s. Celui, celle qui vend du beurre. — Fig. et fam., Ce livre est bon que pour la beurrière, Ce livre ne vaut rien, il n'est bon qu'à envelopper du beurre.

BEURRIÈRE. s. f. (R. beurre). T. Comm. Sorte de toile de Bretagne.

BEUSE. s. f. T. Mét. Boîte pour recevoir les bandes provenant de la coupe des tables de cuivre.

BEUST (Baron de), homme d'État allemand, ministre des affaires étrangères en Saxe, et, après la bataille de Sadowa, chancelier de l'Empire austro-hongrois (1809-1886).

BEUVERIE. s. f. Action de boire.

BEUVRAY, mont du Morvan, sur lequel des archéologues placent Bibracte.

BEUVRON, rivière de France (Nièvre), affluent de l'Yonne. || Affluent de la Loire.

BEUZEVILLE, ch.-l. de c. (Eure), arr. de Pont-Audemer, 2,600 hab.

BEVELAND, nom de deux îles de Hollande, prov. de Zélande, à l'embouchure de l'Escaut.

BÉVUE. s. f. (R. be, préfixe péjoratif, et vue). Méprise, erreur où l'on tombe par ignorance ou par inadvertance. Son livre est plein de bévues. Une b. grossière.

Syn. — Méprise, Erreur. — Ces mots présentent l'idée d'une faute commise par légèreté, par inadvertance ou par ignorance. La bévue vient d'un défaut de réflexion, la méprise d'un défaut de connaissance, l'erreur d'un défaut d'attention. Celui qui voit mal, et qui suit aveuglément sa manière de voir, sans avoir recours à la réflexion et à l'expérience, commet des bévues; celui qui se trompe dans un choix, commet une méprise; c'est en partant de faux principes ou en raisonnant mal que l'on commet des erreurs.

Quelques bévues remarquables. — Dans une édition de La Fontaine, publiée à la librairie Delalain en 1829, Jules Janin a écrit : « Jean de La Fontaine naquit à Château-Thierry, le 8 juillet 1621, à l'instant même où Mazarin descendait au tombeau. » Or, Mazarin est mort 40 ans plus tard, en 1661. — Dans le discours de réception de Scribe à l'Académie française, on lit : « La comédie de Molière nous dit-elle un mot des erreurs, des fautes du grand roi, nous parle-t-elle de la révocation de l'Édit de Nantes ? » Or, Molière est mort en 1673, et la révocation de l'Édit de Nantes est de 1685 ! — On lit dans Le Soir, de Lamartine :

« Vénus se lève à l'horizon. »

Or, Vénus ne se lève jamais le soir à l'horizon : elle suit le soleil dans son cours, à une distance plus ou moins grande. — Brazier a écrit dans l'Enfant du Régiment :

En vous voyant sous l'habit militaire
J'ai deviné que vous étiez soldat.

Il n'y avait pas grand mérite à cela. — Victor Hugo fait dire à Charlemagne, dans la Légende des Siècles (AYMERILLO):

« Tu rêves, dit le roi, comme un clerc en Sorbonne. »

Or, Charlemagne est mort en 814, et la Sorbonne a été fondée par Robert de Sorbon, chapelain de Saint-Louis, en 1253, 439 ans après la mort de Charlemagne.

Des citations de ce genre pourraient être interminables. Elles ne sont point faites ici dans un esprit critique (errare humanum est), mais seulement pour faire excuser celles que l'on pourra rencontrer dans le million de lignes de ce Dictionnaire encyclopédique.

BEY. s. m. (turc, beg, chef, seigneur). Titre de dignité usité chez les Turcs et chez les peuples de race tartare, pour désigner le gouverneur d'une province ou un capitaine de galères. Le b. de Tunis. Le titre de b. n'a pas de signification bien précise; il a été porté par des souverains, et les étrangers de distinction sont souvent qualifiés ainsi.

BEYLE (Henri), littérateur français, plus connu sous le pseudonyme de Stendhal (1783-1842).

BEYLIER. s. m. Métier donnant une première filature à la laine.

BEYLIEUR. s. m. Ouvrier qui donne à la laine la première filature.

BEYLIK. s. m. Province gouvernée par un bey.

BEYNAT, ch.-l. de c. (Corrèze), arr. de Brive, 2,100 hab.

BEYRAN. s. m. Voy. BAÏRAM.

BEYROUTH, v. de la Turquie d'Asie (Syrie), port sur la Méditerranée, 70,000 hab.

BÈZE (THÉODORE DE), théologien calviniste, un des chefs du parti réformé au XVIe siècle (1519-1605).

BEZESTAN. s. m. (turc, bezestin). Nom que l'on donne dans les principales villes de Turquie à des marchés publics qui sont des espèces de halles couvertes.

BÉZIERS, ch.-l. d'arr. (Hérault), sur l'Orb, à 72 kilom. de

Montpellier, 45,500 hab. Ville très ancienne qui existait déjà du temps de l'ancienne Gaule; célèbre par les horribles massacres d'hérétiques qui y furent faits pendant la croisade contre les Albigeois par Simon de Montfort.

BÉZOARD. s. m. (pers. *bedzahr*, contre-poison). — Le nom de *B*. a été donné à des concrétions ou calculs retirés des intestins de certaines espèces de ruminants. On distingue deux sortes de bézoards. Le *B. oriental* se rencontre dans l'estomac d'une sorte d'antilope et dans celui de l'agagre ou chèvre sauvage. Le *B. occidental* provient du tube digestif du lama et de la vigogne. Ces deux sortes de concrétions présentent des couches concentriques qui se sont formées successivement sur un noyau qui en constitue le centre. Les bézoards orientaux, quoique bien moins volumineux que les bézoards occidentaux, étaient beaucoup plus estimés que ces derniers. Jadis on leur attribuait des propriétés merveilleuses, mais absolument imaginaires; l'analyse chimique a du reste confirmé ce que la médecine moderne avait depuis longtemps reconnu, c.-à-d. l'inertie complète de ces spécifiques si vantés. Néanmoins la foi aux vertus des bézoards subsiste toujours dans l'Orient. Non contents de les regarder comme un remède souverain contre toutes sortes de maladies, particulièrement contre la peste, et de les tenir pour un antidote universel contre toute espèce de poison, les Orientaux les considèrent comme des talismans dont la possession porte bonheur. Ceux qui ne sont pas assez riches pour acheter un b., en louent souvent, même à des prix fort élevés, lorsqu'ils doivent être exposés à quelque grand péril. A l'époque où ces substances étaient en faveur dans l'Occident, on fabriquait des *bézoards factices*, qui avaient juste tout autant d'efficacité que les bézoards naturels. — Aujourd'hui on ne voit plus chez nous de bézoards que dans quelques collections de curiosités.

BÉZOCHE. s. f. (R. *besoche*). Bêche de pépiniériste pour couper les racines.

BEZOUT, mathématicien français (1730-1783).

BÉZY. s. m. Voy. BÉSIGUE.

B-FA-SI. s. m. T. Mus. anc. par lequel on désignait autrefois le ton de *Si*.

BHÂGAVATA GEETA, poème philosophique sanscrit.

BHÂGAVATA PURÂNA, autre ouvrage sanscrit faisant partie de la collection des *Puranas*.

BHÂSKARA, astronome hindou du XII° siècle, auteur du *Siddhânta Siromani*.

BHAUG. s. m. Ce sont les feuilles séchées du chanvre indien, brisées de façon à former une poudre grossière. Ces feuilles se fument seules ou mélangées au tabac.

BI. Cette syllabe, dérivée du mot latin *bis*, qui signifie deux fois, entre comme préfixe dans la composition d'un grand nombre de termes scientifiques. — C'est surtout dans le langage de la chimie qu'il en est fait un très fréquent usage, comme préfixe : ainsi, par ex., on dit *Bioxyde, Bisulfate, Bicarbonate, Bichlorure*, etc. Pour les composés organiques, on emploie le préfixe *bi* quand un corps est formé par l'union d'un radical avec lui-même; ainsi le *biphényle* $C^6H^5.C^6H^5$ résulte du doublement du radical phényle C^6H^5; on se sert, au contraire, du préfixe *di* lorsqu'on veut indiquer une double substitution. Voy. DI. Du reste, la signification de tous ces mots se trouvera à l'article CHIMIE (*Nomenclature*). — Quant aux autres termes scientifiques, dans la composition desquels entre la syllabe *bi*, ils appartiennent pour la plupart à la botanique; quelques-uns sont aussi usités dans le langage de la zoologie.

BIACÉTYLE. s. m. (R. *bi* et *acétyle*). T. Chim. Diacétone répondant à la formule $CH^3.CO.CO.CH^3$. Liquide verdâtre, bouillant à 88°, un peu plus léger que l'eau, soluble dans ce liquide. En vertu de sa double fonction cétonique, le b. s'unit à la phénylhydrazine avec laquelle il forme une hydrazone ou une dihydrazone suivant qu'on opère à froid ou à chaud. L'ammoniaque décolore le b. et le transforme en une triméthylglyoxaline $C^6H^{10}Az^2$, base monacide qui fond à 133° et distille à 271°. L'acyde cyanhydrique s'unit au b. en donnant le nitrile de l'acide diméthyltartrique.

BIACIDE. adj. 2 g. (*bi* et *acide*). T. Chim. Se dit d'une base qui, pour se saturer, exige deux molécules d'un acide monobasique, tel que l'acide azotique.

BIACUMINÉ, ÉE. adj. [Pr. *bi-acuminé*] (lat. *bis*, deux fois; *acumen*, pointe). T. Bot. Qui a deux pointes. Voy. Pou..

BIAIGUILLONNÉ, ÉE. adj. [Pr. *bi-éguilloné* (*bi* et *aiguillon*). T. Zool. Qui porte deux aiguillons.

BIAILÉ, ÉE. adj. [Pr. *bi-êlé*] (*bi* et *aile*). T. Bot. Se dit de tous les organes végétaux qui portent deux ailes ou appendices membraneux.

BIAIS. s. m. (bas-lat. *bifax*, qui a deux regards, de *bis* et *facies*, face ?)). Ligne oblique, sens oblique; obliquité. *Ce bâtiment est tout de b. Couper une étoffe de b.*, en *b.* — *Couper une étoffe du bon, du mauvais b.*, La couper du bon, du mauvais sens, suivant l'usage auquel on la destine. — *Fig.* et *fam.*, *Prendre quelqu'un de b.*, Le gagner avec habileté. *Prendre une affaire de b.*, Employer des moyens détournés pour la faire réussir. || *Fig.* et *fam.*, Se dit des diverses faces d'une affaire, des divers moyens dont on peut se servir pour réussir à quelque chose. *Il y a plusieurs b. dans toutes les affaires. Prendre, trouver un b. User de b. Aller au fait sans prendre de b.* = BIAIS, BIAISE, adj. *Qui est de biais. Pont biais, Arche biaise.*

BIAISEMENT. s. m. Manière d'aller en biaisant. || Fig., Détour pour tromper. Peu us.

BIAISER. v. n. (R. *biais*). Être en biais, aller de biais. || Fig. et fam., N'agir pas sincèrement; user de finesse, employer des moyens détournés. *Parlez-lui franchement, il ne faut pas b., Vous allez en biaisant avec lui.* || Fig. et fam., Prendre quelque tempérament dans une affaire; alors il se dit en bonne part, et suppose simplement de la prudence. *Il est des circonstances où l'on est obligé de savoir aller en biaisant.*

BIAISEUR, EUSE. s. m. et f. Celui, celle qui biaise.

BIALLYLE. s. m. (R. *bi* et *allyle*). T. Chim. Hydrocarbure non saturé, formé par le doublement du radical allyle et répondant à la formule $(C^3H^5)^2$. C'est un liquide à odeur de raifort, insoluble dans l'eau, soluble dans l'alcool et dans l'éther. Il bout à 59°. Traité par l'acide sulfurique concentré, il donne, entre autres produits, de *l'oxyde de biallyle* $C^6H^{10}O$, liquide huileux bouillant à 93°.

BIAMYLE. s. m. (R. *bi* et *amyle*). Hydrocarbure saturé, représenté par la formule $(C^5H^{11})^2$. Il est liquide, insoluble dans l'eau, miscible à l'alcool et à l'éther, et bout vers 160°. On le prépare en faisant réagir le sodium sur l'iodure d'amyle en vase clos.

BIAMYLÈNE. s. m. (R. *bi* et *amylène*). T. Chim. Hydrocarbure non saturé ayant pour formule $(C^5H^{10})^2$, obtenu par l'action de l'acide sulfurique sur l'alcool amylique. Il est liquide et bout à 155°.

BIANCHINI (FRANÇOIS), astronome et écrivain italien (1662-1729).

BIARD (FRANÇOIS-AUGUSTE), peintre français (1800-1882).

BIARRITZ ou **BIARRITS**, bourg de France, arr. de Bayonne (Basses-Pyrénées), 9,200 hab. Bains de mer très fréquentés.

BIARUM. s. m. T. Bot. Genre de plantes de la famille des *Aroïdées*. Voy. ce mot.

BIAS, philosophe grec, un des sept sages de la Grèce (VI° siècle av. J.-C.).

BIASSE. s. f. T. Comm. Soie crue qui se tire du Levant.

BIATOMIQUE. adj. 2 g. [Pr. *bi-atomike*] (*bi* et *atome*). T. Chim. Syn. de *Diatomique*, mot préférable. Voy. ATOMIQUE et DIATOMIQUE.

BIAURICULAIRE. adj. [Pr. *bi-oriculère*] (*bi*, et lat. *auricula*, oreille). Qui va d'une oreille à l'autre.

BIBACIER. s. m. Voy. BIBASSIER.

BIBALE. s. f. Nom d'une sorte de fourche dans les exploitations rurales.

BIBASIQUE. adj. 2 g. (*bi* et *base*). T. Chim. Se dit des acides qui exigent deux molécules de base pour être saturés. L'acide sulfurique est bibasique. Voy. ACIDE, SEL.

BIBASSE. s. f. Fruit du Bibassier.

BIBASSIER. s. m. T. Bot. Nom que l'on donne dans certaines contrées au Néflier du Japon. Voy. ROSACÉES.

BIBELOTER. v. n. Marchander, acheter des bibelots.

BIBELOTS. s. m. pl. (même mot que *bimbelots*). Nom générique sous lequel on désigne un ensemble d'objets de parade qui se mettent sur les étagères dans un salon ou un boudoir.

BIBENZYLE. s. m. (R. *bi* et *benzyle*). T. Chim. Hydrocarbure aromatique, appelé aussi *diphényléthane*, répondant à la formule ($C^6H^5.CH.^2)^2$. On l'obtient en traitant le chlorure de benzyle par le sodium. Il cristallise en aiguilles incolores, fusibles à 52°, bouillant à 284°. Il résiste à l'action de l'acide chromique et de l'acide azotique étendu; les autres oxydants le convertissent en stilbène. Avec le brome, l'acide azotique fumant, l'acide sulfurique, il donne des produits de substitution. Fondu avec la potasse caustique il se convertit en *dioxybibenzyle* ($CH^2.C^6H^4OH)^2$ fusible à 185°.

BIBERON. s. m. (lat. *bibere*, boire). Petit vase qui a un bec ou tuyau par lequel on fait boire un petit enfant ou un malade. *Boire avec un b.*

Lorsque, par une cause quelconque, l'enfant est privé du lait maternel ou de celui d'une nourrice, il doit être, selon l'expression vulgaire, *élevé au biberon*. Le b., dont il existe un grand nombre de variétés, est une fiole de verre fermée d'un bouchon qui laisse passer un tube de verre plongeant dans le liquide qu'il renferme; sur ce tube est adapté directement, ou par l'intermédiaire d'un tuyau de caoutchouc, un faux mamelon constitué par une tétine de vache, de caoutchouc ou d'ivoire ramolli sur lequel l'enfant exerce la succion. Le liège est cassant, le caoutchouc se ramollit vite, prend une odeur désagréable et renferme toujours une certaine quantité de plomb et de zinc. Le meilleur bouchon et le meilleur mamelon artificiel sont ceux que l'on confectionne avec de l'ivoire ramolli. Le b. doit être l'objet de soins de propreté incessants. Il faut qu'on puisse en démonter les diverses pièces pour les laver à l'eau chaude, dans laquelle on fera dissoudre du carbonate de soude afin de saponifier le beurre et de neutraliser l'acide lactique dont les biberons mal tenus sont toujours imprégnés. Ces lavages incessants sont aussi indispensables pour détruire les organismes inférieurs qui pullulent dans le tube, le bouchon et le mamelon. Presque toujours les biberons, même les plus soigneusement tenus, renferment du lait coagulé et d'innombrables amas de végétations cryptogamiques; alors, l'enfant n'absorbe plus qu'un lait aigri et souillé de microbes qui peuvent devenir la cause d'accidents très graves. En présence de ces dangers, plusieurs médecins, comme le professeur Tarnier, le docteur Labarthe, etc., n'hésitent pas à proscrire absolument le b. et recommandent de donner le lait à la cuiller ou à la timbale, quand l'enfant ne peut être nourri au sein. Il paraît que les enfants s'habituent assez facilement à ce régime. Voy. ALLAITEMENT.

BIBERON. ONNE. adj. (lat. *bibere*, boire). Qui aime le vin, qui en boit volontiers. *C'est un bon b. C'est une biberonne.* Fam.

BIBI s. m. Petit chapeau de femme qui était à la mode vers 1830. || T. d'affection envers les enfants.

BIBION. s. m. T. Entom. Genre d'insectes diptères. Voy. NÉMOCÈRES.

BIBLE. s. f. (gr. βιϐλίον, livre). La *Bible*, ou *le livre par excellence*, est la collection des livres que la religion chrétienne considère comme sacrés, c.-à-d. écrits sous l'inspiration du Saint-Esprit. Cette collection se divise en deux parties, l'*Ancien* et le *Nouveau Testament*, c.-à-d. les livres de l'*Ancienne* et de la *Nouvelle Alliance* Le premier comprend les livres écrits avant la venue de J.-C.; le second renferme

les livres qui ont été écrits depuis la mort de J.-C., par ses apôtres ou par ses disciples.

La plus grande partie des livres de l'Ancien Testament ont été reçus comme sacrés et canoniques par les Juifs aussi bien que par les premiers chrétiens. Leur nombre avait été réduit artificiellement par les Juifs à 22, pour répondre aux 22 lettres de l'alphabet hébraïque, afin que chaque lettre pût servir à désigner l'une de ces divisions. Les Juifs établissaient trois classes parmi les livres de l'Ancien Testament : la *Loi*, les *Prophètes* et les *Hagiographes.* La *Loi* comprenait les cinq livres de Moïse : la *Genèse*, l'*Exode*, le *Lévitique*, les *Nombres* et le *Deutéronome*, dont la collection reçut plus tard le nom de *Pentateuque*, qui signifie les *Cinq instruments* (gr. πέντε, cinq ; τεῦχος, instrument). Sous le nom de *Prophètes*, les Juifs plaçaient non seulement les livres prophétiques proprement dits, mais encore Josué, les *Juges* et les *Rois*.—Les livres de l'Ancien Testament admis comme canoniques par l'Église catholique sont au nombre de trente-neuf. Ils se partagent naturellement en cinq classes : — 1° Les cinq *Livres de la Loi*, ou le *Pentateuque*, écrits par Moïse. — La *Genèse*, ainsi que son nom l'indique (gr. γένεσις, origine), contient le récit de la création du monde et de l'homme; elle raconte aussi la chute de l'homme, le déluge et l'histoire des patriarches hébreux, Abraham, Isaac et Jacob, jusqu'à Joseph (environ 1750 av. J.-C.). — Le livre de l'*Exode*, qui signifie *sortie* (gr. ἔξοδος, de ἐξ, en dehors, et ὁδός, route), raconte l'histoire des descendants d'Abraham après leur établissement en Égypte, la naissance de Moïse et ses efforts pour affranchir le peuple hébreu de l'esclavage des Pharaons, la sortie des Israélites de l'Égypte, leur séjour dans le désert, et la loi donnée par Dieu à Moïse sur le mont Sinaï. — Le *Lévitique*, ainsi nommé de la tribu sacerdotale de Lévi, est principalement consacré à la législation religieuse et civile du peuple juif, aux cérémonies du culte, etc. — Le *Livre des Nombres*, ou simplement *Les Nombres*, a été ainsi appelé parce qu'il contient le dénombrement du peuple. On y trouve encore un grand nombre de prescriptions civiles et cérémonielles; enfin il embrasse une période historique de trente-huit années. — Le *Deutéronome* (en grec, *seconde loi*, δεύτερος, deuxième; νόμος, loi) a reçu ce titre parce qu'il renferme la récapitulation des lois et prescriptions établies dans les trois livres précédents. — 2° Les *Livres historiques* sont : le livre de Josué, le livre des *Juges*, le livre de *Ruth*, les quatre livres des *Rois*, dont les deux premiers sont aussi appelés *Livres de Samuel*, les deux livres des *Paralipomènes* (gr. παραλειπόμενα, propr. laissés de côté, mis à part, c.-à-d. supplément), les deux premiers livres d'*Esdras*, les livres de *Tobie*, de *Judith*, d'*Esther*, de *Job*, et les deux premiers livres des *Machabées*. On donne souvent le nom de *Chroniques* aux livres des Paralipomènes — 3° Les *Livres poétiques*, qui comprennent les *Psaumes* de David au nombre de cent cinquante. — 4° Les *Livres sapientiaux*. On range dans cette catégorie les *Proverbes* et l'*Ecclésiaste*, le *Cantique des Cantiques*, le livre de la *Sagesse*, par Salomon, et le livre de l'*Ecclésiastique*, par Jésus, fils de Sirach. Le terme d'*Ecclésiaste* signifie en grec *qui parle en public* (ἐκκλησιάζω, je rassemble); quant au titre d'*Ecclésiastique* que porte le dernier des livres sapientiaux, on pense qu'il lui a été donné à cause de son analogie avec celui de l'Ecclésiaste. — 5° Les *Livres prophétiques*. Ils comprennent les cinq *Grands Prophètes*, savoir : Isaïe, Jérémie, Baruch, Ézéchiel, Daniel, et les douze *Petits Prophètes*, qui sont : Osée, Joël, Amos, Abdias, Jonas, Michée, Nahum, Habacuc, Sophonias, Aggée, Zacharie et Malachie.

Les livres du Nouveau Testament se divisent de même en trois parties. — 1° Les *Livres historiques* embrassent les quatre *Évangiles* de saint Mathieu, saint Marc, saint Luc et saint Jean, ainsi que les *Actes des Apôtres* écrits par saint Luc l'Évangéliste. — 2° Les *Ouvrages épistolaires* comprennent quatorze Épîtres de saint Paul, savoir : deux aux Romains, deux aux Corinthiens, une aux Galates, une aux Éphésiens, une aux Philippiens, une aux Colossiens, deux aux Thessaloniciens, une à Timothée, une à Tite, une à Philémon, une aux Hébreux; deux Épîtres de saint Pierre, trois Épîtres de saint Jean, une de saint Jacques et une de saint Jude. — 3° L'Apocalypse (gr. ἀποκάλυψις, je dévoile, de ἀπό, loin de, et καλύπτω, je cache) de saint Jean est le seul livre entièrement prophétique du Nouveau Testament. Voy. APOCALYPSE. — Les Évangiles de saint Mathieu, saint Marc et saint Luc sont parfois désignés sous le nom de *Synoptiques* (gr. σύν, avec; ὄπτικος, relatif à la vue), à cause du contexture commune qu'ils présentent, tandis que celui de saint Jean est écrit sur un plan différent.

Tous les livres de l'Ancien Testament ont été écrits en hébreu. Néanmoins tous ne nous sont pas parvenus dans cette langue; il en est plusieurs que nous n'avons qu'en grec, comme les livres des Machabées, trois chapitres de Daniel, etc. Ceux du Nouveau Testament, au contraire, ont été écrits en grec, à l'exception peut-être de l'Évangile de saint Matthieu; que l'on croit primitif ne subsiste plus.

Les Juifs ont de tout temps mis un soin scrupuleux à préserver de toute altération le texte des livres saints de l'ancienne loi. La pureté de ce texte faisait le principal objet des académies savantes qui, après la destruction de Jérusalem, fleurirent à Tibériade, à Babylone et dans divers autres lieux, depuis le 1er siècle de notre ère jusqu'au XIIe. Comme originairement les livres saints n'étaient partagés ni en chapitres, ni en versets, et étaient écrits sans points-voyelles et sans signes de ponctuation, les copistes pouvaient aisément commettre des erreurs, et les lecteurs interpréter faussement une foule de passages. L'œuvre de la Massore (de l'hébreu Masorah, qui signifie tradition) consistait à compter avec la plus extrême minutie les chapitres, les versets, les mots et les lettres des saintes Écritures, afin de fixer rigoureusement le texte et la lecture de ces livres. Toutefois, la division de l'Ancien Testament en chapitres, telle qu'elle est actuellement usitée, ne date que du XIIIe siècle, et c'est seulement au XVIe que s'introduisit l'usage de marquer chaque verset par un chiffre. Bien longtemps auparavant un travail analogue avait été fait sur les livres du Nouveau Testament, afin d'en faciliter la lecture. À la fin du IVe siècle, un auteur, dont on ignore le nom, avait déjà partagé en chapitres les Épîtres de saint Paul, et y avait mis des titres indiquant un abrégé du sujet de chaque chapitre. L'an 458, un diacre d'Alexandrie, Euthalius, avait fait de même pour les Actes des Apôtres et les Épîtres canoniques; il avait même imaginé de partager les chapitres en versets. Du reste les diverses coupes établies aujourd'hui dans le texte du Nouveau Testament seul, comme celles de l'Ancien, du XIIIe siècle, et sont dues au cardinal Hugo.

Les traductions des Livres saints sont en très grand nombre et plusieurs sont fort anciennes. Nous ne parlerons que de ces dernières, car ce sont les plus importantes.

Versions grecques. — La plus antique est celle dite des *Septante.* La traduction du Pentateuque remonte à peu près à l'an 280 av. J.-C., au règne de Ptolémée Philadelphe. Ce prince fit, dit-on, venir à Alexandrie *cinq* scribes juifs, et les charges de traduire en grec le Pentateuque, c.-à-d. les Livres saints des Hébreux qui avaient rapport à l'Égypte. Quelques années après, les autres livres de l'Ancien Testament furent traduits par différents écrivains. Il paraît cependant plus vraisemblable d'admettre que cette version grecque des Livres saints des Hébreux avait été faite à Alexandrie dans l'intérêt des Juifs qui étaient établis en Égypte et qui avaient oublié leur langue nationale. Quoi qu'il en soit, ce nom des Septante vient d'une tradition que la critique ne saurait accepter, car elle n'a d'autre garant que le dire de Diodore de Sicile et de Plutarque. D'après cette tradition, Ptolémée ayant chargé soixante-dix interprètes de traduire simultanément les livres sacrés deux à deux, il enferma chacun d'eux dans une cellule isolée afin qu'ils ne pussent communiquer ensemble. Le travail de tous ces interprètes achevé, on constata les soixante-dix traductions, et il se trouva qu'elles étaient absolument identiques. La version dite des Septante est écrite en bon grec vulgaire, c.-à-d. en grec de Macédoine, un peu mélangé d'hébraïsmes, et très analogue au dialecte hellénistique des Évangiles. L'antiquité de cette version lui donne une haute importance dans la philologie sacrée. — Les autres versions grecques de la Bible sont au nombre de quatre : celle d'Aquila, celle de Théodotion, celle de Symmaque et celle dite de Venise (*versio Venetica*). Toutes ont été traduites sur le texte hébreu. Les trois premières sont du IIe siècle ap. J.-C. ou environ; il n'en subsiste plus que des fragments conservés par l'Hexaple d'Origène. La dernière, ou version Vénétique, date seulement du XIVe siècle.

Versions latines. — L'ancienne Vulgate, appelée aussi *version italique* (*versio Itala*), date des premiers temps du christianisme, et a été en usage dans l'Occident jusqu'à la fin du VIe siècle. Elle avait été faite sur le texte grec des Septante. Les seuls livres entiers qui nous soient parvenus sont les Psaumes, l'Ecclésiaste et le livre de la Sagesse. — La *Vulgate moderne* a été traduite sur les textes originaux, par saint Jérôme, à la fin du IVe siècle. Cette version a été déclarée par l'Église authentique, c.-à-d. comme contenant le seul texte des Saintes Écritures autorisé et faisant autorité. Conformément à la demande des Pères du Concile de Trente, une édition

DICTIONNAIRE ENCYCLOPÉDIQUE.

minutieusement corrigée fut imprimée par l'imprimerie du Vatican, sous le pape Clément VIII, en 1592, pour servir désormais de type absolu pour toutes les réimpressions et éditions ultérieures de la Bible. Nous ne parlerons ni des versions latines ni des versions en langues vulgaires qui ont paru depuis cette époque. Plusieurs d'entre elles sont intéressantes au point de vue de l'érudition, de la science philologique, de l'élégance, etc.; mais aucune ne peut faire autorité, et il en est un grand nombre que l'Église a condamnées. — Voy. CANONIQUE, CONCORDANCE, POLYGLOTTE, TALMUD, etc.

Sous le rapport de la fidélité des traductions de la Bible, il convient de remarquer que l'hébreu ayant cessé d'être une langue courante bien avant Jésus-Christ, on n'a d'autre document pour la restitution de cette langue que la version des Septante. Si donc pour une raison ou une autre cette version avait notablement altéré le sens du texte hébreu primitif, toutes les autres versions, même celles des livres qui n'ont pas été traduits par les Septante, auraient subi les altérations dans le même sens. Cette opinion a été soutenue au XIXe siècle par un petit nombre d'hébraïsants, notamment par Fabre d'Olivet. Ceux-ci prétendent que la Bible contenait un sens *ésotérique*, une doctrine philosophique profonde, mais cachée sous des histoires allégoriques. Ce sens ésotérique ne devait être révélé qu'à un petit nombre d'initiés. Les Septante, n'ayant pas voulu dévoiler le mystère, auraient fait une traduction assez infidèle qui ne montrait qu'un sens vulgaire très différent de la véritable portée philosophique de la Bible, d'un autre côté. D'après cette traduction, reconstituté de toutes pièces une langue hébraïque notablement différente de la véritable. Il va sans dire que cette opinion ingénieuse aurait besoin d'être appuyée sur des preuves sérieuses. Consulter FABRE D'OLIVET, *Langue hébraïque reconstituée*, 1816.

BIBLIATRIQUE. s. f. (βιϐλίον, livre; ἰατρική, médecine). Art de restaurer les livres.

BIBLICISME. s. m. Doctrine biblique.

BIBLICISTE. s. m. Celui qui étudie la Bible.

BIBLIOGRAPHE. s. m. (gr. βιϐλίον, livre; γράφω, je décris). Celui qui est versé dans la connaissance des livres, des éditions; celui qui écrit sur cette matière.

BIBLIOGRAPHIE. s. f. Science du bibliographe. — Ce terme a singulièrement changé d'acception depuis son origine. Chez les Grecs, un *Bibliographe* était simplement un copiste, et la b. n'était autre chose que l'art de copier des manuscrits. On entend aujourd'hui par cette expression la *connaissance des livres*, principalement au point de vue de la rareté, de l'antiquité et de la correction des éditions. — Quelle que soit celle des branches du savoir humain qu'on se propose d'étudier à fond, il importe beaucoup de savoir quels ouvrages ont été publiés sur ce sujet; ce renseignement ne peut être demandé qu'à la b. — L'antiquité ne nous a légué aucun traité spécial sur la b. Au moyen âge, Vincent de Beauvais, contemporain de saint Louis, publia un catalogue fort imparfait, sous le titre ambitieux de *Bibliotheca mundi*. Une immense lacune existe de Vincent de Beauvais (XIIIe siècle) au travail estimable de Duverdier intitulé *Bibliothèque française* (1580). Aujourd'hui même, les bons ouvrages de b. ne sont pas communs, car les bibliographes se sont plus occupés des livres rares et curieux que des livres utiles. Aujourd'hui que les publications de toute nature se sont multipliées dans des proportions véritablement effrayantes, une b. ne peut être utile qu'à la condition d'être spéciale et rédigée par un homme qui connaît à fond la matière dont il traite.

L'énorme quantité de livres, mémoires, observations, documents de toutes sortes qui se publient chaque année sur les diverses parties de la science, soit en forme de volumes, soit en forme d'articles dans les revues spéciales, rend de plus en plus nécessaire le classement bibliographique de ces innombrables documents. Il faudrait que chaque science eût une bibliographie complète et méthodique, constamment tenue à jour, de tout ce qui a été publié sur cette science. Malheureusement un pareil travail de classement est quelque chose de formidable. Cependant on commence à s'adonner à cette œuvre rendue nécessaire par le développement même de la science et le nombre des personnes qui s'y consacrent. C'est ainsi que Houzeau, directeur de l'Observatoire de Bruxelles, mort en 1800, avait commencé une b. générale de l'astronomie qui est actuellement continuée par son collaborateur M. Lancaster, bibliothécaire du même Observatoire, et qui doit comprendre trois volumes in-8°. De même, pour les sciences mathématiques, un congrès international tenu à Paris en juil. et 1889 a institué une commission permanente chargée de rédiger et de tenir au courant un *répertoire bibliographique*. Cette commission a déjà publié un Index ou classement des matières, afin de faire rentrer les divers travaux dans des cadres particuliers facilitant les recherches. La liste des ouvrages et mémoires sera publiée ultérieurement au fur et à mesure du travail. Il est à souhaiter que de pareils travaux soient entrepris pour toutes les sciences.

BIBLIOGRAPHIQUE. adj. 2 g. Qui a rapport à la bibliographie.

BIBLIOLÂTRE. s. m. (gr. βιϐλίον, livre ; λατρεύειν, adorer). Celui qui a l'idolâtrie des livres.

BIBLIOMANCIE. s. f. (gr. βιϐλίον ; μαντεία, divination). Divination se pratiquant à l'aide des livres. Voy. DIVINATION.

BIBLIOMANE. s. m. Celui qui a la manie des livres, qui recherche avec passion les livres précieux et rares. *Le b. est l'exagération du bibliographe.*

BIBLIOMANIE. s. f. (gr. βιϐλίον ; μανία, passion). Manie, passion d'avoir des livres et surtout des livres précieux.

BIBLIOPHILE. s. m. (gr. βιϐλίον ; φιλος, ami). Celui qui aime et recherche les livres rares et précieux, et particulièrement les belles et bonnes éditions. == LE BIBLIOPHILE JACOB, pseudonyme du littérateur PAUL LACROIX.

BIBLIOPHILIE. s. f. Amour des livres.

BIBLIOTAPHE. s. m. (gr. βιϐλίον ; ταφή, enterrement). Se dit des bibliomanes qui poussent leur manie jusqu'à cacher leurs livres et ne les montrer à personne. || Partie réservée d'une bibliothèque où l'on conserve les livres qu'on ne communique pas.

BIBLIOTECHNIE. s. f. (gr. βιϐλίον, livre ; τέχνη, art). Art qui embrasse l'impression, la reliure, le choix des livres, etc.

BIBLIOTHÉCAIRE. s. m. Celui qui est préposé à la garde et aux soins d'une bibliothèque. *B du Vatican.*

BIBLIOTHÈQUE. s. f. (gr. βιϐλίον ; θηκή, dépôt). Lieu où l'on tient un grand nombre de livres rangés en ordre. || Armoire, ou assemblage de planches disposées de manière à recevoir les livres. *Une b. d'acajou, une b. vitrée.* — On dit dans le même sens, *Un corps de b.* || Les livres mêmes qui sont contenus dans la b. ; assemblage d'une certaine quantité de livres mis en ordre. *Nombreuse b. Petite b. Il n'a pas la dixième partie de sa b. Il met en ordre sa b. Le catalogue d'une b.* — Fig. et fam., *C'est une b. vivante, ambulante,* C'est un homme fort savant et qui peut citer beaucoup d'auteurs, beaucoup de passages. *C'est une b. de livres dépareillés,* C'est un homme qui sait beaucoup, mais qui sait mal et avec confusion. || Fig., se dit aussi des recueils, des extraits, des catalogues raisonnés d'ouvrages soit de même nature, soit de genres différents. *La B. de Photius. La B. de Fabricius. La B. des Pères. La B. des voyages. La B. des romans. La B. d'un homme de goût.*

Le mot *bibliothèque,* suivant Festus, désigna d'abord le local où l'on renfermait une collection de livres ; plus tard, il s'appliqua à la collection elle-même. Il a conservé, chez les nations modernes cette double signification.

On attribue au roi d'Égypte Osymandias, qui vivait 2,000 ans environ avant notre ère, la fondation de la première b., mais le fait est plus que douteux. Cette b. était, dit-on, établie à Memphis, et on lisait sur la porte cette inscription si souvent citée : *Remèdes de l'âme.* — Il paraît, à en croire au moins Ctésias et Mégasthène, que les Perses avaient à Suse un riche dépôt de livres et de documents relatifs à l'histoire de leur nation. — Dans la Grèce, la première b. *publique* dont il soit fait mention est celle d'Athènes. Elle fut fondée par Pisistrate vers 510 av. J.-C. Mais cette précieuse collection fut, à l'époque de l'invasion de Xerxès et de la destruction d'Athènes par ce prince, enlevée et transportée en Perse. Après la conquête

de l'Orient par Alexandre, Séleucus Nicator retrouva la b. intacte et la rendit à Athènes. Elle fut encore, suivant Plutarque, enlevée et transportée à Rome par Sylla. L'empereur Adrien la restitua à ses légitimes possesseurs. La tradition rapporte que, lorsque les Goths se furent rendus maîtres d'Athènes, ils refusèrent de brûler les bibliothèques publiques, qui, suivant eux, avaient pour effet d'amollir le courage des citoyens. A peu près vers l'époque de Pisistrate, Polycrate, tyran de Samos, avait, dit-on, formé une riche b. Aux beaux jours de la République athénienne, de simples particuliers possédaient de nombreuses collections de livres : on cite particulièrement les bibliothèques d'Euripide, d'Euclide et d'Aristote. La dernière fut achetée par Ptolémée Philadelphe.

La plus célèbre des bibliothèques publiques de l'antiquité est, sans contredit, celle d'Alexandrie, en Égypte. Elle fut commencée par Ptolémée Soter ; ses successeurs, et surtout Ptolémée Évergète, l'accrurent considérablement. Elle renfermait 700,000 volumes, suivant Aulu-Gelle ; 500,000, selon Josèphe, et 400,000 seulement, selon Sénèque. Ces discordances peuvent se concilier, si l'on admet que les derniers auteurs n'ont parlé que de la b. du Bruchéion ; car cette immense collection était divisée en deux parties ; la plus considérable était établie dans le faubourg appelé Bruchéion, et l'autre dans le quartier du Sérapion, dans le temple de Sérapis même. La plus grande partie de cette inestimable collection fut brûlée dans le siège d'Alexandrie par Jules César. Cependant ces pertes ne tardèrent pas à être réparées, du moins en partie, car Marc-Antoine lui fit don à Cléopâtre de la riche b. de Pergame, qui avait été formée avec le plus grand soin par le roi Eumène. La collection de Pergame se composait, dit-on, de 200,000 volumes. Tout le monde sait que la b. d'Alexandrie fut brûlée (641 ap. J.-C.) lorsque les Arabes, sous le califat du fanatique Omar, s'emparèrent de l'Égypte. On raconte que le calife Omar aurait dit : « Si tous ces livres ne contiennent que ce qu'il y a dans le Coran, ils sont inutiles. S'ils contiennent autre chose, ils sont dangereux. Dans les deux cas, il faut les brûler. » Mais il y a de fortes raisons pour ne pas croire à l'authenticité de ce propos. Nonobstant les doutes élevés à ce sujet par Gibbon et quelques autres auteurs, le fait de la destruction de cette b. par les Arabes a été démontré vrai au fond. Cependant, il est probable qu'à cette époque la b. d'Alexandrie avait été considérablement diminuée, sinon tout à fait ruinée par les nombreuses émeutes des derniers siècles de l'Empire, pendant lesquelles se donnait carrière le fanatisme des chrétiens. Ceux-ci, on le sait, avaient horreur des livres profanes, et surtout des livres païens, et il est permis de croire qu'ils ont, plus encore que les Arabes, contribué à la ruine de cette merveilleuse collection où se trouvaient centralisées toute la science antique et toutes les productions de la pensée humaine pendant une dizaine de siècles.

La première b. publique qu'ait possédée Rome fut fondée par Asinius Pollion (38 av. J.-C.). Dix ans après, Auguste en créa une seconde, qui fut appelée *Palatine,* parce qu'elle était établie dans le temple d'Apollon, sur le mont Palatin. Le même empereur en ouvrit une troisième, qui fut appelée *Bibliotheca Octavianæ,* du nom d'Octavie, sa sœur. Elle était installée dans le théâtre de Marcellus. Plus tard, il fut encore fondé à Rome plusieurs bibliothèques publiques. Nous citerons celle du temple de la Paix et celle du palais de Tibère, dans le Capitole. Ces deux dernières, ainsi que la plus grande partie de la b. Palatine, furent détruites par des incendies. Mais la plus belle b. qu'ait eue Rome était la b. *Ulpienne,* fondée par Trajan, et ainsi appelée du nom de famille de cet empereur, qui était Ulpius. Dioclétien la réunit à ses Thermes. Il y avait en outre, à Rome, des bibliothèques particulières très précieuses. Celles de Cicéron et d'Atticus méritent d'être mentionnées. Du reste, les bibliophiles et les bibliomanes paraissent avoir été assez nombreux ; car Sénèque et Lucain se moquent des gens qui ont la manie de collectionner des livres pour n'en pas faire usage, et qui s'attachent plus à l'extérieur d'un ouvrage qu'à son contenu. Les fouilles pratiquées à

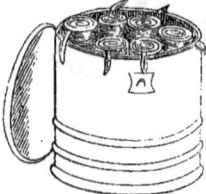

Herculanum y ont fait découvrir une petite b. pleine de livres. Tout autour des murs étaient des cases numérotées qui renfermaient les livres en rouleaux (*volumina*) : ces cases étaient

appelées *armaria*, *loculamenta*, *foculi* et *nidi*. Le plus souvent, les livres étaient renfermés dans des boîtes rondes, nommées *scrinia* ou *capsæ*, comme celle que représente la Fig. ci-jointe empruntée à une peinture de Pompéi. Pollion avait fait ériger dans sa b. publique du mont Aventin les statues de Minerve et des Muses, et l'avait en outre ornée de bustes et de portraits d'hommes célèbres. Cet usage devint général dans toutes les bibliothèques publiques et dans les bibliothèques privées considérables.

Au IVe siècle de notre ère, quand le siège de l'empire fut transféré par Constantin de Rome à Byzance, qui devint Constantinople, il y avait encore à Rome, selon Publius Victor, vingt-huit bibliothèques publiques. La b. fondée à Constantinople par Constantin ne s'accrut que lentement, car le goût des lettres était alors presque entièrement éteint en Orient. Cependant, à la mort de Théodose (395 ap. J.-C.), elle renfermait 100,000 volumes environ; mais elle fut brûlée, en 727, par l'empereur Léon l'Isaurien. Durant toute la période du moyen âge, on ne trouve de nombreuses bibliothèques que chez les Arabes. On sait que plusieurs califes, Haroun-al-Raschid et son fils Al-Mamoun entre autres, recueillirent à grands frais tous les livres de sciences et de philosophie de l'ancienne Grèce. On cite, parmi les plus importantes bibliothèques arabes, celles de Fez et de Maroc, qui comptaient chacune près de 100,000 volumes, et celle de Cordoue, qui en avait 250,000. En Occident, au contraire, les livres étaient extrêmement rares : une b. d'une centaine de volumes était une merveille. Les invasions des Barbares avaient tout détruit. Le petit nombre de livres qui avait échappé à la destruction, trouva un asile sûr dans les couvents de moines; c'est en effet dans les bibliothèques des vieilles abbayes chrétiennes qu'à la Renaissance on découvrit les plus précieux restes de la littérature et de la philosophie anciennes. La prise de Constantinople par les Turcs (1453), en obligeant une foule de lettrés grecs à se réfugier en Occident, et l'invention de l'imprimerie (1454) en fournissant un moyen économique et rapide de reproduire les exemplaires d'un ouvrage, furent le signal d'une agitation intellectuelle des plus ardentes, et l'on vit promptement de riches et précieuses collections de livres et de manuscrits se former de toutes parts.

La plus considérable et la plus riche des bibliothèques de l'Europe est sans contredit la *B. nationale* de Paris. Cependant elle a eu, à ses commencements, de plus humbles. Lors de sa fondation par Charles V (1373), elle comptait 910 volumes, et se composait pour la plus grande partie d'ouvrages sur la théologie, l'astrologie et la divination; aujourd'hui elle renferme environ 2,200,000 volumes ou pièces imprimées. — La B. nationale est partagée en quatre départements, en vertu du décret du 17 juin 1885 : 1° celui des livres imprimés, cartes et collections géographiques; 2° celui des manuscrits, chartes et diplômes; 3° celui des médailles, pierres gravées et antiques; 4° enfin celui des estampes.

L'inconvénient principal des grandes bibliothèques consiste dans la difficulté de dresser un catalogue méthodique et complet qui puisse être mis à la disposition du public. Il ne suffit pas, en effet, d'établir pour chaque ouvrage des fiches classées par ordre alphabétique : car ce classement suppose que le lecteur connaît d'avance exactement le titre de l'ouvrage qu'il veut consulter. Il arrive au contraire fort souvent qu'avant d'entreprendre un travail on désire être renseigné au préalable sur la bibliographie qui le concerne : c'est donc par ordre de matières que tout catalogue bien fait doit être divisé. Commencé en 1850, le catalogue des livres de la B. nationale est poursuivi depuis ce temps avec beaucoup d'activité, mais il est loin d'être terminé.

Outre la B. nationale, Paris possède plusieurs bibliothèques extrêmement riches; citons notamment celle de l'Arsenal (210,000 volumes imprimés ou manuscrits), de la Sorbonne (80,000 volumes), de l'École de Médecine (35,000 volumes), Mazarine (210,000 volumes), Sainte-Geneviève (160,000 volumes), enfin, la B. centrale de l'enseignement primaire, établie au Musée pédagogique et qui comprend plus de 30,000 volumes.

Plus de deux cents villes de France possèdent des bibliothèques publiques, et l'ensemble des volumes qu'elles contiennent s'élève à près de 4 millions. Nous signalerons les plus importantes : Lyon (150,000 volumes ou manuscrits), Bordeaux (environ 140,000), Rouen (112,000), Troyes (105,000) Aix (92,000), Besançon (75,000), Marseille (75,000), Grenoble (70,000). Avant la guerre de 1870, Strasbourg était la ville des provinces de France qui possédait la plus riche bibliothèque : 250,000 volumes.

L'Allemagne se distingue par la richesse des bibliothèques appartenant à ses Universités; il nous suffira de citer celles de Breslau (342,900 volumes et manuscrits), Gœttingue (405,000), Heidelberg (373,000), Leipzig (354,000), Tubingue (340,000).

BIBLIQUE. adj. 2 g. Qui appartient, qui est propre à la Bible. *Livres bibliques*. *Style b.* · · *Style b.*, se dit aussi d'un style où l'auteur s'efforce d'imiter à la fois la simplicité et la grandeur du style de la Bible. — Vers la fin du dernier siècle et surtout dans le premier quart du siècle actuel, il s'est fondé, dans tous les États protestants de l'Europe et de l'Amérique, des associations libres qui ont pour objet de propager, soit dans leur propre pays, soit dans les pays étrangers, le texte des Saintes Écritures : ces associations ont pris de là le nom de *Sociétés bibliques*. La plus ancienne date de 1780 et fut fondée à Londres.

BIBLISTIQUE. s. f. (de *Bible*). Connaissance des diverses éditions de la Bible.

BIBLORHAPTE. s. m. (gr. βίβλος, papier; ῥάπτω, coudre). Espèce de portefeuille.

BIBRACTE, cap. des Éduens, en Gaule, auj. Autun selon les uns, le mont Beuvray selon les autres.

BIBREUIL, s. m. [Pr. l'*l* mouillée]. L'un des noms vulgaires de la berce, plante.

BIBUS [Pr. l'*s*]. T. de mépris, qui ne s'emploie guère qu'avec la prép. *de*, pour désigner une chose qui mérite peu d'attention, qui est sans aucune valeur. *C'est une affaire de b. Ce sont des raisons de b.* Fam.

BICAPSULAIRE. adj. 2 g. (*bi* et *capsule*). T. Bot. Qui est formé par la réunion de deux capsules.

BICARBONATE. s. m. **BICARBURE**. s. m. (*bi* et *carbone*). T. Chim. Voy. CARBONE, CARBONIQUE et CARBURE.

BICARÉNÉ, **ÉE**. adj. (*bi*, pour *bis*, et *carène*). T. Bot. Qui offre deux carènes ou saillies longitudinales. Se dit surtout de la glume supérieure des graminées.

BICARRÉ, **ÉE**. adj. (*bi* et *carré*). T. Math. On appelle *équation bicarrée* une équation du 4e degré qui ne contient que des puissances paires de l'inconnue. Elle est donc de la forme :
$$ax^4 + bx^2 + c = 0.$$
On la résout en posant $x^2 = y$, ce qui fait dépendre sa résolution de celle de l'équation du 2e degré
$$ay^2 + by + c = 0,$$
qui est dite *l'équation transformée*. Si y et y_1 sont les racines de celle-ci, celles de l'équation proposée seront $\pm \sqrt{y_1}$ et $\pm \sqrt{y_2}$, ce qui donne les racines :
$$x = \pm \sqrt{\frac{-b \pm \sqrt{b^2 - 4ac}}{2a}}.$$

La discussion de l'équation b. dépend de celle de l'équation transformée. On voit immédiatement que l'équation b. a autant de couples de racines réelles que l'équation transformée a de racines positives. Pour que les quatre racines soient réelles, il faut et il suffit qu'on ait simultanément :
$$ac > 0 \quad ab < 0 \quad b^2 - 4ac > 0$$
Le *trinôme* b. $ax^4 + bx^2 + c$ se décompose en 4 facteurs réels ou imaginaires, du 1er degré :
$$ax^4 + bx^2 + c = a(x - x_1)(x + x_1)(x - x_2)(x + x_2),$$
les quatre racines étant $\pm x_1$, $\pm x_2$, décomposition en facteurs qui permet de résoudre les *inéquations bicarrées* : $ax^4 + bx^2 + c \gtreqless 0$. Voy. ÉQUATION, INÉQUATION.

BICÉPHALE. s. m. et adj. 2 g. (*bi* et gr. κεφαλή, tête). Monstre à deux têtes supportées par un seul tronc.

BICAUDÉ, **ÉE**. adj. (*bi*, et lat. *cauda*, queue). T. Hist. nat. Qui a deux queues ou deux appendices en forme de queue.

BICEPS. s. m. [Pr. le *p* et l'*s*] (lat. *bis*, deux fois; *caput*, tête). T. Anat. Se dit de deux muscles dont l'extrémité supérieure est divisée en deux cordes tendineuses. *B. brachial*, situé à la partie antérieure du bras où il forme une saillie très prononcée quand le bras est fléchi. *B. crural* ou *fémoral*, situé à la région postérieure de la cuisse. On donne ordinairement le nom de b., sans qualification, au muscle

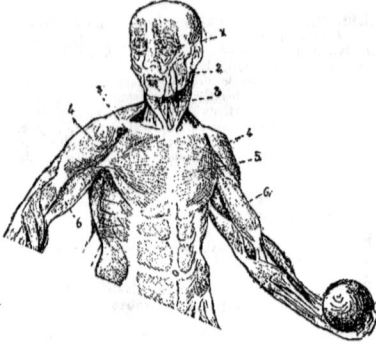

du bras (Fig. de l'écorché, n° 6. — 1. Orbiculaire des paupières. — 2. Masséter. — 3. Sterno-cléido-mastoïdien. — 4. Deltoïde. — 5. Grand pectoral. — 6. Biceps brachial).

BICÊTRE, village à 2 kil. au sud de Paris (canton de Villejuif) : hospice pour les vieillards et pour les aliénés, 6,000 hab. dont 4,000 pour l'hospice.

BICHAT, illustre médecin français, mort à 31 ans en 1802.

BICHE. s. f. (même mot que *bique*, femelle du bouc?) Femelle du cerf. || *Pied-de-b.*, Instrument de dentiste. || T. Peint. Pinceau à poils courts pour lisser les couleurs dans la peinture sur porcelaine. || Se dit aussi de certains objets dont l'extrémité ressemble au pied de la b. — *Table à pieds de b.*, A pieds légèrement recourbés en dehors par le bas. || *Ventre de b.*, Couleur d'un blanc roussâtre comme celle du ventre de la biche.

BICHE. s. f. (corrup. de *bisse*). T. Blas. Serpent. Voy. Bisse.

BICHE. s. m. (mot germ. ang. *bitch*). Sorte de chien, le petit barbet.

BICHERÉE. s. f. L'étendue de terre qu'on pouvait ensemencer avec un bichet de grains.

BICHET. s. m. (bas-lat. *bicarium*, vase). Ancienne mesure de capacité pour le blé et pour d'autres grains. Se disait de la mesure et de son contenu. *Acheter un b. Le b. contenait, selon les lieux, de 11 à 27 kilogrammes de froment.*

BICHETTE. s. f. Petite biche. || T. Pêche. Espèce de filet monté sur deux perches courbes.

BICHIR. s. m. T. Icht. Poisson du Nil dont les nageoires ventrales sont port es par une sorte de bras. Voy. Clupes.

BICHLORÉ, ÉE. adj. **BICHLORURE**. s. m. T. Chim. Voy. Chlore.

BICHOF. s. m. Voy. Bischof.

BICHON, ONNE. s. (mot germ. angl. *bith*, chien). Sorte de petit chien qui a le poil long, soyeux et ondoyant.

BICHONNER. v. a. Friser, boucler la chevelure, de façon à lui donner quelque ressemblance avec le poil frisé et ondoyant du bichon. ≡ SE BICHONNER. v. pron. *Elle passe tous les jours deux heures à se b.* Fam. ≡ BICHONNÉ, ÉE. part.

BICHOP. s. m. Voy. Bischof.

BICHROMATE DE POTASSE. Sel employé dans les arts. Voy. Chrome.

BICIPITAL, ALE. adj. (de *biceps*). T. Anat. Qui a rapport au muscle biceps.

BICIPITÉ, ÉE. adj. (*bi* et lat. *caput*, tête). T. Didact. Qui offre deux têtes ou deux sommets : se dit surtout de la carène des fleurs des légumineuses.

BICLAVÉ, ÉE. adj. (*bi* et lat. *clavus*, clou). Qui offre deux saillies en forme de clou.

BICOLORE. adj. (*bi* et lat. *color*, couleur). T. Didact. Qui offre deux couleurs.

BICONCAVE. adj. (*bi* et *concave*). T. Didact. Qui offre deux faces concaves opposées. Voy. Lentille.

BICONVEXE. adj. (*bi* et *convexe*). T. Didact. Qui offre deux faces convexes opposées. Voy. Lentille.

BICOQ. s. m. Pièce de bois qui sert à soutenir la machine dite chèvre, employée pour élever les fardeaux.

BICOQUE. s. f. (ital. *Bicocca*, petite ville d'Italie). T. Guerre. Petite ville, ou place de peu d'importance et de peu de défense. *Cette b. arrêta longtemps l'ennemi.* || Fam. Une très petite maison. *Il a dans ce village une mauvaise b.*

BICOQUE (LA), village du Milanais ; les impériaux y battirent les Français en 1522.

BICORDÉ, ÉE. adj. (*bi* et *cor, cordis*, cœur). T. Didact. Qui offre deux échancrures en forme de cœur de cartes à jouer.

BICORNE. adj. (*bi* et *corne*). T. Didact. Qui a deux cornes. T. Anat. *Utérus bic.*, Celui de la plupart des mammifères, excepté l'homme, la plupart des singes, les tardigrades et les édentés.

BICOUDÉ, ÉE. adj. (*bi* et lat. *coude*). T. Didact. Qui est coudé deux fois.

BICRÉSYLE. s. m. (*bi* et *crésyle*). T. Chim. Les *bycrésyles*, appelés aussi *bitolyles*, sont des hydrocarbures qui ont pour formule $(CH^3.C^6H^4.)^2$ et qui prennent naissance par l'action du sodium sur les toluènes bromés. Ils sont solides ou liquides et leurs points d'ébullition sont situés aux environs de 280°. — Le chlorure de *tétrazobicrésyle*, qu'on obtient en diazolant le chlorhydrate de tolidine, sert à préparer diverses couleurs tétrazoïques : benzopurpurines, bleu azoïque, etc.; mis en ébullition avec l'eau il se convertit en *bicrésol* $(CH^3.C^6H^2OH.)^2$ cristallisé en aiguilles qui fondent vers 160°.

BICUSPIDÉ, ÉE. adj. (*bi* et lat. *cuspis*, pointe). T. Didact. Qui offre deux pointes.

BICYCLE. s. m. (lat. *bis*, deux fois ; gr. χύχλος, cercle). Vélocipède à deux roues. Voy. Vélocipède.

BICYCLETTE. s. f. (dimin. de *bicycle*). Vélocipède à deux roues égales de petit diamètre. Voy. Vélocipède.

BICYCLISTE. s. m. Celui qui monte un bicycle.

BIDA (Alexandre), dessinateur français (1813-1893).

BIDACHE, ch.-l. de c. (Basses-Pyrénées), arr. de Bayonne, 2,600 hab.

BIDANET. s. m. T. Teint. Suie de cheminée qui sert à faire une couleur brune.

BIDASSOA, rivière qui sépare la France de l'Espagne au S.-O.

BIDDERY. s. m. (nom d'une ville de l'Inde). T. Minér.

Alliage de fer, de zinc, de cuivre et d'étain, dont on se sert dans l'industrie.

BIDENT. s. m. (*bi* et *dent*). Fourche à deux dents. || T. Bot. Genre de plantes de la tribu des *Radiées* dont plusieurs espèces croissent en Europe. Voy. COMPOSÉES.

BIDENTÉ, ÉE. adj. (*bi* et *dent*). T. Didact. Qui a deux dents. Se dit en Zool. des animaux dont le bec ou la bouche présente une double échancrure.

BIDET. s. m. (d'un radical celtique *bid*, petit). Petit cheval. *Acheter un b.* — *Double b.*, B. plus grand et plus renforcé que les bidets ordinaires. || T. Anc. poste. Petit cheval que montent les courriers, et qui n'est pas destiné à être attelé. *Courir la poste à b.* — Fig. et fam., *Pousser son b.*, Aller son train. *Il a bien poussé son b.*, Il a fait une fortune prompte et rapide. || Meuble de garde-robe, dans lequel est renfermée une cuvette, et qui sert à la toilette intime. || T. Techn. Étau d'établi de menuisier. || Instrument de bois sur lequel on travaille la cire.

BIDON. s. m. (d'un radical celtique *bid*, petit, par comparaison avec d'autres mesures plus grandes?). Espèce de broc de bois qui contient environ 5 pintes (4 litres 65) || Vase de fer-blanc dont les soldats se servent pour porter leur eau ou tout autre liquide. *Le grand b. sert au transport de l'eau pour cinq hommes.* || Vase en bois servant au même usage sur les navires. || T. Techn. Fer étiré en barres avec lequel on fabrique les canons des armes portatives. || Filandre sur une barre de fer. || Chez les cloutiers, bout de la tringle devenu trop court pour être serré avec les pinces.

BIDORIS. s. m. Nom donné autrefois aux chevaux que montaient les officiers subalternes d'infanterie.

BIEF ou **BIEZ.** s. m. [Pr. *bié* ou moins correctement *bief*] (bas-lat. *bedale* et *bedum*, d'un radical germ. qu'on retrouve dans l'angl. *bed*; lit; propr. lit d'une rivière). Canal qui conduit les eaux pour les faire tomber sur la roue d'un moulin. *Le b. d'un moulin.* || T. Ponts et chaussées. Espace entre deux écluses sur une rivière ou un canal de navigation. Voy. CANAL.

BIEL ou **BIENNE**, v. du canton de Berne (Suisse), près du lac de Bienne, 8,420 hab.

BIÉLA (GUILLAUME, baron de), militaire autrichien, s'occupa d'astronomie, découvrit en 1826 la comète qui porte son nom (1782-1856).

BIELLE. s. f. [Pr. *bièle*]. T. Mécan. Pièce rectiligne servant à transmettre le mouvement d'une pièce à une autre. Dans la Fig., B est une bielle articulée, d'une part, avec la

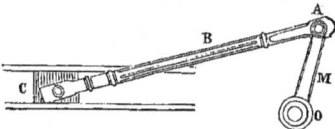

manivelle en A et, d'autre part, avec la pièce C. Si A tourne autour de O, la pièce C, mue par la bielle, exécutera un mouvement rectiligne alternatif. Voy. MOUVEMENT.

BIEN. s. m. (lat. *bene*, bien ; de *bonum*, bon). Ce qui est bon, utile, avantageux, convenable, au sens physique et au sens moral. *B. durable. B. imaginaire. Quel b. nous est-il revenu? Cela ne fait ni b. ni mal. Il faut aller au b. de la chose. Les biens et les maux de cette vie. La santé est le b. le plus précieux.* — *Les biens du corps*, La santé, la force. *Les biens de l'esprit*, Les talents. *Les biens de l'âme*, Les vertus. — *Les biens terrestres*, Les biens passagers, Les biens de ce monde, par oppos. aux *Biens éternels*, La béatitude éternelle. — *Le b. public*, le b. général, L'avantage, l'intérêt de tous. || *Vouloir du b. à quelqu'un*, Désirer que quelqu'un soit heureux, avoir le désir de l'obliger. Fam. et par plaisant., *Cette femme vous veut du b.*, Elle paraît bien disposée en votre faveur. || *Faire du*

b. à quelqu'un, Le secourir dans le besoin, dans l'infortune ; lui procurer quelque avantage ; contribuer à son bien-être. On dit de même, *Rendre le b. pour le mal.* — *Faire du b., faire grand b.*, se dit des choses dont on reçoit quelque avantage, quelque soulagement. *Il lui est arrivé une succession qui a fait grand b. à ses affaires. La pluie a fait du b. à la terre.* — Prov., *Un peu d'aide fait grand b.*, Un petit secours ne laisse pas d'être quelquefois très utile. || *Donner à quelqu'un des avis, des conseils pour son b.*, Les lui donner dans son intérêt, pour son avantage. || *Dire du b. de quelqu'un*, parler en b. de quelqu'un, Parler avantageusement de quelqu'un, louer son caractère, ses talents, etc. *On dit du b. de ce poème*, On le vante. *Il ne m'a parlé de vous ni en b. ni en mal*, Il ne m'a rien dit de vous, ou il m'a parlé de vous d'une façon indifférente. *On m'a dit de lui tout le b. du monde*, On m'a fait son éloge sous tous les rapports. || *Prendre, interpréter quelque chose en b.*, L'interpréter d'une manière favorable. || *Mener une affaire, une entreprise à b.*, Faire qu'elle réussisse. — *Cet ouvrage arrive, vient à b.*, Il se perfectionne, il s'améliore. — Prov., *Le mieux est l'ennemi du b.* Voy. MIEUX. || Ce qui est juste, honnête, louable. *Le souverain b. La science du b. et du mal. Cet homme fait le b. sans ostentation. Ramener au b. C'est un jeune homme qui se porte au b. C'est une femme de b.* — Prov., *En tout b. tout honneur; en tout b. et tout honneur*, A bonne fin, à bonne intention. || Ce qu'on possède en argent, en fonds de terre ou autrement. *B. patrimonial. Les biens paternels. Biens dotaux, paraphernaux. Il ne faut pas toucher au b. d'autrui. Avoir un b. clair et net. Un b. clair et liquide. Tout son b. est saisi. Partager son b. Amasser du b. Être en communauté de biens. Elle est séparée de corps et de biens. Les biens meubles et immeubles. Biens ruraux. Biens vacants. Les biens nationaux. Les biens communaux.* — Se dit quelquefois absol., d'un bien de campagne, d'une propriété rurale. *Il a un petit b. à quelques lieues d'ici. Il vit sur son b.* — *Avoir du b. au soleil*, Avoir des biens-fonds, des terres, des maisons. On dit à peu près dans le même sens, *Avoir du bon b.*

Obs. gram. — Le mot *Bien*, substantif, ne se lie jamais, dans la prononciation, au mot suivant, lors même que celui-ci commence par une voyelle ou par une *h* non aspirée. Ainsi on prononce *Ce bien est à moi*, et non *Ce bien-n-est à moi.*

Législ. — La loi appelle *Biens* toutes les choses qui peuvent servir à la satisfaction des besoins de l'homme et qui sont en même temps susceptibles d'appropriation. Les choses, dit la loi romaine, prennent le nom de biens, parce qu'elles rendent heureux ceux qui les possèdent (*Dig.* L. 49. *De verb. signif.*). La loi considérant comme étant dans notre patrimoine, non seulement les choses que nous possédons, mais encore les choses sur lesquelles nous avons des droits, elle range aussi parmi les biens les différents droits que nous pouvons avoir relativement aux choses : ces droits constituent les *biens incorporels*, ceux que nous saisissons seulement par l'esprit, *ea quæ tangi non possunt, ea quæ in jure consistunt*. Tels sont un droit d'hérédité, d'usufruit, une action, etc. Les choses physiques, au contraire, constituent les *biens corporels*, *quæ tangi possunt*. Quant aux choses telles que l'air, la lumière, que la nature a destinées à l'usage commun de tous, et qui se refusent à toute espèce d'appropriation, on leur donne dans le langage juridique la qualification de *choses communes* (*res communes*).

Distinction des biens. — Tous les biens sont *meubles* ou *immeubles* (C. C., art. 516), selon que les choses qui les constituent, ou auxquelles ils se rapportent (s'ils consistent en droits), peuvent se transporter d'un lieu dans un autre, ou sont fixes et attachés au sol. Cette distinction est fondamentale en droit, et donne lieu à de nombreuses applications. Nous signalerons des plus importantes. Les immeubles situés en France, même ceux possédés par les étrangers, sont régis par la loi française (C. C., 3) ; les immeubles sont seuls susceptibles d'hypothèque (C. C., 2118) ; c'est seulement relativement aux meubles que la règle *Possession vaut titre* reçoit son application (C. C., 2279) ; lorsqu'il s'agit de prescription d'immeubles, la loi exige en général un titre (C. C., 2265, 2262) ; les meubles tombent dans la communauté et non les immeubles (C. C., 1401) ; les pouvoirs des tuteurs (C. C., 457 et s.), la capacité du mineur émancipé (C. C., 481 et s.) et de la femme mariée (C. C., 217 et s.) ne sont pas les mêmes, suivant qu'il s'agit de meubles ou d'immeubles ; enfin les formalités de la saisie et de la vente forcée différent, selon qu'il s'agit de meubles ou d'immeubles. En matière d'enregistrement, cette distinction n'est pas moins importante, puisque la loi établit un tarif différent pour la transmission des meubles et des immeubles.

I. *Immeubles.* — Les immeubles se divisent en trois classes : 1re classe : *Immeubles par nature,* tels que le sol, les maisons. — 2e classe : *Immeubles par destination,* c.-à-d., objets mobiliers de leur nature, mais qui ont été attachés par le propriétaire à l'immeuble dont ils sont devenus l'accessoire, ex. : les machines nécessaires à l'exploitation d'une usine. — 3e classe : *Immeubles par l'objet auquel ils s'appliquent,* ce sont les droits immobiliers : la nature d'un droit dépend en effet de l'objet sur lequel il existe ou qu'il tend à faire obtenir.

II. *Meubles.* — Les meubles se divisent en deux classes : 1re classe : *Les meubles par leur nature,* c.-à-d. les choses qui se transportent par elles-mêmes ou qui peuvent être transportées, ex. : un cheval, une table. — 2e classe : *Les meubles par la détermination de la loi.* On entend par là les *droits* qui ont pour objet des meubles, ex. : les actions ou intérêts des compagnies financières.

Biens considérés dans leur rapport avec ceux qui les possèdent. — Sous ce rapport, les biens appartiennent ou n'appartiennent pas à des particuliers : « Les particuliers ont la libre disposition des biens qui leur appartiennent, sous les modifications établies par la loi. Les biens qui n'appartiennent pas à des particuliers sont administrés et ne peuvent être aliénés que dans les formes et suivant les règles qui leur sont particulières (C. C. 537). » — Les biens qui n'appartiennent pas à des particuliers sont : 1° les biens de l'État; 2° les biens des départements; 3° les biens des communes; 4° les biens des établissements publics.

1° *Biens de l'État.* — Les biens de l'État sont de deux sortes : les uns sont affectés, par une destination spéciale et permanente, à un usage public; les autres ne sont soumis à aucun service de ce genre. Les premiers, étant hors du commerce, sont inaliénables et imprescriptibles : ils constituent le domaine public de l'État. Les seconds en constituent le domaine privé et sont susceptibles d'aliénation et de prescription. Comme exemples de biens du *domaine public* de l'État, nous citerons les routes nationales, les fleuves et rivières navigables ou flottables; les ports, forteresses. — Quant aux biens du *domaine privé,* ce sont des propriétés dont l'État jouit comme un simple particulier; ex. : biens vacants et sans maîtres, immeubles productifs de revenus, etc.

2° *Biens des départements.* — Le Code civil ne les reconnaissait pas; ils ont été créés par un décret de 1811. On distingue le *domaine public* qui comprend les routes départementales, et le *domaine privé* qui comprend les biens non affectés à un service public et quelquefois productifs de revenus.

3° *Biens des communes.* — On distingue encore ici le *domaine public* et le *domaine privé.* Le premier s'applique aux chemins vicinaux, rues, églises, etc.; le second aux biens affermés ou à ceux dont la jouissance en nature est abandonnée aux habitants : ces derniers portent le nom de « biens communaux ».

4° *Biens des établissements publics,* c'est-à-dire des hospices et des établissements ecclésiastiques.

Hist. — *Biens nationaux.* — On donnait ce nom aux biens qui ont été confisqués à l'époque de la Révolution française sur le clergé, les émigrés et le domaine royal. C'est par le décret du 2 novembre 1789 que l'Assemblée constituante déclara que les biens ecclésiastiques appartenaient à la nation et que ceux qui ne servaient ni au culte, ni aux établissements de bienfaisance seraient aliénés au profit de la nation. Le décret qui ordonna la confiscation des biens des émigrés est de février 1792. La plupart des propriétés appartenant à la noblesse vinrent alors s'ajouter aux biens nationaux qui s'accrurent encore du domaine royal lorsqu'on eut proclamé la République. Dans les circonstances difficiles où se trouvait alors la France, il n'était pas aisé de trouver des acquéreurs pour une masse aussi considérable de biens. Il fallait avoir grande confiance dans la durée du régime nouveau pour se décider à acquérir ces sortes de propriétés, car l'acquéreur avait à craindre le succès du parti royaliste, auquel cas, non seulement sa propriété lui aurait été reprise sans indemnité, mais encore il aurait été vraisemblablement traité comme un voleur. Cependant la vente des biens nationaux était la seule ressource du gouvernement républicain, dans un temps où la rentrée des impôts était absolument illusoire. Aussi, imagina-t-on toutes sortes de combinaisons pour faciliter cette vente : séparation par lots, mise à prix à des taux très bas, facilités de payements, etc.

Cependant les ventes ne se faisant pas assez vite pour les besoins du trésor, il fallut imaginer de nouvelles ressources. C'est alors qu'on eût l'idée de mobiliser pour ainsi dire les biens non vendus en créant des *assignats* garantis sur les propriétés de la nation. Le gouvernement payait en assignats qui devaient rentrer au Trésor soit pour le payement des impôts, soit pour la vente successive des biens. On sait quel épouvantable crise économique résulta bientôt de la dépréciation de ce papier. Pourtant l'idée était juste, mais elle a été appliquée sans discernement. Les causes de la dépréciation des assignats seront développées au mot PAPIER-MONNAIE. Napoléon, pour rallier d'anciennes familles, fit, dès le Consulat, quelques restitutions de biens non vendus, et enfin, le sénatus-consulte du 6 floréal an X, ordonna que les émigrés amnistiés rentreraient en possession de ceux de leurs biens qui étaient encore entre les mains de la nation, à l'exception des forêts et des immeubles affectés à un service public. Quant aux biens ecclésiastiques, ils furent considérés comme définitivement acquis à la nation et ceux qui les avaient achetés en furent considérés comme les légitimes propriétaires. Ces dispositions furent ratifiées par le Concordat, qui stipule en échange que les ecclésiastiques attachés au service du culte recevraient une pension de l'État, et que les églises et presbytères non vendus seraient mis à la disposition du clergé tout en restant la propriété de l'État. Telle est l'origine de notre budget des cultes. — A la Restauration, de nouvelles restitutions furent faites, mais toujours sur la portion non vendue. Malgré les revendications des anciens émigrés, le pouvoir comprit quel épouvantable bouleversement pourrait entraîner la tentative de reprendre leurs biens aux milliers de propriétaires qui les avaient achetés quinze ou vingt ans auparavant. Du reste, la Charte garantissait les possesseurs de biens nationaux. Mais alors, pour désintéresser les familles dépouillées, la Chambre finit par voter, en 1825, qu'une indemnité de *un milliard* leur serait partagée suivant les pertes qu'elles avaient éprouvées. La même loi qui instituait ce *milliard des émigrés,* charge énorme pour le pays, interdit en même temps la distinction dont l'usage s'était conservé dans les actes publics entre les *biens nationaux* et les *biens patrimoniaux.*

Nous ne discuterons pas la question assez oiseuse de la légitimité du droit qu'avait le gouvernement de la République sur les biens ecclésiastiques et sur ceux des émigrés. En ce qui concerne ces derniers, il faut bien reconnaître qu'entre eux et la République c'était une lutte sans merci qui explique bien des violences et, du reste, la notion d'indemnité leur a donné la seule satisfaction qu'ils aient pu légitimement réclamer plus tard. Pour les biens du clergé, il ne peut plus être question de propriété individuelle, et la question se réduit à savoir s'il vaut mieux que les services du culte et de la bienfaisance publique soient assurés par le budget annuel de l'État, ou par les revenus d'un ensemble de propriétés spécialement affectées à cet usage. Quoi qu'il en soit, la vente des biens nationaux a eu du moins cet heureux résultat de commencer en France la diffusion de la propriété et d'augmenter le nombre des propriétaires. Presque tous les acquéreurs de biens nationaux étaient des marchands ou des paysans, et ce fut là l'origine de cette évolution qui est peut-être le résultat le plus net de la Révolution française et d'après laquelle la propriété se morcelle de plus en plus au profit du paysan.

Philos. — Voy. les mots MAL et MORALE.

BIEN. adv. S'emploie dans des acceptions assez diverses, suivant le sens des verbes ou des adjectifs auxquels il sert de modificatif. Il indique : 1° Un certain degré de perfection. *Cet artiste travaille b. Il écrit b. Cet orateur parle b. Il joue b. du violon. Elle est b. prise dans sa taille. Il est b. mis,* il est habillé avec goût. || 2° La conformité à la vérité. *Il juge b. des choses. Vous voyez b.* || 3° La commodité, la tranquillité, le bien-être. *Il se trouve b. dans son fauteuil, dans son lit. Il se trouve b. de son nouveau régime. Mon frère se porte b.,* il n'est ni malade ni indisposé. On dit de même, *Il va b.* || 4° L'aisance, la fortune. *Il est b. dans ses affaires.* || 5° L'union, la bonne intelligence, la paix. *Je suis b. avec lui. Ils sont b. ensemble.* — Fam., se dit de deux personnes de sexe différent qui ont un commerce de galanterie. || 6° Un degré supérieur au degré commun et ordinaire. Il signifie alors très, fort. *Cette femme aime b. son mari. Elle vous hait b., vous persécute b. Je désire b. qu'il réussisse. C'est un homme b. riche, b. spirituel. Il est b. malheureux, b. affligé, b. aise, b. content. Je me suis levé b. matin. Il est déjà b. loin. Ces arguments sont b. faibles. Il a été b. trompé.* || 7° Un grand nombre, une quantité supérieure à la quantité ordinaire. *Il y avait b. du monde au c*

Champs-Élysées. || 8° Enfin, il s'emploie pour marquer un certain état heureux, avantageux, agréable. *L'art de b. vivre. Il est aussi b. qu'on y puisse être. Tant b. que mal. C'est un homme b. né. Tout va b.* || *Être b.,* se dit d'un malade sur l'état duquel on est rassuré. *Il est b. maintenant.* — *Cette femme est b.,* Elle est d'une figure agréable, ou elle a des manières honnêtes et décentes. — *Cette jeune fille se tient b.,* Elle a un bon maintien. — Ironiq., on dit, *Nous voilà bien!* pour exprimer qu'on se trouve dans une position fâcheuse, embarrassante. *Vous voilà b., Les voilà b.,* se disent dans le même sens. || Sagement, prudemment. *Il fait b. de prendre ce parti. Il a b. agi dans cette circonstance. Il. lui a pris de se retirer. Il a fait sagement,* etc. || Impersonn., *Il est b.,* Il est juste, il est convenable, il est bienséant. *Il est b. de garder une certaine dignité.* — On dit absol., *C'est b., c'est fort b.,* ou ellipt., *Bien, fort b.,* Pour marquer assentiment, adhésion, approbation. — On dit aussi par manière d'ironie. *C'est b., ne vous gênez pas.* Ces locut. s'emploient encore pour exprimer qu'on a compris une explication, un avis, etc., ou qu'on ne veut pas continuer l'entretien sur l'objet dont il s'agit. *Fort b., je vois ce que j'ai à faire. B., b., nous reparlerons de cela.* — Ironiq., *Il vous sied b. de blâmer ainsi les autres.* || *Bien* sign. quelquefois, formellement, expressément. *Il est b. entendu que...* *Tenez-vous pour b. averti.* || À peu près, environ, *Il y a b. trois ans que cela s'est passé.* || S'emploie souvent par redondance, et pour donner plus de force à ce qu'on dit. *Auriez-vous b. l'assurance de le nier? Nous verrons b. Il est un peu b. prompt. Nous verrons b. Voilà b. le langage de l'amitié.* = HÉ BIEN. Sorte d'interj. qui s'emploie pour exhorter ou interroger. *Hé b., continuez! Hé b., travaillez donc!* On dit aussi simplement, *Hé bien?* = EH BIEN. Autre forme peu différente d'interj. qui est usitée dans les mêmes cas et dans une foule d'autres. *Eh b., qu'en pensez-vous? Eh b., soit. Eh b., non.* = BEL ET BIEN, BIEN ET BEAU, loc. adv. Voy. BEAU. = BIEN LOIN DE. loc. prépos. Voy. LOIN. = BIEN QUE. loc. conjonct. Encore que, quoique. *B. que je le souhaite de tout mon cœur, je ne le puis pas. Elle le déteste, b. qu'elle lui fasse mille amitiés.* = SI BIEN QUE. loc. conj. Tellement que, de sorte que. *Notre voiture se brisa, si b. qu'il nous fallut rester en route.* = OU BIEN, loc. conj. Même sens que *ou: Allez-y, ou b. j'irai.*

Obs. gram. — *Bien* adv. se lie dans la prononciation au mot suivant, mais seulement lorsque ce mot est un adjectif, un adverbe ou un verbe commençant par une voyelle ou une *h* non aspirée. *Il faut bien-n-écrire; C'est une fonction bien-n-honorable.* Dans tous les autres cas, on ne fait pas intervenir l'n euphonique : par conséquent, on ne peut pas dire, *Il parle bien-n-et à propos.* On doit prononcer *Bien et à propos.* — *Bien,* adv., veut l'article après lui : *B. des gens; B. de l'argent; B. du monde.* Dans les temps simples, il se place toujours après le verbe : *Il joue b. du piano.* Dans les temps composés, il se place entre l'auxiliaire et le participe : *Il a b. chanté.* Il se place aussi en général avant l'infinitif : *Il faut b. prendre garde; Il faut b. vous rappeler que...* — Au lieu de *plus b.,* on dit *mieux;* mais on dit *moins b.* et aussi *b.* Voy. BEAUCOUP.

BIEN-AIMÉ, ÉE. adj. Qui est très chéri, qui est aimé par préférence à tout autre. *C'est sa fille b.-aimée* || Subst. *C'est le b.-aimé de sa mère.*

BIEN-DIRE. s. m. N'est guère usité que dans ces locut. fam. et iron., en parlant de quelqu'un qui affecte de bien parler : *Quand il se met sur son b.-dire. Le voilà sur son b.-dire.* || Manière de dire polie, élégante et agréable. || Dans tout autre cas, *Bien dire* s'écrit sans trait d'union. *Le bien faire vaut mieux que le bien dire.*

BIEN-DISANCE. s. f. Qualité du bien-disant.

BIEN-DISANT, ANTE. adj. Qui parle bien, avec facilité. || Se dit aussi par oppos. à médisant. *C'est un homme b.-disant.* Peu us.

BIEN-ÊTRE. s. m. Ce qui contribue à une existence aisée, agréable et commode; cette existence même. *Il a le nécessaire, mais il n'a pas le b.-être. Il jouit d'un b.-être suffisant.* || État agréable du corps et de l'esprit. *Éprouver un b.-être sensible.*

BIEN-FAIRE. v. n. Faire plaisir, faire du bien à quelqu'un.

BIENFAISANCE. s. f. [Dans le langage fam., on prononce en général *Bienfésance* et *Bienfésant;* mais au théâtre et dans le discours soutenu on dit *Bienfésance* et *Bienfèsant*] (R. *bien* et *faire*). Inclination à faire du bien aux autres; pratique des bienfaits. *Il a un grand fonds de b. Une b. éclairée. Acte de b. Société, bureau de b.*

Le mot *Bienfaisance* est assez nouveau dans notre langue; à en croire Voltaire, la date précise de sa naissance remonte seulement à 1725. Il a été créé par l'abbé de Saint-Pierre, dans un écrit intitulé : « *Mémoire pour diminuer le nombre des procès.* » Ce terme fut promptement adopté, mais non sans quelques protestations. Jusqu'alors, en effet, la vertu que l'abbé de Saint-Pierre proposait d'appeler B. avait reçu le nom de *Charité.* Le nouveau mot devait donc paraître superflu. En outre, *b.* disait moins que *charité. Charité* exprime à la fois un sentiment et une idée, un sentiment de sympathie et une idée de devoir résultant de la *fraternité* aux yeux de l'Être suprême; cette idée, au contraire, manque au mot de *b.* D'autres auteurs font honneur de ce mot à Balzac, d'autres à Gresset. — À la Révolution, les institutions de charité reçurent officiellement le titre *d'établissements de b.* Enfin, de nos jours, ces derniers, eux-mêmes, sont devenus des établissements *d'assistance.* On a préféré ainsi un terme sans autre signification que celle d'un fait matériel aux dénominations antérieures, qui offraient l'avantage d'exprimer ce fait et son mobile ou sa cause. Cependant, parmi nos établissements d'assistance publique, il est une institution qui conserve encore le terme philosophique de *b.;* nous voulons parler des *Bureaux de b.* — Sous l'ancienne monarchie, un édit de juin 1642 avait institué les *Bureaux des pauvres.* En 1790, ils furent transformés en *Comités de b.* La loi du 7 frimaire an V réorganisa ces institutions sur de nouvelles bases, et leur imposa le nom de *Bureaux de b.* Le gouvernement de la Restauration leur donna celui de *Bureaux de charité* et compléta leur organisation par les ordonnances du 31 octobre 1821 et du 6 juin 1830. Enfin la Révolution de juillet les appela de nouveau *Bureaux de b.* Ces bureaux sont des administrations purement locales chargées de distribuer aux individus et aux familles inscrits sur le registre des indigents de la commune des secours à domicile, soit en argent, soit en denrées alimentaires et vêtements, soit en médicaments, etc. Aujourd'hui, aux termes de la loi de 1879, les *Bureaux de b.* sont administrés par une commission composée du maire, et de 6 membres renouvelables, dont deux élus par le conseil municipal, et quatre nommés par le préfet.

Les *Bureaux de b.* jouissent de la personnalité civile; ils peuvent donc acquérir ou aliéner, mais sous le contrôle de l'administration supérieure, qui peut annuler dans certains cas la délibération de la commission administrative.

Les principales recettes des *Bureaux de b.* sont : le prix des baux et fermages des biens qui appartiennent au bureau, les arrérages des rentes qu'il possède; les intérêts des fonds placés, le produit des coupes de bois, le tiers du produit des concessions dans les cimetières, le produit des quêtes, des troncs, des ventes, des loteries de b.; le *droit des pauvres,* prélèvement opéré sur les recettes des théâtres, concerts, bals; les dons ou legs faits par des particuliers, et la subvention communale.

L'organisation des *Bureaux de b.* de Paris comporte un régime spécial, en partie réglementée par la loi du 10 janvier 1849 et le décret de 1886.

STATISTIQUE. — Tableau indiquant le nombre des *Bureaux de b.* et des *individus secourus* en France de 1882 à 1886 :

ANNÉES	NOMBRE de bureaux ayant fonctionné.	NOMBRE des individus secourus.	RECETTES	DÉPENSES	
1882	14.287	1.449.330	50.936.261	33.073.450	y compris le départe- ment de la Seine.
1883	14.485	1.405.552	50.582.581	33.616.590	
1884	14.700	1.443.320	50.682.709	34.450.008	
1885	14.574	1.778.354	52.906.260	34.787.254	
1886	14.944	1.440.744	52.753.727	36.720.624	

N. B. — En ce qui touche le département de la Seine, pendant l'année 1886, 208.144 individus ont été secourus; la dépense a atteint le chiffre de 9.435.934 francs, ce qui fait une somme moyenne de 45 francs par individu.

BIENFAISANT, ANTE. adj. (R. *bien*, *faire*). Qui prend plaisir à faire du bien aux autres. *Il est généreux et b.* || Se dit des choses dont l'action ou l'influence est salutaire, utile, favorable. *Une pluie bienfaisante.*

BIENFAIT. s. m. (lat. *bené*, bien ; *factum*, fait). Le bien qu'on fait à quelqu'un. Service, grâce, faveur, bon office. *Je n'oublierai jamais un si grand b. Combler, accabler quelqu'un de bienfaits. On oublie plutôt les bienfaits que les injures.*

Tout bienfait avec lui porte sa récompense.   FAVART.
L'amitié d'un grand homme est un bienfait des dieux.
VOLTAIRE. (*OEdipe.*)

Prov., *Un b. n'est jamais perdu*, Une bonne action est tôt ou tard récompensée. *Les bienfaits de la science*, Les biens, les avantages que procure la science.

Syn. — *Grâce, Service, Bon office, Plaisir.* — Le *bienfait* est un acte libre par lequel on rend meilleure la condition de celui sur qui on le verse. La *grâce* est un bien auquel celui qui le reçoit n'avait aucun droit, ou la rémission qu'on lui fait d'une peine méritée. Le *service* est un secours par lequel on contribue à faire obtenir quelque bien. Le *bon office* est l'emploi de notre crédit, de notre entremise, de nos moyens, pour faire réussir ou prospérer quelqu'un. Le *plaisir* est une de ces choses agréables ou obligeantes que l'occasion nous présente à faire pour autrui, et que nous faisons sans cesse les uns pour les autres dans le commerce de la vie. — La bienfaisance ou la bonté généreuse verse des *bienfaits*. La faveur distribue des *grâces*. Le zèle rend des *services*. La bienveillance inspire les *bons offices*. La complaisance ou l'honnêteté civile fait des *plaisirs*.

BIENFAITEUR, TRICE. s. Celui ou celle qui a fait quelque bien, rendu quelque service à quelqu'un. *C'est notre b. Vous devez honorer votre bienfaitrice.* || Objet dont l'influence est utile.

BIEN-FONDS. s. m. Les biens immeubles, comme terres, maisons. S'emploie ordinairement au pluriel. *Il est très riche en biens-fonds.*

BIENHEUREUSEMENT. adv. D'une manière bienheureuse.

BIENHEUREUX, EUSE. adj. Fort heureux, extrêmement heureux. *Séjour b. Vie bienheureuse. B. qui peut vivre en paix.* || T. Relig. Qui jouit de la béatitude éternelle. *Les esprits b. Les âmes bienheureuses.* || Ceux que l'Église, par un acte solennel qui précède celui de la canonisation, déclare avoir été admis à jouir de la béatitude éternelle. — Fam., on dit d'un homme qui a une figure vénérable, l'air recueilli, ou de celui qui a la figure joyeuse et épanouie, *Il a l'air d'un b.* On dit aussi, dans ce dernier sens, *Se réjouir comme un b.*

BIEN-MOURIR. s. m. *Clercs réguliers, ministres des infirmes ou du b.-m.*, ordre institué pour rendre aux malades toutes sortes de services, tant spirituels que corporels.

BIENNAL. ALE. adj. [Pr. *bi-èn-nal*] (lat. *bis*, deux fois, *annus*, année). Qui dure deux ans. Ne s'emploie guère qu'en parlant de charges et d'offices. *Emplois biennaux, Charge biennale.* || Qui se fait ou s'exécute de deux ans en deux ans. *Assolement b.*

BIENNE. Voy. BIEL.

BIENSÉANCE. s. f. (R. *bienséant*). Convenance, rapport de ce qui se dit, de ce qui se fait, avec ce qui est dû aux personnes, à l'âge, au sexe, avec ce qui convient aux usages reçus, aux mœurs publiques, etc. *Cela choque la b. Il suit ce qui est de la b.* Observer, négliger les *bienséances. Les règles, les lois de la b.* Pécher contre la b. || *Elle est à la b. de quelqu'un*, se dit d'une chose qu'il conviendrait à quelqu'un d'avoir. *Cette charge est à votre b.* || Fam., *Par droit de b.*, Sans avoir aucun autre droit que celui de sa propre convenance, de sa propre commodité. ═ Syn. Voy. DÉCENCE.

BIENSÉANT, ANTE. adj. (R. *bien* et *séant*, part. du verbe *seoir*, prop. *bien assis*). Ce qui est conforme à la bienséance. *Il est bienséant aux jeunes gens de respecter la vieillesse. Dire des choses bienséantes.*

BIEN-TENANT, ANTE. s. f. T. Jurispr. anc. Qui possède,

qui tient les biens d'une succession, ou des biens grevés d'hypothèques. On dit aujourd'hui *détenteur*.

BIEN-TENUE. s. f. Possession du bien-tenant.

BIENTÔT. adv. de temps. (R. *bien* et *tôt*). Dans peu de temps, promptement. *Je reviendrai b. La chose a été b. expédiée.* — Fam., *Cela est b. dit*, Cela est facile à dire, à prescrire, mais non à exécuter. || *A bientôt*, loc. ellipt. et fam., qui est usitée, lorsqu'on quitte une personne, pour lui exprimer qu'on a l'intention ou l'espérance de la revoir dans peu de temps.

BIENVEILLANCE. s. f. (lat. *benevolentia*; de *bene*, bien, et *velle*, vouloir). Affection, bonne volonté, disposition favorable envers quelqu'un. *Se sentir de la b. pour quelqu'un. Gagner, capliver, se concilier la b. de quelqu'un. Il a reçu des marques de sa b.* Il se dit surtout du supérieur à l'égard de l'inférieur.

BIENVEILLANT, ANTE. adj. Qui a ou qui témoigne de la bienveillance. *Je l'ai trouvé fort b. à mon égard. Langage, accueil b.*

BIENVENIR. v. a. (R. *bien*, et *venir*). Usité seulement dans cette locution : *Se faire bienvenir de quelqu'un*, Faire qu'on soit bien accueilli.

BIENVENU, UE. adj. Qui est reçu, accueilli avec plaisir. *Il est b. partout* || Subst. *Soyez le b., la bienvenue.* — On écrit aussi, *Bien venu*, en deux mots.

BIENVENUE. s. f. (R. *bien*, et *venue*). L'heureuse arrivée de quelqu'un. Il se dit de la première fois qu'on arrive en quelque endroit, ou qu'on est reçu dans un corps, lorsque la coutume est de payer quelque droit ou de régaler en y entrant. *Payer sa b. Donner un repas pour sa b.*

BIENVILLE (JEAN-BAPTISTE LEMOINE), deuxième gouverneur colonial à la Louisiane (1680-1765).

BIENVOULU, UE. adj. Celui à qui l'on veut du bien. On écrit aussi *Bien voulu* en deux mots. Vx et peu us.

BIÈRE. s. f. [Quelques-uns écrivent *Bierre*, dit l'Académie] (all. *bier*). Espèce de boisson fermentée que l'on fait le plus souvent avec de l'orge et du houblon. *Double b. B. forte. Petite b. B. blanche. B. nouvelle. B. de Strasbourg, de Lyon. Faire, brasser de la b. Levure de b. B. de mars*, B. brassée dans le mois de mars. Fig. et prov., *C'est une enseigne à b.*, se dit d'un tableau mal fait et mal point. — Fig. et prov., *Ce n'est pas de la petite b.*, n'est pas une chose insignifiante. Pop.

Techn. — Le nom de *Bière* s'applique à des boissons fermentées qui ont pour base l'orge germée et soumise à la fermentation, et le houblon. — La *b.* était à peu près inconnue aux anciens Grecs et Romains; mais elle était en usage chez tous les peuples du Nord qui vivaient sur un sol et sous un climat moins favorables à la culture de la vigne, *in Galliâ aliisque provinciis*, ainsi que le témoignent Pline l'Ancien, Théophraste, Diodore, Strabon et Tacite. Hérodote nous apprend que la boisson habituelle des Egyptiens était le *vin d'orge.* Diodore de Sicile dit que la b. des Egyptiens égalait presque le vin pour la force et le goût. Les Ibères, les Thraces et les nations qui occupaient le nord de l'Asie Mineure faisaient également usage de la b. Les Romains, lorsqu'ils parlent de cette boisson, la nomment ordinairement *Cerevisia*, qui signifie vin de Cérès, ou plus exactement vin de céréales : c'est de ce dernier terme qu'est venu notre mot *Cervoise.* — Aujourd'hui, la b. constitue la boisson habituelle des peuples germaniques et scandinaves, des Hollandais, des Belges et des habitants de la Grande-Bretagne. — Il existe un très grand nombre de variétés de b., surtout dans les pays où elle remplace le vin. C'est ainsi qu'en Angleterre on distingue l'*Ale* ou bière pâle, le *Porter*, le *Stout* qui sont fortement colorés; en Belgique, le *Faro*, le *Lambic*, la *B. blanche*, etc.; souvent aussi ces espèces particulières sont désignées d'après le lieu où on les fabrique spécialement; c'est ainsi qu'on dit, en France, *B. de Lyon, B. de Strasbourg*, etc. L'*Ale* anglaise la plus forte, l'*Ale* d'exportation, contient de 7 à 8 p. 100 d'alcool; les bières de force moyenne, comme le *Porter* de Londres, 4 p. 100 environ, et la *Petite b.* de Londres, de 1 à 2 p. 100. Les *bières mousseuses* ne sont telles que par suite du dégagement de gaz

acide carbonique qui se développe par la fermentation. Du reste, toutes ces diversités d'espèces proviennent simplement de quelques modifications dans les proportions d'eau, d'orge et de houblon, ainsi que dans les procédés de préparation.

La b. est le résultat final de la transformation de l'amidon en dextrine, de celle-ci en sucre, et de celui-ci en alcool. Toutes les graines qui contiennent de l'amidon, donc toutes les céréales, pourraient être employées à la fabrication de la b. L'orge est préféré parce qu'il germe plus facilement et coûte moins cher que le froment.

La fabrication de la bière porte le nom de *brassage*. On distingue deux procédés : le brassage par infusion et par décoction ; les bières les plus estimées sont préparées par cette deuxième méthode. La qualité de l'eau employée dans l'opération a une grande influence sur la qualité du produit : les eaux les meilleures renferment d'assez grandes proportions de sulfate de chaux.

La b. est, après le vin, la boisson fermentée la plus salubre. La petite b. et la b. de force moyenne (celle-ci coupée d'eau) calment parfaitement la soif, en même temps qu'elles stimulent légèrement l'estomac, à cause du principe amer qu'elles contiennent, et accélèrent la digestion. Prise en certaine quantité, la b. active la sécrétion urinaire et les sécrétions muqueuses en général. Elle convient particulièrement aux individus de tempérament bilieux et nerveux. Les personnes goutteuses ou atteintes de gravelle se trouvent très bien de son usage. *Les bières fortes*, dites aussi *Bières doubles*, ont des propriétés nutritives assez prononcées, et se rapprochent du vin par leur action stimulante ; elles produisent facilement l'ivresse, et, lorsqu'elles sont de mauvaise qualité, elles occasionnent fréquemment des coliques, et quelquefois des écoulements muqueux. L'ivresse causée par la b. est lourde et abrutissante.

On donne quelquefois le nom de b. à des boissons assez différentes des précédentes et qui ne renferment pas de houblon : tels sont : le *Ginger beer* des Anglais où le houblon est remplacé par du gingembre, la *Sapinette* et l'*Épinette* usitées au Canada et fabriquées avec une décoction de feuilles ou de bourgeons de pin ou de sapins.

La b. est sujette à diverses altérations spontanées nommées *maladies* : elle peut devenir *aigre ou acide, plate ou fade, filante, putride, moisie, amère*. Toutes ces altérations sont dues, comme l'a démontré Pasteur, à des fermentations provenant du développement de certains organismes cryptogamiques. Le célèbre chimiste a rendu d'immenses services à l'industrie des brasseurs en indiquant les précautions nécessaires pour se mettre à l'abri de ces fermentations. Le travail de Pasteur (*Étude sur la bière*) est resté justement célèbre. En thèse générale, les bières sont d'autant plus sujettes à s'altérer qu'elles renferment plus d'alcool ; c'est pourquoi on additionne souvent d'alcool les bières destinées à l'exportation. La b. peut aussi subir la fermentation butyrique, qui lui communique un goût de beurre rance. Comme toutes les denrées alimentaires, la b. est l'objet de nombreuses falsifications, dont les plus communes consistent dans la substitution au houblon de diverses substances plus ou moins nuisibles, telles que l'*absinthe*, l'*aloès*, la *coloquinte*, l'*écorce de buis*, la *gentiane*, l'*écorce de saule*, et même la *noix vomique* et la *strychnine*. On connaît de nombreux procédés pour déceler ces sophistications. Voy. BRASSERIE.

BIÈRE. s. f. (anc. haut-all. *bâra*, civière, brancard). Coffre où l'on enferme un mort, cercueil.

BIERNÉ. ch. l. de c. (Mayenne), arr. de Château-Gontier, 1,000 hab.

BIÈVRE. s. m. Ancien nom du *Castor*.

BIÈVRE, petite riv. de France, se jette dans la Seine, à Paris.

BIÈVRE (Marquis de), bel esprit célèbre (1747-1789).

BIEZ. s. m. Voy. BIEF.

BIFASCIÉ, ÉE. adj. [Pr. *bifacié*] (*bi*, et lat. *fascia*, bande). T. Didact. Qui offre deux bandes.

BIFÈRE. adj. 2 g. (*bi*, et *fer*, qui porte). T. Bot. Qui produit du fruit deux fois dans l'année.

BIFFAGE. s. m. (R. *biffer*). Les ratures faites sur une pièce d'écriture.

BIFFE. s. f. Pierre précieuse contrefaite. || Instrument employé dans l'administration du timbre pour annuler les empreintes apposées par erreur. || Empreinte de cet instrument.

BIFFEMENT. s. m. Action de biffer.

BIFFER. v. a. Effacer ce qui est écrit. *Il a biffé cette clause de son testament.* = BIFFÉ, ÉE. part.

BIFFURE. s. f. (de *biffer*). Raie par laquelle on biffe. || Action de biffer.

BIFIDE. adj. 2 g. (lat. *bis*, deux fois ; *findere*, diviser). T. Hist. nat. Se dit de tout organe divisé en deux parties. *Lèvre b. Feuille, pétale b.* Voy. FEUILLE et FLEUR.

BIFIDITÉ. s. f. (R. *bifide*). État d'un organe divisé en deux parties. *Dans le bec-de-lièvre, la b. de la lèvre s'étend fréquemment au voile du palais.*

BIFILAIRE. adj. 2 g. (R. *bi*, et *fil*). T. Phys. *Suspension bifilaire. Balance b. Magnétomètre b.*, Barreau solide suspendu à deux fils verticaux parallèles de manière à former un système en équilibre qui permet de mesurer par le déplacement du barreau les forces qui y sont appliquées. On démontre que le couple qui fait dévier le barreau est proportionnel au sinus de l'angle de déviation. Cet appareil est très usité en magnétisme pour déterminer l'intensité du couple magnétique.

BIFLABELLÉ, ÉE. adj. (*bi*, et lat. *flabellum*, éventail). T. Didact. En forme de double éventail.

BIFLEXE. adj. (*bi*, et lat. *flexus*, fléchi). T. Didact. Fléchi en deux sens.

BIFLORE. adj. (*bi*, et lat. *flos*, fleur). T. Bot. Qui porte deux fleurs.

BIFOLIÉ, ÉE. adj. (*bi*, et lat. *folium*, feuille). T. Bot. Qui porte deux feuilles.

BIFORÉ, ÉE. adj. (*bi*, et *foré*). T. Didact. Qui est percé de deux trous.

BIFORINES. s. f. pl. (lat. *biforis*, qui a deux trous ; de *bi*, et *foro*, je perce). T. Bot. Turpin désignait ainsi les cellules à raphides que l'on trouve dans les plantes de la famille des *Aroïdées*, parce qu'il les croyait percées aux deux bouts, ces cellules présentant un mamelon à chacune des extrémités.

BIFORME. adj. (*bi*, et *forme*). T. Didact. Qui a deux formes différentes.

BIFTECK. s. m. (angl. *beefsteack*, m. s., de *beef*, bœuf, et *steack*, grillade). T. Cuisine. Tranche de bœuf grillée. *B. au cresson.*

BIFURCATION. s. f. Endroit où une chose se divise en deux parties qui suivent des directions différentes. || Action de se bifurquer. *La b. d'une tige, de la racine d'une dent, d'un chemin.* || On a dit pendant quelques années *B. des études*, Séparation des études en sciences et lettres.

BIFURQUER. v. a. (*bi*, lat. *furca*, fourche). Diviser en deux à la façon d'une fourche. == SE BIFURQUER. Se diviser en deux, faire la fourche. *La route se bifurque à tel endroit. La tige de cette plante se bifurque.* == BIFURQUÉ, ÉE. part. *Rameau bifurqué.*

BIGALET. s. m. T. Mar. Sorte de ponton.

BIGAME. adj. 2 g. Qui est marié à deux personnes en même temps. *Il est b.* || Subst. *Autrefois les bigames étaient punis de mort.* || Droit canon. Se dit aussi de ceux qui ont été mariés deux fois, ou qui ont épousé une veuve.

BIGAMIE. s. f. (*bi*, et gr. γάμος, mariage). État d'une personne mariée avec deux personnes en même temps.

Législ. — Dans notre droit criminel, la B. est le crime de celui qui, étant engagé dans les liens du mariage, en a contracté un autre avant la dissolution du précédent (C. P., art. 340). Le même art. statue que le coupable sera puni de la peine des travaux forcés à temps. — La même peine est infligée à l'officier public qui a prêté son ministère à ce mariage, s'il a connu l'existence du précédent. — Il est évident, d'après le texte même de la loi, que celui qui a actuellement deux femmes vivantes, ne saurait être condamné comme bigame, si son premier mariage est nul; car alors celui-ci est considéré comme s'il n'avait jamais existé. — Les enfants nés du second mariage, dans le cas de b., sont nécessairement adultérins, et, comme tels, ils ne peuvent hériter ni de leur père ni de leur mère. Cependant si l'un des deux époux avait ignoré l'existence de son conjoint et avait contracté mariage de bonne foi, cette exception profiterait aux enfants, qui seraient alors admis à la succession de l'époux de bonne foi. — Chez les Grecs, la b. était généralement tolérée : il n'en était pas de même au début chez les Romains, qui avaient plus de respect pour le lien du mariage, le bigame était noté d'infamie. Plus tard, sous l'influence du christianisme, la législation devint plus sévère; la femme et son complice furent tous deux punis de mort. Cependant cette sévérité parut bientôt excessive, et on cessa de leur appliquer la peine capitale. Chez les peuples modernes, la peine de ce crime varie singulièrement : chez quelques-uns, comme autrefois en France, le coupable est pendu. En Suède, on lui inflige encore la peine capitale. En Angleterre, jusque vers la fin du XVIIe siècle, il était pendu; aujourd'hui, il est simplement condamné à l'emprisonnement.

BIGARADE. s. f. (prov. *bigarrat*, cornu, de *bi*, et du gr. κέρας, corne). T. Bot. Fruit du Bigaradier. ‖ Variété de poire, grosse, plate, d'un gris jaunâtre.

BIGARADIER. s. m. T. Bot. Nom vulgaire de l'Oranger amer (*Citrus vulgaris*). Voy. RUTACÉES.

BIGARREAU. s. m. [Pr. *bigaro*] (R. *bigarré*). Variété de cerise rouge et blanche dont la chair est ferme et sucrée. Voy. CERISIER.

BIGARREAUTIER. s. m. [Pr. *bigarotier*]. Variété de cerisier. Voy. BIGARREAU.

BIGARREMENT. s. m. [Pr. *bigarement*]. État de ce qui est bigarré.

BIGARRER. v. a. [Pr. *bigarer*] (lat. *bis*, deux fois; *varius*, varié). Rassembler sur un fond quelconque des couleurs ou des dessins variés. *Il a trop bigarré sa livrée*. ‖ Fig. et fam., *B. son livre de citations grecques et latines*, Le remplir de citations inutiles, qui ne produisent que de la confusion. ⸗ BIGARRÉ, ÉE. part. *Un habit bigarré*.

BIGARRURE. s. f. [Pr. *bigarure*] (R. *bigarrer*). Assemblage de couleurs et de dessins variés. *Il y a trop de b. à ce lit, à cet habit*. ‖ Fig. *Il y a bien de la b. dans cette société*, Elle est bien mêlée, elle est composée de personnes mal assorties. — *Il y a de la b. dans cet ouvrage*, Il offre un mélange de choses qui vont mal ensemble. — *B. de style*, Mélange de locutions nobles et basses.

BIGAUT. s. m. Sorte de houe à crochets pour le binage des vignes.

BIGE. s. m. (lat. *bis*, et *agere*, mener). T. Ant. lat. Char à deux chevaux.

BIGEMINÉ. ÉE. adj. (*bi*, et lat. *geminus*, double). T. Bot. *Fleurs bigéminées*, Fleurs qui croissent au nombre de quatre, deux à deux, sur un pédoncule commun.

BIGEMME. adj. (*bi*, et lat. *gemma*, bourgeon). T. Bot. Qui porte deux boutons.

BIGÉNÈRE. adj. (*bi*, et lat. *genus*, genre). T. Hist. nat. Qui appartient à deux genres différents.

BIGLE. adj. 2 g. (lat. *bis*, deux fois; *oculus*, œil). Louche, qui a un œil ou les deux yeux tournés en dedans. *Il est b.* ‖ Subst. *Une méchante b.* ‖ T. Ch. Espèce de chien anglais pour la chasse des lièvres et des lapins.

BIGLER. v. n. Regarder en bigle. *Il a pris l'habitude de b.* Vx.

BIGLESSE. s. f. (Fém. de *bigle*). Femme qui louche.

BIGLOCHIDÉ. ÉE. adj. (lat. *bis*, et gr. γλωχίς, pointe). T. Didact. Qui est muni de deux pointes.

BIGNE. s. f. Tumeur au front qui provient d'un coup ou d'une chute. Vx.

BIGNON. s. m. T. Pêc. Filet nommé aussi *truble*.

BIGNON. nom de plusieurs jurisconsultes et hommes d'État. Le plus connu (Louis-Pierre-Edouard) (1771-1841) est auteur d'une *Histoire de Napoléon Ier*.

BIGNONE. s. f. (R. L'abbé *Bignon*, bibliothécaire de Louis XV). T. Bot. Genre de plantes type de la famille des *Bignoniacées*.

BIGNONIACÉES. s. f. pl. (R. *Bignone*). T. Bot. Famille de végétaux Dicotylédones de l'ordre des Gamopétales supérovariées.
Caract. bot. : Arbres, arbrisseaux, ou même végétaux herbacés, souvent rampants ou grimpants. Feuilles opposées, très rarement alternes, généralement composées, mais parfois simples, sans stipules, fréquemment terminées en vrille dans les Bignones. Inflorescence terminale un peu en forme de panicule. Calice divisé ou entier, quelquefois spathiforme. Corolle gamopétale, hypogyne, ordinairement irrégulière, à 4 ou 5 lobes. Étamines au nombre de 5, inégales : il y en a toujours 1 et quelquefois 3 de stériles; anthères biloculaires. Pistil reposant sur un disque, formé de 2 carpelles; ovaire biloculaire; style unique; stigmate formé de 2 lames; ovules anatropes en nombre indéfini, attachés à un placenta axile solide. Capsule à 2 valves et à deux loges, souvent longue et comprimée, quelquefois à 4 fausses loges. Cloison formée par le placenta, qui, lorsqu'il est indivis, partage la cavité de l'ovaire en 2 loges, et qui, lorsqu'il est bilobé, comme il arrive parfois, prend l'aspect d'un placenta pariétal, forme un ovaire uniloculaire, tantôt parallèle, tantôt opposé aux valvules, puis enfin se sépare et porte les graines. Graines transverses, comprimées, ailées; albumen nul; embryon droit, foliacé; radicule centrifuge, beaucoup plus petite que les larges cotylédons. (Fig. 1. *Bignonia lactiflora*. 2. *Eccremocarpus scaber*. Coupe longitudinale de l'ovaire. 3. Coupe

transversale du même. 4. Sa graine ailée. 5. Capsule de *Bignonia echinata*. 6. La même dont les valves ont été enlevées, et qui laisse voir le placenta couvert de graines).

Les régions tropicales des deux hémisphères sont la station principale de cette belle et nombreuse famille de plantes. On y compte 49 genres et 400 espèces. Dans l'Amérique du Nord, les *Big.* s'étendent jusqu'à la Pensylvanie, et dans l'Amérique du Sud jusqu'aux provinces méridionales du Chili. On n'en trouve en Europe aucune espèce à l'état sauvage.

Les *Big.* sont particulièrement remarquables pour la beauté

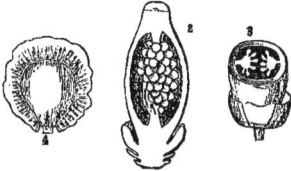

de leurs fleurs, qui par leurs dimensions, la richesse de leurs couleurs et leur abondance forment un des principaux ornements des forêts tropicales.

On a divisé cette famille en deux tribus :

Tribu I. — *Bignoniées.* — Capsule septifrage : *Bignonia, Lundia,* etc. Le *Chica,* appelé aussi *Carajuru,* est une substance féculente rouge qui s'obtient en faisant bouillir dans l'eau les feuilles de la *Bignonia chica.* On précipite cette fécule en ajoutant au liquide quelques fragments de l'écorce d'un arbre inconnu, nommé *Arayana.* Les Indiens se servent du *chica* pour se peindre le corps en rouge; car c'est aussi une substance précieuse pour la teinture. Traité

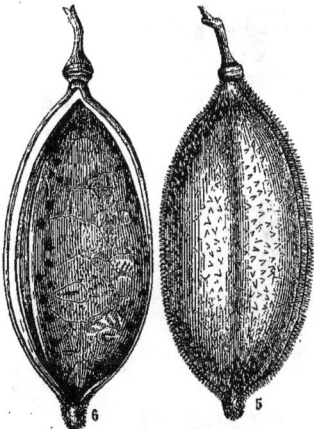

par le chica, le coton prend une belle couleur rouge orangé. Les pousses flexibles de la *Big. cherere* servent, comme chez nous l'osier, à fabriquer des ouvrages de vannerie. Au Brésil, on considère l'écorce des jeunes pousses de *B. antisyphilitica* comme l'un des remèdes les plus puissants pour résoudre les tumeurs syphilitiques de mauvais caractère : elle s'administre à l'intérieur sous forme de décoction. Cette même écorce desséchée et broyée s'emploie aussi en applications externes. L'écorce de la *B. leucoxylon* est regardée comme l'antidote du poison du Mancenillier. Les rameaux de *B. echinata* s'emploient, dit-on, pour falsifier la salsepareille.

Tribu II. — *Técomées.* — Capsule loculicide : *Tecoma, Catalpa, Jacaranda,* etc. En Italie, la décoction des siliques du *Catalpa siryngifolia* est usitée dans les cas de rhume et de dyspnée catarrhale. Suivant Kœmpfer, une espèce voisine, ou peut-être la même, qui se trouve au Japon, a une écorce et des feuilles extrêmement amères. On emploie aussi la décoction de ses siliques dans les affec-

tions asthmatiques. En outre, les feuilles servent à faire des fomentations. Les racines de quelques espèces sont amères et vénéneuses; celle du *Tecoma stans* est diurétique. Le *T. impetiginosa* abonde en tanin; son écorce, qui est amère et mucilagineuse, s'emploie en lotions, en bains, etc., dans les inflammations des articulations et dans les cas d'asthénie. Le *T. ipe* jouit de propriétés analogues : les Brésiliens préparent, avec son écorce, une décoction qu'ils emploient en gargarisme contre les ulcères de la bouche; les feuilles ont des propriétés moins énergiques, et sont parfois usitées dans les ophtalmies. Les feuilles du *Sparattosperma lithontriptica* sont amères, âcres et diurétiques; on les croit excellentes contre les affections cutanéuses, et Martius lui-même atteste leur efficacité. Le *Jacaranda procera* et d'autres espèces du même genre sont usités dans les maladies secrètes. Le *Tecoma speciosa* passe pour diurétique et cathartique. Plusieurs espèces de Bignonias forment de grands arbres dans les forêts du Brésil, où on les abat à cause de leur bois. Celui que fournit l'espèce appelée *Ipe-Tabaczo* est très durable et fort propre aux constructions navales. Une autre espèce, nommée *Ipeuna,* donne le bois le plus dur qu'il y ait au Brésil. Une troisième a reçu le nom de *Pao d'arco* ou *Bois d'arc,* parce que les sauvages, notamment les Bolocoudos du Rio-Grande de Belmonte et les Patachos du Rio de Prado le recherchent pour fabriquer leurs arcs. On prétend que le précieux *Bois de rose* des ébénistes est produit par une espèce de *Jacaranda,* et celui de *Palissandre* par les *Jac. mimosæfolia.* Mais cela n'est nullement démontré.

BIGNONIÉES. s. f. pl. (R. *bignone*). T. Bot. Tribu de végétaux de la famille des *Bignoniacées.* Voy. ce mot.

BIGORNE. s. f. (R. *bi,* et *corne*). Sorte d'enclume dont chaque extrémité est en pointe, et qui sert à tourner en rond ou arrondir les grosses pièces. ‖ T. Mél. Masse en bois qui sert au corroyeur à fouler les peaux mouillées. ‖ T. Mar. Coin de fer pour couper les clous qu'on trouve dans les coins quand on calfate.

BIGORNEAU. s. m. (R. *bigorne*). Petite enclume servant à arrondir les petites pièces. ‖ Mollusque gastéropode comestible, le *Turbo littoral.* ‖ Ancien sobriquet des soldats de marine.

BIGORNER. v. a. (de *bigorne*). Forger le fer sur la bigorne.

BIGORRE (Le), anc. pays de France (dép. des Hautes-Pyrénées), ch.-l. *Tarbes.*

BIGOT. OTE. adj. (bas-lat. *beguia,* m. s.). Dévot exagéré et superstitieux. *Elle est bigote.* — Se dit aussi des manières et de l'air. *Airs bigots. Manières bigotes.* ‖ Subst. *Faire le b. C'est une vraie bigote.*

BIGOT. s. m. (*bi,* et cell. *gath,* pointe). Sorte de pioche à deux fourchons. ‖ T. Mar. Morceaux de bois d'orme qui font partie du racage d'une vergue de hune

BIGOT DE PRÉAMENEU, un des auteurs du Code civil (1747-1825).

BIGOT (Léon), avocat et écrivain français (1826-1872).

BIGOTELLE. s. f. Ancienne pièce d'étoffe ou de cuir dont on se servait pour tenir la moustache relevée.

BIGOTISME. s. m. Caractère du bigot.

BIGOUDI. s. m. Petite tige de plomb entourée d'étoupe et recouverte de cuir, dont les femmes se servent pour rouler les boucles de leurs cheveux.

BIGOURELLE. s. f. T. Mar. Couture ronde que l'on fait pour réunir les deux lisières d'une toile à voile.

BIGRE. s. m. T. Arc. cout. Garde forestier spécial pour la conservation des abeilles. ‖ Chasseur d'essaims dans les forêts.

BIGRE. interj. (sans doute euphémisme de *bougre*). Jurement pop.

BIGUE. s. f. (bas-lat. *biga,* m. s.). T. Mar. Longue et forte pièce de bois de sapin employée à divers usages. — On nomme particulièrement *Biques*, deux pièces de bois, réunies en forme de chèvre, qui ont à leur extrémité des poulies et des cordages, et qu'on emploie à soulever de grands fardeaux.

BIGUER. v. a. Changer, troquer. Employé surtout au jeu de cartes.

BIHASTÉ, ÉE. adj. (*bi*, et lat. *hasta*, lance). T. Didact. Qui a la forme d'une double lance.

BI-HEBDOMADAIRE. adj. Qui se fait, q i p rait deux fois la semaine.

BIHERON (M*me*), célèbre par ses reproductions anatomiques en cire, dont la collection a été achetée par l'impératrice de Russie Catherine II (1730-1815).

BIHOREAU. s. m. T. Ornith. Sous-genre du genre *Héron*. Voy. ce mot.

BIJON. s. m. T. Pharm. Nom qui se donne quelquefois à la térébenthine commune. || Résine du mélèze ou du térébinthe.

BIJOU. s. m. (lat. *bis*, deux fois; *joculus*, jouet? On a aussi indiqué le celt. *bic* ou *beag*, petit). Petit ouvrage de luxe, précieux par le travail ou par la matière, et qui sert à la parure. || Petit objet curieux qui sert à orner une chambre ou un cabinet. *Son cabinet est plein de bijoux*. Peu us. || Fig. et fam., *C'est un b., un vrai b.*, se dit d'un objet ou d'un ouvrage achevé dans son genre, et délicatement travaillé. *Cette maison est un vrai b.* — On dit aussi d'une jeune et jolie femme. *C'est un joli b.*; d'un enfant aimable, *C'est un vrai b.* || *Bijoux fourrés*, Bijoux dans l'intérieur desquels on a introduit frauduleusement du cuivre ou toute autre substance sans valeur. || *Bijoux électriques* ou *lumineux*, Bijoux munis d'une petite lampe électrique q i les rend lumineux.

BIJOUTERIE. s. f. Profession et art de celui qui fabrique ou vend des bijoux. *Il s'est mis dans la b.* || Objets que l'on vend dans ce commerce. *Boutique de b. Ouvrier en bijouterie.*

BIJOUTIER, IÈRE. Celui ou celle qui fabrique ou vend des bijoux. || Celui qui vient prendre, pour les revendre, les restes des restaurants.

BIJUGUÉ, ÉE. adj. (*bi*, et lat. *jugum*, joug). T. Bot. Qui offre deux couples de parties opposées deux à deux.

BIJUMEAU, BIJUMELLE. s. et adj. (R. *bi*, et *jumeau*). Se dit des monstres doubles et des muscles biceps.

BILABIÉ, ÉE, adj. (*bi*; lat. *labium*, lèvre). T. Hist. nat. Qui est partagé en deux lèvres. || T. Bot. Se dit d'une corolle gamopétale divisée en deux lèvres. Voy. FLEUR.

BILAMELLÉ, ÉE. adj. (R. *bi*, et *lamelle*). T. Didact. Qui est composé de deux lamelles.

BILAN. s. m. (lat. *bilanx*, balance). T. Comm. État ou inventaire de l'actif et du passif d'un négociant. *Il dresse son b. pour se rendre compte de sa situation.—Déposer son b. au greffe du tribunal de commerce*, ou simplement *Déposer son b.*, Se déclarer en état de faillite. Voy. FAILLITE.

BILATÉRAL, ALE. adj. (*bi*, et lat. *latus*, côté). Qui a deux côtés. T. Bot. Se dit des parties d'une plante disposées des deux côtés d'un organe central. || T. Droit. Voy. CONTRAT.

BILBAO, v. d'Espagne, ch.-l. de la prov. de Biscaye, 15,000 hab.

BILBOQUET. s. m. (R. *bille*, petite boule ; *boquet*, en vieux français, morceau de bois). Espèce de jouet en bois ou en ivoire, qui consiste en un petit bâton ayant un bout pointu et l'autre évasé en forme de coupe; au bâton est suspendue une bille percée d'un trou : il s'agit de mettre la bille en mouvement de telle sorte qu'elle retombe et reste dans la petite

coupe, ou que le bout pointu pénètre dans le trou de la bille. *Un b. d'ivoire. Le jeu du b.* || Petite figure qui a du plomb aux jambes, c'o sorte que, de quelque façon qu'on la jette, elle se remet debout sur les pieds. — Fig., *Se tenir droit comme un b.*, Se tenir droit comme cette petite figure. — Fig. et fam. *Se retrouver toujours sur ses pieds comme un b.*, Ne pas éprouver de dérangement dans sa fortune, se maintenir toujours dans la même position, quels que soient les événements.— Fig. et fam., *C'est un vrai b.*, Il est léger et frivole. || T. Typog. Petit ouvrage, tel qu'affiches, cartes de visite, lettres de faire part, etc. || T. Techn. Pièce de fer dans laquelle on ajuste le flan des monnaies. || Outil du doreur pour placer l'or dans les endroits difficiles à atteindre. || T. Const. Pierre irrégulière, bonne seulement à faire du moellon.

BILE. s. f. (lat. *bilis*, m. s.). Liquide d'une couleur jaune verdâtre et d'une saveur amère, qui est sécrété par le foie. *Emouvoir, exciter la b. Vomir de la b.* || Fig., *Emouvoir, échauffer la b. de quelqu'un*, Exciter sa colère. — *S'émouvoir, s'échauffer la b.*, Se mettre en colère. — *Décharger sa b. sur le papier. Décharger sa b. sur quelqu'un*, Lui faire sentir les effets de sa colère. Voy. FOIE.

BILIAIRE. adj. 2 g. (R. *bile*). T. Anat. Qui a rapport à la bile. *Conduits biliaires. Calculs biliaires.*

BILIEUX, EUSE, adj. (R. *bile*). T. Méd. Qui abonde en bile. Qui résulte de la bile. Qui a quelque rapport avec la bile. *Tempérament b. Maladies bilieuses.* || Fig., C'est un *homme b.*, C'est un homme colère. || Qui est de la couleur de la bile. *Teint b.* || S'emploie subst. en parlant des personnes d'un tempérament b. *Les b. sont sujets à certaines maladies.* = Voy. MALADIE, FOIE et TEMPÉRAMENT.

BILIGULÉ, ÉE. adj. (*bi*, et lat. *ligula*, languette). T. Bot. Qui est partagé en deux languettes.

BILIMBI. s. m. T. Bot. Nom vulgaire du Carambolier.

BILINGUE. adj. 2 g. (*bi*, et lat. *lingua*, langue). Ne s'emploie guère que dans cette loc., *Inscription b.*, Inscription rédigée en deux langues différentes. || T. Hist. nat. Qui a deux langues.

BILIRUBINE. s. f. (R. *bile* et *rubis*). T. Chim. Matière colorante la plus importante de la bile des carnivores et des omnivores. Elle est soluble en rouge foncé dans le chloroforme, d'où elle se dépose en cristaux rouge brun à reflets pourprés et bleus. Ses solutions, additionnées de quelques gouttes d'acide azotique renfermant des vapeurs nitreuses, prennent une coloration verte qui passe successivement au bleu, au violet, au rouge et au jaune. Cette réaction très sensible, appelée *réaction de Gmelin*, sert à reconnaître la présence de la bile dans les liquides de l'organisme. La b. a pour formule $C^{32}H^{36}Az^4O^6$; elle joue le rôle d'un acide faible et se dissout dans les alcalis et l'ammoniaque. Son sel de chaux forme la plus grande partie de certains calculs biliaires.

BILITÈRE. adj. (*bi*, et lat. *littera*, lettre). T. Gram. Composé de deux lettres.

BILIVERDINE. s. f. (R. *bile* et *verd*). T. Chim. Principale matière colorante de la bile des herbivores et des animaux à sang froid. C'est un corps vert noirâtre, insoluble dans le chloroforme, soluble en vert dans l'alcool et dans les acides. Ses solutions, soumises à la réaction de Gmelin, passent par les mêmes colorations que la bilirubine. Sa formule est $C^{32}H^{36}Az^4O^8$.

BILL. s. m. [Pr. *bil*] (ang. *bill*, billet, toute sorte d'écrit). Dans le langage parlementaire de la Grande-Bretagne, on donne le nom de *Bill* à toute mesure législative soumise au Parlement, jusqu'au moment où elle est convertie en loi par la sanction de la Couronne.

On désigne sous le même nom les propositions de lois soumises au Parlement des États-Unis d'Amérique. Quelquefois on a donné ce nom à des actes qui ne sont ni des bills, ni des lois; tels que le *Bill des Droits* (*Bill of rights*), qui est la déclaration faite au Parlement par Guillaume d'Orange, le 13 février 1688, lors de son avènement au trône, dans laquelle il énumère les droits du peuple anglais.

L'expression de bill est devenue française dans ces diverses acceptions, mais uniquement en parlant des affaires politiques et parlementaires de la Grande-Bretagne et des États-Unis d'Amérique. Elle n'est usitée dans notre propre langage parlementaire que dans cette locution, *Bill d'indemnité*, empruntée du reste aux Anglais, pour désigner un vote par lequel les Chambres déclarent qu'un acte d'un ministre, quoique irrégulier, ne donnera lieu à aucune poursuite, à aucun blâme de leur part. Remarquons enfin qu'en Angleterre le mot *bill* s'emploie encore dans le sens de billet, de promesse par écrit de payement. Voy. ÉCHIQUIER.

BILLAGE. s. m. [Pr. les *ll* mouillées]. Action de biller. Pilotage à la descente d'un cours d'eau, à l'endroit des ponts.

BILLARD. s. m. [Pr. les *ll* mouillées] (R. *bille*). Jeu qui se joue avec des billes d'ivoire, sur une table longue à rebords ou bandes rembourrées, couverte d'un tapis de drap vert et percée de six blouses, dont quatre sont placées aux quatre angles, et deux au milieu de chacune des deux plus grandes bandes. Aujourd'hui les *blouses* sont à peu près abandonnées, et l'on fabrique le plus souvent les billards sans blouses. *Jeu de b. Jouer au b. Salle de b.* || La table sur laquelle on joue au *b. Le tapis du b.* || La salle où est le b.; la maison où l'on donne à jouer au b. || Instrument qui servait autrefois à pousser les billes, et qui est aujourd'hui remplacé par la queue. || T. Ch. Morceau de bois pointu à un bout, courbé à l'autre, à l'usage des ciseleurs. || T. Mar. Barre de fer dont on se sert pour frapper les cercles de fer dont les mâts sont munis. || T. Agric. Fosse au fond de laquelle on enterre les sommités des ceps des vignes.

Les billards sont soumis, depuis le 27 décembre 1871, à une taxe annuelle qui est de 60 francs pour Paris, et de 30, 45 ou 6 francs dans les autres villes de France, suivant leur importance.

BILLARDER. v. n. [Pr. les *ll* mouillées] (R. *billard*). Toucher deux fois sa bille avec la queue, ou pousser les deux billes à la fois. || T. Mar. Enfoncer, en frappant avec le billard.

BILLARDIER. s. m. [Pr. les *ll* mouillées]. Fabricant de billards.

BILLAUD. s. m. [Pr. les *ll* mouillées] (R. *bille*). Instrument de bois recourbé et en pointe, dont se servent les ciseleurs.

BILLAUD-VARENNES, conventionnel, membre du Comité de salut public, fut déporté à Cayenne en prairial 1795, et mourut à Port-au-Prince (Haïti) (1756-1819).

BILLAULT, président du Corps législatif après le 2 déc. 1851, puis ministre de l'intérieur et enfin ministre d'État (1805-1863).

BILLBERGIA. s. f. (R. *Billbergy*, n. pr.). T. Bot. Genre de plantes vivaces qui croissent en Amérique et peuvent être cultivées en serres chaudes, famille des *Broméliacées*. Voy. ce mot.

BILLE. s. f. [Pr. les *ll* mouillées] (lat. *pila*, balle à jouer). Boule d'ivoire avec laquelle on joue au billard. *Pousser une b. Doubler une b. Coller une b. Faire une b.*, La mettre dans la blouse. — Fig. et prov., *Ils sont à billes pareilles, à billes égales*, Ils n'ont aucun avantage l'un sur l'autre. || Petite boule de pierre ou de marbre, qui sert à un jeu d'enfants.

BILLE. s. f. [Pr. les *ll* mouillées] (celt. *bile* ou *bill*, tronc d'arbre). Pièce de bois de toute la grosseur du tronc, destinée à être équarrie et débitée. || *B. d'acier*, Morceau d'acier carré. || Rejeton qui pousse au pied d'un arbre.

BILLEBARRER. v. a. [Pr. *bi-llebarrer*, *ll* mouillées] (R. *bille*?). Bigarrer par un mélange bizarre de diverses couleurs. Vx et inus. == BILLEBARRÉ, ÉE. part.

BILLEBAUDE. s. f. [Pr. les *ll* mouillées]. Confusion, désordre. *C'est une b. que tout ce ménage-là.* Fam. — *À la b.*, Sans ordre, en confusion. *Tout cela s'est fait à la*

b. || Ancien T. Guerre. *Feu de b.*, Celui que chaque soldat faisait à volonté, en tirant ses coups sans attendre de commandement. || T. Chasse. Se dit en parlant d'une partie de chasse dans laquelle il n'y a eu ni places distribuées, ni cordon formé, et où chacun tire à sa fantaisie sur ce qui se rencontre. *Chasser à la b.*

BILLEBAUDER. v. n. [Pr. les *ll* mouillées]. T. Chasse. Se dit des chiens qui chassent mal.

BILLER. v. a. [Pr. les *ll* mouillées] (R. *bille*). Tordre une peau ou serrer une balle avec la bille. *B. la pâte*, L'aplatir avec un rouleau qui se nomme *bille*. || Pousser à droite ou à gauche une pièce de bois en équilibre sur un appui. || Dans le halage des bateaux, attacher la corde à une pièce de bois courbée placée derrière le cheval.

BILLET. s. m. [Pr. *bi-llè*, *ll* mouillées] (lat. *bulla*, écrit auquel on attache un sceau). Petite lettre missive, où l'on se dispense du cérémonial usité dans les lettres proprement dites. *Écrire, adresser un b. à quelqu'un. — B. doux, B. d'amour, de galanterie.* || Se dit de certains écrits imprimés ou faits à la main, par lesquels on informe les particuliers et le public de certaines choses. *B. de mariage, d'enterrement. — B. de faire part*, ou par ellipse, *B. de part, B.* par lequel on annonce une naissance, un mariage ou un décès. — *B. de logement*, Écrit qui enjoint à un citoyen de loger un ou plusieurs militaires. *Les soldats ont reçu leurs billets de logement. — B. de confession.* Voy. CONFESSION. — *B. de santé.* Voy. SANTÉ. || *Faire courir le b.* entre les particuliers d'une compagnie qu'on veut assembler, Leur envoyer des billets pour les convoquer. — *Faire courir le b. chez les notaires*, Les avertir par *b.* qu'on cherche de l'argent à emprunter. — *Faire courir le b. chez les orfèvres*, Les avertir par *b.* qu'on a perdu quelque argenterie, et qu'ils aient à faire arrêter ceux qui la leur porteraient. Toutes ces loc. sont actuellement inusitées. || *Carte* ou *petit écrit* qui donne entrée dans quelque lieu, à quelque spectacle, à quelque assemblée. *On n'entre pas sans b. B. de bal, de spectacle, de parterre.* || Bulletin ou petit papier dont on se sert pour donner son suffrage dans une élection, ou son vote dans une assemblée délibérante. *Déposer son b. dans l'urne électorale. B. nul, B. blanc, B.* sur lequel il n'y a rien d'écrit. || Se dit aussi des petits rouleaux de papier avec lesquels on tire au sort. *Il a tiré un bon b.* || Bulletin délivré à une personne qui a mis à une loterie. *B. de loterie, B. gagnant.* || Écrit, promesse écrite par laquelle on s'engage à payer une certaine somme. *B. à ordre, B. payable au porteur*, ou *B. au porteur. Faire, souscrire, négocier, escompter, payer un b. Les billets de cette maison se négocient difficilement.* — Se dit des divers papiers de crédit qui ont cours dans le public. *B. de banque. B. de la caisse d'escompte. B. de cent, de cinq cents, de mille francs. — B. de l'épargne*, Rescription payable sur le Trésor royal, qu'on appelait autrefois *b. d'Épargne*.

Légis. — On donne le nom de *Billet* à un écrit sous seing privé contenant promesse de payer une somme d'argent ou d'autres valeurs (C. C., 1326). Il est appelé *B. à ordre*, lorsque l'individu qui le souscrit promet à une autre personne de lui payer une somme, à elle ou à *son ordre*, c.-à-d. à quiconque, au moyen d'un endossement en bonne forme, se trouvera cessionnaire de ses droits. Lorsque celui qui souscrit le b. indique le nom du créancier sans ajouter qu'il paiera à lui ou à son ordre, la promesse constitue un *B. simple*. Il existe une grande différence entre le b. à ordre et le b. simple. Ainsi, la créance qui résulte d'un simple *b.*, ne peut, à l'égard des tiers, passer d'une main à une autre que par un des modes indiqués par l'article 1690 du code civil, notamment au moyen d'un acte de transport signifié par le cessionnaire à celui qui en doit la valeur. En outre, à moins de stipulation expresse, le transport du b. simple n'assujettit le cédant qu'à la garantie de l'existence de la créance (C. C., 1690, 1693). Enfin, chacun des signataires collectifs d'un *b.* simple n'est obligé envers celui qui en profit duquel il est souscrit que pour sa part de la dette; car le b. simple est soumis à la règle générale (C. C., 1197) qui veut que la solidarité n'existe entre les débiteurs que lorsqu'elle a été expressément stipulée. Le b. à ordre, au contraire, se transmet par endossement, et tous ceux qui l'ont signé ou endossé sont tenus à la garantie solidaire envers le porteur (C. Com., 136, 140, 187). D'un autre côté, l'action qui résulte du b. simple ne se prescrit que par trente ans (C. C., 2262), tandis que celle qui est relative aux billets à ordre se prescrit par cinq ans (C. Com., 189). Enfin, le b. à ordre donne en général lieu à la compétence commerciale ; le simple b., au contraire, n'y donne lieu que dans deux cas : 1° Lorsqu'il est souscrit par un commerçant et qu'il n'a pas une cause étrangère au commerce ; 2° Lorsque, quoique souscrit par un non-négociant, il a pour cause une opération commerciale. Comme du reste toutes les dispositions de la loi relatives à la lettre de change sont également applicables au b. à ordre (C. Com., 187), nous traiterons du b. à ordre en même temps que de la lettre de change. Voy. CHANGE. — Quant au b. simple, comme il constitue la preuve de l'obligation unilatérale, la loi exige qu'il soit écrit en entier de la main de celui qui s'engage ou, du moins, que le souscripteur du b., outre sa signature, ait écrit de sa main un *bon* ou *approuvé*, portant en toutes lettres la somme ou la quantité de la chose, excepté toutefois dans le cas où l'acte émane de marchands, artisans, laboureurs, gens de journée et de service (C. C., 1326). Lorsque la somme exprimée au *corps* de l'acte est différente de la somme exprimée au *bon*, l'obligation est présumée n'être que de la somme moindre, lors même que l'acte, ainsi que le bon, est écrit en entier de la main de celui qui s'est obligé, à moins qu'il ne soit prouvé de quel côté est l'erreur (C. C., 1327). Au reste, la formalité du *bon* ou *approuvé* s'applique non seulement au b., mais à tout acte constatant une promesse unilatérale : ainsi un *arrêté de compte*, écrit d'une main étrangère, est soumis en général au *bon* ou *approuvé* de la part de celle des parties que cet arrêté constitue reliquataire. Comme cette formalité n'est relative qu'à la preuve de l'obligation et non à sa validité, il s'ensuit que dans le cas où le b. serait signé seulement du débiteur, sans que ce dernier y eût mis *bon* ou *approuvé*, l'engagement resterait valable et produirait tout son effet, s'il était prouvé, soit par l'aveu du débiteur, soit par le serment qu'on lui aurait déféré. Quant au b. lui-même, il n'est pas dénué de tout effet lorsque cette formalité a été omise : il peut servir de commencement de preuve par écrit, et autorise dès lors celui qui l'invoque à prouver par témoins l'existence de l'obligation.

BILLETÉ, ÉE. adj. T. Blas. Chargé de billettes.

BILLETER. v. a. [Pr. les *ll* mouillées] (R. *billet*). Attacher des étiquettes ou des numéros sur des marchandises. Vx. = BILLETÉ, ÉE. participe. — Conjug. Voy. CAQUETER.

BILLETEUR. s. m. [Pr. les *ll* mouillées] (R. *billet*). T. Mar. Matelot qui reçoit la paye totale pour la distribuer.

BILLETIER. s. m. [Pr. les *ll* mouillées] (R. *billet*). Dans les douanes, commis expédiant les billettes.

BILLETTE. s. f. [Pr. les *ll* mouillées] (R. *billet*). Écriteau placé aux endroits où un péage est établi pour avertir les passants d'acquitter le droit. ‖ Acquit que le douanier délivre aux marchands.

BILLETTE. s. f. [Pr. les *ll* mouillées] (Dimin. de *bille* de bois). Bois de chauffage fendu et séché. ‖ Rouleau de bois pour aplanir la terre à mouler. ‖ Morceau de bois placé le long du toit ou d'une veine de charbon minéral. ‖ Cylindre ou bâton de jus de réglisse.

Blason. — Dans la langue du Blason, on donne le nom de *Billette* à une figure héraldique qui a quatre angles droits et qui est plus haute que large. Nous citerons les armes de Beau-MANOIR-LAVARDIN (Fig. 1), qui sont d'azur à onze billettes d'argent rangées 4, 3, 4. Les billettes sont dites *couchées*, lorsque lorsque leur côté le plus long est parallèle au côté supérieur de l'écu.

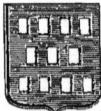

Fig. 1.

Archit. — Le terme de b. sert aussi à désigner un certain ornement usité dans l'architecture normande qui n'est qu'une variété de la romane, et dans l'architecture ogivale primaire.

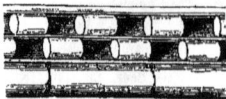

Fig. 2.

Cet ornement se formait en coupant une moulure par compar-

liments de telle sorte que les parties réservées ressemblaient à des bâtons longs de 0ᵐ,05 à 0ᵐ,055. Les billettes présentent diverses dispositions. Tantôt elles sont sur un rang simple, tantôt sur plusieurs rangs ; dans ce dernier cas, les intervalles vides et les billettes alternent dans chaque rang (Fig. 2. Prieuré

Fig. 3.

de Bingham, à Oxford. Fig. 3. Église de Saint-Contest, près de Caen). Leur coupe est le plus souvent circulaire, comme dans les exemples ci-dessus ; mais on leur donne aussi quelquefois d'autres formes, principalement la forme carrée. Les

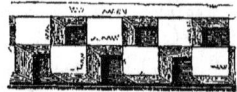

Fig. 4.

billettes de ce dernier genre ressemblent à de petits blocs cubiques (Fig. 4. Saint-Augustin, à Cantorbéry). Les billettes étaient fréquemment disposées en ligne droite, dans les frises et corniches, mais aussi en ligne courbe, dans la décoration des archivoltes.

BILLEUR. s. m. Marinier opérant le billage.

BILLEVESÉE. s. f. [Pr. *bi-le-vézé*] (altér. de *belle vessie*?). Discours frivole, conte vain et ridicule. *Il ne nous a entretenus que de billevesées.* ‖ Idée creuse, projet chimérique. *Il tient à publier ses billevesées.* ‖ Fam. dans les deux sens.

BILLION. s. m. [Pr. *Bilion*] (mot formé sur l'imitation de *million*, avec la particule *bis*, deux fois). T. Arithm. Mille millions, 1,000,000,000 ; synonyme de *milliard* qui a prévalu dans la langue financière. En espagnol, *billion* sign. un million de millions ou 1,000,000,000,000. Voy. NUMÉRATION.

BILLOM, ch.-l. de c. (Puy-de-Dôme), arr. de Clermont, 4,400 hab.

BILLON. s. m. [Pr. les *ll* mouillées] (R. *bille*, masse, dans le même sens que *bille* de bois). Monnaie de cuivre pur, ou de cuivre mêlé avec un peu d'argent. *Monnaie de b.* ‖ Se dit de toute sorte de monnaie décriée ou défectueuse. *Il a trouvé dans un sac de mille francs pour plus de cent francs de b.* ‖ Le lieu où l'on porte toutes les monnaies défectueuses. ‖ T. Agric. Espèce d'ados ; petites élévations de terre, plus ou moins larges et bombées, qu'on fait avec la charrue, et qui sont séparées par des sillons profonds. *Pour faire les billons on se sert d'une charrue à deux versoirs.* ‖ Verge de vigne taillée de la longueur de trois ou quatre doigts. ‖ Pièce de bois de sapin équarrie.

BILLONNAGE. s. m. [Pr. *bi-llo-nage*, *ll* mouillées] (R. *billon*). T. Jurisp. Délit de celui qui trafique illégalement de monnaies défectueuses. Inus. ‖ T. Agric. Action de faire des billons dans un terrain ; l'ouvrage qui en résulte.

BILLONNER. v. n. [Pr. *bi-llo-ner*, *ll* mouillées] (R. *billon*). Trafiquer de monnaies défectueuses ; substituer des espèces défectueuses à la place de bonnes. Inus. ‖ T. Agric. Labourer en billons. ‖ Châtrer un animal dans le but de l'engraisser.

BILLOT. s. m. [Pr. les *ll* mouillées] (R. *bille* de bois). Gros tronçon de bois, cylindrique ou carré, s'élevant ordinairement à hauteur d'appui, et présentant une surface plane à sa partie supérieure. *B. de cuisine. Le b. d'une enclume.* ‖ Morceau de bois sur lequel les condamnés à la décapitation possaient leur tête pour être exécutés. *On lui a coupé la tête sur le b.* — Prov. et par exagér., *J'en mettrais ma tête, ma main sur le b.*, Je le garantis, je l'affirme sur ma tête. | Morceau de bois que l'on suspend en travers du cou d'un chien pour l'empêcher de chasser, et d'entrer dans les vignes.

Pièce de bois que l'on attache au cou d'un bœuf, d'une vache pour les empêcher de sortir du pâturage. || Fig. et fam., se dit d'un gros livre trop épais pour son format. *C'est un b.* | T. Mar. Pièce de bois préservant les fourcats des navires en construction.

BILOBÉ, ÉE. adj. (R. *bi*, et *lobe*). T. Hist. nat. Qui renferme deux lobes.

BILOBITE. s. f. (R. *bi* et *lobe*. T. Paléont. Traces se présentant à l'état de moules, *à la partie inférieure* de plaquettes gréseuses, subordonnées à des parties argileuses.

Leur nom leur vient de leur division constante en deux lobes égaux et subsymétriques par rapport à une ligne médiane formant parfois une sorte de carène. Ces traces (*bilobites*) sont disposées sans ordre apparent, à la surface inférieure des strates de grès et ne les pénètrent pas. Elles présentent des dispositions nombreuses comme formes et comme dessins, ou sculptures superficielles, qui servent à les classer génériquement et spécifiquement. (*Crusiana*, *Hortania*, etc.)

Les bilobites étaient primitivement classées parmi les algues. Les expériences de Nathorst prouvent qu'on doit les attribuer à des traces d'annélides, généralement, et quelquefois de crustacés. Les bilobites sont très développées dans les grès *armoricains* (silurien).

BILOCULAIRE. adj. (*bi*, et lat. *loculus*, loge). T. Hist. nat. qui renferme deux cavités ou loges.

BILOGUER. v. a. Faire un premier labour très profond avant l'hiver.

BILUNULÉ, ÉE. adj. (*bi*, et lat. *lunule*, petite lune). T. Didact. Qui est marqué de deux taches en forme de croissant.

BIMACULÉ, ÉE adj. (*bi*, et lat. *macula*, tache). Qui est marqué de deux taches.

BIMANE, s. m. (lat. *bis*, deux fois; *manus*, main). Qui a deux mains.

Hist. nat. — Le terme de *Bimane*, créé par Buffon, a été employé par Blumenbach, G. Cuvier et quelques autres zoologistes pour désigner le premier ordre de la classe des mammifères. Ils ne plaçaient dans cet ordre que le genre *Homme*, et les *Quadrumanes* constituaient le second ordre de la classe. Plusieurs naturalistes, dans des vues faciles à saisir, ont supprimé cet ordre et fait distinguer du genre *Homme* le premier groupe de l'ordre des *Primates*, lequel réunissait ainsi l'homme avec les singes. D'autres, tels que Blainville et F. Cuvier, ont également proposé la suppression des bimanes, mais dans des vues tout à fait opposées. Voy. HOMME.

BIMARGINÉ, ÉE. adj. (*bi*, et *marge*). T. Hist. nat. Qui offre deux bords ou deux bordures.

BIMASTOÏDIEN, IENNE. adj. 2 g. (*bi*, et *mastoïdien*). Qui va d'une apophyse mastoïde à l'autre.

BIMBELOT. s. m. (d'un radical germ. *bamb*, ou *bimb*, enfant, qu'on retrouve dans *bambin*, et *lot*, objet gagné à un jeu de hasard). Jouet d'enfant, comme poupée, cheval de bois, etc.

BIMBELOTERIE. s. f. Profession de celui qui fabrique ou vend des bimbelots. || Se dit des marchandises qui consistent en bimbelots. *Acheter de la b.*

BIMBELOTIER. s. m. Fabricant, marchand de bimbelots, de jouets d'enfants.

BIMENSUEL. adj. (lat. *bis*, deux; *mensis*, mois). Qui se fait, qui paraît deux fois par mois. Cette acception, universellement usitée, est contredite par Littré, qui assure que *bimensuel* doit plutôt signifier « qui se fait tous les deux mois ». En effet, il devrait en être ici comme dans le mot *bisannuel*. On dit en anglais *semi-monthly* (demi-mensuel), ce qui est beaucoup plus logique.

BIMESTRE. adj. (lat. *bis*, deux; *mensis*, mois). Qui dure ou qui a deux mois. *Espace b.*

BIMÉTALLIQUE. adj. 2 g. (*bi*, et *métal*). Qui a rapport au bimétallisme.

BIMÉTALLISME. s. m. Système de monnaie à double étalon d'or et d'argent. Voy. MONNAIE.

BIMUCRONÉ, ÉE. adj. (*bi*, et lat. *mucro*, pointe). T. Hist. nat. Qui est garni de deux pointes.

BINAGE. s. m. (lat. *binus*, double; de *bis*, deux fois). T. Agric. Action de biner: seconde façon que l'on donne aux terres labourées et aux vignes. || T. Relig. Action d'un prêtre qui célèbre deux fois la messe le même jour. *Le b. est permis dans certains lieux, à cause de la rareté des prêtres.*

Archit. — En Agr. et en Hort., on nomme ainsi une opération qui a pour but d'ameublir la surface d'une terre cultivée et de l'ouvrir aux influences atmosphériques, en même temps qu'elle s'oppose à la croissance des mauvaises herbes. En agriculture, le b. se donne à toutes les cultures en lignes, y compris celle des céréales. Dans la petite et dans la moyenne culture, le b. se fait avec la houe à bras; dans la grande, on se sert d'instruments nommés houes à cheval. Ces derniers instruments sont munis de plusieurs socs, et peuvent biner plusieurs lignes à la fois. Dans le jardinage, le b. se donne avec un instrument à long manche, nommé *Binette*, formé d'un côté d'une lame, de l'autre de deux dents légèrement courbes. Il n'est pas de culture maraîchère qui ne réclame, pendant la belle saison, un ou plusieurs binages.

BINAIRE. adj. 2. g. (lat. *bini*, deux à la fois). T. Arith. Qui est composé de deux unités. || T. Alg. *Forme binaire.* Polynôme homogène à deux variables. Voy. FORME. || T. Chim. Se dit d'un corps composé de deux corps simples. *L'eau, l'acide carbonique, sont des composés binaires.* || T. Mus. Voy. NOTATION.

Arith. — On appelle *Numération binaire* un système de numération qui a été proposé par Leibnitz et dont la base est *deux*, c'est-à-dire que les unités des divers ordres, au lieu d'être groupées dix par dix comme dans le système décimal ordinaire, y sont groupées deux par deux. Par conséquent, dans la numération b., on n'a besoin que de deux caractères, 1 et 0. Le nombre *un* est représenté par 1 : *deux*, par 10; *trois*, par 11; *quatre*, par 100; *cinq*, par 101 : *six*, par 110; *sept*, par 111; *huit*, par 1000; *neuf*, par 1001; *dix*, par 1010, et ainsi de suite. Dans ce système le calcul est tout mécanique et n'exige aucun effort de mémoire, les tables d'addition et de multiplication n'existant plus; mais il est assez incommode, à cause du grand nombre de figures qu'il emploie, même pour exprimer des nombres faibles. On dit que certaines peuplades de la Chine en font usage.

Leibnitz a fait voir que l'arithmétique b. donne l'explication d'un symbole chinois qui porte le nom de *Je-king* (*livre des mutations*), et qui est attribué à Fo-hi, le plus ancien législateur de la Chine. Voy. NUMÉRATION.

BINAIREMENT. adv. D'une façon binaire.

BINAPHTOL. s. m. (R. *bi*, et *naphtol*). T. Chim. Les binaphtols ($C^{10} H^6 OH)^2$ sont des composés possédant une double fonction phénologique et s'obtiennent en oxydant les naphtols par le chlorure ferrique. L'a binaphtol cristallise en lamelles rhombiques et fond vers 300°. Le β binaphtol forme des prismes fusibles à 218°; son dérivé disulfonique traité par l'acide nitrique se convertit en acide dinitro-binaphtol sulfonique qui teint la soie et la laine en nuance jaune verdâtre.

BINAPHTYLE. s. m. (R. *bi*, et *naphtyle*). T. Chim. Nom donné aux hydrocarbures de la formule ($C^{10} H^7)^2$ qui résultent de l'union de deux molécules de naphtalène avec perte d'hydrogène. Ces hydrocarbures, au nombre de trois, sont solides et ont leurs points de fusion respectifs à 76°, à 134° et à 187°. Ils prennent naissance lorsqu'on fait passer des vapeurs de naphtalène et de perchlorure d'étain à travers un tube chauffé au rouge. Le b. fusible à 187° est ordinairement appelé *iso-binaphtyle.*

BINAPHTYLÈNE. s. m. (R. *bi*, et *naphtylène*). T. Chim. Radical bivalent représenté par la formule ($C^{10} H^{5})^2$. En chauffant les naphtols avec l'oxyde de plomb on obtient deux *oxydes de binaphtylène* (C^{10} H^6)^2,O, l'un fusible à 150°, l'autre à 153°. — Le *binaphtylène-glycol* $C^{22}H^{14}$ O^2 est un solide cristallisé qui se produit par l'action du chloroforme sur le β naphtol en présence de la soude caustique.

BINARD. s. m. (lat. *binus*, double). Chariot à quatre roues d'égale hauteur, avec un plancher sur lequel on met de grands fardeaux.

BINAURICULAIRE. adj. (lat. *binus*, double; *auricula*, dimin. de *auris*, oreille). Qui appartient aux deux oreilles.

BINE. s. f. (R. *biner*). Instrument de labour.

BINEAU (1805-1855), ingénieur et homme d'État français, ministre des finances en 1852.

BINÉE. s. f. Petite auge pour donner à manger aux bœufs.

BINER. v. a (lat. *binus*, double). T. Agric. Donner une seconde façon aux terres labourées, aux vignes. *B. les vignes. B. un champ.* || Briser la superficie de la terre avec une binette pour l'empêcher de durcir. = BINER. v. n. T. Discipl. ecclésiast. Se dit d'un prêtre qui, lorsque la nécessité l'exige, célèbre deux messes dans le même jour, et dans deux églises différentes. *Notre curé a la permission de b.* = BINÉE, ÉE.

BINERVÉ, ÉE. adj. (*bi*, et lat. *nervus*, nervure). T. Bot. Qui offre deux nervures.

BINET. s. m. (lat. *binus*, double). Petit ustensile en métal, ordinairement en forme de bobèche, avec un godet ou une pointe au milieu, et qu'on met dans le chandelier pour brûler la chandelle ou la bougie jusqu'au bout. — *Faire b.*, Mettre, par économie, un bout de chandelle ou de bougie sur un b. ou sur le haut d'un chandelier, pour le brûler jusqu'à la fin.

BINETTE. s. f. (R. *biner*). T. Agric. Instrument pour biner, petite pioche de fer munie d'un manche. Voy. BINAGE.

BINETTE. s. f. Nom que l'on donnait aux perruques du temps de Louis XIV (Binet était un coiffeur du grand roi). Par ext. et pop., Visage qui prête à rire.

BINGEN, v. de la Hesse-Darmstadt, au confluent du Rhin et de la Nahe; 7,000 hab.

BINOCHON. s. m. Petite binette. Outil pour sarcler les oignons.

BINOCLE. s. m. (lat. *binus*, double; *oculus*, œil). Lorgnon ou bésicle, que l'on tient à la main et qui porte un verre pour chaque œil. || Espèce de lunettes ou de double lorgnon dont les deux verres peuvent se replier l'un sur l'autre. || Lorgnette à double tube, plus généralement appelée *Jumelles*. || Espèce de longue-vue ou de lunette double, au moyen de laquelle on peut voir un objet avec les deux yeux en même temps. Vx. || T. Chir. Bandage destiné à maintenir les pièces de pansement sur les yeux et à protéger ceux-ci contre l'air, le froid, etc.

BINOCULAIRE. adj. 2 g. (lat. *binus*, double; *oculus*, œil). T. Didact. Qui est pour deux yeux. *Lunette bin.* || Qui se fait par les deux yeux. *Vision bin.*

BINOCULÉ, ÉE. adj. (lat. *bini*, deux, et *oculi*, yeux). T. Hist. nat. Qui a deux yeux.

BINOIR. s. m. T. Agric. Voy. BINOT.

BINÔME. s. m. (lat. *bis*, deux fois; gr. νομή, partie).
Alg. — Un *Binôme* ou *Binome*, ainsi que l'écrivent habituellement les algébristes, est une quantité composée de deux termes unis par les signes + ou −. Ainsi, A + B, *c* − 5, $2a + b^4$, $7x − 4x^3b$, etc., sont des binômes. — On désigne encore sous le nom particulier de *Bin. de Newton*, une formule importante que cet illustre géomètre découvrit en 1663, et qui donne le développement de la $m^{ème}$ puissance d'un b. sous forme d'un polynôme entier, si l'exposant *m* est entier et positif, et sous forme d'une série si l'exposant *m* est négatif ou fractionnaire. — Voy. PUISSANCE.
ÉQUATION BINOME. — Équation algébrique qui n'a que deux termes : elle est donc de la forme :
$$x^m − A = 0$$

A étant réel ou imaginaire. La formule de Moivre :
$[\rho (\cos \varphi + i \sin \varphi)]^m = \rho^m (\cos m\varphi + i \sin m \varphi)$, donne immédiatement l'expression trigonométrique des *m* racines de cette équation. En effet : 1° le module de *x* élevé à la puissance *m* doit reproduire celui de A ; 2° l'argument de *x* multiplié par *m* doit reproduire celui de A; mais celui-ci n'est déterminé qu'à un multiple près de 2π. Si donc ρ et *x* sont le module et l'argument de A on aura :
$$A = \rho [\cos (\varphi + 2k\pi) + i \sin (\varphi + 2k\pi)]$$
et d'après les remarques précédentes :
$$x = \sqrt[m]{\rho} \left[\cos \left(\frac{\varphi}{m} + \frac{2k\pi}{m} \right) + i \sin \left(\frac{\varphi}{m} + \frac{2k\pi}{m} \right) \right].$$

En donnant à *k*, *m* valeurs entières consécutives, on obtient *m* valeurs distinctes de *x* qui sont les *m* racines; si on donne à *k* de nouvelles valeurs entières, on retrouve des arguments qui diffèrent des *m* précédents d'un multiple de 2π, et, par suite, les valeurs de *x* qui ne diffèrent pas des précédentes. Les racines de l'équation $x^m − 1 = 0$ sont les racines m^{mes} de l'unité, elles jouissent de propriétés curieuses dont la plus remarquable est que toutes les puissances de l'une d'elles sont des racines de la même équation. Une racine de l'équation dont les puissances successives reproduisent *toutes* les racines de la même équation est dite racine primitive. Comme le module de 1 est 1 et l'argument de 1, 0, les racines m^{mes} de l'unité sont de la forme :
$$x = \cos \frac{2k\pi}{m} + i \sin \frac{2k\pi}{m}.$$

On reconnaît aisément que les racines primitives sont celles où *k* est premier avec *m*; on a toutes les racines en donnant à *k* toutes les valeurs 0, 1, 2… *m*. − 1. Donc le nombre des racines primitives est égal au nombre des nombres premiers avec *m*, et plus petit que *m*.

BINOT ou **BINOIR.** s. m. (R. *biner*). T. Agric. Charrue très légère, destinée à enterrer la graine semée avant le dernier labour.

BIOCELLÉ, ÉE. adj. (lat. *bis*, deux fois ; *ocellus*, dimin. de *oculus*, œil). T. Bot. Qui a deux taches en forme d'yeux.

BIOCHIMIE. s. f. (gr. βίος, vie, et *chimie*). Branche de la biologie traitant de la constitution chimique des substances produites par l'action de la vie.

BIODYNAMIQUE. s. f. (gr. βίος, vie ; δύναμις, force). Théorie des forces vitales. Voy. VIE.

BIOGNOSE. s. f. (gr. βίος, vie ; γνῶσις, connaissance). Étude ou science de la vie.

BIOGRAPHE. s. m. Auteur qui a écrit une ou plusieurs vies particulières.

BIOGRAPHIE. s. f. (gr. βίος, vie; γράφω, j'écris). Une *Biographie* est l'histoire de la vie particulière d'un individu. Parmi les écrivains classiques de la Grèce, nous trouvons les noms de plusieurs auteurs de biographies, mais aucun de leurs ouvrages n'est parvenu jusqu'à nous à l'exception du bref récit des exploits d'Agésilas, par Xénophon. Les biographies anciennes que nous avons datent, en général, de l'époque impériale. Ce sont : les *Vies des hommes illustres* de Plutarque (100 ans environ ap. J.-C.); celles de Cornelius Nepos (50 ans av. J.-C.); les *Vies des douze Césars* de Suétone (120 ans ap. J.-C.), et les *Vies des Philosophes*, par Diogène Laërce (vers 140 de notre ère). La b. diffère en général de l'histoire par l'étendue du sujet que chacune d'elles embrasse; mais ce qui les distingue essentiellement, c'est le point de vue auquel se place l'écrivain, et la manière dont il traite le récit des événements. Ainsi, par ex., dans la littérature ancienne, les deux ouvrages de Quinte-Curce (30 ans ap. J.-C.) et d'Arrien (100 ap. J.-C.), quoique exclusivement consacrés au récit des actions d'Alexandre le Grand, sont habituellement qualifiés d'histoires, parce que ces auteurs ont traité longuement les événements publics de l'époque de celui-ci, et parce que ces événements constituent l'objet principal de leurs livres. Les *Vies des douze Césars* de Suétone sont, au contraire, de vraies biographies, parce que l'auteur s'est surtout attaché à nous faire connaître les actes, les habitudes, le caractère, les pensées, en un mot la vie intime et personnelle des douze premiers Césars. Parmi les biographies proprement dites, on doit distinguer les *Autobiographies*, c'est-à-dire les vies particu-

lières écrites par les personnages eux-mêmes. Les autobiographies se divisent en deux catégories. La première comprend celles où l'écrivain s'attache surtout à faire l'histoire morale de sa propre personne, et à révéler au lecteur l'histoire de ses passions, de ses pensées, de ses actes. Cette catégorie nous offre deux types tout à fait opposés dans les *Confessions* de saint Augustin et dans celles de J.-J. Rousseau. La seconde catégorie comprend les autobiographies dans lesquelles l'auteur raconte les choses et les événements auxquels il a pris part comme acteur ou comme témoin : ces dernières sont plus communément désignées sous le nom de *Mémoires*.

Parmi les livres biographiques les plus estimés nous citerons : la *Biographie universelle* publiée par Michaud en 52 volumes in-8, de 1810 à 1828, la *Biographie générale* publiée par Firmin Didot sous la direction de Hœfer, la *Biographie universelle des contemporains* de Rabbe et Boisjolin (1834), le *Dictionnaire universel des Contemporains* de Vapereau (six éditions depuis 1858) et le grand *Dictionnaire universel du XIXᵉ siècle* de Pierre Larousse, qui contient les biographies de presque tous les personnages connus.

BIOGRAPHIQUE. adj. 2 gr. Qui appartient à la biographie. *Recherches biographiques. Dictionnaire b.*

BIOGRAPHIQUEMENT. adv. Au point de vue biographique.

BIOLOGIE. s. f. (gr. βίος, vie; λόγος, traité). Science des lois de l'organisme et des actes organiques).

Les phénomènes de toute nature dont les corps organisés sont le théâtre appartiennent au domaine de la physiologie. Parmi ces phénomènes, les uns s'expliquent par les lois générales de la physique, de la mécanique et de la chimie; les autres se refusent à toute explication de ce genre : ces dernières constituent les phénomènes vitaux proprement dits. La *Biologie*, ou la science de la vie, a d'abord pour objet de déterminer les caractères propres des phénomènes de la vitalité, en les distinguant avec précision de ceux qui sont sous la dépendance des lois communes à la matière organique et inorganique. En outre, comme les deux règnes, l'animal et le végétal, nous présentent des fonctions analogues, la biol. a encore à étudier ce en quoi ces fonctions sont semblables ou différentes. Enfin, attendu que les phénomènes vitaux observés dans les êtres supérieurs de l'échelle animale, il y en a qui subsistent également chez les êtres inférieurs, et d'autres qui caractérisent exclusivement les premiers, la biol. doit rechercher la valeur de ces différences, et, en même temps, étudier les rapports qui unissent ces diverses catégories d'actions vitales, soit à l'état normal, soit à l'état pathologique. Considérée ainsi, la biol. constitue la partie la plus élevée et la plus difficile de la physiologie. Voy. VIE.

BIOLOGIQUE. adj. Qui concerne la biologie.

BIOLOGISTE. s. m. Celui qui se livre à l'étude de la biologie.

BIOMÈTRE. s. m. (gr. βίος, vie; μέτρον, mesure). T. Didact. Mémorial horaire indiquant les heures de la vie et leur emploi.

BION. s. m. Outil du verrier pour inciser la bosse, qui est le verre soufflé.

BION, poète grec (IIIᵉ siècle av. J.-C.).

BION, philosophe grec (IIIᵉ siècle av. J.-C.).

BIONGUICULÉ, ÉE. adj. (*bi,* et lat. *unguiculus,* petit ongle). T. Hist. nat. Qui a deux ongles.

BIOPHÈNE. s. m. (lat. *bi,* et gr. ὄφις, serpent). T. Chim. Composé sulfuré remarquable par la structure cyclique qui se rapproche de celle du benzène. C'est un liquide huileux, à odeur repoussante, qui bout vers 170° et dont les propriétés chimiques sont analogues à celles du thiophène. Sa formule de constitution est

$$\begin{array}{c} \text{CH} \underset{\text{CH}}{\overset{\text{CH}}{\diagup\diagdown}} \underset{\text{S}}{\overset{\text{S}}{\diagdown\diagup}} \end{array}$$

BIOPHILIE. s. f. (gr. βίος, vie; φιλέω, j'aime). Amour de la vie, instinct de la conservation.

BIOPHYTUM. s. m. [Pr. *biofitome*] (gr. βίος, vie; φυτόν, plante). T. Bot. Genre de plantes dont une espèce, le *B. sensitivum,* est pourvue de feuilles qui jouissent d'une sensibilité presque égale à celle de la *Sensitive.* Voy. GÉRANIACÉES.

BIOSCOPIE s. f. (gr. βίος, vie; σκοπεῖν, observer). Observation des phénomènes de la vie.

BIOSSON. s. m. Sorte de poire sauvage.

BIOT (J.-B.), savant astronome, mathématicien et physicien français (1774-1862). Membre de l'Académie des sciences, de l'Académie des inscriptions et de l'Académie française. Il mesura avec Arago la méridienne d'Espagne, puis s'occupa d'un très grand nombre de questions scientifiques. Signalons comme ouvrages importants : *Traité d'Astronomie physique* (5 vol.) ; *Mélanges scientifiques et littéraires* (3 vol.); *Astronomie indienne et chinoise* (1 vol.).

BIOTA. s. m. T. Bot. Genre de plantes de la famille des *Conifères.* Voy. ce mot.

BIOTAXIE. s. f. (gr. βίος, vie; τάξις, ordre). L'une des branches de la biologie ayant pour sujet les êtres organisés considérés à l'état statique.

BIOTAXIQUE. adj. T. Didact. Ayant rapport à la biotaxie.

BIOTECHNIE. s. f. (gr. βίος, vie; τέχνη, art.) T. Didact. L'art d'utiliser les animaux et les végétaux.

BIOTIQUE. adj. (gr. βίος, vie). T. Physiol. Qui a rapport à la vie.

BIOTITE. s. f. (R. *Biot,* nom d'un physicien français). T. Minér. Variété de mica dont les axes optiques sont très rapprochés.

BIPARASITE. adj. (*bi,* et *parasite*). T. Hist. nat. Qui vit en parasite sur un parasite.

BIPARIÉTAL, ALE. adj. (*bi,* et *pariétal*). T. Anat. Qui a rapport aux deux pariétaux.

BIPARTI, IE. adj. (*bi,* et lat. *partitus,* partagé). T. Hist. nat. Divisé en deux.

BIPARTIBLE. adj. T. Didact. Qui peut se diviser en deux parties.

BIPARTITION. s. f. T. Didact. Division en deux parties.

BIPÉDAL, ALE. adj. Qui a la mesure de deux pieds. = Plur. *Bipédaux.*

BIPÈDE. adj. 2 g. (*bi,* et lat. *pes,* pied). Se dit des animaux à deux pieds, qui marchent à deux pieds. *Les oiseaux sont bipèdes.* ‖ S'emploie subst. au masc. *Un b. L'homme est un b.* ‖ T. Man. *B. antérieur,* Les pieds de devant du cheval. *B. postérieur,* Les pieds de derrière. *B. latéral,* Un pied de devant et un pied de derrière du même côté. *B. diagonal,* Un pied de devant et un pied de derrière, l'un du côté droit et l'autre du côté gauche.

BIPENNE. s. f. [Pr. *bipène*] (*bi,* et lat. *penna,* plume). T. Antiq. Hache à deux tranchants. Voy. HACHE.

BIPENNÉ, ÉE. adj. [Pr. *bipenn-né*] (*bi,* et lat. *penna,* grosse plume de l'aile). T. Hist. nat. Qui est muni de deux ailes. T. Bot. *Feuilles bipennées,* feuilles dont le pétiole commun porte latéralement des pétioles secondaires garnis de folioles. On dit quelquefois *bipinné.*

BIPÉTALÉ, ÉE. adj. (*bi,* et *pétale*). T. Bot. Qui a deux pétales.

BIPHÉNIQUE. adj. 2 g. (*bi,* et *phénique*). T. Chim. L'*acide biphénique* est un acide bibasique qui se produit quand on fait bouillir le phénanthrène avec un mélange d'acide

85

sulfurique et de bichromate de potassium. Très soluble dans l'alcool et l'éther, il cristallise en prismes clinorhombiques qui fondent à 226°. Chauffé avec un excès de chaux, il se convertit en biphénylène-cétone. — L'acide isobiphénique, son isomère, s'obtient en fondant le fluorénate de chaux avec de la potasse caustique. Il fond à 216°. — Ces deux composés sont des acides biphénile-dicarboniques et répondent à la formule $(C^6H^4.CO^2H)^2$.

BIPHÉNOL. s. m. (bi, et phénol). T. Chim. On donne le nom de biphénol ou de dioxybiphényle aux composés représentés par la formule $(C^6H^4.OH)^2$. Ils sont solides et cristallisables. Deux d'entre eux se produisent quand on fond à haute température le phénol avec de la potasse; leurs points de fusion sont 123° et 190°. Un autre, fusible à 270°, se forme lorsqu'on oxyde le phénol par l'acide permanganique. Enfin, l'acide para-phénolsulfonique fondu avec la potasse fournit un b. fusible à 160°.

BIPHÉNYLE. s. m. (bi, et phényle). T. Chim. Le biphényle $(C^6H^5)^2$ est un hydrocarbure formé par l'union de deux groupes phényle. Il prend naissance dans les réactions pyrogénées qui engendrent du benzène; aussi le rencontre-t-on en petite quantité dans les goudrons de gaz. On le prépare en faisant couler goutte à goutte du benzène dans un tube de fer chauffé au rouge. Le b. cristallise en grandes lames incolores, à fluorescence bleue, insolubles dans l'eau, solubles dans l'alcool et l'éther. Il fond à 70° et bout à 254°. Il forme de nombreux dérivés de substitution avec le chlore, le brome, l'acide azotique, etc. Avec l'acide sulfurique on obtient les acides b.-sulfonique et b.-disulfonique. Le b.-sulfonate de potassium fondu avec la potasse caustique donne un oxybiphénile $C^6H^5.C^6H^4.OH$ fusible à 165°. Un autre oxyphénile s'obtient par l'action de la chaleur sur l'azotate de tétrazobiphényle. Quant aux dioxybiphényles, ils sont ordinairement appelés biphénols (voy. ce mot). — L'acide nitrique fumant convertit le b. en dérivés dinitrés : l'un, fusible à 233°, donne de la benzidine sous l'action des agents réducteurs; un autre fond à 93° et correspond à la biphénylline. En réagissant sur une solution acétique de b., l'acide azotique donne naissance à deux dérivés mononitrés : le dérivé ortho, fusible à 37°, et le dérivé para, qui fond à 113° et bout à 340°. En réduisant ces nitrobiphényles par l'étain et l'acide acétique on obtient les amido-biphényles $C^6H^5.C^6H^4.AzH^2$, dont l'un, fusible à 49°, est connu depuis longtemps sous le nom de xénylamine. Quant aux diamido-biphényles, les mieux connus sont le biphénylline (voy. ce mot) et la benzidine ou para-diamido-biphényle a reçu des applications industrielles importantes; son chlorhydrate, traité par l'acide azoteux, donne naissance au chlorure de tétrazobiphényle qui sert à préparer diverses matières colorantes. Voy. BENZIDINE.

On connaît quelques produits d'addition du b., entre autres le tétrahydrure $C^{12}H^{14}$, liquide huileux bouillant à 245°, obtenu en faisant réagir le sodium sur le b. dissous dans l'alcool amylique.

BIPHÉNYLE-CARBONIQUE, adj. T. Chim. Les acides ortho, para et méta biphénylo-carboniques sont des acides monobasiques ayant pour formule $C^6H^5.C^6H^4.CO^2H$. Les deux derniers s'obtiennent en fondant l'acide benzoïque avec la potasse caustique. Le premier, appelé encore acide phénylbenzoïque, se produit lorsqu'on distille le salicylate de sodium avec du phosphate de phényle. — On connaît en outre plusieurs acides bibasiques, appelés biphénylo-dicarboniques, répondant à la formule $(C^6H^4.CO^2H)^2$. Voy. BIPHÉNIQUE.

BIPHÉNYLÈNE. s. m. (bi, et phénylène). T. Chim. Nom donné au radical bivalent $-C^6H^4.C^6H^4-$.

L'oxyde de biphénylène $(C^6H^4)^2O$ se prépare en distillant du phénol sur de l'oxyde de plomb. Il se présente en petits cristaux incolores, fusibles à 80°, bouillant à 288°, insolubles dans l'eau, très solubles dans l'éther et le benzène.

La biphénylène-cétone $(C^6H^4)^2CO$ se produit dans un grand nombre de réactions; par ex., quand on chauffe l'anthraquinone avec de la chaux, quand on oxyde le fluorène par l'acide sulfurique et le bichromate de potasse, quand on soumet à la distillation sèche le biphénate de chaux. Cette cétone cristallise en longues aiguilles jaunes, fusibles à 84°, insolubles dans l'eau, très solubles dans l'alcool et l'éther. Fondue avec la potasse caustique, elle s'hydrate et se convertit en acide phénylbenzoïque. Traitée en solution alcoolique par l'amal-

game de sodium, elle fixe deux atomes d'hydrogène pour donner de l'alcool fluorénique.

Les biphénylène-méthanes sont des hydrocarbures répondant à la formule $(C^6H^4)^2CH^2$. Le plus important est le fluorène. Voy. ce mot.

La biphénylène-imide $(C^6H^4)^2AzH$ a reçu le nom de carbazol. Voy. ce mot.

BIPHÉNYLINE. s. f. (bi, et phényline). T. Chim. Base dérivée du biphényle et répondant à la formule $(C^6H^4.AzH^2)^2$. Elle se forme en même temps que la benzidine par l'action des acides sur l'hydrazobenzène. Elle cristallise en longues aiguilles fusibles à 45°, distillant à 363°, très solubles dans l'eau chaude, l'alcool et l'éther. Chauffée avec la glycérine et le nitrobenzène en présence d'acide sulfurique concentré, elle fournit un biquinoléyle. La b. est un isomère de la benzidine et n'en diffère que par la position relative des groupes AzH^2; mais ses dérivés ne possèdent pas les propriétés tinctoriales de la benzidine.

BIPHORE. s. f. (bi, et lat. foro, je perce). L'orthographe est vicieuse, mais consacrée par l'usage). T. Hist. nat. Genre de tuniciers voisin des ascidies, caractérisé par la présence de deux ouvertures aux deux extrémités du corps. Voy. TUNICIERS.

BIPINNATISÉQUÉ, ÉE. adj. [Pr. bipinn-natiséké] (bi, et lat. pinna, aile; secare, couper). T. Bot. Se dit des feuilles dont les nervures sont pennées et dont le limbe est divisé en deux lobes.

BIPINNÉ, ÉE. adj. Voy. BIPENNÉ.

BIPOLAIRE. adj. (bi, et pôle). T. Phys. Qui a deux pôles. Aimant b. ∥ T. Math. Coordonnées bipolaires, Système de coordonnées dans lequel la position d'un point dans un plan est définie par ses distances à deux points fixes appelés pôles.

BIPOLARITÉ. s. f. (bi, et polarité). T. Phys. État d'un corps qui a deux pôles magnétiques, électriques, etc.

BIPROPARGYLE. s. m. (bi, et propargyle). T. Chim. Hydrocarbure à chaîne ouverte, ayant pour formule C^6H^6 ou $CH:C.CH^2.CH^2.C:CH$. Il est liquide, incolore, doué d'une odeur pénétrante; il bout à 85°. C'est un isomère du benzène, mais ses propriétés sont celles des hydrocarbures acétyléniques. Il se polymérise facilement, même à la température ordinaire. Avec l'azotate d'argent et avec le chlorure cuivreux ammoniacal il donne des composés insolubles, explosibles, répondant aux formules $C^6H^4Ag^2 + 2H^2O$ et $C^6H^4Cu^2 + 2H^2O$.

BIPYRAMIDAL, ALE. adj. (bi, et pyramide). T. Cristallographie. Qui offre deux pyramides.

BIPYRIDILE. s. m. (bi, et pyridile). T. Chim. Composé basique répondant à la formule $(C^5H^3Az)^2$ et formé de deux molécules de pyridine qui se sont soudées par deux de leurs atomes de carbone en perdant de l'hydrogène. La théorie prévoit l'existence de six bipyridiles isomériques; on en connaît quatre dont la constitution est établie avec certitude.

L'az bipyridile se forme dans la distillation sèche du picolate de cuivre avec la pyridine. Il se présente en cristaux incolores fusibles à 69°,5, distillant à 272°,5.

L'aβ bip. est un liquide huileux, insoluble dans l'eau, bouillant à 288°. Pour le préparer on distille, en présence de la chaux, les acides bipyridile-carboniques qu'on obtient en oxydant la phénanthroline par le permanganate de potassium.

Le ββ bip. se prépare de même en partant de la pseudophénanthroline. C'est un liquide jaune, épais, bouillant à 292°. Par oxydation il se transforme en acide nicotianique. Réduit par le zinc et l'acide chlorhydrique, il fixe six atomes d'hydrogène en donnant une base très toxique, la nicolidine $C^{10}H^{14}Az$. La nicotine elle-même, qui est isomérique avec cette base, dérive très probablement du ββ bip.

Le γγ bip. se présente en masses cristallines fusibles à 141°, distillant à 305°. Par oxydation il se change en acide isonicotianique; par réduction il donne naissance à l'isonicotine, autre base isomérique avec la nicotine. On obtient ce bip. en faisant réagir le sodium sur la pyridine; il se forme en même temps une bipyridine $C^{10}H^{10}Az^2$, liquide incolore qui bout vers 290°.

BIQUADRATIQUE. adj. 2 g. (*bi*, et lat. *quadratus*, carré). T. Alg. Les algébristes appliquent ce nom à la quatrième puissance. — Une *équation biquadratique* est donc une équation du quatrième degré. La forme générale d'une équation de ce genre est

$$x^4 + Ax^3 + Bx^2 + Cx + D = 0,$$

où A, B, C et D désignent des quantités connues quelconques. C'est à Ludovico Ferrari, géomètre italien du XVIe siècle, et disciple du célèbre Cardan, que l'on doit la résolution générale des équations du quatrième degré. Il fit voir que cette résolution peut toujours se réduire à celle d'une équation cubique ou du troisième degré. Cette propriété remarquable peut s'établir à priori par la remarque suivante : L'équation b. à 4 racines x_1 x_2 x_3 x_4. Considérons une fonction symétrique de deux racines $f(x_1 x_2)$, $f(x_3, x_4)$, et la différence $y = f(x_1 x_2) - f(x_3 x_4)$. Comme il y a six combinaisons des 4 racines deux à deux, y est susceptible de six valeurs différentes; mais celles-ci sont deux à deux égales et de sens contraire. Donc, si l'on forme l'équation en y, on aura une équation du 6e degré qui ne contiendra que des puissances paires de y, c.-à-d. une équation du 3e degré en y^2. Parmi les divers procédés au moyen desquels on peut opérer cette réduction, le suivant, qui a été proposé par Euler, est peut-être le plus simple. On commence d'abord par transformer l'équation donnée en une autre, dans laquelle le second terme manque.

C'est ce qui peut toujours se faire en prenant $y - \frac{1}{4} A = x$,

et en le substituant à x dans l'équation proposée : il en résulte une nouvelle équation de la forme

$$y^4 + py^2 + qy + r = 0 \qquad (1)$$

et nous n'avons plus à chercher que la solution de cette dernière.

Prenons $y = \sqrt{a} + \sqrt{b} + \sqrt{c}$, et supposons que a, b, c, sont trois racines de l'équation cubique

$$z^3 + Pz^2 + Qz - R = 0.$$

D'après la théorie des équations, le coefficient du second terme est la somme de toutes les racines avec leurs signes changés; le coefficient du troisième terme est la somme des produits des racines combinées par paires, et le dernier terme est le produit de toutes les racines avec leurs signes changés. Nous avons donc $a + b + c = - P$, $ab + ac + bc = Q$, et $abc = R$. En élevant au carré l'équation $y = \sqrt{a} + \sqrt{b} + \sqrt{c}$, nous obtenons

$$y^2 = a + b + c + 2(\sqrt{ab} + \sqrt{ac} + \sqrt{bc});$$

d'où résulte, en substituant - P à la place de $a + b + c$, et en transposant

$$y^2 + P = 2(\sqrt{ab} + \sqrt{ac} + \sqrt{bc}).$$

En élevant encore cette équation au carré, on obtient après réduction

$$y^4 + 2Py^2 + P^2 = 4(ab + ac + bc) + 8\sqrt{abc}(\sqrt{a} + \sqrt{b} + \sqrt{c}),$$

qui, en substituant R et y à leurs valeurs données ci-dessus, devient

$$y^4 + 2Py^2 - 8y\sqrt{R} + P^2 - 4Q = 0.$$

et en transposant,

$$y^4 + 2Py^2 - 8y\sqrt{R} + P^2 - 4Q = 0. \qquad (2)$$

Il suffit maintenant de déterminer P, Q et R de manière que cette équation soit identique avec l'équation (1) pour que ces deux équations aient les mêmes racines. Or, l'identification de (1) et (2), donne :

$$2P = p, \quad -8\sqrt{R} = q, \quad P^2 - 4Q = r;$$

d'où

$$P = \frac{p}{2}, \quad Q = \frac{p^2 - 4r}{16}, \quad R = \frac{q^2}{64}.$$

Il s'ensuit donc que les racines de l'équation proposée sont exprimées généralement par $y = \sqrt{a} + \sqrt{b} + \sqrt{c}$, où a, b, c, désignent les racines de l'équation cubique

$$z^3 + \frac{p}{2} z^2 + \frac{p^2 - 4r}{16} z - \frac{q^2}{64} = 0. \qquad (3)$$

Les racines de l'équation b. sont toutes les quatre contenues dans l'expression $y = \sqrt{a} + \sqrt{b} + \sqrt{c}$ où chaque radical est pris avec son double signe. Pour découvrir chacune d'elles en particulier, il est nécessaire de considérer les signes des radicaux. Comme la racine carrée d'une quantité quelconque a peut être, soit $+\sqrt{a}$, soit $-\sqrt{a}$, chacune des trois quantités, $\sqrt{a}$, $\sqrt{b}$, $\sqrt{c}$, peut être affectée du signe $+$ ou du signe $-$; ainsi la formule donnera *huit* expressions différentes. Mais, comme le produit des trois racines $\sqrt{a}$, $\sqrt{b}$, $\sqrt{c}$, est égal à $\sqrt{R}$ ou à $-\frac{1}{8} q$, il est évident

que, lorsque q est positif, leur produit doit être négatif, ce qui ne peut arriver que si une seule d'entre elles ou bien toutes les trois sont négatives. Lorsque q est négatif, le produit doit être positif, ce qui ne peut arriver que si les racines sont positives toutes les trois, ou si deux d'entre elles sont négatives. On a donc quatre expressions différentes pour q positif, et quatre pour q négatif, qui, dans les deux cas, forment les quatre racines de l'équation b.

On simplifie un peu les formules en posant $v = 4z$. L'équation en z est remplacée par

$$v^3 + 2p v^2 + (p^2 - 4r) v - q^2 = 0.$$

Si on désigne ses racines par a, b, c, les racines de l'équation proposée seront :

$$x = \frac{1}{2}(\pm \sqrt{a} \pm \sqrt{b} \pm \sqrt{c}),$$ en choisissant les signes comme il a été dit plus haut.

L'équation du 3e degré qui sert à résoudre une équation b. s'appelle une *résolvante* de celle-ci. Chaque équation b. admet une infinité de résolvantes. On a indiqué beaucoup d'autres procédés pour ramener l'équation du 4e degré au 3e. La méthode de Ferrari consiste à compléter le carré des deux premiers termes en introduisant une arbitraire λ de manière à mettre l'équation donnée sous la forme équivalente :

$$(4)$$

$$\left(x^2 + \frac{A}{2} x + \lambda\right)^2 + \left(B - 2\lambda - \frac{A^2}{4}\right)x^2 + (C - A\lambda)x + D - \lambda^2 = 0$$

et à déterminer ensuite λ de manière que l'ensemble des trois derniers termes soit un carré parfait, ce qui donne la condition du 3e degré :

$$(C - A\lambda)^2 - 4\left(B - 2\lambda - \frac{A^2}{4}\right)(D - \lambda^2) = 0,$$

équation du 3e degré en λ qui constitue la résolvante. Cette équation étant résolue, et λ remplacée par une de ses racines dans l'équation (4), celle-ci prend la forme :

$$\left(x^2 + \frac{A}{2} x + \lambda\right)^2 - (mx^2 + nx + h)^2 = 0,$$

ou

$$x^2 + \frac{A}{2} x + \lambda = \pm(mx^2 + nx + h)$$

qui équivaut à deux équations du 2e degré et donne aisément les quatre racines.

La méthode de Descartes ou des coefficients indéterminés consiste à déterminer les coefficients p et q de manière que le premier membre de l'équation b. soit divisible par le trinôme $x^2 + px + q$. Il suffit de faire la division et d'écrire que le reste de la formule $Mx + N$ est identiquement nul, ce qui donne $M = 0$, $N = 0$, soit deux équations pour déterminer p et q. L'élimination d'une de ces deux quantités donne alors une résolvante du 3e degré pour déterminer l'autre; p et q étant déterminés, les racines du trinôme $px^2 + qx + v$ sont les racines de l'équation proposée. On trouve six trinômes qui admettent chacun deux des racines de l'équation b.

BIQUE. s. f. (gr. βέκη, chèvre). La femelle du bouc, la chèvre. Fam.

BIQUET. s. m. (gr. βέκη, chèvre). Le petit d'une bique. || Sorte de trébuchet qui sert à peser de l'or ou de l'argent.

BIQUETER. v. n. (R. *biquet*). Mettre bas, en parlant des chèvres. || v. a. Peser avec un biquet.

BIQUETTE. s. f. (Dimin. de *bique*). Jeune chèvre.

BIQUINOLÉYLE. s. m. (*bi*, et quinoléine). T. Chim. Les *biquinoléyles* ($C^{9}H^{6}Az)^2$, appelés aussi diquinoléines et diquinolyles, sont des bases formées par l'union de deux molécules de quinoléine, l'échange d'une atomicité se produisant entre deux atomes de carbone avec perte d'hydrogène. Comme la quinoléine contient deux noyaux, l'un pyridique, l'autre benzénique, on peut partager les biquinoléyles en trois classes, suivant que les atomes de carbone qui se soudent appartiennent : 1° tous deux à un noyau pyridique; 2° tous deux à un noyau benzénique; ou 3° chacun à un noyau différent. Jusqu'à présent, on ne connaît que neuf biquinoléyles sur les vingt-huit que prévoit la théorie. L'étude complète de ces composés amènera sans doute des résultats importants, car c'est aux biquinoléyles qu'il faut très probablement rattacher les alcaloïdes des quinquinas et même ceux des strychnées.

La première classe est représentée par la diquinoléine d'Anderson, fusible à 176°, obtenue par l'action du sodium sur la quinoléine. — Les biquinoléyles de la deuxième classe ont été préparés en appliquant la méthode de Straup aux dérivés diamidés du biphényle, c.-à-d. en traitant ces dérivés par la glycérine en présence d'acide sulfurique et d'un oxydant tel que le nitrobenzène. C'est ainsi que la benzidine a fourni un biq. fusible à 177°; la biphényline en a donné un autre qui fond à 148°. — En appliquant la méthode de Skraup aux amidophénylquinoléines on a obtenu quatre biq. de la 3ᵉ classe, ayant pour points de fusion respectifs 115°, 144° et 150°; un autre, fusible à 192°, s'obtient dans la distillation sèche de l'acide cinchonique.

BIQUOQUE. s. m. (bas-lat. *biccoca*, m. s.). Casque ovoïde à visière mobile, en usage au XVᵉ siècle. Voy. CASQUE.

BIQUOTIDIEN, ENNE. adj. (*bi*, et *quotidien*). Qui se fait deux fois par jour.

BIRAGUE (RENÉ DE), garde des sceaux en 1570, fut un des instigateurs du massacre de la Saint-Barthélemy (1507-1583).

BIRBE. s. m. Corruption de *barbon*. Appliqué aux vieillards : *C'est un vieux birbe*. Pop.

BIRE. s. f. T. Pêche. Sorte de grande nasse qui en a une petite sur le côté. || Espèce de bouteille en osier.

BIRÉFRINGENCE. s. f. (*bi*, et *réfringence*). Propriété des substances biréfringentes.

BIRÉFRINGENT, ENTE. adj. T. Phys. Qui est doué d'une double réfringence; qui possède la double réfraction. Voy. RÉFRACTION.

BIRÈME. s. f. T. Antiq. Galère à deux rangs de rames ou de rameurs. Voy. GALÈRE.

BIRETTE. s. f. Espèce de râteau de bois.

BIRGUE. s. m. T. Zool. Crustacé décapode anomoure voisin des pagures ou bernard-l'ermite, et qui est terrestre. On le rencontre dans les îles de l'océan Pacifique. Grâce à une disposition spéciale de ses organes respiratoires, il peut vivre hors de l'eau; il grimpe aux cocotiers et fait tomber les fruits de ces arbres pour les manger.

BIRIBI. s. m. (ital. *biribisso*). Jeu de hasard qui se joue avec 70 boules creuses, dans lesquelles sont des numéros correspondant à ceux d'un tableau portant le même nombre de numéros. *Banquier de b. Tableau de b.* || Lieu où l'on joue à ce jeu.

BIRLOIR. s. m. Tourniquet qui sert à retenir un châssis de fenêtre levé.

BIRMANIE, État jadis indépendant de la péninsule indochinoise, appartient aujourd'hui tout entier à l'Angleterre qui en a achevé la conquête en 1885. La superficie est d'environ 450,000 kil car., et la population de 7,500,000 hab.

La Birmanie est bornée au nord par l'Annam et le Thibet; à l'ouest par l'Hindoustan et le golfe de Bengale, à l'est par le Siam et la Chine. Suivant leur peu découpées, elles forment seulement le cap Negrais et le profond golfe de Martaban. L'intérieur du pays est plus nettement accusé; de hautes montagnes forment la limite du côté de l'Annam et du Thibet; ce sont les massifs connus sous le nom de Pat-Koï et Lang-Tang. Les rivières coulent toutes dans la direction du nord au sud, presque parallèlement les unes aux autres; ce sont la rivière d'Arakan, l'Irraouaddy, la rivière de Pegou, le Sittang et la Salouen.

La Birmanie forme deux provinces : 1° la basse Birmanie, la plus anciennement soumise, avec les districts d'Arakan, de Pegou et de Martaban et les villes d'Arakan, Rangoon, Moulmein et Tenasserim; — 2° la haute Birmanie dont la conquête n'a été faite qu'en 1885. La ville la plus importante est Mandalay, l'ancienne capitale du pays; ont été antérieurement capitales Ava et Amarapoura.

La Birmanie produit surtout du riz; toutefois l'agriculture et l'industrie sont encore à l'état rudimentaire. Les richesses minérales sont plus considérables, mais mal exploitées. Le port le plus important est celui de Rangoon, qui accapare tout le commerce extérieur.

Deux villes atteignent et même dépassent 200,000 habitants : Rangoon et Mandalay. — Voy. la *Carte d'ASIE*. = Nom des hab. : BIRMAN, ANE.

BIRMINGHAM, v. d'Angleterre, comté de Warwick, 390,000 hab. Industrie du fer; nombreuses manufactures diverses.

BIRON (ARMAND DE GONTAUT, baron de), maréchal de France (1524-1592), tué au service d'Henri IV. Son fils CHARLES (1562-1602) conspira deux fois contre Henri IV et fut décapité.

BIROSTRÉ, ÉE. adj. (*bi*, et lat. *rostrum*, bec). T. Hist. nat. Qui est muni de deux becs.

BIS, ISE. adj. [On ne prononce pas l's au masc.] (basq. *bis*, noir). Brun. Ne se dit proprement que du pain et de la pâte. *Pain b. Pâte bise. Pain bis-blanc*, Pain entre le bis et le blanc. || Fam., *Cette femme est bise, elle a la peau bise*, Elle est brune, elle a la peau brune.

BIS. adv. [Pr. *bize*] (lat. *bis*, deux fois). Une seconde fois. Ce mot s'emploie pour demander que l'on répète, ou que l'on recommence ce que l'on vient de faire, de dire ou de chanter. *Tout le parterre a demandé, a crié bis.* || Subst. *Cet air a eu les honneurs du bis.* || Adjectiv. *Numéro 2 bis, Numéro 50 bis*, Numéro 2, numéro 50, répétés une seconde fois, afin de n'être pas obligé de changer toute la série des numéros suivants.

BIS REPETITA PLACENT (Les choses répétées plaisent). Aphorisme imité d'Horace. Le texte exact est : *Hæc decis repetita placebit.* || *Non bis in idem* (non deux fois pour la même chose). Axiome de droit romain en vertu duquel on ne peut être inculpé deux fois pour le même délit.

BISACRAMENTAL. s. m. (*bi*, et *sacrement*). Sectaire qui ne reconnaissait que les deux sacrements du baptême et de la cène.

BISAGE. s. m. (R. *biser*). Seconde teinture que les teinturiers donnent à une étoffe qui a été déjà teinte.

BISAÏEUL, E. s. (lat. *bis*, et *aïeul*). Père ou mère de l'aïeul ou de l'aïeule. *B. maternel.*

BISAIGLE. s. m. Voy. BESAIGUË.

BISAIGUË. s. f. Voy. BESAIGUË.

BISAILLE. s. f. [Pr. les *ll* mouillées] (R. *bis*, bisc). Mélange de pois gris et de vesces, dont on nourrit certains animaux, particulièrement les pigeons. — Se dit de la farine bise avec laquelle on fait le pain bis.

BISANNUEL, ELLE, adj. [Pr. *bizann-nu-el*] (lat. *bis*, et *annuel*). Qui revient tous les deux ans. || T. Bot. Plante qui vit deux années, comme la carotte, le chou, la betterave, le blé d'hiver, etc., qui ne fructifient que la seconde année. Les horticulteurs désignent ces plantes par le signe de la planète Mars (♂) et la révolution autour du soleil s'effectue en deux ans. Voy. PLANTE.

BISBILLE. s. f. [Pr. les *ll* mouillées] (ital. *bisbiglio*, murmure). Petite querelle sur des objets futiles. *Ces gens sont toujours en b.* Fam.

BIS-BLANC. adj. Voy. BIS.

BISCAÏEN. s. m. (R. *Biscaye*, province espag.). Sorte de gros mousquet, qui porte beaucoup plus loin que les fusils ordinaires. — Adjectiv. *Mousquet b.* || Balle de fonte ou de fer, de la grosseur d'un petit œuf, que l'on mettait dans le mousquet b., et que l'on fait entrer dans la charge à mitraille et dans les grappes de raisin.

BISCAÏENNE. s. f. T. Mar. Embarcation dont l'avant et l'arrière se terminent en pointe.

BISCAYE, prov. de l'Espagne, au pied des Pyrénées, 190,000 hab., cap. *Bilbao*.

BISCHOF, BISHOF ou **BICHOF**. s. m. (all. *bischoff*; angl. *bishop*, évêque, à cause de sa couleur violette qui rappelle celle de la soutane des évêques catholiques). Boisson froide composée de vin sucré, et qu'on aromatise avec de la muscade et du citron.

BISCHWILLER, anc. ch.-l. de c. (Bas-Rhin), arr. de Strasbourg, 9,900 hab. (A l'Allemagne depuis 1871).

BISCORNU, UE. adj. (lat.*bis*, et *cornu*). Qui a une forme irrégulière, baroque. *Objet b. Bâtiment b.* Fam. || Fig. et fam., se dit aussi de l'esprit et de ses conceptions. *Esprit b. Ouvrage b.*

BISCOTIN. s. m. (lat. *bis*, deux fois; *coctus*, cuit). Espèce de petit biscuit ferme et cassant.

BISCOTTE. s. f. (lat. *bis; coctus*, cuit). Sorte de pâtisserie qui consiste ordinairement en tranches de pain séchées au four.

BISCUIT. s. m. (R. *bis*, deux fois; *cuit*). Pain en forme de galette ronde ou carrée, auquel on donne deux, et quelquefois quatre cuissons pour le durcir, et dont on fait provision pour les voyages sur mer. *B. moisi. Faire du b. Casser du b. Embarquer du b.* — Fig. et prov., *S'embarquer sans b.*, Se mettre en voyage sans être pourvu du nécessaire; s'engager dans une entreprise sans avoir les choses nécessaires pour y réussir. || Sorte de pâtisserie faite ordinairement avec de la farine, des œufs et du sucre. *B. de Savoie. B. à la cuiller. B. de carême*, B. fait sans œufs et fort cassant. || Ouvrage de porcelaine qu'on laisse dans son blanc mat, sans peinture, ni couverte.

BISCUITER. v. a. Chauffer une pièce de poterie au four pour la durcir.

BISCUITERIE. s. f. Fabrication de biscuit.

BISCUTELLE. s. f. Genre de plantes de la famille des crucifères auquel appartient la lunetière.

BISE. s. f. (basq. *bis*, noir). Vent du nord. *La b. me coupait le visage. Vent de b. La b. de Grignan me fait mal à votre poitrine* (Mme DE SÉV.). || Se dit poétiq. pour l'hiver. *Quand la b. fut venue.*

BISEAU. s. m. (lat. *bisellus*, m. s.). Extrémité ou bord coupé en biais, en talus. Se dit surtout du bord des glaces de miroir, des glaces de voitures, de l'arête d'un bois équarri, et du tranchant de certains outils. *Faire un b. à une glace. Couper, tailler en b.* || Par ext., s'applique à certains outils dont le tranchant est en b. *Un b. de menuisier, de tourneur.* || T. Joaill. Se dit des principales faces qui environnent la table d'un brillant. *Un diamant épais de b.* || T. Impr. Sorte de règle dont on se sert pour fixer les caractères. Voy. TYPOGRAPHIE. || T. Boul. Même signification que *baisure*.

BISEAUTAGE. s. m. Opération par laquelle on prépare le verre de montre à s'enchâsser dans le cercle de la montre.

BISEAUTER. v. a. Tailler en biseau. N'est guère usité que dans cette loc., *B. des cartes*, Enlever de chaque côté de certaines cartes d'un jeu entier une bandelette aiguë, un triangle très allongé, afin de pouvoir les reconnaître. = BISEAUTÉ, ÉE. part. *Les fripons seuls se servent de cartes biseautées.*

BISEAUTEUR. s. m. Ouvrier qui fait le biseautage des verres de montre.

BISELLEMENT. s. m. [Pr. *bi-zè-leman*] (R. *biseau*). T. Minér. Retranchement qui produit à un cristal, au lieu des parties retranchées, deux faces adjacentes en biseau.

BISER. v. n. (R. *bis*, bise). T. Agric. Se dit des grains qui dégénèrent, qui deviennent bis. *Ces grains ont bisé.*

BISER. v. a. (lat. *bis*, deux fois). Reteindre. *Il faut b. cette étoffe.* = BISÉ, ÉE. part.

BISÉRIÉ, ÉE. adj. [Pr. *bi-séri-é*] (*bi*, et *série*). T. Hist. nat. Placé sur deux rangs.

BISERRULE. s. f. (*bis; serrula*, petite scie). T. Bot. Genre de plantes de la famille des *Papilionacées*, croissant en Orient.

BISET. s. et adj. m. (R. *bis*, bise). T. Ornith. Pigeon d'un gris ardoisé. Voy. PIGEON. || Fam., Garde national qui faisait son service sans uniforme. || T. Comm. Étoffe de laine grossière. || Caillou de couleur noirâtre.

BISETTE. s. f. (R. *bis*, bise). Sorte de petite dentelle de bas prix. *Ce n'est que de la b.*

BISETTIÈRE. s. f. Ouvrière fabricant la bisette.

BISEXUÉ et **BISEXUEL**. adj. Voy. BISSEXUEL.

BISHOF. s. m. Voy. BISCHOF.

BISHOP (GEORGE), riche négociant anglais qui fonda un observatoire dans Regent's-Park, à Londres, où Dawes et Hind firent d'importantes observations (1785-1802).

BISINUÉ, ÉE. adj. (*bi*, et *sinué*). T. Didact. Qui offre deux échancrures ou deux sinuosités.

BISKRA, c. du dép. et arr. de Constantine (Algérie), à 234 kil. S. de Constantine, 7,900 hab.

BISMUTH. s. m. (all. *wismuth*). T. Chim. Les anciens connaissaient le *Bismuth*, mais ils le confondaient avec le plomb et l'étain. Stahl et Dufay démontrèrent les premiers que ce corps constituait un métal particulier. Le bis. est blanc gris, nuancé d'une teinte rougeâtre; sa structure est lamelleuse; sa densité est 9,8. Il fond à 264°, et éprouve, en reprenant l'état solide, une dilatation considérable. Il se volatilise au rouge blanc, et cristallise aisément par un refroidissement lent. Ses cristaux forment alors, au fond de la capsule dans laquelle on a opéré, une géode recouverte d'une pellicule et d'un peu de métal encore liquide qu'on fait écouler. Ils ont quelquefois plusieurs centimètres de diamètre. Une légère pellicule d'oxyde qui se forme à leur surface lorsqu'ils sont exposés au contact de l'air humide, leur donne un aspect brillant et des teintes irisées du plus bel effet. Leur forme est celle de rhomboèdres à l'angle de 87°,40, ou plutôt de trémies pyramidales semblables à celles du chlorure de sodium (sel marin). Le bis. ne s'altère point à l'air sec, et ne s'oxyde qu'assez lentement au contact de l'air humide. Il ne décompose l'eau qu'à une très haute température. Chauffé à l'air, il brûle avec une petite flamme bleuâtre, en répandant des fumées jaunes. Il est peu attaquable par les acides même énergiques, excepté par l'acide azotique qui le dissout complètement. Son poids atomique, ainsi que son équivalent, est 208. Le bis. est triatomique, comme le montre la densité de vapeur de son chlorure Bi Cl³.

Combinaisons du bis. avec l'oxygène. — L'oxydule de bis. Bi²O² se produit quand on chauffe à l'air du bis. au-dessous de son point de fusion. — L'oxyde Bi²O³ se présente sous la forme d'une poudre jaune clair. On l'obtient, soit en grillant le métal à l'air libre, soit en décomposant le sous-azotate de bis. par la chaleur. Il fond à la chaleur rouge et se solidifie ensuite en un verre d'un jaune plus foncé que la poudre primitive. Ce verre attaque et perce facilement les creusets de terre. L'oxyde de bis. ne se volatilise point. Sa densité est 8,2. Lorsqu'on prépare cet oxyde en décomposant le sous-azotate de bis. par un alcali, on l'obtient à l'état d'hydrate; mais on le ramène à l'état anhydre en le faisant bouillir dans une dissolution de potasse. — *L'acide bismuthique anhydre* Bi²O⁵ est une poudre brune qui, à une température élevée, perd une partie de son oxygène et se transforme en peroxyde Bi²O⁴ (*bismuthate* bismutheux); les acides concentrés la réduisent en oxyde Bi²O³ avec lequel ils se combinent. On obtient l'acide bismuthique hydraté HBiO³ en faisant passer un courant de chlore sur de l'oxyde de bis. tenu en suspension dans une dissolution de potasse caustique; l'acide se dépose sous forme de poudre rouge, qu'on lave à l'acide azotique étendu pour le débarrasser de l'excès d'oxyde de bis. Chauffée à 130°, elle se convertit en acide anhydre.

Combinaisons du bis. avec les métalloïdes. — Le soufre, l'iode et le chlore s'unissent directement avec le bis. Pour opérer cette dernière combinaison, il suffit de faire passer un courant de chlore gazeux dans une cornue tubulée contenant des fragments de bis. et placée sur un fourneau légèrement chauffé, pour que le chlorure distille et se condense dans le récipient. Ce trichlorure Bi Cl³ est blanc, très fusible et très avide d'humidité. L'acide chlorhydrique étendu d'eau le dissout sans l'altérer, mais l'eau pure le décompose et détermine la formation d'un précipité blanc qui est de l'oxychlorure de bis. Cet oxychlorure Bi O Cl est connu, dans la parfumerie, sous le nom de *Blanc de bis.* ou de *Blanc de perle.*

Sels de bis. — Les sels de bis. sont formés par la combinaison de l'oxyde Bi²O³ avec les acides. Nous nous occuperons uniquement de l'*azotate* ou *nitrate de bis.* qui seul a quelque importance. — On l'obtient directement en dissolvant le bis. dans l'acide azotique et en évaporant la liqueur Il se dépose en cristaux volumineux, incolores, déliquescents. Sa formule est Bi(AzO⁴)³ + 5 H²O (en équivalents Bi²O³, 3 AzO⁵ + 10 HO). Ce sel se dissout sans s'altérer dans un peu d'eau pure aiguisée d'acide azotique; mais il se décompose si la quantité d'eau est plus grande. On a dans ce cas un précipité blanc qui est le *sous-azotate* ou *sous-nitrate de bis.* Bi AzO⁴ + H²O (équiv. BiO⁴, AzO⁵ + 2 HO), appelé jadis *Magistère de bis.*, et connu aujourd'hui dans le commerce sous le nom de *Blanc de fard.* — Les sels solubles de bis. se reconnaissent aux caractères suivants : leurs dissolutions sont incolores et précipitent en blanc par l'eau et par les alcalis ; le premier précipité est un sous-sel de bis. ; l'autre est l'oxyde du même métal. Les sulfhydrates solubles y occasionnent un précipité noir de sulfure ; l'infusion de noix de galle les précipite en jaune légèrement orangé ; le ferrocyanure de potassium y fait naître un précipité blanc jaunâtre.

Usages médicaux. — Le *sous-nitrate* est employé avec succès dans certaines névroses de l'appareil digestif, contre les crampes d'estomac, les vomissements spasmodiques, et contre certaines formes de diarrhée (dos. de 10 à 30 gr. par jour). — Les sels solubles de bis. sont très vénéneux et n'ont pas d'emploi en médecine.

Alliages de bismuth. — Le bis. peut s'allier avec plusieurs métaux. On désigne généralement sous le nom de *Métal fusible de Darcet*, un alliage de plomb, d'étain et de bis. en proportions variables, qui se distingue par son extrême fusibilité. Celui qui est composé de 5 p. de plomb, 3 d'étain et 8 de bis. fond à 98° centig.; celui de 1 plomb, 1 étain et 2 bis. fond à 93°,75. Le point de fusibilité s'élève à mesure qu'on diminue la proportion de bis. On s'est assez longtemps servi de l'alliage de Darcet pour fabriquer les rondelles fusibles adaptées aux chaudières à vapeur afin d'éviter les explosions. Aujourd'hui on a renoncé à leur usage; mais on emploie encore cet alliage à prendre des empreintes pour faire des clichés. — Le bis., uni à l'étain, le rend plus dur et plus sonore. Allié au cuivre, il le décolore et le rend cassant. Il s'amalgame également très bien avec le mercure et forme un alliage très coulant, dont on se sert pour étamer la surface interne des globes de verre.

Minér. et Métall. — Les espèces minérales dans la composition desquelles entre le bis. ne sont pas nombreuses. On le trouve à l'état natif, mais presque toujours mêlé d'un peu d'arsenic, dans les gîtes argentifères et arsénifères, surtout en Saxe. On exploite le sulfure (*bismuthine*) et le carbonate en France, à Meymac (Corrèze). En Bolivie, dans la chaîne des Andes, on trouve de grandes quantités de sulfures de cuivre riches en bis. le traitement du minerai de bis. natif est simple et facile. On chauffe le minerai dans des cylindres rangés parallèlement et disposés sur un plan incliné, dans un fourneau en maçonnerie. Le bis. entre en fusion, se sépare de sa gangue, et s'écoule dans des récipients maintenus à une température assez élevée pour qu'il y reste à l'état liquide. C'est là qu'on le puise avec des cuillers pour le couler dans des moules. Ainsi obtenu, le bis. contient toujours des traces de métaux étrangers et d'arséniures métalliques. On le purifie en le faisant fondre avec un dixième de son poids de nitrate de potasse.

BISMUTHINE. s. f. (R. *bismuth*). T. Minér. Sulfure de bismuth naturel qui se présente en cristaux d'un gris métallique dérivant du prisme rhombé droit.

BISMUTHITE. s. f. (R. *bismuth*). T. Minér. Carbonate naturel de bismuth.

BISMUTHOCRE. s. m. (R. *bismuth*, et ocre). T. Minér. Oxyde de bismuth Bi²O³.

BISMUTHYLE. s. m. (R. *bismuth*). T. Chim. Nom donné au radical univalent BiO qui existe dans certains sels de bismuth. L'oxychlorure BiOCl est le chlorure de ce radical.

BISOC. s. f. Charrue à double soc.

BISON. s. m. (lat. *bison*, bœuf sauvage). T. Mamm. Le *B.* et l'*Aurochs* sont deux espèces de mammifères, la première d'Amérique et la seconde d'Europe, qui appartiennent à l'ordre des *Ruminants* et à la fam. des *Bovidés.* Les *Bisons* diffèrent du groupe *Bœuf* proprement dit par les proportions plus grêles des membres, par le nombre des côtes qui est de plus de treize, par la forme générale de la tête qui est très courte pour sa grosseur, par le front bombé et plus large que haut, par la position des cornes qui, au lieu de s'attacher tout au sommet du front, s'insèrent notablement plus bas et plus près des orbites, par la disproportion qui semble exister entre les parties antérieures et postérieures du corps, par leur dos bossu, ce qui résulte de l'énorme développement des premières apophyses dorsales ; par la crinière qui couvre leurs épaules et retombe jusque sur les jambes de devant, par la

Fig. 1.

longue barbe qui pend de leur menton, et l'épaisse touffe de poils dont leur front est garni.

L'*Aurochs* (Bos Urus) tire son nom de l'allemand *Auer-Ochs* ou bœuf des prairies. C'est le plus grand des quadrupèdes propres à l'Europe. Le mâle a jusqu'à 3ᵐ25 de long sur 2 mètres de hauteur au garrot. Il se distingue ensuite du b, par le nombre de ses côtes qui est de quatorze seulement, tandis que celui-ci en a quinze, par la hauteur de ses jambes et par sa voix grognante. Une sorte de laine crépue couvre la tête et le cou du mâle, et lui forme une barbe courte sous la gorge. — L'aurochs (Fig. 1) vivait jadis dans toutes les forêts marécageuses de l'Europe tempérée. Aujourd'hui il n'existe plus que dans les profondeurs de quelques forêts de la Lithuanie, où les habitants lui donnent le nom de Zubr. Malgré le soin que l'on prend de ne point les troubler, les petites troupes d'aurochs qui habitent ces forêts multiplient peu, et l'on peut prévoir le moment où leur race aura cessé d'exister. L'aurochs a été longtemps regardé comme la souche de nos bœufs domestiques; mais les observations anatomiques de Cuvier ont démontré la fausseté de cette opinion.

La dénomination de *bison* a été introduite d'Europe en Amérique, et appliquée par les Espagnols à une espèce du genre bœuf propre à l'Amérique septentrionale. Mais cette même espèce, qui constitue le *Bos Americanus* des zoologistes, est appelée fort improprement *Buffalo* (Buffle) par les habi-

Fig. 2.

tants d'origine anglo-saxonne. Le b. (Fig 2) a une taille supérieure à celle de nos plus forts taureaux domestiques. Ses jambes et sa queue sont courts; la saillie de son garrot est très marquée et présente une bosse musculaire et graisseuse assez forte; ses cornes sont rondes, courtes et écartées à leur base; sa peau est très épaisse et spongieuse. Enfin, il a la tête, le cou et les épaules couverts d'une laine crépue, épaisse et d'un brun noir, qui, en hiver, devient très longue, tandis que le reste du corps ne présente qu'un poil ras et noir. Malgré son apparence lourde et massive, cet animal est fort rapide à la course. Le b. habite par bandes nombreuses les parties incultes du continent de l'Amérique du Nord : on le rencontre depuis la Louisiane jusqu'au cercle polaire; mais chaque jour la civilisation s'empare d'une partie de leur domaine, et, chaque jour encore, leur nombre diminue par suite de la chasse active dont ils sont l'objet. Tous les ans, les bisons exécutent, sans qu'on en connaisse exactement les motifs, de grandes migrations à travers les solitudes du continent américain : malheur à celui qui se trouverait sur leur passage et n'aurait pas le temps de fuir, il serait écrasé sous leurs pieds; car, une fois lancés dans la direction qu'ils ont adoptée, ils ne se dérangent plus de leur chemin. Quoique d'un naturel assez farouche, les bisons, tenus en captivité à la ménagerie du Jardin des plantes se sont toujours montrés inoffensifs; il est probable que cette race ne serait pas plus difficile à soumettre à la domesticité que le buffle ou les autres espèces naturellement farouches du genre bœuf. Elle produit avec la vache des métis féconds. — La chair du b. est bonne à manger; mais la bosse est regardée comme le morceau le plus délicat.

BISONNE. s. f. (R. *bis*, bise). Sorte de toile grise, qui sert à faire des doublures.

BISQUAIN ou **BISQUIN.** s. m. (R. *bique*). Peau de mouton avec sa laine, préparée par les mégissiers.

BISQUE. s. f. Jeu de paume. Avantage qu'un joueur fait à un autre en lui donnant quinze, et en lui laissant la faculté de placer cet avantage à son choix dans la partie. *Donner une b. Donner quinze et b.* || Fig. et fam., *Il lui donnerait quinze et b.*, se dit d'un homme qui a une grande supéri-

rité sur un autre, en quelque genre que ce soit. *Avoir quinze et b. sur la partie*, Avoir un grand avantage ou de grands préjugés en sa faveur pour le succès d'une affaire. *Bien prendre sa b.*, Prendre bien son temps, profiter de son avantage.

BISQUE. s. f. (lat. *bis*, deux fois; *coctus*, cuit). T. Cuis. Potage fait avec un coulis d'écrevisses, et garni de différents ingrédients. — *Demi-b.*, B. dont le coulis est plus léger et où il entre moins d'ingrédients. || *B. à la reine*, B. de blanc de poulet.

BISQUER. v. n. Pester, éprouver du dépit, être de mauvaise humeur. *Tu bisques.* Pop.

BISQUINE. s. f. T. Mar. Sorte d'embarcation qui tient la mer.

BISSAC. s. m. (R. *bis*, sac). Sorte de sac à deux poches. Voy. BESACE.

BISSAGOS ou **BIJOUGAS**, peuplade africaine qui habite les îles de ce nom sur la côte occidentale de la Sénégambie.

BISSAS, colonie portugaise d'Afrique, dans l'île du même nom, côtes de Sénégambie.

BISSE. s. f. T. Blas. Couleuvre, et, particulièrement, celle de Milan.

BISSECTEUR, TRICE. s. et adj. (lat. *bis*, deux fois; *sector*, qui coupe). T. Géom. *Bissectrice d'un angle*, La droite qui divise cet angle en deux parties égales. — *Plan b. dièdre*, Le plan qui divise ce dièdre en deux dièdres égaux.

BISSECTION. s. f. (lat. *bis*, deux fois; *sectio*, action de couper). T. Géom. Division d'une ligne, d'un angle, etc., en deux parties égales.

BISSER. v. a. (*bis*, deux fois). Néologisme. Faire répéter un morceau de chant ou une tirade.

BISSEXE. adj. 2 g. Voy. BISSEXUEL.

BISSEXTE. s. m. (lat. *bis*, deux fois; *sextus*, sixième). T. Astron. Le jour que l'on ajoute tous les quatre ans au mois de février, qui alors a vingt-neuf jours. *Il y a un jour b. cette année*.

Cette dénomination vient de ce que, dans le calendrier julien, ce jour était intercalé entre le 24 et le 25 février. Le 24 février, suivant la computation romaine, s'appelait *sixième jour des calendes de mars* (*sexta dies ante calendas Martis*) et le jour intercalé prit le nom de *bissexta*, c.-à-d. sixième bis. Voy. CALENDRIER.

BISSEXTIL, ILE. adj. Se dit de l'année qui renferme 366 jours, soit les 365 jours de l'année normale, plus un jour *bissexte*. Voy. ce mot. *An b. Année bissextile*. Voy. ANNÉE.

BISSEXUEL, ELLE. adj. (R. *bis*, *sexuel*). T. Hist. nat. Qui réunit les deux sexes. || En Bot., il est syn. d'*Hermaphrodite*, et se dit des fleurs qui renferment les étamines et le pistil dans le même périanthe. — Les botanistes écrivent aussi *Bisexué* et *Bisexuel*.

BISSOC. s. m. (R. *bis*, et *soc*). T. Agric. Appareil composé de deux socs ayant chacun coutre et versoir.

BISSUS. s. m. Voy. BYSSUS.

BISTARDE. s. f. Voy. BITARDE.

BISTOQUET. s. m. T. Jeu de billard. Sorte de masse avec laquelle on jouait pour éviter de billarder. Vx. || Chez les cloutiers, instrument qui sert à couper à froid et au marteau les tringles.

BISTORD. T. Mar. Voy. BITORD.

BISTORTE. s. f. (lat. *bis*, deux fois; *tortus*, tordue). T. Bot. Plante du genre *Polygonum* (Renouée), ainsi nommée parce que sa racine est tordue sur elle-même ordinairement deux fois. Voy. POLYGONACÉES.

BISTORTIER ou **BISTOTIER**. s. m. (lat. *bis, tortus*, tordu deux fois). Espèce de pilon en bois à long manche dont on se sert en pharmacie pour préparer les électuaires.

BISTOURI. s. m. (bas-lat. *baxtoria*, bâton, arme, d'où le vx fr. *bistorie*, couteau, poignard). Le B. est un instrument de chirurgie composé d'une lame qui est longue de 5 à 8 centimètres, et qui est fixe ou mobile dans un manche appelé *châsse*. Quand le b. est fixé au manche, il l'est au moyen d'un ressort analogue à celui des couteaux de poche. Le b. diffère peu du *Scalpel*; tous deux peuvent servir à toutes les opérations où il est nécessaire de couper net avec une lame bien affilée. Néanmoins, celui-ci est surtout usité pour les dissections, et celui-là pour les opérations chirurgicales pratiquées sur le vivant. On distingue les bistouris droits, courbes, concaves, convexes, boutonnés, etc. Quelques-uns de ces instruments portent les noms des chirurgiens qui les ont inventés.

BISTOURISER. v. a. Inciser avec le bistouri.

BISTOURNAGE. s. m. (de *bistourner*). T. Vét. Procédé de castration. Voy. BISTOURNER et CASTRATION.

BISTOURNEMENT. s. m. Action de bistourner.

BISTOURNER. v. a. (lat. *bis*, et *tourner*). Tourner un objet dans un sens contraire au sens naturel, de façon à le déformer. Fam. ‖ T. Art vétérin. Tourner les vaisseaux qui aboutissent aux testicules d'un animal, pour le rendre incapable de procréer. Voy. CASTRATION. = BISTOURNÉ, ÉE. part. Fam., *Des jambes bistournées*, Des jambes torses.

BISTRE. s. m. Suie détrempée dont la couleur est un jaune de rouille, et dont on se sert pour faire des dessins au lavis. On obtient aussi le même ton avec d'autres matières. *Dessins au b. Étoffe couleur de b.*

BISTRER. v. a. Donner la couleur du bistro.

BISULFATE. s. m. T. Chim. Sulfate dans lequel la proportion d'acide est double de celle qui constitue les sels neutres. Voy. SOUFRE et NOMENCLATURE.

BISULFITE. s. m. T. Chim. Sulfite dans lequel la proportion d'acide est double de celle qui convient aux sels neutres. Voy. SOUFRE et NOMENCLATURE.

BISULFURE. s. m. T. Chim. Sulfure qui contient deux fois plus de soufre que le protosulfure correspondant. Voy. SOUFRE et NOMENCLATURE.

BISULQUE. adj. (lat. *bis*, deux fois; *sulcus*, sillon). T. Zool. Se dit des animaux à deux sabots, comme les ruminants.

BIT. s. m. Couronne à diamant pour inciser.

BITANGENT, ENTE. adj. 2 g. (*bi*, et *tangent*). T. Géom. Se dit de deux courbes ou de deux surfaces qui sont tangentes en deux points distincts.

BITARDE ou **BISTARDE**. s. f. Outarde.

BITAUBÉ, littérateur français, traducteur de l'*Iliade* et de l'*Odyssée*, auteur du poème de *Joseph* (1732-1808).

BITCHE, anc. ch.-l. de c. (Moselle), arr. de Sarreguemines, 2,700 hab. Résistance héroïque en 1870. (À l'Allemagne depuis 1871.)

BITEMPORAL, ALE. adj. (*bi*, et *tempe*). Qui va d'une tempe à l'autre.

BITESTACÉS. s. m. pl. (*bi*, et lat. *testa*, coquille). T. Zool. Syn. d'*Ostracodes*. Voy. ce mot.

BITHYNIE, ancienne contrée du N.-O. de l'Asie Mineure.

BITOLYLE. s. m. T. Chim. Voy. BISCRÉSYLE.

BITOR ou **BITOUR**. s. m. Nom vulgaire du butor.

BITORD. s. m. (lat. *bis*, et *tordu*). T. Mar. Petit cordage composé de plusieurs fils de caret tortillés ensemble et goudronnés. Voy. CORDAGE.

BITTAQUE. s. m. T. Entom. Genre d'insectes névroptères. Voy. PLANIPENNES.

BITTE. s. f. T. Mar. Espèce de charpente très solide placée en avant du navire, composée de deux montants perpendiculaires et d'une pièce appelée *traversin* qui les croise, et servant à amarrer les ancres jetées au fond de la mer. Cet appareil, qui doit supporter la tension considérable que, durant les gros temps, le vaisseau fait éprouver aux câbles qui le retiennent, est maintenu dans sa position perpendiculaire par des contreforts fixés au pont à l'aide de grosses chevilles qui portent à leur tête des boucles nommées *Cosses*.

BITTER. v. a. (de *bitte*). T. Mar. Tourner le câble sur la tête de la bitte.

BITTER. s. m. (holl. *bitter*, amer). Liqueur amère destinée à exciter l'appétit et fabriquée en Hollande.

BITTON. s. m. T. Mar. Petite bitte.

BITUME. s. m. (lat. *bitumen*, m. s.). T. Minér. On désigne sous le nom général de *Bitumes* des substances liquides ou visqueuses, ordinairement noires ou brunes, qui sont beaucoup plus analogues aux huiles et aux poix végétales qu'aux minéraux proprement dits. Tels qu'ils se présentent à nous dans la nature, les bitumes sont probablement des mélanges en toutes proportions de carbures d'hydrogène de diverses espèces avec des composés de carbone, d'hydrogène et d'oxygène, analogues aux combustibles charbonneux. Ils sont tantôt liquides et plus ou moins transparents, tantôt mous comme de la poix, et quelquefois solides; dans ce dernier cas, ils sont très friables et se ramollissent à une température peu élevée. La pesanteur spécifique des bitumes varie de 0,7 à 1,2, ce qui fait qu'en général ils surnagent à la surface de l'eau. Ils fondent assez aisément, les uns à 100 degrés ou même au-dessous, les autres à une température supérieure. Soumis à la distillation, ils donnent des substances plus ou moins visqueuses et parfois des huiles assez limpides, qui sont des carbures d'hydrogène qu'on peut épurer par des distillations répétées. Ils laissent pour résidu un charbon brillant très boursouflé, ou une matière bitumineuse fixe et oxygénée. Certains bitumes sont solubles dans l'alcool; les autres en partie solubles, en partie insolubles. La plupart sont attaqués par l'éther ou l'essence de térébenthine: souvent alors ils donnent pour résidu des matières charbonneuses, ou une autre matière bitumineuse inattaquable.

Le b. et principalement le *B. de Judée*, exposé à l'action de la lumière, perd la propriété de se dissoudre dans l'essence de térébenthine. Cette action de la lumière est la base du procédé de l'*héliogravure*. Voy. ce mot.

On peut diviser les bitumes en b. liquides (*Pétroles* et *Naphtes*), b. solides (*Asphaltes*) et b. mous (*Maltho* ou *Pissasphalte*). Au mot *Asphalte* nous avons traité des deux dernières espèces; quant au pétrole, il fera l'objet d'un article spécial.

Nous ne parlerons ici que de l'*Élatérite* et du *Rétinasphalte*. — L'élatérite, appelée aussi *B. élastique* et *Caoutchouc fossile*, est une substance brune, tirant le noir ou le vert foncé, molle et élastique. Elle fond à une faible température en une matière visqueuse, et brûle avec une fumée noire et une odeur aromatique. On la trouve en Angleterre dans les filons de plomb de Castletown (Derbyshire), ainsi que dans les veines quartzeuses et calcaires qui traversent les couches de houille à Montrelais (Loire-Inférieure). — Le *Rétinasphalte* est une matière solide, d'un brun clair avec éclat résineux, et fusible entre 120 et 160 degrés. Il répand en brûlant une odeur d'abord agréable, puis bitumineuse, et laisse un résidu charbonneux. Enfin, il est soluble en partie dans l'alcool et donne un résidu bitumineux insoluble. Le rétinasphalte paraît être composé, presque par égales portions, de matières résineuses et bitumineuses. On le rencontre en rognons isolés dans les lignites de Bowey-Tracey (Devonshire) et dans quelques autres localités.

L'origine des bitumes est une question fort controversée parmi les géologues. D'une part, leur affinité avec les substances bitumineuses extraites de la houille porte à croire qu'ils proviennent des dépôts houillers, et résultent d'une sorte de distillation naturelle des masses végétales dont ces dépôts sont composés. D'autre part, leur présence dans les roches ignées et les terrains antérieurs à la houille, et le fait qu'ils se trouvent toujours dans les lieux où existent des salses, des sources thermales, des dépôts de soufre, de sel, de gypse, et où l'on observe encore aujourd'hui des phénomènes plutoniques, sont de puissants arguments contre cette opinion. Les partisans de l'origine plutonienne pensent que les bitumes ont été formés à l'intérieur de la terre, soit par l'action de l'eau sur des métaux carburés, soit par celle des métaux alcalins sur l'eau et l'acide carbonique, avec le concours de la chaleur et de la pression. On voit que le problème est encore à résoudre.

BITUMIER. s. m. Celui qui prépare ou emploie du bitume.

BITUMINER. v. a. Enduire de bitume.

BITUMINEUX, EUSE. adj. Qui tient de la nature du bitume, qui ressemble au bitume.
Minér. — *Schistes bitumineux.* — Ces schistes argileux, noirs, durs et sonores, très fréquents dans les bassins houillers, contiennent, non du bitume comme leur nom semble l'indiquer, mais des matières charbonneuses qui leur permettent de brûler facilement, et qui sous l'action de la chaleur produisent des hydrocarbures et des goudrons analogues à ceux de la houille.
Les plus importants de ces schistes sont ceux qu'on rencontre en Angleterre, et surtout en Écosse, où ils portent le nom de *Bog-head.* Leurs applications industrielles sont très nombreuses. — Pour fabriquer du gaz d'éclairage, on introduit le bog-head desséché dans des cornues très fortement chauffées (à 1000° environ). Ce gaz est, à volume égal, quatre fois plus éclairant que celui de la houille. — Pour obtenir des huiles d'éclairage on ne chauffe ces schistes qu'à 400 degrés au plus. La distillation fournit un gaz trois fois plus éclairant que le gaz de houille, et une forte proportion (30 à 50 p. 100) d'huiles très complexes. Le résidu est du coke qu'on utilise dans le chauffage des cornues; il possède au plus haut degré des propriétés désinfectantes et absorbantes, et sert à remplacer le charbon animal dans beaucoup d'industries. Les huiles brutes sont agitées pour en séparer l'eau ammoniacale; puis soumises à une première rectification qui les fractionne en huiles légères, huiles lourdes et goudrons. Les huiles légères subissent un traitement analogue à celui des essences légères (voy. BENZÈNE, *Préparation industrielle*); épurées à l'acide sulfurique, puis à la chaux, elles sont ensuite rectifiées une seconde fois et fournissent un produit dont la densité est 0,810 et que le commerce utilise, soit pour l'éclairage, soit pour l'extraction du benzène. Les huiles lourdes, dont la densité est comprise entre 0,835 et 0,850, servent pour le graissage des voitures, des machines, etc.; on peut aussi les employer pour l'éclairage dans les lampes Donny. Les huiles lourdes paraffineuses, d'une densité de 0,850 à 0,870, servent à fabriquer de la paraffine; on les épure à l'acide sulfurique, puis à la chaux, et on les soumet au refroidissement pour faire cristalliser la paraffine, qu'on extrait ensuite par compression.

BITUMINIFÈRE. adj. 2 g. (lat. *bitumen*, bitume; *fero*, je porte). T. Didact. Qui produit ou contient du bitume.

BITUMINISER. v. a. Transformer en bitume.

BITURIGES. peuple de l'ancienne Gaule, cap. *Bourges.*

BIURET. s. m. (lat. *bi*, et *urée*). T. Chim. Le b. $C^2H^5Az^3O^2 + H^2O$ se produit quand on chauffe longtemps de l'urée vers 160°; on observe un dégagement d'eau et d'ammoniaque, il se sublime de l'urée; le résidu est formé de b. mélangé d'acide cyanurique, dont on le débarrasse par l'hydrate de plomb. Le b. purifié par cristallisation se présente en aiguilles très solubles dans l'eau et dans l'alcool. À 110° il fond sans eau de cristallisation; à 190° il fond et se décompose en ammoniaque et en acide cyanurique. L'acide nitrique concentré le décompose en acide cyanurique et nitrate d'urée. L'eau de baryte le dédouble à l'ébullition en ammoniaque, acide carbonique et urée. — Le b. constitue l'amide de l'acide *allophanique.* Cet acide, qui aurait pour formule AzH².CO.AzH.CO²H, n'a pas été isolé; mais on connaît plusieurs de ses sels et de ses éthers, entre autres l'allophanate d'éthyle, qu'on obtient en dirigeant des vapeurs d'acide cyanique dans l'alcool absolu, et que l'ammoniaque transforme à 100° en biuret.

BIVAC ou **BIVOUAC.** s. m. (all. *bei*, auprès; *wache*, veille). Se disait autrefois d'une garde extraordinaire qui se faisait en plein air pour la sûreté d'un camp, d'un détachement ou d'un poste. *Aller au b.* || Se dit aujourd'hui de la station que des soldats en campagne font en plein air, le jour ou la nuit, pour prendre du repos. *Ce fut notre premier b. Les feux du b.* || Par analogie, établissement ayant le désordre et les inconvénients d'un campement provisoire.

BIVALENT. adj. 2 g. (R. *bi*, et *valoir*). T. Chim. Qui possède deux valences libres. Voy. ATOMICITÉ.

BIVALVE. adj. 2 g. (lat. *bis*, deux fois; *valva*, valve). T. Conchyl. Se dit des coquillages composés de deux valves, comme l'huître, la moule, etc. *Coquillage, coquille b.* — Subst. *Les huîtres sont des bivalves.* Voy. CONCHYLIOLOGIE. || T. Bot. Se dit des capsules composées de deux parties, comme la capsule du lilas, la capsule du tabac, etc.

BIVALVULAIRE. adj. 2 g. (R. *bi*, et *valvule*). T. Hist. nat. Qui a deux valvules.

BIVAQUER ou **BIVOUAQUER.** v. n. T. Guerre. Camper à la belle étoile, en plein air. *L'armée a bivaqué quinze jours de suite.* || Par ext., Passer une nuit en plein air. *Nous ne pûmes entrer dans la ville, nous bivaquâmes en plein air.* Fam.

BIVEAU. s. m. Instrument des tailleurs de pierre servant à mesurer l'angle compris entre deux surfaces contiguës. || Équerre employée par les fondeurs de caractères.

BIVIUM. s. m. (lat. *bivium*, endroit où se rencontrent deux chemins, de *bis*, deux fois, et *via*, voie). T. Zool. Région de l'est des Oursins. Voy. ce mot.

BIVOCALE. s. f. (lat. *bis*, deux fois; *vox*, voix). T. Gram. Réunion de deux voyelles ne représentant qu'un même son, comme *peu.*

BIVOIE. s. f. (R. *bi*, et *voie*), Lieu où deux chemins aboutissent.

BIVOLTAIN ou **BIVOLTIN.** s. m. Nom donné aux vers à soie fournissant deux générations par an.

BIVOLTINITÉ. s. f. (lat. *bis*; *volta*, fois). Caractère bivoltin.

BIVOUAC, BIVOUAQUER. Voy. BIVAC, BIVAQUER.

BIXACÉES. s. f. pl. (R. *Bixa*, nom scientifique du Rocouyer). T. Bot. Famille de végétaux Dycotylédonés de l'ordre des Dialypétales supérovariées méristémones.
Caract. bot. : arbres ou arbustes, parfois aromatiques (*Canella, Cinnamodendron*) ou pourvus de laticifères (*Papayer*). Feuilles isolées, simples, entières. Fleurs régulières, hermaphrodites (*Bixa*) ou plus souvent dioïques, solitaires, en grappes ou en cymes (*Canella*). Calice à 5 ou 3 sépales. Corolle à 5 ou 6 pétales, parfois nulle. Étamines 10, ou en très grand nombre, à 4 loges ou à 2 loges (*Canella*). Ovaire uniloculaire à placentas pariétaux; ovules analropes nombreux, rarement 2 (*Canella*). Le fruit est une baie, rarement une capsule. Graines albumineuses renfermant un embryon courbe. (Fig. 1. 1. *Bixa orellana*; 2. Pistil et deux étamines; 3. Coupe transversale de l'ovaire; 4. Fruit mûr; 5. Coupe transversale d'une graine. — Fig. 2. 1. *Pangium edule*; 2. Fleur mâle; 3. Ovaire avec les étamines stériles; 4. Coupe horizontale de l'ovaire; 5. Coupe verticale d'une graine.)
Les *Bixacées* renferment 35 genres, avec 240 espèces; elles habitent la zone tropicale. Les *Bixacées* se divisent en cinq tribus :
TRIBU I. — *Bixées.* — Étamines libres à 4 sacs, corolle : *Bixa, Oncoba, Pangium, Cochlospermum*, etc. Donnent des bois utiles (*Rocouyer, Pangium*, etc.), et des graines comestibles (*Pangium edule*), ou dont le tégument contient un principe colorant employé dans la teinture en jaune ou en rouge (*Rocouyer, Cochlosperme*). L'*Hydnocarpus venenatus* donne un fruit vénéneux fort dangereux. On l'emploie à Ceylan pour empoisonner le poisson; mais alors celui-ci est tellement malsain qu'on ne peut le manger. Les habitants de l'Inde font un grand usage des graines du *Gynocardia odo-*

rata dans le traitement des affections cutanées. Après les avoir dépouillées de leurs téguments, ils les broient avec du beurre clarifié et en font un topique qu'ils appliquent trois fois par jour sur les parties malades.

Tribu II. — *Flacourtiées.* — Étamines libres à 4 sacs, corolle nulle ou rudimentaire : *Lætia, Azara, Flacourtia, Xylosma*, etc. A Madagascar, on mange les fruits du *Flacourtia Ramontchi* qui ressemblent à des prunes noires, ainsi que ceux du *Fl. sapida* et du *Fl. sepiaria* qui ont une saveur fraîche et aigrelette très agréable. Enfin, à Colombo, on estime beaucoup les baies d'une espèce de *Roumea*, qui se trouve dans les jungles de Ceylan. D'autres

Fig. 1.

espèces de *Flacourtiées* possèdent des propriétés médicales. Les jeunes pousses et les feuilles du *Fl. cataphracta* passent pour stomachiques et astringentes. Chez les Circars, on les administre contre la diarrhée et dans les cas de débilité générale; dans le Bahari, on les emploie, infusées à froid, pour guérir l'enrouement et l'aphonie. L'infusion du *Fl. sepiaria* est usitée contre la morsure des serpents; on fait, en outre, avec l'écorce de cette espèce et de l'huile, une sorte de liniment que les habitants de la côte du Malabar disent très efficace contre la goutte. L'écorce de l'*Aphloia theiformis*, arbrisseau qui croît à l'Ile-de-France, possède des propriétés émétiques. Dans l'Amérique tropicale, le *Lætia apetala* sécrète une résine odorante qui blanchit au contact de l'air, comme la sandaraque.

Tribu III. — *Canellées.* — Étamines concrescentes entre elles, à 2 sacs : *Canella, Cinnamodendron*, etc. Aux Indes occidentales, le *Can. alba* est souvent appelé *Cannelier sauvage*, à cause de ses propriétés stimulantes et aromatiques. Son écorce (*écorce de cannelle blanche*) donne, par la distillation, une huile chaude et aromatique, regardée comme tonique et stomachique, qu'on associe aux toniques et aux purgatifs dans certains cas de débilité des organes digestifs. On la mêle souvent avec l'huile de girofle. L'écorce elle-même a été employée utilement dans le scorbut : on en exporte des quantités considérables de l'archipel de Bahama. L'arbre du Brésil appelé *Cinnamodendron axillare* jouit également de propriétés aromatiques. Son écorce s'administre avec

Fig. 2.

les fièvres lentes, et on l'emploie encore en gargarismes dans l'atonie des amygdales.

Tribu IV. — *Papayacées.* — Étamines concrescentes avec la corolle : *Papaya, Jacaratia* (Fig. 3. — 1. *Papaya Carica* : Fleur mâle; 2. Fleur femelle; 3. Coupe de l'ovaire; 4. Fruit; 5. Coupe du même; 6. Coupe de la graine.]

Le fruit du *Papayer cultivé* (*Papaya Carica*), qui rappelle un peu la forme du melon, se mange cuit : certaines personnes en font l'éloge, mais la plupart le trouvent fade et insipide. Le suc obtenu de ce fruit, quand il est encore vert, est un vermifuge très efficace, et sa graine jouit également de cette propriété. Mais ce qui rend surtout ce végétal digne d'attention, c'est que le suc extrait de son fruit, ainsi que de ses feuilles et de son tronc, contient une proportion considérable d'une sorte de trypsine, la papaïne. En outre, ce suc exerce une action prodigieuse sur la fibre musculaire : par son contact il la ramollit presque instantanément et détermine très promptement sa putréfaction. Les émanations mêmes de l'arbre suffisent pour produire sur les chairs cet effet singulier. Aussi, dans les pays où le Papayer est cultivé, les habitants sont dans l'usage de suspendre dans la partie supérieure de l'arbre les viandes fraîches qu'ils veulent attendrir. On dit même que les vieux animaux, quand on leur fait manger des feuilles ou des fruits de Papayer, deviennent tendres en quelques heures. La viande soumise aux émanations de l'arbre, ou plongée dans de l'eau additionnée d'une certaine quantité de suc de Papayer, devient, il est vrai, fort tendre; mais elle est sujette à se décomposer très vite. La papaïne possède des propriétés eupeptiques qui la rendent utile dans les affections du tube gastro-intestinal, les dyspepsies et l'atonie de l'estomac. Les graines, quand on les mâche, possèdent à un

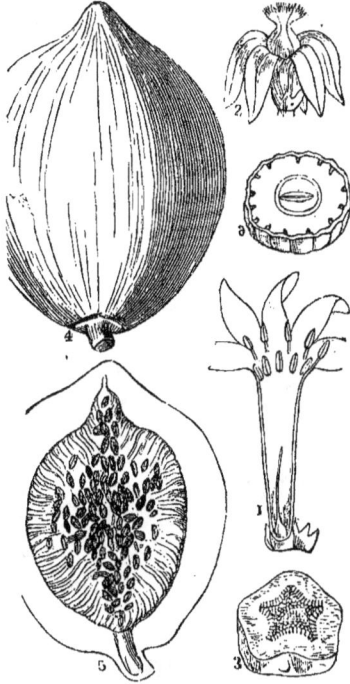

Fig. 3.

très haut degré l'âcreté et la saveur de la capucine. L'âcreté excessive qui fait du Papayer un vermifuge énergique, se révèle par l'odeur nauséabonde de ses racines, qui ressemble

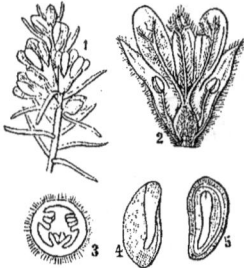

Fig. 4.

assez à celle des choux pourris. Les nègres se servent de ses feuilles en guise de savon pour blanchir le linge. Le *Papayer digité* (*Papaya digitata*), du Brésil, est regardé, par les indigènes de Maynas, comme excessivement vénéneux : il

leur inspire la même terreur et les mêmes fables que l'Upas aux Javanais. Pœppig rapporte que les gouttes qui jaillirent sur sa peau, pendant qu'il coupait une branche de cet arbre, lui causèrent de vives démangeaisons et lui firent même venir des pustules sur les mains. Les fleurs mâles de cette espèce ont l'odeur dégoûtante des excréments humains. Il est à remarquer que ses fruits, malgré leur aspect agréable et bien qu'ils soient sans odeur et sans saveur, ne sont touchés ni par les oiseaux, ni par aucun autre animal, excepté par une espèce de fourmi qui appartient au genre *Atte*. La racine du *Modecca palmata*, qui appartient aux régions tropicales de l'Asie, s'emploie comme topique dans quelques affections externes : on la regarde comme fortifiante. Les feuilles du *M. integrifolia*, bouillies avec du beurre, sont usitées, comme topique, contre les hémorroïdes; enfin, le suc de l'arbre passe pour faciliter la parturition.

Tribu V. — *Turnérées.* — Calice, corolle et étamines concrescents en tube : *Turnera, Erblichia,* etc. (Fig. 4. — 1. *Turnera genistoïdes*; 2. Coupe d'une fleur; 3. Coupe de l'ovaire; 4. Graine; 5. Coupe de la même.) — Le *Turnera ulmifolia* passe pour tonique et expectorant, et le *T. opifera* pour astringent. Suivant Martius, ce dernier s'emploie au Brésil dans les cas de dyspepsie.

BIXINE. s. f. (R. *Bixa*, nom scientifique du Rocouyer). T. Chim. La b. $C^{28}H^{34}O^5$ forme la principale matière colorante contenue dans la pâte de rocou. Pour l'en extraire, on traite le rocou par l'alcool bouillant et le carbonate de soude; la solution filtrée et additionnée de soude laisse déposer une combinaison de b. et de sodium que l'on décompose par l'acide chlorhydrique. La b. cristallise en lamelles microscopiques rectangulaires, d'un rouge foncé, fondant à 175 degrés, insolubles dans l'eau, peu solubles dans l'alcool froid, dans la benzine, dans le sulfure de carbone. Elle se combine avec les alcalis en donnant des dissolutions jaunes ou orangées; elle se dissout dans l'acide sulfurique concentré en le colorant en bleu foncé.

BIXIO (JACQUES-ALEXANDRE), savant et homme politique français (1808-1865).

BIZARRE. adj. 2 g. (origine incertaine, probablement basque : esp. *bizarro*, magnanime; ital. *bizarro*, colère). Fantasque, extravagant, capricieux. *Homme, esprit b.* Idée *b.* || Extraordinaire, hors de l'usage commun. *Forme b. Couleur b. Quelle b. destinée !* || Subst. *Il aime le b.*

Syn. — *Capricieux, Fantasque.* — La *bizarrerie* tient à un défaut ou plutôt à une anomalie de l'intelligence; le *caprice* et la *fantaisie* dépendent du caractère et de l'humeur. L'homme b. ne sent pas, ne pense pas, ne juge pas comme les autres; c'est pour cela qu'il n'a ni les mêmes idées, ni les mêmes passions, ni les mêmes goûts. Les personnes *capricieuses* ont le caractère inconstant, l'humeur changeante; ce qui leur plaisait tout à l'heure ne leur plaît plus l'instant d'après : cette mobilité est le signe du vide du cœur et de l'esprit. Le *fantasque* ressemble beaucoup au capricieux; mais il y a plus d'intensité dans son caprice : il se passionne pour l'objet subit de sa fantaisie, et s'en occupe plus longtemps. On s'habitue à un homme b.; le *capricieux* se rend bientôt intolérable; le *fantasque* n'est guère moins ennuyeux : parfois cependant il amuse par ses boutades.

BIZARREMENT. adv. D'une façon bizarre. *Agir b.*

BIZARRERIE. s. f. Caractère de ce qui est bizarre. *La b. de son esprit. La b. des modes. La b. des saisons, des langues, des opinions.* || Humeur bizarre, extravagance. *Étrange b. Faire quelque chose par pure b.*

BIZART. Nom vulgaire de la mésange charbonnière. On dit aussi BIZERT.

BIZERTE, ville maritime de la régence de Tunis, 4,000 h.

BIZET (GEORGES), compositeur de musique français, auteur de *Carmen* et de l'*Arlésienne* (1838-1875).

BLACAS (Duc de), ami et conseiller de Louis XVIII, fut ambassadeur à Rome. Protecteur des arts, il forma le Musée égyptien au Louvre (1770-1839).

BLACKBURN, ville manufacturière d'Angleterre, à 50 kil. N.-O. de Liverpool, 70,000 hab.

BLACHÈRE. s. f. Terre plantée de chênes ou de châtaigniers assez distants pour qu'on puisse y labourer.

BLACK-ROT. s. m. [Pr. *blak-rott*] (mots angl. *black*, noir; *rot*, pourriture). Nom donné par les Américains à une maladie cryptogamique de la vigne produite par un Champignon de la famille des *Pyrénomycètes*, le *Guignardia Bidwellii*. Voy. PYRÉNOMYCÈTES.

BLADAGE. s. m. (bas-lat. *bladium*, blé). T. Anc. cout. Quantité de grain payée par un emphytéote pour chaque bête employée au labour.

BLADETTE. s. f. (Dimin. du bas-lat. *bladum*, blé). Variété de froment.

BLAEU (GUILLAUME), cosmographe hollandais (1571-1638).

BLAFARD, ARDE. adj. (anc. all. *blei*, pâle; *faro*, couleur). Pâle. Ne se dit guère que des couleurs et de la lumière. *Couleur, lueur, lumière blafarde. Teint, visage b. Ciel b.*

BLAGUE. s. f. (celt. *balg*, corps souple en forme de poche). Vessie, ou petit sac de peau ou d'étoffe dans lequel les fumeurs mettent leur tabac.

BLAGUE. s. f. (celt. *blagh*, flatterie). Hâblerie, forfanterie, mensonge impudent. *Vous croyez donc toutes ses blagues?* Ce terme et les dérivés suivants sont du langage populaire.

BLAGUER. v. n. Dire des blagues, des mensonges, faire des contes. || v. a. *Bl. quelqu'un*, Se moquer de lui.

BLAGUEUR, EUSE. s. m. et f. Celui ou celle qui blague. *Vous n'êtes qu'un blagueur.*

BLAIN. s. m. Bateau plat, très allongé qu'on emploie sur les tourbières.

BLAIN, ch.-l. de c. (Loire-Inférieure), arr. de Saint-Nazaire, 6,800 hab.

BLAINVILLE (DUCROTAY DE), naturaliste français (1777-1850).

BLAIREAU. s. m. (origine inconnue; peut-être bas-lat. *bladarellus*, dimin. de *bladarius*, marchand de blé, parce qu'on prétendait que cet animal faisait des provisions de blé). T. Mamm. — Le *Blaireau* (*Meles*) est un mammifère de l'ordre des *Carnivores* et de la section des *Plantigrades*. Les caractères distinctifs du genre *Meles* sont principalement puisés dans la forme et la disposition des dents. Celles-ci sont au nombre de 36 : 6 incisives et 2 canines en haut et en bas; 8 mo-

laires en haut, 12 en bas. La plus remarquable de ces dents est la tuberculeuse de la mâchoire supérieure, d'un volume extraordinaire; sa largeur est égale à sa longueur. — Les blaireaux ont la queue courte; leurs ongles de devant sont fort allongés et les rendent très habiles à fouir la terre; leurs poils sont longs et soyeux; enfin ils portent sous la queue une poche du suint ou sécrétion grasse et fétide.

Le bl. (fig. ci-dessus) est grisâtre dessus, noir dessous, et présente une bande noirâtre de chaque côté de la tête. Il est fort répandu dans les forêts de l'Europe centrale. Cet animal vit solitaire dans son terrier où il passe les trois quarts de son existence; il n'en sort guère que la nuit. Le mâle et la femelle font toujours ménage à part. Cette dernière porte 6 mamelles, 2 pectorales et 4 ventrales. Elle prend grand soin de

ses petits. Le bl. est frugivore par goût et carnassier par nécessité; il n'a recours que lorsque les fruits lui manquent à la nourriture animale ; il mange alors des vers de terre, des insectes de toute sorte, et même de petits rongeurs.

On fabrique avec ses poils des brosses à barbe et des pinceaux pour la peinture.

BLAIREAU. s. m. Pinceau fabriqué avec les poils de l'animal de ce nom.

BLAIREAUTÉ, ÉE. adj. T. Peint. Traité avec le pinceau de blaireau. *Peinture bl.*

BLAIRIE. s. f. (bas-lat. *blaeria*, blé). T. Dr. féod. Redevance seigneuriale à raison de la vaine pâture.

BLAISE. s. f. Nom de deux rivières de la France, l'une dans le département de la Haute-Marne, l'autre dans celui d'Eure-et-Loir.

BLAISEMENT. s. m. Syn. de *Blésité*. Voy. ce mot.

BLAISOIS, anc. pays de France, dans l'Orléanais ; cap. Blois.

BLAKEA. s. f. (R. *Blake*, n. pr.). T. Bot. Genre de plantes comprenant plusieurs espèces qui sont des arbres ou des arbrisseaux croissant dans les régions tropicales de l'Amérique, remarquables par leurs belles fleurs roses; famille des *Mélastomacées*. Voy. ce mot.

BLÂMABLE. adj. 2 g. Digne de blâme, répréhensible. *Personne b. Sentiment, action b.*

BLÂME. s. m. (gr. βλασφημία, lat. *blasphemia*, mauvais propos contre quelqu'un). Sentiment ou discours par lequel on improuve ou condamne une personne, une action, une opinion. *Le flatteur est digne de b. Encourir, éviter le b. S'attirer le b. des honnêtes gens. Rejeter sur un autre le b. de quelque chose.* || T. Jurispr. anc. Réprimande que faisait le juge en suite d'une sentence ou d'un arrêt. *La peine du b. était infamante.*

BLÂMER. v. a. (gr. βλασφημέω, lat. *blasphemo*, je tiens de mauvais propos contre quelqu'un). Désapprouver, condamner, critiquer, censurer. *B. une personne, une action, une opinion, une erreur. On ne saurait trop le b. de s'être conduit ainsi.* || T. Jurispr. anc. Se disait de la réprimande adressée par le juge à une personne reconnue coupable de quelque contravention aux lois ou aux ordonnances. || Infliger le blâme. *La plupart des hommes n'osent ni louer ni blâmer.* = BLÂMÉ, ÉE. part.

Tout louer est d'un sot, tout blâmer est d'un fat.

M.-J. CHÉNIER.

BLÂMONT, ch.-l. de c. (Meurthe-et-Moselle), arr. de Lunéville, 2,100 hab.

BLANC, BLANCHE. adj. (anc. all. *blanch*, clair). Qui est de la couleur du lait, de la neige, ou qui tient à cette couleur. *Le lait est b. La neige est blanche. Marbre b. Papier b. Couleur blanche. Homme tout b. de vieillesse. B. comme neige. B. comme l'ivoire.* || Se dit de plusieurs choses qui ne sont pas tout à fait blanches, pour les distinguer de celles de même espèce qui le sont moins, ou qui sont d'une autre couleur. *Vin b. Bière blanche. Raisin b. Poisson b. Chair blanche. Mûrier b. Bois b. Avoir le teint b., la peau blanche.* || *Papier b.*, se dit quelquefois d'un papier sur lequel il n'y a rien d'écrit ou d'imprimé. *Un feuillet de papier b.* On dit de même, *Une page blanche.* — *Carte blanche.* Voy. CARTE. || *Eau blanche.* Voy. EAU. || T. Cuis. *Blanc-manger.* Voy. ce mot. *Sauce blanche.* Voy. SAUCE. — *Viande blanche.* Voy. VIANDE. || *Fer-b.* Voy. FER. || *Argent b.*, Toute sorte de monnaie d'argent, par opposition aux monnaies d'or et de cuivre. — *Monnaie blanche*, Petites pièces d'argent qui forment la monnaie d'une plus grande pièce. || *Armes blanches*, Armes offensives, tranchantes ou piquantes, comme épées, sabres, baïonnettes, etc., par opposition aux armes à feu. *Se battre à l'arme blanche* — Autrefois on appelait encore *Armes blanches* les armes qui n'étaient ni gravées, ni dorées, ni brunies. || Fig., *Nuit blanche.* V. NUIT. — *Vers blancs.* V. VERS. || Prov., *Rouge soir et b. matin, ou Rouge au soir et b. au matin, c'est la journée du pèlerin*, Ciel rouge le soir et b.

le matin indique généralement le beau temps. || T. Administ. forest. *Coupe blanche*, *Coupe à b. estoc, à b. être.* Voy. SYL-VICULTURE. || *Blanc*, sign. aussi propre, par oppos. à sale. *Linge b. Des draps blancs.* — *B. de lessive*, se dit du linge propre, tel qu'il est au sortir de la lessive. *Ces serviettes sont blanches de lessive.* || Fig. et fam., *Sortir d'une accu-sation, d'une affaire b. comme neige*, Etre déclaré innocent, être acquitté par un arrêt ou un jugement.

BLANC. s. m. La couleur blanche ; ce qui est de couleur blan-che. *B. mat. Cette couleur tire sur le b. Le b. est le symbole de l'innocence.* — *Etre en b.* — *B de lait, de perles,* Nuance du *b.* semblable à celle du lait, etc. — *B. sale,* Couleur blanche qui est terne et tire sur le gris. || Fig. et fam., *Aller, passer, changer du b. au noir,* Passer d'une opinion à celle qui lui est opposée ; aller d'une extrémité à l'autre. — *Si vous dites b., il dira noir,* Il aime à contredire. || Couleur ou matière blanche employée par les peintres, les maçons, etc., pour rendre une surface blanche. *B. de céruse. Une couche de b.* — *B. de fard, de perle.* Voy. BISMUTH. *B. de chaux, B. d'Espagne.* Voy. CHAUX. *B. de Troyes,* Variété de blanc de craie. *B. de bourre,* Sorte d'enduit formé de terre, que l'on recouvre de chaux mêlée de bourre. *B. fixe,* Sulfate de baryte. Voy. BA-RYUM. || Fam., *Mettre du noir sur du b.,* Ecrire, composer. || Par exagér., *Saigner quelqu'un jusqu'au b.,* Le saigner abondamment, jusqu'à ce que le sang perde sa couleur rouge. *Mets au b.,* Mets accommodé à une sauce blanche. || *Vouer un enfant au b.* V. VOEU. || *Il a gelé à b.,* Il y a eu une gelée blan-che. || *Ce cheval boit dans le b., dans son b.,* et adv., *boit b.,* se dit d'un cheval qui a le tour de la bouche b. et le reste d'une autre couleur. || *Le b. de l'œil.* V. ŒIL. — Fig. et prov., *Ils se sont mangé le b. des yeux,* Ils se sont querellés avec violence. || *B. d'œuf.* V. ALBUMINE. || *B. de chapon, de pou-let, de perdrix,* La chair de la poitrine de ces oiseaux, quand elle est cuite. || T. Impr. Tout intervalle plus grand que les espaces ou les interlignes ordinaires. *Une ligne de b., Lais-sez peu de b.* || Papier signé que l'on donne pour ser-vir de quittance dans certains cas. *Il me laissa son b. pour toucher sa pension.* Vx. || Espace réservé dans une pièce d'é-criture pour être rempli plus tard. *Les actes de l'état civil ne doivent avoir aucun b. Le notaire a laissé des blancs dans l'acte.* On dit de même, *Laisser une ligne en b.* — *Quittance en b.,* Où on laisse en b. le nom de celui qui doit payer. *Promesse en b.,* Où le nom de celui que l'on doit payer n'est pas écrit. *Procuration en b.,* Où le nom de celui qui doit en être chargé est resté en b. — *B. seing.* V. SEING. — *Fleururs blanches.* Voy. LEUCORRHÉE. || T. Jeu. Coup qui ne reproduit rien. *Amener b.,* A certains jeux de dés, amener la face qui n'est marquée d'aucun point. || Le but dans lequel on tire, soit avec une arme de trait, soit avec une arme à feu. *Tirer au b. Mettre dans le b. De bui en b.* Voy. BUT. || Espèce de petite monnaie qui valait cinq deniers, soit un peu plus de 2 centimes. N'est usité que dans cette loc., *Cela vaut six blancs,* Deux sous six deniers de notre ancienne mon-naie, c.-à-d. 12 centimes et demi. — Fig. et prov., *Mettre un homme à b.,* Lui gagner tout son argent, le ruiner. || T. Bot. *B. de champignon.* Voy. CHAMPIGNON. = BLANC, BLANCHE. s. Se dit des races d'hommes qui ont le teint b., et même jaune ou olivâtre, par oppos. à celles qui l'ont noir. *Il est né d'une blanche et d'un nègre.*

Chim. — BLANC DE BALEINE. — Dans le commerce, on dé-signe sous le nom impropre de *Blanc de baleine*, et sous celui, plus impropre encore, de *Spermaceti*, une matière grasse qui semble tenir le milieu entre le suif et la cire. Cette substance provient non pas de la baleine, comme semble l'indiquer son nom vulgaire, mais de diverses autres espèces de cétacés, et surtout du cachalot. Elle est liquide chez l'animal vivant, où elle occupe de vastes cavités placées au-dessus du cerveau. Sa liquidité tient à ce qu'elle est dissoute dans l'huile ; car, par son exposition à l'air libre, elle se concrète et se dépose. On recueille le produit, on sépare par expression l'huile qu'il contient, on liquéfie à une douce chaleur la partie solide res-tante, et par refroidissement on l'obtient alors sous forme de feuillets cristallins, nacrés, onctueux et au toucher. Pour avoir le produit à l'état de pureté parfaite, il faut le faire cristalliser à plusieurs reprises dans l'alcool. Le blanc de baleine ainsi purifié est constitué par de la *cétine* (ou pal-mitate de cétyle) mélangée à plusieurs autres éthers analogues. La cétine est blanche, presque inodore, de texture cristalline et cassante. Elle est fusible à 49° centigr., soluble dans sept parties d'alcool bouillant, beaucoup plus soluble dans l'éther et les essences. Exposée à l'air, la cétine jaunit, absorbe l'oxygène et acquiert une odeur de ranci. La cétine est sapo-nifiée par la potasse ; mais elle diffère des autres substances grasses en ce que, au lieu de glycérine, elle donne un alcool différent appelé *Ethal* ou *alcool cétylique* $C^{16}H^{33}OH$. L'a-cide gras qui se combine avec l'alcali est de *l'acide palmi-tique* $C^{16}H^{32}O^2$, autrefois appelé *acide éthalique*. La cétine est donc du palmitate de cétyle (éther cétylpalmétique) ; sa formule est $C^{16}H^{31}(C^{16}H^{33})O^2$. Le blanc de baleine se sapo-nifie beaucoup plus difficilement que les autres graisses : pour y parvenir, il faut faire agir sur lui à chaud, et pendant plu-sieurs heures, de la chaux potassée ou de l'hydrate de potas-sium solide. — Dans l'industrie, on se sert du blanc de baleine pour la fabrication des bougies diaphanes. Naguère il était usité en médecine comme adoucissant et béchique ; aujourd'hui il est complètement abandonné. Cependant il entre encore dans la composition de certaines pommades et de quelques cosméti-ques, en particulier du cold-cream. Voy. BOUGIE.

BLANC (LE), ch.-l. d'arr. (Indre), sur la Creuse, 7,400 hab.

BLANC (Mont), la plus haute montagne de l'Europe, dans les Alpes (Haute-Savoie), 4,810 mètres. Sa première ascension a été faite en 1788 par le physicien Horace de Saussure. Un siècle plus tard, en 1888, un premier observatoire météorolo-gique était installé presque à son sommet, sur le roc, à 4,365 mè-tres d'altitude, par M. Vallot, et en 1893, un second observa-toire était placé à son sommet, sur la neige même, par M. Janssen, aidé d'ingénieurs dévoués.

BLANC (Cap), cap d'Afrique (Tunisie).

BLANC (Louis), homme politique et historien français (1811-1882).

BLANC (CHARLES), critique d'art, frère du précédent (1813-1882).

BLANCARD. s. m. (R. *blanc*). Toile blanche, légère et de fil plat, qui se fabrique en Normandie.

BLANC-AUNE. s. m. Un des noms de l'Alisier commun. = Pl. *Des blancs-aunes.*

BLANC-BEC. s. m. Se dit d'un jeune homme sans expérience. *Ce n'est qu'un blanc-b.* Très-fam. = Pl. *Des blancs-becs.*

BLANC-BOIS. s. m. T. Anc. légis. Mort-bois, bois qui ne donne aucun revenu.

BLANC-BOURGEOIS. s. m. T. Boulangerie. Farine de pre-mière qualité.

BLANC-CUL. s. m. Nom vulgaire du bouvreuil. = Pl. *Des blancs-culs.* — Le nom vulgaire de la bécassine est *Cul-Blanc.*

BLANC-ÉTOC ou **BLANC-ESTOC.** s. m. T. Eaux et for. Coupe dans laquelle on abat tout sans rien réserver. = Pl. *Des blancs-étocs.*

BLANCHAILLE. s. f. Menu poisson, fretin. *On nous ser-vit un plat de b.*

BLANCHARD. (1738-1809), aéronaute français, fit le premier essai du parachute (1785). Sa femme périt en 1819 d'une chute en ballon.

BLANCHÂTRE. adj. 2 g. Tirant sur le blanc. *Couleur b.*

BLANCHE. s. f. T. Mus. Note qui vaut deux temps, c'est-à-dire deux noires ou la moitié d'une ronde. Voy. NOTATION.

BLANCHE (Mer), vaste golfe de l'océan Glacial Arctique.

BLANCHE DE CASTILLE, reine de France, femme de Louis VIII, et mère de saint Louis, fut deux fois régente du royaume (1186-1252).

BLANCHE-COIFFE. s. m. Espèce de corbeau. = Pl. *Des blanches-coiffes.*

BLANCHEMENT. adv. Ne se dit qu'en parlant du linge de corps, et dans cette phrase fam., *Il faut tenir les enfants le plus b. possible,* Le plus proprement possible, en les chan-geant souvent de linge.

BLANCHE-QUEUE. s. f. Un des noms du Jean-le-Blanc, oiseau.

BLANCHER. s. m. Tanneur de petites peaux.

BLANCHE-RAIE. s. f. Un des noms de l'étourneau.

BLANCHERIE. s. f. S'est dit pour *blanchisserie*. Voy. ce mot. || Atelier où l'on nettoie les feuilles destinées à la fabrication du fer-blanc.

BLANCHET. s. m. (Dim. de *blanc*). T. Pharm. Morceau d'étoffe de laine au travers duquel on filtre les sirops et divers autres liquides épais. || T. Imp. Pièce de drap dont on garnit le tympan de la presse manuelle pour amortir le coup de la platine. Voy. Typographie. || Pièce de harnachement. || Jupe tricotée de coton ou de laine.

BLANCHET, ETTE. adj. (Dimin. de *blanc*). Légèrement blanc.

BLANCHETON. s. m. (R. *blanc*). Variété de raisin.

BLANCHETTE. s. f. (R. *blanc*). Un des noms de la mâche.

BLANCHEUR. s. f. (R. *blanc*). La couleur blanche, la qualité de ce qui est blanc. *La b. du lait, de la neige. Un b. éblouissante.*

BLANCHIE. s. f. (ellipse pour *planche blanchie*). T. Menuis. Planche qu'on a corroyée à la varlope.

BLANCHIMENT. s. m. L'action de blanchir, et l'effet qui résulte de cette action. Se dit principalement de la toile, de la bougie, de la cire, de certains métaux. *B. des toiles.* Le b. *de l'argenterie. Le b. de la monnaie.* Se dit aussi du procédé particulier usité dans chaque pays pour blanchir les toiles. *Le b. de Flandre. Le b. de Caen.*

   Techn. — On désigne sous le nom de *Blanchiment*, l'opération qui consiste à enlever, soit aux matières textiles végétales et animales, soit aux tissus fabriqués avec ces matières, les substances qui en altèrent la blancheur. Le coton, le lin, le chanvre, la laine, la soie, toutes les matières, en un mot, qui peuvent servir à fabriquer les tissus, sont soumises à des procédés particuliers de bl. appropriés à leur nature et à leur emploi dans l'industrie. Pour les fibres végétales textiles, le but qu'on se propose d'atteindre, c'est de forcer la matière colorante dont celles-ci sont imprégnées à s'oxyder suffisamment pour pouvoir être saponifiée par un alcali, et ensuite entraînée par le lavage.

   Le bl. des tissus végétaux s'opère : 1° par l'exposition sur le pré, 2° par l'action du chlore et des hypochlorites alcalins, procédé dû à Berthollet. On sait que le chlore exerce une action énergique sur la plupart des matières colorantes : il décompose l'eau, s'empare de l'hydrogène pour former de l'acide chlorhydrique, tandis que l'oxygène à l'état naissant oxyde la matière colorante. Les hypochlorites agissent de la même manière, parce qu'ils dégagent du chlore en présence des acides les plus faibles ; mais comme leur action est beaucoup plus lente, ils attaquent beaucoup moins la fibre végétale, que le chlore gazeux pourrait détruire. Dans l'industrie, on emploie le plus souvent le chlorure de chaux, mélange de chlorure de calcium et d'hypochlorite de chaux.

   Aujourd'hui, le procédé chimique est le seul employé pour les fils et les tissus de coton ; mais ceux-ci doivent subir quelques opérations préalables qui sont : 1° le *dégraissage*, qui s'opère en soumettant les pièces à l'action de la lessive de chaux, et qui a pour but de saponifier les matières grasses et résineuses ; 2° le passage en bains acides destinés à s'emparer de la chaux pour mettre en liberté les acides gras ; 3° lessives de carbonate de soude et de savon de colophane pour former avec les acides gras des savons solubles qui sont enlevés par le lavage. Les tissus subissent de plus, avant le dégraissage, l'opération du *grillage* ou roussi, par laquelle on enlève les pluches, nœuds, duvets. On se sert pour cette opération d'appareils à gaz. Voy. Appret.

   Le dégraissage s'opère en deux parties : 1° la pièce circule dans un bain renfermant un lait de chaux ; 2° elle est soumise à une ébullition prolongée, soit à basse soit à haute pression. La cuisson à haute pression est beaucoup plus rapide ; mais elle produit quelquefois un affaiblissement du tissu ; sa durée varie de six à quinze heures suivant la manière d'opérer. Au sortir de l'appareil, la pièce doit être immédiatement plongée dans l'eau froide pour éviter le contact de l'air chaud qui altérerait la fibre. C'est le *dégorgeage*. Le passage à l'acide se fait soit par circulation dans un bain, soit par immersion dans une cuve, et doit être suivi d'un dégorgeage complet. L'acide employé est généralement de l'acide chlorhydrique à 2° Baumé. Le lessivage à la soude s'opère à chaud, dans les mêmes appareils que la cuisson à la chaux, à basse ou à haute pression. C'est alors seulement que les pièces sont soumises au liquide décolorant ; celui-ci est formé de chlorure de chaux à 1/2 degré Baumé, ou d'hypochlorite de magnésie qui a l'avantage de ne pas former de taches dans le cas d'un lessivage ou d'un acidage imparfait. Cette opération peut se faire soit à l'aide d'un appareil à circulation nommé *clapot* et formé de rouleaux sur lesquels s'enroulent les fils ou tissus, soit par immersion dans une cuve. Après le passage au chlore les pièces sont de nouveau passées à l'acide, puis lavées.

   Le lin et le chanvre contiennent plus de matières résineuses que le coton. Aussi pendant longtemps n'a-t-on pu leur appliquer le procédé chimique, parce qu'il aurait fallu pousser trop loin l'action du chlore, ce qui aurait entraîné la détérioration des fibres. Jusqu'à ces derniers temps, ces tissus étaient blanchis exclusivement par l'exposition prolongée sur le pré qui se pratique encore de la manière suivante : On les étend sur un pré ou une pelouse, dont l'herbe, sans être trop haute, doit cependant être assez longue pour que l'air circule librement sous les pièces ; souvent on les étend sur des cordes pour éviter le contact de l'herbe qui peut déterminer des taches. Plusieurs fois par jour, on les arrose largement, de manière à les maintenir dans un état constant d'humidité, lequel n'est jamais interrompu même pendant la nuit, grâce à la rosée. En Belgique, en Hollande et dans les districts de la Grande-Bretagne et de l'Irlande, où l'industrie des toiles s'exerce sur une vaste échelle, on consacre à ce genre de bl. de vastes prairies appelées *Blanchis-series*, coupées de petits canaux parallèles entre eux. Ces canaux sont assez rapprochés les uns des autres pour qu'un homme armé d'une *écope*, ou pelle creuse à long manche, puisse aisément lancer l'eau de chaque côté jusqu'au milieu de l'espace qui sépare deux canaux voisins. L'oxygénation des matières colorantes s'effectue au bout d'un certain temps par l'action simultanée de l'air et de la lumière, aussi nuire en rien à la solidité des tissus. Ce procédé très simple s'applique avec un égal succès aux tissus de jute (*Corchorus*), de chanvre de Manille (*Musa textilis*), de lin de la Nouvelle-Zélande (*Phormium tenax*), de chanvre de Chine (*Urtica tenacissima*), et de quelques autres fibres textiles exotiques introduites dans le courant du XIXᵉ siècle dans l'industrie manufacturière européenne.

   Le plus souvent cependant, on blanchit les tissus de lin et de chanvre en combinant les deux procédés : les pièces subissent alors les opérations suivantes : 1° macération qui consiste à entasser les pièces dans des cuves avec de l'eau tiède additionnée d'un peu de son ou de farine pour faciliter la fermentation ; 2° dégorgeage ; 3° lessivage à la soude et dégorgeage ; 4° exposition sur le pré ; 5° acidage à l'acide sulfurique 1° 1/2 Baumé ; 6° lessivage à la soude ; 7° chlorage à 1/2° Baumé ; 8° acidage ; 9° lessivage à la soude ou lavage ; 10° nouvelle exposition sur le pré ; 11° acidage à 1/2° ; 12° lessive au savon noir et dégorgeage ; 13° apprêt, séchage et cylindrage.

   Les lessives alcalines, non plus que le chlore et les chlorures alcalins, ne peuvent être employées au bl. des tissus de soie que ces substances altéreraient trop profondément. On passe d'abord la soie dans une eau de savon légère, portée à l'ébullition, puis dans une solution faible de carbonate de soude. Deux lavages, l'un dans l'eau très faiblement acidulée, l'autre dans l'eau pure, enlèvent à la soie l'excès d'alcali qu'elle a pu retenir, et tandis qu'elle est encore mouillée, on achève de la décolorer en l'exposant à des vapeurs d'acide sulfureux que l'on dégage en brûlant de la fleur de soufre sur des charbons incandescents. La laine après avoir été *désuintée*, c'est-à-dire débarrassée de la graisse ou suint qu'elle retient toujours au moment de la tonte, est blanchie, comme la soie, par l'acide sulfureux en vapeurs. L'action de cet acide ayant pour effet de rendre la laine roide et difficile à travailler, on lui restitue sa souplesse par un lavage à l'eau de savon ; enfin un dernier lavage à l'eau pure termine l'opération. Voy. Laine.

   L'industrie du bl. a fait dans les dernières années du siècle de très grands, progrès et beaucoup de procédés nouveaux ont été proposés et expérimentés avec succès ; nous citerons le bl. par l'*eau oxygénée* qui remplace avantageusement l'acide sulfureux pour les tissus de soie et de laine ; le procédé de *Mather-Thompson*, dans lequel les lessives alcalines sont remplacées

par une exposition des pièces à la vapeur alcaline dans des appareils spéciaux, et enfin le *bl. électrique*, dans lequel on régénère par l'électrolyse le chlore converti en acide chlorhydrique par son action sur les tissus. Ce procédé, connu sous le nom de *procédé Hermite*, consiste à faire passer un courant électrique d'une intensité suffisante dans la cuve à décoloration. Le liquide décolorant est formé d'une solution de chlorure de magnésium que le courant décompose. Le chlore ainsi produit et l'oxygène provenant de la décomposition de l'eau se transportent au pôle positif sous la forme d'un composé peu stable, tandis que le métal et le magnésium se déposent au pôle négatif; mais le magnésium décompose l'eau pour s'emparer de l'oxygène en formant de la magnésie et dégage ainsi de l'hydrogène. D'un autre côté la matière colorante absorbe l'oxygène dégagé au pôle positif, et le chlore mis en liberté s'unit à l'hydrogène du pôle négatif pour former de l'acide chlorhydrique qui, en présence de la magnésie, régénère le chlorure de magnésium. Les opérations constituent ainsi un cycle complet de réactions qui se reproduisent tant que le courant agit sur la solution *en présence de la matière colorante*. Il n'y a pas d'autre dépense que celle de la force motrice servant à entretenir le courant : le chlorure de magnésium sert indéfiniment, sauf la petite quantité perdue par les manipulations et l'absorption du liquide par les tissus.
Blanchiment des huiles. Voy. Huile.

BLANCHIR. v. a. (R. *blanc*). Rendre blanc. *B. des toiles, de la cire. Bl. de l'argenterie*. || Couvrir d'une couleur blanche. *Blanchir une muraille, une buffleterie*. || Nettoyer, rendre propre. Se dit surtout en parlant du linge et de certaines étoffes. *B. du linge. Donner des chemises à b*. S'emploie absol. *Elle sait coudre et b.* — Par ellipse, *B. quelqu'un, B. son linge. C'est elle qui me blanchit.* — Fig. et fam. *B. quelqu'un*, Le justifier, le faire paraître innocent de ce dont il était accusé. *Malgré les soupçons qui s'élevaient contre lui, on a réussi à le b.* || Par ext., dans certains arts, *B.* se dit pour ôter les inégalités les plus saillantes, dégrossir, *B. une planche au rabot. B. une pièce de fer avec la lime.* || *B. des fruits que l'on veut confire*, Les faire bouillir ou infuser dans l'eau, pour faire disparaître une partie de leur saveur, quand elle est trop forte. == SE BLANCHIR, v. pron. *Les toiles se blanchissent bien plus aisément par les nouveaux procédés*. — *Malgré les présomptions qui s'élevaient contre lui, il est parvenu à se blanchir*. == BLANCHIR, v. n. Devenir blanc. *Mettre des toiles sur l'herbe pour blanchir. Ses cheveux ont blanchi.* || T. Jard. *Faire b. de la chicorée, du céleri*, etc., Les faire devenir blancs, par étiolement. || T. Cuis. *Faire blanchir des légumes*, Leur donner une première cuisson dans l'eau avant de les apprêter. *Faire b. un chou, de l'oseille.* — *Faire b. de la viande*, La mettre dans l'eau tiède afin de la faire revenir. || Se dit des personnes dont les cheveux deviennent blancs. *Il a beaucoup blanchi. Sa tête commence à b.* || Fig., Passer un long temps de sa vie dans une occupation. *B. dans le service, sous les armes, sous le harnais. Il a blanchi sur ses livres.* || *Ce coup de pistolet n'a fait que b.*, La balle n'a fait qu'effleurer la cuirasse, la muraille, ou y laissant une légère marque blanche. Vx et peu us. — Fig. et fam, *Ses efforts n'ont fait que b.*, Malgré ses efforts, il n'a pu réussir. *Il n'a fait que b. devant un tel*, Nonobstant tous ses efforts, il lui est resté bien inférieur. == BLANCHI, IE. part.

BLANCHIS. s. m. (R. *blanc*). T. Eaux et for. Espèce de coche pratiquée avec la serpe aux arbres qui doivent être coupés.

BLANCHISSAGE. s. m. (R. *blanchir*). Action de blanchir le linge; résultat de cet action. *Envoyer au b. Mauvais b. Payer le b.* || Opération du raffinage en parlant du sucre.
Techn. — Depuis la fin du XIVe siècle, époque à laquelle a cessé peu à peu l'usage de porter les vêtements de laine immédiatement sur la peau, usage remplacé par celui du linge, le *bl.* est devenu une branche très importante de l'économie domestique. A Paris et dans les grandes villes, il donne lieu à une large distribution de salaires aux femmes des classes laborieuses, et il constitue, même pour les ménages aisés, un article de dépense considérable. Malheureusement il est pratiqué par des procédés en général très grossiers, et propres surtout à amener la rapide destruction du linge le plus solide. La théorie du bl. du linge est fort simple. Parmi les matières qui le salissent, les unes, solubles dans l'eau, s'en séparent au moyen d'un simple lavage; les autres, insolubles de leur nature, doivent être mises en contact avec des corps qui les rendent solubles et permettent à l'eau chaude ou froide de les

entraîner. Le bl. se termine par le *rinçage* ou lavage à grande eau, pour séparer des tissus toutes les particules alcalines qu'ils peuvent retenir après avoir subi les diverses opérations qui constituent le bl. proprement dit.
L'opération essentielle du bl. domestique est le *coulage*, ou lessivage à l'eau alcaline; mais quel que soit le procédé employé, le lessivage doit être précédé du *trempage* et du *lavage* à l'eau froide, que les blanchisseuses nomment *essangeage*. Le plus ancien procédé de coulage, encore usité dans les campagnes, consiste à placer le linge dans un cuvier muni d'un trou à sa partie inférieure; ce trou est à demi bouché avec de la paille. Quand le cuvier est plein de linge aux trois quarts de sa capacité, on étend par-dessus une toile claire, mais forte, désignée pour cet usage sous le nom de *charrier*. Une couche épaisse de cendres de bois tamisées pour en séparer les fragments de charbon, est placée sur le charrier. Alors on verse sur la cendre de l'eau bouillante qui traverse le charrier, filtre à travers le linge, et *coule* en filet continu par le trou de la partie inférieure du cuvier. L'eau chaude enlève aux cendres la potasse que celles-ci contiennent, et la met en contact avec les matières qui salissent le linge. L'eau, ainsi chargée de potasse, prend le nom de *lessive*. A mesure que la lessive coule, elle est recueillie dans un baquet, reversée dans la chaudière où elle est encore portée à l'ébullition, puis à la jette de nouveau sur la cendre, et on continue ainsi jusqu'à ce que celle-ci soit épuisée de tous ses principes alcalins solubles. Après avoir été lessivé de cette façon, le linge est repris pièce à pièce, savonné, frotté et lavé à l'eau chaude. Les blanchisseuses, pour accélérer l'opération du savonnage, se servent d'un battoir plat et d'une brosse qui usent rapidement le linge. Elles versent en outre, sur les parties les plus sales, une solution d'hypochlorite de potasse appelée *eau de javelle*, qui ne contribue pas moins que le battoir et la brosse à la destruction du linge. L'action du savon s'explique comme celle de la lessive. L'excès de soude que contient le savon se combine, pendant le savonnage, avec les parties de matières salissantes qui n'avaient pas été entraînées par la lessive. Il ne reste alors qu'à rincer le linge dans de l'eau pure afin de le débarrasser du savon. On le fait ensuite sécher et repasser. Le plus souvent, au dernier rinçage, on mêle à l'eau froide une petite quantité de bleu liquide, qui donne au linge blanchi un aspect plus agréable sans en augmenter réellement la propreté. Cette méthode primitive, longue et pénible, est remplacée dans les ménages et l'industrie par des procédés automatiques dans lesquels la vapeur produite par la lessive bouillante élève celle-ci dans un baquet, par la pression qu'elle exerce sur sa surface, soit par simple entraînement; la lessive est ainsi amenée à la partie supérieure du cuvier, s'écoule en pluie sur le linge, retombe dans la chaudière, et continue cette circulation tant que dure l'ébullition. On construit pour cet objet des appareils de toutes dimensions, dont les plus petits peuvent se placer sur un simple fourneau de cuisine, tandis que les grands appareils fixes permettent de traiter jusqu'à 1000 kilogrammes de linge à la fois. Dans ces appareils la cendre de bois est complètement abandonnée, et la lessive est composée d'une solution de cristaux de carbonate de soude. Voy. Lessiveuse.

BLANCHISSANT, ANTE. adj. Qui blanchit, qui paraît blanc. *La mer blanchissante.*

BLANCHISSERIE. s. f. Lieu où l'on blanchit des toiles, de la cire, etc. *Établir une b.*

BLANCHISSEUR, EUSE. s. Celui, celle qui blanchit le linge. *Blanchisseuse de fin*, Celle qui ne blanchit que le linge fin, comme cravates, chemises, etc.

BLANCHŒUVRIER. s. m. T. Com. Fabricant et marchand de gros outils tranchants.

BLANCHOT. s. m. Espèce de pie-grièche.

BLANCHOYER. v. n. (R. *blanc*). Avoir un reflet blanc.

BLANC-MADAME. s. m. Variété de raisin blanc.

BLANC-MANGER. s. m. T. Cuis. Espèce de gelée qui se fait ordinairement avec du lait, du sucre, des amandes et de la colle de poisson. *Un plat de blanc-manger.*

BLANC-PENDARD. s. m. Nom vulgaire de la pie-grièche. == Pl. *Des blancs-pendards.*

BLANC-PLOYANT. s. m. Défaut du fer qui le rend impropre à passer à la filière.

BLANC-POUDRÉ, ÉE. adj. Poudré de blanc.

BLANC-RHASIS ou **BLANC-RAISIN.** s. m. T. Pharm. Onguent pour la brûlure.

BLANCS-MANTEAUX. s. m. pl. Moines établis à Paris, autrefois Guillemites.

BLANC-SOUDANT. s. m. Dernière teinte que prend une barre de fer avant sa fusion, après avoir passé au rouge blanc.

BLANC-TAPIS s. m. Ancien nom d'une maison de jeu.

BLANDICES. s. f. pl. (lat. *blanditia*, flatterie). Flatteries pour gagner le cœur.

BLANDINE (Sainte), jeune esclave chrétienne, héroïque martyre à Lyon, l'an 177.

BLANGINI, compositeur italien (1781-1841).

BLANGY, ch.-l. de c. (Seine-Inférieure), arr. de Neufchâtel, 1,700 hab.

BLANQUE. s. f. (R. *blanc*). Jeu en forme de loterie, où ceux qui tombent sur certains chiffres, sur certaines figures, gagnent un lot. *Faire, tirer une b.* — Fig. et prov., *Hasard à la b.*, A tout hasard; il en arrivera ce qu'il pourra. Vx.

BLANQUEFORT, ch.-l. de c. (Gironde), arr. de Bordeaux, 3,000 hab.

BLANQUET. s. m. (R. *blanc*). T. Pêche. Blanchaille. || T. Agric. Maladie des jeunes oliviers. || Poire de médiocre qualité.

BLANQUETTE. s. f. (R. *blanc*). T. Hortic. Variété de poire hâtive à peau blanche. Voy. Poirier. || Variété de raisin autrement nommé, *Chasselas doré.* — Petit vin blanc du Languedoc, fait avec cette espèce de raisin. *De la b. de Limoux.* || Sorte de ragoût dont la sauce est blanche. *B. de veau, d'agneau.*

BLANQUI (Jérôme-Adolphe), économiste français (1798-1854).

BLANQUI (Louis-Auguste), frère du précédent. Socialiste français, passa plus de la moitié de sa vie en prison (1805-1881).

BLANQUIER. s. m. (R. *blanc*). Ouvrier qui fait des mouvements d'horlogerie en blanc.

BLANQUILLO. s. m. Sorte de blé exotique.

BLANZÉ. s. m. (celt. *brace*, blé). Variété de blé du nord de la France.

BLANZY, comm. de Saône-et-Loire, arr. d'Autun, c. de Montcenis, 5,000 hab. Mines de houille.

BLAPS. s. m. (gr. βλάψις, action de nuire). T. Entom. Genre d'insectes coléoptères hétéromères vivant dans les lieux sombres et humides. Voy. Mélasomes.

BLAQUET. s. m. (le même que *blanquet*). T. Pêche. Fretin servant à amorcer les lignes; et aussi petits poissons bons à manger.

BLASER. v. a. (d'un radical germ. *blas*, sign. brûler). Altérer, émousser par des excès le sens du goût. *L'abus de l'eau-de-vie lui a blasé le goût.* — Fig., so dit de ce qui, à la longue, rend incapable de sentiments, d'émotions, soit au physique, soit au moral. *L'excès de tous les plaisirs l'a blasé.* = se Blaser, v. pron. *Il a bu tant d'eau-de-vie qu'il s'est blasé.* = Blasé, ée. part. *Palais blasé. Un homme blasé.*

BLASON. s. m. (Origine douteuse. On a le vx fr. *blason-*

ner, parler; l'angl. *to blaze*, publier, et l'allem. *blasen*, sonner du cor, qui semblent indiquer que le mot sign. armes parlantes). Réunion de toutes les pièces qui composent un écu héraldique; armoiries. *Le b. de cette maison est gravé sur son tombeau.* || La science ou l'art héraldique. || Lit. Pièce composée de petits vers à rimes plates, et renfermant un éloge ou un blâme.

Hist. — Comme nous l'avons dit au mot *Armoiries*, les guerriers de l'antiquité faisaient usage de figures symboliques qui constituaient des signes de reconnaissance, mais ils n'attachaient à ces emblèmes aucune des idées de caste et d'hérédité qu'on a depuis attribuées aux signes de même nature. Ces idées n'ont pris naissance qu'à une époque relativement très moderne, et c'est alors seulement que le *Blason*, appelé aussi *Science* ou *Art héraldique*, parce qu'il était autrefois l'étude spéciale des hérauts d'armes, a réellement commencé.

Dans les premiers siècles du moyen âge, comme aux temps du paganisme, les figures choisies par les chefs et peintes sur les boucliers pour servir de signe de reconnaissance aux soldats, étaient prises et délaissées à volonté. On les appelait *Reconnaissances* (*Cognitiones picturatæ*). Elles devinrent peu à peu transmissibles dans les mêmes maisons, mais il est impossible de savoir à quelle époque précise cette transformation s'accomplit. Toutefois, il est constaté que, si l'usage des armoiries héréditaires existait déjà dans quelques familles à la fin du XIe siècle, il faut descendre jusqu'au commencement du XIIIe pour le voir généralement établi. « C'est pendant le règne de saint Louis, dit un héraldiste moderne, que les armoiries sont entrées dans une voie nouvelle, celle de l'hérédité. Avant cette époque, la révolution se prépare, ensuite elle se continue et se régularise; mais on dire le jour et l'occasion précise, nous semble tout à fait impossible, malgré les centaines de volumes qu'on a écrits à ce sujet. » — A mesure que l'usage des armoiries héréditaires se répandit, on comprit la nécessité d'empêcher les écarts individuels en le soumettant à des règles bien déterminées : c'est l'ensemble de ces règles que l'on est convenu de nommer *Art héraldique* ou simplement *Blason*.

Nous avons donné l'origine de la première de ces deux dénominations; celle de la deuxième est plus controversée. On l'a fait dériver de l'allemand, *blasen*, qui veut dire *sonner du cor*, parce que, dit-on, anciennement, lorsqu'un chevalier se présentait à la barrière d'un tournoi, son écuyer sonnait du cor pour avertir les hérauts d'armes de son arrivée. Ceux-ci allaient reconnaître le champion, et avant de l'introduire décrivaient à haute voix ses armoiries (ce qu'on appelait *Blasonner*).

Le plus ancien livre relatif au bl. remonte au règne de Philippe-Auguste. Ce n'est, à proprement parler, qu'une liste de noms de gentilshommes accompagnée de la description de leurs armes. Les traités du même genre devinrent assez nombreux au XVe et au XVIe siècle; mais ce fut seulement au XVIIe que les lois héraldiques furent nettement formulées et mises en ordre. Un héraldiste, quelque peu enthousiaste de la science du bl., a dit de lui : « Le bl. est une espèce d'encyclopédie, il a sa théologie, sa philosophie, sa géographie, sa jurisprudence, sa géométrie, son arithmétique, son histoire et sa grammaire. La première explique ses mystères; la seconde fait connaître les propriétés de ses figures; la troisième assigne les pays d'où les familles tirent leur origine, ceux qu'elles habitent et ceux où leurs diverses branches se sont étendues; la quatrième explique les lois du bl. pour les brisures, les titres, etc.; la cinquième considère les figures et leur assiette; la sixième en examine le nombre; la septième en donne les causes, et la dernière explique tous les termes et découvre leur origine. »

Notre intention n'est pas d'écrire ici un traité de bl., il nous suffira de dire que toutes les parties qui entrent dans les armoiries peuvent se ramener à deux, et que la science héraldique consiste dans la détermination et l'explication des dispositions, de la forme, etc., de chacune d'elles. Ces parties sont les *Armes intérieures* et les *Armes extérieures*. On désigne sous le nom d'armes intérieures l'*Écu* ou *Écusson*, avec ses *Émaux*, ses *Partitions* et *Répartitions*, ses *Figures* et ses *Rebattements*. Les *Armes extérieures* comprennent les *Timbres* (*Couronnes, Casques, Bourrelets, Cimiers, Lambrequins*), les *Supports*, les *Tenants*, les *Bannières*, les *Manteaux*, les *Cordelières*, les *Devises*, les *Cris de guerre*, les *Ornements de dignités* et les *Cordons des Ordres de chevalerie*. Les armes intérieures sont les signes héraldiques les plus anciens, ceux dont la présence est indispensable; les armes extérieures, au contraire, sont tout à fait accessoires. Leur introduction dans les armoiries ne remonte qu'au XIVᵉ siècle, et n'est devenue commune qu'au XVᵉ.

BLASONNEMENT. s. m. (R. *blasonner*). Action de déchiffrer les armes d'un écu et de représenter des armoiries suivant les règles du blason.

BLASONNER. v. a. Peindre les armoiries avec les métaux et les couleurs qui leur appartiennent. *Le peintre a fait ces armoiries en grisaille, il fallait les b.* || Se dit de certaines lignes et des points qu'on nomme *Hachures*, et que les graveurs font pour représenter les métaux et les couleurs. *Le graveur n'a pas bien blasonné les armoiries sur ce cachet.* || Expliquer les armoiries dans les termes propres à la science du blason. — Fig. et fam., Médire, blâmer, critiquer. *Il a été bien blasonné.* == BLASONNÉ, ÉE. part.

BLASONNEUR. s. m. Celui qui blasonne. || Celui qui critique, qui censure.

BLASPHÉMATEUR. s. m. Celui qui blasphème.

BLASPHÉMATOIRE. adj. 2 g. Qui contient des blasphèmes. *Écrit impie et b. Proposition b.*

BLASPHÈME. s. m. (gr. βλασφημία, propos outrageant). Parole ou discours qui outrage la Divinité, ou qui insulte à la religion. *B. horrible, exécrable. Proférer, dire des blasphèmes.* — Fam. et par exag., Discours injuste, indécent, déplacé. *Critiquer Homère, c'est faire un b.*

Les théologiens définissent le bl., une parole injurieuse à Dieu. Cependant, pour qu'il y ait bl., il n'est pas nécessaire qu'un discours soit directement contre Dieu; il suffit qu'il soit contre la sainte Vierge, les choses sacrées ou les autres créatures considérées comme œuvres de Dieu. Mais, dans l'usage ordinaire, on applique le nom de bl. aux jurements et impiétés contre le saint nom de Dieu. — Chez les Juifs, le bl., dans le sens d'injure à la Divinité, était puni de mort de la peine capitale (*Lévit.*, XXIV, 16). Le coupable était lapidé par tout le peuple. En France, les lois de saint Louis condamnaient le blasphémateur à être mis au pilori, et même, dans certains cas, à avoir la langue percée avec un fer rouge par la main du bourreau. — Le pape Pie V, dans des règlements faits sur la même matière, en 1566, condamne les blasphémateurs à une amende pour la première fois, au fouet pour la seconde, si le coupable est laïque; s'il est ecclésiastique, ce pontife veut qu'à la troisième fois il soit dégradé et envoyé aux galères. Plus tard, la peine fut réduite à une amende honorable et au bannissement. — En France, nos code s ne contiennent aucune disposition applicable au bl.; il n'en est pas de même en Angleterre. Une loi portée sous Guillaume III punit le bl. par l'amende, la prison et d'autres peines corporelles : cette loi n'a jamais été abrogée; toutefois on a cessé de l'appliquer.

BLASPHÉMER. v. n. (gr. βλασφημέω, je tiens des propos outrageants; lat. *blasphemare*, m. s.). Proférer un blasphème, des blasphèmes. *On ne saurait dire cela sans b.* || Fam. et par exag., Tenir des propos, des discours injustes, déplacés. *C'est b. que de médire de cet homme.* == BLASPHÉMÉ, m. v. a, *B. le saint nom de Dieu.* || Fig. et prov., *Il blasphème ce qu'il ignore*, Il parle avec mépris d'une science ou d'un art qu'il ne connaît pas. == BLASPHÉMÉ, ÉE. part. == Conjug. Voy. ALLÉGHER.

BLASTÉMATIQUE. adj. 2 g. T. Bot. Qui a rapport au blastème.

BLASTÈME. s. m. (gr. βλάστη, bourgeon). T. Bot. Terme par lequel certains botanistes ont désigné autrefois la portion axile de l'embryon. || T. Méd. Écaillement qui se produit à l'intérieur et à la surface des tissus.

BLASTOCOLLE. s. f. (gr. βλάστη, bourgeon, et fr. *colle*). T. Bot. Nom que l'on donne à une substance gommeuse, ou à un mucilage mêlé de résine, qui agglutine les diverses parties des bourgeons d'un grand nombre de plantes (Marronnier, Peuplier, etc.)

BLASTODERME. s. m. (gr. βλάστη, bourgeon; δέρμα, peau). T. Anat. Membrane située sous la cicatricule de l'œuf et composée de deux feuillets dont l'un doit devenir la peau, et l'autre l'intestin de l'embryon.

DICTIONNAIRE ENCYCLOPÉDIQUE.

BLASTODERMIQUE adj. 2 g. T Anat. Qui a rapport au blastoderme.

BLASTOSTROMA. s. m. (gr. βλάστη, bourgeon; στρῶμα, couche). Portion du blastoderme qu'on appelle aussi tache embryonnaire.

BLATER ou **BLATRER.** v. a. (bas-lat. *bladarius*, marchand de blé, de *bladum*, blé). T. Comm. Sophistiquer le grain.

BLATÉRER. v. n. (lat. *blaterare*, m. s.). Se dit du cri du bélier, du chameau.

BLATIER. s. m. (bas-lat. *bladarius*, m. s.). Marchand de blé. Ne se dit guère que des marchands nomades qui transportent du blé, sur des chevaux, d'un marché à l'autre. *Les blatiers ont enlevé tout le blé.*

BLATRER. v. a. Voy. BLATER.

BLATTE. s. f. (lat. *blatta*, m. s.). T. Entom. Genre d'insectes de l'ordre des Orthoptères, qui a été érigé en famille sous le nom de *Blattiens*, et qui a pour caractères distinctifs : tête cachée totalement ou presque totalement sous un prothorax en forme de bouclier; antennes longues; élytres plates, se recouvrant l'une l'autre sur la ligne médiane; pattes essentiellement propres à la course, à tarses composés de 5 articles; abdomen arrondi, déprimé et muni de filets terminaux.

Les blattes volent, mais surtout elles courent avec agilité; la conformation plate et mince de tout leur individu leur permet de s'introduire partout en passant par les fissures les plus étroites. La femelle pond ses œufs dans une coque ou oothèque qui offre à peu près la forme d'un haricot, et qu'elle porte pendant quelques jours attachée à son abdomen, puis qui se détache et est abandonnée. Mais tous les genres de cette famille ne sont pas dans ce cas, et M. Riley en 1891, puis M. Charles Brongniart en 1892, ont montré que certaines espèces, les *Panchlora* en particulier, sont vivipares, et ne pondent pas leurs œufs contenus dans une oothèque. Les petits changent six fois de peau avant de passer à l'état d'insecte parfait. — Les blattes sont des insectes nocturnes qui vivent, pour la plupart, dans l'intérieur des habitations. Elles sont d'une extrême voracité et consomment toutes sortes de substances animales et végétales. Les espèces propres à nos colonies y sont désignées sous le nom de *Kakerlacs, Kakerlaques, Cancrelats, Ravets, Bêtes noires*, etc.; elles y sont particulièrement nuisibles. Non seulement elles attaquent les comestibles, mais encore elles rongent les étoffes de laine et de soie, et jusqu'aux souliers. Elles sont également un fléau à bord des navires marchands. Lorsque, par ex., une couple de blattes parvient à pénétrer à l'intérieur d'un baril de viande salée, elle s'y multiplie en nombre prodigieux. Quand toute la viande est consommée, les blattes, au moyen de leur salive âcre et corrosive, ramollissent la surface interne du baril, dont le bois est imprégné de graisse; elles s'en nourrissent faute de mieux, et finissent par se manger entre elles. Outre

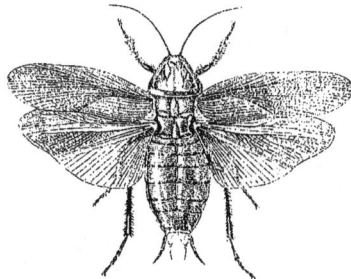

les dégâts qu'ils font, ces insectes exhalent une odeur nauséabonde qui persiste souvent sur les objets qu'ils ont touchés.

La plus grande espèce de la fam. des blattiens est la *Blabère géante*, qui se trouve au Brésil et à la Guyane. La plus répandue chez nous est la *Blatte orientale*, qui infeste les cuisines, les boulangeries, etc. : on la nomme vulgairement *Panetière* et *Cafard*. Cet insecte est long de 25 millim.; le corps est d'un brun foncé, comme brûlé ; les élytres sont transparents, membraneux, et d'un tiers plus courts que le ventre. La *Bl. américaine* (Fig. ci-dessus) est d'une taille un peu plus forte et a les ailes plus longues : c'est l'espèce qui est si nuisible à bord des navires et dans nos colonies. La *Bl. de Madère* ou *Panchlora Maderæ* exerce aussi beaucoup de ravages dans les bâtiments. La *Bl. germanique*, fort commune dans toute l'Europe, est beaucoup plus petite et se rencontre dans nos bois fourbeux. Elle est jaunâtre en dessus avec 2 lignes noires longitudinales sur le corselet. La *Bl. de Laponie* détruit souvent les provisions de poisson sec qui constituent la principale ressource alimentaire des habitants des régions polaires. On la trouve aussi dans les fagots, sous les feuilles mortes, dans nos bois. — La famille des blattiens renferme un nombre considérable de genres. Il en existe dans toutes les régions du globe.

BLATTINA. s. f. (R. *blatte*). T. Paléont. Genre de blattes fossiles.

BLATTINARIÉES. s. f. pl. (R. *blatte*). T. Paléont. Zool. M. Scudder a désigné sous ce nom l'une des familles de blattes paléozoïques du groupe des *Paléoblattariées*. Voy. ce mot. Chez ces insectes, les branches de la nervure médiastinale partent à intervalles réguliers d'un tronc commun ; l'aréa médiastinal est ordinairement sous forme de bande. M. Scudder a établi une dizaine de genres dans cette famille, d'après les échantillons recueillis en Europe et en Amérique.

BLAUDE. s. f. (all. *blau*, bleu). Voy. BLOUSE, seul usité maintenant, excepté dans l'est de la France, où l'on dit encore quelquefois *blaude* en langue familière.

BLAVELLE ou **BLAVÉOLE.** s. f. Un des noms vulgaires du bluet.

BLAVET, riv. qui forme, avec le Scorf, le port de Lorient.

BLAYE, ch.-l. d'arr. (Gironde), 5,000 hab.

BLAZE (Fr.-HENRI-JOSEPH, dit CASTIL-), compositeur et littérateur français (1784-1857).

BLÉ. s. m. (bas-lat. *bladum*, blé; mot d'origine incertaine. On écrivait autrefois *bled*). Plante qui produit le grain dont on fait le pain. *Du b. en herbe, en tuyau. Le b. est en épi Terre à b.-froment. B.-seigle. B. épais. Blés niellés. Les blés sont beaux. Une gerbe, un épi de b. Battre le b. Scier les blés.* — Fig. et prov. *Manger son b. en vert, en herbe. Dépenser son revenu d'avance.* || Une pièce de b. — *Se cacher dans le b.* — *Être pris comme dans un b.*, Être pris, attrapé de façon qu'on ne puisse se sauver. || Le grain seul. *Il y a bien du b. dans ces greniers. Un hectolitre de b. Un tas de b. Le commerce des blés. Halle aux blés.* || Fig., *C'est du b. en grenier*, se dit des choses dont la garde est bonne, et peut même être avantageuse.

Agric. — Le mot *Blé*, employé seul, désigne toujours le *Froment* (*Triticum sativum*) de la fam. des Graminées. On appelle souvent *Gros blés* et *Grands blés*, les froments et les seigles; *B. méteil*, ou simplement *Méteil*, le b. moitié froment, moitié seigle; *Petits blés*, l'orge et l'avoine. — Dans le langage vulgaire, la dénomination de b. est même appliquée non seulement à certaines plantes de la fam. des Graminées autres que celles que nous venons de citer, mais encore à des végétaux qui appartiennent à des familles tout à fait différentes. Ainsi on nomme *B. barbu* ou *de Guinée*, le Sorgho à épi; *B. d'oiseau* ou *des Canaries*, l'Alpiste; *B. de Turquie*, *d'Espagne*, *d'Inde* ou *d'Italie*, le Maïs (Graminées); *B. noir* et *B. rouge*, le Sarrasin (Polygonacées); *B. de vache*, le Mélampyre des champs (Scrofulariacées) et la Saponaire rouge (Caryophyllées).

En France, la production totale du blé est d'environ 100 millions d'hectolitres par an. Le prix moyen de l'hectolitre varie, selon les années, de 22 à 16 francs. Pour être rémunérateur, ce prix ne doit pas descendre au-dessous de 20 francs. Voy. AGRICULTURE, CÉRÉALES et FROMENT.

BLÈCHE. adj. 2 g. (gr. βλάξ, mou). Se dit par dénigrement d'un homme mou, faible de caractère, et sur la parole duquel on ne peut compter. || Subst. *C'est un b.* Fam.

BLÉCHIR. v. n. Devenir blèche. Inus.

BLECHNE, s. f. [Pr. *blek-ne*] (gr. βλήχνον, fougère). T. Bot. Genre de fougères de la famille des *Polypodiacées*. Voy. ce mot.

BLEIME. s. f. (gr. βλῆμα, coup, ou bien du scandinave *blami*, couleur bleue, tache bleue). T. Vét. Contusion des parties sous-cornées du sabot du cheval, du talon, des membres antérieurs surtout. Les contusions directes peuvent lui donner naissance, mais elle est ordinairement l'expression d'un mauvais état du sabot resserré par un talon trop long ou d'un sabot trop long par défaut de parements réguliers. Sa gravité est variable. Il peut n'y avoir qu'une simple douleur déterminée par la pression des fricoises; ou bien une boiterie plus ou moins forte, et une projection en avant du membre malade pendant le repos. Dans ce dernier cas, la b. est ecchymotique ou humide, c.-à-d. ecchymoteuse et séreuse, ou purulente. On reconnaît la nature de la b. en faisant déferrer et parer le sabot malade par le maréchal, jusqu'à ce qu'on aperçoive une tache rouge ou jaunâtre. D'ordinaire, la b. purulente fuse sous la partie supérieure du sabot et le pus se fait jour dans les parties molles : on dit alors que la *matière a fusé aux poils*. La b. suppurante est la plus grave, car si le pus a de la difficulté à sortir, il peut y avoir désagrégation du sabot et gangrène. — Le pronostic des bleimes varie donc avec la nature du liquide et des complications. Il y a un traitement direct des bleimes qui consiste à amincir le sabot au point où elle existe, à donner issue au pus, à calmer les douleurs et à faire parer et ferrer le sabot guéri, de façon à éviter toute contusion ou compression de la région malade.

BLÊME. adj. 2 g. (anc. all. *bleih*, pâle; du tudesque *pli*, plomb). Pâle. Ne se dit guère que du visage et du teint. *Visage b. Teint b. Il devient b. de frayeur.*

BLÊMIR. v. n. Pâlir, devenir blême. *Vous l'avez fait b.* Peu us.

BLÉMISSEMENT. s. m. Action de devenir blême.

BLÉMOMÈTRE. s. m. (gr. βλῆμα, coup; μέτρον, mesure). T. Art milit. Instrument qui mesure la force du ressort dans les petites armes à feu.

BLENDE. s. f. (all. *blenden*, tromper, parce que cette mine pouvait être prise pour de la galène, minerai de plomb; méprise amenant une grande déception à une époque où le zinc était inconnu, parce qu'on ne savait pas l'extraire de ses minerais). T. Minér. Sulfure de zinc naturel, minerai de zinc très répandu dans la nature. La b. est généralement translucide, d'un aspect vitreux, d'un éclat gras et d'une teinte verdâtre ; il en existe un grand nombre de variétés. Ses cristaux appartiennent au type cubique et se présentent ordinairement sous la forme de dodécaèdres rhomboïdaux. La formule de la b. est Zn S. Voy. ZINC.

BLENDEUX, EUSE. adj. Qui contient de la blende.

BLÉNEAU, ch.-l. de c. (Yonne), arr. de Joigny, 2,100 hab.

BLENNADÉNITE. s. f. [Pr. *blènadénite*] (gr. βλέννα, mucus; ἀδήν, glande). Inflammation des follicules muqueux.

BLENNIE. s. m. [Pr. *blèni*] (gr. βλέννα, mucus). T. Ichth. Genre de poissons acanthoptérygiens dont le corps est couvert de mucosités. Voy. GOBIOÏDES.

BLENNOMÉTRITE. s. f. [Pr. *blèno-métrite*] (gr. βλέννα, mucus; μήτρα, matrice) Catarrhe utérin.

BLENNOPHTALMIE. s. f. [Pr. *blèn-oftalmi*] (gr. βλέννα, mucosité; fr., *ophtalmie*). T. Méd. Ophtalmie purulente d'origine blennorrhagique (inoculation directe ou indirecte).

BLENNORRHAGIE. s. f. [Pr. *blèno-raji*] (gr. βλέννα, mucosité; ῥέω, je coule). T. Méd. Maladie virulente vénérienne, vulgairement dénommée *Chaude-pisse*; elle consiste dans un écoulement purulent, contagieux, jaune verdâtre, et dans une douleur cuisante, plus ou moins vive, pendant l'émission des urines. Le meilleur traitement consiste dans un régime doux : la diète lactée, les injections de sublimé corrosif au six-millième (à l'eau chaude) et les balsamiques tels que : le copahu, le cubèbe, le santal, administrés en capsules (six par jour). — On écrit aussi *blennorragie*.

BLENNORRHAGIQUE. adj. [Pr. *blèno-rajique*] (R. *blennorrhagie*). T. Méd. Atteint de blennorrhagie. || Qui a rapport à la blennorrhagie. — On écrit aussi *blennorragique*.

BLENNORRHÉE. s. f. [Pr. *blènoré*] (gr. βλέννα, mucosité; ῥέω, je coule). T. Méd. Blennorrhagie chronique ou goutte militaire, fréquent symptôme de rétrécissement uréthral, exigeant le traitement chirurgical de ce dernier (dilatation par les bougies). — On écrit aussi *blennorrée*.

BLÉPHARADÉNITE. s. f. (gr. βλέφαρον, paupière; ἀδήν, glande). Inflammation de la glande lacrimale.

BLEPHARIS. s. m. [Pr. *blé-fa-riss*] (gr. βλεφαρίς, cil). T. Zool. Insecte orthoptère de la famille des *Mantides* ou *Mantes*. Voy. ce mot.

BLÉPHARITE. s. f. (gr. βλέφαρον, paupière). T. Méd. Inflammation des paupières. Voy. PAUPIÈRE.

BLÉPHARO-BLENNORRHÉE. s. f. (gr. βλέφαρον, paupière, et *blennorrhée*). Ophtalmie purulente des nouveau-nés.

BLÉPHARO-COLOBOME. s. m. (gr. βλέφαρον, paupière, et *colobome*). Colobome des paupières.

BLÉPHARO-CONJONCTIVITE. s. f. (gr. βλέφαρον, paupière, et *conjonctivite*). Inflammation de la conjonctive oculopalpébrale.

BLÉPHARO-PHIMOSIS. s. m. (gr. βλέφαρον, paupière; φίμωσις, rétrécissement). Rétrécissement de l'ouverture palpébrale par rapprochement des angles des paupières.

BLÉPHAROPHYME. s. m. (gr. βλέφαρον, paupière; φῦμα, tumeur). Tumeur des paupières.

BLÉPHAROPLASTIE. s. f. (gr. βλέφαρον, paupière; πλάσσειν, former). Opération qui consiste à reformer, avec la peau voisine de l'œil, une paupière qui a été détruite.

BLÉPHAROPTOSE. s. f. (gr. βλέφαρον, paupière; πτῶσις, chute). T. Méd. Chute de la paupière supérieure, qui reste abaissée au-devant du globe de l'œil.

BLÉPHAROSPASME. s. m. (gr. βλέφαρον, paupière; σπασμός, spasme). T. Méd. Spasme des paupières.

BLÉPHAROSTAT. s. m. (gr. βλέφαρον, paupière; στάτης, qui arrête). T. Chir. Instrument servant à fixer la paupière dans certaines opérations chirurgicales.

BLÉRÉ, ch.-l. de c. (Indre-et-Loire, arr. de Tours, 3,300 hab.

BLÉRIE. s. f. Syn. de *Blairie*. Voy. ce mot.

BLÉSER. v. n. (lat. *blæsus*, bègue). Parler avec une espèce de grasseyement, avec le défaut de blésité.

BLÉSITÉ. s. f. (lat. *blæsus*, bègue). Vice de prononciation qui consiste à substituer une consonne faible ou douce à une consonne forte, par exemple le *b* au *p*, le *v* au *f*, l's à *ch*, dire *jeval* pour *cheval*, *bodeau* pour *poteau*, etc.

BLESLE, ch.-l. de c. (Haute-Loire), arr. de Brioude, 1,500 hab.

BLESSER. v. a. (gr. πλήσσω, je frappe, ou all. *bletz*, lambeau de cuir; mettre en lambeaux?). Donner un coup qui fait une plaie, une fracture ou une contusion. B. quelqu'un; Le b. légèrement, dangereusement. B. d'un coup de bâton, d'un coup de fusil. T. Guerre. Se dit des coups qui font une plaie ou une fracture. *Ce soldat a été gravement blessé.* || Se dit d'un corps sur lequel on tombe ou contre lequel on se heurte, ou de la pression, du frottement continu d'un corps de cette espèce. *Il est tombé sur une pierre qui l'a blessé à la tête. Le joug blesse les jeunes bœufs. Cette selle blesse mon cheval.* || Par ext., Gêner jusqu'à causer de la douleur, sans produire de blessure ou

de plaie apparente. *Ces souliers me blessent.* — Fig. et prov., *Vous ne savez pas où le soulier le blesse,* Vous ne connaissez pas la cause de ses chagrins, de ses inquiétudes. *Il paraît heureux, mais vous ne savez pas où le bât le blesse,* Il est heureux en apparence, mais il a des chagrins secrets. || Fig., Causer une impression désagréable à la vue, à l'ouïe. *Une lumière trop vive blesse la vue. Une voix fausse blesse l'oreille.* || Fig. et au moral, Choquer, déplaire. *Ce mauvais procédé l'a profondément blessé. Son orgueil en fut blessé.* — B. *quelqu'un au cœur,* L'offenser dans ses affections les plus chères. *L'ingratitude de son fils l'a blessé au cœur.* — B. *la pudeur, l'honneur,* Être contraire à la pudeur, à l'honneur. — B. *les convenances, la vraisemblance,* Faire ou dire quelque chose qui s'écarte des convenances, de la vraisemblance. On dit de même, B. *les usages, les règles, les principes, le goût, le bon goût.* || Fig., Causer un tort, un préjudice, un dommage. *Cela ne blesse personne. Cela blesse mes intérêts.* — B. *l'honneur, la réputation de quelqu'un,* etc., Faire quelque chose contre l'honneur, la réputation de quelqu'un, = se BLESSER. v. pron. Se faire du mal à soi-même volontairement ou involontairement. *Elle s'est blessée en tombant. Ils se sont blessés l'un l'autre.* || Se dit d'une femme grosse qu'un accident fait accoucher, ou menace de faire accoucher avant le terme. *Elle garde le lit parce qu'elle s'est blessée.* || Fig., S'offenser de quelque chose. *Il se blesse de tout. Il est très susceptible et se blesse d'un rien.* = BLESSÉ, ÉE. part. || Fig., *Avoir le cerveau blessé,* Avoir la tête dérangée, avoir quelque travers dans l'esprit. || S'emploie subst. *C'est un blessé. Prendre soin des blessés.*

BLESSIR. v. n. Voy. BLETTIR.

BLESSISSEMENT. s. m. Voy. BLETTISSEMENT.

BLESSURE. s. f. (R. *blesser*). Toute lésion produite sur les organes par une violence extérieure; et, dans un sens plus restreint, Solution de continuité faite aux parties molles. *B. légère, profonde, mortelle. Recevoir une b. Mourir d'une b. Sa b. s'est rouverte.* || Fig., Ce qui offense l'honneur, la réputation, l'amour-propre. *Les blessures faites à l'amour-propre sont toujours sensibles.* — Ce qui cause un grand chagrin, une affliction profonde. *La mort de son fils lui a causé une b. que le temps même ne peut guérir.* — Se dit aussi des douleurs morales que causent certaines passions violentes. *Les blessures de l'amour.*

Législ. — En Méd. légale, on comprend sous le nom de *Blessure,* toute lésion locale produite par un agent extérieur. Ainsi, les contusions, les commotions, toutes les plaies, quelle que soit leur cause, les luxations, les fractures, les brûlures, sont comprises sous la dénomination générale de *Blessures.* Les blessures peuvent se partager en quatre classes : 1° *Blessures légères,* celles qui n'entraînent pas une maladie, ou une incapacité de travail de plus de vingt jours; 2° *Blessures graves,* qui occasionnent une maladie ou une incapacité de travail de plus de vingt jours; 3° *Blessures suivies d'infirmités temporaires ou permanentes;* 4° *Blessures mortelles.*

Dans la législation relative aux blessures, la graduation des peines est fondée sur la volonté de l'auteur des blessures, sur les conséquences de ces blessures et sur les dommages plus ou moins graves qu'elles ont causés, enfin sur la qualité de la personne blessée. — Les blessures faites volontairement qui ont occasionné une incapacité de travail de plus de vingt jours, sont punies d'un emprisonnement de deux à cinq ans au minimum (Loi du 13 mai 1863). Dans le cas de préméditation ou guet-apens, la peine est celle des travaux forcés à perpétuité. Lorsque les blessures ou coups volontaires n'ont pas causé une maladie ou une incapacité de travail de plus de vingt jours, le coupable est puni d'un emprisonnement de six jours à deux ans et d'une amende de 16 à 200 fr., ou de l'une de ces deux peines seulement; mais s'il y a eu préméditation, l'emprisonnement est de deux à cinq ans et l'amende est de 50 à 500 fr. (C. P., 311). Lorsque la b. a été faite par imprudence ou maladresse, le coupable est puni de six jours à deux mois d'emprisonnement et d'une amende de 16 à 100 fr., ou de l'une de ces peines seulement (C. P., 320). Lorsque les blessures ont été commises sur la personne d'un ascendant légitime, naturel ou adoptif, la peine consiste dans la réclusion ou les travaux forcés, suivant certaines distinctions (C. P., 312). La pénalité est également plus forte, quand c'est un magistrat qui a été blessé ou frappé dans l'exercice ou à l'occasion de l'exercice de ses fonctions, ou quand des violences ont été exercées contre un officier ministériel, un agent de la force publique, un citoyen chargé d'un service public, soit pendant l'exercice de ce minist-re, soit à son occasion (C. P., 228, 230, 231, 232 et 233.) — D'un autre côté, la législation spécifie les cas où les coups ou blessures ne constituent ni crime ni délit (C. P., 327, 329), et ceux où ils sont excusables (C. P., 321, 322, etc.). — Les peines infligées à l'individu coupable de coups et blessures sont indépendantes des dommages-intérêts que la personne blessée est toujours en droit de réclamer, et qui se règlent par l'appréciation du juge.

Nous n'avons pas à parler ici des diverses sortes de blessures et de leur traitement : il en sera question aux mots *Contusion*, *Plaie*, *Fracture*, *Brûlure*, etc.

BLET, ETTE. adj. (ce mot dérive d'un radical commun à toutes les langues aryennes : gr. βλάξ, mou; scand. *bland*, mou; celt. *blod*, mou, délicat). Dont la chair, en parlant des fruits, est ramollie. *Une poire blette. Les nèfles ne se mangent que blettes.*

BLÈTE ou **BLETTE.** s. f. (gr. βλίτον, m. s.). T. Bot. Nom donné à l'*Amarantus Blitum*, dont les feuilles se mangent comme celles des *Épinards*. Voy. CHENOPODIACÉES.

BLÉTIE. s. f. T. Bot. Genre de plantes comprenant une vingtaine d'espèces du Pérou, du Mexique et de l'Afrique. Voy. ORCHIDÉES.

BLETTE. s. f. T. Métall. Petite lame en feuille de fonte, ainsi disposée afin qu'on en puisse opérer plus facilement l'affinage.

BLETTERANS. ch.-l. de c. (Jura), arr. de Lons-le-Saulnier, 1,100 hab.

BLETTIR. v. n. [Pr. *blétir*]. Devenir blet.

BLETTISSEMENT. s. m. [Pr. *bléti-sseman*] (R. *blet*). Modification que subissent certains fruits et qui consiste en un commencement de décomposition.

BLEU, EUE. adj. (all. *blau*, m. s.). Qui est de couleur d'azur, de la couleur d'un ciel sans nuage. *Satin b. Robe bleue. Avoir les yeux bleus.* || Se dit de la couleur que certains épanchements sanguins superficiels font prendre à la peau. *Quand le sang lui porte à la tête, il devient tout b. L'endroit de la contusion est b.* || *Cordon b.* Voy. CORDON. || Fig., *Parti b.*, Parti de gens armés, soldats ou autres, qui, sans commission et sans aveu, faisaient des courses et pillaient indistinctement amis et ennemis. Vx. || Fig. et fam., *Conte b.*, Récit fabuleux; conte de fées; discours en l'air, mensonge. *Contes bleus que tout cela!* || T. Chim. *Cendres bleues*, Carbonate de cuivre artificiel. Voy. CUIVRE. || T. Pathol. *Maladie bleue*, Nom vulgaire de la cyanose. = BLEU. s. m. La couleur bleue. *B. céleste. B. de ciel. B. pâle. B. de roi. Teindre en b.* — *Faire des bleus*, Pincer assez fortement pour que la chair soit marquée. || T. Cuis. *Mettre une carpe, un brochet au b.*, Faire cuire ces poissons dans une sorte de court-bouillon qui leur donne une couleur bleuâtre. || T. Blanchiss. *Passer du linge au b.*, Tremper du linge blanchi dans une eau imprégnée d'une couleur bleue. || T. Hist. Se dit des républicains par opposition aux royalistes qu'on appelait les *Blancs*. || Nom donné aux conscrits dans leur caserne. || *Petit bleu*, Vin de mauvaise qualité. || *N'y voir que du bleu*, N'y rien comprendre. || T. Chim. et Minér. *B. d'azur*, Silicate double de potasse et de cobalt. Voy. AZUR. — *B. de cobalt*, Combinaison d'alumine et d'oxyde de cobalt. Voy. COBALT. — *B. de Montagne*. Voy. CUIVRE. — *B. Guimet* ou *B. d'outre-mer artificiel*. Voy. LAPIS. — *B. de Prusse*, Double cyanure de fer. Voy. FER. — Voy. aussi, pour les innombrables bleus employés dans les arts, les mots COLORANTES (*Matières*), COULEUR et TEINTURE.

BLEUÂTRE. adj. 2 g. Tirant sur le bleu. *Couleur bl. Fleur bl.*

BLEUET. s. m. Voy. BLUET.

BLEUETTE. s. f. Syn. peu usité de *Bluette.* Voy. ce mot.

BLEUEUR. s. f. Ouvrier qui trempe et affine les pointes des aiguilles, ce qui fait leur prendre une teinte bleue.

BLEUIR. v. a. [Pr. *bleu-ir*]. Faire devenir bleu. *B. une pièce de cuivre en l'échauffant.* || BLEUIR. v. n. *Le noyé bleuit. L'acier bleuit au feu.* = BLEUI, IE. part.

BLEUISSAGE. s. m. [Pr. *bleu-i-ssage*]. L'action de bleuir et son résultat.

BLEUISSANT, ANTE. adj. [Pr. *bleu-i-ssan*]. Qui bleuit.

BLEUISSEMENT. s. m. [Pr. *bleu-i-sseman*]. Passage d'une couleur au bleu.

BLEUISSOIR. s. m. [Pr. *bleu-i-ssoir*]. Ustensile d'horlogerie pour faire prendre à l'acier la teinte bleue.

BLEU-MANTEAU. s. m. Nom vulgaire du goéland à manteau gris, des côtes de l'Océan.

BLEUTAGE. s. m. (R. *bleu*). Opération qui a pour but de rehausser l'éclat du blanc.

BLEUTÉ, ÉE. adj. (R. *bleu*). Qui a une teinte bleue.

BLICHER (STAEN), poète danois (1782-1848).

BLIDA et non *Blidah*, ch.-l. de c., dép. et arr. d'Alger, à 45 kilom. de cette ville, 24,300 hab.

BLIGHIA. s. m. [Pr. *bli-gui-a*] (R. *Bligh*, nom d'homme). T. Bot. Genre de plantes dont le fruit renferme une matière blanche et charnue employée comme aliment. Voy. SAPINDACÉES.

BLIGNY-SUR-OUCHE. ch.-l. de c. (Côte-d'Or), arr. de Beaune, 1,200 hab.

BLIN ou **BELIN.** s. m. (peut-être le vx fr. *belin*, mouton, dans le sens de *mouton*, machine). T. Mar. Pièce de bois servant à frapper des coins, quand il s'agit d'ébranler un navire pour lui faire quitter un chantier et le lancer à la mer.

BLINDAGE. s. m. (R. *blinder*). T. Guerre et Mar. Action de blinder; le résultat de cette action. *Faire un b. Réparer un b.* || T. Ponts et Chaussées. Appareil en charpente, au moyen duquel on consolide les parties éboulouses d'une tranchée.

BLINDER. v. a. (all. *blenden*, aveugler). T. Art milit. Garantir un ouvrage de fortification au moyen d'un plafond ou d'une voûte de charpente, recouverte d'une couche extrêmement épaisse de terre, de paille, et de matières propres à arrêter ou amortir les projectiles de l'ennemi. *B. une batterie, une casemate, un m* gasin à poudre. || T. Mar. Réunir sur le pont ou le long des bords d'un navire un très grand nombre de vieux cordages, pour le garantir de l'effet des bombes et des boulets. — Aujourd'hui, revêtir la coque du navire de plaques métalliques destinées à résister aux boulets.

BLINDES. s. f. pl. (all. *blenden*, aveugler). T. Guerre. Pièces de bois, branches d'arbres entrelacées pour soutenir des fascines et mettre les travailleurs ou les canonniers à couvert.

BLINER. v. a. T. Mar. Frapper avec un blin.

BLOC. s. m. [Pr. *blok*] (all. *block*, tronc). Masse, gros morceau d'une matière pesante et dure à l'état brut, telle que marbre, fer, pierre non encore travaillée. *Un b. de marbre. Un b. de fer, de plomb*, etc. || *B. de plomb*, Le billot de plomb sur lequel les graveurs posent et arrêtent les ouvrages qu'ils veulent graver. || Amas, assemblage de diverses choses et principalement de diverses marchandises. *Faire un b. de marchandises.* || Paquet de feuilles de papier à détacher les unes des autres. = EN BLOC. loc. adverbiale. En gros, en masse, en totalité, sans entrer dans les détails. *Acheter en b. toutes les marchandises d'un magasin. Vendre en b. Faire marché en b. et en tâche*, Faire un marché à forfait pour des travaux à exécuter.

Géol. — *Blocs erratiques.* On donne ce nom à des roches que l'on trouve isolées, loin de leurs gisements primitifs, et qui ont été transportées par les glaces lors des époques glaciaires.

BLOCAGE. s. m. ou **BLOCAILLE.** s. f. [Pr. les *ll* mouillées] (R. *bloc*). Menues pierres ou petits cailloux et moellons qu'on jette à bain de mortier, dans les fondations, dans l'entre-deux des parements d'un mur, etc., pour remplir le vide laissé entre les grosses pierres. *Remplir de b. l'intérieur d'une pile de pont. Chaussée en b.* ‖ T. Imp. Emploi d'une lettre renversée à la place d'une lettre manquante. Voy. Typographie.

BLOCHET. s. m. (Dimin. de *bloc*). T. Charp. Pièce de bois dite aussi *entretoise*, posée horizontalement afin de réunir l'arbalétrier à la sablière dans un comble, ou de couronner deux pieux rapprochés.

BLOCKAUS ou **BLOCKHAUS.** s. m. [Pr. *blo-kôs*] (R. all. : *block*, tronc d'arbre; *haus*, maison). T. Art milit. On nomme ainsi un réduit en charpente que l'on construit à un moment donné, soit pour préserver un ouvrage important d'un assaut immédiat, soit pour se mettre à l'abri d'une attaque de vive force, soit pour servir de corps de garde ou de poste avancé. On le fait tantôt avec des corps d'arbres, tantôt avec des pièces de charpente équarries; dans le premier cas on lui donnait autrefois le nom de *Palanque.* — La forme des b. varie selon leur destination et la position qu'ils occupent; néanmoins, il est utile de leur donner des angles alternativement saillants et rentrants, afin que les diverses parties de la construction croisent leurs feux, ou, comme on dit, se flanquent mutuellement; aussi les construit-on soit en croix, soit en zigzag. La largeur intérieure d'un b. dépend du genre de défense qui lui est affecté; s'il ne doit envoyer que des feux de mousqueterie, on peut lui donner que 4 ou 5 mètres de largeur; mais, s'il doit contenir de l'artillerie, il faut que sa largeur soit d'au moins 8 mètres, car il en faut 6, au minimum, pour l'emplacement et le recul d'une pièce de canon; en outre, on doit encore établir, sur la paroi opposée, une banquette destinée aux fantassins. Dans le cas où l'on ne fait intervenir que l'infanterie pour la défense d'un b., on élève sur tout le pourtour de l'emplacement intérieur un lit de camp qui sert à la fois de lit de repos et de banquette

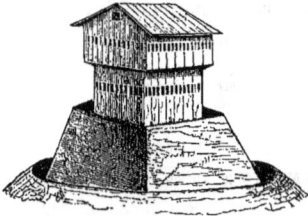

pour les tireurs. La hauteur d'un b. doit être telle qu'elle permette aux défenseurs de charger facilement leurs armes, ce qui exige 3 mètres en général ou 2m,50 quand il n'y a pas de lit de camp. — Le premier b. fut construit en 1778, par les Prussiens, en Silésie. Il avait la forme d'une croix; ses parois étaient formées de deux rangs de coupes d'arbres séparés par un intervalle de 1m,53, rempli de terre; la couverture était formée de poutres jointes recouvertes de 1m,60 de terre; au-dessus régnait un parapet garni d'un pierrier à chaque angle. Malgré la forme vicieuse de cette construction, elle fit une belle résistance. — L'usage du b. a rendu à la France de très grands services, surtout dans nos guerres d'Afrique. Comme on conservait en magasin des poutres numérotées et toutes prêtes à être assemblées pour construire ces sortes d'ouvrages, on pouvait élever en un clin d'œil un réduit solide, entouré d'un fossé garni de piquets et percé d'un grand nombre de créneaux desquels partaient des coups de fusil meurtriers. Les charges les plus obstinées de la cavalerie arabe venaient expirer impuissantes devant ces maisons de bois qui n'étaient souvent garnies que d'un très petit nombre de défenseurs. La forme qu'on leur donnait habituellement était celle que représente la figure. Aujourd'hui, ce système peut encore être utilisé et constitue ainsi de véritables fortifications *nomades*; mais, le plus souvent, on ne construit qu'une longue galerie sans étage. Les expéditions du Tonkin ont remis plus que jamais le b.

en usage, avec les nouvelles modifications qui consistent en ce que le talus en terre monte jusqu'à la ligne des meurtrières, afin de préserver le plus possible les parois, que le fossé extérieur suit exactement les angles saillants et rentrants donnés à l'ouvrage, et qu'une rangée de palissades est plantée au pied de la contrescarpe dans le fond de ce fossé. Enfin, quand le b. doit résister à l'artillerie, on le blinde, si faire se peut, avec des rails de chemin de fer assemblés deux à deux et disposés sur la muraille de bois en deux rangées, l'une horizontale, l'autre verticale. Malheureusement, les b. présentent divers inconvénients; le plus grave est celui qui résulte de la difficulté de la ventilation. La fumée qui s'amasse dans l'intérieur du réduit devient, pendant l'action, d'une épaisseur telle qu'elle menace d'asphyxier les défenseurs. On cite des cas où ceux-ci ont eu plus à craindre de la mort provenant de la fumée de leurs armes que celle qui résultait des balles ennemies.

BLOCK-SYSTEM. s. m. (angl. *to block*, fermer; *system*, système). Système d'exploitation de chemin de fer dans lequel la voie est divisée en sections successives de quelques kilomètres de longueur, séparées par des signaux qui sont disposés de manière à empêcher un train de s'engager dans une des sections quand il y a déjà un autre train dans cette section. Voy. Chemin de fer (*Exploitation*). — C'est aujourd'hui le système d'exploitation le plus fréquemment employé.

BLOCUS. s. m. [Pr. *blo-kuss*] (anc. all. *block-hus*, autre forme de *block-haus*. Dans le vx fr. *blocus* signifiait petit fort). — Le terme de *B.* est usité dans le langage militaire et dans celui du droit international. — Faire le b. d'une place ou la bloquer, c'est l'entourer de telle sorte que l'ennemi qui y est enfermé ne puisse ni faire de sorties ni recevoir d'assistance d'aucune sorte, soit un renfort d'hommes, soit des munitions, soit des vivres. Le b. diffère du siège en ce qu'il exclut toute attaque de vive force; on veut forcer l'ennemi à se rendre et à rendre la place par suite des privations de tout genre qu'il aura à subir, ou bien simplement l'empêcher d'interrompre les communications et de menacer les derrières de l'armée envahissante. Du reste, une armée ne s'emparer d'une place n'a guère recours à la voie du b. que dans deux cas : ou bien elle manque elle-même du matériel nécessaire pour faire un siège régulier, ou bien la situation de la place est telle qu'une attaque de vive force coûterait trop d'hommes aux assaillants.

Le droit de bloquer les ports d'un peuple avec lequel on est en guerre, est reconnu par toutes les nations civilisées. Ce droit comprend celui d'exclure des ports bloqués les navires des puissances neutres, mais aux conditions suivantes : 1° il faut que le b. soit effectif, c.-à-d. que la force navale qui bloque le port soit suffisante pour empêcher l'entrée et la sortie des bâtiments de tout genre; 2° que le b. ait été signifié aux nations neutres. En l'absence de l'une de ces deux conditions, les navires neutres ne sont pas tenus de le respecter; en l'absence de la seconde (la première étant réalisée), le navire neutre qui essaierait de violer le b. ne saurait être justement condamné. — Dans les guerres de l'Angleterre contre la France, sous le premier empire, ces principes ont été outrageusement violés par la première de ces puissances; elle prétendait qu'un b. sur le papier suffisait, et qu'aucun peuple n'avait le droit de commercer avec le pays qu'elle avait déclaré en état de b. Voy. Neutralité. — *Blocus continental.* Voy. Commerce.

BLOIS (*Blesum*), ch.-l. du dép. de Loir-et-Cher, à 178 kil. de Paris, 23,500 hab. Évêché. Château remarquable construit sous Louis XII. Il se tint des États généraux à Blois en 1576 et en 1588. ‖ Hab. Blésois, oise.

BLOIS (Pierre de), théologien et homme d'État français (1130-1200).

BLOND, ONDE. adj. (orig. douteuse; peut-être d'un rad. aryen *bla* qui est le primitif de *blé*, couleur du blé). Qui est d'une couleur moyenne entre le doré et le châtain clair. Se dit surtout de la couleur des cheveux et du poil. *Elle a des cheveux b. cendré. Barbe blonde. Un homme b.* — Par ext., *Du lin b. Une friture blonde.* — Poétiq., *Les blonds épis. La blonde Cérès.* = Blond. s. m. La couleur blonde. *Avoir les cheveux d'un b. cendré, d'un b. doré, d'un beau b.* — *B. ardent*, Blond chaud tirant sur le roux. Voy. Ardent. ‖ Se dit des personnes. *C'est un grand b. C'est une belle blonde.* — Fig. et fam., *Courtiser la brune et la blonde,* Courtiser indifféremment toutes les femmes.

BLONDE. s. f. Espèce de dentelle de soie, ainsi nommée parce qu'elle était fabriquée avec de la soie de couleur naturelle, c.-à-d. jaune.

BLONDEL, trouvère du XII° siècle, ami de Richard Cœur de lion.

BLONDEL, architecte de la porte Saint-Denis, à Paris (1617-1686).

BLONDIER. s m. Ouvrier qui fabrique des blondes.

BLONDIN, INE. adj. (Dimin. de *blond*). Celui ou celle qui a les cheveux blonds. *C'est une charmante blondine*. || Fig. et fam., *C'est un b.*, se dit d'un jeune homme qui fait le beau et cherche constamment à plaire aux femmes.

BLONDIR. v. n. Devenir blond. *Les épis commencent à b.* Vx. || Rendre blond.

BLONDISSANT, ANTE. adj. Qui blondit. *Les épis blondissent*. Poétiq.

BLONDOÎMENT. s. m. Action de blondoyer ; effet de ce qui blondoie.

BLONDOYER. v. n. (R. *blond*). Avoir un reflet blond.

BLOQUER. v. a. (R. *bloc*). Occuper avec des troupes toutes les avenues d'une place, d'un camp, ou avec des vaisseaux, toutes les approches d'un port, pour empêcher qu'aucun secours n'y puisse entrer. *B. une place. B. un port.* || T. Maçonn. Remplir de blocage. Voy. BLOCAGE. || T. Impr. Opérer le *Blocage*. Voy. ce mot. || T. Jeu de billard. Pousser directement et avec force la bille de son adversaire dans une des blouses. *Il faut bloquer cette bille.* — *Cette blouse ne bloque pas*, Il est difficile d'y loger une bille. = BLOQUÉ, ÉE. part. = BLOQUÉ, s. m., au jeu de billard, *Un bloqué*, Un coup par lequel on a bloqué une bille.

BLOQUET. s. m. (Dim. de *bloc*). Petite bobine à manche à l'usage des dentellières normandes.

BLOQUETTE. s f. (R. *bloc*). Sorte de jeu de billes qui se joue en jetant des billes dans un trou pratiqué dans le sol au pied d'un mur ou d'un arbre. On gagne ou on perd suivant que le nombre des billes qui restent en dehors du trou est pair ou impair.

BLOSSIR. v. n. Voy. BLETTIR.

BLOSSISSEMENT. s. m. Voy BLETTISSEMENT. || T. Bot. Sorbier domestique.

BLOT. s. m. (même mot gr. que *bloc* prononcé *blô*). Instrument servant à mesurer le chemin que fait un vaisseau. || T. Fauc. Chevalet où se repose l'oiseau.

BLOTTIR (SE). v. pron. [Pr. *blotir*] (celt. *blot*, cavité, grotte). S'accroupir, se ramasser de manière à tenir le moins d'espace possible. Se dit des hommes et des animaux. *Se b. dans le lit, dans un coin. Les perdrix se blottissent devant le chien.* = BLOTTI, IE. part.

BLOUQUIER. s. m. Ancien nom des fabricants de boucles.

BLOUSE. s. f. (all. *blau*, bleu). Sorte de surtout de grosse toile que l'on nommait aussi *Blaude*. — Par ext., *Tout vêtement taillé comme une blouse.*

BLOUSE. s. f. (gr. πέλυξ, ou πέλυς, qui désigne diverses choses creuses, bassin, baquet, etc.). Chaque trou des coins et des côtés d'un billard. *Mettre une bille dans la b.* || Cavité pleine d'eau et recouverte de sable, dans les landes de Gascogne.

BLOUSER. v. a. (R. *blouse*). T. Jeu de billard. *B. une bille*, La faire entrer dans une des blouses. *B. son adversaire*, Mettre sa bille dans une des blouses. — Fig. et fam., *Il m'a blousé*, Il m'a trompé, m'a fait tomber dans un piège. On dit de même, *C'est ce qui m'a blousé*. = SE BLOUSER. v. pron. Mettre sa propre bille dans la blouse. || Fig. et fam.,

Se tromper, se méprendre. *Il s'est blousé en cela*. = BLOUSÉ, ÉE. part.

BLOUSSE. s. f. Dans les filatures, partie grossière de la laine.

BLÜCHER, général prussien (1742-1819), entra à Paris en 1814, détermina par son arrivée la victoire de Wellington à Waterloo, et entra une seconde fois à Paris en 1815.

BLUE-LIAS. s. m. (angl. *blue* et fr. *lias*). T. Géol. Couche de l'étage inférieur des terrains jurassiques, formée, en Angleterre, d'alternances d'argile et de calcaire marneux et renfermant beaucoup de débris fossiles.

BLUET. s. m. (Dimin. de *bleu*). T. Bot. Nom de la *Centaurea cyanus* à fleurs bleues, très commune dans les blés, où elle fait avec les coquelicots un contraste charmant, de la famille des *Composées*. || *B. du Canada*, Espèce d'*Airelle*. || On dit aussi BLEUET.

BLUETTANT, ANTE. adj. Qui lance des bluettes de feu.

BLUETTE. s. f. (même origine que *berlue* : préfixe *ber*, dimin., et *luc*, qu'on retrouve dans le latin *lucere*, luire). Petite étincelle. *Des bluettes de feu.* || Fig., *Il y a quelques bluettes d'esprit dans cet ouvrage.* Il y a quelques saillies plus brillantes que justes. || Fig., Un petit ouvrage, un ouvrage sans prétention, un badinage d'esprit. *Il a écrit quelques jolies bluettes.*

BLUETTER. v. n. (de *bluette*). Produire des bluettes de feu.

BLUMEA. s. m. T. Bot. Genre de plantes de la famille des *Composées*. Voy. ce mot.

BLUTAGE. s. m. Action de bluter la farine ; résultat de cette action.

BLUTEAU ou BLUTOIR. s. m. (R. *bluter*). Tamis à bluter la farine. Voy. FARINE. || Sorte de seau de boissellerie servant à délayer les couleurs des cartiers.

BLUTER. v. a. (anc. *buleter*, et *bureter*, de *bure*, sorte d'étoffe grossière pouvant servir à tamiser). Passer la mouture par le blutoir, pour séparer la farine du son. *B. de la farine.* = BLUTÉ, ÉE. part.

BLUTERIE. s. f. Lieu où l'on blute la farine.

BMI. T. Mus. Ancien nom de la note aujourd'hui appelée *si*.

BOA. s. m. (bas-lat. *boa*, sorte de serpent). T. Erpét. Genre de serpents. || Sorte de fourrure étroite et longue que les dames portent autour du cou pendant l'hiver.

Zool. — Les grands genres *Boa* et *Python* constituent dans l'ordre des *Ophidiens* ou *Serpents* une famille des plus intéressantes, qui a reçu du prince Charles Bonaparte le nom de *Boïdés*. Les reptiles qui en font partie appartiennent à la division des *Serpents non venimeux*. Les *Boas* habitent le nouveau continent, et les *Pythons* l'ancien monde. Ces deux genres renferment les plus grandes espèces de serpents que l'on connaisse. Le nom de *Boa* donné par les zoologistes modernes à des reptiles propres à l'Amérique, était appliqué par les anciens à une espèce de couleuvre qui, suivant eux, se glissait dans les troupeaux pour y sucer le lait des vaches, en grec βοῦς. Quant à la dénomination de python, c'est une allusion au serpent gigantesque de la mythologie gréco-romaine qui fut tué par les flèches d'Apollon. — Les caractères propres du genre *Boa* sont : corps très long, fusiforme, d'un diamètre considérable au milieu de sa longueur, allant en diminuant vers la tête et la queue ; tête relativement petite, pyramidale, tenant au corps par un cou assez mince et grêle ; queue prenante, par laquelle l'animal se suspend aux rameaux des grands arbres pour guetter sa proie et la saisir au passage ; os mastoïde libre, permettant à la bouche de se dilater énormément ; dents au nombre de cent vingt environ ; rudiments de membres postérieurs sous la peau, apparaissant au dehors sous forme de crochets situés de chaque côté de l'anus ; petites écailles imbriquées couvrant la partie supérieure du corps; larges plaques ventrales garnissant le dessous.

Les boas habitent dans les cavités des vieux arbres, ou sous les voûtes épaisses que forment leurs racines, et ils ne sortent de leur retraite que lorsque la faim les presse. Alors ils se cachent sous les grandes herbes, ou se suspendent à une branche d'arbre au bord des eaux pour guetter leur proie. Lorsqu'un animal se trouve ainsi à sa portée, le b. se lance sur lui, l'enveloppe de ses longs replis et lui brise les os. Il n'attaque guère que de petits quadrupèdes, ou au plus des animaux de la taille d'une chèvre. Après avoir broyé sa victime dans ses anneaux, le serpent l'enduit de sa salive; puis, comme ses mâchoires peuvent s'écarter d'une façon extraordinaire, il l'engloutit dans son énorme gueule. Mais la déglutition est excessivement lente. Pendant le temps que dure cette difficile opération, le b. reste immobile et dans un état complet d'engourdissement : on peut alors le chasser et le tuer sans danger. Les nègres et les naturels de la Guyane mangent avec plaisir la chair des boas : elle paraît en effet ressembler à celle du poisson. Leur graisse, qui est assez abondante, est considérée par eux comme un topique très efficace contre les douleurs rhumatismales, les contusions, etc. — Les boas sont ovipares; leurs œufs sont de la grosseur d'un œuf d'oie, et les femelles paraissent les couver avec soin.

Le genre b. a été subdivisé en cinq groupes : 1° Le premier, celui des *Boas propres*, ne contient que le *B. constrictor*, appelé aussi *B. royal* ou *Devin* (Fig. ci-dessous). Il est recon-

naissable à une large chaîne, formée alternativement de grandes taches noirâtres, irrégulièrement hexagones, et de taches pâles, ovales, échancrées aux deux bouts, qui règne le long de son dos et y forme un dessin très élégant. Il habite les forêts de la Guyane et du Brésil. — 2° Les *Eunectes*, ou boas nageurs, comprennent l'*Anaconda* (B. *murina* ou *aquatica*) et le *B. à bandes latérales* (B. *lateristriga*). — 3° Le groupe des *Epicrates* ne renferme qu'une seule espèce, l'*Aboma* (B. *cenchrys* ou *annulifer*), au corps fauve et varié de grands anneaux bruns sur le dos. — 4° Le *Boa broité* (B. *elegans*), le *Bojobi* et le *B. de Merrem*, qui appartiennent également à l'Amérique méridionale, forment le groupe des *Xiphosomes*. — 5° Celui des *Enygrus* comprend trois espèces des Indes Orientales, le *B. caréné*, le *B. occellé* et le *B. vipérin*, qui se rapproche par sa coloration de la vipère d'Europe.

Les *Pythons* ont des crochets près de l'anus et les plaques ventrales étroites, comme les boas, dont ils diffèrent seulement par les doubles plaques du bout de leur queue. Cependant quelques-uns de ces serpents ont les premières, d'autres les dernières plaques de la queue simples; ce qui paraît établir la transition entre les deux genres. Les pythons vivent dans les lieux boisés, chauds et humides. Les dimensions de ces reptiles ne sont pas moindres que celles des boas. Le genre python est divisé en quatre groupes : 1° Les *Pythons* proprement dits, dont les principales espèces sont le *P. de Séba*, de l'Afrique intertropicale; le *P. royal*, de la Sénégambie; le *P. Molure* ou *P. Tigre*, de l'Inde, de Java, de Sumatra, etc. 2° Les *Liasis*, parmi lesquels on remarque le *P. Améthyste*

des îles de la Sonde, ou *Ular sawa* (serpent de rivière) des Malais, qui, dit-on, atteint une longueur de 9 mètres. 3° Les *Morélies*. 4° Les *Nardoa*, de l'Australie.

BOABDIL, dernier roi maure de Grenade (1481-1492).

BOBAX. s. m. T. Mam. Petit quadrupède du genre *Marmotte*. Voy. ce mot.

BOBBIO, v. d'Italie, à 60 kil. de Pavie, 4,675 hab.

BOBÈCHE. s. f. Petite pièce cylindrique et à rebord qu'on adapte aux chandeliers, aux lustres, pour recevoir la chandelle ou la bougie. *B. d'argent, de cuivre, de fer, de verre.* || La partie supérieure d'un chandelier, lorsqu'elle a la forme d'une b. mobile.

BOBÈCHE. s. m. Plaisant trivial, niais, sot, imbécile, du nom d'un pitre français fameux sous l'Empire et la Restauration.

BOBILLE. s. f. Cylindre de bois dont l'axe est formé par un arbre de fer, à l'usage du fabricant d'épingles.

BOBIN. s. m. Métier pour lulle.

BOBINAGE. s. m. Action de placer le fil sur des bobines.

BOBINE. s. f. (lat. *volvere*, tourner, ou *bombycinum*, fil de soie, de *bombyx* gr. βόμϐυξ, ver à soie)). Petit cylindre de bois, avec un rebord à chaque extrémité, qui sert à filer au rouet, ou à dévider du fil, de la soie, etc.

BOBINER. v. a. Dévider du fil, de la soie, etc., sur la bobine. *B. de la soie.* = BOBINÉ, ÉE. part.

BOBINETTE. s. f. (Dim. de *bobine*). Pièce de bois qui servait jadis à fermer les portes dans les campagnes. *Tirez la chevillette, la bobinette cherra.* (PERRAULT).

BOBINEUSE. s. f. Machine à rouler le fil de lin sur des bobines. || Ouvrière qui fait ce travail.

BOBINIÈRE. s. f. (R. *bobine*). Partie supérieure du rouet à filer l'or.

BOBINO, nom d'un ancien petit théâtre de Paris, rue Madame, près du Luxembourg.

BOBINOIR. s. m. Rouet à bobiner.

BOBO. s. m. Mot emprunté au langage des enfants. Mal léger. *On lui a fait b., du b.*

BOCAGE. s. m. (all. *busch*, touffe de bois). Petit bois, lieu ombragé et pittoresque. *A l'ombre d'un b.*

    L'oiseau qui charme le bocage,
    Hélas! ne chante pas toujours.
                        LAMARTINE.

Syn. — *Bosquet.* — Ces deux mots ont la même étymologie et signifient également un petit bois; mais *bocage* se dit d'un petit bois agreste, où la main de l'homme n'est pas intervenue, tandis que *bosquet* désigne un petit bois disposé avec art et entretenu avec soin.

BOCAGE (Le), anc. pays de France (Vendée). = Nom des hab. : BOCAIN, AINE.

BOCAGER, ÈRE. adj. Qui appartient aux bois; qui fréquente les bois. *Les nymphes bocagères. La flûte bocagère.*

BOCAIN, AINE. s. et adj. Qui habite le Bocage ou a rapport à ce pays.

BOCAL. s. m. (gr. βαυκάλιον, vase). Vase de verre ou de grès, dont le col est court et l'ouverture large. *Des bocaux de prunes à l'eau-de-vie. Mettre des poissons dans un b.* || Globe de cristal ou de verre, rempli d'eau, et qui sert à certains artisans pour concentrer sur leur ouvrage les rayons lumineux d'une chandelle ou d'une lampe placée derrière. || Petite pièce de métal évasée en forme de godet, qu'on adapte au cor, à la trompette, etc., pour mieux les emboucher.

BOCAMBRE. s. m. T. Métall. *Bocard.* Voy. ce mot.

BOCAMELLE. s. f. Un des noms vulgaires du putois.

BOCANE. s. fr. Danse grave et figurée du XVIIe siècle.

BOCARD. s. m. (all. *pochwerk*, m. s., de *pochen*, frapper). *i*. Métall. Machine à l'aide de laquelle on écrase le minerai, avant de le mettre au feu pour le fondre. Elle se compose de pilons verticaux qui sont munis à leur extrémité d'une masse de fer.

BOCARDAGE. s. m. T. Métall. Action de bocarder.

BOCARDER. v. a. T. Métallurg. Passer au bocard. *B. la mine.* == BOCARDÉ, ÉE. part.

BOCASSIN. s. m. Sorte de toile de coton.

BOCCACE, célèbre écrivain italien, auteur du *Décaméron* (1313-1375).

BOCCANERA, illustre famille de Gênes, du XIIIe au XVe siècle.

BOCCHERINI, compositeur italien, auteur de quintettes, de trios, d'un *Stabat*, et notamment d'un charmant menuet (1740-1806).

BOCCHORIS, roi d'Égypte (700 av. J.-C.).

BOCCHUS, roi maure, beau-père de Jugurtha, qu'il livra aux Romains (106 av. J.-C.).

BOCHART DE SARRON, magistrat et astronome. Mourut sur l'échafaud (1730-1794).

BOCK. s. m. Quantité de bière équivalant à peu près à un quart de litre. || Le verre qui la contient. == Ce mot est d'origine allemande; les brasseurs allemands désignent la bière forte sous le nom de *b.-bier* ou *bière de bouc*, parce que les buveurs finissaient souvent par se quereller. Importé en France vers 1850, *b.-bier* est devenu *b.* et le public, se méprenant sur le sens du mot, lui a donné la signification de *verre de bière*. Autrefois on disait *chope*.

BOCOGNANO, ch.-l. de canton (Corse), arr. d'Ajaccio, 1,100 hab.

BOCQUET. s. m. T. Blas. Fer de pique.

BOCQUILLON. s. m. T. Chasse. Lieu disposé pour se mettre à l'affût du gibier.

BODE, astronome allemand (1747-1826). *Loi de Bode.* — Formule signalée pour la première fois par Titius et répandue par Bode, qui permet de trouver facilement les distances des planètes au Soleil. Si l'on écrit les nombres :

0, 3, 6, 12, 24, 48, 96, 192,

qui vont en doublant à partir du second, et si en leur ajoute 4, on a :

4, 7, 10, 16, 28, 52, 100, 196.

Voici les distances des planètes au Soleil, en représentant celle de la Terre par 10 :

Mercure.	Vénus.	Terre.	Mars.	Jupiter.	Saturne.	Uranus.
3,9	7.2	10	15	52	95	192

Il y a, en effet, comme on le voit, une ressemblance remarquable d'autant plus que les petites planètes découvertes entre Mars et Jupiter, sont venues se placer vers la distance 28. Mais, au contraire, Neptune, découvert en 1846, est à la distance 306, comme le voudrait la loi de Bode, et non 38.

BODÉE. s. f. Banc qui soutient les outils du verrier pendant qu'il introduit les pots dans le four.

BODEGA, baie et cap des États-Unis. (État de Californie.)

BODEN. s. f. Fonte de deuxième fusion qui a été décarburée.

BODIN (JEAN), publiciste français, auteur du traité *De la République* (1530-1596).

BODIN (FÉLIX), auteur de plusieurs *Résumés historiques* (1795-1835).

BODINE. s. f. T. Mar. Quille de navire.

BODLEY, diplomate anglais sous Élisabeth, fondateur de la *Bibliothèque Bodléienne*, à Oxford (1544-1612).

BODRUCHE. s. f. Voy. BAUDRUCHE.

BOÈCE, philosophe romain, auteur du livre *De la Consolation philosophique* (470-524). Il fut l'ami et le ministre du roi goth Théodoric qui s'était emparé de Rome, et sous son sage gouvernement l'Italie jouit d'une prospérité qu'elle ne connaissait plus depuis vingt ans. Malheureusement les barbares se lassèrent de subir sa domination, il fut accusé de trahison et de magie, et condamné à mort.

BOECKH (AUGUSTE), philologue allemand (1785-1867).

BOÈGE, ch.-l. de c. (Haute-Savoie), arr. de Thonon, 1,500 hab.

BOEHME ou **BOEHM** (JACOB), philosophe mystique allemand (1775-1624). — Dans la philosophie de Boehm, Dieu est la substance commune de tout ce qui existe; en lui-même, il est inaccessible à nos facultés, mais il se révèle par la nature, qui est la réalisation visible de ses idées. Ce concept théosophique est à peu près la nature naturante et la nature naturée de Spinosa.

BOEHMÉRIE. s. f. (R. *Boehmer*, nom d'un botaniste allemand). T. Bot. Genre de plantes croissant en Chine et dans l'Inde, de la famille des *Urticacées*. Voy. ce mot.

BOEMYCES. s. m. (gr. βοῦς, bœuf; μύκης, champignon). T. Bot. Genre de cryptogames appartenant au groupe des *Lichens*. Voy. ce mot.

BOËN, ch.-l. de canton (Loire), arr. de Montbrison, 2,600 hab.

BOERHAAVE, célèbre médecin et professeur de Leyde, fut le fondateur de l'enseignement clinique (1668-1738).

BOERHAVIE. T. Bot. (R. *Boerhaave*). T. Bot. Genre de plantes herbacées croissant dans les régions tropicales du globe, famille des *Nyctaginées*. Voy. ce mot.

BOERS, habitants de l'Afrique australe, au nombre de 330,000, descendants des Hollandais qui s'établirent au Cap en 1652.

BOËSSE. s. f. Outil avec lequel le ciseleur ébarbe son ouvrage.

BOËSSER. v. a. Ébarber un métal sculpté ou ciselé.

BOÉTIE (ÉTIENNE DE LA), magistrat et écrivain français, ami de Montaigne (1530-1563).

BOËTTE. s. f. T. Pêche. Appât pour la pêche de la morue, composé d'amas de crustacés de haute mer qui se rencontrent surtout sur le littoral de Terre-Neuve. On écrit aussi BOITTE et BOUETTE.

BOETTIGER (CHARLES-AUGUSTE), érudit allemand, auteur de la *Matinée d'une dame romaine à sa toilette* (1760-1835).

BOEUF. s. m. [Pr. *beuff* au sing., *beû* au pl.] (lat. *bos, bovis,* taureau, bœuf, vache). Taureau mis hors d'état de se reproduire. *B. de labour. Troupeau de bœufs. Décapiter les bœufs. Le pied, la tête, les cornes, les flancs, la queue d'un b. Étable à bœufs. Le meuglement, le beuglement d'un b.* — Absol., *Le bœuf gras.* [Pr. *Vf*, *B.* très gras que les bouchers promenaient en pompe par la ville, les derniers jours du carnaval. *Promenade du b. gras.* — Fig. et prov., *Mettre la charrue avant les bœufs,* Commencer par où l'on devrait finir; intervertir l'ordre des choses. || La chair du b. destinée à servir d'aliment. *Un morceau, une tranche de b. Une langue, un palais de b. Un filet de b. B. bouilli, rôti, fumé, salé.*

Absol., se dit d'un morceau de b. bouilli. *Servir le b. Le b. était excellent. B. à la mode*, Morceau de b. assaisonné et cuit dans son jus. — Fig. et fam., *C'est la pièce de b.*, se dit de ce qui est d'usage habituel, comme la pièce de b. dans les repas ordinaires; ou bien de ce qui tient une place importante au milieu de plusieurs objets du même genre ou présentés en même temps. ‖ Fig. et fam. Un homme très corpulent, très gras. *Quel gros b.* On dit de même, *Il est gros comme un b.* — *C'est un b. pour le travail*, ou simplement, *C'est un b.* se dit de quelqu'un qui travaille beaucoup et longtemps sans trop de fatigue. — *Il est lourd comme un b.*, se dit d'un homme dont l'esprit est pesant. ‖ T. Archit. *Œil-de-b.*, Petite baie ronde pratiquée dans un bâtiment pour laisser passer la lumière. Voy. ŒIL. ‖ T. Jeu. *Pied de b.* Jeu dans lequel les enfants cherchent à s'attraper les mains. Voy. PIED.

Zool. — « Le mot *Bœuf*, dit Cuvier, désigne proprement le *Taureau* mis hors d'état de se reproduire; dans un sens plus étendu, il désigne l'espèce entière, dont le taureau, la vache, le veau, la génisse et le bœuf ne sont que différents états; dans un sens plus étendu encore, il s'applique au genre entier, qui comprend les espèces du bœuf, du buffle, du yak, etc. — Dans ce dernier sens, le genre *B.* est composé de quadrupèdes *ruminants à pieds fourchus et à cornes creuses*, qui se distinguent des autres genres de cette famille, tels que les chèvres, les moutons et les antilopes, par un corps trapu; par des membres courts et robustes; par un cou garni en dessous d'une peau lâche, qu'on appelle *Fanon*; par des cornes qui se recourbent d'abord en bas et en dehors, dont la pointe revient en dessus, et dont l'axe osseux est creux intérieurement, et communique avec les sinus frontaux. »

Le genre *B.* de Cuvier a été érigé en famille sous le nom de *Bovidés*, et partagé en quatre tribus, savoir : les *Taureaux*, les *Yaks*, les *Bisons* et les *Buffles*. En outre, on en a retiré le *B. musqué d'Amérique (Ovibos)* qui forme la transition entre la famille des bœufs et celle des moutons. — Nous ne traiterons ici que de la première de ces tribus; celle des bisons, qui ne comprend que l'*Aurochs* et le *Bison*, a été décrite au mot BISON. Il sera question des deux dernières aux mots BUFFLE et YAK.

Les caractères communs et propres à toutes les espèces qui composent la tribu du *B.*, sont : Front ou tout à fait plat, ou légèrement concave; treize paires de côtes; langue hérissée de papilles cornées; poil ras, sauf celui du sommet du front, qui peut être un peu plus long que celui du reste du corps, mais qui jamais ne retombe en touffe, comme chez l'aurochs et le bison. Le mufle est en général nu, et les mamelles, ordinairement au nombre de quatre, sont disposées par paires.

Parmi les espèces particulières de cette tribu, le *Zébu* (*Bos indicus*) se distingue par une loupe ou bosse graisseuse située sur le garrot (Fig. 1). Son poil est généralement gris en dessus et blanc en dessous. Sa chair est légèrement musquée. Il existe des variétés à cornes et d'autres qui en sont

dépourvues. Cette espèce est très commune dans l'Inde, à Madagascar et dans l'Afrique orientale. Les uns sont grands

Fig. 1.

et ont une bosse qui pèse près de 25 kilogrammes; d'autres sont si petits qu'ils dépassent peu la taille de nos cochons. A Surate, dans l'Inde, on en voit qui ont deux bosses.

Dans l'Inde ou dans l'Archipel indien on trouve deux espèces de bœufs qui proviennent *peut-être* de croisements fort anciens.

Le *B. commun* (*B. Taurus*) a pour caractères spécifiques un front plat, plus long que large, et des cornes rondes placées aux deux extrémités de la ligne saillante qui sépare

Fig. 2.

le front de l'occiput. Dans les crânes fossiles qui paraissent avoir appartenu à cette espèce dans l'état sauvage (l'*Urus* des anciens), ces cornes se recourbent en avant et vers le bas; mais, dans les innombrables variétés domestiques, elles ont des directions et des grandeurs fort différentes, quelquefois même elles manquent tout à fait.

Le b. (Fig. 2) est un animal lourd, mais robuste; il est en général lent dans ses mouvements; néanmoins il peut courir assez vite. Dans l'état de domesticité, il est doux, patient, et même susceptible d'attachement; mais, à l'état sauvage, il est très farouche, dangereux et redoutable, à cause de sa grande force et des armes puissantes dont sa tête est armée. Le taureau conserve toujours quelque chose du caractère farouche et irascible des races sauvages; en conséquence, on ne l'emploie qu'à la reproduction de l'espèce, et dans les pays où l'on fait travailler le b., le taureau est exempt de tout travail. Le cri du b. est appelé *Beuglement* ou *Mugissement* : ce dernier terme s'applique surtout au cri du *Taureau*. — Les diverses races de bœufs qui vivent à l'état sauvage, soit dans l'Inde, soit dans les pampas de l'Amérique du Sud, vivent par troupeaux souvent fort nombreux.

La durée de la vie de ces animaux peut se prolonger jusqu'à vingt ans, peut-être au delà ; mais, à l'état domestique, un bon agriculteur ne leur laisse guère dépasser l'âge de huit à neuf ans, époque où il les livre à la boucherie. Après cet âge, leur chair devient trop dure et coriace. En outre, l'usure de leurs dents ne permettrait plus de les engraisser au pâturage. Dans les laiteries où l'on élève un grand nombre de vaches pour l'approvisionnement en lait des grandes villes, les nourrisseurs intelligents ne laissent pas vivre les vaches au delà de six ans; ils trouvent plus d'avantage à les engraisser à cet âge où leur viande a toute sa valeur, qu'à les conserver plus longtemps. L'âge du b. se reconnaît par les dents et par les cornes. Les deux dents incisives médianes tombent à dix mois, et sont remplacées par d'autres qui sont moins blanches et plus larges : le renouvellement des deux incisives voisines a lieu à seize mois. A trois ans,

Fig. 3.

toutes les incisives sont renouvelées; elles sont alors égales, longues et assez blanches; mais, à mesure que l'animal avance en âge, tous ces organes s'usent, noircissent et deviennent inégaux. Les cornes croissent pendant toute la vie de l'animal, par l'addition successive de nouvelles lames qui se déposent à l'intérieur de l'étui formé par la substance cornée, et la poussent devant elles, en produisant à sa base un bourrelet circulaire. Ce phénomène commence à trois ans, et, chaque année, un nouvel anneau ou bourrelet s'ajoute au-dessous des précédents. Ainsi, pour avoir l'âge d'un b., on prend pour trois ans le premier anneau à partir de la pointe, et l'on compte une année de plus par chaque nouvel anneau. Le jeune taureau reçoit le nom de *Veau* jusqu'à dix mois, puis celui de *Taurillon* jusqu'à dix-huit, époque où il prend le nom de *Taureau* proprement dit ou celui de *Bœuf*, selon qu'on le conserve pour la propagation de l'espèce ou qu'on le rend incapable de se reproduire. La *Génisse* est une jeune *Vache*. Celle-ci, ainsi que le taureau, est adulte à l'âge de dix-huit mois ou deux ans.

La durée de la gestation chez la vache est assez régulièrement de neuf mois. L'observation de plusieurs centaines de vaches a donné à Tessier une moyenne de 276 jours. La portée ordinaire n'est que d'un veau. Dans l'état demi-sauvage où ces animaux se trouvent dans quelques pays, en Colombie, par ex., le lait se tarit aussitôt que le petit cesse de téter; mais, à l'état domestique, il en est autrement : nos vaches donnent du lait jusqu'au moment où elles sont près de *vêler* de nouveau. — Le veau que l'on veut élever est en général sevré au bout de six semaines. Dans le cas contraire, on l'engraisse pour le livrer à la boucherie, ce qui a lieu à l'âge de six semaines, de deux mois et même de trois. Un veau de six semaines pèse environ 40 kilogr.; à trois mois, son poids est de 60 à 65 kilog.

La ration nécessaire aux animaux de l'espèce bovine se calcule d'après le poids de chaque animal. Évaluée en foin

sec, la *ration d'entretien* d'un b. ou d'une vache est de 3 p. 100 de son poids : si donc l'animal pèse 500 kilogr., il lui faut 15 kilogr. de fourrage sec, ou bien son équivalent en racines, tourteaux et autres aliments. Mathieu de Dombasle, Boussingault, Villeroy, ainsi que plusieurs agronomes anglais et allemands, ont dressé des tables d'équivalents pour les diverses substances alimentaires qui conviennent à la race bovine : ces tables diffèrent peu entre elles. Avec la ration d'entretien, l'animal n'engraisse ni ne maigrit; il ne fournit ni viande, ni lait, ni travail. Il faut donc encore ajouter à sa ration d'entretien 2 ou 3 p. 100 de son poids, ce qui forme sa *ration de produit*.—L'élevage et l'engraissement du bétail sont une branche de l'économie rurale toujours très avantageuse quand elle est bien conduite.

L'origine du b. domestique est enveloppée de ténèbres qui n'ont pu, jusqu'à présent, être dissipées par les recherches de la science. On a longtemps regardé l'aurochs comme la souche des deux races bovines; mais l'étude comparative de l'anatomie des deux espèces du b. et de l'aurochs a démontré que cette opinion était dénuée de fondement. On a pensé aussi que le b. domestique rendu à la vie sauvage reviendrait, au bout de quelques générations, à quelque type particulier qui pourrait être considéré comme celui de la souche primitive. Cependant, les innombrables troupeaux de bœufs sauvages, descendants directs des bœufs d'Espagne, qui paissent dans les *Pampas* de Buenos-Ayres, n'ont subi aucune modification essentielle après trois siècles de liberté. Le type du b. domestique d'Espagne y est encore très reconnaissable. — Les Anglais attribuent l'origine de leurs nombreuses races bovines au *B. calédonien*, le seul qui subsiste en Europe à l'état sauvage. Des troupeaux de cette race sont conservés dans le parc de Charley (Derbyshire) et dans celui de Chillingham (Northumberland). Ce b. est entièrement blanc, sauf les extrémités des oreilles et des cornes, qui sont de couleur noire (Fig. 3. Taureau sauvage de Chillingham). Livré entièrement à lui-même dans une forêt assez vaste, le b. calédonien se tient caché dans la partie la plus épaisse et la plus impénétrable de son domaine, où il est difficile de l'apercevoir et dangereux de le déranger. Si le troupeau, qui compte environ quatre-vingts têtes, aperçoit un homme, tous les animaux s'arrêtent pour le regarder de loin; puis, à un signal du chef de la bande, tous partent au galop et se mettent à décrire des cercles d'un très grand rayon, sans perdre de vue l'objet de leur frayeur. Un de ces animaux, pris jeune, fut élevé avec le gros bétail d'une exploitation : il ne se montra ni plus farouche ni moins docile que les autres; lorsqu'il fut abattu à l'âge de trois ans, sa chair fut trouvée excellente. — Les gardes forestiers qui connaissent en détail le troupeau, ne laissent dépasser à aucun animal de l'un ou de l'autre sexe l'âge de huit ans, l'expérience ayant appris que, plus tard, leur chair perd presque toutes ses qualités. Pour abattre ceux qu'on veut sacrifier, on fait périodiquement de grandes parties de chasse qui rappellent celles du moyen âge. Le troupeau, selon sa coutume, tourne en cercles immenses autour des chasseurs, en s'en rapprochant continuellement. Lorsqu'il passe à la portée de la carabine, les gardes désignent aux tireurs les bêtes qui doivent être abattues; on permet aux autres de s'éloigner et de continuer à mener leur existence complètement sauvage. Ces chasses ne se passent pas toujours sans accidents plus ou moins graves.

L'une des races bovines qui ont subi les modifications les plus singulières, est assurément celle qui constitue les innombrables troupeaux des colons hollandais du cap de Bonne-Espérance, connus sous le nom de *Bauwers* ou *Boërs* (paysans), parce qu'ils mènent exclusivement la vie agricole et pastorale. Les ancêtres de ces colons, en venant s'établir à l'extrémité de l'Afrique, importèrent la race du *B. hollandais*, variété de celle qui, sous les noms de *race Cotentine* et *race Flandrine*, subsiste sur tout le littoral de la Manche et de la mer du Nord. Le b. hollandais, dans son pays natal, essentiellement lourd et paresseux; il marche peu et ne biesure point. Au Cap, il est devenu allongé, dégagé, haut sur jambes, et presque aussi rapide à la course que le dromadaire lui-même. Les *Bœufs de course*, s'il est permis de leur donner ce nom, n'engraissent jamais; mais ils ne sont jamais maigres. On les emploie uniquement comme bêtes de trait. Le grand trot est leur allure ordinaire; cependant ils prennent aussi le galop et se montrent, dans leur métier de coureurs, aussi vifs que dociles.

Dans les pays civilisés et bien cultivés de l'Europe, les races de bœufs domestiques sont d'autant plus variées que l'état de l'agriculture est plus avancé. Ainsi par ex., en Ukraine, en Podolie, en Hongrie, on ne rencontre qu'une seule race, d'un gris uniforme, à très longues cornes, la même qu'on retrouve dans les parties les moins bien cultivées de l'Italie, où elle est connue sous le nom de *B. de la Romagne*. Ces bœufs vivent toute l'année dans des pâturages où ils sont à peines gardés, et mènent une vie à demi sauvage. Aussi ressemblent-ils beaucoup aux bœufs sauvages du nouveau monde. — A l'autre extrémité de l'Europe, les Iles-Britanniques nous offrent, comme base de l'agriculture la plus perfectionnée, une grande variété de races de gros bétail dont nous indiquerons les principales.

En Écosse, la *race du comté d'Ayr* se distingue par la perfection de ses formes, sa sobriété et l'excellence de son lait; c'est la race la mieux appropriée aux pâturages maigres des pentes des montagnes. — En Angleterre, pays de grande consommation de viande, le premier rang appartient sans contestation, comme race de boucherie, au *B. de Durham*, à courtes cornes, race entièrement artificielle. Ce fut dans la seconde moitié du dernier siècle qu'un éleveur célèbre, Bakewell, démontra expérimentalement que, par un choix judicieux de reproducteurs dirigé constamment vers un but déterminé, on peut porter au plus haut degré de développement les qualités désirées dans une race de bestiaux. Cin-

boucherie, ne travaillent pas. En France, le plus grand nombre des bœufs abattus a servi pour les labours et les transports, plusieurs de nos régions agricoles n'engraissent pour la boucherie que des bœufs qui ont travaillé. — La

Fig. 4.

meilleure race française, pour le travail, est celle des *Bœufs de Garonne*, de très grande taille. Les vaches de cette race travaillent aussi bien que les bœufs, elles ont à peine du lait pour nourrir leurs veaux, et ne sont élevées qu'en vue de la reproduction. — Viennent ensuite, dans l'ordre de leur mérite comme travailleurs, le b. d'Auvergne de la *race de Salers*, le *B. du Charollais* (Fig. 6. Taureau charollais), et celui du *Poitou*, plus connu sous le nom de *B. de Cholet*. Tous ces bœufs, ainsi que le *B. limousin* et celui du *Nivernais*, sont à la fois des races de travail et de boucherie. — L'ancienne *race normande* ne laboure pas. Elle est exclusivement élevée en vue de la boucherie. Depuis longtemps, elle a été fort améliorée par le croisement avec la race anglaise de Durham. — Notre petite *race bretonne*, aussi sobre qu'active, mérite aussi une mention. — Le volume trop considérable et la trop grande vigueur de la charpente osseuse de nos bœufs de boucherie sont des imperfections au point de vue du rendement en viande; mais, au point de vue du travail, ce sont des qualités. Tant que les bœufs, en France, laboureront avant d'être engraissés, aucune de nos races de boucherie n'aura cette finesse de membres et cette petitesse des os de la tête qui sont regardées comme des perfections chez les races anglaises qui ne font aucun travail.

Fig. 5.

quante ans plus tard, Collings, émule de Bakewell, en opérant d'après les mêmes principes, créa la race Durham à courtes cornes. La tête et les pieds étant les parties qui, chez les animaux de boucherie, ont le moins de valeur, les Durham les plus parfaits n'ont une tête que parce qu'ils ne peuvent se dispenser d'en avoir une, et il est difficile de comprendre comment leurs jambes, tant elles sont minces et grêles, peuvent soutenir leur corps (Fig. 4. B. Durham à courtes cornes). Cette race a aussi conquis artificiellement l'avantage d'une grande précocité et d'une disposition très prononcée à prendre de la graisse. Tant de qualités ont porté au loin la renommée du b. Durham à courtes cornes, et des reproducteurs de cette race ont été introduits dans tous les pays bien cultivés de l'Europe. La plupart des bêtes de boucherie abattues actuellement dans les grandes villes de la France, de la Belgique et de l'Allemagne ont plus ou moins de sang de Durham. — La Grande-Bretagne possède aussi d'excellentes races de gros bétail à longues cornes: celles de *Devon* et d'*Hereford* sont les plus renommées; souvent, dans les concours d'animaux de boucherie, des bœufs de Devon et d'Hereford (Fig. 5. B. de la race d'Hereford) luttent avec avantage contre les Durham.

La France n'est pas moins riche que la Grande-Bretagne en bonnes races de bœufs domestiques. Les différences tranchées qui distinguent nos races des races anglaises ont pour cause la différence de leurs destinations. En Angleterre et en Écosse, tous les travaux agricoles sont exécutés par des chevaux; les bœufs, élevés exclusivement pour être livrés à la

Fig. 6.

Au point de vue de la production du lait et du beurre, les races françaises les plus recommandables sont : 1° la petite *Vache de Bretagne*, dont le lait est peu abondant, mais fort riche en beurre; 2° la grande *Vache normande*, dite *Vache cotentine*, qui donne beaucoup de lait, mais dont le lait est moins riche en substances grasses que celui de la race précédente; 3° la *Vache de la Flandre française*, dite *Vache flandrine*, égale ou supérieure à la cotentine comme laitière.

— On rencontre aussi dans tous nos départements de l'Est une très belle et très bonne race de vaches laitières; mais elles ne sont pas françaises . ce sont des vaches suisses de la *race bernoise*, dont le sang est constamment renouvelé par des reproducteurs achetés dans les vallées du canton de Berne. En Suisse, la *race bernoise*, la plus renommée de ce pays, mérite sa réputation comme race laitière seulement. Elle est médiocre pour la boucherie. C'est avec le lait des vaches de cette race que les cultivateurs des départements du Doubs, du Jura et de la Haute-Saône fabriquent des fromages vendus dans le monde entier sous le nom de *fromages de Gruyère*, et qui ne diffèrent en rien des fromages suisses

Fig. 7.

de même nom. — En Belgique, indépendamment de la *race flandrine*, qui est excellente laitière, et qui, au point de vue de la boucherie, a été fort améliorée par le croisement avec les taureaux de Durham, on trouve une petite race sobre, agile, au lait très riche en beurre, tout à fait semblable à la *Bondiche* des Bretons : c'est la *race ardennaise*, confinée sur les plateaux élevés de l'Ardenne belge. — La *race hollandaise* (Fig. 7) est surtout renommée pour la production du lait. Elle n'est qu'une variété améliorée de la vache flandrine. On rencontre parfois des vaches hollandaises qui donnent de 12 à 15 litres de lait par jour pendant six mois sans interruption après avoir vêlé.

Il serait du plus haut intérêt pour l'industrie agricole de pouvoir reconnaître à première vue si une vache est ou doit être une bonne ou mauvaise laitière. Ce difficile problème a été en grande partie résolu par un simple paysan tout à fait illettré des environs de Libourne (Gironde). Guénon a reconnu et constaté, par une série innombrable d'observations, que

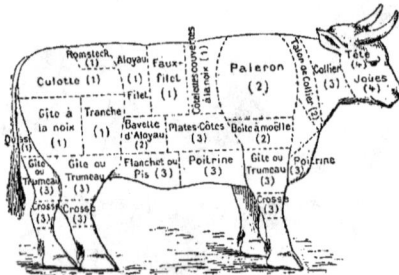

Fig. 8.

les qualités laitières d'une vache sont en rapport constant avec la forme et l'étendue de ce qu'il a nommé l'*écusson*. L'écusson est placé à la partie postérieure des deux cuisses; il entoure le pis et se prolonge supérieurement jusqu'au-dessous de la naissance de la queue. Les poils de cette partie ont une direction *remontante*, ce qui fait qu'avec un peu

d'habitude il est aisé de limiter exactement l'étendue de cette région. Tout le système de Guénon repose sur ce seul fait, et les indications pratiques qu'il fournit sont en général assez précises. Plus tard, on a reconnu, ce que Guénon ignorait, que les qualités laitières de la vache dépendent, non du volume du pis, qui n'est pour le lait qu'un simple réservoir, mais uniquement du volume des glandes lactifères, qui seules sécrètent le lait et le transmettent au pis. Or, les écussons ne sont autre chose que la marque de l'espace occupé sous la peau par ces glandes.

La race bovine est sans contredit de toutes les espèces animales celle qui rend le plus de services à l'homme. Elle laboure et travaille pour lui; elle le nourrit de son lait et de sa chair; elle lui procure en abondance les engrais dont il a besoin pour rendre ses champs féconds; enfin, elle fournit à son industrie des matériaux d'une grande valeur. L'industrie tire en effet parti de sa peau, de sa graisse, de son poil, de ses os, de ses cornes, de son sang, de ses tendons et même de ses intestins. Un b. de 325 kilogr. fournit 222 kilogr. et demi de viande, 22 et demi de suif et 20 de cuir; le sang et les issues représentent un poids de 60 kilogr. C'est avec la peau du b., de la vache et du veau que l'on prépare les cuirs destinés à la confection des chaussures, des harnais et à une multitude d'autres usages. Les poils dont on dépouille les peaux fournissent de la bourre pour les tapissiers, les selliers, etc.; on les file même et l'on en fabrique des tissus grossiers appelés *Thibaudes*, avec lesquels on fait des doublures de tapis et des manteaux de roulier presque imperméables à l'eau. Avec les os, les tourneurs font une foule de petits ouvrages; on en extrait de la gélatine; on en fait du noir animal, en outre, ils constituent un engrais puissant. Les cornes sont recherchées par les tabletiers pour faire des tabatières, des peignes, des boutons, etc. Le sang sert au raffinage du sucre et à clarifier les vins, les sirops, etc.; on en fabrique aussi un engrais des plus énergiques. Avec certaines parties tendineuses, on fait des cravaches; avec les intestins, on fait des cordes d'instruments de musique, de la baudruche, etc. Enfin, le fiel est employé dans le dégraissage et la teinture.

Quand on considère le nombre et l'importance de ces services, on peut, jusqu'à un certain point, juger de l'état agricole et industriel d'un peuple par le nombre de têtes bovines qu'il nourrit. Sous ce rapport, il existe une grande différence entre les diverses contrées de l'Europe. La Grande-Bretagne, à cet égard, l'emporte de beaucoup sur tous les autres pays.

Ajoutons enfin que les désignations et qualités ou « catégories » de la viande de bœuf au point de vue de la boucherie sont indiquées par la Fig. 8.

BŒUVONNAGE. s. m. (R. *bœuvonne*). Opération par laquelle on enlève à une vache les ovaires, ce qui la rapproche du bœuf quant à la qualité de la viande.

BŒUVONNE. s. f. (R. *bœuf*). Vache qui a subi l'opération du bœuvonnage.

BOG. s. m. (ital. *boga*, m. s.). Jeu de cartes se jouant avec un carton circulaire divisé en 6 compartiments.

BOGHEAD. s. m. [Pr. *bo-guède*] (mot anglais). Schiste bitumineux exploité en Écosse pour la fabrication du gaz d'éclairage et la préparation des divers hydrocarbures. Voy. BITUMINEUX.

BOGHEI. s. m. [Pr. *bogué*] (angl. *bog*, bourbier). Sorte de petit cabriolet découvert. *Aller au* b.

BOGIE. s. m. (angl. *old bogey*, croquemitaine). T. Techn. Truck à deux ou trois essieux sur lequel pivote l'avant-train d'une locomotive ou la partie extrême d'un wagon.

BOGOTA, cap. de la Colombie (Amérique du Sud), sur la rivière de ce nom ; 50,000 hab.

BOGUE. s. m. (scand. *baugr*, anneau). T. Techn. Gros anneau à tourillon qui ceint le manche des marteaux à soulèvement. | Sorte de pelle dont on se sert pour enlever les boues. || T. Bot. Enveloppe extérieure de la châtaigne armée de piquants. || T. Icht. Genre de poissons acanthoptérygiens. Voy. SPAROÏDES.

BOGUETTE. s. f. L'un des noms vulgaires du Sarrasin. Voy. ce mot.

BOGUSLAWSKI (ALBERT), auteur et artiste dramatique polonais (1752-1829).

BOGUSLAWSKI (LOUIS DE), astronome allemand (1789-1851).

BOHAIN, ch.-l. de c. (Aisne), arr. de Saint-Quentin, 7,000 hab.

BOHÉ. adj. m. *Thé b.*, sorte de thé noir de Chine.

BOHÉIQUE. adj. 2 g. T. Chim. L'*acide bohéique* s'extrait du thé noir (*thea bohea*) et s'obtient à l'état de masse amorphe, jaune, très soluble dans l'eau et dans l'alcool.

BOHÊME, ancien royaume indépendant, aujourd'hui province du royaume de l'empire austro-hongrois, bornée au Nord par la Saxe et la Prusse, à l'Est par la Moravie, au Sud par l'Autriche propre, et à l'Ouest par la Bavière. 269 kil. du Nord au Sud; superficie 51,950 kil. carrés; 5,825 000 hab., presque tous catholiques. Les deux cinquièmes parlent l'allemand, les autres la langue tchèque. Cap. Prague, 162,000 hab. La B. forme un quadrilatère irrégulier presque complètement entouré d'un cercle de montagnes dont les plus élevées sont le *Schneekoppe*, 1,646ᵐ, le *Heidelberg*, 1,401ᵐ, et le *Sneeberg*, 1,010ᵐ. Les principaux cours d'eau sont l'*Elbe* et son affluent la *Moldau*, qui passe à Prague. La B. a reçu son nom d'un peuple gaulois, les *Boïens*, qui en furent expulsés au commencement de l'ère chrétienne par un peuple d'origine germaine, les *Marcomans*. Ceux-ci subirent le même sort au Vᵉ siècle et furent remplacés par une nation slave, les *Tchèques* qui forment encore aujourd'hui la plus grande partie de la population. La B. fut d'abord un duché, puis un royaume en 1092, sous le règne de Wratislas II. Presque toujours en guerre avec l'empire d'Allemagne ou la Pologne, la B. finit par être absorbée par la maison d'Autriche en 1526; mais elle conserva son titre de royaume jusqu'à la bataille de Sadowa (1866), et fit partie de la Confédération germanique après la dissolution de l'empire d'Allemagne. Il est vrai que le roi de B. était invariablement l'empereur d'Autriche. Depuis 1866, la B. n'est plus qu'une province de l'empire d'Autriche. Malgré une domination de plus de trois siècles, les Tchèques n'ont pas perdu le sentiment de leur nationalité, et sont toujours restés en lutte avec la maison d'Autriche. Prague fut souvent le théâtre d'insurrections sanglantes. Aujourd'hui les Tchèques forment dans l'empire Austro-Hongrois un foyer d'opposition continuelle : ils sont divisés en deux parties : les Jeunes Tchèques gagnés aux idées libérales de notre temps, et les Vieux Tchèques qui voudraient un gouvernement monarchique et féodal; mais les deux partis s'accordent à réclamer pour le présent une revision de la constitution de l'empire qui donnerait l'autonomie à leur nation, c.-à-d. un gouvernement à trois, au lieu du gouvernement à deux (Autriche et Hongrie), actuellement consacré. En un mot, ils voudraient être traités comme le sont les Hongrois. La B. est l'une des régions les plus peuplées de l'empire Austro-Hongrois, et l'une de celles où l'activité industrielle et scientifique est la plus développée. Le pays est très riche en mines de toutes sortes; la verrerie de B. est estimée dans le monde entier. Enfin, les habitants se sont mis à cultiver leur ancienne langue et la littérature tchèque subit une véritable renaissance. Voy. les *Cartes* d'ALLEMAGNE et d'AUTRICHE.

BOHÊME. s. 2 g. ou **BOHÉMIEN, IENNE.** s. Se dit d'une sorte de vagabonds qui sont ainsi nommés parce qu'on les croyait originaires de la Bohême, et qui courent le pays en disant la bonne aventure et en dérobant avec adresse. *Une troupe de bohémiens.* — Fig. et fam., *C'est une bohémienne, une vraie bohémienne,* c'est une femme adroite et rusée; ou une dévergondée, une femme dont les manières sont trop libres. — *C'est une maison de bohème,* une maison où il n'y a ni ordre ni règle. — *Foi de bohème,* la foi que les voleurs, les fripons, etc., se gardent entre eux. La race des bohèmes appelée ou Franco Bohémiens, parce qu'on a cru que c'étaient des hussites fuyant les persécutions religieuses, est aussi désignée sous le nom de *Tziganes* et *Gitanos* en Espagne, *Zingari* en Italie, *Gypsies* en Angleterre, *Ziguener* en Allemagne, *Charami* (voleur) chez les peuples arabes; *Pharaoh nepek* (peuple de Pharaon, en Hongrie), etc. Au moyen âge, on les croyait Égyptiens. Il est aujourd'hui prouvé que les *Bohémiens* ou *Tziganes* sont

d'origine indienne et viennent du Sindy. Leur langue présente la plus grande analogie avec l'hindoustani et le persan. Ils sont répandus dans l'Europe entière. La Hongrie et les pays slaves sont les pays qui en contiennent le plus; mais partout où on les rencontre, en Russie comme en Hongrie, on est frappé de constater l'uniformité du type physique et des mœurs. On sait l'existence nomade qu'ils mènent. Leur métier favori, surtout en Hongrie, est celui de forgeron; ils ont une grande répugnance pour les travaux de l'agriculture, et pratiquent sans scrupule le vol, surtout l'enlèvement des bestiaux. Ils ont le sens musical très développé. En Espagne et en Russie, ils vivent partagés en tribus ou corporations sous la direction d'un chef électif. Leur gain est mis en commun; les vieillards et les enfants sont entretenus par la communauté.

BOHÊME. s. m. Nom donné, par comparaison avec la vie errante des Bohémiens, à une classe de jeunes littérateurs ou artistes parisiens qui vivent en travaillant le moins possible. C'est Henri Murger, l'auteur de la *Vie de Bohème,* qui disait lui-même : « Il y a des années où on n'est pas en train. » ‖ Fig. et prov., *Vivre comme un bohème, Mener une vie de bohème,* N'avoir ni feu ni lieu et vivre dans le vagabondage; ou mener une vie déréglée, dans l'insouciance et le mépris des usages établis.

BOHÉMOND, fils de Robert Guiscard, fut un des chefs de la 1ʳᵉ croisade et fonda la principauté d'Antioche (1188).

BOÏARD. s. m. Nom des anciens feudataires de Russie. Voy. BOYARD. ‖ T. Pêche. Civière à bras sur laquelle les pêcheurs de morue chargent le poisson.

BOÏELDIEU, compositeur de musique français, né à Rouen, auteur de la *Dame blanche,* du *Calife de Bagdad,* etc. (1775-1834).

BOÏENS, peuple gaulois (VIᵉ siècle av. J.-C.).

BOIGNE (LE BORGNE DE) consacra les richesses qu'il avait acquises dans l'Inde à la fondation d'établissements utiles, à Chambéry, son pays natal (1741-1830).

BOILEAU (NICOLAS), surnommé DESPRÉAUX, célèbre poëte français (1636-1711), auteur de *Satires,* de l'*Art poétique* (1673), d'*Épitres* et du *Lutrin.* Plus remarquable encore comme critique que comme écrivain, lié avec les plus grands poëtes de son temps, Racine, Molière, etc., il eut la plus heureuse influence sur le développement de leur talent.

BOILLY, peintre de genre (1761-1830).

BOIRE. v. a. (lat. *bibere,* m. s.). Avaler un liquide. *B. de l'eau, du vin, du café, une médecine. Ne faire que b. et manger. B. à la glace. B. à la fontaine. B. d'un trait. B. à longs traits. B. un coup. B. une bouteille de bordeaux. Verser à b. Donnez-moi à b.,* ou elliptl., *A b. Faire b. un cheval.* — *Il boit bien,* Il boit sec, Il boit beaucoup et sans eau. — *B. à sa soif,* Ne boire que selon le besoin qu'on éprouve. *B. son soûl, B. tant qu'on peut.* Voy. SOUL. — Prov. et pop., *B. comme un templier, comme un trou, comme une éponge, B. excessivement.* ‖ *B. à la santé de quelqu'un,* Exprimer des vœux pour la santé de quelqu'un au moment où l'on va b. On dit aussi : *B. une santé, des santés.* On dit encore : *B. à quelqu'un, B. aux inclinations de quelqu'un. B. au retour,* à l'*heureux voyage de quelqu'un.* — *B. au bon retour de quelqu'un,* veut dire aussi, En signe de joie de son retour. — *B. ensemble.* Faire un repas ensemble. *Ils se sont réconciliés, ils ont bu ensemble.* ‖ *Donner pour b.* à un ouvrier, à un cocher, à un commissionnaire, à des domestiques, à un concierge, etc., Leur faire de petites libéralités en sus de leur salaire ou en rémunération de quelque petit service. On dit de même *Donner quelque chose pour b.* ‖ Prov., *B. le vin du marché, B.* ensemble après la conclusion d'un marché, en signe de ratification. ‖ Prov., *A petit manger bien b.,* Lorsqu'on a peu à manger, on se dédommage en buvant beaucoup. ‖ Fig. et fam., *Il n'y a pas de l'eau à b.,* Il n'y a là rien à gagner, aucun bénéfice à faire. *Il y a à b. et à manger,* se dit d'une affaire qui peut avoir de bons et de mauvais résultats, d'un ouvrage où il y a du bon et du mauvais, d'une question qui présente deux sens. — *C'est pas la mer à b.,* Ce n'est pas une affaire bien difficile. ‖ Prov., *Qui bon l'achète, bon le* *boit*. Celui qui achète de bon vin, le boit bon ; et Fig., Il ne faut pas épargner son argent pour avoir de bonne marchandise. — *Le vin est tiré, il faut le b.* Voy. VIN. || Fig., *Qui fait la faute, la boit*, Celui qui fait une faute en subit les conséquences. || *Le roi boit ! la reine boit !* Acclamation usitée dans les repas du jour des Rois, quand le roi, la reine d; la fève boivent. || *Vin prompt à b.* ou *prêt à b.* Voy. VIN. || *Chanson à b.*, Chanson faite pour être chantée à table. On dit de même : *Air à b.* || *Boire* sign. encore : boire avec excès, avoir l'habitude de trop b., s'enivrer. *Il est sujet à b. Il a le défaut de b. Il boit.* — Fig. et prov., *Qui a bu boira*, se dit en parlant d'une habitude enracinée dont on ne peut se défaire ou d'un défaut dont on se corrige difficilement. — *On ne saurait si peu b. qu'on ne s'en sente*, Quand on boit un peu trop, on est exposé à dire ou à faire quelque chose de mal à propos ou de peu convenable. || *Boire* se dit aussi de certaines choses. *Ce papier b.*, Ce papier absorbe l'encre, l'encre passe au travers. *L'éponge boit*, Elle absorbe l'eau. *La terre boit l'eau*, l'eau la pénètre. — Bu, UE. part. || Fig. et prov., *Avoir toute honte bue*, N'avoir plus honte de rien. || Subst. *Trop-bu*, Consommation faite au-delà d'une ration réglementaire : *Le trop-bu doit se payer en surplus.*

Conj. — *Je bois, tu bois, il boit ; nous buvons, vous buvez, ils boivent. Je buvais ; nous buvions. Je bus ; nous bûmes. Je boirai ; nous boirons. Je boirais ; nous boirions.* — *Bois, buvons.* — *Que je boive ; que nous buvions. Que je busse ; que nous bussions.* — *Boire. Buvant. Bu, bue. Devant boire.*

BOIRE. s. m. Ce qu'on boit à ses repas. *On lui apporte du dehors son b. et son manger.* || Fig. et fam., *Il en oublie, il en perd le b. et le manger*, se dit de quelqu'un qui est entièrement absorbé par une occupation, par un chagrin ou par une passion.

BOIRE. s. f. (bas-lat. *borra*, trou plein d'eau.) T. Pêc. Mare très profonde qui se trouvent dans un lieu bas et formée d'infiltrations. || Rigole à ciel ouvert mettant en communication une masse d'eau stagnante avec un cours d'eau.

BOIS. s. m. (all. *bosch*, *busch*, arbre, buisson). Substance compacte, solide et fibreuse qui compose la racine, la tige et les branches des arbres et des arbrisseaux. *B. vert, sec, résineux. B. dur, vermoulu, pourri. B. blanc. B. de chêne, de sapin, d'acajou, de Campêche. B. de rose. B. odorant. B. de senteur. B. de teinture. B. de chauffage. B. à brûler. B. de construction. B. de sciage, de charronnage. B. de brin. B. de menuiserie. Une pièce, un morceau de b. Des ustensiles, des meubles de b. Pont de b. B. qui travaille, qui se déjette, etc.* || *Il ne faut pas mettre le doigt entre l'arbre et l'écorce, entre l'écorce et le b.*, Il ne faut pas se mêler des différends qui s'élèvent entre les personnes unies par des liens de famille. — *Faire flèche de tout b.*, Mettre tout en œuvre pour venir à bout de ce qu'on a entrepris. *Ne savoir plus de quel b. faire flèche*, Ne plus savoir à quel moyen recourir. — *Il est du b. dont on fait les flûtes*, se dit d'un homme qui par complaisance ou faiblesse ne contredit personne, accepte et tolère tout. — *Il n'est pas général, ministre*, etc., mais *il est du b. dont on les fait*, Mais il a assez de talent pour mériter de l'être. — *Trouver visage de b.*, Se dit lorsqu'on venant chez quelqu'un on ne trouve personne. || *Bois* se dit particulièrement du b. à brûler, du b. de chauffage. *B. rond, fendu. Gros, menu b. B. de gravier. B. en chantier.* Fendre, scier du b. *Une voie, une corde, un stère, une voiture de b. B. neuf*, Celui qui a son écorce et qui est venu par voiture ou par bateau. *B. flotté*, Celui qui est venu en train ou à flot perdu. *Jeter du b. à bûche perdue, à flot perdu ; Train de b. ; B. canard.* Voy. FLOTTAGE. || T. Pharm. *Bois médicinaux* ou *sudorifiques*, Le gaïac, le sassafras, la squine, la salsepareille, etc. || *Bois* sign. aussi une réunion d'arbres qui couvrent un certain espace de terrain, et le terrain même où sont plantés ces arbres. *Un b. de chênes, de châtaigniers*, etc. *B. épais, touffu. B. taillis.* Traverser un b. *Percer des routes dans un b. B. des communes. La lisière du b. L'orée du b. Au coin d'un b. Vivre dans les bois. Les bois sacrés.* — Poétiq., *Les hôtes des bois*, Les animaux qui peuplent les bois et particulièrement les oiseaux. — Fig. et prov., *Qui a peur des feuilles n'aille point au b.*, ou *N'aille au b. qui a peur des feuilles*, Qui craint le péril ne doit point s'y exposer. — Fig., *C'est un b. que cette maison*, *On y vole comme dans un b.*, Il s'y commet des fri-

ponneries. — *En plein b.*, Au milieu d'un b. *Nous nous sommes égarés en plein b.* || T. Admin. forest., se dit des arbres en général, réunis ou isolés, *L'âge du b. Jeune b. B. en coupe. B. sur pied.* — *B. vif*, Arbres qui poussent des branches et des feuilles. *B. mort*, Branches mortes sur un arbre vif, et tout arbre séché par le pied. *Mort-b.*, Espèces de bois de peu de valeur, comme les épines, les genêts, les ronces, etc. || T. Agric. Les menues branches, les rejetons que les arbres poussent chaque année. *Ces arbres-ci ont poussé trop de b. Cette vigne a trop de b.* || Par ext. Certains objets faits de b. *B. de lit*, Tout ce qui compose la menuiserie d'un lit. — *Le b. d'un fusil*, Morceau de b. auquel est fixé le canon et qui porte la batterie. — *Le b. d'une lance*, Bâton d'une lance ; anciennement, *Le b.* se disait pour la lance elle-même. *Les bois des champions volèrent en éclats.* || T. Mar. *Plein b.*, Partie du navire qui est au-dessus de l'eau. || Fam., *C'est un grand abatteur de b.*, C'est un homme fort adroit au jeu de quilles ; et Fig., C'est un homme qui a fait des choses difficiles, extraordinaires, ou qui se vante de prouesses qu'il n'a pas faites. || *Bois* se dit aussi des cornes rameuses des animaux du genre cerf, qui tombent à certaines époques et qui repoussent ensuite. *Le b. d'un cerf. Un cerf qui a posé son b.* — Fig. et pop., on dit d'une femme qui ne respecte pas le lien conjugal, qu'elle fait porter du b. à son mari.

Techn. — Le mot *Bois* s'emploie dans diverses significations fort différentes. — 1° Il signifie un lieu planté d'arbres : il en sera parlé dans ce sens au mot SYLVICULTURE. Nous ferons seulement observer que, dans cette acception, *Bois* et *Forêt* sont synonymes ; néanmoins ce dernier se dit en général d'un b. qui a une étendue plus considérable. — 2° Il signifie la partie dure, fibreuse, compacte, en un mot *ligneuse*, qui constitue la tige des arbres et des arbrisseaux et qu'on trouve immédiatement sous l'écorce. Dans cette acception, le b. peut être considéré soit au point de vue de l'anatomie et de la physiologie végétales, soit au point de vue de l'économie sociale. C'est au mot TIGE que nous étudierons le b. sous le rapport botanique ; quant aux bois envisagés au point de vue industriel, il en sera traité aux articles CHAUFFAGE, RÉSISTANCE, ÉBÉNISTERIE, TEINTURE, etc.

Nous donnerons ici la pesanteur spécifique des espèces les plus usitées dans l'industrie, et la nomenclature des arbres et arbrisseaux utiles qu'on désigne vulg. par le nom de *Bois*, accompagné de quelque caractère propre à les faire reconnaître ; puis nous dirons quelques mots sur la conservation des bois.

Classification des bois. — On peut les répartir en cinq classes : 1° *les bois durs* dont les plus employés sont le Chêne, le Frêne, l'Orme, le Châtaignier, le Noyer et le Hêtre ; 2° *les bois blancs* qui sont moins denses et plus mous : Peuplier, Tremble, Aune, Bouleau, Tilleul, Platane, Acacia, Charme, Érable, Houx ; 3° *Les bois fins* : Sorbier ou Cormier, Poirier, Pommier, Alisier, Merisier, Cerisier, Cornouiller, Buis ; 4° *les bois résineux* : Pin, Sapin, Mélèze, If, Épicéa ; 5° *les bois exotiques* : Acajou, Gaïac, Ébène, Palissandre, Thuya, Bois de rose, Amarante, Teck, Pitchpin.

Pesanteur spécifique des Bois, exprimée en millièmes, celle de l'eau étant 1. — Abricotier, 749 à 771. Acacia (faux), 785 à 800. Acajou, 785 à 914. Alaterne, 774. Alisier, 871 à 885. Arbousier, 716 à 832. Aune, 543 à 800. Bouleau commun, 658 à 714. Buis, 874 à 914. Buis de Hollande, 1314. Cèdre du Liban, 547 à 621. Cerisier, 531 à 743. Cer. de Sainte-Lucie, 864. Charme, 738 à 757. Châtaignier, 655 à 690. Chêne vert, 757 à 1220 ; Ch. commun, 654 à 1015 ; Ch. rouvre, 603 à 641 ; Ch. pédonculé, 604 à 624 ; Ch.-liège, 826. Citronnier, 476. Cognassier, 709 à 985. Cormier ou Sorbier domestique, 900 à 914. Coudrier-noisetier, 573 à 600. Cyprès pyramidal, 554 à 657 ; Cyp. étalé, 571. Cytise des Alpes ou faux Ébénier, 729 à 1042. Érable champêtre, 593 ; Ér. sycomore, 535 à 643. Frêne, 780 à 790. Gainier commun, 685. Gayac, 1328 à 1342. Genévrier, 543 à 557. Grenadier, 628 à 1357. Hêtre, 714 à 885. Houx, 665. If d'Espagne, 814 ; If de Hollande, 665 à 771. Laurier-cerise, 750 à 821. Limettier, 701. Magnolier glauque, 503 ; Mag. à grandes fleurs, 597. Marronnier d'Inde, 657 à 657. Mélèze, 619 à 657. Merisier, 714 à 857. Mûrier, 664 à 885. Noyer, 600 à 743. Olivier, 847 à 928. Oranger, 647 à 700. Orme, 743 à 942. Osier, 543. Peuplier blanc, 443 ; Peup. d'Italie, 349 à 414 ; Peup. de Hollande, 528 à 614. Pin sylvestre, 389 à 674 ; Pin pinier, 465 ; Pin du Nord, 820. Platane d'Orient, 625 à 700 ; Pl. d'Occident, 628. Poirier, 657 à 714. Pommier, 757 à 800. Prunier, 728 à 771. Sapin argenté, 528 à 674 ; Sap. épicéa, 434. Saule, 398 à 585. Sorbier domestique, voy. CORMIER ; Sorb. des oiseleurs, 614 à 743. Sureau, 544 à 685. Tilleul, 557 à 600. Tremble, 538. Tulipier, 434 à 485. Thuya de la Chine ou oriental, 558 à 571. Vernis du Japon, 814 à 828. Vigne, 683 à 1314.

Les écarts parfois considérables que l'on remarque dans les chiffres donnés pour un même b. dépendent de la variabilité de la densité dans une même espèce, dans un même pied d'arbre et surtout de la quantité d'eau qu'elle contient. Les bois soumis à la dessiccation spontanée retiennent toujours une quantité plus ou moins considérable d'eau hygrométrique; en outre, tantôt ils cèdent une certaine quantité de cette eau à l'air atmosphérique, tantôt au contraire ils absorbent une partie de l'eau que contient ce dernier.— Nous ferons encore observer que les pesanteurs spécifiques ci-dessus ne sont pas en rapport avec la densité *réelle* des bois, mais seulement avec leur densité *apparente*. En effet, « lorsqu'on fait, dit Payen, un cube de bois d'une dimension donnée, ce cube renferme beaucoup d'air; la densité moyenne ainsi déterminée est la densité apparente. Le b. de Peuplier a pour densité apparente, 400; celui de Hêtre, 850; celui de Chêne, 950; mais la densité réelle de la fibre ligneuse des arbres est 1,550, celle de l'eau étant 1,000. »

Nomenclature. — Bois d'absinthe, voy. B. Amer. — B. d'acajou, *Swietenia Mahogoni*, Méliacées. — B. d'Acossois, *Hypericum sessilifolium*, Hypéricacées. — B. d'acouma, *Homalium racemosum*, Samydées.—B. d'Agalloche, *Excæcaria Agallocha*, Euphorbiacées. — B. d'aigle, *Aquilaria malaccensis* et *Aq. Agallocha*, Thyméléacées. — B. à aiguilles, nom vulgaire donné aux arbres de la famille des Conifères. — B. d'aloès, *Aloexylum Agallochum*, Légumineuses. — B. d'amarante, voy. B. d'Acajou. — B. amer, *Quassia amara*, *Picræna excelsa*, Simarubacées; *Xylopia glabra*, Anonacées. — B. d'amourette (grand), *Mimosa tamarindifolia* (petit), *Mimosa tenuifolia*, Légumineuses. — B. angélin, *Andira racemosa*, Légumineuses. — B. d'anis, *Illicium anisatum*, Magnoliacées; *Nectandra cymbarum*, Lauracées.— B. d'anisette, *Artanthe adunca*, Pipéracées. — B. arada, *Chrysobalanus icaco*, Rosacées.— B. d'arc, *Cytisus Laburnum*, Légumineuses.—B. à baguettes, *Coccoloba uvifera*, Polygonacées. — B. à balais, *Betula alba*, Cupulifères; *Genista scoparia*, Légumineuses; *Erythroxylum hypericifolium*, Linacées. — B. ballo, *Guarea trichilioides*, Méliacées. — B. Baptiste, voy. B. d'Acossois. — B. bardottier, plusieurs espèces d'*Imbricaria*, Sapotées. — B. de baume, *Croton balsamiferum*, Euphorbiacées. — B. bénit, *Buxus sempervirens*, Buxées. — B. de benjoin, à Maurice, les diverses espèces de *Terminalia*, Combrétacées. — B. blanc, nom vulg. donné d'une façon générale à tous les arbres dont le bois est tendre et peu coloré, entre autres au *Betula alba*, Cupulifères; aux arbres de la fam. des *Salicées*; au *Tilia*, Malvacées, etc. — B. de Brésil, *Cæsalpinia echinata*, Légumineuses. — B. de calambac ou de calambour, voy. B. d'Aloès. — B. de Californie, *Cæsalpinia crista*, Légumineuses. — B. de sam, *Baphia nitida*, Légumineuses. — B. de Campêche, *Hæmatoxylon campechianum*, Légumineuses. — B. cannelle blanc, *Canella alba*, Bixacées; plusieurs espèces du genre *Cinnamomum*, Lauracées; noir, *Drimys Winteri*, Magnoliacées. — B. canon, *Cecropia peltata*, Urticacées. — B. de canot, *Calophyllum inophyllum* et *calaba*, Clusiacées; *Terminalia catappa*, Combrétacées; *Liriodendron tulipifera*, Magnoliacées. — B. carré, *Evonymus europæus*, Célastracées. — B. de cavalam, *Sterculia fœtida*, Malvacées. — B. de cayam, *Simaruba amara*, Simarubacées. — B. de cèdre, voy. Cèdre. — B. de chandelle, *Amyris elemifera*, Rutacées; *Dracæna reflexa*, Liliacées, et autres bois résineux dont on se sert en guise de flambeau. — B. de charpentier, *Justicia pectoralis*, Acanthacées. — B. de chik, *Cordia mixu*, Borraginées. — B. de clou, *Ravenala Madagascariensis*, Scitaminées. — B. de Chypre, *Cordia gerascanthus*, Borraginées. — B. à cochon, *Hedwigia balsamifera*, Anacardiacées. — B. de colophane, *Bursera paniculata*, Anacardiacées. — B. de corail, *Erythrina corallodendron*, Légumineuses. — B. de corne, *Garcinia cornea* et *Brindonia cochinchinensis*, Clusiacées. — B. de coton, *Populus virginiana*, et autres arbres dont les graines sont surmontées d'une aigrette cotonneuse. — B. de couleuvre, *Strychnos colubrina*, Loganiacées; *Ophioxylum serpentinum*, Apocynées. — B. de courbaril, *Hymenæa courbaril*, Légumineuses. — B. de crocodile, *Clutia elateria*, Euphorbiacées. — B. de cuir, *Dirca palustris*, Thyméléacées. — B. de cyprès, voy. B. de Chypre.— B. de dames, voy. B. d'Huile.— B. de damier, voy. Badamier, Combrétacées. — B. de dartres, *Hypericum latifolium*, Hypéricacées. — B. dentelle, *Daphne Lagetta*, Thyméléacées. — B. doux, *Croton eleutheria*, Euphorbiacées. — B. dur, on appelle ainsi les bois à contexture serrée, comme le Buis, le Chêne, le Hêtre, le Charme, etc. — B. dysentérique, *Malpighia spicata*, Malpighiacées. — B. d'ébène, *Diospyros ebenus*, Ébénacées; Faux b. d'ébène, *Cytisus laburnum*, Légumineuses. — B. d'encens, *Icica guianensis*, Anacardiacées. — B. à enivrer, *Euphorbia lathyris*, *Phyllanthus canani*, *Andra brasiliensis*, Euphorbiacées; *Anamirta cocculus*, Ménispermacées. — B. de fer, *Mesua ferrea*, Clusiacées; *Metrosideros polymorpha*, Myrtacées; *Robinia panacoco* et *tomentosa*, Légumineuses; *Sideroxylon cinereum*, Sapotacées; *Fagara pterota*, Rutacées, et autres arbres à bois très dur des régions tropicales. — B. de Fernambouc, voy. B. de Brésil. — B. de férole, voy. Férole. — B. à la fièvre, les diverses espèces de Quinquinas (voy. ce mot), et l'*Hypericum sessilifolium*, Hypéricacées. — B. à flambeau, voy. B. de chandelle. — B. de fustel, *Maclura tinctoria*, Urticacées; *Rhus Cotinus*, Anacardiacées. — B. de Garo, voy. B. d'Aigle. — B. garou, *Daphne Gnidium*, Thyméléacées. — B. de Gayac, *Guaiacum officinale*, Zygophyllées. — B. Gentil, *Daphne Mezereum*, Thyméléacées. — B. de girofle, *Caryophyllus aromatica*, Myrtacées. — B. de glu, *Sopium aucuparium*, Euphorbiacées. — B. d'huile, *Erythroxylum hypericifolium*, Linacées. — B. immortel, *Erythrina corollodendron*, Légumineuses. — B. incorruptible, *Bumelia nigra*, etc., Sapotacées; *Sassafras officinalis*, Lauracées, etc. Voy. aussi B. immortel. — B. d'Inde et B. de la Jamaïque, voy. B. de Campêche. — B. jaune, *Liriodendron tulipifera*, Magnoliacées; *Rhus Cotinus*, Anacardiacées; *Bignonia leucoxylon*, Bignoniacées, etc. — B. Jean, *Ulex Europæus*, Légumineuses. — B. de lait, plusieurs espèces de la fam. des *Apocynées* et des *Euphorbiacées*. — B. de lamon, voy. B. de Brésil. — B. de lance, *Duguetia quitarensis*, Anonacées.— B. à lardoire, *Evonymus europæus*, Célastracées. — B. de lessive, *Cytisus laburnum*, Légumineuses. — B. de lettres, *Piratinera guianensis*, Urticacées. — B. de lièvre, voy. B. de lessive. — B. de Lima, *Cæsalpinia bijuga*, Légumineuses. — B. de losteau, *Antirrhæa verticillata*, Rubiacées. — B. de lumière, voy. B. de chandelle. — B. maraque, *Tucoca Guianensis*, Mélastomacées. — B. de mai, *Crataegus oxyacantha*, Rosacées. — B. manche-houe, *Xanthoxylum clava Herculis*, Rutacées. — B. marbré bâtard, *Erythroxylum areolatum*, Linacées. — B. Marie, *Verticillaria acuminata*, Clusiacées. — B. de mèche, *Apeiba glabra*, Malvacées. — B. de merle, *Sapindus saponaria*, Sapindacées. — B. des Moluques, *Croton Tiglium*, Euphorbiacées. — B. de musc, voy. B. de crocodile. — B. de Naghas, *Mesua ferrea*, Clusiacées. — B. de natte, voy. B. bardottier. — B. néphrétique, *Moringa pterygosperma*, Moringées.— B. de Nicaragua, *Cæsalpinia rexicaria*, Légumineuses. — B. noir, voy. B. d'ébène. — B. d'orme, *Guazuma ulmifolia*, Malvacées. — B. de palissandre, *Jacaranda mimosæfolia*, Bignoniacées. — B. palmiste, *Geoffræa spinulosa*, Légumineuses. — B. de Panama, *Quillaja Saponaria*, Rosacées. — B. de Pavane, voy. B. des Moluques. — B. perdrix, *Heisteria coccinea*, Olacacées. — B. de Perpignan, *Celtis australis*, Urticacées. — B. de pintade, *Ixora coccinea*, Rubiacées. — B. piquant, voy. B. Arada. — B. de plomb, voy. B. de guin. — B. à poudre, *Rhamnus frangula*, Rhamnées. — B. puant, *Capparis ferruginea*, Capparidées; *Anagyris fœtida*, Légumineuses, etc. — B. punais, *Cornus sanguinea*, Cornées. — B. purgatif, voy. B. des Moluques. — B. de Quassia, voy. B. amer. — B. rumon, *Sapindus saponaria*, Sapindacées. — B. de Rhodes ou de rose, *Amyris balsamifera*, Rutacées; *Convolvulus scoparius*, Convolvulacées; *Licaria Guianensis*, Lauracées. — B. sain, voy. B. Ganou. — B. saint, voy. B. de Gayac. — B. de Sainte-Lucie, *Prunus mahaleb*, Rosacées. — B. de Saint-Martin, *Bittera febrifuga*, Rutacées. — B. de Sainte-Marthe, *Cæsalpinia brasiliensis*, Légumineuses. — B. de sang ou B. sanglant, voy. B. d'Acossois et B. de Campêche. — B. de Santal, *Santalum album*, Santalacées. — B. de sappan, *Cæsalpinia sappan*, Légumineuses. — B. de sassafras, *Sassafras officinale*, Lauracées. — B. de senteur, bleu, *Ruizia variabilis*; blanc, *Ruizia cordata*. — B. de seringue, *Siphonia elastica*, Euphorbiacées. — B. de Surinam, voy. B. Amer. — B. de tacamaque, *Calophyllum calaba*, Clusiacées; *Populus nigra*, *balsamifera*, etc., Salicinées. — B. de tan, *Malpighia spicata*, Malpighiacées; *Weinmannia*, Cunoniacées. — B. de tek, *Tectona grandis*, Verbénacées. — B. de vie, voy. B. de Gayac. — B. de Vomiquier, *Strychnos Nux vomica*, Loganiacées.

Conservation des bois. — La multiplicité des usages du bois et sa prompte détérioration dans une foule de circonstances ont fait comprendre de tout temps la nécessité de chercher à en prolonger la durée par des moyens artificiels. Pline et Vitruve décrivent l'un et l'autre le procédé usité dans l'antiquité. On pratiquait sur l'arbre en pleine sève et encore debout un trait de scie assez profond pour entamer toute l'épaisseur de l'aubier, sans attaquer le cœur; la sève ne tardait pas à s'écouler en abondance par cette issue. Dès que la sève avait cessé de couler, l'arbre était abattu et ne tardait pas à se dessécher complètement. C'est ainsi, dit Pline, qu'on peut assurer au bois de chêne une durée indéfinie. — Le plus simple des procédés de conservation, c'est l'immersion dans l'eau, soit douce, soit salée. On sait, en effet, que les b. plongés dans l'eau peuvent se conserver durant une longue suite de siècles. L'un des exemples les plus frappants de cette conservation est la galère de Trajan retrouvée en parfait état après 1,300 ans de séjour dans le lac Riccio, en Italie. Cette galère était construite en b. de mélèze et de cyprès. — L'eau réduite en vapeur produit sur le bois des effets conservateurs analogues à ceux de l'immersion. Les luthiers de Vienne, en Autriche, soumettent à l'action de la vapeur de l'eau bouillante les bois destinés à la construction des instruments à cordes. Cette opération a pour résultat de rendre ces bois plus sonores, en même temps qu'elle les rend plus durables.

La véritable méthode industrielle de conservation des bois consiste dans l'introduction à l'intérieur de la masse ligneuse d'une substance antiseptique qui s'oppose aux fermentations amenant la pourriture du b. Les divers procédés employés se distinguent par la nature du liquide antiseptique employé et par le mode de pénétration. Le plus ancien est celui du Dr Boucherie, qui commença en 1832 des expériences sur les effets conservateurs de diverses solutions salines: chlorures de calcium, de sodium, de mercure; pyrolignite de fer, pyrolignite de plomb, acide pyroligneux; chlorure de sodium et sulfate de fer; sulfate de fer, sulfate de soude, et sulfate de cuivre. Quant au mode de pénétration qu'il imagina et qui constitue la partie la plus originale de son invention, il est fondé sur les phénomènes de l'absorption végétale. C'est la force aspiratrice de l'arbre lui-même qui fait pénétrer dans toute la substance de celui-ci le liquide antiseptique. L'arbre est assujetti par des cordes aux arbres voisins, puis scié à sa base. La partie coupée est plongée dans un réservoir que l'on met à la place de la souche et qui contient le liquide que l'on veut faire aspirer. Les principales branches sont coupées pour donner issue à la sève chassée par le liquide ascendant qui prend sa place dans le tissu ligneux: celles qu'on laisse suffisent à déterminer l'aspiration. On peut même se borner à pratiquer une cavité au pied de l'arbre laissé debout et taillé comme ci-dessus, puis à la mettre en communication avec une cuve pleine du liquide conservateur. Enfin, il est encore possible d'imbiber l'arbre quand on vient de l'abattre et en le tenant dans la position horizontale. Dans ce cas, sa base est enfermée dans un sac de toile imperméable qui fait fonction de réservoir. Les quelques difficultés d'exécution de ces procédés ont engagé Boucherie à les remplacer par celui de la *filtration*. La pièce de b. est équarrie et posée horizontalement; puis on place la cuve contenant le liquide conservateur à une certaine hauteur au-dessus du b.; enfin, on met en contact l'une des extrémités de la pièce avec un tuyau qui communique avec la cuve. La solution s'introduit alors dans le b. par le seul effet de la pression, et filtre tout au travers du tissu ligneux, comme l'eau passe à travers un filtre de charbon concassé. Le procédé Boucherie permet aussi de faire pénétrer dans le b. des substances qui lui communiquent diverses colorations. Ainsi, par ex., on obtient une belle couleur noire par l'emploi successif de deux solutions: la première de pyrolignite de plomb, la seconde de sulfure de sodium. Le prussiate de potasse et le sulfate de fer donnent au bois du bleu de Prusse magnifique; l'acide arsénieux et l'acétate de cuivre, une riche coloration verte; le sulfate de cuivre et l'ammoniaque, une couleur bleu céleste admirable, etc. — Enfin, il est encore possible, par le choix des substances minérales dont on imbibe les bois, de rendre ceux-ci sinon incombustibles, du moins plus difficilement inflammables. C'est ainsi encore qu'on applique souvent sur les bois employés dans les décorations théâtrales et sur les toiles elles-mêmes une dissolution de silicate de potasse, ou verre soluble. Le verre soluble ne rend pas le b. et la toile incombustibles, mais il les empêche de brûler avec flamme et de communiquer l'incendie.

Mais, pour revenir à la conservation des bois, nous ferons remarquer que le procédé Boucherie a l'inconvénient de ne faire pénétrer que difficilement la solution antiseptique jusqu'au cœur du b. Il est cependant encore employé pour les poteaux télégraphiques. Pour les travaux de chemin de fer, qui constituent la principale consommation de b. injecté, et les autres usages, on emploie de préférence des procédés plus nouveaux. Pendant longtemps, le sulfate de cuivre fut la principale substance antiseptique utilisée; depuis quelques années, on ne se sert plus guère que de l'huile lourde de goudron de houille, improprement appelée créosote quoiqu'elle soit composée en grande partie de phénol; cependant la créosote, qui rend les bois très inflammables, doit être proscrite pour les bois de construction de maisons ou de navires; on emploie dans ce cas le chlorure de zinc ou le sulfate de cuivre. Les procédés de pénétration employés aujourd'hui sont, outre le procédé Boucherie, le *procédé Bréant*, perfectionné par *Béthell*, qui consiste à mettre les pièces de bois dans un cylindre où l'on injecte de la vapeur d'eau; lorsque celle-ci est devenue, et le produit le vide dans le cylindre; alors on fait arriver le liquide antiseptique sous une pression de deux atmosphères, et on le laisse en contact avec le b. pendant dix ou douze heures. — Le *procédé Blythe, de Bordeaux*, dit *thermo-carbolisation*, a pour objet d'économiser la créosote dont le prix est assez élevé: 51 à 60 francs la tonne. Par le procédé précédent, un mètre cube de b. en absorbe environ 250 kilogrammes, tandis que celui-ci n'en nécessite que 100 à 150 kilogrammes. L'opération se fait en deux fois dans des appareils spéciaux: on traite d'abord les bois à la vapeur carburée pour en extraire la sève et l'humidité et les charger de matières conservatrices; ce premier traitement suffit pour les bois d'ébénisterie; ensuite, on injecte une certaine quantité d'huile lourde. Enfin, nous citerons la méthode de *carbonisation superficielle*, imaginée par M. de Lapparent, et qui consiste à projeter des flammes sur la surface du b. à l'aide d'un courant d'air comprimé. Sous la pellicule carbonisée qui se forme ainsi, se trouve une couche de 3 à 4 millimètres qui est torréfiée et imprégnée de produits empyreumatiques. Ce procédé est employé pour les bois destinés aux constructions navales.

Bois durci. — Il existe un grand nombre de procédés capables de donner au b. une dureté considérable; par ex., on recouvre le b. de peinture, et, avant que celle-ci soit sèche, on y saupoudre une fine poussière de grès. En Amérique, on est arrivé à communiquer aux bois blancs la dureté et les principales propriétés du b. de chêne, en les soumettant pendant quelque temps à l'action d'un jet de vapeur, et en les comprimant ensuite énergiquement.

Bois artificiel. — La cherté toujours croissante du b., par suite de l'appauvrissement des forêts, a fait imaginer plusieurs moyens d'utiliser les moindres déchets de cette substance. L'Amérique fabrique depuis 1880 un b. artificiel composé de b. résineux et de kaolin, le tout gâché à l'eau et disposé en blocs de 1 à 2 mètres de long sur 0m,20 ou 0m,30 de côté, qui sont séchés à l'air et chauffés au rouge dans des fours à poterie. On fabrique aussi une sorte de carton avec des pailles de mauvaise qualité, qui est débité en planches cimentées et moulées sous une forte pression. Ce b. de paille est peu combustible, d'un emploi des facilités du travail remarquables; il peut être rivé, fendu, cloué, poli, verni, etc.

Laine de bois. — On appelle ainsi de menus copeaux débités par une machine spéciale, qui, par leur élasticité et leur état de siccité, remplacent avantageusement la paille et le foin pour les emballages.

BOISAGE. s. m. (R. *bois*). T. Mar. Action de boiser un navire, c'en bâtir la carcasse en montant les couples. ‖ T. Min. Opération ayant pour but de consolider les galeries de mines, à l'aide de pièces de bois pour éviter les éboulements. ‖ Tout le bois dont on s'est servi pour ces opérations.

BOIS-D'OINGT (Le), ch.-l. de c. (Rhône), arr. de Villefranche, 1,400 hab.

BOISEMENT. s. m. (R. *bois*). Action de planter des bois sur un terrain.

BOISER. v. a. (R. *bois*). Garnir de menuiserie. B. une chambre. == Boisé, ée. part. ‖ Adj., se dit d'un pays garni de bois, d'une terre bien garnie d'arbres. Une contrée bien boisée. ‖ T. Mar. Construire la carcasse d'un navire. ‖ T. Mine. Voy. BOISAGE.

BOISERIE. s. f. (R. *bois*). Ouvrage de menuiserie dont on couvre les murs d'une chambre, d'un appartement, etc. *Une b. sculptée. Les panneaux d'une b.*

BOISETTES. s. f. pl. (Dim. de *bois*). Menues branches que les pauvres ramassent dans les forêts.

BOISEUR. s. m. Dans les mines, ouvrier qui travaille au boisage.

BOISEUX, EUSE. adj. De la nature du bois. *Plante boiseuse.* Peu us.; en Bot., on dit *Ligneux, euse.*

BOIS-GUILLEBERT (Le Pesant, sieur de), économiste français, auteur du *Détail de la France*, mort en 1714.

BOIS-LE-DUC, v. de Hollande, ch.-l. du Brabant septentrional, 26,000 hab.

BOISROBERT (Le Métel, sieur de), bel esprit français, abbé de cour (1592-1662).

BOISSEAU. s. m. (bas-lat. *buza* ou *bula*, cuve, tonneau). Mesure de capacité, pour les matières sèches, qui varie suivant les pays et les lieux. || Nom du décalitre dans le commerce parisien. || Se dit du vaisseau et de ce qu'il peut contenir. Voy. CAPACITÉ. — Fig. et prov., *Mettre la lumière, la lampe sous le b.,* loc. empruntée à l'Écriture sainte, cacher aux hommes la vérité, refuser de les éclairer.

BOISSELAGE. s. m. (vx fr. *boissel*, boisseau). Travail, office de mesureur de blé.

BOISSELÉE. s. f. (vx fr. *boissel*, boisseau). La mesure d'un boisseau, ce que peut contenir un b. — *Une b. de terre,* L'espace de terre qu'on peut ensemencer avec un boisseau de blé.

BOISSELIER. s. m. (vx fr. *boissel*, boisseau). Fabricant de boisseaux, de mesures de capacité et d'ustensiles de bois pour le ménage.

BOISSELIÈRE. s. f. Nom vulgaire de la pie-grièche grise.

BOISSELLERIE. s. f. Le métier de boisselier. || Se dit des objets fabriqués par le boisselier, et du commerce qui s'en fait.

BOISSELON. s. m. Sorte de petite bêche pour sarcler le blé.

BOISSON. s. f. (R. *boire*). Liqueur à boire; ce qu'on boit ordinairement pour se désaltérer, pour se rafraîchir, etc. *L'eau est sa b. habituelle. Droits sur les boissons.* || Dans un sens plus restreint, le vin, le cidre, etc., qu'on boit habituellement. *Acheter de la bière pour sa b.* — Fam., *Être adonné à la b., Faire des excès de b., Être sujet à s'enivrer. Être pris de b., Être ivre.* || Dans un sens plus restreint encore, l'eau passée sur le râpé ou sur le marc de la vendange. *Faire de la b.* || T. Mar. Mélange d'eau et de vinaigre. *Donner de la b. aux matelots.* || T. Fin. Impôts sur les *boissons.* Voy. CONTRIBUTION.

BOISSY D'ANGLAS (Comte), président de la Convention au 1er prairial 1795, sauva l'Assemblée en restant impassible devant les menaces de la foule (1756-1826).

BOISTE, lexicographe, auteur d'un *Dict. universel de la langue française* (1765-1824).

BOÎTAGE. s. m. Action de mettre en boîte.

BOÎTARD. s. m. (Augm. de *boîte*). Boîte en fonte qui occupe le centre de la meule inférieure ou gisante.

BOITE. s. f. [La première syllabe est brève] (R. *boire*). Le degré auquel le vin devient bon à boire. *Ce vin n'est pas encore en b.*

BOÎTE. s. f. [La première syllabe est longue] (bas-lat. *buxida*; gr. πυξίδιον, petite boîte de buis, de πύξος, buis, en lat. *buxis*). Sorte de coffre à couvercle, fait de bois, de carton, d'or,

d'argent, etc., qui est destiné à contenir différentes choses, et qu'on peut porter sur soi ou transporter aisément de toute autre manière. *B. d'acajou, d'ivoire. B. carrée, longue, ronde. B. à compartiments, à double fond. B. à portrait. B. garnie, enrichie de pierreries. Le couvercle, le fond, le dessus d'une b.* — Fig. et prov., *Dans les petites boîtes, les bons onguents,* Plaisanterie fam., qui signifie que les personnes de petite taille ont souvent plus de mérite que les autres. — *Il semble qu'il sorte d'une b.,* se dit d'un individu ajusté ou paré avec un soin extrême. — *On est dans cet appartement comme dans une b.,* Cet appartement est bien clos. || Se dit quelquefois absol. d'une tabatière. *Une belle b. J'ai oublié ma b.* || Se dit encore de ce qui est contenu dans une b. *Une b. de prunes, de bonbons, de pilules.* || Fig. et fam., *La b. à Perrette,* Caisse secrète d'une association non avouée, qui est alimentée par des dons volontaires, et qui fait de ses fonds un emploi mystérieux. — *Provenance suspecte d'argent dont on ne connaît pas la source.* || *B. de la poste,* ou *B. aux lettres,* Sorte de coffret ayant ouverture à sa partie supérieure, et dans lequel le public met les lettres que la poste doit faire parvenir à leur adresse. *Jeter une lettre à la b.* On a établi des boîtes aux lettres dans tous les quartiers de la ville. || *B. des pauvres,* Sorte de coffret où le public peut déposer ses aumônes. || *B. de lanterne, de réverbère,* B. où est renfermée la corde qui sert à élever ou à abaisser une lanterne ou un réverbère. || *B. de montre,* La partie d'une montre dans laquelle le mouvement est renfermé. || T. Méd. *B. fumigatoire,* B. contenant ce qui est nécessaire pour secourir les asphyxiés. Voy. NOYÉS. || T. Anatom. *B. du crâne,* La cavité osseuse qui renferme l'encéphale. — *La b. d'une tortue,* L'espèce de b. que forment la carapace et le plastron de la tortue. || T. Pyrot. Espèce de petit mortier de fer ou de fonte qu'on charge avec de la poudre, qu'on bouche ensuite avec un tampon de bois, et auquel on met le feu par une lumière. *Dans les fêtes publiques on tire des boîtes.* || *B. à étoupes.* T. Méc. Pièce destinée à fermer hermétiquement le cylindre d'une machine motrice ou d'une pompe, tout en permettant le jeu de la tige du piston : c'est un cylindre creux venu de fonte avec le couvercle du cylindre et garni d'étoupes ou de cuir emboîti sur lesquels frotte la tige du piston. || *B. à graisse.* T. Mécan. Récipient où l'on met l'huile ou la graisse destinée à lubrifier les frottements. || *B. à fumée.* T. Techn. Espace placé derrière les carreaux d'un foyer et où débouche la fumée avant d'atteindre la cheminée.

BOITEMENT. s. m. Action de boiter; défaut de la marche d'une personne boiteuse, d'une machine qui marche inégalement.

BOITER. v. n. (R. *boite,* dans le sens d'articulation, ou lat. *vectare crus,* traîner la jambe). Marcher en inclinant à chaque pas son corps plus d'un côté que de l'autre, ou alternativement de l'un et de l'autre côté. *Mon mal de pied me fait b. B. d'un pied, des deux pieds.* — B. tout bas, Fléchir très bas du côté faible ou malade. *Vous boitez tout bas. Ce cheval boite tout bas.*

BOITERIE. s. f. (R. *boiter*). Action de boiter. Ne s'emploie guère qu'en parlant des animaux.

Méd. vét. — La b. n'est autre chose que la claudication, elle est temporaire, continue ou intermittente. Ses causes sont variables : douleur dans un membre, paralysie, embolie, fracture, déchirures musculaires, luxations, sabots inégaux, défaut de fer à un pied, etc., blessures du sabot ou d'une portion quelconque d'un membre, et même la morve. Sa fréquence dépend de l'âge du cheval, de l'état des routes du pays, de la saison. Les jeunes chevaux y sont plus disposés ; les mauvaises routes et l'hiver favorisent les boiteries. On reconnaît la boiterie pendant la marche et le repos. Au repos, le membre atteint a une attitude irrégulière, il ne s'appuie pas; pendant l'action, le membre atteint a des mouvements irréguliers, le corps de l'animal lui-même a un balancement dysharmonique; la tête s'abaisse quand le membre antérieur sain ou le membre postérieur malade est à l'appui. La croupe s'abaisse inversement. Pour le siège de la boiterie, on examine le sabot d'habitude, il faut avant tout faire examiner minutieusement celui-ci après déferrement; puis si le sabot est sain, passer en revue tous les sièges. Enfin on cherchera la cause de l'accident, recherche très facilitée par le siège et les symptômes de la boiterie. Le traitement est essentiellement variable, comme la cause, et exige avant tout le repos. Les boiteries intermittentes sont dites à chaud ou à froid quand elles se produisent pendant l'action

ou le repos. Les boiteries sont des vices rédhibitoires quand elles sont intermittentes et de date ancienne.

BOITEUX, EUSE. adj. Qui boite. *Cette femme est très boiteuse. Un cheval b.* || Fig., *Table boiteuse, Siège b.,* Table, siège, qui a un de ses pieds plus court que les autres. — *Ruban b., châle b.,* Ruban, châle qui n'offre de dessin qu'à l'un de ses bords ou de ses bouts, ou qui est d'une couleur à un bord et d'une autre couleur à un autre bord. — *Phrase, période boiteuse,* Celle qui a un de ses membres trop court par rapport à un autre ou aux autres. *Vers b.,* Vers auquel il manque une ou plusieurs syllabes. == BOITEUX, EUSE. subst. Qui boite. Se dit des personnes. *C'est un vilain b.* || Fig. et prov., *Il ne faut pas clocher devant un b.,* Il ne faut rien faire devant quelqu'un qui semble lui reprocher un défaut naturel. — *Il faut attendre le b.,* Il faut attendre la confirmation d'une nouvelle, avant de la considérer comme certaine.

BOÎTIER. s. m. (R. *boîte*). Boîte à onguents. || Coffre où l'on sert les instruments et les pièces d'appareil de chirurgie. || Facteur de la poste.

BOÎTILLON. s. m. [Pr. les *ll* mouillées] (Dimin. de *boîte*). Morceau de bois d'orme emboîté dans l'œillet d'une meule de moulin.

BOITON. s. m. Étable à porcs.

BOITOUT. s. m. (R. *boit tout*). Trou pratiqué dans un terrain humide et en opérer le desséchement. Voy. ARTÉSIEN.

BOITTE ou **BOUETTE.** s. f. T. Pêche. Voy. BOETTE.

BOIT-TOUT. s. m. Verre dont le pied est cassé et qu'on ne peut poser sans l'avoir vidé.

BOIVIN. s. m. (R. *bouée*). T. Mar. Cordage qui tient la bouée.

BOJADOR, cap de la côte occid. d'Afrique (Sahara), sur l'Atlantique, au S. des Canaries.

BOJARDO ou **BOIARDO,** poète italien (1434-1494)

BOJOBI. s. m. T. Erpét. Serpent du Brésil. Voy. BOA.'

BOKÉ, port français et village indigène d'Afrique sur la rive Nunez (Sénégambie).

BOL ou **BOLUS.** s. m. [Pr. *Boluss*] (gr. βῶλος, morceau, motte de terre). T. Pharm. Petite boule composée de substances médicinales, que l'on fait prendre seule, ou enveloppée de pain à chanter. *Prendre de la casse en bol.* || T. Physiol. *Bol alimentaire,* Masse que forme un aliment après avoir été soumis à la mastication et imprégné de salive, au moment où il est rassemblé sur la langue, pour être avalé. || T. Vét. Médicament mou, composé de miel, de mélasse, d'extraits associés ou médicaments divers à l'état de poudre, que l'on fait prendre de force au cheval. || Terre argileuse et ordinairement colorée en rouge par de l'oxyde de fer, qui s'employait autrefois en médecine, comme tonique et astringente. *B. d'Arménie. B. de Hongrie.* Les peintres, les doreurs et les relieurs se servent de bols.

BOL. s. m. (celt. *bol,* coupe). Coupe, vase hémisphérique, qui sert à prendre certaines boissons, comme le lait, le punch, le vin chaud, etc. || Ce que peut contenir un b. *Un b. de lait. Un demi-b. de punch.*

BOLAIRE. adj. 2 g. (R. *bol*). N'est usité que dans cette loc. *Terre b.,* Argile très fine et rougeâtre. Voy. ARGILE.

BOLAX. s. m. (gr. βῶλαξ, motte de terre). T. Bot. Genre de plantes contenant une seule espèce qui croît en Patagonie, de la famille des *Ombellifères.*

BOLBEC, ch.-l. de c. (Seine-Inférieure), arr. du Havre, 12,000 hab. Filatures importantes.

BOLBOCÈRE. s. m. (gr. βολβός, bulbe; κέρας, corne). T. Entom. Genre d'insectes coléoptères pentamères. Voy. SCARABÉIDES.

BOLDO. s. m. (R. *Boldo,* nom d'un botaniste espagnol). Plante de la famille des *Monimiacées.* Voy. ce mot.

BOLDUC. s. m (R. *Bois-le-Duc.* ville de Hollande où on l'a fabriqué d'abord). Ficelle de couleur

BOLÉRO. s. m. (mot esp. du lat. *ballare,* danser). Air espagnol qui sert à la fois de chanson et d'air à danser. *Le b. est caractérisé par son rythme ternaire,* et s'écrit presque toujours dans le mode mineur. || Danse espagnole moins vive et plus noble que le fandango. *Le b. se danse à deux personnes* || Sorte de corsage coupé court et ouvert devant.

BOLESLAS, nom de cinq rois de Pologne, dont le premier fut le premier roi de Pologne, en 1001.

BOLET. s. m. T. Bot. Genre de champignons comprenant un grand nombre d'espèces, la plupart comestibles, de la famille des *Hyménomycètes.* Voy. ce mot.

BOLEYN (ANNE), deuxième femme de Henri VIII, qui pour l'épouser divorça avec Catherine d'Aragon. Trois ans après, il la fit condamner à mort pour épouser Jane Seymour. Elle fut la mère d'Élisabeth (1500-1536).

BOLICHE. s. f. T. Pêche. Sorte de filet composé de deux ailes avec un manche au milieu.

BOLIDE. s. m. (gr. βολίς, βολίδος, jet, trait, de βάλλειν, lancer). Météore qui traverse rapidement l'atmosphère avec un très vif éclat et qui, quelquefois, fait explosion et tombe sur la terre. Voy. AÉROLITHE.

Les bolides, surtout ceux qui en éclatant jettent des aérolithes (ou mieux *uranolithes*) à la surface de la terre, offrent souvent de fort curieux spectacles. Pour n'en donner qu'un exemple, nous citerons l'un des plus récents et des plus beaux (voy. l'*Astronomie,* de juin 1889), arrivé en Russie, le 30 août 1887.

Le 30 août 1887, en plein midi, à 12h45m, dans un ciel complètement pur, une masse de feu sillonna l'espace d'un vol rapide (presque horizontal), en se dirigeant vers le N.-E., et laissant sur son passage étincelant une traînée lumineuse et vaporeuse Au bout de 2 à 3 minutes, on entendit à Perm des coups sonores, très accentués, ressemblant plutôt au bruit que produiraient de nombreux coups de feu, ou à des explosions de poudre, qu'au bruit du tonnerre. Ensuite des pierres noires du poids de 700 à 800 livres russes (la livre russe = 0kg,410), les unes chaudes, les autres brûlantes, sont tombées sur la ville d'Okhansk, sur les villages de Taborg, de Polavina, de Palom, de Papofka et autres, s'enfonçant en terre, plus ou moins, selon leur pesanteur.

On comprend que ce vol d'un corps de feu à une grande hauteur, s'abaissant faiblement vers la Terre par une ligne presque horizontale, que ce menaçant roulement de tonnerre par un temps complètement serein et un ciel sans nuages, enfin cette chute (d'une région claire) de ces corps noirs, brûlants et durs présentèrent un phénomène si inusité qu'il en résulta dans le peuple russe mille conjectures, mille discussions.

Un observateur de ce phénomène, professeur au séminaire, M. A. Sélivanoff décrivit comme il suit ses observations personnelles :

« Le 30 août, vers une heure de l'après-midi, je retournais à la maison (séminaire) de la ville de Perm. Le temps était doux, le ciel couvert de légers nuages vaporeux. En approchant de ma porte, mon attention fut involontairement attirée par un objet lumineux, par l'apparition spontanée (au S. ou plutôt à la moitié S. du firmament, entre le zénith et l'horizon du côté S.) d'un objet lumineux, ressemblant à une étoile filante ou à un morceau de fer rougi, qui avançait vers l'E. à l'O., dans une direction horizontale quelque peu inclinée vers la Terre. La grandeur de cet objet lumineux ne dépassait pas celle d'une raquette, si bien qu'au premier moment j'ai cru que c'en était une, mais la direction horizontale de son vol me fit douter et m'amena à la conclusion que cet objet lumineux n'était autre chose qu'un aérolithe dont la dimension ne dépassait pas la grandeur du poing d'un homme. Le vol de l'aérolithe se produisait avec assez de vitesse et put être suivi pendant 2 à 3 secondes. Accompagnant le vol de la masse principale, c.-à-d. de l'aérolithe lui-même, restait une traînée lumineuse qui disparaît bientôt, ce que je n'attribue pas aux étincelles de l'aérolithe, mais à la durée de l'impression lumineuse sur la rétine. L'aérolithe a tracé sa route par une raie d'une clarté blanchâtre, longue et étroite, dans le genre de la fumée qu'on obtient lorsqu'on brûle une allumette phosphorique. Cette longue raie est restée visible à peu près cinq minutes. Ce b. a disparu, autant que j'ai pu le remarquer, dans une couche de nuages, plus bas que ceux qui se trouvaient au-dessus de la ville, puis tout a disparu. »

Le b. a été observé à Perm par la direction de l'Observatoire physique de Panaeff, à la fabrique Otchersk, à 30 verstes à l'ouest de Perm; au village de Trbaste, à 100 verstes au S.-O. de Perm; au village de Rogdestvensk, à 60 verstes S.-S.-E. de Perm; à l'ouest de Sarapoul, à Gorelo, à 250 verstes S.-S.-O. de Perm, où les paysans ont vu le vol du N.-E. à l'O. et disaient que le mauvais esprit répandait des étincelles en profusion, qu'il volait très haut et avait disparu derrière un nuage.

La force de la lumière était d'une extrême intensité, puisque, malgré la clarté éclatante du soleil de midi, le b. a été vu sur une surface d'une immense étendue, dont la longueur n'offrait pas moins de 250 verstes, de Silva au S.-E. au delà de Sarapoul, et la largeur pas moins de 60 verstes.

L'aspect, la couleur et la grandeur du b. ont paru différents, selon l'endroit d'où on l'observait; cependant tous les observateurs ont vu le b., comme il est représenté sur le dessin : sa tête paraissait arrondie et de couleur *jaune paille*; ensuite on voyait une partie répandant des étincelles couleur *flamme*, plusieurs fois plus longues et plus larges que le corps du b., et enfin une queue vaporeuse en forme de raies se transformant en petits nuages et se dispersant dans le ciel.

Le b. n'est resté, pendant tout le temps de son vol, ni de la même dimension ni même entier; les récits des observateurs témoignent qu'il s'est détaché de lui des fragments qui sont tombés à Okhansk, rivière de Kama, à Taborg et ailleurs.

Cette relation des témoins oculaires donne une idée exacte des belles apparitions de bolides.

BOLINGBROKE, homme d'État et écrivain anglais (1678-1751).

BOLIVAR. s. m. (R. *Bolivar*, nom d'un général américain). Sorte de chapeau d'homme. || Sorte de flanelle.

BOLIVAR (SIMON), surnommé le Libérateur, général et homme d'État, né à Caracas (Vénézuéla), en 1783. Affranchit le Vénézuéla et la Nouvelle-Grenade de la domination espagnole (1819). Mort en 1830.

BOLIVIE, république de l'Amérique du Sud (Voy. la carte d'AMÉRIQUE). Conquise par les Espagnols au XVIe siècle, elle leur a appartenu jusqu'en 1821, a été déclarée indépendante le 6 août 1825 et a pris le nom de Bolivie, en l'honneur du général Bolivar, qui avait puissamment contribué au recouvrement de sa liberté. La B. est comprise entre le Pérou, au nord, le Brésil, à l'est, la République Argentine, au sud-est, et le Chili, au sud. Ses frontières sont en majeure partie artificielles, sauf 300 kilom. de côte sur l'océan Pacifique. Superficie : 1,334,200 k. c.; population : 2,325,000 hab.

Le littoral présente les petits ports de Cobija et de Mejillones. Le système orographique est très compliqué : les Andes se divisent en deux chaînes parallèles, entre lesquelles s'étend une haute plaine de 3,800 mètres d'altitude, appelée *Pampa*

de *Huesco*; quelques-uns de leurs sommets atteignent près de 7,000 mètres, un plus grand nombre ont une moyenne de 4 à 5,000 mètres. Les cours d'eau sont nombreux et abondants ; la B. est en quelque sorte le lieu d'origine des grandes

rivières qui vont alimenter soit l'Amazone, soit le Rio de la Plata. Au centre du pays, un plateau de 100,000 k. c. renferme la partie bolivienne du lac *Titicaca* et la totalité du lac *Aullagas*. Le climat est en général agréable et salubre. Les cultures et les pâturages cessent à 3,900 mètres. Dans les régions inférieures poussent les céréales, les fruits, le café, le cacao, la canne à sucre et les plantes tropicales.

Le pays est divisé en neuf départements, subdivisés en provinces et districts. Le territoire d'Atacama est occupé par le Chili depuis la guerre de 1879-1883. Ces neuf départements sont ceux de : Beni, la Paz, Oruro, Cochabamba, Santa-Cruz, Chuquisaca, Turija, Potosi et Mejillones.

La population est composée d'Espagnols de sang pur ou mélangé, et d'Indiens à moitié sauvages (Chiquitas, Guaranis, Mijos).

Les villes principales sont : *Sucre* ou *Chuquisaca*, la capitale; *La Paz*, au milieu de riches mines d'argent; *Cochabamba*, où se tiennent de grands marchés de grains; *Potosi*, capitale déchue d'un ancien et puissant royaume.

La B. renferme des mines d'argent, de cuivre et d'étain; celles de Potosi sont légendaires; elles ont, dit-on, produit 30 milliards. Au point de vue agricole, le pays se divise en trois régions : le désert d'*Atacama*, contrée de dunes et d'argiles dénudées; la région des *punas* ou terres froides, sur le plateau; et la région des plaines produisant au nord et à l'est des céréales, de magnifiques forêts et de gras pâturages. L'industrie se borne à l'extraction des métaux, d'ailleurs peu importante.

BOLLANDISTES. s. m. T. Hist. relig. Au commencement du XVIIe siècle, le P. Rosweid, jésuite d'Anvers, forma le projet de recueillir les actes et les vies des Saints d'après les auteurs originaux, et consacra sa vie à amasser des matériaux pour l'exécution de cet ouvrage. Après sa mort, arrivée en 1629, le P. Jean Bolland, son confrère, reprit ce grand projet et fit paraître en 1643 les deux premiers volumes in-fol. des *Acta Sanctorum*. Le P. Bolland mourut en 1665 ; mais son nom resta attaché à la publication, et ses collaborateurs et continuateurs furent désignés sous le nom de *Bollandistes*. — Nonobstant les critiques dirigées contre l'œuvre des B., on doit reconnaître qu'elle a rendu d'éminents services à l'histoire civile et ecclésiastique, et qu'elle a éclairci une foule de points des annales du moyen âge.

BOLLÈNE, ch.-l. de c. (Vaucluse), arrondissement d'Orange, 5,000 hab.

BOLLETRIE. s. f. Espèce de gutta-percha produite par un arbre du Surinam.

BOLOGNE, v. d'Italie, ch.-l. de la province de Bologne, 100,000 hab. Églises remarquables, notamment Saint-Pétronne, la cathédrale, Saint-Dominique, Saint-Jacques-Majeur; palais du podestat, deux tours penchées construites au XVIIe siècle; académie de Bologne, fondée en 1690, et qui s'appelle depuis 1714 académie Clémentine, du nom du pape Clément XI. B. appartint aux États pontificaux jusqu'en 1859. = Nom des hab. : BOLONAIS, AISE.

BOLOGNE (JEAN DE), sculpteur célèbre, né à Douai, se fixa à Florence (1524-1608).

BOLOMANCIE. s. f. (gr. βολος, flèche; μαντεία, divination). Divination au moyen de flèches, sorte de courte paille.

BOLOMÈTRE. s. m. (gr. βολος, flèche; μέτρον, mesure). Appareil très sensible servant à mesurer l'intensité des radiations. On l'appelle aussi *Balance actinique.*

BOLOR ou **BELOUR** (MONTS), chaîne de montagnes de l'Asie centrale, entre l'Empire chinois et le Turkestan.

BOLSENA, v. d'Italie, sur les bords du lac Bolsena, à 25 kil. de Viterbe, 2,800 hab.

BOLTONITE s. f. (R. *Bolton,* nom d'un botaniste anglais) T. Minér. Silicate de magnésie constituant une variété de péridot.

BOLUS. s. m. Voy. BOL.

BOMARÉE. s. f. (R. *Valmont de Bomare,* nom d'un naturaliste français). T. Bot. Genre de plantes comprenant des végétaux à tige volubile et grimpante, dont plusieurs sont cultivées dans nos jardins d'agrément, de la famille des *Amaryllidacées.*

BOMARSUND, ancienne citadelle russe de la Baltique (îles d'Aland), détruite par la flotte anglo-française en 1854.

BOMBAGE. s. m. (de *bomber*). Opération du vitrier qui a pour but de cintrer le verre au four.

BOMBAGISTE. s. m. Celui qui fabrique et vend des couvre-plats, garde-manger, corbeilles, etc.

BOMBANCE. s. f. (vx fr. *bobance,* ostentation, magnificence, du lat. *pompa,* luxe, ou plutôt de *bombus,* bruit, avec le sens de vanterie). Bonne chère servie en abondance. *Faire b. Il est toujours en b.*

BOMBARDE. s. f. (bas-lat. *bombarda,* du lat. *bombus,* bruit). T. Guerre. Machine de guerre usitée au moyen âge et qui, à l'aide de cordes et de ressorts, servait à lancer de grosses pierres. — Ancienne pièce d'artillerie qui ressemblait aux mortiers d'aujourd'hui, et qui servait à lancer de gros boulets de pierre. || T. Mus. Sorte de trompette. || Un des jeux de l'orgue. Voy. HAUTBOIS et ORGUE. || Gueule d'un four à briques. || Sorte de voiture. || Nom vulgaire du salsifis sauvage. || Nom donné autrefois indistinctement à toutes les bouches à feu.

Mar. — En T. Mar., on donne le nom de *Bombardes* à des bâtiments à fond plat qui sont spécialement destinés à porter des mortiers et à lancer des bombes. Afin d'augmenter leur solidité, les bombardes sont doublées en bordages très forts et croisés diagonalement. Elles ont un ou deux mâts et portent un ou deux mortiers. Le mortier repose sur un *puits,* c.-à-d. sur un système de charpente rendu aussi solide et en même temps aussi élastique que possible, qui s'élève du fond de la cale. L'angle fixe, formé par la direction du mortier et sa plateforme, est de 45°, qui est l'angle de la plus grande portée. Quelquefois la pièce tourne sur le pivot ou la semelle de son affût. Les bombardes furent imaginées par le chevalier Renau d'Éliçagaray, et employées pour la première fois par Duquesne, aux deux bombardements d'Alger en 1682 et 1683. On les nomma d'abord *Galiotes à bombes.* Depuis cette époque, de nombreux perfectionnements ont été apportés à leur construction.

BOMBARDEMENT. s. m. Action de bombarder, de jeter des bombes. *Le b. d'une ville. Le b. dura trois jours et réduisit la ville en cendres.*

BOMBARDER. v. a. Lancer, jeter des bombes. *B. une place de guerre,* y jeter des bombes. = BOMBARDÉ, ÉE. part.

BOMBARDIER. s. m. Artilleur qui lance des bombes. Voy. ARTILLEUR. || T. Entom. Insecte coléoptère du genre *Brachine,* qui, quand on le prend, fait un bruit ressemblant à une explosion. Voy. CARABIQUES.

BOMBASIN. s. m. (bas-lat. *bombacinus,* m. s., du lat. *bombyx,* ver à soie). T. Manuf. Sorte d'étoffe de soie dont la fabrique a été apportée de Milan en France. || Espèce de futaine à deux envers.

BOMBASINE. s. f. Étoffe plus légère que le bombasin.

BOMBASTIQUE. adj. 2 g. (R. *Bombast,* surnom de Paracelse). Qui a un caractère d'enflure et de redondance, en parlant du style.

BOMBAX. s. m. (lat. *bombax,* cotonnier). T. Bot. Genre d'arbres de la famille des *Malvacées,* tribu des *Sterculiées.* Voy. MALVACÉES.

BOMBAY, v. d'Asie (Hindoustan), cap. de la présidence de Bombay, 644,000 hab.

BOMBAZETTE. s. f. Tissu lisse, fait de laine anglaise pure.

BOMBE. s. f. (lat. *bombus,* bruit sourd du tonnerre). Projectile creux rempli de poudre qu'on lance avec un mortier, et qui, en arrivant à sa destination, éclate au moyen d'une fusée qui y est attachée. *Jeter, lancer des bombes. La b. a crevé en l'air. Voûte à l'épreuve de la b.* || Fig. et fam., *La b. crèvera,* la *b. est près de crever,* se dit lorsque quelque malheur est près d'arriver, lorsqu'un complot est près d'éclater, ou encore lorsqu'on attend l'issue prochaine d'un événement grave. — *Il est tombé dans notre société comme une b.,* Il est arrivé à l'improviste, au moment où on l'attendait le moins. || T. Phys. Nom que l'on donne quelquefois aux larmes bataviques. || *B. calorimétrique.* Voy. CALORIMÉTRIE. || Voy. CANON.

BOMBEMENT. s. m. État de ce qui est bombé, convexe. *Le b. d'un mur, d'un plancher.*

BOMBER. v. a. (R. *bombe,* par assimilation de forme). Rendre convexe. *B. une rue. B. un ouvrage de sculpture.* || S'emploie neutral. *Ce mur, cette menuiserie bombe.* = BOMBÉ, ÉE. part.

BOMBERIE. s. f. Endroit d'une fonderie où l'on fond des bombes.

BOMBETTE. s. f. [Pr. *bombète*] (Dimin. de *bombe*) Petite bombe, dans les feux d'artifice.

BOMBEUR. s. m. Celui qui fabrique ou qui vend des verres bombés.

BOMBISTE. s. m. Ouvrier qui fait des bombes.

BOMBYCIEN. s. m. (lat. *bombyx,* ver à soie). Papier soyeux fabriqué avec du coton.

BOMBYCIENS. s. m. pl. (R. *bombyx*). T. Entom. Syn. de *Bombycites.* Voy. ce mot.

BOMBYCINE. s. f. (R. *bombyx*). Soie tirée de cocons percés, provenant de bombyx autres que le bombyx du mûrier.

BOMBYCITES. s. m. pl. (R. *bombyx*). T. Entom. Les *Bombycites* forment, dans la méthode de Latreille, la seconde section de la famille des *Lépidoptères nocturnes.* Les caractères distinctifs des bombycites sont : Trompe toujours courte et souvent rudimentaire; ailes soit étendues et horizontales, soit en toit, mais les inférieures débordant latéralement les supérieures; antennes des mâles entièrement pectinées. À l'état parfait, les bombycites ont une existence très courte; ils ne prennent aucune nourriture et meurent après le mariage. Les mâles périssent les premiers; les femelles leur survivent peu, et meurent aussitôt que la ponte des œufs est terminée. Les larves, sauf un petit nombre d'exceptions, sont des chenilles très velues. Elles sont en général très voraces et commettent de grands dégâts dans nos champs et nos vergers. Elles vivent à nu, et rongent les parties tendres des végétaux. La plupart se fabriquent une coque de pure soie. Les chrysalides n'ont point de dentelures au bord des anneaux de l'abdomen. Quand leur transformation est complète, elles percent le cocon où elles sont emprisonnées. Quelques espèces, par exception, au lieu de couper les fils de soie de leur cocon pour se mettre en liberté, les écartent sans les rompre en formant une ouverture circulaire par laquelle le papillon s'échappe.

G. Cuvier et Latreille partagent les *Bombycites* en trois tribus ou genres : les *Saturnies*, les *Lasiocampes* et les *Bombyx propres*. Les *Saturnies* comprennent les espèces dont les ailes sont étendues et horizontales; elles correspondent aux phalènes-attacus de Linné. Les *Lasiocampes* ont les ailes supérieures inclinées en toit; le bord extérieur des inférieures les déborde presque horizontalement. Les palpes s'avancent en forme de bec, et l'insecte ressemble à un paquet de feuilles mortes. Les *Bombyx propres* comprennent les espèces dont les ailes supérieures sont également en toit et débordées par les inférieures, mais dont les palpes inférieurs ne présentent pas de saillie remarquable.

Parmi les espèces du genre *Saturnie*, il en est plusieurs fort importantes : nous citerons d'abord la *S. Cynthia* et la *S. Mylitta*, plus souvent désignées sous les noms de *Bombyx Cynthia* et *B. Mylitta*. La première de ces espèces est élevée en grand dans plusieurs parties des Indes orientales et de la Chine : sa chenille se nourrit avec les feuilles du ricin. La seconde est encore plus répandue : c'est elle qui donne au Bengale la variété de soie appelée *Tussah;* elle vit dans les contrées les plus chaudes de l'Inde, et se nourrit des feuilles de cinq ou six végétaux appartenant à des familles diverses. Sa chenille fait un cocon arrondi, lisse extérieurement, et l'attache aux rameaux des arbres au moyen d'un pédicule cylindrique, aussi dur que du bois, et formant une forte boucle qui embrasse le rameau, de sorte que le cocon pend comme un fruit. On essaie d'acclimater ces deux espèces en France et en Algérie; mais il y a lieu d'espérer plus de succès d'une troisième espèce qui vient des parties tempérées de la Chine, et qui se nourrit exclusivement des feuilles de diverses variétés de chêne. Cette espèce a été dénommée, par Guérin-Méneville, *Bombyx Pernyi*. Le papillon (Fig. 1) a les

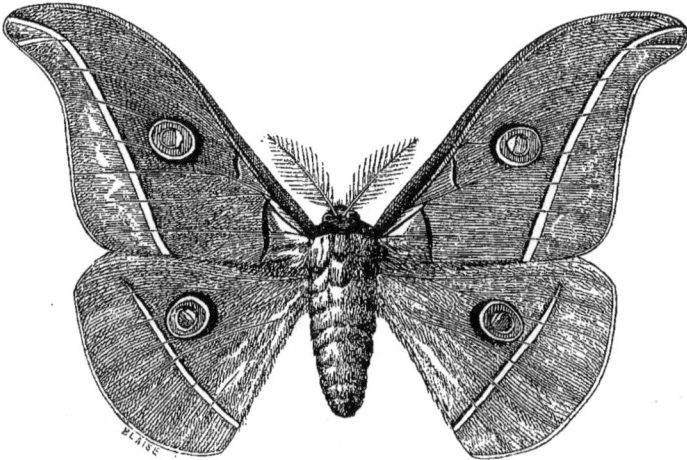

Fig. 1.

ailes de couleur généralement fauve et marquées d'une tache ocellée en partie transparente. La forme des cocons de cette saturnie est assez allongée; leur tissu extérieur est lâche, et constitue une espèce de bourre au moyen de laquelle ils sont fixés entre plusieurs feuilles. Un pédicule plat et mince est en outre collé contre la nervure principale d'une feuille. Une quatrième espèce fort intéressante est la *S. assama.*, qui se trouve dans le royaume d'Assam, où on l'appelle *Mooga :* elle produit une soie grège excellente dont il se fait une grande consommation dans l'Inde anglaise. — C'est dans la

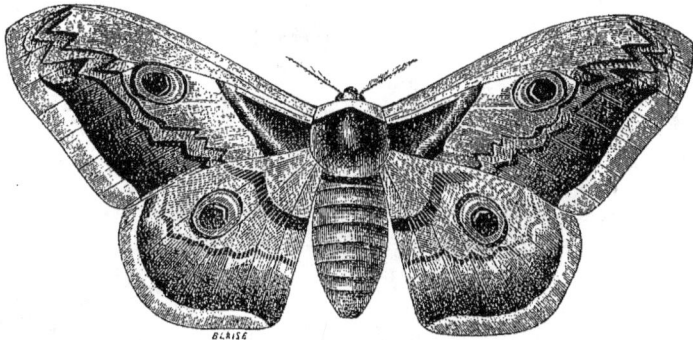

Fig. 2.

tribu des saturnies que se trouvent les plus grands papillons connus; tels sont : l'*Atlas*, qui habite la Chine, et dont les ailes ont jusqu'à 22 centim. d'envergure; l'*Erèbe*, la *Cécropie*, l'*Hespéride* et la *S. luna*. L'atlas est aussi nommé *Porte-Miroir*, à cause des belles taches vitrées qui ornent ses ailes. La *Cécropie*, qui est fort commune dans la Louisiane, forme un cocon brunâtre dont la soie est assez belle et pourrait être utilisée. Le plus grand papillon d'Europe, le *Grand Paon de nuit* (*S. pavonia major*) (Fig. 2), appartient aussi à ce groupe. Le grand paon a jusqu'à 13 centim. de largeur les ailes étendues. Le corps est brun, avec une bande blanchâtre à l'extrémité antérieure du thorax; les ailes sont rondes, d'un brun saupoudré de gris, et offrent à leur milieu une grande tache en forme d'œil, noire, coupée par un trait transparent, entourée d'un cercle fauve obscur, d'un demi-cercle blanc, d'un autre rougeâtre, et enfin d'un cercle noir. Sa chenille, qui vit des feuilles de différents arbres, est verte, avec des tubercules bleus disposés en anneaux, d'où partent de longs poils terminés en massue. Elle se file une coque ovale, dont l'intérieur est en partie formé de poils élastiques et convergents qui facilitent la sortie du papillon, mais qui empêchent l'entrée de tout insecte ennemi : sa soie est très forte et très gommeuse. Le *Petit Paon de nuit* mérite aussi d'être cité. — Le genre *Lasiocampe* ne comprend aucune espèce particulièrement digne d'intérêt ; la plus répandue en Europe est la *L. feuille de chêne* (Fig. 3), qui doit son nom à sa ressemblance avec une feuille de chêne desséchée. Sa chenille grise et velue se reconnaît à son double collier d'un bleu clair.

Fig. 3.

Les *Bombyx propres* ont pour type le ver à soie (*Sericaria mori*) ; mais l'importance industrielle de ce dernier nous oblige à lui consacrer un article spécial. Voy. MAGNANERIE. Les autres espèces qu'il importe de connaître sont celles dont les chenilles attaquent les arbres utiles à l'homme : telles sont surtout celles du *B. Neustria* et du *B. Processionnea*. La chenille du *B. Neustria* a reçu le nom vulgaire de *Livrée*, à cause de ses raies longitudinales blanches, bleues et rougeâtres. Le papillon est jaunâtre, avec une bande ou deux raies transverses d'un brun fauve, au milieu des ailes supérieures. La femelle dépose ses œufs en forme d'anneau autour des rameaux des arbres fruitiers. Elle les empâte d'un liquide visqueux qui les colle autour de la branche ; puis, elle recouvre le tout de poils fins qu'elle s'arrache à cet effet, pour empêcher la pluie de délayer les anneaux avant que leur glu ait acquis par la dessiccation la dureté d'un vernis inattaquable à l'eau. Les chenilles de cette espèce vivent en sociétés très nombreuses ; elles font un tort énorme à nos arbres fruitiers, qu'elles dépouillent quelquefois complètement de leur feuillage. — Le *B. processionnaire* (Fig. 4) est un papillon cendré avec deux raies obscures vers la base des ailes supérieures, et une troisième noirâtre, un peu au-dessus de leur milieu ; ces trois raies sont transversales. La chenille a le corps velu, d'un gris cendré obscur, avec le dos noirâtre et quelques tubercules jaunes (F. 5). Elle attaque particulièrement le chêne et les arbres forestiers. Ces chenilles vivent en société, se filent en commun, dans leur jeune âge, une

Fig. 4.

Fig. 5.

toile où elles sont à couvert, changent souvent de domicile jusqu'après la troisième mue, se forment alors une autre habitation commune, semblable à une sorte de sac qui est divisé à l'intérieur en plusieurs cellules. Cette espèce doit son nom à une habitude curieuse de ses chenilles. Ces dernières sortent ordinairement le soir de leur domicile en ordre de procession. Un des individus est à la tête et sort le guide ; deux autres viennent ensuite et composent la seconde ligne ; il y en a trois à la troisième, quatre à la quatrième, et ainsi de suite, en augmentant toujours d'une unité. Après avoir satisfait leur appétit, elles reviennent à leur nid dans le même ordre. Au moment de sa métamorphose, la chenille du *B. processionnaire* se dépouille de ses poils qu'elle mêle en partie au tissu de son cocon ; le reste se dissipe dans l'air. Ces poils, mis en contact avec la peau, agissent sur elle comme les poils de l'ortie ; leurs propriétés irritantes ont été quelquefois utilisées par l'art de guérir, en France et en Allemagne. Les gardes forestiers contractent même parfois des affections de poitrine très graves causées par l'introduction de ces mêmes poils dans les voies respiratoires. — La chenille du *B. minime à bandes* (*B. quercus*) et celle du *B. du pin* (*B. Pythiocampa*) sont couvertes de poils de même nature que ceux de la processionnaire.

Nous plaçons ici, à cause de leur grande analogie avec les bombycites, surtout avec les bombyx propres, les *Faux-Bombyx*, qui forment la troisième section des lépidoptères nocturnes. Les faux bombyx ont les ailes inférieures pourvues d'un frein qui les fixe aux supérieures dans le repos. Elles sont alors entièrement recouvertes par celles-ci, et les unes et les autres sont disposées en toit ou horizontales, mais en recouvrement au bord interne. La trompe est seulement un peu plus courte que celle des autres lépidoptères. Les chenilles de la plupart des faux bombyx vivent à nu. Quelques espèces présentent cette particularité remarquable, que le mâle est ailé et la femelle aptère, de sorte que chacun des deux sexes paraît appartenir à un ordre d'insectes différents. Nous nous contenterons de mentionner quelques espèces de cette section. La *Séricaire de Madagascar* donne un produit dont on pourrait vraisemblablement tirer parti. Sa chenille vit en sociétés nombreuses. Le nid commun a quelquefois près de 1 mètre de hauteur, et les coques y sont tellement pressées les unes contre les autres, qu'il n'y a point de vide. Un seul de ces nids contient jusqu'à cinq cents coques. La *Séricaire disparate* a été ainsi nommée parce que le mâle n'a aucune analogie ni de forme ni de couleur avec la femelle. Sa chenille fait souvent du tort à nos arbres frui-

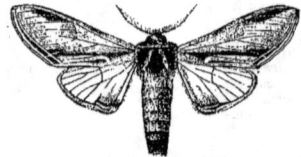

Fig. 6.

tiers. Les *Notodontes* ont une denteluure au bord interne des ailes supérieures (Fig. 6. *N. du Bouillon-blanc* ou *Notodonta dictæa*). Dans les *Orgyies*, le mâle est ailé, tandis

Fig. 7.   Fig. 8.

que la femelle n'a que des rudiments d'ailes et ne ressemble nullement à un papillon (Fig. 7 et 8. *Orgyie étoilée*,

Fig. 9.

mâle et femelle). Les *Psychés* ont beaucoup d'analogie avec les papillons diurnes. Telle est l'*Écaille-martre* (*Chelonia caja*). Ce papillon (Fig. 9) a la tête et le thorax bruns, les ailes supérieures brunes avec des raies irrégulières blanches, les inférieures et le dessus de l'abdomen rouges, avec des taches d'un noir bleuâtre. Sa chenille, d'un brun noirâtre, avec des tubercules bleus et disposés en anneaux, est garnie de poils longs et nombreux qui lui ont valu le nom vulgaire d'Ours et de Hérissonne. Elle vit sur l'ortie, la laitue, l'orme, etc. Les genres Limacode, Lithosie et Callimorphe ont tous des représentants dans notre pays. La C du seneçon (Callimorpha Jacobea) est très commune chez nous. Ses ailes supérieures ont une ligne et deux points d'un rouge carmin; les inférieures sont rouges et bordées de noir. La chenille vit sur le seneçon, elle est jaune avec des anneaux noirs.

BOMBYLE. s. m. (gr. βομϐύλὸς, sorte d'insecte bourdonnant). T. Entom. Genre d'insectes diptères. Voy. TANYSTOMES. Bouteille de forme ovoïde avec un goulot étroit.

BOMBYX. s. m. (gr. βόμϐυξ, ver à soie). T. Entom. Genre d'insectes lépidoptères nocturnes. Voy. BOMBYCITES.

BÔME. s. f. T. Mar. Vergue dite aussi Gui, sur laquelle se borde la voile nommée Brigantine.

BÔMERIE. s. f. T. Comm. mar. (all. bodmerey; holl bodmerye; angl. bottomry, m. s., de boden, carène). L'intérêt de l'argent qui se prête cents marchands sur les marchandises d'un vaisseau, lorsque le créancier se soumet à tous les risques.

BOMILCAR, général carthaginois, qui tenta de se faire proclamer roi, mais fut vaincu et crucifié (308 av. J.-C.). — BOMILCAR, amiral carthaginois, qui s'enfuit à la vue de la flotte romaine (216 ans av. J.-C.).

BOMILCAR, aventurier numide, favori de Jugurtha.

BON (Cap), cap sur la côte de Tunisie.

BON, ONNE. adj. (lat. bonus, bona, m. s.). Il s'emploie en parlant des personnes, des choses morales, des choses physiques, des productions de l'art et de l'industrie.=En parlant des personnes, il signifie qui aime à faire du bien, humain, doux, indulgent. Cet homme est extrêmement b. Une femme bonne et charitable. C'est une bonne personne. Il est b. pour tous. Ce sont de bonnes gens. On dit de même : Il a le cœur b., un b. cœur, un b. caractère. || Appliqué à Dieu, Bon, signifie qui comble ses créatures de grâces et de bienfaits, qui est clément et miséricordieux. Dieu est souverainement b. Prier le b. Dieu. — B. ange, Ange gardien, ange protecteur. Fig., Vous êtes mon b. ange, Vous me protégez, vous me préservez de tout danger. — Par allusion à des croyances propres au paganisme, on dit encore : B. génie; B. démon, Génie, démon bienfaisant et favorable. C'est mon b. génie qui m'a inspiré. || Bon se dit des personnes qui s'acquittent bien des devoirs que la religion et la morale leur imposent. B. chrétien. B. père. B. époux. B. citoyen. Une bonne mère. — De celles qui remplissent bien les fonctions de leur charge, de leur emploi. B. magistrat. B. professeur. B. général. — De celles qui ont acquis un degré de perfection dans une science, un art, un métier. B. géomètre. B. médecin. B. avocat. B. poète. B. architecte. B. acteur. B. ouvrier. — De celles qui excellent dans quelque exercice du corps. Un b. nageur. B. marcheur. — Fig. et par métonymie, C'est une bonne épée, une bonne lame, une bonne plume, C'est un homme habile à manier l'épée ou la plume || Fam., C'est un b. sujet, Il a une conduite sage et réglée; ou il a toute la capacité nécessaire pour tel emploi. — C'est un b. compagnon, un b. garçon, C'est un homme d'humeur agréable, de caractère facile et commode à vivre. — Par injure ou par plaisanterie, on dit, C'est un b. vaurien, une bonne pièce, une bonne langue, etc. — Mon b. ami. Ma bonne amie. Ma bonne, locutions familières qui s'emploient en témoignage d'amitié ou de bienveillance entre égaux, ou de supérieur à inférieur. || En parlant de l'humeur, de la disposition d'esprit, des manières d'une personne, Bon se prend pour agréable, bienveillant, poli, gracieux. Être de bonne humeur, en bonne humeur. Il a fait cela de b. cœur, de b. gré, de bonne volonté, de bonne grâce. Il est d'un b. commerce. Il est dans ses bonnes grâces. Faire b. visage, b. accueil à quelqu'un. Il a très bonne façon. Il a b. ton, de bonnes

manières. Faire b visage d'hôte, Faire un accueil agréable à ceux qui nous viennent voir. || Bonne société, bonne compagnie, Société de personnes distinguées par leur éducation, leur politesse, leurs manières Il voit la bonne société. Il reçoit chez lui très bonne compagnie — Un homme de bonne société, de bonne compagnie, Un homme bien élevé, de b ton, de manières distinguées. || Une bonne caution, un b. garant, etc. Une caution bien solvable, un garant sûr, etc. — On dit dans un sens analogue, Ce négociant est b., Cette maison est bonne, Ce négociant, cette maison de commerce est très solvable et fait honneur à ses engagements. || Propre à... Cet homme est b. à consulter, b. pour le conseil. Pourrais-je vous être b. à quelque chose? — Fig. et prov., Il n'est b ni à rôtir ni à bouillir, Il n'est propre à rien, se dit des personnes et des choses. — S'il disait cela, s'il faisait cela, il ne serait pas b. à jeter aux chiens, Tout le monde le blâmerait, crierait après lui. || Fam., Il est bien b. de croire cela, Il est bien crédule, etc. — Fam. et ironiq., Il est bien b., ou Je le trouve bien b. de prétendre, de dire, de faire, etc., Il n'a nulle raison, il ne lui convient nullement de prétendre, etc. = En parlant des choses morales, Bon signifie conforme à la justice, à la raison, à la vertu, au devoir, en un mot, aux règles qu'impose la morale. Une bonne action. Une bonne conduite. Une bonne maxime. Il est animé de bons sentiments. Une bonne conscience. Le b. droit. Faire un b. usage de sa fortune, de ses talents. — Par ext., on dit, Une bonne législation. Une bonne institution. Un b. gouvernement. — Faire une bonne fin, Mourir avec dignité. = En parlant des choses physiques, Bon se dit des animaux et des choses qui ont les qualités propres à leur destination, à l'emploi qu'on en veut faire, à produire tel ou tel effet utile, etc. Un b. cheval de charrue, de selle. Un b. chien de chasse, de basse-cour. Cette poule est une bonne pondeuse — B. pain. B. vin. Bonne viande. B. dîner. Ces aliments sont bons. Du vin b. à boire. Elliptiq., en parlant de vin ou de quelque autre boisson, on dit, Tirer du b., donner du b., Tirer, donner du vin de qualité supérieure. — Ce fruit a b. goût. De b. tabac. — Une bonne médecine. Ce régime est fort b. pour sa santé. B. quinquina. De bonne ciguë. De b. opium. — Une bonne terre. Un b. pré. Un b. pays. B. air. Une bonne pluie, Une pluie abondante qui est utile aux productions de la terre. Une bonne gelée, Une forte gelée qui est utile, soit en faisant périr les insectes, soit autrement. — De la toile bonne à faire des chemises, bonne pour les draps. Un b. marteau. Ce bois n'est b. qu'à brûler. Un b. rasoir. Ce papier n'est b. que pour l'emballage. Une bonne montre. De bonnes fortifications. Une bonne machine. — Une bonne idée. Une bonne méthode. — A quoi cela est-il b.? Cela n'est b. à rien. || De b. or, de b. argent, De l'or, de l'argent pur, ou au titre voulu. Ce louis d'or est fort b., Il peut passer, il n'est ni faux ni trop usé. || Se dit des œuvres de l'intelligence et de l'art qui ont certain degré d'excellence dans leur genre. Un b. poème. Un b. livre. Il n'y a rien de b. dans cet ouvrage. Une bonne musique — Un b. mot, une bonne plaisanterie, Un mot spirituel, une plaisanterie de b. goût. || Bon se dit des fonctions physiologiques lorsqu'elles s'accomplissent avec régularité. Les digestions sont bonnes. Il a une très bonne vue Il a une bonne constitution, une bonne santé. Le poumon est b., Il n'est pas malade et exécute bien ses fonctions. — Par anal. se dit en parlant des facultés intellectuelles. Il a un b. jugement, un b. esprit. || Bon signifie aussi favorable, avantageux, utile, convenable. Tirer un b. augure de quelque événement. Cela ne présage rien de b. Une bonne aubaine. De bonnes nouvelles. On a rendu un b. témoignage de sa conduite. Avoir b. vent. L'occasion est bonne. J'ai pris la bonne route. Acheter b. marché. Être en bonne passe. J'ai plus connu la mauvaise que la bonne fortune. Il est b. que vous le sachiez Toutes vérités ne sont pas bonnes à dire. A quoi b.? Trouvez b. que je me retire. — Se prend encore dans le sens de lucratif. C'est une bonne affaire pour vous. C'est une bonne place. || Sert encore à augmenter la signification du subst. auquel il est joint, à lui donner plus de valeur et d'énergie. Il y en a un b. nombre, une bonne quantité. Il y a une bonne lieue d'ici là. Vous avez une bonne traite, une bonne course à faire. Boire un b. verre de vin. Il a b. revenu. Une bonne partie de la besogne est faite. Je vous le dis une bonne fois pour toutes Donner un b. soufflet, un b. coup d'épée. Une bonne fièvre. — Trouver tout b., S'accommoder également de tout. On dit de même, Tout lui est b. Fam. || Faire une *bonne vie,* Se bien nourrir, mener une vie aussi joyeuse que possible. Elliptiq., *Il veut la faire courte et bonne,* se dit d'un homme qui mange sa fortune et ruine sa santé par l'abus des plaisirs. || *La journée, la nuit de ce malade a été bonne,* Il l'a bien passée. || *Souhaiter, donner le b. jour, le b. soir à quelqu'un,* Le saluer par ces mots *B. jour* ou *B. soir,* qui signifient qu'on lui souhaite une heureuse journée, etc. Dans les locutions ci-dessus, *B. jour* et *B. soir* s'écrivent habituellement en un seul mot. On dit de même, *Souhaiter une bonne nuit, la bonne année, un b. voyage,* etc. || *Ce calcul est b.,* Ce compte est b., Il est exact. || *B. pour telle somme,* Formule qui se met au bas de certains effets de commerce pour rappeler la somme mentionnée dans l'écrit. Voy. BILLET. — Dans un sens analogue, certains billets d'entrée portent écrit, *B. pour une personne, pour trois personnes.* || T. Imp. *B. à tirer,* Formule donnant l'autorisation d'imprimer d'après la dernière épreuve. Voy. ÉPREUVE. || Elliptiq. et fam., *La bailler bonne à quelqu'un,* Lui faire quelque pièce, quelque tour. *La lui garder bonne,* Conserver du ressentiment contre lui, avec l'intention de se venger dans l'occasion. — *Il est b. là,* se dit d'un mot spirituel, d'un conte qui a surpris et amusé les auditeurs. Fam. A s'emploie le plus souvent par ironie. = *Bon* s'emploie aussi absol.; dans ce cas, il est toujours joint à un verbe. *Sentir b.,* Avoir une odeur agréable. *Trouver b.,* Avoir son agréable, permettre. *Coûter b.,* Coûter fort cher. *Tenir b.,* Résister avec fermeté, persister malgré les obstacles. || *Il fait b.,* La température est agréable. — *Il fait b. dans cet endroit,* On y est agréablement à son aise. — *Il fait b. marcher, se promener,* etc. Le temps est favorable à la marche, etc. — *Il fait b. vivre,* on apprend toujours, Il y a avantage à vivre longtemps, car les plus savants ont toujours quelque chose à apprendre. — *Il fait b. avec quelqu'un,* C'est une personne d'humeur agréable, commode à vivre. Fam. — *Il ne fait pas b. avoir affaire avec cet homme,* Il y a des désagréments, des dangers à craindre pour ceux qui ont affaire à lui. On dit de même, *Il ne fait pas b. s'y frotter.* — Par mépris, on dit, *C'est b. à quelque sot, à quelque dupe; Cela est b. pour les sots.* || *C'est b.,* se dit pour marquer qu'on approuve, qu'on est satisfait, ou bien que l'on a entendu. *Vous avez fini votre travail? C'est b.,* c'est b., vous n'avez pas besoin de le répéter. S'emploie aussi par antiphrase pour marquer qu'on est mécontent. *Vous m'avez fait un mensonge? c'est b., je m'en souviendrai.* — *B. cela,* loc. ellipt. qui se dit pour approuver une chose, après en avoir désapprouvé une autre. || *Bon* s'emploie avec des acceptions particulières dans un grand nombre de locutions et d'idiotismes qu'on trouvera aux mots mêmes que cet adj. modifie. — *B. compte.* Voy. COMPTE, etc. = *Bon* s'emploie adverbial. pour marquer approbation. *B., vous avez bien fait. B., continuez comme cela.* — Est encore usité interjectiv., pour exprimer la surprise, l'incrédulité, l'insouciance. *Bon! ce que vous dites là n'est pas possible.* = *Bon* se prend substant., et se dit de ce qui est bon. *Le beau et le b. Le b. et le mauvais.* || *Bonne qualité,* ce qu'il y a de b. dans la personne ou dans la chose dont il s'agit. *Cet homme qui a du b. et du mauvais. Sa pièce n'a pas réussi, mais il ne laisse pas d'y avoir du b.* || Ce qu'il y a d'avantageux, d'important, de principal en quelque chose. *Le b. de l'affaire est que...* On dit, *Le b. de l'histoire, le b. du conte,* Ce qu'il y a de plaisant dans une historiette, etc. — *Il y a du b. dans cette affaire,* Il y a eu du profit. Vx et peu us. — Prov., *Aux derniers les bons,* Les derniers servis ont parfois les meilleurs morceaux. || *Les bons,* au plur., se prend toujours pour les gens de bien; dans ce sens, on l'oppose ordinairement à *méchants. Au grand jour, Dieu récompensera les bons et punira les méchants.* = TOUT DE BON. loc. adv. Sérieusement. *J'ai cru d'abord qu'il plaisantait, mais il s'est fâché tout de b.*

Obs. gram. L'adj. *Bon* joint au mot *Homme* prend en général une signification différente selon qu'il précède ou qu'il suit ce subst., *Un homme b.* se dit d'un homme charitable, bienveillant, plein de droiture et de candeur. *Un b. homme* se prend aussi quelquefois dans le même sens; mais le plus souvent il signifie un homme simple, crédule, qui se laisse dominer et tromper. Dans cette dernière acception, *B. homme* s'écrit habituellement en un seul mot, *Bonhomme.* — La loc. *Bonnes gens* se rapproche du dernier sens de *B. homme :* il se dit ordinairement en parlant de personnes qui ont de la bonté, mais qui sont simples et crédules. — Au comparatif, on dit *Meilleur* au lieu de *Plus bon. Cela est b.. mais ceci est meilleur.* La phrase, *Il n'est plus b. à* *rien,* est cependant fort correcte; mais c'est qu'ici *plus* cesse d'être adv. de comparaison.

Philos. — Voy. ESTHÉTIQUE et MORALE.

BON. s. m. Autorisation écrite adressée à un fournisseur, à un caissier, à un correspondant, à un employé, de fournir un objet, une marchandise ou de verser des fonds pour le compte de celui qui l'a signée. *Un b. de cinq cents, de mille, de deux mille francs. Donner un b. pour du pain.* || Fig. et fam., *Il met son b. à tout,* Il ne refuse son consentement à quoi que ce soit, il est facile à l'excès. || T. Impr. *Bon à tirer.* Voy. BON, adj.

En T. de Finances, on appelle *Bons du Trésor* (primitivement *Bons royaux*), des obligations souscrites par le ministre des finances qui produisent un intérêt variable suivant qu'ils sont à échéance plus ou moins éloignée et qui sont remboursables à terme fixe. Ils sont payables au porteur ou à ordre et sont remis aux personnes qui veulent faire au Trésor des placements d'une durée n'excédant pas une année.

Les bons du Trésor ont été créés par la loi du 4 août 1824; mais cette loi ne fit que consacrer légalement une pratique presque aussi ancienne que les besoins auxquels ils doivent pourvoir (rentrée tardive de l'impôt, excédant imprévu de dépense mettant le Trésor à découvert). Le maximum des émissions de bons, fixé d'abord à 140 millions, a été successivement porté à 150, 200, 250, et, enfin, à 400 millions. Le montant des bons du Trésor est compris dans la dette flottante.

BON (LOUIS-ANDRÉ), général de la République (1758-1799).

BONACE. s. f. (ital. *bonaccia,* m. s., du lat. *bonus,* bon). T. Mar. Calme, tranquillité. Ne se dit guère que du calme de la mer. *Un temps de b. Être en b. La b. nous retarde longtemps.*

BON-AIR. s. m. Au jeu de l'hombre, hasard qui a lieu quand l'hombre joue sans prendre avec quatre matadors.

BONALD (Vicomte de), philosophe français, auteur de la *Législation primitive* (1754-1840). || Son fils a été cardinal et archevêque de Lyon (1787-1870).

BONAPARTE. Nom d'une famille célèbre originaire d'Italie et établie en Corse, et dont les principaux membres furent les suivants :

CHARLES-MARIE, né à Ajaccio en 1744, mort à Montpellier en 1785, qui épousa, en 1767, *Marie-Lætitia Ramolini,* née à Ajaccio en 1750, morte à Rome en 1836. Il eut huit enfants qui furent:

1° JOSEPH, né à Corte en 1768, roi de Naples en 1806, roi d'Espagne de 1808 à 1813, se retira aux États-Unis après le désastre de Waterloo, revint plus tard en Europe et mourut à Florence en 1844. || 2° NAPOLÉON, né à Ajaccio en 1769, qui fut l'empereur Napoléon Ier. Voy. NAPOLÉON. || 3° LUCIEN, né à Ajaccio en 1775, fut président du Conseil des Cinq-Cents et prince de Canino, et mourut à Viterbe (Italie), en 1840. || 4° MARIE-ANNE-ÉLISA, née à Ajaccio en 1777, épousa Félix Bacciochi, qui devint prince de Lucques et de Piombino, et mourut à Trieste (Autriche), en 1820. || 5° LOUIS, né à Ajaccio en 1778, épousa Hortense de Beauharnais, fut père de Napoléon III, roi de Hollande (1806-1810), et mourut à Livourne en 1846. || 6° MARIE-PAULINE, née à Ajaccio en 1780, épousa le général Leclerc, puis le prince Borghèse, fut duchesse de Guastalla, et mourut à Florence en 1825. || 7° CAROLINE-MARIE-ANNONCIADE, née à Ajaccio en 1782, épousa Joachim Murat en 1800, fut grande-duchesse de Berg et de Clèves, puis reine de Naples, et mourut à Florence en 1839. || 8° JÉRÔME, né à Ajaccio en 1784, fut roi de Westphalie (1807-1813), gouverneur des Invalides en 1848, et maréchal de France en 1850; mort en 1860.

Nous signalerons en outre:

FRANÇOIS-CHARLES-JOSEPH-NAPOLÉON, fils de Napoléon Ier, qui fut Napoléon II (1811-1832). Voy. NAPOLÉON. || PIERRE (1815-1881), et son fils ROLAND, né en 1858. || Le cardinal LUCIEN BONAPARTE, né en 1828, fils de CHARLES-JULES, fils de LUCIEN, et de ZÉNAÏDE, fille de Joseph. || CHARLES-LOUIS-NAPOLÉON, fils de Louis, qui fut l'empereur Napoléon III (1808-1873). Voy. NAPOLÉON. || EUGÈNE-LOUIS-JEAN-JOSEPH, fils du précédent, né à Paris le 16 mars 1856, mort dans l'Afrique australe pendant l'expédition des Anglais contre les Zoulous, le 1er juin 1879. || MATHILDE, fille de Jérôme, née à Trieste en 1820. || NAPOLÉON, dit JÉRÔME, fils de Jérôme, né à Trieste en 1822, épousa la princesse Clotilde, fille de Victor-Emmanuel, dont il eut deux fils : *Victor-Napoléon*, né en 1862, et *Louis*, né en 1864. Il est mort en 1891.

BONAPARTISME. s. m. Attachement au gouvernement impérial, fondé par Napoléon, et à sa dynastie.

BONAPARTISTE. s. m. f. Celui, celle qui appartient au bonapartisme.

BONARD. s. m. Ouverture des arches dans les verreries.

BONASSE. adj. 2 g. (R. *bon*, avec le suffixe péjoratif *asse*). Simple et sans malice. Ne s'emploie guère qu'en parlant d'une personne de peu d'esprit. *Il est trop b.* Fam.

BONAVENTURE (Saint), cardinal et légat du pape au concile de Lyon (1221-1274).

BONAVENTURE-DESPERRIERS. Voy. Desperriers.

BONBANC. s. m. (R. *bon* et *banc*). Sorte de pierre tendre qu'on tire des carrières de Paris.

BONBON. s. m. (R. *bon* répété). Mot par lequel on désigne toute espèce de friandises faites avec du sucre. *Une boîte, un cornet de bonbons. Vous aurez du b.*

BONBONNE. s. f. [Pr. *bonbone*]. Sorte de dame-jeanne, et, dans le Midi, vase en fer-blanc pour mettre l'huile.

BONBONNERIE. s. f. [Pr. *bonboneri*]. Fabrique de bonbons.

BONBONNIÈRE. s. f. [Pr. *bonbonière*]. Boîte à bonbons. || Fig. et fam., *C'est une b.*, se dit d'une petite maison, d'un petit appartement arrangé avec goût et élégance.

BONCHAMPS (Marquis de), chef vendéen, fut blessé à mort devant Cholet (1759-1793).

BON-CHRÉTIEN. s. m. T. Hortic. Variété de poire fort estimée, introduite en France par saint François de Paule, surnommé le *Bon Chrétien*. Voy. Poirier.

BONCOMPAGNI. Nom de plusieurs membres d'une famille italienne d'érudits distingués.

BONCORE. s. m. (ital. *boncore*, narcisse). Sorte de narcisse.

BOND. s. m. (R. *bondir*). Le saut, le rejaillissement que fait un ballon, une balle, ou autre chose semblable, lorsqu'étant tombée à terre, elle se relève plus ou moins haut. *La balle n'a fait qu'un b. Attendre la balle au b.* || T. Jeu de paume. *Prendre la balle au b.*; *Prendre une balle au un coup entre b. et volée*, Saisir la balle au moment où elle est près de s'élever après avoir touché la terre. — Fig. et prov., *Prendre la balle au b.*, Saisir vivement et à propos une occasion favorable. — Fig., *Prendre la balle entre b. et volée*, Faire une chose à l'instant qui en doit être faite, dans la crainte que, l'instant d'après, il ne soit plus temps de la faire. — Fig., *La balle n'a été prise que du second b.*, L'affaire, l'entreprise n'a réussi qu'à la seconde tentative. Ces dernières loc. sont aujourd'hui peu usitées. || T. Jeu de paume. *Jeu de faux b.*, se dit d'une balle qui, ne rencontrant pas une surface plane, fait un bond dans une direction contraire à celle que désirait le joueur. — Fig. et prov., *Faire faux b. à quelqu'un*, Manquer à l'engagement qu'on a pris envers quelqu'un, à ce qu'il avait droit d'attendre de nous. *Nos convives nous ont fait faux b. Faire faux b. à son honneur*, Manquer à ce qu'on doit à son honneur. || Action d'un animal ou d'une personne qui s'élève subitement par un saut, soit pour retomber à la même place, soit pour s'élancer en avant. *Les chèvres font des bonds fréquents. Le chevreuil va par sauts et par bonds. En trois bonds il le rejoignit.* — Fig., *N'aller que par sauts et par bonds*, Parler ou écrire trop précipitamment, sans ordre, sans liaison dans les idées. *Cet auteur ne va que par sauts et par bonds.* Cette loc. se dit aussi des actions et de la conduite, lorsqu'elles manquent de suite.

BOND (William-Cranch), astronome américain (1789-1879).

BONDE. s. f. (anc. all. *spunt* et *punt*, m. s.? On a d'an-

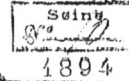

ciens textes où *bond* sign. *borne*. Peut-être les deux mots ont-ils la même origine). Pièce de bois qui, suivant qu'elle est haussée ou baissée, sert à laisser aller ou à retenir l'eau d'un étang. *Lever, hausser, lâcher la b.* — Fig. et fam., *Lâcher la b. à ses plaintes, à ses larmes, à sa colère*, Donner un libre cours à ses plaintes, etc. || Trou rond fait à un tonneau pour introduire la liqueur. *Percer une b. B. d'un tonneau.* || Tampon de bois qui sert à boucher le trou du tonneau. On dit aussi *Bondon*. || Pièce de cuivre soudée sur la faïence d'une cuvette de garde-robe.

BONDEL. s. m. Sorte de poisson comestible du lac de Neuchâtel.

BONDER. v. a. (R. *bonde*). T. Mar. Remplir un bâtiment autant qu'il est possible. || Par anal., Bourrer, remplir autant que possible. = Bondé, ée. part.

BONDIEU. s. m. Gros coin avec lequel les scieurs de long élèvent les pièces qu'ils scient.

BONDIR. v. n. (angl. *to bound*, m. s.; peut-être du lat. *bombitare*, faire du bruit). Faire un ou plusieurs bonds. *Cette balle bondit fort bien.* || Sauter, s'élever en l'air par un bond. *Voyez ce cheval b. dans la prairie. Le meurtrier bondissait encore de fureur.* — Fig., on dit, *Cela fait b. le cœur, Le cœur en bondit*. pour exprimer le dégoût, la répugnance qu'on a pour un aliment ou pour quelque chose qui fait soulever l'estomac.

BONDISSANT, ANTE adj. Qui bondit. *Les chèvres bondissantes. Je l'ai vu b. de joie.*

BONDISSEMENT. s. m. Le mouvement de ce qui bondit. *Le b. des agneaux.* || Fig., *Cette odeur lui cause des bondissements de cœur*, Lui cause des nausées, des soulèvements d'estomac.

BONDON. s. m. (R. *bonde*). Tampon de bois, court et cylindrique, avec lequel on bouche le trou d'un tonneau. || Trou rond dans lequel on place ce tampon. On dit mieux *Bonde*. || Fromage affiné qui se fabrique à Neufchâtel-en-Bray (Normandie), et qui a la forme d'une bonde de tonneau. Il figure à juste titre parmi les meilleurs fromages français; malheureusement, il est assez rare, et la plupart des *bondons* vendus à Paris ne viennent pas de Normandie et sont d'une qualité tout inférieure.

BONDONNER. v. a. [Pr. *bondoner*]. Boucher la bonde d'un tonneau avec un bondon. = Bondonné, ée. part.

BONDONNIÈRE. s. f. [Pr. *bondonière*] (R. *bondon*). Sorte de tarière dont le tonnelier se sert pour percer les tonneaux.

BONDOU, royaume d'Afrique voisin du Sénégal.

BONDRÉE. s. f. (Peut-être de *bondir*, avec l'ancienne signification de faire du bruit, à cause du cri de l'oiseau). T. Ornith. La *Bondrée* (*Pernis*) est un oiseau de proie qui appartient à l'ordre des *Rapaces diurnes* et qui est intermédiaire entre les milans et les buses. Ses caractères distinctifs sont : Bec courbé dès sa base, faible comme les milans; intervalle entre le bec et l'œil (*lorum*) couvert de plumes bien serrées et coupées en écailles; tarses courts, réticulés, à demi emplumés vers le haut; ailes longues; queue égale. — Nous ne possédons en Europe qu'une espèce de ce genre, la *B. commune* (*P. apivora*), qui est longue d'environ 65 centimètres. Son plumage est très variable. Le mâle adulte (voy. la Fig. p. saiv.) a le sommet de la tête d'un cendré bleuâtre, les parties supérieures d'un brun plus ou moins cendré, les inférieures d'un blanc jaunâtre avec des stries sur la gorge et le cou et des taches triangulaires sur la poitrine, le ventre de couleur brune, les pennes secondaires des ailes rayées de brun et de gris bleu, et la queue traversée par trois bandes d'un brun foncé. La cire est d'un cendré foncé et les pieds sont jaunes. Le surnom d'*apivora* qu'on lui a donné vient de ce que la *b.* nourrit ses petits de chrysalides d'insectes et particulièrement de celles des guêpes. Le lorum est garni de petites plumes tassées, au lieu d'être à nu comme chez les autres oiseaux du grand genre *Faucon*. Pour leur propre compte, les bondrées adultes ne chassent que les lézards, les grenouilles et les petits

DICTIONNAIRE ENCYCLOPÉDIQUE.

rongeurs. On peut donc les considérer comme des oiseaux éminemment utiles, et il est à regretter que la race en soit fort diminuée en Europe, et presque éteinte en France. La b.,

malgré la brièveté de ses pattes, marche et court même avec une grande agilité, surtout lorsqu'elle poursuit les lézards. L'ardeur avec laquelle elle chasse à terre ce genre de proie la fait donner dans tous les pièges, de sorte qu'il est très facile de la prendre vivante ou morte.

BONDUC. s. m. T. Bot. Nom donné aux graines de deux arbres de la famille des *Légumineuses : le Guilandina, Bonducella* et le *Cæsalpinia Bonduc.* Voy. LÉGUMINEUSES.

BONDY, village voisin de Paris (Seine); forêt jadis pleine de voleurs, 3,600 hab.

BÔNE, v. et port d'Algérie (dép. de Constantine), anc. Hippone, ch.-l. d'arr., 29,000 hab.

BON-FIEUX ou **BON-FILS.** s. m. Membre d'une congrégation du tiers-ordre de Saint-François.

BONGARDIA. s. f. (R. *Bongard,* nom d'un botaniste allemand). T. Bot. Genre de plantes de la famille des *Berbéridées.*

BONGARE. s. m. (mot indien). T. Erpét. Genre de serpents venimeux. Voy. PSEUDO-BOA.

BON-HENRI. s. m. T. Bot. Nom du *Chenopodium Bonus-Henricus,* plante appelée aussi épinard sauvage, de la famille des *Chénopodiacées.* Voy. ce mot.

BONHEUR. s. m. (R. *bon* et *heur ;* voy. ce mot). État de bien-être ou de satisfaction. *Un grand, un véritable b. Il solide, parfait, apparent. Goûter le b. Le b. est dans la satisfaction de nos désirs. Le b. est dans notre esprit et dépend essentiellement de notre caractère. Le b. est souvent accompagné d'un sentiment de mélancolie, à cause de la crainte de le perdre dans l'avenir.*

Le bonheur est le port où tendent les humains.
         VOLTAIRE.

Le bonheur est le but où tout mortel aspire.
         DUCIS.

Au banquet du bonheur bien peu sont conviés.
         V. HUGO.

Et je me dis : ce n'est qu'un songe
Que le bonheur qui doit finir.   LAMARTINE.

Événement heureux, chance favorable. *Un b. inespéré. Il lui est arrivé un grand b. Il a eu le b. d'éviter ce danger. Il m'est arrivé aujourd'hui plusieurs bonheurs.* || *Avoir du b.,* Être favorisé par le hasard, par les circonstances, dans les choses qu'on entreprend. *Il a eu un b. constant. Avoir plus de b. que prudence.* On dit dans le même sens: *Son b. semble l'abandonner. Il abuse de son b. Être en b.* — Fig. et fam., *Jouer de b.,* Réussir dans une affaire où l'on avait à craindre d'échouer. On dit dans le sens contraire,

Jouer de malheur. — Fig. et pop., *Au petit b.,* Arrive ce qu'il pourra. || *Avoir le b. de,* loc. dont on se sert par politesse, par civilité. *Depuis que je n'ai eu le b. de vous voir.* = PAR BONHEUR, loc. adv. Heureusement, *Il arriva par b. pour lui que... Par b. je me trouvais là.*

Syn. — *Félicité, Prospérité.* — Le *bonheur* marque proprement l'état de la fortune qui est conforme aux besoins et aux désirs de l'homme; la *félicité* exprime plus particulièrement l'état du cœur et de l'âme qui a tout ce qu'elle désire. Notre *bonheur* éclate aux yeux du public et nous expose souvent à l'envie; notre *félicité* se fait sentir à nous seuls et ne s'accompagne d'aucune amertume. Enfin, quel que soit le *b.* de l'homme, s'il manque de sagesse, il ne connaîtra jamais la *félicité.* — Voy. PROSPÉRITÉ.

BONHOMIE. s. f. (R. *bonhomme*). Manière d'être ou d'agir qui indique la bonté du cœur et la simplicité extérieure, même dans les moindres choses. *C'est un homme plein de b. Une douce, une aimable b.* || Simplicité excessive, extrême crédulité. *Il a la b. de croire tout ce que l'on lui dit.* Fam.

BONHOMME. s. m. Homme simple, crédule, peu avisé, qui se laisse dominer et tromper. *C'est un b. à qui l'on fait croire tout ce qu'on veut. Un b. de mari,* se dit le plus souvent ironiq. *Bonne femme* s'emploie rarement dans ce sens. — *Un faux b.,* Celui qui, par finesse et pour capter la confiance des gens, affecte la simplicité, le désintéressement. || Fam., se dit pour un homme qui est déjà avancé en âge. *Le b. est bien vert. Le b. se porte encore bien. Un vieux b.* — Fig. et prov., *B., garde la vache,* se dit pour avertir quelqu'un de prendre garde qu'on ne le trompe. || *Ça petit b.,* se dit quelquefois d'un petit garçon. *Ce petit b. travaille beaucoup.* — Fig., *Aller son petit b. de chemin,* Vaquer tranquillement à ses affaires. Voy. ALLER. || Autrefois, parmi les gens de guerre, on disait, *Le b.,* pour désigner les paysans en général. *Vivre aux dépens du b.* = Plur. Des *bonshommes.*

BONI. s. m. (lat. *boni,* génitif de *bonum,* bon : *aliquid boni,* quelque chose de bon). T. Fin. Somme restée en caisse après une opération, et sur l'épargne de laquelle on n'avait pas compté. *Les divers bonis se sont élevés à trois cent mille francs.* || Ce qui revient sur un gage qu'on a laissé vendre au mont-de-piété. *Il lui est revenu dix francs de b.* || T. Fin. Allocation d'intérêts accordés par le Trésor, soit aux personnes qui avancent des fonds, soit, sous forme d'escompte, aux débiteurs qui se libèrent par anticipation.

BONIAU. s. m. T. Exploitation houillère. Cavité creusée dans la bure au-dessous de la dernière veine recoupée, pour l'écoulement des eaux provenant des travaux.

BONICHON. s. m. Trou d'un four de verrier.

BONICOU. s. m. T. Icht. Poisson de la famille des *Scombéroïdes.* Voy. ce mot.

BONIER. s. m. Voy. BONNIER.

BONIFACE. s. m. Nom propre qui se prend pour homme simple, crédule.

BONIFACE, gouverneur d'Afrique sous Valentinien III, fut tué par Aétius (432).

BONIFACE (SAINT), apôtre de la Germanie (680-755). Fête le 5 juin.

BONIFACE, nom de 9 papes, entre autres BONIFACE VIII (1294-1303), qui eut de violents démêlés avec le roi de France Philippe le Bel.

BONIFACIO, ch.-l. de canton (Corse), arr. de Sartène, 3,600 hab.

BONIFACIO (Détroit de), détroit entre la Corse et la Sardaigne.

BONIFICATION. s. f. (lat. *bonus,* bon; *facere,* faire). Amélioration, augmentation du produit d'une affaire. *Cette affaire est susceptible d'une grande b.* || T. Comm. *B. de tare,* Ce qui est accordé en sus de la tare.

BONIFIER. v. a. (lat. *bonus*, bon; *fieri*, devenir). Rendre meilleur, plus fertile, plus productif, mettre en meilleur état. *Le fumier a bonifié ces terres.* || Suppléer un déficit. *Si vous ne gagnez pas mille francs, je vous bonifierai ce qui s'en manquera.* — T. Comm. *B. un déficit de poids, de plein,* ou *d'avaries.* = SE BONIFIER. v. pron. Devenir meilleur. *Le vin se bonifie en vieillissant.* = BONIFIÉ, ÉE. part.

BONIMENT. s. m. (lat. *monimentum*, avis; de *monere*, avertir). Parade de charlatan. || Manœuvres pour tromper.

BONITE. s. f. (bas-lat. *boniton*, m. s.). T. Icht. Nom donné à plusieurs poissons du genre scombre et spécialement à une espèce de thon.

BONIVARD (FRANÇOIS DE), historien de Genève (1493-1571) qui fut emprisonné au château de Chillon.

BONJEAN (LOUIS-BERNARD), jurisconsulte français (1804-1871).

BONJEAU. s. m. Couple de bottes de lin, liées ensemble, qu'on fait rouir.

BONJOUR. s. m. (R. *bon*, *jour*). Terme de salutation, *Je vous souhaite, je vous donne le b.*, et elliptiq., *Bonjour.* Ces loc. sont fam., et ne s'emploient ordinairement que de supérieur à inférieur et d'égal à égal. On dit aussi, *B. à monsieur un tel.* Très fam.

BONJOUR (CASIMIR), auteur dramatique français (1795-1856).

BONN. v. d'Allemagne (Prusse rhénane), sur le Rhin, 25,000 hab. Université célèbre.

BONNAT. ch.-l. de c. (Creuse), arr. de Guéret, 2,800 hab.

BONNAX. s. m. [Pr. *bonnâs*]. Outil d'ouvrier en bois, analogue à une demi-besaiguë.

BONNE. s. f. (R. *bon*). Fille ou femme chargée de soigner et de promener un enfant. *B. d'enfant. Vous irez vous promener avec votre b.* — *B. à tout faire,* Servante qui se charge de tous les soins domestiques (se dit quelquefois malicieusement et dans un sens différent). — Fam., *Contes de bonnes,* Contes dont les bonnes amusent les enfants; récits puérils et sans vraisemblance.

BONNEAU. s. m. [Pr. *bónô*]. T. Mar. Morceau de bois ou de liège flottant au-dessus de l'eau pour indiquer l'endroit où une ancre est mouillée.

BONNECHOSE (BOISNORMAND DE), cardinal français (1800-1883).

BONNE-DAME. s. f. T. Bot. Nom donné à l'Arroche des jardins (*Atriplex hortensis*), plante potagère de la famille des *Chénopodiacées.* Voy. ce mot.

BONNE-ENCONTRE. s. f. Bonne fortune, bonheur.

BONNE-ENTE. s. f. Sorte de poire dite aussi *Doyenné.* = Pl., *Des bonnes-entes.*

BONNE-ESPÉRANCE (CAP DE), cap à l'extrémité méridionale de l'Afrique.

BONNE-GRÂCE. s. f. Toile dans laquelle les tailleurs enveloppent les habits qu'ils portent en ville.

BONNE-MAIN. s. f. Synonyme de *Pourboire.* = Pl. *Des bonnes-mains.*

BONNEMENT. adv. [Pr. *bo-ne-man*] (R. *bon*). D'une manière simple, naïve, sincère; de bonne foi; sans détour. *Je vous l'ai dit tout b. J'y vais tout b.* Fam. || Se dit pour *Précisément*, mais ne s'emploie alors qu'avec la négative. *Je ne sais pas b. combien il y a d'ici là.* Vx. et peu us.

BONNET. s. m. [Pr. *bonè*] (bas-lat. *bonetus* ou *bonetum*, sorte d'étoffe). Sorte de coiffure, ordinairement faite d'étoffe, de peau ou de tricot, et dont la forme varie, *B. de laine,*

de soie, de peau de loutre. *B. de coton. B. grec. Des bonnets à poil. Un b. de grenadier. B. carré. B. de prêtre.* || Se dit particulièrement de certaines coiffures de femme faites de toile, de gaze, de tulle, de dentelle, etc. *Un b. de tulle, de gaze, de dentelle. Un b. de négligé. La garniture d'un b.* || Fig., *Prendre le b. de docteur,* ou simplement, *Prendre le b.,* Se faire recevoir docteur dans une faculté. *Donner le b. à quelqu'un,* Lui mettre sur la tête le b., dans la séance où il est reçu docteur. || Fam., *Opiner du b.,* Oter son b. pour marquer que l'on adhère à l'avis proposé; et Fig., Se déclarer purement et simplement de l'avis d'un autre. *Il n'opine jamais que du b.* On dit de même, *Cela a passé au b., du b.,* Tout d'une voix. *Cette décision a passé à volée de b.,* Vite et d'une voix. || *B. phrygien,* coiffure de femme, retombant ordinairement sur le côté, portée par les anciens Phrygiens, puis par les esclaves affranchis; emblème de la Liberté et de la République || *B. rouge,* Sorte de coiffure adoptée, en 1791, par les révolutionnaires les plus ardents. — Fig., *C'est un b. rouge,* C'est un révolutionnaire. || Fig., *Il a pris le b. vert, il porte le b. vert,* se disait autrefois d'un homme qui avait fait cession de biens afin d'éviter d'être poursuivi comme banqueroutier. Cette façon de parler venait de la coutume qu'on avait anciennement de faire porter un b. vert à celui qui avait fait cession de biens. || *B. de coton,* Coiffure que les hommes portaient autrefois. || Fam., *Mettre la main au b., Oter son b.,* Mettre la main au chapeau, ôter son chapeau par respect. — *Avoir toujours la main au b.,* Saluer continuellement en ôtant son chapeau; et Fig., Avoir des manières très polies, extrêmement civiles et révérencieuses. || Fig. et fam., *Avoir la tête près du b.,* Etre prompt à se fâcher. || Fig. et fam., *Mettre son b. de travers,* Entrer en mauvaise humeur. || Fig. et prov., on dit de quelqu'un, qu'*Il a pris quelque chose sous son b.,* pour dire que c'est une chose qui n'a aucun fondement et qu'il a imaginée. || Fig. et prov., *Parler à son b.,* Se parler à soi-même. || Fig. et prov., *Jeter son b. par-dessus les moulins,* N'être arrêté par aucune considération, braver l'opinion publique, les bienséances. || Fig. et prov., *Ce sont deux têtes, trois têtes dans un b.,* se dit de deux ou trois personnes liées d'amitié ou d'intérêt, et qui sont toujours du même sentiment, de la même opinion. || Fig. et prov., *Etre triste comme un b. de nuit,* Etre mélancolique, chagrin, rechigné. || Fig. et prov., *C'est b. blanc et blanc b.,* Il n'y a point, ou presque point de différence entre les deux choses dont il s'agit. || Fig. et fam., *Un gros b.,* Un personnage important. *C'est le gros b. de l'endroit.* || T. Anat. Le deuxième estomac des ruminants. Voy. ESTOMAC et RUMINANTS. || T. Mam. *B. chinois,* Singe d'Amérique. Voy. MACAQUE. || T. Art mil. *B. de prêtre,* Pièce détachée dont la tête forme trois angles rentrants et trois angles saillants. Voy. FORTIFICATION. || T. Bot. *B. de prêtre,* nom vulg. du *Fusain.* — *B. d'électeur,* variété de *Courge.* Voy. COURGE.

BONNET (CHARLES), philosophe et naturaliste genevois (1720-1793).

BONNET (PIERRE-OSSIAN), géomètre français (1819-1892).

BONNÉTABLE, ch.-l. de c. (Sarthe), arr. de Mamers, 4,300 hab.

BONNETADE. s. f. [Pr. *bonetade*] (R. *bonneter*). Coup de bonnet; salut que l'on fait ôtant son bonnet. Ce mot est vieux et ne se dit que par plaisanterie.

BONNETAGE. s. m. [Pr. *bonetage*] (R. *bonnet*). Papier que l'on colle sur l'amorce d'une pièce d'artillerie.

BONNETEAU. s. m. [Pr. *bonetô*] (R. *bonneteur*). Sorte de jeu qui se joue avec trois cartes et qui est bien plus un escamotage et une escroquerie qu'un véritable jeu. Il consiste à suivre dans ses mouvements l'une des trois cartes que le *bonneteur* mêle plusieurs fois, et à désigner ensuite la carte gagnante. Comme on s'imagine facilement suivre de l'œil le mouvement de celui-ci, on croit parier à coup sûr, tandis qu'au contraire on est toujours trompé par l'adresse du bonneteur.

BONNETER. v. a. [Pr. *boneter*] (R. *bonnet*). Rendre des respects et des devoirs très assidus à des personnes dont on a besoin. Se dit en parlant de sollicitations serviles et fréquentes. *Je ne saurais tant b. ces messieurs.* == BONNETÉ, ÉE. part.

BONNETERIE. s. f. [Pr. *bonèterie*] (R. *bonnet*). L'art et le métier de bonnetier; la marchandise que vend le bonnetier. — La *Bonneterie* comprend tous les tissus dits tricots, tels que bas, bonnets de coton, maillots, caleçons, gilets de laine, jupons, mitaines, gants tricotés, etc. Tous ces tissus se faisaient primitivement à la main au moyen de deux aiguilles. Depuis longtemps le *métier à tricoter* a presque partout fait disparaître la fabrication manuelle. Dans le tricot à la main on ne faisait qu'une maille à la fois; avec le métier on en fait simultanément un nombre considérable. Naguère le tricotage à la main conservait un avantage particulier sur le tricotage mécanique, en ce que le premier permettait d'obtenir immédiatement toute espèce de formes, tandis que le second ne donnait que des surfaces planes qu'on était ensuite obligé de coudre et d'ajuster ensemble, de découper, pour faire le vêtement voulu; mais aujourd'hui le métier circulaire et continu a enlevé ce dernier avantage à la fabrication à la main. On distingue la b., selon la nature des matériaux qu'elle emploie, en b. de coton, de laine, de fil, de soie et de filoselle. Chacun de ces genres de fabrication est, pour ainsi dire, spécialisé dans certaines localités. Les deux premiers sont de beaucoup les plus importants par la quantité et par la valeur de leurs produits. — Voy. Bas, Tricoter.

BONNETEUR. s. m. [Pr. *boneteur*] (R. *bonneter*). Celui qui prodigue les compliments et les salutations. *Méfiez-vous des bonneteurs.* | Se disait de certains filous qui, à force de civilités, tâchaient d'attirer les gens pour gagner leur argent. | Ne s'emploie plus aujourd'hui que pour désigner les joueurs de bonneteau.

BONNETIER, IÈRE. s. m. et f. [Pr. *bonetié*] (R. *bonnet*). Celui ou celle qui fabrique ou qui vend des bonnets, des bas et autres articles de ce genre. *Marchand b. La boutique d'un bonnetier.*

BONNETTE. s. f. [Pr. *bonète*] (Dimin. de *bonnet*). T. Mar. Petite voile que l'on ajoute aux grandes quand le temps est calme. Voy. Voile. || T. Fortific. Ouvrage composé de deux faces qui forment un angle saillant avec parapet et palissade au-devant. || T Techn. Verre foncé que l'on adapte aux oculaires de lunettes pour l'observation du soleil.

BONNEVAL, ch. de c. (Eure-et-Loir), arr. de Châteaudun, 3,800 hab.

BONNE-VILAINE. s. f. Variété de poire. = Pl. *Des bonnes-vilaines.*

BONNEVILLE, ch.-l. d'arr. (Haute-Savoie), 2,200 hab.

BONNE-VOGLIE. s. m. [Pr. *Bonne-voile*, *ll* mouillées]. (Ital. *buona*, bonne; *voglia*, volonté). Celui qui se louait pour ramer sur les galères de Malte.

BONNIER ou **BONIER.** s. m. Mesure agraire autrefois usitée dans la Flandre française et en Belgique. *La grandeur du b. variait suivant les lieux de 54 à 237 arcs.*

BONNIÈRES, ch.-l. de c. (Seine-et-Oise), arr. de Mantes, 1,000 hab.

BONNIEUX, ch.-l. de c. (Vaucluse), arr. d'Apt, 2,000 hab.

BONNIVET, amiral français (1488-1525).

BONOSIEN. s. m. Sectateur du IVe siècle qui prétendait que Jésus-Christ n'était fils de Dieu que par adoption ; disciple de l'hérésiarque Bonose.

BON-OUVRIER. s. m. Sorte de fil qui se fabrique à Lille.

BONPLAND (AIMÉ), voyageur et naturaliste français, a doté le Muséum de précieuses collections (1773-1858).

BONPLANDIE. s. f. (R. *Bonpland*, nom d'homme). T. Bot. Genre de plantes de la famille des *Polémoniacées.*

BONPLEIN. s. m. (R. *bon*, *plein*). T. Mar. *Porter b. p. gouverner b. p.*, Gouverner de manière à présenter les voiles du navire directement à l'action du vent.

BON-QUART. Cri des marins à chaque demi-heure de la nuit.

BONSDORFITE. s. m. (R. *Bonsdorf*, n. pr.). T. Minér. Minéral contenant de la silice, de l'alumine, de la magnésie et de l'oxydule de fer, que l'on trouve en Finlande.

BON SENS. s. m. Rectitude pratique du jugement *Homme de b. s. Avoir du b. s. Manquer de b. s. Le b. s. vaut toujours mieux que l'esprit.* — *Le Bon Sens ou Testament du curé Meslier*, Ouvrage du baron d'Holbach qui eut un retentissant succès à la fin du siècle dernier.

BONSOIR. s. m. (R. *bon*, soir). Terme de salutation qui s'emploie vers la fin du jour et dans la soirée. *Je vous donne, je vous souhaite le b.*, et ellipt., *B.*, *B. et bonne nuit.* Ces locut. sont famil. et ordinairement usitées de supérieur à inférieur, ou d'égal à égal. || Fig. et fam., se dit pour exprimer qu'une affaire est finie, et qu'il n'y faut plus songer. *Tout est dit, b.*; *il n'en faut plus parler.* Fig. et pop., *Dire b. à la compagnie*, Mourir.

BONSTETTEN (CHARLES-VICTOR DE), philosophe suisse (1745-1833)

BONTÉ. s. f. (lat. *bonitas*, m. s., de *bonus*, bon). Qualité par laquelle une personne ou une chose est bonne. || En parlant des personnes, il se dit particulièrement de la disposition à faire du bien, de la bienfaisance, de la douceur, de l'indulgence. *B. naturelle, rare, inépuisable. La b. du cœur. La b. de mon père. Actes de b. Avoir recours à la b., abuser de la b. de quelqu'un. — La b. est la première des vertus* (Mme NECKER). *Il n'y a qu'une vertu, c'est la b.,* (Mme DE STAEL). *Ce n'est ni le génie, ni la gloire, ni l'amour qui mesurent l'élévation de notre âme, c'est la b.* (LACORDAIRE). *Ce qui nuit à l'idée qu'on se fait de la b., c'est qu'on la croit de la faiblesse* (Mme DE STAEL). || B. se dit des actions particulières que l'on fait pour assister quelqu'un, pour lui rendre service. *Vos bontés pour moi ne sortiront jamais de ma mémoire.* — Par exagér., se dit aussi de simples actes de civilité, de bienséance. *Vous avez eu la b. de m'écrire, de vous informer de ma santé. Il a reçu mon fils avec beaucoup de b.* — Iron., *Ayez la b. de ne plus revenir ici. Quand je parle, ayez la b. de vous taire.* || B. se prend pour faiblesse de caractère, simplicité. *La trop grande b. du père a causé la perte du fils. Il se laisse tous les jours tromper par son trop de b* || En parlant des choses, B. exprime le rapport de convenance, d'harmonie, d'utilité, qui existe entre les choses et l'homme, ou entre les choses elles-mêmes. *La b. de l'air. La b. d'une montre. La b. d'un ouvrage. La b. d'une action. La b. d'un conseil. La b d'un cheval. La b d'une terre.*

BON-TOUR. s. m. T. Mar. Évolution d'un bâtiment amarré, qui évite de faire croiser les deux câbles qu'il a dehors.

BONZE. s. m. (japon. *bozu*, prêtre). T. Relation. Les Européens nomment ainsi les prêtres de Fô ou de Bouddha, particulièrement en Chine, dans l'empire Birman, dans le Japon et autres lieux de l'Asie Orientale.

BONZERIE. s. f. Monastère de bonzes.

BONZESSE. s. f. Religieuse, prêtresse bouddhiste.

BOOK-MAKER. s. m. [Pr. *bouke-mékeur*] (angl. *book*, livre; *maker*, faiseur). Sorte d'entrepreneur de paris sur les courses de chevaux, dont l'industrie consiste à recevoir l'argent des parieurs et à payer la prime aux gagnants suivant un tarif ou cote annoncée à l'avance pour chaque cheval, le tout à leurs risques et périls. Depuis 1887 le commerce des book-makers est absolument interdit en France, et le seul genre de pari autorisé est le *pari mutuel.* Voy. ce mot.

BOOMERANG. s. m. Nom d'une arme des sauvages d'Australie,

qui consiste en une sorte de long bâton recourbé, et qui, lancé d'une certaine force, peut revenir dans la main qui l'a lancé.

BOOP, célèbre philologue allemand (1791-1867).

BOOTH (John-Wilks), acteur américain, assassin du président Lincoln (1835-1865).

BOOTHIA-FÉLIX, grande presqu'île de l'Amérique du Nord, dans l'océan Glacial Arctique, de 69° à 72° de latitude.

BOOTTIA. s. f. [Pr. boutia] (R. Boot, n. pr.). T. Bot. Genre de plantes comprenant une seule espèce croissant au bord des eaux dans le royaume d'Ava, dans l'Indo-Chine, famille des Hydrocharidées. Voy. ce mot.

BOOZ, personnage biblique célèbre, épousa Ruth; bisaïeul de David.

BOPYRE. s. m. (gr. βοῦς, bœuf; πῦρ, feu). T. Zool. Genre de crustacés. Voy Isopodes.

BOQUET. s. m. Sorte de pelle creuse à l'usage des jardiniers et des sauniers.

BOQUETEAU. s. m. (Dimin. de bosquet). Petit bois.

BOQUETTE. s. f. [Pr. bokète]. Sorte de pinces à l'usage du corroyeur.

BOQUETTIER. s. m. [Pr. boketier]. Un des noms vulgaires du pommier sauvage.

BOQUILLON. s. m. [Pr. bokillon, ll mouillées] (autre forme de bûcheron). Bûcheron. Vx et peu usité.

BORACIQUE. adj. 2 g. (R. borax). T. Chim. Syn. aujourd'hui inusité de borique. Voy. Bore.

BORACITE. s. f. (R. borax). T. Minér. Chloroborate de magnésie, en masses amorphes ou en cristaux qui ont l'aspect de cubes ou de dodécaèdres rhomboïdaux. La b. accompagne souvent le gypse. Elle est utilisée comme minerai du bore. Voy. Bore.

BORASSEAU, BORAXOIR, BOROCHOIR. s. m. Boîte contenant du borax, à l'usage des soudeurs.

BORASSÉES. s. f. pl. [Pr. bora-ssé] (gr. βόρασσος, datte). T. Bot. Tribu de plantes de la famille des Palmiers. Voy. ce mot.

BORASSUS. s. m. [Pr. bora-ssuss] (gr. βόρασσος, datte). T. Bot. Genre de plantes monocotylédones de la famille des Palmiers. Voy. ce mot.

BORAX. s. m. (ar. bôrac, du persan bourah, m. s.) T. Chim. et Minér. Biborate de soude hydraté. Voy. Bone.

BORAXOIR. s. m. Voy. Borasseau.

BORBORYGME. s. m. (gr. βορβορυγμός, bruit sourd). — T. Méd. Bruit que les gaz contenus dans le tube intestinal produisent par leur déplacement. Quoique les borborygmes s'observent parfois chez les personnes en bonne santé, surtout quand elles sont à jeun, ils sont en général le symptôme d'une indigestion, d'un embarras gastrique, d'une maladie du tube digestif ou de quelque affection nerveuse. Pour les faire disparaître, il faut s'attaquer à leur cause première, c.-à-d. à la maladie elle-même.

BORD. s. m. (celt. bord, planche). Extrémité d'une surface, ce qui la termine. Le b. d'une robe, d'un manteau. Le b. de l'aile de ce papillon est échancré. S'asseoir sur le b. d'un chemin. Les bords d'un précipice. — Fig., Avoir un mot sur le b. des lèvres, Se croire tout près de se souvenir d'un mot qu'on cherche à se rappeler. Avoir un aveu, un secret sur le b. des lèvres, Etre près de mourir. Avoir une grande envie, être sur le point de faire un aveu, de révéler un secret. Avoir l'âme sur le b. des lèvres, Etre près de mourir. — Fig., Etre sur le b. d'un précipice, Etre exposé à un danger imminent; être sur le point d'éprouver un malheur, d'être ruiné, etc. On dit dans ce sens, Conduire quelqu'un, arrêter quelqu'un au bord d'un précipice. — Fig., Etre sur le bord de la fosse, au b. au tombeau, Etre très vieux, n'avoir que peu de temps à vivre. — Fam., Un rouge b., Un verre de vin

plein jusqu'aux bords. Vx et peu usité. || Tout ce qui s'étend vers les extrémités de certaines choses. Le b., les bords d'un plat, La partie d'un plat qui va de la partie concave à l'extrémité. — Les bords d'un chapeau, Tout ce qui excède par en bas la forme d'un chapeau. Chapeau à bords relevés, à grands, à petits bords. || Espèce de ruban ou de galon, bande d'étoffe dont on garnit le pourtour de certaines parties de l'habillement. Mettre un b. à un chapeau, à un habit, à une robe. || Cette partie de terre qui touche et borne la mer, une rivière, un lac, etc. Se promener sur le b. de la mer. Le b. de l'eau. Cette plante croît sur les bords de la mer. — Les bords d'une île, La partie d'une île contre laquelle vient battre la mer. — Venir, arriver à b., Atteindre le rivage, arriver au b. de l'eau, de la mer. Il ne put atteindre le b. et se noya, Il ne put gagner la rive, le rivage, et se noya. — Poétiq. Les sombres bords, Les bords de l'Achéron, du Cocyte, etc. ; l'enfer. Descendre aux sombres bords, Mourir. — Poétiq., au plur., Les régions, les contrées environnées d'eau. Les bords africains. Il a quitté ces bords. — Etre b. à b., se dit d'un liquide qui est au niveau de ce qui le contient. L'eau est b. à b. du vase. La rivière est b. à b. du quai. On dit dans le même sens, La rivière coule à pleins bords. — Ellipt. A bord! Cri de gens qui sont sur un navire pour indiquer qu'ils veulent aller à terre; ou de gens qui sont sur le rivage, pour demander que l'embarcation s'approche de terre, afin d'y monter. || T. Mar. Le côté d'un bâtiment, d'un vaisseau. De quel b. vient le vent. Ces navires sont b. à b. Faire feu des deux bords. Voy. Bâbord. || Virer de b., Changer de route en offrant au vent le côté d'un navire opposé à celui par lequel il le recevait d'abord. — Fig. et fam., Changer de conduite, de direction, s'attacher à un autre parti. Il est bien inconstant, plusieurs fois il a viré de b. — Rouler b. sur b., Eprouver un roulis violent et continu. Se dit d'un navire qui s'incline alternativement sur l'un et l'autre côté. — Etre b. à quai, se dit quand l'un des côtés du bâtiment touche à un quai. — Vaisseau de haut b., Un bâtiment de guerre à plusieurs ponts. Se disait autrefois d'un navire qui faisait des voyages au long cours, par oppos. à Vaisseau de bas b., qui désignait une galère, un bateau plat, lesquels ne s'éloignaient pas de la côte. || T. Mar. Se dit du navire, du bâtiment même. Nous avons dîné à b. Aller, monter, coucher à b. Etre consigné à b. — Fig. et fam., Etre du b. de quelqu'un, Etre de son avis, de son opinion; appartenir à son parti. || Se prend quelquefois pour bordée. Courir des bords. Louvoyer à petits bords. Le bon b., Celui qui rapproche du but; Le mauvais b., Celui qui en éloigne.

Remarque. — Le b. étant par définition, ce qui limite, peut s'appliquer à tous les rivages de la mer, quel que soit l'angle de leurs parties, qu'ils soient en falaises ou en plages. On peut donc s'étonner de lire dans Boileau :

L'honneur est comme une île escarpée et sans bords.

BORDA, physicien français (1733-1799), contribua aux progrès de l'art nautique par ses écrits et ses inventions.

BORDAGE. s. m. (R. border). T. Mar. Se dit des planches épaisses qui revêtent tant à l'extérieur qu'à l'intérieur les membrures d'un navire. Le b. du premier pont a souffert. Le b. de carène. || Action, manière de border.

BORDAILLE. s. f. [Pr. les ll mouillées] (R. bord). T. Mar. Le bord d'un navire considéré dans toute son étendue. || Planches non dégrossies servant à former l'enveloppe du navire.

BORDAILLER ou BORDAYER. v. n. [Pr. les ll mouillées] (R. bord). T. Mar. Louvoyer à petites bordées ; battre la mer bord sur bord sans gagner au vent. Peu usité.

BORDANT, ANTE. adj. Qui borde.

BORDAS-DEMOULIN, philosophe français (1798-1859).

BORD-CONTRE. T. Mar. Courir à b.-c., Louvoyer, changer de bord, en se dirigeant toujours vers le même but.

BORDE (Charles), littérateur français (1711-1781).

BORDÉ. s. m. Galon d'or, d'argent ou de soie servant à border les vêtements. || Ensemble des bordages.

BORDEAUX s. m. Vin de Bordeaux, vin très estimé récolté dans les pays qui avoisinent la ville de Bordeaux. ||

T. Chim. Nom donné à des matières colorantes qui donnent la teinte du vin de Bordeaux, qu'on obtient en combinant les acides naphtol-disulfoniques avec les dérivés diazoïques de la naphtylamine ou de l'acide naphtionique. Les b. servent à teindre la laine en rouge violacé. On emploie pour le même usage le b. d'alizarine qu'on prépare en traitant l'alizarine par l'acide sulfurique fumant, puis par la soude caustique.

BORDEAUX (anc. *Burdigala*), anc. capitale de la Guyenne, ch.-l. du dép. de la Gironde, à 583 kil. de Paris, sur la Garonne. Beau port, cour d'appel, archevêché, école de médecine, commerce important, surtout de vins et spiritueux; 252,400 hab. == Nom des hab., BORDELAIS, AISE.

BORDÉE. s. f. (R. *bord*). La décharge simultanée de tous les canons rangés d'un des côtés du vaisseau. *Tirer, lâcher une b. Envoyer une b. à l'ennemi.* — Fig. et fam., *Une b. d'injures*, ou absol. *Une b* , Beaucoup d'injures dites très rapidement et presque à la fois. *Il a essuyé une furieuse b. d'injures.* ‖ Le chemin que fait un bâtiment sur un même bord, lorsqu'il est obligé de louvoyer. *Faire, courir, prolonger une b. Nous courûmes plusieurs bordées pour arriver sur l'ennemi.*

BORDEL. s. m. (vx fr. *borde*, et *bordel*, petite cabane). Lieu de prostitution, syn. de *lupanar*. Mot très grossier.

BORDELAIS, anc. pays de France (dép. de la Gironde et des Landes).

BORDELAISE. adj. f. Se dit d'une futaille ou barrique employée à Bordeaux, contenance : 225 litres. ‖ Se dit de la bouteille dans laquelle on met le vin de Bordeaux, contenance : 70 centilitres.

BORDEMENT. s. m. (R. *border*). T. Peint. Manière d'employer les émaux clairs. ‖ Saillie d'une plaque d'or ou de cuivre qui sert à retenir l'émail.

BORDENEAU. s. m. Porte à coulisse de l'écluse d'une saline.

BORDE-PLATS. s. m. T. Mar. Certaines découpures dont on garnit le bord des plats.

BORDER. v. a. (R. *bord*). Garnir le bord d'une étoffe, d'un vêtement, d'un meuble, etc., en y cousant un ruban, un galon, une bande d'étoffe, de fourrure, etc. *B. d'hermine un manteau, une robe. B. des souliers.* ‖ *B. un filet*, Attacher une corde autour du filet pour le rendre plus fort. — *B. un lit*, Engager le bout des draps et de la couverture entre le bois du lit et la paillasse ou le matelas. ‖ T. Mar., *B. un bâtiment*, Revêtir sa membrure de bordages. — *B. les avirons*, Les mettre sur le bord d'un bâtiment à rames, prêts à nager. — *B. une voile*, L'arrêter, la tendre par en bas. On dit de même, *B. les écoutes.* ‖ T. Hortic. *B. une planche*, Relever avec le dos de la bêche la terre des bords, de manière que la planche soit plus élevée que le sentier. — *B. une allée, une plate-bande*, etc. ‖ Se dit aussi de ce qui s'étend le long de certaines choses, et sert comme de bord. *Le quai qui borde la rivière. Une allée de peupliers borde l'étang.* On dit de même, *Des précipices bordaient la route à droite et à gauche*, etc. — *B. la haie*, Ranger des troupes en longues lignes sur les bords d'une rue où doit passer un cortège. Voy. HAIE. ‖ T. Mar. Côtoyer, naviguer le long des côtes. *Notre navire borda constamment la côte.* Peu us. — *B. un vaisseau ennemi*, Le suivre de côté afin de l'observer. == BORDÉ, ÉE. part. *Chapeau b. Un bassin b. de gazon.*

BORDEREAU. s. m. (Dimin. de *bord*; petit bord de papier). État ou note des espèces diverses qui composent une certaine somme. *Faire un b. des sommes versées et reçues. B. d'espèces. B. de caisse.* ‖ *B. de compte*, L'extrait d'un compte, où sont rapportés les articles de recette et de dépense, afin d'en établir la balance. ‖ *B. de courtier, d'agent de change*, Écrit constatant les opérations faites par un courtier, etc. (en art. et sens anal., chez les imprimeurs, *Le b. d'un metteur en pages*. ‖ *B. de collocation*, Note que le greffier d'un tribunal délivre à chacun des créanciers hypothécaires utilement colloqués, dans un ordre. Un acte de ce genre, délivré dans une distribution par contribution, est appelé *mandement*. ‖ *B. d'inscription*, Extrait d'acte sans la remise duquel aucune inscription ne

peut être faite sur les registres du conservateur des hypothèques. Voy. HYPOTHÈQUE.

BORDEU (THÉOPHILE DE), médecin français (1722-1776)

BORDEYER. v. n. (R. *bord*). T. Mar. Gouverner alternativement d'un côté et de l'autre quand on n'a pas le vent favorable.

BORDIER, IÈRE. adj. et s. (R. *bord*). T. Mar. Se dit d'un bâtiment qui, ayant un bord plus lourd que l'autre, incline davantage de ce côté. *Un b. Un bâtiment b.* ‖ *Fossé b.*, Fossé qui borde ou sépare un terrain.

BORDIGUE. s. f. (vx fr. *borde*, cabane). T. Pêc. Enceinte formée avec des claies, des perches, etc., sur le bord de la mer, pour prendre du poisson, ou pour retenir et garder du poisson vivant.

BORDONE, peintre vénitien (1500-1570).

BORD-OPPOSÉ. s. m. T. Mar. Route suivie par deux bâtiments qui, orientés sous des amures différentes, laissent derrière eux le sommet de l'angle de leurs routes.

BORDOYER. v. n. [Pr. *bordo-ier*] (R. *bord*). T. Peint. et Grav. Border, entourer. ‖ Coucher l'émail à plat sur une plaque de métal bordée. ‖ Devenir louche, produire mauvais effet, en parlant des émaux clairs.

BORDURE. s. f. (R. *bord*). Ce qui garnit, orne ou renforce le bord de quelque chose. *La b. d'une tapisserie. La b. d'un parterre. B. de buis.* ‖ Le cadre dans lequel on met un miroir, un tableau, une estampe. *B. carrée, ovale. B. riche. La b. d'un tableau, d'un miroir.* ‖ *B. de pavé*, Rang de gros pavés qui retiennent et terminent chacun des deux côtés d'une chaussée. ‖ *La b. d'un bois, d'une forêt*, Les arbres qui en forment la lisière. ‖ T. Blas. Pièce héraldique honorable qui environne l'écu de toutes parts. Voy. BRISURE.

BORDURÉ, ÉE. adj. Garni d'une bordure.

BORE. s. m. (R. *borax*). T. Chim. — Le *Bore* est un corps simple qui appartient à la classe des métalloïdes. Son existence avait été indiquée, en 1807, par H. Davy, en Angleterre; il fut isolé, l'année suivante, par Gay-Lussac et Thénard. Le b. se présente à nous sous la forme d'une poudre brun verdâtre, inodore et insipide. Chauffé au contact de l'air il prend feu et se convertit en acide borique. Il brûle aussi dans la vapeur de soufre en donnant du sulfure de bore. Avec le chlore ou le brome il donne un chlorure ou un bromure correspondant à l'acide borique. C'est un réducteur énergique: au rouge il décompose la vapeur d'eau, l'acide sulfhydrique, le chlorure de plomb, les chlorures de plomb, de mercure, d'argent. Il se combine directement avec l'azote au rouge sombre, avec dégagement de chaleur et formation d'un produit de l'azoture de bore BoAz. Le symbole du bore est Bo; son poids atomique est 11, ainsi que son équivalent. — Ce corps s'obtient en traitant l'acide borique par le potassium, qui décompose en partie l'acide pour s'emparer de son oxygène, et qui, après s'être ainsi converti en potasse, s'unit à l'acide non décomposé en formant du borate de potasse. Les types qu'on a décrits sous le nom de bore cristallisé et de bore graphitoïde sont des composés formés par le b. avec l'aluminium et le carbone.

Combinaisons du b. avec les métalloïdes. — Le b. peut se combiner avec le soufre, l'azote, le carbone, le brome, le chlore et le fluor. Le *Chlorure de b.* BoCl³ est un liquide qui fume à l'air et qui bout à 18°; il est décomposé par l'eau en acides borique et chlorhydrique. Le *Fluorure de b.* (BoFl³) est un gaz incolore qui a une odeur suffocante, une saveur fortement acide et qui répand des fumées épaisses au contact de l'air. Sa densité est 2,31. Ce composé, dont la découverte est due à Gay-Lussac et Thénard, est le gaz le plus avide d'eau que l'on connaisse: celle-ci en dissout de 7 à 800 fois son volume. C'est son extrême avidité pour l'eau qui ce gaz doit se répandre d'abondantes fumées à l'air et de carboniser le bois comme l'acide sulfurique concentré. Il n'attaque pas le verre. Dissous dans l'eau, le fluorure de b. finit par s'y décomposer partiellement, en donnant naissance à de l'acide borique qui se précipite, et à de l'acide fluorhydrique qui reste en dissolution. Cet acide fluorhydrique se combine avec le fluorure de b. non décomposé pour former un composé soluble, appelé *acide hydro-*

fluoborique (BoFl³,HFl). Ce dernier est un acide énergique, donnant avec la potasse un précipité gélatineux d'hydrofluoborate de potassium.

Acide borique. — On ne connaît qu'une seule combinaison du b. avec l'oxygène, *l'acide borique* Bo²O³,3H²O équiv. BoO³,3HO), qu'on appelait jadis *acide boracique*, et plus anciennement encore *sel sédatif de Homberg*. Cet acide est solide, incolore, inodore, presque sans saveur. Il cristallise en lamelles brillantes, qui, chauffées au-dessus de 100°, perdent peu à peu leur eau, et se convertissent au rouge sombre en acide anhydre. Cet *anhydride borique* Bo²O³ fond au rouge cerise et offre l'aspect d'un liquide visqueux, transparent, analogue au verre fondu; il peut aussi s'étirer en fils très déliés. Ce verre, néanmoins, ne tarde pas à devenir opaque au contact de l'air humide en s'hydratant. L'acide borique est peu soluble dans l'eau : 100° p. d'eau dissolvent 3 p. d'acide borique à la température ordinaire, et 10° environ à 100°. Il est également peu soluble dans l'alcool : cette dissolution brûle avec une flamme verte caractéristique, qui permet de reconnaître de petites quantités de cet acide. La dissolution aqueuse d'acide borique possède une saveur acide peu sensible; elle colore la teinture de tournesol en rouge vineux, à la manière des acides faibles. À froid, l'acide borique est chassé de ses combinaisons par presque tous les acides; cependant il chasse l'acide carbonique de siennes. Au rouge, au contraire, il déplace les acides les plus énergiques et même l'acide sulfurique. Il doit cette propriété à son extrême fixité; en effet, il est éminemment stable et n'est décomposé que par le potassium, l'aluminium, etc. Le charbon lui-même ne le décompose à aucune température. Enfin, la plus haute température produite par nos fourneaux transforme lentement en vapeur l'acide borique fondu, mais sans que le liquide entre en ébullition. Ebelmen a utilisé cette propriété pour reproduire certaines pierres précieuses (corindon, rubis spinelle, etc.). Il dissolvait l'alumine ordinaire dans l'acide borique fondu, puis déterminait l'évaporation lente de l'acide dans un four à porcelaine; l'alumine cristallisait en formant le corindon. Deville et Caron, en faisant réagir des fluorures métalliques volatils sur l'acide borique, à très haute température, ont reproduit le corindon, le rubis, le saphir, la zircone, etc. — Pour les besoins du laboratoire, on prépare ordinairement l'acide borique en traitant une dissolution bouillante de *Borax*, ou borate de soude, par un excès d'acide chlorhydrique. Ce dernier s'empare de la soude, pour former du chlorure de sodium et met en liberté l'acide borique, qui, par le refroidissement, cristallise en lames minces. Nous parlerons tout à l'heure de la fabrication industrielle de cet acide.

Borates. — L'acide borique, en se combinant avec certains oxydes, produit des verres diversement colorés. L'oxyde de cobalt donne un verre bleu; l'oxyde de cuivre, un verre bleu verdâtre; le sesquioxyde de chrome, un verre vert foncé; des traces d'oxyde de manganèse, un verre coloré en rouge violacé. Ces colorations servent à caractériser ces différents composés. Les borates alcalins sont seuls solubles. Les acides forts, versés dans la dissolution chaude d'un borate, laissent déposer, par refroidissement, l'acide borique sous forme d'écailles cristallines.

Borax ou *Biborate de soude.* — Le borax naturel ou *tinkal* se produit par l'évaporation de l'eau de certains lacs d'Asie et d'Amérique. Il cristallise en prismes rhomboïdaux, de densité 1,7 correspondant à la formule Na²O (Bo²O³)², 10H²O. Le borax brut est raffiné par une nouvelle cristallisation très lente. — Le borax artificiel s'obtient en traitant l'acide borique par le carbonate de soude dans des cuves en plomb chauffées à la vapeur; la dissolution, concentrée à 30° Baumé, laisse déposer, à une température supérieure à 50°, des cristaux octaédriques réguliers dont la densité est 1,81 et dont la formule est Na²O (Bo²O³)²,5H²O. Au-dessous de 50° il se dépose un mélange de ces cristaux octaédriques et des cristaux prismatiques de borax ordinaire à 10 molécules d'eau. — On prépare aujourd'hui de grandes quantités de borax en faisant agir du même le carbonate de soude sur les borates de chaux ou sur les boronatrocalcites qu'on trouve en grandes quantités dans la nature.

Le borax se dissout dans 12 parties d'eau froide ou dans 2 parties d'eau bouillante. Sa solution est légèrement alcaline. Quand on le chauffe, le borax fond d'abord dans son eau de cristallisation, puis se boursoufle en se déshydratant; enfin, il subit la fusion ignée qui lui donne l'aspect d'une masse vitreuse transparente. Au rouge il se comporte comme l'acide borique vis-à-vis des sels et des oxydes métalliques, en donnant des combinaisons vitreuses, fusibles et colorées.

Aussi se sert-on du borax pour décaper et souder les métaux; il dissout les oxydes qui empêcheraient la soudure d'adhérer, et forme un vernis qui préserve le métal du contact de l'air.

Usages des composés du bore. — L'acide borique sert principalement à préparer le borax. On l'emploie aussi pour le décapage des métaux et dans la fabrication de certains verres, d'émaux, de couleurs à l'oxyde de chrome (vert Guignet). On en imprègne les mèches de bougie pour éviter le mouchage. En pharmacie on s'en sert pour rendre soluble la crème de tartre. Au siècle dernier, l'acide borique était administré, sous le nom de *Sel sédatif de Homberg*, dans les affections spasmodiques et nerveuses; aujourd'hui on l'emploie comme antiseptique, surtout dans les ophtalmies et les cystites. La solution aqueuse d'acide borique (*Eau boriquée*, *Aseptine*) sert aussi à prévenir les fermentations et à conserver les substances alimentaires : viande, lait, bière, etc. — Le borax entre dans la composition de différents verres ou émaux, du strass et des pierres précieuses artificielles. On l'emploie pour la soudure des métaux, dans la bijouterie. Il est indispensable dans les essais au chalumeau. Il peut servir de fondant dans le traitement des minerais; en Amérique on l'emploie dans la métallurgie du cuivre. En médecine, le borax, de même que l'acide borique, est utilisé comme un antiseptique dont l'emploi ne présente aucun danger : on peut en absorber plusieurs grammes par jour sans inconvénient. On le prescrit à l'intérieur (8 à 10 gr. par jour) dans la diathèse urique, et comme emménagogue; à l'extérieur, dans diverses affections de la bouche et des muqueuses. — Plusieurs autres borates, préparés au moyen de de l'acide borique ou du borax, ont des applications industrielles. Le borosilicate de plomb sert au vernissage de beaucoup de faïences; le borosilicate de potasse et de zinc fournit un verre très transparent, possédant les qualités du cristal; les borates de zinc et de manganèse entrent dans la composition de certains siccatifs; on imprègne les tissus de borate d'ammoniaque pour les rendre ininflammables.

Minéralogie et extraction. — L'acide borique et les borates se rencontrent surtout dans les terrains volcaniques. *L'acide borique hydraté* (*Sassoline*) est amené à la surface du sol par la vapeur d'eau avec différents gaz d'origine volcanique; le *borax* (*Tinkal*) se dépose au fond de certains lacs, au Thibet, dans les Indes, en Californie. L'Amérique du Nord (Californie, Névada, Orégon) et surtout l'Amérique du Sud (Pérou, Bolivie, Chili) possèdent des gisements considérables de divers borates : la *Borocalcite* (borate de chaux), la *Boronatrocalcite* ou *Rhodizite* (borate de chaux et de soude), la *Boracite* (borate de magnésie uni à du chlorure de magnésium). On exploite aussi le borate de chaux dans l'Asie Mineure. La *Stassfurtite* est une variété de boracite qui se trouve à Stassfurt. On rencontre encore dans la nature différents borosilicates, entre autres la *Datolithe*, l'*Axinite*, la *Tourmaline*.

Pendant longtemps on n'employa en Europe que le borax extrait de certains lacs du Thibet; ce sel s'y trouve en dissolution et se dépose au fond par l'évaporation naturelle des eaux; on le retire en grandes masses que l'on dessèche à l'air. Ce borax brut était expédié de l'Inde sous le nom de *Tinkal*, et raffiné à Venise. — Depuis 1815 on exploite l'acide borique naturel que l'on trouve en Toscane. Dans plusieurs parties des Maremmes toscanes, et principalement à Sasso, près de Sienne, il existe des fissures du sol qui laissent échapper des jets de gaz et de vapeurs appelés par les habitants *Suffioni*, et *Fumarolles* par les géologues. Ces jets de vapeur entraînent de l'acide borique, de l'acide chlorhydrique et d'autres matières; puis, en se condensant à la surface du sol, ils forment de petites mares d'eau nommées *Lagoni*, qui contiennent en dissolution une certaine quantité d'acide borique. Lorsque cette dissolution est assez chargée, il suffit, pour obtenir l'acide, de concentrer et d'évaporer le liquide. L'industrie a imité ce procédé indiqué par la nature. On choisit les *suffioni* les plus abondants; on construit autour d'eux, en maçonnerie grossière et en terre glaise, des *lagoni* artificiels, on a soin d'échelonner trois ou quatre de ces *lagoni* (Fig. ci-après : A, B, C, D), de telle façon que le premier puisse se déverser dans le second, celui-ci dans le troisième, etc. Cela fait, on amène dans le *lagone* supérieur l'eau d'une source voisine. Cette eau, sans cesse agitée par les jets de vapeur des *suffioni* qui aboutissent dans le *lagone*, dissout une certaine quantité d'acide. Au bout de vingt-quatre heures, on fait écouler l'eau du bassin supérieur dans le bassin suivant, où on la laisse également vingt-quatre heures; on fait de même pour le troisième et quatrième bassin. Chaque fois que l'on vide un des bassins, on le remplit de nouveau par l'eau de la *lagone* situé au-dessus. La dissolution du dernier bassin D passe dans les réservoirs ou vasques EE. Elle y séjourne encore vingt-quatre heures et s'y clarifie en déposant la plus grande partie des matières terreuses qu'elle tient en suspension. On décante la dissolution qui surnage et on la soumet à l'évaporation dans les chaudières étagées FF, dans chacune desquelles elle séjourne vingt-quatre heures. Jadis ces chaudières étaient chauffées avec du combustible. Aujourd'hui, on les chauffe au moyen de la vapeur même que fournissent de petits *suffioni*, et que l'on fait circuler sous les chaudières dans un tube de maçonnerie. Ce procédé, aussi ingénieux qu'économique, est dû à un Français, le comte de Larderelle. Après avoir passé par la dernière chaudière, la dissolution se trouve assez concentrée pour qu'on puisse la faire cristalliser. A cet effet, on l'abandonne à elle-même dans des bassins établis dans une cave où la température est assez basse. Enfin, on recueille les cristaux formés dans des paniers d'osier; on les laisse égoutter et l'on termine l'opération en les faisant sécher sur le plancher d'un séchoir de briques qu'on chauffe encore par-dessous au moyen de la vapeur des *suffioni*. L'acide borique ainsi préparé contient toujours de 18 à 25 p. 100 de matières étrangères. On le purifie en le dissolvant dans de l'eau bouillante et en le faisant cristalliser de nouveau par le refroidissement. Depuis un certain nombre d'années on a créé un grand nombre de *suffioni* artificiels au moyen de forages, et l'on a généralement remplacé les bassins par de grandes nappes de plomb, présentant une large surface d'évaporation; le liquide s'y étale et s'écoule lentement dans la chaudière de concentration.

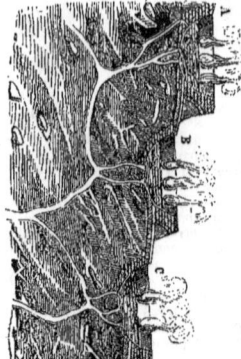

Actuellement, c'est au moyen des borates de l'Amérique et de l'Asie Mineure qu'on fabrique la plus grande partie de l'acide borique et du borax livrés au commerce. En Amérique, la boronatrocalcite, appelée aussi *Tiza*, est pulvérisée et traitée par l'acide sulfurique dans des vases de plomb; le mélange est séché, puis chauffé au rouge, et l'on y fait passer un courant de vapeur d'eau surchauffée qui entraîne l'acide borique. Celui-ci est mélangé d'acide sulfurique dont on se débarrasse en faisant passer les vapeurs sur du coke. Un autre procédé consiste à faire bouillir la boronatrocalcite dans une solution de carbonate de soude; on laisse reposer et l'on décante la liqueur, où il s'y dépose des cristaux de borax prismatique, que l'on purifie par une nouvelle cristallisation. — La boracite est traitée par une solution bouillante d'acide chlorhydrique, qui met l'acide borique en liberté; on décante la liqueur et l'on fait cristalliser l'acide borique. On opère de même avec la stassfurtite. — Quant au borate de chaux de l'Asie Mineure, on le broie et on le soumet à l'action du carbonate de soude, qui précipite la chaux; la liqueur contient du borate de soude que l'on transforme en biborate (borax) par un courant d'acide carbonique.

BORÉAL, ALE. adj. (lat. *borealis*, m. s., de *Boreas*, vent du nord). Qui est, qui vient ou qui se montre du côté du nord. *Pôle b. Aurore boréale.* Voy. AURORE. || Se dit de certains animaux qui vivent de quelques plantes qui croissent dans les régions du nord. == GRAND OCÉAN BORÉAL, partie du Grand Océan au nord de l'équateur.

BORÉE. s. m. (gr. βορέας, m. s., de βορός, dévorant). Le vent du nord. Ne s'emploie qu'en poésie. *L'impétueux B. Le souffle de Borée.*

BOREL (PIERRE), auteur français (1620-1689).

BOREL D'HAUTERIVE (JOSEPH-PÉTRUS), écrivain excentrique (1809-1859).

BORGHÈSE, famille romaine, dont un membre, Camille Borghèse, épousa Pauline Bonaparte, sœur de Napoléon, veuve du général Leclerc.

BORGHESI, numismate et épigraphiste italien (1781-1860).

BORGIA, famille originaire d'Espagne, établie à Rome, donna deux papes à l'Église : CALIXTE III (1455-1458) et ALEXANDRE VI (1492-1503), célèbre par ses crimes, père de CÉSAR BORGIA, duc de Valentinois, cardinal déloyal et souillé de vices, et de LUCRÈCE BORGIA, célèbre par sa beauté et ses désordres.

BORGNAT. s. m. Un des noms vulgaires du roitelet.

BORGNE. adj. 2 g. (cell. *born*, m. s.). Celui ou celle à qui il manque un œil, qui n'y voit que d'un œil. *Cette jeune personne est b. Ce cheval est devenu b.* || Fig. et fam., se dit en signe de mépris de différentes choses. *Une maison b., un appartement b.,* Une maison sombre et obscure, etc. *Un cabaret b.,* Un mauvais petit cabaret. — *Un conte b.,* Un conte ridicule et invraisemblable. *Un compte b.,* Un compte mal fait et peu clair. || T. Mar. *Une ancre b.,* Qui n'a qu'une patte ou qui est mouillée sans avoir de bouée. == S'emploie substant. en parlant des personnes. *Elle a épousé un b.*

BORGNESSE. s. f. Une femme ou une fille borgne. *Une méchante, une vilaine b.* Ne s'emploie que par injure.

BORGNIAT. s. m. Un des noms vulgaires de la bécassine sourde.

BORIE (VICTOR), agronome et écrivain français (1811-1880).

BORIES (LECLERC), l'un des *quatre sergents de la Rochelle* (1795-1822).

BORIN. s. m. Nom des ouvriers qui tirent le charbon des houillères dans le Nord.

BORINAGE. s. m. L'ensemble des ouvriers travaillant dans les houillères et aussi l'ensemble de ce travail.

BORINAGE, pays de Belgique, dans la province du Hainaut, formant un riche bassin houiller; v. pr. *Jemmapes,* 35,000 hab.

BORIQUE. adj. 2 g. T. Chim. *Acide borique.* Voy. BORE.

BORIQUÉ, ÉE. adj. (R. *borique*). T. Pharm. *Eau boriquée,* Solution aqueuse d'acide borique employée comme antiseptique.

BORN (BERTRAND DE), troubadour français, compagnon de Richard Cœur de lion (XIIe siècle).

BORNAGE. s. m. (R. *borner*). T. Jurisp. Opération qui consiste à marquer les limites d'un champ, d'une propriété rurale à l'aide de bornes. *Ils sont en différend pour le b. de leurs terres.*

Légis. — De tout temps on a reconnu aux propriétaires le droit de borner leurs héritages et de faire contribuer leurs voisins aux frais de ce b. Il existait à cet égard une disposition spéciale dans la loi romaine; il en était de même dans notre droit coutumier; enfin, ce droit est consacré par le Code civil : « Tout propriétaire peut obliger son voisin au b. de leurs propriétés *contiguës*. Le b. se fait à frais communs » (646). C'est de là que dérive l'*action en b.* Cette action est d'ordre public, aussi est-elle imprescriptible. En outre, la convention par laquelle deux voisins s'engagent réciproquement à ne pas demander le b. de leurs propriétés contiguës n'est pas obligatoire. L'action en b. ne peut être repoussée par le motif que les propriétés possèdent des limites suffisamment indiquées, car elle a pour objet de *constater légalement* celles-ci. Cette action appartient au propriétaire; elle peut aussi être intentée par tout possesseur qui se dit propriétaire de l'héritage, sans que, pour cela, il soit obligé de prouver son droit de propriété. Quant à l'usufruitier et à l'usager, lorsqu'ils veulent intenter cette action, ils sont tenus de mettre en cause le propriétaire; le fermier, au contraire, ne peut l'intenter, et si l'action est intentée contre lui, il doit mettre en cause son propriétaire. L'action en b. est toujours portée devant le juge de la situation des immeubles qu'on veut limiter. En effet, le b. nécessite des visites du lieu que le juge de la situation peut seul opérer. L'action en b. est de la compétence du juge de paix (loi du 25 mai 1838), si la propriété ou les titres qui l'établissent ne soient contestés par les parties; mais ce juge devient incompétent lorsque, pour arriver à la constatation des limites, il est nécessaire de vider une question de propriété. Dans ce cas, le juge de paix doit surseoir et renvoyer les parties devant le tribunal civil. Du reste, le b. peut avoir lieu à l'amiable, si les parties sont d'accord et ont l'exercice de leurs droits. Comme cette opération a pour objet l'intérêt respectif des parties, chacune d'elles en doit supporter les frais par moitié. Si l'une d'elles a contesté mal à propos, elle supporte seule les frais du procès. — Il existe certaines propriétés dont la délimitation est soumise à des règles particulières : ce sont les biens du domaine public, les communes, les bois de l'État, etc. — Il ne faut pas confondre l'action en b. au placement de bornes avec celle qui tendrait au rétablissement de bornes déplacées. Cette dernière n'est qu'une demande de remise en possession, une demande en *réintégrande*, c.-à-d. une simple action possessoire.

Le déplacement des bornes a toujours donné lieu à une poursuite criminelle. Dans notre ancien droit, la peine était le fouet, le bannissement ou les galères. Le Code pénal qui nous régit (art. 456) punit ce délit d'un emprisonnement qui ne peut être au-dessous d'un mois ni excéder une année, et d'une amende égale au quart des restitutions et des dommages-intérêts. Néanmoins cette dernière, dans aucun cas, ne peut être au-dessous de 50 francs.

Mar. — *Navigation au bornage*. On entend par ces mots la navigation faite par une embarcation jaugeant 25 tonneaux au plus, avec faculté d'escales intermédiaires entre son point d'attache et un autre point déterminé, mais qui n'en doit pas être distant de plus de 15 lieues marines. Cette navigation est réglementée par le décret du 20 mars 1852 et celui du 17 septembre 1882 spécial à l'Algérie.

BORNE. s. f. (vx fr. *bodne*, du bas-lat. *bodina*, sans doute même origine que *boule* et *boudin*, et l'anglais *bound*, rappelant quelque chose de renflé, en relief, comme *butte*, également). Pierre, arbre, poteau ou autre marque qui sert à indiquer les limites d'un champ, à séparer un champ d'avec un autre. *Planter*, *reculer*, *arracher une b. Asseoir des bornes. B. milliaire*, B. qui, sur les voies romaines, marquait chaque distance de mille pas. Voy. MILLIAIRE. ¶ Espèce de colonne qui marquait l'extrémité de la carrière dans les cirques chez les anciens. *Doubler la b. Toucher la b.* ¶ Se dit des pierres plantées debout à côté d'une porte, contre une muraille, ou à l'encoignure d'un édifice, pour empêcher qu'ils ne soient endommagés par les voitures, ou dont on borde un chemin, une place publique, un port, etc. *Mettre des bornes à une porte.* On emploie quelquefois de vieux canons en guise de bornes. — B.-fontaine, Sorte de fontaine en forme de b. *Les bornes-fontaines entretiennent la propreté dans les rues.* — Fam., *Il est planté là comme une b.*, Il est là debout et sans bouger. ‖ *Bornes*, au plur., se dit de tout ce qui sert à séparer un État, une province d'une autre. *L'Espagne a pour bornes les deux mers, le Portugal et les Pyrénées. Étendre, reculer les bornes d'un État.* — Fig., se dit au sens moral pour limites. *Passer les bornes de son pouvoir, de sa juridiction. Mettre des bornes à son ambition. Se prescrire des*

bornes. Absol., *Dépasser les bornes*, Aller trop loin. *Cela passe toutes les bornes.* ‖ T. Techn. Carreau de vitre en forme de losange.

BORNÉÈNE. s. m. (R. *Bornéo*). T. Chim. Le Bornéène, appelé aussi *Essence de Bornéo* ou *Camphre liquide de Bornéo*, est sécrété par le *Dryobalanops camphora*, arbre qui croît à Bornéo et à Sumatra. Il est liquide, plus léger que l'eau, et bout vers 165°; il dévie à droite le plan de polarisation de la lumière. Sa formule est C[10]H[16]; c'est un isomère de l'essence de térébenthine. Il s'unit à une molécule d'acide chlorhydrique en formant un monochlorhydrate. Les corps oxydants convertissent le b. en camphre; les agents d'hydratation, par ex. l'acide formique, le transforment en bornéol. Ce dernier corps est au b. ce que l'alcool ordinaire est à l'éthylène. En déshydratant le bornéol par l'acide phosphorique on obtient un hydrocarbure qui paraît identique avec le b. Des corps possédant les mêmes propriétés ont été retirés de l'essence de valériane et de l'alcool de garance. Tous ces hydrocarbures ne diffèrent du b. que par leur pouvoir rotatoire. — Le b. est très recherché en Orient pour combattre les rhumatismes.

BORNÉO, grande île de l'Océanie, au nord de Java, entre la mer de la Sonde, la mer de Célèbes et la mer de Chine. La plus grande partie est hollandaise, une petite partie anglaise, le reste encore indépendant. Pop. : 4,000,000 hab. Voy. la carte d'ASIE.

La côte est généralement basse et malsaine; l'intérieur est montagneux et d'ailleurs encore mal connu; on y a relevé cependant une hauteur de 4,200 mètres au massif de Kina-Ballon; le principal cours d'eau est le Bandjermaning, qui coule du nord au sud. Les mines d'or, de fer, de houille, les diamants, les cristaux de roche, les perles sur les côtes sont abondants; la végétation est splendide, mais sauvage. Les principales productions sont : le camphre, la gutta-percha, le poivre, le riz, le coton, la girofle, le miel, les bois de construction.

La majeure partie de la population est formée de Dayaks, sauvages et idolâtres. Les Malais occupent surtout le littoral et sont répartis entre trente ou quarante États d'importance diverse. Là où il n'y a pas de Malais, les Chinois se sont emparés du commerce. Les comptoirs hollandais de l'île sont *Pontianak*, bâtie sur pilotis, *Sambas* et *Bandjermaning*.

La région des sultanats indépendants se trouve dans le nord de l'île. Les deux principaux sont celui de Bornéo, cap. *Bornéo*, à l'embouchure du Limbang, et celui de Soulou, cap. *Maïboun*.

BORNÉODAMBOSE. s. m. (R. *Bornéo*, et *dambose*). T. Chim. Voy. BORNÉSITE.

BORNÉOL. s. m. (R. *Bornéo*). T. Chim. Le *camphre de Bornéo*, qu'on trouve dans les cavités des vieux troncs du *Dryobalanops camphora* (Guttifères), est constitué par du b. presque pur C[10]H[18]O, qu'on en retire par sublimation. Ce produit étant très rare en Europe, on préfère préparer le b. en traitant par le sodium le camphre ordinaire dissous dans le toluène; on obtient un mélange de camphre sodé et de b. sodé; on le sature d'acide carbonique, on agite avec de l'eau, on décante le toluène et l'on précipite le b. en ajoutant de l'acide acétique. Le b. cristallise en petits rhomboèdres d'une odeur rappelant à la fois le camphre et le poivre; il se sublime facilement, fond à 198° et bout à 212°. Il est soluble dans l'alcool et dans l'éther. Insoluble dans l'eau, il est plus léger que ce liquide et tournoie à sa surface comme le camphre. — Le b. est un véritable alcool susceptible de former des éthers. Traité par l'anhydride phosphorique, il perd de l'eau en donnant du bornéène. Sous l'action de l'acide azotique, il s'oxyde et se convertit d'abord en camphre ordinaire, puis en acide camphorique. Entre le bornéol et le camphre existe la même relation qu'entre l'alcool ordinaire et l'aldéhyde.

On connaît, sous le nom de *Bornéols* ou de *Camphols*, un assez grand nombre de composés isomériques avec le b. que nous venons de décrire et possédant les mêmes propriétés chimiques que lui. On en trouve dans les essences de valériane, de romarin, de géranium, de cajeput, etc. La rectification de l'alcool de garance et la distillation du succin en présence de la potasse et de l'eau en fournissent aussi. Tous ces composés, solides ou liquides, ne diffèrent entre eux que par leurs propriétés physiques, notamment par leur pouvoir rotatoire. Le b. de la garance est lévogyre, tandis que ceux du succin et du dryobalanops sont dextrogyres. Voy. CAMPHOL.

BORNER. v. a. (R. *borne*). Mettre, poser des bornes pour marquer des limites. *B. un champ.* || Limiter, resserrer, renfermer dans une certaine étendue, dans un certain espace. *La mer et les Alpes bornent l'Italie.* — *B. la vue*, L'empêcher de s'étendre, l'arrêter. *Une forêt borne la vue de ce côté.* || Se dit dans le même sens en parlant des personnes, par rapport à leurs propriétés, à leurs héritages. *Il est borné au nord par une forêt. Son pré me borne au couchant.* || Fig., Modérer, restreindre. *B. ses désirs, son ambition, ses espérances. B. la juridiction d'un tribunal.* == SE BORNER. v. pron. S'emploie dans le même sens. *Je me borne au nécessaire. Je me borne à demander telle chose.* Absol. *Il faut se b. Il ne suit pas se b.*

Qui ne sait se borner ne sut jamais écrire.

BOILEAU.

== BORNÉ, ÉE. part. *Cette maison a une rue bornée.* — Fig., *Avoir des vues bornées*, Avoir peu de lumières, peu d'étendue dans l'esprit; ou bien, avoir peu d'ambition. *Avoir l'esprit borné, Être borné*, Avoir peu d'intelligence, peu de capacité. — *Une fortune bornée*, Une fortune médiocre et qui ne peut guère augmenter. — *Une autorité bornée*, une autorité très restreinte.

BORNÉSITE. s. f. (R. *Bornéo*). T. Chim. La bornésite $C^{10}H^{21}O^5$, que l'on extrait du caoutchouc de Bornéo, est une matière sucrée, cristallisable, fusible à 175° et déviant à droite le plan de polarisation de la lumière. Elle est volatile et se sublime à 205° en se décomposant partiellement. Elle n'est pas fermentescible et se réduit la liqueur cupropotassique qu'après ébullition avec un acide étendu. Traitée par un mélange d'acide sulfurique et d'acide azotique, elle donne un dérivé nitré détonant par le choc; chauffée avec l'acide iodhydrique, elle se dédouble en iodure de méthyle et en *bornéo dambose*. Cette dernière substance, qui répond à la formule $C^6H^{12}O^5$, est une matière sucrée identique ou du moins très analogue au dambose; la bornésite est son éther méthylique.

BORNHOLM, île du Danemark, dans la Baltique, 30,000 hab.

BORNITE. s. f. (R. *Born*, nom d'homme). T. Minér. Sulfure de fer et de cuivre, appelé aussi *cuivre panaché*, qu'on rencontre en masses compactes ou en nodules dans un grand nombre de gîtes cuivreux, et qui constitue un des meilleurs minerais de cuivre.

BORNOU ou **BOURNOU**, royaume de l'Afrique centrale, dans le Soudan, 2,000,000 hab., cap. *Kouka.*

BORNOYER. v. a. [Pr. borno-ier] (R. *borgne*). Regarder d'un œil, en fermant l'autre, pour mieux connaître si un alignement est bien droit, si une surface est bien plane. || Placer des jalons pour tracer la ligne des fondations d'un mur, ou celle d'une rangée d'arbres qu'on veut planter. == BORNOYÉ, ÉE. part. == Conj. Voy. EMPLOYER.

BORNYLE. s. m. (R. *Bornéo*, et suff. *yle*). T. Chim. Radical univalent $C^{10}H^{17}$ qui entre dans les bornéols ou camphols et dans un grand nombre de leurs dérivés. Les bornéols possèdent une fonction alcoolique et peuvent s'unir aux acides en donnant des éthers composés, tels que le formiate de bornyle $C^{10}H^{17}O.COH$ qu'on rencontre dans l'essence de valériane, ou des éthers simples tels que le bromure de bornyle $C^{10}H^{17}Br$. Le chlorure de b. ou chlorhydrate de camphène $C^{10}H^{17}Cl$ se produit par l'action du perchlorure de phosphore sur le bornéol. Il existe aussi des éthers mixtes appelés *bornylates*, par ex. le bornylate de méthyle $C^{10}H^{17}.OCH^3$. Le radical b. est encore contenu dans la *bornylamine* $C^{10}H^{17}.AzH^2$ et dans la *dibornylamine* $(C^{10}H^{17})^2AzH$, bases qui prennent naissance lorsqu'on chauffe en tube scellé le camphre avec le formiate d'ammoniaque.

BOROCALCITE. s. f. (R. *bore* et lat. *calx, calcis*, chaux). T. Minér. Biborate de chaux hydraté, utilisé pour la fabrication du borax et de l'acide borique. Quand la b. contient de la soude, elle prend le nom de *boronatrocalcite*. Voy. BORE.

BOROCHOIR. s. m. Voy. BORASSEAU.

BORODINO, village de Russie près duquel se livra, en 1812, la bataille dite de la Moskowa.

BORONATROCALCITE. s. f. (R. *bore*, *natron*, et lat. *calx, calcis*, chaux). T. Chim. Voy. BOROCALCITE et BORE.

BORONIÉES. s. f. pl. (R. *Boroni*, nom d'un botaniste italien). T. Bot. Plantes formant une tribu des *Rutacées*. Voy. ce mot.

BORRAGINÉES. s. f. pl. [Pr. *bor-rajiné*] (lat. *borrago*, bourrache). T. Bot. Famille de végétaux Dicotylédones de l'ordre des Gamopétales supérovariées.

Caract. bot.: Plantes herbacées ou suffrutescentes; tiges rondes. Feuilles alternes, souvent couvertes d'aspérités qui consistent en poils naissant d'une base élargie et indurée. (Ce caractère des feuilles a engagé plusieurs botanistes, tels que Martius et Endlicher, à imposer à la famille le nom d'*Aspérifoliées*). Fleurs en épis scorpioïdes, en grappes ou en panicules, parfois solitaires et axillaires. Calice persistant, à 4 ou 5 divisions. Corolle hypogyne gamopétale, généralement régulière, quinquefide, quelquefois quadrifide, à préfloraison imbriquée. Étamines insérées sur la corolle, égales en nombre à ses lobes et alternant avec ceux-ci. Pistil formé de 2 carpelles soudés en un ovaire biloculaire, renfermant 2 ovules anatropes dans chaque loge : cet ovaire devient quadrilobé lairé par formation d'une fausse cloison entre les deux ovules; style simple, gynobasique ou terminal; stigmate simple ou bifide. Le fruit est un tétrakène. Graines pouvant se séparer du péricarpe, dépourvues d'albumen. Embryon à radicule supéricure; cotylédons parallèles à l'axe, plano-convexes, quel-

Fig. 1.

quefois au nombre de 4, comme dans l'*Amsinckia*. [Fig. 1. — 1. *Myosotis*. 2. Corolle ouverte. 3. Pistil. 4. Fruit dont deux akènes sont détachés. 5. Coupe verticale d'une graine. — 6, 7, et 8. Fleur, étamine et ovaire de *Borrago officinalis*.]

Les Borr. comprennent 68 genres et 1,200 espèces. Elles habitent principalement les régions tempérées de l'hémisphère boréal, et sont extrêmement abondantes dans toutes les parties méridionales de l'Europe, dans le Levant et l'Asie moyenne. Elles deviennent plus rares à mesure que l'on se rapproche du cercle arctique et disparaissent aussi presque complètement dans la zone intertropicale. Dans l'Amérique du Nord, elles sont moins communes qu'en Europe. On n'y a rencontré que 22 espèces de cette famille, tandis que la Sicile, à elle seule, en renferme 35, suivant Presl. On en connaît 6 espèces fossiles tertiaires.

On divise les Borr. en 3 tribus :

TRIBU 1. *Cordiées.* — Style terminal à branches bifides (*Cordia*, etc.). [Fig. 2. — 1. *Cordia sebestena*; 2. Calice; 3. Pistil; 4. Coupe transversale de l'embryon.]

La pulpe du fruit des *Cordiées* est succulente, mucilagineuse et émolliente, comme on le voit dans les fruits des *Sébestiers*, notamment du *Cordia Mixa*, vulgairement appelé

Fig. 2.

bois de Chik et du *C. latifolia*, que l'on croit être les végétaux désignés par Dioscoride sous le nom de *Persea*. Les noix, lorsqu'on les coupe, répandent une odeur désagréable; mais leur amande a le goût de la noisette. Ces fruits

Fig. 3.

sont bien les vrais *Sébestes* de la matière médicale européenne; cependant, d'après Roxburgh, les médecins hindous des Circars du Nord n'en font aucun usage. Lorsqu'ils sont mûrs, les habitants du pays les mangent; mais ils sont surtout recherchés, à cause de leur goût douceâtre, par diffé-

rentes sortes d'oiseaux. Le bois du *C. Rumphii* est brun, agréablement veiné de noir et répand une odeur de musc. Le bois du *C. Gerascanthus*, nommé *Bois de Chypre* et *Orme d'Espagne*, est fort estimé aux Indes occidentales. L'écorce du *C. Myxa* est un tonique faible usité dans l'Inde pour préparer des gargarismes astringents; sa racine est considérée comme laxative. Le bois en est tendre et de peu d'usage, s'il ce n'est comme combustible. Au reste, c'est un des bois dont il est le plus facile d'obtenir du feu par le frottement. On prétend aussi que les anciens Égyptiens s'en servaient pour fabriquer les boîtes où ils renfermaient leurs momies.

TRIBU II. *Ehrétiées* — Style terminal, à branches simples (*Ehretia*, *Tournefortia*, *Heliotropium*, etc.). [Fig. 3. — 1. *Rhabdia lycioides*; 2. Sa fleur; 3. Corolle ouverte; 4. Coupe transversale de l'ovaire; 5. Coupe verticale d'une graine; 6. Fruit du *Beurreria succulenta*; 7. Coupe du même.]

Dans l'Inde, la racine de l'*Ehretia buxifolia* passe pour jouir de propriétés dépuratives très prononcées, et s'administre dans les cas de cachexie et d'affections syphilitiques anciennes. Le *Tiaridium indicum* est astringent; on l'emploie avec succès, au dire de Martius, pour déteger les ulcères et calmer l'inflammation. La *Tournefortie en ombelle* (*Tournefortia umbellata*) sert aux mêmes usages au Mexique, où on la considère même comme fébrifuge; et il est à remarquer que les feuilles de l'*Héliotrope d'Europe* (*Heliotropium europæum*), appelé vulgairement *Herbe aux verrues*, s'employaient autrefois chez nous dans les mêmes cas. Cette plante renferme un alcaloïde narcotique appelé *héliotropine*. Les drupes de quelques espèces du genre *Ehretia* sont comestibles. — Tout le monde connaît la délicieuse odeur de l'*Hél. du Pérou*.

TRIBU III. *Borragées*. — Style gynobasique (*Cynoglossum*, *Borrago*, *Symphytum*, *Anchusa*, *Pulmonaria*, *Myosotis*, etc.).

Les plantes de cette tribu possèdent en général des propriétés mucilagineuses et émollientes. Quelques-unes paraissent renfermer du nitrate de potasse, car elles décrépitent fréquemment quand on les jette sur des charbons ardents. La *Bourrache officinale* (*Borrago officinalis*) rafraîchit les boissons dans lesquelles on fait tremper ses feuilles. La plante tout entière a une odeur qui approche de celle du concombre et de la pimprenelle. Jadis on estimait beaucoup la bourrache comme pectorale; la décoction de ses fleurs édulcorée avec du miel fait une excellente tisane fort usitée. Aujourd'hui on l'emploie vulgairement comme sudorifique. Dans quelques pays on prépare les feuilles jeunes et tendres de cette plante pour les faire confire au vinaigre. L'*Echium plantagineum* (*Vipérine à feuilles de plantain*), naturalisé au Brésil, y sert aux mêmes usages. Les racines de l'*Anchusa tinctoria*, appelée aussi *Buglosse tinctoriale* et *Orcanette*, du *Lithospermum tinctorium* (*Grémil tinctorial* ou *Herbe aux perles*), de l'*Onosma echioides*, de l'*Echium rubrum* (*Vipérine rouge*) et de l'*Anchuse de Virginie* (*Anchusa Virginica*), renferment une substance rouge brun employée par les teinturiers. On croit que cette substance est un principe chimique particulier qui se rapproche des résines. Les diverses espèces du genre *Trichodesma* sont regardées comme diurétiques : elles sont aussi au nombre des remèdes usités dans l'Inde contre les morsures des serpents. Le *Grémil* (*Lithospermum officinale*) était jadis employé comme lithontriptique dans la gravelle. Quelques auteurs attribuent à la *Cynoglosse officinale* (*Cynoglossum officinale*) des propriétés narcotiques : ses feuilles sont légèrement amères et donnent une huile grasse dont l'odeur est forte. La *Grande Consoude* (*Symphytum officinale*) passait jadis pour vulnéraire. Ses feuilles, cueillies lorsqu'elles sont encore tendres, se mangent comme les épinards, et ses jeunes pousses, quand on les a fait blanchir en buttant la plante avec de bonne terre, se mangent aussi en guise d'asperges; mais ces deux mets-là sont peu délicats. Les racines de la plante abondent en mucilage; leur goût est douceâtre et en même temps légèrement astringent. Elles sont très usitées en décoction contre les affections catarrhales. La *Pulmonaire* (*Pulmonaria officinalis*) doit son nom aux taches marbrées de ses feuilles que l'on a comparées à la surface marbrée du poumon, et cette ressemblance éloignée suffisait jadis pour faire attribuer à cette plante des vertus singulières contre les maladies de poitrine. Aujourd'hui elle est complètement inusitée. Les fleurs de *Buglosse* (*Anchusa italica*) et de *Vipérine* (*Echium vulgare*) ont les mêmes propriétés que celles de la *Bourrache*.

BORRÈRA. s. f. [Pr. *bor-rera*] (R. Borrer, n. pr.). T. Bot.

Genre de plantes cryptogames de la famille des *Lichens*. Voy. ce mot.

BORRÉRIA. s. f. [Pr. *bor-reria*] (R. *Borrer*, n. pr.). T. Bot. Genre de plantes de la famille des *Rubiacées*. Voy. ce mot.

BORROMÉE (Saint Charles), cardinal italien, archevêque de Milan, l'un des héros de la charité chrétienne (1538-1584). Fête le 4 novembre.

BORROMÉES (Les), groupe de 4 îles dans le lac Majeur (Italie du Nord).

BORSIPPA, ville de l'ancienne Babylonie, sur la rive droite de l'Euphrate, aujourd'hui Koufa.

BORT. s. m. Diamant transparent que des défauts rendent impropre aux usages de la bijouterie.

BORT, ch.-l. de c. (Corrèze), arr. d'Ussel, 3,900 hab.

BORY DE SAINT-VINCENT, naturaliste français (1780-1846).

BORYSTHÈNE, nom ancien du Dnièper.

BOSAN. s. m. (Mot turc). Boisson préparée avec du millet bouilli dans de l'eau. *Les Turcs font un grand usage du b.*

BOSC (Pierre-Thomines du), théologien protestant français (1623-1692).

BOSCO, célèbre prestidigitateur italien (1793-1862).

BOSCOT, OTTE. s. m. f. Petit bossu, petite bossue.

BOSCOWICH (Roger-Joseph), astronome et philosophe italien (1711-1787).

BOS DE GUEILLE (Françoise), pauvre femme hystérique qui fut pendue et brûlée en 1606 pour s'être imaginé avoir été victime d'un incube.

BOSEL. s. m. (sans doute, altér. de *boissel*, anc. forme de *boisseau*). T. Archit. Même signif. que *Tore*.

BOSIO, sculpteur français (1768-1845).

BOSNA-SERAÏ, v. de Bosnie, 70,000 hab.

BOSNIE, province démembrée de l'empire ottoman en 1879, aujourd'hui occupée militairement et administrativement par l'empire austro-hongrois. On y rattache l'Herzégovine et le Sandjak de Novibazar. C'est un pays montagneux, aride, couvert de forêts et très riche en minéraux. La population est en majorité slave et pratique la religion grecque. Superficie : 61,000 k. c.; population : 1,600,000 hab.

La capitale est Bosna-Seraï ou Sérajewo, sur la Bosna, et les autres villes Travnik, Zvornik, Mostar, Tubinje et Novibazar. Aucune n'a une grande importance. Voy. la Carte d'Autriche.

BOSON, roi de la Bourgogne cisjurane de 879 à 888.

BOSPHORE. s. m. (gr. βοῦς, bœuf; πόρος, passage). T. Hist. et Géog. Les anciens désignaient sous le nom de *Bosphore* le détroit appelé aujourd'hui *Canal de Constantinople*. Ce détroit était ainsi nommé parce que, suivant la mythologie grecque, il avait été traversé à la nage par la vache Io. Il séparait la Thrace (Europe) de la Bithynie (Asie Mineure) et faisait communiquer la Propontide avec le Pont-Euxin, c.-à-d. la mer de Marmara avec la mer Noire des modernes. Sa longueur est d'environ 30 kilom. sa largeur varie de 1,000 à 4,000 mètres. Ce détroit constituait le Bosph. proprement dit; mais les auteurs de l'antiquité l'appelaient souvent *B. de Thrace*, afin de le distinguer du détroit appelé aujourd'hui le détroit d'Iénikalé ou de Kaffah, qui fait communiquer la mer Noire ou Pont-Euxin avec la mer d'Azof (*Palus Mæotides* des anciens) et que les anciens nommaient *B. Cimmérien*, du nom d'un peuple, les *Cimmériens* (*Cimbri, Kimri*), qui habitait à l'est du détroit. Ce dernier a 50 kilom. de long sur 40 dans sa moindre largeur. — Enfin, le *Canal des Darda-*

nelles, ou *Détroit de Gallipoli* actuel, l'*Hellespont* des anciens se trouve encore désigné sous le nom de Bosph. par

quelques écrivains de l'antiquité. Il a 54 kilom. de longueur et une largeur de 1,500 à 5,000 mètres.

BOSQUET. s. m. (Dimin. du vx fr. *bosc*, bois). Petit bois, touffe d'arbres. *Planter un b. Se promener dans un b., sous un b.*

BOSQUET, maréchal de France (1810-1861), se signala dans la guerre de Crimée.

BOSSAGE. s. m. T. Archit. (R. *bosse*). Toute saillie laissée à dessein sur un ouvrage de bois ou de pierre, soit pour servir d'ornement, soit pour y faire quelque sculpture. *B. brut. B. en tête de diamant. B. en cavet. Laisser un b. dans un tympan pour y tailler des armoiries.* — *Mur, porte, colonne à bossages*, Mur, porte, etc., ornés de bossages.

BOSSE. s. f. (Mot qu'on retrouve sous diverses formes dans les langues germaniques et celtiques, sauser-, *buj*, *courber*). Grosseur ou saillie contre nature qui se forme au dos ou à la poitrine par une déviation de la colonne vertébrale, du sternum ou des côtes. Lorsqu'elle est postérieure, cette saillie constitue la *Gibbosité*; antérieure, on l'appelle *Cambrure*; latérale, on la nomme *Obstipation*. Voy. Vertèbre. || Éminence charnue ou graisseuse que certains animaux ont sur le dos. *La b. d'un bison. Les deux bosses d'un dromadaire.* || T. Anat. Éminence arrondie qu'on remarque à la surface des os plats. *La b. occipitale. Les bosses frontales.* — Se dit, dans le langage de la phrénologie, des protubérances du crâne considérées comme indices des facultés, des penchants des individus. *La b. de l'acquisité. La b. de la musique.* || Vulgairement, Enflure, tumeur qui provient d'un coup, d'une chute, etc. *En tombant il s'est fait une b. au front.* Prov., *Ne demander que plaie et b.*, Chercher ou provoquer des querelles. Voy. Plaie. *Rouler sa b.*, Voyager, se mettre en route. Fam. || Élévation que présente toute superficie qui devrait être plane. *Un terrain rempli de bosses. Une pièce d'argenterie pleine de bosses.* || Dans les Arts, se dit pour relief. — T. Sculpt. *Ouvrages de ronde b.*, Ouvrage de plein relief, comme une statue proprement dite. *Ouvrage de demi-b.*, bas-relief dont quelques parties sont saillantes et entièrement détachées du fond. — T. Dessin et Peint. *Dessiner, peindre d'après la b.*, Dessiner, peindre d'après une figure ou une portion de figure moulée en plâtre. Dans le même sens, *Dessiner la b., Étude d'après la b.* — *Relever en b.*, Donner du relief, et quelque convexité à certaines parties d'un ouvrage.

vaisselle relevée en b., ou *Vaisselle en b.* On dit dans le même sens, *Travailler en b. Ornements faits en b.* || T. Serrurerie. *Serrure à b.*, Serrure appliquée en saillie sur le côté intérieur d'une porte. || T. Jeu de paume. Endroit de la muraille du côté de la grille, qui renvoie la balle dans le dedans par bricole. *Attaquer la b., Donner dans la b.*, se dit lorsqu'on pousse la balle à l'endroit qui la renvoie dans le dedans. — Fig. et fam., *Donner dans la b.*, Donner dans le panneau, être dupe. || T. Mar. Cordage qui, fixé par une de ses extrémités sur un point d'appui quelconque, sert à retenir un câble, une manœuvre, dans l'état de tension qui leur a été donné. || T. Agric. Maladie du froment dite aussi *char-dou.* || T. Navig. Angle rentrant de la rive d'un cours d'eau navigable.

BOSSELAGE. s. m. (R. *bosse*). Travail en bosse. Ne se dit guère qu'en parlant de la vaisselle, de l'argenterie.

BOSSELLEMENT. s. m. État de ce qui est bosselé.

BOSSELER. v. a. (R. *bosse*). Travailler en bosse. N'est guère usité qu'en parlant de vaisselle ou d'argenterie. *B. de la vais-selle.* || Se dit dans le sens de *bossuer*, et alors s'emploie sur-tout avec le pron. pers. *Cette écuelle s'est bosselée en tombant.*
BOSSELÉ, ÉE. part. || Se dit adject. de certaines feuilles qui ont des éminences ou des saillies creuses en dessous. *Les feuilles des choux sont bosselées.*

BOSSELURE. s. f. (R. *bosse*). Produit du travail en bosse. Sorte de bosse sur une pièce d'argenterie. || Déformation par des bosses.

BOSSEMAN. s. m. (angl. *boat's*, du bateau ; *man*, homme). Autrefois sous-officier de marine qui avait le grade intermé-diaire entre celui de contre-maître et de quartier-maître. *Le b. était particulièrement chargé du soin des câbles, des ancres, des bouées*, etc.

BOSSER. v. a. T. Mar. Retenir, fixer, arrêter avec des bosses. *B. les huniers.* = Bossé, ÉE. part.

BOSSES ou **BOSSIS.** s. m. pl. Terres cultivables entre-mêlées aux marais salants. || Languettes de terre qui parta-gent le cobier des salines en compartiments.

BOSSETIER. s. m. (R. *bossette*, dans le sens de *petite bosse*). Verrier qui souffle le verre en boule. || Celui qui fait des grelots et bossettes.

BOSSETTE. s. f. [Pr. *bo-ssète*] (Dimin. de *bosse*). Ornement fait en forme de bosse, qui est attaché aux deux côtés du mors d'un cheval. || T. Tech. Petit renflement que les ressorts de bat-terie présentent quelquefois. Pièce de cuir qu'on met de cha-que côté de la tête d'un cheval ou d'un âne à hauteur des yeux.

BOSSEYEUR. s. m. [Pr. *bo-ssè-ieur*] (R. *bois*, sous l'an-cienne forme *bos*). Ouvrier qui fait la voie dans les mines, et construit les murs latéraux.

BOSSIER. s. m. Ouvrier qui, dans les salines, met le sel en tonneaux.

BOSSOIR. s. m. (R. *bosse*). T. Mar. Chacune des grosses pièces de bois qui se prolongent et font saillie à l'avant du bâtiment, l'une à bâbord, l'autre à tribord. *Les bossoirs servent à suspendre les ancres et à les hisser hors de l'eau. La saillie des bossoirs a encore pour effet d'em-pêcher que l'ancre ne déchire, quand on la laisse tomber, les bordages du bâtiment.*

BOSSU, UE. adj. (R. *bosse*). Qui a une ou plusieurs bosses soit au dos, soit à la poitrine, par un vice de conformation. *Une femme bossue. B. par devant et par derrière.* — Subst., *C'est un b.* Les bossus passent pour avoir beau-coup d'esprit. *Une petite bossue pleine de malice.* || Se dit d'un terrain inégal et montueux. Peu us.

BOSSUELLE. s. f. (R. *bossu : la petite bossue*, à cause de la forme courbée des pétales). T. Bot. Nom spécifique, pour certains auteurs, de la Tulipe campsepétale.

BOSSUER. v. a. (R. *bossu*). Faire des bosses. Se dit en parlant des bosses et des creux qu'on fait par accident à de

la vaisselle, à de l'argenterie, à quelque pièce d'une armure, etc. *B. une assiette. B. un casque.* = SE BOSSUER, v. pron. *Cette cuiller s'est bossuée en tombant.* = BOSSUÉ, ÉE. part.

BOSSUET (JACQUES-BÉNIGNE), né à Dijon en 1627, mort en 1704 ; évêque de Condom, puis de Meaux, précepteur du Dauphin, fils de Louis XIV ; l'un des plus grands écrivains et le plus grand prédicateur de France. Auteur du *Traité de la Connaissance de Dieu et de soi-même*, et du *Discours sur l'Histoire universelle*, où il développe cette théorie qui toute l'histoire du genre humain se rattache à la Bible. Il combattit avec acharnement le quiétisme dans la personne de Fénelon.

BOSSUT, abbé et mathématicien français, auteur d'une *Histoire des Mathématiques* (1730-1814).

BOSSY. s. m. Arbre qui croît en Afrique.

BOSTANGI ou mieux **BOSTANDJI.** s. m. (turc, *bostan*, jardin). Mot turc qui signifie *jardinier*. Il désigne particuliè-rement les soldats d'un corps de la milice turque chargés de la garde du sérail et de l'entretien des jardins. — B. *bachi*, chef des bostangis.

BOSTON. s. m. (nom de ville). Espèce de jeu de cartes qui se joue à quatre personnes et qui diffère peu du whist. *Le b. s'appela d'abord whist bostonien.* || Sorte de danse.

BOSTON, v. des États-Unis d'Amérique, cap. du Massa-chusetts, au fond de la baie de ce nom, patrie de Franklin, 380,000 hab.

BOSTRICHE. s. m. (gr. βόστρυχος, boucle de cheveux). T. Entom. Genre de coléoptères tétramères. Voy. XYLOPHAGES. On écrit aussi BOSTRYCHE.

BOSTRICHIDES. s. m. pl. T. Entom. Famille d'insectes du groupe des *Cryptopentamères*. Coléoptères de petite taille, dont le corps est cylindrique, brunâtre ; la tête, épaisse, est retirée dans le prothorax ; les antennes sont courtes, pectinées, épaissies à leur extrémité et capitées. Les mandibules sont très-saillantes. Les larves sont apodes, cylindriques, épaisses, avec des bourrelets velus. Ce sont des insectes très nuisibles qui, à l'état de larves et d'insectes parfaits, creusent des galeries dans le bois, dont ils font leur nourriture. Ce sont surtout les Conifères qu'ils attaquent en grand nombre. Les deux sexes se rencontrent dans les galeries les plus superficielles, puis les femelles continuent à les creuser après l'accouple-ment. Enfin les œufs sont déposés dans de petites loges. Les larves éclosent, creusent des galeries latérales qui sont de plus en plus larges à mesure que la larve grossit et qu'elle s'éloigne de la galerie principale.
Les genres *Bostrichus, Hylesinus, Scolytus*, sont les plus connus et les plus redoutables.

BOSWELLIE. s. f. [Pr. *boss-ouèl-li*] (R. *Boswell*, nom d'homme). T. Bot. Genre de plantes de la famille des *Anacar-diacées*. Voy. ce mot.

BOSWORTH. v. du comté de Leicester, en Angleterre, près de laquelle Richard III fut vaincu et tué par Henri Tudor (1485).

BOT. adj. m. (lat. *bos*, bœuf?). N'est usité que dans cette loc., *Pied b.*, pied contrefait. || S'emploie subst. au masc., *Les deux frères sont pieds-bots.* — Voy. PIED.

BOTANIQUE. s. f. (gr. βοτάνη, plante). La b. est la science des végétaux. Elle n'est donc qu'une branche de l'histoire naturelle ; mais son domaine est extrêmement étendu. Elle n'a pas seulement pour objet de nommer et de classer les plantes : elle envisage les végétaux sous tous leurs aspects, soit en eux-mêmes, soit dans leur constitution intime, soit dans leurs rap-ports avec la nature extérieure, soit dans leurs rapports avec l'homme. Il suit de là que la science b. se divise elle-même en plusieurs branches, selon le point de vue où l'on se place pour étudier les végétaux. On peut partager la b. en quatre divisions, savoir : la *Morphologie*, la *Physiologie végétale*, la *Taxonomie* et la *Géographie b.*
1° La *Morphologie* étudie la structure et l'organisation des plantes. Elle est sans contredit la plus importante de toutes les divisions de la science b. ; elle en constitue, on peut le

dire, la base et le fondement. Elle comprend tout ce qui se rapporte à la constitution anatomique des végétaux ; elle étudie les divers tissus qui composent ceux-ci ; elle explique l'organisation de toutes les parties qui servent à l'accomplissement des fonctions vitales ; elle montre les rapports qui existent entre ces parties, la subordination et le rang de chacune dans l'ensemble du système commun. Sans une connaissance parfaite de la morphologie, il est impossible de construire ou de comprendre un arrangement systématique du règne végétal. En effet, comme la morphologie est la partie de la science qui expose les lois de la symétrie des parties, elle est nécessairement la base de toute théorie des classifications botaniques. Quant à la b. descriptive, que l'on peut appeler le langage de la science tout entière, celui-ci ne peut être ni précis ni intelligible, si l'on ignore les lois fondamentales de cette partie de la science. La physiologie elle-même est dans une dépendance tellement absolue de la morphologie que toute tentative pour découvrir les lois essentielles de la vie et des fonctions des végétaux doit nécessairement échouer si l'on ne possède une connaissance complète des détails anatomiques de l'organisation végétale. En un mot, la morphologie occupe dans l'étude des végétaux le même rang et possède la même importance que l'anatomie descriptive et l'anatomie générale dans celle des animaux et de l'homme lui-même. On la divise en deux branches : la *Morphologie externe* qui s'occupe de l'organisation extérieure des végétaux, et la *Morphologie interne* ou *Anatomie* qui étudie leur structure intime.

2° La *Physiologie végétale* traite des phénomènes par lesquels se manifeste, et des fonctions par lesquelles s'accomplit la vie des végétaux. Tandis que la morphologie étudie les végétaux soit vivants, soit morts, la physiologie a pour objet unique la plante vivante. Ici, comme dans la plupart des autres branches des sciences positives, les hypothèses ont précédé la méthode expérimentale : aussi, dans l'histoire ancienne de la b. trouve-t-on à peine quelque trace de ces idées que les observations des modernes ont développées d'une manière si remarquable. Au reste, de même que l'invention du microscope et son application à l'étude anatomique des plantes avaient été indispensables au développement de la morphologie végétale et à sa constitution comme science, de même le développement de la morphologie devait nécessairement précéder celui de la physiologie végétale. Aujourd'hui, la physiologie végétale nous apprend qu'il existe, chez les plantes, des fonctions d'absorption, de respiration, de nutrition, de circulation, de sécrétion ; elle nous montre par quels moyens s'opère l'accroissement des végétaux en hauteur et en grosseur ; elle nous indique les phénomènes de fécondation et de reproduction des espèces végétales. Mais ce n'est pas ici le lieu d'exposer les détails de cette partie de la science b. qui constitue la physiologie végétale : ils trouveront leur place aux mots ABSORPTION, SÈVE, RESPIRATION, etc.

3° Sous le nom de *Taxonomie*, qui signifie « loi de l'arrangement », les botanistes comprennent la discussion et l'établissement des systèmes d'après lesquels on peut classer les végétaux. L'utilité d'une bonne classification est évidente. Pour se reconnaître au milieu de la multitude de plantes recueillies jusqu'à ce jour, il faut que le botaniste nomme chacune d'elles et les range toutes dans un ordre quelconque. Pour transmettre à un autre les connaissances qu'il a acquises lui-même, il faut aussi absolument qu'il distribue les végétaux par séries et par groupes. Mais là ne se borne pas l'utilité de la Taxonomie. Si elle n'avait pas d'autre objet que celui que nous venons d'indiquer, elle aurait accompli sa tâche dès qu'elle aurait mis chacun en état de *nommer* et de *reconnaître une plante* au moyen d'un procédé artificiel quelconque : dans ce cas, on devrait considérer comme le meilleur le procédé qui serait le plus simple et qui prendrait pour base de classification l'organe le plus apparent. Cependant toute méthode de ce genre est aujourd'hui rejetée, parce que la Taxonomie peut et doit rendre des services plus considérables encore. En effet, lorsqu'une classification b. est bien faite, elle permet, une plante étant connue, de conclure de cette plante à toutes celles qui sont placées dans la même division et sous le même chef. C'est ce qu'il est facile de comprendre. Il n'est personne qui n'ait remarqué que certaines espèces de plantes se ressemblent beaucoup plus entre elles qu'elles ne ressemblent à d'autres espèces. Or, c'est précisément sur la considération des ressemblances et des différences que doit se fonder toute classification b., et c'est par l'étude comparative des organes caractéristiques des plantes que l'on arrive à réunir et à grouper ensemble les végétaux qui offrent les analogies les plus considérables, soit dans leur structure anatomique, soit dans leur aspect extérieur. Maintenant, si

nous supposons que tous les végétaux connus ont été ainsi rangés par groupes composés de plantes très semblables entre elles, et que tous ces groupes sont eux-mêmes rangés entre eux de manière qu'ils soient d'autant plus voisins qu'ils ont plus de caractères communs, on aura une classification aussi parfaite que possible. Celle-ci établie, il est évident que la connaissance exacte d'une plante d'un groupe quelconque équivaut à la connaissance (sauf quelques différences spécifiques très peu importantes) de toutes les plantes comprises dans le même groupe. Le groupe des *Crucifères*, par ex., se compose d'environ 1,200 *espèces* ; cependant, comme il est formé de plantes toutes très ressemblantes entre elles, ou, en termes de b., comme il constitue une *famille parfaitement naturelle*, il suffit de bien connaître deux ou trois espèces de ce groupe, par ex. le Radis (*Raphanus*), la Moutarde (*Sinapis*) et le Cresson de fontaine (*Sisymbrium nasturtium*), pour avoir une connaissance générale très exacte des 1,197 autres espèces, car elles n'offrent que des modifications peu importantes des mêmes formes. La Pomme de terre commune (*Solanum tuberosum*) représente la plus grande partie de la famille des *Solanacées*, ou au moins plusieurs centaines d'espèces qui appartiennent à la même tribu. Le *Lamium album*, vulgairement appelé *Ortie blanche*, nous offre également un type particulier qui se trouve reproduit, à de légères différences près, dans plus de 2,600 espèces, que l'on désigne, en conséquence, sous un nom commun, celui de *Labiées*. Ce n'est pas tout encore. On a observé que les végétaux d'un même groupe naturel possèdent, en général, des propriétés identiques ou très analogues, et que ces propriétés sont ordinairement en rapport avec la structure intime des plantes. Pour nous servir des mêmes exemples que tout à l'heure, nous citerons de nouveau les *Crucifères*. Tout le monde sait qu'aucune plante de cette famille n'a de propriétés toxiques ou délétères ; on sait, au contraire, que toutes les Crucifères dont la racine est charnue, peuvent se manger comme le Radis et le Navet, et que leurs feuilles sont antiscorbutiques. Maintenant, si nous rencontrons une plante à nous inconnue, et si nous constatons, par l'examen de ses caractères qu'elle doit être placée dans la famille des *Solanacées*, nous la repousserons comme vénéneuse, ou du moins nous la tiendrons pour suspecte. Dans le cas cependant où elle serait pourvue de tubercules féculents, nous excepterions cette partie de la plante, parce que l'on sait que toute espèce de fécule est salubre et propre à servir d'aliment, quelque vénéneux que soient les végétaux qui l'ont produite. Lorsque ces derniers sont dangereux, il faut seulement avoir soin d'enlever au moyen du lavage, ou de volatiliser au moyen de la chaleur le principe délétère qui pourrait encore se trouver mêlé avec la fécule.

Un assez grand nombre d'auteurs distinguent, comme branche spéciale de la science b., « l'art de décrire les plantes », et ils lui donnent le nom de *Phytographie*. Le grand objet des descriptions, en histoire naturelle, est de mettre toute personne en état de reconnaître une espèce, après que sa place a été déterminée par la Taxonomie, et aussi de porter à la connaissance des personnes qui n'ont pas vu cette espèce, tous les détails nécessaires pour qu'elles puissent se former une idée exacte de sa structure et de ses affinités. Il importe donc que ces descriptions soient méthodiques, qu'elles soient rédigées d'après un plan convenu entre les savants, au lieu d'être disposées suivant le caprice de chacun. Les règles que les botanistes ont établies à ce sujet sont excellentes ; mais elles ne sauraient constituer une branche de la science. Pour nous, ces règles sont l'art d'écrire, appliqué à un objet très spécial, la description des végétaux ; il n'y a donc pas plus de *Phytographie* qu'il n'y a de *Zoographie*, de *Physiographie*, etc. Nous en dirons autant de la *Glossologie* ou *Glossonomie* des botanistes, appelée quelquefois aussi *Terminologie*. Toute science, depuis la Théologie et la Philosophie jusqu'à la Minéralogie et la Géologie, est obligée de se créer des termes propres qui n'appartiennent qu'à elle, ou d'attacher un sens très précis et très limité aux termes empruntés au langage vulgaire ; mais les botanistes seuls ont imaginé d'ériger leur *Glossologie* en branche ou en sous-branche de la science. Cette exagération n'est pas sans inconvénients : elle tend à faire multiplier outre mesure la création de mots nouveaux, chaque auteur étant naturellement porté à se faire une langue particulière. On a ainsi l'air de faire avancer la science, et le public même a parfois la simplicité de prendre pour de grands *botanistes* des personnages qui ne sont que d'habiles *glossologues*.

4° Quand on considère les grandes régions qui constituent les divisions naturelles du globe, on trouve que chacune d'elles emprunte à ses productions végétales plusieurs des traits principaux et caractéristiques qu'elle présente à l'œil de l'observateur. « Ainsi, dit Ach. Richard, la végétation des pays du Nord, couverts d'immenses forêts de pins, de sapins et de bouleaux, est fort différente de celle des régions tempérées, où les forêts sont moins abondantes et présentent plus de variété dans les espèces qui les composent. Celle-ci n'a plus de rapport avec la végétation fastueuse et variée des pays tropicaux, où les conditions climatériques favorisent et entretiennent le développement continu d'une végétation qui ne s'arrête jamais. Ces différences ne sont pas moins grandes quand on compare la végétation des plaines à celle des montagnes. Ce ne sont ni les mêmes espèces, ni les mêmes genres; et, à mesure que l'on s'élève à des hauteurs plus grandes, on voit les plantes offrir des caractères nouveaux. Si à ce premier coup d'œil superficiel on fait succéder un examen plus attentif, de nouvelles différences se présentent en foule, et l'on ne tarde pas à reconnaître que ces différences et ces analogies entre les végétaux des régions diverses sont soumises à un certain nombre de lois ou de données générales. C'est à l'étude de la distribution des végétaux à la surface du globe et des lois qui y président, que l'on a donné le nom de *Géographie b.* Cette partie de la science est toute moderne : elle a été inaugurée par l'illustre Alex. de Humboldt au commencement de ce siècle.

En dehors de la b. scientifique, les végétaux sont encore l'objet d'études de la plus haute importance pour l'homme, lorsqu'il considère le règne végétal par rapport à ses besoins et aux services qu'il en retire. Ces études constituent la B. appliquée. La b., ainsi envisagée, se partage naturellement en trois grandes sections : *B. agricole, B. industrielle* et *B. médicale.* La première s'occupe des plantes qui peuvent servir à notre alimentation ou à celle des animaux qui servent eux-mêmes à notre nourriture. La seconde recherche dans le règne végétal tout ce qui peut être utile à l'homme, soit pour le vêtir, soit pour l'abriter, soit pour contribuer à ses jouissances. La troisième, qui étudie les plantes qui, exerçant une action particulière sur l'organisme animal, sont susceptibles d'être employées par l'art de guérir. Elle comprend aussi l'étude des plantes vénéneuses ; car, d'une part, la médecine peut en tirer un parti utile, et, d'autre part, il faut les connaître pour les éviter.

L'étude des plantes remonte certainement à l'antiquité la plus reculée. Ainsi, nous savons que Moïse et Salomon, particulièrement ce dernier, connaissaient beaucoup de plantes, ainsi que leurs usages. La lecture des poètes grecs les plus anciens nous montre également que beaucoup de végétaux utiles à l'homme étaient parfaitement connus de leur temps; mais de cette connaissance à la b. proprement dite, il y a un abîme. Le plus ancien ouvrage où la b. commence à apparaître comme science, est celui de Théophraste, 350 ans avant notre ère. Cet illustre disciple d'Aristote créa des termes nouveaux pour désigner des modifications particulières de la structure végétale : il démontra que la division des végétaux en arbres, arbustes et herbes, distinction qui cependant subsista jusqu'au milieu du XVIIIe siècle, était dénuée de caractère philosophique; il parle clairement de la fibre ligneuse et du parenchyme du bois, en donnant à ce dernier le nom de *Chair;* enfin, il décrit exactement la différence qui existe entre le bois du Dicotylédones et celui des arbres à couches concentriques. Ainsi, en fait, la découverte de la différence qui existe entre le bois des Dicotylédones et des Monocotylédones, est vieille d'environ vingt-deux siècles, quoique ce soit seulement depuis une soixantaine d'années qu'on a fondé sur la grande division systématique des végétaux phanérogames. Après Théophraste, la science b. disparaît complètement ; car c'est à tort que l'on a appliqué le nom de botanistes à des pharmacologistes, comme Dioscoride (60 ans environ ap. J.-C.), à des compilateurs qui, comme Pline l'ancien (70 ans ap. J.-C.), ne comprenaient pas toujours les auteurs qu'ils copiaient, et à des *géoponiques,* qui, comme Columelle (50 ans ap. J.-C.), se bornaient à décrire les procédés agricoles usités de leur temps. Cette éclipse de la b. ne dura pas moins de 1800 ans, c.-à-d. jusqu'à l'époque de la Renaissance.

Mais à ce moment, la b., de même que toutes les autres branches de la science, devint l'objet de travaux assidus. Les ouvrages de Tragus, de Brunfels, de Fuchs, dans la première moitié du XVIe siècle, témoignent simplement de l'ardeur avec laquelle on commençait à étudier les végétaux. Cependant Matardi, de Ferrare, décrit la nature réelle de l'anthère; Conrad Gessner, de Zurich, reconnaît que les principaux caractères de la plante doivent être tirés de la fleur, du fruit et de la graine, plutôt que des feuilles. La seconde moitié du même siècle nous offre les noms du botaniste voyageur Clusius ou l'Écluse, des deux frères Jean et Gaspard Bauhin, de Mathias Lobel et de Césalpin, d'Arezzo. Ce dernier, dans son ouvrage *De plantis,* publié en 1583, établit une classification b. d'après les principes indiqués par Gessner. Il admet, il est vrai, l'ancienne classification en arbres, arbrisseaux, sous-arbrisseaux et herbes ; mais ensuite il range toutes les espèces alors connues d'après les caractères tirés des organes, tels que la présence ou l'absence des fleurs, la position des graines, le nombre et la situation des cotylédons, l'adhérence ou l'indépendance de l'ovaire, l'unité ou la pluralité des carpelles ou des loges, etc.

La b. ne fut pas cultivée avec moins de zèle dans le cours du XVIIe siècle. On peut même dire que, dans la seconde moitié de ce siècle, elle prit une face nouvelle, grâce à la découverte du microscope, qui ouvrit à l'observation un champ immense de recherches et de découvertes. Les travaux de Malpighi (1676) et ceux de Grew (1682) jetèrent les bases de la morphologie végétale. Ceux de Camérarius (1694) établirent d'une manière irréfragable la sexualité des plantes, qui cependant avait été indiqué avant lui. La même époque vit aussi éclore plusieurs systèmes de classification dont les plus remarquables sont ceux de l'Anglais John Ray (1680), de l'Allemand Rivin, nom latinisé de Bachman (1690), et du Français Pitton de Tournefort (1694). Quoique Rivin soit le premier qui ait rejeté la division des végétaux en arbres et herbes, que Ray et Tournefort eurent le tort de conserver, son système est bien inférieur à ceux de ces derniers, car il est uniquement fondé sur la considération de la corolle. Ray, au contraire, envisage les divers organes du végétal, et suit à en tirer des classes ou des groupes parfaitement naturels. C'est ainsi, par ex., que la seule considération du mode de nervation des feuilles lui fait établir la distinction des Monocotylédones et des Dicotylédones ; néanmoins, en fondant cette grande division, il néglige l'étude de l'embryon. Il partage ensuite les Dicotylédones en Monoclines et Diclines, en se fondant sur la contiguïté du fruit avec la fleur ou sur leur séparation. Malgré son mérite, la classification de Ray fut complètement éclipsée par celle de Tournefort (né à Aix (Provence) en 1656, mort en 1708). La première distinction établie par Tournefort entre les végétaux repose sur la grandeur et la consistance de la tige; il sépare ainsi les herbes et les sous-arbrisseaux d'avec les arbres. Les plantes herbacées fournissent les 17 premières classes, et les plantes ligneuses les 5 dernières. Le tableau qui suit indique ces différentes classes :

HERBES.	Pétalées	simples	Monopétales	régul.	1. *Campaniformes.*
					2. *Infundibuliformes.*
					3. *Personnées.*
				irrégul.	4. *Labiées.*
			Polypétales	régul.	5. *Cruciformes.*
					6. *Rosacées.*
					7. *Ombellifères.*
					8. *Caryophyllées.*
					9. *Liliacées.*
				irrégul.	10. *Papilionacées.*
					11. *Anomales.*
		composées			12. *Flosculeuses.*
					13. *Semi-flosculeuses.*
					14. *Radiées.*
	Apétalées				15. *A étamines.*
					16. *Sans fleurs.*
					17. *Sans fl. ni fruits.*
ARBRES.	Apétalées				18. *Apétales pr. dites.*
					19. *Amentacées.*
	Pétalées	Monopétales			20. *Monopétales.*
		Polypé-tales	régul.		21. *Rosacées.*
			irrégul.		22. *Papilionacées.*

Cette méthode est bien moins philosophique que celle de Ray. En effet, outre la faute que commet le botaniste français, de diviser les végétaux en ligneux et herbacés, il fonde, comme Rivin, ses classes sur la considération des enveloppes florales. Le succès de Tournefort fut cependant parfaitement légitime, car il sut le premier distinguer avec précision les genres, les espèces et les variétés qui s'y peuvent rapporter, et débrouiller ainsi le chaos créé par ses prédécesseurs. Son ouvrage capital, *Institutiones rei herbariæ,* publié en 1700, renferme la description de 10,146 espèces rapportées à 698 genres. Ainsi Tournefort termina dignement le XVIIe siècle.

Le siècle suivant vit s'accomplir deux grandes révolutions botaniques, savoir celle de Linné et celle de Jussieu. Avant de parler du premier, nous citerons les noms de Heucher,

Ruppius, Knaut, Boerhaave, Plumier, Magnol, Pontédéra, Burkhardt, Geoffroy, Morland, La Hire, Séb. Vaillant, Hales, etc., qui tous rendirent d'éminents services à la science. Magnol, professeur à Montpellier, introduisit dans le langage b. (1709) le mot heureux de *familles* pour désigner des groupes de genres rapprochés par un ensemble de caractères communs. L'anglais Hales fit faire d'immenses progrès à la physiologie végétale par ses expériences, qu'il consigna dans son ouvrage intitulé *Statique végétale* (1727). Burkhardt proposa, dès 1702, de prendre les organes sexuels des végétaux pour base de la classification b. Ce plan fut mis à exécution par le Suédois Charles Linné avec toute la supériorité de l'homme de génie.

Cet illustre naturaliste (né en 1707, mort en 1778) fut à la fois le réformateur de la Zoologie et de la B.; mais c'est surtout à ce dernier titre qu'il dut la plus grande partie de sa gloire. Aussitôt qu'il parut (1735), le *Système sexuel* de Linné fut adopté avec enthousiasme par tous les botanistes. Cette classification est fondée sur la considération des étamines et leurs rapports avec le pistil, sur leurs rapports entre elles, soit de grandeur, soit d'adhérence, et enfin sur leur nombre. Il divisa l'ensemble du règne végétal en 24 *classes*. Les 23 premières comprennent les plantes dont les organes de reproduction sont très apparents : ce sont les *Phanérogames* ; la dernière renferme tous les végétaux dont les organes reproducteurs sont cachés : ce sont les *Cryptogames*. Le tableau suivant permet de saisir d'un coup d'œil la série de ces différentes classes :

I.	MONANDRIE. . . .	Étamine 1.
II.	DIANDRIE. . . .	Étamines 2.
III.	TRIANDRIE. . . .	Étamines 3.
IV.	TÉTRANDRIE . . .	Étamines 4.
V.	PENTANDRIE . . .	Étamines 5.
VI.	HEXANDRIE . . .	Étamines 6.
VII.	HEPTANDRIE . . .	Étamines 7.
VIII.	OCTANDRIE. . . .	Étamines 8.
IX.	ENNÉANDRIE . . .	Étamines 9.
X.	DÉCANDRIE . . .	Étamines 10.
XI.	DODÉCANDRIE. . .	Étamines 11 à 19.

XII.	ICOSANDRIE. . .	} Ét., 20 ou plus,	à au calice.
XIII.	POLYANDRIE. . .	} insérées	² au réceptacle.

XIV.	DIDYNAMIE . .	Ét. 4, dont 2 plus longues.
XV.	TÉTRADYNAMIE .	Ét. 6, dont 4 plus longues.

XVI.	MONADELPHIE . .	} Ét. soudées par	1 corps.
XVII.	DIADELPHIE . .	{ leurs filets en	2 corps.
XVIII.	POLYADELPHIE . .	}	plusieurs corps.

XIX.	SYNGÉNÉSIE. . .	Ét. soudées en tubes par leurs anthères.
XX.	GYNANDRIE.	Ét. soudées au pistil.

XXI.	MONŒCIE. . .	} Ét. et pistils des	{ sur le même individu.
XXII.	DIŒCIE. . . .	} fleurs séparés	{ sur des individus différents.

XXIII.	POLYGAMIE. . .	Ét. et pistils séparés dans quelques fleurs, réunis dans d'autres, sur 1, sur 2, ou sur 3 individus.
XXIV.	CRYPTOGAMIE. .	Ét. et pistils non visibles.

Pour les 13 premières *classes*, les caractères des *ordres* sont tirés du nombre des styles, ou de celui des stigmates, quand il n'y a pas de style. Ces ordres sont désignés de la manière suivante :

Monogynie.	style 1	*Heptagynie*	styles 7
Digynie.	— 2	*Octogynie*	— 8
Trigynie.	— 3	*Ennéagynie*	— 9
Tétragynie.	— 4	*Décagynie*.	— 10
Pentagynie	— 5	*Dodécagynie*.	— 11
Hexagynie	— 6	*Polygynie* . . .	plus de 12

Pour la 14ᵉ classe, DIDYNAMIE, les ordres se distinguent d'après la structure de l'ovaire. Dans le 1ᵉʳ ordre, appelé *Gymnospermie* (graine nue), l'ovaire est divisé en 4 lobes, de la base desquels part un style unique, et dont chacun ne renferme qu'une seule graine. Dans le 2ᵉ ordre, ou *Angiospermie* (graine enveloppée), l'ovaire n'est pas lobé, et présente ordinairement 2 loges pluriovulées. — Dans la 15ᵉ classe, les ordres sont caractérisés par la forme du fruit : les *Siliqueuses* ont une gousse longue (*silique*), les *Siliculeuses* une gousse courte (*silicule*). — Dans les trois classes suivantes, les ordres sont déduits du nombre des étamines. Leur nomenclature est la même que pour les treize premières :

ainsi l'on dit *Monadelphie-diandrie, Polyadelphie-dodécandrie*, etc. — Les ordres de la SYNGÉNÉSIE sont déterminés par l'arrangement de leurs fleurs et par le sexe de leurs fleurons. La Syngénésie est subdivisée en six ordres : 1° *Polygamie égale* : toutes les fleurs sont hermaphrodites, pourvues d'un pistil et d'étamines parfaites. 2° *Polygamie superflue* : fleurs du disque hermaphrodites, et fleurs de la circonférence femelles. 3° *Polygamie frustanée* : fleurs du disque hermaphrodites, et fleurs de la circonférence femelles, mais stériles par l'imperfection du stigmate. 4° *Polygamie nécessaire* : fleurs du disque hermaphrodites, mais réduites au sexe mâle par l'imperfection du stigmate ; fleurs de la circonférence femelles. 5° *Polygamie séparée* : toutes les fleurs sont hermaphrodites et rapprochées les unes des autres ; mais, outre le calice commun, elles sont toutes pourvues d'un involucre propre. 6° *Polygamie-monogamie* : fleurs toutes hermaphrodites, mais isolées les unes des autres au lieu d'être réunies en capitule. Cet ordre a été supprimé par la plupart des sectateurs de Linné. — La GYNANDRIE renferme 4 ordres tirés du nombre des étamines : ainsi on dit *Gynandrie-monandrie, Gynandrie-diandrie, Gynandrie-hexandrie* et *Gynandrie-polyandrie*. — La MONŒCIE et la DIŒCIE présentent en quelque sorte réunies toutes les modifications que nous avons signalées dans les autres classes. Ainsi la Monœcie renferme des plantes monandres, triandres, décandres, polyandres, monadelphes et gynandres. Chacune de ces variétés sert à établir autant d'ordres distincts dans cette classe. La Diœcie en renferme encore un plus grand nombre, dont les caractères, se rapportant à ceux de quelqu'une des classes précédentes, sont alors employés comme caractères d'ordres. — La 23ᵉ classe ou POLYGAMIE se divise en trois ordres, suivant la disposition des trois sortes de fleurs sur une ou plusieurs plantes. On a donc : 1° la *Polygamie-monœcie*, dans laquelle le même individu porte des fleurs monoclines et des fleurs diclines ; 2° la *Polygamie-diœcie*, dans laquelle on trouve des fleurs hermaphrodites sur un individu, et des fleurs unisexuées sur l'autre ; la 3° la *Polygamie-triœcie*, dans laquelle l'espèce se compose de trois individus, l'un portant des fleurs hermaphrodites, l'autre des fleurs mâles, et le troisième des fleurs femelles. — Enfin, la CRYPTOGAMIE, qui forme la 24ᵉ et dernière classe, est partagée en quatre ordres déduits du port et du caractère apparent de la plante : ce sont les *Mousses*, les *Fougères*, les *Algues* et les *Champignons*.

La classification de Linné présente sur toutes les classifications antérieures l'avantage de permettre d'arriver promptement à la *détermination* et au *nom* d'une plante ; mais elle offre tous les inconvénients inhérents à tout système qui se déduit de la considération d'un organe unique. On brise une foule d'affinités qui sont évidentes, et qui souvent même sont d'un ordre supérieur ; on associe, en revanche, des genres complètement disparates ; enfin, on est obligé de négliger le principe de la *subordination des caractères*, qui est le fondement essentiel de toute taxonomie. Le grand naturaliste suédois ne se faisait pas lui-même illusion sur les vices de son système sexuel. En effet, dès 1738, dans ses *Fragmenta methodi naturalis*, il avait proposé une distribution des genres botaniques en soixante-cinq familles naturelles, mais sans donner les caractères de ses *ordres*. « La méthode naturelle, dit-il, a été le premier et le dernier terme de la b. Il est constant que la méthode artificielle n'est que secondaire de la méthode naturelle, et lui cédera le pas si celle-ci vient à se découvrir. J'ai pendant longtemps travaillé à l'établir ; j'ai obtenu quelques découvertes ; je n'ai pu la terminer, et j'y travaillerai tant que je vivrai. » On voit que Linné ne promettait pas l'immortalité à son système. Mais le grand naturaliste suédois accomplit une œuvre plus durable par la réforme admirable qu'il introduisit dans le langage et la nomenclature botaniques. Il définit rigoureusement chacun des termes destinés à exprimer les modifications d'organes employés comme caractères ; il réduisit l'appellation de toute plante à deux mots : le premier, *substantif*, qui désigne son *genre* ; le second, *adjectif*, qui désigne son *espèce*. Avant lui, le nom du genre était bien unique, mais on le faisait suivre, pour désigner l'espèce, d'une phrase entière qui récapitulait tous ses signes distinctifs. Aussi, lorsqu'un genre était nombreux en espèces, les phrases caractéristiques de chacune de celles-ci devenaient interminables au point de ne pouvoir être retenues par la mémoire la plus heureuse.

Linné rendit encore à la science un service signalé par la vive impulsion qu'il communiqua à son étude. L'anatomie et la physiologie végétales furent cultivées avec une nouvelle ardeur; de nombreux voyageurs parcoururent le globe pour y recueillir des plantes nouvelles; mais ces conquêtes mêmes devaient bientôt amener la ruine du système sexuel. Il fallait à la science un cadre plus large et plus philosophique. Malgré la vogue de la méthode de Linné, quelques hommes cherchaient, avec persévérance, à découvrir les bases d'une classification botanique naturelle. Parmi eux, on doit surtout mentionner Haller (1742), si illustre comme anatomiste et physiologiste; Heister, dont l'ouvrage (1748), quoique plein de vues saines, ne fut pas apprécié de ses contemporains; Wachendorf, qui rencontra quelques-unes des bases fondamentales de la méthode naturelle; Bernard de Jussieu, qui, en 1759, essaya, dans la plantation du jardin b. de Trianon, un système de classification où déjà il établit un bon nombre de groupes qui ont été conservés comme familles; et enfin le célèbre Adanson. Ce dernier, naturaliste passionné, voyageur infatigable, savant d'une érudition immense et observateur des plus sagaces, publia, en 1763, un livre remarquable intitulé *Familles des plantes*, où il partagea en familles le règne végétal tout entier. Il avait parfaitement compris que, pour former des familles vraiment naturelles, on doit avoir égard à l'ensemble de leurs caractères et non à un seul. Dans ce but il se livra à un travail préparatoire prodigieux. Il fonda sur chacun des organes des plantes, embryon, graine, fruit, étamines, pistil, corolle, calice, tige, racine, branche, feuille, etc., un système artificiel, et arriva ainsi au chiffre de 65 systèmes. Puis, comparant ensuite ces diverses classifications provisoires, il réunit les genres qui se trouvaient rapprochés dans le plus grand nombre de systèmes, et établit, par ce procédé, 58 familles naturelles. Adanson est le premier botaniste qui ait donné les caractères détaillés de toutes les familles qu'il a établies. Ce travail immense n'aboutit cependant pas à un résultat satisfaisant, par ce seul motif qu'Adanson avait, pour former ses familles, compté les caractères semblables au lieu de les peser. La gloire de constituer la taxonomie végétale sur ses bases véritables était réservée à Ant.-Laurent de Jussieu, neveu de Bernard. Les principes de sa méthode et les résultats auxquels il était parvenu, sont exposés dans son *Genera plantarum*, qui parut en 1789. Ils ont été résumés de la manière la plus claire par le professeur Adrien de Jussieu, fils de Laurent, dans l'article *Taxonomie du Dict. d'hist. natur.* de Ch. d'Orbigny. Nous ne pouvons mieux faire que d'emprunter ce fragment au remarquable ouvrage que nous venons de nommer :

« Comme Adanson, L. de Jussieu admet que l'examen de toutes les parties d'une plante est nécessaire pour la classer : mais, tout en poursuivant cet examen, il ne cherche pas à en déduire immédiatement la coordination des genres, et, pour les grouper en familles, il suit la marche que ses prédécesseurs avaient suivie pour la formation des genres eux-mêmes. Frappés par la ressemblance complète et constante de certains individus, ils les avaient réunis en *espèces*; puis, d'après une ressemblance également constante, mais beaucoup moins complète, ils avaient réuni les espèces en *genres*. Beaucoup de genres très naturels leur avaient fourni autant de modèles, d'après lesquels ils avaient appris à apprécier les caractères analogues et à constituer d'autres genres moins nettement dessinés par la nature. Or, elle offre aussi des collections de genres évidemment plus semblables entre eux qu'ils ne le sont à ceux de leur groupe, ou, en d'autres termes, des *familles* tellement *naturelles*, qu'elles avaient été reconnues et signalées par la presque universalité des botanistes, et reproduites soit entières, soit par grands lambeaux, dans la plupart des systèmes. Jussieu pensa que la clef de la méthode naturelle était là; puis, qu'en comparant les caractères de ces familles à ceux des genres qui la composent, il obtiendrait la relation des unes aux autres, et discernerait les caractères communs à tous, ou *ordinaux*, de ceux qui sont seulement *génériques*; qu'ensuite en comparant plusieurs de ces familles entre elles, il distinguerait parmi les caractères ordinaux ceux qui varient de l'une à l'autre; qu'il arriverait ainsi à l'appréciation de la valeur de chaque caractère, et que cette valeur, une fois ainsi déterminée au moyen de ces groupes si clairement dessinés par la nature, pourrait être à son tour appliquée à la détermination de ceux auxquels elle n'a pas aussi nettement imprimé ce cachet de famille, et qui étaient les inconnues de ce grand problème. — Il choisit donc sept familles universellement admises, celles qu'on connaît sous les noms de *Graminées*, *Liliacées*, *Labiées*, *Composées*, *Ombellifères*, *Crucifères* et *Légumineuses*. Il reconnut que la structure de l'embryon est identique dans toutes les plantes d'une de ces familles;

qu'il est monocotylédoné dans les deux premières et dicotylédoné dans les autres; que les étamines, qui peuvent varier par leur nombre dans l'une d'elles, les *Graminées*, par ex., ne varient pas en général par leur mode d'insertion sur le torus, dans les *Graminées* et les *Crucifères*; sur le calice, dans les *Légumineuses* et les *Liliacées*; sur la corolle, dans les *Labiées* et les *Composées*; sur un disque épigynique, dans les *Ombellifères*; que d'autres caractères, comme l'absence du périsperme et sa présence ainsi que sa nature, la situation relative du calice et du pistil, etc , etc., quoique présentant assez généralement de l'uniformité dans une même famille, y sont néanmoins sujets à beaucoup plus d'exceptions; qu'enfin il existe un troisième ordre de caractères tirés soit de ces mêmes organes essentiels, soit d'autres, et qui, uniformes dans telle famille, se montrent variables dans telle autre où ils ne sont plus bons qu'à définir les genres. Cette appréciation des leurs valeurs inégales, résultat pratique de l'étude de ces familles, pouvait d'ailleurs être pressentie par la théorie. Le premier rang doit appartenir à l'embryon, dernier but de la végétation et destiné à conserver la vie de l'espèce; le second aux organes qui concourent à sa formation, aux étamines et pistils, considérés dans leur mutuel rapport. Puis viennent les organes qui protègent, sans le déterminer, cet acte et son produit, les autres parties tant de la fleur que du fruit et de la graine, et les modifications secondaires des organes essentiels eux-mêmes considérés isolément. Les organes dits de la végétation, c.-à-d. ne concourant qu'à la vie individuelle, doivent être relégués au dernier rang. En appliquant ces premières règles, on obtenait un certain nombre de familles, dont l'examen comparatif aidait à reconnaître d'autres règles et d'autres familles encore. »

On voit donc tout ce qui précède l'emploi d'un principe qui avait échappé à Adanson, celui de la *subordination des caractères* qui, dans la méthode de Jussieu, sont, suivant sa propre expression, pesés et non comptés. Ils sont considérés comme ayant des valeurs tout à fait inégales. Cette valeur est déterminée par l'observation et l'expérience, et, à mesure qu'elle s'abaisse, elle est de moins en moins fixe. L'importance de ce principe résulte surtout d'une considération que nous n'avons point fait valoir encore, mais qui ressort nécessairement de cette combinaison de plusieurs caractères dans chaque famille. C'est qu'un caractère d'ordre supérieur en entraîne à sa suite un certain nombre d'un ordre différent, et en exclut, au contraire, un certain nombre d'autres; de sorte que l'énonciation pure et simple du premier suffit pour faire préjuger la coexistence ou l'absence de ces autres, et qu'une partie de l'organisation d'une plante est annoncée d'avance par un seul point qu'on a su constater, ce qui abrège et simplifie merveilleusement les recherches et le langage. Ainsi, par ex., la présence ou l'absence des cotylédons dans l'embryon, leur unité ou leur pluralité, se manifestent dans presque toutes les parties de la plante qui présentent des différences profondes et frappantes, suivant que son premier germe s'est montré différemment constitué sous ce rapport. Lorsque nous disons qu'une plante est monocotylédonée ou dicotylédonée, ce n'est donc pas ce simple fait que nous énonçons, mais un ensemble de faits; nous avons une idée de l'agencement général des organes élémentaires dans ses tissus, de la manière dont elle germe et se ramifie, de la structure et de la nervation de ses feuilles, de la symétrie de ses fleurs, etc., etc. De tel caractère secondaire nous pouvons de même déduire plusieurs autres d'un ordre supérieur, égal ou inférieur : dire que la corolle est monopétale, c'est dire que la plante qui en est pourvue est dicotylédonée, que très probablement les étamines sont insérées sur la corolle et en nombre défini, égal ou inférieur à celui de ses divisions. La connaissance de tous ces rapports constants entre les différentes parties, qui permet de conclure de la partie au tout comme du tout à la partie, est la base de la méthode naturelle. — Les familles une fois constituées, il s'agissait de les coordonner entre elles de manière à rapprocher à leur tour celles qui se ressemblent le plus, et à éloigner celles qui se ressemblent le moins. Pour cet arrangement, la subordination des caractères établie indiquait dans quel ordre ils devaient être employés. Celui de l'embryon marchait évidemment en avant de tous les autres, et partageait le règne végétal en trois grands embranchements : *Acotylédonées*, *Monocotylédonées* et *Dicotylédonées*. Après ce caractère fondamental et au-dessous de lui, A.-L. de Jussieu plaça l'insertion des étamines hypogynes, périgynes et épigynes. Mais, dans les Dicotylédonées, ces étamines se soudent par leurs filets avec la corolle lorsqu'elle est monopétale, de manière que, dans ce cas, leur insertion, au lieu de se montrer immédiatement sur le torus, sur le calice ou sur le pistil, ne s'y fait que par l'intermédiaire de la corolle naissant à l'un de ces trois points. Le caractère de la corolle, ainsi lié à celui de l'insertion, marche de pair avec lui. L'insertion n'est que l'expression de la situation relative de deux ordres d'organes de la fleur, des étamines et du pistil, dans une même enveloppe. Mais s'ils sont séparés sur des fleurs différentes, cette relation n'a pas lieu, et c'est le fait même de leur séparation qu'il faut exprimer. Telles sont les principales considérations d'après lesquelles les familles furent distribuées en quinze classes que le tableau suivant fera facilement comprendre :

ACOTYLÉDONES					1. *Acotylédones.*
	Étam.	Hypogynes			2. *Monohypogynes*
MONOCOT.		Périgynes			3. *Monopérigynes.*
		Épigynes			4. *Monoépigynes.*
			Épigynes		5. *Épistaminées.*
	Apétal.	Périgynes			6. *Péristaminées.*
		Hypogynes			7. *Hypostaminées.*
		Hypogynes			8. *Hypocorollées.*
DICOTYLÉ-		Périgynes			9. *Péricorollées.*
DONES	Monop.	Épigynes	distinctes.		10. *Épicorollées synanthères.*
			à anthères	soudées.	11. *Épicorollées corianthères.*
		Épigynes			12. *Épipétalées.*
	Polyp.	Hypogynes			13. *Hypopétalées.*
		Périgynes			14. *Péripétalées.*
	Diclines				15. *Diclines.*

La découverte de la méthode naturelle exerça une influence prodigieuse sur les progrès de la b. Celle-ci se trouva dès lors constituée comme science dans toutes ses parties. En outre, la Taxonomie cessant d'être une affaire de simple nomenclature, il fallut, pour classer chaque plante nouvelle, l'étudier sous tous ses aspects et surtout au point de vue anatomique. Aussi, l'organographie et la physiologie végétales ont-elles plus avancé dans la première moitié du XIXe siècle qu'elles ne l'avaient fait depuis la Renaissance. La multitude des savants qui ont contribué à ces progrès est telle qu'il nous est impossible de les énumérer; leurs noms, d'ailleurs, seront cités lorsque nous exposerons les découvertes ou les travaux auxquels ils s'attachent. Les cryptogames, qui avaient été singulièrement négligés par les anciens botanistes, ont été particulièrement l'objet de recherches persévérantes; c'est aujourd'hui le groupe le mieux étudié, et, peut-être, aussi le mieux connu. La théorie de la morphologie proprement dite a été fondée au commencement de ce siècle par un grand poète, Gœthe, et l'organogénie végétale a été créée de toutes pièces, il y a quelques années seulement, par un observateur aussi ingénieux que patient, Schleiden. Le globe, parcouru dans tous les sens, sans cependant avoir été régulièrement exploré, a déjà fourni un tel nombre de nouvelles espèces qu'on ne saurait l'évaluer à moins de 400,000 (on en comptait 10,000 au plus au temps de Linné). Nonobstant ces acquisitions nouvelles, les familles établies par Jussieu sont restées dans la science; il a suffi ou d'élargir le cadre de certaines familles ou de dédoubler les autres. Quant à la coordination des familles entre elles sous des titres plus généraux, nombre d'auteurs ont proposé des modifications à la série établie par Jussieu; mais cela ne touche en rien à l'œuvre originale de l'auteur des Familles naturelles. L'accroissement prodigieux du chiffre des espèces végétales, en obligeant, d'une part, ainsi que nous venons de le dire, à multiplier le nombre des familles, a fait éprouver, d'autre part, le besoin de coordonner celles-ci en groupes supérieurs, c.-à-d. en familles de familles. Les travaux de Pyr. de Candolle, Agardh, Dumortier, Bartling, Fries, Endlicher, Ad. Brongniart, Meissner et Lindley, sur ce sujet, mériteraient particulièrement d'être étudiés. Dans l'impossibilité où nous sommes de les exposer tous, nous dirons seulement quelques mots des systèmes de coordination établis par de Candolle, Endlicher, Ad. Brongniart et Lindley.

De Candolle, considérant qu'il est en soi absolument indifférent de commencer la série par une extrémité ou par l'autre, pense qu'il convient, pour la commodité et la facilité de l'étude, de commencer par la classe la plus compliquée, celle des Dicotylédones, et de finir par celle qui paraît l'être le moins, celle des Cryptogames proprement dites. C'était aussi, ainsi qu'il le fait remarquer, l'opinion de Linné. En conséquence, le célèbre botaniste place au premier rang les Dicotylédones qui ont le plus grand nombre d'organes distincts les uns

des autres, et à mesure qu'il voit des familles où quelques-uns de ces organes se soudent ensemble et semblent ainsi disparaître, il les rejette dans les rangs inférieurs. Ce principe lui donne pour série : 1° les *Dicotylédones Thalamiflores*; 2° les *Dicot. Calyciflores*; 3° les *Dicot. Corolliflores*; 3° les *Dicot. Monochlamydées*; 5° les *Monocotylédones Phanérogames*; 6° les *Monocot. Cryptogames ou Æthéogames*; 7° les *Acotylédones Foliacées et sexuelles*; 8° les *Acot. Aphylles et sans sexe connu.*

I. Végétaux vasculaires ou Phanérogames, c.-à-d. munis de tissu cellulaire et de vaisseaux, dont l'embryon est préalablement fécondé par une imprégnation sexuelle, et dont les organes floraux offrent une symétrie plus ou moins régulière.

I. EXOGÈNES ou DICOTYLÉDONES, c.-à-d. où les vaisseaux sont disposés par couches concentriques, dont les plus jeunes sont en dehors, et où l'embryon a les cotylédons opposés ou verticillés.

Thalamiflores, ou à pétales distincts insérés sur le réceptacle ou *thalamus*. 56 familles : Renonculacées, Dilléniacées, Magnoliacées, Anonacées, Ménispermacées, Berbéridées, Podophyllées, Nymphœacées, Papavéracées, Fumariacées, Crucifères, Capparidées, Résédacées, Flacourtiacées, Bixinées, Cistinées, Violariées, Droséracées, Polygalées, Frénandrées, Pittosporées, Frankéniacées, Caryophyllées, Linées, Malvacées, Bombacées, Byttnériacées, Tiliacées, Éléocarpées, Diptérocarpées, Chlénacées, Ternstrœmiacées, Camellivées, Olacinées, Aurantiacées, Hypéricinées, Guttifères, Marcgraviacées, Hippocratéacées, Érythroxylées, Malpighiacées, Acérinées, Hippocastanées, Rhizobolées, Sapindacées, Méliacées, Ampélidées, Géraniacées, Tropæolées, Balsaminées, Zygophyllées, Rutacées, Simaroubées, Ochnacées, Coriariées.

Calyciflores, ou à pétales libres ou plus ou moins soudés, toujours insérés sur le calice (périgynes). 64 familles : Célastrinées, Rhamnées, Bruniacées, Samydées, Homalinées, Chailletiacées, Aquilarinées, Térébinthacées, Légumineuses, Rosacées, Calycanthées, Granatées, Mémécylées, Combrétacées, Vochysiées, Rhizophorées, Onagrariées, Haloragées, Cératophyllées, Lythrariées, Tamariscinées, Mélastomacées, Alangiées, Philadelphées, Myrtacées, Cucurbitacées, Passiflorées, Loasées, Turnéracées, Fouquiéracées, Portulacées, Paronychiées, Crassulacées, Ficoïdées, Cactées, Grossulariées, Saxifragacées, Ombellifères, Araliacées, Hamamélidées, Cornées, Loranthacées, Caprifoliacées, Rubiacées, Valérianées, Dipsacées, Calycérées, Composées, Stylidiées, Lobéliacées, Campanulacées, Cyphiacées, Goodénoviées, Rousséacées, Gesnériées, Sphénocléacées, Columelliacées, Napoléonées, Vacciniées, Éricacées, Épacridées, Pyrolacées, Francoacées, Monotropées.

Corolliflores, ou Dicotylédonées à pétales soudés en une corolle distincte du calice, et ordinairement hypogyne. 31 familles : Lentibulariées, Primulacées, Myrsinées, Ægicéracées, Théophrastacées, Sapotées, Ébénacées, Oléinées, Jasminées, Apocynées, Asclépiadées, Loganiacées, Gentianées, Bignoniacées, Cyrtandracées, Sésamées, Polémoniacées, Convolvulacées, Hydrophyllées, Borraginées, Hydroléacées, Labiées, Verbénacées, Acanthacées, Sélaginées, Globulariées, Myoporinées, Solanées, Scrofularinées, Plombaginées, Plantaginées.

Monochlamydées, ou Dicotylédonées à périanthe simple, c.-à-dire dont le calice et la corolle sont réduits à une seule enveloppe. 24 familles : Nyctaginées, Amarantacées, Phytolaccées, Polygonées, Laurinées, Myristicées, Protéacées, Thymélées, Santalacées, Élœagnées, Aristolochiées, Cylinées, Bégoniacées, Euphorbiacées, Monimiées, Urticées, Chloranthées, Pipéritées, Juglandées, Amentacées, Causarinées, Conifères, Cycadées.

II. ENDOGÈNES ou MONOCOTYLÉDONES, c.-à-d. dont les vaisseaux sont disposés par faisceaux et non par couches, et dont l'embryon est pourvu de cotylédons solitaires ou alternes. 28 familles : Hydrocharidées, Alismacées, Podostémonées, Naïadées, Orchidées, Drimyrrhizées, Cannacées, Musacées, Iridées, Hæmodoracées, Amaryllidées, Dioscorées, Smilacées, Hypoxidées, Gilliésiacées, Liliacées, Pontédéracées, Colchicacées, Butomées, Joncées, Restiacées, Commélinées, Palmiers, Pandanées, Typhacées, Aroïdées, Cypéracées, Graminées.

II. **Végétaux cellulaires ou Cryptogames**, c.-à-d. entièrement composés de tissu cellulaire, ou pendant toute leur existence, ou dans leur jeunesse, dépourvus d'organes sexuels, ou munis d'organes reproducteurs très différents de ceux des Phanérogames.

I. ÆTHÉOGAMES ou SEMI-VASCULAIRES. Des organes sexuels; des vaisseaux, au moins à quelque époque de la vie. 6 familles : A. Des vaisseaux et des stomates évidents : Équisé-lacées, Marsiléacées, Lycopodinées, Fougères. — B. Peu ou point de vaisseaux ni de stomates : Mousses, Hépatiques.

II. AMPHIGAMES ou CELLULAIRES. Point d'organes sexuels, ni de vaisseaux. 4 familles : Lichens, Hypoxylons, Champignons, Algues.

Dans la classification d'Endlicher, nous avons à distinguer deux parties : la division systématique générale ou la coordination des familles par groupes naturels, que l'auteur nomme *classes*. Les végétaux sont divisés et subdivisés comme il suit :

Thallophytes. — Pas d'opposition entre tige et racines. Pas de vaisseaux. Pas de sexes. Spores s'allongeant dans toutes les directions. — PROTOPHYTES. Nées sans sol ; se nourrissant par leur surface ; fructification vague. — HYSTÉROPHYTES. Nées sur des organismes languissants ou en décomposition ; se nourrissant par l'intérieur ; développant tous leurs organes à la fois.

Cormophytes. — Opposition entre tige et racines. Vaisseaux spiraux. Sexes dans les plantes les plus parfaites. = ACRO-BRYÉS. Tige croissant à la pointe seulement, la partie inférieure servant uniquement à l'introduction des fluides. — *Anophytes*. Vaisseaux spiraux ébauchés. Les deux sexes présents. Spores libres dans des sporanges. — *Protophytes*. Vaisseaux spiraux. Sexe mâle manquant. Spores libres dans des sporanges unis ou pluriloculaires. — *Hystérophytes*. Les deux sexes présents. Graines dépourvues d'embryon, composées de plusieurs spores. = AMPHIBRYÉS. Tige croissant à sa circonférence. = ACRAMPHIBRYÉS. Tige croissant à son extrémité et à sa circonférence. — *Gymnospermes*. Ovules nus recevant l'imprégnation immédiatement par le foramen. — *Apétales*. Périanthe nul, rudimentaire ou simple, calycinal ou coloré, libre ou adhérent. — *Gamopétales*. Périanthe double, calice et corolle, monopétale, parfois abortif. — *Dialypétales*. Périanthe double, calice et corolle, dont les parties sont distinctes ou unies par la base des étamines ; parfois abortif.

Les *classes* ou groupes de familles admises par Endlicher sont au nombre de 61, et les familles au nombre de 282. Voici la liste des unes et des autres : les noms des classes sont en italiques, et ils sont immédiatement suivis de ceux des familles. Il sera ainsi facile de saisir l'ensemble du système du savant botaniste viennois.

THALLOPHYTES PROTOPHYTES. *Algues* : Diatomacées, Nostochinées, Confervacées, Characées, Ulvacées, Floridées, Fucacées. *Lichens* : Coniothalames, Idiothalames, Gastérothalames, Hyménothalames. — THALLOPHYTES HYSTÉRO-PHYTES. *Champignons* : Gymnomycètes, Hyphomycètes, Gastéromycètes, Pyrénomycètes, Hyménomycètes.

CORMOPHYTES ACROBRYÉS ANOPHYTES. *Hépatiques* : Ricciacées, Anthocérotées, Targionacées, Marchantiacées, Jungermanniacées. *Mousses* : Andræacées, Sphagnacées, Bryacées. — ACROBRYÉS PROTOPHYTES. *Équisètes* : Équisétacées. *Fougères* : Polypodiacées, Hyménophyllées, Gleichéniacées, Schizæacées, Osmundacées, Maratliacées, Ophioglossées. *Hydroptérides* : Salviniacées, Marsiléacées. *Sélagines* : Isoétées, Lycopodiacées. *Zamiées* : Cycadacées. — ACROBRYÉS HYSTÉROPHYTES. *Rhizanthées* : Balanophorées, Cylinées, Rafflésiacées.

CORMOPHYTES AMPHIBRYÉS. *Glumacées* : Graminées, Cypéracées. *Énantioblastées* : Centrolépidées, Restiacées, Ériocaulonées, Xyridées, Commélynacées. *Hélobiées* : Alismacées, Butomacées. *Corononariées* : Joncacées, Philydrées, Mélanthacées, Pontédéracées, Liliacées, Smilacées. *Artorhizées* : Dioscorées, Taccacées. *Ensatées* : Hydrocharidées, Burmanniacées, Iridées, Hæmodoracées, Hypoxidées, Amaryllidées, Broméliacées. *Gynandrées* : Orchidées, Apostasiacées. Scitaminées : Zingibéracées, Cannacées, Musacées. *Fluviales* : Naïadées. *Spadiciflores* : Aroïdées, Typhacées, Pandanées. *Princes* : Palmiers.

Cormophytes-Acramphybriés. — GYMNOSPERMES. *Conifères* : Cupressinées, Abiétinées, Taxinées, Gnétacées. — APÉTALES. *Pipérites* : Chloranthacées, Pipéracées, Saururées. *Aquatiques* : Cératophyllées, Callitrichinées, Podostémées. *Juliflores* : Casuarinées, Myricées, Bétulacées, Cupulifères, Ulmacées, Celtidées, Morées, Artocarpées, Urticacées, Cannabinées, Antidesmées, Platanées, Balsamifluées, Salicinées, Henslaviacées, Lacistémées. *Oléracées* : Chénopodées, Amarantacées, Polygonées, Nyctaginées. *Thymélées* : Monimiacées, Athérospermées, Laurinées, Gyrocarpées, Santalacées, Daphnoïdées, Aquilariacées, Eléagnées, Penæacées, Protéacées. *Serpentariées* : Aristolochiacées, Népenthacées. — GAMOPÉTALES. *Plombagines* : Plantaginées, Plombaginées, *Agrégées* : Valérianées, Dipsacées, Composées, Calycérées. Campanuli-

nées : Brunoniacées, Goodéniacées, Lobéliacées, Campanulacées, Stylidées. *Caprifoliées* : Rubiacées, Lonicérées. *Contortées* : Jasminées, Oléacées, Loganiacées, Strychnées, Apocynées, Asclépiadées, Gentianées, Spigéliacées. *Nuculifères* : Labiées, Verbénacées, Stilbinées, Globulariacées, Sélaginées, Myoporacées, Cordiacées, Aspérifoliées. *Tubiflores* : Convolvulacées, Polémoniacées, Hydrophyllées, Hydroléacées, Solanacées. *Personnées* : Scrophularinées, Acanthacées, Bignoniacées, Gesnéracées, Cyrtandrées, Pédalinées, Orobanchées, Utricularinées. *Pétalanthées* : Primulacées, Myrsinées, Sapotacées, Ébénacées. *Bicornes* : Epacridées, Éricacées, Vacciniées. — DIALYPÉTALES. *Discanthées* : Ombellifères, Araliacées, Ampélidées, Cornacées, Loranthacées, Hamamélidées, Brunéacées. *Corniculées* : Crassulacées, Saxifragacées, Ribésiacées. *Polycarpiées* : Ménispermacées, Myristicacées, Anonacées, Schizandracées, Magnoliacées, Dilléniacées, Renonculacées, Berbéridées, *Rhœades* : Papavéracées, Crucifères, Capparidées, Résédacées. *Datiscées. Nélumbiées* : Nymphæacées, Sarracéniées, Cabombées, Nélumbonées. *Pariétales* : Cistacées, Droséracées, Violacées, Sauvagésiacées, Frankéniacées, Turnéracées, Samydacées, Bixacées, Homaliacées, Passifloracées, Malesherbiacées, Loasacées, Papayacées. *Péponifères* : Nandhirobées, Cucurbitacées, Bégoniacées. *Opuntiées* : Cactacées. *Caryophyllinées* : Mésembryacées, Portulacacées, Caryophyllées, Phytolaccacées. *Columnifères* : Malvacées, Sterculiacées, Byttnériacées, Tiliacées. *Guttifères* : Diptérocarpées, Clénacées, Ternstræmiacées, Clusiacées, Maregraviacées, Hypéricacées. Élatinacées, Réaumuriacées, Tamarisinées. *Hespérides* : Humiriacées, Olacacées, Aurantiacées, Méliacées, Cédrélacées. *Acères* : Acérinées, Malpighinacées, Érythroxylées, Sapindacées, Rhizobolées. *Polygalinées* : Trémandrées, Polygalées. *Frangulacées* : Pittosporées, Staphyléacées, Célastrinées, Hippocratéacées, Ilicinées, Rhamnées, Chailletiacées. *Tricoccées* : Empétrées, Stackhousiacées, Euphorbiacées. *Térébinthinées* : Juglandées, Anacardiacées, Burséracées, Connaracées, Ochnacées, Simaroubacées, Xanthoxylées, Diosmées, Rutacées, Zygophyllées. *Gruinales* : Géraniacées, Linées, Oxalidées, Balsaminées, Tropæolées, Limnanthées. *Calyciflores* : Vochysiacées, Combrétacées, Alangiées, Rhizophorées, Philadelphées, OEnothérées, Haloragées, Lythrariées. *Myrtiflores* : Mélastomacées, Myrtacées. *Rosiflores* : Pomacées, Calycanthées, Rosacées, Amygdacées, Chrysobalanées. *Légumineuses* : Papilionacées, Swartziées, Mimosées.

La classification d'Ad. Brongniart qui est encore appliquée au Jardin des plantes de Paris, comprend en tout 296 familles distribuées en 68 groupes appelés *classes* par l'auteur. Il admet d'abord les grandes divisions des végétaux en *Cryptogames* et en *Phanérogames* : les premiers se subdivisent en deux embranchements, *Amphigènes* (Algues, Champignons et Lichens) et *Acrogènes* (Mousses et Fougères). Les seconds se partagent également en deux embranchements, *Monocotylédones* et *Dicotylédones*. Les *Monocotylédones* forment deux séries, les *Périspermées* et les *Apérispermées*. Les *Dicotylédones* forment deux sous-embranchements, les *Angiospermées* et les *Gymnospermées*. Les *Angiospermées* se subdivisent en deux séries, les *Gamopétales* et les *Dialypétales*, qui se partagent toutes deux en *Périgynes* et *Hypogynes*.

Lindley divise le règne végétal en sept grandes classes ainsi que le montre le tableau suivant. Dans chaque classe, sont distribuées les familles, que l'auteur coordonne en groupes qu'il désigne sous le nom d'*Alliances*.

Plantes sans sexe ou fleurs.	*Classes.*
Pas d'opposition entre tige et feuilles. . . . I.	THALLOGÈNES.
Opposition entre tige et feuilles. . . . . . . II.	ACROGÈNES.

Plantes avec sexes ou fleurs.	
Fructification naissant d'un thallus. . . . III.	RHIZOGÈNES.
Fructification naissant d'une tige.	
Bois le plus jeune au centre ; un seul cotylédon.	
Feuilles à nervures parallèles, persistantes ; faisceaux ligneux distribués confusément. . . . . IV.	ENDOGÈNES.
Feuilles réticulées, caduques ; faisceaux ligneux arrangés en cercle autour d'un centre médullaire. . . . . V.	DICTYOGÈNES.
Bois le plus jeune à la circonférence, toujours concentrique ; 2 ou plusieurs cotylédons.	
Graines nues. . . . . VI.	GYMNOGÈNES.
Graines enfermées dans un ovaire. . . . VII.	EXOGÈNES.

Classe I. — THALLOGÈNES. — **1**. ALGALES (Algues) : Familles : 1. *Diatomacées;* 2. *Confervacées;* 3. *Fucacées;* 4. *Céramiacées;* 5. *Characées.* — 2. FUNGALES (Champignons) : 6. *Hyménomycètes* ou *Agaricacés;* 7. *Gastéromycètes* ou *Lycopardacés;* 8. *Coniomycètes* ou *Urédinacés;* 9. *Hyphomycètes* ou *Botrytacés;* 10. *Ascomycètes* ou *Helvellacés;* 11. *Physomycètes* ou *Mucoracés.* — 3. LICHENALES (Lichens) : 12. *Graphidacées;* 13. *Collémacées;* 14. *Parméliacées.*

Classe II. — ACROGÈNES. — **4.** MUSCALES. — Hépatiques : 15. *Ricciacées;* 16. *Marchantiacées;* 17. *Jungermanniacées;* 18. *Equisétacées.* — Mousses : 19. *Andraeacées;* 20. *Bryacées.* — **5.** LYCOPODALES : 21. *Lycopodiacées;* 22. *Marsiléacées.* — **6.** FILICALES (Fougères) : 23. *Ophioglossacées;* 24. *Polypodiacées;* 25. *Danaeacées.*

Classe III. — RHIZOGÈNES. — Alliance identique à la classe. — 26. *Balanophoracées;* 27. *Cytinacées;* 28. *Rafflésiacées.*

Classe IV. — ENDOGÈNES. — **7** GLUMALES : 29. *Graminacées;* 30. *Cypéracées;* 31. *Desvauxiacées;* 32. *Restiacées;* 33. *Eriocaulacées.* — **8.** ARALES : 34. *Pistiacées;* 35. *Typhacées;* 36. *Aracées;* 37. *Pandanacées.* — **9.** PALMALES : 38. *Palmacées* (Palmiers). — **10.** HYDRALES : 39. *Hydrocharidacées;* 40. *Naïadacées;* 41. *Zostéracées.* — **11.** NARCISSALES : 42. *Broméliacées;* 43. *Taccacées;* 44. *Hoemodoracées;* 45. *Hypoxidacées;* 46. *Amaryllidacées;* 47. *Iridacées.* — **12.** ANOMALES : 48. *Musacées;* 49. *Zingibéracées* (Amomées); 50. *Marantacées.* — **13.** ORCHIDALES : 51. *Burmanniacées;* 52. *Orchidacées;* 53. *Apostasiacées.* — **14.** XYRIDALES : 54. *Phylydracées;* 55. *Xyridacées;* 56. *Commélynacées;* 57. *Mayacées.* — **15.** JUNCALES : 58. *Joncacées;* 59. *Orontiacées.* — **16.** LILIALES : 60. *Gilliésiacées;* 61. *Mélanthacées;* 62. *Liliacées;* 63. *Pontédéracées.* — **17.** ALISMALES : 64. *Butomacées;* 65. *Alismacées;* 66. *Joncaginacées.*

Classe V. — DICTYOGÈNES. — Alliance identique à la classe. — 67. *Triuridacées;* 68. *Dioscoréacées;* 69. *Smilacées;* 70. *Philésiacées;* 71. *Trilliacées;* 72. *Roxburghiacées.*

Classe VI. — GYMNOGÈNES. — Alliance identique à la classe. — 73. *Cycadacées;* 74. *Pinacées* (Conifères); 75. *Taxacées;* 76. *Gnétacées.*

Classe VII. — EXOGÈNES. — **18.** AMENTALES (Amentacées) : 77. *Casuarinées;* 78. *Bétulacées;* 79. *Altingiacées;* 80. *Salicacées;* 81. *Myricacées;* 82. *Élaeagnacées.* — **19.** URTICALES : 83. *Stilaginacées;* 84. *Urticacées;* 85. *Cératophyllacées;* 86. *Cannabinacées;* 87. *Moracées;* 88. *Artocarpacées;* 89. *Platanacées.* — **20.** EUPHORBIALES : 90. *Euphorbiacées;* Gyrostémonées; 91. *Scépacées;* 92. *Callitrichacées;* 93. *Empétracées;* Batidées; 94. *Népenthacées.* — **21.** QUERNALES : 95. *Corylacées;* 96. *Juglandacées.* — **22.** GARRYALES : 97. *Garryacées;* 98. *Helwingiacées.* — **23.** MÉNISPERMALES : 99. *Moniniacées;* 100. *Atherospermacées;* 101. *Myristicacées;* 102. *Lardizabalacées;* 103. *Schizandracées;* 104. *Ménispermacées.* — **24.** CUCURBITALES : 105. *Cucurbitacées;* 106. *Datiscacées;* 107. *Bégoniacées.* — **25.** PAPAYALES : 108. *Papayacées;* 109. *Pangiacées.* — 26. VIOLALES : 110. *Flacourtiacées;* 111. *Lacistémacées;* 112. *Samydacées;* 113. *Passifloracées;* 114. *Malesherbiacées;* 115. *Moringacées;* 116. *Violacées;* 117. *Frankéniacées;* 118. *Tamaricacées;* 119. *Sauvagésiacées;* 120. *Crassulacées;* 121. *Turnéracées.* — 27. CISTALES : 122. *Cistacées;* 123. *Brassicacées* (Crucifères); 124. *Résédacées;* 125. *Capparidacées.* — 28. MALVALES : 126. *Sterculiacées;* 127. *Byttnériacées;* 128. *Viviniacées;* 129. *Tropaeolacées;* 130. *Malvacées;* 131. *Tiliacées.* — 29. SAPINDALES : 132. *Trémandracées;* 133. *Polygalacées;* 134. *Vochyacées;* 135. *Staphyléacées;* 136. *Sapindacées;* 137. *Pétiveriacées;* 138. *Acéracées;* 139. *Malpighiacées;* 140. *Érythroxylacées.* — 30. GUTTIFÉRALES : 141. *Diptéracées; Lophiracées;* 142. *Ternstroemiacées;* 143. *Rhizobolacées;* 144. *Clusiacées;* 145. *Marcgraviacées;* 146. *Hypéricacées;* 147. *Réaumuriacées.* — 31. NYMPHALES : 148. *Nymphaeacées;* 149. *Cabombacées;* 150. *Nélumbiacées.* — 32. RANALES : 151. *Magnoliacées;* 152. *Anonacées;* 153. *Dilléniacées;* 154. *Renonculacées; Céphalotées;* 155. *Sarracéniacées;* 156. *Papavéracées.* — 33. BERBÉRALES : 157. *Droséracées;* 158. *Fumariacées;* 159. *Berbéridacées;* 160. *Vitacées* (Ampélidées); 161. *Pittosporées; Cannellacées;* 162. *Olacacées;* 163. *Cyrillacées.* — 34. ÉRICALES : 164. *Humiriacées;* 165. *Epacridacées;* 166. *Pyrolacées;* 167. *Francoacées;* 168. *Monotropacées;* 169. *Éricacées.* — 35. RUTALES : 170. *Aurantiacées;* 171. *Amyridacées;* 172. *Cédrélacées;* 173. *Méliacées;* 174. *Anacardiacées;* 175. *Connaracées;* 176. *Rutacées;* 177. *Zanthoxylacées;* 178. *Ochnacées; Coriariées;* 179. *Simaroubacées;* 180. *Zygo-*

phyllacées; 181. *Élatinacées;* 182. *Podostémacées.* ... 36. GÉRANIALES : 183. *Linacées;* 184. *Chlénacées;* 185. *Oxalidacées;* 186. *Balsaminacées;* 187. *Géraniacées.* — 37. SILÉNALES : 188. *Caryophyllacées;* 189. *Illécébracées* (Paronychiées); 190. *Portulacées;* 191. *Polygonacées.* — 38. CHÉNOPODALES : 192. *Nyctaginacées;* 193. *Phytolaccacées; Surianacées;* 194. *Amarantacées;* 495. *Chénopodiacées.* 39. PIPÉRALES : 196. *Pipéracées;* 197. *Chloranthacées;* 198. *Saururacées.* — 40. FICOÏDALES : 199. *Basellacées;* 200. *Mesembryacées;* 201. *Tétragoniacées;* 202. *Scléranthacées.* — 41. DAPHNALES : 203. *Thymélacées;* 204. *Protéacées;* 205. *Lauracées;* 206. *Cassythacées.* — 42. ROSALES : 207. *Calycanthacées;* 208. *Chrysobalanacées;* 209. *Fabacées* (Légumineuses); 210. *Drupacées;* 211. *Pomacées;* 212. *Sanguisorbacées;* 213. *Rosacées.* — 43. SAXIFRAGALES : 214. *Saxifragacées;* 215. *Hydrangéacées; Hensloviacées;* 216. *Stilbacées;* 217. *Brexiacées;* 218. *Lythracées.* — 44. RHAMNALES : 219. *Pénéacées;* 220. *Aquilariacées;* 221. *Ulmacées;* 222. *Rhamnacées;* 223. *Chaillétiacées;* 224. *Hippocratéacées;* 225. *Célastracées;* 226. *Stackhousiacées;* 227. *Sapotacées;* 228. *Styracacées.* — 45. GENTIANALES : 229. *Ébénacées;* 230. *Aquifoliacées;* 231. *Apocynacées;* 232. *Loganiacées; Cassipourées;* 233. *Dipensiacées;* 234. *Stilbacées;* 235. *Orobanchacées;* 236. *Gentianacées.* — 46. SOLANALES : 237. *Oléacées;* 238. *Solanacées;* 239. *Asclépiadacées;* 240. *Cordiacées;* 241. *Convolvulacées;* 242. *Cuscutacées;* 243. *Polémoniacées.* — 47. CORTUSALES : 244. *Hydrophyllacées;* 245. *Plombaginacées;* 246. *Plantaginacées;* 247. *Primulacées;* 248. *Myrsinacées; Égicéracées.* — 48. ÉCHIALES : 249. *Jasminacées;* 250. *Salvadoracées;* 251. *Ehrétiacées;* 252. *Nolanacées;* 253. *Borraginacées;* 254. *Brunoniacées;* 255. *Lamiacées* (Labiées); 256. *Verbénacées;* 257. *Myoporacées;* 258. *Sélaginacées;* — 49. BIGNONIALES : 259. *Pédaliacées;* 260. *Gesnéracées;* 261. *Crescentiacées;* 262. *Bignoniacées;* 263. *Acanthacées;* 264. *Scrophulariacées;* 265. *Lentibulariacées.* — 50. CAMPANALES : 266. *Campanulacées;* 267. *Lobéliacées;* 268. *Goodéniacées;* 269. *Stylidiacées;* 270. *Valérianacées;* 271. *Dipsacacées;* 272. *Calycéracées;* 273. *Astéracées* (Composées). — 51. MYRTALES : 274. *Combrétacées;* 275. *Alangiacées;* 276. *Chamelauciacées;* 277. *Haloragacées;* 278. *Onagracées;* 279. *Rhizophoracées;* 280. *Belvisiacées;* 281. *Mélastomacées;* 282. *Myrtacées;* 283. *Lécythidacées.* — 52. CACTALES : 284. *Homaliacées;* 285. *Loasacées;* 286. *Cactacées.* — 53. GROSSALES : 287. *Grossulariées;* 288. *Escalloniacées;* 289. *Philadelphacées;* 290. *Barringtoniacées.* — 54. CINCHONALES : 291. *Vacciniacées;* 292. *Columelliacées;* 293. *Cinchonacées;* 294. *Caprifoliacées;* 295. *Galiacées.* — 55. OMBELLALES : 296. *Apiacées* (Ombellifères); 297. *Araliacées;* 298. *Cornacées;* 299. *Hamamélidacées;* 300. *Bruniacées.* — 56. ASARALES : 301. *Santalacées;* 302. *Loranthacées;* 303. *Aristolochiacées.*

Depuis Lindley, un grand nombre de classifications ont vu le jour. Nous exposerons seulement celle qui a été adoptée par M. Van Tieghem, parce que dans la partie de ce livre relative à la botanique nous l'avons ici suivie, soit pour les grandes coupes du règne végétal, soit pour le nombre des familles. Le règne végétal est divisé en 4 grands embranchements : I. THALLOPHYTES; II. MUSCINÉES; III. CRYPTOGAMES VASCULAIRES; IV. PHANÉROGAMES. Les embranchements sont divisés en classes, les classes en ordres dans lesquels sont distribuées les familles.

I. Thallophytes. — Classe 1. — Champignons : 1° MYXOMYCÈTES (*Endomyxées, Ceratiées, Acrasiées*); 2° OOMYCÈTES (*Vampyrellées, Chytridiacées, Mucorinées, Entomophthoracées, Péronosporacées, Saprolégniacées, Monoblépharidacées*); 3° USTILAGINÉES (*Ustilaginées*); 4° URÉDINÉES (*Urédinées*); 5° BASIDIOMYCÈTES (*Trémellacées, Hyménomycètes, Gastromycètes*); 6° ASCOMYCÈTES (*Discomycètes, Périsporiacées, Pyrénomycètes*, Lichens.

Classe 2. — Algues : 1° CYANOPHYCÉES (*Nostocacées, Bactériacées*); 2° CHLOROPHYCÉES (*Cénobiées, Conjuguées, Siphonées, Protococcacées, Palmellacées, Confervacées, Characées*); 3° PHÉOPHYCÉES (*Péridiniacées, Cryptomonadacées, Diatomacées, Phéosporées, Dictyotacées, Fucacées*); 4° FLORIDÉES (*Bangiacées, Némaliacées, Cryptonémiacées, Rhodyméniacées, Gigartinacées*).

II. Muscinées. — Classe 1. — Hépatiques : 1° JONGERMANNINÉES (*Jongermanniacées, Anthocérées*); 2° MARCHANTINÉES (*Ricciacées, Marchantiacées*).

Classe 2. — Mousses : 1° SPHAGNINÉES (*Sphagnacées, Andréacées*); 2° BRYINÉES (*Phascacées, Bryacées*).

III. Cryptogames vasculaires. — Classe 1. — Filicinées :

1° Fougères (*Hyménophyllées, Gleichéniées, Cyathéacées, Polypodiacées, Osmondiacées, Schizéacées*); 2° Marattinées (*Marattiacées, Ophioglossées*); 3° Hydroptérides (*Salviniacées, Marsiliacées*).

Classe 2. — Équisétinées : 1° Équisétinées isosporées (*Équisétacées*); 2° Équisétinées hétérosporées (*Annulariées*).

Classe 3. — Lycopodinées : 1° Lycopodinées isosporées (*Lycopodiacées*); 2° Lycopodinées hétérosporées (*Isoétées, Sélaginellées, Lépidodendracées*).

IV. **Phanérogames.** — Classe 1. — Gymnospermes (*Cycadacées, Conifères, Gnétacées*).

Classe 2. — Monocotylédones : 1° Graminées (*Graminées, Cypéracées, Centrolépidées, Lemnacées, Naïadacées, Aroïdées, Typhacées, Pandanées, Cyclanthées*); 2° Joncinées (*Restiacées, Ériocaulées, Triglochinées, Palmiers, Joncacées*); 3° Liliinées (*Alismacées, Commelinacées, Xyridacées, Pontédériacées, Liliacées*); 4° Iridinées (*Amaryllidacées, Dioscoréacées, Iridées, Hemodoracées, Broméliacées, Scitaminées, Orchidées, Hydrocharidées*).

Classe 3. — Dicotylédones : 1° Apétales supérovariées (*Urticacées, Platanées. Cératophyllées, Casuarinées, Chloranthées, Pipéracées, Myricées, Lacistémées, Salicinées, Balanopsées, Polygonacées, Chénopodiacées, Phytolaccacées, Aizoacées, Nyctaginées, Illécébrées, Podostémées, Protéacées, Éléagnées, Thyméléacées, Pénéacées*); 2° Apétales inférovariées (*Cupulifères, Juglandées, Santalacées, Loranthacées, Balanophoracées, Rafflésiacées, Aristolochiacées, Bégoniées, Datiscées*); 3° Dialypétales supérovariées : a. Polystémones (*Renonculacées, Anonacées, Magnoliacées, Monimiacées, Ménispermées, Myristicées, Berbéridées, Lauracées, Nymphéacées, Nélombées*). — b. Méristémones a carpelles clos (*Malvacées, Ternstrémiacées, Clusiacées, Hypéricacées, Dilléniacées, Ochnacées, Diptérocarpées, Sarcolénées, Humiriées, Euphorbiacées, Buxées, Empétrées*). — c. Méristémones a carpelles ouverts (*Cistées, Bixacées, Samydées, Passiflorées, Tamaricacées, Violacées, Droséracées, Sarracéniées, Népenthées, Résédacées, Crucifères, Capparidées, Papavéracées*). — d. Diplostémones (*Géraniacées, Linacées, Crassulacées, Élatinées, Caryophyllées, Portulacées, Zygophyllées, Rutacées, Méliacées, Simarubacées, Anacardiacées, Sapindacées, Sabiées, Malpighiacées, Polygalées, Trémandrées, Vochysiacées, Légumineuses, Connarées, Rosacées, Moringées*). — e. Isostémones (*Célastracées, Chailletiées, Ilicacées, Olacacées, Vitées, Rhamnées*); 4° Dialypétales inférovariées (*Cactées, Saxifragacées, Lythracées, Œnothéracées, Haloragées, Combrétacées, Rhizophoracées, Mélastomacées, Myrtacées, Loasées, Ombellifères, Araliées, Pittosporées, Cornées*); 5° Gamopétales supérovariées (*Éricacées, Épacridées, Diapensiées, Lennoées, Cyrillées, Primulacées, Plombaginées, Myrsinées, Sapotées, Ébénacées, Styracées, Solanacées, Borraginées, Hydrophyllées, Polémoniées, Convolvulacées, Gentianées, Loganiées, Apocynées, Asclépiadées, Oléacées, Scrofulariacées, Labiées, Utriculariées, Gesnéracées, Bignoniacées, Acanthacées, Sélaginacées, Verbénacées, Plantaginées*); 6° Gamopétales inférovariées (*Campanulacées, Stylidiées, Goodéniées, Cucurbitacées, Rubiacées, Caprifoliacées, Valérianées, Dipsacées, Calycérées, Composées*).

Abrév. — Nous terminerons cet article par l'indication des signes abréviatifs généralement usités en botanique. ☉ ou ⊙, signe du Soleil, désigne les plantes *annuelles*, c.-à-d. dont la durée est d'un an au plus; et ♂, signe de Mars, indique les plantes *bisannuelles*, c.-à-d. qui ne fleurissent qu'à la seconde année et meurent après. Mais on préfère actuellement les signes ① et ②. Le signe de Jupiter ♃, ou (∞), désigne les plantes vulgairement appelées *vivaces*, c.-à-d. dont la tige est annuelle, mais dont la racine reproduit de nouvelles tiges fructifères. ♄ signe de Saturne, marque les plantes *polycarpiques*, c.-à-d. dont la tige persiste et porte fruit plusieurs fois. ♄ indique un *sous-arbrisseau*, ♄ un *arbrisseau*, ♄ un *arbuste* ou un *petit arbre*, ♄ un arbre de plus de 8 mètres. ◡ signifie plante *grimpante*; ☾ grimpante *à droite*, et ☽ grimpante *à gauche*. △ marque une plante toujours *verte*. ♂, signe de Mars, désigne une plante ou fleur mâle; ♀, signe de Vénus, une fleur femelle; et ☿, signe de Mercure, une fleur hermaphrodite. L'époque de la floraison se marque en mettant l'abréviation du nom du mois ou le numéro du mois en chiffres romains : ainsi IV-VI signifie : qui fleurit depuis avril jusqu'en juin. Les mots composés d'un nombre et d'un organe s'écrivent très souvent avec le chiffre de ce nombre : ainsi, par ex., 5-*fide* et 10-*pétale* se lisent *quinquéfide* et *décapétale*. Le signe ∞ exprime un nombre indéfini : ainsi ∞-*fide* et ∞-*phylle* se lisent *multifide* et *polyphylle*. *Pétales* ∞ ou *Étamines* ∞, signifient pétales ou étamines en nombre indéterminé. Un seul zéro indique l'absence d'une chose : ainsi *Albumen* 0, veut dire *dépourvu d'albumen*. Le point d'interrogation ? exprime le doute, c.-à-d. signifie que l'on n'est pas sûr de la vérité du mot ou de la phrase qui le précède. Le point d'exclamation ! placé dans la synonymie à la suite d'un nom d'auteur, signifie qu'on a vu la plante même décrite par l'auteur qu'on cite. Enfin, lorsqu'on vient d'écrire en toutes lettres le nom d'une plante, et qu'on a à répéter une ou plusieurs fois ce nom, on en écrit seulement l'initiale, mais en prenant garde que cette abréviation ne cause quelque confusion.

BOTANIQUE. adj. 2 g. Qui concerne la science des végétaux. *Études, recherches botaniques. Philosophie b. Géographie b. Jardin b.*

BOTANIQUEMENT. adv. Au point de vue botanique.

BOTANISER. v. a. (gr. βοτανίζειν). Herboriser.

BOTANISTE. s. m. Celui qui étudie la botanique, qui est savant en botanique.

BOTANOGRAPHIE. s. f. (gr. βοτάνη, plante; γράφειν, décrire). Description des plantes.

BOTANOLOGIE. s. f. (gr. βοτάνη, plante; λόγος, traité). Traité sur les végétaux.

BOTANOMANCIE. s. f. (gr. βοτάνη, plante; μαντεία, divination). Divination par les plantes. Voy. Divination.

BOTANOPHAGE. adj. (gr. βοτάνη, plante; φαγεῖν, manger). T. Didact. Qui vit de végétaux.

BOTANY-BAY, colonie anglaise de l'Australie (Nouvelle-Galles du Sud).

BOTARGUE. s. f. Voy. Boutargue.

BOTHNIE ou **BOTNIE,** partie de la Suède et de la Finlande, au nord de la mer Baltique. || *Golfe de Bothnie*, Golfe de la mer Baltique entre la Suède et la Finlande.

BOTHRIOCÉPHALE. s. m. (gr. βόθριον, petite fosse; κεφαλή, tête). T. Zool. Ver non annelé, *Plathelminthe*. Voy. ce mot.

BOTHRION. s. m. (gr. βόθριον, cavité). T. Chir. Ulcération profonde dans la cornée transparente.

BOTHWELL, seigneur écossais, 3e mari de la reine Marie Stuart, m. prisonnier en 1576.

BOTNIE. Voy. Bothnie.

BOTOCOUDOS. Peuple indigène des forêts du Brésil.

BOTRES. s. f. pl. Forces en usage chez les tondeurs de drap pour donner la dernière tonte au droguet.

BOTROPHIS. s. f. (gr. βότρυς, grappe; ὄφις, serpent). T. Bot. Genre de plantes dont une espèce originaire d'Amérique est cultivée dans les jardins d'agrément; famille des *Renonculacées*.

BOTRYCHIUM. s. m. [Pr. *botri-kiome*] (gr. βοτρύχιον; dimin. de βότρυς, grappe). T. Bot. Genre de plantes cryptogames de la famille des *Ophioglossées*. Voy. ce mot.

BOTRYDIÉES. s. f. pl. (gr. βότρυς, grappe). T. Bot. Tribu d'Algues de la famille des *Siphonées*. Voy. ce mot.

BOTRYLLE. s. m. [Pr. *botril-le*] (gr. βότρυς, grappe). T. Zool. Genre de *Tuniciers*. Voy. Colonies animales.

BOTRYOÏDE. adj. (gr. βότρυς, grappe; εἶδος, forme). T. Didact. En forme de grappe.

BOTRYOGÈNE. s. m. (gr. βότρυς, grappe; γεννάω, j'engendre). T. Minér. Sulfate de fer rouge, trouvé en Suède.

BOTRYS. s. m. (gr. βότρυς, grappe). T. Bot. Nom vulgaire d'une espèce d'Ansérine (*Chenopodium Botrys*). Voy. Chénopodiacées.

BOTRYTIDE. adj. 2 g. (gr. βότρυς, grappe). Qui est en forme de grappe ou de chou-fleur.

BOTRYTIS. s. m. (gr. βότρυς, grappe). T. Bot. On donnait autrefois ce nom générique à des organismes cryptogamiques qui étaient alors mal connus et que l'on a reconnus depuis être tout simplement une forme conidienne de certains champignons de la famille des *Discomycètes*. C'est ainsi que le *B. cinerea*, une des moisissures les plus répandues sur les matières végétales en voie de décomposition, n'est qu'une forme conidienne d'une *Pézize* (*P. Fuckeliana*). Un de ces organismes, connu sous le nom de *B. Bassiana*, s'attaque aux vers à soie et occasionne chez eux la maladie connue sous le nom de *Muscardine*. Une autre forme, le *Botrytis tenella*, se développe sur les larves de hanneton connues sous le nom de *vers blancs* qui font tant de déprédations dans nos jardins. On est même parvenu à cultiver ce b., de manière à s'en servir pour la destruction de ces insectes nuisibles. Enfin, il en est une autre qui s'attaque aux *criquets pèlerins* ou sauterelles d'Afrique. Peut-être trouvera-t-on dans la culture de ces champignons un moyen pratique de combattre la multitude d'insectes qui détruisent nos récoltes et nos provisions. Voy. Muscardine, Criquet, Hanneton.

BOTTA, historien, né en Piémont (1776-1837), vécut en France; auteur d'une *Histoire d'Italie* de 1789 à 1814. Il Son fils, consul de France à Mossoul, découvrit les ruines de Ninive (1805-1870).

BOTTE. s. f. [Pr. *bote*] (bas-lat. *botulus*, assemblage de divers objets; anc. all. *boos*, fagot). Assemblage de plusieurs choses de même nature liées ensemble. *B. de paille, de foin. Mettre du foin en bottes. Lier des bottes. B. d'échalas. B. d'allumettes. B. d'asperges, d'oignons. — Les racines de cette plante naissent en b.,* Forment une sorte de b., de paquet. — *B. de soie,* Assemblage de plusieurs écheveaux de soie liés ensemble. *Soie en bottes.* On dit de même, *Une b. de chanvre,* etc. || Une grande quantité de plusieurs choses. *Une b. de paperasses. Une b. de lettres. J'ai une b. de papiers à examiner.* Fam. || T. Mar. Faisceau de pièces de bois pour servir à la construction d'un objet démoli.

BOTTE. s. f. [Pr. *bote*] (celt. *bot*, m. s.; gr. βουτίς, d'un ancien radical aryen, sign. vase de cuir. On a dans le vx fr. *botte* dans le sens de tonneau). Chaussure de cuir qui enferme le pied de la jambe et quelquefois même une partie de la cuisse. *Grosses bottes. Bottes de cavalerie. Bottes à la russe, à l'écuyère,* etc. *Bottes à genouillère. Bottes à revers. La tige, le pied, la semelle, le revers d'une b. Bottes de chasse. Faire des bottes. Remonter des bottes. Mettre, ôter ses bottes. Être en bottes. Bottes à éperons. Cirer, graisser des bottes. — Fam., Prendre la b.,* Se mettre en état de monter à cheval et de partir. *Où va la b.? Où allez-vous? Ces loc.* ont vieilli. || Fig. et prov., *Graisser ses bottes,* Se préparer à partir pour quelque voyage; ou se préparer à mourir. *Ce malade fait encore des projets, il ferait bien de graisser ses bottes. — Graisser les bottes d'un vilain, il dira qu'on les lui brûle,* Pour se dispenser de la reconnaissance, l'avare se plaint même des services qu'on lui rend; ou bien, on n'a à attendre que de l'ingratitude quand on oblige un malhonnête homme. — *Mettre du foin dans ses bottes,* Se ménager des ressources pour l'avenir. Voy. Foin. || Fig. et fam., *A propos de bottes,* Sans motif raisonnable, hors de propos. *Il se fâche, il dit des injures à propos de bottes.* || T. Manège. *Serrer la b.,* Serrer la jambe contre les flancs d'un cheval, pour le faire avancer; et Fig., Presser vivement son adversaire dans la discussion. *Ce cheval va à la b.,* Ce cheval se défend du cavalier en cherchant à lui mordre la jambe. — Fig. et fam., *C'est un homme à qui il ne faut pas trop se jouer, il va d'abord à la b.,* Il fait des réponses piquantes aux plaisanteries les plus inoffensives. || *B. de carrosse,* Marchepied fixe et placé en dehors, à l'aide duquel on montait dans un carrosse. || Fig. et fam., *La terre qui s'attache à la chaussure*

quand on marche dans un terrain gras. *Je suis allé dans un champ labouré, et j'en rapporte des bottes.* || La partie d'une manche fermée qui est la plus voisine du poignet. || Sorte de futaille. *Une b. de cidre.*

BOTTE. s. f. [Pr. *bote*] (esp. *bote;* m. s., de *botar,* toucher). Coup que l'on porte avec un fleuret ou avec une épée à celui avec lequel on fait des armes, ou avec lequel on se bat. *Porter, parer une b. Serrer la b. B. secrète,* Manière particulière de porter un coup d'épée à son adversaire. || Fig. et fam. *Pousser, porter une b. à quelqu'un,* Lui faire une demande indiscrète, embarrassante, ou une objection pressante, une attaque imprévue. *Il lui a porté une b. à laquelle il ne s'attendait pas.* — Cette loc. signifie aussi, Nuire à quelqu'un par des discours ou par des actions. *Cette calomnie lui a porté une b. très difficile à parer.*

BOTTELAGE. s. m. [Pr. *bote-lage*] (R. *botteler*). Action de lier, de mettre en bottes du foin, de la paille, etc. *Le b. coûte tant le cent. — Le b. est bon,* se dit lorsque la botte de paille ou de foin est de la grosseur requise, du poids convenu, ou même lorsqu'elle l'excède. || T. Techn. Action de redresser des verges de fer et de les lier ensemble.

BOTTELER. v. a. [Pr. *boteler*] (R. *botte*). Lier en bottes. *B. du foin, de la paille, des asperges.* = Bottelé, ée. part. Conjug. Voy. Appeler.

BOTTELETTE. s. f. [Pr. *botelète*] (Dimin. de *botte*). Petite botte de foin, de paille.

BOTTELEUR, EUSE. s. [Pr. *boteleur*] (R. *botteler*). Celui ou celle qui fait des bottes de foin, de paille, etc.

BOTTELOIR. s. m. [Pr. *boteloir*] (R. *botteler*). Instrument pour le bottelage du foin. || Instrument pour réunir les asperges en bottes d'égale dimension.

BOTTER. v. a. [Pr. *boter*] (R. *botte*). Pourvoir de bottes, faire des bottes à quelqu'un. *B. un régiment de cavalerie. Quel est le cordonnier qui vous botte?* — Absol., *Ce cordonnier botte bien,* Fait des bottes qui vont bien. || Mettre des bottes à quelqu'un. *Venez me b.* || Fig. et fam. Convenir. *Voilà qui me botte.* = se Botter. v. pron. Mettre ses bottes soi-même. *Bottez-vous promptement et montez à cheval.* — *Cet homme se botte bien, se botte mal,* Il porte ordinairement des bottes bien faites, des bottes mal faites. || Fig. et fam., Amasser beaucoup de terre autour de ses chaussures, en marchant dans un terrain gras et humide. *On ne saurait aller dans les terres labourées sans se b.* On dit de même qu'*Un cheval se botte.* = Botter. v. n. Se charger de boue en parlant des roues d'une machine. = Botté, ée, part. — Fig. et prov., *C'est un singe botté;* Il a l'air d'un singe botté, se dit d'un homme petit, mal fait, embarrassé dans son accoutrement.

BOTTERIE. s. f. [Pr. *boterie*] (R. *botte*). Atelier, boutique de bottes.

BOTTIER. s. m. [Pr. *botié*] (R. *botte*). Cordonnier qui fait des bottes.

BOTTILLON. s. m. [Pr. *boti-llon,* ll mouillées] (Dimin. de *botte*). Petite botte. || Art milit. Fourrage trossé en corde pour être réduit à un petit volume afin de pouvoir être transporté. || T. Tech. Pièce de cuir que le boyaudier s'attache au coude-pied pour empêcher les ordures de s'introduire dans ses chaussures.

BOTTIN (Sébastien), statisticien français, rédacteur de l'*Almanach du Commerce* (fondé en 1801), de 1819 à 1853 (1764-1853).

BOTTINE. s. f. [Pr. *botine*] (Dimin. de *botte*). Petite botte d'un cuir fort mince; botte dont la tige a peu de hauteur. *Porter des bottines. Une paire de bottines.* || T. Chir. Se dit de certaines chaussures semblables à de petites bottes, qui sont munies de courroies, de ressorts et de boucles, et qui servent à corriger les vices de conformation du pied ou de la jambe. *Les pieds de cet enfant se contournent, il faut lui mettre des bottines.* || Art vétér. Pièce de cuir dont on garnit le pied des chevaux à l'endroit où il se coupe.

BOTZARIS, chef grec, s'est illustré dans la guerre de l'Indépendance (1789-1823).

BOU. s. m. Sorte de thé. *Thé b.*

BOUARD. s. m. Gros marteau servant autrefois dans la fabrication des monnaies.

BOUAYE, ch.-l. de c. (Loire-Inférieure), arr. de Nantes, 1,400 hab.

BOUBOULER. v. n. Crier de la façon particulière au hibou.

BOUC. s. m. [Pr. *bouk*] (all. *bock*, m. s., de *bochen*, heurter). Le mâle de la chèvre. *Une peau de b.* *Les cornes, la barbe d'un b.* — *Barbe de b.*, se dit de la barbe d'un homme lorsqu'il n'en a que sous le menton. || *B. émissaire*, Le bouc que, chez les Juifs, on chassait dans le désert, après l'avoir chargé des iniquités d'Israël et des malédictions qu'on voulait détourner de dessus le peuple (Lévit., c. XVI). — Fig. et fam., *B. émissaire*, se dit d'un homme sur lequel on veut faire retomber le tort des autres. *Ils l'ont pris pour leur b. émissaire.* || *Bouc*, se dit, par ext., d'une peau de b. pleine de vin ou d'huile.

Hist. — Cet animal lascif a joué un grand rôle dans les procès de sorcellerie, et l'on a cru très sincèrement que le diable se métamorphosait en bouc, venait inquiéter les femmes, se faisait adorer au sabbat, etc.

BOUCAGE. s. m. (R. *bouc*, à cause de l'odeur de certaines espèces). T. Bot. Genre de plantes (*Pimpinella*) appartenant à la famille des *Ombellifères*. Voy. ce mot.

BOUCAN. s. m. (R. *bouc*). Lieu où certains sauvages de l'Amérique fument leurs viandes. || Le gril de bois qui sert à cette opération. || Bruit, vacarme.

BOUCANAGE. s. m. (R. *boucan*). Opération qui a pour but de faire sécher les viandes en les exposant à la fumée.

BOUCANER. v. a. (R. *boucan*). Préparer, faire sécher de la viande ou du poisson, à la manière des sauvages de l'Amérique, en les exposant à la fumée. *B. de la viande. B. du poisson. B. des cuirs.* = BOUCANER. v. n. Aller à la chasse des bœufs sauvages ou autres bêtes, pour en avoir les cuirs. = BOUCANÉ, ÉE. part.

BOUCANIER. s. m. (R. *boucan*). Celui qui va à la chasse des bœufs sauvages. || Se disait particulièrement de certains pirates. || Espèce de gros et long fusil dont se servaient les boucaniers. Voy. FLIBUSTIER.

BOUCARO ou **BUCAROS**. s. m. T. Min. Terre odorante et rougeâtre dont on fait des vases à rafraîchir. Voy. ANGUB.

BOUCASSIN. s. m. (bas-lat. *boccasinus*, m. s.). Étoffe de coton dont on fait des doublures.

BOUCASSINÉ, ÉE. adj. Fait à la manière du boucassin.

BOUCAUT. s. m. (gr. βουχάλιον, vase?). Sorte de futaille grossièrement faite, qui sert à renfermer certaines marchandises sèches. *Un b. de sucre, de café, de tabac, de morue. Le poids du b. varie de 300 à 600 kilogrammes.* || Contenance d'une peau de bouc. || T. Mar. Entrée d'un port.

BOUCHAGE. s. m. T. Mét. Ce qui sert à boucher une ouverture. || Terre détrempée et pétrie, dont on se sert dans les forges pour la coulée. || Action de boucher.

BOUCHAIN, ch.-l. de c. (Nord), arr. de Valenciennes, 1,400 hab.

BOUCHARDE. s. f. Instrument garni d'acier en pointes de diamant, qui sert aux sculpteurs pour faire dans le marbre les ouvertures qui se feraient mal avec des outils tranchants. || Marteau à pointes des maçons.

BOUCHARDON, célèbre sculpteur français (1698-1762).

BOUCHARI. s. n. Un des noms vulgaires de la pie-grièche.

BOUCHE. s. f. (lat. *bucca*, m. s.). Partie du visage de l'homme qui sert à l'introduction des aliments et à l'émission de la voix. || Se dit aussi de la partie extérieure de la bouche. *Avoir la b. grande, petite, belle, vermeille.*

De la rose qui vient d'éclore,
Sa bouche a les vives couleurs. DE PEZAY.

Fam., *Faire la b. en cœur*, Donner à sa b. une forme affectée, mignarde. || Se dit de la b. considérée comme organe de la parole. *Les paroles qui sortaient de sa b. étaient recueillies avec soin. Dieu a parlé par la b. de ses prophètes. Que l'imposture ne souille point votre b. Il n'ouvrit pas la b. de toute la soirée. Rester b. close. Je laisse ce soin à une b. plus éloquente.* — *Le pape ouvre la b. aux cardinaux nouvellement créés*, se dit de la cérémonie que fait le pape pour autoriser les cardinaux à parler dans les consistoires. *Fermer la b.*, se dit aussi d'une cérémonie par laquelle le pape impose les doigts sur la b. d'un nouveau cardinal, pour l'avertir qu'il n'a point encore voix délibérative. || Fig., *Fermer la b. à quelqu'un*, Le faire taire en lui imposant silence, ou le réduire à ne savoir que répondre. *Cet argument lui a fermé la b.* — *Le respect me ferme la b.*, Il m'interdit de parler, de répondre. *Fermer la b. à la médisance, à la calomnie, aux médisants*, etc., Obliger les médisants, etc., à se taire. || *Être, rester b. béante*, Rester stupéfait sans pouvoir parler. Voy. BÉANT. *Avoir toujours quelque chose à la b.*, Le répéter, l'employer continuellement. *Il a sans cesse le blasphème à la b.* || Fig. et fam., *Faire la petite b.*, Faire le difficile, le dégoûté, le dédaigneux sur quelque chose. — On dit aussi, *Faire la petite b. de quelque chose, sur quelque chose*, Ne vouloir point s'expliquer complètement sur quelque chose, *Ne faire point la petite b. de quelque chose*, S'en expliquer librement et ouvertement. || *Dire quelque chose de b. à quelqu'un*, S'en expliquer de vive voix avec lui, le lui dire de vive voix. || Elliptiq., *B. close*, loc. dont on se sert pour indiquer qu'il faut garder le secret sur une chose. On dit de même, *B. cousue.* Fam. — *Aller, passer de b. en b.*, se dit de ce qui se transmet d'une personne à une autre par le moyen de la parole. *Cette nouvelle vola de b. en b.* — On dit, à peu près dans le même sens, *Cette nouvelle, son nom est dans toutes les bouches.* || Poét., *La déesse aux cent bouches*, La Renommée. || Prov., *C'est saint Jean b. d'or*, C'est un homme qui dit toujours sa pensée avec franchise et sans ménagement. || Fig. et fam. *Cet homme est fort en b.*, Il parle avec beaucoup de véhémence et de hardiesse. Peu usité. || Prov. et fam., *Il dit cela de b. mais le cœur n'y touche*, Il parle contre sa pensée. || T. Féod. On disait fig., *Il ne doit à son seigneur que la b. et les mains*, Il ne lui doit que la foi et l'hommage sans être tenu à aucune redevance. = Se dit de la b. considérée particulièrement comme destinée à recevoir et à goûter les aliments. *Avoir la b. pleine, vide. Porter quelque chose à sa b. Cela laisse à la b. un goût désagréable. Provisions, munitions de b.* || Fam., *Traiter quelqu'un à b. que veux-tu*, Lui faire très bonne chère. *Manger de la viande de broc en b.*, Aussitôt qu'on l'a tirée de la broche. || *Avoir la b. sèche, amère, mauvaise, pâteuse*, Y éprouver une sensation de sécheresse, d'amertume, etc. On dit de même, *Cela rend la b. sèche, amère*, etc. || *Faire bonne b.*, se dit de ce qui laisse un bon goût à la b. *Cette liqueur fait bonne b* — *Laisser quelqu'un sur la bonne b.*, Terminer le repas qu'on lui donne par quelque chose de très bon; et Fig., Le laisser avec quelque espérance flatteuse, ou avec quelque pensée agréable. — *Rester, demeurer sur la bonne b.*, signif. analogue. — Fam., au prop. et au fig., *Garder quelque chose pour la bonne b.*, Réserver pour la fin quelque chose de très bon. Ironiq. *Il la lui gardait pour la bonne b.*, se dit de celui qui ayant fait plusieurs tours à quelqu'un lui en fait un dernier pire que tous les autres. || Prov., *L'eau en vient à la b.*, Cela fait venir l'eau à la b., se dit, au prop., d'une chose agréable au goût et dont l'idée excite l'action des glandes salivaires, lorsqu'on y pense, ou qu'on en entend parler. Se dit aussi fig., de tout ce qui peut exciter les désirs. || Fig. *Prendre sur sa b.*, Pousser l'économie jusqu'à épargner sur la dépense de sa nourriture. || *S'ôter les morceaux de la b.*, Se priver du nécessaire pour secourir, pour obliger quelqu'un. Fam. — Fig. et pop., *Être sur sa b.*, Être sujet à la b. Être gourmand. || *La dépense de b.*, La dépense qu'on fait pour sa nourriture. *Avoir b. à cour*, ou *Avoir b. en cour*, Être nourri dans la maison d'un prince; se dit des officiers de la maison d'un prince lorsqu'ils ont droit de manger à quelqu'une des tables de la cour. — *Vin de la b.*, Vin destiné à être servi sur la table d'un prince. *B.* se dit des personnes mêmes, par rapport à la nourriture qu'elles consomment. *Dans la prévision d'un siège, on fit sortir les bouches inutiles*, Les personnes incapables de porter les armes. == *B.* se dit aussi en parlant des chevaux et de quelques autres bêtes de somme et de voiture. *La bouche d'un cheval, d'un mulet, d'un âne. Ce cheval a la b. bonne, fine, tendre, mauvaise, forte.* — *Ce cheval est fort en b., Il n'a point de b.,* Il n'obéit point au mors. *Il n'a ni b. ni éperon,* Il est fort en b. et dur à l'éperon. — Fig. et fam., *N'avoir ni b. ni éperon,* Être stupide et insensible, ne s'émouvoir de rien. ‖ Se dit en parlant de quelques autres animaux. *B. de saumon. La b. d'une grenouille.* == Par anal. et par exlens., s'emploie en parlant de plusieurs sortes d'ouvertures. *La b. d'un four, d'un puits, d'un volcan. La b. d'un canon, d'un mortier.* Les artilleurs disent plus ordinairement, *L'embouchure d'un canon, d'un mortier,* etc. — *Exposer une troupe à la b. du canon,* La placer fort près de l'artillerie ennemie. ‖ *B. à feu,* Arme non portative servant à lancer des projectiles de gros calibre. Voy. CANON. ‖ *B. de chaleur,* Ouverture pratiquée sur les côtés d'une cheminée ou d'un poêle, au moyen de laquelle la chaleur se communique dans l'appartement. ‖ Se dit encore, surtout au plur., des embouchures par où les grands fleuves se jettent dans la mer. *Les bouches du Nil, du Gange. Le département des Bouches-du-Rhône.* ‖ T. Icht., *B. en flûte,* Genre de poisson. Voy. AULOSTOME.

Anatomie. — Dans le langage ordinaire le mot *Bouche* sert à désigner l'orifice placé à la partie inférieure de la face, et qui sépare les deux lèvres l'une de l'autre. Pour l'anatomiste, la b. est la première partie du tube digestif, c.-à-d., une cavité située entre les deux mâchoires, et circonscrite : en haut, par la voûte palatine; en bas, par la langue; latéralement, par les joues; antérieurement, par les lèvres, les arcades dentaires et les dents; postérieurement, par le voile du palais et le pharynx. La forme de cette cavité, chez l'homme, est celle d'un ovale dont le grand axe est dirigé horizontalement. — La paroi supérieure appelée *palais,* ou, à cause de sa forme générale, *voûte palatine,* est constituée par les os maxillaires supérieurs et palatins, qui séparent la cavité buccale de la cavité des fosses nasales; elle est limitée en avant et sur les côtés par l'arcade dentaire supérieure, et en arrière par le voile du palais. La membrane muqueuse qui la tapisse est épaisse, blanchâtre, très adhérente et parsemée de glandes muciparos. La voûte palatine présente, sur la ligne médiane, et d'avant en arrière, une très légère saillie, indice de la réunion des deux moitiés latérales. La paroi inférieure est formée par la langue, qui remplit presque complètement la b. quand celle-ci est fermée. Les parois latérales sont formées par les joues : la *joue* est constituée par divers muscles et par une certaine quantité de tissu adipeux. Parmi les muscles de la joue, le principal est appelé muscle *buccinateur* : il occupe l'espace compris entre la mâchoire supérieure et l'inférieure, et il a été ainsi nommé parce que, lorsqu'on sonne de la trompette, en latin *buccina,* il forme en se gonflant une saillie considérable. L'orifice du *canal parotidien* qui verse dans la b. la salive sécrétée par la glande parotide, se trouve au niveau de la troisième molaire supérieure. En avant, la b. présente deux parois : l'une interne, constituée par les arcades dentaires et les dents; l'autre externe, formée par les *lèvres.* Ces dernières sont constituées par un muscle principal, le muscle orbiculaire labial, que plusieurs autres muscles viennent renforcer en mêlant leurs fibres avec les siennes. La muqueuse des lèvres recouvre les glandes salivaires linguales. La paroi postérieure est formée par le *voile du palais,* valvule musculo-membraneuse qui prolonge la voûte palatine et empêche la communication de la b. avec la cavité nasale. Le voile du palais, étendu d'abord horizontalement, se recourbe de haut en bas et un peu d'avant en arrière; mais il peut prendre la position horizontale : il permet alors aux aliments de passer dans le pharynx, et leur interdit en même temps l'entrée des fosses nasales. Son bord supérieur est fixe; son bord inférieur est libre et présente au milieu un appendice en forme de languette qu'on nomme *luette.* De chaque côté du voile du palais descendent deux colonnes qui vont s'insérer, l'antérieure sur les côtés de la langue, la postérieure sur le pharynx : ce sont les piliers du voile du palais. Entre les deux piliers de chaque côté, se trouve une glande nommée *amygdale.* Les piliers postérieurs circonscrivent un espace irrégulièrement quadrilatère qui est appelé *isthme du gosier,* et qui joue un rôle important dans l'acte de la déglutition. — L'isthme du gosier donne entrée dans le *gosier,* appelé aussi *Arrière-bouche* et *Pharynx.* Ce dernier est un canal musculo-membraneux en forme d'entonnoir, situé au-devant de la colonne vertébrale. Il est séparé de la b. elle-même par le voile du palais, et se prolonge inférieurement jusqu'à l'œso-

phage; il sert d'origine commune aux voies respiratoires et aux voies digestives. La muqueuse qui le tapisse se continue, d'une part, avec celle de la bouche et de la cavité nasale, et de l'autre, avec celle de l'œsophage et du larynx.

Chez l'enfant, la cavité de la b. est proportionnellement plus courte et plus large que chez l'adulte; mais elle s'allonge successivement jusqu'à l'âge d'environ vingt ans, où les dernières dents, par leur sortie, terminent l'allongement des arcades dentaires, et, par conséquent, de la b. même. Sa hauteur diminue dans la vieillesse par la chute des dents. Les différences que la b. présente dans les diverses races sont surtout relatives aux mâchoires, aux dents et aux lèvres — A l'exception de quelques infusoires, dépourvus de cavité intérieure pour la nutrition, tous les animaux ont un ou plusieurs orifices pour l'entrée et la sortie des substances alimentaires. Certains zoophytes, cependant, sont pourvus d'une ouverture unique qui remplit l'office de b. et d'anus; tous les autres animaux ont une b. distincte. Parmi les articulés, les uns ont pour orifice de leurs voies digestives ou un simple tube, ou une langue canaliculée, ou une trompe, ou un rostre; les autres ont des mandibules et des mâchoires, mais ces parties sont latérales. Dans les mollusques la b. a aussi des formes très diverses, suivant le genre d'aliments dont ils font usage. Dans les vertébrés, l'ouverture de la b. est transversale, et résulte toujours du mouvement de la mâchoire inférieure seule, ou pour la plus grande partie.

La b. a plusieurs fonctions. Pour la digestion, les lèvres sont les organes de préhension, fonction plus marquée dans les individus privés de mains. Les dents, les mâchoires et leurs muscles sont les organes de la mastication. C'est encore dans la b. que les aliments sont imprégnés par la salive; elle est le siège de la gustation; ses parois mobiles opèrent aussi une partie de la déglutition. Pour la respiration, elle peut, comme le nez, donner passage à l'air. Le vomissement, l'expectoration, l'excrétion des crachats gutturaux et celle de la salive, quand elle a lieu, se font par la b. Enfin, la voix se modifie en traversant cette cavité pour produire les voyelles; elle est articulée par les mouvements de ses parois pour la production des consonnes.

La b. est quelquefois dans un état imparfait de développement; ainsi la lèvre supérieure et la voûte palatine peuvent être divisées. Voy. BEC DE LIÈVRE. D'autres fois l'ouverture des lèvres est close, ou même la b. manque plus ou moins complètement. Cette cavité est encore le siège d'affections accidentelles nombreuses, telles qu'inflammations, ulcérations, gangrène, cancer, etc. Son état fournit aussi au médecin un grand nombre de signes fort importants pour le diagnostic des maladies, et surtout de celles qui affectent les voies digestives. Voy. AMYGDALE, DENT, SALIVE, APHTE, MUGUET, STOMATITE, etc.

BOUCHÉE. s. f. (R. *bouche*). Morceau de quelque aliment solide qu'on met dans la bouche en une seule fois. *Une b. de pain, de viande.* ‖ Fig. et fam., *Ne faire qu'une b. de quelque mets,* Le manger avidement et promptement. On dit encore, *Il n'en ferait qu'une b.,* pour exprimer la facilité avec laquelle un homme grand et fort triompherait, dans un combat, d'un adversaire beaucoup plus faible que lui.

BOUCHELLE. s. f. T. Pêche. Entrée de la tour de la bourdigue.

BOUCHEMENT. s. m. T. Archit. Action de boucher une ouverture.

BOUCHE-NEZ. s. m. Ce qui sert à garantir des mauvaises odeurs.

BOUCHER. v. a. (vx fr. *bouche,* faisceau de paille, de branchage, du vieil all. *busch,* buisson. On a aussi indiqué *bouc*[1] dans le sens actuel, mais cette étymologie soulève de graves objections. Fermer une ouverture. *B. un trou. B. un tonneau, une bouteille. Se b. le nez, les oreilles, les yeux. ‖ B. un chemin, un passage, une avenue,* Empêcher par quelque obstacle qu'on n'y puisse passer. ‖ *B. les vues d'une maison,* Murer celles de ses fenêtres qui ont vue sur une propriété voisine, contrairement à la coutume, à la loi ou à quelque convention. *Il a été forcé de b. ses vues.* — *B. la vue d'un objet,* Empêcher de l'apercevoir. *Ce bâtiment bouche la vue du jardin.* ‖ Fig., *Se b. les yeux, les oreilles,* Ne vouloir ni voir ni écouter. ‖ Fig. et fam., *B. un trou,* se dit d'une somme d'argent qui sert à payer quelque dette ou à dédommager d'une perte. == SE BOUCHER,

v. pron. Se former, s'obstruer. *Le conduit de la fontaine s'est bouché.* = Bouché, ée. part. ‖ Fig. et fam., *Avoir l'esprit bouché, être bouché,* Ne pouvoir comprendre les choses les plus simples, avoir peu d'intelligence. ‖ Adject., *Sons bouchés,* Sons tirés d'un cor dont on bouche le pavillon avec la main. Voy. Con.

BOUCHER. s. m. (R. *bouc;* prim. le tueur de boucs). Celui qui tue le gros et le menu bétail, et celui qui vend la chair crue en détail. ‖ Fig., *C'est un b., un vrai b.,* se dit d'un homme cruel et sanguinaire, et d'un chirurgien peu habile ou qui opère sans nécessité.

BOUCHER (François), peintre (1703-1770), chef de l'école française du XVIIIe siècle.

BOUCHER DE PERTHES (Jacques Boucher de Crève-cœur de Perthes), naturaliste français, né à Rethel, auteur de nombreux travaux sur l'époque préhistorique, découvrit une mâchoire humaine qui mit hors de doute l'existence de l'homme à l'époque quaternaire. Il fut aussi un littérateur de talent, remarquable par un genre d'esprit peu commun chez les écrivains français et qui rappelle *l'humour* des Anglais (1788-1868).

BOUCHERAIE. s. f. Un des noms vulgaires de l'engoulevent.

BOUCHÈRE. s. f. Celle qui vend de la viande crue en détail, ou la femme d'un boucher.

BOUCHERIE. s. f. (R. *boucher,* s.). L'endroit où l'on tue le gros et le menu bétail; l'endroit où l'on vend la chair en détail. *Conduire un bœuf à la b. Viande de b.* — Prov., *Il n'a pas plus de crédit qu'un chien à la b.,* Il n'a aucun crédit, il ne peut rien dans cette affaire. ‖ Fig., Tuerie, massacre, carnage. *Ce ne fut pas un combat, ce fut une b.* — *Mener des soldats à la b.,* Les exposer à une mort certaine.

A Rome, on distinguait comme chez nous la *Boucherie,* c.-à-d. le lieu où l'on abattait les bestiaux, et l'*Étal,* c.-à-d. le lieu où se vendaient les viandes dépecées. Les bouchers de Rome étaient constitués en corporation, et, lorsque la Gaule conquise imita toutes les institutions romaines, l'industrie si importante de la b. s'organisa dans les villes gauloises comme elle l'était dans la capitale du monde. C'est ainsi qu'à Paris on trouve la corporation des bouchers établie de temps immémorial, avec son privilège exclusif de vente, et l'obligation de n'admettre aucun étranger dans son sein. De même que Rome, Paris n'eut d'abord qu'une seule b., établie au parvis Notre-Dame et transférée plus tard près du Châtelet, dans le quartier où s'élève encore aujourd'hui la tour de Saint-Jacques-la-Boucherie. C'est là que fut fondé le vaste bâtiment appelé la *Grande-Boucherie.* L'autorisation donnée par Philippe le Hardi aux Templiers d'établir une b. près de leur forteresse, ne porta pas d'atteinte sérieuse au monopole dont jouissait la communauté de la Grande-Boucherie. Mais, en 1587, Henri III réunit tous les bouchers de la ville en une seule corporation et leur donna de nouveaux statuts. La corporation subsista presque sans aucun changement jusqu'à la Révolution. A ce moment, elle comptait 307 étaux environ. Elle fut supprimée, comme toutes les autres corporations, par la loi du 17 mars 1791 qui proclama la liberté de toutes les industries; mais bientôt des abus nombreux se glissèrent dans le commerce de la b. et se firent chaque jour plus vives. Alors, au lieu de se borner à surveiller la b., dans l'intérêt de la salubrité et de l'hygiène publiques, on trouva plus simple et plus expéditif de rétablir l'antique corporation. Nul ne put exercer l'état de boucher sans l'autorisation du préfet de police (arrêté de police du 9 germ. an VIII) et sans avoir versé un cautionnement de 1,000 à 3,000 francs (décret du 8 vendém. an IX). Enfin, un autre décret du 8 février 1811 réduisit à 300 le nombre des bouchers. A cette époque, on commença à construire de magnifiques *abattoirs,* et bientôt il fut interdit aux bouchers d'abattre et de dépecer les bestiaux dans leurs établissements. Cette excellente mesure fut suivie, quelques années après, 12 janvier 1825, d'une ordonnance non moins sage, qui supprimait la limitation du nombre des bouchers. Malheureusement, quatre années ne s'étaient pas écoulées qu'une nouvelle ordonnance (18 oct. 1829) remettait les choses sur l'ancien pied en limitant à 400 le nombre des bouchers de Paris, et le 25 mars 1830, paraissait une seconde ordonnance

conçue dans le même esprit, pour la réglementation du commerce de la b. Enfin, le décret du 24 février 1858 a rendu complètement libre l'industrie de la b. et supprimé la taxe de la viande. L'expérience a montré que ni la santé publique ni l'approvisionnement des grandes villes n'ont eu à souffrir de l'exercice de cette liberté. — Avant la Révolution de 1789, la corporation des bouchers de Paris possédait à Poissy, où se tient le principal marché de bestiaux pour l'approvisionnement de la capitale, une caisse commune appelée *Caisse de Poissy.* Cette caisse, supprimée un instant pendant la Révolution, fut réorganisée en 1811. Elle était administrée par la ville de Paris, et constituée par les fonds de cautionnement versés par les bouchers, et elle avait pour effet de faciliter les transactions entre ces derniers et les producteurs de bestiaux. C'est par son intermédiaire obligé que ceux-ci étaient payés, et elle garantissait les achats à crédit des premiers jusqu'à concurrence de leur cautionnement. La Caisse de Poissy a été supprimée par le décret de 1858. — Cependant ce décret n'a pas désarmé l'autorité, qui s'est réservé le droit d'assurer la fidélité du débit et surtout la salubrité des viandes mises en vente. Plusieurs lois et ordonnances de police dont nous ne pouvons donner le détail ont été promulguées récemment pour régler cette importante question de la salubrité des viandes : elles visent surtout la vente et l'abatage des animaux malades.

BOUCHES-DU-RHÔNE (Dép. des), formé d'une partie de la Provence et du Comtat Venaissin. Ainsi nommé à cause du Rhône qui s'y jette dans la Méditerranée par plusieurs embouchures. 631,000 hab., ch.-l. *Marseille;* 2 autres arr. : *Aix* et *Arles.*

BOUCHET. s. m. Espèce de boisson faite d'eau, de sucre et de cannelle.

BOUCHETON (A). loc. adv. (R. *bouche*). T. Mét. Quand les pièces de faïence creuse, comme les saladiers, sont placées dans le four, on les met l'une sur l'autre par leurs bords, ce qu'on appelle les poser *à boucheton.*

BOUCHE-TROU. s. m. Personne ou objet qui ne sert qu'à combler une place vide.

BOUCHETURE. s. f. (R. *boucher*). Ce qui sert à fermer un pré, une terre labourable.

BOUCHEUR. adj. m. (R. *boucher*). Qui bouche. ‖ s. m. Ouvrier qui, dans les verreries, fait les bouchons de carafe ou de flacon.

BOUCHIR, v. de Perse, sur le golfe Persique, 28,000 hab.

BOUCHOIR. s. m. (R. *boucher*). Grande plaque de fer qui sert à fermer la bouche d'un four.

BOUCHON. s. m. (même origine que *boucher,* v. a.; probabl. de l'all. *busch,* buisson, bouchon de paille ou de fagots). Ce qui sert à boucher l'ouverture d'un vase et plus particulièrement d'une bouteille. *B. de liège, de cristal. Enfoncer un b.* — *Faire sauter le b.,* Faire partir avec bruit le b. d'une bouteille pleine d'un vin fumeux, tel que le champagne mousseux. ‖ *B. de paille, de foin,* Poignée de paille ou de foin tortillé. *Frotter un cheval avec un b. de paille.* — *B. de linge,* Paquet de linge tortillé. *Mettre du linge en b.,* Le chiffonner et le mettre tout en un tas. ‖ Rameau de verdure, ou tout autre signe extérieur qu'on attache à une maison pour faire connaître qu'on y vend à boire. *Un b. de cabaret.* — Par exl., Le cabaret même. *Il n'y a dans ce village qu'un mauvais b.* ‖ Pièce de cuivre servant d'aboutoirs, qui bouche le trou d'un évier. ‖ T. Pêc. Morceau de liège destiné à soutenir une partie de la ligne hors de l'eau, et à avertir quand le poisson mord. ‖ T. Artill. Tampon cylindrique que l'on place par-dessus la gargousse dans le chargement des canons.

BOUCHONNEMENT. s. m. [Pr. *bouchoneman*] (R. *bouchonner*). Action de passer sur le corps des animaux un bouchon de paille, une brosse, ou tout autre corps sec.

BOUCHONNER. v. a. [Pr. *bouchoner*] (R. *bouchon*). Mettre en bouchon, chiffonner. *B. du linge.* ‖ *B. un cheval,* Frotter un cheval avec un bouchon de paille. ‖ Fam., Cajoler, caresser. Vx et ne se dit guère qu'en parlant des enfants. *B. un enfant.* = Bouchonné, ée. part.

BOUCHONNEUX, EUSE. adj. [Pr. *bouchoneu*] (R. *bouchon*). *Soie bouchonneuse*, Soie grossière, qui a des bouchons.

BOUCHONNIER. s. m. [Pr. *bouchonié*] (R. *bouchon*). Celui qui fait ou qui vend des bouchons de liège, soit pour les bouteilles, soit pour d'autres sortes de vases.

BOUCHOT. s. m. (peut-être de *bouche*, à cause de l'ouverture).T. Pêche. Espèce d'étang, de parc, creusé au bord de la mer, où l'on fait entrer une certaine quantité d'eau douce, et dans lequel on met les moules au sortir de la mer, pour les faire multiplier et leur donner une meilleure qualité.

BOUCHOTEUR. s. m. Celui qui dirige un bouchot, ou parc à moules.

BOUCHOTTE, ministre de la guerre sous la Convention, de 1793 à 1794.

BOUCHURE. s. f. (R. *boucher*, v. a.). T. Campagne. Haie vive.

BOUCICAUT (JEAN LE MAINGRE, sire DE), maréchal de France, se distingua à la bataille de Rosbecque, fit une campagne contre les Turcs, fut pris à Azincourt et mourut en Angleterre (1364-1421).

BOUCICAUT (JACQUES-ARISTIDE), négociant et philanthrope français, fonda le grand magasin du Bon Marché, qui constitua une véritable révolution dans le commerce de la nouveauté (1810-1877). Sa femme (1816-1887) le seconda puissamment dans son œuvre.

BOUCIROLLE. s. f. Un des noms vulgaires d'une espèce de bécassine.

BOUCLE. s. f. (lat. *buccula*, joue). Sorte d'anneau de forme variable, qui est muni d'une ou plusieurs pointes mobiles fixées sur un axe, et qui sert à tendre à volonté une ceinture, une courroie, une sangle, etc. *Une b. de ceinture, de sangle. Des boucles de souliers. B. d'argent, d'acier, de cuivre. B. ronde, carrée, ovale. L'ardillon, les ardillons d'une b.* || Espèce d'anneau que les femmes portent à leurs oreilles comme ornement. *Des boucles d'oreilles, des boucles de diamant.* || T. Mar. Gros anneau de fer où l'on attache un câble, un cordage. || Fig., se dit des anneaux que forment les cheveux, soit naturellement, soit par la frisure. *Une b. de cheveux. Ses cheveux lui tombaient en boucles sur les épaules.* || T. Archit. Petit cercle en forme d'anneau qui sert d'ornement à une moulure ronde. || T. Agric. Sorte de pioche à large fer et à manche très court || Art vét. Anneau mis à la vulve d'une jument pour empêcher qu'elle ne soit saillie.

L'usage des boucles était aussi répandu dans l'antiquité que de nos jours. Elles présentaient les mêmes variétés de forme et avaient des destinations non moins diverses. Celles qui servaient à la toilette des femmes en particulier étaient sou-

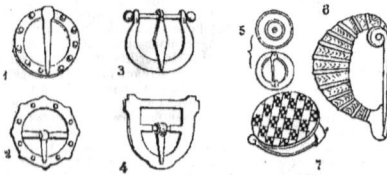

vent très élégantes, artistement travaillées et enrichies de pierres précieuses. Les figures 1, 2, 3 et 4 représentent des boucles de bronze destinées à des usages vulgaires; les figures 5, 6 et 7 représentent des boucles d'or pour maintenir ou pour orner des ajustements féminins. Ces dernières ont précisément la forme du bijou qui est aujourd'hui désigné sous le nom de *Broche*. Les Romains appelaient cette sorte d'anneau *fibula*, les Grecs le nommaient περόνη, πόρπη et ἐνετή.

Les *Boucles d'oreilles* ne sont pas moins anciennes. Il est en effet question de ce genre d'ornement dans les livres

de l'antiquité la plus reculée; il est figuré sur les monuments les plus anciens; enfin on le retrouve chez presque tous les peuples sauvages. Nous voyons Éliézer donner à Rébecca des boucles d'oreilles et des bracelets (Genèse, XXV, 22). Homère mentionne les boucles d'oreilles de Junon (*Iliade*, XIV, 182). Les Grecs donnaient à cet ornement les noms d'ἐνώτιον et ἐλλόβιον; les Romains l'appelaient *inauris*. Chez les peuples de l'Asie, particulièrement chez les Lydiens, les Perses et les Babyloniens, les individus des deux sexes portaient des boucles d'oreilles. Il en était de même chez les Lybiens et chez les Carthaginois. Chez les Grecs et chez les Romains, au

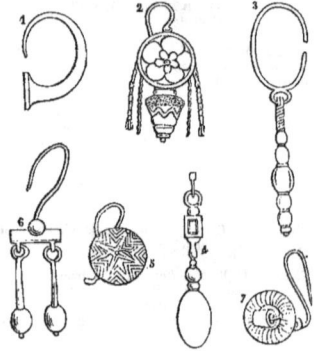

contraire, elles étaient à l'usage exclusif des femmes. Cet ornement se composait en général d'un anneau ou d'un crochet, et d'une pendeloque (*stalagmia*). Habituellement l'anneau était d'or; parfois cependant il était de bronze. Les pendants étaient d'or et finement travaillés, ou bien ils étaient ornés de perles ou de pierres précieuses. Pline l'Ancien nous apprend que les pendants d'oreilles étaient la partie la plus coûteuse de l'ajustement des dames romaines, et Sénèque nous dit que souvent une paire de boucles d'oreilles valait un riche patrimoine. Dans les familles opulentes, il y avait une esclave appelée *Auriculæ ornatrix*, qui était chargée du soin spécial des boucles d'oreilles. — La Vénus de Médicis et d'autres statues qui représentent des femmes ont les oreilles percées. Ce qui prouve que jadis elles étaient ornées de pendants d'oreilles. (Fig. 1 à 7. Boucles d'oreilles antiques.)

BOUCLEMENT. s. m. T. Vét. Action de boucler un animal pour empêcher la génération.

BOUCLER. v. a. Mettre une boucle, attacher, serrer avec une boucle. *B. sa ceinture, ses souliers, ses jarretières. B. un portemanteau,* Le fermer au moyen de boucles. — *Fig., B. un port,* En fermer l'entrée. Anc. || Fermer, clore, terminer. *B. un compte, b. le budget.* || Faire prendre à des cheveux la forme de boucles, mettre des cheveux en boucles. *B. des cheveux, une perruque. B. un enfant.* = Se BOUCLER, v. pron. B. ses cheveux. Elle passe chaque jour une heure à se b. = BOUCLER. v. n. S'emploie dans le même sens. *Ses cheveux bouclent naturellement.* || T. Maçon. *Ce mur boucle,* Ses parements s'écartent, faute de liaison suffisante dans la construction. = BOUCLÉ, ÉE. part. *Des souliers bouclés. Des cheveux bouclés.* || Adjectiv., *Raie bouclée,* Raie dont la peau est hérissée d'aiguillons ou de pointes. Voy. RAIE.

BOUCLERIE. s. f. (R. *boucle*). Fabrication des boucles et des anneaux de fer.

BOUCLETEAU. s. m. (R. *boucle*). Lanière de cuir reployée sur elle-même, qui retient une boucle.

BOUCLETTE. s. f. (Dimin. de *boucle*). Petite boucle ou petit anneau.

BOUCLIER. s. m. (bas-lat. *buccularius*, bombé. On disait *clypeus buccularius*, écu bouclier, puis bouclier). Arme défensive que les anciens portaient au bras gauche, et dont ils se servaient pour se couvrir le corps. *Se couvrir de son b. Parer du b.* || *Levée de boucliers*, Démonstration par laquelle les soldats romains témoignaient de leur résistance aux volontés de leur général. — Fig., Opposition ou attaque contre une personne, contre un corps, faite avec éclat et sans succès. *Cette levée de boucliers ne lui a pas réussi.* || Par métaph., *Faire un b. de son corps à quelqu'un*, Se placer au-devant de quelqu'un pour le mettre à l'abri des coups qu'on lui porte. — Fig. et au sens moral, se dit des choses et même des personnes qui sont comme une sauvegarde, une protection, une défense. *Son âge lui sert de b. Il se fait un b. de la faveur dont il jouit. Ce général est le b. de l'État. Ce prélat est le b. de la foi, le b. de la religion.*

Fig. 1.

[T. Entom. Pièce du corselet des insectes qui en constitue la partie supérieure. || Genre d'insectes coléoptères pentamères. Voy. CLAVICORNES.

Hist. — Parmi les armes défensives, le *b.* est certainement la plus ancienne, et celle dont l'invention a dû coûter le moins d'efforts, car les voyageurs modernes l'ont trouvée en usage chez diverses peuplades de l'Amérique et de l'Océanie. Le b. a varié de forme et de grandeur, selon le temps et les lieux. Chez les Grecs et chez les Romains, le b. primitif paraît avoir été de forme ronde : les premiers l'appelaient ἀσπίς, et les seconds *clypeus* (Fig. 1. Guerrier grec portant l'*ospis*). Cependant le *clypeus* est habituellement représenté, dans les sculptures romaines sous une forme ovale et oblongue; de là une distinction essentielle entre le *clypeus* proprement dit et le *clypeus argolicus*. Le b. était assez grand pour couvrir le corps tout entier; on lui appliquait alors les épithètes d'ἀμφιϐρότα et de ποδηνεκής. Dans le principe il était fait d'osier tressé (ἰτέα) ou de quelque bois léger, mais recouvert avec plusieurs épaisseurs de cuir de bœuf (βοέα). En outre, une bordure de métal appelée ἄντυξ, περιφάρεια ou κύκλος,

Fig. 2.

en renforçait le pourtour. Le centre de cette arme présentait souvent une saillie nommée *ombilic*, en grec ὀμφάλος ou

μεσομφάλιον, et en latin *umbo*, qui avait pour effet de faire dévier les traits lancés par l'ennemi (Fig. 2. Soldat romain armé du *clypeus*, d'après un bas-relief de la colonne Trajane). Parfois cette saillie était allongée et aiguë (ἐπομφάλιον), de façon que le b. pouvait servir, jusqu'à un certain point, d'arme offensive.

Dans les temps homériques, les Grecs se servaient d'un baudrier pour soutenir le b.; mais les inconvénients du bau-

Fig. 3.

drier y firent bientôt renoncer. A sa place, on adopta la méthode suivante : on fixa au côté interne du b. une bande de métal, de bois ou de cuivre, appelée κανών, qui le traversait comme le diamètre d'un cercle, et qui était elle-même croisée par de petites barres de fer, de manière à figurer à peu près un X. Cet appareil, dont Hérodote attribue l'invention aux Cariens, était appelé ὄχανον ou ὄχανη. Au pourtour intérieur du b. courait une lanière de cuir (πόρπαξ) arrêtée de distance en distance par des clous et formant ainsi une série d'anses. La Fig. 3, prise d'un vase de terre cuite d'une très haute antiquité, représente cette ma-

Fig. 4.

nière particulière de porter le b. Plus tard, on fixa simplement deux anses à l'intérieur

Fig. 5.

Fig. 6.

du b.; le soldat passait le bras gauche dans l'une et saisissait l'autre avec la main (Fig. 4). — Certains peuples helléniques se servaient d'un grand bouclier oblong et convexe nommé θυρεός, à cause de sa ressemblance avec une porte (θύρα). Enfin, on appelait *B. béotien* un b. ovale échancré sur chacun de ses grands côtés (Fig. 5). Ces boucliers volumineux et lourds n'étaient d'usage que pour les *Hoplites* ou soldats pesamment armés.

Chez les Romains, l'infanterie pesamment armée portait un b. qui avait la figure d'un carré long, et qui était convexe extérieurement, de façon que sa concavité s'adaptait assez bien à la forme même du corps, ainsi qu'on le voit dans la Fig. 6, copiée d'après un bas-relief antique. Lorsque les armées romaines commencèrent à être soldées, le *scutum* fut tout à fait substitué au *clypeus*. La forme du *scutum* avait sur tout autre cet avantage que, en cas de besoin, les soldats, par une manœuvre facile, pouvaient, en élevant leurs boucliers au-dessus de leurs têtes, former une espèce de toit au-dessous duquel ils se trouvaient à l'abri des projectiles ennemis. D'après Polybe, le *scutum* était en général long de 1ᵐ.48 et large de 74 centim.; il était fait de deux planches collées l'une sur l'autre et recouvertes d'une toile, puis d'une peau de veau. Les bords étaient garnis de fer pour recevoir les coups de taille et empêcher qu'ils ne se pourrissent contre terre; une plaque de fer renforçait la partie convexe. Pour que les soldats pussent se reconnaître dans la mêlée, les boucliers étaient peints en rouge, en blanc, etc., selon les cohortes. On y inscrivait aussi le nom du soldat auquel il appartenait, le numéro de la cohorte et de la compagnie.

Dans l'armée romaine, les *vélites* portaient un b. rond qui avait un diamètre de près de 1 mètre, et qui était plus léger que le *clypeus* et le *scutum*; on l'appelait *parma* et *parmula* quand il était plus petit. La cavalerie était aussi armée de cette espèce de b. Les nations barbares avaient des boucliers de formes très diverses et en général très légers. Les *Mosynæces*, qui habitaient sur la côte méridionale du Pont-Euxin, étaient armés de boucliers appelés γέρρα, et faits de cuir de bœuf blanc avec le poil à l'extérieur; leur forme était celle d'une feuille de lierre. Un b. léger, construit de

Fig. 7.

la même manière, faisait aussi partie de l'armure nationale des Thraces et des peuples de différentes contrées de l'Asie. Les poètes représentent les Amazones armées d'un léger b. échancré sur l'un des côtés (*lunata pelta*), ou de la forme que représente la Fig. 7, prise d'une urne antique du Musée Capitolin, à Rome. La *cetra*, en usage dans l'occident de l'Europe et en Afrique, était une sorte de pelta : c'était aussi un petit b. rond couvert d'une

peau d'animal. Elle faisait partie de l'armure des Osques, ainsi que des habitants de l'Espagne et de la Mauritanie. Chez ces derniers, elle était quelquefois faite de peau d'éléphant. Il paraît aussi, d'après Tacite, que la *cetra* était également le b. des Bretons : il est donc vraisemblable que la *targe* des Highlanders écossais n'est autre que la *cetra* des anciens habitants de la Bretagne.

Dès la plus haute antiquité, les boucliers des chefs étaient fréquemment ornés de figures empruntées à la nature, d'emblèmes de divers genres, ou même de scènes très variées. Tout le monde connaît la description que fait Eschyle des boucliers que portaient les sept chefs devant Thèbes, celle du b. d'Achille par Homère, et celle du b. d'Hercule par Hésiode. Ils étaient parfois recouverts d'une lame d'argent ou d'or. Enfin, Properce nous apprend qu'on les enrichissait même de pierres précieuses.

Chez les Grecs, il était d'usage, à la fin d'une guerre, de suspendre les boucliers dans les temples; mais, pour qu'ils ne pussent être enlevés, en cas de mouvement populaire, on en détachait les anses (πορπάκες) : ils étaient ainsi hors de service. Après une victoire, les Grecs consacraient aussi aux dieux des *Boucliers votifs*. Cet usage passa de la Grèce en Italie. Lorsque T. Quintius eut vaincu Philippe, roi de Macédoine, il déposa dans le temple de Jupiter Capitolin dix boucliers d'argent et un d'or massif qui faisaient partie du butin. L'usage s'établit même, à Rome, de consacrer des boucliers aux grands hommes de la République. Parmi ces boucliers votifs, plusieurs étaient des chefs-d'œuvre de l'art du ciseleur. — En Grèce, comme à Rome, l'honneur militaire était attaché à la conservation du b. A Sparte surtout, le soldat qui revenait du combat sans son b. se souillait d'un opprobre indélébile, et son infamie rejaillissait sur toute sa famille. Aussi, les mères spartiates disaient-elles à leurs fils partant pour la guerre, en leur remettant le b. : « Reviens dessus ou dessous », c.-à-d. protégé par lui ou mort, rapporté dessus. Plutarque nous raconte que le poète Archiloque, de Paros, fut banni pour avoir, dans une de ses épigrammes, plaisanté

sur la perte de son b. On voit, par un passage d'Horace, que ce sentiment subsistait encore à Rome au commencement de l'empire. Il avait, à la bataille de Philippes, jeté son b. pour mieux courir, et il avoue que cette action n'était pas fort honorable (*relictâ non bene parmulâ*).

Le *B. gaulois* était long, étroit et de dimensions si considérables qu'il couvrait l'homme presque en entier et qu'on pouvait, au besoin, s'en servir comme d'une nacelle pour passer les rivières. On le faisait d'osier ou de bois recouvert de cuir. On le peignait de dessins variés : têtes d'animaux, fleurons, soleils. Les écrivains romains rapportent que le sujet représentait quelquefois Brennus jetant son épée dans

Fig. 8.

la balance. Le *B. franc* présentait les mêmes caractères. Un passage de Grégoire de Tours nous apprend que les soldats de Sigebert, défaits devant Arles, se sauvèrent en passant le Rhône à l'aide de leurs boucliers. Au IXᵉ siècle, le *B. normand* ou *targe* remplaça le *B. franc*. Il était arrondi au coupé horizontalement par le haut et pointu par le bas (Fig. 8. Guillaume le Conquérant et son b., ainsi représentés sur le sceau de ce prince). Souvent le b. était concave en

Fig. 9.

dedans (Fig. 9. Chevalier d'après une miniature du psautier de Louis le Gros). Ce genre de b. domina jusqu'à l'époque de Philippe-Auguste, où l'infanterie commença à faire usage du b. rond, nommé *Rondache*. Les deux armes restèrent simultanément en usage durant tout le cours du moyen âge, mais ne sans subir à plusieurs reprises diverses modifications dans leur grandeur et dans leur forme. La rondache était en général de dimensions plus considérables que le b. du cavalier; dans le principe, cependant, elle était presque plane et large tout au plus de 65 centim. Dans la suite on lui donna une forme convexe; quelquefois même, mais rarement, on la fit concave du côté de l'ennemi. Le b. du cavalier diminua de longueur, et en même temps son bord supérieur fut coupé horizontalement ou entaillé de façon à présenter deux échancrures peu profondes : néanmoins on le termina toujours en pointe inférieurement. Ainsi modifié, le b. du cavalier reçut le nom d'*Écu*, dérivé du latin *scutum*. Dans les marches, le fantassin portait son b. suspendu au côté gauche au moyen d'une espèce de baudrier. Celui du cavalier se portait de la même manière; cependant on le suspendait quelquefois à l'arçon de la selle. Dans les derniers temps où cette arme fut en usage, on diminua les dimensions de la rondache, et ce nouveau b. servit à armer indistinctement les cavaliers et les fantassins.

Outre le b. ordinaire, ces derniers avaient pendant les sièges des boucliers de grandes dimensions qu'on nommait *Pavois*, et ceux qui les portaient étaient appelés *Paveschiés* ou *Pavésiés*. Ces grands boucliers avaient la forme d'un rectangle; ils étaient solidement construits, et leur partie inférieure se terminait par une pointe qui servait à les planter dans la terre. Pendant que des soldats les maintenaient dans une position bien verticale, les archers et les arbalétriers pouvaient, grâce à l'abri qu'ils leur fournissaient, éloigner à coups de traits les défenseurs des murailles et permettre aux mineurs d'exécuter, sans crainte d'être inquiétés, les travaux de sape.

Les boucliers du moyen âge étaient ordinairement de bois recouvert de peau, de cuir bouilli ou de plaques de fer. On les

Fig. 10.

faisait quelquefois aussi entièrement de métal. L'écu des chevaliers était peint aux armes de son propriétaire. C'est l'*écu peint à fleurs* dont il est parlé dans la *Chanson de Roland*, l'*écu bleu, blanc et vermeil*. Il était énorme, de façon à couvrir presque tout le cavalier et portait à son centre une pointe, souvent dorée, dont à l'occasion on pouvait frapper l'adversaire. Quand il était de métal, la ceinture était souvent chargée pour l'enrichir de ses plus délicates arabesques. Parmi les boucliers les plus remarquables de cette dernière classe, nous citerons le *B.* dit *de la découverte de l'Amérique*, magnifique travail du XVIe siècle, qui fait partie de l'*Armeria real de Madrid*. — La Fig. 10 représente un très beau b. italien en fer repoussé du XVe siècle.

Le b. paraît avoir disparu des armées d'Europe dans le courant du XVIe siècle. Pour ce qui parle de la France, on n'en trouve pas de traces après le siège de Saint-Jean-d'Angély, en 1621. Mais il est encore en usage en Chine, en Perse, en Tartarie et chez toutes les peuplades sauvages de l'Océanie.

BOUCON. s. m. (ital. *boccone*, bouchée). Mets ou breuvage empoisonné. *Donner le b. à quelqu'un. Prendre le b.* Peu us.

BOUDDHA (mot sanscrit signif. *le savant*), personnage indien, dont le vrai nom était Çakya-Mouni (VIe siècle avant J.-C.), fondateur du *bouddhisme*. Voy. ce mot.

BOUDDHIQUE. adj. 2 g. Qui appartient au bouddhisme.

BOUDDHISME. s. m. T. Hist. relig. — Le *Bouddhisme*, ainsi appelé du surnom de *Bouddha* donné à son fondateur, est à la fois une doctrine philosophique et un système religieux, tous deux issus du brahmanisme indien.

Hist. relig. — Suivant les traditions et les légendes qui ont cours parmi les nations de l'Asie orientale, le fondateur du bouddhisme est descendu du séjour céleste dans le sein de Maya-Devi, femme de Çouddhodana, roi du Magadha, qui forme aujourd'hui la partie méridionale de la province de Behar, dans le nord de l'Hindoustan. Il appartenait à la famille *Çakya*, l'une des plus illustres de la caste des brahmes. Sa mère mourut sept jours après sa naissance. Les savants et les rois du pays, connaissant ses hautes destinées, s'empressèrent de venir saluer son berceau. Dès son enfance, Siddartha (c'était son nom) se fit remarquer par son savoir et par ses vertus : aussi était-il l'objet de l'admiration du peuple, quand, assis sous un figuier, il lui donnait la nourriture intellectuelle. Mais bientôt, touché de compassion à la vue des misères du peuple opprimé par les castes supérieures, il renonça aux grandeurs qui l'attendaient dans le monde, quitta le palais de son père et embrassa la vie solitaire pour se préparer à sa mission divine. Il se retira dans les forêts de l'Inde, peuplées à cette époque de pénitents et de personnages voués à la vie ascétique. Il reçut alors le nom de *Çakya-Mouni*, c'est-à-dire le solitaire de la famille des Çakyas. Là il se rasa la tête de ses propres mains, et, tout en menant la vie la plus austère, il conçut et médita une nouvelle doctrine qui repous-

sait formellement l'autorité des *Vedas*, ou des livres saints du brahmanisme, sur lesquels se fonde le système des castes. Parvenu à la perfection de la science telle qu'il la concevait, Çakya-Mouni prit le titre de *Bouddha*, qui signifie en sanscrit « celui qui a la connaissance absolue des choses ». Il communiqua alors sa doctrine à quelques disciples; puis, quittant les forêts solitaires, il alla avec eux la prêcher dans les principales villes de l'Inde, et notamment à Bénarès, où sont établis depuis la plus haute antiquité les grands collèges de l'enseignement brahmanique. Mais il ne paraît pas que les efforts de Bouddha, pour répandre sa doctrine, aient eu d'abord beaucoup de succès. En conséquence, il donna à ses disciples la mission de la propager; puis, s'étant rendu dans une grande assemblée où, pour la dernière fois, il exposa son système religieux : « Tout m'attriste, dit-il, et je désire entrer dans le *Nirvâna* » (l'existence dépouillée de tout attribut corporel, et considérée comme la suprême béatitude). Il alla ensuite sur le bord d'une rivière, se coucha sur le côté droit, étendit ses pieds entre deux arbres et expira. Cependant, ajoute la légende, il se releva ensuite de son cercueil pour enseigner les doctrines qu'il n'avait pas encore fait connaître.

L'existence de Bouddha comme personnage historique réel paraît incontestable; mais il est bien difficile d'assigner, d'une manière précise, l'époque à laquelle on doit la rapporter. D'après les autorités chinoises, la naissance de Bouddha remonterait à plus de 1000 ans avant notre ère; mais, suivant les autorités indiennes, elle remonte à cinq ou six siècles seulement avant cette époque. Les bouddhistes de Ceylan fixent la mort de Bouddha à l'année 543 av. J.-C. Plusieurs savants pensent que ce personnage appartenait à une secte philosophique, celle des *Djaïnas*, qui était considérée comme hétérodoxe et impie par les brahmes, mais qui néanmoins était tolérée, parce que ses partisans se bornaient à la spéculation pure. Quoi qu'il en soit, Bouddha voulut détruire le culte brahmanique et y substituer des pratiques plus humaines : pour cela, il lui fallut nécessairement recourir au prosélytisme et à la prédication. Après sa mort, ses disciples, en effet, propagèrent les doctrines nouvelles avec autant de zèle que de succès, car ces doctrines s'adressaient surtout aux classes inférieures. Alarmés de ces succès, les brahmes provoquèrent contre les bouddhistes les persécutions les plus violentes, et, avec l'aide de la caste des guerriers, ils parvinrent à expulser de la presqu'île tous les sectateurs du nouveau système religieux. Ces derniers événements eurent lieu dans le courant des Ve et VIe siècles de notre ère.

Le bouddhisme chassé de l'Inde proprement dite se répandit dans les contrées voisines, dans les régions montagneuses qui bordent la sud de la chaîne de l'Himalaya, dans l'île de Ceylan, dans le Thibet, la Tartarie, la Mongolie, la Chine, l'Indo-Chine, la Corée, le Japon, ainsi que dans les grandes îles de la Malaisie. A cette heure, il constitue la religion dominante dans la plupart de ces contrées, et l'on évalue généralement à 300 millions le nombre de ses sectateurs. C'est la religion qui compte le plus grand nombre d'adhérents.

Par suite de sa dispersion dans des lieux si divers, et du laps de temps qui s'est écoulé depuis sa première prédication, le bouddhisme a dû nécessairement subir soit comme système philosophique, soit comme système religieux, des modifications et des altérations profondes. Cependant la doctrine primitive a été reconstituée avec certitude, d'après l'étude des livres indiens par Eugène Burnouf et Barthélemy-Saint-Hilaire. La philosophie bouddhique dérive du panthéisme brahmanique; mais elle pousse plus loin les conséquences de l'idée panthéiste de l'unité de substance et aboutit, sans peut-être l'avouer explicitement, à une sorte de nihilisme ou de négation de toute substance : il y a dans l'histoire des doctrines indiennes un bel exemple de la puissance inéluctable de la logique sur les croyances humaines, puissance qui exerce ses effets avec une telle énergie qu'on est souvent tenté de la méconnaître, mais qui cependant agit avec tant de sûreté qu'on peut partout affirmer que toute doctrine religieuse ou philosophique finira par être abandonnée ou poussée à ses dernières conséquences. Le polythéisme vague des premiers âges de l'Inde avec sa multiplicité de dieux mal différenciés les uns des autres, sa doctrine de la transmigration des âmes avec perte absolue de mémoire, devait fatalement conduire au panthéisme des brahmanes, c'est-à-dire à la croyance à l'unité de substance sous attributs distincts; mais comme l'esprit ne peut distinguer du néant la substance dépouillée d'attributs, le panthéisme aboutit à son tour au nihilisme, et la croyance que tout n'est qu'illusion, que tout désir et toute espérance sont nécessairement vains, et que la seule chose qui soit digne d'être souhaitée c'est l'anéantissement. Tel est le fond de la doctrine de Bouddha. Quelles que soient les divergences de détail des nombreuses églises bouddhiques, toutes reconnaissent à leur base les *quatre vérités sublimes* révélées ou plutôt enseignées au monde par la sagesse de Çakya-Mouni : la première c'est que la douleur est inséparable de l'existence, parce que l'existence comporte la vieillesse, la maladie et la mort; la deuxième c'est que la douleur est fille du désir par lequel nous nous attachons aux liens périssables et qui nous fait commettre les fautes des existences passées et de l'existence présente, fautes qu'il nous faut expier nécessairement; la troisième c'est que l'existence et la douleur peuvent cesser par le *Nirvana*; la quatrième c'est que pour atteindre au nirvana, il faut détruire en soi le désir et écarter tous les obstacles qui s'opposent à la pratique du renoncement universel. Il convient d'ajouter à ces quatre dogmes celui de la multiplicité des existences successives dont chacune doit expier les fautes des existences précédentes; ces interminables transmigrations, ces continuels recommencements d'existences toujours semblables et toujours douloureuses sans aucune notion d'idéal à poursuivre ni de but à atteindre, sont nécessairement considérées comme une vaine et pénible agitation, et le mieux que l'homme puisse faire c'est de chercher à s'y soustraire. Or il peut y arriver en étouffant en lui toute activité, tout désir, en devenant aussi indifférent que les pierres à tout ce qui frappe ses sens ou agit sur son esprit. Alors il s'est dépouillé de tous les attributs phénoménaux qui ne sont que les illusions de la vie; il a conquis l'existence suprême, l'existence du nirvana sans action, ni pensée, ni conscience, c'est-à-dire l'anéantissement.

On voit que le bouddhisme a pu recevoir très légitimement le nom de *religion athée* : c'est bien une doctrine religieuse sans l'idée d'un Dieu personnel à servir ou à aimer. Sans doute il faut le ranger parmi les systèmes panthéistes, mais il est clair que ce panthéisme va plus loin que celui des philosophes modernes et qu'il aboutit au néant absolu : il n'y a que des phénomènes illusoires, qui n'existent qu'autant qu'ils sont perçus, et le but proposé au courage de l'homme étant la suppression de la perception par la suppression du désir, il ne reste plus rien. Il est bien évident que la masse des fidèles ne peut s'élever à ces hauteurs métaphysiques, et que le nirvana doit être conçu par le peuple comme une sorte de paradis vague et mal défini. Quoi qu'il en soit, la doctrine de Bouddha fut cependant un progrès sur celle des brahmanes, mais surtout un progrès social, parce qu'elle se prêtait à l'établissement d'une morale pratique, et surtout parce que la notion

du vide universel et du néant de toutes choses devait contribuer dans une large mesure à adoucir ce que le système des castes avait de cruel et d'odieux.

On conçoit facilement, d'après la métaphysique du système, ce que doit être la morale bouddhique. Dans son application cette morale est très pure, puisqu'elle prêche le renoncement, l'empire sur soi-même, l'étouffement des désirs et des passions. Les livres bouddhiques offrent à l'exemple des fidèles des modèles de la plus haute vertu et du plus grand héroïsme : ils recommandent l'aumône et la charité sous toutes ses formes. Mais dans son principe elle diffère essentiellement de la morale chrétienne et de la morale des philosophes spiritualistes, puisque le but final à atteindre n'est pas de se conformer à un idéal de bien et de vertu, mais d'arriver à l'anéantissement de toute passion, de tout désir. Le motif de cette morale est essentiellement personnel.

Deux caractères remarquables distinguent la religion bouddhique. Le premier est l'existence d'une église fortement organisée et de communautés de religieux assez analogues à nos couvents; c'est même sur ce point que s'est produite d'abord la scission du bouddhisme et du brahmanisme. On sait que l'une des castes de l'Inde était celle des brahmanes ou religieux. Le bouddhisme ne niait pas l'organisation sociale en castes; mais il niait la caste des brahmanes, il niait leur mission divine, et la transportait à des assemblées de religieux, issus de toutes les castes. Le second caractère du bouddhisme est la tolérance absolue en matière religieuse. Quelque ardente qu'ait été au début la propagande bouddhique, jamais les bouddhistes ne se sont livrés à des violences sur les adeptes des autres religions; malgré leurs luttes avec les brahmanes, ils ont toujours traité respectueusement leurs adversaires et n'ont jamais parlé qu'avec respect des doctrines qu'ils ne partagent point. Cette tolérance qui nous étonne s'explique aisément par le caractère même de leur philosophie. N'ayant point de Dieu à venger, ils n'ont pas de raison pour torturer les hérétiques; d'autre part leur doctrine du renoncement et de l'indifférence est incompatible avec la haine du scandale si vivace dans les religions dérivées du judaïsme, et qui est l'une des bases des théories qui ont cherché à défendre les persécutions religieuses. Cependant, le fanatisme connaît si peu la logique que le fait de cette tolérance n'en reste pas moins très remarquable.

En se répandant hors de l'Inde proprement dite, le bouddhisme s'est profondément modifié au contact des religions antérieurement établies. C'est ainsi que dans le Japon la religion de *Boutsdo* ou Bouddha s'est tellement mélangée avec la religion de *Sinto*, qu'il y a presque confusion entre les deux cultes. Dans le Japon, Bouddha est encore honoré sous le nom de *Chaca* ou *Xaca*; dans le Siam, sous celui de *Sammonacodom*; dans l'empire Birman, dans le Pégu, à Java, sous celui de *Gautama* ou *Goutama*; dans la Chine, sous celui de *Fô*; au nord de l'Inde, sous celui de *Maha-Mouni* et *Çakya-Mouni*. Dans toutes ces contrées, le culte de Bouddha présente un caractère commun, de porter les hommes à la vie et au célibat monastiques. Partout l'on trouve de nombreux couvents d'hommes et même de femmes. Ces moines sont appelés *Bonzes* dans la Chine et dans le Japon, *Rhahans* dans l'empire Birman, *Djenkous* dans le royaume de Siam (les Européens nomment ces derniers *Talapoins*), et *Djelums* ou *Gylongs* dans le Thibet. C'est dans ce dernier pays que le bouddhisme, considéré au point de vue de la hiérarchie et des formes extérieures du culte, s'est développé sous la forme la plus singulière et la plus remarquable.

Au Thibet et dans les contrées voisines habitées par la race mongole, il existe plusieurs grands *lamas* (lama signifie prêtre) ou pontifes qui sont considérés comme des incarnations divines; mais le *Dalaï-Lama*, qui réside à H'lassa, et dont le nom signifie « lama d'une grandeur sans bornes », occupe le premier rang dans cette hiérarchie de souverains spirituels. Le *Bandjin-Lama* ou *Banteham-Lama*, qui habite le couvent de Toschou-Lombou, près de Jikatzé, n'est guère moins révéré : son nom paraît signifier « celui qui préside aux méditations du Dalaï-Lama et qui fait exécuter ses ordres »; on l'appelle aussi *Bogdo-Lama*. Nous nommerons encore parmi les grands lamas considérés comme des incarnations divines, le *Khoutouktou*, qui réside à Ourga, dans le pays des Mongols-Khalkhas, et le *Darmah-Radjah* (roi juste) qui réside à Tassisudon, dans le Boutan. Enfin, il y a même, au Thibet, une femme qui est également révérée comme une incarnation divine. Elle réside dans un couvent de femmes qui s'élève au milieu du lac Yamthso ou Palté. Les Thibétains donnent à ce personnage le nom singulier de *Dordji-pamo*, qui signifie la Sainte Mère de la Truie. — Aussitôt qu'un de ces pontifes vient à mourir, les prêtres les plus élevés dans la hiérarchie se réunissent en conclave, et alors, guidés par de prétendues indications célestes, ils cherchent et découvrent un enfant dans le corps duquel a passé l'âme du Lama décédé. Cet enfant est alors présenté à l'adoration du clergé et du peuple, comme l'incarnation de la divinité, et, dès ce moment, toutes les affaires civiles et ecclésiastiques s'administrent en son nom. Vers le milieu du XIXᵉ siècle, une ambassade anglaise envoyée au Thibet eut l'honneur d'être admise à l'audience du Bandjin-Lama de Teschou-Lom-bou. Ce grand pontife était alors un enfant de dix-huit mois qui joua son rôle avec une intelligence surprenante. La création de la dignité du Dalaï-Lama ne date que du commencement du XVᵉ siècle. Pendant plus de trois cents ans, ce pontife réunit sur sa tête le pouvoir spirituel et temporel. Le gouvernement temporel du Thibet lui avait été conféré par l'empereur de la Chine; mais, vers la fin du siècle dernier, il lui a été enlevé et remis aux mains d'un général chinois.

Les formes extérieures du culte bouddhique, tel qu'il s'est développé au Thibet (*Lamisme* ou *Lamaïsme* de quelques auteurs), présentent de curieuses analogies avec celles du culte catholique. On y retrouve en effet, dit Abel Rémusat, un pontife suprême qui est à la fois souverain spirituel et temporel, un conseil de lamas supérieurs qui se réunissent en conclave pour élire un pontife, des couvents de moines et de religieuses, la confession auriculaire, la vénération des reliques, les prières pour les morts, l'intercession des saints, le jeûne, les litanies, les chants religieux alternatifs et en chœur qu'accompagnent des instruments de musique, les processions, le chapelet, etc. Si l'on y recommande la vertu, ce n'est pas pour obéir aux décrets du Créateur; si l'on y recommande la charité, et très largement, ce n'est même pas par amour des hommes: c'est uniquement dans un but d'ascétisme. Le grand point est de s'imposer des privations et des pénitences pour expier ses fautes passées et de se dompter soi-même pour étouffer le désir et gagner le nirvana. Le principe de la morale est tout individuel; on a pu dire avec raison que c'est une véritable morale de l'intérêt. La prière est beaucoup en usage dans les églises bouddhiques. Les temples sont ornés de statues de Bouddha devant lesquelles les religieux récitent d'interminables prières et même, dans certains pays, déroulent lentement à l'aide d'une sorte de tourniquet de longues bandes de papier sur lesquelles sont écrites les prières. Ces pratiques qu'il est difficile de concilier avec la vraie doctrine bouddhique montrent combien la véritable métaphysique du système est généralement méconnue. — Les livres saints des bouddhistes, dont la collection s'appelle *Bouddha-Vatchana* (paroles de Bouddha), sont innombrables; il existe une sorte d'encyclopédie théologique thibétaine connue sous le nom de *Gandjour*, qui se compose de 108 volumes.

BOUDDHISTE. s. m. Sectateur du bouddhisme.

BOUDER. v. n. (d'un anc. radical *bod* qui sign. gonflé, arrondi, et qu'on retrouve dans *borne*, anc. *bodne*. Si ce radical est latin, on le retrouve dans *botulus*, boudin). Se dit proprement des enfants lorsqu'ils ont quelque petit chagrin et qu'ils le témoignent par la mauvaise mine qu'ils font. *Il ne fait que b.* || Se dit d'une personne qui laisse voir, en gardant le silence et en faisant mauvaise mine, qu'elle a de l'humeur, qu'elle conserve quelque ressentiment. *La reine n'a point baisé Monsieur, qui en boude* (Mᵐᵉ DE SÉVIGNÉ). — Fam. *B. contre son ventre,* se dit d'un enfant qui se mutine et ne veut pas manger; et Fig. sign. Se priver, par dépit, d'une chose utile ou agréable. || T. Jeu de domino. Se dit du joueur qui n'a point de numéro à placer. On dit alors, *Je boude,* et *Il boude,* etc. — Fig. et prov., *C'est un homme qui ne boude pas,* Qui est toujours prêt à répondre à une attaque. || T. Jardin. Se dit d'un arbre, d'un arbuste qui ne profite pas. *Ces arbres boudent.* || T. Tech. Se dit d'un four dont la braise accumulée empêche le tirage. = **BOUDER.** T. *D'où vient que vous me boudez? Cette femme boude son mari. Ce député boude le gouvernement.* — On trouve je ne sais quel charme à b. la personne qu'on aime (Dʳ PRADEL). = SE BOUDER. v. pron. *Ces deux frères se sont boudés bien longtemps.* = BOUDÉ, ÉE, part.

BOUDERIE. s. f. Action de bouder; état de mauvaise humeur où est une personne qui boude. *Ses bouderies ne sont pas de longue durée. Voilà sa bouderie qui le reprend. La b. est un effort de la faiblesse pour se faire*

obéir là où elle n'a pas le pouvoir de commander (Mᵐᵉ GUIZOT).

Syn. — *Fâcherie.* — Les mots *Fâcherie* et *Bouderie* se prennent tous deux dans le sens de mécontentement et de mésintelligence, dont la cause est en général légère et les effets peu durables. Mais la première ne se manifeste guère que par un peu de froideur, tandis que la seconde se révèle par l'attitude et surtout par l'expression du visage des personnes. En outre, la *fâcherie* résulte plutôt d'une trop grande susceptibilité, tandis que la *bouderie* est fréquente chez les individus d'un caractère peu facile ou capricieux.

BOUDEUR, EUSE. adj. Qui a le défaut de bouder; qui boude habituellement, fréquemment; qui a rapport à la bouderie. *Un enfant b. Un caractère b. Une humeur boudeuse.* || Subst. *C'est un ennuyeux b. C'est une petite boudeuse.*

BOUDIN. s. m. (du rad. *bod,* voy. BOUDER). Boyau rempli de sang et de graisse de porc, avec l'assaisonnement nécessaire. *Faire du b. Manger du b. Une aune, deux aunes de b.* On dit, *Un b.,* en parlant d'une portion de b. de médiocre longueur, dont les deux bouts sont fermés et noués. *Servir, manger des boudins.* — *B. blanc,* Sorte de b. fait avec du lait et du blanc de volaille; par oppos. au b. ordinaire qu'on appelle *B. noir.* — Fig. et prov., on dit d'une affaire, d'une entreprise qui ne réussit pas, *Elle s'en va, elle s'en est allée en eau de b.* (c'est l'oun qui se produit quand le sang du b. se décompose ou se tourne en eau.) || T. Agric. Corde de foin sec que l'on fait sur le pré. || T. Mar. Filet saillant qui entoure un navire à la hauteur du second pont. || Par anal., sert à désigner une espèce de bourrelet. || T. Archit. Le gros cordon de la base d'une colonne. || T. Sellerie. Petit portemanteau de cuir, en forme de valise, qu'on attache sur le dos d'un cheval. || T. Serrurerie. Sorte de ressort formé d'une spirale de fil de fer. || T. Coiffeur. Boucle de cheveux en spirale, qui est formée et un peu longue. *Perruque à boudins. Être frisé en boudins.* || T. Mineur. Fusée, sorte de mèche avec laquelle on met le feu à la mine. — En T. de Guerre, on dit *Saucisson.*

BOUDIN (JOSEPH), médecin et savant français (1806-1867).

BOUDINADE. s. f. (R. *boudin*). T. Cuisine. Quartier d'agneau farci de boudin et cuit à la broche.

BOUDINAGE. s. m. (R. *boudiner*). Action de tordre le fil de lin avant de le mettre sur les bobines.

BOUDINE. s. f. (R. *boudin*). T. Techn. Masse de verre qui forme une espèce de noyau au milieu d'un plateau de verre.

BOUDINÉE. s. f. Plat de boudin.

BOUDINER. v. a. (R. *boudin*). Exécuter l'opération du boudinage.

BOUDINEUSE. s. f. T. Mét. Troisième machine de l'assortiment finissant le travail du cardage.

BOUDINIÈRE. s. f. Petit entonnoir en fer-blanc qui sert à faire le boudin.

BOUDINOIR. s. m. Machine qui sert à boudiner la soie.

BOUDJOU. s. m. Monnaie d'argent de l'ancienne régence d'Alger, valant 1 fr. 86 centimes.

BOUDOIR. s. m. (R. *bouder*). Sorte de petit cabinet, décoré avec soin, où les dames se retirent lorsqu'elles veulent être seules ou s'entretenir avec des personnes intimes.

Dans un boudoir on s'aime mieux,
Plus intimement on s'accueille.
                 DEMOUSTIER.

BOUDRIÈRE ou **BOUDRINE.** s. f. Nom rural de la carie du froment.

BOUE. s. f. (celt. *baw,* m. s.?). Terre détrempée plus ou moins épaisse et plus ou moins sale. *Des rues pleines de b. Tomber dans la b. Les boues des rues.* — Prov., en parlant d'une chose dont on ne fait aucun cas, que l'on méprise, on dit, *Je n'en fais pas plus de cas que de la b. de mes* *souliers.* || Fig. et prov., *Cette maison n'est faite que de boue et de crachat,* Elle n'est bâtie que de mauvais matériaux. || Fig., *Cet homme est dans la b.,* Il est rongé dans l'abjection. *Tirer quelqu'un de la b.,* Le tirer d'un état bas et abject. *Traîner quelqu'un dans la b.,* Proférer ou écrire contre lui des injures graves, des imputations diffamantes. *C'est une âme de b.,* Une âme vile et basse. || Dépôt pâteux qui se forme au fond d'une écritoire. *Je ne puis écrire avec cette b.* || Le pus qui sort d'un abcès. *Il sort beaucoup de b. de cet abcès.* Vx. et inus. || *Boues,* au pluriel se dit d'une sorte de limon que déposent certaines eaux minérales. *Prendre les boues de Barbotan. Les boues de Saint-Amand sont fort bonnes contre les rhumatismes chroniques.*

Syn. — *Limon, Bourbe, Fange, Crotte.* — Tous ces termes indiquent également une terre imbibée d'eau, mais non de la même manière. Le *limon* est la terre délayée, entraînée, et enfin déposée par les eaux courantes. La *boue* est une terre détrempée, plus ou moins épaisse, ordinairement sale et noire, telle que celle qui s'amasse dans les rues après la pluie. La *bourbe* est une boue profonde, épaisse et puante qui se forme dans les eaux croupissantes. La *fange* est la boue qui s'amasse dans les cours de ferme, et qui est mêlée de substances végétales en décomposition. Le mot *crotte* désigne moins une cause qu'un effet : il se dit des portions de *boue,* de *fange,* de *bourbe,* de *limon* attachées à la chaussure et aux vêtements. — Les termes *limon, boue, fange* et *crotte* s'emploient au figuré. *Limon* se prend dans le sens d'origine, d'extraction; *boue* et *fange* dans celui d'état vil et abject; *crotte* dans celui de misère.

BOUÉE. s. f. (lat. *boja,* chaîne). T. Mar. et Navig. Dans le langage de la marine, on appelle *Bouée* un corps flottant attaché à un *orin* ou cordage mince, de longueur suffisante, qui sert à marquer la place où a été jetée l'ancre. Les navires marchands se servent, pour cet usage, d'un morceau de bois de sapin, ou d'un baril vide. Les gros navires ont pour bouées des cônes doubles de bois (Fig. 1) ou souvent de tôle (Fig. 2), entourées de cordages minces, et toujours fixés au moyen d'un orin, qui, si le câble de l'ancre vient à se

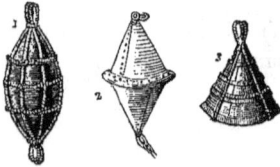

rompre par accident, sert à retrouver celle-ci pour la retirer du fond de la mer. — On nomme en particulier *B. de sonde,* un cône simple (Fig. 3) muni à sa pointe d'un anneau par lequel passe le cordage auquel la sonde est suspendue, lorsqu'on veut s'assurer de la profondeur de l'eau et de la nature du fond. — Enfin, le nom de b. s'applique encore à toute marque flottante qui sert à indiquer les passages difficiles, les écueils, etc. Pour que ces marques puissent servir pendant la nuit et le brouillard, on leur adapte quelquefois des cloches que l'agitation des vagues met en mouvement; on a même imaginé des *bouées lumineuses,* qui sont constituées par un réservoir rempli de gaz de boghead qu'un brûleur spécial consume lentement.

BOUELLE ou **BOUELLILON.** s. m. T. Filat. Certaines défectuosités qui se rencontrent quelquefois dans les filés.

BOUEMENT. s. m. Action de bouer. || Pièce de menuiserie dont les parties unies sont assemblées carrément à tenon et à mortaise.

BOUER. v. a. Anciennement, action de frapper la monnaie sur les flancs avec le marteau dit *Bouard.* || s. m. T. Mar. Sorte de petit canot.

BOUETTE. s. m. T. Pêc. Voy. BOITTE.

BOUET-WILLAUMEZ, amiral français (1808-1871).

BOUEUR. s. m. Celui qui enlève les boues des rues, pour les transporter hors de la ville.

BOUEUX, EUSE. adj. Plein de boue, couvert de boue. *Chemin b.* || *Impression boueuse,* Impression dont l'encre a bavé, et marque le papier au delà du caractère. On dit de même: *Écriture boueuse.* Anc. || *Estampe boueuse,* Estampe tirée sur une planche mal essuyée, où il est resté du noir entre les hachures. || T. Mar. *Ancre boueuse,* La plus petite des ancres d'un navire.

BOUFARIK, v. de l'arr. d'Alger, à 35 kil. d'Alger, dans la plaine de la Mitidja, 7,300. hab.

BOUFFANT, ANTE. adj. [Pr. *boufan*]. Qui bouffe, qui paraît gonflé. Se dit particulièrement des étoffes dont la consistance est telle qu'elles se soutiennent d'elles-mêmes sans s'aplatir. *Une étoffe bouffante. Une garniture bouffante.* = BOUFFANTE. s. f. Petit panier qui servait aux femmes à soutenir et à faire bouffer leurs jupes. Anc. || Sorte de filet léger et gaufré que les femmes se nouaient autour du cou en guise de fichu. Vx. == BOUFFANT. s. m. Partie bouffante d'une robe.

BOUFFARDE. s. f. Pipe, dans le langage populaire.

BOUFFE. s. m. [Pr. *boufe*] (ital. *buffa,* farce). Se dit des acteurs qui jouent dans les opéras italiens. — Fam. et absol., *Les Bouffes,* Le théâtre italien de Paris. *Les Bouffes Parisiens.*

BOUFFÉE. s. f. [Pr. *boufé*] (R. *bouffer*). Souffle qui sort de la bouche. *Une b. de vin. Il nous envoie des bouffées de tabac.* || Souffle de vent ou courant de vapeur, qui arrive brusquement et qui dure peu. *Une b. de fumée, de vent, de chaleur.* || Fig. et fam., on parlant de la fièvre, des passions, etc., B. se dit pour accès subit et passager. *Une b. de fièvre. Il a des bouffées de générosité. Des bouffées d'orgueil.* — *Ne faire une chose que par bouffées,* Ne la faire que par boulades, de temps à autre. On dit de même, *S'adonner à une chose par bouffées.*

BOUFFER. v. n. [Pr. *boufer*] (Onomatopée). Gonfler, enfler ses joues en soufflant. Ne se dit guère qu'en parlant d'une personne qui manifeste ainsi sa colère. *Il bouffait de colère.* Fam. || Se dit plus ordinairement de certaines étoffes qui, au lieu de s'aplatir, se courbent en rond et se soutiennent d'elles-mêmes dans cet état. *Cette robe bouffe bien.* || T. Maçon. Se dit du plâtre qui gonfle, et d'un mur qui pousse en dehors ou qui boucle. || T. Boulangerie. Se dit aussi du pain, lorsqu'il enfle dans le four par l'effet de la chaleur. || Expr. pop., synon. de *bâfrer.* Manger avidement.

BOUFFETTE. s. f. [Pr. *boufète*] (R. *bouffer*). Petite houppe que l'on attache à certaines choses pour servir d'ornement. *On met des bouffettes aux harnais des chevaux.* || Nœud de ruban un peu renflé qui fait partie de certains ajustements d'homme ou de femme. || T. Mar. Troisième voile du grand mât des galères.

BOUFFI. adj. [Pr. *boufi*] (R. *bouffir*). *Harengs bouffis,* Harengs restant quelque temps dans la saumure.

BOUFFIR. v. a. [Pr. *boufir*] (même mot que *bouffer*]. Rendre enflé. Au prop., ne se dit guère qu'en parlant des chairs. *L'hydropisie lui a bouffi tout le corps.* || Neutral., *Le visage lui bouffit tous les jours.* == BOUFFI, IE. part. *Avoir le visage bouffi, les joues bouffies.* — Par ext., *Il est bouffi de rage, de colère,* Il a le visage enflé par une violente colère. || Fig., *Il est bouffi d'orgueil et de vanité,* Il est plein d'orgueil, etc. — Fig., *Style bouffi,* Style ampoulé.

Syn. — *Enfler, Gonfler, Boursoufler.* — Tous ces mots ont cela de commun qu'ils signifient, au propre, exagération de volume. *Enflé* est comme le genre à l'égard des trois autres termes : il se dit d'un ballon que l'on remplit d'air, de la voile que reçoit le vent, d'une jambe qui est affectée d'une tumeur, etc. *Gonflé* s'emploie surtout en parlant d'un corps dont l'intérieur présente une cavité : ainsi on *gonfle* une vessie en soufflant dedans, un ballon en y introduisant du gaz; l'estomac se *gonfle* chez les herbivores par le dégagement d'acide carbonique, etc. *Bouffi* et *boursoufflé* ne se disent que des chairs et des téguments; mais le second est l'exagération du premier — Au figuré on dit *enflé, gonflé, bouffi* d'orgueil, mais non *boursouflé*. En revanche, quand on parle du style, on emploie les mots *enflé, bouffi, boursouflé,* tandis que *gonflé* n'est pas usité dans ce sens.

BOUFFISSAGE. s. m. [Pr. *boufi-ssage*] (R. *bouffir*). Se dit des harengs qu'on ne sale pas profondément.

BOUFFISSEUR. s. m. [Pr. *boufi-sseur*] (R. *bouffir*). Celui qui pratique le bouffissage.

BOUFFISSURE. s. f. [Pr. *boufi-ssure*] (R. *bouffir*). Sorte d'enflure des chairs qui leur donne une fausse apparence d'embonpoint. *La b. de son visage commence à se dissiper.* || Fig., *B. du style,* Le défaut d'un style ampoulé.

BOUFFLERS (Louis-François, duc de), maréchal de France sous Louis XIV (1644-1711), se distingua par sa belle défense de Lille (1708). == Boufflers (Joseph-Marie, duc de), fils du précédent, maréchal de France, sauva, en 1747, Gênes menacée par les Austro-Piémontais (1707-1747).

BOUFFLERS (Stanislas, chevalier de), fils de la charmante marquise de Boufflers, membre de l'Académie française, connu par son esprit et ses poésies légères (1738-1815). Citons de lui l'histoire de Loth, résumée en quatre petits vers :

Il but,
Il devint tendre,
Et puis il fut
Son gendre.

BOUFFLET. s. m. [Pr. *boufié*]. T. Fauc. Injection d'eau froide qu'on lançait à la tête des oiseaux de proie pour les dompter.

BOUFFOIR. s. m. [Pr. *boufoir*] (R. *bouffer*). Instrument de boucher servant à insuffler de l'air sous la peau et dans le tissu cellulaire des bêtes tuées.

BOUFFON. s. m. [Pr. *bou-fon*] (ital. *buffone*, de *buffare*, railler. Le sens primitif était *enfler*). Personnage de théâtre dont l'emploi est de faire rire. *Cet acteur est un très bon b.* || Par ext., et souvent par dénigr., se dit d'un homme qui prend à tâche de faire rire, par ses plaisanteries, les personnes avec lesquelles il se trouve. *Un insipide b. Autrefois les rois avaient des bouffons.* — *Servir de b.,* Être dans quelque société un objet de moquerie, de risée. *Partout où il va, il sert de b.* On dit de même : *Suis-je donc votre b.?* [Ce qui est b., ce qui excite le rire. == Bouffonne. s. f. *Faire la bouffonne,* se dit d'une femme qui cherche à faire rire une société. Inus. — *C'est une petite bouffonne,* se dit d'une petite fille gaie et enjouée. Vx.

BOUFFON, ONNE. adj. [Pr. *bou-fon*] (R. *bouffon,* s.). Plaisant, facétieux, qui fait rire avec excès. *Personnage b. Repartie bouffonne. Aventure bouffonne.* || S'emploie subst., en parlant des ouvrages d'esprit, et signifie alors le style b., le genre b., bassement comique. *Cet auteur tombe trop souvent dans le b.*

BOUFFONNEMENT. adv. [Pr. *bou-fo-neman*]. D'une façon bouffonne.

BOUFFONNER. v. n. [Pr. *bou-fo-ner*] (R. *bouffon*). Faire ou dire des plaisanteries qui sentent le bouffon. *Il se plaît à b.*

BOUFFONNERIE. s. f. [Pr. *bou-fo-neri*] (R. *bouffon*). Ce qu'on dit ou ce qu'on fait pour exciter le rire. *Faire des bouffonneries. Plate b.*

BOUFFONNESQUE. adj. [Pr. *bou-fo-neske*]. Qui a le caractère de la bouffonnerie.

BOUFFONNEUR. s. m. [Pr. *bou-fo-neur*] (R. *bouffonner*) Celui qui bouffonne.

BOUFRONE. s. f. Variété de petite figue aplatie.

BOUGAINVILLE (Louis-Antoine de), célèbre navigateur, né à Paris (1724-1811), exécuta de 1766 à 1769, un voyage autour du monde, dont il publia la relation.

BOUGAINVILLÉA. s. m. (R. *Bougainville,* n. pr.). Genre de plantes de la famille des *Nyctaginées.* Voy. ce mot.

DICTIONNAIRE ENCYCLOPÉDIQUE.

BOUGE. s. m. (bas-lat. *bulga,* qui, d'après Varron, n'est que la transcription d'un mot gaulois; poche, enveloppe de cuir). Petite pièce, petit cabinet auprès d'une chambre. *Une chambre avec un b.* || Un logement étroit et malpropre. *Il est allé se loger dans un b.* || Maison mal bâtie et mal tenue où logent les gens du bas peuple. || Partie la plus remplie dans le sens de la longueur. || T. Mar. Partie de baux et barrots courbée en usage pour la confection des chemises de certains religieux. || T. Écon. rur. Petite cuve à transporter le raisin dans le pressoir.

BOUGEAGE. s. m. T. Eaux et forêts. Action de bouger.

BOUGEAUT (Le Père), jésuite et écrivain français (1690-1743).

BOUGEOIR. s. m. (R. *bougie*). Sorte de chandelier sans pied, qu'on porte au moyen d'un manche ou d'un anneau. *B. d'argent, de cuivre.* | Se disait particul. du petit chandelier d'or qu'un valet de chambre portait au coucher du roi, et que celui-ci, lorsqu'il se déshabillait, faisait donner par distinction à quelqu'un des courtisans. || Insigne épiscopal, espèce de chandelier qu'on tient auprès de l'évêque pendant qu'il officie.

BOUGEOTTE. s. f. (Dimin. de *bouge*). Cavité pratiquée dans le mur d'un pigeonnier pour que les pigeons puissent y faire leurs nids.

BOUGER. v. n. (Selon Littré, du lat. *bullire,* bouillir par l'intermédiaire du fréq. italien *bullicare.* Toubin indique le radical sanscrit *vaj,* aller). Se remuer, se mouvoir, changer de place, de situation. *Si vous bougez, vous êtes mort.* || S'emploie le plus souvent avec la négation. *Ne bougez pas. Il ne bouge pas plus qu'une statue.* | Fam., *Ne bouger d'un lieu,* Y être fort assidu. *Il ne bouge du café. Il ne bouge de son cabinet.* || Fig., S'agiter d'une manière hostile, se soulever. *Les mécontents n'osèrent b.* || T. Techn. Couvrir de terre, en parlant du bois dont on va faire du charbon.

BOUGETTE. s. f. (Dimin. du vx fr. *bouge,* sac). Petit sac de cuir qu'on porte en voyage. Vx et inusité.

BOUGHOUER (SE). v. pr. Se couvrir le corps de graisse pour se garantir des piqûres des insectes, comme font les Hottentots.

BOUGIE. s. f. (R. *Bougie,* ville d'Algérie où elles furent d'abord fabriquées, ou du moins d'une ville qui servait à les fabriquer). Chandelle de cire. *Grosse, petite b. B. de table. Allumer la b. B. blanche, jaune. — Aux bougies,* À la lumière des bougies. *Dîner aux bougies.*

Techn. — Autrefois le nom de *B.* était réservé à une sorte de chandelle faite avec de la cire ou avec du blanc de baleine. Cette dénomination avait d'abord été donnée à la chandelle de cire, du nom d'une ville du littoral de l'Afrique algérienne, qui était le siège d'un commerce considérable de cire. Plus tard, on l'étendit à la chandelle de blanc de baleine; enfin, on l'applique aujourd'hui à la chandelle fabriquée avec l'acide stéarique, de telle sorte que le terme de *Chandelle* ne sert plus à désigner que celle qui est faite avec le suif. Dans l'état actuel de l'industrie, on distingue donc trois sortes principales de bougies : *b. de cire, b. de blanc de baleine et de para fine,* et *b. stéarique.*

B. de cire. — L'emploi de la cire pour l'éclairage paraît avoir été connu des Arabes de temps immémorial. L'usage en fut introduit en Europe, au VIIIe siècle, par les Vénitiens, alors maîtres du commerce d'Orient. Mais, à cause de son prix trop élevé, ce mode d'éclairage ne put guère être adopté que par les gens riches et ne devint jamais d'un emploi vulgaire. Les bougies de cire, à peu près inusitées aujourd'hui, se fabriquaient soit *au moule,* en versant la cire dans un moule dans l'axe duquel était fixée la mèche, soit *à la cuiller,* en versant à plusieurs reprises, au moyen d'une cuiller, de la cire liquide sur des mèches de coton que l'on tenait suspendues au-dessus d'une chaudière placée sur un feu doux; on la polissait ensuite en la roulant sur une table de marbre ou de noyer poli. Enfin, on fabriquait aussi la *b. filée,* avec une mèche de longueur indéfinie qui trempait dans un vase plein de cire fondue, appelé *Péreau,* et qui, après s'être chargée d'une certaine quantité de cette substance, passait dans les trous d'une filière.

B. de blanc de baleine. — Ces bougies se fabriquent avec un mélange à parties égales de cire et de blanc de baleine : on leur donne habituellement le nom de *Bougies diaphanes.* Elles sont remarquables par leur blancheur, par leur transparence et par la pureté de leur lumière. Les procédés de fabrication sont les mêmes que pour la b. de cire. On donne à volonté à ces bougies une légère coloration rosée, bleuâtre, etc., en incorporant à la masse, avant de la verser dans les moules, un peu de carmin, d'indigo, ou quelque autre substance colorante.

Bougies de paraffine — Aujourd'hui, les bougies diaphanes se fabriquent surtout avec de la paraffine additionnée de 10 à 15 p. 100 d'acide stéarique.

Bougies stéariques. — La fabrication de ces bougies, qui constitue aujourd'hui une industrie considérable, est née des travaux de Chevreul et de Gay-Lussac sur les corps gras. Ces deux éminents chimistes ont reconnu que les graisses animales et végétales sont de véritables éthers constitués par l'union d'acides spéciaux appelés *acides gras* avec une substance liquide nommée glycérine. Les plus communs des acides gras sont les acides *stéarique, margarique et oléique;* les deux premiers sont solides à la température ordinaire, l'acide oléique est liquide. L'acide stéarique est moins fusible que l'acide margarique. Les bougies sont constituées par un mélange de ces deux acides coulé en forme de cylindre autour d'une mèche de coton tressée. Plus le mélange est riche en acide stéarique,meilleure est la b. : elle fond moins vite et coule moins; les bougies de qualité inférieure sont obtenues en ajoutant aux deux acides gras solides des substances grasses de nature variable, palmitine, huile de coco, qui diminuent le prix du mélange, mais qui en abaissent le point de fusion.

Lorsque Chevreul et Gay-Lussac voulurent exploiter leur invention, ils coulaient l'acide stéarique autour d'une mèche de chandelle ordinaire; mais ce procédé donnait un mauvais produit et dut être abandonné. Cambacérès eut l'idée d'employer une mèche de coton tressée : la tension des fils fait recourber le sommet de la mèche dans la flamme, ce qui fait qu'elle brûle entièrement et la b. n'a pas besoin d'être mouchée; malheureusement, la mèche de Cambacérès, préparée à l'acide sulfurique, était cassante et se détruisait d'elle-même. L'industrie des bougies stéariques ne devint pratique qu'après que de Milly et Motard eurent inventé, vers 1836, la mèche tressée imprégnée d'acide borique, qui répond à toutes les exigences.

La matière première de l'industrie des bougies est le suif de bœuf ou de mouton, que le fabricant reçoit en pains ou en fûts, après qu'il a déjà subi une première fusion pour le débarrasser des membranes animales; c'est ce qu'on appelle dans le commerce le suif fondu.

Les opérations nécessaires à la fabrication des bougies sont :

1° La séparation des acides gras et de la glycérine ou *saponification;*

2° La séparation, par de fortes pressions, des acides gras solides et liquides;

3° La transformation des acides gras solides en bougies.

La saponification peut s'opérer au moyen d'un alcali, plus généralement la chaux, qui s'empare des acides gras pour former des *savons de chaux*, et met la glycérine en liberté. Le savon calcaire est ensuite décomposé par l'acide sulfurique qui s'empare de la chaux et laisse les acides gras surnager sur la masse liquide; c'était le procédé de Chevreul. On peut aussi réaliser la décomposition des graisses par l'acide sulfurique qui se combine avec la glycérine; mais les acides gras ainsi séparés sont souillés par des matières goudronneuses, et il faut les distiller pour les rectifier. Ce procédé présente de plus l'inconvénient de rendre difficile l'extraction de la glycérine, dont la valeur est aujourd'hui supérieure à celle de l'acide stéarique. Enfin, les graisses peuvent encore être dédoublées par l'eau seule à haute température, et, par conséquent, en vase clos sous une forte pression. La méthode employée aujourd'hui par l'industrie, et connue sous le nom de *travail mixte,* est une combinaison de ces trois procédés. On commence par soumettre les suifs à l'action de l'eau additionnée de chaux ou d'oxydes métalliques jouant le même rôle, quelquefois même de l'eau pure dans une espèce de chaudière fermée nommée *autoclave,* disposée de manière à supporter une haute température et une forte pression; un mécanisme spécial agite et brasse constamment la masse en réaction, condition indispensable pour obtenir une bonne

saponification. Les appareils destinés à réaliser ces conditions sont très nombreux et de formes très variées : il nous est impossible de les décrire; l'opération dure de 6 à 10 heures.

L'eau que contient la glycérine est extraite par un robinet situé à la partie inférieure de l'autoclave; les acides gras qui surnagent et qui sont encore très impurs, sont alors desséchés dans des bassines à la température de 120°, puis soumis à l'action de l'acide sulfurique dans des cuves ou dans des chaudières généralement chauffées à la vapeur, à 100° environ, et munies d'agitateurs pour obtenir un brassage aussi indispensable que dans l'opération précédente.

Il importe que la réaction ne soit pas prolongée au delà d'un certain temps, afin que les matières goudronneuses qui se forment aux dépens des acides gras et entraînent, par cela même, une perte de matière, ne soient pas trop abondantes. L'opération dure de 15 à 20 minutes; la matière contient alors un éther sulfurique de glycérine et une combinaison de l'acide sulfurique avec les acides gras; on la décompose au moyen de l'eau bouillante dans une cuve doublée de plomb; il faut une ébullition de cinq à six heures pour séparer les acides gras qui surnagent. Enfin, ceux-ci sont soumis à la distillation, qui s'opère vers 290° dans des appareils spéciaux chauffés par un courant de vapeur surchauffée. Cette distillation ne peut se faire ni à feu nu ni au contact de l'air; autrement les acides gras seraient détruits; quand la distillation est mal conduite, il se forme de l'acroléine dont l'odeur âcre rend le séjour de l'atelier insupportable. Il y a un grand avantage à distiller dans le vide, à basse température. L'appareil de M. Droux permet d'opérer à 15 ou 20°.

Les acides gras provenant de la distillation sont mis à cristalliser dans des récipients plats appelés *moulots;* les pains retirés des moulots ont un aspect jaunâtre; on les enveloppe d'une étoffe et on les soumet à deux pressions successives à l'aide de puissantes presses hydrauliques, la première à froid, la seconde à chaud, vers 60°. Cette double compression, qui a pour objet d'éliminer les acides liquides, présente une importance considérable; la qualité de la b. sera d'autant meilleure que la pression aura été plus forte; cependant, il ne faut pas que la température soit élevée au point de liquéfier l'acide stéarique, ce qui entraînerait une perte de matière. Au sortir de la presse les pains de stéarine, encore un peu jaunâtres, sont purifiés par fusion dans de l'eau chaude acidulée à l'acide sulfurique, puis débarrassés de cet acide par un lavage à l'eau pure. C'est à ce moment que, pour la fabrication de la b. commune, on ajoute à la stéarine des matières grasses de moindre valeur.

La matière est alors fondue; mais avant de la couler dans les moules, il importe de l'agiter jusqu'à ce qu'elle acquière une consistance visqueuse et un aspect laiteux; autrement les bougies seraient cassantes et d'un vilain aspect : cette opération qui se fait à la main, à l'aide de bâtons, se nomme le *barbotage.* Il est essentiel d'enfiler les mèches dans les moules avant d'y couler la stéarine. Il existe plusieurs appareils permettant d'effectuer cet enfilage automatiquement et d'une manière continue : les mèches enroulées sur des bobines sont entraînées avec les bougies qu'on retire des moules et viennent ainsi se placer dans l'axe de ceux-ci; on coupe les mèches au niveau des bougies et les moules sont prêts pour un nouveau remplissage. Enfin les bougies sortant des moules sont rognées, polies et mises en boîtes.

B. électrique. — On a donné ce nom à une disposition imaginée en 1876, par M. Jablochkoff, pour permettre d'employer l'*arc voltaïque* à l'éclairage en supprimant les appareils régulateurs, et dont le principe consiste à placer les crayons de charbon parallèlement au lieu de les disposer sur une même ligne droite les pointes en regard. Voy. ÉCLAIRAGE ÉLECTRIQUE.

Chir. — On donne en chirurgie le nom de bougies à des tiges flexibles ou rigides, lisses, cylindriques ou coniques, arrondies en pointe ou en olive, d'une longueur ordinaire de 25 à 30 centimètres et d'un diamètre variant d'un à plusieurs millimètres, destinées à être introduites dans le canal de l'urèthre pour en reconnaître les rétrécissements et pour les combattre, ou pour porter sur la muqueuse uréthrale certains médicaments topiques, astringents ou caustiques. On les fabrique de diverses substances, selon leur usage : tissus de soie enduits de gomme et de caoutchouc, cire, gélatine, ivoire, argent. Voy. SONDE.

BOUGIE, ch.-l. d'arr. et port du dép. de Constantine (Algérie), à 269 kil. de Constantine, 210 d'Alger; 12,200 hab.

BOUGIER, v. a. (R. *bougie*). Passer de la cire fondue

sur le bord d'une étoffe qui s'effile facilement, afin d'en arrêter les fils. *B. du taffetas*. = Bougié, ée. part. — Conj. Voy. Prier.

BOUGIÈRE. s. f. Syn. de *Bouguière*. Voy. ce mot.

BOUGILLON. s. m. [Pr. les *ll* mouillées] (R. *bouger*). Qui ne peut pas se tenir en place.

BOUGIVAL, bourg et commune de France, sur la Seine, c. de Marly-le-Roy (Seine-et-Oise), 2,900 hab.

BOUGNOU. s. m. T. Exploit. houil. Syn. de *Boniau*.

BOUGON, ONNE. s. et adj. Celui, celle qui bougonne. *Un mari b*. Pop. || T. Pêc. *Harengs bougons*, Harengs mutilés et en partie dévorés quand on les retire de l'eau.

BOUGONNER. v. n. [Pr. *bougoner*] (vx fr. *boujoneur*, espèce d'inspecteur chargé de faire respecter les règlements sur les draps; règlements appelés *boujon*). Murmurer, gronder entre ses dents. *Cette vieille ne fait que b*. Fam.

BOUGRAINE. s. f. T. Bot. Nom vulgaire de la *Bugrane* (*Ononis spinosa*), de la famille des *Légumineuses*.

BOUGRAN. s. m. (esp. *bucaran*). Espèce de toile forte et gommée que les tailleurs mettent entre la doublure et l'étoffe, dans les parties d'un vêtement qui ont besoin d'être soutenues.

BOUGRANER. v. a. (R. *bougran*). Apprêter une toile comme le bougran.

BOUGRE ou BOULGRE. s. m. Ancien nom des Bulgares donné à certains hérétiques que l'on assimilait aux Albigeois. -| Celui qui se livre à la débauche contre nature. || Pop. et fam., mot injurieux. Mauvais drôle. — Se prend quelquefois en bonne part : *C'est un bon b*. = Bougre. interj. Fam. et trivial, sorte de juron.

BOUGREMENT. adv. Pop. et fam. Beaucoup, étrangement, extrêmement.

BOUGRERIE. s. f. Hérésie des bougres. || Débauche contre nature.

BOUGUER (Pierre), hydrographe et mathématicien français (1698-1758); mesura, avec La Condamine, un arc de méridien au Pérou.

BOUGUIÈRE. s. f. T. Pêche. Filet très délié.

BOUHIER (Jean), jurisconsulte et littérateur (1673-1746), président au parlement de Dijon, membre de l'Académie française.

BOUHOURS, critique et grammairien distingué de la Société de Jésus (1628-1702).

BOUILHET (Louis), poète et auteur dramatique français (1822-1869).

BOUILLABAISSE. s. f. Voy. Bouille-Abaisse.

BOUILLAGE. s. m. [Pr. les *ll* mouillées]. T. Mét. Opération qui consiste à faire bouillir.

BOUILLAISON. s. f. [Pr. *bou-llè-zon*, *ll* mouillées] (R. *bouillir*). Fermentation du cidre.

BOUILLANT, ANTE. adj. [Pr. les *ll* mouillées]. Qui bout. *De l'eau, de l'huile bouillante*. || Fig., Très vif, animé d'une ardeur impatiente. *Amour b. Esprit b. Une jeunesse bouillante s'attachait à ses pas*. — On dit aussi *B. de colère, d'impatience*, etc., Plein de colère, etc.

BOUILLARD. s. f. [Pr. les *ll* mouillées]. T. Mar. Nuage qui amène de la pluie.

BOUILLE. s. f. [Pr. les *ll* mouillées]. T. Pêche. Longue perche de bois léger, dont les pêcheurs se servent pour battre les herbiers, remuer la vase et troubler l'eau, afin de forcer le poisson à donner dans les filets. || T. Comm. Mesure de charbon de bois ou de braise. || Rognon de charbon de terre.

BOUILLÉ (Marquis de), général français, favorisa la fuite de Louis XVI (1739-1890).

BOUILLE-ABAISSE. s. f. [Pr. *bou-lla-bèce*, *ll* mouillées]. T. Cuis. Mets préparé en cuisant du poisson dans un peu d'eau douce, à laquelle on ajoute des oignons, de l'huile, du safran, etc. || On écrit aussi Bouillabaisse.

BOUILLEAU. s. m. [Pr. les *ll* mouillées] (R. *bouilleur*). Seau dans lequel on mettait la soupe des forçats.

BOUILLÉE. s. f. [Pr. les *ll* mouillées] (R. *bouillir*). Action de faire bouillir une certaine quantité de liquide.

BOUILLER. v. a. [Pr. les *ll* mouillées]. T. Pêc. Troubler l'eau avec une bouille. || T. Techn. *B. une étoffe*, La marquer, la plomber suivant les règles prescrites. = Bouillé, ée. part.

BOUILLERIE. s. f. [Pr. les *ll* mouillées] (R. *bouillir*). Distillerie d'eau-de-vie.

BOUILLET (Marie-Nicolas), professeur de philosophie et lexicographe français (1798-1864).

BOUILLEUR. s. m. [Pr. les *ll* mouillées] (R. *bouillir*). Celui qui convertit le vin en eau-de-vie. | *Bouilleur de cru*, Propriétaire qui distille sa récolte pour sa consommation personnelle. Il est exempt de droits payés par les distillateurs de profession. Voy. Contributions. || T. Méc. Long cylindre en tôle placé au-dessous de la chaudière à vapeur, à laquelle il est réuni par deux ou trois tubulures, et destiné à recevoir plus directement l'action du foyer. Les bouilleurs doivent être maintenus constamment pleins d'eau. Voy. Chaudière a vapeur.

BOUILLI. s. m. [Pr. les *ll* mouillées] (R. *bouillir*). Viande cuite dans l'eau et qui a servi à faire du bouillon. Se dit ordinairement du bœuf. *Servir le b. Un morceau de b*.

BOUILLIE. s. f. [Pr. les *ll* mouillées] (R. *bouillir*). Sorte d'aliment préparé avec de la farine et du lait bouillis ensemble jusqu'à une certaine consistance, et qu'on donne ordinairement aux petits enfants. *Donnez de la b. à cet enfant.* — Fig. et prov., *Faire de la b. pour les chats*, Prendre de la peine pour une chose qui ne servira à rien. || Fig. et fam., *Cette viande s'en va en b.*, Elle a perdu sa consistance, pour avoir trop bouilli. || Se dit aussi des chiffons bouillis et réduits en pâte liquide, avec lesquels on fabrique le papier et le carton.

BOUILLIR. v. n. [Pr. les *ll* mouillées] (lat. *bullire*, m. s.). Se dit proprement des liquides, lorsque la chaleur ou la fermentation y produit un mouvement, et qu'il se forme des bulles à la surface. *Faire b. de l'eau. Le vin bout dans la cuve. La chaux bout quand on l'arrose d'eau*. || Fig. et prov., *B. du lait à quelqu'un*, Lui faire plaisir, lui dire quelque chose d'agréable. *C'est lui b. du lait que de lui parler de ses vers*. Dans cette loc., il y a ellipse du v. *Faire*. || Fig., *Le sang lui bout dans les veines*, se dit d'un jeune homme ardent, fougueux, dans toute la vigueur de l'âge. — *Cela fait b. le sang*, se dit de ce qui cause une extrême impatience. On dit de même, *Mon sang bout quand je vois de pareilles choses*. — Fig., *La tête, la cervelle me bout*, Le sens une excessive chaleur à la tête. —Fig., *B. d'impatience*, Éprouver une impatience extrême. || Se dit des choses qu'on fait cuire dans l'eau ou dans quelque autre liquide. *Faire b. de la viande, des légumes. Faire b. du linge*. || Se dit aussi du vase, du vaisseau où l'on fait cuire quelque chose. *Faire b. le pot.* — Fam., *Cela aide à faire b. le pot, la marmite*, se dit de ce qui contribue particulièrement à faire subsister un ménage. = Bouilli, ie. part. *Du bœuf b. Cuir b.*, Cuir de vache préparé d'une certaine façon et enduré à force de b. *Une tabatière de cuir bouilli*..

Conj. — *Je bous; nous boutons. Je bouillais; nous bouillions. Je bouillis; nous bouillîmes. Je bouillirai; nous bouillirons. Je bouillirais; nous bouillirions. Bous. Que je bouille; que nous bouillions. Que je bouillisse; que nous bouillissions. Bouillir. Bouillant. Bouilli, ie.*

BOUILLISSAGE. s. m. [Pr. *bou-lli-ssage*, *ll* mouillées].

T. Techn. Dernière opération du blanchiment des pâtes à papier, qui consiste à les traiter par le lait de chaux.

BOUILLITOIRE. s. m. [Pr. les *ll* mouillées]. Opération qui consiste à faire bouillir les flans du monnayeur dans un liquide pour les décrasser.

BOUILLOIR. s. m. [Pr. les *ll* mouillées]. T. Monnayage. Vaisseau de cuivre dans lequel on fait bouillir les métaux pour les décrasser.

BOUILLOIRE ou **BOUILLOTE.** s. f. [Pr. les *ll* mouillées]. Vaisseau de cuivre ou d'autre métal, destiné particulièrement à faire bouillir de l'eau.

BOUILLON. s. m. [Pr. les *ll* mouillées] (R. *bouillir*). Se dit des bulles qui se forment à la surface d'un liquide qui bout. *Faire bouillir un liquide à petits bouillons, à gros bouillons.* — *Il n'y faut qu'un ou deux, que deux ou trois bouillons,* se dit d'une chose qu'il ne faut pas faire bouillir longtemps. || Fig. et fam., *Dans les premiers bouillons de sa colère,* Dans les premiers mouvements, dans les premiers transports de sa colère. || Eau dans laquelle on a fait bouillir pendant quelque temps de la viande et des légumes, et que l'on emploie comme nourriture ou comme remède. *B. de viande. B. de bœuf, de poulet. Bouillons médicamenteux.* — *Prendre un b.,* Avaler autant de b. qu'il en tient à peu près dans un bol. *Prendre un b. avant de se mettre en route.* On dit dans le même sens. *Faire chauffer un b. Servez-moi un b.* — *Être réduit au b., Être au b.,* se dit d'une personne infirme qui ne peut prendre aucune nourriture solide et ne peut digérer que du b. || Se dit aussi des ondes que fait un liquide lorsqu'il tombe ou jaillit. *L'eau sort à gros bouillons de cette source.* — Par exag., s'emploie en parlant du sang qui sort abondamment d'une plaie ou par la bouche. *Le sang sortait à gros bouillons de sa blessure.* || *B. d'eau,* Jet d'eau qui sort avec abondance sans s'élever bien haut. *Au milieu du bassin on voit un gros b. d'eau.* || Par ext. se dit de certains ronds qu'on fait à quelques étoffes pour la parure et l'ornement, soit dans les vêtements, soit dans les meubles. *Taffetas renoué à gros bouillons.* || Bulle d'air qui reste engagée dans le verre ou dans un métal, après la fusion. || Aujourd'hui, restaurant dont la spécialité est le b. de bœuf et le bœuf bouilli ; à Paris, on trouve les *Bouillons Duval.* || T. Chir. Excroissance en forme de bouton au milieu d'un ulcère. || Art vét. Excroissance charnue qui se forme soit à la fourchette ou à côté, soit dans une plaie. || T. Pêche. Banc de harengs très serrés. || T. Techn. Évaporation de l'eau salée, par des appareils de chauffage, pour en précipiter le sel.

La manière la plus commune de préparer le bouillon consiste à mettre la viande dans l'eau froide, à amener lentement celle-ci à l'ébullition, et ensuite à entretenir le liquide à une température seulement voisine de l'ébullition. Quand on met la viande dans l'eau froide, il y a formation d'une écume ; il ne s'en forme pas, au contraire, si l'on plonge directement la viande dans l'eau bouillante, parce que, dans ce dernier cas, l'albumine et la partie colorante du sang sont immédiatement coagulées par la température élevée du liquide, en formant une sorte de réseau qui s'oppose à la sortie des sucs de la viande : ceux-ci sont eux-mêmes atteints lentement par l'eau de la marmite et coagulés au fur et à mesure. Le b. ainsi obtenu est moins bon au goût, et Chevreul a constaté que la proportion des matières dissoutes était alors diminuée dans le rapport de 19 à 13 pour les substances organiques, et dans ce.ui de 3 à 2 pour les sucs fixes. C'est également parce qu'une forte chaleur saisit la viande et rend ses diverses parties moins solubles dans l'eau, qu'il est de précepte de maintenir le pot-au-feu à une température seulement voisine de l'ébullition. Le b. de viande le mieux préparé n'est jamais que faiblement chargé de principes alimentaires et aromatiques. D'après l'analyse de Chevreul, du b. préparé avec : Bœuf, 1,4345 kil. ; os, 0,4300 ; sel marin, 0,0405 ; légumes, 0,3310, et eau, 5 kil., donna pour produits : Bouillon, 4 litres ; bouilli, 0,8580 kil. ; os, 0,3925, et légumes cuits, 0,3400. La d usité du b. était 1,013ᵈ. Enfin un litre de ce dernier contenait : Eau, 985,60 grammes ; matières organiques, 16,917 ; sels solubles (potasse, soude, chlore, acide phosphorique, acide sulfurique), phosphate de magnésie et phosphate de chaux), 11,263. Total = 1,013 gr. 780. Dans ces sels, la potasse est plus abondante que la soude, et le phosphate de magnésie prédomine sur le phosphate de chaux. Encore, sur les 17 grammes de matières organiques 11 seulement sont fournis par la

viande, le reste par les légumes ; de plus, les substances provenant de la viande sont la *créatine,* la *créatinine,* la *gélatine,* la *tourine,* toutes très peu nourrissantes. Le b. n'a donc qu'une valeur alimentaire très faible ; mais il a l'avantage d'être absorbé sans travail de l'appareil digestif, ce qui le rend précieux et même indispensable dans bien des cas. De plus, il excite l'appétit et la sécrétion du suc gastrique. Voy. CHAIR.

Pour préparer les *bouillons médicinaux,* on se sert de viandes blanches provenant d'animaux jeunes ou d'espèces à chair peu nutritive. On fait ordinairement cuire ces viandes au bain-marie. Souvent on y ajoute des substances médicinales ; mais celles-ci n'ont en général besoin que d'être soumises à l'infusion. Quand le b. est refroidi, on le passe pour en séparer la graisse. Nous croyons utile de donner ici la formule des bouillons les plus usités. — *B. de veau :* rouelle de veau, 125 gr. ; eau, 500 gr. *B. de poulet :* poulet maigre vidé, 125 gr. ; eau, 500 gr. *B. pectoral :* poulet maigre, la moitié ; raisins de caisse, une poignée ; salep, une cuillerée ; amandes douces concassées, de 12 à 20 ; dattes, 8 ; jujubes, 8 ; cerfeuil, une pincée ; eau, 500 gr. *B. de tortue :* chair de tortue vidée, 125 gr. ; eau, 375 gr. *B. de colimaçons :* colimaçons de vigne, 20 ; écrevisses concassées, 2 ; eau, 4 litre. On fait d'abord périr les animaux dans l'eau bouillante, on retire les coquilles ; on sépare les intestins, puis on fait cuire au bain-marie. *B. d'écrevisses :* écrevisses, 6 ; eau, 375 gr. On lave les écrevisses, on les pile, et on les fait cuire au bain-marie. Enfin, le *B. d'herbes,* si employé comme rafraîchissant et pour favoriser l'action des purgatifs, se prépare en général avec de l'oseille, de la poirée, du pourpier, du cerfeuil, etc.

BOUILLON, v. du Luxembourg belge, 5,000 hab. Ancienne place forte, château des ducs de Bouillon.

BOUILLON (GODEFROY DE), duc de Bouillon (1058-1100), chef de la 1ʳᵉ croisade, 1ᵉʳ roi de Jérusalem (1099).

BOUILLON-BLANC. s. m. T. Bot. Nom vulgaire du *Verbascum Thapsus,* dont les fleurs jaunes adoucissantes sont employées en infusion comme émollientes. Famille des *Scrofulariacées.* Voy. ce mot.

BOUILLONNANT, ANTE. adj. [Pr. bou-llo-nan, *ll* mouillées]. Qui bouillonne.

BOUILLONNEMENT. s. m. [Pr. bou-llo-neman, *ll* mouillées]. Mouvement, agitation d'un liquide qui bouillonne. *Le b. d'une source, de la mer. Le b. du sang.*

BOUILLONNER. v. n. [Pr. bou-llo-ner, *ll* mouillées] (R. *bouillon*). Se dit de l'eau et des autres liquides lorsqu'ils jaillissent, tombent ou s'agitent en formant des bouillons. *Une fontaine, une source qui bouillonne. Le sang bouillonnait en sortant de la plaie.* || Fig., *B. de fureur et de colère,* Être agité de fureur, de colère. Peu us. = BOUILLONNER. v. a. Faire de gros plis ronds nommés bouillons. *B. une robe.* = BOUILLONNÉ, ÉE. part. *Une robe bouillonnée.*

BOUILLOTTE. s. f. Voy. BOUILLOIRE.

BOUILLOTTE. s. f. [Pr. bou-llote, *ll* mouillées]. T. Jeu de cartes d'origine française, inventé sous le Directoire et qui était beaucoup joué par les cinq Directeurs, au palais du Luxembourg. Espèce de brelan à trois, quatre et cinq personnes, où l'on cède sa place quand on a perdu sa cave, c'est-à-dire ce qu'on avait devant soi. || Fig., *B.* de fureur de colère. || Nom des pétales repliés ou bombés qui se placent au centre de la rose dans la fabrication des fleurs artificielles.

BOUILLOTTER. s. m. Bouillir tout doucement.

BOUILLY (JEAN-NICOLAS), auteur de nombreuses pièces de théâtre et de livres de morale pour l'enfance (1763-1842).

BOUIN, s. m. T. Teinturier. Poignée d'écheveaux de soie.

BOUIS. s. m. T. Chapellerie. Façon donnée aux vieux chapeaux.

BOUJARON. s. m. T. Mar. Petite mesure qui contient un seizième de litre, et qui sert pour la distribution des liquides à l'équipage.

BOUJEAU. s. m. Assemblage de deux bottes de lin placées tête-bêche, afin de tenir moins de place au rouissoir.

BOUJON. s. m. Outil à plomber. || Marque que l'on mettait autrefois aux étoffes dans les manufactures de drap.

BOUKHARIE, l'un des États du Turkestan ; 3,000,000 d'hab.; cap. *Boucara*, 80,000 hab. Voy. la *Carte d'Asie*.

BOULAGE. s. m. (R. *bouillir*). T. Blanchisseur. Quantité de linge que l'on met à bouillir dans une chaudière. || T. Sucrerie. Se dit de la formation du sirop lorsque les betteraves sont placées dans la cuve et foulées.

BOULAIE. s. f. Lieu planté de bouleaux. Vx.

BOULAK, v. d'Égypte, près du Caire ; beau musée d'antiquités, 5,000 hab.

BOULANGE. s. f. (R. *boulanger*). T. Meunerie. Ce qui est moulu. || L'action de faire cuire le pain. || Bois de b. ou de *boulange*, Bouleau.

BOULANGER, ÈRE. s. (bas-lat. *bulengarius*, m. s., probablement de *butte* ou *boule*, avec un suffixe exprimant l'agent. Prop. Celui qui fait des pains ronds). Celui, celle dont le métier est de faire et de vendre du pain. *Maître b. Garçon b.*

BOULANGER. v. a. (R. *boulanger*). Pétrir le pain et le faire cuire. *Il sait b. On boulange bien à Paris.* ═ BOULANGÉ, ÉE. part. *Du pain bien boulangé.*

BOULANGER (Louis), peintre français (1806-1867).

BOULANGER (Gustave), peintre français (1824-1888).

BOULANGER (Ernest), général français, né à Rennes, célèbre par ses intrigues politiques. Se suicida à Bruxelles (1837-1891).

BOULANGERIE. s. f. (R. *boulanger*). L'art de faire le pain ; le commerce du boulanger. *Apprendre la b.* || Le lieu où l'on fait le pain dans certains établissements publics, dans les communautés, etc. *Aller à la b. La b. de l'hôpital.* || L'établissement, le fonds d'un boulanger. *Il a vendu sa b.*
Tech. — L'industrie de la *Boulangerie* n'existait pas chez les plus anciens peuples : les femmes, et principalement les esclaves femelles, étaient chargées non seulement de confectionner le pain nécessaire à la consommation de la famille, mais encore d'écraser et de moudre le grain. Aujourd'hui même, au centre de l'Europe civilisée, il y a bien des pays où le pain se fait dans chaque maison, et où ce travail pénible est laissé aux femmes. A Athènes, qui était à la fois la cité la plus industrielle et la plus civilisée de la Grèce, la fabrication du pain constituait évidemment une industrie spéciale, car il est parlé dans les auteurs des femmes (ἀρτοπώλιδες) qui le vendaient au marché. A Rome, la première b. publique fut établie vers l'an 581 de la fondation de la ville (173 ans av. J.-C.). Mais un siècle et demi plus tard, sous Auguste, il y avait déjà 200 établissements de ce genre, et leur nombre augmenta encore à mesure que s'accrut la population de la ville. Pendant toute la durée de l'Empire, les boulangers furent organisés en corporation et soumis à une réglementation assez minutieuse.
Les usages romains au sujet des boulangeries publiques s'introduisirent en Gaule au Ier siècle après J.-C. ; mais cette organisation disparut à la suite de l'invasion des barbares. Il ne resta qu'un petit nombre de boulangers dans les grandes villes. Presque partout, chaque famille faisait son pain elle-même. La boulangerie commença à se réorganiser à Paris sous le règne de Philippe-Auguste. A partir de saint Louis, les boulangers formèrent une corporation puissante qui monopolisa l'exploitation de cette industrie, et trop souvent au détriment des consommateurs. On les nommait aussi *Talemeliers*.
Le commerce de la b. fut rendu libre par la loi du 17 mars 1791 ; mais ce régime de liberté ne subsista pas longtemps, car il fut soumis à certaines restrictions par la loi du 19 juillet 1791, et aboli par l'arrêté du 11 octobre 1801. Un assez grand nombre d'arrêtés et d'ordonnances ont été rendus depuis cette époque pour réglementer l'exercice de cette industrie. Enfin, le décret du 22 juin 1863 rétablit la liberté

de la b. Cependant, la loi du 19 juillet 1791 n'a pas été abrogée, et les municipalités conservent le droit de taxer le pain quand cette mesure leur paraît nécessaire. A plusieurs reprises, les boulangers réunis en congrès ont demandé l'abrogation de cette loi qui nuit à leur commerce, en laissant aux municipalités le droit d'imposer un prix de vente sans se bien rendre compte des motifs qui peuvent justifier un prix élevé, et qui, en tous cas, ne paraît plus conforme aux idées modernes sur la liberté du commerce.
Pour ce qui regarde la fabrication de Paris, voy. PAIN et PÉTRIN.

BOULANGÉRITE. s. f. T. Min. Sulfure d'antimoine et de plomb en masses d'un gris bleuâtre à éclat métallique.

BOULAR s. m. L'un des noms de la mésange à longue queue.

BOULAY, anc. ch.-l. de c. (Moselle), arr. de Metz (à l'Allemagne depuis 1871), 2,800 hab.

BOULAY DE LA MEURTHE, l'un des rédacteurs du Code civil (1761-1840). || BOULAY DE LA MEURTHE (Henri), fils du précédent, a été vice-président de la République française, de 1849 à 1851.

BOULDURE. s. f. Fosse sous la roue des moulins à eau.

BOULE, ébéniste sculpteur, célèbre par la fabrication de meubles de luxe, ornés de bronze ou de mosaïques de bois,

d'incrustations de cuivre et d'écaille (1642-1732). La Fig. représente une armoire de Boule qui se trouve au musée du Louvre, et qui donne bien le type de ce genre.

BOULE. s. f. (lat. *bulla*, m. s.). Corps sphérique, corps rond en tous sens. Il se dit surtout des objets de cette forme faits par la main de l'homme. *B. de bois, d'ivoire, de marbre, de fer, de cuivre*, etc. *B. creuse. On se sert quelquefois de boules pour rôter au scrutin. B. blanche, rouge, noire. Une b. de neige.* || Par ext. et fam., *Être rond comme une b., Être gros et replet.* On dit aussi, *Se mettre en b., Se ramasser, se pelotonner.* || Fig. et fam., *La b. noire lui tombe toujours,* Le sort lui est toujours défavorable. — *Il attrape toujours la b. noire,* C'est toujours sur lui que tombent les mauvais traitements. || *Jeu de b.,* Jeu où plusieurs personnes font rouler des boules vers un but, en cherchant à les faire arriver le plus près possible de ce but. — *Le lieu où l'on joue à la b. Jeu de b. couvert.* || *T. Jeu de quilles. Pied à b.,* se dit pour avertir celui qui joue à rabattre, de tenir le pied à l'endroit où sa b. s'est arrêtée. On dit aussi, *Tenir pied à b.* —Fig. et fam., *Tenir pied à b.,* Être extrêmement assidu, s'attacher à quelque travail avec application et persévérance. *Faire tenir pied à b. à quelqu'un,* L'obliger à une grande assiduité. || T. Pharm. *B. de Mars. B. de Nancy,* Boules vulnéraires composées d'un tartrate de fer et de potasse. *Eau de b.,* Boules de Mars dissoutes dans l'eau-de-vie. Voy. FER. || Se dit de certains arbrisseaux taillés en forme de b. *Une b. de myrthe, de chèvrefeuille.* || T. Bot. *B. de neige,* Nom vulgaire d'une variété d'obier. Voy. CAPRIFOLIACÉES. ⇒ À BOULE VUE, A LA BOULE VUE. loc. adv. Précipitamment, avec peu d'attention. *Faire quelque chose à la b. vue, à b. vue.*

BOULÉ. s. m. Un des noms vulgaires du Pluvier. || T. Mét. Degré de cuisson d'un sirop.

BOULEAU. s. m. T. Bot. Genre d'arbres de la famille des *Cupulifères.* Voy. ce mot.

BOULEDOGUE. s. m. (angl. *bull-dog*, m. s., de *bull*, taureau, et *dog*, chien). T. Mam. Variété de dogue plus petite et plus féroce que le grand dogue. Voy. CHIEN.

BOULÉE. s. f. (R. *boule*). Sédiment qui reste au fond de la poêle dans laquelle on a fondu le suif. || Ratissure des roques de harengs.

BOULEJON. s. m. T. Pêche. Filet qui sert à prendre des sardines.

BOULER. v. n. (R. *boule*). Enfler son jabot en parlant du pigeon. || Se renfler, en parlant du pain. || T. Fleur. Gaufrer à la boule sur une pelote.

BOULERAIE. s. f. (R. *bouleau*). Lieu planté de bouleaux.

BOULET. s. m. (R. *boule*). Boule de fonte de fer, de différentes grosseurs, dont on charge les canons. *Un b. de vingt-quatre livres. Il fut tué d'un b. de canon. On chargeait autrefois les canons avec des boulets de pierre. B. rouge, B. chauffé au rouge et destiné à incendier les ouvrages de l'ennemi.* — Par ext., Projectile de canon, quelle que soit sa forme. Voy. CANON, PROJECTILE. || Fig. et fam., *Tirer à boulets rouges sur quelqu'un,* En dire les choses les plus offensantes; ou le tourmenter par des railleries, par des épigrammes. || T. Art vétérin. Articulation du canon avec le pâturon. Voy. CHEVAL. || T. Bot. *B. de canon,* Fruit du couroupite. Voy. LÉCYTHIDÉES. || *Peine du b.,* Peine afflictive et infamante, aujourd'hui supprimée, et qui consistait à traîner un b. attaché par une chaîne à une ceinture que portait le condamné.

BOULETAN. s. m. T. Navig. Pièce de bois courbe.

BOULETÉ, ÉE. adj. T. Art vétér. Se dit d'un cheval dont le boulet est hors de sa situation naturelle. *Ce cheval est bouleté.*

BOULETTE. s. f. [Pr. *boulète*] (Dimin. de *boule*). Petite boule de cire, de mie de pain, de papier, etc. *Ces écoliers ne font que se jeter des boulettes.* || T. Cuis. Petite boule de pâte ou de chair hachée. *Mettre des boulettes dans un pâté.* || Pop. Sottise. *Il vient encore de faire une b.*

BOULETURE. s. f. Déviation du boulet, état d'un cheval bouleté.

BOULEUR. s. m. Celui qui bat l'eau. || Acteur qui précipite ses paroles.

BOULEUTICON. s. m. (gr. βουλευτής, sénateur, de βουλή, conseil). T. Antiq. gr. Partie d'un théâtre grec réservée aux vieillards et aux magistrats.

BOULEUX. s. m. Se dit d'un cheval trapu qui n'est propre qu'aux travaux de fatigue pour lesquels on n'a pas besoin de vitesse. *Ce cheval est un assez bon b.* || Fig. et fam., *C'est un bon b.,* C'est un homme d'une capacité médiocre, mais qui fait avec ordre et régularité la besogne dont on le charge.

BOULEVARD. s. m. [On écrit parfois *Boulevart*] (all. *bollwerk*, défense, fortification, de *bohle*, ais, poutre, et *werk*, ouvrage). Le terre-plein d'un rempart. *Un b. revêtu de pierre.* N'est plus usité dans le langage de la fortification moderne. || Par ext., Promenade plantée d'arbres qui fait le tour d'une ville, et occupe habituellement la place d'anciens remparts. *Les boulevards de Paris, les boulevards intérieurs, extérieurs.* || Terrasse soutenue par un mur de soutènement ou des pièces de charpente. || Fig., se dit d'une place forte qui met une grande étendue de pays à couvert de l'invasion des ennemis. *Malte fut longtemps le b. de la chrétienté contre les Turcs.* — Dans un sens encore plus fig., tout ce qui offre sauvegarde et protection à une grande réunion d'hommes, à un ou plusieurs peuples. *Ce héros fut le b. de la chrétienté. L'union des citoyens est le plus sûr b. de l'État.*

Art milit. — Le mot *Boulevard,* qui ne présente aujourd'hui à l'esprit que l'idée d'une promenade plantée d'arbres, désignait, à l'origine, un ouvrage de fortification construit en avant d'une ville, pour la défendre. Le b. au XIVe siècle et au XVe consistait en un rempart de terre soutenu par des charpentes et par des clayonnages. On l'employa d'abord pour couvrir les portes, qui étaient, dans les premiers temps de l'artillerie à feu, la partie la plus vulnérable des places fortes. Plus tard on établit des boulevards devant les courtines. Les avantages qu'ils donnèrent à la défense furent tels qu'ils devinrent le point de mire de l'attaque. Il fallut alors augmenter leur force au moyen de constructions et de dispositions nouvelles ; ces perfectionnements successifs transformèrent le b. en bastion. Au milieu du XVIe siècle, les deux expressions étaient souvent employées comme synonymes. C'est ainsi que F. de Boivin, baron de Villars, faisant la description de la place de Coni, dit : « Ces deux autres côtés sont armés d'une forte muraille, de bons fossés, et de quatre boulevards, et d'un petit qu'on appelle le bastion vert, parce qu'il estoit tout faict de gazons ayant un ruisseau au pied. »

Aujourd'hui, à Paris, les *boulevards intérieurs* ou *grands boulevards* qui s'étendent de la Bastille à la Madeleine, marquent l'emplacement, entre ces deux points, de l'ancienne enceinte de Louis XIII. C'est sous Louis XIV que, Vauban ayant couvert les frontières de places fortes, les fortifications de Paris furent jugées inutiles et remplacées par des promenades plantées d'arbres. Les boulevards extérieurs occupent l'emplacement du *mur d'octroi* construit en 1782 sur les conseils des fermiers généraux et démoli en 1860, lorsqu'on annexa à Paris les communes suburbaines comprises entre ce mur et les fortifications construites en 1840 sur l'initiative de Thiers. De plus, on donne aujourd'hui à Paris le nom de boulevards à de nombreuses voies plantées d'arbres situées dans l'intérieur de la ville, et à la voie circulaire très large et également plantée d'arbres qui longe les fortifications du côté intérieur. Cette dernière est partagée en plusieurs tronçons qui sont désignés par les noms de généraux du premier Empire.

BOULEVARDER. v. n. Fréquenter les boulevards de Paris.

BOULEVARDIER. s. m. Celui qui fréquente les boulevards.

BOULEVERSEMENT. s. m. Renversement, dérangement total de l'ordre d'une chose, mélange et confusion de toutes ses parties. *Ce tremblement de terre fit un b. général.* || Fig., se dit en parlant d'un État, des affaires publiques ou particulières. *Les bouleversements qui renversent les empires. Le b. des affaires, des idées.*

BOULEVERSER v. a. (lat. *bulla*, boule ; *versare*, tourner).

Guiner, abattre, renverser entièrement. *L'ouragan a tout bouleversé.* ‖ Agiter, troubler avec violence. *La surface des mers est bouleversée par la tempête.* ‖ Déranger, mettre sens dessus dessous. *Ma bibliothèque est tellement bouleversée, que je ne puis plus trouver les livres dont j'ai besoin.* ‖ Fig., au sens physique et au sens moral, B. se dit en parlant d'un grand désordre, d'une confusion extrême. *Cet événement bouleversa toute l'Europe. Ce ministre a bouleversé l'État.* On dit dans le même sens, *Cela m'a bouleversé, m'a tout bouleversé,* Cela m'a causé une très grande émotion. = BOULEVERSÉ, ÉE. part.

BOULEVUE. (À ou A LA). loc. adv. Voy. BOULE.

BOULGARINE, romancier russe (1789-1859).

BOULICHE. s. f. T. Pêche. Sorte de seine.

BOULIER. s. m. T. Pêche. Espèce de filet qu'on tend aux embouchures des étangs salés.

BOULIER. s. m. (R. *bouillir*). Pot de terre.

BOULIER. s. m. (R. *boule*). B. compteur, Appareil servant dans les écoles de petits enfants à enseigner l'arithmétique et composé de petites boules glissant sur des tringles.

BOULIGON. s. m. T. Pêche. Sorte de filet à mailles étroites.

BOULIMIE. s. f. (gr. βουλιμία, m. s., de βοῦς, bœuf, et λιμός, faim). T. Méd. Faim insatiable produisant quelquefois des espèces de défaillances. Voy. APPÉTIT.

BOULIN. s. m. (bas-lat. *bolinus*). Trou pratiqué dans un colombier pour y faire nicher les pigeons. *Un colombier garni de boulins.* ‖ Pot de terre destiné au même usage. ‖ T. Maçon. Se dit des trous qu'on fait à un mur pour recevoir les pièces de bois qui portent les échafaudages; et par ext., de ces pièces de bois mêmes.

BOULINAGE. s. m. T. Mar. Action d'aller à la bouline.

BOULINE. s. f. T. Mar. (angl. *bow*, arc; *line*, corde). Corde amarrée vers le milieu de chaque côté d'une voile, et qui sert à la porter de biais pour la forcer à prendre le vent de côté. *La b. de la grande voile.* — *Aller à la b.,* Tenir le plus près du vent, recevoir le vent de biais en mettant les voiles de côté à l'aide des boulines. ‖ *Courir la b.,* se disait d'un châtiment qui consistait à faire passer le condamné entre deux haies de matelots qui le frappaient avec des garcettes. *La peine de la b. a été abolie par décret du 12 mars 1848.*

BOULINER. v. a. T. Mar. Haler la bouline, les boulines. *B. une voile.* = BOULINER. v. n. Aller à la bouline, naviguer avec un vent de biais. *Il nous faudra b.* ‖ Fig. et fam., *Il va boulinant,* se dit d'un homme un peu lourd, qui va d'un pas pesant et incertain. Inus. = BOULINÉ, ÉE, part.

BOULINETTE. s. f. [Pr. *boulinète*] (Dimin. de *bouline*). T. Mar. Bouline de vent du petit hunier, orientée au plus près.

BOULINGRIN. s. m. (angl. *bowling*, jeu de boule; *green*, vert). Pièce de gazon que l'on tond et que l'on entretient dans un parc. *Dans ce b. les fleurs champêtres se mêlent à la verdure.*

BOULINGUE. s. f. (R. *bouline*). T. Mar. Petite voile du haut du mât.

BOULINIER. s. m. T. Mar. Se dit d'un navire, suivant qu'il va bien ou mal à la bouline. *Ce navire est un bon b., un mauvais b.* Vx et peu us.

BOULLEUR. s. m. T. Pêc. Celui qui bouille.

BOULOGNE, ch.-l. de c. (Haute-Garonne), arr. de Saint-Gaudens, 2,000 hab.

BOULOGNE-SUR-MER, ch.-l. d'arr. (Pas-de-Calais), port sur la Manche : commerce important, 56,200 hab. = Nom des hab. : BOULONNAIS, AISE.

BOULOGNE-SUR-SEINE, commune du dép. de la Seine, c. de Neuilly, arr. de Saint-Denis, 32,100 hab. = BOIS DE BOULOGNE, grand parc à la porte de Paris, du côté ouest, entre Boulogne, Neuilly, les fortifications et la Seine. Promenade très fréquentée par le monde élégant.

BOULOIR. s. m. (vx fr. *bouler,* rouler, tourner; de *boule*). T. Maçon. Instrument avec lequel on remue la chaux quand on l'éteint, et quand on la mêle avec le sable ou le ciment.

BOULOIRE, ch.-l. de c. (Sarthe), arr. de Saint-Calais, 2,200 hab.

BOULOIS. s. m. Morceau d'amadou pour mettre le feu au saucisson d'une mine.

BOULON. s. m. (R. *boule,* à cause de la forme de la tête). T. Techn. Cheville de fer qui a une tête à un bout, et à l'autre une ouverture par laquelle on passe une clavette pour l'arrêter et qui sert à relier des poutres et des barres de fer. Il y a aussi des boulons filetés qui se vissent dans des ouvertures également filetées; alors la clavette est supprimée comme inutile. D'autrefois, le b. fileté s'engage dans un trou non fileté et est arrêté au delà du trou par un écrou qu'on visse sur son extrémité libre, ce qui permet d'obtenir un serrage gradué. Quelquefois, quoique le trou soit fileté, on adapte néanmoins à l'extrémité du b. un écrou dit *écrou de contre-serrage.*

BOULONGEON. s. m. T. Papet. Étoffe grossière et de rebut.

BOULONNAIS, anc. comté de France, sur la Manche, cap. BOULOGNE-SUR-MER.

BOULONNER. v. a. Arrêter avec un boulon. Se dit surtout en parlant des pièces de charpente. *B. une poutre.* = BOULONNÉ, ÉE, part.

BOULONNERIE. s. f. Objets pour boulonner.

BOULONNIER. s. m. Ouvrier fabriquant des boulons.

BOULONNIÈRE. s. f. (R. *boulon*). Sorte de tarière.

BOULOTTER. v. n. [Pr. *bouloter*] (R. *boule;* faire aller sa petite boule). T. pop. Vivoter, vivre tant bien que mal.

BOULURE. s. f. T. Hortic. Rejeton qui pousse sur la racine d'un arbre.

BOUQUE. s. f. (R. *bouche*). T. Navig. Se disait en Amérique pour désigner une passe, une bouche, un canal, un détroit. Ce mot a vieilli, mais ses dérivés, *Embouquer* et *Débouquer,* sont encore usités.

BOUQUER. v. a. (R. *bouche*). Baiser par force. Ne se dit guère au propre que d'un singe ou d'un enfant que l'on force à baiser ce qu'on leur présente. *Bouquez cela.* ‖ Fig., *Faire b. quelqu'un,* Le forcer à faire quelque chose qui lui déplaît, ou l'empêcher de faire ce qu'il voulait. *Il a eu beau résister, on l'a fait b.* Fam. et vx. = BOUQUÉ, ÉE. part.

BOUQUET. s. m. (all. *busch,* touffe d'arbres). Assemblage de fleurs liées ensemble. *Un b. de fleurs, de roses, d'œillets.* ‖ Fig., Petite pièce de vers adressés à une personne le jour de sa fête. *B. à une dame* — Cadeau que l'on fait à une personne le jour de sa fête. *J'ai donné à ma fille une robe pour son b.* ‖ Par ext., *Bouquet* se dit de l'assemblage de certaines choses qui sont liées ensemble, ou qui tiennent naturellement l'une avec l'autre. *Un b. de plumes. Un b. de diamants. Un b. de cerises.* — *B. de paille,* Poignée de paille tortillée que l'on met à la queue ou au cou d'un cheval ou de quelque autre animal, pour indiquer qu'il est à vendre. — Fig. et prov., *Cette fille a le b. sur l'oreille,* Elle est à marier. On dit encore : *Cette maison a le b. sur l'oreille,* Elle est à vendre. ‖ *Avoir la barbe par bouquets,* N'en avoir que par petites touffes, par-ci par-là. ‖ T. Pyrot. *B. d'artifice,* Paquet de différentes pièces d'artifice qui partent ensemble. *B. de fusées,* Paquet de fusées qui partent en même temps. Absol., *Le bouquet,* se dit de la gerbe de fusées ou girandole qui termine un feu d'artifice. — Fig. et fam., *Réserver une chose pour le b.,* Réserver pour la fin ce qu'il y a de mieux, de meilleur dans un récit, dans une fête, etc. *Je réservais cela pour le b.* || Le parfum qu'exhalent certains vins *Ce vin a un b. agréable.*

Chim. -- *Bouquets artificiels des vins et des liqueurs.* -- En traitant par des agents appropriés l'acide butyrique, qui donne au beurre rance son odeur désagréable ; *l'huile de pomme de terre* (alcool amylique) qu'on élimine avec tant de soin dans la rectification des alcools de fécule, à cause de son infection ; *l'huile de goudron de houille,* d'odeur désagréable, on peut créer des composés nouveaux, éthérés, développant les senteurs les plus suaves et rappelant les parfums les plus délicats des fleurs et des fruits. C'est avec des matières nauséabondes qu'on fait à volonté les essences d'ananas, d'abricots, de *rhum,* de *cognac,* de *framboises,* etc., qui servent à parfumer agréablement les alcools de betteraves pour en faire des liqueurs, et les petits vins de raisins secs pour relever leur saveur et leur donner du ton. Voy. ESSENCE, LIQUEUR, VIN, RHUM.

BOUQUET. s. m. (R. *bouc*). T. Art vétér. *Bouquets,* au plur., se dit d'une espèce de gale qui vient au museau des moutons. || T. Pathol. Petite croûte qui se forme quelquefois sur la joue. || T. Pêc. Sorte de crevette, la plus grosse de toutes ; prop. *petit bouc.* || Outil du relieur qui sert à incruster des ornements. || T. Typog. *Feuille tirée par b.,* Feuille où les caractères ont été imprimés inégalement.

BOUQUETIER. s. m. Vase propre à mettre des fleurs.

BOUQUETIÈRE. s. f. Celle qui fait des bouquets de fleurs naturelles pour les vendre.

BOUQUETIN. s. m. T. Mamm. Nom de plusieurs espèces de chèvres. Voy. CHÈVRE.

BOUQUETON. s. m. Filet à prendre les crevettes.

BOUQUETOUT. s. m. Sorte de filet servant dans la Normandie à la pêche de la crevette.

BOUQUETTE. s. f. [Pr. *bouquète*]. L'un des noms du blé sarrasin.

BOUQUIN. s. m. Vieux bouc. *Sentir le b,* Avoir l'odeur puante d'un vieux bouc. || T. Mythol. Se dit quelquefois des satyres, parce qu'on les représentait faits comme des boucs depuis la ceinture jusqu'en bas. Vx. || *Cornet à b.,* Sorte de trompe recourbée ordinairement faite d'une corne. || Embouchure d'une pipe. *B. d'ambre.* || T. Chasse. Se dit du lièvre mâle. *Dans cette chasse j'ai tué deux bouquins.*

BOUQUIN. s. m. (all. *buch,* livre). Un vieux livre dont on fait peu de cas. *C'est un amateur de bouquins.* — Par ext., livre en général.

BOUQUINER. v. n. (R. *bouquin,* bouc). T. Chasse. Se dit des lièvres, lorsqu'ils couvrent leurs femelles.

BOUQUINER. v. n. (R. *bouquin,* livre). Chercher de vieux livres, et en général des livres d'occasion, dans les boutiques ou sur les étalages des libraires. *Il passe ses journées à b.* Fam. || Se dit de l'habitude de lire des bouquins. *Il passe tout le jour à b. dans son cabinet.* Fam.

BOUQUINERIE. s. f. Amas de bouquins, de vieux livres peu estimés. || Boutique de bouquiniste. Fam.

BOUQUINEUR s. m. Celui qui recherche les vieux livres, qui aime à bouquiner. *C'est un b.* Fam.

BOUQUINISTE, s. m. Celui qui achète et revend de vieux livres, des bouquins.

BOURACAN. s. m. (ar. *barrakan,* m. s., de *barak,* s'accroupir en parlant des chameaux, d'où étoffe en poil de chameau). Espèce de gros camelot.

BOURACHER. s. m. Ouvrier qui travaille au ras de Gênes et autres étoffes de soie.

BOURAGUE ou **BOURAQUE.** s. f. T. Pêc. Nasse d'osier faite en forme de souricière.

BOURAIS. s. m. T. Agric. Terrain argileux, compact et profond.

BOURBASSE. s. f. (R. *bourbe,* et le suffixe péj. *asse*). Nom des matières solides qui descendent au fond de la fosse d'aisances.

BOURBE. s. f. (cell. *berw,* bouillonnement, à rapprocher du gr. βορβορος, fange) Fange, boue. Ne se dit que de la fange qui se forme dans les eaux croupissantes, dans les étangs, dans les marais. *Une b. épaisse. Cette carpe sent la b.* = Syn. Voy. BOUE.

BOURBEUX, EUSE. adj. Plein de bourbe. *Eau bourbeuse. Un chemin b.*

BOURBIER. s. m. (R. *bourbe*). Lieu plus ou moins profond qui est plein de bourbe. *S'engager dans un b.* || Fig. et fam., *Se mettre dans un b.,* S'engager dans une mauvaise affaire. *Il aura bien de la peine à se tirer du b. dans lequel il s'est mis.*

BOURBILLON. s. m. [Pr. les *ll* mouillées] (R. *bourbe*). T. Pathol. Portion de tissu cellulaire, corps filamenteux, blanchâtre et tenace, qui occupe le centre d'un furoncle ou d'un javart. Voy. FURONCLE.

BOURBON (Ile). Voy. RÉUNION.

BOURBON (Maison de). Illustre maison française qui tire son nom du fief de Bourbon-l'Archambault et qui remonte à *Robert de Clermont,* sixième fils de saint Louis. Une première branche issue de LOUIS, duc de Bourbon, fils de Robert, a donné naissance aux cinq ducs qui jouèrent un rôle important sous les règnes de Jean, de Charles V, de Charles VI et de Charles VII, et au fameux *Connétable de Bourbon,* disgracié par François Ier et tué au siège de Rome (1527). || Une deuxième branche issue du même LOUIS a fourni ANTOINE, roi de Navarre par son mariage avec Jeanne d'Albret, et père de HENRI IV, qui fut, en 1589, la tige des Bourbons de France jusqu'à CHARLES X, et dont le dernier représentant a été le *Comte de Chambord.* || Une troisième branche issue de Philippe, fils de Louis XIII et frère de Louis XIV, connue sous le nom de *Bourbons-Orléans,* a donné PHILIPPE D'ORLÉANS, régent pendant la minorité de Louis XV ; LOUIS-PHILIPPE, dit *Égalité,* qui siégea à la Convention et vota la mort de Louis XVI, et LOUIS-PHILIPPE Ier, roi de France. || Une quatrième branche issue de PHILIPPE V, roi d'Espagne, petit-fils de Louis XIV, est celle des *Bourbons d'Espagne* qui occupe encore aujourd'hui (1893) le trône d'Espagne en la personne d'ALPHONSE XIII. || Les *Bourbons des Deux-Siciles* ou de *Naples* qui ont occupé le trône de Naples jusqu'en 1860, et les *Bourbons de Parme* qui ont perdu leur duché en 1859, descendent également de Philippe V. Voy. ORLÉANS.

BOURBON (Cardinal de), oncle d'Henri IV, proclamé roi de France sous le nom de Charles X par les Ligueurs, m. en 1590.

BOURBONIEN, IENNE, adj. Qui a rapport à la famille des Bourbons.

BOURBON-LANCY, ch.-l. de c. (Saône-et-Loire), arr. de Charolles, 3,900 hab.

BOURBON-L'ARCHAMBAULT, ch.-l. de c. (Allier), arr. de Moulins, 4,000 hab. — On y remarque la tour *Quiquen-*

qrogne, bâtie par Louis Ier, duc de Bourbon, au XIVe siècle; et les ruines d'un château féodal détruit par Pépin le Bref en 789, et reconstruit par Archambault 1er au XIIIe siècle, lequel fut le berceau de la grande maison des Bourbons.

BOURBONNAIS, ancienne prov. de France, cap. *Moulins*, a formé le dép. de l'*Allier* et une partie de celui du *Cher*.

BOURBONNE-LES-BAINS, ch.-l. de c. (Haute-Marne), arr. de Langres, 4,500 hab. Eaux thermales.

BOURBONS-ORLÉANS. — Voy. BOURBONS et ORLÉANS.

BOURBON-VENDÉE, anc. nom de LA ROCHE-SUR-YON. Voy. ce mot.

BOURBOUILLE. s. f. Maladie de la peau, lichen vésiculaire, commune dans les pays chauds.

BOURBOULE (LA), v. du Puy-de-Dôme, arr. de Clermont-Ferrand, c. de Rochefort, sur la Dordogne, 1,700 hab. Eaux thermales.

BOURBOURG, ch.-l. de c. (Nord), arr. de Dunkerque, 5,200 hab.

BOURBRIAC, ch.-l. de c. (Côtes-du-Nord), arr. de Guingamp, 4,200 hab.

BOURCER ou **BOURSER**. v. a. (R. *bourse*). T. Mar. *Bourcer la voile*, Tendre seulement une partie de la voile pour qu'elle prenne peu de vent.

BOURCET, s. m. (holl. *boeg zeil*, voile de l'avant : *boeg*, avant ; *zeil*, voile). T. Mar. *Voile à bourcer*, Voile au tiers, voile trapézoïde suspendue au mât par un point pris au tiers de son envergure.

BOURCETTE. s. f. (Dimin. de *bourse*). T. Bot. Syn. de mâche. Voy. VALÉRIANÉES.

BOURDAINE ou **BOURGÈNE.** s. f. (bas-lat. *bourdena*, m. s. Peut-être même origine que *bourdon*, bâton). T. Bot. Arbrisseau du genre nerprun (*Rhamnus Frangula*), appelé aussi *Aulne noir.* Voy. RHAMNÉES.

BOURDALOU. s. m. (R. *Bourdaloue*, n. pr.). Tresse qu'on attache avec une boucle autour de la forme d'un chapeau. || Sorte de pot de chambre de forme oblongue.

BOURDALOUE, célèbre prédicateur, né à Bourges (1632-1704), prêcha devant Louis XIV avec un grand succès.

BOURDE. s. f. (contr. de *behort*, joûte à la lance, ou sanscr. *barh*, parler). Fausseté, tromperie, mensonge. *Il vous dit qu'il vient de chez sa mère, c'est une b.; il sort du cabaret. Conteur de bourdes.* Pop. || Grosse erreur ou grosse faute. || Sorte de grande perche. || T. Mar. Mât pour soutenir un bâtiment échoué. || T. Mét. Mélange de sel et de soude pour fabriquer du savon et du verre

BOURDEAUX, ch.-l. de c. (Drôme), arr. de Die, 1,200 hab.

BOURDER. v. n. Se moquer, dire des mensonges, des sornettes. Pop.

BOURDEUR. s. m. Menteur; celui qui donne des bourdes. Pop.

BOURDIGUE. s. f. (bas-lat. *bordigata*, dimin. de *borda*, demeure). T. Pêc. Haie de roseaux formant piège pour prendre le poisson.

BOURDILLON. s. m. [Pr. les *ll* mouillées] (R. *bourde* ou *bourdon*, bâton). T. Tonnelier. Bois refendu propre à faire des futailles.

BOURDON. s. m. (sanscr. *barh*, frapper? ou vx fr. *behort*, lance). Long bâton fait au tour, surmonté d'un ornement en forme de pomme, et que les pèlerins portent ordinairement dans leurs voyages. *Marcher le b. à la main*. || T. Blas. Meuble d'écu figurant un b. de pèlerin. || T. Agric. Perche

formée d'un arbre dépouillé de son écorce. || T. Milit. anc. Lance dont on se servait dans les tournois.

BOURDON. s. m. (coll. *bürdun*, bourdonnement). T. Mus. Le ton qui sert de basse continue dans divers instruments, tels que la vielle, la musette, la cornemuse. — La corde grave de la vielle qui donne constamment le même ton. — *Faux-b.*, Partie de basse d'un plain-chant, transformée en une partie de haute-contre. Voy. PLAIN-CHANT. — *B. d'orgue*, Jeu d'orgue composé des plus gros tuyaux et rendant les sons les plus bas. Voy. ORGUE. || Une grosse cloche. *Le b. de Notre-Dame de Paris.* || T. Entom. Insecte voisin des abeilles.

Zool. — Le *Bourdon (Bombus)* est un genre d'insectes qui appartient à l'ordre des *Hyménoptères* et à la famille des *Mellifères*, section des *Apiaires*. Les bourdons sont remarquables par leur corps fort gros et très velu ; leur lèvre inférieure est presque cylindrique et constitue, avec les autres parties de la bouche, une fausse trompe presque aussi longue que le corps quand elle est déployée: leurs antennes sont filiformes et vibratiles ; leurs ailes antérieures présentent une cellule radiale assez grande et quatre cellules cubitales. Ces insectes, lorsqu'ils volent, tiennent leur trompe allongée, et produisent, dit-on, avec cet organe un frottement monotone, appelé *bourdonnement*, qui leur a valu leur nom.

Les bourdons vivent en sociétés qui comptent depuis 50 à 60 individus jusqu'à 200 et même 300, selon les espèces. Ces sociétés sont composées, comme celles de tous les hyménoptères sociaux, de mâles, de femelles, et en immense majorité d'ouvrières ou neutres qui sont des femelles dont les organes reproducteurs sont atrophiés. Ces sociétés, chez les bourdons, sont simplement annuelles. A l'entrée de l'hiver, elles se dispersent ; les mâles et les ouvrières meurent dès les premiers froids; les femelles, pleines d'œufs fécondés, se réfugient dans un creux de rocher ou dans tout autre abri à l'exposition du midi; elles y passent l'hiver dans un sommeil léthargique. Beaucoup périssent par la rigueur du froid. Celles qui ont survécu se réveillent au

printemps et se mettent aussitôt au travail. Chaque femelle construit seule le nid où elle pond ses premiers œufs et nourrit ses premières larves. Bientôt sa tâche est rendue plus facile par les ouvrières qui naissent de ces larves. Par une exception unique dans la famille des *Mellifères*, les familles de bourdons contiennent deux ordres de femelles : 1° les mères, destinées à survivre à leur famille annuelle ; 2° quelques ouvrières, beaucoup plus petites que leurs mères, mais pourvues d'organes reproducteurs et pouvant pondre des œufs dont les larves ne donnent naissance qu'à des mâles. Toutes ces femelles, tant les grandes que les petites, dont il existe toujours plusieurs dans chaque nid, vivent ensemble dans la meilleure intelligence. La plupart des espèces de bourdons pratiquent dans le sol, enfoncés souvent à une profondeur de 60 centim., et assez spacieux pour que toute la colonie puisse y vivre et y multiplier à l'aise. On comprend à peine comment, à son réveil à l'époque du printemps, la femelle du b. peut creuser seule sa demeure et le passage qui y conduit. Elle y nourrit ses larves d'un miel approprié à leurs besoins. Celles-ci sont logées dans des cases irrégulières formées d'une cire brune analogue à celle des abeilles; une couche de même nature tapisse tout l'intérieur du nid. Chaque larve, avant de se changer en nymphe, se file une coque dans laquelle elle se suspend la tête en bas. Après y avoir subi sa dernière métamorphose, elle sort de sa prison, en coupant la partie inférieure de sa coque. Les bourdons mâles sont en général plus petits que les femelles et même que les ouvrières. A la campagne, les enfants poursuivent ces insectes pour les tuer et sucer le miel renfermé dans leur corps.

On compte en Europe une quinzaine d'espèces du genre b. Les plus répandues chez nous sont : le *B. des mousses* à poils du thorax fauves; les mâles, les femelles et les ouvrières sont semblables quant à la couleur; le *B. des pierres*, ainsi nommé parce que cette espèce est la seule, parmi les bourdons, qui établit son nid à la surface de la terre, sous des pierres : la femelle est totalement noire, avec un peu de rouge à l'anus, et le mâle a le devant de la tête et les deux extrémités du thorax d'un jaune vif, avec l'anus rouge. Le *B. souterrain* ou *B. terrestre* (Fig. p. 753), dont tous les individus sont noirs, avec la partie antérieure du thorax et la base de l'abdomen jaunes, et l'anus blanc. Ces trois bourdons sont communs dans les environs de Paris, ainsi que le *B. des jardins*, très peu différent du *B. terrestre*. — On donne communément, mais à tort, le nom de *Bourdon* au mâle de l'abeille commune, qu'on appelle aussi plus correctement *Faux-bourdon.* Voy. ABEILLE et APIAIRES.

BOURDON. s. m. (R. *bourde*, faute). T. Typogr. Omission d'un mot entier ou de plusieurs mots. Voy. ÉPREUVE.

BOURDON (SÉBASTIEN), peintre français (1622-1671).

BOURDONNASSE. s. f. [Pr. *bourdo-nace*] (R. *bourde*, ou *bourdon*, lance, bâton). Anc. T. Milit. Lance italienne très légère dont la hampe était creuse.

BOURDONNEMENT. s. m. [Pr. *bourdo-neman*] (R. *bourdonner*). Bruit que font entendre quelques petits oiseaux et beaucoup d'insectes, comme bourdons, mouches, etc., lorsqu'ils volent, et quelquefois lorsqu'on les saisit. *Le b. des oiseaux-mouches, des abeilles, des hannetons*, etc. || Fig., Le murmure sourd et confus d'un grand nombre de personnes réunies qui parlent, qui discutent entre elles. *Le b. d'une assemblée.* || B. ou *tintement d'oreille*, Bruit sourd et plus ou moins continu que l'on perçoit quelquefois, mais qui n'est pas produit par une cause extérieure. *Le b. d'oreille résulte le plus souvent d'une congestion sanguine ou d'une altération de l'innervation dont l'encéphale est le siège.*

BOURDONNER. v. n. [Pr. *bourdo-ner*] (R. *bourdon*, note grave). Bruire sourdement. Se dit, au propre, du bourdonnement des insectes, etc. *Les mouches bourdonnaient à nos oreilles.* || Se dit, par ext., du murmure sourd et confus d'un grand nombre de personnes qui parlent ensemble. *Après son discours on entendit b. toute l'assemblée.* = BOURDONNER. v. a. Chanter à demi-voix, entre ses dents. *Il bourdonne toujours quelques vieux airs.* Fam. || Fig., Faire entendre des discours importuns. *Que venez-vous nous b. sans cesse ?* Fam. = BOURDONNÉ, ÉE. part.

BOURDONNET. s. m. [Pr. *bourdo-nè*] (Dimin. de *bourdon*, bâton). T. Chir. Petit peloton ou rouleau de charpie, d'ouate ou de toute autre substance de ce genre qui sert à tamponner une plaie, une fistule, une fracture naturelle, nez, etc., pour en absorber le sang, le pus, etc., en cas d'hémorragie ou pour un traitement.

BOURDONNIER. s. m. [Pr. *bourdo-nié*] (R. *bourdon*, bâton). Penture dans un gond renversé. || Arrondissement au haut chardonnet d'une porte. || Support de la poutre d'un moulin.

BOURDONNIER. s. m. (R. *bourdon*, omission). T. Typogr. Ouvrier qui a l'habitude de faire des bourdons.

BOURDOUAN, v. de l'Inde (Bengale), 54,000 hab.

BOURÈCHE. s. f. T. Mar. Bourrelets qu'on fait de distance en distance sur les cordages.

BOURG. s. m. [Pr. *bour*] (all. *burg*, lieu fortifié). Grand village où se tiennent des marchés. *Il y a dans ce canton plusieurs bourgs considérables.* || La partie du territoire d'une commune rurale où se trouvent des maisons agglomérées, la maison d'école, l'église, etc., par opposition aux habitations disséminées sur le reste du territoire qui constituent les *hameaux*. || *Bourgs pourris*, On appelait ainsi en

Angleterre les localités jouissant du privilège d'envoyer une représentation au Parlement, mais dont la représentation n'était pas sérieuse, soit à cause du petit nombre d'électeurs, soit à cause de la vénalité de ceux-ci. Le bill de réforme de 1832 a fait disparaître une partie de ces abus.

BOURG ou **BOURG-EN-BRESSE**, anc. *Burgus Sequsianorum*, auj. ch.-l. du dép. de l'Ain, sur la Reyssouse, à 422 kilom. de Paris, 19,000 hab. — Patrie de Vaugelas, de Lalande, d'Edgar Quinet.

BOURG, ch.-l. de c. (Gironde), arr. de Blaye, 2,800 hab.

BOURGADE. s. f. (Dimin. de *bourg*). Petit bourg, village dont les maisons disséminées occupent un assez grand espace. *Une b. de tant de maisons, de tant de feux.*

BOURGAGE. s. m. (bas-lat. *burgagium;* de *burgus*, bourg). T. anc. Cout. Héritage roturier en Normandie, situé dans une ville ou bourg et qui n'était assujetti à aucune redevance féodale.

BOURGANEUF, ch.-l. d'arr. (Creuse), 3,800 hab. — Château célèbre pour avoir donné asile au prince Zizim, frère de Bajazet II (XVᵉ siècle), et dont la principale tour est connue sous le nom de *Tour de Zizim.*

BOURG-ARGENTAL, ch.-l. de c. (Loire), arr. de Saint-Étienne, 4,600 hab.

BOURG-DE-PÉAGE, ch.-l. de c. (Drôme), arr. de Valence, 5,000 hab.

BOURG-D'OISANS (Le), ch.-l. de c. (Isère), arr. de Grenoble, 2,500 hab.

BOURGELAS. s. m. Variété de raisin à grains blancs ou dorés et de forme ovale.

BOURGELAT, vétérinaire français, né à Lyon, fondateur de l'hippiatrique et des écoles vétérinaires en France (1712-1779).

BOURGÈNE. s. f. Voy. BOURDAINE.

BOURGEOIS, EOISE. s. (R. *bourg*). Citoyen d'une ville. *B. de Paris. Un bon b.* || Se disait autrefois, collect., de tout le corps des citoyens ou bourgeois d'une ville. *Cette mesure mécontenta le b.* || Se dit, parmi les ouvriers, pour désigner les personnes pour lesquelles ils travaillent, quelle que soit leur qualité, le maître ou la maîtresse chez qui ils travaillent. *Le b. n'est pas toujours facile à tromper.* || Se dit aussi par opposition à noble ou à militaire. *Les militaires et les bourgeois.* — Se dit, par dénigr., pour reprocher à un homme qu'il n'est pas noble, qu'il n'a aucun usage du grand monde, ou qu'il a l'esprit étroit. *Cela sent bien son b.* = BOURGEOIS, EOISE. adj. Qui a rapport à la bourgeoisie, à l'état de b. || *Caution bourgeoise*, Caution solvable et facile à discuter. Vx. || *Comédie bourgeoise*, Représentation théâtrale donnée par des personnes qui ne jouent la comédie que pour leur amusement. || *Cuisine bourgeoise*, Chère, cuisine, soupe bonne et simple. *Vin b.*, Vin qui n'est pas frelaté et qu'on a dans sa cave, par oppos. à *Vin de cabaret.* || *Maison bourgeoise*, Maison simple et commode, mais sans luxe. Se dit aussi d'une maison quelconque par oppos. à maison garnie. || *Habit b.*, se dit par oppos. à l'uniforme et aux costumes des différents états. *L'habit b. ne va pas bien à cet officier. Les juges portent en ville l'habit b.* || S'emploie souvent par dénigr. et en signe de mépris. *Avoir l'air b., les manières bourgeoises*, Avoir l'air commun et des manières différentes de celles du grand monde. — *Ce nom est bien b.*, Il n'annonce pas que celui qui le porte soit d'une condition bien relevée. || T. Diplom. *Lettre bourgeoise*, Caractère intermédiaire entre la gothique cursive et la gothique moderne.

BOURGEOISE. s. f. Sorte de tulipe d'un rouge vif.

BOURGEOISEMENT. adv. D'une manière bourgeoise, en simple bourgeois. *Vivre b.*

BOURGEOISIE. s. f. Qualité de bourgeois; privilège, droit des bourgeois. *Demander, obtenir la b. Droit de b.* || Le corps des bourgeois en général. *La b. fit des représenta-*

tions. La b. prit les armes pour la défense de la ville.
— Dans notre société où la loi garantit à chacun la libre disposition de sa personne et de ses biens, on comprend difficilement qu'il n'en ait pas toujours été ainsi. L'histoire nous apprend cependant que la reconnaissance de ces droits qui ont pour effet d'assurer à chacun son indépendance individuelle, est une conséquence du développement de la civilisation. L'histoire nous apprend en même temps que ces droits que nous considérons maintenant comme des droits tellement inhérents à la personne qu'il nous semble que chacun les apporte en naissant, ont d'abord été attachés au territoire avant d'être attachés directement à l'individu. C'est ce qui a donné naissance au *droit de bourgeoisie*, ou en d'autres termes au droit d'être compté au nombre des habitants d'une ville et de participer aux privilèges dont seuls ils jouissaient. A mesure que le droit commun se développa, ou, pour mieux dire, que de réel le droit devint personnel, l'importance du droit de b. diminua. C'est ce qu'indiquent très clairement les différentes acceptions que ce terme a successivement reçues. Dans le principe, le mot *Bourgeoisie* s'appliqua au territoire dont les habitants, appelés *Bourgeois*, possédaient des privilèges communs; il signifia aussi le droit lui-même accordé aux habitants d'un certain lieu. (Dans cette double acception, il pouvait s'employer au pluriel, et l'on disait *les Bourgeoisies*.) Plus tard, il servit à désigner une classe particulière d'individus, soit ceux qui n'étaient pas nobles, soit simplement les habitants des villes par opposition aux habitants de la campagne; enfin, dans notre société où règne le droit commun, on l'applique aux classes moyennes, c.-à-dire à l'ensemble des individus qui vivent de leur revenu ou qui exercent une des professions dites libérales. Au reste, ce terme n'a plus aujourd'hui aucune signification légale, ce n'est plus qu'un souvenir : la France est devenue la cité commune où tout Français a droit de Bourgeoisie.

Sous l'ancien régime, la qualité de *bourgeois* emportait de nombreux avantages : l'exemption d'une foule de charges féodales, la liberté de disposer de ses biens entre vifs, le droit d'être jugé suivant des coutumes fixes et établies. On distinguait la b. *réelle* ou *seigneuriale* et la b. *personnelle* ou *royale*. Les bourgeois ont joué un grand rôle dans la lutte de la monarchie contre la féodalité; aussi la b. perdit-elle beaucoup de son importance lorsque le roi eut vaincu les seigneurs. Toutefois, à l'époque de la Révolution, ce titre conférait encore un certain nombre de privilèges, variant suivant les lieux. Mais, à ce moment, la France ayant substitué définitivement le régime du droit commun à celui des privilèges, le droit de b. n'eut plus aucune raison d'exister et dut disparaître. « La liberté publique, dit le le décret du 14 août 1789, étant plus avantageuse aux provinces que les privilèges dont quelques-unes jouissaient, et dont le sacrifice est nécessaire à l'union intime de toutes les parties de l'empire, il est déclaré que tous les privilèges particuliers des provinces, principautés, pays, cantons, villes et communautés d'habitants, soit pécuniaires, soit de toute autre nature, sont abolis sans retour, et demeurent confondus dans le *droit commun* de tous les Français. » Aujourd'hui tout Français a le droit de résider où il veut dans toute l'étendue du territoire national, et, partout où il établit sa résidence, il a le droit d'y acquérir et posséder des biens, d'y exercer son industrie et d'y jouir enfin de tous les avantages qui résultent de la qualité de Français : la loi s'est contentée d'attacher certains effets au domicile. Voy. DOMICILE.

En général, il n'en est pas de même chez les autres nations, en Allemagne par exemple. Là, le droit de b. subsiste encore, et il n'y a que ceux qui possèdent ce droit qui peuvent jouir de certains avantages municipaux. Le droit de b. comprend ordinairement le droit de nommer les magistrats de la cité et de pouvoir être élu aux fonctions municipales, le droit de posséder des immeubles dans le territoire de la ville, d'y faire le commerce et d'y exercer sa profession ou son métier, enfin le droit de jouir des biens qui appartiennent à la commune. — En Allemagne comme en France, le mot *Bourgeoisie* s'emploie par opposition à noblesse, et sert également à qualifier les classes moyennes.

BOURGEON. s. m. (all. *bohren*, percer, ou vieil all. *burjûn*, s'élever). Bouton un peu développé qui pousse aux arbres et aux arbrisseaux, et d'où il doit sortir des branches, des feuilles, des fleurs ou du fruit. *Un arbre couvert de bourgeons, qui pousse des bourgeons.* || Le nouveau jet de la vigne, lorsqu'il est déjà en scion. *Couper les nouveaux bourgeons d'un cep de vigne.* || Fig., Bouton, bube qui vient au visage de certaines personnes. *Avoir le visage couvert de bourgeons.*

Bot. — Le *Bourgeon*, considéré dans sa signification la plus large, est une production soit aérienne, soit souterraine, qui renferme à l'état rudimentaire une tige, réduite à son sommet végétatif, avec un certain nombre de feuilles.

Les bourgeons se développent sur la tige et ses ramifications aériennes, particulièrement dans les arbres dicotylédones. Leur forme est ordinairement ovoïde-allongée; dans certains cas, elle est ovoïde-globuleuse (B. de la Vigne), dans d'autres, elle est allongée et presque linéaire (B. du Charme). Les bourgeons se divisent naturellement en bourgeons *écailleux* et en bourgeons *nus*. Les premiers sont formés d'écailles superposées et imbriquées; quelquefois ils sont recouverts extérieurement d'un enduit visqueux et résineux, et garnis à l'intérieur d'un duvet cotonneux. Dans les pays

Fig. 1.   Fig. 2.

tempérés et septentrionaux, tous les arbres et presque tous les arbustes ont des bourgeons écailleux (Fig. 1. 1. Bourgeons de Lilas, *Syringa vulgaris*; 2. Les mêmes coupés longitudinalement). Les écailles dont les bourgeons sont enveloppés à l'extérieur, sont simplement des feuilles plus ou moins modifiées. Leur destination est évidemment de protéger l'intérieur du b. contre l'action du froid. Les *bourgeons nus* sont dépourvus d'écailles extérieures. Dans les régions tropicales, tous les bourgeons sont nus, même ceux des végétaux ligneux. On en trouve aussi des exemples dans nos climats : tels sont ceux de la plupart des plantes herbacées et de quelques arbustes, comme le Bois-Gentil (*Daphne Mezereum*), la Bourdaine (*Rhamnus Frangula*), etc.

Les bourgeons écailleux se distinguent en : 1° *Foliacés*, quand les écailles sont encore susceptibles de reprendre le caractère de feuilles (Marronnier d'Inde, *Æsculus Hippocastanum*); 2° *Pétiolacés*, quand, indépendamment de ses écailles propres, le b. est protégé par la base du pétiole, qui dans ce cas est persistante, comme dans le Noyer (*Juglans*), le Sumac (*Rhus*) et la plupart des Légumineuses; 3° *Stipulacés*, lorsque l'enveloppe qui entoure la jeune pousse avant son développement est composée d'une réunion de stipules, comme on l'observe dans le Tulipier (*Liriodendrum tulipifera*) de l'Amérique du Nord, et dans le Charme (*Carpinus betula*) des forêts d'Europe; 4° *Fulcracés*, quand les écailles qui enveloppent le b. sont, comme dans le Prunier, composées de pétioles garnis de stipules.

Quelle que soit la nature de leurs écailles, les bourgeons se montrent en général à l'aisselle des feuilles (*Bourgeons axillaires*). On n'en trouve ordinairement qu'un à l'aisselle de chaque feuille; cependant il s'en développe quelquefois plusieurs, dans l'Abricotier (*Prunus armeniaca*) par ex. Parmi ces bourgeons, il en est toujours un qui termine la branche ou la tige (B. *terminal*). Le b. commence à se montrer à l'aisselle des feuilles dès que celles-ci ont pris tout leur développement : ils sont d'abord extrêmement petits, et reçoivent alors le nom d'*Yeux*. Au moment de la chute des feuilles, ils sont un peu plus gros, et sont appelés *Boutons* par beaucoup d'auteurs. Puis, ils restent stationnaires pendant l'hiver, pour se développer rapidement au printemps. Alors ils se gonflent, se dilatent, les écailles s'écartent, tombent et mettent à nu la jeune pousse qui va se transformer en branche.

Sous le rapport des productions auxquelles ils donnent naissance, les bourgeons se divisent en *simples* et *composés*. Un b. est dit *simple*, quand la jeune pousse qui en sort est unique (Chêne, par ex.); il est dit *composé*, lorsqu'il donne naissance à plusieurs rameaux. Ainsi, le b. du Pin est composé, parce qu'il en sort une réunion de jeunes pousses disposées en verticille autour de celle du centre qui continue le prolongement de la tige ou de la branche. — Les bourgeons se distinguent encore en *Foliifères*, *Florifères* ou *Fructifères* et *Mixtes*. Le b. *Foliifère* est celui dont le développement ne doit donner naissance qu'à des feuilles : tel est le b. terminal du Bois-Gentil (*Daphne Mezereum*). En Horticulture, on donne aux bourgeons foliifères des arbres fruitiers le nom d'*Yeux à bois*. Ils sont facilement reconnaissables à leur forme mince, allongée et terminée en pointe. Le b. *Florifère* est celui qui renferme une ou plusieurs fleurs sans feuilles. On l'appelle aussi *Fructifère*, parce que la fructification est la fin de la floraison. Ces bourgeons sont toujours plus gros, plus renflés et de forme plus obtuse que les précédents. Dans les arbres à fruits à pépins, cette distinction des bourgeons foliifères et florifères n'est pas rigoureuse, car le florifère (*Bouton à fruit*) met plusieurs années à se former; il commence par ne donner que des feuilles.

Il passe donc par le premier état pour arriver au second. (Fig. 3. Rameau de Pommier portant des boutons : à fruits pour l'année, à fruits pour l'année suivante et à bois; *aa*, boutons à fruits gros et arrondis près de fleurir; *d*, *lambourde* ou pied sur lequel ils sont toujours portés; *bb*, bourgeons à feuilles devant fournir, l'année suivante, des boutons à fruits; *c*, brindille sur laquelle ils sont toujours placés et par le moyen de laquelle on les reconnaît; *f*, bouton à bois placé directement sur la branche). Le b. *Mixte* contient en même temps des fleurs et des feuilles; tel est celui du Lilas commun et de la plupart des Jasminées. — On nomme encore bourgeons *Adventifs*, ceux qui se forment

Fig 3.

et se développent sur des parties de végétaux ligneux où il n'en existait pas de traces. Si l'on retranche la tête d'un jeune Poirier ou d'un jeune Pommier par ex., bien qu'au-dessous de la partie supprimée il n'existe aucun b. visible, il ne manquera pas d'en sortir de l'écorce en plus ou moins grand nombre. — Dans la langue de l'Horticulture pratique, le *Bourgeon* des botanistes est généralement appelé *Bouton*, et les jardiniers appliquent uniquement le premier de ces termes à la jeune pousse annuelle née d'un b. foliifère. Ils nomment aussi *Faux-bourgeon*, la pousse qui se développe dans le courant de l'année sur la pousse annuelle. En conséquence, ils appellent *Ébourgeonnement* l'opération par laquelle on retranche les pousses superflues ou mal placées. L'une des parties essentielles de l'art de conduire les arbres fruitiers consiste à régler leur végétation en pinçant à diverses reprises, non le b., mais la pousse née du b., laquelle seule porte ce nom chez les jardiniers.

BOURGEONNEMENT. s. m. [Pr. *bour-jo-neman*]. Ensemble des phénomènes qui accompagnent la formation et le développement des bourgeons. *Le b. se fait bien.*

BOURGEONNER. v. n. [Pr. *bour-jo-ner*]. Jeter, pousser des bourgeons. *Tout commence à b.* || Fig. et fam., *Son visage commence à b.*, il lui vient des boutons, des bubes au visage. On dit de même, *Le front lui bourgeonne.* = Bourgeonné, ée. part. Ne se dit guère que fig., en parlant du visage, du nez, du front. *Avoir le visage b.*

BOURGEONNIER. s. m. [Pr. *bour-jo-nié*] (R. *bourgeon*). Un des noms vulgaires du bouvreuil.

BOURGERON. s. m. (R. *borge*, anc. nom d'une sorte de toile). Petite casaque de toile que portent certains ouvriers.

BOURGES, anc. ville gauloise (*Avaricum*), anc. cap. du Berry, ch.-l. du dép. du Cher, au confluent de l'Auron et de l'Yèvre, à 232 kil. de Paris; 45,300 hab. Archevêché. Très belle cathédrale des premiers temps de l'époque ogivale, terminée en 1324. Église Saint-Pierre-le-Gaillard du XIIIe siècle. Hôtel de Jacques Cœur, magnifique monument du XVe siècle, aujourd'hui hôtel de ville. = Nom des hab. : BERRUYER, ÈRE.

BOURGET (Lac du). Lac de Savoie, à 9 kil. de Chambéry, 16 kil. de longueur. = LE BOURGET, bourg au bord du lac, 1,400 hab.

BOURGET (Le), bourg du dép. de la Seine, arr. de Saint-Denis, c. de Pantin, 2,300 hab. 2 combats contre les Prussiens, 28-30 oct. et 31 déc. 1870.

BOURGILLON, ONNE. adj. [Pr. les *ll* mouillées]. Petit bourgeon.

BOURGIN. s. m. (bas-lat. *broginus*, m. s.). T. Pêc. Sorte de filet.

BOURG-LA-REINE, bourg et comm. de France, c. et arr. de Sceaux (Seine), 3,000 hab.

BOURG-LASTIC, ch.-l. de c. (Puy-de-Dôme), arr. de Clermont, 1,600 hab.

BOURGMESTRE. s. m. [Pr. *bourgu'mestre*] (all. *burg*, bourg; *meister*, chef). Titre des magistrats municipaux en usage dans un grand nombre de villes de Belgique, d'Allemagne, de Suisse, etc. Syn. de *maire*.

BOURGNE. s. f. (R. *borgne*, épithète donnée à des objets qui n'ont point d'issue). T. Pêc. Sorte de nasse, dite aussi *bourgnon*, que l'on place à l'extrémité des parcs ouverts.

BOURGNEUF-EN-RETZ, ch.-l. de c. (Loire-Inférieure), arr. de Paimbœuf, 2,900 hab.

BOURGNON. s. m. Voy. BOURGNE.

BOURGOGNE. s. m. Vin récolté en Bourgogne. *Une bouteille d'excellent bourgogne.*

BOURGOGNE, ancienne prov. de France, a formé les dép. de l'Ain, de la Côte-d'Or, de Saône-et-Loire, de l'Yonne; cap. Dijon. — La Bourgogne tire son nom (*Burgundia*) des *Burgondes*, peuple germanique qui était le plus doux et le plus civilisé des barbares qui envahirent l'empire romain, et qui s'étaient établis le long du Rhône et de la Saône dans le pays occupé autrefois par les Gaulois Éduens. Au VIe siècle, la Bourgogne formait un royaume. Elle devint ensuite duché indépendant en 1032. Louis XI la réunit à la France après la mort de Charles le Téméraire (1477). = Nom des hab. : BOURGUIGNON, ONNE. = CANAL DE BOURGOGNE, qui unit les deux mers par la Saône et l'Yonne. Il commence à Saint-Jean-de-Losne (Côte-d'Or) et finit à la Roche (Yonne).

BOURGOGNE (Maison de). La première, issue du roi de France Robert le Pieux (XIe siècle), s'est éteinte avec PHILIPPE DE ROUVRE (1361); la seconde, descendant du roi Jean le Bon, a compté quatre ducs : PHILIPPE le Hardi, JEAN sans Peur, PHILIPPE le Bon et CHARLES le Téméraire.

BOURGOGNE (Louis, duc de), petit-fils de Louis XIV et dauphin de France, fut l'élève de Fénelon et mourut prématurément (1682-1712).

BOURGOGNES. s. f. pl. Nom d'une espèce de coiffure au XVIIe siècle.

BOURGOIN. ch.-l. de c. (Isère), arr. de la Tour-du-Pin, 6,400 hab.

BOURGOIN, théologien qui s'adjoignit au cardinal de Bérulle pour fonder la congrégation de l'Oratoire (1585-1662).

BOURG-SAINT-ANDÉOL, ch.-l. de c. (Ardèche), arr. de Privas, 4,250 hab.

BOURG-SAINT-MAURICE, ch.-l. de c. (Savoie), arr. de Moutiers, 2,700 hab.

BOURGUEIL, ch.-l. de c. (Indre-et-Loire), arr. de Chinon, 3,100 hab.

BOURGUÉPINE. s. m. (R. *bourg* et *épine*, épine dont on ceignait les bourgs). T. Bot. L'un des noms vulgaires du Nerprun (*Rhamnus catharticus*), famille des *Rhamnées*. Voy. ce mot.

BOURGUIGNON, ONNE. adj. Qui est relatif à la Bourgogne. || *Faction des Bourguignons*, parti opposé à celui des Armagnacs en France au XVe siècle; il avait pour chef Jean sans Peur.

BOURGUIGNOTE. s. f. S'est dit pour *bourguignonne*. || T. Art milit. Sorte de casque léger imaginé à la fin du XVe siècle. Voy. CASQUE.

BOURIGNON. s. m. (bas-lat. *broginus*, m. s.). T. Pêc. Filet pour les petits poissons.

BOURIOLE. s. f. Un des noms de la bécasse.

BOURJANOTTE. s. f. Sorte de figue d'une couleur bleuâtre foncée.

BOURLET. s. m. Voy. BOURRELET.

BOURLETTE. s. f. T. Milit. anc. Sorte de massue en usage au moyen âge.

BOURLINGUER. v. n. T. Mar. Fatiguer, en parlant d'un d'un bâtiment qui lutte contre une grosse mer.

BOURMONT (COMTE DE), chef vendéen, servit sous l'Empire, puis déserta l'avant-veille de Waterloo. Il prit Alger en 1830, et fut créé maréchal de France (1773-1846).

BOURNEAU. s. m. Tuyau de conduite pour des eaux souterraines.

BOURNONITE. s. f. (R. *Bournou*, nom d'un minéralogiste français). T. Min. Sulfure d'antimoine, de cuivre et de plomb, en cristaux prismatiques ordinairement cannelés ou en masses grises à éclat métallique.

BOUROU, grande île hollandaise de l'archipel des Moluques.

BOURRACHE. s. f. [Pr. *bou-rache*] (coll. *borrach*, d'un radical sanscrit *br*, porter, et d'un autre *ac*, pointu, plante qui porte des pointes. — Littré indique l'arabe *abou rach*, le père de la sueur). T. Bot. Genre de plantes de la famille des *Borraginées*. Le plus souvent, on donne ce nom à une espèce médicinale de ce genre, le *Borrago officinalis*. Voy. BORRAGINÉES.

BOURRADE. s. f. [Pr. *bou-rade*] (R. *bourrer*). T. Chasse. L'atteinte donnée par un chien au lièvre qu'il poursuit. || Fam., se dit des coups donnés à quelqu'un avec la crosse d'un fusil; et fig., des attaques brusques et des reparties blessantes qui se font dans une dispute, dans une contestation. *Il a donné de bonnes bourrades à son adversaire.*

BOURRAGE. s. m. [Pr. *bou-rage*] (R. *bourer*). T. Chem. de fer. Opération qui consiste à bourrer sous les traverses une certaine quantité de ballast pour répartir la pression. || T. Mine. Dispositif ayant pour objet d'empêcher les effets de l'explosion d'une mine de se produire dans le vide formé en arrière par les rameaux et les galeries.

BOURRAGUE. s. m. [Pr. *bourague*]. T. Pêche. Sorte de nasse.

BOURRAS. s. m. [Pr. *bourd*]. Toile grise très grossière. || Se dit aussi pour *Bure*. Voy. ce mot.

BOURRASQUE. s. f. [Pr. *bou-raske*] (lat. *Boreas*, vent du nord). Tourbillon de vent subit, impétueux et de peu de durée. *A peine étions-nous en mer, qu'il s'éleva une b. des plus violentes.* Voy. TEMPÊTE. || Fig., se dit d'un redoublement subit de quelque mal, ou d'une vexation imprévue et de peu de durée. Vx et peu us. — Se dit plus souvent au fig., des mouvements de colère brusques et momentanés, et des accès de mauvaise humeur d'une personne. *Il est sujet à des bourrasques qui éloignent de lui ses amis.*

BOURRASQUER. v. n. [Pr. *bou-rasker*] (R. *bourrasque*). Se livrer à des emportements brusques.

BOURRE. s. f. [Pr. *boure*] (lat. *burra*, m. s.). Amas de poils détachés de la peau de certains animaux à poils ras,

tels que bœufs, chevaux, etc. *La b. sert à garnir des selles, des chaises*, etc. — *Blanc de b.* Voy. BLANC. || *B. de laine* ou *B. lanice*, La partie la plus grossière qui provient de la laine. *Matelas de b. lanice. B. lontisse*, Celle qui tombe des draps lorsqu'on les tond. — *B. de soie*, La partie la plus grossière du cocon, celle qu'on rebute au dévidage. || Fig. et fam., *Il y a bien de la b. dans cet ouvrage*, Il s'y trouve bien des choses inutiles ou mauvaises au milieu d'autres assez bonnes. || T. Artill. Ce qu'on met dans les armes à feu par-dessus la charge, pour la presser et la maintenir. *Mettre de la b. sur la poudre et sur le plomb. La b. d'un fusil, d'un canon.* || T. Agric. Le duvet qui couvre les bourgeons de quelques arbres et arbrisseaux lorsqu'ils commencent à pousser. *La vigne a gelé en b.*, Au moment où se formait le bourgeon. || T. Métall. Fer défectueux.

BOURREAU. s. m. [Pr. *bou-ró*] (vx fr. *bourrel*, d'un radical sanscrit *barh*, frapper, tuer). Exécuteur des arrêts rendus en matière criminelle. Ce terme n'est pas employé de nos jours par la loi pénale. *Marqué par la main du b. Valet de b., du b.*, Celui qui assiste l'exécuteur criminel dans ses fonctions. — Fig., *Le remords est un cruel b.*, Le remords tourmente cruellement ceux qui se sentent coupables. || Fig., Un homme cruel et inhumain. *C'est un b. Un véritable b. C'est le b. de sa famille.* || Fig. et fam., *Un b. d'argent*, Un dissipateur, un homme très prodigue. — *Être le b. de soi-même*, Ne ménager ni sa santé ni ses forces. || S'emploie par exagération, en manière de reproche, et comme expression de colère. *Eh bien, b.! l'expliqueras-tu?* || T. Salines. Suc garni de paille que se met sur l'épaule l'ouvrier portant un panier de sel.

Hist. — La France a eu de bonne heure des bourreaux en titre; cependant il paraît que, dans les premiers temps, nos aïeux ne recouraient pas toujours à leur office. Il résulte de l'examen de plusieurs anciens titres que, dans certaines circonstances, les juges exécutaient eux-mêmes leur sentence, ou que les condamnés remplissaient cette mission les uns à l'égard des autres. Le b. s'appelait anciennement *exécuteur de la haute justice* et *exécuteur des hautes œuvres* : il était ordinairement nommé par le roi; quelquefois cependant ses fonctions étaient érigées en titre d'office et se transmettaient d'après les lois ordinaires de l'hérédité. Il était partout un objet de vive répulsion, et les sentiments de la population étaient tels à son égard, qu'on allait dans beaucoup de localités jusqu'à lui interdire l'habitation de l'intérieur des villes, à moins qu'il ne voulût établir sa demeure au lieu même où était dressé le pilori. Quant aux avantages attachés à sa charge, ils étaient assez grands pour qu'il ne pût jamais manquer de successeur. Outre une somme déterminée pour chaque exécution, il jouissait de plusieurs privilèges : les uns honorifiques, les autres lucratifs. A Paris, par ex., il prélevait une poignée de toutes les céréales exposées au marché; c'est ce qu'on appelait *droit de havage*. Il avait aussi droit à certains prélèvements sur la plupart des autres denrées. — Aujourd'hui, le b. est désigné officiellement sous le titre d'*exécuteur des jugements criminels*. Un décret du 13 juin 1793 avait institué un exécuteur par département; mais leur nombre a été successivement réduit.

Jusqu'à la fin du second Empire, la France comptait un b. par cour d'appel. Un décret du 25 novembre 1870 a réduit leur nombre à trois, un pour la France, un pour l'Algérie, un pour la Corse. C'est l'organisation actuelle. Le traitement de l'exécuteur des hautes œuvres est, à Paris, de 6,000 fr., plus 1,500 fr. pour l'entretien des bois de justice, plus une indemnité de 8 fr. par jour pour les exécutions en province. Il a deux aides de 1re classe, dont le traitement est de 4,000 fr. et deux de 2e classe, dont le traitement est de 3,000 fr.

Bien que la charge de b. n'ait jamais été héréditaire en France, comme on le croit, en général, elle restait souvent dans la même famille; celle des Sanson a donné sept générations d'exécuteurs, de 1688 à 1847.

BOURRÉE. s. f. [Pr. *bouré*] (R. *bourre*?). Fagot fait de menues branches. *Chauffer le four avec des bourrées.* || Espèce de danse usitée dans les provinces du centre de la France. || L'air sur lequel on danse la bourrée.

BOURRÈLEMENT. s. m. [Pr. *bou-rè-leman*] (R. *bourreler*). Sensation douloureuse, comparée à la torture que ferait éprouver le bourreau.

BOURRELER. v. a. [Pr. *bou-reler*] (R. *bourreau*, ancien. *bourrel*). Tourmenter cruellement. Ne s'emploie qu'au fig., en parlant des souffrances morales que la conscience fait éprouver aux coupables. *Sa conscience le bourrèle.* Peu us., si ce n'est au partic. Bourrelé, ée. *Il est bourrelé de remords.*

BOURRELERIE ou **BOURRELLERIE**. s. f. [Pr. *bou-rèlerie*] (vx fr. *bourrel*, tas de bourre). Le commerce, le métier de bourrelier.

BOURRELET ou **BOURLET**. s. m. [Pr. *bourelè*] (vx fr. *bourrel*, tas de bourre). Sorte de coussin, rempli de bourre ou de crin, fait en rond et vide par le milieu. *B. de cuir. B. à bassin.* || Espèce de gaine étroite et longue, faite de toile et remplie de bourre ou de crin, qu'on adapte aux bords intérieurs des portes, des fenêtres, pour qu'elles ferment exactement. || *B. d'enfant*, Sorte de bandeau rembourré et épais, dont on ceint le front des enfants pour empêcher qu'ils ne se blessent en tombant. || Rond d'étoffe qui est au bout du chaperon que les docteurs, les licenciés et certains magistrats portent sur l'épaule. || Par anal., l'enflure qui survient autour des reins chez un hydropique. Vulg. || T. Hortic. Renflement circulaire qui se forme, naturellement ou artificiellement, à la tige ou aux rameaux des végétaux ligneux. || T. Blas. Rouleau de ruban aux couleurs de l'écu qu'on place sur le casque. Voy. Torque. || T. Chem. de fer. Saillie du bandage d'une roue de wagon qui sert à la guider contre le rail.

BOURRELIER. s. m. [Pr. *bou-relié*] (vx fr. *bourrel*, tas de bourre). Celui qui fait les harnais des chevaux et des bêtes de somme.

BOURRELLE. s. f. [Pr. *bou-rèle*]. Femme de bourreau. Inus.

BOURRE-NOIX. s. m. [Pr. *bou-re-noi*]. T. Art milit. Poinçon qui fait partie d'une boîte à tournevis, qui sert à repousser le carré de la noix de la platine. || Plur. *Des bourrenoix.*

BOURRER. v. a. [Pr. *bou-rer*] (R. *bourre*). Enfoncer la bourre dans une arme à feu que l'on charge. *B. un fusil, un canon.* || Fig. et fam., Faire manger avec excès. *Elle bourre sa petite fille de bonbons.* || T. Chasse. Se dit d'un chien qui, en poursuivant un lièvre, lui donne un coup de dent et lui arrache du poil. || *Bourrer une pipe*, La remplir de tabac. || Fig. et fam., *B. quelqu'un*, Lui donner des coups, le pousser avec la crosse d'un fusil. *Les gendarmes l'ont bourré.* — Par ext., Maltraiter de coups ou de paroles. *Il a bien bourré cet insolent.* — B. *quelqu'un dans une discussion*, Le presser vivement et brusquement dans une discussion. Vx. ═ Bourrer. v. n. || T. Man. Se dit d'un cheval qui s'élance brusquement en avant, de sorte que le cavalier ne peut l'en empêcher. || T. Techn. En parlant du plomb en fusion, s'arrêter sur le sable au lieu de couler. — Retenir, laisser les carreaux dans la lumière au lieu de les laisser sortir. *Cette varloppe bourre.* ═ se Bourrer, v. pron. Manger avec excès. *Il se bourra de haricots.* || Se maltraiter réciproquement de coups ou de paroles. *Ils se sont bien bourrés.* ═ Bourré, ée. part.

BOURRETAIRE. s. m. [Pr. *bou-retère*] (R. *bourrette*). Cardeur de filoselle.

BOURRETTE. s. f. [Pr. *bou-rète*] (Dimin. de *bourre*). Soie grossière qui entoure le cocon.

BOURRICHE. s. f. [Pr. *bou-riche*] (R. *bourre*, à cause de la bourre dont on la remplit). Panier long dont on se sert pour transporter du gibier, du poisson, de la volaille, etc. *J'ai reçu une b. de gibier.*

BOURRIENNE (De), secrétaire de Napoléon, puis ministre de Louis XVIII, auteur de *Mémoires* (1769-1834).

BOURRIER. s. m. [Pr. *bou-rié*] (R. *bourre*). Petite paille, fétu, ordure. || Mélange de paille et de blé battu. || T. Mét. Écharnures de cuirs.

BOURRILLON. s. n. [Pr. *bou-rillon*, *ll* mouillées] (Dimin. de *bourre*). Petit amas de bourre qui se forme dans la soie grège.

BOURRIQUE. s. f. [Pr. *bou-rike*] (lat. *buricus* ou *burricus*,

petit cheval). Anesse. *Une b. chargée.* — Par dénigr., se dit d'un mauvais cheval dont on se sert pour porter des légumes au marché, etc. || Fig. et pop., Une personne très ignare. *Tournez-vous, petite b.* || Fam., *Faire tourner en b.*, Abrutir à force de taquineries.

BOURRIQUET. s. m. [Pr. *bou-rikè*] (Dimin. de *bourrique*). Un ânon, ou un âne de petite espèce. || T. Maçon. Civière qui sert, au moyen d'une grue, à enlever des moellons ou des baquets remplis de mortier. || Tourniquet à l'aide duquel on hisse les fardeaux du fond d'une mine à l'orifice du puits. Chevalet pour poser l'ardoise quand on travaille sur un toit. || Outil de brodeur.

BOURRIQUIER. s. m. [Pr. *bou-rikier*] (R. *bourrique*). Celui qui conduit les ânes.

BOURRIR. s. m. [Pr. *bou-rir*] (bas-lat. *burrire*, crier, en parlant d'une bête). T. Chasse. Bruit que les perdrix font avec leurs ailes en prenant leur vol.

BOURROICHE. s. f. [Pr. *bou-roiche*]. Instrument en forme de panier pour pêcher.

BOURROIR. s. m. [Pr. *bou-roir*] (R. *bourrer*). Pilon pour bourrer.

BOURRON. s. m. [Pr. *bou-ron*] (R. *bourre*). T. Mét. Laine en bourre ou en paquets.

BOURRU, UE. adj. [Pr. *bou-ru*] (R. *bourre*). Qui est d'une humeur brusque et chagrine. *Une femme bourrue.* On dit dans le même sens, *Un esprit, un caractère b.* || Subst. *Un b. bienfaisant.* || Moine *b.*, Fantôme effrayant représenté vêtu comme un moine. Voy. Moine. || Vin *b.*, Vin nouveau qui n'a point fermenté. Voy. Vin.

BOURSAGE. s. m. (R. *bourse*). Première opération que le pelletier fourreur fait subir à la peau; elle consiste à coudre cette peau le poil en dedans.

BOURSAL. s. m. (R. *bourse*). T. Pêc. Filet conique fait en forme de bourse.

BOURSAULT (Edme), littérateur français, auteur de comédies (1638-1701).

BOURSAUT. s. m. Sorte de saule.

BOURSE. s. f. (lat. *byrsa*, bourse de cuir, du gr. βύρσα, cuir). Petit sac de peau, d'étoffe ou d'un tissu quelconque, dans lequel on met ordinairement l'argent qu'on veut porter sur soi. — Fam., *Sa b. est bien plate*, se dit d'une personne qui n'a guère d'argent. — *Demander la b.* Voy. Demander. *Coupeur de bourses.* Voy. Coupeur. *Se laisser couper la b.* || Par ext., L'argent dont on peut disposer actuellement ou habituellement. *Épuiser sa b. Avoir recours à la b. de quelqu'un.* — Fig., *Sa b. est ouverte à ses amis*, Il prête volontiers à ses amis l'argent dont ils ont besoin. — Avoir la b., tenir la b., tenir les cordons de la b., Avoir le maniement de l'argent. — *N'avoir qu'une b.*, ne *faire qu'une b.*, faire b. commune, se dit de deux ou de plusieurs personnes qui font leurs dépenses en commun. — *Faire bon marché de sa b.*, Se vanter qu'on a payé une chose moins qu'elle n'a coûté réellement. || Fam., *Faire une affaire sans b. délier*, Sans donner d'argent. — Fam., *Donner la b. à garder au larron*, Confier la garde de l'argent, le soin de la dépense à celui dont on aurait dû le plus se méfier. On dit dans le même sens, *Au plus larron la b.* — Fig. et fam., *Loger le diable dans sa b.*, N'avoir point d'argent. *Ne pas laisser voir le fond de sa b.*, Cacher l'état de ses affaires. || *B. à jetons*, B. destinée à contenir des jetons. *B. de jetons*, B. pleine de jetons. — *B. de la quêteuse*, La b. qui sert pour faire la quête dans les églises. || Fig., b. d'une pension fondée dans un établissement d'instruction publique, pour l'entretien d'un élève pendant le cours de ses études. *Bourse entière, demi-b., quart de b.* Voy. Boursier. || Monnaie de compte usitée dans le Levant. *La b. d'argent est de cinq cents piastres et la b. d'or de trente mille.* || L'édifice, le lieu public où s'assemblent à de certaines heures les négociants, les banquiers, les agents de change, les courtiers, etc., pour traiter d'affaires. — Par extens., La réunion même de ces personnes et le temps pendant lequel dure cette réunion. *La B. de Paris, d'Amsterdam. Aller à la B. Fréquenter la B. Bruits de B. Heure de la B. L'ouverture de la B. Pendant la B.* || Petit sac de soie noire dans lequel les hommes enfermaient autrefois leurs cheveux par derrière. *Porter ses cheveux en b.* || T. Chasse. Longue poche de réseau qu'on met à l'entrée d'un terrier pour prendre les lapins qu'on chasse au furet. || T. Liturg. Double carton couvert d'étoffe dans lequel on met les corporaux qui servent à la messe. || T. Bot. *Bourse*, synonyme de *Volva.* Voy. Champignon. — *B.-à-pasteur*, Plante de la famille des *Crucifères.* Voy. ce mot. || T. Anat. *Bourses*, au plur., synon. vulg. de *Scrotum*, Poche membraneuse qui enveloppe les testicules. — *B. muqueuse*, Petit follicule muqueux qui se trouve dans l'épaisseur des membranes muqueuses ou de la peau.

Comm. — On appelle *Bourse de commerce* ou simplement *Bourse*, la réunion qui a lieu, sous la surveillance et avec l'approbation de l'autorité, entre commerçants, capitaines de navires, agents de change et courtiers. Cette réunion a pour objet la vente de toutes sortes de marchandises, l'affrètement des navires, les transports par terre et par eau, les assurances maritimes et autres, la vente et l'achat des matières métalliques, enfin, la négociation des effets publics, des titres d'actions, des lettres de change et effets de commerce de toute nature. — On donne également le nom de *Bourse* au lieu où se tient cette réunion.

Historique. — Tous les peuples commerçants ont affecté un lieu particulier aux réunions de marchands, afin de rendre leurs transactions plus faciles. — A Athènes il y avait l'*Emporion*, à Rome le *Collegium mercatorum*, dont les vestiges subsistent encore. C'est, dit-on, à Bruges que les réunions de ce genre ont reçu, pour la première fois, le nom de B., soit parce qu'elles avaient lieu dans la maison d'un nommé Van der Burse, soit parce que le bâtiment où se réunissaient les négociants avait une bourse pour enseigne. Lorsque la reine Élisabeth créa la B. de Londres, elle l'appela *Royal-Exchange*, nom donné aujourd'hui à ce genre d'établissements, et dont il existent aujourd'hui dans les différentes parties du Royaume-Uni sont également désignés sous ce nom d'*Exchange*. — En France, les réunions de marchands ont existé, mais sans nom particulier, à partir du règne de Philippe le Bel. Nos plus anciennes Bourses sont celles de Toulouse et de Lyon, qui furent créées en 1549. Charles IX en établit une à Rouen en 1556. Celle de Paris ne date légalement que de 1724, époque de sa réorganisation. Dans le cours du XVIIIe siècle et du siècle actuel, des ordonnances spéciales ont organisé des établissements du même genre dans un grand nombre d'autres villes. En France, on en compte aujourd'hui 67, y compris la B. d'Alger qui date de 1852; mais il est à remarquer que la plupart ont fort peu d'importance. Les Bourses antérieures au deuxième quart du dernier siècle, ne portaient pas, dans l'origine, cette dénomination. Ainsi, celle de Rouen s'appelait la *Convention de Rouen*, et l'on donnait le nom de *Change* à celles de Paris et de Lyon. Le mot B. a été employé, pour la première fois, parmi nous, dans un arrêt de Louis XV, en date du 25 oct. 1720. — Les Bourses primitives furent simplement des Bourses de commerce; mais lorsque les opérations sur les fonds publics et sur les effets particuliers prirent un grand développement, elles furent obligées de se dédoubler, et alors on distingua les Bourses de commerce des Bourses pour les négociations d'effets publics. C'est seulement dans les très grandes villes, comme Londres et Paris, que des lieux distincts sont assignés à ces deux classes d'opérations.

Police et administration des Bourses. — A Paris, la police de la B. appartient au préfet de police. Un commissaire assiste à chaque séance; l'ouverture et la fermeture s'annoncent au son de la cloche. Elle est ouverte d'une heure à trois heures pour les négociations des fonds. Il est interdit de faire aucune négociation de titres ou de commerce hors des heures fixées par le règlement. Les commissaires de police, à Lyon, Marseille, Bordeaux, les maires dans les villes où il n'y a point de commissaires spéciaux sont préposés à la surveillance des Bourses. — La B. est ouverte à tous les citoyens, même aux étrangers. L'entrée de la B. est interdite aux femmes même marchandes; néanmoins, à Paris, depuis 1848, on leur permet l'usage de la galerie située au premier étage de la salle des marchandises. L'art. 614 du Code de Commerce défend à tout commerçant failli de se présenter à la B., à moins qu'il n'ait obtenu sa réhabilitation; mais cette défense manque de sanction. — Les dépenses annuelles relatives à l'entretien et à la réparation des Bourses sont supportées par les banquiers, négociants et marchands, sauf à Paris où elles sont supportées par la Ville. Il existe à la B. de Paris un crieur qui est nommé par le préfet de police et qui est chargé

de proclamer à haute voix le prix des négociations faites au comptant. Ces prix forment ce qu'on appelle le *Cours de la Bourse.*

La salle de la B. renferme un espace entouré d'une balustrade, dont l'entrée est interdite au public : c'est le *Parquet.* A Paris, le parquet consiste matériellement en une estrade ou plancher compris entre deux balustrades circulaires qui communique par un couloir avec le cabinet des agents de change. Au figuré, ce mot s'emploie aussi pour désigner la réunion de ces mêmes agents. On donne le nom de *Corbeille* à l'espace circonscrit par la balustrade intérieure du parquet. Cet espace est vide, et la barrière qui le ferme sert d'appui aux membres du parquet quand ils ont à prendre des notes sur leur carnet. La *Coulisse* n'est pas, comme le parquet, un lieu déterminé dans la salle. Ce terme ne s'emploie qu'au figuré : on dit les *opérations de la coulisse*, par opposition aux *opérations du parquet*, pour désigner les transactions qui se font sans le ministère des agents de change.

Personnel. — Ainsi que nous l'avons dit au mot AGENT *de change*, les officiers ministériels ainsi nommés ont seuls le droit de faire les négociations des effets publics, etc., pour le compte d'autrui. Seuls, ils peuvent en constater le cours. Toutefois, les particuliers ont la faculté de traiter et de contracter directement entre eux, sans leur intermédiaire, sauf cependant lorsqu'il s'agit de rentes sur l'État. Le courtage dû aux agents de change varie selon la nature des affaires qu'ils sont chargés d'effectuer. On paie : un droit de 1/8e p. 100 (ou 12 cent. 1/2 pour 100 francs) à l'achat aussi bien qu'à la vente au comptant de rentes françaises, bons du Trésor, fonds publics étrangers, actions et obligations de chemins de fer français ou étrangers, emprunts de villes, etc.

Pour les titres d'une valeur moindre de 100 fr., 25 centimes par titre ; de 100 à 400 fr., 50 centimes par titre.

Le minimum de courtage est de 1 fr.

La perception du courtage a lieu en prenant pour base le cours coté. Ainsi pour les titres libérés le courtage se paie comme s'ils étaient entièrement libérés.

Depuis le 1er juin 1893, toute opération de Bourse ayant pour objet l'achat ou la vente, au comptant ou à terme, de valeurs de toute nature, donne lieu à la rédaction d'un bordereau soumis à un droit de timbre dont la quotité est fixée à 5 centimes par 1,000 francs ou fraction de 1,000 francs du montant de l'opération calculé d'après le taux de la négociation.

Après chaque B., les agents de change se réunissent dans leur cabinet pour arrêter les différents cours.

Nonobstant les prohibitions de la législation existante qui réserve aux agents de change le monopole de la négociation des valeurs mobilières, la B. fourmille d'individus qui s'occupent industrielle de négociations pour le compte d'autrui, et que l'on désigne sous le nom de *Coulissiers* et de *Courtiers marrons.* Les opérations des uns et des autres sont très considérables, et, dans l'impuissance où elle se trouve de les empêcher, l'autorité en est réduite à les tolérer. Mais la plupart des opérations auxquelles se livrent coulissiers et courtiers, sont exclusivement du domaine du jeu; car, le plus souvent, les personnes qui se servent de l'intermédiaire des coulissiers et des courtiers marrons, n'ont ni l'intention ni la faculté de payer; leurs opérations se terminent, presque toujours, non pas par des livraisons d'effets, mais par des soldes de différences.

Opérations de B. — Elles sont de deux sortes : les placements de fonds et la spéculation. Mais avant d'aller plus loin, nous croyons nécessaire d'expliquer quelques termes techniques qui sont d'un usage journalier. Dans le langage de la B., on appelle *Titre* ou *Valeur*, tout coupon de rente; toute action industrielle nominative ou au porteur. Lorsqu'une action d'une valeur d'émission ou nominale de 1,000 fr. se vend réellement ce prix, on dit qu'elle est *au pair.* Les fluctuations qu'éprouve la valeur d'un même titre, proviennent de ce que les capitaux, comme les marchandises, sont soumis à la loi de l'offre et de la demande, et subissent, par conséquent, toutes les oscillations du crédit. Quand une entreprise réussit et donne de beaux bénéfices, ses actions sont recherchées; ceux qui les possèdent tiennent à les conserver, et s'ils consentent à s'en dessaisir, c'est à la condition d'en retirer une somme plus forte que celle qu'ils ont déboursée dans le principe pour l'acheter : dans ce cas, on dit que les actions de cette entreprise *montent*; il y a *hausse* sur ces titres. Si, au contraire, l'opération marche mal, les détenteurs de ces titres cherchent à s'en défaire; pour sauver une partie du capital engagé, on se décide au sacrifice de l'autre : les actions *baissent.* — A la B., *Spéculer* veut dire acheter des valeurs pour les revendre. Or, comme les bénéfices probables ne peuvent être obtenus que par la vente s'opérant ultérieurement à l'achat, ces opérations sont dites *à la hausse*. *Spéculer* veut dire encore vendre des valeurs pour les racheter; et, comme les profits probables ne peuvent, dans ce cas, être obtenus que par le rachat s'opérant ultérieurement à la vente, à des cours inférieurs au prix de vente, ces opérations sont dites *à la baisse*. — *Opérer à découvert*, c'est vendre des effets qu'on ne possède pas, et qu'on sera obligé de se procurer pour remplir ses engagements. La plupart des opérations à la baisse se font de cette manière; dans ce cas, on ne s'occupe que des *Différences*. Expliquons, par un ex., cette dernière expression. Le 4 1/2 p. 100 est à 97 francs. Pierre a des raisons de croire qu'il y aura baisse à la fin du mois. Dans l'espoir que sa prévision se réalisera, il vend à Paul, qui s'attend à une hausse, 4,500 fr. de rente à 97 fr. livrables à la fin du mois. Les deux contractants savent parfaitement qu'ils ne pourront, à l'époque fixée, remplir leurs engagements; aussi leur opération est-elle fictive et constitue-t-elle un simple pari. La fin du mois arrive, et la baisse a réellement lieu; le 4 1/2 est à 95 fr., c.-à-d. de 2 fr. plus bas qu'à l'époque du marché. Pierre ne livre pas à Paul les titres représentant les 4,500 fr. de rente, parce qu'il est tout aussi hors d'état de se les procurer que Paul de trouver les fonds pour les payer; mais Paul paie à Pierre une somme de 2,000 fr., laquelle représente le bénéfice que ce dernier aurait fait s'il avait réellement acheté 4,500 fr. de rente à 4 1/2 p. 100 au taux de 95 fr., pour les revendre au taux de 97. Ces 2,000 fr. sont la *Différence* que présente le même capital calculé d'après les deux cours de la rente. On comprend, par ce qui précède, qu'il y a des personnes intéressées à la baisse, comme il y en a qui ont intérêt à la hausse. Ceux qui spéculent à la baisse s'appellent *Baissiers*; ceux qui spéculent à la hausse sont nommés *Haussiers*. A la B. de Londres, les premiers sont désignés sous le sobriquet d'*Ours* (Bears), et les seconds sous celui de *Taureaux* (Bulls).

Depuis que le système des sociétés par actions a pris un développement si considérable, les opérations véritablement commerciales faites à la B. sont devenues tellement insignifiantes, comparativement à celles qui ont pour objet les opérations sur les rentes et les actions, que lorsqu'on parle aujourd'hui de *négociations* et d'*opérations de B.*, on entend toujours les opérations sur les fonds publics et actions, les négociations de titres en papier. En conséquence, nous ne traiterons ici que de cette seconde catégorie, et nous renverrons au mot COURTIER pour les négociations commerciales et les opérations sur marchandises.

Les opérations qui se font à la B. sont de deux sortes : *au comptant*, c'est le petit nombre; *à terme*, c'est l'immense majorité. Les premières sont d'une extrême simplicité et n'offrent aucune difficulté. Les opérations qui ont pour objet la spéculation et qui sont parfois assez compliquées, se font à terme : ce sont celles qui exercent la plus grande influence sur le cours des valeurs.

1° *Opérations au comptant*. — Les opérations au comptant ne présentent rien de particulier. Pour effectuer ce marché, le vendeur et l'acheteur n'ont qu'à verser entre les mains de l'agent de change, l'un ses effets, l'autre son argent. Si les effets sont au porteur, chacun des contractants peut recevoir ce qui lui revient; s'ils sont nominaux, il y a lieu à un transfert. Le *Transfert* est l'acte qui constate la transmission d'une valeur des mains d'un détenteur dans celles d'un autre. L'accomplissement de cet acte est accompagné de formalités qui varient selon la nature des valeurs. Lorsque les marchés au comptant ont pour objet des valeurs dont le cours ne sera connu qu'après la séance de la B., on convient souvent qu'ils se feront au cours moyen. S'il s'agit par ex. d'actions d'une Compagnie ayant fait au plus haut 1,504 fr., et, au plus bas, 1,498 fr., les titres, négociés au cours moyen, vaudront 1,501 fr.

2° *Opérations à terme*. — Les opérations *au comptant* sont toujours sérieuses : elles ont en général pour objet un simple placement de fonds et non une spéculation proprement dite. Il n'en est pas ainsi, du moins dans l'immense majorité des cas, des opérations *à terme*. Les opérations de cette classe sont dites *à terme*, parce que la livraison des valeurs n'a jamais lieu qu'à une époque plus ou moins éloignée de celle du marché. D'ailleurs, le vendeur et l'acheteur ne sont généralement pas dans l'intention, le premier de livrer, et le second de recevoir les valeurs vendues et achetées. La spéculation roule simplement sur la différence du cours de ces valeurs au jour du marché et au jour du terme. On achète et on vend, non pas pour payer ou recevoir, mais seulement parce qu'on espère que la fluctuation des cours permettra de réaliser un bénéfice. Ces marchés se réduisent en définitive à de véritables paris dont la différence des cours fait l'enjeu. L'époque du règlement des négociations à terme est toujours fixée. La loi défend qu'elle dépasse un mois pour les actions de chemins de fer, et deux mois pour les autres effets; c'est ce qu'on exprime par les formules *fin courant* et *fin prochain*. Cependant, on peut prolonger les délais au moyen du report. Au reste, que le marché soit *fin courant* ou *fin prochain*, l'acheteur peut toujours, en payant le prix convenu, forcer le vendeur à lui livrer les titres, objet de la négociation. Se faire ainsi remettre, avant le terme, les valeurs achetées, c'est ce qu'on appelle *faire un escompte*, *escompter*; quoique le nom puisse le faire supposer, il n'est fait, dans ce cas, aucune réduction sur le prix du marché.

Les opérations au comptant peuvent porter sur les sommes les plus minimes; mais il n'en est pas de même pour les opérations à terme.

La quantité négociable est au minimum de 25 titres et les multiples de ce chiffre, sans fractions. Toutefois, pour les fonds d'État, la quantité négociable est, au minimum, la moitié d'une unité. On entend par unité la représentation d'un capital nominal de 100,000 fr. Ainsi une unité, en rente 3 p. 100, est représentée par 3,000 fr. de rente; en rente 4 p. 100, par 4,000 fr. de rente, etc.

On distingue deux sortes de marchés à terme : les *marchés fermes* et les *marchés à primes*.

A. — Le *marché ferme* consiste à vendre ou à acheter en se soumettant à toutes les conséquences de la fluctuation des cours. Il engage en même temps le vendeur et l'acheteur, et ne diffère du marché au comptant que parce qu'au lieu de se réaliser immédiatement, il ne doit avoir son effet qu'à une époque postérieure. Quand il s'agit de rentes, on fixe la livraison à *fin courant*. Pour les actions de chemins de fer et autres valeurs industrielles, on prend un temps plus court; les opérations de la première quinzaine du mois ont le 15 *courant* pour terme; celles de la deuxième quinzaine ont le *fin courant*. — Exemple 1er. Je crois, n'importe pour quels motifs, que les fonds vont hausser, et, le 5 juillet, j'achète pour fin courant 3,000 fr. de rente 3 p. 100, à 80 fr. En effet, quelques jours après, le 3 p. 100 monte à 81. Je revends à terme (ou même comptant, puisque moyennant payement, j'ai la faculté de me faire livrer par anticipation les effets que j'ai achetés) lesdits 3,000 fr. de rente, et je réalise un bénéfice de 1,000 fr. Si, au contraire, je me suis trompé dans mes prévisions, que la rente baisse, et que je sois obligé de vendre à 79 la rente achetée 80, je perds 1,000 fr. — Exemple 2°. Les fonds sont en baisse, et je pense qu'ils baisseront encore. Le 1er août je vends, livrables fin courant, 5,000 fr. de rente 4 1/2 p. 100, à 95 fr. La baisse continue en effet, et le 15, le 4 1/2 est tombé à 93. Ce jour-là même j'achète, pour fin courant, 5,000 fr. de rente à 93. Or, la fin du mois arrive : d'un côté, j'ai à livrer 5,000 fr. de rente au taux de 95, mais j'ai à recevoir pareille valeur au taux de 93, je reçois et je livre, et il me reste un bénéfice de 2,000 fr., sauf déduction des frais de courtage. Si, au lieu du baisser, le 4 1/2 était monté à 100, j'aurais, au contraire, perdu 1,000 fr.

Les marchés *fermes* sont excessivement meurtriers; rien n'y limite la perte ou le bénéfice. On est obligé de subir toutes les conséquences de la fluctuation des valeurs. Quand il a affaire à un client qui se livre à des opérations aléatoires de ce genre, l'agent de change exige de lui une *Couverture*, c.-à-d. une somme qui puisse répondre des différences résultant des fluctuations de la B., et qui, par conséquent, doit être proportionnée à l'importance des négociations qu'il opère pour le compte de son client.

B. — Les marchés *à primes* ont été imaginés pour limiter les chances de perte excessive. Ici, le vendeur seul est engagé, et, au jour de l'échéance, l'acheteur est libre, s'il a un intérêt à ne pas remplir ses obligations; mais alors il abandonne au vendeur, à titre de dédommagement, une certaine somme convenue d'avance.

On appelle *Prime* cette somme qui constitue la perte maxima de l'acheteur. *Lever* sa prime se dit de l'acheteur qui reçoit les valeurs dont il a fait conditionnellement l'acquisition. *Abandonner* sa prime, c'est renoncer à recevoir ces mêmes valeurs. La prime profite à l'acquéreur dans le premier cas : au vendeur, dans le second. La prime se paie ordinairement d'avance et à compte sur le capital. Quelquefois cependant elle se porte en compte; mais alors elle est exigible le jour où la vente se réalise.

La prime est très variable. Sur la rente, elle est de cinquante centimes ou d'un franc, ce qui veut dire que vous ne pouvez perdre que cinquante centimes ou un franc sur chaque portion

de capital correspondant à 3 fr. ou 4 fr. 50 de rente. C'est ce qu'on désigne en langage financier par les expressions *dont* 50, *dont* 1. Les primes sur les actions des chemins de fer sont généralement de 10 ou de 20 fr. par action : de là les locutions si fréquemment en usage, *dont* 10, *dont* 20. On dit que la prime se *tend*, quand elle dépasse le taux ordinaire : c'est ce qui arrive dans les temps de crise. Elle se *détend*, au contraire, quand elle reprend son état normal.

Les marchés à primes sont quelquefois qualifiés de *marchés libres*, par opposition aux marchés fermes, qui sont forcés pour les deux contractants ; mais, en réalité, ils ne sont *libres* que pour l'acheteur, qui, seul, peut s'abstenir de remplir ses obligations, tandis que le vendeur est toujours forcé de tenir les siennes. En outre, le bénéfice de ce dernier est limité, car il ne consiste que dans l'abandon qui lui est fait de la prime, tandis que ses pertes, dépendant des mouvements du crédit, peuvent être considérables. Aussi, en compensation des mauvaises chances auxquelles il s'expose, vend-il toujours au-dessus du cours ; et il vend d'autant plus cher que la prime est plus faible, par la raison que la garantie du vendeur diminue alors d'une quantité proportionnelle. Ainsi, la rente *dont* 50 centimes est plus chère que la rente *dont* 1 fr. Pareillement, les actions industrielles *dont* 10 fr. sont plus chères que les actions *dont* 20 fr. Le cours des valeurs à *primes* est donc plus élevé que le cours des valeurs à terme *fermes*. Pareillement, les valeurs à terme fermes sont plus élevées que les valeurs au *comptant*. On exprime par le mot *écart* la différence qui existe entre le cours de ces différentes valeurs. Ainsi, la rente 4 1/2 p. 100 valant au comptant 94 fr., elle se fait fin courant ferme à 94,50 (écart 0,50), et fin courant à prime *dont* 50, à 95 (écart 1,00).

Exemple : — J'achète à prime *dont* 50, fin courant, 3,000 fr. de rente 3 p. 100 au prix de 95 fr., soit 95,000 de capital. Je paie comptant 500 fr. montant de la prime. A la fin du mois, le 3 p. 100 est monté à 96. Je lève les titres, c.-à-d. j'en prends leur impulsé sur la hausse me procure un bénéfice de 1,000 fr. Je paie donc 94,500 fr. (la prime que j'ai payée étant une partie du capital), et j'ai une valeur qui vaut 96,000 fr., car mon vendeur ne peut refuser de tenir son engagement. Si, au contraire, la rente était tombée à 94, j'aurais simplement abandonné à mon vendeur la prime, et au lieu de perdre 1,000 fr. je n'en aurais perdu que 500.

Il arrive parfois qu'au lieu de donner une prime pour ne pas lever, l'acheteur en reçoit une de son vendeur, et s'oblige à recevoir, au prix et au jour convenus, les titres qui lui ont été vendus : ces primes sont dites *Primes pour recevoir*.

Liquidation. — On donne le nom de *Liquidation* à l'exécution ou à l'abandon des marchés contractés, parce qu'alors chacun liquide sa position particulière, avant de se lancer dans de nouvelles spéculations.

Pour les marchés à primes, la liquidation est précédée de ce qu'on appelle la *Réponse des primes*. Ce terme veut dire tout simplement, le 15 ou le dernier de chaque mois, mais toujours à deux heures plus tard, l'acheteur fait connaître à son vendeur si son intention est de lever ou non les titres qu'il a achetés. Le plus souvent l'acheteur n'a pas besoin de faire ainsi une déclaration explicite, le cours des valeurs établissant en général nettement la position des deux contractants. — La réponse des primes est une des principales causes des agitations de la B. aux époques de liquidation. Si on les abandonne, les vendeurs sont embarrassés des valeurs qu'ils avaient réunies à toute éventualité, et les rejettent sur la place. Si, au contraire, on les lève, ceux-ci sont obligés de se procurer à tout prix les valeurs qui leur sont nécessaires pour faire face à leurs engagements. De là résultent, en grande partie, ces mouvements de baisse et de hausse, plus ou moins marqués, qui se produisent au milieu et surtout à la fin de chaque mois.

La réponse des primes effectuée, on procède à la liquidation proprement dite. Elle dure 4 jours. Le premier, on s'occupe des actions de chemins de fer ; le second, c'est le tour des autres valeurs ; le troisième, les agents de change balancent leurs comptes et se mettent d'accord sur les différences qu'ils ont à se payer et les effets qu'ils doivent se livrer ; enfin, le quatrième, on effectue les payements et les livraisons. — La liquidation pour les marchés fermes se fait absolument comme celle des marchés à primes. Seulement, comme ces marchés sont absolus, elle n'est précédée d'aucun avis de l'acheteur au vendeur. Si l'acheteur n'est pas en mesure de recevoir les titres, le vendeur peut les vendre au cours du jour et pour le compte de l'acheteur, en faisant payer par ce dernier la différence qui existe entre le produit de la vente et le total des frais d'acquisition de ces titres. Agir ainsi à l'égard d'un acheteur en retard se nomme *Exécuter, Faire une exécution;* mais comme une mesure de ce genre est, pour l'homme de B., ce qu'est la faillite pour le commerçant, le spéculateur, momentanément obéré, trouve assez facilement un capitaliste qui, moyennant le payement de la différence et un léger bénéfice, consent à lever ses valeurs et à les lui revendre pour la prochaine liquidation ; c'est ce qu'on appelle *Se faire reporter*.

Report. — Ce terme reçoit trois acceptions différentes :

1° On appelle *Report* la convention qui reporte un marché ferme de la fin d'un mois à la fin du suivant. Ce report sert à prolonger une opération, soit en hausse, soit en baisse. J'ai acheté ferme 5,000 fr. de rentes 4 1/2 p. 100 livrables fin juillet. Si à l'échéance, ou même avant, je veux reporter mon opération à la fin d'août, je vends, livrable fin juillet, mon inscription de 5,000 fr., et en même temps je la rachète livrable fin août. S'il existe une différence en plus ou en moins entre le prix d'achat primitif et le prix de vente à fin juillet, je la reçois ou je la paie, et mon opération se trouve reportée de la fin de juillet à celle d'août.

2° On appelle également *Report* la différence qui existe habituellement entre le prix d'un même titre à deux époques différentes. Le *Report du comptant à la fin du mois* est la différence qui existe entre le taux actuel de la rente au comptant et le taux de rente fin courant ; le *Report d'un mois à l'autre* est la différence de prix entre la rente fin courant et la rente fin prochain. Cette différence résulte de ce que tout titre, portant intérêt, augmente de valeur à mesure qu'approche l'époque du payement de l'intérêt ou du dividende, et de ce que les négociations à terme sont plus chères que les négociations au comptant. Ce report donne lieu à diverses opérations. J'ai 100,000 fr. disponibles : ils sont destinés à être placés dans une affaire industrielle ; mais je n'en aurai besoin que dans deux ou trois mois, et cependant je ne voudrais pas garder cette somme improductive pendant cet espace de temps. Je peux faire l'emploi que voici. Le 3 p. 100 est à 95 au comptant et à 95,50 fin courant ; j'achète 3,000 fr. de rente au prix de 95,000 fr., et au même instant je vends ferme et fin courant cette même rente au prix de 95,500 fr. Je fais donc, sans risque aucun, et quel que soit le cours des rentes à la fin du mois, un bénéfice de 500 fr. (sauf la déduction des frais de courtage que j'ai à payer), bénéfice qui représente un placement au taux de 6 p. 100. — Le *Report sur prime* est peu différent de l'opération qui précède. Il consiste à acheter ferme fin courant des effets qu'on revend, au même instant, à prime pour le même terme. Ainsi, par exemple, j'achète 3,000 fr. de rente 3 p. 100 fin courant au cours de 95, et je revends au même instant cette inscription à 96 *dont* 1. Si mon acheteur lève la prime, je gagne la différence qui existait entre les deux cours, soit 1,000 fr. ; si elle est abandonnée, la rente me reste à 94, c'est-à-dire à 1 fr. au-dessous du prix auquel j'ai acheté. Dans ce dernier cas, le seul risque que je coure, c'est de me trouver porteur de titres dont je n'ai que faire.

3° Le terme *Report* se prend encore dans le sens de prêt sur nantissement de titres ou d'actions. On rencontre constamment à la B. des spéculateurs qui se trouvent dans l'impossibilité, faute de capitaux suffisants, de lever les titres qu'ils ont achetés. Pierre, par exemple, a acheté ferme 15,000 fr. de rentes 3 p. 100 fin courant à 95. Mais, à la fin du mois, la rente est tombée à 94,50, et la rente au comptant à 93,50. Il lui faudrait 475,000 fr. pour lever l'inscription, et il n'a que 20,000 fr. au plus. En conséquence, il offre à son vendeur de lui payer la différence des cours qui est de 2,500 fr., et lui demande de reporter l'opération fin prochain, moyennant une indemnité de 60 cent. par 3 fr. de rente, soit 3,000 fr. Mais le vendeur, ayant besoin de ses fonds, refuse tout report et exige l'exécution pure et simple du contrat. Alors Pierre cherche un capitaliste qui consente à lui prêter les 475,000 fr. indispensables, moyennant les 3,000 fr. de report. Il en trouve un auquel agrée la proposition. Alors, l'inscription est levée, transférée au capitaliste qui a fait les fonds, et celui-ci la revend à Pierre fin prochain, au prix primitif de 95 fr., augmenté de celui du report, 60 cent., soit 95,60. Si la B. vient à hausser, Pierre pourra récupérer sa perte et même réaliser un bénéfice. Mais celui qui dans cette affaire est sûr de bénéficier, c'est le capitaliste : car il a placé momentanément ses fonds à un taux qui représente plus de 7,5 p. 100 par an, et quel que soit le cours, c'est de rester, dans le cas où Pierre deviendrait insolvable, propriétaire de l'inscription de rente sur l'État.

Le *Déport* est l'opération inverse du report. Il arrive fréquemment que, pour ne pas subir les conséquences d'une hausse, le vendeur de titres, qui, en liquidation, se trouve dans l'impossibilité de livrer, aime mieux emprunter un titre que l'acheter. Celui qui emprunte un titre l'achète au comptant à un prix et le revend à son prêteur à un autre prix inférieur au premier de tout le montant du déport. Ainsi, par exemple, il achète du 3 p. 100 à 96 et le revend à son prêteur à 95,65. Le prêteur du titre bénéficie donc, dans ce cas, d'une différence de 35 cent. sans que les intérêts de son inscription cessent de courir. Dans le report, le prêteur est nanti d'un titre ; dans le déport, il est nanti d'une somme d'argent, il ne court de chances que sur la différence. — Dans le langage de la B., prêter son argent contre des titres, c'est *Reporter*; emprunter sur dépôt de titres, c'est *Se faire reporter* : l'emprunteur est dit *Reporté*, et le prêteur *Reporteur*.

Les opérations du prêt sur dépôt de titres ou les *Reports*, comme on dit à la B., ne peuvent être faites que par des capitalistes ayant des fonds-espèces. Aussi ne sont-elles point considérées comme spéculation. Les reports ont un cours à la B. et y sont cotés chaque jour sur le Bulletin officiel. Ils sont parfois fort élevés, et représentent un intérêt de 8, 10, 12, 24 p. 100, et même davantage. De même que les autres marchés ils ne peuvent se faire légalement à plus d'un mois pour les chemins de fer, et à plus de deux mois pour les autres effets; mais on a vu qu'il est facile de les prolonger indéfiniment.

Opérations complexes. — Nous venons d'exposer les différents marchés qui s'opèrent tous les jours à la B., et qui constituent la base des spéculations soit *à la hausse*, soit *à la baisse*. En combinant les unes avec les autres ces diverses opérations on réalise un grand nombre d'opérations complexes, qui exigent une connaissance approfondie de la B. et dont l'exposé exigerait des développements qui ne comporte pas le cadre de ce livre. Parmi les opérations complexes, nous signalerons cependant l'*arbitrage*, qui consiste à échanger une valeur contre une autre valeur pour tirer un bénéfice des différences plus ou moins fortes que subissent leurs cours. On distingue deux sortes d'*arbitrages* : l'un en hausse, l'autre en baisse. Dans un *arbitrage à la hausse*, on achète une valeur qui paraît devoir monter, et l'on vend une même quantité d'une autre valeur que l'on suppose devoir rester stationnaire ou ne prendre que très peu de part à la hausse, et qui, cependant, en cas de baisse, suivrait le mouvement général et compenserait, ou du moins diminuerait la perte que l'on éprouverait sur la première. Dans un *arbitrage à la baisse*, on vend une valeur sujette à baisser, et l'on achète une même quantité d'une valeur peu variable, qui cependant suivrait au mouvement général à la hausse, et contrebalancerait en tout ou en partie la perte éprouvée sur la première. Voici un exemple d'arbitrage plus simple, et ne comportant que des opérations successives et non simultanées. Je suis possesseur de 1,500 fr. de rente 3 p. 100, le 3 monte à 85, tandis que le 4 1/2 reste à 105. Je vends à 85, et je réalise un capital 42,500 fr.; avec cette somme, je rachète en 4 1/2 à 105, une inscription de 1,818 fr. de rente au prix de 42,420 fr. Si je borne là mon opération, ma rente s'est accrue de 318 fr., et il me reste 80 fr. sur mon capital. Mais si j'ai voulu faire une spéculation, j'ai été conduit à changer mon placement dans l'espoir de voir monter le 4 1/2 et baisser le 3. Je ne suis donc qu'à moitié de l'opération. Supposons que ma prévision se réalise : le 4 1/2 est à 107, et le 3 à 80; je vends à 107 mes 1,818 fr. de 4 1/2, soit 43,218 fr. Je rachète 1,500 fr. de rente 3 p. 100 au prix de 80, soit 40,000 fr. Différence à mon profit, 3,228 fr., plus les 80 fr. de la première opération. Bénéfice total 3,308 fr. Ainsi, je me trouve, comme auparavant, possesseur de 1,500 fr. de rente 3 p. 100, et j'ai gagné 3,308.

Législation. — Pendant longtemps les spéculations de B. ont été considérées comme un mal qu'il fallait, s'il était impossible de le détruire, contenir dans les plus étroites limites. Aussi avait-il décidé : 1° que les marchés à terme sur les effets publics qui n'ont d'autre objet que des différences devaient être réputés *jeux de B.* et *annulés* comme dépourvus de cause et de réalité, comme contraires aux lois, à l'ordre et à la morale; 2° que la circonstance de la part de l'acheteur de n'avoir pas préalablement déposé entre les mains de l'agent de change les fonds nécessaires pour solder l'acquisition, rendait *présumable* le défaut de cause et de réalité; 3° que ces sortes de paris, *déguisés sous la forme de marchés*, ne pouvaient engager aucune espèce d'action devant les tribunaux au profit de qui que ce soit, ni du client contre l'agent de change, ni de celui-ci contre son client, ni de l'agent de change contre son collègue; — enfin, aux termes des articles 421 et 429 du C. pénal, les paris sur

la hausse et la baisse des effets publics étaient punis d'un emprisonnement d'un mois au moins, d'un an au plus, et d'une amende de 500 à 10,000 fr. Les coupables pouvaient en outre être mis, par l'arrêt ou le jugement, sous la surveillance de la haute police pendant deux ans au moins et cinq ans au plus.

Cette législation draconienne n'avait qu'un défaut, celui d'être inapplicable : car il est extrêmement difficile de déterminer d'une manière précise où finissent les opérations sérieuses et où commencent les opérations aléatoires; en supposant même que cette détermination fût possible, l'expérience a montré que la loi est impuissante à empêcher la spéculation sous toutes ses formes. Aussi, une loi du 28 mars 1885, a-t-elle abrogé toutes les dispositions que nous venons de rappeler. Cette loi a reconnu légaux tous marchés à terme et tous marchés à livrer et a stipulé que le débiteur ne pourrait plus opposer à l'avenir, comme il le pouvait autrefois, l'exception de jeu pour se dispenser de payer les dettes contractées à la B.

Bourse du commerce, à Paris. — Une nouvelle b. a été créée à Paris en juillet 1886 dans les bâtiments de l'ancienne halle au blé; cette b., à la différence de celle de la rue Vivienne qui reste consacrée au marché financier, a été exclusivement réservée aux opérations commerciales proprement dites : détermination du cours des marchandises, des assurances, des prix des transports, etc. Les dépenses d'entretien et de réparation de la nouvelle b. de commerce sont couvertes au moyen d'une surtaxe annuelle prélevée sur les patentes au profit de la chambre de commerce, de laquelle relève cette institution.

Bourse du travail. — Dès 1875, le conseil municipal de Paris avait été saisi d'une proposition tendant à la création d'une b. de travail destinée à faciliter l'embauchage des ouvriers. Ce projet a été réalisé douze ans après, en février 1887, date à laquelle a été installée, rue Jean-Jacques-Rousseau, la première b. de ce genre. Cette institution a pour principal objet de fournir aux ouvriers un local suffisamment vaste pour se réunir et discuter leurs intérêts. De plus on a installé à la b. dont il s'agit des bureaux chargés d'enregistrer les demandes et les offres de travail. Enfin, on y publie chaque semaine des renseignements intéressants les ouvriers, tels que les prix du travail des principales industries ainsi que l'état des rapports de l'offre et de la demande du travail, en province ou à l'étranger. — Les corporations ouvrières établies à la Bourse du travail de Paris ne s'étant pas conformées aux prescriptions de la loi de 1884 sur les syndicats professionnels, le Gouvernement a cru devoir ordonner en 1893 la fermeture jusqu'à nouvel ordre de cet établissement.

La province, la ville de Nîmes en tête, ont imité l'exemple de Paris et ont aussi une b. de travail.

Archit. — Toutes les grandes villes commerçantes de l'Europe possèdent des édifices consacrés aux réunions de B. et qui portent le même nom. — Malgré les critiques fort justes qu'on en a faites, la B. de Paris (Fig. B. de Paris, face occidentale) est, sans contredit, le plus remarquable des monuments de ce genre. C'est un édifice de 72 mètres de longueur sur 50 de largeur. Il a la forme d'un temple périptère

antique, d'ordre corinthien. La colonnade qui l'entoure se compose de 64 colonnes, 14 à chaque face, et 20 à chaque flanc. Cette colonnade forme un promenoir autour des murs qui sont percés d'arcades. Le monument n'a pas de fronton. On y arrive par deux perrons de seize marches chacun, établis sur les faces qui regardent l'orient et l'occident. La salle publique où se traitent les opérations est située au rez-dehaussée. Elle est longue de 32 m. et large de 18, et reçoit la lumière d'en haut. A l'entour règne une galerie séparée de la salle par des pilastres, qui soutiennent une autre galerie située au premier étage. La décoration de la salle est d'un goût excellent, et sa voûte est décorée de peintures en grisaille d'une exécution remarquable. La B. a été construite de 1808 à 1825, sur les dessins d'Alexandre Brongniart ; elle a coûté 8,450,000 fr. — La b. de Londres ou *Royal-Exchange* se compose de deux parties : l'une, le *Royal-Exchange* proprement dit, est destinée aux négociations commerciales, et l'autre, appelée *Stock-Exchange*, est le marché des fonds publics et des actions industrielles. L'édifice a une longueur totale de 67 mètres et une largeur de 58. Au point de vue architectural, il offre peu d'intérêt. — Parmi les principaux édifices de ce genre, on cite encore la b. d'Amsterdam, qui a été bâtie par Dankers, de 1608 à 1613, et celle de Saint-Pétersbourg, qui a été construite, de 1804 à 1811, par l'ingénieur français Thomon.

BOURSEAU. s. m. Moulure ronde au sommet des toits d'ardoise. || Instrument de plombier pour arrondir les tables de plomb.

BOURSER. v. a. Voy. BOUNCER.

BOURSET. s. m. T. Pêc. Corps flottant qui sert à tirer un des bouts du filet.

BOURSETTE. s. f. (Dimin. de *bourse*). Partie du sommier de l'orgue qui laisse passer un fil de fer sans laisser passer le vent. || T. Bot. Un des noms de la bourse-à-pasteur.

BOURSICAUT ou **BOURSICOT.** s. m. (Dimin. de *bourse*). Petite bourse. Fam. || Petite somme amassée avec économie et tenue en réserve. *Il s'est amassé un b.* Fam.

BOURSICOTER. v. n. Se livrer à de petites opérations de Bourse. Fam.

BOURSICOTIER. s. m. Celui qui joue et fait de petites affaires à la Bourse. || On dit aussi *boursicoteur.*

BOURSIER, IÈRE. s. (R. *bourse*). Ouvrier, ouvrière qui fait ou vend des bourses. Peu us. || Celui, celle qui joue à la Bourse. Fam. || Celui ou celle qui bénéficie d'une bourse pour faire ou finir ses études. — *Boursier, demi-boursier.*

Législ. — Le terme de *Bourse*, dans le sens de pension faite à un écolier pour le mettre en état de faire ses études, a été d'abord usité en Pologne. Dès le XIVe siècle, des jeunes gens qui annonçaient d'heureuses dispositions étaient envoyés, aux frais du gouvernement polonais, en Allemagne, pour y étudier les arts libéraux. Cet usage ne tarda pas à être adopté par les autres nations, et, depuis, il n'a pas cessé d'être en vigueur. Dans les pays étrangers, notamment en Angleterre et en Allemagne, il y a dans toutes les Universités un plus ou moins grand nombre de bourses, qui ont été fondées, soit par la libéralité des gouvernements, soit par celle des corporations ou même de simples particuliers. En France, le gouvernement accorde des bourses dans un certain nombre d'établissements publics ou privés, parmi lesquels nous citerons les lycées et collèges, les écoles normales primaires, l'École navale de Brest, le Prytanée militaire, l'École polytechnique, l'École spéciale militaire de Saint-Cyr, les écoles d'arts et métiers, les maisons de Saint-Denis, Écouen, Saint-Germain pour les filles de membres de la Légion d'honneur sans fortune, et deux établissements privés, l'École centrale des arts et manufactures et l'École supérieure de commerce.

Dans les lycées et collèges, outre les bourses de l'État, il existe des bourses entretenues par les départements ou les communes. Les bourses nationales sont concédées, sur la proposition du ministre de l'instruction publique, par le Président du Conseil général (art. 45 de la loi du 10 août 1871); celles des communes, par les conseils municipaux avec l'approbation des préfets. Toutes ces différentes bourses sont accordées, après enquête constatant l'insuffisance de fortune de la famille, aux enfants qui se sont fait remarquer par leurs aptitudes, et particulièrement à ceux dont la famille a rendu des services au pays. — Suivant les titres et la situation des familles, les bourses de l'État, des départements et des communes sont ou entières ou fractionnées en demi-bourses et trois quarts de bourse. De plus, les candidats doivent justifier, par un examen préalable, qu'ils sont en état de suivre la classe correspondant à leur âge.

Bourses dans les lycées et collèges de jeunes filles. — La loi du 21 décembre 1880 (art. 3) pose le principe de la création des bourses de l'État dans les établissements d'enseignement secondaire de jeunes filles. Ces bourses se divisent en bourses d'internat, de demi-pensionnat et d'externat. Elles ne sont accordées qu'après enquête constatant l'insuffisance de fortune de la famille.

D'après le décret du 27 juillet 1882, à défaut de pensionnats annexés aux lycées et collèges, des bourses d'internes et de demi-pensionnaires peuvent être concédées dans des institutions libres, ou dans des familles agréées par le ministre.

Bourses de licence et d'agrégation. — Depuis 1880, l'État accorde des bourses à certains étudiants qui se préparent aux diverses licences et agrégations. Ces bourses sont accordées pour une année et peuvent être renouvelées, mais une seule fois. Les bourses de licence sont données au concours ; les candidats doivent être Français et avoir plus de dix-huit ans et moins de vingt-cinq. Les boursiers d'agrégation doivent être Français et ne sont assujettis à aucune condition d'âge. Ce sont, pour la plupart, les anciens boursiers de licence qui ont subi, avec succès, leurs examens de licence.

Bourses d'études. — Il existe depuis 1886, dans les facultés des lettres et dans les facultés des sciences, un certain nombre de bourses, dites bourses d'études, entretenues par l'État. « Ces bourses », comme l'indique la circulaire du ministre de l'instruction publique en date du 31 mai 1886, « sont destinées à favoriser dans nos facultés les recherches libres et désintéressées. Elles sont accordées sur la proposition des facultés, après avis du comité consultatif de l'enseignement supérieur. Les conditions pour les obtenir sont les plus larges ; à la rigueur aucun grade n'est requis ; il suffit d'avoir fait preuve d'aptitude dans une branche déterminée de la science. »

Bourses de séjour à l'étranger. — Depuis 1884, le gouvernement, pour développer la connaissance des langues vivantes en France, accorde, chaque année, au concours, des bourses de séjour en Angleterre, en Allemagne, etc., à des anciens élèves d'écoles primaires supérieures qui se destinent au commerce, ainsi qu'à des professeurs d'écoles normales primaires. Un concours spécial est ouvert pour chacune de ces catégories de candidats.

Bourses de voyage pour les artistes. — En vertu de l'arrêté du 10 mai 1881, le conseil supérieur des beaux-arts est chargé de répartir un certain nombre de bourses dites de voyage entre les exposants français du Salon annuel. Outre le prix du Salon, qui consiste en une bourse de voyage de dix mille francs, sept bourses de quatre mille francs sont accordées chaque année, savoir : trois pour la peinture, deux pour la sculpture, deux pour la gravure. Ces bourses permettent aux artistes d'aller étudier les chefs-d'œuvre des pays étrangers, à la condition toutefois de soumettre leur itinéraire à l'approbation du ministre des beaux-arts.

BOURSILLER. v. n. (Pr. les *ll* mouillés) (R. *bourse*). Contribuer chacun d'une petite somme pour quelque dépense commune. *Il fallut que chacun boursillât.* Fam.

BOURSOUFLAGE. s. m. (R. *boursoufler*). Enflure. Ne se dit qu'au fig., en parlant du style. *Un style plein de b.*

BOURSOUFLEMENT. s. m. (R. *boursoufler*). T. Didact. Augmentation de volume déterminée par l'action de la chaleur ou de la fermentation.

BOURSOUFLER. v. a. (R. *bourse* et *souffler*), souffler en bourse). Rendre enflé. Ne se dit qu'en parlant de la bouffissure des chairs. *Cette fluxion lui a boursouflé tout le visage.* = SE BOURSOUFLER. v. pron. Se gonfler. *Les chairs de la plaie se boursouflent. Le borax se boursoufle à l'action du feu.* = BOURSOUFLÉ, ÉE, part. *Chairs boursouflées.* — Fig., *Style b.* || Subst. *Un gros b.*, Un homme gras et replet, qui a de grosses joues. = Syn. Voy. AMPOULÉ et BOUFFI.

Obs. gram. — L'Académie écrit *souffler* et *boursoufler.* Pourquoi cette anomalie ?

BOURSOUFLURE. s. f. (R. *boursoufler*). Enflure. Se dit au prop. et au fig. *Il a de la b. dans le visage. La b. du style.*

BOUS. s. m. pl. *Des bous de sucre.* Du sucre qui a bouilli.

BOUSAGE. s. m. T. Techn. Opération qui consiste à passer au bain de bouse les toiles sur lesquelles on a imprimé le mordant. Voy. TEINTURE.

BOUSARD. s. m. (R. *bouse*). T. Vénerie. Fiente de cerf, en certains mois, quand elle a peu de consistance, comme la bouse de vache.

BOUSCULER. v. a. (R. *bouter* et *cul*). Mettre sens dessus dessous. *On a bousculé tous les livres de ma bibliothèque.* Fam. || Pousser en tous sens. *Nous avons été horriblement bousculés dans la foule.* Fam. == SE BOUSCULER. v. pron. Se pousser en tous sens. *On se bousculait et l'on n'avançait pas.* Fam. == BOUSCULÉ, ÉE. part.

BOUSE. s. f. (gr. βοῦς, bœuf?). Fiente de bœuf ou de vache. *La b. est un bon engrais pour les terres.* || *La b. est employée dans la teinture des étoffes.* || T. Blas. Sorte de chantepleure représentée dans quelques armoiries.

BOUSER. v. a. T. Tech. Former l'aire d'une grange avec un mélange de terre et de bouse de vache.

BOUSIER. s. m. T. Ent. Insecte coléoptère qui vit dans les bouses et autres matières fécales.

BOUSILLAGE. s. m. [Pr. les *ll* mouillées] (R. *bousiller*). Mélange de paille hachée et de terre détrempée. *Une étable faite de b.* || Fig. et fam., on dit de tout ouvrage mal fait ou qui doit peu durer, *Ce n'est que du b.*

BOUSILLER. v. n. [Pr. les *ll* mouillées] (R. *bouse*). Maçonner avec de la paille hachée et de la terre détrempée. == BOUSILLER. v. a. Faire un ouvrage quelconque sans soin, avec précipitation. *Il bousille tout ce qu'il fait.* == BOUSILLÉ, ÉE. part.

BOUSILLEUR, EUSE. s. [Pr. les *ll* mouillées]. Celui, celle qui travaille, qui construit en bousillage. || Fig. et fam., se dit des mauvais ouvriers en toutes sortes d'ouvrages. *Ce n'est qu'un b.*

BOUSIN ou **BOUZIN.** s. m. (R. *bouse*). Surface tendre de certaines pierres de taille. *Il faut abattre le b. en taillant cette pierre.* || Tourbe de mauvaise qualité.

BOUSIN. s. m. (angl. *bowsing*, cabaret, mauvais lieu). Tapage. || Mauvais lieu. — C'est un terme grossier et du plus bas langage.

BOUSINGOT. s. m. (angl. *bowsing*, cabaret fréquenté par les matelots). Chapeau de marin.

BOUSQUER. v. a. (sans doute pour *bouquer*). T. Mar. Faire travailler malgré lui un marin paresseux.

BOUSSAC. ch.-l. d'arr. (Creuse), 1,300 hab.

BOUSSARD. s. m. T. Pêc. Hareng qui vient de frayer.

BOUSSERADE. s. f. Un des noms vulgaires du raisin d'ours.

BOUSSINGAULITE. s. f. (R. *Boussingault*, n. pr.). T. Minér. Sulfate d'ammoniaque contenant des traces de protoxyde de fer et de magnésie, et qu'on a trouvé en Toscane.

BOUSSINGAULT, chimiste et agronome français (1802-1887). Ses travaux ont eu surtout pour objet la chimie agricole et l'économie rurale. Signalons, parmi ses ouvrages, son *Traité d'agronomie et de chimie agricole* (1850-1874), 5 vol., et ses *Études sur la cémentation.*

BOUSSINGAULTIA. s. m. (R. *Boussingault*, n. pr.). T. Bot. Genre de plantes de la famille des *Chénopodiacées.* Voy. ce mot.

BOUSSOLE. s. f. (ital. *bóssolo*, petite boîte; de *bosso*, buis). Sorte de cadran au centre duquel est fixée une aiguille aimantée qui tourne librement sur un pivot, de sorte qu'une de ses extrémités se dirige vers le Nord. || Fig., Guide, conducteur. *Soyez ma b. Ce principe doit vous servir de b.* || T. Astr. Nom donné par Lacaille à une constellation. Voy

CONSTELLATION. || Géom. prat. Boîte carrée portant une b. et une lunette || Hort. *Planter à la boussole*, Donner aux arbres que l'on transplante l'orientation qu'ils avaient dans la pépinière. || Hist. litt. Titre de plusieurs recueils parus à différentes époques.

Phys. — On sait que lorsqu'on place une aiguille aimantée sur un pivot, elle prend une direction déterminée et constante. L'une de ses extrémités regarde sensiblement le pôle Nord, tandis que l'autre est tournée vers le pôle Sud. Toutefois, il est essentiel de noter que l'extrémité de l'aiguille ne se dirige pas exactement vers le pôle terrestre. Ainsi, à Paris, la direction de l'aiguille fait actuellement (1893) avec le plan du méridien géographique un angle de 15 degrés et demi à l'Ouest pour la moitié de sa lame métallique qui regarde le Nord, à l'Est au contraire pour la moitié qui regarde le Sud. En réalité, cette direction n'est pas fixe; elle varie continuellement avec le temps. — On appelle *méridien magnétique* le plan vertical qui passe par les deux pôles de l'aiguille aimantée, mobile horizontalement, lorsqu'elle est en équilibre. On donne le nom de *déclinaison* à l'angle compris entre le méridien magnétique et le méridien géographique dans le lieu où se fait l'observation. La déclinaison est dite *orientale* ou *occidentale*, suivant que la moitié de l'aiguille tournée vers le Nord est à l'Est ou à l'Ouest du méridien géographique. — Mais l'aiguille aimantée, quand elle est exactement suspendue par son centre, présente encore un autre phénomène intéressant, c'est qu'elle ne reste pas horizontale; dans nos pays, la moitié de l'aiguille qui regarde le Nord s'abaisse ou s'incline vers le sol, tandis que la moitié opposée se soulève. L'angle que l'axe magnétique de l'aiguille fait avec l'horizon, s'appelle l'*inclinaison* de l'aiguille aimantée. On a constaté que l'*angle de l'inclinaison* est actuellement (1893) à Paris d'environ 65°. Il augmente à mesure qu'on s'avance vers le

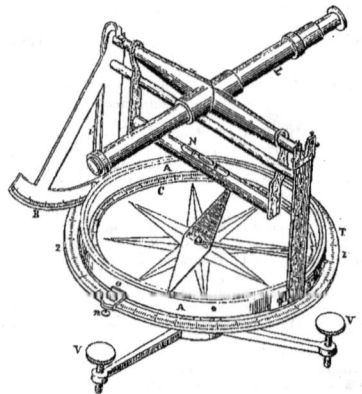

Fig. 1.

Nord. Voy. MAGNÉTISME. — De là les deux sortes de Boussoles : Boussoles de déclinaison et Boussoles d'inclinaison.

1. *Boussoles de déclinaison.* — La *B. de déclinaison proprement dite* (Fig. 1), qui sert à mesurer la déclinaison magnétique, se compose essentiellement d'une boîte AA en cuivre rouge, dont le fond est muni d'un limbe gradué C, et au centre de laquelle est suspendue une aiguille aimantée qui a la forme d'un losange allongé et dont l'une des moitiés, celle qui regarde le Nord, est colorée en bleu, tandis que l'autre, qui est blanche, indique le Sud. D'après la connaissance que nous avons du phénomène de l'inclinaison, il est évident qu'une aiguille parfaitement symétrique, qui reposerait sur un point par son centre de figure, ne se tiendrait pas horizontale, mais qu'elle s'abaisserait d'une certaine quantité. Si donc on veut avoir une aiguille qui reste horizontale, on est obligé de l'*équilibrer*, c.-à-d. d'enlever un peu de matière du côté qui tend à s'abaisser. — L'aiguille étant équilibrée, on adapte à sa partie centrale une chape d'agate, travaillée avec un soin tout particulier, et qui repose sur une pointe verticale d'acier. Un petit levier,

auquel est adapté un anneau, soulève la chape, de manière à modérer l'amplitude des oscillations ou à soulager le pivot pendant que l'appareil n'est pas en expérience. Ce mouvement peut s'opérer de l'extérieur au moyen d'un bouton qui communique avec le levier. L'aiguille porte une chape sur ses deux faces, afin qu'elle puisse aisément se retourner et s'appliquer sur la face opposée, dans le but d'éliminer l'erreur résultant de la distribution dissymétrique du magnétisme à l'intérieur de l'aiguille. Si l'on se contentait, en effet, d'une seule observation, on aurait nécessairement une erreur égale à l'angle que fait l'axe de figure de l'aiguille avec son axe magnétique; mais si l'on retourne l'aiguille, cette erreur, qui avait lieu dans un certain sens, ayant lieu maintenant dans le sens opposé, la moyenne des deux observations fournit un résultat exact : c'est en cela que consiste la *Méthode du retournement*. Le limbe horizontal gradué, au-dessus duquel se meut l'aiguille, fait corps avec une lunette L, qui lui est reliée au moyen de deux montants verticaux. L'ensemble formé par la boîte AA, le limbe horizontal et la lunette se meut autour d'un axe vertical, de manière que la position de cet appareil est accusée sur le cercle gradué, fixe et horizontal Z, appelé *Cercle azimutal*, par le voyant *n*, muni d'un vernier et d'une vis d'arrêt. La position de la lunette dans son plan vertical est accusée sur un limbe latéral B, par une aiguille *i*. La lunette porte en appendice une pièce munie d'un niveau N, dans le but de constater l'horizontalité de son axe de rotation. Enfin, le dernier cercle est supporté par un pied pourvu de *vis calantes* V.

Quand on veut faire une observation à l'aide de cet appareil, on commence par disposer le cercle azimutal Z bien horizontalement, à l'aide du niveau N et des vis calantes. Ensuite, on fait mouvoir la boîte tournante jusqu'à ce que le champ de la lunette soit amené sur un astre connu, sur Aldébaran, par ex. On note le moment précis de l'observation, la hauteur de l'astre lue avec l'aiguille *i*, la division correspondante aux extrémités de l'aiguille aimantée, et l'excursion de la boîte tournante sur le cercle extérieur. On conclut de la l'angle du plan vertical de l'astre avec le plan du méridien magnétique; et, puisqu'on connaît l'instant précis de l'observation, ainsi que la hauteur de l'astre à cet instant, on peut en conclure, par des formules astronomiques, l'angle du plan vertical considéré avec le méridien du lieu. Le calcul donne donc, d'une manière fort simple, l'angle de déclinaison. Il est bien entendu que, pour faire exactement cette observation, il est nécessaire de retourner l'aiguille et de lire, après chaque retournement, ses deux extrémités. On prend la moyenne des lectures de chaque bout de l'aiguille et la moyenne des deux retournements. Dans les boussoles de haute précision, telles que la b. de Gambey, l'aiguille est remplacée par un simple barreau d'acier aimanté suspendu par un faisceau de fils de soie sans torsion et portant à ses deux extrémités de petits anneaux de cuivre garnis de deux fils fins croisés à angle droit. La lunette est disposée de manière qu'on puisse viser aussi bien les objets très rapprochés que les objets très éloignés. Dès lors on vise : 1° l'étoile; 2° les deux croisés de fils du barreau, et on fait les lectures correspondantes sur le cercle azimutal; la première lecture et la moyenne des deux autres donnent l'angle de l'azimut de l'étoile avec le méridien magnétique, d'où l'on pourra déduire la déclinaison magnétique. On recommence enfin l'opération après le retournement du barreau, et l'on prend la moyenne des deux résultats. Dans ces conditions, le cercle intérieur C devient inutile, toutes les lectures se faisant sur le seul cercle azimutal extérieur Z.

B. des variations. — L'appareil qui sert à déterminer l'amplitude des oscillations diurnes de l'aiguille se nomme *B. des variations*. Dans cet instrument, le barreau aimanté est suspendu par l'intermédiaire d'un anneau de cuivre à un système de fils de soie, sans torsion, qui s'enroulent sur un petit treuil, lequel permet d'élever ou d'abaisser à volonté l'aiguille. Le fil passe dans une espèce de tige cylindrique en verre qui a pour objet de le mettre à l'abri des agitations de l'air, et le barreau est placé dans une cage fermée par des plaques de verre qui portent à leurs extrémités, sur une petite lame d'ivoire, des divisions micrométriques. On lit l'excursion des extrémités de l'aiguille au moyen de deux microscopes qui permettent de suivre les mouvements de cette aiguille. Cet appareil est d'une extrême sensibilité. Le premier a été construit par Gambey.

Les deux appareils que nous venons de décrire ont surtout un intérêt scientifique. On s'en sert principalement pour déterminer les variations que subit l'angle de déclinaison, sui-

vant les lieux et les temps. Nous allons parler maintenant des boussoles de déclinaison qui servent à l'orientation sur mer et sur terre.

B. marine, Compas de route ou *Compas de variation.* — Cette b. (Fig. 2), qui a pour objet d'indiquer la position des points cardinaux, est portée par un mode de suspension spécial, qui est appelé *Suspension à la Cardan*, et qui a pour but de maintenir la verticalité de l'appareil malgré les agitations de la mer. La boîte cylindrique qui renferme la b. est entourée par deux anneaux concentriques mobiles. La b.

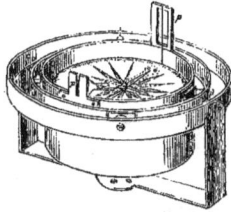

Fig. 2.

repose directement sur l'anneau le plus intérieur par l'intermédiaire de deux petits pivots, et cet anneau repose à son tour sur l'anneau extérieur par l'intermédiaire de deux autres petits pivots perpendiculaires aux premiers, ainsi que le montre la fig. C'est l'anneau extérieur qui est attaché au navire et qui participe aux mouvements plus ou moins irréguliers auxquels il est soumis; mais la b., libre de tourner autour de deux axes perpendiculaires, peut prendre toutes les orientations possibles, c.-à-d., sa position d'équilibre est celle où la verticale de son centre de gravité rencontre les deux axes de rotation, c.-à-d., passe par le centre des cercles. Dès lors, l'axe de figure de l'appareil reste vertical, et le limbe sur lequel court l'aiguille aimantée demeure toujours horizontal, quel que soit le mouvement du navire. A la face supérieure de l'aiguille, qui doit être très mobile sur son pivot, est fixée

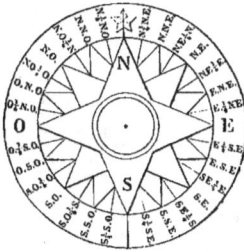

Fig. 3.

une feuille mince de talc, sur laquelle est tracée une étoile à rayons multiples pour indiquer la direction du vent.

Cette étoile qu'entoure une circonférence divisée en degrés, est appelée par les marins *Rose des vents* (Fig. 3). Les deux rayons principaux de l'étoile, perpendiculaires entre eux, portent à leurs extrémités les mots Nord, Sud, Est, Ouest, ou simplement leurs initiales. Les lignes inclinées à 45 degrés sur les précédentes indiquent les directions de Nord-Est, Sud-Est, Sud-Ouest, Nord-Ouest qu'on représente encore par leurs initiales. Les directions intermédiaires se désignent par des redoublements de mots tels que Nord-Nord-Est ou N.-N.-E. Quand on veut plus de précision, on indique en degrés l'angle de la direction considérée avec l'une des directions principales. Chaque arc de 11° 15', qui est la 32° partie de la circonférence de la rose des vents porte, le nom de *Rumb de vent.*

Les deux petits rectangles *p* et *p'* (Fig. 2) sont des *Pinnules*, sortes de fenêtres destinées aux visées, et qui sont partagées dans le milieu de leur longueur par un fil délié qui définit le rayon visuel. Près de la pinnule p se trouve un petit miroir incliné à 45 degrés, dont la moitié supérieure manque de tain, de sorte qu'elle ne gêne nullement la vision. Il en résulte que, lorsqu'on dirige l'alidade sur un astre, on voit par réflexion, d'un seul coup d'œil, l'angle que font entre eux le méridien magnétique et le plan vertical qui contient l'astre. Il ne reste plus ensuite qu'à recourir aux méthodes astronomiques pour en conclure immédiatement l'angle du méridien magnétique avec le méridien du lieu où s'est faite l'observation. — La b. se place dans une espèce d'armoire que l'on nomme *Habitacle* et qui est située sur le tillac, à l'arrière du bâtiment, en avant de la roue du gouvernail. — Le compas de mer est extrêmement utile pour la conduite d'un navire dès qu'il a perdu la côte de vue : au mot NAVIGATION, nous verrons quel usage on en fait.

Sur les navires en fer si généralement employés aujourd'hui, les indications de la b. sont faussées par les attractions que les masses de fer exercent sur l'aiguille. Comme l'erreur dépend de l'orientation du navire, on conçoit qu'il soit extrêmement difficile de la corriger. On y remédie en partie par l'emploi de masses compensatrices placées de manière à neutraliser ou tout au moins à atténuer l'effet des masses du navire ; malheureusement il est impossible d'obtenir par ce moyen une compensation rigoureuse ou même suffisante, et la masse compensatrice doit être placée dans des positions différentes suivant l'orientation du navire, c.-à-d. suivant le rumb de vent qu'indique la b. La question des corrections de la b. sur les bâtiments en fer constitue l'un des problèmes les plus difficiles que soulève la pratique de la navigation, et les solutions qu'on en a données laissent encore à désirer. La marine russe emploie des aiguilles en nickel qui sont inoxydables. Pour atténuer les trépidations qui fatiguent les boussoles sur les navires à vapeur, on remplit toute la boîte du compas jusqu'à la glace d'un mélange d'eau et d'alcool qui amortit les oscillations ; c'est ce qu'on nomme les boussoles liquides.

Boussoles d'arpentage. — Appliquée aux opérations topographiques, la b. sert principalement à déterminer les angles dont on a besoin pour reporter sur le papier les canevas géométriques dont on couvre le terrain. On fait surtout usage de l'espèce de b. appelée *Déclinatoire* (Fig. 4), qui consiste en une petite boîte rectangulaire dont le fond porte une graduation et une rose des vents au-dessus de laquelle oscille l'aiguille aimantée. Lorsqu'on fait des levers à la planchette, il importe beaucoup que, pendant qu'on est en station et qu'on rayonne vers les différents points du terrain, la planchette reste toujours dans la même position. On s'en assure à l'aide du déclinatoire qu'on dispose à l'un des angles du papier, de manière que son aiguille regarde le zéro de la division. On l'entoure de lignes tracées le long des côtés de la boîte même pour indiquer sa place précise. Si, après un certain temps, on craint que quelque faux mouvement ne soit venu déranger la position de la planchette, on place le déclinatoire entre les lignes qu'on avait tracées précédemment, on examine si l'aiguille regarde encore le zéro, et, dans le cas contraire, on modifie la position de la planchette en la faisant tourner autour d'un axe, de manière à rétablir la coïncidence.

B. éclimètre ou *B. d'arpenteur*. — Cet appareil (Fig. 5) est un des instruments les plus ingénieux et les plus commodes pour les levers rapides ; car il remplace à la fois le graphomètre et le niveau. Il consiste en un limbe horizontal gradué, sur lequel court une aiguille aimantée, et qui est porté par un pied pourvu de vis calantes. En dehors du cercle se trouve une lunette l munie d'un réticule. Cette lunette se meut dans un plan perpendiculaire à celui du limbe de la b., sur un cercle gradué C. La masse P, placée de l'autre côté, est destinée à faire contre-poids à la lunette et à son cercle. Enfin, l'appareil est muni de verniers qui permettent de lire, sur une zone extérieure graduée, les déplacements du limbe horizontal autour de l'axe. Cet instrument permet de déterminer l'angle d'une ligne droite AB, ou plus exactement d'un plan vertical avec le méridien magnétique, et par suite d'orienter toutes les droites du plan par rapport au plan magnétique. On se place au point A, on rend le limbe parfaitement horizontal, et l'on vise, avec la lunette, le point B. On lit alors, sur l'instrument même, l'angle BAN

que forme la nouvelle direction avec le méridien magnétique. Comme pour voir le point B on a été obligé d'élever ou d'incliner la lunette d'une certaine quantité qui se lit sur le cercle latéral, on en conclut l'angle que fait avec l'horizontale la nouvelle ligne de visée, et par suite la différence de niveau qui existe entre ces deux points, si l'on a fait chaîner la distance qui les sépare. L'éclimètre permet donc de faire marcher de front les opérations de simple lever, ou, comme

Fig. 5.

on dit, de *Planimétrie*, avec les opérations de *Nivellement*. Bien plus, en disposant la lunette d'une manière particulière, et en se servant d'une *Stadia* (voy. ce mot) pour mire, on n'a pas besoin de chaîne, et l'on détermine en même temps la distance qui sépare les deux points considérés.

L'éclimètre a été perfectionné et l'on construit aujourd'hui un grand nombre de *boussoles d'arpenteur* de formes très variées. Ces appareils doivent remplir certaines conditions, dont les plus délicates sont l'horizontalité de l'axe de rotation de la lunette, la verticalité de l'axe de tout l'appareil et la coïncidence de l'axe de figure de l'aiguille avec son axe magnétique. Dans la b. du colonel Goulier, la lunette est remplacée par un prisme-loupe à réflexion totale dans lequel on voit une image verticale et amplifiée du limbe. On fait la visée en amenant la coïncidence de l'objet qu'on a vu à travers le prisme avec l'image de la ligne de foi. Malgré tous les perfectionnements, la b. d'arpenteur reste un instrument

Fig. 6.

commode, mais peu précis, convenant seulement aux opérations qui demandent à être effectuées rapidement.

II. *B. d'inclinaison*. — La b. d'inclinaison (Fig. 6) est, à proprement parler, une b. verticale. L'aiguille a est munie d'une virole ajustée sur elle à frottement très serré, et porte un axe en cuivre terminé par deux petits cylindres d'acier qui reposent sur les tourillons formés par deux couteaux en agate. Ces couteaux sont eux-mêmes établis sur une pièce rectangulaire qui porte une traverse munie de fourchettes servant à soulager les couteaux lorsque l'appareil n'est pas en expérience. Le limbe vertical, qui a environ 19 centim. de diamètre, repose, à l'aide d'un pied solidement établi, sur la plaque inférieure AB, qui porte un niveau n et qui soutient une cage de verre destinée à préserver l'aiguille des agitations de l'air. Un vernier, qui est pourvu d'une loupe l et solidaire avec le cercle azimutal Z, indique à chaque moment les angles décrits par ce cercle autour de l'axe vertical de tout le système. L'ensemble des diverses pièces que nous venons de décrire porte sur un pied qui est muni de vis calantes et qui est destiné à assurer, au moyen du niveau, l'horizontalité de l'instrument. Enfin, deux loupes l' l'', reliées au centre du cercle par de petites baguettes métalliques, voyagent sur le pourtour de la circonférence afin de déterminer avec plus d'exactitude la lecture du limbe gradué à chaque extrémité de l'aiguille.

L'observation de l'inclinaison, à l'aide de cet appareil, n'offre aucune difficulté. Il suffit de placer le cercle vertical dans le plan du méridien magnétique, et de lire les divisions que regarde l'aiguille. Ensuite on retourne celle-ci pour l'établir sur une autre face, et on fait les deux lectures qui correspondent à cette nouvelle position. On ne peut se contenter de prendre une moyenne des deux résultats que si l'on ne veut pas une grande approximation. Il reste en effet une cause d'erreur due à ce que le centre de gravité de l'aiguille ne coïncide pas avec son point de suspension. Pour s'en affranchir, il faut désaimanter l'aiguille pour l'aimanter en sens contraire, et recommencer l'opération. On a ainsi quatre observations dont on prend la moyenne. — Si l'on ne connaissait pas le plan du méridien magnétique, on arriverait aisément à sa détermination en cherchant, par le tâtonnement, l'azimut particulier pour lequel l'aiguille se tient dans une position verticale, ce qui indique que l'aiguille est dans un plan perpendiculaire au plan méridien. Il est encore mieux d'observer les inclinaisons i' et i'' dans deux plans rectangulaires, et d'en déduire la valeur i de l'inclinaison dans le plan du méridien par la formule connue :

$$\text{cotang}^2 i = \text{cotang}^2 i' + \text{cotang}^2 i''.$$

III. *Boussole des sinus et Boussole des tangentes.* — Ce sont des appareils destinés à la mesure de l'intensité des courants électriques. On sait que tout courant électrique tend à dévier l'aiguille aimantée et exerce sur chaque pôle de cette aiguille une force perpendiculaire à la direction du courant et

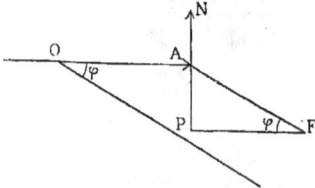

Fig. 7.

proportionnelle à son intensité. Si l'on dispose un courant rectiligne à côté d'une aiguille aimantée OA (Fig. 7) et qu'on en change la direction jusqu'à ce que l'aiguille lui reste parallèle, celle-ci sera en équilibre sous l'action du magnétisme de la Terre AF dirigé suivant le méridien magnétique et de la force du courant AN perpendiculaire à OA. Il faudra donc que la composante de AF perpendiculaire à OA soit égale à AN. Mais cette composante est égale à AF $\sin \varphi$, en appelant φ l'angle de l'aiguille avec le méridien magnétique. Puisque l'intensité du courant est proportionnelle à AN, *cette intensité est proportionnelle au sinus de la déviation de l'aiguille.* C'est sur ce principe qu'est fondée la *b. des sinus.* Elle se compose d'une aiguille aimantée mobile sur un limbe horizontal, le tout entouré d'un cadre circulaire vertical sur lequel est enroulé plusieurs tours un fil conducteur (Fig. 8). On fait d'abord tourner le limbe de manière que l'aiguille, sous l'action directrice de la Terre, se place au zéro, puis on met le cadre vertical dans le plan de l'aiguille, et on fait passer le courant; l'aiguille dévie, on la suit avec le cadre jusqu'à ce qu'elle se mette en équilibre dans le plan du cadre. On mesure alors la déviation dont le sinus est proportionnel à l'intensité cherchée. Il suffit de connaître une fois pour toutes la déviation fournie par un courant d'intensité connue pour en déduire, par une proportion, l'intensité cherchée. On peut même dresser pour chaque appareil une table qui permet de conclure immédiatement l'intensité au moyen de la déviation; comme le sinus ne peut passer un maximum qui est égal à 1, on ne peut mesurer avec cet appareil que des courants dont l'intensité ne dépasse pas un certain maximum; aussi la b. des sinus sert-elle surtout pour

les courants de faible intensité; on l'emploie dans les télégraphes.

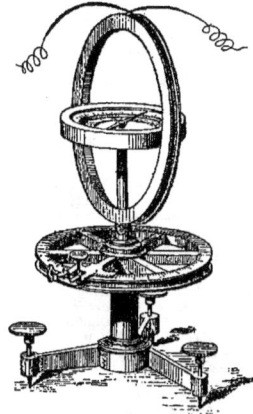

Fig. 8.

La *b. des tangentes* peut servir pour tous les courants, au moins théoriquement. Elle repose sur ce principe que, si un courant rectiligne est dirigé dans le plan du méridien magnétique, son intensité sera proportionnelle à la *tangente de la déviation* qu'il fera subir à une aiguille aimantée assez éloignée ou assez petite pour que dans toutes ses positions on puisse considérer ses deux pôles comme éga-

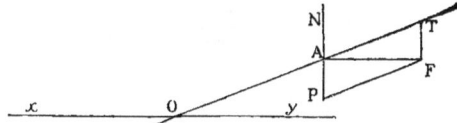

Fig. 9.

lement distants du courant. Pour le démontrer, soit XY (Fig. 9), la direction du plan vertical contenant le courant qui est aussi celle du méridien magnétique, OA, l'aiguille qui est en équilibre sous l'action du magnétisme terrestre AF et de la force du courant AN. Décomposons AF en AT dirigé suivant l'aiguille, et AP suivant la perpendiculaire à XY. Pour l'équilibre il faut AP = AN. Or, AP = AF $\tan \varphi$, φ étant la déviation. Donc OA, et par suite l'intensité, est proportionnelle à $\tan \varphi$. Toute b. des sinus peut devenir une b. des tangentes si l'aiguille est assez petite. Pour faire cette transformation, on remplace l'aiguille de la b. des sinus par une aiguille très courte munie de prolongements en aluminium. Il suffit de placer l'aiguille et le cadre dans le plan du méridien magnétique, de faire passer le courant et de mesurer la déviation. Comme le limbe horizontal est inutile, les appareils qui ne doivent fonctionner que comme b. des tangentes en sont dépourvus. On construit aussi les boussoles des tangentes munies de deux cadres verticaux placés parallèlement l'un à côté de l'autre; l'aiguille est entre les deux. Cette disposition a pour but d'éviter l'erreur qui résulte de la longueur de l'aiguille et d'un léger défaut de coïncidence entre le centre de l'aimant et le centre de la bobine.

Hist. — Au dire de certains historiens, la b. aurait été introduite de Chine en Europe par le Vénitien Marco Polo, qui parcourut l'Asie centrale au XIIIᵉ siècle. D'autres font honneur de l'invention de cet instrument à l'Italien Flavio Gioja, né à Amalfi vers la fin du XIIIᵉ siècle. Mais aucune de ces opinions n'est exacte, attendu qu'il est question de l'usage de l'aiguille aimantée dans des écrits bien antérieurs au temps où florissaient Marco Polo et Flavo Gioja. — La b. est d'origine chinoise. Klaproth a établi que, 1200 ans av. J.-C., les

Chinois connaissaient non seulement la vertu de la pierre d'aimant d'attirer le fer, mais aussi celle d'affecter constamment la direction polaire lorsqu'on la suspendait de manière à se mouvoir dans un plan horizontal. Mais à quelle époque eut-on l'idée de substituer une aiguille aimantée à la pierre d'aimant dans les observations d'orientation ? C'est ce que le savant sinologue n'a pu découvrir. Toutefois il a montré que vers l'an 420 de notre ère cette substitution était un fait accompli, et même que les marins chinois en faisaient usage, dès le milieu du IIIe siècle, dans leurs navigations maritimes. Dans les VIIe et VIIIe siècles, ceux-ci, grâce à la b., étendirent leurs courses jusqu'à Ceylan, à la côte de Malabar, aux bouches de l'Indus et à celles de l'Euphrate même. A la faveur de leurs relations commerciales avec l'Inde, les Arabes apprirent des Chinois l'emploi de l'aiguille aimantée, et ils transmirent leurs connaissances à cet égard aux marins de l'Europe méditerranéenne, soit avant, soit pendant les premières croisades, sans qu'on puisse assigner une époque précise à cette transmission. Le plus ancien témoignage de l'usage de la b. en Europe se trouve dans un poème français (la Bible), écrit vers 1190, par Guyot de Provins.

Voici le passage en question :

Un art font qui mentir ne puet,
Par la vertu de la marinière;
Une pierre laide et brunière,
Où li fers volontiers se joint,
Ont, si esgardent le droit point :
Puis d'une aiguille i ont touchié
Et en un festu l'ont couchié
En l'eue la mettent sans plus;
Et li festu la tient dessus.
Puis se tourne la pointe toute
Contre l'estoile...
Quant la mer est obscure et brune,
Quant ne voit estoile ne lune,
Dont font la l'aiguille alumer,
Puis n'ont-ils garde d'esgarer;
Contre l'estoile va la pointe.

Il en est ensuite fait mention dans un ouvrage latin de Jacques de Vitry (1220), prêtre d'Argenteuil, qui avait gagné la mitre pendant la quatrième croisade.

Dans ces temps reculés, la construction de la b. était d'une simplicité extrême. On enfermait l'aiguille aimantée dans une fiole à demi remplie d'eau, et on la faisait flotter au moyen de deux fétus. C'est du reste celle que décrit Guyot de Provins. Cette b. aquatique reçut le nom de Calamite, du fétu de paille ou de roseau qui soutenait l'aiguille. Maintenant, à qui vint l'idée de supprimer le flacon et les fétus, et de suspendre l'aiguille sur un pivot ? C'est ici que les Italiens nomment Gioja, mais sans produire de preuves à l'appui. Vraisemblablement, cette lacune, dans l'histoire d'une découverte aussi importante, ne sera jamais comblée d'une manière satisfaisante. Voy. AIMANT, MAGNÉTISME, ÉLECTRO-MAGNÉTISME.

BOUSTROPHÉDON. s. m. (gr. βοῦς, bœuf; στρέφω, je tourne). T. Antiq. Ancien mode d'écriture grecque où les lettres se suivent alternativement sur chaque ligne de gauche à droite et de droite à gauche. Voy. ÉCRITURE.

BOUSURE. s. f. (R. bouse, délayage). T. Art. Composition pour blanchir la monnaie.

BOUT. s. m. (celt. bod, fond ?). L'extrémité d'un corps, d'un espace. Les deux bouts d'un bâton. Tirer un coup de fusil à b. portant. Les deux bouts d'une table. Le b. d'une galerie. Il est logé au b. de la ville. || Le b. de la mamelle, du sein, Le mamelon qui est au bout de la mamelle, et que l'enfant prend dans sa bouche. Dans ce sens, on dit absol., Le b. Elle ne peut nourrir faute de b. — Bout de sein, Petit appareil destiné à servir de fourreau au mamelon de la femme qui allaite lorsque celui-ci est trop peu saillant ou qu'il est excorié ou gercé; on en fabrique en caoutchouc ou en cristal avec une tétine en caoutchouc. Ces appareils doivent être tenus dans un état de propreté absolue. || Bouts d'ailes, Les extrémités des ailes de certains oiseaux. || Fig. et fam., Rire du b. des dents. Voy. RIRE. — Savoir une chose sur le b. du doigt. Voy. DOIGT. — Avoir un mot sur le bout de la langue. Voy. LANGUE. — Ce mot est resté ou s'est présenté au b. de ma plume. Voy. PLUME. — Montrer le b. de l'oreille, Laisser voir par quelque côté ce que l'on est ou ce que l'on pense, malgré le soin qu'on met à le cacher. || Fig.

et prov., Tenir le bon b. par-devers soi, Être nanti, avoir des avantages assurés dans une affaire. N'avoir une chose que par le bon b., Ne l'obtenir qu'à des conditions avantageuses à celui qui la donne, ou ne l'obtenir que par force. Prendre une affaire par le bon b., La commencer d'une manière convenable. — Fig. et fam., On ne sait par quel b. le prendre, se dit de quelqu'un dont l'humeur est revêche, le caractère difficile. || Le haut b., La place qui est regardée comme la plus honorable. — Le bas b., La place qui est regardée comme la moins honorable; la partie la plus voisine de la porte d'entrée. — Fig., Tenir le haut b., Exercer de l'influence, être fort considéré dans un certain cercle. Il tient le haut b. dans cette société. || Fig. et prov., Au b. de l'aune faut le drap. Voy. DRAP. — Au b. du fossé la culbute. Voy. CULBUTE. — Au b. le b., La chose durera ce qu'elle pourra || Fig., Aux deux bouts de la terre, Par toute la terre. Le bruit de ses exploits retentit aux deux bouts de la terre. — Il a voyagé d'un b. du monde à l'autre, Il a parcouru beaucoup de pays. — Fam. et par exag., Il est allé loger au b. du monde, Dans un quartier fort éloigné. — Fig. et fam., C'est tout le b. du monde, se dit du plus haut point où l'on puisse porter une chose dont on fait une espèce d'estimation. S'il a cent francs chez lui, c'est tout le b. du monde. || D'un b. à l'autre (sous-entendu bout), D'une extrémité à l'autre. J'ai parcouru la forêt d'un b. à l'autre. || Se dit de ce qui garnit l'extrémité de certaines choses. Mettre un b. de cuivre à une canne. Des bouts de manches. Bâton à deux bouts, Bâton garni de fer par les deux bouts et dont on se servait comme d'une arme. || Se dit encore d'une petite partie de certaines choses, comme ruban, ficelle, corde, etc. Un b. de ruban, de ficelle. Un b. de boudin. — Un b. de bougie, un b. de chandelle, Morceau qui reste d'une bougie, d'une chandelle brûlée en grande partie. Fig. et prov., C'est une économie de bouts de chandelles. Brûler la chandelle par les deux bouts, Dissiper sa fortune inutilement. Voy. CHANDELLE. || Fig. et par dérision, Un b. d'homme, Un homme extrêmement petit. || Se dit aussi en parlant du temps et des choses qui ont de la durée, et signifie la fin, le terme. Le b. de l'année. Il est à peu près au b. de son travail. Être au b. de ses peines. Quand il aurait un million, il en trouverait le b. — Service du b. de l'an, ou B. de l'an, Service qu'on fait faire pour sa mort à l'époque anniversaire de sa mort. — Fig. et fam., Avoir du b. de peine à joindre les deux bouts, Fournir difficilement à sa dépense annuelle. — Fig., Être au b. de sa carrière. Voy. CARRIÈRE. — Fig. et prov., Être au b. de son rouleau, Avoir épuisé tous ses arguments, tous ses moyens, toutes ses ressources. On dit à peu près dans le même sens, fam. et absol., Il n'est pas au b., pour quelqu'un qui a rencontré des obstacles, éprouvé des contrariétés, des chagrins, lorsqu'on veut faire entendre que ses peines ne sont pas finies. Il se plaint, mais il n'est pas au b. || Se dit quelquefois d'une petite partie de certaines choses que l'on devrait point se diviser; alors il n'est guère usité que dans les phrases suivantes : Entendre un b. de messe, un b. d'Opéra. || Fam., Un b. de lettre, de rôle, Une lettre très courte, un rôle très court. Écrivez-moi un b. de lettre. Il n'a qu'un b. de rôle dans la pièce. — Bouts-rimés, voy. ce mot à sa place alphabétique. || T. Mar., se dit dans quelques phrases de l'avant, de la proue du bâtiment. Ce navire a le b. à terre. Cette embarcation nage b. au vent, etc. — Avoir vent de b., Avoir vent contraire. On écrit quelquefois debout en un seul mot. = AU BOUT DU COMPTE. loc. adv. et fam. Tout considéré, après tout. Au b. du compte, qu'en arrivera-t-il ? = A BOUT. loc. adv. Être à b., Se trouver dépourvu de toute espèce de ressources, ne savoir plus que devenir; être épuisé. — Mettre quelqu'un à b., Le réduire à ne savoir plus que faire ni que dire. — Pousser quelqu'un à b., Le mettre en colère à force d'abuser de sa patience. Sa patience est à b. Mais je sens que bientôt ma douceur est à bout. (RACINE.) = A BOUT DE. loc. prépos., qui se prend dans le sens de fin, terme, succès. Venir à b. d'une entreprise, La conduire à bonne fin. Je n'ai pu venir à b. de lire ce livre. — Venir à b. de quelqu'un, Le réduire à la raison, le réduire à faire ce qu'on veut. Il est venu à b. de cet entêté. = BOUT A BOUT. loc. adv. Se dit de certaines choses qu'on joint ou qui sont jointes par leur extrémité. Des tuyaux assemblés b. à b. || Fig., Mettre b. à b., Additionner. — Se dit en parlant de certaines choses qui ne sont presque rien et qui se considère isolément, mais qui forment, quand on les rapproche, un total considérable. Si l'on mettait b. à b. toutes les minutes que nous perdons, on trouverait qu'à la fin de

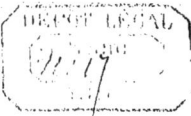

l'année nous avons perdu plusieurs mois. == DE BOUT EN BOUT. loc. adv. D'une extrémité à l'autre. || T. Grav. Outil de graveur.

Syn. — Extrémité, Fin. — Bout, se dit en parlant de l'étendue en longueur : en conséquence, il répond à un autre *bout; extrémité* répond au contre, la *fin* au commencement. On dit le *bout* de l'allée, l'*extrémité* de la France, la *fin* de la vie. On parcourt une chose d'un *bout* à l'autre; on prendre de ses *extrémités* jusqu'à son contre; on la suit depuis son origine jusqu'à sa *fin.*

BOUTADE. s. f. (R. *bouter*). Caprice, saillie d'esprit et d'humeur. *Un homme qui n'agit, qui ne travaille que par b.*

BOUTAGE. s. m. (R. *bouter*). Endroit d'un train de bois où se trouve celui qui le boute ou le dirige. || Action de bouter, de placer les épingles dans les trous du papier où elles sont rangées.

BOUTAN. État de l'Asie centrale, au N.-E. de l'Hindoustan, au pied de l'Himalaya, par 26° et 28° de latitude Nord et 86° à 92° de longitude Est Cap. *Tassisudon.* Grandes richesses minérales. Pop. 2 millions d'hab.

BOUTANT. adj. m. (R. *bouter*). T. Archit. Ne s'emploie que dans le mot composé *Arc-b.* Voy. CONTRE-FORT.

BOUT-À-PORT ou **BOUTE-À-PORT.** s. m. (R. *bouter*). T. Mar. Officier chargé de faire ranger les bateaux qui arrivent. || Pl. *Des bout-à-port* ou *des boute-à-port.*

BOUTARGUE ou **BOTARGUE.** s. f. (ital. *buttagra*, œufs de poisson secs). T. Cuisine. On nomme ainsi une sorte de caviar préparé avec les œufs et le sang du muge. Ces œufs sont salés, broyés, réduits en pâte et séchés au soleil. Souvent on y ajoute du piment ou d'autres ingrédients. La b. se mange, comme le caviar, en guise de hors-d'œuvre. On en consomme beaucoup en Italie, en Corse et dans le midi de la France.

BOUT-DEHORS (R. *bout*) ou **BOUTE-HORS.** s. m. (R. *bouter*). T. Mar. Sorte de rallonge que l'on ajoute à une vergue. Voy. VOILE. || Pl. *Des bout-dehors* ou *des boute-hors.*

BOUTE. s. f. (autre forme de *botte*, tonneau). T. Com. Outre pour le transport du vin. || Tonneau.

BOUTÉ, ÉE. adj. (R. *bouter*). T. Manège. Se dit d'un cheval qui a les jambes droites depuis le genou jusqu'à la couronne. *Cheval bouté.*

BOUTE-A-PORT. s. m. Voy. BOUT-A-PORT.

BOUTEAU. s. m. (R. *bouter*). T. Pêche. Filet attaché à une perche fourchue pour pêcher sur le sable.

BOUTE-CHARGE. s. m. (R. *bouter*). T. Milit. Sonnerie de trompette dans la cavalerie pour avertir de placer la charge sur les chevaux. || Pl. *Des boute-charge.*

BOUTÉE. s. f. T. Archit. Culée d'un pont. Ouvrage qui soutient la poussée d'une voûte ou d'une terrasse. || T. Com. Certaine quantité de cartes rangées par jeux.

BOUTE-EN-TRAIN. s. m. (R. *bouter*). T. Haras. Cheval entier dont on se sert pour exciter les juments. || Un petit oiseau qui sert à faire chanter les autres. || Fam., se dit d'un homme qui excite les autres à la joie et qui met tout le monde en train. || Pl. *Des boute-en-train.*

BOUTE-FEU. s. m. (R. *bouter*). Baguette garnie à son extrémité d'une mèche qui servait naguère à mettre le feu aux pièces d'artillerie. || Celui qui met le feu au canon ou à des pièces d'artifice. Vx et inus. dans l'artillerie actuelle. || Un incendiaire, un homme qui de dessein prémédité met le feu à un édifice, à une ville. Inus. — Fig., Celui qui excite des querelles, des discordes. *Il fut le b.-feu de la sédition.* || Ouvrier chargé de faire sauter les mines à la poudre. || Pl. *Des boute-feux*, d'après l'Académie; mais cette orthographe est certainement incorrecte. Il faudrait *des boute-feu*, à moins qu'on ne supprime le trait d'union : *Des boutefeux.*

BOUTE-HACHE. s. f. (R. *bouter*). Instrument de fer à deux ou trois fourchons. || Pl. *Des boute-hache.*

BOUTE-HORS. s. m. Voy. BOUT-DEHORS.

BOUTEILLAGE. s. m. [Pr. les *ll* mouillées] (R. *bouteille*). T. Féodal. Droit sur le vin vendu en gros ou en détail.

BOUTEILLE. s. f. [Pr. les *ll* mouillées] (lat. *buticula*, dimin. de *butta*, sorte de vase). Vase à col étroit et à goulot, de formes diverses et d'une capacité plus ou moins grande, destiné à contenir du vin ou d'autres liquides. B. *de verre, de grès, de cuir bouilli.* Demi-b. *Le ventre, le goulot, le cul d'une b.* Boucher, déboucher une b. B. cassée, fêlée. Remplir, vider une b. Rincer des bouteilles. *Mettre du vin, une pièce de vin en bouteilles.* || Se dit de la liqueur qui est contenue dans une b. *Une b. de bière, de vin.* Pris absol., signifie toujours une b. de vin. Boire une b. — Fam., *Aimer la b.*, aimer le vin, être adonné au vin. || S'employait autrefois dans le sens de bulle d'air. *La pluie fait des bouteilles en tombant.* Aujourd'hui on dit *Bulle.* || Fig., B. *à l'encre*, Défaut absolu de clarté. || T. Nat. B. *de calebasse*, Se met sous les bras pour apprendre à nager. || T. Art vétér. Tumeur froide des moutons. || T. Phys. B. *de Leyde*, Flacon de verre muni de deux armatures métalliques, l'une intérieure formée d'une feuille d'or reliée à une tige traversant le goulot, l'autre extérieure formée d'une feuille d'étain collée sur le verre, le tout constituant un condensateur électrique. Voy. ÉLECTRICITÉ. == BOUTEILLES. s. f. pl. T. Mar. Les lieux d'aisances dans un vaisseau, où ils sont ordinairement placés à la poupe.

BOUTEILLER. s. m. [Pr. les *ll* mouillées]. Voy. BOUTILLIER.

BOUTEILLERIE. s. f. [Pr. les *ll* mouillées] (R. *bouteille*). Charge, office de bouteiller, lieu où l'on conserve le vin. || T. Com. Fabrication de bouteilles.

BOUTE-LOF. s. m. (R. *bouter* et *lof*). T. Mar. Sorte de boute-hors servant à amurer la misaine. || Pl. *Des boute-lof.* == On dit aussi BOUTE-DE-LOF.

BOUTER. v. a. (celt. *put*, pousser). Mettre, pousser. Vieux mot qui n'est plus usité que dans le bas langage. || T. Mar. B. *au large*, Pousser une embarcation au large. == BOUTEN. v. n. Se dit d'un vin qui pousse au gras. == BOUTÉ. ÉE. part. || Ranger les épingles sur les paquets. || T. Corroyeur. Nettoyer les peaux.

BOUTEREAU. s. m. (R. *bouter*). T. Mét. Burin du cloutier. || Outil pour graver la tête de l'épingle. == On dit aussi BOUTRIOT.

BOUTEROLLE. s. f. [Pr. *bouterole*] (R. *bouter*). Garniture qu'on met au bout d'un fourreau d'épée. *Une b. d'acier, de cuivre, d'argent.* || T. Techn. Outil en acier employé en chaudronnerie pour river les tôles et qui porte en creux, à l'une de ses extrémités, la matrice d'une tête de rivet. — Tige de fer ou de bois arrondie par un bout. — Chacune des fentes de la clef qui reçoivent les gardes de la serrure. — Outil pour faire les chatons des pierres fines. — Poinçon acéré en cuivre, monté sur un touret, à l'usage des graveurs en pierre fine. || T. Blas. Fer que l'on met au bout du fourreau d'une épée ; quelquefois la b. est représentée presque comme un croissant. *Les armes du duché d'Anjou sont : D'argent à trois bouterolles de gueules.* Voy. la Fig.

BOUTEROLLER. v. a. [Pr. *boutero-ler*]. T. Techn. Travailler avec la bouterolle.

BOUTEROUE. s. m. (R. *bouter* et *roue*). Sorte de borne qui préserve les angles des bâtiments du choc des voitures.

BOUTE-SELLE. s. m. (R. *bouter*). T. Guerre. Signal qui se donne avec la trompette pour avertir les cavaliers de seller leurs chevaux, et de se tenir prêts à monter à cheval. Sonner le b.-s. || Pl. *Des boute-selles*, suivant l'Académie, orthographe incorrecte. Voy. BOUTE-FEU.

BOUTEUR. s. m. (R. *bouter*). Ouvrier qui, dans les mines, déblaie le charbon abattu.

BOUTEUSE. s. f. (R. *bouter*). Ouvrière qui boute les épingles.

BOUTEUX. s. m. (R. *bouter*). T. Pêche. Sorte de grande truble que l'on peut bouter, pousser devant soi à l'aide d'un manche.

BOUTICLAR. s. m. Boutique pour poisson.

BOUTIGNY (PIERRE-HIPPOLYTE), chimiste français (1798-1884), connu surtout par ses expériences sur le phénomène de la caléfaction et sur l'état sphéroïdal de l'eau.

BOUTILLIER. s. m. [Pr. les *ll* mouillées] (R. *bouteilles*). Le *Grand Boutillier* ou *Grand Bouteiller* de France était jadis un des cinq grands officiers de la Couronne, qui signait dans toutes les patentes de nos rois ou du moins assistait à leur expédition. Il avait séance entre les princes, disputait le pas au connétable, et prétendait avoir le droit de présider la Chambre des Comptes. Cette charge fut supprimée vers 1190, à la mort d'Antoine de Castelnau, baron du Lau, qui fut ainsi le dernier titulaire de cette dignité. Le grand b. avait pour marques de son office deux flacons d'argent doré, sur lesquels étaient les armes du roi, placés de chaque côté de l'écu de ses armes.

BOUTILLIER, jurisconsulte français, auteur de la *Somme rurale* (XIV⁰ siècle).

BOUTIQUE. s. f. (gr. ἀποθήκη, magasin, de ἀπό, loin de, et τίθημι, je mets). Ce mot est venu en français par l'intermédiaire de l'italien *battega*, dérivé d'une forme latine, *apothreu*, avec suppression de l'*a* initial. Lieu où le marchand étale et vend sa marchandise, où un artisan travaille. *Les boutiques sont ordinairement ouvertes sur la rue, au rez-de-chaussée des maisons. Tenir b. Avoir b. Ouvrir. fermer sa b. Garçon, fille de b. Travailler en b. Jésus-Christ passa trente ans dans la boutique d'un artisan.* (FÉNELON.) — *Garde-b.*, Étoffe, marchandise passée de mode, que le marchand garde depuis longtemps, et généralement toute marchandise de mauvais débit. || *Se mettre en b. Ouvrir b. Lever b.*, Entreprendre quelque espèce de commerce ou d'industrie. *b. ouverte.* || *Fermer b.*, Cesser de travailler ou de vendre en b.; quitter le commerce. || Par exten., Les marchandises dont une b. est garnie. *Il a vendu sa b., son fonds de b.* — Se dit aussi de tous les instruments d'un artisan. *Il a emporté ses marteaux, ses limes, etc., enfin toute sa b.* || Fig. et fam., on dit, mais en mauvaise part, *Cela vient, cela sort, cela part de la b. d'un tel,* Cela est de l'invention d'un tel; c'est un tel qui a tenu ce propos, qui a débité cette nouvelle. || T. Pêche. Boîte dont le fond est percé de trous, qui reste dans l'eau et dans laquelle on conserve le poisson vivant. || T. Techn. Gaine de bois ou de cuir qui contient les outils du boucher.

BOUTIQUIER. s. m. Marchand ou artisan qui est en boutique. *Les boutiquiers de telle rue.* — Se dit surtout d'un petit marchand, et souvent par dénigrement. *C'est de la politique de b.*

BOUTIS. s. m. (R. *bouter*). T. Chasse. L'endroit où un sanglier a fouillé avec son boutoir; les traces de cette fouille. *La forêt est remplie de boutis.*

BOUTISSE. s. f. (R. *bout*). T. Maçonn. Pierre taillée dont la plus grande longueur est dans un mur, de façon qu'on ne voit à l'extérieur que sa largeur. *Poser des pierres en b.*

BOUTOI. s. m. (autr. pron. de *boutoir*). T. Blas. Bout du groin du sanglier, d'émail différent de la hure.

BOUTOIR. s. m. (R. *bouter*). Instrument avec lequel les maréchaux enlèvent la corne superflue du pied d'un cheval avant de le ferrer. || Le groin d'un sanglier. *Le sanglier lui donna un coup de b.* || Fig. et fam., *Coup de b.*, Trait d'humeur, propos piquant, épigramme blessante. *Il redoutait les coups de b. du président.*

BOUTON. s. m. (R. *bout*). Petit corps arrondi ou allongé que poussent les arbres et les arbustes, et d'où naissent les branches, les feuilles ou les fleurs. *B. à bois, à feuilles, à fruit. Cet arbre est couvert de boutons.* Voy. BOURGEON. — Par ext., Fleur qui n'est pas encore épanouie. *Un b. de rose,*

Zéphyr caresse le bouton
De la rose qui vient d'éclore.   VIAGE.

Par anal., Le bout du sein. On dit poétiquement aussi *B. de rose* dans le même sens. || Par anal. aussi, Petite tumeur arrondie qui se forme sur la peau, soit au visage, soit sur toute autre partie du corps. *Il a la figure pleine de boutons.* || Se dit encore de petites pièces de diverses matières, ordinairement rondes et plates, quelquefois bombées ou en boule, qui servent à attacher ensemble différentes parties d'un vêtement, au moyen d'une boutonnière ou d'une ganse. *B. d'or, d'acier. B. de diamant, de porcelaine. B. à queue, etc. Fabricant, marchand de boutons.* — *B. de soie, de fil, de drap,* etc. B. formé d'un petit morceau de bois recouvert de soie, de fil, etc. — *Moule de b.,* Petit morceau de bois ou d'os plat, rond, et percé au centre, qu'on recouvre d'étoffe pour en faire un b. d'habit. || Fig. et prov., *Serrer le b. à quelqu'un,* Le presser vivement, et même avec menace, de dire, de faire quelque chose, de consentir à quelque chose. — Fig. et fam., *Sa robe ne tient qu'à un b.,* se dit d'un homme qui porte la robe et qui est prêt à la quitter pour embrasser une autre profession. || Par ext., se dit de plusieurs choses qui ont la figure d'un b. *Le b. de mire d'un fusil. Un b. de fleuret,* etc. — *Le b. d'une serrure, d'un verrou,* La partie saillante et arrondie à l'aide de laquelle on pousse ou on tire le pêne d'une serrure ou un verrou. — *Le b. d'une porte,* Pièce de fer, de cuivre, ou d'autre matière, qui est ordinairement de forme ronde ou ovale, et qui sert à tirer une porte à soi ou à l'ouvrir. *Tournez le b.* || T. Méc. *B. de manivelle,* Boulon qui sert à réunir une bielle avec une manivelle. || T. Archit. Ornement de sculpture qui figure un b. de fleur. || T. Mar. Gros nœud au bout d'un cordage. *Bosse à b.* || T. Fauc. *Prendre le b.,* Se poser sur le sommet de l'arbre. || T. Méd. *B. d'Alep, de Biskra,* Maladie endémique et inoculable qui sévit en Syrie, en Égypte, en Algérie, etc., et qui est caractérisée par une ou plusieurs élevures qui, dans l'espace d'un an, s'ulcèrent et se cicatrisent en laissant après elles une marque indélébile. || T. Artillerie. *B. de culasse.* Voy. CANON. || T. Man. *B. de la bride.* Voy. BRIDE. || T. Chir. *B. de feu.* Voy. CAUTÈRE. || T. Chim. *B. de fin.* Voy. ESSAI. || T. Bot. *B.-d'or,* Nom vulgaire de la renoncule âcre, de la gnaphale citrine et d'un agaric. Voy. RENONCULACÉES. *B.-d'argent.* Voy. COMPOSÉES.

Techn. — L'industrie des boutons a pris, dans ces derniers temps, une importance considérable : on en fabrique en toutes sortes de matières. Les boutons peuvent être répartis en deux classes : 1° les boutons de passementerie, formés d'un moule ou coquille en bois ou en fer recouvert d'étoffe et munis d'une queue qui est formée du prolongement de l'étoffe, ou, plus généralement, suivant le procédé inventé par Parent en 1811, qui est constituée par des fils fixés à un carton estampé placé dans l'intérieur du moule; 2° les boutons de tous autres genres. Les boutons de nacre, d'ivoire, de corne, se fabriquent à l'aide de machines spéciales qui les découpent et les percent avec une étonnante précision; il y a aussi des boutons de fantaisie qui sont fabriqués au tour. On fabrique encore des boutons de corne ou d'os qui sont d'un usage très répandu à cause de leur bas prix. Les boutons de métal sont également très répandus. On distingue le b. en *cuivre massif* qui se compose d'un flan découpé dans une planche de cuivre laminée et d'une queue soudée, et le b. en cuivre-coquille qui comprend un flan intérieur de carton ou de métal bon marché, la coquille embottie, et un culot en cuivre avec une queue soudée ou plus souvent rivée. Ces boutons sont décorés de gravures, ciselures, lettres, armoiries, etc.; ils sont quelquefois argentés ou dorés.

Il y a encore un autre procédé de fabrication des boutons de fantaisie, qui consiste à pulvériser la matière et à la mêler avec des substances agglutinantes pour en faire une pâte que l'on peut, par le moulage, convertir en boutons de toutes formes et de toutes dimensions. Ce procédé, qui a été imaginé par Baptcrosses, permet d'obtenir, à très bas prix, des boutons qui imitent ceux d'ivoire, de nacre, etc. Mais, peu de temps après cette invention, en 1845, Baptcrosses eut là une autre célèbre, qui devait révolutionner l'industrie des boutons communs : c'est celle des *boutons de porcelaine* qui sont aujourd'hui d'un usage si répandu, et qui ont d'abord été fabriqués exclusivement à l'usine de Briare. Quoique cette usine qui fit la fortune du pays n'ait rien perdu de son importance, on fabrique aujourd'hui des boutons de porcelaine à Creil et à Montereau : ces trois usines alimentent le monde entier. La pâte céramique employée est composée de feldspath et de diverses substances : oxydes métalliques, phosphates, borates, dont on varie les proportions quand on veut obtenir des boutons colorés. Cette pâte est moulée et comprimée entre des plaques de fonte présentant des cavités qui lui donnent la forme nécessaire; les trous des boutons sont percés par des forets mus mécaniquement pendant que la pâte est serrée entre les plaques. Au sortir de celles-ci, les morceaux de pâte ont assez de consistance pour qu'on puisse les coller sur des feuilles de papier afin de faciliter la mise au four. Chaque plaque peut mouler jusqu'à cinq cents boutons ; la cuisson dure dix minutes environ. Les boutons à trous sont alors terminés ; il ne reste plus qu'à les encarter, c.-à-d. à les coudre sur des cartons. Mais on fabrique aussi à Briare des boutons à queue d'après un procédé très ingénieux et très rapide, imaginé par Bapterosses. Les queues sont en métal ; on les enfile dans les trous des boutons et on les soude avec un alliage fusible. Pour faciliter l'enfilage, une ouvrière plonge une plaque de cuivre percée de trous dans le tas de boutons; les trous se garnissent alors de boutons dont on régularise la position en passant la main dessus; puis on place au-dessus une autre plaque percée et l'on fait tomber dans chaque trou une queue de l'alliage fusible. Les queues sont disposées de la même manière sur une autre plaque. Il suffit alors de rapprocher les deux appareils et de chauffer pour effectuer la soudure. Enfin, pour s'assurer que les queues sont bien solides, on les soumet, à l'aide d'un appareil mécanique, à une traction de 7 à 8 kilogrammes. Enfin, ajoutons [pour terminer qu'on fait en Autriche des boutons de verre, et qu'on fabrique depuis une quinzaine d'années des boutons en papier.

BOUTONNE, riv. de France, affluent de la Charente (rive droite) arrose Saint-Jean-d'Angély, 90 kil.

BOUTONNÉ, ÉE. adj. [Pr. boutoné]. T. Héral. Rose ou fleur dont les feuilles sont d'un émail et le bouton d'un autre.

BOUTONNEMENT. s. m. [Pr. bouto-neman]. Action de pousser des boutons.

BOUTONNER. v. n. [Pr. bouto-ner]. Se dit des arbres et des arbustes qui commencent à pousser des boutons. Cet arbre boutonne. || T. Salle d'armes. Toucher de coups de fleuret. — BOUTONNER. v. a. Attacher, arrêter un vêtement ou quelque partie de vêtement, au moyen de boutons que l'on passe dans les boutonnières ou dans les ganses. B. son habit. = se BOUTONNER. v. pron. S'emploie du même sens. Cet enfant ne sait pas encore se b. = BOUTONNÉ, ÉE. part. — Fig. et fam., C'est un homme toujours boutonné, C'est un homme qui a grand soin, lorsqu'il parle ou qu'on l'interroge, de ne pas laisser pénétrer sa pensée, ses desseins, etc.

BOUTONNERIE. s. f. [Pr. bouto-neri]. Fabrique ou atelier où l'on fait des boutons. || Se dit de la marchandise ou du commerce du boutonnier. Fabriquer de la b.

BOUTONNEUX. adj. [Pr. bouto-neux]. Se dit d'un tissu dont la trame est inégale.

BOUTONNIER. s. m. [Pr. bouto-nier]. Celui qui fait ou qui vend des boutons.

BOUTONNIÈRE. s. f. [Pr. bouto-nière]. Petite fente faite à un vêtement pour y passer un bouton, et qui est bordée de soie, de fil, de laine, etc. Faire une b. — B. fermée, B. simplement figurée sur le vêtement, et qui ne sert qu'à l'orner. || Fig. et fam., Faire une b. à quelqu'un, Lui faire une blessure un peu large, avec un instrument piquant ou tranchant.

BOUT-PERDU. s. m. (R. bout, et perdu). T. Mar. Extrémité d'une cheville qui ne traverse pas entièrement la muraille d'un bâtiment. || Pl. Des bouts-perdus.

BOUTRE. s. m. Petit navire arabe faisant le cabotage entre nos colonies de Mayotte et de Nossi-bé et Zanzibar.

BOUTRIOT. s. m. Voy BOUTEREAU.

BOUT-SAIGNEUX. s. m. Le cou d'un veau ou d'un mouton tel qu'on le vend à la boucherie. || Pl. Des bouts-saigneux.

BOUTS-RIMÉS. s. m. pl. T. Versification. Autrefois, on nommait ainsi une espèce de centon où l'on employait à la fin des

vers les mêmes mots qui terminaient d'autres vers. Aujourd'hui les b.-r. sont des vers composés et souvent improvisés sur des rimes données d'avance. Celui qui donne les rimes les choisit aussi bizarres que possible et les accouple de la manière la plus propre à augmenter la difficulté ; parfois encore il détermine le sujet qui devra être traité.

BOUTURAGE. s. m. (R. bouture). Multiplication des végétaux par bouture.

BOUTURE. s. f. (R. bout). T. Hortic. Une B. est une partie quelconque d'un végétal vivant auquel on fait produire des racines, et qui devient par là une plante complète, vivant de sa vie propre. Le plus souvent, elle consiste en un fragment du tronçon de tige d'un ou deux ans, muni d'un ou plusieurs yeux, qu'on met en terre et qui ne tarde pas à émettre des racines et à continuer de vivre et de s'accroître; néanmoins on peut multiplier un très grand nombre de plantes, soit avec des tronçons de tige dépourvus d'yeux, soit avec des tronçons de racines, soit enfin avec des feuilles entières ou même découpées en fragments. Mais tous les végétaux ne se multiplient pas de cette manière avec la même facilité. (Le saule est l'un des plus faciles : une branche coupée reprend presque sûrement.) Les plus rebelles sont ceux dont le bois est sec, dur et d'un tissu très serré. — Les boutures portent différents noms selon les circonstances dans lesquelles elles sont confiées à la terre.

La B. en plançon est usitée pour la multiplication des arbres à tissu peu compact, qui aiment les lieux humides, et

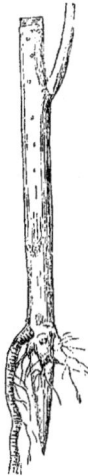

qui reprennent très facilement, comme les Saules et les Peupliers. On prend une jeune branche, ordinairement longue de 2 mètres, dont on taille l'extrémité inférieure en pointe ; les pousses latérales sont étagées ; on respecte seulement celles du sommet. Le plançon ainsi préparé est placé dans un trou ouvert au moyen d'un pieu. Habituellement on donne au plançon bouturé un tuteur solide pour qu'il ne soit pas renversé par le vent (Fig. 1. Plançon de Saule enraciné).

La B. simple sert à multiplier presque tous les arbrisseaux et plusieurs grands arbres propres à l'ornement des jardins, comme le Platane oriental et occidental. En février, on coupe des branches de la pousse précédente bien aoûtées, c.-à-d. dont le bois soit bien endurci ; on les divise par tronçons longs de 12 à 22 cent., de manière que la coupe inférieure soit immédiatement située au-dessous d'un nœud, et qu'il y ait de quatre à six de ces nœuds sur chaque tronçon. Au commencement d'avril, chacun de ces tronçons se bouture au plantoir dans un lieu exposé au levant ou au nord, en laissant deux ou trois yeux au-dessus du sol.

B. avec bourrelet. — Lorsqu'une espèce ne peut se bouturer de la façon que nous venons de dire, on a recours à quelque artifice. Ainsi, par ex.,

Fig. 1.   Fig. 2.

au mois de juin, on pratique sur les branches que l'on veut bouturer l'année suivante, une incision annulaire immédiatement au-dessous d'un nœud, ou bien on serre la branche avec un fil de fer assez fortement pour déterminer la formation d'un bourrelet mamelonné. Avant l'hiver, on coupe les branches ainsi préparées à 1 ou 2 centim. au-dessous de l'incision ou de la ligature; on les place en terre afin que le bourrelet s'attendrisse ; enfin, au printemps, on supprime tout ce qui est au-dessous du bourrelet, on raccourcit la branche à quatre ou six yeux, et on la plante comme la b. simple.

B. à bois de deux ans ou à crossette. — Certains végétaux, comme la Vigne, le Groseiller et plusieurs Rosiers, produisent plus promptement des racines sur le bois âgé de deux ou trois ans que sur le nouveau. Les boutures de Vigne, qui sont longues de 35 centim. à 1 mètre, étant très flexibles, on pourraient être plantées verticalement. Après les avoir taillées sur des bois vieux, on les couche dans des rigoles de 12 cent. de profondeur, creusées en terre douce mélangée de terreau, de manière qu'il n'y ait que deux ou trois yeux du bout supérieur qui sortent de terre (Fig. 2. Crossette de Vigne).

Les *Boutures de racines* se plantent à fleur de terre, à l'ombre et au nord; enterrées trop profondément, les pousses qu'elles émettraient auraient trop de peine à sortir de terre. Les boutures des végétaux très aqueux ou très chargés de feuilles, comme le sont en particulier les *Conifères*, ne s'enracinent que sous l'abri d'une cloche qui, en s'opposant à l'évaporation de leur propre humidité, leur permet de vivre jusqu'à la formation des racines. Les plantes tropicales, destinées à l'ornement des serres tempérées et chaudes, se bouturent sous cloche, dans la serre même, où une chaleur artificielle analogue à celle de leur pays natal ne tarde pas à faire développer leurs racines. C'est un mode de multiplication très usité pour l'innombrable variété de plantes tropicales cultivées dans nos serres. On n'emploie fréquemment ni branches ni racines pour cette opération. Une feuille détachée du rameau, ou même un fragment de cette feuille, disposé convenablement dans un pot, comme une bouture ordinaire, développe à sa base un amas cellulaire d'où naît un bourgeon qui produit en même temps une tige ou des feuilles radicales et des racines. Les *Gloxinia*, les *Ligeria*, le *Clianthus puniceus* même, dont les feuilles sont composées, se multiplient ainsi fort aisément. Quelques variétés d'arbres, comme l'Oranger, sont traitées par le même procédé.

BOUTURER. v. a. T. Hortic. Propager par boutures. = BOUTURER. v. n. Pousser des drageons.

BOUVARD s. m. (R. *bœuf*?). Marteau dont on se servait pour frapper les monnaies, avant l'invention du balancier.

BOUVART. s. m. (R. *bœuf*). Nom donné aux jeunes taureaux dans le commerce des cuirs verts d'Amérique.

BOUVART (ALEXIS), astronome français (1767-1843).

BOUVEAU. s. m. T. Exploit. houill. Galerie de traverse qui recoupe la couche de houille.

BOUVELEUR. s. m. Ouvrier qui creuse les bouveaux.

BOUVEMENT. s. m. Rabot dont le fer a un taillant sinueux. || Sorte de moulure.

BOUVERET. s. m. (R. *bouvreuil*). Espèce de bouvreuil d'Afrique.

BOUVERIE. s. f. (lat. *bos, boris*, bœuf). Étable à bœufs. Se dit particulièrement des étables qui sont dans les environs des marchés publics.

BOUVET. s. m. T. Menuis. Rabot à faire des rainures. Voy. RABOT.

BOUVIER, IÈRE. s. (lat. *bos, boris*, bœuf). Celui, celle qui conduit et qui garde les bœufs. || Fig. et fam., *C'est un vrai b.*, se dit d'un homme grossier. || T. Astron. Constellation boréale, dont Arcturus est l'étoile la plus brillante. Voy. CONSTELLATION.

- **BOUVILLON.** s. m. (Dimin. de *bœuf*). Jeune bœuf.

BOUVINES, village de France (Nord), célèbre par la victoire que Philippe-Auguste remporta sur les Anglais et les Allemands en 1214.

BOUVRETTE. s. f. (R. *bouvreuil*). Sorte de serinette pour les bouvreuils.

BOUVREUIL. s. m. T. Ornith. — Le *Bouvreuil* (*Pyrrhula*) est un oiseau de petite taille qui appartient à l'ordre des *Passereaux* et à la famille des *Conirostres*. G. Cuvier a placé ce genre à la suite des genres *Gros-bec* et *Pityle*. Il se distingue des autres conirostres en ce que son bec est arrondi, renflé et bombé en tous sens. Nous n'en avons en France qu'une espèce (Fig. *B. ordinaire*). Son plumage est cendré dessus, rouge dessous; la tête et les ailes sont d'un beau noir. Le b. habite les bois et les taillis. L'hiver on le voit dans les campagnes fréquenter les routes et le voisinage des habitations, où il cherche des graines pour sa nourriture. Au printemps, il construit dans une haie un nid composé de morceaux de bois entrelacés et de mousse, qu'il tapisse de duvet. La femelle y pond 5 ou 6 œufs d'un blanc bleuâtre, marqués de taches brunes violacées. La vie de cet oiseau est de 5 à 6 ans.

Il se nourrit de graines et de baies; mais, au printemps, lorsque celles-ci manquent, il mange les bourgeons des arbres fruitiers : aussi est-il fort redouté des jardiniers. Il s'apprivoise aisément, et on le recherche à cause de son plumage et de son chant. Celui-ci est un sifflement très pur, mais composé seulement de trois notes; cependant, formé à la

serinette, il devient varié et des plus agréables. Les Bouvreuils qu'on élève en cage deviennent quelquefois entièrement noirs après la mue et gardent cette couleur plus ou moins longtemps : cette espèce de mélanisme paraît produite par la nourriture qu'on leur donne, lorsqu'on les nourrit exclusivement avec du chènevis. Le B. produit des métis avec la serine. Il existe une variété du B. commun qui est d'un tiers plus grande. — On rapporte à ce genre plusieurs espèces étrangères et exotiques; mais elles ne méritent pas de mention particulière.

BOUVRIL. s. m. (lat. *bos, boris*, bœuf). Lieu dans les abattoirs où on loge les bœufs.

BOUXWILLER, anc. ch.-l. de c. (Bas-Rhin), arr. de Saverne, 3,700 hab. (à l'Allemagne depuis 1871).

BOUZIN. s. m. Voy. BOUSIN.

BOUZONVILLE, anc. ch.-l. de c. (Moselle), arr. de Thionville, 4,900 hab. (à l'Allemagne depuis 1871).

BOVADILLA, Espagnol qui, envoyé à Saint-Domingue pour examiner la conduite de Christophe Colomb, le fit ramener chargé de fers en Europe (1500). Il périt dans une tempête, en 1502.

BOVES, ch.-l. de c. (Somme), arr. d'Amiens, 1,900 hab.

BOVIDÉS. s. m. pl. (lat. *bos, boris*, bœuf). T. Zool. et Paléont. Famille de ruminants dont le type est le genre *Bœuf*. V. ce mot. Les bœufs fossiles ont été divisés en cinq groupes :
1° Les *Bubales* dont on a retrouvé des restes dans les couches quaternaires de Siwalik et de Nerbuddah, ainsi que dans les dépôts récents d'Algérie.
2° Les *Bœufs* proprement dits (voy. ce mot) dont on a rencontré des espèces fossiles dans le tertiaire et dans les terrains quaternaires. Le *Bos primigenius* a été très répandu en Europe à l'époque quaternaire; le *Bos brachyceros* qui est aussi quaternaire et peut, suivant certains auteurs, être considéré comme la souche des bœufs domestiques actuels.
3° Les *Bovinæ bibovina*.
4° Les *Portaxina*.
5° Les *Bisons*, dont certaines espèces ont été trouvées dans les terrains quaternaires.

BOVINE. adj. f. (lat. *bos, boris*, bœuf). Qui est de la famille du bœuf. Ne s'emploie que dans ces locut. *Les bêtes bovines*, *La race b.*, Les bœufs, les vaches, les taureaux.

BOVY (ANTOINE), graveur sur médailles, né à Genève (1802-1867).

BOW-WINDOW (angl. *bow*, arc ; *window*, fenêtre).

Nom donné aux balcons vitrés que l'on ajoute depuis quelques temps aux appartements pour agrandir certaines pièces. On dit plus généralement *Véranda*.

BOX. s. m. (ang. *box*, boîte). Stalle d'écurie ou compartiment de wagon pour un cheval seul.

BOXE. s. f. (R. *boxer*). Sorte de combat à coups de poing très usité en Angleterre.

BOXER. v. n. (angl. *to box*). Se battre à coups de poing. — On dit aussi, avec le pron. pers., *Se boxer*.

BOXEUR. s. m. Celui qui boxe, qui fait en quelque sorte un métier de ce genre de combat.

BOYARD. s. m. [Pr. *bo-iar*] (mot russe). Nom qu'on donne aux anciens feudataires de Russie, de Transylvanie, etc.

Hist. — Le mot *boyard* signifie guerrier et par extension propriétaire libre. Au moment où il en est fait pour la première fois mention dans l'histoire, sous le règne d'Ivan Wassilèwitch II, les *Boyards* constituaient une noblesse héréditaire, puissante et redoutable. Plusieurs fois ils se soulevèrent contre les grands-ducs de Moscovie, et plusieurs fois aussi ces derniers essayèrent de briser leur autorité. Pierre le Grand y réussit enfin. Ce prince abolit, en 1701, la dignité de b., et la remplaça par d'autres titres et par diverses distinctions honorifiques qui ne conféraient ni puissance ni privilèges. Depuis cette époque, le titre de b. n'a aucune signification légale en Russie; néanmoins, on donne vulgairement cette qualification aux personnes d'une haute naissance et aux fonctionnaires de l'ordre le plus élevé. Le peuple même donne le titre de *Barine* (contraction de *Boyarine*) à tout individu de distinction, même aux étrangers.

BOYART. s. m. [Pr. *bo-iar*]. Espèce de civière à bras. || Partie de charpente dans une écluse de salines.

BOYAU. s. m. [Pr. *bo-iô*, de préférence à *boi-iô*] (lat. *botellus*, dimin. de *botulus*, boudin). Intestin, conduit qui fait plusieurs circonvolutions, et sert à recevoir les aliments au sortir de l'estomac, ainsi qu'à rejeter du corps les excréments. *Des boyaux de porc, de mouton*. Ce mot est familier et inusité en médecine. — *Descente de boyaux*, Hernie. Voy. ce mot. — Fig. et prov., *Il a toujours six aunes de boyaux vides*, se dit d'un homme toujours prêt à bien manger, dès qu'on l'y invite. — Prov., *Il a failli rendre tripes et boyaux*, Il a vomi avec de grands efforts. *Rendre ses boyaux*, Vomir abondamment. Popul. — *Aimer quelqu'un comme ses petits boyaux*, L'aimer beaucoup. || T. Man. Ce cheval a du b., il n'a point de b., Ce cheval a beaucoup de flanc, il en a peu, *Cheval étroit de b.*, Cheval qui n'a point de corps. || *Corde à b.* ou *de b.*, Corde faite des boyaux de certains animaux, qui sert à divers usages, et surtout à garnir certains instruments de musique, comme violon, guitare, etc. Voy. CORDE. — *Racler le b.*, voy. RACLER. || Par anal., Un long conduit de cuir adapté à une machine hydraulique pour porter l'eau à distance ou l'élever à une certaine hauteur. || T. Art mil. Chaque portion droite de cheminement en zigzag par lequel on communique d'une parallèle à l'autre. *Établir un b. de communication*. — Fig. et prov., *C'est un b., ce n'est qu'un b.*, se dit d'un espace long et large. *Cette salle n'est qu'un b.*

BOYAUDERIE. s. f. [Pr. *bo-iô-deri*, de préférence à *boi-iô-deri*] (R. *boyau*). Lieu où l'on nettoie et où l'on prépare les boyaux de certains animaux, destinés à différents usages dans les arts.

Techn. — On prépare dans les *Boyauderies* des *Boyaux soufflés*, pour la conservation des substances alimentaires, et particulièrement de la charcuterie; les *Cordes à boyau*, qui sont employées à divers usages, mais surtout à mouter certains instruments de musique; de la *Baudruche*, avec laquelle on fait les feuilles minces dont se servent les batteurs d'or. — Les *Boyaux soufflés* se font avec les intestins du bœuf et de la vache. Ces intestins se composent de trois tuniques : l'une interne, appelée membrane *muqueuse*; l'autre externe, nommée membrane *péritonéale*; et la troisième, intermédiaire aux deux précédentes, qu'on désigne sous le nom de membrane moyenne ou *musculeuse*. Le travail du boyaudier a pour objet d'isoler cette dernière. Pour cela, on ratisse les surfaces externe et interne de l'intestin, en s'aidant toutefois de la *fermentation* putride qui

facilite la séparation des membranes. Cela fait, on insuffle les boyaux, et on les soumet à des fumigations sulfureuses. — Les *Cordes dites des Rémouleurs* ou *des Lorrains* se fabriquent avec des intestins de cheval; les *Cordes à raquettes*, les *Cordes à fouet*, les *Cordes pour les chapeliers* dites *d'arçon*, et les *Cordes pour les horlogers* se font avec des boyaux de mouton. Après avoir débarrassé ces intestins de leur membrane muqueuse, ainsi que de leur tunique péritonéale, on les partage, dans le sens de leur longueur, en lanières plus ou moins larges. Puis, on prend un certain nombre de ces lanières qu'on tord ensemble et qu'on file à plusieurs reprises. Suivant leur destination, ces cordes subissent certaines manipulations plus ou moins délicates qu'il serait trop long de décrire; mais c'est dans la fabrication des *Cordes pour instruments de musique* que l'on apporte le plus de soin. On les fait avec des intestins grêles de mouton. On pratique sur eux à peu près les mêmes opérations que pour les boyaux soufflés ; ensuite on en prend deux ou trois que l'on file et que l'on tord ensemble, selon l'espèce de corde qu'on veut obtenir. — La *Baudruche* se fabrique avec la membrane péritonéale qui recouvre le cœcum du bœuf. Voy. BAUDRUCHE.

Les ateliers de b. sont rangés dans la première catégorie des établissements *insalubres*, et, comme tels, relégués loin de toute habitation. Il serait peut-être plus exact de les ranger parmi les établissements seulement *incommodes*, car on a observé que les émanations infectes dont ils sont le siège, ne nuisent en rien à la santé des ouvriers qui y travaillent. En tous cas, l'emploi des chlorures alcalins permet de désinfecter ces foyers de la puanteur horrible que parfois le vent disperse au loin.

BOYAUDIER. s. m. [Pr. *bo-iô-dié*, de préférence à *boi-iô-dié*] (R. *boyau*). Celui qui prépare et file des cordes à boyau.

BOYCOTTAGE s. m. [Pr. *boi-co-tage*] (R. *boycotter*). Mise en interdit, par le peuple irlandais, d'un propriétaire ou gérant qui n'obéit pas aux injonctions de la ligue agraire. Il est alors interdit de lui fournir du travail ou des vivres, ainsi que de travailler pour lui. La victime est obligée de quitter le pays.

BOYCOTTER. v. a. (R. *Boycott*, capitaine irlandais à qui fut appliquée pour la première fois cette mesure). Appliquer le boycottage à quelqu'un.

BOYER. s. m. T. Mar. Nom d'une espèce de bâtiment de charge hollandais.

BOYER (L'abbé), prédicateur et poète français (1618-1698).

BOYER (ALEXIS), chirurg. franç. (1757-1833).

BOYER (J.-PIERRE), président de la république d'Haïti (1776-1850).

BOYLE (ROBERT), physicien et chimiste anglais (1626-1691).

BOYLEAU ou **BOILEAU** (ETIENNE), prévôt de Paris sous Louis IX, m. en 1269.

BOYNE, riv. d'Irlande, près de laquelle Guillaume III triompha de Jacques II (1690).

BOZEL, ch.-l. de c. (Savoie), arr. de Moutiers, 1,200 hab.

BOZOULS, ch.-l. de c. (Aveyron), arr. de Rodez, 2,300 hab.

BRABANÇON. s. et adj. Qui est du Brabant. == BRABANÇONS. s. m. pl. || Aventuriers qui formèrent, au moyen âge, des compagnies dévastant la France.

BRABANT. s. m. Petit araire en avant-train supporté ou non sur roues.

BRABANT, anc. duché de l'empire germanique, qui a formé le *Brabant septentrional*, province de Hollande, cap. *Bois-le-Duc*, et le *Brabant méridional*, province de Belgique, cap. *Bruxelles*. == Nom des hab. BRABANÇON, ONNE.

BRACÈLE. s. f. (vx fr. *brac*, cas régime de *bras*). T. Arm. anc. Pièce d'armure qui couvrait le bras.

BRACELET. s. m. (vx fr. *brac*, cas régime de *bras*). Ornement qui se porte autour du bras.

Hist. — L'usage des *Bracelets* ne paraît pas moins ancien que celui des anneaux et des pendants d'oreilles. La Bible en fait mention, et ils étaient connus des Égyptiens dès les temps les plus reculés. Les Mèdes et les Perses paraissent avoir été passionnés pour ce genre d'ornement, ainsi que pour toutes les espèces de bijoux; ils portaient non seulement des bracelets au poignet et au bras un peu au-dessous de l'épaule, mais encore des pendants d'oreilles, des colliers et de riches coiffures. Vers l'époque de la fondation de Rome, les Sabins portaient aussi de lourds bracelets d'or au bras gauche. Vers le même temps, les Samiens, aux fêtes solennelles en l'honneur de Junon, portaient également des bracelets richement ornés.

Il ne paraît pas que, chez les Grecs, les bracelets aient été en usage pour les hommes; mais les femmes élégantes et riches en avaient pour les bras (περιβραχίονια) et pour les poignets (περιχείρια, περιχάρπια). Ces bracelets étaient très variés quant à la forme, à la matière et au style de leur ornementation. En général, le b. consistait en une plaque de métal ou en un fil métallique très épais. Quelquefois ils représentaient un véritable anneau; mais le plus souvent, les deux bouts ne se rejoignaient pas. Dans ce cas, le b. était courbé de telle façon que, pour le mettre, il fallait écarter légèrement ses deux extrémités l'une de l'autre. Selon la longueur, le b. décrivait autour du bras un, deux ou trois tours de spirale et même davantage : c'est ce qu'Homère appelle γναμπτὸς ἕλικας. Cette forme s'observe fréquemment dans les bracelets soit d'or, soit de bronze, qui font partie de nos collections d'antiques, ainsi que sur les peintures qui ornent les vases grecs. Souvent le b., formé d'un fil métallique en spirale, était ciselé de manière à représenter un serpent; alors il en permait le nom. Les Grecs représentaient leurs déesses décorées des plus riches parures. La célèbre statue de Vénus conservée à Florence (Vénus de Médicis) porte au bras des traces évidentes de b. métallique, et une inscription trouvée dans les ruines du Parthénon, à Athènes, mentionne les bracelets (ἀμφίδεαι) qui ornaient les bras de la statue d'or de la Victoire érigée dans ce temple.

Les dames romaines portaient des bracelets (*armilla, brachiale*) non seulement comme objets de parure, mais encore comme objets d'utilité. Ils leur servaient à porter des amulettes. Pline donne des indications étendues sur les maux dont on peut guérir en insérant certains objets dans un b. qu'on porte constamment au bras. C'est ainsi que l'empereur Néron, pour complaire à sa mère, portait quelquefois au bras droit une peau de serpent renfermée dans un b. d'or. A

Rome, il n'y avait que les femmes d'un rang élevé qui portassent des bracelets comme parure. Les bandes de métal servant à cet usage étaient souvent enrichies de perles, de pierres précieuses ou d'objets d'art de la plus grande valeur. « On ne peut guère douter, dit Bœttiger, que les plus beaux camées antiques n'aient été destinés à être portés en bracelets par les impératrices ou par les dames romaines du plus haut rang. » — Les historiens romains parlent fréquemment de bracelets décernés aux soldats comme récompense d'une action d'éclat. Pline dit que les bracelets d'or pouvaient être également obtenus par les citoyens romains et par les étrangers. Un grand nombre d'inscriptions sépulcrales antiques mentionnent ce genre de récompense militaire. A ce sujet, Bœttiger fait observer que les gros bracelets, faits de trois ou quatre cordons tordus, sont des récompenses militaires, qu'il est ridicule d'admettre que des ornements aussi massifs aient jamais été à l'usage des dames. La Fig. ci-dessus représente un de ces bracelets d'un grand poids et d'une valeur considé-

rable. Ce b., deux fois plus grand que ne le montre le dessin, est d'or pur : il a été trouvé dans le comté de Chester en Angleterre. — Caligula, selon Suétone, portait des bracelets; mais ce fait était tellement contraire aux idées et aux mœurs des Romains, qu'on le considéra comme un signe d'extravagance et de mœurs efféminées. En général, l'épithète de porteur de bracelets (*armilliatus*) dénotait un homme infâme ou de condition servile. — Le mot latin *armilla* et le mot grec ψέλιον, qui, tous deux, signifient b., sont également employés pour désigner un ornement au même genre que le b., mais qui se portait au bas de la jambe au-dessus de la cheville. L'usage en était fort commun chez les peuples d'Asie et d'Afrique, mais très rare parmi ceux d'Europe.

Les Gaulois faisaient usage de bracelets : ils en portaient au bras et au poignet. Il paraît même que, chez les peuples du nord de l'Europe, les bracelets constituaient une distinction honorifique. Après la conquête romaine, le b. dut disparaître du costume masculin, mais on le voit de nouveau après la conquête franque. Divers monuments anciens du VIIIe au XIIe siècle, tels que manuscrits, sceaux, etc., nous montrent des princes et de grands personnages dont les bras sont ornés de bracelets. Les femmes ne commencèrent qu'au XIIIe siècle à se parer de cette sorte d'ornement, tandis que les hommes l'abandonnaient; mais, depuis cette époque, elles n'ont pas cessé d'en faire usage, sauf quelques interruptions causées par les caprices de la mode.

Des b. de coquillages, de pierre ou de métal sont en usage chez presque tous les peuples sauvages. Il en était de même chez les peuples préhistoriques et l'on a retrouvé des anneaux de cuivre qui sont des bracelets de l'âge de bronze.

BRACHÉLYTRES. s. m. pl. [Pr. *bra-ké-lètre*] (gr. βραχύς, court; ἔλυτρον, étui). T. Entom. — Les *Brachélytres* sont des insectes qui constituent dans la méthode de Cuvier la 2e famille de la section des *Pentamères*, de l'ordre des *Coléoptères*. Leur forme est très allongée et aplatie; la tête est large, avec des antennes courtes, ordinairement composées d'articles en forme de grains ou lenticulaires; le prothorax est court et l'abdomen très long : celui-ci est couvert seulement en partie par les élytres qui sont tronqués à leur extrémité, mais qui néanmoins recouvrent les ailes; les pattes sont médiocres et assez grêles, avec les tarses antérieurs ordinairement dilatés. L'anus est garni de deux vésicules coniques et velues que l'insecte peut faire sortir à volonté, et d'où s'échappe une vapeur subtile qui a une odeur de musc, et quelquefois rappelle l'odeur de l'éther sulfurique. Les b. ont la singulière faculté, lorsqu'on les touche ou pendant qu'ils courent, de relever leur abdomen qui est doué d'une grande flexibilité dans tous les sens. Ils s'en servent même, lorsqu'ils cessent de voler, pour renfoncer sous les étuis leurs ailes de la seconde paire qui sont longues et demi-transparentes. Ils marchent vite et volent très bien. Tous sont voraces et se tiennent habituellement dans le terreau, le fumier, les matières excrémentitielles, les champignons en décomposition et les pluies des arbres; les matières corrompues, végétales et animales sont leurs principaux aliments. Cependant quelques espèces, d'une petitesse presque microscopique, se tiennent habituellement sur les fleurs; d'autres se rencontrent uniquement dans les lieux aquatiques. — Les larves, en général, diffèrent peu de l'insecte parfait; elles en ont l'agilité, l'activité et la voracité. Leur grosse tête et leur extrémité postérieure terminée en tube donnent à leur ensemble une forme conique. Avant de se transformer en insectes parfaits, elles se changent en nymphes immobiles comme celles des autres coléoptères.

Linné avait compris tous les insectes qui composent cette famille dans le seul genre *Staphylin*; mais il n'en connaissait que 26 espèces. Depuis cette époque, on en a découvert un grand nombre d'autres; il y en a des milliers. Latreille partage les b. en 5 tribus, savoir : les *Fissilabres*, les *Longipalpes*, les *Denticrures*, les *Aplatis* et les *Microcéphales*.

Les *Fissilabres* ont la tête entièrement nue et séparée du corselet, et le labre profondément divisé en deux lobes. Parmi les genres de cette tribu, nous citerons les principaux. Les *Oxypores* vivent dans les bolets et les agarics. — Le genre *Astrapée* a pour type l'*Ast. de l'orme* (*Stap. ulmi*), mêlé, comme le précédent, de noir et de roux. — Le genre *Staphylin*, proprement dit, est fort nombreux en espèces. Les plus répandues sont les staphylins appelés *dilaté, odorant, bourdon, à grandes mâchoires, à élytres rouges*, etc. Le *St. bourdon* (Fig. 1 ci-contre) est long de 22 millim., noir, très velu, avec le dessus de la tête, du corselet et les derniers anneaux de l'abdomen couverts de poils épais, d'un jaune doré et lustré; les étais sont d'un gris cendré avec la base noire; le dessous du corps est d'un noir bleuâtre. Le *St. odorant* est long de 27 millim. Il est noir mat, avec les ailes roussâtres. Ses œufs sont remarquables par leur grosseur. Sa larve (Fig. 2) est très carnassière et très agile. Elle se fait en général un trou dans la terre et saisit sa proie au passage.

La tribu des *Longipalpes* a, comme les fissilabres, la tête entièrement découverte; mais le labre est entier, et les palpes maxillaires, terminés en massue, sont presque aussi longs que la tête. Ces insectes vivent sur le bord des eaux. — Le

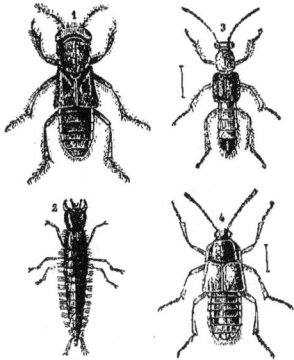

type du g. *Pædère* est le *Pæd. des rivages* (Fig. 3) qui est long de 7 à 9 millim., noir, avec les élytres bleus, le corselet, les 4 premiers anneaux de l'abdomen et les pattes de couleur rousse. Toutes les espèces du g. présentent une disposition de couleurs analogue. — Les *Stènes* habitent l'Europe, l'Afrique et l'Amérique. Plusieurs espèces peuvent faire sortir de leur bouche un long tube capillaire terminé triangulairement : ce qui leur a valu le surnom de *Proboscidiens*. Le type du g. est le *St. biponctué*, long de 4 1/2 millim., tout noir, avec un point roussâtre sur chaque étui.

Les *Denticrures* sont ainsi nommés parce que leurs jambes antérieures sont dentées ou épineuses du côté extérieur (lat. *dens, dentis*, dent ; *crus, crucis*, jambe). Ils ont en outre les palpes maxillaires beaucoup plus courts que la tête, et toujours composés de 4 articles distincts. Le devant de la tête, et parfois même le corselet, sont armés de cornes chez plusieurs mâles. La plupart des espèces du g. *Oxytèle* appartiennent à l'Europe. Les plus remarquables sont l'*Oxytelus sculpturatus* et l'*Ox. insignitus*. — Les espèces comprises dans les genres *Osorius* et *Zizophore* sont toutes exotiques. Le g. *Prognathe* ne compte que deux espèces européennes, et le g. *Coprophile* une seule : elles n'offrent aucun intérêt.

La tribu des *Aplatis* a la tête dégagée, le labre entier, les palpes maxillaires courts, et les jambes simples sans dentelures ni épines. — Presque toutes les espèces du g. *Omalie* habitent l'Europe. Ces insectes sont tous très petits. Ils exhalent une odeur repoussante, et habitent les lieux humides et ombragés. Nous citerons comme type l'*Om. des rivages*, qui est longue de 4 1/2 millim. et qui est d'un noir brillant. — Le g. *Lestève* ne comprend que des espèces européennes, toutes remarquables par la forme oblongue de leur corps et leurs antennes longues et filiformes. L'espèce type, la *L. bicolore*, se trouve quelquefois aux environs de Paris, près des eaux. — Les espèces du g. *Micropèple*, qui sont toutes européennes, se distinguent par leurs élytres sillonnés. — Chez celles du g. *Protéine*, les élytres recouvrent la majeure partie de l'abdomen. Ces insectes habitent l'Europe : ils dépassent rarement 2 millim. de longueur. — La plupart des espèces du g. *Méochare* sont européennes. Ce sont de très petits insectes bruns, toujours en mouvement sur les bouses et les champignons en putréfaction.

Les *Microcéphales* ont la tête enfoncée dans le corselet jusque près des yeux, qui n'est séparée par aucun étranglement visible. Dans plusieurs espèces, les élytres recouvrent un peu plus de la moitié de l'abdomen. Cette tribu comprend trois genres. Les genres *Tachine* et *Tachypore*, quoique as-

sez nombreux en espèces européennes, n'offrent aucun intérêt. Il n'en est pas de même du g. *Loméchuse*. Les 4 espèces qui le composent, et dont le type est le *L. paradoxe* (Fig. 4), fort commune en France, vivent en société avec les fourmis rousses, sans que ces insectes d'ordres différents semblent se nuire réciproquement. Les fourmis au contraire paraissent accorder volontiers l'hospitalité aux loméchuses. La cause de ce singulier rapprochement n'est pas encore connue.

BRACHIAL, ALE. adj. [Pr. *bra-kial*] (lat. *brachium*, bras). T. Anat. Qui appartient, qui a rapport au bras. *Artère brachiale. Nerfs brachiaux.*

BRACHIDÉ, ÉE. adj. [Pr. *bra-kidé*] (lat. *brachium*, bras). T. Zool. Qui est en forme de bras.

BRACHIÉ, ÉE. adj. [Pr. *bra-kié*] (lat. *brachium*, bras). T. Hist. nat. Qui est muni de bras, qui a la forme d'un bras. ‖ T. Bot. Se dit quelquefois de rameaux disposés en forme de croix. *Rameaux brachiés.*

BRACHINE. s. m. [Pr. *bra-kine*] (gr. βραχύς, court) T. Entom. Insecte coléoptère de la famille des *Carabiques*, appelé aussi *Bombardier*, à cause de l'explosion qu'il fait entendre quand on l'excite. Voy. CARABIQUES.

BRACHIO-CÉPHALIQUE. adj. [Pr. *bra-kio-sséfalike*] (lat. *brachium*, bras; gr. κεφαλή, tête). T. Anat. *Tronc br.-céph.*, Tronc artériel, situé à droite seulement, qui fournit des vaisseaux à la tête et au bras.

BRACHIOLÉ, ÉE. adj. [Pr. *bra-ki-olé*] (lat. *brachium*, bras). T. Hist. nat. Qui est pourvu d'appendices en forme de petits bras.

BRACHIOPODES. s. m. pl. [Pr. *bra-ki-opode*] (gr. βραχύων, bras; πούς, ποδός, pied). T. Zool. et Paléont. Les b. ont été pendant longtemps considérés comme des mollusques bivalves. Dans ces derniers temps on s'est aperçu que, par les traits généraux de leur organisation, ils se rapprochent davantage des *Vers ciliés*. C'est dans cet embranchement que se trouvent. D'ailleurs, les *Cirripèdes*, c.-à-d. les *Balanes*, les *Coronules*, les *Anatifes*, n'ont-ils pas été, eux aussi, regardés tout d'abord comme des mollusques à cause de leur test calcaire? lorsqu'on a pu étudier leurs métamorphoses, on s'est rendu mieux compte de la place qu'ils occupaient dans le règne animal et ils ont été rangés parmi les crustacés; ce sont des crustacés qui, libres dans le jeune âge, se fixent à un moment donné. Il en est de même des b., et les naturalistes ont pendant longtemps hésité sur leurs véritables affinités zoologiques.

Les b. sont des animaux à symétrie bilatérale qui ne forment pas de colonies comme leurs proches parents les bryozoaires. Leur corps est enfermé dans deux valves d'inégale grandeur; ils sont pourvus de bras ou appendices buccaux enroulés en spirale, pourvus de cirres respiratoires, et ces bras peuvent quelquefois sortir en partie de la coquille.

Ces animaux, qui existent depuis les époques les plus anciennes, n'ont pas donné naissance à des types très différents; mais ils présentent une extrême variabilité dans les caractères secondaires.

La masse viscérale est entourée par les deux lobes du manteau, et les deux bras, appendices labiaux, sont très développés et enroulés en spirale. Les valves sont inégales et l'une d'elles présente, près de son articulation, un trou par lequel sort un pédoncule qui sert à l'animal à se fixer sur les corps étrangers. Tantôt la grande valve présente, près de son sommet, deux dents latérales qui pénètrent dans deux cavités correspondantes de la petite valve : c'est le cas des *Articulés*; tantôt, au contraire, les valves ne présentent pas ces caractères et ne sont maintenues que par des muscles : tel est le cas des *Inarticulés*.

Les *Inarticulés* ont été divisés en plusieurs sous-ordres : les *Lingulacés*, les *Discinacés* et les *Craniacés*. Les *Articulés* comprennent : les *Productacés*, les *Spiriféracés*, les *Térébratulacés* et les *Thécidiacés*. Les *Lingulés* ont deux valves égales, assez plates, oblongues, ayant les sommets au bout d'un des côtés étroits et bâillantes par le bout opposé. La *L. béante* (Fig. 1 ci-après) vit dans la mer des Indes, ainsi que la *L. anatine* qui est comestible et se vend sur les marchés de l'Hindoustan.

On a groupé sous le nom d'*Apygies* (voy. ce mot) ou de

Testicardines, des genres dont le rectum se termine en cul-de-sac; dont les valves, calcaires, sont réunies par une charnière, et qui ont ou n'ont pas de support brachial. Ce sont les *Productides*, les *Orthides*, les *Rhynchonellides*, les *Spiriférides*, les *Thécidéides*, les *Térébratulides*.

Les *Térébratulacés* ont les valves inégales jointes par une charnière; on en rencontre dans l'Atlantique à une grande

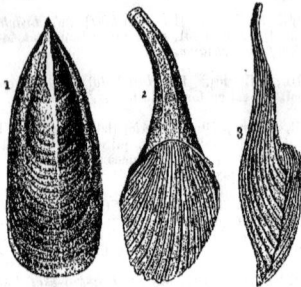

profondeur. Mais si ces espèces sont peu abondantes de nos jours, elles ont présenté une variété extrême dès les terrains anciens. Ainsi, on ne compte guère que 140 espèces de térébratulacés vivants, tandis qu'on en connaît plus de 6.000 espèces fossiles. Les Fig. 2 et 3 représentent la *Térébratule lyre*.

Si nous faisons l'histoire des b. dans le temps, nous pouvons dire que ces animaux comptent parmi les plus anciens. On en trouve dès les premières couches fossilifères du cambrien (*Lingulidés*, *Discinidés*, etc.). Plus tard, ce sont les *Spiriférides*, les *Rhynchonellidés* qui apparaissent. Dans le silurien de la Bohême, ces êtres atteignent leur apogée. L'époque dévonienne voit disparaître beaucoup de genres siluriens; en outre, de nouvelles formes apparaissent; cependant, de nombreuses espèces siluriennes des genres *Lingula*, *Spirifer*, *Rhynchonella* sont abondamment représentées encore. Dans le carbonifère, les *Productidés* et les *Spiriférides* sont prépondérants. Les productidés s'éteignent dans le permien et, à cette époque, 30 espèces seulement représentent le groupe des b.

Dans les temps mésozoïques les types des familles et des genres diminuent, tandis que les espèces de quelques genres augmentent (*Rhynchonella*, *Terebratula*), et les spiriféridés persistent jusqu'au milieu du jurassique.

Pendant le crétacé, ce sont les *Térébratulidés*, les *Cranidés*, les *Thécidés* qui abondent. Enfin, à l'époque tertiaire, les b. disparaissent presque tous subitement.

BRACHISTOCHRONE. s. f. [Pr. *bra-ki-sto-krône*] (gr. βράχιστος, le plus court; χρόνος, temps). T. Méc. Courbe que doit suivre un corps pesant pour parvenir d'un point à un autre dans le moindre temps possible. *C'est une cycloïde.* Voy. ce mot.

BRACHMANE. s. m. [Pr. *brak-mane*]. Ancienne forme de *Brahmane.* Voy. ce mot.

BRACHYBIOTE. adj. 2 g. [Pr. *bra-ki-biote*] (gr. βραχύς, court; βίοτος, vie). T. Hist. nat. Qui a la vie courte.

BRACHYCÉPHALE. adj. 2 g. [Pr. *bra-ki-sséfale*] (gr. βραχύς, court; κεφαλή, tête). T. Anthrop. Nom donné aux races d'hommes dont la boîte crânienne, vue d'en haut, présente la forme d'un œuf, mais plus courte en arrière.

BRACHYCÉPHALIE. s. f. [Pr. *bra-ki-sséfali*]. État du brachycéphale.

BRACHYCÈRES. s. m. [Pr. *bra-ki-ssère*] (gr. βραχύς, court; κέρας, corne). T. Entom. Sous-ordre d'insectes de la famille des *Diptères* et qui comprend en particulier les mouches communes. — Les b. sont des diptères orthorhaphes (voy. ces mots) qui comprennent plusieurs familles distinctes, actuelles, et représentées dans les terrains tertiaires. Voy. DIPTÈRES FOSSILES.

BRACHYCHORÉE. s. m. [Pr. *bra-ki-koré*] (gr. βραχύς, court; χορείος, chorée). T. Mét. anc. Pied formé d'une longue entre deux brèves.

BRACHYDACTYLE. adj. [Pr. *bra-ki-dactile*] (gr. βραχύς, court; δάκτυλος, doigt). T. Hist. nat. Qui a les doigts courts.

BRACHYGRAPHE. s. m. [Pr. *bra-ki-graphe*] (gr. βραχύς, bref; γράφω, j'écris). Celui qui sait écrire par abréviation.

BRACHYGRAPHIE. s. f. [Pr. *bra-ki-grafi*] (gr. βραχύς, bref; γράφω, j'écris). Art d'écrire par abréviation.

BRACHYLOGIE. s. f. [Pr. *bra-ki-loji*] (gr. βραχύς, court; λόγος, discours). Vice d'élocution qui consiste en une brièveté excessive et presque obscure.

J'évite d'être long, et je deviens obscur.

BOILEAU.

BRACHYOURES. s. m. pl. [Pr. *bra-ki-oure*] (gr. βραχύς; οὐρα, queue). T. Zool. Les b. (fréquemment appelés *Brachyures* par des auteurs qui cependant disent *macroures* et *anomoures*) constituent une des principales divisions de la classe des *Crustacés*, c.-à-d. la première section de l'ordre des *Décapodes*: les deux autres sections de cet ordre sont les *Macroures* et les *Anomoures*. — Chez les b., la queue (abdomen) est plus courte que le tronc et dépourvue d'appendices ou nageoires à son extrémité; à l'état de repos, elle est reployée sous le thorax où elle se loge dans une fossette. La carapace et le plastron sternal sont très larges. Les orifices de l'appareil femelle sont situés sur le plastron sternal qui est assez large entre toutes les pattes. La première paire de pattes est en serre didactyle. Les branchies sont lamelleuses: on n'en compte jamais plus de 9 de chaque côté du corps, et quelquefois il n'en existe que 7. On ne trouve pas de ganglions nerveux dans l'abdomen. — Milne-Edwards divise les b. en 4 familles: les *Oxyrhynques*, les *Cyclométopes*, les *Catométopes* et les *Oxystomes*.

1. La famille des *Oxyrhynques* présente le plus haut degré de centralisation du système nerveux que l'on connaisse chez les crustacés. En effet, les ganglions du thorax ne forment qu'une seule masse solide, tandis que chez les autres décapodes ils affectent toujours plus ou moins la forme annulaire. Le foie est très développé et quelquefois divisé en 3 lobes; les branchies forment neuf paires, dont 2 sont rudimentaires. Le corps est en général triangulaire; le front est étroit et se termine en bec, caractère dont on a tiré le nom de la famille (gr. ὀξύς, aigu; ῥύγχος, bec). La carapace, plus longue que large, est fort souvent couverte d'épines ou de poils.

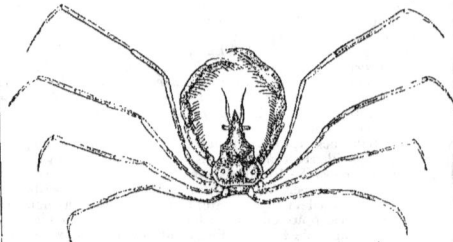

Fig. 1.

L'abdomen des mâles est composé de 7 anneaux distincts, celui des femelles n'en contient quelquefois que 6, 5 et même 4. Les oxyrhynques sont essentiellement maritimes, et habitent à des profondeurs souvent considérables. Malgré la longueur de leurs pattes, leurs mouvements sont lents. On n'en connaît aucun qui soit nageur. Cette famille se partage en 2 tribus: les *Maïens* et les *Parthénopiens*, dont nous citerons les genres les plus remarquables. — Le g. *Stenorhynque* contient trois espèces particulières aux mers d'Europe. L'espèce type est le *Stén. faucheur* (*Stenorhynchus Lalonginus*) [Fig. 1], qui se trouve en abondance sur les côtes de l'Océan et de la Manche. — Le g. *Amathie*, qui habite la rade de Toulon, a le front armé de deux grandes pointes divergentes. — Les longues pattes des *Inachus* et des *Maïas* leur ont fait donner le nom vulgaire d'*Araignées de mer*. Les *Inachus*, dont le corps

est grêle et muni de poils crochus, se rencontrent souvent dans les bancs d'huîtres, où ils sont couverts d'éponges et de corallines que retiennent leurs crochets. L'espèce la plus remarquable du g. est l'*In. scorpion*, qui abonde dans la

Fig. 2.

Manche et sur les côtes de l'Algérie. Parmi les différentes espèces de *Maïas*, nous citerons le *M. squinade* (Fig. 2, réduite) qui est mangé par les pêcheurs de nos côtes, quoique sa chair soit peu estimée. Ce crustacé était connu des anciens et les Grecs en avaient fait l'emblème de la sagesse. — Les genres *Achée*, *Acanthonyx*, *Eurynome*, *Lissa*, se rencontrent également sur les côtes de la France et de l'Algérie. — Le g. *Hyade*, dont l'espèce type est l'*Hyade araignée*, semble propre aux côtes que baigne la Manche. — On trouve dans la Méditerranée, aux environs de Toulon et sur le littoral de l'Algérie, le *Lambre Masséna* et le

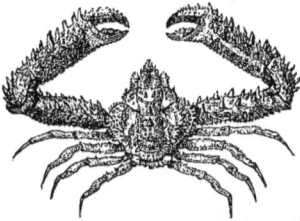

Fig. 3.

L. méditerranéen : le type de ce g. est le *L. spinimane* (Fig. 3) remarquable par la longueur des pattes de la première paire; ces crustacés vivent à de grandes profondeurs dans la mer et se tiennent au milieu des rochers. — Auprès du lambre on doit placer le g. *Parthénope* qui en diffère fort peu : on n'en connaît qu'une seule espèce, le *P. horrible*, découvert dans l'océan Atlantique et la mer des Indes. — On rencontre encore sur nos rivages le g. *Pise*, dont la carapace est garnie de poils crochus, et le g. *Herbstie* qui fréquente la rade de Bône.

II. La famille des *Cyclométopes* a pour caractères la forme arquée de la partie antérieure de la carapace, la longueur et la puissance des pattes de la première paire. Leur thorax est plus large que long; leurs yeux sont parfaitement mobiles. Sous le rapport du système nerveux, ils présentent une centralisation beaucoup moins marquée que dans la famille précédente. Parmi ces crustacés, les uns nagent avec facilité, les autres vivent sur le rivage; il en est qui se cachent sous le sable. Quelques espèces ont été trouvées à l'état fossile. Les cycl. sont divisés en deux tribus : les *Cancériens* et les *Portuniens*. — Le g. *Crabe* (*Cancer*) a le front large, très arqué, et fort souvent coupé par une fissure; les pattes de la première paire sont terminées par des pinces puissantes et armées de dents aiguës. Aucune espèce de crabe proprement dit n'habite nos mers; la plupart vivent dans la mer des Indes. Nous citerons comme exemples de ce g., le *Cr. très entier* et le *Cr. labouré*. Voy. ARTICLES.

Néanmoins, le nom de *Crabe* est vulgairement appliqué à divers crustacés qui appartiennent à d'autres genres. — Le g. *Platycarcin* se distingue par sa carapace bombée et son front étroit et denté. L'espèce la plus intéressante est le *Pl. Pagure* (Fig. 4) très commun sur les bords de l'Océan; il peut acquérir un développement considérable. On en rencontre qui pèsent plus de 2 kilog. et demi. Le pl. pagure est désigné vulgairement sous les noms de *Tourteau*, *Poupart*, *Houvet*, etc.; sa chair est assez estimée. — Le type du g. *Carcin* est le *C. ménade* : ce crustacé, qui est très abondant sur les côtes du Calvados, est appelé par les pêcheurs *Crabe enragé*. Sa fécondité est remarquable : la femelle porte

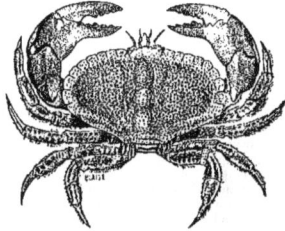

Fig. 4.

environ 180,000 œufs. Sa chair est peu estimée; on ne l'emploie guère que comme appât pour la pêche. Le carcin se cache sous les pierres ou dans le sable; il court avec facilité et peut vivre longtemps hors de l'eau. — Au contraire des carcins, les *Portunes* ne peuvent vivre que dans la mer : ces crustacés, constitués pour la nage, se réfugient à la marée basse dans les flaques d'eau que la mer laisse en se retirant; ils se nourrissent des cadavres d'animaux qu'ils rencontrent. L'espèce la plus importante est la *Portune étrille* (*Portunus puber*), dont la chair est employée comme aliment. — Le g. *Lupée* est composé d'animaux essentiellement nageurs, vivant en haute mer, où, dit-on, ils peuvent se soutenir sans faire de mouvements. — Nous nommerons encore les genres *Xanthe*, *Pilumne*, qui habitent les côtes de la Méditerranée et de l'Océan; le g. *Lagostome*, dont une espèce, le *Lag. perlé*, est très commune en Bretagne; et les genres *Pirimèle* (ou mieux *Périmèle*), *Platyonique* et *Polybie*, qu'on trouve en abondance sur notre littoral.

III. La famille des *Catométopes* est caractérisée par la forme carrée de la carapace, la largeur du plastron sternal et la longueur des pédoncules qui portent les yeux. La plupart

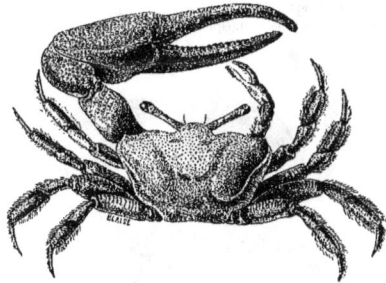

Fig. 5.

des crustacés de cette famille sont constitués pour la marche et vivent plus ou moins loin de la mer. Les catométopes forment six tribus : *Telphuses*, *Gécarciniens*, *Pinnothériens*, *Oxypodiens*, *Gonoplaciens* et *Grapsoïdiens*, dont nous citerons les plus genres les plus curieux. — Le type du g. *Telphuse*, le *T. fluviatile*, se tient dans les ruisseaux et souvent dans l'intérieur des terres. Il était connu des Grecs et on le voit représenté sur beaucoup de médailles antiques.

— Le g. *Gécarcin* a pour type le *Géc. ruricole*, crustacé d'un rouge violacé qui se trouve aux Antilles, où il porte le nom vulgaire de *Crabe de terre*, *Tourlourou*, etc. Il habite les terrains bas et marécageux qui avoisinent la mer. — Le g. *Pinnothère* renferme les plus petites espèces de b. connues. Elles vivent le plus souvent cachées dans les manteaux des pinnes et des moules. Ces petits animaux étaient connus des Égyptiens. L'espèce appelée *Pois* (*Pinnotherum pixum*) est très commune sur nos côtes et sur celles de l'Angleterre. L'*Ocypode*, qui doit son nom à la rapidité de sa course (gr. ὠκύς, rapide; πούς, ποδός, pied), habite les bords de la mer et se cache dans les sables : on le rencontre en Égypte et en Amérique. — Le g. *Gélasime* renferme des crustacés dont les mœurs sont très curieuses. Ces animaux vivent au bord de la mer et se réfugient par couples dans des trous creusés au milieu du sable : le mâle, de sa grosse pince, ferme l'entrée du domicile commun. L'habitude qu'ils ont de lever toujours cette pince en l'air leur a fait donner le nom de *Crabes appelants* (Fig. 5). Il y en a qui se logent dans les trous faits par les tarets dans les bois flottants. Parmi les espèces de ce g., nous citerons le *Gél. combattant* (*Gelasimus pugilator*) Ces crustacés sont terrestres et vivent par multitudes innombrables sur les bords des rivières dans lesquelles le reflux se fait sentir; ils habitent surtout la Caroline, et se multiplient d'une manière étonnante, malgré la guerre acharnée que leur font les loutres, les tortues, les oiseaux et autres animaux. — Le g. *Gonoplace* se distingue par la forme de sa carapace, qui est beaucoup plus large que longue : l'espèce appelée *Rhomboïde* (*Gonoplax Rhomboïdalis*) se rencontre dans la Méditerranée. — Dans le g. *Grapse*, nous citerons le *Porte-pinceau*, ainsi nommé parce que ses pinces sont armées d'aigrettes.

IV. Dans la famille des *Oxystomes*, la carapace est plus ou moins circulaire; les yeux sont petits et la bouche est

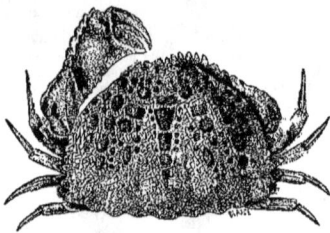

Fig. 6.

triangulaire; les pattes antérieures sont courtes et terminées par une main aplatie qui se dresse comme une crête. Mais la particularité la plus remarquable que présentent les crustacés

Fig. 7.

qui forment ce groupe, c'est l'absence d'ouverture à la base des pattes pour le passage de l'eau nécessaire à la respiration; ces trous sont remplacés par un canal qui vient s'ouvrir au-devant de la bouche. Les oxystomes se divisent en quatre

tribus : les *Calappiens*, les *Leucosiens*, les *Corystiens* et les *Dorippiens*. Les principaux genres sont les suivants. — L'espèce la plus remarquable du g. *Calappe* est le *Cal. granuleux* (Fig. 6) qui habite la Méditerranée. La chair de ce crustacé est aussi agréable à manger que facile à digérer. On le trouve en abondance sur les côtes de l'Algérie. — Le g. *Coryste* ne renferme qu'une seule espèce, le *Cor. denté* (Fig. 7). Ce crustacé a le test ovoïdo-oblong, et chaque bord latéral de celui-ci est armé de prolongements en forme de dents. Il est très commun dans le port de Marseille ainsi que sur les côtes de France et d'Angleterre. — Dans la Méditerranée, on rencontre encore le g. *Ebalie* et le g. *Thie*, dont une espèce, la *Thie polie*, habite aussi la Manche; le g. *Ilia*, dont une espèce est particulière aux Antilles; le g. *Éthuse* et le g. *Cymopolie* qui vivent sur les côtes de la Sicile et de l'Algérie. Nous n'avons dans la Méditerranée qu'une seule espèce du g. *Dorippe*, la *D. laineuse*, qui ne se trouve qu'à des profondeurs considérables.

BRACHYPTÈRES. s. m. pl. [Pr. *bra-ki-ptère*] (gr. βραχύς; court; πτερόν, aile). T. Ornith. Les *Brachyptères* ou *Plongeurs* sont des oiseaux qui constituent, dans le système de Cuvier, la première division de l'ordre des *Palmipèdes*. Ce sont des oiseaux essentiellement aquatiques et nageurs. Les jambes sont implantées plus en arrière que chez les autres oiseaux, ce qui les oblige à se tenir dans une position verticale et leur rend la marche très difficile. La plupart sont mauvais voiliers, et plusieurs même, à cause de la brièveté de leurs ailes, sont incapables de voler. Aussi leur plumage est-il extrêmement serré et impénétrable à l'eau; souvent même il offre une surface lisse et un éclat argenté. Ils nagent sous l'eau en s'aidant de leurs ailes, presque comme des nageoires. La plupart des b. habitent les régions circumpolaires : quelques espèces visitent temporairement, pendant l'hiver, les parties maritimes des régions tempérées. Cette famille est divisée par Cuvier en trois grands genres : *Plongeon* (*Colymbus*), *Pingouin* (*Alca*) et *Manchot* (*Aptenodytes*). Les ornithologistes modernes ont érigé ces trois genres en familles sous les noms de *Colymbidés*, *Alcadés* et *Sphéniscidés* (ce dernier terme vient de l'oiseau appelé *Sphénisque* qui fait partie du g. manchot de Cuvier). En outre, ils ont retiré du g. *Plongeon* les *Guillemots* et le *Cephus*, pour les placer dans la famille les *Alcadés*.

I. La famille des *Colymbidés* comprend les *Grèbes*, les *Grébifoulques* et les *Plongeons*. — Les oiseaux qui composent le g. *Grèbe* (*Podiceps*) sont caractérisés par leurs doigts,

Fig. 1.

qui sont simplement réunis à leur base par une membrane, et qui sont lobés dans le reste de leur étendue. Ils volent rarement; cependant ils ont un vol rapide et soutenu. Ils nagent avec une facilité merveilleuse; l'eau est leur véritable éément. A terre, ils rampent plutôt qu'ils ne marchent. Ces ¿ eaux nichent dans l'eau, parfois à découvert, mais plus s.vent au milieu d'une touffe de roseaux. Leur nid, qui est flottant, consiste en un amas de débris de végétaux. On trouve des grèbes dans les deux continents. Cinq espèces de ce g. se rencontrent, en hiver, dans le nord de la France. La dépouille de quelques-unes s'emploie comme fourrure. Le *Gr. huppé* est grand comme un canard, brun noir dessus, blanc d'argent dessous, avec une bande blanche sur l'aile. Avec l'âge, il prend une double huppe noire, et les adultes ont de plus au haut du cou une large collerette rousse bordée de noir. Le *Gr. cornu* (Fig. 1) est semblable au précédent pour la forme; mais la collerette de l'adulte est noire et le devant du col est roux. En outre, il porte sur la tête deux longues touffes de plumes en forme de cornes. Son bec est noir et à pointe rouge. Nous citerons encore le *Petit Grèbe* ou *Castagneux*, qui est grand comme une caille; il n'a ni crête ni collerette. Il n'habite que les eaux douces. — On rapproche des grèbes le g. *Grébifoulque* ou *Héliorne* qui forme la transition entre les palmipèdes et les échassiers. Les héliornes ont les pieds lobés comme les foulques et les grèbes, mais leur queue est plus développée et leurs ongles sont plus aigus. Les deux espèces connues de ce genre habitent l'une l'Afrique, l'autre l'Amérique méridionale.

Le g. *Plongeon* (*Colymbus*) offre la même forme que les grèbes, mais il s'en distingue par les pieds, qui sont ceux des palmipèdes ordinaires. Les doigts antérieurs sont unis jusqu'au bout par des membranes, et terminés par des ongles pointus. Les plongeons passent la plus grande partie de leur vie à l'eau; mais c'est en volant qu'ils font leurs migrations. Les trois principales espèces européennes sont le *Pl. imbrim*,

Fig. 2.

le *Pl. lumme* et le *Pl. cat-marin*. — L'Imbrim (*Col. glacialis*) adulte (Fig. 2) est long de 80 centim. Il a la tête et le cou noirs changeant en vert avec un collier blanchâtre, le dos brun noirâtre piqueté de blanchâtre et le dessous blanc. Cet oiseau est doué d'un instinct remarquable qui lui fait prévoir les tempêtes, par lesquelles il n'est jamais surpris dans le voisinage des côtes. Avant que la tempête n'éclate, il gagne la haute mer. Souvent, après les violents orages, on trouve des pingouins et des manchots tués et échoués contre les rochers des côtes de l'Océan; jamais le plongeon ne périt de cette manière. En Norwège, les marins regardent les cris de l'imbrim comme présageant, d'une manière certaine, l'approche de la tempête; aussi est-ce une impiété, selon eux, que de tuer un de ces oiseaux. Mais les Lapons, qui n'ont pas les mêmes scrupules à l'égard des plongeons, se font avec leurs peaux d'excellents bonnets fourrés. L'imbrim se rencontre quelquefois sur nos côtes maritimes à la suite des ouragans. Il en est de même du *Lumme* (*Col. arcticus*) et du *Cat-marin* ou *Petit Plongeon* (*Col. septentrionalis*).

II. La famille des *Alcadés* se distingue essentiellement des deux autres par l'absence de pouce. Elle se compose des genres *Pingouin, Macareux, Guillemot* et *Cephus*. Les *Pingouins* (*Alca*) doivent leur nom (lat. *pinguis*, gras) à la couche épaisse de graisse qui revêt leur corps. Leur bec est long, en forme de couteau et sillonné en travers; des plumes en garnissent la base jusqu'aux narines; leurs pieds sont totalement palmés avec les ongles plats; leurs ailes et leur queue sont courtes; enfin, leur corps est couvert de plumes

courtes et serrées. Ces oiseaux habitent les régions arctiques de l'Europe. Ils n'abandonnent que très rarement les côtes Leur naturel est indolent et la présence de l'homme les effraie peu. Leur nid consiste simplement en un trou, une anfractuosité de rocher; ils nichent en société, et quelquefois en si grand nombre qu'on peut ramasser leurs œufs par mil-

Fig. 4.

Fig. 3.

liers. On ne connaît que deux espèces de ce g. Le *Pin. commun* (*Alca torda*) [Fig. 3] est à peu près de la taille d'un canard. Il est noir dessus, blanc dessous, avec une ligne blanche sur l'aile et une ou deux sur le bec. Le mâle a de plus la gorge noire et un trait blanc de l'œil au bec. Cet oiseau vole rapidement en effleurant la surface de l'eau, mais il ne vole pas longtemps. On le voit quelquefois sur nos côtes en hiver. Le *Grand Pin.* (*Al. impennis*) a presque la taille de l'oie. Il diffère du pin. commun en ce que ses ailes sont dépourvues de pennes : aussi est-il incapable de voler. — Les *Guillemots* (*Uria*) ont le bec couvert à la base de plumes veloutées, les mandibules échancrées vers le bout et les ongles en forme de faux. Leurs ailes suffisent à peine pour les faire voler et ils sont incapables de marcher. Ils ne viennent à terre que pour pondre et couver. Lorsqu'ils sont surpris à terre, sur un sol plat, ils ne peuvent ni fuir ni s'enlever : de là la réputation de stupidité que les marins ont faite très injustement à ces oiseaux. Ils nichent par grandes bandes sur les rochers escarpés, d'où ils peuvent aisément se jeter à l'eau ou prendre leur vol en cas de danger. L'espèce la plus grande du g. est le *Grand Guill.* ou *Guill. à capuchon* (*Uria troile*) qui habite les régions arctiques des deux continents et nous visite quelquefois dans les grands hivers. Sa taille est celle d'un canard. Il a la tête et le cou brun foncé, le ventre blanc, le dos et les ailes noirâtres, avec une ligne blanche sur celles-ci. — Le g. *Cephus* ou *Mergule* ne renferme qu'une seule espèce, appelée vulgairement *Petit Guillemot* ou *Colombe du Groenland*, parce qu'elle est de la grosseur d'un pigeon. Cet oiseau a le bec noir, sans échancrure, et les pieds rouges avec des membranes assez échancrées. Il est noir dessus, blanc dessous, avec un trait blanc sur l'aile. Le cephus nous visite aussi dans les froids très rigoureux. — Les *Macareux* (*Fratercula*) ressemblent beaucoup au pingouin; mais ils sont remarquables par leur bec qui est plus court que la tête, plus élevé à sa base qu'il n'est long, et dont la base est ordinairement garnie d'une peau plissée. Leurs petites ailes leur permettent de voler quelque temps. Le *Mac. moine* (*Frat. mormon*) [Fig. 4]. Bec de cet oiseau] est gros comme un pigeon. Il a la calotte et le manteau noirs, et tout le dessous blanc. Cette espèce est la seule qui quitte le pôle nord pour venir quelquefois, en hiver, sur les côtes de la Norwège, de l'Angleterre, de la Hollande et de la France. M. le docteur Louis Bureau a étudié les colorations du bec, qui varient suivant l'âge aux différentes mues.

III Les espèces qui forment la famille des *Sphéniscidés* sont encore plus incapables de vol que les précédentes. Leurs ailes sont de simples moignons aplatis en forme de nageoires, et sont seulement garnies de vestiges de plumes d'apparence squameuse. Leurs pattes, plus en arrière que chez aucun autre oiseau, ont le tarse élargi comme la plante du pied d'un quadrupède. Ces oiseaux ont d'ailleurs un petit pouce dirigé en dedans et leurs trois doigts antérieurs sont unis par une membrane entière. Ils ne se trouvent que dans les mers antarctiques. Cette famille comprend quatre genres distingués par la forme du bec. — L'espèce de *Manchot* la mieux connue est le *Grand Manchot (Aptenodytes patagonica)* qui est de la taille d'une oie, ardoise dessus, blanc dessous, à

Fig. 5.

masque noir, entouré d'une cravate citron. A terre, ces oiseaux se tiennent debout, en prenant pour point d'appui, non pas le pied seulement, mais tout le tarse. Dans cette attitude, dit un navigateur, on croirait voir des enfants de chœur en surplis et en camail noir. En revanche, ils nagent avec une vitesse prodigieuse et plongent à de très grandes profondeurs ;

Fig. 6.

ils ont en outre la faculté de rester très longtemps sous l'eau. Lorsqu'ils nagent, tout leur corps est submergé, et leur tête seule paraît à la surface de la mer. Ils s'éloignent parfois des côtes à des distances considérables : on en a rencontré à 430 lieues loin de toute terre et dans des parages où ils n'avaient pu être portés par les glaces. Ils ne viennent à terre que pour pondre Ils creusent dans les dunes de sable des terriers profonds, assez vastes pour loger toute la famille. C'est dans la partie la plus reculée de ce nid que la femelle dépose ses œufs au nombre de deux ; quelquefois, cependant, elle n'en pond qu'un seul. Le sol dans lequel les manchots creusent ainsi leurs nids, est parfois tellement miné qu'on ne peut y faire un pas sans enfoncer et y entrer jusqu'aux genoux. Le cri du manchot imite, à s'y méprendre, le braiment de l'âne. Lorsqu'on le surprend à terre, on peut l'assommer à coups de bâton, car il est dans l'impossibilité de fuir ; mais il pince cruellement le chasseur qui essaie de le prendre avant de l'avoir tué. La chair de cet oiseau, quoique noire, est mangeable : elle offre, ainsi que ses œufs, une ressource fort utile aux navigateurs qui fréquentent les parages désolés qu'habite cette espèce. Malheureusement, dans plusieurs endroits, elle est déjà presque détruite. — Le g. *Gorfou* se compose d'une espèce unique, le *Gor. sauteur (Catarrhactes chrysocoma)* [Fig. 5]. C'est un oiseau de la taille d'un gros canard. Il est noir dessus, blanc dessous, et porte une huppe de plumes dorées sur la tête. Il doit son surnom de sauteur à l'habitude qu'il a de sauter fréquemment hors de l'eau en nageant. — Le *Pygoscélis papou (Aptenodytes papua,* de Vieillot) [Fig. 6] constitue aussi à lui seul le g. *Pygoscélis*). Il a 75 centim. de longueur, la tête et le cou d'un noir sombre inclinant au bleu, le dessous d'un noir bleuâtre, le dessous blanc et un trait blanc au-dessus de l'œil. Il habite les îles des Papous et les Malouines. — Le g. *Sphénisque* n'est également représenté que par une seule espèce, le *Sph. du Cap (Spheniscus demersus),* qui habite surtout aux environs du Cap où il niche dans les rochers. Il a le bec irrégulièrement sillonné à sa base, avec la mandibule inférieure tronquée. Il est noir brun en dessus, blanc en dessous et a le bec brun, avec une bande blanche au milieu. — Tous ces oiseaux ont les mêmes mœurs et les mêmes instincts que le grand manchot.

BRACHYSCIEN, IENNE. adj. [Pr. *bra-kis-si-in*] [gr. βραχύς, court; σκιά, ombre). Nom donné aux peuples qui habitent la zone torride, parce que leur ombre à midi est très courte, à cause de la hauteur du soleil.

BRACHYSOMES. s. m. pl. (gr. βραχύς, court; σῶμα, corps). T. Zool. Section des *Cyathicères,* groupe de polypes de la classe des *Bryozoaires.* Voy ce mot.

BRACHYSTOCHRONE. s. f. Orthographe incorrecte de BRACHISTOCHRONE. Voy. ce mot.

BRACHYSYLLABE. s. m. [Pr. *bra-ki-ssil-labe*] [gr. βραχύς, court, et *syllabe*). Pied de vers latin ou grec composé de trois brèves.

BRACHYURES. s. m. pl. Voy. BRACHYOURES.

BRACIEUX, ch.-l. de c. (Loir-et-Cher), arr. de Blois, 1,100 hab.

BRACON, s. m. T. Entom. Genre d'insectes de l'ordre des Hyménoptères. Ils chassent principalement les larves de coléoptères qui vivent dans le bois mort. ‖ T. Const. Poutre qui soutient les portes d'une écluse.

BRACONNAGE. s. m. [Pr. *braco-nage*]. Action de braconner.

BRACONNER. v. n. [Pr. *braco-ner*] (R. *braconnier*). Chasser en temps prohibé, ou furtivement et sans permission sur les terres d'autrui, pour faire son profit du gibier. ‖ Fam. Puiser dans les œuvres d'autrui.

BRACONNIER. s. m. [Pr. *braco-nié*] (R. *braque,* chien). Se disait autrefois d'un valet chargé de gouverner les chiens de chasse et principalement les braques. ‖ Celui qui braconne. ‖ Par exagér., se dit d'un chasseur qui tue sans ménagement autant de gibier qu'il peut, le plus souvent sur le terrain d'autrui et en temps prohibé. Voy. CHASSE.

BRACONNIÈRE. s. f. [Pr. *braco-nière*] (bas-lat. *braca,* braie). T. Milit. Partie de l'armure des chevaliers qui était attachée au bas de la cuirasse et descendait jusqu'à mi-cuisse. *La brac. était composée de plusieurs lames et analogue aux tassettes.*

BRACTÉAIRE. adj. (R. *bractée*). T. Bot. Qui tient de la bractée.

BRACTÉATE. adj. f. (lat. *bractea,* feuille). *Monnaie brac-*

lénte, espèce de monnaie fabriquée avec une feuille d'argent extrêmement mince, et souvent frappée d'un seul côté, qui a eu cours en Allemagne, en Pologne, en Alsace et en Suisse, au XIVe siècle.

BRACTÉE. s. f. (lat. *bractea*, feuille). T. Bot. On nomme *Bractées* les feuilles qui sont portées par le pédicelle de la fleur et qui sont intermédiaires entre les feuilles de la tige et les feuilles du calice, sous les divers rapports de la forme, de la consistance et de la couleur. — Lorsque les bractées ne diffèrent pas sensiblement des autres feuilles, on les appelle *Feuilles bractéales.* — Les bractées ne sont le plus souvent que des feuilles réduites à de petites dimensions; mais leur consistance et parfois leur couleur sont fort différentes. Dans un grand nombre de plantes, on voit les feuilles, à mesure qu'elles se rapprochent de l'extrémité des rameaux, diminuer d'étendue, puis devenir sessiles, perdre successivement leurs dents ou incisions, devenir entières, enfin se réduire à une simple écaille. Cette transformation des feuilles est la conséquence de l'épuisement qu'elles éprouvent par suite de la formation et du développement des bourgeons floraux. Certaines plantes, telles que la *Couronne impériale* (*Fritillaria imperialis*), après avoir porté des fleurs sur une certaine étendue de leur tige, n'en ont point au sommet de celle-ci; alors les feuilles du sommet de la plante reprennent le caractère et l'aspect des feuilles ordinaires propres à l'espèce. — Tantôt les bractées sont des espèces de petites écailles minces, de couleur pâle, placées à la base des pédoncules qui portent les fleurs; tantôt elles sont assez grandes, minces, colorées, et presque pétaloïdes, comme celles de beaucoup d'espèces de Sauges : celles de la *Salvia fulgens*, par ex., sont rouges, et celles de la *S. Sclarea* sont bleues. Dans le *Bougainvillea*, plante d'ornement fort curieuse qui appartient à la famille des Nyctaginées, les bractées sont bien plus grandes que les fleurs et ont une teinte rose violacée. Les bractées sont souvent sessiles et indivises, même chez les plantes dont les feuilles caulinaires sont pétiolées et très divisées : il arrive fréquemment aussi qu'elles sont constituées par la partie pétiolaire de feuilles dont le limbe est nul, par ex., dans beaucoup d'Ombellifères. — En général, il n'y a qu'une seule b. à la base de la fleur ou de son pédoncule. Un ensemble de bractées formant un ou plusieurs verticilles à la base d'une inflorescence (dans les Ombellifères et les Composées par ex.), constitue un *Involucre*. Dans les Ombellifères, on appelle *Involucelles* les involucres des *Ombellules*, c.-à-d.

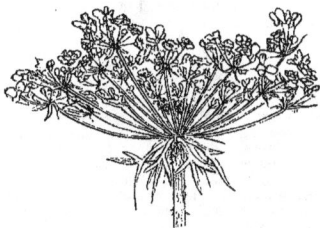

Fig. 1.

ceux des ombelles secondaires dont l'ensemble constitue l'ombelle. (Fig. 1. Ombelle de la Carotte *Daucus* (*Carotta*) pour faire voir les bractées). Souvent aussi on donne le nom de *Bractéoles* aux bractées qui existent à la base des pédicelles, celui des bractées étant réservé à celles de la base des pédoncules. Parfois les bractées manquent complètement à la base des pédoncules ou des pédicelles, comme on le voit dans la Giroflée jaune (*Cheiranthus cheiri*). Dans le genre Tilleul (*Tilia*), le pédoncule floral est soudé avec la bractée jusqu'en son milieu (Fig. 2). Lorsque l'involucre accompagne une ou plusieurs fleurs, et persiste après la floraison de manière à recouvrir le fruit en partie ou en totalité, on le nomme *Cupule*. Une cupule est toujours le résultat de la soudure des bractées. Tantôt cette cupule est *écailleuse*, dans le *gland* du Chêne (Fig. 3), par ex.; tantôt elle est *foliacée*, comme celle du fruit du Noisetier; tantôt elle est *péricarpoïde*, c.-à-d. enveloppe complètement le fruit: le Hêtre (Fig. 4), le Châtaignier, nous en offrent des exemples. — Dans certains cas, la b. acquiert un développement considérable, de façon

à recouvrir complètement l'inflorescence avant l'épanouissement des fleurs; on donne à cette forme d'involucre le nom spécial de *Spathe*. Tel est l'involucre des Amaryllidacées (Fig. 5. *Narcissus Jonquilla*), des *Allium*, des *Arum*, des

Fig. 2.

Fig. 3.

Fig. 4.

Fig. 5.

Palmiers, etc. Tantôt la *Spathe* est monophylle, c.-à-d. composée d'une seule pièce, comme dans le Gouet (*Arum maculatum*, voy. Aroïdées), tantôt composée de deux pièces, comme dans l'Ail et l'Oignon, etc. — Les *Glumes* situées à la base des épillets dans les plantes de la famille des Graminées, sont regardées par plusieurs botanistes comme de véritables bractées. Voy. Pédoncule; Inflorescence, etc.

BRACTÉES. s. f. pl. (lat. *bractea*, feuille). T. Mét. Rognures de feuilles d'or que l'on broie à la molette pour faire la poudre d'or.

BRACTÉOLE. s. f. (Dimin. de *bractée*). T. Bot. Petite bractée. || Feuille défectueuse des batteurs d'or.

BRACTIAL, E. adj. Qui ressemble à une bractée. Voy. Bractée.

BRADEL. s. f. (R. *Bradel*, nom d'un relieur parisien). Reliure ou plutôt cartonnage d'un livre où la tranche n'est pas rognée.

BRADFORD. v. d'Angleterre (comté d'York). 219,400 hab. Manufactures de draps; fonderies.

BRADLEY, astronome anglais. Découvrit *l'aberration de la lumière* (1727), et la *nutation de l'axe terrestre* (1747) (1692-1762).

BRADYPE. s. m. (gr. βραδύς, lent; πούς, pied). T. Mam. Genre de mammifères de l'ordre des édentés vulgairement appelé *Paresseux*. Ces animaux sont pourvus de trois doigts à chaque patte. Voy. Tardigrades.

BRADYPEPSIE. s. f. (gr. βραδύς, lent; πέψις digestion). Digestion lente et imparfaite. Anc. et inus. aujourd'hui dans le langage médical.

BRADYTE. s. m. (gr. βραδύς, lent). Bolide qui se meut avec lenteur. En général, les bolides traversent le ciel avec une grande rapidité : leur trajectoire est parcourue en moins d'une seconde, une seconde et demie ou deux secondes au plus. Mais on a observé des bolides qui se meuvent avec lenteur et emploient cinq, dix, quinze secondes et plus à parcourir leur trajectoire. Ces météores forment ainsi une sorte de classe spéciale de bolides, remarquables par leur lenteur.

BRAGA, v. de Portugal, prov. de Minho, 20,500 hab.

BRAGANCE, v. de Portugal, prov. de Tras-os-Montes, 6,500 hab.

BRAGANCE, maison régnante de Portugal, qui descend d'Alphonse, fils naturel du roi Jean Ier, mort en 1433.

BRAGANTIÉES. s. f. pl. (R. le nom d'un duc de Bragance). T. Bot. Tribu de plantes de la famille des *Aristolochinées*. Voy. ce mot.

BRAGUE. s. f. (autre forme de *braie*). T. Mar. Cordage qui sert à borner le recul d'un canon. || Morceau de bois placé au bout du corps du luth pour en cacher les éclisses. || T. Art milit. anc. Partie proéminente et arrondie de la cuirasse au-dessus du buste.

BRAGUET. s. m. (Dimin. de *brague*). T. Mar. Cordage destiné à soutenir le poids du mât qu'on veut mettre en clef.

BRAGUETTE. s. f. Syn. de *Brayette*. Voy. ce mot.

BRAHMA, nom du Créateur dans la religion des Indiens. Voy. Brahmanisme.

BRAHMAGOUPTA, astronome hindou du VIe siècle av. J.-C. Il a revisé le *Brahma Siddhanta*.

BRAHMAÏSME. s. m. Religion, culte de Brahma.

BRAHMANE. s. m. Individu appartenant à la caste sacerdotale de l'Inde. On disait autrefois *Brachmane*. Voy. Brahmanisme et Caste.

BRAHMANIQUE. adj. 2 g. Qui appartient, qui a rapport à la religion et au culte de Brahma.

BRAHMANISME. s. m. T. Hist. relig. — Le *Brahmanisme* est la religion que professe la grande majorité des habitants de l'Hindoustan; elle est ainsi appelée de *Brahma*, qui est chez eux le nom de la divinité suprême.

Le br. a certainement pris naissance dans cette immense et magnifique vallée qu'arrosent la Djumna et le Gange; mais l'époque de son apparition est fort controversée, et l'on ne peut l'estimer que par approximation. Parmi les livres sacrés de l'Inde, le plus ancien est le *Rig-Véda* : or, à ce livre est annexé un calendrier astronomique que le célèbre indianiste Colebrooke rapporte au XIVe siècle avant notre ère : on en a donc pu conclure, avec quelque probabilité, que la rédaction de ce livre peut remonter à seize ou dix-sept siècles avant J.-C.

Les principaux livres sacrés de l'Inde, et les plus antiques d'entre eux, sont les *Védas*, au nombre de quatre : le *Rig-Véda*, l'*Adjour-Véda*, le *Sama-Véda* et l'*Atharva-Véda*. Le premier est un recueil d'hymnes; le second renferme des prières en prose; le troisième, des prières destinées à être chantées, et le quatrième ne contient guère que des formules de consécration, d'imprécations et de sortilèges. Celui-ci est évidemment le plus moderne des quatre. Après les Védas, viennent dix-huit livres nommés *Pouranas* ou commentaires, qui sont d'une époque sensiblement plus récente. Chaque Pouranas embrasse cinq sujets : la création du monde, ses progrès, son renouvellement par le déluge, la généalogie des dieux et des héros, la chronologie, l'histoire des héros et une cosmogonie. Les Pouranas ont été, suivant les Hindous, inspirés à *Vyasa*, le compilateur des Védas. Une compilation des *Brahmanas*, ou préceptes dogmatiques des Védas, connue sous le nom d'*Oupanischads*, est également comptée au nombre des livres sacrés. Un dernier monument que les Brahmes considèrent comme divinement inspiré, est le *Manava-Dharma-Sastra* ou *Lois de Manou*. Ce livre, tel qu'on le possède aujourd'hui, est écrit en vers, et composé de 2,685 *slocas* ou distiques. Le style de ce code a un caractère manifestement plus ancien que, tous les autres livres indiens, à l'exception des Védas. Parmi les personnages qui s'y trouvent cités, aucun ne paraît postérieur au XIIe siècle avant notre ère. C'est, avec les Védas, le monument le plus authentique du br. Nous ferons remarquer qu'il n'est fait aucune mention, dans ce livre, de la Trinité indienne, et que Vischnou et Siva, qui avec Brahma constituent cette triade divine, ne sont nommés dans Manou qu'une seule fois, et en passant. De plus, ils ne jouent aucun rôle dans le système de créations et de destructions successives de l'univers exposé dans cet ouvrage. Enfin, les Hindous, quoiqu'ils ne les tiennent pas pour révélés, ont le plus profond respect pour les deux grandes épopées sanscrites intitulées *Ramayana* et *Mahabharata*.

La religion brahmanique paraît avoir subi une évolution qui en a singulièrement altéré le caractère. Dans les Védas, la religion est purement symbolique. « Le symbole, et rien de plus, dit M. Émile Burnouf, telle est la religion de la période védique. Les symboles des temps anciens ont rarement une valeur morale : ils représentent sous une forme humaine idéalisée les forces naturelles. » Ce naturalisme symbolique conduisit bientôt à un polythéisme vague dont les dieux multipliés outre mesure par la brillante imagination indienne étaient mal définis et à peine différenciés. Enfin la théologie brahmanique dégagea de cette multitude de dieux l'idée d'une substance divine qui ne tarda pas à envahir l'univers entier, et la religion brahmanique finit par devenir nettement panthéiste. Cependant il est probable que ce caractère panthéiste est peu compris de la majorité, et pour le vulgaire, qui prend à la lettre l'enseignement contenu dans les formules du culte, c'est-à-dire dans les prières et dans les cérémonies extérieures, la religion est un véritable polythéisme. D'ailleurs les Pouranas et les épopées indiennes ne sont guère qu'un répertoire de fables mythologiques données comme récits historiques, et ces livres sont les seuls que connaisse la grande masse de la population.

Le système théologique du br. nous présente au sommet de sa hiérarchie de divinités une trinité (*Trimourti*) composée de *Brahma*, dieu créateur, *Vischnou*, dieu conservateur, et

Siva, dieu destructeur, qui ne constituent cependant qu'un dieu unique et suprême en trois personnes; mais cette conception n'apparaît pas tout d'abord dans l'histoire de l'Inde. Nous avons déjà dit que dans les Védas et le Code de Manou il est à peine fait mention de Vischnou et de Siva, et que ces dieux n'y jouent aucun rôle. Brahma lui-même ne reçoit dans le Rig-Véda aucun des attributs de l'intelligence suprême, qui lui furent attribués plus tard. Dans le *Manava-Dharma-Sastra*, *Brahm* (neutre), le dieu suprême, unique, éternel, infini, incompréhensible, existant par lui-même, dont le monde et tout ce qui le compose ne sont que des manifestations, engendre *Brahma* (masculin) qui est tour à tour le créateur et le destructeur de l'univers, et *Paramatmâ*, l'âme suprême en qui se trouvent les éléments de la sensibilité et de l'intelligence. Ce dogme paraît constituer une trinité plus ancienne que la *Trimourti*, et d'un caractère métaphysique beaucoup plus profond, mais aussi moins accessible aux intelligences vulgaires. On y retrouve en effet la substance infinie, Brahm, la toute-puissance active, Brahma, et la sensibilité infinie, Paramatmâ, et l'on ne peut s'empêcher de remarquer l'analogie de cette antique trinité indienne avec la trinité chrétienne telle qu'elle est conçue par Bossuet dans le fameux *Traité de la Connaissance de Dieu et de soi-même*. D'après le Code de Manou, l'univers, à l'origine des choses, était plongé dans l'obscurité, imperceptible et dépourvu de tout attribut distinctif, lorsque « Celui que l'esprit seul peut percevoir, qui échappe aux organes des sens, qui est sans parties visibles, éternel, l'âme de tous les êtres que nul ne peut comprendre, déploya sa propre splendeur. Ayant résolu dans sa pensée de faire émaner de sa substance les diverses créatures, il produisit d'abord les eaux, dans lesquelles il déposa un germe. Ce germe devint un œuf brillant comme l'or, aussi éclatant que l'astre aux mille rayons, et dans lequel l'être suprême naquit lui-même sous la forme de Brahma, l'aïeul de tous les êtres. C'est par ce qui est, par cette cause imperceptible, éternelle, qui existe réellement et n'existe pas pour les organes, qu'a été produit ce divin mâle célèbre dans le monde sous le nom de *Brahma*. Après avoir demeuré dans cet œuf une année de Brahma (laquelle équivaut à 3,110,400,000,000 d'années humaines), le Seigneur par sa seule pensée sépara cet œuf en deux parts, et, de ces deux parts, il forma le ciel et la terre ; au milieu il plaça l'atmosphère, les huit régions célestes, et le réservoir permanent des eaux. » Puis, lorsque Brahma, sorti de l'œuf, va créer les éléments qui formeront ensuite tous les êtres de l'univers, c'est de l'âme suprême, *Paramatma*, qu'il les exprime. Au reste, ce n'est pas Brahma lui-même qui crée directement les créatures. Ici il engendre d'abord Manou, qui les produit ensuite lui-même par une série d'émanations. Parmi ces créatures, on remarque une foule de dieux, de demi-dieux, de génies, de démons, de nymphes, de monstres, etc., bref, tous les éléments de la mythologie la plus fantastique.

C'est dans les Pouranas surtout que se trouve développée cette mythologie exubérante qui distingue le br. Ici Brahma ne joue presque aucun rôle ; il est relégué dans la solitude, tandis que Vischnou et Siva, par un changement inexplicable, apparaissent au premier rang et non seulement prennent place à ses côtés, comme ses égaux, mais encore se montrent souvent supérieurs à lui. Les attributs de chacun des dieux qui composent la Trimourti indienne se classent ainsi : BRAHMA, *soleil, créateur, puissance, passé, matière;* VISCHNOU, *eau, conservateur, sagesse, présent, espace;* SIVA, *feu, destructeur, justice, avenir, temps.* Brahma, Vichnou et Siva constituent, dans leur trinité indissoluble, l'être suprême ou *Parabrahma*, qui est emblématiquement représenté par un cercle inscrit dans un triangle, tandis que l'écriture le désigne par la syllabe mystérieuse AUM, par laquelle on doit commencer et finir toutes les écritures des livres sacrés. Cette unité de la Trimourti est énergiquement exprimée dans ce passage du *Bhagavat-Pourana.* Un patriarche s'adresse à Brahma, à Vischnou et à Siva, et il leur demande lequel des trois est le véritable Dieu. Les trois divinités lui répondent : « Apprenez, ô pénitent, qu'il n'y a point de distinction réelle entre nous ; ce qui vous semble tel n'est qu'apparent. L'être unique paraît sous trois formes par les actes de création, de conservation et de destruction ; mais il est un. Adresser son culte à l'une de ces trois formes, c'est l'adresser aux trois, ou au seul Dieu suprême. »

On ne trouve dans l'Inde aucun temple dédié à Brahma ; son culte et son nom même sont aujourd'hui laissés dans un complet oubli. Les Hindous actuels n'honorent plus que Vischnou et Siva : de là, trois sectes, on pourrait presque dire trois religions différentes et ennemies, suivant qu'elles adorent également les trois divinités où l'une d'elles exclusivement. Chaque secte exalte le dieu qu'elle honore, et s'applique à abaisser celui de la secte opposée. Il convient cependant d'ajouter que la majeure partie des Indiens, et surtout les Brahmanes, ne prennent aucune part à ces querelles religieuses. Le système de ces derniers est d'honorer également les deux principales divinités du pays, et quoique, en général, ils paraissent pencher pour Vischnou, ils ne laissent pas de passer un jour sans offrir dans leurs maisons un sacrifice au lingam, l'emblème de Siva.

Le culte de Vischnou et celui de Siva paraissent se partager également la population hindoue : cette division existait déjà au VIIIᵉ ou au IXᵉ siècle. Au reste la confusion produite dans l'esprit des populations par la multiplicité des divinités mâles et femelles du panthéon hindou, et par celle des légendes qui s'y rapportent, a déterminé la formation d'une foule de sectes, qui choisissent parmi tous ces dieux un objet d'adoration spécial ou même presque exclusif. — Des deux cultes principaux de l'Inde, le plus humain et sans contredit celui de Vischnou. En effet, ce dieu n'est pas seulement la divinité qui conserve, il est encore le rédempteur de l'humanité et de l'univers. D'après le système théogonique et cosmogonique du br., il y a, pour le monde, des époques de destruction et de renouvellement ; à ces époques, qui, dans le passé, sont au nombre de neuf, il faut l'intervention d'un dieu pour sauver l'univers : or, le monde a dû son salut à Vischnou, qui s'est incarné autant de fois en descendant sur la terre. Parmi ces incarnations ou *Avatars* de Vischnou la plus célèbre est celle où il se manifesta sous la forme de *Krischna.* Le Bhagavat-Pourana et le Mahabharata sont presque entièrement consacrés à célébrer ces hauts faits : cet avatar est le huitième dans l'ordre des temps. La dixième et dernière incarnation de Vischnou aura lieu à la fin de l'âge présent. Il fera son apparition monté sur un cheval blanc, et armé d'un cimeterre étincelant pour la punition éternelle des méchants. — Quant à Siva, ses sectateurs l'adorent tantôt comme le principe de la génération, tantôt comme le principe de la destruction, sous l'aspect d'un dieu terrible et menaçant. Il en est de même de *Bhovani*, sa femme et sa sœur, qui est aussi honorée sous la forme de *Kâli*, déesse des enfers. On

sait que cette épouvantable secte des *Thugs* ou étrangleurs, qui, vers le milieu du XIXᵉ siècle, a jeté la terreur dans l'Inde entière, prétendait être agréable à cette affreuse divinité, en diminuant autant que possible le nombre des vivants.

Malgré toutes les diversités que l'on observe, soit dans les croyances, soit dans les cultes de l'Inde, toutes les sectes s'accordent sur deux points, qui peuvent être considérés comme constituant le caractère essentiel et distinctif du br. : ce sont l'institution des *castes* et le dogme de la *transmigration.* — La distinction des castes est d'origine divine. « Pour la propagation de la race humaine, dit le Code de Manou, Brahma produisit de sa bouche, de son bras, de sa cuisse et de son pied : le *Brahmane* (prêtre), le *Kchatriya* (guerrier), le *Vaisiya* (laboureur, commerçant), et le *Soudra* (serf, prolétaire). Pour la conservation de cette création, l'Être souverainement glorieux assigna des occupations différentes à chacun de ceux qu'il avait ainsi produits : il donna en partage aux Brahmanes l'étude et l'enseignement des Védas, l'accomplissement du sacrifice, la direction des sacrifices offerts par d'autres, le droit de donner et celui de recevoir. Il imposa pour devoirs au Kchatriya de protéger le peuple, d'exercer la charité, de sacrifier, de lire les livres sacrés et de ne pas s'abandonner aux plaisirs des sens. Soigner les bestiaux, donner l'aumône, sacrifier, étudier les livres saints, faire le commerce, prêter à intérêt, labourer la terre, sont les fonctions allouées au Vaisiya. Mais le souverain maître n'assigna au Soudra qu'un seul office, celui de servir les classes précédentes, sans déprécier leur mérite... Le Brahmane, en venant au monde, est placé au premier rang sur cette terre ; souverain seigneur de tous les êtres, il doit veiller à la conservation du trésor des lois. Tout ce que le monde renferme est la propriété du Brahmane ; par sa primogéniture et par sa naissance, il a droit à tout ce qui existe. » Le livre de Manou est principalement consacré à établir les droits et les devoirs des trois premières castes ; mais ce sont surtout les privilèges des Brahmanes qui sont l'objet de la préoccupation de l'auteur. « Le Kchatriya ou le Vaisiya, dit-il, qui se précipite sur un Brahmane dans l'intention de le frapper, mais qui ne le frappe pas, est condamné à tourner pendant cent années dans l'enfer appelé *Tâmisra.* Pour l'avoir, par colère et à dessein, frappé rien qu'avec un brin d'herbe, il doit renaître, pendant vingt et une transmigrations, dans le ventre d'un animal ignoble. Autant le sang du Brahmane, en tombant à terre, absorbe de grains de poussière, autant d'années celui qui a fait couler ce sang sera dévoré par des animaux carnassiers dans l'autre monde... Que le roi se garde bien de tuer un Brahmane, quand même il aurait commis tous les crimes possibles ; qu'il le bannisse du royaume en lui laissant tous ses biens, et sans lui faire le moindre mal... Il n'y a pas, dans le monde, de plus grande iniquité que le meurtre d'un Brahmane ; c'est pourquoi le roi ne doit pas même concevoir l'idée de mettre à mort un Brahmane. » — Quant aux Soudras, ils n'ont aucun droit, pas même celui de lire les livres saints et de sacrifier. « Une obéissance aveugle aux ordres des Brahmanes versés dans la connaissance des livres saints, maîtres de maison et renommés pour leurs vertus, est le principal devoir d'un Soudra, et lui procure le bonheur après sa mort..... Que le Brahmane ne donne à un Soudra ni un conseil ni les restes de son repas, à moins qu'il ne soit son domestique ; il ne doit pas lui enseigner la loi ni aucune pratique de dévotion expiatoire ; celui qui déclare la loi à un homme de la classe servile, ou qui lui fait connaître une pratique expiatoire, est précipité avec lui dans le séjour ténébreux appelé *Asamerita.* — Un Soudra ne doit pas amasser des richesses superflues, même lorsqu'il en a le pouvoir ; car un Soudra, lorsqu'il a acquis de la fortune, vexe les Brahmanes par son insolence... Un Soudra, bien qu'affranchi par son maître, n'est pas délivré de l'état de servitude ; car cet état lui étant naturel, qui pourrait l'en exempter ?... Un Brahmane, s'il est dans le besoin, peut, en toute sûreté de conscience, s'approprier le bien d'un Soudra. »

Le dogme de la *transmigration des âmes* ou de la *Métempsycose* est la sanction de la loi religieuse. Les maux qui affligent l'homme sont la punition ou plutôt la conséquence inévitable de ses péchés. Chaque acte, chaque pensée porte inévitablement son fruit bon ou mauvais ; la vie actuelle est le résultat des vies antérieures, et les conditions différentes des hommes dépendent de leur conduite dans leurs existences précédentes. Cependant, l'homme, après une plus ou moins longue série de transmigrations, peut arriver à un tel degré de perfection qu'il est absorbé dans le sein de Brahma, et dispensé de revenir sur cette terre d'épreuves. « L'homme, dit encore le Manava-Dharma-Sastra, qui accomplit fréquemment des actes religieux intéressés, parvient au rang des dieux ;

mais celui qui accomplit souvent des œuvres pieuses désintéressées, se dépouille pour toujours des cinq éléments, et obtient la délivrance des liens du corps. Voyant également l'âme suprême dans tous les êtres, et tous les êtres dans l'âme suprême, en offrant son âme il s'identifie avec l'être qui brille de son propre éclat... Les âmes douées de la qualité de bonté acquièrent la nature divine ; celles que domine la passion, ont, en partage, la condition humaine ; les âmes plongées dans l'obscurité sont ravalées à l'état des animaux : telles sont les trois principales sortes de *transmigrations*. Si l'âme s'est adonnée fréquemment au mal et rarement au bien, dépouillée après la mort de son corps tiré des cinq éléments et revêtue d'un autre corps formé des particules subtiles des éléments, elle est soumise aux tortures infligées par *Yama* (roi des enfers). » — Le dogme de la métempsycose découle tout naturellement du système brahmanique, qui attribue une importance capitale à la substance, et aucune aux accidents ou propriétés de cette substance : la substance de l'âme est conservée ; il importe peu qu'elle se manifeste sous l'accident homme, ou sous l'accident chien, poisson, etc. Ce dogme forme le couronnement nécessaire d'une doctrine religieuse fondée sur le panthéisme.

Mais cette conception de la métempsycose a produit elle-même des conséquences qu'il importe de signaler : d'abord le développement exagéré de la vie érémitique et contemplative, et l'oubli des œuvres pour les austérités et les formules expiatoires ; ensuite l'acceptation facile et sans indignation de toutes les iniquités sociales dont les victimes sont supposées subir une expiation légitime. Sur le premier point, l'Hindou pense qu'au moyen d'austérités, de sacrifices volontaires et d'expiation anticipée, il pourra éviter les transmigrations pénibles, conséquence de ses péchés. « Les grands criminels, dit Manou, et tous les autres hommes coupables de diverses fautes, sont déchargés de leurs péchés par des austérités pratiquées avec exactitude. Les âmes qui animent les vers, les serpents, les sauterelles, les animaux, les oiseaux et même les végétaux, parviennent au ciel par le pouvoir de la dévotion austère. La lettre A, la lettre U, la lettre M, ont été exprimées des trois livres saints par le Seigneur des créatures. En récitant, à voix basse, matin et soir, le monosyllabe *aum*, et cette prière précédée des trois mots *Bhour, Bhouvah, Swar*, tout Brahmane qui connaît parfaitement les livres sacrés obtient la sainteté que le Véda procure. Celui qui, pendant trois années, répète tous les jours cette prière, sans y manquer, ira retrouver la divinité suprême, aussi léger que le vent, revêtu d'une forme immortelle », etc. — Les pénitences volontaires que s'imposent parfois les anachorètes hindous, appelés *Djoguis* et *Sannyasis*, selon la classe à laquelle ils appartiennent, ont de tout temps étonné les voyageurs. Plusieurs d'entre elles sont énumérées dans le Code de Manou : « Que l'anachorète se roule sur la terre ou qu'il se tienne sur la pointe des pieds durant toute la journée ; que, dans les chaleurs de l'été, il s'entoure de cinq feux ; que, dans la saison des pluies, il s'expose sans abri aux nuages ; que, dans la saison froide, il porte des vêtements humides, et qu'il augmente graduellement la rigueur de ses pénitences ; qu'il s'inflige des mortifications plus dures en plus terribles, et qu'il dessèche ainsi son enveloppe corporelle... Qu'il marche tout droit devant lui vers la région septentrionale, ne vivant que d'air et d'eau, jusqu'à ce que son corps tombe en poussière. » Ces mortifications, comme on le voit, vont jusqu'au suicide, et les préceptes de Manou ont été pris à la lettre. C'est ainsi qu'à la fête si célèbre de Djaggernath, des dévots hindous se font écraser sous les roues du char qui porte l'idole du dieu ; c'est ainsi encore qu'à la fête solennelle qui se célèbre tous les ans près de Calabhairava, ils se précipitent du haut d'un rocher. Dans les temps anciens, se brûler vif paraît avoir été une pénitence assez usitée. Les philosophes indiens Calanus et Sarmanochagas, qui, au rapport des historiens grecs, se brûlèrent, le premier à Palargade, en présence d'Alexandre, et le second à Athènes, en sont des exemples. C'est surtout sur le rapport de la morale sociale que le dogme de la métempsycose a produit ses plus fâcheux effets. Sans doute les livres sacrés défendent, comme toutes les législations possibles, le meurtre, le vol, l'adultère, etc. ; sans doute, ils contiennent d'admirables prescriptions relatives à la charité, à l'aumône, à l'hospitalité ; mais ces prescriptions sont radicalement viciées par l'institution religieuse des castes. On a vu, dans les passages que nous avons cités à propos des brahmanes, à quelles iniquités devait conduire un pareil système ; on conçoit comment le système religieux de voir un criminel dans tout malheureux, et un personnage vertueux dans tout homme heureux, devait fausser les bases mêmes de

la morale et exciter l'orgueil et les mauvaises passions des puissants. Ce caractère tyrannique du brahmanisme à l'égard des humbles explique la révolution opérée par Bouddha, et le développement considérable qu'a pris la nouvelle religion. Cependant le bouddhisme ne parvint pas à supplanter le br. dans l'Hindoustan proprement dit.

On a beaucoup exagéré le chiffre des sectateurs du Brahmanisme : il ne saurait guère dépasser 60 millions, car cette religion ne s'étend pas hors de l'Hindoustan, et cette vaste région est encore habitée par plusieurs millions d'individus qui professent le Mahométisme, ou le Bouddhisme, ou le Nanékisme. — Voy. Caste, Sutti, Bouddhisme, Saïvisme, etc.

BRAHMAPOUTRE, grand fleuve de l'Asie (Hindoustan), se jette dans le golfe du Bengale, 2,600 kil.

BRAHME ou **BRAME**. s. m. Syn. de *Brahmane*. Voy. ce mot.

BRAHMISTE. s. m. Qui suit le culte de Brahma.

BRAI. s. m. (vx fr. *brai*, fange). Suc résineux qu'on tire du pin et du sapin, produit plus grossier que la térébenthine. Voy. Térébenthine. || T. Comm. Escourgeon, orge broyée pour faire de la bière. || Piège pour les petits oiseaux. || T. Techn. Produit combustible provenant ordinairement du résidu d'une distillation. On distingue : 1° le *b. gras naturel* retiré de l'asphalte ; 2° le *b. gras artificiel*, mélange de goudron, de b. sec et de poix grasse ; 3° le *b. sec*, résidu de la distillation de la térébenthine ou du galipot ; 4° le *b. liquide*, résidu de la distillation de la houille.

BRAIDISME. s. m. (R. *Braid*, nom d'un médecin anglais). Syn. d'*Hypnotisme*. Voy. ce mot.

BRAIE. s. f. (celt. *braca*, m. s.). Au pl., se disait autrefois d'une espèce de haut-de-chausses, de pantalon, de culotte. — Fig. et prov., *il en est sorti les braies nettes*, se dit d'un homme qui s'est tiré heureusement d'une mauvaise affaire. || Au sing., Linge dont on enveloppe le derrière des enfants. *Il faut changer cet enfant de b.* On dit aujourd'hui *lange* ou *couche*. || Se dit de l'entre-fesses de la vache. || T. Mar. Morceau de toile épaisse et goudronnée que l'on cloue à certaines ouvertures d'un navire pour empêcher l'eau d'y entrer. || T. Pêc. Filet disposé en entonnoir au bord de la mer. || T. Techn. Instrument avec lequel le cirier ébauche la cire. || Traverse de bois que l'on met sur le paillet d'un moulin à vent pour soulager les meules. || T. Typogr. Feuille de papier fort qui fait l'office de frisquette dans le tirage des épreuves.

Hist. — Les *Braies* faisaient partie du vêtement de tous les peuples qui entouraient les Grecs et les Romains, de l'Inde à l'océan Atlantique. Aristagoras, roi de Milet, dans son en-

trevue avec Cléomènes, roi de Sparte, décrit dans les termes suivants le costume d'une grande partie de ces peuples : « Ils portent des arcs et une courte pique, et ils vont au combat vêtus de *braies*, avec un chapeau sur la tête. » De là, aussi, la locution latine *Braccati militis arcus* (l'arc du soldat en braies), qui signifiait que les soldats qui portaient ce vêtement étaient en général armés d'arcs. Les auteurs mentionnent spécialement plusieurs peuples de l'antiquité comme étant dans l'usage de porter des pantalons : ce sont : 1° les Mèdes et les Perses ; 2° les Parthes et les Arméniens ; 3° les Phrygiens ;

1° les Saces; 5° les Sarmates; 6° les Daces et les Gètes, 7° les Teutons; 8° les Francs; 9° les Belges, 10° les Gaulois et les Bretons. Strabon dit, en parlant des Gaulois : « Ils portent des caleçons qu'ils appellent βράκκις. » — Le terme gaulois *Brak*, conservé dans ce passage, subsiste dans l'écossais *Breeks*, dans l'anglais *Breeches*, et dans le vieux français *Braies*. Toutes les langues du Nord ont des termes analogues a ces mots. Les pantalons des Cosaques et des Persans de nos jours ne diffèrent matériellement en rien de ceux qu'on portait de toute antiquité dans les mêmes pays. — En continuation des témoignages des auteurs, les monuments où se trouvent représentés des personnages appartenant aux nations qui viennent d'être énumérées, nous les montrent vêtus de braies, ce qui les distingue clairement des Grecs et des Romains. La Fig. représente un groupe de Sarmates d'après les bas-reliefs de la colonne de Trajan. — Les braies des peuples de l'Orient et du Nord étaient très larges; Euripide les décrit assez exactement, bien qu'il les tourne en dérision, en les nommant des *Saces bariolés*. Celles des Bas-Bretons actuels ont conservé toute leur ampleur. Aux yeux des Grecs, ce genre de vêtement paraissait singulièrement ridicule; cependant, au témoignage d'Ovide, les braies avaient été adoptées par les habitants de quelques colonies grecques des bords du Pont-Euxin.

Les braies étaient habituellement d'étoffe de laine. Agathias nous apprend qu'en Europe on en faisait aussi de toile de lin et de peaux tannées. Chez les peuples asiatiques, elles étaient vraisemblablement de coton et de soie. Quelquefois, selon le témoignage d'Euripide, de Valérius Flaccus et de Properce, les braies étaient rayées et ornées de bandes de diverses couleurs, ou même de broderies. Sous les empereurs, l'usage des braies s'introduisit peu à peu à Rome même. Sévère en portait et en distribua à ses soldats à titre de gratification. Plus tard, Honorius en restreignit l'usage.

BRAIL. s. m. [Pr. *brall*, *ll* mouillées]. Piège pour prendre les oiseaux. Syn. de *Brai*. Voy. ce mot.

BRAÏLA. v. de Roumanie, sur le Danube, 23,000 hab.

BRAILLARD, ARDE. adj. [Pr. *bra-llard*, *ll* mouillées] (R. *brailler*). Qui parle beaucoup, fort haut et mal à propos. *C'est l'homme le plus b. que je connaisse.* || S'emploie ordinairement comme subst. *Quel b.! C'est un grand b.* Fam.

BRAILLE. s. f. [Pr. *bra-lle*, *ll* mouillées]. T. Pêc. Pelle de bois à l'usage du saleur de harengs. || T. Agric. Balle du blé séparée du grain.

BRAILLE (Louis), professeur français aveugle, inventa l'alphabet en relief pour les aveugles (1809-1852).

BRAILLER, v. n. [Pr. *bra-ller*, *ll* mouillées] (R. *braire* qui dans le vx fr. sign. *crier*, avec le suffixe péjoratif *aille*, comme *criailler* de *crier*). Parler très haut, beaucoup et mal à propos. *Cet homme ne fait que b.* | Crier d'une manière importune ou ridicule. *Ce n'est pas là chanter, c'est b.*

BRAILLEUR, EUSE. adj. [Pr. *bra-lleur*, *ll* mouillées] Qui braille, qui ne fait que brailler. *Cette petite fille est bien brailleuse.* || S'emploie le plus souvent comme subst. *C'est un b., une brailleuse.* Fam.

BRAIMENT. s. m. (R. *braire*). Cri de l'âne.

BRAIRE. v. n. (coll. *bragain*, crier). Se dit d'un âne qui crie. *L'âne se mit à b.* || Fig. et fam.) *Cet homme ne chante pas, il brait.*

Obs. gram. — Ce verbe ne s'emploie guère qu'au présent de l'infinitif *Braire*, ainsi qu'aux troisièmes personnes du présent, du futur et du conditionnel de l'indicatif : *Il brait, ils braient; Il braira, ils brairont; Il brairait, ils brairaient.*

BRAISE. s. f. (gr. βράξειν, être chaud, ou all. *brasen*, être ardent) Bois réduit en charbons ardents. *Ce bois fait beaucoup de b. Des marrons cuits sous la b.* — Fig. et prov., *Il a passé là-dessus comme chat sur b.*, se dit de quelqu'un qui, dans un discours ou dans un écrit, passe légèrement sur un article qu'il ne veut pas trop approfondir. || Le menu charbon que les boulangers retirent de leur four, et qu'ils éteignent ensuite pour le vendre. *Acheter de la b. chez un boulanger. Grosse, menue b.* || En argot, syn. d'argent.

BRAISER. v. a. (R. *braise*). T. Cuis. Faire cuire de la viande dans une braisière. = BRAISÉ, ÉE. part. *Un gigot b.*

BRAISIER. s. m. Huche dans laquelle les boulangers mettent leur braise quand elle est étouffée.

BRAISIÈRE. s. f. T. Cuis. Vaisseau dans lequel on fait cuire à la braise différents mets. || Étouffoir dont les boulangers se servent pour éteindre la braise tirée du four.

BRAISINE. s. f. (all. *brasen*, être ardent). Mélange d'argile et de crottin de cheval pour tremper l'acier.

BRAISNE, ch.-l. de c. (Aisne), arrondissement de Soissons, 1,500 hab.

BRAMANTE (le), architecte italien (1444-1514). Il construisit une partie du palais du Vatican et commença l'église Saint-Pierre de Rome, qui fut terminée par Michel-Ange.

BRAME ou **BRAMINE.** s. m. Différents noms des *Brahmanes*. Voy. ce mot. || T. Métall. Masse de fer préparée pour faire de la tôle.

BRAMÉE. s. f. (R. *bramer*). Cri du cerf.

BRAMEMENT. s. m. Action de bramer.

BRAMER. v. n. (d'un rad. commun aux langues aryennes : gr. βρέμειν, mugir; all. *bremen*, m. s.). Crier. Ne se dit que du cerf. *Le cerf brame quand il est en rut.*

BRAN. s. m. (mot celtique). Matière fécale. Pop. et bas. — *B. de son*, Partie du son la plus grossière. *B. de scie*, Poudre du bois que l'on scie. Vx. || S'emploie popul. et bassement pour marquer du mépris. *B. de lui. B. de vos promesses.* Vx.

BRANCADES. s. f. pl. (R. *branche*). Nom qu'on donnait aux chaînes des forçats.

BRANCARD. s. m. (R. *branche*). Espèce de civière à bras et à pieds sur laquelle on transporte un malade couché, ou des meubles, des objets fragiles, etc. *Il fut porté à l'hôpital sur un b.* || Se dit des deux pièces de bois qui se prolongent en avant d'une charrette, et entre lesquelles est placé le cheval. *Mettre le cheval au b. Cheval de b.* || Se dit des deux pièces de bois ou de fer qui, dans les voitures à limon et à quatre roues, réunissent le train de derrière et celui de devant. *Le b. de cette voiture est rompu.* — On dit quelquefois *Brancards* au plur. *L'un des brancards de ma berline est cassé.*

BRANCARDER. v. n. Faire l'office de brancardier d'ambulance.

BRANCARDIER. s. m. Homme de peine portant un brancard. || Cheval qu'on met entre les brancards d'une chaise de poste. || T. Art milit. Hommes pris dans chaque compagnie d'infanterie pour relever les blessés sur le champ de bataille et les transporter à l'ambulance.

BRANCAS, famille originaire d'Italie, fixée en France sous Charles VII, et à laquelle ont appartenu l'amiral de VILLARS-BRANCAS, contemporain de Henri IV, et le maréchal LOUIS DE BRANCAS, qui, sous Louis XIV, se distingua dans les ambassades.

BRANCHAGE. s. m. (R. *branche*). L'ensemble des branches d'un arbre. *Il faut élaguer tout ce b.*

BRANCHE. s. f. (lat. *brachium*, bras). Bois que pousse le tronc d'un arbre, d'un arbrisseau, d'un arbuste, et qui s'allonge comme une sorte de bras. *Grosse b. Cet arbre pousse ses branches toutes droites. L'oiseau sautait de b. en b.* — Fig. et prov., *Sauter de b. en b.*, Passer brusquement d'un sujet à un autre, ou ne s'arrêtant à aucun, et en les traitant tous superficiellement. — Fig. et fam., *Se prendre, s'attacher aux branches*, S'attacher aux circonstances inutiles d'un sujet et négliger le fond. Peu us. — *S'accrocher à toutes les branches*, Se servir de tous les moyens, pour se tirer d'embarras, de danger. — *Il vaut mieux s'attacher au gros de l'arbre qu'aux branches*, Il vaut mieux s'attacher à l'autorité supérieure qu'à l'autorité subalterne. — Prov., *Être comme l'oiseau sur la b.*, Être dans un état incertain, ne savoir ce qu'on veut faire, ce qu'on deviendra. || Se dit de diverses choses qui ont avec les branches des arbres un certain rapport de forme et de position. — *Les branches du bois d'un cerf*, Les deux parties du bois d'un cerf. — *Chandelier à plusieurs branches*, Chandelier dont la tige se divise en plusieurs rameaux destinés à porter chacun une bougie. — *Les deux branches d'un mors*, Les deux branches de fer qui tiennent au mors du cheval, et où la bride est attachée. V. Bride. — *Lunettes à branches*, Lunettes qu'on fixe devant les yeux au moyen de deux petites branches de métal, d'écaille fondue, etc., qui s'appliquent le long des tempes. — *Les branches d'un compas*, Les deux pièces qui forment un compas, et qu'on peut écarter ou rapprocher à volonté, etc. || T. Anat. *Les branches d'une artère, d'une veine, d'un nerf*, Les petites artères, les petites veines, les petits nerfs, qui tiennent, qui aboutissent aux grosses artères, aux grands nerfs. *Les branches qui sortent du tronc de la veine cave.* On dit aussi, *Les branches de la moelle allongée, les branches du pubis*, etc. || T. Géog. *Les branches d'un fleuve*, Les rivières moins considérables qui s'y jettent. *La Marne est une b. de la Seine.* || T. Mines. *Les branches d'une mine d'or, d'argent*, etc., Les petits filons qui partent du filon principal. || T. Art mil. *B. de tranchée*, Boyau d'une tranchée. || T. Généal. Se dit des familles différentes qui sortent d'un ascendant commun. *La b. aînée. La b. cadette. La b. de Bourbon.* || Fig., se dit encore des différentes parties ou divisions de certaines choses. *Une b. de commerce. Une nouvelle b. d'industrie. Une b. d'exportation. Les branches d'une science*, etc. == Voy. Ramification.

BRANCHEMENT. s. m. (R. *brancher*). Division en branches suivant les besoins, pour les tuyaux d'eau, de gaz, etc.

BRANCHER. v. a. (R. *branche*). Pendre, attacher à une branche d'arbre. Inus. Autrefois se disait fam. en parlant d'un voleur, etc., que l'on pendait aux branches d'un arbre. *On brancha notre maraudeur au premier arbre venu.* || Diviser en branches en parlant d'une famille. == Brancher. v. n. T. Chasse. Se dit des oiseaux qui se perchent sur les branches d'arbre. *Le faisan et le coq de bruyère branchent.* == Branché, ée. part. Se dit proprement d'un oiseau perché sur une branche. *Un faisan branché.* — Fig. et fam., *Un mousse branché sur une vergue.*

BRANCHETTE. s. f. (Dimin.). Petite branche.

BRANCHE-URSINE ou **BRANC-URSINE.** s. f. (prov. et esp. *branca ursina*, branche d'ours). T. Bot. Nom vulgaire de plusieurs espèces d'Acanthes et de la berce. Voy. Acanthacées et Ombellifères. == Pl. *Des Branches-ursines* ou *des Branc-ursines.*

BRANCHIAL, ALE. adj. [Pr. *bran-chi-al*]. T. Anat. Qui a rapport aux branchies. *Appareil b. Artère branchiale.*

BRANCHIER. adj. m. (R. *branche*). T. Fauconn. Ne se dit que dans cette loc., *Oiseau b.*, Oiseau qui ne peut encore que voler de branche en branche.

BRANCHIES. s. f. pl. [Pr. *branchi*] (gr. βράγχια, m. s.). T. Anat. Organes respiratoires des animaux qui vivent et respirent dans l'eau, en séparant, au moyen de cet appareil, l'air dissous dans le liquide. Voy. Poisson, Mollusque et Respiration.

BRANCHIOBDELLE. s. f. [Pr. *bran-chi-obdèle*] (gr. βράγχια, branchies; βδέλλα, sangsue). T. Zool. Genre de vers de la sous-classe des *Hirudinées*, caractérisés par un corps presque cylindrique quand il est étendu, composé d'un petit nombre de segments inégalement annelés; lobe céphalique divisé en deux, dépourvu d'yeux; une ventouse à l'extrémité postérieure. Pharynx sans trompe avec deux mâchoires aplaties situées l'une au-dessus de l'autre. Ces vers vivent pour la plupart en parasites en particulier sur l'écrevisse, se fixant à la base des antennes, sur la face inférieure de la queue, ou sur les branchies, ce qui leur a valu leur nom.

BRANCHIOPODES. s. m. [Pr. *bran-chi-opode*] (gr. βράγχια, branchies; πούς, ποδὸς, pied). T. Zool. Dans la classification de Milne Edwards, les *Branchiopodes* constituent la 4ᵉ division de la classe des *Crustacés;* mais de nos jours ils constituent l'un des sous-ordres de l'ordre des *Phyllopodes* parmi les *Entomostracés* par opposition avec les *Cladocères*, qui forment le second sous-ordre.

Lesh. sont les *Phyllopodes* de grande taille, à corps nettement segmenté, entourés, en général, par une carapace, tantôt aplatie et en forme de bouclier, tantôt bivalve et comprimée latéralement, munis de dix à quarante paires de rames foliacées et d'appendices branchiaux bien développés.

Ils comprennent une grande partie des crustacés d'eau douce.

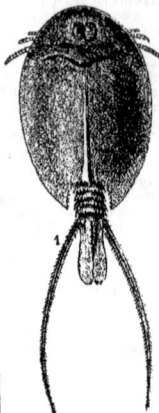

Fig. 1.

I. Les *B.* les mieux connus sont ceux des genres *Apus, Limnadie* et *Branchipe.* — La Fig. 1 représente un *Apus* allongé (*Apus productus*) vu en dessus, et la Fig. 2 le même animal grossi et vu en dessous [*a*, lèvre supérieure; *b*, chaperon; *cc*, antennes]. Ce petit crustacé, dont la longueur totale est de 5 centim., est bien caractérisé par sa carapace scutiforme, par le nombre de ses pattes-branchies (60 paires environ), et par les deux appendices sétiformes très allongés qu'il porte à sa partie postérieure; il habite les eaux douces de l'Europe centrale. — Le genre *Limnadie* se distingue par la forme cylindracée de son corps, ses anneaux au nombre de 20 à 30, et ses pattes au nombre de 18 à 27 paires. Les limnadies sont peu répandues. La *L. d'Hermann*, type du genre, a été découverte en 1819, par Ad. Brongniart, dans les flaques d'eau de la forêt de Fontainebleau. — Les crustacés du genre *Branchipe* ont le corps allongé, presque filiforme, et composé d'une tête, d'un thorax et d'un abdomen très déve-

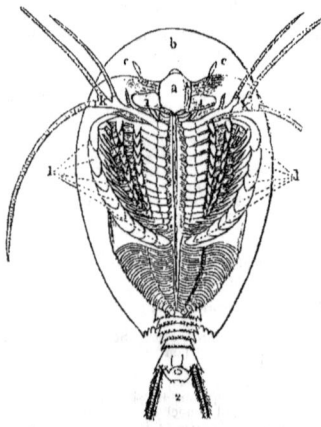

Fig. 2.

loppé. Les yeux sont grands et portés sur un pédoncule mobile. Entre la base des deux pédoncules se trouve un troisième œil sessile. Les antennes sont au nombre de 4. Ces animaux sont en général longs de 11 à 13 millim. La femelle fait plusieurs pontes de 100 à 400 œufs. Lorsque les flaques d'eau où ils vivent se dessèchent, dans les chaleurs de l'été, tous ces animaux périssent; mais leurs œufs durs et coriaces résistent à l'action de la chaleur ainsi qu'à celle des gelées. Dès les premières pluies, on voit reparaître des légions de branchipes. Ces petits crustacés sont du reste poursuivis par de nombreux ennemis, comme grenouilles, salamandres, dytiques, etc. Le B. commun (Branchipus stagnalis) est fort répandu chez nous, par ex. dans les mares de la forêt de Fontainebleau. On les voit, constamment renversés sur le dos, nager en agitant sans relâche leurs pattes.

BRANCHIOSAURUS. s. m. [Pr. bran-chi-o-sô-russ] (gr. βράγχια, branchies; σαύρα, lézard). T. Paléont. zool. A. Fritsch a désigné sous ce nom des Amphibiens Stégocéphales (V. ce mot), vertébrés que l'on trouve dans le permien de la Bohême et de la Saxe. Ces animaux avaient la forme de grandes salamandres, à tête large et arrondie, pourvues de dents lisses avec de grandes cavités intérieures. Le parasphénoïde est grêle en avant et se termine en arrière par une lamelle élargie en cuiller. Les pièces du bassin sont ossifiées; les côtes sont courtes, droites, la peau est couverte d'écailles.

BRANCHIOSTÈGE. adj. 2 g. [Pr. bran-chi-o-stèje] (gr. βράγχια; στέγω, je couvre). T. Anat. Qui recouvre les branchies. Voy. POISSON et RESPIRATION.

BRANCHIOSTOME. s. m. [Pr. bran-chi-o-stôme] (gr. βράγχια, branchies; στόμα, bouche). T. Anat. Ouverture par laquelle les branchies communiquent au dehors.

BRANCHIPE. s. m. [Pr. bran-chipe] (gr. βράγχια, branchies; πούς, pied). T. Zool. Genre de crustacés. Voy. BRANCHIOPODES.

BRANCHIS. s. m. ou **BRANCHITE.** s. f. (R. branche). T. Fauc. Billot sur lequel on fixe l'oiseau de proie que l'on veut élever.

BRANCHU, UE. adj. Qui a des branches, beaucoup de branches. Un arbre fort b.

BRAND. s. m. (vieil all. brant, tison). Au moyen âge, grosse épée qu'on maniait à deux mains.

BRANDADE. s. f. (prov. brandar, remuer). T. Cuisine. Mets fait avec de la morue émincée et cuite avec de la crème, des blancs d'œufs, de l'ail haché, de l'huile, etc. Morue en b.

BRANDE. s. f. (sans doute de l'all. brand, combustion, dans le sens de broussailles à brûler). Sorte de bruyère qui croît dans les campagnes incultes. C'est un pays de brandes. || Par extens., Lieu inculte où croissent des brandes. Parcourir une b. || T. Mar. Sorte d'artifice pour les brûlots.

BRANDEBOURG. s. m. (R. Brandebourg, pays). Sorte d'ornement de broderie ou de galon, que l'on met autour des boutonnières de certains habits. B. d'or, d'argent. Habit à brandebourgs. = BRANDEBOURG. s. f. Sorte de casaque à longues manches qui était à la mode du temps de Louis XIV.

BRANDEBOURG, province de Prusse, 2,300,000 hab. cap. Berlin. = V. de Prusse sur le Havel, 33,000 hab. == Nom des hab. : BRANDEBOURGEOIS, OISE.

BRANDEBOURG (MAISON DE), famille, qui remonte au Xᵉ siècle, d'où sont issus les rois de Prusse.

BRANDEVIN. s. m. (all. branntwein, vin brûlé, de brennen, brûler, et wein, vin). Eau-de-vie de vin. Peu us.

BRANDEVINIER, IÈRE. s. Celui, celle qui crie et qui vend du brandevin dans un camp, dans une garnison. Vx et inus. || Celui qui, dans les campagnes, va de maison en maison, avec son alambic, pour distiller le vin, le marc ou les fruits.

BRANDILLE. s. f. [Pr. les ll mouillées] (R. brandir). T. Charp. Se dit de trous faits dans les chevrons pour y mettre des chevilles.

BRANDILLEMENT. s. m. [Pr. les ll mouillées]. Mouvement qu'on se donne en se brandillant. Fam.

BRANDILLER. v. a. [Pr. les ll mouillées] (R. brandir). Mouvoir, agiter de çà et de là. B. la tête, les bras. Fam. — SE BRANDILLER. v. pron. Se mouvoir, s'agiter en l'air à l'aide d'une corde, d'une escarpolette, etc. Se b. sur une corde. Fam. == BRANDILLÉ, ÉE. part.

BRANDILLOIRE. s. f. [Pr. les ll mouillées]. Cordes ou branches entrelacées, ou autre chose de cette espèce, sur quoi l'on peut s'asseoir pour se brandiller. Inus. || T. Agric. Espèce de charrue sans avant-train.

BRANDIR. v. a. (vieil all. brant, tison enflammé). Secouer, agiter dans sa main une lance, un épieu, une épée, etc., comme si l'on se préparait à frapper. B. une pique, une épée, un bâton, etc. || T. Charp. Arrêter, affermir, au moyen d'une cheville, deux pièces de bois l'une contre l'autre, sans qu'elles soient entaillées. == BRANDI, IE. part. — Prov., Enlever un gros fardeau, un gros ballot tout b., L'enlever tout d'un coup. Enlever un homme tout b., L'enlever en l'état où on le trouve. Vx.

BRANDISITE. s. f. T. Minér. Silicate hydraté d'alumine et de magnésie renfermant de la chaux et du fer.

BRANDISSEUR. s. m. Celui qui brandit.

BRANDO, ch.-l. de c. (Corse), arr. de Bastia, 1,700 hab. Belle grotte.

BRANDON. s. m. (vieil all. brant, tison). Espèce de flambeau fait avec de la paille tortillée. Allumer des brandons. — Se dit aussi des corps enflammés qui s'élèvent d'un incendie. Le vent poussait des brandons qui portaient l'incendie de tous côtés. || S'emploie figur. dans le style élevé. Les brandons de la discorde. Ce pamphlet est un b. de guerre civile. || Le dimanche des brandons, Le premier dimanche de carême, ainsi nommé autrefois parce que, ce jour-là, le peuple allumait des feux, dansait à l'entour, et parcourait les villes et les campagnes en portant des brandons ou des tisons allumés. || La paille tortillée au bout d'un bâton qu'on plante aux extrémités d'un champ, pour indiquer que les fruits ont été saisis judiciairement : c'est de là qu'est venue l'expression de Saisie-brandon. Voy. SAISIE.

BRANDONNER. v. a. [Pr. brando-ner]. Planter des brandons aux extrémités d'un champ où l'on a fait une saisie de fruits. B. un champ.

BRANDT, chimiste suédois, découvre le phosphore en 1669.

BRANÉE. s. f. (R. bran). Boisson préparée avec du son, pour les porcs que l'on engraisse.

BRANLANT, ANTE. adj. Qui branle, qui penche tantôt d'un côté, tantôt de l'autre, qui n'est pas ferme dans sa position. Avoir les jambes branlantes. Une poutre branlante. || Fig. et prov., C'est un château b., se dit de quelqu'un ou de quelque chose de mal assuré, et qui paraît près de tomber. Ce vieillard est un château b.

BRANLE. s. m. (R. branler). Mouvement d'un corps qui oscille, et se porte tantôt d'un côté, tantôt de l'autre. Le b. d'une cloche. Mettre une cloche en b. Donner aux cloches tout le mouvement qu'elles peuvent avoir. || Fig., Première impulsion donnée à quelque chose. Suivre le b. général. — Fig. et fam., Se mettre en b., Commencer à entrer en mouvement pour faire quelque chose; commencer à être en action. Il commence à se mettre en b. — Donner le b. aux autres, mettre les autres en b., les mettre en train, en disposition d'agir. — Donner le b. aux affaires, Les mettre en mouvement, leur donner une impulsion plus ou moins forte. Dans ce sens, on dit quelquefois absol., Donner le b. || Espèce de danse où plusieurs personnes se tiennent par la main, et se mènent tour à tour. Grand b. Danser ou mener un b. — Prov., Être fou comme le b. gai, comme b. gai, Être d'une gaieté excessive. — Fig., Mener le b., Conduire une danse. Voy. MENER. || L'air sur lequel on danse un b. Jouer, chanter un b. || T. Mar. Hamac. Coucher dans un b. || T. Tech. Mâchoire d'étau. || T. Phys. Espace parcouru par un pendule dans une oscillation.

BRANLE-BAS. s. m. T. Mar. Le mot Branle-bas signifie littéralement Mettre bas les branles, c.-à-d. les hamacs; par extension il s'applique aux préparatifs qui ont lieu à bord d'un navire de guerre lorsqu'il se dispose au combat. Les matelots forment, sur le pont, avec leurs hamacs et leurs matelas, une sorte de rempart plus ou moins efficace contre les feux de mousqueterie. En même temps l'on enlève tous les objets encombrants; on supprime les cloisons inutiles qui géneraient la circulation; on ouvre les soutes à poudre; on apporte les munitions nécessaires aux canonniers qui disposent et chargent leurs pièces; on verse sur les ponts le sable destiné à boire le sang qui va couler, pendant que les chirurgiens, au fond de la cale, hors de l'atteinte des projectiles, dressent leur table d'opérations et garnissent les lits pour les blessés. En un mot, chacun se dispose pour la lutte qui va commencer, et se tient prêt à faire son devoir. Dans un vaisseau bien organisé, un br.-bas de combat s'opère en dix minutes.

BRANLEMENT. s. m. Mouvement de ce qui branle. *Le b. d'une cloche. B. de tête.*

BRANLER. v. a. (contr. de *brandeler*, le même que *brandiller*). Mouvoir, remuer, agiter, faire aller deçà et delà. *B. les bras, la tête.* — BRANLER, v. n. Être agité, osciller, pencher de côté et d'autre, faute de solidité. *Ce plancher branle. Les dents lui branlent.* — Prov., *Tout ce qui branle ne tombe pas.* — *B. un manche,* dans le manche, se dit d'un outil qui n'est pas solidement emmanché; et Fig. sign., N'être pas ferme dans le parti qu'on a embrassé, dans la résolution qu'on a prise, ou être menacé de perdre sa fortune, sa place, la faveur dont on jouit, ou bien être en danger de mourir. *Son état est bien douteux, il branle dans le manche.* | Se remuer, se mouvoir. *Ne branlez pas de là,* Demeurez là où vous êtes, ne bougez pas de là. — Fam., *Il ne branle pas plus qu'une bastille,* se dit d'un homme qui ne bouge pas de sa place, quoiqu'on l'appelle. — Fig. et fam., *Ces enfants n'osent branler devant leur père,* Ils sont dans une crainte, dans une contrainte continuelle devant lui. Vx. — BRANLÉ, ÉE, part.

BRANLETTE. s. f. (R. *branler*). T. Pêc. La seconde des trois pièces d'une ligne.

BRANLOIRE. s. f. (R. *branler*). Pièce de bois posée en travers et en équilibre sur un point d'appui un peu élevé, et aux extrémités de laquelle deux personnes se balancent en faisant tour à tour le contre-poids. | T. Tech. Levier garni d'une chaîne de fer, qui sert à mouvoir le soufflet d'une forge.

BRANTÔME, ch.-l. de c. (Dordogne), arr. de Périgueux, 2,400 hab.

BRANTÔME (PIERRE DE BOURDEILLES, abbé et seigneur de), écrivain français, auteur de la *Vie des grands Capitaines* et des *Dames galantes* (1527-1614).

BRAQUE. s. 2 g. (vieil all. *bracho,* chien de chasse). Espèce de chien de chasse. *Un b. Une b. Ce b. arrête bien.* — Prov., *Étourdi comme un b.* | Fig. et fam., *C'est un b., un vrai b.,* C'est un jeune homme très étourdi.

BRAQUEMART. s. m. (d'un rad. *brac,* coupé, court, qu'on retrouve dans *braquer,* chien à poil ras, et dans le gr. βραχύς, court; et d'un autre, *mart* ou *mar,* frapper, tuer, qu'on retrouve dans *marteau,* dans le gr. μάρμαρος, épée, et dans l'espagnol *matar,* tuer). Sabre à la lame courte et recourbée. Voy. ÉPÉE.

BRAQUEMENT. s. m. Action de braquer. *Le b. d'un canon.* Inus.

BRAQUER. v. a. (origine inconnue, peut-être de *brac,* régime de son b.). tendre le bras vers quelque chose?). Tourner, placer une pièce de canon dans une direction déterminée. *B. le canon contre les ennemis.* Par ext., se dit d'une lunette. *B. une lunette sur un point.* | Fig. et fam., *B. ses regards sur quelqu'un, sur quelque chose,* Tenir ses regards arrêtés sur quelqu'un, etc. — BRAQUÉ, ÉE, part.

BRAQUES. s. f. pl. (lat. *brachium,* bras). Les pinces de l'écrevisse.

BRAQUET. s. m. Espèce de petits clous dont les paysans se servaient pour ferrer leurs souliers.

BRAS. s. m. (lat. *brachium,* le vx fr. disait *bras* au nominatif et *brac* au régime). Chez les mammifères, se dit des membres supérieurs ou thoraciques. En anat., on nomme proprement *Bras,* la partie du membre supérieur qui s'étend depuis l'épaule jusqu'au coude; celle qui va du coude au poignet se nomme *Avant-b.* — Les deux b. La force du b. Lever, étendre, plier le b. Couper, rompre le b. et jambes à quelqu'un. Avoir le b. en écharpe. Il perdit un b. à telle bataille. Porter un paquet sous le b. Lever un fardeau à b. tendu. Il mourut entre mes b. Qu'on vienne donc m'arracher de mes b. Marcher les b. pendants, les b. ballants. — Avoir les b. retroussés, Avoir les manches retroussées de manière à ce que les b. paraissent à nu. || Donner le b. à une femme, Accompagner une femme en tenant le bras de façon qu'elle puisse s'appuyer sur lui en marchant. Donner, offrir, tendre le b. à quelqu'un. Lui prêter le b. de façon qu'il s'appuie dessus et s'en aide, soit pour se relever s'il est tombé, soit pour marcher plus facilement. On dit dans un sens anal., Prendre le b. de quelqu'un. Se donner le b., se dit dans un sens de réciprocité, en parlant de deux personnes dont l'une a son b. passé dans celui de l'autre. Ils se promenaient en se donnant le b. || Fig. et fam., Avoir un b. de fer, Avoir le b. très fort, très vigoureux; exercer avec sûreté et rigueur un pouvoir dont on est revêtu. On dit dans le même sens, Avoir une main de fer. || Fig. et fam., Avoir les b. rompus, Avoir les bras fatigués par l'excès du travail. | Fig. et fam., Couper b. et jambes à quelqu'un, Le mettre dans l'impuissance d'agir, lui ôter les moyens d'arriver à son but; le décourager, le frapper d'étonnement et de stupeur; lui retrancher beaucoup de ses prétentions. De ce qu'il regarde comme ses droits. La perte de son protecteur lui a coupé b. et jambes. Cet arrêt nous a coupé b. et jambes. — On dit aussi, Les b. m'en tombent, pour exprimer une extrême surprise ou un profond découragement. — Fig., Tendre les b. à quelqu'un, L'assister, lui offrir du secours, son appui; s'il a des torts, être prêt à les lui pardonner. Dieu tend toujours au pécheur les b. de sa miséricorde. On dit dans ce sens, Ouvrir les b. à quelqu'un. — Se jeter dans les b., entre les b. de quelqu'un, Recourir à lui pour en avoir du secours, se mettre sous sa protection. Se voyant ainsi persécuté il se jeta entre les b. d'un tel. — Recevoir quelqu'un à b. ouverts, Le recevoir avec cordialité et avec joie. | Fig. et prov., Avoir quelqu'un sur les b., En être chargé ou embarrassé. Il a cinq enfants sur les b. — Avoir l'ennemi, une armée entière sur les b., Avoir à se défendre contre l'ennemi, contre une armée entière. — Avoir une affaire d'affaires sur les b., En être surchargé, accablé. — | Tirer quelqu'un d'entre les b. de la mort, Le guérir d'une maladie qui semblait mortelle. | Fig. et poétiq., Être dans les b. du sommeil, Dormir. || Fig., Arrêter, retenir le b. à quelqu'un, L'empêcher de punir, de se venger. | Fig. et prov., Si on lui en donne long comme le doigt, il en prend long comme le b., Il abuse de la liberté qu'on lui donne, de la permission qu'on lui accorde. — Traiter quelqu'un de Monseigneur, gros comme le b., Lui donner ce titre avec emphase, et le répéter fréquemment. || Bras signifie par ext., l'homme lui-même, considéré comme agissant, travaillant, ou capable d'agir et de travailler. Cette colonie manque de b. L'agriculture périt faute de b. — Fig. Être le b. droit de quelqu'un, Être son principal agent. Fig., se prend dans le sens de pouvoir, puissance, autorité. Le b. du Tout-Puissant. — Le b. séculier, L'autorité temporelle, par oppos. à l'autorité ecclésiastique. Livrer un hérétique au b. séculier. — Fam., Avoir le b. long, les b. longs, Avoir beaucoup de pouvoir, de crédit. Faire les grands b., Se vanter d'un pouvoir, d'un crédit qu'on n'a pas. Fig., se dit encore en parlant du courage guerrier, de la valeur militaire. Tout cède à l'effort de son b. La patrie a besoin de son b. || Bras, se dit de diverses choses qui ont avec les b. de l'homme une certaine analogie de forme ou un certain rapport de destination. Les b. d'une baleine, nageoires. — Espèce de chandelier qu'on attache à un mur. Des b. de cheminée. Il faudra relever ces b. — Siège à b., Siège aux deux côtés duquel il y a de quoi s'appuyer les b. Fauteuil à b. — Les b. d'une civière, d'un brancard, d'une brouette, etc., Les deux bâtons parallèles que l'on prend à la main quand on veut se servir de ces machines. || T. Méc. B. de levier, Partie du levier comprise entre le point d'appui et le point d'application de la force. Voy. LEVIER. || T. Mar., B. d'un aviron, Son manche. — b. d'une ancre, Les deux liges de l'ancre terminées par les lames triangulaires en pattes. Voy. ANCRE. — Les b. d'une vergue, Les cordages qui sont attachés aux extrémités des vergues, et qui servent à les faire tourner autour de leurs mâts. || T. Géog. B. de rivière, Chaque branche d'une rivière qui se sépare en deux, en trois, etc. En cet endroit le fleuve se dirige en plusieurs b. — B. de mer, La mer qui passe entre deux terres assez rapprochées l'une de l'autre; enfoncement de la mer étroit et profond dans une côte. Dans ce dernier sens, il est surtout usité chez les marins. ≈ A BRAS; A FORCE DE BRAS, loc. adv., usitées en parlant de travaux pour lesquels on n'emploie que la force musculaire de l'homme sans l'intermédiaire d'aucune machine. On monta les canons à b., à force de b. On dit dans un sens anal. Moulin à b., civière à b. ≈ A TOUR DE BRAS; A BRAS RAC-COURCI, loc. adv. De toute sa force. Frapper à tour de b. Il tomba sur lui à b. raccourci. ≈ A BRAS LE CORPS, loc. adv. Saisir, prendre, tenir, porter quelqu'un à b. le corps, Le saisir, le prendre, le tenir, le porter à l'aide d'un b., ou des deux bras passés autour du corps. ≈ BRAS DESSUS, BRAS DESSOUS, loc. adv. et fam. En se donnant le b. Ils se promenaient b. dessus, b. dessous. — Fig. Ils sont b. dessus, b. dessous, Il règne entre eux la plus grande intimité. S'embrasser b. dessus, b. dessous, S'embrasser l'un l'autre avec empressement et familiarité.

BRASAGE ou **BRASEMENT**. (R. braser). s. m. T. Tech. Opération qui consiste à réunir deux morceaux de métal à l'aide d'un métal intermédiaire plus fusible. Voy. BRASER.

BRASCASSAT, peintre animalier français (1804-1867).

BRASÉNIE. s. f. T. Bot. Genre de plantes de la famille des Nymphéacées. Voy. ce mot.

BRASER. v. a. (gr. βράζω, être ardent; ou all. brasen, braiser; ou vx fr. braser sign. Brûler). Joindre ensemble deux morceaux de fer, d'acier ou de cuivre à l'aide d'un métal intermédiaire plus fusible. B. un canon de fusil. ≈ BRASÉ, ÉE. part.

Techn. — Pour b., on rapproche les deux surfaces qu'on veut réunir après les avoir bien nettoyées; on lie les deux pièces au moyen d'un fil de fer et l'on entoure le tout d'un alliage fusible de cuivre et de zinc, ou de cuivre et d'argent, ou de cuivre et d'or, en interposant du borax. Puis on fait chauffer au feu de forge ou au chalumeau. Le borax fond et forme une sorte de vernis qui préserve les surfaces de l'oxydation et dissout les oxydes existants ou qui se forment pendant l'opération. L'alliage fond et forme un dépôt adhérent qui réunit les surfaces. — Le brasage diffère de la soudure en ce que celle-ci s'opère sans métal intermédiaire par la fusion superficielle des deux pièces. Le brasage est surtout employé pour le fer qui est très peu fusible.

BRASERO. s. m. (mot espagnol). Vase contenant des charbons allumés avec lequel on se chauffe en Espagne durant les grands froids.

BRASIDAS, général spartiate, remporta la victoire d'Amphipolis, où il fut tué, sur l'Athénien Cléon (422 av. J.-C.).

BRASIER. s. m. (R. braise). Feu de charbons ardents. B. ardent. || Espèce de grand bassin de métal dans lequel on met de la braise pour échauffer une chambre. || Fig., C'est un b. que son corps, se dit d'une personne qui a une fièvre ardente. — Sa tête est un b., Il s'échauffe jusqu'à l'exaltation. Fam.

BRASILLEMENT. s. m. [Pr. bra-zi-llemant, ll mouillées]. T. Mar. Effet de la mer qui brasille, qui réfléchit les rayons du soleil ou de la lune. Le b. dit aussi de l'éclat électrique ou phosphorescent des flots. Le b. des flots.

BRASILLER. v. a. [Pr. bra-zi-ller, ll mouillées] (R. braise). Faire griller quelque chose au feu de temps sur la braise. Ne se dit guère que dans cette phrase, b. des pêches. ≈ BRASILLER. v. n. T. Mar. Se dit de la mer lorsque les rayons du soleil ou de la lune la frappent obliquement, et qu'on voit à sa surface comme une traînée lumineuse et scintillante. La mer brasille. || Se dit aussi lorsque dans l'obscurité la trace d'un bâtiment ou d'un poisson est indiquée par une traînée phosphorescente. ≈ BRASILLÉ, ÉE. part. Des pêches brasillées.

BRASQUE. s. f. (ital. brasca), allumer. C'est un dérivé de braiser, brûler). T. Métall. Mélange d'argile humide et de charbon pilé dont on enduit la surface des creusets dans lesquels on réduit les minerais. || Enduit que l'on applique sur la coupelle employée pour le traitement du plomb argentifère.

|| Revêtement en matières réfractaires dont on garnit l'intérieur des fourneaux qui servent au traitement des métaux.

BRASQUER. v. a. T. Métall. Enduire de brasque la surface des creusets. B. des creusets. ≈ BRASQUÉ, ÉE. part.

BRASSAC, ch.-l. de c. (Tarn), arr. de Castres. 2.400 hab.

BRASSADE. s. f. T. Pêc. Filet dont les mailles ont plusieurs pouces d'ouverture et dont on fait la manche du boulier.

BRASSADELLE. s. f. Embouchoir du fusil de munition.

BRASSAGE. s. m. (R. brasser). Droit que l'on paye pour les frais de fabrication des monnaies. || Action de brasser, de remuer. || Opération qui consiste à agiter le malt dans l'eau, dans la fabrication de la bière. || T. Mar. Action de brasser les vergues.

BRASSARD. s. m. (R. bras). La partie de l'armure qui couvrait le bras d'un homme de guerre. Voy. ARMURE. || Par anal., Espèce de garniture de cuir dont on se couvre le bras pour jouer au ballon. || Ornement ou signe de reconnaissance fixé au bras, comme ruban, plaque, etc.

BRASSE. s. f. (R. bras). T. Métrol. La Brasse est une unité de mesure spécialement usitée dans la marine pour mesurer les cordages de toutes dimensions, ainsi que la profondeur de la mer. La b. française était de 5 pieds (1m,624). La b. anglaise est de 6 pieds anglais (1m,829). En Danemark, en Hollande et en Suède elle vaut 1m,883, en Russie 2m,134 et en Espagne 1m,636. || Chaque mouvement du nageur qui consiste à allonger, écarter et rassembler les bras. Il sait à peine nager: il ne peut faire que deux ou trois brasses. Pour l'expression Nager à la b., voy. NATATION.

BRASSÉE. s. f. (R. bras). Autant que les bras peuvent entourer, contenir et porter. B. de foin, de bois. Emporter une bonne b. || T. Tech. B. de soie. Quantité de brins de soie qu'un métier emploie pour l'ourdissage des chaînes.

BRASSEIER. v. a T. Mar. Syn. de brasser. Voy. ce mot.

BRASSEMENT. s. m. Action de brasser la bière.

BRASSER. v. a. (R. bras suivant la plupart des étymologistes. Il est peut-être plus probable que ce mot, dans le sens de B. la bière, vient d'un mot celtique bracc, indiqué par les auteurs latins et sign., Orge trempée dans l'eau. Les sens figurés se sont développés sous l'influence de brai). Opérer les mélanges pour la fabrication de la bière. — Par ext., B. du cidre. Faire du cidre. || Remuer à force de bras. Il faut b. ce mélange. || Fig. et fam., Tramer, négocier secrètement. B. une trahison, se prend toujours en mauvaise part. || T. Mar. Mouvoir les bras d'une vergue pour changer la direction de la voile qu'elle porte. B. d'un bord. B. au vent. Dans ce sens on dit aussi, Brasseier. ≈ BRASSÉ, ÉE. part.

BRASSERIE. s. f. (R. brasser). Lieu où l'on brasse la bière. || L'art de fabriquer cette boisson. || Établissement public où on vend de la bière et d'autres boissons pour être consommées sur place.

Ind. — L'industrie de la Brasserie est développée sur une très grande échelle et donne des produits d'une valeur considérable, qui sont de première nécessité partout où manque le raisin pour la préparation du vin, ou les fruits à pépins pour celle du cidre. Cette industrie a pour but la production des boissons fermentées nommées Bières; elle emploie pour matières premières les céréales, particulièrement l'orge, et comme condiment le houblon. Les opérations de la b. forment deux séries distinctes: 1° préparation des matières premières; 2° fabrication de la bière. Cette seconde série d'opérations porte plus particulièrement le nom de Brassage.

L'orge, pour être rendue propre à la fabrication de la bière, doit être d'abord amenée à l'état de Malt par une fermentation préalable. Cette transformation étant la même pour l'orge et pour les autres céréales qu'on peut employer dans la b., il suffira de donner ici un aperçu de la métamorphose de l'orge en malt, ou, selon l'expression reçue, du Maltage de l'orge. Il existe dans le germe qui se développe sur les céréales et les tubercules une substance azotée particulière que les chimistes nomment *Diastase*, et qui a la propriété de transformer des quantités considérables de fécule en *Dextrine* et même en *Glucose* ou sucre, si son action se prolonge suffisamment. Cette substance se forme au moment de la germination et aux dépens des matières albumineuses contenues dans la graine : elle réside à l'origine même du germe et semble avoir pour rôle, dans l'économie végétale, de désagréger la substance amylacée et de favoriser les transformations ultérieures de celle-ci. Or, le maltage consiste à faire développer dans l'orge une certaine quantité de diastase, qui opérera ensuite la transformation de la matière amylacée du grain en dextrine et en glucose. Pour déterminer la formation de la diastase, on provoque la germination du grain à l'aide de l'eau et d'une température convenable. Dans ce but, on commence par faire tremper le grain dans des cuves de bois, en ayant soin qu'il soit toujours recouvert de 15 à 20 centim. d'eau. Les grains légers qui surnagent sont enlevés avec une écumoire, comme étant de qualité inférieure. L'eau doit être renouvelée plusieurs fois. Pendant le *trempage* ou *mouillage*, le grain augmente beaucoup de volume; la meilleure orge prend un accroissement d'environ un cinquième, en absorbant environ la moitié de son poids d'eau. Selon la température, le trempage dure de 10 à 40 heures. On juge que le grain est suffisamment trempé lorsqu'en le pressant entre le pouce et l'index la substance intérieure en sort sous forme de farine; si le grain reste entier, c'est qu'il n'est pas assez trempé; s'il en sort, au lieu de farine, un suc laiteux, c'est que le mouillage a duré trop longtemps. Lorsqu'il est au point convenable, on le porte au germoir, espèce de collier situé plus bas que le sol, afin d'être moins exposé aux variations de la température. — L'opération du maltage réussit toujours mieux au printemps et en automne que pendant les grands froids de l'hiver et les grandes chaleurs de l'été : c'est de là que vient le nom de *Bière de Mars* donné à celle qui se fabrique au printemps et qui est regardée comme la meilleure. Une fois saturé d'humidité, le grain est étendu sur le dallage du germoir, de façon à former une couche de 30 à 40 centim. d'épaisseur : là il ne tarde pas à s'échauffer sensiblement. On retourne fréquemment le grain, et, à chaque fois, on diminue l'épaisseur de la couche jusqu'à ce qu'elle ne soit plus que de quelques centimètres. De cette façon, on rend la germination aussi égale et aussi régulière que possible. Dans l'été, la germination est terminée en 10 à 12 jours; il en faut 15 à 20 vers la fin de l'automne. Au bout de ce temps, la gemmule a atteint une longueur égale aux 2/3 de celle du grain, et celui-ci exhale une agréable odeur de fruit mûr. Si on laissait la germination se prolonger davantage, il y aurait une perte considérable de matière amylacée. On se hâte donc de défaire la couche et d'opérer la rapide dessiccation du grain au moyen d'une sorte d'étuve nommée *Touraille*. La touraille des brasseries est essentiellement composée d'un foyer en briques et d'une ou plusieurs plates-formes superposées, soit de tôle percée d'une multitude de trous, soit (ce qui vaut mieux) de toile métallique. Le grain y est exposé d'abord à une chaleur modérée, puis à une température assez élevée pour en opérer la complète dessication. Pendant cette opération, les radicelles se détachent du grain et passent par les trous de la touraille. Malgré cette perte, le bon malt doit avoir éprouvé un accroissement de volume dans la proportion d'un huitième. Afin de le débarrasser entièrement des radicules dont une partie est restée adhérente au grain malté et desséché, on passe ce dernier dans un *Tarare à crible*; après quoi il peut être conservé indéfiniment, pourvu qu'il soit à l'abri de l'humidité. C'est ce qui a lieu en Angleterre, en Belgique et en Allemagne, où la préparation du malt constitue le plus souvent une industrie distincte de celle de la b. En France, où la fabrication de la bière n'est pas établie sur une aussi grande échelle, le malt se prépare au fur et à mesure des besoins dans la b. elle-même.

Quand on veut fabriquer de la bière, on prend une certaine quantité de malt, et on lui fait absorber environ les 4 centièmes de son poids d'eau : à cet effet, on l'expose à l'air humide ou bien on l'arrose autant qu'il est nécessaire. Cette absorption opérée, on concasse le malt à l'aide d'appareils de formes diverses qui se composent généralement de deux cylindres en fonte de diamètres différents, tournant en sens inverse. Le malt broyé doit être exposé quelques jours à l'humidité pour qu'il absorbe une certaine quantité d'eau. L'opération du *Brassage*, qui donne son nom à l'industrie de la b. et à la profession de *Brasseur*, se faisait autrefois à force de bras; elle a pour objet de mettre le malt en contact avec de l'eau, pour favoriser l'action de la

diastase sur l'amidon non encore saccharifié qui reste dans le malt, achever sa conversion en glucose ou principe sucré, et extraire ainsi du grain malté la plus forte quantité possible de matière fermentescible. Actuellement, cette partie du travail de la b. s'exécute à l'aide d'appareils mus par la vapeur. Dans le brassage, le malt est fortement agité dans l'eau : la température de celle-ci doit être élevée graduellement à 75 degrés centigr. Les procédés de brassage sont assez variés suivant les pays. On peut cependant les classer en deux catégories : 1° le brassage par infusion dans lequel on atteint la température de la saccharification sans porter aucune portion de la trempe à l'ébullition; et 2° le brassage par décoction, où l'on fait au contraire bouillir la trempe. On nomme *Drèche* (de l'allemand *dresch*) le marc de malt, déjà épuisé en partie, mais encore apte à la fabrication de la petite bière. Lorsqu'elle est complétement épuisée, la drèche sert à la nourriture des bestiaux. — Le brassage terminé, on fait cuire le *Moût* obtenu par le brassage, en y ajoutant la dose de houblon que comporte la qualité de bière qu'on veut préparer. Le houblon est jeté dans la chaudière à l'instant où le liquide est près de bouillir. L'ébullition dure de 2 à 4 heures. Pendant ce temps les chaudières restent couvertes pour empêcher la déperdition de l'huile essentielle qui donne à la bière son arome. Elles sont en outre munies d'un agitateur qui brasse continuellement le mélange. En général les bières françaises reçoivent 450 à 500 grammes de houblon par hectol.; les bières fortes anglaises en reçoivent 700 gr. et les bières très fortes jusqu'à 1 kil. 300 gr. Afin d'augmenter la force du moût, on y ajoute habituellement de la glucose, de la mélasse ou du sucre brut des colonies. Quand elle est suffisamment cuite, on fait refroidir la bière dans des bacs de bois de sapin peu profonds et très évasés; le refroidissement dure de 6 à 7 heures dans les circonstances les plus favorables; mais il peut exiger un temps beaucoup plus long et alors il convient de l'activer au moyen d'appareils réfrigérants.

Le moût cuit et refroidi est soumis à la fermentation par laquelle le sucre est converti en alcool et le moût transformé en bière. Le moût préparé par infusion doit être mis à la fermentation à une température plus élevée que le moût obtenu par décoction. La bière subit deux fermentations successives; la première, violente et tumultueuse, s'opère dans de vastes cuves nommées *Guilloires*. Les cuves des grandes brasseries de Londres contiennent jusqu'à 250,000 litres. Quelle que soit leur contenance, elles ne doivent être remplies qu'aux deux tiers, afin de ménager l'espace nécessaire au soulèvement de l'écume volumineuse, nommée *Chapeau* qui surnage au liquide en fermentation. La fermentation est due au développement de divers végétaux cellulaires nommés *Saccharomyces*, et dont le plus abondant est le *Saccharomyce cerevisiæ*. Elle peut se produire spontanément grâce aux germes existant naturellement dans le moût : c'est ainsi que se fabriquent les bières belges nommées *Faro* et *Lambick* ; le plus souvent on provoque la fermentation du moût par l'introduction de la *Levure*. Cette levure n'est autre chose que de l'écume de bière pressée et solidifiée, et qui contient en abondance des cellules et des spores de *Saccharomyces*. On a soin d'ajouter au moût, comme ferment, de la levure faite avec la même espèce de bière que celle qu'on se propose d'obtenir. La levure, qui est également usitée par les boulangers pour faire lever leur pâte, est l'objet d'un commerce assez important. Il est rare que la fermentation soit conduite jusqu'à son terme dans les cuves. Après la plus forte ébullition, le liquide est soutiré dans de grands tonneaux placés debout sur des *chantiers* de bois; c'est dans ces tonneaux que s'achève la fermentation. La bière se fait plus vite dans les petits tonneaux que dans les grands. La capacité des tonneaux varie donc, suivant le débit ou la *garde* de la bière, de 1 à 50 hectolitres. Lorsque la fermentation est complète, on clarifie la bière avec de la colle de poisson, puis elle est livrée à la consommation. — Pour les bières qui doivent être conservées longtemps et acquérir une grande force alcoolique, la fermentation dans les tonneaux au sortir des cuves est prolongée pendant plusieurs mois, jusqu'à ce que la totalité de leurs principes sucrés se soit convertie en alcool. On prend des précautions minutieuses pour empêcher l'introduction de l'air dans les tonneaux : sans cela, l'alcool formé risquerait de se convertir en vinaigre.

Fabrication de la bière inaltérable d'après Pasteur. — On sait que la bière est sujette à diverses altérations ou maladies. Pasteur a démontré que toutes ces maladies tiennent à des fermentations secondaires produites par le développement de divers organismes microscopiques dont les germes ont été apportés par l'atmosphère et déposés dans le moût. Le moût qui ne contient aucun de ces germes donne une bière inaltérable à toutes les températures. Partant de ces principes, Pasteur recommande l'emploi d'appareils spéciaux qui permettent d'effectuer toutes les opérations en vases clos et à l'abri des germes atmosphériques. La bière ainsi préparée est inaltérable. Il convient d'ajouter que les travaux de Pasteur ont été le point de départ de perfectionnements très importants apportés dans ces dernières années à l'industrie de la b. Les bières de MM. Tourtel, frères à Tantonville, près de Nancy, sont fabriquées par les procédés Pasteur.

Conservation de la bière. — Les bières fabriquées par les procédés ordinaires ne se conservent pas et subissent diverses fermentations secondaires qui les troublent et en altèrent le goût ; aussi ne peuvent-elles voyager loin. On remédie à cet inconvénient en ajoutant de l'alcool à la bière ; mais cette addition change le caractère hygiénique de la boisson et déplaît au consommateur qui préfère la bière peu forte en alcool. On a essayé d'éviter les fermentations secondaires en introduisant des antiseptiques et particulièrement de l'acide salicylique ; mais quoique employé à faible dose, cet acide est assez toxique pour déterminer des accidents et l'on a dû y renoncer. En définitive, on ne connaît pas de procédé permettant d'assurer la conservation des bières qui ne sont pas fabriquées avec les précautions qu'a indiquées Pasteur. Pour le transport qui, en Europe, n'est jamais bien long, il n'y a pas d'autre moyen que d'expédier la bière dans des wagons-glacières.

Falsifications de la bière. — Les plus fréquentes ont pour objet de remplacer le houblon par d'autres substances moins dispendieuses. On emploie à cet effet l'*absinthe*, l'*aloès*, la *coloquinte*, la *noix vomique*, la *strychnine* et l'*acide phénique*, toutes matières plus ou moins dangereuses. Il existe, pour déceler ces substances, divers procédés assez précis, mais que nous ne pouvons décrire ici. On falsifie aussi la bière par l'addition de matières colorantes telles que *caramel*, *jus de réglisse*, *chicorée*, etc. Enfin, on y ajoute aussi quelquefois des substances aromatiques, *baies de genièvre*, *clous de girofle*, *gingembre*, etc.

BRASSEUR, EUSE. s. Celui ou celle qui brasse de la bière et qui en vend en gros. || Fam., Personne faisant beaucoup d'affaires, mauvaises, et par intrigue. On dit *Brasseur d'affaires.*

BRASSEUR DE BOURBOURG (L'abbé), géographe français, américaniste (1814-1874).

BRASSEYER. v. a. T. Mar. Voy. BRASSER.

BRASSIAGE. s. m. (R. *bras*). T. Mar. Mesurage à la brasse. || La quantité de brasses d'eau qu'on trouve dans un endroit quelconque de la mer. *Ce b. est suffisant pour mouiller en sûreté.*

BRASSICAIRE. adj. (lat. *brassica*, chou). Qui a rapport au chou.

BRASSICÉES. s. f. pl. (lat. *brassica*, chou). T. Bot. Tribu de plantes de la famille des *Crucifères.* Voy. ce mot.

BRASSICOURT. adj. m. (R. *bras* et *court*). T. Vét. *Cheval bras.*, Qui a le genou arqué naturellement et non par suite d'usure.

BRASSIDIQUE. adj. 2 g. (lat. *brassica*, chou). T. Chim. L'*acide brassidique* ou *brassique* $C^{22}H^{42}O^2$ est un isomère de l'acide érucique et s'obtient en traitant ce dernier par l'acide azoteux. Il cristallise dans l'alcool en lames brillantes fusibles à 56°.

BRASSIÈRES. s. f. pl. (R. *bras*). Espèce de petite camisole qui sert à maintenir le corps. *Otez à cet enfant ses b.* || Vig. et fam., *Mettre, tenir quelqu'un en b.,* Le mettre, le tenir dans un état de contrainte qui ne lui laisse pas la liberté d'agir à son gré; le traiter comme un enfant. On dit aussi, *Être en b.* || Bretelles d'un havre-sac de soldat, d'une hotte, d'un crochet. || Courroie fixée à l'intérieur des voitures et dans laquelle on passe le bras.

BRASSIN. s. m. (R. *brasser*). T. Technol. La cuve où les brasseurs font la bière. — La quantité de bière qu'on tire de

la masse des grains sur laquelle on opère. || La quantité de savon que l'on cuit à la fois.

BRASSOIR. s. m. (R. *brasser*). Canne de terre pour brasser le métal fondu. || Canne armée de chevilles dont on se sert dans la fabrication du fromage.

BRASSOUR ou **BRASSOURE.** s. f. Canal qui conduit l'eau d'un marais salant dans l'aire d'évaporation.

BRASURE. s. f. (R. *braser*). T. Technol. L'endroit où deux pièces de métal sont brasées. Métal avec lequel on brase et que l'on nomme aussi *Soudure.* Voy. ce mot, et BRASER.

BRAULE. s. f. T. Entom. Insecte diptère qui vit en parasite sur les abeilles et particulièrement sur les reines ; famille des *Pupipares.*

BRAULT (LÉON), marin et météorologiste français (1839-1885).

BRAUNITE. s. f. (R. *Braun*, nom d'homme). T. Minér. Sesquioxyde de manganèse Mn^2O^3, en poussière ou en masses cristallines d'un gris noir, dans les roches porphyriques.

BRAUWER (ADRIEN), peintre hollandais (1608-1640).

BRAVACHE. s. m. (R. *brave*, et le suff. péjor. *ache*). Faux brave, fanfaron.

BRAVADE. s. f. (R. *brave*). Défi, action, parole, geste par lequel on brave quelqu'un. *Une b. ridicule.*

BRAVAIS (AUGUSTE), physicien français (1811-1863).

BRAVE. adj. 2 g. (origine inconnue. D'après M. Storm, du lat. *rabidus*, enragé). Vaillant, courageux. *Un b. soldat. Il est b. comme son épée.* — *Il n'est b. qu'en paroles* ou *Il est b. jusqu'au dégainer,* Ce n'est qu'un fanfaron. || Honnête, probe, bon, obligeant. *C'est un b. homme. C'est une b. femme.* Dans cette acception, qui est fam., l'adj. précède toujours le subst. || Fam., *Se faire b.,* Se vêtir avec soin. *Il s'est fait b. pour aller à la noce. Comme vous voilà b.!* Prov. et pop. *B. comme une noce, comme un jour de Pâques.* = **BRAVE.** s. m. Homme courageux, vaillant. *C'est un b. Une armée de braves. C'est un faux b. Se battre, se conduire en b.* — Fam. et par plaisanterie, *C'est un b. à trois poils,* C'est un homme d'une bravoure éprouvée. || Bandit, spadassin, individu déterminé à tout. *Il chargea de cet assassinat un b. dont il était sûr.* Vx. — On employe aujourd'hui le mot italien *Bravo,* et au pl. on dit *Bravi.*

BRAVEMENT. adv. Avec bravoure, d'une manière courageuse. *Il monta b. à l'assaut.* || Habilement, adroitement. *Il joue b. son personnage.* Fam.

BRAVER. v. a. (R. *brave*). Témoigner ouvertement qu'on ne craint point quelqu'un ou quelque chose, qu'on le défie, qu'on le méprise, qu'on se croit en état de résister à ses attaques. *Il est venu me b. jusque chez moi. B. l'autorité.* || *B. les dangers, la mort, l'infamie,* etc., Affronter les dangers, etc.; s'y exposer sans crainte. = BRAVÉ, ÉE. part.

BRAVERIE. s. f. (R. *brave*). Recherche dans les vêtements, dans la façon de s'habiller. *Les enfants aiment la b.* Fam.

BRAVO. adv. Terme emprunté de l'italien dont on se sert pour applaudir. *Dès qu'elle eut fini de chanter, on entendit crier b. dans toute la salle.* — Au superlatif : *Bravissimo.* || Subst., *Dès qu'il parut, il fut salué de mille bravos.* = BRAVO. s. m. Bandit. Voy. BRAVE.

BRAVOURE. s. f. (R. *brave*). Ce mot paraît n'être arrivé dans la langue française qu'au temps de Mazarin. Courage du brave; vertu militaire qui fait braver tous les dangers. *Il a fait preuve de b. en beaucoup d'occasions.* || Se dit au pl., dans le sens d'exploits militaires. *Il raconte ses bravoures à tout le monde.* Très peu us. || T. Mus. *Air de b.,* Air d'une exécution difficile où un chanteur peut déployer tout son talent. = Syn. Voy. COURAGE.

BRAY. ch.-l. de c. (Somme), arr. de Péronne, 1,300 hab.

BRAY-SUR-SEINE, ch.-l. de c. (Seine-et-Marne), arr. de Provins, 1,600 hab.

BRAYAGE. s. m. T. Techn. Assujettissement des brayers ou élingues autour d'un fardeau qui doit être élevé au moyen d'une chèvre.

BRAYE. s. f. [Pr. brè] (même mot que brai). Fange, boue, terre grasse dont on fait les murs de bauge, le corroi dont on enduit les bassins des fontaines et les chaussées des étangs. || T. Agric. Un des noms du séravoir.

BRAYER. s. m. [Pr. bra-ié] (R. brai). T. Chir. Bandage destiné à soutenir une hernie. Voy. HERNIE. || Cordage qui dans la maçonnerie sert à élever le mortier et le moellon. || Bandage de cuir qui sert à soutenir le battant d'une cloche. || Morceau de cuir au bout duquel est un sachet où on place le bâton du drapeau pour le porter.

BRAYER. v. a. [Pr. bra-ier] (R. brai). Enduire de brai liquide et chaud. B. un navire. == BRAYÉ, ÉE. part.

BRAYERA. s. m. T. Bot. Genre de plantes de la famille des Rosacées. Voy. ce mot.

BRAYETTE. s. f. [Pr. bra-iète] (R. braie). Fente de devant d'une culotte à l'ancienne mode. Fermer, boutonner sa b.

BRAYEUR. s. m. [Pr. bra-ieur]. Manœuvre qui fait aller le brayer.

BRAYON. s. m. [Pr. bra-ion] (vx fr. broi, piège à oiseaux). T. Vén. Piège pour prendre les bêtes puantes.

BRAZZAVILLE, station principale du Congo français sur le Congo, fondée en 1880 par l'explorateur de Brazza.

BRÉA (JEAN-BAPTISTE), général français né en 1790, assassiné par les insurgés de juin 1848.

BREAK. s. m. [Pr. brèk] (mot anglais). Grand omnibus découvert, avec un siège devant, et des banquettes dans le sens de la longueur se faisant face.

BREAKER. s. m. [Pr. brékeur] (mot anglais). T. Exploit. de mines. Nom des vastes ateliers de préparation mécanique de l'anthracite en Pensylvanie.

BRÉANT. s. m. T. Ornith. Voy. BRUANT.

BRÉBEUF, poète français (1618-1661).

BREBIAGE. s. m. (R. brebis). T. Féod. Droit qui se prélevait sur les moutons.

BREBIS. s. f. (bas-lat. berbix, du lat. vervex, bélier). Quadrupède portant laine, qui est la femelle du bélier. B. blanche. Toison de b. Troupeau de b. B. galeuse. || Prov., Fuir, éviter une personne comme une b. galeuse, Fuir, éviter une personne dont le commerce est dangereux, désagréable. — Fig. et prov., C'est une b. galeuse qu'il faut séparer du troupeau, se dit d'une personne qui, par ses conseils ou son mauvais exemple, pourrait corrompre les autres. || Fig. et prov., Faire un repas de b., Manger sans boire. || Fig. et prov., A b. tondue Dieu mesure le vent, Dieu proportionne à nos forces les maux qu'il nous envoie. || Fig. et prov., C'est bien là la b. du bon Dieu, Cet être est si inoffensif, si patient, qu'on peut l'attaquer sans qu'il cherche à se défendre ou qu'il songe à se plaindre. — Qui se fait b., le loup le mange, En ayant trop de bonté, trop de douceur, on s'expose à être victime des méchants. — Fig. et prov., B. comptées, le loup les mange, Les précautions ne garantissent pas toujours d'être trompé; ou même, l'excès de précaution est souvent nuisible.

BRECCIOLAIRE. adj. 2 g. [Pr. brek-si-olère] (R. brèche, par l'intermédiaire de l'italien breccia). T. Géol. Qui appartient aux brèches contenant des débris d'ossements ou autres dépôts.

BRÉCEY. ch.-l. de c. (Manche), arrondissement d'Avranches, 2,400 hab.

BRÈCHE. s. f. (all. brechen, rompre; celt. brég, rupture. La racine de ce mot remonte au sanscrit et se retrouve plus ou moins modifiée dans le gr. ρήγνυμι, et le lat. frangere, rompre. Voy. ROMPRE). Ouverture faite par force ou autrement à ce qui sert de clôture, comme mur, palissade, haie, etc. Il y a une b. à la haie de votre enclos. Fermer les brèches. || Se dit particulièrement de l'ouverture que des assiégeants font aux murailles, aux remparts de la place assiégée. Faire une b. Le canon a fait une b. à la muraille. Planter un drapeau sur la b. Mourir sur la b. — Battre en b. Voy. BATTRE et BATTERIE. || Par ext., Vide qui reste à certaines choses, dont une partie a été enlevée ou brisée. Faire une b., des brèches, à un couteau, à une faucille. Il a fait une belle b. à mon pâté. || Fig., Atteinte portée, dommage fait à une chose que l'on a intérêt à conserver intacte. Il a fait une b. à sa réputation, à son honneur. Être toujours sur la b., Être dans un état de lutte et d'activité constantes. Réparer les brèches de sa fortune. || T. Géol. Échancrure ou dépression dans une chaîne de montagnes, qui peut servir de passage. || T. Géol. et Minér. Roche d'agrégation, composée de fragments irréguliers et anguleux empâtés dans un ciment. Marbre b. On en compte une grande variété, dont la Brèche antique est la plus célèbre. Voy. MARBRE.

BRÈCHE-DENT. adj. 2 g. A qui il manque une ou plusieurs dents de devant. Les deux sœurs sont brèche-dent. || Subst. Une petite brèche-dent.

BRÈCHE-DE-ROLAND, gorge située à la crête des Pyrénées, et que, suivant une tradition, le paladin Roland aurait ouverte d'un seul coup d'épée.

BRÉCHET. s. m. T. Anat. Crête médiane et saillante du sternum des oiseaux. Voy. OISEAU.

BRÉCHIFORME. adj. 2 g. (R. brèche; forme). T. Géol. Qui a l'aspect, la forme des débris trouvés dans les brèches.

BRÉCIN. s. m. (all. brassen, m. s.). Cordage pour hisser et amener une vergue. || Corde attachée à un croc et servant à monter de la cale ou à y descendre divers petits objets.

BRECON ou **BRECKNOCK**, comté d'Angleterre dans le pays de Galles; 18,000 hab., ch.-l. (Brecknock).

BRÉDA. s. m. T. Mar. Sorte de palan court muni d'un croc.

BRÉDA, ville de Hollande sur la Merk, affluent de la Meuse (Brabant septentrional), 15,000 h. — En 1667, traité entre la France et l'Angleterre. Prise de Bréda par Spinola en 1625 et par les Français en 1793 et 1794.

BRÉDA, quartier de Paris qui fut, à son origine surtout (1822), habité par les femmes galantes.

BRÉDALER. v. n. (peut-être même origine que bredouiller). Faire du bruit, en parlant du fuseau d'un rouet à filer, quand il est percé d'un trop grand trou pour la broche.

BRÈDE. s. f. Nom donné dans les colonies françaises à toutes les plantes herbacées qui se mangent en guise d'épinards. Celle dont l'usage est le plus répandu est la b.-Morelle (Solanum nigrum). Voy. SOLANACÉES.

BREDINDIN. s. m. T. Mar. Palan moyen fixé aux étais des bas mâts, et dont on se sert pour enlever de médiocres fardeaux.

BRÉDIR. v. a. (peut-être dit pour brider). T. Mét. Assembler deux pièces de cuir avec des lanières au lieu de fil.

BRÉDISSURE. s. f. (R. brédir). T. Méd. Impossibilité d'écarter les mâchoires, produite par l'adhérence de la membrane des gencives à celle qui revêt intérieurement les joues.

BREDOUILLE. s. f. [Pr. les ll mouillées]. T. Jeu de tric-

trac. Jeton qui sert à marquer qu'on a pris sans interruption les points que l'on a. Si l'on gagne douze points de suite, *On marque b.*, c.-à-d. qu'on marque deux trous au lieu d'un seul, Si l'on gagne douze trous de suite. *On gagne la partie b.*, c.-à-d. la partie double. *Être b., Être en b.*, Avoir le jeton qui indique que l'on a fait de suite douze points, six trous ou douze trous. Dans ce dernier cas, *On gagne la grande b.* || *B.*, s'emploie adject. et fig. *Sortir b. d'un lieu, d'une assemblée*, En sortir sans avoir pu rien faire de ce qu'on s'était proposé. — Fam., N'avoir rien pris à la chasse, à la pêche. *Revenir bredouille.*

BREDOUILLEMENT. s. m. [Pr. les *ll* mouillées]. Action de bredouiller. *Je n'ai rien compris à son b.* Fam.

BREDOUILLER. v. n. [Pr. les *ll* mouillées] (origine incertaine; on ne trouve pas d'exemples du mot dans les anciens textes, ce qui rend son histoire difficile à faire. Diez le fait venir du vx fr. *bredir*, hennir. Le suffixe *ouille* marque l'humidité et la malpropreté; il est donc péjoratif). Parler d'une manière précipitée et peu distincte, de manière que les mots semblent confondus. *Il ne fait que b.* || S'emploie activ. *Que bredouillez-vous là?* Fam. = BREDOUILLÉ, ÉE. part.

BREDOUILLEUR, EUSE. s. [Pr. les *ll* mouillées]. Celui, celle qui bredouille. *Cette bredouilleuse est intolérable.*

BRÉE. s. f. (R. *braie*). Garniture de fer du manche d'un marteau de forge.

BREF, BRÈVE. adj. (lat. *brevis*, court). Court, prompt, de peu de durée. *Le temps que vous me donnez est bien b. Assigner quelqu'un à b. délai.* — S'est dit autrefois pour petit, de petite taille. *Pépin le Bref.* || *Avoir le parler b.*, S'exprimer en peu de mots; ou parler d'une manière sèche et brusque. On dit aussi dans ce dernier sens, *Parler, répondre d'un ton b.* || T. Gram. Se dit des syllabes, des voyelles qu'on prononce rapidement. *Syllabe brève. Voyelle brève.* À *est bref dans Rare, et long dans Grâce.* == BRÈVE. s. f. Syllabe brève. *Dans la langue latine et dans la grecque, les brèves et les longues sont très marquées. Le dactyle se compose d'une longue et de deux brèves.* — Fig. et fam., *Observer les longues et les brèves*, Être fort cérémonieux; ou être très minutieux en tout ce qu'on fait. — *Il sait les longues et les brèves de cette affaire*, Il en connaît tous les détails, il en sait le fort et le faible. == BREF. adv. Enfin, pour le dire en peu de mots. *Bref, cela ne se peut pas.* — Fam., *Parler b.*, Parler sèchement et brusquement. == EN BREF. loc. adv. En peu de mots. *Je vous le dirai en b.* Vx. == Syn. Voy. COURT.

BREF. s. m.T. Diplomatique. On nomme *bref* tout rescrit adressé par les Papes à un souverain, à un dignitaire de l'Église, à une communauté, ou même à un simple particulier, pour leur accorder des indulgences ou des dispenses, ou même pour leur donner simplement des témoignages d'affection ou d'approbation. Le b. diffère de la *Bulle*, autre rescrit apostolique, en ce qu'il est écrit sur papier et en italique, et qu'il est scellé en cire rouge avec l'empreinte de l'*Anneau du pêcheur;* tandis que le parchemin, l'écriture ronde, la cire verte, sont réservés pour la Bulle. En outre, la date est comptée d'après l'ancien calendrier romain pour la bulle, et d'après le calendrier moderne pour le b. Enfin, le b. traite ordinairement d'affaires de moindre importance. Quelquefois, cependant, les papes ont décidé des questions très graves par des actes portant le simple titre de b. Ainsi, par ex., ce fut par un b. que Clément XIV supprima l'ordre des Jésuites, le 21 juillet 1773. Parmi les brefs, les uns émanent directement du souverain Pontife, sont dressés dans les bureaux de la pénitencerie, d'où la division en *Brefs apostoliques* et en *Brefs de la pénitencerie.* Aux termes de l'article 1er du Concordat, les brefs ne peuvent être publiés en France qu'après avoir été soumis au Conseil d'État, qui examine avant de les enregistrer s'ils ne contiennent rien de contraire au droit public français.

Dans le langage de la Liturgie, on appelle encore *Bref, Brève* ou *Ordo*, une espèce de calendrier qui indique le rite de chaque jour, la manière de réciter l'office et de dire la messe.

BREF. s. m. T. Tissage. Mise en carte d'une armure tissue dans les fabriques du nord de la France.

BREGIN. s. m. (bas-lat. *broginus*, m. s.). T. Pêche. Espèce de filet à mailles fort étroites.

BREGMA. s. m. (gr. βρέγμα, infusion, de βρέχω, mouiller, ainsi dit à cause de la fontanelle qui s'y trouve). T. Anat. Le haut de la tête indiqué par le point d'union des deux os pariétaux avec le frontal sur la ligne médiane. Chez l'enfant, le bregma est indiqué par la fontanelle antérieure. Voy. CRANE.

BREGMATIQUE. adj. 2 g. Qui a rapport au bregma.

BRÉGUET (ABRAHAM-LOUIS), célèbre mécanicien et horloger français, né à Neuchâtel (Suisse) (1747-1823).

BRÉGUET (LOUIS), petit-fils du précédent, horloger français (1804-1883).

BRÉHAIGNE. adj. f. (celt. *brehaing*, stérile). Se dit des femelles stériles des animaux. *Carpe b.*, Carpe qui n'a ni œufs ni laitance.

BREHAL. ch.-l. de c. (Manche), arrondissement de Coutances, 1,400 hab.

BRÉHAT. île de la Manche, c. de Paimpol, arr. de Saint-Brieuc (Côtes-du-Nord), 1,000 hab.

BRÉHAT (ALFRED DE), romancier français né à l'île de Bréhat (1823-1865).

BREIL. ch.-l. de c. (Alpes-Maritimes), arr. de Nice, 2,700 hab.

BREITHAUPTITE. s. f. (R. *Breithaupt*, nom d'homme). T. Minér. Antimoniure de nickel NiSb, en petites tables hexagonales ou en masses d'un rouge de cuivre violacé.

BRÊLAGE. s. m. (même mot que *brellage*). T. Pontonnier. Disposition ayant pour but de fixer sur les corps de support les poutrelles destinées à porter le tablier d'un pont.

BRELAN. s. m. (celt. *berlanc*, hasard, ou, suivant Littré, all. *bretling*, petite planche, table sur laquelle on joue). Sorte de jeu qui se joue à trois, à quatre ou à cinq personnes, et où l'on ne donne que trois cartes à chaque joueur. *Jouer au b. Caver au b.* — *Avoir b.*, Avoir trois cartes de même figure ou de même point. *Avoir b. de dames, b. d'as.* || Par extens. et en mauvaise part, lieu, réunion où l'on joue habituellement à différents jeux de cartes. *Tenir b. C'est chez eux un b. perpétuel.*

BRELANDER. v. n. (R. *brelan*). Jouer continuellement aux cartes, à quelque jeu que ce soit. *Il ne fait que b.* Fam., et se prend toujours en mauvaise part.

BRELANDIER, IÈRE. s. T. injurieux. Celui, celle qui fréquente les maisons de jeu. || Par dénigr., se dit aussi de celui, de celle qui joue continuellement aux cartes.

BRELANDINIER, IÈRE. s. m. et f. (R. *brelan*, petite table). Marchand, marchande qui vend dans les rues.

BRELÉE. s. f. T. Agric. Fourrage d'hiver pour les moutons.

BRÊLER. v. a. (Le même que *Breller*). Faire le brêlage.

BRELLAGE. s. m. [Pr. brè-*laje*]. Action de breller.

BRELLE. s. f. [Pr. *brèle*]. T. Navig. Chacun des radeaux de bois à flotter qu'on assemble pour faire un train. Voy. FLOTTAGE.

BRELLER. v. a. [Pr. *brèler*]. Fixer fortement avec des cordages, soit les poutrelles aux bateaux, soit les madriers aux poutrelles.

BRELOQUE. s. f. (sauser. *br*, porter; *loc*, chose qui pend). Curiosité de peu de valeur. || Se dit, particul., des petites clefs, petits cachets et menus bijoux, qu'on attache aux chaînes de montre. || T. Milit. Voy. BERLOQUE. || Boutique des marchands étalagistes. || Fam., *Battre la b.*, Dire ou faire des absurdités.

100

BRELUCHE. s. f. Droguet de fil et de laine.

BRÊME. s. f. (all. *brachsme*, même sens). T. Icht. Sous-genre de poissons de la famille des *Cyprinoïdes*. Voy. ce mot.

BRÊME (all. *Bremen*), ville libre, port sur le Wéser, anc. cap. d'une petite république incorporée à l'Allemagne depuis 1870; 75,000 hab.

BRÉMONTIER, ingénieur français, a le premier fixé les dunes du golfe de Gascogne par des plantations de pins (1738-1809).

BRENADE. s. f. Voy. BRENÉE.

BRENAGE. s. m. T. Féod. Obligation d'héberger les chiens du seigneur.

BRENÈCHE. s. f. Poiré nouveau et encore doux.

BRENÉE. s. f. (R. *bran*). Mélange de son et d'herbes pour les oies, les poules et les cochons.

BRENETS (Les), joli village suisse (c. de Neufchâtel), sur les bords du Doubs. Saut du Doubs. 2,000 hab.

BRENEUX, EUSE. adj. (R. *bran*). Sali de matières fécales. Bas et pop.

BRENN ou **BRENNUS**, nom commun à tous les chefs gaulois, dont l'un prit Rome en 390 av. J.-C., puis fut vaincu par Camille.

BRENNE (La), ancien pays de France, sur les limites de la Touraine et du Berry; v. pr. Châtillon-sur-Indre.

BRENNER (Le), mont du Tyrol (2,027 mètres), traversé par un chemin de fer et par la route d'Inspruck à Vérone.

BRENNEVILLE, lieu situé dans le dép. de l'Eure où Louis le Gros fut battu par Henri Ier d'Angleterre en 1119.

BRENTA (La), riv. d'Italie, prend sa source près de Trente, finit à Venise; 175 kil.

BRENTANO (CLÉMENT), écrivain allemand (1778-1842).

BRENTE ou **BRENTA.** s. f. T. Métrol. Mesure de capacité usitée en Italie et en Suisse, et valant de 35 à 75 litres suivant les localités. Voy. CAPACITÉ.

BRENTE ou **BRENTHE.** s. m. (gr. βρένθος, sorte d'oiseau aquatique). T. Ent. Genre d'insectes coléoptères tétramères. Voy. CURCULIONIDES.

BREQUIN. s. m. (du rad. *brec* ou *berc* qu'on retrouve dans brèche, ou bien le mot se rattache à *bréche*). Outil servant à percer, espèce de vrille.

BRESAGNE. s. f. Un des noms vulgaires de l'effraie.

BRESCIA, v. d'Italie septentrionale, à 80 kil. de Milan; 60,000 hab.

BRÉSIL. s. m. (all. *bresen*, être ardent à cause de la couleur. Ce bois, connu bien avant la découverte de l'Amérique, n'a pas reçu son nom du Brésil; il a donné, au contraire, le sien à cette contrée où le bois de teinture est en

grande abondance). T. Bot. Bois rouge employé en teinture. *Bois. de b.* Voy. LÉGUMINEUSES.

Obs. gram. — Malgré l'autorité de l'Académie, la locution *bois de brésil* est vicieuse, car si on écrit *brésil* par un *b* minuscule, elle suppose que brésil est un arbre, ce qui est faux, et si on écrit *Brésil* par un B majuscule, elle suppose que le nom de ce bois vient de la contrée d'Amérique, ce qui est encore faux. Cependant cette loc. est courante.

BRÉSIL. Le plus grand des États de l'Amérique du Sud. Superficie : 8.361.350 kilom. c.; population : 14 millions d'hab. Découvert en 1499 par Alvarez Cabral, le Brésil est resté colonie portugaise jusqu'en 1808, époque à laquelle le roi de Portugal Jean VI, chassé de son royaume, vint s'y établir en lui donnant le titre de royaume. Peu heureux dans son administration, Jean VI, qui n'avait guère fait que des mécontents, revint en Portugal en 1821, en nommant son fils dom Pedro régent du royaume. En 1822, les Brésiliens se déclarèrent indépendants du Portugal et nommèrent le régent empereur constitutionnel. A la suite de luttes politiques, dom Pedro abdiqua en 1831 en faveur de son fils dom Pedro II, âgé de sept ans, qui devint un prince libéral, protecteur des sciences et des arts, et fut surnommé le Marc-Aurèle moderne. En 1889, pendant un séjour de cet empereur en Europe, une révolution transforma l'empire du Brésil en République.

Le Brésil confine successivement aux Guyanes, au Venezuela, à la Colombie, l'Équateur, le Pérou, la Bolivie, le Paraguay, la République argentine et l'Uruguay. L'océan Atlantique le borde, à l'est, sur une étendue de 7,500 kilom.; au nord, du côté des Guyanes et du Venezuela, il est limité par les monts Tumuc-Humac et la sierra Paracaïma; au sud-est, ses frontières suivent le cours de l'Uruguay pendant 600 kilom.

Le littoral est en général bas, marécageux et couvert de

BRÉSIL

sable, sauf de l'embouchure des Amazones à l'île Sainte-Catherine, où des falaises escarpées bordent la mer. L'intérieur du pays forme une immense plaine qui couvre tout le bassin des Amazones. A l'est et au sud-est, on trouve d'assez hautes montagnes : les sierras do Santa-Catharina, do Mar, de Espinhaço, Mantiqueira, Pyrenees et Parexis; le plus haut sommet est l'Itaiaya (2,712 mèt.), dans la sierra Espinhaço. L'Amazone ou Maranon (6,400 kilom.) a tout son bassin central et inférieur (3,230 kilom.) dans le Brésil. Cet immense fleuve, dont la largeur moyenne est de 8 à 9 milles et l'embouchure de 180 milles, traverse une contrée luxuriante et fertile, encore abandonnée aux Indiens non civilisés et aux forêts vierges. Il reçoit au moins un millier d'affluents, dont les principaux sont le rio Negro grossi du Parima, les rios Madeira, Topayoz, Xinga et Tocantins. — Le Brésil est encore arrosé par le Maranhao, le Parauahyba, le rio San-Francisco et par une partie des cours du Paraguay, du Parana et de l'Uruguay. — Le climat est généralement plus salubre au centre et dans le sud, qui sont la région des hauts plateaux ; les marécages d'une partie de la côte engendrent la fièvre jaune ; enfin, les parties inhabitées du nord ont un climat chaud, humide et malsain.

Le Brésil est divisé en vingt provinces, subdivisées à leur tour en comarcas, les comarcas en municipios et les municipios en parochias. Les vingt provinces sont, en y ajoutant le *municipio neutre* de Rio-de-Janeiro :

PROVINCES	SUPERFICIE	POPULATION	VILLES PRINCIPALES
Amazonas	1.897.000	80.000	*Manaos do Barra-do-Rio Negro* (10,000 h.).
Parà	1.150.000	407.000	*Para ou Belem* (35,000 h.).
Maranhão	460.000	488.000	*San-Luiz do Maranhão* (35,000 h.).
Piauhy	300.000	267.000	*Theresina* (22,000 h.).
Ceara	105.000	953.000	*Fortaleza* (30,000 h.).
Rio-Grande-do-Norte	75.000	309.000	*Natal* (6,000 h.).
Parahyba	75.000	497.000	*Parahyba* (15,000 h.).
Pernambuco	130.000	1.111.000	*Pernambuco* (120,000 h.).
Alagoas	60.000	459.000	*Maccio* (15,000 h.).
Sergipe	40.000	233.000	*Aracape* (5,000 h.).
Bahia	425.000	1.821.000	*Bahia ou San-Salvador* (110,000 h.).
Espirito-Santo	45.000	122.000	*Victoria* (8,000 h.).
Rio-de-Janeiro	70.000	1.161.000	*Nictheroy* (30,000 h.).
Municipio neutro	1.394	435.000	*Rio-de-Janeiro* (500,000 h.).
Saő-Paulo	290.000	1.306.000	*Saő-Paulo* (35,000 h.).
Parana	220.000	190.000	*Curitiba* (10,000 h.).
Santa-Catharina	75.000	236.000	*Desterro* (8,000 h.).
Rio-Grande-do-Sul	235.000	900.000	*Porto-Alegre* (45,000 h.).
Minas-Geraës	575.000	3.018.000	*Ouro-Preto* (20,000 h.).
Goyaz	750.000	211.000	*Goyaz* (2,0000 h.).
Matto-Grosso	1.380.000	80.000	*Cuyaba* (15,000 h.).

La population, qui dépasse 14 millions d'habitants, se décompose, d'après l'origine, en 6 millions et demi d'individus de race européenne, 2 millions de race africaine, 500,000 de race américaine et 4 millions et demi de mulâtres ou métis. On évalue à 600,000 le chiffre des Indiens sauvages.

L'esclavage a été aboli dans toutes les provinces en 1888. Le nombre des étrangers est de 300,000, dont la moitié sont Portugais ; le mouvement de l'immigration est en moyenne de 150,000 individus chaque année.

Les villes principales sont *Rio-de-Janeiro*, la capitale (500,000 hab.), sur une magnifique baie ; les ports de *Bahia*, *Pernambuco* et *Santa-Luis de Maranhao*. En 1892, une commission scientifique ayant à sa tête M. Cruls, directeur de l'Observatoire de Rio-de-Janeiro, a été envoyée sur les hauts-plateaux pour chercher l'emplacement d'une nouvelle capitale (en exécution de l'art. 3 de la Constitution qui établit que le « Gouvernement doit faire procéder à la démarcation d'une zone de 14,400 kilomètres carrés sur le plateau central, afin d'y établir ou plutôt d'y transférer la capitale. » Au moment où nous rédigeons cet article (novembre 1893) l'emplacement n'est pas encore décidé.

Le Brésil est un pays essentiellement agricole. On distingue le long des côtes trois grandes régions ; des Guyanes jusqu'à Bahia, c'est la région des produits sauvages de la forêt : caoutchouc, cacao, vanille, gommes, résine, écorces, etc. ; de Bahia à Santa-Catharina, on récolte le café ; la région de Santa-Catharina à Rio-Grande-do-Sul, en y joignant les hauts-plateaux de l'intérieur est celle des céréales et de l'élevage du bétail. Le sol renferme encore des mines de diamant et d'or d'une grande richesse, situées dans la province de Minas-Geraës. En général, les diamants du Brésil sont peu volumineux ; mais ils ont plus d'éclat que ceux du Cap. La production annuelle ne dépasse guère 16 kilogr. ou 80,000 carats, tandis que celle du Cap est d'environ 2 millions de carats.

Les principaux articles d'exploitation sont le café, le sucre, la gomme élastique, les cotons bruts, tabac, peaux, cacao, or en poudre, diamants et thé du Paraguay. A lui seul, le café représente les deux tiers du commerce.

BRÉSILÉINE. s. f. T. Chim. Voy. BRÉSILINE.

BRÉSILINE. s. f. (R. *brésil*, bois). T. Chim. Principe immédiat, contenu dans les bois rouges de teinture (brésil, bois de Fernambouc, de Ste-Marthe, etc.). On lui attribue la formule $C^{16}H^{14}O^5$. Pure et préparée à l'abri de l'air, la b. se présente en cristaux incolores, solubles dans l'eau, l'alcool et l'éther. Mais elle s'oxyde avec la plus grande facilité et rougit rapidement à l'air, surtout lorsqu'elle est en dissolution dans l'ammoniaque.

La *brésiléine* $C^{16}H^{12}O^5H^2O$, qui résulte de cette oxydation, cristallise en tables rhombiques d'un gris argenté. Sa dissolution aqueuse est rose et possède une fluorescence orangée. Ses dissolutions dans les alcalis sont rouges et brunissent lentement à l'air. La brésiléine est la principale matière colorante des bois de Fernambouc et de Lima ; elle ne se fixe sur les tissus que lorsqu'ils sont mordancés et donne des nuances variables : rouges ou roses avec les mordants d'alumine ou d'étain, noires ou d'un gris violet avec ceux de fer, olive avec ceux de chrome. Ces couleurs sont peu solides, très sensibles aux acides et aux alcalis. — Les acides concentrés transforment la brésiléine en un isomère, l'*isobrésiléine*, qui donne en teinture des nuances plus intenses et plus stables.

BRÉSILLER. v. a. [Pr. les *ll* mouillées] (R. *brésil*, à cause de la sécheresse de ce bois). Rompre par petits morceaux. *Il ne faut pas b. ce sucre.* == BRÉSILLÉ, ÉE. part.

BRÉSILLET. s. m. [Pr. les *ll* mouillées] (Dimin. de *brésil*). T. Bot. Genre de plantes (*Cæsalpina*), de la famille des *Légumineuses*. Voy. ce mot.

BRESLAU, v. de Prusse, cap. de la Silésie, sur l'Oder, 335,000 hab. Prise par les Français en 1807.

BRESLE (La), fleuve côtier de France, sépare le dép. de la Somme de celui de la Seine-Inférieure ; 72 kil.

BRESOLLES. s. f. pl. [Pr. *bré-zo-le*]. T. Cuis. Ronelles minces de veau mises en ragoût.

BRESSANT (JEAN-BAPTISTE), célèbre acteur français (1815-1886).

BRESSE, anc. pays de France (dép. de l'Ain), cap. *Bourg*. Annexée en 1601. Nom des hab. : BRESSAN, ANE.

BRESSON. s. m. Bœuf de couleur de froment roux.

BRESSUIRE, ch.-l. d'arr. (Deux-Sèvres), 4,700 hab.

BREST, ch.-l. d'arr. (Finistère), ch.-l. de préfecture maritime, 75,900 hab.; port militaire le plus considérable de France, fondé par Richelieu en 1631. La rade, une des plus belles et des plus sûres de l'Europe, de 30 kil. de circuit, peut contenir plus de 500 vaisseaux de guerre.

BRESTE. s. f. T. Chasse. Manière de prendre les petits oiseaux avec de la glu et un appât.

BRETAGNE, anc. prov. de France, cap. *Rennes*, a formé les départements du Finistère, des Côtes-du-Nord, d'Ille-et-Vilaine, de la Loire-Inférieure et du Morbihan. Longtemps à peu près indépendante, la Bretagne fut définitivement annexée à la France sous François Ier (1532). == Nom des hab. : BRETON, ONNE.

BRETAGNE (GRANDE-), nom de l'Angleterre et de l'Écosse réunies.

BRETAGNE (NOUVELLE-) ou **AMÉRIQUE ANGLAISE**, vaste contrée de l'Amérique du Nord comprenant le *Canada*.

BRÉTAILLER. v. n. [Pr. les *ll* mouillées] (R. *brette*). Être dans l'habitude de fréquenter les salles d'armes et de tirer l'épée. Se prend en mauvaise part.

BRÉTAILLEUR. s. m. [Pr. les *ll* mouillées]. Celui qui a l'habitude de brétailler. — Se dit d'un homme qui met l'épée à la main sans motif sérieux. Fam.

BRETAUDER. v. a. (R. *ber* ou *bre*, préf. péjor. et vx fr. *tauder* ou *tonder*, tondre). Tondre inégalement, *On a bretaudé ce chien*. — Fam. B. *les cheveux de quelqu'un*, Les lui couper inégalement ou trop courts. || *B. un cheval*, Lui couper les oreilles. == BRETAUDÉ, ÉE. part.

BRETÈCHE ou **BRETESCHE**. s. f. Vx mot qui signifiait forteresse, tour munie de créneaux. || T. Arch. Balcon en bois placé sur la façade des hôtels de ville au XVe siècle, d'où l'on faisait les publications.

BRETELLE. s. f. [Pr. *brètèle*] (orig. inconnue). Sorte de bande plate et plus ou moins large que l'on passe sur les épaules et qui sert à soutenir certaines choses. *B. de cuir*. *Raccourcir, allonger les bretelles d'une hotte*. || Se dit particulièrement d'une double bande qui porte sur l'une et l'autre épaule, et qui sert à soutenir le pantalon, la culotte. *Mettre, porter des bretelles. Une paire de bretelles*. || Fig. et prov., *Cet homme en a jusqu'aux bretelles, par-dessus les bretelles*, Il est fort engagé dans de mauvaises affaires; ou il est complètement ivre.

BRETELLERIE. s. f. [Pr. *bretè-leri*]. Fabrique de bretelles.

BRETELLIÈRE. s. f. [Pr *bretè-lière*]. T. Pêche. Filet légèrement lesté, dont les mailles ne sont pas très larges et que l'on tend de façon à ce qu'il fasse des plis.

BRETESSÉ, ÉE. adj. (R. *bretèche*). T. Blas. *Pièce b.*, Pièce crénelée haut et bas alternativement.

BRETEUIL, ch. l. de c. (Eure), arrondissement d'Évreux, 2,200 hab.

BRETEUIL, ch.-l. de c. (Oise), arrondissement de Clermont, 3,100 hab.

BRETEUIL (Baron de), ministre sous Louis XVI (1733-1807).

BRÉTIGNY, hameau de France, près de Chartres (Eure-et-Loir). Jean le Bon y signa en 1360 un traité humiliant par lequel il cédait aux Anglais le sud-ouest de la France et 3 millions d'écus d'or.

BRETON. s. m. Hab. de Bretagne. || Nom d'un idiome néo-celtique divisé en plusieurs dialectes, et parlé en Basse-Bretagne.

BRETON (PERTUIS), canal entre l'île de Ré et la côte de la Charente-Inférieure.

BRETONNANT, ANTE adj. [Pr. *bre-to-nan*]. Ne se dit que dans les deux loc. *Breton bretonnant, Bretagne bretonnante*, celui qui parle ou la partie de la Bretagne où l'on parle breton.

BRETTE. s. f. (vx franç. *brette*, bretonne). Sorte d'épée longue et étroite qu'on fabriquait en Bretagne. Ne se dit plus que par plaisanterie. *Il porte toujours une longue b.*

BRETTELER. v. a. [Pr. *brè-teler*] (R. *bretter*). T. Arch. Tailler une pierre ou gratter un mur avec des instruments à dents. == BRETTELÉ, ÉE. part.

BRETTELURE. s. f. [Pr. *brè-telure*] (R. *bretteler*). Légères hachures que l'on grave sur l'orfèvrerie.

BRETTER. v. a. [Pr. *brè-ter*] (peut-être du scand. *bredda*, couteau court). T. Art. Commencer un ouvrage de sculpture, en terre ou en cire, avec un ébauchoir denté pour dégrossir la figure. || Pratiquer des dents ou de petites pointes sur un marteau ou tout autre instrument.

BRETTEUR. s. m. [Pr. *brè-teur*] (R. *brette*). Celui qui aime à se battre à l'épée, à ferrailler. Fam.

BRETTURE. s. [Pr. *brè-ture*] (R. *bretter*). Travail pour dégrossir un ouvrage de sculpture. || Raie formée sur le bois ou la pierre par un outil denté. || Dents de l'instrument qui sert à bretter.

BREUGHEL, famille de peintres flamands (XVIe et XVIIe siècles). Le premier fut PIERRE LE VIEUX (1530-1569), mort très jeune, comme on le voit; le second, son fils, est B. D'ENFER.

BREUIL. s. m. [Pr. *l'l* mouillée] (bas-lat. *brogilus*, m. s., sans doute du celt. *brog*, élévation gonflement, bourgeonnement). T. Forêts. Petit bois taillis ou buisson enfermé de haies, dans lequel les bêtes se retirent. || T. Mar. Syn. de *cargue*.

BREUILLER. v. a. [Pr. les *ll* mouillées] (R. *breuil*). T. Mar. Carguer et trousser les voiles.

BREUILLES. s. f. pl. [Pr. les *ll* mouillées] (bas-lat. *burbalia*, sans doute du celt. *borb*, bourbe). T. Pêche. Entrailles du hareng, de la morue, etc.

BREUVAGE. s. m. (vx fr. *boivre* ou *bèvre*, boire; du lat. *bibera*, m. s.). Boisson, liqueur à boire. *B. agréable, salutaire. B. amer, empoisonné. Composé un b. B. mortel. Le nectar est le b. des dieux*. || T. Mar. Mélange de vin et d'eau que l'on donne quelquefois en mer aux gens de l'équipage, indépendamment de la ration.

Méd. vét. — Les médicaments liquides qui répugnent aux animaux par leur saveur, leur sont administrés par force ou par artifice. Ils se composent d'un véhicule, liquide alcoolique, infusion ou décoction de plantes, lait ou petit-lait, et de substances médicamenteuses actives, solubles ou insolubles. Le mode d'administration des breuvages est ce qu'il importe de savoir. Le chien avale facilement les liquides que l'on introduit entre les arcades dentaires à l'aide des joues écartées. Les bœufs et moutons avalent aussi facilement par la bouche. Le cheval est plus difficile à traiter et il y a danger de mort par asphyxie quand on opère mal. Deux cas peuvent se présenter : 1° La maladie est peu grave, la tête n'est pas inclinée : la tête est maintenue élevée à l'aide d'une corde passant sous la mâchoire supérieure et fixée à une fourche; on introduit le goulot, garni d'étoupe, d'une bouteille à verre épais, entre les barres du côté gauche, et on verse le liquide par petites gorgées en se guidant sur les mouvements de déglutition. Il ne faut pas gêner ces mouvements de déglutition par les tractions sur la langue ni l'immobilisation de la mâchoire inférieure. Il est encore plus commode de se servir du bidon à breuvage; 2° la maladie est grave, la tête est inclinée : on introduit le b. dans la bouche maintenue fermée par des aides, au moyen de la seringue à lavements, et on n'introduit une nouvelle petite quantité de liquide qu'après cessation des mouvements de déglutition, et ainsi de suite. Il faut autant que possible ne pas se servir des cavités nasales comme voies d'introduction des breuvages. Les accidents d'asphyxie et de gangrène sont encore plus à craindre, surtout s'il y a des substances insolubles dans le b.

BRÈVE. s. f. (R. *bref*). T. Ornith. Genre d'oiseaux. Voy. FOURMILIER. || T. Monnaie. Quantité de marcs ou d'espèces que le monnayeur produit d'une seule fonte.

BREVET. s. m. (lat. *brevis*, bref). Se disait autrefois d'une sorte d'expédition non scellée par laquelle le roi accordait quelque grâce, ou quelque titre de dignité. *Le b. d'une abbaye. B. de retenue.* — *Ducs à b.* Voy. Duc. || Se dit encore aujourd'hui de certains titres ou diplômes, délivrés au nom d'un gouvernement, d'un prince souverain, etc. *Un b. de colonel, de capitaine,* etc. *Délivrer un b. à quelqu'un.* — Fig. et fam., *Donner à quelqu'un b., son brevet d'étourdi,* etc., le déclarer tel. || T. Prat. *Acte en b.,* obligation, procuration par b., acte, obligation, procuration dont le notaire ne garde pas la minute, et qu'il délivre sans y mettre la formule exécutoire. || *B. d'invention,* Acte qui accorde à l'inventeur le droit exclusif d'exploiter son invention. Voy. INVENTION. || *B. de capacité.* Titre donné à la suite d'un examen et donnant le droit d'enseigner dans certaines conditions. Voy. CAPACITÉ. || Nom de plusieurs diplômes délivrés à la suite de certains examens et conférant certains droits pour l'enseignement. *B. supérieur.* Voy. ENSEIGNEMENT. || T. Techn. Addition faite à un bain de teinture pour remplacer les premières passes.

BREVETABLE. adj. 2 g. [Pr. *brè-ve-table*]. Se dit d'une invention pour laquelle on peut prendre un brevet. *Ce perfectionnement n'est pas b.*

BREVETAGE. s. m. [Pr. *brè-ve-tage*] (R. *breveter*). Opération qui a pour but de produire de l'alun en ajoutant un sel de potasse ou d'ammoniaque à un sel d'alumine. || T. Techn. Voy. ALUN.

BREVETER. v. a. [Pr. *brè-ve-ter*] (R. *brevet*). Donner un brevet à quelqu'un. *B. un inventeur.* || T. Techn. Pratiquer le brevetage. = BREVETÉ, ÉE. part. Qui a un brevet. *Breveté du roi, invention brevetée.* = Conj. Voy. CAQUETER.

BREVEUX. s. m. T. Pêche. Sorte de crochet à prendre les homards et les crabes.

BRÉVIAIRE. s. m. (lat. *breviarium*, abrégé, de *brevis*, court). Livre contenant l'office que ceux qui sont dans les ordres sacrés sont obligés de dire tous les jours. *B. romain. B. de Paris, de Lyon.* — L'office même que disent chaque jour ceux qui y sont obligés. *Dire, réciter son b.* || Fig. et fam., Livre dont on fait sa lecture habituelle. *Horace est son b.* — En T. de Liturgie, on nomme *Office divin,* ou simplement *Office,* du latin *Officium* (devoir), les prières que tout chrétien doit réciter. Le *B.* est le livre qui renferme la partie de l'office divin dont la récitation est obligatoire pour les ecclésiastiques, tant réguliers que séculiers. On lui applique aussi la dénomination d'*Office,* en sorte que *Dire son office* et *Réciter son b.* sont des expressions synonymes. Le *b.* se compose de répons, de canons, d'antiennes, de proses, de psaumes, d'hymnes, etc., extraits textuellement des Livres saints ou composés exprès à diverses époques, et disposés dans un ordre qui varie selon les solennités et l'époque de l'année. On appelle *Rubriques,* parce qu'elles étaient, dans le principe, écrites à l'encre rouge, certaines annotations qui déterminent cet ordre. Les parties du *b.* qui doivent être récitées chaque jour sont indiquées dans une espèce de calendrier appelé *Bref* ou *Ordo.*

Le *b.* se divise en quatre parties, une pour chaque saison. La partie d'hiver (*Pars hibernalis*) commence avec l'Avent et finit à l'entrée du Carême ; celle du printemps (*Pars vernalis*) comprend le Carême et le Temps pascal ; celle d'été (*Pars æstivalis*) va jusqu'aux Quatre-Temps de septembre ; enfin, la partie d'automne (*Pars autumnalis*) est comprise entre cette dernière époque et l'Avent.

Conformément à cette parole du Psalmiste : « Sept fois chaque jour j'ai chanté tes louanges » (Ps. CXVIII, 164), l'office de chaque jour est partagé en sept parties, appelées *Heures canoniales,* parce qu'elles sont la réunion des prières déterminées par les *Canons* ou règles de l'Église pour chaque division ou chaque heure de la journée. Ces heures sont : *Matines* et *Laudes,* qui forment l'office du matin ; *Prime, Tierce, Sexte* et *None,* qui constituent l'office du jour ; *Vêpres* et *Complies,* qui appartiennent à l'office du soir.

Dans les temps primitifs, on appelait *Cursus* (cours) le livre qui contenait les heures de l'office divin, parce que le moment de leur récitation était réglé par le cours du soleil. Ce cours était d'une grande longueur, à cause des additions qui y avaient été faites successivement. Vers la fin du XIe siècle, Grégoire VII, accablé, lui et la cour romaine, sous le poids des affaires, jugea convenable d'abréger les prières alors en usage, et l'on donna au résumé qui en fut fait par son ordre, le nom de *Breviarium romanæ curiæ* (Abrégé à l'usage de la cour de Rome).

BRÉVICAUDE. adj. (lat. *brevis*, court ; *cauda,* queue). T. Hist. nat. Qui a la queue courte.

BRÉVICAULE. adj. (lat. *brevis*, court ; *caulis,* tige). T. Bot. Qui a la tige courte.

BRÉVIER. s. m. Nom vulgaire des gros oiseaux de proie.

BRÉVIFLORE. adj. (lat. *brevis,* court ; *flos,* fleur). T. Bot. Qui a les fleurs courtes.

BRÉVIFOLIÉ, ÉE. adj. (lat. *brevis,* court ; *folium,* feuille). T. Bot. Qui a les feuilles courtes.

BRÉVILINGUES. s. m. pl. (lat. *brevis,* court ; *lingua,* langue). T. Zool. Sous-ordre de l'ordre des *Sauriens;* le corps est allongé, souvent semblable à celui des serpents et pourvu de membres très diversement développés. La langue est courte, épaisse, peu extensible, privée de fourreau, plus ou moins échancrée à l'extrémité antérieure amincie. Les paupières existent généralement. La membrane du tympan est souvent cachée sous la peau. Ce groupe, par une succession de formes intermédiaires, établit le passage entre les serpents et les lézards. Il existe toujours une ceinture scapulaire et une ceinture pelvienne, bien que rudimentaires ; cependant les membres peuvent manquer (orvets) ; d'autres fois, on ne rencontre que des rudiments de pieds postérieurs, non munis de doigts, ou en offrant deux seulement. D'autres fois encore il existe des rudiments de pieds antérieurs et postérieurs dépourvus de doigts. Dans d'autres formes, le nombre des doigts augmente, les deux paires de membres se développent de plus en plus et la séparation de la tête, du cou, du tronc et de la queue devient de plus en plus visible extérieurement. Ces lézards sont, en général, inoffensifs ; ils ne quittent guère le sol et vivent de vers et d'insectes.

Les types les plus connus de ce groupe sont les Orvets (*Anguis fragilis*), Europe ; les Scinques (*Scincus officinalis*), Égypte ; les Gongyles (*Gongylus ocellatus*), Égypte ; les Seps (*Seps chalcidica*), Dalmatie.

BRÉVIPENNES. s. m. pl. [Pr. *brévi-pène*] (lat. *brevis,* court ; *penna,* aile). T. Ornith. Cuvier a, à son exemple, la plupart des ornithologistes modernes ont désigné sous ce nom ou sous celui de *Nullipennes,* ou encore sous celui de *Coureurs* (mais celui de *b.* nous semble devoir être préféré), un groupe d'oiseaux qui comprend les genres *Autruche, Casoar, Aptéryx,* et plusieurs autres genres dont les espèces paraissent s'être éteintes assez récemment, telles que le *Dinornis,* l'*Æpyornis,* etc. — Les *b.* doivent leur nom à la brièveté de leurs ailes qui leur ôte la faculté de voler. Leur sternum consiste en un simple bouclier, et manque de cette arête (le bréchet) qui s'observe chez tous les autres oiseaux. En conséquence, leurs muscles pectoraux sont fort minces ; mais, par compensation, ceux des membres postérieurs sont extrêmement épais et puissants. En général, les *b.* sont dépourvus de pouce. Les genres autruche, casoar et aptéryx étant l'objet d'articles particuliers, nous dirons seulement ici quelques mots des espèces éteintes. Vers 1839, on a découvert à la Nouvelle-Zélande des ossements fossiles ayant appartenu à un oiseau gigantesque qui devait avoir au moins 4 mètres de hauteur. Le savant zoologiste anglais Richard Owen lui a donné le nom de *Dinornis giganteus.* Les os de cet oiseau contenaient encore une proportion considérable de gélatine, d'où il est naturel de conclure que l'espèce, si elle est vraiment éteinte, n'a disparu qu'à une époque encore peu éloignée de nous. Onze ans après la découverte du Dinornis, on a trouvé à Madagascar des ossements fossiles d'un autre oiseau encore plus grand que celui-ci, et, de plus, trois œufs de dimensions inouïes qui paraissaient provenir de cet animal. L'un d'eux avait été brisé dans le voyage, on n'a pu mesurer que les deux autres. Mesurés dans leur grande circonférence, l'un avait 84 et l'autre 85 centim.; leur capacité était d'environ 8 litres 3/4. Leur volume représentait donc 6 œufs d'autruche ou 148 œufs de poule. Isid. Geoffroy-Saint-Hilaire a donné à cet oiseau le nom d'*Æpyornis.* Il a été constaté que l'æpyornis, le dinornis gigantesque, et quatre ou cinq autres espèces de dinornis établies par Owen, mais moins grandes que celle dont nous venons de parler, avaient les plus grandes analogies de forme avec l'autruche.

BREVISTYLE. adj. (lat. *brevis,* court et *style*). T. Bot. Qui a le style court.

BRÉVIUSCULE. adj. (Dimin. du lat. *brevis*, court). T. Didact. Qui est un peu court.

BREWSTER, célèbre physicien anglais, inventa le kaléidoscope et le stéréoscope par réfraction (1781-1868).

BREWSTÉRITE. s. f. (R. *Brewster*, n. pr.). T. Minér. Silicate hydraté d'alumine, de strontiane et de baryte.

BREXIÉES. s. f. pl. (gr. βρέξις, humidité). T. Bot. Tribu de végétaux de la famille des *Saxifragacées*. Voy. ce mot.

BRÉZÉ (MAISON DE), anc. famille de France. == Louis II DE BREZÉ, sénéchal de Normandie, épousa Diane de Poitiers en 1514.

BRÉZEGAUD. s. m. Nom d'un fromage.

BRIANÇON, ch.-l. d'arr. des Hautes-Alpes, sur la Durance, à 93 kil. de Gap; 6,600 hab.; v. forte, taie dit *craie de Briançon*. Pont remarquable d'une seule arche sur la vallée de la Durance.

BRIARE, ch.-l. de c. (Loiret), arr. de Gien; 6,700 hab. == CANAL DE BRIARE, qui se raccorde à Bugos, près de Montargis, avec le canal du Loing et le canal d'Orléans, et qui unit la Loire à la Seine.

BRIARÉE. Myth. Nom de l'un des cyclopes.

BRIARÉE, géant myth., fils du Ciel et de la Terre qui avait cinquante têtes et cent bras. Il fut précipité par Neptune dans la mer et enchaîné par Jupiter sous l'Etna, en punition de sa révolte.

BRIBE. s. f. (coll. *bris*, mettre en morceaux). Gros morceau de pain. *Une b. de pain.* Pop. || Par ext., s'emploie fam. et au plur., pour désigner les restes d'un repas. *On distribuait aux pauvres les bribes du dîner.* || Fig. et fam., se dit de citations ou de phrases prises çà et là sans goût et sans raison. *Un livre composé de bribes.*

BRIC-A-BRAC. s. m. (altér. de *bric et broc*, mots se rattachant à la racine *brec*, rompre. Voy. ROMPRE). *Marchand de b.*, Marchand qui achète et revend divers objets de hasard, comme de la vieille ferraille, de vieux tableaux, etc. *Boutique de b.* || Pl. *Des bric-à-brac.*

BRICE (SAINT), évêque de Tours, mort en 444. Fête le 13 novembre.

BRICK. s. m. [on écrit aussi *Brig*] (angl. *brig*, m. s.). T. Mar. Le *Brick* est un bâtiment à deux mâts. Il n'a en tout qu'un grand mât et un mât de misaine, tous deux un peu inclinés, le premier sur l'arrière et le second sur l'avant: c'est

donc l'absence de mât d'artimon qui le distingue essentiellement des autres navires. La vergue principale du grand mât s'appelle *Bome*; elle porte celle des voiles du bâtiment qui offrent au vent la plus large surface. C'est à cette voile, appelée *Brigantine*, que le *Brick* ou *Brig* doit son nom. Les deux mâts de cette sorte de navire sont munis de hunes.

BRICOLE. s. f. (bas-lat. *bricola*, machine de guerre à lancer des pierres, d'où les cordes employées dans cette machine). Partie du harnais d'un cheval de trait, contre laquelle s'appuie son poitrail lorsqu'il va en avant. || Courroie ou lanière de cuir dont on se sert pour porter différents objets. || T. Jeu. A la paume, Retour de la balle lorsqu'elle a frappé une des murailles des côtés, *Jouer de b. Coup de b.* — Au billard, Retour de la bille qui, après avoir frappé une des bandes vient à la rencontre de la bille sur laquelle on joue. *Faire une bille de b.* — Par anal., on dit qu'*Un boulet frappe de b.*, lorsqu'il frappe après un bond. || Fig. et fam., *De b.*, par *b.*, Indirectement. *Il ne peut parvenir là directement, il y parviendra de b.* ou *par b.* Fig. et prov., *Jouer de b.*, *N'aller que par bricoles,* User de voies trompeuses et détournées. On dit de même: *Il a voulu me donner une b. Je me défie de ses bricoles.* VX. == BRICOLES. s. f. pl. se dit d'une espèce de rets ou de filet dont on se sert pour prendre les cerfs, les daims, etc. *Le cerf a donné dans les bricoles.* || T. Mar. Action des poids qui, placés au-dessus du centre de gravité d'un vaisseau tendent, à l'incliner d'un côté ou d'un autre.

BRICOLER. v. n. T. Jeu. Jouer de bricole, soit à la paume, soit au billard. *Il est adroit à b.* || Agiter, jeter çà et là.

BRICOLIER. s. m. Cheval qui porte la bricole, qui est attelé à une voiture à côté du cheval de brancard.

BRIÇONNET, cardinal qui joua un rôle important sous Louis XI, Charles VIII et Louis XII, mort en 1514.

BRICOTEAUX. s. m. pl. (Dimin. du vx fr. *bricot*, petite pierre). Pièces du métier des tisserands.

BRICQUEBEC, ch.-l. de c. (Manche), arr. de Valognes, 3,700 hab.

BRIDABLE. adj. Qui peut être bridé.

BRIDAGE. s. m. (R. *bride*). Cordages pour retirer des fosses les vidangeurs.

BRIDAINE, prédicateur français (1701-1767).

BRIDE. s. f. (anc. all. *brittil*, m. s.). Le harnais de tête du cheval, qui sert à le conduire, et qui est composé de la têtière, des rênes et du mors. Se prend souvent pour les rênes seules. *Mettre la b. à un cheval. Rendre, lâcher la b. à un cheval.* — *Accourcir la b.*, se dit du cavalier qui, après avoir tiré vers lui les rênes de la b., en les prenant avec sa main droite par le bout où est le bouton, les reprend ensuite de sa main gauche qu'il avait entr'ouverte pour laisser couler les rênes. — *Tourner b.*, se dit d'un cavalier qui retourne sur ses pas. — *Ce cheval a rompu sa b.*, Il a cassé ses rênes. — *Mener un cheval par la b.*, Le mener en tenant les rênes, sans le monter. — *Aller à toute b., à b. abattue,* Mener son cheval au grand galop. || Fig. et fam., *Tenir quelqu'un en b.*, Le modérer, le contenir dans de justes bornes. *Lui tenir la b. haute, la b. courte,* Lui donner peu de liberté, le traiter avec quelque sévérité. — *Il a plus besoin de b. que d'éperon,* se dit d'un homme ardent, impétueux, qui a plus besoin d'être retenu que d'être excité. *Aller b. en main dans une affaire,* Y procéder avec beaucoup de circonspection. — *Lâcher la b. à quelqu'un,* Lui donner plus de liberté qu'à l'ordinaire. *Lâcher la b. à ses passions,* S'y abandonner entièrement. *Mettre la b. sur le cou à quelqu'un,* Le laisser maître de ses actions. — *Courir à b. abattue après les plaisirs, à sa ruine, à sa perte,* Se livrer aux plaisirs sans aucune retenue. || Lien à l'aide duquel on retient certaines coiffures et qu'on noue sous le menton. *La b. d'un béguin d'enfant, d'une casquette, d'un bonnet.* || T. Couture. Se dit des points en travers qu'on fait aux extrémités d'une boutonnière ou autre ouverture en long pour empêcher qu'elle ne se déchire et ne s'agrandisse. — Sorte de ganse en points de chaînette au bord de quelque partie de vêtement. || En parlant des espèces de dentelles appelées point de France, point de Venise, point de Malines, se dit des petits tissus de fil qui servent à joindre les fleurs les unes avec les autres. || T. Techn. Lien de fer avec lequel on ceint une pièce de bois, pour empêcher qu'elle n'éclate. || T. Chir. Se dit des filaments membraneux qu'on rencontre dans le foyer des abcès, dans les plaies profondes, dans le trajet des plaies d'armes à feu, etc.

Man. — Parmi les aides et châtiments employés pour maîtriser et dompter le cheval, le harnais de tête est placé en première ligne. Il y a trois sortes de harnais de tête : le *Bridon*, le *Filet* et la *Bride*, et chacun de ces harnais se divise en trois parties distinctes, le *Mors*, la *Têtière* et les *Rênes*.

Le *Mors* est un instrument de fer, plus ou moins compliqué, suivant qu'il est destiné à exercer une action plus ou moins violente. On le place dans la bouche du cheval, où il est maintenu par la têtière, et sur laquelle il agit par l'intermédiaire des rênes. Pour le bridon comme pour le filet, le mors (Fig. 1 et 2) se compose de deux morceaux de fer qu'on nomme *Canons*, joints ensemble par une espèce de charnière

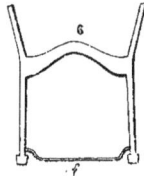

appelée *Pli*, et terminés par deux anneaux qui servent en même temps de porte-rênes et de porte-têtière. Pour bien saisir la différence qui existe entre le mors du bridon (Fig. 1) et celui du filet (Fig. 2), il faut remarquer que le premier a les canons plus gros, et en outre deux traverses nommées *Ailes*. Le bridon est employé seul, tandis que le filet accompagne ordinairement la bride. — Dans le mors de bride (Fig. 3. Mors de bride dont la branche gauche a été enlevée; Fig. 4. Branche gauche vue du côté extérieur; Fig. 5. Autre branche de mors en forme d'S, vue du même côté), on distingue, quelle que soit sa forme, l'*Embouchure* (*a*), les *Branches* (*b*) et la *Gourmette* (*c*). Les autres pièces sont considérées comme accessoires, et ne servent qu'à assurer l'effet des trois pièces principales, ou à les orner. Ces pièces, au nombre de huit, sont les *Tourets de porte-rênes* (*d*); les *Anneaux* (*e*); la *Chaînette* (*g*); les *Tourets de chaînette* (*h*); l'*Esse* de la gourmette (*i*); le *Crochet* (*k*); les *Bossettes* et les *Fonceaux* (*l*); la bossette recouvre le fonceau. — L'embouchure est la pièce du mors qui se place dans la bouche du cheval, et qui, à chacune de ses extrémités, est attachée aux branches. Au milieu de l'embouchure se trouve une arcade que l'on nomme *Liberté de la langue*, et qui sert à loger la langue du cheval. Cette arcade peut être plus ou moins élevée, et sa partie supérieure a même été, dans certains mors, remplacée par un angle. Les canons font suite à la liberté de la langue, et portent immédiatement sur les barres du cheval. Les branches

servent à faire agir l'embouchure et la gourmette. Chaque branche se divise en deux parties. A la partie haute, se trouve l'œil de la branche (*n*) pour passer le porte-mors, avec le crochet (*k*) et l'esse (*i*) pour soutenir la gourmette. La partie basse, tantôt droite, tantôt courbe ou formant l'S (Fig. 5), se termine inférieurement par un anneau dans lequel on fait passer les tourets de porte-rênes et de chaînette. Cette chainette, qui, dans les mors ordinaires, sert d'ornement à la lèvre inférieure les branches du mors de cavalerie (Fig. 6) par une barre

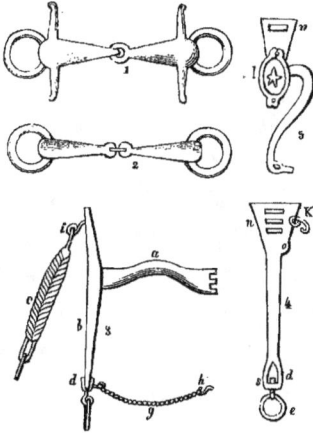

basse, tantôt droite, tantôt courbe ou formant l'S (Fig. 5), se termine inférieurement par un anneau dans lequel on fait passer les tourets de porte-rênes et de chaînette. Cette chainette, qui a sur la chainette l'avantage de consolider les branches. La gourmette (*c*), fixée au mors par l'esse et le crochet, est composée de mailles de fer ou d'acier de différentes grosseurs et de différentes formes. Elle peut facilement se contourner au-dessous de la barbe du cheval, et se termine du côté qui doit s'attacher au crochet par des mailles qui permettent de l'allonger ou de la raccourcir à volonté.

Comme nous l'avons dit, le mors est soutenu et maintenu dans la bouche du cheval par la *Têtière*, qui, dans le bridon et le filet (Fig. 7 et 8), se compose d'un *Dessus de tête* (*a*), de deux *Montants* (*b*), d'un *Frontal* (*c*), et des *Rênes* (*d*). Le

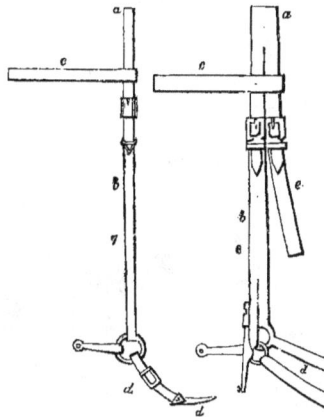

bridon a de plus que le filet une *Sous-Gorge* (*e*). La têtière de la bride (Fig. 9) se compose d'un *Dessus de tête* (*a*), des *Montants* (*b*), de la *Sous-gorge* (*c*), du *Frontal* (*d*), de la *Muserolle* (*e*), des *Porte-Mors* (*f*) et des *Rênes* (*g*). Enfin, celles-ci comprennent les *Porte-rênes* (*h*), le *Bouton fixe* (*i*), le *Bouton coulant* (*j*) qui sert à resserrer les rênes, et le *Fouet des rênes* (*k*).

Ainsi que nous l'avons dit, les canons agissent sur les barres du cheval, la partie inférieure des branches descend au-dessous de la bouche, et la gourmette, qui s'attache à la partie supérieure des branches, entoure la barbe du cheval. — Supposons les rênes placées à la partie inférieure extrême des branches. Lorsque l'on fait agir les rênes en tirant la tête du cheval vers son encolure, les canons du mors tournent sur les barres en les pressant, et le haut des branches, en se portant en avant, attire à lui la gourmette qui serre. D'après cela, il est facile de comprendre que plus la force qui attirera les branches inférieurement sera considérable, plus fortes seront l'action des canons sur les barres et la compression de la gourmette sur la mâchoire inférieure. On peut donc comparer les branches du mors à des leviers dont la puissance augmentera en proportion de leur longueur. Nous avons supposé la force agissant également sur les deux branches; supposons maintenant que l'on ne fasse agir qu'une seule des branches : l'effet aura lieu sur les barres suivant la direction que l'on aura donnée à la rêne. Si l'on tire horizontalement à gauche, c'est la barre gauche qui sera affectée ; si, au contraire, la rêne est tirée à gauche obliquement de bas en haut, l'effet aura lieu sur la barre droite, parce que le mors, en basculant, est forcé d'y prendre son point d'appui : c'est ce qui explique comment on peut faire tourner un

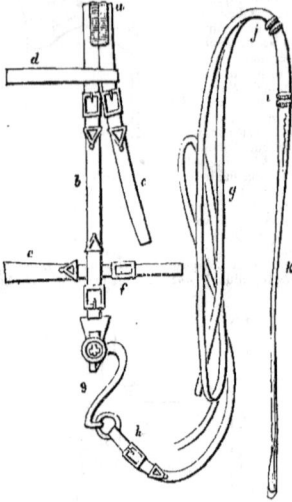

cheval en se servant de la rêne opposée au côté sur lequel il tourne. Il est évident que la grosseur et la forme du canon, ainsi que la disposition des mailles de la gourmette, exercent une certaine influence sur la puissance du mors. Ce que nous venons de dire de l'action des rênes sur les mors ne peut s'appliquer qu'au mors du cheval de selle, car l'action des rênes dans le harnais ou cheval de voiture se fait toujours sentir horizontalement et parallèlement au cheval; le cheval de trait inclinera donc toujours du côté où l'appellera la rêne.

BRIDÉLIE. s. f. (R. *Bridel*, nom d'un botaniste suisse). T. Bot. Genre d'arbres de la famille des *Euphorbiacées*. Voy. ce mot.

BRIDER. v. a. Mettre la bride à un cheval, à un mulet, etc. *B. un cheval*, et absol., *Brider. Bridez, nous allons nous mettre en route*. || Fig. et prov., *B. son cheval, son âne par la queue*, Prendre une affaire à contre-sens ou s'y prendre maladroitement. || Fig. et fam., *B. quelqu'un par un acte, par un contrat*, Mettre dans un acte, etc., des conditions qui l'obligent indispensablement à se tenir dans certaines bornes. || Fig. et fam. *B. le nez à quelqu'un avec une houssine*, avec un fouet, Frapper quelqu'un au travers du visage avec une houssine, etc. || Par ext., se dit de certains vêtements qui serrent trop. *La ceinture de mon pantalon me bride trop.* — S'emploie absol. *Cet habit bride.* = BRIDÉ, ÉE. part. *Oison bridé.* Voy. OISON.

BRIDET (JACQUES-PIERRE DE), agronome français, inventeur de la poudrette (1746-1807).

BRIDEUSE. s. f. Celle qui, repassant la couchure, finit la bride, point d'Alençon.

BRIDIER. s. m. Ouvrier qui fait les brides.

BRIDOIR. s. m. (R. *brider*). T. Manège. Mentonnière.

BRIDOLE. s. f. (R. *bride*). T. Mar. Appareil servant à ployer les bordages courbes pour qu'ils se joignent sur la membrure du bâtiment.

BRIDON. s. m. (R. *bride*). Harnais de tête du cheval. Voy. BRIDE.

BRIDURE. s. f. (R. *brider*). T. Mar. Action de réunir des cordages pour en augmenter la force.

BRIE. s. f. (R. *broyer*). Instrument du vermicellier servant à donner la dernière façon à la pâte. || Outil de bois analogue du boulanger et du pâtissier.

BRIE, anc. pays de France (dép. de Seine-et-Oise, de Seine-et-Marne et de l'Aisne). Cap. *Meaux*. Céréales, fromages renommés. — Nom des hab. : BRIARD, ARDE ; ou BRIOIS, OISE.

BRIE-COMTE-ROBERT, ch.-l. de c. (Seine-et-Marne), arr. de Melun, 2,700 hab.

BRIEC, ch.-l. de c. (Finistère), arr. de Quimper, 6,400 hab.

BRIÉE. s. f. Quantité de pâte travaillée avec la brie.

BRIEF, IÈVE. adj. (lat. *brevis*, court). Court, de peu de durée, prompt. Ne se dit guère qu'au fém., et dans ces locut., *Brière description*, *brière narration*, Courte description, etc. || Se disait fréquemment autrefois en T. Palais. *Il fut assigné à trois briefs jours. Il en fut fait brière justice.* — *Brière sentence*, Sentence rendue promptement.

BRIENNE (JEAN DE), roi de Jérusalem (1210), emp. de Constantinople (1231-1237).

BRIENNE-LE-CHÂTEAU, ch.-l. de c. (Aube), arr. de Bar-sur-Aube, 1,700 hab. Ancienne école militaire dont Napoléon fut élève.

BRIÉNON-L'ARCHEVÊQUE ou **BRIÉNON-SUR-AR-MANÇON**, ch.-l. de c. (Yonne), arr. de Joigny, 2,500 hab.

BRIENZ, v. du canton de Berne (Suisse), sur le lac de Brienz, 3,000 hab. = LAC DE BRIENZ, très beau, fort pittoresque, et très poissonneux, formé par l'Aar; 15 kil. de long, 6 kil. de large. Altitude : 630 mètres. Magnifiquement encadré dans ses montagnes. Cascade du Giessbach en face Brienz.

BRIER. v. a. Écraser la pâte avec la brie.

BRIERRE-DE-BOISMONT, médecin aliéniste français (1797-1881).

BRIÈVEMENT. adv. (lat. *brevis*, court). En peu de mots.

BRIÈVETÉ. s. f. (lat. *brevitas*, m. s., de *brevis*, court). Courte durée de quelque chose. *La b. de la vie, du temps.*

BRIEY, ch.-l. d'arr. (Meurthe-et-Moselle), 2,090 hab.

BRIFAUDER. v. a. Donner le premier peignage à la laine.

BRIFAUT (CHARLES), auteur dramatique, membre de l'Académie française (1781-1857).

BRIFIER. s. m. Bande de plomb dans l'enfaîtement d'un bâtiment couvert d'ardoises.

BRIG. s. m. T. Mar. Voy. BRICK.

BRIGADE. s. f. (R. *brigue*, avec le sens d'occupation, affaire, assemblée ?). L'étymologie du terme *Brigade* est fort incertaine ; cependant ce mot n'est pas lui-même fort ancien. C'est sous Henri IV seulement que nous le voyons employé pour désigner un nombre déterminé de soldats. La gendarmerie du roi fut alors divisée en brigades composées de vingt-cinq maîtres chacune. Sous Louis XIII, ce terme servait déjà à désigner des portions d'armée. Puységur, qui servit sous Louis XIV et sous Louis XV, nous apprend que, de son temps, la b. se composait, pour l'infanterie, de 8 bataillons, et pour la cavalerie, de 8 escadrons. Chaque b. était sous les ordres d'un officier supérieur nommé

Brigadier des armées du roi. Sous la République, la b. se composa de 6 bataillons divisés en 2 *demi-brigades.* Aujourd'hui, la b. d'infanterie se compose de 2 régiments et est commandée par un *général de b.* Chacun de nos 18 corps d'armée a une b. de cavalerie aux ordres du général commandant le corps d'armée, et formée d'un régiment de dragons et d'un régiment de cavalerie légère, hussards ou chasseurs, chacun d'eux à 4 escadrons, et une b. d'artillerie commandée par un général de b. L'officier supérieur qui commande une b. porta, de 1762 à 1814, le titre de *Général de b.*; de 1814 à 1848, celui de *Maréchal de camp*; enfin, en 1848, le titre de *Général de b.* a prévalu de nouveau.

Le mot b. ne sert pas seulement et exclusivement à désigner un corps d'armée sous les ordres d'un officier supérieur. Dans la *cavalerie,* on donnait autrefois ce nom à une petite troupe de 6 ou 8 hommes commandés par un *brigadier*; on dit aujourd'hui *escouade* (voy. ce mot), mais le mot *brigadier* a été conservé. Dans la *Gendarmerie* actuelle, la b. se compose de 5 ou 6 hommes à pied ou à cheval, sous les ordres d'un *brigadier.* — Les *Douaniers* des frontières et du littoral, qui sont traités en véritables soldats, sont aussi divisés en *brigades*, et ont pour chefs des *brigadiers.* — Il y a encore des *brigades* dans l'*Administration des Eaux et Forêts* : une b. se compose de 3 ou 5 gardes qui peuvent se réunir facilement sans s'éloigner considérablement de leurs triages. Les brigades forestières, lorsqu'elles en sont requises, doivent se joindre aux brigades de gendarmerie, mais seulement dans l'intérieur des forêts. — On donne le nom spécial de *B. de sûreté* à une troupe d'agents de police conduits par un chef nommé *brigadier.* Dans ce sens on dit aussi *B. de gardiens de la paix*, *B. d'agents de police.* — Enfin, le terme de b. est encore parfois appliqué à des troupes d'hommes ayant un semblant d'organisation militaire : c'est ainsi que, dans certaines administrations, les ouvriers sont divisés en *brigades*, à la tête desquelles sont des ouvriers-maîtres nommés *brigadiers.*

BRIGADIER. s. m. Chef d'une brigade. — Le grade de b. usité dans la cavalerie et l'artillerie équivaut à celui de *caporal* dans l'infanterie. || Se dit parfois d'un général de brigade.

BRIGAND. s. m. Celui qui exerce habituellement le brigandage. *Une troupe de brigands.* || Par ext., se dit de ceux qui exercent des exactions, des concussions, et par exag., de ceux qui ont fait quelque mauvaise action. *C'est un b. Oh! le b.!*

Étym. — On n'est pas d'accord sur l'origine du mot *Brigand.* Voici ce qu'en dit un ancien écrivain : « La ville de Paris arma et solda, à la sollicitation de Charles, Dauphin de France, durant la détention du roi Jean, son père, prisonnier en Angleterre, l'an 1356, des soldats à pied nommés *Brigands*, parce qu'ils estoient armez de *brigandines*, armes pour lors fort usitées, et d'autant que ces troupes se licencioient à toutes sortes de débordemens, pillans, volans et faisans mille ravages partout où elles passoient; le bruit de leur volerie fut tellement espandu, que le commun peuple croyoit que tous ceux qui faisoient profession de voler et de piller, et mesme les voleurs qui voloient dans les forests et sur les grands chemins, estoient de ces troupes-là, et les nomma *Brigans*, nom qui demeure jusqu'à présent. » Il se pourrait aussi que b. eût signifié dans l'origine soldat à pied faisant partie d'une brigade, d'où le sens est devenu soldat mal discipliné faisant partie d'une bande organisée pour le pillage, et enfin membre d'une association de malfaiteurs. Il semble, en tout cas, plus naturel de faire dériver *brigandine* de b., que b. de *brigandine.*

BRIGANDAGE. s. m. (R. *brigand*). Pillage, vol, crime commis à main armée, et le plus souvent par des malfaiteurs réunis en troupes. *Exercer des brigandages. Réprimer, arrêter le b.* || Par ext. et fam., Exaction, concussion, déprédation. *Les traitants commettaient des brigandages inouïs.*

BRIGANDER. v. n. Exercer des brigandages, se conduire en brigand. *Ce vieux des gens accoutumés à b. Il n'a fait que b. toute sa vie.* Fam. || Ravir, conquérir par brigandages.

BRIGANDINE. s. f. (R. *brigand*, soldat à pied). Sorte d'armure ancienne en forme de corselet ou de cotte de mailles.

BRIGANTIN. s. m. (R. *brigand*, pr. vaisseau pour la course). T. Mar. Petit bâtiment à deux mâts, gréé comme un

brick, et qui n'a qu'un pont. *Le b. marchait autrefois à la voile et à la rame.* || Art milit. Sorte de lit portatif de campagne.

BRIGANTINE. s. f. (R. *brigantin.* T. Mar. Petit bâtiment en usage dans la Méditerranée. — Voy. Voile.

BRIGAUT. s. m. Gros bois neuf à brûler. || Bout des branches des arbres qu'on abat.

BRIGHAM YOUNG, 2e chef des Mormons (1801-1877).

BRIGHTON. v. d'Angleterre, sur la Manche, comté de Sussex. Port. Bains de mer très fréquentés, 116,500 hab.

BRIGITTE (Sainte), vierge et abbesse, patronne de l'Irlande. Morte en 525. Fête le 1er février.

BRIGITTE (Sainte), religieuse mystique célèbre de Suède, fille d'un prince (1304-1373). Canonisée en 1391. Fête le 8 octobre.

BRIGNE. s. f. Un des noms vulgaires du bar.

BRIGNOLE. s. f. Espèce de prune desséchée, qui doit son nom à la ville de Brignoles, en Provence, où on la prépare. *Une boîte de brignoles.*

BRIGNOLES, ch.-l. d'arr. (Var), 4,580 hab.

BRIGNOLETTE. s. f. Voy. Brillolette.

BRIGUE. s. f. (bas-lat. *briga*, querelle. Ce mot a signifié autrefois, *occupation*, *agitation*). Manœuvres secrètes et détournées que l'on emploie pour obtenir quelque chose, en engageant plusieurs personnes dans ses intérêts. *Faire une b., des brigues. Obtenir une place par b.* S'emploie en mauvaise part. || Cabale, faction, parti. *Avoir une forte, une puissante b.*

BRIGUER. v. a. (R. *brigue*). Tâcher d'obtenir par brigue; se servir du concours de plusieurs personnes que l'on engage dans ses intérêts, pour arriver à ses fins. *B. un emploi, une dignité.* || Signifie quelquefois simplement, Solliciter, demander, rechercher avec empressement. *Les Anglais briguaient l'alliance de la Russie.* == Brigué, ée. part.

Ce monde-ci n'est qu'une loterie
De biens, de rangs, de dignités, de droits,
Brigués sans titre et répartis sans choix.

Voltaire.

BRIGUEUR. s. m. Qui brigue. *Il y a beaucoup de brigueurs pour cette place.* Peu us.

BRIL (Paul), Peintre flamand (1556-1626).

BRILLAMMENT. adv. (Pr. les *ll* mouillées). D'une manière brillante. *Ce morceau de musique a été b. exécuté.*

BRILLANT. ANTE. adj. (Pr. les *ll* mouillées). Qui brille, qui a beaucoup d'éclat. *Une couleur brillante. Un coloris b. Des yeux brillants. Des armes brillantes.* — Par ext. se dit de ce qui frappe vivement et agréablement les regards par le luxe, la pompe, la magnificence. *Une parure brillante. Une fête brillante.* || Se dit aussi de ce qui frappe l'oreille d'une manière vive et agréable. *Une musique brillante. Ce musicien a un jeu brillant.* || Fig., se dit de ce qui frappe et saisit vivement l'imagination. *Une brillante victoire. Une fortune brillante. Un b. avenir. Un style b. Une brillante improvisation.* On dit dans un sens analogue : *Une imagination brillante. Un esprit b.*, etc. || *Une santé brillante. Une bonne et belle santé.* On dit aussi, dans un sens analogue, *B. de santé, de jeunesse.* On dit aussi, *B. de gloire,* Qui s'est couvert de gloire. == Brillant. s. m. Éclat, lustre. *Ces perles ont perdu leur b.* || Fig., Le b. d'un poème, d'un discours. Les beautés brillantes et d'un grand éclat qui se trouvent dans un poème, etc. — Il a plus de b. que de solide, Il a plus d'imagination et d'esprit que de jugement. || Diamant taillé à facettes par-dessus et par-dessous. Voy. Diamant. — *Faux brillants*, Diamants faux, pierres fausses; et Fig., Pensées ingénieuses qui ont quelque éclat, mais qui ne sont ni justes ni solides.

BRILLANTÉ. s. m. [Pr. les *ll* mouillées] (R. *brillant*). Tissu de coton blanchi employé en lingerie.

BRILLANTER. v. a. [Pr. les *ll* mouillées] (R. *brillant*). T. Joaillier. Tailler des diamants en brillant. *B. un diamant.* || Fig., *B. son style*, Le semer de faux brillants, d'ornements recherchés. == BRILLANTÉ, ÉE. part. *Style brillanté.*

BRILLANTINE. s. f. [Pr. les *ll* mouillées] (R. *brillant*). Percale lustrée pour doublures. || Espèce de pommade pour lustrer les cheveux.

BRILLAT-SAVARIN, magistrat et littérateur français, auteur de la *Physiologie du goût* (1755-1826).

BRILLEMENT. s. m. [Pr. les *ll* mouillées]. État de ce qui brille.

BRILLER. v. n. [Pr. les *ll* mouillés] (lat. *beryllus*, béryl, sorte de pierre brillante). Reluire, jeter une lumière étincelante, avoir de l'éclat. *Le soleil brille. Dans ce bal, les diamants brillaient de toutes parts. Ses yeux brillent d'un vif éclat.* || Fig., *Faire la vérité aux yeux de quelqu'un*, La lui faire connaître. — *La joie brille dans ses regards*, On voit dans ses regards qu'il est plein de joie. *La santé, la jeunesse brille sur son visage*, Son visage indique qu'il est jeune, qu'il se porte bien. || Fig., dans le sens physique, se dit de ce qui affecte agréablement la vue par l'éclat, par la fraîcheur, par l'harmonie des couleurs, ou par l'élégance, la richesse, l'éclat, la magnificence, etc. *Des fleurs qui brillent dans un parterre. Cette jeune fille brille parmi ses compagnes.* || Fig., dans le sens moral, se dit de tout ce qui attire et fixe l'attention, de ce qui se fait admirer. *Sa gloire brille dans l'univers tout entier. Un vrai mérite brillait en lui. Ce peintre a brillé au dernier Salon. Il brille en société. Il aime à b.* || En parlant des personnes, se dit dans le sens d'exceller. *Cet acteur brille dans les rôles passionnés. Cet orateur brille dans l'improvisation.*

BRILLER. v. n. [Pr. les *ll* mouillés] (vx fr. *brail*, piège à prendre les oiseaux). T. Chasse. Se dit d'un chien de chasse qui quête, et qui bat beaucoup de pays. *Cet épagneul brille dans la plaine.*

BRILLOLETTE. s. f. [Pr. *bri-llo-lète*, *ll* mouillées], ou **BRIOLÈTE**, ou **BRIGNOLETTE.** (Dimin. de *brillant*). T. Joaill. Diamant brut ayant la forme d'une poire dans lequel on coupe des facettes dans tous les sens, et qui est souvent percé à l'une de ses extrémités, par laquelle on le suspend aux boucles d'oreilles.

BRILLOTER. v. n. [Pr. les *ll* mouillés] (Dimin. de *briller*). Briller un peu.

BRIMADE. s. f. (Argot des écoles militaires). Plaisanteries désagréables ou vexations que les anciens font subir aux nouveaux arrivés. Les brimades ont été, autrefois, dans certaines écoles, particulièrement pénibles; elles sont devenues aujourd'hui plus inoffensives et tendent à disparaître; malheureusement les jeunes gens montrent un grand attachement pour ces sottes traditions, et leur disparition complète ne doit pas être espérée d'ici longtemps.

BRIMBALE. s. f. Levier qui sert à manœuvrer une pompe. Les marins disent aussi *Bringuebale.*

BRIMBALEMENT. s. m. Action de brimbaler.

BRIMBALER. v. a. Agiter, secouer par un branle réitéré. Se dit principalement des cloches quand on les sonne trop longtemps. *On n'a fait que b. les cloches toute la nuit.* Fam. == BRIMBALÉ, ÉE. part.

BRIMBORION. s. m. (lat. *breviarium*, bréviaire, ce mot ayant signifié d'abord prières marmottées). Colifichet, babiole, chose de peu de valeur. *Que voulez-vous faire de tant de brimborions?* Fam.

BRIN. s. m. (origine inconnue). Ce que le grain ou la graine pousse d'abord hors de terre. *B. d'herbe. Le seigle a déjà poussé de beaux brins.* Il se dit des pousses minces et allongées des arbres, des arbustes, des plantes. *Un b. de marjolaine. Des brins de bouleau.* — *Arbre de b.*, Arbre qui n'a qu'une tige, et qui provient de semence. || T. Charpent. *Bois de b.*, Bois qui n'a pas été fendu par la scie. *Solives de bois de b. Solives de b.* — *C'est un beau b. de bois*, se dit d'une belle poutre longue et droite. *Un beau b. de sapin, de chêne.* || Fig. et fam., *C'est un beau b. d'homme*, se dit d'un jeune homme grand et bien fait. On dit de même, *C'est un beau b. de fille, un beau b. de femme.* || Par ext., se dit de toute parcelle de choses minces et longues, telles que les cheveux, le poil, le fil, la paille, etc. *Arracher à quelqu'un les cheveux b. à b. Un b. de barbe. Un b. de paille. Un b. de fil. Un b. de soie.* — *Un b. de plume*, Une plume d'autruche. Vx. || Fam., se dit pour exprimer une petite quantité de certaines choses, comme paille, foin, fourrage, bois, etc. *Ces pauvres gens n'ont pas un b. de paille pour se coucher.* — Prov., *Il n'y en a b.*, Il n'y a rien de la chose dont on parle. — Fig., *Il a pour elle un b. d'amour*, Il a pour elle un peu d'amour.

BRINDE. s. f. (ital. *brindisi*, de l'all. *bringen*, porter). Coup que l'on boit à la santé de quelqu'un. *Boire, porter des brindes.* Fam. et peu us. — Fig. et prov., *Il est dans les brindes*, Il est ivre.

BRINDILLE. s. f. [Pr. les *ll* mouillées] (Dimin. de *brin*, ou vx fr. *bronde*, branchage). Branche d'un arbre mince et courte.

BRINDISI ou **BRINDES**, v. d'Italie, port sur l'Adriatique. 42,500 hab. Point de départ de plusieurs lignes de paquebots italiens.

BRINDONIER. s. m. T. Bot. Nom donné à plusieurs espèces de plantes du genre *Garcinia*, famille des *Clusiacées.*

BRINGÉ. s. m. T. Teint. Se dit d'une étoffe inégalement teinte.

BRINGUE. s. f. T. Manège. Cheval mal conformé.

BRINGUEBALE. s. f. Voy. BRIMBALE.

BRINVILLIERS (Marquise de), empoisonneuse célèbre, née en 1630, morte sur l'échafaud en 1676.

BRIO. s. m. (Mot italien qui signifie vivacité, entrain). S'emploie dans le langage des Beaux-Arts, et surtout dans celui de la Musique. *Elle a chanté son grand air avec un b. merveilleux.*

BRIOCHE. s. f. (même origine que *broyer*). Sorte de pâtisserie faite avec de la farine, du beurre et des œufs. || Fig. et fam., se dit pour bévue, maladresse, gaucherie.

BRIOCHÉ, célèbre bateleur qui passe pour avoir inventé les marionnettes; vivait vers 1650.

BRIOIR. s. m. Tailloir en bois, à deux lames, s'emboîtant sur un chevalet et où l'on passe les tiges du chanvre séché pour en briser la chènevotte.

BRIOLETTE ou **BRIOLÈTE.** s. f. T. (Dimin. de *brillant*). T. Joaill. Voy. BRILLOLETTE.

BRIOLEUR. s. m. Celui qui conduit du bois avec des bêtes de somme.

BRION. s. m. T. Const. Pièce courbe, droite dans sa partie inférieure pour le prolongement de la quille et formant un coude dans sa partie supérieure pour ébaucher l'étrave.

BRION (GUSTAVE), peintre français (1821-1877).

BRIONNE, ch.-l. de c. (Eure), arrondissement de Bernay, 3,600 hab.

BRIOSO. adv. (R. *brio*). T. Mus. Avec brio.

BRIOT, mathématicien français, auteur de nombreux ouvrages d'enseignement très estimés (1817-1882).

BRIOTTE. s. f. [Pr. *bri-ote*]. T. Bot. Sorte d'Anémone.

BRIOU. s. m. Débris de pierres écrasées.

BRIOUDE, ch.-l. d'arr. (Haute-Loire), 4,900 hab. Ville très ancienne, en lat. *Brivas*, prise et pillée par les Sarrasins, en 752. Église remarquable du XIIe siècle, un des plus beaux échantillons du style roman.

BRIOUX, ch.-l. de c. (Deux-Sèvres), arr. de Melle, 1,300 hab.

BRIOUZE, ch.-l. de c. (Orne), arrondissement d'Argentan, 1,700 hab.

BRIQUAILLONS. s. m. pl. [Pr. les *ll* mouillées] (R. *brique*, avec le suffixe péj. *aille*). Vieux morceaux de briques cassées.

BRIQUE. s. f. (angl. *brick*, m. s., de l'anglo-saxon *brice*, fragment. Ce mot a le même radical que *brèche* et *rompre*. Voy. ces mots). Terre argileuse pétrie et ordinairement moulée en forme de carreau, que l'on fait cuire dans un four ou sécher au soleil, et dont on se sert pour bâtir. *Maison de b. — de briques. Four à b.* || Par anal., *B. d'étain, de savon*, etc., *Morceau d'étain, de savon*, qui a la forme d'un carré long plus ou moins épais comme les briques ordinaires.

Techn. — L'absence complète de pierres à bâtir dans certaines contrées a forcé les habitants de chercher les moyens d'y suppléer : c'est ce qui s'est fait, de toute antiquité, au moyen de la *brique*. Les briques sont de véritables pierres artificielles fabriquées en terre pétrie avec de l'eau, puis moulée, et enfin séchée au soleil ou durcie au feu. — La terre qui convient à la fabrication des briques est un mélange d'argile et de sable. Si l'argile pure domine, on dit qu'elle est *trop grasse*; on dit au contraire qu'elle est *trop maigre*, quand la silice (sable) s'y trouve en proportion trop considérable; le plus souvent il y a lieu d'ajouter du sable à la terre à briques. La première opération de la fabrication des briques consiste à *corroyer*, c.-à-d. à pétrir l'argile. On a soin de purger la terre à b. des pierres et autres corps étrangers qu'elle peut contenir; ensuite on laisse la pâte à l'air libre jusqu'à ce qu'elle ait acquis un certain degré de consistance. L'ouvrier la prend dans ses mains, qu'il a au préalable bien saupoudrées de sable fin pour empêcher que l'argile n'y adhère, et il en remplit des moules qui ont la forme voulue. Ces opérations terminées, on laisse sécher les briques à l'air libre sur des *séchoirs*, qui offrent une ressemblance grossière avec les rayons d'une bibliothèque. Les briques ainsi préparées sont appelées *crues* : on les appelle *cuites*, lorsque, après les avoir fait sécher, on les a soumises à l'action d'une chaleur intense et prolongée. Ces dernières acquièrent une dureté plus ou moins grande et parfois très considérable, tandis que les premières sont toujours friables. Les briques crues sont trop promptement altérées par l'action de l'humidité pour qu'on puisse en faire usage dans nos climats, tandis qu'elles ont toujours été et sont encore extrêmement usitées dans les climats chauds et secs, comme le sud de l'Algérie, l'Égypte, la Perse, la Syrie, l'ancienne Mésopotamie.

Les Babyloniens et les anciens habitants de l'Assyrie ne connaissaient pas d'autres matériaux de construction que la b. Les Égyptiens, quoique se servant de la pierre pour leurs grands édifices, employaient beaucoup la b. pour les constructions de moindre importance. Une peinture, découverte sur les murs d'un tombeau à Thèbes, représente tous les détails de la fabrication des briques en Égypte. La Fig. ci-contre, prise de cette peinture, nous montre deux esclaves chargés de transporter la terre à briques au moyen de jougs; l'un d'eux vient de déposer sa charge. Les Égyptiens savaient faire des dessins variés par l'emploi alternatif de briques blanches et noires. — Les Grecs regardaient les murs verticaux de briques comme aussi solides que les murs de pierres : aussi employaient-ils la b. dans la construction de leurs plus grands édifices. Les Romains préféraient les briques qui étaient ou blanches ou tout à fait rouges (celles-ci doivent leur couleur à la présence de l'oxyde de fer). Ils considéraient le printemps comme la meilleure saison pour les fabriquer, et ils les laissaient exposées au soleil pendant deux ans avant de les employer. Ils en distinguaient trois sortes, qu'ils appelaient *Lydiennes*, *Tétradoron* et *Pentadoron*. Les premières avaient 43°,80 de longueur sur 29°,20 de large. Les deux autres espèces étaient carrées, et avaient, les premières 30, et les secondes 37 centimètres de diamètre environ. Les plus grandes briques avaient 3°,27 d'épaisseur. Les Romains fabriquaient aussi avec une terre de la nature de la pierre ponce une espèce de b. tellement poreuse, qu'elle surnageait sur l'eau. Ils en faisaient particulièrement usage dans la construction des arcades et des voûtes, où leur légèreté offrait un très grand avantage. Les Babyloniens remplaçaient fréquemment le ciment par l'asphalte. Les briques que l'on trouve dans les ruines des villes de la Babylonie et de l'Assyrie présentent ordinairement des inscriptions en caractères *cunéiformes* que la science moderne est parvenue à déchiffrer. Beaucoup de briques romaines portent le nom de la fabrique du briquetier qui les avait faites : quelquefois encore elles portent la date du consulat. Une loi même imposa aux briquetiers romains l'obligation de mettre leur nom sur leurs produits. Ces empreintes peuvent, dans certains cas, jeter quelque jour sur différents points d'histoire et de géographie. C'est ainsi que Wiener a pu suivre les marches de la 22e légion à travers une grande partie de la Germanie, à l'aide des briques qui portent son nom.

La b., ainsi que nous l'avons dit, est usitée partout où manque la pierre à bâtir; mais on l'emploie aussi là où la pierre est abondante, soit seule, soit associée à la pierre; on s'en sert surtout pour les cloisons intérieures des maisons, et pour quelques autres parties de la construction, comme toiture, cheminées, etc. Les tuiles, les carreaux, les tuyaux de

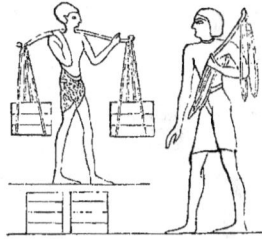

cheminée, etc., ne sont autre chose que de la terre à b. à laquelle on a donné une forme particulière au moyen de moules *ad hoc*. On fait aujourd'hui un grand emploi de briques creuses, c.-à-d. percées, dans leur épaisseur, de trous cylindriques ou quadrangulaires. Ces briques, où la légèreté s'associe fort bien à la solidité, se combinent merveilleusement avec l'emploi du fer dans l'architecture des édifices privés.

Naguère la fabrication des briques se faisait tout entière à la main; aujourd'hui elle se fait surtout mécaniquement : il y a des machines pour pétrir l'argile, d'autres pour mouler et découper la pâte, d'autres pour la comprimer afin d'augmenter la densité des briques. Lorsque les briques sont séchées, on procède à leur cuisson. Celle-ci se fait ou dans des fours ou en meules en plein air. Les fours sont formés de murs épais afin de concentrer la chaleur. Tantôt ils sont entièrement découverts, tantôt ils sont recouverts d'une voûte cylindrique qui supporte les briques et qui est alors percée d'un grand nombre d'ouvertures servant au tirage et à donner issue à la fumée. Très souvent les voûtes du four sont construites, à chaque opération, avec des briques séchées simplement à l'air. Pour la cuisson en meule, on forme avec les briques une meule rectangulaire, on ménage à la base un certain nombre de canaux dans lesquels on charge plus tard le combustible; puis, on recouvre extérieurement ces tas, sur les faces latérales, d'une légère couche de terre ou d'argile qui remplace les parois du fourneau. Selon les localités, on emploie pour combustible la houille, la tourbe ou le bois. La houille est en général plus avantageuse sous tous les rapports. Le caractère auquel on reconnaît que les briques sont bien cuites, est le son clair qu'elles rendent lorsqu'on les frappe. Ordinairement la cuisson demande dix à douze jours, et le refroidissement cinq à six.

Pour la construction des fourneaux qui sont destinés à supporter une très haute température, on emploie des briques dites *réfractaires* qui ne doivent ni se fondre, ni se ramollir. Elles se font avec de l'*Argile réfractaire*, ne contenant ni oxyde de fer en quantité notable, ni carbonate de chaux. Cette même argile est usitée pour la fabrication des creusets dont on se sert dans les laboratoires. On la soumet à une lévigation très soignée, et on la dégraisse avec du sable quartzeux. On fabrique aussi des briques très réfractaires avec du quartz aggloméré avec un dixième ou un quinvième d'argile; ces briques, dites briques de silice, sont précieuses pour la fonte de l'acier sur soie. Les *briques de graphite*, absolument réfractaires, se font soit avec du graphite naturel, soit avec du charbon des cornues aggloméré avec un peu de goudron. On fabrique des briques plus légères que l'eau, en mélangeant un vingtième d'argile avec une sorte de magnésie poreuse. Enfin nous signalerons les briques basiques à base de dolomie qui sont réfractaires et possèdent la propriété de se contracter fortement par la chaleur, tandis que les briques de silice ne subissent presque aucun retrait.

BRIQUET. s. m. (même origine que *brique*). Petite pièce d'acier en de fer dont on se sert pour tirer du feu d'un caillou. *Battre le b. pour se procurer du feu.* — Par ext., se dit de divers appareils au moyen desquels on obtient du feu. | Espèce de sabre court et légèrement recourbé, à l'usage de l'infanterie. || *Battre le b.*, Se heurter les chevilles l'une contre l'autre en marchant. || T. Minc. *Choc du b.*, Expérience dont on se sert quelquefois pour déterminer la nature des minéraux, et qui consiste à les frapper avec un morceau d'acier pour en tirer des étincelles.

Techn. — Le choc d'un morceau de silex contre un morceau de fer ou d'acier détache de petits fragments de métal rendus incandescents par le frottement: l'idée d'utiliser cette propriété, pour se procurer du feu, donna naissance au *Briquet*. C'était un petit appareil composé d'un fragment de silex et d'un morceau d'acier auquel on donnait diverses formes. Le silex avait le plus souvent une arête tranchante pour couper le métal et en détacher facilement des fragments. On frappait vivement l'acier contre l'arête vive du silex, et l'on recevait l'étincelle sur de l'amadou ou sur quelque autre substance facile à enflammer. Le petit appareil à l'aide duquel on enflammait la poudre dans les fusils dits à *pierre*, était un véritable b. Cet instrument n'est plus usité que par les fumeurs; l'amadou y est remplacé par une mèche de coton imprégnée de chlorate de potasse; et encore l'emploi des allumettes dites *tisons*, qui ne s'éteignent pas au vent, l'a fait presque complètement abandonner. Cependant le nom de b. a été donné à plusieurs appareils destinés à se procurer du feu, mais qui sont pour la plupart tombés en désuétude par l'emploi des allumettes chimiques.

Le *B. phosphorique* consistait en un petit flacon de plomb ou de verre épais renfermant un morceau de phosphore. On y plongeait une allumette soufrée qui ramenait une parcelle de phosphore: il suffisait alors de frotter l'allumette sur un morceau de bois pour déterminer l'incandescence.

Le *B. à gaz hydrogène*, imaginé par Gay-Lussac, repose sur la propriété que possède le gaz hydrogène de s'enflammer à froid au contact de la mousse de platine et de l'air atmosphérique. Cet appareil est ordinairement disposé comme dans la Figure ci-jointe. Le vase V contient de l'acide sulfurique étendu d'eau; Z est un morceau de zinc suspendu à un fil de cuivre, la réaction de l'acide sur le zinc donne naissance à de l'hydrogène qui est recueilli dans la cloche renversée C. L'extrémité supérieure de celle-ci communique avec un robinet R placé à l'extérieur. Si le robinet est fermé, le gaz formé ne peut sortir, déprime le liquide contenu dans C, le fait descendre au-dessous du morceau de zinc, et la production de l'hydrogène cesse d'avoir lieu, puisque le métal et l'eau acidulée ne sont plus en contact. Mais si l'on ouvre le robinet, l'hydrogène s'échappe par l'orifice O, s'élance sur la mousse de platine *m* qui devient incandescente, et s'enflamme aussitôt. En même temps le niveau du liquide remonte, et son contact avec le zinc produit de nouveau de l'hydrogène qui se comporte comme on vient de le dire dès qu'on referme le robinet.

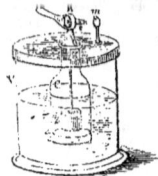

Le *B. à air* ou *B. pneumatique* utilise la chaleur produite par la compression du gaz atmosphérique. Il se compose d'un tube cylindrique à parois épaisses, ouvert par l'une de ses extrémités et d'un piston plein et à frottement. Au-dessous de celui-ci est un petit trou dans lequel on place un morceau d'amadou. On pousse vivement le piston: l'air contenu dans le cylindre se trouve énergiquement comprimé et allume l'amadou. Le b. à air ne se rencontre que dans les cabinets de physique, il n'a jamais servi à l'usage domestique.

Le *B. électrique* consiste essentiellement en un fil de pla-

tine qu'on porte à l'incandescence en le faisant traverser par le courant d'une pile ou d'un accumulateur; il y en a de différentes formes. Il constitue un système d'allumage qui a reçu une grande extension, soit pour l'allumage automatique des foyers de gaz, soit pour l'inflammation des explosifs.

BRIQUET. s. m. (autre forme de *braque*). Petit chien pour la chasse du renard et des blaireaux.

BRIQUETAGE. s. m. (R. *brique*). Maçonnerie de briques. || Enduit qui imite la brique.

BRIQUETER. v. a. (R. *brique*). Appliquer sur une muraille un enduit, et y tracer des joints et des refends, pour imiter la brique. *B. un mur.* == BRIQUETÉ, ÉE. part. || Adj., se dit des choses qui ont la couleur ordinairement rougeâtre de la brique. *Ton briqueté. Urine briquetée.* == Conj. Voy. ACHEVER.

BRIQUETERIE. s. f. (R. *brique*). Lieu où l'on fait la brique. == (R. *briquet*). Lieu où l'on fait les allumettes chimiques.

BRIQUETEUR. s. m. (R. *brique*). Ouvrier qui travaille à des ouvrages de briques.

BRIQUETTE. s. f. [Pr. *briquète*] (Dimin. de *brique*). Mélange de houille ou de coke avec de l'argile, ou de tourbe et de tan, qu'on façonne en forme de brique, et qu'on emploie comme combustible. Voy. AGGLOMÉRÉ.

BRIS. s. m. [Pr. *bri*, malgré l'Académie qui dit à tort qu'on prononce l's] (R. *briser*). T. Palais. Rupture faite avec violence d'un scellé, d'une porte fermée, etc. *Il est accusé de b. de scellé. Le juge ordonna le b. de la porte.* — B. de prison, Évasion ou tentative d'évasion, à la suite de rupture des fenêtres, des portes, ou de dégradation des murs. || T. Mar. Fracture, action de se briser, naufrage. *Le b. du navire eut lieu à une demi-encablure de la côte.* — Les pièces d'un navire qui s'est brisé ou défoncé en donnant contre des rochers. — Droit de b., Droit barbare en vertu duquel le seigneur de l'endroit où un naufrage avait eu lieu s'emparait de tous les objets sauvés du naufrage. *Le droit de b. fut enlevé aux seigneurs par Louis XI, mais il ne fut aboli que par Louis XIV, en 1681.*

BRISANT. s. m. (R. *briser*). T. Mar. Rocher ou écueil à fleur d'eau sur lequel la mer se brise en écumant. *Les brisants sont figurés sur les cartes marines par de petites croix.* || Le rejaillissement de la mer contre les rochers ou contre une côte escarpée.

BRICAUDER. v. a. (bas-lat. *blicaudus*, sorte de vêtement). T. Techn. Faire le premier cardage.

BRISBANE. cap. de l'État de Queensland (Australie). Port 36,000 hab.

BRISBANE (Sir THOMAS MAC DONGALL), général et astronome anglais, fut gouverneur de la Nouvelle-Galles du Sud (Australie), et publia un catalogue de 7,385 étoiles australes.

BRISCAMBILLE. s. f. Voy. BRUSQUEMBILLE.

BRIS-D'HUIS. s. m. T. Blas. Longues pièces de fer pour soutenir les portes sur leurs pivots.

BRISE. s. f. (mot d'origine celtique?). T. Mar. Nom sous lequel on désigne tout vent lorsqu'il n'est pas très violent. *Bonne b. Brise fraîche.* — B. de terre, Celle qui souffle de la terre. — B. de mer, ou B. du large, Celle qui vient du côté de la mer. — B. carabinée, Celle qui souffle avec assez de violence pour être dangereuse aux petits navires.

Météor. — Les brises de rivage sont produites par la différence de température entre la terre et l'eau. Pendant le jour, la terre s'échauffe plus que l'eau, et le soir la b. souffle de la mer. Pendant la nuit, au contraire, la terre se refroidit tandis que l'eau garde sa température, de sorte que le matin la brise souffle de terre.

BRISE-COQUE. s. m. T. Chir. Instrument inventé pour briser la coque de la pierre vésicale. == Plur. *Des brise-coque.*

BRISE-COU. s. m. Escalier roide et difficile. || T. Man. Jeune homme hardi à qui l'on fait monter les jeunes chevaux pour les accoutumer à souffrir le cavalier. Voy. CASSE-COU. Plur. *Des brise-cou.*

BRISÉES. s. f. pl. (R. *briser*). Branches que le veneur rompt aux arbres, ou qu'il sème dans son chemin, pour reconnaître l'endroit où est la bête, et où on l'a détournée. *Faire des b. Aller aux b.* || Fig. et fam., *Suivre les b. de quelqu'un,* Suivre son exemple, l'imiter. *Courir, aller sur les b. de quelqu'un,* Courir sur son marché, entrer en concurrence, en rivalité avec lui. *Reprendre ses b., revenir sur ses b.,* Reprendre une affaire, un dessein qu'on avait interrompu. || T. Admin. forest. Branches qu'on coupe dans un taillis ou à de grands arbres, pour marquer les bornes des coupes.

BRISE-GLACE. s. m. Sorte d'éperon placé en amont de la pile d'un pont, pour briser et séparer les glaces. = Plur. *Des brise-glace* ou *des brise-glaces.*

BRISÉIS. jeune prêtresse de Lyrnesse, captive d'Achille. Agamemnon l'ayant fait enlever, Achille, irrité, se retira dans sa tente et refusa de combattre pendant près d'un an. La colère d'Achille et les événements qui en furent la conséquence forment le sujet de l'*Iliade*, d'Homère.

BRISE-LAMES. s. m. T. Mar. Voy. PORT. = Plur. *Des brise-lames.*

BRISE-LUNETTE. s. f. Nom vulgaire de l'euphraise. = Plur. *Des brise-lunette.*

BRISE-MARIAGE. s. m. T. Filat. Appareil qui sert à empêcher les mariages ou fils doubles. = Pl. *Des brise-mariage.*

BRISEMENT. s. m. T. Mar. Choc violent des flots qui se brisent contre un rocher, une digue, une côte, etc. *Le b. des flots.* | Fig., *B. de cœur,* Douleur morale vive et profonde.

BRISE-MOTTE. s. m. T. Agric. Gros cylindre qui est traîné par des chevaux et qui sert à briser les mottes des terres labourées. = Pl. *Des brise-motte* ou *des brise-mottes.*

BRISE-PIERRE. s. m. T. Chir. Instrument pour briser la pierre dans la vessie. Voy. LITHOTRITIE. = Pl. *Des brise-pierre.*

BRISER. v. a. (celt. *bruis, bris,* morceau). Mettre en pièces un corps solide par une action violente. *B. une porte. B. une glace en mille pièces. En tombant, il se brisa le crâne.* || Fig., *B. les liens de la société, de la discipline, de l'amitié. — B. ses fers, ses chaînes; B. le joug,* Se délivrer d'une domination tyrannique. || Fig. et fam., *Brisons, brisons là-dessus,* Restons-en là, ne poussons pas plus loin la discussion. || Par exag., *Fatiguer le corps au point qu'on est dans l'impuissance de remuer. Les cahots de la voiture m'ont tout brisé.* = SE BRISER. v. pron. Être mis en pièces, se casser. *Le navire se brisa contre la jetée.* — Par anal., se dit des vagues qui, venant à frapper un corps solide, se résolvent en écume. *La mer, les flots se brisent contre les rochers.* || Fig., *Tous les efforts de l'armée vinrent se briser contre cet obstacle,* Vinrent y échouer. — Dans un sens moral, *A cette nouvelle son cœur se brisa,* Il éprouva la douleur la plus vive. || Se dit encore, de certains ouvrages de bois ou de fer, composés de diverses pièces jointes ensemble, de manière à pouvoir aisément se plier, s'allonger, se raccourcir. *Une table, un fauteuil qui se brise.* = T. Phys. Les rayons lumineux se brisent en passant d'un milieu dans un autre, Ils dévient de leur direction rectiligne. = BRISER. v. n. T. Mar. Se dit dans le même sens que *Se b.,* surtout en parlant des lames, des vagues. *La lame brise sur la jetée.* || T. Blas. Voy. BRISURE. = BRISÉ, ÉE. part. || Par exag., *Être b.,* Être extrêmement las ou fatigué. *Il a le corps tout b. — Vantail b.,* Qui peut se plier sur lui-même. || T. Archit. *Comble b.* Voy. COMBLE. || T. Blas, *Chevron b.* Voy. HÉRALDIQUE.

BRISE-RAISON. s. m. Se dit d'une personne qui parle à tort et à travers, et avec laquelle on ne peut pas suivre un raisonnement. *Ces jeunes gens sont de vrais brise-raison.* Fam. = Plur. *Des brise-raison.*

BRISE-SCELLÉ. s. m. Celui qui rompt le scellé apposé par l'autorité légale. Peu us. = Plur. *Des brise-scellés.*

BRISE-TOURTEAUX. s. m. Machine servant à triturer les tourteaux. = Plur. *Des brise-tourteaux.*

BRISE-TOUT. s. m. Étourdi, maladroit qui brise tout ce qui lui tombe sous la main. Fam. = Plur. *Des brise-tout.*

BRISEUR. s. m. Celui qui brise. Ne se dit guère qu'en parlant des hérétiques qui brisaient les images et qu'on nommait Iconoclastes ou *Briseurs d'images.*

BRISEUSE. s. f. Machine employée dans la filature d'étoupes pour ouvrir les déchets, afin de les passer à la carde.

BRISE-VENT. s. m. T. Agric. Abri, clôture, plantation, qui sert à garantir les arbres ou les plantes de l'action du vent. *Des brise-vent.*

BRISGAU, contrée de l'Allemagne au nord de la Suisse (grand-duché de Bade).

BRISIS. s. m. T. Archit. Angles que forment les plans d'un comble brisé. Voy. COMBLE.

BRISKA. s. m. Mot russe qui signifie chariot léger, calèche très légère usitée surtout en Russie et en Pologne.

BRISOIR. s. m. Instrument dont on se sert pour briser certaines choses, mais particulièrement le chanvre et la paille.

BRISOU. s. m. *Feu b.,* Dans quelques mines, se dit pour feu grisou.

BRISQUE. s. f. T. Jeu. Sorte de jeu de cartes. — Se dit encore, à ce jeu, d'une carte qui est atout, ou à d'autres jeux de cartes particulières. *J'ai trois brisques dans mon jeu.* || En argot militaire, chevron, *Sergent à trois brisques.*

BRISSAC, famille noble de France qui a fourni plusieurs maréchaux de France. Voy. COSSÉ.

BRISSE. s. m. (gr. βρίσσος, m. s.). T. Hist. nat. Sangsue de mer.

BRISSON, magistrat français nommé premier président par les ligueurs, puis pendu par les Seize (1531-1591).

BRISSOT, conventionnel, un des chefs des Girondins, mort sur l'échafaud (1754-1793).

BRISTOL. s. m. (R. *Bristol,* v. d'Angleterre). Sorte de carton fabriqué par la superposition de belles feuilles de papier que l'on fait adhérer.

BRISTOL, v. d'Angleterre, grand centre d'industrie, port de commerce très important, 225,000 hab. Patrie de Cabot et de Chatterton. = CANAL DE BRISTOL, vaste golfe à l'ouest de l'Angleterre.

BRISURE. s. f. (R. *briser*). Partie brisée, détachée. *Il y a des brisures dans cette boiserie.* || T. Techn. Se dit de certaines ouvrages dont les parties se replient les unes sur les autres au moyen de charnières. *La b. d'un volet.* Porte à brisure.

Blas. — Dans le langage du Blason, on appelle *Brisure* toute modification faite aux armoiries pour distinguer les branches d'une même famille. — On brise les armes : 1° par le changement des émaux, en conservant les pièces; 2° par le changement des pièces en conservant les émaux; 3° par un changement dans la situation d'une ou de plusieurs figures; 4° par la réduction ou l'augmentation du nombre des pièces semblables; 5° par les partitions ou les écartelures; 6° par l'addition d'une nouvelle figure; 7° par un changement dans les ornements extérieurs. La meilleure manière de briser est celle qui altère le moins les armes primitives : elle consiste à introduire une figure nouvelle. C'est celle qui a été presque toujours employée en France.

Les figures dont on se sert habituellement pour brisures sont : le *Lambel,* le *Bâton péri en barre,* le *Bâton péri en bande,* et la *Bordure.* Le lambel est formé d'un filet à trois pendants au moins, et à six au plus : on le pose ordinairement en chef, rarement en fasce ; ses extrémités ne touchent pas les bords de l'écu. NAPLES porte *Semé de France, au lambel de gueules* (Fig. 1). — Le *Bâton péri en bande* et le *Bâton péri en barre*, sont : le premier, une cotice alésée, c.-à-d. ne touchant pas les bords de l'écu ; le second, une traverse placée dans les mêmes conditions. Ces deux figures se mettent toujours *en abyme*, c.-à-d. au centre de l'écu. BOURBON-CONDÉ portait *de France au bâton péri en bande de gueules* (Fig. 2).

Fig. 1.    Fig. 2.    Fig. 3.

BOURBON-PENTHIÈVRE portait *de France au bâton péri en barre de gueules.* — La *Bordure* est une plate-bande qui entoure l'écu, et dont la largeur est à peu près la sixième partie du champ. ALENÇON portait *de France à la bordure de gueules, chargée de huit besants d'argent* (Fig. 3).

BRITANNICUS, fils de l'empereur Claude et de Messaline ; empoisonné par Néron en 56. || Sa mort a fourni le sujet d'une des plus belles tragédies de Racine.

BRITANNIQUES (ILES-), nom donné à l'ensemble des trois royaumes d'Angleterre, d'Écosse et d'Irlande, réunis aujourd'hui sous le nom de Royaume-Uni. Voy. *Carte d'ANGLETERRE.*

BRIVE-LA-GAILLARDE (*Briva Curetia*), ch.-l. d'arrondissement (Corrèze), 16,800 hab. — Ardoises, forges, conserves alimentaires.

BRIZE. s. f. (gr. βρῖζα, sorte de céréale). T. Bot. Genre de plantes de la famille des *Graminées*, dont certaines espèces sont appelées vulgairement *Amourettes.* Voy. GRAMINÉES.

BRIZEUX, poète français, auteur du poème de *Marie* (1806-1858).

BROC. s. m. [Pr. *bró*, sauf en vers où on peut prononcer *broc* pour le faire rimer avec *roc, froc,* etc.] (R. *broche*, par assimilation de forme avec une chose pointue). Vase portatif, en fer, en zinc, en porcelaine, en étain, le plus souvent en bois muni d'une anse et d'un bec évasé, et dont se sert habituellement pour tirer et transporter du vin ou de l'eau. || Se dit du contenu du b. *Il boirait un b. de vin.* || S'est dit autrefois pour broche, et on l'emploie encore dans cette phrase familière : *Manger de la viande de b. en bouche,* la manger sortant de la broche. = DE BRIC ET DE BROC. loc. adv. Deçà et delà, d'une manière et d'une autre. *Il a ramassé sa fortune de b. et de b.* Dans cette locut. adv., on fait sentir le *c*, et on le prononce comme *k.*

BROCA (PAUL), chirurgien français, s'est surtout adonné à l'étude de l'anthropologie et a fondé l'*Institut Anthropologique* (1824-1880).

BROCAILLE. s. f. Petits pavés de rebut dont on garnit les chemins.

BROCANTAGE. s. m. Action de brocanter, commerce de celui qui brocante.

BROCANTER. v. n. (angl. *broke,* faire le courtage). Acheter, revendre ou troquer des objets de hasard et de toute espèce. *Il gagne sa vie à b.*

BROCANTEUR, EUSE. s. Celui, celle qui brocante.
Législ. — L'exercice de la profession de brocanteur a paru aux yeux du législateur susceptible d'être réglementé, en raison des facilités de tout genre qu'elle offre aux voleurs pour soustraire leurs méfaits aux recherches de la justice. L'ordonnance du préfet de police, en date du 15 juin 1831, impose aux brocanteurs certaines obligations, notamment l'inscription préalable sur les registres de la Préfecture, l'obtention et le port apparent d'une médaille, etc. — De plus,

les brocanteurs doivent tenir un registre timbré, dûment coté et paraphé pour inscrire exactement jour par jour, sans blancs, ni surcharges, les hardes, linges et autres objets qu'ils achètent, ainsi que les noms et demeures des vendeurs. Ils doivent d'ailleurs être constamment porteurs de leurs bulletins d'inscription, patente et livre timbré, — le tout à peine de contravention.

BROCARD. s. m. (R. *broche*?) Raillerie piquante, parole de moquerie. *Lancer, essuyer des brocards.* || T. Vénerie. Chevreuil âgé de plus de deux ans. || T. Métall. Atelier où l'on broie les minerais.

BROCARDER. v. a. Piquer par des railleries, des paroles satiriques. *B. le tiers et le quart. Il brocarde ses meilleurs amis.* Fam. = BROCARDÉ, ÉE. part.

BROCARDEUR, EUSE. Celui, celle qui dit, qui lance des brocards. *C'est un b. dangereux.*

BROCART. s. m. (R. *broche*). Etoffe de soie brochée d'or ou d'argent, ou des deux ensemble. *Jupe de b. B. de Venise, de Lyon.*

BROCATELLE. s. f. (Dimin. de *brocart*). Etoffe de soie ou de coton fabriquée à l'instar du brocart, mais de bien moindre valeur. T. Minér. Beau marbre du genre des brèches ; mais à petits fragments de couleur. Voy. MARBRE.

BROCÉLIANDE, vaste forêt de Bretagne, aujourd'hui forêt de Paimpont (Ille-et-Vilaine), où les romans de la Table ronde font vivre et périr l'enchanteur Merlin.

BROCHAGE. s. m. (R. *broche*). T. Techn. Action de brocher un livre ; le résultat de cette action. || Procédé de tissage varié permettant de former des dessins plus ou moins détachés les uns des autres sans qu'il y ait une seule bride.

Techn. — Une fois sorties de l'imprimerie, les feuilles dont un ouvrage se compose doivent, avant de passer entre les mains du libraire, être pliées et réunies de façon à former un volume : ce qui donne lieu à deux opérations, appelées, l'une *Assemblage,* l'autre *Brochage.* La première a pour objet de réunir dans l'ordre voulu les feuilles appartenant au même volume. Par la seconde, on forme, au moyen de la couture et du collage, un tout compact de ces mêmes feuilles.

Afin de faciliter le travail de l'*Assembleur,* chaque feuille porte un numéro d'ordre ou une lettre de l'alphabet, indiquant la place qu'elle doit occuper dans le livre. Cette espèce de marque de reconnaissance s'appelle *Signature.* L'assembleur dispose sur une grande table un certain nombre de *las* ou de *Formes,* chacun composé de feuilles portant toutes la même signature. Il prend successivement une feuille sur chaque forme, et il en fait un cahier, où les feuilles se trouvent dans l'ordre des signatures. A mesure qu'un cahier est achevé, il le met sur le précédent, et il continue de cette façon jusqu'à ce qu'il ait épuisé les feuilles appartenant au même volume. Les cahiers ainsi rangés forment une *Pile.* On *collationne* chaque pile, c'est-à-dire, on s'assure, en vérifiant l'ordre des signatures, que les feuilles qui la composent sont dans l'ordre voulu. Cela fait, on plie chaque feuille, et on lui donne relativement à ses voisines le même rang qu'elle avait précédemment. Les tas de feuilles pliées se nomment *Parties.* On réunit les parties comme on avait réuni les feuilles, ce qui s'appelle *mettre les parties en corps,* puis le volume est envoyé au *brochage.*

Après avoir procédé à un deuxième collationnement, le *Brocheur* coud solidement les feuilles les unes aux autres, de telle sorte que l'entrelacement des fils forme ce qu'on appelle *Chaînette.* La première feuille et la dernière sont couvertes d'une *Garde* ou feuillet de papier un peu plus large que le format du livre. Cette garde est destinée à les préserver de toute tache ou macule, et sert en même temps à recevoir la couverture, feuille de papier de couleur que l'on applique sur le volume, après la couture, au moyen d'une légère couche de colle de pâte. Quand cette couche de pâte est bien sèche, on ébarbe avec des ciseaux les bords des feuilles qui dépassent les feuilles intérieures. Le volume peut alors sortir de l'atelier du brocheur pour passer dans le magasin du libraire.

BROCHANT. part. prés. T. Blas. *Br. sur le tout.* Se dit des pièces qui brochées sur d'autres passent d'un côté de l'écu à l'autre. Voy. BROCHER.

BROCHANTITE. s. f. (R. *Brochant*, n. d'homme). T. Minér. Sous-sulfate de cuivre hydraté, en masses cristallines ou terreuses, de couleur vert émeraude, accompagnant les minerais de cuivre.

BROCHE. s. f. (lat. *broccus*, dent saillante). T. Cuisine. Instrument de fer long, étroit, pointu par un bout, muni à l'autre d'une poignée ou d'une poulie, et que l'on passe au travers de la viande qu'on veut faire rôtir. *Mettre de la viande à la b. Tourner la b.* — Fig. et fam., *Faire un tour de b.*, Se mettre très près du feu, pour se chauffer rapidement. || Par anal., *B.* se dit de diverses choses qui ont quelque ressemblance avec une b. de cuisine. — Petite verge de fer qu'on adapte aux rouets ou aux métiers à filer, et sur laquelle s'enroulent le fil, le coton, la laine, etc., à mesure qu'ils sont filés. *La b. d'un rouet. Métier de trois cents broches.* — Petite verge polie de fer, de laiton ou de bois dur, dont on se sert pour faire les mailles d'un tricot. *Des broches à tricoter.* On dit plus ordinairement *aiguilles à tricoter*, lorsque ces broches sont de métal. *Drap à double b.* Drap serré et épais que l'on faisait en plaçant deux fils au lieu d'un dans les intervalles des broches. Voy. DRAP. — Baguette de fer dont on se sert pour suspendre divers objets comme chandelles, harengs, etc. — Cheville de bois pointue par un bout, dont on bouche le trou d'un tonneau qu'on a percé. — Petite tige de fer qui se trouve dans certaines serrures, et qui doit pénétrer dans le trou d'une clef forée. — Petite verge de fer qui sort du milieu d'un carton où l'on tire au blanc. *Il a donné dans la b.* || T. Vénerie. *Broches* s'emploie au plur. pour désigner les défenses du sanglier, et le premier bois d'un chevreuil. || Grosse épingle qui sert à la toilette des femmes.

BROCHÉ. s. m. (R. *brocher*). Procédé de tissage au moyen duquel on forme sur l'étoffe des effets façonnés. || Étoffe façonnée qui a été lissée par le procédé du broché. || Dessins obtenus sur le tissu par le procédé du broché.

BROCHÉE. s. f. La quantité de viande que l'on peut faire rôtir ou que l'on fait rôtir en une fois à une broche.

BROCHER. v. a. (R. *broche*). Passer en divers sens dans une étoffe des fils d'or, de soie, etc., en y figurant un dessin. *B. d'or et d'argent une étoffe.* || T. Blas., *Brochant sur le tout*, se dit des pièces qui passent tout entières d'un côté à l'autre de l'écu en couvrant une partie des pièces dont l'écu est chargé. Du TERRAIL *porte d'azur au chef d'argent chargé d'un lion issant de gueules, à la cotice d'or ou bro-*

Fig. 1.   Fig. 2.

chant sur le tout (Fig. 1). LA ROCHEFOUCAULD *porte Burele d'argent et d'azur de 10 pièces, à 3 chevrons de gueules, le premier écimé, brochant sur le tout* (Fig. 2). — Fig. et fam., *Brochant sur le tout*, par plaisanterie et en dérision de ce qui est ajouté à une quantité, à un nombre déjà trop considérable ; ou d'un surcroît de mal, de ridicule, d'importunité, etc. *Ils sont là une dizaine d'étourdis et ce fou de Gustave brochant sur le tout.* || Assembler, plier, coudre les feuilles d'un livre et recouvrir celui-ci d'un papier préparé pour cet usage. — Fig. et fam., Faire un ouvrage à la hâte. *J'ai broché ce mémoire en deux heures.* || Enfoncer à coups de brochoir les clous qui servent à fixer le fer du cheval. || T. Agric. *Br. la vigne*, Lui donner un léger binage. — BROCHÉ, ÉE. part. *Étoffe brochée. Volume broché.*

BROCHET. s. m. (R. *broche*, chose pointue, à cause de la forme de sa tête). T. Ichth. Genre de poissons. Voy. ÉSOCES.

BROCHETER. v. a. Fixer avec des brochettes. || T. Mar. Mesurer à l'aide de brochettes fixées de place en place certaines parties des navires.

BROCHETEUR. s. m. Ouvrier qui brochette.

BROCHETEUSE. s. f. Ouvrière en dentelle chargée de fabriquer le vrai réseau.

BROCHETON. s. m. Dimin. Petit brochet.

BROCHETTE. s. f. (Dimin. de *broche*). Petite broche de métal ou de bois dont on se sert, soit pour assujettir la viande à la broche, soit pour faire rôtir ou griller de petites pièces de gibier, et d'autres viandes. *Des ortolans à la b.* — Par ext., Ce qu'on fait rôtir ou griller à la b. *Une b. d'ortolans. Une entrée de brochettes.* || *Élever des oiseaux à la b.*, Élever de jeunes oiseaux en leur donnant à manger au bout d'un petit bâton. — Fig. et fam., *Élever un enfant à la b.*, L'élever avec des soins minutieux. || Petite chaînette ou tringle d'or à laquelle on suspend plusieurs décorations. *Il portait une b. de décorations.* || T. Mar. Morceau de bois mince dont on se sert pour mesurer les divers diamètres des mâts d'assemblage.

BROCHEUR, EUSE. s. (R. *brocher*). Celui ou celle qui broche les livres. || Ouvrier servant à exécuter le brochage des étoffes. || s. f. *Brocheuse mécanique.*

BROCHOIR. s. m. (R. *brocher*). T. Techn. Marteau dont se servent les maréchaux pour ferrer les chevaux.

BROCHURE. s. f. (R. *brocher*). Action de brocher les livres. || Ouvrage imprimé, de peu d'étendue, et qui ne se vend guère que broché. *Publier une b. politique.*

BROCKEN, montagne d'Allemagne, dans la chaîne du Hartz, de 1,170 mètres de hauteur, sur laquelle on observe en certaines circonstances le curieux phénomène météorologique de l'anthélie, consistant en des ombres projetées à l'opposé du soleil levant sur les brouillards qui avoisinent la cime. On a donné le nom de spectre du Brocken à ce genre de phénomènes. Voy. SPECTRES AÉRIENS.

BROCOLI. s. m. (ital. *broccoli*, m. s., de *brocco*, branche pointue). T. Jardin. Espèce de chou-fleur originaire d'Italie. Voy. CHOU.

BRODE. s. f. Cordon uni et serré sur les traces (dentelle à réseau, point d'Alençon).

BRODEQUIN. s. m. (ital. *borzacchino*, gr. βύρσα, cuir. flam. *brosecken*). Sorte de chaussure antique qui couvre le pied et le bas de la jambe, et dont on fait usage dans certaines grandes cérémonies. *Mettre les sandales et les brodequins à un évêque.* || Le b. était, chez les anciens, la chaussure ordinaire des acteurs lorsqu'ils jouaient la comédie. — Fig., La comédie par opposition à la tragédie, qu'alors on désigne par le mot de *Cothurne. Chausser le b.*, Composer une comédie, ou se faire acteur dans la comédie. *Quitter le b. pour le cothurne.* || Espèce de bottines, ouvertes et lacées par devant, en usage surtout pour les femmes et les enfants. *Une paire de brodequins.* || *Brodequins*, au plur., se disait autrefois de divers appareils de torture. V. QUESTION.

Hist. — Le mot tout moderne de *Brodequin* s'applique, chez nous, à une chaussure tout à fait différente de la κρηπίς des Grecs et du *soccus* des Romains. Ces deux derniers en effet désignent tout simplement une espèce de *pantoufle*, ou une chaussure lâche que ne serrait pas le pied et que ne retenait aucun lien ; néanmoins l'usage s'est introduit de les traduire par br. Cette chaussure était d'origine grecque et se portait avec le *pallium* : les deux sexes en faisaient également usage, mais celle des femmes était en général plus élégante et plus ornée. Les Romains empruntèrent à la fois aux Grecs le *pallium* et la *crépis*, qu'ils appelèrent *crepida* et *soccus*. Au rapport de Pline et de Sénèque, les *socci* de Caligula étaient brodés d'or et de perles. Les acteurs comiques portaient

naturellement le *soccus*, parce que c'était une chaussure d'intérieur et, pour ainsi dire, domestique, tandis que le *cothurne*, on sa qualité de chaussure d'apparat, était attribué aux acteurs tragiques. En conséquence, les poètes et les écrivains latins emploient souvent le terme de *soccus* pour dire la comédie, et celui de *cothurne* pour désigner la tragédie. La Fig. ci-devant, empruntée à une peinture antique, représente un brodequin qui porte des *socci* ou *brodequins* jaunes : cette couleur était du reste celle qu'affectaient plus particulièrement les acteurs comiques.

BRODER. v. a. (celt. *broud*, aiguillon, aiguille). Faire sur quelque étoffe des dessins, des ouvrages en relief avec de l'or, de la soie, etc., *B. une robe, un habit*, etc. *B. un chiffre sur un mouchoir*. || Fig. et fam., Amplifier un récit, y ajouter des détails faux, mais que l'on croit propres à le rendre plus intéressant, plus piquant. *Il vous a brodé cette nouvelle*. — S'emploie absolument dans ce sens. *Vous brodez*. = Buoné, EX. part.

BRODERIE. s. f. (R. *broder*). Ouvrage d'or, d'argent, de soie, etc., représentant un dessin quelconque, fait sur une étoffe. *B. d'or, de soie, de laine. Dessin de b.* || Commerce, industrie du brodeur. || Fig., se dit des détails, des circonstances que l'on ajoute à un récit dans le but de l'embellir. *Il y a un peu de b. dans ce que vous venez de nous raconter*. || T. Mus. Se dit des traits plus ou moins rapides qu'on ajoute dans l'exécution à un morceau de musique.

Techn. — On appelle *Broderie* un dessin tracé à l'aiguille sur une étoffe quelconque. On distingue deux espèces de b., la *b. blanche*, qui s'exécute sur tissu blanc, avec du fil, du coton, de la ganse, du cordonnet, etc., de la même couleur ; et la *b. de couleur*, qui se fait sur tissu de couleur, avec du fil, de la ganse, etc., également de couleur. Chacune de ces sortes de b. renferme plusieurs variétés. Ainsi la b. blanche se divise en *B. au feston*, *B. en reprise*, *B. au plumetis*, et *B. de dentelle*. La b. de couleur comprend la *B. au lancé*, la *B. appliquée*, la *B. d'application*, la *B. au passé*, la *B. au passé épargné* et la *B. en guipure*.

La *B. au feston* consiste à découper et à broder la bordure de l'étoffe en suivant les contours d'un dessin tracé sur un papier ou sur l'étoffe elle-même. Cette broderie se fait quelquefois aussi dans la forme du tissu, sans le découper, et prend alors une infinité de formes et de dénominations : b. au feston *droit, uni, ondé, zigzagué*, etc. — La *B. en reprise* s'opère sur des tissus clairs. Les contours et les nervures sont faits avec des points dits *de reprise*, et l'intérieur est rempli de ces mêmes points. — La *B. au plumetis* emploie des tissus serrés et souples, tels que la percale, la mousseline, la batiste, etc. Le point est horizontal, et embrasse autant d'étoffe en dessus qu'en dessous. — La *B. de dentelle* s'exécute sur le tulle, la gaze, la blonde, et autres tissus du même genre, par des points à fils tirés dans l'étoffe, ou par des applications plus ou moins appliquées.

La *B. au lancé*, on l'appelle aussi *B. en couchure*, se pratique en couchant le lacet ou de la passementerie sur l'étoffe, conformément au dessin de celle-ci, et en l'y fixant avec de la soie de même couleur. — Dans la *B. appliquée*, on relève les dessins en plaçant au-dessous d'eux du coton ou du vélin. — La *B. d'application* consiste à découper l'étoffe suivant la forme du dessin, et à le coller ou à la coudre sur le tissu. — La *B. au passé* se fait comme la b. au plumetis ; ses deux faces, le dessus et le dessous, paraissent uniformes. — La *B. au passé épargné* diffère de la précédente, en ce qu'elle est irrégulière à l'envers. — La *B. en guipure* est un mélange de la b. d'application et de la b. au lancé ; c'est la b. la plus riche sous le rapport des matières employées : elle met en œuvre les fils d'or et d'argent, les plumes, les pierreries, etc.

On désigne encore les diverses variétés de b., tantôt d'après le nom des instruments à l'aide desquels on les exécute (*B. au tambour, au crochet, au métier*), tantôt d'après celui des matières employées (*B. de laine, de cheveux*, etc. ; *B. d'or, d'argent*, etc.). Elles sont dites *méplates* ou *à teintes plates*, quand les fils sont simplement juxtaposés, *et nuancées*, lorsque la brodeuse a disposé ses fils de manière à donner aux objets représentés toutes leurs couleurs naturelles.

La b. emploie deux espèces de *points* : le *point de passé* et le *point de chaînette*. Le premier embrasse l'étoffe, soit en hauteur, soit en largeur, autant en dessus qu'en dessous, et ne présente pour toute variation que des nœuds dits *points d'armes*, qui servent à faire les étamines et à remplir quelques fleurs. Le second s'exécute à l'aiguille ou au crochet.

Il se fait en tirant en dessus le fil ou le cordonnet de manière à former une longue boucle ; puis, en renfonçant l'instrument à travers de cette boucle, on ramène une nouvelle boucle. C'est à leur ressemblance avec une petite chaîne que les points ainsi exécutés doivent leur nom.

Broderie mécanique. — Il existe aujourd'hui des *métiers mécaniques* pour la b. à la machine. Le principe de ces machines consiste : 1° dans la répétition du même dessin sur plusieurs régions de l'étoffe ; 2° dans l'emploi d'une sorte de pantographe qui déplace le cadre sur lequel l'étoffe est tendue, de manière à produire le dessin suivant le mouvement que le *brodeur* fait subir à la pointe du pantographe. Les grands métiers portent 200 aiguilles. Le brodeur a devant lui le dessin amplifié qu'il s'agit de reproduire. Chaque fois qu'il pointe un point de ce dessin les 200 aiguilles répètent 200 fois ce point sur l'étoffe ; quand il pointe le point voisin, le cadre se déplace légèrement et les aiguilles qui n'ont qu'un mouvement alternatif viennent faire 200 fois le point voisin ; quand le brodeur a parcouru tous les points du dessin, celui-ci est reproduit 200 fois sur l'étoffe de telle sorte que ces 200 parties se rejoignent et forment un ornement continu. La br. mécanique est très précieuse pour les rideaux, les pièces d'ameublement, etc.; mais la br. à la main est sans rivale pour les petites pièces, mouchoirs, cols, etc., et pour tous les ouvrages de grand luxe.

BRODEUR, EUSE. s. Celui, celle qui brode. *Une habile brodeuse*. || Fig. et prov., *Autant pour le b.*, se dit pour exprimer qu'on n'ajoute pas foi à ce que dit quelqu'un, qu'on regarde ce qu'il dit comme un conte fait à plaisir. || *Brodeur mécanique*, Machine destinée à produire de la broderie.

BRODOIR. s. m. Métier à galons. || Petite bobine pour broder.

BROGLIE, ch.-l. de c. (Eure), arr. de Bernay, 1,000 hab.

BROGLIE, maison originaire du Piémont, a fourni à la France plusieurs maréchaux, entre autres Victor-François, duc de Broglie, qui se distingua dans la guerre de Sept ans, et plusieurs hommes d'État, entre autres le duc Victor-Charles de Broglie (1785-1870), ministre du roi Louis-Philippe Ier, et son fils Albert, duc de Broglie, né en 1821, vice-président du conseil des ministres du 24 mai 1873 au 16 mai 1874, et une seconde fois du 16 mai au 23 novembre 1877.

BROGUES. s. m. pl. Souliers grossièrement faits, attachés avec des courroies, qui servent de chaussure aux montagnards écossais.

BROIE. s. f. (R. *broyer*). Instrument avec lequel on brise les tiges du chanvre ou du lin, après qu'elles sont rouies, pour en détacher la filasse.

BROIEMENT ou **BROÎMENT.** s. m. Action de broyer.

BROMAL. s. m. [Pr. *bromal*] (R. *brome*). T. Chim. Le bromal est de l'aldéhyde tribromée $CHOCHBr^3$; on l'obtient en dirigeant des vapeurs de brome dans de l'alcool. C'est un liquide huileux, bouillant à 172°, formant avec l'eau un hydrate cristallisé fusible à 53°, et avec l'alcool un alcoolate solide, fusible à 44°. Ses propriétés chimiques sont les mêmes que celles du chloral. Les alcalis le dédoublent en formiate et en bromoforme. Avec les bisulfites alcalins il forme des combinaisons solides et cristallisables. — Il ne possède pas les propriétés sédatives du chloral, et il est inusité en thérapeutique.

BROMARGYRE. s. m. (R. *Brome*, et gr. ἄργυρος, argent). T. Minér. Bromure d'argent naturel AgBr, en masses cristallines jaunes ou vert olive.

BROMATE. s. m. [Pr. *bromate*] (R. *brome*). T. Chim. Nom générique des sels formés par l'acide bromique. Voy. Brome.

BROMATOLOGIE. s. f. (gr. βρῶμα, aliment ; de βρώσκω, je mange, et λόγος, traité). T. Didact. Traité, description des aliments.

BROMATOMÉTRIE. s. f. (gr. βρῶμα, aliment ; μέτρον, mesure). Mesure de la quantité d'aliments nécessaires pour chaque jour.

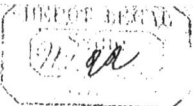

BROMBERG, v. de la Prusse orientale, sur la Brahe, affluent de la Vistule ; 56,300 hab.

BROME. s. m. [Pr. *brôme*] (gr. βρῶμα, pâture). T. Bot. Genre de plantes fourragères de la famille des *Graminées*. Voy. ce mot.

BROME. s. m. [Pr. *brôme*] (gr. βρῶμος, puanteur). T. Chim. Le *Brome* est un corps simple, métalloïde monoatomique, qui est liquide à la température ordinaire. Il présente une couleur rouge brun très foncé quand la couche est épaisse, et jaune rougeâtre quand la couche est mince. Il répand une odeur pénétrante très infecte, d'où lui vient son nom. Sa densité est 3,187 à 0°. Par ct sec, il ne se solidifie qu'à − 24°,5 en une masse cristalline d'un rouge brun ; quand il est humide, la solidification peut se produire déjà à − 7°. A 63°, il entre en ébullition. A la température ordinaire, la tension de sa vapeur est considérable. Il colore la peau en jaune et attaque avec force les tissus organiques ; c'est donc un poison violent ; sa vapeur, comme celle du chlore, irrite très vivement les organes de la respiration. Mis en contact avec l'eau à 0°, il forme un hydrate cristallisé de couleur rouge brune qui se dissocie à 15°. Il est peu soluble dans l'eau, mais il se dissout en assez forte proportion dans l'alcool et surtout dans l'éther ; toutefois, il attaque peu à peu l'éther dans lequel il est dissous. Ce corps a pour symbole Br et son poids atomique est 80. La densité de sa vapeur est 5,54 ; à hautes températures elle diminue, et n'est plus que 3,64 à 1500°, ce qui indique une dissociation partielle des molécules.

Le b. existe à l'état de bromure de magnésium dans les eaux mères des salines de la Méditerranée, d'où il a été extrait pour la première fois par Balard, en 1826. C'est aussi de là qu'on le tire dans l'industrie, alors que ces eaux, débarrassées des autres sels, ne contiennent plus que du chlorure et du bromure de magnésium. Il suffit alors de les distiller avec des quantités convenables d'acide sulfurique et de bioxyde de manganèse pour obtenir du b. en assez grande proportion. A Stassfurt on obtient de grandes quantités de brome en soumettant au même traitement les eaux mères provenant de la fabrication du chlorure de potassium. On extrait aussi le b. des eaux mères des soudes de varech : après y avoir fait passer un courant de chlore jusqu'à précipitation complète de l'iode, on filtre la liqueur et on la distille avec du bioxyde de manganèse et de l'acide sulfurique. Dans les laboratoires, on prépare le b. en traitant le bromure de sodium par le peroxyde de manganèse et l'acide sulfurique étendu, de la même manière qu'on traite le sel marin pour obtenir le chlore (voy. ce mot). La réaction est exactement la même : il se forme du sulfate double de soude et de manganèse qui reste dans la cornue, et le b. distille par le col de celle-ci pour venir se condenser dans le récipient, qu'on a soin de maintenir à une température assez basse au moyen d'un courant d'eau froide. — Le b. est, comme l'iode et le fluor, un congénère du chlore. Il se comporte en toute circonstance comme ce dernier corps ; ses affinités sont seulement moins énergiques. Comme lui, du reste, il forme avec l'oxygène des oxacides, et avec l'hydrogène un hydracide. Il donne aussi naissance à des sels haloïdes en se combinant avec les métaux.

Acide bromique (BrO³H). — C'est un acide faible qui est décomposé par l'acide sulfhydrique, l'acide sulfureux et tous les hydracides. On l'obtient en transformant le bromate de potasse en bromate de baryte, et en traitant celui-ci par l'acide sulfurique. Le procédé est le même que celui qu'on emploie pour la préparation de l'acide chlorique. Les autres combinaisons oxygénées du b. sont encore peu connues. On sait seulement qu'il existe un *Acide hypobromeux*. Ce dernier s'obtient en faisant agir du b. sur l'oxyde de mercure en présence de l'eau.

Acide bromhydrique (BrH). — C'est un gaz incolore, fumant dans l'air, et doué d'une odeur piquante. Sa densité = 2,71. Il possède une réaction acide assez sensible. Il est très soluble dans l'eau, qui, lorsqu'elle en est saturée, répand, au contact de l'air, d'abondantes vapeurs. Le chlore le décompose en s'emparant de son hydrogène pour former de l'acide chlorhydrique. Le b., mis ainsi en liberté, se combine avec le chlore en excès, et donne naissance à du chlorure de b. L'acide bromhydrique ne s'obtient pas directement avec la même facilité que l'acide chlorhydrique : on peut mettre le b. et l'hydrogène en présence l'un de l'autre, même sans les exposer aux rayons solaires ou approcher du mélange une allumette enflammée sans qu'ils se combinent. Il faut, pour

que leur combinaison ait lieu, les faire passer dans un tube de porcelaine chauffé au rouge. On prépare le gaz bromhydrique en décomposant du bromure de phosphore par une petite quantité d'eau. L'opération se fait dans un tube contourné *a b c d e* (Fig. ci-dessous). On introduit en *d* des frag-

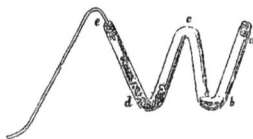

ments de phosphore, et, par-dessus, du verre pilé mouillé, en sorte que la branche *d c* soit pleine. Par la branche *a b*, on verse un peu de b. qui s'arrête et demeure en *b*. On chauffe avec un charbon le liquide que le b. se volatilise ; la vapeur se combine avec le phosphore pour former un bromure de phosphore qui se détruit aussitôt au contact de l'eau, et l'on a, d'une part, de l'acide phosphoreux qui reste dans l'appareil, et, d'autre part, de l'acide bromhydrique qui s'échappe par le tube de dégagement. La réaction est exprimée par l'équation PhBr³ + 3H²O = 3HBr + PhO³H³. — Pour obtenir une solution aqueuse de l'acide, on décompose l'hydrogène sulfuré par le b. en présence de l'eau ; on filtre et on distille le liquide pour le débarrasser du soufre et de l'acide sulfurique qui se sont produits en même temps.

Bromures et bromates. — L'action du b. sur les métaux est en général semblable à celle du chlore, mais les affinités sont plus faibles. Les bromures métalliques se préparent du reste comme les chlorures correspondants. Tous ces composés, traités par l'acide sulfurique concentré, dégagent du gaz acide bromhydrique, qui répand à l'air, comme l'acide chlorhydrique, d'épaisses fumées blanchâtres ; mais il se produit en même temps du b. dont la vapeur colore ces fumées en rouge brunâtre. Si l'on ajoute à l'acide sulfurique un peu de peroxyde de manganèse, il ne se dégage que du b. — Lorsque les bromures sont à l'état de dissolution, l'addition de l'azotate d'argent détermine un précipité blanc jaunâtre de *Bromure d'argent*, qui devient immédiatement brun au contact de la lumière, par suite de sa décomposition en brome et argent, tandis que le chlorure d'argent devient d'abord violet. Comme ce dernier, le bromure d'argent est insoluble dans les acides, mais il se dissout un peu moins facilement dans l'ammoniaque que le chlorure. Enfin, les bromures dissous sont décomposés par le chlore, et le b., mis en liberté, colore la liqueur en brun. — Les *Bromates* se décomposent, comme les chlorates, par la chaleur. Si on les chauffe avec de l'acide sulfurique, l'acide bromique se dégage et se décompose en oxygène et en b. qui colore le gaz en brun.

Usages. — Le b. est très employé dans les laboratoires, surtout pour la préparation d'un grand nombre de substances organiques. Dans l'industrie, il sert à préparer certaines matières colorantes, telles que l'éosine. A cause de sa propriété de noircir à la lumière, le bromure d'argent est l'une des substances les plus employées pour la préparation des clichés photographiques. D'autres bromures ont aussi des applications très importantes en photographie. — Le b. est très vénéneux ; quelques gouttes introduites dans l'organisme suffisent pour amener la mort. En thérapeutique, on emploie surtout le bromure de potassium comme sédatif. Voy. BROMURE.

BROMÉ, ÉE. adj. (R. *brome*). T. Chim. Qui contient du brome. L'*eau bromée* est de l'eau contenant du brome en dissolution ; elle possède des propriétés décolorantes et désinfectantes.

Les *dérivés bromés* d'un composé, par ex., d'un hydrocarbure, sont les produits de substitution qu'on obtient en remplaçant l'hydrogène de ce composé par du brome. Pour la nomenclature de ces composés, on emploie le préfixe *bromo-* ou l'adjectif *bromé*. Ex. : *Acide bromosalicylique*, *Bromobenzène* ou *Benzène monobromé*, *bibromé*, *tribromé*, etc. Dans le cas d'un hydrocarbure de la série grasse, ces dérivés prennent ordinairement le nom de bromures ou d'éthers bromhydriques. Ainsi, le méthane monobromé CH³Br est identique avec le bromure de méthyle ou l'éther méthylbromhydrique ; le méthane bibromé CH²Br² s'appelle bromure de méthylène. Pour un carbure tel que le toluène C⁶H⁸,CH³, qui contient un noyau benzénique et un résidu d'hydrocarbure gras, les dérivés provenant d'une substitution dans le noyau benzénique reçoivent le nom de toluènes bromés ou de bromotoluènes; ceux qui résultent d'une substitution dans le radical méthyle s'appellent généralement bromures : bromure de benzyle $C^6H^5.CH^2Br$, bromure de benzylène $C^6H^3.CHBr^2$.

BROMÉLIACÉES. s. f. pl. (R. *Bromélie*, plante de cette famille). T. Bot. Famille de végétaux Monocotylédones de l'ordre des Iridinées.

Caract. bot. : Plantes sans tige ou à tige courte, épidendres, à racines aériennes, quelquefois même dépourvues de racines. Feuilles rigides, canaliculées, souvent couvertes d'écailles cuticulaires, et épineuses sur les bords ou à l'extrémité. Fleurs de couleurs vives, en grappes ou en panicules, à l'aisselle de bractées très développées, souvent colorées en rouge ou en jaune. Calice triparti ou tubuleux, persistant, ne se fanant jamais, plus ou moins adhérent à l'ovaire, ordinairement herbacé, mais parfois coloré. Pétales 3, colorés, marcescents ou caducs, égaux ou inégaux, rigidement imbriqués. Étamines 6, insérées dans le tube du calice et de la corolle; anthères introrses, à 4 loges. Ovaire à 3 loges, pluriovulé, supère ou infère; ovules anatropes; style unique; stigmate trilobé ou entier, souvent tordu. Fruit capsulaire ou baccien, à 3 loges polyspermes. Graines innombrables dans la plupart des cas, toujours nombreuses, à tégument coriace, ou s'amincissant en un filament ténu; embryon conique, courbé ou droit, petit, situé à la base d'un albumen farineux, avec la radicule près du hile. [Fig. 1. Fleur de *Bromelia fastuosa.* — 2. Fleur de la *Pitcairnia ringens.* — 3. Étamines de la même. — 4. Sa graine. — 5. Coupe transversale de l'ovaire de *B. Pinguin.* — 6. Coupe de sa graine. — 7. Coupe transversale de l'ovaire de *B. fastuosa.* — 8. *B. Ananas*, fruit.]

Toutes les plantes de cette famille, qui se compose d'environ 27 genres et 350 espèces, sont indigènes du nouveau

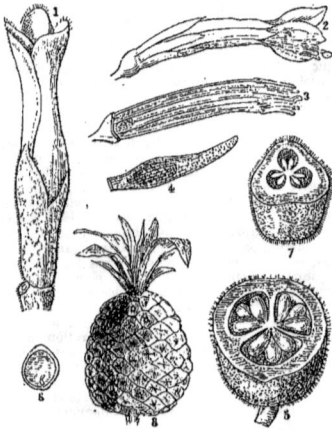

continent ou des îles qui en dépendent. Transportées dans l'ancien monde, elles se sont tellement multipliées sur la côte occidentale de l'Afrique et dans quelques endroits des Indes orientales, qu'elles semblent faire partie de la flore indigène. Elles sont capables de vivre sur les arbres ou sur les rochers, rarement sur la terre. Aussi, dans l'Amérique du Sud, on a coutume de les suspendre dans les maisons et aux balustrades des balcons. Dans cette situation, elles produisent une multitude de fleurs qui remplissent l'air de leurs parfums. On a trouvé une *Bromélie* fossile dans le tertiaire de Suisse.

On divise les Broméliacées en deux tribus :

TRIBU I. *Tillandsiées.* — Ovaire supère, capsule (*Tillandsia, Hechtia, Puya, Pitcairnia*, etc.) — La *Tillandsie usnéoïde* (*Tillandsia usneoides*) se suspend aux arbres des forêts de l'Amérique tropicale. Ses longs filaments desséchés ressemblent à une longue barbe. On s'en sert pour empailler

les oiseaux, et pour préparer une pommade usitée contre les hémorroïdes. Cette même fibre végétale remplace très bien le crin pour la fabrication des matelas et sommiers; elle est connue dans le commerce sous les noms de *Mousse espagnole* et de *Mousse de la Nouvelle-Orléans*. Le *Puya chilensis* donne un extrait que les habitants emploient dans les cas de fracture.

TRIBU II. *Broméliées.* — Ovaire infère, baie (*Billbergia, Æchmea, Bromelia*, etc.)

L'espèce la plus remarquable de toute la famille est le *Bromelia Ananas*, dont le fruit, bien connu sous le nom d'*Ananas*, est sans rival pour sa saveur et son arome exquis. Cependant ce même fruit, lorsqu'il est sauvage et n'a pas encore atteint sa maturité, est tellement âcre qu'il brûle les gencives. Ce fruit se compose non seulement des baies de l'épi, mais encore de l'axe de l'inflorescence et des bractées florales, le tout devenu charnu et intimement soudé. Dans les Indes occidentales, on l'emploie, ainsi que le fruit du *B. Pinguin* et d'autres espèces encore, comme anthelminthique ou diurétique. Au Brésil, la racine de la *Billbergie tinctoriale* (*Billbergia tinctoria*) fournit une couleur jaune utile dans la teinturerie. Dans le même pays, on fabrique des cordages avec les fibres d'une espèce de *Bromélie* connue sous le nom vulgaire de *Gravata*. On a fait aussi de la mousseline très fine avec les fibres du *Bromelia Ananas*. Cette fibre textile porte, dans l'Inde, le nom de *Talli-nana*.

BROMÉLIE. s. f. (R. *Bromel*, nom d'un médecin suédois). T. Bot. Genre de plantes de la famille des *Broméliacées*. Voy. ce mot.

BROMÉLIÉES. s. f. pl. (R. *Bromélie*). T. Bot. Tribu de la famille des *Broméliacées*. Voy. ce mot.

BROMHYDRATE. s. m. (R. *brome* et *hydrogène*.) T. Chim. On donne ce nom aux combinaisons que forme l'acide bromhydrique avec les bases analogues à l'ammoniaque; tels sont les bromhydrates d'alcaloïdes naturels ou artificiels. Plusieurs de ces sels sont employés en thérapeutique : le b. de quinine comme fébrifuge, le b. de cicutine contre l'asthme et la coqueluche. Le b. d'ammoniaque, appelé encore bromure d'ammonium, agit comme le bromure de potassium, mais avec plus d'intensité; il est aussi employé dans la photographie, en particulier pour préparer le gélatino-bromure d'argent.

BROMHYDRIQUE. adj. (R. *brome* et *hydrogène*). T. Chim. *Acide bromhydrique*. Voy. BROME.

BROMIDROSE. s. f. (gr. βρῶμος, puanteur; ἱδρός, sueur). Sueur fétide.

BROMIQUE. adj. (R. *brome*). T. Chim. *Acide bromique*. Voy. BROME.

BROMO-. Préfixe servant à former les noms des composés bromés. Voy. BROME et BROMÉ.

BROMOFORME. s. m. (R. *brome* et *forme*). T. Chim. Ce corps, analogue au chloroforme, est du méthane tribromé $CHBr^3$. On le prépare en faisant agir le brome sur l'acide acétique cristallisable. C'est un liquide incolore, d'une odeur aromatique, d'une saveur sucrée, bouillant à 151°, insoluble dans l'eau, soluble dans l'alcool et dans les huiles volatiles. La potasse bouillante le dédouble en bromure et en formiate de potassium. Il possède des propriétés anesthésiques très prononcées, et agit à des doses moindres que le chloroforme.

BROMOGRAPHIE. s. f. (gr. βρῶμα, aliment; γράφειν, décrire). T. Didact. Synonyme de *Bromatologie*.

BROMOPICRINE. s. f. T. Chim. C'est le nitrométhane tribromé $CBr^3(AzO^2)$, solide cristallisable, fusible à 10°, qui se produit quand on mélange une solution d'acide picrique avec du bromure de chaux.

BROMURE. s. m. (R. *brome*). T. Chim. Composé de brome et d'un autre corps. Les propriétés générales des bromures métalliques sont exposées à l'art. BROME. Pour la photographie on emploie surtout les bromures d'argent, de potassium, d'ammonium, de cadmium. En thérapeutique, les bromures constituent des médicaments précieux. Le plus usité est le b. de potassium; il agit comme calmant du système nerveux, ralentit la circulation et la respiration, amoindrit l'excitation; on l'emploie dans l'épilepsie, l'hystérie, la chorée, les névralgies, l'asthme, et dans la plupart des affections qui s'accompagnent d'une excitation du système nerveux. Les bromures de sodium, de lithium, d'ammonium, de calcium ont une action analogue; les deux derniers sont même plus actifs que le b. de potassium. Le bibromure de mercure est employé dans les maladies syphilitiques aux mêmes doses que le sublimé corrosif. Le perbromure de fer a été recommandé comme un astringent énergique.

Les bromures de chaux, de potasse, de soude, obtenus par l'action du brome sur la chaux éteinte ou sur une dissolution alcaline, sont des mélanges de bromures et d'hypobromites; ils sont analogues aux chlorures décolorants et possèdent les mêmes propriétés.

On donne encore le nom de bromures aux éthers bromhydriques et aux combinaisons du brome avec les radicaux organiques. Ainsi, le b. d'éthyle est identique avec l'éther éthylchlorhydrique.

BROMWICH, v. d'Angleterre, comté de Stafford, 56,300 hab.

BRONCHADE. s. f. (R. broncher). Action de broncher, en parlant d'un cheval. Vx.

BRONCHAGE. s. m. T. Min. Galerie d'exploitation momentanée dans une mine.

BRONCHE. s. f. (gr. βρόγχος, gorge). T. Anat. Chacun des deux conduits qui font suite à la trachée artère et par lesquels l'air s'introduit dans les poumons. Ces deux branches de bifurcation formées par la trachée-artère, au niveau de la

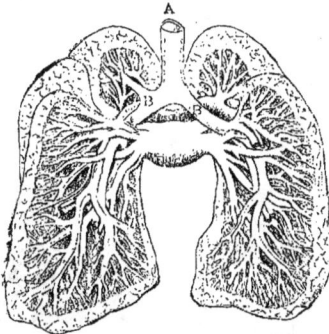

A

troisième vertèbre cervicale, s'écartent à angle droit ou légèrement obtus et pénètrent dans les poumons jusqu'à leurs racines, en se dirigeant de haut en bas et de dedans en dehors. (Voy. la Fig.: Bronches vues par la face postérieure des poumons : A trachée artère; B bronches droites.)

Il y a deux bronches : la b. droite et la b. gauche. La b. droite est plus volumineuse et plus courte que la b. gauche; sa longueur varie de 1 centim. 1/2 à 2 centim. 1/2. Elle est en rapport avec la veine cave supérieure en avant, et en arrière et en haut avec la veine azygos. La b. gauche, plus étroite et plus longue, atteint 5 à 6 centim. 1/2 de longueur et est en rapport avec la crosse de l'aorte en avant et en haut, et en arrière avec l'œsophage.

Arrivées à la racine des poumons, les deux bronches se divisent : la b. droite en trois bronches plus ténues, se rendant chacune à un des trois lobes supérieur, moyen et inférieur du poumon droit; la b. gauche en deux bronches à peu près de même calibre, se rendant, l'une au lobe supérieur, l'autre au lobe inférieur du poumon correspondant. Ces nouvelles bronches se subdivisent encore en d'autres bronches plus petites qui se distribuent dans les lobules pulmonaires.

Dans tout leur parcours, les bronches sont accompagnées par les divisions de l'artère pulmonaire, qui y portent le sang veineux, et par les branches des veines pulmonaires, qui y portent le sang artériel. C'est dans les alvéoles dont nous venons de parler que se passent les phénomènes de la vivification du sang, c.-à-d. la transformation du sang veineux apporté par les artères pulmonaires en sang artériel au contact de l'air. Voy. Respiration.

Les bronches ont la forme de la trachée, c.-à-d. qu'elles sont cylindriques et aplaties en arrière. Leur structure est identique à celle de la trachée. Elles sont constituées par : 1° des cerceaux cartilagineux, destinés à maintenir toujours béantes les voies que traverse l'air pour arriver aux vésicules pulmonaires; 2° du tissu fibreux dans l'épaisseur duquel sont compris les cerceaux cartilagineux, fibreux musculaire, doué d'une contractilité propre qui fait que les bronches se dilatent et se resserrent avec le poumon, par le fait de la dilatation et du resserrement des côtes, ainsi que de l'abaissement et de l'élévation du diaphragme; 3° une membrane muqueuse qui tapisse la face interne des bronches et de leurs ramifications jusqu'aux vésicules pulmonaires, et à la surface de laquelle s'ouvrent par des orifices très étroits de petites glandes qui sécrètent un liquide destiné à lubréfier leur surface interne. Lorsque cette sécrétion se trouve augmentée, sous l'influence d'un état inflammatoire aigu ou chronique, elle produit les mucosités appelées crachats, dont la couleur, la consistance, l'odeur et l'abondance varient selon les maladies. A l'état normal, la sécrétion de ces glandes est trop faible pour provoquer l'expectoration. Voy. Bronchite.

BRONCHECTASIE. s. f. T. Pathol. (gr. βρόγχος, gorge; ἔκτασις, dilatation). Dilatation des bronches.

BRONCHER. v. n. (vx fr. bronche, branche, tronc d'arbre). Faire un faux pas, chopper, Un cheval qui bronche. || Fig., se dit pour faillir, au sens moral, Il ne faut pas b. devant lui. — Fig. et prov., Il n'y a si bon cheval qui ne bronche, Il n'y a pas d'homme, si habile qu'il soit, qui ne commette quelquefois des fautes, des erreurs. | Par ext., Bouger, remuer, s'émanciper. Que personne ne bronche !

Syn. — Trébucher. — Broncher et Trébucher signifient tous deux faire un faux pas, mais le premier ne se dit que des animaux et s'emploie aussi au figuré, tandis que le second se dit des animaux et des choses en équilibre qui oscillent, et ne s'emploie qu'au propre.

BRONCHIAL, ALE. adj. Qui a rapport aux bronches.

BRONCHIARCTIE. s. f. (R. bronche, et lat. arctare, resserrer). T. Méd. Rétrécissement des bronches.

BRONCHIQUE. adj. 2 g. (R. bronche). T. Anat. Qui appartient aux bronches, qui a rapport aux bronches. Artères bronchiques. Une affection b.

BRONCHITE. s. f. (R. bronche). T. Méd.

Pathol. — La Bronchite est l'inflammation de la membrane muqueuse des bronches ou de la partie des voies aériennes située au-dessous du larynx. C'est sans contredit la plus commune de toutes les maladies : elle est vulgairement désignée sous les noms de Rhume et de Catarrhe. — La b. est loin d'avoir toujours la même valeur, et il importe de bien distinguer ses différentes formes. Elle peut être idiopathique ou symptomatique, c.-à-d. qu'elle peut exister par elle-même, indépendamment de toute autre maladie, ou n'être qu'un signe, qu'un symptôme d'une autre affection. L'une et l'autre, d'ailleurs, peuvent se présenter à l'état aigu et à l'état chronique.

La B. aiguë est caractérisée par la franchise de l'inflammation et par la marche régulière et généralement rapide de ses symptômes. Lorsqu'elle est bénigne, ainsi qu'on l'observe tous les jours, la b. se manifeste par de la toux, qui est quelquefois douloureuse, par une expectoration assez abondante de crachats muqueux et aérés, par une douleur plus ou moins vive à la gorge et à la partie supérieure de la poitrine; le plus souvent il n'y a pas de fièvre. Un simple changement de température peut produire cette affection. Tantôt elle débute par les fosses nasales et descend par le larynx et la trachée jusqu'aux bronches; tantôt elle suit une marche opposée, l'affection commençant par les bronches et se portant successivement à la trachée, au larynx, à l'arrière-gorge et aux cavités nasales : elle se juge alors par un simple coryza. La b. simple et bénigne n'a aucune gravité et mérite à peine le nom de maladie. En effet, moyennant quelques précautions hygiéniques, et sans aucune médication, elle disparaît spontanément en peu de jours. — La B. intense est plus sérieuse. La toux est rauque, fatigante et se présente souvent par quintes; la trachée et les bronches sont le siège d'une douleur vive; l'inflammation s'étend jusqu'à la muqueuse nasale, et produit un coryza plus ou moins incommode; le malade est très sensible au froid; il éprouve de la céphalalgie et de la douleur épigastrique; il a des mouvements fébriles, précédés de frissons; il ressent au larynx un chatouillement pénible qui provoque la toux; l'appétit est nul, la bouche pâteuse, la langue blanche; la soif est en général peu vive; la peau est moite, l'urine rare et foncée. Les parois du thorax résonnent à la percussion. A l'auscultation, on entend des râles sibilants et ronflants; ces derniers ont été comparés au roucoulement d'une tourterelle. S'il y a des mucosités dans les bronches, on perçoit encore des râles sous-crépitants, qui cessent quand l'expectoration a rejeté les liquides. Lorsque cette affection est sans complication, elle ne présente ces signes que pendant quelques jours seulement. Bientôt la fièvre tombe, la dyspnée et la chaleur de poitrine cessent, la toux devient plus humide et plus rare; les crachats deviennent plus opaques et d'une couleur plus verdâtre. Les anciens donnaient à cette période le nom de *période de coction*: le rhume mûrit, comme on dit vulgairement. Alors la b. ne tarde pas à disparaître, ou bien elle passe à l'état chronique. La b. aiguë, même lorsqu'elle a acquis un certain degré d'intensité, offre en général peu de gravité. Elle se dissipe fréquemment d'elle-même comme la b. bénigne; mais sa durée est plus longue et varie communément d'un mois à six semaines. Il convient cependant de traiter avec soin cette affection, de crainte qu'il ne survienne quelque complication, ou qu'elle ne passe à l'état chronique.

Dans certains cas de b. très aiguë, l'inflammation s'étend jusqu'aux dernières ramifications des bronches. Cette forme de maladie a reçu le nom de *B. capillaire*. Il se produit alors une sécrétion abondante d'un liquide blanc, aéré, visqueux ou bien opaque et puriforme, qui obstrue les capillaires; les vésicules pulmonaires se dilatent et donnent naissance à de l'emphysème; enfin des pneumonies lobulaires peuvent survenir comme complication. Cette forme de la b. s'observe surtout chez les enfants. Elle est toujours très sérieuse: on l'a vue déterminer l'asphyxie; mais, assez fréquemment, elle dégénère en pneumonie. Il faut donc attaquer vigoureusement l'inflammation, cause première des accidents, et, en même temps, évacuer les produits morbides auxquels elle a donné naissance.

La *B. chronique* peut exister primitivement ou succéder à l'état aigu: dans les deux cas, les lésions et les phénomènes sont à peu près les mêmes lorsqu'il n'existe pas de complications. L'état chronique est caractérisé par l'irrégularité de la marche de l'affection, qui présente, en effet, des alternatives de rémission et de recrudescence. De temps à autre, elle se montre avec une intensité de symptômes très marquée, puis à cette période succède un état plus calme où la maladie semble presque avoir disparu. C'est à la b. chronique qu'on applique plus spécialement le nom de *Catarrhe pulmonaire*, parce que l'expectoration en est le caractère le plus saillant.

Le traitement de la b. varie avec les formes de cette affection. Dans le *Rhume* simple, il suffit en général de quelques précautions hygiéniques. Le malade doit se garantir du froid et de l'humidité, éviter les conversations à haute voix, prendre quelque infusion tiède de violette, de mauve, etc. Les boissons émollientes conviennent beaucoup. On peut avoir recours aux sudorifiques ou aux purgatifs doux lorsque le rhume menace de se prolonger. Parmi les gens du peuple, le vin chaud et l'eau-de-vie brûlée passent pour un remède héroïque: cette sorte de traitement est assez souvent efficace; mais elle ne peut être employée que chez les individus d'une constitution robuste. — Dès qu'elle présente un certain degré d'intensité, la b. aiguë réclame un traitement plus énergique. Le silence, la diète, le séjour au lit sont de rigueur. Les boissons émollientes et pectorales seront prescrites comme dans le rhume simple; mais si la fièvre se présente sous la forme continue, il convient de recourir aux émissions sanguines, ou bien, suivant les cas, à l'application d'un large vésicatoire sur la poitrine. — La b. capillaire exige toute l'attention du médecin. On doit alors employer les divers moyens qui constituent la médication antiphlogistique. Les vomitifs sont également indiqués pour évacuer les mucosités accumulées dans les bronches et favoriser l'expectoration. Dans certains cas, les purgatifs huileux et salins donnent de bons résultats. — La b. chronique réclame en général des moyens tout différents. On conseille l'emploi des substances amères et aromatiques, telles que lichen, sauge, polygala, quinquina, etc., et celui des révulsifs cutanés. On se trouve souvent fort bien de l'administration des eaux sulfureuses, tant à l'extérieur qu'à l'intérieur. Dans ce dernier cas, on les coupe en général avec quelque autre liquide. On emploie

aussi avec succès l'iodure de potassium, l'iodoforme et surtout les balsamiques (goudron, créosote, térébenthine, eucalyptol) et l'huile de foie de morue comme dynamophore eupnéique. On observe parfois, dans cette forme de la b., des recrudescences qui exigent l'emploi de quelques moyens antiphlogistiques. Au reste, le tempérament, l'âge et le sexe du malade, ainsi que les maladies concomitantes, fournissent au médecin de nombreuses et utiles indications. Enfin, lorsque la b. chronique se montre tout à fait rebelle, il convient de conduire le malade dans un pays dont le climat soit plus chaud et plus égal que celui de la France. — Quelle que soit la forme de la b., il arrive assez fréquemment que la toux est le phénomène dont le malade se trouve le plus incommodé. Il est habituel, dans ce cas, de recourir aux narcotiques, et surtout aux préparations opiacées.

Nous avons dit que la b. peut être *symptomatique*: les maladies de l'appareil respiratoire présentent, en effet, fort souvent cette affection comme un de leurs épiphénomènes. Elle est très fréquente dans la pleurésie et la pneumonie, et accompagne presque toujours la phthisie. Dans les deux premiers cas, le traitement de l'affection principale et de l'affection secondaire sont identiques. Dans le second, il est licite de faire de la médecine symptomatique, et de traiter à part l'épiphénomène b. On cherche surtout à diminuer l'irritation bronchique et à calmer la toux, au moyen des expectorants narcotiques.

Méd. vét. — BRONCHITE CHEZ LES ANIMAUX. — 1° *Bronchite aiguë*. — Due à l'action prédisposante du froid, aux brouillards épais, à l'inspiration de gaz, de vapeurs âcres, d'air chargé de poussières ou de moisissures, à la pénétration de médicaments dans les voies aériennes, à la propagation d'un catarrhe aigu voisin, elle n'est souvent qu'un phénomène des maladies infectieuses (maladie du chien, variole, morve, etc.) et alors elle est très fébrile. Quelquefois on a observé des bronchites aiguës épidémiques. Les animaux jeunes, ainsi que les mammifères qu'oiseaux de basse-cour, ou affaiblis, y sont prédisposés; le mouton et le bœuf prennent souvent une bronchite extrêmement intense. Ce sont les mêmes symptômes que chez l'homme: fièvre assez vive, toux sèche, puis grasse avec jetage; le poumon est rempli de sifflements et de râles; les animaux ne mangent plus. En général, une semaine suffit à la guérison, au plus trois semaines. Dans les formes graves, bronchite capillaire, il y a de la suffocation, avec rejets d'expectorations moulées sur les bronches. La mort, quand elle survient, a lieu alors au bout de 3 ou 4 jours. Dans cette dernière forme, une saignée au début avec forte dérivation peut conjurer le danger de congestion pulmonaire et d'asphyxie; il n'y faut pas trop compter quand le malade est jeune, débilité ou gravement atteint. Dans les cas ordinaires, des fumigations aromatiques térébenthinées, l'administration de l'ébydrate d'apomorphine au chien, soufre doré d'antimoine au cheval, de liqueur ammoniacale, et si la toux est très pénible, de potions à la morphine et aux amandes amères suffisent le plus souvent. Une alimentation légère, le repos, les excitants (alcool, camphre, etc.) favorisent la guérison et préviennent l'œdème pulmonaire.

2° *Bronchite chronique*. — Souvent elle ne fait que continuer la bronchite aiguë. Toutes les maladies chroniques ou débilitantes y prédisposent, surtout les lésions du cœur; en outre elle peut être produite par les mêmes causes que la bronchite aiguë. Les symptômes sont ceux de la forme aiguë, mais sans fièvre; de plus l'alimentation se poursuit. Quand survient la dilatation des bronches, le jetage est très fétide et abondant à de certains moments comme chez l'homme. La médication est longue et souvent peu active: on agit contre le catarrhe à l'aide de l'essence de térébenthine, du goudron, en fumigation et à l'intérieur.

3° *Bronchite vermineuse*. — Tous nos animaux domestiques en sont susceptibles: bœuf, cheval, âne, porc, mouton, chèvre, chien, chat, lapin, oiseaux de basse-cour, lièvres. Les vers producteurs de la maladie sont des *strongles* habitant à l'état sexué la trachée et les bronches auxquelles ils se fixent par des ventouses. Ils y font leurs œufs qui se développent là. D'ordinaire les larves sont avalées avec les eaux et les aliments. Bien des points de l'histoire de cette maladie restent incertains. On sait que les lieux humides, les années humides sont les plus favorables à son éclosion, qu'elle est endémique dans les régions marécageuses. Les animaux en stabulation continue n'en sont jamais atteints. Les lésions produites sont celles de la bronchite chronique, de la dilatation bronchique, de la bronchopneumonie. Il existe en outre une forme tuberculeuse de la maladie, ce qui prouve combien les tuberculoses sont d'origine diverse. Les symp-

lieues, toux râlante, surtout lorsque les animaux marchent, jetage muqueux, respiration pénible, sifflante, sont ceux de la bronchite chronique; ce qui est caractéristique, ce sont les nausées avec rejets de pelotes de vers, et chez les oiseaux la présence des œufs dans les excréments. Les mammifères se frottent le nez fréquemment, les oiseaux ouvrent le bec comme pour happer l'air. La maladie progressant et le poumon étant de plus en plus envahi, les animaux suffoquent, l'alimentation et la rumination sont difficiles, la faiblesse, la pâleur augmentent, et les animaux meurent par asphyxie ou par cachexie. Ce sont les jeunes animaux, agneaux, veaux, porcelets, poulets, perdreaux, etc., qui sont le plus exposés; leur mort est fréquente. Les races bovine et porcine sont plus résistantes. Les moutons meurent avec un pourcentage de 20, 40, 70 %; en Algérie, par ex., la mortalité peut atteindre 1/3 des troupeaux; en France et en Angleterre plus d'un million de poules et autres volailles sont tuées. Les strongles et leurs œufs offrent une vitalité très grande; la dessication, l'alcool, le sublimé à 1 pour mille longtemps prolongés ne les tuent pas. Dans l'eau ils peuvent vivre 2 mois; aussi le traitement est-il des plus difficiles. Il faut enfermer les animaux dans un local clos que l'on remplit de vapeurs d'essence de térébenthine, de goudron, de tabac; les animaux toussent et rejettent les vers qu'il faut détruire par le feu. On peut recourir aux injections intratrachéales de parasiticides, acide phénique, térébenthine, chloroforme. Éviter les pâturages humides autant que possible, isoler le bétail sain, désinfecter à fond les lieux et tout ce qui sert à l'alimentation, brûler les cadavres. Pour les oiseaux, ajouter de l'ail aux aliments, ou faire des fumigations au goudron.

Les vers ne sont pas seuls à donner lieu à des maladies du système respiratoire chez les animaux domestiques; chez les oiseaux, un acare (*Cytodites nudus*) sous forme de petits points blancs, produisant une vive inflammation, que les fumigations de goudron guérissent rarement, et les moisissures (*Aspergillus*, *Mucor*) amenant l'asphyxie au bout de quelques semaines, prouvent encore la fréquence des parasites respiratoires dont un petit nombre est connu.

BRONCHO-ÆGOPHONIE. s. f. [Pr. bronko...] (gr. βρόγχος; αἴξ, αἰγός, chèvre; φωνή, voix). T. Pathol. Bronchophonie à sons chevrotants.

BRONCHOCÈLE. s. m. [Pr. bronko...] (gr. βρόγχος, gorge; κήλη, tumeur). T. Méd. Développement de la glande thyroïde. Voy. Thyroïde.

BRONCHOIR. s. m. Appareil pour plier les draps.

BRONCHOLITHE. s. f. [Pr. bronko...] (gr. βρόγχος; λίθος, pierre). T. Pathol. Concrétion des bronches assez fréquente dans les bronchites chroniques.

BRONCHO-MYCOSIS. s. f. [Pr. bronko...] (gr. βρόγχος; μύκης, champignon). T. Pathol. Affection parasitaire végétale des bronches, de la nature du muguet.

BRONCHOPHONIE. s. f. [Pr. bronko...] (gr. βρόγχος, gorge; φωνή, voix). Résonance particulière de la voix dans les divisions bronchiques. Voy. Auscultation.

BRONCHOPLASTIE. s. f. [Pr. bronko...] (gr. βρόγχος, gorge; πλαστός, formé). T. Chir. Restauration du larynx mutilé. Voy. Autoplastie.

BRONCHORRAGIE. s. f. [Pr. bronko...] (gr. βρόγχος; ῥήξ, radical de ῥήγνυμι, je fais irruption). T. Pathol. Hémorragie bronchique, le plus ordinairement symptomatique de la phthisie ou d'une affection du cœur.

BRONCHORRÉE. s. f. [Pr. bronko...] (gr. βρόγχος, gorge; ῥέω, couler). T. Méd. Catarrhe pulmonaire chronique avec expectoration très abondante.

BRONCHOTOME. s. m. [Pr. bronko...]. (gr. βρόγχος; τομή, action de couper). T. Chir. Instrument servant à la bronchotomie.

BRONCHOTOMIE. s. f. [Pr. bronko...]. (gr. βρόγχος, gorge; τομή, action de couper).

Chir. — Le terme B. sert à désigner toute opération pratiquée sur le canal aérien, pour donner issue à l'air ou pour extraire des corps étrangers. Cette opération prend un nom spécial,

selon la partie du conduit aérifère qui est divisée. Lorsqu'elle est pratiquée sur la trachée, on l'appelle *Trachéotomie*; dans ce cas, on divise les quatre premiers anneaux de la trachée. Dans la *Laryngo-trachéotomie*, la division intéresse la trachée et le cartilage cricoïde. Le procédé qui consiste à opérer sur la ligne médiane du cartilage thyroïde, sans léser les cordes vocales, est nommé *Laryngotomie*. Un quatrième procédé, proposé par Vidal de Cassis et Malgaigne, consiste à pénétrer dans le larynx au travers de la membrane thyrohyoïdienne : il a reçu la dénomination de *Laryngotomie sous-hyoïdienne*. — La b. est indiquée dans plusieurs cas. Lorsqu'un corps solide a pénétré dans l'appareil respiratoire, et que les efforts de la toux n'amènent pas son expulsion, on favorise celle-ci en lui ouvrant une issue artificielle. Quand un état pathologique, tel que le croup, l'œdème de la glotte ou une tumeur du cou, empêche l'introduction de l'air et menace le malade d'asphyxie, une ouverture pratiquée sur le canal laryngo-trachéal peut permettre l'accomplissement des fonctions respiratoires. Dans ces circonstances, on laisse une canule dans la plaie aussi longtemps qu'il est nécessaire. — On attribue généralement l'invention de la b. à un médecin grec, Asclépiade, qui était contemporain de Cicéron; mais il paraît que le premier qui l'ait pratiquée est Antillus, qui vivait trois siècles plus tard. Son procédé opératoire nous a été transmis par Paul d'Égine. Cette opération paraît du reste être tombée, bientôt après, en désuétude, car les écrivains postérieurs n'en font plus mention. Mais, au XVIᵉ siècle, Musa Brassavola osa l'exécuter de nouveau, et il le fit avec succès. Il en fut de même du chirurgien français Habicot, au XVIIᵉ siècle. Depuis lors, la b. est restée dans la pratique chirurgicale, et aujourd'hui son utilité n'est plus contestée.

BRONDIR. v. n. (gr. βροντή, tonnerre). Faire entendre un bruit sourd ou brondissement.

BRONDISSAGE. s. m. (R. brondir). Introduction d'étoupes entre les joints des cadres du cuvelage d'un puits de mine.

BRONDISSEMENT. s. m. (R. brondir). Bruit que fait une toupie en tournant.

BRONGNIART (Alexandre-Théodore), célèbre architecte français; a donné les plans de la Bourse, du cimetière du Père-Lachaise, de l'église des capucins d'Antin, etc. (1739-1813). = Brongniart (Alexandre), fils du précédent, minéralogiste et géologue français, fut directeur de la Manufacture de Sèvres (1770-1847). = Brongniart (Adolphe-Théodore), fils du précédent (1801-1876), célèbre botaniste français, créateur de la Paléontologie végétale. = Son petit-fils, M. Charles Brongniart, un des collaborateurs les plus distingués de ce Dictionnaire, s'est fait connaître par de nombreux travaux de zoologie, et a publié une Histoire Naturelle populaire.

BRONGNIARTITE. s. f. (R. Brongniart, n. d'homme). T. Minér. Sulfure d'antimoine, de plomb et d'argent, en masses gris de fer.

BRONTE. s. m. (gr. βροντή, tonnerre). T. Icht. Poisson de la famille des *Siluridæ*. Voy. Argès.

BRONTÉ (Charlotte), écrivain anglais, plus connue sous le pseudonyme de Currer-Bell, auteur de *Jane Eyre* (1824-1855).

BRONTEUS. s. m. (gr. βροντή, tonnerre). T. Paléont. zool. Goldfuss a désigné sous ce nom des *Trilobites* (voy. ce mot), dont chacune des trois régions du corps occupe environ un tiers de la longueur, avec une tête plus ou moins convexe, avec ou sans limbe. Ces crustacés se trouvent dans le silurien inférieur, supérieur, et dans le dévonien.

BRONTOLITHE. s. m. (g. βροντή, tonnerre; λίθος, pierre). Pierre à tonnerre, nom de gros rognons de fer sulfuré qu'on trouve dans la craie après les orages violents.

BRONTOMÈTRE. s. m. (gr. βροντή, tonnerre; μέτρον, mesure). T. Phys. Appareil pour explorer l'intensité de l'électricité atmosphérique en temps d'orage.

BRONTOSAURUS. s. m. (gr. βροντή, tonnerre; σαύρα, lézard). T. Paléont. zool. M. Marsh a décrit sous ce nom un immense reptile trouvé dans le jurassique des montagnes Rocheuses, et que le savant paléontologiste des États-Unis rapproche de l'*Atlantosaurus*, et qui pouvait atteindre 30 mètres de long. Voy. ATLANTOSAURIENS.

BRONTOTHÉRIDES. s. m. pl. (gr. βροντὴ, tonnerre; θηρίον, bête sauvage). T. Paléont. zool. Ces mammifères *Ongulés* (voy. ce mot) avaient la taille de l'éléphant. Leur crâne volumineux, embrassant une petite cavité crânienne, rappelait celui du rhinocéros, mais était pourvu d'éminences rugueuses et paires sur la face supérieure. La dentition était complète. On a trouvé les restes de ces grands mammifères dans l'éocène et le miocène d'Europe et d'Amérique.

BRONZAGE. s. m. (R. *bronze*). T. Technol. On désigne sous ce nom deux opérations distinctes : l'une consiste à peindre couleur de bronze des objets non métalliques, comme plâtre, argile, carton, bois, etc. ; l'autre a pour but de modifier la surface de certains métaux, de telle façon que les agents atmosphériques ne puissent agir sur elle. — Il existe un grand nombre de procédés pour bronzer les objets en plâtre auxquels on arrive à donner des aspects très différents, depuis celui du métal jaune jusqu'à celui des patines vertes des bronzes antiques; ce dernier s'obtient à l'aide du précipité vert qui se forme quand on verse dans un mélange d'huile de lin, de soude caustique et de sel marin en dissolution concentrée, le tout filtré et bouilli, une solution chaude de quatre parties de sulfate de cuivre et une de sulfate de fer. Le précipité doit être filtré et séché; le plâtre doit être préalablement recouvert d'une colle composée d'huile de lin, de litharge et de cire; c'est sur cette colle qu'on applique la poudre verte. Pour obtenir la teinte métallique ordinaire, un procédé expéditif et excellent consiste à appliquer à froid sur le plâtre une couche bien égale de colle de parchemin, laisser sécher, une couche de colle d'or. Deux jours après, on dépose sur l'objet, un tampon de laine, la poudre métallique de b. qu'on trouve facilement dans le commerce. Le lendemain on frotte doucement pour enlever l'excès de b. — Le b. des canons de fusil et de tous les autres objets de fer s'obtient de plusieurs manières différentes. Le plus souvent, on chauffe légèrement l'objet, et on le frotte avec un mélange d'huile d'olive et de chlorure d'antimoine fondu. On emploie encore fréquemment l'eau régale très étendue, ou bien l'acide chlorhydrique en vapeur. — Dans le b. du cuivre, on se propose de lui donner une teinte mate brun rougeâtre ou vert antique, ce qui se fait en produisant à sa surface une pellicule extrêmement mince d'oxydule. On traite surtout les médailles de cette manière. Le procédé le plus usité consiste à plonger les pièces à chaud dans un bain d'eau vinaigrée contenant en dissolution 2 parties de vert-de-gris et 1 partie de sel ammoniac. Pour le b. vert antique on recouvre l'objet d'un enduit formé d'un mélange de 200 parties de vinaigre, 30 grammes de sel ammoniac, 10 grammes de sel marin et autant de crème de tartre et d'acétate de cuivre. Quand l'enduit est sec, on brosse l'objet avec une brosse enduite de cire. Le procédé chinois mérite d'être cité. On pulvérise et l'on mélange 5 parties de sel ammoniac, 5 d'alun, 2 de cinabre, 2 de vert-de-gris et 2 de bec, et de foie de canard. On en fait, avec du vinaigre, une sorte de pâte qu'on étendue sur le cuivre bien décapé. L'objet est exposé un instant au feu, puis on le laisse refroidir et on l'essuie. L'opération doit être répétée jusqu'à ce que l'on ait obtenu la teinte désirée. Enfin, le b. peut encore s'obtenir par un dépôt galvanique. Voy. GALVANOPLASTIE.

BRONZE. s. m. (ital. *bronzo*, bronze, peut-être de *bruno*, brun, avec le diminutif *brunizzo*). Alliage essentiellement composé de cuivre et d'étain. *Statue de b. Médaille de b. Graver sur b. Fondeur en b. Couler en b.* — Fig., *Avoir le cœur de b., un cœur de b.,* Avoir le cœur d'un insensible. ‖ Tout morceau de sculpture en b. *Un b. antique. Il a de beaux bronzes.* ‖ T. Numism. *Le grand, le petit et le moyen b.,* Les grandes, les petites et les moyennes médailles de b. ‖ T. Archéol. *Age de b.,* Époque où les hommes savaient fabriquer des outils et des armes en cuivre plus ou moins pur, mais ne connaissaient pas le fer. Cet âge a succédé à celui de la pierre polie. *Peu de temps avant la conquête romaine, les Gaulois étaient encore à l'âge du bronze.* Voy. AGE.

Chim. — On donne le nom de *Bronze* à l'alliage du cuivre avec l'étain. Les proportions de cet alliage sont assez variables ; parfois aussi il contient une minime quantité de zinc, de plomb, etc. L'étain combiné avec le cuivre a la propriété de communiquer à ce dernier une dureté considérable. Aussi, avant de connaître le fer, les anciens employaient-ils cet alliage (appelé χαλκὸς par les Grecs, et *æs* par les Romains) pour fabriquer leurs armes, leurs instruments tranchants, leurs monnaies

autres que celles d'or et d'argent et une foule d'ustensiles. C'est également à cause de ses propriétés particulières que les modernes se sont servis du b. pour la fabrication des pièces de campagne. Voy. CANON. On l'emploie encore pour la fabrication des cloches, des cymbales, des tamtams, des miroirs de télescope, etc. Enfin, à l'exemple des anciens, nous fondons un grand nombre de statues en b. et, nous faisons diverses applications de cet alliage dans la décoration de nos monuments

L'alliage du cuivre et de l'étain n'est jamais bien intime. Il suffit de le faire fondre lentement pour qu'une grande partie de l'étain se sépare par liquation. Si l'on opère cette fusion à l'air libre, l'étain s'oxyde plus rapidement que le cuivre, et l'on peut obtenir du cuivre pur. Cette tendance du b. à la liquation, c.-à-d. à se décomposer par la fusion, constitue l'une des plus grandes difficultés de l'art du fondeur de b. Ainsi il arrive parfois que dans le b. fondu le jet supérieur renferme presque la totalité de l'étain, tandis que le jet inférieur en contient à peine quelques traces. — Les alliages de cuivre et d'étain sont durs et cassants, lorsqu'on les a laissés refroidir lentement ; mais, chose singulière, la trempe, qui donne au fer une dureté si grande, les rend malléables. Il est vraisemblable que les anciens, quand ils voulaient fabriquer leurs armes avec le b., trempaient d'abord celui-ci afin de le travailler plus aisément et ensuite le chauffaient de nouveau pour lui rendre sa dureté première. — Les alliages de b. les plus usités présentent les proportions suivantes :

B. des canons. Cuivre, 100 ou 90,09 ; Étain, 11 ou 9,91.
Métal des cloches de France. Cuivre, 78 ; Étain, 22.
Métal des cloches en Angleterre. Cuivre, 80 ; Étain, 10,1 ; Zinc, 5,6 ; Plomb, 4,3.
B. des cymbales et tamtams. Cuivre, 80 ; Étain, 20.
B. des timbres de pendule. Cuivre, 71 ; Étain, 27 ; Fer, 2.
Métal des miroirs de télescope. Cuivre, 67 ; Étain, 33.
B. des médailles. Cuivre, 95 ; Étain, 5 ; Zinc, 99 millièmes.
La monnaie dite de cuivre, en usage dans notre pays, se compose de 95 cuivre, 4 étain et 1 zinc. — Les b. des objets d'art renferme 1 p. 100 de plomb et 1 à 2 p. 100 de zinc.

On peut donner au b. des qualités spéciales en faisant entrer dans sa composition de petites quantités de phosphore ou de silicium. Le b. *phosphoré* contient 0,2 à 0,7 p. 100 de phosphore; on l'obtient en ajoutant au b. en fusion du phosphure de cuivre ou du phosphure d'étain. Il est très dur et présente une grande résistance à la tension et à la flexion ; les agents chimiques et atmosphériques ne l'attaquent que difficilement. On en fabrique des canons, des cloches, des objets d'art, on l'emploie surtout pour les coussinets de locomotives, les engrenages et les organes de machines exposés à des secousses. — Le b. *silicié* est très dur, très élastique et très bon conducteur de la chaleur et de l'électricité; il sert à confectionner les fils téléphoniques.

Le b. s'oxyde de cuivre, mais moins aisément que lui, et son oxyde, appelé par les numismates *Patine*, de l'italien *patina*, contribue à sa conservation en lui formant une sorte de vernis.

Le b. a naturellement une couleur brune peu agréable. On lui donne une coloration vert bleuâtre en le chauffant avec une solution ainsi composée : oxyde de cuivre 500 gr., ammoniaque 4,75, acide acétique 2 litres et eau 10 litres.

On analyse le b. en traitant cet alliage par l'acide nitrique et en chauffant. Il se dépose de l'oxyde d'étain, et il se forme du nitrate de cuivre qui colore la dissolution en bleu. On verse sur un filtre, et l'on recueille séparément l'oxyde d'étain et le nitrate de cuivre. On obtient le cuivre en réduisant le nitrate, soit par la chaleur, soit au moyen d'une lame de fer ou de zinc. Si le b. renferme du plomb, on traite la liqueur par l'acide sulfurique. On transforme ainsi le nitrate en sulfate de cuivre qui se dissout, tandis que le sulfate de plomb se précipite sous forme de poudre blanche. S'il y avait du zinc, on obtiendrait par le même procédé un sulfate double de cuivre et de zinc, et l'on précipiterait le cuivre par l'acide sulfhydrique.

L'art de la métallurgie paraît avoir été plus avancé chez les anciens qu'on ne le suppose généralement. Il est fait mention de cet art dans plusieurs passages du Pentateuque ainsi que dans le livre de Job. Quant à l'Égypte, la Grèce et à l'Italie antiques, il nous reste de nombreux témoignages matériels de leur habileté à travailler les métaux et particulièrement le b., dont l'usage précéda celui du fer. Les bronzes grecs, les plus anciens, sont uniquement composés de cuivre et d'étain, les échantillons qu'on a analysés démontrent qu'ils contenaient toujours les mêmes proportions de ces deux métaux, 12 p. d'étain pour 88 de cuivre. Il est à croire que, plus tard, à cet alliage primitif on ajouta encore d'autres métaux. Nous avons

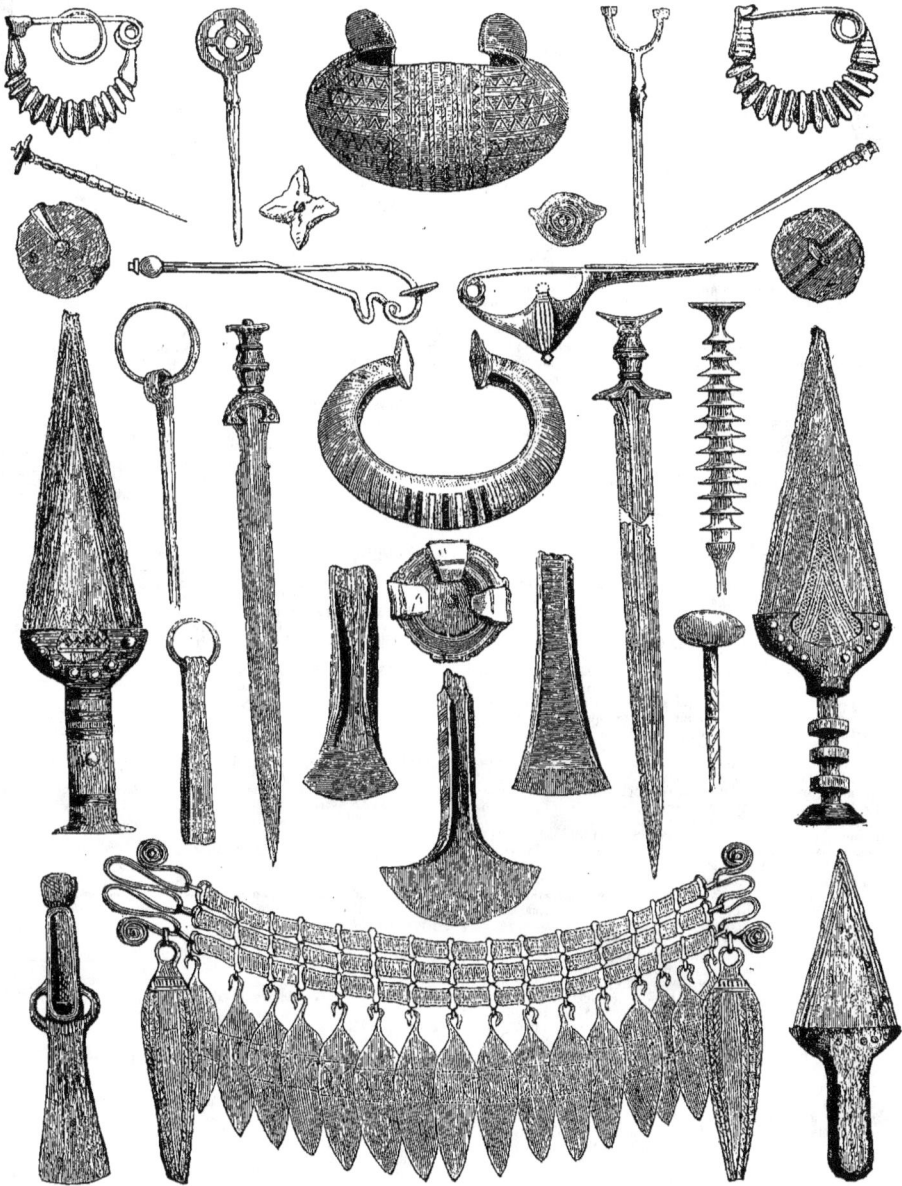

ARMES, OUTILS, ORNEMENTS, OBJETS DIVERS DE L'AGE DE BRONZE.

déjà, au mot Airain, parlé de l'alliage appelé par les anciens *Æs corinthiacum* (Airain de Corinthe). Certaines espèces de b. étaient particulièrement estimées. Celui de Délos (*Æs Deliacum*) tenait le premier rang : aussi quelques-uns des plus grands artistes de l'antiquité s'étaient-ils établis dans cette île. Le b. d'Égine (*Æs Ægineticum*) rivalisait presque avec celui de Délos. Égine, il est vrai, ne renfermait pas de mines de cuivre, mais ses fondeurs et ses artistes étaient très renommés. Myron et Polyclète, contemporains de Phidias, préféraient, le premier le b. de Délos, et le second celui d'Égine. D'après un passage de Plutarque, on suppose que le b. de Délos avait une teinte assez claire. Les auteurs mentionnent encore quelques autres variétés de b. (*Æs Demonnesium, Æs nigrum* et *Æs Tartessium*), mais sans nous donner le moindre détail à leur sujet. — Les Grecs du siècle de Périclès affectionnaient la sculpture polychrome. Ils portèrent ce goût même dans les œuvres pour lesquelles ils employaient les métaux. Tout le monde sait qu'Homère, en décrivant le bouclier d'Achille, dit que les bœufs, les moutons et autres objets qui s'y trouvaient représentés, se distinguaient par les couleurs qui leur sont propres; mais peut-être s'agit-il ici de l'emploi des émaux. Pline, au contraire, rapporte qu'Aristonidas avait fait une statue d'Athamas, où il s'était proposé de représenter l'effet de la pudeur au moyen d'un mélange de fer avec le b. Plutarque, de son côté, nous raconte qu'un sculpteur, nommé Silanio, avait exécuté une statue de Jocaste mourante, et que, par une habile combinaison de métaux, il lui avait donné une teinte pâle et maladive : pour cela, dit-il, l'artiste avait combiné l'argent avec le b. Callistrate mentionne trois statues, l'une de l'Occasion, l'autre de l'Amour et la troisième de Bacchus (ces deux dernières par Praxitèle), qui étaient surtout remarquables en ce que le b. imitait les couleurs naturelles. Enfin, il est parlé d'un bas-relief représentant la bataille d'Alexandre et de Porus, où l'artiste avait réussi, par la combinaison des couleurs, à faire une œuvre comparable aux plus belles peintures. Ces récits sont vraisemblablement empreints d'une grande exagération; néanmoins il est probable que les artistes anciens obtenaient certains effets de polychromie, soit au moyen de couleurs, soit à l'aide de certains procédés analogues à ceux qu'on emploie aujourd'hui dans la fabrication du plaqué.

Les plus anciennes statues de b. de la Grèce paraissent avoir été faites à l'aide du marteau. On donnait d'abord aux diverses parties la forme voulue, puis on les ajustait au moyen de fiches ou de clofs. Au témoignage de Pausanias, de Pline et de Diodore de Sicile, les ouvrages de ce genre étaient appelés *sphyrelata*, du mot σφύρα, qui signifie marteau. Pline même les nomme *holophyrata*, pour bien indiquer qu'ils étaient massifs et pleins. Plus tard, en effet, on imagina de faire d'abord une sorte de maquette de bois que l'on recouvrait de lames de métal, puis on travaillait celles-ci au marteau. Ce dernier procédé était également usité chez les Égyptiens, comme le prouve une tête d'Osiris qui est conservée au Musée Britannique, et où l'on voit encore le bois à l'intérieur du b. — Il est extrêmement difficile de déterminer l'époque où l'on commença à employer le procédé de la fusion des métaux dans des moules préparés à cet effet; mais il remonte certainement à une antiquité fort reculée. Si l'on veut s'en rapporter à l'autorité de Pausanias, cet art aurait été inventé par Rhœcus et Théodore de Samos, qui vivaient 700 ou 800 ans avant notre ère. — Nous ignorons également si les anciens connaissaient l'art de souder les métaux. Nous ne pouvons dire si le terme κόλλησις signifie une soudure ou seulement une espèce de colle. Pausanias, cependant, nous en parle comme d'une chose tout à fait différente des clous ou crampons, et nomme Glaucus de Chio comme son inventeur. Pline fait encore mention d'une espèce de soudure sous le nom de *plumbum argentarium*. Dans tous les cas, il est positif que les anciens ignoraient le procédé moderne qui consiste à faire fondre les bords des parties en contact. Voy. Fondeur et Sculpture.

Bronze d'aluminium. — L'alliage ainsi appelé diffère des autres bronzes en ce qu'il ne contient pas d'étain; il se compose de 90 à 95 p. 100 de cuivre et de 10 à 5 d'aluminium. Il est très malléable, élastique, très tenace et beaucoup plus dur que le b. ordinaire. On l'emploie dans la fabrication des coussinets de machines, des instruments de physique, etc. On s'en sert aussi dans la bijouterie et l'orfèvrerie à cause de sa belle couleur jaune qui lui donne l'aspect de l'or. Une plus forte proportion d'aluminium le rend blanc et cassant.

Bronzes de couleur. — On a donné ce nom à des poudres métalliques dont on se sert pour donner à toutes sortes d'objets l'aspect du bronze, du cuivre, de l'argent, de l'or, etc.

Ces poudres doivent être formées de parcelles aplaties et brillantes; pour cela, les métaux ou les alliages qu'on veut pulvériser sont laminés en feuilles très minces, puis réduits en fragments par leur passage à travers un tamis, broyés avec une eau visqueuse, enfin lavés et séchés. On emploie surtout le cuivre et ses alliages. L'étain sert à imiter l'argenture : pour le pulvériser on le verse à l'état de fusion dans une boîte enduite de craie que l'on agite fortement. En chauffant ces poudres en présence de l'air à diverses températures, on peut leur donner des colorations très variées. Les objets à bronzer sont enduits d'un vernis spécial appelé mordant, sur lequel on applique la poussière métallique avant qu'il soit complètement sec.

Préhistoire. — *Age du b.* — On a vu plus haut un exposé sommaire de l'emploi du b. dans l'histoire, par les Égyptiens et les Grecs. Antérieurement à l'histoire, les fouilles faites principalement dans les sépultures et des découvertes inattendues ont montré qu'après l'âge de la pierre ou vers la fin de cet âge, les hommes primitifs ont su fabriquer leurs armes et leurs outils en b., et, plus tard, en fer. Cette période du b. a laissé des vestiges dans presque tous les pays. Pour donner une idée de la diversité des objets découverts, nous en reproduisons à la page précédente une série très variée. Un grand nombre de ces spécimens sont notamment conservés au musée de Saint-Germain. Voy. sur ce sujet les ouvrages de Mortillet, Chantre, Cartailhac, Sir John-Lubbock, Gross, de Cleuziou.

BRONZER. v. a. Peindre en couleur de bronze. || *B. un canon de fusil, des boucles d'acier*, etc., Leur donner une couleur qui les préserve de la rouille. = se Bronzer. v. pron. *L'acier se bronze au feu.* || Fig., Devenir dur, insensible. *A force de voir des malades, son cœur s'est bronzé.* = Bronzé, ée. part. *Teint bronzé*, Qui approche de la couleur du cuivre rouge. || *Souliers bronzés*, Souliers de chamois teint en noir.

BRONZERIE. s. f. Art du bronzier.

BRONZEUR. s. m. Ouvrier qui fait le bronzage.

BRONZIER. s. m. Fabricant de bronzes.

BRONZITE. s. f. (R. *bronze*) T. Minér. Silicate de magnésie, de fer et de chaux, d'un brun jaunâtre ou verdâtre, à éclat demi-métallique, bronzé. On le rencontre dans les serpentines.

BROOKITE. s. f. (R. *Brook*, n. d'homme). T. Minér. Acide titanique TiO^2, cristallisé en prismes orthorhombiques aplatis, brun rougeâtre.

BROOKLYN, v. des États-Unis vis-à-vis de New-York, dont elle n'est séparée que par le petit détroit *East River*, sur lequel un pont d'une portée de 486 mètres et de 84 mètres de hauteur a été jeté en 1883. Sa population s'est accrue dans une progression extrêmement rapide : en 1826, elle ne comptait que 3,298 hab.; en 1850, 96,000; en 1855, 250,000; en 1880, 566,000; elle en compte actuellement 700,000.

BROONS, ch.-l. de c. (Côtes-du-Nord), arr. de Dinan, 2,800 hab. Patrie de Du Guesclin.

BROQUART. s. m. (R. *broche*, chose pointue, corne). T. Vénerie. Se dit de certaines bêtes fauves d'un an. *Les chiens lancèrent un b.*

BROQUE. s. m. (ital. *broccolo*, rejeton, même origine que *broche*). Rejeton d'un chou frisé.

BROQUELIN. s. m. Débris de tabac.

BROQUELINE. s. f. T. Manuf. de tabac. Botte de feuilles.

BROQUER. v. a. (R. *broche*). T. Pêche. Percer un petit poisson à l'hameçon pour servir d'amorce.

BROQUETEUR. s. m. Celui qui met les gerbes en tas et les charge sur les voitures.

BROQUETTE. s. f. (Dimin. de *broche*). Sorte de petit clou de fer à tête. *Attacher une estampe avec une b.* || Collect., Une certaine quantité de ces clous. *Allez m'acheter de la b.*

BRORSEN, astronome danois, qui découvrit en 1846, à Kiel, la comète périodique qui porte son nom.

BROSIME. s. m. (gr. βρώσιμος, comestible, de βρῶσις, aliment). T. Bot. Genre d'arbres de la famille des *Urticacées*. Voy. ce mot.

BROSSAGE. s. m. Action de brosser.

BROSSAILLES. s. f. [Pr. les *ll* mouillées]. Autre forme de broussailles.

BROSSE. s. f. (ang. *brush*, taillis, balai, brosse; anc. all. *bursh*, *brusta*, rameau hérissé). Ustensile fait de poils durs de certains animaux, ou de brins de bruyère, de chiendent, etc., qui sert à nettoyer les vêtements, les meubles, etc. *B. à cheveux. B. pour la chaussure. B. à dents. — B. à barbe*, Sorte de pinceau qui sert à étendre le savon sur le visage avant de se servir du rasoir. || T. Peint. Sorte de pinceau plus ou moins gros fait de soies de porc et muni d'un manche, dont on se sert pour étendre les couleurs sur la toile. — Fig., *Ce tableau est d'une belle b.*, Il est bien peint ; *Il est d'une grosse b.*, Il est grossièrement peint. || T. Zool. Se dit des poils longs et disposés en manchettes qui se trouvent aux jambes de devant de certains mammifères, particulièrement des ruminants à cornes creuses, et des touffes de poils roides qui se trouvent sur différentes parties du corps de certains insectes. || *Tailler en b.*, En parlant des cheveux et de la barbe taillés en manière de b. || T. Méd. Appareil semblable à une b. dont on se sert pour frictionner. || T. Agric. Espèce de herse.

BROSSE (JACQUES DE). Voy. DEBROSSE.

BROSSE (GUI DE LA). Voy. LABROSSE.

BROSSÉE. s. f. Action de brosser, c'est-à-dire de battre.

BROSSER. v. a. Frotter, nettoyer avec une brosse. *Brosser un habit. Se faire b. Se b. les cheveux.* — Dans un sens anal., *B. quelqu'un; Se faire b. au bain.* — *B. quelqu'un*, B. ses vêtements, l'habit qu'il a sur lui. || *B. une toile*, Peindre. *Le décor est bien brossé.* ↔ SE BROSSER. v. pron. Nettoyer ses vêtements ou se frictionner avec une brosse. ↔ BROSSÉ, ÉE. part.

BROSSER. v. n. (même origine que *brosse*). T. Chasse. Courir au travers des fourrés, des bois les plus épais. *Le cerf brosse. Nous brossâmes deux heures durant.*

BROSSERIE. s. f. Industrie ou commerce du brossier. || Le lieu où l'on fabrique des brosses. || Collect., se dit des objets que fabrique le brossier. *Acheter de la b.* || Machine d'apprêt pour draps et nouveautés.

BROSSES (CHARLES DE). Voy. DEBROSSES.

BROSSETTE, érudit français, éditeur et correspondant de Boileau (1671-1743).

BROSSEUR. s. m. Celui qui brosse. T. Milit. Soldat qui, pour une faible rétribution, rend certains services domestiques à un officier.

BROSSEUSE. s. f. Appareil destiné à donner un nettoyage à fond aux tissus qui doivent subir l'impression.

BROSSIER. s. m. Celui qui fait ou vend des brosses.

BROSSURE. s. f. (R. *brosse*). T. Teint. Couleur qui s'applique avec la brosse sur les peaux.

BROTTIER, érudit français (1723-1780).

BROU. s. m. (anc. all. *broz*, rejeton, pousse verte; on a aussi indiqué un radical sanscrit *vr*, couvrir). Écale, enveloppe verte qui recouvre les noix et les amandes. *Le b. de la noix est amer et astringent.* || *B. de noix*, Sorte de teinture faite avec le b. de noix. — Sorte de liqueur faite également avec cette enveloppe.

BROU, ch.-l. de c. (Eure-et-Loir), arr. de Châteaudun, 2,700 h.

BROU, hameau près de Bourg (Ain), où se trouve une magnifique église gothique : *Notre-Dame-de-Brou*, élevée par Marguerite d'Autriche, de 1506 à 1536.

BROUAILLES. s. f. pl. T. Pêche. Intestins de poisson.

DICTIONNAIRE ENCYCLOPÉDIQUE.

BROUÉE. s. f. (étym. inconnue ; peut-être sanscrit *vr*, couvrir, Brouillard, bruine. Peu us.

BROUET. s. m. (bas-lat. *brodium*, espèce de mets très clair ; du celt. *brod*, bouillon). Espèce de bouillon au lait et au sucre. N'est plus usité que dans ces loc., *Le b. de l'accouchée*, *de l'épousée.* || *B. noir*, ou simplement *Brouet*, Mets simple et grossier des anciens Spartiates. — Par plaisant., se dit d'un mauvais ragoût. *On nous servit un b. dont personne n'osa tâter.*

BROUETTAGE. s. m. Mode de transport dans les mines à l'aide de brouette.

BROUETTE. s. f. (lat. *bis*, deux fois ; *rota*, roue). Primitivement, Sorte de chaise fermée, à deux roues, dans laquelle on se faisait voiturer par un homme : c'est ce qu'on nommait autrefois *Vinaigrette.* || Espèce de petit tombereau n'ayant qu'une roue et qu'un homme pousse devant lui. — Pop., *Être condamné à la b.*, Dans certains pays, être condamné aux travaux publics, et principalement aux travaux de terrassement.
Techn. — La b. est un petit tombereau de bois muni, d'un côté d'un brancard, et de l'autre d'une petite roue mobile au milieu d'un essieu tournant. Cette machine est extrêmement usitée pour porter des fardeaux, tels que terres, matériaux de construction, etc. On peut considérer la b. comme une application du levier du second genre. Le point d'appui se trouve à l'axe de la roue ; le poids du corps qui forme la charge constitue la résistance ; la puissance est la résultante des deux actions exercées de bas en haut par les bras de l'homme qui tient les manches ou le brancard de la

b. La b. telle qu'on la construit habituellement est fort mal disposée, attendu que le centre de gravité de la charge y est situé à une trop grande distance du point d'appui. Il en résulte que le brouettier est obligé de supporter une partie plus ou moins considérable du fardeau. Par conséquent, il lui faut déployer un plus grand effort pour mettre la machine en mouvement. Ce défaut a fixé, de bonne heure, l'attention des mécaniciens, et d'utiles améliorations ont été plusieurs fois indiquées. — Parmi les brouettes perfectionnées, nous citerons celle de Person que représente la Fig. Dans cette b., le plus grand bras du levier qui est formé par le brancard, se trouve beaucoup moins chargé que dans la b. ordinaire. Les brouettes employées dans les gares de chemins de fer pour le transport des bagages sont construites d'après le même principe, ce qui permet à un seul homme de rouler des charges considérables.
On dit généralement que la b. a été inventée au XVIIe siècle et on l'attribue souvent à Pascal. C'est une erreur. On peut voir dans les manuscrits du XIIIe siècle, notamment dans *l'Histoire du Saint-Graal* (Bibliothèque nationale), une enluminure représentant un homme poussant une b. absolument semblable à celles dont on se sert aujourd'hui. On en voit une autre dans un manuscrit du XIVe siècle : *Vita et Passio Sancti Dionysii Areopagi.*

BROUETTÉE. s. f. Charge d'une brouette.

BROUETTER. v. a. Transporter dans une brouette. *B. de la terre, du fumier*, etc. || Mener dans une petite chaise à deux roues. ↔ BROUETTÉ, ÉE. part.

BROUETTEUR. s. m. Celui qui traînait les chaises à deux roues appelées *Brouettes* ou *Vinaigrettes.*

BROUETTIER. s. m. Celui qui transporte des fardeaux dans une brouette. || Fabricant de brouettes.

BROUGHAM. s. m. [Pr. angl. *broumm*]. Sorte de voiture à quatre roues mise à la mode par lord Brougham. **103**

BROUGHAM (Lord Henry), littérateur, savant, historien et homme politique anglais (1779-1868).

BROUGHTON (William-Robert), navigateur anglais, compagnon de Vancouver, découvrit une partie de l'Océanie (1763-1822).

BROUGNÉE. s. f. T. Pêche. Espèce de longue nasse.

BROUHAHA. s. m. (Onomatopée ?). Bruit confus qui s'élève dans une assemblée nombreuse, dans une foule, en signe d'approbation ou d'improbation. *Quel b.! A cette tirade il s'éleva de grands brouhahas.* Fam.

BROUI. s. m. Tuyau par lequel on souffle la flamme pour travailler en émail.

BROUILLAGE. s. m. [Pr. les *ll* mouillées] (R. *brouiller*). Action d'étendre sur le sol les herbes coupées par le ratissage.

BROUILLAMINI. s. m. [Pr. les *ll* mouillées]. Sorte d'emplâtre pour les chevaux préparé avec le bol d'Arménie. || Désordre, brouillerie, confusion. *Il y a du b. dans ce ménage, dans cette affaire.*
Étym. — Corruption de *bol d'Arménie.* Ce mot s'est ensuite confondu avec *brouiller.* Tel est du moins l'avis des étymologistes. — Peut-être aussi est-ce un mot forgé à une époque où il était de bon ton dans certaines professions d'affecter de parler latin. On peut imaginer qu'un vétérinaire ignorant ou facétieux aura formulé une ordonnance commençant par *Brouillamini,* pour dire « brouillez ensemble » et que le mot aura fait fortune à cause de sa bizarrerie; mais ce n'est là qu'une conjecture.

BROUILLARD. s. m. [Pr. les *ll* mouillées] (même origine que *brouée* avec confusion ultérieure avec *brouiller*). Vapeur d'eau plus ou moins épaisse, et ordinairement froide, qui obscurcit l'air. *B. qui s'élève, qui se dissipe.* — Par allus., *N'y voir qu'à travers un b.,* Avoir la vue affaiblie, ne s'apercevoir les objets que comme à travers un b. || Fig. et fam., *Je n'y vois que du b.,* Je n'y distingue, je n'y comprends, je n'y démêle rien. — *C'est un esprit plein de brouillards,* C'est un homme dont les idées ne sont pas claires. || T. Comm. Registre sur lequel on inscrit les opérations, à mesure qu'elles se font. Voy. **Comptabilité.** = **Brouillard,** adj. m., *Papier b.,* Papier non collé. Voy. **Papier.**
Météor. — On nomme *Brouillard* toute masse de vapeurs d'eau condensée dans la partie inférieure de l'atmosphère, de manière à troubler la transparence de l'air. D'après cette définition, le b. diffère du *nuage* en ce que l'un séjourne dans les couches de l'atmosphère les plus voisines de la terre, tandis que l'autre en occupe les régions plus ou moins élevées. Le b., examiné au microscope, se montre formé de petites gouttelettes d'eau, ayant la forme sphérique.
Pour que le b. se montre quelque part, il faut que l'air soit saturé d'humidité : alors seulement la vapeur d'eau peut se précipiter sans discontinuité pendant plusieurs heures. Les circonstances dans lesquelles il se forme diffèrent, en général, de celles qui accompagnent la rosée. Lorsque celle-ci se dépose, la température du sol est toujours inférieure à celle de l'air; c'est le contraire pour le b. Alors le sol humide est plus chaud que l'air, et les vapeurs qui s'élèvent se condensent et deviennent visibles comme la vapeur de l'haleine qui se condense, en hiver, au sortir de la bouche. C'est ainsi qu'en automne on voit souvent des brouillards au-dessus des rivières dont l'eau est beaucoup plus chaude que l'air avant le lever du soleil. Dans tous les cas, il faut, pour que le b. se forme, que la tension de la vapeur d'eau contenue dans l'air soit au moins égale à la tension maxima correspondant à la température; on a même constaté des cas où la tension de la vapeur d'eau dépassait la tension maxima sans qu'il se produise de b.; c'est qu'il se produit alors un phénomène de *survapo-risation,* analogue aux phénomènes si connus de *surfusion;* quoique la tension de la vapeur ait dépassé le maximum, la condensation ne peut s'opérer qu'autour d'un noyau solide formé par une poussière ou d'un noyau liquide formé par des gouttes de b. C'est ce qui explique la formation rapide d'une grande quantité de b., la condensation s'opérant et se développant rapidement dès qu'elle a commencé à se produire.
Les brouillards sont surtout épais et fréquents dans les pays où le sol est souvent à la fois humide et tiède, tandis que l'atmosphère en contact avec lui est humide et froide. C'est le cas de l'Angleterre dont les côtes sont baignées par une mer

à température élevée. C'est aussi le cas des mers polaires et de Terre-Neuve, où le courant, appelé *Gulf-stream,* qui vient du sud, a une température plus élevée que celle de l'air. A Londres, les brouillards ont quelquefois une densité telle, qu'on est obligé en plein midi d'allumer les becs de gaz dans les maisons et dans les rues. Dans les villes industrielles, les innombrables grains de poussière et de suie en suspension dans l'atmosphère contribuent beaucoup à la condensation de la vapeur d'eau et à la formation du brouillard. — La vapeur d'eau qui constitue les brouillards par sa condensation ne se forme pas toujours au lieu même où l'on observe ces derniers. Il arrive parfois qu'un coup de vent amène d'assez loin des masses de vapeurs aqueuses au-dessus d'un lieu, où elles se trouvent dans les conditions voulues pour se condenser et passer à l'état de b.
Remarquons aussi que le brouillard diffère du nuage en ce que celui-ci se déplace, emporté par le vent, tandis que le b. reste sur la région où il s'est formé. Le b. n'est donc pas exactement un nuage à la surface du sol.
Les marins donnent au b. le nom de *Brume.* Les brumes sont presque permanentes dans certains parages, comme ceux de Terre-Neuve, et dans les mers arctiques. On comprend aisément à combien de périls ces brumes exposent les marins, car il leur est alors impossible, soit d'observer les astres et de faire les opérations nécessaires pour déterminer la position des bâtiments, soit d'apercevoir les rochers, les banquises et les navires qu'ils peuvent rencontrer sur leur route.
Il arrive assez fréquemment que le b. répand une odeur nitreuse ou sulfureuse, ou bien, selon l'expression vulgaire, *sent le brûlé.* La cause de ce phénomène sur lequel on a beaucoup disserté, paraît résulter d'éruptions volcaniques, soit de la combustion des tourbes sur de vastes espaces dans certaines contrées du nord de l'Europe. Ces brouillards imprégnés d'une mauvaise odeur sont donc un mélange de vapeurs condensées, de cendres très divisées et de fumée de tourbe.
B. sec. — Le phénomène atmosphérique désigné sous le nom de *b. sec* n'a rien de commun avec le b. ordinaire. Il est constitué par une poussière très fine amenée par les vents, et qui est d'origine volcanique, ou qui provient des cendres d'une forêt ou d'une tourbière incendiée. On cite particulièrement le b. sec de 1783 qui enveloppa toute l'Europe. Il coïncida avec une immense irruption volcanique en Islande et de vastes incendies de tourbières dans les plaines voisines de la mer Baltique et de la mer du Nord. Le même phénomène a été observé dans les mêmes circonstances, quoique sur une moindre échelle, en 1822 et en 1838, en France et en Angleterre.
Au même phénomène il convient de rattacher les pluies de sable et de boue qui obscurcissent le ciel et qui ont été quelquefois observées au nord de l'Afrique; on en cite un exemple remarquable sur les bords de la Méditerranée, observé à Alexandrie, à Constantinople et dans d'autres régions, les 6 et 18 mars 1889. Ces sables viennent du Sahara et sont entraînés par les vents. — Il arrive quelquefois, au Canada, que tout à coup, au milieu du jour, une profonde obscurité enveloppe l'horizon; le soleil paraît d'un rouge de sang, et, s'il y a des intervalles entre les nuages, ils laissent apercevoir le fond du ciel d'un noir intense : c'est ce qu'on nomme, dans l'Amérique du Nord, *les ténèbres du Canada.* C'est un véritable b. sec.

BROUILLASSE. s. f. [Pr. les *ll* mouillées] (R. *brouillard*). T. Mar. Brouillard peu épais.

BROUILLE. s. f. [Pr. les *ll* mouillées] (ital. *broglio,* agitation). Brouillerie, mésintelligence. *Il y a de la b. dans le ménage.*

BROUILLEMENT. s. m. [Pr. les *ll* mouillées] (R. *brouiller*). Mélange, confusion. Fam.

BROUILLER. v. a. [Pr. les *ll* mouillées] (ital. *brogliare,* m. s., origine incertaine). Mêler, mettre pêle-mêle. *B. des papiers. B. des œufs.* — *B. du vin,* Remuer un vase dans lequel il y a du vin, de façon que le dépôt se mêle à la liqueur. — Fig. et fam. *B. le teint,* Causer quelque altération dans le teint du visage. *La bile lui a brouillé le teint.* || Fig. et fam., Mettre du désordre, de la confusion dans les affaires, dans les idées. *En voulant arranger cette affaire, il n'a fait que la b. davantage. L'amour lui a brouillé l'esprit, la cervelle, les idées.* — *B. les cartes,* Chercher à mettre du trouble, à embrouiller une affaire. — *B. du papier,* Écrire des choses inutiles ou ridicules. || Fig., Mettre la désunion, le désaccord, la mésintelligence entre des personnes. *L'intérêt brouille souvent les meilleurs amis.* — Fam.,

Être brouillé avec le bon sens, Manquer de jugement, de raison. *Être brouillé avec l'argent*, N'avoir pas d'argent. || Employé absol. signifie, Faire les choses avec confusion, par ignorance, par inhabileté ou par malice *Il n'a pas d'ordre, il ne fait que b.* = SE BROUILLER. v. pron. Se dit dans plusieurs des acceptions qui précèdent. *Les affaires se brouillent de tous côtés. Il s'est brouillé avec sa famille.* — Fig. et fam., *Se b. avec la justice*, Commettre quelque acte qui peut provoquer des poursuites judiciaires. — Fam., *Se b. en parlant*, S'embarrasser en parlant, perdre le fil de ses idées. — *Le temps se brouille*, Le ciel se couvre de nuages. = BROUILLÉ, ÉE. part.

Syn. — *Embrouiller*. — *Brouiller*, c'est proprement mettre le trouble, le désordre, la confusion dans les choses. *Embrouiller*, c'est mettre les choses dans un état de désordre et de confusion. Celui qui *brouille* veut opérer le *dérangement* même des choses; celui qui *embrouille* ne fait pas l'arrangement qu'il voulait ou prétendait faire. On *brouille* des affaires, des idées en y mettant le désordre; on les *embrouille* en y mettant de l'obscurité. Les affaires sont *brouillées* par la mésintelligence et la discorde; elles sont *embrouillées*, à cause de la difficulté de les entendre et de les expliquer. — Ce qui est *brouillé* n'est pas en ordre et d'accord; ce qui est *embrouillé* n'est pas net et clair. Celui qui n'a ni règle ni ordre dans l'esprit ne fait que *brouiller*; celui qui veut expliquer ce qu'il ne conçoit pas nettement, s'*embrouille*. — Au fig., on *brouille* des personnes en semant entre elles la discorde ou la haine, on ne les *embrouille* pas.

BROUILLERIE. s. f. [Pr. les *ll* mouillées] (R. *brouille*). Mésintelligence, fâcherie, querelle. *Leurs brouilleries ne durent pas longtemps.*

BROUILLON, ONNE. adj. [Pr. les *ll* mouillées](R *brouiller*). Qui aime à brouiller, qui se plaît à semer le trouble et la confusion. *Esprit, caractère b. Humeur brouillonne.* || Subst. *C'est un b. C'est une brouillonne.* — *C'est un b.*, se dit d'un homme qui, affectant beaucoup d'activité dans les affaires, les embrouille par étourderie, ignorance ou maladresse; ou bien encore d'une personne qui manque de netteté dans les idées et qui s'embrouille dans ses discours. *C'est un b. qu'il est impossible de comprendre.*

BROUILLON. s. m. [Pr. les *ll* mouillées] (R. *brouiller*). Ce qu'on écrit d'abord, ce qu'on jette d'abord sur le papier pour le mettre ensuite au net. *Je n'en ai encore fait que le b. Il ne fait jamais de b.* || Le papier même sur lequel on a écrit un b. *Votre b. est indéchiffrable.* || T. Comm. Livre appelé plus habituellement *Brouillard*. Voy. COMPTABILITÉ.

BROUILLONNER. v. n. [Pr. *brou-llo-ner*, *ll* mouillées] (R. *brouillon*). Écrire au brouillon.

BROUIR. v. a. [Pr. *brou-ir*] (même origine que le grec πυρόω, je brûle, et l'allem. *brühen*, brûler; sanscrit *br*, porter, *ra*, feu). Dessécher, brûler. Se dit du dommage que cause aux productions végétales l'action d'une chaleur solaire trop vive succédant brusquement à l'action du froid. = BROUI, IE. part. *Des épis brouis. Des fleurs brouies.*

BROUISSURE. s. f. [Pr. *brou-i-ssure*] (R. *brouir*) Dommage qu'une chaleur solaire trop vive cause aux productions végétales, particulièrement aux bourgeons, boutons, etc.

BROUS. s. m. pl. Nom de la recuite du lait des fromages, dite aussi *Séracée*.

BROUSSAILLEMENT. s. m. [Pr. les *ll* mouillées]. T. Forestier. Action de faire naître des broussailles sur un terrain.

BROUSSAILLER. v. a. [Pr. les *ll* mouillées]. T. Forestier. Garnir un terrain de broussailles.

BROUSSAILLES. s. f. pl. [Pr. les *ll* mouillées] (Origine germanique *burst*, *brusta*, rameau hérissé; R. *brout*). Arbrisseaux et arbustes, en général sans valeur et fort souvent épineux, qui naissent dans certaines forêts, dans les terrains incultes *Ce terrain est couvert de b.* || Fig. et fam., *Se sauver, s'échapper par les b.*, Se tirer d'embarras comme on peut.

BROUSSAIS, célèbre médecin français (1772-1838).

BROUSSE. s. f. Sorte de fromage.

BROUSSE. s. f. Végétation peu élevée, sorte de broussailles en Afrique et sur les terres incultes.

BROUSSE, v. de la Turquie d'Asie (Anatolie), à 90 kilom. S. de Constantinople; 37,000 hab.

BROUSSEL (PIERRE), conseiller au Parlement de Paris, dont l'arrestation amena la *Journée des Barricades* (1648).

BROUSSER. v. n. (R. *brousse*, broussailles). T. Chasse. Marcher à travers bois sans suivre les chemins.

BROUSSIN. s. m. (vx fr. *broz* de *broc*, autre forme de *broche*, chose pointue). Excroissance ligneuse qui vient sur le tronc ou sur les branches de certains arbres. *Le b. d'érable s'emploie dans la tabletterie.* || Le b. de la vigne vient le plus souvent sur la racine; il peut entraîner le dépérissement et la mort du cep; aussi doit-il être enlevé avec la serpette.

BROUSSON (CLAUDE), ministre protestant français, rentra en France après la révocation de l'Édit de Nantes et fut roué vif en 1698.

BROUSSONÉTIE. s. f. [Pr. *brou-sso-né-ti*] (R. *Broussonnet*, n. d'homme). T. Bot. Genre de plantes de la famille des *Urticacées*. Voy. ce mot.

BROUSSONNET (PIERRE-MARIE-AUGUSTE), médecin et naturaliste français, introduisit en France les moutons mérinos et les chèvres d'Angora (1761-1807).

BROUSSURE. s. f. Carie du froment.

BROUT. s. m. (Origine germanique, anc. allem. *burst*, *brusta*, rameau). Pousse des jeunes taillis au printemps.

BROUTAGE. s. m. T. Techn. Travail défectueux produit par un outil qui broute ou mord par saccade.

BROUTANT, ANTE. adj. Qui broute. || T. Vén. *Les bêtes broutantes*, Le cerf, le daim, le chevreuil, etc.

BROUTÉ. adj. *Roue broutée*, Roue rayée à l'aide de hachures.

BROUTEMENT. s. m. Action de brouter. || T. Mét. Saccade qu'éprouve le tour à guillocher ou à godronner.

BROUTER. v. a. (R. *brout*: proprement, manger les pousses). Manger l'herbe, les feuilles des arbres. Ne se dit guère que de l'herbe qui tient encore à la terre et des feuilles attachées à l'arbre. *Les moutons broutent l'herbe. La famine fut si grande que les pauvres furent réduits à b. l'herbe.* = BROUTER. v. n. S'emploie dans le même sens. || Fig. et prov., *Où la chèvre est attachée, il faut qu'elle broute*, Il faut se résigner à vivre dans l'état où l'on se trouve engagé, dans le lieu où l'on est établi. — *L'herbe sera bien courte qu'il ne trouve à b.*, se dit d'un homme qui parvient à se tirer d'affaire en quelque lieu qu'il se trouve. = BROUTÉ, ÉE. part.

BROUTILLES. s. f. pl. [Pr. les *ll* mouillées] (Dimin. de *brout*). Menues branches dont on fait de petits fagots. || Fig. et fam., se dit de plusieurs petites choses inutiles ou de nulle valeur.

BROUTURE. s. f. Branche broutée.

BROWN (JEAN), célèbre médecin écossais, fondateur du système dit *Brownisme*. Voy. ce mot (1736-1788).

BROWN (THOMAS), philosophe écossais (1778-1820).

BROWN (ROBERT), célèbre botaniste anglais (1781-1858), découvrit les mouvements des particules très fines dans un liquide, mouvements qui ont reçu le nom de *mouvements browniens*. Voy. BROWNIEN.

BROWN (JOHN), abolitioniste américain, consacra sa vie à la cause de l'émancipation des esclaves; né en 1800. Il avait formé le projet de soulever les esclaves noirs et de les armer contre leurs maîtres. Il fut condamné à mort et exécuté à Charlestown, en 1859.

BROWN (ALLAN), astronome et météorologiste anglais (1816-1879).

BROWNIEN, ENNE. adj. T. Méd. Qui appartient au brownisme. || *Mouvements browniens,* Mouvements variés observés sur des particules très fines de matière organique, et qu'on a attribués, à tort, à la vitalité propre de ces particules. Ce sont, en réalité, des mouvements d'ordre chimique.

BROWNISME. s. m. (R. *Brown,* nom d'un médecin écossais). Système hypothétique de méd. dans lequel, regardant la vie comme produite par l'excitabilité, on considérait les maladies comme causées par un excès ou par un défaut de cette excitabilité.

BROYAGE. s. m. [Pr. *bro-iage,* de préférence à *broi-iage*]. T. Techn. Action de broyer. *Le b. des couleurs. B. mécanique.*

BROYE. s. f. [Pr. *broi*] (R. *broyer*). Instrument en bois pour rompre le chanvre et séparer la filasse de la chènevotte. || T. Blas. qui signifie certains festons dans des positions variées.

BROYER. v. a. [Pr. *bro-ier,* de préférence à *broi-ier*] (Origine celtique, *bruth, briow,* écraser). Casser, piler, triturer de façon à réduire en poudre ou en pâte. *B. du café. Les dents servent à b. les aliments.* — *B. des couleurs,* Pulvériser des substances colorantes, en même temps qu'on les mêle avec de l'eau ou de l'huile. || Fig. et fam., *B. du noir,* Se laisser aller à des pensées tristes et sombres. — Broyé, ée. part. = Conj. Voy. Employer.

BROYEUR. s. m. [Pr. *bro-ieur,* de préférence à *broi-ieur*]. Celui qui broie.

BROYEUSE. s. f. [Pr. *bro-ieuze,* de préférence à *broi-ieuze*]. Machine pour broyer les plantes textiles.

BROYON. s. m. [Pr. *bro-ion,* de préférence à *broi-ion*] (R. *broyer*). T. Techn. Pièce de bois dont on se servait autrefois dans l'imprimerie. Voy. Typographie.

BRU. s. f. (Origine germanique : anc. allem. *brûth*; allem. *braut,* jeune mariée). La femme du fils par rapport au père et à la mère de ce fils. *Elle a épousé mon fils, c'est ma bru.* — On dit aussi *Belle-fille.*

BRU. s. m. T. Hortic. Raisin que l'on cultive dans la Corrèze.

BRUANT. s. m. (D'un radical germain *bru,* rameau, qu'on retrouve dans *brosse, broussaille* et *bronter*; proprement, oiseau vert). T. Ornith. Le genre *Bruant* (Emberiza) fait partie de l'ordre des *Passereaux,* du groupe des *Conirostres* et de la famille des *Fringillidæ.* Les espèces qui composent ce genre se distinguent par une particularité caractéristique : elles portent au palais une petite protubérance osseuse qui leur sert à broyer les graines. Ce genre est divisé en *Bruants proprement dits* et *Bruants éperonniers* ou *Plectrophanes.* Les premiers ont l'ongle du pouce court et crochu; les seconds l'ont allongé comme les alouettes.

Les bruants sont essentiellement granivores; ils ne se nourrissent de baies et d'insectes qu'à défaut de graines. Le *B. commun* (Emb. *citrinella*) [Fig.] est connu dans toute la

France sous les noms vulgaires de *Verdier* et de *Verdelet,* à cause du reflet verdâtre de son plumage, où le brun et le jaune dominent. Il fait entendre une sorte de gazouillement aigu, assez peu agréable; mais lorsqu'on l'élève en cage à côté d'un pinson, il imite le chant de ce dernier. Les bruants se laissent prendre si aisément à toute sorte de pièges que, sans sa grande fécondité, la race en serait éteinte. La femelle fait toujours deux couvées de 4 à 5 œufs par an; parfois même elle en fait une troisième. La station habituelle de ces oiseaux est dans les haies et sur la lisière des bois; mais comme ils ne sont nullement méfiants, ils se rapprochent en bandes nombreuses des habitations, avec les pinsons et les moineaux, quand la terre est couverte de neige. Plusieurs espèces émigrent à l'approche de l'hiver qu'elles passent dans les pays méridionaux pour revenir nicher au printemps sous les climats tempérés. — L'*Ortolan* (Emb. *hortulana*) est de tous les bruants le plus recherché des gastronomes; il passe en automne par bandes nombreuses dans le midi de la France, en Bourgogne, en Lorraine et jusqu'en Belgique. On le prend vivant, au filet; puis on le met en cage, on lui donnant à discrétion du millet et de l'avoine, et en le tenant dans l'obscurité. Il engraisse alors en peu de jours. Les espèces plus répandues sont : le *B. commun* (Emb. *citrinella*); le *B. fou* (Emb. *cia*), reconnaissable aux lignes blanches qu'il porte de chaque côté de la tête; le *B. des haies* (Emb. *cirlus*), à gorge noire; le *B. des roseaux* (Emb. *schœniclus*), qui a une tache noire sur le sommet de la tête; le *Proyer* (Emb. *miliaria*), le plus grand de tous les bruants et à plumage gris et brun; l'*Ortolan* (Emb. *hortulana*), d'un brun olivâtre, à gorge jaunâtre; le *B. à tête noire* (Emb. *melanocephala*), et le *B. des pins* (Emb. *pithyornis*), à gorge d'un brun marron.

La section des *Éperonniers* ne comprend que deux espèces, le *B. de neige* (Emb. *nivalis*), qui porte habituellement une bande blanche sur l'aile, et devient tout blanc en hiver, et le *B. de Laponie* (Emb. *Lapponica*), au plumage fauve, tacheté de noir. Ces deux espèces habitent les pays du nord de l'Europe. Elles se montrent quelquefois en France accidentellement pendant les hivers rudes et prolongés.

BRUANT (Libéral), architecte français, mort en 1697, a construit les Invalides, à l'exception du dôme, qui est de Mansart.

BRUAT, amiral français, participa brillamment à la guerre de Crimée (1796-1855).

BRUCE (Robert), roi d'Écosse, m. en 1329.

BRUCE (Jacques), voyageur écossais (1730-1794), visita l'Abyssinie.

BRUCÉE. s. f. (R. *Bruce,* nom d'un voyageur anglais). T. Bot. Genre d'arbrisseaux croissant dans les régions tropicales, famille des *Simarubacées.* Voy. ce mot.

BRUCELLES. s. f. pl. T. Techn. Sorte de petites pinces dont les branches font ressort, et dont on se sert pour saisir et tenir des pièces trop petites pour être tenues à la main.

BRUCHE. s. f. (gr. βρούχος, hanneton). T. Entom. Genre d'insectes. Petits coléoptères fort nuisibles, car ils s'attaquent aux graines dont l'homme se nourrit, telles que les pois, les fèves, les lentilles, etc. Voy. Bruchides.

BRUCHIDES. s. m. pl. (R. *bruche*). T. Entom. Ces coléoptères, du groupe des *Cryptopentamères,* ont le corps court et ramassé, la tête prolongée en bec, les yeux grands et saillants,

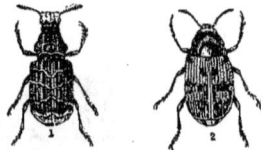

des antennes à 11 articles, longues, parfois dentées et pectinées. Ils se rapprochent beaucoup des *Curculionides.* Les espèces qui appartiennent au genre *Anthribe* sont pour la plupart exotiques : elles se tiennent en général dans le vieux bois ; quelques autres cependant vivent sur les fleurs. Nous citerons comme exemple l'*Anthribe à large bec* (*Anthribus latirostris*) [Fig. 1, grossie]. — Les *Bruches* à l'état parfait vivent sur les fleurs ; mais les femelles déposent leurs œufs dans le germe de plusieurs plantes légumineuses, de certaines céréales, ainsi que des palmiers et des caféiers. La larve s'y nourrit, et, après sa métamorphose, l'insecte déhache, pour sortir, une portion de l'épiderme sous la forme d'une petite calotte. C'est ce qui produit ces ouvertures circulaires qu'on observe si souvent aux graines des lentilles, des pois, etc. La *Bruche du pois* (*Bruchus pisi*) [Fig. 2, très grossie] est longue de 4 à 5 mill., noire, avec la base des antennes et une partie des pieds fauves : elle a des points gris sur les étuis et une tache blanchâtre en forme de croix sur l'anus.

BRUCINE. s. f. (R. *brucée*, plante d'où l'on croyait à tort que provenait la *Fausse angusture* qui fournit la *Brucine*). T. Chim. et Mat. médic. Alcaloïde qui accompagne d'ordinaire la strychnine, et qui se trouve dans la noix vomique, la fève Saint-Ignace, l'écorce de fausse angusture. On le retire généralement des eaux-mères provenant de la préparation de la strychnine ; la brucine y est contenue à l'état d'azotate ; on la précipite par l'ammoniaque. La brucine a pour formule $C^{23}H^{26}Az^2O^4$; elle cristallise en prismes rhomboïdaux obliques, d'une saveur âcre et très amère, solubles dans l'alcool, peu solubles dans l'eau, insolubles dans l'éther. Elle bleuit la teinture de tournesol et se combine avec les acides en formant des sels cristallisables très amers. Avec l'acide azotique concentré, elle produit une coloration rouge intense qui passe au bleu par l'addition d'un corps réducteur tel que le protochlorure d'étain. Cette réaction extrêmement sensible, qui se produit aussi avec les sels de brucine, peut servir à reconnaître cet alcaloïde et à le distinguer de la strychnine. L'acide azotique produit en même temps un dérivé nitré, la *cacothéline* $C^{20}H^{21}(AzO^2)^2Az^2O^8$, qui se comporte comme une base faible, mais qui peut aussi se combiner avec les alcalis. — La b. est un poison violent qui produit des secousses tétaniques et agit comme la strychnine, mais avec moins d'énergie. Voy. TÉTANIQUE. On l'a conseillée comme stimulant, mais c'est un médicament très peu employé.

BRUCITE. s. f. (R. *Bruce*, n. d'homme). T. Minér. Hydrate de magnésie $Mg(OH)^2$, en lames hexagonales flexibles et transparentes ou en masses cristallines d'un blanc grisâtre ou verdâtre, formant des veines dans la serpentine.

BRUCK (NICOLAS-RENÉ), officier et savant belge, auteur d'études sur le magnétisme terrestre dont il compare les variations avec celles de l'humanité (1818-1875).

BRUCKER (JEAN-JACQUES), érudit et philosophe allemand (1696-1770).

BRUCTÈRES, peuple de la Germanie qui habitait sur les bords de l'Ems, au Ve siècle après J.-C.

BRUÉ (ÉTIENNE-ROBERT), dessinateur, graveur et géographe français (1786-1832).

BRUEYS (AUGUSTIN-DAVID DE), écrivain français, auteur avec Palaprat de pièces de théâtre (1640-1723).

BRUEYS D'AIGALLIERS (FRANÇOIS-PAUL), vice-amiral français, né en 1753, vaincu et tué à la bataille d'Aboukir (1798).

BRUGES, v. de Belgique, ch.-l. de la Flandre occidentale, 50,000 hab. Vieille ville connue déjà au IIIe siècle ; monuments remarquables : l'*église Notre-Dame*, construite du XIIIe au XVIe siècle, pleine de magnifiques peintures ; l'*Hôtel de Ville*, commencé en 1377 ; le *Palais de Justice*, ancienne résidence des comtes de Flandre ; le *Beffroi* ou la *Tour des Halles*, commencé en 1284, remanié plusieurs fois de suite, et le *Musée*, qui occupe l'ancienne *Loge des bourgeois*, édifice de l'art flamand du XIVe siècle qui contient de nombreux chefs-d'œuvre de l'art flamand, des tableaux de Van Eyck, Van Oost, etc. — Nom des hab. : BRUGEOIS, OISE.

BRUGMANSIE. s. f. (R. *Brugmans*, nom d'un botaniste hollandais). T. Bot. Genre de plantes parasites de la famille des *Rafflésiacées*. Voy. ce mot.

BRUGNATELLI, médecin et chimiste italien (1761-1818).

BRUGNON. s. m. (ital. *brugna* et *prugna*, prune, du lat. *prunus*, prunier). T. Hort. Espèce de pêche à peau lisse ressemblant à une prune. Voy. PÊCHER.

BRUGNONIER. s. m. Variété de pêcher produisant le brugnon.

BRUHNS (CHARLES-CHRISTIAN), astronome allemand (1822-1881).

BRUINE. s. f. [Pr. *bru-ine*] (lat. *pruina*, gelée blanche). Petite pluie très fine et ordinairement froide, qui tombe très lentement.

BRUINER. v. impers. [Pr. *bru-iner*]. Se dit de la bruine qui tombe. *Il bruine. Il ne fait que b.* = BRUINÉ, ÉE. part. Ne se dit qu'en parlant des blés. *Les blés ont été bruinés*, Gâtés par la bruine.

BRUINEUX, EUSE. adj. [Pr. *bru-ineu*]. Qui tient de la bruine.

BRUIR. v. a. T. Mét. Imbiber une étoffe de vapeur pour l'amollir.

BRUIRE. v. n. [Pr. *bru-ir*] (celt. *brud* ou *broth*, bruit). Rendre un son confus. *On entend b. les vagues. Le vent bruyait dans la forêt.*
Obs. gram. — Le v. *Bruire* n'est usité qu'à l'infinitif, à la 3e pers. du sing. du présent de l'indicatif (*il bruit*), et à la 3e pers. du sing. et du plur. de l'imparfait de l'indicatif (*il bruyait, ils bruyaient*). Cependant quelques auteurs contemporains ont employé les formes : *ils bruissent, il bruissait, qu'il bruisse* et *bruissant*, qui sont tout à fait incorrectes, puisqu'elles supposent un infinitif *bruir*. Il est fort à craindre que leur exemple ne devienne contagieux, d'autant plus que ces formes sont inventées pour combler les lacunes du verbe *bruire* devenu tout à fait défectif. Au reste, elles peuvent se justifier par assimilation avec *bruissement*, et l'usage étant la loi suprême des langues, il est probable qu'elles deviendront un jour tout à fait classiques.

BRUISINER. v. a. [Pr. *bru-iziner*] (vx fr. *bruiser*, briser ; angl. *to bruise*). Moudre en gros le grain germé dans les brasseries.

BRUISSEMENT. s. m. [Pr. *bru-i-sseman*] (R. *bruire*). Bruit confus et prolongé comme celui des vagues, du vent, d'une voiture qui roule. *Le b. du vent. Le b. des flots.* || *B. d'oreilles.* Voy. BOURDONNEMENT.

BRUIT. s. m. [Pr. *brui*] (celt. *brud* ou *broth*, m. s.). Son confus, ou assemblage de sons discordants. *B. léger, sourd, confus, éclatant. Le b. du tonnerre, du tambour, du canon, des flots. Entendre du b. Faire du b. — Sans b.*, Tout doucement, sans se faire entendre. *Il est sorti sans b. — Chasser à grand b.*, Chasser à cor et à cri avec une meute et des piqueurs. — Fam., *Faire beau b.*, Se fâcher, s'emporter, crier haut. *Il n'aime pas le b. s'il ne le fait*, Il prend des libertés qu'il ne veut pas souffrir aux autres. — Fig., *Se retirer loin du b.*, Loin du tumulte et du commerce du monde. || Tumulte, agitation, mouvement séditieux. *Il y a eu du b. dans cette ville.* — Querelle, démêlé. *Ces deux ouvriers ont eu du b. ensemble.* Fam. || Se dit des nouvelles qui circulent dans le public. *Le b. court, Il circule de mauvais bruits sur son compte. Semer, accréditer des bruits. Un b. de bourse. Un faux b. Des bruits en l'air. — Il y a des bruits de guerre*, On parle d'une guerre prochaine. — *Il n'est b. que de cela, Il en est grand b. dans le monde*, On en parle beaucoup. || Se dit de l'éclat que font dans le monde certaines choses dont on parle beaucoup. Dans ce sens, *b.* se construit avec le verbe *Faire. Cet événement fait du b., fait grand b. Étouffez cette affaire, n'en faites point de b.* On dit dans le même sens, en parlant d'un héros, d'un personnage illustre : *Le b. de ses exploits, le b. de son nom.* || *Avec b.*, Avec ostentation, avec faste. *C'est un homme qui marche toujours à grand Vx. — A petit b.*, Sans éclat, secrètement. *Il fait sa fortune à petit b.* Vx.

BRUIX, amiral français (1759-1805), fut chargé par Napoléon 1er du commandement de la flottille destinée à l'expédition d'Angleterre.

BRÛLABLE. adj. 2 g. Qui mérite d'être brûlé. *C'est un livre b.*

BRÛLAGE. s. m. Action de brûler. || T. Agric. Destruction par le feu des herbes sèches, des broussailles, ou même des arbres et des plantes qui couvrent un sol vierge. Voy. DÉBROUS-SEMENT. || Action de brûler du vin pour en faire de l'eau-de-vie. || Action de brûler un combustible pour se chauffer ou s'éclairer. || T. Techn. Procédé appliqué pour enlever des vieilles peintures sur des surfaces que l'on veut repeindre à neuf.

BRÛLANT, ANTE. adj. Qui brûle, qui est d'une excessive chaleur. *Le soleil est b. Des sables brûlants. Avoir les mains brûlantes. Fièvre brûlante.* || Fig., Très vif, très animé. *Un zèle b. B. d'amour, de courroux. Cœur b. de zèle. Ame brûlante. Style b. Des pages brûlantes.*

BRÛLE-BOUT. s. m. Espèce de petit cylindre de porcelaine ou de métal, quelquefois surmonté d'une petite tige, sur lequel on met un bout de bougie qu'on veut brûler entièrement. *J'ai acheté un brûle-bout.* — Pl. *Des brûle-bout ou des brûle-bouts.* = On dit aussi *brûle-tout*, pl. *Des brûle-tout.*

BRÛLÉE. s. f. (R. *brûler*). Maladie des vers à soie.

BRÛLE-GUEULE. s. m. Pipe à tuyau très court. Pop. = Pl. *Des brûle-gueule.*

BRÛLE-MAISON. s. m. Incendiaire. = Pl. *Des brûle-maison ou des brûle-maisons.*

BRÛLEMENT. s. m. Action de brûler; état de ce qui brûle. *Le b. de marchandises prohibées. Il s'est opposé au b. de ses papiers.* — *Le b. des corps des empereurs romains s'accompagnait de pompeuses cérémonies.*

BRÛLE-PARFUMS. s. m. Vase dans lequel on brûle des parfums. = Pl. *Des brûle-parfums.*

BRÛLE-QUEUE. s. m. Cautère dont on se sert pour arrêter l'écoulement du sang après l'amputation de la queue du cheval. = Pl. *Des brûle-queue.*

BRÛLER. v. a. (lat. *perurere*, ou plutôt d'un dérivé *perustulare*, de *per*, sign. l'achèvement, et *urere*, brûler, brûler tout à fait). Consumer une chose par le feu dans le dessein de la détruire. *B. des papiers, une maison, une ville, des vaisseaux.* On brûle les vêtements des pestiférés. *Il fut condamné à être brûlé vif. B. de l'encens dans un temple.* — *B. une amorce*, Tirer un coup de fusil. *Nous n'avons pas brûlé une seule amorce.* — Fig. et prov., *J'en viendrai à bout ou j'y brûlerai mes livres*, Je ferai tous les efforts imaginables, j'emploierai tous les moyens possibles pour y réussir. *B. ses vaisseaux*, S'engager dans une affaire en s'ôtant tout moyen de s'en retirer, de quelque façon que la chose tourne. || Faire consumer une chose par le feu, pour obtenir de la chaleur ou de la lumière. *Ne brûle que du bois. Bois à b.* — *B. de l'huile, de la bougie*, Se servir d'huile, de bougie, etc., pour s'éclairer. — *B. de l'alcool, de l'esprit-de-vin*, Enflammer de l'alcool, de l'esprit-de-vin, pour obtenir de la chaleur ou de la lumière. || Soumettre une chose à l'action du feu ou de la chaleur, pour y déterminer certaines altérations ou modifications. *B. du vin*, Mettre du vin sur le feu dans un alambic pour le distiller et en faire de l'eau-de-vie. — *B. du café*, Griller légèrement les grains de café, leur donner un certain degré de cuisson nécessaire pour développer leur arome. — *B. du fer, de l'acier*, etc., Leur ôter leur qualité en les laissant trop chauffer. || Se dit des substances qui ont la propriété d'agir comme le feu, en consumant, en corrodant les matières animales ou végétales. *L'acide sulfurique brûle la peau. B. une verrue avec la pierre infernale.* || Par anal., se dit de l'effet d'un froid excessif. *La gelée a brûlé les bourgeons, les racines des arbres.* || S'emploie également en parlant de l'impression douloureuse, de l'altération que cause à la peau le contact du feu, d'un corps extrêmement chaud, d'une substance corrosive ou d'un corps excessivement froid. *Ce tison rouge m'a brûlé. L'acide lui a brûlé les mains.* || Par exag., se dit pour Échauffer excessivement, causer une violente chaleur, dessécher par une chaleur excessive. *Je ne puis tenir cet objet,*

il me brûle les mains. Cela brûle le sang. La fièvre brûle. Le soleil brûle la campagne. — *Le soleil lui a brûlé le teint*, Lui a bruni la peau. || *Brûler* est encore usité au fig. dans plusieurs locutions. *B. la cervelle à quelqu'un*, Lui casser la tête d'un coup de pistolet tiré à bout portant. — Fig. et fam., *B. un gîte, une poste, une étape, la diue*, Passer outre sans s'arrêter à un gîte, au lieu de la dinée, etc. — *B. une carte*, La mettre de côté, pour une cause ou pour une autre. — *B. la politesse à quelqu'un*, Le quitter, s'en aller sans le prévenir, sans lui dire adieu. — *Ce cheval est équipage, ce cavalier brûle le pavé*, Il va avec une rapidité extrême. — *Son style brûle le papier*, Son style est brûlant, plein de chaleur. — T. Théâtre. *B. les planches*, Jouer avec beaucoup de chaleur les scènes qui exigent de l'animation. = BRULER. v. n. Être consumé par le feu. *Sa maison brûle. Les vaisseaux brûlent encore. L'amorce seule a brûlé, le coup n'est pas parti.* — T. Jeu de cartes. On dit, *Le tapis brûle*, pour avertir qu'un des joueurs a oublié de mettre au jeu. || Se dit particulièrement d'une chandelle, d'une bougie, d'une lampe, etc., qui est allumée. *Une lampe brûle nuit et jour devant cet autel. Le feu brûle bien*, Il flambe bien, il est animé. || Être fort chaud. *Mes mains brûlent. La figure me brûle.* — Fig. et fam., lorsqu'une personne est impatiente de faire quelque chose, de partir, etc., on dit, *Les mains lui brûlent. Les pieds lui brûlent.* || Se dit des mets auxquels l'action trop vive ou trop prolongée du feu a donné une couleur brune ou noirâtre et un goût désagréable. *Vous avez laissé b. le rôti.* — Fig. et prov., *Le rôti brûle, Le temps presse, il serait dangereux de tarder.* || Fig., Être possédé d'une violente passion. *Il brûle d'ambition, d'amour. Il brûle de se signaler.* || Par exag., se dit pour exprimer un grand désir, une grande impatience. *Je brûle de vous revoir. Il brûle de se venger.* — Racine a dit : *Vous brûlez que je ne sois partie.* || T. Jeu d'enfants. Se dit pour exprimer que l'on est près d'un objet caché que l'on cherche. *Vous n'y êtes pas encore, mais vous brûlez. Tu brûles.* = SE BRULER. v. pron. Être brûlé, ou simplement, être atteint par le feu, par un corps très chaud. *Les papillons se brûlent à la chandelle.* = BRULÉ, ÉE. part. *Un rôti b. La croûte de ce pain est toute brûlée. Vin brûlé. Crème brûlée.* Voy. VIN et CRÈME. || Fig., *Cerveau brûlé*, Esprit ardent et exalté. Voy. CERVEAU. || S'emploie substantiv. *Cette bouillie sent le brûlé, a un goût de brûlé.*

BRÛLERIE. s. f. Lieu où l'on brûle du vin; fabrique d'eau-de-vie.

BRÛLE-TOUT. s. m. Voy. BRULE-BOUT.

BRÛLEUR. s. m. Celui qui brûle. N'est usité que dans cette loc. *Un b. de maisons*, un incendiaire. || Endroit d'un fourneau où la combustion s'opère. || Sorte de bec à gaz. Techn. — Appareil pour brûler le gaz dans des conditions déterminées, afin d'obtenir, suivant les cas, le maximum de lumière ou de chaleur. Le *b. Bunsen*, à courant d'air intérieur, très employé dans les laboratoires, donne une flamme bleue peu éclairante, mais beaucoup de chaleur.

BRÛLIS. s. m. (R. *brûler*). T. Eaux et for. Partie de forêt incendiée. || T. Agric. Action de brûler ce qui est à la surface d'un champ pour le fertiliser et le débarrasser.

BRÛLOIRE. s. f. Boîte cylindrique de tôle qu'on tourne sur un réchaud et qui sert à brûler le café.

BRÛLON. ch.-l. de c. (Sarthe), arrondissement de la Flèche. 1,000 hab.

BRÛLOT. s. m. (R. *brûler*). T. Mar. Navire quelconque chargé d'artifices et de matières combustibles, destiné à incendier les bâtiments de l'ennemi. *Lancer un b. Deux brûlots vinrent s'attacher à notre vaisseau.* — Fig. et fam., *C'est un b.*, se dit d'un homme dont les opinions politiques sont très exaltées. || Par anal., Morceau d'aliment fortement poivré ou salé qu'il brûle la bouche. || T. Techn. Polissoir dont se sert le fabricant de glaces.

BRÛLOTIER. s. m. T. Mar. Marin qui monte et dirige un brûlot.

BRÛLURE. s. f. (R. *brûler*). Impression que le feu ou un corps très chaud produit sur la peau ou sur quelque autre matière. *Se faire une b. au visage. La cicatrice d'une b.*

par ext., Impression produite par une substance corrosive. *Une b. d'eau-forte.* || T. Agric. Se dit de certaines altérations produites sur les végétaux par le soleil, la gelée ou le vent. *Les pêchers sont très sensibles à la b.* || Art vétér. Maladie des moutons qui les amaigrit. || T. Techn. Oxydation profonde qui se rencontre quelquefois dans les métaux ouvrés.

Méd. — En médecine, on définit la *Brûlure* toute lésion produite par l'action de la chaleur ou des agents chimiques. Ces derniers sont plus spécialement désignés sous le nom de caustiques. La gravité d'une br. varie suivant une foule de circonstances. — Plus le corps comburant est dense, plus sa température est élevée, plus son contact a été prolongé, plus la br. est grave. Ainsi, par exemple, le fer rouge produit une lésion plus dangereuse que le bois, l'eau à 100° agit plus vivement que l'eau à 80°; l'huile, à cause de son adhérence à la peau qui prolonge le contact, occasionne des accidents plus graves que l'eau ou que les gaz. La br. produite par ces derniers est en général moins dangereuse, à cause de leur expansibilité, laquelle augmente même en proportion de l'élévation de leur température : aussi les lésions qu'ils causent sont-elles le plus souvent très superficielles. La présence et la nature des vêtements influent beaucoup sur la gravité de la lésion. Ils peuvent agir comme combustibles, ou ne faire que retenir près du corps l'agent désorganisateur. La gravité dépend encore de la nature du siège de la lésion et de son étendue. Plus un organe est important, plus la br. dont il est le siège est redoutable. L'ustion, par exemple, de la paroi thoracique ou de la paroi abdominale est extrêmement grave, puisqu'elle peut amener une pleurésie ou une péritonite. Une br. même superficielle, quand elle est très étendue, est aussi fort grave. Enfin, il ne faut pas oublier que l'âge a son influence ici comme dans tous les cas pathologiques, et que l'enfant et le vieillard succombent plus facilement, toutes choses égales d'ailleurs, que l'adulte en état de santé.

Les auteurs ont proposé diverses classifications des brûlures : la plus rationnelle, à notre avis, est celle qui prend pour base la profondeur de la lésion. Dans celle de Dupuytren, qui est généralement adoptée, on distingue six degrés de br. : 1° La peau n'est que rouge, un peu tuméfiée ; il n'y a que de l'érythème ; 2° la peau est couverte de phlyctènes pleines d'une sérosité citrine ; 3° une partie du derme est désorganisée ; 4° le derme est complètement charbonné, et racorni ; 5° la lésion s'étend à la masse musculaire jusqu'à une distance plus ou moins grande des os ; 6° la totalité d'une partie est charbonnée. Aucun de ces degrés, à l'exception du premier, ne s'observe isolément : ainsi, dans une br. du 4° degré, on rencontre toujours des parties où la lésion ne présente que les caractères du 3° degré, du 2° et du 1er.

Il est très important de bien reconnaître le degré d'une br., car le pronostic et le traitement varient suivant l'espèce à laquelle appartient la lésion. La durée d'une br. peut n'être que de peu de jours ; mais parfois elle atteint plusieurs mois. Ordinairement elle est en rapport avec la profondeur de la lésion et la difficulté que rencontre la cicatrisation. La douleur est presque toujours extrêmement vive, surtout lorsque la br. est superficielle. Dans le cas de br. superficielle très étendue, la souffrance est parfois assez intense pour amener la mort. La fièvre, l'inflammation et la suppuration, qui sont des phénomènes communs aux brûlures des cinq derniers degrés, n'ont pas toujours la même intensité. Ces phénomènes diffèrent suivant le degré et la forme de la lésion. Celle-ci, lorsqu'elle atteint une partie du derme, donne toujours naissance à la formation d'une escarre, et l'élimination de l'escarre est toujours accompagnée d'inflammation et suivie de la formation d'une cicatrice apparente. Toutes les fois qu'on a affaire à une br., il faut être très réservé sous le rapport du pronostic, et il est prudent de ne pas se prononcer trop vite. Le sujet atteint de br. grave peut en effet succomber au moment même où une personne inexpérimentée croirait le malade hors de danger. Au début même, la vivacité de la douleur, comme nous l'avons dit, cause parfois la mort ; plus tard, l'élimination de l'escarre déterminant une suppuration plus ou moins abondante, celle-ci peut être extrêmement considérable, et donner lieu soit à l'infection purulente, soit à la gangrène, ou enfin amener la consomption.

Le traitement de la br. varie nécessairement suivant le degré auquel elle appartient ; il y a néanmoins quelques indications communes à tous les cas. Il faut d'abord calmer la douleur, puis enrayer l'affection, et enfin prévenir les complications, ou les faire disparaître quand on n'a pu les prévenir. Parmi les soins à donner à un individu atteint de br., il en est qui peuvent être administrés par une personne étrangère à l'art, et d'autres qui réclament l'intervention du médecin.

Lorsqu'une partie vivante a été soumise à l'action d'un corps comburant, le premier soin doit être de la soustraire à ce contact. Quand il s'agit d'un corps solide, rien n'est plus facile ; mais il n'en est pas de même lorsque ce corps est une substance liquide ou caustique que les vêtements peuvent retenir à la peau. Il convient alors de couper les tissus qui recouvrent la partie, et de les retirer en ménageant l'épiderme s'il existe encore : celui-ci, en effet, tient la plaie à l'abri du contact de l'air, et favorise la cicatrisation. Pour une substance caustique, on a recours à un corps gras, car l'eau la dissoudrait et l'entraînerait sur une plus large étendue. On a proposé un assez grand nombre de moyens pour calmer la douleur. Le plus simple et le plus usité consiste à plonger la partie brûlée dans de l'eau froide, ou à la recouvrir de vessies pleines de glace. Si la douleur est très vive, on applique du cérat opiacé. Les corps gras, tels que l'huile, le saindoux, et les substances volatiles, comme l'alcool et surtout l'éther, sont aussi fréquemment mis en usage. Ces dernières nous semblent préférables, parce qu'en se volatilisant elles soustraient au corps sur lequel elles sont appliquées une grande quantité de chaleur. Elles agissent donc comme réfrigérants, et ont, en outre, l'avantage de ne pas gêner les fonctions de la peau, ce qu'on peut reprocher aux corps gras. Le coton cardé a été préconisé par un chirurgien écossais, Anderson, qui l'employait à tous les degrés. — Tels sont les moyens thérapeutiques auxquels on peut recourir tout d'abord pour quelque br. que ce soit ; mais si la lésion est étendue ou profonde, si le malade est en proie à la fièvre, ils deviennent insuffisants. Dans les brûlures d'une certaine gravité, la fièvre est un phénomène constant. Au moment de l'élimination de l'escarre, il s'opère aussi toujours un travail inflammatoire qui exige une sérieuse attention. Dans ce cas, la diète, la saignée, en un mot les antiphlogistiques doivent être prescrits. Mais quand la suppuration est établie, il serait imprudent de tenir le malade à un régime trop sévère : quelquefois même, dans cette période, il est nécessaire de recourir aux toniques. Dès que l'escarre est tombée, on voit des bourgeons charnus se former au fond de la plaie : on la recouvre alors d'un linge fenêtré enduit de cérat, de coton ou de charpie ; on surveille la cicatrisation, et l'on cautérise s'il est nécessaire. Bretonneau et Velpeau ont recommandé l'emploi de la compression, dont ils ont obtenu de bons résultats. Ce dernier a aussi conseillé l'application de bandelettes de diachylon. On peut aussi faire des pansements au salol et à la gaze iodoformée, actuellement très en honneur. Enfin, quand un membre entier a été désorganisé par la br., l'amputation est l'unique ressource : malheureusement, dans ce cas, l'opération est rarement couronnée de succès.

BRUMAILLE. s. f. [Pr. les *ll* mouillées] (R. *brume*). T. Mar. Sorte de brouillard peu épais.

BRUMAIRE. s. m. (R. *brume*). Deuxième mois du calendrier républicain, du 23 octobre au 21 novembre. Voy. CALENDRIER. || C'est le 18 Brumaire an VIII (9 nov. 1799) que Bonaparte, revenant d'Égypte, renversa le Directoire.

BRUMAL, ALE. adj. (lat. *bruma*, solstice d'hiver). Qui vient en hiver, qui appartient à l'hiver. *Plante brumale. Les Romains célébraient l'hiver, en l'honneur de Bacchus, des fêtes appelées Brumales.*

BRUMATH. ch.-l. de c. (Bas-Rhin), arr. de Strasbourg, 5,500 hab. (à l'Allemagne depuis 1871).

BRUME. s. f. (lat. *bruma*, solstice d'hiver, contraction de *brevissima*, *brevuma*, le jour le plus court). Brouillard. Ce mot est surtout usité par les marins. Voy. BROUILLARD.

BRUMEUX, EUSE. adj. Chargé, couvert de brume. *Temps b. Saison brumeuse*, où les brumes sont fréquentes.

BRUMOY (Le Père), savant jésuite connu par son *Théâtre des Grecs* (1688-1742).

BRUN, UNE adj. (all. *braun*, m. s.). Qui est d'une couleur sombre intermédiaire entre le rouge et le noir. *Teint b. Cheveux bruns. Cheval bai b. Gris b.* || En parlant des personnes, se dit de la couleur des cheveux. *Il est b. Cette femme est brun clair.* — S'emploie subst. dans ce sens. *Un beau b. Une brune charmante.* — Fam., *Aller de la brune à la blonde*, être volage, inconstant dans ses amours. || Se dit encore substant., pour désigner la couleur brune. *Ce drap est* d'un beau b. — Fam. Sur la brune, à la brune, à la fin du jour, vers le commencement de la nuit.

BRUNE, maréchal de France, né en 1763, assassiné en 1815, à Avignon.

BRUNE. s. f. T. Pêch. Poisson du genre des labres.

BRUNÉES. s. f. pl. (R. brunia, plante de cette tribu). T. Bot. Tribu de végétaux de la famille des Saxifragacées. Voy. ce mot.

BRUNEHAUT ou **BRUNEHILDE**, femme de Sigebert, roi d'Austrasie, célèbre par ses démêlés avec Frédégonde, mise à mort par Clotaire II, qui la fit attacher à la queue d'un cheval indompté (534-613).

BRUNEL (Marc-Isambert), ingénieur français, exécuta de 1824 à 1842 le tunnel sous la Tamise (1769-1849) == Brunel (Isambert), fils du précédent, ingénieur anglais, construisit les steamers colossaux le Léviathan et le Great Western (1806-1859).

BRUNELLE. s. f. T. Bot. Genre de plantes de la famille des Labiées. Voy. ce mot.

BRUNELLESCHI, architecte du dôme de Sainte-Marie des Fleurs et d'autres monuments de Florence (1377-1444).

BRUNET, ETTE. s. Dimin. de brun. Un gentil b. Une jolie brunette. == Brunette, se disait autrefois de petites chansons tendres et faciles à chanter. Un recueil de brunettes.

BRUNET, célèbre acteur comique français (1766-1851).

BRUNETTO-LATINI, écrivain italien, du parti guelfe, se réfugia à Paris où il compta Dante parmi ses élèves. Auteur du Livres dou Trésor (1220-1294).

BRUNFELSIE. s. f. (R. Brunfels, nom d'un botaniste allemand). T. Bot. Genre de plantes comprenant de jolis arbrisseaux, famille des Solanacées. Voy. ce mot.

BRUNI. s. m. T. Techn. Poli. Se dit par opp. à mat.

BRUNI (Léonard), surnommé l'Arétin, écrivain italien (1369-1444).

BRÜNIG (Le), col dans les montagnes de la Suisse, à 600 mètres au-dessus du niveau du lac de Brienz et 1,230 mètres au-dessus du niveau de la mer.

BRUNIR. v. a (R. brun). Rendre de couleur brune, peindre en brun. B. une boiserie. Le soleil lui a bruni le teint. — B. de l'acier, se dit quelquefois pour faire subir à de l'acier une préparation qui le rend plus brun. || Polir, rendre brillant par le frottement. Les doreurs brunissent l'or et l'argent. Voy. Brunissoir. == Brunir, v. n. et se Brunir, v. pron. Devenir de couleur brune. Ses cheveux commencent à b. ou à se b. Son teint branit. == Bruni, ie. part.

BRUNISSAGE. s. m. Action de brunir.

BRUNISSEMENT. s. m. Action de devenir brun.

BRUNISSEUR, EUSE. s. Ouvrier, ouvrière qui brunit les métaux.

BRUNISSOIR. s. m. Instrument propre à brunir.
Techn. — On donne le nom de Brunissoir à un instrument qui sert à polir la surface de certains objets, et celui de Brunissage à l'opération au moyen de laquelle on obtient ce poli. — Les outils ordinaires de polissage usent les petites inégalités qui se trouvent à la superficie des pièces à brunir; le brunissoir se contente de les abattre, de les refouler, et produit un lustre noir qui ne ressemble à celui des glaces. On polit au brunissoir la plupart des objets d'orfèvrerie et de bijouterie, de coutellerie et d'horlogerie. Le doreur sur métaux, le relieur, le fabricant de cartes à jouer et de papiers peints, le lisseur d'étoffes et le porcelainier emploient journellement cet instrument. Selon l'usage auquel on le destine, le brunissoir varie de forme et de matière; les porcelainiers en ont de

quatre espèces, les bijoutiers de huit, etc. On le fait d'acier, de jaspe, d'hématite rouge, de silex ou d'agate. — Le brunissage s'exécute au tour pour les objets cylindriques, à la main pour ceux qui ne le sont pas. Dans ce dernier cas l'ouvrier ou l'ouvrière, qu'on appelle Brunisseur et Brunisseuse, tient fortement l'outil très près de la pierre ou de l'acier, et le fait glisser par un mouvement de va-et-vient sur la pièce à polir. Ce travail est le plus ordinairement exécuté par des femmes. Il paraît au premier abord très facile; néanmoins il exige une très grande habitude.

BRUNISSURE s. f. Le poli d'un ouvrage qui a été bruni. || L'art du brunisseur. || Façon donnée à une étoffe que l'on teint, pour éteindre l'éclat de sa couleur, sans toutefois la faire changer d'espèce. || T. Bot. Nom donné à une maladie cryptogamique des feuilles de la vigne produite par un champignon rapporté au genre Plasmodiophora. Voy. Cuytriovacées.

BRUNITURE. s. f. (R. brunir). T. Teinturier. Substance pour donner aux couleurs une teinte plus foncée; cette opération même.

BRÜNN, v. d'Autriche, cap. de la Moravie, à 115 kil. de Vienne, 83,000 hab.

BRUNNICHE. s. f. (R. Brunnich, nom d'un naturaliste danois). T. Bot. Sorte de liane, de la famille des Polygonacées.

BRUNO (Saint), fondateur de l'ordre des Chartreux, né à Cologne vers 1035, mort en Calabre en 1101. Fête le 6 octobre.

BRUNO (Giordano), célèbre philosophe italien né à Nola, près de Naples, en 15??, brûlé à Rome en 1600 par ordre du saint-office, sous le pontificat de Clément VIII. Il s'éleva avant Descartes contre l'autorité d'Aristote alors universellement acceptée, et proclama la nécessité du libre examen. Ses doctrines, assez peu claires du reste, font de lui un précurseur de Spinoza et des panthéistes modernes.

BRUNOIR. s. m. Sorte de merle du cap de Bonne-Espérance.

BRUNONIACÉES. s. f. (R. Brunonie, plante de cette famille). T. Bot. Petite famille de végétaux créée pour le seul genre Brunonia, placé aujourd'hui dans la famille des Goudéniées. Voy. ce mot.

BRUNONIE. s. f. T. Bot. Genre de plantes de la famille des Goudéniées. Voy. ce mot.

BRUNOYER. v. n. (Pr. bruno-ier, de préférence à brunoi-ier). Avoir une teinte brunâtre.

BRUNSWICK, duché faisant partie de l'empire d'Allemagne, 400,000 hab.; cap. Brunswick, 101,000 hab.

BRUNSWICK-NOUVEAU, un des gouvernements de la Nouvelle-Bretagne ou Canada, 321,000 hab., cap. Frederikstown.

BRUNSWICK (Ferdinand, duc de), chef des armées coalisées contre la France en 1792, publia le 25 juillet 1792 le fameux manifeste qui menaçait de détruire Paris si Louis XVI n'était pas rétabli dans ses privilèges; ce manifeste provoqua l'insurrection du 10 août, qui renversa la royauté. == Brunswick (Frédéric-Guillaume, duc de), petit-fils du précédent, dernier duc de B., né en 1806, mort à Genève en 1873.

BRUSQUE. adj. 2 g. (celt. brisg, vif). Se dit des individus qui agissent avec une vivacité choquante, sans égards, sans ménagements pour les autres. Un homme b. Une humeur b. — Par ext., se dit du ton, des manières, du discours. Un air b. Des manières brusques. — Faire une réponse b. Faire une réponse vive et impolie. — Il a des mouvements brusques, des mouvements prompts et rudes. || Subit, imprévu. Un changement b. Une attaque b. — Le dénoûment de ce drame est trop b., N'est pas convenablement préparé. On dit dans un sens analogue que la fin d'un discours est b.

BRUSQUEMBILLE. s. f. (Pr. les ll mouillées). Sorte de jeu de cartes. || Nom donné aux dix et aux as dans le même jeu.

BRUSQUEMENT. adv. D'une manière brusque. *Agir b. Répondre b.* — *L'ennemi nous attaqua b.*, Nous attaqua inopinément, sans nous laisser le temps de nous recounaître.

BRUSQUER. v. a. (R. *brusque*). Traiter d'une manière brusque, sans politesse, sans ménagements. *C'est un homme qui ne sait pas vivre, il brusque tout le monde.* || Fig., *B. la fortune,* Employer pour réussir des moyens prompts, mais hasardeux. — *B. l'aventure,* Prendre brusquement son parti, entamer brusquement et pousser vivement une affaire, au hasard de ce qui peut en arriver. — *B. une affaire,* La faire vite, sans préparation ni ménagement. *Il fallait b. l'affaire.* On dit dans un sens anal., *B. le dénouement.* — *B. une place de guerre,* L'attaquer à l'improviste, sans en faire le siège conforme. *Il faut b. cette place.* ==BRUSQUÉE,ÉE. part.

BRUSQUERIE. s. f. Caractère de ce qui est brusque. *Sa b. est intolérable.* || Action ou discours qui choque par sa rudesse. *Faire, dire une b. à quelqu'un. Je ne puis plus souffrir ses brusqueries.*

BRUSSOLES. s. f. plur. T. Cuis. Sorte de farce ou de ragoût.

BRUT, UTE. adj. [Pr. le *t*, même au masc.] (lat. *brutus*, lourd, pesant, stupide). Une chose telle qu'elle se trouve dans la nature avant d'avoir été modifiée par l'homme. *Matière brute. Mine brute. Un diamant b. Du bois b.* — *Terrain b.,* Terrain qui n'a jamais été cultivé. || Par ext., se dit de certaines choses qui ont déjà subi une certaine élaboration, mais qui ne sont pas encore arrivées au degré de perfection auquel on veut les faire parvenir. *Sucre b.,* Sucre non raffiné. *Camphre b.,* Camphre non purifié. || Fig., se dit des ouvrages d'art ou même d'esprit qui ne sont qu'ébauchés, qui sont encore imparfaits. *Cette statue est encore brute.* || Se dit d'une personne qui manque d'éducation, qui n'a aucun usage du monde. *Il sort de son village, il est tout b.* — Par anal., se dit des manières brutes, de l'esprit, du caractère, etc. *Avoir des manières brutes, l'esprit b.* — *Bête brute,* Animal privé de raison. || T. Hist. nat. *Corps bruts,* Les minéraux par oppos. aux végétaux et aux animaux, qu'on nomme *Corps organisés.* || Fig., *Patente brute.* Voy. LAZARET. || T. Écon. polit. *Produit b.* Voy. PRODUIT. || T. Comm. *Poids b.,* s'emploie par oppos. à *Poids net,* et se dit du poids d'une certaine quantité de marchandises, y compris celui du fût, de la caisse ou de l'emballage. *La différence entre le poids b. et le poids net s'appelle tare.* —Dans ce sens, *Brut* est usité adverb. *Ce boucaut de sucre pèse b. 350 kilos, et net 225.*

BRUTAGE. s. m. (R. *brut*).Travail ou ébauche qui consiste à dégrossir le diamant.

BRUTAL, ALE. adj. (R. *brute*). Qui tient de la brute. *Passion brutale. Des appétits brutaux.* || Grossier, violent, emporté, sans urbanité. *Un homme b. Un caractère b. Le trait est b. Une parole, une expression brutale.* — S'emploie subst. dans ce sens. *Vous êtes un b.*

BRUTALEMENT. adv. Avec brutalité, grossièreté, violence. *Agir, parler b. Traiter, repousser b. quelqu'un.*

BRUTALISER. v. a. Traiter quelqu'un avec une grossièreté brutale. *Il brutalise tout le monde.* Fam. — BRUTALISÉ, ÉE. part.

BRUTALITÉ. s. f. Vice du brutal; dureté grossière et violente. *Sa b. lui a fait beaucoup d'ennemis. Il est grossier jusqu'à la b.* || Passion brutale. *Assouvir sa b.* || Action ou parole brutale. *Faire, commettre une b. Dire des brutalités.*

BRUTE. s. f. (fém. de *brut*, avec *bête* sous-entendu). Se dit de l'animal considéré comme être privé de raison, et par oppos. à l'homme. *Il tient plus de la b. que de l'homme.* || Fig., et dans un sens, *C'est une b., une vraie b.,* se dit d'une personne qui n'a pas d'intelligence, ou qui ne veut pas faire usage de sa raison et s'abandonne à tous ses penchants. == Syn. voy. ANIMAL.

BRUTIFIER. v. a. (R. *brut,* et lat. *fieri,* devenir). Abrutir.

BRUTIUM, prov. de l'Italie ancienne, aujourd'hui la Calabre.

BRUTOLIQUE. adj. 2 g. (gr. βρύτον, bière). Qui contient de la bière.

BRUTUS, nom de deux personnages romains : Le premier (LUCIUS-JUNIUS) fonda la République (510 av. J.-C.). Il condamna à mort et fit exécuter ses fils qui avaient conspiré pour le rétablissement des Tarquins, et périt en 508 dans un combat contre Aruns, l'un des fils du roi banni. || Le deuxième (MARCUS-JUNIUS) était préteur. Il entra avec Cassius dans une conspiration contre César, qui aspirait à l'usurpation de l'autorité absolue; fut un des meurtriers de César (44 av. J.-C.). Il fut vaincu par Octave et Antoine dans les plaines de Philippes et se suicida après la bataille (42 av. J.-C.).

BRUXELLES, cap. du roy. de Belgique, à 270 kil. de Paris, 439,000 hab. Industrie et commerce très actifs; nombreux monuments gothiques, entre autres l'église *Sainte-Gudule,* l'église *Notre-Dame du Sablon,* et l'*Hôtel de Ville,* commencé en 1401. Il y a aussi beaucoup de monuments modernes, et un musée riche en peintures flamandes. Le berceau de la capitale de la Belgique est une petite île marécageuse de la Senne, nommée Broeksel, sur laquelle Saint-Géri, évêque de Cambrai et d'Arras, fit construire une église en 610. Charles de France, duc de la Basse-Lorraine, y établit sa résidence. De 1792 à 1814 elle fut le chef-lieu du département français de la Dyle. De 1815 à 1830, elle fut l'une des deux capitales des Pays-Bas, dont la sépara la révolution du 25 août 1830, pour en faire la capitale de la Belgique.==Nom des hab. BRUXELLOIS, OISE.

BRUYAMMENT. adv. Avec grand bruit.

BRUYANT, ANTE. adj. (R. *bruire*). Qui fait du bruit; qui est accompagné de bruit. *Les flots, les vents bruyants. Jeux, plaisirs bruyants. Conversation bruyante.* || Se dit d'un endroit où il se fait beaucoup de bruit. *Une ville, une rue, une assemblée bruyante.*

BRUYÈRE. s. f. (celt. *breg* ou *brug,* buisson). Genre de plantes ligneuses qui croissent généralement dans les terres incultes et stériles, famille des *Éricacées.* Voy. ce mot. *Un balai de b. Une lande couverte de bruyères.* || Terre où il croît beaucoup de bruyères. *Nous eûmes à traverser une vaste b.* || *Terre de b.,* Espèce de terre composée de sable et de débris de végétaux plus ou moins décomposés. — *Plantes de b.,* Plantes qui ne peuvent venir que dans la terre de b. || T. Ornith. *Coq de b.* Voy. TÉTRAS.

BRUYÈRE (LA). V. LA BRUYÈRE.

BRUYÈRES, ch.-l. de c. (Vosges), arr. d'Épinal, 4,200 hab.

BRYACÉES. s. f. pl. (gr. βρύον, mousse). T. Bot. Famille de Mousses de l'ordre des *Bryinées,* comprenant la majeure partie des genres et des espèces de plantes connues sous la dénomination vulgaire de *Mousses; c'est à* elles que s'appliquent les caractères généraux dont il est question au mot *Mousse.* Voy. ce mot.

Caract. bot. : Plantes cellulaires, dressées ou rampantes, terrestres ou aquatiques, ayant un axe de croissance distinct, mais dépourvues de système vasculaire, et couvertes de petites feuilles imbriquées, entières ou dentées. Leurs organes reproducteurs sont de deux sortes savoir : 1° les *Anthéridies,* qui sont des sacs pédicellés, axillaires, cylindriques ou fusiformes, renfermant une multitude d'anthérozoïdes renfermés dans une bractée roulée en cornet, qui est quelquefois emportée sur le sommet du sporange. Les *Sporogones* représentent des capsules en forme d'urne, supportées par une soie ou pédicule, couvertes d'une coiffe membraneuse, et fermées par un couvercle ou opercule, au-dessous duquel se trouvent une ou plusieurs rangées de prolongements cellulaires rigides, qu'on désigne isolément sous le nom de dents, et collectivement sous celui de *Péristome;* ce péristome peut être simple ou double et il peut faire défaut dans certains genres (*Hymenostomum,* etc.). Ces dents sont toujours un multiple de 4, et se soudent à différents degrés; le centre du sporogone est occupé par un axe ou *Columelle,* et l'espace compris entre cette columelle et les parois du sporogone est rempli de spores. À l'époque de la germination, les spores émettent des filaments confervoïdes, qui se ramifient ensuite, et forment un axe de croissance au point où s'est opérée la ramification. [Fig. 1.

BRY

Péristome de *Tortula ruralis*. — 2. Capsule de *Ceratodon purpureus*. — 3. Organes sexuels de la *Meesia longiseta*.

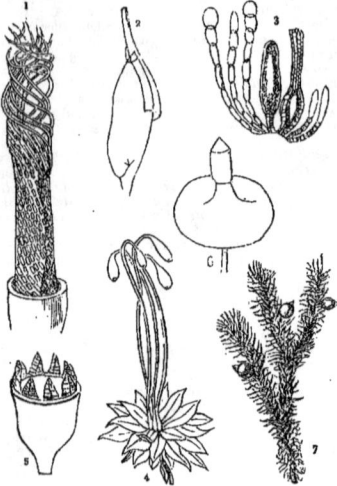

— 4. *Bryum roseum*. — 5. Péristome d'*Octoblepharum albidum*. — 6. Capsule de *Splachnum luteum*. — 7. *Bartramia halleriana*).

La famille des *Bryacées* comprend environ 150 genres et 1,200 espèces. Elle habite tous les lieux du globe où l'atmosphère est chargée d'humidité ; néanmoins ces plantes se rencontrent en bien plus grande abondance dans les climats tempérés que dans les régions tropicales. Les Mousses sont au nombre des premiers végétaux qui tapissent de verdure les sols de formation récente ; elles sont aussi les derniers qui disparaissent lorsque l'état de l'atmosphère devient tel que celle-ci cesse de pouvoir entretenir la végétation. La première croûte verte qui ait végété sur les cendres de l'île de l'Ascension se composait de petites mousses. Ces plantes constituent plus du quart de la flore entière de l'île Melville, et le sol triste et inanimé de la Nouvelle-Zélande est semé de taches vertes qui représentent diverses espèces de mousses vivant avec peine sous ce climat affreux.

Les Bryacées fossiles sont assez rares ; on n'en trouve que quelques espèces dans le tertiaire. Le succin a fourni : cinq espèces de *Dicranum* encore vivantes, deux *Polytrichum* et un *Atrichum* très voisin d'espèces actuelles, et une *Weissia* éteinte. Divers autres dépôts tertiaires ont donné notamment douze espèces d'*Hypnum* et deux espèces de *Fontinalis*, toutes éteintes aujourd'hui.

On divise les Bryacées en deux tribus :

Tribu I. — *Hypnées*. — Archégones naissant latéralement sur la tige ou les branches (*Hypnum, Fontinalis, Leskea*, etc.).

Tribu II. — *Bryées*. — Archégones terminaux (*Bryum, Mnium, Bartramia, Polytrichum, Barbula, Ceratodon, Fissidens, Funaria, Grimmia*, etc.).

Les qualités légèrement astringentes et diurétiques des *Polytrics* (*Polytrichum*) et d'autres genres de Bryacées, tels que le *Bryum*, la *Tortula*, etc., les a fait jadis employer en médecine ; mais aujourd'hui ils sont tout à fait tombés en désuétude. Pour l'économie de l'homme, les Mousses n'offrent donc presque aucun intérêt ; mais en revanche, quel rôle immense elles jouent dans l'économie de la nature !

BRYANT (William-Cullen), poète américain (1794-1878).

BRYÉES. s. f. pl. (gr. βρύον, mousse). T. Bot. Tribu de mousses de la famille des *Bryacées*. Voy. ce mot.

BRYINÉES. s. f. pl. (gr. βρύον, mousse). T. Bot. Ordre de la classe des *Mousses*, comprenant toutes les Mousses à sporange muni d'un long pédicelle, et une assise sporigène en forme de tonneau. On y distingue 2 familles : les *Phascacées*, à sporange indéhiscent, et les *Bryacées* à sporange ayant une déhiscence circulaire. Voy. ces mots.

BRYOLOGIE. s. f. (gr. βρύον, mousse ; λόγος, traité). Partie de la botanique qui traite des Mousses.

BRYONE. s. f. (gr. βρυώνη, m. s.). Plante grimpante de la famille des *Cucurbitacées*. Voy. ce mot. On en extrait le médicament connu sous le nom de *Bryonine*. On applique assez souvent dans les jardins la bryone à former des berceaux de verdure.

BRYONINE. s. f. (R. *bryone*). T. Chim. Principe actif de la bryone (*Bryonia alba* et *dioica*). Substance amorphe, blanche, d'une odeur nauséeuse, d'une saveur âcre et caustique. C'est un purgatif violent et, à haute dose, un poison. Très employé dans la médecine homœopathique.

BRYOPHYLLE. s. m. (gr. βρύω, je crois en abondance ; φύλλον, feuille). T. Bot. Genre de plantes de la famille des *Crassulacées*. Voy. ce mot.

BRYOPSIDÉES. s. f. pl. (R. *Bryopsis*, genre de la tribu ; du gr. βρύον, mousse ; ὄψις, aspect). T. Bot. Tribu d'Algues de la famille des *Siphonées*. Voy. ce mot.

BRYOZOAIRES. s. m. pl. (gr. βρύον, mousse ; ζῶον, animal). T. Zool. et Paléont. Ces animaux ont été pendant longtemps considérés comme des cœlentérés, comme des polypes ; en effet, par la forme de leur corps, par leur genre de vie, ils ont beaucoup de rapport avec les campanulaires et les sertulaires. La présence de leur tube digestif absolument distinct et pourvu de deux ouvertures, leur système nerveux, ont permis aux naturalistes de les séparer des cœlentérés. Mais parmi les zoologistes les uns en font des vers, d'autres des tuniciers. On peut les considérer comme formant l'une des deux classes d'un embranchement que l'on désigne sous le nom de molluscoïdes, et dont l'autre classe est celle des brachiopodes. Cet embranchement est intermédiaire entre celui des mollusques et celui des tuniciers.

Les b. sont donc caractérisés par un tube digestif complet, offrant deux ouvertures voisines mais séparées : leur bouche est entourée de tentacules longs et effilés munis de cils vibratiles destinés à produire dans l'eau un courant qui entraîne vers la bouche les aliments flottants. Ces tentacules sont encore analogues aux branchies des conchifères, car ils servent aussi à la respiration. Tous les b. sont munis d'un manteau épaissi par une sécrétion particulière qui fait adhérer entre eux ces petits animaux, et forme ainsi des *Polypiers*. Ceux-ci peuvent être charnus, membraneux, cornés ou calcaires. Ils prennent, en s'agglomérant, la forme d'un arbuste ou de lames foliacées, ou bien encore de simples lames adhérentes aux rochers ; leurs dimensions, néanmoins, n'atteignent jamais celles des polypiers d'anthozoaires.

Ils doivent leur nom de b. à l'aspect de leurs colonies, ressemblant à des mousses ; les divers individus qui forment des colonies sont disposés régulièrement, mais n'ont pas tous la même structure, ni les mêmes fonctions.

Le système nerveux se compose d'un ganglion situé au-dessus de l'œsophage, entre la bouche et l'anus ; ce ganglion envoie à l'œsophage et aux tentacules de nombreux nerfs. On ne connaît point d'organes des sens ; peut-être y a-t-il une sensibilité tactile exercée par des poils immobiles situés parmi les cils vibratiles des tentacules.

Ces animaux se propagent par le moyen d'œufs ou par génération asexuelle et forment par bourgeonnement de nouvelles colonies. La larve provenant de génération sexuée est libre et entourée d'une couronne de cils vibratiles. M. Barrois, de Lille, en a étudié le développement. — Milne-Edwards et P. Gervais divisent les b. en deux groupes, les *Plumatelliens* ou *Hippocrépiens*, et les *Cyathicères*.

1. Les *Plumatelliens* comprennent les genres dans lesquels les tentacules sont portés sur un double rang par une expansion symétrique en forme de fer à cheval située au-dessus de la bouche. Ces petits animaux, qui dans le jeune âge flottent librement, habitent les eaux douces. Ils se partagent en trois genres : les *Plumatelles*, les *Cristatelles* et les *Alcyonelles*. — Les *Plumatelles* sont presque diaphanes, et leurs tentacules sont disposés à la manière des barbes d'une plume. Ces polypes sécrètent un tube membraneux qui se fixe à un

corps submergé, et d'où partent, en se ramifiant, d'autres tubes produits par de jeunes polypes nés du premier comme des bourgeons. Les œufs sont nus et sans épines. Les plumatelles se rencontrent dans les eaux stagnantes, mais pures, sous les feuilles de nymphéa. — Les *Cristatelles* ont les tentacules disposés en panache ; leurs œufs sont entourés de cro-

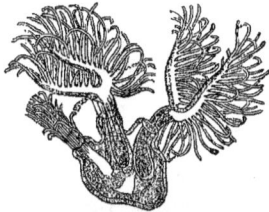

Fig. 1.

chets. Conservées dans l'eau fraîche, elles donnent naissance à des globules polypifères, sacs opalins d'où sortent des panaches tentaculaires. Dans les étangs, les cristatelles se rencontrent réunies en grand nombre et disposées en cordons dont la longueur peut atteindre 20 centim. (Fig. 1. *Crist. moisissure*; groupe de trois polypes très grossi). — Les *Alcyonelles* ont la même organisation que les plumatelles : elles en diffèrent par leur forme arrondie et d'apparence spongieuse (Fig. 2. *Alc. fluviatile* des environs de Paris; cellules grossies et pour la plupart vides).

II. Le groupe des *Cyathicères* renferme les b. dont les tentacules sont disposés en entonnoir. Beaucoup plus nombreux que les plumatelliens, les cyathicères se partagent en deux sections : les *Brachysomes*, dont le corps est court, ovale et oblong, et les *Leptosomes*, dont le corps est long et effilé.

A. — La section des *Brachysomes* se compose de sept familles. — 1° La fam. des *Myriaporiens* est uniquement

Fig. 2.   Fig. 3.

formée par le *Myriapore tronqué* (Fig. 3), commun dans la Méditerranée. Chaque cellule est munie d'un opercule que l'animal ferme à volonté après avoir rentré ses tentacules. La réunion des cellules forme un polypier calcaire dont les branches presque cylindriques s'élargissent en lames vers leurs extrémités. Ce polypier forme un arbuste élégant, haut de 8 à 12 centim., rouge pendant la vie de l'animal, et blanchâtre après sa mort. — 2° Les *Eschariens* sont munis d'opercules et ont des polypiers calcaires, comme le myriapore. Le polypier de l'*Eschare foliacée* atteint quelquefois les dimensions de 1 mètre en hauteur et en largeur. Nous citerons l'*Addéone foliifère* (Fig. 4) comme l'un des polypiers les plus élégants de cette famille. — 3° Les *Celléporiens* ont leurs cellules ellipsoïdes, presque verticales, irrégulièrement amoncelées, et forment des polypiers à surface inégale, d'un volume souvent assez considérable. — 4° Les *Flustres* ont les cellules

rapprochées les unes contre les autres, et forment des expansions foliacées. Leur tégument externe s'endurcit de manière

Fig. 4.

à constituer des polypiers de consistance cornée. L'espèce type, la *Flustre foliacée*, se rencontre dans la Méditerranée.

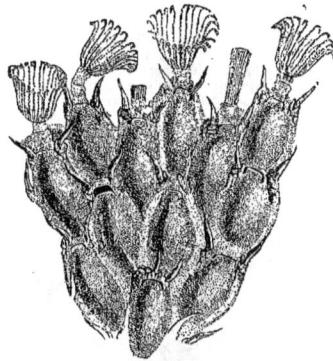

Fig. 5.

La *Fl. cornue* (Fig. 5, grossie) est remarquable par les espèces de cornes qui lui ont valu son nom spécifique.

Fig. 6   Fig. 7.   Fig. 8.

— 5° Chez les *Cellariés* (Fig. 6. *Cellaire céréroïde*; 7. Portion inférieure grossie), les polypiers sont membraneux et divisés en loges articulées ou jointes entre elles, dans chacune desquelles habite un polype. Toutes les espèces sont marines, à l'exception du g. *Paludicelle*, qui habite les eaux douces de l'Europe. — 6° Dans les *Vésiculariens*, les cellules ont une ouverture ronde, et sont portées sur des pédicules stolonifères. — 7° Les *Unisériés* sont très peu distincts des précédents. Ces cinq dernières familles manquent d'opercules.

B. — Les *Leptosomes* se partagent en trois familles : — 1° Les *Périclatiens*, dont les cellules sont disposées autour des rameaux; cette famille comprend plusieurs genres. Deux espèces du g. *Cricopore* existent dans l'Océan austral;

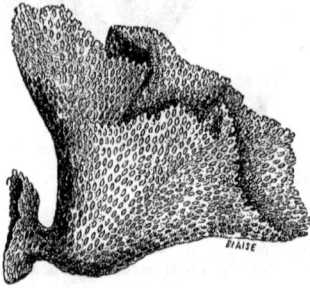

Fig. 9.

les genres *Spiropore* (Fig. 8. *Spir. élégant*, grossi) et *Cériopore* ne se trouvent qu'à l'état fossile. — 2° Les *Rétépores*, dont les cellules sont toutes tournées d'un seul côté des rameaux, et dont le polypier pierreux est formé par des ramifications quelquefois libres, mais plus souvent disposées en réseaux. L'espèce type est le *Rét. celluleux* ou *Rét. dentelle de mer* (Fig. 9) qu'on rencontre dans l'Océan

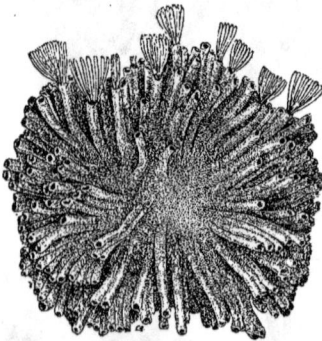

Fig. 10.

des Indes et dans la Méditerranée. Il est aussi connu sous le nom vulgaire de *Manchettes de Neptune*. — 3° Les *Stromapores* ont leurs cellules en forme de tubes, et disposées en amas ou sur un seul plan, comme dans le g. *Tubulipore* (Fig. 10. *Tub. verruqueux*, grossi).

Les b. apparaissent dès les formations paléozoïques; mais ils disparaissent presque complètement dans le trias; là on ne rencontre que quelques restes de cériopores; puis ils réapparaissent dans le jurassique, et la forme des b. du crétacé se rapproche beaucoup de celle du jurassique. A l'époque tertiaire ils présentaient à peu près la même composition que de nos jours.

BRYTON. s. m. (gr. βρύτον, m. s.). Boisson que les Grecs fabriquaient avec de l'orge et qui était analogue à notre bière.

BRYUM. s. m. [Pr. *bri-ome*] (gr. βρύον, mousse). T. Bot. Genre de Mousses de la famille des *Bryacées*. Voy. ce mot.

BUACHE, géographe français (1700-1773).

BUADE. s. f. T. Manège. Mors à longues branches droites.

BUANDERIE. s. f. (R. *buée*). Lieu où l'on a établi un fourneau et des cuviers pour faire la lessive.

BUANDIER, IÈRE. s. Celui, celle qui blanchit pour la première fois des toiles neuves. || *Buandière* se dit aussi de la femme qui est chargée de faire la lessive.

BUANSÚ. s. m. (Mot indien). T. Zool. Variété de chien sauvage qui habite le nord de l'Inde.

BUBALE. s. m. (lat. *bubalus*; gr. βούβαλις, m. s.). T. Mam. Espèce de ruminant du genre *Antilope*. Voy. ce mot.

BUBASTE, v. de la basse Égypte ancienne, sur l'une des branches du Nil, célèbre par les fêtes religieuses qui y étaient célébrées tous les ans.

BUBE. s. f. (R. *bubon*). Petite élevure, pustule qui vient sur la peau. *Avoir des bubes sur le visage.*

BUBON. s. m. (gr. βουβών, aine). T. Méd. Conformément à son étymologie, le terme de *Bubon* sert surtout à désigner les tumeurs ganglionnaires de l'aine résultant d'un chancre pénien. Mais on emploie aussi cette dénomination pour désigner les adénopathies symptomatiques de la peste. Les bubons sont de simples engorgements inflammatoires déterminés par l'irritation qui, d'une partie enflammée ou ulcérée, se propage jusqu'aux ganglions lymphatiques les plus voisins, en suivant le trajet des vaisseaux de même nom. Ces tumeurs disparaissent, en général, aussitôt que la cause irritante qui les a fait naître a cessé d'agir. Le b. chancreux (*vulgo* poulain) se guérit par la ponction suivie d'une injection antiseptique (éther iodoformé ou teinture d'iode). Pour les bubons pestilentiels voir PESTE.

BUBONOCÈLE. s. m. (gr. βουβών, aine; χήλη, tumeur). T. Méd. Nom scientifique de la hernie de l'aine. Voy. HERNIE.

BUCAILLE. s. f. (holl. *bockent*, m. s.). Sarrasin, blé noir. Voy. SARRASIN.

BUCARDE. s. f. (gr. βοῦς, bœuf; χαρδία, cœur). T. Zool. Genre de mollusques acéphales, à coquille bivalve; c'est un coquillage comestible en forme de cœur de bœuf, nommé aussi coque et palourde.

BUCARDITE. s. f. (R. *bucarde*). T Minér. Bucarde pétrifiée.

BUCAREST. Voy. BUCHAREST.

BUCAROS. s. m. Voy. BOCCARO.

BUCCAL, ALE. adj. [Pr. *buk-kal*] (lat. *bucca*, bouche). Qui a rapport à la bouche. *Glandes buccales. Nerfs buccaux.*

BUCCELLAIRE. adj. 2 g. [Pr. *buk-sel-lère*] (lat. *buccella*, dimin. de *bucca*, bouche). T. Hist. nat. Qui est en forme de petite bouche; qui est muni d'une petite bouche.

BUCCIN. s. m. [Pr. *buksin*] (lat. *buccina*, cornet, trompette, de *bucca*, bouche). T. Zool. et Paléont. Mollusques gastéropodes à coquille ovale, à grande ouverture, à columelle et péristome non denté. Voy. BUCCINIDES.

Paléont. — Les buccins sont actuels et fossiles depuis les terrains tertiaires les plus récents et dans la formation glaciaire. Voy. CTÉNOBRANCHES et RACHIGLOSSES.

BUCCINAL, ALE. adj. [Pr. *buksin*] (lat. *buccina*, cornet, trompette). Qui est en forme de trompette, de buccin.

BUCCINATEUR. adj. et s. m. (lat. *buccinare*, souffler dans une trompette). T. Anat. Muscle propre de la joue qui sert à allonger la bouche transversalement.

BUCCINE. [Pr. *buk-sine*] (lat. *buccina*, m. s.). T. Antiq. Trompette recourbée dont se servaient les Romains.

BUCCINIDES. s. m. pl. [Pr. *buk-si-nide*] (lat. *buccina*, trompe). T. Zool. et Paléont. Nom donné à l'une des familles de mollusques gastéropodes cténobranches (voy. ces mots). Ils ont une coquille qui, au lieu de canal, présente une échancrure par laquelle fait saillie le siphon long et recourbé en haut. Les dents latérales de la radula peuvent se redresser.

Plusieurs genres rentrent dans cette famille; ce sont les *Buccinum*, *Nassa*, etc. Voy. ces mots.

BUCCINOÏDES. s. m. pl. [Pr. *buk-si-no-ide*] (lat. *buccina*, trompe; gr. εἶδος, forme). T. Zool. C'est ainsi que Cuvier avait désigné l'une des familles de mollusques gastéropodes de son ordre des *Pectinibranches;* il les avait partagés en 3 tribus : les *Angystomes*, les *Buccins* et les *Rochers*. Mais les naturalistes ont reconnu depuis Cuvier que ce groupe des b. n'était pas naturel et ont supprimé le mot B. Nous renvoyons donc aux articles suivants :

BUCCINIDES, CANCELLARIDES, CASSIDAIRE, CASSIDIDES, CASSIS, CERITHIDES, CHONCHOLEPAS, CONIDES, CONUS, CYPRÆIDES, DOLIIDES, FASCIOLARIA, FASIDÉS, FUSUS, HARPIDES, MITRIDES, MURICIDES, NASSE, OLIVIDES, OVALA, POTAMIDES, PTEROCERA, PURPURIDES, RAMELLA, ROSTELLARIA, STROMBIDES, TÉRÉBELLUM, TÉRÉBRIDES, TRITONIDES, TURBINELLA, VIS, VOLATIDES.

BUCCINUM. s. m. [Pr. *buk-si-nome*] (lat. *buccina*, trompe). T. Zool. Nom scientifique du *Buccin*. Voy. ce mot.

BUCCO-LABIAL, ALE. adj. [Pr. *buk-ko-labiel*] (lat. *bucca*, bouche, et fr. *labial*). T. Anat. Qui a rapport à la bouche et aux lèvres.

BUCCO-PHARYNGIEN, IENNE. adj. [Pr. *buk-ko-farin-gien*] (lat. *bucca*, bouche, et *pharyngien*). T. Anat. Qui a rapport à la bouche et au pharynx.

BUCENTAURE. s. m. (gr. βοῦς, bœuf; κένταυρος, centaure). T. Myth. Espèce de centaure qui, au lieu d'avoir le

corps d'un cheval, avait celui d'un taureau. || Nom du vaisseau monté par le doge de Venise, lors de la cérémonie de son mariage avec la mer.

BUCÉPHALE. s. m. (gr. βοῦς, bœuf; κεφαλή, tête). Nom du cheval d'Alexandre. || Par allus., s'applique quelquefois à un cheval de parade ou de bataille. — Se dit aussi, par antiphrase, d'un mauvais cheval, d'une rosse.

BUCER (Martin), théologien protestant (1491-1551).

BUCÈRE. s. m. (gr. βοῦς, bœuf; κέρας, corne). T. Ornith. Synon. de *Calao*. Voy. ce mot.

BUCH (Léopold de), célèbre géologue allemand (1774-1853).

BUCHANAN (George), poète et historien écossais, précepteur et garde des sceaux du roi Jacques Ier d'Angleterre (1506-1582).

BUCHANAN (James), président des États-Unis d'Amérique de 1857 à 1861. (1791-1868.)

BUCHAREST ou **BUCAREST**, ou **BUKAREST**, cap. de la Roumanie, sur la Dembovitza, affluent du Danube, 221,000 h.

BÛCHE. s. f. (anc. fr. *boisse*, *buisse*, bois, même radical que *bois*). Pièce, morceau de gros bois de chauffage. *Une b. de chêne. B. de bois flotté.* Par anal., *B. de charbon de terre.* — Prov., *Il ne remue pas plus qu'une b.*, Il est paresseux, lent, il n'a aucune activité. || Fig. et fam., on dit d'une personne stupide, lourde, indolente : *C'est une b.*

Quelle b. que cet homme-là ! || Jauge de cuivre nommée b. d'airain à l'usage des savonniers pour régler l'épaisseur des pains de savon. || Outil d'épinglier et de tréfileur. || Barres de fer dont se servent les verriers pour redresser les pots. || Billot qui porte les cisailles des filières.

BÛCHEMENT. s. m. (de *bûcher*). T. Mar. Action d'enlever une partie de pierre faisant saillie. || T. Techn. Mise en bûches.

BÛCHER. s. m. (R. *bûche*). Lieu où l'on serre le bois à brûler. || Amas de bois sur lequel les anciens brûlaient les morts. *Dresser un b. Mettre un corps sur le b.* || Amas de bois sur lequel on plaçait ceux qui avaient été condamnés au supplice du feu. *Il fut condamné à mourir sur le b. Monter sur le b.*

Hist. — On sait que les Romains avaient accoutumé de brûler les cadavres avant de les ensevelir. Lorsque le lieu destiné au brûlement des corps était contigu au lieu de la sépulture, on l'appelait *Bustum;* c'est pourquoi Cicéron dit que ce terme est synonyme de τύμβος; mais lorsqu'il en était séparé, on lui donnait le nom d'*Ustrina*. Il y avait à Rome, au centre du Champ de Mars, un *Bustum* contigu au mausolée d'Auguste. C'était sur ce bûcher et dans ce tombeau que cet empereur avait été brûlé et enseveli, ainsi que plusieurs membres de sa famille. Strabon nous apprend que ce *bustum* était construit en pierre blanche et entouré d'une balustrade de fer, en dedans de laquelle étaient plantés des peupliers.

BÛCHER. v. a. (R. *bûche*). T. Techn. Dégrossir une pièce de bois, la travailler grossièrement. || Détruire une pièce de bois qu'on veut remplacer par une autre meilleure. || Travailler rudement. Pop. = Bûché, ée. part.

BÛCHERESSE. adj. *Serpe b.*, Serpe servant au bûcheron.

BÛCHERON. s. m. (R. *bûche*). Celui qui, dans les forêts, est employé à abattre des arbres et à faire du bois de chauffage.

BÛCHETTE. s. f. (Dimin. de *bûche*). Petit morceau de bois sec et très menu. || Se dit des petits brins de bois ou de paille dont on se sert pour jouer à la courte paille.

BUCHEZ, historien et publiciste français (1796-1866), fut le président de l'Assemblée constituante en 1848.

BÛCHILLES. s. f. pl. [Pr. les *ll* mouillées] (Dimin. de *bûche*). Fragments de bronze qui se détachent des bouches à feu pendant qu'on les travaille.

BUCHON, érudit et historien français (1791-1846).

BUCHU. s. m. T. Bot. On donne ce nom aux feuilles de quelques espèces du genre *Barosma*, de la famille des *Rutacées*, qui sont employées comme diurétiques. Voy. RUTACÉES.

BUCIDA. s. m. T. Bot. Genre de plantes comprenant des espèces croissant dans l'Amérique tropicale. Voy. COMBRÉTACÉES.

BUCKINGHAM, ville d'Angleterre, capitale du comté de ce nom, à 80 kilom. N.-O. de Londres, 5,000 hab.

BUCKINGHAM (Duc de), favori de Jacques Ier, puis de Charles Ier, rois d'Angleterre; fut assassiné par Felton (1592-1628).

BUCKLAND, célèbre géologue anglais (1784-1856).

BUCKLE, historien anglais (1822-1862).

BUCOLIQUE. adj. 2 g. (gr. βουκολικός, pastoral). Se dit des poésies pastorales. *La poésie b. Le genre b. Les poètes bucoliques.* = BUCOLIQUE. s. f. Poésie pastorale. N'est guère d'usage qu'au pl. *Les Bucoliques de Virgile.* || Fig. et fam., Ramas de choses de peu de valeur, de peu d'importance, comme papiers, nippes, etc. *J'ai retrouvé cela dans mes bucoliques.*

BUCRÂNE. s. m. (gr. βοῦς, bœuf; κρανίον, crâne). T. Archit. Tête décharnée d'animal, et surtout de bœuf, que l'on place, comme ornement, dans les métopes d'un temple ou aux coins d'un autel.

BUDA ou **BUDE**, v. de la Hongrie, appelée aussi *Ofen*, sur la rive droite du Danube, en face de Pesth.

BUDAPEST ou **BUDA-PESTH**, nom sous lequel on désigne les villes de Buda et de Pesth, servant de siège au gouvernement de la Hongrie ; 360,500 h.

BUDDLEIA, s. f. (R. *Buddle*, n. d'un botaniste anglais). T. Bot. Genre de plantes de la famille des *Loganiées*. Voy. ce mot.

BUDÉ (GUILLAUME), helléniste et philologue français, décida François Ier à fonder le Collège de France (1467-1540).

BUDGET. s. m. (vx fr. *bougette*, petite bourse de cuir). T. Adm. fin. État que l'on dresse, au commencement de chaque année, des dépenses que l'on présume avoir à faire dans le courant de l'année, et des fonds ou revenus que l'on affecte à ces dépenses. — Pris absol., désigne le budget de l'État, qui chaque année est soumis à l'examen du Parlement. || Fam., se dit des dépenses et des revenus, de l'actif et du passif d'un simple particulier, d'une famille.

Fin. — Le mot *Budget*, avec sa signification actuelle, nous est venu d'Angleterre, qui l'avait emprunté elle-même au vieux langage français. Dans la vieille France, particulièrement en Normandie, on appelait *Bougette* une petite bourse de cuir. On donna ce nom en Angleterre, en l'altérant un peu, au sac de cuir dans lequel on avait coutume d'apporter au Parlement les pièces portant exposé de l'état des recettes et des dépenses publiques. Du contenant le nom passa au contenu, et l'exposé des recettes et des dépenses publiques devint ainsi le *B. de l'État*. C'est avec cette nouvelle signification que le mot est revenu en France. Il y a été employé pour la première fois d'une manière officielle pour désigner la loi *relative aux finances* le 24 avril 1806. Cette loi s'intitule : « loi relative au *budget* de l'État ».

Rigoureusement parlant, il n'y a de b. que dans les États constitutionnels, où l'établissement, la perception et l'emploi de l'impôt sont soumis au vote annuel de la législature. Aussi l'Angleterre est-elle le premier pays qui ait eu un b. dans le sens propre du mot. Ce n'est pas à dire que, sous une autre forme de gouvernement, les finances de l'État ne puissent être administrées avec une scrupuleuse sévérité. Mais au mot *B.* est attachée l'idée de publicité, de contrôle et d'autorisation par la représentation nationale.

Il y eut sous notre ancienne monarchie quelque chose qui ressemblait à des budgets ou des comptes, mais c'était seulement du roi et de son conseil. Désignés d'abord sous le nom d'*états de prévoyance*, ces budgets furent appelés plus tard *états du roi*, *états généraux des finances*. La régularité des états du roi ne remonte en réalité qu'à Colbert. Il les présentait chaque année au roi en son conseil des finances.

Les comptes portaient le nom d'*états au vrai* et étaient établis à la fin de l'année. Toutefois, comme il y avait pas d'exercice, l'établissement des comptes avait fini par présenter des difficultés presque insurmontables et les états au vrai mettaient dix à douze ans à s'apurer.

Jusqu'en 1781 la maxime de Richelieu que « les finances étant le nerf de l'État ne sauraient être divulguées » fut rigoureusement suivie. Une déclaration de 1764 avait même défendu à qui que ce fût d'imprimer, de débiter, colporter « certains écrits, ouvrages ou projets concernant la réforme des finances ou leur administration passée, actuelle ou future ». Ce fut Necker qui osa le premier rompre résolument avec ce préjugé, et qui rendit public le premier budget qui l'ait été.

Sous l'Assemblée constituante il n'y eut pas, à proprement parler, de budgets : il en fut de même sous l'Assemblée législative et sous la Convention. Comment aurait-on pu établir des prévisions de recettes et de dépenses qui ne fussent pas presque immédiatement démenties par l'événement en pleine liquidation de l'ancien régime, et plus tard lorsqu'il fallut faire face à l'invasion et à la guerre étrangère ? Il nous faut venir jusqu'au Directoire pour trouver un véritable budget ; mais le Consulat et l'Empire nous ramenèrent bien vite au régime du bon plaisir, avec cette différence toutefois qu'à défaut du contrôle des représentants de la nation, une volonté énergique qui tenait lieu de tout sut maintenir l'ordre et la régularité dans les finances publiques. Ce n'est donc seulement qu'à partir de 1816 que nous avons un budget digne de ce nom.

Les règles suivies pour l'établissement, le vote, l'exécution et le règlement du budget ont nécessairement varié depuis cette époque jusqu'à ce jour, suivant les régimes politiques qui se sont succédé dans notre pays. Un moment même le second Empire essaya de ramener la France cinquante ans en arrière ; mais cette tentative d'enlever à la nation l'exercice d'un droit si péniblement conquis par elle ne fut pas de longue durée. Il fallut peu à peu, sous la pression de l'opinion, revenir aux règles du gouvernement parlementaire, telles qu'elles sont actuellement suivies ou à peu près.

Le b. est dit *primitif* ou de *prévision*, avant qu'on s'exécute ; *rectificatif*, si le projet est modifié soit avant l'exécution, soit pendant l'exécution ; *définitif*, lorsqu'il a été exécuté.

Il ne devrait y avoir qu'un seul budget de l'État ; mais ce principe de l'unité de b. a été souvent méconnu ; on a eu ainsi, à diverses époques, un b. *ordinaire* comprenant les services permanents et les recettes normales destinées à les assurer, et un b. *extraordinaire* qui ne devait faire face, au moins théoriquement, qu'à des besoins exceptionnels et temporaires et qui était alimenté par des ressources extraordinaires provenant principalement d'emprunts.

On a joint au b. de l'État le b. *sur ressources spéciales* qui ne concerne guère que les départements et les communes et qui a été, pour ce motif, séparé du b. de l'État à partir de l'année 1893. On y rattache également un nombre variable de budgets *annexes* tels que le b. de la Légion d'honneur dont l'existence complètement indépendante est le résultat d'une pure fiction.

Le b. est arrêté par la *loi de finances* ou *loi du budget* : cette annualité du vote du b. a été toujours considérée comme la garantie essentielle de la tenue annuelle de nos Parlements, aucun impôt ne pouvant être perçu, aucune dépense ne pouvant être effectuée qu'en vertu de l'autorisation donnée par la loi de finances.

L'année budgétaire est la période de 12 mois commençant à telle ou telle époque de l'année civile (au 1er janvier en France, au 1er avril en Angleterre, au 1er juillet aux États-Unis, etc.), qui sert de cadre aux services à faire. Elle diffère de l'*exercice* en ce que l'exercice est la période plus étendue de l'exécution et de la liquidation des services et des droits acquis ou des dépenses et des recettes attribuées à une année. L'exercice se prolonge au delà de l'année budgétaire dans des proportions qui ont été successivement réduites ; il s'étend actuellement (1893) jusqu'au 30 avril de l'année qui suit l'année qui a donné son nom au budget.

Lorsque l'exercice est *clos*, le budget donne lieu à un *compte*, qui est soumis, comme l'avait été le b. primitif, au Parlement pour être *réglé* par lui.

Les services effectués pendant un exercice *clos* peuvent encore être payés jusqu'au 31 décembre de la cinquième année de l'exercice : ces dépenses prennent le nom de dépenses *d'exercices clos*. Passé ce délai, elles sont frappées de déchéance. Toutefois, celles de ces créances qui ont échappé *légalement* à la déchéance peuvent encore être payées sur des crédits ouverts au titre des exercices périmés.

La clôture de l'exercice se lie à la *spécialité* de l'exercice. « Les crédits, dit l'ordonnance du 14 septembre 1822, ouverts par la loi annuelle de finances pour les dépenses de chaque exercice ne pourront être employés à aucune dépense appartenant à un autre exercice. »

La préparation du budget appartient au gouvernement. Chaque année, quatorze ou quinze mois avant l'époque où le budget commence à s'exécuter, chacun des ministres dresse le tableau des crédits qui lui sont nécessaires pour les besoins de ses services ; le ministre des finances coordonne ces budgets particuliers et en forme un tableau d'ensemble qui présente, d'une part les dépenses afférentes à chaque ministère, et d'autre part les *voies et moyens* ou recettes destinées à faire face à ces dépenses.

Pour établir les prévisions de dépenses on prend d'ordinaire pour base les dépenses du dernier budget voté, retranchement fait de celles qui n'ont été votées qu'à titre accidentel et temporaire et addition faite des services institués par des crédits additionnels pour se placer parmi les dépenses permanentes.

Si la prévision des dépenses n'offre qu'exceptionnellement des difficultés, il est plus délicat d'évaluer les recettes. Pendant longtemps on prit pour base d'évaluation les résultats du dernier exercice connu au moment de la préparation du budget. Cette méthode a été un instant abandonnée en 1882 par M. Léon Say, mais on y est revenu depuis.

En principe les budgets ne doivent être présentés qu'en équilibre : l'excédent de recettes ne signifie rien, en effet, tant qu'il n'est que prévision. En outre dans les finances publiques la dépense ne dépend pas de la recette, puisque l'État n'a pas comme un particulier de patrimoine et ne se soutient que par les contributions. Or ces contributions doivent être limitées à la somme strictement nécessaire. Comme le disait Roy à la Chambre des députés de la Restauration : « La Chambre ne vote l'impôt que pour les besoins de l'État. Celui qui a le droit de voter l'impôt n'en a le devoir qu'autant qu'il est indispensable. » Mais, pour que l'équilibre existe lorsqu'on le déclare, il faut que les dépenses normales n'excèdent pas les recettes de même nature, que toutes les dépenses normales stables ou instables soient prévues, qu'aucun emprunt ne soit compté comme une recette et que parmi les recettes ne se rangent pas non plus des prélèvements sur des exercices antérieurs : hors de là l'équilibre est fictif. 72 budgets ont été votés de 1814 à 1885 : 3 en équilibre, 53 avec des excédents de recettes, et 16 en insuffisance. Au règlement la situation s'est trouvée ainsi transformée : 6 exercices ont été réglés en équilibre ; 36 ont été réglés en excédent de recettes et 30 autres en déficit.

Le projet de budget tel qu'il est établi par le ministre des finances comprend un projet de loi de finances portant autorisation de dépenser les crédits ouverts aux différents ministres et portés dans un état (état A pour la France et B pour l'Algérie). D'autres états annexés à la loi de finances indiquent les voies et moyens, les impôts et revenus dont la perception est autorisée. L'état A se divise en quatre parties savoir : 1° Dette publique, dotations et dépenses des pouvoirs législatifs ; 2° Services généraux des ministères ; 3° Frais de régie, de perception et d'exploitation des impôts et revenus publics ; 4° Remboursements et restitutions, non-valeurs et primes. Ces quatre parties du budget sont des tranches courant en quelque sorte dans le sens de sa largeur. Les colonnes des services ministériels leur sont perpendiculaires et en remplissent les cases de leurs crédits il y a lieu. Trois services seuls y ont place en dehors de la branche des services généraux : le service des finances dans ces quatre cases, car il paie seul la dette et les dotations et il a ses frais de régie et ses remboursements ; le service des postes et des télégraphes et le service de l'agriculture dans trois cases, car ils ont des frais et des remboursements. Les colonnes des autres services sont vides ailleurs que dans la tranche des services généraux.

Les ministères embrassant plusieurs grands services se divisent en sections : ainsi le ministère de l'intérieur comprend, dans sa 2° section, le service du gouvernement général de l'Algérie.

Mais au point de vue législatif ces grandes divisions importent peu : l'essentiel est la subdivision des services ministériels en chapitres : c'est par chapitres que se vote le budget. Chaque chapitre ne doit contenir que des services corrélatifs ou de même nature et les sommes affectées par la loi à chacun de ces chapitres ne peuvent pas être appliquées à des chapitres différents. C'est là ce qu'on appelle la spécialité des crédits, et toute notre histoire financière sous la Restauration est remplie par les luttes engagées par les Assemblées délibérantes pour arracher au pouvoir royal le droit de voter le budget en détail par chapitres au lieu de le voter en bloc par ministères ou par grandes sections.

Définitivement conquise en 1831, la spécialité par chapitres sans laquelle le contrôle financier des Chambres n'est qu'une pure fiction, subit une éclipse momentanée sous le second Empire, pour reparaître en 1869. Depuis cette époque, elle n'a fait que se développer : le budget de 1885 comprend 728 spécialités de dépenses : 629 pour le budget ordinaire, 21 pour budget sur ressources extraordinaires, 15 pour le budget sur ressources spéciales et 63 pour les budgets annexes ; nous sommes loin, comme on le voit, des 16 divisions des premiers budgets de la Restauration.

À la spécialité des crédits se rattache l'interdiction des *virements*, autrement dit l'interdiction de prélever sur un chapitre les sommes nécessaires pour combler les insuffisances d'un chapitre dont le crédit est épuisé. Il serait inutile en effet qu'il y ait une spécialité quelconque de crédits que les virements en altèrent l'intégrité. Actuellement les virements ne sont admis en principe que d'un article à un autre article dans l'intérieur d'un chapitre. Lorsqu'un chapitre est dépassé, il y a lieu à une demande de crédit *additionnel*.

Les chapitres du budget se divisent en articles ; les articles, lorsqu'ils sont trop considérables, se divisent en paragraphes, et parfois même ces derniers se subdivisent en alinéas : ainsi le chapitre de la solde au ministère de la guerre compte 6 articles, 24 paragraphes et 305 alinéas.

Les recettes du budget ordinaire se divisent non en chapitres, mais en paragraphes : § 1er. Impôts directs. — § 2. Produits domaniaux. — § 3. Impôts et revenus indirects ; § 4. Divers revenus. § 5. Produits divers du budget.

Dans le budget de l'État, la dépense est la cause, la recette n'est que le moyen ; la dépense est nécessaire même si la recette est insuffisante : elle passe donc la première ; l'État déclare ainsi, d'abord, quels sont ses besoins pour qu'ensuite les représentants du pays y conforment le subside. Le budget présente donc les dépenses avant les recettes.

Établi d'après les principes qui précèdent par le ministre des finances, le projet de b. est soumis au conseil des ministres et envoyé, avec un exposé des motifs et tous les documents à l'appui, à la Chambre des députés. C'est en effet à la Chambre des députés qu'appartient, en vertu de nos lois constitutionnelles, la priorité de l'examen du projet de loi de finances. Cette priorité n'implique pas nécessairement une supériorité de la Chambre sur le Sénat. Mais comme il faut bien que le dernier mot reste à une Chambre lorsqu'elles sont deux, il reste, puisque les budgets ne s'ajournent pas, à la Chambre qui a le droit d'examiner la première la loi de finances.

Le budget est renvoyé pour examen, à la Chambre, à une commission du budget de 33 membres, et au Sénat à une commission des finances de 18 membres. Instituées, les commissions nomment leur bureau propre. Les commissions ne se subdivisent pas autrefois en sous-commissions ou du moins les sous-commissions, ne faisaient pas de rapports particuliers, et la commission des finances du Sénat, qui se distribue en sous-commissions, ne publie qu'un rapport d'ensemble. À la Chambre, depuis 1872, tous les ministères et même les services distincts de chacun d'eux donnent lieu à un rapport particulier.

Après le dépôt des rapports vient la discussion en séance publique. Cette discussion est généralement précédée d'une discussion générale qui touche à tous les points de la situation. Lorsque tous les chapitres du budget ont été mis aux voix et adoptés avec ou sans amendement (l'initiative parlementaire ayant le droit de s'exercer sur le budget comme sur toutes les autres lois), l'article 1er qui les récapitule et qui était resté réservé, est lu, et le vote sur l'ensemble approuve ou rejette la loi de finances, qui n'a d'ailleurs jamais été rejetée, mais qui, selon les temps, a été à compter avec une opposition plus ou moins vive. Le budget de 1817 ne fut voté que par 135 voix contre 88 ; le budget de 1853 fut voté à l'unanimité moins une voix.

Plus d'une fois la discussion du budget a duré un mois sous la Restauration rien qu'à la Chambre des députés ; à la Chambre des pairs elle durait deux ou trois jours. De tous nos budgets depuis 1871 celui qui a pris le moins de temps pour l'examen et la discussion est le budget de 1876 (2 mois et 23 jours).

Voté à la Chambre, le budget est porté au Sénat. Si ce dernier l'amende il revient à la Chambre ; cette dernière admet ou rejette les modifications apportées par le Sénat. Si elle les admet, il ne reste plus au pouvoir exécutif qu'à promulguer la loi de finances comme toute autre loi pour la rendre obligatoire pour tous les citoyens ; si elle les rejette, le budget doit faire un nouveau voyage au Sénat, qui n'a guère qu'à s'incliner devant la volonté fermement manifestée de la Chambre.

Il va sans dire que la nécessité de la sanction législative implique la faculté pour le Parlement de refuser le budget. Mais le droit de frapper, de paralyser l'État et le gouvernement est un droit extrême, dont il ne peut être fait usage que si les Chambres ne peuvent douter que l'opinion du pays leur demande d'en user. La Chambre élue à la suite de l'entreprise du 16 mai 1877 sut montrer qu'elle n'hésiterait pas à exercer ce droit en cas de nécessité. Après les élections du 4 décembre 1877, sur le rapport de M. Jules Ferry, elle décida par 328 voix contre 197 qu'aucun rapport ne serait déposé par la commission du budget tant que le gouvernement ne se soumettrait pas.

La loi de finances contient la liste des contributions dont la perception est autorisée ; elle indique également les « moyens » dont le Trésor peut user (émission de bons pour avances, etc.), pour assurer la marche régulière des services. Mais il arrive souvent qu'elle renferme aussi des *dispositions diverses* qui n'intéressent pas toujours directement les finances et qui touchent à l'administration, au gouvernement et même aux lois civiles. C'est par un abus non moins dangereux que celui qui consiste à détruire par voie budgétaire, au hasard d'une discussion improvisée, des services établis par des lois mûrement réfléchies, que de pareilles dispositions trouvent leur place dans la loi de finances ; mais l'interdiction édictée à ce

BUDGET GÉNÉRAL DE L'ÉTAT FRANÇAIS

A

Recettes (An IX-1883) y compris les budgets spéciaux de l'amortissement pour la 5ᵉ période et le compte de liquidation pour la dernière.

RECETTES RÉGLÉES PAR PÉRIODES	An IX-1814	p. 100	1815-1830	p. 100	1831-1847	p.100	1848-1851 [4]	p. 100	1852-1870	p. 100	1871-1883	p. 100
1° Recettes normales.												
Produits des domaines et des forêts [1]	1,473,306,223	10,7	562,531,503	3,4	639,964,968	3,0	146,379,400	2,3	936,044,703	2,3	681,860,370	1,4
Contributions directes (fonds généraux et spéciaux) [2]	5,250,330,227	37,9	5,679,862,956	34,2	6,619,021,299	31,2	1,745,179,392	28,6	9,393,311,681	22,8	9,233,799,919	19,5
Impôts et revenus indirects avec les postes et télégraphes.	5,187,128,404	37,4	8,228,778,082	49,6	11,565,490,252	54,6	2,883,435,438	48,1	21,274,934,888	51,6	26,614,404,609	56,2
Divers revenus et produits divers du budget.	464,832,614	3,4	385,048,301	2,4	698,394,762	3,3	288,968,131	4,8	2,402,495,367	5,8	3,410,035,746	7,2
Totaux des recettes normales	12,376,137,468	89,4	14,856,220,842	89,6	19,522,941,281	92,1	5,033,962,361	84,0	34,006,786,639	82,5	39,939,730,644	84,3
2° Recettes extraordinaires et reports d'exercices.												
Recettes et ressources extraordinaires de tout genre.	1,453,006,446	10,5	1,504,912,371	9,0	1,441,783,017	6,8	957,895,540	16,0	6,601,284,360	16,0	6,731,480,814	14,2
Reports d'exercices réglés, et reports de ressources indépendants des règlements [3]	12,238,332	0,4	233,805,693	1,4	229,862,049	1,1	»	»	601,740,796 [5]	1,5	729,608,797	1,5
Totaux généraux par période des recettes et ressources réalisées et réglées	13,841,382,246	100	16,604,938,906	100	21,194,586,347	100	5,991,857,901	100	41,209,811,795	100	47,400,820,255	100
Moyennes annuelles.	988,670,160		1,037,808,682		1,246,740,373		1,497,964,475		2,168,931,463		3,646,193,866	
Proportion sur l'ensemble des périodes.	9,6 p. 100		11 p. 100		11,6 p. 100		4,1 p. 100		28,3 p. 100		32,4 p. 100	

1. Les aliénations de la Révolution continuent sous le Consulat et vont s'affaiblissant sous l'Empire.

2. Fonds généraux, ou principal pour les dépenses propres à l'État. Fonds spéciaux qui alors n'étaient pas destinés à des dépenses uniquement locales.

3. Le Consulat et l'Empire ont pratiqué tous les genres de reports d'exercice en arrière comme en avant. Le seul de la période qui soit exactement connu, est celui de 1814 (12,238,332) et encore appartient-il à la portion de cet exercice qui, historiquement comme financièrement, est du temps de la Restauration.

4. En comprenant, dans la gestion de la période, celle du budget spécial de la caisse d'amortissement.

5. Seulement 574,456,383 pour les budgets tels que les résument les comptes généraux, et 27,284,413 de reports propres aux budgets spéciaux de l'amortissement qu'ils négligent. Cette dernière somme a consisté en un prélèvement sur les ressources du budget ordinaire de 1870.

BUDGET GÉNÉRAL DE L'ÉTAT FRANÇAIS. — An IX-1883.

Dépenses par services et périodes.

SERVICES	An IX-1814	p.100	1815-1830	p.100	1831-1847	p.100	1848-1851	p.100	1852-1870	p.100	1871-1883	p.100
Frais de perception, de régie et d'exploitation des impôts et revenus publics[1]	1,568,889,514	10,96	2,033,540,794	12,36	2,925,612,008	10,17	396,542,710	9,39	3,776,586,091	9,1	3,404,365,505	7,30
Remboursements et restitutions	1,653,000,000	11,72	596,787,253	8,71	1,063,376,243	5,03	381,679,956	6,0	2,313,484,688	5,6	2,397,069,300	5,10
Dépenses diverses équivalant à des remboursements ou à des non-valeurs	25,000,000		835,599,419[3]		34,287,439							
Dette publique et amortissement	1,731,334,295	12,01	4,834,689,253	29,39	5,946,935,815	27,17	1,638,783,656[6]	25,80	10,060,998,594[10]	24,4	15,100,346,579	32,90
Dotation	291,046,263	2,01	643,142,242	3,72	291,488,816	1,33	37,909,534	0,60	801,332,455	2,0	422,782,886	0,50
Total des frais de perception, des remboursements, de la dette et des dotations	5,269,270,038	36,70	8,913,758,961	54,18	9,261,700,374	43,70	2,654,915,556	41,79	16,954,401,596	41,1	21,324,564,280	45,50
Services généraux des ministères.												
Guerre	5,387,444,990	37,69	3,910,994,404	23,77	5,337,362,960	24,38	1,440,890,841	22,69	10,271,774,247[7]	24,9	9,837,035,895	21,0
Marine et colonies	1,830,749,638	12,81	946,852,984	5,13	1,617,900,207	7,39	479,640,524	7,56	3,692,897,512	9,0	2,603,431,979	5,60
Total des services militaires	7,218,193,728	50,50	4,857,847,088	29,32	6,955,963,167	31,77	1,920,531,365	30,25	13,964,668,753	33,9	12,440,467,802	26,60
Finances	506,300,498	3,54	325,323,433	1,97	377,002,554	1,72	93,803,932	1,51	476,950,417	1,1	509,129,743	1,90
Postes et télégraphes	119,608,400	0,83	158,419,189	0,97	145,681,278	0,67	39,461,302	0,62	234,968,867	0,6	42,998,388	0,09
Affaires étrangères	304,874,750	2,11	302,408,385	1,84	349,243,738	1,60	106,795,419	1,68	575,661,019	1,4	171,935,632	0,30
Justice	160,957,494	1,12	429,588,049	2,61	610,297,119	2,79	163,486,798	2,57	938,405,742	2,3	435,380,205	0,90
Cultes	194,400,000[2]	1,36	789,946,827	4,90	1,554,083,253	7,10	524,493,461	8,96	3,776,515,769[8]	8,96	680,740,647	1,40
Intérieur et service départemental	67,700,000	0,47	55,380,030	0,34	222,333,601[4]	1,03	84,218,750	1,33	495,879,144	1,2	4,827,963,041	10,30
Instruction publique	58,200,000	0,19	36,580,651	0,22	57,393,414	0,26	29,347,303	0,46	259,860,316[9]	0,63	1,022,852,339	2,10
Beaux-Arts	32,100,000	0,22					76,395,920	1,20	327,433,460	0,8	162,556,107	0,30
Agriculture et Commerce			112,157,983	0,68	227,910,615	1,05					435,343,791	0,09
Travaux publics	385,091,953	2,76	472,846,709	2,87	1,826,587,400[5]	8,47	662,783,249	10,44	3,150,428,562	7,6	4,680,172,397	10,0
Total des services civils	1,806,293,035	12,80	2,682,651,176	16,30	5,370,534,942	24,53	1,775,785,143	27,96	10,235,803,036	25,0	13,099,272,743	27,90
Total des dépenses payées et réglées comme telles	14,293,756,881	100	16,454,257,225	100	21,587,498,483	100	6,351,232,064	100	41,154,873,375	100	46,864,304,825	100

1. Incomplets pour la première période et pour une partie de la seconde.
2. On ne peut commencer que sous la Restauration à distinguer avec quelque netteté les dépenses diverses du Ministère de l'intérieur, et notamment celles du service départemental, et ce n'est que sous la monarchie de 1830 que la classification des dépenses publiques entre l'État et les départements a été fixée par des règles restées en vigueur.
3. Presque toute cette somme a été dépensée pour suffir aux charges et aux réclamations de l'invasion de 1814 et de 1815.
4. L'augmentation rapide est l'effet de l'exécution des lois sur les chemins vicinaux et sur l'instruction primaire.
5. Effet des lois sur les chemins de fer.
6. Le plus beau temps pour les dotations, d'autant plus que la Légion d'honneur et les Invalides de la marine n'y participaient pas largement comme aujourd'hui.
7. Le Ministère de la guerre était alors chargé de toutes les dépenses de l'Algérie. Le Ministère de l'intérieur les a prises de 1870 à 1881.
8. Apogée du budget des cultes.
9. Avec les bâtiments civils, presque tout le temps du règne.
10. Avec les budgets spéciaux de l'amortissement de 1867 à 1870, négligés par nos comptes généraux de l'administration des finances, dans leurs résumés.

sujet par la Constitution de 1791 n'a pas été respectée et il est peu probable qu'elle le soit jamais.

La promulgation de la loi du budget résulte de son inscription au *Journal officiel de la République* et de sa distribution dans les chefs-lieux d'arrondissement, où il faut qu'elle arrive le 31 décembre avant minuit. La loi de finances doit donc être votée le 26 décembre au plus tard ; sinon on est obligé de recourir à l'expédient des douzièmes provisoires, c'est-à-dire d'autoriser le gouvernement à lever provisoirement des douzièmes de contributions et de revenus et de les dépenser sur crédits provisoires qui sont une part proportionnelle soit des crédits du projet de budget non encore voté, soit des crédits du dernier exercice voté.

Nous avons vu que lorsque le crédit inscrit au budget primitif devient insuffisant, il y a lieu de demander aux Chambres un crédit additionnel : dans ce cas le crédit est dit *supplémentaire*. Les crédits additionnels prennent le nom de *crédits extraordinaires* lorsqu'ils sont commandés par des circonstances urgentes et imprévues et lorsqu'ils ont pour objet soit la création d'un service nouveau non prévu au budget, soit l'extension d'un service inscrit dans la loi de finances au delà des bornes déterminées par la loi. Certains services, nommément désignés dans une nomenclature annexée à la loi de finances, peuvent recevoir, en cas d'insuffisance dûment constatée, des crédits supplémentaires ouverts par décrets rendus en conseil d'État, sauf régularisation ultérieure par voie législative. La contre-partie des crédits additionnels, c'est les *annulations* de crédits non employés en fin d'exercice et qui, sauf certaines exceptions limitativement déterminées ne sont pas reportés à l'exercice suivant.

Promulguée, la loi de finances est mise à exécution. Aucune dépense ne doit être acquittée pour le compte de l'État que si elle a été préalablement *ordonnancée* directement par le ministre ou *mandatée*, en vertu de sa délégation, par un ordonnateur secondaire. Le ministre des finances n'admet l'ordonnancement ou le mandatement que s'il porte sur un crédit régulièrement ouvert et s'il est renfermé dans les limites des distributions mensuelles de fonds faites aux ordonnateurs généraux. Les pièces justificatives des créances doivent être jointes aux ordonnances ou aux mandats.

Le ministre des finances est devenu, depuis la Restauration, le seul ministre percepteur des contributions, impôts et revenus publics. Cette perception se fait par l'intermédiaire des receveurs, et les frais qu'elle entraîne sont payés au même titre que les autres dépenses budgétaires. Ces frais s'élevaient au budget de 1885, pour les contributions directes et taxes y assimilées à 4f,83 p. 100 ; l'enregistrement, le timbre et les domaines, à 2f,78 p. 100 ; les douanes, à 8f,52 p. 100 ; les contributions indirectes, à 3f,47 p. 100 ; les manufactures de l'État, à 19f,29 p. 100 : soit, en moyenne, à 9f,06 p. 100. Dans leur ensemble, depuis le commencement du siècle, nos budgets nous ont coûté presque exactement 11 p. 100 de frais de perception.

Les contributions et impôts qui alimentent le budget de l'État ne rentrent pas par fractions mensuelles égales dans les caisses du Trésor. Pour faire face aux exigibilités des premiers mois de l'année le ministre des finances est obligé de recourir à des opérations de trésorerie (émission de bons du Trésor, etc.), qui lui procurent les sommes indispensables au service des budgets. Le Trésor devient ainsi le banquier des budgets. Il leur ouvre, à tour à mesure qu'ils se succèdent, un compte ; il reçoit et paie pour eux, et à la fin de chaque exercice il les débite ou les crédite de leurs excédents de recettes ou de dépenses. Seulement il arrive que les lois de règlement des budgets ne quelquefois même les lois qui ouvrent les budgets disposent d'à peu près tout ce que ces budgets peuvent avoir laissé d'actif et ne laissent en partage au Trésor que les pertes qui, après avoir été les déficits des budgets, deviennent ainsi les *découverts du Trésor*.

L'exécution des budgets est soumise à un contrôle administratif exercé par la comptabilité centrale de chaque ministère et par le ministère des finances ; elle est soumise au contrôle judiciaire de la cour des comptes, et enfin au contrôle parlementaire, qui clôt définitivement le cycle de leur évolution complète par la loi de *règlement*.

Arrivé au terme de cet exposé du système budgétaire de la France, il n'est pas sans intérêt de rechercher quelle a été depuis le commencement du siècle la progression des dépenses publiques, quelles ont été ces dépenses et quelles ont été les sources auxquelles on a puisé pour y subvenir. Le tableau suivant, que nous empruntons à l'étude magistrale que M. P. Boiteau a consacrée au budget dans le *Dictionnaire des finances*, est à cet égard plein d'enseignements. Nous devons toutefois

faire remarquer, avec l'éminent écrivain, qu'à partir du Consulat et même jusqu'en 1822 ce n'est qu'approximativement qu'il a été possible d'établir le compte de la gestion financière de la France. « Il y a plus : à partir des comptes réglés d'exercice, qui commencent en 1822, les comptes ne contiennent pas l'aperçu entier des recettes ou des dépenses de l'État et contiennent en même temps davantage. Les services spéciaux qui sont devenus nos budgets annexes rattachés pour ordre au budget général n'en devraient pas être retranchés, ni d'autres services auxiliaires dont les budgets n'ont fait les frais qu'au moyen d'annuités ; et, d'un autre côté, c'est par une mauvaise méthode de distribution des recettes et des dépenses publiques que nos comptes ont continué d'additionner ensemble les recettes et les dépenses de l'État et les recettes et les dépenses qui ont les contributions directes pour aliment, ainsi que celles de l'État, mais qui ne sont pourtant que des recettes et des dépenses départementales et communales.

« D'autres raisons ont introduit des doubles emplois dans notre comptabilité sans qu'ils y contrebalancent des omissions. La recherche est donc un peu vaine d'essayer de calculer avec l'apparence de l'exactitude un actif et un passif dont les éléments ne sont pas absolument purs d'erreurs ni tous en état d'être recueillis ; il y a enfin cet inconvénient, lorsqu'un compte se prolonge dans la durée de près d'un siècle, que les valeurs de la 80ᵉ ou de la 100ᵉ année ne sont plus les mêmes.

« Une dépense annuelle d'un milliard pèse d'un poids inégal sur le peuple qui n'avait que 100 ou 120 milliards de fortune immobilière et mobilière et qui en a 250. La valeur des objets échangeables et le pouvoir de l'argent ne sont pas demeurés fixes, en sorte que ce que le budget pouvait faire avec un milliard en 1801, il ne le pourra faire qu'avec deux milliards en 1900, le territoire fût-il resté le même, la population la même et l'ensemble des besoins et des services du budget exactement le même encore. Or l'on ne sait que trop, hélas ! que la superficie des territoires de la France a bien varié depuis le commencement du siècle. A la chute du premier Empire nous avons perdu nos frontières naturelles reconquises par la République ; à l'effondrement du second, deux provinces nous étaient enlevées. Le démembrement nous a arraché 1,691 communes, 1,447,466 hectares du sol national, 1,597,228 habitants et enfin un revenu budgétaire de 78,943,000 fr.

« Mais en dépit de ces défauts et de ces imperfections inévitables il est encore d'un certain intérêt de connaître après l'avoir le mieux possible corrigé, le compte de la gestion financière de la France inaugurée en l'année même où le XIXᵉ siècle a commencé. »

Voy. les tableaux A et B p. 832 et 833.

Comme on le voit par ce tableau, nos budgets (en y comprenant, bien entendu, pour les rendre comparables le budget extraordinaire, le budget des centimes spéciaux et des ressources spéciales des départements et des communes) n'ont fait que progresser depuis le commencement du siècle.

Complétés par leurs frais de perception les derniers budgets et comptes de Napoléon étaient déjà de plus d'un milliard à partir de 1809 (1,007,178,170 fr.), mais il est vrai que la France d'alors était beaucoup plus étendue que la France d'aujourd'hui.

Les budgets votés sous la Restauration en 1817 et 1818 avaient dépassé le milliard aux recettes comme aux dépenses ; en retombe ensuite au-dessous ; à partir de 1828, le milliard reparaît dans les comptes et n'en disparaît plus.

Aucun budget ne va sous Louis-Philippe au delà du milliard et demi.

La République de 1848 atteignit, en 1848 et en 1849, ce chiffre ; mais en 1850 et en 1851 budgets et comptes reculent en deçà.

Dès 1855 le second Empire atteint deux milliards avec la liquidation des dépenses de la guerre de Crimée ; ses comptes y reviennent en 1859 et en 1860 avec la guerre d'Italie. En 1863 ce chiffre s'installe dans nos budgets pour en sortir momentanément en 1867, 1868 et 1869. Quant aux comptes, aucun d'eux depuis 1861 n'était resté au-dessous de deux milliards.

D'un seul bond, on 1870 et en 1871 les comptes ont atteint et dépassé trois milliards ; ils n'ont cependant franchi le terme de trois milliards et demi qu'en 1878 ; mais en 1881, 1882 et 1883 nous les voyons sauter par-dessus quatre milliards. Le compte de 1882 est le plus grand abatteur d'espèces que soit connu dans nos finances : il peut s'enorgueillir d'une dépense de plus de 4,235,000,000. Depuis ces chiffres formidables ont été sensiblement diminués ; l'exécution des grands travaux publics qui n'étaient pas terminés a été confiée aux compagnies de chemins de fer, la reconstitution de notre matériel de guerre a été achevée, en sorte que le budget sur ressources extraordinaires a pu être supprimé. Le dernier budget voté (celui de 1893) a été arrêté aux chiffres suivants, non compris le budget sur ressources spéciales, qui a été distrait du budget de l'État à partir du 1er janvier 1893.

FRANCE

MINISTÈRES ET SERVICES

1re Partie. — Ministère des Finances.

	FR.
Dette publique	1,273,364,944

2e Partie. — Ministère des Finances.

Pouvoirs publics	13,207,520

3e Partie. — Services généraux des Ministères :

Ministère de la Justice	34,999,600
Ministère des Affaires étrangères :	
1re section. — Service ordinaire. . . .	15,371,200
2e section. — Service des protectorats.	903,600
Ministère de l'Intérieur	68,845,699
Ministère des Finances	19,568,620
Ministère de la Guerre :	
1re section. — Service ordinaire. . . .	582,136,131
2e section. — Dépenses extraordinaires.	52,474,000
Ministère de la Marine	255,457,533
Ministère de l'Instruction publique, des Beaux-Arts et des Cultes :	
1re section. — Service de l'Instruction publique.	174,092,970
2e section. — Service des Beaux-Arts. .	8,380,705
3e section. — Service des Cultes. . .	44,269,557
Ministère du Commerce, de l'Industrie et des Colonies :	
1re section. — Service du Commerce et de l'Industrie	25,165,324
2e section. — Service des Postes et Télégraphes	2,122,436
3e section. — Téléphones.	99,800
4e section. — Service des Colonies . . .	72,586,635
Ministère de l'Agriculture	29,475,190
Ministère des Travaux publics :	
1re section. — Service ordinaire. . . .	79,642,024
2e section. — Travaux extraordinaires.	144,878,650

4e Partie. — Frais de régie, de perception et d'exploitation des impôts et revenus publics.

Ministère des Finances.	182,671,801
Ministère des Affaires étrangères.	60,000
Ministère du Commerce, de l'Industrie et des Colonies :	
2e section. — Postes et Télégraphes . .	147,332,122
3e section. — Téléphones	8,485,000
Ministère de l'Agriculture (Forêts).	13,340,020

5e Partie. — Remboursements et restitutions, non-valeurs et primes.

Ministère des Finances.	34,679,300
Ministère de l'Intérieur . . . . -	2,250,000
Ministère du Commerce, de l'Industrie et des Colonies :	
2e section. — Postes et Télégraphes . .	5,374,800
3e section. — Téléphones.	50,000
Ministère de l'Agriculture (Forêts).	40,000
Total des dépenses du Budget général de l'exercice 1893 (France).	3,291,325,181

ALGÉRIE.

3e Partie. — Services généraux des Ministères.

	FR.
Ministère de la Justice.	2,757,550
Ministère de l'Intérieur.	
1re section. — Service de l'Intérieur. . .	2,068,222
2e section. — Gouvernement général de l'Algérie.	9,503,465
Ministère des Finances.	502,250
Ministère de l'Instruction publique, des Beaux-Arts et des Cultes.	
1re section. — Instruction publique. . . .	5,595,539
2e section. — Beaux-Arts.	63,400
3e section. — Cultes.	1,248,096
Ministère du Commerce, de l'Industrie et des Colonies.	
1re section. — Service du Commerce et de l'Industrie	187,850
Ministère de l'Agriculture.	1,799,190
Ministère des Travaux publics.	
1re section. — Dépenses ordinaires. . .	5,799,000
2e section. — Dépenses extraordinaires.	20,718,000

4e Partie. — Frais de régie, de perception et d'exploitation des impôts et revenus publics.

Ministère des Finances.	6,426,317
Ministère du Commerce et de l'Industrie.	
2e section. — Service des Postes et Télégraphes	4,591,900
3e section. — Service des Téléphones. .	56,500
Ministère de l'Agriculture.	
Service des forêts.	3,184,100

5e Partie. — Remboursements et restitutions.

Ministère des Finances.	810,572
Ministère de l'Intérieur	195,000
Total des dépenses (Algérie).	65,871,951
Report des dépenses (France).	3,291,325,181
Total général des dépenses présumées de l'État en 1893 (France et Algérie).	3,357,197,132

D'après M. P. Boiteau — qu'il faut toujours citer lorsqu'il s'agit du budget — notre richesse générale peut être évaluée à 250 milliards en produisant 30 de revenu brut et 7 de revenu net. Dans cette hypothèse, nos budgets publics prendraient ensemble 2 p. 100 du capital, un sixième du revenu brut, 2/3 du revenu net et le double de ce que vaut l'épargne. Le budget de l'État, seul, au chiffre de 3 milliards 1/2, en prendrait 1 4, 11, 63 46, 7 et 140 p. 100. Cette énorme charge ne nous fait pas trop souffrir lorsque l'atelier national est en pleine activité; mais lorsque cette activité s'arrête, nous en sommes gênés; nous en serions accablés si une longue crise venait diminuer notre revenu et déprécier notre capital.

Il est vrai que pour être complètement exact il faudrait déduire de cette somme tout ce qui n'est pas le produit d'une imposition, comme : les produits du domaine de l'État, le produit des forêts, les contributions directes et taxes assimilées qui frappent les biens des départements et des communes, les contributions de l'Algérie, la valeur d'achat des tabacs vendus, les recettes des postes et télégraphes jusqu'à concurrence des dépenses, etc. Soit au total près de 400 millions.

Voici d'ailleurs, d'après le dernier compte arrêté (celui de l'exercice 1891), quelles sont les sources de revenus qui alimentent nos budgets :

§ 1er IMPÔTS DIRECTS

	FR.	C.
Contributions directes	435,662,669	35
Taxes spéciales assimilées aux contributions directes	30,283,628	04
Contributions et taxes spéciales en Algérie	8,466,592	70
Total des impôts directs	**474,412,890**	**09**

§ 2. — IMPÔTS ET REVENUS INDIRECTS

FRANCE

Enregistrement	541,284,553	11
Timbre	166,609,285	67
Taxe de 4 p. 100 sur le revenu des valeurs mobilières	70,392,975	65
Douanes	395,697,411	17
Contributions indirectes	633,349,176	13
Sucres	196,335,969	61
	2,003,669,371	34

ALGÉRIE

Enregistrement	3,852,876	87
Timbre	4,307,094	95
Taxe de 4 p. 100 sur le revenu des valeurs mobilières	257,667	98
Douanes	11,143,262	65
Contributions diverses	1,642,189	88
	21,203,092	33
Total des impôts et revenus indirects.	2,024,872,463	67

§ 3. — PRODUITS DE MONOPOLES ET EXPLOITATIONS INDUSTRIELLES DE L'ÉTAT

FRANCE

Produits des monopoles (tabacs, allumettes, poudres à feu)	406,613,782	28
Postes	161,930,129	69
Télégraphes	35,887,475	89
Produits de diverses exploitations	10,156,293	46
	614,607,681	32

ALGÉRIE

Produits de monopoles	1,452,981	02
Postes	2,701,849	15
Télégraphes	1,320,221	21
	5,475,051	38

COLONIES

Produits de diverses exploitations.	212,992	35
Total des produits de monopoles et exploitations industrielles de l'État.	619,995,725	05

§ 4. — PRODUITS ET REVENUS DU DOMAINE DE L'ÉTAT

Produits du domaine autre que le domaine forestier.	France..	16,906,017	07
	Algérie.	2,227,514	09
Produits des forêts	France..	27,747,572	46
	Algérie.	676,581	81
Total des produits et revenus du domaine de l'État.		47,557,685	43

§ 5. — PRODUITS DIVERS DU BUDGET

Produits divers	23,040,786	27

§ 6. — RESSOURCES EXCEPTIONNELLES

	FR.	C.
Diverses ressources exceptionnelles.	60,542,685	61

§ 7. — RECETTES D'ORDRE

Recettes d'ordre	113,592,441	55
Total des recettes recouvrées en 1891.	3,364,014,677	67

Remarquons en passant que le tabac coûte en France 75 millions à l'Etat, qui le vend, et lui rapporte 380 millions. Les 305 millions de bénéfice net font le dixième d'un de nos budgets ordinaires et paient nos chemins, nos routes et nos écoles.

La comparaison de nos budgets entre eux présente de sérieuses difficultés. Mais ces difficultés sont encore singulièrement augmentées lorsqu'on tente de comparer nos budgets avec le budget des nations étrangères. Ces budgets sont, en effet, établis de façons très différentes : les crédits qui y sont inscrits sont destinés à subvenir à des besoins qui sont très différents suivant les pays. De plus, suivant qu'il s'agit de pays centralisés ou de pays à constitution fédérale, les budgets généraux contiennent ou ne contiennent pas une foule de services qui sont entretenus chez nous sur les fonds du budget national. Enfin, pour établir une comparaison vraiment utile, il serait essentiel de savoir à quelles dépenses s'appliquent les recettes et de savoir ce que l'Etat donne, dans chaque pays, en échange des impôts qu'il lève. C'est donc sous toutes ces réserves que nous insérons le tableau comparatif ci-après qui comprend les budgets de la plupart des Etats européens. En regard des dépenses prévues pour 1885 nous plaçons le montant des dettes consolidées et autres qui grèvent l'actif de ces Etats, ainsi que le montant des dépenses militaires et des dépenses faites pour le service de la dette. Voy. tableau C, p. 838.

Ce tableau des budgets européens se complète naturellement par le tableau des charges qui pèsent sur les contribuables des principaux pays d'Europe. Ce tableau a été dressé par M. de Kaufmann dans son livre : *les Finances de la France*, en prenant pour base les budgets de 1881. Nous ne le donnons également qu'à titre d'indication sans dissimuler — pas plus d'ailleurs que ne l'a fait M. de Kaufmann — l'incertitude des résultats obtenus. Voy. tableau D, p. 838.

Comme l'État, les départements et les communes ont leurs budgets qui sont soumis à des règles particulières.

Le *budget communal* se divise en budget ordinaire et en budget extraordinaire. Les dépenses du b. ordinaire comprennent les dépenses annuelles et permanentes d'utilité communale. Les dépenses du b. extraordinaire comprennent les dépenses accidentelles ou temporaires qui sont imputées sur les recettes extraordinaires ou sur l'excédent des recettes ordinaires. — A un autre point de vue le b. communal comprend des dépenses obligatoires et des dépenses facultatives.

Le b. communal est préparé par le maire et voté par le conseil municipal, puis soumis à la sanction de l'autorité supérieure. Celle-ci a le droit de modifier le b. soit pour réduire des prévisions de recette visiblement exagérées, soit pour inscrire les crédits pour dépenses obligatoires qui auraient été omis ou insuffisamment dotés.

Les conseils municipaux peuvent voter un certain nombre de centimes extraordinaires sans avoir besoin de recourir à l'autorisation de l'administration supérieure ; les emprunts et l'imposition de centimes extraordinaires dépassant le maximum fixé par la loi doivent être approuvés soit par le préfet, soit par décret, soit même dans certains cas par une loi.

Nous donnons aussi la comparaison des principaux éléments du b. des communes de 1877 avec ceux de 1862 et de 1836. Voy. tableau E, p. 839. — Les éléments se rapportant à la ville de Paris ne sont pas compris dans cette statistique. Le b. de la ville de Paris tel qu'il a été fixé pour l'année 1893, est donné p. 837.

On remarquera, en jetant les yeux sur la statistique des budgets communaux (tableau E, p. 839), l'énorme accroissement du produit des centimes, qui a quadruplé en 40 ans pour les centimes ordinaires, et a septuplé pour les centimes extraordinaires.

Les emprunts présentent une augmentation considérable ; mais il ne faut pas perdre de vue que le chiffre de 1877 comprend non seulement des emprunts nouveaux, mais des conversions d'anciens emprunts.

On voit que le b. annuel de la ville de Paris, de 331 millions, est supérieur à celui de la Belgique, de la Hollande, du Portugal, de la Suède, et de beaucoup d'autres nations.

BUDGET DE LA VILLE DE PARIS

RECETTES		
RECETTES ORDINAIRES	FR.	C.
Centimes communaux. — Impositions spéciales. — Taxe sur les chiens.	32,425,100	»
Part revenant à la Ville dans le produit de diverses amendes et des permis de chasse. — Intérêts de fonds placés au Trésor. — Recouvrement sur les porteurs d'obligations municipales des droits avancés pour leur compte	6,097,000	»
Octroi	149,764,447	85
Droits d'expédition d'actes et prix de vente d'objets mobiliers.	250,000	»
Halles et marchés.	8,088,516	01
Poids public	334,300	»
Abattoirs.	3,410,000	»
Entrepôts.	3,090,930	»
Produits des propriétés communales. . . .	1,993,277	20
Taxes funéraires.	910,010	»
Concessions de terrains dans les cimetières.	2,338,265	»
Legs et donations pour des œuvres de bienfaisance	31,428	»
Locations sur la voie publique et dans les promenades publiques	3,408,700	»
Voitures publiques	5,916,900	»
Droits de voirie	900,000	»
Vente de matériaux provenant du service des travaux. — Cession de parcelles de terrain retranchées de la voie publique .	415,500	»
Contributions dans diverses dépenses de voirie, d'architecture, de pavage, de nettoiement, d'éclairage, etc.	4,255,746	20
Contributions de l'État et du département de la Seine dans les frais d'entretien et de nettoiement du pavé de Paris	3,900,000	»
Taxe du balayage	3,020,000	»
Redevances diverses payées par la Compagnie parisienne d'éclairage et de chauffage par le gaz.	18,100,000	»
Abonnements aux eaux de la Ville. — Produits des canaux et de divers immeubles dépendant des établissements hydrauliques.	14,377,650	»
Exploitation des voiries. — Vidanges. — Égouts.	3,013,600	»
Recettes et rétributions perçues dans divers établissements d'instruction publique. — Legs et donations.	4,772,513	»
Contribution de l'État dans les dépenses de la police municipale.	10,489,950	»
Recettes diverses et imprévues	2,247,185	»
Total des recettes ordinaires. . .	**283,253,008**	**26**

RECETTES EXTRAORDINAIRES		
Contributions dans les frais de reconstitution des actes de l'état civil.	46,500	»
Produit de placements temporaires de fonds provenant de ressources extraordinaires .	300,000	»
Produit des ventes d'immeubles du domaine de la Ville.	326,000	»
Produit de la vente d'immeubles et de matériaux de démolition provenant d'opérations de voirie non créditées sur fonds d'emprunt	400,000	»
Recettes diverses extraordinaires.	190,000	»
Produit de l'emprunt autorisé par la loi du 13 juillet 1886.	17,000,000	»
Produit de la vente d'immeubles et de matériaux de démolition provenant d'opérations de voirie créditées sur les fonds de l'emprunt de 1886	100,000	»
Produit de l'emprunt autorisé par la loi du 22 juillet 1892.	30,000,000	»
Total général des recettes extraordinaires.	**48,362,500**	**»**
Report des recettes ordinaires.	283,253,008	26
Total des recettes.	**331,615,508**	**26**

DÉPENSES		
DÉPENSES ORDINAIRES	FR.	C.
Dette municipale.	110,488,572	40
Charges de la Ville envers l'État. — Frais de perception par les agents du Trésor. — Restitution de sommes indûment perçues	6,226,700	»
Octroi	8,793,499	80
Administration centrale de la Préfecture. — Caisse municipale. — Mairies d'arrondissement.	9,283,626	»
Pensions et secours.	1,305,041	65
Dépenses des mairies d'arrondissement. . .	874,450	»
Frais de régie et d'exploitation du domaine de la Ville, des halles, marchés, etc. . . .	1,486,018	20
Inhumations.	1,250,088	»
Affaires militaires. — Sapeurs-pompiers. — Postes de sûreté. — Corps de garde et casernes.	921,670	»
Garde républicaine.	2,658,800	»
Travaux de Paris (personnel et matériel de la direction).	4,772,565	»
Architecture et beaux-arts	4,202,070	»
Voirie	1,237,765	»
Voie publique	20,238,015	»
Promenades et plantations. — Éclairage. — Voitures, etc.	11,703,875	»
Eaux et égouts. — Vidanges et exploitation des voiries.	8,029,410	»
Collège Rollin. — Bourses dans les lycées et dans divers établissements spéciaux. — Subventions à des établissements d'enseignement supérieur.	1,553,706	»
Instruction primaire et écoles supérieures.	24,838,075	50
Assistance publique. — Aliénés. — Enfants assistés. — Établissements de bienfaisance.	24,964,780	50
Dépenses diverses.	3,587,984	15
Préfecture de police.	29,278,064	40
Dépenses des services des sapeurs-pompiers.	2,609,314	56
Laboratoire municipal de chimie	283,250	»
Commission d'examen pour la constatation, par la Préfecture de police, de la capacité professionnelle des cochers.	27,500	»
Fonds de réserve.	2,618,167	10
Total des dépenses ordinaires. . . .	**283,253,008**	**26**

DÉPENSES EXTRAORDINAIRES		
Reconstitution des actes de l'état civil. . . .	85,500	»
Acquisitions immobilières à terme	589,600	»
Dépenses diverses.	587,400	»
Emploi du produit de l'emprunt autorisé par la loi du 13 juillet 1886.	17,000,000	»
Emploi du produit de la vente d'immeubles et de matériaux de démolition provenant d'opérations de voirie créditées sur les fonds de l'emprunt de 1886.	100,000	»
Emploi du produit de l'emprunt autorisé par la loi du 22 juillet 1892.	30,000,000	»
Total général des dépenses extraordinaires.	**48,362,500**	**»**
Report des dépenses ordinaires.	283,253,008	26
Total des dépenses.	**331,615,508**	**26**

Budget départemental. — Le b. départemental comprend trois documents qui s'engendrent l'un l'autre : le b. primitif, le b. de report et le b. rectificatif, divisés en b. ordinaire et en b. extraordinaire et comprenant recettes et dépenses.

Le b. départemental est préparé par le préfet et voté par le conseil général ; il est arrêté par décret. Il contient en recettes des centimes ordinaires et extraordinaires et des produits éventuels ; en dépense, des dépenses obligatoires énumérées par la loi, et des dépenses facultatives. Aucune autre dépense que les dépenses obligatoires ne peut être inscrite d'office dans le budget ordinaire et les allocations qui y sont portées ne peuvent être ni changées ni modifiées par le décret qui règle le b.

L'exécution du b. départemental donne lieu à *report*. Les fonds qui n'ont pas pu recevoir leur emploi dans le cours de l'exercice sont reportés, après la clôture, sur l'exercice en cours d'exécution avec l'affectation qu'ils avaient au budget voté par le

C

COMPARAISON DES BUDGETS EUROPÉENS

	PRÉVISIONS TOTALES des DÉPENSES.	CAPITALISATION des dettes consolidées des dettes amortissables du papier-monnaie sans défalcation de l'actif.	DÉPENSES du service des dettes et de l'amortissement.	DÉPENSES MILITAIRES
Allemagne (budget fédéral)	776,496,064	493,455,750 [4]	21,312,500	477,191,384 [12]
Alsace-Lorraine.	48,198,549	31,753,349	1,632,000	» »
Bade.	146,219,225	478,744,711	23,937,235	» »
Bavière.	177,373,779	1,678,374,552	62,358,945	» »
Hambourg	47,030,000	190,708,100	8,262,500	» »
Mecklembourg-Schwerin.	20,000,000 [1]	28,620,750	1,431,038	» »
Prusse.	1,573,660,495	4,877,400,506	226,988,241	» »
Saxe-Royale	108,974,659	816,759,000	38,627,891	» »
Wurtemberg	68,844,212	536,102,136	24,498,581	» »
Autriche-Hongrie (budget commun). . . .	313,896,275	» » [5]	» »	300,196,810
Autriche.	1,233,956,775	8,222,125,320	301,271,705 [8]	24,197,795 [13]
Hongrie.	844,780,660	3,183,388,052	168,150,887	18,606,545
Belgique	319,403,295	2,119,131,953	86,378,559	49,065,000
Bulgarie	35,780,324	40,000,000	2,105,004	11,675,161
Danemark	77,177,902	276,718,778	13,524,916	20,863,915
Espagne	897,146,890 [2]	6,356,253,000	264,848,435 [9]	195,174,175
France	3,217,103,595 [2]	27,141,161,432 [6]	1,111,101,291	906,896,639
Grande-Bretagne	2,364,551,173	48,339,013,188	594,848,000	722,968,150
Grèce.	85,252,875	361,077,602	28,377,775	22,236,575
Hollande	283,963,168	2,231,340,092	72,062,701	67,063,967
Italie	1,707,312,769	10,084,938,677	543,758,314	328,263,420
Portugal	217,205,222	3,334,027,878	82,177,179 [10]	38,366,616
Roumanie	130,038,720	729,870,188	52,129,173	24,447,280
Russie	3,465,179,988	13,822,576,152	1,101,930,964	944,174,936
Serbie	44,236,562	225,000,000 [7]	11,583,824	20,000,000 [14]
Suède.	114,472,755	319,986,054	15,255,200	39,065,950
Norvège	58,542,352	148,495,924	8,694,807	11,337,711
Suisse	45,740,000	35,510,342	1,869,160	13,259,918
Turquie	425,500,000 [3]	2,328,702,132	55,435,645 [11]	200,000,000

1. Par estimation. — 2. Non compris le budget sur ressources spéciales. — 3. D'après le seul budget qui ait été publié (1880). — 4. Une forte partie de la dette de l'Allemagne est une dette pour les chemins de fer, compensée par la valeur de ces chemins. — 5. L'Autriche-Hongrie, en qualité de monarchie commune, n'a pas de dette consolidée. — 6. Somme formée de la capitalisation au pair de nos rentes. — 7. Par estimation et probablement au-dessous de la réalité. — 8. Si toute la dette de l'Autriche portait intérêt, les frais seraient au moins de 100,000 de plus. — 9. L'Espagne a une partie remboursable sans intérêts, l'autre porte intérêt à un taux très faible. — 10. De même pour le Portugal. — 11. Y compris les frais de recouvrement des revenus affectés au payement de la dette. — 12. Presque tous les États ont de moins frais pour les services militaires, dont la dépense générale est faite par l'Empire. — 13. Les dépenses militaires sont à la charge du budget commun, mais l'Autriche et la Hongrie ont néanmoins à supporter quelques dépenses militaires. — 14. Approximatif.

D

COMPARAISON DES CHIFFRES BUDGÉTAIRES PAR HABITANT DANS LES PAYS EUROPÉENS

	MOYENNE du revenu public par habitant.		MOYENNE par habitant de la recette venant d'impôts.		PROPORTION de la recette d'impôts sur le revenu total.		PROPORTION de l'impôt direct sur la recette d'impôt.		PROPORTION de l'impôt indirect.	
	Nos d'ordre.	Sommes.	Nos d'ordre.	Sommes.	Nos d'ordre.	P. 100	Nos d'ordre.	P. 100	Nos d'ordre.	P. 100
France.	1	77,50	1	66,25	4	85	15	16	2	84
Prusse.	6	52,50	10	22,50	16	37	3	36	13	64
Saxe-Royale	13	27,50	12	20	14	42	2	44	15	56
Autriche	8	45	6	42,50	1	94	11	24	5	76
Hongrie	9	41,25	8	27,50	10	67	1	48	16	52
Grande-Bretagne . . .	4	58,75	2	50	2	89	14	18	3	82
Pays-Bas.	5	56,25	3	47,50	5	82	8	26	7	74
Belgique	2	77,50	7	41,25	13	53	7	30	10	70
Suisse	15	20	13	16,25	6	81	4	36	14	64
Espagne	7	51,25	4	45	3	88	5	35	11	65
Portugal	10	40,75	11	22,50	12	58	10	27	9	73
Italie.	3	62,50	5	45	8	72	6	35	12	65
Russie	16	20	14	15	7	75	9	26	8	74
Suède	14	22,50	15	13,75	11	61	13	22	4	78
Norvège	12	31,25	16	12,50	15	40	16	»	1	100
Danemark	11	35	9	25	9	71	12	24	6	76

COMPARAISON DES BUDGETS COMMUNAUX

Recettes.			
	1836	**1862**	**1877**
1° Recettes ordinaires.			
Produit des 5 centimes ordinaires sur les contributions foncière ou mobilière.	8,932,300	9,659,330	10,090,328
Produit des centimes pour insuffisance du revenu.	9,128,930	19,432,825	35,376,066
Produit des centimes pour l'instruction primaire.	» »	7,043,377	13,081,999
Produit des centimes pour chemins vicinaux	» »	12,602,439	15,688,747
Attribution de 8 centimes sur les patentes	1,711,935	3,477,536	4,750,887
Attribution sur les chevaux et voitures	» »	» »	524,923
Taxe des chiens	» »	4,975,804	6,265,464
Prestations sur les chemins vicinaux	» »	38,922,659	54,870,196
Rétribution scolaire	» »	16,793,580	18,482,830
Octrois	39,853,055	72,656,153	110,436,777
Produit des biens communaux, rentes-fonds placés au Trésor.	24,178,784	56,781,523	51,702,694
Droits de marchés, abattoirs, etc.	11,925,641	15,550,219	23,668,459
Recettes et taxes diverses	5,118,345	25,171,677	25,773,376
Subventions pour divers services	» »	4,832,313	33,093,399
Total des recettes ordinaires	100,848,990	291,899,435	403,806,145
2° Recettes extraordinaires.			
Produit des centimes additionnels aux quatre contributions.	4,690,558	19,486,136	38,301,909
Taxes additionnelles d'octroi	» »	6,012,650	14,135,492
Produit de coupes extraordinaires de bois	7,368,436	13,503,498	11,284,689
Ventes d'immeubles et de rentes	2,168,776	20,670,574	13,398,448
Emprunts.	2,524,393	55,462,044	173,417,302
Dons et legs	91,298	3,771,016	3,250,019
Recettes diverses.	7,617,612	30,611,647	34,586,487
Total des recettes extraordinaires	24,461,073	149,517,559	288,374,346

Dépenses.			
	1836	**1862**	**1877**
1° Dépenses ordinaires.			
Frais d'administration (personnel et matériel)	17,415,065	29,134,658	39,570,820
Frais de perception des octrois	5,288,971	10,055,596	14,328,785
Police, gardes champêtres et forestiers	1,675,671	17,896,848	20,283,873
Garde nationale, service des incendies	2,237,069	3,164,875	3,459,815
Contributions, frais de casernement, dépenses diverses	17,595,667	33,807,951	36,345,108
Bâtiments et voirie.	10,971,679	24,588,784	41,390,593
Cultes	4,605,869	7,966,773	6,841,897
Instruction publique.	15,115,424	47,899,795	86,601,871
Voirie vicinale	» »	66,693,691	86,248,406
Assistance publique	8,925,711	15,745,877	19,199,056
Total des dépenses ordinaires	83,831,126	256,954,848	354,270,224
2° Dépenses extraordinaires,			
Travaux publics, pour le culte	3,861,708	24,353,632	15,088,168
— pour l'instruction publique.	3,233,579	17,217,250	22,402,355
— pour les chemins vicinaux	» »	10,284,879	18,280,680
— pour divers services	18,051,393	77,266,734	42,964,528
Dépenses diverses	2,631,532	31,523,398	38,916,631
Achats de rentes.	300,392	4,688,472	3,120,311
Total.	28,078,604	165,334,365	140,772,673
Amortissement d'emprunts	5,877,101	27,949,055	181,738,104
Total général	33,955,705	193,283,420	322,510,777

conseil général. Quant aux fonds libres, ils sont cumulés suivant la nature de leur origine avec les ressources de l'exercice en cours d'exécution pour recevoir l'affectation nouvelle qui leur est donnée par le conseil général, dans le budget *rectificatif*.

Les dépenses tant ordinaires qu'extraordinaires des départements se sont élevées en 1851 à 97,650,330, en 1869 à 192,429,637, en 1881 à 313,958,590 fr.

D'après la dernière situation financière des départements publiée par le ministère de l'intérieur, voici quelles ont été, en 1891, les recettes et les dépenses des départements français (Algérie non comprise) :

RECETTES

	FR.
Revenus des propriétés départementales. . .	1,471,450
Subventions et contingents pour les dépenses ordinaires autres que celles de la vicinalité :	
État	9,967,467
Communes.	10,594,393
Particuliers	3,022,870
Ressources éventuelles du service vicinal :	
Subventions de l'État, contingents des communes et des particuliers, produits divers	30,413,710
Dons et legs	263,511
Produits éventuels divers.	5,384,103
Centimes ordinaires :	
Applicables aux dépenses autres que celles de la vicinalité	66,020,847
Applicables aux dépenses des chemins vicinaux	26,299,403
Applicables aux dépenses du cadastre. .	62,751
Centimes extraordinaires :	
Perçus en vertu de la loi de finances. .	36,692,774
Perçus en vertu de lois spéciales	36,288,421
Centimes imposés d'office.	
Produit de l'aliénation des propriétés départementales	588,316
Réalisations sur emprunts	30,776,689
Totaux.	**257,846,705**

DÉPENSES

Personnel des préfectures et sous-préfectures.	
— Supplément au fonds d'abonnement. — Subventions aux caisses de retraites, secours	4,010,976
Propriétés départementales immobilières :	
Entretien et grosses réparations.	5,145,074
Acquisitions, constructions et installations	5,621,953
Bâtiments pris à loyer :	
Loyers	4,363,219
Réparations locatives	40,995
Mobilier départemental :	
Entretien	652,358
Acquisitions	338,224
Voirie : Routes départementales :	
Entretien, travaux d'amélioration, personnel et frais généraux.	16,643,242
Construction et prolongements. — Rachat de ponts à péage	1,193,556
Chemins vicinaux	94,448,471
Chemins de fer d'intérêt local	9,411,487
Instruction publique	4,458,292
Cultes	85,573
Assistance publique :	
Aliénés	23,247,539
Enfants assistés, maltraités ou moralement abandonnés	21,803,382
Enfants du premier âge.	1,734,110
Dépenses diverses d'assistance (malades et voyageurs indigents, vaccine, médecine gratuite, sourds-muets, aveugles, sociétés de secours mutuels, etc.). .	8,748,631
Encouragements :	
Aux sciences, aux lettres et aux arts. .	1,321,430
A l'agriculture et à l'industrie	4,118,749
Cadastre	218,437
Service des emprunts départementaux. . .	41,732,062
Subventions à l'État pour des entreprises d'intérêt général (ports maritimes, canaux de navigation, routes nationales, chemins de fer, etc.).	4,834,529
Dépenses diverses.	6,390,999
Total général. . . .	**257,563,294**

BUDGÉTAIRE. adj. (R. *budget*). Qui a rapport au budget. *Effectif b.*

BUDGÉTAIREMENT. adv. Au point de vue du budget.

BUE. s. f. Petite cuve à large ventre.

BUÉE. s. f. (la racine de ce mot se retrouve dans toutes les langues romanes; lat. *buere*, simple inusité de *imbuere*, imbiber; gr. βύω, j'emplis. Il est probable que le mot ne vient ni du latin ni du grec, mais d'un radical plus ancien). Lessive. *Faire la b.* Vx. || Vapeur qui se dégage pendant la cuisson. Par ext., Vapeur.

BUENOS-AYRES, v. de l'Amérique du Sud fondée en 1535 par Mendoza, détachée en 1810 de la domination espagnole, cap. de la République Argentine. Port magnifique à l'embouchure de la Plata. Sa population, qui n'était que de 77,800 hab. en 1869, a maintenant (1893) dépassé 400,000, accroissement dû presque uniquement à l'émigration européenne.

BUEN-RETIRO. s. m. [Pr. *bou-eun-ré-ti-ro*] (mot espagnol qui signifie *bonne retraite*). Appartement réservé, petite pièce retirée.

BUER. v. n. (R. *buée*). Dégager de l'humidité, en parlant du pain qui cuit.

BUFFALO, v. de l'État de New-York (États-Unis d'Amérique), sur le lac Érié, près du Niagara; 250,000 hab. Grand commerce de grains, laines, fourrures, porc salé, etc.

BUFFET. s. m. [Pr. *bu-fè*] (ital. *buffetto*?). Espèce d'armoire où l'on enferme la vaisselle et le linge de table. || Table sur laquelle on met une partie de la vaisselle qui doit servir à un repas, avec le pain, le vin, des verres, etc. *Dresser le b. Oter le b.* || Dans les bals, dans les soirées et dans quelques autres assemblées, Table sur laquelle on a mis des mets, des vins et des liqueurs, et dont s'approchent ceux qui veulent boire ou manger. — *Vins du buffet*, Vins de choix, plus fins que ceux qu'on sert ordinairement sur la table. || Par ext., Assortiment de vaisselle. *Un b. de vaisselle plate*. || *B. d'orgues*, Boiserie dans laquelle est enfermé un orgue. Voy. ORGUE.

Buffet de chemin de fer. — Les compagnies de chemin de fer sont tenues, en vertu de leur cahier des charges, d'ouvrir dans les principales gares des salles ayant accès sur la voie, et où l'on vend des aliments et des boissons : ce sont les *buffets*. Les préposés aux *buffets* ne sont dans quelques autres l'agrément de la compagnie, à laquelle ils paient une redevance. Les prix des consommations doivent être affichés dans la salle et inscrits sur la carte des menus, et ne doivent pas dépasser un maximum fixé de concert avec l'administration de la compagnie. Enfin, le buffetier est tenu d'ouvrir, dans un local spécial, une *buvette*, où les aliments et les boissons sont vendus à un prix inférieur.

BUFFETAGE. s. m.]Pr. *bu-fe-tage*] (R. *buffet*). T. Féod. Droit sur la vente des vins dans les tavernes.

BUFFETER. v. n. [Pr. *bu-fe-ter*] ; T. Fauc. Boire à même un tonneau. || T. Fauc. Le faucon buffette, quand il donne contre un leurre ou contre un autre oiseau.

BUFFETIER. s. m. [Pr. *bu-fe-tié*], Celui qui tient un buffet dans une gare de chemin de fer.

BUFFETEUR. s. m. [Pr. *bu-fe-teur*] (R. *buffeter*). Voiturier infidèle qui entame les tonneaux livrés à sa conduite.

BUFFLE. s. m. [Pr. *bufle*] (esp. *bufalo*; lat. *bubalus*; gr. βούβαλος, m. s.). Sorte de bœuf, plus gros et d'un naturel moins traitable que le bœuf ordinaire. *On mène les buffles par le moyen d'anneaux qu'on leur passe dans les naseaux*. — Prov., *Se laisser mener par le nez comme un b.*, Se laisser conduire par faiblesse, se laisser tromper par trop de simplicité. — Fig. et fam., *C'est un vrai b.*, se dit d'un homme qui n'a point d'esprit. || Par ext., se dit de la peau du buffle, et même de certains autres animaux, lorsqu'elle est préparée de la même manière. *Baudrier, ceinturon de b.* — Espèce de justaucorps fait de peau de b., que les gens de guerre portaient autrefois en guise de cuirasse. *Son b. fut percé du coup. Son b. lui sauva la vie.*

Zool. — Le *Buffle* (*Bos bubalus*) est un mammifère ruminant appartenant au genre *Bœuf*, dont il forme une division bien tranchée. Il a pour caractères : une tête large armée de cornes arquées, plates, dont les entailles saillantes entourent toute la circonférence, et dont il se sert comme d'armes offensives très redoutables, une langue douce, une barbe épaisse, et un poil rude et long sur plusieurs parties du corps, spécialement aux genoux. On pourrait aussi ranger au nombre de ces caractères propres sa passion pour le bain et sa coutume constante de ne paître que le soir ou la nuit, et de passer toute la journée à dormir dans l'eau au-dessus de laquelle il laisse flotter seulement sa tête massive. — Le b. appartient exclusivement aux régions tropicales, où il habite particulièrement les rives des fleuves et les marécages. Sa nature farouche et sa force bien supérieure à celle du taureau expliquent comment, bien qu'il offre les mêmes avantages et qu'il puisse rendre à peu près les mêmes services, le b. a été soumis bien plus tard que le bœuf à la domesticité. Tandis qu'il est impossible d'assigner une date à la domestication du bœuf, on sait au contraire que le b. n'a été dompté et utilisé comme animal domestique qu'à une époque comparativement très récente. La Chine, par exemple, est aujourd'hui l'un des pays où l'on tire le meilleur parti de cet animal ; cependant les livres anciens des Chinois, qui parlent en détail des autres bestiaux, n'en font aucune mention, preuve évidente que le b. n'a été introduit que fort tard au service de l'agriculture chinoise. Aristote parle du b., mais comme d'un animal sauvage, trouvé par l'expédition d'Alexandre dans l'Arachosie, province qui correspond à une partie du Béloutchistan actuel. Nous avons rappelé ces faits parce que la domestication récente du b. explique comment ce animal n'a pas produit, ainsi que le bœuf, une multitude de variétés ou de races particulières. — Jusqu'à ce jour on ne connaît dans le genre b. que cinq espèces bien distinctes : le *B. commun*, l'*Arni à cornes en croissant*, l'*Arni géant*, le *B. du Cap*, et le *B. Brachycère*.

I. **Le *B. commun*** (*Bos bubalus*) est originaire de l'Inde, d'où il a été amené en Égypte, en Grèce et en Italie dans le VIe siècle. D'après Paul le Diacre, ce fut en 596, sous Agilulf, roi des Lombards, que les premiers buffles parurent en Italie. — Cet animal a la tête grande, le front bombé, plus long que large, le mufle très large, les cornes dirigées de côté et marquées en avant d'une crête longitudinale saillante. Elles sont noires, et les sabots, les poils et la peau présentent la même couleur. Les poils sont roides, rares sur le corps et assez épais sur le front, où ils forment une sorte de touffe : les genoux sont d'ordinaire assez velus et le bas des jambes même est quelquefois garni de poils longs frisés. A la partie

inférieure du cou et antérieure de la poitrine, la peau forme un fanon de grandeur variable. Sa taille est plus grande que celle du bœuf ordinaire ; son corps est massif et ses membres sont gros et courts. Son port est lourd et ses allures gauches : en courant, il allonge le cou et tend le museau comme pour flairer. Sa voix est un mugissement plus grave et plus pénétrant que celui du taureau. La queue du b. domestique est plus longue que celle de l'animal sauvage. La femelle du b., appelée *Bufflone* ou *Bufflonne*, a quatre mamelles disposées en trapèze, dont le côté postérieur est moins long que l'antérieur. Elle est apte à reproduire à l'âge de 4 ans 1/2, et cesse de l'être à 12. Elle peut faire un buffletin deux années de suite, mais elle reste stérile la troisième ; la durée de sa gestation est d'un mois plus longue que celle de la vache. — A l'état sauvage, le b. est un animal plutôt brutal et farouche que méchant et féroce. Il n'a rien de la timidité naturelle à beaucoup d'herbivores. S'il est attaqué par un

DICTIONNAIRE ENCYCLOPÉDIQUE.

grand carnassier, il se précipite sur son ennemi, et au moment de l'atteindre il se laisse tomber sur les genoux ; le plus souvent la bête féroce, lancée de manière à ne pouvoir se retenir, s'enfonce elle-même les cornes du b. dans la poitrine. — A défaut d'eau, il se vautre volontiers dans la fange des marécages, dont les herbes grossières semblent être particulièrement de son goût. En domesticité, il s'attache à son maître quand il en est bien traité. Il se montre alors assez docile, quoiqu'il soit irritable et sujet à des accès de colère que sa force rend toujours dangereux. Cet animal laboure aussi bien et plus longtemps que le bœuf ; au labourage, on le conduit à l'aide d'un anneau passé dans les naseaux. Il traîne aussi de lourdes charges, à la condition qu'on ne soit pas pressé, car il ne se hâte jamais. Enfin, on peut encore l'employer comme bête de somme ; mais alors il ne faut confier à ses robustes épaules que des marchandises assez bien emballées pour ne pas craindre le contact de l'eau ; car, si bien dressé qu'il soit, lorsqu'il passe à portée d'une rivière, le b. n'écoute pas la voix de son conducteur : il court se plonger dans l'eau. Quand un troupeau de buffles traverse une rivière, ils ont l'habitude de se tenir tellement serrés les uns contre les autres que leur conducteur, s'il est à l'arrière du troupeau et veut passer en tête, peut aisément enjamber d'un dos à l'autre. — La chair du b. est bonne quand l'animal est abattu jeune. La bufflonne fournit un lait nourrissant, mais peu agréable à cause de son goût, qui rappelle un peu celui du suif. Le cuir du b. est épais, spongieux, et résiste mieux que celui du bœuf aux armes tranchantes : aussi a-t-on surtout employé pour faire des justaucorps, des ceinturons et autres objets désignés sous le nom de *Buffleteries*. Ses cornes, ses sabots, son poil, sont utilisés comme ceux du bœuf.

II. **L'*Arni à cornes en croissant*** (*Bos arni*) habite à l'état sauvage les bords des grands fleuves de l'Hindoustan. La disposition de ses cornes lui donne des moyens de défense plus puissants que ceux du b. commun. Il a été réduit en domesticité dans l'Inde, et cette race domestique se trouve aujourd'hui répandue dans l'Inde transgangétique, la presqu'île de Malacca, le Tonkin, la Chine et l'archipel Indien. Dans quelques endroits la couleur du pelage a changé ; dans d'autres il s'est produit une variété complètement blanche, à l'exception du mufle et du contour des lèvres, où la couleur noire primitive de l'animal s'est conservée. L'arni domestique rend les mêmes services que le b. commun.

III. **L'*Arni géant*** se distingue du précédent par sa haute taille et par les énormes dimensions de ses cornes, qui ont jusqu'à 1m90 de longueur en suivant leur courbure, et dont l'envergure atteint 3m25 : elles ont, à leur base, 45 centim. de circonférence. Il a aussi les jambes plus longues et un port tout différent, car il ne tend pas le cou et ne porte pas le mufle en avant. En outre, il est très velu, tandis que l'autre espèce d'arni n'a le poil rare sur le corps. L'arni géant habite le haut Hindoustan, où il paraît même être devenu très rare.

IV. **Le *B. du Cap*** (*Bos Caffer*) est essentiellement caractérisé par la disposition de ses cornes, qui sont très grandes et tellement larges à leur base qu'elles couvrent presque tout le front, ne laissant entre elles qu'un étroit sillon. Elles se portent d'abord de côté et en bas, puis en avant et en dehors, et enfin directement en haut. Les orbites sont très saillantes et les yeux très enfoncés. Le poil de cette espèce varie de couleur selon l'âge de l'animal : dans l'âge adulte, il est brun noirâtre, roide et long de 25 millim. La hauteur de ce b. au garrot est en moyenne de 1m80 centim, et sa longueur, prise de l'extrémité du museau à la naissance de la queue, de 2m60 cent. Cette espèce de b. abonda jadis dans toutes les vallées des fleuves de l'Afrique australe. Actuellement, elle a abandonné les territoires occupés par les colons, et s'est réfugiée dans les lieux boisés et les terrains marécageux situés au nord des établissements européens. Le b. du Cap est très redouté des indigènes et même des colons, à cause de son caractère farouche et même féroce.

V. **Le *B. brachycère*** (gr. βραχυς, court ; χέρας, corne) du centre de l'Afrique avait été indiqué comme une espèce différente de celle du b. du Cap ; mais il n'avait pas été étudié en Europe, lorsque, vers 1850, la ménagerie du Jardin des plantes reçut un individu femelle de Sierra-Leone. Cette espèce de b. ne ressemble en rien aux autres races de même nom. Il offre presque la forme et les dimensions de notre vache de Bretagne. Le pelage est roux sur le dos et à la tête, brunâtre au cou et sur les flancs, un peu plus foncé sur les jambes. La tête est petite et n'a pas l'expression stupidement farouche de celle du b. Les cornes sont courtes, plates et placées très près des yeux ; elles se dirigent en dehors et en haut, puis se recourbent de manière à représenter par leur ensemble un croissant. Elles sont triangulaires à leur base et leur surface est presque lisse. La démarche du b. brachycère ressemble plus à celle du bœuf qu'à celle du b. La femelle qui a vécu à la Ménagerie était douce et familière; elle ne montrait aucun des instincts brutaux de l'espèce du Cap. Elle avait une disposition remarquable à prendre la graisse en consommant une ration modérée de fourrage. Tous ces détails semblent indiquer que cette espèce pourrait, avec avantage, être ajoutée au bétail domestique de l'Europe méridionale.

BUFFLETERIE. s. f. [Pr. *bu-fle-teri*] (R. *buffle*). Nom collectif sous lequel on désigne les diverses bandes de buffle ou de cuir fort qui font partie de l'équipement d'un soldat, et servent à porter la giberne, le sabre, etc. *Blanchir sa b.*, *ses buffleteries. B. blanche, jaune*, etc.

BUFFLETIER. s. m. Celui qui fait de la buffleterie.

BUFFLETIN. s. m. [Pr. *bu-fletin*] (Dim. de *buffle*). Jeune buffle.

BUFFLONNE. s. f. [Pr. *bu-flo-ne*]. Femelle du buffle.

BUFFO. s. m. (ital. *buffo*, plaisant). T. Mus. Chanteur qui joue un rôle plaisant dans l'opéra-comique.

BUFFON (Georges-Louis Leclerc, comte de), illustre naturaliste et écrivain franç., né à Montbard (1707-1788). Aut. d'une *Hist. naturelle* qui est à la fois un modèle de style et un monument imposant de l'état de la science à son époque. Il y aborde les sujets les plus vastes et émet d'ingénieuses théories sur la constitution intérieure du globe terrestre et l'origine de la Terre. Quoique la science moderne n'ait pas confirmé toutes les idées de Buffon, celui-ci n'en reste pas moins, par la largeur de ses idées et la profondeur de ses conceptions, l'un des précurseurs et des guides qui ont ouvert la voie si féconde où s'est engagée la physique du XIXᵉ siècle.

BUFO. s. m. T. Zool. Nom latin du genre *Crapaud*. Voy. ce mot.

BUFONIA. s. f. (lat. *bufo*, crapaud). T. Bot. Genre de plantes de la famille des *Caryophyllées*. Voy. ce mot.

BUG, fleuve de Russie, se jette dans la mer Noire, 700 kilom.

BUGADIER. s. m. (prov. *bugala*, lessive). T. Parfumerie. Vase pour fondre la graisse.

BUGADIÈRE. s. f. (R. *bugadier*). Cuve en maçonnerie pour faire le savon.

BUGALET. s. m. T. Mar. Nom d'un petit navire en usage sur les côtes de Bretagne, où il fait le cabotage.

BUGEAT, ch.-l. de c. (Corrèze), arr. d'Ussel, 1,100 hab.

BUGEAUD, duc d'Isly, maréchal de France (1784-1849), s'illustra en Algérie.

BUGEY, anc. pays de France (dép. de l'Ain), cap. *Belley*.

BUGGE (Thomas), astronome danois (1740-1815).

BUGLE. s. f. (lat. *buculus*, cornu?). T. Bot. Genre de plantes de la famille des *Labiées*. Voy. ce mot.

BUGLE. s. m. (lat. *buculus*, bouvillon, et par ext., cornu). T. Mus. Trompette à clef. Voy. Trompette.

BUGLOSSE. s. f. (lat. *buglossa*, m. s.; gr. βοῦς, bœuf; γλῶσσα, langue). Nom vulgaire du genre *Anchusa*, famille des *Borraginées*. Voy. ce mot.

BUGRANE. s. f. (gr. βοῦς, bœuf; sanscrit *grah*, saisir, arrêter). T. Bot. Genre de plantes (*Ononis*) de la famille des *Légumineuses*. Voy. Légumineuses.

BUGUE (Le), ch.-l. de c. (Dordogne), arr. de Sarlat, sur la Vézère, 2,700 hab.

BUHLE, savant et philosophe allemand (1763-1821).

BUHOT. s. m. Pièce du métier du tisserand. || Fil propre à faire la chaîne d'une étoffe. || Plumes d'oie peintes qui servent d'enseigne aux boutiques des plumassiers.

BUHOTIER. s. m. T. Pêc. Petit filet pour les crevettes.

BUIE. s. f. (gr. βύω, j'emplis?). Vase à mettre l'eau, cruche.

BUIRE. s. f. (gr. βύω, j'emplis?). Vase à mettre des liqueurs. Vx.

BUIS. s. m. (lat. *buxus*; gr. πύξος, m. s.). T. Bot. Genre de plantes comprenant un certain nombre d'espèces de la famille des *Buxées*. Voy. ce mot. || *Buis bénit*, Branche de buis bénite par le prêtre à l'église le dimanche des Rameaux. || T. Techn. Outil du cordonnier pour lisser les talons des chaussures.

BUIS-LES-BARONNIES (Le), ch.-l. de c. (Drôme), arr. de Nyons, 2,000 hab.

BUISSAIE. s. f. (R. *buis*). Lieu planté en buis.

BUISSE. s. f. (R. *buis*). T. Cordonnier. Morceau de bois concave servant à cambrer la semelle des chaussures de femme. || Instrument du tailleur pour rabattre les coutures.

BUISSERIE. s. f. Espèce de merrain pour les ouvrages de tonnellerie.

BUISSON. s. m. (all. *busch*). Hallier, touffe d'arbustes ou d'arbrisseaux sauvages et épineux. *B. épais. Un buisson de roses. Dieu apparut à Moïse dans un b. ardent. Battre les buissons pour en faire sortir le gibier.* — Fig. et prov., *Il a battu les buissons et un autre a pris les oiseaux*, Il a pris toutes les peines et un autre en a eu tout le profit. *Se sauver à travers les buissons*, Chercher des échappatoires quand, dans une discussion, on est trop vivement pressé par son adversaire. || Bois de peu d'étendue, par oppos. à *forêt. Ce n'est pas une forêt, ce n'est qu'un b.* || T. Jardin. *Arbre en b.*, ou simplement *Buisson*, Arbre fruitier nain que l'on a taillé en dedans, en le laissant pousser au dehors de tous côtés. || T. Chasse. *Trouver b. creux*, Ne plus trouver dans l'enceinte la bête qu'on a détournée; et fig., Ne pas trouver une personne ou une chose à l'endroit où l'on espérait la trouver. || T. Bot. *B. ardent*, Nom vulgaire de la *Pyracantha* (*Cratægus pyracantha*), à cause de la couleur éclatante de ses fruits rouges. Voy. Rosacées.

BUISSONNAIE. s. f. [Pr. *bui-sso-nè*]. Lieu couvert de buissons.

BUISSONNER. v. n. [Pr. *bui-sso-ner*]. Pousser en buisson. So dit aussi des oiseaux et papillons qui se retirent dans les buissons.

BUISSONNEUX, EUSE. adj. [Pr. *bui-sso-neu*]. Couvert de buissons.

BUISSONNIER, IÈRE. adj. [Pr. *bui-sso-nié*]. Se dit des lapins qui ont leurs terriers dans les buissons, ou qui préfèrent les buissons à leurs terriers. || *Écoles buissonnières*, se disait, au XVIᵉ siècle, des écoles tenues secrètement dans la campagne, en quelque sorte derrière les buissons, par les protestants, afin d'échapper aux recherches. — Fig. et prov., *Faire l'école buissonnière*, se dit d'un écolier qui va jouer, au lieu de se rendre à l'école.

BUISSURES. s. f. pl. Ordures qui se rassemblent sur une pièce que le doreur fait cuire.

BUKAREST ou **BUKHAREST**. Voy. Bucharest.

BUKOWINE, prov. de l'empire Austro-Hongrois, sur la frontière E., ch.-l. Czernowitz, 620,000 hab.

BULBAIRE. adj. Qui concerne les bulbes.

BULBE. s. m. (gr. βολβός, oignon). T. Bot. Voy. plus

bas. || T. Anat. Se dit de certaines parties renflées ou globuleuses. Le b. de l'œil. Le b. des poils. B. rachidien, Renflement de la partie supérieure de la moelle épinière. Voy. ENCÉPHALE. || Bulbe dentaire. Voy. DENT.

Bot. — On donne le nom de Bulbe, et plus souvent dans le langage ordinaire celui d'Oignon, à un bourgeon qui est propre à certaines plantes monocotylédones vivaces, et dont l'intérieur contient à l'état rudimentaire les feuilles, la tige, et en outre un véritable b. terminal. Les bulbes présentent, en général, une forme ovoïde ou globuleuse ; parfois, cependant, ils sont plus ou moins allongés et cylindriques. Dans tous les cas, le bulbe se compose de trois parties distinctes, le plateau, les racines et le bourgeon proprement dit. — Le plateau est une véritable tige, très courte et très déprimée, qui donne naissance, par sa circonférence, aux racines adventives. Quelquefois ce plateau s'allonge de manière à représenter une tige cylindrique : c'est ce qu'on observe dans le Lis du Canada (Lilium canadense) et surtout dans l'Allium senescens. — La face supérieure du plateau porte les écailles, qui ne sont autre chose que des feuilles rudimentaires. Elles sont d'autant plus épaisses et charnues qu'elles sont plus intérieures. — On distingue généralement trois

Fig. 1.   Fig. 2.

sortes de bulbes. Lorsque les écailles sont emboîtées les unes dans les autres, et que chacune d'elles embrasse toute la circonférence du bulbe, on l'appelle Bulbe à tuniques. L'Oignon ordinaire (Allium Cepa) et la Jacinthe (Hyacinthus orientalis) [Fig. 1. B. de Jacinthe ; 2. le même coupé en long] nous offrent des exemples de cette disposition qui

 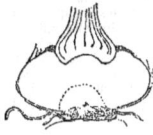

Fig. 3.   Fig. 4.

est fort commune. Dans certaines plantes à bulbes à tuniques, toutes les écailles, ou du moins la plupart, s'allongent en feuilles, comme on l'observe dans le Poireau (Allium porrum). — Le bulbe est dit écailleux, lorsque les écailles sont étroites, libres par leurs bords et imbriquées ; tel est celui du Lis blanc (Lilium candidum) [Fig. 3]. — La troisième espèce de bulbe est appelée Bulbe solide ; mais à tort, car le bulbe solide n'est autre chose qu'un rhizome renflé, un tubercule en un mot. Nous citerons comme exemples le Safran (Crocus sativus) [Fig. 4] et le Colchique (Colchicum autumnale).

Les bulbes se régénèrent chaque année au moyen de bourgeons semblables à eux, qu'on désigne sous le nom de Caïeux. Ces caïeux ou bulbes nouveaux naissent à l'aisselle de l'une des écailles en général plus ou moins près de la surface extérieure du bulbe. D'autres fois, au contraire, le jeune bulbe naît au centre même du bulbe, comme dans l'Oignon ordinaire. Cette circonstance est importante : car, dans le premier cas, la durée du bulbe est en quelque sorte indéfinie et peut se prolonger aussi longtemps que de nouveaux caïeux se formeront à l'aisselle des écailles, tandis que, dans le second, lorsque le caïeu s'est complètement développé,

le bulbe se trouve entièrement épuisé et perd la faculté de végéter. — Certains bulbes, tels que l'Ail commun et l'Échalote (Allium sativum et A. Escalonicum) ne sont que des réunions de caïeux.

BULBEUX, EUSE. adj. T. Bot. Plante bulbeuse, Qui est pourvue d'un bulbe. Racine bulbeuse, Qui naît d'un bulbe. || T. Anat. Qui a la forme d'un bulbe.

BULBIFÈRE. adj (R. bulbe ; lat. fero, porte). T. Bot. Qui porte ou produit des bulbes.

BULBIFORME. adj. 2 g. (R. bulbe et forme) T. Didact. Qui est en forme de bulbe.

BULBILLE. s. m. (Dimin. de bulbe). T. Bot. On nomme ainsi certains bourgeons, écailleux ou solides, qui épaississent leurs écailles extérieures, s'arrondissent, et qui, lorsqu'ils sont détachés de la plante mère, peuvent se développer complètement en donnant naissance à des individus nouveaux. Les bulbilles se montrent tantôt à l'aisselle des feuilles, comme dans le Lis bulbifère (Voy. la Fig.), tantôt mêlés aux fleurs ou même à leur place, comme dans l'Ornithogalum viviparum, l'Allium carinatum, etc. Les plantes qui offrent des bourgeons de ce genre sont appelées Vivipares.

BULBILLIFÈRE. adj. (R. bulbille ; lat. fero, je porte). T. Bot. Qui porte des bulbilles.

BULBIPARE. adj. 2 g. (R. bulbe, lat. pario, j'enfante). T. Bot. Qui produit des bulbes.

BULBUL. Nom persan du rossignol.

BULBULE. s. f. (R. bulbe). T. Bot. Amande de terre, racine du Souchet comestible (Cyperus esculentus). Voy. CYPÉRACÉES.

BULGARE. s. 2 g. Nom d'un peuple d'origine tartare qui envahit l'Orient de l'Europe au Ve siècle de notre ère, et se mêla plus tard à diverses tribus slaves pour former un État puissant constamment en lutte avec l'Empire de Constantinople, et finalement conquis par les Turcs au XVe siècle. Les Bulgares se sont affranchis, et forment aujourd'hui, sous le nom de Bulgarie, une principauté séparée.

BULGARIE. Partie de la péninsule des Balkans, jadis possession directe de l'empire ottoman, émancipée par la guerre turco-russe de 1877, aujourd'hui principauté hérédi-

taire et constitutionnelle sous la suzeraineté de la Porte. Le prince gouverne assisté d'une chambre des députés et d'un ministère. La population est de race slave et de religion grecque orthodoxe. Superficie : 96,000 kilom. carrés ; population : 3,200,000 hab.

La Bulgarie est limitée : au nord par le Danube ; à l'est par la mer Noire ; au sud par les Balkans ; à l'ouest, ses frontières sont conventionnelles, à part la petite rivière du Timok qui se jette dans le Danube. Elle est comprise entre la Roumanie, la Serbie et la Turquie.

Les villes principales sont : Sofia, la capitale, dans les

montagnes, près de l'Iskar; *Tirnava*, l'ancienne capitale, place forte des Balkans; *Roustchouk*, sur le Danube; *Choumla*, place forte; *Varna*, port de commerce sur la mer Noire; *Silistrie, Sistova* et *Nicopoli*.

La Bulgarie est une région essentiellement militaire, où le sang ottoman a été maintes fois répandu. — Le sol est fertile; le maïs, le sorgho, le tabac, le mûrier y réussissent parfaitement; les forêts sont immenses; mais l'industrie ne compte guère que des tanneries et des fabriques d'étoffes de laine et de soie. — Le commerce se fait par le port de Varna et surtout par la voie danubienne; on exporte le blé, la laine, les peaux, le bois; on importe de la houille, du fer, des tissus et des denrées alimentaires.

On doit rattacher à la Bulgarie la Roumélie orientale, située au sud des Balkans, placée par le traité de Berlin sous l'autorité politique et militaire du sultan, mais qui, depuis 1885, a presque rompu les derniers liens avec la Sublime Porte en se réunissant à la Bulgarie. Sa capitale est Philippopoli, ville industrielle sur le Maritza.

BULGNÉVILLE, ch.-l. de c. (Vosges), arr. de Neufchâteau, 1,000 hab.

BULIME. s. m. (Dimin. de *bulle*). T. Zool. et Paléont. Mollusque gastéropode voisin des colimaçons ou escargots. Les bulimes rentrent dans la famille des *Hélicidés*. Voy. ce mot. La coquille est plus allongée que chez les hélix; elle est turriculée, à ouverture oblongue, à péristome épais, réfléchi, à mâchoire épaisse, à gros plis. La columelle n'est pas tronquée. Dans les terrains tertiaires ces mollusques sont assez abondants. On en trouve depuis le crétacé supérieur.

BULITHE. s. m. (gr. βοῦς, bœuf; λίθος, pierre). Concrétion calcaire qui se forme dans les intestins du bœuf.

BULL (John) [Pr. *Djonn-boul*], mots anglais signif. *Jean Taureau*. Sobriquet donné au peuple anglais pour peindre sa lourdeur et son obstination.

BULLAIRE. s. m. [Pr. *bul-lère*] (R. *bulle*). Recueil de bulles pontificales. *Le grand b. romain forme 32 volumes in-folio*. || Écrivain qui copiait les bulles du pape.

BULLANT (Jean), sculpteur et architecte français (1510-1578), bâtit le château d'Écouen, travailla aux Tuileries, fit les tombeaux de Henri II et de Catherine de Médicis.

BULLE. s. f. [Pr. *bule*] (lat. *bulla*, boule). Globule rempli d'air qui s'élève quelquefois à la surface des eaux, qui se forme sur les liquides en ébullition, en fermentation. *L'eau se couvrit de bulles. B. d'eau. B. d'air.* || T. Techn. *B. d'air*, petite quantité d'air qui reste enfermée dans une matière fondue ou coulée. *Il y a des bulles d'air dans cette glace.* || *B. de savon*, Petit globe transparent et rempli d'air que l'on forme en soufflant dans un chalumeau dont on a trempé un des bouts dans l'eau de savon. *La b. a crevé.* || T. Méd. Vésicule qui se forme sur la peau et qui contient un liquide séreux ou séro-purulent. Voy. BULLEUSE.

BULLE. s. f. T. Zool. et Paléont. Genre de mollusques dont la coquille très délicate est recouverte par les lobes du manteau et du pied. Les bulles ont donné leur nom à la famille. Voy. BULLIDES. Ces mollusques se rencontrent dans le crétacé et sont très répandus dans la nature actuelle. Voy. TECTIBRANCHES.

BULLE. s. f. T. Archéol. et Diplom.

Dans le langage diplomatique, on a d'abord appelé *Bulle* ce sceau métallique en forme de boule que l'on avait coutume d'attacher aux actes pour leur donner un caractère authentique; plus tard, par extension, on a donné ce nom aux actes eux-mêmes; mais aujourd'hui ce terme n'est plus usité que pour désigner certains actes émanés des papes, de quelques conciles œcuméniques et de quelques princes laïques.

On désigne ordinairement les bulles pontificales par les deux mots qui les commencent, ainsi les bulles *Clericis laïcos, Ausculta fili*, etc. Elles sont soumises en France à la même législation que les *brefs*. Voy. ce mot.

Dans l'histoire d'Allemagne, on désigne sous le nom de *Bulles d'or* plusieurs constitutions chartes ou constitutions émanées des empereurs, parce qu'elles étaient munies du sceau d'or de l'Empire. Ce sceau, créé par Lothaire II, représentait d'un

côté l'effigie impériale, et de l'autre le Capitole de l'ancienne Rome. La plus importante de ces chartes est celle en trente articles qui fut arrêtée, en 1356, aux diètes de Nuremberg et de Metz, et approuvée par Charles IV, le 29 décembre de la même année. On l'a regardée pendant longtemps comme l'œuvre du jurisconsulte Barthole; mais on pense aujourd'hui qu'elle doit être attribuée au vice-chancelier de l'Empire, l'évêque de Verden. Cette b. avait pour objet de mettre fin aux discussions qui occasionnait, à chaque changement de règne, l'élection d'un nouvel empereur. Elle régla d'une manière invariable le droit politique qui a régi les pays germaniques jusqu'aux premières années du XIXᵉ siècle. Elle maintint, mais en le régularisant, le système d'élection adopté depuis les premiers temps de l'Empire pour pourvoir à la vacance du trône. Le nombre des princes qui avaient le droit de nommer l'empereur fut fixé à sept, en l'honneur des sept chandeliers de l'Apocalypse. Ils reçurent en conséquence le titre d'*Electeurs de l'Empire*. Sur ces sept électeurs, il y avait trois ecclésiastiques et quatre laïques. Les premiers étaient les archevêques de Mayence, de Cologne et de Trèves; les seconds étaient le roi de Bohême, le comte Palatin, le margrave de Brandebourg et le duc de Saxe. La dignité d'électeur était attachée à la principauté et non à la personne. Les titulaires votaient en personne aussitôt qu'ils avaient atteint l'âge de dix-huit ans; avant cette époque ils étaient représentés par l'agnat le plus proche. Chacun d'eux était en outre investi d'une des grandes charges de l'Empire. Aux trois électeurs ecclésiastiques appartenaient les titres d'archichancelier des royaumes de Germanie, d'Italie et d'Arles. Les offices de grand échanson, de grand sénéchal, de grand chambellan et de grand maréchal furent attribués aux électeurs laïques. Le duc de Saxe et le comte Palatin étaient de plus *Vicaires de l'Empire*, charge qui mettait entre leurs mains la direction des affaires pendant les vacances du trône ou l'absence du prince régnant. Enfin, tous jouissaient de certains privilèges. Ils avaient le pas sur tous les princes de l'Empire; ils rendaient la justice en dernier ressort dans toute l'étendue de leurs possessions, et leurs sujets ne pouvaient en aucun cas être cités devant un tribunal étranger. Leurs États ne pouvaient être ni partagés ni démembrés, etc. L'archevêque de Cologne avait seul le droit de sacrer l'empereur. La cérémonie du couronnement devait toujours avoir lieu à Aix-la-Chapelle, et la première diète devait toujours se tenir à Nuremberg. — La b. d'or ne se borna pas à régler ce qui concernait l'élection de l'empereur. Elle trancha en même temps plusieurs points de droit public jusqu'alors fort obscurs. Ainsi elle défendit les attaques à main armée si communes à cette époque; elle rendit moins cruelles les guerres privées en exigeant trois jours d'intervalle entre l'envoi des défis et le commencement des hostilités, ce qui permettait aux populations de pourvoir à leur sûreté; elle interdit les péages et les taxes non conformes aux usages, etc., etc. — Parmi les autres bulles qui ont également reçu le nom de bulles d'or, nous citerons celle de *Bohême*, de *Brabant* et de *Milan*, données, les deux premières, en 1348 et 1349, par Charles IV, et la troisième, en 1549, par Charles-Quint.

BULLÉ, ÉE. adj. [Pr. *bul-lé*] (R. *bulle*). T. Chancellerie anc. Qui est en forme authentique, *Des lettres d'expédition scellées et bullées*.

BULLÉE. s. f. [Pr. *bul-lé*] (R. *bulle*). T. Zool. Genre de mollusques gastéropodes. Voy. TECTIBRANCHES.

BULLESCENCE. s. f. [Pr. *bul-lè-ssanse*] (R. *bulle*). T. Didact. Formation de bulles, disposition, apparence bulleuse.

BULLETIN s. m. [Pr. *bu-letin*] (Dimin. de *bulle*, sceau). Petit papier sur lequel ceux qui doivent concourir à une élection, une délibération, donnent leur vote. *Faire son b. Mettre son b. dans l'urne. Compter les bulletins.* Dans ce sens on dit aussi *Billet*. || Écrit par lequel on rend compte, chaque jour, de l'état actuel d'une chose importante ou intéressante pour le public. *Le b. de la santé d'un prince.* — *B. de l'armée*, Récit officiel d'une ou de plusieurs opérations de l'armée. *Les bulletins de la grande armée.* T. Admin. Petit billet ou écrit servant à constater certaines choses. *Délivrer un b. pour constater une demande en remboursement.*

Admin. — On appelle *Bull.* des *lois* la collection officielle de tous les actes du gouvernement français tels que lois, ordonnances, décrets, etc. Par un décret du 9 janvier 1791, l'Assemblée constituante avait ordonné la publication, aux frais de la nation et sous la surveillance du garde des sceaux, d'une édition complète de tous les décrets qu'elle avait rendus et qui avaient été acceptés ou sanctionnés par le roi. « Un desdits exemplaires, dit le décret, sera envoyé à tous les tribunaux de justice, commissaires du roi, districts, départements et bureaux de conciliation, de telle sorte qu'aucun de ces corps ne puisse, à l'avenir, prétexter l'ignorance des décrets. » — Ce recueil a été évidemment le point de départ du *B. des lois*. Ce dernier a été créé par décret de la Convention en date des 14-16 frimaire (4-6 déc. 1793). La première loi insérée dans ce recueil est la loi du 22 prairial an II (10 juin 1794) relative à la nouvelle organisation du tribunal révolutionnaire. Plus tard, un arrêté du 12 vendémiaire an IV (4 oct. 1795) interdit l'insertion au *B.* de tout autre écrit que les lois et actes du Corps législatif, les proclamations et les arrêtés du Directoire exécutif, pour assurer l'exécution des lois. Cet arrêté ordonna, en outre, l'envoi du *B. des lois* à tous les départements de la République. Depuis cette époque, l'ancien mode de publication des lois qui avait lieu par lecture publique, affiches, son de trompe et de tambour, fut remplacé par l'insertion au *B. des lois*, qui devint ainsi le seul dépôt officiel et authentique des actes de la législation et le seul moyen légal de promulgation de ces actes. Une date placée au bas de chaque cahier du *B.* indique le jour de cette promulgation et, par suite, l'époque à laquelle en vertu de l'art. 1ᵉʳ du C. C. les lois sont exécutoires, soit à Paris, soit dans les départements. L'ordre dans lequel les lois sont imprimées dans le *B.* a été plusieurs fois modifié. Aujourd'hui, le *B.* est divisé en deux parties ayant chacune une série de numéros : la première comprend les lois et les décrets d'intérêt public et général ; la seconde comprend les décrets d'intérêt local ou particulier. Chaque année, il est dressé pour chacune des deux parties du *B.* des tables chronologiques et alphabétiques. Les dispositions législatives concernant le *B. des lois* ont été profondément modifiées par le décret-loi du 5 novembre 1870. « Dorénavant, dit l'art. 1ᵉʳ, la promulgation des lois et décrets résultera de leur insertion au *Journal officiel* de la République française, lequel à cet égard remplacera le *Bulletin des lois*. — Le *Bulletin des lois* continuera à être publié et l'insertion qui y sera faite des actes non insérés au *Journal officiel* en opérera promulgation. » Voy. JOURNAL OFFICIEL et PROMULGATION.

Bulletin des communes. — On désignait ainsi une publication hebdomadaire créée par décret du 27 décembre 1871 dans le but de suppléer, pour les communes non chefs-lieux de canton, le *Bulletin des lois*. Le décret du 31 janvier 1884 a remplacé, à partir du 1ᵉʳ janvier 1885, le *Bulletin des communes* par une publication analogue, le « *Journal officiel* des communes » ; cette petite feuille est tirée en placards qui doivent être affichés dans chaque commune au lieu le plus apparent. On y insère tous les actes officiels du gouvernement reproduits textuellement ou par analyse, et, dans la mesure du possible, les travaux des Chambres.

Diverses administrations adoptent l'usage de réunir et de publier, sous le titre de *Bulletins*, les arrêtés, circulaires, instructions et rapports relatifs aux services placés dans leurs attributions : tels sont les Bulletins officiels du Ministère de l'Intérieur, de la Marine, de l'Instruction publique, de l'Administration des Cultes, etc. — Citons encore le *B.* des arrêts du Conseil d'État et celui de la Cour de cassation. — Il en est de même des Sociétés scientifiques ou littéraires dont les publications portent ce titre : *B. de la Société de Géographie*; *B. de la Société Astronomique de France*, etc.

BULLETINIER. s. m. [Pr. *bu-le-tinié*]. Celui qui fait un bulletin dans un journal.

BULLEUSE. adj. f. [Pr. *bul-leuse*] (R. *bulle*). T. Méd. — On comprend sous le nom commun d'*Affections bulleuses* deux maladies de la peau, le *Pemphigus* et le *Rupia*, très rapprochées l'une de l'autre. Toutes deux sont caractérisées par des *Bulles*, c'est-à-dire par des soulèvements de l'épiderme, souvent assez étendus, et remplis d'un liquide séreux ou séro-purulent. Ces bulles ont à peu près l'aspect des phlyctènes produites par un vésicatoire ou par l'eau bouillante, et leur volume varie depuis celui d'un pois jusqu'à celui d'un œuf d'oie. Leur apparition est ordinairement précédée d'une rougeur érythémateuse plus ou moins vive. — Dans le pemphigus, la sérosité des bulles, d'abord limpide, ne tarde pas à devenir rougeâtre ; dans le rupia, la sérosité est parfois purulente ou noirâtre. Les bulles se déchirent plus ou moins promptement, et il se forme à leur place des croûtes minces et superficielles dans le pemphigus, épaisses et rugueuses dans

le rupia : on observe quelquefois dans ce dernier des ulcérations plus ou moins profondes. Ces deux maladies se montrent, le rupia toujours, et le pemphigus le plus souvent, sous la forme chronique. Le *Pemphigus aigu* est caractérisé par la fièvre ; ce qui l'a fait nommer par quelques auteurs *Fièvre bulleuse*. On remarque alors que le fond des bulles est enflammé, la marche de ces deux maladies est lente ; leur cause est mal connue. On a cependant constaté plusieurs fois la coïncidence du pemphigus avec une ulcération sécrétoire de la muqueuse gastro-intestinale. Dans la grande majorité des cas, le pemphigus et le rupia s'observent chez des individus cachectiques, à constitution délabrée soit par les excès, soit par les privations. C'est cette dernière circonstance qui fait toute la gravité de ces deux maladies. — De là aussi deux séries d'indications thérapeutiques : l'une pour le traitement local des bulles et des croûtes, l'autre pour modifier l'état général de l'économie, et du tube digestif en particulier. Samuel Plumbe recommande beaucoup l'emploi réitéré des purgatifs. Quant au traitement local des affections bulleuses, il se rapproche étrangement de celui des brûlures : l'enveloppement avec le coton boriqué ou salicylé réussit fort bien dans le pemphigus.

BULLIDES. s. m. pl. [Pr. *bul-lide*] (R. *bulle*). T. Zool. et Paléont. Mollusques gastéropodes tectibranches (Voy. ces mots) dont la coquille, globuleuse, est caractérisée par la résorption des tours internes ; elle ne peut contenir entièrement l'animal. A mesure qu'elle se réduit, elle tend à devenir interne ; le dernier tour s'étend toujours de telle sorte qu'il cache tout à fait la spire. Dès le trias apparaissent les bullides ; rares dans les terrains secondaires, ils deviennent plus abondants dans le tertiaire et sont nombreux de nos jours.

BULLIFÈRE. adj. 2 g. [Pr. *bul-lifaire*] (R. *bulle*, et lat. *fero*, je porte). T. Didact. Qui porte des bulles.

BULLION (CLAUDE DE), *sieur de Bonnelle*, surintendant des finances sous Louis XIII, mort en 1640.

BULLISTE. s. m. [Pr. *bul-liste*]. Nom des religieux d'une congrégation de l'ordre de St-François, ainsi nommés d'après une bulle du pape qui les réforma.

BULL-TERRIER. s. m. Chien qui chasse le rat.

BULLULÉ, ÉE, adj. [Pr. *bul-lulé*]. T. Bot. Qui est marqué de petites bulles.

BULOW, général prussien (1755-1816), joua un grand rôle à la bataille de Waterloo.

BULTEAU. s. m. (R. *bulle*, *boulette*). T. Eaux et forêts. Arbre en boule.

BULU. s. m. Bambou à bois si dur qu'il donne des étincelles sous la hache qui le coupe.

BULWER-LYTTON (Sir EDWARD), écrivain et homme politique anglais, auteur des *Derniers jours de Pompéi*, de *Rienzi*, etc. (1805-1873).

BUMÉLIE. s. f. (gr. βουμελία, frêne). T. Bot. Genre d'arbres dont plusieurs espèces croissent dans l'Amérique centrale. Famille des *Sapotées*. Voy. ce mot.

BUNCHOSIE. s. f. (ar. *benchous*, café). T. Bot. Genre d'arbres croissant dans l'Amérique tropicale et dont les fruits ressemblent à ceux du caféier. Famille des *Malpighiacées*. Voy. ce mot.

BUNDEHECH, livre sacré des Parses, écrit en langue pehlvi.

BUNE. s. f. Maçonnerie établie au-dessus du massif d'une forge.

BUNETTE. s. f. Espèce de fauvette.

BUNIADE. s. m. (gr. βουνιάς, άδος, m. s.). T. Bot. Genre de plantes de la famille des *Crucifères*. Voy. ce mot.

BUNODES. s. m. pl. T. Paléont. Genre de crustacés fossiles. Voy. BÉLINURIDES.

BUNODONTES. s. m. pl. (gr. βουνός, éminence; ὀδούς, ὀδόντος, dent). T. Zool. paléont. Groupe de mammifères ongulés à doigts pairs, comprenant les pécaris et de nombreuses formes fossiles de la période miocène. Le genre *Elatherium* comprenait des animaux de la forme du cochon et de la taille de l'hippopotame. Ces animaux fossiles présentaient, dans leur structure dentaire, les plus grands rapports avec les porcs actuels.

BULOZ, littérateur français (1808-1877), fondateur de la *Revue des Deux Mondes* (1831).

BUNSEN (Baron de), homme d'État prussien (1791-1860), auteur de traités sur l'antiquité profane et chrétienne.

BUONACCORSI, historien italien du XVe siècle.

BUONAROTTI ou mieux **BUONARROTI,** nom de famille de Michel-Ange.

BUONTALENTI, né à Florence, un des plus grands artistes de l'Italie, architecte, peintre et sculpteur (1536-1608).

BUPHTHALME. s. m. (gr. βοῦς, 'bœuf; ὀφθαλμός, œil). T. Bot. Genre de plantes de la famille des *Composées*.

BUPLÈVRE s. m. T. Bot. (gr. βοῦς, bœuf; πλευρά, côte). Genre de plantes de la famille des *Ombellifères*. Voy. ce mot.

BUPRESTE. s. m. (gr. βούπρηστις, m. s., de βοῦς, bœuf; πρήθω, j'enfle). T. Entom. Genre de coléoptères. Ils doivent leur nom à un préjugé, fort répandu, autrefois, d'après lequel les bœufs qui avalaient un de ces insectes en broutant l'herbe, enflaient jusqu'à en crever. Voy. BUPRESTIDES.

BUPRESTIDES. s. m. (R. *bupreste*). T. Entom. Ces coléoptères, qui comptent parmi les plus brillants et qu'on désigne pour cela sous le nom de *Richards*, rentrent dans le groupe des

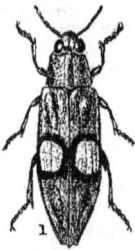

Pentamères. Leur corps est très allongé et terminé en pointe émoussée. Leur tête, petite, avec de gros yeux, est enfoncée dans le prothorax. Les antennes de 11 articles sont dentées ou pectinées. L'abdomen a cinq anneaux, dont les deux antérieurs se confondent. Les larves, apodes, longues, verniformes, vivent dans les bois, où elles se creusent des galeries plates. Les plus belles espèces, les plus brillantes, vivent dans les pays chauds. Parmi les espèces exotiques les plus grandes et les plus remarquables, nous citerons le *Bup. ocellé* (B. ocellata, Fab., ou *Chrysochron ocellata*, Solier [Voy. la Fig.], qui est long d'environ 48 millim. Il est de couleur vert bleuâtre et porte sur chaque étui une grande tache jaune et phosphorique située entre deux autres de couleur d'or. Le bout des élytres est terminé par trois dents. C'est un des plus beaux coléoptères des Indes orientales. Les espèces qu'on trouve en France sont d'assez petite taille. Nous nous contenterons de nommer le *Bup. vert* (B. viridis, Lin., ou *Agrilus viridis*, Escholtz), qui est long d'environ 6 millim. et de couleur vert bronzé, avec les étuis entiers et pointillés. On le rencontre sur divers arbres, particulièrement sur le bouleau.

BUQUET. s. m. (vx fr. *buquer*, frapper). Instrument pour agiter l'indigo dans la cuve.

BUQUETTE. s. f. (R. *bûchette*, petite bûche?). T. Mar. Sorte d'échelle des diamètres d'un mât.

BURALISTE. s. 2 g. (R. *bureau*). Personne préposée à un bureau de payement, de distribution, de recette, etc.

BURASAIA. s. f. T. Bot. Genre de plantes de la famille des *Lardizabalées*. Voy. ce mot.

BURAT. s. m. (R. *bure*). Étoffe grossière de laine.

BURATINE s. f. (R. *burat*). Sorte d'étoffe dont la chaîne est de soie, et la trame de grosse laine.

BURATITE. s. f. (R. *Burat*, n. d'homme). T. Minér. Hydrocarbonate de cuivre, de zinc et de chaux.

BURE. s. f. (gr. πυῤῥός, roux?) Grosse étoffe de laine croisée, à poil long, habituellement rousse. *Habit de b.* || T. Mines. Puits qui descend de la surface de la terre dans l'intérieur d'une mine. || T. Techn. Partie supérieure d'un fourneau de forge.

BUREAU. s. m. (R. *bure* ou *bureau*, étoffe dont on se servait pour couvrir les tables). Table destinée au travail des affaires, et sur laquelle on met des papiers, on écrit, on compte de l'argent, etc. || Meuble composé d'une table pour écrire, et de tiroirs ou de casiers dans lesquels on renferme des papiers, de l'argent, etc. — Fig. et fam., *Cette affaire est sur le b.*, On s'en occupe actuellement. || Par ext., L'endroit où travaillent habituellement des employés, des commis, des gens d'affaires, etc. *Cette administration a un grand nombre de bureaux. Les bureaux de la Banque, de la caisse d'épargne, de la guerre. Payer à b. ouvert. Fournitures de b.* || Se dit aussi de certains établissements qui dépendent en général de l'administration publique et qui sont destinés à quelque service public. *B. d'enregistrement, des hypothèques, de poste. B. du timbre. B. de tabac. B. des Longitudes.* Voy. plus bas. — On disait autrefois dans le même sens, *Le b. des trésoriers de France, du domaine, des aides*, etc. — *B. restant,* loc. qui sert à indiquer qu'un objet envoyé, portant cette suscription, doit rester au bureau, soit des postes, soit des voitures qui l'ont apporté, jusqu'à ce qu'on vienne l'y réclamer. — *Garçon de b.*, Employé subalterne au service d'un b. — *Le b., les bureaux d'un spectacle*, etc., L'endroit où se distribuent les billets d'entrée pour un spectacle, mais au lieu dans lequel on ne peut entrer qu'en payant. *Ouverture des bureaux.*|On dit aussi, *Bureau de location des loges*, etc. *Bureau de poste.* Voy. POSTE. — *B. de charité* ou *de bienfaisance.* Voy. BIENFAISANCE. — *B. des nourrices, de placement, d'adresse.* Voy. NOURRICE, PLACEMENT, etc. || Par ext., se dit des employés mêmes qui travaillent dans un b. *Chef, sous-chef de b.* || En parlant des assemblées législatives, se dit de la réunion du président, des vice-présidents et des secrétaires de l'assemblée. *Le b. est formé. B. provisoire, définitif.* || Se dit encore d'un certain nombre de personnes tirées d'une assemblée pour s'occuper spécialement d'une ou de plusieurs affaires, dont elles doivent ensuite rendre compte à l'assemblée générale. *L'assemblée se divise en bureaux. Le président, le secrétaire, les membres d'un b. Le premier b., le deuxième b.*, etc. — *Bureaux de la Chambre des députés et du Sénat.* Voy. DÉPUTÉ et SÉNAT. || Fig. et fam., *B. d'esprit*, se dit, par dénigrement, d'une société où l'on s'occupe habituellement de littérature, d'ouvrages d'esprit.

B. des Longitudes. — Cet établissement comprend un petit nombre de *membres* qui sont des astronomes ou des marins nommés par le chef de l'État, et des bureaux de calcul. Il a pour principale fonction la rédaction de la *Connaissance des Temps*, sorte d'annuaire astronomique indispensable aux astronomes et aux navigateurs, et celle d'un *Annuaire* qui contient une foule de renseignements de toutes sortes : tables astronomiques, documents de géographie, de statistique, mœurs étrangères, densité des principaux corps, etc., ainsi que les notions scientifiques sur différents sujets. Voy. ANNUAIRE.

BUREAUCRATE. s. m. Employé dans un bureau.

BUREAUCRATIE. s. f. (R. *bureau*; gr. κρατέω, je commande). Pouvoir, influence des chefs et commis des bureaux dans une administration. Se prend presque toujours dans le sens d'influence abusive.

BUREAUCRATIQUE. adj. 2 g. Qui a rapport à la bureaucratie. *Esprit b. Influences bureaucratiques.*

BUREAUCRATISER. v. a. Soumettre au régime bureaucratique.

BUREAUMANIE. s. f. Manie de tout faire par les bureaux.

BURELÉ, ÉE. adj. T. Blas. Se dit d'un écu garni de burèles.

BURÈLES ou **BURELLES.** s. f. pl. (R. *bure*). T. Blas. Fasces diminuées et toujours employées en nombre pair. Voy. HÉRALDIQUE.

BURETTE. s. f. (R. *buire*). Petit vase à goulot, propre à contenir certains liquides, comme de l'huile, du vinaigre, etc. — On nomme de même les petits vases où l'on met le vin et l'eau qui servent à la messe.

BURETTE (PIERRE-JEAN), chirurgien, antiquaire et orientaliste français (1665-1747).

BURGAU. s. m. Nom vulgaire de plusieurs coquilles univalves nacrées.

BURGAUDINE. s. f. (R. *burgau*). T. Comm. Nacre fournie par la coquille du burgau; c'est la plus belle sorte.

BURGEAGE. s. m. T. Verrerie. Action de burger.

BURGER. v. a. T. Verrerie. Produire une ébullition dans le verre fondu en y plongeant une baguette de bois vert.

BÜRGER, poète allemand (1748-1794).

BURGOS s. m. T. Céram. Produits irisés obtenus par les composés aurifères déposés en pellicules très minces.

BURGOS, v. d'Espagne, cap. de la prov. de Burgos (Vieille-Castille), 29,000 hab. || La province de Burgos compte 328,000 hab.

BURGOYNE (JOHN), général anglais, fut forcé de signer, en 1777, la capitulation de Saratoga qui reconnaissait l'indépendance des Etats-Unis d'Amérique; mort en 1792.

BURGRAVE. s. m. (all. *burg*, château; *graf*, comte). Ancien titre de dignité en Allemagne. *Les burgraves étaient, à proprement parler, des comtes de ville.*

BURGRAVIAT. s. m. Dignité du burgrave.

BURGUNDES, BURGONDES ou **BOURGUIGNONS,** peuple germain qui s'établit en Gaule au Ve siècle. Voy. BOURGOGNE.

BURIDAN, philosophe du XIVe siècle. || *Être comme l'âne de Buridan,* loc. prov., Ne savoir quel parti prendre. — Cette locution vient d'un sophisme proposé par Buridan. Ce philosophe supposait un âne également pressé de la faim et par la soif, et placé à égale distance d'un seau d'eau et d'un picotin d'avoine, et demandait si l'animal commencerait par boire ou par manger, ou s'il se laisserait mourir de faim et de soif.

BURIE, ch.-l. de c. (Charente-Inférieure), arr. de Saintes, 1,600 hab.

BURIN. s. m. (all. *bohren*, percer). Instrument d'acier taillé en biseau, dont on se sert pour graver sur les métaux et sur le bois. *Travailler au b. Ouvrage fait au b., avec le b.* — Par ext., se dit de la manière de graver. *Ce graveur a le b. ferme, délicat, lourd,* etc. || Fig., *Le b. de l'histoire,* L'histoire elle-même considérée comme conservant les faits et les événements. || T. Chir. Outil d'acier servant à nettoyer les dents.

BURINER. v. a. Travailler au burin, avec le burin, graver. *Faire b. des couverts d'argent. B. une planche.* || Par anal., Écrire avec une grande perfection. *Cet employé burine.* || Fig., se dit d'un écrivain énergique et profond. *Tacite burine ce qu'il écrit.* = BURINÉ, ÉE. part.

BURINEUR. s. m. Ouvrier qui burine. || Instrument remplaçant le burin.

BURKE, orateur anglais (1728-1797), adversaire de la Révolution française.

BURLAMAQUI, philosophe et moraliste genevois (1694-1748).

BURLESQUE. adj. 2 g. (ital. *burlare*, se moquer). Qui est d'une bouffonnerie outrée et hors de nature. *La poésie, le genre, le style b. Expressions burlesques.* — S'emploie substant. en parlant du genre, du style b. *Le b. fut longtemps à la mode en France.* || Par ext., Ce qui est plaisant par sa bizarrerie. *Accoutrement b. Cette aventure est b.*

BURLESQUEMENT. adv. D'une manière burlesque.

BURMANN (PIERRE), savant et philologue hollandais (1668-1741).

BURMANNIÉES. s. f. pl. (R. *Burmann*, nom d'homme). T. Bot. Tribu de plantes de la famille des *Amaryllidacées.* Voy. ce mot.

BURNET (THOMAS), théologien et écrivain anglais, auteur de *Telluris theoria sacra* (1635-1715).

BURNET (GILBERT), historien écossais, évêque de Salisbury (1643-1715).

BURNOUF (JEAN-LOUIS), grammairien français (1775-1844), auteur d'une *Méthode pour étudier la langue grecque* et d'une *Méthode pour étudier la langue latine,* traducteur de Tacite. = BURNOUF (Eugène), fils du précédent, savant orientaliste (1801-1852).

BURNOUS. s. m. (ar. *bernous*, m. s.). Grand manteau de laine que portent les Arabes.

BURNS (ROBERT), poète écossais d'une rare originalité (1759-1796).

BURON. s. m. Petite cabane.

BURRHUS, général romain, précepteur de Néron, qui le fit empoisonner en 62.

BURSAIRE. adj. (R. *bourse*). T. Didact. Qui a la forme d'une bourse.

BURSAL, ALE. adj. (R. *bourse*). Qui a pour objet un impôt extraordinaire. *Édits bursaux. Loi bursale.*

BURSÈRE. s. f. (R. *bourse*). T. Bot. Genre de plantes de la famille des *Anacardiacées.* Voy. ce mot.

BURSÉRÉES. s. f. pl. (R. *bursère*). T. Bot. Tribu de plantes de la famille des *Anacardiacées.* Voy. ce mot.

BURSICULE. s. f. (Dimin. de *bourse*). T. Bot. Petite bourse, petit sac.

BURTON (CHARLES-EDWARD), astronome anglais (1846-1882).

BURTONIE. s. f. (R. *Burton,* nom d'un savant anglais). T. Bot. Genre de plantes de la famille des *Légumineuses.* Voy. ce mot.

BURZET, ch.-l. de canton (Ardèche), arr. de Largentière, 2,700 hab.

BUS. s. m. T. Blas. Buste de l'homme représenté sur l'eau.

BUS (CÉSAR DE), fondateur de la congrégation enseignante des *Doctrinaires* (1544-1607).

BUSAIGLE. s. f. (R. *buse* et *aigle*). T. Ornith. Espèce de Buse. Voy. ce mot.

BUSARD. s. m. (R. *buse*). T. Ornith. Le *Busard* (*Circus*) est un oiseau de l'ordre des *Rapaces diurnes,* rangé par Cuvier parmi les oiseaux de proie *ignobles,* c.-à-d. que l'homme ne peut dresser pour la chasse, et par les naturalistes de nos jours dans la famille des *Falconidées,* où les *Busards* forment la tribu ou sous-famille des *Circinées.* — Les caractères du genre b. sont : bec très comprimé, petit et faible, avec une simple ondulation peu prononcée sur les bords; cire très grande; lorums recouverts de petites plumes et de poils longs et recourbés; oreilles grandes et entourées en partie d'un demi-cercle de petites plumes serrées, à peu près comme celles des oiseaux de proie nocturnes; tarses longs, grêles et lisses; ailes longues; queue longue et arrondie. Les busards marchent autant qu'ils volent; ils chassent les perdreaux et les petits gallinacés; mais ils savent, au besoin, se contenter de petits mammifères et même de reptiles et de batraciens. Ils nichent sur le sol entre des touffes de bruyères, de joncs marins ou de roseaux, suivant les espèces. On en connaît 4 en Europe, le *B. Saint-Martin*, le *B. blafard*, le *B. Mon-*

tagu et le *B. des marais* appelé aussi *Harpaye*. Buffon avait pris la femelle du B. Saint-Martin pour une espèce particulière et lui avait donné le nom de *Soubuse*. On a dit, mais le fait a besoin d'être confirmé, que le *B. Montagu* (Voy. la Fig.) s'accouple et multiplie indifféremment avec des femelles de son espèce ou d'espèces différentes. Le *B. des marais*, qui habite la France et qui se retrouve en Égypte et en Morée, paraît doué de beaucoup d'instinct.

BUSC. s. m. [Pr. *busk*] (ital. *busto*, corps de jupe). Lame de bois, de baleine, d'ivoire, d'acier, etc., plate, plus ou moins large et arrondie par les deux bouts, qui sert à maintenir le devant d'un corset, d'un corps de jupe, etc. *Mettre, porter un b. Un b. d'acier.* || T. Constr. Partie du radier d'une écluse sur laquelle viennent buter les entretoises inférieures. — *Faux b.* Pièce de bois dont on conserve souvent le b. en maçonnerie pour le protéger contre le choc des portes.

BUSCHING, géographe et philosophe allemand (1724-1793).

BUSE. s. f. (bas-lat. *busio*, du lat. *buteo*, m. s.). Espèce d'oiseau de proie dont on ne peut se servir en fauconnerie, et qu'on regarde comme dépourvu d'intelligence. — Fig. et prov., *On ne saurait faire d'une b. un épervier*, On ne peut faire d'un sot un homme d'esprit. || Fig. et fam., *C'est une b., ce n'est qu'une b.*, se dit d'une personne ignorante et stupide.

    Zool. — Le nom de *Buse* (*Buteo*) a été donné à des oiseaux de proie diurnes rangés par Cuvier dans la section des *Rapaces ignobles*, entre les genres bondrée et busard, et par les classificateurs modernes dans la famille des *Falconidées*, où ils forment la sous-famille des *Butéonidées*. Les buses ont le bec courbé dès sa base; l'intervalle entre l'œil et les yeux dénué de plumes, mais garni de poils divergents ou d'écailles; les pieds forts, les ailes longues et la queue égale. Les tarses sont nus, ou demi-emplumés, ou emplumés jusqu'aux doigts. Les buses se distinguent des aigles par leur bec courbé dès la base, et des autours ou aigles-autours à tarses empennés, par leurs ailes longues. Nous n'en avons en Europe qu'une seule espèce, la *B. pattue* ou *commune*, appelée quelquefois *Busaigle*, qui est très répandue en France et en Hollande. Elle est variée assez irrégulièrement de brun plus ou moins clair et de blanc plus ou moins jaunâtre. Elle a une envergure d'environ 1ᵐ40. Cet oiseau ne chasse pas dans le vrai sens du mot; il se contente de guetter le gibier et de fondre sur celui qui passe à sa portée, ce qui ne l'empêche pas d'en détruire des quantités considérables. Quoique sa coutume de rester immobile des heures entières ait fait prendre la b. pour un symbole de stupidité, elle n'est pas dépourvue d'instinct. Seule entre les rapaces, au lieu de chasser du nid ses petits quand

ils peuvent à peu près se suffire à eux-mêmes, elle continue à en prendre soin longtemps après qu'ils ont acquis la force de pourvoir à leur propre subsistance. La b. fait son nid sur les vieux arbres avec des bûchettes et des branches. — Parmi les espèces étrangères, nous citerons la *B. noire et blanche* de la Guyane, le *Bacha* et le *Rounoir* ou *B. jackal*. Ces deux dernières espèces habitent l'Afrique australe. L'une fait sa principale proie des damans, et l'autre des rats; en conséquence, les Hollandais du Cap ont donné à celle-ci le nom de *Rotto-Vanger*, ou preneur de rats.

BUSE. s. f. (bas-lat. *butta*, grand vase). T. Techn. Canal qui amène l'eau sur la roue d'un moulin. Tuyau qui fournit l'air au mineur dans une mine. || T. Génie milit. Réunion de gabions placés bout à bout.

BUSENBAUM, jésuite et théologien allemand (1600-1668).

BUSIRIS, tyran d'Égypte tué par Hercule (Myth.).

BUSQUE. s. m. Partie d'une crosse de fusil qui s'unit à la poignée.

BUSQUÉ, ÉE. adj. *Portes busquées*, Portes dont les deux vantaux s'appuient l'un contre l'autre en formant un angle.

BUSQUER. v. a. (R. *busc*). Mettre un busc. *B. un corset. B. un enfant pour le forcer à se tenir droit.* || S'emploie avec le pron. pers. *Cette femme se busque dès le matin.* — Busqué, ée, part. *Elle ne sort pas sans être busquée.* || T. Manège. *Cheval b.*, Cheval dont la tête est arquée. || T. Techn. Raccourcir par devant en parlant d'un ouvrage de couture. || T. Hydraul. Disposer suivant la forme d'un busc d'écluse.

BUSQUIÈRE. s. f. (R. *busc*). L'endroit d'un corps d'une jupe, d'un corset, dans lequel on introduit le busc. Vx.

BUSSANG, village de France (Vosges), arr. de Remiremont, canton du Phillot, 2,800 hab. Eaux minérales ferrugineuses.

BUSSARD. s. m. (R. *busse*). Mesure de capacité qui avait la forme d'un tonneau et qui contenait près d'un muid de Paris, environ 200 litres.

BUSSE. s. f. (bas-lat. *butta*, grand vase). Sorte de grand tonneau.

BUSSEROLE. s. f. (R. *buis*). T. Bot. Plante nommée aussi *Raisin d'ours*, de la famille des *Éricacées*. Voy. ce mot.

BUSSIÈRE-BADIL, ch.-l. de c. (Dordogne), arr. de Nontron, 1,300 hab.

BUSSY LE CLERC, l'un des Seize pendant la Ligue et gouverneur de la Bastille.

BUSSY-RABUTIN (Comte de), écrivain français, auteur de l'*Histoire amoureuse des Gaules*, cousin de Mᵐᵉ de Sévigné (1618-1693).

BUSTE. s. m. (bas-lat. *busta*, coffre; par ext. *thorax*). Ouvrage de sculpture en ronde bosse qui représente la tête et la partie supérieure du corps d'une personne. *B. de marbre. B. antique.* || Se dit, dans le même sens, d'un ouvrage de peinture, de gravure, etc. *Peindre en b. Son portrait est gravé en b.* || La tête et la partie supérieure du corps d'une personne. *Elle a le b. fort beau.*

BUSTUAIRE. s. m. (lat. *bustum*, bûcher). T. Archéol. Gladiateur qui combattait aux funérailles d'un haut personnage.

BUT. s. m. (Autre forme de *bout*). Point où l'on vise. *Viser au b. Toucher au b. Passer le b.* || T. Artillerie. *Le b. en blanc* est le second point d'intersection où la ligne de tir d'une arme à feu suivie par le projectile, à sa sortie du canon, coupe la ligne de mire de cette arme. La *portée de b. en blanc* est la distance du point nommé *b. en blanc* à la bouche de l'arme à feu, lorsque la ligne de mire est dans un plan horizontal ou n'en diffère pas beaucoup. — Fig. et fam., *De* *b. en blanc*, Brusquement, inconsidérément, sans motif. *Attaquer, quereller quelqu'un de b. en blanc.* || Terme où l'on s'efforce de parvenir. *Arriver au b. La tête de son cheval dépassait le b.* || Fig., La fin que l'on se propose, l'intention que l'on a. *Le b. de nos désirs, de nos études,* etc. B. *louable, sensé. Je n'ai d'autre b. que la vérité. Se proposer un b. Atteindre son b. La science n'a d'autre but que la recherche de la vérité.* — Fig., *Aller au b.,* Aller directement à la fin qu'on se propose; et, dans un discours, dans une discussion, négliger l'accessoire pour arriver au principal. *Toucher au b.,* Saisir le vrai dans quelque chose; trouver le point de la difficulté, le nœud d'une affaire. = BUT A BUT. loc. adv. Également, sans aucun avantage de part ni d'autre. *Jouer b. à b. Se trouver b. à b.* — *Troquer b. à b.,* Sans aucun retour de part ni d'autre; *Ils se sont mariés b. à b.,* Sans que l'un ait fait aucun avantage à l'autre.

BUTANE. s. m. (lat. *butyrum,* beurre). T. Chim. Le b. C^4H^{10} est un hydrocarbure saturé qui se présente sous deux formes isomériques : 1° Le *b. normal,* appelé ordinairement *diéthyle* ou *méthyle propyle,* est constitué par une chaîne linéaire $CH^3.CH^2.CH^2.CH^3$. Par substitution il donne naissance aux composés butyliques (alcool butylique, chlorure de butyle, etc.); ces composés sont primaires ou secondaires suivant que la substitution se fait dans les groupes CH^3 ou CH^2. Ce corps est gazeux, liquéfiable à $+ 1°$; on l'obtient en traitant l'iodure d'éthyle par le sodium; 2° l'*isobutane,* appelé encore *triméthylméthane* ou *méthylisopropyle* contient

$$\text{une chaîne latérale, comme le montre sa formule } CH^3.CH\begin{matrix}CH^3\\CH^3\end{matrix}$$

C'est un gaz incolore, liquéfiable à — 17°, qui est le point de départ des composés isobutyliques (primaires ou tertiaires suivant qu'ils proviennent d'une substitution dans CH^3 ou dans CH).

BUTANT. adj. m. T. Archit. Se dit pour *Boutant. Arc-b., piliers-b.* Voy. CONTRE-FORT.

BÛTARDE. s. f. Nom vulgaire de l'outarde.

BUTE. s. f. T. Art vétér. Instrument qui sert à couper la corne des chevaux.

BUTE, premier ministre du roi d'Angleterre George III (1713-1792).

BUTÉE. s. f. Voy. BUTTÉE.

BUTÉNYLE et **ISOBUTÉNYLE.** s. m. (R. *butane,* et le suffixe *yle;* gr. τοσς, égal). T. Chim. Noms donnés aux radicaux trivalents C^4H^7 dérivés du butane et de l'isobutane. Ces radicaux entrent dans les glycérines butiliques et isobutyliques $C^4H^7(OH)^3$.

BUTÉONIDÉES. s. f. pl. (lat. *buteo,* buse). T. Ornith. Section de la famille des *Falconidées.* Voy. BUSE.

BUTE-PIED. s. f. (R. *buter* et *pied*). Rebord que l'on met sur les côtés ou sur le derrière d'une palette de marchepied qui empêche de glisser en montant dans une voiture. = Pl. *Des bute-pied.*

BUTER. v. n. (R. *but*). Frapper au but, toucher au but. Vx et inus. || Fig. et fam., Tendre à quelque fin. *C'est à quoi je bute.* Vx. = BUTER, v. a. T. Maçon. Soutenir quelque chose à l'aide d'un contre-fort. *B. un mur, une voûte.* || T. Jard. et Manège. Voy. BUTTER. = SE BUTER. v. pron. Fig. et fam., Se fixer, se tenir à quelque chose avec obstination. *Voilà à quoi il s'est buté.* = BUTÉ, ÉE. part. *Il est b. à cela.*

BUTIÈRE. adj. et s. f. (R. *but*). Se disait autrefois de certaines arquebuses avec lesquelles on tirait au blanc. *Une arquebuse b. Une b.*

BUTIN. s. m. sing. (comme la plupart des mots se rattachant à la guerre et à la conquête, ce mot est d'origine germanique; anc. all. *bûten,* m. s.). Ce qu'on enlève à l'ennemi, ce qu'on prend sur les ennemis. *Faire du b. Régler le b. Avoir sa part de b.* || Pop., Profit. *Il a fait un beau b. dans cette affaire.* || Fig., Ce dont on s'empare comme d'une conquête, ce qu'on se procure par des recherches laborieuses. *J'ai fait un riche b. dans ces manuscrits.* — Poét., *Le b. de la fourmi, de l'abeille,* Les provisions qu'amassent ces insectes.

La forme la plus simple de la lutte politique est l'expédition guerrière ayant pour but d'enlever un b. Autrefois, les vainqueurs se partageaient immédiatement le b. Dans les temps modernes, l'État vainqueur fait payer un tribut qui se règle administrativement. Les guerriers ne se laissent pas oublier pour cela. Sur les contributions imposées aux vaincus, Napoléon distribua 32 millions de rente annuelle à ceux qui l'avaient aidé. De plus, il attribua de grandes dotations aux dignitaires de l'empire. Cambacérès reçut 450,000 livres de rente, Masséna 683,000, Ney 728,000, Davout 910,000, Berthier 1,324,000. Après la guerre de 1870-71, sur les cinq milliards de l'indemnité française, 15 millions servirent à faire des dotations à 28 personnes, dont le prince Frédéric-Charles, de Moltke, Manteufel, Roon, etc.

Syn. — *Proie.* — *Butin* et *Proie* signifient tous deux une capture faite par force; mais celui-ci a le sens de chose prise pour soi, pour sa nourriture, et celui-là a le sens de dépouille, de chose utile qu'on ravit pour son usage. *Proie* sert proprement à désigner la chasse des animaux carnassiers, et *butin* à désigner ce qu'on a pris sur l'ennemi; mais, en général, l'un et l'autre sont employés dans des sens plus vagues : le premier avec une idée de *destruction,* le second avec celle de *pillage.* Au mot *proie* s'attache toujours l'idée de quelque chose d'odieux, tandis que *butin* se prend quelquefois en bonne part. C'est ainsi que la diligente abeille fait son *butin* du pollen des fleurs.

BUTINER. v. n. Faire du butin. *Les soldats se mirent à b.* || Fig. et poét., *Les abeilles butinent sur les fleurs.* — S'emploie activ. dans ce sens : *L'abeille butine les fleurs.*

BUTINEUR, EUSE. adj. Qui butine, qui fait du butin.

BUTINIER. s. m. Dans les guerres du moyen âge, personne chargée de distribuer le butin.

BUTLER (SAMUEL), poète anglais (1612-1680).

BUTLER (JOSEPH), théologien et moraliste anglais, auteur des *Analogies* (1692-1752).

BUTO, déesse de la nuit chez les Égyptiens.

BUTOIR. s. m. T. Techn. Couteau à deux manches. || Pierre où vient buter en bas le vantail dormant d'une porte cochère.

BUTOMÉES. s. f. pl. (gr. βοῦς, bœuf; τομή, incision). T. Bot. Tribu de plantes de la famille des *Alismacées.* Voy. ce mot.

'BUTOMON. s. m. Nom qu'on donnait aux artisans qui fabriquent des rubans.

BUTONIC. s. m. T. Bot. Un des noms du fusain.

BUTOR. s. m. (bas-lat. *bitosius;* anc. angl. *butcor*). Oiseau qui vit dans les marécages, et qui passe vulgairement pour

être dénué d'intelligence. Voy. HÉRON. || Fig. et fam., se dit d'un homme grossier et stupide. *C'est un vrai b.* — Pop., on dit au fém. *Butorde. Vous n'êtes qu'une grosse b.*

BUTORDE. s. f. Voy. Butor.

BUTORDERIE. s. f. Action, parole de butor.

BUTTAGE. s. m. (R. butte). T. Jard. Action d'accumuler la terre au pied d'une plante. || T. Agric. Action de mettre la terre en butte. || Binage.

BUTTE. s. f. (R. but). Petit tertre, petite élévation de terre naturelle, ou faite de main d'homme. Monter sur une b. — Sert quelquefois à désigner une colline naturelle. La b. Montmartre, la b. Chaumont, etc. || Se dit particulièrement d'une petite élévation de terre ou de maçonnerie, où l'on place un but pour tirer au blanc. La b. du polygone. — Fig., Être en b. à, Être exposé à. Être en b. à la jalousie, à la haine, à l'envie, à la raillerie, aux coups de la fortune.

BUTTÉE. s. f. [Pr. buté] (R. butter). T. Maçonn. Massif de pierre aux deux extrémités d'un pont, pour résister à la poussée des arches. || B. des terres, Résistance qu'oppose un massif de terre à une force qui tend à le refouler. == On écrit aussi Butée.

BUTTER. v. a. [Pr. buter] (R. butte). T. Jardin. Entourer de terre la partie inférieure de la tige d'un arbre ou d'un arbuste. B. un arbre. B. des artichauts. — B. du céleri, L'entourer de terre pour le faire blanchir. = Butter. v. n. Se dit d'un cheval qu'une inégalité de terrain fait broncher. Ce cheval ne fait que b. = Butté, ée. part. = On l'écrit aussi Buter.

BUTTMANN, philologue allemand (1764-1829).

BUTTNÉRIE. s. f. (R. Buttner, nom d'un botaniste allemand). T. Bot. Genre de plantes de la famille des Malvacées. Voy. ce mot.

BUTTOIR. s. m. [Pr. butoir] (R. butter). Petite charrue sans avant-train, et à deux versoirs, pour butter les plantes disposées en ligne. || Saillie contre laquelle s'arrête une partie mobile d'une machine.

BUTTURE s. f. [Pr. buture] (R. butte). T. Vét. Sorte de tumeur qui survient quelquefois aux articulations du dessus du pied d'un chien de chasse, à la suite de fatigues excessives.

BUTYLBENZÈNE. s. m. (R. butyle, et benzène). T. Chim. Hydrocarbure résultant de l'introduction du radical butyle dans le benzène et répondant à la formule $C^6H^5.C^4H^9$. C'est un liquide incolore, bouillant à 180°. On lui connaît deux isomères appelés isobutylbenzènes, dont les points d'ébullition sont 167° et 171°.

BUTYLE. s. m. (lat. butyrum, beurre). T. Chim. C'est le radical monoatomique C^4H^9, qui fait partie du butane ou hydrure de butyle, et des composés butyliques (alcool, bromure, etc.). Pour les composés isobutyliques, ce groupe C^4H^9 prend le nom d'isobutyle. Voy. Butane et Butylique.

BUTYLÈNE s. m. (R. butyle). T. Chim. Les butylènes sont des hydrocarbures éthyléniques répondant à la formule C^4H^8 et dérivant des butanes. Au butane normal correspondent deux butylènes : 1° L'éthyléthylène $C^2H^5.CH:CH^2$, gaz incolore, très odorant, liquéfiable à — 5°, qui se forme dans un grand nombre de réactions pyrogénées et qu'on peut extraire des essences de pétrole et des huiles légères de boghead ; 2° le diméthyléthylène $CH^3.CH:CH.CH^3$, gaz liquéfiable à + 8°, qu'on prépare en chauffant l'alcool butylique avec du chlorure de zinc. Ces deux hydrocarbures s'unissent chacun à deux atomes de brome en formant des libromures de b. isomériques qui, décomposés par l'acétate d'argent, donnent naissance à deux butylglycols $C^4H^8(OH)^2$. — A l'isobutane correspond l'isobutylène $(CH^3)^2:C:CH^2$, qui se produit en même temps que le diméthyléthylène dans la préparation indiquée pour ce dernier corps. C'est un gaz incolore qu'on peut condenser en un liquide bouillant à — 6°. Traité par l'acide sulfurique, puis par l'eau, il donne naissance à l'alcool butylique tertiaire; avec les hydracides il fournit les éthers de cet alcool. Le bibromure d'isobutylène chauffé avec du carbonate de sodium se transforme en glycol isobutylénique.

BUTYLÈNE-DIAMINE. s. f. T. Chim. Nom donné aux dérivés deux fois amidés du butane. Ils ont pour formule $C^4H^8(AzH^2)^2$. Le plus important est la tétraméthylène-diamine, plus connu sous le nom de putrescine, qu'on rencontre dans les produits de la putréfaction des cadavres, dans la saumure de harengs, dans certaines urines pathologiques. C'est un liquide incolore, fumant à l'air, très soluble dans l'eau. Ladenburg en a fait la synthèse en traitant le cyanure d'éthylène par le sodium.

BUTYLÉNIQUE et **ISOBUTYLÉNIQUE.** adj. m. (R. butyle; gr. ἴσος, égal). T. Chim. Voy. Butylène.

BUTYLGLYCOL. s. m. (R. butyle, et glycol). T. Chim. Voy. Butylène.

BUTYLIDÈNE. s. m. (R. butyle). T. Chim. Radical bivalent C^4H^8 dérivant du butane et contenu dans l'aldéhyde butylique. L'isobutylidène, qui a la même formule, dérive de l'isobutane.

BUTYLIQUE et **ISOBUTYLIQUE.** adj. (R. butyle; gr. ἴσος, égal). T. Chim. Les alcools butyliques ont pour formule $C^4H^{10}O$. Deux d'entre eux correspondent au butane normal : l'un primaire, l'autre secondaire appelé éthylméthylcarbinol. Deux autres dérivent de l'isobutane : l'alcool isobutylique primaire et un alcool tertiaire, le triméthylcarbinol.

L'alcool butylique primaire $CH^2OH.CH^2.CH^2.CH^3$ s'obtient dans la fermentation de la glycérine sous l'influence du bacillus butylicus, ferment organisé qu'se développe dans une infusion glycérique de foin. C'est à cet alcool que correspondent l'acide butyrique et l'aldéhyde butylique normale. Il est liquide, soluble dans l'eau, et bout à 117°. Chauffé en vase clos avec les acides chlorhydrique, bromhydrique, iodhydrique, il fournit les chlorure, bromure, iodure de butyle primaires.

L'éthylméthylcarbinol $CH^3.CHOH.CH^2.CH^3$ se prépare par l'action de l'acétate d'argent sur l'iodure de butyle secondaire. C'est un liquide incolore bouillant à 96°. L'oxydation le transforme en une acétone : la méthyléthylacétone $CH^3.CO.C^2H^5$.

L'alcool isobutylique $CH^2OH.CH:(CH^3)^2$ se forme en même temps que l'alcool ordinaire dans la fermentation des pommes de terre ou des betteraves; on le trouve en assez grande quantité dans l'huile de pommes de terre, d'où l'on peut le retirer par distillation fractionnée. C'est un liquide bouillant à 109°, qui en s'oxydant fournit l'aldéhyde et l'acide isobutyriques. Avec les acides il donne les éthers isobutyliques, entre autres l'iodure d'isobutyle $CH^2Cl.CH:(CH^3)^2$ qui, traité par l'ammoniaque, fournit l'isobutylamine $CH^2(AzH^2).CH:(CH^3)^2$.

Le triméthylcarbinol $CH^3.COH:(CH^3)^3$ se forme quand on absorbe l'isobutylène par l'acide sulfurique et que l'on distille cette solution avec de l'eau. Il est solide, cristallise en aiguilles fusibles à 25° et bout à 82°. L'oxydation le décompose en acétone, acide acétique et acide isobutyrique.

Tous ces alcools peuvent être représentés par la formule générale $C^4H^9.OH$ et dérivent des butanes par la substitution de OH à H. Les glycols butyléniques et isobutyléniques en dérivent par une double substitution et ont pour formule $C^4H^8(OH)^2$. Voy. Butylène. Une substitution triple donne les glycérines butylique et isobutylique $C^4H^7(OH)^3$.

BUTYLTOLUÈNE et **ISOBUTYLTOLUÈNE.** s. m. (R. butyle et toluène; gr. ἴσος, égal). T. Chim. Hydrocarbures répondant à la formule $C^6H^4(CH^3).C^4H^9$ et résultant de l'introduction des radicaux butyle et isobutyle dans le toluène. Le plus important est le méta-isobutyltoluène qu'on prépare industriellement en ajoutant du chlorure d'aluminium à un mélange de toluène et de bromure d'isobutyle. C'est un liquide qui bout à 186°. Son dérivé trinitré constitue le musc artificiel et s'obtient en traitant l'isobutyltoluène par un mélange d'acides nitrique et sulfurique fumants; il cristallise en aiguilles jaunâtres, fusibles à 97°, insolubles dans l'eau, solubles dans l'alcool, l'éther et le chloroforme. Ce composé, qui n'est connu que depuis peu de temps, est employé en parfumerie, grâce à son odeur qui rappelle celle du musc naturel.

BUTYLXYLÈNE et **ISOBUTYLXYLÈNE.** s. m. (R. butyle et xylène). T. Chim. Hydrocarbures ayant pour formule $C^6H^3(CH^3)^2.C^4H^9$. L'isobutylxylène se prépare comme l'isobutyltoluène, en remplaçant le toluène par le xylène. (Voy. Butyltoluène), et fournit comme lui un dérivé trinitré doué d'une forte odeur de musc.

BUTYRACÉ, ÉE. adj. (lat. *butyrum*, beurre). T. Didact. Qui a la consistance du beurre.

BUTYRAMIDE. s. f. (R. *butyrique* et *amide*). T. Chim. Amide de l'acide butyrique. Voy. BUTYRIQUE.

BUTYREUX, EUSE. adj. (lat. *butyrum*, beurre). Qui est de la nature du beurre; qui ressemble à du beurre.

BUTYRINE. s. f. (lat. *butyrum*, beurre). Nom donné à la principale matière grasse du beurre, qui est un éther résultant de la combinaison de la glycérine avec trois équivalents d'acide butyrique, et qui est mieux nommée *tributyrine*. Voy. BUTYRIQUE.

BUTYRIQUE et **ISOBUTYRIQUE.** adj. (lat. *butyrum*, beurre). T. Chim. L'*acide butyrique* $CO^2H^2.CH^2.CH^3$ existe dans le beurre à l'état de tributyrine (éther de la glycérine). Voy. BEURRE). Il se produit dans la fermentation des glucoses et des hydrates de carbone, dans la putréfaction de la farine du blé et des légumineuses. On l'obtient en abandonnant les glucoses ou la dextrine à une température de 30° en présence de matières qui provoquent la fermentation lactique (vieux fromage, gluten pourri, etc.); on ajoute de la craie pour saturer les acides lactique et butyrique qui se forment successivement et qui, à l'état libre, arrêteraient la fermentation. Il se forme d'abord du lactate, puis du butyrate de chaux qu'on décompose par l'acide sulfurique. L'acide b. ainsi obtenu est un liquide incolore, d'une odeur de beurre rance, d'une saveur acide et brûlante; il bout à 160°; il est très soluble dans l'eau ainsi que ses sels. En distillant un mélange de butyrate et de formiate de chaux on obtient l'*aldéhyde b.* C^4H^8O. Avec les alcools, l'acide b. forme les *éthers butyriques*; plusieurs d'entre eux existent dans la nature : le butyrate d'hexyle dans l'essence de l'Héracleum, le butyrate d'octyle dans l'essence de panais, la tributyrine dans le beurre. Le butyrate d'éthyle $C^4H^7O^2.C^2H^5$ possède une odeur d'ananas et entre, ainsi que le butyrate d'amyle, dans la composition de l'essence artificielle d'ananas (*pine apple oil*); on l'obtient en saponifiant le beurre par la potasse ou en distillant le savon avec de l'acide sulfurique et de l'alcool. — Le perchlorure de phosphore transforme l'acide b. en *chlorure de butyryle* C^4H^7OCl, qui, traité par l'ammoniaque, donne la *butyramide* $C^4H^7O.AzH^2$; ce dernier composé, déshydraté par le perchlorure de phosphore, fournit le *butyronitrile* C^4H^7Az, identique avec le cyanure de propyle.

L'*acide isobutyrique* $CO^2H.CH : (CH^3)^2$ existe dans le fruit du caroubier, d'où on peut l'extraire par distillation. Il se forme, en même temps que l'*aldéhyde isobutyrique*, dans l'oxydation de l'alcool isobutylique. Cet acide se présente sous la forme d'un liquide huileux, possédant l'odeur de l'acide b., et bouillant à 155°. Le perchlorure de phosphore le transforme en *chlorure d'isobutyryle*.

Outre les deux acides précédents, qui ont pour formule brute $C^4H^8O^2$, et qui sont isomères de l'éther acétique, on connaît des acides *oxybutyriques* $C^4H^8O^3$, possédant à la fois les fonctions d'acide et d'alcool, ainsi qu'un acide *dioxybutyrique* $C^4H^8O^4$, qui par oxydation se convertit en acide malique. — L'acide *dimethoxalique* $CO^2H.COH : (CH^3)^2$ peut être considéré comme de l'acide *oxyisobutyrique*; il prend naissance par l'action de l'acide cyanhydrique et de l'acide chlorhydrique sur l'acétone.

BUTYROMÈTRE. s. m. (gr. βούτυρον, beurre; μέτρον, mesure). Instrument pour déterminer la richesse du lait en beurre.

BUTYRONITRILE. s. m. (R. *butyrique* et *nitrile*). T. Chim. Voy. BUTYRIQUE.

BUTYRYLE et **ISOBUTYRYLE.** s. m. (lat. *butyrum*, beurre, et le suffixe *yle*, du gr. ὕλη, matière; ἴσος, égal). T. Chim. C'est le radical C^4H^7O des composés butyriques et isobutyriques. Voy. BUTYRIQUE. Quand on cherche à le mettre en liberté, il double sa formule en donnant le *dibutyryle* $(C^4H^7O)^2$, liquide huileux, insoluble dans l'eau et bouillant vers 250°.

BUVABLE. adj. 2 g. Potable, qui peut être bu. *Ce vin n'est pas b.* Fam.

BUVANT, ANTE. adj. Qui boit. N'est guère usité que dans ces phrases fam. : *Je l'ai laissé bien b. et bien mangeant. Elle est bien buvante et bien mangeante.*

BUVARD. adj. m. (R. *buvant*). *Papier b.*, Espèce de papier non collé destiné à absorber l'encre. = BUVARD s'emploie aussi subst. et désigne une sorte d'album composé de feuilles de papier buvard.

BUVÉE. s. f. (R. *buvant*). Boisson d'eau et de farine délayée pour les bestiaux.

BUVERIE. s. f. (R. *buvant*). Réunion, partie où l'on boit.

BUVETIER. s. m. Celui qui tenait une buvette. Vx.

BUVETTE. s. f. (R. *buvant*). Sorte de cabaret qui était situé près du palais de justice, et où les officiers de la judicature allaient déjeuner ou se rafraîchir. || Sorte de cabaret attenant à une assemblée délibérante. *La b. du Sénat, la b. de la Chambre.* || Cabaret attenant à un buffet de chemin de fer et où les consommations sont vendues moins cher qu'au buffet. Voy. BUFFET.

BUVEUR. s. m. (lat. *bibitor*, m. s.). Celui qui boit. N'est guère usité en ce sens que dans cette phrase familière : *Du vin qui rappelle son b.*, Qui invite celui qui vient de boire à recommencer. || Se dit généralement d'un homme qui aime à boire, qui a l'habitude de boire beaucoup. *C'est un franc b.* || *B. d'eau*, Celui qui ne boit que de l'eau, ou du vin fort trempé. On dit aussi, *Une buveuse d'eau.*

BUVOTER. v. n. (Fréq. de *boire*). Boire à petits coups et fréquemment. *Cet enfant ne fait que b.* Fam.

BUXÉES. s. f. (lat. *buxus*, buis). T. Bot. Les Buxées constituent une famille de plantes Dicotylédones de l'ordre des Dialypétales supérovariées méristémones à carpelles clos. *Caract. bot.* — Arbres, arbustes ou herbes vivaces. Feuilles isolées, rarement opposées (Buis), simples et sans stipules. Fleurs monoïques, rarement dioïques, disposées en grappes ou en épis. Calice formé de 4 (fleurs mâles) ou 5 sépales (fleurs femelles). Corolle nulle. Étamines 4, 8, ou très nombreuses; anthères introrses, s'ouvrant longitudinalement. Ovaire à 3 loges, formé de 3 carpelles; ovules, 2 dans chaque loge, anatropes, pendants, rarement 1 seul. Fruit capsulaire, ou baccien, quelquefois drupacé; graine avec albumen charnu; embryon à larges cotylédons.

Cette famille comprend 5 genres avec environ 30 espèces des pays tempérés et chauds.

Le Buis (*Buxus sempervirens*) est recherché pour son bois homogène, précieux surtout pour le dessin et la gravure. Son écorce a des propriétés analogues à celles de l'écorce du Gaïac, à laquelle on la substitue fréquemment. Les feuilles de cette plante sont très amères et purgatives : il n'est pas rare qu'on les emploie frauduleusement dans la fabrication de la bière, au lieu de se servir du houblon. On prétend que, dans certaines parties de la Perse où le Buis est très abondant, on ne peut faire usage des chameaux parce que l'on ne peut empêcher ces animaux de brouter ses feuilles qui sont un poison pour eux.

BUXINE. s. f. (lat. *buxus*, buis). T. Chim. On a donné ce nom à un alcaloïde $C^{16}H^{24}AzO^3$ contenu dans l'écorce du buis (*Buxus sempervirens*). C'est une substance amère, très soluble dans l'alcool, presque insoluble dans l'eau. Elle bleuit la teinture de tournesol et s'unit aux acides en formant des sels très amers. Elle est précipitée de sa solution chlorhydrique concentrée par le sel ammoniac, par l'azotate de potasse et par l'iodure de potassium. Son sulfate a été recommandé comme succédané du sulfate de quinine. Le bois, la racine et la feuille du buis sont employés comme sudorifiques.

La buxine paraît identique avec plusieurs substances auxquelles on a donné des noms différents : la *cissampéline* ou *pélosine* extraite de la racine de Pareira brava (*Cissampelos pareira*); la *paricine* extraite de l'écorce de quinquina Jaune; la *bébirine* contenue dans l'écorce de bébeeru. V. BÉBIRINE.

BUXTON, philanthrope et homme politique anglais; fit passer un bill pour restreindre l'application de la peine de mort (1786-1845).

BUXTORF, savant hébraïsant de Bâle (1564-1629).

BUXY, ch.-l. de c. (Saône-et-Loire), arr. de Chalon, 2,000 h.

BUYUK-DÉRÉ ou **BUIUKDÉRÉ** (en turc, *la Grande Vallée*), v. de la Turquie d'Europe, dans la Roumélie, sur le Bosphore, à 10 kil. N. de Constantinople; 2,200 hab.

BUZANÇAIS, ch.-l. de c. (Indre), arr. de Châteauroux 5,000 hab.

BUZENVAL, village situé près de Paris; bataille livrée aux Prussiens le 19 janvier 1871.

BUZOT, membre de la Convention, un des chefs du parti de la Gironde, condamné le 31 mai; il s'enfuit dans la Gironde où il s'empoisonna (1760-1793).

BY. s. m. Fossé qui traverse un étang et aboutit à sa bonde.

BYBLOS, nom de deux anciennes villes situées l'une en Phénicie, l'autre en Égypte.

BYNG (George), amiral anglais, prit Gibraltar en 1704. Il son fils Jonn fut condamné à mort pour n'avoir pas su protéger Minorque contre les Français en 1756.

BYRON (Lord), célèbre poète anglais, auteur de *Child-Harold*, *Don Juan* (1788-1824). Il était doué d'une rare originalité et ses œuvres ont un grand caractère d'étrangeté et de tristesse.

BYRRHE. s. m. T. Entom. Genre de coléoptères, type de la famille des *Byrrhides*.

BYRRHIDES. s. m. pl. T. Entom. Famille de coléoptères qui rentre dans le groupe des *Pentamères*. Leur corps est sphérique presque ovalaire. Les antennes ont 10 ou 11 articles, sont épaissies graduellement et terminées par plusieurs grands articles. Les trois premiers articles des cinq abdominaux sont non mobiles. Leurs cuisses ont une rainure destinée à recevoir le tibia. Lorsqu'on vient à les toucher, ils se laissent tomber ou simulent la mort.

Les genres *Byrrhus*, *Nosodendron*, *Limnichus*, *Aspidiphorus*, *Myorchus*, rentrent dans cette petite famille.

BYRSONYME. s. m. (gr. βύρσα, cuir; ὄνυμα, nom). T. Bot. Genre d'arbres ou d'arbrisseaux de la famille des *Malpighiacées*. Voy. ce mot.

BYSSUS. s. m. [Pr. *bi-ssus*] (gr. βύσσος, m. s.). T. Hist. nat. — Les anciens donnaient ce nom à une substance rare et précieuse dont ils faisaient des tissus d'une très grande valeur et remarquables surtout par leur finesse et leur moelleux. Les modernes ont fait d'inutiles recherches pour découvrir la nature véritable de cette substance. Les uns ont cru la trouver dans une espèce de soie jaune fournie par le coquillage appelé *Jambonneau* ou *Pinne marine;* les autres dans une espèce de coton; d'autres enfin dans les filaments des racines d'une plante de la famille des carducées. Aujourd'hui le terme de b. s'applique à une touffe de filaments qui sort de la coquille de plusieurs espèces de mollusques, comme le jambonneau, le marteau, la tridacne, le saxicave, etc. La matière de ce b. est fournie par une glande spéciale; l'animal la file au moyen de son pied, et ce même organe lui sert à fixer ces filaments aux rochers. Dans certaines espèces, le b. est trop résistant pour pouvoir être utilisé; dans d'autres, au contraire, il n'est pas moins souple que la soie, et se tisse avec facilité. En Sicile et en Calabre, on en fait des gants, des bas, et même une sorte de drap soyeux d'un brun doré et à reflets verdâtres.

BYSTROPOGON. s. m. (gr. βύστρα, bouchon; πώγων, barbe). T. Bot. Genre de plantes de la famille des *Labiées*, tribu des *Saturéiées*.

BYTHINIE. s. f. T. Zool. et Paléont. Les b. sont des mollusques gasteropodes de la famille des *Paludines* (Voy. ce mot), dont la coquille est petite, conique, à tours très bombés,

réunis, à lèvres un peu épaissies et à opercule calcaire. Ce genre, fossile depuis le jurassique supérieur, se trouve encore dans la nature actuelle.

BYZANCE, v. de l'anc. Thrace, sur le Bosphore, auj. *Constantinople*. Voy. ce mot. = Nom des hab. Byzantin, ine.

BYZANTIN, INE. adj. (de *Byzance*). Art *b*. style *b*., art, style du Bas-Empire en fait d'architecture et d'ornement.

Hist. — *Art byzantin.* — L'art b. s'est surtout manifesté dans l'architecture, où il a constitué un style particulier, originé en Occident du style dit *roman*. Le style b. est carac-

térisé par l'arc en plein cintre, la colonnade supportant des voûtes en plein cintre et la coupole, et aussi par la profusion des ornements superflus. Voy. Architecture. La Fig. 38 placée sous ce dernier mot représente l'église Sainte-Sophie de Constantinople, construite par l'empereur Justinien. La peinture byzantine, essentiellement religieuse, était caractérisée par une certaine grandeur dans l'allure et une absence complète de vie. La Fig. ci-dessus représente une image de sainte Agnès. Enfin les Byzantins excellèrent dans la fabrication des bijoux de toutes sortes. Cet art a eu la plus grande influence sur le développement de l'art russe, qui en est presque complètement issu.

BYZANTINE (La), collection des écrivains grecs qui ont écrit sur l'histoire de l'Empire d'Orient, depuis Constantin jusqu'à la prise de Constantinople par les Turcs. || s. m. La couleur rose.

BYZANTINISME. s. m. État d'un peuple ou d'une assemblée où les querelles sur des objets futiles occupent les esprits pendant que les dangers extérieurs croissent. — Ainsi nommé par allusion aux habitudes du peuple de Constantinople qui passait son temps à discuter des questions de théologie pendant que les Turcs assiégeaient la ville.

FIN DU TOME PREMIER.

CAMILLE FLAMMARION

DICTIONNAIRE
ENCYCLOPEDIQUE
UNIVERSEL

ILLUSTRÉ DE
20000 FIGURES

SCIENCES
ARTS
LETTRES
INDUSTRIE
HISTOIRE
GRAMMAIRE
GÉOGRAPHIE
DÉCOUVERTES

Boudier

PARIS

E. FLAMMARION

LIBRAIRE-ÉDITEUR

26, RUE RACINE, PRÈS L'ODÉON

rie

Prix : 50 centimes

CAMILLE FLAMMARION

DICTIONNAIRE
ENCYCLOPEDIQUE
UNIVERSEL

LUSTRÉ DE
0000 FIGURES

SCIENCES
ARTS
LETTRES
INDUSTRIE
HISTOIRE
GRAMMAIRE
GEOGRAPHIE
DÉCOUVERTES

Boudin

PARIS
E. FLAMMARION
LIBRAIRE-ÉDITEUR
26, RUE RACINE, PRÈS L'ODÉON

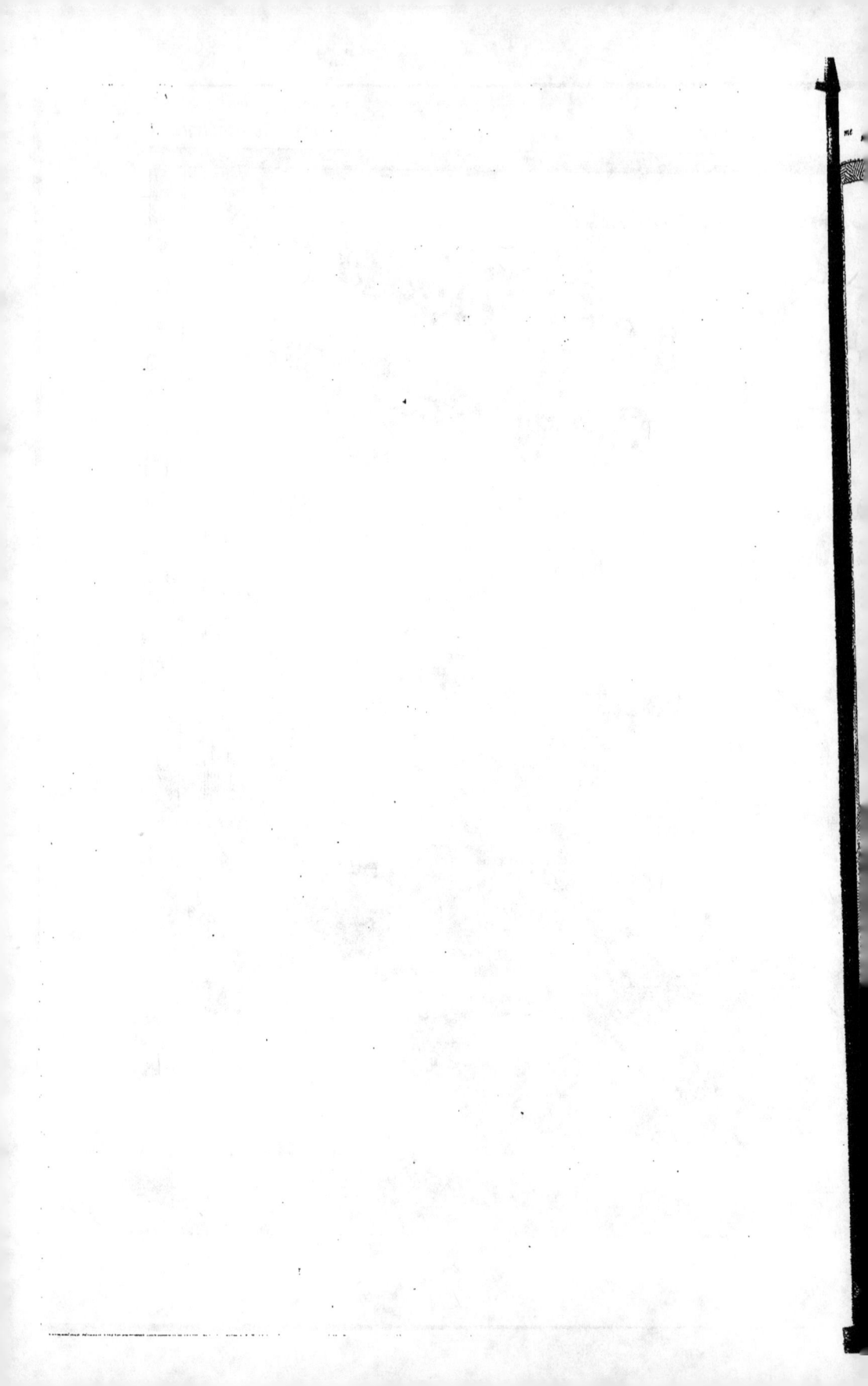

CAMILLE FLAMMARION

DICTIONNAIRE
ENCYCLOPEDIQUE
UNIVERSEL

ILLUSTRÉ DE
20000 FIGURES

SCIENCES
ARTS
LETTRES
INDUSTRIE
HISTOIRE
GRAMMAIRE
GEOGRAPHIE
DECOUVERTES

PARIS
E. FLAMMARION
LIBRAIRE-ÉDITEUR
26, RUE RACINE, PRÈS L'ODÉON

5me Série

Prix : 50 centimes

CAMILLE FLAMMARION

DICTIONNAIRE ENCYCLOPEDIQUE UNIVERSEL

ILLUSTRÉ DE 20000 FIGURES

SCIENCES
ARTS
LETTRES
INDUSTRIE
HISTOIRE
GRAMMAIRE
GEOGRAPHIE
DÉCOUVERTES

PARIS

E. FLAMMARION

LIBRAIRE-ÉDITEUR

26, RUE RACINE, PRÈS L'ODÉON

Boudim

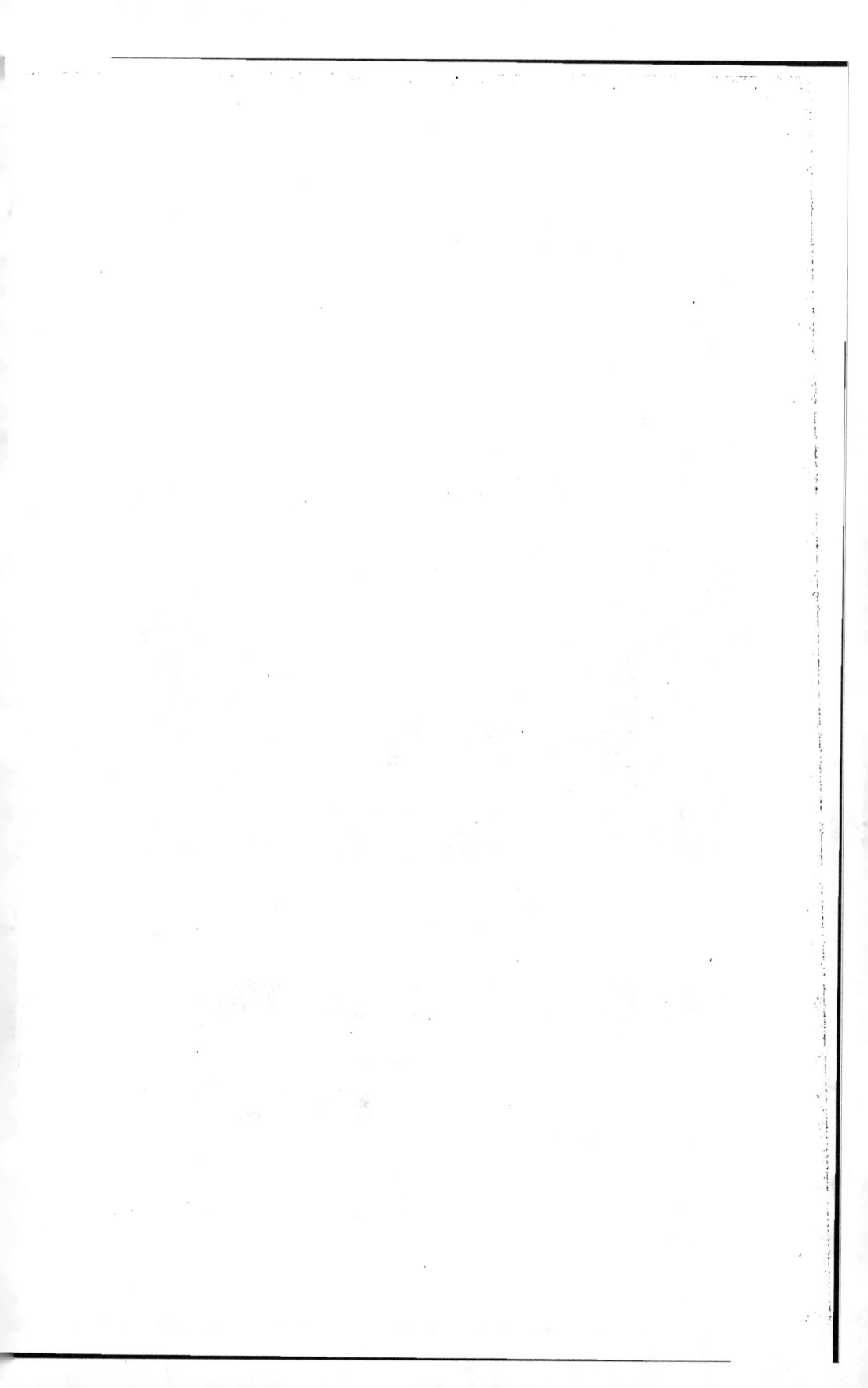

ᵐᵉ Série

Prix : 50 centimes

CAMILLE FLAMMARION

DICTIONNAIRE ENCYCLOPÉDIQUE UNIVERSEL

ILLUSTRÉ DE
20000 FIGURES

SCIENCES
ARTS
LETTRES
INDUSTRIE
HISTOIRE
GRAMMAIRE
GÉOGRAPHIE
DÉCOUVERTES

Bourdin

Gillot sc

PARIS

E. FLAMMARION

LIBRAIRE-ÉDITEUR

26, RUE RACINE, PRÈS L'ODÉON

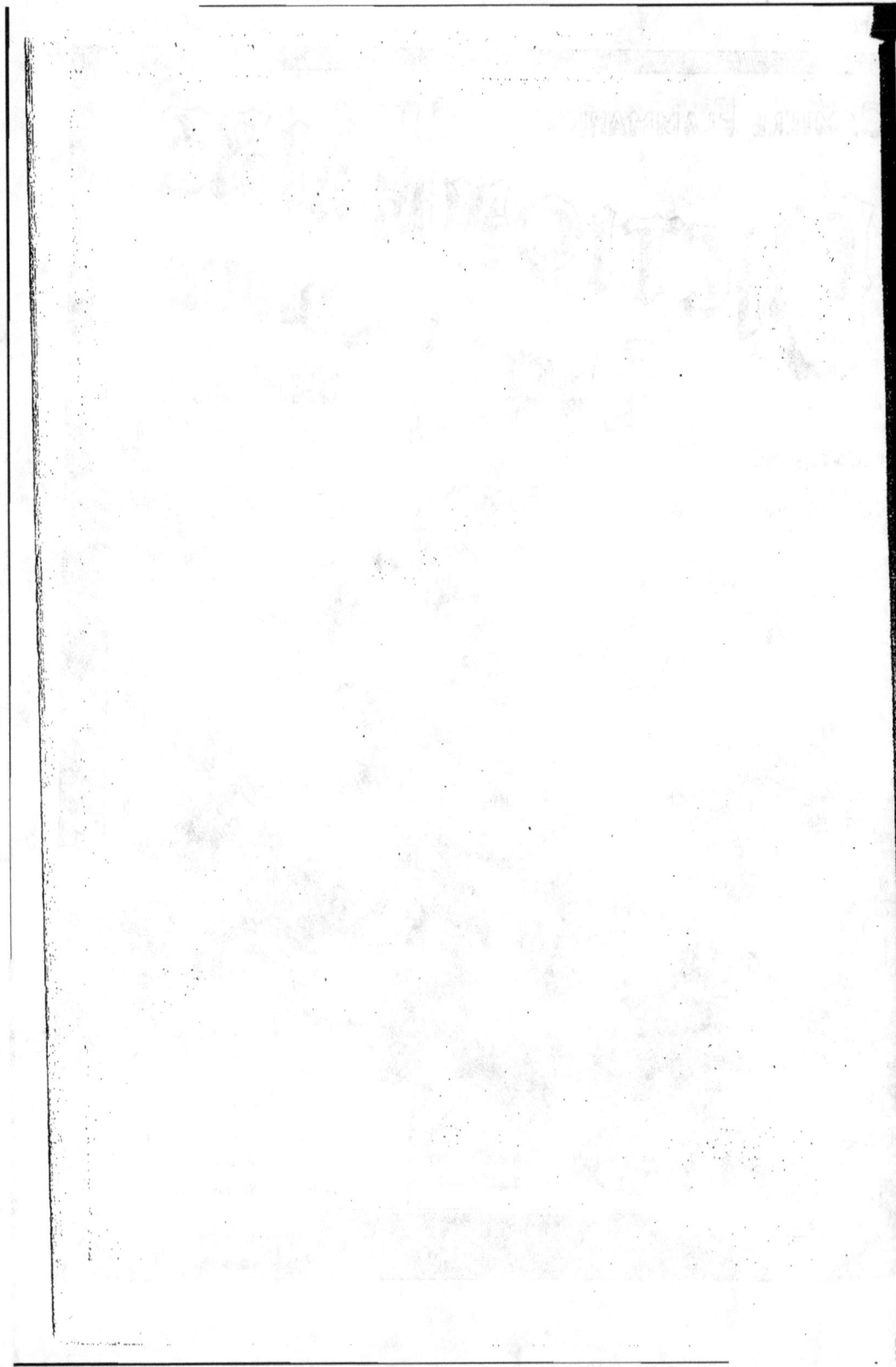

CAMILLE FLAMMARION

DICTIONNAIRE

ENCYCLOPEDIQUE

UNIVERSEL

ILLUSTRÉ DE
20000 FIGURES

SCIENCES
ARTS
LETTRES
INDUSTRIE
HISTOIRE
GRAMMAIRE
GÉOGRAPHIE
DÉCOUVERTES

PARIS

E. FLAMMARION

LIBRAIRE-ÉDITEUR

26, RUE RACINE, PRÈS L'ODÉON

8e Série

Prix : 50 centimes

Camille Flammarion

Dictionnaire Encyclopedique

Universel

Illustré de 20000 Figures

SCIENCES
ARTS
LETTRES
INDUSTRIE
HISTOIRE
GRAMMAIRE
GEOGRAPHIE
DÉCOUVERTES

PARIS

E. FLAMMARION

LIBRAIRE-ÉDITEUR

26, RUE RACINE, PRÈS L'ODÉON

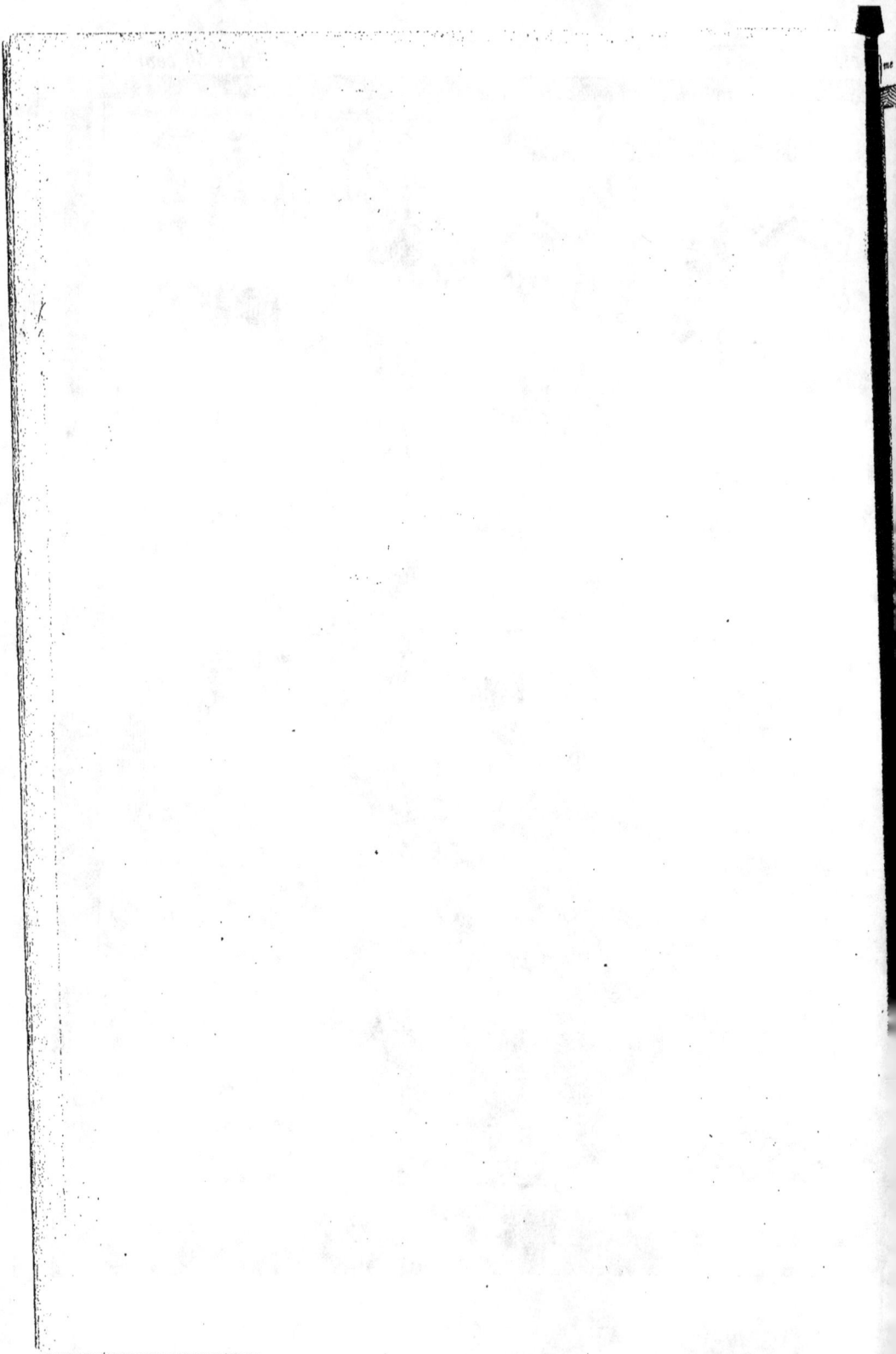

me Série

Prix : 50 centimes

CAMILLE FLAMMARION

DICTIONNAIRE
ENCYCLOPEDIQUE
UNIVERSEL

ILLUSTRÉ DE
20000 FIGURES

SCIENCES
ARTS
LETTRES
INDUSTRIE
HISTOIRE
GRAMMAIRE
GÉOGRAPHIE
DÉCOUVERTES

PARIS

E. FLAMMARION

LIBRAIRE-ÉDITEUR

26, RUE RACINE, PRÈS L'ODÉON

Prix : 50 centimes

CAMILLE FLAMMARION

DICTIONNAIRE
ENCYCLOPEDIQUE
UNIVERSEL

ILLUSTRÉ DE
20000 FIGURES

SCIENCES
ARTS
LETTRES
INDUSTRIE
HISTOIRE
GRAMMAIRE
GÉOGRAPHIE
DÉCOUVERTES

PARIS

E. FLAMMARION

LIBRAIRE-ÉDITEUR

26, RUE RACINE, PRÈS L'ODÉON

Prix : 50 centimes

CAMILLE FLAMMARION

DICTIONNAIRE ENCYCLOPEDIQUE

UNIVERSEL

ILLUSTRÉ DE 20000 FIGURES

SCIENCES
ARTS
LETTRES
INDUSTRIE
HISTOIRE
GRAMMAIRE
GÉOGRAPHIE
DÉCOUVERTES

PARIS
E. FLAMMARION
LIBRAIRE-ÉDITEUR
26, RUE RACINE, PRÈS L'ODÉON

Série

Prix : 50 centimes

CAMILLE FLAMMARION

DICTIONNAIRE

ENCYCLOPEDIQUE UNIVERSEL

ILLUSTRÉ DE 20000 FIGURES

SCIENCES
ARTS
LETTRES
INDUSTRIE
HISTOIRE
GRAMMAIRE
GÉOGRAPHIE
DÉCOUVERTES

PARIS

E. FLAMMARION

LIBRAIRE-ÉDITEUR

26, RUE RACINE, PRÈS L'ODÉON

13 Série

Prix : 50 centimes

CAMILLE FLAMMARION

DICTIONNAIRE

ENCYCLOPEDIQUE

UNIVERSEL

ILLUSTRÉ DE
20000 FIGURES

SCIENCES
ARTS
LETTRES
INDUSTRIE
HISTOIRE
GRAMMAIRE
GEOGRAPHIE
DECOUVERTES

PARIS

E. FLAMMARION

LIBRAIRE-ÉDITEUR

26, RUE RACINE, PRÈS L'ODÉON

Bourdin

Série   Prix : 50 centimes

Camille Flammarion

Dictionnaire

Encyclopedique

Universel

Illustré de
20000 Figures

SCIENCES
ARTS
LETTRES
INDUSTRIE
HISTOIRE
GRAMMAIRE
GÉOGRAPHIE
DÉCOUVERTES

Bourdin

PARIS

E. FLAMMARION

LIBRAIRE-ÉDITEUR

26, RUE RACINE, PRÈS L'ODÉON

CAMILLE FLAMMARION

DICTIONNAIRE ENCYCLOPÉDIQUE UNIVERSEL

ILLUSTRÉ DE
20000 FIGURES

SCIENCES
ARTS
LETTRES
INDUSTRIE
HISTOIRE
GRAMMAIRE
GÉOGRAPHIE
DÉCOUVERTES

PARIS

E. FLAMMARION

LIBRAIRE-ÉDITEUR

26, RUE RACINE, PRÈS L'ODÉON

Camille Flammarion

DICTIONNAIRE ENCYCLOPEDIQUE UNIVERSEL

ILLUSTRÉ DE 20000 FIGURES

SCIENCES
ARTS
LETTRES
INDUSTRIE
HISTOIRE
GRAMMAIRE
GÉOGRAPHIE
DÉCOUVERTES

Bourdin

PARIS

E. FLAMMARION

LIBRAIRE-ÉDITEUR

26, RUE RACINE, PRÈS L'ODÉON

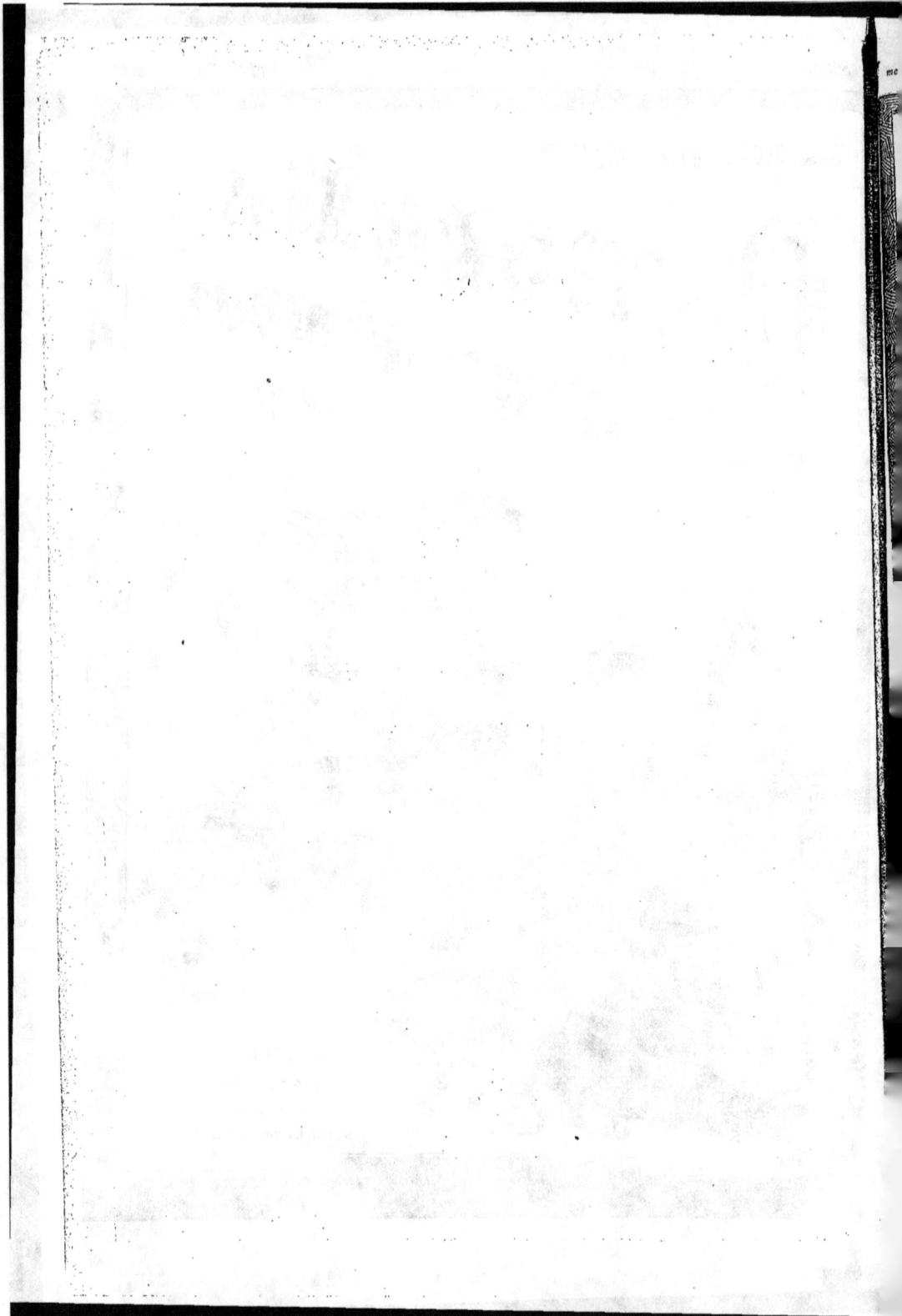

me Série

Prix : 50 centimes

CAMILLE FLAMMARION

DICTIONNAIRE

ENCYCLOPEDIQUE

UNIVERSEL

ILLUSTRÉ DE
20000 FIGURES

SCIENCES
ARTS
LETTRES
INDUSTRIE
HISTOIRE
GRAMMAIRE
GÉOGRAPHIE
ETC. etc.

PARIS

E. FLAMMARION

LIBRAIRE-ÉDITEUR

26, RUE RACINE, PRÈS L'ODÉON

CAMILLE FLAMMARION

DICTIONNAIRE

ENCYCLOPEDIQUE

UNIVERSEL

ILLUSTRÉ DE
20000 FIGURES

SCIENCES
ARTS
LETTRES
INDUSTRIE
HISTOIRE
GRAMMAIRE
GEOGRAPHIE
DECOUVERTES

PARIS
E. FLAMMARION
LIBRAIRE-ÉDITEUR
26, RUE RACINE, PRÈS L'ODÉON

0me Série

Prix : 50 centimes

Camille Flammarion

Dictionnaire

Encyclopedique

UNIVERSEL

Illustré de
20000 Figures

SCIENCES
ARTS
LETTRES
INDUSTRIE
HISTOIRE
GRAMMAIRE
GÉOGRAPHIE
DÉCOUVERTES

PARIS

E. FLAMMARION

LIBRAIRE-ÉDITEUR

26, RUE RACINE, PRÈS L'ODÉON

CAMILLE FLAMMARION

DICTIONNAIRE ENCYCLOPEDIQUE UNIVERSEL

ILLUSTRÉ DE 20000 FIGURES

SCIENCES
ARTS
LETTRES
INDUSTRIE
HISTOIRE
GRAMMAIRE
GÉOGRAPHIE
DÉCOUVERTES

PARIS

E. FLAMMARION

LIBRAIRE-ÉDITEUR

26, RUE RACINE, PRÈS L'ODÉON

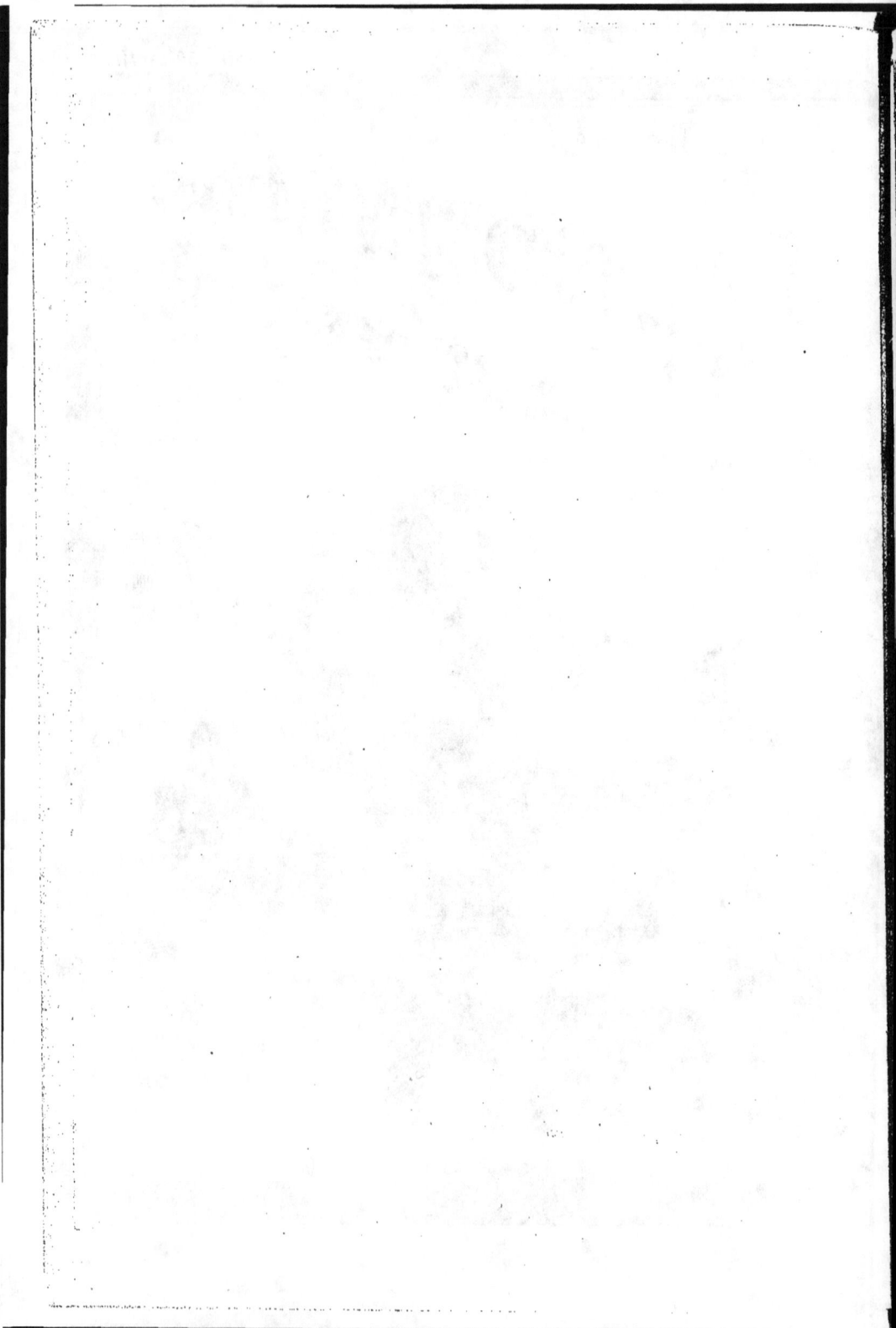

CAMILLE FLAMMARION

DICTIONNAIRE

Encyclopedique

UNIVERSEL

ILLUSTRÉ DE
20000 FIGURES

SCIENCES
ARTS
LETTRES
INDUSTRIE
HISTOIRE
GRAMMAIRE
GEOGRAPHIE
DÉCOUVERTES

PARIS

E. FLAMMARION

LIBRAIRE-ÉDITEUR

26, RUE RACINE, PRÈS L'ODÉON

2me Série

CAMILLE FLAMMARION

DICTIONNAIRE

ENCYCLOPEDIQUE

UNIVERSEL

ILLUSTRÉ DE
20000 FIGURES

SCIENCES
ARTS
LETTRES
INDUSTRIE
HISTOIRE
GRAMMAIRE
GÉOGRAPHIE
DÉCOUVERTES

PARIS

E. FLAMMARION

LIBRAIRE-ÉDITEUR

26, RUE RACINE, PRÈS L'ODÉON

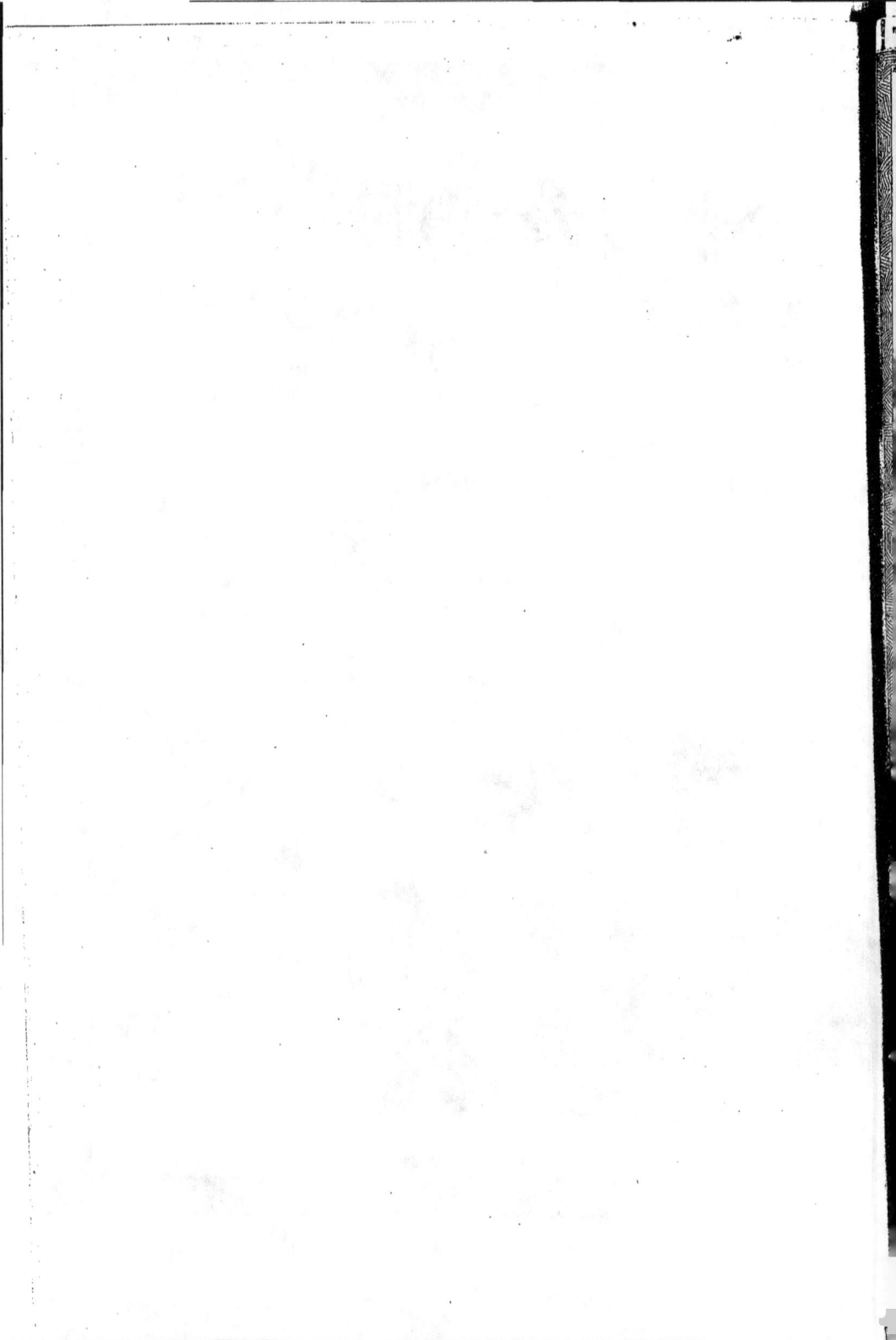

me Série

Prix : 50 centimes

CAMILLE FLAMMARION

DICTIONNAIRE ENCYCLOPEDIQUE UNIVERSEL

ILLUSTRÉ DE 20000 FIGURES

SCIENCES
ARTS
LETTRES
INDUSTRIE
HISTOIRE
GRAMMAIRE
GÉOGRAPHIE
DÉCOUVERTES

PARIS

E. FLAMMARION

LIBRAIRE-ÉDITEUR

26, RUE RACINE, PRÈS L'ODÉON

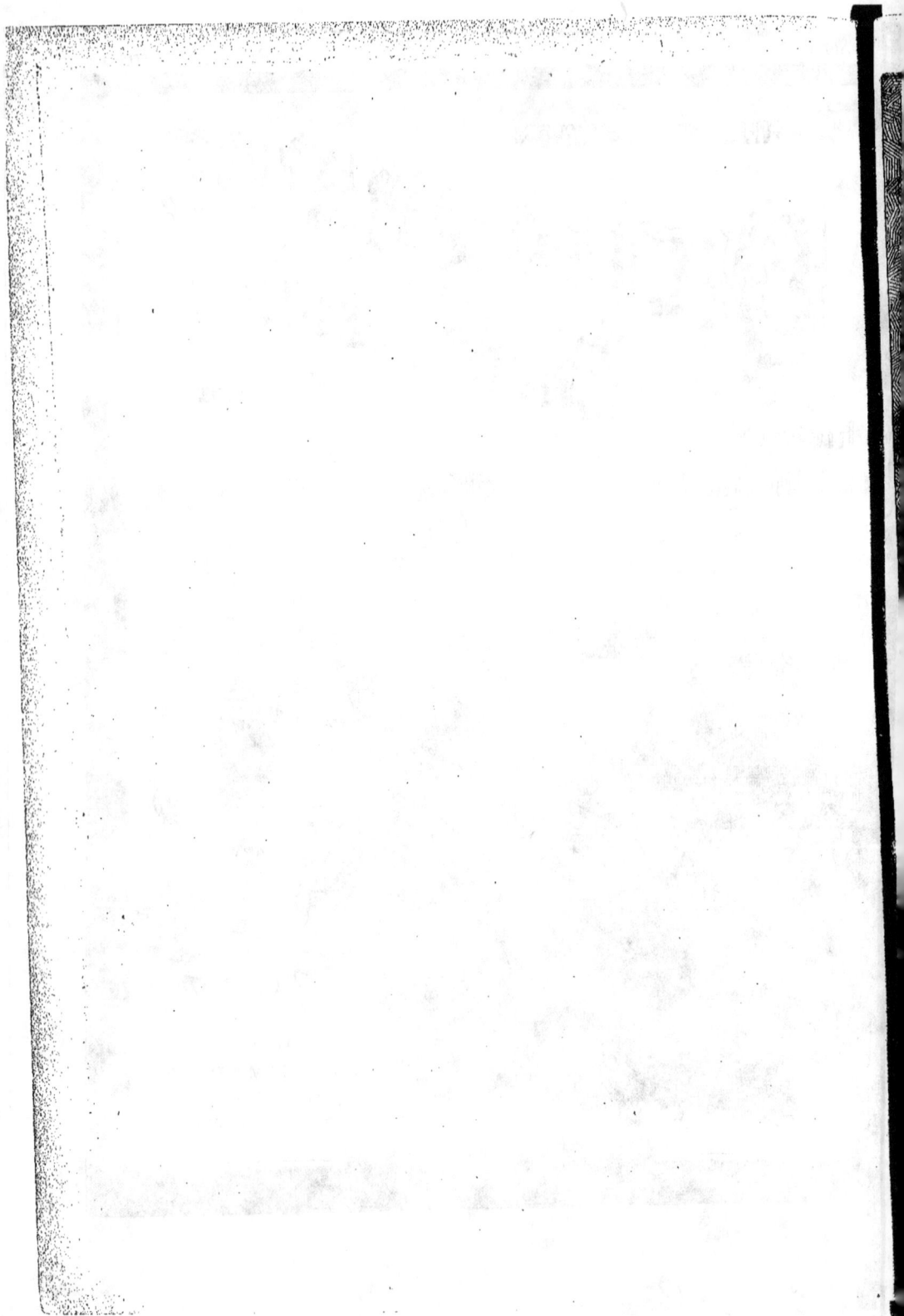

Supplément à la *Revue des Deux-Mondes* du 15 avril 1893.

CAMILLE FLAMMARION

DICTIONNAIRE ENCYCLOPÉDIQUE UNIVERSEL

ILLUSTRÉ DE 20000 FIGURES

SCIENCES
ARTS
LETTRES
INDUSTRIE
HISTOIRE
GRAMMAIRE
GÉOGRAPHIE
DÉCOUVERTES

Bourdin

PARIS

E. FLAMMARION

LIBRAIRE-ÉDITEUR

26, RUE RACINE, PRÈS L'ODÉON

ŒUVRES DE CAMILLE FLAMMARION

OUVRAGES PHILOSOPHIQUES

ASTRONOMIE PRATIQUE

ENSEIGNEMENT DE L'ASTRONOMIE

SCIENCES GÉNÉRALES

VARIÉTÉS LITTÉRAIRES

PARIS. — IMP. C. MARPON ET E. FLAMMARION, RUE RACINE, 26.